〔宋〕王欽若等編　第二册

宋本册府元龜

中華書局影印

册府元龜第二册目録

冊府元龜卷第四百五十七

臺省部

總序

三代之前職官之制罕存於載籍靡得而周詳然考於遺文觀其大指禹作司徒以敷五教即周之地官也伯夷作秩宗以典三禮夔典樂以和人神即周之春官也咎繇作士以正五刑即周之夏官秋官也垂作共工以利器用即周之冬官也龍作納言出入帝命即周之內史也雖其名未正然其職已同周之天官曰冢宰地官曰司徒春官曰宗伯夏官曰司馬秋官曰司寇冬官曰司空是爲六卿方於後世冢宰即今之吏部也司徒今之戶部也宗伯即今之禮部也司馬即今之兵部也司寇即今之刑部也司空即今之工部也秦漢之制以承相御史大夫領期政九卿分廢職其御史屬官有二丞秩千石一曰中丞在殿中蘭臺掌圖籍秘書外督剌史內領侍御史員十五人受公卿奏事舉劾按章（事具憲官門）又有符節御史主符璽位次御史中丞郎中令屬官有太中大夫中大夫諫大夫掌論議皆無員多至數十人後改中大夫凡光祿大夫比二千石太中大夫比千石諫大夫比八百石謁者掌賓讚受事員七十人秩比六百石少府屬官有尚書武帝以遊宴後庭以中官主中書遂罷尚書之官至成帝建始四年罷中書置尚書五人一人爲僕射四人分爲四曹通掌圖書秘記章奏之事各有其任其一曰常侍曹主丞相御史公卿事其二曰二千石曹主剌史郡國事其三曰民曹主吏民上書事其四曰主客曹主外國夷狄事後又置三公曹主斷獄爲五曹又置丞四人郎四人其一主匈奴單于其一主羌夷吏民其一主戶口墾田其一主財帛委輸又以左右曹諸吏分平尚書奏事又以大將軍事驃騎將軍大司馬領尚書事皆爲樞要又有中書謁者又有侍中中常侍入直禁中諸吏舉非法散騎騎而散從無常職給事中侍從左右無常員皆列侯將軍卿大夫博

已下加官焉又有議郎掌顧問應對侍中尚書謁者皆有僕射古者重武官故有主射以督課之後漢以御史大夫爲司空中丞遂爲御史臺率其屬有治書侍御史二員（事具刑法部）侍御史十五員（事具憲官門）蘭臺令史六百石掌奏及印工文書又有尚書令一員掌凡選署及奏下尚書曹文書衆事秩千石故公爲之者秩二千石朝會不陛奏事威銅印墨綬屬官有僕射一人秩六百石署尚書事（至獻帝分置左右僕射）尚書六人秩六百石初分六曹一曰二公曹主歲盡考課諸州部事二曰吏部曹改前漢常侍曹爲之主選舉祠祀事三曰民曹主繕修功作鹽池園苑事四曰客曹主護駕羌胡朝賀事五曰二千石曹主辭訟事六曰中都官曹主水火盜賊事凡六曹并令僕二人謂之八座尚書雖有曹名不以爲官号靈帝以侍中梁鵠爲選部於此始見曹名置左右丞各一人郎三十四人秩四百石郎主作文書起草更直五日於建禮門內初從三署郎詣臺試守尚書郎中歲滿稱尚書郎三年稱侍郎選有吏能者爲之又和帝以太傅錄尚書事尚書始有錄名其後爲三公爲之蓋唐虞大麓之職又置侍中給事黃門侍郎散騎給事中前後同兩漢尚書而下皆文隸少府而已魏置御史中丞治書侍御史皆如漢制又置侍御史凡八人（事具憲部）又置治書執法掌奏劾又置殿中侍御中禁防御史（事具邦）又置中書令一人尚書僕射或一人或二人置二人則爲左右若令闕則左爲省主又有選部左民客曹大兵度支五尚書又置二丞又置殿中吏部駕部金部虞曹比部南主客祠部度支庫部農部水部儀曹三公倉部民曹二千石中兵外兵都兵別兵考功定課凡二十三郎青龍二年又置都官騎兵二郎每一郎鈌白試諸孝廉能結文案者五人謹封奏具姓名以補之凡尚書令僕射尚書三品左右丞郎中六品又置謁者十人僕射一人四品又置侍中四人其加官則非數掌儐贊威儀大駕出則次在侍中護駕正直侍中負璽陪乘餘不帶劍皆騎從登殿與散騎常侍對扶侍中居左常侍居右備切

問近對拾遺補闕又置給事黃門侍郎四人又置散騎常侍無員掌規諫不典事貂璫侍中左插散騎右插又置員外散騎常侍無員散騎侍郎四員與侍中給事黃門侍郎共平尚書奏事又置給事中無員凡侍中散騎常侍三品給事中給事黃門侍郎員外散騎常侍散騎侍郎五品武帝初爲魏王又置祕書令典尚書奏事文帝黃初初改爲中書置監令各一人（[illegible]）又置通事郎次黃門郎黃門郎已署事過通事郎乃署名已署奏入帝省讀書可其給事黃門侍郎並如漢制凡中書令三品中書侍郎五品中書通事舍人七品符節御史別爲一臺掌授節銅虎符竹使符晉御史中丞治書侍御史如魏制侍御史置九人殿中侍御史四人江左減二人又有檢校御史（事並具憲官門）又置尚書令秩千石銅印墨綬進賢兩梁冠納言幘五時朝服佩水蒼玉食奉月五十斛受拜則冊命之賈充以目疾表置省事吏四人省事蓋自此始也僕射與魏同又置吏部三公客曹駕

部屯田度支六尚書咸寧二年省駕部四年省一僕射又置駕部太康中改置吏部殿中五兵田曹度支左民六尚書又置右民凡尚書六員而史闕所省之曹及渡江有吏部祠部五兵左民度支五尚書祠部常與右僕射通職不置祠部則以右僕射攝之闕右僕射則以祠部攝知其事又以左丞主臺內禁令宗廟祠祀朝儀禮制選用署吏急假右丞掌臺內庫藏廬舍凡諸器物及廩振租布刑獄兵器督錄遠道文書章表奏事又置直事殿中祠部儀曹吏部三公比部金部倉部度支都官二千石左民右民虞曹屯田起部水部左右主客駕部車部庫部左右中兵左右外兵別兵都兵騎兵左右士北主客南主客凡三十四曹後又置運曹凡置郎二十三人更相統攝及江左罷直事左民屯田車部別兵都兵騎兵左右士運曹其後罷虞曹二千石有殿中祠部吏部儀曹三公比部金部倉部度支都官左民起部水部主客駕部庫部中兵外兵十八曹郎後又省主客起部水部

但十五曹又咸康中分置三錄王導荀崧陸曄爲之又有四錄即四人叅錄又西朝張華江左庾亮並闕尚書七條又何充叅闕尚書自漢而後八座及郎初拜並集都座交禮遷職又解官焉西朝八座丞郎朝晡詣都座江左唯朝而退凡尚書令僕射尚書並三品左右丞郎並六品又置侍中如魏制哀帝興寧四年省二人後復舊又置給事黃門侍郎四人又置通直散騎常侍二人並令員外散騎常侍與正員散騎常侍通直故謂之通直又置員外散騎常侍侍郎元帝又置通直散騎侍郎二人後增置四人散騎常侍給事中散騎侍郎皆如魏制江左始罷其平尚書奏事又置中書令監而已下皆如漢制改通事郎爲中書侍郎江左初復曰通事郎後復爲中書侍郎又武帝初置舍人通事各一人江左合爲通事舍人掌呈奏案後省之以侍郎直西省凡侍中散騎常侍中書監令並三品給事中給事黃門散騎中書侍郎並五品門下中書舍人第七品宋置御史中丞

治書侍御史侍御史殿中侍御史如晉制（事具憲官門）又置謁者臺謁者僕射一人掌大拜授及百官班次謁者十人掌小拜授及報章先是晉省謁者隸蘭臺江左復置我省大明中復置尚書寺有尚書令任總樞衡僕射尚書分領諸曹僕射領殿中主客凡二曹吏部尚書領吏部刪定三公比部凡四曹祠部尚書領祠部儀曹凡二曹度支尚書領度支金部倉部起部凡四曹左民尚書領左民駕部凡二曹都官尚書領都官水部庫部論功凡四曹五兵尚書領中兵外兵凡二曹若營宗廟宮室則置起部事畢省之又高祖置騎兵主客起部（曹闕）凡四曹合晉十五爲十九郎文帝元嘉十年省儀曹主客比部騎兵四郎十一年又並置十八年增刪定郎（事見諫諍門）三十年置功論郎明帝省騎兵凡二十郎比部主法制度支主算都官主軍事刑獄其餘諸郎所掌各如其名自漢已後尚書官上朝及下朝禁行人丞郎見尚書呼曰明時郎見二丞呼曰左君右君其屬有都令史書

令史書吏幹之名或滅或益其制不常但八座解交丞郎巳下不復解交也孝武不欲威權外假故罷錄焉其後或置或否凡尚書令僕射尚書並三品丞郎並六品又置侍中而下皆如晉制初散騎常侍與侍中通官其後漸替大明雖華選比侍中而人情久習終不見重又置中書令中書舍人各一人中書侍郎四人中書通事舍人四人初以中書侍郎掌呈奏案及置通事舍人則侍郎之任輕矣舍人直閤內文隸中書其下有主事本用武官宋改用吏凡侍中散騎常侍中書監令並三品給事黃門散騎中書侍郎並五品南齊之制置御史中丞一人治書侍御史二人侍御史十人謂之蘭臺（諱官闕處）又置謁者僕射一人謂之謁者臺又置尚書令爲內臺主行過諸王以下皆禁駐無令則左僕射爲臺主與令同左僕射領殿中主客二曹通闕諸曹事又置吏部尚書領吏部刪定三公比部凡四曹度支尚書領度支金部倉部起部凡四曹左民尚書領左民駕部凡二曹都官尚

書領都官水部庫部功論凡四曹五兵尚書領中兵外兵凡二曹祠部尚書領祠部儀曹與右僕射通職不並置起部尚書興宮室宗廟權置事畢而省左丞掌宗廟郊祠格制案彈選用等事右丞掌兵士百工庫藏刑法諍訟等事白案右丞上署左丞次署黃案左丞上署右丞次署凡二十四曹各置郎中令史以下又置都令史又庫部領武庫令駕部領車府令丞起部領材官將軍司馬是謂之尚書臺又置侍中祭酒（轉高功者之）侍中謂之門下給事黃門侍郎世呼小門下焉門下領公車令太官太醫令丞內外殿中監內外驊騮廄丞又置散騎通直散騎員外散騎常侍散騎通直散騎侍郎給事中奉朝請駙馬都尉謂之集書省又置中書監令各一人侍郎四人通事舍人無員謂之中書省梁御史臺初置御史大夫天監元年復爲中丞[illegible]治書侍御史殿中侍御史（諱官闕處）又有符節令史員（諱闕）門謁者臺置謁者僕射一人掌朝覲賓饗之事[illegible]官謁者十人

掌奉詔出使拜假朝會儐贊等事謁者僕射大班尚書省置令左右僕射吏部祠部度支左戶都官五兵尚書左右丞各一人吏部刪定三公比部祠部儀曹虞曹主客度支殿中金部倉部左右戶駕部起部屯田都官水部庫部功論中兵外兵騎兵等郎二十三人尚書掌出納王命敷奏萬機令總統之僕射副焉廢置之制亦與齊同凡尚書文書詔誥中書發者奉事皆以契囊盛之封以左丞印自晉巳後八座及郎多不奏事天監元年始詔曹郎依舊奏事三年又置侍郎詔通直郎凡郎中在職勤能滿二歲者遷爲侍郎又有五都令史與左右丞共事省中謂之尚書五都用人常輕九年革用士流視奉朝請駕部別領車府署庫部別領南北武庫署凡尚書令爲十六班尚書僕射爲十五班吏部尚書爲十四班列曹尚書爲十三班吏部郎爲十一班左丞爲九班右丞爲八班侍郎爲六班郎中爲五班又門下省置侍中給事黃門侍郎各四人常侍侍從左右儐相威儀盡規

獻納糾正違闕監合嘗御藥封璽書侍中高功者在職一年詔加侍中祭酒與侍郎高功者一人對掌禁令凡領公車太官太醫司令驊騮廄丞集書省置散騎通直散騎常侍散騎通直散騎侍郎各四人又置員外散騎常侍給事中奉朝請無員並侍從左右獻納得失省諸奏聞又書意異者隨事爲駁爲諸優文策文平處諸文章詩頌常侍高功者一人爲祭酒與侍郎高功者一人對掌禁令糾諸逋違天監六年又革常侍之選又分門下二局隸散騎常侍又令尚書案分曹入集書自是散騎視侍中通直視中丞員外視黃門郎中書省置監令各一人掌出納帝命侍郎四人高功者一人主省事又有通事舍人主事令史等員通事舍人入直閤內以才而授不限資多以他官兼領其後除通事直云中書舍人凡中書監爲十五班中書令爲十三班侍中散騎常侍爲十二班通直散騎常侍爲十一班給事黃門員外散騎常侍爲十班中書侍郎爲九班散騎侍郎爲八班給

事中中書舍人通直散騎侍郎爲六班員外散騎侍郎爲三班奉朝請爲三班陳承梁制其國政事並由中書省中書省有舍人五員領主事十人分掌二十一局各受尚書諸曹是爲上同總國內機要尚書聽受而已彼委此官多擅權勢後魏之初官號多同於晉而末具建國初置內侍長四人若侍中散騎常侍後又置都統長自侍中已下中散已上皆統之皇始元年始建省曹天興元年置八部大夫散騎常侍待詔等官八部大夫皇城四方四維面置一人以擬八座謂之八國常侍待詔侍直左右出入王命二年分尚書三十六曹及諸外署凡置三百六十曹令大人主之四年罷外蘭臺御史總屬內省又復尚書三十六曹曹置代令史譯令史各一人奏史二人天賜二年復罷尚書三十六曹郎別置武師脩勤二職武師比郎中脩勤比令史分主省務三年置散騎侍郎四年置侍官侍直左右出納詔命永興元年置騏驎官四十人宿直殿省比常侍侍郎始光元年置左

民尚書神麚元年置左右僕射左右丞諸曹尚書十餘人各居別寺興安二年置駕部尚書太和十七年置散騎官一百人朝請二百人十五年置侍中黃門各四人散騎常侍侍郎各四人通直散騎常侍侍郎員外散騎常侍侍郎各六人又置侍官一百二十人孝文太和二十三年復次職令臺省之官有御史中尉治書侍御史侍御史殿中侍御史檢校御史又有謁者僕射謁者又有尚書令僕射尚書左右丞郎中都令史主事令史又有侍中給事黃門侍郎又有散騎常侍通直員外散騎常侍散騎通直員外侍郎給事中奉朝請又有中書監令侍郎舍人又有諫議大夫而職務所治本志不載北齊御史臺掌察糾彈劾凡中尉一人治書侍御史二人侍御史八人殿中侍御史檢校御史十二人侍中四人領符節署令一人符璽郎四人（已上事見靈官序）謁者臺掌諸吉凶之事導相禮儀凡僕射二人謁者三十人謁事十人尚書省置令僕射吏部殿中祠部五兵都官度支等六尚書又有錄尚書

一人位在令上掌與令同但不糾察令則彈糾見事與御史中丞更相廉察僕射職爲執法置二則爲左右僕射皆與令同左糾彈而右不糾彈錄令僕射總意六尚書事謂之都省其屬官左丞掌吏部考功主爵殿中儀曹三公祠部度支主客左右中兵左右外兵都官二千石度支左右戶十七曹并彈糾見事又主管轄臺中有違失者兼糾駮之右丞掌駕部虞曹屯田起部都兵比部水部膳部倉部金部庫部十一曹亦管轄臺中又主凡諸用度雜物脂燈筆墨幃帳唯不彈糾餘悉與左同并都令史八人共掌其事其六尚書分糾六曹吏部統三曹吏部掌褒崇選補等事考功掌考等事及秀孝貢士等事主爵掌封爵等事殿中統四曹殿中掌駕行百官留守名帳宮殿禁衛供御衣食等事儀曹掌吉凶禮制事三公掌五時讀時令諸曹囚帳斷罪赦日建金雞等事駕部掌車輿牛馬廐牧事祠部統五曹祠部掌祠祀醫藥死喪贈賜等事主客掌諸番雜客等事虞部掌地圖

山川遠近園囿田獵餚膳雜味等事屯田掌籍田諸州屯田等事起部掌諸興造工匠等事祠部無尚書則右僕射攝五兵統五曹左中兵掌諸督告身諸宿衛官等事右中兵掌畿內丁帳手力番兵等事左外兵掌河南及潼關已東諸州丁帳及發召征兵等事右外兵掌河北及潼關已西諸州所典與左外同都兵掌鼓吹太樂雜戶等事都官統五曹都官掌畿內非違得失事二千石掌畿外得失等事比部掌詔書律令勾檢等事水部掌舟船津梁公私水事膳部掌侍官百司禮食餚饌等事度支統六曹度支掌計會凡軍國損益事役糧廩等事倉部掌諸倉帳出入等事左戶掌天下計帳戶籍等事右戶掌天下公私田宅租調等事金部掌權衡度量內外諸庫藏文帳等事庫部掌凡是戎仗器用所須事凡二十八曹吏部三公郎中各二人餘並一人凡三十郎中吏部儀曹三公虞曹都官二千石比部左戶各量事置掌故主事員門下省掌獻納諫正及司進御之職

侍中給事黄門侍郎各六人録事四人通事令史八人統領左右局監各二人直長四人掌宣傳尚食局典御二人丞監各四人掌御膳尚藥局典御及丞各二人侍御師尚藥監各四人掌御藥主衣局都統子統各二人掌御服齋帥局齋帥四人掌陳設灑掃殿中局殿中監四人掌駕前奏引行事中書省管司王言及司進御之音樂監令各一人侍郎四人又領舍人省掌署勑行下宣旨勞問中書舍人主書各十人集書省掌諷議左右從容獻納散騎常侍通直散騎常侍各六人諫議大夫七人散騎侍郎六人員外散騎常侍二十人通直散騎侍郎六人給事中六十人員外散騎侍郎一百二十人奉朝請二百四十人又領起居省散騎常侍通直散騎常侍散騎侍郎通直散騎侍郎各一人校書郎二人凡其官品皆同後魏後周追用成周之制有天官大冢宰地官大司徒春官大宗伯夏官大司馬秋官大司寇冬官大司空並正七命又小冢宰小司徒小宗伯小司馬小司寇小司空上大夫並正六命天官之屬有左右司命宗師左宮伯御正御伯御膳大府計部等中大夫地官之屬有鄉伯左右遂伯每方縣伯每方畿伯每方載師師氏等中大夫春官之屬有禮制宗廟典祀內史太史大司藥等中大夫夏官之屬有軍司馬職方吏部左右武伯兵部大馭司右駕部武藏等中大夫秋官之屬有司憲刑部蕃部賓部等中大夫冬官之屬有工部匠師司木司土司金水部等中大夫並正五命天官小宗師小左宮伯小御正小膳部大醫小醫小計部等下大夫地官小鄉伯鄉大夫每鄉小遂伯遂大夫每遂小稍伯稍大夫每稍小縣伯縣大夫每縣小畿伯畿大夫每畿小載師小師氏保氏司倉司門司市春官小守廟小典祀小內史外史典命小史小司樂太學博士太卜太祝司車路夏采等下大夫夏官小職方小吏部小右武伯小兵部小馭戎馭齊馭小司右戎右齊右司射小駕部小武藏等下大夫秋官小刑部掌朝布憲小蕃部小賓部司要田正司隸下大夫冬

官小匠師小司木小司土小司金小司水司玉司皮司色司織司卉等下大夫並正四命天官司會小宗師宗師宗正小右宮伯右侍中小御正主寢御伯掌小膳部內膳外膳小醫醫正瘍醫大府王府內府外府左府右府縫工染工小計部掌納掌出司內奄等上士地官民部吏小鄉伯鄉伯州長每州小遂伯遂正小稍伯稍正小縣伯縣正小畿伯畿正小載師司農司均司賦司役小師氏保氏司諫司救司媒小司倉小司門小司市小虞部等上士春官禮部小守廟小典祠司郊掌次小內史著作小典命司寂小史馮相保章小司樂太學助教小學博士樂師小卜小祝小司車路守陵等上士夏官軍司馬小職方小吏部司士司勳司錄小右武伯右武賁率右旅賁率右射聲率右驍騎率右羽林率右游擊率小兵部武環率武候率司固道馭田馭小司右賓右道右田右小司射司伏小田駕部右廄典牝典牡獸醫等上士秋官司憲小刑部司刺鄉法遂法稍法縣法畿法方憲小掌朝掌察小布憲小蕃部掌交司正小賓部司義東掌客南掌客西掌客北掌客小田正小司要小司隸等上士冬官工部小匠師內匠外匠掌材小司木小司土小司金鍛工函工小司水典壅小司玉小司皮小司色小司織小司卉等上士並正三命天官司會宗正右侍右前右後侍主寢司服給事掌式內膳外膳典庖典膳酒正饎藏掌醞司直組掌水醫正瘍醫王府內府外府左府右府縫工染工掌納掌出小司內內小臣奄內司服奄典婦功奄巷伯等中正地官人部史小鄉上州長每州小遂伯遂正小稍伯稍正小縣伯縣正小畿伯畿正司封司農司均司賦司役掌鹽每池中士掌遺典牧典牛司諫司救司媒士訓誦訓川神倉君黍倉君稷倉君稻倉君粟倉君米倉君鹽倉君典麯典春典磑掌節宮門城門司關均工子準泉府山虞澤虞林衡川衡掌禽囿掌薪掌芻等中士春官禮部司几筵掌爨司巫充儀司雞司郊司社御史著作典瑞典服司寂司文治禮司謁馮相保章小學助教樂胥司歌司

鍾鼗司鼓司吹司舞籥章掌散樂典夷樂典庸器龜占筮占視祲司巫喪祝祝祖神士典路司車司常守陵掌葬職後等中士夏官軍司馬士方山師川師懷方訓方司士司勳司錄右武賁率右旅賁率右射聲率右驍騎率右羽林率右游擊率佽長司圉司大司辰衛牧司杖右廐左廐典牡典牝典馳典華獸醫司袍禊司弓矢司稍司甲司刀等中士秋官司寇司判鄉法遂法稍法縣法畿法方憲掌囚掌察司約司盟職金掌壁司厲循閽掌墐禁殺戮禁游禁暴司寤掌交司正司儀東掌客南掌客西掌客北掌客掌訝司環野廬象譚掌貨賄司烜伊氏司祚司難掌大司迹弋禽捕獸掌皮弭妖翦蠹庶氏掌罪隸掌夷隸掌蠻隸掌戎隸掌狄隸徒等中士冬官工部內匠外匠司量司量准司度掌杖車士角工彝工器工弓工箭工盧工彼工陶工塗工典丱治工鑄工鍛工函工雕工掌溗舟工典魚典鼉撻工磬工石工裘工履工靰工韗工韋工屐工毳工績工漆工油工弁工織纖絲綵織枲織組竹

工藉工罟工紙工等中士並正二命天官會宗正右騎侍右宗侍右厩侍右勳侍主璽食醫外膳典庖典饎酒正餚藏掌醢司鼎俎掌兵主藥正醫瘍醫內小臣奄內司服奄內婦功奄巷伯奄等下士地官黨正每黨司封掌鹽掌墳典牧典牛土訓神訓神倉稷食黍倉稻倉豆倉麥倉米倉鹽倉典麴典舂典碓掌節宮門城門司關均工平准泉府山虞澤虞林衡掌禽掌囿掌園掌炭掌鋼等下士春官禮部小守廟奄司几筵司樽彝掌樽司邑充犧司雞司社司郊掌次御史校書典瑞典服司玄理禮司謁樂胥司歌司鍾磬司鼓司吹司舞籥章掌散樂典夷樂典庸龜占筮占占夢視祲司巫視祝視喪祝甸祝詛祝神士典路司車司常小夏朱掌墓職喪等下士夏官軍司馬旅士方山師川師懷方訓方右武賁倅長右旅賁倅長右射聲倅長右驍衛倅長右羽林倅長右游擊倅長武候倅長司火司辰衛枚右殿閑長典馳典羊獸醫司袍禊司弓矢司稍司甲司刀肴等下士秋官

司寇旅小刑掌囚掌察司約司盟職金掌壁司厲循閽掌墐禁殺戮禁宗游禁暴司寤小蕃司行掌訝司環野盧象譚掌貨賄司烜伊耆氏司調司柞司難掌大司迹弋禽捕禽掌皮弭妖翦蠹庶氏掌罪隸掌夷隸掌蠻隸掌戎隸掌北狄隸掌徒等下士冬官工部旅司量司量准司度車工角工彝工器工弓二箭工盧工復工陶工塗工典丱治工鑄工鍛工函工雕工掌溗舟工典魚典鼉撻工磬工石工裘工履工鞄工韋工毳工績工漆工油工弁工織絲織綵織枲織組竹工藉工罟工紙工等下士並正一命此雖名六官然後魏御史尚書中書之任咸在其中矣隋初罷六官之制御史臺大夫一人治書侍御史二人侍御史八人殿內侍御史監察御史各十二人錄事二人仍依舊入直禁中（事具憲官門）尚書省事無不總置令左右僕射各一人總吏部禮部兵部都官度支工部等六曹事是為八座屬官左右丞各一人都事八人分司管轄吏部尚書統吏部侍郎二人主爵侍郎一人司勳侍郎二人

考功侍郎一人禮部尚書統禮部祠部侍郎各二人兵部尚書統兵部職方侍郎各二人駕部庫部侍郎各一人都官尚書統都官侍郎二人刑部比部侍郎各一人司門侍郎二人度支尚書統度支戶部侍郎各二人金部倉部侍郎各一人工部尚書統工部屯田侍郎各二人虞部水部侍郎各一人凡三十六侍郎分司曹務直宿禁省如漢之制又北齊已後置行臺省隋有令僕射丞（左右丞置）兵部（兼吏部禮部）度支兼（都官工部）尚書及考功（兼吏部主爵司勳）禮部（兼祠部主客）膳部兵部（兼職方）駕部庫部刑部（兼都官司門）度支（兼倉部）戶部（兼比部）金部工部屯田（兼水部虞部）侍郎每行臺置食貨農圃武器百工監副監各一人各置丞有差又開皇三年詔尚書左僕射掌判吏部禮部兵部三尚書事御史糾不當者兼糾之右僕射掌判都官度支工部三尚書事又知用度尋改度支尚書為戶部都官尚書為刑部凡尚書令正二品左右僕射從二品尚書正三品左右丞從四品上階吏部侍郎正四品前階諸

書侍郎正六品上階門下亦置納言二人給事黃門侍郎四人錄事通事令史各六人又有散騎常侍通直散騎常侍各四人諫議大夫七人散騎侍郎四人員外散騎侍郎六人通直散騎侍郎四人並掌部從朝直又有給事二十人員外散騎侍郎二十人奉朝四十人並掌同散騎常侍等兼出使勞問統城門尚食尚藥符璽御府殿內等六局城門局監門校尉二人直長四人尚食局典御二人直長四人食醫四人尚藥局典御二人侍御醫直長各四人醫師四十人符璽御府殿內局監各二人直長各四人內史省置監令各一人尋廢監置令二人侍郎四人舍人八人通事舍人十六人主書十人錄事四人又增置通事舍人十二人為二十四人凡納言內史監正三品給事黃門侍郎內史侍郎正四品職事黃門侍郎為正四階散騎常侍為從三品通直散騎常侍為正四品諫議大夫為從四品散騎侍郎員外散騎常侍為正五品前階通直散騎侍郎為從五品上階內史舍人正六品上階通事舍人給事為從六品上階員外散騎侍郎為正七品上階奉朝請為從七品煬帝即位多改革殿內并尚書門下內并尚書門下內史祕書以為五省（殿內祕書事具御監門）增置謁者司隸二臺并御史為三臺凡又有殿內御史增置監察御史十六員開皇中御史直宿禁中至是罷之又置主簿錄事各二人（事具憲官門）謁者臺置大夫一人掌受詔勞問出使慰撫持節察受冤枉而申奏之駕出侍御史引駕置司朝謁者二人以貳之屬官有丞主簿名一人又有通事謁者二十人即內史通事舍人之職也次有議郎二十四人通直三十六人將事謁者三十人謁者七十人皆掌出使其後廢議郎通直郎將事謁者謁者等入而置員外郎八十員又詔門下內史御史司隸謁者五司監受以為常式不復專謁者矣又置散騎郎二十人承議郎通直郎宣德郎宣義郎各三十員從事郎將仕郎常從郎奉信郎各五十人俄改常從為登仕奉信為散從皆至出使量事大小據品以發之（承議郎已下至唐為散官其任輕矣）

司隸臺大夫一人常巡察別駕二人常分察御史十四人分察所掌又置丞主簿錄事各一人後罷司隸臺而留司隸從事之名不為常員（事具憲官門）尚書省六曹各置侍郎一人以貳尚書之職又增左右丞與六侍郎並正四品諸曹侍郎並改為郎又改吏部為選部郎禮部為儀曹郎兵部為兵曹郎刑部為憲部郎工部為起部以異六侍郎之名又廢諸司員外郎增曹郎為二員都司郎各一員又置都事主事令史隨曹閑劇每十令史置一主事不滿十者亦置一人其餘四省三臺亦皆曰令史餘則府史後又改主客郎為司蕃郎俄又減曹郎一人置承務郎一人同員外之職門下省置黃門侍郎員二人去給事之名又移給事郎置四人從五品次黃門省讀奏案廢散騎常侍通直散騎常侍諫議大夫散騎侍郎等員又改符璽監為郎置二人從六品又以城門殿內尚食尚藥御府等五局隸殿內省十二年又改納言為侍內內史省置侍郎二人減內史舍人為四人加置起居舍人二人改通事舍人隸謁者臺減主書員置四人十二年又改內史為內書唐制御史臺置大夫一員掌邦國刑憲典章以肅正朝列中丞二人為貳屬官侍御史四人殿中侍御史六人監察御史十人主簿一人（又東都留臺置中丞侍御各一人殿中侍御史二員監察御史三員事具憲官門）尚書省龍朔二年改為中臺光宅初改為文昌臺神龍初復舊領二十四司一曰吏部領主爵司勳考功二曰戶部領度支金部倉部三曰禮部領祠部主客膳部四曰兵部領職方駕部庫部五曰刑部領都官比部司門六曰工部領屯田虞部水部龍朔二年改吏部曰司列主爵曰司封考功曰司績戶部曰司元度支曰司度金部曰司珍倉部曰司庾禮部曰司禮祠部曰司禋膳部曰司膳兵部曰司戎職方曰司城駕部曰司輿庫部曰司庫刑部曰司刑都官曰司僕比部曰司計工部曰司工屯田曰司田虞部曰司虞水部曰司川咸亨元年並復舊光宅元年改吏部為天官戶部為地官禮部為春官兵部為夏官刑部為

秋官工部爲冬官神龍元年並復舊天寶十一年改吏部爲文部兵部爲武部至德二載復舊置令一人揔領百官儀刑端揆國初文皇帝爲之自後不置又置左右僕射各一人以貳令之職後不置令以僕射揔省事左右丞各一員糺正省内左丞勾吏部戶部禮部三司右丞勾兵部刑部工部十二司事吏部戶部禮部兵部置侍郎各二員禮部刑部工部置侍郎各一員吏部戶部兵部各置郎中員外二員司勲置員外郎二員左右司及司封而下諸司各置郎中員外一員各分掌其所領之事龍朔二年改左右僕射爲左右匡政左右丞爲左右肅機尚書爲太常伯侍郎爲少常伯左右司郎中爲左右丞務郎中爲大夫咸亨元年復改左右肅機爲左右丞大夫爲郎中光宅元年改左右匡政爲文昌左右相左右丞爲文昌左右丞神龍元年改文昌左右丞相爲尚書左右僕射開元元年改左右僕射爲左右丞相天寶元年復改左右丞相爲左右僕射省又有都事主事令史書令史分行

省事尚書令正二品左僕射從二品左丞正四品上右丞正四品下永昌元年昇爲從三品如意元年復舊尚書正三品吏部侍郎正四品諸司侍郎郎中並從五品上員外郎並從六品上咸亨元年改爲黃門門下省龍朔二年改爲東臺光宅元年改爲鸞臺神龍元年復爲門下開元元年改爲黃門省五年改爲門下省置侍中二員掌出納帝命緝熙皇極總典吏職贊相禮儀以利萬邦以弼庶務所謂佐天子而統大政也凡軍國之務與中書令參而總焉坐而論之行而舉之此其大較也又置侍郎二員掌貳侍中之職給事中四員掌陪侍左右分判省事凡百司奏抄侍中審定侍郎覆省給事中讀而署之以駁正違失制勑大事覆奏而請施行小事署而頒之又置左右散騎常侍二人掌侍從規諷備顧問應對左諫議大夫四員掌侍從贊相規諫諷諭起居郎二員掌以修記事之史左補闕右拾遺各二員掌供奉諷諫扈從乘輿凡發令舉事有不便於時不合于道大

則廷議小則上封若賢良之遺滯於下忠孝之不聞于上則條其事狀而薦言之又置典儀二員贊者十二人掌殿上贊唱之事[illegible]又置城門郎四員掌京城皇城宮殿諸門啓閉之節及出納管鑰又置符寶郎四人掌八寶及國之符節又有錄事主事令史書令史傳制楷書門僕以分掌曹事先是武德初改隋之侍内曰納言龍朔二年改納言曰東臺左相改左右散騎常侍曰左右侍極給事中曰東臺舍人起居郎曰左史咸亨中復曰納言左右散騎常侍給事中起居光宅初以東臺曰鸞臺神龍初又改納言曰侍中開元三年又改侍中曰黃門監五年又改黃門監曰侍中天寶二載又改侍中曰左相至德二年又改左相曰侍中又領引文館武德初置之名昭文館後改爲弘文館又改爲昭文館開元七年復曰弘文館有大學士多以宰相領之又有學士無員數掌詳正圖籍教授生徒凡朝廷有制度沿革禮儀輕重得參議焉校書郎二人掌校理典籍刊正錯

繆領學生三十人中書省初沿隋制曰內書省武德三年改曰中書省龍朔二年改曰西臺光宅元年改爲鳳閣神龍元年復爲中書省開元元年改爲紫微五年復爲中書省置中書令之職掌軍國之政令緝熙帝載統和天人入則告之出則奏之以釐萬邦以度百揆蓋佐天子而執政也又置侍郎二員掌貳令之職又置舍人六員掌侍奉進奏參議表章凡詔旨中書令宣侍郎奉舍人署而行之[illegible]又置右散騎常侍起居舍人右補闕右拾遺各二員散騎而下並與左同起居舍人掌修善之史侍中中書令正三品至德中昇爲二品兩省侍郎初正四品至德中昇爲正三品常侍初從三品廣德中昇爲正三品給事中舍人正五品上諫議大夫初正五品上會昌二年昇爲正四品下與丞相出入迭用起居郎舍人從六品上左右補闕從七品上左右拾遺從八品上有主書主事令史傳判外行曹事焉先是武德初改隋之內書令曰內史令又改爲中書令龍朔

二年改中書令爲西臺左相起居舍人曰右史咸亨中復曰爲中書令起居舍人光宅元年改中書令爲鳳閣令神龍初改鳳閣令曰中書令開元元年改中書令曰紫微令五年復爲中書令天寶二載改中書舍人曰右相至德二年復改右相曰中書令領四方館置通事舍人十六人掌朝見引納及辭射及四方通表華夷納貢之事又領集賢殿書院掌刋緝古今之經籍以辯明邦國之大典先是梁武帝於文德殿藏書北齊有文林館學士後周有麟趾殿學士明皇於西京乾元殿廊下寫部書於東都麗正殿置修書使開元十三年改集仙殿爲集賢殿改麗正修書使爲集賢書院置大學士初以尚書左丞相張說爲之自後多以宰相兼領又置學士五品已上官爲之直學士六品已下官爲之學士一人知院事一人副知院事又置侍講學士修撰校理待制直院檢討等官凡承旨撰集文章校理經籍月終則進課于內歲終則考最于外又領史館掌修國史監修國史

多以宰相爲之又置修撰以外朝官爲之又置直館以未登朝官爲之（事具國門）又領知匭使唐天后垂拱元年置以達冤滯天寶九載改爲獻納乾元元年復名匭常以諫議大夫及補闕拾遺一人充使受納訴狀每日暮進內向晨出之又尚書省自至德之後以他官分判戶部度支又置鹽鐵轉運使分六卿之職以成一時之務（事具邦計門）又五代梁開平二年改左右丞爲左右司侍郎三年升尚書令爲正一品後唐李琪以故相爲御史大夫自後不置長興元年升右丞與左丞同並爲正四品晉天福五年升御史中丞爲清望正四品門下中書侍郎爲清望正三品左右諫議大夫爲清望正四品七年又詔門下侍郎位在左散騎常侍之下先是開元已後兩省侍郎皆帶平章事罕有單爲者至是昝居潤自刑部侍郎遷門下侍郎而不帶平章事故有是詔周顯德五年又詔諫議大夫改爲正五品班在給事中之下夫出入宮闈陪侍左右或與治亂或協佐樞機或贊相禮容或出納詔命或切問近對或獻可替否蓋朝廷之劇任公台之歷試也非夫器識通茂材行交脩以慎密而基心以明達而致用孰可膺斯簡而處清要乎故稱任者有公忠清慎之節博洽謨猷之能充羽儀於臺閣爲圭臬於贊務焉至于非其才者有窺伺躁競之心朋附貪黷之迹故多士之所惡明庭之攸玷焉今總述其事以垂於後庶使見其善而仰止懲其惡而自戒凡臺省部二十九門云

選任

夫知人則哲能官人則惠大禹之訓也愼簡乃僚其惟吉士周穆之命也蓋邦國治亂在乎庶官選賢任能其來尚矣自舜命衆職以熙帝載西漢之後政歸尚書機務所出推擇斯始或以政事用或以文學外內則參侍左右論思治道外則坐曹夙夜修明官業厥職尤重其才益難詳求遺策鋪觀歷代曷嘗不愼選衆之舉致得人之盛哉

虞舜曰疇若予工僉曰垂哉（問誰能順我百工事者朝臣舉垂垂臣名）帝曰俞咨垂汝共工（共謂供其職事）垂拜稽首讓于殳斨暨伯與（殳斨伯與二臣名）帝曰俞往哉汝諧（汝能諧和此官）帝曰疇若予上下草木鳥獸僉曰益哉（上謂山下謂澤順謂施其政教取之有時用之有節言伯益能之）帝曰俞咨益汝作朕虞（虞掌山澤之官）益拜稽首讓于朱虎熊羆帝曰俞往哉汝諧（朱虎熊羆四臣名垂益所讓四人皆在元凱之數也）帝曰龍朕堲讒說殄行震驚朕師（堲疾殄絕震動也言我疾讒說絕君子之行而動驚我衆欲遏絕之）命汝作納言夙夜出納朕命惟允（納言喉舌之官聽下言納於上受上言宣於下必以信）

漢張安世少以父任爲郎用善書給事尚書武帝行幸河東亡書三篋詔問莫能知唯安世識之具作其事後購求得書以相校無所遺失帝奇其才擢爲尚書令

孔光爲博士成帝時博士選三科高爲尚書次爲刺史其不通政事以久次補諸侯太傅光以高第爲尚書

後漢衛颯建武二年辟大司徒鄧禹府舉能案劇除侍御史

胡廣字伯始舉孝廉試爲天下第一旬月拜尚書郎

舉為諫議大夫順帝時詔遣八使巡行風俗皆選有威名者
乃拜舉侍中
翟酺為侍中時尚書有缺詔將軍大夫六百石以上試對政事
天文道術以高第者補之由是酺對第一拜尚書
盧植為廬江太守歲餘復徵拜議郎與諫議大夫馬日磾議郎
蔡邕楊彪韓説等並在東觀校中書五經記傳補續漢記靈帝
以非急務轉為侍中遷尚書
潘勗獻帝時為尚書郎遷右丞詔以勗前在二千石曹才敏兼
通明習舊事勅并領本職蔡邕舉高第補侍御史遷尚書三日
之間周歷三臺遷巴郡太守復留為侍中
張馴為議郎擢拜侍中典領祕書近署甚見納異魏孫資劉放
文帝即位同轉為左右丞數月放徙為令黃初初改祕書為中
書以放為監資為令各加給事中遂掌機密明帝即位尤見寵任
盧毓文帝時為侍中詔曰官人秩才聖帝所難必須良佐進可
替否侍中毓禀性貞固心平體正可謂明試有功不懈于位者
也其以毓為吏部尚書使毓自選代者曰得如卿者乃可毓舉常
侍鄭沖帝曰文和吾自知之更舉吾所未聞者乃舉阮武孫邕
帝於是用邕
吳張純字元基少厲操行學博才秀而切問捷對容止可觀擢
拜郎中
李肅字偉恭南陽人少以才聞善論議臧否得中甄奇錄異薦
述後進題目品藻曲有條貫以此人服之權擢為選曹尚書
晉安平王孚宣帝弟也仕魏為清河太守初魏文帝置度支尚
書專掌軍國支計朝議以征討未息動須節量及明帝嗣位欲
用孚問左右曰有兄風不答曰似兄帝曰吾得司馬一二人復
何憂哉轉為度支尚書
裴楷為尚書郎武帝為撫軍以楷為參軍事會吏部郎缺文帝
問其人於鍾會會曰裴楷清通王戎簡要皆其選也於是以楷為

吏部郎
羊祜為祕書監散騎常侍泰始初詔曰夫總齊機衡允釐六職
朝政之本也祜執德清劭忠亮純茂經緯文武謇謇正直雖處
腹心之任而不總樞機之重非垂拱無為委任責成之意也其
以祜為尚書右僕射衛將軍給本營兵陳勰為燕王師泰始中
詔曰勰清身潔靜行著邦族篤志好古博通六籍耽悅典誥老
而不倦宜在左右以篤儒教可為給事中
文立為太子中庶子武帝詔曰立忠貞清實有思理器幹前在
濟陰政事脩明後事東宮盡輔導之節昔光武平隴蜀皆收其
賢才以叙之蓋所以拔幽滯而濟殊方也其以立為散騎常侍
王戎為議郎太熙元年詔曰夫總百揆之得失管王政之開基
者端右之職也漢代以來每選此官必慎其人議郎王戎可為
尚書令劉頌為淮南相元康初從淮南王允入朝會誅楊駿頌
屯衛殿中其夜詔以頌為三公尚書陸曄元帝時為太子詹事
時帝以侍中皆北士宜兼用南人曄以清貞著稱遂拜侍中
謝尚鎮洛陽都督豫州揚州之五郡軍事在任有政績上表求
入朝因留京師署僕射事溫嶠為散騎常侍侍講明帝手詔曰
卿既以令望忠允之懷著於周旋且文周而旨遠宜居深密今
欲以卿為中書令朝論亦咸以為宜
王洽字敬和成帝時為中書令帝曰敬和清裁昔為中書郎吾
尚小數呼見意甚親之今以為中書令欲共講文章之事也
宋徐湛之為尚書僕射初劉湛伏誅殷景仁卒文帝委任沈演
之庾炳之范曄等後又有江湛何瑀之曄誅炳之免演之瑀之
並卒至是江湛為吏部尚書與湛之並居權要世謂之江徐焉
蕭思話自雍州刺史徵為吏部尚書文帝詔思話曰沈尚書暴
病不救其體業貞審立朝盡公年時尚可方相委任奄忽不永
痛惋特深銓管要機通塞所寄丈人才用體國二三惟允王景
文為司徒左長史孝武以散騎常侍舊與侍中俱掌獻替欲高

其選以景文及會稽孔覬俱南北之望並以補之

孔覬爲臨海太守初晉世散騎常侍選望甚重與侍中不異其後職任閑散用人漸輕孝建三年孝武欲重其選詔曰散騎職爲近侍事居規納置任之本實惟親要而頃選常侍陵遲未允宜授特良永貞清徽於是吏部尚書顏竣奏曰常侍華選職任俟才新除臨海太守孔覬意業閑素司徒長史王彧懷尚清理並任爲散騎常侍帝不欲威權在下其後分吏部尚書置二人以輕其任侍中蔡興宗謂人曰選曹要重常侍閑淡改之以名而不以實雖主意欲爲輕重人心豈可變耶既而常侍之選復卑選部之貴不異覬領本州大中正

王彧爲侍中時孝武選侍中四人並以風貌彧與謝莊爲一雙阮韜何偃爲一雙常充兼假

南齊謝朓自中書郎出爲宣城太守以選復爲中書中書郎江斅轉都官尚書領驍騎將軍王晏啓武帝曰江斅今重登禮閣

兼掌六軍慈渥所覃寔是優忝但語其事任殆同閑輦夫宮既欵外其名位愚謂以侍中領驍騎望實清顯有殊納言帝曰斅常啓吾爲其鼻中惡今既以何胤王瑩還門下故有此迴換耳

梁孔休源爲臨川王府行參軍武帝謂徐勉云今帝業初構須一人有學藝解朝儀者爲尚書儀曹郎勉曰孔休源識見清通諳諫故事自晉宋起居注略誦上口帝亦聞之即日除兼尚書儀曹郎

張緬爲太子舍人殿中郎武帝謂徐勉曰此曹舊用文學且居鴈行之首宜詳擇其人勉舉緬充選

劉孝綽爲太子舍人兼尚書水部郎中啓陳謝手勑答曰美錦未可便制簿領亦宜稍習頃之即真後自上虞令還除祕書丞武帝謂舍人周捨曰第一官當用第一人故以孝綽居此職

到沆爲洗馬管東宮書記散騎省天監三年詔尚書郎在職清能或人才高妙者爲侍郎以沆爲殿中曹侍郎沆從父兄溉洽並有才名時皆相代爲殿中當世榮之

蕭介爲散騎常侍會侍中闕選司舉王筠等四人並不稱旨武帝曰我門中久無此職宜用蕭介爲之博物強識應對左右多所規正帝甚重之遷都官尚書每軍國大事必先詢訪於介焉帝謂朱异曰端右之材也

王通爲給事黃門侍郎侯景之亂奔于江陵元帝以爲散騎常侍遷守太常卿自侯景亂後臺內宮室並皆焚燼以通兼起部尚書歸于京師專掌繕造

陳蕭引爲黃門郎時吏部侍郎缺所司屢舉王寬謝燮等帝並不用乃中詔用引

姚察爲吏部尚書雅允朝望初吏部尚書蔡徵移中書令後主方擇其人尚書令江總等咸薦察勑答曰姚察非唯學藝優博亦是操行清脩典選難才今得之矣乃神筆草詔讀以示察察辭讓甚切後主曰選士之舉僉議所歸昔毛玠雅量清恪盧毓心平體正山濤舉不失才就卿而求必兼此矣且我與卿雖君

臣禮隔情分殊常藻鏡人倫良所期寄亦以無慙則哲也

江總至德中授尚書令策曰於戲天文昌政本司會治經韋虎謂之樞機李固方其斗極況其五曹斯綜百揆是諧同冢宰之司專臺之任惟爾道業標峻宇量弘深勝範清規風流以爲准的辭宗文學衣冠以爲領袖故能師長六官具瞻允塞明府八座儀形載遠其端朝握揆朕所望焉往欽哉懋建爾徽猷亮采我邦國可不慎歟

後魏崔玄伯爲尚書道武天興元年十一月詔尚書吏部郎中劉淵典官制立爵品定律呂協音樂儀曹郎中董謐撰郊廟社稷朝覲饗宴之儀三公郎中王德定律令甲科禁太史令晁崇造渾儀考天象玄伯總而裁之

苟頹獻文時爲洛州刺史承明元年文明太后令百官舉才堪幹事人足委杖者於是公卿咸以頹應選徵拜散騎常侍殿中尚書

宋弁爲散騎常侍遷右衛將軍領黄門弁屢譏孝文曰吾爲相
加者卿亦不可有辭豈得專守一官不助朕爲治且散騎位在
中書之右常侍者黄門之庶兄領軍者三衛之假攝不足空存
推讓而弁大委後孝文東駕征馬圈留弁以本官兼祠部尚書
攝七兵事及行執其手曰國之大事在祀與戎故令卿綰攝二
曹弁頓首辭謝
裴夙字宵興沉雅有器識儀望甚偉孝文見而異之自司空主
簿轉尚書左主客郎中
范紹以聰敏頗涉經史孝文選爲門下通事舍人遷録事令掌
奏文孝文帝善之又爲侍中李沖黄門崔光所知出内文奏多以
委之孝文嘗謂近臣曰崔光從容范紹之力
崔振爲高陽内史孝文南討徵兼尚書左丞留京振既才幹被
擢當世以爲榮
崔亮爲尚書二千石孝文在洛欲刱革舊制選置百官謂群臣

曰與朕舉一吏部郎必使才望兼允者給卿三日假又曰朕
巳得之不煩卿輩也馳驛徵亮兼吏部郎
朱元旭爲尚書度支郎中孝明神龜之末以郎選不精大加沙
汰元旭與隴西辛雄范陽祖瑩泰山羊深西平源子恭並以才
用見留辛雄神龜中除尚書駕部郎中轉三公郎其年沙汰郎
官唯雄與羊深等八人見留餘悉罷遣後兼司州別駕加前軍
將軍冀州刺史侯剛啓爲長史孝明以雄長於世務惜不之吏
除司空長史
羊深爲尚書駕部郎中于時沙汰郎官務精才實深以才堪見留
在公明斷尚書僕射崔亮吏部尚書甄深咸敬重之孝明行釋
奠之禮講孝經深於儕輩中獨蒙引聽時論美之李業興爲通直
散騎侍郎普泰元年沙汰侍官業與仍在通直
北齊宋游道初仕東魏爲大將軍司馬文襄以吏部郎中崔暹
爲御史中尉以遊道爲尚書左丞爲暹遊道曰即一人處南臺
一人處北省當使天下肅然
崔昂爲廷尉卿文宣幸東山百官預讌帝召昂於御坐前謂曰
舊人多出爲州我欲以臺閣中相付當用卿爲令僕勿望刺史
卿六十外當爲卿本州中間不可得也天保十年稟拜儀同攝子獻百
司陪列昂在行中文宣特召昂在御所曰歷思群臣可綱紀省
闥者惟異卿一人即日除爲兼右僕射數日後昂因入奏事帝
謂尚書令楊愔曰昨不與崔昂正者言其太速欲明年真之終
是除正何事早晚可除正僕射明日即拜爲真
張景仁除通直散騎常侍及奏御筆點通直字遂爲正常侍
後周樂遜爲太學助教閔帝踐阼以遜有理務材除秋官府士
韋瑱自行臺左丞出爲郢州刺史復入爲行臺左丞瑱明察有
幹局再居左轄時論榮之李旭爲御正中大夫時以近侍清要
盛選國華乃以旭及安昌公元則中都公陸逞臨淄公唐謹等
並爲納言

隋楊汪爲洛州長史高祖嘗謂諫議大夫王達曰卿爲我覓一
好左丞達遂私於汪曰我薦君爲左丞若事果當以良田相報
也汪以達言奏之達竟以此獲罪卒拜汪爲尚書左丞
斛斯政煬帝時爲尚書兵部郎遼東之役兵部尚書段文振卒
侍郎明雅復以罪廢帝彌屬意尋遷兵部侍郎唐盧承慶美風
儀博學有才幹貞觀初爲秦州都督府戶曹參軍因奏河西軍
事太宗奇其明辯擢考功員外郎
李道裕太宗時爲將作少監會刑部尚書張亮反帝命百寮議
其獄多言亮當誅唯道裕言亮反形未具明其無罪太宗既盛
怒竟斬于市籍沒其家歲餘刑部侍郎有闕令執政者妙擇其
人累奏皆不可太宗曰朕得其人也往者李道裕議張亮云反
形未具此言當矣當時雖不即從至今追悔遂授道裕刑部侍郎
岑文本爲中書舍人時中書侍郎顏師古以譴免職溫彥博言
於太宗曰師古諳練政事長於文誥時無逮者冀上復用之太

宗曰我自擧一人公勿憂也於是以文本爲中書侍郎楊弘禮爲中書舍人太宗有事遼東以弘禮有文武材擢拜兵部侍郎專權兵機之務

王及善則天時爲益州都督府長史以老病致事加光祿大夫後契丹作亂山東不安召授滑州刺史顧曰卿比在外知國家事有何不穩及善陳理亂之冝十餘道則天曰彼末事也此爲本也卿不可行遂留拜内史

任雅相爲右驍衛將軍兵部侍郎高宗聞其廉正擢爲兵部尚書兼受將相之任

崔玄暐爲天官侍郎每介然自守都絶請謁頗爲執政者所忌轉文昌左丞經月餘則天謂曰自卿改職已來選司大有罪過或聞令史乃設齋自慶此欲盛爲貪惡耳今要復舊任又除天官侍郎李昭德爲鳳閣侍郎長壽二年增置夏官侍郎三員時選昭德與婁師德侯知一爲之

席豫爲吏部侍郎玄宗謂之曰以卿前爲考功職事平允故有此授

蘇頲爲工部侍郎玄宗謂宰臣曰有從工部侍郎得中書侍郎否對曰任賢用能非臣等所及帝曰蘇頲可中書侍郎仍供政事食明日加知制誥制誥有政事食自頲始也頲入謝帝曰常欲用卿每有好官闕即望宰相論及宰相皆卿之故人卒無言者朕爲卿歎息中書侍郎朕極重惜自陸象先歿後朕每思之無出卿者

趙退翁自湖南觀察使授代歸京師閭門靜居不與人交從父之特召對於別殿退翁多學問有詞辯敷奏稱旨德宗悅之拜給事中

蔣乂爲司勳員外郎貞元十八年時集賢院學士求者甚衆會詔問神策軍建置之由相府討求不知所出乃訪於乂乂徵引根源對甚詳悉宰臣高郢鄭珣瑜相顧曰集賢有人矣翌日詔兼判集賢院事

趙宗儒貞元六年爲司勳員外郎判考功宗儒復行貶考之令自至德以來考績之司事多失實雖常參官及諸州刺史未常分其善惡悉以中上考褒之及是褒貶稍明人知戒懼帝善之遷宗儒考功郎中

薛播貞元中爲禮部侍郎朝廷難貢擧之任以播素有鑒裁遂膺其命

李遜元和中爲浙江東道觀察使入朝憲宗曰諫官給事中若除授有私政乖允當各令論駁擧其職業以遜浙東有政能遷爲給事中

呂元膺元和中爲給事中出爲同州刺史及入謝憲宗問以時政得失元膺論奏詞甚激切帝嘉其剛正翌日謂宰臣曰呂元膺讜言直氣今欲留在左右使言得失卿等以爲何如李藩裴垍進賀曰陛下納諫超冠前王乃宗社無疆之福臣等不能廣求直士又不能數進直言孤負聖心合當罪責今請以元膺復爲給事中以備顧問帝悅而從之

孟簡長慶中代崔群爲户部侍郎是官有二員其判使案者別居一署謂之左户元和以還號爲清重之最宰輔登用多由此而去故群入相以簡代焉

班肅爲坊州刺史長慶初以肅爲司封員外郎時宰臣上言曰將欲清風俗必在厚人倫竊見皇甫鎛權位盛時班行之中多所親附及得罪後議論立變增嫉如讎俗之衰薄一至於此唯班肅以曾爲郎官判度支案終始如一獨送出城周行之間多美其事今郡秩已罷望授一省官以表其行故有是拜

韋顗爲户部侍郎長慶四年十月以顗爲御史中丞兼户部侍郎以御史中丞鄭覃爲權知工部侍郎以刑部侍郎韋弘景爲吏部侍郎以權知禮部侍郎李宗閔爲權知兵部侍郎以丁部侍郎于敖爲刑部侍郎以中書舍人楊嗣復權知今年貢學是

曰尚書六曹無不更歷人情異之

王播爲河南尹大和二年十月以播爲尚書右丞判吏部今年東都選事宜令播權判待銓試畢日領官吏赴上都

柳公權以中書舍人翰林學士兼侍書開成二年四月以公權爲諫議大夫知制誥學士侍書如故初上於便殿召公權周墀對公權論事切直忤旨周墀爲之惴慄公權詞氣益堅帝徐謂公權曰朕知舍人不合却作諫議以卿論事有爭臣之風令授卿諫議大夫翌日詔下

魏謩爲起居舍人充弘文館直學士開成四年以謩爲諫議大夫兼起居舍人充弘文館直學士詞云朕以邦國之大機務之多惠有所未周化有所未洽不有忠讜之士左右輔益逮諸無燭不甚難歟今即審選正人俾居諫省朝政闕失期乎必聞是用簡自朕心持申擬命所期稱職豈限賞資謩累疏讓官帝遣宰臣宣旨謩乃就官元晦爲吏部郎中會昌三年二月除右諫

議大夫制曰昔汲黯薄懷陽守願出入禁闥補過拾遺則諫諍之任實資諒直我求其比今得正人吏部郎中元晦往在内廷曾感先顧奮發中懇不私形骸俯伏青蒲至于零涕數共工之罪不蔽堯聰辨垣平之詐益彰文德近因旌別邪正宰弼上言以魯公藏否莫如寘華於左右漢后聳檻勤若列游於公卿是用命尔登于文陛尔其副我寵擢不替初心勿沽小名以枉大節勉服官業期于有終

周世宗顯德六年車駕幸滄州四月辛卯以前左諫議大夫薛居正爲刑部侍郎權判吏部銓司公事仍賜金紫是時居正銜命先至滄州以均定民租爲事帝與至聞其辨事故有是拜

冊府元龜卷第四百五十七

冊府元龜卷第四百五十八

臺省部一

德望　才智

德望

傳曰德成而上 詩曰令聞令望蓋盛德內充英聲外發若鼓鍾于宮懷珠於川而鏗鏘著聞璀璨自耀也由漢以來盛臺省之選賈捐之所謂尚書百官本矣踐其職者率多魁梧之士乃有忠規讜論孤風峻節沉默端厚以鎮俗高潔遜讓以全道安危所繫朝野攸矚藹風望於庶尹擅儀表於當世或以方嚴而見憚或協才美而流譽固足以從聳外庭之瞻諦爲邦國之龍光虞書稱百僚師師周雅美吉士藹藹咸斯之謂歟

漢楊惲以兄任爲郎補常侍騎以材能稱好交英俊諸儒名顯朝廷

後漢王良徵拜諫議大夫數有忠言以禮進止朝廷敬之

劉愷爲侍中在位者莫不仰其風行

周舉徵拜尚書與僕射黃瓊同心輔政名重朝廷左右憚之

王扶爲議郎會見恂恂似不能言然性沈正不可干以非義當世高之

左雄爲尚書令在位者咸肅清時稱曰左伯豪爲尚書令天下皆慎選舉伯豪雄字也

荀彧自爲尚書令常以書陳事臨薨皆焚毀故奇策密謀不得盡聞又非正道不用心名重天下莫不以爲儀表海內英俊咸宗爲司馬宣王常稱書傳遠事吾自耳目所從聞見逮百數十年間賢才未有及荀令君者也

魏徐邵爲尚書郎以廉直見稱

吳顧雍爲尚書令不飲酒寡言語舉動時當孫權嘗歎曰顧君不言言必有中至飲宴歡樂之際左右恐有酒失而雍必見之是以不敢肆情權亦曰顧公在坐使人不樂其見憚如此

王蕃字永元孫休即位與賀邵薛瑩虞汜俱爲散騎中常侍皆加駙馬都尉時論推之

晉羊祜仕魏爲給事中黃門郎高貴鄉公好屬文在位者多獻詩賦汝南和逌以忤意見斥祜在其間不得而親疏有識尚焉

杜預爲尚書損益萬機不可勝數朝野服焉號曰杜武庫言其無所不有

裴頠遷尚書左僕射侍中如故頠雖賈后之親屬然雅望素隆四海不謂之以親戚進也惟恐其不居位

衛瓘爲中書侍郎權臣專政瓘優遊其間無所親疏甚爲傅嘏所重謂之甯武子

武陔爲左僕射左光祿大夫開府儀同三司陔以宿齒舊臣名位隆重自以無佐命之功又在魏已爲大臣不得已而居位深懷遜讓終始全潔當世以爲美談

王濟尚常山公主起家中書郎累遷侍中與侍中孔恂陽濟同列爲一時秀彥武帝常會公卿藩牧於式乾殿顧濟恂而謂諸公曰朕左右可謂恂恂濟濟矣每侍見未嘗不諮論人物及萬機得失濟善於清言脩飾辭令諷議將順朝臣莫能尚焉帝益親貴之仕進雖速論者不以主壻之故咸謂才能致之

索靖爲尚書郎與襄陽羅尚河南潘岳吳郡顧榮同官咸器服焉

褚陶吳郡人吳平召補尚書郎張華見之謂陸機曰君兄弟龍躍雲津顧彥先鳳鳴朝陽謂東南之寶已盡不意復見褚生機曰公但未覩不鳴不躍者耳華曰故知延門之德不孤川嶽之寶不匱矣

傅祗爲常侍及趙王倫輔政以爲中書監常侍如故以鎮衆心祗辭之以疾倫遣御史輿祗就職王戎陳準等相與言曰傅公在事吾屬無憂矣其爲人物所倚信如此

陸玩爲尚書令王導郗鑒庾亮相繼而薨朝野咸以爲三良既沒國家殄瘁以玩有德望乃遷侍中司空給羽林四十人

紀瞻爲尚書僕射才兼文武朝廷稱其忠量雅正

王濛與劉惔爲中書侍郎濛恬勝能言名理惔以清峻時人以濛比袁曜卿惔比荀奉倩孔坦爲尚書左丞深爲臺中之所敬憚

宋殷景仁爲侍中時與侍中右衛將軍王華侍中驍騎將軍王曇首侍中劉湛四人並時爲侍中俱居門下皆以風力局幹冠冕一時同外之美近代莫及文帝於合殿與四人宴飲甚悅華等出帝目送良久歎曰此四賢一時之秀同管喉舌恐後世難繼

蔡興宗爲吏部尚書時前廢帝方盛滔宴虐侮群臣自驃騎大將軍建安王休仁以下侍中袁愍孫等咸見凌曳唯興宗得免

南齊王延之仕宋爲左僕射宋德既衰太祖輔政朝野之情人懷彼此延之與尚書令王僧虔中立無所去就時人爲之語曰二王平平不送不迎太祖以此美之

孔逷字世遠爲尚書儀曹郎太祖謂之曰卿儀曹才也

王諶爲黃門郎諶貞正和謹朝廷稱爲善人多與之厚

張緒爲常侍中書令緒善言素望甚重太祖深加敬異僕射王儉謂人曰北士中覓張緒過江未有人不知陳仲弓黃叔度能過之不徐孝嗣爲侍中時北虜動詔孝嗣假節頓新亭時王晏爲令民情物望不及嗣也

梁張纘年二十三爲太尉諮議參軍吏部尚書俄爲長史兼侍中時人以爲左遷河東裴子野曰張吏部有喉唇之任已恨其晚矣

江革爲度支尚書好獎進門閥爲後生延譽由是衣冠士子翕然歸之

劉顯爲中書侍郎與裴子野劉之遴顧協連職禁中遞相師友時人莫不羨之

徐勉爲尚書僕射常參掌衡石甚得士心

柳昂武帝時爲內史中大夫開府儀同三司賜爵文城郡公當途用事百寮皆出其下昂竭誠獻替知無不爲謙虛自處未嘗驕物時論以此重之

蔡撙爲中書令辛司空袁昂嘗謂諸賓曰自蔡侯卒不復更見此人其爲名輩所知如此袁昂爲吏部尚書高祖謂曰齊明帝用卿爲黑頭尚書我用卿爲白頭尚書良以多愧對曰臣生四十七年于茲矣四十已前臣之自有七年已後陛下所養七歲尚書未爲晚達帝曰士固不妄有名

臧厥未甄子也爲散騎常侍歷中書通事舍人前後居職所掌之局大事及蘭臺廷尉所不能決者勅並付厥厥辯斷精詳咸得其理厥卒後有登登聞鼓訴者求付清直舍人高祖曰臧厥既亡此事便無可付其見知如此陳張種爲中書令以疾授金紫光祿大夫種沉深虛靜而識量宏博時人皆以爲宰相之器僕射徐陵嘗抗表讓位於種曰種器懷沉密文史優裕東南貴秀朝廷親賢克壯其猷宜居左執其爲人物所推如此

姚察爲吏部尚書察博極墳素尤善人物至於姓氏所起官職姻聚無所遺失且澄鑒之職人久以拌匠稱許及還選部雅允朝望

後魏封琳爲司宗下大夫有長者之稱

盧魯元爲中書侍郎性多容納善與人交如掩人之過楊人之美由是公卿咸親附之

李瑾爲通直散騎侍郎與給事黃門侍郎王遵業尚書郎盧觀典領儀注臨淮王彧謂瑾等曰卿等三儁共掌帝儀可謂舅甥之國王盧即瑾之外兄也

賈思伯任都官尚書侍講性謙和傾身禮士雖在街途停車下馬接誘恂恂曾無倦色客有謂思伯曰公今貴重寧能不憍思伯曰衰至便憍何常之有當世以爲雅談

胡方回爲中書侍郎司徒崔浩及當時朝賢並愛重之清貧守道以壽終

李神儁爲尚書左僕射篤如文雅老而不輕凡所交遊皆一時名士汲引後生爲其光價四方才子同宗附之

高允爲尚書散騎常侍加光禄大夫篤親念故虚己存納雖處貴重志同貧素

李孝伯爲散騎常侍孝伯體度恢雅明達政事朝野貴賤咸推重之

李沖爲南部尚書竭忠奉上知無不盡出入憂勤形於顔色雖舊臣戚輔莫能逮之無不服其明斷慎密而歸心焉於是天下翕然及殊方聽望咸宗奇之

鹿悆爲給事黄門侍郎雖任居通顯志在謙退迎送親賓加於疇昔

崔休爲黄門侍郎崇尚先達愛接後來

辛雄爲尚書三公郎右僕射元欽謂左僕射蕭寶夤曰至如辛郎中才用省中諸人莫出其右寶夤曰吾聞游僕射云得如雄

者四五人共治省事足矣今日之賞何其晩哉於時諸公皆慕其名蚤爲佐莫能得也

谷渾爲儀曹尚書正直有操行不尚合趣舍不與己同視之蔑如也然愛重舊故不以富貴驕人時人以此稱之

羊深爲駕部郎在公明斷尚書僕射崔亮吏部尚書甄琛咸敬重之

常景爲門下録事在樞密十有餘年爲侍中崔光盧昶游肇元暉尤所知賞累遷積射將軍給事中

北齊任延敬爲尚書左僕射進位開府儀同三司延敬位望既重能以寛和接物人皆稱之

鄭述祖累遷儀同三司述祖女爲趙郡王叡妃述常坐受王拜命坐王乃坐妃薨後王更娶鄭道蔭女王坐受道蔭拜王命坐乃敢坐王謂道蔭曰鄭尚書風德如此又貴重宿舊君不得譬之

元斌爲尚書左僕射斌美儀貌性寛和居官重慎頗爲齊文襄愛賞

元文遥爲中書舍人楊遵彦每云堪解穢侯印者必在斯人陽休之累遷中書監位望雖高虚懷接物爲搢紳所愛重崔劼爲五兵尚書監國史在臺閣之中見稱簡正

袁聿脩爲吏部尚書聿脩少平和温潤最有規檢以名家子歴任清華時望多相器待許其風鑒在郎署之日值趙彦深爲水部郎中同在一院因成交友彦深後被沙汰停私門生藜藿聿脩猶以故情存問來往彦深任用銘戢甚深雖人才無愧然由其接引吏部尚書以後自以物望得之

唐邕白建天保初主治外兵騎兵二曹謂之外兵省其後邕建位望轉隆各爲省主令中書舍人分判二省事故世稱唐白

後周長孫紹遠爲殿中尚書録尚書事太祖每謂群公曰長孫公容止堂堂足爲當今模楷

李彦爲兵部尚書加驃騎大將軍開府儀同三司仍兼著作其

官建改授軍司進爵爲伯彦性謙恭有禮節雖居顯要於親黨之間恂恂如也輕財重義好施愛士時論以此稱之唐瑾爲吏部尚書銓綜衡流雅有人倫之鑒以父憂去職尋起令視事時六尚書皆一時之秀周文自謂得人號爲六俊然瑾尤見器重

崔謙累遷銀青光禄大夫謙少時讀經史晩年好老莊容止儼然無愠色親賓至則置酒相娱清信言不及俗事士大夫以爲儀表

元偉高祖時聘于齊爲齊人所執齊平偉方見釋授上開府偉性温柔好虚静居家不治生業篤學愛文政事之暇未嘗棄日謹慎小心與物無忤時人以此稱之自鄴還也庾信贈其詩曰虢云垂棘反齊平寶鼎歸其爲辭人所重如此

趙善爲尚書右僕射性温恭有器局雖位居端右而愈自謙退其職務克舉則曰某官之力有罪責則曰善之咎也時人稱其有公輔之量

荀士遜爲中書侍郎號爲稱職與李若等撰典言行於世

蘇亮爲中書監有機辯善談笑文帝甚重之記人之善忘人之過薦達後進常如弗及故當世敬慕焉

周惠達爲儀同三司惠達雖居顯職性謙退善下人盡心勤恕公進拔良士以此人皆敬而附之

薛寘爲御正中大夫時前中書監盧柔學業優深文藻華贍而寘與之方駕故世號曰盧薛焉

韋瑱轉行臺左丞遷南郢州刺史復令爲行臺左丞瑱明察有幹局再居左轄時論榮之隋韋世康爲禮部尚書世康寡嗜欲不慕勢貴未嘗以位望矜物聞人之善若已有之亦不顯人過咎以求名譽

姚察初仕陳爲吏部尚書入隋爲秘書丞學兼儒史見重於三代

李諤高祖受禪歷比部考功二曹侍郎賜爵南和伯諤性公方明達世務爲時論所推遷治書侍御史

元文都開皇初授内史舍人歷庫部考功二曹郎俱有能名擢尚書左丞

楊尚希爲禮部尚書授上儀同尚希性弘厚兼以學業自通甚有雅望爲朝廷所重

宇文弼煬帝時爲禮部尚書弼既以才能著稱歷職顯要聲望甚重物議時談多見推許牛弘爲右光祿大夫榮寵當世而車服卑儉事上盡禮待下以仁訥於善而敏於行

李德饒大業中爲司隷從事雖位秩未通其德行爲當時所重凡與交結皆海内髦彦

裴矩大業時爲黄門侍郎遇人盡雖至胥吏皆得歡心唐溫大雅太宗時累轉禮部尚書甚有雅望魏知古爲工部尚書卒宋璟聞而歎曰叔向古之遺直子産古之遺愛能兼之者其在魏公乎

裴寬爲禮部尚書有重名於開元天寶間

韋陟天寶初爲吏部侍郎以道義相知不隔貴賤見布衣韋帶之士常虚左倒屣時人以此重之

韋虚心爲戶部郎中善於剖判時員外郎宋之問工於詩人以爲戶部有二妙李暠爲吏部尚書風儀秀整所歷皆以威重見稱朝廷稱其有宰相之望

李季卿代宗朝歷吏部侍郎散騎常侍有宇量性識博達善與人交襟懷豁如其在朝以進賢爲務士以此多之

崔渙爲吏部侍郎集賢院待制性尚簡淡不交世務頗爲時望所歸

于休烈爲工部尚書恭儉溫仁未嘗以喜愠形於顏色而親賢下士推轂後進雖位崇年高曾無倦色

李元素爲給事中時美官缺必指元素

武元衡爲比部員外郎一歲遷右司郎中時以詳整稱重後爲御史中丞持平無私人復稱之

鄭餘慶爲左僕射左揆之重儀刑庶工自頃或武臣權幸超踐崇寵中臺政本寖以刓替及餘慶以舊德居之人情美洽

錢徽爲翰林學士以上疏請罷兵忤旨出爲虢州刺史徽文雅厚重時論以爲不宜久在藩元和十四年徽拜禮部侍郎後自工部侍郎出爲華州刺史朝廷以徽素有公望拜左丞

鄭絪爲吏部尚書絪本以文學進性恬澹踐歷華顯出入中外者踰四十年所居雖無赫弈之稱而守道敦篤耽閱墳典與當時博聞好古之士爲講論名理之游時人皆仰其耆德焉

許孟容元和中歷兵吏部侍郎太常卿方勁富文學其於禮法考祥訓典甚爲堅正論者稱焉

李絳爲左僕射絳儀冠標望清舉自前以直道進退聞望傾時

崔從歷吏部侍郎尚書從守道貞固自長慶以後以時屬賢器薦尤不樂趨進其簡厚之德至今稱之

楊於陵爲左僕射致仕於陵器量弘整進止有常度在朝三十餘年崇踐中外始終不失其正居官奉職亦善操守時人皆仰其風德
韋弘景爲尚書左丞弘景素以鯁亮稱及居綱轄之地郎吏望風修整累遷刑部尚書充東都留守判東都尚書省事卒弘景歷官行事始終以直道自立議論操持無所阿附當時風教尤爲倚賴自長慶已來目以名卿
宋申錫敬宗寶歷二年爲禮部員外郎始自策名及在朝行清慎介潔不趨黨與自長慶曆之間時風嚚薄朋比大扇及申錫被用時論以爲勸
崔玄亮自太常少卿爲諫議大夫朝廷以其名望宿舊由諫議遷右散騎常侍
韋虛舟家有禮則父子兄弟更踐郎省時稱郎官家
韓愈爲吏部侍郎諸權門豪士如僕隸焉瞪然不顧而頗能誘厲後進館之者十六七雖晨炊不給怡然不介意大抵以興起名教弘獎仁義爲事

薛廷老爲刑部員外累至給事中當官舉職不求虛譽侃侃於公卿之間甚有風望
王朔太原人少以門蔭仕進性謙柔不覺名利爲左散騎常侍代宗即位目爲純臣尤重之
宇文籍大和初爲諫大夫而專掌史籍簡澹與人少合耽翫經史專精於著述風望峻整爲時推重
孟簡爲工部侍郎簡夙擅時名士流推重及居大列風望愈高或顯級華資有缺者當時公議必僉屬簡未幾代崔群爲戶部侍郎是官有二員其判使案者別居一署謂之左戶元和以還號爲清重之最宰輔登用多由此而去故群入相以簡代焉
王質爲諫議大夫質風度厚重道直言正時輩推許
後唐蕭頃初入梁歷給諫御史中丞禮部侍郎知貢舉咸有能名
漢劉鼎洪若寬易而典選曹按吏有風稜人稱爲能

才智

夫三臺兩掖典掌尤重詔令彝典咸出於茲故有道藝淵通機用周敏風力幹局顧問會旨參決朝議剖斷民事應對條揚敷奏精密兼領衆職曾莫留滯練識舊體訖無尤違列屬軍國多務書牘塡委凡所詔稟克究事端應變若神舉無遺策至於該覽百氏損益萬樞雖曰坐曹不廢接待用能服其時輩藹茲令譽形王言之攸獎見人爵之斯從加以操履不渝諒直是守贊其政柄誠無媿焉

漢金安上字子侯少爲侍中惇篤有智宣帝愛之
後漢耿國字叔慮（東觀記作慮）建武四年初入侍光武拜爲黃門侍郎應對左右帝以爲能遷射聲校尉
郅壽爲尚書令朝廷每有疑議常獨進見章帝奇其智策擢爲京兆尹
尹勳遷尚書令延熹中誅大將軍梁冀桓帝召勳部分衆職甚有方略封宜陽鄉侯

魏王粲爲侍中粲才既高辯論應機鍾繇王朗等雖各爲魏卿相至於朝廷奏議皆閣筆不能措手
蜀費禕爲尚書令常以朝晡聽事其間接納賓客飲食嬉戲加之博弈每盡人之歡事亦不廢
呂乂爲尚書代董允爲尚書令衆事無留門無停賓又歷職內外治身儉約謙靜少言爲政簡而不煩號爲清能
吳孫丞爲黃門侍郎與顧榮俱爲侍臣後主內侍多得罪尤惟榮丞獨獲全常使二人記事丞荅顧問乃下詔曰自今已後用侍郎皆當如今宗室丞顧榮疇也
薛瑩初爲光祿大夫天紀四年晉軍征吳後主奉書請降瑩既至洛陽特先見叙爲散騎常侍荅問處當皆有條理（干寶晉紀曰武帝從容問瑩曰孫皓之所以亡者何也瑩對曰歸命侯臣皓之君吳也昵近小人刑罰妄加大臣大將無所親信人人憂恐各不自保危亡之釁實由於此帝遂問吳士存亡者之賢愚瑩各以狀對）
晉石崇爲侍中武帝以崇功臣子有幹局深器重之

徐邈爲中書舍人遷常侍侍郎莅官簡惠達於從政論議精密
當時多諮稟之觸類辯釋問則有對
杜預爲度支尚書在内七年損益萬機不可勝數朝野稱美號
曰杜武庫言其無所不有也
宋劉穆之在晉爲尚書右僕射領選前將軍丹陽尹高祖北伐
留世子爲中軍將軍監太尉留府轉穆之左僕射領監軍中軍二
府軍司將尹領選如故甲仗五十人入居東城穆之内總朝政
外供軍旅決斷如流事無擁滯賓客輻輳求訴百端内外諮稟
盈堦滿室目覽辭訟手答牋書耳行聽受口内酬應不相參涉
皆悉贍舉又言談賞笑引日亘時未嘗倦苦裁有閑暇自手寫
書尋覽篇章校定墳籍顧琛爲駕部郎元嘉十七年文帝遣到彦
之經略河南大敗悉委棄兵甲武庫爲之空虚後帝宴會有後魏
歸化人在坐帝問琛庫中仗猶有幾許琛詭答有十萬人仗舊
武庫仗秘不言多少帝既發問追悔失言及琛詭對帝甚喜
南齊王儉爲左僕射領選太子少傅國子祭酒衛將軍丹陽尹
陽尹令史諮事賓客滿席儉應接銓序傍無留滞
梁范雲爲吏部尚書任守隆重書牘盈案賓客滿門雲應對如
流無所壅滞官曹文墨發擿若神時人咸服其明贍
徐勉爲吏部尚書既閑尺牘兼善辭令雖文案填積坐客充滿
應對如流手不停筆又該綜百氏皆爲避諱
朱异大通元年遷散騎常侍自周捨卒後异代掌機謨方鎮改
換朝儀國典詔誥勑書並兼掌之每四方表疏當局簿領諮詢
詳斷填委於前异屬辭落紙覽事下議從横敏贍不暫停筆頃
刻之間諸事便了
後魏裴修孝文時爲中大夫兼祠部曹司職主禮樂每有疑議
修斟酌故實咸有條貫
北齊陳元康遷陵臺都官郎軍國多務元康問無不知神武臨
行留元康在後馬上有所號令九十餘條元康屈指數之盡能

記憶神武甚親之曰如此人世間希有我今得之乃上天降佐
也時趙彦深亦知機密人謂之陳趙而元康勢居趙前性又柔謹
後周宇文深爲散騎常侍深性多奇譎好讀兵書既在近侍每
進籌策
蘇亮爲中書監領著作修國史亮有機辯善談笑太祖甚重之
所有籌議率多會旨
隋劉子翊高祖大業中爲治書侍御史每朝廷疑議子翊爲之
辯析多出衆人意表
高構字孝基爲户部侍郎馮翊武鄉女子焦氏既瘂又聾嫁之
不售嘗採摭於野爲人所犯而有孕遂生一男年六歲莫知其
姓於是申省構判曰母不能言竊理絶寃案風俗通姓有九種
或氏於爵或氏於居此兒生在武鄉可以武爲姓尋遷雍州剌
馬以明斷見稱唐劉林甫武德初爲内史舍人時兵機繁速廢
軍草創高林委林甫專典其事以才幹見稱
溫大有字彦將大雅弟也爲中書侍郎敷奏明敏爲當時所稱
先大雅卒朝廷每追惜之杜如晦慷慨有大節臨機能斷太宗
爲秦王奏爲王府屬尋領行臺兵部郎中每從征伐軍國多務
如晦剖斷如流爲談者所服馬周爲給事中尋轉中書舍人在
仕數陳得失周有機辯能敷奏深識事端故動無不中姚元崇
爲夏官郎中時契丹冦陷河北數州兵機悉委元崇剖析若流
皆有條貫則天甚奇之遷夏官侍郎

冊府元龜卷第四百五十八

冊府元龜卷第四百五十九

臺省部三

公正

孔子曰苟正其身矣於從政乎何有不能正其身如正人何又曰其身正不令而行其身不正雖令不從此所謂言必忠信行必謹厚施於家邦無所不可苟異於是則人誰服從身亦弗理矧乎著位南宫比喉舌之象恪居中憲號耳目之官固當不侮鰥寡不畏強禦畲奉一人威肅百辟若衞之子魚漢之汲黯唐狄仁傑之儔皆可以同傳矣

漢張敞以數上事有忠言宣帝徵敞爲太中大夫與于定國並平尚書事以正違忤大將軍霍光（守正不阿也）

孔光爲光禄勳領尚書事光帝師傅子少以經行自著進官蚤成（蚤古早字）不結黨友養游說有求於人旣性自守亦其埶然也

後漢宋均明帝時爲尚書令每有駮議多合上旨均嘗刪翦疑事帝以爲有姦大怒收郎縛格之諸尚書惶恐皆叩頭謝罪均顔厲色曰蓋忠臣執義無二心若畏威失正均雖死不易志小黄門在傍入具以聞帝善其不撓即令貸郎

樂恢爲尚書僕射是時河南尹王調洛陽令李阜與竇憲厚善縱舍自由恢劾奏調阜并及司隷校尉諸所刺舉無所回避貴戚惡之憲弟夏陽侯瓌欲往候恢恢謝不與通憲兄弟放縱而忿其不附已妻每諫恢曰昔人有容身避害何必以言取怨恢歎曰吾何忍素餐立人之朝乎

韓稜爲尚書令和帝即位侍中竇憲使人刺殺齊殤王子都鄉侯暢於上東門有司畏憲咸委疑於暢兄弟詔遣侍御史之齊案其事稜上䟽以爲賊在京師不宜捨近問遠恐爲姦臣所笑竇太后怒以切責稜固執其議及事發果如所言憲惶恐白太后求出擊北匈奴以贖罪稜復上䟽諫太后不從及憲有功還爲大將軍威震天下復出屯武威會帝西祠園陵詔憲與車駕會長安及憲至尚書以下議欲拜之伏稱萬歲稜正色曰夫上交不諂下交不黷禮無人臣稱萬歲之制議者皆慙而止尚書左丞王龍私奏記上牛酒於憲稜舉奏龍論爲城旦

郅壽爲僕射是時大將軍竇憲以外戚之寵威傾天下憲嘗使門生齎書詣壽有所請託壽即送詔獄前後上書陳憲驕恣引王莽以誡國家是時憲征匈奴海内供其役費而憲及其弟篤景並起第宅驕奢非法百姓苦之壽以府藏空虛軍旅未休遂因朝會譏刺憲等厲音正色辭旨甚切

張霸爲侍中時皇后兄虎賁中郎將鄧隲當朝貴盛聞霸名行欲與爲交霸逡巡不荅衆人笑其不識時務

李充爲侍中大將軍鄧隲嘗置酒請充賓客滿堂酒酣隲跪曰幸託椒房位列上將幕府初開欲辟天下奇偉以輔不逮惟諸君博求其器充乃爲陳海内隱居懷道之士頗有不合隲欲絶其說以肉啖之充抵肉於地曰說士猶甘於逐出徑去隲甚望之同坐汝南張孟舉往讓充曰一日聞足下與鄧將軍說士未究激刺面折不由中和出言之責非所以光祚子孫者也充曰大丈夫居世貴行其意何能遠爲子孫之計由是見非於貴戚

劉矩爲尚書令矩性亮直不能諧附貴勢以是失大將軍梁冀意出爲常山相

楊厚爲侍中順帝時大將軍梁冀威權傾朝遣弟侍中不疑以車馬珍玩致遺於厚欲與相見厚不荅

左雄爲尚書令遷司隷校尉初雄薦周舉爲尚書舉旣稱職議者咸稱焉及在司隷又舉故冀州刺史馮直以爲將帥而直嘗坐臧受罪舉以此劾奏雄雄悅曰吾嘗事馮直之父而又與直善今宣光以奏吾乃是韓厥之舉也由是天下服焉

張陵爲尚書桓帝元嘉中歳首朝賀大將軍梁冀帶劍入省陵呵叱令出敇羽林虎賁奪冀劍冀跪謝陵不應即劾奏冀請廷尉論罪有詔以一歳俸贖而百寮肅然初冀弟不疑爲河南尹舉陵

孝廉不疑疾陵之奏寔因謂曰昔舉君適所以自罰也陵對曰明府不以陵不肖誤見擢序今申公憲以報私恩不疑有愧色

羊陟爲尚書令時太尉張顥司徒樊陵大鴻臚郭防太僕曹陵大司農馮方並與宦竪相姻私公行貨賂並奏罷黜之不納

刁虔爲尚書在朝有鯁直臣節

向栩爲侍中每朝廷大事侃然正色百官憚之

橋玄靈帝時爲尚書令時太中大夫蓋升與帝有舊恩前爲南陽太守臧數億以上玄奏免升禁錮沒入財賄帝不從而遷升侍中玄託病免

趙戩字叔茂爲尚書選部郎董卓欲以所私並充臺閣戩拒不聽卓怒召戩欲殺之觀者皆爲戩懼而戩自若及見卓引辭正色陳說是非卓雖凶戾屈而謝之

荀彧爲尚書令折節下士坐不累席其在臺閣不以私欲撓意彧有羣從一人才行實薄或謂彧以君當事不可不以某爲議

郎邪彧笑曰官者所以表才也若如來言衆人其謂我何邪其持心平正皆類此

魏陳羣轉侍中領丞相東西曹掾在朝無適無莫雅杖名義不以非道假人

賈逵爲諫議大夫時太祖終於洛陽逵典喪事時鄢陵侯彰行越騎將軍從長安來赴問逵先王璽綬所在逵正色曰太子在鄴國有儲副先王璽綬非君侯所宜問也遂奉梓宮還鄴

何夔魏國初建拜尚書僕射時丁儀兄弟方進寵儀與夔不合尚書傅巽謂夔曰儀不相好已甚子友毛玠玠等儀已害之矣子宜少下之夔曰爲不義適足害其身焉能害人且懷姦佞之心立於明朝其得久乎夔終不屈志儀後果以凶僞敗

杜恕爲散騎黃門侍郎恕推誠以質不治飾少無名譽及在朝不結交援專心向公每政有得失常引綱維以正言於是侍中辛毗等器重之

蘇則爲侍中與董昭同寮昭嘗枕則膝臥則推下之曰蘇則之膝非佞人之枕也

辛毗爲侍中時中書監劉放令孫資見信於主制斷時政大臣莫不交好而毗不與往來毗子敞諫曰今劉孫用事衆皆影附大人宜少降意和光同塵不然必有謗言毗正色曰主上雖未稱聰明不爲闇劣吾之立身自有本末就與劉孫不平不過令吾不作三公而已何危害之有焉大丈夫欲爲公而毀其高節者邪

蜀羅憲字令則爲尚書吏部郎時黃皓預政衆多附之憲獨不與同皓恚左遷巴東太守吴紀陟爲中書郎孫峻使詰南陽王和令其引分陟密使令正辭自理峻怒陟懼閉門不出

晉華表字偉容年二十餘爲散騎侍郎時同寮諸郎共平尚書事年少並兼厲鋒氣要名譽尚書事至或有不便故遺漏不視及傳書者去即入深文論駮惟表不然事來有不便輒與尚書

共論盡其意主者固執不得已然後共奏議司空陳泰等以此稱之

崔洪自尚書左丞遷吏部尚書舉用甄明門無私謁薦雍州刺史郤詵代已爲左丞詵後糾洪洪謂人曰我舉郤丞而還奏我是挽弩自射也詵聞曰昔趙宣子任韓厥爲司馬以軍法戮宣子之僕宣子謂諸大夫曰可賀我矣吾選厥也任其事崔侯爲國舉才我以才見舉惟官是視各明至公何故斯言乃至此洪聞其言而重之

文立巴郡人爲散騎常侍蜀故尚書犍爲程瓊雅有德業與立深交武帝聞其名以問立對曰臣重其人但年垂八十稟性謙退無復當時之望故不以上聞耳瓊聞之曰廣休可謂不黨矣故吾善夫人也

甄德爲侍中時河南尹庾純先坐事免後復爲散騎常侍後將軍荀眅於朝會中奏純以前坐不孝免黜不宜外進德進曰孝

以顯覲爲大祿養爲榮詔赦純前愆擢爲近侍兼掌教官此純召不俟駕之日而後將軍取以私議貶奪公論抗言矯情誣罔朝廷宜加貶黜販坐免官

傅咸爲左丞多與楊駿箋諷切之駿意不平駿弟濟素與咸善與咸書曰江海之流混混故能成其深廣也天下大器非可稍了而相觀每事欲了生子癡了官事官事未易了也了事正作癡復爲快耳左丞總司天臺維正八坐此未易居以君盡性而處未易居之任益不易也想慮破頭故具有自咸答曰衞公之酒色之殺人此甚於作直坐酒色死人不爲悔逆畏以直致禍此由心不直正欲以苟且爲明哲耳自古以直致禍者當由矯枉過直或不忠允欲以亢厲爲聲故致忿耳安有悾悾爲忠益而當見疾乎

卞粹惠帝初爲尚書郎楊駿執政人多附會而粹正直不阿及駿誅超拜右丞封成陽子稍遷至右軍將軍

華廙爲光祿大夫開府儀同三司時河南尹韓壽因託賈后求以女配廙孫陶廙距而不許后深以爲恨故遂不登台司

王戎爲司徒免官惠帝反宮以戎爲尚書令既而河間王顒遣使就說成都王穎將誅齊王冏檄書至冏請戎曰孫秀作逆天子幽逼孤糾合義兵掃除元惡臣子之節信著神明二王聽讒造構大難當賴忠謀以和不協卿其善爲我籌之戎曰公首舉義衆異定大業開闢已來未始有也然論功報賞不及有勞朝野失望人懷貳志今二王帶甲百萬其鋒不可當若以王就第不失故爵委權崇讓此求安之計也冏謀臣葛旟怒曰漢魏以來王公就第寧有得保妻子乎議者可斬於是百官震悚戎僞藥發墮廁得不及禍

王衍爲中書令時齊王冏有興復之功而專權自恣公卿皆爲之拜衍獨長揖焉

裴楷爲侍中石崇以功臣子有才氣與楷志趣各異楷不與之交

劉頌爲吏部尚書及趙王倫之害張華也頌哭之甚慟聞華子得逃喜曰茂先卿尚有種倫黨張林聞之大怒憚頌持正而不能害也孫秀等推崇倫功宜加九錫百寮莫敢異議頌獨曰昔漢之錫魏魏之錫晉皆一時之用非可通行今宗廟乂安雖嬖后被退勢臣受誅周勃誅諸呂而尊孝文霍光廢昌邑而奉孝宣並無九錫之命違舊典而習權變非先王之制九錫之議請無所施張林積忿不已以頌爲張華之黨將害之孫秀曰誅張裴已傷時望不可復誅頌林乃止

劉喬爲散騎常侍時齊王冏爲大司馬初嵇紹爲冏所重每下階迎之喬言於冏曰裴張之誅朝臣畏憚孫秀故不敢不受財物嵇紹今何所逼忌故畜裴家車牛張家奴婢邪樂彥輔來公未嘗下牀何獨加敬於紹冏乃止紹謂喬曰大司馬何故不復迎客喬曰似有正人言以卿不足迎者紹曰正人爲誰喬曰其則不遠紹默然

嵇紹元康初爲給事黃門侍郎時侍中賈謐以外戚之寵年少居位潘岳杜斌等皆附託爲謐求交於紹紹距而不荅及謐誅紹時在省以不阿比凶族封弋陽子

苟晞爲尚書左丞廉察諸曹八坐以下皆側目憚之

荀組爲尚書秉機平正直道而行是時內外公卿大夫莫不敬憚焉

劉暾字長叔爲尚書左丞正色在朝三臺清肅

郗鑒鎮合肥時王敦有逆謀甚忌之表爲尚書令徵還道經姑孰與敦相見敦謂曰樂彥輔短才耳後生流宕言違名檢考之以實豈勝滿武秋邪鑒曰擬人必於其倫彥輔道韻平淡體識沖粹處傾危之朝不可得而親疏及愍懷太子之廢可謂柔而有正武秋失節之士何可同日而言敦曰愍懷廢徙之際交有危機之急何能以死守之乎以此相方其不減明矣鑒曰大丈夫既潔身北面義同在三豈可偷生屈節靦顏天壤邪苟道數

終極固當存亡以之敦閲鑒言大忿之遂不復相見拘留不遣敦之黨與諸毀日至鑒舉止自若初無懼心敦謂錢鳳曰郗道徽儒雅之士名位既重何得害之乃放還臺

卞壼爲右將軍給事中尚書令成帝即位羣臣進璽司徒王導以疾不至壼正色於朝曰王公豈社稷之臣邪大行在殯嗣皇未立寧是人臣辭疾之時導聞之乃輿疾而至壼與庾亮共參機要王導稱疾不朝而私送車騎將軍郗鑒壼奏以導虧法從私無大臣之節御史中丞鍾雅阿撓王典不加準繩並請免官雖事寢不行舉朝震肅壼斷裁切直不畏彊禦皆此類也壼幹實當官以褒貶爲己任勤於吏事欲軌正督世不肯苟同時好然性不弘裕才不副意故爲諸名士所少而無卓爾優譽明帝深器之於諸大臣而最任職阮孚每謂之曰卿常無閑泰常如含瓦石不亦勞乎壼曰諸君以道德恢弘風流相尚執鄙吝者非壼而誰時貴游子弟多慕王澄謝鯤爲達壼厲色於朝曰悖

禮傷教罪莫斯爲甚中朝傾覆實由於此欲奏推之王導庾亮不從乃止然而聞者莫不折節

孔愉爲尚書左僕射讓東賜表指言姦暴威虐王導聞而非之於都坐謂愉曰君言姦吏擅威暴人肆虐爲患是誰愉欲大論朝廷得失陸玩抑之乃止後導將以趙胤爲護軍愉謂導曰中興已來處此官者周伯仁應思遠耳今誠乏才豈宜以趙胤居之邪導不從其守正如此由是爲導所銜

孔坦爲尚書郎典客令萬默領諸胡胡人相誣朝廷疑默有所偏助將加大辟坦獨不署由是被譴棄官歸會稽

王珣爲僕射太子少傅王雅將拜遇雨請以繖入珣不許之因冒雨不拜

韓伯爲侍中陳郡周勰爲謝安主簿居喪廢禮崇尚莊老脱落名教伯領中正不通勰議曰拜下之敬猶違衆從禮情理之極不宜以多比爲通時人憚焉識者謂伯可謂澄世所不能澄而裁世所不能裁者矣與夫容己順衆者豈得同時而共稱哉

范甯爲中書侍郎指斥朝士直言無諱王國寶甯之甥也以諂媚事會稽王道子懼爲甯所不容乃相驅扇因被疏出補豫章太守帝曰豫章不宜太守何急以身試死邪甯不信卜占固請行

阮种爲中書郎進止有方正己率下朝廷咸憚其威容每爲駁議事皆施用遂爲楷則

郗隆字弘始謇亮有匪躬之節初爲尚書郎轉左丞在朝爲百寮所憚

徐邈爲散騎常侍謝安薨論者或有異同邈固勸中書令王獻之奏加殊禮仍崇進謝石爲尚書令玄爲徐州邈後爲中書侍郎邈常詣東府遇衆賓沉湎引滿諠譁會稽王道子曰君時有暢不邈對曰邈陋巷書生惟以節儉清脩爲暢耳道子以邈業尚道素笑而不以爲忤也

范泰爲中書侍郎時會稽王世子元顯專權內外百官請假不復表聞唯籤元顯而已泰建言以爲非宜元顯不納

宋蔡廓爲御史中書時中書令傅亮寄任隆重學冠當時朝廷儀典皆取定於亮每諮廓然後施行亮意若有不同廓然後施行亮意若有不同廓終不爲屈

王惠爲吳興太守少帝即位以蔡廓爲吏部尚書不肯拜乃以惠代焉惠被召即拜未嘗接客人有與書求官者得輒聚置閣上及去職其封如初時談者以廓之不拜惠之即拜雖事異而意同也

何尚之爲侍中領尚書令秉衡當朝畏遠權柄親戚故舊一無薦舉既以致怨亦以此見稱

王球爲吏部尚書球公子簡貴素不交遊筵席虛靜門無異客尚書僕射殷景仁領軍劉湛並執重權傾動內外球雖通家姻戚未嘗往來

南齊王琨在宋爲散騎常侍廷尉虞龢議社稷合爲一神琨案舊糾駮時龢深被親寵朝廷歎琨強正太祖即位加侍中時王儉爲宰相屬琨用東海郡迎吏琨謂信人曰語郎三臺五省皆是郎用人外方小郡當乞寒賤省官何容復奪之遂不過其事

蕭惠基爲侍中領驍騎將軍尚書令王儉朝宗貴望惠基同在禮閣非公事不私覿焉張緒爲散騎常侍領本州中正長沙王晃屬選用吳興聞人邕爲州議曹緒以資藉不當執不許晃遣書佐固請之緒正色謂晃使曰此是身家州鄉殿下何得見逼

謝瀹爲吏部尚書明帝廢鬱林領兵入殿左右驚走報瀹瀹與客圍棊每下子輒云其當有意竟局乃還齋卧竟不問外事明帝即位瀹又屬疾不知事蕭諶以兵臨起之瀹曰天下事公卿處之足矣且死者命也何足以此懼人後宴會功臣上酒尚書令王晏等興席瀹獨不起曰陛下受命應天王晏以爲己力瀹觴遂不見報上大笑解之座罷晏呼瀹共載還令省欲相撫悅瀹又正色曰君巢窟在何處晏初得班劍瀹謂之曰身家太傅裁得六人君何事頓得二十晏甚憚之謂江祐曰彼上人者難爲訓對加領右軍將軍

梁江革爲度支尚書時尚書令何敬容掌選序用多非其人革性強直每至朝宴常有褒貶以此爲權勢所疾乃謝病還家

到洽爲尚書吏部郎請託一無所行爲尚書左丞准繩不避貴戚尚書省賄賂莫敢通江倩爲吏部郎方雅有風格僕射徐勉權重自遇在位者並宿士敬之唯倩及王規與抗禮不爲之屈

羊侃爲都官尚書時尚書令何敬容用事與之並省未嘗遊造有官者張僧胤候侃侃曰我牀非閹人所坐竟不前之時論美其貞正孔休源爲尚書左丞彈肅禮闈雅允朝望

謝舉爲尚書令時邵陵王綸於婁湖立園廣讌酒後好聚衆賓冠手自裂破投之唾壺皆莫敢言舉嘗預宴王欲取舉幘舉正色曰裂冠毀冕下官弗敢聞命拂衣而退王屢召不反甚有慙色

陳孔奐爲尚書倉部郎遷儀曹侍郎時左民郎沈景爲飛書所謗將陷重辟事連臺閣人懷憂懼奐廷議理之竟得明白

蕭引爲始興王諮議參軍兼金部侍郎性抗直不事權貴左右近臣無造請高宗每欲遷用輒爲用事者裁抑

後魏東阿縣公順爲吏部尚書兼右僕射時三公曹令史朱暉素事録尚書高陽王雍雍欲以爲廷尉評頻煩託順順不爲用雍遂下命用之順投之於地雍聞大怒昧爽坐都廳召尚書及丞郎畢集欲待順至於衆挫之順日高方至雍攘袂撫几而言曰身天子之子天子之叔天子之相四海之內親尊莫二元順何人以身成命投棄於地順鬚鬢俱張仰面看屋憤氣奔涌長歎而不言久之摇一白羽扇徐而謂雍曰高祖遷宅中土刱定九流官方清濁軌儀万古而朱暉小子身爲省吏何合爲廷尉清官殿下既先皇同氣宜遵成旨自有短垣而復踰之也雍曰身爲丞相録尚書如何不得用一人爲官順曰庖人雖不治庖尸祝不得越樽俎而代之未聞有別旨令殿下參選事順又厲聲曰殿下必如是順當依事奏聞雍遂笑而言曰豈可以朱暉小人便相忿恨遂起呼順入室與之極飲順之亢毅不撓皆此類

穆紹爲侍中領本邑中正紹无他才能而資性方重罕接賓客希造人門領軍元义當權熏灼曾往候紹紹迎送下階而已時人歎尚之紹加儀同三司領左右侍中元順與紹同直順嘗因醉入其寢所紹擁被而起正色讓順曰身二十年侍中與卿先君亟連職事縱卿後進何宜相排突也遂謝事還家詔喻久乃起

高允爲中書侍郎閹官宗愛之任勢也威振四海嘗召百司於都堂王公已下望庭畢拜允至獨昇階長揖

羊祉爲光禄大夫當官不憚強禦朝廷以爲剛斷時有檢覆每令出使

于史爲散騎常侍兼武衛將軍時北海王詳爲太傅録尚書事

忠每以鯁氣正辭爲詳所忿面責忠曰我憂在前見尔死不憂尔見我死時也忠曰人生於世自有定分若應死於王手避亦不免若其不尔王亦不能殺詳因忠表讓之際吞勸帝以忠爲列卿令解左右聽其讓爵於是詔停其封優進太府卿

封回爲都官尚書榮陽鄭雲諂事長秋卿劉騰貨騰紫纈四百匹得爲安州刺史除書旦出暮往詣回坐未定謂回曰我爲安州卿知之否彼土治生何事爲便回答之曰卿荷國寵靈位至方伯雖不能拔園葵去織婦宜思方略以濟百姓如何見造而問治生乎封回不爲商賈何以相示雲慚愧失色

賈秀爲中書侍郎加安遠將軍時丞相乙渾擅作威福多所殺害渾妻庶姓而求公主之號屢言於秀秀默然渾曰公事無所不從我請公主不應何意秀慷慨大言對曰公主之稱王姬之號尊寵之極非庶族所宜若假竊此號當必自咎秀寧死於今朝不敢笑於後日渾左右莫不失色爲之振懼而秀神色自若渾夫妻默然含忿他日乃書太醫給事楊惠富臂作老奴官慳字令以示秀渾每欲伺隙陷之會渾伏誅遂得免難秀正色守正皆此類也

和其奴爲尚書左僕射與河東王閭毗太宰常英等並平尚書事在官慎法不受私請

慕容白曜爲北部尚書在職執法無所阿縱李沖爲南部尚書沖從甥陰始孫孤貧往來沖家至如子姪有人求官因其納馬於沖始孫輙受而不爲言後假方便借沖此馬馬主見沖乘馬而不得官後乃自陳始末沖聞之大驚執始孫以狀款奏始孫坐死其處要自厲不念愛惡皆此也累遷尚書僕射仍明日當官奉國爲已任自始迄終無所避屈游肇爲右僕射於吏事斷决不速主者諮呈反覆論叙有時不曉至於再三必窮其理然後下筆雖寵勢干請終無迴橈方正之操時人服之及領軍元乂之廢靈太后將害太傅清河王懌乃集公卿會議其事於時

群官莫不失色順旨羣獨抗言以爲不可終不下署盧同爲左丞時相州刺史奚康生徵民歲調皆七八十尺以邀奉公之譽部內患之同於歲祿官給長絹同乃舉案康生度外徵調書奏詔科康生之罪兼褒同在公之績

甄琛爲黃門侍郎親識有求官者答曰趙郡李謐耽學守道不悶于時常欲致言但未有次耳諸君何爲輕自媒衒

高道悅爲諫議大夫正色當官不憚彊禦

楊機爲度支尚書方直之心久而彌厲奉公正已爲時所稱

崔光爲侍中延昌四年正月迎立孝明後二日廣平王懷扶疾入臨以母弟之親徑至太極西廡哀慟禁內呼侍中黃門領軍二衛云身欲上殿哭大行又須入見主上諸人皆愕然相視無敢抗對者光獨攘衣振杖引漢太尉趙熹横劍當階推下親王故事辭色甚厲聞者莫不稱善壞壯光理義有據聲淚俱止云侍中以古事裁我我不敢不服於是遂還頻遣左右致謝

北齊宋游道初仕魏爲左中兵郎尚書令臨淮王彧譴責游道游道乃執版長揖曰下官謝王瞋不謝王理即日詣闕上書曰徐州刺史元孚頻有表云偽梁廣發士卒來圖彭城乞增羽林二十以孚宗室重臣告請應實所以量奏給武官千人孚今代下以路阻自防遂納在防羽林百人辭云彊境無事乞特還家臣忝局司深知不可尚書令臨淮王彧即孚之兄子遣省事謝遠三日之中八度逼迫云宜依判許臣不敢附下罔上孤負聖明但孚身在任乞師相繼及其代下便請放還進退爲身無憂國之意所請不合其罪下科彧乃召臣於尚書都堂云卿一小郎憂國之心豈厚於我醜罵溢口不顧朝章右僕射臣世隆吏部郎中臣薛琡已下百餘人並皆聞見臣實獻直言云臣奉國事在其心亦復何簡貴賤比自北海入洛王不能致身死難方清宮以抑募賊鄭先護立義廣州王復建旗往討熾惡如征伐善何速今得冠冕百寮乃欲爲私害政爲臣此言彧肆更甚臣

既不佞于犯貴臣乞解郎中帝召見遊道慕勞之或亦言臣忝
冠百寮遂使一郎攘袂高聲肆言頓挫乞解尚書令帝乃下敕
聽解臺郎後除司州治中從事後爲尚書左丞遊道入省劾太
師咸陽王坦太保孫騰司徒高隆之司空侯景録尚書元弼尚
書令司馬子如官貸金銀催徵酬價雖非指事贓賄終是不避
權豪又奏駮尚書違失數百條省中豪吏王儒之徒並鞭斥之
始依故事於尚書省立門名以記出入早晚令僕已下皆側目
高慎爲大行臺左丞轉尚書當官無所迴避時咸畏憚之
高隆之爲尚書右僕射時初給民田貴勢皆占良美貧弱咸受
墝薄隆之啓高祖悉更反易乃得均平
張雕世祖時爲假儀同三司雕自以出於微賤致位大臣勵精
在公有匪躬之節欲立功効以報朝恩論議抑揚無所迴避宮
掖不急之費大存減省左右縱恣之徒必加禁約數譏切寵要
獻替帷扆帝亦深倚杖之

崔劼累遷中書令初和士開擅朝曲求物譽諸公因此頗爲子
弟干祿世門之胄多處京官而劼二子拱搗並爲外任弟廓之
從容謂劼曰拱搗幸得不凡何爲不在省府之中清華之所而
並外藩有損家代劼曰立身以來恥以一言自達今若進兒與
身何異卒無所求聞者莫不歎服
後周柳慶爲民部尚書威儀端肅樞機明辯太祖每發號令常
使慶宣之天性抗直無所迴避太祖亦以此深委仗焉
崔猷爲司會中大夫明帝遺詔立武帝晉公護謂猷曰今奉遵
遺旨君以爲何對曰殷道尊周道親今朝廷既遵周禮無容輒
違此義事雖不行時稱守正
裴漢爲司路下大夫天和中加車騎大將軍儀同三司時晉公
護擅權搢紳等多諂附之以圖仕進唯漢直道自守故八年不
徙職
裴俠爲工部中大夫有大司空掌錢物典李貴乃於府中悲泣
或問其故對曰所掌官物多有費用裴公清嚴有名懼遭罪責
所以泣耳俠聞之許其自首言隱費錢五百萬
薛端爲吏部郎中性強直每有奏請不避權貴文帝嘉之故賜
名端欲令名質相副
顏之儀爲御正大夫屬宣帝嗣位政刑日亂開府于義上疏諫
時鄭譯劉昉以恩幸當權謂義不利於巳先惡之於帝帝覽表
色動謂侍臣曰于義謗訕朝廷也之儀進曰古先哲王立誹謗
之木置敢諫之鼓猶懼不聞過于義之言不可罪也帝乃解
隋趙賢通初仕後周武帝爲御正上大夫與宗伯斛斯徵素不
協徵出爲齊州刺史坐事下獄自知罪重遂踰獄而走帝大怒
購之急賢通上密奏曰徵自以負罪深重懼死逃逬若不北竄
匈奴則南投吳越徵雖愚陋久歷清顯奔波敵國無益聖朝今
者炎旱爲災可因茲大赦帝從之徵賴而獲免賢通卒不言陸
彥師初仕北齊爲中書黄門侍郎以不阿官者讒出爲中山太守

柳雄亮高祖時爲給事黄門侍郎尚書省凡有奏事雄亮所駁
正深爲公卿所憚
宇文弼爲尚書左丞當官正色爲百寮所憚梁毗爲散騎常侍
進位上開府見楊素貴寵擅權百寮震慴因上封事極言之時
素任寄隆重多所折挫當時朝士無不懾伏莫有敢與相是非
辭氣不撓者獨毗與柳彧及尚書右丞李綱而已後高祖不復
專委於素蓋由察毗之言也
郎茂爲民部侍郎時尚書右僕射蘇威立條章每歲責民間五
品不遜或答者乃云管内無五品之家不相應領類多如此又
爲餘糧簿擬有無相贍茂以爲繁紆不急皆奏罷之
柳彧爲屯田侍郎時三品已上門皆列戟左僕射高熲子引德
封應國公申牒請戟彧判曰僕射之子更不異居父之戟槊已
列門外尊有壓卑之義子有避父之禮豈容外門既設内閤又
施事竟不行熲聞而歎伏

盧楚爲右司郎當朝正色甚爲公卿所憚及煬帝幸江都東都官僚多不奉法楚每存糾舉無所迴避

唐蘇珦則天朝爲右司郎中時御史王弘義誣附來俊臣構陷無罪朝廷疾之會受詔於琥州採木役使不節丁夫多死珦按奏其事弘義竟以坐黜珦尋授給事中

李至遠天后時李昭德薦爲天官侍郎一不詣昭德謝恩昭德怒奏黜爲壁州刺史

王求禮爲左拾遺則天朝孫萬榮寇陷河北數州河內王懿宗擁兵不敢進比賊散懿宗奏請族誅滄瀛等州百姓爲賊詿誤者左拾遺王求禮廷折之曰此百姓等素無良吏教習城池又不完因賊畏懼苟且從之今請煞切將違背天道而懿宗擁彊兵數十萬聞賊將至輒退走[illegible]罪當誅戮今乃移禍於草澤詿誤之人以求自免豈是爲臣之道請先斬懿宗以謝河北百姓羣官讋然謂之切當遂令魏州刺史狄仁傑充使安撫

宋璟爲鳳閣舍人當官正色則天甚重之長安中張易之誣構魏元忠有不順之言引鳳閣舍人張説令證之説將入於御前對覆惶惑迫懼璟謂曰名義至重神道難欺必不可黨邪醜正以求苟免若緣犯顔流貶芬芳多矣説感其言及入遂保明元忠竟得免死神龍元年遷吏部侍郎中宗嘉璟正直仍令諫議大夫內供奉仗下後言朝廷得失尋拜黃門侍郎時武三思恃寵執權嘗請託於璟璟正色謂之曰當今復子明辟王宜以侯就第何得尚干朝政獨不見產祿之事乎

岑羲神龍元年爲中書舍人時武三思用事侍中敬暉欲上表請削諸武之爲王者募爲疏者衆畏三思皆辭託不敢爲之羲便操筆辭甚切直由是忤三思意轉秘書少監

韓思復睿宗朝爲給事中活嚴善思於雷霆之下忤武三思於諂附之中玄宗皇帝御筆題碑云有唐忠孝韓長公之墓

楊瑒爲戶部侍郎時御史中丞宇文融請檢察天下逃戶公卿不敢有異詞唯瑒獨建議以爲括客不利居人徵籍外田税使百姓困弊所得不補所失無幾瑒出外職

相里造代宗朝爲戶部郎中永泰元年正月壬子章敬皇太后忌辰百寮於興唐寺行香內侍魚朝恩置齋饌於寺外之商販車坊延宰相及臺省官就食朝恩恣口談時政公卿惕息造與殿中侍御史李衎以正言折之衎辭直而強頗忤朝恩遂罷會散其爲御史大夫持重推誠於下未嘗以私害公士頗稱焉

班宏爲刑部侍郎兼京官考使時右僕射崔寧書兵部侍郎劉迺上下考宏正議曰今邊荒請難專在節制尺籍五符不校省司夫上多虛美之名下開趨競之路上行下從必有黨因削去之迺知而謝之曰迺雖不敏敢掠一美以邀二罪乎

郗高卿歷拾遺諫議大夫中書舍人處事不回爲宰相元載所忌魚朝恩署牙將李琮爲兩街功德使琮暴横於銀臺門毀辱京兆尹崔昭高卿立詣元載抗論以爲國恥請速論奏載不從

盧景亮德宗朝拜右拾遺補闕居諫列與補闕穆質皆以直稱

韋貫之憲宗初爲禮部員外郎新羅人金忠義以機巧進至少府監蔭其子爲兩館生貫之持其籍不與曰工商之子不當仕忠義以藝通權幸爲請者非一人貫之持愈堅既而上疏陳忠義不宜汚朝籍辭理懇到竟罷去之改吏部員外郎

奚陟爲中書舍人中書省故事姑息胥徒以常在宰相左右也陟皆以公道遇之後爲刑部侍郎時裴延齡惡京兆尹李充有能政專意陷害之誣奏充結陸贄數厚賂遺金帛充既貶官又奏充比者妄破用京兆府錢穀至多請令比部勾覆以比部郎中崔元翰陷充怨惡贄也詔許之元翰曲附延齡刻治府吏府吏到者雖無過犯皆笞決以立威時論喧然陟乃自閱視府案具得其實奏言據度支奏京兆府貞元九年兩稅及已前諸色羨餘錢共六十八萬餘貫李充並妄破用今所勘一千二百貫已來是諸縣供館驛加破及在諸色人户腹內合收其

斛斗共三十二萬石唯百餘石諸色輸納所由欠折其餘並是准勑及度支符牒給已盡陟之寬平守法多如此類元翰既不遂其志因此憤恚而卒

顔真卿爲尚書右丞代宗車駕自陝將還真卿請皇帝先謁五陵九廟而後還宫宰相元載謂真卿曰公所見雖美其如不合事宜何真卿怒而前曰用捨在相公耳言者何罪然朝廷事豈堪相公再破除耶載深銜之

楊於陵爲中書舍人時李實爲京兆尹恃承恩寵於陵尚給事中許孟容俱不附叶遂爲實媒孽孟容改太常少卿於陵改秘書少監

趙宗儒爲司勳員外領考功事定内外百吏考績黜陟公當無所畏避遷考功郎中

鄭澣爲考功員外郎刺史有驅迫人吏上言政績請刋石紀事者澣探得其情條責廉使巧跡遂露人服其敏識

裴佶爲尚書右丞時兵部尚書李巽兼鹽鐵使將以使局置於本行經構已半會佶拜命堅執爲不可遂令撤之巽恃恩而彊時重佶之有守

董晉爲尚書左丞時右丞元琇爲度支使韓滉所奏貶雷州司户其責既重舉朝以爲非罪名有竊議者董晉謂宰臣劉滋齊映曰元右丞忽有貶責未知罪名用刑一濫誰不危懼假有權臣騁志相公何不奏請三司詳斷之去年關輔用兵時方蝗旱琇總國計夙夜憂勤以贍給師旅不增一賦軍國皆濟斯可謂國之勞臣也今此播逐恐失人心人心一搖則有聞雞鳴起舞者矣竊爲相公痛惜之滋映但引過而已給事中袁高又抗疏申理之滉誣以朋黨竟寢而不報

許孟容爲禮部員外郎有公主之子請補弘文崇文館諸生孟容舉令式不許主訴於德宗命中使問狀孟容執奏竟得請遷本曹郎中

楊綰爲吏部侍郎典選公平時元載秉政公卿多附託之綰孤立中道清貞自守未嘗私謁載以綰雅望高外示尊重心實疎

孟簡爲倉部員外郎屬順宗登極王叔文竊政驟爲户部侍郎簡爲其屬中立正色挺然不附叔文心忌之而不敢退黜言於宰相韋執誼換刑部員外郎

韓臯爲尚書右丞時王叔文專政臯自以前輩舊人累更重任頗以簡倨自處嫉叔文之黨謂人曰吾不能事新貴人臯從弟曅幸於叔文以告之故出臯爲鄂岳觀察使

王源中爲左補闕時典禁軍者不循法度至有臺府人吏皆爲追擒源中上疏曰夫臺憲者綱紀之地府縣者責成之所設有罪犯宜歸司存安有北軍勢重於南衙禁輦下權傾於仗内乞還法司庶守職分憲宗可其請改侍御史韋處厚穆宗時爲中書舍人時張平叔以便佞詼諧他門而進自京兆少尹不數月爲户部侍郎判度支平叔欲以征利中帝意以希大任以榷鹽舊

法爲弊年深欲官自糶鹽可富國彊兵疏利害十八條時宰不能奪因下其議處厚於是奏議發十難以詰之帝然後深知害人乃止平叔繇是始有疎斥之漸

韋弘景爲尚書左丞弘景素以鯁亮稱會吏部員外楊虞卿以公事爲下吏所訕獄未能辯詔下弘景與憲司就尚書省詳讞虞卿多朋游時多竄附者弘景素所不悦時已請告在第及准詔就召以公服示謁弘景謂之曰有物推公虞卿失容自退

崔咸爲散騎常侍秘書監咸登朝歷臺閣獨行守正時望甚重敬宗幸東都人心不安裴度以勲舊自興元隨表入覲既至權臣不便度復居中書京兆尹劉栖楚輩十餘人駕肩拒之賔客持兩端者日擁其門一日度留客命酒栖楚求度之歡曲躬附耳而語咸舉爵罰栖楚曰丞相不當許所由官呫囁耳語度笑而飲之栖楚不自安趨出坐者壯之

令狐楚爲左僕射大和末李訓伏誅大臣從坐者八九人京師

大振文宗夜召楚及鄭覃入決事翌日以覃爲宰相疑危之際楚多守正故爲中尉仇士良所忌遂以本官充諸道鹽鐵轉運等使

後唐蕭項初在唐爲吏部員外郎先是張濬由中書出爲右僕射曲爲梁太祖判官高邵使祖騫求一子出身官省寺皆稱無例濬指揮甚急吏徒惶懼項又判去僕射未集郎官未赴省上指揮吏曹公事且非南宮舊儀濬聞之懃悚致謝項由是名振梁祖亦嘉獎之韋寂仕梁爲吏部郎中復判南曹吏畏其明人賞其正

劉贊歷御史中丞刑部侍郎贊性雍和與物無忤居官畏慎人若以私干之雖權豪不能移其操

崔堯爲尚書左丞素與崔彦融善彦融嘗爲萬年令堯謁於縣彦融未出見案上有尺題皆賂遺中貴人堯知其由經始惡其爲人及除司勳郎中堯爲左丞通刺不見堯謂曰郎中行止鄙雜故未敢見宰相知之改楚州刺史卒於任

趙鳳爲員外郎充翰林學士會明宗置端明殿學士鳳與馮道俱任其職時任圜爲宰相恃明宗舊恩行事無避幅爲巧官者所傾以至罷相歸磁州宋守殷以汴州叛明宗親征未及鄭州巧官者謂安重誨曰比失權者三四人在外地如朝夕未能破賊被　此輩陰結姦徒爲患非細乃指任圜在滏陽即日馳驛賜圜自盡旣而鳳知之哭謂重誨曰任圜義士肯造逆謀以讎君父乎公如此濫刑何以安國重誨笑而不責

晉裴皡爲工部尚書舍相國寺宰臣桑維翰謁之不迎不送或問之荅曰皡見維翰於中書則庶寮也維翰見皡於私館則門生也何送迎之有人重其耿介

盧詹歷兵吏部侍郎尚書左丞工部尚書詹剛直議論不避權貴執政者常惡之

册府元龜卷第四百五十九

冊府元龜卷第四百六十

臺省部 四

正直

夫一言以蔽在於無邪明神介福本乎好直故臣之事君非可以載僞也已由漢氏而下居臺省者皆爲天子從官或處喉舌之地專典乎出納或侍帷幄之內拾遺於左右而能勵骨鯁之操蘊貞諒之志臨大節而有守膺切問而無諂據經持正犯顏竭慮罔避權倖以効誠懇斯蓋服膺善道中立不倚之徒歟至有斥遠於外抗心罔移感槩而死遺風可挹信乎耿介方直之士皆人君之所欲得而臣也

漢馮唐祖父趙人也父徙代漢興徙安陵唐爲郎中署長事文帝帝輦過問唐曰父老何自爲郎家安在(言年已老矣何乃自爲郎也)具以實言文帝曰吾居代時吾尚食監高袪數爲我言趙將李齊之賢戰於鉅鹿下吾每飲食意未嘗不在鉅鹿也(每食念監所說李齊在鉅鹿時也)父老知之乎唐對曰齊尚不如廉頗李牧之爲將也帝曰何已(猶耶)唐曰臣大父在趙時爲官帥將(大父祖父也)善李牧臣父故爲代相善李齊知其爲人也帝既聞廉頗李牧爲人良說(良也說讀)(曰悅聞頗牧之善帝意大說)而搏髀曰(髀音陛)嗟乎吾獨不得廉頗李牧爲將豈憂匈奴哉唐曰主臣(恐懼之言)陛下雖有廉頗李牧不能用也帝怒起入禁中良久召唐讓曰公衆辱我獨亡間處乎(何不間隟之處而言)唐謝曰鄙人不知忌諱

東方朔武帝時爲中大夫雖詼笑(詼謂戲也詼笑謂嘲謔發言可笑也詼音恢)然時觀察顏色直言切諫帝常用之

陳咸年十八以父萬年任爲郎有異材抗直數言事刺譏近臣書數十上遷爲左曹

王章字仲卿少以文學爲官稍遷至諫大夫在朝廷名

敢直言

孔光爲光祿勳領尚書諸吏給事中凡典樞機十餘年守法度修故事帝有所問據經法以心所安而對不希指苟合(希指希望天子之旨意)

平當以明經爲博士成帝時公卿薦當論議通明給事中每有災異當輒傅經術言得失(傳讀曰附)

王閎爲侍中哀帝置酒麒麟殿董賢父子親屬宴飲王閎兄弟侍中中常侍皆在側帝有酒所(言酒在體中)從容視賢笑(從音七容切)曰吾欲法堯禪舜何如閎進曰天下迺高皇帝天下非陛下之有也陛下承宗廟當傳子孫於亡窮統業至重天子亡戲言帝默然不說左右皆恐於是遣閎出後不得復侍宴

龔勝爲光祿大夫諸吏給事中勝言董賢亂制度繇是逆上指(繇讀與由同)

後漢馮勤爲郎中給事尚書司徒侯霸薦前梁令閻楊素有譏議光武常嫌之既見霸奏疑其有姦太怒賜霸璽書曰崇山幽都何可偶黃鉞一下無處所欲以身試法邪將殺身以成仁邪使勤奉策至司徒府勤還陳霸本意申釋事理帝意稍解

戴憑爲侍中數進見問得失光武謂憑曰侍中當規補國政勿有隱情憑對曰陛下嚴帝曰朕何用嚴憑曰伏見前太尉西曹掾蔣遵清亮忠孝學通古今陛下納膚受之訴遂致禁錮世以是爲嚴帝怒曰汝南子欲復黨乎憑出自繫廷尉有詔勑出後復引見憑謝曰臣無謇諤之節而有狂瞽之言不能以尸伏諫偷生苟活誠慚聖朝帝即勑尚書解遵禁錮拜憑虎賁中郎將以侍中兼領之

鍾離意爲尚書僕射顯宗性褊察朝廷爭爲嚴察以避

誅唯意猶敢諫爭數封還詔書臣下過失輒救解之會詔賜降胡子縑尚書案事誤以十爲百帝見司農上簿大怒召郎將笞之因入叩頭過誤之失常人所究若以懈慢爲愆則臣位大罪重郎位小罪輕咎皆在臣臣當先坐乃解衣就格帝意解使復冠而貫郎

朱暉爲尚書僕射元和中尚書張林上言均輸暉奏言不可施行後陳事者復述前議章帝以爲然暉言非所宜行帝得暉重議因發怒切責諸尚書暉等皆自繫獄三日詔勑出之曰國家樂聞駮議黄髮無愆詔書過耳何故自繫暉因稱病篤不肯復署議尚書令以下惶怖謂暉曰今臨得譴讓柰何稱病其禍不細暉曰行年八十蒙恩得在機密當以死報若心知不可而順旨靁同負臣子之義今耳目無所聞見伏待死遂閉口不復言諸尚書不知所爲乃劾奏暉帝意解寢其事

申屠剛爲尚書令謇謇多直言無所屈撓

宋均明帝時徵拜尚書令每有駮議多合帝旨均嘗删剪疑事帝以爲有姦大怒收郎縛格之諸尚書惶恐皆叩頭謝罪均顧厲色曰蓋忠臣執義無有二心若畏威失正均雖死不易小黄門在傍入具以聞帝善其不撓即令貸郎

郅壽章帝時爲尚書僕射是時大將軍竇憲以外戚之寵威傾天下憲嘗使門生齎書詣壽有所請託壽即送詔獄前後上書陳憲驕恣引王莽以誡國家

陳禪爲諫議大夫西南撣（音擅）國王獻樂及幼人能吐火自支解易牛馬頭大會作之於庭安帝與羣臣共觀大奇之禪獨離席舉手曰帝王之庭不宜作夷狄之樂尚書陳忠請劾禪下獄詔勿收

傅翻爲諫議大夫天性諒直數陳讜言

虞承爲諫議大夫雅性忠謇在朝堂犯顏諫爭終不曲撓

李法和帝時遷侍中光祿大夫歲餘上疏以爲朝政苛碎違永平建初故事宦官權重椒房寵盛又譏史官記事不實後世有識尋功計德必不明信坐失旨下有司免爲　庶人在家八年徵拜議郎諫議大夫正言極辭無改於舊

周舉爲尚書陽嘉三年大旱順帝下策問舉因召見舉及尚書令成翊世僕射黄瓊問以得失舉等並對以爲宜慎官人去斥貪汙離遠佞邪循文帝之儉尊孝明之教則時雨必應帝曰百官貪汙佞邪者爲誰乎舉獨對曰臣從下州超備機密不足以別羣臣然公卿大臣數有直言者忠貞也阿諛苟容者佞邪也司徒視事六年未聞有忠言異謀愚心在此其後以事免司徒劉崎遷舉司隸校尉

宋登順帝時爲侍中數上封事抑退權臣由是出爲潁川太守

陳龜爲尚書梁冀暴虐日甚龜上疏言其罪狀請誅之桓帝不省自知必爲冀所害不食七日而死

爰延爲侍中桓帝遊上林苑從容問延曰朕何如主也對曰陛下爲漢中主帝曰何以言之對曰尚書令陳蕃任事則治中常侍黄門豫政則亂是以知陛下可與爲善可與爲非帝曰昔朱雲廷折欄檻今侍中面稱朕違敬聞闕矣

劉淑遷侍中桓帝時上疏以爲宜罷宦官辭甚切直帝雖不能用亦不罪焉

劉儒遷侍中桓帝時數有灾異下策博求直言儒上封事十條極言得失辭甚忠切帝不能納出爲任城相

桓彬桓帝初爲議郎入侍講禁中以直道忤左右出爲許令

劉陶靈帝時爲侍中以數切諫爲權臣所憚徙爲京兆尹

楊奇爲侍中靈帝嘗從容問奇曰朕何如桓帝對曰陛下之於

桓帝亦猶虞舜比德唐堯帝不悅曰卿強項真楊震子孫

傳燮字南容爲議郎會西羌反邊章韓遂作亂隴右徵發天下役賦無已司徒崔烈以爲宜棄涼州詔會公卿百官烈堅執先議燮厲言曰斬司徒天下乃安尚書郎楊贊奏燮廷辱大臣帝以問燮燮對曰昔冒頓至逆也樊噲爲上將願得十萬衆橫行匈奴中憤激思奮未失人臣之節顧計當從與不耳季布猶曰噲可斬也今涼州天下要衝國家藩衛高祖初興使酈商別定隴右世宗拓境列置四郡議者以爲斷匈奴右臂今牧御失和使一州叛逆海內爲之騷動陛下卧不安寢烈爲宰相不念爲國思所以弭之之策乃欲割棄一方萬里之土臣竊惑之若使左衽之虜得居此地[說文曰衽衣衿也]士勁甲堅因以爲亂此天下之至慮社稷之深憂也若烈不知之是極蔽也知而故言是不忠也帝從燮議頃之趙忠爲車騎將軍詔忠論討黃巾之功執金吾甄舉等謂忠曰傳南容前在東軍有功不侯故天下失望今

將軍親當重任宜進賢理屈以副衆心忠納其言遣弟城門校尉延致殷勤延謂燮曰南容少荅我常侍萬戶侯不足得也燮正色拒之曰遇與不遇命也有功不論時也傳燮豈求私賞哉忠愈懷恨然憚其名不敢害

何休靈帝時羣公表休道術深明宜侍帷幄倖臣不悅之乃拜議郎屢陳忠言

魏和洽魏國初建爲侍中有白毛玠謗毀太祖太祖見近臣怒甚洽陳玠素行有本求案實其事罷朝太祖令曰今言事者白玠不但謗吾也乃復爲崔琰觖望此損君臣恩義妄爲死友怨歎殆不可忍也昔蕭曹與高祖並起微賤致功立勳高祖每在屈笮三相恭順臣道益彰所以祚及後世也和侍中比求實之所以不聽欲重參之耳洽對曰如言事者言玠罪過深重非天地所覆載臣非敢曲理玠以枉大倫也以玠出羣吏之中特見拔擢顯在首職歷年荷寵剛直忠公爲衆所憚不宜有此然人情難保要宜考覈兩驗其實今聖恩垂含垢之仁不忍致之于理更使曲直之分不明疑自近始太祖曰所以不考欲兩全玠及言事者耳洽對曰玠信有謗主之言當肆之市朝若玠無此言事者加誣大臣以誤主聽二者不加檢覈臣竊不安太祖曰方有軍事安受人言便考之邪狐射姑刺陽處父於朝此爲君之誡也

崔琰魏國建初拜尚書時未立太子臨菑侯植有才而愛太祖狐疑以函令密訪於外唯琰露板荅曰蓋聞春秋之義立子以長加五官將仁孝聰明宜承正統琰以死守之植琰之兄女壻也太祖貴其公亮喟然歎息

桓階爲侍中時太子未定而臨菑侯植有寵階數陳文帝德優齒長宜爲儲副公規密諫前後懇至又毛玠徐弈以剛蹇少黨而爲西曹掾丁儀所不善儀屢言其短賴階左右以自全保其將順規救多此類也

衛臻文帝爲魏王時爲散騎常侍及踐阼羣臣並頌魏德多抑損前朝臻獨明禪授之義稱揚漢美帝數目臻曰天下之珍當與山陽共之後明帝時爲右僕射加光祿大夫是時明帝方隆意於殿舍臻數切諫及殿中監擅收蘭臺令史臻奏案之詔曰殿舍不成吾所留心卿推之何臻上疏曰古制侵官之法非惡其勤事也誠以所益者小所墮者大也臣每察校事類皆如此懼羣司將遂越職以至陵遲矣

杜畿爲河東太守徵爲尚書初畿在郡被書錄寡婦是時他郡或有已自相配嫁依書皆錄奪啼哭道路畿但取寡者故所送少及趙儼代畿而所送多文帝問畿前君所送何少今何多也畿對曰臣前所錄皆亡者妻今儼送生人婦也左右顧而失色

辛毗爲侍中從文帝射雉帝曰射雉樂哉毗曰於陛下甚樂而於羣下甚苦帝默然後爲之稀出

蘇則爲侍中文帝問則曰前破酒泉張掖西城通使燉煌獻徑

寸大珠可復求市益得不則對曰若陛下化洽中國德流沙漠即不求自至求而得之不足貴也帝嘿然

陳矯爲尚書令明帝憂社稷問矯司馬公忠正可謂社稷之臣乎矯曰朝廷之望社稷未知也又車駕嘗卒至尚書門矯跪問帝曰陛下欲何之帝曰欲案行文書爾矯曰此自臣職分非陛下所宜臨也若臣不稱其職則請就黜退陛下宜還帝慙回車而反其亮直如此

許允爲吏部郎選郡守明帝疑其所用非次召入將加罪允入帝怒詰之允對曰某郡守雖限滿文書先至年限在後某郡守雖後日限在前帝取事視乃釋遣出

盧毓爲侍中青龍中侍中高堂隆數以宮室事切諫明帝不悅毓進曰臣聞君明則臣直古之聖王恐不聞其過故有敢諫之鼓近臣盡規此乃臣等所以不及隆隆諸生名爲狂直陛下宜容之

孫禮爲尚書明帝方脩宮室而節氣不和天下少穀禮固爭罷役詔曰敬納讜言促遣民作時李惠監作復奏留一月有所成訖禮徑至作所不復重奏稱詔罷民帝竒其意而不責

蔣濟爲散騎常侍明帝詔征南將軍夏矦尚曰卿腹心重將特當任使恩施足死惠愛可懷作威作福殺人活人尚以示濟濟既至帝問曰卿所聞見天下風教何如濟對曰未有他善但見亡國之語耳帝忿然作色而問其故濟具以荅因曰夫作威作福書之明誡天子無戲言古人所慎惟陛下察之於是帝意解遣追取前詔

蜀後主即位董允爲侍中領虎賁中郎將統宿衛親兵獻納之任允皆專之允處事爲防制甚盡規救之理後主常欲采擇以充後宮允以爲古者天子后妃之數不過十二今嬪嬙已具不宜增益終執不聽後主益嚴憚之

後主漸長大愛宦人黃皓皓便僻佞慧欲自容入允常上則正色匡主下則數責於皓皓畏允不敢爲非終允之世皓位不過黃門丞

吳闞澤領中書時呂壹姦罪發聞有司窮治奏以大辟或以爲宜加焚裂用彰元惡大帝以訪澤澤曰盛明之世不宜復有此刑帝從之

是儀爲侍中執法平諸官事領辭訟如舊典校郎呂壹誣白江夏太守刁嘉謗訕國政大帝怒收嘉繫獄悉驗問時同坐人皆怖畏壹並言聞之儀獨云無聞於是見窮詰累日詔旨轉厲羣臣爲之屏息儀對曰今刀鋸已在臣頸臣何敢爲嘉隱諱自取夷滅爲不忠之鬼顧以聞知當有本末據實荅問辭不傾移帝遂舍之嘉亦得免

晉裴楷爲侍中與山濤和嶠並以盛德居位武帝嘗問曰朕應天順時海内更始天下風聲何得何失楷對曰陛下受命四海承風所以未比德堯舜者但以賈充之徒尚在朝耳方宜引天下賢人與弘政道不宜示人以私時任愷庾純亦以充爲言帝

乃出充究納女於太子乃止

樊建爲給事中武帝問諸葛亮之治國建對曰聞惡必改而不矜過賞罰之信足感神明帝曰善哉使得此人以自輔豈有今日之勞乎建稽首曰臣竊聞天下之論皆謂鄧艾見枉陛下知而不理此豈馮唐所謂雖得頗牧而不能用者乎帝笑曰吾方欲明之卿言起我意於是發詔治艾焉

劉毅遷尚書左僕射時龍見武庫井中帝親觀之有喜色百官將賀毅獨表曰昔龍降鄭時門之外子產不賀龍降夏庭沫流不禁卜藏其釐至周幽王禍釁乃發易稱潛龍勿用陽在下也證據舊典無賀龍之禮詔報曰政德未脩誠未有以膺受嘉祥省來表以爲瞿然賀慶之事宜詳依典義動靜數示尚書郎劉漢等議以爲龍體所蒼雜以素文白若大晉之 行戢武興文之應也而毅乃引衰世妖異以疑今之吉祥又以龍在井爲潛皆失其意潛之爲言隱而不見今龍彩質明煥示人以物非潛之

謂也毅應推處詔不聽後陰氣解而復合毅上言必有阿黨之臣姦以事君者當誅而不誅故也

胡威爲尚書加奉車都尉威嘗諫時政之寬帝曰尚書郎以下吾無所假借威曰臣之所陳豈在丞郎令史正謂如臣等輩始可以肅化明法耳

和嶠爲侍中愈被親禮與任愷張華相善嶠見太子不令因侍坐曰皇太子有淳古之風而季世多僞恐不了陛下家事武帝默然不荅後與荀顗荀勖同侍帝曰太子近入朝差長進卿可俱詣之粗及世事旣奉詔而還顗勖並稱太子明識如明詔嶠曰聖質如初耳帝不悅而起嶠退居常懷慨歎知不見用猶不能已在御坐言及社稷未嘗不以儲君爲憂帝知其言忠每不酬和後與嶠語不及來事或以告賈妃妃銜之及惠帝即位拜太子少傅加散騎常侍光祿大夫子朝西宮嶠從又賈后使帝問嶠曰卿昔爲我不了家事今日定云何嶠曰臣昔事先帝曾有

斯言言之不效國之福也臣敢逃其罪乎

山濤爲尚書僕射加侍中領吏部濤中立於朝晚值后黨專權不欲任楊氏多有諷諫帝雖悟而不能改

文立爲散騎常侍時西域獻馬武帝問立馬何如對曰乞問太僕帝善之

周顗爲左僕射元帝讌羣公于西堂酒酣從容曰今日名臣共集何如堯舜時邪顗因醉厲聲曰今雖同人主何得復比聖世帝大怒而起手詔付廷尉將加戮累日方赦之及出諸公就省顗曰近日之罪固知不至于死

孔坦爲侍中成帝每幸丞相王導府拜導妻曹氏有同家人坦每切諫帝既加元服猶委政王導坦每發憤以國事爲已憂嘗從容言於帝曰陛下春秋已長聖敬日躋宜博納朝臣諮諏善道由是忤導出爲廷尉

顧和爲尚書令居任多所獻納雖權臣不苟阿撓穆帝時南中郎將謝尚領宣城內史收涇令陳幹殺之有司以尚違法糾黜詔原之和重奏曰尚先劾姦贓罪入甲戌赦聽自首減死而尚近表云幹包藏姦猾輒收行刑幹事狀自郡非犯軍戎不由都督按尚蒙親賢之舉荷文武之任不能爲國惜體平心聽斷內挾小憾肆其威虐遠近怪愕莫不解體尚忝外屬有之有典至於下吏宜正刑辟尚書大后舅故寢其奏

孔嚴哀帝時領尚書時東海王弈求海鹽錢塘以水牛牽埭稅取錢直帝初從之嚴諫乃止初帝或施私恩以錢帛賜左右嚴又啟諸所別賜及給廚食皆應減省帝曰左右多困乏故有所賜今通斷之又廚膳宜有減徹思詳具聞嚴多所禆益

高崧爲侍中哀帝雅好服食崧諫以爲非萬乘所宜陛下此事實日月之一蝕也

宋鄭鮮之爲都官尚書鮮之爲人通率在武帝坐言無所隱時人甚憚焉

蔡興宗爲侍中每正言得失無所顧憚由是失旨後遷尚書右僕射文帝謂興宗曰諸處未定殷淡已復同逆頃日人情云何事當濟不興宗曰逆之與順臣無以辨今商旅斷絕而米甚豐四方雲合而人情更安以此卜之清蕩可必但臣之所憂更在事後猶羊公云既平之後方當勞聖慮耳尚書褚淵以手板築興宗言之不已帝曰如卿言興宗轉掌吏部時孝武方盛淫宴虐侮羣臣自江夏王義恭以下咸加穢辱唯興宗以方直見憚不被侵媟尚書僕射顏師伯謂議曹郎王耽之曰蔡尚書常免昵戲去人實遠耽之曰蔡豫章昔在相府亦以方嚴不狎武帝宴私之日未嘗相召每至官賭常在勝朋蔡尚書今日可謂能負荷矣大明末前廢帝即位興宗告太宰江夏王義恭應須策文義恭曰建立儲副本爲今日復安用此興宗曰累朝故事莫不皆然近永初之末營陽王即位亦有文策今在尚書可檢校也不從

沈懷文爲侍中世祖孝建以來抑黜諸弟廣陵平後復欲更峻其科懷文曰漢明不使其子比光武之子前史以爲美談陛下明管蔡之誅願崇唐衞之寄及海陵王休茂誅欲遂前議太宰江夏王義恭探得密旨先發議端懷文固謂不可由是得息

王曇首爲侍中元嘉四年車駕出北唐嘗使三更竟開廣莫門去應須白虎幡銀字棨不肯開門尚書左丞楊玄保奏免御史中丞傅隆以下曇首繼啓曰既無墨勑又闕幡棨雖稱上旨不異單刺元嘉元年二年雖有再開門例此乃前事之違今之守舊未爲非禮但既據舊使應有疑却本末曾無此狀猶宜反咎其不請白虎幡銀字棨致門不時由尚書相承之失亦合糾正帝特無所問更立科條

王球文帝時爲尚書僕射時羣臣詔見多不即前卑踈者或至數十日大臣亦有十餘日不被見者唯球輙去未嘗肯停

何尚之爲尚書右僕射時吏部尚書庾炳之領選既不緝衆論

又頗通貨賄炳之請急還家吏部令史錢泰主客令史周伯齊出炳之宅諮事泰能彈琵琶伯齊善歌炳之因留停尚書舊制令史諮事不得宿停外雖有八座命亦不許爲有司所奏帝於炳之素厚將恕之召問尚之尚之具陳炳之得失太祖乃可有司之奏免炳之

袁顗爲侍中領前軍將軍大明京新安王子鸞以母嬖有盛寵太子在東宮多過失孝武微有廢太子立子鸞之意從容頗言之顗盛稱太子好學有日新之美帝又以沈慶之才多言論頗相蚩毀顗又陳慶之忠勤有幹略堪當重任由是前廢帝深感顗慶之亦懷其德

南齊王琨初仕宋爲光禄大夫時中領軍劉勔晚節有栖退志表求東陽郡尚書令袁粲已下莫不贊美之琨曰永初景平唯謝晦殷景仁爲中領軍元嘉有到彥之爲人望才譽勔不及也近聞加侍中爲怏怏便求東陽臣恐子房赤松子未易輕擬其梗直如此

虞愿初仕宋爲通直散騎侍郎兼明帝以宅起湘宮寺費極奢侈以孝武莊嚴刹七層帝欲起十層不可立分爲兩刹各五層新安太守巢尚之罷郡還見帝曰卿至湘宮寺未我起此寺是大功德愿在側曰陛下起此寺皆是百姓賣兒貼婦錢佛若有知當悲哭哀愍罪高佛圖有何功德尚書令袁粲在坐爲之失色帝大怒使人驅下殿愿徐去無異容又帝好圍碁愿日堯以此教丹朱非人主所宜好

何戢爲侍中高帝欲轉戢領選問尚書令褚淵以戢資重欲加常侍淵曰宋世王球侍中中書令單作吏部尚書資與戢相似頃選職方昔小輕不容頓加常侍聖旨每以蟬冕不宜過多臣與王儉既已左珥若復加戢則八座便有三貂若帖以驍游亦爲不少乃以戢爲吏部尚書加驍騎將軍

王晏爲吏部尚書永明八年武帝欲以明帝代晏領選手勑問

之晏啓曰鸞清幹有餘然不諳百氏恐不可居此職帝乃止

謝瀹爲吏部尚書高宗廢鬱林王後讌會功臣上酒尚書令王晏等興席瀹獨不起曰陛下受命應天從民王晏妄叨天功以爲己力帝大笑解之（座罷晏呼瀹共載還令省欲相撫悦瀹又正色曰君巢窟在何處晏初得班劒瀹謂之曰身家太傅裁得六人君亦何事一朝至此晏甚憚之）

梁江子四自右丞上封事極言得失高祖甚善之詔尚書詳擇施行焉

袁昂爲尚書令昂在朝謇愕世號宗臣昭明太子卒晉安王綱爲皇太子昂獨表言宜立昭明長息權爲皇太孫雖不見用檀聲朝野

許懋爲著作郎侍詔文德省時有請封會稽禪國山者高祖雅好禮因集學士草封禪欲行懋以爲不可因建議言之拜中庶子

陳蔡凝爲尚書吏部侍郎高宗嘗謂凝曰我欲用義興主壻錢肅爲黄門郎卿意何如凝正色對曰帝鄉舊戚恩由聖旨則無

所復言格以僉議黄散之職故須人門兼美惟陛下裁之高宗默而止肅因而有臧令義與主譖之於高宗尋免官遷交阯頊之還爲黄門侍郎後主當置酒會羣臣歡甚將移醼於弘範宮衆人咸從唯凝與袁憲不行後主曰卿何爲者凝對曰長樂尊嚴非酒後所過臣不敢奉詔衆人失色後主曰卿醉矣令引出

孔奐爲侍中後主時在東宮欲以江揔爲太子詹事令管記陸瑜言之於奐奐謂瑜曰江有潘陸之華而無園綺之實輔弼儲宮竊有所難瑜具以白後主深以爲恨乃自言於高宗高宗將許之奐乃奏曰揔文華之人今皇太子文華不少無藉於揔如臣愚見願選敦重之才以居輔導帝曰即如卿言誰當居此奐曰都官尚書王廓世有懿德性敦敏可以居太子詹事奐又奏曰宋朝范曄即范泰之子亦爲太子詹事前代不疑後主固爭之帝卒以揔爲詹事由是忤旨其梗正如此

後魏高允與司徒崔浩述成國史後以經授恭宗及浩之被收

也允直於中書省恭宗使東宮侍郎吳延召允仍留宿宮內翌日恭宗入奏太武命允驂乘至宮門謂曰入當見至尊吾自導卿脫至尊有問但依吾語允請曰爲何等事也恭宗曰入自知之既入見帝恭宗曰中書侍郎高允自在臣宮同處累年小心密慎臣所悉雖與浩同然允微賤制由於浩請赦其命太武召允謂曰國書皆崔浩作不允對曰太祖記前著作郎鄧淵所撰先帝記及今記臣與浩同作然浩綜務處多揔裁而已至於注疏臣多於浩帝大怒曰此甚於浩安有生路恭宗曰天威嚴重允是小臣迷亂失次耳臣向備問皆云浩作帝問如東宮言不允曰臣以下才謬參著作犯逆天威罪應滅族今已分死不敢虚妄殿下以臣侍講日久哀臣乞命耳實不問臣臣無此言臣以實對不敢迷亂帝謂恭宗曰直哉此亦人情所難而能臨死不移不亦難乎且對君以實貞臣也如此言寧失一有罪宜宥之允竟得免於是召浩前使人詰浩惶惑不能對允事事申明皆有條理時帝怒甚勑允爲詔自浩已下僮吏已上百二十八人皆夷五族允持疑不爲頻詔催切允乞更一見然後爲詔詔引前允曰浩之所坐若更有餘釁非臣敢知直以犯觸罪不至死帝怒命介士執允恭宗拜請帝曰無此人忿朕當有數千口死矣浩竟族滅餘皆身死恭宗後讓允曰人當知機不知機學復何益尒之時吾導卿端緒何故不從人言怒帝如此每一念之使人心悸允曰臣東野凡生本無宦意屬休明之會應旌弓之舉釋褐鳳池仍參麟閣尸素官榮妨賢已久夫史籍者帝王之實録將來之鑒戒今之所以觀往後之所以知今是以言行舉動莫不備載故人君慎焉然浩世受殊遇榮曜當時孤負聖恩自貽灰滅即浩之跡時有可論浩以蓬蒿之才荷棟梁之重在朝無謇諤之節退私無邐迤之稱私欲沒其公廉愛憎蔽其直理此浩之責也至於書朝廷起居之跡言國家得失之事此亦爲史之大體未爲多違然臣與浩實同其事死生榮辱義無獨殊

誠荷殿下大造之慈違心苟免非臣之意恭宗動容稱歎允後與人言我不奉東宮導旨者恐負翟黒子（翟黒子事見奉使受賂門）

孫紹爲給事中門下録事朝廷大事好言得失遂爲世知苟頹孝文時爲都曹尚書方正好直言雖文明太后生殺不允頹亦言至懇切未曾阿諛李訢之誅也頹並致諫太后不從

李回爲度支尚書性鯁烈敢直言常面折孝文彈駁公卿無所迴避百寮皆憚之帝常加優禮元正爲黄門侍郎茹皓以白衣侍直禁中稍被寵接宣武嘗拜山陵路中欲引與同車皓奮衣將昇正切諫乃止

北齊崔昻魏孝靜帝時爲尚書左丞武定六年甘露降於宮闕文武官寮同賀顯陽殿魏帝問僕射崔暹尚書楊愔等曰自古甘露爲瑞漢魏多少可各言往代所降之處德化感致所由次問昻昻曰案符瑞圖王者德至於天則甘露降吉凶兩門不由符瑞故桑雉爲戒實啓中興小鳥孕大未聞福感所願陛下雖

休勿休帝爲斂容曰朕旣無德何以當此崔暹天保末爲右僕射文宣謂左右曰崔暹諫我飲酒過多然我飲何所妨常山王私謂暹曰至尊或醉多太后尚不能致言吾兄弟杜口僕射獨能犯顔内外深相感愧

後周宇文孝伯爲小冢宰宣帝忌齊王憲意欲除之謂孝伯曰公能爲朕圖齊王當以其官位相授孝伯叩頭曰先帝遺詔不許濫齊骨肉齊王陛下叔父戚近功高社稷重臣棟梁所寄陛下若妄加刑戮微臣又順旨曲從則臣爲不忠之臣陛下爲不孝之子也帝不懌因漸疏之

隋蕭吉仕周爲儀同宣帝時吉以朝政日亂上書切諫帝不納

何妥開皇初爲通直散騎常侍時納言蘇威嘗言於高祖曰臣先人每誡臣云唯讀孝經一卷足可立身治國何用多爲帝亦然之妥進曰蘇威所學非止孝經厥父若信有此言威不從訓是其不孝若無此言面欺陛下是其不誠不誠不孝何以事君

且夫子有云不讀詩無以言不讀禮無以立豈容蘇綽教子獨反聖人之訓乎威時兼領五職帝甚親重之妥因奏威不可信任

趙綽開皇中爲刑部侍郎每有奏讞正色侃然高祖嘉之漸見親重

高熲爲尚書左僕射時太子勇失愛於高祖潛有廢立之志謂熲曰晉王妃有神憑之言王必有天下若之何熲長跪曰長幼有序其可廢乎帝默然而止

元巖字君山爲兵部尚書巖性嚴重明達世務每有奏議侃然正色廷諍面折無所迴避高祖及公卿皆敬憚之

盧愷開皇初除吏部侍郎攝尚書左丞每有敷奏侃然正色雖逢喜怒不改其常

牛弘爲吏部尚書高祖惑於邪議疏忌太子勇高祖車駕至仁壽宮翌日御太興殿謂侍臣曰我新還京師應開懷歡樂不知何意翻邑然愁苦弘對曰由臣等不稱職故至尊憂勞高祖旣數聞讒譖疑朝臣皆委故有斯問冀聞太子之愆弘爲此對大乖本旨

劉行本爲黄門侍郎高祖嘗怒一郎於殿前笞之行本進諫帝不顧行本乃正當帝前曰陛下不以臣不肖置臣左右豈得輕臣而不顧也乃置笏於地而退帝謝之而原所笞者長孫平爲工部尚書有人告大都督邴紹非毀朝廷爲憒憒者高祖怒將斬之平曰川澤納汙所以成其深山岳藏疾所以就其大不勝至願願陛下弘山海之量茂寛裕之德鄙諺曰不癡不聾未堪作大家翁此言雖小可以諭大邴紹之言不應聞奏陛下又復誅之臣恐百代之後有虧聖德乃赦紹

段文振大業中爲右光祿大夫時兵曹郎斛斯政專掌兵事文振知政險薄不可委以機要屢言於煬帝帝弗納

蘇威爲納言從幸遼迴車駕次太原威以盜賊不止勸煬帝還京師深根固本爲社稷計帝初從之竟用宇文述等議往東都

天下大亂威知帝不可規正甚患之屬帝問盜賊事宇文述曰盜賊信少不足爲虞威不能詭對以身隱殿柱帝呼問之威曰臣非職司不知多少但患其漸近帝曰何謂也威曰他日賊據長白山今者近在滎陽汜水帝不悅而罷李桐客爲門下錄事大業末煬帝幸江都時四方兵起謀欲徙都丹陽召百寮會議公卿希旨俱言江左黔黎皆思望幸巡狩吳會勒石紀功復禹之跡今其時也桐客獨議曰江南卑濕地狹州小内奉萬乘外給三軍吳人力屈恐不堪命且踰越險阻非社稷之福御史奏桐客謗朝政僅而獲免

唐李綱爲禮部尚書兼太子詹事綱以太子建成漸狎無行之徒有猜忌之謀不可諫止頻乞骸骨高祖慢罵之曰卿爲潘仁長史何乃羞爲朕尚書且建成在東宮遣卿輔導何爲屢致辭乎綱頓首陳謝曰潘仁賊也識在殺害每諫便止所活極多爲其長史故得無愧陛下功成業泰頗自矜伐臣以凡劣才乖元

疏所言如水投石安敢久爲尚書兼以愚臣事太子所[illegible]復不採納既無補益所以請退高祖謝曰知公直士勉弼我兒於是擢拜太子少保尚書詹事並如故

魏徵貞觀二年爲尚書右丞或有言徵阿黨親戚者太宗使御史大夫溫彥博按驗無狀彥博奏曰徵爲人臣須存形迹不能遠避嫌疑遂招此謗雖情在無私亦有可責帝令彥博讓徵且曰自今以後不得不存形迹他日徵入奏曰臣聞君臣叶契義同一體不存公道唯事形迹若君臣上下同遵此路則邦之興喪或未可知帝瞿然改容曰吾已悔之其年侍御史張玄素奏慶州樂蟠縣令叱奴騭盜用官倉推逐並實帝令斬決中書舍人楊文瓘奏據律不合死帝曰倉糧朕之所重若不加法恐犯者更多尚書右丞魏徵對曰陛下設法與天下共之今若改張多將法外畏罪且復有重者又無以加之其年太宗謂侍臣曰人皆以祖孝孫爲知音今其所教聲曲多不諧韻此猶未至精妙人亦以許崇爲良醫全不識藥性魏徵對曰陛下生平不愛音聲今忽爲教女樂差升責孝孫臣恐天下怪愕帝怒曰御是朕腹心應須進忠直何乃附下罔上爲孝孫分疎溫彥博等拜謝徵與王珪進曰祖孝孫學問立身何如白明達陛下平生禮遇孝孫復何如白明達今過聽一言便謂孝孫可疑明達可信臣恐羣臣衆庶有以窺陛下者帝意乃解

權萬紀太宗時爲尚書左丞梗言廷諫公卿莫不憚之顏相時師古之弟亦有學業貞觀中累遷諫議大夫拾遺補闕有諍臣之風

狄仁傑爲左司郎中王本立恃寵用事朝廷懾懼仁傑奏之請付法寺高宗特原之仁傑奏曰國家雖乏英才豈少本立之類陛下何惜罪人而虧王法必欲曲赦本立請棄臣於無人之境爲忠貞將來之誡本立竟得罪由是朝廷肅然

王及善則天時爲內史時御史中丞來俊臣常以飛禍陷良善

自漢王將相被其羅織受戮者不可勝計後俊臣坐事繫獄有司斷以極刑則天欲捨之及善奏曰俊臣凶狡不軌所信任者皆[illegible][illegible]小人所誅戮者多名德君子臣愚以爲若不勦絕元惡恐搖動朝廷禍從此始則天納之

張柬之聖曆初爲鳳閣舍人其年突厥默啜表言有女請和親天后盛意許之欲令淮陽郡王延秀娶其女柬之奏言古無天子求夷狄女以配中國王者頗忤旨出爲合州刺史

姚元崇爲夏官侍郎萬歲通天二年則天謂侍臣曰近者朝臣多被周興來俊臣等推勘相牽咸自承服國家有法朕豈能違中間疑有枉濫更使近臣就獄親問皆得手狀承引不虛朕不以爲疑即可其奏自周興來俊臣死後更無聞有反逆者然則已前就戮者不有冤濫耶元崇對曰自垂拱已後被告身死破家者皆是枉酷自誣而死告者特以爲功天下號爲羅織甚於漢之黨錮陛下令近臣就獄問者近臣自亦不保何敢輒有動搖被問者若翻覆懼遭其毒手將軍張虔勗李安靜等皆是也賴上天降靈聖情發寤鋤誅凶豎朝廷又安今日已後臣以微軀及一門百口保見在內外官更無反逆者乞陛下得告狀但收掌不須推問若後有徵驗反逆有實臣請受知而不告之罪則天大悅曰前宰相皆順成其事陷朕爲淫刑之主聞卿所說甚合朕心其日使高品官送銀千兩賜之長安四年爲相王府長史兼知夏官尚書事又上言相王知兵馬不便臣非惜死但恐不益相王詞旨懇至則天深然其言遂改爲春官尚書

李嶠則天朝爲給事中時酷吏來俊臣構陷狄仁傑李嗣真裴宣禮等奏請誅之則天使嶠與大理少卿張德裕侍御史劉憲覆其獄德裕等雖知其枉懼罪並欲依俊臣所奏嶠固爭之曰豈有知其枉濫不爲申明孔子曰見義不爲無勇也德裕等遂與嶠列其枉狀由是忤旨出爲潤州司馬

盧藏用爲左拾遺時則天造興泰宮於萬安山藏用上疏諫之

言甚懇切

蘇珦則天時爲右肅政臺御史大夫時有詔白司馬坂營大像糜費巨億珦以妨農上疏切諫則天納焉

薛登天授中爲左補闕時選舉頗濫登上疏諫文辭博贍事竟不行

李邕則天朝爲左拾遺時御史中丞宋璟廷奏張昌宗兄弟有不順言請付法推斷則天初不應邕在階下進曰臣觀宋璟所請社稷大銓伏望陛下聽從

張說爲鳳閣舍人長安三年秋麟臺監張易之與其弟昌宗權位日熾欲將難將圖皇太子遂譖左肅政臺御史大夫同鳳閣鸞臺平章事兼檢校太子左庶子魏元忠交通密謀造飛語曰君老矣吾屬當扶太子可謂耐久明天后或其言下元忠制獄引皇太子相王旦睿宗也及諸宰相令易之昌宗與元忠對反覆不決昌宗又引鳳閣舍人張說令證其事說初不之知及至御前遂厲聲曰元忠實不反昌宗誣搆耳天后不納竟貶爲高安尉說配嶺南

唐紹博學善三禮中宗神龍中爲左臺侍御史兼太常博士中宗將祭南郊國子祭酒祝欽明等希旨請皇后爲亞獻紹與博士蔣欽緒固爭以爲不可睿宗即位又數陳時政損益轉給事中仍知禮儀事

張知微爲武部郎中至德二年知微奏將軍王難得不救郭英又遂令軍敗合從軍令房琯有管樂之才不宜以小非見免御史大夫韋陟才堪輔弼久不見用言詞抗直手疏諫書肅宗覽其讜直竟不用其言

李揆至德中爲尚書舍人時宗室請加張皇后翼聖之號肅宗召揆問之對曰臣觀往古后妃終則有謚生加尊號未之前聞景龍失政韋氏專恣加號順聖今皇后之號正與韋氏同陛下明聖動遵典禮豈可蹤景龍故事哉帝驚曰凡才幾誤我家事遂止時代宗自廣平王改封成王張皇后有子數歲陰有奪宗之議揆因對見帝從容曰成王嫡長有功今當命嗣御意何如揆拜賀曰陛下言及於此社稷之福天下幸甚臣不勝大慶帝喜曰朕計決矣自此頗承恩遂蒙大用

裴佶爲補闕李懷光以河中叛朝廷欲以含垢爲意佶抗議行誅德宗深器之前席慰勉陸贄爲諫議大夫翰林學士德宗在奉天圍解之後德宗言及違離宗廟嗚咽流涕曰致寇之由實朕之過贄對曰臣思致今日之難者羣臣之罪也贄意蓋爲盧杞趙贊等帝欲掩杞之失則曰雖朕德薄致茲禍亂亦運如前定事不由人贄又極陳杞等罪狀及爲兵部侍郎又以宰相竇參瀆貨贄又極言之繇是與參不平

賈隱林爲右散騎常侍興元元年二月奉天解圍百寮稱賀隱林抃舞因上言曰陛下性靈太急不能容忍若舊性不改雖朱泚敗亡臣亦恐憂未艾也德宗虛懷納之

陽城爲諫議大夫正直時朝欲相延齡城曰脫以延齡爲相城當取白麻壞之

崔邠爲補闕嘗疏論裴延齡爲時所知

歸登爲右拾遺裴延齡以姦佞有恩欲爲相諫議大夫陽城上疏切直德宗赫怒右補闕熊執易等亦以危言忤旨初執易草疏成示登登愀然曰願寄一名雷電之下忍令足下獨當自是同列切諫登每聯署其奏無所迴避時人稱重

袁高爲給事中貞元元年抗論盧杞是時德宗念杞必欲擢之宰相盧翰劉從一懼黜不敢言獨高抗議者久之時人盡爲高危之雖儒者咸有立志乃相與論奏累日不息德宗知其不可亦迴聖慮於是中外相賀數正直者貞元迄今以高爲第一

王仲舒字弘中貞元十年拜右拾遺裴延齡領度支矯誕大言中傷良善仲舒上疏極論之

殷賓爲補闕給事中皆以論時政得失爲時所重亦以此再受黜

韓愈爲監察御史德宗晚年政出多門宰相不甚得專秩務後
有宫市秏擾之獘愈悉以上言貶爲連州陽山令
陽平仲憲宗元和中爲諫議大夫時吐突承璀請出征鎮州無
功而還平仲與呂元膺等抗論請加黜責後轉給事中其在要
近朝廷有得失未嘗不論列時人推其猶直
孔戣爲諫議大夫知匭使元和六年内官吐突承璀出爲淮南
監軍太子通事舍人李涉知帝待承璀意未衰投匭上疏論承
璀有功久委腹心不宜遽棄戣覽涉副章不受面詰望戣之涉乃進
疏光順門戣極論其與中官交結言甚激切詔貶涉陝州司倉
倖臣聞之側目人皆爲危之戣高步公卿間以方嚴見憚及爲
尚書左丞信州刺史李位爲州將韋岳讒譖於本使監軍高重
昌言位結聚術士以圖不軌追位至京師鞫於禁中戣奏曰刺
史得罪合歸法司按問不合劾於内仗乃出付御史臺戣與三
司訊鞫得其狀位好黄老道時修齋籙與山人王仁恭合鍊藥物

別無逆狀以岳誣告決殺貶位建州司馬時非戣論諫罪在不
測人士稱之又薛存誠爲御史中丞洪州監軍使高重昌誣奏信州刺史李位謀大逆及追至憲宗欲令送狀內鞫問存誠一日三上表以請帝乃令付御史臺及推案無狀位竟得雪
許孟容爲兵部侍郎元和十年六月盜殺宰相武元衡孟容詣
見奏曰豈有國相横屍路隅而盜不獲此朝廷之辱從古未有
因歷泣極言帝爲憤歎
崔植爲給事中時皇甫鎛以宰相判度支奏諸州府鹽院兩税
榷酒鹽利疋段等加估定數及近天下所納鹽酒利擡估者一
切徵收詔皆可之植抗疏論奏令宰臣召植宣旨嘉諭之物議
罪鎛而美植
李藩爲給事中制勑有不可遂於黄勑後批之吏曰宜別連白
紙藩曰別以白紙是文狀豈曰批勑裴垍言於帝以爲有宰相器
獨孤朗爲諫議大夫時王播以厚賄得判鹽鐵衆口喧然朗連
上章極諫遷御史中丞

李遜爲給事中嘗論時政以爲事君之義有犯無隱陳誠啓沃
不必擇辰今君臣數奏乃俟隻日是畢歲臣下睹天顔獻可否
能幾憲宗嘉之
武儒衡爲中書舍人時皇甫鎛爲相剥下以媚上儒衡抗疏論
列其事鎛譖訴之憲宗謂鎛曰勿以儒衡因論卿而用報死鎛
惶恐不復敢言
殷侑爲諫議大夫凡有朝廷之得失悉以陳論凡上章八十四封
李絳爲戶部侍郎嘗因次對穆宗曰戶部比有進獻至卿獨無
何也絳曰將戶部獻入内藏是用官物以結私恩帝聳然益嘉
其直後絳爲御史大夫時穆宗亟爲畋遊行幸絳率御史屬在
延英極諫穆宗不能用絳以疾辭絳爲左僕射剛腸嫉惡貴不
肖大分以此尤爲非正之徒所忌
韋弘景爲給事中屢有封駮時有劉士涇以駙馬交通邪倖自
撿校官穆宗用爲太僕御弘景執奏不可中人宣諭再三弘景

不爲之迴帝怒乃令弘景使安南邕容宣慰時論翕然推重時
薦俛以清直在位弘景議論常所輔助
李渤爲考功員外郎時穆宗好畋遊亟出行幸車駕至温湯渤
奏疏請書宰相下考以其不能強諫也及爲諫議大夫染坊役
夫張韶等竊發伏誅宰臣及百寮於閤内稱賀渤獻箴規詞甚
激切
崔郾諫議大夫時穆宗頗事畋遊郾與鄭覃等推誠直諫觸
發無避降中使宣諭之旋遷給事中敬宗即位爲翰林侍讀學
士轉中書舍人入思政殿郾奏曰陛下用臣爲侍讀卒歲有餘
未嘗問臣經義今蒙轉改實慙尸素有愧厚恩帝曰俟朕機務
稍閑即當請益中書舍人高釴曰陛下意雖樂善既未延接儒
生天下之人寧知重道帝深引咎賜之錦綵
李漢爲左拾遺長慶四年九月波斯大賈李蘇沙進沉香亭子
材以錢一千貫文絹一千疋賜之漢上疏以爲沉香爲亭比瑶

臺瓊堅敬宗頗怒言過時優容之

薛廷老敬宗寶曆初爲右拾遺內供奉史館修撰時鄭權因文通鄭注得嶺南節度權到鎮後盡以府庫所有輦送京師酬遺權倖廷老伺知上疏請按由是豐結中外人盡咎之廷老性本强直未幾又論張權輿程昔範不宜居諫諍之列事皆不行

柳公權爲中書舍人充翰林書詔學士文宗便殿對六學士語及漢文恭儉帝舉袂曰此澣濯者三矣學士皆贊詠帝儉德唯公權無言帝留而問之對曰人主當進賢良退不肖納諫諍明賞罰服澣濯之衣乃小節時周墀同對墀爲之惴慄公權詞氣不可奪翌日降制以爲諫議知制誥學士如故開成三年轉工部侍郎充職嘗入對帝謂之曰近外議如何公權對曰自郭旼除授邠寧物議頗有臧否帝曰旼是尚父之從子太后之季父在官無過自金吾大將軍授邠寧小鎮何事議論耶公權曰以旼勳德除鎮攸宜人情議論者言旼進二女入宮致此除拜此事信乎帝曰二女入宮參大后非獻也公權曰瓜李之嫌何以戶曉因引王珪諫大宗出廬江王妃故事帝即令南內使張日華送二女還旼公權忠言裨益皆此類也

韋温爲右補闕忠鯁敢言宋申錫被誣温昌言曰宋公履行有素身居台輔不當有此是姦人陷害也吾輩諫官豈避一時之雷霆而致聖君賢相蒙蔽惑之咎耶因率同率同列伏閤切爭之由是知名

孔敏行爲諫議大夫上疏論山南監軍楊叔元之罪其言激切時論稱之

鄭承嘏太和六年爲諫議大夫頻上章言時政得失尋以鄭注爲太僕卿論陳激切注不敢出轉給事中改華州刺史兼御史中丞詔下之後公卿送詣中書求承嘏出麾之故給事中盧載封還詔書即日帝御紫宸殿顧謂宰臣曰華州闕人承嘏可任故命之今諫官給事中皆疑其去既不能戶曉莫若從衆望遂追制罷之

馮定爲諫議大夫大和乙卯年誅戮宰臣之後中外懷疑及改元開成文宗將御宣政殿中尉仇士良請用神策仗衛殿門定抗疏論罷人情危之

李中敏開成元年正月以前司門員外郎爲司勳員外郎中敏前歲因久旱抗疏言宋申錫等冤陷之狀以爲致雨之方莫若斬鄭注而雪申錫士大夫皆危之疏留中因謝病滿百日東歸至是始復徵授

梁盧協爲右諫議大夫開平四年詣閤上表以夏麥不稔請勿徵至秋熟折輸粟太祖聖武嚴毅宸斷不測故諫官未嘗敢言事協奏而果俞其請物論嘉之

李愚爲左拾遺崇政院直學士或預咨詢而偘然正色不畏強御衡王入朝重臣李振輩致拜唯愚長揖末帝讓之曰衡王朕之兄朕猶致拜崇政使李振等皆拜尒何傲耶對曰陛下以家人禮兄振等私臣居朝列與王無素安敢謟事其嚴毅皆此類也

晉裴皡初仕唐爲兵部侍郎明宗時以數論權臣過失授太子賓客

王權爲兵部尚書高祖天福中令權使於契丹權以前世累爲將相未嘗有稱臣於戎虜者謂人曰我雖不才年今耄矣豈能稽顙於穹廬之長乎竟詣得罪亦所甘心由是停任

鄭受益爲右諫議大夫高祖天福中涇州節度使張彥澤在涇州違法虐民殺其掌書記張式軍將楊洪朝廷優容之受益兩疏論云請下有司明申其罪

[illegible]部郎中張彥澤殺張式楊洪等讐乃與員外郎張麟[illegible]等[illegible]進疏論彥澤之罪請下有司詞甚切至

臺省部一十五

奏議第二

鄭鮮之初仕晉安帝為御史中丞時制長吏以父母疾去官[illegible]山陰令沈叔任父疾去職鮮之因此上議曰夫事相權故制有與奪此有所屈而彼所申未有理無所明事無所獲而為求制者也當以去官之人或容詭託之事誠或有之豈可虧天下之大教以末傷本者乎且設法蓋以衆苞寡而不以寡違衆況房杜去官而塞孝愛之實且人情趨於榮利辭官本非所防所以為其制者莅官不久則奔競乎生故杜其欲速之情以申考績之實邪父母之疾而加以罪名悖義疾理莫此為大謂宜從奪於義為允從之於是自二品已上父母沒者墳墓崩毀及疾病族屬輒去並不禁錮

裴松之晉安帝義熙初為祠部郎松之以世立私碑有乖事實上表陳之曰碑銘之作以明示後昆自非殊功異德無以允應玆典大者道動光遠世所宗推其次節行高妙遺烈可紀若乃亮采登庸績用顯著敷化所莅惠訓融遠述詠所寄有賴鐫勒非斯族也則幾乎僭瀆矣俗弊偽興華煩已久是以孔悝之銘行是人非蔡邕制文每有愧色而自時厥後其流弥多預有臣吏必為建立勒銘寡取信之實刊石成虛偽之常眞假相蒙殆使合美者不貴但論其功費又不可稱不加禁裁其弊無已以為諸欲立碑者宜悉令言上為朝議所許然後聽之庶可以防遏無微顯彰茂實使百世之下知其不虛則義信於仰止道秀於來葉由是並斷

孔琳之晉義熙中為尚書左丞詔衆官獻便宜議者以為宜脩庠序卹典刑審官方明黜陟舉逸拔才務農簡調琳之於衆議之外別建言曰夫璽印者所以辨章官爵立契符信官莫大於皇帝爵莫尊於公侯而傳國之璽歷代迭用襲封之印奕世相傳貴於仍舊無取改作今世唯尉一職獨用一印於內外羣官每遷悉改討尋其義私所未達若謂官各異姓與傳襲不同則未若異代之為殊若論其名器雖有公卿之貴未若帝王之重若以或有誅夷之臣忌其凶穢則漢用秦璽延祚四百未聞以子嬰身戮國亡而棄不佩帝王公侯之尊不疑傳於璽人臣衆僚之卑何嫌於即印載籍未聞其說惟例自乖其准而終年刻鑄乖功消實金銅炭之費不可稱言非所以因循舊貫易簡之道愚謂衆官即用一印無煩改作若有新置官人多官印少文或零失然後乃鑄則御禆天府非唯小益又曰凶門柏裝不出禮典起自末代積習生常遂成舊俗爰自天子達于庶人誠行之有由卒革必駭然苟無於情而有愆禮度存之未有所明去之未有所失固當式遵先典釐革後謬況復兼須以游費實為民患者乎凡人士喪儀多出閭里每有此須動十數萬損民財力而義無所至於寒庶則人思自竭雖復室如懸磬莫不傾產殫財所謂葬之以禮其若此乎謂宜謹遵先典一罷凶門之式表以素扇足以示凶又曰昔事故飢荒米穀綿絹皆貴其後米價登復而綿絹于今一倍綿絹既貴蠶業者滋雖勤厲兼倍而貴猶不息愚謂致此良有其由昔事故之前軍器正用鎧而已至於襖袍裲襠必俟戰陣實在庫藏永無損毀今儀從直衛及邀羅使命或有防衛送迎悉用袍襖之屬非唯一府衆軍皆然綿帛易敗勢不支久又晝以禦寒夜兼寢卧曾未周年便自敗裂每絲綿新租以市又諸府競收動有千萬積貴不已實由於斯私服為之艱匱官庫為之空盡愚謂若侍衛所須固不可廢其餘則依舊用鎧小小使命送迎之屬止宜用仗不煩鎧襖用之既簡則其價自降又曰夫不恥惡食唯君子能之肴饌尚奢為日久矣今雖改張是期而此風未革所甘不過一味而陳必於方丈適口之外皆為悅目之費富者以之自矜貧者為之殫產衆所同鄙而莫能獨異愚謂宜粗為其品使奢儉有中若有不改加以貶黜則德儉之化不日而流

何承天為御史中丞文帝元嘉十九年魏軍侵邊太祖訪羣臣威戎御遠之略承天上表曰伏見北藩上事虜犯青兗天慈降鑒矜此黎元溥逮羣策經綸戎臣以愚陋預聞訪及竊尋獫狁告難爰自上古有周室之盛南仲出車漢氏方隆衛霍宣力雖飲馬瀚海揚旌祁連事難役繁天下騷動委輸負海貲及舟車凶狡倔強未正月弱得失報復裁不相補宣帝末年值其乖亂推亡固存始獲稽服自晉喪中原戎狄侵擾百餘年間未暇以北虜為念大宋啓祚光曜靈武懷德畏威用自款納陛下統御以來羈縻遵養十餘年中貢譯不絕去歲三王出鎮必振遠圖獸心易駭遂生猜懼背違信約深搆嫌隙貪禍恣毒無因自反恐烽燧之警未自此始臣素庸懦才不經武率其管規謹撰安邊論意乃淺末懼無可採若得詢之朝列辯覈同異庶或開引羣慮研盡衆謀短長畢陳當亦可見其論曰漢世言備匈奴之策不過二科武夫盡征伐之課儒生講和親之約課其所言互

有遠志加塞漢之外胡敵掣肘必未能權鋒弘曰規自開張當由往年冀土之民附化者衆二州臨境三王出藩經略既張宏圖將舉士女延望華夷慕義故昧於小利且自矜後外示餘力內堅偽衆今若務存遵養許其自新雖未可羈致北闕猶足鎮靜邊境然和親事重當盡廟筭誠非愚短所能究言若追蹤衛霍瀚海之志時事不等致功亦殊寇雖習戰來久又全據燕趙跨帶秦魏山河之險終古如一自非大田淮泗內實青徐使民有贏儲野有積穀然後分命方召總率虎旅精卒十萬使一舉盪夷則不足稍勤王師以勞天下何以言之今遺黎習亂志在偷安非皆恥為左衽遠慕冠冕徒以殘害剝辱視息無寄故襁負歸國先後相尋虜就不能校勝循理攻城略地而輕兵掩襲急在驅殘是其所以速恐召禍滅亡之日今若遣軍追討報其侵暴大翦巢窟城破邑則聖朝□育黎元方濟之以道若但欲撫其歸附伐罪弔民則驍馬奔走不肯來征徒與巨費無損

於彼復奇兵深入殺敵破軍苟患未盡則困獸思鬬報復之役將遂無已斯秦漢之末策輪臺之所悔也安邊固守於計為長臣以安邊之計備在史策李牧言其端嚴尤申其要大略舉矣曹孫之霸才均智敵江淮之間不居各數百里魏捨肥新城江陵移民南涘濡須之戍家停羨溪及表陵之屯民夷散雜曹宣王以為且從江南以北岸曹爽不許果亡祖中此皆前代之殷鑒也何者斥候之郊非畜牧之地非耕桑之邑故堅壁清野以俟其來整甲繕兵以乘其斃雖勢有強弱保民全境不出此塗要而歸之有四一曰移遠就近二曰浚復城隍三曰纂偶車牛四曰計丁課仗良守壃其土田驍帥振其風略蒐簡宣其號令俎豆訓其廉恥懸爵以縻之設禁以威之傜稅有程寬猛相濟比及十載民知義方然後簡將授奇揚旌雲朔風卷河冀電掃嵩常撫弧折筋代馬摧足秦首斬其右臂吳蹄絕其左肩銘功於燕然之阿饗徒於甘微之曲寇雖亂亡有徵昧弱易

取若天時人事或未盡符抑銳俟機宜審其筭若邊戍未增星居布野勤惰異教貧富殊資壘場之民多懷彼此虜在未就不根本業難可驅率易在振蕩又狡虜之性食肉衣皮以馳騁為儀容以游獵為南畝非有車輿之安宮室之衛櫛風沐雨不以為勞露宿草寢維其常性勝則競利敗不羞走彼來或驟而此已奔疲且今春踰濟既獲其利乘勝悃忲未虞天誅比及秋末容更送死焱騎蟻聚輕兵鳥集踐禾稼焚爇閭井雖邊將多略未審何以禦之若盛師連屯廢農必衆馳車奔驲起役必遲散金行賞損費必大換土客戍怨曠必繁孰若因民所居並修農戰無動衆之勞有扞衛之實其為利害優劣相懸也一曰移遠就近以實內地今青兗舊民冀州新附在所首三萬家此寇之資也今悉可內徙青州民移東萊平昌北海諸郡太山以南南至下邳左沃右曲沂田良野沃西阻蘭陵北阨大峴四塞之內其號險固民性重遷闇於圖始無虜之時喜生咨怨今新被鈔掠

餘懼未息若曉示安危居以樂土宜其歌抃就路視遷如歸二曰浚復城隍以岨防舊秋冬毀民人入保所以警備暴客使防衛有素也古之城池處處皆有今雖頹毀猶可脩治粗計户數量其所容新徙之家悉著城内假其經用爲之閭伍納稼築場還在一處婦子守家長吏爲帥丁夫疋婦春夏佃牧寇至之時一城千室堪戰之士不下二千其餘羸弱猶能登陴鼓譟十則圍之兵家舊説戰士二千足抗羣虜三萬矣三曰纂偶車牛以飾戎械計千家之資不下五百耦牛爲車五百兩參合鉤連以衛其衆設使城不可固平行趨險賊所不能干既已族居易可檢括號令先明民知夙戒有急徵發信宿可聚四曰計丁課仗勿使有闕千家之邑戰士三千隨其便能各自有仗素所服習銘刻由巳還保輸之於庫出行請以自衛弓簳利鐵民不得者官以漸充之數年之内軍用粗備矣臣聞軍國異容施於封畿之内兵農並脩在於壇場之表攻守之宜皆因其習任其怯勇山陵川陸之形寒暑温凉之氣各由本性易則害生是故六申作師遠屯清濟功費既重嗟怨亦深以臣料之未若即用彼衆之易也管子治齊寄令在民商君爲秦設以耕戰終申威定霸行其志業非苟任强實由有數梁用走卒其邦自滅齊用技擊厥衆亦離漢魏以來兹制漸絶蒐田非復先王之迹治兵徒逞耳目之欲有急之日民不知戰至乃廣延賞募奉以厚秩發遽奔救天下騷然方伯刺史拱手坐聽自無經略唯望朝廷遣軍此皆志戰害士不教之失也今移民實内浚治城隍族居聚處課其騎射長吏簡試差品能否甲科上第漸就優别明其勳才表言州郡如此則屯部有常不遷其業内護老弱外通官塗朋曹素定同憂等樂情由習親藝因事著晝戰目見足相識夜戰聞聲足相校斯教戰之一隅先哲之遺術論者必以古城荒毀難可脩復今不謂頓便加功整如麗舊但欲先定民營其閭街墉壑存者因而即之其有毀缺權時柵斷足以禦彼輕兵防遏遊騎假

以方將漸就只立車牛之賦課仗之宜攻守所資軍國之要今因民所利導而率之耕農之器爲府庫之寶田蠶之㪍兼扞城之用千家總倍旅之兵萬户具全軍之衆兵强而敵不戒國富而民不勞功於優復隊伍坐食廪粮者不可同年而校矣今承平來久邊令弛縱弓簳利鐵既不都斷往歲棄甲垂二十年課其所任理應消壞謂宜申明舊科嚴加禁塞諸商賈往來幢隊挾藏者皆以軍法治之又界上嚴立關候杜廢閒蹊城保之境諸所課仗並加雕鐫别造程式若有遺鏃亡刃及私爲竊盜者皆可立驗於事爲長又鉅野湖澤廣大南通洙泗北連青齊有舊縣城正在澤内宜一式脩復舊堵利其埭遏給輕艦百艘寇若入境引艦出戰左右隨宜應接據其師津毀其航漕此以利制車運我所長亦微徹敵之要也

袁淑爲御史中丞元嘉二十六年元魏南侵遂至瓜步文帝使百官議防禦之術淑上議曰臣聞函車之獸離山必斃絶波之鱗宕流則枯羯寇遺醜趨致畿甸蟻萃蠭集聞已擁塡天險嚴曠地限深遐故全魏戢其圖威晉輟其議情屈力殫氣拙勇竭諒不虞於來践本無怵於能濟矣乃者燹定擕遠阻違授律由將有弛拙故士少闘志圍潰之衆匪寇傾淪攻制之師空自班散濟西勁騎怠戰甚旅淮上訓卒簡備靡旗是由綏整寡衣戎昭夕昧逐使潞子入患伊川來擾紛殄匪虽氓毒禹蹟騰書有渭陰之迫懸烽均咸陽之警然而切揣重寶匿迹先彰校索能否詭状既顯綿地千里彌行阻深衰裹策成東西分逼拾陵衍之習競湍沙之利今虹見萍生土膏脈動津陸滔溢痁禍洊興葛藟已單水栗莫係水寓裕帶進必傾損級江右寬繕淮内竊謂賁河溢宿固退亦墮滅所謂栖鳥於列火之上養魚於叢棘之中或謂極扼闉城舊史爲允棄遠涼土前言稱非限此要荒猶弗委割況聯被京國咫尺神甸數州摧掃列邑殲夷山淵反覆草木塗地今立賦千乘井筭萬集肩摩倍於長安帷杖百於臨淄什一而籍寔慊塡願

屢敵以挩既協農和召競戰心人含銳志皆欲贏糧請奮釋緯乘城謂宜懸金銷印要壯果之士重幣甘辭招推決之將舉薦板築之下抽登臺皁之間賞之以焚書報之以相爵俄而昭才負關異能間至戎貪而無謀肆而不整迷乎向背之次謬於全散之宜犯軍志之極害觸兵家之甚諱感畜憤矣僉策戰矣稱顯影從謠言縉命宜選敢悍數千鶩行潛掩偃旗裹甲鉗馬銜枚旝動而起晨壓未陣旌噪亂舉火鼓四臨使景不暇移塵不及起无不禽鏃獸蹠冰解霧散掃洗噍類漂鹵浮山如有決罝漏網逡竄亢命淮汝弋舡遏其還逕尧部勁卒梗其歸塗必翦元雄懸首麾下乃將隻輪不及戰轄無旋矣於是信臣騰威武板緹組接陰鞞柝聯響若其僞逍贏張出沒無際楚言漢旆顯默如神固已日月敵虧川谷蕩貧負塞殘孽阻山燼黨收險竊命渦城借一則當因威席卷承機芟剿泗汴秀士星流電燭徐阜巖岳雨臻雲集歷亂桑溪之北揺潰瀚海以南絕其本根勿

使能植銜索之枯幾何不盡是由涸澤而漁焚林而狩若大國之僕輕轢梟日之拂浮霜既而尉谷荷掠之餘望吊網悲之鬼然後天行樞運焱舉煙升青蓋西巡翠華經略州野蕩滌舉無遺策俾高闕再勒燕然復銘方乃奠山沉河創禮輯策闡燿炎昊之遺則賁軼商夏之懿文今衆賁拳勇而將術疎怯意者終泰日積承平歲久邑無驚赴之急家緩餽戰之勤闕閱訓之禮簡紊屬之飾且亦薦採之法庸未訖輿若乃邦造里選權論深切窮澤盡幽漸帶尋遠設有沉明能照俊偉自宣誠感泉雨勇通金石氣懾飛憤知窮首起審邪正順逆之數達昏明益損之宜能聯合民心愚散物性登丹墀而敷策躡青蒲而揚謀上說辰鑒下弭素言足以安民紓國救災恤患則宜校過寵貴之上褒外戚舊之名別其旂章榮其班祿出得專衆使不稟命降席折節同廣武之請設壇致禮均淮陰之授必有要盟之功竊符之捷夷裔暴很內外侮棄始附之衆分散無序蠱以威勢必自潰乃

離首順之徒靡然自及今淶澤故俗典涯纓緌翦焉幽播拉首函狡是猶耻者願明褒人思步動商遊會功終易感翅音在於善覘全鄭實寄良謀多縱反間汨惑心耳發險易之前抵興喪之術衝其猜伏拂其嫌嗜待以違率之責餌以析壤之資鑿筆端之用展辭鋒之銳振辯則堅圍可解馳羽而嚴邑易傾心苟南土分枝幹友裂故燕樂相悔項范交疑矣或乃言約功深專述應廣齊國反駕焉趙養還君盡與訟之道畢能事之效臣幸得出內緻又音屠禁游息明代澤與身泰思隨年行無以逢迎昌運潤飾濊法今塗有遺鏃薑未息蜂戢思諒識少酬闕施但坐幕既乏昭文免官不能致果竊覵都讓之邊論蜀國之兵謀終晁之抗辭杜耽之言事咸出及涇之策猶闕上竿燭邪之敬裁收下策自耻揣木智不綜微敢露昧見無會昭採何尚之孝武即位爲尚書令時欲分荊州置郢州議其所居江夏王義恭以爲宜在巴陵尚之議曰夏口在荊州之中正對沔口通接雍梁實爲津

要由來舊鎮故根基未易今分取江夏武陵天門竟陵隨五郡爲一州鎮在夏口既有見城浦大容舫竟陵出道取荊州雖水路與去江夏不異諸郡至夏口皆從流並爲利便湘州所領十一郡其巴陵邊帶長江去夏口密迩既分湘中乃更成大亦可割巴陵屬新州於事爲允帝從其議荊揚二州戶口半天下江左以來援州根本委荊以閫外是以並分欲以削臣下之權而荊揚並因此虛耗尚之建言復合二州帝不許

何偃孝武即位爲侍中時責百官讜言偃以爲宜重農卹本并官省事考課以知能否增俸以除吏姦責成守宰久於其職都令刺史宜別其任

謝莊孝武初爲侍中時魏人求通互市上詔羣臣博議莊議曰愚以爲獯獫棄義唯利是視關市之請或以覘國順之示弱無明柔遠距而觀釁有足表強且漢文和親豈止彭陽之寇武帝修約不廢馬邑之謀故有餘則經略不足則閉關何爲屈冠帶之邦通引弓之俗樹無益之軌招塵點之風交易

奕議既應深杜和約詭論尤宜固絕臣庸管多蔽豈識國儀恩誘降逮敢不披盡并又以搜才路狹乃上表曰臣聞功照千里非特燭車之珍德柔鄰國豈徒祕璧之貴故詩稱殄悴書述榮懷用能道臻無積化至恭已伏惟陛下膺慶集圖締寓開縣召奕選政具且諷風採言厮輿觀謠入遠斯實展階告平頌聲方製臣竊惟隆彼所漸治亂之由何嘗不興資得才替因失士故楚書以善人為寶虞典以則哲為難進選之軌既弛中代登造之律未闡當今必欲崇本康務庇民齊俗匪更治選奚取九成成外曆中陽英賢起於徐沛受籙白水茂異出於荊宛寧二都資之所産七隩才之所集實遇與不遇用與不用耳今大道光亨萬務俟德而九服之曠九流之艱提鈞懸衡委之選部一人之鑒易限而天下之才難源以易限之鑒鏡難源之才使國罔遺授野無滯器其可得乎昔公叔與僎同外管仲取臣於盜趙文非親士疎嗣祁奚豈諂讎比子始茅以彙作範前經舉尔所知式昭往牒且自古任薦賞罰引明成子舉三哲致而身致魏輔應侯任二士而已捐秦相曰季稱異欽而疇以田釆張勃進陳湯而坐以褫爵此先事之感淮亦後王之彝鑒如臣愚見宜普命大臣各舉所知以付尚書依分銓用若任得其才據主延賞有不稱職宜及其坐重者免黜輕者左遷被舉之身加以禁錮年數多少隨愆議制若犯大辟則任者刑論又政平訟理莫先親民親民之要寔歸守宰故黃霸治潁川累稔杜畿居河東歷載或就加恩秩或入崇暉寵今在民之職自非公私必應代換者宜遵六年之制進獲章明庸墯遐得民不勤擾如此則下無浮謬之愆上靡棼能之累考績之風載泰摘薪之詞克昌臣生屬亨路身漸鴻猷遂得奉詔左右陳愚於側敢露芻言懼乖常典有詔並表如此可付外詳議並後以疾免官大明元年起為都官尚書奏啟定刑獄曰臣聞明慎用刑式存姬典哀矜折獄實暉呂命罪疑從輕既前王之格範寧失弗經

亦列聖之常訓用能化致外平道臻恭己逮漢文傷不辜之罰除相坐之令孝宣悟深文之吏立鞫讞之法當是時也號稱刑清陛下踐位親臨聽訟億兆相賀以為無冤民矣而比囹圄未虛頌聲尚鈇臣竊謂五聽之慈弗宣於宰政三有之澤未洽於民謡頃年軍旅餘弊刼掠猶繁監司討獲多非其實或規免身咎不虞國患楚對之下鮮不誣濫身遭鈇鑕之誅家嬰孥戮之痛比伍同閉莫不及罪是則一人罰謬坐者數十昔齊女告天臨淄臺殞孝婦冤戮東海愆陽此皆符變靈祇精感景緯臣近兼訊見重囚八人旋觀其初死有餘罪詳察其理實並無辜恐此等不少誠可怵惕也舊官長竟囚畢郡遣督郵案驗仍就施刑督郵賤吏非能異於官長有案驗之名而無研究之實愚謂此制宜革自今入重之囚縣考正畢以事言郡并送囚身委二千石親臨覈辯必收聲吞釁然後就戮若二千石不能決乃啓廷尉神州統外移之刺史刺史有疑亦歸臺獄必令死者不怨生者無恨庶鬻棺之誚輟歎於終古兩造之察流詠於方今臣學闇申韓才寡治術輕陳庸管懼乖國憲

張永孝武時為尚書左丞時將士休假年間三番紛紜道路求建議曰臣聞開兵從據前王以之兼隙耕戰遺勞先代以之經遠當今化寧萬里文同九服捐金走驛於焉自始伏見將士休假多蒙三番程會既促裝赴在早故一歲之間四馳遑路或失邊春耕或違要秋登致使公替常儲家闕舊粟考定利害宜加詳改愚謂交代之限以一年為制使主上之念勞未及積遊農之望收功歲成則王度無騫民業斯植矣從之

南齊虞玩之仕宋後廢帝時為尚書右丞表陳時事曰天府虛散垂三十年江荊諸州稅調本少自頃以來軍募多之其穀帛所入折供文武豫兗司徐開口待哺西北戍將裸身求衣委輸京都益為寡薄天府所資唯有[illegible]海民荒耗單不及曩日而國度引費四倍元嘉二衛臺坊[illegible]五不餘一都水材官朽散十

不兩村備務都庫材竹俱盡東西二閣塼瓦雙闕以給賜悉
御交市尚書省閣日就頹弛第宅府署大多穿毀不遑汲知
不暇及尋所入定調用恤不周既無儲畜理至空盡積與累紘
鍾於今日昔歲奉軌課以楊徐衆逋凡入米穀六十萬斛錢五
千萬布絹五萬疋雜物在外賴此相贍故得推移卽今所懸轉
多興用漸廣深懼供奉頓闕軍器輟功將士飢怨百官寒祿府
署謝雕麗之器士木停緹紫之容國藏無以贍勳求無以給如
愚管所慮不周歲矣經國遠謀臣所不敢言朝夕祇勤心在於
匪懈起伏震懷事屬歸聞伏願陛下留須臾之鑒垂永代之計
發不世之詔施必行之典則泯祇齊勸高卑同泰帝優詔荅之
王儉高帝時爲散騎常侍及帝遺詔以褚淵錄尚書事江左以
來無單拜錄者有司疑立優策儉議以爲見居本官拜錄推理
應有策書而舊事不載中朝以來三公王侯則優策並設官品
第二策而不優者褒美策者兼明委寄尚書職居天官政化之

本故尚書令品雖第三拜必有策錄尚書品秩不見而總任弥
重前代多與本官同拜故不別有策卽事緣情不容均之凡僚
宜有策書用申隆寄既異王侯不假優文從之
王僧虔建元二年爲左光祿大夫侍中丹陽尹郡縣獄相承有
上湯殺囚僧虔上疏言之曰湯本以救疾而實行冤暴或以肆
忿若罪必入重自有正刑若去惡宜疾則應先啓豈有死生大
命而潛制下邑愚謂治下囚必病先刺郡求職司與醫對共診
驗遠縣家人省視然後處治可使死者不恨生者無怨帝納其言
王慈武帝時爲侍中領步兵校尉慈以朝堂諱榜非古舊制上
表曰夫帝后之德綢繆天地君人之亮蟬聯日月至於名族不
著昭自方篆號謚筆宣載伊篇籍所以魏臣據中以建議晉主
依經以下詔朝堂置榜先諱懸露義非綿古事殊中世空失資
敬之情徒乖嚴配之道若乃式功鼎臣贊庸元吏或以殊崇或
由姓表故孔悝見銘謂標叔舅子孟應圖稱題霍氏況以勳一

之重列尊名以止仁無二之貴實沖文而止敬普東平即世孝
章巡宮而灑泣新野云終和熹見似而流涕感循舊類尚或淒
心矧觀徽跡能無惻隱今扃禁嶔邃動延曆蓋若使鑾驚佇覽
以將臨閱豈不重增聖慮用感宸衷愚謂空彪簡冊無益於匪
躬宜日朝堂舊榜於夕惕伏惟陛下保台萬國齊聖羣生當刪
前基之弊軌啓皇齊之孝則詔付外詳議博士李撝議據周禮
凡有新令必奮以驚衆乃退以憲于王宮注憲表懸之也太
常丞王僩之議尊極之名宜率土同諱目可得覩口不可言口
不可言口不可言則知之者絕知之者絕則犯觸必衆儀曹郎
任昉議據取證明之文僩之即情惟允直班諱之典爰自漢世
降及有晉歷代無爽今之諱榜兼明義訓邦之字國實爲前事
之前事之徽名諱之重情敬斯極故懸諸朝堂搢紳所聚將使
起伏晨昏不違耳目禁避之道明然易從此乃敬恭之深旨何
情典之或廢尊稱霍氏理例乖方居下必名故以不名爲重在

上必諱故以班諱爲尊因心則理無不安即事則君行已又謂
宜式遵無所創革慈議不行諱榜謂朝堂置榜書國廟諱令人避之
王融爲中書郎武帝討雍州刺史王奐融上疏曰臣每覽史傳
見憂國忘家捐生報德者未曾不撫躬歎息以爲今古共情也
然或以片言微感一飡小惠參國士之眄同布素之遊耳豈有
如臣獨拔無聞之伍過超非分之位名器雙假榮祿並外而宴
安昃罷之晨優遊旰食之日所以敢布丹愚仰聞宸聽今議者
或以西夏爲念臣竊謂之不尒其故何哉陛下聖明羣臣悉力
以從制遂上而御下詔開賞黜之言微示生死之路方城之人
皆相爲敵既兵威遠臨人不自保雖窮鳥必啄固等命於梁鶤
困獸斯驚終並懸於廚鹿至毋后內難糧力八虛謠言物情屬
當今會若籍荆漢之歸師騁士卒之餘憤取亟河如反掌凌關
塞若摧枯但士非素蓄無以即用不教民戰是實棄之特希私
集部曲稼加書校若蒙垂許乞隸防衛臣少重名節早習軍旅

若試而無績伏受面欺之誅用且有功仰酬知人之哲
梁賀琛武帝特爲散騎常侍是時任職者緣飾姦諂深害時政
琛啓陳事條封奏大略其一事曰今北邊稽顙政是生聚教訓
之時而天下户口減落誠當今之急務國家之於關外賦稅蓋
微乃至年常租調動致逋積而人失安居寧非牧守之過其二
事曰今天下宰守所以皆向貪殘罕有廉者良由風俗侈靡使
之然也欲使人守廉隅吏尚清白安可得耶今誠宜嚴爲禁制
導之以節儉貶黜彫飾糾奏浮華使衆皆知變其耳目改其好
惡則易於反掌其三事曰斗筲之人詭競求進運挈瓶之智徼
分外之求以深刻爲能以繩逐爲務長弊增姦實由於此今誠
此今誠願責其公平之效黜其讒愚之心則下安上謐無徼倖
之患矣其四事曰自征伐北境帑藏空虛今天下無事而猶日
不暇給良有以也夫國弊則省其事而息其費事省則養人費
息則財聚若言小費不足害財則終年不息矣以小役不足妨

人則終年不止矣書奏不納
陳袁樞爲都官尚書高祖長女永世公主先適陳留太守錢藏
生子岳主及岳並卒于梁高祖受命唯公主追封至是將葬尚
書主客請詳議欲加藏駙馬都尉并贈岳官樞議曰昔王姬下
嫁必適諸侯同姓爲主聞於公羊之說車服不繫顯於詩人之
篇漢氏初興列侯尚主自斯已後降嬪素族駙馬都尉置由漢
武或以假諸功臣或以加於戚屬是以魏曹植表云駙馬奉車
趣得一號齊職儀曰凡尚主必拜駙馬都尉魏晉以來因而爲
準蓋以王姬之重庶姓之輕若不加其等級寧可合巹而酳
所以假駙馬之位乃崇於皇女也今公主早薨伉儷以絕既無
愷數何須駙馬之授案杜預尚晉宣第二女高陸宣公主晉武
踐阼而主已亡泰始中追贈公主凱無復駙馬之號梁文帝女
新安公主早薨天監初王氏無追拜之事遠近二例足以據明
公主所生既未及成人之禮無勞此受今宜追贈亭侯時以樞

議爲長

册府元龜卷第四百七十一

冊府元龜卷第四百七十二

臺省部一十六

奏議第三

後魏崔玄伯爲黄門侍郎與張衮對掌機要草創制度有司博議國號玄伯議曰三皇五帝之立號也或因所生之土或即封國之名故虞夏商周始皆諸侯及聖德既隆萬國宗戴稱號隨本不復更立唯商人屢徙改號曰殷然猶兼行不廢始基之稱故詩云殷商之旅又云天命玄鳥降而生商宅殷土芒芒此其義也昔漢高祖以漢王定三秦滅強楚故遂以漢爲號國家雖統北方廣漠之土逮於陛下應運龍飛雖曰舊邦受命惟新以登國之初改代曰魏又慕容永亦奉進魏土夫魏者大名神州之上國斯乃革命之徵驗利見之符也臣愚以爲宜號爲魏道武從之於是四方賓王之貢咸稱大魏矣

劉絜太武時爲尚書令時商州大水百姓阻饑絜奏曰臣聞天地至公故萬物咸育帝王無私而黎民戴賴伏惟陛下以神武之姿紹重光之緒恢隆大業育濟羣生威之所振無思不服澤之所洽無遠不懷太平之治於是而在自頃邊寇内侵戎車屢駕天贊神明所在剋殄方難既平皆蒙酬錫勳高者受爵功卑者獲賞寵賜優崇有過古義而郡國之民雖不征討服勤農桑以供軍國實經世之大本府庫之所資自山以東偏遇水害頻年不收就食他所臣聞率土之濱莫非王臣應加哀矜以鴻覆育今南摧強寇西敗醜虜四海晏如人神協暢若與兆民共饗其福則惠感和氣蒼生悦樂矣太武從之於是復天下一歲租賦

■源賀爲給事中時斷獄多濫賀上書曰臣聞人所貴者莫貴於生命德之厚者莫厚於宥死然犯死之罪難以盡恕權其輕重有加矜恤今寇賊未殄疆埸須防臣愚以爲自非大逆赤手殺人之罪其坐贓及盜與過誤之愆應入死者皆可原命謫守邊境是則已斷之體更受全生之恩傜役之家蒙休息之惠刑措之化庶幾在茲虞書曰流宥五刑此其義也臣受恩深重思以仰答將違闕庭豫增係戀敢上瞽言惟加裁察文成納之已後入死者皆恕死徙邊

韓秀獻文踐祚爲給事中參征南慕容白曜軍事孝文延興中尚書奏以燉煌一鎮介遠西北寇賊路衝慮或不固欲移就涼州羣官會議僉以爲然秀獨謂非便曰此蹙國之事非闢土之宜愚謂燉煌之立其來已久雖土鄰強寇而兵人素習縱有姦竊不能爲害循常置戍足以自全退保一方之城聚進塞西夷之闚伺若從就姑臧慮人懷異意或貪留重遷情不願從脱引寇内侵深爲國患且燉煌去涼州乃千餘里捨遠就近遥防有闕一旦廢罷是啓戎心則夷狄交搆手相來往恐醜徒協契侵竊涼土及近諸戍則關右荒擾烽警不息邊役煩興艱難方甚乃從秀議

程駿爲秘書令獻文神主遷于太廟有司奏舊事廟中執事之官例皆賜爵今宜依舊事駿獨以爲不可表曰臣聞名器爲帝王所貴山河爲區夏之重是以漢祖有約非功不侯必當屬有命於天君之辰展心力於戰謀之日然後可以應茅土之錫未見預事於宗廟而獲賞於壇土徒見晉鄭之后以夾輔爲至勳吴鄧之儔以征伐爲重績周漢既無文於遠代魏晉亦靡記於往年自皇道開符乾業創統務高三五之規思隆百王之軌罰頗減古賞實增昔時因神主改祔清廟致肅而授羣司以九品之命顯執事以五等之名雖復帝王制作弗相沿襲然當時恩澤豈足爲長世之軌乎乖衆之愆伏待罪譴書奏從之文明太后謂羣臣曰言事固當正直而准古典安可依附暫時舊事乎賜駿衣一襲帛二百匹

李沖爲内秘書令南部給事中舊無三長唯立宗主督護所以民多隱冒五十家方爲一户沖以三正治民所由來遠於是創三長之制而上之文明太后覽而稱善引見公卿議之中書令

鄭義從書令高祐等白沖求立三長者乃欲混天下一法言似可用事實難行義又曰不信臣言但試行之事敗之後當知愚言之不謬太尉元丕曰臣謂此法若行於公私有益咸稱方今有事之月校比民戶新舊未分民心勞怨請過今至冬閑月徐乃遣使於事為宜沖曰民者冥也可使由之不可使知之若不因調時百姓徒知之立長校戶之勤未見均徭省賦之益心必生怨宜及課調之月令知賦稅之均既識其事又得其利因民之欲為之易行著作郎傅思益進曰民俗既異險易不同九品差調為日已久一旦改法恐成擾亂太后曰立三長則課有常準賦有常分苞蔭之戶可出僥倖之人可止何為而不可羣議雖有乖異然唯以變法為難更無異義立三長公私便之

陳建孝文時為尚書右僕射加侍中與侍中尚書晉陽侯元仙德殿中尚書長樂王穆亮比部尚書平原王陸叡等表曰皇天

輔德命集大魏臣等祖父翼贊初興勳過蜀漢誓固山河阜茲景福寵辱休戚與國均焉臣以凡近識無遠達階藉先寵遂荷今任彼己之譏播於羣口仰感生成俯自策厲顧省駑鈍終無云益然飲冰驚寐實懷慙負至於顧天高地厚何日忘之自永嘉之末封豕橫噬馬叡南據奄有荊楚及桓劉弦隆禍難相繼岱宗隣望袟之漸青徐限見德之風獻文皇帝聰叡龍飛道光率土干戚暫舞淮海偃風車書既同華裔將一昊天不弔奄背萬邦竊聞劉昱天亡權臣殺害思正之民翹想罔極懸請將不再來機宜易失豪分之差致悔千里天與不取返受其咎所謂見而不作過在介石者也宜簡雄將號令八方義陽王臣昶深悟存亡遠同孫氏苟力運響從則美會可定脫事有難成則振旅而返進可以揚義聲於四海退可以通德信於遐裔宜乘之會運鍾今日如合聖聽乞速施行就忤天心願存臣表徐觀後驗賞罰隨焉帝嘉之

韓顯宗太和初兼中書侍郎既定遷都顯宗上書其一曰竊聞輿駕今夏若不巡三齊當幸中山竊以為非計也何者當今徭役宜早息洛京宜速成省力則徭役可簡并功則洛京易就往冬輿駕停鄴是閑隙之時猶編戶供奉勞費為劇聖鑒矜愍優旨殷勤爵淡高年賚周鰥寡雖賑貸普霑今猶厭雨來夏菜色況三農要時六軍雲會其所損業實為不少雖調斂輕省未足稱勞然大駕親臨誰敢寧息往來承奉紛紛道路田蠶軌廢則將來無資此國之深憂也且向炎暑而六軍暴露恐生癘疫此可憂之次也臣顧輿駕早還北京以省諸州供帳之費并功專力以營洛邑則南州免雜徭之煩北都息分析之歎洛京可以時就遷者僉爾如歸其二曰自古聖帝必以儉約為美亂主必以奢侈貽患仰惟先朝皆卑宮室而致力於經略故能基宇開廣業祚隆泰今洛陽基趾魏明所營取譏前代伏願陛下損之又損之頃來北都富室競以第宅相尚今因遷徙宜申禁約令

貴賤有檢無得踰制端廣衢路通利溝渠使寺署有別四民異居永垂百世不刊之範則天下幸甚矣三曰竊聞輿駕還洛陽輕將數千騎臣甚為陛下不取也夫千金之子猶坐不垂堂況萬乘之尊富有四海乎警蹕於闉闥之內者豈以為儀容而已蓋以戒不虞也清道而後行尚恐銜橛之或失況履涉山河而不加三思哉此愚臣之所以悚息伏願少垂省察其四曰伏惟陛下耳聽法音目翫墳典口對百辟心虞萬機晷昃而食夜分而寢加以孝思之至隨時而深文章之業日成篇卷雖叡明所用未足為煩然非所以嗇神養性頤無疆之祚莊周有言形有待而智無涯以有待之形役無涯之智殆矣此愚臣所不安伏願陛下垂拱司契委下責成唯冕旒垂纊而天下治矣高祖頗納之顯宗又上言曰進賢求才百王之所先也前代取士必先正名故有賢良方正之稱今州郡貢察徒有秀孝之名而無秀孝之實而朝廷但檢有門望不復彈坐如此則可令別貢門望之

敍士人何假冒秀孝之名也夫門望者是其父祖之遺烈亦何益於皇家益於時者賢才而已苟有才雖屠釣奴虜之賤聖皇不恥以爲臣苟非其才雖三后之裔自墜於皁隸矣是以大才受大官小才受小官各得其所以致雍熙議者或云今世等無奇才不若取士於門此亦失矣豈可以世無周邵便廢宰相而不致哉但當校其寸長銖重者即先敍之則賢才無遺矣又曰夫帝皇所以居尊以御下者威也兆庶所以徙惡以從善者法也是以有國有家必以刑法爲治生民之命於是而在有罪必罰罰必當辜則雖箠撻之刑而人恥而莫敢犯也有制不行人得僥倖則雖參夷之誅不足以肅自太和已來未多坐盗棄市而遠近肅清由此言之止姦在於防撿不在嚴刑也今州郡牧守邀當時之名行一切之法臺閣百官亦咸以深酷爲無私以仁恕爲容盗迭相敦厲遂成風俗陛下居九重之內視人如赤子百司分萬務之要遇下如仇讎是則堯舜止一人而桀紂以千百和氣不至蓋由於此書曰與殺不辜寧失不經實宜勅示百寮以惠元元之命又曰昔周王爲犬戎所逐東遷河洛鎬京猶補宗周以存本也光武雖曰中興實曰創革西京尚置京尹亦不廢舊今陛下光隆先業遷宅土中稽古復禮於斯爲盛豈若周漢出不得已哉按春秋之義有宗廟曰都無謂之邑此不刊之典也況北代宗廟在焉山陵託焉王業所基聖躬所載其爲神御福地實亦遠矣今便同之郡國臣竊不安愚謂代京宜建畿置尹一如故事崇本重舊以光萬葉又曰伏見洛京之制居民以官位相從不依族類然官位非常有朝榮而夕悴則衣冠淪於厮濫之邑臧獲騰於膏腴之里物之顛倒或至於斯古之聖王必令四民異居者欲其志專而業定志專業定則不淫故耳目所習不督而就父兄之教不肅而成仰惟太祖道武皇帝翔基撥亂日不暇給然猶分別士庶不令雜居伎作屠沽各有攸處但不設科禁賣買任情販貴易賤錯居混雜假令一處嚴師苦訓誦

詩講禮宣令童齔任意所從其走赴舞堂者萬數往就學館者無一此則伎作不可雜居士人不可異處之明驗也故孔父里仁之美孟母三徙之訓賢聖明誨若此之重今令伎作家習士人風禮則百年難成令士人兒童效伎作容態一朝可得是以士人同處則禮教易興伎作雜居則風俗難改朝廷每選舉人士則校其一婚一官以爲升降何其密也至於開伎作宦途得與膏粱華望接閣連甍何其略也此愚臣之所惑今稽古建極光宅中區凡所從居皆是公地分別伎作在於一言有何爲疑而闕盛美又曰自南僞相承竊有淮北欲擅中華之稱且以招誘邊民故僑置中州郡縣自皇風南被仍而不改凡有重名其數甚衆疑惑書記錯亂區宇非所以疆域物土必也正名之謂也愚以爲可依地理舊名一皆釐革小者并合大者分置及中州郡縣昔以戶少併省今人口既多亦可復舊君人也者以天下爲家不得有所私也故倉庫儲貯以俟水旱之災供軍國之用至於有功德者然後加賜爰及末代乃寵之所隆賜賚無限自此已來亦爲大過在朝諸貴受祿不輕土木被錦綺僮妾厭粱肉而復厚賚屢加動以千計若分賜鰥寡贍濟實多如不悛華豈周急不繼富之謂也愚謂事有可賞則明旨褒揚稱事加賜以勸爲善不可以親近之昵猥損天府之儲又曰諸宿衛內直者宜令武官習弓矢文官諷書傳而今給其蒲博之具以成褻狎之容長矜爭之心恣諠囂之慢徒損朝儀無益事實如此之類一宜禁止帝善之

高閭爲尚書中書監太和十四年秋閭上表曰奉癸未詔書以春夏少雨憂饑饉之方臻愍黎元之傷瘁同禹湯罪己之誠齊堯舜引咎之德虞災致懼詢及卿士令各上書極陳損益深恩被於蒼生厚惠流于后土伏惟陛下天啓聖姿利見纂極欽若昊天光格宇宙太皇大后以叡哲贊世稽合三才高明柔克道叡無外七政昭宣於上九功咸序於下君人之量逾高謙光之

旨彌篤脩復祭儀宗廟所以致敬飾正器服禮樂所以宣利增儒官以重文德簡勇士以昭武功慮獄訟之未息定刑書以理之瞿蒸民之姦軌置鄰黨以穆之究庶官之勤劇班俸祿以優之知勞逸之難均分民土以齊之勸忠明孝矜貧恤獨開納讜言祢絕讒佞明訓以體率土移風雖未勝殘去殺成無爲之化足以仰荅三靈者矣臣聞皇天無私降鑒在下休咎之徵或由人召故帝道昌則九疇敘君德衰而六沴數休瑞並應享以五福則康于其邦咎徵荐臻罰以立極則害于其国斯乃洪範之實徵神祇之明驗及其厄運所經世鍾陽九數乖於天理事違於人謀時則有之矣故堯湯逢歷年之災周漢遭水旱之患然立功脩行終能弭息今孝治則有如此之風計運未有如彼之害而陛下慇懃引過事邁前王從星澍雨之徵指辰可必消災滅禍之符灼然自見雖王畿之內頗爲少雨關外諸方未稼仍戕苟動之以理綏之以利一歲不收未爲大損但預備不虞古

之善政安不忘危有國常典竊以北鎮新徙家業未就思親戀本人有愁心一朝有事難以禦敵可寬其往來頻使欣慰開雲中馬城之倉以賑恤之足以感德致力邊境矣明察畿甸之民饑甚者出靈丘下館之粟以救其乏可以安慰孤貧樂業保土使幽定安并四州之租隨運以溢其處開關弛禁薄賦賤糴以消其費清其道路恣其東西隨豐逐食貧富相贍可以免度凶年不爲患苦又聞常士困則濫竊生匹婦餓則慈心薄凶儉之年民輕違犯可緩其使役急其禁令宜於未然之前申勑外牧又一夫幽枉王道爲虧京師之獄或恐未盡可集見囚於都曹使明折庶獄者重加究察輕者即可決遣重者定狀以聞罷非急之作放無用之獸此乃救凶之常法且以見憂於百姓論語不患貧而患不安苟安而樂生雖遭凶年何傷於民庶也愚臣所見如此而已詔曰省表聞之當敕有司依此施行

邢巒爲散騎常侍兼尚書宣武初奏曰臣聞昔者明王之以德治天下莫不重粟帛輕金寶然粟帛乃安國育民之方金玉是虛華損德之物故先皇深觀古今去諸奢侈服御尚質不貴雕鏤所珍在素不務奇綵至乃以紙絹爲帳扆銅鐵爲轡勒訓朝廷以節儉示百姓以憂矜日夜孜孜小大必慎輕賤珠璣示其無設府藏之金裁給而已更不買積以費國資逮景明之初承升平之業四疆清晏遠邇來同於是蕃貢繼路商估交入諸所獻貨倍多於常雖加以節約猶歲損萬計珍貨常有餘國用嘗不足若不裁其分限便恐無以支歲自今非爲要須者請皆不受從之

源懷宣武景明中爲尚書左僕射時有詔以姦吏犯罪每多逃遁因眚乃出並皆釋然自今已後犯罪不問輕重而藏竄者悉遠流若永避不出兄弟代徙懷乃奏曰謹按條制逃吏不在赦限竊惟聖朝之恩異於前宥諸流徙在路尚蒙旋反況有未發而仍遣邊戍按守宰犯罪逃走者衆祿潤既優尚有茲失及蒙

恩宥卒然得還今獨苦此等恐非均一之法如臣管執謂宜免之書奏門下以成式既班駁奏不許懷重奏曰臣以爲法貴經通治尚簡要刑憲之設所以網羅罪人苟理之所備不在繁典行之可通豈容峻制此乃古今之達政救世之常規伏尋條制勳品已下罪發逃亡遇恩不宥仍流妻子雖欲抑絕姦途匪爲通式謹按事條侵官敗法專據流外豈九品已上人皆貞白也其諸州守宰職任清流至有貪濁事發逃竄而遇恩免罪勳品已下獨乖斯例如此則寬縱上流法切下吏育物有差惠罰不等又謀逆滔天經恩尚免吏犯微罪獨不蒙赦使大宥之經不通開生之路致壅進違古典退乖今律輒率愚見以爲宜停書奏帝納之

盧昶爲散騎常侍兼尚書時洛陽縣獲白鼠昶奏曰謹按瑞典外鎮刺史二千石長不祗上命刻暴百姓人民怨嗟則白鼠至臣聞禎不虛見德合乃降妖不妄出咎彰則至是以古之人君

或怠端以失德或祗變而立功斯乃萬古之殷鑒千齡之炳戒比者災氣作沴常膺法度陛下流如傷之慈降納隍之旨哀百姓之無辜引在予之深責擧賢黜佞之詔道映於堯先進忠納諫之旨事光於舜古伏讀明旨游觀徵讜敢布庸聲以陳萬一竊惟一夫之耕食裁充口一婦之織衣止蔽形年租歲調則惟常理此外徵求於何取足然自比年以來兵革屢動荆楊二州屯戍不息鍾離義陽師旅相繼兼荆蠻凶狡王師薄伐暴露原野經秋淹夏汝潁之地率戶從戎河冀之境連丁轉運又戰不必勝加之退負死喪離曠十室而八細役煩徭日月滋甚苛兵酷吏因逞威福至使通原遥畛田蕪罕耕連村接閈蠶饑莫食而監司因公以責求豪強恃私而逼掠遂令黔首短褐以益千金之資制口腹而充一朝之急此皆由牧守令長多失其人郡闕黃霸之君縣無魯恭之宰不思所以安民止思所以潤屋故士女呼嗟相望於道路守宰暴貪風聞於魏闕往歲法官按驗多挂刑網謂必顯戮以明勸誡然後命使覆訐公違憲典或承風挾請輕樹私恩或容情受賂輒施已惠御史所刻皆言誣枉中雪罪人更去清白長侮上之源滋陵下之路定清之人見之而自怠犯暴之夫聞之以益快白眚之至信而有徵矣伏願陛下秉叡喆之監察妖災之起延對公卿廣宣庶政引見樞納博求民隱存問孤寡志其苛碎輕傜省賦與之休息貞良忠謹置之於朝姦回貪佞棄之於市則九官勿戒而常勸百縣不嚴而自肅士女欣欣人有望矣詔曰朕纂承鴻緒仗膺寶曆思靖八方惠康四海當必世之期麟鳳不降屬勝殘之會白眚告咎萬邦有罪寔唯朕躬尚書敷納機猷替是寄讜言有聞朕實嘉美

袁翻為尚書殿中郎正始中議選邊戍事翻議曰臣聞兩漢警於西北魏晉備在東南是以鎮邊守塞必寄威重伐叛柔服寔賴温良故田叔魏尚聲高於沙漠當陽鉅平績流於江漢紀籍用為美談今古以為盛德自皇上以叡明纂御風凝化遠威厲秋霜惠霑春露故能使淮海輸誠華陽即序連城請面比屋歸仁懸車劒閣豈伊曩載鼓譟金陵復在茲日然荆楊之牧宜盡一時才望梁郢之君尤須當今秀異自比緣邊州郡官至便登疆埸統戍階當即用或值稔德凡人或遇貪家惡子不識字民温恤之方唯知重役殘忍之法廣開戍邏多置帥領或用其左右姻親或受人貨財請屬皆無防寇禦賊之心唯有通商聚斂之意其勇力之兵驅令抄掠若值強敵即為奴虜如有執獲奪為己富其羸弱老小之輩微解金鐵之工少閑草木之作無不搜營窮壘苦役百端自餘或伐木深山或芸草平陸販貿往還相望道路此等祿既不多資亦有限皆收其實絹給其虛粟窮其力薄其衣用其工節其食綿冬歷夏加之疾苦死於溝瀆者常十七八焉是以吳楚間伺審此虛實皆云糧匱兵疲易可乘擾故驅率犬羊屢犯疆埸頻年已來甲冑生蟣十萬在郊千金日費為弊之深一至於此皆由邊任不得其人故延若斯之患賈生所以痛哭良有以也夫絜其流者清其源理其末者正其本既失之在始庸可止乎愚謂自今已後荆楊徐豫梁益諸蕃及所統郡縣府佐統軍至于戍主皆令朝臣王公已下各舉所知必選其才不拘階級若能統御有方清高獨著威足臨戎信能懷遠撫循將士得其忻心不營私潤專循公利者則就加爵賞使久於其任以時褒賚厲其忠款所舉之人亦垂優異獎其得士嘉其誠節若不能一心奉公才非捍禦貪惏日富經略無聞人不見德兵厭其勞者即加顯戮用彰其罪所舉之人隨事免降責其謬薦罰其偽濫如此則舉人不得挾其私受任不得孤其舉善惡既審沮勸亦明邊患永消譏議攸息矣

游肇為侍中梁軍主徐玄明斬其青冀二州刺史張稷首以郁州內附朝議遣兵赴援肇表曰玄明之款雖奔救是常然事有損益或惮舉而功多或因小而生患不可必也今六里朐山地實接海陂湖下濕人不可居郁州又在海中所謂雖獲石田終

無所用若不得田連口六里雖剋尚不可守況方事連兵而爭非要也且六里於賊近要去此閑遠若以閑遠之兵攻逼近之衆其勢既殊不可敵也災儉之年百姓饑斃死者亦復不少何以居宜靜之辰興干戈之役軍資糧運取濟無所唯見其損未覩其益且新附之民服化猶近特須安帖不宜勞之勞則怨生怨則思叛思叛則不自安不安則擾動擾爾則連兵難解事不可輕宜捐茲小利不從大損宣武並不納

任城王澄爲尚書令正始之末詔百司普昇一級而執事不達旨意刺史守令限而不及孝明初澄奏曰竊惟雲構鬱起澤及百司企春望榮內外同慶至於賞勞不及守宰爾來十年寃訟不絕封回自鎮遠安州入爲太尉長史元康自征虜常州入爲高聯二人遷授並在先詔應蒙之理備在於斯兼州佐停私之徒陪臣郡丞之例尚並天澤下降榮及當時然爲佐之來皆因府主今府主不霑佐官獨預非直本賞未愚謂未允今計刺史守宰之官

府四百七十二　十一

請准回康等同一限上允初旨百司之章下覆訟者元元之心詔曰自今已後內外之事嘗經先朝者不得重聞澄奏曰臣聞堯懸諫諍之鼓舜置謗誹之木皆所以廣耳目於蒭蕘達四聰於天下伏惟太祖開基化隆自遠累聖相承於九帝重光疊照洿隆必同與奪隨時道無常體恩過如渴言重千金故稱無諱之朝邁蹤三五高祖沖年纂曆文明協統變官易律未爲違典及慈聖臨朝母儀寓縣爰發慈令垂心滯獄深枉者仰日月於九泉微屈者希曲照於天下今乃格以先朝限以一判斯誠奉遵之本心實乖元元之至望在於謙挹有乖舊典謹尋抱枉求直或至累朝毫釐之差亡之宜遠謬若千里駟馬豈追故禮有損益事有否可父有諍子君有諫臣琴瑟不調理宜改作是以大則起防川之論小則通鄉校之言擁敗國紹伊陳屈而可抑以先朝且先屈者非故屈之或有司愛憎或執事濁僻空文致法以誤視聽如此冤塞彌在可哀與其濫申寧失不經乞收今旨還依前詔詔曰省奏深見毗讚之情三皇異軌五代殊風一時之制何必詮改必謂虛文謹旨理存可申者付答不同來執可依往制又前來尚書文簿諸曹須則出借時公車署以理寃事重奏請真案澄執奏以尚書政本特宜遠慎故凡所奏閣道通之蓋以祕要之切防其宣露寧有古制所重今反輕之內猶設禁外更寬也宜繕寫事意以付公車詔從之又御史中尉東平王匡奏請取景明元年已來內外考簿吏部尚書中兵勳案并諸殿最欲一察校竊階盜官之人靈太后許之澄表曰臣聞三季之弊由於煩刑火德之興在於三約是以老聃云法令滋彰盜賊多有又曰其政察察其民缺缺又曰天網恢恢疎而不漏是故欲求治本莫若省事清心昔漢文斷獄四百幾致刑厝省事所致也蕭曹爲相載其清靜畫一之歌清心之本也今欲求之於本宜以省事爲先使在位羣官纂蕭曹之心以毗聖化如此則上下相安遠近相信百司不宂事無愆失豈宜擾世

府四百七十二　十二

教以深文烹小鮮以煩手哉臣竊惟景明之初暨永平之末內外羣官三經考課逮延昌之始方申黜陟五品已上引之朝堂親決聖目六品已下例由勅判自世宗晏駕大宥三品所以蕩除故意與物更始革世之事方相窮覈以臣愚見謂爲不可又是尚書[illegible]分樞納所憂昔魏明帝卒至尚書門陳矯抗辭帝慙而返夫以萬乘之重非所宜行猶屈一言慙而迴駕羣官百司而可相亂乎故陳平不知錢穀之數邴吉不問僵道之死當時以爲達治歷代用爲美談亦各守其職思不出位[illegible]以勵時靖恭以致節又尋御史之體風聞是司至於冒勳妄考皆有處分若一處有風謠即應攝其一簿研撿虛實若差舛不同爲情自露然後繩以典刑人孰不伏豈有移一省之案取天下之簿尋兩紀之事窮革世之尤如此求過誰堪其罪斯實聖朝所宜重慎也靈太后納之乃止

孫紹爲門下錄事與常景等共修律令延昌中紹表曰臣聞建

國有計雖危必安施化能和雖寡必盛治乖人理雖合必離作用失機雖成必敗此乃古今同然百王之定法也伏惟大魏應天明命兆啓無窮必世後仁祚隆七百今三號京門了無嚴防南北二中復闕固守長安鄴城股肱之寄穰城上黨腹背所憑四軍五校之軌領護分事之式徵兵儲粟之要舟車水陸之資山河要害之權緩急去來之用持平赴救之方節用應時之法特宜修置以固堂堂之基持盈之體何得而忽居安之辰故應危懼矣且法開清濁不平申滯理望而畢寒亦免士庶同悲兵徒懷怨中正賣望於下里主案舞筆於上臺眞僞混淆知而不糾得者不欣失者倍怨使門齊身等而涇渭奄殊類應同役而苦樂懸異士人居職不以爲榮兵士役苦心不忘亂故有竄棄本生飄藏他土或詭名託養散在人間或亡命山藪漁獵爲命或投仗強豪寄命衣食又應遷之戶逐樂諸州應留之徒避寒歸暖兼職人子弟隨逐浮遊南北東西卜居莫定關禁不脩任意取適如此之徒不可勝數爪牙不復爲用百工爭棄其業混一之計事實闕如考課之方責辦無日流浪之徒使須精校今強敵窺時邊黎伺隙內民不平久戍懷怨戰國之勢竊謂危矣必造禍源者北邊鎮戍之人也若夫一統之年持平用之者大道之計也亂離之期縱橫作之者行權之勢也故道不可久須文質以換情權不可常隨汚隆以牧物文質應世道形自安汚隆獲衷權勢亦濟然則王者計法之趣化物之規圓方務得其境人物不失其地又先帝時律令並議律尋施行令獨不出十餘年矣臣以令之爲體即帝王之身也分處百揆之儀安置九服之節經緯三才之倫包羅六卿之職措置風化之門作用賞罰之要乃是有爲之樞機世法之大本也然修令之人亦皆博古依撰置大體可觀比之前令精麤有在但主議之家太用古制若全依古高祖之法復須升降誰敢措意有是非哉以是爭故久廢不理然律令相須不可偏用今律班令止於事甚滯若

令不班是無典法臣不執事何依而行臣等修律非無勤止署下之日臣乃無名是謂農夫盡力他食其秋功名之所辟於悒

元暉孝明初徵拜尚書左僕射詔攝吏部選事上疏曰臣聞治人之本實委守牧之官得其才則政平物理失其人則訟興怨結自非察訪善惡明加貶賞將何以黜彼貪怠獎此清勤也竊以大使巡省必廣迎送之費御史馳糾頗興威濫之刑且暫爾往還理不委悉縱有簡舉良未平當愚謂宜令三司八座侍中黃門各布耳目外訪州鎮牧將治人守令能不若德教有方清白獨著宜以名聞即加褒陟若治績無効貪暴遠聞亦便示牒登加貶退如此則不出庭戶坐知四方端委垂拱明賞審罰矣又表以御史之職鷹鸇是任必逞爪牙有所噬搏若選後生年少血氣方剛者恐其輕肆勁直傷物處廣愚謂宜簡宦經事忠良平愼者爲之詔付外依此施行後詔暉與任城王澄京兆王愉東平王康共決門下大事暉又上書論政要其一曰御史之職務使得賢必得其人不拘階秩久於其事責其成功其二曰安人寧邊觀時而動頃來邊將亡遠大之略貪萬一之功楚梁之好未聞而蠶婦之怨屢結斯乃庸人所爲鋭於姦利之所致世平吳之計自有良圖不在於一城一戍也又河北數州國之基本饑荒多年戶口流散豈於境上兵復徵發即如此日何易舉動愚謂數年以來唯宜靜邊以息征役安人勸農惠此中夏請嚴勑邊將自今有賊戍求內附者不聽輒遣援接皆須表聞違者雖有功請以違詔書論三曰國之資儲唯藉河北饑饉積年戶口逃散生長姦詐因共隱藏出縮老小妄注死失收人租調割入於已人困於下官損於上自非更立權制善加檢括損耗之來方在未已請求其議明宣條格帝納之

源子恭爲尚書北主客郎中攝南主客事梁亡人許周自稱給事黃門侍郎朝士翕然咸共信待子恭奏曰徐州表投化人許團并其弟周等究其牒狀周列云已蕭衍黃門侍郎又稱心存

山水不好榮官屢冒讓辭貽彼赫怒遂被出爲齊康郡因爾歸國願畢志嵩嶺比加採訪略無證明尋其表狀又復莫落案牒推理實有所疑何者昔夷齊獨往司王不致其志伯況辭祿漢帝匠成其美斯實古先喆王召必有不臣之人若也蕭衍雖復崎嶇江左竊號一隅至於處物未甚悖禮豈有士辭榮祿而苟不聽之哉推察情理此則孟浪假蕭衍昏狂不存雅道逼士出郡未爲死急何宜輕去生養之土長辭父母之邦乎若言不好榮官志願嵩嶺者初屆之日即應杖策尋山負袂公水而乃廣尋知已遍造執事希榮之心已見逃官之志安在昔梁鴻去鄉終於吳會逢萌浮海遠客遼東並全志養性逍遙而已考之事實何其懸哉又其履歷清華名位高達計其家累應在不輕今者歸化何其孤迥設使當時忿遽不得攜將及其來後家貧産業應見簿歛尊卑口累亦當從法而周兄弟然嘗無戚若無種殄理或可通始有不坐便應是衍故遣非同投化推究二三眞

爲難辨請下徐揚二州密訪必令獲實不盈數旬玉石可覩於是詔推訪周果以罪歸闕假職位如子恭所疑

蕭寶夤爲尚書左僕射正光四年上表曰臣聞堯典有黜陟之文周書有考績之法雖其源難得而尋然條流抑亦可知矣大較在于官人用才審於所涖練迹校名驗於虛實豈不以臧否得之餘論優劣著於歷試者乎既聲窮於月旦品定於黃紙用効於名簿事彰於臺閣則賞罰之途差有商准用捨之宜非無依據雖復勇進忘退之儔奔競於市里過分亡崖之請馳騖於多門猶且顧其聲第慎其與奪器分定於下爵位懸於上不可妄叨故也今竊見考功之典所懷未喻敢竭無隱誠陳萬一何者竊惟文武之名在人之極地德行之稱爲生之最首忠貞之美立朝之譽仁義之號出處之端自非職惟九官任當四嶽授曰爾諧讓稱俞往將何以剋厭大名允茲令問自此已來官內高卑人無貴賤皆飾辭假說用相褒舉泛濫同波薰蕕共器求者不能量其多少與者不復覈其是非遂使冠履相貿名與實爽謂之考功事同泛陟紛紛漫漫焉可勝言又在京之官積年一考其中或所事之主遷移數四或所奉之君身名廢絶或具寮離索或同事凋零雖當時文簿記其殿最日久月深散落都盡人有去留誰復掌其勤惰或停休積稔數千累年之後方求追訪聲迹立其考第無不苟相悅附共爲脣齒飾垢掩疵妄加丹素趣令得階而已無所顧惜賢達君子未免斯患中庸已降夫復何論官以求成身以請立上下相蒙莫斯爲甚又勤恤人隱咸歸守令厥任非輕所責實重然及其考課悉以六載爲程既而限滿代還復經六年而叙是則歲周十二始得一階於東西兩省文武閑職公府散佐無事冗官或數旬方應一直或朔望止於暫朝及其考日更得四年爲限是一紀之中便登三級彼以實勞劇任而遷貴之路至難此以散位虛名而昇陟之方甚易何內外之相懸令厚薄之如是又聞之聖人大寶曰位

何以守位曰仁孟子亦曰仁義忠信天爵也公卿大夫人爵也古之人脩其天爵而人爵從之故雖文質異時汙隆殊世莫不寶茲名器不以假人是以賞罰之柄常自持也至乃周之藹藹五叔無官漢之察察館陶徒請豈不重骨肉私親愛誠以賞罰一差則無以懲勸至公暫替則覬覦相欺故至愼至惜慇勤若此況乎親非肺腑才乖秀逸或充單介之使始沾汗馬之勞或說興利之規終慙十一之潤皆虛張無功妄指贏益坐獲數階之官籍成通顯於是巧詐萌生僞辨鋒出役萬慮以求榮開百方而逐利握樞秉鈞者亦知其若斯但抑之則其流已注引之則有何紀極夫琴瑟在於必和更張求其適調去者既不可追來者猶或宜改案同官太宰之職歲終則令官府各正所司受其會計聽其事致而詔於王三歲則大計羣吏之治而誅賞之愚謂今可粗依其准見居官者每歲終本曹皆明辨在官日月具覈才行能否審其實用而注其上下游辭宕說一無取焉

列上尚書覆其合否如有紕繆即正而罰之不得方復推詰委下容其進退既定其優劣善惡交分庸短下第黜凡以明法幹務忠清勤能以記賞擿而奏之經奏之後考功曹別書於黃紙油帛一通則本曹尚書與令僕印署留於門下一通則以侍中黃門印署掌在尚書嚴加緘密不得開視考績之日然後對共裁量如此則少存實錄薄止姦回其內外考格裁非庸管之求博議以為畫一若殊謀異策事關廢興遐邇所談物無異議者自可臨時斟酌匪拘常例如援流引比之詐冒榮求級之請如不限以關鍵肆其傍通則蔓草難除涓流遂積穢我彝章撓茲大典謂宜明加禁斷以全至治開返本之路杜澆弊之門如斯則吉士盈朝薪楢載煥矣詔付外博議以為永式竟無所定時梁西豐侯正德來降寶寅表曰伏見揚州表蕭正德自云避禍遠投宸掖背父叛君駭議眾口深心指趣厥情難測臣聞立身行道始於事親終於事君故君親盡之以常敬嚴父兼之以博愛斯

人倫之所先王教之盛典三千之罪莫大於不孝毀則藏姦常刑靡赦所以晉恭獲謗無所逃死衛伋受誣二子繼沒親命匪棄國孰無父況今封豕尚存長虵未滅偷生江表自安毒酖而正德居猶子之親竊通侯之貴父榮於國子爵於家履霜弗聞去就先結隔絕山淮溫清永盡定省長違報復何日以此為心心可知矣皇朝綿塞累葉恩均四海自北徂南要荒仰澤能言華化無思不韙貢玉帛於丘園烈忠孝以納賞禁暴街于伊洛集華裔其如歸被髮鏤身之酋屈膝而請吏交趾文身之渠款關而効質至如正德宜甄義以致貺昔越棲會稽賴宰嚭以獲立漢困彭宋寔丁公而獲免吳項已平二臣即法豈不錄其情哉欲明責以示後況微君忽父狼子是心既不親親安能親人中間變詐或有萬等伏惟陛下聖鏡自天欽光纂曆昭德塞違以臨羣后胱苞此凶醜寘之列位百官是象其何誅焉臣豐結禍深痛纏肝髓日暮途遙復報無日豈區區於一豎哉但才雖庸近識居褻替愚衷寸抱敢不申陳伏願至慈少垂察覽訪議揋隸論其是非吏秋霜春露施之有在相鼠攸刺遄死有歸無令申及受笑於苟存晉聞淪名於盛世正德既至京師朝廷待之尤薄歲餘還叛

張普惠為尚書右丞詔訪冤屈普惠上疏曰詩稱文王孫子本枝百世易曰大君有命開國承家皆所以明德睦親維城作翰漢祖封爵之誓曰使黃河如帶太山如礪國以永存爰及苗裔又申之以丹書之信重之以白馬之盟其以強大分王罪犯釁邑者蓋有之矣未聞父基子構世載忠賢一死一削用為典者也故尚書令臣肇未能遠稽古義近究成旨以初封之詔有親王二千戶始蕃一千戶二蕃五百戶三蕃三百戶謂是親疏世減之法又以開國五等有所減之言以為世減之趣遂立格奏奪稱是高祖本意仍被旨可差謬之來亦已甚矣遂使勳親懷屈幽顯同冤紛訟彌年莫知能息臣輒遠研先旨格窮其事世

變減奪今古無據又尋詔書稱昔未可采今始列辭豈得混一罔分遠近世故樂良樂安同蕃異封廣陽安豐屬別戶等安定之嫡邑齊親王河間戚近更從蕃食是乃太和之恩旨初封之倫級勳親兼樹非世減之大驗者也博陵襲爵亦在太和之年特不世減以父嘗全食足戶充本同之始封減從令式如此則減者減其所足之外足者足其所減之內減之旨乃為所貢所食爾欲使諸王開國並專其民賦役之差貴賤有等蓋準擬周禮公侯伯子男貢稅之法王食其半公食三分之一侯伯四分之一子男五分之一是以親與得足充本請淵吏多減戶故始封承襲俱稱所減謂減之以貢食謂食之於國斯實高祖殊然之詔減實之理聖明自釋求之史帛猶有未盡時尚書臣琇疑減足之參差旨又判之以開許所減之旨可以不疑於世減矣而臣竊準稽生事曰五等有所減之格用為世減之法以王封有親疏之等謂是代削之條妄解成旨雷同世奪以此毒天下

民其從乎故太傅、任城文宣王臣澄揔彌累朝識洞今古為尚書之日躬勤執請被改於重議被旨不許於此遂停又律罪例減及先帝之緦麻令給親恤止當世之有服律令相違威澤異品使七廟曾玄不治未恤嫡封則賦祿無窮枝庶則屬內貽絕儀形作孚億兆何觀夫一人吁嗟尚曰虧治今諸王五等各稱其冤七廟之孫並訟其初陳許之疏盈於省曹朝言巷議咸云其苦恐非先王所以建萬國親諸侯睦九族之義也臣猥忝令任於茲五年推尋肯綮謂無世減之理謂請近遵高祖減食之謀遠循百代像賢之誥退由九代進從九儀則刑罰有倫封不虛點斯乃文王所以勉慎不敢侮於鰥寡而況於公侯伯子男乎今百訪究滯愚以此為大者求尋光錫之詔并諸條所奪所請事事窮審諸王開國非犯罪削奪者並求還復其昔嘗全食足戶充本減從今式者從前則力多於親懿全奪則減足之格不行愚謂祿力並應依所之食而食之若是則力少蕃王粟帛

仍本戶邑雖盈之減兩秦既有全食足戶之異故不得同於新封之少爾親恤所褒請依律斷伏惟親親尊賢必以功立尊賢以司民不可不慎乎親親以睦族其可棄乎如脫蒙允求以日判為始其前來吏狀悉年久不追臣又聞明德慎罰文王所以造周咸有一德殷湯所以華夏故能上令下從風動斯偃畏之如雷霆敬之如神明是以天子加天下綏萬國若天之無不覆地之無不載遷都之構庶方子來汎澤所治降及陪皂竝有岳猷二石縣令丞尉治中別駕及諸軍幢受命於朝廷而可下豫乎此之班駭雲雨之不平謂是當時有司出納之未允何以明之仰尋世宗詔書百官普進一級中有朝臣刺史登時褒授內外貴賤莫不同澤又疊奏稱爰及陪皂明無不逮自後人牽其心紛綸盈庭誤惑視聽限以汎前更為年斷六年三年之考以意折之汎前汎後之歲隔而絕之遂使如綸之旨頓於一朝汎前六年上第者全不得汎三年上第者蒙半階而已汎前汎後合考者隔絕而不得無考者無析而全汎前汎後有考無考並蒙汎與不乖違勤舊彌屈差若毫釐謬以千里其此之謂乎易曰言行君子之所以得天下可不慎歟言之不從無以抑之遂奏奪牧守外祿全不與汎散官啟為四年之考汎前者八年一階政令不一冤訟惟甚與而復奪其本在茲致使數駕擊鼓者無理以加其罪誹謗所由生公聽者無辭以抑其言嘈啐所由起失琴瑟不調弛而更張善人國之本也其可棄乎詩云樂只君子邦家之基堯典曰克明俊德呂刑曰何擇非人官弗必備惟其人咎繇曰無曠庶官天工人其代之詩云人之云亡邦國殄悴又曰雨我公田遂及我私孔子曰不患貧而患不均如此則官必擇人汎則宜溥請遠遵正始元旨近準聖明二汎內外百官悉同一階不以汎前折考不以散任增年則同雲共澍四海均洽如謂未可宜以權理折之易曰聖人之大寶曰位何以守位曰仁春秋傳曰一曰擇人如此則乃可無汎不可無考守宰

之汎既以追奪則百官之汎不應同霑溥澤復誰敢怨夫三載之考典於太和再周之陟通於景明關劇祿力自有加減陪臣以事省降而考則三年朝官既祿等平曹更四周乃陟考祿參差各稱其枉且一日于役征戍苦於煩任終年專使決斷重於陪臣常上若通為三載之考無汎隔析則各盈其分亦足以近塞羣口遠綏四方曰朕求賢猶有所失況不遵擇人之訓唯以停久而進乎自今已後考黜願以三宅華心選進願以三俊居德書曰舉能其官惟爾之能稱非其人惟爾弗任斯同道所以佑辟康民敢不敬守臣忝官樞副昕察究訟寤寐惟省謂宜定正愚固所陳萬無可採

辛雄孝昌末為尚書右丞上疏曰帝王之道莫尚於安民安民之本莫加於禮律禮律既設擇賢而行之天下雍熙無非任賢之功也故虞舜之盛穆穆標美文王受命濟濟以康高祖孝文皇帝天縱大聖開復典謨選三代之異禮採二漢之典法端拱而四

方安刑措而兆民治世宗重光繼軌每念聿脩官人有道萬里清謐陛下勤勞日昃躬親庶政求瘼恤民無時暫怠而黔首紛然兵車不息以臣愚見可得而言自神龜末來專以停年爲選士無善惡歲久先叙職無劇易名到授官執案之吏以差次日月爲功能銓衡之人以簡老舊爲平直且庸劣之人莫不貪鄙委斗筲以共治之重託頑鼠以百里之命皆貨賄是求肆心縱意禁制雖煩不勝其欲致令徭役不均發調違謬箕斂盈門囚執滿道二聖明詔寢而不遵畫一之法懸而不用自此夷夏之民相將爲亂豈有餘憾哉蓋由官授不得其人百姓不堪其命故也當今天下黔黎久經寇賊父死兄亡子弟淪陷流離艱危十室而九白骨不收孤煢靡恤財殫力盡無以卒歲宜及此時早加慰撫蓋助陛下治天下者唯在守令最須簡置以康國道但郡縣選舉由來頗輕貴遊儁才莫肯居此宜改其弊以定官方請上等郡縣爲第一清中等爲第二清下等爲第三清選補

之法如盡才望如不可並後地先才不得拘以停年竟無銓革三載黜陟有稱者補在京名官如前代故事不歷郡縣不得爲內職則人思自勉上下同心枉屈可申強暴自息刑政日平民俗奉化矣復何憂於不治何恤於逆殘也竊見今之守令清慎奉治則政平訟理有非其才則綱維荒穢伏願陛下暫留天心校其利害則臣言可驗不待終朝昔杜畿寬惠河東無警蘇則分糧金城剋復略觀今古風俗遷訛罔不任賢以相化革朝任夕治功可立待若遵常習故不明選典欲以靜民便恐無日書奏不行

冊府元龜卷第四百七十二

冊府元龜卷第四百七十三

臺省部一十七

奏議第四

北齊高隆之初仕魏爲尚書右僕射白孝明孝昌已後天下多難刺史太守皆爲當部督雖無兵事皆立佐僚所在頗爲煩擾隆之表請自非實在邊要見有兵馬者悉皆斷之又朝貴多假常侍以取貂蟬之飾隆之自表解侍中幷陳諸假侍中服者請亦罷之詔皆如表自軍國多事冒名竊官者不可勝數隆之奏請檢括向五萬餘人而群小諠囂隆之懼而上

王紘後主時爲散騎常侍武平五年陳人冦淮南詔令群官共議禦捍封彊輔相請出討擊紘曰官軍頻經失利人情騷動若復興兵極武出頓江淮恐北狄惡冦乘我之弊傾國而來則世事去矣莫若薄賦省徭息民養士使朝廷協睦遐邇歸心征之以仁義鼓之以道德天下皆當肅清豈直僞陳而已録尚書事

高阿那肱謂衆人從王武衛者南帝衆皆同焉

後周蘇綽爲度支尚書太祖方欲革易時政務弘彊國富民之道故綽得盡其智能贊成其事減官員置二長幷置屯田以資軍國又爲六條詔書奏施行之其一先治心曰凡今之方伯守令皆受命天朝出臨下國論其尊貴並古之諸侯也是以前世帝王每稱共治天下者唯良宰守耳明知百僚卿尹雖各有所司然其治民之本莫若宰守之最重也凡治民之體先當治心心者一身之主百行之本心不清淨則思慮妄生思慮妄生則見理不明見理不明則是非謬亂是非謬亂則一身不能自理安能治民也是以治民之乎在清心而已夫所謂清心者非不貪貨財之謂也乃欲使心氣清和志意端淨心和志靜則邪僻之慮無因而作邪僻不作則凡所思念無不皆得至公之理以臨其民則彼下民孰不從化是以稱治民之本先在治心其次又在治身凡人君之身者乃百姓之表一國之的也表不正不可求直影的不明不可責射中令君身不能自治而望治百姓是猶曲表而求直影也君行不能自脩而欲百姓脩行者是猶無的而責射中也故爲人君者必心如清水形如白玉躬行仁義躬行孝悌躬行忠信躬行禮讓躬行廉平躬行儉約然後繼之以無倦加之以明察行此八者以訓其民是以其人畏而愛之則而象之不待家教日見而自興行矣其二敦教化曰天地之性唯人爲貴明其有中和之心仁恕之行異於木石不同禽獸故貴之耳然性無常定隨化而遷化於敦朴者則質直化於澆僞者則浮薄浮薄者則衰弊之風質直者則淳和之俗衰弊則禍亂交興淳和則天下自治治亂興亡無不皆由所化也然世道凋喪已數百年大亂滋甚且二十歲民不見德唯兵革是聞上無教化惟刑罰是用始爾大難未平加之以師旅因之以饑饉凡百草創率多權宜致使禮讓弗興風俗未改比年稍登稔徭賦差輕衣食不切則教化可修矣凡諸牧守令長宜洗心革意上承朝旨下宣教化矣

夫化者貴能扇之以淳風浸之以六和被之以道德示之以朴素使百姓亹亹日遷於善邪僞之心嗜慾之性潛以消化而不知其所以然此之謂化也然後教之以孝悌使民慈愛教之以仁順使民和睦教之禮義使民敬讓慈愛則不遺其親和睦則無怨於人敬讓則不競於物三者既備則王道成矣此之謂教也先王之所以移風易俗還淳反素垂拱而治天下以至太平者莫不由此此之謂要道也其三盡地利曰人生天地之間以衣食爲命食不足則飢衣不足則寒飢寒切體而欲使民興行禮讓者即此猶逆坂走丸勢不可得也是以古之聖王知其若此故先足其衣食然後教化隨之夫衣食所以足者在於地利盡地利所以盡者由於勸課有方主此教者在乎牧守令長而已民者冥也智不自周必待勸教然後盡其力諸州郡縣每至歲首必勅部民無問少長但能操持農器者皆令就田墾發以時勿失其所及布種既訖嘉苗須理麥秋在野蠶停於室若此

之時皆宜以長悉力併功若揚湯救火寇盜之時至然後可使農夫不廢其業蠶婦得就其功若有遊手怠惰早歸晚出好逸惡勞不勤事業者則正長牒名郡縣守令隨事加罰罪一勸百此則明宰之教也夫百畝之田必春耕之夏種之秋收之然後冬食之此三者農之要也若失其一時則穀不可得而食故先王之戒曰一夫不耕天下必有受其飢者一婦不織天下必有受其寒者若此三時不務省事而令民廢農者是則絶民之命驅以就死然單劣之戶及無牛之家勸令有無相通使得兼濟三農之隙及陰雨之暇又當教民種桑植果藝其菜蔬脩其園圃畜育雞豚以備生生之資以供養老之具夫爲政不欲過碎碎則民煩勸課亦不容太簡簡則民怠善爲政者必消息時宜而適煩簡之中故語曰不剛不柔布政優優則百祿是求如不能介則必陷於刑辟矣其四擢賢良曰天生蒸民不能自治故必立君以治之人君不能獨治故必置臣以佐之上至帝王下

及郡國置臣得賢則治失賢則亂此乃自然之理百王不能易也今刺史守令悉有僚吏皆佐治之人也刺史府官則命於天朝其州吏以下並牧守自置自昔以來州郡大吏但取門資多不擇賢良末曹小吏唯試刀筆並不問志行夫門資者乃先世之爵祿無妨子孫之愚瞽刀筆者乃身命之末材不廢性行之澆偽若門資之中而得賢良是則策騏驥而取千里也若門資之中而得愚瞽是則土牛木馬形似而用非不可以涉道也若刀筆之中而得志行是則金相玉質內外俱美實爲人寶也若刀筆之中而得澆偽是則飾畫朽木悅目一時不可以充榱椽之用也今之選舉者當不限資蔭唯在得人苟得其人自可起厮養而爲卿相伊尹傅說是也而況州郡之職乎苟非其人則丹朱商均雖帝王之裔不能守百里之封況於公卿之胄乎由此而言官人之道可見矣凡所求材藝者爲其可以治民若材藝而以正直爲本者必以其材而爲治也若有材藝而以姦偽

爲本者將由其官而爲亂也何治之可得乎是故將求材藝必先擇志行善者則舉之其志行不善者則去之而今擇人者多云邦國無賢莫知所舉此乃未之思也非適理之論所以然者古人有言明主聿興不降佐於昊天大人基命不擢才於后土常引一世之人治一世之務故殷周不待稷契之臣魏晉無假蕭曹之佐仲尼曰十室之邑必有忠信如丘者豈有萬家之都而云無士但求之不勤擇之不審或用之不得其所任之不盡其材故云無耳古人云千人之秀曰英萬人之英曰儁今之智效一官行聞一邦者豈非近英儁之士也但能勤而審察去虛取實各得州郡之最而用之則民無多少皆足治矣孰云無賢夫良玉未剖與瓦石相類名驥未馳與駑馬相類及其剖而瑩之馳而試之玉石駑驥然後始分彼賢士未用也混於凡品竟何以異要任之以事業責之以成務方與彼庸流較然不同呂望之屠釣百里奚之飯牛甯生之扣角管夷吾之三敗當此之時

悠悠之徒豈謂其賢及升王朝登霸國積數十年功成事立始識奇士也於是後世稱之不容於口彼瓌偉之材不世之儁尚不能以未遇之時自異於凡品況降此者哉若必待太公而後用是千載無太公必待夷吾而後任是百世無夷吾所以然者士必從微而至著功必積小以至大豈有未任而已成不用而先達也若識此理則賢可求士可擇得賢而任之得士而使之則天下之治何向而不可成也然善官人者必先省其官官省則善人易充善人易充則事無不理官煩則必雜不善之人雜不善之人則政必有得失古語曰官省則事省事省則民清官煩則事煩事煩則民濁清濁之由在於官之煩省案今吏員其數不少昔民殷事廣尚能克濟況今戶口減耗依員而置猶以爲少如聞在下州郡尚有兼假擾亂細民甚爲無理諸如此輩悉宜罷黜無得習常非直州郡之官宜須善人爰至黨族閭里正長之職皆當審擇各得一鄉之選以相監統夫正長者治民

之基甚不傾者也必安凡求賢之路自非一途然所以得之審
者必由任而試之考而察之起於居家至於鄉黨訪其所以觀
其所由則人道審矣賢與不肖別矣率此以求則庶無愆悔矣
其五聽獄訟曰人受陰陽之氣以生有情有性性則有善情則
為惡善惡既分而賞罰得中則惡止而善勸賞罰不中則民無
所措手足民無所措手足則惡叛之心生是以先王重之特加
戒慎者欲使治獄之官精心悉意推究事源先之以五聽參之
以證驗覩情求狀窮鑒隱伏使姦無所容罪人必得然後隨事
加刑輕重皆當赦過矜愚得情勿喜又能消息情理斟酌從往
無不由盡人心遠明大教使獲罪者如歸此則善之上也然宰
守非一不可人人皆有通識雅理求情時或難盡唯當率至公
之心去阿枉之志務求曲直念盡平當聽察之理必窮所見然
後擁評以法不苛不暴有疑則從輕未審不妄罰隨事斷理獄
無停滯此亦其次若乃不以仁恕而四其殘暴同民木石專任
捶楚巧詐者雖事彰而獲免辭弱者乃無罪而被罰有如此者
斷則下矣非共治所寄今宰守當勤於中科而慕其上善如在
下條則刑所不赦又當深思遠大念存德教先王之刑曰與殺
無辜寧赦有罪與其害善寧其利淫明必不得寧濫捨有罪
不謬害善人也今之從政者則不然深文巧劾寧致善人於法
不免有罪於刑所以然者非皆好殺人也但云為吏寧酷可免
後患此則情存自便不念至公奉法如此姦人也夫人者天地
之貴物一死不可復生然楚毒之下以痛自誣不被申理遂陷
刑戮者將恐徃徃而有是以自古已來設五聽三宥之法著明
慎恤獄之典此者愛民甚也凡伐木殺草田獵不順尚違時令
而虧帝道況刑罰不中濫害善人寧不傷天心犯和氣也天心
傷和氣損而欲陰陽調適四時順序万物阜安蒼生悅樂者不
可得也故語曰一夫吁嗟王道為之傾覆正謂此也凡百宰守
可不慎乎若有深姦巨猾傷化敗俗悖亂人倫不忠不孝故為

背道者殺一以儆百以肅王化重刑可也識此二途則刑政盡矣
其六均賦役曰聖人之大寶曰位何以守位曰仁何以聚人曰
財明王必以財聚人以仁守位國而無財位不可守是故三五
以來皆有征稅之法雖輕重不同而濟用一也今寇逆未平軍
用資廣雖未遑減省以卹民瘼然宜令平均使下無怨夫平均
者不捨豪彊而止貧弱不縱姦巧而困愚拙此之謂均也故聖
人曰蓋均無貧然財貨之生其功不易紡績起於有漸非旬日
之間易可造次必須勸課使預營理絹鄉先事織絍麻土早脩
紡績先時而備至時而輸故王賦獲供下民無困其如不預勸
戒臨時迫切僕恐稽緩以為己過捶扑交至取辦目前富商大
賈緣茲射利有者從之貴買無者卒之舉息輸稅之民於是弊
矣租稅之時雖有大式至於斟酌貧富差次先後皆事起於正
長而繫之於守令若斟酌得所則政和而民悅若檢理無方則
吏姦而民怨又差發徭役多不存意致令貧弱者或重徭而遠
戍富彊者或輕使而近防守令寧懷如此不存卹民之心皆王
政之罪人也太祖甚重之常置諸座右又令百司習誦之其牧
守令長非通六條及計帳者不得居官

揚惠為司武中士平齊之後帝大賞從官留京者不預惠上表
曰今太平告始信賞宜明酬勳報勞務先有本屠城破邑出自
聖規斬將搴旗必由神略若負戈擐甲征將勤勞至於鎮撫國
家宿衛為重俱稟成算非專己能留從事同功勞須等皇太子
以下實有守廟之功昔蕭何留守茅土先於平陽穆之居中殁
後猶蒙優策不勝管見奉表以聞於是留守並加汎級

隋楊尚希高祖開皇初為河南道行臺兵部尚書見天下州郡
過多上表曰自秦并天下罷侯置守漢魏及晉邦邑屢改竊見
今郡縣倍多於古或地無百里數縣並置或戶不滿千二郡分
領具寮以眾資費日多吏卒又倍租調歲減清幹良才百分无
一動須數萬如何可覓所謂民少官多十羊九牧琴有更張之

義瑟無膠柱之理今存要去閑併小為大国家則不虧粟帛選舉則易得賢才敢陳管見伏聽裁處帝覧而嘉之於是遂罷天下諸郡

李諤為治書侍御史諤見礼教彫弊公卿薨亡其愛妾侍婢子孫輙嫁賣之遂成風俗諤上書曰臣聞追遠慎終民德歸厚三年無改方稱為孝如聞朝臣之内有父祖亡没日月未久子孫无賴便分其妓妾嫁賣取財有一於兹實損風化妾雖微賤親承衣履服斬三年古今通式豈容遽褫縗絰強傅鉛華泣辭靈几之前送付他人之室凡在見者猶致傷心況乎人子能堪斯忍復有朝廷重臣位望通貴平生交舊情若弟兄及其亡没杳同行路朝聞其死夕規其妾方便求索以得為限無廉恥之心弃友朋之義且居家理治可移於官既不正私何能贊務帝覧而加之五品以上妻妾不得改醮始於此也諤又以屬文之家體尚輕薄遞相師効流宕忘反於是上書曰臣聞古先哲王之

化民也必變其視聽防其嗜欲塞其邪放之心示以淳和之路五教六行為訓民之本詩書禮易為道義之門故能家復孝慈人知礼讓正俗調風莫大於此其有上書獻賦制誄鐫銘皆以褒德序賢明勲證理苟非懲勸義不徒然降及後代風教漸落魏之三祖更尚文詞忽君人之大道好雕虫之小藝下之從上有同影響競騁文華遂成風俗江左齊梁其弊弥甚貴賤賢愚唯務吟咏遂復遺理存異尋虛逐微競一韻之奇爭一字之巧連篇累牘不出月露之形積案盈箱唯是風雲之狀世俗以此相高朝廷據茲擢士祿利之路既開愛尚之情愈篤於是閭里童昬貴遊總丱未窺六甲先製五言至如羲皇舜禹之典伊傅周孔之說不復關心何嘗入耳以傲誕為清虛以緣情為勲績指儒素為古拙用詞賦為君子故文筆日繁其政日亂良由弃大聖之軌模構無用以為用也損本逐末流遍華壤遞相師祖久而愈扇及大隋受命聖道聿興屏黜輕浮遏止華偽自非懷經抱質志道依仁不得引預搢紳参厠纓冕開皇四年普詔天下公私文翰並宜實録其年九月泗州刺史司馬幼之表華艶付所司治罪自是公卿大臣咸知正路莫不鑽仰墳素弃絶華綺擇先王之令典行大道於茲世如聞外州遠縣仍踵弊風選吏舉人未遵典則至於宗黨稱孝鄉曲歸仁学必典謨交不苟合則擯落私門不加收齒其学不稽古逐俗隨時作輕薄之篇章結朋黨而求譽則選充吏職舉送天朝蓋由縣令刺史未行風教猶挾私情不存公道臣既忝憲司職當糾察若聞風即劾恐挂網者多請勅諸司普加搜訪有如此者具狀送臺諤又以當官者好自矜伐上奏曰臣聞舜戒禹曰汝惟不矜天下莫與汝爭能汝惟不伐天下莫與汝爭功言偃又云事君數斯辱矣友朋數斯疏矣此皆先哲之格言後王之軌轍然則人臣之道陳力濟時雖勤比大禹功如師望亦不得厚自矜伐上要君父況復功無足紀勤不補過而敢自陳勲績輕干聽覧世之喪道

極於周代下無廉恥上使之然思人唯信其口取士不觀其行矜矜自大便以幹濟蒙擢謙恭靜退多以恬默見遺是以通表陳誠先論己之功狀承顏敷奏帝道臣最用心自衒自媒都無慚恥之色強干横請唯以乾没為能自隋受命此風頓改耕夫販婦無不革心況乃大臣仍遵弊俗如聞刺史入京朝覲乃有自陳勾檢之功諠諍階墀之側言亂不遜高自稱譽上黷冕旒特為難恕凡如此輩具狀送臺明加罪黜以懲風範帝以諤前後所奏頒示天下四海靡然向風深革其弊

盧思道為散騎侍郎兼内史侍郎事于時議置六卿將除大理思道上奏曰省有駕部寺留太僕省有刑部寺除大理斯則重畜産而賤刑名誠為未可又陳殿庭非杖罰之所朝臣犯之笞罪以贖論帝悉嘉納之

王邵為員外散騎侍郎邵以古有鑽燧改火之義近代廢絶於是上表請變火曰臣謹案周官四時變火以救時疾明火不數

變時疾必興聖人作法豈徒然也在晉時以洛陽火度江者代代事之相續不滅火色變青昔師曠食飯云是勞薪所爨晉平公使視之果然車輞今溫酒及炙肉用石炭柴火竹火草火麻荄火氣味各不同以此推之新火舊火理應有異伏願遠遵先聖於五時取五木以變火用功甚少救益方大縱使百姓習久未能頓同尚食內廚及東宮食廚不可不依古法帝從之

李德林爲內史令開皇中蘇威奏致五百家鄉正即令理民間辭訟德林議以爲本廢鄉官判事爲其里閭親識剖斷不平今鄉正專治五百家恐害更甚且今時吏部總選人物天下不過數百縣於六七百萬戶內銓簡數百縣令猶不稱才遂欲於一鄉之內選一能治五百家者必恐難得又即是要荒小縣有不至五百家者復不可令兩縣共管一鄉勑令內外羣官就東宮會議自皇太子以下多從德林議

蘇孝慈爲工部尚書時京官及州並給公廨錢迴易生利以給

公用至開皇十四年六月孝慈以爲所在官司因循往昔皆以公廨物出舉興生唯利是求煩擾百姓敗風損俗莫斯之甚於是奏皆給地以營農迴易取利一皆禁止

唐許敬宗太宗貞觀十九年爲中書侍郎時庶人承乾廢黜宮僚多被除削久未收叙敬宗上表曰臣聞先王慎罰務在於恤刑惟哲覽仁義在於宥過聖人之道罔回于茲竊見廢官五品以上除名弃斥頗歷歲時但庶人驕皆之年身處不疑之地苞藏悖逆陰結宰臣所預斷謀多連書咸徇生靈表非可防萌宮內官寮迥無關預今乃投鼠及器勛謂無寃焚山毁玉稍同遷怒伏尋先典例有可原昔吳國啓臣則表慈不聯於劉濞昌邑中尉則王吉免緣於海昏昔諸葛於乃榮名於彭越比干田叔亦委質於張敖王以凶逆陷誅奕臣以貴良荷收權歷觀往代此類尤多近者有隋又遵斯義楊勇之廢罪止加於佞人李綱之徒皆不預於刑網古今裁其折轟史籍稱爲美談而今張玄

素令狐德棻趙弘智裴宣機蕭鈞等並砥節勵操有雅望於當朝經明行脩播令名於天下或以直言而遭黜或以忤意而見猜嫌一槩雷同並罹天憲恐於王道傷在未弘由是玄素等得叙用

褚遂良高宗時爲吏部尚書時永徽三年詔追錄前代忠鯁子孫周相州總管尉遲迥曾孫文禮許言迥忠於周室爲隋所誅帝遣議之太常卿江夏王道宗等議咸以迥死節於周宜有甄錄遂良進曰竊觀史籍咸以救君難則爲忠不救則爲逆春秋趙穿殺晉靈公趙盾爲正卿不討賊太史書曰趙盾弑其君由此言之尉遲迥受周重寄既聞隋文作相稱兵鄴下南通於陳北連突厥頻兵六十餘日不赴國難免其罪惡爲幸已多若謂之忠臣所深惑羣議遂寢殿中侍御史張敬一奏曰臣聞堯舜謌謳以昌桀紂默默以亡臣竊以尉遲迥忠於周室身死國難遂良不以爲忠恐未爲允請召史官集議帝竟不許之

劉祥道顯慶初爲黃門侍郎知吏部選事祥道以銓綜之術猶有所闕乃上疏陳其得失其一曰今之選司取士傷多且濫每年入流數過一千四百是傷多也雜色入流不加銓簡是傷濫也經明行修之士猶或罕有正人多取胥徒之流豈能皆有德行即知共釐務者善人少而惡人多有國已來已四十載尚未刑措豈不由此乎但服膺先王之道者奏第然始赴選趨走几案之間者不揀便加祿秩稽古之業雖尚難知斗筲之材何期易進其雜色應入流人望令曹司試判訖揀爲四等第一等付吏部第二等付兵部次付主爵次付司勳其行署等私犯公坐者雖經赦降亦量配三司不經降者放還本貫與入流不濫官無冗雜且令胥徒之輩漸加勸勉其二曰古之選者爲官擇人不聞取人多而官員有數入流無限以有數供無限遂令九流繁總人隨歲積今內外文武官一品已下九品已上一萬三千四百六十五員略舉大數當一萬四千人壯室而仕耳順而退

取其中數不過支三十年此則一萬四千人而略盡若年別入流者五百人經三十年便得一萬五千足所須之數況三十年之外在官者猶多此便有餘不慮其少今年入常流者遂便逾一千四百計應數外常餘兩倍又常選放還者仍停六七十人更復年別新加實非處置之法其三曰儒爲教化之本學者之宗儒教不興風俗將替今庠序遍於四海儒生溢於三學勸誘之方理實爲備而獎進之道士或未周但求徵巳來于今八載在官者以善政粗聞論事者以一言可採莫不光被綸旨超昇不次而儒生未聞恩及豈爲獎進之道其四曰國家富有四海巳四十年百姓官寮未有秀才之舉豈今人之不如昔人將獎賢之道未至寧可方稱多士豈得遂闕斯人望六品巳下爰及山谷特降綸言更審捜訪仍量爲條例稍加優獎不然赫赫之辰斯舉遂絕一代盛事爲朝廷惜之其五曰唐虞三載考績黜陟幽明兩漢用人亦久居其職所以因命官有倉庾之姓魏晉

巳來事無可紀今之在官四考即遷官人知將秩滿必懷去就百姓見有遷代能無苟且以去就之官臨苟且之輩責以移風易俗其可得乎望經四考就任加階至八考滿然後聽選還淳反樸雖未敢必期送故迎新實減勞弊其六曰尚書省二十四司及門下中書都事主事主書等比來選補皆取舊任流外有刀筆之人縱欲參用士流以儔類爲恥前後相承遂爲故事但掖省崇峻王言秘密尚書政本人物攸歸而多用胥徒恐未盡銓衡之理望有釐革稍清其選明年中書令杜正倫亦言入流人多爲政之弊帝遣褚遂良與正倫詳議其事時宰相巳下憚於改作事竟不行

魏玄同上元中爲吏部侍郎玄同以既委選舉恐未盡得人之術上疏曰臣聞制器者必擇匠以簡材爲國者必求賢以莅官匠不良無以成其工官非賢無以致於理君者所以牧人也臣者所以佐君也君不養人失君道矣臣不輔君失臣任矣任人者誠國家之基本百姓之安危也方今人不加富盜賊不衰獄訟未清禮義猶闕者由官不得其才官不得其才者取人之道未盡也臣又聞傅說曰明王奉若天道建邦設都樹后王君公承以大夫師長不惟逸豫惟以理人昔之邦國今之州縣士有常君人有定主自求名佐各選英賢其大臣乃命於王朝耳秦并天下罷侯置守漢氏因之有沿有革諸侯得自置吏四百石巳下其傅相大官則漢爲置之州郡掾吏督郵從事悉任之於牧守爰自魏晉始歸吏部遞相祖襲以迄于今用刀筆以量才按簿書而察行法令之弊其來自久蓋君子重因循而憚改作有不得巳者亦當運獨見之明定卓然之議如今選司所行者非上皇之令典近代之權道所宜遷革實爲至要何以言之夫丈尺之量所及者蓋短鍾庾之器所積者寡多非其所及焉能度之非其所受何以容之況天下之大士人之衆而可委之數人之手乎假使平如權衡明如水鏡力有所極照有所窮銓綜

既紊所失斯廣又以此居此任時有非人豈直愧彼清通昧於甄察亦將竭其庸妄糅彼茅絲情故既行何所不至贓私一啓以及萬端至乃爲巳謀安爲人擇利顧親疏而下筆看勢要而措情悠悠風塵此焉奔競擾擾遊宦同乎市井加以厚貌深衷險如谿壑擇言觀行猶懼不同今使百行九能折之於一面具僚庶品專斷於一司不亦難矣且魏人應運所據者蓋三分晉氏播遷所臨者非一統逮乎齊宋以及周隋戰爭之日多安泰之時少瓜分瓦裂各在一方隋氏平陳十餘年耳接以兵禍繼以飢饉既德業之不遠或時事所未遑非謂是今而非古也武德貞觀與今亦異皇運之初庶事草創豈唯日不暇給亦乃人物至稀天祚大聖享國永年比屋可封異人間出咸以爲有道恥賤得時無怠諸色入流歲巳千計羣司列位無復新加官有常員人無定限選集之始霧集雲屯擢敘於終十不收一淄澠雜混玉石難分用捨去留得失相半撫即事之爲弊知及後之

滋甚夫夏殷以前制度皆闕周監二代煥乎可覩豈諸侯之臣不皆命於天子王朝庶官亦不專於一職故周穆王以伯冏爲太僕正命之曰慎簡乃僚無以巧言令色便辟側媚惟吉士此則令其自擇下吏之文也太僕正中大夫耳以僚屬委之則言九卿亦必然矣周禮太宰內史掌爵祿廢置司徒司馬別掌興賢詔事當是分任於羣司而統之以數職各自求其小者而王命其大者焉夫委任責成君之體也所要者衆所用者精故能得濟濟多士克咸楨楨裴子野有言曰官人之難先王言之尚矣居家視其孝友鄉黨服其誠信出入觀其志義憂難取其智謀煩之以事以觀其能臨之以利以察其廉周禮始於學校論之州里告諸六事而後貢之王庭其在漢家尚猶然矣州郡積其功能然後爲五府舉其掾屬而昇於朝三公參得除署尚書奏之天子一人之身所關者衆一賢之集其課也詳故能官得其人鮮有敗事魏晉反是所失弘多子野所論蓋區區之宋朝耳猶謂不勝其弊而況於當今乎又從政爲官不可以無學故書曰學古入官議事以制傳曰我聞學以從政不聞以政入學今貴戚子弟例早求官或髫齔之年已腰銀艾童丱之歲已襲朱紫弘文崇賢之生千牛輦脚之類課試既淺藝能亦薄而門閥有素資望自高夫象賢繼父古之道也所謂胄子必裁諸學循六禮以節其性明七教以興其德齊八政以防其淫尚賢以崇德簡不肖以絀惡少則受業長而出仕並由德進必以才昇然可以利用賓王移家事國少仕則廢學輕試則無才於此一流良足惜也又勳官三衛流外之徒不待州縣之舉直取之於書判恐非先德行而後言才之義也臣又以爲國之用人有似人之用財貧者乏以糟糠短褐富者餘粱肉衣輕裘然則當衰弊乏賢之時則可磨瑩朽鈍而乘馭之在太平多士之日亦宜妙選髦俊而任使之詩云翹翹者方用財理亦當爾選人幸多尤宜簡擇臣竊見元制書每令三品五品薦士下至九品亦令舉人此朝廷側席旁求之意也但以褒貶不甚明得失無大隔故人上不憂黜責下不盡搜揚苟以應命莫慎所舉且惟賢知賢聖人篤論伊尹既舉不仁咸遠復患階秩雖同人才異等身且濫舉豈知人今欲務得實才兼宜擇其舉主流清因源絜影端由表正漢書云張耳陳餘之賓客廝役皆天下俊傑彼之蕞爾猶能若斯況以神皇之聖明國家之德業而不建久長之策爲無窮之基盡得賢取士之術而但顧望魏晉之遺風留意周隋之末事臣竊惑之伏願稍迴聖慮時採芻言略因周漢之規以分吏部之選即望所用精詳鮮於差失疏奏不納

冊府元龜卷第四百七十三

册府元龜卷第四百七十四

臺省部一十八

奏議第五

唐李嶠則天朝爲鳳閣舍人時初置右御史臺巡按天下嶠上疏陳其得失曰陛下創置右臺分巡天下察吏人善惡觀風俗得失斯政途之綱紀禮法之準繩無以加也然猶有未折衷者臣請試論之夫禁網尚疎法令宜簡簡則法易行而不煩雜疎則所羅廣而無苛碎竊見垂拱二年諸道巡察使所奏科目凡有四十四件至於別准格勑令察訪者又有三十餘條而巡察使率是三月已後出都十一月終奏事時限迫促簿書塡委晝夜奔逐以赴限期而每道所察文武官多至二千餘人少者一千已下皆須品量材行褒貶得失欲令曲盡行能則皆不暇此非敢墮於職而慢於官也實才有限而力不及耳臣望量其功程與其節制使器周於用力濟於時然後進退可以責成得失

可以精覈矣又曰今之所察但準漢之六條推而廣之則無不苞矣無爲多張科目空費簿書且朝廷万機非無事也機事之動常在四方是故冠蓋相望郵馹繼踵今巡使既出其外州之事悉當委之則傳驛大減矣然則御史之職故不可得閑自非分州統理無由濟其繁務請大小相兼率十州置御史一人以周年爲限使其親至屬縣或入閭里督察姦訛觀採風俗然後可以求其實効課其成功若此法果行必大裨政化且御史出持霜簡入奏天闕其於勵已自修奉職存憲比於他吏可相百也若其按劾姦邪糾擿欺隱比於他吏可相十也陛下試用臣言妙擇賢能委之心膂假温言以樹之陳賞罰以勸之則莫不盡力而効死矣何政事之不理何禁令之不行何妖孽之敢興則天善之乃下制分天下爲二十道簡擇堪爲者會有沮議者事竟不行

薛謙光爲補闕天授三年正月上疏曰臣聞國以得賢爲寳臣以舉士爲忠是以子皮之讓國僑鮑叔之推管仲燕昭委兵於樂毅苻堅託政於王猛及子產受國人之謗夷吾貪共賈之財昭王錫輅馬以止讒永固戮樊世以除謗處猜嫌而益信行間毀而不疑此由識之至而察之深也至若宰我見遇於宣尼逢萌被知於文叔韓信無聞於項氏毛遂不齒於平原此失士之故也是以人主愛不肖之士則政乖得賢良之佐則時泰故堯資八元而庶績其理周任十亂而天下和平由是言之則知士不可不察而官不可妄授也何者比來舉薦多不以才假譽馳聲又亦相推獎希潤身之小計忘臣子之大猷非所以報國求賢副陛下翹翹之望者也臣竊窺古之取士實異於今先觀名行之源考其鄉邑之譽崇禮讓以勵己顯節義以標信以敦朴爲先最以彫蟲爲後科故人崇勸讓之風士去輕浮之行希仕者必修貞確不拔之操行難進易退之規衆議以定其高下郡將難誣於曲直故計貢之賢愚即州將之榮辱穢行之彰露亦

鄉人之厚顔是以李陵降而隴西慙干木隱而西河美故名勝於利則小人之道銷利勝於名則貪暴之風扇是知化俗之本須擯輕浮昔冀缺以蹈禮升朝則晉人知禮文翁以儒林獎俗則蜀士崇儒燕昭好馬則駿馬來庭葉公好龍則真龍入室由是言之未有上之所好而下不從其化者也自七國之季雖雜從橫而漢代求材猶徵百行是以禮義之士飭德自脩里閭推高然後府寺所辟魏氏取人尤愛放達晉宋之後秪重門資獎爲人求官之風乖授職惟賢之義有梁薦士雅愛屬詞陳氏簡賢特珍賦詠故其俗以詩酒爲重不以脩身爲務逮至隋室餘風尚存開皇李諤論之於文帝曰魏之三祖更好文詞忽君人之大道好彫蟲之小藝連篇累牘不出月露之形積案盈箱唯是風雲之狀代俗以此相高朝廷以茲擢士故文筆日煩其政日亂帝納李諤之策由是下制禁斷文筆浮詞其年泗州刺史司馬幼之以表不典實得罪於是風俗改勵政化大行煬帝嗣

與文變前法置進士等科於是後生之徒復相倣傚因陋就寡速邀特緝綴小文名之策學不以指實爲本而以浮虛爲貴有唐纂歷雖漸革於前非陛下君臨思察才於共理樹本崇化唯在旌賢今之舉人有乖事實鄉議決小人之筆行脩無長者之論策第喧競於州府祈恩不勝於拜伏或明制纔出試遣搜斆驅馳府寺之門出入王公之第上啓陳詩唯希咳唾之澤從項至足冀荷提攜之恩故俗號舉人皆稱覓舉覓爲自求之稱未是人知之詞察其行而度其材則人品於茲見矣徇已之心切則至公之理乖貪仕之性彰則廉潔之風薄是知府命雖高異叔度勤勤之讓黃門已貴無秦嘉耿耿之辭縱不能挹巳推賢亦不肯待於三命豈與夫白駒皎皎不雜風塵束帛戔戔榮高物表校量其廣狹也是以耿介之士羞自拔而致其辭循常之人捨其疏而取其附故選司補授喧然於禮闈州貢賓王諍訟於階闥謗議紛合浸以成風夫競榮者必有競利之心謙遜者

亦無貪賄之累自非上智焉能不移在於中人理由習俗若重謹厚之士則懷祿者必崇德以脩名其開趨競之源邀事者皆威施而附會附會則百姓罹其弊脩名則兆庶蒙其福故風化之漸靡不由茲今訪鄉閭之談唯秖歸於里正縱使名虧礼則罪挂刑章或冒籍以偷貧或邀勲而竊級假其不義之賂即是無犯鄉閭豈得比郡有道之詮量才容望重裴逸民之賞拔夏少名高語其優劣也秖如才應經邦之流唯令試策武能制敵之例只驗彎弧若其文擅清奇便充甲第藻思纖減旋即告歸以此收人恐乖事實何者樂廣假筆於潘岳靈運詞高於穆之平津文劣於長卿子建筆麗於荀彧若以射策爲最則潘謝曹馬必居孫樂之右若使協贊機猷則安仁靈運亦無裨附之益由此言之不可一槩而取也至如武藝則趙雲雖勇猶諸葛之指撝周勃雖雄乏陳平之計畧若使樊噲居蕭何之任必失指蹤之機使蕭何入戲下之軍亦無免主之効故閫將長於摧鋒謀將審於料事是以文泉聚米知隗囂之可圖陣勢屈指識烏孫之自解八難之謀設高祖退慙於酈生九拒之計窮公輸息心於伐木謀將不長於弓馬良將寧資於射策豈與夫元長自表廣飾詞鋒曹植題章虛飛麗藻校量其不可也伏願陛下降明制頒峻科千里一賢尚不爲少僥倖冒進須立堤防斷浮虛之飾詞收實用之良策不取無稽之說必求忠告之言文則試以効官武則令其守禦始既察言觀行終亦循名責實自然僥倖濫吹之伍無所藏其妄庸故晏嬰云舉之以語考之以事寡其言而多其行拙於文而工於事此取人得賢之道也其有武藝絶倫文鋒挺秀有効伐之偏用無經國之大才爲軍鋒之爪牙作詞賦之標準自可試凌雲之策練穿札之工承上命而賦甘泉禀中軍而令赴敵既有隨才之任必無負乗之憂臣謹按吳起臨戰左右進劍吳子曰夫提鼓揮桴臨難決疑此將事也一劍之任非將事也謹按諸葛亮臨戎不親戎服頓蜀兵於

渭南宣王持勁卒不敢當此豈弓矢之用也謹按楊德意誦長卿之文武帝曰恨不得與此人同時及相如至終文園令不以公卿之位處之者蓋此非其所任故也謹按漢法所舉之主終身保任楊雄之坐田儀責其冒薦成子之居魏相酬於薦賢賞罰之令行則請謁之心絶退讓之義著則貪競之路銷自然朝廷無爭祿之人選司有謙撝之士仍請寬立年限容其採訪簡汰堪用者令試守以觀能否參驗行事以別是非不實免王丹之官得人加翟璜之賞自然見賢不隱食祿不專則荀彧進鍾繇郭嘉劉陶薦李膺朱穆勢不云遠有稱職者受薦賢之賞濫舉者抵欺罔之罪自然舉得才行君子之道長矣

盧粲中宗時爲給事中神龍二年冬十月初有制皇太子在蕃府曰食封物每年使納東宮粲奏曰伏以皇太子處繼明重离當主鬯之尊歲時服用自可百司供擬又據周官諸司應用財器歲終則會唯王及太子不會此則儲蓄之貴咸與王同今與

列國諸侯齊衡入封豈所謂憲章在昔垂法將來者也帝納其言而止

韋嗣立爲兵部尚書景龍中上疏曰刺史縣令理人之首近年已來不存簡擇京官有犯及聲望下者方遣牧州吏部選人暮年無手筆者方擬縣令此風久扇上下同知將此理人何以致化今歲非豐稔戶口流亡國用空虛租調減削陛下不以此留念將何以理國乎臣望下明制具論前事使有司改換簡擇天下刺史縣令皆取才能有稱望充自今已後應有遷除諸曹侍郎兩省兩臺及五品已上清資望官先於刺史内取刺史無人然後餘官中求其御史員外郎等諸清要六品已上官先於縣令中取制中明言如是則人爭就刺史縣令矣得令天下大理万姓欣然豈非太平樂事哉

盧俌睿宗景雲中爲右補闕時有上言天下置都督府不便命羣公卿士議定俌與太子右庶子李景伯等議曰牧伯之命非不古也洎漢襲秦罷侯置守方制萬里以綏兆人令出王庭威行郡國南海典利東海詳刑人以阜安其流多矣至漢武帝初置刺史秩六百石掌察墨綬以下其黃綬以上則不察焉所以全長吏之威行不擾之政也至漢成帝改置州牧秩二千石遂以秩高自守而功業不著於是罷州牧又置刺史及東漢之時復置州牧王綱不振浸以陵夷則事之汙隆詳乎典策今天下諸州分隸都督專生殺之柄典刑賞之科若委非其人授受有失權柄既重疵釁或生又非彊幹弱枝經邦軌物者也其親置都督事恐不便今巡察御史秩卑任重御史之流也委以時巡姦究自禁伏請順考古道率由舊章法乾元之簡易守前王之令典俾夫化洽昇平務依貞觀制度矣其後停焉

李揆肅宗時爲中書舍人時京師多盜賊有通衢殺人寘溝中者李輔國方恣橫上請選羽林騎士五百人以備徼巡揆上疏曰昔西漢以南北軍相統攝故周勃因南軍以入北軍遂安劉氏皇朝置南北衙文武區分以相伺察今以羽林代金吾警夜忽有非常之變將何以制之遂罷羽林之請

李栖筠爲工部侍郎代宗廣德二年三月癸丑奏京畿諸縣白渠下王公寺觀碾磑凡七十餘所有妨農利並請毀廢計收田租二百萬言入帝甚善之爲權臣不便寢之

沈既濟爲左拾遺史館修撰德宗建中二年五月二日勅宜令中書門下兩省分署待制官三十員仍於見任前資及同正兼試九品已上官中簡擇文學理道法度優深者具名聞奏度支據品秩量給俸錢并置本收利供厨料所須手力什物廳宇等並計料處分既濟上疏論之曰伏以陛下今日之理患在官煩不患員少患在不問不患無人且中書門下兩省官自常侍諫議補闕拾遺揔四十員及常參待制之官日有兩人皆備顧問亦不少矣中有二十一員尚闕人未充他司缺職累倍其數陛下若謂見官非才不足與議則當選求能者以代其人若欲廣務聰明畢收淹滯則當擇其可者先補缺員則朝無曠官俸不徒費且夫置錢息利是有司權宜非陛下經理之法今官三十員皆給俸錢幹力及厨料什器建造廳宇約計一月不減百万以他司息利准之當以錢二千万爲之本方獲百万之利若均本配人當復除二百戶反覆計之所損滋甚當今關輔大病皆爲百司息錢傷人破產積於府縣實思改革以正本源又臣常計天下財耗數之大者唯二事焉最多者兵資次多者官俸其餘雜費十不當二事之一所以黎人重困杼軸猶空方斯緝熈必藉裁減豈俾閑官復爲冗食藉舊而置猶可省也若之何加焉疏奏從之

崔縱爲御史大夫貞元元年九月縱上言准今年正月制宜令御史臺勘會內外官員商量併省停減仍集百僚詳議聞奏者臣伏以兵戎未息仕進頗多在官者又須褒賞比來每至選集不免擁闕留人常歎遺才仍招怨望況緣頻有恩詔甄錄功勞

諸道敘優人數甚廣見須處置不可稽留今若停減吏員實恐未便於事非但承優者無官可授抑又敘進者無路可容本冀便人翻成斂怨恐須仍舊以適時宜更待事平然議經度制曰可

李紓貞元初爲吏部侍郎嘗建議以武成王不當視文宣王用王者之礼

袁高爲給事中貞元二年帝以関輔禄山兵戈之後百姓貧乏田疇荒穢詔諸道進耕牛時諸道觀察使各選揀耕牛時貢委京兆府勸課民户勘責有地無牛百姓量其地着以牛均給之其田十畝已下人不在給限高上疏論之聖慈所憂切在貧下有田不滿五十畝者尤是貧人請量三兩家共給牛一頭以濟農事疏奏從之

陸贄爲翰林學士貞元四年贄奏曰學士私臣玄宗初待詔内庭至於應和詩賦文章而已詔誥所出本中書舍人之職軍興之際促迫應務權令學士代之今朝野乂寧合歸職分其命將

相制詔請付中書行遣物議是之

韋貫之憲宗初爲右補闕時杜佑爲相子從郁爲左補闕貫之崔羣奏論尋降爲左拾遺又論遺補雖品不同皆是諫官父爲宰相子爲諫官若政有得失不可使子論父改爲秘書丞

穆質爲給事中元和三年九月奏諸州府塩鐵使巡院應決私鹽死囚請州縣同監免有寃濫從之

李遜爲給事中元和中以舊制隻日視事對羣官遜奏論曰事君之義有犯無隱陳誠啓沃不必擇辰今君臣敷奏乃候隻日是畢歲臣下睹天顔獻可否者能幾憲宗嘉之俄遷戶部侍郎

李渤穆宗時爲諫議大夫知匭使長慶四年奏應進狀人論事大者請分析聞奏次者請申中書門下小者請各牒諸司諸司若處理不當復來投匭者即請具事由聞奏如投匭人有欺誑責問得情狀請本罪之外更加一等又寶應元年六月勅如有告密人登時進狀分付金吾留身待進止今緣匭院無械繫之具忽慮兇暴之徒難以理制請勒安福門司領付金吾仗留身然後牒送御史臺京兆府異絶兇人喧競從之勅又以左右常侍職參規諷而循默無言論之曰若設官不責其事不如罷之以省經費若未能罷則請責職業

王敦[illegible]敬宗時爲膳部員外郎寶曆元年上言中外官寮准制封贈多請迴授祖父母臣謹詳古禮及國朝故事追贈出於鴻恩非由臣下之求不繫子孫之便開元新詔唯許宰相迴贈於祖盖以宰相位高封贈崇極故許迴授於義無妨近日常寮率援此例夫推讓於祖在父則然敗奪於朝爲子何忍伏望宣付宰臣重與依法詳議從之

崔元略爲戶部侍郎寶曆二年奏曰伏准賦役令内外六品已下官及京司諸色職掌人合免課役伏以設官之際本闕隄防給蠲之時不免踰濫至有因緣假冒多非本身臣自受此官已來無日不見論請蠲牒必恐從茲不已天下無復有應役之人

伏請自今已後應諸司見任官及准式合蠲免職掌人等並先於本司陳牒責保待本司牒到然與給符其前資官即請於都省陳狀准前勘責事若不實並准詐偽律論其孝子順孫義夫節婦及割股奉親比來州府懸免課役不由所司伏請從今已後應有此色勅下後亦須先牒臣當司如不承戶部文符其課役不在免限制可

宇文鼎爲左司員外郎寶曆二年奏戶部尚書判度支胡証准兩度勅賜爵司禦率府録事參軍文約各一級今月五日勅下尚書省伏以胡潛等先丁母憂猶未終制豈得公然食邑苟竊恩榮不避三年之喪冒受五等之爵有傷教義實敗國風臣謬跡都曹職當綜覈致興物論不敢不舉勅宇文鼎所奏胡潛等爵宜令所司落下胡証職在劇繁事或錯誤特宜釋放司封本郎官委都省書罰

文宗大和三年十月御史臺奏准勅差孟琯巡察米價其江西

湖南地稱沃壤所出常倍他州俾其通流寔資巡察苟便宜行文牒或慮遠郡未委詔條今孟琯既下准牽即去洪潭不遠伏望便令兼去洪潭可之仍令便道至浙西存位

四年祠部上言當司准赦書節文緇黃之衆蚕食生人規避王徭凋耗物力應諸州府度僧尼道士及創造寺觀累有禁令尚或因循自今已後非别敕處分妄有奏請者委憲司彈奏量加貶責於百姓中苟避徭役冒爲僧道所在長吏重爲科禁者謹具起請條件如後准天寶八年十一月十八日勅諸州府僧尼籍帳等每十年一造永爲常式者其諸州府近日因循都不申報省司無憑收管造籍起今已後諸州府僧尼已得度者勒本州府具法名俗姓鄉貫戶頭所習經業及配住寺人數開項分析籍帳送本司以明真僞又諸州府及京城應置方等受戒僧尼身死及還俗者其告牒勒本寺綱維當日封送祠部其餘諸州府勒本州申送以憑注毀又諸州府僧尼籍帳准元勅十年一造今五年一造又天下僧尼冒名及非正度者緣經恩赦自大和三年十一月十八日勅前無憑追勘自今已後伏請切加禁斷先度者具名申省省司各給牒知爲憑入籍又正度僧尼並勒於省司請告牒其僧尼童子自今已後不得令私度如有此色勒當寺綱維申報本管長吏其與剃頭師長及專擅出家者當便科決勒還俗其綱維不申報十日已上勒停解便令出寺其所在長吏不爲糾舉者具名銜奏聽進旨又諸州府及兩京除舊寺破壞要修理外並不創建造寺仍請具每州縣管寺幾所每寺管僧尼幾人並請具寺額僧尼名申省如有創造寺舍委本管長吏切加禁斷其僧尼有不依典教興販經紀行船駕車擅離本寺於公衙論競及在俗家夜結戒壇晝府禁咒陰陽術數占相吉凶妄陳禍福既虧釋教與俗無殊自今已後切加禁斷如有此色委所在長吏量情科決便勒還俗其天下州府村坊佛堂普通私色蘭若義井寺並請劃屬當州府寺收管

文伏准元和六年二月十日勅京城及諸州府寺觀銅鍾內有破損須更製造者請令州府申牒所司聞奏勅下許以本鍾再鑄不得更別添銅者其諸州府近日皆不守勅文擅有鼓鑄自今已後並令申省臣等伏以當司公事廢闕多年名額空存事皆去本因起請再舉舊規比類參詳並依格可之

九年三月都省奏湖州百姓韓巨川及庚威男道彰進狀稱庚威緣定戶左降及録事參軍縣令等黜責事務付尚書省四品已上官集議議曰定罪者必原其情議事者宜究其本庚威均稅之法情實憂人顧其施爲必有工拙工者何也富戶業廣以貧自庇產多稅薄歸於羸弱威能盡檢并苞者加籍取均困窮者蠲減取齊稅既頻異法亦稍嚴事歸平一人無冤訴此所以威之工也其拙何也五縣土廣人姦徵簿書即隱占居多檢田苗即驚擾爲慮散亂村野冒徒千人雖成功於已事之時而受弊於作法之始豈無他術用以周知竟此紛紜斯以威之拙也大凡爲郡亡於四過一者私加公稅二者逃失黎甿三者虐害平人四者富潤私室庚威改張稅額賦不加徵懸綿歉灾人悉安業刑甚峻而下無屈祿不厚而賞無濫顧茲四者威無一焉而以憂人均稅投竄無遂是使循常守故者得以稱功革弊去姦者坐以招讒誰能自苦納諸刑名觀沮之風於斯何在官吏黜削本自庚威罪敗無名官吏所宜牽復臺司所勘定稅本謂有害於人事既無私理當免坐若因其案驗舉察細微以法吏合真科條在衆議須明本末郡人逵詠益表事情幸遇聖明合從昭雪勅庚威定戶意在均稅臺司推勘慮以擾人近者王播到京詳知其事南省會議衆言可徵理宜有歸事豈懼改因追授威循王傅其連坐左遷録事參軍杜膺及縣令等六人並復本資官

令狐楚爲左僕射大和九年奏諸道新授方鎮節度使等具櫜韎帶器仗就尚書省兵部參辭伏以軍國異容古今定制若不

由舊斯爲政常未聞省閣之門忽入弓刀之器鄭注夕蒙恩寵內嚮兇狂首創姦謀將興亂兆遂致王璠郭行餘之輩敢駈將吏直詣闕庭震驚乘輿騷動京國血濺朝路屍僵禁街史冊未書人神共憤既往不咎而其源尚開前件事宜伏乞聖恩速令停罷如須參謁即具公服從之

歸融爲戶部侍郎開成元年兼御史中丞湖南觀察使盧周仁違勑進羨餘錢十萬貫融奏曰天下一家何非君土中外財賦皆陛下府庫也周仁輒陳小利妄說異端言南方火災恐成灰燼進於京國姑徇私誠入財貨以希恩待朝廷而何淺臣恐天下倣傚以羨餘爲名因緣刻剝生人受弊周仁請行重責以例藩方其所進錢請還湖南代貧下租稅詔周仁所進於河陰院收貯以備水旱

李中敏爲右諫議大夫充匭使開成三年中敏奏臣據舊例所有投匭進狀及書策文章等皆先具副本呈匭使其有詭異難

行不令進入臣尋撿文按不見本勑所由但云貞元中奉宣恐是一時之事臣以爲本置匭函每日從內將出日暮進入意者使冤濫無告有司不爲申理者或論時政或陳利宜通其必達之路所以廣聰明而慮幽枉若使有司先具裁其可否即非重密其事俾壅塞自申於九重之意也臣伏請自今已後所有人進狀及封章等臣但爲封狀引進取捨可否斷自中旨庶使名實在茲明置匭之本意從之

韋昭度昭宗時爲左僕射時大順元年十二月太康軍屯晉州李克用遣中使韓歸範還朝因上表訴冤言被賊臣張濬依倚朱全忠離間忠臣致削奪臣官爵朝廷欲令釋憾下羣臣議其可否昭度等議曰賞恭罰否前聖之令猷含垢匿瑕百王之垂訓是以雷解而羲文象德網開而湯化歸仁用彼懷柔式存彝範上自軒農之代下臻文武之朝罔不允給寬引以流霈澤況國家當德祖守成之日憲宗致理之時車軌一同梯航萬里獨龍外野悉在梯航大凥窮郊咸歸正朔然猶王承宗擁兵鎮冀詔范希朝討之仍歲無功卒行赦宥而又朱滔以幽州之衆結田悅李納王武俊之疆遣馬燧等征之不克旋又寬之以累聖之典謀睿哲大朝之紀律文明非不欲厲彼風驅技其電掃然且考春秋之義稽楚鄭之文或退而許平服而更捨存於舊史載彼新書李克用代漢疆宗陰山貴胄呼吸而風雲作氣指麾而草樹成刑仰天指心誓獻祅訾之首伏弢歐血屢親都護之營所謂爲多上人自匪窮來歸我及陛下聖考懿宗皇帝之朝彭門失守親驅銳卒首建殊功而先帝即位之初諸宮大擾復提義旅克靜妖氛其後封豕長蛇薦食上國紐以子朝之亂皆因重耳之盟保大朝之宗祧垂中興於簡冊蓋聖王之御天下也有勳可書有績可載宥過不忘於十代念功豈止於一時天高聽卑請事斯語且四海之內瘡痏猶夥九貢之邦綱條未理昨者邊陲邠岐之衆尋已退還又徵燕薊之師倏聞內變出於

饑饉失職資扉絕供致此投戈是乖借箸蓋下計之未熟非聖謀之不臧儻宸斷重新天機間出錄茲誠款散彼師徒虛其念舊之懷待以如初之禮臣等所議是在於斯抑又聞往者漢將趙充國欲因邊境衰弱出兵擊之是時魏相上書盡陳利害且曰恃國家之大矜人物之衆欲見威於敵者謂之驕兵兵驕者滅非但人事乃天道也又曰臣不知此兵何名者也兵出無名事乃不成漢宣納之竟罷其伐伏惟皇帝陛下鑒往古用師之難揉列聖遷善之美恩加區宇信及豚魚則臣等不勝懇願況今汴魏猶艱幽定方困縱遣之調發豈能集事虛行號令徒召寇讎將以勤人非惟辱國且黷蔑斯舉勤王之衆推効命之誠未能廣騎獨攻所望漢兵同力今茲數鎮奔命不遑難致濟師恐又生事論其斷當畧執非利戎旃恐力須密遣還蕃部重盈陳五郡之卒益謹關防王珙振兩河之雄更嚴旗鼓然後獎其上表哀以自陳錄彼前勞責之後効徵神爵之往典還日逐之

故封諭共巳斥王恭不使更疑晉帝凡百臣子實切乃誠其克用在身官爵並請却還仍依前編屬籍從之

冊府元龜卷第四百七十四

冊府元龜卷第四百七十五

臺省部一十九

奏議第六

後唐盧文紀爲吏部侍郎天成元年十月丙戌奏一人御宇百職交修則四時無水旱之災萬國有樂康之詠頃屬中原多事三紀不寧廉平因此而蔑聞賞罰由茲而失序所以梟鸞並起駘驥難分有援助者至濫必容守孤貞者雖賢莫進遂使居官偭俛奉職因循唯思避事以偷安罔効輔時而濟物伏惟皇帝陛下削平九有收復八紘承乾興萬代之基出震應千年之運櫛沐風雨手足胼胝勤勞大集於聖功華夏畢歸於睿略雖遠柔邇伏咸知臨照之鴻恩而旰食宵衣尚念生靈之乆困累頒絲綍曲訪蒭蕘恐天災之流行因皇風之壅隔臣不揆庸短輒冒宸聰臣請告諭內外文武臣寮凡守一官責其舉職公清奉上勤恪爲心每歳秋冬明定考校將相則希迴御筆班行則悉

委司存外則州牧縣寮具以真虛比校黨聞共推異績便宜特示甄酬如其衆謂曠官固可明行黜責所冀免懷竊位俱効竭誠上則輔佐於大君下則精專於庶務高卑不濫功過無私官既清廉則民無愁歎勸課之方得所則生靈之賦樂輸故可以進賢良退不肖安生聚實倉箱使和氣遠敷德澤廣被顧惟穹旻必降休祥永致太平佇期混一臣叨逢明聖謬列班行既奉德音合申所見疏下中書宰臣奏曰盧文紀踐履清華昭彰問望行已每聞於端慤操心動絕於阿私以爲將省効官莫先校考欲明書於殿最與顯示於勸懲況將相兩途尤爲重委慮無報國最要聞天欲迂神毫親書常課誠有壓於聖德亦是責以佐君直道不欺忠規可尚至於所陳黜陟並叶規繩以此責成庶求良吏事無疑滯理可施行從之

李光憲爲右散騎常侍天成元年十月乙巳明宗御中興殿光憲奏將垂帝範在守於舊章欲叙彛倫合循於故典實大朝之理本蓋有國之常規臣嘗覽列聖實録伏見建中元年正月五日勑百應內外常叅官上後三日舉一人自代者編諸簡冊冀拔賢良是資教化之方以盛簪裾之列爰于近歳稍易舊規臣請明下勑文許行建中故事所冀振纓在位咸懷舉善之心棫樸興歌漸致得賢之美疏奏不報

張鑄爲起居舍人天成元年十月庚戌奏欽若天道聞諸堯舜之朝敬授人時乃自殷周之代能銷災異而致福祥自兵興巳來多失本朝故事不拘典法有悞修禳承前日月薄蝕百官皆合守司星象有差九重亦當避殿以明減損式示恭虔信守國經何虧聖德自此或乾象譴見凡關災異請依故實令百官守司陛下御便殿減常膳準令式遵行從之

蕭希甫爲左諫議大夫知匭院天成元年十一月戊午奏臣叨蒙擢任官忝諫司所職重難兼知匭院但有關於至理即欲合於無私冀竭丹誠仰裨玄造臣伏見自同光元年十月九日先

朝收下汴州後至今年四月一日已前兵革盛興亂離斯極典章幾壞刑政莫施每於紛擾之間甚有殺傷之苦非唯州縣長吏或濫誅夷直至鄉里居民㸦爲殘戮挾私怨者公行白刃將快忿心恃強力者豈顧丹書唯欲得志掠妻女以轉賣劫財貨以平分如此之流應遍天下伏惟皇帝陛下荐恢帝載光啓鴻圖伏思自陛下臨御已來皇綱漸正有功者盡賞有罪者咸誅闕外將清朝中無事今則匭函已再修整欲具進呈必恐擡出外邊施行已後遠近披訴受狀至多但慮京國諸司囚禁便憂填委則至上虧皇化有玷國風其次更慮勲貴親賢或關對訟便煩讞議或礙刑書若令事有否臧即便政移曲直以臣愚見欲自元年四月二十八日昧爽已前罪無輕重應大辟已下罪一切釋而不問庶得刑清俗泰國富民康咸欽不宰之功永奉惟新之化勑旨喪亂之際不可以法行致理之初漸宜于刑措蕭希甫官居諫省職本匭函慮黎民㸦有讎嫌致法寺愈煩讞

譏特塞紛爭之路請申殊獎之條言出忠誠事關理本載詳論奏令議施行宜自天成元年四月二十八日已前罪無輕重一切不問其間已經勘窮推鞠者須見罪狀其餘即依所奏

裴皥爲禮部侍郎天成元年十一月戊辰奏方伯郡守之任與大朝分理疆土共養黎民委寄非輕古今所重親人之職莫過於斯伏請起今後諸州刺史經三考方可替移使能理者盡展所能弊政者自彰其濫優勤既判黜陟可行則州縣免迎新送故之勞朝廷得惠養除煩之理太平之道無易於斯勑旨有政聲者就加恩澤弊政者不限考課替移

劉岳爲吏部侍郎天成元年十一月甲戌奏凡在　朝悉是爲臣之貴每蒙進秩咸加報上之忠奉勑命以遷昇固當感抃降綸言而褒飾或未捧觀將使知寵陟之由認訓誥之旨必在各頒官告令覩制詞勲班列以增光傳子孫而永耀伏請自此凡有除轉登朝官已上召至閤門宣賜在外則付本州使賜之勑

旨朝官素有品秩不可一例須宣文班三品已上丞郎給舍諫議武班大將軍已上宜賜官告舊例吏部出告身紬朱膠紙軸錢方給朝臣或親舊者隨即給付而官貧不辦者但領勑牒而已喪亂之後因以爲常朝臣多不出告身制下之後中書但收其制詞編爲勑甲本官多不見褒飾之辭故岳有是奏勑旨不編須得事體也其後執政相與謀罷朱膠紬軸之例以爲天下吏員無多除拜亦簡官給膠紬軸之費歲不過數万國家賦錄以祿位而進其賢紙之直是以知不拒擁也因奏覆凡中外官除拜並宣賜官告以勑政之議雖善蓋圖其始不奏料其給何者同光世至天成初宣賜之命止於除授中外正員官其餘試銜帖號則寵澤事中發而已自長興已來除授日多上至軍中卒伍註州使錄皮簿範有吏之流皆有銀青憲之號每歲給賜告身動盈數萬非止膠紙之費虛縻財力而又賞激之道難以功以目耗然則知執政圖始之非善也非弊始凡制政者須圖之

楊凝式爲給事中天成元年十二月庚寅奏舊制臺省在西京東都置留臺留省及分司官屬請依舊制於西京置留臺省如本朝東都之制不報

是月庚戌御史臺奏京城坊市士庶工商之家有婢僕自經投井非理物故者近年已來凡是死亡皆是臺司左右巡舉勘檢驗施行已久仍恐所差人吏及街市胥卒同於民家因事邀詐取索臣詢訪故事當司今有舊京往例凡京城臣庶之家死喪委府縣檢舉軍家委軍巡商旅委戶部然諸司檢舉後具事由申臺其間或枉濫情故臺司訪聞即行舉勘如是文武兩班官吏之家即是臺司檢舉臣自今已後欲准故事施行者兼左右巡使録到喪葬車輿格例以緣官品等差無官秩之家過爲僭侈供應者固當刑責今則凡是葬儀動踰勑格但官中紙行檢察在人情各盡孝思徇彼稱家之心許便送終之禮又難將孝子盡從嚴刑遂以供人例行書罰以助本司支費兼緣設此防禁比爲權豪之家違禮厚葬若貧民薄斂不充無慮僭禮書罰兩京即是臺司州府元無條例者勑旨今後文武兩班及諸司官吏諸道商旅凡有喪亡即准臺司所奏施行其坊市民庶軍士之家凡死喪及婢僕非理物故依臺司奏委府縣軍巡同檢

舉仍不得縱其吏卒於物故之家妄有邀頡或恐暑月屍柩難停若待申聞檢舉縱無邀頡亦須經時日今後仰其家與四鄰檢察無他故遂便葬埋具結罪文狀報官或後別聞枉濫妄有保證官中訪知勘詰不虛本戶鄰保量事科罪如聞諸道州府坊市死喪取分巡院檢舉頗致淹停人多流怨亦仰約京城事例處分所奏喪葬車輿格例今後據品秩之外如庶人喪葬宜令御史臺差御史一員點檢供賃行人如有違越據所犯科罪臺司不得書罰徵擾行人交非憲綱事體

曹琛天成初爲右拾遺上疏請百寮朔望入閤及五日內殿起居請許三署寺監輪次轉對奏事從之

李同爲左拾遺天成二年正月奏三尺之法天下共之法一動搖民無所措是知愛育黎庶信及豚魚既禮樂之中興在刑罰之必中陛下初當治亂合肅化條請處分天下州使繫囚逐旬委長吏親自引慮使知罪狀真虛然後論之以法則獄無冤滯

政治和平

李光緯為右拾遺天成二年三月奏自本朝應運以來陛下登極之後有赤心事主勠力勤王或代著軍功身已淪沒者乞追崇官爵延賞子孫庶彰開國之榮永保承家之慶兼內外重臣已下共行之間請許追封以光孝道雖九泉之幽暗亦荷明時庶百辟之忠良同扶聖代

封翹為給事中天成二年四月戊子上言曰臣聞立愛惟親教民以睦實大朝之重事乃有國之通規是知維城為固本之資磐石作安宗之計所以興隆鴻業保定皇家伏惟陛下天祚丕基日新聖德使九功之咸敘致百度以惟貞墜典皆修遺文必舉獨於封建未覩宣行既尚抑於龍樓宜且遵於麟趾乞命親賢以資夾輔

周知微為吏部員外郎天成二年四月戊子上言竊覩近敕慮有貪吏剝下人許百姓陳告民之愚下罔認哀衷或捃摭纖微或受人驅駕事多憑虛適足為亂有過者固合當辜誣罔者請議刑憲庶或知止免漬化風從之

李鏻為戶部尚書天成二年六月乙未上言請朝班自四品已上官各許薦令錄兩人五品六品官許薦簿尉兩人使廉慎能名者同受爵賞貪婪害物者並坐刑書各舉所知不蔽賢路奉敕興國之方養民為本衣不可一歲不製食不可一日不充其或桑柘少而望衣多禾耜闕其求食足雖千堯萬舜聖智神功不能致也然則樹疏禽少山廣獸多百川淺則海不深萬姓貧而國不富富庶之要根源可知故王者深居九重奄有四海不可家至而日見只在德政而教尊千載一時古猶今也李鏻情專奉上務在任人藉官吏當才為國朝布化實以知人則哲惟帝其難肯舉者可嘉堪舉者可重必須愛而知其惡憎而知其善內舉不避親外舉不避讎凡事無私何憂不理李鏻所奏宜與施行其所舉人仍於官告內顯標所舉姓名赴任之後臨事

可觀或有不公當累舉主兼三品已上有替請行止甚乖節度觀察兩使判官者亦各據才業上聞即當安在庶朝廷立制長旌勸善之恩臣下推公永絕蔽賢之論

符蒙為右拾遺天成二年六月辛丑奏以五日轉對無獻替之風虛瀆聖聽請罷之

梁文矩為左諫議大夫天成二年七月上言以軍人百姓服裝僭越為費耗之本請下令禁止

裴韜光為給事中天成二年八月庚辰上言以諸縣力及人戶多為州使影占或臺省投名唯貧民客戶在縣應役例有不均之歎且多僥倖之流請議禁止

孔邈為吏部郎中天成二年八月庚辰上言曰臣聞賞延於世寔皇王體國之規立身揚名為人子承家之道苟推誠於忠孝必懷慶於子孫存歿共瞻君親是望伏自陛下中興大業念舊錄勳無特渥恩咸偏尚慮有捨身為國迹殞魂孤姓名不達於乾坤骨肉飢寒於道路下因詔書博訪所在不與申聞伏乞特下外藩如有身歿王事忠節顯彰軍伍備聞恩澤未及者必令具錄聞奏如有子孫便委所司旌錄便父母有可依之地妻孥免無告之心如秖有孤遺亦便令救卹即已往者知皇恩不棄將來者聳臣節何疑楚師忘寒空憑念問周文葬骨唯示深仁異於有道之朝不漏無垠之澤上先是已行詔命及覽是奏俾再行之

姚顗為左散騎常侍天成二年九月上言伏以運當昭泰時屬豐成金鑾已議於省方綵仗將離於上國沿路供億固有舊規況聞詔旨丁寧不許分外科率所在藩侯郡守竭力推忠奉迎須備於貢輸徵斂或及於黎庶伏望更加示諭免至煩勞使四海九州遐邇共聞於聖德千乘万騎經過不擾於疲民俾詒望幸之心以顯來蘇之義

王褒為刑部郎中天成二年十月上言請准建中舊敕文武常

參官及刺史上後三日舉人自代

十一月吏部侍郎劉岳上言曰伏以有國命官立朝聲務必資詳練以集事功竊見諸色詞科多非通籍向者先爲列藩從事參佐可稱次經三館職名編修是著方居華秩始在彤庭近或雖有兩任前銜未歷一司公事莫申勞績盡謂滯淹未若委以親人俾之及物粗聞善最然議陟遷免自難於漂流復有名於選任伏乞特加搜採審察單平白身者授以佐寮歷官者處之縣令歲月俟當於制限班資擢在於朝行理契綸材事唯責實

盧咸雍爲起居郎天成二年十二月上言以賊寇宵行逼脅村舍俾供食宿及當敗露指引行蹤追禁經時虛妨農作望頒明勑俾得疎治從之

王錮爲左拾遺天成三年二月上言曰伏覩州縣百姓早因危歲小寇連緜舊染成非習性難改迸刑網外作患民間起晝藏夜出之謀懷捻惡隋農之志惟覬得失但聽災危不畏嚴章常

孤美化法緩則潛藏軍旅法急流散藩方條令難加網羅莫及是非同等曲直相參伏乞顯示軍門勿招此輩永去未萌之咎當平不力之民從之

三月巳巳給事中封翹上言曰天地之經陰陽之數莫不上規帝道旁體物情儻國人偶有其咨嗟則時令必爲之差忒如陛下英明御宇勤儉臨朝推泣辜罪己之心行解網納隍之道無偏無黨靈章不濫於雷霆克寬克仁霈澤常均於雨露致君已及於堯舜勤興尋並於禹湯則合災星退於三移瑞日呈於五色焉有自冬徂臘歷歲經春陰雲多蔽於長空滯雨頻彌於連日豈是未臻聖政不降靈休既難俞於玄穹須更增於隆德伏乞稍留聖念明下所司俾郊壇祠祭之儀虔修蘋藻之料尤加精潔倍致敬恭罪非切殺旋令疎放士歿鄉士希加賻贈農桑藉力之時務蠲夫役禽鳥營巢之際禁斷網羅恭祈十雨五風以卜千秋萬歲詔付所司詳酌施行

崔居儉爲尚書左丞天成三年五月請於西京置分司官

六月戊子散騎常侍蕭希甫奏以諸州府官吏不務守官咸思避事每覩小小刑獄皆是聞天不惟有紊朝綱實恐淹延刑獄奉勑昔虞舜以恤刑安萬國賴十六相熙帝圖漢高以約法定八方致四百年享天祿故法無常則官有倖刑不濫則民無冤千古同風百王齊致況今朝廷致理中外同心近者無偏遠者不間慮於聽訟或有患莅其或頻具奏聞所在不勤決斷則諸道侯伯未至盡心兩使賓僚亦非稱職蕭希甫位兼三事務贊万機更激藩方共裨庶政自此凡有爭訟委隨處官吏據罪詳斷如事有不可裁斷者則結案聞奏

呂夢奇爲諫議大夫天成三年七月上言以近制令州使判官逐旬引問獄囚恐屢變其情狀請條案成慮之奉勑宜依

趙熙爲起居郎天成三年八月戊寅上言曰伏自陛下秉乾之後纘聖已來從諫如流求賢不倦遂令五日之內一度敷敭百

辟之間咸陳管見伏覩武班朝士皆大國賢臣或繼委藩條或盡知民瘼或久諳師旅深識兵機或將相子孫或貔貅烈士或銜命每推於專對臨戎首立於殊功蘊器業而不敢自陳有籌畫而無由上奏方今烝黎尚困金革未銷儻一言仰合於天心一事有資於軍誌可裨睿筭便致小康抱材能者無愧於明廷懷義勇者何慙於休運伏望令兩班更互奏對

崔棁爲右補闕天成三年八月巳亥上言曰昔漢宣帝纘紹皇圖勤恤人隱慎擇循良之吏分居牧守之權其有政合廉平惠敷疲瘵小則降璽書而勞問大則錫侯爵以甄酬欲教化之久行故遷移之不遽伏惟陛下粃糠大漢興復皇唐整百王隳紊之綱削四紀傷夷之弊求言致治實在審官刺史縣令有能副陛下之憂勤去生民之疾苦增添户口勸課農桑伏乞且命撫綏不必須拘考限明加獎激就進階資如其課最漸高始終不易量其器業擢在朝廷自然有位之人咸思職分無爲而治坐

致時雍疏奏不報後爲比部員外

閏八月癸卯右散騎常侍蕭希甫上言曰臣聞天地助順神理福謙既物性之得宜何靈心之致誤伏惟陛下自統臨四海勤恤万方每崇恭儉之風常布仁慈之德卽合陰陽無爽災沴不生百穀豐盈五兵息偃今乃川瀆波溢水旱愆違必恐是謂變有乖祭祀未絜軫吾君宵旰之慮負陛下覆育之恩臣實痛心誰不包愧伏乞特頒明詔下訪有司詢其銷遣之方採彼妖祥之本應是前皇古帝往哲先賢或有遺祠但存舊址在祀典者咸加嚴飾靈壇通者盡略修崇悉遵虔肅之誠無墮精祈之懇然後別宣長吏側聽庶民稍闕疾苦之由須盡撫循之策冀其昭感仰賛昇平

鄭璨爲膳部郎中天成三年九月乙亥奏諸司諸使職掌人吏乘暖坐帶銀魚席帽輕衣肥馬參雜庭臣尊卑無別汚染時風請下禁止帝嘉其事促行之中書覆爲不可趙鳳亟言於執政曰此禮識人不可不切爲權吏所庇竟寢其事

是月丁酉吏部員外郎周知微上言竊以唐有天下垂三百年聖帝明君覽宏綱而御極忠臣賢佐法古道以賛時兩漢已還歷代罕比雖國有中否之數人無厭德之言果致陛下紹開中興纘承大業將欲永光帝載而猶動守典刑伏見州縣官寮被人論訟始行追取未辨是非稱呼不去其官曹枷鎖已拘於道路所以上無耻格下絶敬恭有玷盛明實駭觀聽此後凡有官緒可稱所訟罪名未正伏請秖令監守皆在法司俟曲直稍分卽荷校無憚所貴坐法者知國章有節司刑者表守律無踰

孔昭序爲給事中天成三年九月丁酉上言曰伏見本朝儀制北省官爲近侍之班遂異常參之禮所以百僚則日拜蓋云謝食北省官不赴廊飡食於本署故常朝不拜况今者舊皆目覩躬行伏望陛下順考古道率由舊章正立朝之常規遵先王之定制

盧詹爲中書舍人天成三年十月上言曰歌稱九德彰聖哲於一人國啓四門睡臣賓於萬宇伏惟陛下登臨宸極統御寰區普天之來享來王率土之爲臣爲子所以西戎獻款北狄輸誠五谿之蠻獠皆臻百越之梯航畢至華夷率服聲教遐流竊見外國朝天諸蕃到闕多於便殿引對中外不知旣聞來自殊鄉宜使觀於盛事此後每有四夷入貢伏乞御於正殿列彼群臣立天仗於廣庭臨宸軒而端拱庶使邊荒異俗向慕華風亦其禮樂威儀更顯聲明文物

何澤爲吏部郎中天成四年二月上言昨聞罪中山近鎮有罷輓力役之勞乞議蠲減

于嶠爲比部郎中知制誥天成四年四月丙午上章以兩班有老病者咸絶其俸慮玷聖明請各授致仕官仍加錫賚以符尚齒之化

程遜爲主客郎中知制誥天成四年四月丙辰上言曰臣聞身體髮膚受之父母不敢毁傷所以樂正子春下堂傷足三月不出而有憂色民間多有割股上聞天聽者伏以堯代則共推虞舜孔門則首舉曾參皆以至孝奉親不聞割股肉療疾或真有懷怙恃之感報劬勞之恩孝起因心痛忘遺體實行此事自是人子之常情不合鼓扇聲名希霑血賚伏惟陛下道齊覆載孝貫寰區漸致昇平全除矯妄乞頒明勑徧下諸州更有此色之人不令舉奏所異真誠者自彰孝感詐僞者免惑鄉閭咸歸樸素之風永布雍熙之化

孔莊爲司門郎中天成四年五月上言曰臣聞漢宣帝云與朕共治天下者其唯良二千石乎今國家每擇郡牧唯賞軍功慮於治民未盡其旨爲人求瘼責在參佐則庶幾近理願留天睠俾慎東爲

崔憺爲左諫議大夫天成四年六月上言曰臣伏見洛都頃當制葺之初荒凉至甚纔通行逕徧是荆榛此際配人開耕便許爲主或農或圃逾三十年近歲居人漸多里巷頗隘須增屋室

宜正衢坊都邑之制度旣成華夏之觀瞻益壯因循未改汚觸增深竊惟舊制宮苑之側不許停穢惡之物今以菜園相接宗廟祠宇公府民家穢氣薰蒸甚非蠲潔淸議條制俾四方則之

郭正封爲考功員外郎天成四年八月癸卯奏中興平定之初自數十年離亂編民或爲兵士所掠没爲奴婢者旣無特勑釐革無復從良遂令骨肉流離有傷王化勑旨曉喩天下諸軍所掠生口有主識認並勒放歸

是月乙丑左補闕楊遂奏明君舉事須合前規竊見京城之內尚有南州北州縱市井不可改移城池即宜廢毁復見都城舊牆多已摧塌不可使浩穰神京旁通綠野徘徊壁壘俯近皇居無或因循常宜修葺初光啓末張全義爲河南尹爲蔡賊所攻乃於南市一坊之地築壘自固後延於市南又築嘉善坊爲南城天復修都之際亦毁撤遂之所奏頗適事宜後爲金部員外郎

任贊爲左散騎常侍天成四年十月奏於郊天前有犯重罪合當極法者並令推鞫斷遣無容開啓倖門從之

十一月辛未左諫議大夫崔憲奏請止絶諸道州府不得進金玉鞍轡龍鳳御衣其奏曰凡在御前皆爲法物供奏所要出自內司豈假外臣而有營造若無禁止漸謂通規一則乖國朝淳厚之風一則冒典憲防閑之制

是月壬辰刑部郎中周知微奏請藩方州郡皆令抄寫法書每遇詳刑須憑條格旣無失入自絶銜冤

王鬱爲右庶子天成四年十二月辛酉奏伏自廣明辛丑之後天祐甲子已來官壞政荒因循未補此蓋諸司減喪人吏曹局亡失簿書至令官寮中有不知所掌之事者伏准文明元年四月十四日勑律令格式爲政之本內外官員退食之暇各宜披覽仍以當司令式書於廳事之壁俯仰觀瞻使免遺忘爰尋茲制實繫化源請下內外文武百司如本司闕令式者許就三館抄六典內本司所掌名目各粉壁書寫從之

張延雍爲諫議大夫長興元年七月奏請百司各遵前勑及舉行令式中事

八月壬辰朔刑部郎中周知微奏近年關防商賈不憑司門公驗關禁之設國有舊章請所司舉行之疏奏不報

孔崇弼爲庫部郎中長興元年九月奏天下州縣長吏每到任造得公廨什物罷任之時多爲已有不係案牘此後請公廨什物明立文案不許乾没免至擾人

崔衍爲給事中長興元年十一月壬戌奏當省給納諸州銅魚勘聞本行令史狀稱內庫每州有銅魚八隻一隻大七隻小兩隻右五隻左其右銅魚一隻長留在內留一隻在本州庫逐季申報平安左魚五隻皆鐫次第字號每新除刺史到郡後即差人到當省請領左魚當司覆奏內庫次第出給左魚一隻當省責領分付到州集官吏取州庫右魚契合却差人送左魚納省

如別除刺史州司又請次第左魚周而復始臣以州司差人請魚往來須有煩費請此後所除刺史在京受命或經過都城者可令自牒當省請左魚齎歸本郡契合然後差人納省所冀稍免煩勞從之

是月乙丑中書舍人封翹奏竊見五日轉對於事太繁所見或有短長不當空煩聖覽請此後祗於入閤日依刑法待制官例次對同日比部員外郎知制誥崔梲奏臣歷觀往代下及近朝旣立盤維必擇師友或取其德行彰著或取其學術精通待以優崇俾之規益斯亦前王之急務也伏見陛下頒宣典冊封立親賢盛禮旣陳普天咸慶諒鴻基之求固豈麟趾以能歌伏願陛下特詔有司遵行舊制愼求端士博訪碩儒命以王官使同游豫雖聰明天縱固不俟於切瑳而孝敬日躋亦良由於輔導臣謬塵近侍無補盛時輒以芻蕘上塵旒扆疏奏不納

李崇遇爲尚舍奉御長興元年十一月辛未奏竊見文武百官

三品已上薨謝者皆有賻贈自四品已下無例施行請特定事例以表無偏

王延爲左補闕長興元年十二月奏一縣之内所管鄉村而有割屬鎮務者轉爲煩擾益困生民請直屬縣司鎮務唯司賊盜從之

呂朋龜爲度支員外郎長興二年二月庚戌奏以恩赦中許追贈追封已及周歲有未霑恩命者乞賜施行勑旨宜令所司報在朝文武官員及諸道州府當制内有未霑恩命者令供申文狀到者旋旋施行不得停滞

楊途爲金部員外郎長興二年二月辛亥奏但是古墓荒墳不計有主無主陛下諸道州府嚴誡鄉閭不得開發從之

五月甲寅尚書戸部奏當司所管天下合貢方物去長興二年三月定到七十餘州舊例冬至後齊到正仗前點檢至元日於殿前排列當司引進胙點檢今年正仗前七十州所貢方物内

六十七州正仗前至其餘二十州自正月至三月方到京師其江陵府所貢胎白魚臣勘本道進奏官狀稱每年臘月裹造至正仗未堪供進固難及限猶慮其餘州府未曾嚴加告諭不可便議刑名請別行勑命約束如來年正仗前貢物不齊其本州録事參軍及勾押官典量定殿罰又棣州合進蘿蔔子本州稱無本色折進價錢絹一匹伏以任土作貢必須產在封疆本色不供價錢何取兼恐因茲名目廣有科求其價絹請停勑旨江陵府胎白魚許於限外供進餘依所奏

閏五月起居郎曹琛奏兩班或請假歸寧或染疾未損纔注班簿便住料錢勑旨有禮於君克勤於國爲臣所重自古皆然其或合朝不朝卽虧匪懈無病稱病亦屬自欺儻異下冰須資勿藥卧疾非人情所欲歸寧光孝治之朝曹琛所奏文武官請歸寧准式假及實卧病者並許支給本官料錢宜依或有託病不赴朝參故涉曠怠者慢於事君何以食禄如聞糾奏當責尤違

康澄爲大理少卿長興二年六月辛未奏陛下御極已來六稔于此時無水旱歲有豐登所以民去農桑士思游墮或機巧以趨利或宴樂以棄時且一夫不耕或受其饑者一婦不織或受其寒者而況鄉閭之内城郭之中競削錐刀罔知本末或鼓舞於村落或歌謳於市鄽宴聚有徒觸類而長若非禁止漸恐滋彰蓋昔皇王之業寰海爲家民不擾而自安事不紊而易治皆惜遠大以固雍熙朕自纂丕圖每勤庶政民有耕耘之樂時無饑饉之災然猶非食如初宵衣若舊内則伏前後左右外則委侯伯子男共削煩苛同除蠹弊康澄所奏機巧之者遊墮之徒所在不無未能全斷今仰諸道長吏詳此曉示村巡游墮者勸以歸農機巧者戒其越様此外或更有不利於民事並可嚴行止絶將使俗無奇伎野絶閑田爲下有勤力之資在上無蕩心之事鄽肆人和之際何禁謳謡村閭農隙之時無妨歡樂卽須辨認姦惡不得分外搔擾户人所切者常輕傜薄賦不急斂暴

徵民不勸而自勤財不營而自富況諸侯勠力列校盡忠皆是腹心想如魚水將期協一求致和平

是月戊寅左散騎常侍鄭韜光奏臣聞春秋傳曰將賞爲之加膳將刑爲之徹樂此明君之愛人也伏乞下大理刑部兩司凡經定罪之時結正之際徧覽格律檢勘盡舉勑文討尋俾獲罪者甘心受罰者無怨人知法有畫一之義律無再易之門

盧損爲左諫議大夫長興二年十二月上封事三件先罪犯讁遂殁於遐荒者請准南郊赦文並許歸葬仍還舊秩勅分鳳翔山南已來長吏有兩川界内人户住還鄉里願住者卽加安撫前任節度使刺史防禦等使請五日隨例起居並從之

張昭遠爲都官員外郎知制誥長興三年正月上疏曰臣聞諫官進言御史持法實人君之耳目正邦國之紀綱自本朝已來尤重其任今之選授莫匪端良然則彈奏之間尚未伸於才用使諫諍之道或未罄於箴規俾七人徒歷於清華三院但循於

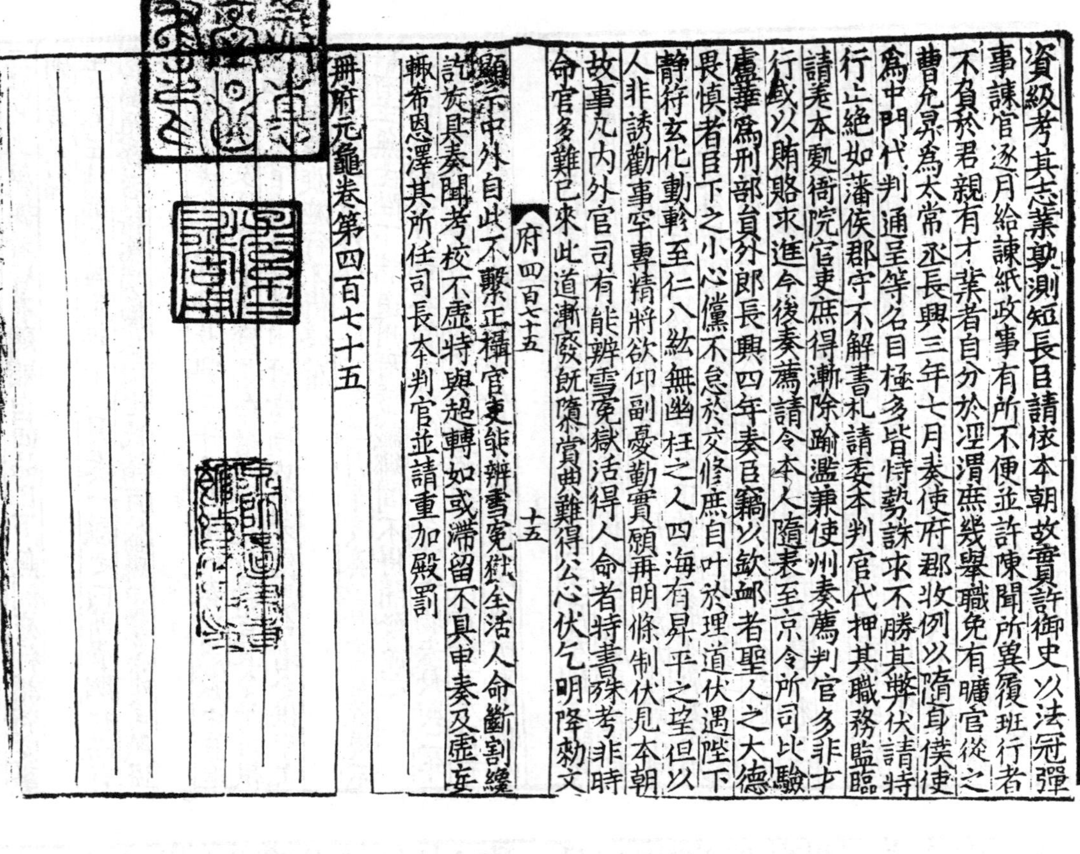

資級考其志業覈測短長臣請依本朝故實許御史以法冠彈事諫官逐月給諫紙政事有所不便並許陳聞所冀履班行者不負於君親有才業者自分於涇渭庶幾舉職免有曠官從之

曹允昇爲太常丞長興三年七月奏使府郡收例以隨身僕使爲中門代判通呈等名目極多皆恃勢誅求不勝其弊伏請特行止絕如藩侯郡守不解書札請委本判官代押其職務監臨請差本衙院官吏庶得漸除踰濫兼使州奏薦判官多非才行或以賄賂求進今後奏薦請令本人隨表至京令所司比驗

盧華爲刑部員外郎長興四年奏臣竊以欽卹者聖人之大德畏慎者臣下之小心儻不怠於交修庶自叶於理道伏遇陛下靜符玄化動軫至仁八紘無幽枉之人四海有昇平之望但以人非誘勸事罕專精將欲仰副憂勤實願再明條制伏見本朝故事凡內外官司有能辨雪冤獄活得人命者特書殊考非時命官多難已來此道漸廢既隳恭賞典難得公心伏乞明降勑文

顯示中外自此不繫正攝官吏能辨雪冤獄全活人命斷割纔訖旋具奏聞考校不虛特與超轉如或滯留不具申奏及虛妄輒希恩澤其所任司長本判官並請重加殿罰

冊府元龜卷第四百七十五

（僅存一葉）

奏免

後魏封懿道武時自慕容寶民部尚書歸闕除給事黄門侍郎帝數引見問以慕容舊事懿應對疎慢廢還家

張彝孝文時爲尚書引龍帝山王素孫昭兼殿中郎帝將爲齊郡王蘭舉哀而昭乃作宫懸帝大怒詔曰阿倪昭小字愚騃誰引爲郎於是黜彝白衣守尚書昭遂停廢

陸叡爲尚書令時廣陵王羽字叔翻爲太尉録尚書事領廷尉卿孝文謂羽曰汝自在職以來功勤之績不聞於朝阿黨之音頻于朕聽汝之過失已備積於前不復能别叙今黜汝録尚書廷尉但居特進太保又謂叡曰叔翻在省之初甚有善稱自近以來偏頗懈怠豈不由卿等隨其邪僞之心一不能相導以義雖不成大責已致小罪今奪卿尚書令禄一周謂左僕射元贇曰卿夙德老成久居機要不能光贊物務奬勵同寮臧人之謂豈不在卿討叔翻之黜卿應大辟但以咎歸一人不復相罪又爲

少師未允所授今解卿少師之任削禄一周詔吏部尚書曰叔父既非端右又非坐元豈宜濫歸衆過也然觀叔父神志驕傲少保之任似不能存意可解少保又謂長兼尚書于杲曰卿履歷卑淺超昇名任不能勤謹夙夜數辭以疾長兼之職位亞正員今解卿長兼可光禄大夫守尚書削禄一周又謂守尚書尉羽曰卿恭勤集書殊無憂存左史之事今降爲長兼常侍守尚書亦削禄一周又謂守尚書盧淵曰卿始爲守尚書未合考績然卿在集書雖非高功爲一省文學之士嘗不以左史在意如此之咎罪無所歸今降卿長兼王師守常侍尚書如故奪常侍禄一周謂左丞公孫良右丞乞伏義受曰二丞之任所以協贊尚書光宣出納而卿等不能正心直言規佐尚書論卿之罪應合大辟但以尚書之失事鍾叔翻故不能别致責二丞可以白衣守本官冠服禄恤盡皆削奪若三年有成還復本任如其無成則永歸南畝又謂散騎常侍元景曰卿等自任集書合省逋墮

冊府元龜卷第四百八十二

臺省部二十六

朋附　害賢　諂佞　貪黷

朋附

阿黨爲比仲尼謂之小人頑嚚是親伊尹戒其亂俗況夫結綬雲臺之上引籍金馬之闈名數既隆事任尤重固宜直躬以奉上中立以自公勉樹徽聲式光妙簡其有賦回邪之性昧貞介之方罔上以求安附下以要寵或職當史局媚彊臣而立傳任摠銓管恃内戚而擅寵或伺朝廷之動静樹黨藩維或託儲副以婚姻竊弄機柄深可駭也

漢谷永爲太常丞待詔公車既陰爲大將軍王鳳說矣能實最高由是擢爲光禄大夫永奏書謝鳳曰永斗筲之材筲所交好竹器也斗筲喻小而不大也質薄學朽無一日之雅左右之介雅素也介紹也言非宿素之交又無紹介而進也將軍說其狂言說讀曰悅擢之皁衣之吏廁之爭臣之末不聽浸潤之譖不食膚受之愬食猶受納也膚受謂漸入皮膚至骨髓言其深也雖齊桓晉文用士篤密察父慈兄覆育子弟誠無以加察明也慈智也若豫子吞炭壞形以奉見異豫讓也爲智伯報讎欲殺趙襄子恐人識之故吞炭以變其聲漆面以壞其形云以智伯國士遇我故也齊客隕首公門以報恩施舍人魏子三收邑入不與孟嘗孟嘗怒之魏子曰假與賢者齊湣王受讒孟嘗出奔魏子所與粟賢者到宮門自剄以明孟嘗之心知氏孟嘗猶有死士何況將軍之門鳳遂厚之

魏劉放明帝末與孫資爲中書監時帝不豫欲以燕王宇爲大將軍及領軍將軍夏侯獻武衛將軍曹爽屯騎校尉曹肇驍騎將軍秦朗共輔政宇性恭良陳誠固辭帝引見放資入卧内問曰燕王正爾爲放資對曰燕王實自知不堪大任故耳帝曰曹爽可代宇不放資因贊成之又深陳宜速召太尉司馬宣王以綱維皇室帝納其言即以黃紙授放資既出帝意復變詔止宣王勿使來尋更見放資曰我自召太尉而曹肇反使吾止之幾敗吾事命更爲詔帝獨召爽與放資俱受詔命遂免宇獻肇朗官太尉亦至登牀受詔遂大漸放資久典機任獻肇心内不平殿中有雞棲樹二人相謂此亦久矣其能復幾指謂放資放資懼故勸帝召宣王帝作手詔令給使辟邪至以授宣王宣王在汲獻等先詔令於軹關西還長安辟邪又至宣王疑有變呼辟邪具問乃乘追鋒車馳至京師帝問放資誰可與太尉對者放曰曹爽帝曰堪其事不爽在左右流汗不能對放躡其足耳之曰臣以死奉社稷曹肇弟纂爲大將軍司馬燕王頗失指肇出纂見驚曰上不安云何悉共出宜還已暮放資宣詔宮門不得復内肇等罷燕王肇明日至門不得入懼詣廷尉以處事失宜免帝謂獻曰吾已差便出獻流涕而出亦免

丁謐爲尚書宿與曹爽相親時爽爲武衛將軍數爲明帝說其可大用爽輔政乃拔謐爲散騎常侍遂轉尚書謐爲人外似疎略而内多忌其在臺閣數有所彈駁臺中患之事不得行又其意輕貴多所忽略雖與何晏鄧颺等同位而皆少之唯以勢屈於爽爽亦敬之言無不從故于時謗書謂臺中有三狗二狗崖柴不可當一狗憑默作疽囊三狗謂何鄧丁也默者爽小字也其意言三狗皆欲嚙人而謐尤甚也

蜀樊建爲侍中守尚書令自諸葛瞻董厥統事姜維常征伐在外官人黃晧竊弄機柄咸共將護無能矯正

晉荀勗爲中書監賈充爲侍中尚書令無公方之操專以諂媚取容侍中任愷中書令庾純咸共疾之及氐羌叛愷因進說請充鎮關中朝之賢良欲進忠規獻替者皆幸充此舉望隆惟新之化充既外出自以爲失職深銜任愷計無所從將之鎮百寮餞于夕陽亭勗私焉充以憂告勗曰公國之宰輔而爲一夫所制不亦鄙乎然是行也辭之實難獨有結婚太子不頓駕而自留矣充曰然孰可寄懷對曰勗請言之俄而侍宴論太子婚姻事勗因言充女才質令淑宜配儲宮而楊皇后及荀顗亦並稱之帝納其言會京師大雪平地二尺軍不得發既而皇儲當婚

遂不西行詔𠔃居本職

潘岳爲給事黃門侍郎岳性輕躁趨世利與石崇等諂事賈謐每候其出與崇輒望塵而拜構愍懷之文岳之辭也謐二十四友岳爲其首謐晉書限斷亦岳之辭也其母數誚之曰爾當知足而乾沒不已乎岳終不能改

徐邈爲中書侍郎專掌綸詔孝武帝甚親昵之初范甯與邈皆爲帝所任使共補朝廷之闕甯才素高而措心直遂爲王國寶所讒出守遠郡邈孫官易危而無敢排彊族乃爲自安之計會帝頗踈會稽王道子邈欲和協之因從容言於帝曰昔淮南齊王漢晉成戒會稽王雖有酣媟之累而奉上純一宜加引貸消散紛議外爲國家之計內慰太后之心帝納焉

宋劉湛爲太子詹事給事中殷景仁爲尚書僕射湛與景仁素款又以其建議徵之甚相感悅及俱被時遇釁隙漸生以景仁專管內任謂爲間已時彭城王義康專秉朝權而湛昔爲上佐遂以舊情委心自結欲因宰相之力以迴主心傾黜景仁獨當時務義康屢搆之於太祖其事不行義康寮屬及湛諸附隸潛相約勒無敢歷殷氏門者湛黨劉敬文父成未悟其機詣景仁求郡敬文遽往謝湛曰老父悖耄遂就殷鐵干祿由敬文闇淺上負生成合門慙懼無地自處敬文之姦諂無惜如此義康擅勢專朝威傾內外湛愈推崇之無復人臣之禮帝稍不能平尋被誅

南齊江謐爲黃門侍郎謐性隨流俗善趨勢利初仕宋爲于湖令宋明帝爲南豫州謐傾身奉之即位累遷右丞元徽末朝野咸屬意建平王景素謐深自委結景素事敗僅得免禍蒼梧王廢後物情尚懷疑惑謐獨竭誠歸事太祖以本官領尚書左丞昇明元年遷黃門侍郎左丞如故沈攸之事起議加太祖黃鉞謐所建也齊臺建爲侍中長沙內史及太祖登遐謐稱疾不入衆頗疑其怨不豫顧命也武帝即位謐又不遷官以此怨望時武帝不豫謐詣豫章王嶷請間曰至尊非起疾東宮又非才公今欲作何計世祖知之出謐爲征虜將軍鎮北長史南東海太守未發帝使御史中丞沈沖奏謐前後罪曰謐少懷輕躁長集諂薄交無義合行必利動特以弈世吏局見擢宋朝而阿諛內稔貨賂公行咎盈憲簡庚戌朝聽與金輦實取容近習以沈攸之地勝兵強終當得志委心託身歲暮相結以劉景素親屬望重俯應樂推獻誠薦子窺窬非望時艱網漏得全首領太祖拯飾天地方知遠圖薄其難洗之瑕許其革音之效加以非分之寵推以不次之榮列迹勳良比肩朝德以主者微勤刀筆小用賞厠河山任忝出入輕險之性在貴彌彰貪昧之情雖富無滿重莅湘部顯行斷盜及居銓衡肆意受納連席同乘皆誠驕舊侶密筵閑讌必貨賄常客理合升進者以爲己惠事宜貶退者並稱中旨謂販鬻威權姦回不露欺主罔上謗議可掩先帝寢疾彌留人神憂震謐病私舍曾無變容国諱紀旬甫暫入殿參訪遺詔覘忖時旨以身列朝流宜蒙兼帶先顧不逮舊位無加遂崇飾惡言肆醜縱悖議誹朝政訕毀皇猷遍出忠賢歷詆台相至於蕃岳入授列代常規勳戚出撫前王彝則而謐妄發樞機坐搆異論復敢貶謗儲后不顧辭端毀折宗王每窮舌杪皆去詔誓乖禮崇樹失宜仰指天俯畫地希幸災故以申積憤犯上之迹既彰反噬之情已著請免官削爵土收送廷尉獄治罪詔賜死時年五十二

王晅之爲中書舍人時東昏侯所寵茹法珍梅蟲兒等用事並爲外監口稱詔勅晅之與相脣齒專掌文翰

後魏盧昶爲侍中守職而已無所激揚與侍中元暉等更相朋附爲宣武所寵時論鄙之

趙脩爲黃門侍郎時高聰爲散騎常侍脩嬖幸聰深相朋附

李憑阿附趙脩爲給事黃門侍郎武衛將軍定州大中正坐脩黨免官

徐紇爲中書舍人諂附趙脩遷通直散騎侍郎及脩誅坐
黨徙枹罕得還乂之復除中書舍人太傅清河王懌以文翰待
之及元乂害懌出爲鴈門太守未幾入洛又飾事乂大得乂
意又曲事靈太后待自鄭儼是以特被信任俄遷給事黃門侍
郎仍領舍人總攝中書門下之事軍國詔命莫不由之紇既處
腹心參斷機密勢傾一時遠近填湊與鄭儼李神軌寵任相亞
時稱徐鄭焉
李肅字彥邕爲員外常侍初諂附侍中元暉後以左道事侍中
穆紹裸身被髮畫腹銜刀於隱屏之處爲紹求福故紹愛之
宋維孝明時爲給事中坐詐事高肇出爲益州龍驤府長史辭
疾不行
袁翻領給事在門下並掌文翰翻既才學名重又善附會亦爲
靈太后所信待
賈思伯爲都官尚書爲元乂所寵論者譏其趣勢

盧同爲尚書左丞元乂之廢靈太后也相州刺史中山王熙起
兵於鄴熙敗以同爲持節兼黃門侍郎慰勞使仍就州刑熙還
授平東將軍正黃門營明堂副將尋加撫軍將軍光祿大夫本
州大中正同善事在位爲乂所親戮熙之日深窮黨與以希乂
旨論者非之又給同羽林二十人以自防衛
劉仁之字山靜尉元引爲御史前廢帝時兼黃門侍郎深爲尒
朱世隆所用
崔勉爲尚書右中兵郎中後大尉豫章王啓爲諮議參軍郎中
如故坐舉人失衷免官前廢帝普泰中兼尚書左丞勉善附會
世論以浮競譏之爲尚書令尒朱世隆所親待而尚書魏季景
尤爲世隆知任勉與季景内頗不穆季景求右丞奪勉所兼
世隆啓用季景勉遂慚恨以自失
山偉河南洛陽人前廢帝末爲侍中中書令與宇文忠之徒代
人爲黨時賢畏惡之

陸希質爲中書監希質名家子位官又通不能平心於物唯與
山偉宇文忠之等共爲朋黨排毀朝俊有識者薄之
北齊崔昂祖詩累遷僕射前者崔暹季舒爲之親授後乃高
遠攻是其中表常有佞侍意色矜高以此不爲名流所服
崔季舒爲黃門侍郎遂在魏朝歸心霸府賓客輻湊傾心接禮
甚得名譽勢傾崔暹遂會於朝堂屏人拜之曰暹若得僕射皆
叔父之恩其權重如此
魏收撰後魏史成諸家子孫投訴百餘人衆口諠然號爲穢史
投牒者相次無以抗之時左僕射楊愔右僕射高德政二人勢
傾朝野與收皆親收遂爲其家並傳二人不欲言史不實抑塞
訴辭終文宣世更不重論又尚書陸操嘗謂愔曰魏收魏書可
謂博物宏才有大功於魏室
馮子琮其妻胡皇后妹也爲吏部尚書俄遷尚書右僕射仍攝
選和士開居要日久子琮舊所附託卑辭曲躬事諮禀士開弟

休與盧氏婚子琮檢校趨走與士開府寮不異是時内官除授
多由士開奏擬子琮既侍内戚兼帶選曹自擅權寵頗生間隙
張雕武成時爲假儀同三司待詔文林館胡人何洪珍大蒙帝
親寵與張景仁結爲婚媾雕以景仁宗室自託於洪珍傾心相
禮情好日密公私之事雕常爲其指南時穆提婆韓長鸞與洪
珍同侍帷幄知雕爲洪珍謀主甚忿嫉之洪珍又奏雕監國史
尋除侍中加開府奏度支事大被委任言多見從特敕奏事不
趨呼爲博士
陽休之領中書監時鄧長顒顏之推奏立文林館本之推意不
欲令耆舊貴人居之休之便相附會與少年朝請參軍之徒同
入待詔獎狀爲散騎侍郎兼中書侍郎和士開寵要必附之正
授中書侍郎入典機密兼散騎常侍
徐之才爲左僕射與和士開陸令萱母子曲盡卑狎二家苦疾
護百端由是遷尚書令封西陽郡王

後周叱羅協本名與高祖諱同後改焉爲南岐州刺史晉公護旣殺孫常李植等欲委腹心於司會柳慶司憲令狐整並辭不堪俱薦護遂徵協入朝旣至護引與同宿深寄託之協忻然承奉誓以軀命自効護大悅以爲得協之晚則授軍司馬委以兵士尋治御正又授護府長史進爵爲公邑一千戶常在護側陳說時事多被納用明帝知其材識庸淺每抑之數謂之曰汝何知也猶以護所親任難卽屛黜每含容之及帝晏駕便授協司會中大夫中外府長史

唐封德彝初仕隋煬帝爲內史舍人而不被用見內史侍郎虞世基幸於煬帝而基不閑吏務每承處分多失事理德彝又託附之密爲指畫宣行詔命諂順主心外有表疏知忤意者皆寢而不奏吏斷刑法多舞文深詆策勳行賞必抑削之故虞基之寵日隆而隋政日亂皆德彝之所爲也

魏玄同則天永昌元年爲納言伏誅玄同素與裴炎交結預其流者號爲耐久朋至是黨與皆敗故誅

劉允濟爲鳳閣舍人中宗初坐與張易之款狎左授青州長史

劉憲爲天官侍郎張易之誅憲以託附出爲海州刺史

蕭至忠神龍中爲吏部侍郎當武三思擅權至忠附之自知吏部選事恃三思勢無所忌憚請謁杜絕威風大行

趙履溫性巧佞長安中爲左臺殿中侍御史歷尚書郎妹適桓彥範爲韋氏所誅履溫懼遂附武三思累遷司農卿傾國貲以事安樂公主爲其造宅窮奢極麗又通韋氏諂媚百端及少帝御安福門履溫馳於樓下稱萬歲聲未絕而萬騎斬之

吉溫爲戶部郎中性便僻巧事權要知安祿山承恩厚結之時祿山入奏驟言溫之能玄宗天寶十載祿山加河東節度因奏溫爲河東節度副使知留後兼鑄錢事賜紫金魚袋及楊國忠入相國忠素與溫善徵爲御史中丞充京畿關內採訪處置使制到溫詣范陽與祿山別祿山甚厚之遣男慶緒親執溫馬鞚送出驛及溫至朝廷動靜必報祿山十三載祿山拜左僕射充閑廄使又奏溫武部侍郎兼御史中丞楊國忠與祿山嫌隙已成溫旣厚於祿山國忠遂忌之其冬河東太守韋陟坐贓懼罪託溫結歡於祿山求免詔付中書門下與法官對鞫之溫遂伏罪

李林甫爲黃門侍郎時惠妃武氏有寵林甫密事中官求爲黨援

裴冕爲尚書右僕射代宗寶應初充護山陵使冕以倖臣李輔國權盛將託附之乃表輔國親昵術士中書舍人劉烜爲山陵使判官烜坐法冕累貶施州刺史

裴士淹爲禮部尚書禮儀使大曆五年誅魚朝恩黜士淹爲處州刺史戶部侍郎判度支第五琦爲饒州刺史皆朝恩黨也士淹掌禮儀琦典財賦皆雅于朝恩時論醜之

杜亞大曆中爲諫議大夫自以才用合當柄任李栖筠承恩衆望言必爲宰相亞乃厚結之

嚴武爲黃門侍郎與宰臣元載深相結託冀其引在同列事未行求方面出爲劍南節度使

楊炎爲吏部侍郎大曆十三年貶爲連州員外司馬元載黨也炎與載同郡又元氏之出謂載爲舅少好學博涉文史而性巧貪淫嫉毀忠良遂與載合凡在朝坐載累貶官者諫議大夫知制誥韓洄王定諫議大夫包佶徐縯大理少卿裴冀太常少卿王紀起居舍人韓會等十餘人又貶戶部侍郎趙縱爲和州刺史亦載黨也縱妻父郭子儀帝以勳臣之故特寬之授以郡守又貶刑部尚書王昂爲連州刺史交通元載故也旣行至萬州卒

蘇端爲比部郎中代宗旣素重楊綰欲以政事委之綰尋卒常衮與綰志尚素異嫉而惡之有司議諡綰爲文貞衮微諷端令致之毀短綰過甚端坐黜官

韓洄德宗貞元二年自京兆尹爲刑部侍郎以黨於宰相盧翰故也

萬孟陽炎之子母劉晏女也公卿多父友及外祖賓從故得薦用累至兵部郎中德宗末王紹以恩倖權移宰相數稱孟陽之材因擢授權知戶部侍郎

李景儉元和末出爲澧州刺史景儉素與翰林學士元稹厚善稹初承穆宗恩顧遂以景儉爲請尋授諫議大夫

李紳爲戶部侍郎與龐嚴友善長慶中穆宗召嚴爲翰林學士又賜以金紫皆紳引之也

劉栖楚爲諫議大夫敬宗寶曆元年拜刑部侍郎栖楚自爲諫議大夫官業殊未有聞但時宰用事者栖楚多敢言欲引爲助遂不踰時致宣[illegible]官丞郎宣授自栖楚始也

崔元略自京兆尹遷戶部侍郎時以元略版圖之拜出於宣授諫官有跡指言內常侍崔潭峻方有權寵元略以諸父事之故雖劾而遽遷顯要元略亦上章自辨且曰一時府縣條流臺司舉劾孤立無黨謗言益彰不謂詔出宸衷恩延望外處南宮之重選列左戶之清班豈臣庸虛敢自干冒天心所擇致驚特達之恩衆口相非遂致因緣之謗詔荅之曰朕所命官豈非公選卿能稱職奚恤人言然元略不能逃父事潭峻之名

害賢

夫讒說殄行靖譖庸回蓋匪人之至惡固凶德之斯下豈有振纓華省結綬雲臺圖寵榮嫉忌賢正既曲直之相異則嫌隙之滋豐以至誘陷危機媒孽而成罪崇飾飛語萋斐而造端或被以非辜或移其要職辛君聽之斯惑冀榮路之自安豈蠅玷之足方固蠆毒之不若詩云取彼讒人投畀豺虎豺虎不食投畀有北其以是夫

吳孫弘爲中書令時朱據坐論太子慮之廢左遷新都郡丞未到弘譖潤撥因大帝寢疾引爲詔書追賜死

晉謝弈爲尚書銓敘不允吏部郎江灌每執正不從弈託以他事免之灌受黜無怨色

荀顗爲僕射初武陔之弟茂以德素稱名亞於陔爲亞洛太守散騎常侍侍中顗年少於茂即武帝姑子自負貴戚欲與茂交距而不荅由是致怨及楊駿誅顗以茂駿之姨弟陷爲逆黨遂見害茂清正方直聞於朝廷一旦枉酷天下傷焉侍中傅祗上表申明之後追贈光祿勳

後魏高肇爲尚書令初彭城王勰性仁孝言於朝廷以其舅潘僧固爲冀州樂陵太守京兆王愉構逆僧固見逼從之肇性既凶愎賊害賢俊又武肇之兄女入爲夫人順皇后宣武欲以爲后勰固執以爲不可肇於是屢譖勰於宣武不納因僧固之同愉逆肇誣勰北與愉通南招蠻賊勰國郎中令魏偃前防閤高宗珍希肇擢攜構成其事肇初令侍中元暉以奏宣武暉不從令左衞元珍言之宣武訪之於暉暉明勰無此宣武更以問肇肇以魏偃祖珍爲證宣武乃信之勰飲毒酒而薨

[illegible]猶爲度支尚書表毀征南將軍田益宗言華夷異類不應在衣冠之上侍中于忠黃門元昭覽之切齒寢而不奏會章伯斫告植欲謀廢黜尚書又奏羊祉告植姑子皇甫仲達云受植旨詐稱被詔率合部曲欲圖領軍于忠臣等窮治辭不伏引然衆證明晰案律在邊合率部衆不滿百人已下身猶尚斬況仲達公然在京稱詔聚衆譎惑都邑駭動人情量其本意不可測度案詐偽律詐稱制者死今依衆證處仲達入死金紫光祿大夫尚書崇義縣開國侯裴植身居納言之任爲禁司大臣仲達又稱其姓名募集人衆雖名仲達切讓無忿懼之心衆證雖不是植旨言仲達爲植所使植召仲達責問而不告列推論情狀不同之理不可分明不得同之常獄有所降減計同仲達處植死刑又植親率城衆附從王化依律上議唯恩裁處詔曰凶謀既爾罪不合恕雖有歸化之誠無容上議亦不須待秋分也時忠專擅朝權既構成其禍又矯爲此詔朝野怨之

北齊高德政爲侍中時清河有二豪吏田轉貴孫舍興久吏姦

語甚切至後隋奏曰德裕宋之不至此誠如璠漢之言微臣亦合
得罪遂論稍息

諂佞

孔子曰放鄭聲遠佞人又　惡紫之奪朱惡利口之覆邦家諂
佞之人聖賢所惡其來甚久矣巧言令色爲國蠹賊雖云率性亦
辛東蕃有則懷黃佩玉竊位臺省朝謁夕見俯侍宮闈善揣時
機逆迎主意譽乃生羽毛毀則成瘡痏以狐水蜮潛傷間害暨
日月之明招達隱與雷霆之烈咸震幽微必斥逐於時退棄於
野所謂魑魅不能晝行鴟鴞止期夜動者也

魏孫資爲侍中領中書監劉放爲左光祿大夫轉驃騎放資既
善承順主上又未嘗顯言得失抑辛毗而助王思以是獲譏於世

秦朗明帝時爲給事中每車駕出入朗常隨從時帝書發舉數
有以輕微而致大辟者朗終不能有所諫止又未嘗進一善人
帝亦以是親愛每顧問之多呼其小字阿蘇

南齊王融爲中書郎永明末武帝欲北伐使毛惠秀畫漢武北
伐圖使融掌其事融好功名因上疏言北地殘氓東都遺老莫
不茹泣吞悲傾耳戴目翹心仁政仰首王風若試馳咫尺之書
具褌旅之年徇其墜城納其降虜可弗勞弦鏃無待干戈真皇
王之兵征而不戰者也臣乞以執役先邁式道中原澄瀚潞之
常流掃狼山之積霧係單于之頸屈左賢之膝習呼韓之舊儀
拜鑾輿之巡幸然後天移雲動解封岱宗璽五登三追跡七十
百神肅警萬國具僚瞻五星離王帛雲聚集三燭於蘭席聆萬
歲之嘉聲豈不盛哉豈不韙哉昔桓公志在伐莒郭牙審其幽
趣魏后心在云漢德祖察其深言臣愚昧寸誠不足以知微然
伏揆聖心規擇引遠既圖載其事必克就其功臣不勝歡喜圖
成上置琅邪城射堂壁上遊幸輒觀視焉

梁何敬容高祖時爲吏部尚書性矜莊衣冠鮮麗帝雖衣浣衣
而左右衣必須潔嘗有侍臣衣帶卷摺帝怒曰卿衣帶如繩欲
何所縛敬容希旨故益鮮明常以膠清刷鬢衣裳不整伏牀熨
之或暑月爲之汗每公庭就列容止出人

朱异高祖時爲尚書儀曹郎兼中書通事舍人歷散騎常侍居
權要三十餘年善窺人主意曲能阿諛以承上旨故特被寵任
高祖嘗夢中原平舉朝稱慶旦以語异异對曰此宇內方一之
徵及侯景歸降勑召群臣議尚書僕射謝舉等以爲不可高祖
欲納之未決嘗夙興至武德閣自言我國家承平若此今便受
地詎是事宜脫致紛紜悔無所及异探高祖微旨應聲答曰聖
明御宇上應蒼玄北土遺黎誰不慕仰爲無機會未達其心今侯
景分魏國大半輸誠送款遠歸聖朝豈非天誘其衷人將其計
原心審事殊有可嘉今若不容恐絕後素望此誠易見願陛下
無疑高祖深納异言又感前夢遂納之及貞陽敗沒自魏使還
述魏相高澄欲更申和睦勑有司定議异又以和爲允高祖果
從之其年六月遣建康令謝挺通直郎徐陵使北通好時侯景
鎮壽春累啟絕和於异請追使又致書與异辭意甚切异但述
勑旨以報之

後魏裴粲前廢帝時爲中書令正月晦帝出臨洛濱粲起於御
前再拜曰今年元節聖駕出遊臣幸參陪從豫奉燕樂不勝忻
戴敢上壽酒帝曰昔歲北海入朝晝竊神器具聞爾日御戒之
以酒今欲使我飲何異於往情粲曰北海志在沈湎故諫其所
失陛下齊聖溫克臣敢獻微誠帝曰實乃寡德甚愧來譽仍爲
命酌

隋裴矩煬帝時爲吏部侍郎時西域諸蕃多至張掖與中國交
市帝令矩掌其事矩知帝方勤遠略諸商胡至者矩誘令言其
國俗山川險易撰西域圖記三卷入朝奏之帝大悅賜物五百
段每日引矩至御座親問西方之事矩盛言胡中多諸寶物吐
谷渾易可并吞帝由是甘心將通西域四夷經略咸以委之

唐許敬宗爲禮部尚書高宗永徽元年立長子燕王忠爲皇太

子其年王皇后被[illegible]儀所生皇子弘年已三歲敬宗希旨上疏曰伏惟陛下憲章千古含育萬邦爰立中宮慈母儀天下既而皇后生子合處少陽出自塗山是謂吾君之裔夙聞胎教宜展問豎之心乃復為孽奪宗降居藩邸是使前星匿彩搖岳韜峯臣以愚誠竊所未喻且今之守器素非皇嫡永徽爰始國本未生權引彗星越升明兩近者元妃載誕正胤降神重光日融爝暉宜息安可以茲傍統叨據溫文國有詩曰孰逃其責竊惟息姑克讓可以思齊劉強守藩宜遵往軌追蹤大伯不亦休哉踵武延陵故常安矣寧可反植枝幹久易位於天庭倒襲裳衣使違方於震位蠢爾黎庶大誰係心垂裕後昆將何播美高宗從之顯慶元年廢忠為梁王授梁州都督賜實封二千戶物二萬段甲第一區

李嶠則天時為侍御史雍州人唐同泰獻洛水瑞石嶠上皇符一篇以美其事有識者多譏之

閻朝隱為給事中則天不豫令朝隱往少室山祈禱朝隱遂曲申悅媚以身為犧牲請代上所苦及將康復賜以綃綵百段金銀器十事

竇懷貞中宗神龍初為御史大夫兼雍州長史常諂事帝左右盡得其歡心韋庶人微時有乳母王氏本蠻婢也詔封莒國夫人嫁為懷貞妻俗謂乳母之壻曰阿㸙懷貞每因謁見之次及進表狀列其官位必曰翊聖皇后阿㸙時人或呼為國㸙欣然有自負之色後以名犯韋后父名改為從一焉韋庶人伏誅左遷亳州司馬轉益州大都督府長史累拜侍中兼左臺御史大夫尚書左僕射監修國史賜爵魏國公帝為二公主造金仙王真兩觀料功甚多朝臣以為不可唯懷貞贊成其事躬自監役窮極奢侈時人為之語曰竇僕射前為韋氏國㸙後作公主邑丞時公主邑司官有丞言懷貞伏事公主同其邑官也及太平公主干預朝政懷貞每日退朝必詣主第以求佞媚

權若訥為右補闕見韋后等既妄稱天后德業皆獲榮賞乃上疏曰臣聞詩人覽蓼莪深懷罔極之恩孔氏立言式崇無改之道伏惟應天皇帝陛下孝德純至超越禮經聖感潛通光昭瑞應置聖善報慈之閣義貫於終天存合宮永昌之号敬深於如在伏見天地日月君臣國人授載初慶殿等字皆先朝創制久已施行陛下纂承丕緒嗣守洪業母子相傳家國仍舊此並則天能革生人積習何所要切登時刪除當為賊臣敬暉等秉政苟欲違前規務從變易所以多有改張今削之無益於淳化存之有光於孝理又神龍元年三月五日制書一事以上並依貞觀故事者但則天遺訓誡曰母儀大宗舊章是稱祖[illegible]其於從龔應從近遠無容近捨母儀遠尊祖德昔永徽之始事閱依武德舊章今陛下膺期乃欲追尊祖昔依貞觀故事如其遠依貞觀實恐未益先朝以臣愚識請更詳審則望繼明纂業之義無替始終奉先成志之道增耀竹帛疏奏手制荅曰卿實孝哉忠懷可[illegible]義討論今古[illegible]振典章循覽所陳再三嘉尚其納雖出蒙忠言爰美然頗為正直者所譏

楊愼矜玄宗天寶八為御史中丞知太府出納時右相李林甫擢愼矜以遷拜不由其門惟不敢居其位固讓之因除諫議大夫兼侍御史仍依舊知太府出納以鴻臚少卿蕭諒為御史中丞諒出為陝郡太守林甫復擢愼矜為御史中丞仍充諸道鑄錢使餘如故

後唐封翹為給事中明宗天成二年七月甲戌百官朝於中興殿翹上言以星辰合度風雨應時將修賽謝以御前香一合聖上親爇一炷餘者即令分於所謝塔廟中焚之貴表精至庶賢聖感通翹時推名族屢歷清華出翰苑[illegible]

貪黷

詩刺貪人敗類傳惡黷貨無猒士之亂行於[illegible]為[illegible]國風[illegible]之

訓踐履清途累纓帝廷分曹仙署而乃侵人自用趨利求私賣官以厚貨販肆以求息或餉遺不卻或驅斂公行以至結好於四夷類求財於外境門庭輻湊珍玩山積名實皆汚冠裳是恥議論所棄刑憲乃加鳴鼓而攻斯之謂矣

晉王戎爲侍中南郡太守劉肇賂戎筒中細布五十端爲司隸所糾以知而未納故得不坐然議者尤之武帝謂朝臣曰戎之爲行豈懷私苟得正當不欲爲異耳帝雖以是言釋之然爲清愼者所鄙由是損名

謝石爲散騎常侍既無他才望直以宰相弟兼有大勳遂居清顯而聚斂無猒取譏當世

王國寶爲左僕射貪縱聚斂不知紀極後房妓妾以百數天下珍玩充滿其室

宋戴法興爲給事中與戴明寶同兼中書通事舍人法興明寶大通人事多納貨賄凡所薦達言無不行天下輻湊門外成市家產並累千金

南齊呂文顯爲中書通事舍人時與茹法亮等迭出入爲舍人並見親倖四方守宰餉遺一歲咸數百萬並造大宅聚山開池時舍人四人各住一省世謂四戶法亮於衆中語人曰何須覓外祿此一戶內年辦百萬蓋約言之也

綦毋珍之爲中書舍人凡所論薦事無不允內外要職及郡丞尉皆論價而後施行貨賄交至旬月之間累至千金

後梁徐矩爲度支尚書有文善吏事頗黷於貨財

陳庚持爲尚書左丞以預長城之功封崇德縣子受封之日請令史爲客吏受其餉遺文帝怒之因坐免

後魏谷洪初以經授文成及即位以舊恩爲尚書洪性貪奢僕妾衣服錦綺貲累千金而求欲滋劇時獻文舅李峻等初至京師官給衣服洪輒截沒爲有司所糾并窮其前後贓罪坐以伏法

杜遇爲尚書起部郎中竊官材瓦起立居宅清論鄙之

李崇爲侍中尚書令性好財貨販肆聚斂家資巨萬營求不息

高遵爲中書侍郎性不廉清每假歸山東必借備驛馬將從百餘匹逼民家求絲縑不滿意則詬罵不去强相徵求旬月之間縑布千數邦邑苦之

高聰爲黃門侍郎侍中高顯出授護軍聰轉兼其處於時顯兄弟疑聰間構而求之聰居兼十餘旬出入機要言即真無遠藉貴因權耽於聲色納賄之音聞於遐邇

北齊司馬子如爲尚書令以贓賄爲御史中尉崔暹所劾禁止於尚書省詔免其大罪削官爵

陳元康爲侍中既貪貨賄文襄內漸嫌之元康頗亦自懼又欲用爲中書令以閑地處之事未施行後因蘭固成之難遂遇害

魏收爲中書監兼右僕射以託附陳使封孝琰牒令其門客與行遇崑崙舶至得奇貨猓然褥表美玉盈尺等數十件罪當流以贖論

高隆之爲尚書右僕射魏收副王昕使梁還隆之求南貨於昕收不能如志遂諷御史中尉高仲密禁止昕收於其臺久之得釋

和士開爲侍中僕射尋除尚書令自河清天統以後威權轉盛富商大賈朝夕塡門聚斂貨財不知紀極雖公府屬掾郡縣守長不拘階次啓牒即成見人將加刑戮多所營救既得免罪即令諷諭責其珍寶謂之贖命物雖有全濟皆非直道

隋鄭譯周末爲內史上大夫宣帝幸東京譯擅取官材以自營寺坐是除名爲民後復領內史事高祖總百揆以譯司總六府事譯性輕險不親職務而贓貨狼籍高祖陰疏之然以其有定策功不忍廢放陰勑官屬不得白事於譯譯猶坐廳事無所關預譯懼頓首求解職高祖寬諭之接以恩禮

王達爲諫議大夫高祖謂達曰卿爲我覓一好左丞達遂私於荆洛二州刺史楊汪曰我當薦君爲左丞若事果當以良田相報也汪以達所言奏之達竟以獲罪卒拜汪爲尚書左丞

源師爲刑部侍郎居職彊明有口辯而無廉平之稱

裴蘊爲御史大夫于時軍國多務凡是興師動衆京都留守及與諸王市皆令御史監之賓客附隷遍於郡國侵擾百姓煬帝弗之知也

唐唐儉太宗時爲民部尚書嘗託鹽州刺史張臣合牧其私羊爲御史所劾以舊恩免罪貶授光祿大夫

許敬宗高宗時爲禮部尚書坐嫁女與蠻酋馮盎之子多納金寶爲有司所劾出爲鄭州刺史

來俊臣則天時爲御史中丞監察御史紀履忠劾奏之其罪有五其三曰贓賄貪濁

宋渾玄宗時爲御史中丞天寶九載四月坐贓伏罪詔曰渾幸因門緒累外榮秩頃委以澄清擢居風憲而公心有營私欲彌彰冒法受贓既墜於家業敗名徇利載犯於國章特申念舊之恩俾從流放之典宜除名長流嶺南高要郡

吉溫爲御史中丞天寶十三載十二月貶爲澧郡長史先是河東太守韋陟恣其利欲盛以河東土物入饋權要爲部人所發詔下御史訊鞫陟時朝謁在華清宮惶怖不安乃厚遺溫求救於祿山事泄爲楊國忠奏遂坐貶

王昂代宗時爲刑部尚書與元載深相結專事奢靡廣修第宅多畜妓妾以逞其志左刑部雖公務有稽昂躭徇私宴連日不視曹事性貪悋不常在公乃鬻公廨菜園收其價錢以自潤甚爲時論所醜載誅昂貶連州刺史

張涉德宗居春宮時爲侍讀及即位累遷散騎常侍俄受前湖南觀察使辛京杲金事覺以舊恩不之罪廢于家

李齊運德宗時爲禮部尚書薦李錡爲浙西受財賄不可勝計

韋執誼德宗時爲右拾遺充翰林學士惟貪婪詭賊其從祖兄夏卿爲吏部侍郎執誼受賂爲人求科第夏卿不應執誼乃探懷中金以內夏卿袖夏卿驚曰吾與汝賴先人之德致其名位幸各已達豈可如此毀擺袖引身而去執誼大慙忸

盧景亮爲中書舍人性貪悋好求取以斂人竭歡時議以此薄之

王伾順宗時爲左散騎常侍充翰林待詔伾下劣闒茸唯務金帛寶玩置無門大櫃上開一孔使足以受物夫妻寢止其上

冊府元龜卷第四百八十二

邦計部一

總序

天地以生物爲大德，聖人以富有爲大業。治國務本，體乎阜養之和；聚人以財，貴乎斂施之節。食貨之利，不亦博乎；攸司之設，其來久矣。少昊氏以九扈爲九農正，隨其宜以教人事，此其始也。帝舜命棄播是百穀，以爲稷官；命伯益奏庶艱食，實山虞之官。帝禹代父鯀爲司空，平水土之官，以有天下。夏商之制，亦罕紀。周文王之在岐，用平水土之法，爲治人之道；建司馬之法，以爲田制。武王成王紹興，統諸周公，行政厥職，大備。天官太宰之屬，太府下大夫（爲王治藏之長，若司農矣）掌以九貢九賦九功之貳，以受其貨賄之入，頒其貨于受藏之府，頒其賄於受用之府（秦漢以來不置大府，并其職在司農少府，至梁天監七年始置少府卿）。又有玉府，掌王之金玉玩好兵器，凡良貨賄之藏。又內府，掌受九貢九賦九功之貨賄、良兵良器，以待邦之用。又外府，掌邦布之入出，以共百物而待邦之用。又司會中大夫二人、下大夫四人（主天下大計，計官之長，若尚書矣），掌以九貢之法致邦國之財用，以九賦之法令田野之財用，以九功之法令民職之財用，以九式之法均節邦之財用，掌國之官府郊野縣都之百物財用，凡在書契版圖者之貳，以逆群吏之治而聽其會計。又司書，掌邦之六典、八則、九職、九正、九事，邦中之版，土地之圖，以周知入出百物，以叙其財，受其幣，使入于職幣。又職內，掌邦之賦入，辨其財用之物而執其總，以貳官府都鄙之財入之數，以逆邦國之賦用。又職歲，掌邦之賦出，以貳官府都鄙之財出賜之數，以待會而攷之。又職幣，掌式法以斂官府都鄙與凡用邦財者之幣，振掌事者之餘財。又地官大司徒之職，一人，掌建邦之土地之圖，其人民之數（若戶部尚書也。一主宗戶部之職與地官之任雜亦後周若嚴其沿襲則戶部令也於度支度支王邦計之官集寄之任本出於天官之司會矣）。小司徒之職，掌建邦之教法，以稽國中及四郊都鄙之夫家九比之數。又鄉師

之職，各掌其所治鄉之教而聽其治，以國比之法，以時稽其夫家衆寡，辨其老幼貴賤癈疾馬牛之物，辨其可任者與其施舍者，掌其戒令糾禁，聽其獄訟。又鄉大夫之職，各掌其鄉之政教禁令，以歲時登其夫家之衆寡，辨其可任者。又州長，各掌其州之教治政令之法。又黨正，各掌其黨之政令教治。又族師，各掌其族之戒令政事。又地官載師，掌任土之法，以物地事授地職而待其政令。又閭師，掌國中及四郊之人民六畜之數，以任其力，以待其政令，以時徵其賦。又縣師，掌邦國都鄙稍甸郊里之地域，而辨其夫家人民田萊之數，及其六畜車輦之稽。三年大比，則以攷群吏而詔廢置。又均人，掌均地政，均地守，均地職，均人民牛馬車輦之力政。又司市，掌市之治教政刑量度禁令。又質人，掌成市之貨賄人民牛馬兵器珍異。又廛人，掌斂市絘布、總布、質布、罰布、廛布而入于泉府。又胥師，各掌其次之政令，而平其貨賄，憲刑禁焉。又賈師，各掌其次之貨賄之治，辨其物而均平之，展其成而奠其賈，然後令市。又司虣，掌憲市禁之其鬭囂者與其虣亂者。又泉府，掌以市之征布，斂市之不售貨之滯於民用者。司稽掌巡市而察其犯禁者。又司關，掌國貨之節，以聯門市。司貨賄之出入者。又遂人，掌邦之野，以土地之圖經田野，造縣鄙形體之法。又遂師，各掌其遂之政令戒禁，以時登其夫家之衆寡、六畜車輦，辨其施舍與其可任者。又遂大夫，各掌其遂之政令，以歲時稽其夫家之衆寡、六畜田野，辨其可任者。又縣正，各掌其縣之政令徵比，以頒田里，以分職事，掌其治訟，趨其稼事而賞罰之。又鄙師，各掌其鄙之政令。又酇長，各掌其酇之政令，以時校登其夫家，比其衆寡。又里宰，掌比其邑之衆寡與其六畜兵器，治其政令。又鄰長，掌相糾相受。又旅師，掌聚野之耡粟、屋粟、間粟而用之，以質劑致民，平頒其興積，施其惠，散其利，而均其政令。又稍人，掌令丘乘之政令。又委人，掌斂野之賦斂薪芻。又土均，掌平土地之政，以均地守，以均地貢。又山虞，掌山林之政令

物爲之厲而爲之守禁又川衡掌巡川澤之禁令而平其守以時入之于王府頒其餘于萬民又稟人掌九穀之數以待國之匪頒賙賜稍食又司稼掌巡邦野之稼而辨種稑之種周知其名與其所宜地以爲法又舂人掌共米物槁人掌共内外朝冗食自天官太宰以下咸有大夫士府史胥徒以屬焉諸侯之國則齊用管仲制國以寓軍政及謹正鹽筴鐵官之數越王句踐用范蠡計然之術以勝吳魏文侯相李悝作盡地力之教平糴之法秦孝公任商鞅廢井田制阡陌至始皇幷天下有治粟内史掌穀貨有兩丞少府掌山海池澤之稅以給共養屬官有太官湯官導官若盧考工室東織西織東園匠令丞胞人都水均官長丞又上林十池監尚方御府官令皆主貨食工作之事漢高祖封張蒼爲北平侯遷爲計相（能計故號計相）一月更以列侯爲主計四歲（以列侯典校郡國簿書又云以其所主因以爲官號故號計相暫立非久施也）是時蕭何爲相國

而蒼乃自秦時爲柱下史時習天下圖書計籍蒼又善用筭律歷故令蒼以列侯居相府領主郡國上計又有尚書郎四人其一人主戶口墾田一人主財帛委輸景帝後元年更名治粟内史爲大農令丞六二人或謂之中丞武帝太初元年更大農令爲大司農秩中二千石屬官有太倉均輸平準都内籍田五令丞斡官鐵市兩長丞郡國諸倉農監都水六十五官長丞又有搜粟都尉武帝軍官不常置又都水鐵官兩長丞屬京兆尹又左都水鐵官及長安四市四長丞皆屬左馮翊右都水鐵官屬右扶風孝武帝大興征伐孔僅爲大農上鹽鐵丞及東郭咸陽奏置小鐵官使屬在所縣使僅及咸陽乘傳行天下鹽鐵作官府除故鹽鐵家富者爲吏初大農斡鹽鐵官布多置水衡欲以主鹽鐵及楊可告緡上林財物衆迺令水衡主上林上林旣充滿迺分緡錢諸官而水衡少府太僕大農各置官往往即郡縣比沒入田田之其沒入奴婢分諸苑養狗馬禽獸及與諸官益

雜置多（謂雜置掌衆官負分掌耳）後桑洪羊爲治粟都尉領大農請置大農部丞數十人分部主郡國各往往置均輸鹽鐵官其水衡都尉掌上林苑有五丞屬官有上林均輸御羞禁圃輯濯鍾官技巧六廐辨銅九官令丞又有衡官水司空都水農倉甘泉上林都水七官長丞上林有八丞十二尉均輸四丞御羞兩丞都水三丞禁圃兩尉甘泉上林四丞元帝時鹽鐵官及北假田官常平倉以後用度不足獨復鹽鐵官成帝建始六年省技巧六廐官又置尚書五人其三曰民曹典繕治功作鹽池苑囿之事河平元年省東織更名西織爲織室哀帝初少府省樂府平帝又置司農部丞十三人人部一州勸農桑矣東漢承前制大司農卿一人中二千石掌諸錢穀金帛諸貨幣郡國四時上月旦見錢穀簿其逋未畢各具別之邊郡諸官請調度者皆爲報給損多益寡取相給足丞一人比千石部丞一人六百石部丞帑藏屬官有大倉令一人主受郡國轉漕穀丞一人平準令一人掌

知物賈主練染作采色丞一人導官令一人主舂御米及作乾糒丞一人廩犧令一人掌祭祀犧牲鴈鶩之屬丞一人雒陽市長一人丞一人滎陽敖倉官中興皆屬河南尹餘均輸等皆省初郡國鹽官鐵官並屬大司農中興皆屬郡縣少府卿一人中二千石掌中服御諸物衣服寶貨珍膳之屬少者小也故稱少府王者以租賦爲公用山澤陂池之稅以供王之私用丞一人比千石屬官有太官令掌御飲食守宮令一人主御紙筆墨及尚書財用諸物上林苑令一人又鴻德苑令主苑中禽獸頗有民居皆主之濯龍監直里監各一人並主雒陽園中藏府令一人掌中幣帛金銀諸貨物尚方令一人掌上手工作御刀劍諸好器物及筋王作器魏大司農因漢之制又置典農中郎將主屯田典農中郎典農校尉所主如中郎又置度支尚書掌軍國支計又有度支金部虞曹比部庫部農部水部倉部民曹等郎皆主食貨之事蜀吳多如舊制而蜀先主定益州置鹽府校尉較

鹽鐵之利屬官有典曹都尉晉受命罷農部置比部金部倉部度支左民右民虞曹屯田起部水部等曹郎後又置運曹及渡江無左民屯田運曹虞曹又省起部水部曹大司農統太倉導官二令襄國都水長東西南北部護漕掾及渡江省并都水孝武復置焉少府統材官校尉中左右三尚方中黄左右藏左校甄官平準奚官等令左校坊鄴中黄左右藏油官等丞及渡江省并丹楊尹孝武復置焉宋有大司農一人丞一人掌九穀六畜之供膳羞者屬官有太倉導官籍田等令丞又少府一人丞一人掌服御之物領左右尚方御府東冶平準等令丞又度支尚書領度支金部倉部起部四曹又有左民尚書自此以後民曹或爲左民或爲右戶又有比部水部郎中其虞部郎中省歸官尚書領水部焉南齊大司農府官屬並如晉制其少府又加領左右尚鍛署梁高祖天監七年以大司農爲司農卿班第十一（是爲春卿梁初猶依宋齊皆無卿名至是增焉）司農卿位視散騎常侍主農功倉廩統太倉導官籍田上林令又管樂遊北苑丞左右中部三倉丞英庫若庫丞湖西諸屯主九年又置勸農謁者視殿中御史又有司農主簿一人初置太府卿掌金帛府帑統右藏令上庫丞掌太倉南北市令關津亦屬焉又以少府爲夏卿統材官將軍左右中尚方甄官平水南塘邸税庫東西冶中黄細作炭庫紙染等署令丞屬焉又置左右尚書並掌戶籍兼知工官之事其戶部度支金部倉部屯田虞部並有侍郎郎中陳並因之其司農卿又有主簿其戶尚書領屯田後魏初大司農第二品孝文太和二十年改爲第三品少卿第三品亦改爲正第四品上丞第五品中改爲第七品下其主簿省之又改少府爲太府卿品第三後改少府復爲太府其尚書省則祠部尚書之屬有虞曹掌地圖山川遠近園囿田獵餚饍雜味等事屯田掌籍田諸州屯田等事起部郎掌諸興造工匠等事都官尚書之屬有比部掌句檢等事水部掌舟船津梁公私水事膳部掌侍官百司禮

食餚饌等事度支尚書之屬統度支掌計會凡軍國損益及軍役糧廩事倉部掌諸倉帳出入事左右掌天下計帳戶籍等事石戶掌天下公私田宅租調等事金部掌權衡量度內外諸庫藏文帳等事庫部掌戎仗器用所須事北齊因之司農寺有卿少卿各一人掌倉市薪米園池果實復置主簿其左右三尚方司染諸冶及細作甄官等署並隸太府後周司農上士一人掌三農九穀稼穡之政令屬大司徒太府有中大夫掌貢賦貨賄以供國用屬大冢宰又有計部大夫其戶部度支金部倉部下部屯田虞部水部咸准六官各以其義次屬焉隋初司農卿與北齊同太府寺卿一人統左藏左內右內三尚方司染右藏掌冶甄官等署各署令丞煬帝分太府寺置少府監管三尚方及司染掌冶等署而太府寺管左右藏及兩市平準等署焉少府置監一人少監一人丞二人統左尚內司織司染鎧甲弓弩掌冶等署其後又改監爲令少監爲少令併司織司染爲織染令鎧甲弓弩二署司農所領統上林太倉鉤盾導官四署罷典農上林二署以平準京市隸太府寺掌苑囿薪芻炭市易度量所司農少卿二人又尚書省兵部尚書之屬有庫部都官尚書之屬有比部度支尚書之屬有度支戶部金部倉部工部尚書之屬有工部屯田虞部水部等侍郎並分掌兵仗勾檢出納國計戶口金鐵廩庾工役官田山澤舟船之事焉唐制司農卿之職掌邦國倉儲委積之事總上林太倉鉤盾導官四署與諸監之官屬謹其出納而脩其職務少卿爲之貳少卿二人丞六人屬官有上林署令二人太倉署令三人導官署令二人太原永豐倉監一人龍門等諸倉每監一人司竹監一人湯泉湯監一人京都苑總監監各一人京都苑四面監監各一人諸屯監監一人也九城宮總監監一人太府寺卿之職掌邦國財貨之事總京都四市平准左右藏常平八署之官屬舉其綱目脩其職務少卿二人丞四人兩京諸市署令各一人平准署令二人左藏署

令三人右藏署令二人常平署令一人少府監之職掌供百工伎巧之事總中尚左尚右尚織染掌冶五署之官屬而甄其工徒謹其繕作少監為之貳少監二人丞四人中尚署令一人左尚署令一人右尚署令一人織染署令一人掌冶署諸冶監每冶監一人北都軍器監一人甲坊署令一人弩坊署令一人諸鑄錢監各一人互市監每市監一人咸有丞副主簿錄事府史之徒以屬焉戶部尚書侍郎之職掌天下戶口井田之政令其屬曰戶部度支金部倉部戶部郎中員外郎各二人掌領天下州縣戶口之事分十道以總之度支郎中員外郎各一人掌支度國用租賦多少之數金部郎中員外郎各一人掌庫藏出納之節金寶財貨之用倉部郎中員外郎各一人掌國之倉庾受納租稅出給祿廩之事刑部尚書侍郎之屬曰比部郎中員外各一人掌勾諸司百寮俸料調斂逋欠因知內外之經費工部尚書侍郎之職掌天下百工屯田山澤之政令其屬曰工部屯田虞部水部工部郎中員外郎各一人掌經營興造之衆務屯田郎中員外郎各一人掌天下屯田之政令虞部郎中員外郎各一人掌天下虞衡山澤之事水部郎中員外郎各一人掌天下川瀆陂池之政令咸有令史主事等員以屬焉（其官名江東並具御監臺省時）其後財貨之任多專置使以主之不獨歸於臺閣睿宗景雲二年以蒲州刺史充關內鹽池使鹽鐵之有使自此始也（其後兼方鎮使常帶蓋而使）明皇先天二年始以陝州刺史李傑充陝州水陸運使漕運之有使自此始也是年又以蒲州刺史強循充鹽池使即鹽州池也開元二年又以河南尹李傑充水運使大興漕事明年畢構為河南尹不帶水陸運使又十一年以殿中侍御史宇文融勾當租庸地稅使十二年融遷御史中丞充諸色安輯戶口使十八年拜戶部侍郎裴耀卿為江淮轉運使仍以鄭州刺史崔希逸河南少尹蕭炅為之副轉運鹽鐵之有副使自此始也二十一年以侍中裴耀卿充江南淮南轉運使明年九月

蕭炅除太府少卿知度支事充江淮處置轉運使二十三年以太府少卿李元祐知度支使二十五年以監察御史羅文信充諸道鑄錢使是年又令諸屯隸司農寺明年以侍御史楊慎矜充太府出納使天寶二年陝郡太守韋堅加兼知勾當租庸使又加兼勾當緣河及江淮轉運處置使三載以御史中丞楊慎矜充鑄錢使又以李齊物除河南尹復帶水陸運使四載以戶部郎中王鉷加勾當戶口色役使又以殿中侍御史楊釗充司農出納錢物使又充水陸轉運使五載詔以司農錢穀是司其官人等並不在差使限又以侍御史楊釗充木炭使六載以戶部侍郎楊慎矜又充兩京含嘉倉出納使諸道鑄錢使仍加諸郡租庸使七載又以給事中楊釗兼御史中丞專判度支八載廢帳坊為戶部員外廳次北為戶部郎中廳皆至宏麗又於省街東取都水監地以諸州籍帳錢造考堂制度又過於省中移都水監於省西北割右武衛園地置之（乾元以後毀坼并盡今為戶部院）十載度支使楊國忠奏請自勾當陝郡水陸運加國忠陝郡水陸運使太守崔無詖遂不帶使名十二載又詔陝運使宜令崔無詖充使楊國忠充都使勾當肅宗至德元年以監察御史第五琦充江淮租庸使乾元元年以度支郎中第五琦又充河南五道度支使兼諸道鹽鐵使是年又充兩京司農太府出納使及充諸色轉運使是年升司農寺中署為上署二年十二月以兵部侍郎同中書門下平章事呂諲充勾當度支使并轉運使上元元年戶部侍郎勾當度支使劉晏又充勾當鑄錢鹽鐵等使又以殿中監李輔國加京畿鑄錢使元年建子月以戶部侍郎勾當度支使元載充江淮轉運及鹽鐵使寶應元年以侍御史穆寧為河南道轉運使租州庸鹽鐵使又以通州刺史劉晏為戶部侍郎京兆尹勾當度支并轉運使兼充勾當鑄錢使度支鹽鐵兼漕運自晏始也廣德元年代宗居陝御史中丞裴諝為河東道租庸鹽鐵等使二年第五琦充諸道鹽鐵鑄錢轉運使專判度支

又以檢校戶部尚書劉晏爲河南及江淮以來轉運使其年六月禮部尚書兼御史大夫李峴充江南西道句當鑄錢使永泰元年正月劉晏充東都淮南浙江東西湖南山南東道轉運鹽鐵鑄錢等使第五琦充京畿關內河東劒南山南西道鑄錢轉運鹽鐵等使是年閏十月京兆尹黎幹充木炭使（自後京兆尹常兼此使）二年以劉晏爲東道轉運常平鑄錢鹽鑄使第五琦爲關內河東劒南三川轉運常平鑄錢鹽鐵使至大曆四年以吏部尚書兼御史大夫劉晏充東都河南江淮山南東道轉運鹽鐵鑄錢使五年停諸鐵錢監監以所在州府都督刺史判之副監以上佐判之是年停木炭使又詔停關內河東三川轉運常平鹽鐵使自此劉晏與戶部侍郎韓滉分領關內河東山南劒南租庸青苗使至十四年天下財賦皆以晏掌之　德宗建中元年言事者稱轉運之職可罷乃罷劉晏爲右僕射天下錢穀皆歸金倉兩部委中書門下簡兩司郎官准格式條理于時天下錢穀歸尚書省本司職事久廢無復綱紀徒收其名而莫總其

任國用出入無所統之是年三月以戶部侍郎韓洄判度支金部郎中杜佑權勾當江淮水陸運使行劉晏韓滉舊制十一月又以杜佑兼御史中丞江淮水陸運使十二月停江淮水陸運使轉運事委度支處置三年八月分置汴東西水陸運兩稅鹽鐵使（建中三年正月戶部郎判度支杜佑奏天寶以前戶部事繁所以郎中員外各二人判署自兵興以後戶部事簡度支事繁度支郎中員外各一人請迴戶部郎中員外各一人分判度支案待天下兵革息卻歸本曹）十二月又分置汴東汴西水陸運鹽鐵庸租使汴東以包佶爲之汴西以崔縱爲之貞元元年以浙西節度使檢校左僕射平章事韓滉爲江淮轉運使又加諸道轉運鹽鐵使藩鎮領諸道鹽鐵始於此也二年諸道水陸運使及度支巡院江淮轉運使等並停五年以中書侍郎同中書門下平章事竇參充鹽鐵度支使諸道轉運等使八年以戶部尚書班宏加專判度支諸道鹽鐵使又詔東南兩稅財賦自河南江淮嶺南東道至渭橋以戶部侍郎張滂主之河東劒南山南西道以戶部尚書度支使班宏主之（于時宏滂互有所短命宰相趙景陸贄上聞由是遵大曆故事如劉晏韓滉所分掌其事）其年七月司農少卿裴延齡加權判度支九年張滂奏立稅茶法郡國有茶山及商賈以茶爲利者委院司分置諸場　茶之有稅自滂始也自後裴延齡專判度支度支與鹽鐵益殊塗而治矣十年潤州刺史王緯代張滂爲鹽鐵使治于京口俄兼諸道轉運鹽鐵使十一年戶部侍郎裴延齡充京西木炭採造使十二年戶部尚書裴延齡判度支又以倉部郎中判度支蘇弁除度支郎中兼御史中丞副知度支事立位於正郎之上副知之號自弁始也（度支自貞元以前他官來判者甚衆自後多以尚書侍郎主之別官兼者希矣故事度支案郎中判入員外判出侍郎總統而已官銜不言專判度支貞元以後事多故遂有尚書侍郎專判乃曰度支使或曰判度支或曰知度支事或曰勾當度支使雖名殊不同其事一也）是月停木炭使十三年以陝虢觀察使于頔兼陝州水陸運使十六年置催監使先是兩池鹽務隸度支其職視諸道巡院史牟以金部郎中主安邑解縣兩池牟主池務恥同諸院遂奏置使（稱鹽使貞安邑推官一貞巡官一十貞解縣院官一十

貞胥吏防池官健及池戶若干人其後杜佑兼領鹽鐵度支以度支既稱使所管不合更有使名遂奏請橋使同奏罷之）十九年太倉奏請依六典置太倉令二員丞六員監事十員支計官驅使官三人典六人府史六人又爲池在鹽州置榷稅使一員推官兩員巡官兩員胥吏一百三十人防池官健及池戶四百四十人順宗即位有司重奏鹽法以杜佑判鹽鐵轉運使治於揚州永貞元年以司空平章事杜佑兼諸道轉運使又兼諸道鹽鐵使憲宗元和元年以兵部侍郎李巽充諸道轉運鹽鐵使二年以李巽代杜佑判鹽鐵轉運使（先是李錡判使天下榷酤漕運由其操割吏事貪驁恃其寵渥中朝秉事者悉以利之遂之利積於私室而國用日耗巽既爲使大正其事其堰埭先隸浙西觀察使者悉歸之因循權置者盡罷之增置河陰敦倉置桂陽監鑄平陽銅山爲錢又奏江淮河南峽內兗鄆嶺南鹽法斛斗收鹽價錢七百二十七萬比舊法張其估一千七百八十餘萬非實數也今請以其數除爲虛錢之外以度支收其數鹽鐵使煮鹽判繁度支有此始也）三年七月判度支裴均以兩池職轄繁劇後以留後爲榷鹽使八月司農少卿崔鄲奏減丞一員監事二員十月度支使鄭元奏當司判案郎中官先有六員今請留四員爲

定四年加度支判案郎官一員又詔其鹽鐵使揚子留後兼充淮南浙西浙東宣歙福建等道兩稅使其江陵留後宜兼充荆南山南東道鄂岳江西湖南嶺南等道兩稅使度支山南西道分巡院官兼充劒南東西川及山南西道兩稅使六峽內五監舊屬鹽鐵使宜割屬度支使便委山南西道兩稅使兼知糶貨峽內鹽鐵屬度支自此始也五年詔李師道收復淄青十二州未定合稽乃命諫議大夫王彥威充十州勘定兩稅使又詔鄆河南水陸運使十四年鄆青兖三州各置榷鹽院又改河北稅鹽使為榷鹽使穆宗長慶三年十二月度支奏判案郎中比有六人近減置四員請更置郎官一員判案以王客員外郎白行簡充從之四年詔東都江陵鹽鐵轉運留後並改為知院官從鹽鐵使王涯請也敬宗初王播復以鹽鐵使為揚州節度使寶曆元年正月王播為淮南節度之充諸道轉運使文宗即位王播入覲以宰相判鹽鐵轉運其後王涯復判二使大和二年詔潼關以來度支分巡院宜併入

鹽鐵江淮河陰留後院及王涯以事誅而令狐楚以尚書右僕射主茶法充諸道轉運鹽鐵使以是年茶法復貞元之制開成二年勑鹽鐵戶部度支三使下監院官皆郎官御史為之使雖更改院官不得移替三年諸道轉運鹽鐵使戶部尚書楊嗣復以本官平章事主茶法爰董錢穀監院之陳事至宣宗大中三中以五年多任以元自以集其務以崔珙自刑部尚書拜相以諸道鹽賢之職而判鹽鐵公台薛元賞李執方盧弘正馬植敬晦三人悉九年之中[illegible]理道之位五年九月勑稅茶法起來年出行鹽鐵使收管武宗會昌元年二月以南省六曹戶部一人之職司尚書侍郎多奏請諸行郎官判錢穀文案遂令本司郎中東手閑居至於聽事皆他官所處自今以後其度支戶部鹽鐵文案本行郎官分判不在更請諸行郎官限仍委尚書侍郎同諸行例便自於行內選擇差判其戶部一行郎官仍委中書門下皆選擇與公務相當除授如本行員數欠少亦任於諸行稍閑司中選才識資序相當者奏請轉授五年九月勑置備邊庫收納度支戶部鹽鐵三司錢物宣宗大中三年十月詔改備邊庫為延資庫初以度支郎中判四年因收復河隴詔通池鹽令度支收管仍以靈州分巡院官專勾當置榷稅使一員推官一員巡官兩員胥吏三十九人防池官健及池戶二百六十五人是年宥貢兖穀鄧饒通不兼供軍使詳稅市河東白兩池吏食其白內池蜀河東鹽度使不兼度支所路池本豐州界鹽司東供軍使每年糶鹽約一萬四千餘石供振武天德兩軍及營田水運官健又詔以宰相判延資庫於是白敏中崔鉉相繼判大中三年同判延資五年二月以刑部侍郎裴休為鹽鐵轉運使依又立稅茶之法僖宗乾符四年六月以宣歙觀察使高駢為潤州刺史諸道轉運鹽鐵使六年移節淮南領使如故中和元年車駕出狩興元府以兵部侍郎蕭遘中書侍郎平章事韋昭度判鹽鐵一云以令狐綯中諸道之兵收復京城盧邵以下時乃以昭度兼供軍使光啓二年以刑部尚書孔緯充諸道轉運鹽鐵使是時所在征鎮自擅兵賦皆不上供歲時但貢奉而已由是江淮轉運路絕國命所能制者唯河西山南劒南嶺南西道追中官田令孜自蜀中扈從召募新軍號左右神策共五拾四都弁

南衙官屬逾萬餘三司轉運無調發之所舊日兩池榷鹽稅課鹽鐵使特置鹽官以總其事自亂離之後河中節度使王重榮兼領榷務至是令孜以軍食闕供乃舉廣明前故事請以兩池榷務歸之鹽鐵詔下重榮上章論訴竟不能奪梁太祖開平元年四月置建昌院以博王友文判院事太祖在藩時四鎮所管兵車賦稅諸色課利按舊部籍而主之其年五月中書門下奏請以判建昌院事為建昌宮使仍以東京太祖潛龍舊宅為宮二年以侍中韓建判建昌宮事又以尚書兵部侍郎李皎為建昌宮副使三年九月以門下侍郎平章事薛貽矩兼延資庫使判建昌宮事乾化二年六月廢建昌宮以河南尹魏王張宗奭為國計使凡天下金穀兵戎舊隸建昌宮者悉主之後唐莊宗同光元年十一月以左監門衛將軍判內侍省李紹宏兼內勾凡天下錢穀簿書悉委裁遣自是州縣供帳煩費議者非之二年詔鹽鐵度支戶部三司凡關錢物並委租庸使管轄四年以

吏部尚書李琪爲國計使自後廢其名額不置明宗天成元年詔發租庸院依舊爲鹽鐵戶部度支三司委宰臣一人專判長興元年以許州節度使張延朗行工部尚書充三司使班在宣徽使之下三司置使自延朗始也初延朗自許州入冊掌國計自於樞密使請置三司使名宣中書議其事宰臣以舊制覆奏授延朗時進工部尚書充諸道鹽鐵轉運等使兼判戶部度支事從舊制也明宗不從終以三司使爲名此並專室已後諸使掌錢穀之任者焉夫主計之重治本攸繫歷代而下莫不擇留彥資其經略故有深明國體周知地利究消息盈虛之數而取之有時辨耗登聚散之宜而用之有節心秤平其輕重牙籌指其豪杪無奘備預用成幹濟以茲荷寵無忝厥職其有掊克以斂怨貪黷而徇私締結黨與矯誣財官因而速尤試取衆棄若乃敦惠養之道下蠲除之令仰賴王者之澤則非臣下所專以時次之用明厥旨凡邦計部二十九門

府四百八十三　十三

選任　材略　褒寵

選任

周以太宰節材用漢以丞相主國計所以總天下之要會[illegible]材之出入邦本攸重國任斯難在乎器識精通謀術周敏務持以之要道明兼濟之大略經常而不闕斂下而無刻渫賄貨通流用度均贍斯爲任職也是故選受之際慎東斯至或以其久更繁劇博習書數平可以操心秤細可以折秋毫或以其善商功利深識治體者於行事形於論議故得時望允塞僉謀載洽旣疇咨之命分内外之務然後盤結是解錯乃益精無忝於厥服者矣

漢張蒼高帝時以代相遷爲計相（以能計故號曰計相）一月更以列侯爲主計（主計相之號）是時蕭何爲相國而蒼乃自秦時爲柱下御史明習天下圖書計籍又善用算律歷故令蒼以列侯居相府領主郡國上計

東郭咸陽孔僅武帝時爲大農丞（[illegible]）領鹽鐵事桑弘羊貴幸咸陽齊之大煑鹽（[illegible]）僅南陽大冶皆致產累千金故鄭當時進言之弘羊洛陽賈人子以心計年十三侍中故三人言利事析秋毫矣僅使天下鑄作器三年中至大司農列九卿而弘羊爲大司農中丞管諸會計事後爲治粟都尉領大農盡代僅斡天下鹽鐵（[illegible]）

趙過能爲代田一畝三甽（[illegible]）歲代處故曰代田（代易）古法也武帝末年悔征伐之事迺封丞相爲富民侯（[illegible]）下詔曰方今之務在於力農以趙過爲搜粟都尉

耿壽昌宣帝時以善爲算能商功利得幸於上（[illegible]）爲大司農中丞

魏任峻爲騎都尉太祖每征伐峻常居守給軍是時歲饑旱軍食不足羽林監潁川棗祗建置屯田太祖以峻爲典農中郎將數年中所在積粟倉廩皆滿軍國之饒起於棗祗而成於峻也

府四百八十三　十四

晉安平王孚司馬懿之弟也初仕魏爲清河太守魏文帝置度支尚書專掌軍國支計朝議以征討未息動須節量及明帝嗣位欲用孚問左右曰有兄風不答云似兄天子曰吾得司馬懿二人復何憂哉轉爲度支尚書

張華字茂先武帝潛與羊祜謀伐吳而群臣多以爲不可唯華贊成其計及將大舉以華爲度支尚書乃量計運漕決定廟算

杜預爲秦州刺史領東羌校尉石鑒時爲安西將軍奏預之罪與遣御史監車徵詣廷尉以預尚公主八議以侯贖論會匈奴帥劉猛與寇叛武帝詔預以散侯定計省闥俄拜度支尚書又以免官以侯兼本職數年復拜度支尚書

後周寇儁初仕後魏孝明爲左將軍孝昌中朝議以國用不足乃置鹽池都將儁北上啟前後居職者多有侵隱乃以儁爲之

唐第五琦天寶末以北海郡錄事參軍奏事至蜀中得謁見玄宗因奏言方今之急在兵兵之彊弱在賦賦之所出江淮居多

若假臣纖任使濟軍須臣能使賞給之資不勞聖慮玄宗大喜
即日拜監察御史勾當江淮租庸使尋遷殿中侍御史肅宗乾
元元年加河南等五道度支使促辦應卒事無違闕累遷度支
郎中戶部侍郎兼御史中丞專判度支領河南等道支度都勾
當轉運租庸鹽鐵鑄錢司農太府出納山南東西江西淮南館
驛等使二年以本官同中書門下平章事尋貶忠州刺史入爲
太子賓客京兆尹代宗幸陝還琦專度支永泰二年充京畿關
內河東劍南山南西道轉運常平鑄錢鹽鐵等使前後領財賦
十餘年

劉晏肅宗上元初爲京兆尹戶部侍郎判度支號爲稱職無何
爲酷吏敬羽所搆貶通州刺史寶應元年自通州召至復爲戶
部侍郎兼御史大夫京兆尹充度支轉運鹽鐵諸道鑄錢等使
二年遷吏部尚書平章事代宗廣德初罷相爲太子賓客諸道
轉運使尋加御史大夫充東都河南江淮轉運使永泰二年加

東都畿河南淮南江南東西湖南荊南山南東道轉運常平鑄
錢鹽鐵等使

元載自洪州刺史除度支郎中載智性敏悟善奏對肅宗嘉之
委以國計俾充使江淮都領漕輓之任尋加御史中丞數月徵
入遷戶部侍郎度支使并諸道轉運使

穆寧代宗寶應初轉侍御史爲河南轉運租庸鹽鐵等使明年
遷戶部員外郎無幾加兼御史中丞爲河南江淮轉運使廣德
初遷庫部郎中是時河運不通漕輓由漢沔自商山達京師選
鎮夏口者代宗詔以寧爲鄂州刺史鄂岳沔都團練使及淮西
鄂岳租庸鹽鐵沿江轉運使

韓滉代宗大曆六年以尚書右丞改戶部侍郎判度支初自肅
宗至德乾元已後所在軍興賦稅無度帑藏給納多務因循滉
既掌計司清勤檢轄不容姦妄後爲鎮海軍節度使至德宗貞
元二年來朝時右丞元琇判度支以關輔旱歉請運江淮租米
以給京師德宗以滉浙江西東節度素著威名加江淮轉運使
又以度支轉運鹽鐵等使

杜佑以肅宗大曆末爲金部郎中充水陸轉運使改金部度支
郎中兼和糴等使時方軍興饋運之務悉委於佑遷戶部侍郎
判度支

韓洄德宗建中元年以諫議大夫爲戶部侍郎判度支先是大
曆末罷判度支以其務令轉運使劉晏兼領之晏既罷黜令天
下錢穀各歸尚書省本司各廢罷職事久矣徒收其名而莫綜
其事國用出入未有所統故復命洄還判度支而令金部郎中
杜佑爲權勾當江淮水陸運使如劉晏韓滉舊制也

包佶建中二年以駕部郎中權勾當諸道輕貨鹽鐵使兼充江
淮水陸運使

崔縱建中末爲汴西水陸運兩稅使兼充魏州四節度行營都
糧料使時馬燧李懷光等討田悅久無功或以軍食不繼爲辭
故命縱於澤潞之郊督促饋運

齊抗興元初爲工部員外郎充江淮宣慰判官會朱泚初平旱蝗
之後國用空耗轉運使元琇以抗有才奏爲倉部郎中條理江
淮鹽務貞元初琇又奏抗爲水陸運副使督江淮漕運以給京師

班宏貞元初爲吏部侍郎是時仍歲旱蝗帝以賦調爲急改戶
部侍郎爲度支使韓滉之副

蘇弁貞元中爲倉部郎中仍判度支案時裴延齡卒德宗聞其
才時開延英因賜金紫授度支郎中副知度支事仍命立於正
郎之首副知之號自弁始也

王紹貞元中爲倉部員外郎時屬兵革旱蝗之後令戶部收闕
官俸兼稅茶諸色無名之錢以爲水旱之備紹自拜倉部便準
詔主判及遷戶部郎中皆獨司其務擢拜戶部侍郎尋加判度
支至憲宗元和七年以兵部尚書權判戶部

李巽貞元末爲兵部侍郎時司徒杜佑判度支鹽鐵轉運使以巽

幹理奏爲副使累月代佑全領度支鹽鐵等事
孟簡元和中代崔羣爲戶部侍郎是官有二員其判使案者別居一署謂之左戶元和以還號爲清重之最宰輔登用多由此而去故羣入相以簡代焉
王遂元和中自司農卿出爲柳州刺史數年用兵淮西天子藉錢穀吏以集財賦知遂强幹乃用爲宣州刺史宣歙觀察使淮蔡平王師東討召拜光祿卿充淄青行營諸軍糧料使
薛王知柔昭宗乾寧二年以京兆尹兼戶部尚書判鹽鐵度支等制曰國家自盜擾中原兵纏九縣支度牢籠之務施張經制之宜率煩台臣旁縱使務綱條既正豐阜可期宜擇通材俾繼成績僉曰叔父膺予𢹂求詢謀協同毗賴惟允卽以虛位并而授之匪私吾宗亦張王室惟爾嗣薛王知柔我之近屬國之材人識大體以立朝蘊嘉謀而致用粤自典司宗祏尹正神皐庇本枝而敦序有倫臨帝甸而汚萊盡闢政惟務本生靈懷衣食

之源令著先庚豪右屏摧理之跡人懷其惠吏不敢欺封畿新轉置之規園寢備蔫羞之禮府署究葺京師底寧疇兹多能孰可加爾朕言念銅鹽之重賦輿之殷勞於鈞衡多歷年所今將授爾佇展其材矧乃司存比專郎吏乾元多難方委公卿離之合之各繫緩急今我用爾思復舊章惟撿身可以律人惟奉父可以御下取捨勿固於利任使惟其所知無以公務結私恩無以公方樹私怨推是六者竭乃一心副吾超拔之恩濟我艱難之運悉仍舊貫別示殊恩於戲朝廷之本軍國之用佇爾康濟紓吾焦勞往佩寵光勉施才術苟不稱是又何敢以叔父私於天下哉
後唐孟鵠明宗天成二年以樞密院承旨充三司副使權判三司鵠本魏州案吏也初莊宗初定魏博選幹吏以計[illegible]度支孔目官掌邢洺錢穀司明宗時爲邢洺節度使軍賦三分之一屬霸府鵠於調筭之間不至苛急每事曲意承迎上心甚德之而支度使孔謙專典軍賦而於藩鎮徵督苛急明宗嘗切齒及卽位鵠時爲祖庸院勾官擢爲客省副使樞密院承旨當年爲三司副使長興二年遷左驍衛大將軍充三司使
王玫愍帝卽位初自光祿卿三司副使判院事充三司使秦府之亂三司使孫岳死之故命玫權判帝自鄴登極復用玫焉
晉劉處讓初仕後唐爲左驍衛大將軍清泰三年夏魏博屯將張令昭逐其帥以城叛朝廷命范延光領兵討之以處讓爲河北都轉運使
漢劉審交初仕後唐爲北面轉運使判官王都叛於定州朝廷命王晏專師進討審交爲轉運供軍使都平以爲遼州刺史後爲北面供軍使晉高祖初踐阼范延光以魏州叛命楊光遠揔兵討之復召審交爲供饋使鄴中平命審交爲三司使
王章初事高祖爲侍衛都孔目官從至河東專委錢穀及卽位初除三司使

周高防以世宗顯德五年自戶部侍郎爲西南面水陸轉運制置使時帝將用師於西南故有是命

材略

易曰聚人曰財語曰既富而教是知爲國家者本乎邦計故自炎漢而下必愼選其才所以典邦賦而裁制國用者也若乃揖心以運策勵志以奉公百慮無失秋豪必舉民不賦斂物皆阜積綱條以制經費以時軍儲有餘歲會有羨史稱遂於主人又曰國以人富斯可見矣
漢東郭咸陽姓東郭名咸陽武帝時與孔僅爲大農丞領鹽鐵事桑弘羊以心計年十三侍中故三人言利事析秋豪矣
耿壽昌宣帝時爲大司農中丞以善爲筭能商功利得幸於帝商度也
魏任峻漢末爲典農中郎將數年中所在積粟倉廩皆滿軍國之饒起於棗祗而成於峻臣欽若等按魏志羽林監棗祗建置屯田太祖以峻爲典農中郎將

鄧艾明帝時爲尚書郎時欲廣田畜穀爲滅賊資使艾行陳巳東至壽春艾以爲田良水少不足以盡地利宜開河渠可以引水澆溉大積軍糧又通漕運之道乃著濟河論以喻其指正始二年乃開廣漕渠每東南有事大軍興衆汎舟而下達于江淮資食有儲而無水害艾所建也

蜀諸葛亮後主時爲右將軍行丞相事建興九年出祁山以木牛運十二年春悉大衆由斜谷出以流馬運據武功五丈原亮長於巧思木牛流馬皆出其意（木牛流馬法具總録工巧門）

晉杜預武帝時爲度支尚書奏立籍田建安邊論處軍國之要又作人排新器興常平倉定穀價較鹽運制課調內以利國外以救邊者五十餘條皆納焉

後魏崔亮爲度支尚書自孝文遷都之後經略四方又營洛邑費用甚廣亮在度支別立條格歲省億計

朱元旭爲度支郎中時關西都督蕭寶夤啓云所統十萬食唯一月於是孝明大怒召問所由録令已下皆推罪於元旭元旭入見於御坐前屈指校計寶夤兵糧乃踰一年事乃得釋

後周達奚寔仕西魏爲中外府司馬大軍伐蜀以寔行南岐州事兼都督軍糧先是山氐生獷不供賦役歷世羈縻莫能制御寔導之以政氐人感悅並從賦役於是大軍糧餼咸取給焉

趙肅仕魏爲獨孤信治中別駕信東討肅率宗人爲鄉導監督糧儲軍用不匱太祖聞之謂人曰趙肅可謂洛陽主人也

權景宣爲外兵郎中從開封府于謹援洛陽景宣督糧課儲軍以周濟

唐第五琦天寶末爲北海郡録事參軍因奏事至蜀中得謁見因奏言方今之急在兵兵之強弱在賦賦之所出江淮居多若假臣職任使濟軍須臣能使賞給之資不勞聖慮玄宗大喜卽日拜監察御史勾當江淮租庸使琦乾元初爲河南等道五道度支使促辦應卒事無違闕

劉晏代宗永泰中爲度支鹽鐵轉運租庸等使先是肅宗至德初爲國用不足令第五琦於諸道搉鹽以助軍用及晏代其任法益精密官無遺利初歲入錢六十萬貫季年所入逾十倍而人無厭苦李靈曜之亂也河南節帥所據多不奉法令征賦亦隨之州縣雖益殘晏以羨餘相補人不加賦所入仍舊議者稱其能自諸道巡院距京師重價募疾足置遞相望四方物價之上下雖極遠不四五月知故食貨之重輕盡權在掌握朝廷獲美利而天下無甚貴甚賤之憂得其術矣

韓滉大曆六年爲戶部侍郎判度支初自至德乾元已後所在軍興賦稅無度帑藏給納多務因循滉既常司計清勤撿轄不容姦妄下吏及四方行綱過犯者必痛繩之又屬大曆五年已後蕃戎南侵連歲豐稔故滉能儲積穀帛帑藏稍實

崔縱德宗建中末爲大理少卿汴西水陸運使及車駕蒙塵四方握兵未至者縱先知之潛告李懷光說令奔命懷光從之縱乃悉斂軍財與懷光俱來調給甚備懷光軍亡叛戰河外及收河中將還延縱之貨幣先已渡河縱請衆曰若濟悉以分賜衆利之乃西至奉天

杜佑貞元中爲度支鹽鐵等使度支以制用惜費漸權百司之職廣署吏員繁而難理佑始奏營繕歸之將作木炭歸之司農染練歸之少府綱條頗整公議多之

李巽憲宗元和初爲度支鹽鐵等使搉筦之法號爲難重唯大曆中僕射劉晏雅得其術賦入豐羨巽爲之一年征課所入類晏之多歲明年過之又一年加一百八十萬貫舊制每歲運江淮米五十萬斛抵河陰久不盈其數唯巽三年登焉巽精於吏職蓋天性也雖在私家亦置案讀書勾撿如公署人吏有過絲毫無所貸雖在千里外其恐懼常若在巽之前

程异元和中爲鹽鐵轉運副使時方用兵國用不足命异使江淮以調征賦且諷有土者以饒羨入貢至則不剝下不浚財經

貲以贏人頗稱之

王播元和中爲刑部侍郎充諸道鹽鐵轉運使播長於吏術雖簿牘鞅掌剖析如流黠吏詆欺無不彰敗

王彥威爲戶部侍郎判度支進占額圖一軸彥威先因紫宸殿奏所撰度支錢穀文書皆量入以爲出使經費必足無所勉薄且百口之家猶有年計而軍國錢物一切通同臣今悉隨色額占定終歲支遣無毫釐之差儻臣一旦愚迷欲自欺竊亦不可得矣

後唐孔謙莊宗爲晉王時以謙爲支度使河上用兵及燕趙征討前後十餘年飛輓徵斂不至匱乏莊宗成霸業謙有調發之力焉

晉韓祚天福初爲尚書左丞高祖幸鄴都祚留京師權判三司祚有心計能判其事時百官委困國用不計繼祚必多方以時物給之謂吏曰昔四豪爲小國之相皆能養三千客且天子之廷執事者所請有幾安能耗於國乎人以斯言爲當

漢王章隱帝乾祐初爲三司使居無何蒲雍岐三鎮叛是時契丹犯闕之後國家新造物力未充章與史弘肇楊邠等罷不急之務惜無用之費收聚財賦專事西征軍旅所資供饋無乏又三叛平賜與之外國有餘積

褒寵

王者備凶年之賑貸防殊俗之侵軼必將豐其財足其食苟非寵心計精忠之士褒夙夜在公之勤何以委支度之權專漕輓之任損有餘而補不足撫困窮而抑兼并焦心苦思乘傳舉行旣集軍國之饒遂享便蕃之澤者哉列之編次來者作程

漢孔僅武帝時與東郭咸陽姓東郭名咸陽爲大農丞領鹽鐵事乘傳舉行天下鹽鐵[illegible]皆行之也晉[illegible]天之作官府至[illegible]鐵及出納之處僅三年中至大司農

耿壽昌宣帝時爲大司農中丞五鳳中奏言宜糴三輔弘農河東上黨太原郡穀足供京師可以省關東漕卒過半天子從其計漕事果便壽昌遂白令邊郡皆築倉以穀賤時增其賈而糴以利農穀貴時減賈而糶名曰常平倉民便之帝迺下詔賜壽昌爵關內侯

魏任峻漢末爲典農中郎將數年中所在積粟倉廩皆滿軍國之饒成於峻太祖以峻功高乃表封爲都亭侯邑三百戶遷長水校尉

後周寇儁初仕魏爲鹽池都將永安初華州民史底底與司徒楊椿訟田長史以下以椿勢貴皆言椿直欲以田給椿儁曰史底窮民楊公橫奪其地若欲損不足以給有餘見使雷同未敢聞命遂以地還史底孝莊帝後知之嘉儁守正不撓即拜司馬賜帛百疋其附椿者咸譴責焉

唐韋挺貞觀中爲太常卿時太宗伐遼東令挺先運糧河北諸州以便宜從事帝親解貂裘及內廄馬二疋賜之

韋堅天寶元年爲陝郡太守充水陸運使及江淮租庸轉運等使堅以漕運通于京師歲益鉅萬乃召水工審地脈於咸陽擁謂水作興成堰截灞滻至二渭而東至滻關永豐合下與渭合遂於苑東望春樓下穿潭以通舟檝旣成玄宗親幸望春張樂宴羣臣堅素備山東船數百艘於潭側每船署[illegible]摽牓曰某郡船船中悉貯太[illegible]物連亘數里觀者如堵玄宗歡下詔曰古之善政貴於足食將欲富國必先利人朕以關輔之間尤資殽贍比來轉輸未免艱辛故置此潭以通漕運萬代之利一朝而成將允懷於永圖豈苟求於縱觀其郡太守韋堅始終檢校夙夜勤勞賞以有功則惟常典宜特加三品仍改授一三品京官兼太守其判官等則量與改轉仍委韋堅具名錄奏應役人夫各酬庸直兼放今年地稅且啟鑿功畢舟檝已通其押運綱所涉遠途又能先至各賜一中上考船夫等共賜錢二千貫以充宴樂又賜其潭名廣運堅遂加銀青光祿大夫左散騎常侍其陝郡太守水陸運使及江淮租庸轉運等使如故

第五琦天寶末爲監察御史勾當江淮租庸使尋加河南等五道支度使促辦應卒事無違闕累遷司金郎中兼御史中丞於是創立鹽法人不益税而上用以饒遷戶部侍郎專判度支領河南等道支度都勾當轉運租庸鹽鐵鑄錢司農太府出納山南東西江淮館驛等使

元載上元中爲度支郎中智性敏悟善奏對肅宗嘉之委以國計俾充使江淮都領漕輓之任尋加御史中丞數月徵入遷戶部侍郎充度支并諸道轉運使

韓滉爲鎮海軍節度使加江淮轉運使令專督運務貞元元年十一月癸卯日南至德宗祀昊天上帝于圜丘禮畢詔曰江淮轉運使檢校尚書左僕射平章事韓滉勵精勤職夙夜在公漕輓資儲千里相繼可封晉國公明年秋初江淮漕米大至京師帝嘉其功以滉專領度支諸道鹽鐵轉運等使

崔鑾爲劍南西山運糧使檢校戶部員外郎貞元十二年加兼

御史大夫員外郎兼大夫新例也

王紹貞元中爲倉部員外郎時屬兵革旱蝗之後令戶部收闕官俸兼税茶及諸道無名之錢以爲水旱之備紹准詔主判及遷戶部兵部郎中皆獨司其務十三年擢拜戶部侍郎尋判度支二十年遷戶部尚書

李巽憲宗元和初爲兵部侍郎領度支鹽鐵使掌使一年征課所入類劉晏之多明年過之又一年加一百八十萬貫遷兵部吏部尚書使任如故

崔倰爲荊南道兩稅使程异爲浙江東道兩稅使元和七年七月倰賜金紫异賜朝散大夫以入言叙勞也

皇甫鎛爲戶部侍郎判度支元和十一年方討淮夷切於餽餉鎛嚴急辦集遂承寵顧加兼御史大夫

後唐孔謙莊宗同光元年爲租庸使守衛尉卿二年八月賜豐財贍國功臣

財贍國功臣

烏震明宗天成中爲冀州刺史兼北面水陸轉運招撫等使契丹犯塞燕陽路梗震率師運糧三入薊門擢爲河北道副招討並領寧州節度使

晉李參爲駕部郎中充三司開運三年加朝議大夫周易博士呂琦由太府少卿董希逸左朝散大夫吏部員外郎曾震並祠部郎中左拾遺崔頌以朝議郎皆以監諸道權税盜額故也

冊府元龜卷第四百八十三

詔停老弱[illegible]徙收衣糧
四月己丑河南尹韋貫之請以去年夏末至今年夏初供館驛
外茭錢一萬三千五百八十貫草九萬五百八十束代百姓塡
元和十一年至十五年逋欠及今年夏稅從之
十二月乙亥勅諸道州府每年徵納兩稅除送上都外留州留
使錢緣草賊未殄費用滋廣兩稅之外難議加徵然以贍師之
間又須得濟諸道留使錢宜令長吏於諸色給用中每貫量減
二百文以資軍用事平之後即任仍舊壬午出內藏庫錢伍萬
貫付度支以備軍須
二年正月內出繒帛八萬匹付度支以助軍資
四月辛未詔曰頃以寇賊未殄費用滋廣先有詔勅於諸道留州留
使給用錢中每貫量抽二百文今兵戈已戢經費有常其抽錢
宜從今年四月十一日以後停切令官吏所在知委不得妄有
增減

七月以討汴州李㝏內出綾絹五十萬匹付度支以充軍用
敬宗以長慶四年正月即位三月大赦制宮禁經費及乘輿服
膳委所司起今年三分其本色物價及水陸脚價一半委度支
收管一半便任本州收充助貧下戶闕額稅錢
寶曆二年五月辛巳勅如聞度支近年諸色支用常有欠闕今
又諸軍諸使衣賜支遣是時須有方圓使其濟辦宜量賜絹及
紬一萬匹以戶部物充
七月壬辰戶部侍郎崔元略進准宣索見在左藏庫挺銀及銀
器十萬兩金器七千兩舊制戶部所管金銀器悉貯於左藏庫
時帝意欲便於賜與故今盡輸內藏
文宗大和元年三月鹽鐵使王播進停減鹽鐵官吏課料絹一
萬六千三百匹
六月司空兼門下侍郎平章事判度支裴度進金六十八挺
十一月庚寅勅李寰下將士衣糧舊准神策軍例支給今初移

鎭五令度支且准舊例處分待緒見事平後仍委條流聞奏
二年十月辛酉勅武寧軍士馬悉在行營不同常日舊賜綾絹
二萬匹仍委度支逐便支送
四年五月戊子罷度支每年於劍南西川織造年支綾羅錦等
共八千一百六十七匹張端數內五百事
九年春正月甲戌中書門下奏太倉見在粟二百六十萬八百
五十四石並請留充貯備不承別勅不在給用之限如有特勅
支用亦須覆奏從之
七月乙巳戶部尚書判度支王璠奏東渭橋每年北倉收貯漕
運糙米一十萬石以備水旱今累年計貯三十萬石請以今年
所運者換之自是三歲一換率以爲常則所貯不陳而耗蠹不
作許之
開成元年正月一日赦詔其京兆府一年所支用錢物斛㪷
草等並勒鹽鐵使以開成元年直進綾絹充還辛酉鹽鐵使左

僕射令狐楚請以罷修曲江亭子絹一萬三千七百匹迴修尚
書省
二月度支奏每年供諸司并畿內諸鎭軍糧等計粟麥一百六
十餘萬石約以錢九十六萬六千餘貫糴之畿內百姓每年納
兩稅見錢五十萬貫約以粟麥二百餘萬石糶之是度支糴以
六十而百姓糶以二十五農人賤糶利歸商徒度支貴糴䘏行
縣吏今請以度支貴糴錢五十萬貫送京兆府充百姓一年兩
稅勒二十三縣代緡輸粟八十萬石小麥二十萬石充度支諸
色軍糧則開成三年已後以每歲放百姓一半稅錢又省度支
錢一十萬貫勸農減費物理昭然仍請百姓廣開田畝更不加
稅行之有節富庶可期詔付京兆府夏季已前先造戶帖務使
平允凡折納之術行於豐年斯惠農畝苟非豐登人用苦之蓋
輸緡易而輸粟難也
武宗會昌元年赦曰應州縣等每有過客衣冠皆求應接行李

苟不供給必致怨尤刺史縣令務取虛名不恤百姓夫畜皆配人户酒食科率所由令虛通領狀招領價錢又陳設之物遍擾閭里蠹政害人莫斯爲甚宜委本道觀察使條疏量州縣大小及道路要僻各置本錢逐月收利前觀察使刺史前任臺省官不乘館驛者許量事供給其錢便以留州留使及羨餘錢充每至季終申觀察使不得輒配所由人户並限赦書到後一月内處置訖聞奏如虛立名目妄破官錢依前科配並同入己枉法贓處分縣令已下親故以家口同行者並須以料錢供給不得擅配店户紙供其所在食帖切宜禁斷如有犯者並以贓論仍委御史臺及所在巡院常加察訪

懿宗咸通五年五月丁酉詔如聞湖南桂州是嶺路係口諸道兵馬綱運無不經過頓遞供承動多差配凋傷轉甚宜有特恩潭桂兩道各賜錢三萬貫文以助軍錢以充館驛息利本錢其江陵江西鄂州三道比於潭桂徭配稍簡宜令本道觀察使詳

其閑劇准此例與置本錢

七月壬子延資庫使夏侯孜奏鹽錢户部先積欠當使咸通四年已前延資錢絹三百六十九萬餘貫匹内户部每年合送錢二十六萬四千一百八十五貫匹從大中十二年至咸通四年九月以前除納外欠一伯五十万五千七伯一十四貫匹當使緣户部積欠數多先具申奏請於諸道州府場院合納户部所收八十文除陌錢内割一十五文屬當使自收管勑命雖行送納稽緩今得户部牒稱所收除陌錢除錢絹外更有諸雜物貨延資庫徵收不便請起今年合納延資庫錢絹一時便足其已前積欠候物力稍充積漸堙塡其所割十五文錢即當司仍舊收管又緣累歲已來嶺南用兵多支户部錢物當使不欲堅論舊欠請依户部商量合納今年一年額色錢絹須足明年即依舊制三月九月兩限送納畢其已前積欠仍令户部司立限納期限者勑旨依之

八年九月丁酉延資庫使曹確奏户部每年合納當使三月九月兩限絹二十一萬四千一百匹錢五萬貫自太中八年已後至咸通四年積欠一百五十萬五千七百餘貫匹前使杜悰申奏起請咸通五年正月已後於諸道州府場監院合送户部八十文除陌錢内割十五文當使收管以塡積欠續據户部牒稱州府除陌錢有折色零碎請起咸通五年所合送延資庫錢絹逐年兩限須足其除陌十五文當司仍舊收管前使夏侯孜具事由申奏且請依户部論請期限其咸通五年錢絹户部已送納自六年至八年其錢絹依前不旋送納又積欠三十六萬五千五百七貫文者伏以所置延資庫初以備邊爲名至大中三年收復今號若財貨不充則名額虛設當制置之時所令三司逐年分減送當使收管元勑只有錢數但令本司減割送庫不定色目以此因循漸隳舊制年月既久積欠轉多既無計以徵收乃指色以取濟稍稱備邊名號得遵元勑指揮乃割户部除

陌八十文内十五文收管及户部請逐年送庫具冀從今既積欠又多終虧本及期限臣今酌量請諸道州府場監院合送户部錢絹内分配令勒留下合送納延資庫數目令本處別爲綱運與户部綱同送上都直納延資庫則户部免有逋懸不至累年積欠從之

十月丙寅兵部侍郎判度支崔彦昭奏當司應收管江淮諸道州府咸通八年已前兩税榷酒及百支米價并二十文除陌諸色屬省錢准舊例逐年商人投狀便換自南蠻用兵已來置供軍使當司在諸州府場監錢猶有商人便換齎省司便換文牒至本州府請領皆被諸州府稱准供軍使指揮占留以此商人疑惑乃致當司支用不充乞下諸道州府場監院依限送納及給還商人不得託稱占留

昭宗乾寧四年同州節度使長春宫使韓建奏以京兆府於每年見徵賦内減四十萬貫充上供

梁太祖開平二年十一月兩浙節度使奏差使押茶貨往青州迴變供具布衫段送納

後唐明宗天成元年四月制曰先皇帝運關外之資轉供洛中之戎馬遂致百姓困獘不勝饋輓之勞今則須爲制置令度支與總管司會定在京兵數據所供饋積貯京師其近畿糧儲可令諸軍就食其租庸司先將係省錢與人迴圖計供課利或爛茶獘物積年之後和本乾沒爲獘最深宜令盡底收納以塞倖門

八月乙未汴州奏兵額數廣秋稅不多切慮年終供饋有闕支郡舊管曹州伏乞却歸當道從之

三年三月三司使奏河陽白波鞏縣見有軍儲百萬餘斛草十二百七十萬束

長興二年四月太子賓客裴皡上言以京師牛馬多草價貴請畿內種禾者放地頭錢及甸服之內舟船所通沿河置場買草每至春夏即官中出賣

三年十二月乙亥三司使馮贇奏奉聖旨賜內外臣寮節料羊計支三千口帝曰不亦多乎范延光奏曰供御廚及內司食羊每日二百口歲計七萬餘口釀酒糯米二萬餘石帝聞奏歛容良久曰支費太過如何減省初莊宗同光時御厨日食羊二百口當時物論已爲太侈今年數既同帝故駭心

四年二月癸丑帝御中興殿樞密使范延光曰緣邊屯戍兵士人馬支費月計極多若春夏之交便有霖雨山水湍險軍無與舉之理應緣邊兵馬請移於近裏州郡以便芻糧從之帝因問延光內外見管馬數對曰見兵馬數管騎軍三萬五千帝撫髀歎曰朕從戎四十年太祖在太原時騎軍不過七千先皇與汴家二十年校戰自始至終馬數纔萬今有鐵馬三萬五千匹而不能使九州混一是吾養士卒練將帥之不至也吾老矣馬將奈何延光奏曰臣每思之國家養馬太多試計一騎士之費可贍步卒五人養三萬五千騎抵十五萬步卒既無所施虛耗國力臣恐一年年不易帝曰誠如卿言肥騎士而瘠吾民民何負哉

八月賜侍衛親軍優給有差時月內再有頒給自兹府藏無餘積矣

十一月辛巳朱弘昭馮贇曰臣等自蒙重委計度國力虛麤而支給常若不足者直以賞軍無算買馬太多之獘也若不早爲節限後將難濟宜嚴勑西北邊鎭守北後請禁止其來

閔帝應順元年正月洋州節度使孫漢韶上言於駱谷路置倉

三月討鳳翔西京留守王思同上言度支支供軍錢一千萬

末帝即位改元清泰太后太妃出宮中衣服器用簪珥之屬令主者陳于帝庭以助勞軍也帝朝太后辭之不獲初三司計用賞軍錢五十萬及率士庶房課搜索質兼貢物及二拾萬兩宮知之故有斯助

二年六月甲申以邊軍儲運不給詔北面總管以河東諸州民戶有多積粟菽者量事抄借以益軍儲乙酉詔鎭州輸絹五萬

匹於北面總管府博糴軍糧

七月甲午北面總管言邊軍之芻粮其安重勞巡邊兵士欲移振武就軍食從之

晉高祖初即位改元天福敕制曰悉力爲時盡財助國苟不推於恩命亦何示於賞酬自舉義以來應借率人戶及經抄括商旅資財錢物委所司明置文籍候平定之後當議給還

二年九月丁卯據度支奏應請假出入覲省朝臣皆是等第支賜茶藥自前委所司以諸進到者給今諸庫並無見在今後應有請假臣寮欲請權住支候有進到即依舊支賜從之

六年八月宣三司指揮鄴都澶相貝博五州配買修壘營材料一萬五千間仍差工匠人夫共九千人充役

周廣順元年五月丙午鄴都王殷言奏宣以去年諸倉羨餘斛斗留一萬石本府公使餘併籍管之

冊府元龜卷第四百八十四

冊府元龜卷第四百八十五

邦計部三

濟軍　輸財

濟軍

兵法曰興師十萬日費千金又曰千里餽糧士有饑色蓋芻畚令糧同官之制振廩同食左氏所述自昔兵車之會資扉之給曷嘗不以宿飽爲念哉由漢以來或興或戎數發攻擊寇伐屢興兵以深入堅壁而相持飛輓所須乏絕是慮乃有良臣受任忠公匪懈經營調發司務用渡俾無從饑之患以助惟揚之武克贊戎勳輔成大業傳所謂公家之利知無不爲者已

漢蕭何爲丞相守關中時漢王與諸侯擊楚何輒以便宜施行關中事計戶口轉漕給軍

後漢馮異爲征西大將軍討赤眉屯軍上林苑中時百姓饑餓人相食黃金一斤易豆五升道路斷隔委輸不至軍士悉以果實爲糧光武詔拜南陽趙匡爲右扶風將兵助異幷送縑穀軍中皆稱萬歲異兵食漸盛

寇恂爲河內太守行大將軍事光武謂恂曰河內完富吾將因是而起昔高祖留蕭何鎮關中吾今委公以河內堅守轉運給足軍糧率厲士馬防遏它兵勿令北度而已光武於是復北征燕代恂移書屬縣講兵肄射伐淇園之竹爲矢百餘萬養馬二千匹收租四百萬斛以給軍

魏鍾繇漢末都督關中太祖在官渡與袁紹相持繇送馬二千餘匹給軍太祖與繇書曰得所送馬甚應其急關右平定朝廷無西顧之憂足下之勳也昔蕭何鎮守關中足食成軍亦適當爾

夏侯淵爲陳留潁川太守太祖與袁紹戰於官渡行督軍校尉紹破使都督兗豫徐州軍糧時軍食少淵傳饋相繼軍以復振

杜畿爲河東太守太祖西征至蒲坂與賊夾渭爲軍軍食一仰河東及賊破餘畜二十餘万斛太祖下令曰河東太守杜畿子所謂禹吾無間然矣增秩中二千石

張旣爲雍州刺史太祖征張魯旣別從散關入討叛氐收其麥以給軍食

任峻爲騎都尉太祖每征伐峻常居守以給軍是時歲饑旱軍食不足羽林監潁川棗祗建置屯田太祖以峻爲典農中郎將數年中所在積粟倉廩皆滿官渡之戰太祖使峻典軍器糧運賊數寇鈔絕糧道乃使千乘爲一部十道方行爲複陳以營衛之賊不敢近軍國之饒起於棗祗而成於峻

郭淮爲雍州刺史明帝太和五年蜀出鹵城是時隴右無穀議欲關中大運淮以威恩撫循羌胡家使出穀平其輸調軍食用足轉揚武將軍

于禁爲虎威將軍時張遼等與陳蘭梅成相持軍食少禁運糧前後相屬遼遂斬蘭成增邑二百戶幷前千二百戶

蜀王嗣爲西安圍督汶山太守時大將軍姜維每出北征羌胡出馬牛羊氈毦及義穀裨軍糧國賴其資遷鎮軍領郡

晉劉弘惠帝時爲南蠻校尉荊州刺史時益州刺史羅尚爲李特所敗遣使告急請糧弘移書贍給而州府綱紀以運道懸遠文武匱乏欲以零陵一運米五千斛與尚弘曰諸君未之思耳天下一家彼此無異吾今給之則無西顧之憂矣遂以零陵米三萬斛給之尚賴以自固

袁眞爲西中郎將哀帝隆和元年進次汝南運米五萬斛以饋洛陽

朱序爲龍驤將軍監兗青二州軍事求鎮淮陰拜征虜將軍表求運江州米一萬斛布五千匹以資軍費孝武詔聽之加都督司雍梁秦四州軍事帝遣廣威將軍河南太守楊佺期南陽太守趙睦各領兵千人隸序序又表求故荊州刺史桓石生府田百頃幷穀八萬斛給之

宋臧熹爲建威將軍臨海太守時孫恩自海道襲廣州路由

臨海熹資給發遣得以無之
南齊蕭穎胄爲冠軍將軍西中郎長史東昏永元二年與梁王
同謀起義兵加穎胄右將軍都督行留諸軍置佐史先遣寧朔
將軍王法度向巴陵穎胄獻錢二十萬米千斛鹽五百斛諮議
宋泰別駕宗史獻穀二千斛牛二千頭並借富貲以助軍費長
沙寺僧業富沃鑄黄金爲龍數千兩埋土中歷傳相付稱爲下
方黄鐵莫有見者乃取之又充軍實
梁劉坦爲長沙太守行湘州事時高祖起義兵坦選堪事吏分
詣十郡悉發人丁運租米三十餘萬斛致之義師資其用給
陳孔奐爲黄門侍郎時北齊遣東方光蕭軌等來寇軍至後湖
都邑騷擾又四方壅隔糧運不繼三軍取給唯在京師乃除奐
爲貞威將軍建康令時累歲兵荒戶口流散勍敵忽至徵求無
所高祖就日決戰乃令奐多營麥飯以荷葉裹之一宿之間得
數萬軍人旦食訖棄其餘因而決戰遂大破賊

後魏韓麒麟爲冀州刺史慕容白曜攻東陽麒麟上義租六十
萬斛并攻戰器械於是軍資無之
北齊盧勇初爲東魏楊州刺史孝靜武定二年卒年三十二勇
有馬五百匹私造甲仗六車遺啓盡獻之朝廷
後周周惠達爲大祖行臺尚書大將軍府司馬太祖出鎭華州
留惠達知後事于時既承喪亂庶事多闕惠達營造戎仗儲積
食糧簡閱士馬以濟軍國之務時甚賴焉
崔猷爲梁州都督時利州刺史崔士謙請援猷遣兵六千赴之
信州糧盡猷爲送米四千斛於是二鎭獲全
唐宋王成器爲絳州刺史獻馬牛等助軍玄宗報之曰寒草
具腓秋風已勁張國容會軍費者勸先於此乎家國之情助其
費用周旋省覽以慰所懷
王難德爲左武衞大將軍安祿山反難德從哥舒翰守潼關殺
麾下叛胡數百人屬肅宗至靈武行在无絹給賜難德進絹三
千匹及金銀器
李齊運德宗時爲京兆尹京師尚陷賊李晟軍渭橋齊運在畿
境中募人敢死輸芻粟以應晟頗有勤績
韓滉爲鎭海節度建中四年德宗行幸及歸京師軍用懸磬漕道
路又阻關中饑饉加之以災蝗江南兩浙轉輸粟帛府無虛月
朝廷賴焉
田季安爲魏博節度使時中官吐突承璀領兵討王承宗季安
亦出師以具餉運
李鄘憲宗時爲淮南節度使元和十一年以軍興進絹三萬匹
金五百兩銀三千兩以助軍十二年又進助軍絹三萬匹時朝
廷以兵興國用不足命鹽鐵副使程异乘驛諭江淮諸道俾助
軍鄘以境內富實乃大籍府庫一年所蓄之外咸貢於朝諸道
以鄘爲唱首悉索以獻自是王師無匱乏之憂（又云元和十二年至自江南淮供軍錢一百八十五萬貫以進）

王遂爲宣歙觀察使進助軍錢三萬四千二百貫
皇甫鎛爲戶部侍郎判度支元和十二年正月進錢三萬貫
程异爲衞尉卿鹽鐵使進絹十萬匹並號羨餘
韓弘爲汴州節度使元和十三年進絹五萬匹又十四年王師
討淄青弘進助平淄青絹二十萬匹
盧坦爲劍南東川節度使在鎭三年後請收閏月軍吏糧料以
助行營人多非之
李遜爲陳許節度穆宗初方銳意討賊諸道發兵例於度支貸
備唯遜出兵率先諸道賞賜犒宴備於當軍朝論美之故加檢
校吏部尚書
元錫爲宣州觀察使長慶元年進助軍綾絹一萬匹弓箭器械
共五萬二千事
楊元卿敬宗時爲涇原節度使寶曆元年上言營田收粟麥二
十萬斛請付度支充軍糧文宗時爲河陽節度使奏請自出三

月糧料自備行營又溫造為河陽節度大和四年進助軍糧二十萬石以助有司經費杜元穎文宗時為西川節度使大和三年奏發助軍第一般匹段二萬匹到河陰院張惟清為涇原節度使大和五年進助邊粟麥合二十萬王涯為鹽鐵使大和五年五月進羨餘綾絹二十萬匹凡十次郭侑為天平軍節度使觀察等使大和七年十月侑奏請起今年發遣當管鄆曹濮三州兩稅榷酒等上供錢十萬貫斛斗五萬石勑天平軍元和已前地本殷實自分為三道十五餘年雖班詔勑資未供賦郭侑承兵戈之後當歉旱之餘勤力奉公謹身守法纔及周歲已致阜安而又幹國推忠率先入貢成三軍奉上之志陳一境樂輸之心循省表章深用嘉歎所奏依王潛為荊南節度使在任聚斂所至倉庫盈溢屬朝廷方討滄鎮以助軍為名常賦斂之外進錢七十萬貫張允伸為幽州留後時徐人作亂請以弟允皐領兵伐叛懿宗不允乃進助軍米五十萬石鹽二萬石詔嘉之王鎔為鎮州節度使僖宗中和二年進助太原軍士家口糧光啓元年又進扈衛戰馬五百匹○梁趙珝唐昭宗天復元年徵為同州節度留後時太祖統軍岐下珝在馮翊輸輓調發旁午道途繹而昭宗還長安詔徵入覲錫迎鑾功臣之號開平二年七月湖南節度使馬殷奏天策軍先與本道兵士同收復朗州進賞犒將士錢十萬貫七月魏博節度使羅紹威進絹三萬匹時虜寇臨汾諸將征討日聞其事紹威進以備犒師之用乾化元年十月北征察州奏助軍絹二千匹青州節度使進絹五千匹兖州進絹三千匹○後唐張全義為河南尹莊宗同光二年五月進粟四萬石助軍末帝清泰二年六月癸未樞密宣徽使進添都馬一百三十匹河南尹百匹時偵知戎虜寇邊日促諸軍故有此獻欲表率藩

鎮也三年七月丁酉晉州劉知遠獻馬五十疋鄧州皇甫遇進馬十匹錢千緡以助討伐辛丑鄆州王建立獻助軍錢千緡絹千匹粟五千斛馬二十匹八月癸亥滑州刺史武從諫獻助軍錢五百緡徐州刺史郭延魯貢錢五百貫馬十匹助征晉高祖天福二年四月汴州楊光遠進助國錢二萬貫宋州趙在禮進助國絹三千匹錢二千貫鄴府進助國絹三千匹銀一千兩玉器帶一條馬十匹五月丁卯許州萇從簡進助國錢五千貫絲五千兩甲戌徐州安彥威進助軍錢三千貫絲綿六萬兩己卯宋州趙在禮進助國茶三萬斤鄆州安審琦進助軍紬三千匹絲五千兩花絁五十匹銀器五百兩七月秦州康福進助國錢五千貫○八月甲午邠州安叔千進助國馬五十疋癸卯宋州趙在禮進大小麥一萬石同州符彥卿進助國銀一千兩船五隻九月辛亥湖南馬希範進助國大茶三萬斤丙辰荊南高從誨進助國絹五千匹錦綺一百匹癸酉鎮州安重榮進馬三十匹乙亥雄州刺史袁正辭進助國錢三萬貫十一月甲寅前涇州節度李德珫進戰馬三十匹丁巳襄州安從進進馬二十匹絹一千匹十二月辛丑定州皇甫遇奏般軍糧八萬石赴魏州乙巳楊光遠進助國錢一萬貫三[illegible]八壬戌昭義軍杜重威進助國馬二十匹銀五百兩玉帶一條戊辰鄆州安審琦進助國絲二萬兩絁一千匹月戊寅徐州萇從簡進助國錢三千貫同州符彥卿進馬三十匹戊戌北京留守安彥威進助國馬二十五匹絹一千匹東京留守高行周進助國錢五千貫又鎮州安重榮進助國絹六

（下闕）

邦計部九

蠲復第三

德宗建中三年既誅李惟岳下詔易定滄趙常冀節度觀察使除本道所用外者給復三年

興元元年春正月癸酉在奉天行宫受朝賀畢大赦改元制其奉天縣為赤縣仍給復五年在縣城内者給復十年六月癸丑詔改梁州為興元府百姓給復一年己巳詔曰朕巡狩于南自春涉夏師旅郡會日費斯廣州閭杼軸歳計其空東作妨時西成罕望雖偪徙從事人不告勞而愧悼積衷予實知咎矜者減其租稅優以復除庶乎有瘳况用小息洎駕言旋軫翔蹕艱途絶磵索廻危棧綿亘時經塗潦道路阻脩工徒造舟縣人背路長幼者蓁莫獲寧居而又齎荷糗粮供備頓舍涉于千里犒我六師居人露處而困息宿麥過時而不獲覩此妨奪彌增感傷前所蠲除未足酬郵式敷恩澤以艾夫勞其興元府除先減放秋稅給復外更給復一年洋州除放秋稅外給復一年鳳州全放今年秋稅七月景子車駕至鳳翔詔鳳翔府管内今年秋稅及去年已前逋欠並宜放免辛卯大赦制京兆府百姓普免外給復一年

貞元元年八月李懷光平詔河中府及同絳百姓並經賊生業廢弃興言軫念良用憫然宜各給復一年

二年四月李希烈平詔淮西百姓等久經淪陷兼彼傷夷頃兹凋殘實足哀愍除供當道軍用之外宜給復二年將士之中不樂在軍願歸農業者委節度使刺史量給逃戶死戶田宅并借貸種粮優復終身使之存濟

三年十二月庚辰獵帝畋於新店幸野人趙光奇家問曰百姓樂乎對曰不樂帝曰仍歳頗稔何不樂乎對曰蓋由陛下詔令不信於人斯以然也前詔云兩稅之外悉无他徭今非理而誅求者殆過之後又去和糴於百姓曾不識一錢而強取之始去所糴粟麥納於道次今則遣至於京西行營動過數百里車摧牛斃破産奉役不能支也百姓愁苦如此何有於樂乎雖頻降優恤之詔而有司多不奉之亦恐陛下深在九重未知之也帝感異之因詔復除其家

四年正月一日大赦百姓逋欠一切放免九月詔曰興至化者務積於人故欲濟斂長國家者以義為利故使以時朕撫臨區夏宵旰忘勞苟可以助化濟人常思大小皆盡近以中夏甫穿頻勤經費遂收諸道停減將士糧料用叶權宜言念疲甿重兹供億其貞元四年已徵到及在路者即依前送其在百姓腹内者並放免五年已後每年合收一百萬八十八貫石亦宜放免委本道觀察使各具當管州所放聞奏并曉示百姓初建中末國家多難諸道咸加召將士赴國難兩稅外別徵資糧以給之及復京師悉罷歸農去歳宰相李泌請自貞元二年已後追收其資費納於戶部謂之諸道減將士錢乃遣度支員外郎元友直巡州府搜索之既而稅輸錢米百余萬人力殫竭殆不堪命使且多懇訴帝霈然而悟特詔免之自是東南之甿復安其業

六年閏四月旱詔京兆府諸縣田合徵夏稅者除水利地外一切放免其迴種秋苗者亦不在收稅限

八年秋八月江淮荊湖陳宋至於河朔連有水災十二月詔恵下恤人先王之政典視年制用有國之常規故有出公粟以振困窮弛歳征以寬物力乃者諸道水災臨遣宣撫者覽條奏哉懷惻惻其州縣府田苗損五六者免今年稅之半七已上者皆免委度支條以聞奏朕撫臨億兆思致和平理化未臻良增愧畏

十二年十月詔京兆府所奏奉先等八縣旱損秋苗一万頃計子三萬六千二百石并青苗錢一萬八千二百貫此緣春夏少雨秋稼或傷頃畝雖則非多黎庶猶慮艱食況畿甸之内供應實頻須有憂矜以寬疲瘵其所奏損特宜放免先是州府奏水旱

損苗別差官檢覆多有異同之議又追集人户煩擾州府至是帝知其弊故特允其奏朝野懽愛

十四年正月詔曰朕臨御兆人爲之父母思底于道俾安其生然則邦計不可不供封略巨以集事而累經水旱或有流庸積成逋懸憂以凋瘵每念于此惕然交懷中宵已興思極其弊將以憫其疾苦致於康寧豈可更擾疲人尚爲徵斂宜引善貸以惠困窮其諸道州府應欠負貞元八年九年十年兩税及榷酒錢總五百六十萬七千餘貫在百姓腹内一切並免如已徵得在官者宜令所司具條流聞奏於戲天生蒸人君爲司牧百姓不足過貴在予永思其艱載用祇畏宣示中外令知朕懷與議以所欠錢物等多是浮寄編戶腹中各已逃移年月且久縱令所司徵納亦無從而致雖有此詔實無益於百姓矣

十八年二月免京兆府逋税二萬二千貫七月蔡申光三州言春大水夏大旱詔其當道兩税除當軍將士春冬衣賜及支用外合供上都錢物已徵及在百姓腹内者量放二年

二十年二月詔曰去夏迄秋頗愆時雨京畿諸縣稼穡不登朕用軫慮憮爲其父母令宿麥未收其逋租宿貸六十五萬貫石宜蠲除之理化之本繫乎京師副朕憂人屬於長吏宜勉務農桑各安生業以諭朕懷

順宗以貞元二十一年正月丙申即位二月甲子大赦天下百姓應欠貞元二十一年二月三十日已前榷酒及兩税錢物諸色逋懸一物已上一切放免京畿諸縣應今年秋夏青苗錢並宜放免六月景申詔曰朕君臨寰海子育兆人思欲阜其財求俾遂生殖然後導之以禮樂齊之以政刑興康讓之風洽和平之理而比聞官司之内尚有逋懸每念黎蒸用深憂軫永言勤恤宜有蠲除其莊宅使從興元元年至貞元二十年十月三十日已前畿内及諸州府莊宅店鋪車坊園磑零地等所有百姓及諸色人應欠租課斛㪷見錢絁絹草等共五十二萬餘並放免朕方與人休息致之富壽物有不得其所事有可利於人寤寐求思予無所愛宜加曉示令悉朕懷

憲宗永貞二年正月即位其月丁卯詔京畿諸縣今年青苗錢及榷酒錢並宜放免地税容予每㪷量放二升江淮荊襄等十州管内水旱所損四十七州減放米六十萬石秋税錢六十萬貫

元和元年九月西川平十月詔西川百姓等久陷兇逆不免傷殘其兩税錢等委本道觀察使量與矜減其東川州縣及山南西道當兇徒焚劫之後王師攻取之辰發輓饋運繕完補葺一日之費豈止千金三軍所資盡出百姓永惟勞弊朕所軫懷其東川元和二年上供錢物並放留州留使錢委觀察使量事矜減仍具數奏聞山南西道元和二年上供錢量放一半

二年正月辛卯有事于南郊還御丹鳳樓大赦天下制天下應有逋欠在百姓腹内者及京畿今年夏青苗錢並放免淮南江南去年已來水旱疾疫其租税節級蠲放

是月又詔曰令云人有産子者復勿筭三歲今諸懷姙者賜胎養穀人三斛復其夫勿筭一歲著以爲令

二月壬申制以浙江西道水旱相兼蠲放去年兩税上供錢三十四萬餘貫

四月戊午朔庚申制以劒南西川所管新罹兵革蠲放去年兩税榷酒上供錢五十六萬餘貫今年者免其半七月辛卯蠲劒南西川常賦錢米貫石七十餘萬以經劒閣亂故也十月潤州將張子良等既擒逆賊李錡制曰每念疲甿久罹虐政而又迫於逆命驅以鋒鏑攢斂則灌以湯庖傷殘則烈于猛火永言於此如納諸隍宜申蠲貸之恩冀息歌吟之苦其潤州今年秋税未徵納者一切放免其管内諸州如李錡作逆之後橫加徵剝委元素審加勘責具色目聞奏其榷酒錢亦宜處置聞奏

四年正月詔元和三年諸道應遭水旱所損州府合放兩税錢

禾等損四分已下者宜准式處分損四分已上者並准元和元年六月十八日勑文放免

六年二月甲午勑泗州二年水旱所損不登其欠元和三年錢四千六百四十貫米三千一百石等宜並放免

四月丁亥浙江東道觀察使李遜奏當道台明溫婺四州貞元五年准詔權加官健一千五十八人今請停罷歸農其衣糧稅外所徵錢米並請蠲放從之又免鄂岳道逃戶錢十三萬五千貫

十月戊寅制曰朕聞王者之牧黎元也愛人如子視之如傷者或風雨不時稼穡不稔則必除煩就簡借力重勞以啚便安以阜生業況邦畿之内百役所叢雖勸卹之令亟行而供億之制猶廣重以經夏炎暵自秋霖霪南畝虧播植之功西成失豐登之望内之口食外奉王徭豈唯轉徙之虞慮有餓殍之患斯蓋理道猶鬱和氣未通永言于茲良所悠歎宜加恵貸式示誠懷比者每令折糴本以便人爲意今田穀所收其數既少必恐徵納之後種食不充其京兆府宜放今年所配折糴粟二十五萬石如百姓有粟情願折納即於時價外特加優饒與納仍令當處收貯委度支逐便支用今春貸百姓義倉斛㪷屬歲旱歉須議優矜宜令所司容至豐熟日徵塡京兆府從元和五年已前諸縣租稅有逋懸錢物在百姓腹内者放免其百官職田數額其廣近緣水潦道路不通計其般運脚價所費猶倍務令寛濟使得安存其破損外職田粟宜令逐近貯納仍委度支隨便支用其職田粟送城脚價亦宜放免百官今年本分職田粟據損數外宜令於太倉請受其草及水田租既緣城中無可迴給即宜據損數外准舊例令今年畿内田苗應旱損處如聞至今撿覆未完又屬霖雨所損轉多有妨農收慮致勞擾其諸縣勘覆有未畢處宜令所司據元訴狀便與破損不必更令撿覆其未經申訴者亦宜與類例處分朕以爲理之本在乎安人咨爾尹京宰邑之臣實惟親人阜俗之寄必當詢其疾苦奉我詔條恤

隱爲心無怠於事罔或徇利以刻下亡剛而茹柔使閭井或安惸嫠復濟各勉忠效宜悉朕懷

閏十二月乙巳勑畿内百姓頃以秋稼旱損農收不登言念疲黎每務矜恤乃者詔命既下各已加恩如聞村閭之間尚慮乏食更宜優貸以恵吾人其粟及大豆除已徵納外見在百姓腹内者宜令全放青苗錢欠在百姓腹内者量放一半

七年二月庚寅制元和六年諸色稅草并職田草共一百一十五萬束並宜放免又有常賦錢穀蠲放之餘貧弊者多慮難輸入欲令寛息須有優矜其京兆府欠去年兩稅青苗等錢二萬一千八百貫欠秋稅雜斛㪷及職田粟五萬三千三百碩並宜放免元和六年春賑貸京畿百姓義倉粟二十四萬碩亦宜放免

九年二月詔應京畿百姓所欠元和八年秋稅斛㪷苗青錢稅草等在百姓腹内者並宜放免

五月癸酉以京畿旱免今年夏稅大麥雜敷合十三萬碩并隨地青苗錢五萬貫

十年十月戊申罷四道兩稅

十一年四月己未制曰疆理宇内必先於京師恵綏四方亦始於中國蓋以千里之壤百役是資俾其不足吾孰與足頃自春及夏時澤未降恐失順成之道或生歉儉之災是以仰瞻昭回俯察田畝冀獲朝躋之潤方寛夕惕之憂思遂康寧盡蠲逋負其京畿百姓所有積欠元和九年十年兩稅及青苗并折糴折納斛㪷及稅草等除在官典所由腹内者並宜放免

七月景戌以淮西四面諸州隣賊乏食蠲放夏稅錢米有差

十二年七月甲子勑淮西四面州縣夏稅並宜放免

九月丁未詔免淮西四面之州秋稅

十月己卯淮西平甲申詔淮西百姓給復二年仍委州縣長吏設法安撫

十三年正月一日赦書其度支元和二年已前諸道借便及

欠錢物斛斗雜物當四百八十餘萬貫石端匹並斤兩等並放鹽鐵戶部諸監院應有欠負亦疎理減之

十四年五月乙酉勅京畿之內供億所叢雖年穀此登而人食尚寡俾其存濟實在優矜其京兆府及諸縣今年夏稅大麥等共九萬四千六百九十四石並宜放免

七月己丑帝御宣政殿册尊號禮畢大赦天下京畿今年秋稅青苗及榷酒錢每貫量放四百文從元和五年至十年已前諸縣百姓欠負錢物斛斗等委京兆府疎理減放淮南浙江東道宣歙江南西道劒南福建山南東道荆南等九道今年秋稅錢合上供者每貫量與減放度支鐵鹽戶部應有逋懸並委本司疎理具可放數聞奏

穆宗以元和十五年正月即位二月丁丑御丹鳳樓降赦詔度支諸州府監院從貞元八年已後至元和十年已前共計欠錢二百一萬五千九百餘貫鹽鐵使諸監院應欠元和十三年已前錢物除准前制疎理外共計一百八萬八千六百餘貫石等戶部諸州府從建中三年已後至元和十三年已前應欠在州貧窮并遭水旱逃亡百姓腹內兼連接淮西河南賊界徙掠劫散失及賑貸百姓錢物五十萬九百餘貫石等京兆府從元和五年已後至十三年已前應欠諸色錢物共六十一萬九千六百餘貫石等州府監院百姓欠負但在[illegible]並聽首者一切放免內外百官食利錢一倍至五倍已上勘[illegible]放免

四月勅京畿二十有二縣欠元和十四年京百司職田二十二萬九十一石宋貫等京畿百姓閑甚艱負累差般運軍糧今又修營陵寢雖應緣驅役皆給傭價錢而屢有差召頗妨農業宜可更徵懸欠重使憂愁其所欠並宜蠲免其三分合受納所欠職田或見在官班各請厚俸或近終考秋稍有餘貧宜體朕懷以寬其分

六月京兆府上言興平醴泉鄠縣等夏苗請免其租入

九月宋州奏雨水敗田稼六千頃請今年租入並從之

長慶元年正月辛丑郊禮畢大赦天下制[illegible]鹽鐵戶部三司官吏所由欠負元和十三年已前諸色錢物斛斗委本司盡勘責如是入已隱欺即准條處分如緣欠折難徵元保外無可納者宜並與疎理諸軍諸使亦准此處分務從[illegible]不得別有科率

四月己丑河南尹韋貫之請以去年夏未[illegible]年夏初供館驛外殘錢一萬三千五百八十貫草九萬五百八十束代百姓填元和十一年至十五年逋欠及今年夏稅從之

七月己酉册尊號禮畢大赦制京畿諸縣及度支鹽鐵戶部欠負各疎理放免有差

二年八月既誅李介汴州平下詔其三州界內有兵馬所到縣百姓或被驅擾處宜放今年秋稅內三分量放一分

敬宗以長慶四年正月即位三月詔京畿[illegible]縣應今年夏青苗錢並宜放免秋青苗錢并河南府夏青苗錢每貫放二百文其京兆府除所放青苗錢外更放錢五万貫斛斗五萬石河南府除所放青苗錢外亦更量放三萬貫斛斗三萬石

文宗大和元年正月即位赦制京兆府今年夏稅青苗量放並

八月詔三原縣百姓今年秋青苗錢並放免富平縣量放一半

二年十一月以棣州平詔應在境內百姓宜復一年

三年十一月庚子京兆上言奉先富平美原雲陽華原三原高官渭南等八縣旱霜損田三千三百四十頃言詔蠲免

四年十二月京畿及河南江南荊襄鄂岳湖南大水害苗稼官出米賑給蠲免其田稼官租

五年十月丁卯京兆府上言奉先渭南縣今年夏風雹暴雨害田稼至是請蠲免其租可之壬午度支奏據屯田郎中唐扶勘州內鄉行市黃[illegible]場[illegible]鄧驛等充主掌貞元二年湖南江南運到糙米至浙川於荒野中權造團處所差鄧縣元交領除支用外六千九百四十五石多年蒙爛亦灰壓准度支[illegible]元主掌所由從貞元二十年已後[illegible]鄧[illegible]父子兄弟至玄孫

相承禁繫經十二十八年前後禁死九人追孫及玄孫等四人
見枷禁奉勅如聞鹽鐵度支兩使此類至多其鄧琬四人資產
全已責納繫禁動經三代死於獄中實傷和氣其鄧晟等四人
勤責保放出仍委兩使都勘天下州府監院更有此類但禁經
三年已上者一切與疏理各具事由聞奏
七年正月詔京兆府大和六年青苗搉酒錢在百姓腹內者並
放免京兆河中同華陝虢晉絳等州府自大和六年秋稅已前
諸色逋懸在百姓腹內悉放免
八年二月庚寅詔為政之要必在去煩厚下之恩莫先已債應
度支戶部鹽鐵積久欠錢物或因繫多年資產已盡或本身淪
歿展轉攤徵簿書之中虛有名數囹圄之下常積滯冤言念于
斯所當矜恤其度支戶部鹽鐵應有懸欠委本司具可徵放數
條流聞奏不得容有姦濫京諸司使食利錢已納利計五倍已
上者本利並放其有攤徵保人納利計兩倍已上者其本利亦
並放免
九月乙卯詔淮江浙西等道仍歲水潦其田苗全損處全放其
年青苗錢餘亦量議蠲減
開成元年正月一日御宣政殿朝賀禮畢詔其戶部度支鹽鐵
應有諸色欠負大和五年已前者並放免京畿百姓兩稅已降
凡一歲之內徵取者并百官職田並全放一年河中同州絳州
去年旱歉賦斂不登宜特放開成元年夏青苗錢
四月詔曰遠人征賦每歲徵輸言念辛苦暫為蠲免其安南今
年秋稅悉宜放免委都護田早集百姓曉示恐軍用闕絕宜賜
錢二萬貫以嶺南觀察使合送兩稅供錢充
二年三月壬申詔揚州楚州浙西管內諸郡如聞去年稍旱人
罹其災豈可重困黎元更加誅斂爰布蠲除之令用叶捄物之
情宜委本道觀察使於兩稅戶內不支濟者量議矜減今年夏
稅錢每貫八分數蠲放分折速奏仍於上供及留州使額內抯

均落下務令蘇息
十月河南府上言今秋諸縣旱損并雹降傷稼請蠲賦稅從之
十一月甲戌戶部侍郎李玨奏廬州舒縣太平鄉百姓徐仔居
赤姪兄弟五代同居請免其同籍戶稅從之
十二月宣歙觀察使崔鄲奏溧陽縣百姓陳班請蠲復稅賦從之
三年正月詔淄青兗海鄆曹濮去秋螟蝗害物偏甚其三道有
去年上供錢及斛斗在百姓腹內者並宜放免今年夏稅上供
錢及斛斗亦宜全放
六月諸道征鎮各奏準詔停進奉以放貧下戶租稅
十一月以妖星見降詔京畿之內百役繁興欲其阜安切在優
卹其今年二月二十五日敕賑貸諸縣百姓糧種粟八萬四千
九百七十八石如聞數內半是義倉斛斗此乃救災之備豐年
自合收填其餘有戶部管係者並且停徵以俟來歲畿內諸縣
應有開成元年已前諸色逋欠並宜放免仍委度支與府司同
檢勘聞奏如是官吏破用不在此限
武宗會昌六年二月壬申朔癸酉制天下州府耆老惸獨及錢
疾窮困交不存濟戶今年夏稅並放免
懿宗咸通二年二月鄭滑節度使李福奏屬郡潁州去年夏大
水雨沈立汝陰潁上等縣平地水深一丈田稼屋宇淹沒皆盡
乞蠲租賦從之
四年七月詔安南管內被蠻賊驅劫處本戶兩稅丁錢等量放
二年候收復後別有指揮
僖宗廣明元年五月乙卯詔自廣明已前諸色稅賦宜令十分
減四分其河中府太原府遭賊寇處亦宜准此
哀帝天祐元年八月即位二年四月德音修奉園陵役費夫匠
車牛宜令錄奏優復一年
梁末帝貞明六年四月己亥詔曰王者愛育萬方慈養百姓恨
不驅之以仁壽撫之以淳和而炎黃有戰伐之師堯舜有干戈

之用諒不獲已其有病諸然則去害除妖興兵動衆殺黑龍而
濟中土刑白馬而誓諸侯終能永逸暫勞以至同文共軌古今
無異方冊具存朕以眇末之身託億兆之上四海未乂八年于
茲業業兢兢日愼一日雖踰山越海蕭愼方來而召雨徵風蚩
尤尚在顧茲殘孽勞我大邦將士久於戰征黎庶疲於力役木
牛暫息則師人有不褰之憂流馬盡行則丁壯有無聊之苦況
青春告謝朱夏已臨妨我農時迫我戎事永言大計思致小康
宜覃在宥之恩稍示哀矜之旨用兵之地賦役實煩不有蠲除
何使存濟除兩京已放免外應宋亳輝潁鄆齊棣滑鄭濮沂密
青登萊淄陳許均房襄鄧泌隨陝華雍晉絳懷洪商等三十二
州應欠貞明四年終已前夏秋兩稅并鄆齊滑濮襄晉輝等七
州兼欠貞明四年已前營田課利物色等並委租庸使逐州據
其名額數目矜放所在官吏不得淹停制命徵督下民致恩澤
不及於鄉閭租稅虛捐於帳籍其有素私遠年債負生利過倍
自違格條所在州縣不在更與徵理之限兗州墻內自張守進
違背朝廷結連蕃寇久勞攻討頗困生靈言念傷殘尋加給復
龍德元年五月丙戌詔應欠貞明三年四年諸色殘欠五年六
年夏秋殘稅並放
七月以陳州平（先是州刺史惠王友能叛命張漢傑討之）勑開封府太康襄邑雍丘
三縣遭陳州賊軍奔衝其夏稅只據見苗輸納
後唐莊宗同光元年四月即位詔應諸道管內有高年踰百歲
者便與給復永俾除名自八十九十者與免一子役州縣不得
差徭其雲應蔚隨山北八軍易定幽燕邊藩諸縣自鮮卑入寇
仍歲纏災瞻彼流人良堪興歎或乍來復業纔擬營農尚恐侵
擾須加慰䘏其稅率仍委長吏量與減放凡有痛毒孤貧惸嫠
鰥寡歷代皆關於教化自古共切於軫傷免致嗟咻追加惠養
應有欠負不繫公私若曾連重出利累經徵理填還不迨者並
宜釋放

十月詔曰理國之道莫若安民勸課之規宜從薄賦庶協息肩
之頌與詣鼓腹之謠應諸道戶口並宜罷其差役各務營農所
係殘欠賦稅及諸務懸欠積年課利及公私債負等其汴州城
內自收復日已前並不在徵理之限應天下諸道自壬午十二
月已前並放其兵戈蹂躪之地水旱災沴之鄉苗稼不登徵賦
宜減應今年經霜旱所損田苗處撿覆不虛據欲權蠲免兼北
京及河北先為妖祲未平配買征馬如有未請官本錢及買馬
不迨者可並放免
二年二月詔曰水旱之鄉飢寒宜卹兵戈之地勞敝堪傷鄴都
及河東久興師旅頗困生靈其近鎮州竝入華遣徭役無時暫
息應北京以北諸州川界及至新州幽州鎮定管界契丹侵掠
井邑凋殘兼遼州沁州南界及安義北界澤州諸縣河陽向下
至鄆漢齊棣已來邊河州縣數年兵革至甚凋殘自此並宜倍
加撫安召令復業應人戶所輸稅租特與蠲減已從別敕處分
兼諸道州縣有經霜水旱之處所損田苗納稅不迨縣次處和
子細撿詳如不虛妄特與蠲放
五月勑治國之由安民是本如聞今歲麥田雖繁而結實不廣
其四京諸道百姓於麥査地內種得秋苗並不徵稅
十一月中書奏天下州府今秋多有水潦處百姓所輸秋租請
特減加耗以慰疲民勑從來年蠲減
三年二月甲子敕詔曰聞者以皇綱中墜國步多艱爰率兵甲于
兩河張煙塵於千里臣庶受勤二紀勞役萬端洎乃東京國號大名
雄稱全魏昔惟廣晉今實興唐自朕南北親征高低叶力摠六
州之疆土供萬乘之征租有飛芻輓粟之勞有浚壘深溝之役
賦重而民無嗟怨務繁而士竭忠勤致子婦盡氣羸年除為渚
九廟復蒸嘗之薦兆人息塗炭之災靜想寅緣深於嘉歎非者
因巡冥表素戴洽歌謠俱懸拯難之誠遂舉省方之典爰臨舊界
洎至都城對父老之歡呼睠澆斯之睹井田之凋廢臨馭增慚

得不特降優恩俾蘇舊地與表龍綏之道兔逾斂激之風應東
京蠶絲鹽錢每兩與減放五十文逐年俵賣蠶鹽大鹽甜次冷
鹽每斗與減五十文藥鹽與減三十文其小菉豆稅每畝長與
減放三升都城內店宅園囿比來無稅頃因偽命遂有配徵後
來元將所徵物色添助軍人衣賜將令通濟且示矜蠲今據緊
慢去處於見輸稅絲上每兩作三等酌量納錢貫與充本廻圖
收市軍人衣賜其絲永與除放所有六街內空閑田地並許新
歸業人户逐便蓋舍居止與免差徭如是本主未來一任坊隣
收佃庶令康泰俾表優恩

三月車駕自鄴幸澶州辛亥次於德勝頓頓丘縣人王遇等一
百五十人遮道訴曰臣等墳墓田園陛下數年列栅在内桑棗
爲寨木田園成溝壘十年在外去歲方歸帝憫然許復一年

四年正月壬戌制應同光三年經水災處有不迨及逃移人户
差科夏秋兩稅及諸折配委官吏於加點檢並與放免仍一年

内不得雜差遣壬午年已前百姓所欠秋夏殘稅及諸色課利
錢物先有敕文悉已放免近聞或不遵守依前却有徵收仰下
租庸司及諸道州府切准前敕處分其同光元年當戰伐之後
是干場受之初人户流離多未復業因茲租賦須議矜蠲其諸色
殘欠差稅及不迨係官課利並與放免三蜀管内百姓除秋夏
兩稅及三司舊額錢物斛𣂏并繼岌崇韜申奏減落徵收外所
有無名配率急徵橫歛毒害生靈者更委本道新除節度使上
後於管内一一撿勘細具聞奏當與放免

册府元龜卷第四百九十一

冊府元龜卷第四百九十二

邦計部一十

蠲復第四

後唐明宗天成元年四月即位下制曰朕自魏汴至京大軍所歷戎馬騰踐麥苗下本州使檢量據所傷踐與蠲地税諸色差税自今年四月一日已前並與放免如已徵入州縣者即據數納省若取官中迴圖錢立契取私債未曾納本利者不在此限其餘並不徵理

十一月癸未鎮州奏盧文進所部歸業戶口奉詔放租税三年仍每口給粮五斗訖

二年十月戊戌詔曰諸道州府自同光三年已前所欠秋夏税租并主持務局敗闕課利并沿河舟船折欠天成元年欠夏税並特與除放（時安重誨既構任圜之禍恐人非之故市恩安衆以掩已過）辛丑詔曰朕聞後來其蘇動必從於人欲天監厥德靜宜布於國恩近者言幸浚郊暫離洛邑蓋逢歲稔共樂時康不謂姦臣據彰逆狀為憂之階既甚覆宗之禍自貽俾我生靈遘茲紛擾永言軫惻無輟寤興宜覃雨露之恩式表雲雷之澤應汴州城內百姓既經驚劫須議優饒宜放二年屋税兼公私債負如是在城迴圖錢物及公私質庫除點檢見在外實經兵士散失者不計年月遠近並宜蠲放應有年八十已上及家長有廢疾者宜免一丁差役夫天災流行時雨愆亢既關地分宜減國租今歲岐華登萊皇夏稍旱須加軫念以示優恩四州所管百姓宜令長吏切加安卹其所旱損田苗宜令檢行詣實申奏與蠲減税租仍不得輒有差徭科配

四年正月勑會計之司租賦為本州縣之職徵科是常儻下吏整齊必漸滋侵倖今聆舉奏果有違懸非朝廷之立法不嚴蓋官吏之慢公頗甚緣當獻歲未欲加刑宜顯示於新除責其除於積弊其天成元年應欠秋税特與據數放免

三月勑王都負國命將挨克攻伐之勞朕所常憫頗聞軍之苦欲實備知近自收城方期罷役宜加矜卹俾示優饒其鄰近幽鎮滄邢易定等州管內百姓除正税外免諸色差配庶令生聚並獲舒蘇

長興元年二月南郊赦詔天成四年十二月終已前諸道州府人戶應有殘欠税物蠶鹽之乾擢濕𪍿折係積年之欠俄逢作解之恩並與免放諸州府營田戶部院應欠租課房店利潤逃移人戶死損牛畜或先遭剽劫及水澇虫欠負斛斗無可徵填已收納到家產財物其餘所欠並與蠲除所在倉場積年損爛使臣盤覆欠折尤多其主持專知官等據通收到產業物色外亦與放免應諸道商税課利撲斷錢額去處除納外年多虛欠抑禁徵收趂無抵當並可放免諸道採造材木欠數定州材木錢及閩鄉船務遺火所燒所司累行催促無可徵填亦與放免先南北面軍前倉場主持損爛欠折及江河轉運拋失舟船并斛斗交稱錢諸鎮欠少過軍准備糧草等據主持人見在家業並勒收納外餘放所欠天成元年二年諸州般納到上供到庫稱盤積欠物色并曾遭兵火燒劫及耀州前後身死刺史界分欠省庫錢物卻勒州司官吏陪填者並特放免天成二年終諸色人於西川省庫內借過錢并省司先差人收買羊馬欠折死損無可填還及天成二年終已前諸道銀銅鐵冶鉛錫水銀坑窟應欠課利兼木炭農具等場欠負亦與放免河陽管內人每畝上舊徵橋道錢五文今後並放不徵諸道州府人戶每畝上元納麴錢五文今特放二文祇徵三文

三年五月襄州奏水高二丈壞城欲盡乞蠲人戶麥税從之

十月庚戌襄州奏漢江暴溢廬舍田稼並盡無可徵税請特免從之

四年三月辛丑勑叛黨未平難輟轉輸之役流民既復必資安集之計朕應天順人端居靜治若涉大水如履薄冰翼翼兢兢

選不勉荷所賴文武宣力天地降祥雨順風調政寬事簡驕亡夷一主遠殊貞觀之朝而斗粟十錢近比開元之代無何董璋構亂蜀郡罹災萬方共樂於太平一境獨嗟於多事遂致數年動衆千里勞民奔馳秦鳳之郊委頓岷峨之路蓋彼樂禍非我願爲今則逆順分明車書混一陸梁之黨已歸菹醢之刑渙汗之恩宜及瘡痍之俗示以歸還之路慰其懷戀之誠應秦岐延涇寧慶邠同興元京兆等州府所欠長興元年二年夏秋稅賦諸色錢物及營田戶部莊宅務課利等物並放如聞州使廉察自前每降敕書稍關除放頗掩行遣轉急徵催物已輸官人方見榜厚利實歸於州縣鴻恩虛及於生靈而況一戶逃移一村攤攄殘欠之物蓋藏於形勢腹中披訴之詞指訴於逃亡腳下朝廷比哀貧戶州縣輒啓倖門欲收條流宜先曉喻今後敕到畫時曉諭所管仍勒要路粉壁曉示如敕未到時已徵到物色據數附帳不得隱落如有人陳告以枉法贓論敕到並須半月內施行除放訖奏聞

八月戊申受尊號畢大赦制長興三年正月一日已前諸道兩稅殘欠物色並宜除放或有先曾經災沴處逃戶却歸業者除見徵正稅外不得諸雜科配應係省司場院倉庫今日已前諸色敗闕人等據其所有錢物家業盡底收納已上所欠并敗闕人等並放

九月敕曰朕自恭臨寶國惠撫兆民遵上古清靜之規削近代繁苛之政兩稅之外別無徵斂之名八年之間繼有豐穰之端覬流亡之漸復謂富庶之可期爰自今秋偶愆時雨郡縣累陳於災沴關梁亦奏於逃移良由朕刑政或差感通不至責躬罪己靡忘於懷特議優矜務令安集據河中同華耀陝青齊汾絳萊等州各申災旱損田處已令本道判官撿行不取額定頃畝如保內人戶逃移不得均攤秖納本戶租稅其秋子如闕本色許納諸雜斛㪷蜀黍元每㪷折粟八升今許納本色稈子特與免稅前件遭旱州府據撿到見苗仍恐輸官不迨今秖徵一半稅物仍許於便近州府送納其餘一半放至來年其逃移戶田產仰村鄰看守不得殘毀必在方岳暨守州縣廉官各體虔勤共申勉勵明詳獄訟恭守詔條上答天災必思於戒懼下除民瘼必務於拯綏當共血於疲羸勿自安於逸樂

末帝清泰元年四月詔蠲放長興四年十二月已前天下所欠殘稅

七月庚午詔曰朕嘗領藩條屢親戎事每於求理務在卹民況今子育萬方君臨四海日愼一日思漸致於小康雖休勿休冀終成於大化得不深念生靈之疾苦知稼穡之艱難俾蠲積弊之原廣播惟新之澤省三司使奏自長興元年至四年十二月已前諸道及戶部營田逋租三十八萬八千六百七十二端匹束㪷斤量或頻經水旱或併值轉輸逃至困窮歷成逋欠加以連年災沴人戶流亡殘租空係於簿書計數莫資於經費宜委州縣不公之吏鄉閭無識之夫秉便欺官多端隱稅三司使患其僥倖偏欲推尋朕閔彼烝黎慮成淹滯示體物愛民之旨徵滌瑕盪垢之文特議含容且期均濟應自長興四年已前三京諸道及營田委三司使各下諸州府除已納外並放應有逃戶除曾經釐革外所有後來逃移者委所在觀察使刺史速下本部徧令招撫歸業除放八月後至五年八月並得歸業所有房親鄰近佃射桑田不得輒有占據如自越圖程固不收認其所徵租稅却從清泰元年四月後委三司重行釐革別議施行令賞罰之明條立徵催之嚴限不得更欠租稅致啓倖門勉懷成務之勤以副憂勞之選有要行事件三司畫一聞奏仍據中書門不得漏落

十月癸未詔河中居民呈稅蠲除其半丙午又詔振武朔州河東西北邊經契丹蹂踐處放免三年兩稅差配以契丹初退故也

十一月乙未蔚州言州界經契丹蹂踐處乞蠲除差稅從之丁

末又詔曰朕纔將寡昧辱嗣宗祧草木蟲魚思引於覆育蠻夷戎狄固切於綏懷睠彼契丹孤我恩信忽驅族類擾亂邊陲殺害生靈又煞齊保障唯資財是視唯殘忍是行逞虐肆兇莫甚於此人神之所共怒天地之所不容今則上將臨邊衆軍大集克日必成於盪定望風以報於奔逃雖料彼戎夷他日終期於殲殄而顧予生聚此特方枹於瘡痍或骨肉分離或丘園荒廢疑旒載想過在朕躬將卻復於烝黎敷宜特行於卹隱應振武新州河東西北邊經蕃戎蹂踐處百姓兩稅差配今日後並放三年宜令逐處長吏分明曉諭其人口陷蕃者宜令設法招尋各令歸復稱朕意焉

二年七月滄州言續逃亡戶八百五十九詔魏府於稅率內蠲減旱故也

九月詔蠲除許州去年殘租

十月詔河中居民室稅蠲除其半

晉高祖以後唐末帝清泰三年十一月十二日即位制曰朕以寇戎久在郊境頗傷禾稼宜減賦租應近京畿五十里內委逐處令長檢覆當與免今秋稅租差科

天福元年閏十一月壬午詔曰昨者舉義之地稱師之郊必歸踐於川原要矜蠲於與賦其河東管內諸縣稅租自今年秋及來年夏稅各與減放一半塹壘經過之地至幸雖榮蕃漢雜處之兵禁縣難備既須霑澤須示優矜昨大軍兵士自河東以至京畿公路蹂踐之處宜委逐處長吏公當檢覆據頃畝特與蠲放今年秋租一半

一年四月丁亥詔曰凡關布澤務在及民宜加軫恤之恩俾遂蘇舒之望天福元年巳前諸道州府應係殘欠租稅並特除放諸道係欠徵諸色人欠負省司錢物宜令自偽清泰元年終巳前所欠者據所通納到物業外並與除放或水旱為災蟲蝗作沴儻無救恤何致豐盈朕昨行至鄭州滎陽縣界路旁見有蝗食及旱損桑麥處委所司差人檢覆量與蠲免租稅河陽管內洒戶百姓應欠天福元年閏十一月二十五日巳前不敷年額麴錢並放其諸處應經兵火者亦與指揮天下百姓有年八十巳上者與免一子差徭甲午敕自偽清泰元年終巳前場院官所欠係省錢物據盡底通納到物業外四月五日恩制並與除放其人任逐穩便不計省司及外藩府求不得録任

五月敕應洛京及魏府管內所徵今年夏苗稅物等朕自臨御寰瀛躬親庶政靜惟師古動欲便民雖物力方虛每垂經費而田疇微損亦欲矜蠲昨見洛京內麥苗今春稍以旱損尋睹魏府奏報境內亦有微傷須期示於優饒冀克諧於通濟比欲差官就檢又恐生事擾人其洛京魏府管內所有旱損夏苗縣分特於五分中減放一分苗子其餘四分仍許將諸色斛斗依倉式例與折納所期渥澤以及衆多報告戶人各令知悉

八月乙巳敕制魏府管界內今年夏稅近指揮祗徵五分今以

方駐兵師不無勞役宜並蠲放

三年八月癸未定州奏境內旱民多流散詔曰朕自臨寰宇每念生民務切撫綏期於富庶屬干戈之未戢慮徭役之或煩惟彼中山偶經夏旱因茲疾苦遂至流移達我聽聞深懷憫惻應定州所差軍前夫役逃亡夏稅並放己丑戶部奏河府同州絳州等相次上訴為管界災旱逃却人戶敕朕奄有四方尊為萬乘所務誕敷教化普濟黎元蓋全師尚討於妖狂而比戶未臻於富庶仍聞關輔偏屬旱災致使鄉村多有逃竄達我聞聽深用憫傷宜加矜卹之恩俾遂歸還之計應三處逃移人戶下所欠累年殘稅并今年夏稅差科及麥苗子並徵諸色錢物等並放其逃戶下秋苗據見檢到數不計是元額及出剩頃畝並放一半仰觀察使散行曉諭專切招攜應歸業戶人仍指揮逐縣切加安撫勉施惠養副我憂勤

九月詔以魏府范延光出降其府城四面人戶三十里內與放

二年秋夏租税三十里外委逐縣令佐專切點檢如實曾經斫
伐桑柘毁拆屋舍者分析申奏盡與蠲放租税
十一月戊戌赦勅侵官潤已爾其有諸督責暴徵我所不忍應係
欠省司課利場院官等宜依近行宣命期限磨勘徵收內有送
納所欠錢物得足者其違限懲罪特放如有没納本人及保人
家業盡底外尚欠錢物更無抵當者其所欠並與蠲放其逐人
罪犯特從減等其去年降宣命月日後來欠負者不在此限昨
以水旱為沴什一未均冀便烝黎因令撿覆案明公法或彰隱
漏之懲爰念小民宜示矜寛之典近令撿田有隱漏合當罪犯
者並放所有合罰令陪納租税者特放並令却依實頃畝輸納
貨泉所聚徵督必行戾係省之逋懸當應期之供辦但以兵戈
之後帳籍空存已行蠲減之恩尚憂未普再示優饒之命式表
推恩天福元年應經火處州府諸色場院因兹失陷錢物等先
曾指揮蠲放一半者今並全放未曾經減放者今與蠲放一半

天災或降地分所招攜老幼以流離棄田園而無没深懷惻憫
宜示招安蒲同晉絳滑漢魏府鎮定等州人户或經元旱或屬
兵戈逃移人户等應逐户所欠今年已前諸雜税物並特除放
宜令州縣曉示招攜如有復業者仍放一年秋夏税二年諸雜
差徭爰自攻圍每多徭役或因兵死尚有户存言念傷痍宜
優卹應差赴魏府城下人夫內有傷中身死者除已支孝贈外
特放户下三年諸雜差徭又須因借率猶有逋懸方務優饒豈
宜徵督先率借洛京舍錢其所欠並放又諸道州府營田户部
院務省莊等天福元年秋夏租課錢帛斛㪷諸雜色物等除已
納外應有逋欠並與蠲放
五年正月丁卯朔帝受朝於崇元殿降制曰朕自勉副羣心恭
臨大寳承歷代[illegible]迹之後屬前朝喪亂之餘每務綏和漸期富
庶尋以東遷梁死北定鄴郊国力既虚軍須甚廣所司以供億
為念督責是專常恩凋弊之民倍軫焦勞之意今戎事漸簡農
特欲與將道達於休和用須宣於渥澤宜蠲宿負以惠蒸元應
天福元年終已前公私債欠一切除放
六年二月癸酉詔曰朕自臨天下每念民間御一衣思蠶績之
勞對一食想耕耘之苦而況職官俸禄師旅資糧凡所贍供悉
因黔庶得不救其疾苦濟彼災傷徵宿負慮流移者不歸均殘
租恐貧饑者漸困今春膏雨繼降農作方興宜示渥恩俾蘇疲
瘵天福二年至四年夏秋租税一切除放
八月己亥車駕幸鄴壬寅制曰歲因災沴民用艱辛又係逋懸
宜示蠲免應欠天福五年終已前夏秋租税并公徵諸物及營
田租課並與除放應公路有傍道稍損却田苗處其合納苗子
及公徵錢物等據畝數並與除放主掌曠敗錢物逋懸宜示矜
容聊加蠲免應天福三年終已前諸色場院官欠負官中錢物
人等累經徵理通勘實無錢物家業者並與除放其人免罪任
從逐便不得再任使無黨無偏徇至公之道去泰去甚誠求利

之心私下債負徵利已及一倍者並與除放如是主持者不在
此限邊陲管界番部經由言念疲羸良深軫卹欣代蔚并鎮州
管界內有經番部踐踏却苗稼者其合納苗子公徵錢物等據
頃畝與除放其經燒爇舍屋殺傷人命者據户下合徵苗税並
與除放
少帝以天福七年七月即位赦制蟲蝗作沴苗稼重傷特示矜
蠲俾令蘇息應諸道州府經蝗蟲傷食苗稼者並據所損頃畝
與蠲放賦税
八月詔曰叛逆之臣必行於討伐凋傷之俗宜示於撫綏一昨
逋賊安從進不戒前盈顯謀違背占據城壘虐害民人元兇已
就於嚴誅比屋宜加於霈澤俾令蘇息用示軫傷應在城人户
除已行賑貸外特放今年秋來年夏城內物業上租税其城外
下營寨處或有斫伐却桑柘及毁拆却舍屋處特與除放今年
來年二月合係租税其管內諸縣人户等被安從進數年誅剝

多是貧窶應天福七年夏秋已前諸色殘欠及沿徵錢物幷公私債負等並與除放

九月又詔襄州城內人戶今年秋來年夏屋稅其城外下營處與放二年租稅應被安從進脅從者一切不問

十一月宣所司應晉府至洛京沿路應靈駕經過處州縣分遣蠶食外秋稅已納外放一半

八年二月河中府奏逃戶七千七百三十九勑諸道應欠天福七年夏稅並與除放秋稅放一半其餘一半候到蠶麥納逃戶與放一年先稱却令歸業是歲天下饑河南穀價暴加人多餓殍故有此除放

十月遣殿直四人齎詔勑至諸道示諭除放是歲殘欠稅物

開運元年七月辛未詔鄆博貝冀滄景德等州經虜騎剽劫者放今年秋稅其餘經過之地亦量與蠲

閏十二月詔以平青州楊光遠應王師攻討逆賊下寨之處所有田苗桑棗應遭蹂踐所伐宜令官吏子細通檢除今年欠苗外來年夏稅並與權放一半其青州三十里內更免今年秋夏殘租應青州管內及鄆齊棣兗沂密等州諸縣人戶自討伐以來科配頻併其今年夏麥殘欠幷沿徵錢物並與除放其城內屋稅特放一年應洞子頭及城下夫役有遭公私死者宜令逐處長吏子細勘會與放二年徭役

二年五月丙申朔詔曰自今年契丹犯境以來有人戶曾經虜殺者其夏稅十分已今減放二分苗子幷沿徵錢物今更許減一分其正稅錢物亦與十分內減放二分場院積欠官吏或至[illegible]致課額之逋懸勞朝廷之徵督久淹刑獄深軫予懷其[illegible]俾令除放其安邑解縣兩池前權鹽使王居敏王景遵界分見禁殿盬欠折運將兩界逋懸累年禁繫其令三司各許逐人所欠如有家業錢物填納者即與盡底據數納官餘欠並放如有欠負錢物內余無家業錢物填納者所欠特放河中府雍同華陝號等州管界內人戶有欠王景崇般鹽脚錢者並特放

三年九月宣開封府霖雨不止宜令放京城內外人戶一月房錢

漢高祖以晉天福十二年五月自晉陽趣東京至趙城洪洞百姓以駱從歸不順皆藏匿山谷所在灰燼有澮墻焉及帝經途咸相率來詣行興叫萬歲者[illegible]之咸與蠲其租調至開運四年二月即位於晉陽六月詔應天福十一年已前諸州府應係殘欠租稅並特除放又曰東西兩京一百里內今年夏稅及沿徵諸色並與蠲放其一百里外曾有契丹蹂踐處其今年夏稅大小麥苗子沿徵物色各放一半其京城內今年屋稅與減放一半

乾祐元年正月乙卯詔鄴城四面人戶三十里內所有天福十二年稅賦幷沿徵一物已上並可特放

隱帝以其年二月辛巳即位己巳詔應天福十二年終已前殘欠秋夏稅賦及和糴沿徵一物已上今並令特放所有開封府

滑曹鄆宋亳單潁徐宿兗沂密孟鄭懷衛陳濮等州幷鄴城四面三十里內共三十處除已放去年殘稅外其今年麥苗子於舊額上特與放一半頃經戎虜所在經撾至於場院課程州府管係既有陷失宜示矜蠲應州府縣鎮遭契丹草寇入軍都吏變驚劫兼有般送綱運已離本處沿路遭劫奪諸色錢帛一物已上兼天福十二年六月終已前諸州府鹽麴商稅鐵冶不敷課利及主持錢物糧草並萬敗闕欠折等一切特與除放諸道州府有去年六月終已前全分支卻將士春冬衣賜及諸色請受自來累行徵納者並與撿驗除破天福十二年六月終已前諸處收刈到芻草積年損爛及欠少處並令除放

二年二月勑先以兵甲至多糧儲不給權於苗畝之上遂有細配之煩雖年歲之豐登諒黎庶之艱窘固非獲已深用軫懷今則雨雪及時陽春布澤宜順發生之令特壹優卹之恩冀閭里之安居俾[illegible]之樂業應三京鄴都諸道州府所徵乾祐元年

夏秋苗畝上納徵白米稈草據今年二月一日已前已納外見係欠數宜並特放布告遐邇體朕意焉

周太祖廣順元年正月即位制晉漢以來兵革屢動賦役煩并黎庶疲瘵鰥寡孤惸不能自濟為人父母寧不憫傷應天下州縣所欠乾祐元年二年已前夏秋殘稅及沿徵物色并三年夏稅諸色殘欠並與除放所有澶州已來大軍經過之時沿路人戶恐有蹂踐其官路兩邊共二十里并乾祐三年殘欠秋稅並放應河北緣邊州縣自去年九月後來曾經契丹蹂踐處其人戶應欠乾祐三年終已前積年殘欠諸色稅物並與除放

四月己亥徐州言彭城縣新收城時兵士踏踐秋苗乞與減稅從之

二年正月丙申晉州王彥超奏乞除放去年十一月十二月商稅鹽務課利從之乙巳陝府折從阮言奉勅除放賊軍蹂踐處人戶賦租

五月平兗州詔曰賊據一城民殘四境或徵毀其牆屋或蹂躪其田疇既於徵取供軍兼集應役並宜矜卹俾寬蘇寄應兗州城內所徵今年屋稅及蠶食鹽錢諸雜稅物並與除放城外官軍下寨處四面去州城五里內所徵今年夏秋苗子蠶食鹽錢并諸雜沿徵錢物並與除放五里外十里內除放今年夏苗子三分中減放一分諸州差到人夫內若遭矢石身死者宜令逐州縣分析姓名聞奏放戶下三年諸雜差遣

三年正月己亥勅放都下浮客食鹽錢戊戌詔諸道州府先納人戶軍器物並放

五月滄州言營田務戶欠去年空地苗稅不追乞除放從之

世宗顯德元年正月帝南郊禮畢詔曰諸州府廣順二年已前逋欠稅沿徵錢並放其二年終已前主持省錢及主倉庫敗闕者據納家業外無抵當者並釋放

三月詔曰兩京及諸道州府人戶所欠去年秋夏稅租及沿徵物帛並與除放

四月世宗攻河東庚午於潞州詔曰當州諸縣及澤州數縣被經賊軍傷踐處人戶所徵今年夏稅斛㪷錢帛三分與放一分內有村坊元不遭賊寇傷踐者不在蠲放之限

十月癸亥帝謂侍臣曰昨諸道戶民有詣闕訴水災者因遣使按之今覩奏報有此舊額出剩者今歲豐熟必可輸納或他時小有不稔便困編氓所按出頃畝宜令三司於舊額外與減半

二年十一月秦鳳州平詔應秦鳳階成等州管內顯德二年十一月已前城下功役百姓為矢石所害者本戶除二稅外放免三年差徭今後除秋夏兩稅徵科外應偽蜀所立諸般科率名目及非理徭役一切停罷

三年六月詔曰應諸州夫役自來有沒於矢石者其本戶並放免三年差徭

四年正月詔曰諸道州府應欠顯德三年終已前秋夏稅物並

與除放諸處坊場院人員自來累行徵督尚有逋欠實無抵當者宜令三司具欠沿坊數目聞奏別候指揮

三月壽州降庚戌詔壽州管界去城五十里內與放今年及明年秋夏租稅

五年五月世宗以征淮迴降德音云用兵之際力役是供當於貸之在辰諒優給之宜被自去年十月後來沿淮人戶曾充夫役內有遭傷殺不迴者本家放免本戶下二年諸雜差徭江南疲俗克復方勤特示蠲除俾令存濟揚泰通滁和濠泗楚光壽舒廬蘄黃等州漣水漢陽汊川等縣自去年終已前所欠秋夏殘稅及諸色徵科配斂待徵物色等並與除放

六年二月丁亥開封府上言舊額夏秋苗二十萬二千餘頃今檢到羨苗四萬二千餘頃奏勅放三萬八千頃是時諸州檢苗使率以所檢到羨苗上奏帝皆命減放其分數大約如是

冊府元龜卷第四百九十二

邦計部 十一

山澤

昔禹別九州貢金三品成周之制名山大澤不以封者盖與民同財但賦稅之而已至漢武榦山海之貨籠鹽鐵之利置官府作為刑辟繇是言事者析豪犯法者連袂矣其後因時立法或暫罷而尋復出令生姦益繁文而密網以筆之制於茲可見貪涼之弊莫之能救矧又茗荈榷禁源於臺詔條既舉權課彌廣猶夫始元之論策書攸紀[illegible]此之時英俊咸集仁智勇辯各明其趣及桑大夫據當世合時變上權利之略雖儒宿學不能自解良史以博物通達目之然而權萬物之輕重以佐公家之用度以代有司之徵斂斯亦安邊境制四夷國之大業不可廢也若乃防禁彌峻蚳蝝盡取姦臣恣其聚歛細民困於侵漁此固在上之所慎焉

管仲為齊相謂桓公曰海王之國(海王者言以負海之利而王其業王音于况切)謹正鹽筴(正稅也正音征)十口之家十人食鹽百口之家百人食鹽每終月大男食鹽五升少半(少半猶劣薄也)大女食鹽三升少半吾子食鹽二升少半(吾子謂小男小女也)此其大歷也(歷數也)鹽百升而釜(鹽十二兩七銖一黍十分之一為升當米六合四勺也百升之鹽七十六斤十二銖十九兩累為釜當米六斗四升吾是也)令鹽之重升加分彊釜五十也(分彊半彊也今使鹽官稅其鹽之重每一升加半合為彊而取之則一釜之鹽得五十合)升加一彊釜一百也升加二彊釜二百也鍾二千(十釜之鹽七百六十八斤為鍾當米六斛四斗是也)十鍾二萬百鍾二十萬千鍾二百萬萬乘之国人數開口千萬也(萬乘之國謂大國也開口言其大數而言之也謂大男大女之所食鹽也)禺筴之商日二百萬(禺讀為偶偶對也商計也對其大男大女食鹽者之口數而立筴以計所稅之鹽一日計二百萬合為二百鍾也)十日二千萬一月六千萬萬乘之正九百萬也(萬乘之國大男大女有食鹽者千萬人而稅之鹽一日二百鍾十日二千鍾一月六千鍾也今又施其稅數以千萬人如九百萬人之數則所稅之鹽一月六千鍾十日千八百鍾一月五千四百鍾)月人三十錢之籍為錢三千萬(又從其鍾五千四百鍾之鹽而籍其錢計一月每人籍錢三十九千萬人為錢二萬七千萬矣以此籍之數而比其常籍則當一月而有三十萬人矣)今吾非籍之諸君吾子而有二國之籍者六千萬(諸君謂老男老女也六十以上為老男五十以上為老女也吾子謂小男小女也即不籍於老男老女及小男小女乃能以千萬人而當三千萬人之籍者盖鹽官之利乎鹽官之利既然則鹽鐵之利可知也鹽官之利當一國而三萬人鐵官之利當三萬人焉故能有二國之籍者六十萬人耳常籍之數猶在此外也)使君施令曰吾將籍於諸君吾子則必囂號今夫給之鹽筴則百倍歸於上人無以避此者數也今鐵官之數曰一女必有一鍼一刀若其事立(大勦謂之)耕者必具一耒一耜一銚若其事立行服連軺輂者(輂名所以載作器人挽者也軺音遙照切輂音居玉切大車駕馬者也)必有一斤一鋸一錐一鑿若其事立不爾而成事者天下無有今鍼之重加一也三十鍼一人之籍(鍼之重每十分加一分為彊而取之則一女之籍得三十鍼者)刀之重加六五六三十五刀一人之籍也(刀之重每十分加六分以為彊而取之五六為三十也則一女之籍得五刀也)耜鐵之重加七三耜鐵一人之籍也(耜鐵之重每十分加七分以為彊而取之則一農之籍得三耜鐵也)其餘輕重皆准此而行(其器物輕重多然)則舉臂勝事無不服籍者(勝音升)桓公曰然則國無山海不王乎管仲對曰因之人山海假之名有海之國(雖無海而假名有海則亦雖無山而假名有山)

集鹽於吾國(敵国有鹽而籍於吾國為集可也)釜十五吾受而官出之以百(受取也假令敵國鹽平價當十成者吾有加五錢而取之所以來之也既得敵鹽則令吾國鹽官又出而糶之釜以百錢也)我未與其本事也(與用也本謂本鹽也)受人之事以重相推(以重相推謂加五之類也推音庭此切)此人用之數也(彼人所有而皆為我用之)又曰齊有渠展之鹽(渠展齊地泲水所出之處可煑鹽之所也故曰渠展之鹽也)請君伐菹薪使國人煑水為鹽(煑海水也)正而積之十月始生至于正月成三萬鍾下令曰孟春既至農事且起大夫無得繕冢墓理宮室立臺榭牆垣北海之衆無得聚庸而煑鹽(庸切也北海之衆謂北海煑鹽之人本意禁人煑鹽下令託以農事爲有妨奪先自大夫起欲人不知其機)若此則坐長十倍以令糶之梁趙宋衛濮陽彼盡饋食之國也(本国自無鹽遠饋而食之)無鹽則腫守圉之國(圉與禦同古通用也)用鹽獨甚桓公乃使糶之得成金萬斤(一云萬一千餘斤)韓厥為晉大夫晉人謀去故絳諸大夫皆曰必居郇瑕氏之地(郇瑕古国名河東解縣西北有郇城)沃饒而近鹽(鹽鹽池也猗氏縣鹽池是)國利君樂不可失厥曰不可不如新田(今平陽絳邑縣是)夫山澤林鹽國之寶也國饒則

民驕佚財易致則民驕侈近寶公室乃貧不可謂樂近寶則民不務本公許從之

漢高祖封兄仲之子濞為吳王會孝惠高后時天下初定郡国諸侯各務自拊循其民吳有豫章郡銅山即招致天下亡命者盗鑄錢東煑海水為盐以故無賦國用饒足鑄錢煑海收其利以足國用故無賦於民也

武帝時大農上盐鐵丞孔僅東郭咸陽言東郭姓咸陽名奏上其言也山海天地之藏宜屬少府陛下弗私以屬大農佐賦願募民自給費因官器作鬻盐官與牢盆牢價直也今世人言顧手牢又曰牢廩食也古者名廩為牢盆鬻盐盆也浮食奇民欲擅斡山海之貨斡謂主領也以致富羨役利細民羨饒也其沮事之議不可勝聽敢私鑄鐵器鬻盐者釱左趾釱足鉗也没入其器物郡不出鐵者置小鐵官鑄故鐵使屬在所縣使孔僅咸陽乘傳舉行天下盐鐵舉皆也普天之下皆行之也作官府主鬻鑄及出納之處也除故盐鐵家富者為吏益多賈人

昭帝始元六年二月詔有司問郡國舉賢良文學民所疾苦議罷盐鐵榷酤武帝時以國用不足縣官悉自賣鹽鐵酤酒昭帝務本抑末不與天下爭利故罷之治粟都尉領大農桑弘羊難詰難之也議者以為國家大業所以制四夷安邊足用之本不可廢也迺與丞相田千秋共奏罷榷酤

宣帝地節四年九月詔曰今郡國頗被水災已振貸盐民之食而賈咸貴衆庶重困其減天下盐賈元帝時嘗罷鹽鐵官三年而復之一云宣元成哀平五世無所變改

王莽時羲和魯匡言名山大澤鹽鐵錢布帛五均賒貸斡在縣官斡謂主領也於是置命士督五均六斡郡有數人皆用富賈洛陽薛子仲張長叔臨菑姓偉等姓姓也偉名也乘傳求利交錯天下因與郡縣通姦多張空簿簿計簿也府藏不實百姓愈病莽知民苦之復下詔曰夫鹽食肴之將將大也一說為食肴之將帥酒百藥之長嘉會之好鐵田農之本名山大澤饒衍之藏五均賒貸百姓所取平卬以給澹鐵布銅冶通行有無備民用也此六者非編戶齊民所能家作家謂家家自作也必卬於市雖貴數倍不得不買豪民富賈即要

貧弱先聖知其然也故斡之每一斡為設科條防禁犯者辠至死姦吏猾民並侵衆庶各不安生後漢光武建武初彭寵為漁陽太守有舊鹽鐵官寵轉以貿穀積珍寶益富彊

衛颯建武中為桂陽太守郡內耒陽縣山鑄鐵石佗郡民庶常因依聚會私為冶鑄遂招來亡命多致姦盜颯乃上起鐵官罷斥私鑄歲所增入五百餘萬

章帝時鄭衆為大司農帝議復鹽鐵官衆諫以為不可詔數切責至被奏劾衆執之不移帝不從時尚書張林曰鹽者食之急也縣官可自賣鹽武帝時施行之名曰均輸於是事下尚書通議尚書朱暉議曰王制天子不言有無諸侯不言多少食祿者不與百姓爭利均輸之法與賈販無異以布帛為租則吏多姦官自賣盐與下爭利非明主所宜行帝本以林言為是得暉議因發怒遂用林言少時復止

和帝以章和二年二月即位四月戊寅詔曰昔孝武皇帝致誅胡越故權收盐鐵之利以奉師旅之費自中興以來匈奴未賓永平末年復修征伐先帝即位務休力役然猶深思遠慮安不忘危探觀舊典復收盐鐵欲以防備不虞寧安邊境而吏多不良動失其便以違上意先帝恨之故遺戒郡國罷盐鐵之禁縱民煑鑄入稅縣官如故事縣官謂天子其申勑刺史二千石奉順聖旨勉引德化布告天下使明知朕意

永元十五年復置涿郡故安鐵官其郡縣有盐官鐵官者隨事廣狹置令長及丞秩次皆如縣道

魏太祖為漢大將軍建安初治書侍御史衛覬鎮關中時四方大有還民關中諸將多引為部曲覬書與荀彧曰關中膏腴之地頃遭荒亂人民流入荊州者十萬餘家聞本土安寧皆企望思歸而歸者無以自業諸將各競招懷以為部曲郡縣貧弱不能與爭兵家遂彊一旦變動必有後憂夫盐國之大寶也自亂來放散宜如舊置使者監賣以其直益市犂牛若有歸民以供給之勸耕積粟以豐殖關中遠民聞之必日夜競還又使司隸

校尉留治關中以為之主則諸將日削官民日盛此彊本弱枝之利也或以白太祖太祖從之始遣謁者僕射監鹽官司隸校尉治弘農流人果還關中豐實

齊王嘉平四年關中饑司馬宣王表興京兆天水南安鹽池以益軍實

蜀先主定益州置鹽府校尉鹽鐵之利利之甚多有裨國用

晉武帝泰始末交州牧陶璜上言以合浦郡土地磽确無有田農百姓唯以采珠為業商賈去來以珠貿米而吳時珠禁甚嚴慮百姓私散好珠禁絶來去人以饑困又所調猥多限每不充今請上珠三分輸二次者輸一麤者蠲除自十月訖二月非採上珠之時聽商旅往來如舊並從之

元帝建武元年初弛山澤之禁

南燕慕容德立冶於商山置鹽官于烏常澤以廣軍國之用

陳文帝天嘉二年十二月甲申太子中庶子虞荔御史中丞孔奐以國用不足奏立煮海鹽傳及榷酤之科詔並施行

後魏獻文皇興四年十一月詔弛山澤之禁

孝文太和六年八月罷山澤之禁

十九年崔挺為光州刺史先是州內少鐵器用皆求之他境挺表復鐵官公私有賴

二十年十二月開鹽池之禁與民共之

宣武景明四年七月詔還收鹽池利以入公正始三年四月詔罷鹽池禁先是河東郡有鹽池舊立官司以收稅既而罷之民有富強者專擅其用貧弱者不得資益延興末復立監司量其貧賤節其賦入於是公私兼利宣武政存寬簡復罷其禁

延昌三年有司奏長安驪山有銀鑛二石得銀七兩鎮州上言曰劉山有銀鑛八石得銀七兩錫三百餘斤其色潔白有踰上品詔並置銀官常令採鑄又漢中舊有金戶千餘家常於漢水沙金年終總輸後臨淮王彧為梁州刺史奏罷之

孝明神龜元年閏七月罷常州銀山之禁與民共之是時太師高陽王雍太傅清河王懌等奏鹽池天藏資育羣生仰惟先朝限者亦不苟與細民競茲贏利但利起天池取用無法或豪貴封護或近者吝守卑賤遠來起然絶望是以因置主司令其裁察強弱相兼務令得所且什一之稅自古及今所濟為廣自爾霑洽遠近齊平公私兩宜儲益不少乃至鼓吹主簿王後興等辭稱請供百官食鹽二萬斛之外歲求輸馬千匹牛五百頭以此而推非可稍計其後通直散騎常侍兼中尉甄琛表曰王者道同天壤施齊造化濟時拯物為民父母故年穀不登為民祈祀乾災所惠天子順之山川秘利天子通之苟益生民損躬無悋如或所聚唯為賑恤是以月令稱山林藪澤有能取蔬食禽獸者皆野虞教導之其迭相侵奪者罪之無赦此明導民而弗禁通有無以相濟也周禮雖有川澤之禁正所以防其殘盡必令取之有時斯所謂鄣護雖在公更所以為民守之耳且一家之長惠及子孫一運之君澤周天下皆所以厚其所養以為國家之富未有尊居父母而醯醢是吝富有萬品而一物是規今者天為黔首生鹽國與黔首鄣護其利猶是富專口斷不及四體也且天下夫婦歲貢粟帛四海之有備奉一人軍國之資取給百姓天子亦何患乎貧而苟禁一池也古之王者世育其民或水火以濟其用或巢宇以誨其居或教農以去其飢或訓衣以除其弊故周詩稱教之誨之飲之食之皆所以撫覆導養為之求利者也臣性昧玄理識無遠尚每觀上古愛民之迹時讀中葉驟稅之書未嘗不歎彼遠大惜此近狹今偽弊相承仍崇關廛之稅大魏恢博唯受穀帛之輸是使遠方聞者罔不歌德昔亶甫以弃贊得民碩鼠以愛財失衆君王之義宜其高矣魏之簡稅惠實遠矣語稱出內之吝有司之福施惠之難人君之禍夫以府藏之物以不施而為災況府外之利而可吝之於黔首且善藏者藏於民不善藏者藏於府藏於民者民欣而君富

藏於府者國怨而民貧國怨則亦怨有藏民貧則君無所取頃雖菝臨禁使沛然遠及依周礼置水衡之法使之監導而已詔曰民利在斯深如所陳付八座議可否以聞司徒録尚書事彭城王勰兼尚書邢巒等奏琛之所列富乎有言首尾大備或死可畏但恐坐談則理高行之則事闕是用遅迴未謂為可竊惟古之善為治者莫不昭其勝途悟其遠理及於救世昇降稱時欲令豐無過溢儉不致敝役養消息備在厥中節約取足成其性命如不爾者焉用君為任其生産隨其啄食便是芻狗萬物不相由矣自大道既往恩惠生焉下奉上施卑高理睦然恩惠既交思拯之術廣常恐財不賙國澤不霑民故多方以達其情立法以行其志至乃取貨山川輕在民之貢立税關市裨十一之儲收此與彼非利已也迴彼就此非為身也所謂集天地之産惠天地之民藉造物之富賑造物之貧徹商賈給戎戰賦四民贍軍國取乎用乎各有宜也久已禁此渝泄不專大官之御

斂此匹帛豈為後宫之資既潤不在已彼我理一猶積而散之將焉所恡且税之本意事有可求固以希濟生民非為富賄藏貨不爾者昔之君子何為然哉是以後來經圖未之或改故先朝商校小大以情降鹽之流興復鹽禁然自行以來典司多怠出入之間事不如法遂令細民怨嗟商敗輕議此乃用之者无方非興之者有謬至使朝廷明識與議其間今而罷之懼失前旨一行一改法若弈棊參論理要宜依前式詔曰司鹽之税乃自古通典然興利制民亦代或不同苟可以富民 益化唯理所在甄琛之表實所謂助政毗治者也可從其前計使公私並宜川利無擁尚書嚴為禁豪強之制也

孝昌三年雍州刺史蕭寶夤反以尚書右僕射長孫稚為行臺討之時薛鳳賢反於正平薛脩義屯聚河東分據鹽河攻圍蒲坂東西連結以應寶夤稚乃據河東時有詔廢鹽池税稚上表曰鹽池天資賄貨密邇京畿唯須寶而護之均贍以理今四境多虞府藏罄竭然冀定二州且亡且亂常調之絹不復可收仰惟府庫有出无入必須經論出入相補略論鹽税一年之中准絹布猶不應減三十萬匹也便是移冀定二州置於畿甸今若廢之事用再失臣前仰違嚴旨而先討關賊徑解河東者非是閑長安而急蒲坂蒲坂一陷没失鹽池三軍口命濟贍理絶天助大魏兹計不爽昔高祖昇平之年无所乏少猶創置鹽官而加典制非為物競利恐由利而亂俗也況今王公素飱百官尸禄租徵六年之粟調折來歲之資此貨出人私財奪人膂力豈是願言事不獲已臣輒符司監將尉還率所部依常收税更聽後勑

前廢帝初即位詔税鹽之官可廢之

東魏孝静天平初於滄瀛幽青四州之境傍海置鹽以煑鹽滄州置竈千四百八十四瀛州置竈四百五十二幽州置竈八十青州置竈五百四十六又於邯鄲置竈四計終歲合收鹽二十

萬九千七百八斛四斗軍國所資得以周贍

後周太祖初為魏相創制六官掌鹽掌四鹽之政令一曰散鹽煑海以成之二曰盬鹽引池以化之三曰形鹽物地以出之四曰飴鹽於戎以取之凡盬鹽形鹽每地為之禁百姓取之皆税焉

隋高祖開皇元年三月戊子弛山澤之禁三年高祖以周末之弊收利鹽池鹽井皆禁百姓採用於是通鹽池鹽井與百姓共之遠近大悦

唐玄宗開元元年十一月河中尹姜師度以安邑鹽池漸涸師度開拓跡決水道置為鹽屯公私大收其利是月左拾遺劉彤上表曰臣聞漢孝武為政廐馬三十萬後宫數萬人外討戎夷内興宫室殫費之甚實百當今而古費多而貨有餘今用少而財不足何也豈非古取山澤而今取貧民哉取山澤則公利厚而人歸於農取貧人則公利薄而人去其業故先王作法也山海有官虞衡有職輕重有術禁發有時一則專農二則饒國夫

煑海為鹽采山鑄錢伐木為室農餘之輩寒而無衣飢而無食傭賃自資者窮苦之流也若能山海厚利奪農餘之人調斂重徭免窮苦之子所謂損有餘而益不足帝王之道可不謂然乎臣願陛下詔鹽鐵木等官收興利貿遷於人則不及數年府有餘儲矣然後下寬大之令蠲窮獨之徭可以惠羣生可以柔荒服雖戎狄降伏堯湯水旱無足虞也奉天違變唯在陛下行之帝令宰臣議可否咸以鹽鐵之利甚益国用遂令將作大匠姜師度戶部侍郎强循俱攝御史中丞與諸道按察使檢責海內鹽鐵之課比令使人勾當除此更無別求在外不細委知如聞稱有侵刻宜令本州刺史上佐一人檢校依令式收稅如有落帳欺沒仍委案察糺覺奏聞其姜師度除蒲州鹽池以外自餘處更不須巡檢

二十五年制倉部格蒲州鹽池令州司監當租分與有力之家營種之課收鹽每年上中下畦通融取一萬石仍差官人檢校

若陂渠穿穴所須功力先以營種之家人丁充若破壞過多量力不濟者聽役隨近人夫又屯田格幽州鹽屯每屯配丁五十人一年收率滿二千八百石以上准營田第二等二千四百石以上准第三等二千石以上准第四等大同橫野軍鹽屯配兵五十人每屯一年收率千五百石以上准第二等千二百石以上准第四等成州長道縣鹽井一所並節級有賞罰蜀道等十州鹽井揔九十所每年課鹽都當錢八千七百九貫（陵州井一所課都當錢二千六十一貫綿州井四所都當錢二百九十二貫資州井六十八所都當錢千八十三貫瀘州井五所都當錢千八百二十貫榮州井十二所都當錢四百貫梓州都當錢七百一十貫遂州四百一十貫閬州千六百貫普州二百七貫果州二十六貫）若閏月計加一月課隨月徵納任以錢銀兼納其銀一兩別常以二百價為估其課依都數納官欠即均徵竈戶

肅宗乾元元年司金郎中第五琦為河南等五道支度使創立鹽法就山海井竈收榷其鹽官置鹽院官吏出糶其舊業戶并浮人願為業者免其雜徭隸鹽鐵使盜煑私市罪有差百姓除租庸外無得橫賦人不益稅而上用以饒

代宗大曆八年六月癸亥戶部侍郎判度支韓滉上言安邑縣鹽池生乳鹽其狀鮮麗七月乙亥解縣安邑兩池生乳鹽戶部侍郎判度支韓滉上言曰臣頃進瀀生鹽故老相傳已稱靈瑞今乳鹽新出特表非常伏請薦於清廟編之史冊從之仍頒賜宰臣已下有差（時鹽池為潦水所入損課奏為瑞）初榷鹽起於第五琦及劉晏代其任法術精密官無遺利初歲入錢六十萬貫季歲十倍而人無厭苦大曆末通計一歲征賦所入揔一千二百萬貫而鹽利過半

德宗以大曆十四年五月即位七月庚午詔曰朕聞王者不貴遠物所寶唯賢故堯設茅茨禹卑宮室光武捨去寶劍順帝封還大珠朕仰止前王思齊大素邕州所奏金坑誠為潤国語人於利非朕素懷方以不貪為寶惟德其物豈尚茲難得之貨生其可欲之心耶其金坑任人開採官不得占

建中三年五月詔榷鹽每斗更加百文

興元元年十月丁巳諸道榷鹽宜令中書門下及度支裁減估價兼條疏利害聞奏

貞元二年四月陝虢觀察使李泌奏虢州盧氏縣山冶近出瑟瑟請充貢獻禁人開採詔曰瑟瑟之寶中土所無今產於近甸實為靈貺朕不飾器玩不尚珍奇常思返朴之風用明節儉之節其出瑟瑟處任百姓求採不宜禁止

九年正月癸卯初稅茶先是諸道鹽鐵使張滂奏曰伏以去秋水災詔令減稅今之国用須有供備伏請出茶州縣及茶山外商人要路委所由定三等時估每十稅一價錢充所放兩稅其明年已後所得稅外收貯若諸州遭水旱賦稅不辦以此代之詔曰可仍委張滂具處置條奏自是每歲得錢四十萬貫茶之有稅自此始也然稅茶無虛歲遭水旱未嘗以稅茶錢拯贍

十四年李若初為諸道鹽鐵轉運使整理鹽法頗有次敘會遇

疾卒

十六年二月權鹽使史牟奏澤潞鄭等州多食末鹽請切禁斷從之

憲宗以永貞元年八月乙巳即位九月癸酉度支使奏江淮鹽每斗減錢一百二十權二百五十其河中兩池鹽請斗減錢二十文權三百

十一月度支奏兩車輦不通京師鹽貴請出糶貯庫鹽二万石

元和元年五月鹽鐵使奏請每州所貯鹽若遇價貴斗至二百二十減十文出糶以便貧人公私不闕其鹽倉每州各以留州錢造二十間委知院官及州縣官一人同知所糶錢送院市輕貨送上都從之

三年七月復以度支安邑解縣兩池留后為權鹽使先是兩池鹽務隷度支其職視諸道巡院貞元十六年史牟以金部郎中主池務遂奏置使額二十一年鹽鐵度支合為一使以杜佑兼

領佑遂奏院屬度支已有使名則鹽務不合有使號遂為東渭橋給納使同奏罷之至是判度支裴均以其事繁遂奏置使焉

十月乙亥重申採銀之禁應輒採一兩已上者笞二十逓出本界州縣官吏節級科罰

四年二月諸道鹽鐵轉運使李巽奏江淮河南河內兗鄆嶺南諸監院元和三年糶鹽都收價錢七百二十七万八千一百六十貫比量未改法已前舊鹽利揔約時價四倍加擡計成虛估錢一千七百八十一萬五千八百七貫貞元二年收糶鹽虛錢六百五十九万六千貫永貞元年收糶鹽虛錢七百五十三万一百貫元和元年收糶鹽虛錢一千一百二十八万貫二年收糶鹽虛錢一千三百五萬七千三百貫三年收糶鹽虛錢一千七百八十一萬五千一百貫謹具累年糶鹽比類錢數具所收錢除准舊例充鹽本外併請付度支收管從之

六月勅五嶺已北所有銀坑依前任百姓開採禁見錢出嶺

五年四月甲午諸道鹽鐵使奏元和四年鹽利錢虛估一千八百五萬三千六百貫

五月度支奏鄜坊邠寧涇原諸軍將士等請同當處百姓例食烏白兩池鹽從之

六年四月鹽鐵轉運使刑部侍郎王播奏江淮河南峽內嶺南兗鄆等監院元和五年糶鹽都收價錢六百九十八万五千五百貫比量未改法已前舊鹽利揔約時價四倍加擡計成虛錢一千七百四十六万三千七百貫除充鹽本外請付度支收管從之

閏十二月戶部侍郎判度支盧坦奏河中兩池顆鹽敕文只許於京畿鳳翔陝虢河中澤潞河南許汝等二十五州界內糶貨比來因循兼越入興元府及洋興鳳文成等六州臣移牒勘責得山南西道觀察使報其果閬兩州鹽本土戶人及巴南諸郡市人又供當軍士馬尚有懸欠若兼數州自然闕絕又得興元

府諸耆老狀申訴臣今商量河中鹽請放入六州界糶貨從之

七年四月鹽鐵轉運使刑部侍郎王播奏元和六年糶鹽除峽內鹽井外計收鹽價錢六百八十五万九千二百貫比量未改法已前舊鹽利揔約時價四倍加擡計成虛錢一千七百一十二万七千一百貫改法實估也

八年四月鹽鐵使刑部侍郎王播奏應管江淮兗鄆等鹽院元和七年計收鹽錢六百八十七万四千四百貫比未改法已前舊鹽利揔約時價四倍加擡計成虛錢一千二百一十七萬九千貫其二百一十八萬六千三百貫充糶鹽本其一千四百九十九萬二千六百貫充權利請以利付度支收管從之

十年七月度支使皇甫鎛奏加峽內四監劍南東西兩川山東西道鹽估以利供軍從之十一年討吳元濟二月詔壽州以兵三千保其境內茶園

十二年五月出內庫茶三十萬斤付度支進其直

十三年三月鹽鐵使程异奏應諸道州府先請置茶鹽店收稅伏准今年正月一日赦文其諸道州府因用兵已來或慮有權置職名及擅加科配事非常制一切禁斷者伏以榷稅茶鹽本資財賦贍濟軍鎮蓋是從權兵罷自合便停事久實爲重斂其諸道先所置店及收諸色錢物等雖非擅加且異常制伏請准赦文勒停從之

十四年三月鄆州青州兗州各置榷鹽院

八月歸光州茶園於百姓從刺史房克讓之請

穆宗以元和十五年正月即位二月詔榷稅之法雖合同遵瘡痍之餘姑欲寬假其河北稅鹽宜委度支與榷鹽使審細商量具條疏聞奏

長慶元年正月制度支鹽鐵户部應納稅茶兼糶鹽中須納見錢者亦與時估匹段及斛斗如情願納見錢亦任穩便仍永爲常式

三月勑烏池在鹽州每年糶鹽收博榷米以一十五萬石爲定額

又詔河朔初平人希德澤且務寬大使之獲安其河北榷鹽法宜權停仍令度支與鎮冀魏博等道節度審商量如能約計課利錢數分付榷鹽院亦任穩便自天寶兵興以來河北鹽法羈縻而已暨憲宗用皇甫鎛奏置稅鹽使同江淮兩地榷利人苦變禁戎鎮亦頻上訴故有是命

是月鹽鐵使王播奏揚州白沙兩處納榷場請依舊爲院又奏請諸道監院糶鹽付商人請每斗加五十文通舊三百文價諸處煎鹽場停置小鋪糶鹽每斗加三十文通舊一百九十文價又奏應管煎鹽户鹽商并諸監院亭場官吏所由等前後制勑除兩稅不許差役追擾今請更有違越縣令奏聞貶黜刺史罰一季俸料再犯者奏聽進止並從之

五月鹽鐵使王播奏應諸道榷茶納舊額一百文加稅五十文詔從之拾遺李珏等上疏曰伏以榷率救弊起自干戈天下無虞所宜蠲省況稅茶之事尤出近代貞元中不得不爾今四海鏡靜八方砥平厚斂於人殊傷國體其不可一也而又茶爲食物無異米鹽人之所資遠近同俗既蠲渴乏難捨斯須至於田閭嗜好尤切今收稅既重時估必增流弊於人先及貧弱其不可二也且山澤之饒出無定數量斤論稅所貴售多若價高則市者稀價賤則市者廣歲終上計其利幾何未見阜財徒聞斂怨其不可三也臣不敢遠徵故事直以目前所見陳之伏惟陛下暫留聰明稍垂念慮特追成命更賜商量則嗷嗷萬姓皆荷福利臣又竊見陛下發人育物動感神明即位之初已懲聚斂外官抽貫旋有詔停洋洋德音千古不朽今者榷茶加稅頗失人情臣忝職諫司豈敢緘默塵黷旒扆戰越伏深疏奏不報

十二月鹽鐵使奏請應江淮糶鹽加價有差以助軍用至軍罷日停從之

二年三月張平叔爲户部侍郎判度支上言度支所管榷鹽舊

法爲弊年深臣今請官中自糶鹽法可以富國彊兵勸農積貨疏其利害十八件詔下其奏令公卿議中書舍人韋處厚抗論不可以平叔條制不周經慮未盡以爲利者反害以爲簡者至煩乃即其條目隨以設難平叔一條云應檢得公私鹽當日具都數申度支便任府縣差人句當出糶多少逐月申報其糶價之內所得見錢去上都一千里者任市當土布絹處厚駮曰竊以爲貢甸服五百里者納草遠者納米是量遠近而制輕重也今言千里外市絹則是千里內須送見錢與元洋州並是八百里內駱谷道路險阻非常若送見錢實爲不可又一件云州縣所要糶鹽人委所在長吏於當州當縣倉督錄事佐史已下本所由中揀選不得差配百姓如有鄉村去州縣路遠處即州縣揀定所由將鹽就鄉村糶易處厚駮曰臣曾任刺史所由入鄉村是爲政之大弊一吏到門百家納貨今陛下方以清靜簡易休息蒼生宜去其火負除其蠶賊今山劒州縣境土至闊其令若

行須擾至甚又一條云臣今欲獻鹽法歸於簡易但委州縣則無不濟伏緣所務至重恐須以廟堂宰相充關內河東山劍等道鹽鐵使處厚駮曰臣竊以度支使四方稟奉不殊宰相權柄已重不假台司台司者三公論道之地雜以鹺務實非所宜三十年來實參程异皇甫鎛並以錢穀居台鉉非唯國體不可抑亦名利難兼所以參輩不受國誅必有天禍又一條云據每道每州業鹽不少今所在戶口都不申明實數臣請令長吏有不親公事信任所由浮詞云當界無人業鹽交恐不濟臣即請差清彊巡官往所訴州撿責實戶口數團保處厚駮曰臣曾為外州刺史備諳此事自兵興以來垂七十載百姓粗能支濟免至流離者實賴所存浮戶相倚兩稅得充縱遇水旱蟲霜亦得傷全相補若搜索悉盡立至流亡宇文融當開元全盛之時括丁出戶猶以斂怨瘁國害身此策若行則甚於彼臣前月二十四日思政殿面奉德音深卹疲人且不配戶聖慮周悉由見

事情臣等退而抃躍以為昇平坐致若據此節即與配戶無殊平叔所陳未副聖德又一條云諸州府縣撿得鹽便於當處官倉收貯其京城兩縣撿責得鹽於度支兩常平院貯當日各據數勒留依所定估出糶從勅下後諸巡院使計料般鹽分付府縣供糶常令所貯有剩不得令闕如有遲闕知院官聞奏貶遠惡處官典所由節級重科決停解如府縣不存公心課利減耗及所送鹽價匹段濫弱并送納不時妄有申訴其京兆赤令司錄及觀察使停見任改散慢官其專判鹽案及刺史請與上佐本州專判案官錄事參軍縣令亦請遠貶處厚駮曰臣竊以古人云人愛其狐裘反而負芻皮既不存毛將安傅皮喻百姓毛喻國家百姓不存國家不立今兩稅編戶是國根本擇忠信之長命慈惠之師推赤子之仁布愷悌之化猶懼不及而有傷痍今為鹽鐵不登便須貶黜雖龔黃卲杜之政阜魚蒲密之能無所施於聖代矣其末條云以設法之初沮議者衆望斷先定則成績可期令出之後輦轂之下尤要隄防恐兩軍市人豪商大賈或行財貨邀截喧訴臨時必有此色姦人伏乞聖慈委兩軍中尉兼京尹令切加把捉如有此色捉獲頭首所在決殺連狀聚衆人各加脊杖二十處厚駮曰臣竊以古人云利不百不變法功不十不易器改更之事自古所難故云謀不欲多決之欲獨臣於平叔無親故無讎嫌所陳者非挾情所議者歸利害唯聖上獨斷推於至公然彊人之所不能事必不立禁人之所必犯法必不行臣嘗為開州刺史當時亦鹽監吏人擅攪官政亦欲鹽歸州縣揔領其權嘗試研求事有不可蓋以設法施行須順風俗或東州便則西州害或南州易則北州難且據山南一道明之興元巡管不用見錢山谷貧人隨土交易布帛既少食物隨時市鹽者或一斤麻或一兩絲或蠟或漆或魚或雞瑣細叢雜皆因所便今逼之使出布帛則俗且不堪其弊官中貨之以易絹勞而無功伏惟聖明裁擇特平叔傾巧有恩自謂言無不

允及處厚駮奏帝稱善令示平叔詞屈其法遂罷

五月詔曰兵革初寧方資榷筦閭閻重困可議蠲除如聞淄青鄆三道往年糶鹽價錢近收七十萬貫供給資費優贍有餘自鹽鐵使管已來軍府頓絕其利遂使經行陣者有停糧之怨服壠畝者興加稅之嗟犯鹽禁者困鞭撻之刑理生業者乏蓋藏之具雖縣官受利而郡府益空俾人獲安宜我節用其鹽鐵先於淄青兗鄆等道管內置小鋪糶鹽巡院納榷起今年五月一日已後一切並停仍各委本道約校比年節度使自收管充軍府逐急用度及均減管內貧下百姓兩稅錢數至年終各具糶鹽所得錢并均減兩稅聞奏是時王承元為平盧軍節度均輸鹽法未嘗行於兩河承元恭歸之有司

冊府元龜卷第四百九十三

册府元龜卷第四百九十四

邦計部 一十二

山澤第二

唐文宗大和二年三月丁巳朔度支奏京兆府奉先縣鹵池側近陂泊池井應有水栢柴燒作灰煎鹽等臣勘案先據兩池榷鹽使申長慶三年二月十五日於奉先縣界捉獲水栢柴灰四十石六斗二升數內取一石煎得鹽一十二斤一兩使司恐是盜刮鹻土妄稱是水栢柴灰重收採水栢柴三十斤燒得灰二斗二升前得鹽二斤一十一兩緣從前未有明勑禁斷所以百姓故有抵犯伏以栢柴灰比曾煎試據所獲灰准舊試例約得鹽一斗八升比類鹻土煎鹽所收鹽分數較多其鹻土已有勑條禁止其水栢柴灰亂法甚於鹻土不可因循臣令商量從今已後捉獲盜採水栢柴灰重一十二斤即計鹽一斤犯灰一斗即計鹽一斤四兩並准兩池例八斤計折同犯刮鹻土煎鹽勑條節級科罰所冀鹽法齊一榷課免虧從之

府四百九十四　一

三年四月勑安邑解縣兩池榷課以實錢一百萬貫爲定額

五年六月鹽鐵使王涯奏當使應管諸州府坩冶伏准建中元年九月七日勑山澤之利令歸於官坑冶所出並委鹽鐵使勾當者今兖鄆淄青曹濮等三道幷齊州界已收管開置及訪聞本道私自占採坑冶等臣伏以山川産物泉貨濟時苟有利宜不忘經度兖海等道銅鐵甚多或開採未成州府私占物無自效須俟變興國有常征宜歸董屬前件坑冶昨使檢量審見滋饒已令開發其三道觀察使相承收採將備軍須久以爲利恐違常典伏請勒還當使准例稅納又以興功動作法貴均勞坑冶州府人難併役其應採鍊人户伏請准元勑免雜差遣冀其便安伏乞天恩允臣所請臣即於當使差清強官與兖海等道勘會已開者便令交領未開者別具條奏從之唐自兵興以來始進用莫氏裒耗之政筭山澤之利征賦於人非拍王政理之令典也蓋其初以經費罄弊薄其來而然其法故因用旁滋而人不悟因故大

唐中劉晏之法適於中道後代推其能其後滋弊之王務爲亥明之用使哥額日羸類茲後水天下之徒爲影占進益之此於是費畝益云人趣末以爲活狡吏黠胥因緣使恣公利遺散物貨斂鹽乃變譬搉酤之法苟豹應常之數浩然城內因以因削營子口天下不患無財患無人以分之執爭者識冗跡滯其源俾漸歸於本以阜箄當人農桑之業今則異焉食盡利幹劇柄買勢泡言者於是招權沽寵者於是通邪門致驗爵者於是從天下稍復理平之盛焉可得也涯之此奏識者鄙之

九年九月鹽鐵轉運使王涯奏請變江淮嶺南茶法并請加稅以贍邦計吏臣日自兵興以來山澤淮湖權茫之利無遺後參利卷歸于上民益窘于下涯尚以希恩加稅重用其法以窮其人然而竊身於姦邪之間與其謀而危其國豈非鬼瞰神奪焉禍以斃之

十二月諸道鹽鐵轉運榷茶等使左僕射令狐楚奏新置榷茶使額伏以江淮間數年以來水旱疾疫彫傷頗甚愁歎未平今夏及秋稍校豐稔方須惠䘏各使安存昨者忽奏榷茶實爲蠹政蓋是王涯破滅將至怨怒合歸豈有令百姓移茶樹就官場中栽摘茶葉於官場中造有同兒戲不近人情方有恩權無敢沮議朝班相顧而失色道路以目而吞聲今宗社降靈姦兇盡戮聖明垂祐黎庶合安微臣伏蒙天恩兼授使務官銜之內猶帶此名俯仰若驚夙宵知愧伏乞特迴聖聽下鑒愚誠速委宰臣除比使額緣軍國之用或關山澤之利有遺許臣條疏續具聞奏採造欲及妨廢爲虞前月二十一日內殿奏對之次鄭覃與臣同陳論訖伏望聖慈早賜處分一依舊法不用新條唯納榷之時須節級加價商人轉賣必校稍貴即是錢出萬國利歸有司既無害茶商又不擾茶户上以彰陛下愛人之德下以竭微臣憂國之心遠近傳聞必當感悅詔可之

府四百九十四　二

開成元年五月詔以鹽鐵諸道應管銀山二十五所悉歸州縣其鹽鐵使所補人吏並停罷仍勒歸州縣色役

六月鹽州奏請移置榷院於宥州

二年三月乙酉鹽鐵使奏得蘇州刺史盧商狀分鹽場三所隸屬本州元糶鹽七萬石加至十三萬石倍收稅額直送價錢

五月以蘇州刺史盧商爲潤州刺史攝御史大夫充浙江西道都團練觀察等使商在蘇州變鹽法獲利倍多時宰臣爲鹽鐵

使以課績上聞故有是命
九月浙西觀察使盧商奏常州自開成元年七月二十六日勅
以茶務委州縣至年終所收以溢額五千六百六十九貫比類
鹽鐵場院正額元數加數倍已上伏請增加正額詔戶部鹽鐵
商量並請依州司所奏從之
三年三月以浙西監軍判官王士玫充湖州造茶使時湖州刺
史裴充卒官吏不謹進獻新茶不及常年故特置使以專其事
宰臣上言造茶州縣之常務若別立使額則人戶不勝州縣差
役侵併諫官上疏切爲不可詔罷之
六月度支奏請廢晉州平陽院停官吏五百四百餘人並所管
礬山兩所並歸州縣從之
四年二月丁巳安南都護馬植奏管內陸州界海比廢珠池今
有珠生
是月宣州觀察使崔鄲奏茶法非便於人請兩稅錢上隨貫納
率詔曰搉茶本率商旅納貫淡於加稅東省曾有駁正鹽鐵又
經奏論法實大同事難獨改

武宗以開成五年正月四日即位十月詔復茶稅鹽鐵司奏曰
伏以向南百姓營生多以種茶爲業官司量事設法惟稅賣茶
商人但於店鋪交關自得公私通濟今則事須私賣苟務隱欺
皆是主人牙郎中裏誘引又被販茶姦黨分外勾牽所由因此
爲姦例皆追收攪擾一人犯罪數戶破殘必在屏除使安法理
其園戶私賣茶犯十斤至一百斤徵錢一百文決脊杖二十至
三百斤決脊杖二十錢亦如上累犯累科三犯已後委本州上
曆收管重加徭役以戒鄉閭此則法不虛施人安本業既懼當
辜之苦自無犯法之心條令既行公私皆泰若州縣不加把捉
縱令私賣園茶其有被人告論則又砍園失業當司察訪別具
奏聞請准放私鹽例處分又云伏以興販私茶羣黨頗衆場鋪
人吏皆與通連舊法雖嚴終難行使須別制置以革姦欺輕重
所有等差節級易爲遵守今既特許陳首所在招収勅命已行
皇恩普洽宜從變法使各自新若又抵違須重科斷自今後應
輒行販私茶無持杖伴侶者從十斤至一百斤決脊杖十五其
茶并隨身物並沒納給糾告及捕捉所由其囚牒送本州縣置
曆收管使別營生再犯不問多少准法處分三百斤已上即是
恣行兇狡不懼敗亡誘扇愚人須皆屏絕並准法處分其所沒
納亦如上例從之
宣宗大中元年閏三月鹽鐵奏據兩池搉鹽使狀准舊鹽法勅
條內有事節未該及准去年赦文合再論理事件等一曰准貞
元元和年勅如有姦人損壞壕籬及放火延燒收贓不償本縣
令合當殿罰皆已有條制今見施行但未該池界所由及無捉
賊期限伏以鹽池隄禁只仰壕籬如有放火延燒故損壞本界
分一周年內十月度同捉得五斗已上私鹽先准元和十二年
六月三日勅與減一選即所酬殊寡難使盡心若必遣縣令須

令賞罰相稱伏請從今已後其縣令本界內若五度捉得私鹽
每度捉得一斗已上兼賊同得者不限歲內歲外但數足後即
與減一選如累捉得亦請累減至三選即止如是州司已見任
正員官前官差攝縣令亦准正縣令處分如是散試官等攝縣
令無選可減者亦請每五度捉得私鹽并賊同得者即請別賞
見錢五十貫累捉得亦請累賞如兩畿令及赤縣令無選可減
者在任之日但界內捉得私鹽件數與勅文相當檢勘別無異
同即請申中書門下候滿後便與依資除官如此則必悉心盡
法不失罪人其餘即請各准元勅處分一曰應捉獲越界私鹽
并刮鹻盜兩池鹽賊與劫奪犯鹽囚徒頭首鬭連人等推勘
是合抵死刑者承前並各准元勅極法處分者伏以本制鹽法
束勒甚嚴近年以來稍加寬令又准會昌六年五月五日赦文
靈武振武天德三城封部之內皆有良田緣無居人遂絕耕種
自今已後天下囚徒合處死刑情非巨蠹者特許全生并家口

配流彊盗鹽賊蹤入界各許本縣界一月内捉賊送使如過限不到即是私存慢易搜索未精其元勑内所罰縣令課料便請准勑文牒本州府當日據數徵剋送使又弓射所由等晝夜只於池内檢巡其壕籬外面山林掩映村柵相次每有姦人與公結構必須與村人相熟然可下手若或無人勾致即遠賊不敢自來亦緣從來未立科條以此巡池所由都無禀束伏請從今後如有姦人損動壕籬及放火延燒并有盗竊蹤跡其地界保社所由村正居停主人等如有自擒捉得賊每捉得賊一人推勘得實所捉人當日以官中諸色見錢一十貫文充賞如漏網及不覺察到並請追就使各决脊杖十五如推勘與賊知情即請准所犯人條例處分如是所由及別色人等捉得亦請准前給賞其餘並請各准元勑處分一曰諸州府應捉搦販賣私鹽及刮鹻煎賊等伏准前後勑節文本界縣令如一周年内十度同捉獲私鹽五斗已上者本縣令減一選如每年如此即與累

減者伏以私鹽厚利煎竊者多巡院弓射力微州縣人煙遼夐若非本界縣令同力隄防煎販之徒無由止絶其縣令本界漏綱私鹽據石斗各有元勑並請依舊條處分如縣令若侍本此三道者當使應緣鹽法捉獲前件賊等並是固違勑文挾持弓刀棒杖皆作殺人調致巨蠹兇惡情狀難原如或許有生全則必難偷轉甚別無其法可以畏之今伏請捉獲此色賊推勘得實合寘極刑者並請各准勑處分以前戶部侍郎判度支盧弘正奏臣又得兩池榷鹽使檢校司封郎中兼侍御史司空輿狀自領職以來披尋捉鹽條制其間有此三節須重奏論伏以鹽法條制須是嚴刑稍似寬容則姦人無懼招收榷課數闕伏望聖慈許依司空輿所請即冀私鹽杜絶榷課增加從之

二年正月勑安邑解縣兩池榷課先以實錢一百萬貫爲定額今但取四段精好不必計舊額錢數

三年七月命開復三州七關之地廣鹽鹵之利以贍邊

四年三月因收復河隴勑令度支收管温池鹽仍差靈州分巡院官專勾當先是胡落池在豐州界河東供軍使收管每年採鹽約一萬四千餘石供振武天德兩軍及營田水運官健是年党羌叛擾饋運不通供軍使請榷市河東白池鹽供食其白池屬河東節度使不繫度支

六年二月勑温池令劉翕威州置榷税使緣新制置未立榷課定額

五月鹽鐵轉運使戶部侍郎裴休立税茶之法凡十二條陳奏之宣宗大悦下詔曰裴休興利除害深見奉公盡可其奏是年度支收納安邑解縣兩池榷利一百二十一萬五千餘貫女鹽池在解縣朝邑小池在同州鹵池在京兆府奉先縣並禁斷不榷

懿宗咸通四年七月詔廉州珠池與人共利近聞本道禁斷遂絶通商宜令本州任百姓採取不得止約

僖宗光啓元年三月詔曰近京贍国之資榷鹽爲本法禁久廢

姦蠧寔繁皆誤藩方依憑城社須知根柢乃可改張委本司選周衛通材無期革弊其江淮食貨利害亦須詳究指揮巡路占留遣使親諭兵華之後銀鉛至多折納鑄錢尚資興利亦要議其可否不令旁撓農商

昭宗天復元年三月梁太祖兼領河中節度使奏歲貢課鹽三千車臣今代領池場請加二千車歲貢五千車候五池完葺則依平時供額從之

梁太祖開平三年制斷曹州煎小鹽棃貨

末帝龍德初鹽鐵轉運使敬翔奏請於雍州河陽徐州三處重置場院税茶從之

後唐莊宗同光二年二月勑會計之重鹹鹺是先矧彼兩池實有豐利頃自兵戈擾攘民庶流離既場務以隳致程課之虧失重兹葺理須仗規摸將立事以成功在從長而就便宜令李繼鱗兼充制置度支安邑解縣兩池榷鹽使便可制置一一條

責所有合置官吏等亦委自便選差
三年二月勑其逐年俵賣蠶監食鹽大鹽麴蠶監每斗與減五
十文蠶監與減三十文並已鄭延高萬與奏河中於禧州縣
賣顆鹽伏准本朝規制元食青鹽請止絶
明宗天成元年五月商州奏當管水銀五窟乞依舊管係
二年十一月貝州刺史竇廷琬上便宜狀請制置鹽州烏白兩
池逐年出絹十萬匹米五萬石奏勑升慶州為防禦使使除廷
琬為使
三年正月庚申宰臣以鹽麴價高請議減價以便生民帝曰若
便於民不失國計便可以行殿中丞杜環又以汴州鹽價管於
洛陽奏表請減
二月以蔚州銀冶無裨國費虛占入戶命廢之
長興四年五月七日諸道鹽鐵轉運使奏應食顆鹽州府省司
各置權粜折博場院應是鄉村並通私商興販所有折博并每
年人戶蠶鹽並不許將帶一斤一兩入城侵奪權課利如違
犯者一兩已上至一斤買賣人各決臀杖十三放一斤已上至
三斤買賣人各決臀杖十五放三斤已上至五斤買賣人各決
脊杖十三放五斤已上至十斤買賣人各決脊杖十七放十斤
已上不計多少買賣人各決脊杖二十處死有犯鹽人隨行錢
物驢畜等並納入官所有元本家業莊田如是全家逃走者即
行點納仍許般載脚戶經過店主人脚下人力等糾告等第支
與優給如知情不告與賣鹽人同罪其犯鹽人經過處地分門
司廂界巡檢節級所由并諸色關連人等不專覺察即據所犯
鹽數委本州臨時科斷訖報省如是門司關津口鋪捉獲私鹽
即依下項等第支給一半賞錢一斤已上十斤支賞錢二十貫
文五十斤已上至一百斤支賞錢三十貫文一百斤已上支賞
錢五十貫文應食末鹽地界州府縣分並有權粜場院鄉村內
外禁法即未有一概條流應刮鹻煎鹽不計多少斤兩並處極

法兼許四鄰及諸色人等陳告等第支與賞錢如捉到私煎
一兩已上至一斤買賣人各決臀杖十三放一斤已上至二斤
買賣人各決臀杖十五放二斤已上至三斤買賣人各決脊杖
十三放三斤已上至五斤買賣人各決脊杖十七放五斤已上
買賣人各決脊杖二十處死如是收到鹻土鹽水即委本處煎
鍊鹽數准條流科斷或有已曾違犯不至死刑經斷後公然不
懼條流再犯者不計斤兩多少所犯人並處極法其有權粜場
院員寮節級人力煎鹽池客竈戶般鹽船綱押綱軍將衙官梢
工等具知鹽法如有公然偷盜官鹽或將貨賣並買賣人及窩
盤主人知情不告並依前項刮鹻例五斤已上處死其諸色關
連人等并合支賞錢即准洛京邢鎮州條流事例指揮顆末青
黃等鹽元不許界分參雜其顆鹽先許通商之時指揮不得將
帶入末鹽地界如有違犯一斤一兩並處極法所有隨行物色
除鹽外一半納官一半與捉事人充優賞其餘鹽色未有畫一
條流其洛京并鎮定邢州管內多有北京末鹽入界捉獲並依
洛京條流科斷欲指揮此後但是顆末青白諸色鹽侵界參雜
捉獲並准洛京條例施行慶州青白權稅院元有透稅條流所
有隨行驢畜物色一半支與捉事人充優賞其餘一半并鹽並
納入官欲並且依舊一斗已上至三斗決臀杖十五放三斗已
上至五斗決脊杖十三放五斗已上處死安邑解縣兩池權鹽
院河府節度使兼判之時申到畫一事件條流等准勑禁兩池
所出鹽舊日若無文旁如擅將一斤一兩准元制條並處極法
其犯鹽人應有錢物並與捉事人充優賞者以兩池禁棘峻
岨不通人行四面各置場門弓射分擘鹽池地分居守並在棘
圍裏面更不別有遣差兼令巡護鹽法如此後有人偷盜官鹽
一斤一兩出池其犯鹽人並准元勑條流處分應有隨行錢物
並納入官其捉事人依下項定支優給若是巡檢司射池場門
子自不專切巡察致有透漏到棘圍外被別人捉獲及有糾告

兼司行及告官中吏不坐罪陳告人亦依捉事人支賞應知情偷盜官鹽之人亦依犯鹽人一例處斷其不知情關連人臨時酌情定罪所有透漏地分弓射及池塲門子如是透漏出鹽十斤已下決脊杖十五放一十斤已上與犯鹽人同罪科斷一斤已上至三十斤支賞錢一十貫文十斤已上至五十斤支賞錢二十貫文五十斤已上至一百斤支賞錢三十貫文一百斤已上支賞錢五十貫文前項所定奪到鹽法條流其應屬州府捉獲抵犯之人便委本州府檢條流科斷訖申奏別報省司其屬省院捉到犯鹽之人干死刑者取勘情罪申上候省司指揮不至極刑者便委務司准條流決放訖申報奉勑宜依

末帝清泰元年新州言銀冶務史承珪自今年正月得銀三百五十兩自八月後採山無銀別尋苗道

二年河中言三司於民添徵蠶鹽錢

晉高祖天福元年十一月九日即位制曰鹽麴之利軍府所須

儻不便於戶人宜別從於條制所期濟衆無忘奉公在京鹽貨元是官塲出糶自今後並不禁斷一任人戶取便糶易仍下太原府更不得開塲糶貨

閏十一月壬午勑覆事難就弊政宜遷恤鄉邑之瘡痍救民人之疾苦其東京管內鹽鹹戶合納逐年蠶鹽利昨者偽命指揮每斗須令人戶折納白米一斗五外極知百姓艱苦自今後宜令人戶以元納食鹽石斗數目每斗依時價計定錢數以錢數取人戶便穩折納斛斗一人湯沐之奉實在王畿兆民凋弊之風宜形仁恕其洛京管內逐年所配人戶食鹽起從來年每斤特與量減減價錢十文

二年九月左補闕李知損上章曰臣以前承御札許進言者直書其闕況在諫司不敢避事臣近聞衆議云國家將變鹽法有司即欲宣行竊知以諸道所禁賣鹽令逐處更添一倍委州司量其屋宇均配城內戶人每歲勒兩限依鹽隨二稅納價言足之難易作之極難此法若行甚非穩便然則歷代變法先取其益國利人前王開基本在於安持恤物設國無所益人不聊生斯乃害時之理昭然變法之功何有今添配鹽貨貧困弊者有三作敗亂者有三何則今蒙海燕民屬梁朝李運因之以兵革重之以科徭幾經宗社改更刑法變換地經百戰生年之事力都無室告九空到處之鄉川未復止於州城衆戶所在貧乏者多臣頻曾守職藩方莫不詳觀利病且常年城內居戶例於屋稅請鹽比其徵納之時備見艱難之狀以至須勞鞭朴尚有逋懸況所請之數甚微應督之期猶失若以逐州塲院鹽貨於合賣數增倍表之以稅錢均攤則貧富高低而不等以屋宇紐配則盈虛剩少以難齊於功空全與物爲辨其貧困弊者一也逐處州府必委官吏行之官雖強明而吏藏姦倖斯蓋必然之理可得而知儻官乏能名吏多欺詐則力不足者重傷於增配家已給者却獲其輕此是則率百姓而困國家虐貧窮而由胥吏其

貧困弊者二也且諸州糶鹽收利省司差官置塲所掌者國家之利權安得假厚薄而輒廢所立者國家之法制豈可必輕重而濫施使四方之人何以取則聞一朝之令孰不見疑散利權於諸州變鹽法於天下俵給不均而民弊徵催不辦而民逃國無利而喪權民積困而失業其作敗亂者一也所在之處多有土鹽或煎而食之或藏而貨之流行既深紊亂非細如無告訐莫得追尋若配俵之權悉於官吏譏察之法委自藩方則民漸困以何革國轉虛而何利其作敗亂者二也天下鹽鐵國家大權常重慎於弛張助國家之經費喻河流之不竭同嶽鎮以無傾蓋轉運所行引之如水禁嚴其固挺之若山豈可緣支用而絕本源爲追切而權重大權衡一失整頓甚難利害再思辯明極易是則民有害而可救國無利而何圖其作敗亂者三也困弊敗亂顧陛下細而思之審而行之恐不宜以爲常事而不輕聖慮也大凡錢穀之吏熟以聚斂爲能至於支度之司唯以辦

爲效殊不知人心小失所憂之事非常王道大行所悅之方蓋
遠臣竊慮有司以配鹽事件數奏聖聰必云百姓聯得食鹽半
年然後納價國家遺其二税頭段徵得鹽錢場院既免遷延官
典更無逋欠民獲其濟國有所資臣請詰之以解前說且百姓
窮困十八九焉或市肆經營取錐刀宜利至於日食鹽酪難取
買之倘或無錢不妨淡食今以半年鹽味配給貧民請歸其家
殆非所濟當俵鹽之日已不欣懽及納價之時可量困躓復有
税租甚大舍屋頗多骨肉替零家事牢落官中以戶門而須配
本人懼條法以難辭剩請官鹽莫之爲用都徵省債無足可償
鹽錢固所虧失省司非本州本使不管沉淼州司追鄰人保人
以此逋民何州不有以此編戶何處不空是則百姓因之逃亡
須令攤配如此則已傷殘而重困未波逃而復驅益國濟民其
利安在蠹時害政不亦多乎所司或對云自古理民有利則有
害當今聽國不斂則不充諫官秖以憂民爲詞不知經國之務

臣請再詰以證斯言夫國家取利之方王者安民之道雖或甚
利於國微損於民聖君尚以割股啗腹而爲言本固邦寧而再
識何況有甚害於物而小益於時者乎必欲禁賣鹽錢須要倍
於往日唯宜減落鹽價慎選場官示諭諸州峻臻公法凡經半
年課利但令逐處較量比及周王必期集事如禁賣倍於元數
課租濟於朝廷則必受以殊資別委主之重務如或所費不及
於元數所資不濟於朝廷則必顯示斷懲永更不令任使既鹽
價極輕而鹽法甚重則民罔不犯而貨易自通州府以公家在
心場院以貞幹爲事自然國有其利民無所傷與夫配百姓而
失經費之資其利害懸於天壤矣伏惟皇帝陛下每憂勤庶政
常詔訪羣臣當明君求諫之秋是微別得言之日尋有旨襃上章
少帝以天福六年六月即位十一月詔州郡稅鹽過稅斤七錢
住稅斤十錢州府鹽院並省司差人勾當先是諸州府除蠶鹽
外每年海鹽界分約收鹽價錢一十七萬貫高祖以所任禁法
抵犯者衆遂開鹽禁許通商令州郡配徵人戶食鹽錢上戶千
文下戶二百分爲五等時亦便之至是掌賦者欲增財利難於
驟變前法乃重其關市之征蓋欲絕其興販歸利於官也其後
鹽禁如故鹽錢亦徵至今爲弊焉
漢高祖入汴之年屬戎虜猾夏之後國用尤窘故鹽鐵之禁甚
峻（用年李守貞叛於河中倚擄於鄰藩以踐漢之不道　從可知矣犯鹽者遭刑衆苦不行務者執者束手則濟）
周太祖廣順元年九月詔改鹽法凡犯五斤已上者處死煎鹻
鹽者犯一斤已上者處死先是漢法不計斤兩多少並處極刑
至是始革之
二年九月十八日勅條流禁私鹽麴法如後一諸色犯鹽麴所
犯一斤已下至一兩決臀杖十七配役一年五斤已下一斤已
上決脊杖二十配役三年五斤已上並決重杖一頓處死應所
犯鹽麴關津門司廂巡村保如有透漏並行勘斷一刮鹻煎鍊

私鹽所犯一斤已下決脊杖二十配役三年一斤已上並決重
杖一頓處死所犯私鹽若捉到鹻土鹻水秖煎成鹽秤盤定罪
逐處凡有鹻鹵之地所在官吏節級所由常須巡撿村坊鄰保
遞相覺察若有所犯他處彰露並行勘斷一所犯私鹽捉事告
事人各支賞錢以係省錢充至死刑者賞錢五十貫文不及死
刑者三十貫文一顆鹽末鹽各有界分若將本地分鹽侵越疆
界同諸色犯鹽例科斷一鄉村人戶所請蠶鹽秖得將歸裏食
供食不得別將博易貨賣投託與人如違並同諸色犯鹽例科
斷若與所請蠶鹽道路津濟須經過州府縣鎮委三司明行指
揮一凡買鹽麴並須於官場官務內買若衷私投託興販其買
賣人並同諸色犯鹽麴例科斷一諸官場務如有羨餘出剩鹽
麴並許盡底報官如衷私貨賣者買賣人並同諸色犯鹽麴例
科斷若鹽鋪酒店戶及諸色人與場院衷私貨賣者並同罪科
斷一所犯鹽麴有同情共犯者若是骨肉卑幼奴婢同犯秖罪

家長主首如家長主首不知情衹罪造意者其餘減等科斷若是他人同犯並同罪斷遣（若鎮池之戶犯者送人斷下所犯斤兩依輕重斷遣）一州城縣鎮郭下人戶係屋稅合請鹽者若是州府並於城內計口給若是外縣鎮郭下人戶亦許將鹽歸家供食仍仰本縣預取逐戶合請鹽數目攢定文帳部領人戶請抜勒本官吏及所在場務同點檢入城若縣鎮郭下人戶城外別有莊田亦仰本縣預前分擘開坐勿令一處請給供使勑旨應諸道今後若捉獲犯私鹽麴人罪犯分明正該條法便仰斷遣訖奏若稍涉疑誤祇須申奏取裁

十月戊申解州刺史兼兩池榷鹽使張崇訓言兩鹽池周圍捉遠以棘為籬別無城壁其巡警弓官數百步一人向來立法猶有犯禁近奉九月十日條流雖不該制置池場務司亦已曉諭令來未審依舊法用新條詔依新勑先是漢法犯鹽一斤一兩死之太祖以其用法太峻兼不足以懲姦乃改法加至五斤處死主者但欲嚴酷以集事不顧治道之可否故張崇訓有是奏

三年三月勑曰青白池務素有定規衹自近年頗乖循守比來青鹽一石抽稅錢八百鹽一斗白鹽一石抽稅五百鹽五外其後青鹽一石抽錢一千鹽一斗訪聞改法已來不使商販蕃人漢戶求利艱難宜與優饒庶令存濟已降宣命指揮慶州榷鹽院今後每青鹽一石依舊抽稅錢八百八十五為陌鹽一斗白鹽一石抽稅錢五百鹽五外此外更不得別有邀求仍㑀蕃戶入界本州務及諸巡鎮倍加安撫不得侵欺如蕃人將羊馬貨債須平和交易不得縱任才人通同將略故為抑淩訪聞邊上鎮鋪於蕃漢戶人市易粜糶私抽稅今後一切止絕如違必加深罪各令知委青白鹽池在鹽州北唐元管四池曰烏池白池瓦窑池細項池今出稅置吏唯烏白二池而已寧慶諸州民有白池務買鹽經過處皆定稅利

十二月三司使奏諸道州府逐年俵散戶人顆鹽除俵鄉村外有州城縣鎮郭下舊請屋稅蠶鹽處自前元不敢入城門以貴惧二年勑却許放入緣州城縣鎮郭下各有糶場切慮放入稅鹽太粜亂條法難為檢校其州城府縣鎮郭下所俵年約六千餘石徵錢萬五千八百貫起來年欲住俵其元徵錢未審徵否勑諸州府并外縣鎮城內其居人屋稅鹽今後不俵其鹽錢亦不徵納所有鄉村人戶合請蠶鹽州城縣鎮嚴切檢校不得放入城門

世宗顯德元年十二月帝謂侍臣曰朕覽食末鹽州郡犯私鹽者多於食顆鹽界分蓋卑濕之地易為刮鹻煎造豈唯違我榷法兼又汚我好鹽況末鹽煎鍊般運費用倍於顆鹽今宜分割十餘州令食顆鹽不唯公流榷運省力兼且少人犯禁時論便之自是曹宋已西十餘州皆食顆鹽焉

二年八月二十四日宣頭節文改立鹽法如後一曉國軍堂陽務邢洺州鹽務應有見琢貯鹽貨處并煎鹽場竈及應是鹻地並須四面修置牆壍如是地里約遠難為修置牆壍即作壕籬為規隔如是人戶於壕籬內偷盜夾帶官鹽兼於壕籬外煎造鹽貨便仰收捉及許諸色人陳告所犯不計多少斤兩並決重杖一頓處死其經歷地分及門司節級人員並當勘斷所有捉事告事人賞錢一兩已上至一斤賞錢二十貫文一斤已上至二十斤賞錢三十貫文一十斤已上賞錢五十貫文一應有不係官中煎鹽處鹻地並須立標標出委本州府差公幹職員與巡鹽節級村保地主鄰人同共巡檢若諸色人偷刮鹹地便仰收捉及許人陳告若勘逐不虛捉事告事人每獲一人賞絹一十疋獲二人賞絹二十疋獲三人已上不計人數賞絹五十疋刮鹻煎鹽人并知情人所犯不計多少斤兩並決重杖一頓處死其刮鹻處地分并刮鹻人住處巡檢節級所由村保等各決脊杖廿八令衆一月放依舊勾當刮鹻處地主不切檢校決脊杖十七令衆一月放一顆鹽地分界內有人刮鹻煎鍊鹽貨所犯

並依前項一令緣改價貨鹽處有別界分鹽貨遞相侵犯及將鹽入城諸色犯鹽人今下三司依下項條流科斷其犯鹽人隨行物色給與本家其鹽沒納入官所經歷地分節級人員並行勘斷一兩至一斤決臀杖十五令衆半月捉事告事人賞錢五貫文一斤已上至一十斤決脊杖十五令衆一月捉事告事人賞錢七貫文一十斤已上不計多少決脊杖十七配發運務役一年捉事告事人賞錢一十貫文一諸州府人戶所請蠶鹽不得於鄉村衷私貨賣及信團頭胐戶縣司請鹽節級所由等剋折糶賣如有犯者依諸色犯鹽例科斷一如有人於河東界將鹽過來及自家界內有人往彼興販鹽貨其犯者並處斬其犯鹽人隨行驢畜資財並與捉事人充賞

十月勑曰漳河以北州府管界元是官場糶鹽今除城郭草市內仍舊禁法其鄉村並許鹽貨通商逐處有鹻鹵之地一任人戶煎鍊興販即不得踰越漳河入不通商地界

冊府元龜卷第四百九十四

册府元龜卷第四百九十五

邦計部一十三

田制

昔黄帝之有天下也畫野分州列爲萬國周公小司徒之職有井邑丘甸之制以建民中以裁軍賦公羊所謂頌聲由什一而作孟軻亦稱仁政自經界而始皆井田之謂也及戰國異政謀臣變古王制既壞兼并遂起歷世彌久因時立法或限以自占之數或差其命秩之品原其創制攸作之意率以敦本革獘爲念蓋將禁抑豪侈惠綏困窮在上者之心亦已勤矣然而舊典斯廢大道云喪命令之出姦詐隨生雖爲之以刑亦不能勝矣故周之中正墜而莫舉漢之極盛邈不能及焉

堯遭洪水天下分絶使禹平水土别九州(分别其壃理)冀州厥土惟白壤(無塊曰壤)厥田惟中中(田第五)兖州厥土黑墳(色黑而墳起)厥田惟中下(田第六)青州厥土白墳厥田惟上下(第三)徐州厥土赤埴墳(土黏曰埴)厥田惟上中(第二)揚州厥土惟塗泥(地泉濕也)厥田惟下下(第九)荆州厥土惟塗泥厥田惟下中(第八)豫州厥土惟壤下土墳壚(高者壤下者壚壚疎也)厥田惟中上(第四)梁州厥土青黎(色青黑沃壤也)厥田惟下上(第七)雍州厥土惟黄壤厥田惟上上(第一)九州之地定墾者九百一十萬八千二十頃

周文王在岐(今扶風郡岐山縣)用平土之法以爲理人之道地著爲本(地著謂安土也)故建司馬法六尺爲步步百爲畝畝百爲夫夫三爲屋屋三爲井井十爲通通十爲成成十爲終終十爲同同方百里同十爲封封十爲畿畿方千里故丘有戎馬一匹牛三頭甸有戎馬四匹兵車一乘牛十二頭甲士三人步卒七十二人一同百里提封萬井戎馬四百匹車百乘此卿大夫采地之大者是謂百乘之家一封三百六十六里提封十萬井定出賦六萬四千井戎馬四千匹車千乘此諸侯之大者謂之千乘之國天子之畿内方千里提封百萬井定出賦六十四萬井戎馬四萬匹兵車萬乘戎卒七十二萬人故曰萬乘主也大司徒之職均土地以稽其人民而周知其數上地家七人可任者家三人中地家六人可任者家五人下地家五人可任者家二人(均平也周猶徧也一家男女七人以上則授上地所養者衆也男女五人以下則授之以下地所養者寡也正以七人六人五人爲率者有夫有婦然後爲家自二人以至於十人爲九等七六五者爲其中可任謂丁強任力役之事者出老者一人其餘男女強弱相半其大數)乃經土地而井牧其田野九夫爲井四井爲邑四邑爲丘四丘爲甸四甸爲縣四縣爲都以任地事而令貢賦凡稅斂之事(此謂造都鄙也采地制井田異於鄉遂也重立國小司徒爲經之立其五溝五塗之界其制似井之字因取名焉孟子曰夫仁政必自經界始經界不正井田不均貢祿不平是故暴君汙吏必慢其經界經界正分田制祿可坐而定也謂隰皐之地九夫爲牧二牧而當一井今造都鄙授民田有不易有一易有再易通率二而當一是之謂井牧昔夏少康在虞有田一成有衆一旅一旅之衆而田一成則井牧之法先古然矣九夫爲井者方一里九夫所理之田也此制小司徒經之匠人爲之溝洫相包乃成耳邑丘之屬相連比以出田稅溝洫爲除水害四井爲邑方二里四邑爲丘丘方四里四丘爲甸甸方八里旁加一里則方十里爲一成積百井九百夫其中六十四井五百七十六夫出田稅三十六井三百二十四夫理溝洫四甸爲縣方二十里四縣爲都方四十里四都方八十里旁加十里乃得方百里爲一同也積萬井九萬夫其四千九十六井三萬六千八百六十四夫出田稅二千三

百四井二萬七百三十六夫理洫三千六百井三萬二千四百夫理會井田之法備於一同今止於都者采地食者皆四之一其制三等百里之國凡四都一都之田稅入於王五十里之國凡四縣一縣之田稅入於王二十五里之國凡四甸一甸之田稅入於王地事謂農牧衡虞也貢謂九貢山澤之材賦謂出車徒給徭役也)任土之法以物地事授地職而待其政令(任土者任其力勢所能生育以制貢賦也物物色之以知其所宜地事而授農牧衡虞使職之也)以廛里任國中之地以場圃任園地以宅田士田賈田任近郊之地以官田牛田賞田牧田任遠郊之地以公邑之田任甸地以家邑之田任稍地以小都之田任縣地以大都之田任畺地(謂廛里者若今之邑居之里矣廛人居之里域里居也圃樹果蓏之屬季秋於中爲場樊圃謂之園宅田者致仕者之家所受之田也士相見禮曰宅者在國則曰市井之臣在野則曰草茅之臣仕者亦受田所謂圭田也孟子曰自卿以下必有圭田圭田五十畝賈田在市賈人其家所受田也官田庶人在官者其家所受田也牛田牧田畜牧之家所受田也賞田者賞賜之田也公邑謂六遂餘地也天子使大夫理之自此以餘地皆然家邑大夫之采地小都卿之采地大都公之采地王子弟所食邑也畺五百里王畿界也皆言任者地之形實不方平如圖受田邑者遠近不得盡如制其所生育職貢取正於是)人受田上田夫百畝中田夫二百畝下田夫三百畝歲耕種者爲不易上田休一歲者爲壹易中田休二歲者爲再易下田

三歲更耕之自爰其處（爰於也更謂三歲即與別家佃以均勞逸也）農夫已受田其家衆男爲餘夫亦以口受田如比（比例也）士工商家受田五口乃當農夫一人（口二十畝也）此謂平土可以爲法者也若山林藪澤原陵淳鹵之地（淳盡也謂鹵之田不生穀也）各以肥磽多少爲差（磽確謂瘠薄之田也）人年二十受田六十歸田七十以上上所養也十歲以下上所長也十一以上上所強也（勉強令習事也）

魏文侯時李悝作盡地力之教（李悝文侯臣也）以爲地方百里提封九萬頃除山澤邑居參分去一爲田六百萬畮治田勤謹則畮益三升（斗當言三斗謂治田勤則畮加三斗也）不勤則損亦如之地方百里之增減輒爲粟百八十萬石矣

秦孝公任商鞅鞅以三晉地狹人貧（三晉謂韓魏趙今河東道之地）秦地廣人寡故草不盡墾地利不盡出於是誘三晉之人利其田宅復三代無知兵事而務本於內而使秦人應敵於外故廢井田制阡陌任其所耕不限多少（孝公十二年之制）數年之間國富兵強天下無敵（又載秦孝公用商君壞井田開阡陌急耕戰之賞雖非古道猶以務本之故傾鄰國而雄諸侯然王制遂滅僭差亡度庶人之富者累鉅萬而貧者食糟糠有國彊者兼州域而弱者喪社稷已盡君尊又按史記云秦昭襄王四年爲田開阡陌今兩載之）

始皇三十一年使黔首自實田

漢文帝令博士諸生作王制云天子之田方千里（象日月之大亦取曏同也）公侯田方百里伯七十里子男五十里不能五十里者不合於天子附於諸侯曰附庸（此謂縣內以祿公卿大夫元士）天子之三公之田視公侯天子之卿視伯天子之大夫視子男天子之元士視附庸（皆象星辰之大小也不合謂不朝會也小城曰附庸附庸者以國事附於大國未能以其名通也視猶比也元善也善士謂命士也此地殷所因夏爵三等之制也殷有鬼侯梅伯春秋變周之文從殷之質合伯子男以爲一則殷爵三等者公侯伯也異畿內謂之子周武王初定天下更立五等之爵增以子男而猶因殷之地以九州之界尚狹也周公攝政致太平斥大九州之界制禮成武王之意封王者之後爲公及有功之諸侯大者地方五百里其次侯四百里其次伯三百里其次子二百里其次男百里所因殷之諸侯亦以功黜陟之其不合者皆益之地爲百里焉是以周世有爵尊而國小爵卑而國大者唯天子畿內不增以祿羣臣不主爲治民）制農田百畝百畝之分上農夫食九人其次食八人其次食七人其次食六人下農夫食五人庶人在官者其祿以是爲差也（農夫皆受田於公田肥磽有五等收入不同也庶人在官謂府史之屬官長所除不命於天子國君者分或爲差）方一里者爲田九百畝（一里方三百步）方十里者爲方一里者百爲田九萬畝方百里者爲方十里者百爲田九十億畝（億今十萬）方千里者爲方百里者百爲田九萬億畝（萬億今萬萬也）自常山至於南河千里而近（冀州域）自南河至於江千里而近（豫州域）自江至於衡山千里而遙（荊州域）自東河至於東海千里而遙（徐州域）自東河至於西河千里而近（亦冀州域）自西河至於流沙千里而遙（雍州域）西不盡流沙南不盡衡山東不盡東海北不盡常山凡四海之內斷長補短方三千里爲田八十一萬億一萬億畝（九州之大計）方百里者爲田九十億畝山陵林麓川澤溝瀆城郭宮室塗巷三分去一其餘六十億畝（以一大國爲率以授民）（山足曰麓）古者以周尺八尺爲步今以周尺六尺四寸爲步古者百畝當今東田百四十六畝三十步古者百里當今百二十一里六十步四尺二寸二分（周尺之數未詳聞也案禮制周猶以十寸爲尺蓋六國時多變亂法度或言周尺八寸則步更爲八八六十四寸以此計之古者百畝當今百五十六畝二十五步古者百里當今百二十五里）方千里者爲方百里者百封方百里者三十國其餘方百里者七十又封方七十里者六十爲方百里者二十九方十里者四十其餘方百里者四十方十里者六十又封方五十里者百二十爲方百里者三十其餘方百里者十方十里者六十名山大澤不以封其餘以爲附庸間田諸侯之有功者取於間田以祿之其有削地者歸之間田天子之縣內方千里者爲方百里者百封方百里者九其餘方百里者九十一又封方七十里者二十一爲方百里者十方十里者二十九其餘方百里者八十方十里者七十一又封方五十里者六十三爲方百里者十五方十里者七十五其餘方百里者六十四方十里者九十六

武帝詔賈人有市籍及家屬皆無得名田（一人有市籍則家內皆不得有田也）以便農敢犯令沒入田貨又趙過爲搜粟都尉過能爲代田一晦三甽歲代處故曰代田古法也后稷始甽田以二耜爲耦（[illegible]）而廣尺深尺曰甽長終晦一晦三甽一夫三百甽而播種於

甽中（播，布也。種，穀子也）苗生葉以上稍耨隴草（耨，鉏也）因隤其土以附苗
根（隤謂下之也）故其詩曰或芸或芓黍稷儗儗（詩小雅甫田之詩。儗儗，盛貌。芸，除草
也。芓，附根也）言苗稍壯每耨輒附根比盛暑隴盡而根深能風
與旱故儗儗而盛也其耕耘下種田器皆有便巧率十二夫為
田一井一屋故畮五頃（九夫為井，三夫為屋，夫百畮，於古為十二頃。古百步為畮，漢時二百四十步為畮，古千二百畮則得今五頃）用耦犂二牛三人一歲之收常過縵田畮一斛以
上（縵田謂不為甽者也）善者倍之（善為甽者，又過縵田二斛以上也）過使教田太常三輔（太常主諸陵有
民亦請田田種）大農置工巧奴與從事為作田器二千石遣令
長三老力田及里父老善田者受田器學耕種養苗狀（為法意狀也）
民或苦少牛亡以趨澤（趨，及也。澤，雨之潤澤也）故平都令光（臣欽若等曰光史失其姓）
教過以人輓犂（輓，引也）過奏光以為丞教民相與庸輓犂（庸，功也。謂換功
共作也。義亦與庸賃同）率多人者田日三十畮少者十三畮以故田多墾
闢過試以離宮卒田其宮壖地（離宮，別處之宮，非天子所常居也。壖，餘也。宮壖地，謂外垣之內
內垣之外也。諸緣河壖地、廟垣壖地，其義皆同。守離宮卒閒而無事，因令於壖地為田也）課得穀皆多其旁

田畮一斛以上令命家田三輔公田（令，使也。命者，教也。令離宮卒教其家田公田也。又曰命謂爵命者，命家謂受爵命一爵為公士以上，令得田公田，優之也）又教邊郡及居延城（居延，張掖縣
也。時有甲卒也）是後邊城河東弘農三輔太常民皆便代田用力少而
得穀多
成帝時安昌侯張禹占鄭白之渠四百餘頃他人兼并者皆類
此而人弥困矣
哀帝即位師丹輔政建言古之聖王莫不設井田然後治迺可
平（建，立也。立議也）孝文皇帝承亡周亂秦兵革之後天下空虛故務
勸農桑帥以節儉民始充實未有并兼之害故不為民田及奴
婢為限（不為作限制）今累世承平豪富吏民訾數鉅萬而貧弱俞困
蓋君子為政貴因循而重改作（重，難也）所以有改者將以救急也
亦未可詳宜略為限（詳，謂悉盡也）天子下其議丞相孔光大司空何
武奏請諸侯王列侯皆得名田國中列侯在長安公主名田縣
道及關內侯吏民名田皆毋過三十頃諸侯王奴婢二百人列
侯公主百人關內侯吏民三十人期盡三年犯者沒入官時田
宅奴婢賈為減賤丁傅用事董賢隆貴皆不便也（謂丁傅及董賢家皆不便
此事）詔書且須後（須，待也）遂寢不行
平帝元始中凡郡國一百三縣邑千三百一十四道三十二侯
國二百四十一地東西九千三百二里南北萬三千三百六十
八里提封田一萬萬四千五百一十三萬六千四百五頃其一
萬萬二百五十二萬八千八百八十九頃邑居道路山川林澤
羣不可墾其三千二百二十九萬九百四十七頃可墾定墾田
八百二十七萬五百三十六頃民戶千二百二十三萬三千六
十二口五千九百五十九萬四千九百七十八漢極盛矣（揆戶千二
百二十三萬三千每戶得田六十七畝百四十六步有奇）
王莽動欲慕古不度時宜分裂州郡改職作官下令曰漢氏減
輕田租三十而稅一常有更賦罷癃咸出（罷癃，老者，皆出口算）而豪民
侵陵分田劫假（分田，謂貧者無田而取富人田耕，共分其所收也。假，亦謂貧人賃富人之田也。劫
者，富人劫奪其稅，侵欺之也）厥名三十實什稅五也富者驕而為邪貧者窮
而為姦俱陷於辜刑用不錯（錯，置也）今更名天下田曰王田奴婢
曰私屬皆不得賣買其男口不滿八而田過一井者分餘田與
九族鄉黨犯令法至死制度又不定吏緣為姦天下謷謷然
陷刑者衆中郎區博諫莽曰（區，姓也，音一侯切）井田雖聖王法其廢久
矣周道既衰而民不從秦知順民之心可以獲大利也故滅廬
井而置阡陌遂王諸夏訖今海內未厭其敝今欲違民心追復
千載絕迹（復，音扶目切）雖堯舜復起而無百年之漸弗能行也天下
初定萬民新附誠未可施行莽知民怨迺下書曰諸名食王田皆
得賣之勿拘以法犯私買賣庶人者且一切勿治
後漢光武建武十五年以天下墾田多不實又戶口年紀互有
增減詔天下州郡檢覈田頃人戶年紀而刺史太守多不平均
或優饒豪右侵刻羸弱百姓嗟怨遮道號呼河南尹張伋及諸
郡守十餘人坐度田不實下獄死

和帝元興元年墾田七百三十二萬一百七十頃八十畝百四十步
安帝延光四年墾田六百九十四萬二千八百九十頃一十三
畝八十步
順帝建康元年定墾田六百八十九萬六千二百七十一頃五
十六畝九十四步按建康元年戶九百九十四萬六千九百九十每戶合得田七十畝有奇
冲帝永嘉元年墾田六百九十五萬七千六百七十六頃二十
畝百八步
質帝本初元年墾田六百九十三萬一百二十三頃三十八畝
晉武帝平吳之後有司奏詔書王公以國爲家京城不宜復有
田宅今未暇作諸國邸當使城中有往來處近郊有芻藁之田
今可限之國王公侯京城得有一宅一處近郊田大國十五頃
次國十頃小國七頃城內無宅城外有者皆聽留之又制官品
第一至于第九各以貴賤占田品第一者占五十頃第二品四
十五頃第三品四十頃第四品三十五頃第五品三十頃第六

品二十五頃第七品二十頃第八品十五頃第九品十頃而又
各以品之高卑蔭其親屬多者及九族少者三世宗室國賓先
賢之後及士人子孫亦如之而又得蔭人以爲衣食客及佃客
品第六已上得衣食客三人第七第八品二人第九品及舉輦
跡禽前驅由基強弩司馬羽林郎殿中冗從武賁殿中武賁持
椎斧武騎武賁持鈒冗從武賁命中武賁武騎一人其應有佃
客者官品第一第二者佃客無過五十戶第三品十戶第四品
七戶第五品五戶第六品三戶第七品二戶第八品第九品一
戶是時天下無事賦稅平均人咸安其業而樂其事又制男子
一人占田七十畝女子三十畝其外丁男課田五十畝丁女二
十畝次丁男半之女則不課
宋武帝孝建三年制內外官有田在近道聽遣所給吏僮附業
大明初楊州刺史西陽王子尚上言山湖之禁雖有舊科民俗
相因替而不奉熂山封水保爲家利自頃以來頹弛日甚富彊
者兼嶺而占貧弱者薪蘇無託至漁採之地亦又如茲斯實
治之深弊也又宜損益舊條更申常制有司檢壬辰詔書占山
護澤彊盜律論贓一丈以上皆棄市尚書左丞羊希以壬辰之
制其禁嚴刻事既難遵理與時弛而占山封水漸染復滋更相
因仍便成先業一朝頓去易致嗟怨今更刊革立制五條凡是
山澤先常熂爈種養竹木雜果爲林芿及陂湖江海魚梁鰌鮆
場常加功修作者聽不追奪官品第一第二聽占山三頃第三
第四品二頃五十畝第五第六品二頃第七第八品一頃五十
畝第九品及百姓一頃皆依定格上貲簿若先已占山不得更
占足若非前條舊業一不得禁有犯者水土一尺以上並計贓
依常盜律論停除
晉咸康二年壬辰之科從之
明帝泰始三年復郡縣公田
梁高祖大同七年十一月詔曰用天之道分地之利蓋先聖之

格訓也凡是田桑廢宅沒入者公收之外悉以分給貧民皆使
量其所能以受田分如聞頃者豪家富室多占取公田
貴價僦稅以與貧民傷時害政爲蠹已甚自今公田悉不得假
與豪家已假者特聽不追若富室給貧民種糧共營作者不在
禁例後魏太武初爲太子監國曾令有司課畿內之人使無牛
家以人牛力相貿墾殖鋤耨其有牛家與無牛家一人種田二
十畝償以耘鋤功七畝如是爲差至與老小無牛家種田七畝
老小者償以鋤功二畝皆以五口下貧家爲率各列家別口數
所種頃畝明立簿目所種者於地首標題姓名以辯播殖之功
太平真君九年下詔均給天下人田諸男夫十五以上受露田
四十畝不栽樹者謂之露田婦人二十畝奴婢依良丁牛一頭受田三十
畝限四牛所授之田率倍之三易之田再倍之以供耕作及還
受之盈縮人年及課則受田老免及身沒則還田奴婢牛隨有
無以還受課桑田不在還受之限但還入倍田分於數雖盈不

得以充露田之數不足者以露田充倍諸初受田者男夫一人給田二十畝課種桑五十樹棗五株榆三根非桑之土夫給一畝依法課蒔榆棗各依良限三年種畢奪其不畢之地於桑榆地分雜蒔餘果及多種桑榆者不禁諸應還之田不得種桑榆棗果種者以違令論地入還分諸桑田皆為代業身終不還恒從見口有盈者無受無還不足者受種如法盈者得賣其盈不足有得買所不足不得賣其分亦不得買過所足諸麻布之土男夫及課列給麻田十畝婦人五畝奴婢依良皆從還受之法諸有舉戶老小殘疾無受田者年十一以上及疾者各授以半夫田年踰七十者不還所受寡婦守志者雖免課亦授婦田諸還受田常以正月若始受田而身亡及賣買奴婢牛者皆至明年正月乃得還受諸土廣人稀之處隨力所及官借人種蒔後有來居者依法封授諸地狹之處有進丁受田而不樂遷者則以其家桑田為正田分又不足不給倍田又不足家內人別減分無桑之鄉準此為法樂遷者聽逐空荒不限異州他郡唯不聽避勞就逸其地足之處不得無故而移諸人有新居者三口給地一畝以為居室奴婢五口一畝男女十五以上因其地分口課種菜五分畝之一諸一人之分正從正倍從倍不得隔越他畔進丁受田者常從所近若同時俱受先貧後富再倍之田放此為法諸遠流配謫無子孫及戶絕者墟宅桑榆盡為公田以供授受之次給其所親未給之間亦借其所親諸宰人之官各隨近給公田刺史十五頃太守十頃治中別駕各八頃縣令郡丞六頃更代相付賣者坐如律

文成時主客給事中李安世以民困飢流散豪右多有占奪安世乃上疏曰臣聞量地畫野經國大式邑地相參致治之本井稅之興其來日久田萊之數制之以限蓋欲使土不曠功民罔遊力雄擅之家不獨膏腴之美單陋之夫亦有頃畝之分所以恤彼貧微抑茲貪欲同富約之不均一齊民於編戶竊見州郡之民或因年儉流移棄賣田宅漂居異鄉事涉數世子孫既立始返舊墟廬井荒毀桑榆改植事已歷遠易生假冒彊宗豪族肆其侵凌遠認魏晉之家近引親舊之驗又年載稍久鄉老所惑羣證雖多莫可取據各附親知互有長短兩證徒具聽者猶疑爭訟遷延連紀不判良疇委而不開柔桑枯而不採僥倖之徒興繁多之獄作欲令家豐歲儲人給資用其可得乎愚謂今雖桑井難復宜更均量審其徑術令分藝有準力業相稱細民獲資生之利豪右靡餘地之盈則無私之澤乃播均於兆庶如阜如山可有積於比戶矣又所爭之田宜限年斷事久難明悉屬今主然後虛妄之民絕望於覬覦守分之士永免於凌奪矣帝深納之後均田之制起於此矣

孝文帝太和九年冬十月丁未詔曰朕承乾在位十有五年每覽先王之典經綸百代儲畜既積黎元永安爰暨季葉斯道陵替富彊者并兼山澤貧弱者望絕一廛致令地有遺利民無餘財或爭畝畔以亡身或因飢饉以棄業而欲天下太平百姓豐足安可得哉今遣使者循行州郡與牧守均給天下之田授以生業以充為斷勸課農桑興富民之本

十四年十二月壬午詔依准丘井之式遣使與州郡宣行條制隱口漏丁即聽附實若朋附豪勢陵抑孤弱罪有常刑北齊給授田令仍依魏朝每年十月普令轉授成丁而受丁老而退不聽賣易

武成帝河清三年詔每歲春月各依鄉土早晚課人農桑自春及秋男子十五以上皆布田畝桑蠶之月婦女十五以上皆營蠶桑孟冬刺史聽審教之優劣定殿最之科品人有人力無牛或有牛無人力者須令相便皆得納種使地無遺利人無遊手又令男子率以十八受田輸租調二十充力役六十六退田免租調京城四面諸坊之外三十里內為公田受公田者三縣代遷戶執事官一品以下逮于羽林武賁各有差其外畿郡華人

官第一品以下羽林武賁以上各有差職事及百姓請墾田者
為永業田奴婢受田者親王止三百人嗣王二百人第二品嗣
王以下及庶姓王百五十人正三品以下及皇宗百人七品以
下八十人八品以下至庶人六十人奴婢限外不給田者皆不
輸其方百里外及州人一夫受露田八十畝奴婢依良人限數
與在京百官同丁牛一頭受田六十畝限止四牛每丁給永業
二十畝為桑田其田中種桑五十根榆三根棗五根不在還受
之限非此田者悉入還受之分土不宜桑者給麻田如桑田法
關東風俗傳曰其時強弱相陵恃勢侵奪富有連畛亘陌貧無
立錐之地昔漢氏募人從田恐遺墾課令就良美而齊氏全無
斟酌雖有當年權格時暫施行爭地文案有三十年不了者此
由授受無法者也其賜田者謂公田及諸横賜之田不問貴賤
一人一頃以供芻秣自宣武出獵以來始以永賜得聽賣買遷
鄴之始濫職衆多所得公田悉從貨易又天保之代曾遥壓首

人田以充公簿比武平以後横賜諸貴亦已盡矣又河渚山澤
有可耕墾肥饒之處悉是豪勢或借或請編戶之人不得一壟
糺賞者依令口分之外知有買匿聽相糺列還以此地賞之至
有貧人實非賸長買匿者苟貪錢貨詐吐壯丁口分以與糺人
亦既無田即便逃走帖賣者帖荒田七年熟田五年錢還地還
依令聽許露田雖復不聽賣買賣買亦無重責貧戶因王課不
濟率多貨賣田業亦有懶惰之人雖存田地不肯肆力在外浮
遊三正賣其口以供租課比來頻有還人之格欲以招慰逃散
假使暫還即賣所得之地地盡還走正由聽其賣帖田園故
也廣占者依令奴婢請田亦與良人相似以無田之良口比有
地之奴牛末世良天保中獻書請以富家牛地先給貧人其時
朝列稱其合理

後周文帝霸政之初創六官司均掌田里之政令凡人口十以
上宅五畝口七已上宅四畝口五以下宅三畝有室者田百四
十畝丁者田百畝

隋令自諸王以下至于都督皆給永業田各有差多者至百頃
少者至三十頃其丁男中男永業露田皆遵後齊之制並課樹
以桑榆及棗其田宅率三口給一畝開皇十二年文帝以天下
戶口歲增京輔及三河地少而人衆衣食不給議者咸欲徙就
寬鄉帝乃發使四出均天下之田其狹鄉每丁纔至二十畝老
小又少焉（太常卿蘇威立議以為戶口滋多民田不贍欲減功臣之地以給民王誼奏曰百官者歷世勳賢方蒙爵土一旦削之未見其可如臣所慮正恐朝臣功德不建何患民田有不足帝然之竟寢威議）
十四年詔省府州縣皆給公廨田不得治生與人爭利
煬帝大業中天下墾田五千五百八十五萬四千四十一頃（其數恐非實時有戶八百九十萬七千五百三十六則戶合墾田五頃餘恐本史之非實）
玄宗開元十八年宣州刺史裴耀卿論時政上疏曰竊見天下
所檢客戶除兩州計會歸本貫已外更合所在編附年限向滿
須準居人更有優矜即此輩僥倖若全徵課稅即目擊未堪竊

料天下諸州不可一例處置且望從寬鄉有剩田州作法竊計
有剩田者不減三四十州取其剩田通融支給其剩地者三分
請取一分已下其浮戶任其親戚鄉里相就每十戶已上共作
一坊每戶給五畝充宅并為造一兩口屋開巷陌立閭伍種桑
棗築園蔬使緩急相助親隣不失丁別量給五十畝已上為田
任其自營種率其戶於近坊更共給一頃以為公田共令營種
每丁一月役功三日計十丁一年共得三百六十日營公田一
頃不啻得足計平收一年不減一百石便納隨近州縣除役功
三百六十日外更無租稅既是營田戶且免征行安樂有餘必
不流散官司每丁納收十石其粟麥不別支用每至不熟年計
別三十價然後支用計一丁一年還出兩石已上亦與正課不
殊則官收其役不為矜縱人緩其稅又得安舒倉廩日殷人流
為便其狹鄉無剩地客戶多者雖此法未該准式許移窄就寬
不必須要留住若寬鄉安置得所人皆樂業割三兩年後皆可

政途并地盡作公田狹鄉惣移寬處倉儲既實水旱無憂

二十三年九月詔曰天下百姓口分永業田頻有處分不許買賣典貼如聞尚未能斷貧人失業豪富兼并宜更申明處分切令禁止若有違犯科違勑罪

二十五年制田廣一步長二百四十步為畝畝百為頃(自秦漢以降即二百四十步為畝非獨始於今貞觀令文耳國家程式雖則具存今所纂錄不可悉載但取其朗要切於易精詳乃臨事致惑)丁男給永業田二十畝口分田八十畝其中男年十八以上亦依丁男給老男篤疾廢疾各給口分田四十畝寡妻妾各給分田三十畝先永業者通充口分之數黃小中丁男女及老男篤疾廢疾寡妻妾當戶者各給永業田二十畝口分田二十畝應給寬鄉並依所定數若狹鄉新受者減寬鄉口分之半其給口分田者易田則倍給(寬鄉三易以上者仍依鄉法易給也)其永業田親王百頃職事官正一品六十頃郡王及職事官從一品各五十頃國公若職事官正二品各四十頃郡公若職事官從二品各三十五頃縣公若職事官正三品各二十五頃職事官從四品各十頃子若職事官正五品各八頃男若職事官從五品各五頃上柱國三十頃柱國二十五頃上護軍二十頃護軍十五頃上輕車都尉十頃輕車都尉七頃上騎都尉六頃騎都尉四頃驍騎尉飛騎尉各八十畝雲騎尉武騎尉各六十畝其散官五品以上同職事給兼有官爵及勳俱應給者唯從多不並給若當家口分之外先有地非狹鄉者並即回受有賸追收不足者更給諸永業田皆傳子孫不在收授之限即子孫犯除名者所承之地亦不追每畝課種桑五十根以上榆棗各十根以上三年種畢鄉土不宜者任以所宜樹充所給五品以上永業田皆不得狹鄉受任於寬鄉隔越射無主荒地充(即買蔭賜田充者雖狹鄉亦聽)其六品以下永業即聽本鄉取還公田充願於寬鄉取者亦聽應賜人田非指的處所者不得狹鄉給其應給永業人若官爵之內有解免者從所解者追(即解免不盡者隨所降品追也)其除名者依口分例給自外及有賜田者並追若當家之內有官爵及少口分

應受者並聽迴給有賸追收其因官爵應得永業未請及未足而身亡者子孫不合追請諸襲爵者唯得承父祖永業不合別請若父祖未請及未足而身亡者減始受封者之半給其州縣界內所部受田悉足者為寬鄉不足者為狹鄉諸狹鄉田不足者聽於寬鄉遙受應給園宅地者良口三口以下給一畝每三口加一畝賤口五口給一畝每五口加一畝並不入永業口分之限其京城及州縣郭下園宅不在此例諸驛封田皆隨近給每馬一疋給地四十畝若驛側有牧田處疋別各減五畝其傳送馬每疋給田二十畝諸庶人有身死家貧無以供葬者聽賣永業田即流移者亦如之樂遷就寬鄉者并聽賣口分(賣充住宅邸店碾磑者雖非樂遷亦聽私賣也)諸買地者不得過本制雖居狹鄉亦聽依寬制其賣者不更請凡賣買皆須經所部官司申牒年終彼此除附若無文牒輒賣買財沒不追地還本主諸以工商為業者永業口分田各減半給之在狹鄉者並不給諸因王事沒落外蕃不還有親屬同居其身分之地六年乃追身還之日隨便先給即身死王事者其子孫雖未成丁身分地勿追其因戰傷入篤疾廢疾者亦不追減聽終其身諸田不得貼賃及質違者財沒不追地還本主若從遠役外任無人守業者聽貼賃及質其官人永業田及賜田欲賣及貼賃者皆不在禁限諸給口分田務從便近不得隔越若因州縣改餘地入他境及犬牙相接者聽依舊受其城居之人本縣無田者聽隔縣受(蓋有此制開元之季天寶以來法令寬弛兼并之弊有踰於漢成哀之間矣)親王出藩者給地一頃作園若城內無可開拓者於近城便給如無官田取百姓地充其地給好地替

天寶十一載十一月乙丑詔曰周有均土之宜漢存墾田之法將欲明其經界定其等威食祿之家無廣擅於山澤貧賤之伍罕爭利於農收則歲有豐穰人無胥怨永言致理何莫由茲如聞王公百官及富豪之家比置莊田恣行吞併莫懼章程借荒者皆有熟田因之侵奪置牧者唯指山谷不限多少爰及口分

永業莊沃賣買或改籍書或云典貼或令百姓無處安置乃別
停客戶使其佃食既奪居人之業實生浮惰之端遠近皆然因
循亦久不有釐革為弊處深其王公百官勳蔭等家應置莊田
不得踰於式令仍更從寬典務使弘通其有同籍周期以上親俱
有勳蔭者每人占地頃畝任其累計某蔭外有餘如舊是無勳
蔭地合賣者先用錢買得不可官收限勅到百日內容其轉賣
其先不合蔭又蔭外請射兼借荒及無馬置牧地之類并縱合
蔭者並不在占限官還主其口分永業地先合買賣若有主來
理者其地雖經除附不限載月近遠宜並却還至於價直准格
並不合酬備既緣先已用錢審勘責其有契驗可憑特宜官為
出錢還其買人其地若無主論理不須收奪庶使人皆摭實地
悉無遺百姓知復於田疇蔭家不失其價直此而或隱罪必無
容又兩京去城五百里內不合置牧地地內熟田仍不得過五
頃已上十頃已下其有餘者仰官收應緣括檢并給授田地等

府四百九十五　十五

並委郡縣長官及本判官錄事相知勾當並特給復業并無籍
貫浮逃人仍據丁口量地好惡均平給授便與編附仍放當載
租庸如給不盡明立簿帳且官收租佃不得輒給官人親識工
商富豪兼并之家如有妄請受者先決一頓然後准法科罪不
在官當蔭贖有能糾告者地入糾人各令採訪使按覆具狀聞
奏使司不糾察與郡縣官同罪自今已後更不得違法買賣口
分永業田及請射兼借公私荒廢地無馬妄請牧田并潛停客
戶有官者私私營農如輒有違犯無官者決杖四十有官者錄奏
取處分又郡縣官人多有任所寄莊言念貧弱慮有侵損先
已定者不可改移自今已後一切禁斷令所括地授田務欲優
矜百姓不得妨奪致有勞損客戶人無使驚擾緣酬地價直出
官錢支料之間必資總統仍令兩京出納使楊國忠充使都勾
當條件處置凡在士庶宜悉朕心十四載受巨千四百三十萬
三千八百六十二頃一十三畝其載戶八百九十萬餘計定墾

之數每戶合一頃六十餘畝

代宗寶應元年四月勅百姓田地比者多被殷富之家官吏吞
併所以逃散莫不由茲宜委縣令切加禁止若界內自有違犯
當倍科責五月十九日勅逃戶不歸者當戶租賦停徵不得率
攤鄰親高戶

廣德二年四月勅如有浮客情願編附請射逃人物業者便准
式據丁口給授如二年已上種植家業成者雖本主到不在却
還限任別給授

大曆元年制逃亡失業萍泛無依時宜招綏使安鄉井其逃戶
復業者宜給復二年不得輒有差遣如有百姓先貨賣田宅盡
者宜委本州縣取逃死戶田宅量丁口充給

德宗建中四年六月判度支戶部侍郎趙贊請置大田天下田
計其頃畝官收十分之一擇其上腴樹桑環之曰公田公桑自
王公至于庶差借其力得穀絲以給國用詔從其說贊熟計

府四百九十五　十六

之自以為非便皆寢不下

憲宗元和四年十二月監察御史裏行元稹牒同州奏均田狀
當州自於七縣田地數內均配兩稅元額頃畝并請分給諸色
職田州使官田與百姓其草粟腳錢等便請於萬戶上均率又
均攤左神策部陽鎮軍田粟及時放百姓稅麻并除去解斗錢
草零數等利宜分析如後當州兩稅地右件地並是貞元四年
檢責至今已是三十六年其間人戶逃移田地荒廢又近河諸
縣每年河路侵沙死側近日有礫填掩百姓稅額已定皆是虛
頭徵率其間亦有豪富兼并廣占阡陌十分田地纔稅二三致
使窮獨逋亡賦稅不辦州縣轉破實在於斯臣自到州便欲差
官檢量又慮疲人煩擾昨因農務稍暇臣遂設法各令百姓自
通手狀又令里正書手等傍為穩審並不遣官吏擅到村鄉百
姓等皆知臣欲一例均平所通田地略無欺隱臣便據所通悉
與除去逃戶荒地及河侵沙掩等地其餘見定頃畝然取兩稅

額地數通計七縣沃瘠一例作分數抽稅自此貧富彊弱一切均平徵斂賦租庶無逋欠三二年外此州實與稍校完全當州京官及州縣官職田公廨田并州使官田驛等右臣當州百姓田地每畝只稅粟九外五合草四分地頭榷酒錢共出二十一文已下其諸色職田每畝約稅粟三斗草三束腳錢一百二十文若是京官上司職田又須百姓變米雇車般送比量正稅近於四倍加徵既緣差稅至重州縣遂逐年抑配百姓租佃或有隔越村鄉被配一畝二畝之者或有身居市井亦令虛頭出稅之者其公廨田官田等所稅輕重約與職田相似亦是抑配百姓租田疲人患苦無甚於斯伏准長慶元年七月赦文京兆府職田令於萬戶上均配正與臣當州事宜相類臣今因重配元額稅地便請盡將此色田地一切給與百姓任為永業一依正稅粟草及地頭榷酒錢數納稅其餘所欠職田斛斗錢草等只於夏稅地上每畝各加一合秋地上每畝各加六合草一分其腳錢只收地頭榷酒錢上外羨充數便足百姓元不加配其上司職田合變米送城者此緣百姓出車牛及零碎舂碾動踰奏夏送納不得到城臣今便於當州近城縣納粟官為變碾取李色腳錢州司和雇情願車牛般載差綱送納計萬戶所加至少使四倍之稅永除上司職祿及時公私俱受其利當州供左神策郃陽鎮軍由粟二千石右自置軍鎮已來准敕令取百姓蒿荒田地一百頃給充軍田其時緣田地零碎軍司佃田不得遂令縣司每畝出粟二斗其粟並是一縣百姓秋稅上加配偏當重斂事實不均臣今已於七縣應稅地上量事配率自此亦與均平當州朝邑等三縣代納夏陽韓城兩縣率稅右准元和十三年敕緣夏陽韓城兩縣殘破量減逃戶率稅每年攤配朝邑登城郃陽三縣代納錢六百七貫九百二十一文斛斗三千一百五十二石一斗三外三合草一万九千九束零並不計臣今因令百姓自通田地落下兩縣已減元額稅地請更不令三縣代納差科當州稅麻右當州從前稅麻地七十五頃六十七畝四龍每年計麻一萬一千八百七十四斤四兩充州司諸色公用臣昨因均配均稅檢尋三數十年兩稅文案只見逐年配率麻地並不言兩稅數內為復數外既無條敕可遵臣今一切放免不稅當州所徵斛斗并草及地頭等錢奇零分數右從前所徵斛斗外合之外有抄勺圭撮錢草則分釐毫銖案牘交加不可勘算人戶輸納元無奇零隨數所成盡是姦吏欺沒臣今所徵斛斗並請成合草亦是並請成束錢並請成文在百姓分數元無所加於官司簿書永絕姦詐其隨數粟麥草等使充填所欠職田等數其錢當州每畝元稅二十文三分六釐人戶納二十一文釐數臣今只收元納二十一文釐釐零數將充職田腳錢二千六百餘貫便足更不分外攤徵迴姦吏隱欺之賦除百姓重斂之困如此處置庶有利宜以前逐件謹具利宜如前其兩稅元額頃畝并攤配職田分數及隨文分合等錢草斛斗數謹具後件分析以前件如前伏以當州田地鹻鹵瘠薄兼帶山原通計十畝不敵京畿一二加以檢責年深貧富偏併稅額已定徵率轉難臣昨所奏累年逋懸其弊實由於此臣今並已均抽稅又免配佃職田里閭之間稍合蘇息伏緣請配職田地充百姓永業事須奉敕處分冀然永有遵守

穆宗長慶元年正月赦節文應諸道管內百姓或因水旱兵荒流離死絕見在桑產如無親承佃委本道觀察使於官健中取無莊田有人丁者據多少給付便與公驗任充永業不得令有力職掌人妄為請射其官健仍借種糧放三年租稅

武宗會昌元年正月制安土重遷黎民之性苟非難窘豈至流亡將欲招綏必在資產諸道頻遭災沴州縣不為申奏百姓輸納不辦多有逃移長吏懼在官之時破失人戶或恐務免正稅減剋料錢只於見在戶中分外攤配亦有破除逃戶產業已無歸還不得見戶每年加配流亡轉多自今已後應州縣開成五

年已前逃戶並委觀察使刺史差強明官就村鄉詣實檢勘桑
田屋宇等仍勒令長切加檢校租佃與人勿令荒廢據所得與
納戶內征稅有餘即官爲收貯待歸還給付如欠少即與收或
至歸還日不須徵理自爲年已後二年不歸復者即仰縣司召
人給付承佃仍給公驗任爲永業其逃戶錢草斛㪷等計留使
錢物合十分十三分已上者並仰於當州當使雜給用錢內方
圓權落下不得尅正員官吏料錢及館驛使料遞乘作人課等
錢仍任本戶歸復日漸復元額
宣宗大中二年正月制所在逃戶見在桑田屋宇等多是暫時
東西便被鄰人與所由等計會推云代納稅錢悉將斫代毁拆
及願歸復多已蕩盡因致荒廢遂成閑田從今已後如有此色
勒村鄉老人與所由并鄰近等同檢校勘分明分析作狀送縣
入案任鄰人及無田產人且爲佃事與納稅如五年不來復業
者便任佃人爲主逃戶不在論理之限其屋宇桑田樹木等權

佃人逃戶未歸五年不得輒有毁除斫代如違犯者據根口量
情科責并科所由等不檢校之罪
懿宗咸通十一年七月十九日敕諸道州府百姓承佃逃亡田
地如已經五年須準承前赦文便爲佃主不在論理之限仍令
所司准此處分
後唐明宗天成四年夏詔曰今年夏苗委人戶自供手狀具頃
畝多少仍以五家爲保委無隱漏攢連手狀送於本州本州具
帳送省州縣不得差人檢括如或人戶隱欺許令保內陳告其
田並令倍徵
長興二年六月詔諸道觀察使均補苗稅將有力人戶出剩田
苗補貧下不迨頃畝有詞者排段檢括自今年起爲定額
九月戊子前鄜州三川縣令竇延圖上利見營田務有元屬田
戶一任管係如是後來投務乞行止絶敕旨凡致營田比召浮
客若取編戶實紊常規如有係稅之人宜令却還本縣應諸州
府營田務只許耕無主荒田及召浮客此後若敢違越官吏并
投名稅戶重加懲斷
三年二月樞密使奏城南稻田務每年破錢二千七百貫獲地
利纔及一千六百貫所得不如所亡請改種雜田三司使亦請
罷稻田欲其水利併於諸碾以資變造從之愍帝應順元年正
月詔諸道籍没田宅並屬戶部除賜功臣外禁請射
晉高祖天福三年六月己丑金部郎中張鑄奏臣聞國家以務
農是本勸課爲先用廣田疇乃資倉廩臣竊見所在鄉村浮居
人戶方思墾闢正切耕耘種木未滿於十年樹穀未臻於三頃
似成產業微有生涯便被縣司繫名定作鄉村色役懼其重斂
畏以嚴刑遂捨所居却思他適覩兹阻隔何以舒蘇欵乖撫䘏
之門徒有招攜之令伏乞皇帝陛下明示州府特降條流應所
在無主空閑荒地一任百姓開耕候及五頃已上三年外即許
縣司量戶科徭如未及五頃已上者不在檢擾之限則致荒榛

漸少賦稅增多非唯下益蒸黎實亦上資邦國從之
漢隱帝乾祐三年左補闕淳于希顏上言竊以久不檢田且仍
舊額不耕稼雖知有勸於農民伏恐不均望三五年中時一通
括兼以州縣遭水旱處比者所論差使封量不宜便有出剩請
今後差官能敷元額已不虧官九出剩求功請不收附所以知
朝廷愛民之意照物之心
周太祖廣順三年九月戊寅朔敕京兆府耀州莊宅三白渠使
所管莊宅並屬州縣其本務職員節級一切停廢除見管水磑
及州縣鎮郭下店宅外應有係官桑土屋宇園林車牛動用並
賜見佃人充永業如已有莊田自來被本務或形勢影占令出
課利者並勒見佃人爲主依例納租條理未盡處委三司區分
仍遣刑部員外郎曹匪躬專往點檢割屬州縣
十一月敕廢衛州共城縣稻田務並歸州縣任人佃蒔宜令戶
部郎中趙延休往彼相度利害及所定租賦聞奏先是三司奏

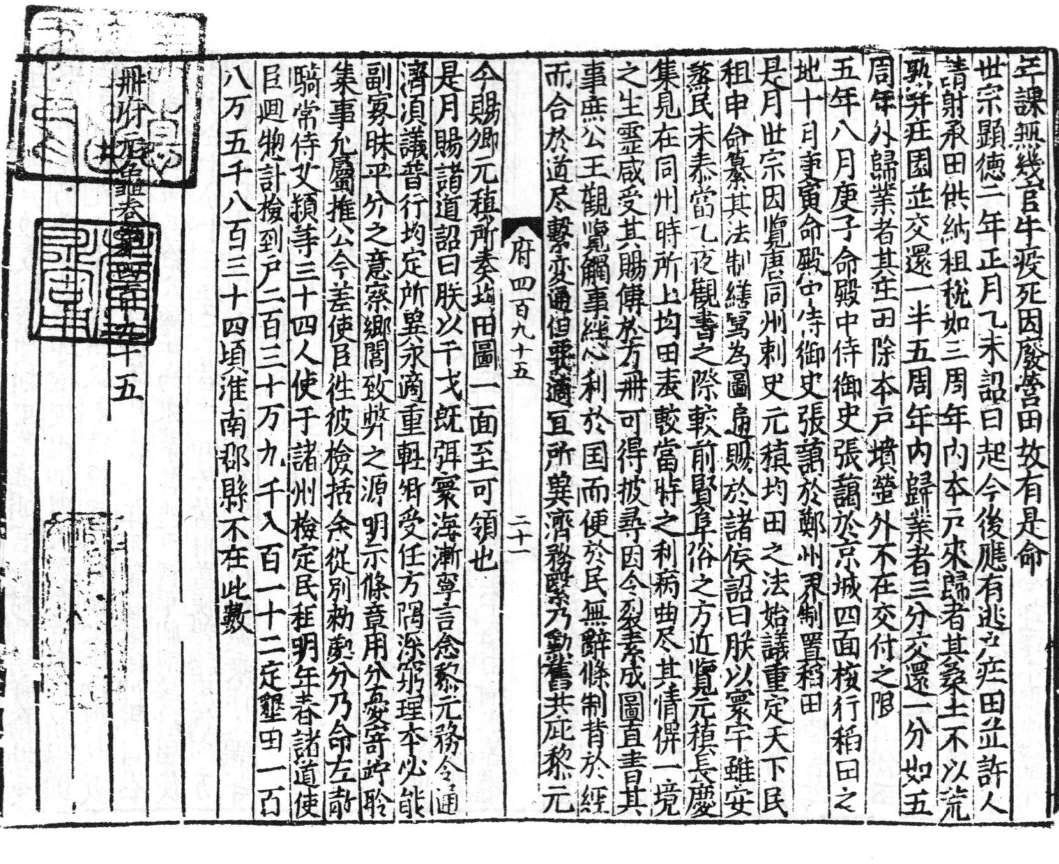

年課無錢官牛疫死因廢營田故有是命

世宗顯德二年正月乙未詔曰起今後應有逃戶莊田並許人請射承田供納租稅如三周年內本戶來歸者其桑土不以荒熟並莊園並交還一半五周年內歸業者三分交還一分如五周年外歸業者其莊田除本戶墳塋外不在交付之限

五年八月庚子命殿中侍御史張藹於京城四面按行稻田之地十月庚寅命殿中侍御史張藹於鄭州界制置稻田

是月世宗因覽唐同州刺史元稹均田之法始議重定天下民租申命纂其法制繕寫為圖遍賜於諸侯詔曰朕以寰宇雖安蒸民未泰當乙夜觀書之際較前賢阜俗之方近覽元稹長慶集見在同州時所上均田表較當時之利病曲盡其情俾一境之生靈咸受其賜傳於方冊可得披尋因令製素成圖直書其事庶公王觀覽觸事留心利於國而便於民無辭條制背於經而合於道盡繁變通但要適宜所異濟務賢乃勳舊共庇黎元今賜卿元稹所奏均田圖一面至可領也

府四百九十五　二十一

是月賜諸道詔曰朕以干戈既弭寰海漸寧言念黎元務令通濟須議普行均定所冀永適重輕卿受任方隅深窮理本必能副寡昧平分之意察鄉閭致弊之源明示條章用分憂寄許聆集事允屬推公今差使臣往彼檢括余從別敕處分乃命左散騎常侍艾穎等三十四人使于諸州檢定民租明年春諸道使臣廻總計檢到戶二百三十萬九千八百一十二定墾田一百八萬五千八百三十四頃淮南郡縣不在此數

冊府元龜卷四百九十五

冊府元龜卷第五百五

邦計部

俸祿

國非賢不乂賢非位不食古先哲王官設居方必先正位定
然後制祿三代相沿官倍於古周官太宰以八柄馭羣官其二
曰祿秦漢而下命秩尤衆差定名數以月受俸下足以代耕上
足以行義斯經世之令典官人之達道雖百代孰能易哉苟乃
上無虛授下無虛受賞之以禮報之以功使賢者無家食之歎
居官絕素餐之譏傳曰行爵出祿必當其位斯之謂至治矣
周武王初定天下更立公侯伯子男凡五等諸侯之上大夫卿
下大夫上士中士下士凡五等天子之田方千里公侯田方百
里伯七十里子男五十里不能五十里者不合於天子附於諸
侯曰附庸天子之三公之田視公侯天子之卿視伯天子之大
夫視子男天子之元士視附庸（象星辰之大小也不合謂不朝會也附庸者以國事附於大

國未能以其名通也視猶比也元善也善士謂命士也此地殷所因夏爵三等之制也）制農田百畝百畝
之分上農夫食九人其次食八人其次食七人其次食六人下
農夫食五人庶人在官者其祿以是爲差（農夫皆受田於公田肥墝有五等收入不同也
庶人在官謂府史之屬官長所除不命於天子國君者分或爲糞）諸侯之下士視上農夫祿
足以代耕也中士倍下士上士倍中士下大夫倍上士卿四大
夫祿君十卿祿次國之卿三大夫祿君十卿祿小國之卿倍大
夫祿君十卿祿（此班祿尊卑之差）諸侯之下士祿食九人中士食十八
人上士食三十六人下大夫食七十二人卿食二百八十八人
君食二千八百八十人次國之卿食二百一十六人君食二千
一百六十人小國之卿食百四十四人君食千四百四十人次
國之卿命於其君者如小國之卿天子之大夫爲三監監於諸
侯之國者其祿視諸侯之卿其爵視次國之君其祿取之於方
伯之地方伯爲朝天子皆有湯沐之邑於天子之縣內視元士
（給齊戒自絜清之浴用湯沐用潘）

漢高帝時因秦官號有御史大夫秩中二千石有兩丞秩千石
博士秩比六百石廷尉有正左右監秩皆千石太子門大夫庶
子秩皆六百石先（先或作洗）馬秩比謁者是時三公號稱万石其奉
月各三百五十斛中二千石者月各百八十斛二千石者百二
十斛比二千石者百斛千石者八十斛六百石者七十斛比六
百石者六十斛四百石者五十斛比四百石者四十五斛三百
石者四十斛比三百石者三十七斛二百石者三十斛比二百
石者二十七斛百石十六斛斗食十一斛佐史奉八斛
文帝二年置一丞相有兩長史秩千石
武帝建元三年置期門僕射秩比千石
元狩五年置丞相司直秩二千石諫大夫秩比八百石
元封五年置部刺史秩六百石
太初元年更名中大夫爲光祿大夫秩比二千石太中大夫秩
比千石又更名郎中令爲光祿勳大行令爲大鴻臚大農中尉

爲執金吾自太常光祿衛尉太僕大理鴻臚宗正司農少府執
金吾皆中二千石丞皆千石又更右內史爲京兆尹左內史爲
左馮翊主爵都尉爲右扶風自太子太傅將作少府詹事將行（皇后卿即
大長秋也）典屬國水衡都尉左馮翊右扶風皆秩二千石丞六百石
是時司隸城門中壘屯騎步兵越騎長水胡騎射聲虎賁凡十
校尉秩皆二千石奉車都尉駙馬都尉秩比二千石前後左右
將軍長史秩千石又有議郎中郎侍郎郎中皆無員多至千人
議郎中郎秩比六百石侍郎比四百石郎中比三百石中郎有
五官左右三將秩皆二千石郎中有車戶騎三將（主車曰車郎主戶衞曰戶郎）
（漢儀注郎中令主郎中左右車將主左右車郎左右戶將主左右戶郎）秩皆比千石謁者秩比
六百石有僕射（謁讙也白僕主也）秩比千石郡守秩二千石有丞邊郡
又有長史秩皆六百石郡尉秩比二千石有丞秩皆六百石縣
令長萬戶以上爲令秩千石至六百石減萬戶爲長秩五百石
至三百石皆有丞尉秩四百石至二百石是爲長吏（吏人理也主理其縣內）

百石以下有斗食[illegible]漢官名秩簿云斗食月奉十一斛佐史月奉八斛一說斗食者歲奉不滿百石計日而食一斗二升故云斗食也
宣帝地節二年置西域都護有副校尉秩比二千石帝又令中郎將騎都尉監羽林比二千石
三年置左右廷尉平秩皆六百石
神爵三年八月詔曰吏不廉平則治道衰今小吏皆勤事而奉祿薄欲其毋侵漁百姓難矣其益吏百石以下奉十五若食一斛則益五斗
元帝初元元年置戊己校尉有丞司馬各一人候五人秩比六百石
成帝陽朔二年除八百石五百石秩除八百就六百除五百就四百也
綏和元年大司馬大司空祿比丞相更部刺史名牧秩二千石
二年益吏三百石以下奉凡吏比二千石以上年老致仕者參分故祿以與之終其身參音三其時亦有俸錢之差但本史不具耳故元帝時貢禹上書曰臣禹為諫大夫秩八百石俸錢月九千二百廩食太官又拜為光祿大夫秩二千石俸錢月万二千祿賜愈多家日以益富也
哀帝元壽二年大司馬有長史秩千石
平帝元始元年更名虎賁郎置中郎將秩比二千石
後漢光武建武二十六年增百官俸有千石以下減於西京舊制六百石以下增於舊秩是時太傅太尉府長史一人千石東西曹掾比四百石余掾比三百石屬比二百石故曰公府掾比古元士三命者也或曰漢初掾史辟皆上言之故有秩比命士其所不言則為百石屬其後皆自辟除故通為百石漢舊注曰公令史百石自中興以後注不說石數司徒司空府長史千石大將軍府長史司馬皆千石從事中郎六百石其領軍皆有部曲大將軍營五部部校尉比二千石軍司馬比千石部下有曲曲有軍候比六百石曲下有純純長比百石太史令六百石丞二百石博士祭酒六百石博士比六百石大祝令大宰令大予令高廟令世祖廟令陵園令每陵食官令太卜令皆六百石五官中郎將及左右中郎將虎賁中郎將羽林中郎將皆比二千石五官及左右虎賁中郎比六百石五官左右虎賁侍郎比四百石五官左右虎賁郎中比三百石左右僕射左右陛長比六百石節從虎賁比二百石羽林郎比三百石羽林左右監六百石奉車都尉駙馬都尉比二千石騎都尉二千石光祿大夫比二千石太中大夫千石中散大夫諫議大夫議郎常侍謁者皆六百石謁者僕射比千石其給事謁者四百石灌謁者郎中皆三百石公車司馬令南北宮衛士令左右都候左右式道中候左右校令北軍中候考功令車府令未央廄令六廄令同廷尉正左監右平鴻臚大行令公主家令太倉令平準令導官令廩犧令太醫令太官令守宮令上林苑令黃門及黃門令掖庭令永巷令御府令祠祀令鉤盾令中藏府令內謁者令尚方令黃門冗從僕射符節令武庫令皆六百石公主家丞三百石濯龍監直里監官者丞從丞黃門署長玉堂署長丙署長皆四百石永巷長比四百石官者比三百石永巷郎中二百石中黃門比百石侍中比二千石中常侍千石[illegible]無負後增秩比二千石黃門侍郎六百石尚書令御史中丞千石尚書治書侍御史侍御史六百石左右丞侍郎四百石尚書令史符節令史二百石蘭臺令史六百石執金吾太子太傅太常光祿衛尉太僕廷尉大鴻臚宗正大司農少府諸卿皆中二千石丞千石太子少傅將作大匠二千石太子家令太子僕千石太子門大夫中庶子倉令食官令六百石洗馬比六百石太子廄長中盾衛率四百石城門屯騎越騎胡騎射聲等校尉皆比二年石司馬千石凡中二千石丞比千石真二千石丞長史六百石比二千石丞比六百石令相千石丞尉四百石其六百石丞尉三百石長相四百石及三百石丞尉皆二百石諸侯公主家丞秩皆比二百石諸邊鄣塞尉諸陵校尉長皆二百石有常儭者不署秩司隸校尉比二千石京都尹郡太守二千石屬國都尉使匈奴中郎將護烏桓校尉護羌校尉比二千石州刺史六百石每縣邑道大者置令千石其次六百石其次置長四百石其

次三百石侯國之相亦如之（前漢洛陽令秩千石又孝廉左右尉四百石鄉三老游徼百石鄉戶五千則置有秩）皇子封王其郡為國王傅相皆二千石

殤帝延平元年中二千石奉月錢九千米七十二斛二千石錢六千五百米三十六斛比二千石錢五千米三十四斛千石錢四千米三十斛六百石錢三千五百米二十一斛四百石錢二千五百米十五斛三百石錢二千米十二斛二百石錢一千米九斛百石錢八百米四斛八斗大將軍三公臘賜錢各二十萬牛肉二百斤粳米百斛（特進侯以下各有差）立春之日遣使者賜文官司徒司空帛三十疋九卿十五疋武官太尉大將軍各六十疋執金吾諸校尉各三十疋武官倍文官也

桓帝延熹三年九月詔無事之官權絕奉豐年如故

獻帝建安八年頒賜三公下金帛由是三年一賜以為常制

晉武帝泰始三年九月詔曰古者以德詔爵以庸制祿雖下士猶食上農外足以奉公忘私內足以養親施惠今在位者祿不代耕非所以崇化之本也其議增吏俸

太康元年平吳之後定官品第一至第九各以貴賤占田品第一者占五十頃第二品四十五頃第三品四十頃第四品三十五頃第五品三十頃第六品二十五頃第七品二十頃第八品十五頃第九品十頃又得蔭人以為衣食客及佃客品第六以上得衣食客三人第七第八品二人第九品及舉輦跡禽前驅由基強弩司馬羽林郎殿中冗從虎賁殿中虎賁持椎斧武騎虎賁持鈒冗從虎賁命中虎賁武騎一人其應有佃客者官品第一第二者佃客無過四十戶第三品三十五戶第四品三第戶第五品二十五戶第六品二十戶第七品十五戶第八品十戶第九品五戶其佃穀皆與大家量分

簡文帝咸安二年三月詔曰往者事故之後百度未充群僚常俸並皆寡約蓋隨時之義也然退食在朝而祿不代耕非經通之制今資儲漸豐可籌量增俸

宋高祖永初元年六月詔曰百官事殷俸薄祿不代耕雖國儲未豐要令公私周濟諸供給昔減半者可悉復舊六軍見祿粗可不在此例其餘官寮或自本俸素少者亦量增之

二年二月制中二千石加公田一頃

文帝元嘉二十七年正月制交寧二州假板郡縣俸祿聽依臺

二月以軍興減百官俸三分之一

三月淮南太守諸葛闡求減俸祿同內百官於是州及郡縣丞尉並悉同減

孝武大明二年正月復郡縣田秩并九親俸祿

四年十月制郡縣減祿並先充公限

五年五月制帝室朞親官非祿官者月給錢十萬

八月制方鎮所假白板郡縣年限依臺除祿三分之一不給送

六年二月復百官祿

前廢帝永光元年二月減州郡縣田祿之半

明帝泰始五年六月以軍興已來百官斷俸並給生食

南齊武帝永明元年正月詔曰經邦之寄實資莅民守宰俸祿蓋有常準往以邊虞告警故沿時損益今區寓寧晏庶績咸熙念勤簡能宜加優獎郡丞尉可還田秩（又云尊氏衆官有贍數之殺而不詳其制）

七年正月詔曰諸大夫年秩隆重祿力殊薄豈所謂下車惟舊趨橋敬老可增俸詳給見役

八年十二月詔尚書丞郎職事繁劇餉俸未優可量增賜祿

十年正月詔增內外有務衆官祿俸

明帝建武三年閏十二月詔今歲不須光新可以見錢為百官供給

東昏侯永元元年正月詔三品清資以上應食祿者二親或祖父母年登七十並給見錢

梁高祖天監初定九品令帝於品下注一品秩為萬石第二第三品為中二千石第四第五品為二千石

大通元年正月詔曰朕忠利兆民惟日不足氣象環周每弘優簡百官俸祿卒有定數前代以來皆多准評頃者因循未遑改革自今以後可長給見錢依時即出勿令逋綫

太清末侯景之亂國用常褊京官文武月別唯得廩食多遇帶一郡縣官而取其祿秩焉楊徐等大州比令僕楊州晉王儀理在建康徐州晉重鎮京口並外官刺史最重者尚書令僕射官品第三寧桂等小州比參軍班寧州理建寧今雲南郡桂州理始安今郡丞與外官刺史最輕者有參軍官品第六丹陽郡吳郡會稽等大郡同太子詹事尚書班丹楊理建康吳郡會稽即今郡並列郡重者詹事尚書官品第三高涼晉康等小郡三班而已高涼晉康即今郡並列郡輕者梁武帝定九品陵其內官吏部十八班以班多者爲貴同班者則以居下爲劣與品第高下不齊當是其明更以蜀爲差耳今史既闕不可詳焉大郡六班小縣兩轉方至一班其州郡縣祿米絹布絲綿當處輸臺傳倉庫若給刺史令等先准其所部文武人物多少由勅而裁凡如祿秩既通所部兵士給之其家得蓋以諸王諸主出閤就第婚冠所須及衣裳服飾并酒米魚鮭香油紙燭等並定實給之王主增外祿者不給解任還京仍亦公給

後魏孝文太和八年六月詔曰置官班祿行之尚矣周禮有食祿之典二漢著受俸之秩逮于魏晉莫不聚稽往憲以經綸治道自中原喪亂茲制中絕朝政因循未遑釐改朕永鑒四方求民之瘼夙興昧旦至於憂勤故憲章舊典以班俸祿罷諸商人以簡民事戶增調三匹穀二斗以爲官司之祿均預調爲二匹之賦即兼商用雖有一時之煩終剋永逸祿行之後贓滿一匹者死變法改度宜爲更始其赦天下與之惟新初淮南王他奏求依舊斷祿文明太后令召羣臣議之中書監高閭表曰天生烝民樹之以君明君不能獨理必須臣以作輔君使臣以禮臣事君以忠故車服有等差爵命有分秩德高者則位尊任廣者則祿重下者祿足以代耕上者俸足以行義庶民均其賦以展奉上之心君王聚其財以供事業之用君班其俸垂惠則厚臣受其祿感恩則深於是貪殘之心止竭効之誠篤兆庶無侵削之煩百辟備禮容之美斯則經世之明典爲治之至術自堯舜已來逮于三季雖優劣不同而斯道弗改自中原遭否天下臨裂海內未一民戶耗減國用不充俸祿遂廢此則事出臨時之宜良非長久之道大魏應期紹祚照臨萬方九服既和八表咸謐二聖欽明文思道冠百代動遵禮式稽考舊章准百王不易之勝法述前聖利世之高軌置立隣黨班宣俸祿事設令行於今已久苛慝不生上下無怨姦巧革慮闚覦絕心利潤之厚同於天地以斯觀之如何可革又洪波奔激則堤防宜厚姦悖充斥則禁網須嚴且飢寒切身慈母不保其子家給人足禮讓可得而生但廉清之人不必皆富豐財之士未必悉賢今給其俸則清者足以息其濫竊貪者足以感而勸善若不班祿則貪者肆其姦情清者不能自保難易之驗灼然可知如何一朝便欲去俸淮南之議不亦謬乎帝從閭議

十月詔曰俸制已立宜時班行其以十月爲首每季一請於是內外百官受祿有差

九年二月制皇子封王者皇孫及皇曾孫紹封者皇女封者歲祿各有差

十月詔均給天下民田諸宰人之官各隨近給公田刺史十五頃太守十頃治中別駕各八頃縣令郡丞六頃更代相付賣者坐如律

十年十一月議定民官依戶給俸

十八年十二月詔王公侯伯子男開國食邑者食半公三分食一侯伯四分食一子男五分食一

十九年五月減闕官祿以裨軍國之用

孝明以延昌四年即位先是孝文時以軍國多事用度不足百官之祿四分減一及帝即位侍中領軍將軍于忠既擅權欲以惠澤自固乃悉復所減之祿

東魏孝靜天平二年十二月詔文武百官量事各給祿

北齊文宣天保七年十一月制刺史今盡行兼不給幹物是時官秩一品每歲八百疋二百疋為一秩從一品七百疋一百七十五疋為一秩二品六百疋一百五十疋為一秩從二品五百疋一百二十五疋為一秩三品四百疋一百疋為一秩從三品三百疋七十五疋為一秩四品二百四十疋六十疋為一秩從四品一百疋五十疋為一秩五品百六十疋四十疋為一秩從五品百二十疋三十疋為一秩六品百疋二十五疋為一秩從六品八十疋二十疋為一秩七品六十疋十五疋為一秩從七品四十疋十疋為一秩八品三十六疋九疋為一秩從八品三十二疋八疋為一秩九品二十八疋七疋為一秩從九品二十四疋六疋為一秩祿率一分帛一分以粟一分錢事繁者優一秩平者守本秩閑者降一秩長兼試守者亦降一秩非執事不朝拜者皆不給祿州郡制祿之法刺史守令下車各前取一時之秩上上州刺史歲秩八十疋與司州牧同上中上下各五十疋為差中上降上下百疋中中及中下亦以五十疋為差下上降中下百疋下中下下亦各五十疋為差上郡太守歲秩五百疋降清都尹五

十疋上中上下各以五十疋為差中上降上下四十疋中中及中下各以三十疋為差下上降中下四十疋下中下下各以三十疋為差上上縣歲百五十疋與鄴臨漳成安三縣同上中上下各以十疋為差中上降上下三十疋中中及中下各以五疋為差下上降中下二十疋下中下下各以十疋為差州自長史下逮于史吏郡縣自丞以下逮于掾佐亦皆以帛為秩郡有尉滅丞之半皆以其所出常調課給之自一品以下至流外勳品各給事力一品至三十人流外勳品或以五人為等或以四人三人二人一人為等繁者加一等平者守本力閑者降一等諸州刺史守令以下幹及力皆聽敕乃給其幹出所部之人一幹輸絹十八疋幹身放之則白直充

武成河清四年以年穀不登詔減百官食廩各有差

後周太祖為西魏相創制六官祿秩下士百二十五石中士以上至於上大夫各倍之上大夫是為四千石卿二分孤三分公四分各益其一公因盈數為萬石其元秩百二十石八秩全於七秩每二秩六分而下各去其一二秩一秩俱為四十石凡頒祿視年之上下畝至四釜為上年上年頒其正三釜為中年中年頒其半二釜為下年下年頒其一無年為荒不頒祿

武帝保定二年四月詔曰比以寇難猶梗九州未一文武之官立功効者雖錫以茅土而未給租賦諸柱國等勳德隆重宜有優崇各准別制邑戶聽寄食他縣

隋高祖開皇元年十月頒新令自諸王已下至于都督皆給永業田各有差多者至一百頃少者至四十畝京官又給職分田一品給五頃每品以五十畝為差至五品則為田三頃六品二頃其下每品以五十畝為差至九品為一頃外官亦各有職分田是時京官正一品祿九百石其下每以百石為差至正四品是三百石從四品二百五十石其下每以五十石為差至正六品是為百石從六品九十石以下每以十石為差至從八品是為

五十石食封及官不判事者並九品皆不給祿其給皆以春秋二季刺史太守縣令則計戶而給祿各以戶數為九等之差大州六百二十石其下每以四十石為差至於下下則三百石大郡三百四十石其下每以三十石為差至於下下則百石大縣一百四十石其下每以十石為差至於下下則六十石其祿唯及刺史二佐及郡守縣令

八年五月僕射高熲奏諸州無課調及有課調州管戶數少者官人祿力乘前已來常出隣近之州但判官本為牧人役力理出所部請於所管戶內計戶徵稅從之

唐高祖初為隋相國罷外官給祿每十斛給地二十畝

武德元年十二月因隋制文武官給祿正一品七百石從一品六百石二品五百石從二品四百六十石正三品四百石從三品三百六十石正四品三百石從四品二百六十石正五品二百石從五品一百六十石正六品一百石從六品九十石正七

品八十石從七品七十石正八品六十石從八品五十石正九品四十石從九品三十石並年給諸給祿者三師三公及太子三師三少若在京諸司文武官職事九品以上并左右千牛備身左右太子千牛並依官給其春夏二季春給秋冬二季秋給凡京文武官每歲給祿總五千万一千五百三十三石二斗自至德之後不給其在外武官九品以上准諸給祿應降等者正官皆降京官一等給其文武官在京官上者則不降諸給祿應降等者正從一品各以五十石為一等二品三品皆以三十石為一等四品五品皆以二十石為一等六品七品皆以五石為一等八品九品皆以二石五斗為一等其俸錢之制京司諸官初置公廨令行署及番官興易以充俸又制內外官各給職分田京官一品十二頃二品一十頃三品九頃四品七頃五品六頃六品四頃七品三頃五十畝八品二頃五十畝九品二頃雍州及外州官二品十二頃三品十頃四品八頃五品七頃六品五頃七品四頃八品三頃九品二頃五十畝其統軍府及鎮戍關津之官又節給量減京司及州縣又各給公廨田課其營種以供公私之費

太宗貞觀二年二月詔官人得上考給一季祿

六月制官人出使皆稟食妻子

十二月詔外官新到任多有匱乏准品計日給糧

三年正月詔官人得上下考給一年祿

八年中書舍人高季輔上表曰仕以應務亦以代耕外官卑品猶未得祿既離鄉井理必貧煎但妻子之戀賢達其猶累懷飢寒之切夷惠罕全其行為政之道期於易從若不恤其匱乏唯欲利其清儉凡在末品中庸者多正恐巡察歲出輶軒繼軌不能肅其侵漁何以求其政術今戶口漸殷倉廩已實斟量給祿使得養親然後督以嚴科責其報効則庶官畢力物議斯允

十年正月詔有司收內外官職田除公廨田園外並官收先給逃還貧下戶及欠丁田戶其職田以正倉粟畝率二升給之

十一年三月勅內外官職田恐侵百姓先令官收慮其祿薄家貧所以別給地子去歲緣有水旱遂令揔停如聞卑官頗難支濟事須優恤使得自資宜准元勅給其地子

十二年三月諫議大夫褚遂良以武德已後國家倉庫猶虛應京官料錢並給公廨本令當司令史番官興易給利計官員之少分給乃上疏曰為政之本在於擇人不正其源遂差千里漢家以明經拜職或四科辟召必擇器任使量才命官然則市井子孫不居官吏大唐制令憲章古昔商估之人亦不居官位陛下近許諸司令史捉公廨本錢諸司取此色人號為捉錢令史不簡性識寧論書藝但令身能估販家足貲財錄牒吏部即依補擬大率人捉五十貫已下四十貫已上任居市肆恣其販易每月納利四千一百年凡輸五万送利不違年滿受職有國家者當與漢代賣官今開此路頗類於彼在京七十余司大率司別九人更一二載後年別即有六百余人輸利受職伏惟陛下理致升平任賢為政或文學高第或諸州進士皆策同片玉經若懸河奉先聖之格言慕昔賢之廉恥拔十取五量能授官然犯禁違公輙罹刑法況乎捉錢令史主於估販志意分毫之求耳自廛肆之間輸錢於官以獲品秩荏苒年歲陛下能不用之乎此人習與性成慣於求利苟得無恥莫蹈廉隅使其居職從何而可將來之弊宜絕本源臣每周遊人間為國視聽京司僚庶爰及外官異口同辭皆言不便伏願勅朝臣遣其詳議帝納之是月勅並停政署胥士七千人以諸州上戶充准防閤例輸課二年一替計官員多少分給

十八年三月復京官職田以京兆及岐同華邠坊等州空閑地及陂澤堪佃食者充之

二十一年二月令在京諸司依舊置公廨給錢充本置令史胥士等令迴易納利以充官人俸

二十三年九月勅諸王並宜食一千戶封

高宗永徽元年四月廢京官諸司捉錢胥士其官人俸料以諸州租脚充

八月詔文武五品以上解官充侍者宜准致仕例每給以半祿幷賜縑帛

麟德二年八月詔文官五品已上同武職班給仗身以掌閑幕士充之咸亨元年四月十二日停給

乾封元年八月詔京文武官應給防閤庶僕俸料始依職事品其課及賜各依本品凡京文武正官每歲供給俸食等錢總十五万二千七百二十貫負外官不在此數外官則以公廨田收及息錢等常食公用之外充月料先以長官定數其州縣少尹長史司馬及丞各減長之半大都督府長史副都督別駕及判司准上佐以職田數爲加減其參軍及博士減判司主簿縣尉丞各三分之一諸內外負同正負者祿料賜會食料一事以上並同正負其不以同正負者祿賜食料亦同正負餘各給半職田並不給自乾元之後以常賦不給內外官俸祿各減其半矣內供奉及裏行不帶本官者祿俸食料防閤庶僕一事以上並同正官帶官者職從多處給若帶外官者依京官給諸檢校及判試知等官不帶內外者料度一事以上准負外官同正負例給若檢校及判試知處正官見闕者兼給雜用其職田不應入正官者亦給其侍御史殿中及監察御史入知試並同供奉裏行例

儀鳳三年八月詔廩食爲費同資於上農歲儉所須並課於編戶因地出賦則沃瘠未均據丁收物則勞逸不等俾之富教其可得乎永念於斯載懷釐創如聞文武內外官應給俸料課錢及公廨料度封戶租調等遠近不均貴賤有異輸納簡選事甚艱難運送脚錢損費實廣公廨出舉迴易典吏因此侵漁撫字之方豈合如此宜令王公已下百姓已上率口出錢以充防閤庶僕邑士白直折衝府仗身并封戶內官人俸食等料旣依戶次貧富有殊載詳職務繁簡不類率錢給用須有等差宜具條例幷各逐便

中宗神龍二年七月制功臣段志玄屈突通蕭瑀李靖秦叔寶長孫順德劉弘基宇文士及錢九隴程知節龐卿惲賈琮范君璋李子和張平高張公謹梁洛仁安脩仁秦行師獨孤卿雲蘇定方李安遠鄭仁泰杜君綽李孟嘗等二十六家所食實封並依舊給

景龍二年九月勑諸色應食實封家戶一定已後不得輙有移改

三年十月勑應食封邑者一百四十餘家應出封戶凡五十四州皆天下膏腴物產其安樂太平公主封又取富戶不在損免限百姓着封戶甚於征行

冊府元龜卷第五百五

冊府元龜卷第五百六

邦計部二十四

俸祿

唐玄宗開元五年十月詔曰養老乞言人惟求舊尊儒尚齒風化攸先其致仕官所請物宜令所司專定一官勾當送至宅

六年七月祕書少監崔沔議州縣官月料錢狀曰養賢之祿國用尤先取之齊人未爲剝下何用立本息利法商求資皇運之初務華其弊託本收利以繩富家固乃一切權宜諒非經通彝典頃以州縣典吏併捉官錢收利數多破產者衆散諸編戶本少利輕人用小休時以爲便付本收利患及於人然則議國事者亦復憂人爲謀恤下立計天下州縣積數既多大抵皆然爲害不少且五千之本七分生利一年所輸四千二百兼算勞費不啻五千在於平人已爲重賦富戶既免其傜貧戶則受其弊傷人刻下俱在其中未若大率羣官通計衆戶據官定料均戶出資當年發賦之時每丁量加外尺以近及遠損有兼無合而籌之所增蓋少時則不擾簡而易從庶乎流亡漸歸倉庫稍實則當咸出正賦罷所新加天下坦然什一而稅上下各足不其遠矣

十年正月勑內外官職田除公廨田園外並官收又令有司收天下公廨錢其官人料以万戶稅錢充每月准舊分利數給

是月甲子又勑王公已下視品國官及京官五品已下每月別給仗身悉停凡京司文武職事官五品已上給防閤一品（九十六人）二品（七十二人）三品（四十八人）四品（三十二人）五品（二十四人）六品已下給庶僕六品（五人）七品（四人）八品（三人）九品（二人）公主邑士（八十人）郡主（六十人）縣主（四十人）特封縣主（二十四人）京官任兩職者從多給凡州縣官皆有白直二品（四十人）三品（三十二人）四品（二十四人）五品（十六人）六品（十人）七品（六人）八品（五人）九品（四人）凡諸親王府屬並給士力數如白直其防閤庶僕白直士力納課者每年不過二千五百執衣元不過一千文防閤

庶僕舊制季分月俸食料雜用即月分諸官應月給

乙丑命有司收內外官職田以給逃還貧下戶其職田以正倉粟畝二外給之

六月初所置職田本非古法爰自近制是以因循事有變通應須剗改其內外官所給職田子從今年九月已後並宜停給

十六年十一月勑文武百官俸料錢所給物宜依時價給

十八年三月勑京官職田特令准令給受

其年九月御史大夫李朝隱奏請薄稅一年稅錢充本依舊令高戶及典正捉隨月收供官人料錢

十九年四月勑天下諸州縣并府鎮戍官等職田四至頃畝造帳申省仍依元租價對定六斛已下者依舊定以上者不得過六斛

二十二年二月勑京官兼外州都督刺史大都督府長史俸料並宜兩給

二十四年六月勑百官料錢宜令爲一色都以月俸爲名各據本官隨月給付其貯米宜令入祿數同申應合減折及申請時限並依常式一品三十一千（月俸八千食料一千八百防閤二十千雜用一千二百文）二品二十四千（月俸六千食料一千五百防閤十五千雜用一千文）三品十七千（月俸五千食料一千一百防閤一十千雜用九百文）四品一十一千八百六十七文（月俸四千五百食料七百防閤六千六十七文雜用六百文）五品九千二百（月俸三千食料六百防閤五千雜用六百文）六品五千三百（月俸二千三百食料四百庶僕二千二百雜用四百文）七品四千五十（月俸一千七百五十食料三百五十庶僕一千六百雜用三百五十文）八品二千四百七十五（月俸一千三百食料三百庶僕六百二十五雜用二百五十文）九品一千九百一十七（月俸一千五十食料二百五十庶僕四百一十七雜用二百文）

二十九年二月勑外官職田委所司准例倉中受納畢一時分付縣官亦准此

三月勑京畿地狹人戶殷繁計丁給田尚猶不足兼充百官苗子固難周濟其諸司官令分在都者宜令所司具作定額計應

受職田並於都畿給付其應退地委採訪使與本州長官給貧下百姓其應給職田亦委採訪使與所由長官勘會同給仍永爲常式

天寶元年六月勑如聞河東河北官人職田既納地租仍收桑課田樹兼税人何以堪自今已後官人及公廨職田有桑一切不得更徵絲課

二年十一月勑京官兼大守等官俸料兩給者停其外官大守兼京官除准式親王帶京官任外官副大將軍副使知軍及政事京官兼內外官知政事據文合兼給者餘並從一處給任逐穩便

三載臣欽若等曰天寶自三年已後稱載三月勑郡縣闕職錢送納太府寺自今已後納當郡充員外官料錢不足即取正官料錢分若無員外官當郡分

五載三月勑郡縣官人及公廨白直天下約計一載破十萬丁已上一丁每月錢二百八文每至月初當處徵納送縣來往數日功程在於百姓尤是重役其郡縣白直計數多少請用料錢加税充用其應差丁充白直望請並停一免百姓艱辛二省國家丁壯

六載三月戶部奏諸道請實封人准長行旨三百戶已下戶部給符就郡請受三百戶已上附庸使送兩京太府寺賜坊給付者今縁就州請受有損於人今三百戶已下尚許彼請公私之間未免侵擾望一切送至兩京就此給付即公私省便侵損無由又准戶部式節文諸食封人身歿已後所得封物隨其男數爲分承嫡者加一分至玄孫即不在分限其封總入承嫡房一依上法爲分者如此則玄孫請物比於嫡男計數之間多校數倍舉輕明重理實未通望請至玄孫已下准玄孫直下一房許依令式餘並請停唯存承嫡一分百代不易自然爭競永息勲庸無替

十一載十二月勑諸郡員外官無闕職處均取正官料給錢數不定頗爲勞煩自今已後闕料官收員外官依式取官錢添給

十二載十月勑兩京百官職田承前佃人自送道路或遠勞費頗多自今已後其職田去城五十里內者依舊令佃人自送入城自餘並限十月內便於所管縣并腳價貯納其腳價五十里外每斗各徵二文一百里外不得過三文並令百官差本司人請受

十四載八月制曰王制下士視上農周政庶士倍禄若衣食既足則廉恥乃知至如資用靡充或貪求不已敗名冒法寔此之由輦轂之下尤難取給其在西京文武九品已上正員官既親於職務可謂勤心自今後每月給俸食雜用防閤庶僕等宜十分率加二分其同正員官加一分仍爲常式

肅宗至德二年四月勑天下郡府及縣官禄白直品子等課從今載正月一日以後並量給一半事平之後當續支遣

乾元元年外官給半料與職田京官亦與職田不給料至德已後內外官既無料錢給之仍勑度支使量閑劇司給手力課員外官一切無料

二年九月詔京官比無俸料桂玉之費將何以堪宜取絳州新錢給冬季料即仰所由申請計會支給且艱難之際家國是同頃者急在軍戎所以久虧禄俸眷言憂恤常媿于懷今用及授衣略爲賙給庶資將要宜悉朕懷

三年四月工部尚書李遵奏中外官職田苗子准令依租分法並入新人水陸田十一月一日已後上者子並入官苗准式當司官分其頻遷改人乃有一年之中數處合得者按令云職分陸田限三月三十日已前水田限四月三十日夏田限九月三十日已後上者入前人已前上者入後人即是各以耕種時在職者爲主此職既闕本是公田耕耘收刈已皆畢功新人方來何理領受請自今已後水陸田並限六月三十日宿麥限十二月三十日春麥限三月三十日已前上者入新人已後上者并

並入官若其年已得前任苗子者並不重受亦入官

上元元年十月勅京官職田准式並合佃人輸送至京中間楊國忠奏去城五十里外斯納縣倉本官自差人請受緣是暫時寄貯所由觸途乾沒就中閑司尤被抑屈公私不便因循累年自今已後京兆河南府諸縣並令依舊送京輸納本官如邀頡停留并輒受加耗請准所費及剩數計贓以枉法論至死者加役流

代宗廣德二年正月稅天下地畝青苗錢給百官俸料起七月給

十一月宰臣等奏減百司職田租之半以助軍糧從之

永泰元年十月以師旅薦興急於饋運百寮上表請納職田充軍糧許之

二年正月勅自今已後子孫襲實封宜減半永為常式

三月勅應請封家三分給二待兵革稍寧即當全給

五月諸道稅地錢使殿中侍御史韋光裔等自諸道使還初肅宗乾元已來屬天下用兵京司百官俸錢減耗即帝位推恩庶寮下議公卿或以稅畝有苗者公私咸濟乃分遣憲官税天下地青苗錢以充百司課料至是得錢四百九十萬貫仍以御史大夫為稅地錢物使歲以為常均給百官

十一月詔曰京諸司官等自艱難已來不請祿料職田苗子又充軍糧頗聞艱辛須使均濟其諸州府縣官及折衝府官職田據苗子多少三分每年宜取一分依當處時價迴市輕貨數內破脚差綱部領送上都納青苗錢庫其闕官職田據數盡送仍青苗錢與本道節度觀察都防禦等使計會切勾當從今年職田並依此數徵收發遣其送物綱典計數准輕貨綱典例處分

大曆二年正月詔京兆府及畿縣官職田宜令准外州府縣官例三分取一分

十月減京官職田一分充軍糧二分給本官

三年十一月加廊下百官厨料増舊五分之一是年通計京城諸司每月給手力資錢凡四万七千五百四十六貫四十八並以天下青苗錢充初以常賦不給乃稅人墾田畝十有五錢資用軍急不暇成熟候苗青即征之故謂之青苗錢主其任者爲青苗使

六年三月勅軍器公廨本錢三千貫文放在人上取利充使以下食料紙筆宜於數內收一千貫文別納店鋪課錢添公廨收利雜用

十二年四月度支奏給京百司文武官及京兆府縣官每月料錢太師太傅太保太尉司徒司空侍中中書令每月各一百二十貫文中書門下侍郎各一百貫文東宮三太左右僕射各八十貫文東宮三少各七十貫文六尚書御史大夫太常卿各六十貫文常侍宗正卿太子詹事國子祭酒各五十貫文左右丞及諸司侍郎給事舍人中丞賓客殿中監秘書監司農等卿將作等監各四十五貫文太子左右庶子太常少卿各四十貫文諫議諸司少卿少監各三十五貫文國子司業內侍東宮三卿各三十貫文郎中侍御史司天監少詹事諸王傅國子博士諭德中允中舍殿中秘書太常宗正丞各二十五貫文殿中侍御史著作郎大理正都水使者總監內常侍內給事各二十貫文員外郎通事舍人起居王府長史各十八貫文監察御史臺主簿補闕王府司馬司天少監太子典內太常博士主簿宗正主簿門下錄事中書主書各十五貫文拾遺司議太子文學秘書著作佐郎國子太學四門廣文等博士大理司直詹事府及諸寺監丞謁者監中書門下主事各十二貫文洗馬贊善諸寺監主簿詹事府司直各十貫文評事各八貫文諸校正各六貫文諸奉御九成宮總監諸王諮議友諸陵令各九貫二百文城門符寶國子助教六局郎王府掾屬太常侍醫文學錄事參軍主簿記室主諸衛及六軍長史兩市令諸副總監武庫署令太公廟令各五貫二百文太子通事舍人東宮三寺丞國子太

學廣文助教內坊丞諸直長內寺伯千牛衞及諸率府長史諸陵丞諸陵署諸王府判司司竹溫泉監尚書都事都水及諸總監丞司天臺丞太子侍醫諸司上局署令及王府國令苑四面副監公主邑司令（各四貫一百一十六文）國子四門助教律醫學博士協律郎內謁者諸衞六軍左右衞率府等衞佐諸王府參軍大農都省兵吏禮考功主事春坊錄事司竹副監諸司中局署令都水主簿諸司上局署及監廟邑司丞司天臺靈臺郎保章挈壺正太常針醫及醫監尚藥局司醫（各四千四百七十五文）太祝奉禮省中諸行主事門下典儀御史臺殿中祕書內侍省春坊詹事府主事諸寺監諸衞六軍諸司錄事諸司中局署丞及大理獄丞諸司府作監事諸司監錄事殿中省醫佐食醫奉輦司庫司廩奉乘鴻臚寺掌客司儀太僕寺主乘內坊典直司天臺司辰司曆監內侍省宮教博士東宮三寺主簿太常太樂鼓吹丞醫正按摩呪禁卜筮博士及針醫卜助教國子書筭博士及助教諸

王國子丞尉諸總監主簿（各一千九百一十七文）武官左右金吾大將軍（各四十五貫文）六軍大將軍左右金吾將軍（各四十貫文）諸衞大將軍六軍將軍（各三十貫文）諸衞將軍（各二十五貫文）諸衞及六軍中郎將諸率府率副率（各一十一千五百六十七文）諸衞及六軍郎將諸王府典軍副典軍（各九千二百文）諸衞及六軍司階千牛及左右備身（各五千三百文）諸衞及六軍中候太子千牛（各四千一百一十六文）諸衞及六軍司戈太子備身（各二千四百七十五）諸衞及六軍執戟及長上（各一千九百一十七文）京兆及諸縣官尹（各八十千文）少尹兩縣令（各五十貫文）奉先昭應醴泉等縣令司錄（各四十五貫文）畿令（各四十貫文）判司兩縣丞（各三十五貫文）兩縣簿尉奉先等縣丞（各三十貫文）奉先等主簿尉諸畿縣丞（各二十五貫文）畿簿尉（各二十貫文）參軍文學博士錄事（各一十貫文）凡一百司文武官共二千七百九十六員文官一千八百五十四員武官九百四十二員每歲約計加一十五万六千貫准舊給數都當二十六万貫文已來伏望准數起六月一日納付勑旨依仍令所司起五月一日支給待豐年無事即准常式觔分（時常衮與楊綰同掌樞務先是百官俸料寡薄綰與衮奏請加之判度支韓滉與衮各特料官所加俸料至薄自己背以列各定月俸爲三十五千滉怒司業張參唯止給三十千衮惡少詹事趙惎遂給二十五千又太子洗馬實司經局長官文學爲之貳衮有親戚任文學者給十二千而洗馬十千其輕重任情時政多如此類）

五月中書門下奏得蘇州刺史兼御史大夫知臺事李涵東都河南江淮山南等道轉運使吏部尚書兼御史大夫劉晏戶部侍郎專判度支韓滉等狀諸道觀察使都團練使及判官料錢等觀察使都團練使（如更兼使不在加給限）每月除刺史正俸料外每使每月請給一百貫文雜給准時價不得過五十貫文都團練副使每月料錢八十貫文雜給准時價不得過三十貫文觀察判官（與都團練判官同）每月料錢五十貫文支使每月料錢四十貫文推官每月料錢三十貫文巡官准觀察推官例以上每員每月雜給准時估不得過二十貫文如以州縣見任官充者月料雜給減半刺史知軍事每月除正俸外請給七十貫文如帶別使不在加限雜給准時估不得過三十貫文其州縣課（其大都督府長史准七府尹例左右司馬准上州別駕例給料錢）刺史八十貫文別駕五十五貫長史司馬各五十貫錄事參軍四十貫判司三十貫參軍博士各一十五貫錄事市令等各一十三貫令四十貫丞三十貫簿尉各二十貫謹具條件如前其舊准令月俸雜料紙筆執衣白直但納資課等色並在此數內其七府准四月二十八日勑文不該者並請依京兆府例觔分其中州中縣以下三分減一分其額內罷務比正官減半其州縣官兼充推官巡官及司馬掌軍事外如更別帶職亦不在加給限勑旨宜依（先是天下用兵州縣多以權宜立政官品雖一俸料不等大曆中四方無事宰臣元載王縉秉權怙權以利已爲便不循舊式江淮大州至有月給一千貫者山劍諸郡以地貧乏故雖上州刺史月給數十千而已至是懲革前失裒多益寡人稍知法）

六月戶部侍郎判度支韓滉奏准今年四月二十八日恩勑加給京文武九品已上正員官月俸其同中書門下平章事不帶正官勑內無額應檢校官同平章事並請同正官例就一高處給勑旨依

十二月勑京諸司闕官職田苗子自今以後宜並充修當司廨宇用其草准式處分仍令分司監察御史勾當

德宗以大暦十四年五月即位七月以國用未贍其宣王諱（順宗）名已下開府儀同三司光禄大夫俸皆罷給又罷給客省之廪每歳万三千斛（永泰已後益多事四方奏計或連歲不遣乃於銀臺門置客省以居之及上書言事忤旨者亦拘其中動十數歲常百餘人蕃戎將吏或貢計未報及失職未叙者又數十百人皆仰度支廪給歲費甚矣至是皆罷遣之人心悦服）

八月勑内外文武官職田及公廨田准式州縣每年六月三十日勘造白簿申省與諸司文解勘會至十月三十日徴收給付本官近來不守常規多不申報給付之際先付清望要官其閑慢卑官即被延引不付自今後准式各令送付本官又准式職田黄籍每三年一造自天寶九載以後更不造籍宜各委州縣每年差専知官巡覆仍造簿依限申交所司不得隱漏及妄破（萬來如有違犯専知官及本典准法科罪）

建中三年閏正月勑文武百官每月料錢一百貫以上者三分減一八十貫已上者五分減一六十貫已上者七分減一四十貫已上者十分減一三十貫已下者不減待兵革寧後仍舊給

興元元年正月勑諸軍諸使諸道應赴奉天及進收京城將士等或百戰摧敵或万里勤王扞國全城驅除大憝濟危難者其節著復社稷者其業崇我圖爾功特加彝典錫名疇賦永代無窮宜並賜名奉天定難功臣其有食實封者子孫相繼代代不絶

十二月詔京官及畿官俸料所司准元數支給自巡幸奉天轉運路阻故百寮俸錢或至闕絶所減其資三之一故全給之

貞元元年五月禮部尚書李齊運奏當司本錢至少廚食不免闕絶請准祕書省大理寺例取戸部闕職官錢二千貫文充本收利以助公廚可之

九月八日勑自今後應徴息利本錢除主掟逃亡轉徴鄰近者放免余並准舊徴收其所欠錢仍任各取當司闕官職田量事糴貨充填本數并已後所舉不得過二十貫

十二月詔曰百辟卿士實惟股肱頃屬艱虞損家徇節累經寇難靡不困窮洎復上京荐遭歉歳官俸既薄公田不收外勤導從之儀内懷凍餒之戚朝列尚爾蒸人何堪軫于深衷良用愧惻應文武常参官等宜共賜錢七萬貫委度支據班秩職事及所指職田多少量等級從今至明年四月以來随月支給凡厥多士宜悉朕懷是時初復京邑蝗旱穀價翔貴人多困乏帝愍之故賜百官焉

三年十一月勑京官宜加給料錢初張延賞大減官員人人胥怨是年李泌作相請復之以從人欲因是罷去兼試額内占闕等官又奏請加百官俸料各據品秩以定月俸而隨曹署閑劇加置手力資課雜給等帝皆許之人以為便

四年正月中書門下奏京文武及京兆府縣官總三千七十七員據元給及新加每月當錢五万一千四百四貫六百一十七文一年都當六十一万六千八百五十五貫四百四文（三十四万八千五百貫四百文舊額二十六万八千三百五十五貫四文新加）一千八百九十員文官二太（各二百貫文）三公（各一百八十貫文）侍中中書令（各一百六十千文）門下中書侍郎左右僕射太子三太（各一百三十千文）六尚書御史大夫太子三少（各一百貫文）常侍太常宗正卿京兆尹（各九十貫文）左右丞諸司侍郎給舍中丞賓客詹事國子祭酒諸卿監内侍監（各八十貫文）諫議庶子太常宗正少卿（各七十貫文）司業少詹事諸少卿少監内侍（各六十貫文）諭德諸曹郎中東宮三卿（各五十貫文）員外郎起居侍御史王府長史著作郎太子中舍人中允國子博士太常宗正殿中祕書等丞大理正都水使者京都揔監内常侍（各四十貫文）補闕殿中侍御史通事舍人（各三十五貫文）拾遺監察司天少監王府司馬贊善洗馬奉御陵令内給事典内太常博士司舍太常宗正御史臺主簿中書主書門下録事（各三十貫文）太子文學祕書郎著作佐郎城門符寶郎太學廣文四門博士大理司直大理詹事諸寺監丞内謁者監中書門下主事（各二十五千文）評事國子助教王府諮議友司天五

宮正六局郎諸衛六軍長史諸寺及詹事主簿詹事司直太子通事舍人東宮三寺丞太子文學廣文助教千牛衛及率府長史七品陵丞都水丞諸直長路(各二十貫文)四門助教協律郎諸衛及六軍衛佐校書正字奉禮太祝尚書都事九成宮總監(各十六千文)典儀都水主簿率府衛佐諸司主事御史臺主事路(各十二貫文)諸寺監內侍省詹事府司天臺錄事主事(各八貫文)王府掾屬錄事參軍主簿侍御醫兩市令中書武庫署令武成王廟令司天丞(各十貫文)內坊丞內寺伯王府判司王府國令諸司上局署令太子侍醫公主邑司令總監丞司竹溫泉監七品陵廟令司天臺主簿(各六貫文)律學博士內謁者王府參軍諸司中局署令王府大農諸上局署丞邑司丞司天臺靈臺郎保章挈壺正京苑四面監太常醫博士及醫監八品陵廟令尚藥局司醫司竹溫泉監丞(各四千文)諸司中局署丞大理獄丞鴻臚掌客諸司監膳監作監事錄事計官醫佐食醫直學華太僕主乘僕寺典乘軍衛率府親勳翊府兵曹典膳兩令司天臺司辰司曆監候內坊典直內侍省宮教博士太常寺樂正及醫卜正九品陵廟丞苑四面監丞王府國丞尉按摩呪禁卜筮博士及針醫助教諸總監主簿國子書等及律助教(各三千文)八百九十六員武官七十二員四品(各十一千三百五十文)一百三十六員五品(各一十千八百文)九十六員六品(各七千九百五十文)八員七品(各六千一百七十四文)一百三十六員八品(各三千七百一十二文五分)一五百五十八員九品(各二千八百七十五文五分)並雜給校簿每貫加五百文支給一十六員諸衛上將軍左右衛本料各六十千加粮賜等(每月各粮米六斛鹽七合五勺手力七人資一千五百文私馬五匹草三百束料九石七斛五外隨身十五人粮米九石鹽一斗一外二合五勺春衣布一十五端絹三十匹冬衣絁紬一十五匹綿三十屯)一十二員左右武衛等本料五十五千文加粮料等(每月手力五人資七千五百私馬四匹草三百三十二束料六石六斗隨身一十三人粮米七石八斗春衣布十三端絹二十六匹綿二十四屯)一十六員諸衛大將軍左右衛左右金吾衛本料四十千五百續加等(准上唯隨身減一人餘物隨人減計)左右武衛等雜衛本料三十六

千文續加等(每月各手力四人資六千私馬三匹草一百六十束料四石九斛五外隨身一十人粮米六石春衣布一十端絹二十匹冬衣絁紬一十匹綿二十七屯)三十員諸衛將軍左右衛左右金吾衛本料三十六千續加(准上)左右武等雜衛本料三十千續加(每月手力各三人資四千五百私馬兩匹草一百一十束料三石三斗隨身八人粮米四石八斗春衣布八端絹一十六匹冬衣絁紬八匹綿一十六屯)一十六員統軍本料各六十五千續加等(一春冬衣副每年)六軍大將軍本料各六十千文續加(並准諸衛大將軍)六軍將軍本料三十千文續加(准左武等雜衛將軍)射生神策大將軍本料三十六千文續加(私馬五匹草料准上隨身十四人七人給不給粮七人給粮米四石二斗鹽一斗五外春衣布一十四端絹二十八匹絁十四匹冬衣絁一十四匹絹二十八匹綿二)八射生神策將軍本料三十千文續加(私馬三匹草料准上隨身十二人六人給不給粮六人全給粮米三石六斗鹽九升春衣布十二端絹二十四疋絁十二疋冬衣絁十二匹絹二十四匹綿二十四屯)京兆府縣官(唯畿縣簿尉減五千文餘並同大曆十二年四月二十八日)勑右中書門下准去年十一月二十八日勑京官宜加料錢准勑商量謹件如前勑旨依

二月詔以中外給用除陌及闕官俸外官一分職田停額內官俸及刺史執刀司馬軍事等錢令度支專掌之以給京文武官俸料先是京官俸薄多不自贍帝時命有司厚其月給自是京官益重頗優裕焉初除陌錢隸度支帝以度支自有兩稅及鹽鐵榷酒錢物以充經費是錢宜別貯之給京官俸料之餘以備他用自此戶部別庫歲貯錢物僅三百萬貫京師俸料所費不過五十萬貫其京兆和糴物價及度支給諸軍冬衣或闕悉以是錢充之他用之外常貯僅二百萬貫國計賴焉八月勑准田令永業田職事官從一品郡王各五十頃國公若職事官正二品各四十頃郡公若職事官從二品各三十五頃縣公若職事官從三品各二十頃侯若職事官正四品各十四頃伯若職事官從四品各十一頃

五年四月以太子少傅兼禮部尚書蕭昕為工部尚書前太子少詹事韋建為秘書監並致仕仍給半祿料後授致仕官者並宜准此舊例致仕官給半祿及賜帛其俸料悉絕帝念歸老之臣時命賜其半為致仕官給半祿料自昕等始也

十二月詔郡縣主聟有正員官停者郡主每季給錢七十千縣主每季給五十千郡縣主聟已亡殁者亦准此支給先是其主聟或官罷者頗不自給帝務於敦睦故有是命

七年三月戶部奏伏以周漢故事有功即加地有罪即奪國既明賞罰方申沮勸其犯除名以上罪有實封准法合除比來因循兼不申舉自今以後應實封人或緣罪犯其臺省及本軍本使本貫奏狀請令並標食封戶數本犯州名同奏勑下戶部以為憑據其犯徒罪三分望奪一分流罪奪一半除名以上罪即准法悉除並以本犯條論不在減贖之限其奉特勑赦諭驗制詞內所犯無正條者伏請准流罪奪一半勑旨依奏

十一月詔郡主聟檢校四品京官者月給三十千歲給祿粟百二十石縣主聟檢校五品京官者給俸二十千祿粟百石其正官欲從舉選者聽之如登朝不用此制

八年七月減山南西道州縣官俸

八月戶部奏准貞元七年三月二十日勑節文比來食實封人多不依令式皆身殁之後子孫自申請傳襲伏請自今以後并今日以前應食實封人並一年內准式具合襲子孫官品年名并母氏嫡庶於本貫陳牒如無本貫即於食封人本任本使申牒如合襲人有罪疾及身死者亦限一周年內申牒請立以次合襲人仍具家口陳牒請附籍帳本貫勘責當家及近親如實是嫡長即與責保准式附貫然後申省到後即取文武職事三品正員一人充保勑旨宜依

十年二月詔曰君臣之際義莫重焉每聞薨殂深用惻悼宜厚哀榮之禮以申終始之恩文武朝臣有薨卒者自今以後其月俸料宜全給仍更准本官一月俸料以為賻贈若諸司三品已上官及尚書省四品官仍令有司舉舊令聞奏行吊祭之禮務從優厚用稱朕懷初左庶子雷咸以是月朔卒有司以故事計其月俸以月數給之帝聞之故有是命以廣恩澤無幾有致仕官卒者有司以官雖致仕而朝朔望請悉同正官卒者給賻送之

十一年八月屯田奏諸州府送納內外文武官職田及公廨田四至白簿等前件簿書准天寶十四年八月十二日勑每年六月三十日勘造申省如違本判官牒吏部先用闕本典准法科處者伏以地段佃戶並無改移隨年造簿實有勞費今請令諸州府及畿內縣三年一送違限者准勑科處勑旨每年造簿事乃近煩三年一申又為太簡如外官並須勘造切慮因此擾人宜令應管京官職田等州府所造文簿二年一送余依

十二年四月禮部尚書李齊運奏當司本錢至少厨食闕絕請准祕書省大理寺例取戶部闕職官錢二千貫文充本收利以助公厨可之

是年御史中丞王顏奏檢勘定數十王厨（二千貫）十六王宅（三百九十八貫八百二十五文）門下省（三千九百七十貫四百文）中書省（五千九百九十八貫）集賢院（四千四百六十八貫八百文）崇文館（五百貫文）弘文館（七百二十六貫二百文）太清宮（一千貫文）史館（一千三百一十貫四百文）尚書都省（一万二百一十五貫二百三十八文）吏部尚書銓（二千一百八十二貫二十文）東銓（二千四百四十五貫三百一十文）西銓（二千四百三十三貫五百六十一文）南曹（五百八十貫文）甲庫（二百八十四貫六十五文）功狀院（二千五百貫文）流外銓（二百貫文）甲曆（五百貫文）主事（五百貫文）白院（五千六百二十三貫文）考功（一千五百二十六貫一百九十五文）司勳（二百二十八貫文）兵部（六千五百二十貫五百五十二文）戶部（六千貫五百五十八文）倉部（四百二十九貫三百三十一文）金部（三百貫文）刑部（六千貫文）禮部（三千五百二十八貫五百三十七文）工部（四千三百二十貫九百五十九文）御史臺（一万八千五百九十一貫文）東都御史臺（五千貫文）西京觀察使（五千四十六貫八百五文）三衛使（五百貫文）軍器使（二千一百九十一貫一百三十文）監食使（七千四貫五十文）祕書省（四千七十貫文）殿中省（二百三十八貫五百文）太常寺（一万四千二百五十四貫八百文）太常禮院（一千七百貫文）光祿寺（一千五百六十六貫文）衛尉寺（一千二百四貫八百七文）宗正寺（一千八百八十四貫文）大理寺（五千九十二貫八百文）太僕寺（三百貫文）鴻臚寺（六千六百五貫一百二十五文）司農寺（五千六百五貫二百八十二文）太倉諸色共（四千七百八十七貫四百三十四文）太府寺（二千二百八十一貫六百三文）左藏庫將作監（七百貫文）少府監（六百六十

八貫七百文中尚七百七十貫文國子監三千二百八十二貫三百六十文詹事府一千七百一十六貫七百三十二文家令寺七百八十七貫九百文僕寺四百貫文左春坊一百八十四貫六百文右春坊二百八十貫文崇文館八百一十貫文司天臺二百八十貫文皇城留守一千二百三十四貫八百文右金吾衛八千貫文右金吾引駕仗三千三百六十九貫文右街使一千八百六十貫八百三十文左金吾衛九千九貫五百文左金吾引駕仗六千一百二十貫文左街使三千九百一十六貫三百八十文總監三千貫文京兆府四万八千八百八十九貫二百二十四文京兆府卸遞院二千五百貫文

十四年六月判度支于頔請收百官闕職田以贍軍須從之

十五年十二月詔今年十月三日詔權減諸道諸州刺史判軍事料及專知勾當加手力課并減州縣官手力門倉獄子園子館驛廨宇等錢宜一切却仍舊初敵計者言收諸道軍事錢及手力資課等當得百數十萬貫可以助軍興于頔時判度支又贊成之及筭計大數止於三十萬貫而數中更有耗折雜破纔得十余萬貫輿議甚以爲不便皐張建封又相次表言所得至微所失大體因此人心頗不安故命復故也

冊府元龜卷第五百六

冊府元龜卷第五百七

邦計部二十五

俸祿第三

唐順宗以貞元二十一年正月即位制百官及在城諸使息利本錢徵放多年積成深弊內外官料錢職田等厚薄不均兩稅及諸色榷稅錢物重輕須有損益並宜委中書門下與所司商量具利害條件以聞不得擅有閉糴禁錢務令通濟又詔停內侍郭忠政等十九人正員官俸錢

七月中書門下奏勅釐革京百司息利本錢應徵近親及重攤保并遠年逃亡等今年四月十七日勅本利並放訖其本事須借錢添填都計二萬五千九百四十三貫六百九十九文伏以百司本錢久無蹤理年歲深遠亡失頗多食料既虧公務則廢事須添借令可支持伏望聖恩許令准數支給仍請以左藏庫度支除陌錢充勅旨宜依

憲宗元和二年正月尚書左丞鄭元請取河中羨餘錢三千貫文充助都省廚本從之前爲河中節度因有是請議者以爲省司公膳自有成制苟或不足當更請於上不宜以前任羨財而私加之也

六月中書門下上言伏以聖政惟新事必歸本近又疏理五坊戶色令府縣郤收萬情欣歡喜出望外臣等敢不釐革舊弊率先有司上副聖情用弘至理其兩省納課陪廚戶及捉錢人總一百二十四人臣當司並不收管並各歸府縣從之

五年六月戶部侍郎判度支李夷簡奏應給食實封官自貞元十三年已後節度使兼宰相每百戶給八百端匹若是絹更給綿六百兩節度使不兼宰相每百戶給四百端匹軍使及金吾諸衛諸軍大將軍每百戶給三百五十端匹至貞元二十一年七月六日勅應食實封其節度使宜令百戶給八百端匹若是絹兼綿六百兩伏以實封本因賞功封之多少視功之厚薄不以官位散要別制等差其節度使兼宰相請准舊例餘節度不兼宰相准貞元二十年已前舊例處分從之

六年四月御史臺奏諸使應有捉利錢戶請同臺省例如有過犯差遣並任府縣處置從之

五月御史中丞柳公綽奏請諸司諸使應有捉利錢戶其本司本使給戶人牒身稱准勅放免雜差遣夫役等如有過犯請送本司本使科責府縣不得擅有決罰仍永爲常式者臣昨因奉進止追勘閑廐使下利錢戶割耳進狀劉嘉和訴被所由分外科配等事由因勘責劉嘉和所執牒身所引勅文撿勅不獲牒閑廐使勘勅下年月日又稱遠年文案失落今據閑廐使利錢案一使之下已有利錢戶八百餘人訪聞諸司諸使並同此例戶免失役者通計數千家況犯罪之人又常僥倖所稱捉利錢戶先亦不得本錢百姓利其牒身情願虛立保契文牒一定子孫相承至如劉嘉和情願充利錢戶事由緣與人毆鬭打人頭破其時便於閑廐使情願納利錢得牒身免府縣科決實亦不得本錢已具推問奏聞訖伏奉進止令臣具條流奏聞者今

請諸司諸使所管官錢戶並依臺省舉本納利人例諸司諸使更不得妄有准勅給牒身免差遣夫役及有過犯不許府縣處分如官典有違請必科處使及長官奏聽進止其先給牒者並仰本司本使收毀如後在人戶處收毀不盡其官典必有科責其捉錢戶元不得本錢者亦任便不納利庶得州府不失丁夫姦人免有僥倖勅旨宜依如已經處分後更有執此文牒求免差遣夫役者便委京兆府據罪科責仍具本司本使名銜聞奏

六月詔減教坊樂官衣糧

八月戶部侍郎李絳奏諸州闕官職田祿米及見任官抽一分職田請所在收貯以備水旱賑貸從之又詔百官職田其數甚廣今緣水潦諸處道路不通宜令所在貯錢充度支支用百官卻令據數於太倉請受

十月詔河南水陸運陜府陜運潤州鎮海軍宣州採石軍越州義軍洪州南昌軍福州靜海軍等使額並宜停所收使已下俸料一事已上各委本道充代百姓闕額兩稅仍具數聞奏如聞河南陜府兩驛比來所給皆是置本息利不破正錢勑便添充兩飡錢雜給不要更徵庶我愛人之心不止於惜費立制之意必在於正名

閏十二月勑河東河中鳳翔易定四道州縣久破俸給至微吏曹注官將同比遠在於理體切要均融宜以戶部錢五萬五千貫文充加四道州縣官課料

七年六月加賜澤潞磁邢洺五州府縣官料錢

十二月以鄜坊邠等三州官吏近邊俸薄各加賜其料錢

是年中書門下奏國家舊章依品制俸官一品月俸三十千其餘職田禄米大約不過千石自一品已下多少可知艱難已來網禁漸弛於是增置使額厚請俸錢故大曆中權臣月俸有至九千貫者列郡刺史無大小給皆千貫常袞為相始立限約至李泌又量其閑劇隨事增加時謂通濟理難減削然有名存職廢額去俸存閑劇之間厚薄頓異將為定式須立常規制從之乃命給事中段平仲中書舍人韋貫之兵部侍郎許孟容戶部侍郎李絳等詳定減省

九年八月詔諸司食料錢緣初令戶部出放已久散失頗多須有變通使其均濟其中書門下兩省及尚書省御史臺或務總樞機或職司彈糾而倍稱息利於體尤乖宜以戶部除陌錢每貫先收二十文數外更加五文委戶部別收貯計其所費逐處支給其本利錢先出放者宜各委本司勘會聞奏其合徵收者便充當司公廨什物添脩等用其諸司食利亦准此勘會其合徵錢便充飯錢若數少不充以其前件除陌五文錢量所欠添本出放其所收五文錢每歲不關添本之外合有所餘諸司廨宇破壞者便充修補緣諸司人吏轉遷不常新舊之間因緣乾没諸稱走失職此之由向後須令本判官句當勒令一一交割者遞相分付仍委御史臺一人專知勘覆仍先具條流聞奏

十一月戶部奏准八月十五日勑諸司食利本錢出放已久散失頗多各委本司勘會其合徵錢數便充飡錢若數少不充以除陌五文錢量其所欠添本出放者今准勑各牒諸司勘會得報據秘書省等三十二司牒應管食利本錢物五萬三千九百五十二貫九百五十五文（各隨司破逃亡散失見在見徵數額與元置本同今但據元置數額而已）秘書省（三千二百八十四貫五百文）太常寺（六千七百二十二貫六百文）光禄寺（一千二百九貫六十四文）宗正寺（一百一十七貫九十五文）衛尉寺（一千二百五十貫九百文）太僕寺（一千九貫五百文）大理寺（五千九百二十四貫七百四十文）鴻臚寺（二千六百六十貫文）司農寺（二千七百三十五貫七百七十文）太府寺（一千五百八貫九百文）殿中省（九百九十貫五百五十文）詹事府（一千一百九十一貫三百七十七文）國子監（二千六百四十四貫二百五十文）少府監（一千三百三十四貫七百三十一文）將作監（一千六百一十七貫文）左春坊（一千三十八貫七百七文）右春坊（一千貫文）司天臺（三百八十貫文）家令寺（一千八百一十貫七百文）太僕寺（四百三十六貫六百五十文）揔監（三千六百七十二貫文）左藏庫（六百二十貫文）尚食局（三百三十八貫文）尚舍局（二百七十三貫三百文）尚輦局（一百貫文）太倉（二千四百一十五貫六百八十一文）內中局（六百六十六貫二百文）萬年縣（三千四百貫六百文）長安縣（二千七百四十五貫四百三十三文）左衛（五百四十貫文）左司禦率府（二百四貫文）右司禦率府（一百貫文）勑宜更委御史臺子細撿勘具合徵放錢數及量諸司閑劇人日加減條流聞奏

十二月勑比緣諸司食利錢出舉歲深為弊頗甚已有釐革別給飡錢其御史臺奏所勘責秘書省等三十二司食利本錢數內有重攤轉保稱甚困窮者據所欠本利並放其本戶中納利如有十倍以上者既緣輸利歲久理亦可矜量准前本利並放其納經五倍以上從今年十二月以前應有欠利並放起元和十年正月以後准前計利徵收其餘人戶等計其倍數納利非多不可一例矜放宜並委本司准前徵納其諸司所徵到錢自今已後仍於五分之中常抽一分留添官本各勒本司以後相

承收管其諸司應見徵納及續舉放所收利錢並准今年八月十五日勅充添修當司廨宇什物及令史驅使官厨料等用仍委御史臺句當每常至年終勘會處分其諸司除踈理外見在本錢據額更不得破用如有欠失即便勒主掌官典所由等據數填備其中書門下兩省及尚書省御史臺應有食利錢外亦便令准此條流處分其諸司除此食利錢更別有諸色本錢不得妄援此例　十年正月御史臺奏秘書省等三十二司除踈理外見在食利本錢應見徵納及續舉放所收利錢准勅並充添修當司廨宇什物及令史驅使官厨料等用准元和九年十二月二十九日勅仍委御史臺句當每至年終勘會處分其諸司踈理外見在本錢據額不得破用如有欠失即便勒主掌官典所由等填陪者其諸司食利本錢踈理外合徵收者請改案額為元和十年新收置公廨本錢應緣添修廨宇什物及令史府史等厨用並勒本司據見在戶名錢數各置案曆三官通押逐委造帳印訖入案仍不得侵用本錢如人戶辨納本利錢訖都數未足亦勒據數與納召主別置案曆准前通押如至年終勘會欠少本利官典諸節級准法處分如主掌官典敗移亦勒造帳交付承後官典具單帳報臺交割分明即給前官典牒知公驗如欠少本利送臺勘責具事由聞奏即與官錢免至散失年額既定句當有憑勅旨宜依

十二月勅新授右散騎常侍任迪簡秘書少監獨孤郁等如聞疾患日久未在視事其俸料等宜令所司任給

十一年八月勅京城百司諸軍諸使及諸道應差所由并召人捉本錢右御史中丞崔從奏前件捉錢人等比緣皆以私錢添雜官本所防耗折裨補官利近日訪聞商販富人投身要司依託官本廣求私利可徵索者自充家產或逋欠者證是官錢非理逼迫為弊非一今請許捉錢戶添放私本不得過官本錢勘責有剩並請沒官仍量輕重科處其所放官本并許添私本每舉放數足即錢戶具所舉錢人姓名錢數狀報本司即本司收連入案三官同押排科印記仍各隨錢數舉錢人牒知如他時因有論競勘案曆不同不在與徵理之限庶官利不失私家獲安從之

九月東都御史臺奏當臺食利本錢從貞元十一年至元和十一年息利十倍以上者二十五戶從貞元十六年至元和十一年息利七倍以上者一百五十六戶從貞元二十年至元和十一年息利四倍以上者一百六十八戶伏見去年京畿諸司本錢並條流甄免其東都未蒙該及者竊以淮寇未平供饋尚切人力小弊衣食屢空及納息利年深正身既沒子孫又盡移徵親族旁食無支族散徵諸保保人逃死或所由代納縱有耆老孤獨仰無所依立限踰年虛繫錢數公食屢闕人戶不堪伏乞天恩同京諸司例特甄減裁下勅旨依奏

十二年正月門下省奏應管食利本錢揔三千四百九十八貫三百二十一文（宰相已下至主錄等食利三百七十八貫三百四文　直省院本錢准建中三年四月十五日勅以留入錢置本）院中書省奏當省食利本錢共五千貫文（宰相已下至主錄等食利錢一千貫直省院食利本錢准建中三年四月勅當院自斂置本）准元和九年十二月九日勅令勘會踈理其見在合徵錢准勅合充添修當司廨宇什物其直省院本錢緣是當院自斂置本請便充本院添厨等用勅旨依奏

四月勅京百官俸料從五月已後宜並給見錢其數內一半先給元估疋段者即據時估實數迴給見錢

八月京兆尹竇易直請改職田法並入兩税地事竟不行

十三年三月詔百司職田多少不均為弊日久宜令每司各收職田草粟等數自長官已下據多少人作等差除留闕官物外分給

六月以德棣滄景四州頃遭水潦給復一年遂定四州官吏俸錢料刺史每月一百五十千望緊上縣令每月四十千餘有差

十四年三月屯田奏左右神策中尉准令式二品官令受田一十頃請取京兆府折衝府院戎塲堠坪公廨等地七十七頃二十六畝八分數内取二十頃充前件官職田依奏

四月勑京畿二十二縣欠元和十四年京百司職田二十二万九十一石束貫等京畿百姓聞甚艱貧頃差般運軍糧今又修營陵寢雖應緣驅役皆給價錢而屢有役名頗妨農畝豈可更徵懸欠重使妻愁其所欠並宜蠲免其合受納所欠職田或見在官班各請厚俸或近終考秩稍有餘資宜體朕懷以寬人力

是月重定淮西州縣等制及官吏禄俸以蔡州爲緊溵州爲上其刺史俸錢月一百八十千申光二州並爲中刺史月俸一百五十千長史已下有差

十月御史中丞蕭俛奏應諸司諸軍諸使公廨諸色本利錢等伏緣自當司及秘書省等三十二司利錢伏准今年七月十三日赦文至十倍者本利並放展轉攤保至五倍者本利並放緣

前件諸司諸使諸軍利錢節文並不該及其中有納利百姓見臣稱訴納利已至十倍者未蒙一例處分求臣上達天聽臣已面陳奏訖伏以南北諸司事體無異納利百姓皆陛下赤子若恩澤均及則雨露無偏伏望聖慈特賜放免如允臣所奏伏乞特降勑旨並進今年七月十三日赦文處分仍永爲定制勑旨依奏

穆宗以元和十五年正月即位二月詔内外百官食利錢十倍至五倍已上節級放免仍每經十年即内外百司各賜錢一萬貫充本各據司大小公事閑劇及當司貧富作等第給付

六月勑朕聞帝王所重者國禮所切者人情苟得其體必臻於大和如失其情是由於小利況設官求理須禄責功既有常數寧宜就減近者以兵歲經費量入不充外官俸料據數抽貫將三歲屢終所求必念彼外方或從卑官一家所給三載言歸在公當甘於家窮受禄又苦於減剋待我庶吏豈其然乎□愛國之誠固須贍助而恤人之慮將起怨咨必若水旱爲虞干戈未戢事非獲已人亦何辭今則幸遇豐登又方寧謐九州之内永絶妖氛三邊之上莫除烽警自宜剋己以足用安可剥下以爲謀臨軒載懷實所増愧其度支所准五月二日勑應給用錢每貫抽五十文都計一百五十萬貫文並宜停抽初宰相以國用不足故權請抽減諫官及言事者累陳表章以爲非便故復下此詔以罷之

八月賜教坊錢五千貫充本以收息利

長慶元年三月勑添給諸司本錢准元和十五年五月十一日勑内外百司准二月五日赦文宜共賜錢一萬貫文以户部錢充仍令御史臺據司額大小公事閑劇爲等第均配

七月勑百司職田在京畿諸縣者訪聞本地多被所由侵隱抑令貧户佃食高荒百姓流亡半在於此宜委京兆府勘會均配務使公平

二年十月勑司徒兼中書令韓弘疾未全平尚須在假將息其俸料宜從勑下日便令所司支給

三年十一月賜内園本錢一萬貫軍器使三千貫

十二月賜五坊使錢五千貫賜威遠軍錢一千貫以爲食利

四年五月勑近日訪聞京城米價稍貴須有通變以便公私宜令户部應給百官俸料其中一半合給匹段者迴給官中所糴粟麥斗折錢五十文其匹段委别貯至冬糴粟填納太倉時人以爲甚便

敬宗寶曆元年四月勑京百司田散在畿内諸縣舊例配地出子歲月已深佃户至有流亡官曹多額虚數今欲據額均入地數高户供輸百司盡得隨税出子逐畝平攤以量舊制勑爲允便宜委京兆府與屯田審勘計會條流聞奏

文宗大和元年三月鹽鐵使王播進停減鹽鐵官吏課料錢一萬六千三百匹

十一月嶺南觀察使胡証奏端康封三州刺史月俸錢請各給
至一百貫文請當道自圓融支給從之
十二月殿中省奏尚食局新舊本錢總九百八十貫文伏以尚
食貧虛更無羨餘添給伏乞聖慈更賜添本錢二千貫文許臣
別條流方圓諸色改換收利支用庶得不失公事勑旨賜本錢
一千貫文以戶部五文抽貫錢充
三年七月詔滄德兩州州縣官吏等刺史每月料錢八十貫錄
事參軍三十五貫判司各置二人各二十五貫縣令三十貫尉
二十貫其令俸祿且以度支物充仍半支省估匹段半與實錢
四年七月勑吏部奏應比遠道州縣官課料請令依元額計支
給不得更有欠折勑旨依奏
是月勑應外任官帶一品正京官縱不知政事其俸料宜付所
司並令兼支
七年二月戶部侍郎庾敬休奏應文武九品已上每月料錢一

半合給匹段絲綿等伏以自冬涉春久無雨雪米價稍貴人心
未安自德音放免逋懸賑恤貧下中外羣庶已感聖慈至於衣
冠之家素乏儲畜朝夕取給猶足爲憂以臣愚見若令百官料
錢內一半停給匹段絲綿等迴太倉粟每㪷計價七十文在衆
庶必見權康於公家無所虧減待至麥熟米價稍賤即依前却
給匹段等酌其事理庶叶變通勑旨宜依
八月勑中書門下省所將本錢與諸色人給驅使官文牒於江
淮諸道經紀每年納利並無元額許置如聞皆是江淮富豪大
戶納利殊少影庇至多私販茶鹽頗撓文法州縣之弊莫甚於
斯宜並勒停兩省先給文牒仍盡追收其去年所減人數雖無
額名尚執兩省文牒亦宜收訖聞奏以後不承正勑不在更置
之限
八年八月劍南東川觀察使楊嗣復言普渝合三州刺史料錢
及六十千者請自加給從之

九年正月勑中書門下兩省奏請依元和元年八月六日勑各
置捉錢官勑中書省宜置三十人門下省置二十五人
六月詔宰相俸料宜准元和十四年已前例並給見錢
十一月詔江西湖南以官健衣糧一百二十分送上都充宰相
召催手力是日中書門下上言宰相上弼聖政下理羣司若忠
正無邪宗社所祐縱逢盜賊兵不能傷若事涉隱欺心懷矯妄
雖有防衛神得而誅臣等願推赤心以荅聖獎孟軻知非臧氏
孔子不畏康人其前件衣糧並請勒停依從前制置只以金吾
司手力充引從從之
開成元年五月判國子祭酒事門下侍郎平章事鄭覃奏太學
新置五經博士各一人屯田素無職田請依王府官品秩例賜
以祿粟許之
二年八月戶部侍郎李珏奏京諸司六品已下官請假往外違
假不到本官停給料錢勑旨違限停俸料宜依餘准令式

十月詔曰書載堯典首陳睦族詩歌周德寔美維城朕嗣統百
任寔章二代義雖本於叙親道無愧於尊賢式遵舊章爰舉成
命嘉王運循王謫通王湝等皆孝敬恭懿敏裕齊莊播蘭蕙之
清芬炳珪王之符采易陵沛獻詩掩楚元古人素風造次於是
師氏典訓周旋以之固可以超金紫之貴借外台鉉之崇秩策
勳詔爵以寵分茅並可金紫光祿大夫檢校司空賜上柱國仍
依百官例給料錢勑檢校吏部尚書安王溶檢校兵部尚書潁
王諱名武宗宜並依百官例賜料錢
三年七月勑尚書省自長慶三年賜本錢後歲月滋久散失頗
多或息利數重經恩放免或人戶逋欠無處徵收如聞尚書
丞郎郎官入省日每事闕供須議添助除舊賜本錢徵利及收
吏部告身錢外宜每月共賜二百貫文委戶部逐月支付其本
錢任准前收利添充給用仍委都省納勤舊本及新添錢量多
少均配逐行分析聞奏須令占額用度不得并有破除每至季

給委都省磨勘中中書門下

四年二月詔曰司徒兼中書令裴度盛有勳烈累任台衡以疾恙未任謝上須加優異用示恩榮其本官俸料宜起今日便付給所司

三月詔曰仙韶院樂官每月料錢數內減三百千轉給翰林侍講太子少師王起起篤於文學貴厚長者理家无法俸入數月盡爲僕妾所有老年寒餒帝念以故老貧寠故特有加給起不知讓而與伶人分俸急於苟得時論譏之

六月文宗御紫宸殿宰臣李珏奏堂厨食利錢一千五百貫文供宰相香油蠟燭捉錢官三十人頗擾百姓今勘文書堂頭共有一千餘貫所收利亦無幾臣欲總收此錢用自不盡假令十年之後更無此錢直令戶部供給亦得兩省亦有此錢且亦欲商量共有二百餘人在外求利米鹽細碎非國體所宜帝曰大細碎楊嗣復曰百司食利實爲煩碎自貞觀以後留此弊法臣等即條流聞奏乃奏宰臣置厨捉錢官並勒停其錢并本錢並進省堂後驅使官置庫收掌破用量入計費十年用盡後即據所須奏聽進止勑旨宜依

冊府元龜卷第五百七

冊府元龜卷第五百八

邦計部 二十二

俸祿第四

唐武宗以開成五年正月即位二月制曰諸道叅官等雖云假攝當責課程但霑一半料錢不獲雜給料例自此手力紙筆特委中書條流貴在酌中共爲均濟

三月中書門下奏准今年二月八日赦節文應京諸司勒留官令本處剋留手力雜給錢與攝官者臣等檢詳諸道正官料錢絶少雜給手力即多今正官勒留亦管公事俸入多少事未得中臣等商量其料錢雜給等錢望每貫割留二百文與攝官其職田祿米全還正官從之

五月中書奏准今年二月八日赦文應諸色勾當官令剋下手下雜給等與本道州府充攝官課料無本司起請者臣等詳檢諸道官貟俸料不一或正官料錢絶少雜給雜料過多若准赦文手力紙筆並令剋下則正官勾留亦須公事所請俸料不如攝官既未得中亦恐難守本司既無起請中書門下須與條流臣等商量應諸色勾留官正料及手力課雜職課雜給雜料紙筆等錢望各委本州都計錢數每貫剋二百文充攝官俸料其職田祿粟米望令全還正官不在計入諸色錢數之限臣等又以諸州長馬本是散貟判司簿尉或須假攝其所剋留錢望委州司酌量閑劇差署均融多少支給亦不要各占本色錢數及填滿缺貟仍令每至歲終分析申報戶部從之

會昌元年二月中書奏河東隴右諸州或與王舊邦或陪京近地州縣之職人合樂爲祇緣祿俸寡薄官同比遠元和六年閏十二月十二日及元和七年十二月二十四日勑河東鳳翔鄜坊邠州易定等道令戶部加給課料錢共六萬二千五百貫吏曹省出得平留官數百貟時議以爲至當自後訪聞戶部所給零碎兼不及時觀察使以其虛折皆別將破用徒有加給不及官人近地好官依前比遠伏望今日已後令戶部勑與實物仍及時支遣諸道並委觀察判官專判此案隨月加給官人不得別將破用如有違越觀察判官遠貶觀察使奏取進止又選人官成後皆於城中舉債到任填還致其貪求罔不由此其今年河東隴州鄜坊邠州新授比遠官等許連狀相保戶部各借兩月加給料錢至支給時剋下所與初官到任不滯息債衣食稍足可責清廉從之

四月河南府奏當府食利本錢出舉與人勑旨河南府所置本錢用有名額既無別賜所闕則多宜令改正名額依舊收利充用

六月河中晉絳慈隰等州觀察使孫簡奏准赦書節文量縣大小各置本錢逐月四分收利供給不乘驛前觀察使判史前任臺省官等晉慈隰三州各置本錢訖得絳州申稱無錢置本今使司量貸錢二百貫充置本以當州合送使錢充勑旨宜依仍付所司

是月戶部奏准正月九日勑文放免諸司食利錢每年別賜錢三萬貫文充諸司公用今准赦文酌量閑劇率配如後准長慶三年十二月九日勑賜諸司食利本錢共八萬四千五百貫文四分收利一年祇當四萬九百九十二貫文今據赦文所賜錢三萬貫文若據舊數率配即欠一萬九百九十二貫不足今請落下徵錢驅使官每貫二百文課并更請於合給錢內四分中落一分均攤分配長慶三年得新賜錢三十二司外更有剩錢五百四貫八百文便將此錢均給東都臺省等一十四司秖用新賜錢三萬貫文並得充足諸司雖落下一分錢緣置驅使官於人戶上徵錢皆被延引或人戶逃散失落常不得足雖有四分收利之名而無三分得利之實今新賜錢入月便請更無懸欠用即可足緊劇司此有官錢出放欠亦侵用本錢今既無本錢支料須足伏緣中書門下公事不同諸司恐不可落下一分及徵錢人課今請每月并舊錢添至三百貫文其御史臺類得

報牒稱本錢數多支用處廣雖有諸道贓罰錢公用常不充足今請於每月合得利錢數外每月更添至三百貫文內侍省據省司報牒稱省內公用稍廣利錢比於諸司最多今請於合得錢外亦添至三百貫文兵部吏部尚書等銓二十一司緣有舊本錢准勑放免又有公事今請每月共與一百五十貫文并中書門下御史臺及兵吏部諸銓每年共當六千八百二十九貫六百文伏緣三萬貫文均給諸司已盡臣今於新賜外更請添賜上件錢所費不廣所利至多則內外諸司永得優足伏望聖恩允臣所奏其諸司外配賜錢若據諸司牒報見收利多少分配或以人戶逃散經恩放免見在本錢所存無幾其間有三五司自方圓致本數即稍多事例不同難於均一人吏得以欺隱實數不可交尋今請依長慶三年十二月九日均賜錢勑額分配新賜錢三萬貫量有根柢亦得均平酌量閑劇皆有所據其逐司錢數多少貫具子細分析聞奏勑旨宜依

二年正月勑去年赦書所放食利祇是外百司食錢今戶部共賜錢訖若先假以食利爲名將充公用者並不在放免如聞內諸司息利錢皆以食利爲名百姓因此亦求蠲免宜各委所司不在放免限

六年二月詔以諸道鑄錢已有次第須令舊錢流布絹價稍增文武百寮俸料起三月一日並給見錢其一半先給虛匹段對估時價支給

三月戶部奏百官俸料一半匹段給見錢則例勑旨其一半先給元估匹段者宜令戶部准元和十二年四月十三日勑例每貫給見錢四百文使起四月以後支給

八月勑夏州等四道土無絲蠶地絕征賦自節度使以下俸料賞設皆剋官健衣糧所以兵占虛名軍無戰士緣邊寇至無以支敵特欲責課又皆有餉須有商量用革前獘夏州靈武振武節度使宜每月各給料錢斷錢共三百貫文監軍每月一百五

十貫文別勑判官每月五十貫文節度副使每月七十貫文判官掌書記觀察判官每月各五十貫文推官四十貫文賞設每道每年給五千貫文修器械每道給二千貫文天德軍使料錢副料每月共給二百貫文監軍每月一百貫文都防禦副使每月五十貫文判官每月四十貫文巡官每月三十貫文賞設每年給三千貫文修器仗每年一千貫文如以後依前兵額不實器仗不修其本判官重加貶降主帥別舉處分其所給料錢等並以戶部錢物充起十月支給一年以後仍每秋一度差御史一人點檢兵士器仗聞奏

十月京兆府奏諸縣徵納京百司官秋職田斛𣁽等伏請從今已後却准會昌三年已前舊例上司官斛𣁽勒人戶使自送納所冀輸納簡便百官各得本分職田縣司所由無因隱欺者從之

十二月中書門下奏應諸州刺史既欲責其絜已須令俸祿稍充但以厚薄不同等給無制致使俸薄處無人願去祿厚處終日爭先應諸中下州司馬軍事俸料共不滿一百千者請添至一百千其緊上州不滿一百五十千者請添至一百五十千其雄望州不滿二百千者請添至二百千其先已過者即得仍舊並任於軍事雜錢中方圓置本收利充給如別帶使額者並仍舊不在添限勑旨依奏

宣宗大中元年十月屯田奏應內外官請職田陸田限三月三十日水田限四月三十日麥田九月三十日已前上者入後人已後上者入前人伏以令式之中並不該閏月每遇閏月交替者即公牒紛紜有司既無定條莫知所守伏以公田給使須准期程時限未明實恐遺闕今請至前件月遇閏即以十五日爲定式十五日已前上者入後人已後上者入前人據令條其元闕職田並限六月三十日春麥限三月三十日宿麥限十二月三十日已前上者入新人已後上者並入舊人今亦請至前件月遇閏即以十五日爲定式所冀給受有制永無詞論勑曰五

歲再圖固在不刊二稔職田須有定制自此已後宜依屯田所奏永爲常式

三年九月勑秦州刺史并秦成兩州經略天雄軍使職田夏小麥共八十石秋粟一百二十石原州威州刺史職田夏小麥各二十三石秋粟各六十六石七斗又勑秦州刺史禄粟每月給五十一石原州威州刺史禄粟每月各給四十一石

四年正月勑諸官分司各有主張其於在公責辦斯切諸州府及縣官到任已後多請速假或稱周親疾病或言將赴婚姻令式既有假名長吏難爲止遏遂使本曹公事併委比廳手力俸錢盡爲已有勤勞責罰則在他人須有條流俾其兼濟其諸州府縣官如請公解假故一月已下即任權差諸廳判官一月已上即准勾留例其課料等據數每貫剋二百文與見判案官添給

九月賜張直方檢校工部尚書料錢直方仲武之子以其全家歸闕故優假之

哀帝天祐元年八月四鎮節度使朱全忠進汴滑監軍使俸料絹四千匹充百官八月九月俸錢

九月勑奉太后慈旨以兩司綱運未來百官事力多闕旦夕霜冷深軫所懷今於內庫方圓鋌二千一百七十二兩充見任文武常參官救接委御史臺依品秩分俵

二年四月勑文武二柄國家大綱東西兩班官職同體咸裨聖運共列明廷品秩相對於高卑禄俸皆均於厚薄不論前代秖考本朝太宗皇帝以中外臣寮文武參用或自軍衛而居臺省亦由衣冠而秉節旄足可明武列文班不合分清濁優劣近代浮薄相尚凌蔑舊章假偃武以修文競棄本而逐末雖藍衫魚簡一見而便許昇堂縱拖紫纓金若非類而無由接席以是顯揚榮辱分別重輕遂失人心盡隳朝體致其今日實此之由須議改更漸期通濟文武百官自一品已下逐月所給料錢並須均勻數目多少一般支給兼差使諸道亦依輪次既就公平必期開泰凡百臣庶宜體朕懷

三年二月詔曰所有百官俸料實繫國用盈虛昨自去冬令給全俸及支遣之後公帑不充蓋道途初通綱運未集徒桂憂勤之念尚牽經費之資若不議均分則必至懸絶量其物用須有指揮其百官逐月料錢宜令左藏庫自今年正月支半俸

梁太祖開平三年正月詔曰秩俸所以養賢而勵奉公也兵車未戢貢賦莫充朝議甚勤禄廩盡寡朕今肇建都市已畢郊禋職來至多費用差少其百官逐月俸料委左藏庫依則例全給

後唐莊宗同光元年十月勑如聞京百官俸錢至薄骨肉數多支贍不充朝夕難遣偶庭時刻削嚴急不敢披陳今既混同是行優邮下御史臺在班行有欲求外職或要分司各許於中書門下投狀奏聞

三年二月租庸院奏諸道州縣官并防禦團練副使判官等俸料各據逐處供到事例文帳內點檢舊來支遣則例錢數不等

所祈給物色又加樁錢數不定難爲勘會今除東京管內州縣官見支手力課錢且依舊外其三京并諸州約舊日支遣料錢等重定則例兼切循本朝事體防禦團練除副使判官外其餘推巡已下職員皆是本使自要辟請闕斷月俸贍給亦乞依舊規繩省司更不支給錢物其防禦團練副使判官副使逐月料錢三十貫文實判官逐月二十貫文實刺史州元無副使若有請發其軍事判官所有月俸亦是刺史俸內支贍三京少尹料錢逐月三十貫文實赤縣令每月正授料錢二十五貫文實主簿每月料錢一十二貫文實畿縣令每月料錢二十貫文實主簿每月料錢一十貫文實司録參軍每月料錢二十貫文實諸曹判司每月料錢一十二貫文實文學參軍每月料錢五貫文實諸州府録事參軍各依逐州上縣令支州司判司各依逐州上縣主簿支一萬戶已上縣縣令每月料錢二十三貫文實主簿每月料錢一十二貫五百文實九千戶已上縣縣令每月料錢二

十二貫文實主簿每月料錢一十二貫文實八千戶已上縣縣令每月料錢二十一貫文實主簿每月支一十貫五百文實七千戶已上縣縣令每月支二十貫文實主簿每月支一十一貫文實六千戶已上縣縣令每月支一十九貫文實主簿每月支一十貫五百文實五千戶已上縣縣令每月支一十八貫文實主簿每月支一十貫文實四千戶已上縣縣令每月支一十七貫文實主簿每月支九貫五百文實三千戶已上縣縣令每月支一十六貫文實主簿每月支九貫文實二千五百戶已上縣縣令每月支一十五貫文實主簿每月支八貫五百文實二千戶已上縣縣令每月支一十四貫文實主簿每月支八貫文實一千五百戶已上縣縣令每月支一十三貫文實主簿每月支七貫五百文實一千戶已上縣縣令每月支一十二貫文實主簿每月支七貫文實五百戶已上縣縣令每月支一十一貫文實主簿每月支六貫五百文實五百戶已下縣令每月支一十貫文實主簿每月支六貫文實自赤縣令已下考滿并差攝比正官並支一半如諸道舊有田處今後不得占留開破並依百例輸税奉勑宜依

是月租庸院　奏新定四京及諸道副使判官已下俸料請降勑各下逐處支遣兼除所置副使判官掌書記推官外如本處更安排衙署官員即勑本道節使自備請給不得正破係省錢物其諸道藩鎮請祇直節度副使節度副使料錢每月四十貫文依除實錢厨料米一石麪二石肉價錢三貫文蒿六十束柴三十束春服絹一十五匹冬服絹一十五匹綿三十兩私馬二匹草料節度觀察判官料錢每月三十貫文依除實錢厨料米六斗麪一石五斗肉價錢二貫蒿四十束柴二十束春服絹一十二匹冬服絹一十二匹綿二十五兩私馬一匹草料節度掌書記料錢每月二十五貫文依除實錢厨米六斗麪一石二斗肉價錢一貫五百文蒿三十束柴一十五束春服絹一十匹冬服絹一十匹綿二十兩私馬一匹草料留守兼判六軍請置副使判官推官三員副使依節度副使例判官依節度觀察判官例推官依諸道推官例留守不判六軍請置判官推官三員判官依節度觀察判例推官依諸道推官例四京府請祇置推官一員如已有判官即不置推官其請受准留守推官例其料錢准百官例折支所有厨料時服等即給本色勑宜令諸道節鎮依舊更置觀察支使一員其俸料春冬衣賜仍准掌書記例支遣餘依租庸院所奏

明宗天成元年十月水部員外郎劉知新奏尚書省京師會府輦轂繁司奏議雖委於官寮行遣亦資於胥吏六典之制官吏有俸有糧其尚書省諸司令史伏請給賜月糧俾其奉職

二年十月詔曰策名筮仕誠切於進身制祿命官義從於責實既懸實祿宜有代耕應天下州縣官員逐月俸料如聞支給多不及時或支遣皆是爛弱斛斗既闕供須難責廉慎自此隨處官員所破料錢宜令逐縣人戶係合送納稅物內計折充支一則免勞人戶輸送一則便於官寮仍下三司速與計度

四年七月給事中許光義奏請支令錄實料錢責於守法

八月北京奏留守巡官料錢未有省司則例取勑旨承前使府置判官皆本使臨時辟請無朝廷除拜之例同光初租庸使孔謙以軍儲不給白參辟崇職去諸道奏請判官員外數過多徒費軍食請爲定額乃奏按藩欲置節度觀察判官書記支使推官十二員留守置判官各一員三京府置判官餘並罷俸錢自節度判官三十千已降有差俸又奏百官俸錢數目雜冬折支非實請減半數皆支實錢並從之洎同光末孔謙得罪租庸使額謙之政皆削除准有處官員減俸錢之事因舊未革所及一半實甚衰從虛折議者異之

長興二年閏五月起居郎曹琛奏兩班或請假歸寧或疾未損幾逢班讓便住料錢勑旨有禮於君克勤於國爲臣所重自古皆然其或合朝不朝即虧匪懈無病稱病亦屬自欺儻異下氷須資勿藥卧疾非人情所欲歸寧光孝治之朝曹琛所奏文武官員請歸寧准式假及實卧病者並許支給本官料錢宜依

或有託病不赴朝參故涉曠怠者慢於事君何以食禄如聞糾奏當責不違

是月勑諸道行軍司馬副使判官已下賓寮等考滿未有替人宜令並全支俸料元不在省司給俸者不在此例

八月勑刑法之司朝廷重委是前以王應運必由獄訟所歸庶物無冤然後陰陽式序豈獨繫於彼相實亦賴於有司異致和平共期仁壽宜示優崇之道以明獎勵之方此後大理寺官員宜同臺省官吏昇進其法直比禮直官任使庶皆知勸咸切奉公如有能雪冤疑則別議超擢苟舞弄文法必舉憲章明懸黜陟之科貴益公忠之懇御史臺每月支錢三百貫充曹司人力紙筆糧課其大理寺先支錢二十貫文與臺中比類全少刑部一司則未曾支給宜於兩班罰錢及三京諸道贓罰錢內每月支錢一百貫文賜兩司其刑部官吏人力不多兼使紙筆校少宜於所賜一百貫內三分支與一分

十月將作丞襲封介國公宇文頡奏蒙恩襲封除官無襲爵俸給詔特給本官俸

三年五月樞密使范延光等奏諸道指揮使月俸未有定制請大藩鎮都指揮使月賜料錢三十貫糧二十石春衣十五匹冬衣二十匹其餘藩府約此爲等第從之

七月范延光奏侍衛親軍都指揮與小指揮每月料錢春冬衣賜元一例支給無等差昨併省軍都自捧聖嚴衛相羽林已下逐廂都指揮使新定名管禁兵五千人欲爲等第每月添支料錢各三十千糧十五石衙官糧十分從之

四年七月辛丑以親直指揮使王敬遷領高州刺史奉化左廂都指揮使烏敬千領漳州刺史神武右廂都指揮使安彥珣領歙州刺史神武右廂都指揮使李彥超領賀州刺史內直都指揮使薛懷德領恩州刺史將校賞功遥領郡收而以郡之髙下給刺史俸料故也

九月范延光奏隔在兩川兵士家口自來支給衣糧今緣國計不充欲權停支給帝曰彼非願留因事睽阻父子似離非人情也不可頓絶支給其間願歸鄉貫者從之如有子弟許繼其父兄本軍名糧如無鄉里可歸無子弟承繼且量支一半以是曉諭其家

愍帝以長興四年即位十一月前祁州軍事判官張東周獻封事判官及長史司馬無料錢處請權停掾曹一員以本官料錢充給從之

末帝清泰元年七月詔洋王從璋涇王從敏月各給俸錢一十萬米麥各五十石傔三十人衣糧馬十五匹芻粟（二王自方鎮入朝自是留洛陽私第）

晉高祖天福二年十月詳定院奏前隰州蒲縣令竇温頗進策二十一件可行者有二其一曰伏見所在縣令有差配百姓紙筆及課錢户者朝廷付以宰字貴要撫綏支給料錢合尊慎守逐自紙筆之用所費不多隨處寺力之名皆有定數多是擅放甚爲貪汚特望降以嚴條除其宿弊伏慮州縣官逐月所給正俸皆無見錢使府給配之時皆是虛頭計筭伏請州縣官所給料錢雜物准折一依逐處時估者臣等參詳凡關課户皆是强名縣宰將治凋瘵不合別生差配據茲條件請賜改更所給料錢難議條理勑旨宜並施行

六年二月甲午詔諸衛上將軍月增俸錢二萬

少帝天福八年二月權知開封府事邊蔚逐月支錢七十貫米五石麪十石傔人十人日食十四馬草料別支公用米二十石麪五十石羊二十口每年麪三千斤錢四百貫

漢少帝乾祐三年七月勑節文諸道州府令録判司主簿宜並等第支與俸户每月納錢五百文與除二稅外免放雜差遣不得更種職田所定俸户於中等無色役人戸内差置不得令當直及赴衙參如有闕額及不逮明申州府差填不得衣私替換

若是令録判司主簿除本分人數外剩占一人俸戶及令當直手力更納課錢並許百姓陳告事若不虛其陳告人與免戶下諸雜差徭所犯人追毁告身配遞力役如令佐録事參軍內有負闕州府差攝亦依例支與俸錢其差攝曹官不得援例供破內三千已上縣令逐月一十貫文主簿六貫文一千戶已上至三千戶縣令八貫文主簿五貫文一千戶已下縣令六貫文主簿四貫文録事參軍判司依本部內戶口最多縣分例支破其録事參軍依縣令例判司即依主簿例

周太祖廣順元年四月勑牧守任委遇非輕分憂之務既同制禄之數宜等自前有富庶之郡請給則優或邊遠之州俸料素薄以至遷除之際擬議亦難既論資敍之高低又患禄秩之昇降所宜分多益寡均利同恩與無黨偏以勸勳効今重定則例青州防禦使料錢二百貫禄粟百石食鹽五石馬十匹草粟元隨三十人衣糧團練使料錢一百五十貫禄粟七十石食鹽五

石馬十匹草粟元隨三十人衣糧刺史料錢一百貫禄粟五十石食鹽五石馬五匹草粟元隨二十人衣糧仍取今年五月一日後到任者依新定例支其已前在任者所請如故

世宗顯德三年十二月詔侍臣曰文武百寮所請俸給支遣之時非唯後於諸軍抑亦又多折估豈均養之理耶如其有過朕不敢私責重俸薄甚無謂也此後並宜支與實錢

五年十二月中書奏諸道州府州縣官及軍事判官一例逐月各據逐處主戶等第依下項例別定料錢及米麥等取顯德六年三月一日後起支其俸戶並停廢一萬戶已上縣縣令逐月料錢二十貫米麥共五石主簿料錢一十二貫米麥共三石七千戶已上縣縣令逐月料錢一十八貫米麥共五石主簿料錢二十貫米麥共三石五千戶已上縣縣令逐月料錢一十五貫米麥共四石主簿料錢八貫米麥共三石三千戶已上縣縣令逐月料錢一十二貫米麥共四石主簿料錢七貫文米麥共二石不滿三千戶縣縣令逐月料錢一十貫米麥共三石主簿料錢六貫米麥共二石五萬戶已上州司録録事參軍及兩京司録每月料錢二十貫米麥共五石司戶司法每月料錢一十貫米麥共三石三萬戶已上州司録録事參軍每月料錢一十八貫米麥共五石司戶司法料錢八貫米麥共三石一萬戶已上州司録録事參軍每月料錢一十五貫米麥共四石司戶司法每月料錢七貫米麥共三石五千戶已上州司録録事參軍每月料錢十二貫米麥共四石司戶司法每月料錢六貫米麥共二石不滿五千戶州録事參軍每月料錢一十貫米麥共三石司戶司法每月料錢五貫米麥共二石諸州軍事判官一例每月料錢一十貫米麥共二石其諸州府京百司內諸司州縣官課戶莊戶俸戶炭紙筆戶等望令本州及檢田使臣依前項指揮勒歸州縣條施行畢具戶數聞奏仍差本判官精細點檢如他後差使臣點檢及有人論訴稱其漏落祗罪在本判官及

干繫官典如今後更有人戶顧充此等戶者便仰本州勒充軍戶配本州牢城執役從之

六年十二月詔諸道州府攝官起今後支給本□□請俸錢之半

冊府元龜卷第五百八

冊府元龜卷第五百九

邦計部二十七　鬻爵贖罪

商書曰德懋懋官不聞以賄也秦漢已來乃懸納粟之令開鬻爵之品及晁錯建議乃許贖罪其初或因歲之荐饑兵之屢出邊陲飢饉國用虛乏因立從權之制以濟一時之務至於免轉餉之役無饑歉之頃斯亦足食之奇策愛民之深旨也厥後作法於貪流風益蠹乃有貯之別庫入於私門寖以成弊莫之能救逮於蠲課役之户度釋老之徒條制彌煩驅役不已政弊益壞俗化彌薄仲尼曰唯名與器不可以假人國在上者之所慎自非因時救急不得已者非可擬議焉

秦始皇四年十月庚寅蝗蟲從東方來蔽天天下疫百姓內粟千石拜爵一級

漢惠帝元年十二月詔民有罪得買爵三十級以免死罪（謂令出買爵之錢以贖罪一級直錢二千凡為六萬若今贖罪入三十匹縑矣）

六年十月令民得賣爵

文帝後六年四月詔民得賣爵時中大夫鼂錯說帝曰聖王在上而民不凍飢者非能耕而食之織而衣之也為開其資財之道也故堯禹有九年之水湯有七年之旱而國亡捐瘠者（捐謂民有飢相棄捐者瘠瘦病也言無相棄捐而瘦病者耳）以畜積多而備先具也今海內為一土地人民之眾不避湯禹加以亡天災數年之水旱而畜積未及者何也地有遺利民有餘力生穀之土未盡墾山澤之利未盡出也游食之民未盡歸農也民貧則姦邪生貧生於不足不足生於不農不農則不地著不地著則離鄉輕家民如鳥獸雖有高城深池嚴法重刑猶不能禁也夫寒之於衣不待輕煖（可禦風寒不求靡麗也）飢之於食不待甘旨（旨美也）飢寒至身不顧廉耻人情一日不再食則飢終歲不製衣則寒夫腹飢不得食膚寒不得衣雖慈父不能保其子君安能以有其民哉明主知其然也故務民於農桑薄賦斂廣畜積以實倉廩備水旱故民可得而有也

民者在上所以牧之趨利如水走下四方亡擇也夫珠玉金銀飢不可食寒不可衣然而眾貴之者以上用之故也其為物輕微易臧在於把握可以周海內而亡飢寒之患（周謂徧行）此令臣輕背其主而民易去其鄉盜賊有所勸亡逃者得輕資也粟米布帛生於地長於時聚於力非可一日成也數石之重中人弗勝（中人者處強弱之中也）不為姦邪所利一日弗得而飢寒至是故明君貴五穀而賤金玉今農夫五口之家其服役者不下二人（服事也）其能耕者不過百畮百畮之收不過百石春耕夏耘秋穫冬臧伐薪樵治官府給繇役（給公事之役也）春不得避風塵夏不得避暑熱秋不得避陰雨冬不得避寒凍四時之間亡日休息又私自送往迎來弔死問疾養孤長幼在其中勤苦如此尚復被水旱之災急政暴賦賦斂不時朝令而暮改當具有者半賈而賣（本直千錢者止得五百也）亡者取倍稱之息（取一償二為倍稱稱舉也今俗所謂舉錢者也）於是有賣田宅鬻子孫以償責者矣而商賈大者積貯倍息小者坐列販

賣（行賣曰商坐販曰賈列者若今市中賣物行也）操其奇贏（奇贏謂有餘財而畜聚奇異之物也一說殘餘長也）日游都市乘上之急所賣必倍（上所急求則其價倍貴）故其男不耕耘女不蠶織衣必文采食必粱肉（粱好粟也）亡農夫之苦有仟伯之得（仟謂千錢伯謂百錢也今俗猶謂百錢為一伯）因其富厚交通王侯力過吏勢以利相傾千里游敖冠蓋相望乘堅策肥履絲曳縞（堅謂好車也縞皓素也繒之精白者也）此商人所以兼并農人農人所以流亡者也今法律賤商人商人已富貴矣尊農夫農夫已貧賤矣故俗之所貴主之所賤也吏之所卑法之所尊也上下相反好惡乖迕（迕違也）而欲國富法立不可得也方今之務莫若使民務農而已矣欲民務農在於貴粟貴粟之道在於使民以粟為賞罰今募天下入粟縣官得以拜爵得以除罪如此富人有爵農民有所渫（渫散也）夫能入粟以受爵皆有餘者也取於有餘以供上用則貧民之賦可損（損減也）所謂損有餘補不足令出而民利者也順於民心所補者三一曰主用足二曰民賦少三曰勸農功今令民有車騎馬一匹者復

卒三十人（復三卒之筭錢也或曰除三夫不作甲卒也又曰爲卒者免其三人不爲卒者復其錢耳）車騎者天下武備也故爲復卒神農之教曰有石城十仞（八尺曰仞取人申臂之一尋也）湯池百步（池城邊池也以沸湯爲池不可輒近喻嚴固之甚也）帶甲百萬而亡粟弗能守也以是觀之粟者王者大用政之本務令民入粟受爵至五大夫以上迺復一人耳（五大夫第九等爵也）此其與騎馬之功相去遠矣爵者上之所擅出於口而亡窮（擅專也）粟者民之所種生於地而不乏夫得高爵與免罪人之所甚欲也使天下人入粟於邊以受爵免罪不過三歲塞下之粟必多矣於是文帝從錯之言令民入粟於邊六百石爵上造（上造第二等爵也）稍增至四千石以五大夫萬二千石爲大庶長（大庶長第十八等爵也）各以多少級數爲差

景帝時上郡以西旱復修賣爵令而裁其賈以招民（裁謂減省之也）及徒復作得輸粟於縣官以除罪（時司馬相如以訾爲郎）

武帝時事邊府庫並虛迺募民能入奴婢先爲郎者增秩及入羊者爲郎（庶人入奴婢則復終身先爲郎者就增其秩也一曰奴婢少者復終身多者得爲郎舊爲郎更增秩也）

府五百九　三

後衛青比歲十餘萬衆擊胡（比歲頻歲也）斬捕首虜之士受賜黄金二十餘萬斤而漢軍士馬死者十餘萬兵甲轉漕之費不與焉於是大司農陳賦錢經用賦稅旣竭不足以奉戰士（陳謂列奏之經常也言常用之錢及諸賦稅並竭盡也）有司請令民得買爵及贖禁固免減罪請置賞官名曰武功爵（茂陵中書有武功爵一級曰造士二級曰閑輿衛三級曰良士四級曰元戎士五級曰官首六級曰秉鐸七級曰千夫八級曰樂卿九級曰執戎十級曰政戾庶長十一級曰軍衛此武帝所制以寵軍功也）級十七萬凡直三十餘萬金諸買武功爵官首者試補吏先除千夫如五大夫（五大夫舊二十等爵之第九級也至此以上始免徭役故每先選以爲吏千夫者武功十一等爵之第七也亦得免役今則先除爲吏比於五大夫也）其有罪又減二等爵皆至樂卿（樂卿者武功爵第八等也言買爵至第八也）以顯軍功軍功多用超等大者封侯卿大夫小者郎吏道雜而多端則官職耗廢於是以東郭咸陽孔僅爲大農丞（姓東郭名咸陽并孔僅二人也）咸陽齊之大鬻鹽孔僅南陽大冶皆致產累千金是時豪富皆匿財唯卜式數求入財以助縣官天子迺超拜式爲中郎賜爵左庶長田十頃布告天下以風百姓其後桑弘羊爲大司農中丞管諸會計事始令吏得入穀補官郎至六百石（吏遷補高官郎又就增秩得至六百石也）近臣所忠言世家子弟富人或鬭雞走狗弋獵博戲亂齊民（所忠姓名也）迺徵諸犯令相引數千人名曰株送徒入財者得補郎郎選衰矣（諸坐博戲事決爲徒者能入錢得補郎或曰株引者爲其根株所送當徒役而能入財者即當補郎）時江充爲直指繡衣使者督三輔盜賊禁察踰侈貴戚近臣多奢僭充皆舉劾奏請沒入車馬令身待北軍擊匈奴（令貴戚身待於北軍也）奏可充即移書光祿勳中黄門逮名近臣侍中諸當詣北軍者移劾門衛禁止無令得出入宮殿於是貴戚子弟惶恐皆見帝叩頭求哀願得入錢贖罪帝許之令各以秩次輸錢北軍凡數千萬

天漢三年九月令死罪入贖錢五十萬減死一等

太始二年秋旱九月募死罪入贖錢五十萬減死一等

黄霸字次公淮陽陽夏人以豪桀役使徙雲陵（身爲豪桀而役使鄉里人也）霸少學律令喜爲吏（喜謂好也）武帝末以待詔入錢賞官補侍郎謁者[illegible]坐同產有劾免（同產謂兄弟也）後復入穀沈黎郡補左馮翊二百石卒史（三輔郡得仕用它郡人而卒史獨二百石所謂尤異者）馮翊以霸入財爲官不署右職（[illegible]右職高職也）使領郡錢穀計（計謂出入之數）

府五百九　四

宣帝地節三年西羌反遣後將軍征之京兆尹張敞上書言國兵在外軍以夏發隴西以北安定以西吏民並給轉輸田事頗廢素無餘積雖羌虜以破來春民食必乏窮辟之處買亡所得縣官穀度不足以振之願令諸有辠非盜受財殺人及犯法不得赦者皆以差入穀此八郡贖罪（差次也八郡即隴西以北安定以西）務益致穀以豫備百姓之急事下有司左馮翊蕭望之與少府李彊議以爲民函陰陽之氣有仁義欲利之心在教化之所助堯在上不能去民欲利之心而能令其欲利不勝其好義也雖桀在上不能去民好義之心而能令其好義不勝其欲利也故堯桀之分在於義利而已道民不可不慎也今欲令民量粟以贖罪如此則富者得生貧者獨死是貧富異刑而法不壹也人情貧窮父

兄因執聞出財得以生活爲人子弟者將不顧死亡之患敗亂之行以赴財利求救親戚一人得生十人以喪如此伯夷之行壞公綽之名滅（公綽魯大夫孟公綽也論語孔子曰若臧武仲之智公綽之不欲卞莊子之勇冉求之藝文之以禮樂可以爲成人矣）政教一傾雖有周召之佐恐不能復古者藏於民不足則取有餘則與詩曰爰及矜人哀此鰥寡（小雅鴻鴈之詩也矜人可哀矜之人謂貧弱者也言王者惠澤上及惸矜之人以至鰥寡）上惠下也又曰雨我公田遂及我私（小雅大田之詩也言衆庶喜於時雨先公田又及私田是則其心先公後私）下急上也今有西邊之役民失作業雖戶賦口斂以贍其困乏（率戶而賦計口而斂也）古之通義百姓莫以爲非以死救生恐未可也（子弟竭死以救父兄令其生也）陛下布德施教教化既成堯舜亡以加之今議開利路以傷既成之化臣竊痛之於是天子復下其議兩府丞相御史以難問張敞敞曰少府左馮翊所言常人之所守耳昔先帝征四夷兵行三十餘年百姓猶不加賦而軍用給今羌虜一隅小夷跳梁於山谷間漢但令辠人出財減辠以誅之其名賢於煩擾良民橫興賦斂也又諸盜及殺人犯不道者百姓所疾苦也皆不得贖首匿見知縱所不當得爲之屬議者或頗言其法可蠲除（以其罪輕而法重故常欲除此法耳）今因此令贖其便明甚何化之所亂甫刑之罰小過赦薄罪贖（呂侯爲周穆王司寇作贖刑之法謂之呂刑後改爲甫侯故又稱甫刑也）有金選之品（金銖品名也字本作鍰鍰即鋝也其重十一銖二十五分銖之十三一曰重六兩呂刑曰墨辟疑赦其罰百鍰劓辟疑赦其罰惟倍剕辟疑赦其罰倍差宮辟疑赦其罰六百鍰大辟疑赦其罰千鍰是其品也）所從來久矣何賊之所生敞備皁衣二十餘年（謂有五時服朝皆著皁衣）至嘗聞罪人贖矣未聞盜賊起也竊憐涼州被寇方秋饑時民尚有饑乏之病死於道路況至來春將大困乎不早慮所以振救之策而引常經以難恐後爲重責常人可與守經未可與權也敞幸得備列卿以輔兩府爲職不敢不盡愚之彊復對曰先帝聖德賢良在位作憲垂法爲無窮之規永惟邊竟之不贍（惟思也）故金布令甲曰（金布者令篇名也其上有府庫金錢布帛之事因以名篇令甲者其篇甲乙之次）邊郡數被兵離饑寒（離遭也）夭絕天年父子相失令天下共給其費（同共給之也自此以上令甲之文）固爲軍旅卒暴之事也（言此令文專爲軍旅卒暴而施設）聞天漢四年常使死罪人入五十萬錢減死罪一等豪彊吏民請奪假貸至爲盜賊以贖罪其後姦邪橫暴群盜並起至攻城邑殺郡守充滿山谷吏不能禁明詔遣繡衣使者以興兵擊之（軍興之法也）誅者過半然後衰止愚以爲此使死罪贖之敗也故曰不便時丞相魏相御史大夫丙吉亦以爲羌虜且破轉輸略足相給遂不施敞議

成帝鴻嘉三年四月赦天下令吏民得買爵賈級千錢

永始二年詔曰關東比歲不登吏民以義收食貧民入穀物助縣官振贍者已賜直（收食貧人謂收取而養食之助縣官振贍謂出物以助郡之官也已賜直謂官賜其所費直也今方更賞之耳食讀曰飤）其百萬以上加賜爵右更（第十四爵也更音工行切）欲爲吏補三百石其吏也遷二等（先以爲吏則遷二等）三十萬以上賜爵五大夫（第九爵也）吏亦遷二等民補郎十萬以上家無出租賦三歲萬錢以上一年

平帝元始元年六月詔天下徒已論歸家顧出錢月三百（謂女徒論罪已定並放歸家不親役之但令一月出錢三百以顧人也）

王莽時雒陽張長叔薛子仲訾亦十千萬莽皆以爲納言士欲法武帝然不能得其利（法武帝者言用卜式東郭咸陽孔僅等爲官也）

後漢明帝以中元二年二月即位十二月甲寅詔天下亡命殊死以下聽得贖論死罪入縑二十匹右趾至髡鉗城旦舂十匹（右趾謂刖其右足次刖左足次劓次髡鉗爲城旦舂城旦者晝日伺寇虜夜暮築長城舂者婦人犯罪不任軍役之事但令舂以食徒者）完城旦舂至司寇作三匹（完者謂不加髡鉗而築城也次鬼薪白粲次隸臣妾次作司寇）其未發覺詔書到先自告者半入贖

永平十五年二月辛丑詔亡命自殊死以下贖死罪縑四十匹右趾至髡鉗城旦舂十匹完城旦至司寇五匹犯罪未發覺詔書到日自告者半入贖

十八年三月丁亥詔曰其令天下亡命自殊死已下贖死罪縑三十匹右趾至髡鉗城旦舂十匹完城旦至司寇五匹吏人犯罪未發覺詔書到自告者半入贖

章帝建初七年九月辛卯詔贖死罪入縑二十匹右趾至髡鉗城旦舂十匹完城旦至司寇三匹吏人有罪未發覺詔書到自告者半入贖

元和元年八月癸酉詔亡命者贖各有差

章和元年九月壬子詔亡命者贖死罪縑二十匹右趾至髡鉗城旦舂七匹完城旦至司寇三匹吏民犯罪未發覺詔書到自告者半入贖

和帝永元三年正月甲子皇帝加元服郡國中都官繫囚死罪贖縑至司寇及亡命各有差

八年八月辛酉詔自死罪已下至司寇及亡命者入贖各有差

安帝永初元年九月丙戌詔死罪以下及亡命贖各有差

三年四月丙寅三公以國用不足奏令吏人入錢穀得為關內侯虎賁羽林郎五大夫官府吏緹騎營士各有差

元初二年十月詔郡國中都官繫囚減死一等勿笞詣馮翊扶

風屯妻子自隨占著所在女子勿輸亡命死臯以下贖各有差其吏人聚為盜賊有悔過者除其罪

延光三年九月乙巳詔郡國中都官死罪繫囚減罪一等詔敦煌隴西及度遼營其右趾以下及亡命者贖各有差

順帝永建元年十月詔減死罪以下徙邊其亡命贖各有差

陽嘉元年九月詔郡國中都官繫囚皆減死一等亡命者贖各有差

永和五年五月丁丑令死罪以下及亡命贖各有差

漢安二年十月辛丑令郡國中都官繫囚殊死以下出縑贖各有差其不能入贖者遣詣臨羌縣居作二歲

桓帝建和三年八月庚寅詔死罪以下及亡命者贖各有差

延熹四年七月占賣關內侯虎賁羽林緹騎營士五大夫錢各有差

靈帝建寧元年十月甲辰令天下繫囚罪未決入縑贖各有差

熹平三年十月癸丑令天下繫囚罪未決入縑贖

四年十月丁巳令天下繫囚罪未決入縑贖

光和元年初開西邸賣官自關內侯虎賁羽林入錢各有差（山陽公載記曰時賣官二千石二千萬四百石四百萬其以德次應選者半之或三分之一於西園立庫以貯之）私令左右賣公卿公千萬卿五百萬是時太尉段紀明樊陵司空張溫等雖有功勤名譽然皆入錢上千萬下五百萬以買三公先輸貨財而後登公位崔烈名重北州歷位郡守九卿因傅母入錢五百萬得為司徒及拜日天子臨軒百僚畢會帝顧謂親倖者曰悔不小靳可至千萬（靳固惜也）程夫人於傍應曰崔公冀州名士豈肯買官賴我得是反不知姝邪（姝美也）烈於是聲譽衰減曹嵩以貨得拜大司農大鴻臚代崔烈為太尉

三年八月令繫囚罪未決入縑贖各有差

五年七月癸酉令繫囚罪未決入縑贖

中平四年九月丁酉令天下繫囚罪未決入縑贖是歲賣關內

侯假金印紫綬傳世入錢五百萬

晉武帝嘗南郊禮畢問司隸校尉劉毅曰卿以吾可方漢何主也對曰桓靈之主帝曰吾雖德不及古人猶克己為理南平吳會一同天下方之桓靈不亦甚乎對曰桓靈賣官錢入官庫陛下賣官錢入私門以此言之乃不如也

後趙石季龍下書令刑贖之家得以錢代財帛無錢聽以穀麥皆隨時價輸水次倉

宋前廢帝時軍旅大起國用不足募民上米二百斛錢五萬雜穀五百斛同賜荒縣除上米三百斛錢八萬雜穀千斛同賜五品正令史滿報若欲署四品在家亦聽上米四百斛錢十二萬雜穀一千三百石同賜四品令史滿報若欲署三品在家亦聽上米五百斛錢十五萬雜穀一千五百斛同賜三品令史滿報若欲署內監在家亦聽上米七百斛錢二十萬穀二千斛同賜荒郡除若欲署諸王國三令在家亦聽

後魏孝明帝初任城王澄奏都城府寺猶未周悉今軍旅初寧無宜發衆請取諸職人及司州郡犯十杖已上百姓鞭已下收贖之物絹一匹輸塼二百以漸脩造詔從之太傅清河王懌表奏其事遂寢不行

孝莊帝初承喪亂之後倉廩虚罄遂班入粟之制輸粟八千石賞散侯六千石散伯四千石散子三千石散男職人輸七百石賞一大階授以實官白民輸五百石聽依第出身一千石加一大階無第者輸五百石聽九品出身一千石加一大階諸沙門有輸粟四千石入京倉者授本州統若無本州者授大州都統若不入京倉入外郡倉者三千石畿郡都統依州格若輸五百石入京倉者授本郡維那其無本郡者授以外郡粟入外州郡倉者七百石入京倉者三百石授縣維那

永安三年二月詔曰關隴遭羅寇難燕趙賊逆憑陵蒼生波流耕農廢業加諸轉運勞役已甚州倉儲實無且懸匱自非開輸賞之格何以息漕運之煩凡有能輸粟入瀛定岐雍四州者官斗二百斛賞一階入二華州者五百石賞一階不限多少粟畢授官

唐肅宗至德元年九月以軍興事殷國用不足詔權賣官及爵度僧尼節級納錢時裴冕為相不識大體以聚人曰財乃下令賣官鬻爵度僧尼道士以儲積為務人不願者科令就之其價益賤事轉為弊

二年七月宣諭使侍御史鄭叔清奏承前諸使下召納錢物多給空名告身雖假以官賞其忠義猶未盡才能今皆量文武才藝兼情願穩便據條格擬同申奏聞便寫告身諸道士女道士僧尼如納錢請准勑迴授餘人并情願還俗授官勳邑號等亦聽如無人迴授及不願還俗者准法不合畜奴婢田宅資財既助國納錢不可更拘常格其所有資財能率十分納三分助國餘七分並任終身自蔭身歿之後亦任迴與近親又准勑納錢百千文與明經出身如曾受業粗通帖策修身慎行鄉曲所知者量減二十千文如先經舉送到省落第灼然有憑帖策下甚寥落者減五十千文若粗識文字者准元勑處分如未曾讀學不識文字者加三十千應授職事官并勳階邑號贈官等有合蔭子孫者如戶內兼蔭丁中三人以上免課役者加百千文每加一丁中累加三十千文其商賈准令所在收稅如能據所有資財十分納四助軍者便與終身優復如於勑條外有悉以家產助國嘉其竭誠待以非次如先出身及官資並量資歷好惡各據本條格例節級優加擬授如七十已上情願致仕官者每色內量十分減二分錢時屬幽寇內侮天下多虞軍用不充權為此制尋即停罷

德宗貞元四年正月制宜州官吏寄客能務農業入粟助邊量其多少酬以官秩

憲宗元和十二年七月詔曰入粟助邊古今通制如聞定州側近秋稼多登屬以軍府虛貧未任收糴將設權宜之制以成儲蓄之資念切救人不同常例有人能於定州納粟五百石放同本優出身仍減三選聽集納粟一千石者便授解褐官有官者依資授官納粟二千石者超兩資授官如先有出身及官情願減選者每納三百石以減一選

後唐莊宗同光三年閏十二月吏部尚書李琪上疏曰臣伏思漢文帝時欲人務農乃募人入粟得拜爵及贖罪景帝亦如之後漢安帝時水旱不足三公奏請富人入粟得封關內侯及公卿已下散官本朝乾元中亦曾如此今陛下縱不欲入粟授官願降明勑下諸道合差百姓轉般之有能出力運官物到京者五百石已上白身授一初任州縣官有官者依資遷授欠選者便與放選千石已上至萬石者不拘文武顯示賞酬免令方春農人流散此亦轉倉贍軍之一術也勑李琪所論召募轉倉斛斗與官行賞委租庸司下諸州府有應募者聞奏施行 卷末

邦計部二十八

重斂　希旨　交結

重斂

古者賦有藝而斂有時故財不匱而人不怨蓋事舉其中取之以道也傳曰作法於涼其弊猶貪其或用度靡節事役滋煩始以邊鄙之聳加以軍旅之動故取之過籍率其倍征有餘則謂之豐財不足則因而變法乃至行誅求之政侵削于下蓄掊克之臣聚斂為務上有罷民之失下有浚我之歎雖經費之暫足亦縻斃之實多儻或專貴從權舉非獲已迫於用度末如之何雖出於一時亦致遠恐泥然而射利無厭殘民以逞借曰無害人不信也夫子所謂鳴鼓而攻之者其有旨哉

夏桀率遏衆力率割夏邑言桀君臣相率為勞役之事以絕衆力謂廢農功相率割剝夏之邑居征賦重也

商紂都河內朝歌厚賦稅以實鹿臺之錢鹿臺臺名今在朝歌城中又紂重賦傷民斂聚怨聚之之

魏侯時詩不義侯之譏國人刺其君重斂蠶食於民不脩其政貪而畏人若大鼠故作碩鼠之詩云

魯宣公十五年初稅畝非禮也穀出不過藉周法民耕百畝公田十畝借民力而稅不過此以豐財也

成公元年三月作丘甲周禮九夫為井四井為邑四邑為丘丘十六井出戎馬一匹牛三頭四丘為甸甸六十四井出長轂一乘戎馬四匹牛十二頭甲士三人步卒七十二人此甸所賦今魯使丘出之譏重斂也

昭公四年鄭子產作丘賦丘十六井當出馬一匹牛三頭今子產別賦其田如魯之田賦國人謗之曰其父死於路謂子國為駟氏所殺己為蠆尾謂子產重賦蠚害百姓以令於國國將若之何

哀公十二年春用田賦直書之者以示改法重斂哀公問於有若曰年饑用不足如之何有若對曰盍徹乎盍何不也周法十一而稅謂之徹徹通也為天下之通法曰二吾猶不足如之何其徹也二謂十二而稅

秦始皇時內興功作外攘夷狄收泰半之賦三分取其二男子力耕不足糧饟古餉反女子紡績不足衣服竭天下之資財以奉其政猶未足以澹其欲澹古贍字海內愁怨遂用潰畔下逃其上曰潰又云秦為亂政頭會箕斂家家頭數出穀以箕斂之也以供軍費財匱力盡

漢武帝元狩四年縣官衣食振業用度不足請收銀錫造白金及皮幣以足用是時禁苑有白鹿而少府多銀錫乃以白鹿皮方尺緣以繢繢繡也繪五綵而為之為皮幣直四十万王侯宗室朝覲聘享必以皮幣薦璧然後得行又造銀錫白金雜鑄銀錫為白金以為天用莫如龍地用莫如馬人用莫如龜故白金三品其一曰重八兩圜之其文龍名曰撰直三千二曰以重差小方之其文馬直五百以半斤之重差為三品此重六兩則下品重四兩也三曰復小撱之其文龜直三百撱圜而長也音他果切先是匈奴渾邪等降漢大興兵伐匈奴山東水旱貧民流徙皆仰給縣官仰音牛向切縣官空虛御史大夫張湯承上指請造白金及五銖錢籠天下鹽鐵籠羅其事皆令利入官排富商大賈出告緡令鉏豪彊并兼之家舞文巧詆以輔法又大農丞孔僅東郭咸陽言異時算軺車賈人之緡錢皆有差小異時言往時也軺小車也緡謂錢貫也軺音弋昭切緡音武巾切請算如故諸賈人末作貰貸賣買居邑貯積諸物貰賒也貸假與也貰音式制切貸音土戴切及商以取利者雖無市籍各以其物自占占隱度也各隱度其財物多少而為名簿送之於官也占音之贍切率緡錢二千而算一率計有二千錢則出一算諸作有租及鑄以手力所作而賣之者率緡錢四千算一非吏比者三老北邊騎士軺車一算比例也身非為吏之例非三老非為邊騎士而有軺車皆令出一算比音必寐切商賈人軺車二算商賈人有軺車又使多出一算重其賦船五丈以上一算匿不自占占不悉戍邊一歲沒入緡錢悉盡也有能告者以其半畀之

元鼎五年九月列侯坐獻黃金酎祭宗廟不如法奪爵者百六人

六年卜式為御史大夫式既在位見郡國多不便縣官作鹽鐵器苦惡賈貴或彊令民買之而船有算商者少物貴乃因孔僅言船算事上不說漢連出兵三歲誅羌滅兩粵番禺以西至蜀南者置初郡十七元鼎六年定越地以為南海蒼梧鬱林合浦交阯九真日南珠崖儋耳郡定西南夷以為武都牂柯越巂沈

郡文山郡及地理志西南夷傳作益州犍爲零陵益州郡凡十七且以其故俗治賦稅南陽漢中以往各以地比給初郡吏卒奉食幣物傳車馬被具地比謂依其次第自近及遠也比音頻寐切傳音張戀切被音皮義切而初郡又時小反殺吏漢發南方吏卒往誅之間歲萬餘人間歲一歲費仰大農大農以均輸調鹽鐵助賦故能澹之然兵所過縣縣以爲訾給毋之而已不敢言輕賦法矣

宣帝五鳳四年耿壽昌爲大司農中丞上言增海租三倍天子皆從其計御史大夫蕭望之奏言故御史屬徐宮御史大夫屬家在東萊言往年加海租魚不出長老皆言武帝時縣官嘗自漁海魚不出後復予民魚迺出夫陰陽之感物類相應萬事盡然

王莽天鳳六年一切稅天下吏民訾三十取一縑帛皆輸長安

後漢順帝永和六年七月甲午詔假民有貲者戶錢一千

靈帝中平二年南宮災宦者張讓趙忠等說帝令斂天下田畝稅十錢以修宮室發太原河東狄道諸郡材木及文石每州郡部送至京師刺史二千石及茂才孝廉遷除皆責助軍修宮錢大郡至二三千萬餘各有差當之官者皆先至西園諧價然後得去諧謂平論其價也有錢不畢者或至自殺其守清者乞不之官皆迫遣之

晉孝武太元八年始增百姓稅米口五石

宋文帝元嘉中始興太守徐豁上表曰武吏年滿十六便課米六十斛十五以下至十三皆課三十斛一戶內隨丁多少悉皆輸米且十三歲兒未堪田作或是單迴便自逃匿戶口歲減寔此之由宜更量課限使得存立今若減其米課雖有交損考之將來理有深益詔善之

孝武時齊庫上絹年調鉅萬疋綿亦稱此期限嚴峻民間買絹一疋至二三千綿一兩亦三四百貧者賣妻兒甚者或自縊死沈懷文具陳民困由是綿絹薄有所減俄復舊

隋煬帝時東西遊幸靡有定居每以供費不給逆收數年之賦

唐代宗大曆末韓滉爲戶部侍郎判度支苛剋頗甚覆治案牘勾剝深文人多咨怨德宗嗣位素惡滉掊克改爲太常卿群議未息又出爲晉州刺史

德宗建中三年四月太常博士韋都賓陳京建議以爲泉貨所聚在於富商錢出萬貫者請留其萬貫爲業有羨官借以給軍討天下不借一二千商人而國家數年之用足矣德宗從之許罷兵後以公錢還之仍令度支條上判度支杜佑以是時諸道軍用一月費錢百餘萬貫借商若獲五百萬貫可給數月矣乃詔京師大索冀盈五百萬貫京兆少尹韋禎督責頗峻長安丞薛萃荷校乘車搜人財貨意其不實輒遣榜笞人不勝冤痛或自縊而死京師囂然如被盜賊統計田宅奴婢等估纔餘八十萬貫又以僦櫃納質積錢貨貯粟麥等一切借其四分之一封其櫃窖長安爲之罷市百姓相率千萬衆遮宰相於道盧杞懼無以過乃疾驅他道而歸由是禎復奏市錢不足百貫粟麥不足五十斛者免就櫃納質積所得與借商兼計纔二百萬貫人亦竭矣

五月淮南節度使陳少遊請於本道兩稅錢每千增二百因詔他道悉如淮南又榷鹽每斗更加百文

四年六月初稅間架除陌錢時馬燧李懷光李抱眞李芃四節度之兵屯於魏縣判度支趙贊以軍須迫蹙常平利不時集乃請稅屋間架筭除陌錢間架法凡屋兩架爲一間屋有貴賤約價三等上價間出錢二千中價一千下價五百所由吏秉筆執筭入人廬舍而計其數衣冠士族或貧無他財獨守故業坐多出筭者動數十萬人不勝其苦凡沒一間者杖六十告者賞錢五十貫取於其家除陌法天下公私給與貨易率一貫舊筭二十一益加筭五十給與他物或兩換者約錢爲率筭之市主人市牙各給印紙人有買賣隨自署記翌日合筭之有自貨易不用市牙者驗其私簿投狀自道其有隱錢百沒入二千杖六十

告者賞錢十千出於其家法既行而主人市牙得專其柄率多隱盜公家所入曾不得半而怨讟之聲囂然滿於天下

貞元八年四月劒南西川節度使韋皋請加稅十二以增給官吏從之

五月初增稅京兆苗畝三錢以給掌閑彍騎

憲宗元和十一年王師討蔡州吴元濟是時州縣近淮西者行輸尤苦東畿供餽車常數千兩相錯於路每車駕三牛將卒有副所在霖潦汝潁汎溢餽車多阻其至者或不以時歸之於是東畿有以驢耕者

十一年九月罷湖南觀察使韋貫之為太子詹事仍分司東都時軍用轉乏亟責諸道進獻貫之坐率管內刺史錢助軍故有是命

十四年六月丁巳判度支皇甫鏄重奏諸道州府監院每年送上都兩稅榷酒鹽利百支米價等疋段加估定數詔許之其先下州府監院連四月二十五日勅牒更不在行用限鏄急於掊聚先是奏近年天下所納鹽酒等利擡估者並一切追行詔既可給事中崔植抗論以為用兵歲久百姓凋弊往者雖估踰其實今固不可復追蹟奏命宰臣召植宣言嘉諭許輟已行之詔物議大罪鏄而羨植鏄懼至是乃文前過且重條奏請申勅以示之及鏄作相剥下以希旨時李渤為庫部員外郎會陳許節度使郗士美卒令渤充弔祭使路次陝西渤上疏曰臣自出使歷求利病竊知渭南縣長源鄉本有四百戶今纔四十餘戶閿鄉縣本有三千戶今纔有一千餘戶其他州縣大略相似其弊所自起於攤逃大約十家內一家逃亡即攤出稅使九家共出稅額長定有逃即攤似投石井中不到底不止攤逃之弊戶不盡不休此皆聚斂之臣剥下以奉上唯思竭澤不慮無魚伏乞詔書絶其攤逃以見在戶家產錢數為定其餘有欠且特恩免之計不數年人必歸於農矣夫農者國之本本立然後可以議太平若不由此而亡已太平者是倖邪之臣也伏乞陛下察而逐之疏奏仍具狀申中書門下

穆宗長慶元年六月知懷州河陽節度參謀兼監察御史袁郁奏論當州元和九年秋至十四年夏准百額外加徵并節度使司檢見苗徵子及草等共計五百六十萬三千五百八十一石束詔曰前刺史烏重裔等並位居守土職在牧人加稅縱緣軍須豈得不先聞奏遇赦雖當原宥亦合量有科懲烏重裔令狐楚魏義通等宜各罰一月俸料知州官釋放

敬宗寶曆元年七月鹽鐵使王播進羨餘絹一百萬疋仍請日進二萬計五十日方畢播自掌鹽鐵正入不充而羨進相次侵求聚斂迫於星火

文宗大和九年九月鹽鐵轉運使王涯奏請變江淮嶺南茶法并請加稅以贍邦計十月加宰臣王涯開府儀同三司兼諸道鹽鐵轉運榷茶使初鄭注自謂有經濟之才帝問以安人富國之術先以對因請榷茶涯知不可而不敢違及詔下商人計[illegible]茶之資不能當所榷之多復以江淮閒百姓茶園官自造作量給其直分命使者主之江淮人什二三以茶為業皆公言曰果行是勅止有盡殺使人入山反耳（兵興以來山澤榷淅稍覺之利多遺逸矣利盡歸于上國益窘于下進尚徵希恩加稅重用其法以窮其人）

後唐末帝清泰元年詔禁軍鳳翔城下歸明將帑藏無貨財率城中士庶至於鼎釜之類亦估給及經雍華陝率如鳳翔士民之家不勝其苦至京師三司調計左藏金帛不過二三萬續內外貢奉計外少四十五萬緡詔盧質而下率配京城市民及舍屋計不過六萬緡帝怒軍巡使下獄命供奉官丁昭溥史思溫為軍巡使晝夜督促囚繫滿獄貧民不濟有投井雉經者而軍中揚揚於市肆坊民聚詬云爾為主征行勞苦不羞見天子俾我輩鞭背打脊出貨錢莫氣桀揚揚天服貪有閑時也帝聞之不懌是夜李專美宿于禁署帝讓之曰韓昭胤首鼠我不責辨鄉士人子弟常言有才術今致我至此不能運度以濟時事留才術

何所施也實美惶恐待罪良久奏曰臣才力駑劣屬當興運陛下猶垂録任無以裨益聖朝然府藏空竭軍賞不給非臣之罪也臣思先皇棄代之際是時府庫濫賞已竭繼以鄂王臨朝紀綱大壞縱有無限之財賦不能滿驕卒貪婪之心所以陛下孤立岐陽而得天下臣以為國之存亡不專在行賞須刑政立于上耻格行於下賞當功罰當罪僅理道也若陛下不改覆車之轍以賞無賴之軍徒困蒸民存亡未可知也今宜以見收財賦以給之不必踐前言而希苟悦帝然之故有是給數纔二十餘萬緡

漢少帝時王章為檢校太尉同平章事判三司專於權利剥下過當斂怨歸上物論非之舊制秋夏苗租民輸一斛別輸二升謂之雀鼠耗乾祐中輸一斛者別令輸二斗目之為省耗百姓苦之又官庫出納緡錢皆以八十為陌至是民輸者如舊官給者以七十七陌民有訴田者雖無數十畝章必命全州覆視幸其廣有苗額以增邦賦曾未數年民力大困章與楊邠不喜儒士群官所請月俸皆取不堪資軍者給之謂之閑雜物命所司高估其價估定更添謂之撞估章亦不滿其意隨事更令添估重急於財賦峻於刑法民有犯鹽礬之令雖絲毫滴瀝盡處極刑吏緣為姦民不堪命

希旨

禮曰寧蓄盜臣不蓄聚斂之臣以其害民也況復希意先指要寵固恩以克下為忠以媚上為德重筦榷之禁增賦斂之規罔卹天災誤陳經據供億之費底貢羨贏務竭民財以從主欲雖賜予藩庶尤寵隆極蓋無取焉

唐宇文融玄宗開元中為勸農使與楊慎矜父子以句剥財物爭行進物而致恩顧

王鉷天寶中為戶口色役使以希旨專句剥其務百姓雖給復一年鉷即徵其脚錢廣張其數玄宗在位多載妃御承恩賞賜頗甚不欲頻於左右藏取之鉷探旨意歲進錢百億萬貯於內庫以恣主恩錫賚鉷云此是常年額外物非征稅物帝以為鉷有富國之術利於王用益厚待之

楊國忠天寶中為戶部侍郎判度支諂諛以利陰中為己之功玄宗幸左藏庫賜文武百官縑帛有差時國忠徵夫丁租地稅皆變為布帛用實京庫屢奏帑藏充牣有踰漢制帝是以觀焉又賤貿天下義倉易以布帛於左藏庫列造數百間屋以示羨餘請與公卿就觀之又詐言鳳凰集於庫

第五琦肅宗乾元初為度支鹽鐵使時京師多豪將求取無節琦不能禁乃悉以租賦進入大盈內庫以中人主之意天子以取給為便故不復出

劉晏代宗大曆中為東都江南江淮山南等道轉運鹽鐵等使江淮茶橘晏與本道觀察使各歲貢之皆欲其先至有士之官或封山斷道禁前發者晏厚以財力致之常先他司由是不為藩鎮所便

裴延齡德宗貞元中為戶部侍郎判度支嘗因奏對請積錢帛以實帑藏帝曰若為可得錢物延齡奏曰開元天寶中天下戶僅千萬百司公務殷繁官員尚或有闕自兵興已來戶口減耗太半今一官可兼領數司伏請自今已後內外百司官闕未須補置收闕官祿俸以實帑藏後因對事帝謂延齡曰朕所居浴堂院殿一栿以年多之故似有損蠹欲換之未能對曰宗廟事至重殿栿事至輕況陛下自有本分錢物用之不竭帝曰本分錢何也對曰此是經義證據愚儒常材不可能知陛下正合問臣唯臣知之准禮經云天下賦稅當為三分一分充乾豆一分充賓客一分充君之庖廚乾豆者供宗廟也今陛下奉宗廟至敬至嚴至豐至厚亦不能用一分財物也只如鴻臚禮賓諸蕃客至於迴紇馬價用一分錢物尚有贏羨甚多況陛下御膳宮廚皆極簡儉所用外分賜百官充俸料餐錢等猶未能盡據此

而言庖厨者之餘其数尚多皆陛下本分也用修数十殿亦不合疑慮何況一杕帝曰經義如此人揔不曾言之頒之而已

李錡貞元末為盐鐵轉運等使天下權酤漕運由其擅剸事爭貢獻牢其寵渥

裴均為尚書左僕射判度支憲宗元和三年五月奏請取荊南雜錢萬貫修尚書省許之均前鎮荊南自言府庫饒羡因有是請時議非之

王播為刑部侍郎充諸道盐鐵轉運等使元和十年討淮西憲宗以饋餉為切播能積聚號為羡餘專有貢獻帝頗顧遇超遷禮部尚書穆宗即位復進用播刑部尚書充諸道盐鐵等使長慶元年冬十月特拜中書侍郎同中書門下平章事依前充使當長慶時中外政權多所假借播本因權幸故得擢昇大用及在相府無所彌謟頗不厭公望居半歲以檢校右僕射同平章事出為淮南節度仍領轉運盐鐵如舊至淮南遇歲旱有至骨

肉相食者播方務聚斂貢獻人益怨之四年四月罷盐鐵轉運使以王涯代之來年復以使務令播就淮南統之諫官大臣章疏進上終不能沮播閱簡之計當元和中兩河宿兵發運殆無虗歲播掌財賦以希恩取媚特每歲送錢號為羡餘寶曆元年十二月進羡餘綾絹五十萬疋又大和元年五月巳卯自淮南節度兼諸道盐鐵轉運進綾絹三萬疋丙戌又進銀榼二百枚銀盖椀一百枚散椀二千枚綾絹各二十萬疋並稱盐鐵羡餘播自淮南入朝方圖大用故極其進獻仍為以羡餘為名九月播進玉帶十三條四年正月丁亥進羡餘綾絹二十萬疋皇甫鎛判度支元和十三年正月進錢三萬貫盐鐵使程异進絹十萬疋並號羡餘

王遂為光祿卿充供軍使元和十四年討鄆州李師道調兵食三百萬及賊平遂進羡餘一百萬由是拜沂海等州觀察使

王涯為諸道盐鐵轉運使文宗大和四年四月庚戌進第九般羡餘綾絹一萬疋癸丑涯進第十般羡餘綾絹二万疋十月壬涯進降誕綾羅錦綵等共六万二千八百疋銀器一百事十二月戊寅涯進羡餘綾絹前後凡八万餘疋五年二月庚辰涯進羡餘疋段進銀椀一千五百口丁酉涯進羡餘綾絹共十万疋八月戊寅涯進羡餘絹二万疋甲申涯進羡餘綾絹二万疋九月辛丑涯進羡餘綾絹二萬疋六年六月涯進羡餘絹二十万疋

王起判度支大和四年十月進綾絹夾纈雜綵等共一萬四千三百疋御衣一副鏡一面諸方鎮稱是

交結

夫位司邦本職在均輸或請謁以求名或朋附而固寵姦交要路諂爭中人總計失於成謀節內虧於適用利權莫舉經制靡修信不可委以計會之任助於富庶之政也

唐元載肅宗元年為户部侍郎度支并諸道轉運使與宰臣李輔國善輔國妻元氏載之諸宗因是相昵狎時輔國權傾海內

舉元載為京尹輔國乃以載兼京兆尹載意屬國柄訪輔國懇辞京尹輔國識其意然之翌日拜同中書門下平章事度支轉運使如故劉晏代宗寶應初為吏部尚書平章事領度支盐鐵轉運租庸等使坐與中官程元振交通元振得罪晏罷相為太子賓客尋授御史大夫領東都河南江淮山南等道轉運租庸盐鐵等使當時權勢或以親戚為託晏亦應之俸給之多少命官之遲速少如其志然未嘗得親職事

班宏德宗貞元中以户部尚書為宰相竇參度支使之副每奉詔營建宏必極壯麗親程課役又厚結權倖以傾參參知爲上所疎乃讓度支使遂以宏專判

李錡貞元中為浙江西道都團練觀察及諸道盐鐵轉運等使且以天下權酤漕運由其操剸以故頗有驕恣專事貢獻牢其權寵中朝柄事者悉以利交之

程异貞元末為虞部員外郎充盐鐵轉運楊子留後順宗即位

王叔文恃恩亂紀時之捷給見利者皆附焉异在伍中叔文敗出為岳州刺史翌日又貶柳州司馬

薛謇貞元末為代北營田水運使善畜牧有良馬時以賂朝權及中貴人時中官薛盈珍有勤力於元和初謇以族人附進盈珍頗延譽以助之故自泗州刺史遷福建觀察使

張平叔穆宗長慶中為戶部侍郎判度支平叔險佼大言因王播以進既掌財用常忌公利以使私變佯多狎之

王播長慶末為淮南節度諸道鹽鐵轉運等使敬宗即位罷鹽鐵轉運使時中尉王守澄用事播自落利權廣求珍異令腹心吏內結守澄以為之助守澄乘間啓奏言播有才上於延英言之諫議大夫獨孤朗張仲方起居郎孔敏行柳公權宋申錫補闕韋仁實劉敦儒拾遺李景讓薛廷老等請開延英面奏播之姦邪交結寵幸後求大用天子沖幼不能用其言自是物議紛然不息明年正月播復領鹽鐵轉運使播既得舊職乃銅鹽之內巧為賦斂以事月進名為羨餘其實正額務希獎擢不恤人言

王涯文宗大和末為司空領鹽鐵轉運使江南榷茶使涯與判度支王璠交結中尉王守澄請託中納材木至開成元年正月勅度支自此不得收貯材木如或宣索即以其直市供諸色作料亦如之先是度支奏舊管右神策軍及諸色人假商人名中納材木計支價直三十三萬二千四百餘貫所中材木並無至者御史臺推鞫皆涯璠之中納故有是命

王彥威文宗開成中為戶部侍郎判度支既掌利權心希大用時內官仇士良魚志弘禁中用事先是左右神策軍多以所賜衣服於度支中估判使多曲從厚給其價開成初有詔禁止然趨利者猶希意從其請託明年彥威大結私恩凡內官請託無不如意物議鄙其躁妄一說開成二年四月彥威奏左神策及左三軍共中納衣賜業綾二萬二千五百疋請與收納從之近年諸司於度支納賣既盡國用不足去之自開成初特降明詔禁斷至是彥威以仇士良威福日盛故復為奏請時論大為不可

卷末

冊府元龜卷第五百一十一

邦計部二十九

贓敗　誣調　貪汚

贓敗

夫均其民財制茲國用斯爲重任必俟能臣苟才識之有迺則經費之不足若乃師徒待濟失饋運之期水旱爲災乏防虞之備弗克莅事皆謂贓官自徇司敗又何悔焉

漢鄭當時爲大司農時征匈奴招四夷天下費多財用益屈（屈盡也其勿切）當時任人賓客僦（當時爲大司農而任使其賓客辜較作僦也僦謂受顧賃而載也言當時保任其賓客於司農載運也僦音子就切）入多逋負司馬安爲淮陽太守發其事當時以此陷罪贖爲庶人

唐韋挺爲太常卿太宗將伐遼東令挺先運軍粮河北諸州取挺節度挺歷職清顯無他材術徒以關中舊望特見優寵性自矜尚頗以傲物致譏行至幽州但置酒高宴又不先撿河路遽出庫物造船六百餘艘役召百姓貞觀十八年秋運米自桑

乾河下至盧思臺去幽州八百里方知運漕艱塞乃大徵夫役以廣渠道挺既失支度方懷憂懼晝夜驅迫箠楚亂加官人百姓莫不愁苦船米竟不得進便屬雪寒遂下米於臺側馳傳以聞太宗不悅詔挺曰兵尚拙速不貴工遲朕欲十九年春大舉今言粮運未發甚無謂也會太宗遣使往挺所撿覆渠路使人迴具陳其狀并言必欲十九年出師恐米無濟軍之理太宗大怒令將作少匠李道裕代挺發使祇挺赴洛陽除名仍遣從軍

第五琦爲戶部侍郎判度支領河南等道支度都勾當轉運租庸鹽鐵鑄錢司農太府出納山南東西江淮南館驛等使乾元二年以本官加同中書門下平章事初琦以國用未足幣重貨輕乃請鑄乾元重寶錢以一當十行用之及作相又請更鑄重輪乾元錢一當五十與乾元錢及開通元寶錢三品並行既而穀價騰貴餓殣死亡枕藉道路又盜鑄爭起中外皆以爲琦變法之弊封奏日聞是年貶忠州長史

蘇弁爲戶部侍郎判度支坐給長武城軍糧朽敗貶汀州司戶參軍

潘孟陽憲宗初權知戶部侍郎時既誅王叔文乃以杜佑專度支事請孟陽爲副帝新即位乃命孟陽巡江淮省財仍加鹽鐵轉運副使且察東南鎮帥之理孟陽以氣豪權重所至唯務賞宴者縱每歷鎮府傾酒饌與婦女爲夜飲奔走財賄補吏職而已及歸大失人望罷爲大理卿

楊於陵爲兵部侍郎判度支淮西用兵於陵用所親爲唐鄧供軍使節度使高霞寓以供軍有闕移牒度支於陵不爲之易供饋如舊霞寓軍屢有摧敗詔書皆責之乃奏以度支饋運不繼憲宗怒貶於陵桂陽郡守

王彥威爲戶部侍郎判度支會邊軍上訴衣物不時兼之朽故宰臣惡其所爲攝度支人吏付臺推訐彥威殊不介懷入司視事及人吏受罰左授衛尉卿停務方還私第

後唐孔謙爲租庸使莊宗同光三年秋兩河大水戶口流亡都下供饋不充軍士乏食謙日於上東門外竚望輦轂計數旋給諸軍各出怨言以至於亂明宗至洛陽乃下詔暴謙罪惡削奪官爵斬於都市籍沒其家

孟鵠明宗初爲三司副使出爲相州刺史會范延光再典樞機乃徵鵠爲三司使鵠專掌邦賦操剸依違名譽頓減朞年發疾求外任乃授許州節度使不周歲卒

晉賈玄珪少帝時爲膳部員外郎開運三年左降秦州觀察支使以監安州權稅不及舊數故也

誣調

古人有言曰與其有聚斂之臣寧有盜臣且聚斂之臣猶害於政況其掌邦計之重蓄誣調之心或虛張名目多設鉤距或逞其剛愎謀害俊乂惟冀希於主意殊不恤於人言因案夫凋民之力謂其有富國之術及夫公輔發其誕妄生民空於杼軸亦

乃恣於誦詐妄恣柄用斯亦有國之巨害也
唐宇文融玄宗開元中爲兵部員外郎兼侍御史充搜括逃戶使於是諸道括得客戶凡八十餘萬田亦稱是州縣希融旨意務於獲多皆虛張其數亦有以實戶爲客者歲終得客戶錢數百萬融由是擢拜御史中丞尋兼戶部侍郎
王鉷天寶中爲御史中丞勾當戶口色役使時有勑給百姓一年復鉷即奏徵其脚錢廣張其數又市輕貨乃甚於不放輸納物者有浸漬折估皆下本郡徵納恣行割剝以媚於時人用嚚然玄宗在位多載妃御承恩多賞賜不欲頻於左右藏取之鉷探旨意歲進錢寶百億萬便貯於內庫以恣主恩錫賚鉷云此是常年額外物非征稅物帝以爲鉷有富國之術利於王用益厚待之
韓滉代宗時爲戶部侍郎判度支大歷十二年秋霖雨害稼京兆尹黎幹奏畿縣多損田滉執云幹奏不實乃命御史巡覆迴

奏諸縣凡損三萬一千一百九十五頃渭南令劉澡曲附滉言所部無損戶部分巡御史趙計復檢行奏與澡合帝覽而疑之命御史朱敖再檢渭南損田三千餘頃澡計皆伏罪貶滉弄權樹黨皆此類也俄改太常卿群議未息又出爲晉州刺史德宗即位滉爲鎮海軍節度使貞元二年尚書右丞元琇判度支以關輔旱儉請運江淮租米以給京師帝以滉素著威名加江淮轉運使欲令專督運務琇以滉性剛愎難與集事乃條奏令滉督運江南米至揚子凡一十八里自揚子而北皆元琇主之滉深怒於琇琇以京師錢重貨輕切病之乃於江東鹽監院收獲見錢四十餘萬貫令轉送入關滉不許乃誣奏之以爲運千錢至京師費錢萬於國有害能罷之帝以問琇琇奏曰一千之重約與米一斗均自江南水路至京一千之運所費三百耳豈至萬乎帝然之遣中使齎手詔令運錢滉堅執以爲不可其年十二月加滉度支諸道轉運等使遂逞宿怒誣奏琇罪貶雷州司戶

其責既重舉朝以爲非
裴延齡德宗時爲司農少卿貞元八年守本官權領度支自揣不通食貨之務乃多設鉤距召度支老吏與謀以求恩顧乃奏言天下每年出入錢物新陳相因常不減六七千萬貫唯在一庫差舛散失莫可知之請於左藏庫中分置別貯欠負耗賸等庫及季庫給納諸色錢物帝皆從之且貴欲多張名目以惑帝視聽其實於錢物更無增加唯虛費簿書人吏耳其年遷戶部侍郎判度支京西有汙池卑濕瘀時有蘆葦生焉亦不過數畝延齡乃奏云廄馬冬月合在槽櫪秣飼夏中即須牧放臣尋訪得長安咸陽兩縣界有陂池數百頃請以爲內廄牧馬之地且去京城十數里與苑廄中無別帝初信之言於宰相宰相對曰恐必無此帝乃差官閱視事皆虛妄延齡既慙且怒又誣奏京兆尹李充爲百姓妄請積年和市物價特勑令折填謂之底折錢嘗因奏對請積貯錢帛以實帑藏帝曰若爲可得錢物延齡

奏曰開元天寶中天下戶僅千萬百司公務殷繁官員尚或有缺自兵興已來戶口減耗太半今一官可兼領數司伏請自今已後內外百官闕未須補置收其闕官祿俸以實帑藏後因對事帝謂延齡曰朕所居浴堂院殿一栿以年多之故似有損壞而未能換延齡曰宗廟事重殿栿事輕陛下自有本分錢物帝驚曰本分錢者何也對曰此是經義愚儒常才不可能知陛下正合問臣唯臣能知之准禮經天下賦稅當爲三分一分乾豆一分充賓客一分充君之庖廚乾豆者供宗廟也今陛下奉宗廟雖至敬至嚴至豐至厚亦不能用一分財賦也只如鴻臚礼賓諸國蕃客至於迴鶻馬價用一分錢物尚有贏羨甚多況陛下御膳宮廚皆極簡儉所用外已賜百官充俸料餐錢等猶未能盡據此而言庖廚之餘其數尚多皆陛下本分錢也用修數十殿亦不合疑何況一栿帝曰經義如此人總未曾言之頷之而已又因計料造神龍寺須長五十尺松木延齡奏云臣近於

同州檢得一谷木可數千條皆長七八十尺帝曰人云開元天寶中側近求長五六十尺木尚未易得皆須於嵐勝等州採市如今何爲近處便有此木延齡奏曰臣聞賢材寶物皆處處常有但遇聖君即出現今此木生自關輔蓋爲聖君豈開元天寶合得有也十年陸贄秉政帝素所禮重每於延英極論其誕妄不可令掌財賦帝以爲排擯待延齡益厚贄上書疏其失帝不悅是時鹽鐵轉運使張滂京兆尹李充司農卿李銛以事相關皆證延齡矯妄帝罷陸贄知政事爲太子賓客滂充銛悉罷職左遷十一年春暮帝數畋于苑中時久旱人心憂懼延齡遽上疏言贄等失權怨望今專大言於衆曰天下炎旱人庶流亡度支多欠闕諸軍糧草以激怒群情後數日帝又幸苑中適會神策軍人訴度支欠廐馬芻草帝思延齡言卽時迴駕因發怒遂斥逐贄充滂銛等朝廷中外惴恐延齡方謀害朝中正直之士會諫議大夫陽城等伏閤上疏固諫事遂且止陸贄等雖貶黜延齡

懷怨未已乃掎摭充腹心吏張忠拷掠捶楚令爲之辭云充前後隱没官錢五十餘萬貫米麥稱是其錢物多結託權貴充妻常於車擔中將金寳繒帛遺贄妻忠不勝楚毒並依延齡教示之辭具於款占忠母及妻等散於光順門歷使進狀訴寃詔御史臺推問一宿得其實狀事皆虛妄延齡又奏京兆府妄破用錢穀請令比部郎中崔元翰覆勾元翰常爲陸贄所黜也及比部奏京兆府穀帛又無交加二年三月加戶部尚書依前判度支是歲諸道鹽鐵轉運使王緯奏度支所奏諸道州府欠諸色錢四百餘萬貫且檢勘各得州府報具有破除及甲送處先是延齡奏此錢爲羨餘請進奉別收貯以圖恩寵至此緯以實奏之延齡大怒始與緯有隙是時穆贊爲御史中丞延齡屬吏有贓犯贊鞫理承伏延齡請曲法出之贊三執不許以款聞延齡誣贊不平貶饒州別駕延齡既銜意以苛刻剥下附上爲功每奏對之際皆恣騁詭怪虛妄他人莫敢言者延齡言之不疑亦人之所未嘗聞帝頗知其誕妄但以其敢言無隱且欲訪問外事故斷意用之

杜亞貞元中爲東都留守既染風疾又希恩寵乃奏請開苑內地爲營田以資軍糧減度支每年所給從之亞不躬親部署但委判官張薦楊胤初奏請取荒地營田其苑內地堪耕食者先爲留司中官及軍人等墾食已盡亞計急乃取軍中雜錢舉息與畿內百姓每至田收之際多令軍人車牛散入村鄉收斂百姓所得菽粟悉將還軍家略盡更無可輸稅及充糧食由是大致流散及厚賂中官令奏河南尹無政亞比亦覬求兼領河南尹事既不果德宗漸知虛誕乃以禮部尚書董晉代爲東都留守召亞還京師

裴延齡爲戶部侍郎判度支貞元十三年三月并奏諸道州府各遭旱損其諸州府有貞元八年已前見貯米麥斛斗三百八十萬石請各委州府借貸今秋成熟後依本數却納可

之與議以其米麥等分散在百姓間歲月已久人戶流亡無從徵得并此奏但爲虛妄耳

李實檢校工部尚書司農卿貞元二十年春夏旱關中大歉實爲政猛暴方務聚斂進奉以固恩顧百姓所訴一不介意因入對德宗問人疾苦實曰今年雖旱穀田甚好由是租稅皆不免人窮無告乃有徹屋瓦木賣麥苗以供賦斂者

皇甫鎛憲宗元和末爲門下侍郎平章事判度支時内出滯貨付度支估貴多陳朽之物鎛盡以善價買之以給邊軍羅穀繒綵纖之而化隨手散壞軍士怨怒皆聚而焚之宰臣裴度與鎛延英奏事度因盛言邊軍所得衣賜皆積年敗物不可觸軍士咸怨鎛因引其足曰此靴乃内庫出賣者臣以俸錢三千買之堅新可以久服所言不任用皆詐也帝然之由是益無所憚

賀拔志穆宗時爲度支水運營田使長慶四年六月丁亥義武軍節度使奏志以刃自割不死志前奏營田數過實懼計功

及命主客郎中自行簡覆驗志不勝其懼遂欲自裁

張平叔為鴻臚卿判度支長慶二年因延英對廻詣相府云面奉恩旨除戶部侍郎職如舊閏二日詔方下初幽鎮行營諸軍以出境仰給度支者十五餘萬人魏博滄景之師皆壘賊境而盡示籍兵數徵計司所給自南北置供軍院其布帛衣粮往往不至供軍院遽為諸軍強見驅奪懸師前闘者反無以支給其饋餉主吏由此得罪者前後相次平叔知国用空乏遂以邪計得司邦賦至是又寵之地卿然竟無術以救其闕驟塵顯級人皆罪之

王播敬宗時為淮南節度使復領鹽鐵轉運使播既得舊職乃於銅鹽之內巧為賦斂以事月進名為羨餘其實正額務希㫖擢不恤人言

貪汚

詩云貪人敗類傳云貪以敗官為墨蓋貪而不敗者未始有也

夫小人從欲棄義貪冒崇侈心甚丘壑莫之饜厭語利於市猶為不可況夫總筦權之任奉飛漕之職內度經費外調輿賦罔能避白圭之玷全素絲之絜唯以取舍由己奢僭是圖虐下以刑傾衆以勢侵盜于國誅求于民聚斂積實不知紀極以至苞苴盈門簠簋不飾罹罪害伏歐刀而不悔焉徇財瀆貨之至是也

漢田延年為大司農先是茂陵人焦氏賈氏以數千萬陰積貯炭葦諸下里物（死者歸萬里葬地故曰下里又曰以數千万錢為本而貯此物）昭帝大行時方上事暴起（方上謂壙中也）用度未辦延年奏言商賈或豫收方上不祥器物冀有疾用欲以求利非民臣所當為請沒入縣官奏可富人亡財者皆怨出錢求延年罪初大司農取民牛車三万兩為僦（一乘為一兩僦謂賃之与顧直也）載沙便橋下送致方上車直千錢延年上簿詐增僦直車二千凡六千万盜取其半焦賈兩家告其事下丞相府丞相議奏延年主守盜三千万不道及使者召延年詣廷尉聞鼓声自刎死（使者至司農司農發詔書故鳴鼓也）

唐吳裴代宗時為丹水轉運使襄王府司馬大曆二年與判官大理司直郗鈃猜並坐贓配流嶺外斐等以戚屬得入中禁妻陳利害督錢穀之務貪冒貨賄更相糾讁及訐鞫姦贓丑露帝深惡之

崔渙為御史大夫税地青苗錢使渙給百官俸物不平皇城副留守張清發之代宗詔尚書左丞蔣渙等訐鞫數日渙及判官等贓狀聞貶渙為道州刺史判官黜削有差初渙為屬吏希中以下估為使料以估為百官料有司訐鞫渙無詞以對乃坐是貶

鄭浪德宗時為度支山南東道巡院貞元四年九月坐乾沒財物微擾平人質其妻女纖黷士類醜跡姦情在法殊死宜令所在決重杖一頓處死

徐粲貞元中為御史中丞主揚子院鹽鐵轉運粲既不理且以贓聞判度支使竇參欲代之副使班宏執不可戶部侍郎張滂

主揚州按粲逮僕妾子姪得贓鉅萬乃徙嶺表

裴延齡貞元中為戶部侍郎判度支既病多載運度支官庫中錢物歸私第無人敢言

李錡貞元中為浙西觀察諸道鹽鐵轉運等使鹽鐵漕輓之利積於錡之私室而国計日耗

于皐謨憲宗時為行營粮料使元和六年五月坐犯諸色贓計錢四千二百貫并前粮料使董谿犯諸色贓計四千三百貫又於正額供軍市糴錢物數內抽充羨餘公廨諸色給用計錢四萬一千二百貫勑于皐謨董谿等頃以山東興師饋運務重朕召於內殿委以使車誡勵激切非不誠切亦謂盡力成務滅私奉公而乃肆意貪求曾無忌憚擅請時服乾沒軍資負恩敗法一至於此據其罪狀合寘極刑以其嘗列班行皆承門序弘以好生之澤免其殊死之辜是俾投荒期於勿齒皐謨除名配流春州董谿除名配流封州其判官崔元受韋岵薛巽王湘等並

貶嶺外皁纂谿行至灃州並專遣中使賜死
六月丁丑御史臺奏推問前行營糧料使判官元倚及典吏等
計贓二千萬宜並付京兆府各決重杖一頓處死
權長孺爲鹽鐵福建院官元和十四年七月坐贓一萬三百餘
貫詔付京兆府杖殺之其母劉求哀於宰相崔群因對言之憲
宗憫其毋老乃曰朕將捨長孺之死何如群對曰陛下即捨之
當速使人往若待正勑不及矣帝乃使品官馳往止之翌日詔
杖八十長流康州
張宗本穆宗時爲山劍三川擢鹽使長慶元年坐盗用東川院
及諸監院耗剩錢共一萬五百餘貫推按明驗前勑決痛杖一
頓處死會逼降誕日宗本子贄進狀請代父命帝因貸死決杖
八十配流雷州
羅立言敬宗時爲鹽鐵河陰留後檢校主客員外郎兼殿中侍
御史寶曆二年七月坐和糴米價不實計入已贓一萬九千三

府五百十一　九

百餘貫制削兼侍御史立言贓狀狼藉不死爲幸而所責止於削去元職執事者悔易典法亦云甚矣
韓益文宗時爲金部員外郎判度支案開成元年十月貶梧州
司戶參軍益初爲度支推巡官累至員外郎判案子弟僮僕與
人吏交通御史鞫訐計贓三千餘貫半是擬贓及前爲推巡時
所犯帝問御史中丞歸融曰韓益所犯與去年盧元中姚康孰
甚融對曰元中與康枉破官錢三萬餘貫韓益乃取受人事比
之殊輕遂有是貶
梁張巖爲租庸使天下貨賂半入其門奢侈不法自古無比每
日之費破錢數萬斂商販其徒如市天下良田美宅可有千計
後唐尹玉羽明宗時爲解縣權鹽使遷光禄大夫天成三年五
月爲人所訟使過官錢按之不虛且令徵納填贓纔足自擧欲
就通班勑旨停見任
周護□宋帝時爲戶部郎中充鹽鐵判官大通賄賂輒無避忌掌
計者且之無如之何清泰之政隳焉

晉董遇高祖天福中爲三司副使阿附人吏滯於剖斷有王景
遇者累掌銅鹽雜務善以賂事人朝廷之間多有受其媚爲之
左右者因以貨數千萬賂遇求爲解縣權鹽使數年敗負下獄
景遇募引數十人而遇以受賂聞周季知損仕晉爲右司郎中
充度支判官坐受權鹽使王景遇厚賂謫於均州

册府元龜卷第五百一十一

府五百十一　十

冊府元龜卷第五百一十二

推忠協謀同德守正佐理功臣樞密使特進行吏部尚書兼檢校太尉同中書門下平章事修國史上柱國冀國公食邑……
臣王欽若等奉

憲官部

總序

古之王者建邦立制設都鄙官府之治分班爵品職之序創刑典以詰暴慢脩禮範而別等威百職並分萬邦承式乃設糾督之任以專察舉之事刺檢愆慝抨正違繆然後內外之政允釐姦宄之萌自塞者矣天官經星太微南蕃中二星間曰端門西曰執法御史大夫之象所以舉刺不法者也三五之世官簿散逸靡得而詳焉周監二代之制春官之屬有御史掌邦國都鄙及萬民之治令以贊冢宰并掌王之贊書非糾舉之任而天官小宰掌建邦之宮刑以治王宮之政令凡宮之糾禁鄭康成以爲漢御史中丞之職又有柱下史老聃嘗爲之戰國有執史執法之官御史掌記事執察糾彈之任（秦趙澠池之會各命御史書其事淳于髡謂齊王曰執法在傍御史在後聯其事也）秦置御史大夫位上卿掌副丞相有兩丞其一御史丞其一御史中丞在殿中蘭臺掌圖籍秘書外督部刺史領侍御史員十五人受公卿奏事舉劾按章（中丞亦謂之中執法）又有監御史掌監郡漢因秦制（服虔曰通定儀有御史執法舉不如儀者是也）武帝時侍御史有繡衣直指出討姦猾治大獄不常置元狩五年置丞相司直掌佐丞相舉不法征和四年置司隸校尉持節御中都官徒千二百人捕巫蠱督大姦猾後罷其兵察三輔三河常農亦皆糾察之職（周禮秋官有司隸掌五隸之法謂罪隸四翟之隸也其名與漢同而所職異）元帝初元四年去司隸節成帝元延四年省其官綏和元年更名御史大夫爲大司空比丞相至長史如中丞官職如故（故事選郡守相高第爲中丞之任職者爲丞相）哀帝初復置司隸無校尉之名屬大司空比司直建平二年復以大司空爲御史大夫其任無改元壽二年復爲大司空而御史中丞常爲憲臺之率（謝靈運晉書載漢御史爲憲臺）又有諸吏爲加官亦得舉不法後漢遵用西京之制唯諸吏之職無聞焉（更始至長安以隗囂爲御史大夫光武中元元年東巡太山以張純爲御史大夫從封禪事）又有治書侍御史二人掌選明法律者爲之凡天下諸讞疑事掌以法律當其是非（蔡質漢儀曰選御史高第補之胡廣曰孝宣感路溫舒言秋季後請讞時帝幸宣室齋居而決事令侍御史二人治書治書御史起於此後因別置與符節郎共平廷尉奏罪當其輕重）又有蘭臺令史掌書劾奏建武中復置司隸校尉領一州（蔡質漢儀曰職在典京師外部諸郡無所不糾封侯外戚三公以下無尊卑入宮門中道獨使者每會後到先去之也）從事史十二人（都官從事主察舉百官犯法者功曹從事主州選署及衆事別駕從事校尉行部則奉引主錄衆事部曹從事主財穀簿書其有軍事則置兵曹從事主兵事及所部京兆尹左馮翊右扶風河南常農河內河東凡七郡郡各從事一人主督促文書察舉非法）假佐二十五人（主簿錄閣下事省文書門亭長主州正門功曹書佐主選用孝經師主監試經月令師主時節祭祀律令師主平法律令簿曹書佐主簿書其餘都官書佐及每郡國各有典郡書佐一人各主一部文書以郡吏補）而侍御史二漢所掌凡五曹（一曰令曹掌律令二曰印曹掌刻印三曰供曹掌齋祠四曰馬曹掌廄馬五曰乘曹掌護駕）獻帝建安十三年罷三公官復置御史大夫（以郗慮爲之）魏文帝黃初二年又以御史大夫爲司空（[illegible]以兩漢御史大夫皆三公之職非專主糾風憲而中丞常主憲臺彈糾不法今并敘者蓋詳述御史之職爾也）改中丞爲宮正後皆復舊名侍御史置八人又置治書執法掌奏劾（治書侍御史但掌律令）吳亦有御史大夫（孫休永安元年命大將軍孫綝領之）後又置左右御史大夫（五年以廷尉丁密光祿勳孟宗分爲之）晉初罷大夫因漢制以中丞爲臺主置治書侍御史員四人泰始四年又置黃沙獄治書侍御史一人掌詔獄及廷尉不當者皆治之（秩與中丞同）侍御史員九人所掌有十三曹（吏曹課第曹直事曹印曹中都督曹外都督曹媒曹符節曹水曹中壘曹營軍曹法曹算曹）又置殿中侍御史四人（魏制蘭臺遣二御史居殿中伺察非法即其始也）而司隸校尉之官歷魏不替（屬官有功曹都官從事諸曹從事部郡從事主簿錄事門下書佐省事記室書佐諸曹書佐守從事武猛從事等凡吏百人卒三十二人）又有尚書左丞主臺內禁令亦爲彈糾之任（漢成帝建始四年初置尚書有四丞後漢光武減其二爲左右丞歷魏至晉不改）又有禁防御史（魏官品有此者亦蘭臺之職）後省黃沙治書侍御史太康中又省治書侍御史二員江左省殿中侍御史二人（侍御史所掌曹省課第曹置庫曹掌廄牧牛馬市租後分曹置外左庫內左庫）又有檢校御史（孝武太元中以吳惺爲之亦蘭臺之職）司隸校尉自元帝渡江即罷其官（其職即揚州刺史）宋因晉制置御史丞一人掌奏劾不

法冶史掌舉劾官品第六以上侍御史十人（文帝元嘉中省外左齋元省帥貞元左丞孝武大明中復置前廢帝景和元年又營畢掌水曹以下并法曹吏曹不置御史凡十衛史馬）而殿中侍御史遂廢齊氏因之梁國初建又置大夫天監元年復曰中丞置一人掌督司百僚皇太子以下其在宮門行馬內違法者皆糾彈之雖在行馬外而監司不舉亦得奏之（自齊梁皆謂中丞爲南司）其侍御史員九人復置殿中御史四人掌殿中禁衛內事陳氏因之元魏之盛建號北土置御史中尉乃中丞之職又有治書侍御史侍御史殿中侍御史北齊御史臺置中尉一人治書侍御史二人侍御史八人殿中侍御史檢校御史十二人録事四人（自梁歷後魏北齊御史臺或謂之爲南臺）後周六官之建改中丞爲司憲中大夫御史臺爲司憲屬秋官府置司憲上士二人中士（人數闕）下士八人隋革周制復置御史臺避諱改中丞爲大夫置一人治書侍御史二人侍御史八人殿內侍御史監察御史各十二人録事二人煬帝大業三年置主簿二人掌印及受事發

辰勾檢稽失（漢張忠爲大夫署孫寶爲主簿後無聞焉）唐因隋制侍御史殿中侍御史各置四人監察御史置八人貞觀二十二年加殿中監察各二人高宗初避諱改治書侍御史爲御史中丞龍朔二年改御史臺爲憲臺大夫爲大司憲中丞爲司憲大夫咸亨元年復舊光宅元年改置左右肅政臺左臺專在京管百司及監軍旅右臺案察京師外文武官僚各置大夫中丞一人侍御史殿中監察各二十人（又置監察御史裏行使六人同監察御史以時發）中宗神龍元年改爲左右御史臺睿宗景雲三年廢右臺明皇先天二年復置右臺停諸道案察使其年又置諸道按察使罷右臺（初置兩臺每年春秋發使春日風俗秋日廉察以察州縣後於初以後奉勅不遵每年不出使）開元之制中丞加一人侍御史置四人主簿一人録事二人令史十五人書令史二十五人亭長六人掌固十二人殿中侍御史置六人令史八人書令史十人監察御史置十人史三十四人（侍御史年深者一人判臺事知公廨雜事次知西推贓贖三司受事臨決史以察推理匭殿中侍御史掌殿庭供奉之儀式郊祀巡省檢察西京內分知左右巡監察御史掌分察百寮巡按郡縣糾視刑獄整肅朝儀及監嶺南黔府選補監決囚徒忌日行香分察尚書六司知太府司農出納監祭監議館驛使本司直門領試而侍御史六曹其三司理匭則與給事中中書舍人更直朝堂受表臺中惟四職推彈雜而已）又有內供奉裏行裏使推官之名（貞觀末置監察御史裏行始太宗令馬周於監察御史裏行遂置此名中丞亦薦有一裏行一人武后文明元年置殿中裏行以三員爲定其殿中常一人監倉第二人監庫聖歷中加中丞內供奉一人尋省長安二年始置侍御史內供奉不得過正員之數先天中復置監中丞內供奉一人開元二十二年三月以中丞爲京畿採訪處置使自是不改乃古司隸之任其後知雜御史多以省官兼之監察裏行及試以七員爲定開元初又置侍御史裏使殿中裏使等官裏行同無員數尋罷建中三年又置推官二人與本推御史同推覆興元元年罷推官以殿中第一同知東推第二同知西推其後遂有四推之名曰臺一推臺二推殿一推殿二推）尚書左右丞掌糾舉憲章御史糾劾不當者兼得彈奏亦憲官之任也東都留司亦置御史臺中丞侍御史各一人殿中侍御史二人監察御史三人（大曆後多以留臺中丞兼東都畿汝觀察處置使元和後但以侍御史殿中侍御史監察御史共主留臺之務而三院御史亦不常備焉）五代憲臺之制皆因其舊而員多不備（其四推但以御史兼之晉天福初罷省郎知雜但委年深御史開運二年復以省郎兼之）稽夫勵風憲之任當繩糾之職秉騐替豸車服之異等齊簡白筆職業之尤重所以振肅內外提正綱

紀故其選任之際必加精擇其有克揚儁望以著乎威稜內蘊剛志允歸乎正直典章之廢墜務於脩舉臣工之頗辟行於案劾居官有蹇職之譽事上顯盡忠之節斯皆無忝厥位休有烈光至乃以殘虐爲事唯阿曲是圖希媚以合上之旨巧詆以致人之罪以至不稱其服彰於外議罔慎所履家於朝譏斯固同歸於爲惡自貽乎伊戚其或善行昭著特膺寵賞宷參佐形於論拔者亦皆類而次之凡憲官部十有五門

選任　稱職　威望

選任

夫憲官之職大則佐三公統理之業以宣導風化小則正百官紀綱之事以糾察是非故漢魏以還事任尤重至於選用必舉賢才乃有貞譽讓之稱彰才識之譽持法平允敷奏詳明端慎克成其官政婞直不畏於權幸然乃執我公憲助茲朝治使豪戚斂手姦邪屛跡允　謂邪之司直者焉爲官擇人於斯爲美

漢蓋寬饒爲太中大夫使行風俗多所稱舉貶黜奉使稱意擢爲司隸校尉

諸葛豐爲郡文學名特立剛直貢禹爲御史大夫除豐爲屬舉侍御史元帝擢爲司隸校尉

晉高光字宣茂陳留圉城人魏太尉柔之子也光少習家業明練刑理爲潁川太守是時武帝置黄沙獄以典詔囚以光歷世明法用爲黄沙御史秩與中丞同

庾峻爲秘書丞長安有大獄久不決拜峻侍御史往斷之朝野稱允

侯史光爲城門校尉武帝泰始初詔曰光忠亮篤素有居正執義之心歷職内外恪勤在公其以光爲御史中丞雖屈其列校之位亦以伸其司直之才也

陳壽爲長廣太守不就杜預爲鎮南入辭口啓陳壽才史通博宜補黄散也武帝曰壽可作治書否預對曰唯在聖詔即手詔用之

傅咸爲議郎長兼司隸校尉咸前後固辭詔旨懇切惠帝不聽勑使者逼就拜咸復送還印綬公車不通催使攝職

李臣爲石季龍殿中侍御史時豪戚侵恣賄託公行季龍患之擢臣爲御史中丞特親任之自此百寮震懾州郡肅然季龍曰我聞良臣如猛獸高步通衢而豺狼避路信矣哉

宋蕭惠開爲御史中丞孝武與劉秀之詔曰今以蕭惠開爲憲司冀當稱職但一往眼額已自殊有所震大明八年入爲侍中詔曰惠開前在憲司奉法直繩不阿權戚朕甚嘉之可更授御史中丞

梁張綰爲中軍宣城王長史從御史中丞武帝遣其弟中書舍人綰宣旨爲國之急唯在執憲直繩用人本末限外降晉宋世周閔蔡郭並以侍中爲之卿勿疑是左遷也時宣城王府望重故有此旨焉

後魏温子昇文章清婉孝明熙平初中尉東平王匡博召辭人以充御史同時射策者八百餘人子昇與盧仲宣等二十四人爲高第大被引决匡使子昇當之皆受屈而去搴謂人曰朝來靡旗亂轍者皆子昇逐北遂補御史時年二十二臺中筆文皆委焉

北齊崔暹爲吏部郎文襄用暹爲御史中尉宋遊道爲尚書左丞謂之曰卿一人處南臺一人處北省當使天下肅然

李廣魏末時中尉崔暹選御史皆是世胄廣獨以才學兼御史脩國史南臺文奏多其辭也

後周李旭爲黄門侍郎太祖嘗謂旭曰卿祖昔在中朝爲御史中尉卿操尚貞固理應不墜家風但孤以中尉彈劾之官愛憎所在故未即授耳然此職久曠無以易卿乃奏旭爲御史中尉

唐李素立丁憂高祖令所司奪情授一七品清要官所司擬雍州司録參軍高祖曰此官要而不清又擬秘書郎高祖曰此官清而不要遂擢授侍御史

張行成太宗貞觀初累補殿中侍御史糾劾不避權戚帝以爲能謂房玄齡曰觀古今用人皆因媒介若行成者朕自舉之無先容也

王志愔爲許州刺史太極元年睿宗以志愔有政聲召兼御史中丞

李栖筠爲蘇州刺史大曆六年栖筠自蘇州入覲敷奏詳明不事權貴代宗嘉其忠讜留掌邦憲特出内制授御史大夫以寵之

程賁爲刑部郎中因次對德宗嘉其材擢爲御史中丞

許存誠爲給事中瓊林庫使奏占工從太廣存誠以爲此皆姦人竄名以避征徭不可許咸陽縣尉袁儋與軍鎮相競軍人無理遂肆侵誣儋反受罰二勑繼至存誠皆執之憲宗聞甚悅命中使嘉意之由是擢拜御史中丞未幾再授給事中數月中丞闕帝思存誠前効謂宰臣曰持憲無以易存誠遂復爲御史中丞

丁居晦爲翰林學士文宗於麟德殿召對因面授御史中丞是

日制下帝謂宰臣曰丁居晦作中丞何如因悉數大臣而品第之歎曰宋申錫堪任此官惜哉又曰牛僧孺可爲大夫宰臣鄭覃曰僧孺頃爲中丞未嘗搏擊恐無風望帝曰不然鸞鳳與鷹隼事異矣帝入曰居晦作得此官朕曾以時謗謂杜甫李白輩爲四絶問居晦居晦曰此非君上要知之事常以此記得居晦今所以擢爲中丞

漢邊蔚天福十二年爲御史中丞時高祖幸東京以將整朝倫務求能者至是有斯命焉

稱職

禮曰其人存則其政舉傳曰守道不如守官故上無虛授必擇於髦俊下無苟得克效於智能然後官事允釐王命無廢者矣乃有居憲臺之任當紀綱之重勒勞于位惕厲在公或獻言以盡規或持法而惟允或申明事典或糾正邪慝藹然風望動於朝倫斯乃任能牧官使人以器者之謂也

漢薛宣以明習文法成帝初詔補御史中丞是時成帝初即位宣爲中丞執法殿中外總部刺史上疏曰陛下至德仁厚哀閔元元躬有日仄之勞而亡佚豫之樂周書無逸之篇稱文王之德曰至于日中仄弗皇暇食宣引此言也仄古側字也佚與逸同允執聖道刑罰惟中允信也中竹仲切然而嘉氣尚凝陰陽不和凝謂不通也是臣下未稱而聖化獨不洽者也臣竊伏思其一端殆吏多苛政政教煩碎大率咎在部刺史或不循守條職刺史所察本有六條今則踰越故事信意舉劾妄爲苛刻也六條解在百官公卿表舉錯各以其意多與郡縣事錯置也音千故切與讀曰豫豫干也至開私門聽讒佞以求吏民過失譴呵及細微責義不量力言求備於人郡縣相迫促亦內相刻流至衆庶是故鄉黨闕於嘉賓之懽九族忘其親親之恩飲食周急之厚彌衰送往勞來之禮不行勞郎到切來音賚代切夫人道不通則陰陽否鬲否閉也音皮鄙切鬲與隔同和氣不興未必不由此也詩云民之失德乾餱以愆詩小雅伐木之詩也餱食也愆在元切餱音侯也鄙語曰苛政不親煩苦傷恩方刺史奏事時宜明申敕申束也約束也使昭然知本朝之要務臣恐不知治道唯明主察焉帝嘉納之宣數言政事便宜舉奏部刺史郡國二千石所貶退稱進白黑分明稱舉也白謂清黑謂濁繇是知名

後漢宣秉爲司隸校尉務舉大綱簡略苛細樊准字幼陵爲御史中丞舉正非法

鮑昱爲司隸校尉典司京都執憲持平多所舉正陳諫爲御史中丞執憲奉法多所糾正

馬嚴爲御史中丞舉刻案章申明舊典奉法案舉無所迴避

晉庾峻爲御史時長安大獄久不決峻斷之朝野稱當

劉暾五爲司隸允協物情

傅玄爲司隸校尉每有奏劾或值日暮捧白簡整簪帶竦踊不寐坐而待旦

石鑒爲御史中丞多所糾正

嗣譙王恬爲御史中丞正有幹局

宋蔡廓爲御史中丞多所糾奏

鄭鮮之爲御史中丞甚得司直之體

荀伯子爲御史中丞位職勤恪有匪躬之稱殷沖爲御史中丞有司直之稱

梁樂藹爲御史中丞性公強居憲臺甚稱職褚球爲御史中丞性公強在憲司甚稱

劉潛爲御史中丞在職彈糾無所顧望當時稱之

臧盾爲御史中丞性公強居憲臺甚稱職

陳宗元饒爲御史中丞性公平善持法諳曉故事明練治體吏有犯法政不便民及於名教不足者隨事糾正多所裨益

褚介爲御史中丞甚有直繩之稱自梁末喪亂朝章廢弛司憲因循守其勿革玠方欲改張大爲條例綱維略舉而編次未訖

孔奐爲御史中丞善持禮多所糾劾

後魏高道穆爲御史在公有能名

王顯爲御史中尉糾折庶獄究其姦回

北齊司馬子瑞爲御史中丞正色舉察爲朝廷所許

隋梁毗爲治書侍御史名爲稱職

唐唐臨太宗時爲侍御史在官簡肅甚爲當時所稱

徐有功爲左臺侍御史則天特褒異之時遠近聞有功授職皆欣然相賀

齊澣弱冠爲監察御史彈劾違犯先於風教當時以爲稱職

崔隱甫爲御史大夫故事大夫與監察競爲官政略無承稟隱甫一切督責之事無大小悉令諮決稍有忤意列上其罪前後貶黜者過半羣寮側息玄宗嘗謂曰卿爲大夫海內咸云稱職深副朕所委也

顏眞卿爲御史大夫軍國之事知無不言

李夷簡爲御史中丞奏彈京兆尹楊憑當時翕然謂紀綱復振及還御史大夫風彩益峻未踰月遷門下侍郎平章事

王播爲工部郎中知雜事整持臺憲頗有能稱

崔植爲御史中丞入閤彈事頗振綱紀

威望

夫按章糾劾督察中外繩愆糾繆而振綱紀者御史之任也由漢以來頗重其選乃有懷剛毅之節履中正之道厲嚴鋒氣申其搏擊不畏強禦無憚權右靡阿貴戚深嫉佞倖以抨彈爲任挺謇直之風邦憲以之修明姦邪爲之讋畏此詩所謂邦之司直者歟至或洞達治體善舉官業閱事苛細弗爲繳察中立而不撓率職而敢行謇諤著於朝右威稜震於輦轂布之謠誦隆乎任遇玆豈惟風采之可尚固亦器識之不羣者哉

漢嚴延年爲侍御史宣帝即位劾奏霍光擅廢立奏雖寢然朝廷肅然敬之

鄭賓明法律爲御史名公直

蓋寬饒宣帝時爲司隸校尉刺舉無所回避小大輒舉所劾奏衆多廷尉處其法半用半不用以其峻刻故有不用者公卿貴戚及郡國吏繇使至長安皆恐懼莫敢犯禁繇讀與徭同供徭役及徭使而來者京師爲清

鮑宣爲中丞執法殿中外總部刺史郡國二千石所貶退稱進白黑分明由是知名

陳咸爲中丞總領州郡奏事課第諸刺史執法殿中公卿巳下皆敬憚之

諸葛豐元帝時爲司隸校尉刺舉無所避京師爲之語曰閒何闊逢諸葛言閒者何久闊不相見以逢諸葛故也上嘉其節加豐秩光祿大夫

翟方進爲丞相司直旬歲閒舉奏免兩司隸旬徧也滿也旬歲猶言滿歲也若十日之一周朝廷由是憚之

後漢鮑永光武建武十一年徵爲司隸校尉帝叔父趙王良尊戚貴重永以事劾良大不敬由是朝廷肅然莫不戒慎乃辟扶風鮑恢爲都官從事恢亦抗直不避彊禦帝常曰貴戚且宜斂手以避二鮑其見憚如此

牟融爲司隸校尉典司京都敷憲持平多所舉正百僚莫不敬憚

宣秉遷司隸校尉務舉大綱簡略苛細百僚敬之說文曰苛細草也以喻煩雜也

陳忠爲司隸校尉糾正中官外戚賓客近倖憚之不欲忠在內明年出爲江夏太守復留拜尚書令

桓典爲侍御史執正無所回避常乘驄馬京都畏憚爲之語曰行行且止避驄馬御史

應奉爲司隸校尉糾舉姦違不避豪戚以嚴厲爲名

樊準爲御史中丞舉正非法百僚震悚

陳謙字伯讓拜御史丞執憲奉法多所糾正爲百僚所敬

馬嚴爲御史中丞舉劾案章申明舊典奉法察舉無所迴避百寮憚之

趙謙爲司隸校尉車師王侍子爲董卓所愛數犯法謙收殺之卓大怒殺都官從事而素敬憚謙故不加罪

魏徐邈爲司隸校尉百寮敬憚之

鮑勛爲宮正即御史中丞也百寮嚴憚罔不肅然
晉何晉魏世爲司隸校尉時校事尹摸憑寵作威曾奏劾之朝
廷稱焉時人敬憚
傅玄爲司隸校尉每有奏劾或值日暮捧白簡整簪帶竦踊不
寐坐而待旦於是貴游懾伏臺閣生風
傅咸爲司隸校尉奏免河南尹何攀等京都肅然貴戚懾伏
石鑒爲御史中丞多所糾正朝廷憚之
顧和爲御史中丞百僚憚之
劉毅爲司隸都官從事後爲司隸校尉糾正豪右京師肅然司
部守令望風授投印綬者甚衆時人以毅方之諸葛豐蓋寬饒
周顗爲御史中丞正繩直筆權豪震肅
李憙爲御史中丞當官正色不憚彊禦百僚震肅焉
李喬爲御史中丞恭恪直繩百官憚之
崔洪爲御史治書奏免散騎常侍崔瑩官朝廷憚之尋爲尚書

左丞時人爲之語曰叢生棘刺來自博陵在南爲鷂在北爲鷹
溫嶠爲司隸都官從事時散騎常侍庾敳有重名而頗聚斂嶠
舉奏之京都振肅
卞壼爲御史中丞忠於奉上權貴屏跡
鍾雅爲御史中丞直法繩違百寮皆憚之
嗣譙王恬爲御史大夫忠正有幹局在朝憚之
宋王准之初爲宋臺御史中丞爲僚友所憚孔琳之爲御史中
丞奏劾尚書令徐羨之自是百寮震肅莫敢犯禁
袁顗字景章陳郡人初庾徽之爲御史中丞性豪麗服玩甚華
顗代之衣冠器用莫不麁率蘭臺令史並三吳富人咸有輕顗之意顗
遂首緩帶風貌清嚴皆重跡屏氣莫敢欺犯荀伯子爲御史中
丞莅職勤恪有匪躬之稱立朝正色外內憚之
齊周思朗拜御史中丞在任百僚畏憚之
蔡廓爲御史中丞多所糾奏百僚震肅

王鎮之爲御史中丞秉正不撓百僚憚之
南齊袁昂爲御史中丞劾奏不憚權豪當時號爲正直
梁江淹在齊爲御史中丞彈中書令謝朏等及諸郡二千石并
大縣官長多被劾治內外肅然明帝謂淹曰宋世已來不復有
嚴明中丞君今日可謂近世獨步
陸杲爲御史中丞性婞直無所顧望在臺號稱不畏彊禦
到洽爲御史中丞彈糾無所顧望號爲勁直張緬爲御史中丞
彈糾無所迴避豪右憚之孔休源爲御史中丞正色直繩無所
迴避百僚莫不憚之
劉潛爲御史中丞彈糾無顧望當時稱之
陳孔奐爲御史中丞奐性剛直善持理多所糾劾朝廷甚敬憚之
袁憲爲御史中丞朝野皆嚴憚焉
褚玠爲御史中丞甚爲直繩之稱
後魏李彪遷御史中尉彪性剛直多所彈糾遠近畏之豪右屏氣

元仲景性嚴峭莊帝時兼御史中尉京師肅然每向臺常駕赤
牛時人號赤牛中尉
陽固爲治書侍御史使懷荒鎮鎮將萬貳望風逃走
王顯爲御史中尉多所彈劾百僚肅然
北齊趙郡王琛初仕魏爲御史中尉正色糾彈無所迴避遠近
肅然
賈泰爲御史中尉泰以勳戚居臺雖無多糾舉而百僚畏懼
崔暹爲御史中丞文襄欲假暹威勢諸公在坐令暹高視徐步
兩人擧裾而入文襄分庭對揖暹不讓席而坐觴再行便辭退
文襄曰下官薄有蔬食願公少留暹曰適受敕在臺以檢校逆
不待食而去文襄降階送之旬月後文襄與諸公出之東山遇暹
於道前驅爲赤棒所擊文襄迴馬避之暹後彈尚書令司馬子
如及尚書元羨殷州刺史慕容獻又彈太師咸陽王坦并州刺

史可朱渾道元罪狀極筆並免官其餘死黜若甚衆神武書與鄴下諸貴曰崔暹昔事家弟為定州長史後吾兒開府諮議及遷左丞吏部郎吾未知其能也始居憲臺乃爾糾劾咸陽王司馬令並是吾對門布衣之舊尊貴親暱无過二人同時獲罪吾不能救諸君其慎之又文襄嘗謂暹曰我尚畏羨何況餘人由是威名日盛內外莫不畏服

隋柳彧為治書侍御史當正色甚為百僚之所敬憚

陸知命為治書侍御史侃然正色為百僚所憚後又奏劾齊王暕百寮震慄

皇甫誕字玄慮少剛毅有器局開皇中累遷治書侍御史朝臣无不肅憚焉

唐王志愔中宗神龍中累除左臺御史執法剛正百僚畏憚時人呼為皁鵰言其曕人吏如鵰鶚之視燕雀也

李栖筠為御史大夫正身守道無所顧憚朝綱益振百度肅然名重於時

竇參為御史中丞不避權貴理獄以嚴稱

李夷簡為御史中丞彈奏京兆尹楊憑當時翕然謂紀綱復振

李絳為御史大夫威望特振

魏謩為御史中丞彈駙馬都尉杜中立贓罪貴戚憚之

孔緯為御史中丞器志方雅嫉惡如讎旣總憲綱中外不繩而自肅

冊府元龜卷第五百一十二

册府元龜卷第五百十三

憲官部

公忠　引駕　褒賞

公忠

夫君子策名委質有死無貳公忠之義諒在玆矣乃有典司邦憲表式朝右勵冰霜之志執金石之心正色不回讜言無隱竭誠於顛越之際獻規於疑貳之始或明辯其飛語或申雪其寃訟以至逢危授命抱義立節千古之下莫不仰其清風而思其人者也

後漢种暠順帝時爲侍御史監護太子承光宮中常侍高梵受勑迎太子不齎詔書以衣車載太子欲出太子傅高褒不知所以力不能止開門聽去暠至橫劍當車曰御史受詔監護太子太子國之儲副人命所繫常侍來無一尺詔書安知非姦邪今日之事有死而已梵不敢爭

楊衆以謁者僕射從獻帝入關累遷御史中丞及帝東還夜走度河衆率諸官屬步從至太陽拜侍中[illegible]建安二年追前功封務亭侯

晉劉暾爲司隸校尉時惠帝立羊玄之女爲皇后成都王以討玄之爲名廢后爲庶人處金墉城大駕幸長安留臺復后位永興初河間王顒矯詔遣尚書田淑勑留臺賜后死詔書累至暾與尚書僕射荀藩河南尹周馥馳上奏曰奉被手詔伏讀惶悴臣按古今書籍亡國破家毀喪宗祐皆由犯衆違人之所致也陛下遷幸舊京廓然衆庶悠悠罔所依倚家有跂踵之心人想鑾輿之聲思望大德釋兵歸農而兵纏不解處處互起豈非善者不至人情猜隔故邪今上官已犯闕稱兵焚燒宮省百姓諠駭宜鎮之以靜而大使卒至赫然執藥當詣金墉內外振動謂非聖意羊庶人門戶殘破廢放空宮門禁峻密若絕天地無緣得與姦人構亂衆無愚智皆謂不然刑書猥至罪不值辜人心一憤易致興動夫殺一人而天下喜悅者宗廟社稷之福也今殺一枯窮之人而令天下傷慘臣懼凶豎承間妄生變故臣忝司京輦觀察衆心實以深憂宜當含忍不勝所見謹密啓聞願陛下更深與太宰參詳勿令遠近疑惑取謗天下顒見表大怒乃遣陳顏呂朗東收暾暾奔青州后遂得免帝還洛迎后復位初羊后反宮遣使謝暾曰賴劉司隸忠誠之志得有今日

唐蘇珦垂拱初爲監察御史則天使珦按韓魯諸王獄珦奏據狀無徵則天召見詰問珦執奏不回則天不悅曰卿大雅之士當即有驅使此獄不假卿也遂令珦於河西監軍神龍中珦爲右御史大夫會節愍太子敗詔珦窮其黨與時睿宗在洛爲得罪者所引珦因辯析事狀密奏以保明之中宗意解因是多所原免擢珦爲戶部尚書

蕭至忠爲御史中丞中宗神龍三年自節愍太子舉兵誅武三思之後安樂公主及兵部尚書宗楚客兄弟侍御史冉祖雍李悛共誣構安國相王及鎮國太平公主言與太子連謀舉兵請收制獄因此欲加凶忍帝召至忠令鞫其狀至忠泣而奏曰陛下富有四海貴爲天子豈不能容一弟一妹乃受人羅織竊念宗社存亡實在於此臣雖至愚竊爲陛下不取漢書曰一尺布尚可縫一斗粟尚可舂兄弟二人不相容願陛下詳察此言初則天皇后欲立相王相王累日不食請迎陛下固讓之誠天下傳說足明冉祖雍所奏咸是構虛帝雅與相王公主素相友愛深納至忠之言至忠自此又彌加保護由是公主獲安

盧奕爲御史中丞留臺東都天寶十四載安祿山犯東都與留守李憕誓言無避死人吏奔散奕在臺獨居爲賊所執與憕同見害

趙涓永泰初爲監察御史時禁中失火焚屋室數十間火發處與東宮稍近代宗深疑之涓爲巡使俾令即訊涓周歷壖垣按據跡狀乃上直中官遺火所致也推鞫明審頗盡事情既奏代宗甚賞焉德宗時在東宮常感涓之究理詳細及刺衢州年考既深又與觀察使韓滉不相得滉奏免涓官德宗見其名謂宰

相曰豈非永泰初御史趙涓乎對曰然即日拜尚書左丞

齊映興元初為御史中丞從德宗幸梁州每遇險映常執轡會帝馬驚蹶奔甚帝懼傷映令捨轡映堅執久之乃止帝問故對曰馬奔蹶不過傷臣如捨之或犯清塵雖臣萬死何以塞責帝嘉歎無已

孔緯為太子少傅時沙陀逼京師昭宗幸鳳翔邠帥朱玫引兵來迎駕因令孜挾帝幸山南時中夜出幸百官不及扈從而隨駕者黃門衛士數百人而已帝駐寶雞候館詔授緯御史大夫尉遣中使傳詔令緯率百寮赴行在時京師亂後從駕官屬至盩厔（上張流切下丁音切）並為亂兵所剽（匹妙切）資裝殆盡緯承令見宰相論事蕭遘以田令孜在帝左右意不欲行辭疾不見緯緯遣臺吏促百官上路皆以袍笏不具為詞緯無如之何乃召三院御史謂之曰吾輩世荷國恩身居憲秩雖六騑（芳非切）奔迫而咫尺天顏累詔追徵皆無承稟非臣子之義凡布衣交舊緩急猶相救况天子君親策名委質可背耶言竟泣下三院曰人豈不懷但盩厔剽剝之餘乏食不給今若首塗聊營一日之費俟信宿繼行可也緯拂衣而起曰吾妻危疾旦不保夕丈夫豈以妻子之故怠君父之急耶公輩善自為謀吾行決矣即日見李昌符告曰主上再有詔命令促百寮前進觀君公之意未有發期僕忝憲闈不宜居後稍塗多梗明公幸假五十騎送至陳倉昌符嘉之謂緯曰路無頓遞裹糧辦耶乃送錢五十緡令騎士援緯達散關緯知朱玫必蓄異志奏曰關城小邑不足以駐六師請速幸梁州翌日車駕離陳倉纔入關而邠岐之兵圍寶雞攻散關微緯之言幾殆矣

引薦

詩曰蒸我髦士蓋美其得賢傳曰舉爾所知誠廣其薦善况夫總司彝憲糾正庶工固宜念則哲之明先舉類之義審擇儒雅博行端良薦於朝庭庶以組綬其武忠讜之士邪佞所伏文致

厥辜論陷非辟而能表薦其行請宥其刑皆所以為國愛材進人以道刈楚之詩斯作沉僚之歎罔興豈止致位於台槐受寵於龜紫固可以紹其芳懿為南司之表式焉

漢張湯為御史大夫尹齊以刀筆吏稍遷至御史事湯湯數稱薦以為廉武帝使督盜賊又以倪寬為掾舉侍御史權太中大夫

蕭望之為御史大夫除薛廣德為屬數與論議器之薦廣德經行宜充本朝為博士論石渠

繁延壽為御史大夫（即李延壽也繁音蒲何切）聞谷永有茂材除補屬舉為太常丞

貢禹為御史大夫琅邪諸葛豐以明經為郡文學名特立剛直禹除為屬舉侍御史

後漢杜林為侍御史林先與鄭興同寓隴右乃薦之曰竊見河南鄭興執義堅固敦悅詩書好古博物見疑不惑有公孫僑觀射父之德宜侍帷幄典職機密昔張仲在周燕翼宣王而詩人悅喜惟陛下留聽少察以助萬分乃徵為太中大夫

樊準為御史中丞時龐參坐法輸作若盧準上疏薦參曰臣聞鷙鳥累百不如一鶚昔孝文皇帝悟馮唐之言而赦魏尚之罪使為邊守匈奴不敢南向夫以一臣之身折方面之難者選用德也臣伏見故左校令河南龐參勇謀不測卓爾奇偉高才武略有魏尚之風前坐微法輸作經時今羌戎為患大軍西屯臣以為如參之人宜在行伍惟明詔採前世之舉觀魏尚之功免赦參刑以為軍鋒必有成効宣助國威鄧太后納其言即擢參於徒中召拜謁者使西督三輔諸軍屯

應奉為司隸校尉時河南尹李膺欲奏羊元羣贓罪元羣賂豎膺反坐輸作左校初膺與廷尉馮緄大司農劉祐等共同心志糾罰姦倖緄祐時亦得罪輸作奉上疏理膺等曰昔秦人觀寶於楚昭奚恤莅以羣賢梁惠王瑋其照乘之珠齊威王荅以四臣夫忠賢武將國之心膂切見左校弛刑徒前廷尉馮緄大司

農劉祐河南尹李膺等執法不橈誅舉邪臣肆之以法衆庶稱
宜李孫行父親遥君命遂出呂僕於舜之功二十之一今膺等
投身彊禦畢力致罪陛下既不聽察而猥受譖訴遂令忠臣同
愆元惡自春迄冬不蒙降恕遐邇觀聽爲之歎息夫立政之要
記功忘失是以武帝捨安國於徒中宣帝徵張敞於亡命緄前
討蠻荆均吉甫之功祐數臨督司有不吐茹之節膺著威幽并
遺愛度遼今三垂蠢動王旅未振易稱雷雨作解君子以赦過
宥罪乞原膺等以備不虞書奏乃悉免其刑

後魏元正爲御史中尉高選御史高道穆奏記於正正大喜曰
吾久知其人適召之遂引爲御史又以内行長山偉兼侍御史
入臺五日便遇正會偉司神武門其妻從叔爲羽林隊主擿直
長於殿門偉卽劾奏正甚善之俄然奏正

李彪爲御史中尉以尚書主客郎鄭道元秉法清勤引爲治書
侍御史

高道穆爲御史中尉選用御史皆當世名輩李希宗李繪陽休
之陽斐封君義邢子明蘇淑宗世良等四十人

北齊崔暹東魏孝靜武定初遷御史中尉選畢義雲盧潛宋欽
道李愔崔瞻杜蕤嵇曄酈伯偉崔子武李廣皆爲史世稱其知人

唐張循憲爲侍御史長安中爲河東採訪使薦蒲州人張嘉貞
材堪憲官請以己官秩授之則天召見垂簾與之言嘉貞奏曰以
臣草萊得入謁九重是千載一遇也咫尺之間如隔雲霧竟不
覩日月恐君臣之道有所未盡則天遽令卷簾與語大悦擢拜
監察御史

張廷珪爲監察御史李邕少知名長安初廷珪薦邕詞高行直
堪爲諫諍之官由是召拜左拾遺

李栖筠爲御史大夫時河中少尹嚴郢召至京師元載言郢於
代宗帝已疎忌載拒而不納是時帝委腹心於栖筠亦嘗薦延
之帝曰郢方爲元載所厚寧可信乎栖筠曰如郢材力陛下不

自揀拔豈使爲姦人用乎卽日擢授河南尹兼御史中丞水陸
運使

崔寧爲御史大夫寧以爲選擇御史當出大夫不謀及宰相乃
奏請以李衡于結等數人爲御史楊炎大怒其狀遂寢

韋貞伯爲御史中丞德宗貞元初袁滋爲岳鄂從事部有邑長
下史誣以盜金滋察其冤竟出之貞伯聞之薦爲侍御史

高郢爲御史大夫時右拾遺翰林學士李建罷職降詹事府司
直郢表授殿中侍御史

裴度爲御史中丞奏崔從爲侍御史知雜及度作相又奏從自
代爲中丞從所取御史必先質重貞退者時論嘉之

李夷簡爲御史中丞櫟陽尉徐晦本楊憑所薦及憑得罪貶官
臨賀縣尉親交無敢祖送獨晦至藍田與憑言別時故相權德
輿與憑交分最深知晦之行因謂晦曰今日送臨賀誠爲厚矣
無乃反爲累乎晦曰自布衣沐楊公之知不一送他日相公爲
姦邪所譖焉可不送相公乎德輿大歎因稱之於人不數日夷
簡請爲監察晦至官之日白夷簡曰晦不由公門公何所取信
而見獎拔夷簡曰君送楊臨賀寧肯負國乎由是
名益振

韋有翼爲御史中丞奏職方員外郎鄭處誨兼侍御史知雜制
曰御史中丞有翼上言曰御史府其屬三十八例以中臺郎一
人稽參其事以重風憲如處誨族清冑貴能傳文諭義理無不
講求朝廷典章飽於聞見乞爲副貳以佐紀綱以爾處誨常居
内廷草具密旨自以疾去予今惜之俞其言如我得有翼爲爾
之知已予爲有翼之德鄰上下交舉豈有私愛勉脩職業所報
非一

後唐蕭頃爲御史中丞請孔邈爲御史

褒賞

夫禦風憲之地當糾繩之任綱紀所屬委寄尤重而能方嚴以

自律勁直而不撓彈射違繆無所畏避權伐豪橫未甞寬假㑺㑺而正色謇謇而匪躬善守厥官不懈于位繇是推櫽賞之典加異數之寵申之以賜予賁之以釆章形於詔獎榛以體貌激借以聳其氣慰勉以成其名故首公之臣立志之士莫不感激以思自効摩厲以期稱職然後知信賞之爲勸非可以忽已

漢諸葛豐元帝時爲司隷校尉[illegible]無所避帝嘉其節加豐秩光祿大夫

後漢宣秉字巨公爲侍中建[武元]年拜御史中丞上時詔御史中丞與司隷校尉尚書令會[同]並専席而坐故京師號曰三獨坐秉遷司隷校尉秉性節約常服布被蔬食瓦器帝常幸其府舍見而歎曰楚國二龔不如雲陽宣巨公即賜布帛帳帷什物

杜詩建武初爲侍御史安集洛陽時將軍蕭廣放縱兵士暴橫民間百姓遑擾詩勑曉不改遂格殺廣還以狀聞世祖召見賜以棨戟

鮑永建武十一年爲司隷校尉以事劾帝叔父趙王良大不敬朝廷肅然乃辟扶風鮑恢爲都官從事恢抗直不避彊禦帝常曰貴戚且宜斂手以避二鮑

鮑昱永子中元元年昱拜司隷校尉詔昱詣尚書使封胡降檄光武遣小黄門問昱有所怪不對曰臣聞故事通官文書不著姓又當司徒露布（漢官儀曰群臣上書公卿校尉諸將不言姓凡制書皆璽封尚書令重封唯赦贖令司徒印露布州郡也）怪使司隷下書而著姓也帝報曰吾故欲令天下知忠臣之子復爲司隷也

馬嚴拜御史中丞賜冠幘衣服車馬

晉李憙武帝時爲司隷校尉劾中山王睦等各占官三更稻田詔曰易稱王臣謇謇匪躬之故今憙亢志在公當官而行可謂邦之司直者矣光武有云貴戚且斂手以避二鮑豈其然乎其申勑羣寮各慎所司寬宥之恩不可數遇也憙爲二代司隷朝野稱之

傅咸以議郎長兼司隷校尉咸前後固辭辭旨懇切武帝不聽

勑使者逼就拜咸後送還印綬公車不通催使攝職咸以身無兄弟喪葬無主重自陳乞遂不見聽於官舍設靈坐朔望奉祭元康四年卒官時詔贈司隷校尉朝服一具衣一襲錢二十萬謚曰貞

劉暾爲左丞兼御史中丞奏免尚書僕射東安公繇等十餘人朝廷嘉之遂即真

熊遠爲御史中丞中宗每歎其公忠謂遠曰卿在朝正色不茹柔吐剛忠亮至勁可謂王臣

宋孔琳之爲御史中丞劾奏徐羨之自是百僚震肅莫敢犯禁高祖甚嘉之行經蘭臺親加臨幸

蕭惠開爲御史中丞百僚畏憚之入爲侍中孝武詔曰惠開前在憲司奉法直繩不阿權戚朕甚嘉之可更授御史中丞

梁江淹在齊爲御史中丞多所奏劾內外肅然明帝謂淹曰宋世以來不復有嚴明中丞君今日可謂近世獨步

張緬爲御史中丞居憲司推繩無所顧望號爲勁直高祖乃遣畫工圖其形於臺省以勵當官

陳袁憲爲御史中丞領羽林監常陪讌承香閣憲退之後宣帝留憲與衛尉樊俊徙席山亭談宴終日帝目憲而謂俊曰袁家故爲有人其見重如此

後魏李彪爲御史中尉多所糾劾豪右屏氣高祖常呼彪爲李生於是從容謂羣臣曰吾之有李生猶漢之有汲黯

高道悅爲治書侍御史正色當官不憚彊禦奏舉任城王澄等免官高祖詔褒美之

元匡爲御史中尉嚴於彈糾始彈于忠次彈高聰等免官靈太后並不許違其糾惡之心又慮其辭解欲奬安之進號安南將軍

高恭之字道穆爲御史中尉莊帝姊壽陽公主行犯清路執赤棒卒呵之不止道穆令卒棒破其車公主泣以訴帝帝謂主曰高中尉清直之人彼所行者公事豈可以私恨責之耶道穆後

見帝帝曰一日家姊行路相犯極以爲愧道穆免冠謝帝曰朕
以愧卿卿反謝朕
北齊崔暹仕魏爲御史中尉神武如京師羣官迎於紫陌神武
握暹手而勞之曰往前朝廷豈無法官而天下貪婪莫肯糾劾
中尉盡心爲國不避豪强遂使遠邇肅清羣公奉法衝鋒陷陣
代有其人當官正色今始見之今榮華富貴直是中尉自取高
歡父子無以相報賜暹良馬使騎之以從且行且語暹下拜馬
驚走神武爲擁之而授轡魏帝宴於華林園謂神武曰自頃朝
貴牧守令長所在百司多有貪暴侵削下人朝廷之中有用心
公平直言彈劾不避親戚者王可勸酒神武降階跪而言曰惟
御史中尉崔暹一人謹奉明旨敢以酒勸并臣所射賜物千段
乞迴賜之帝曰崔中尉爲法道俗齊整暹謝曰此自陛下風化
所加大將軍臣澄（澄神武長子文襄也）勸獎之力文襄退謂暹曰我尚畏
羨何況餘人神武將還晉陽又以所乘馬加綵物賜暹由是威

名日盛內外莫不畏服
隋柳彧開皇中爲治書侍御史當朝正色甚爲百寮之所敬憚
文帝嘉其婞直謂彧曰大丈夫當立名於世無容容而已賜錢
十萬米百石後以忤旨免未幾復令視事因謂彧曰無改爾心
以其家貧勅有司爲之築宅因曰柳彧正直士國之寶也其見
重如此
游元大業中爲侍御史遼東之役守文述等九軍敗元案獄數
其罪仍以狀劾之帝嘉其公正賜朝服一襲
唐杜淹爲御史大夫太宗幸其第視疾
張行成爲殿中侍御史糾劾不避權戚太宗以爲能謂房玄齡
曰觀古今用人必因媒介若行成者朕自舉之無先容也
崔隱甫開元中爲御史大夫羣寮側息玄宗嘗謂曰卿爲大夫
深副朕所委
李勉至德初從至靈武拜監察御史劾勳臣管崇嗣失禮肅宗
時原之歎曰吾有李勉始知朝廷尊矣
盧坦爲御史中丞元和三年舉奏前山南西道節度使柳晟前
浙東觀察使閻濟美違勅貢獻憲宗召坦對褒慰久之
裴度爲御史中丞時吳元濟盜兵柄求襲父任憲宗徵師伐叛
詔度巡營壘勞士卒度計其險易條陳攻取之策帝深然之遷
刑部侍郎兼御史中丞
王播爲御史中丞入閤候宰相出方隨之異常例也
後唐許光義明宗天成四年除御史中丞光義謝賜絹五十匹
銀器一事
劉贊爲御史中丞長興二年十二月詔曰國祚中興皇綱再整
合頒公事偏委羣臣先勑抄録六典法書分爲二百四十卷從
朝至夕自夏徂冬御史臺官員等或同切催驅或遍專勘讀校
前王之舊制布當代之明規宜有獎酬以勵勤恪御史中丞劉
贊近別除官今加階爵宜從別勑處分呂琦姚遐致宜加朝散
大夫仍賜柱國勳于溥李壽並朝散大夫徐禹卿張可復王曉
並賜緋魚袋

冊府元龜卷第五百十三

冊府元龜卷第五百一十四

憲官部三

剛正

書曰剛而塞疆而義詩曰靖恭爾位好是正直蓋夫風憲之任抨彈攸屬所以糾擧不法表正庶尹震肅綱紀奮揚威望而能雅志公亮峻節孤峙擧遵直道無所屈撓善善惡惡不吐不茹使邪臣知懼懦夫有立雖復逆忤貴倖構聚怨隙被以巧詆陷於深文亦無憚焉斯古人所謂執德不回當官有守者也

漢嚴延年爲御史掾擧侍御史時大將軍霍光廢昌邑王尊立宣帝宣帝初卽位延年劾奏光擅廢立主無人臣禮不道奏雖寢然朝廷肅焉敬之

諸葛豐特立剛直元帝擢爲司隸校尉時侍中許章以外屬貴幸奢淫不奉法度賓客犯事與章相連豐案劾章欲奏其事適逢許侍中私出豐駐車擧節詔章曰下欲收之章迫窘馳車去豐追之章因得入宮門自歸上(歸誠於天子也)豐亦上奏於是收豐節司隸去節自豐始豐上書謝曰臣豐駑怯文不足以勸善武不足以執邪陛下不量臣能否拜爲司隸校尉未有以自效復秩臣爲光祿大夫官尊貴重非臣所當處也又迫年歲衰暮常恐卒塡溝渠無以報厚德使論議士譏臣無補長獲素餐之名(素空也言不擧職空食祿奉而已)故常願捐一旦之命不待時而斷姦臣之首縣於都市編書其罪(編謂聯次簡牘也)使四方明知爲惡之罰然後卻就斧鉞之誅誠臣所甘心也夫以布衣之士尚猶有刎頸之交今以四海之大曾無伏節死誼之臣率盡苟合取容阿黨相爲念私門之利忘国家之政邪穢濁溷之氣上感于天是以災變數見百姓困乏此臣下不忠之效也臣誠恥之亡已凡人情莫不欲安存而惡危亡然忠臣直士不避患害者誠爲君也今陛下天覆地載物無不容使尚書令堯(臣欽若等曰堯史不書其姓)賜臣豐書曰夫司隸者刺擧不法善善惡惡非得顓之也免處中和順經術意恩深德厚臣豐頓首幸甚臣竊不勝憤懣願賜清宴唯陛下裁幸帝不許是後所言益不用

蓋寬饒爲司隸校尉刺擧無所迴避平恩侯許伯入第(許伯皇太子外祖也入第者治第新成始入居之)丞相御史將軍中二千石皆賀寬饒不行許伯請之乃往從西階上東鄉特坐(言無所自卑讓抗禮也)許伯自酌曰蓋君後至寬饒曰無多酌我我乃酒狂丞相魏侯(臣欽若等曰魏侯魏相也)笑曰次公醒而狂何必酒也坐者皆屬目卑下之(屬目猶言注目也)酒酣樂作長信少府檀長卿起舞爲沐猴與狗鬭(沐猴獼猴)坐皆大笑寬饒不說卬視屋而歎曰美哉然富貴無常忽則易人此如傳舍所閱多矣(言如客舍行客輩過之數多所經歷也)唯謹愼爲得久君侯可不戒哉因起趨出劾奏長信少府以列卿而沐猴舞失禮不敬帝欲罪少府許伯爲謝良久帝乃解

孫寶字子嚴哀帝卽位爲諫大夫遷司隸初傅太后與中山孝王母馮太后俱事元帝有郤(以當熊事而嫌之)傅太后使有司考馮太后令自殺衆庶冤之寶奏請覆治傅太后大怒曰帝置司隸主使察我馮氏反事明白故欲擿觖以揚我惡(擿觖謂挑撥之也)我當坐之帝迺順指下寶獄尚書僕射唐林爭之上以林朋黨比周左遷敦煌魚澤障候大司馬傅喜光祿大夫龔勝固爭帝爲言太后出寶復官

鄭寶明法律爲御史事貢公(貢禹也)名公直

涓勳爲司隸校尉時北地浩商爲義渠長所捕亡(義渠北地之縣也商被縣長追捕而亡)長取其母與豭豬連繫都亭下(以深辱之豭壯豕也)商兄弟會賓客自稱司隸掾長安縣尉殺義渠長妻子六人亡丞相御史請遣掾史與司隸校尉部刺史并力逐捕察無狀者(無狀謂商及義渠長本狀之迹由也)奏可勳奏言春秋之義王人微者序乎諸侯之上尊王命也臣幸得奉使以督察公卿以下爲職(督視也)今丞相宣(薛宣也)請遣掾史以宰士督察天子奉使命大夫(謂丞相掾史爲宰士者言其宰相之屬官而皆命士也大夫謂司隸也)甚誖逆順之理(誖乖也)宣本不師受經術因事以立姦威案浩商所犯一家之禍耳而宣欲專權作威乃害于

國不可之大者（周書箕子云臣之有作福作威乃凶于乃國害于厥躬故引之）願下中朝特進列侯將軍以下正國法處議者以爲丞相掾不宜移書督趣司隸會皆商捕得伏誅家屬從合浦

後漢鮑永建武中爲司隸校尉辟扶風鮑恢爲都官從事恢亦抗直不避彊禦帝常曰貴戚且宜斂手以避二鮑

何敞爲侍御史章帝時尚書僕射郅壽譏刺竇憲等辭旨甚切憲怒陷壽以買公田誹謗下吏當誅敞上疏理之曰臣聞聖王闢四門開四聰延直言之路下不諱之詔立敢諫之旗聽歌謠於路爭臣七人以自鑒照考知政理違失人心輒改更之故天人並應傳福無窮臣伏見尚書僕射郅壽坐於臺上與諸尚書論擊匈奴言議過差及上書請買公田遂繫獄考劾大不敬臣愚以爲壽機密近臣匡救爲職若懷默不言其罪當誅今壽違衆正議以安宗廟豈其私邪又臺閣平事分爭可否雖唐虞之隆三代之盛猶謂諤諤以昌不以誹謗爲罪請買公田人情細過可裁隱忍壽若被誅臣恐天下以爲國家橫罪忠直賊傷和氣忤逆陰陽臣所以敢犯嚴威不避夷滅觸死瞽言非爲壽也忠臣盡節以死爲歸臣雖不知壽度其甘心安之誠不欲聖朝行誹謗之誅以傷晏晏之化杜塞忠直垂譏無窮臣敞謬豫機密言所不宜罪名明白當塡牢獄先壽僵仆萬死有餘書奏壽得減死論

朱意爲司隸校尉和帝永元初大將軍竇憲兄弟貴盛步兵校尉鄧疊河南尹王調故蜀郡太守廉范等皆憲黨出入憲門負勢放縱意隨違舉奏無所迴避由是與竇氏有隙

周紆初爲洛陽令部吏止姦亭長霍延遮止拔劍肆詈皇后弟竇篤坐免後爲御史中丞又坐免竇氏貴盛篤兄弟秉權睚眦宿怨無不僵仆篤等以紆公正而怨隙有素遂不敢害永元五年復徵爲御史中丞諸竇雖誅而夏陽侯瓌猶尚在朝紆疾之乃上疏曰臣聞臧文仲之事君也見有禮於君者事之如孝子之養父母見無禮於君者誅之如鷹鸇之逐鳥雀案夏陽侯瓌本出輕薄志在邪僻學無經術而妄構講舍外招儒徒實會姦桀輕忽天威侮慢王室又造作巡狩封禪之書惑衆不道當伏誅戮而主者營私不爲國計夫涓流雖寡浸成江河爝火雖微卒能燎野履霜有漸可不懲革宜尋呂產專竊之亂永惟王莽篡逆之禍上安社稷之計下解萬夫之惑會瓌歸國

華松爲司隸校尉是時貴戚專勢有司軟弱莫敢糾罰松奏馬氏三侯豪家斂手

桓典拜侍御史是時宦官秉權典執政無所迴避

應奉爲司隸校尉糾舉姦違不避豪戚以嚴厲爲名

虞詡順帝永建中爲司隸校尉數月間奏太傅馮石太尉劉熹中常侍程璜陳秉孟生李閏等百官側目號爲苛刻時中常侍張防特用權勢每請託受取詡輒案之而屢寢不報詡不勝其憤乃自繫廷尉奏言曰昔孝安皇帝任用樊豐遂交亂嫡統幾亡社稷今者張防復弄威柄國家之禍將重至矣臣不忍與防同朝謹自繫以聞無令臣襲楊震之跡（樊豐譖震殁）書奏防流涕訴帝詡坐論輸左校防必欲害之二日之中傳考四獄獄吏勸詡自引詡曰寧伏歐刀以示遠近（歐刀刑人之刀）詡子顗與門生百餘人候中常侍高梵車訴言枉狀梵入言之即日赦出詡

李膺桓帝時拜司隸校尉時張讓弟朔爲野王令貪殘無道至乃殺孕婦聞膺厲威嚴懼罪逃還京師因匿兄讓弟舍藏於合柱中膺知其狀率將吏卒破柱取朔付洛陽獄受辭畢即殺之讓訴冤於帝詔膺入殿御親臨軒詰以不先請便加誅辟之意膺對曰昔晉文公執衛成公歸于京師春秋是焉禮云公族有罪雖曰宥之有司執憲不從昔仲尼爲魯司寇七日而誅少正卯今臣到官已積一旬私懼以稽留爲愆不意獲速疾之罪誠自知釁責死不旋踵特乞留五日尅殄元惡退就鼎鑊始生之願也帝無復言顧謂讓曰此汝弟之罪司隸何愆乃遣出之自此

諸黄門常侍皆鞠躬屏氣休沐不敢復出宮省帝怪問其故並叩頭泣曰畏李校尉

韓演爲司隸校尉奏中常侍左悺罪惡及其兄太僕南鄉侯稱請託州郡聚斂爲姦賓客放縱侵犯吏民悺稱皆自殺演又奏中常侍具瑗兄沛相恭臧罪徵詣廷尉瑗詣獄謝上還東武侯印綬詔貶爲都鄉侯

袁紹爲司隸校尉董卓議欲廢立謂紹曰天下之主宜得賢明每念靈帝令人憤毒董侯獻帝也似可今當立之紹曰今上富於春秋未有不善宣於天下若公違禮任情廢嫡立庶恐衆議未安卓案劒叱紹曰豎子敢然天下之事豈不在我我欲爲之誰敢不從紹詭對曰此國之大事請出與太傅議之卓復言劉氏種不足復遺紹勃然曰天下健者豈惟董公橫刀長揖徑出懸節於上東門而奔冀州

魏王觀字偉臺明帝幸許召觀爲治書侍御史典行臺獄時多

有倉卒喜怒而觀不阿意順旨

吳徐原爲侍御史性忠壯好直言

晉何曾魏世爲司隸校尉撫軍校事尹模憑寵作威姦利盈積朝野畏憚莫敢言者曾奏劾之朝廷稱焉時步兵校尉阮籍負才放誕居喪無禮曾面質籍於文帝座曰卿縱情背禮敗俗之人今忠賢執政綜核名實若卿之曹不可長也因言於帝曰公方以孝治天下而聽阮籍以重哀飲酒食肉於公座宜擯四裔無令汙染華夏帝曰此子羸病若此君不能爲吾忍邪曾重引據辭理甚切帝雖不從時人敬憚

劉毅魏末辟司隸都官從事京邑肅然毅將彈河南尹司隸不許曰攫獸之犬鵰用蹈其背毅曰旣能攫獸又能殺鼠何損於犬投傳而去武帝咸寧初爲司隸校尉糾正豪右京師肅然司部守令望風投印綬者甚衆時人以毅方之諸葛豐蓋寬饒皇太子朝鼓吹將入東掖門毅以爲不敬止之於門外奏劾保傅以下詔赦之然後得入帝常因南郊禮畢喟然問毅曰卿以朕方漢何帝也對曰可方桓靈帝曰吾雖德不及古人猶克己爲政又平吳會混一天下方之桓靈其已甚乎對曰桓靈賣官錢入官庫陛下賣官錢入私門以此言之殆不如也帝大笑曰桓靈之世不聞此言今有直臣故不同也散騎常侍鄒湛進曰世談以陛下比漢文帝人心猶不多同昔馮唐荅文帝云不能用頗牧而文帝怒今劉毅言犯順而陛下歡然以此相校聖德乃過之矣帝曰我平天下而不封禪焚雉頭裘行布衣禮卿初無言今於小事何見褒之甚湛曰臣聞猛獸在田荷戈而出凡人能之蜂蠆作於懷袖勇夫爲之驚駭出於意外故也夫君臣有自然之尊卑言語有自然之逆順向劉毅始言臣等莫不變色陛下發不世之詔出思慮之表臣之喜慶不亦宜乎時景皇后從父弟羊琇爲中護軍琇輒乘羊車毅糾劾其罪琇典禁兵放恣犯法每爲有司所貸毅劾之應至重刑武帝以舊恩直免官

而已

劉暾爲侍御史武庫火尚書郭彰率百人自衛而不救火暾正色詰之彰怒曰我能截君角也暾勃然謂彰曰君何敢恃寵作威作福天子法冠而欲截角乎求紙筆奏之彰伏不敢言衆人解釋乃止彰久貴豪侈每出輒從百餘人自此之後務從簡素後爲中丞奏免尚書僕射等十餘人朝廷嘉之遂以即眞

崔洪武帝世爲御史治書時長樂馮恢父爲弘農太守愛少子淑欲以爵傳之恢父終服闋乃還鄉里結草爲廬陽瘖不能言淑得襲爵恢始仕爲博士祭酒散騎常侍翟嬰薦恢高行邁俗侔繼古烈洪奏恢不敢儒業令學生番直左右雖有讓侯微善不得稱無倫輩嬰爲浮華之目遂免嬰官朝廷憚之尋爲尚書左丞時人爲之語曰叢生棘刺來自博陵在南爲鷂在北爲鷹

傅玄爲司隸校尉玄天性峻急不能有所容每有奏劾或值日暮捧白簡整簪帶竦踊不寐坐而待旦於是貴游懾伏臺閣生風

劉暾為御史中丞齊王冏腹心董艾勢傾朝廷百僚莫敢忤旨暾二旬之中奏劾艾罪釁者六艾諷尚書右丞苟晞免暾官

周顗字子隱為御史中丞凡所糾劾不避寵戚奏征虜將軍石崇大將軍梁王肜等正繩古今權豪震肅

杜錫為衛將軍長史趙王倫篡位以為治書御史孫秀求交於錫而錫距之秀雖銜之憚其名高不敢害

江績為御史中丞奏劾無所屈撓會稽世子元顯專政夜開六門績密啓會稽王道子欲以奏聞道子不許車胤亦曰元顯驕縱宜禁制之道子默然元顯聞而謂衆曰江績車胤間我父子遣人密讓之俄而績卒朝野悼之

司馬恬為御史中丞值海西廢簡文帝登阼未解嚴大司馬桓溫屯中堂吹警角恬奏劾溫大不敬請科罪溫視奏歎曰此兒乃敢彈我真可畏也恬忠正有幹局在朝憚之

宋荀伯子為御史中丞莅職勤恪有匪躬之稱立朝正色凡所奏劾莫不深相訶毀其言切直

鄭鮮之仕晉為御史中丞性剛直不阿強貴明憲直繩甚得司直之體外甥劉毅權重當時朝野莫不歸附鮮之盡心高祖獨不屈意於毅毅甚恨焉義熙六年鮮之使治書侍御史丘洹奏彈毅曰上言傳詔羅道盛輒開廄逐盜發密事依法棄市奏報行刑而毅以道盛身有侯爵輒復停宥案毅勳德光重任居次相既殺之非已無緣生之自由又奏之於先而弗請於後閫外出壇非此之謂中丞鮮之於毅舅甥制不相糾臣請免毅官詔無所問

孔琳之為御史中丞明憲直法無所屈撓

傅隆為御史中丞當官而行甚得司直之體

南齊王思遠明帝輔政為御史中丞時臨海太守沈昭略贓私思遠依事劾奏帝及思遠從兄晏昭略叔父文季請止之思遠不從案事如故

袁昂為御史中丞時尚書令王晏弟詡為廣州多納賕貨依事劾奏不憚權豪當時號為正直

梁陸杲為御史中丞性婞直無所顧望山陰令虞肩在任贓汙數百杲奏收治中書舍人黃睦之以肩事託杲杲不荅高祖聞之以問杲杲荅曰有人帝曰卿識睦之不杲荅曰臣不識其人時睦之在御側帝指示杲曰此人是也杲謂睦之曰小人何敢以罪人屬南司睦之失色領軍將軍張稷是杲從舅嘗以公事彈稷稷因侍宴訴高祖曰杲是臣親通小事彈臣不貸高祖曰杲職司其事卿何得為嫌杲在臺號稱不畏強禦

到洽為御史中丞彈糾無所顧望號為勁直

張綰再為御史中丞加通直散騎常侍綰再為憲司彈糾無所迴避

張緬為御史中丞居憲司推繩無所顧望號為勁直

江革為御史中丞彈奏權貴一無所避

劉潛為御史中丞在職彈糾無所顧望當時稱之

劉覽為尚書左丞當官清正無所私姊夫御史中丞褚湮從兄吏部郎孝綽在職頗通贓貨覽劾奏並免官孝綽怨之常謂人曰犬齧行路覽噬家人

陳袁憲為御史中丞時豫章王叔英不奉法度逼取人馬憲依事劾奏叔英由是坐免黜自是朝野皆嚴憚焉

徐陵為御史中丞時安成王頊為司空以帝弟之尊勢傾朝野直兵鮑僧叡假王威權抑塞辭訟大臣莫敢言者陵聞之乃為奏彈導從南臺官屬引奏案而入元帝見陵服章嚴肅若不可犯為斂容正坐陵進讀奏狀時安成王殿上侍立仰視世祖流汗失色陵遣殿中御史引王下殿遂劾免侍中中書監自此朝廷肅然

徐儉為御史中丞儉性公平無所阿附尚書令江摠望重一時亦為儉所糾劾後主深委任焉

褚玠為御史中丞剛毅有膽決甚有直繩之稱

冊府元龜卷第五百十四

册府元龜卷第五百一十五

憲官部四

剛正第二

後魏高謐獻文時爲給事掌禁內外彈糾非法當官而行無所迴避甚見稱賞

李彪爲御史中尉彪既爲孝文所寵性又剛直遂多所劾糾遠近畏之豪右屏氣帝常呼彪爲李生於是從容謂羣臣曰吾之有李生猶漢之有汲黯

高道悅拜治書御史正己當官不憚強禦奏舉任城王澄等免官孝文詔褒美之

王顯爲御史中尉多所彈劾百寮肅然

陽固爲治書侍御史宣武末中尉王顯起宅既成集寮屬饗宴酒酣問固曰此宅何如固對曰晏嬰湫隘流稱于今豐屋生災著於周易此蓋同傳舍耳唯有德能卒願公勉之顯嘿然他日

又謂固曰作太府卿庫藏充實卿以爲何如固對曰公使百官之禄四分之一州郡贓贖悉入京藏以此充府未之爲多且有聚斂之臣寧有盜臣豈不戒哉顯大不悅以此銜固又有人間於顯顯因奏固剩請米麥免固官

山偉爲內行長孝明初御史中尉元正以偉兼侍御史入臺五日便遇正會偉司神武門其妻從叔爲羽林隊主撾直長於殿門偉即劾奏正善之儀然奏正

綦儁爲御史中尉於路與僕射賈顯度相逢顯度侍勳貴排儁騶列儁忿見於色自入奏之

封回孝明時爲七兵尚書領御史中尉尚書右僕射元欽與從父兄麗妻崔氏姦通回乃劾奏時人稱之

崔亮爲御史中尉侍中廣平王懷以母弟之親左右不遵憲法敕亮推治孝明禁懷不通賓客者久之後因宴集懷侍親使忿欲陵突亮亮乃正色責之即起於帝前脫冠請罪遂拜辭欲出帝曰廣平麤疏向來又醉卿之所悉何乃如此也遂詔亮復坐令懷謝焉

酈道元爲御史中尉道元素有嚴猛之稱司州牧汝南王悅嬖近左右丘念與臥起及選州官多由於念匿於悅第時還其家道元收念付獄悅啓靈太后請全之敕赦之道元遂盡其命因以劾悅

高恭之字道穆御史中尉元正引爲御史其所糾摘不避權豪臺中事物多爲正所顧問道穆曾進說於正曰古人有言罰一人取千萬人懼豺狼當道不問狐狸明公荷國重寄宜使天下知法正深然之後道穆爲御史中尉莊帝姊壽陽公主行犯清路執赤棒卒呵之不止道穆令卒棒破其車公主深以爲恨泣以訴帝帝謂公主曰高中尉清直之人彼所行者公事豈可私恨責之也道穆後見帝帝曰一日家姊行路相犯極以爲愧道穆免冠謝曰臣蒙陛下恩守陛下法不敢獨於公主虧朝廷典

章以此負陛下帝曰朕以愧卿卿反謝朕時僕射尒朱世隆當朝權盛因內見衣冠失儀道穆便即彈糾又劾恭之爲御史中尉舉黃門侍郎尹乘直閣內參機密諫爭無言無所顧憚

北齊趙郡王琛魏天平中除御史中尉正色糾彈無所迴避遠近肅然

司馬子瑞爲御史中丞正色舉察爲朝廷所許

後周王誼閔帝時爲主中侍上士時大冢宰宇文護執政帝拱默無所關預有朝士於側微不恭誼勃然而進將擊之其人惶懼請罪乃止自是朝臣無敢不肅遷御正大夫

隋柳彧開皇中爲治書侍御史當朝正色文帝嘉其婞直謂彧曰大丈夫當立名於世無容容而已賜錢十萬米百石右僕射楊素當途顯貴百寮懾憚無敢忤者嘗以少譴敕送南臺素恃貴坐彧牀彧從外來見素如此於階下端笏整容謂素曰奉敕治公之罪素遽下彧據案而坐立素於庭辯詰事狀素由是銜之彧時方爲帝所

信任故素未有以中之梁毗煬帝即位爲刑部尚書并攝御史大夫事奏劾宇文述私役部兵帝議免述罪毗固諍因忤旨遂令張衡代爲大夫毗憂憤數月而卒

房彦謙煬帝世徵爲司隸刺史慨然有澄清天下之志凡所薦舉皆人倫表式其彈射當之者曾無怨言司隸別駕劉炫陵上侮下訐以爲直刺史憚之皆爲之拜唯彦謙執志不撓元禮長揖有識嘉之炫亦不敢爲恨

游元大業中爲朝請大夫兼侍御史宇文述等九軍敗績帝令元案其獄述時貴倖其子士及又尚南陽公主勢傾朝廷遣家僮造元有所請屬元不之見佗日數述曰公任屬親賢腹心是寄當咎身責己以勸事君乃遣人相造欲何所道案之愈急仍以狀劾之帝嘉其公正賜朝服一襲

李德饒大業中爲監察御史糾正不避貴戚陸知命初爲晉寧鎮將人或言其正直者由是待詔於御史臺拜治書侍御史侃然正色爲百寮所憚帝甚敬之後坐事免歲餘復職時齊王暕頗驕縱暱近小人知命奏劾之暕竟得罪百寮震慄

唐孫伏伽爲治書侍御史武德九年十月民部尚書裴矩奏突厥踐暴之亂戶請給絹一匹太宗曰朕於天下唯誠與信不欲空有存恤之名而無其實但戶有大小各須存濟給物雷同豈公恩之至也伏伽進曰裴矩受國恩賞未聞陳讓救恤百姓則欲苟釣虛名用心若是豈當朝寄請鞫其罪太宗從之其後計口爲率貧人賴焉

柳範爲侍御史奏彈吳王恪好畋獵損居人田苗太宗因謂侍臣曰權萬紀事我兒不能輔正其罪合死範進曰房玄齡事陛下猶不能諫止畋獵豈可獨罪萬紀乎

唐臨爲殿中侍御史大夫韋挺責臨以朝列不整臨曰此以小事不足介意今日已後爲之明日江夏王道宗共大夫雜立私談臨趨進曰王亂班道宗曰共大夫語何至於是臨曰大夫亦亂班韋失色而退

李乾祐貞觀初爲殿中侍御史時有鄃令裴仁軌私役門夫太宗欲斬之乾祐奏曰法令者陛下制之於上率土遵之於下與天下共之非陛下獨有也仁軌犯輕罪而致極刑是乖畫一之理刑罰不中則人無所措手足臣忝憲司不敢奉制太宗意解仁軌竟免

張行成爲殿中侍御史糾劾不避權戚

王義方高宗朝爲侍御史以彈李義府貶爲萊州司戶參軍義方將赴萊州義府謂之曰王學士得御史是義府所舉今日之事豈無愧乎對曰義方爲公不爲私昔孔子爲魯司寇七日誅少正卯於兩觀之下今義方任御史旬有六日不能除姦臣於雙闕之前實以爲愧義府大怒義方至萊州又爲義府中傷竟坐免官

王本立爲侍御史乾封中御史遭長官於塗皆魚帽降乘長官戢轡辭而上馬本立意氣頗高途逢長官端揖而已

魏眞宰爲監察御史深爲高宗所委信嘗從容問曰外閒以朕方自古何天子也對曰周之成康漢之文景帝曰有遺恨乎曰有之王義方一代英傑時人以爲皐陶稷卨之流而使不免貧賤死於草澤議者謂陛下不能用賢世帝曰我適欲用義方爲著作郎聞其已死既往不諫追悔無及眞宰曰比部員外郎劍藏器才行相副陛下所知今年向七十始爲尚書郎部下徒歎王義方已死藏器見在何爲棄之憑唐所謂雖得頗牧不能用也帝默然

王無競爲殿中侍御史正班於閤門外宰相團立于班北無競前曰去上不遠公雖大臣自須肅敬以笏揮之請齊班(時朝議是非參半)

蕭至忠爲監察御史彈鳳閣侍郎同鳳閣鸞臺三品蘇味道贓汙貶官御史大夫李承嘉嘗召諸御史責之曰近日彈事不諮大夫禮乎衆不敢對至忠進曰故事臺中無長官御史人君耳

目比有事主得各自彈事不相關或先白大夫而許彈事如彈
大夫不知白誰也承嘉默然而憚其剛正
韋思謙為監察御史時中書令褚遂良賤市中書譯語人地思
謙奏劾其事大理丞張山壽斷遂良徵銅二十斤少卿張叡冊
以為價當官估罪宜從輕思謙奏曰官市依估私但兩和且園
宅及田不在市肆豈應用估叡冊海弄文法附下罔上罪在當
誅高宗曰獄刑至重人命所懸叡冊曲憑估價斷為無罪大理
之職豈可使此人處之遂良左授同州刺史叡冊亦貶官及遂
良復用思謙不得進出為清水令謂人曰吾狂鄙之性假以雄
權觸機便發固宜為身災也大丈夫當正色之地必明目張膽
以報國恩終不能為碌碌之臣保妻子耳乾封中除侍御史與
公卿相見未嘗行拜禮或勉之思謙曰鵰鶚鷹鸇豈衆禽之偶
奈何設拜以狎之且耳目之官故當特立乃曰御史銜命出使
不能動搖山嶽震懾州縣誠曠官耳永淳初歷尚書左丞御史

大夫時武侯將軍田仁會與侍御史張仁禕不協而誣奏之高
宗臨軒問仁禕仁禕惶懼應對失次思謙歷階而進曰臣與仁
禕連曹頗知事由仁禕懦而不能自理若仁會眩惑聖聰致仁
禕非常之罪即臣亦事君不盡矣請專對其狀詞辯縱橫音旨
朗暢高宗深納之後為右肅政大夫大夫舊與御史抗禮思謙
獨坐受其拜或以為詞思謙曰國不班列自有差等奈何姑息
為事耶
張仁愿少有文武材幹累遷殿中侍御史時有御史郭霸上表
稱則天是彌勒佛身鳳閣舍人張嘉福與洛州人王慶之等請
立武丞之為皇太子皆請仁愿連名署表仁愿正色拒之甚為
有識所重
蘇珦垂拱初拜臺監察御史時則天將誅韓魯等諸王使珦按
其密狀珦訊問皆無徵驗或誣告珦與韓魯等同情則天召見
詰問珦抗議不回則天不悅曰卿大雅之士朕當別有驅使此
獄不假卿也遂令珦於河西監軍後為右肅政臺御史大夫神
龍初武三思擅權雍州人韋月將告三思將有逆謀返為三思
所構中宗令斬之珦奏非時不可行刑由是忤三思旨轉為右
御史大夫尋出為岐州刺史
馬懷素為左臺監察御史長安中御史大夫魏元忠為張易之所
構配徙嶺表太子僕崔貞慎東宮率獨孤禕等送之郊外易之大
怒復使人誣告貞慎與元忠謀反則天令懷素按鞫又遣中使促
迫諷令構成其事懷素執正不受命則天怒召懷素親加詰問
懷素奏曰元忠犯罪配流貞慎等以親故相送誠可為責若以
為謀反臣豈誣罔神明昔彭越以反伏誅欒布奏事於其屍下
漢朝不坐況元忠罪非彭越陛下豈加追送之人罪陛下當生殺
之柄欲加之罪取決聖衷可矣若付臣推鞫臣敢不守陛下之
法則天意解貞慎等由是獲免
宋璟為御史中丞張昌宗兄弟之盛歷代無比長安四年秋有

許州人楊元嗣上言昌宗去年九月遣方術人李弘泰卜相引
泰謂昌宗面有天子相勸於定州造佛寺即天下歸心則天令
鳳閣侍郎韋承慶司刑卿崔慶與璟推鞫之承慶奏言昌宗款
稱所得李弘泰占相之語既已聞奏准法狀當首露弘泰輒出
妖詞請付法科罪璟與大理丞封全禎奏曰昌宗既位列九卿
寵窮五等榮當之極理絕覬覦召問卜祝之流已是心懷悖亂
況引泰卜得純乾卦云是天子卦如知狂妄之詞何因不即擒
送所由自奏終是苞藏日以惟法合處斬破家請收付制獄更
窮理其罪則天久而不答璟又奏曰臣聞天無私覆地無私載
若不禁身推勘臣恐天下歸心於昌宗伏乞陛下以義斷恩允
臣此奏則天曰卿且停推勘待更詳檢文狀璟退左拾遺李邕
進曰向觀宋璟所奏事緣社稷不為身謀願陛下可其所請音
不許又載張易之與弟昌宗縱恣益橫傾朝野之昌宗私引相工李弘泰占吉凶言涉不順為飛書所告璟廷奏請窮究其則天曰易之等已自奏聞不可加罪璟曰易之等事露自陳情在難恕且謀反大逆無容首免請勒就御史臺推勘以明

匭法蹤之等父蒙聽使分外承恩目少知言出禍從此義激於心雖死不恨刻天不從內史兆瑋恐忤旨遽宣勅令璟出璟曰天顔尺尺親奉德音不煩宰臣擅宣王命則天意稍解乃收易之等就臺將加鞫問俄有特勅原之仍命易之等詣璟辭謝璟拒而不見曰公事當公言之若私見則法无私自是易之等常欲因事中傷之則天察其情竟以獲免

魏傳弓神龍中爲監察御史時左監門大將軍薛簡內常侍輔信義尤稱縱恣傳弓將奏請誅之御史大夫竇從一旣黨附官豎乃謂傳弓曰信義之徒深爲安樂公主所眷威勢甚高言成禍福何得輒請殺之傳弓曰今王綱漸壞君子道消正由此輩弄權耳若得今日殺之明日受誅死所恨也從一無以荅但固止之傳弓又劾奏銀青光祿大夫西明寺主惠範姦贓四十餘萬請寘于極法帝召傳弓傳弓進曰刑賞者國之大事陛下賞已妄加豈宜刑所不及帝乃削惠範銀青光祿大夫寺主放歸于家惠範者長安胡僧也寄好遊權門與張易之兄弟相善後易之等伏誅又安樂預謀遂賜爵上庸郡公加銀青光祿大夫依舊同於職事又奏稱先聖功德留付資道國請於東都創造聖善佛寺及奏年長安又勸請於長樂坡造大像凡所靡費巨億方計府爲之虛竭海內究之戚又制授檢校聖善中天及上都西明三寺主常又所行觀送之惠範旣權震內外當時莫敢言者一朝遂爲引法奏朝野莫不稱嘆

袁從之爲左御史臺侍御史景龍中長寧及安樂定安等公主多縱奴僕劫掠百姓子女以爲奴婢從之悉收主家奴僕繫獄將窮竟其罪主遂訴之於帝手制令放免從之又執奏曰陛下令若曲受主言而縱奴掠良人何以理天下臣知放則免罪於私門劾則得罪於公主終不忍全身遠害屈法偷生惟陛下垂照察帝竟不納

薛謙光景雲中擢拜御史大夫時僧惠範恃太平公主權勢逼奪百姓店肆州縣不能理謙光錄狀彈奏或請寢之謙光曰憲臺理冤滯何所迴避朝彈暮黜可矣遂與侍御史慕容珣奏彈之反爲太平公主所構出爲岐州刺史惠範旣誅遷太子賓客轉刑部尚書加金紫光祿大夫昭文館學士

崔日用爲監察御史神龍中秘書監鄭普思納女後宮潛謀左道日用知之遽奏于中宗時普思承恩中宗不之省日用廷爭懇至詞甚抗直普思竟伏其罪

王志愔神龍中爲左臺御史執法剛正百寮畏憚

韋虛心爲御史神龍年推按大獄時僕射竇懷貞侍中劉幽求意欲寬假虛心堅執法令有不可奪之志

楊瑒爲侍御史開元初崔日知爲京兆尹貪暴犯法御史大夫李傑糾劾之反爲日知所構瑒廷奏曰糾彈之司若遭恐脅以成姦人謀御史臺固可廢也玄宗以其言切直遽令傑依舊視事貶日知黜縣丞

崔隱甫爲御史大夫臺中一切督責之事無大小悉令諮決稍有忤意列上其罪前後貶黜者過半羣僚側目玄宗謂曰卿爲大夫深副朕所委

翟璋爲監察御史裹行會殿中侍御史出使盡璋知班乃牒中書省勘侍郎王琚及太子左庶子竇希瓘入晚遂爲所構出爲岐陽令

韋陟爲御史大夫拾遺杜甫上表論房琯有大臣度眞宰相器聖朝不容詞旨迂誕肅宗令崔光遠與陟及憲部尚書顏眞卿同訊之陟因入奏曰杜甫所論房琯事雖被貶黜不失諫臣大體上由此疎陟

張鎰爲殿中侍御史肅宗乾元初華原令盧樅以公事呵責邑人內侍齊令詵詵銜之構誣外發鎰按驗樅當降官及下有司擬當杖死鎰具公服白其母曰上疏理樅必免死某必坐貶若以私則鎰負於當官貶則以太夫人爲憂敢問所安母曰爾無累於道吾所安也執奏正樅罪故樅得配流鎰貶撫州司戶

嚴郢爲監察御史道士申泰芝誑使鬼物却老之術得幸於肅宗因使往湖南宣慰受姦贓鉅萬又以訛言惑衆潭州刺史龐承鼎按其事以聞肅宗不之信召泰芝赴京師下承鼎於江陵獄詔郢窮理之郢具以泰芝姦狀聞帝又令中使與觀察使呂諲同驗理諲亦執奏泰芝姦狀帝皆不納貶御史中丞敬羽希

官附會泰芝之郢堅爭其事帝大怒叱郢令去郢進而言曰龐承
鼎所奏申泰芝贓得贓狀按爲妖言皆泰芝書跡而泰芝所論
承鼎捕魚放生池因忌日殺羊事皆纖細又無證驗陛下奈何
欲罪承鼎而宥泰芝臣雖殺身不敢順旨收繫泰芝引支證廷
辨曲直帝曰卿且罷去郢復上疏理承鼎且言泰芝妖逆罪在
不捨臣纔繫身尚當尸諫況令未死豈敢求生詞甚切直帝大
悟青州殺承鼎流郢於建州頃之泰芝妖妄不道伏誅乃追還
承鼎本官召請郢復爲監察御史
顏眞卿爲御史大夫軍國之事知無不言爲宰相所忌出爲同
州刺史
李勉爲監察御史屬朝廷右武勳臣恃寵多不知禮大將管崇
嗣於行在朝堂背闕而坐言笑自若勉劾之拘於有司肅宗特
原之歎曰吾有李勉始知朝廷尊矣
李衎爲殿中侍御史代宗永泰元年正月壬子章敬皇太后忌

辰百寮於興唐寺行香內侍魚朝恩置齋饌於寺外之商鄧車
坊延宰相及臺省官就食朝恩恣口談時政公卿惕息衎與戶
部郎中相里造以正言折之衎詞直而強突頓忤朝恩遂罷會
李栖筠爲御史大夫特元載專政栖筠正身守道無所顧憚以
酬任遇之恩華原尉侯莫陳怤以主郵傳優敗長安尉臺參栖
筠面詰其勞考怤恐懼不敢隱諱乃以詐冒成優問其故即吏
部侍郎徐浩私戚京兆尹杜濟吏部侍郎薛邕因緣請託共成
罔冒三人皆宰臣相厚遂劾奏之帝依違未決栖筠陳請之際
屬月蝕帝問其故對曰臣聞日蝕修德月蝕修刑今誣上行私
之罪未理此天所以儆戒於明堂聖由是惑寤坐怤者皆貶謫
自此朝綱益振百度肅然中朝廷用帝皆密訪於栖筠栖筠盡
心知無不爲四五年間載充位而已
王翃爲御史大夫貞亮鯁直名於當代
竇參德宗初爲刑部郎中侍御史知雜事無幾遷御史中丞不

避權貴理獄以嚴稱數蒙召見言天下事又與執政議多異帝
深器之或參決大政時宰相頗忌之多所排抑亦無以傷參
貞元三年十月擒獲謀逆賊李廣弘等六人令中官王希遷鞫
之於內侍詔獄皆款伏參請令三司覆驗詔從之宰相李泌亦有所請與參同
曁贄爲御史中丞以強直不附權倖卒爲裴延齡譖毀罷官無
幾又貶饒州別駕
武元衡爲御史中丞順宗初即位王叔文專政以其黨數人爲
御史在臺元衡薄其爲人待之莽鹵皆有所憾而叔文又以元
衡在風憲欲使其黨誘以權利元衡不爲之動時奉德宗山陵
元衡爲儀仗使監察御史劉禹錫叔文所厚也求儀仗使判官
元衡不與其黨滋不悅數日罷爲右庶子
盧坦爲御史中丞舉奏前山南西道節度使柳晟前浙東觀察
使閻濟美違詔貢獻二人皆得罪於朝堂憲宗召坦對獎慰久
之曰晟等所獻皆以家財朕已許原不可失信坦曰赦令陛下

之大信也天下皆知之今二臣違令是不畏法陛下奈何受小
信而失大信乎帝曰朕已受之如何坦曰歸之有司不入內藏
使四方知之以昭明德帝深善其言右僕射裴均交結權倖得
貴位在班列常踰位而立坦請退之均不受坦曰姚南仲爲僕
射例如此均曰南仲何人坦曰南仲是守正而不交權倖者也
尋罷坦爲右庶子時人歸咎於均
李元素爲侍御史元和中東都留守杜亞素忌大將令狐運會
盜發洛城之北運適與其部下畋于北邙亞意其爲盜遂執訊
之逮繫者四十餘人監察御史楊寧按其事亞以爲不直表陳
之寧遂得罪命元素就覆亞迎路以獄成告元素驗之元素盡
釋其囚以還亞大驚且怒親追送馬上責之元素不荅又上疏
論元素元素還奏言未畢上怒曰出俟命元素曰臣未盡詞帝
又曰且去元素復奏曰臣一出不復得見陛下乞容盡詞帝意
稍解元素盡言運冤狀明白帝乃寤曰非卿孰能辯之後數月

竟得眞賊

薛存誠爲御史中丞時有僧鑒虛盜爲姦濫積財巨萬事發獄成中外掌權者更洽搖動之帝初令釋其罪存誠不受詔明日帝又宣旨曰吾要此僧面詰其事非赦之也存誠又奏曰鑒虛罪狀已具陛下將召之請先賜臣死然後可取帝嘉其有守遂令杖殺之

李夷簡爲御史中丞時京兆尹楊憑驕倨矜大班列惡之夷簡疏憑前後四犯彈奏之憑坐貶臨賀尉賜夷簡金紫當時翕然謂紀綱復振

裴度爲監察御史密疏論權倖詞切忤旨出爲河南功曹

柳公綽遷御史大夫韓弘病自河中入朝以弘守司徒中書令詔百寮問疾弘遣其子達情言不能接見公綽謂其子曰聖上以公官重令百寮省問異禮也如拜君賜宜力疾公見安有卧令子弟傳言耶弘懼扶牀而出人皆聳然

崔從爲侍御史知雜遷御史中丞正色立朝彈奏不避權倖事關臺閣或付仗內者必抗章疏論列請歸有司

孔戣爲殿中侍御史分司時昭義節度使盧從史判官徐玫以狡慝助成從史之姦逆從史既擒孟元陽按鞫至重復欲貶玫爲從事戣遂牒澤潞收玫以候詔命然後列狀上聞竟流播州

獨孤朗爲御史中丞故事憲府選御史多因其長有請然後除授崔晃鄭居中同時除監察皆出於丞相朗拒而不納晃改授太常博士居中分司東都

丁居晦爲御史中丞頗銳志當官不畏強禦然而措置或乖中道執政請移易遂復舊官帝疑之當軸者不叶故從舊職居晦前爲中書舍人翰林學士

李景讓爲御史大夫慷慨有大志正色立朝言無避忌時宣宗以帝舅鄭光卒詔罷朝三日景讓上言朝典有素無容過越優詔報之乃罷朝兩日

王華爲侍御史乾符末左散騎常侍李嶷有子凝吉武寧軍節度使支詳辟爲判官及廣陵中徐之偏將時溥逐支詳擁衆留後中和中朝廷加節制溥奏本州幕下賓客一切舊貫至是欲以腹心代之咸誣其賓毒煞而後奏仍表凝吉父嶷密通其情乞下御史臺鞫理時軍容使田令孜與溥賄賂交結乃遣御史中丞盧渥鞫而成之華執理雪爲令孜怒乃遣人傳宣取嶷本狀華拒而不遣乃白宰臣蕭遘去李嶷與凝吉雖是父子相去數千里若誣以知情寃曰非辜乃乖時請開延英面奏帝遂然之以時溥有勳令孜抗奏遂有詔罷華職時推蕭遘王華盧渥義亂之後未失朝廷大綱深爲歎賞也

冊府元龜卷第五百十五

冊府元龜卷第五百一十六

憲官部五

振舉

夫奮庸亮采所以幹於事功宿業脩方所以舉乎官政矧乃中司之局紀綱是賴平反措枉用清於庶獄繩違糾謬以肅乎外庭政治之攸先法度之所出莅斯職者實重其選自非秉方正之節挺中立之志居位自稱臨事生風謹條教而有嚴專抨彈而無避亦何以充厥任哉元魏之後乃有振攸司之務論庶官之失修舉廢墜釐整班制御率其違慢彌縫其紕闕使來自咸振彝倫式叙斯固得持憲之躰焉

後魏孝莊時元子思爲御史中尉先是兼尚書僕射元順奏以尚書百揆之本至於公事不應爲送御史至子思奏曰案御史令云中尉督司百寮治書侍御史糺察禁內又云中尉出行車輻前驅除道一里王公百辟避路時經四帝前後中尉二十許

人奉以周旋未曾暫廢府寺臺省並從此令唯肅宗之世爲臨洮舉哀故兼尚書左僕射臣順不肯與名又不送簿故中尉臣酈道元舉而奏之而順復啓云尚書百揆之本令僕納言之貴不宜下隸中尉送名御史尋亦蒙敕聽如其奏從此迄今使無准一臣初上臺具見其事意欲申請決議但以權兼斯未宜便爾日復一日遂歷炎涼去月朔旦臺移尚書索應朝名帳而省稽留不送尋復移催并主吏忽爲尚書郎中裴獻伯後注云案舊事御史中尉逢臺郎於復道中尉下車執版郎中車上舉手禮之以此而言明非敵體臣既見此深爲怪愕旅省二三未解所以正謂都省別被新式改易高祖舊命即遣移問事何所依又獲尚書郎中王元旭報出蔡氏漢官似非穿鑿始知裴王亦規壞典謨兩人心欲自矯臣案漢書宣秉云詔徵秉爲御史中丞與司隸校尉尚書令俱會殿庭並專席而坐京師號之爲三獨坐又尋魏書崔琰傳晉書文陽傅嘏傳皆云既爲中丞百僚震悚以此

而言則中丞不揖省郎蓋已久矣憲臺不屬都堂亦非今日又尋職令云朝會失時即加彈糺則百官簿帳應送尚書臺灼然明矣又皇太子以下違犯憲制皆得糺察則令僕朝名宜付御史又亦彰矣不付名至藏否何驗臣順專執未爲平通先朝曲遂豈是正法謹案尚書郎中臣裴獻伯王元旭等妄班士流早參清官輕弄短札斐然若斯苟執異端忽然至此此而不綱將隳朝令請以見事免獻伯等所居官付法科處尚書納言之本令僕百揆之要同彼浮虛助之乖失宜明首從節級其罪詔曰國家與政不可據之古事付司檢高祖舊格推處得失以聞尋從子思奏仍爲元天穆所忿遂停　〇高道穆孝莊時爲御史中尉上疏曰臣聞舜命皐陶蓋充是託禹泣辜人刑辟爲念所以舉直錯枉事切曩賢明德慎罰議存先典高祖太和之初置廷尉司直論刑辟是非雖事非古始文濟時要所謂禮樂不相沿襲者矣臣以無庸忝當今任所思報効未忘夙興但識謝知今業

慙稽古未能進一言以利國謀一策以興邦索米長安豈不知愧至於職司其憂猶望俛僶竊見御史出外悉受風聞雖時獲罪人亦不無枉濫何者得堯之罰不能不怨守令爲治容有愛憎姦猾之徒恒思報惡多有妄造無名共相誣謗御史一經檢究耻於不成杖木之下以虛爲實無罪不能自雪者豈可勝道哉臣雖愚短守不假器繡衣所指冀以清肅若仍踵前失或傷善人則尸祿之責無所逃罪所以夙夜爲憂思有悛革如臣鄙見請依太和故事還置司直十人名擬廷尉秩以五品選歷官有稱心平輔政者爲之御史若出糾劾即移廷尉令知人數廷尉遣司直與御史俱發所到州郡分居別館御史檢了移付司直覆問事訖與御史俱還中尉彈聞廷尉科案一如舊式庶使獄成罪定無復稽寬爲惡取敗不得稱枉若御史司直糺劾失實依所以獄罪之聽以所檢送相糺發如二使阿曲有不盡理聽家詣門下通訴別加案檢如此則肺石之傍怨訟可息叢棘之

下受罪否嘗者矣詔從之復置司

唐高宗永徽四年崔義玄爲御史大夫舊例御史臺不受詞訟有通詞狀者即於臺門候御史御史競往門外收採知可彈者略其姓名皆云風聞訪知及義玄爲大夫始受定事御史人知一日刻狀題告人姓名則天万歲通天元年左臺殿中侍御史徐有功奏論天官秋官及朝堂三司理匭使愆失具略曰自陛下即位巳來海内官員一定而天下選人漸多嘗選之曹用捨不平補擬乖次應留即放應放翻留屬請公行闕面罔懼遂使賓謗滿路怨讟盈朝浸以爲常殊無愧憚又往屬唐朝季年時多逆節鞫訊結斷刑獄至嚴革命巳來載祀遽積餘風未殄用法猶深今推鞫者慾行酷法不依律文妄搆異端虛立證據刻略爲罪捨法用情格律昭然無心遵奉斷事則不依欵占罔據條章狀表生情法外構理率心任意輕重自由天下稱冤莫不據此陛下九重嚴秘万機事總何能一一躬覽事事親詳近臣畏罪而不言大臣重禄而

不奏遂使刻薄之吏弊法未悛士子朝臣屏氣累息皆不自保恐墜網羅又陛下令朝堂受表設匭投狀空有其名竟無其實並不能正直各自防閑延引歲時拖曳來去叫閽不聽撾鼓不聞抱恨懷冤呼嗟而巳至誠所感和氣必傷豈不由受委任者不副天心是陛下務使直申其冤是有司務在重增其枉壓坊聖德隱蔽宸聰者是臣等不忠不誠死罪死罪臣今請考選官詮注不平致令在外怨讟者臣即察訪糾而彈之以復其曲伏望貶考奪禄以懲其心罪仍依法其刑獄推斷之官有行酷法妄考妄斷臣即案驗奏而劾之獲枉狀請即付法斷罪亦准前條奪禄貶考以勵其德其三司受表及理匭申冤使不速與奪致令擁滯有理不爲申者亦望准前彈奏貶考奪禄然臣昔忝法司猥蒙擢用臣愚無以上答聖造願以執法酬恩無縱詭隨不避強禦猛噬鷙擊是臣之分如天恩允臣所奏請降勅施行臣不越旬時不可以除殘革弊刑措不用天下幸甚制從之

玄宗開元十四年崔隱甫爲御史大夫故事大夫與監察競爲官政略無承禀及隱甫爲大夫一切督責之事無大小悉令諮决稍有忤意列上其罪前後貶黜者過半群寮側息帝嘗謂曰卿爲大夫深副朕所委

德宗貞元二年七月司門員外王沭爲左贊善大夫以判刑部斷獄失理爲右丞元琇所奏黜充秩時政尚因循罕相撿轄琇獨舉其職識者多之

八年正月御史臺奏伏以臺司推事多是制獄其中或有准勑便須處分要知法理又緣大理刑部斷獄亦皆申報臺司儻或差錯事須詳定比來皆却令刑部大理法直檢勘必恐自相扶會縱有錯失無由辨明伏請置法直一員與斷結之際事無闕遺其糧料請取臺中諸色錢物量事支給其功優等請准刑部大理處分勑司依奏

九年二月御史臺奏今後府縣諸司公事有推問未畢輒撾鼓進狀者請却付本司推問斷訖猶稱抑屈便任詣臺司案覆若實抑屈所由官録奏推典量罪決責如告事人所訴不實亦准法處分

姚庭鈞爲御史中丞奏稱律令格式懸之象魏奉而行之事無不理比見諸司寮案不能遵守章程事無大小皆悉聞奏臣聞爲君者任臣爲臣者奉法故云汝爲君目將司明也則知万機務繁不可徧覽也所以設官分職者委任責成百工惟時以成垂拱之化比者或修一水碾或伐一枯木並皆上聞旒扆取斷宸衷豈代大理物至公之道也自今已後若緣軍國大事及儀式無文者任奏取進止自餘據章程合行者合令准法處分其有故生疑滯致有稽失者請令御史隨事糾彈從之

憲宗元和元年十月武元衡爲御史中丞奏貞元二年御史中丞竇參所奏凡諸使兼憲官者除元帥都統節度觀察都團練

防禦等使余並在本官之位其後蘇弁于頔以度支郎中兼御史中丞鄭泳以易州刺史兼御史大夫皆奏進百令在同類之上伏以前後異同遵守不一臣謹議伏請自今常參官兼御史大夫中丞者准檢省官立在本品同類之下從之

元和元年三月辛未御史中丞武元衡奏中書門下御史臺五品已上官尚書省四品已上官諸司正三品已上及從三品職事官東都留守轉運塩鐵節度觀察都團練防禦招討經略等使河南尹同華州刺史諸衛將軍三品已上官除授皆入閤門謝其余官許於宣政南班拜訖便退詔曰如此例中有加使及職掌並准此又奏吏部兵部尚書侍郎官并礼部侍郎每選舉限內自十月至二月不奉朝參若稱事繁即中書門下御史臺度支京兆府以事至重朝請如常况旬節已賜歸休又許分日一月之內纔奉十日朝參甚寡又緣務殷臣詢求故實以為王顔任中丞日嘗論其事舉奏甚詳伏請准貞元十二年四月二十

七日敕仍永為常式從之

二年十二月癸亥御史臺奏文武常參官准乾元元年三月十四日敕如有朝堂相弔慰跪拜待漏行立失序語笑諠譁入衙門執笏不端行立遲慢立班不正趨拜失儀言語微喧穿仗出閤門無故離位廊下食行坐失儀語鬧入朝不從正衙出入非公事入中書每犯奪一月俸班列不肅所由指摘猶或飾非仍拒抗者錄奏貶官今商量舊條每罰各減一半所貴有犯必舉如所由指摘報告抵拒飾非即准舊具名聞奏必異衆知稟敬朝列肅清從之

四年五月御史臺奏准舊例監察御史從下六人各察尚書省一司又准興元元年十月敕令監察從上第一人察吏部禮部第二人察兵部工部第三人察户部刑部者伏以監察第一第二人已充監祭及館驛等使新人除出使外並無職掌無以觀其能否今請守舊制新人分察從之

十二月御史中丞李夷簡奏諸使諸州有兩稅外雜率及違格敕不法事請諸道監鐵轉運度支巡院訪察狀報臺司以憑聞奏從之

五年三月御史中丞王播奏監察御史舊例在任二十五月轉准具員不加令請仍舊殿中侍御史舊例在任十三月轉准具員加至十八月令請減至十五月侍御史舊例在任六月轉准具員加十三月今請減至十月從之播為中丞振舉朝章百職脩舉

十二年九月御史臺奏御史同制除官承前名字高下為班位先後或名在前身在外到却在舊人上後先有参差逡不均今請以上日為先後未上不得計月數制可其敕名在前上日在後之人但不逾一月不在此限行位班次即宜以敕內先後為定十五年三月御史中丞崔植奏當臺新除三院御史授上日職事先後奏元和十二年御史臺奏請脈除御史職事但據上

日為先後未上日不得計月數者准其年九月七日敕不逾一箇月不在此限行立班次即宜以敕內先後為定臣伏以御史除官之時據來處各有遠近若據一月便為遽創恐乖舊例殊未合宜伏緣臺司職事各有定分先後次弟不可踰越若行立班次既依敕名公事先後須繫到日則院長本職雜然在下制置錯亂無所遵承行之累年轉見其弊伏請自今已後三院御史職事行立一切依敕文先後為定以後赴職稽慢量道路遠近則臺司別具名聞奏須議懲責豈止顛倒職事而已從之

穆宗長慶二年正月御史中丞牛僧孺奏諸道節度觀察使請在臺御史充判官臣伏見貞元二年敕在中書門下兩省供奉官及尚書省御史臺見任郎官御史諸司諸使並不得奏請任使仍永為常式者近日諸道奏請皆不守敕文臣昨十三日已於延英面奏伏蒙允許重舉前敕不許更有奏請制曰可（時宰相文昌自宰相出鎮蜀奏官御史南宮郎三人為察佐以其職事分鎮上欲可之不逾年又表侍御史王由伯監察蘇景胤等忝中）

不下中丞執法舉劾舊章議者以爲當

三年二月御史臺奏准定朝拜公卿除准式假外有臨時請假者請同臨祭出齊罰俸又拜陵官辭訖便須發不得止宿於家

十一月御史臺奏伏以臺司奏報並有舊條眼因左巡奏疏闕已准敕科罰聞奏訖臣今撿尋條件本不該詳事須條貫令可遵守伏請添一節文應諸司科決人致死雖不死而事異於常稍稍涉非理者並准前條聞奏禁城內不在此限應得從今已後免有關遺敕旨依奏

四年侍御史知彈奏溫造請復置朱衣豸冠於外廊大臣沮而不行

敬宗寶曆元年閏七月監察御史劉寬夫上言近日補祭冬差王府官僚位望既輕有乖嚴敬伏請已後差太尉差尚書省三品已上及保傅賓詹尋官如人少即請取丞郎攝從之

九月御史臺奏近日新除刺史赴官多違條限請准舊制不逾

十日常參官及六品以下分司官比來淹延亦動經累月自今已後常參官分司請敕下後二十日發其六品以下分官司請待臺牒到發限外如妄稱事故不發常參官奏聽進止六品已下官臺司舉罰兩月俸料從之

文宗大和元年十二月御史臺奏伏以京城囚徒准敕科決者臣當司准舊例差御史一人監決如因稱冤即收禁聞奏便以監決御史覆勘者伏慮監決之時各懷疑憚務求省便難究冤辭恐至無告屈之人失陛下好生之理且臺司本定四推以鞫疑獄六察職事已重不合分外領推伏請自今以後有囚稱冤者監察御史聞奏敕下後便配四推所與獄無冤滯事得論理從之

四年二月御史臺奏內外六品以下官有不之任諸色事故勾留等伏以任官須數素定奉公職分有常一處闕人無務失本法苟不舉敗恐滋深今國計所須江淮是賴江淮州縣官俸料稍厚處勾留倍多除准敕正額勾留人外有事故離任者每年須部送兩稅左藏庫行綱不知差處常務例置攝官廢費因緣所害甚廣況勤勞責累移在他人俸祿資考則爲已有將欲求於致理先是察其曠官伏請起今除元有敕額勾留之司及宰相節度使幼小子弟息例一官不之任外縱有要籍並須具事由聞奏挾名敕下即任離本任仍當時牒報御史臺有違請免所居官并殿三選其州府長吏奏聽進止可之

三月壬寅御史臺奏三院御史盡入到朝堂從前無止泊處今請置祗候院屋宇門下省院西京兆府尹院東有官地請准長慶元年八月於中書南給官地起造請度支給錢一千貫文臺司自勾當從便起造可之

十月丁卯御史中丞宇文鼎奏今月十三日宰臣奉宣進止自今已後欲對並令前一日進狀來者伏以延英開日宰臣皆不前知遇陛下坐時如進狀請對或本司各有要事便得奏聞今

億應候對官前一日進狀以尋常公事不假面論只具狀奏章足以陳露儻臨時有切務文字不足盡言則咫尺天聽無路聞達更候後坐動踰數辰處置之間便有不及以玆限約恐失事機竊以請對官狀入之時今在平旦苟或居後則乖恭致令臨事排比時有失次伏乞重賜宣示俾其曉知限以狀入者並在卯前如在卯後聽不收覽自然人各遵奉理將得中可之

是月御史臺奏伏准六典故事外官授命皆便道之官蓋緣任闕其人則朝廷切於撫理近日皆顯陳私便不顧國經越理謗人迂行縣道或路非傳置創設供承況每道館驛有數使料有條則例苟踰支計失素使偏州下吏何以資陪又准假寧令守官五考一給拜掃假今皆稱幸從便路願謁枌榆則是展墓以因行赴官得皆枉道臣今月五日已於延英面奏伏奉聖旨令將狀來伏乞起今公私行李勤依紀律敢有違越請委所司論劾敕旨依奏

是月御史臺奏諸司諸使及諸州府并監院等公事申牒且當臺各令遵守時限并且當司行牒勘事多緣准勑推勘刑獄或是遠方人事有究訴凡於關繫盡須勘逐事節不精即慮滯屈比來行牒有累月不申兼頻牒不報者遂使刑獄淹恤擱誤慢官其間或有偵且禁身動經時月者若無條約弊恐轉深自等令勘責各得遠近程限及往復日數限外經十日不報者其本判官勾官等各罰三十直如兩度不報者其本判官勾官各罰五十直如三度不報者其本判官勾官各罰一百直如涉情故違勑限者本判官勾官牒考功書下考如經過所由輒有停滯其所由官典等節級別舉處分其間如事須轉行文牒諸處追尋亦須具事由先報勑旨依奏

五年三月御史臺奏應截耳進狀人准開元十三年八月二十四日勑比來有小小訴競即自刑害自今已後犯者先決四十然後勘當又准建中元年三月十一日勑節文自今已後除事

有不合所司論者即任奏聞其餘不得妄有進狀如有違犯及自刑害者即令所司送官准法處分仍委臺府具前後格勑分析告示者伏以近日截耳論訴其徒寔繁且將自刑以異上達未必皆有其屈州府不與申論臣謹詳前後勑制如前伏請自今已後有如此色者並准元勑付司先決四十後推勘宜令待推勘無理即本犯之外准元勑處分

是月丙寅御史臺奏伏見在京諸司兼諸道方鎮每奏請賓僚及州縣官等改名多言與近使從伯叔名同勑旨皆允在於典法且為重難若於宗族之中服屬又近創名之日合慮有妨而曾不是思但將自便紊朝廷之典章滋選部之姦濫有無懲革實謂倖門或以孤更名禮經不可繫於名教今尋格言伏請嚴示勑文俾其止絕諸司使自今已後不得輒奏聞如有事故必須為改即請具所奏同名人下付有司以出身以來官銜切加磨勘事實顯著方可聽從之

九年八月御史臺奏京兆尹及少尹兩縣令合臺參官等舊例新除大夫中丞府縣官自京尹已下並就臺參見其新除三院御史並不到臺參亦不於廊下參見此為闕禮尤甚伏請自今已後應三院有新除御史等並請勒京兆尹及少尹兩縣令就廊下參見冀使稟奉之禮不虧臨制之儀可守臺司令史及驅使官并諸色所由有罪犯須科決等或有罪犯稍重者皆是愚人常態不可一一奏聞使欲隨事科繩又緣臺杖稍細以細杖而止大罪必恐兇狡不懲自今已後如有情故難容不足上塵聖聽者許且等據所犯判決杖下數勒送京兆府用常行杖科決訖報冀得戒懼之意稍嚴姦欺之心可革從之

開成元年正月御史中丞李玥奏御史臺舊例太藏左藏庫以殿中侍御史兩人分監今玥請以監察二人代之仍放朝參本俸外依舊加給三十千出納小差委以彈舉從之

二月御史臺奏舊以第一第二殿中御史知東西推竊以故事

三院御史皆初領繁劇後即漸輕近以新入監察兩人監倉監庫殿中既無倉庫兼倖空務推獄憂勤即與臺中從劇入輕頓乖舊例今請殿中第三第四人分知兩推希同漸殺之文可之（前奏監察監倉者亦御史中丞李玥上請且御史新入皆先外推事是經劇之甚者倉庫厚俸閑其勤勞是入輕之後者李玥皆創置之乃自言從劇入輕頓乖舊例聞者莫不笑其所奏）

四年四月御史中丞高元裕奏伏以天下三司監院官帶御史者從前謂之外臺得以察訪所在風俗按舉不法元和四年御史中丞李夷簡亦曾奏知監院官多是臺中寮屬伏請委以各訪察本道使司及州縣有違格勑不公等事罕能遵行歲月既久事須振起伏請自今已後三司知監院官帶御史者並屬臺司凡有紀綱公事得以指使從之

武宗會昌元年二月御史大夫陳夷行奏奉中書門下牒伏准今年正月二十八日宣應館驛近日因循多致敗闕郵遞馬畜每事闕供蕃客往來皆有論奏委中書門下與夷行同商量條

泒聞奏所置館驛鞍馬什物兼作人多少及功價貨課每年破用取何色錢物添修支遣其驛馬數勘每驛見欠多少速具分析奏來者臣今商量請准勑先牒諸州府勘鞍馬什物作人功價糧課并勘每年緣館驛占留錢數諸色破用及使料粟麥䮴馬草料待諸州府報到續具聞奏令具撿前后勑文行用相當者參立新格逐急條泒除館驛弊事

宣宗大中元年四月御史臺奏伏以御史臺臨制百司紏繩不法若事簡則風憲自肅事煩則綱紀轉輕至如婚田兩競息利交關凡所陳論皆合先陳府縣如屬諸軍諸使亦且合於本司披論近日多便詣臺論訴煩褻既甚為弊頗深自今以后伏請應有論理公私債負及婚田兩競且令於本司及本軍本州府論理不得即詣臺論訴如有先進狀及接宰相下狀送到臺司勘當審知先未經本司論理者亦請且送本司如已經本司論理不平即任經臺司論訴若臺司推勘冤屈不虛其本司本州

元推官典並請追赴臺推勘量事情輕重科斷本推官若罪輕即罰直書下考稍重即停見任貶降以此懲責庶免曠官臣今月三日已於延英面奏令臣將狀來者勑旨依奏

四年二月御史臺奏應文武常參官不朝及入閤追朝不到并連請假故久闕朝參等臣今月二十一日延英面奏進止以班行務在嚴肅令臣切加提舉者臣伏見元和元年御史中丞武元衡奏止於是吏部兵部礼部三司尚書侍郎郎官等選集限內久廢朝參雖事在奉公猶奏請釐革近者以久絕提舉稍從因循應文武常參官多妄請假不妨人事無廢宴遊但務便安有虧誠敬以至上勞聖念俾肅朝行臣忝憲司親承睿旨苟或避事實慶曠官臣請起今已後文武常參官等除准式假及病病灼然為衆所知外有以事故請假者並望許臣舉察錄奏其所陳假牒請准舊例每牒不得過三日每月不得再陳牒如本合朝日無故一不到請准常條書罰再不到臣請倍罰頻三朝不到便請具名銜奏聽進止其追朝入閤近例全合赴班一不到准條已倍書罰頻兩朝不到便請具銜聞奏所冀臣寮稍加惕厲班列得以整齊勑旨依奏

九月御史臺奏准舊例京兆府准勑科決囚徒合差監察御史一人到府門監決御史未至其囚已引至科決處縱有冤屈披訴不及今后請許令御史先到引問如囚不稱冤然後行決其河南府准此諸州府有死囚仍委長吏差官監決并先引問從之

懿宗咸通十四年春正月丙寅御史中丞韋蟾奏應諸州刺史除授正衙辭謝后託故陳牒請假實為容易自今後如實有故為衆所知者三日外不在陳牒之限應內外除官入京合便朝謝如有犯條章頗乖礼敬自今已后望准故事如未朝謝須俟於都亭驛如違臺司勘當申奏從之

冊府元龜卷第五百一十六

冊府元龜卷第五百一十七

憲官部六

振舉第二

後唐莊宗同光元年十二月庚辰御史中丞李德休奏當司刑部大理寺本朝法書自朱温僭逆刪改事條或重貨財輕人生命或自徇枉過濫加刑罰今見在三司收貯刑書並是僞廷刪改者兼僞廷先下諸道追取本朝法書焚毁或經兵火所遺皆無舊本即目只定州敕庫有本朝法書具在請敕定州節度使速寫副本進納庶刑法並合本朝式令勑李德林譽洛朝端任隆臺憲將舉行於舊典請刪定其法書載閱申陳備見公切從之

二年三月三十日御史臺奏新除諸道節度觀察防禦經略等使刺史縣令及諸道幕府兼諸司帶憲銜兼官合納光臺錢謹具本朝元納及後減落錢數如後兼御史大夫元納叁拾貫減落外今納壹拾伍貫兼御史中丞元納二十貫減落外今納一十貫文兼侍御史元納八貫三百減落外今納四貫一百五十文兼殿中侍御史元納一十一貫三百減落外今納五貫六百五十文兼監察御史元納一十三貫三百減落外今納六貫六百五十文以前臺司准本朝例及減落外後徵錢數分析如前應有諸道節度觀察使刺史經略防禦等使及諸道幕府上佐官幷諸司班行新授兼官者並合送納前件光臺憲銜禮錢今欲准例勒辭謝驅使官申報牒兵部勒告身案際准宣取外准例須候送納光臺禮錢了朱鈔到方可給付轉帖諸道進奏及知後院等准從前事例申報催徵無致有隳舊規從之至同光德五年閏七月一日御史臺申臺司見行事件新除節度防禦團練使刺史賓幕州縣官兼帶五院憲銜合徵光臺禮錢先是已曾續[illegible]唯舊例不徵兼御史大夫元徵三十貫今徵六貫文兼御史中丞元徵二十貫今徵四貫文兼侍御史元徵八貫三百今徵一貫六百六十文兼殿中侍御史元徵一十二貫三百今徵二貫二百六十文兼監察御史元徵一十三貫三百今徵二貫六百六十文

五月己酉御史臺奏准本朝故事當司六察合行職事條例如後吏察應吏部行内南北兩曹磨勘選人合具駁放判成人具名銜報分察使及三銓應鏁注官後具前銜後擬報分察使點檢如有踰濫即察使舉追本行令史推勘兵察應兵部司公事一一合報使戶察應戶部司諸州戶帳貢物出給[illegible]符具事件合報察使刑察應刑部司法律赦書德音流貶量移斷罪重輕合報察使禮察應禮部補轉鑄印諸祠祭料法物合報察使工察應工部司工役等合報察使伏以御史臺六員監察謂之分察使察訪綱舉動靜必行但緣積廢久不施行今欲重行條貫從之

明宗天成元年七月侍御史臺奏每月文明殿入閤及百官五日一赴中興殿等事伏准故事每月百官入閤所司排儀仗金吾勘契入後有侍制次對官各舉論本司公事左右起居分記言動以付史館編修帝錄此本朝經久之制也昨陛下初膺大寶思致治平遂降綸言特申聖旨百官除常朝外依宰臣每五日一度入内起居所貴稽積數陳俾凝庶績此蓋陛下切於百司各言於時政特令五日一面於天顏雖眷睠以丁寧限朝儀之拘束序班而入拜手而迴縱有公事要言亦且卷行須出百司何由舉職兩史無以記言外則因此廢侍制次對之官内則無以分延英衆入之別以臣愚見竊有所陳欲乞陛下每月一日十五日兩度出御文明殿排入閤之儀諸司依前轉對奏論本司公事其百官就食謂之廊食則中外既有區分禁庭亦更嚴肅如陛下切於羣臣有所敷陳即乞因宰臣五日一度延英之際班行内有要奏事者臨門狀到便許引入此又於旅進旅退事理不同言路既開別彰聖德如或以山陵日近朔望不坐即取次日亦合舊規候過陵園還如法制自叨司邦憲獲典朝儀儻遇事而不言即奉公而何取乞宣付中書門下商量畱[illegible]經久者中書奏議曰比令五日内殿起居處百司有事論奏中外或為擁隔至於朔望入閤亦是朝廷舊儀李琪自領憲綱每

循故事備觀條奏頗叶國章望依所奏勅旨曰五日起居之意所貴數見羣臣俾陳時事憲司所奏朔望入閣等事既合往例得以允俞其五日一度起居之際班行内有要奏事者便出行奏對仍付所司自後言事者又奏請五日内殿起居之日請令百官次第轉對奏事又從之自是百官五日内殿起居以所言事形於牋奏録在笏記明敡於殿庭而素無文學及不閑理體者其文句鄙陋詞繁理寡敷奏之時人皆竊笑然以次第當言無所辭避而冗散之徒或行賂假手僶俛供職愁苦無憀時論者以為不便後竟罷之始知李琪所奏深達理體矣

八月御史臺奏凡新除官及差使者合於正衙謝辭每遇内殿起居日百官不於正衙叙班其差使及新除官員其日辭謝不得或恐差使者已定發日除官者准宣催發以一日無班便妨辭謝臣愚參詳每内殿起居日百寮先敘班於文明殿庭候辭謝官退則班入内殿冀使新官吏辭謝者從之

十月庚戌以吏部侍郎盧文紀爲御史中丞文紀初領事於御史府諸道進奏官來賀文紀曰事例如何臺吏喬德威等言朝廷在長安日進奏官見大夫中丞如胥吏見長官之禮及僞梁將革命本朝微弱諸藩強據人主大臣皆姑息邸吏時中丞上事邸吏雖至皆於客次傳語竟不相見自經兵亂便以爲常文紀令臺吏諭以舊儀相見據案端簡通名贊拜邸吏輩皆出怨不自勝十一月丙子進奏官等相率於閤門求見騰口喧訴狀奏曰臣等今月四日中丞上事禮合至臺比期不越前規依舊傳語忽蒙勸分通出尋則再取指揮要明審的又蒙問大夫相公上事日如何臣等去大夫曾爲宰相進奏官伏事中書事體之間實爲舊吏若以別官除授合去傳語又堅傳指揮便令通出臣等出身藩府不會朝儀拒命則恐有奏聞遵禀則全隳則例伏恐此後到臺參賀儀則不定者上謂宰臣趙鳳曰進奏官比外何官鳳曰府縣發遞知後之流也帝曰凡吏卒耳安得[illegible]君法官乃詔曰御史臺是本朝執憲之司乃四海繩違之地凡居中外皆待整齊藩侯尚展於公參邸吏豈宜於抗禮遽觀論列可驗侮輕但以喪亂滋多紀綱隳紊霜威掃地風憲銷聲今則景運惟新皇圖重正宜加提舉漸止澆訛宜令御史臺凡關舊例並須舉行稍不稟承當行朝典

十二月丙戌御史臺奏常朝辭謝官常朝則南班横行與百官齊拜入閤日敷政門外序班亦仗南横行百官雖不拜候喚仗時辭謝官便展拜儀今伏見每内殿起居日先於文明殿庭序班百官固不設拜只候宰相至便入起居固不傳宣命若有南班辭謝稍似非儀請自今後其日不許辭皆令次日候有常朝即得辭謝若遇急切公事即准舊例令隔門辭謝或於閤門祗候宣放其文武兩班不要於文明殿前序立只於中興殿門外立班祗候宰臣到便依次第入起居又准故事常參官每日[illegible]朝不合無故請假如寔疾病不朝參聞不得私行人事新官未

謝不合私人事到宰相宅每月請假不得過三日吏部南曹郎中請以鏁院前五日免朝若遇起居入閤參假追朝御樓謝賀行香城外班並合到不到者罰三司河南府職事常正員官如南曹例勅旨盧文紀自領憲綱頗思振舉備觀條奏皆叶通規李琪以内殿起居不廢辭謝盡慮留滯乃是權儀盧文紀以正衙序班恐隳故事請候次日亦可允依所請三銓免朝事繁省選人既少公務非多宜且依所奏鏁銓前五日免朝將來人數漸多須容點檢即許開曹後免朝永以爲例付所司庚戌御史臺奏京城坊市士庶工商之家有婢僕自經投井非理物故者近年已來凡是死亡皆是臺司左右巡舉勘驗施行已久仍恐所差人吏及街市胥卒同於民家因事邀頡取索自詢訪故事當司今有舊京條例凡京城民庶之家死喪委府縣檢舉宜家委軍巡商旅委戶部然諸司檢舉後具事由申臺其間或枉濫情故臺司訪聞即行舉勘如是文武兩班官吏之家即是臺司

檢舉自今巳後欲准故事施行者兼左右巡使錄到喪葬車輿格例比緣官品等差無官秩之家過爲僭侈倂應者固當刑責今則凡是葬儀動踰勑格但官中只行檢察在人情各盡孝思徇彼稱家之心許便送終之禮又難將孝子盡使嚴刑遂以供人例行書罰以助本司支費兼緣設此防禁此爲權豪之家過禮厚葬若貧民薄斂不充無憂僭禮書罰兩京即是臺司州府元無條例者勑旨今後文武兩班及諸司官吏諸道商旅凡賢士即准臺司所奏施行其坊市民庶軍士之家凡死喪及婢僕非理物故臺司奏委府縣軍巡同檢舉仍不得縱其吏卒於物故之家妄有邀頡或恐暑月死柩難停若待申聞檢舉縱無邀頡亦須經時日今後仰其家喚四隣檢察無他故逐便葬埋具結罪文狀報官或後別聞枉濫妄有保證官中訪知勘詰不虚本戶隣保量事科罪如聞諸道州府坊市死喪取分巡院檢舉頗致淹停人多流怨亦仰約京城事例處分所奏喪葬車輿格例今後據品秩之外如庶人喪葬宜令御史臺差御史一員點檢供賃行人如有違越據所犯科罪臺司不得書罰徵接行人文非憲網事體付所司

是月十一日御史臺奏謹具本朝舊例合行公事如右應諸道進奏院准本朝例各合置臺巡驅使官一人凡有公事並合申報臺巡逐日在臺祗候應奏公事應諸道進奏官每四孟月初及五月冬至新除大夫中丞並合臺參伏自僞朝已來全隳舊例今准勑命條流請准本朝舊例施行應諸道節度觀察防禦經略團練使及諸州刺史新除赴任及郎幕上佐官等得替及准宣進奉到闕及歸本道並合廊參正衙謝見辭如遇大夫中丞入臺並合臺參兼凡有公事及到發日並合申報如違追勘進奏官典勘責科罰右伏以僞朝已來全隳往制既未條理轉失規繩伏乞特降明勑指揮免令隳紊奉勑宜依

二年四月御史臺奏今月三日廊下食百官坐定兩省方來自五品已下輒起勑每赴廊飡如對御宴若行私禮是失朝儀宜各罰半月俸

九月御史臺奏每遇入閤日只一員侍御史在龍墀邊祗候彈奏公事或有南班參雜失儀點檢不及難於舉奏者伏以入閤之儀務在整肅或少虧於恪勤則有慢於典經今欲依常朝例差殿中御史二員押鍾鼓樓位仍各綴供奉班出入所冀共爲糾察免失規程敢將舉職之誠粗益朝天之敬從之

四年三月二十日御史臺奏臺中舊有格杖近年不行每有決遣公事皆於河南洛陽兩縣追取人杖今緣臺中常有囚徒勘責若一一於兩縣追取又緣地里遙遠及候差人往來交妨指揮公事者今臺司請置常行人杖免有妨滯公事奉勑宜依

長興元年十二月勑近日累據御史臺奏陳狀訴屈人據狀內皆是勘責多時却曉示陳狀人送本道依次第論對及州府追到支證本人又不到彼處恐紊規繩須行條理宜令御史臺今後諸色人論訴事已經州府斷遣後稱屈更不在牒本道勘逐便可據狀施行若未經州府論訴驀越陳狀即須畱本人據事理詰勘如實業經本處斷論便可具事由勒本道進奏官差人齎牒監送本處就關連人勘斷後申奏仍不得虛有禁繫

四年五月二十五日御史中丞龍敏等奏陳事如後一伏以臺司除御史中丞隨行印及左右巡使監察使并出使印等外其御史臺印一面先准令式即是主簿監臨近年已來緣無主簿遂至內彈御史權時主持常隨本官出入不定伏緣臺中公事不同諸司動繫重難常憂遲滯當奏申臺之際及牒州牒府之時事無重輕並使此印今准令式逐日有御史一員臺直承受制勑公文其御史臺印今欲勒留臺中不令在外選差令史一人帖司一人同知此印凡有諸色文案印發之時指揮諸司各置印曆一道具其事節件數書在曆中即於直官面前點檢印發其印至夜封閉候交直轉付下次直官共識執行保無差謬

者一伏以御史臺事摠朝綱職司大憲所管人吏色役最多五至朝堂次及班列或在京勾檢公事或外地催勘稽遲臨守坐牢行遣案牘或隨從出使或祠祭監臨凡有係於臺司皆須藉其人吏俾無闕事以贊國容近年已來人數極少及月限者授官出外爲官滿者追呼未來人力既到不免公事便至停滯切以往歲臺中亦闕人吏曾於諸州抽取今欲於諸州使院內量事差取十人據臺中諸司闕人臨時量材填補者一其臺中令史今欲條流凡出官考滿却來歸司者便具到日申堂請以到日繫其選限如有經年不到追領不來即具申堂便乞除落名姓奉勑宜依凡京百司人吏考滿歸司繫其選限亦宜令准此

末帝清泰元年御史中丞張鵬奏文武常參官入閤日廊下設食每宣放仗拜後就食相承以爲謝食拜且以每日常朝宣不坐後拜退豈謝食之謂乎如臣所見自今宣放仗拜後且就次候對設食別降使於數步門外宣賜酒食群臣謝畢後食從之

是年臨又自舉內殿起居門外序班與御史喚到失儀詔各罰一月俸料故事御史府不治尚書左右丞舉其今隨自彈則尚書左右可糾矣

二年十一月知彈御史奏今月二日班入遇而移班廊下知班臺吏董瓘引僕射在中丞立院御史之下僕射詰問董瓘稱准常例臺司剌都省請檢討舊儀都省稱國朝以端揆之重師長百僚雖在別司皆爲統屬且左右僕射常朝不在中丞之下赴宴廊餐並在中丞之上況中丞有公參之禮避路之儀詳其道理自有等降臺司又堅稱李琪盧質任僕射日亦如此又引通事舍人在一品班上尋申中書門下奉宰臣判今廊下使重定班位廊下使言今後遇而移班廊下欲請依殿前塼位次第二品在三品前一品後如中丞大夫俱置即大夫在中丞前其西班准此謹聞勑宜令置一品二品三品塼位

晉高祖天福二年三月御史臺奏唐朝令式南衙常參官文武百寮每日朝退於廊下賜食謂之常食自唐末亂離常食漸廢仍於入閤起居日賜食每入閤禮畢閤門宣放仗群官俱拜謂之謝食至清泰年中入閤禮畢更差中使至正衙門口宣賜食百官立班重謝交失本根今後入閤賜食望不差中使口宣從之

四月御史臺奏文武百官每月朔望入閤礼畢賜廊下食在京時祇於朝堂幕次兩廊下今在行朝於正衙門外權爲幕次旁廊隘狹伏恐五月一日朝會禮畢准例賜食於幕次難爲排比伏見唐明宗時兩省官於文明殿前廊下賜食今未審入閤日權於正衙門內兩廊下排比賜食爲復別有處分勑宜依明宗朝舊規廊下賜食

四年三月御史臺奏按六典侍御史掌糾舉百寮推鞫獄訟居上者判臺知公廨雜事次知西推贓贖三司受事次知東推理匭伏乞今後准故事施行勑宜依舊制尋以尚書駕部員外郎兼侍御史知雜事劉皡爲河南少尹自是無尚書郎知雜者

五月御史臺奏尚書郎知雜之時赴臺禮上軍巡郎吏咸集公

參府司并兩縣皆呈印板今年深御史判雜上事欲准前例從之

五年二月乙巳御史中丞竇貞固奏國忌日宰臣跪爐焚香僧人表讚孝思述祖先追世之事而文武百辟儼然列坐竊惟禮非天降由在人情今古通規君親至敬對像佛行香之日實帝王不樂之辰豈有聽烈祖之舊勳加冠光祿贊冠諸王則郎中加冠中尉贊冠今同於儲皇則重依於諸王則輕又春秋之義不以父命辭王父命礼父在斯爲子君在斯爲臣皇太子居臣子之節無專用之道南郡雖是藩國非支庶之例宜稟天朝之命徵申冠胙之禮晉武帝詔稱漢魏遣使冠諸王非古正典此蓋謂庶子封王合依公冠自主之義至於國之長孫貴使惟允宜使太常持節加冠大鴻臚爲贊醮酒之儀亦歸二卿祝辭之辭附准經訓別更撰立不依藩國常體國官陪位拜賀自依舊章其日內外二品清官以上詣正衙門集賀并詣東宮南門通牋別日上禮宮臣亦詣門稱賀如上臺之儀既冠之後見日謁

廟以引尊祖之義此旣大典宜通關八座承郎并下二學詳議
僕射王奐等十四人議並同并擇立替髯冠醮酒二辭詔可
伏曼容爲太子步兵校尉永明初王金輅建碧旂象大輅建赤
旂曼容議以爲齊德尚青五輅并及五色幡旗並宜以先青爲
次軍容是月殿中侍御史賈鈇殿中侍御史劉載狀申自漢朝
初每遇內殿起居臺司定左右巡使先入起居後於殿庭左右
立定百官始入起居有官失儀具彈奏者自今後欲俟入閤彈
奏儀折署奏候宣徽使言所奏知通事舍人喝拜兩拜訖便喝
好去便退如兩巡使自有失儀亦俟班退左巡使失儀右巡使
彈奏右巡使失儀左巡使彈奏
世宗顯德五年閏七月一日御史臺奏文武百官每日赴朝參
不到如是常朝不到於本官料錢上每貫罰二十二文如是內
殿起居入閤行香出城衆集及非時慶賀御樓御殿橫行衆假
不到並是倍罰臺司先牓幕次曉告本官限三日外即牒三司

勘折如有故曾陳牒即將領由呈驗又十六總條准元和二年
十二月內御史臺奏文武常參官准乾元元年三月勑如有朝
堂相弔慰相跪拜待漏行立失序談笑喧譁入衙門執笏不端
行立遲慢至班列行立不正起拜失儀拜跪不俯伏舒脚穿班
仗出閤門不即就班無故離位廊下食行坐失儀拜起振衣退
朝不從正衙門出非公事入中書每犯者奪壹月俸今商量欲
舊條各減一半如所由指揮尚或抗拒即准舊例錄奏聽降從之
同日御史臺申臺司見管四推臺一推臺二推殿一推殿二推
或准勑命宣頭堂帖指揮送到公事并諸道州府論訴准例三
人已上三院御史從上輪次配推兼具差定推官名銜申奏申
中書門下如是三人已上即本彈推勘若四推皆有公事外更有刑
獄即差次官推勘兼使逐日輪差官吏臺直點檢刑獄同日御
史臺申臺司或准勑命宣頭委臺司差官出外推勘刑獄臺司
舊例於監察御史內從下差定如是特勑定名不拘此例

卷末

冊府元龜卷第五百一十八

憲官部七

彈劾

秦置御史之職掌舉察非法受公卿羣吏奏事有違失舉劾之歷代因之以為風憲之任故使專其搏擊重其威權蓋所以震肅外庭紀綱百辟者也乃有居是任者特稟剛毅之性內懷骨鯁之操嫉惡以自任臨事而不惑靡畏於彊禦無避於貴倖正言以斥其短露章以暴其過使怙寵者褫魄懷姦者喪膽激揚風烈聳動倫類斯固足以稱專席之任光珥筆之選成繡衣直指之義振惠文彈治之業者也而漢初叔孫生之制禮亦曰御史舉不如儀者輒引去之東漢凡祠郊廟及大朝會大封拜則御史一人監威儀劾違失此又成朝廷之尊致禮容之肅故雖暴威武者亦知懼焉

漢張湯為御史大夫時徐偃以博士使行風俗矯制使膠東魯國鼓鑄鹽鐵(鑄銅鐵扇熾火謂之鼓)還奏事徙為太常丞湯劾偃矯制大害法至死偃以為春秋之義大夫出疆有可以安社稷存万民顓之可也湯以致其法不能詘其義有詔下終軍問狀軍詰偃曰古者諸侯國異俗分百里不通時有聘會之事安危之執呼吸成變故有不受辭造命顓己之宜今天下為一萬里同風故春秋王者無外偃巡封域之中稱以出疆何也且鹽鐵郡有餘藏(先有蓄積)正二國廢國家不足以為利害而以安社稷存萬民為辭何也又詰偃膠東南琅邪北接北海魯國西枕泰山東有海受鹽鐵偃度四郡口數田地率其用器食鹽不足以并給二郡邪將埶宜有餘而吏不能也何以言之偃矯制而鼓鑄者欲及春耕種贍民器也今魯國之鼓當先具其備(備者備令言調度)至秋乃能舉火此言與實反者非(重問之)偃已前三奏無詔(不報聽也)不惟(惟思也)所為不許而直矯作威福以從民望干名采譽(干求也采取也)此明聖所必加誅也枉尺直尋孟子稱其不可今所犯罪重所就者小偃自予必死而為之邪(予許也)將幸誅不加欲以采名也偃窮詘服罪當死軍奏偃矯制顓行非奉使體請下御史徵偃即罪奏可上善其詰有詔示御史大夫嚴延年為侍御史宣帝立延年劾奏大將軍霍光擅廢立主無人臣禮不道奏雖寢朝廷肅焉尚儔又劾大司農田延年持兵干屬車(干犯也屬車天子從車也)大司農自訟不干屬車事下御史中丞譴責延年何以不移書宮殿門禁止大司農而令得出入宮於是覆劾延年闌內罪人法至死(故事有所劾奏並移宮禁止不得入覆反也)反以此事劾之延年亡命

蓋寬饒宣帝時為司隸校尉平恩侯許伯入第(許伯皇太子外祖也入第者始入新第成始入居之)丞相御史將軍中二千石皆賀寬饒不行許伯請之迺往酒酣樂作長信少府檀長卿起舞為沐猴與狗鬬(沐猴獼猴)坐皆大笑寬饒不說因起趨取劾奏長信少府以列卿而沐猴舞失禮不敬帝欲罪少府許伯為謝良久帝迺解

王駿為司隸校尉奏免丞相康衡初衡封僮之樂安鄉(屬臨淮郡)鄉本田提封三千一百頃南以閩佰為界(閩者佰之名也)初元元年郡圖誤以閩佰為平陵佰積十餘歲衡封(平陵佰在閩佰南誤十餘歲衡乃始封此鄉)臨淮郡遂封真平陵佰以為界多四百頃至建始元年郡迺定國界上計簿更定圖言丞相府衡謂所親吏趙商曰主簿陸賜故居奏曹習事曉知國界署集曹掾明年治計時衡問商國界事曹欲奈何商曰賜以為舉計令郡實之(舉發上計之簿令郡致實從平陵佰以為定實)恐郡不肯從實可令家丞上書衡曰顧當得不耳何至上書(顧念也)亦不告曹使舉也聽曹為之後賜與屬明舉計曰案故圖樂安鄉南以平陵佰為界不足故而以閩佰為界解何(不足者不依故圖而滿足也解何者以分解此時意備令言分疏也)郡即復以四百頃付樂安國衡遣從史之僮收取所還田租穀千餘石入衡家駿與少府忠行廷尉事劾奏衡監臨盜所主守直十金以上(十金以上當時律定罪之次若今律條言一尺以上一匹以下)春秋之義諸侯不得專地所以壹統尊法制也衡位三公輔國政領計簿知郡實正國界計簿已定而背法制專地盜土以自

益及賜明阿承衡意猥舉郡計亂減縣界（集曲也）附下罔上擅以地附益大臣皆不道於是帝可其奏勿治丞相免為庶人

王尊為司隸校尉元帝時中書謁者令石顯貴幸專權為姦邪丞相衡御史大夫張譚皆阿附畏事顯不敢言久之成帝即位顯徙為中太僕（皇太后之屬官）不復典權衡譚乃奏顯舊惡請免顯等尊於是劾奏丞相衡御史大夫譚位三公典五常九德（五常仁義禮智信也九德寬而栗柔而立愿而恭亂而敬擾而毅直而溫簡而廉剛而塞彊而義也事見尚書皐陶謨）以總方略壹統類廣教化美風俗為職知中書謁者令顯等專權擅勢大作威福縱恣不制無所畏忌為海內患害不以時白奏行罰而阿諛曲從附下罔上懷邪迷國無大臣輔政之義也皆不道在赦後衡譚舉奏顯不自陳不忠之罪而反揚著先帝任用傾覆之徒妄言百官畏之甚於主上卑君尊臣非所宜稱失大臣體又正月行幸曲臺臨饗罷衛士（請衛士更盡得代去天子自臨而饗之）衡與中二千石大鴻臚賞等會坐殿門下（臣欽若等案百官表賞姓浩）衡南鄉賞等西

鄉衡更為賞布東鄉席起立延賞坐私語如食頃衡知行臨（天子當肅敬之時）百官共職萬眾會聚而設不正之席使下坐上相比為小惠於公門之下動不中禮亂朝廷爵秩之位衡又使官大奴入殿中問行起居還言漏上十四刻行臨到衡安坐不變色改容無怵惕肅敬之心驕慢不謹皆不敬有詔勿治於是衡慙懼免冠謝罪上丞相侯印綬天子以新即位重傷大臣（重難也）乃下御史丞奏問狀劾奏尊妄詆欺非謗赦前事猥歷奏大臣無正法飾成小過以塗汙宰相摧辱公卿輕薄國家奉使不敬有詔左遷尊為高陵令

翟方進為丞相司直從上至甘泉宮會廷中司隸校尉陳慶與廷尉范延壽語時慶有章劾自道行事以贖論（當發所奏時事有闕失罪合贖）令尚書持我事來當於此决前我為尚書時嘗有所奏事忽忘之留月餘（言此者冀尚書忘已之事不奏）方進於是舉劾慶曰案慶奉使刺舉大臣故為尚書知機事周密壹統明主躬親不解慶有罪不伏誅無恐懼心豫自設不坐之比（比例也）又暴揚尚書事言遲疾無所在虧損聖德之聰明奉詔不謹皆不敬（既自設不坐又言遲疾無所在比之）（二條於法皆不敬）臣謹以劾慶坐免官又故事司隸校尉位在司直下初除謁兩府（兩府丞相及御史也）其有所會居中二千石前與司直並迎丞相御史初方進新視事而涓勳亦初拜為司隸不肯謁丞相御史大夫後朝會相見禮節又倨方進陰察之勳私過光祿勳辛慶忌又出逢帝舅成都侯商道路下車立頭過迺就車（□□□也）於是方進舉奏其狀因曰臣聞國家之興尊尊而敬長爵位上下之禮王道綱紀春秋之義尊上公謂之宰海內無不統焉丞相進見聖主御坐為起在輿為下（漢舊儀云皇帝見丞相起謁者贊稱曰皇帝為丞相起立乃坐皇帝在道丞相迎謁謁者贊稱曰皇帝為丞相下輿立乃升車）羣臣宜皆承順聖化以視四方勳吏二千石幸得奉使不遵禮儀輕慢宰相賤易上卿而又詘節失度邪諂無常（勳私過辛慶忌而見商則下車是邪諂）色厲內荏墮國體（□□□也）亂朝廷之序不宜處位臣請下丞相免勳遂貶勳為昌陵令

孫寶成帝時為丞相司直帝舅紅陽侯立使客因南郡太守李尚占墾草田數百頃（□廢而取之也草田荒田也）頗有民所假少府陂澤略皆開發（舊為陂澤本屬少府其後以假百姓百姓皆已田之而立□□言草田古去新自墾）上書願以入縣官（立上書云新墾草田請以入官也）有詔郡平田予直（受其田而償其直也）錢有貴一萬萬以上（增賈價也）寶聞之遣丞相史案驗發其姦劾奏立尚懷姦罔上狡猾不道尚下獄死立雖不坐後兄大司馬衛將軍商薨次當代商帝廢立而用其弟曲陽侯根為大司馬票騎將軍（廢過也過立而用根）

解光為司隸校尉哀帝即位奏曲陽侯王根宗重身尊三世據權五將秉政天下輻湊自效根行貪邪臧累鉅萬縱橫恣意大治室第中起土山立市殿上赤墀戶青瑣遊觀射獵使奴從者被甲持弓陳為步兵止宿離宮水衡共張發民治道百姓苦其役內懷姦邪欲筦朝政推親近吏主簿張業以為尚書蔽上壅下內塞王路外交藩臣驕奢僭上壞亂制度案根骨肉至親社稷大臣謂先帝棄天下根不悲哀思慕山陵未成公聘取故

掖庭女樂五官郭嚴王飛君等（五官內官名也外戚傳曰五官視三百石）置酒歌舞捐忘先帝厚恩背臣子義及根兄子成都侯況幸得以外親繼父爲列侯侍中不思報厚恩亦聘取故掖庭貴人以爲妻皆無人臣禮大不敬不道於是天子曰先帝遇根況父子至厚也今迺背忘恩義以根嘗建社稷之策（謂立哀帝爲嗣也）遣就國免況爲庶人歸故郡根及況父商所薦舉爲官者皆罷

陳崇爲丞相司直時陳遵爲河南太守而弟級爲荆州牧當之官俱過長安富人故淮陽王外家左氏飲食作樂後崇聞之劾奏遵兄弟幸得蒙恩超等歷位遵爵列侯備郡守級州牧奉使以舉直察枉宣揚聖化爲職不正身自慎如遵初除乘藩車入閭巷（藩車謂車之有蔽者）過寡婦左阿君置酒謳歌遵起舞跳梁頓仆坐上暮因留宿爲侍婢扶卧遵知飲酒飫宴有節（飫食曰飫）禮不入寡婦之門而湛酒混肴亂男女之別輕辱爵位羞汙印韍（韍謂印之組也）惡不可以居位臣請皆免

後漢鮑永建武十年爲司隸校尉光武叔父良尊戚貴重永以事劾良大不敬時良從送中郎將來歙喪還入夏城門中與五官將軍相逢道迫良怒召門候岑尊叩頭馬前永劾奏良曰今月二十七日車駕臨故中郎將來歙喪還車駕過須臾趙王良從後到與右中郎將張邯相逢城門中道迫狹叱邯旋車又召候岑尊詰責使前走數十步案良諸侯藩臣蒙恩入侍知尊帝城門候吏六百石而肆意加怒令叩頭都道奔走馬頭前無藩臣之禮大不敬也由是朝廷肅然莫不戒慎

馬嚴章帝初爲御史中丞奏益州刺史朱酺揚州刺史倪說涼州刺史尹業等每行考事輒有物故又選舉不實曾無貶坐是使臣下得作威福也書奏帝納其言而免酺等官

宋意爲司隸校尉永元初大將軍竇憲兄弟貴盛步兵校尉鄧疊河南尹王調故蜀郡太守廉范等羣黨出入憲門負執放縱意隨違舉奏無所迴避由是與竇氏有隙

陳忠爲尚書安帝永寧元年西南夷撣國王獻樂及幻人能吐火自支解易牛馬頭明年元會作之於庭帝與羣臣共觀大奇之諫議大夫陳禪獨離席舉手大言曰昔齊魯爲夾谷之會齊作侏儒之樂仲尼誅之又曰放鄭聲遠佞人帝王之庭不宜設夷狄之技忠劾奏禪曰古者合歡之樂舞於堂四夷之樂陳於門故詩云以雅以南韎任朱離今撣國越流沙踰縣度万里貢獻非鄭衛之聲佞人之比而禪廷訕朝政請劾禪下獄有詔勿收左轉爲玄菟候城障尉詔敢不之官上妻子從者名禪既行朝廷多訟之

張綱爲御史順帝漢安元年選遣八使徇行風俗皆耆儒知名多歷顯位唯綱年少官次最微餘人受命之部而綱獨埋其車輪於洛陽都亭曰豺狼當路安問狐狸遂奏曰大將軍冀河南尹不疑蒙外戚之援荷國厚恩以芻蕘之資居阿衡之任不能敷揚五教翼贊日月而專爲封豕長蛇肆其貪叨甘心好貨縱

恣無厭多樹謟諛以害忠良誠天威所不赦大辟所宜加也謹條其無君之心十五事斯皆臣子所切齒者也書御京師震竦（御進也）時冀妹爲皇后內寵方盛諸梁姻族滿朝帝雖知綱言直終不忍用

种暠順帝末爲侍御史時所遣八使光祿大夫杜喬周舉等多所糾奏而大將軍梁冀及諸宦官互爲請救事皆被寢遏暠自以職主刺舉志案姦違乃復劾諸爲八使所舉蜀郡太守劉宣等罪惡章露宜伏歐刀又奏請勑四府條舉近臣父兄及知親爲刺史二千石尤殘穢不勝任者免遣案罪帝乃從之

陳翔爲侍御史時正旦朝賀大將軍梁冀威儀不整奏冀恃貴不敬請收案罪時人奇之

虞詡爲司隸校尉數月間奏太傅馮石太尉劉熹中常侍程璜陳秉孟生李閏等

韓演爲司隸校尉時中常侍新豐侯單超武原侯徐璜東武陽

侯具瑗上蔡侯左悺汝陽侯唐衡五侯宗族賓客虐徧天下民不堪命起爲寇賊演因奏悺罪惡及其兄太僕南鄉侯稱請託州郡聚歛爲姦賓客放縱侵犯吏民悺稱皆自殺演又奏瑗兄沛相恭臧罪徵詣廷尉瑗詣獄謝上還東武陽侯印綬詔貶爲都鄉侯卒於家超及璜衡襲封者並降爲鄉侯租入歲皆三百万子弟分封者悉奪爵土朱穆桓帝時爲侍御史值帝臨辟雍行礼畢公卿出虎賁置弓階上公卿下階皆避弓穆過呵虎賁曰執天子器何故投於地虎賁怖即攝弓穆劾奏虎賁抵罪公卿皆憚曰朱御史可謂臨事不惑者也

晉何曾魏嘉平中爲司隸校尉撫軍校事尹模憑寵作威姦利盈積朝野畏憚莫敢言者曾奏劾之朝廷稱之

劉毅爲司隸校尉皇太子朝鼓吹將入東掖門毅以爲不敬止之於門外奏劾保傅以下詔赦之然後得入又劾奏何曾侈汰無度帝以曾重臣一無所問又護軍羊琇乘羊車爲毅所奏武

帝詔曰羊車雖無制非素者所服免官

劉暾爲都官從事奏何曾華侈以銅鉤紴紖車瑩牛蹄角侯史光爲御史中丞太保王祥久疾廢朝光奏請免之詔優祥而寢光奏

崔洪武帝世爲御史治書時長樂馮恢父爲弘農太守愛少子淑欲以爵傳之恢父終服闋乃還鄉里結草爲廬陽瘖不能言淑得襲爵恢始仕爲博士祭酒散騎常侍翟嬰薦恢高行邁俗侔繼古烈洪奏恢不敦儒業令文學生番直左右雖有讓侯微善不得稱無倫輩嬰爲浮華之目遂免嬰官朝廷憚之

傅祗爲司隸校尉武帝時荊州刺史石崇得鴆鳥雛以與後軍將軍王愷時制鴆鳥不得過江祗糾奏詔原之燒鴆於都街

傅咸爲尚書左丞時司隸荀愷從兄喪自表赴哀詔聽之而未下愷乃造楊駿咸奏曰死喪之戚兄弟孔懷同堂亡隕方在信宿聖恩矜愍聽使臨喪詔未下而便以行造急諂媚之舉無友于之情宜加顯貶以隆風教帝以駿管朝政有詔不問駿甚憚之後爲議郎長兼司隸校尉時朝廷寬弛豪右放恣交私請託朝野溷淆咸奏免河南尹澹左將軍倩廷尉光兼河南尹何攀等京都肅然貴戚懾伏咸以聖人久於其道天下化成是以唐虞三載考績九年黜陟其在周禮三年大比孔子亦云三年有成而中間以來長吏到官未幾便遷百姓困於無定吏卒疲於送迎時僕射王戎兼吏部咸奏戎備位台輔兼掌選舉不能謐靜風俗以凝庶績至令人心傾動開張浮競中郎李重李義不相規正請免戎等官詔曰政道之本誠宜久於其職咸奏是也戎職在論道吾所崇委其解禁止（王戎爲甲午制凡選舉皆先治百姓然後受用咸奏戎曰書稱三載考績三考黜陟幽明今內外羣官居職未朞而戎奏還既未定其優劣且送故迎新相望道路巧詐由生傷農害政戎不仰依堯舜典謨而驅動浮華虧敗風俗非徒无益乃有大損宜免戎官以敦風俗戎與賈郭通親竟得不坐）御史中丞解結以咸劾戎爲違典制越局侵官干非其分奏免咸官詔亦不許咸上事以爲案令御史中丞督司百僚皇太子以下

其在行馬內有違法憲者皆彈糾之雖在行馬外而監司不糾亦得奏之如令之文行馬之內有違法憲謂禁防之事耳宮內禁防外司不得而行故專施中丞今道路橋梁不修鬭訟屠沽不絕如此之比中丞推責州坐即今所謂行馬內語施於禁防既云中丞督司百僚矣何復說行馬之內乎既云百僚而不得復說行馬內外者禁防之事已於中丞說之故也中丞司隸俱糾皇太子以下則共對司內外矣不爲中丞專司內百僚自有中丞司隸以來更互奏內外衆官惟所糾得無內外之限也而結一且橫挫臣臣前所以不羅縷者冀因結奏得從私願也今既所願不從而敕云但爲過耳非所不及也以此見原臣忝直繩之任宜當正己率人若其有過不敢受原是以申陳其愚司隸與中丞俱共糾皇太子以下則從皇太子以下無所不糾也得糾皇太子而不得糾尚書臣之闇塞既所未譬皇太子爲在行馬之內邪皇太子在行馬之內而得糾之向書在行馬之內而不

得糾無有此理此理灼然而結以此挫臣臣可無限耳其於觀聽無乃有怪邪臣識石公前在殿上脫衣爲司隸荀愷所奏先帝不以爲非于時莫謂侵官今臣裁糾尚書而當有罪乎咸累自上稱引故事條理灼然朝廷無以易之

劉暾爲侍御史時司徒王渾主簿劉輿獄辭連暾將收廷尉渾不欲使府有過欲距劾自舉之輿暾更相曲直渾怒便遜位還第暾乃奏渾曰謹案司徒王渾蒙國厚恩備位鼎司不能上佐天子調和陰陽下遂萬物之宜使卿大夫各得其所敢因劉輿距扞詔使私欲太府興長獄訟昔陳平不答漢文之問邴吉不問死人之變誠得宰相之體也既興刑獄怨懟而退舉動輕速無大臣之節請免渾官右長史楊丘亭侯劉肇便辟善柔苟於阿順請大鴻臚削爵土詔聞暾此奏者皆歎美之暾後爲左丞兼御史中丞奏免尚書僕射東安公繇及王粹董艾等十餘人朝廷嘉之遷司隸校尉奏免武陵王澹及何綏劉坦溫畿李晅等

顏和爲御史大夫中丞劾奏尚書左丞戴抗贓百萬付法議罪并免尚書博玩郎劉[illegible]官百僚憚之

溫嶠爲司隸都官從事散騎常侍庾敳有重名而頗聚斂嶠舉奏之京都振肅

張輔爲御史中丞時積弩將軍孟觀與明威將軍郝彥不協而觀因軍事害彥又賈謐潘岳石崇等共相引重及義陽王威有詐冒事輔並糾劾之

傅宣爲御史中丞東海王越誅繆播王延等皆上佗劉輿之謀延愛妾荊氏有音伎延尚未殯輿便聘之未及迎又爲太傅從事中郎王儁所爭奪宣劾奏之越不問輿而免儁官

熊遠轉御史中丞時尚書刁協用事衆皆憚之尚書郎盧綝將入直遇協於大司馬門外協醉使綝避之綝以當直不肯迴協令威儀捽墮馬至協車前而後釋遠奏請免協官詔令白衣領職

劉隗遷丞相司直委以刑憲時建康尉收護軍士而爲府將篡取之隗奏免護軍將軍戴若思官世子文學王籍之居叔母喪而婚隗奏之帝下令曰詩稱殺禮多婚以會男女之無夫家正今日之謂也可一解禁止自今以後宜爲其防東閤祭酒顏含在叔父喪嫁女隗又奏之廬江太守梁龕明日當除婦服今日請客奏伎丞相長史周顗等三十餘人同會隗奏曰夫嫡妻長子皆杖居廬故周景王有三年之喪既除而宴春秋猶譏況龕匹夫暮宴朝祥慢服之愆宜肅喪紀之禮請免龕官削侯爵顗等知龕有喪吉會非禮宜各奪俸一月以肅其違從之祖約爲從事中郎典選舉約妻無男而性妒約亦不敢違將夜寢於外忽爲人所傷疑其妻所爲約求去職帝不聽約便從右司馬營東門私出隗劾之曰約幸荷殊寵顯位選曹銓衡人物衆所具瞻當敬以直內義以方外杜漸防萌式遏寇害而乃變起蕭牆患生婢妾身被刑傷虧其膚髮群小嗤嗤囂聲遠被塵穢清化玷累明時天恩含垢猶復慰喻而約違命輕出既無明智以保

其身又孤恩廢命宜加貶黜以塞衆謗帝不之罪隗重加執據終不許丞相行參軍宋挺本楊州刺史劉陶門人陶亡後挺娶陶愛妾以爲小妻建興中挺又割盜官布六百餘匹正刑棄市遇赦免既而奮武將軍阮抗請爲長史隗劾奏曰挺蔑其死主而專其室悖在三之義傷人倫之序當投之四裔以禦魑魅請除挺名禁固終身而奮武將軍太山太守阮抗請爲長史抗緯文經武剖符東藩當庸勳忠良昵近仁賢而襃求贓汙穢頑用囂請免抗官下獄理罪奏可而挺病死隗又奏符旨挺已喪亡不復追貶愚蠢意闇未達斯義昔鄭人斲子家之棺漢明追討史遷經傳襃貶皆追書先世數百年間非徒區區欲釐當時亦將作法垂於來世當朝亡夕沒便無善惡也請曾如前追除挺名爲民録妾還本顯證惡人班下遠近從之南中郎將王含以族彊顯貴驕傲自恣一請參佐及守長二十許人多取非其才隗劾奏文致甚苦事雖被寢王氏深忌疾之而隗之彈奏不

畏彊禦皆此類也建與中丞相府斬督運令史淳于伯而血逆流柱又奏曰古之為獄必察五聽三槐九棘以求民情雖明庶政不敢折獄死者不可復生刑者不可復續是以明王哀矜用刑曾參去齊以獄市為寄自頃蒸荒殺戮無度罪同斷異刑罰失宜謹案行督運令史淳于伯刑血著柱遂逆上終極柱末二丈三尺旋復下流四尺五寸百姓諠譁士女縱觀咸曰其冤伯息忠訴辭稱枉云伯督運訖去二月事畢代還無有稽乏受賕使役罪不及死軍是戍軍非為征軍以乏軍興論於理為枉四年之中供給運漕凡諸徵發租調百役皆有稽停而不以軍興論至於伯也何獨明之捶楚之下無求不得囚人畏痛飾辭應之理曹國之典刑而使忠等稱冤明時謹按從事中郎周筵法曹參軍劉胤屬李匡幸荷殊寵並登列曹當思敦奉政道詳法慎殺使兆庶無枉人不稱訴而令伯枉同周青冤魂哭於幽都訴靈恨於黃泉嗟歎甚於杞梁血妖過於崩城故有隕霜之人

夜哭之鬼伯有晝見彭生為豕刑殺失中妖眚並見以古況今其揆一也皆由筵等不勝其任請皆免官於是右將軍王導等上疏引

咎請解職帝曰政刑失中皆吾闇塞所由尋示愧懼思聞忠告以補其闕而引過求退豈所望也由是導等一無所問隗遷御史中丞周嵩嫁女門生斷道解廬所傷二人建康左尉赴變又被斫隗劾嵩兄吏部尚書顗曰顗幸荷殊寵列位上寮當崇明憲典協和上下刑于左右以御于家邦而乃縱肆小人羣為凶害公於廣都之中白日刃尉遠近洶赫百姓諠譁虧損風望漸不可長既無大臣檢御之節不可對揚休命宜加貶黜以肅其違顗坐免官

卞壼為御史中丞忠於事上權貴屏跡時淮南小中正王式繼母前夫終更適式父式父終喪服訖議還前夫家前夫家亦有繼子奉養至終遂合葬於前夫式自云父臨終母求去父許諾於是制出母齊衰朞壼奏曰就如式父臨終許諾必也正名依禮為無所據若父有命須顯七出之責當存時棄之無緣以絕義之妻留家制服若式父臨困謬亂使去留自由者此必為相要以非禮則存亡無所得從式宜正之以禮魏顆父命不從其亂陳乾昔欲以二婢子殉其子以非禮不從春秋禮記善之並以妾媵猶正以禮況其母乎式母於夫生事奉終非為既絕之妻夫亡制服不為無義之婦自云守節非為更嫁離絕之斷在夫沒之後夫之既沒是其從子之日而式以為出母此母以子出也致使存無所容居沒無所託也寄命於他人之門埋尸於無名之冢若式父亡後母尋沒於式家必不以為出母明矣許諾之命一耳以為母於同居之時至沒前子之門而不以為母此為制離絕於二居裁出否於意斷離絕之斷非式而誰假使二門之子皆此母之生母戀前子求去求絕非禮於後家還反又非禮於前門去不可去還不可還則為無寄之人也式必內盡規諫外極防閑不絕明矣何至守不移於至親略情禮於假

繼乎繼母如母聖人之教式為國士閨門之內犯禮違義開闢未有於父則無追亡之善於母則無孝敬之道存則去留自由亡則合葬路人可謂生事不以禮死葬不以禮者也虧損世教不可以居人倫詮正之任案侍中司徒臨潁公組敷宣五教實在任人而含容違禮曾不貶黜揚州大中正侍中平望亭侯曄淮南大中正散騎侍郎弘顯執邦論朝野取信曾不能率禮正違崇孝敬之教並為不勝其任請以見事免組曄弘官大鴻臚削爵土廷尉結罪疏奏詔特原組等式付鄉邑清議廢棄終身

鍾雅成帝初為御史中丞時國喪未朞而尚書梅陶私奏女妓雅劾奏曰臣聞放勛之殂八音遏密雖在凡庶猶能三載自茲以來歷代所同肅祖明皇帝棄背萬國當朞來月聖主縞素泣血臨朝百僚慘愴動無歡容陶無大臣忠慕之節家庭侈靡聲妓紛葩絲竹之音流聞衢路宜加放黜以整王憲請下司徒論正清議穆后臨朝特原不問雅直法繩違百僚皆憚之

司馬恬為御史中丞值海西廢簡文帝登阼未解嚴大司馬桓温屯中堂吹警角恬奏劾温大不敬請科罪温視奏歎曰此兒乃敢彈我真可畏也恬忠正有幹局在朝憚之

江績為御史中丞王恭將伐譙王尚之先遣何澹之孫無終向句容左衛將軍桓脩以左衛須振武將軍與輔國將軍陶無忌距之脩次句容俄而恭敗無終遣書求降脩既旋軍而楊佺期已至石頭時朝廷無備內外惶駭脩進說曰殷桓之下專恃王恭恭既破滅莫不失色今若優詔用玄玄必內喜則能制仲堪佺期使並順命朝廷納之以脩為龍驤將軍荊州刺史假節權領左衛文武之鎮又令劉牢之以千人送之轉仲堪為廣州脩未及發而玄等盟於尋陽求誅牢之尚之并訴仲堪無罪獨被降黜於是詔復仲堪荊州績奏脩承受楊佺期之言交通信命宣傳不盡以為身計疑誤朝算收付廷尉特詔免官

褚爽為御史中丞中書令中鎮軍王國寶與會稽王道子持威權專勢內外及弟忱卒國寶自表求解職迎母并奔忱喪詔特賜假而盤桓不時進發為爽所奏國寶懼罪衣女子衣託為王家婢詣道子告其事道子言之於帝故得原後驃騎將軍王徽請國寶同讌國寶素驕貴使酒怒尚書左丞祖台之攘袂大呼以盤醆樂器擲台之台之不敢言復為爽所彈詔以國寶縱肆情性甚不可長台之懦弱非監司體並坐免官

王禎之為御史中丞司馬休之為荊州刺史桓振襲江陵休之戰敗出奔襄陽寧朔將軍張暢之高平相劉懷肅自沔攻振走之休之還鎮禎之奏休之失戍免官朝廷以豫州刺史魏詠之代之徵休之還京師

阮歆之為御史中丞後將軍司馬休之與尚書虞嘯父犯禁嬉戲歆之奏劾休之降號征虜將軍

宋鄭鮮之在晉為御史中丞外甥劉毅權重當時朝野莫不歸附鮮之盡心高祖獨不屈意於毅毅甚恨然義熙六年鮮之使治書侍御史丘洹奏彈毅曰上言傳詔羅道盛輒開廢逐盜發密事依法棄市奏報行刑而毅以道盛身有侯爵輒停宥案毅勳德光重任居次相既殺之非已無緣生之自由又奏之於先而弗請於後閫外出壃非此之謂中丞鮮之於毅舅甥制不相糾臣請免毅官詔無所問

王弘宋國初建為尚書右僕射奏彈謝靈運曰臣聞王假有家垂訓大易作威專戮致誡周書斯典或違刑茲無赦世子左衛率康樂縣公臣謝靈運力人桂興淫其嬖妾殺興江漢棄尸洪流事發京畿播聞遐邇宜加重劾肅正朝風案世子左衛率康樂縣公謝靈運過蒙恩獎頻承榮授聞禮知禁為日已久而不能防閑閫闈致茲紛擾罔顧憲軌忿殺自由此而勿治典刑將替請以見事免靈運所居官上臺削爵土收付大理治罪御史中丞都亭侯王准之顯居要任邦之司直風聲噂沓曾不彈舉若知而弗糾則情法斯撓如其不知則尸昧已甚豈可復預清

階式是國憲請免所居官以侯還散輩中內臺舊體不得用風聲舉彈此事彰赫曝之朝野執憲蔑聞羣司循舊國典既頹所寄者重臣弘忝承人乏位副朝端若復謹守常科則終莫之糾正所以不敢拱默自同秉彝違舊之愆伏須準裁高祖令曰靈運免官而已餘如奏端右簡正風軌誠副所期豈拘常儀自今為永制

孔琳之為御史中丞奏劾尚書令徐羨之曰臣聞事上以奉憲為恭臨下以威嚴為整然後朝典惟明庶職必肅斯道或替則憲綱其頹臣以今月七日預皇太子正會會畢車去並猥臣停門待闕有何人乘馬當臣車前收捕驅遣命去何人罵詈收捕諮審欲錄臣尚書有紛紜語令勿問而何人獨罵不止臣乃使錄何人不肯下馬連叫大喚有兩威儀走來擊臣收捕尚書令省事倪宗又牽威儀手力擊臣下人宗云中丞何得行凡敢錄令公人凡是中丞收捕威儀悉皆縛取臣勑下人一不得鬬凶

勢輈張有須乃散又有羣人就臣車側録收捕樊馬子乎行築馬子頓伏不能還臺臣自録非本無對校而宗敢秉勢凶恣篡奪罪身尚書令臣羡之與臣列車紛紜若此或云羨之不禁或云羨之禁而不止縱而不禁既乖國憲禁而不止又不經通陵犯監司凶聲彰赫容縱宗等曾無糾問虧損國威無大臣之體不有準繩風軌何寄羡之內居朝右外司輦轂位任隆重百辟所瞻而不能弘惜朝章肅是風軌致使宇下縱肆凌暴憲司凶赫之聲起自京邑所謂已有短垣而自踰之又宗為篡奪之主縱不糾問二三虧違宜有裁貶請免羨之所居官以公還第宗等篡奪之愆已屬掌故御史隨事檢處詔曰小人難可檢御司空無所問餘如奏羡之任居朝端不欲以犯憲示物時羡之領揚州刺史琳之弟璩之為治中羨之令解釋琳之停寢其事琳之不許璩之固陳琳之謂曰我觸忤宰相正當罪止一身汝必不應從坐何須勤勤邪自是百寮震肅莫敢犯禁

荀赤松為尚書左丞顏延之為國子祭酒司徒左長史坐啓買人田不肯還直赤松奏之曰求田問舍前賢所鄙延之唯利是視輕買陳聞依傍詔恩拒捍餘直俯及周年猶不畢了昧利苟得無所顧忌延之昔坐事屏斥復蒙抽進而曾不悛革怨誹無已交遊闒茸沉迷麴糵橫興譏謗詆毀朝士仰竊過榮增憤薄之性私恃顧眄成彊梁之心外示寡求內懷奔競干祿祈遷不知極已預讌班觴肆罵上席山海含容每存遵養愛兼彫虫未忍遐弃而驕放不節日月彌著臣聞聲問過情孟軻所恥況聲非外來問由已出雖心智薄劣而高自比擬客氣虛張曾無愧畏豈復弼亮五教增曜台階請以延之訟田不實妄干天聽以彊凌弱免所居官詔可

何承天為御史中丞謝元為尚書左丞太尉江夏王義恭歲給資費錢三千萬布五萬匹米七萬斛義恭素奢侈用常不充元嘉二十一年遂就尚書換明年資費而舊制出錢二十萬布五百匹以上並應奏劾元輒命議以錢二百萬給太尉事發覺元乃使令史取僕射孟顗命元時新除太尉諮議參軍未拜為承天所糾帝大怒遣元長歸田里禁錮終身元時又舉承天賣茭四百七十束與官屬求貴價承天坐白衣領職

劉璠為御史中丞璠使氣尚人為憲司甚得志彈蕭惠開大非才非望非勳非地彈王僧達太盛籍高華人品冗末朝士莫不畏其筆端

蔡准為治書御史泰始二年西討解嚴車駕還宮徐孝嗣登殿不著韈准奏罰金二兩

袁豹為御史中丞時鄱陽縣侯孟懷玉上母檀拜國太夫人有司奏許豹以為婦人從夫之爵懷玉父大司農綽見居列卿妻不宜從子奏免尚書右僕射劉柳左丞徐羡之郎何邵之官詔並贖論

册府元龜卷第五百一十八

册府元龜卷第五百一十九

憲官部八

彈劾第二

南齊任遐爲左丞太祖建元元年驃騎諮議沈憲等坐家奴客爲劫子弟被劾憲等晏然御史中丞陸澄不糾遐奏請免澄官澄上表自理曰周稱舊章漢言故事爰自河雒降逮淮海朝之憲度動尚先准若乃任情違古率意專造豈謂酌諸故實擇其茂典案遐遣啓彈新除諮議參驃騎大將軍軍事沈憲太子庶子沈曠并弟息勑付建康而憲被使曠受假俱無歸罪事狀臣以不糾憲等爲失伏尋晉宋左丞案奏不乏於時其及中丞者從來殆無王獻之習達朝章近代之宗其爲左丞彈司徒屬王濛憚罰自解屬疾游行初不及中丞桓祕不奔山陵左丞鄭襲不彈祕直彈中丞孔欣時又云別攝蘭臺檢校此徑彈中丞之謝准左丞庾登之奏鎮北檀道濟北伐不進致虎牢陷沒青州

宰臣引咎謝愆而責帥之劾曾莫奏聞請收治道濟免中丞何萬歲失山陵情敬之極比伐專征之大秘霸季之貴道濟元勳之盛所以咎及南司事非常憲然秘事猶非及中丞也今若以此爲例恐人之貴賤事之輕重物有其倫不可相方左丞江奧彈段景文又彈裴方明左丞甄法崇彈蕭珍又彈杜驥又彈段國又彈范文伯左丞羊玄保彈蕭汪左丞郡景熙左丞何承天彈呂萬齡並不歸罪皆爲重劾凡茲十彈差是憲曠之比悉無及中丞之文左丞荀萬秋劉藏江謐彈王僧朗王雲之陶寶度不及中丞最是近例之明者謐彈在今僉龍黎之後事行聖照遂取十奏近徵二案自宜依以爲軆豈得捨而不遵臣竊承人乏謬奉國憲今遐所糾既行一時若默而不言則向爲來准後人被繩方當追誚素飡之責貽塵千載所以備舉顯例引通國典雖有愚心不在微躬請出臣表付外詳議若所陳非謬裁由天監詔委外

詳尚書令褚淵奏宋世左丞荀伯子彈彭城令單道欣等坐男劫累發不禽免道欣等官中丞王准不糾亦免官左丞羊玄保彈豫州刺史管義之譙梁羣盜免義之官中丞傅隆不糾亦免隆官左丞羊玄保又彈兖州刺史鄭從之濫上布及加課租綿免從之中丞傅隆不糾免隆官左丞陸展彈建康令丘珍孫丹陽尹孔山士劫發不禽免珍孫山士官中丞何勗不糾亦免勗官左丞劉矇彈青州刺史劉道隆失火燒府庫免道隆官中丞蕭惠開不糾免惠開官左丞徐爰彈左衞將軍薛安都屬疾不直免安都官中丞張永結不糾亦免永結官澄謏闇庸見貽撓後昆上穢皇明下籠朝識請以見事免澄所居官詔曰澄表據多謬不足深劾可白衣領職

孔稚珪爲御史中丞武帝永明十一年王奐爲鎮北將軍雍州刺史輙殺寧蠻長史劉興祖帝大怒稚珪奏其事曰雍州刺史王奐啓錄小府長史劉興祖虛稱興祖扇動山蠻規生逆謀誑

言誹謗言辭不遜勑使送興祖下都奐慮所啓欺妄於獄打殺興祖詐啓稱自經死止今檢傷擬舍雖事驗聞聽擠興祖門生劉倪到臺辨問列興祖與奐共事不能相和自去年朱公恩領軍征蠻失利興祖啓聞以啓呈奐奐因此便相嫌恨若云興祖有罪便應事在民間民間誥然都無事迹去十年九月十八日奐使仗身三十人來稱勑錄興祖付獄安定郡丞先在郡藏私興祖既知其取與即牒啓奐不聞興祖後執錄奐仍令蠻領仗身於獄守視興祖未死之前於獄以物畫漆梓子中出密報家道無罪令啓乞出都一辨万死無恨又云奐驅興祖嚴禁信使欲作方便殺以除口舌又云奐意乃可奐第三息彪隨奐在州凡事是非皆干豫扇構密害興祖又云興祖家餉糜中下藥食兩口便覺迴乞獄子食者皆大利興祖大叫道糜中有藥近獄之家無人不聞又云奐治着興祖日急判無濟理十一月二十一日奐使獄吏來報興祖家道興祖於獄自經死尸出家人共洗

浴之見興祖頸下有傷有胛烏散陰小破碎實非興祖自經死家人及門義共見非是一人重攝檢雍州都留田文喜列與倪符同狀興祖在獄嘷苦望閽既蒙降首於顏始通豈容於此方復自經翻以十九日至興祖以二十一日死推理檢迹灼然矯假尋物使送下無輒拒詔所謗諸條悉出臭意毀故丞相陳顯達誹訕朝事莫此之深虎私隨父之鎮敢亂王法罪並合窮戮從之

沈昭略為左丞永明中建康令蕭誕與秣陵令司馬迪之同乘行車前導四卒昭略奏凡有鹵簿官共乘不得兼列驺寺請免誕等官詔贖論

徐孝嗣為御史中丞永明中富陽人唐寓之聚黨攻陷郡縣守宰多奔散寓之既平孝嗣奏曰風聞山東羣盜剽掠列城雖不日而殄要[illegible]是于王略郡縣闕攻守之宜倉府多侵耗之釁舉善懲惡應有攸歸吳郡所領鹽官令蕭元蔚桐廬令王天愍新城令陸赤奮等縣為白劫破掠並不經格戰委職散走元蔚天愍還臺赤奮不知所在又錢唐令劉彪富陽令何珣乃率領吏民拒戰不敵未委歸臺餘建德壽昌在劫斷上流不知被劫掠不吳興所領餘杭縣被劫令樂琰乃率吏民經戰不敵委走出都會稽所領諸暨縣為劫所破令陵琚之不經格戰委城奔走不知所在案元蔚等妄藉天私作司近服昧斯隱歷職啓吏劉會稽郡丞張思祖謬因承乏摠任是尸洎誠勿効終為無紀平東將軍吳郡太守文季征虜將軍吳興太守西昌侯鸞任屬關河威懷是寄輒下禁止彪琰珣思祖文季視事如故鸞等結贖論詔元蔚等免思祖鸞文季原

孫緬為左丞儀曹郎張融請假奔叔父喪道中罰幹錢敬道鞭杖五十寄繫延陵獄大明五年制二品清官行僮幹杖不得出十融為緬所奏免官

梁江淹齊明帝初為御史中丞時明帝作相因謂淹曰君昔在尚書中非公事不妄行在官寬猛能折衷今為南司足以震肅百

寮淹答曰今日之事可謂當官而行使恐才劣志薄不足以仰稱明旨耳於是彈中書令謝朏司徒左長史王繢護軍長史庾弘遠並以久疾不預山陵公事又奏收益州刺史劉悛梁州刺史陰智伯並贓貨巨萬收付廷尉治罪臨海太守沈昭略永嘉太守庾曇隆及諸郡二千石并大縣官長多被劾治內外肅然

任昉為御史中丞天監四年夏高祖讌於華光殿謂羣臣曰朕國昊聽政思聞得失卿等可謂多士宜各盡獻替尚書左丞范縝起曰司徒謝朏本有虛名陛下擢之如此前尚書令王亮頗有治實陛下棄之如彼是愚臣所不知帝變色言卿可更餘日縝固執不已帝不悅昉因奏曰風聞尚書左丞臣范縝自晉安還語人云我不諂餘人唯諂王亮不餉餘人唯餉王亮輒收縝自從左右萬休到臺辨問與風聞符同又今月十日御餞梁州刺史臣珍國宴私既洽羣臣並已謁退時詔留侍中臣昂等十人訪以政道縝不答所問而橫議沸騰遂取裁司徒臣朏舉庶人王亮臣于時預奉恩留[illegible]按差非風聞竊尋主簿有發親御軒陛義[illegible]湛露酒闌宴罷當辰正立記事在前記言在後貽厚朝之念深求獲之情而縝言不遜妄陳褒貶傷濟濟之風缺側席之望不有嚴裁憲准將鈌縝即主臣謹案尚書左丞臣范縝衣冠緒餘言行舛駁誇諧里落喧詰周行曲學諛聞未知去代弄口鳴舌衹足飾非乃者義師近次縝丁離艱棘曾不呼門墨縗景附頗同先覺實奉龍顏而今黨協釁餘觸為矛楯人亦無常成茲姧詖且欲至策勳功微賞厚出守名邦入司管轄苞籠罔遺而假稱折轅衣裾所弊而說激失所許與疵瑕廷辱民宗自居樞憲繩奏寂漠顧望縱容無至公之議惡直醜正有私訐之談所宜寘之徽纆肅正国典臣等參議請以見事免縝所居官輒勒外收付廷尉法獄治罪其諸連逮委之獄官以法制從事縝位應黃紙臣輒奉白簡詔聞可璽書語縝白竟以乏才能無聞特董昔經冒入羣英相與豈薄晚節諂事江

祐爲吏部末又協附梅虫兒茹法珍遂執昏政比屋罹禍盡家塗炭四海沸騰天下横潰此誰之咎食亂君之祿不死於治世亮協固凶黨作威作福靡衣玉食女樂盈房勢危事逼自相吞噬建函首題啓靡請罪朕録其白旗之來實其飢往之咎亮反覆不忠姧賄彰暴有何可論妾相談述具以狀對所詰十條續荅支離而已又征虜將軍蕭穎達乞魚軍税昉奏彈曰臣聞貧觀所取窮視不爲在於布衣窮居能救此行尚可激貪厲俗惇此薄夫況乎伐冰之家爭雞豚之利衣繡之士受賈人之服風聞征虜將軍臣蕭穎達啓乞魚軍税輒攝穎達宅督彭難當到臺辯問列稱尋生魚典税先本是鄧僧琰啓乞限訖今年五月十四日主人穎達于時謂非新立仍啓乞接代僧琰即蒙降許登稅與史法輪一年收直五十萬如其列狀則與風聞符同穎達即主臣謹案征虜將軍太子左衛率作唐縣開國侯臣穎達備位大臣預聞執憲私謁亟陳至公寂寞屠中之志異乎飽

肆之求魚飱之資不倖潛有之數遂復申茲丈二追彼十一風體若兹准繩斯在陛下引借勳良每爲曲法臣當官執憲敢不直繩臣等參議請以見事免穎達所居官以侯還第有詔原之

元魏圍司州刺史蔡道恭城中負殷而汲郢州刺史曹景宗望門不出但縱軍游獵而已及司州城陷昉奏劾之高祖以功臣寢而不治虞皭爲治書侍御史伏暅爲永陽內史在郡清潔徙爲新安太守清恪如永陽時徵爲國子博士領長水校尉時始興內史何遠累著清績高祖詔擢爲黃門侍郎俄遷信武將軍監吳郡暅自以名輩素在遠前爲吏俱稱廉白遠累見擢暅階而已意望不滿多託疾居家尋求假到東陽迎妹喪因留會稽築宅自表解帝詔以爲豫章內史暅乃拜皭奏曰臣聞失忠與信一心之道以虧貌是情非兩觀之誅宜及豈有凌犯名教要冒君親而可緯俗經邦者也風聞豫章內史伏暅去歲啓假以迎妹喪爲辭因停會稽不去入東之始貨宅賣車以此而推則是本無還意暅歷典二邦少免貪濁此自爲政之本豈得稱功常謂人才品望居何遠之右而遠以清見擢名位轉隆暅深誹怨形於辭色興居歎咤寤寐失圖天高聽卑無私不照去年十二月二十一日詔曰國子博士領長水校尉伏暅爲政廉平宜加將養勿使恚望致虧士風可豫章內史豈有人臣奉如此之詔而不亡魂破膽歸罪有司擢髮抽腸少自論謝而循奉慠然了無異色暅識及所到足達此旨而冒寵不辭吝斯苟得故以士流解體行路沸騰辯跡求心無一可恕竊以暅踉蹌落魄三十餘年皇運勃興咸與維始除舊布新濯之江漢一紀之間三世隆顯曾不能少懷感激仰荅萬分反覆拙謀成茲巧罪不忠不敬於斯已及請以暅大不敬論以事詳法應棄市刑輙收付所近獄如法所稱暅即主臣謹案豫章內史臣伏暅舍疵表行籍悖成心語嘿一違資敬兼盡幸屬昌時擢以不次溪壑可盈志欲無滿要君東走豈曰止足之歸負志解巾異乎激處之

[illegible]其此[illegible]實非本[illegible]綱豈殊宜明風憲肅此簡書臣等參議請以見事免暅所居官凡諸位任一皆削除有詔勿治暅遂得就郡

袁昂仕齊爲御史中丞時尚書令王晏弟詡爲廣州多納財貨昂依事劾奏不憚權豪

陸杲爲御史中丞性婞直無所顧望時山陰令虞肩（一名肩）在任贓汙數百萬杲奏收劾之

到洽爲御史中丞時劉孝綽爲廷尉攜妾入官府其母猶停私宅洽遣令史案其事遂劾奏之孝綽坐免官

劉覽爲尚書左丞時從兄孝綽爲吏部郎在職頗通賕貨覽劾奏免官

陳徐陵爲御史中丞時安成王爲司空以帝弟之尊勢傾朝野直兵鮑僧叡假王威權抑塞辭訟大臣莫敢言者陵聞之乃爲奏彈導從南臺官屬引奏案而入世祖見陵服章嚴肅若不可

犯爲斂容正色凌進讀奏狀時安成王殿上侍立仰視帝流汗失色凌遣殿中御史引王下殿遂劾免侍中中書監自此朝廷肅然

徐君蒨爲御史中丞南康嗣王方泰爲寧遠將軍直殿省尋加散騎常侍量置佐吏太建十一年高宗幸大壯觀因大閱武命都督任忠領步騎十萬陣於玄武湖都督陳景領樓艦五百出于瓜步江帝登玄武門宴羣臣以觀之因幸樂游苑設絲竹會仍重幸大壯觀集衆軍振旅而還是時方泰當從啓稱所生母疾不行因與亡命楊鍾期等二十人微服往民間淫人妻爲州所錄又率人仗抗拒傷損禁司爲有司所奏帝大怒下方泰獄方泰初但承行淫不承拒格禁司上曰不承則上測方泰乃投列承引於是君蒨奏曰臣聞王者之來匪漏網而私物至治之本無屈法而申慈謹案南康嗣王方泰宗屬雖遠憑託葭莩剖符英成共理卒績聖上引以維城許其錄用宮闈寄切宿衛是尸豈有金門旦啓玉輿曉蹕百司飛鶩千隊騰驤悍此異從之勞晏與晨昏之請黼以危冠淇上袪服桑中臣子之心莫斯爲大宜從霜簡允寘秋官臣等參議請依見事解方泰所居官下宗正削爵土謹以白簡奏聞帝可武陵王伯禮爲吳興太守在郡恣行暴掠太建十一年被代徵還伯禮遂遷延不發君蒨奏曰臣聞車騎不俟君命之通規夙夜匪懈臣子之常節謹案雲旗將軍持節都督吳興諸軍事吳興太守武陵王伯禮早擅英猷久馳令問惟良寄重分鄉是屬聖上愛育黎黎留情政本共化求瘼早赴皇心遂復稽緩歸驂取移涼燠遲迴去鷁空淹載路嚴愼未彰違惰斯在纜鑒檢迹以爲懲誡臣等參議以見事免伯禮所居官以王還第謹以白簡奏聞詔曰可

宗元饒爲御史中丞時蔡景歷爲散騎常侍中書通事舍人太建五年高宗銳意河南景歷諫稱師老將驕不宜過窮遠略帝大怒出爲豫章內史未行爲飛章所劾以在省之日贓汙狼籍帝令有司案問景歷但承其半於是元饒奏曰臣聞忠以事上廉以持身苟違斯道刑茲罔赦謹案宣遠將軍豫章內史新豐縣開國侯景歷因籍多幸豫奉興王皇運初基頗參締構天嘉之世贓賄狼籍聖恩錄用許以更鳴裂壤崇階不遠斯復不能改節自勵以報曲成遂乃專擅貪汙彰於遠近一則已甚其可再乎宜寘刑書以明秋憲臣等參議以見事免景歷所居官下鴻臚削爵土謹奉白簡以聞詔曰可於是徙居會稽合州刺史陳裒贓汙狼籍遣使就渚斂魚又於六郡乞米百姓甚苦之元饒劾奏曰臣聞建旟求瘼實寄廉平褰帷恤隱本資仁恕如或貪汙是肆徽賦無厭天網雖疎茲焉弗漏謹案鍾陵縣開國侯合州刺史臣裒因藉多幸預逢抽擢爵由恩被官以私加曾無功能坐尸榮貴譙沘之地久淪非所皇威剋復物仰仁風新邦用輕彌俟寬惠應斯作牧其寄尤重爰降曲恩祖行宣室親承規誨事等言提雖廉潔之懷誠無素蓄而嚴訓可以厲精遂乃擅行賦斂肆意貪取求粟不厭愧王沈之出賑徵魚無限異羊續之懸枯寘以嚴科實惟明憲臣等參議請依旨免裒所應復除官其應禁錮及後選左降本資悉依免官之法詔可其奏吳興太守武陵王伯禮豫章內史南康嗣王方泰並驕蹇放橫元饒案奏之皆見削黜

袁憲爲御史中丞時豫章王叔英不奉法度逼取人馬憲依事劾奏叔英由是坐免黜

徐儉爲御史中丞性公平無所向附尚書令江總望重一時爲儉所糾劾

後魏高道悅爲治書侍御史孝文車駕南征徵兵秦雍大期秋季閱集洛陽道悅以使者治書御史薛聰中散元志等稽違期會奏文李其罪又奏兼左僕射吏部尚書任城王澄位揔朝政任屬戎機兵使會否曾不檢奏尚書左丞公孫良職維樞轄蒙目莫舉請以見事免良等所居官

李彪爲御史中丞趙郡王幹爲司州牧車駕南討詔幹都督中外諸軍事幹貪淫不遵典法彪將糾劾之會遇幹於尚書下舍因屏左右而謂幹曰殿下比有風聞即欲起彈恐損聖明委託之旨若改往修來彪當不言脱不悛改夕聞旦發而幹悠然不以爲意彪乃表彈之孝文省表以忿惋詔幹與北海王詳俱隨太子詣行在所既至詳獨得朝見幹不蒙引接密令左右察其意色知無憂悔乃親數其過杖之一百免所居官以王還第

李沖爲尚書僕射孝文南伐散騎常侍李彪兼度支尚書與沖及任城王等參理留臺事彪素性剛豪與沖等意議乖異遂形於聲色殊無降下之心自謂身爲法官莫能糾劾已者遂多專恣沖積其前後罪過乃於尚書省禁止彪上表曰臣聞輕國庇人光化昇治輿服典章理無斁失故晉文功建九合猶見抑於請隧季氏籍政三世尚受譏於璵璠固知名器之重不可以妄假先王既憲章於古陛下又經綸於今用能車服有叙禮物無

壅案臣彪昔於凡品特以才拔等望清華司文東觀綢繆恩眷纔直憲臺加以金璫右珥蟬冕東省宜感恩厲節忠以報德而竊名忝職身爲違傲負勢高亢公行僭逸坐與禁省私取官材輒駕乘黄無所憚懾肆志傲然愚聾視聽此而可忍誰不可懷臣輒集尚書已下令史已上并治書御史臣酈道元等於尚書都座以彪所犯罪狀告彪訴其虚實若或不知須訴部下彪答臣言事見在目實如所劾皆彪所知何須復召部下臣今請以見事免彪所居職付廷尉治獄沖又表曰臣與彪相識以來垂二十載彪始南使之時見其色厲辭辯才優學博臣之愚識謂是拔萃之一人及彪位宦升達參與言宴聞彪評章古今商略人物興言於侍筵之次啓論於衆英之中賞忠識正發言懇惻惟直是語辭無隱避雖復諸王之尊侍近之要至有是非多面抗折酷疾矯詐毒憎非違厲色正辭如鷹鸇之逐雀懍懍然實似公清之操臣雖下才輒亦尚其梗槩欽其正直微識其偏急之性而不以爲瑕及其初登憲臺始居司直首復騶唱之儀肇正直繩之體當時識者僉以爲難而彪秉志信行不避豪勢其所彈劾應弦而倒赫赫之威振於下國肅肅之稱著自京師天下改目貪暴斂手臣時見其所行信謂言行相符忠清内發然時有私於臣去其威暴者臣以直繩之官人所忌疾風謗之際易生音謠往年以河陽事曾與彪在領軍府共大尉司空及領軍諸卿等集閲廷尉所問囚徒時有人訴枉者二公及臣少欲聽採語理未盡彪便振怒東坐攘袂揮赫口稱賊奴叱吒左右高聲大呼云南臺中取我木手去搭奴肋折雖有此言終竟不取即言南臺所問唯恐枉活終無枉死但可依此時諸人以所枉至重有首實者多又心難彪遂各嘿尒因緣此事臣遂心疑有濫審加情察知其威虐猶未體其採訪之由訊檢之狀商略而言酷急小罪肅禁爲大會而言之猶謂益多損少故懍寞所疑不以申徹實失爲臣知無不聞之義及去年大駕南行參

典留務是已非人專恣忌害尊身忽物安己凌上身作深過劾他人犯已不事人好人佞已聽其言同振古忠恕之賢校其行是天下佞暴之賊與任城卑躬曲已若順弟之奉暴兄其所欲者事雖非理無不屈從依事求實悉有成驗如臣列得實宜極彪於此以除姦矯之亂政如臣引無證宜投臣於四裔以息青蠅之白黑孝文在懸瓠覽表歎愕曰不意留京如此也有司處彪大辟孝文恕之除名而已

王顯爲御史中尉宣武委政於尚書令高肇宗室傾憚唯度支尚書元匡與肇抗衡先自造棺置於廳事意欲輿棺詣闕論肇罪惡而自殺肇聞而惡之後因與太常劉芳議爭權量遂與肇聲色顯奏元匡曰自金行失御羣僞競興禮壞樂崩彝倫攸斁高祖孝文皇帝以睿聖統天克復舊典乃命故中書監高閭廣旌儒林推尋樂府以黍裁寸將均周漢舊章屬雲構中遷尚未云就高祖睿思玄深參考經記以一黍之大用成分體準之爲尺

宣布施行暨正始中故太樂令孫公崇輒自立意以黍十二爲寸別造尺度定律刊鐘皆向成訖表求觀試時勑太常卿臣劉芳以崇造既請集朝英議其得否芳疑崇尺度與先朝不同察其作者於經史復異推造尠據非所宜行時尚書令臣肇清河王懌等以崇造乖謬與周禮不同遂奏臣芳依周禮更造成訖量校從其善者而芳以先朝尺度事合古典乃依前詔書以黍刋寸並呈朝廷用裁金石于時議者多云芳是唯黃門侍郎臣孫惠蔚與崇扶同二途參差頻經考議而尚書令臣肇以芳崇造物之後而惠蔚亦造一尺仍云以比崇尺自相乖背量省二三謂芳一尺而尚書臣元表云劉孫二尺長短相傾稽考兩律所容殊異言取中黍校彼二家云並參差仰中無所自立一途請求議判當時議者或是於元兩途列駮未即時定肇又云權斛斗尺班行已久今者所論豈踰先旨宜仰依先朝故尺爲定自爾以後而元與肇厲言都座聲色相加高下失其常倫喧競

無復尊序元更表列據巳十是云芳十非又云肇前被勑旨令共營督規立鍾石之名希播制作之譽乃憑樞衡之尊藉舅氏之勢與奪任心臧否自己阿黨劉芳爲繼臣事言勢雷同者接以恩言依經案古者即被怒責雖未指鹿化馬移天徙日實使蘊藉之士聳氣坐端懷道之夫結舌遊次又言芳昔與崇競常言自作今共臣論忽稱先朝豈不前謂可行輒欲自取後知錯謬便推先朝殊非大臣之體深失爲下之義復考校勢臣之前量度偏頗之手臣必刖足內朝抱璞人外囂言肆意彰於朝野然元職當出納獻替所在斗尺權度正是所司若已有所見能練臧否宜應首唱義端早辨諸惑何故嘿心隨從不關一言見芳成事方爲此語計芳才學與元殊懸所見淺深不應相及今以照發恐此由心借智於人規成虛譽況元表云所據銅權形如古誌明是漢作非莽別造及案權銘黃帝如祖德布於新若莽佐漢時事容有銘僞新之號哉又尋莽傳云莽居攝即變漢

制度考校二證非漢權明矣芳之所造又短先　之尺臣既比之權然相合更云芳尺與千金堰不同臣復量比因見其異二三浮濫難可據准又云共構虛端妄爲疑似託以先朝云非已製臣案此欺詐乃在於元不在於芳何以言之芳先被勑專造鍾律管籥優劣是其所裁權斛尺度本非其事比前門下索芳尺度而芳牒報云依先朝所班新尺復應下黍更不增損爲造鍾律調正分寸而已檢元造時在牒後一歲芳於兩日元未共爭已有此牒豈爲詐也計崇造寸積黍十二羣聿情共和而芳造寸唯止十黍亦俱見先朝詔書以黍成寸首尾歷然寧有輒欲自取之理肇在居端右百寮是望言行動靜必副具瞻若恃權阿黨詐託先詔將指鹿化馬徙日移天即是魏之趙高何以寧物肇若無此元既誣毀宰相訕謗時政阻惑朝聽不敬至甚請以肇元並禁尚書推窮其原付廷尉定罪詔曰可有司奏元誣肇處元死刑宣武恕死降爲光祿大夫顯又奏前荊州刺史元志在

州日抑買良人爲婢會赦免又秦梁二州刺史羊祉掠州人爲奴婢爲顯所彈免

甄琛爲御史中尉宣武時張彝爲侍中親政罷六輔彝與兼尚書邢巒聞處分非常出京奔走爲琛所彈云非虎非兕率彼曠野詔書切責之

任城王澄孝明時爲尚書令奏高陽王雍曰臣聞賞必以道用防小人之姧罰不濫及以戒良士之困刑者例也每垂三宥秉律執請不得已而用之是故小吏之獄察之以情一人吁嗟或虧王道刑罰得失乃興廢之所由也竊聞司州牧高陽王臣雍栲殺奉朝請韓元昭前門下錄事姚敬賢雖因公事理實未盡何者太平之世草不橫伐行葦之育事驗隆周若元昭等死罪以定應刑於都市與衆棄之如其疑似不分情理未究不宜以三請九流之官杖下便死輕絕民命傷理敗法往年州於大市鞭殺五人及檢贓狀全無寸尺今復酷害一至於此朝野云云

[illegible]若殺生在下並專於臣人君之權安所復用自開古以來明明之世未聞斯比也武王曰吾不以一人之命而易天下蓋重民命也請以見事付廷尉推究驗其爲劾之狀察其稽緩之理使是非分明幽魂獲雪詔從之

元匡爲御史中尉孝明初侍中領軍于忠侍中崔光等同在門下皆加封邑及靈太后臨朝出忠爲冀州刺史匡奏曰臣聞事主不以幽貞革心奉上不以趣捨虧節是以倚秦宮而慟哭復楚之功誠多酬盧龍而樹勳賔魏之勳不淺而申包避賞君子於是義之田疇拒命良吏所以稱美竊惟宮車晏駕天人位易正是忠臣孝子致節之秋前領軍將軍臣忠不能砥礪名行自求多福方因矯制擅相除假清官顯職歲月隆崇臣守蕃之時乃心家國書詞往來憤氣成疾傷禮敗德臣忠即主臣謹案臣忠世以鴻勳盛德受遇累朝出入承明左右機近幸國大災肆其愚戇專擅朝命無人臣之心裴郭受冤於既往宰輔黜辱於明

世自又矯旨爲儀同三司尚書令領崇訓衛尉原其此意便欲無上自處既事在恩後宜加顯戮請御史一人令史二人就州行決崔光與忠雖同受召而謂光既儒望朝之禮宗攝心虛遠不關世務但忠以光聲望崇重故逼光爲助光若不同又有危禍伏度二聖欽明深垂昭恕而自去歲正月十三日世宗晏駕以後八月一日皇后未親覽以前諸有不由階級而權臣用命或發門下詔書或由中書宣敕擅相拜授者已經恩宥正可免其叨竊之罪即非時望朝野所知冒階而進者並求追奪靈太后令曰直繩所糾實允明朝憲但忠事經肆眚又蒙特原無宜追非餘如奏

陽固爲治書侍御史劾奏廣平王懷汝南王悅南陽長公主又劾弘農太守裴粲免官

李平爲御史中尉時南兗州刺史崔暹盜官瓦贓汙狼籍爲平所糾免官

酈道元爲御史中尉司州牧汝南王悅嬖近左右丘念及選州官多由於念念匿於悅第時還其家道元收念付獄悅啓靈太后請全之勅赦之道元遂盡其命因以劾悅

冊府元龜卷第五百一十九

冊府元龜卷第五百二十上

憲官部九

彈劾第三

北齊崔暹魏末為御史中尉彈尚書令司馬子如及尚書元羨雍州刺史慕容獻又彈太師咸陽王坦并州刺史可朱渾道元罪狀極筆並免官其餘死黜者甚衆高祖書與鄴下諸貴曰崔暹糾劾咸陽王司馬令並是吾對門布衣之舊尊貴親昵無過二人同時獲罪吾不能救諸君其慎之又儀同高岳録事參軍裴景融弟景顏被劾廷尉景融入選吏部擬郡暹彈其貪昧苟進遂坐免官

司馬子瑞為尚書左丞奏彈司徒左長史畢義雲稱天保元年四月竇氏皇后姨祖載日內外百官赴第弔省義雲唯遣御史投名身遂不赴又義雲啓云喪婦孤貧後娶李世安女為妻並變身雖父服未終其女為祔已就平吉特乞闇迎不敢備禮及

義雲成婚之夕衆諸備設剋日拜閤鳴騶清路盛列羽儀兼差臺史二十人責其鮮服侍從車後直是苟求成婚誣罔干上義雲資產宅宇足稱豪室忽道孤貧亦為矯詐法官如此直繩焉寄又駕幸晉陽都坐判拜起居表四品五品已上令預前一日赴南都署表三品已上臨日署訖義雲乃乘例署表之日索表就家先署臨日遂稱私忌不來於是詔付廷尉科罪尋勑免推子瑞又奏彈義雲事十餘條多煩碎罪止罰金不除免

隋梁毗為侍御史時劉昉為柱國舒國公遇京師饑文帝令禁酒昉使妾賃屋當鑪酤毗劾奏昉曰臣聞處貴則戒之以奢持滿則守之以約昉既位列羣公秩高庶尹縻爵稍久厚祿已淹正當戒滿歸盈鑒斯止足何乃規麴蘗之潤競錐刀之末身昵酒徒家為逋藪若不糾繩何以肅厲有詔不治

楊素為御史大夫高祖第五女妻王誼子奉孝奉孝卒踰年誼上表言公主少請除服素劾誼曰臣聞喪服有五親疏異節喪制有四降殺殊文王者之所常行故曰不易之道也是以賢者不得踰不肖者不得不及而儀同王奉孝既尚蘭陵公主奉孝以去年五月身喪始經一周而誼便請除釋竊以雖曰王姬終成下嫁之禮公則主之猶在移天之義況復三年之喪自上達下及朞釋服在禮未詳然夫婦則人倫攸始喪紀則人道至大苟不重之取笑君子故鑽燧改火責以居喪之速朝祥暮歌譏以忘哀之早然誼雖不自彊爵位以重欲為無禮其可得乎乃薄俗傷教為父則不慈輕禮易喪致婦於無義若縱而不止恐傷風俗請付法推科有詔勿治然恩禮稍薄

劉行本開皇初為治書侍御史于時天下大同四夷內附行本以党項羌密邇封域最為後服上表劾其使者曰臣聞南蠻遵校尉之統西域仰都護之尊比見西羌鼠竊狗盜不父不子無君無臣異類殊方於斯為下不悟羈縻之惠詎知含養之恩偩戾為心獨乖正朔使人近至請付推科帝奇其志焉

陸知命為治書侍御史時齊王暕頗驕縱暱近小人知命奏劾之暕竟得罪

柳彧為治書侍御史於時刺史多任武將類不稱職彧上言曰方今天下太平四海清謐共治百姓須任其才昔漢光武一代明哲起自布衣備知情僞與二十八將披荊棘定天下及功成之後無所職任伏見詔書以上柱國和干子為杞州刺史其人年垂八十鐘鳴漏盡前任趙州闇於職務政由羣小賄賂公行百姓呼嗟歌謠滿道乃云老禾不早殺餘種穢良田古人有云耕當問奴織當問婢此言各有所能也干子弓馬武用是其所長治民莅職非其所解至尊思治無忘興寢如謂優老尚年自可厚賜金帛若令刺舉所損殊大臣死而後已敢不竭誠帝善之干子竟免又應州刺史唐君明居母喪娶雍州長史庫狄士文之從妹彧劾之曰臣聞天地之位既分夫婦之禮斯著君親之義生焉尊卑之教攸設是以孝惟行本禮實身基自國刑家

率由斯道竊以愛敬之情因心至切妻紀之重人倫所先君明鑽燧雖改在文無變怨劬勞之疾成燕爾之親冒此苴縗命彼褕翟不義不昵春秋載其將云無禮無儀詩人欲其遄死士文賛務神州名位通顯整齊風教四方是則棄二姓之重匹違六禮之軌儀請禁錮終身以懲風俗二人竟坐得罪

元壽爲尚書左丞高祖嘗出苑觀射文武並從焉開府蕭摩訶患且死奏請遣子向江南收其家產御史見而不言壽奏劾之曰臣聞天道不言功成四序聖皇垂拱任在百司御史之官義存糾察直繩莫舉憲典誰寄今月五月鑾輿從蹕親臨射苑開府儀同三司蕭摩訶幸廁朝行預觀盛禮奏稱請遣子世略暫往江南重收家產妻安遇患彌留有日安若長逝世略不合此行竊以人倫之義伉儷爲重資愛之道烏鳥弗虧摩訶遠念資財近忘匹好又命其子捨危惙之母爲聚斂之行一言纔發名教頓盡而兼殿內侍御史臣韓微之等親所聞見竟不弘糾若知非不舉事涉阿縱如不以爲非豈關理識謹案儀同三司太子左庶子檢校治書侍御史臣劉行本出入宮省備蒙任遇攝職憲臺時月稍久庶能整肅纓冕澄清風教而在法司虧失憲體瓶罄罍恥何所逃愆臣謬膺朝寄忝居左轄無容寢嘿謹以狀聞其行本微之等請付大理帝嘉納之

郎茂煬帝時爲尚書左丞參掌選事茂尢工法理爲世所稱時工部尚書宇文愷右翊衛大將軍于仲文競河東銀窟茂奏劾之曰臣聞貴賤殊禮仕農異業所以人知局分家識廉恥宇文愷位望已隆祿賜優厚拔葵去織寂爾無聞求利下交曾無愧色仲文大將宿衛近臣趨侍階庭朝夕聞道虞芮之風抑而不慕分銖之利知而必爭何以貽範庶寮示民軌物若不糾繩將虧政教愷與仲文竟坐得罪

唐杜正倫爲持書侍御史時張瑾爲冠軍將軍太宗以瑾先朝耆舊每謁見輒賜坐於廊下以禮之正倫劾瑾年在懸車而安寵懷祿由是始歸于家

溫彥博爲御史大夫時王君廓爲幽州都督將奔突厥爲野人所殺太宗念其功遣收葬待其家如初彥博奏君廓殺人北走稱入突厥國之叛臣合寘常憲不宜封侯食邑乃免爲庶人

權萬紀爲持書侍御史貞觀四年正月紀奏宇文智及受隋厚恩而滅棄君親首爲弑逆人臣之所同疾萬代之所不原今其子乃任　千牛侍衛左右請從屏黜以爲懲誡制可之

蕭瑀爲御史大夫貞觀四年五月奏劾李靖破頡利牙帳軍令無法突厥珍物累億萬計多請自取之由是部下虜掠隨手而盡請付法推科太宗以其有平寇之功特勅勿劾

柳範爲侍御史時吳王恪好畋獵損居人範奏彈之

唐臨爲御史中丞貞觀十七年劾故尚書右僕射上柱國贈司空密明公封德彝曰臣聞事君之義盡命弗渝爲臣之節歲寒無貳苟虧其道罪不容誅德彝操履無聞輕險有素往在隋代恩遇已深苞藏姦志密懷梟鏡叶同大憝傾覆國經論其博迹合從逆亂幸遇寬政復蒙收錄策名藩邸陳力周行位亞鼎司恩隆胙土無心報效乃肆姦謀熒惑儲蕃獎成元惡寘於常典理合誅夷但苞藏之狀死而後發很加贈謚未正嚴科罪既彰露宜加貶黜豈可仍疇爵邑尚列台槐此而不懲將何勸沮又劾故尚書右僕射上柱國贈司空萊成公杜如晦曰臣聞樹德立功允應高秩之賞千紀逆節必加夷滅之誅苟違斯道寔虧政理如晦昔陪藩邸頗効微庸出震惟新參謀帷幄遂得爵分茅社位踐台衡然而機鑒未充周慎多爽昧貽厥之嘉猷闕義方之明訓其子逆賊構荷等並稟氣凶悖早挾邪謀深禹山之同惡甚梟獍之違禍從邊棄市既伏其辜食菜疇邑猶均帶礪昔石碏純臣早爲子厚[illegible]所日磾忠謹先加弄兒之罰皆所以防萌杜漸安國全家如[illegible]滯生前從遺身後舊榮昔寵已忝冒於曩日削土除國宜申法於今辰詔並付議

韋仁約爲監察御史高祖永徽元年十月劾中書令褚遂良抑

買中書譯語人宅地大理丞張山壽斷以當徵銅二十斤少卿張叡冊以爲准估無罪仁約又奏曰遂良賤買宅地叡冊准估斷爲無罪然估價之設屬國家所須非関臣下之事私自交易豈得准估爲定叡冊舞弄文法附下罔上罪在當誅是日左遷遂良爲同州刺史叡冊爲循州刺史

王義方爲侍御史時中書侍郎李義府聞婦人淳于氏有姿色繫大理乃諷大理寺丞畢正義枉法出之將納爲妾或有密言其狀者高宗令給事中劉仁軌侍御史張倫鞫之義府恐洩其謀遂逼正義自縊帝知而特原義府之罪侍御史王義方奏曰臣聞春鶯鳴於獻歲蟋蟀吟於始秋物有微而應時人有賤而言忠臣今年歲首自雲陽縣丞蒙擢授著作佐郎極文學之清選未幾又拜侍御史濫憲臺之雄職顧視踰涯殞首非報唯欲有犯無隱以廣天聽今李義府擅殺寺丞陛下雖已釋放臣不應更有斷問然天子置三公九卿二十七大夫八十一元士本

欲水火相濟鹽梅相成然後庶績咸熙風雨交泰則知人主不得獨是獨非皆由理盲昔唐堯至聖失之於四凶漢祖深仁失之於逢萌魏武勇略英雄失之於張邈此並英傑之主莫不失之於前得之於後陛下纉聖撫有萬邦蠻陬夷落猶懼刑網況輦轂咫尺姦臣肆虐殺一六品寺丞足使忠臣抗憤義士扼腕縱令正義自取絞縊此事彌不可容便是畏義府之權勢能殺身以滅口此則生殺之威上非主出賞罰之柄下移姦佞臣恐履霜堅冰積小成大請乞重勘當正義致死之由雪寃氣於幽泉誅姦臣於白日對仗叱義府令下義府顧望不肯退義方三叱帝既無言義府始趨出

義方乃讀彈文曰臣聞附下罔上聖主之所宜誅心佷貌恭明王之所必罰是以隱賊掩義不容唐帝之朝竊幸乘權終齒漢皇之劍中書侍郎參知政事李義府善柔成性佞媚爲姿昔事馬周分桃見寵後交劉洎割袖承恩生其羽翼長其光價因緣際會遂階通顯不能盡忠端節對敭王休策蹇勵駑祗奉皇眷而又遽附城社蔽虧日月請託公行交游羣小貪冶容之好原有罪之淳于恐漏洩其謀殞無辜之正義雖挾山超海之力望此猶輕迴天轉日之威方斯更劣此而可恕孰不可容金風戒節玉露啓途霜簡與秋典共清忠臣將鷹鸇並擊請除君側少答鴻私碎首玉階庶明臣節伏請付法推斷以申典憲不從

狄仁傑爲侍御史時司農卿韋機兼領將作少府二司高宗以恭陵玄宮狹小不容送終之具遣機續成其功機於埏之左右爲使房四所又遣宿羽高山上陽等宮莫不壯麗仁傑奏其太奢機竟坐免官

楊德裔爲司憲大夫龍朔二年鐵勒道行軍大摠管左武衛大將軍鄭仁泰左武衛大將軍薛仁貴等破鐵勒之衆於天山時仁貴娶所部爲妾并交財賂及至京師德裔奏劾之曰臣聞師出以律焕乎青史殺降不祥紀諸彝訓是以分閫作將杖鉞專

征苟或乖違明罰斯在謹案鐵勒道大總管右武衛大將軍鄭仁泰等猥以非才謬荷拔擢或名參列位或職典禁戎屬北狄孤恩皇威遠振遂得擁旄瀚海問罪天山理應虔奉廟筭龔行天罰而褊心無謀短懷愎諫不爲將帥靡愛戎士無心體國有意徇私鐵勒思結多臘葛等雖疾走趨險蓋緣懼死鳥窮思入壑懷可張仁泰等情異勳庸志希貨賄不闡存慰必寘誅夷乃肆兇殘恣行殺戮向若大軍初到明喻天旨撫納前降招來後伏則鐵勒及善不日斯平仁泰素闕遠圖莫曉機事師徒無紀軍令不明遂使稽顙屈膝者先被塗原之誅懼死懷生者因成絕漠之計鐵勒逃散猶未梟懸[illegible]干戈實由於此加以沙塞綿邈風霜嚴凝不量士馬疲病不計糧食多少乃令班師涷餒征夫殞斃骼胔委積刳剔從横暴骨交衢下貫泉壤可悼成規失守乃明刑典所誅況士卒殲亡戈甲拋棄彌山遍野並資戎狄自聖朝削平天下廓清寓縣東征西怒後舞前歌未有如仁泰此行

損威挫銳之甚又仁貴動戎遠征不捷貪殘有素平允乖方旣曰監臨豈宜交涉存没枉濫從此而生娶妾雖作逗留准法便須離正雖或事有從赦然而敗衂過多縱矜所得不補所喪豈可並忍誣罔不寘準繩撫悼存亡理宜懲肅其仁泰等及諸軍故殺降人餓殺兵士并軍中罪大失應須勘當及敗亡者並請付法推科以申典憲仁泰等以功贖罪竟原之

張仁愿爲侍御史萬歲通天二年監察御史孫承景監清邊軍戰還畫戰圖以奏每陣必畫承景躬當矢石先鋒禦賊之狀則天歎曰御史乃能盡誠如此擢拜右肅政臺中丞令仁愿叙録承景下立功人仁愿未發都先問承景對陣勝負之狀承景身實不行問之皆不能對又虛增功狀仁愿庭奏承景罔上之罪於是承景左遷崇仁令擢仁愿爲右肅政臺中丞檢校幽州都督紀履忠爲監察御史劾奏御史中丞來俊臣犯狀有五一專擅国權二誅害忠善三贓賄貪濁四失儀悖禮五淫昏很戾論茲五罪合至萬誅請下獄理罪

蕭至忠爲監察御史彈鳳閣侍郎同鳳閣鸞臺三品蘇味道贓汚貶官

馬懷素爲左臺監察御史時夏官侍郎李迥秀恃張易之勢受納貨賄懷素劾之迥秀遂罷知政事

崔琬爲監察御史時兵部尚書宗楚客與其弟將作大匠晉卿侍中紀處訥咸專權共爲朋黨贓汚狼籍先是娑葛以阿史那忠節頗侵暴邊境奏請徙于內地楚客取忠節金二千兩處訥取七百兩竟不納其奏娑葛知而大怒景龍二年遂舉兵入寇甚爲邊患琬劾奏楚客等曰臣聞四牡項領良御不乘二心事君明罰無捨謹按兵部尚書同中書門下三品宗楚客侍中紀處訥等立性險詖志越溪壑幸以遭逢聖主累忝殊榮承愷悌之恩居彌諸之地不能刻意砥礪憂國如家微效涓塵以裨川岳遂乃專作威福敢樹朋黨有無君之心闕大臣之節潛通獫狁納賄不貲公引頑兇受賂無限醜問充斥穢迹昭彰且境外之交情狀難測令娑葛反叛邊鄙不寧由此賊臣取死中國論之者懼禍而結舌語之者避罪而鉗口但晉卿昔居榮職素闕忠誠貪墨嚴刑皆由黷貨令又叨忝櫛沐殊恩厚祿重權當朝莫比曾無悛改苟徇贓私此而可容孰不可恕臣謬忝直指義在觸邪請除巨蠹用荅天造楚客處訥晉卿等驕恣跋扈人神同疾不加天誅詎清王度並請收禁差三司推鞫舊制大臣被御史彈劾者皆即俯僂趨出立朝堂待罪楚客龘更咤餽作色而進自言執性忠鯁被琬誣奏中宗旣寬仁竟不窮其事令釋之

魏傳弓爲監察御史劾奏內常侍輔信義縱暴御史大夫竇懷貞曰輔常侍深爲安樂公主所信任權勢甚高常戒禍福何得輒有彈糾傳弓曰王綱漸壞君子道消正由此輩擅權耳若得今日殺之明日受誅無所恨景龍元年又劾奏銀青光祿大夫西明寺主惠範姦贓四十萬請寘于極法中宗召傳弓有寬惠範之名傳弓進曰刑賞者國家之大事陛下賞已妄加豈宜刑所不及削惠範官放歸子第

冊府元龜卷第五百二十上

冊府元龜卷第五百二十下

憲官部

彈劾第三

唐李尚隱爲監察御史景龍三年與監察御史李懷讓同奏吏部侍郎崔湜鄭愔有所挾附贓汚狼藉詔監察御史裴㴶案其事時安樂公主用事諷㴶寬之㴶遂對仗重彈奏愔湜竟從貶削一云斷常所劾忠謀

劉藏器爲侍御史時衛尉卿尉遲寶琳抑人爲妾藏器奏請還其父母帝既可其奏寶琳私奏乞之帝又從之藏器復執奏帝又可之寶琳又請如是再三藏器進言曰法者海內之懸衡上下之所共若刑罰不中則人無所措手足陛下若用捨恣情愛憎由己則國之刑憲何所施陳今寶琳請陛下從之臣所執奏陛下亦從之今日從之明日又改之欲令下人何以遵奉夫人無信不立匹夫匹婦尚不可失信況爲天子安可戲言今陛下

二三其言處分不定臣恐四海之內無所適從帝竟從藏器所奏

薛謙光拜御史大夫時僧惠範恃太平公主權勢逼奪百姓店肆州縣不能理謙光將加彈奏或請寢之謙光曰憲臺理冤滯何所迴避朝彈暮黜亦可矣遂與殿中慕容珣奏彈之

郭震玄宗初爲殿中侍御史劾刑部尚書趙彥昭太子賓客韋嗣立青州刺史韋安石曰彥昭以女巫趙五娘左道亂常託爲諸姑潛相影援既因提挈遂踐台階或驅車造門著婦人之服或攜妻就謁申猶子之情同惡相濟一至於此又張易之兄弟勢傾朝野嗣立此際結爲舅生神龍之初已合誅死天網疎漏要領誤全與安石託附阿韋編諸屬籍中宗晏駕削太皇輔政之制定阿韋臨朝之策此時朝野危懼人神怨嗟忝司清憲敢不糾彈彥昭等並請准法處分於是並貶官

倪若水爲左臺侍御史先中宗朝國子祭酒祝欽明司業郭山惲上言南郊皇后合助祭建義以皇后爲亞獻安樂公主爲終獻唐紹蔣欽緒與之固爭乃止玄宗踐祚若水劾奏欽明山惲曰欽明等本自腐儒素無操行崇班列爵實爲叨忝而涓塵莫效謟佞爲心遂使曲臺之禮圓丘之制百王故事一朝墜失所謂亂常改作希旨病君人之不才遂至于此今聖明　歷良臣入用唯茲小人猶在朝列臣請並依黜削以肅周行於是左授欽明饒州刺史山惲沂州刺史

李傑爲御史大夫開元二年京兆尹崔日知貪暴犯法傑糾劾之反爲日知所構侍御史楊瑒廷奏曰糾彈之司若遭恐脅以成姦人之謀御史臺固可廢却上以其言切直遽令傑依舊視事貶日知爲歙縣丞

崔隱甫爲御史大夫開元十四年與御史中丞宇文融李林甫等奏彈右丞相張說引術士伺解星候及徇私僭侈交通小人賄賂狼籍詔宰臣源乾曜及刑部尚書韋抗大理少卿明珪與隱甫融等同於御史臺詳鞫說坐不法與彈狀協帝念其舊臣

特寬朝典停說兼中書令

李勉至德初監察御史屬朝廷右武勳臣恃寵多不知禮法大將管崇嗣於靈武行在朝堂背闕而坐言笑自若勉劾之拘於有司肅宗特原之而曰吾有李勉始知朝廷尊矣崔光遠爲御史大夫至德二年肅宗議大舉將收復二京患其馬少有詔公卿百寮有後乘者率以助軍給事中李麌署云無馬光遠劾之貶麌江華太守

顏真卿爲御史大夫時代宗爲廣平王天下兵馬元帥統衆二十萬討安祿山既出當闕不乘馬步出木馬門而後登車武將管崇嗣爲王都虞候先王乘馬真卿奏彈之肅宗曰朕之子朕每訓之何敢失墜崇嗣老將宜優容之又中書舍人兼吏部侍郎崔漪帶酒容入朝諫議大夫李何忌在班不肅真卿劾之貶漪爲右庶子何忌西平郡司馬

張著爲監察御史德宗建中元年京兆尹兼御史中丞嚴郢奏

詔淩陵陽渠匿詔不時行著冠豸冠於紫宸殿彈之
崔縱為御史大夫貞元元年時萬年丞源邃為京兆尹李齊運
所抑捽至死縱奏劾之
殷丞為侍御史貞元九年邠寧節度使張獻甫入閤失儀丞廷
劾之初奉詔軍節度康日知朝觐失儀為御史彈奏詔捨之因劾御史臺有節將始至朝觐禮小失勿劾及是丞廷劾獻甫獻甫素服待罪閤下帝召見慰諭之以丞忝其前命有詔免官
孝貞伯為御史中丞貞元九年劾奏吏部貞元七年冬以京兆
府盧解選已授官揔六十六人或有不到京銓試懸受官告又
案選格銓狀選人自書試日書迹不同即駁放殿選違於文者
不覆驗及降資不盡或與注官伏以承前選曹乖謬未有如此
涉侵衣冠以貧乏待闕萎濫以賄賂成名非陛下求才審官之
意由是刑部尚書及吏部侍郎杜黃裳皆坐削一階
王顏為御史中丞貞元十二年奏吏部兵部侍郎郎中員外共
一十三員起去年十一月一日至今年三月三十日並不入朝

曰比謂選限內不朝實憑格敕去三月二十一日奉敕報朝前
件官並闕奉慰臣刺中書門下省并兵部吏部檢格敕並無文
狀以國朝故事開元以前旬假節日百官盡入朝至天寶五載
始有敕放旬節假日不入比及近年又賜常參分日伏緣前後
優賞之厚致有慢易違失之愆臣忝職司合當舉正庶使朝行
由肅典禮克行伏請釐革
鄭儒立為殿中侍御史貞元十四年閏五月以太子詹事蘇弁
入朝班位失序對仗彈之弁於金吾待罪敕刻特釋放舊制太
子詹事班次太常宗正卿貞元三年御史中丞竇參叙定班位
移詹事班位在河南太原等尹之下弁乃引舊班制立臺官詰
之仍紿云已白宰相請依舊制故儒立彈之
韓泰為監察御史貞元二十年考功員外郎陳歸為嶺南選補
使選人留放注官美惡違背令文唯意出入復供求無厭鄭偉
患之泰奏劾得罪

劾初縉為夏州節度性貪虐多隱沒軍賜羌渾種落苦其漁擾
遂引西蕃為寇楨奏得縉前在夏州遣將於度支請將士軍糧
及腳價共計三万四千三百餘貫文不支給將士留於上都私
第及雜市易送本道贓狀明白乃貶縉房州員外司馬并本判
官邢着為盧仲通皆貶邵將趙榮流涪州
路羣為監察御史監祭史穆宗長慶元年七月奏今月九日孟
秋饗太廟攝太尉国子祭酒韓愈唯式合起今月六日於太廟
致齋今於国子監宿有違格令敕旨宜罰一季俸料溫造為侍
御史長慶四年李祐自夏州入拜大金吾進馬一百五十匹造
正衙彈奏祐退股戰流汗私謂人曰吾夜偷蔡州城擒吳元濟
未甞心動今日膽落溫御史吁可畏哉後為御史中丞劾僞官
王杲等九十餘員杖殺曹吏李賓等於都市時朝廷有變不如
礼配不以類者又劾之造為御史大夫大和九年劾天平軍節
度使殷侑不由制旨增監軍俸入賦斂於人帝不問以使承宣

代還
蕭徹為侍御史敬宗寶曆元年四月京兆尹崔元略誤用詔條
徵科內放錢万七千貫徹於閤門彈奏詔命刑部郎中趙元亮
大理正元從質侍御史溫造鞫其事不謬元略削兼御史大夫
劉幼復為侍御史知彈文宗大和元年幼復廷奏前福建觀察
使衛中行擅用官錢三万餘貫伏請付法
周太玄為侍御史大和三年彈奏鄭滑節度使李聽曰臣聞賞
罰不立無以示天下是非一貫莫能建大中竊見義成軍節度
使李聽昨者資其承藉委以統戎俾代寇誅付之雄鎮揔二万
貔貅之衆位極寵榮兼兩藩節制之權心無報効虞其撫安危
疑上副恩遇況陛下授以神筭假以天威入魏之期尅日先定
而李聽擁族觀望淹留遷延翁惑人心逗撓軍政遂使寇誠陷
於屠戮亂衆肆其姦兇失六郡於垂成固危栗於已覆委貝州
而不守焼劫無遺望殘口而疾驅狼狽就道自圖苟免不憚爸

元稹憲宗元和初為監察御史分務東臺浙西觀察使韓皋封杖湖州安吉令孫澥四日內死徐州監軍使孟昇卒節度使王召傳送昇喪柩還京給券乘驛仍於郵舍安喪柩稹並劾奏以法河南尹房式為不法事稹欲追攝擅令停務既飛表聞奏罰式一月俸

盧坦為御史中丞元和三年奏前山南西道節度使柳晟授任方隅所寄尤重至於赦令首合遵行一昨歸朝固違明旨復脩貢獻有紊典章伏請付法又奏前浙東觀察使閻濟美到城亦有進獻當時劾責稱離越州後方見赦文道路已遙付納無處既經恩赦須為商量將誡來者之心令舉贖刑之典已書罰訖伏准今年正月赦自今已後諸道長吏有離任赴闕廷者並不得取本道錢物妄稱進奉苟有違越必舉憲章柳晟等既違新令不敢不奏帝曰山南所進與柳晟並不相關先釋放訖閻濟美赦書頒下之時尋離本道身已在近物須有歸以此奏請進納非赦文所革之意其罰亦宜釋放坦既奏舉晟濟美二人皆待罪於朝堂帝召坦對褒慰久之曰晟等所獻皆是家財朕已許原不可失信坦奏曰赦令陛下之大信也天下皆知之今二臣違令是不畏法陛下奈何愛小信而失大信乎帝曰朕已受之如何坦曰歸之有司不入內藏使四方知之以昭聖德帝嘉納之

李夷簡為御史中丞元和四年奏京兆尹楊憑前為江西觀察使贓罪及佗不法事勑付御史臺刑部尚書李鄘大理卿趙昌同鞫問貶憑賀州臨賀縣尉又追捕憑前江西判官監察御史楊瑗繫在臺命大理少卿胡珦左司員外胡証侍御史韋顗同推初憑歸朝脩第於永寧里廣畜妓妾於永樂里夷簡乘衆議交舉劾前事帝即位以法制臨下夷簡首舉憑罪故時議以為宜然繩之太過物論又譏其深切矣

崔植為御史中丞元和十五年二月奏攝衛王傅田縉諂臺按

忝蒞棄朝章有同兒戲魏州之亂職聽之由論其負恩萬死猶幸伏以封常清河南失律斬於關門高霞寓唐鄧破傷投諸遐裔渾瑊節制易定將戰而兵力不支表茲逗遛西川欲進而兇渠尚在或親當矢石或躬覆艱危勢屈賊鋒竟由朝典未曾貸法必振皇威今李聽罪惡流聞中外憤惋比之常清等輩萬萬過之若陛下猶示含弘不寘極法臣等恐憲章墜地天下寒心伏請付法初中丞溫造召殿中侍御史崔蠡以聽失律告之俾爲彈文及是以其文付知彈侍御史周太玄正衙對百官舉奏聽貪黷素著僕凡領方鎮所至無理化及山東失律聽又廣以金帛通權貴及是為有司彈奏中外莫不稱當

翟璋為左臺侍御史大和七年帝御紫宸殿朝集使魏州長史敬讓辰州長史周利貞俱欲奏事璋監殿庭揖利貞先進而讓前稱利貞受武三思使枉害臣父璋劾讓不待監引請付法上曰讓訴父枉不可不矜朝議亦不可不肅可奪一季祿而已貶利貞為邕州長史

李款為侍御史大和七年九月閤內奏彈前邠州行軍司馬鄭注內通勑使外連朝官兩地往來卜射財貨晝伏夜動干竊化權人不敢言道路以目請付法司旬日之內諫章數十上由是授注通王府司馬兼侍御史充右神策軍判官中外駭歎

歸融為戶部侍郎兼御史中丞開成元年湖南觀察使盧周仁進羨餘錢一十萬貫文融狀奏曰天下一家何非君土所在方鎮官庫錢皆陛下府庫緡錢也盧周仁輕黷宸嚴輒陳小利務期容受妄說異端若言南方多有火災湖外須防戎寇恐成煨燼請納京師則所進之餘安可遂無此虞周仁罔思大體姑徇私誠入財貨以干榮侍清朝而何淺貢之無藝實紊彝章伏見今年正月一日赦文天下藩方四節獻賀三年內猶皆權停周仁所進頗玷皇化何裨國用臣伏恐萬方從此相效皆以羨餘爲名額無羨餘亦因緣刻剝生人受斃起自周仁深不稱陛下

臨軒求太平意也其盧周仁應須重責以例長人者所進錢伏請却還湖南道收貯以備水旱留代貧下戶納兩稅交代相承不得擅用使九有獲蘇一方知感天下幸甚奏彈之後詔湖南所進錢委度支於河陰收貯以備他處水旱

狄兼謩為御史中丞開成二年劾前秘書監吳士矩為蔡州別駕兼謩上疏曰縣令刺史觀察使皆陛下守土之臣守陛下土地財貨行陛下教條恩澤而已非得盈縮自已與奪自專況軍戎事不可容易添給添給一加損減至難豈唯一道一軍之弊實江淮十餘鎮聲問相傳必或引例其若之何吳士矩恐須勘驗取實以塗定江淮十鎮之意日月無私照雷霆無私怒陛下獎任士矩本非私也今負陛下而理之亦非私也臣忝守憲職不敢尸祿其吳士矩請付東臺差清彊御史就江西推勘聞奏士矩前為江西觀察使在任日賞軍中諸色加給羨餘錢八万八千貫文米一万六千三百石故彈奏

魏謩為右補闕開成二年荊南觀察使韋長以監軍使呂令琮

下官健入江陵縣陵辱縣令韓忠事申西院院即內樞密院也謩上疏曰臣見諸司雜報韋長送狀西院分析監軍下陵毀江陵縣令事伏以州縣侵屈祇合上聞中外關連須遵舊制韋長任膺觀察體合精詳公事都不奏論私情擅為踰越況事無大小不可將迎儻縣官業有乖使宜理罪監軍職司侵軼即合聞天或以處煩聖聰何不但申門下今則首紊常典理合糾繩伏望陛下宣示宰臣速加懲誡疏奏不報中書門下御史臺並無彈奏其事遂寢時論惜之

韋溫為尚書左丞開成三年彈奏吏部員外郎張文規長慶中父弘靖陷在幽州文規逗留京洛不便赴難不宜在南宮故出文規為安州刺史

後唐趙光逢唐末時昭宗駕在華州徵拜御史中丞帝置藥院於禁中有道士許巖士瞽者馬道殷出入無間驟至列卿宮相因此左道求進者衆光逢持憲糾之伏法自是其徒頗息

崔沂梁開平中為御史司憲金吾街使寇彥卿入朝過天津橋市民梁現者不時迴避前道伍伯捽之投石欄以致斃彥卿自首於梁祖命通事舍人趙可封宣諭令出私財與死者之家以贖其罪沂奏劾曰彥卿位是人臣無專殺之理況天津橋御路之要正對端門當車駕出入之途非街使振怒之所況梁現不時迴避其過止於鞭笞捽首投軀深乖朝憲請論之以法梁祖惜彥卿令沂以過失論沂引鬬競律以怙勢力為罪首下手者減一等又鬬毆條不鬬故毆傷人者加傷罪一等沂表入貴援彥卿游繫將軍左衛中郎將沂剛正守法人士多之

呂琦天成中為侍御史舉劾吏部侍郎王權將作監王澄太僕少卿魏仁鍔庫部郎中孔崇弼司門郎中李郡麥河南縣令郭正封等六人妻敘封郡君縣君者勅首敘封之例勅格甚明況在所司備詳其事既成差悞蓋是因循纔有糾彈實為允當欺聊雖愆錯即可矜然欲示戒懲須行責罰本行令史馬仁珪決

脊杖十七勅停本判郎中裴垣罰兩月俸王權等六人妻進封敘封郡縣邑號官告宜令所司追納毀廢初郊天後赦書節文云朝臣並與追封贈及敘封後不在此限其年七月十二日中書以前赦書節文不該據品秩依格例施行又奏覆在朝臣寮限兩月內一齊聞奏並據品秩依格例施行河南縣令郭正封制前任考功員外郎朝議郎階具是六品制後遷河南縣令加朝請大夫正五品其妻乃敘封縣君及被舉劾乃招僞濫有涉情故

李琪為御史大夫時安重誨為樞密使而弄權任氣制置諸夏當纘紹之初內外無不畏懾過御史臺門有內臣誤衝行李遂追斬於馬前時琪彈奏之以功大莫之動也

趙礪為西京留臺侍御史礪上言臺司奉去年四月勑西京留司官員雖有留臺點檢如聞多不整齊宜令太子太師盧文紀都更提轄今有自去年五月後至今每稱疾請假最多太子太

保王延太子洗馬張季凝舊例軱目百日假滿落班簿延與季凝每遇百日將滿即一度赴拜表行香俱是拜跪不任昨高祖神主祔廟之時留司班列至乾渡鎮奉迎其王延只到五鳳樓前季凝稱病不出陳力就列從聖之明規拜表行香留司之常務既疾疢不任於出入筋骸難彊於扶持亦宜上稟靈章內思貪冒處歷退休之懇用循止足之文雖優引縶自於朝廷而彈舉敢隳於職業勑王延等宜以本官致仕時西京留司朝臣或有弛慢者朝廷欲儆其失乃令盧文紀檢轄文紀乖於大體至令朝士不得出城制置甚煩趙礪嫉之故有是奏欲移過於文紀也

冊府元龜卷第五百二十下

憲官部

不稱　希旨　残黠

不稱

夫糾察之官是持邦憲耳目之任以司君聰故職修則事舉官邪則政廢矧乃居夫彈劾必當發其塞諱其或簡略是務靡見於繩愆畏避爲心坐貽於官謗授受之際蓋兩失歟器人之能未易議也

宋荀伯子爲御史中丞凡所奏劾莫不深相呵毀或延及祖禰示言切直又頗雜嘲戲故世人以此非之

梁謝幾卿自尚書三公郎爲持書侍御史舊郎官轉爲此職者謂爲南奔幾卿頗失志多陳疾臺事略不復理徙爲散騎侍郎

後魏尒朱世承世領御史中尉人才猥劣備員而已

[illegible][illegible]爲侍中領中尉俛眉畏避不能繩糾貴遊凡所劾治率多下吏

唐楊國忠初名釗玄宗天寶中以貴妃從父之子爲監察御史去就同率驟履清憲衆人皆指釗

韋陟肅宗時爲御史大夫時朝臣立班多不整肅至有班頭相弔哭者乃罷陟御史大夫以顏眞卿代

楊渾代宗時爲監察御史憲臺執法之地動循儀軌渾性放曠不堪檢束其寮長局吏咸怨其疎縱渾旣不樂乞守外職執政惜其才奏爲左補闕

王翊代宗時爲御史大夫奉職雖不能舉正綱條以廉謹知名

張延賞代宗時爲御史大夫初元載持權歲久寵賂日彰朝綱爵賞無不大壞帝思得正人爲巳腹心漸收載權以肅朝政由是浙西觀察使李栖筠與延賞赴闕時延賞爲河南尹以地近先至除大夫適會刑成都府司録李少良與殿中侍御史陸珽等密上封事論載得失帝付臺閱狀延賞疑懼不敢鞫遂託疾以避其事內不能平猶惜人望出延賞爲淮南節度使

敬括代宗時爲御史大夫從容養望不舉綱紀士亦以此少之

于頎德宗建中時爲御史大夫初頎爲河南尹以無政代還時徵汾州刺史劉暹暹剛腸嫉惡歷典數州皆爲廉使畏憚宰相盧杞恐暹爲御史大夫齗沮巳之所見遽稱薦頎爲之以其柔佞易制也

李元素憲宗時爲御史大夫是官自貞元中位缺久難其人至是元素以名望召拜中外聳聽及居位一無修舉但規求作相久之竟不得志見客必曰無以官散相疎也見屬官必先拜脂韋在列大失人情

李珝文宗開成初爲御史中丞帝御紫宸殿宰臣李固言奏曰李珝在臺雖無甚過以爲人疎易不稱此官此官乃天下紀綱有司繩準苟用人非當則紊亂典章帝曰李珝官業應不甚舉然爲人豈不長厚耶固言對曰臣所奏緣與御史中丞不相宜人即長厚且憲司彈奏事亦至難官要得宜者

杜宣猷與柳瓌崔郢魏中庸高弘簡俱爲監察御史開成四年四月詔以宣猷爲河南府司録參軍瓌爲藍田縣令郢爲侍御史充鄜坊節度判官先是御史中丞高元裕上言御史府官屬選用至重宣猷等才望不稱請出之因有是命

後唐崔協莊宗同光初爲御史中丞憲司舉奏多以文字錯悞屢受責罰協器宇宏爽高談虛論多不近理時人以爲虛有其表

李琪明宗天成初爲御史大夫時樞密使安重誨宅與御史臺差相對重誨前騶至臺門殿直馬延衝前騶重誨即命斬於臺門琪以重誨權重不敢舉其過又慮諫官論奏乃白於宰相任圜託先聞於重誨即具上聞琪即奏重誨言於臺門斬人事辭旨依違不敢正言其罪

梁文矩天成中爲御史中丞上表曰臣近聞有勑命夏秋苗稅取天成二年額爲長定雖聖主特行憂軫而黎民未甚聞知伏

詔再降明勅令粉壁曉告文紀初執憲綱志在舉職而首陳此議論者以爲欲去邪掎倖理甚汚闕虞損末帝清泰中爲御史中丞時有赦放繫囚白文審者延安之劇賊也繫于臺囹圄久之是日釋放翌日衆知之大駭乃重詳赦文比不該放者賴臺司復捕獲文審損與知雜韋梲本推御史劉遜皆停任

希旨

夫執霜簡戴豸冠立赤墀之下蓋所以振肅紀綱糾繩違謬是曰邦之司直者矣則有性本頗邪志必憸險承望風旨迎合意趣或文致其罪惡或增飾其左驗陰中良善密構忠賢多所勦絶自求進取无靦於面目不畏於簡書雖白人之不臧亦乃政之多辟云耳

後漢郗慮爲御史大夫少府孔融見曹公雄詐漸著數不能堪故發辭偏宕多致乖忤（偁邪跌宕不拘正理）曹公憚之以融名重天下外相容忍而潛忌正議慮承望風旨以微法奏免融官

晉王宏武帝時爲司隸校尉於是檢察士庶使車服異制庶人不得衣紫絳及綺繡錦繢帝常遣左右微行觀察風俗宏緣此復遣吏科檢婦人衵服至褰發於路論者以爲暮年謬妄由是復譏於世復坐免官

南齊孔稚珪爲御史中丞初王融爲竟陵王子良校署寧朔軍主武帝疾篤融欲立子良鬱林怒之即位十日收下廷尉使稚珪倚爲奏曰融姿性剛險立身浮競動跡驚群抗言異類近塞外微塵苦求將領遂招納不逞扇誘荒傖狡算聲勢專行權利反覆脣齒之間傾動頰舌之內威福自己无所忌憚誹謗朝政歷毀王公謂已才流无所推下事暴遠近使融依源據答融辭曰囚實頑蔽觸行多愆但夙忝門素得奉教君子爰自總髮迄將立年州閭鄉黨見許愚慎朝廷衣冠謂无豐咎過蒙大行皇帝獎育之恩又荷文皇帝識擢之重司徒公賜預士林安陸王曲垂眄接既身被國慈必欲以死自効前後陳伐虜之計亦仰聞先朝今段犬羊乍擾令囚草撰符詔及司徒宣勅招募同例非一實以戎事不小不敢承教續蒙軍號賜使招集銜勅而行非敢虛扇且格取二叛不限傖楚敬舉聲勢應有形迹專行權利又无贓賄反覆脣齒之間未審悉與誰言輕動頰舌之內不容都无主此但聖主膺教實所沐浴自上甘露頌及銀甕啓三日詩序接虜使語辭竭思稱揚得非誹謗且王公百司惟賢是與高下之敬等秩有差不敢踰濫豈應誣毀囚才分本劣謬被策用悚怍之情夙宵兢惕未嘗誇示里閭彰暴遠近自循自省並愧流言良由廣淺寡慮致貽嚚謗伏惟皇明臨宇普天蒙澤戊寅赦恩輕重必宥百日曠期始蒙旬日一介罪身獨嬰憲劾若事實有徵爰對有在身死之日死恨泉壤詔獄賜死時年二十七臨死歎曰我若不爲百歲老母當吐一言融意欲指斥帝在東宮時過失也融被收朋友部曲參問北寺相繼於道融請救於子良子良憂懼不敢救

後魏甄琛宣武時爲御史中尉時趙脩盛寵琛傾身事之琛父凝爲中散大夫弟僧林爲本州別駕皆託脩申達至脩姦詐事露明當收考今日乃舉其罪及監決脩猶想隱惻琛告人曰趙脩小人背如土牛殊耐鞭杖有識以此非之

北齊封孝琰廢帝時爲通直散騎常侍兼尚書左丞其所彈射多承意旨

隋裴蘊爲御史大夫時蘇威爲納言煬帝時盜賊不止天下大亂威每諷諫帝彌不平後復問伐遼東事威對願赦羣盜遣討高麗帝益怒蘊希旨令白衣張行本奏威昔在高陽典選濫授人官畏怯突厥請還京師帝令案其事及獄成下詔曰威立性朋黨好爲異端懷挾詭道徼幸名利詆訶律令謗訕臺省昔歲薄伐奉述先志凡預切問各盡胸臆而威不以開懷遂无對命啓沃之道其若是乎資敬之義何其甚薄於是除名爲民蘊又與裴矩虞世基參掌機密蘊善候伺人主微意若欲罪者則曲

法順情鍛成其罪所欲宥者則附從輕典因而釋之是後大小之獄皆以付蘊憲部大理莫敢與奪必稟承進止然後決斷蘊亦機辯所論法理言若懸河或重或輕皆由其口剖析明敏時人不能致詰

唐崔義玄高宗時爲御史大夫希務旨陰中長孫無忌等罪立皇后武氏

袁守一爲監察御史時節愍太子重俊構乱魏元忠子昇時爲督從宗楚客等將誣元忠通謀侍中楊再思中書令李嶠又希楚客旨欲致其罪中宗不從守一遂表彈元忠曰且聞去疾宜遠史策攸存惡逆不誅禍難未已故潘崇進說宮甲遂興霍禹陰謀芒刺可驗謹案魏元忠抽自布衣越昇台衮十旬遠至一歲九遷日月借其光彩風雲恣其鳴躍身當立之大名食睢陽之茅土當須竭誠畢命徇義酬恩而乃構惑儲宮躬爲謀主位高勢重狼顧徘徊典五兵又司百揆儲宮向闕先召賊臣比

軍斬關來聞死難至於陷重俊令犯逆誘臣下使謀君戎馬滿於宮中戰場在於闕下寢坐驚遑兆庶憂懼一日之間中外隔絕禍交之首實潛元忠宜肅朝章以明典法用塞人祇之怨稍清郊廟之恥罪狀既實自孽難逃義士忠臣誰不憤激重俊是陛下之子猶加昭憲元忠非勳非戚焉得獨漏嚴刑縱陛下惡殺好生其如國典何元忠等請汙宮以謝罪赤族以申刑伏望付法據狀科斷

敬羽爲御史中丞時道士申泰芝託使鬼物却老之術得幸於肅宗因使往湖南宣慰受姦贓鉅萬又以訛言惑衆潭州刺史龐承鼎按其事以聞肅宗不之信召泰芝赴京師下承鼎於江陵獄詔嚴郢窮理之郢具以泰芝姦狀聞肅宗又令中使與呂諲同驗諲亦執奏泰芝無狀肅宗皆不納羽希旨附會泰芝肅宗大怒竟杖殺承鼎

貫全爲御史中丞德宗貞元中夏州節度使韓潭朔京師其監軍賈英秀在鎮挾誣搆州人馮胡節度推官王游順典李縉朝以枷拉殺胡胡子項以冤上訴兼告英秀贓狀下御史臺按之全希旨以附中人奏請留免英秀於內侍省餘黨於臺推得實故游順等坐死英秀獨削一階

殘酷

書曰與其殺不辜寧失不經此聖哲知一成而不可變故矜恤之心至矣暨夫失政之世強猜多忌峻刑罰以禦下委酷吏以爲能擢之憲臺恣彼兇忍或求官屬之喉罪或屠流人以逞威始謂嫉惡如讎巽柔柄用然則舞文深詆謂其敢決招集凶惡則千里響應自臨箠扑則五毒備極行路爲之寒心舉朝爲之累足其後雖萬乘易慮何補冤痛異代覽之孰不嗟惋

漢王溫舒武帝時以廷尉史事張湯爲御史督盜賊殺傷甚多

減宣武帝時爲御史及中丞使治主父偃及淮南反獄所以微文深詆殺者甚衆（詆，訐也）稱爲敢決疑數廢數起爲御史中丞者

幾二十歲（幾音機　塘音鉅）

杜周武帝時以廷尉史事張湯至御史使案邊失亡（邊郡士卒亡失也　一六　主守有失也）所論殺甚衆奏事中上意任用與減宣相編更爲中丞十餘歲其治與宣相放然重遲外寬內深次骨（其用罪深刻至骨）

後漢周紆章帝時爲御史中丞和帝即位太傅鄧彪奏紆在任過酷不宜典司京輦免歸田里永元五年復徵爲御史中丞遷司隸校尉六年夏旱車駕自幸洛陽錄囚徒二人被掠生蟲左轉騎都尉

陽球靈帝時爲司隸校尉先是球爲尚書令時中常侍王甫曹節等姦虐弄權扇動外內球嘗拊髀發憤曰若陽球作司隸此曹子安得容乎光和二年遷爲司隸校尉王甫休沐里舍球詣闕謝因奏收甫及中常侍淳于登袁赦封諝中黄門劉毅小黄門龐訓朱禹齊盛等及子弟爲守令者姦猾縱恣罪合滅族太尉段紀明諂附佞倖宜并誅戮於是悉收甫紀明等送洛陽獄

及用于永樂少府萌沛相吉球自臨考甫等五毒備極萌謂球曰父子既當伏誅少以楚毒假借老父球曰若罪惡無狀死不滅責乃欲求假借邪萌乃罵曰爾前奉事吾父子如奴奴敢反汝主乎今日困吾行自及也球使以土窒萌口箠扑交至父子悉死杖下紀明亦自殺乃僵磔甫屍於夏城門大署牓曰賊臣王甫盡沒入財產妻子皆徙比景球既誅甫復欲以次表曹節等乃勑中都官從事曰且先去大猾當次案豪右權門聞之莫不屏氣諸奢飾之物皆各緘縢不敢陳設京師畏震時順帝虞貴人葬百官會喪還曹節見磔甫屍道次慨然抆淚曰我曹自可相食何宜使犬舐其汁乎語諸常侍今且俱入勿過里舍也節直入省白帝曰陽球故酷暴吏前三府奏當免官以九江微功復見擢用愆過之人好為妄作不宜使在司隸以騁毒虐帝乃徙球為衛尉時球出謁陵節勑尚書令召拜不得稽留尺一球被召急因求見帝叩頭曰臣無清高之行橫蒙鷹犬之任前

雖糾誅王甫段熲蓋簡落狐狸未足宣示天下願假臣一月必令豺狼鴟梟各服其辜叩頭流血殿上呵叱曰衛尉扞詔邪至於再三乃受拜

後魏李彪為御史中尉號為嚴酷以姦欵難得乃為木手擊其脅腋氣絕而復屬者時有焉又慰喻汾州叛胡得其土渠皆鞭面殺之及彪之病也體上往往瘡潰痛毒備極

北齊宋遊道仕東魏為御史中尉性剛直疾惡如讎見人犯罪皆欵致之極法彈糾見事又好察陰私問獄察情捶撻嚴酷別劾吉頊等五人同死有欣悅色朝士甚鄙之

唐來俊臣則天時為侍御史按制獄素小不合意者必引之前後坐族千餘家擢拜左臺御史中丞與侍御史侯思止王弘義郭霸李敬仁評事康暐衛遂忠等同惡相濟招集告事者數百人共為羅織數州相連千里響應欲誣陷一人即數處別告皆事狀不異異口同音以惑上下仍俱云請付來俊臣等推勘必獲情實又造告密羅織經一卷其意皆網羅前人織成反狀俊臣每鞫囚無問輕重多以醋灌鼻禁地牢中或盛之於瓮以火圜繞炙之兼絕其糧餉至有抽衣絮以噉之者又令寢處糞穢備諸苦毒自非身死終不得出每有制書寬宥囚徒俊臣必先遣獄卒盡殺重囚然後宣示又與游擊將軍索元禮等作大枷凡有十號一曰定百脉二曰喘不得三曰突地吼四曰著即承五曰失魂膽六曰實同反七曰反是實八曰死豬愁九曰求即死十曰求破家復有鐵籠頭遭其枷者輪轉于地斯須悶絕矣囚入無貴賤必先布枷棒于地召囚前曰此是作具見之魂膽飛越無不自誣矣則天重其賞以酬之故吏競勸為酷毒由是告密之徒紛然道路俊臣復按大將軍張虔勗大將軍內侍范雲仙於洛州牧院虔勗等不堪其苦自訟於徐有功言辭頗厲俊臣命衛士亂刀斬殺之雲仙亦言歷事先朝使臣冤苦俊臣命截去其舌士庶破膽無敢言者俊臣贓污滋甚恣淫無度百

官妻女及商人財貨多被其逼奪御史紀履忠劾奏其狀准犯當誅則天以俊臣告事有功特恕其死

侯思止則天時為左臺侍御史既按制獄苛酷日甚嘗按中丞魏元忠曰急臣白司馬不然即喫孟青白司馬者洛陽有坂號白司馬孟青者將軍姓孟名青棒卽殺琅琊王沖者也思止閭巷庸奴常以此謂諸囚也元忠辭氣不屈思止怒而倒曳元忠徐起曰我薄命如乘惡驢墜腳為鐙所繫被拖曳思止大怒又曳之

萬國俊則天時為司刑評事長壽二年二月有上封事人言嶺表流人有陰謀逆者則天遣國俊攝監察御史就按之若得反狀便斬決國俊至廣州徧召流人置于別所矯制賜自盡並號呼稱冤不伏國俊乃引出擁之水曲以次加戮立百餘人一時併命然後鍛鍊曲成反狀仍更誣奏云諸道流人咸有怨望若不推究為變不遥則天深然其奏又命右衛翊二府兵曹參軍

劉光業司刑評事王德壽苑南面監丞鮑思恭尚輦直長王大貞右武威衛兵曹參軍屈貞筠並攝監察御史分往劍南黔中安南嶺南等六道案鞫諸州流人尋擢授國俊朝散大夫行左肅政臺侍御史光業等見國俊盛行殘殺得加榮賞并受鸞臺侍郎傅遊藝之旨乃共肆其凶忍唯恐後之故所在殺戮光業誅七百人一云九百德壽五百人一云七百其餘少者不減百人一云五百亦有雜犯及遠年流人本非革命時犯罪者亦枉及禍焉則天知其寃濫制被六道所誅家口未歸者並遞還本貫國俊等俄相次被誅其不死皆坐事流竄而衆議咸以爲殘酷所致

王弘義則天時爲左臺侍御史每暑月繫囚必於小房中積蒿而施氊褥遭之者斯須氣絶矣與來俊臣常行移文牒州縣憎懼自矜曰我之文牒有如狼毒野葛也

郭霸則天時爲左臺殿中侍御史嘗推坊州刺史李思徵榜捶拷禁不勝而死

閻元禮爲侍御史長壽中左臺侍御史王弘義流放瓊州妄稱勑追時元禮使嶺南次于襄鄧會而按之弘義詞窮乃請曰與公氣類元禮曰足下任御史元禮任洛陽尉元禮今爲御史公乃背流因復何氣類乃榜殺之

周利貞中宗神龍初爲侍御史出爲嘉州司馬桓彦範袁恕已等爲武三思誣搆流桓彦範於瀼州敬暉於崖州袁恕已於環州三思猶慮重被進用納崔湜計令利貞攝右臺侍御史就嶺南矯制殺之彦範行至貴州利貞遇之於途乃令左右執縛曳於竹槎之上肉盡至骨然後杖殺之恕已至環州爲利貞所逼飲野葛汁數升恕已常服黄金飲毒訖憤悶以手掘地取土而食爪甲殆盡竟不死乃擊殺之

姚紹之爲監察御史中宗朝駙馬都尉王同皎與張仲之祖延慶謀誅武三思事洩乃勑左臺大夫李承嘉與紹之按於新開獄紹之初將直盡其事詔宰相李嶠等對問諸相懼三思但僞侻佯不問仲之延慶言不已宰相有附會三思者屢與承嘉耳語復說誘紹之其事乃變遂密置人力十餘引仲之對問至則爲紹之所擒塞口反接送獄中紹之還謂仲之曰張三事不諧矣仲之固言三思反狀紹之命棒之而臂折大呼天者六七謂紹之曰反賊臂且折矣命已輸爾當訴爾於天帝乃自誣反而遇族

王旭玄宗時爲左臺侍御史開元初光祿少卿盧崇道以崔湜妻父貶於嶺外逃歸匿於東都爲讎家所發詔旭究其獄旭欲擅其威權因捕崇道親黨數十人皆極其楚毒然後結成其罪累遷左司郎中常帶侍御史旭爲人嚴苛左右無敢支梧每銜命推劾一見無不輸款者

敬羽肅宗時爲監察御史作大枷有鉤尾榆著即悶絶又卧囚於地以門關輾其腹號爲肉餺飥掘地爲坑實以棘刺以敗席覆上領囚臨坑訊之必墜其中萬刺攢之有胡人康謙爲試鴻臚卿知山南東路驛人嫉之告其陰通史朝義謙竦驚長三尺按之兩宿鬚髮皆禿膝踝亦栲碎視之者以爲鬼物非人類也

冊府元龜卷第五百二十一

冊府元龜卷第五百二十二

憲官部十一

私曲　譴讓　誣罔

私曲

夫耳目之官糾繩之任必資方正以崇風憲苟非其人即隨流成式而迺貪緣公議肆復私讎或遂飛語風聞以汚黷良善或憑嫁文巧詆以傾陷忠賢故社是依搏擊莫及豈唯一人之不幸抑亦國之巨蠹矣

後漢胡种爲司隸校尉與王宏有隙及宏下獄种遂迫促殺之宏臨命詬曰宋翼豎儒不足議大計胡种樂人之禍禍將及之种後眠輒見宏以杖擊之因發病數日死

李嵩爲司隸校尉初蘇謙爲扶風郡督郵時嵩爲美陽令與中常侍具瑗交通貪暴爲民患前後監司畏其勢援莫敢糾問及謙至部案得其贓論輸左校謙累遷至金城太守去郡歸鄉里

漢法免罷守令自非詔徵不得妄到京師而謙後私至洛陽嵩收謙詰掠死獄中嵩又因刑其屍以報昔怨

段紀明爲司隸校尉紀明曲意宦官故得保其富貴遂黨中常侍王甫枉誅中常侍鄭颯董騰等

晉荀愷爲司隸校尉牽秀爲司空從事中郎與帝舅王愷素相輕侮王愷諷荀愷奏秀夜在道中載高平國守士田興妻秀即表訴被誣論穢行文辭亢厲以譏抵外戚于時朝臣雖多證明其行而秀盛名美譽由是而損遂坐免官

宋荀伯子爲御史中丞凡所奏劾莫不深相謗毀或延及祖禰示其切直又頗雜嘲戲故世人以此非之

南齊袁彖爲御史中丞坐彈謝超宗簡奏依違免官

袁昂爲御史中丞先是沈淵爲御史中丞彈昂從兄吳興太守彖及昂爲中丞到官數日奏彈淵子繢父在斂白幰車免官禁錮陸澄爲御史中丞弟鮮爲揚州主簿頗以兩奴就鮮貿錢鮮死子暐誣爲買券暐與澄書相往反後又誣與太守蕭猷云澄欲子之非未近義方之訓此趣販所不爲況搢紳領袖儒宗勝達乎暐遂爲澄所排抑世以此少之

梁到洽爲御史中丞初劉孝綽與洽友善同遊東宮孝綽自以才優於洽每於宴坐嗤鄙其文洽銜之及孝綽爲廷尉卿攜妾入官府其母猶停私宅洽遣令史案其事遂劾奏之云攜少妹於華省棄老母於下宅高祖爲隱其惡改妹爲姝坐免官

陳劉孝儀爲御史中丞與徐陵有隙及陵出爲上虞令孝儀風聞劾陵在縣贓汙因坐免

後魏高道悅爲治書侍御史時徵兵閱集道悅奏主文中散元志等稽違期會時道悅兄觀爲外兵郎中而道悅有黨兄之負孝文詔責然以事經恩宥遂寢而不論

崔亮爲御史中尉初邢巒爲度支尚書侍中盧昶與巒不平昶與元暉俱宣武所寵亮昶之黨也昶暉令亮糾巒事成許言於

帝以亮爲侍中亮於是奏劾巒在漢中掠良人爲奴婢亮外雖方正內亦承候時情宣傳左右郭神安頗被孝明識遇以弟託亮亮引爲御史及神安敗後因集禁中孝明令兼侍中盧昶宣旨責亮亮白在法官何故受左右囑請亮拜謝而已無以上對

王顯爲御史中尉屬官不悉稱職詔求更換詔委改選務盡才能而顯所舉或有請屬未皆得人於是衆口喧譁聲望致損

北齊高眞爲御史中尉選用御史多其親戚鄉閭不稱朝望文襄奏令改選焉

張子階爲御史初畢義雲爲司馬子瑞所彈而子瑞從兄消難爲北豫州刺史義雲遣子階詣州采風聞先禁其典籤家客等消難危懼遂叛入周時論歸罪義雲云其規報子瑞事亦上聞爾前讞賞義雲常預從此後集見稍疎聲望大損

隋裴蘊爲御史大夫煬帝親征遼東以尚書左丞郎茂爲晉陽宮留守常山贊治王文同與茂有隙奏茂朋黨附下罔上詔遣

納言蘇威與蘊雜治之茂素與蘊等不平蘊因深文巧詆成其罪狀帝大怒及其弟司隸別駕楚之皆除名爲民徙且末郡

唐袁異式爲監察御史初右相劉仁軌爲給事中受詔按李義府殺畢正義之事仁軌既不曲撓其狀義府銜之由是見排出爲青州刺史俄又以運糧失船異式馳往鞫之承義府之旨逼仁軌令自殺辭曰仁軌劾官不辦國有常刑公若以法斃之則將欲逃死亦不可得也今若遽自絞縊以快讎者竊所未甘心焉於是結奏仁軌罪詔削官爵令於遼東効力

宇文融爲御史中丞時中書令張說惡其爲人屢排抑之融乃與崔隱甫劾奏說贓狀說由是罷相

張著爲監察御史冠豸冠彈京兆尹兼御史中丞嚴郢於紫宸殿劾郢奉詔發人浚陵陽渠匿詔不時行故使奔竄以歸怨於上帝即位之初侍御史朱敖請復制置朱衣豸冠於內廊有犯者御史服以彈帝許之又令御史得專彈舉不復關白於中丞大夫至是著首行之乃削郢御史中丞而著特賜緋魚袋自是日懸衣冠于宣政之左廊然著承楊炎意彈郢無何御史張滂復以朋黨私疊彈中丞元全柔衆議不直乃詔御史不得專舉

竇叅爲御史中丞多率情壞法初定百官俸料以嘗爲司直黨其官故給俸過於本寺丞又定百官班秩初令太常少卿在左右庶子之上又惡詹事李昇遂移詹事班退居諸府尹之下甚爲有識者所嗤

嚴郢爲御史大夫初郢爲京兆尹兼御史中丞時楊炎爲相惡其異己誣以他罪削兼中丞及盧杞將傾炎炎已罷相乃引郢爲御史大夫與協謀發炎罪及河中觀察使趙惠伯下御史臺獄簽楚無驗搆成其罪貶炎於崖州惠伯於費州郢既報怨過當人頗不直郢後得罪既至費州道左睹柩殯問其主名或曰趙惠伯之殯也郢默然歎恧歲餘而卒

李夷簡爲御史初京兆尹楊憑在江西日夷簡自御史出官在

巡屬憑頗踈縱不顧接之夷簡嘗切齒及憑歸朝修第於永寧里功作併興又廣蓄伎妾於永樂里之別宅時人大以爲言夷簡乘衆議舉劾前事且言修營之僭將欲殺之及下獄置對數日未得其事夷簡持益急上聞且貶焉追舊從事以驗自貞元已來居方鎮者爲德宗所姑息故窮極僭奢無所疑忌及憲宗即位以法制臨下夷簡首舉憑罪故時議以爲宜然繩之太過物論又譏其深切矣

崔元略任刑部郎中知雜時中丞敗京兆尹物議以吏部郎中崔植有風憲之望元略因入閣妄稱植失儀命御史彈之時二人皆進擬中丞中旨果授元略植深銜之

竇易直爲御史中丞時吏部尚書鄭餘慶議僕射上日儀制不與隔品官亢禮易直時奏非餘慶所議及易直爲右僕射卻行隔品致敬之禮時論非之

譴讓

周官小宰之職所以糾邦禁秦制御史之任所以持國憲蓋言責之攸重必剛正以自守官或有曠咎將焉從若乃論奏失中察劾非實稽留諸事抑滯往愬逮捕而靡審報聞而自擅畏避不舉違慢弗恭縱吏受賕徇私成黨舞文以巧詆詞上以飾詐忘書馬之爲慎恣逆鱗而忤旨自作弗靖因求諸己用是譴罷實取衆棄其有備員臺署惰視簡牘不練習於舊典唯專事於外剛蔑聞令猷實損朝望由茲坐免不亦媿乎

後漢鮑永光武建武中爲司隸校尉大司徒韓歆坐事永固請之不得以此忤帝意出爲東海相

鮑昱爲司隸校尉明帝永平五年坐救火遲免

晉傅祗爲司隸校尉楚王瑋之矯詔也祗以聞奏稽留免官

范泰爲御史中丞坐議殷祠事謬白衣領職

宋王准之爲御史中丞坐世子右衛率謝靈運殺人不舉免官

何承天爲御史中丞尚書左丞謝元舉承天賣茭四百七十束

與官屬求貴價承天坐白衣領職

南齊陸澄爲御史中丞太祖建元元年驃騎諮議沈憲等坐家奴客爲劫子弟被劾憲等寔然左丞任遐奏澄不糺請免澄官澄上表自理言舊例死左丞糺中丞之義詔外詳議尚書令褚彥回檢宋已來左丞糺正而中丞不糺免官者甚衆奏澄謏聞膚見貽撓後昆上掩皇明下籠朝識請以見事免澄所居官詔曰澄表據多謬不足深劾可白衣領職

梁張緬爲御史中丞坐收捕人與外國使鬭左降黃門兼領先職

陳王政爲御史中丞時始興王叔陵所作尤不軌侵淫上聞宣帝譴責政以不舉奏免政官

北齊高愼爲御史中丞以不稱朝望文襄奏令改選爲愼前妻吏部郎中崔暹妹爲愼所棄暹時爲文襄委任愼謂其構已性既狷急積懷憤恨因是罕有糾劾多所縱舍高祖嫌責之彌不自安出爲北豫州刺史

表丰脩爲司徒左長史加驃騎大將軍領兼御史中丞司徒録事參軍盧思道私貸庫錢四十萬娉太原王乂女爲妻而王氏已先納陸孔文禮娉爲定畫脩坐爲首僚又是國之司憲知而不劾被責免中丞

隋張衡爲御史大夫煬帝欲大汾陽宮令衡與紀弘整具圖奏之衡承間進諫曰比年勞役繁多百姓疲弊伏願留神稍加抑損帝意甚不平後嘗目衡謂侍臣曰張衡自謂由其計畫令我有天下也時齊王暕失愛於上帝密令人求暕罪失有人譖暕違制將伊闕令皇甫詡從之汾陽宮又録前幸涿郡及祠北嶽時以老謁見者衣冠多不整帝譴衡以憲司皆不能舉正出爲榆林太守

劉子翊大業中爲符璽侍御史從幸江都值天下亂帝猶不悟子翊因侍切諫由是忤旨令子翊爲丹陽留守

唐秦令言爲監察御史時洺州長史譙國公許力士以子欽明犯奸贓配流建州令言以按事失實解任初令言受詔推欽明客謂令言曰君擢自不應刺見戒在奏事令言曰此素所便也不習而入及奏不稱旨謂力士爲許長史帝怒曰對我猶喚許長史此豈推得事更令法司重鞫之力士又侵居人田宅以廣園池占渚田以爲馬牧由是力士令言皆得罪

崔謐爲御史中丞以推明崇儼事失實貶爲虔州長史

張洽爲御史中丞開元十年以洛陽縣主簿王鈞坐贓杖殺之玄宗謂宰相張嘉貞曰兩臺御史河南尹韋湊作何政理遣吏官侵漁朕思復淳風永懷壽域釐轂之下豈圖有此守官慢法何謂有司春秋責帥即其義也嘉貞對曰陛下深愛黎元爲之除害韋湊等不明不肅實負聖朝且望各貶其官以勸長史即日遂貶湊爲曹州刺史洽爲通州司馬

韋陟肅宗至德中爲御史大夫時右拾遺杜甫上表論房琯有大臣度真宰相器聖朝不容詞旨迂誕帝令崔光遠與陟及憲

部尚書顔真卿同訊之陟入言甫所陳讜言論房琯被黜不失諫臣大體帝由此益疏遂罷御史大夫授吏部尚書

房宗偃爲御史中丞建中元年坐與劉晏友善貶虔州司馬

楊護代宗大曆八年爲殿中侍御史分職左巡時郎撰哭市護不聞奏帝以爲壅蔽貶護爲連州桂陽縣丞員外置

呂渭爲殿中侍御史德宗初即位以李涵爲太子少傅充山陵副使渭爲判官上言涵父名少康今官名犯諱恐乖禮典宰相崔祐甫奏曰若朝廷事有乖舛群目悉能如此實太平之道除渭司門員外郎尋有人言涵昔爲宗正少卿此時無言今爲少傳渭妄有奏議詔曰呂渭僭陳章奏爲其本使薄訐官名朕以宋有司城之嫌晉有詞曹之諱歎其忠於所事亦謂確以上聞乃加殊恩俾膺厚賞近聞所陳少字徃歲已任少卿昔是今非罔我何甚豈得謬當朝典更廁周行宜佐遐藩用誡薄俗可歙州司馬同正由是改涵爲檢校工部尚書兼光禄卿仍充山陵副使

崔蘩貞元十九年爲監察御史初建中元年勑京城諸使及府縣季終命御史分曹巡按繫囚省其寃濫以聞近年以北軍職在禁密移牒而已御史未嘗至其軍蘩遠任官近嚴明遇下下思陷之知蘩不練故事乃至右神策軍去奉制巡覆軍使等以爲特有制令御史推覆不詳其舊例也頗驚愕軍中遂奏之帝發怒蘩遂四十配崖州

元稹憲宗元和五年爲監察御史分司以擅河南尹房式於臺擅令停務罰俸料一季追赴西臺旋貶江陵府士曹參軍

盧則爲監察御史出按連州刺史崔簡得實及還其下吏受觀察使李衆賂綾六百匹簡弟計訴推吏決杖配流勑御史出使動爲標式功在肅下不唯檢事監察御史盧則奉使推鞫致使官典犯贓被人告訴失在周慎亦可薄懲宜俾見任

韋乾度元和十二年爲御史中丞時監察御史韋楚材請按河中觀察使趙宗儒擅用所備凶荒羨餘錢及贓罰錢米貫石數至八萬詔監察御史崔郾覆則宗儒以行營軍用且有詔命以楚材舉不實貶爲江陵兵曹參軍楚材以無公務因宿於城東別墅三日方達藍田縣會乾度疏理楚材辜楚材素與裴度善時度與李逢吉不叶憲宗以事連宰相故召給事中張賈中書舍人李程召乾度及比部郎中兼侍御史知雜宋景兼追楚材等鞫詳之其所追堂帖先至商州數日後楚材方到帝皆知之又本推覆楚材所舉趙宗儒事御史崔郾稱奉使回謁辭乾度於私第乾度引之外堂約郾令附會楚材事故兼以崔郾同鞫之於是以乾度爲朗州刺史宋景爲韶州司馬景初被鞫對曰侍御史知雜事所以贊中丞也今若以乾度爲過即景無所逃責故貶焉

李道樞敬宗寶曆初爲侍御史枝酒詣中丞獨孤朗宅請事醉不能去朗劾奏之故以道樞爲太子司議郎分司東都

王源植寶曆二年爲殿中侍御史源植於衢路爲教坊樂伎所侮源植導從訶叱不止遂成忿競京兆尹劉栖楚科責伎者訴于本司因有詔令御史臺勘詰時中丞獨孤朗論之稍過帝怒遂貶源植爲昭州司馬同正

高少逸寶曆二年爲侍御史時金吾將軍李岵入閤失儀少逸爲知彈御史以不彈奏貶太子左贊善大夫御史丞獨孤朗侍御史盧璹以不彈奏少逸宜各罰一月俸

溫造爲御史中丞文宗大和二年宮中遺火造奏初聞宮中遺火緣妖賊並禁在臺恐有姦謀遂追集人吏設備隄防然後奔走入朝到稍在後兩巡使崔冝姚合其日臺中忽聞有火遂追集所領赴朝堂到稍在後日等職列紀律之次庶寮勤皆取則若不重罰難勵衆情自罰三十直宜合請各罰三十直宰臣等奏禁中火焰所及迫近正衙宰相已下皆在火所御史中丞合率僚屬先至闕下其日兩巡使直至申時火滅始到中丞唱宿追朝隨例方至物情不可議論喧然其所議罰繫此臺司鉏失既云上聞又不待罪有乖敬慎恐須別議責罰奉勑事出非常臺有妖賊官曹警備亦謂處置即合待罪朝堂候聽處分量罰自許事涉乖儀溫造姚合崔冝等各罰一月俸所請罰錢宜並放賜

梁蕭頃爲御史司憲太祖開平三年鄆州百姓劉郁於駕前陳狀論金吾大將軍石彥辭責宅不肯交割經御史臺論理不爲推窮事頃與侍御史盧麻各罰兩月俸

孔邈爲殿中侍御史乾化元年貶爲同州澄城縣尉以扈從北征後至行在故也

鄭觀爲監察御史乾化二年御史臺奏准堂帖送到臘饗行事官祕書監茵暐等五人狀稱十二月二十六日臘祭百神十九日早於都省受誓戒至午時監察御史鄭觀方到有乖恭恪合具申聞堂判送御史臺分析得監察御史鄭觀狀稱其日泥雪稍深所乘驢瘦劣墜車數四遂至遲違者奉勑國之重典祀事爲先御史監臨本虞不恪今則衆官晨興已到御史日晏方

來既紊國章難虧朝典其鄭觀宜停見任

後唐崔協爲御史中丞莊宗同光中與殿中侍御史韋棁魏遜詣東上閤門進狀待罪罰俸有差刑獄奏牘脫略文字故也

趙王爲侍御史明宗天成四年七月推劾汴州相國寺僧崇德案內誤書僧審方入罰一月俸

盧損末帝清泰三年爲御史中丞初延州保安鎮將白文審郡之劇賊高行周作鎮將差人徙替不受代屬前年春擾亂文審專殺郡人趙思謙等十餘人後經赦放罪去年春思謙弟思誨詣闕訴兄之寃帝亦素知文審之兇惡爰令本道捕之下獄遣殿中少監張仁愿於鄜州置獄推鞫文審伏殺十平人罪未盡疑乃追赴京師連坐者二十八人繫臺獄方按鞫屬五月十二日御札自今年五月十二日已前除五逆十惡放火劫舍持杖殺人外並委長吏如已得事情或未見贓驗不在追窮枝蔓以所招疾速斷遣損爲人輕易即破械釋文審後奏帝大怒復收文審誅之臺帖劾臺公文去奉德音釋放不得追領祗證中書詰云御札云不在追窮枝蔓無不得追領祗證六字擅添敗勑語詔責授右賛善大夫知雜御史韋棁責授太僕寺丞侍御史魏遜責授太府寺主簿王岳責授司農寺主簿

晉薛融爲御史中丞高祖天福四年坐乘馬入尚書省門罰俸一月

李鼎爲侍御史天福八年勑曰李鼎方居憲府合禀朝章豈可八月中喪妻十月後供狀欺公冒寵以死爲生既彰罔上之愆宜處觸邪之地止停見任尚示寬恩宜勑停見任初侍御史鄭受益彈奏云伏見李鼎今月十一日衙謝妻陳叙封事察認臺言似踰常例自遂檢詳按內其李鼎去年八月中請妻亡准式假十月中供狀請叙封有此過尤致招羣論竊循職分理合舉明者勑下臺司勘狀不虛鼎稱准去年七月十七日德音特許叙封鼎妻八月中病亡十月內中書大例遍取朝臣父母妻官諱郡氏遂供文狀自後不解開落申報者所司奏聞遂有是命

周邊歸讜爲御史中丞顯德五年奪俸一季先是百官因事班於廣德殿門外歸讜忽厲聲聞于帝座觀者無不悚駭寒苦訶

誣譖

夫職司邦憲位振朝綱則必篤之以嚴明守之以正直行之以禮奉之以仁故法靡不通事無不舉若乃誣譖以肆其意高下以快其心或以報仇讎或以伸怨憾或構讒以成其罪或激寵以重其法無辜受禍因私被戮夫如是苟逃人患必致天誅上君子束髮從官出身事主可不鑒於斯而已矣

唐來子珣爲侍御史天授二年臘月誣搆文昌左相魏王承嗣文昌右相岑長倩監脩國史殿中監河內王懿宗兼檢校左金吾衛大將軍雅州刺史劉行實及弟渠州刺史行瑜尚衣奉御行感并兄子鷹揚衛將軍虔通並以謀反誅

來俊臣累遷侍御史天授初王公百僚皆勸革命右衛將軍李安靜太子少保綱之孫獨義形於色無所陳請及被收下制獄俊臣詰其反狀安靜謂曰以我是唐家老臣須殺任殺若問以謀反實無可對俊臣竟無構殺之

二年臘月劉行感兄弟坐謀反制令納言史務滋與俊臣同鞫其獄俊臣奏言務滋素與行感周密意欲寢其反狀則天怒令俊臣鞫之務滋恐被罔於極刑遂自殺俊臣遷御史中丞三年一月奏鳳閣侍郎任知古地官侍郎狄仁傑冬官侍郎裴行本司農卿裴宣禮前文昌右丞盧獻御史中丞魏元忠潞州刺史李嗣真並謀逆請誅之制不許特令免死文昌左相魏王承嗣曰仁傑等包藏逆節事迹並彰陛下雖欲屈法申恩無以懲艾凶慝則天曰朕好生惡殺志在恤刑渙汗已行不可更返殿中侍御史霍獻可奏曰陛下不殺裴宣禮等臣請絕命於前遂以頭觸殿階流血覆面獻可即宣禮之甥以此表人臣之節鳳閣舍人向光道侍御史張知默又極言請誅之不許唯左授知古江夏縣令仁傑彭澤令宣禮夷陵令元忠涪陵令獻西鄉令行

本嗣真流于嶺表又羽林將軍蘇幹遂東宮尚書俊臣素忌疾之遂誣奏在魏州與瑯琊王沖書跡往復因繫獄發憤而卒又泉獻誠為右衛大將軍俊臣怒遂誣其謀反縊殺之又俊臣與大僕少卿李昭德素不協遂誣構以反罪

姚庭筠為御史中丞節愍太子之舉兵魏元忠子昇為其脅從遂為亂兵所殺庭筠誣奏曰臣聞貞觀中兵部尚書侯君集有社稷元勳蒙賜鐵券后與太子承乾謀反法司斷以極法太宗臨朝謂羣臣曰君集有功于国朕將乞其性命公卿等許我乎于時羣臣爭進皆云君集擬傾危社稷天地不容請爽斬之以明大法太宗涕泣與訣令依国典斬於四達之衢以謝天下其后房遺愛薛万徹及齊王祐等作逆雖是懿親皆從国法誅戮今魏元忠與李多祚等結構謀反弃男俱入逆徒陛下仁恩欲掩其過臣今訐揚是犯龍鱗忤主意但以事緣宗社豈能希旨不言且元忠功不逮君集身又非国戚君集等反形纔見未有兵

戈元忠等兵纏紫微圍逼御座令朝廷詳議皆云據元忠罪逆合赤族汙宮在朝廷有朋黨寬救其惡為飾詐詞以惑聖聽昔宣尼為魯司寇七日誅少正卯臣蒙權居憲司已經十日不能誅鋤逆黨息朝廷紛議可謂素餐尸祿負陛下鼎鑊之享願行兩觀之誅以絕四凶之慝中宗頗然之由是貶元忠宋州員外司馬

冉祖雍為侍御史與冬官侍郎朱敬則不協遂誣其與王同皎親善貶授□□刺史未行朝廷知其非罪轉盧州刺史俄以疾卒

宇文融為御史中丞開元中盧從愿代韋抗為刑部尚書融年充校京外官考使前後咸稱允當時融承恩用事以括獲田之功本司校考為上下從愿抑不與之融頗以為恨遂密奏從愿廣占良田至有百余頃其後玄宗嘗擇堪為宰相者或薦從愿帝曰從愿廣占田園是不廉也遂止不用

楊国忠貴妃從父之子天寶中為監察御史時李林甫於皇太子有不利之謀乃潛圖傾覆以避後患侍御史楊慎矜承望風旨密誣奏韋堅與皇甫惟明私謁太子狀以冀動搖玄宗素知太子無他慎矜因奉其別紀奏議畏却以国忠怙寵敢言援之為黨使按其事京兆府法曹吉溫深文醜誣為国忠爪牙因深竟堅及太子良娣親屬柳績杜昆吾等窮繩其罪以樹權於長安中別起推事院自是歲連大獄追捕擠陷誅夷者數百家皆国忠發之林甫方以深阻保位国忠凡所劾奏涉疑似於太子者林甫雖不明言以指導之皆林甫所使国忠乘而為邪得以肆意累遷御史中丞日加親幸初楊慎矜白林甫引王鉷為御史中丞同其姦謀及大獄屬構帝終無疑太子意慎矜稍自退將避后禍因與鉷有隙鉷與国忠連奏慎矜押以不道誅於是權傾內外公卿累息

唐旻肅宗時為御史誣蒲州刺史顏眞卿貶饒州刺史

竇羣性險躁喜亡為與李吉甫善元和三年吉甫擢為御史中丞及得權反與知雜事呂溫侍御史羊士諤等黨比同構陷吉甫每陰伺其過吉甫嘗召術者陳登宿於安邑里第羣曰羣命吏捕登考鞫傍構吉甫陰事密以上聞憲宗名登立辯其偽貶溫為均州刺史士諤資州刺史羣出為灃州刺史既行又貶為黔州刺史

韋楚材為監察御史元和十二年楚材請按河中觀察使趙宗儒擅用貯備凶荒羨余錢及贓罰錢米貫石數至八万詔發監察御史崔鄯覆之則宗儒以行營軍用具有詔命三州分數不同敕趙宗儒取晉絳等州錢物事皆有由水旱錢減亦為明據遂釋放以楚材奏不實貶楚材為江陵府兵曹參軍

册府元龜卷第五百二十二

冊府元龜卷第五百二十三

諫諍部

總序

傳曰天子有諍臣七人又曰命百官官箴王闕孔子之述諫有五一曰譎諫二曰順諫三曰直諫四曰諍諫五曰贛諫蓋古之王者莫不開諫諍之路延讜直之議思聞已過以救時失然後上下之情無壅小大之政咸叙以臻夫至治者也太古之世朴略而無紀三五以降則軒轅有明臺之議堯有衢室之問舜有進善之旌禹有五聲之聽湯有好問之誥武王有天道之訪咸所以詳延嘉話弥縫其闕故前史所載自王以下各有父兄子弟以補察其政至於朝夕起居不忘納誨在輿有旅賁之規位宁有官師之典倚几有誦訓之諫居寢有褻御之箴臨事有瞽史之詔燕居有史工之誦至於大夫士有規誨傳言之告庶人商旅有誹謗陳貨之徽百工之賤討執藝以獻猶遒人之職專

徇鐸以采詩諒夫諫諍之所由來者舊矣漢氏之後居人上者何嘗不遐迪古訓諮諏善道稽衆而博采虛己以延納潛發嘉詔下及幽隱退託不明求所裨益自秦置諫議大夫專掌論議漢廢其職至武帝復置諫大夫隷光祿勳無常員率用名儒宿德以任其職周旋侍從參預諷議世祖增議学員三十人魏氏遵之逮晉而罷江東唯梁陳有此官後魏置諫議大夫七人隷集書省北齊因之後周地官府有保氏大夫掌規諫又有諫議誠議等大夫隋置諫議大夫七人屬門下省煬帝廢之唐武德初置四員屬門下龍朔中改爲正諫大夫武后垂拱中又置補闕拾遺左右各二員供奉左右箴規得失天授中左右各加三員共十人神龍初復舊四員正諫大夫復爲諫議大夫開元定制左右補闕拾遺各二員復有內供奉各一員又十二人左屬門下右屬中書貞元四年分置左右諫議大夫各四員隷兩省元和元年止置諫議大夫四員罷左右之名會昌二年復置左右以備兩省員數無所加朱梁至周無所改易咸以參侍親近專職論諫大則廷議小則上封秩序清峻推擇精覈尸厥職者頗難其人今茲考歷代論諍之烈取古五諫之義第其品次垂爲訓典若夫事君有勿欺之義廷諍有伏死之節危言以期寤主逆耳而思益國是之謂直諫酌王度而糾愆攻時病而盡規本獻可替否之猷導救惡弼違之訓是之謂規諫陳古義以喻今寓文辭而導意託事類以進說因訪問而申對是之謂諷諫排姦罔避乎近訐救危靡俟乎旋踵蓄憤悱而有犯本質亮而不回是之謂強諫含忠有素竭志將沒忘軀而國國忍死以緒言是之謂遺諫以是五者列而叙之凡率土之濱皆爲臣子雖草萊之論賤士伍之卑冗咸被延納得以言事人主之所采良無間然至有嘉其鯁亮特蒙擢遇申之賞賚存乎激勸亦用論著備乎簡牘凡諫諍部六門云爾

諷諫

孔子曰諫有五吾從其諷蓋所以因事託物寓情見意異言之者無罪而聞者之自戒爾三代而下良臣踵武志存納誨言思利國乃有陳之箴訓形於風什敷引經義援述古道假文以詮理精辭而獻規誠心內激精義潛發周旋紬繹百意微婉亦有曲終而奏雅勸百而風一始於浮夸終於節儉又曷嘗不感悟時主補其闕而救其惡哉故人臣之禮不顯諫者得事君之道矣

周辛甲武王時爲大史命百官官箴王闕（闕過也百官各爲箴辭以箴王過也）於虞人之箴曰（虞人掌田獵者）芒芒禹跡畫爲九州（芒芒遠貌也畫分也）經啓九道（九道九州之道也啓開也）民有寢廟獸有茂草各有攸處德用不擾（人神各有歸故德不亂也）在帝夷羿冒于原獸（冒貪也）忘其國恤而思其麀牡（言但念獵）武不可重（重猶數也）用不恢于夏家（羿以好武雖有夏家而不能恢大也）獸臣司原敢告僕夫（獸臣虞人也告僕夫不敢斥尊也）

召康公成王時爲太保作公劉泂酌卷阿以戒成王王將涖政戒以民事美公劉之厚於民也（公劉后稷曾孫夏末迫逐世於豳而有居民之道也）其詩

曰篤公劉匪居匪康迺埸迺疆（篤厚也厚乎公劉之為君也不以所居為居不以所安為安鄣國乃有疆埸也）乃積乃倉乃裹餱糧于橐于囊思輯用光（言公劉為夏人迫逐已之故不忍鬪其民乃裹糧食於橐囊之中棄其餘而去思在和其民人用光大其道為今子孫之基）泂酌言皇天親有德饗有道也其詩曰泂酌彼行潦挹彼注茲可以餴饎（泂遠也餴餾也饎酒食也言遠酌取潦投大器之中又挹之注之於此小器而可以沃酒食之餴者以有忠信之德齊絜之誠以薦之故也）豈弟君子民之父母（樂以强教之易以說安之民皆有父之尊有母之親）卷阿言求賢用吉士也其詩曰有卷者阿飄風自南（卷曲也阿大陵也迴風從長養之方來入之觸阿者當）豈弟君子來游來歌以矢其音（矢陳也言王能待賢者如屈躬以待賢者賢者則猥來就之是則樂易君子來就王游而歌以陳出其声感王之善心也）

優旃者秦倡朱儒善為笑言然合於大道秦始皇時置酒而天雨陛楯者皆沾寒優旃見而哀之謂之曰汝欲休乎陛楯者曰幸甚優旃曰我即呼汝汝疾應曰諾居有頃殿上上壽呼万歲優旃臨檻大呼曰陛楯郎曰諾優旃曰汝雖長何益幸雨立我雖短也幸休居於是始皇使陛楯者得半相代始皇嘗議欲大苑囿東至函谷關西至雍陳倉優旃曰善多縱禽獸於其中寇從東方來令麋鹿觸之足矣始皇以故輟止二世立又欲漆其城優旃曰善主上雖无言臣固將請之漆城雖於百姓愁費然佳哉漆城蕩蕩寇來不能上即欲就之易為漆耳顧難為蔭室於是二世笑之以其故止居无何二世殺優旃歸漢數年而卒

漢東方朔武帝時待詔公車帝欲起上林苑朔進諫曰泰階六符以觀天变不可不省因奏泰階之事帝迺拜朔為太中大夫給事中賜黃金百斤（黃帝泰階六符經曰太階者天之三階也上階為天子中階為諸侯公卿大夫下階為士庶人上階上星為男主下星為女主中階上星為諸侯三公下星為卿大夫下階上星為元士下星為庶人三階平則陰陽和風雨時社稷神祇咸獲其宜天下大安是為太平三階不平則五神乏祀日有食之水旱不時飢饉不成冬雷夏霜百姓不寧安治道傾天子行暴令好興兵甲修宮榭廣苑囿則上階為之奄奄疏闊也以孝武皆有此事故朔為陳之）

司馬相如蜀郡成都人孝景時為武騎常侍因病免客遊梁作子虛賦至武帝時為狗監帝讀子虛賦善之子虛虛言也為楚稱烏有先生者烏有此事也為齊難亡是公者亡是人也欲明天子之義故虛藉此三人為辭以推天子諸侯之苑囿其卒章歸之於節儉因以風諫賦奏帝以為郎相如為郎數歲會唐蒙通夜郎僰中巴蜀民大恐帝遣相如使蜀譴蜀長老多言通西南夷之不為用大臣亦以為然相如欲諫業已建之不敢乃著書藉蜀父老為辭而詰難之以風天子且因宣其使指令百姓皆知天子意又相如從獵還過宜春宮奏賦以哀二世行失（宜春本秦之離宮胡亥於此為閻樂所殺故感其處而哀之）又相如為孝文園令見帝好僊因曰臣嘗為大人賦未就請具而奏之相如以為列僊之儒居山澤間形容甚臞此非帝王之僊意也乃奏大人賦天子大說

王褒蜀人也宣帝時徵褒既至詔褒作聖主得賢臣頌末句云何必偃仰詘信若彭祖呴噓呼吸如僑松是時帝頗好神僊故褒對及之官至諫大夫

枚臯為郎待詔衛皇后立臯奏賦以戒終

揚雄成帝時待詔承明之庭帝方郊祠甘泉泰畤汾陰后土以求繼嗣雄奏甘泉賦以風甘泉本因秦離宮既奢泰（本秦之林光宮也）而武帝復增通天高光迎風宮外近則洪厓旁皇儲胥弩阹遠則石關封巒枝鵲露寒棠梨師得遊觀屈奇瑰偉（棠梨宮在甘泉苑垣外師得宮在雲陽界其餘皆甘泉苑垣內之宮觀也）非木摩而不彫牆塗而不畫周宣所考般庚所迁夏卑宮室唐虞采椽三等之制也（小雅斯干之詩序曰宣王考室也考謂成盤庚般王名也迁謂都亳也唐虞謂堯舜也採椽木也三等土階三等言不過也）且其為已久矣非成帝所造欲諫則非時欲默則不能已故遂推而隆之迺上比於帝室紫宮（帝謂天也）若曰此非人力之所為儻鬼神可也時趙昭儀方大幸每上甘泉常法從（法從者以言法當從耳非失礼一日從法駕也）在屬車間豹尾中（大駕屬車八十一乘作三行尚書御史乘之最后一乘縣豹尾豹尾以前皆為省中）故雄聊盛言車騎之衆參麗之駕非所以感動天地逆釐三神又言屏玉女郤虙妃以微戒齊肅之事賦成奏之天子異焉三月帝將祭后土迺帥羣臣橫大河湊汾陰既祭行遊介山回安邑顧龍門覽鹽池登歷觀陟西嶽以望八荒迹殷周之虛眇然以思唐虞之

風雄以爲臨川羨魚不如歸而結罔還上河東賦以勸十二月羽獵雄從以爲昔在二帝三王宮館臺榭沼池苑囿林麓藪澤財足以奉郊廟御賓客充庖廚而已不奪百姓膏腴穀土桑柘之地女有餘布男有餘粟國家殷富上下交足故甘露零其庭醴泉流其唐爾雅廟中路謂之唐鳳凰巢其樹黄龍游其沼麒麟臻其囿神爵棲其林昔在禹任益虞而上下和屮木茂成湯好田而天下用足文王囿百里民以爲尚小齊宣王囿四十里民以爲大裕民之與奪民也裕饒也武帝廣開上林南至宜春鼎湖御宿昆吾旁南山而西至長楊五柞北繞黄山瀕渭而東穿昆明池象滇河營建章鳳闕神明馺娑殿名也漸臺泰液漸臺在泰液池中象海水周流方丈瀛洲蓬萊遊觀侈靡窮妙極麗雖頗割其三垂以贍齊民然至羽獵田車戎馬器械儲偫禁禦所營尚泰奢麗夸詡詡大也非堯舜成湯文王三驅之意也又恐後世復脩前好不折中以泉臺魯莊公築臺非禮也至文公毀之公羊譏云先祖爲之而毀之勿居而以今揚雄以宮館之非制館所造勿脩而已當以泉臺折中也故聊因校獵賦以風明年秋命右扶風發民入南山西自褒斜東至弘農南敺漢中張羅罔罝罘捕禽獸載以檻車輸長楊射熊館長楊宮名在盩厔縣其中有射熊館是時農民不得收斂雄從帝還上長楊賦聊因筆墨之成文章故藉翰林以爲主人子墨爲客卿以風

劉向爲光禄大夫校中五經祕書成帝元舅陽平侯王鳳爲大將軍秉政專國權兄弟七人皆封列侯時數有大異向以爲外戚貴盛鳳兄弟用事之應見尚書洪範箕子爲武王陳五行陰陽休咎之應向乃集合上古以來歷春秋六國至秦漢符瑞災異之記推迹行事連傳禍福著其占驗比類相從各有條目凡十一篇號曰洪範五行傳論奏之天子心知向忠精故爲鳳兄弟起此論然終不能奪王氏權又向睹俗彌奢淫而趙衛之屬起微賤踰禮制趙謂趙皇后昭儀衛謂衛婕妤向以爲王教由内及外自近者始故採取詩書所載賢妃貞婦興國顯家可法則及孽嬖亂亡者序次爲列女傳凡八篇以戒天子

後漢杜篤京兆杜陵人光武都洛陽以關中表裏山河先帝舊京不宜改營洛邑乃上奏論都賦後終從事中郎

張衡連辟公府不就時天下承平日久自王侯以下莫不踰侈衡乃擬班固兩都作二京賦因諷諫精思傅會十年乃成

傅毅明帝時爲大將軍司馬以帝求賢不篤士多隱處故作七激以爲諷

班固初爲蘭臺令史後爲郎將京師脩起宮室濬繕城隍而關中耆老猶望朝廷西顧固感前世相如壽王東方之徒造構文辭終以諷勸乃上兩都賦

馬融安帝永初中爲校書郎中詣東觀典校秘書是時鄧太后臨朝大將軍鄧騭兄弟輔政而俗儒世士以爲文德可興武功宜廢遂寢蒐狩之禮息戰陳之法故猾賊縱横乘此無備融乃感激以爲文武之道聖賢不墜五才之用無或可廢初元二年上廣成頌以諷諫

陳忠安帝時爲尚書屬常侍江京李閏等皆爲列侯共秉權任帝又愛信阿母王聖封爲野王君忠内懷憤懣而未敢陳諫乃作搢紳先生論以諷

趙岐靈帝時爲司徒胡廣所辟岐以綱維不攝閹豎專權擬前代連珠之書四十章上之留中不出

魏劉劭明帝時爲散騎常侍嘗作趙都賦帝美之詔劭作許都洛陽賦時外興軍旅内營宮室劭作二賦皆諷諫焉

晉張華惠帝時爲侍中懼后族之盛作女史箴以爲諷賈后雖凶妬而知敬重華

庾羲穆帝時爲吳國内史帝頗愛文義羲至都獻詩頗存諷諫因上表曰陛下以聖明之德方隆唐虞之化而□役殷驟百姓凋殘以數州之資經贍四海之務其爲勞擾豈可具言昔漢文居隆盛之世躬自儉約斷獄四百殆致刑措賈誼歎息猶有積

薪之言以古況今所以益其憂懼陛下明鑒天挺無幽不燭引濟之道豈待瞽言臣受恩弃世思盡絲髮受任到東親臨所見敢緣引政獻其丹愚伏願聽斷之暇少垂察覽

桓伊爲右軍將軍謝安女壻王國寶專利無檢行安惡其爲人每抑制之國寶讒諛之計稍行於主相之間而好利險詖之徒以安功名極盛而構會之嫌隙遂成孝武召伊飲讌安侍坐帝命伊吹笛伊神色無迕即吹爲一弄乃放笛云臣於箏分乃不及笛然自足以韻合歌管請以箏歌并請一吹笛人帝善其調達乃勅御妓奏笛伊又云御府人於臣必自不合臣有一奴善相便串帝彌賞其放率乃許召之奴既吹笛伊便撫箏而歌怨詩曰爲君既不易爲臣良獨難忠信事不顯乃有見疑患周旦佐文武金縢功不刊推心輔王政二叔反流言聲節慷慨俯仰可觀安泣下沾衿乃越席而就之捋其鬚曰使君於此不凡帝甚有愧色

南齊周顒明帝時爲輔國府主簿時帝頗好言理以顒有辭義引入殿內親近宿直帝所爲慘毒之事顒不敢顯諫輒誦經中因緣罪福事帝亦爲之小止

後魏成淹獻文時爲著作郎帝於仲冬之月欲巡漠北朝臣以寒甚固諫並不納淹上按輿釋遊論帝覽之詔尚書李訢等曰卿諸人不如成淹論通釋人意乃勅停行

高允孝文時爲鎮軍大將軍領中書監允上酒訓曰被勅論集往世酒之敗德以爲酒訓臣以朽邁人倫所棄而殊恩過隆録臣於將殁之年勗臣於已墜之地奉命驚惶喜懼兼甚不知何事可以上荅伏惟陛下以叡哲之姿撫臨萬國太皇太后以聖德之廣濟育羣生普天之下罔不稱賴然日昃憂勤虛求不已思監往事以爲警戒此之至誠感悟百靈而況於百官庶士萬民乎臣不勝踊躍謹竭其所見作酒訓一篇但臣愚短加以荒廢辭義鄙拙不足觀採伏願聖慈體臣悾悾之情恕臣狂瞽之意其辭曰自古聖王其爲饗也玄酒在堂而醍酒在下所以崇本重原降於滋味雖況爵旅行不及於亂故能禮章而敬不虧事畢而儀不忒雖非斯致是失其道將何以範時軌物垂之於世歷觀往代成敗之效吉凶由人不在數也商辛耽酒殷道以之亡公旦陳誥周德以之昌子反昏酣而致斃穆生不飲而身光或長世而爲戒或百代而流芳酒之爲狀變惑情性雖曰哲人孰能自覺在官者殆於政也爲下者慢於令也聰達之士荒於聽也柔順之倫興於諍也久而不悛致於病乃損其命諺亦有云其益如毫其損如刀言所益者不亦寡乎言所失者不亦夥乎無以酒荒而陷其身無以酒狂而喪其倫迷邦失道流浪漂津不師不遵反將何因詩不言乎如切如磋如琢如磨朋友之義也作官以箴之申謀以禁之君臣之道也其言也善則三復而佩之言之不善則哀矜而貸之此是先王納規之意往在有晉士多失度肆散誕以爲不羈縱長酣以爲高達諷酒德之

頌以相眩耀稱堯舜有千鍾百觚之飲著非法之言引大聖爲譬以則天之明豈其然乎且子思有云夫子之飲不能一升以此推之千鍾百觚皆爲妄也今大魏應圖重明御世化之所曁無思不服仁風淳洽於四海太皇太后以至德之隆誨而不倦憂勤備於皇誥訓道行於無外故能道協兩儀功同覆載仁恩下逮罔有不遵普天率土靡不蒙賴在朝之士有位之人宜克已從善履正存貞節酒以爲度順經以爲德悟昏飲之美疾審敬慎之弥榮遵孝道以致養顯父母而揚名蹈閔曾之前軌遺仁風於後生仰以荅所授俯以保其戒可不勉歟可不勉歟高祖悅之常置左右後又上太都賦因以規諷亦二京之流

陽固爲治書侍御史曹武委任羣下不甚親覽好桑門之法尚書令高肇以外戚權寵專決朝事又咸陽王禧等並有釁故宗室大臣相見疎薄而王畿民庶勞弊益甚固乃作北二郡賦稱常代由濫聲樂侈靡之事節以中京禮儀之式因以諷諫

張彝宣武時爲光祿大夫上歷帝圖表曰臣聞昊穹高邈尚懸列星以助明洞庭淵湛猶藉衆流以增大莫不孤照不詣其幽獨深未盡其廣先聖識其若此必取物以自誡故堯稱則天設謗木以曉未明舜稱盡善懸諫鼓以規闕少虞人獻箴規之言盤盂著舉動之銘庶幾見善而思齊聞惡以自改眷眷於悔往之衢孜孜於不遠之路用能聲高百王卓絶中古經十氏而不淪歷千祀以彌彰伏惟太祖撥亂弈代重光世祖以不世之才開蕩函夏顯祖以溫明之德潤沃九區高祖大聖臨朝經營云始未明求衣日昃忘食開翦荆棘從御神縣更新風軌冠帶朝流海東雜種之渠衡南異服之帥沙西氈頭之戎漢北辮髮之虜重譯納貢請吏稱藩積德懋於夏殷留仁盛於周漢澤教旣周武功亦匝猶且潛發明詔思求直士信是蒼生薦言之秋祝史陳辭之日況臣家自奉國八十餘年紆金鏘玉及臣四世過以小才藉蔭出仕學慙專門武闕方略早荷先帝眷杖之恩未

簪陛下不遺之施陪侍兩宮官歷常伯累牧秦藩號兼安撫實思碎首膏原仰答一朝之惠輒塵碎石琢增嵩岱之高輒私訪舊書竊觀圖史其帝皇興起之元配天隆家之業脩造益民之奇龍麟雲鳳之瑞卑宮愛物之仁釋網改祝之澤前歌後舞之應囹圄寂寞之美可爲輝風景行者輒謹編丹青以標叡範至如太康好田遇窮后迫禍武乙逸禽罹震雷暴酷夏桀淫亂南巢有非命之誅殷紂昏酣牧野有倒戈之陣周厲逐獸滅不旋踵幽王遇惑死亦相尋暨於漢成失御亡新篡奪桓靈不綱魏武遷鼎晉惠闇弱骨肉相屠終使聰曜鴟視幷州勒虎狼據燕趙如此之輩罔不畢載起元庖羲終於晉末凡十六代百二十八帝歷三千一百七年雜事五百八十九合成五卷名曰歷帝圖亦誘木諫鼓虞人盤盂之類脫蒙置御座之側時復披覽冀或起予左右上補未萌伏願陛下遠惟宗廟之憂近存黎民之念取其賢君棄其惡主則微臣雖沉淪地下無異乘雲登天矣宣武善之

北齊魏收後魏孝武時爲中書侍郎帝嘗大發士卒狩于嵩少之南旬有六日時天寒朝野嗟怨帝與從官及諸妃主奇伎異飾多非禮度收欲言則懼欲默不能已乃上南狩賦以諷焉雖富言淫麗而終歸雅正帝手詔報焉甚見褒美滎陽鄭伯調之曰卿不遇老夫猶應逐兔

張晏之陪文宣後園讌坐客皆賦詩晏之詩云天下有道主明臣直雖休勿休永貽世則文宣笑曰得卿箴諷深以慰懷

隋陸知命高祖時爲儀同三司見天下一統勸高祖都洛陽因上太平頌以諷焉

劉炫爲殿中將軍開皇中國家殷盛皆以遼東爲意炫以爲遼東不可伐作撫夷論以諷焉當時莫有悟者及大業之季三征不剋炫言方驗

蘇威爲光祿大夫從煬帝幸鴈門迴屬五月五日百寮上饋多

以珍玩威獻尚書一部微以諷帝

唐張蘊古貞觀初自幽州記室直中書省以太宗初即位上大寶箴深存規誡之體太宗嘉納之賜以束帛焉

謝偃爲王府功曹太宗聞而召見獻惟皇誡德賦以申諷諫

郭山惲中宗時爲國子司業帝數與近臣及修文館學士宴游或令各効伎藝以爲笑樂工部尚書張錫舞談容娘將作大匠宗晉卿舞渾脫左衛將軍張洽舞黃麞左金吾將軍杜元琰誦婆羅門咒給事中李行言唱車駕西河中書舍人盧藏用効道士上章山惲獨奏曰臣無所解請歌古詩兩篇帝許之山惲先歌鹿鳴篇曰呦呦鹿鳴食野之苹我有嘉賓鼓瑟吹笙吹笙鼓簧承筐是將人之好我示我周行呦呦鹿鳴食野之蒿我有嘉賓德音孔昭視人不恌君子是則是効又歌蟋蟀篇曰蟋蟀在堂歲聿其暮今我不樂日月其除無以太康職司其居好樂無荒良士瞿瞿蟋蟀在堂歲聿其逝今我不樂日月其邁無以太

康職司其外好樂無荒良士蹶蹶山惲奏此歌未畢中書令李嶠以其辭規諷恐忤旨遽催從止之

李景伯景龍中爲諫議大夫中宗嘗與宰臣貴戚內宴酒酣遞唱迴波樂其喧雜失禮次至景伯歌曰迴波爾時酒巵微臣職在箴規禮飲只合三爵君臣雜遝非宜席爲之散時人稱之

鄧汪爲長上果毅延載年檢校內史李昭德用事爲朝野所惡汪著石論數千言備述昭德專權之狀鳳閣舍人逄弘敏遽奏上其書則天謂納言姚璹等曰昭德官爲內史身備殊榮若其實如所言足是歎負家國音坐免爲欽州南賓尉

李日知爲黃門侍郎時安樂公主池館新成中宗親往臨幸從官皆陪賦詩日知獨在規誡其末章曰所願暫思居者逸莫使人稱作者勞論者多賞之

魏知古玄宗時爲侍中從獵于渭川因獻詩諷曰嘗聞夏太康五弟訓禽荒我后來冬狩三驅盛禮張順時鷹隼擊講事武功揚奔走未及去翾飛豈暇翔非熊從渭水瑞翟想陳倉此欲誠難縱茲遊不可常子雲陳羽獵僖伯諫漁棠得失鑒齊楚仁恩念禹湯邕熙諒在宥亭毒匪多傷辛甲今爲史虞箴遂孔彰

宋璟開元初手寫尚書無逸一篇爲圖以獻玄宗置之內殿出入觀省

崔日用爲吏部尚書嘗採毛詩大雅小雅二十篇及擬司馬相如封禪書因玄宗生日表上之以申規諷并述告成之事玄宗省表嘉歎賜衣一副帛五十疋以酬其意

裴諝建中初爲金吾將軍以法吏無文多救宥貶因獻獄官箴以諷

杜希積功至朔方軍節度使嘗獻體要八章多所規諫德宗深納之

蔣乂本名武元和中嘗因奏對爲上言曰陛下今日偃武修文臣下亦當順承上意因請改名乂憲宗悅而從之時討王承宗兵初罷乂恐天子易於用武故因以此諷焉

柳公綽元和中爲吏部郎中獻太醫箴曰惟天布寒暑不私於人品類既一崇高以均惟人謹好愛能保其身清靜無瑕輝光以新寒暑滿天地之間浹肌膚於外好愛溢耳目之前誘心志於內端潔爲隄奔射猶敗氣行無間隙不在大睿聖之姿清明絕俗心正無邪志高寡欲謂天高矣氣蒙晦之謂地厚矣橫流潰之聖情超越万方賴之飲食所以資身也過則生患衣服所以表德也侈則生慢惟過與侈心必隨之氣與心流疾亦伺之聖心不惑孰能移之畋遊恣樂流情蕩志馳騁勞形叱吒傷氣惟天之重從禽爲累不養其外前修所忌聖心非之孰敢違之人稟氣而生嗜慾以萌氣離有患氣凝則成巧必喪真智必誘情去彼煩慮在此誠明爲之上者理於未然患居慮後防處事先心靜樂行體知道全然後能德施萬物以享億年聖人在上各有攸處庶政有官羣藝有署臣司太醫敢告諸御上深歎賞之降中使勞問

韋處厚爲中書舍人翰林侍講學士時穆宗以幼主荒怠不親政務既居納誨之地宜有以啓道性靈乃銓擇經義雅言以類相從爲二十卷謂之六經法言獻之

李德裕爲浙西觀察使尋居廉鎮乃心王室遣使獻丹扆箴六首曰臣聞心乎愛矣遐不謂矣此古之賢人所以篤於事君者也夫迹疏而言親者危地遠而意忠者忤然臣竊念拔自先聖偏荷寵光若不愛君以忠則是上負靈鑒臣頃事先朝屬多陰沴常獻大明賦以諷頗蒙先朝嘉納臣今日盡節明主亦由是心昔張敬之守遠郡梅福之在遐徼尚竭誠盡規不避尤悔況臣嘗學舊史頗知官箴雖在疏遠猶思獻替謹獻丹扆箴六首仰塵睿鑒伏積兢惶德裕意在切諫不欲斥言託箴以盡意宵衣諷坐朝稀晚也正服諷服御乖異也罷獻諷徵求玩好也納誨諷侮棄讜言也辨雅諷信任羣小也防微諷輕出遊幸也敬宗雖不能盡用其言命學士韋處厚殷勤答詔頗嘉納其心焉

漢張允初仕晉爲左散騎常侍天福初允以國朝頻有肆赦乃進駁赦論曰管子云凡赦者小利而大害久而不勝其禍无赦者小害而大利久而不勝其福又漢紀云吳漢疾篤帝問所欲言對曰唯願陛下無爲赦耳如是者何蓋行赦不以爲恩不行赦亦不以爲無恩爲罰有罪故也竊觀自古帝王皆以水旱則降德音而宥過開狴牢以放囚冀感天心以救其災者非也假有二人訟一有罪一無罪若有罪者見捨則無罪者銜冤銜冤者彼何疎見捨者此何親乎如此則是致災之道非救災之術也自此小民遇天災則喜皆相勸爲惡曰國家好行赦必捨我以救災如此則是國家教民爲惡也且天道福善禍淫若以捨爲惡之人而便變災爲福則又是天助其惡民也細而究之必不然矣儻或天降之災蓋欲警戒人主節嗜欲務勤儉恤鰥寡正刑罰不濫捨有罪不僭殺無辜使美化行於下聖德聞於上則雖有水旱亦爲沴矣豈以濫捨有罪而反能救其災乎彰其德乎是知赦之不可行也明哉明哉帝覽而嘉之降詔褒飾云張允位居近侍志奉遠圖屬將來之功致小康覩已往之覆行大赦若惠姦稍甚則蠹政亦多推恩務洽於華夷依辭慎調於諫歎所貢論宜付史館

冊府元龜卷第五百二十三

冊府元龜卷第五百二十四

諫諍部二

規諫

古者史爲書瞽爲詩工誦箴諫大夫規誨士傳言庶人謗商旅于市以至在輿有旅賁之規位宁有官師之典居寢有暬御之箴皆所以救過而慭慭弼違而繩闕周旋顧省夙夜祇慄然後安處民上而臻乎叡聖者也然臣之事君守死無貳進有盡忠之訓退有後言之戒至於獻可替否有犯無隱批逆鱗而靡憚納苦言而罔懈勤勤懇懇以規其失者蓋其分焉三代而下方牘所記忠賢餘烈可得而徵也乃有揚㩁治道敷引在昔形於論述言之有味以至切問近對援理以悟上心因類取譬指事以箴詩病内發於悃愊外著於話言純誠篤至嘉猷灼叙其或有所感動申其規益濟世成務納君於善傳曰仁人之言其利溥哉斯之謂矣

殷祖已高宗祭成湯有飛雉升鼎耳而雊耳不聰之異雊祖已訓諸王賢臣也以訓道諫王作高宗肜日祭之明日又祭殷曰肜周曰繹曰高宗肜日越有雊雉於肜日有異雉祖已曰惟先格王正厥事言至道之王遭變異正其事而異自消乃訓于王曰惟天監下民典厥義祖已既言遂以道訓諫王言天視下民以義爲常降年有永有不永非天夭民民中絕命言天之下年與民有義者長無義者不長非天欲夭民民自不循義以致絕命民有不若德不聽罪天既孚命正厥德不順德言無義不服罪不改修天已以信命正其德謂有永有不永乃曰其如台祖已恐王未受其言故乃復曰天道其如我所言嗚呼王司敬民罔非天胤典祀無豐于昵

周家父爲大夫誦節南山之詩以諫幽王

富辰爲大夫襄王使伯服游孫伯如鄭請滑鄭伯不聽王命而執二子王怒將以狄伐鄭富辰諫曰不可臣聞之大上以德撫民先親後疏也其次親親以相及也先親以及疏推恩以成義昔周公弔二叔之不咸故封建親戚以蕃屏周弔傷也咸同也周公傷夏殷之叔世疏其親戚以至滅亡故廣封其兄弟管蔡郕霍魯衛毛聃郜雍曹滕畢原酆郇文昭也十六國皆文王子也在滎陽京縣東北雍國在河內山陽縣西畢國在長安縣西北酆國在始平鄠縣東邘晉應韓武之穆也四國皆武王子應國在襄陽城父縣西南韓國在河東郡界河內野王縣西北有邘城凡蔣邢茅胙祭周公之胤也胤嗣也蔣在弋陽期思縣茅平昌縣西有茅鄉東郡燕縣西南有胙亭召穆公思周德之不類故糾合宗族于成周而作詩類善也糾收也召穆公周卿士名虎召采地扶風雍縣東南有召亭周厲王之時周德衰微兄弟道缺召穆公于東都收會宗族特作此周公之樂歌常棣詩屬小雅曰常棣之華鄂不韡韡常棣棣也鄂鄂然華外發不韡韡言韡韡以喻兄弟和睦則強盛而有光輝韡韡然凡今之人莫如兄弟言致韡韡之盛莫如親兄弟其四章曰兄弟鬩于牆外禦其侮鬩狠也言雖內鬩雖不和猶互外禦族之最有如是則兄弟雖有小忿不廢懿親懿美也今天子不忍小忿以棄鄭親其若之何庸勳親親暱近尊賢德之大者也庸用也暱親也即聾從昧與頑用嚚姦之大者也棄德崇姦禍之大者也崇聚也鄭有平惠之勳平王東遷晉鄭是依惠王出奔鄭納之是其勳也又有厲宣之親鄭始封之祖桓公友周厲王之子宣王之母弟棄嬖寵而用三良七年殺嬖臣申侯十六年殺寵子華也三良叔詹堵叔師叔鄭之尊賢於諸姬爲近道近取之四德具矣耳不聽五聲之和爲聾目不別五色之章爲昧心不則德義之經爲頑口不道忠信之言爲嚚狄皆則之四姦具矣周之有懿德也猶曰莫如兄弟故封建之謂周公時之有懿德言其懷柔天下也猶懼有外侮扞禦侮者莫如親親故以親屏周召穆公亦云周公作詩召公歌之故言今周德既衰於是乎又渝周召以從諸姦無乃不可乎變周召親兄弟之道民未忘禍王又興之前有子頹之亂中有叔帶召狄故曰民未忘禍其若文武何言若廢文武之功業王弗聽又王子帶奔齊富辰言於王曰請召大叔王子帶周大夫叔詩曰協比其鄰昏姻孔云王者爲政先和協近親則昏姻甚相歸附也鄰猶近親也孔甚也吾兄弟之不協焉能怨諸侯之不睦王說王子帶自齊復歸于京師王召之也

漢張釋之爲謁者僕射從登虎圈文帝問上林尉禽獸簿十餘問尉左右視盡不能對虎圈嗇夫從旁代尉對帝所問禽獸簿甚悉欲以觀其能口對響應亡窮者帝曰吏不當如此耶尉亡賴詔釋之拜嗇夫爲上林令釋之前曰陛下以絳侯周勃何如人也帝曰長者又復問東陽侯張相如何如人也帝曰長者釋之曰夫絳侯東陽侯稱爲長者此兩人言事曾不出口豈效此

嗇夫喋喋利口捷給哉且秦以任刀筆之吏爭以亟疾苛察相高其敝徒文具亡惻隱之實以故不聞其過陵夷至於二世天下土分今陛下以嗇夫口辯而超遷之臣恐天下隨風靡爭口辯亡其實且下之化上疾於景嚮舉錯不可不察也帝曰善迺止不拜嗇夫又爲中郎將從行至霸陵上居外臨廁（[illegible]）時慎夫人從帝指視慎夫人新豐道曰此北走邯鄲道也使慎夫人鼓瑟帝自倚瑟而歌（倚瑟即今之以歌合曲也）意悽愴悲懷顧謂羣臣曰嗟乎以北山石爲椁用紵絮斮陳漆其間豈可動哉左右皆曰善釋之前曰使其中有可欲雖錮南山猶有隙使其中亡可欲雖亡石椁又何戚焉文帝稱善

賈誼文帝時爲梁王太傅數年梁王勝死亡子誼上疏曰陛下即不定制如今之勢不過一傳再傳（二傳二世也）諸侯猶且人恣而不制豪植而大強（植立也）漢法不得行矣陛下所以爲藩扞及皇太子之所恃者唯淮陽代二国耳（藩翰捍蔽宜則嗣主安国故云皇太子之所恃也）代北邊匈奴與強敵爲鄰能自完則足矣而淮陽之比大諸侯廑如黑子之著面（黑子今所謂黶子也）適足以餌大国耳（言爲其所餌食）不足以有所禁禦方今制在陛下制国而令子適足以爲餌豈可謂工哉人主之行異布衣布衣者飾小行競小廉以自託於鄉黨人主唯天下安社稷固不耳高皇帝瓜分天下以王功臣反者如蝟毛而起（蝟蟲名也其毛爲刺）以爲不可故蘄去不義諸侯而虛其国（不[illegible]諸侯彭越[illegible]等輩）擇良日立諸子雒陽上東門之外（諸侯国皆在東故[illegible]東門外立之向東面[illegible]）畢以爲王（畢盡也）而天下安故大人者不牽小行以成大功今淮南地遠者或數千里越兩諸侯（越謂梁及淮陽兩諸侯也）而縣屬於漢（爲縣而屬漢）其吏民繇役往來長安者自悉而補中道衣敝（[illegible]）錢用諸費稱此其苦屬漢而欲得王至甚逋逃而歸諸侯者已不少矣其勢不可久臣之愚計願舉淮南地以益淮陽而爲梁王立後割淮陽北邊二三列城（[illegible]）與東郡以益梁不可者可徙代王而都睢陽梁起於新郪以北著之河

淮陽包陳以南揵之江（包取也揵立封界也或曰揵接也）則大諸侯之有異心者破膽而不敢謀梁足以扞齊趙淮陽足以禁吳楚陛下高枕終亡山東之憂矣此二世之利也（從誼言可二世安中言帝身及太子嗣位之時也）當今恬然適遇諸侯之皆少（恬安也少謂年少）數歲之後陛下且見之矣夫秦日夜苦心勞力以除六国之禍今陛下力制天下頤指如意（但動頤指麾則所欲皆如意）高拱以成六国之禍難以言智苟身亡事畜亂宿禍孰視而不定萬年之後傳之老母弱子將使不寧不可謂仁臣聞聖主言問其臣而不自造事（[illegible]）故使人臣得畢其愚忠唯陛下財幸（財與裁同裁擇而幸其言）文帝於是從誼計迺徙淮陽王武爲梁王北界泰山西至高陽得大縣四十餘城徙城陽王喜爲淮南王撫其民時又封淮南厲王四子皆爲列侯誼知帝必將復王之也上疏諫曰竊恐陛下接王淮南諸子（[illegible]）曾不與臣者孰計之也淮南王之悖逆亡道天下孰不知其辠（悖惑也）陛下幸而赦遷之自疾而死天下孰以王死之不當今奉尊辠人之子適足以負謗於天下（[illegible]）此人少壯豈能忘其父哉（少壯稍長大言）白公勝所爲父報仇者大夫與伯父叔父也（白公楚平王之孫太子建之子也太父即平王也伯父叔父謂子西子期也事見春秋傳）白公爲亂非欲取国代主發忿快志剡手以衝仇人之匈（剡利也）固爲俱靡而已（言與仇人俱碎靡也）淮南雖小黥布嘗用之矣漢存特幸耳（言漢之勝布得存此直天幸耳）夫擅仇人足以危漢之資於策不便（言假四子以資財[illegible]）雖割而爲四四子一心也予之衆積之財此非有子胥白公報於廣都之中即疑有剸諸荆軻起於兩柱之間（剸諸刺吳王僚荆軻刺秦皇[illegible]）所謂假賊兵爲虎翼者也（周書云無爲虎傅翼將飛入邑擇人而食之）願陛下少留計

賈山爲潁陰侯騎（[illegible]）孝文時言治亂之道借秦爲諭名曰至言曰臣聞爲人臣者盡忠竭愚以直諫主不避死亡之誅者臣山是也臣不敢以久遠諭願借秦以爲諭唯陛下少加意焉夫布衣韋帶之士修身於內成名於外而使後世不絕息至秦

則不然貴為天子富有天下賦斂重數百姓任罷赭衣半道羣盜滿山使天下之人戴目而視傾耳而聽（戴目者言常遠視有異志也耳而聽言樂禍亂也）一夫大謼天下嚮應者陳勝是也秦非徒如此也起咸陽而西至雍離宮三百（離宮非常所居也）鍾鼓帷帳不移而具又為阿房之殿高數十仞（阿房者言殿之四阿皆為房也）東西五里南北千步從車羅騎四馬騖馳旌旗不橈為宮室之麗至於此使其後世曾不得聚廬而託處焉為馳道於天下東窮燕齊南極吳楚江湖之上瀕海之觀畢至道廣五十步三丈而樹厚築其外隱以金椎樹以青松為馳道之麗至於此使其後世曾不得邪徑而託足焉死葬乎驪山吏徒數十萬人曠日十年下徹三泉合采金石冶銅錮其內桼塗其外被以珠玉飾以翡翠中成觀游上成山林為葬薶之侈至於此使其後世曾不得蓬顆蔽冢而託葬焉（顆謂土塊蓬顆言塊上生蓬者耳）秦以熊羆之力虎狼之心蠶食諸侯并吞海內而不篤禮義故天殃以加矣臣昧死以聞願陛下少留意而詳擇其中臣聞忠臣之事君也言切直則不用而身危不切直則不可以明道故切直之言明主所欲急聞忠臣之所以蒙死而竭知也地之磽者雖有善種不能生焉江皐河瀕雖有惡種無不猥大昔者夏商之季世雖關龍逢箕子比干之賢身死亡而道不用文王之時豪俊之士皆得竭其知芻蕘采薪之人皆得盡其力此周之所以興也故地之美者善養禾君之仁者善養士雷霆之所擊無不摧折者萬鈞之所壓無不糜滅者今人主之威非特雷霆也勢重非特萬鈞也開道而求諫和顏色而受之用其言而顯其身士猶恐懼而不敢自盡又迺況於縱欲恣行暴虐惡聞其過乎震之以重則雖有堯舜之智孟賁之勇豈有不摧折者哉如此則人主不得

府五百二十四　五

聞其過失矣弗聞則社稷危矣古者聖王之制史在前書過失工誦箴諫瞽誦詩諫公卿比諫（比以事類諫也）士傳言諫過庶人謗於道商旅議於市然後君得聞其過失也聞其過失而改之見義而從之所以永有天下也天子之尊四海之內其義莫不為臣然而養三老於大學親執醬而餽執爵而酳（進食曰餽酳者少少飲酒謂食已而蕩口也）祝䭇在前祝鯁（鯁謂食不下也以老人好鯁故為置祝以祝之）公卿奉杖大夫進履舉賢以自輔弼求脩正之士使直諫故以天子之尊尊養三老視孝也立輔弼之臣者恐驕也置直諫之士者恐不得聞其過也學問至於芻蕘者求善無饜也商人庶人誹謗已而改之從善無不聽也昔者秦政力并萬國富有天下破六國以為郡縣築長城以為關塞秦地之固大小之勢輕重之權其與一家之富一夫之彊胡可勝計也然而兵破於陳涉地奪於劉氏者何也秦王貪狼暴虐殘賊天下窮困萬民以適其欲也昔者周蓋千八百國以九州之民養千八百國之君用民之力不過歲三日什一而藉（什一謂十分之中公取一也藉謂借人力一日為藉而耕之）君有餘財民有餘力而頌聲作秦皇帝以千八百國之民自養力罷不能勝其役財盡不能勝其求一君之身耳所以自養者馳騁弋獵之娛天下弗能供也勞罷者不得休息飢寒者不得衣食亡罪而死刑者無所告訴人與之為怨家與之為讎故天下壞也秦皇帝身在之時天下已壞矣而弗自知也秦皇帝東巡狩至會稽琅邪刻石著其功自以為過堯舜統縣石鑄鍾虡篩土築阿房之宮自以為萬世有天下也古者聖王作謚三四十世耳雖堯舜禹湯文武絫世廣德以為子孫基業無過二三十世者也秦皇帝曰死而以謚法是父子名號有時相襲也以一至萬則世世不相復也故死而號曰

府五百二十四　六

始皇帝其次曰二世皇帝者欲以一至万也秦皇帝計其功德度其後嗣世世無窮然身死纔數月天下四面而攻之宗廟滅絕矣秦皇帝居滅絕之中而不自知者何也天下莫敢告也其所以莫敢告者何也亡養老之義亡輔弼之臣亡進諫之士縱恣行誅退誹謗之人殺忠諫之士是以道諛媮合苟容比其德則賢於堯舜課其功則賢於湯武天下已潰而莫之告也詩曰匪言不能胡此畏忌聽言則對誦言如醉此之謂也又曰濟濟多士文王以寧天下未嘗亡士也然而文王獨言以寧者何也文王好仁則仁興得士而敬之則士用用之有禮義故不致其愛敬則不能盡其心不能盡其心則不能盡其力不能盡其力則不能成其功故古之賢君於其臣也尊其爵祿而親之疾則臨視之亡數死則往弔哭之臨其小斂大斂已棺塗而後為之服錫衰麻絰而三臨其喪未斂不飲酒食肉未葬不舉樂當宗廟之祭而死為之廢樂故古之君人者於其臣也可謂盡礼矣服法服端容貌顏色然後見之故臣下莫敢不竭力盡死以報其上功德立於後世而令聞不忘也今陛下念思祖考術追厥功圖所以昭光洪業休德使天下舉賢良方正之士天下皆訢訢焉曰將興堯舜之道三王之功矣天下之士莫不精白以承休德今方正之士皆在朝廷矣又選其賢者使為常侍諸吏與之馳敺射獵一日再三出臣恐朝廷之解弛百官之墮於事也諸侯聞之又必怠於政矣陛下即位親自勉以厚天下損食膳不聽樂減外徭衛卒止歲貢省廄馬以賦縣傳去諸苑以賦農夫出帛十万餘匹以賑貧民礼高年九十者一子不事八十者二筭不事（一子不事蠲其賦役二筭不事免二口之筭賦也）賜天下男子爵大臣皆至公卿發御府金賜大臣宗族亡不被澤者赦罪人憐其亡髮賜之巾憐其衣赭書其背父子兄弟相見

而賜之衣平獄緩刑天下莫不說喜是以元年膏雨降五穀登此天之所以相陛下也刑輕於它時而犯法者寡衣食多於前年而盜賊少此天之所以順陛下也臣聞山東吏布詔令民雖老羸癃疾扶杖而往聽之願少須臾毋死思見德化之成也今功業方就名聞方昭四方鄉風今從豪俊之臣方正之士直與之日日獵射擊兔伐狐以傷大業絕天下之望臣竊悼之詩曰靡不有初鮮克有終臣不勝大願願少衰射獵以夏歲二月（時以十月為歲首則謂夏正之二月為五月今欲定制度循於古法故云用夏歲二月也）定明堂大學脩先王之道風行俗成萬世之基定然後唯陛下所幸耳古者大臣不媟故君子不常見其齊嚴之色肅敬之容大臣不得與宴游方正脩絜之士不得從射獵使皆務其方以高其節則羣臣莫敢不正身脩行盡心以稱大禮如此則陛下之道尊敬功業施於四海垂於萬世子孫矣誠不如此則行日壞而榮日滅矣夫士脩之於家而壞之於天子之廷臣竊愍之陛下與衆臣宴游與大臣方正朝廷論議夫游不失樂朝不失禮議不失計軌事之大者也（軌謂法度也）

主父偃齊人上書闕下諫伐匈奴曰臣聞明主不惡切諫以博觀忠臣不避重誅以直諫是故事無遺策而功流萬世今臣不敢隱忠避死以效愚計願陛下幸赦而少察之司馬法曰國雖大好戰必亡天下雖平忘戰必危（司馬穰苴善用兵著書言兵法謂之司馬法一說司馬古主兵之官有軍陳用兵之法）天下既平天子大愷（大愷周師還師振旅之樂也）春蒐秋獮諸侯春振旅秋治兵所以不忘戰也（春為陽中其行木也秋為陰中其行金也金木兵器所以殺故於此時蒐獮治兵也蒐搜索取不孕者獮應殺氣也振整衆也）且怒者逆德也兵者凶器也爭者末節也古之人君一怒必伏尸流血故聖王重行之（重難之也）夫務戰勝窮武事者未有不悔者也昔秦皇帝任戰勝之威蠶食天下并吞戰國海內為一功齊三代務勝不休欲攻匈奴李斯諫曰不可夫匈奴無城郭之居委積之守遷徙鳥舉難得而制輕兵深入糧食必絕運糧以行重不及事得其地不足以為

利得其民不可調而守之（不可和調也）勝必棄之非民父母靡敝中國甘心匈奴非完計也秦皇帝不聽遂使蒙恬將兵而攻胡郤地千里以河為境地固澤鹵不生五穀（地多沮澤而鹹鹵）然後發天下丁男以守北河暴兵露師十有餘年死者不可勝數終不能踰河而北是豈人衆之不足兵革之不備哉其勢不可也又使天下飛芻輓粟（運載芻稾令其疾至故曰飛芻也輓謂引車船也）起於黃腄琅邪負海之郡轉輸北河（黃腄二縣名也並在東萊言自東萊及琅邪緣海諸郡皆令轉輸至北河也）率三十鍾而致一石（六斛四斗為鍾計其道路所費凡用百九十二斛乃得一石）男子疾耕不足於糧餉女子紡績不足於帷幕百姓靡敝孤寡老弱不能相養道死者相望（死於道路者相望也）蓋天下始叛也及至高皇帝定天下略地於邊聞匈奴聚代谷之外而欲擊之御史成諫曰不可夫匈奴獸聚而鳥散從之如搏景（搏擊也搏人之影言不可得也）今以陛下盛德攻匈奴臣竊危之高帝不聽遂至代谷果有平城之圍高帝悔之迺使劉敬往結和親然後天下忘干戈之事故兵法曰興師十萬日費千金秦常積衆數十萬人雖有覆軍殺將係虜單于適足以繼怨深讎不足以償天下之費夫匈奴行盜侵毆所以為業天性固然（來侵邊境而毆略人畜也）上自虞夏殷周固不程督（程課也督視責也）禽獸畜之不比為人夫不上觀虞夏殷周之統而下循近世之失此臣之所以大恐百姓所疾苦也且夫兵久則變生事苦則慮易（言思變易失其常也）使邊境之民靡敝愁苦將吏相疑而外市（與外國交）故尉佗章邯得以成其私而秦政不行權分二子此得失之效也（尉已稱若章帥之比也）故周書曰安危在出令存亡在所用（此周書者本尚書之餘）願陛下孰計之而加察焉徐樂燕無終人也上書曰臣聞天下之患在於土分不在瓦解古今一也何謂土分秦之末世是也陳涉無千乘之尊疆土之地身非王公大人名族之後鄉曲之譽非有孔曾墨子之賢陶朱猗頓之富也然起窮巷奮棘矜（棘戟也矜者戟之把也時秦銷兵故但有戟之把也）偏袒大呼天下從風此其故何也由民困而主不恤下怨而上不知俗已亂而政不脩此三者陳涉之

所以為資也此之謂土分故曰天下之患在乎土分何謂瓦解吳楚齊趙之兵是也七國謀為大逆號皆稱萬乘之君帶甲數十萬威足以嚴其境內財足以勸其士民然不能西攘天寸之地（攘謂侵取漢地也）而身為禽於中原者此其故何也非權輕於匹夫而兵弱於陳涉也當是之時先帝之德未衰而安土樂俗之民衆故諸侯無境外之助此之謂瓦解故曰天下之患不在瓦解由此觀之天下誠有土分之勢雖布衣窮處之士或首難而危海內（首難謂首唱而作難也）陳涉是也況三晉之君或存乎（韓魏趙三國本共分晉故稱三晉）天下雖未治也誠能無土分之勢雖有彊國勁兵不得還踵而身為禽吳楚是也況羣臣百姓能為亂乎此二體者安危之明要賢主之所留意而深察也間者關東五穀數不登年歲未復民多窮困重之以邊境之事推數循理而觀之民宜有不安其處者矣不安故易動易動者土分之勢也故賢主獨觀萬化之原明於安危之機脩之廟堂之上而銷未形之患也其要期使天下無土分之勢而已矣故雖有彊國勁兵陛下逐走獸射飛鳥弘游燕之囿淫從恣之觀極馳騁之樂自若（自若者言如其常無所廢）（撞也）金石絲竹之聲不絕於耳帷幄之私俳優侏儒之笑不乏於前而天下無宿憂（宿久也）名何必夏子俗何必成康（夏禹也子湯子姓）雖然臣竊以陛下天然之質寬仁之資而誠以天下為務則湯文不難侔而成康之俗未必不復興也（侔等也）此二體者立然後處尊安之實揚廣譽於當世親天下而服四夷餘恩遺德為數世隆南面背依攝袂而揖王公此陛下之所服也（服事也）臣聞圖王不成其敝足以安（言其敝末之法猶足自安也）安則陛下何求而不得何威而不成奚征而不服哉（奚何也）嚴安者臨菑人也以故丞相史上書曰臣聞鄒子曰（鄒衍之書也）政教文質者所以云救也（以救敝）當時則用過則舍之（非其時則廢置也）可易則易之（可變易者則易也）故守一而不變者未睹治之至也今天下人民用財侈靡車馬衣裘宮室皆競修飾調五聲使有節奏

也奏進也雜五色使有文章重五味方丈於前以觀欲天下觀猶顯示也其黃之養欲也彼民之情見美則願之是教民以侈也侈而無節則不可贍贍足也民離本而徼末矣徼要求也末不可徒得徒空也故搢紳者不憚為詐帶劍者夸殺人以矯奪夸大也矯僞也而世不知媿故姦軌浸長浸漸也夫佳麗珍怪固順於耳目故養失而泰樂失而淫禮失而采采者文其寶也教失而偽偽采淫泰非所以範民之道也範為之立也是以天下人民逐利無已犯法者衆臣願為民制度以防其淫使貧富不相燿以和其心心既和平其性恬安恬安不營則盜賊銷盜賊銷則刑罰少刑罰少則陰陽和四時正風雨時草木暢茂五穀蕃孰六畜遂字蕃多也字生也遂成民不夭厲和之至也厲病也臣聞周有天下其治三百餘歲成康其隆也刑錯四十餘年而不用及其衰亦三百餘年故五伯更起伯者常佐天子興利除害誅暴禁邪輔正海內以尊天子五伯既沒賢聖莫續天子孤弱號令不行諸侯恣行彊陵弱衆暴寡田常篡齊

六卿分晉並為戰國此民之始苦也於是彊國務攻弱國修守合從連衡馳車擊轂車轂相擊言其衆多也介冑生蟣蝨民無所告愬及至秦王蠶食天下并吞戰國稱號皇帝一海內之政壞諸侯之城銷其兵鑄以為鍾虡虡鍾筍者也示不復用元元黎民得免於戰國逢明天子人人自以為更生言天下既免戰國之苦若逢聖明之主則可以更生而秦皇反為虐殘害也鄉使秦緩刑罰薄賦斂省繇役貴仁義賤權利上篤厚下佞巧變風易俗化於海內則世世必安矣秦不行是風循其故俗為知巧權利者進篤厚忠正者退法嚴令苛讇諛者衆日聞其美意廣心逸欲威海外使蒙恬將兵以北攻強胡辟地進境戍於北河飛芻輓粟以隨其後又使尉屠睢將樓船之士攻越使監祿鑿渠運糧深入越地越人遁逃曠日持久糧食乏絕越人擊之秦兵大敗秦乃使尉佗將卒以戍越當是時秦禍北構於胡南挂於越挂縣也宿兵於無用之地宿留也進而不得退行十餘年丁男被甲丁女轉輸苦不聊生自經於道樹死者相

望及秦皇帝沒天下大畔陳勝吳廣舉陳舉謂起兵也武臣張耳舉趙項梁舉吳田儋舉齊景駒舉郢周市舉魏韓廣舉燕窮山通谷豪士並起不可勝載也然本皆非公侯之後非長官之吏長吏謂一官之長也無尺寸之勢起閭巷杖棘矜應時而動不謀而俱起不約而同會壤長地進至乎伯王長進益也言其稍稍攻伐進益土境以至彊大也時教使然也秦貴為天子富有天下滅世絕祀窮兵之禍也故周失之弱秦失之強不變之患也今徇南夷朝夜郎降羌僰略薉州建城邑深入匈奴燔其龍城燔燒也龍城匈奴祭天處議者美之此人臣之利非天子之長策也今中國無狗吠之驚而外累於遠方之備靡敝國家非所以子民也子謂愛之如子也行無窮之欲甘心快意結怨於匈奴非所以安邊也禍挐而不解兵休而復起挐相連引也近者愁苦遠者驚駭非所以持久也今天下鍛甲摩劍矯箭控弦矯正曲使直也控引也轉輸軍糧未見休時此天下所共憂也夫兵久而變起事煩而慮生今外郡之地或幾千里列城數十形束壤制

帶脅諸侯帶者言若佩帶脅謂以威力脅人也一曰非宗室之利也上觀齊晉所以亡公室卑削六卿大盛也下覽秦之所以滅刑嚴文刻欲大無窮也今郡守之權非特六卿之重也地幾千里非特閭巷之資也甲兵器械非特棘矜之用也以逢萬世之變則不可勝諱也言不可盡言諱者必滅亡也後以安為騎馬令主天子之騎馬也

賈捐之字君房賈誼之曾孫也元帝初即位上疏言得失召待詔金馬門初武帝征南越元封元年立儋耳珠厓郡皆在南方海中洲居居海中之洲也水中可居者曰洲廣袤可千里袤長也合十六縣戶二萬三千餘其民暴惡自以阻絕數犯吏禁吏亦酷之率數年壹反殺吏漢輒發兵擊定之自初為郡至昭帝始元元年二十餘年間凡六反叛至其五年罷儋耳郡并屬珠厓至宣帝神爵三年珠厓三縣復反反後七年甘露元年九縣反輒發兵擊定之元帝初元元年珠厓又反發兵擊之諸縣更叛連年不定帝與

有司議大發軍捐之建議以為不當擊帝使侍中駙馬都尉樂昌侯王商詰問捐之曰珠厓內屬為郡久矣今皆畔逆節而云不當擊長蠻夷之亂虧先帝功德經義何以處之（於六經之內當何者之科斷也）捐之對曰臣得遭明盛之朝蒙危言之策（危言直言）無忌諱之患（言出而身危也 孔子曰邦有道危言危行）敢昧死竭卷卷臣聞堯舜聖之盛也禹入聖域而不優（言禹之功德纔入聖域但不能優饒耳）故孔子稱堯曰大哉韶曰盡善禹曰無間以三聖之德地方不過數千里西被流沙東漸于海朔南暨聲教迄于四海欲與聲教則治之不欲與者不彊治也故君臣歌德（言皆可歌詠其德）含氣之物各得其宜武丁成王殷周之大仁也（武丁殷之高宗）然地東不過江黃西不過氐羌南不過蠻荊北不過朔方是以頌聲並作視聽之類咸樂其生越裳氏重九譯而獻（越裳[illegible]使來因九譯言乃通也[illegible]王充論衡作[illegible]）此非兵革之所能致及其衰也南征不還（謂周昭王[illegible]）齊桓救其難（[illegible]太子也）孔子定其文（孔子作春秋）[illegible]

以至乎秦興兵遠攻貪外虛內務欲廣地不慮其害然地南不過閩越北不過太原而天下潰畔禍卒在於二世之末（[illegible]）長城之歌至今未絕賴聖漢初興為百姓請命平定天下至孝文皇帝閔中國未安偃武行文則斷獄數百民賦四十丁男三年而一事（常賦歲百二十歲一事時天下民多故出賦四十三歲而一事）時有獻千里馬者詔曰鸞旗在前屬車在後（鸞旗編以羽毛列繫橦旁載於車上大駕出則陳於[illegible]）吉行日五十里朕乘千里之馬獨先安之（[illegible]）於是還馬與道里費而下詔曰朕不受獻也其令四方毋求來獻當此之時逸游之樂絕奇麗之賂塞鄭衛之倡微矣夫後宮盛色則賢者隱處佞人用事則諍臣杜口而文帝不行故謚為孝文廟稱太宗至孝武皇帝元狩六年太倉之粟紅腐而不可食（粟久腐壞則色紅赤也）都內之錢貫朽而不可校（校謂數計也）探平城之事（追討其事故言探）錄冒頓以來數為邊害厲兵馬因富民以攘服之（攘卻也）西連諸國至于安息東過碣石以玄菟樂浪為郡

北卻匈奴萬里更起營塞制南海以為八郡則天下斷獄萬數民賦數百造鹽鐵酒榷之利以佐用度猶不能足當此之時寇賊並起軍旅數發父戰死於前子鬬傷於後女子乘亭鄣孤兒號於道老母寡婦飲泣巷哭遙設虛祭想魂乎萬里之外淮南王盜寫虎符陰聘名士關東公孫勇等詐為使者是皆廓地泰大征伐不休之故也今天下獨有關東關東大者獨有齊楚民眾久困連年流離離其城郭相枕席於道路（席藉也）人情莫親父母莫樂夫婦至嫁妻賣子法不能禁義不能止此社稷之憂也今陛下不忍悁悁之忿欲驅士眾擠之大海之中（擠墜也）快心幽冥之地非所以救助饑饉保全元元也詩云蠢爾蠻荊大邦為讎言聖人起則後服中國衰則先畔動為國家難自古而患之久矣何況乃復其南方萬里之蠻乎駱越之人父子同川而浴相習以鼻飲與禽獸無異本不足郡縣置也顓顓獨居一海之中（[illegible]）霧露氣濕多毒草蟲蛇水土之害人未見虜戰士自死又非獨珠厓有珠犀瑇瑁也（瑇瑁文甲也）棄之不足惜不擊不損威其民譬猶魚鱉何足貪也臣竊以往者羌軍言之暴師曾未一年兵出不踰千里費四十餘萬萬大司農錢盡乃以少府禁錢續之（少府錢主供天子故曰禁錢）夫一隅為不善費尚如此況於勞師遠攻亡士毋功乎求之往古則不合施之當今又不便以為非冠帶之國禹貢所及春秋所治皆可且無以為（為猶用也）願遂棄珠厓專用恤關東為憂對奏上以問丞相御史大夫陳萬年以為當擊丞相于定國以為前日興兵擊之連年護軍都尉校尉及丞凡十一人還者二人卒士及轉輸死者万人以上費用三萬萬餘尚未能盡降今關東困乏民難搖動捐之議是帝乃從之遂下詔曰珠厓虜殺吏民背畔為逆今廷議者或言可擊或言可守或欲棄之其指各殊朕日夜惟思議者之言羞威不行則欲誅之狐疑辟難則守屯田通于時變則憂万民民之饑餓與遠蠻之不討危孰大焉且宗廟之祭凶年不備況乎辟不嫌之

孝哉今關東大困倉庫空虛無以相贍又以動兵非特勞民凶年隨之其罷珠厓郡民有慕義欲內屬便處之欲有來入內郡者所至之處即安置也不欲勿強珠厓由是罷

東方朔為郎中武帝時天下侈靡趨末末謂工商之業百姓多離農畝帝從容問朔吾欲化民豈有道乎朔對曰堯舜禹湯文武成康上古之事經歷數千載尚難言也臣不敢陳願近述孝文皇帝之時當世耆老皆聞見之貴為天子富有四海身衣弋綈弋黑色也綈厚繒足履革舄革生皮也不用綵章言儉率也以韋帶劍但空用韋不加飾莞蒲為席莞夫離也今謂之蔥蒲莞及蒲為席亦尚質也以兵木為刃兵器如木不鐵乃言不大治兵器也衣縕無文縕亂絮也言內有亂絮上無文綵也集上書囊以為殿帷集謂合聚之也以道德為麗以仁義為準準平法也於是天下望風成俗昭然化之今陛下以城中為小國起建章左鳳闕右神明鳳闕闕名神明臺名也號稱千門萬戶木土衣綺繡狗馬被繢罽繢五綵也罽織毛即今之毾㲪宮人簪瑇瑁垂珠璣設戲車教馳逐飾文采叢珍怪撞萬石之鍾擊雷霆之鼓作俳優舞鄭女上為淫侈如此而欲使民獨不奢侈失農事之難者也陛下誠能用臣朔之計推甲乙之帳燔之於四通之衢知走馬示不復用則堯舜之隆宜可與比治矣易曰正其本萬事理失之毫釐差以千里願陛下留意察之

路溫舒守廷尉史宣帝即位上書言宜尚德緩刑其辭曰臣聞齊有無知之禍而桓公以興晉有驪姬之難而文公用伯近世趙王不終諸呂作亂而孝文為太宗繇是觀之禍亂之作將以開聖人也故桓文扶微興壞尊文武之業澤加百姓功潤諸侯雖不及三王天下歸仁焉文帝永思至德以承天心崇仁義省刑罰通關梁一遠近敬賢如大賓愛民如赤子內恕情之所安而施之於海內是以囹圄空虛天下太平夫繼變化之後必有異舊之恩此賢聖所以昭天命也往者昭帝即世而無嗣大臣憂戚焦心合謀皆以昌邑尊親援而立之援引也然天不授命淫亂其心遂以自亡深察禍變之故迺皇天之所以開至聖也故大將軍受命武帝股肱漢國謂霍光披肝膽決大計黜亡義立有德輔天而行然後宗廟以安天下咸寧臣聞春秋正即位大一統而慎始也陛下初登至尊與天合符宜改前世之失正始受命之統滌煩文除民疾存亡繼絕以應天意臣聞秦有十失其一尚存治獄之吏是也秦之時羞文學好武勇賤仁義之士貴治獄之吏正言者謂之誹謗遏過者謂之妖言遏止也故盛服先王不用於世忠良切言皆鬱於胸鬱積也譽諛之聲日滿於耳虛美熏心實禍蔽塞蔽塞也此乃秦之所以亡天下也方今天下賴陛下恩厚亡金革之危飢寒之患父子夫妻勠力安家然太平未洽者獄亂之也夫獄者天下之大命也死者不可復生絕者不可復屬屬連也書曰與其殺不辜寧失不經虞書大禹謨之辭也辜罪也經常也言人命至重治獄宜慎寧失不經之過不濫殺無辜之人所以崇寬恕也今治獄吏則不然上下相敺以刻為明深者獲公名平者多後患故治獄之吏皆欲人死非憎人也自安之道在人之死是以死人之血流離於市被刑之徒比肩而立大辟之計歲以萬數此聖人之所以傷也太平之未洽凡以此也夫人情安則樂生痛則思死棰楚之下何求而不得故囚人不勝痛則飾辭以視之吏治者利其然則指道以明之上奏畏卻則鍛練而周內之精熟周悉致之法中也蓋奏當之成當謂處其罪也雖咎繇聽之猶以為死有餘辜咎繇作士善聽獄訟以為喻也何則成練者眾文致之罪明也是以獄吏專為深刻殘賊而亡極媮為一切媮苟且也一切權時也不顧國患此世之大賊也故俗語曰畫地為獄議不入刻木為吏期不對畫獄木吏尚不入對況真吏乎期猶必也議必不入對此皆疾吏之風悲痛之辭也故天下之患莫深於獄敗法亂正離親塞道莫甚乎治獄之吏此所謂一尚存者也臣聞烏鳶之卵不毀而後鳳皇集也誹謗之罪不誅而後良言進故古人有言山藪藏疾川澤納汙瑾瑜匿惡國君含詬詬恥也言山藪之有草木則毒害者居之川澤之形廣大則能受汙濁人君之善御下亦當忍恥病也唯陛下除誹謗以招切言開天下之口廣箴諫之路掃亡秦之失尊文武之德省法制寬刑罰以

廣治獄則太平之風可興於世永履和樂與天亡極天下幸甚也天夫父樂射極也帝善其言遷廣陽私府長

冊府元龜卷第五百二十四

冊府元龜卷第五百二十五

諫諍部 三

規諫第六

漢張敞爲京兆尹，劉更生獻淮南枕中洪寶苑祕之方（洪大也苑祕者言仙術之苑圃也）。宣帝令尚方鑄作事不驗，更生坐論。敞上疏諫曰：願明主時忘車馬之好，斥遠方士之虛語，游心帝王之術，太平庶幾可興也。後尚方待詔皆罷。

匡衡元帝世爲太子少傅，傅昭儀及子定陶王愛幸，寵於皇后、太子。衡上疏曰：臣聞治亂安危之機，在乎審所用心。蓋受命之王務在創業垂統，傳之無窮；繼體之君心存於承宣先王之德而褒大其功。昔者成王之嗣位，思述文武之道以養其心，休烈盛美皆歸之二后而不敢專其名，是以上天歆享，鬼神祐焉。其詩曰：念我皇祖，陟降廷止。言成王常思祖考之業，而鬼神祐助其治也。陛下聖德天覆，子愛海內，然陰陽未和，姦邪未禁者，殆論者未丕揚先帝之盛功，爭言制度不可用也，務變更之。所更或不可行，而復復之，是以羣下更相是非，吏民無所信。臣竊恨國家釋樂成之業，而虛爲此紛紛也。願陛下詳覽統業之事，留神於遵制揚功，以定羣下之心。大雅曰：無念爾祖，聿脩厥德。孔子著之孝經首章，蓋至德之本也。成帝初，衡又上疏戒妃匹，勸經學威儀之則，曰：陛下秉至孝，哀傷思慕不絕於心，未有游虞弋射之宴（虞與娛同），誠隆於慎終追遠，無窮已也。竊願陛下雖聖性得之，猶復加聖心焉（言天性已自然，又當加意也）。詩云：𤇾𤇾在疚。言成王喪畢思慕，意氣未能平也，蓋所以就文武之業，崇大化之本也。

谷永爲北地太守，徵入爲大司農。成帝末年頗好鬼神，亦以無繼嗣故，多上書言祭祀方術者，皆得待詔，祠祭上林苑中，長安城旁，費用甚多，然無大貴盛者。永說上曰：臣聞明於天地之性，不可惑以神怪；知萬物之情，不可罔以非類。諸背仁義之正道，不遵五經之法言，而盛稱奇怪鬼神，廣崇祭祀之方，求報無福之祠，及言世有僊人，服食不終之藥，遙興輕舉（輿起也謂起而遠去也），登遐倒景（在日月之上反從下照故其景倒），覽觀縣圃，浮游蓬萊（崑崙九成上者縣圃閬風天門），耕耘五德，朝種暮穫（翼氏風角五德東方甲南方丙西方庚北方壬中央戊五𨻶色禾於地而耕耘也），與山石無極（言獲長壽比於山石無窮也），黃冶變化（黃者黃金也道家言冶丹沙令變化可鑄作黃金也），堅冰淖溺（方士詐以藥石若消水丸投之水上冰即消液因假爲神仙道使然也淖濡甚也），化色五倉之術者（思身中五色腹中有五倉神五色存則不死五倉存則不飢），皆姦人惑衆，挾左道，懷詐偽，以欺罔世主（邪僻之道非正業也）。聽其言，洋洋滿耳，若將可遇（洋洋美盛之貌也）；求之，盪盪如係風捕景，終不可得。是以明王距而不聽，聖人絕而不語（謂孔子不語怪神）。昔周史萇弘欲以鬼神之術輔尊靈王會朝諸侯，而周室愈微，諸侯愈叛；楚懷王隆祭祀，事鬼神，欲以獲福助，卻秦師，而兵挫地削，身辱國危。秦始皇初并天下，甘心於神僊之道，遣徐福、韓終之屬多齎童男童女入海求神采藥，因逃不還，天下怨恨。漢興，新垣平、齊人少翁、公孫卿、欒大等，皆以僊人黃冶祭祠事鬼使物入海求神采藥貴幸，賞賜累千金。大尤尊盛，至妻公主，爵位重絫，震動海內。元鼎、元封之際，燕齊之間方士瞋目扼掔，言有神僊祭祀致福之術者以萬數。其後平等皆以術窮詐得，誅夷伏辜。至初元中，有天淵玉女、鉅鹿神人、轑陽侯師張宗之姦，紛紛復起（轑陽侯江仁也元帝初元元年坐使家丞上書祝詛弟人侯人上事免也）。夫周秦之末，三五之隆，已嘗專意散財，厚爵祿，竦精神，舉天下以求之矣。曠日經年，靡有毫氂之驗，足以揆今。經曰：享多儀，儀不及物，惟曰不享（周書洛誥之辭也言祭享之道唯以絜誠若多其容而不及禮物則不爲神所享也）。論語曰：子不語怪神。唯陛下距絕此類，毋令姦人有以窺朝者。上善其言。

耿育，哀帝時爲議郎。有司奏成帝趙后之罪，育上疏言：臣聞繼嗣失統，廢適立庶，聖人法禁，古今至戒。然大伯見歷知適，逡循固讓（歷謂王季知適謂知其當爲適嗣也），委身吳粵，權變所設，不計常法，致位王季，以崇聖德，最備是以尊號追及大王。故世必有非常之變，然後迺有非常之謀。孝成皇帝自知繼嗣不以時立，念雖末有皇子萬歲之後未能持國權柄之重制於女主女主驕盛則耆欲無極少主幼弱則大臣不使（謂不可使從命也）世無周公抱負之輔恐危社稷傾亂天下知陛下有賢聖通明之德仁孝子愛之恩懷獨見之明內斷於身故廢後宮就館之漸絕微嗣禍亂之根乃欲致位陛下以安宗廟愚臣既不能深援安危定金匱之計又不知推演聖德述先帝之志乃反覆校省內暴露私燕誣汙先帝傾惑之過成結寵妾妒媚之誅甚失賢聖遠見之明逆負先帝憂國之意夫論大德不拘俗立大功不合衆此迺孝成皇帝至思所以萬萬於衆臣陛下聖德盛茂所以符合於皇天也豈當世庸庸斗筲之臣能是及且褒廣將順君務之美匡捄銷滅既往之過古今通義也事不當時固爭防禍於未然各隨指阿從以求容媚晏駕之後尊號已定萬事已訖乃探追不及之事訐揚幽昧之過此臣所深痛也願陛下有司議即如臣言宣布天下使咸曉知先

帝聖意所起不然空使謗議上及山陵下流後世遠聞百蠻近布海內甚非先帝託後之意也蓋孝子善述父之志善成人之事唯陛下省察哀帝為太子亦頗得趙太后力遂不竟其事

楊宣為諫議大夫時王莽王仁皆就國天下多冤王氏宣上封事言孝成皇帝深惟宗廟之重稱述陛下至德以承天序聖策深遠恩德至厚惟念先帝之意豈不欲以陛下自代奉承東宮哉太皇太后春秋七十數更憂傷勑令親屬引領以避丁傅行道之人為之隕涕況於陛下時登高遠望獨不慙於延陵乎哀帝深感其言

後漢馮衍為曲陽令建武六年日食衍上書陳八事其一曰顯文德二曰褒武烈三曰修舊功四曰招俊桀五曰明好惡六曰簡法令七曰差秩祿八曰撫邊境書奏光武將召見為尚書令王護等共排間衍遂不得入

桓譚為議郎給事中建武中上疏陳時政所宜曰臣聞國之廢興在於政事政事得失由乎輔佐賢明則俊士充朝而理合世務輔佐不明則論失時宜而舉多過事夫有國之君俱欲興化建善然而政道未理者其所謂賢者異也昔楚莊王問孫叔敖曰寡人未得所以為國是也叔敖曰國之有是衆所惡也恐王不能定也王曰不定獨在君亦在臣乎對曰君驕士曰非我無從富貴士驕君曰君非士無從安存人君或至失國而不悟士或至飢寒而不進君臣不合則國是無從定矣莊王曰善願相國與諸大夫共定國是也蓋善政者視俗而施教察失而立防威德更興文武迭用然後政調於時而躁人可定昔董仲舒言理國譬若琴瑟其不調者則解而更張夫更張難行而拂衆者亡是故賈誼以才逐而朝錯以智死世雖有殊能而終莫敢談者懼於前事也且設法禁者非能盡塞天下之姦皆合衆人之所欲也大抵取便國利事多者則可矣夫張官置吏以理萬人懸賞設罰以別善惡惡人誅傷則善人蒙福矣今人相殺傷雖

已伏法而私結怨讎子孫相報後忿深前至於滅戶殄業而俗稱豪健故雖怯弱猶勉而行之此為聽人自理而無復法禁者也今宜申明舊令若已伏官誅而私相傷殺者雖一身逃亡皆徙家屬於邊其相傷者加常二等不得雇山贖罪如此則仇怨自解盜賊息矣夫理國之道舉本業而抑末利是以先帝禁人二業錮商賈不得宦為吏此所以抑并兼長廉恥也今富商大賈多放錢貨中家子弟為之保役趨走與臣僕等勤收稅與封君比入是以衆人慕效不耕而食至乃多通侈靡以淫耳目今可令諸商賈自相糾告若非身力所得皆以臧畀告者如此則專役一已不敢以貨與人事寡力弱必歸功田畝田畝修則穀入多而地力盡矣又見法令決事輕重不齊或一事殊法同罪異論姦吏得因緣為市所活則出生議所欲陷則與死比是為刑開二門也今可令通義理明習法律者校定科比一其法度班下郡國蠲除故條如此天下知方而獄無怨濫矣書奏不省

朱浮爲執金吾光武以二千石長吏多不勝任時有纖微之過者必見斥罷交易紛擾百姓不寧六年有日食之異浮因上疏曰臣聞日者衆陽之所宗君上之位也凡居官治民據郡典縣皆爲陽爲上爲尊長若陽上不明尊長不足則干動三光垂示王者五典紀國家之政鴻範別災異之文皆宣明天道以徵來事者也陛下哀愍海内親離禍毒保宥生人使得蘇息而今牧人之吏多未稱職小違理實輒見斥罷豈不粲然黑白分明哉然以堯舜之盛猶加三考大漢之興亦累功効吏皆積久養老於官至名子孫因爲氏姓當時吏職何能悉理論議之徒豈不諠譁蓋以爲天地之功不可倉卒艱難之業當累日也而間者守宰數見換易迎新相代疲勞道路尋其視事日淺未足昭見其職既加嚴切人不自保各相顧望無自安之心有司或因睚眦以騁私怨苟求長短求媚上意二千石及長吏迫於舉劾懼於刺譏故爭飾詐僞以希虛譽斯皆羣陽騷動日月失行之應夫物暴

長者必夭折功卒成者必亟壞如摧長久之業而造速成之功非陛下之福也天下非一時之用也海内非一旦之功也願陛下遊意於經年之外望化於一世之後天下幸甚帝下其議羣臣多同於浮自是牧守易代頗簡舊制州牧奏二千石長吏不任位者事皆先下三公三公遣掾史案驗然後省退帝時用明察不復委任三府而權歸刺舉之吏浮復上疏曰陛下清明履約率禮無違自宗室諸王外家后親皆奉遵繩墨無黨勢之名至或乘牛車齊於編人斯固法令整齊下無作威者也求之於事宜以和平而災異猶見者而豈徒然天道信誠不可不察竊見陛下疾往者上威不行下專國命即位以來不用舊典信刺舉之官黜鼎輔之任至於有所劾奏便加免退覆按不關三府罪譴不蒙澄察陛下以使者爲腹心而使者以從事爲耳目是爲尚書之平決於百石之吏故羣下苛刻各自爲能兼以私情容長憎愛在職

皆競張空虛以要時利故有罪者心不厭服無罪者坐被空文不可經盛衰貽後王也夫事積久則吏自重吏安則人自靜傳曰五年再閏天道乃備夫以天地之靈猶五載以成其化況人道哉臣浮愚贛不勝惓惓願陛下留心千里之任省察偏言之奏

郅惲爲上東門候建武十七年郭皇后廢惲乃言於光武曰臣聞夫婦之好父不能得之於子況臣能得之於君乎是臣所不敢言雖然願陛下念其可否之計無令天下有議社稷而已帝曰惲善恕己量主知我必不有所左右而輕天下也

班彪辟司徒王況府時東宮初建諸王國並開而官屬未備師保多闕彪上言曰孔子稱性相近習相遠也賈誼以爲習與善人居不能無善猶生長於齊不能無齊言也習與惡人居不能無惡猶生長於楚不能無楚言也是以聖人審所與居而戒慎所習昔成王之爲孺子出則周公邵公太公史佚入則太顛閎夭南宮括散宜生左右前後禮無違者故成王一日即位天下

曠然太平是以春秋愛子教以義方不納於邪驕奢淫佚所自邪也詩云詒厥孫謀以宴翼子言武王之謀遺子孫也漢興太宗使鼂錯導太子以法術賈誼教梁王以詩書乃至中宗亦令劉向王褒蕭望之周堪之徒以文章儒學保訓東宮以下莫不崇簡其人就成德器今皇太子諸王雖結髮學問脩習禮樂而傅相未值賢才官屬多闕舊典宜博選名儒有威重明通政事者以爲太子太傅東宮及諸王國備置官屬又舊制太子食湯沐十縣設周衛交戟五日一朝因坐東箱省視膳食其非朝日使僕中允旦旦請問而已明不媟黷廣其敬也書奏帝納之以知

鍾離意明帝永平中爲僕射會連有變異意上疏曰伏惟陛下躬行孝道脩明經術郊祀天地畏敬鬼神憂恤黎元勞心不怠而天氣未和日月不明水泉涌溢寒暑違節者咎在群臣不能宣化理職而以苛刻爲俗吏殺良人繼踵不絶百官無相親之心吏人無雍雍之志至於骨肉相殘毒害彌深感逆和氣以致

天災百姓可以德勝難以力服先王要道民用和睦故能致天下和平災害不生禍亂不作鹿鳴之詩必言宴樂者以人神之心洽然後天氣和也願陛下垂聖德揆萬機詔有司慎人命緩刑罰順時氣以調陰陽垂之無極帝雖不時能用然知其至誠亦以此故不得久留出爲會稽相

陳寵章帝初爲尚書是時承永平故事吏政尚嚴切尚書決事率近於重寵以帝新即位宜改前世苛俗乃上疏曰臣聞先王之政賞不僭刑不濫與其不得已寧僭不濫故唐堯著典眚災肆赦周公作戒勿誤庶獄伯夷之典惟敬五刑以成三德由此言之聖賢之政以刑罰爲首往者斷獄嚴明所以威懲姦慝姦慝既平必宜濟之以寬陛下即位率由此義數詔羣僚弘崇晏晏而有司執事未悉奉承典刑用法猶尚深刻斷獄者急於篣格酷烈之痛執憲者煩於詆欺放濫之文或因公行私逞縱威福夫爲政猶張琴瑟大弦急者小弦絕故子貢非臧孫之猛法而美鄭喬之仁政（臧孫魯大夫行猛政子貢非之曰夫政猶張琴瑟也大絃急則小絃絕矣故曰罰得則姦邪止賞得則下歡悅子之賊心見矣獨不聞子產之相鄭乎推賢舉能抑惡揚善有大略者不問其短有厚德者不非小疵家給人足囹圄空虛子產卒國人皆叩心流涕三月不聞竽琴之音其生也見愛死也可悲故曰德莫大於仁禍莫大於刻今子病而人賀子愈而人懼曰嗟乎何命之不善臧孫子又不死臧孫聞而避位終身不出）詩云不剛不柔布政優優方今聖德充塞假于上下宜隆先王之道蕩滌煩苛之法輕薄箠楚以濟群生全廣至德以奉天心帝敬納寵言

韋彪章帝建初末爲大鴻臚以世承二帝吏化之後多以苛刻爲能又置官選職不必以才因盛夏多寒上疏諫曰臣聞政化之本必順陰陽伏見立夏以來當暑而寒殆以刑罰刻急郡國不奉時令之所致也農人急於務而苛吏奪其時賦發充常調而貪吏割其財此其巨患也夫欲急人所務當先除其所患天下樞要在於尚書尚書之選豈可不重而間者多從郎官超昇此位雖曉習文法長於應對然察察小慧類無大能宜簡嘗歷州宰素有名者雖進退舒遲時有不逮然端心向公奉職周密

宜鑒嗇夫捷給之對深思絳侯木訥之功也往時楚獄大起故置令史以助郎職而類多小人好爲姦利今者務簡可皆停省又諫議之職應用公直之士通才謇正有補益於朝者今或從徵試輩爲大夫又御史外遷動據州郡並宜清選其任責以言績其二千石視事雖久而爲吏民所便安者宜增秩重賞勿妄遷徙惟留聖心書奏帝納之

樂恢爲議郎車騎將軍竇憲出征匈奴恢上書諫曰春秋之義王者不理夷狄得其地不可墾發得其人無益於政故明王之於夷狄羈縻而已孔子曰遠人不服則脩文德以來之以漢之盛不務脩舜禹周公之術而無故興干戈動兵革以求無用之物臣誠惑之

張酺爲河南尹會竇氏敗酺上疏曰臣實愚惷不及大體以爲竇氏雖伏厥辜而罪刑未著後世不見其事但聞其誅非所以垂示國典貽之將來宜下理官與天下平之方憲等寵貴羣臣阿附唯恐不及皆言憲受顧命之託懷伊呂之忠至乃復比鄧夫人於文母今嚴威既行皆言當死不復顧其前後考折厥衷臣伏見夏陽侯瓌每行忠善前與臣言常有盡節之心檢勑賓客未嘗犯法臣聞王政骨肉之刑有三宥之義過厚不過薄今議者爲瓌選嚴能相恐其迫切必不完免宜裁加貸宥以崇厚德和帝感酺言徙瓌封就國而已

龐參爲左校直諫令坐法輸作若盧（若盧獄名）永初元年涼州先零種羌反畔遣車騎將軍鄧騭討之參於徒中使其子俊上書曰方今西州流民擾動而徵發不絕水潦不休地力不復（言其養損不復於舊）重之以大軍疲之以遠戍農功消於轉運資財竭於徵發田疇不得墾闢禾稼不得收入摶手困窮無望來秋（[illegible]）百姓力屈不復堪命臣愚以爲萬里運糧遠就羌戎不若總兵養衆以待其疲車騎將軍騭宜且振旅留征西校尉任尚使督涼州士民轉居三輔休徭役以助其時止煩賦以益其財令男得耕種女得織紝（[illegible]布也）然後畜精銳乘懈沮出其不意攻其不備則邊人之仇報奔北之恥雪

矣書奏御史中丞樊準上疏薦祭鄧太后從之而徵劉騊駼還

樊準永初中爲御史中丞會連年水旱災異郡國多被飢困準上疏曰臣聞傳曰飢而不損茲曰太厥災水春秋穀梁傳曰五穀不登謂之大侵大侵之禮百官備而不製群神禱而不祠由是言之調和陰陽實在儉節朝廷雖勞心元元事從省約而在職之吏尚未奉承夫建化致理由近及遠故詩曰京師翼翼四方是則今可先令太官尚方考功上林池籞諸官實減無事之物五府調省中都官吏京師作者如此則化及四方人勞省息伏見被災之郡百姓凋殘恐非賑給所能勝贍雖有其名終無其實可依征和元年故事遣使持節慰安尤困乏者徙置荆揚孰郡既省轉運之費且令百姓各安其所今雖有西屯之役宜先東州之急如遣使者與二千石隨事消息悉留富人守其舊土轉尤貧者過所衣食誠父母之計也願以臣言下公卿平議鄧太后從之悉以公田賦與貧人

陳忠爲尚書安帝親政事後連有災異詔舉有道公卿百僚各上封事忠以詔書既開諫爭慮言事者必多激切或致不能容乃上疏豫通廣帝意曰臣聞仁君廣山藪之大納切直之謀忠臣盡蹇諤之節不畏逆耳之害是以高祖舍周昌桀紂之譬孝文嘉爰盎人豕之譏武帝納東方朔宣室之正元帝容薛廣德自刎之切昔晉平公問於叔向曰國家之患孰爲大對曰大臣重祿不極諫小臣畏罪不敢言下情不上通此患之大者公曰善於是下令曰吾欲進善有謁而不通者罪致死今明詔崇高宗之德推宋景之誠引咎克躬諮訪羣吏言事者見杜根成翊世等新蒙表錄顯列二臺必承風響應爭爲切直若嘉謀異策宜輒納用如其管穴妄有譏刺雖苦口逆耳不得事實且優游寬容以示聖朝無諱之美若有道之士對問高者宜垂省覽特遷一等以廣直言之路書奏御有詔拜有道高第士沛國施延爲侍中

左雄爲尚書令順帝永建三年京師漢陽地皆震裂水泉湧出四年司冀復有大水雄推較災異以爲下人有逆上之徵又上疏言宜密爲備以俟不虞尋而青冀揚州盜賊連發數年之間海內擾亂其後天下大赦賊雖頗解而官猶無備流叛之餘數月復起雄與僕射郭虔共上疏以爲寇賊連年死亡太半一人犯法舉宗羣亡宜及其尚微開令改悔若告黨與者聽除其罪能誅斬者明加其賞書奏並不省

張衡順帝初再爲太史令時政事漸損權移於下衡因上疏陳事曰伏惟陛下宣哲克明繼體承天中遭傾覆龍德泥蟠今乘雲高躋盤桓天位誠所謂將隆大位必先倥傯之也親履艱難者知下情備經險易者達物僞故能一貫萬機靡所疑惑百揆允當庶績咸熙宜獲福祉神祇受譽黎庶而陰陽未和災眚屢見神明幽遠冥鑒在茲福仁禍淫景響而應因德降休乘失致咎天道雖遠吉凶可見近世鄭蔡江樊周廣王聖皆爲效矣故

恭儉畏忌必蒙祉祚奢淫諂慢鮮不夷戮前事不忘後事之師也夫情勝其性流遁忘反豈唯不肖中才皆然苟非大賢不能見得思義故積惡成釁罪不可解也向使能瞻前顧後援鏡自戒則何陷於凶患乎貴寵之臣衆所屬仰其有愆尤上下知之褒美譏惡有心皆同故怨讟溢乎四海神明降其禍辟也頃年雨常不足思求所失則洪範所謂僭常陽若者也懼羣臣奢侈昏踰典式自下逼上用速咎徵又前年京師地震土裂裂者威分震者人擾也君以靜唱臣以動和威自上出不趣於下禮之政也竊懼聖思厭倦制不專己恩不忍割與衆共威威不可分德不可共洪範曰臣有作威作福玉食害于而家凶于而國天覽孔明雖疎不失災異示人前後數矣而未見所革以復往悔自非聖人不能無過願陛下思惟所以稽古率舊勿令刑德八柄不由天子若恩從上下事依禮制禮制脩則奢僭息事合宜則無凶咎然後神望允塞災消不至矣初光武善讖及顯宗肅宗

因祖述焉自中興之後儒者爭學圖緯兼復附以訞言衡以圖緯虛妄非聖人之法乃上疏曰臣聞聖人明審律歷以定吉凶重之以卜筮雜之以九宮經天驗道本盡於此或觀星辰逆順寒燠所由或察龜策之占巫覡言其所因者非一術也立言於前有徵於後故智者貴焉謂之讖書讖書始出蓋知之者寡自漢取秦用兵力戰功成業遂可謂大事當此之時莫或稱讖若夏侯勝眭孟之徒以道術立名其所著述無讖一言劉向父子領校書閱定九流亦無讖録成哀之後乃始聞之尚書堯使鯀理洪水九載績用不成鯀則殛死禹乃嗣興而春秋讖云共工理水凡讖皆云黃帝伐蚩尤而詩讖獨以為蚩尤敗然後堯受命春秋元命包中有公輸班與墨翟事見戰國非春秋時也又言別有益州益州之置在於漢世其名三輔諸陵世數可知至於圖中訖于成帝一卷之書互異數事聖人之言埶無若是殆必虛偽之徒以要世取資往者侍中賈逵摘讖互異三十餘事諸言讖者皆不能說至於王莽篡位漢世大禍八十篇何為不戒則知圖讖成於哀平之際也且河洛六藝篇録已定後人皮傅無所容篡(衡集上事云河洛五九六藝四九謂八十一篇也方言曰秦晉言非其事謂之皮傅謂不得其情淺薄坐相傅會也莊子曰竄句游辭續漢書亦作竄亦作篡者義亦通也)永元中清河宋景遂以歷紀推言水災而偽稱洞視玉版(遯甲開山圖曰禹遊於東海得玉珪碧色長一尺二寸圓如日月以自照達幽明宜言宋景歷紀推之水災非洞視玉版所見也)或者棄家業入山林後皆無效而復采前世成事以為證驗至於永建復統則有能知此皆欺世罔俗以昧埶位情偽較然莫之糾禁且律歷卦候九宮風角數有徵效世莫肯學而競稱不占之書譬猶畫工惡圖犬馬而好作鬼魅誠以實事難形而虛偽不窮也宜收藏圖讖一禁絕之則朱紫無所眩典籍無瑕玷矣

冊府元龜卷第五百二十五

册府元龜卷第五百二十六

諫諍部四

規諫第三

後漢陳龜，桓帝時為京兆尹。會羌胡寇邊，殺長吏，驅略百姓。帝以龜世諳邊俗，拜為度遼將軍。龜臨行上疏曰：臣龜蒙恩累世，馳騁邊垂，雖展鷹犬之用，頓斃胡虜之庭，魂骸不反，薦享狐狸，猶無以塞厚責，答萬分也。至臣頑駑，器無鉛刀一割之用，過受国恩，榮秩兼優，生年死日，永懼不報。臣聞三辰不軌，擢士為相；蠻夷不恭，拔卒為將。臣無文武之才，而忝鷹揚之任，上慙聖朝，下懼素餐，雖歿軀体，無所云補。今西州邊鄙，土地塉埆（塉音籍，埆音確），鞍馬為居，射獵為業，男寡耕稼之利，女乏機杼之饒，守塞候望，懸命鋒鏑，聞急長驅，去不圖反。自頃年以來，匈奴數攻營郡，殘殺長吏，侮略良細，戰夫身膏沙漠，居人首係馬鞍。或舉国掩户，尽種灰滅，孤兒寡婦，號哭空城，野無青草，室如懸磬。雖含生氣，實同枯朽。往歲并州水雨，災螟互生，稼穡荒耗，租更空闕。老者慮不終年，少壯懼於困厄。陛下以百姓為子，百姓以陛下為父，焉可不日昃勞神，垂撫循之恩哉。唐堯親捨其子以禪虞舜者，是欲民遺聖君，不令遇惡主也。故古公杖策，其民五倍；文王西伯，天下歸之。豈復輿金輦寶以為民惠乎？近孝文皇帝感一女子之言，除肉刑之法，体德行仁，為漢賢主。陛下繼中興之統，承光武之業，臨朝聽政，而未留聖意。且牧守不良，或出中官，懼逆上旨，取過目前，呼嗟之声，招致災害。胡虜凶悍，因衰緣隙，而令倉庫單於豺狼之口，功業無銖兩之効，皆由將帥不忠，聚姦所致。前涼州刺史祝良，初除到州，多所糾罰，太守令長，貶黜將半，政未踰時，功効卓然，實應賞異，以勸功能。改任牧守，去斥姦殘。又宜更選匈奴、烏桓、護羌中郎將、校尉，簡練文武，授之以法令。除并涼二州今年租更，寬赦罪隸，埽除更始，則善吏知奉公之祐，惡者覺營私之禍，胡馬可不窺長城，塞下無候望之患矣。

帝覺悟，乃更選幽并刺史，自營郡太守都尉以下，多所革易。下詔為陳將軍除并涼一年租賦，以賜吏民。

趙典，桓帝時為大鴻臚。時恩澤諸侯以無勞受封，羣臣不悅，而莫敢諫。典獨奏曰：夫無功而賞，勞者不勸，上忝下辱，亂象干度（左傳曰：国无政，不用善，則自取謫於日月之災，故政不可不慎，務三而已：一曰擇人，二曰從時。前書曰：成帝時同日封王氏五侯，其日天氣赤黃，霧四塞；哀帝封丁傅，曰亦然。是不用善人，則亂象干度）。且高祖之誓，非功臣不封。宜一切削免爵土，以存舊典。帝不從。

桓鸞為議郎，上陳五事：舉賢才，審授用，黜佞倖，省苑囿，息役賦。書奏御，牾內豎，故不省。

蔡邕為議郎。初，直諫靈帝好學，自造皇羲篇五十章，因引諸生能為文賦者。本頗以經學相招，后諸為尺牘及工書鳥篆者，皆加引召，遂至數十人。侍中祭酒樂松、賈護，多引無行趣勢之徒，並待制鴻都門下，喜陳方俗閭里小事，帝甚悅之，待以不次之位。又市賈小民為宣陵孝子者，復十人，悉除為郎中、太子舍人。時頻有雷霆疾風，傷樹拔木，地震隕雹，蝗蟲之害。又鮮卑犯境，役賦及民。六年七月，制書引咎，誥羣臣各陳政要所當施行。邕上封事曰：臣伏讀聖旨，雖周成遇風，訊諸執事，宣王遭旱，密勿祗畏，無以或加。臣聞天降災異，緣象而至。辟歷數發（辟音普歷切，陽氣之動也），殆刑誅繁多之所生也。風者天之號令，所以教人也。夫昭事上帝，則自懷多福；宗廟致敬，則鬼神以著。国之大事，實先祀典，天子聖躬所當恭事。臣自在宰府及備朱衣（宰府謂司徒橋玄府也。朱衣謂祭官也。漢官儀曰：漢家赤行，齋者絳䘸，音文戟切），迎氣五郊，而車駕稀出，四時至敬，屢委有司，雖有解除，猶為疏廢。故皇天不悅，顯此諸異。鴻範傳曰：政悖德隱，厥風發屋折木。坤為地道，易稱安貞。陰氣憤盛，則當靜反動，法為下叛。夫權不在上，則雹傷物；政有苛暴，則虎狼食人；貪利傷民，則蝗蟲損稼。去六月二十八日，太白與月相迫，兵事惡之。鮮卑犯塞，所從來遠，今之出師，未見其利，上違天文，下逆人事。誠當博覽衆議，從其安者。臣不勝憤懣，謹條宜所施行七事，表左：

表左謂陳之荼表左也縱今云如左如右一事明堂月令天子以四立及季夏之節迎五帝於郊(天子居明堂各依其月在政故大明堂月令四立謂立春立夏立秋立冬各以其日天子親迎氣於其方祈祭其方之帝季夏之末祭中央帝也)所以導致神氣祈福豐年清廟祭祀追往孝敬養老辟雍示人禮化皆帝者之大業祖宗所祗奉也而有司數以蕃國疏喪宮內產生及吏卒小汗屢生忌故(小汗謂疾及死也)竊見南郊齋戒未嘗有廢至於它祀輒興異議豈南郊卑而它祀尊哉孝元皇帝策書曰禮之至敬莫重於祭所以竭心親奉以致肅祗者也又元和故事復申先典(章帝元和二年制曰山川百神應典禮者尚未咸秩其議增修群祀以祈豐年又宗祀五帝于汶上明堂三年宗祀畢乃東柴岱宗爲人祈福)前後制書推心懇惻而近者以來更任太史忘禮敬之大任禁忌之書拘信小故以虧大典禮妻妾產者齋則不入側室之門無廢祭之文也(禮記曰妻將生子及月辰居側室夫使人日再問之夫齋則不入側室之門也)所謂宮中有卒三月不祭者謂士庶人數堵之室共處其中耳(儀禮曰有死於宮中者則爲之三月不舉祭)豈謂皇居之曠臣妾之衆哉自今齋制宜如故典庶荅風霆

災變之異二事臣聞國之將興至言數聞內知已政外見民情是故先帝雖有聖明之姿而猶廣求得失又因災異援引幽隱重賢良方正敦朴有道之選危言極諫不絕於朝陛下親政已來頻年災異而未聞收舉博選之旨誠當思省述脩舊事使抱忠之臣展其狂直以解易傳政悖德隱之言三事夫求賢之道未必一塗或以德顯或以言揚頃者立朝之士曾不以忠信見賞常被誹訕之誅遂使羣下結口莫圖正辭郎中張文前獨盡狂言聖聽納受以責三司臣子曠然眾庶解悅(漢名臣奏張文上疏其略曰春秋義曰蝗者貪擾之氣所生天意若曰貪狼之人蠶食百姓若蝗食禾稼而擾万民虎齧人者象暴政若獸而齧人京房易傳曰小人不義而反尊榮則虎食人辟歷殺人亦象暴政安有喜怒政以賄成刑放於寵推類叙意採指求源皆象群下貪狼威歛妾旋或若蝗蟲宜勅正眾邪清審選舉退屏貪暴昔僖公小國讒佞數政僭已斥退邪臣尚獲其報六月甚雨之應豈況万乘之主苟善求賢至舉敦朴以輔善政陛下繼堯舜之姿秉獨見之明致太平之業敦經好學流布遠近可留顧更神慮則可致太平招休徵矣制曰下太尉司徒司空夫台輔不至災異必有緣朕以不德秉統未明以招妖譌將何以昭顯憲法哉三司任政者也所當夙夜而咨拱默訖未有聞將何以奉答天意敬事致人其各悉心思所崇改勝消復之術稱朕意焉)臣愚以

爲宜擢文右職以勸忠謇宣聲海內博開政路四事夫司隸校尉諸州刺史所以督察姦枉分別白黑者也伏見幽州刺史楊憙益州刺史龐芝涼州刺史劉虔各有奉公疾姦之心憙等所糾其効尤多餘皆枉橈不能稱職或有抱罪懷瑕與下同疾綱網弛縱莫相舉察公府臺閣亦復默然五年制書議遣八使又令三公謠言奏事(漢官儀曰三公聽採長吏臧否人所疾苦條奏之是爲舉謠言者也)是時奉公者欣然得志邪枉者憂悸失色未詳斯議所因寢息昔劉向奏曰夫執狐疑之計者開羣枉之門養不斷之慮者來讒邪之口今始聞善政旋復變易足令海內測度朝政宜追定八使糾舉非法更選忠清平章賞罰三公歲盡差其殿最使吏知奉公之福則衆災之原庶可塞矣五事臣聞古者取士必使諸侯歲貢(尚書大傳曰古者諸侯之於天子三年一貢士一適謂之好德再適謂之賢賢三適謂之有功注云適猶得也)孝武之世郡舉孝廉又有賢良文學之選於是名臣輩出文武並興漢之得人數路而已(數路謂孝廉賢良文學之類也)夫書畫辭賦才之小者經

國理政之本陛下即位之初先涉經術聽政餘日觀省篇章聊以游意當代博弈非以教化取士之本而諸生競利作者鼎沸其高者頗引經訓風喻之言下則連偶俗語有類俳優或竊成文虛冒名氏臣每受詔於盛化門差次錄第其未及者亦復隨輩皆見拜擢既加之恩難復收改但守奉祿於義已弘不可復使理人及仕州郡昔孝宣會諸儒於石渠章帝集學士於白虎通經釋義其事優大文武之道所宜從之若乃小能小善雖有可觀孔子以爲致遠則泥君子故當志其大者六事墨綬長吏職典理人(漢官儀曰秩六百石銅章墨綬也)皆當以惠利爲績日月爲勞褒責之科所宜分明而今在任無復能省及其還者多召拜議郎郎中若器用優美不宜處之冗散如有釁故自當極其刑誅豈有伏罪懼考反求遷轉更相放効臧否無章先帝舊典未嘗有此可皆斷絕以覈眞僞七事伏見前一切以宣陵孝子者爲太子舍人臣聞孝文皇帝制喪服三十六日雖繼體之君父子

至親公卿列臣受恩之重皆屈情從制不敢踰越今虛偽小人本非骨肉既無幸私之恩又無祿仕之實惻隱思慕情何緣生而羣聚山陵假名稱孝行不隱心義無所依至有姦軌之人通容其中常思皇后祖載之時東郡有盜人妻者亡在孝中本縣追捕乃伏其辜虛偽雜穢難得勝言又前至得拜後輩被遣或經年陵次以暫歸見漏或以人自代亦蒙寵榮爭訟怨恨凶凶道路太子官屬宜搜選令德豈有但取丘墓凶醜之人其爲不祥莫與大焉宜遣歸田里以明詐偽書奏帝乃親迎氣北郊及行辟雍之禮又詔宣陵孝子爲舍人者悉改爲丞尉焉

盧植爲尚書靈帝光和元年有日食之異植上封事諫曰臣聞五行傳曰晦而月見謂之朓王侯其舒此謂君政舒緩故曰食晦也春秋傳曰天子避位移時言其相掩不過移時而間者日食自巳過午既食之後雲霧晻曖比年地震彗孛互見臣聞漢以火德化當寬明近色信讒忌之甚者如火畏水故也按今年

之變皆陽失陰侵消禳災凶宜有其道謹略陳八事一曰用良二曰原禁三曰禦癘四曰備寇五曰修禮六曰遵堯七曰御下八曰散利用良者宜使州郡覈舉賢良隨方委用責求選舉原禁者凡諸黨錮多非其罪可加赦恕申宥回枉禦癘者宋后家屬並以無辜委骸橫尸不得收葬疫癘之來皆由於此宜敕收拾以安遊魂后以王甫程阿所譖憂死父及兄弟並被誅靈帝後夢見桓帝怒曰宋皇后何罪而聽其命也許永天上帝震怒罪在難救也備寇者侯王之家賦稅減削愁窮思亂必致非常宜使給足以防未然修禮者應徵有道之人若鄭玄之徒陳明洪範攘服災咎遵堯者今郡守刺史一月數遷宜依黜陟以章能否縱不九載可滿三歲御下者請謁希爵一宜禁塞遷舉之事責成主者散利者天子之體理無私積宜引大務蠲略細微帝不省

孔融爲少府荊州牧劉表不供職貢多行僭偽遂乃郊祀天地擬斥乘輿詔書班下其事融上疏曰竊聞領荊州牧劉表綵逆放恣所爲不軌至乃郊祭天地擬議社稷雖昏僭惡極罪不容誅至於國體宜且諱之何者萬乘至重天王至尊身爲聖躬國爲神器陛級縣遠祿位限絕猶天之不可階日月之不可踰也每有一豎臣輒云圖之若形之四方非所以杜塞邪萌愚謂雖有重戾必宜隱忍賈誼所謂擲鼠忌器蓋謂此也是以齊兵次楚唯責包茅王師敗績不書晉人前以露袁術之罪今復下劉表之事是使跛牂欲闚高岸天險可得而登也案表跋扈擅誅列侯遏絕詔命斷盜貢篚招呼元惡以自營衛專爲羣逆主萃淵藪郜鼎在廟章孰甚焉桑落瓦解其勢可見臣愚以爲宜隱郊祀之事以崇國防

魏劉廙魏國初建爲黃門侍郎太祖在長安欲親征蜀廙上疏曰聖人不以智輕俗王者不以人廢言故能成功於千載者必以近察遠智周於獨斷者不恥於下問亦欲博采必盡於衆也且韋弦非能言之物而聖賢引以自規臣才智闇淺願自比於韋弦昔樂毅能用弱燕破大齊而不能以

輕兵定即墨者夫自爲計者雖弱必固欲自潰者雖彊必敗也自殿下起軍以來三十餘年敵無不破彊無不服今以海内之兵百勝之威而孫權負險於吳劉備不賓於蜀夫夷狄之臣不當冀州之卒權備之籍不比袁紹之業然本初以亡而二寇未捷非闇弱於今而智武於昔也斯自爲計者與欲自潰者異勢耳故文王伐崇三駕不下歸而脩德然後服之秦爲諸侯所征必服及兼天下東向稱帝匹夫大呼而社稷用隳是力斃於外而不卹民於内也臣恐邊寇非六國之敵而世不乏才土分之勢此不可不察也天下有重得有重失勢可得而我勤之此重得也勢不可得而我勤之此重失也於今之計莫若料四方之險擇要害之處而守之選天下甲卒隨方面而歲更焉殿下可高枕於廣夏潛思於治國廣農事從節約脩之旬年則國富民安矣太祖遂進前而報廙曰非但君當知臣臣亦當知君今欲使吾坐行西伯之德恐非其人也

賈詡爲太中大夫文帝爲五官將而臨菑侯植有奪宗之議太祖嘗屏除左右問詡詡嘿然不對太祖曰與卿言而不荅何也詡曰屬適有所思故不即對耳太祖曰何思詡曰思袁本初劉景升父子也太祖大笑於是太子遂定

王朗文帝時爲御史大夫上疏勸育民省刑曰兵起已來三十餘年四海盪覆萬國殄瘁賴先王芟除寇賊扶育孤弱遂使華夏復有綱紀鳩集兆民于兹魏土使封鄙之内鷄鳴狗吠達於四境蒸庶欣欣喜遇昇平今遠方之寇未賓兵戎之役未息誠令復除足以懷遠人良宰足以宣德澤阡陌咸脩四民殷熾必復過於曩時而富於平日矣易稱敕法書著祥刑一人有慶兆民賴之慎法獄之謂也昔曹相國以獄市爲寄路溫舒疾治獄之吏夫治獄者得其情則無冤死之囚丁壯者得盡地力則無饑饉之民窮老者得仰食倉廩則無餧餓之殍嫁娶以時則男女無怨曠之恨胎養必全則孕者無自傷之哀新生必復則孩者無不育之累壯而後役則幼者無離家之思二毛不戎則老者無頓伏之患醫藥以療其疾寬繇以樂其業威罰以抑其强恩仁以濟其弱振貸以贍其乏十年之後旣笄者必盈巷二十年之後勝兵者必滿野矣

辛毗爲侍中文帝欲大興軍征吳毗諫曰吳楚之民險而難禦道隆後服道洿先叛自古患之非徒今也陛下祚有海内夫不賓者其能久乎昔尉佗稱帝子陽僭號歷年未幾或臣或誅何則違逆之道不久全而大德無所不服也方今天下新定土廣民稀夫廟筭而後出軍猶臨事而懼況今廟有闕而欲用之臣誠未見其利也先帝屢起銳師臨江而旋今六軍不增於故而復循之此未易也今日之計莫若脩范蠡之養民法管仲之寄政則充國之屯田明仲尼之懷遠十年之中彊壯未老童齓勝戰兆民知義將士思奮然後用之則役不再舉矣帝曰如卿意更當以虜遺子孫邪毗對曰昔周文王以紂遺武王惟知時也

苟時未可容得已乎帝竟伐吳至江而還

高柔爲廷尉魏初三公無事又希與朝政柔上疏曰天地以四時成功元首以輔弼興治成湯杖阿衡之佐文武憑旦望之力逮至漢初蕭曹之儔並以元勳代作心膂此皆明王聖主任臣於上賢相良輔股肱於下也今公輔之臣皆國之棟梁民所具瞻而置之三事不使知政遂各偃息養高鮮有進納誠非朝廷崇用大臣之義大臣獻可替否之謂也古者刑政有疑輒議於槐棘之下自今之後朝有疑議及刑獄大事宜數以咨訪三公三公朝朔望之日又可特延入講論得失博盡事情庶有裨起天聽弘益大化文帝嘉納焉至明帝即位爲博士是時禁殺鹿者身死財產沒官有能覺告者厚加賞賜柔上疏曰聖王之御世莫不以廣農爲務儉用爲資夫農廣則穀積用儉則財畜畜財積穀而有憂患之虞者未之有也古者一夫不耕或爲之饑一婦不織或爲之寒中間已來百姓供給衆役親田者旣減加頃復有獵禁羣鹿犯暴殘食生苗處處爲害所傷不貲民雖障防力不能禦至如榮陽左右周數百里歲略不收元元之命實可矜傷方今天下生財者甚少而麋鹿之損者甚多卒有兵戎之役凶年之災將無以待之惟陛下覽先聖之所念愍稼穡之艱難寬放民間使得捕鹿遂除其禁則衆庶永濟莫不悅豫矣又魏名臣奏載柔上疏曰臣深思陛下所以不早取此鹿者誠欲使極蕃息然後大取以爲軍國之用然臣竊以爲今鹿但有日耗終無從得多也何以知之今禁地廣輪且千餘里臣下計無慮其中有虎大小六百頭狼有五百頭狐萬頭使大虎一頭三日食　鹿一虎一歲百二十鹿是爲六百頭虎一歲食七萬二千頭鹿也使十狼日共食一鹿是爲五百頭狼一歲共食萬八千頭鹿鹿子始生未能善走使十狐一日共食一子比至健走一月之間是爲萬狐一月食鹿子三萬頭也大凡一歲所食十二萬頭其鵰鶚所害臣置不計以此推之終無從得多不如早取之爲便也

和洽明帝世為光祿勳大和中散騎常侍高堂隆奏時風不至而有休廢之氣必有司不勤職事以失天常也詔書謙虛引咎博諮異同洽以為民稀耕少浮食者多國以民為本民以穀為命故廢一時之農則失育命之本是以先王務蠲煩費以專耕農自春夏已來民窮於役農桑有廢百姓囂然時風不至未必不由此也消復之術莫大於節儉太祖建立洪業奉師徒之費供軍賞之用吏士豐於資食倉府衍於穀帛由不飾無用之宮絶浮華之費方今之要固在息省勞煩之役損除他餘之務以為軍戎之儲三邊守禦宜在備豫料賊虛實蓄士養衆筭廟勝之策明攻取之謀詳詢衆庶以求厥中若謀不素定輕弱小敵軍人數舉舉而無庸所謂悅武無震古人之戒也高堂隆為侍中明帝用法深重隆上疏曰夫拓跡垂統必俟聖明輔世致治亦須良佐用能庶績其凝而品物康乂也夫移風易俗宣明道化四表同風回首面內德教光熙九服慕義固非俗吏之所能

也今有司務糾刑書不本大道是以刑用而不措俗弊而不敦宜崇禮樂班敘明堂脩三雍大射養老營建郊廟尊儒士舉逸民表章制度改正朔易服色布愷悌尚儉素然後備禮封禪歸功天地使雅頌之声盈于六合緝熙之化混于後嗣斯蓋至治之美事不朽之貴業也然九域之內可揖讓而治尚何憂哉苟不正其本而救其末譬猶棼絲非政理也可命羣公卿士通儒造具其事以為典

蔣濟為中護軍明帝時中書監令號為專任濟上疏曰大臣太重者國危左右太親者身蔽古之至戒也往者大臣秉事外內扇動陛下卓然自覽万幾莫不祗肅夫大臣非不忠也然成權在下則衆心慢上勢之常也陛下既已察之於大臣願無忘於左右左右忠正遠慮未必賢於大臣至於便辟取合或能工之今外所言輒云中書雖使恭慎不敢外交但有此名猶惑世俗況實握事要日在目前儻因疲倦之間有所割制衆臣見其能推移於事即亦因時而向之一有此端因當內設自完以此衆語私招所交為之內援若此臧否毀譽必有所興功負賞罰必有所易直道事上者或壅曲附左右者反達因微而入緣形而出意所狎信不復猜覺此宜聖智所當早聞外以經意則形際自見或恐朝臣畏言不合而受左右之怨莫適以聞臣竊亮陛下潛神默思公聽並觀若事有未盡於理而物有未周於用將敗曲易調遠與黃唐角功近昭武文之迹豈近習而已哉然人君猶不可悉天下事以適己明當有所付三官任一臣非周公旦之忠又非管夷吾之公則有弄機敗官之弊當今柱石之士雖少至於行稱一州智效一官忠信竭命各奉其職可並驅策不使聖明之朝有專吏之名也詔曰夫骨鯁之臣人主之所杖也濟才兼文武服勤盡節每軍國大事輒有奏議忠誠奮發吾甚壯之就遷為護軍將軍加散騎常侍

鍾繇為散騎常侍時蜀相諸葛亮圍祁山明帝欲親征繇上疏

曰夫[illegible]大人育[illegible][illegible]勝功尚[illegible][illegible]不下殿堂之上而決勝千里之外車[illegible][illegible][illegible]守中土以為四方威勢之援今大軍西征雖有百倍之威於關中之費所損非一且盛暑行師詩人所重實非至尊動軔之時也遷黃門侍郎將大興洛陽宮室車駕便幸許昌天下當朝正許昌許昌偪狹於城南以氊為殿備設魚龍曼延民罷勞役繇諫以為水旱不時帑藏空虛凡此之類可須豐年又上宜復關內開荒地使民肆力於農事遂施行

王肅為散騎常侍大司馬曹真征蜀肅上疏曰前志有之千里饋糧士有饑色樵蘇後爨師不宿飽此謂平塗之行軍者也又況於深入阻險鑿路而前則其為勞必相百也今又加之以霖雨山坂峻滑衆逼而不展糧縣而難繼實行軍之大忌也聞曹真發已踰月而行裁半谷治道功夫戰士悉作是賊偏得以逸而待勞乃兵家之所憚也言之前代則武王伐紂出關而復還之近事則武文征權臨江而不濟豈非所為順天知時通於權

變者哉此民知聖上以水雨艱劇之故休而息之後日有覺乘而用之則所謂說以犯難民忘其死者矣於是遂罷

何晏爲尚書正始八年七月奏曰善爲國者必先治其身治其身者愼其所習所習正則其身正其身正則不令而行所習不正則其身不正其身不正則雖令不從是故爲人君者所與游必擇正人所觀覽必察正象放鄭聲而弗聽遠佞人而弗近然後邪心不生而正道可弘也季末闇主不知損益斥遠君子引近小人忠良疏遠便辟褻狎亂生近暱譬之社鼠考其昏明所積以然故聖賢諄諄以爲至慮舜戒禹曰鄰哉鄰哉言愼所近也周公戒成王曰其朋言愼所與也詩云一人有慶兆民賴之可自今以後御幸式乾殿及游豫後園皆大臣侍從因從容戲宴兼省文書詢謀政事講論經義爲万世法

孔晏又爲散騎常侍諫議大夫正始八年十二月奏曰禮天子之宮有斲礱之制無朱丹之飾宜循禮復古今天下已平君臣

之分明陛下但當不懈于位平公正之心審賞罰以使之可絕後園習騎乘馬出必御輦乘車天下之福臣子之願也晏又咸因闕以進規諫

程曉齊王嘉平中爲黄門侍郎時校事放横曉上疏曰周禮之設官分職以爲民極春秋傳曰天有十日人有十等愚不得臨賢賤不得臨貴於是並建聖哲樹之風聲明試以功九載考績各脩厥業思不出位故欒書欲拯晉侯其子不聽死人横於街路邴吉不問上不責非職之功下不務分外之賞吏無兼統之勢民無二事之役斯誠爲國要道治亂所由也遠覽典志近觀秦漢雖官名改易職司不同至於崇上抑下顯明分例其致一也初無校事之官干與庶政者也昔武皇帝大業草創衆官未備而軍旅勤苦民心不安乃有小罪不可不察故置校事取其一切耳然檢御有方不至縱恣也此霸世之權宜非常王之正典其後漸蒙見任復爲疾病轉相因仍莫正其本遂令上察宮廟下攝衆司官無局業職無分限隨意任情唯心所適法造於筆端不依科詔獄成於門下不顧覆訊其選官屬以謹愼爲粗踈以謥詷爲賢能其治事以刻暴爲公嚴以循理爲怯弱外則託天威以爲聲勢內則聚羣姦以爲腹心大臣恥與分勢含忍而不言小人畏其鋒芒鬱結而無告至使尹模公於目下肆其姦慝罪惡之著行路皆知纖惡之過積年不聞既非周禮設官之意又非春秋十等之義也今外有公卿將校總統諸署內有侍中尚書綜理萬機司隸校尉督察京輦御史中丞董攝宮殿皆高選賢才以充其職申明科詔以督其違若此諸賢猶不足任校事小吏益不可信若此諸賢各思盡忠効盡區區亦復無益若更高選國士以爲校事則是中丞司隸重增一官耳若如舊選尹模之姦今復發矣進退推算無所用之昔桑弘羊爲漢求利卜式以爲獨烹弘羊天乃可雨若政治得失必感天地臣恐水旱之災未必非校事之由也曹恭公遠君子近小人國風託以爲刺衛獻公舍大臣與小臣謀定姜謂之有

罪縱今校事有益於國以禮義言之尚傷大臣之心況姦回暴露而復不罷是衮闕不補迷而不返也於是遂罷校事官

吳闞澤大帝時領中書權嘗問書傳篇賦何者爲美澤欲諷諭以明治亂因對賈誼過秦論最善權覽讀焉

全琮爲右大司馬左軍師爲人恭順善於承顏納規言辭未嘗切迕初權將圍珠崖及夷州皆先問琮琮曰以聖朝之威何向而不克然殊方異域隔絕障海水土氣毒自古有之兵入民出必生疾病轉相汙染往者懼不能反所獲何可多致猥虧江岸之兵以冀萬一之利愚臣猶所不安權不聽軍行經歲士衆疾疫死者十有八九權深悔之後言次及之琮對曰當是時羣臣有不諫者臣以爲不忠

册府元龜卷第五百二十六

冊府元龜卷第五百二十七

諫諍部五

規諫第四

晉傅玄爲散騎常侍武帝初即位廣納直言開不諱之路玄上疏曰臣聞先王之臨天下也明其大敎長其義節道化隆於上清議行於下上下相奉人懷義心秦漢滅先王之制以法術相御而義心亡矣近者魏武好法術而天下貴刑名魏文慕通達而天下賤守節其後綱維不攝而虛無放誕之論盈於朝野使天下無復清議而亡秦之病復發於今陛下聖德龍興受禪弘堯舜之化開正直之路體夏禹之至儉綜殷周之典文臣詠歎而已將又奚言惟未舉清遠有禮之臣以敦風節未退虛鄙以懲不恪臣是以猶敢有言詔報曰舉清遠有禮之臣者此尤今之要也乃使玄草詔進之又玄爲御史中丞時頗有水旱之災玄上疏曰臣聞聖帝明王受命天時未必无災是以堯有九年

之水湯有七年之旱惟能濟之以人事耳故洪水滔天而免沉溺野無生草而不困匱伏惟陛下聖德欽明時小水旱人未大饑下祗畏之詔求極意之言同禹湯之罪己侔周文之夕惕臣伏歡喜上便宜五事其一曰耕夫務多種而耕暵不熟徒喪功力而無收又舊兵持官牛者官得六分士得四分自持私牛者與官中分施行來久衆心安之今一朝減持官牛者官得八分士得二分持私牛及無牛者官得七分士得三分人失其所必不懽樂臣愚以爲宜佃兵持官牛者與四分持私牛與官中分則天下兵作懽然悅樂愛惜成穀無有損棄之憂其二曰以二千石雖奉務農之詔猶不勤心以盡地利昔漢氏以墾田不實徵殺二千石以十數臣愚以爲宜申漢氏舊典法以警戒天下郡縣皆以死刑督之其三曰以魏初未留意於水事先帝統百揆分河堤爲四部并本凡五謁者以水功至大與農事並興非一人所周故也今謁者一人之力行天下諸水無時得徧伏見河堤謁者車誼不知水勢轉爲他職更選知水者代之可分爲五部使各精其方宜其四曰古以步百爲畝今以二百四十步爲一畝所覺過倍近魏初課田不務多其頃畝但務脩其功力故白田收至十餘斛水田收數十斛自頃以來日增田頃畝之課而田兵益甚功不能脩理至畝數斛已還或不足以償種非與曩時異天地橫遇災害也其病正在於務多頃畝而功不脩耳竊見河堤謁者石恢甚精練水事及田事知其利害乞中書召恢委曲問其得失必有所補益其五曰臣以爲胡夷獸心不與華同鮮卑最甚本鄧艾苟欲取一時之利不慮後患使鮮卑數萬散居人間此必爲害之勢也秦州刺史胡烈素有恩信於西方今烈往諸胡雖已無惡必且消弭然獸心難保不必其可久安也若後有動釁烈計能制之惟恐胡虜適困於討擊便能東入安定西赴武威外名爲降可動復動此二郡非烈所制則惡胡東西有窟穴浮游之地故復爲患无以禁之也宜更置一郡

於高平川因安定西州都尉募樂徙民重其復除以充之以通北道漸以實邊詳議此二郡及新置郡皆使并屬秦州令烈得專御邊之宜詔曰此誠爲國之大本當今急務也

傅咸咸寧初襲父爵拜太子洗馬累遷尚書右丞出爲冀州刺史三旬之間遷司徒左長史時帝留心政事詔訪朝臣政之損益咸上言曰陛下處至尊之位而脩布衣之事親覽万機勞心日昃在昔帝王躬自非（缺）薄以利天下未有踰陛下也然泰始開元以暨于今十有五年矣而軍國未豐百姓不贍一歲不登便有菜色者誠由官衆事殷復除猥濫蠶食者多而親農者少也臣以頑疏謬忝近職每見聖詔以百姓饑饉爲慮無能云補伏用慙恧（缺六）敢不自竭以對天問舊都督有四今并監軍乃盈於十夏禹敷土分爲九州今之刺史幾向一倍戶口比漢十分之一而置郡縣更多空校牙門無益宿衞而虛立軍府動有百數五等諸侯復坐置官屬諸所寵給

皆生於百姓一夫不農有受其飢今之不農不可勝計縱使五稼普收僅足相接暫有災患便不繼贍以爲當今之急先并官省吏靜事息役上下用心惟農是務也咸爲車騎司馬以世俗奢侈上書曰臣以爲穀帛難生而用之不節無緣不匱故先王之化天下食肉衣帛皆有其制竊謂奢侈之費甚於天災古者堯有茅茨今之百姓競豐其屋古者臣無玉食今之賈豎皆厭粱肉古者后妃乃有殊飾今之婢妾被服綾羅古者大夫乃不徒行今之賤隸乘輕驅肥人稠地狹而有儲蓄由於節也今者士廣人稀而患不足由於奢也欲時之儉當詰其奢奢不見詰轉相高尚昔毛玠爲吏部尚書時無敢好衣美食者魏武帝歎曰孤之法不如毛尚書令使諸部用心各如毛玠風俗之移在不難矣咸惠帝初即位遷御史中丞會有詔羣僚舉郡縣之職以補內官咸上書曰興化之要在於官人才非一流職有不同譬諸林木洪纖枉直各有攸施故明揚逮于仄陋疇咨無拘內外內外之任出處隨宜中間選用惟內是隆外舉既頹復多節目競內薄外遂成風俗此弊誠宜亟革之當內外通塞無所偏耳既使通塞無偏若選用不平有以深責責之苟深無憂不平也且矯枉不可以過直況乎官人而可以限乎所限者以防選用不能出人不能出人當隨事而制無須限法法之有限其於致遠無乃泥乎或謂不制其法以何爲貴臣聞刑懲小人義責君子君子之責在心不在限也正始中任何晏以選舉內外之衆職各得其才粲然之美於斯可觀如此非徒御之以限法之所致乃委任之由也委任之懼甚於限法是法之失非己之尤尤不在己責之無懼所謂齊之以刑人免而無恥者也苟委任之一則慮罪之及二則懼致怨謗已快則朝野稱詠不善則衆惡見歸此之戰戰孰與倚限法以苟免乎

孫楚爲衛將軍司馬時龍見武庫井中羣臣將上賀楚上言曰頃聞武庫井中有二龍羣臣或有謂之禎祥而稱賀者或有謂

之非祥無賀者可謂楚既失之而齊亦未爲得也夫龍或俯鱗潛于重泉或仰攀雲漢游乎蒼昊而今蟠于坎井同於蛙蝦者豈獨管庫之士或有隱伏廝役之賢沒於行伍故龍見光景有所感悟願陛下赦小過舉賢才垂夢於傅巖望想於渭濱修學官起淹滯申命公卿舉獨行君子可惇風厲俗者又舉亮拔秀異之才可以撥煩理難矯世抗言者無繫世族必先逸賤夫戰勝攻取之勢并兼混一之威五伯之事韓白之功耳至於制禮作樂闡揚道化甫是士人出筋力之秋也伏願陛下擇狂夫之言

華嶠太康末爲侍中時武帝頗親宴樂又多疾病屬小瘳嶠與侍臣表賀因微諫曰伏惟聖體漸就平和上下同慶不覺抃舞臣等愚竊猶有微懷以爲收功於所忽事乃無悔慮福於垂成祚乃日新惟願陛下深垂聖明遠思所忽之悔以成日新之福沖靜和氣嗇養精神頤身於清簡之宇留心於虛曠之域無厭世俗常戒以忽羣下之言則豐慶日延天下幸甚帝手詔報曰輒自消息無所爲慮

李重爲始平王文學上疏陳九品曰先王議制以時因革因革之理唯變所適九品始於喪亂軍中之政誠非經國不刊之法也且其檢防轉碎徵刑失實故朝野之論僉謂驅動風俗爲弊已甚而至於議改又以爲疑臣以革法創制當先盡開塞利害之理舉而錯之使體例大通而無否滯亦未易故也古者諸侯之治分土有常國有定主人無異望卿大夫世祿仕無出位之思臣無越境之交上下體固人德歸厚秦反斯道罷侯置守風俗淺薄自此來矣漢革其弊斟酌周秦並建侯守亦使分土有定而牧司必各舉賢貢士任之鄉議事合聖典比蹤三代方今聖德之隆光被四表兆庶顒顒欣覩太平然承魏氏彫弊之跡人物播越仕無常朝人無定處郎吏蓄於軍府豪右聚於都邑事體駁錯與古不同謂九品既除宜先開移徙聽相并就且明貢舉之法不濫於境外則冠帶之倫將不分而自均即土斷之

實行矣又建樹官司功在簡久階級少則人心定久其事則政化成而能否著此三代所以直道而行也以爲選例九等當今之要所宜施用也聖王知天下之難常從事於其易故寄隱括於閭伍則邑屋皆爲有司若任非所由事非所覈則雖竭聖智猶不足以贍其事由此而觀誠令二者旣行即人思反本脩之於鄉華競自息而禮讓日隆矣

劉頌爲淮南相在郡上疏曰臣昔忝河内臨辭受詔猶所言悉要事宜小大數以聞常苦多事或不能悉有報勿以爲疑臣受詔之日喜懼交集益思自竭用忘其鄙願以螢燭增暉重光到郡草具所陳如左未及書上會臣嬰丁天罰寢頓累年今謹封上前事臣雖才不經國言淺多違猶願陛下垂省使臣微誠得經聖鑒不總棄於常案如有足採與補萬一伏見詔書開啓土宇以支百世封建戚屬咸出之藩夫豈不懷公理然也樹國全制始成於今超秦漢魏氏之局節紹五帝三代之絶跡功被無

外光流後裔魏魏盛美三五之君殆有愧德何則彼因自然而就之異乎絶跡之後更創之雖然封幼稚皇子於吳蜀臣之愚慮謂未盡善夫吳越剽輕庸蜀險絶此故變釁之所出易生風塵之地且自吳平以來東南六州將士更守江表此時之至患也又内兵外守吳人有不自信之心宜得壯王以鎮撫之使内外各安其舊又孫氏爲國文武衆職數擬天朝一旦湮替同於編户不識所蒙更生之恩而災困逼身自謂失地用懷不靖今得長王以臨其國隨才授任文武並叙士卒百役不出其鄉求富貴者取之於國内内兵得散新邦又安兩獲其所於事爲宜宜取同姓諸王年二十以上人才高者分王吳蜀以其去近就遠割裂土宇令倍於舊以徙封故地用王幼稚須皇子長乃遣君之於事無晚也急所須地交得長王此事宜也臣所陳封建今大義已舉然餘衆事儻有足採以參成制故皆并列本事臣聞不憚危悔之患而屢獻所見者盡忠之臣也垂聽逆耳甘納

苟言者濟世之君也臣以期運幸遇無諱之朝雖嘗抗疏陳辭汜論政體猶未悉所見指言得失徒荷恩寵不異凡流臣竊自愧不事文於西北既依五行當從其用事之交出何經典可謂攻於異端言非而博疑誤後學非所望於先儒也禮記玉藻曰天子聽朔於南門之外閏月則闔門左扉立於其中鄭玄注曰天子之廟及路寢皆如明堂制明堂在國之陽每月就其時之堂而聽朔焉卒事反宿路寢亦如之閏月非常月也聽其朔於明堂門中還處路寢門終月也而考工記周人明堂玄注曰或舉王寢或舉明堂互之以明其制同也其同制之言皆出鄭注然則明堂匯矣而尚書顧命篇曰迎子釗南門之外延入翼室此之翼室即路寢矣其下曰大貝賁鼓在西房垂之竹矢在東房此則路寢有左右房見於經史者也禮記喪大記曰君夫人卒於路寢小斂婦人髽帶麻於房中鄭玄注曰此蓋諸侯禮帶麻於房中則西房也天子諸侯有左右房見於注者也論路寢

則列其左右房言明堂則闕其左右个同制之説還相矛楯通儒之注何其闕乎使九室之徒奮筆而爭鋒者豈不由處室之不當哉記云東於漢魏之先三祖崛起易朝之爲未可一旦直繩御下誠將宜也然至泰始所以爲政矯世衆務自宜漸出公塗法正威斷曰遷就蕭營由行舟雖不横截迸流然俄向所趣漸靡而往終得其濟積微稍著以至于今可以言政而自泰始以來將三十年政功美績未稱聖旨凡諸事業不茂既往以陛下明聖猶未及叔世之敝以成始初之隆傳之後世不無慮乎意者臣言豈不少槩聖心夫欲維萬載之事理在二端天下大器一安難傾一傾難正故慮經後世者必精目下之政政安遺業使數世賴之若乃兼建諸侯而樹藩屏深根固蔕則祚延無窮可以比蹤三代如或當身之政遺風餘烈不及後嗣雖樹親戚而成國之制不建使夫後世獨任智力以安大業若未盡其理雖經異時憂責猶追在陛下將如之何願陛下善當今之政樹

不拔之勢則天下無遺憂矣夫聖明不世及後嗣不必賢此天理之常也故善爲天下者任勢而不任人任勢者諸侯是也任人者郡縣是也郡縣之察小政理而大勢危諸侯爲邦近多違而遠慮固聖王惟終始之變權輕重之理包彼小違以據大安然後足以藩固內外維鎮九服夫武王聖主也成王賢嗣也然武王不恃成王之賢而廣封建者慮經無窮也且善言今者必有驗之於古唐虞以前書文殘缺其事難詳至於三代則並建明德及興王之頴親列爵五等開國承家以藩屏帝室延祚久長近者五六百歲遠者過於千載逮至秦氏罷侯置守子弟不分尺土孤立無輔二世而亡漢承周秦之後雜而用之前後二代各二百餘年然其封建不用雖彊弱不適制度舛錯不盡事中然跡其衰亡常在同姓失職諸侯微弱不在疆盛昔呂氏作亂幸賴齊代之援以寧社稷七國叛逆梁王捍之卒弭其難自是之後威權削奪諸侯不食租奉其者至乘牛車是以王莽得

擅本朝遂其姦謀傾蕩天下毒流生靈光武紹起雖封樹子弟而不建成國之制祚亦不延魏氏承之圈閉親戚幽囚子弟是以神器速傾天命移在陛下長短之應禍福之徵可見於此又魏氏雖正位居體南面稱帝然三方未賓正朔有所不加實有戰國相持之勢大晉之興宣帝定燕太祖平蜀陛下滅吳可謂功格天地土廣三王舟車所至人跡所及皆爲臣妾四海大同始於今日宜承大勳之籍及陛下盛明之時開啓土宇使同姓必王建久安於萬歲垂長世於無窮臣又聞國有任臣則安有重臣則亂帝王制人君立子以適不以長立適以長不以賢此事情之不可易者也而賢明至少不肖至衆此固天理之常也物類相求感應而至又自然也是以闇君在位則重臣盈朝明后臨政則任臣列職夫任臣之與重臣俱執國統而立斷者也然成敗相反邪正相背其故何也重臣假所資以樹私任臣因所藉以盡公盡公者政之本也樹私者亂之源也推斯言之則

泰日少亂日多政教漸頹欲國之無危不可得也又非徒唯然而已借令愚劣之嗣蒙先哲之遺緒得中賢之佐而樹國本根不深無幹輔之固則所謂任臣者化而爲重臣矣何則國有可傾之勢則執權者見疑衆疑難以自信而甘受死亡者非人情故也若乃建基既厚藩屏彊禦雖置幼君赤子而天下不懼曩之所謂重臣者今悉反忠而爲任臣矣何則理無危勢懷不自猜忠誠得著不惕於邪故也聖王知賢哲之不世及故立相持之勢以御其臣是以五等既列臣無忠慢同於竭節以徇其上羣后既建繼體賢鄙亦均一契等於無慮且樹國苟固則所任之臣得賢益理次委中智亦足以安何則勢固易持故也然則建邦苟盡其理則無向不可是以周室自成康以下逮至宣王宣王之後到于赧王其間歷載朝無名臣而宗廟不隕者諸侯維持之也故曰爲社稷計莫若建國夫邪正逆順者人心之所繫服也今之建置宜審量事勢使諸侯率義而動同忿俱奮令

其力足以維帶京邑若包藏禍心慯於邪而起孤立無黨所蒙之衆不足獨以有爲然齊此甚難陛下宜與達古今善識事勢之士深共籌之達侯之理使君樂其國臣榮其朝各流福祚傳之無窮上下一心愛國如家視百姓如子然後能保荷天祿兼翼王室今諸王裂土皆兼於古之諸侯而君賤其爵臣耻其位莫有安志其故何也法同郡縣無成國之制故也今之建置宜使率由舊章一如古典然人心繫常不累十年好惡未改情願未移臣之愚慮以爲宜早創大制遲迴眾望猶在十年之外然後能令君臣各安其位榮其所蒙上下相持用成藩輔如今之爲適足以亂天府之藏徒棄穀帛之資無補鎮國衛上之勢也古者封建既定各有其國後雖王之子孫無復尺土此今事之必不行者也若推親疏轉有所廢以有所樹則是郡縣之職非建國之制今宜豫開此地令十世之內使親者得轉處近十世之表近郊地盡然後親疏相維不得復如十世之內然猶樹親

有所遷天下郡縣已彌數百千年矣今方始封而親疏倒植其非所宜更大量天下土田方里之數都更裂土分人以王同姓使親疏遠近不錯其宜然後可以永安古者封國大者不過十[illegible]百里然後人數殷眾境內必盈其力足以備充制度今雖一國周環近將千里然力實寡弱不足以奉國典所遇不同故當因時制宜以盡事適今宜令諸王國容少而軍容多然於古典所應有者悉立其制然非急所須漸而備之不得頓設也須車輿器械既具羣臣乃服綵章倉廩已實乃營宮室百世已足乃備官司境內充實乃作禮樂唯宗廟社稷則先建之至於境內之政官人用才自非內史國相命於天子其餘羣職及殺生之斷穀帛資費慶賞刑威非封爵者不得專之今臣所舉二端盡事之大較其所不載應在二端之屬者以此為率今諸國本一郡之政耳若備舊典則官司以數事所不須而以盡制損實力至於慶賞刑斷所以衛下之權不專則無以威眾人而衛上故臣

之愚慮欲令諸侯權具國容少而軍容多然亦終於必備今事為宜周之建侯長享其國與王者並遠者僅將千載近者猶數百年漢之諸王傳祚暨至曾玄人性不甚相遠古今一揆而短長甚違其故何邪立意本殊而制不同故也周之封建使國重於君公侯之身輕於社稷故無道之君不免誅放敦興滅繼絕之義故國祚不泯不免誅放則羣后思懼胤嗣必繼是無亡國也諸侯思懼然後軌道下無亡國天子乘之理勢自安此周室所以長在也漢之樹置君國輕重不殊故諸王失度陷於罪辜國隨以亡不崇興滅繼絕之序故下無固國下無固國天子居上勢孤無輔故姦臣擅朝易傾大業今宜反漢之弊脩周舊跡國君雖或失道陷於誅絕又無子應除苟有始封之勳不問遠近必紹其祚若無遺類則虛建之須皇子生以繼其統然後建國無滅又班固稱諸侯失國亦由網密今又宜都寬其檢且建侯之理本經盛衰大制都定班之羣后著誓丹青書之玉版藏

之金匱置諸宗廟副在有司寘籍小國猶不可危豈況萬乘之主承難傾之邦而加其上則自然永久居重固之安可謂根深華嶽而四維之也臣之愚願陛下置天下於自安之地寄大業於固成之勢則可以無遺憂矣今聞閭少名士官司無高能其故何也清議不肅人不立德行在取容故無名士上下不專高又無考課吏不竭節故無高能無高能則有累世事少名士則後進無準故臣思立吏課而肅清議夫欲富貴而惡貧賤人理然也聖王大語物情知不可去故直同公私之利而詭其求道使人知富者必先由貧欲貴者必先安賤安賤則不矜不矜然後[illegible][illegible]勵守貧者必節欲節欲然後操全以此勵務乃得盡公盡公者富貴之徒也為無私者終得其私故公私之利同也今欲富者不由貧自得富欲貴者不安賤自得貴公私之塗既乖而人情不能無私私利不可以公得則常背公而橫務是以屈節日頽公理漸替人主富貴非軌道之所得以此為政小在難期

然教積來既久難反一朝又世放都雅皆欲比肩羣士渾然然行相似不可頓肅甚殊黜陟也且教不求盡善善在抑尤同後之中猶有甚泰使夫昧道情之樂者損其顯榮之貴賤在不群之地約己絜素者蒙儉德之報列于清官之上二業分流令各有蒙欲俗放都雅不可頓革故臣私慮顯先從事於漸也天下至大萬事至衆人君至少同於天日故非垂聽所得周覽是以聖王之化執要而已委務於下而不以事自嬰也分職既定無所與焉非憚日昃之勤而羞於逸豫之虞誠以啟體宜然事勢致之也何則夫造創謀始逆闇是非以別能否甚難察也既以施行因其成敗以分功罪甚易識也易識在考終難察在造始故人君常居其易則安人臣不處其難則亂今陛下每精事始而略於考終故羣吏慮事懷成敗之懼輕飾文采以避目下之譴重於政功所以未善也今人主能當居易執要以御其下然後人臣功罪形於成敗之徵無逃其誅賞故非不可屬功不可

誣功不可誣則能者勸罪不可蔽則違慢日肅此爲國之大略也臣竊以陛下聖心意在盡善懼政有違故精事始以求無失又以衆官勝任者少故不委務寧居日昃也臣之愚慮竊以爲今欲盡善故宜考終何則精始難校故也及羣官多不勝任亦宜委務使能者得以成功不能者得以著敗敗者可得而廢功成可得遂任然後賢能常居位以善事闇劣不得尸祿害政如此不已則勝任者漸多經年小久即羣司徧得其人矣比校才秀實政之至務也今人主不委事仰成而與諸下共造事始則功罪難分二不專事居官不久故能否不別何以驗之今世士安不悉心能也又決不采疲軟也然今欲舉一忠賢不知所賞求一負賍不知所罰及其免退自以犯法耳非不能也登進者自以累資及人間之譽耳非功實也若謂不然則當今之政未稱聖旨此其徵也陛下御今法爲政將三十年而功未日新其咎安在古人有言琴瑟不調甚者必改而更張凡臣所言誠政

體之常然古今最宜所遺不問陛下縱未得其節次之理都委務於下至如今事應奏御者蠲除不急使要事得精可三分之二古者六卿分職冢宰爲師秦漢已來九列執事丞相都總今尚書制斷諸卿奉成於古制爲重事所不須然今未能省并可出衆事付外寺使得專之尚書爲其都統若丞相之爲惟立法創制死生之斷除名流徙退免大事及連度支之事案乃奏實其餘外官皆專斷之歲終臺閣課功校簿而已此爲九卿造創事始斷而行之尚書主賞罰繩之其勢必愈考成司非而已於今親掌者動受成於上上之所失不得以罪下歲終事功不建不知所責也夫監司以法舉罪獄官案劾盡實法吏據辭守文大較雖同然至於施用監司與夫法獄體宜小異獄官唯實法吏唯文監司則欲舉大而略小何則夫細過微闕謬妄之失此人情之所必有而悉糾以法則朝野無立人此所謂欲理而反亂者也故善爲政者綱舉而綱疏綱舉則所羅者廣綱疏則小

必漏所羅者廣則爲政不苛此爲政之要也而自近世以來爲監司者類大綱不振而微過必舉微過不足以害政舉之則微而益亂大綱不振則豪彊橫肆豪彊橫肆則百姓失矣此錯所急而倒所務之由也今宜令有司反所常之政使天下可善化及此非難也人主不善碎密之案必責犯彊舉尤之奏當以盡公則害政之姦自然禽矣夫大姦犯政而亂兆庶之罪者類出富彊而豪富者其力足憚其貨足欲是以官長顧勢而頓筆下吏縱姦懼所司之不舉則謹密網以羅微罪使奏劾相接狀似盡公而撓法不亮固已在其中矣非徒無益於政體清議乃由此而益傷古人有言曰君子之過如日之蝕焉又曰過而能改又曰不貳過凡此數者皆是賢人君子不能無過之言也苟不至於害政則皆天綱之所漏所犯在甚泰然後王誅所必加此舉罪淺深之大例者也故君子得全矣以善事不善者必夷戮以警衆此爲政誅赦之準式也何則所謂賢人君子苟不能無

過以疵不可以廢其身而輒繩以法則愧於明時何則雖有所犯輕重甚殊於士君子之心受責不同而名不異者故不軌之徒得引名自方以惑衆聽因名可亂假力取直故清議益傷也凡舉過彈違將以肅風論而整世教今舉小過清議益穨是以聖王深識人情而達政體故其稱曰不以一眚掩大德又曰赦小過舉賢才又曰無求備於一人故冕而前旒充纊塞耳意在善惡之報必取其尤然後簡而不漏大罪必誅法禁易全也何則害法在犯尤而謹搜微過何異放兕豹於公路而禁鼠盜於隅隙古人有言鈇鉞不用而刀鋸日弊不可以爲政此言大事緩而小事急也時政所失少有此類陛下宜反而求之乃得所務也夫權制不可以經常政乖不可以守安此言政守之術異也百姓雖愚望不虛生必因時而發有因而發則望不可奪事變異前則時不可違明聖達政應赴之速不及下車故能動合事機大得人情昔魏武帝分離天下使人役居戶各在一方既

事勢所須且意有曲爲權假一時以赴所務非正典也然逡巡至今積年未改百姓雖身丁其困而私怨不生誠以三方未悉蕩并知時未可以求安息故也是以甘役如歸視險若夷至於吳平之日天下懷靜而東南二方六州郡兵將士武吏戍守江表或給京城運漕父南子北室家分離咸更不寧又不習水土運役勤瘁並有死亡之患勢不可久此宜大見處分以副人望魏氏錯役亦應改舊此二者各盡其理然黔首感恩懷德謳吟樂生必十倍於今也自董卓作亂以至今近出百年四海勤瘁丁難極矣六合渾并始於今日兆庶思寧非虛望也然古今異宜所遇不同誠亦未可以希遵在昔放息馬牛然使受百役者不出其國兵備待事其鄉實在可爲縱復不得悉然然爲之苟盡其理可靜三分之二吏役可不出千里之內但如斯而已天下所蒙已不訾矣政務多端世事之未盡理者難徧以疏舉振領總綱要在三條凡政欲靜靜在息役息役在無爲倉廩欲實實在利農利農在平糴爲政爲政在著信著信在簡賢簡賢在官久官久非難也連其班級自非才宜不得傍轉以終其課則事善矣平糴已有成制其未備者可就周足則穀積矣無爲匪也卻功作之勤抑似益而損之利如斯而已則天下靜矣此三者既舉雖未足以厚化然可以爲安有餘矣夫王者之利在生天地自然之財農是也所立爲指於此事誠有功益苟足妨農皆務所息此悉似益而損之謂也然今天下自有事所必須不得止已或用功甚少而所濟至重目下爲之雖少有廢而終計已大益農官有十百之利及有妨害在始似如未急終作大患且逆加功以塞其漸如河汴將合沉萊苟善則役不可息諸如此類亦不得已已然事患緩急權計輕重自非近如此類準以爲率乃可興爲其餘皆務在靜息然能善算輕重權審其宜知可興可廢甚難了也自非上智遠才不幹此任夫創業之美勳在垂統使夫後世蒙賴以安其爲安也雖昏猶明雖愚若智濟

世功者實在著化之爲要在靜國至夫脩飾官署凡諸作役務爲常傷過泰不患不舉此將來所不須於陛下而自能者也至於御府前緒所憑日月者實在遺風繫人心餘烈輔幼弱而今勤所不須以傷所憑鈞此二者可務孰急陛下少垂恩迴慮詳擇所安則大理盡矣世之私議竊比陛下於孝文臣以爲聖德隆殺將在乎後不在當今何則陛下龍飛鳳翔應期踐阼有創業之勳矣埽滅彊吳奄征南海又有之矣以天子之貴而躬行布衣之所難孝儉之德冠于百王又有之矣履宜無細動成軌度又有之矣若善當身之政建藩屏之固使晉代久長後世仰瞻遺跡校功考事寔與湯武比隆何孝文足云臣之此言非臣下褒上虛美常辭其事實然若所以資爲安之理或未盡善則恐良史書勳不得遠盡引美甚可惜也然不可使夫知政之士得參聖慮經年少久終必有成願陛下少察臣言詔荅曰得表陳封國之制宜如古典任刑齊法宜復肉刑及六州將士之役居職之宜諸所陳聞具之知卿乃心爲國也動靜數以聞

冊府元龜卷第五百二十七

冊府元龜卷第五百二十八

諫諍部六

規諫第五

晉段灼泰始中爲議郎上書陳時宜曰臣聞天時不如地利地利不如人和三里之城五里之郭圜圍而攻之有不克者此天時不如地利城非不高池非不深穀非不多兵非不利委而去之此地利不如人和然古之王者之城五里之郭不可攻也人心不和雖金城湯池不能守也臣推此以廣其義舜彈五絃之琴詠南風之詩而天下自理由堯人可比屋而封也曩者多難姦雄屢起擾乱衆心刀鋸相乘流死之孤哀聲未絶故臣以爲陛下當深思遠念杜漸防萌彈琴詠詩垂拱而已其要莫若推恩以協和黎庶故推恩足以保四海不推恩不足以保妻子是故唐堯以親睦九族爲先周文以刑于寡妻爲急明王聖主莫不先親後踈自近及遠臣以爲太宰司徒衛將軍三王宜留洛

中鎮守其餘諸王自州征足任者年十五以上悉遣之国爲選中郎傅相才兼文武以輔佐之聽於其国繕脩兵馬廣布恩信必撫下猶子愛国如家君臣分定百世不遷連城開地爲晉魯衛所謂磐石之宗天下服其強矣雖云割地譬猶囊漏貯中亦一家之有耳若慮後世強大自可豫爲制度使得推恩以分子弟如此則枝分葉布稍自削小漸使轉至萬国亦後世之利非所患也昔在漢世諸呂自疑内有朱虛東牟之親外有諸侯九国之強故不敢動揺於今之宜諸侯彊大是爲太山之固非我族類其心必異而魏法禁錮諸王親戚隔絶不祥莫大焉間者無故又瓜分天下立五等諸侯上不象賢下不議功而是非雜糅例受茅土似權時之宜非經久之制將遂不改此亦煩擾之人漸乱之階也夫国之興也由於九族親睦黎庶協和其衰也在於骨肉踈絶百姓離心故夏邦不安伊尹歸殷殷邦不和呂氏入周殷鑒在於夏后去事之誡誠來事之鑒也又陳曰昔伐蜀募取凉州兵馬羌胡健兒許以重報五千餘人隨鄧艾討賊功皆第一而乙亥詔書州郡將督不與中外軍同雖在上功無應封者唯金城太守楊欣所領兵以逼江由之勢得封三十人自金城以西非在欣部無一人封者苟在中軍之例雖下功必侯如州郡雖下功高不封非所謂近不重施遠不遺恩之謂也臣聞魚懸由於甘餌勇夫死於重報故荊軻慕燕丹之義專諸感闔閭之愛匕首振於秦庭吳刀耀於魚腹視死如歸豈不有由也哉夫功名重賞士之所競不平致怨由來久矣詩云尸鳩在桑其子七兮淑人君子其儀一兮臣以爲此等宜蒙爵封灼前後陳事輙見省覽然身微官孤不見進序乃取長假還鄉里臨去遣息上表曰臣受恩三世剖符守境試用無績沉伏有年犬馬之力無所復堪陛下弘廣納之聽採狂夫之言原臣侵官之罪不問干忤之愆天地恩厚於臣足矣臣聞忠臣之於其君猶孝子之於其親進則有欣然之慶非貪官也退則有戚然之

憂非懷祿也其意在於不忘先君榮親情所不能已已者也臣伏自悼私懷至恨生長荒裔而父在外任自還抱疾未嘗覲見陛下竟不知臣何人此臣之恨一也遭運會之世値有事之時而不能垂功名於竹帛此臣之恨二也逮事聖明之君而恒悴羸劣陳力又不能當歸死於地下此臣之恨三也哀二親早亡隕兄弟並凋喪孝敬無復施於家門此臣之恨四也夏之日忽以過冬之夜尋復來人生百歲尚以爲不足而臣中年嬰災此臣之恨五也懇日月之所養愧昊蒼而無報此臣之所以懷五恨而歎息臨歸路而自悼者也語有之曰華言虛也至言實也苦言藥也甘言疾也臣欲言天下太平而靈龜神狐未見仙芝蓂莆未生麒麟未游乎靈禽之囿鳳皇未儀於太極之庭此臣之所不敢華言而爲佞者也昔漢高祖初定天下于時戍卒婁敬上書諫曰陛下取天下不與成周同而欲以隆成周臣竊以爲不侔於是漢祖感悟深納其言賜姓爲劉氏又顧謂陸賈曰

為我著秦所以亡而吾所以得之者賈乃作新語之書述敘前世成敗以為勸戒又田肯建一言之計非親子弟莫可使王齊者而受千金之賜故世稱漢祖之寬明博納所以能成帝業也今之言世者皆曰堯舜復興天下已太平矣臣竊以為未亦竊有所勸焉且百王垂制聖賢吐言來事之明鑒也孟子曰堯不能以天下與舜則舜之有天下也天與之也昔舜為相堯三年之喪畢舜避堯之子於南河天下諸侯朝覲者獄訟者不之堯之子而之舜舜曰天也乃之中国踐天子位焉若居堯之宮逼堯之子非天所與者也曩昔西有不臣之蜀東有僭號之吳三主鼎足並稱天子魏文帝率萬乘之衆受禪於摩陂而自以德同唐虞以為漢獻即是古之堯自謂即是今之舜乃罰孟軻孫卿不通禪代之變遂作禪代之文刻石垂戒班示天下傳之後世亦安能使將來君子皆曉然心服其義乎然魏文徒希慕堯舜之名雖新集之魏欲以同於唐虞之盛然骨肉之恩忘藩屏

之固[illegible][illegible]不能使四海賓服混一皇化而于時羣臣莫有諫者不其過矣哉孫卿曰堯舜禪讓是不然矣天下者至重也非至彊莫之能任至大也非至辯莫之能分至衆也非至明莫之能見此三至者非聖人莫之能盡由此言之孫卿孟軻亦各有所不取焉陛下受禪從東府入西宮兵刃耀天旌旗翳日雖應天順人同符唐虞然法度損益則亦不異於魏文矣故宜資三至以彊制之而令諸王有之国之名而無襟帶之實又蜀地有自然之險是歷世姦雄之所闚逋逃之所聚也而无親戚子弟之守此豈深思遠慮杜漸防萌者乎昔漢文帝據已成之業六合同風天下一家而賈誼上疏陳當時之勢猶以為譬如抱火厝於積薪之下而寢其上火未及然因謂之安此言誠存不忘亡安不忘乱者也然臣之懍懍亦竊願陛下居安思危無曰高高在上常念臨深之義不忘履冰之戒盡除魏世之弊法綏以新政之大化使万邦欣欣喜戴洪恩昆蟲草木咸蒙恩潤朝廷諫

康哉之歌山藪無伐檀之人此固天下所視望者也陛下自初踐阼發無諱之詔置箴諫之官赫然寵異謇諤之臣以明好直言之信恐陳事者知直之不用皆杜口結舌祥瑞亦曷由來哉臣無陸生之才不在顧問之地蓋聞主聖臣直義在於有犯無隱臣不惟疏遠未信而言敢歷論前代隆名之君及亡敗之主廢興所由又博陳羣賢之路廣開養老之制崇必信之道又張設議者之難凡五事以聞臣之所言皆直陳古今已行故事非新聲異端也辭義寬淺不足採納然臣私心誠謂有可發起覺悟遺忘願陛下察臣愚忠恕臣狂直無使天下以言者為戒疾痛增篤退念桑梓之詩惟狐死之義輒取長休歸近墳墓顧瞻宮闕繫情皇極不勝丹款遺息顙表言其一曰臣聞善有章也著在經典惡有討也戒在刑書上自遠古下洎秦漢其明主霸主及亡国闇君故可得而稱至於忠蹇賢相及佞諂姦臣亦可得而言故朝有謇諤盡規之臣無不昌也任用阿諛唯唯之士

無不亡也是有国者皆欲求忠以自輔[illegible][illegible]以自佐而亡国破家者相繼皆由任失其人所謂賢者不賢忠者不忠也臣謹言前任賢所由興任不肖所以亡者堯之末年四凶在朝而不去八元在家而不舉然終致天平地寧四門穆穆其功固在重華之為相夏癸放於鳴條商辛梟於牧野此俱万乘之主而国滅身擒由不能屬任賢相用婦人之言荒淫無道肆志沉宴作靡靡之樂長夜之飲於是登糟丘臨酒池觀牛飲望肉林龍逢忠而被害比干諫而剖心天下之所以歸惡者也太甲暴虐顛覆湯之典制於是伊尹放之桐宮而能改悔反善三年而後歸于亳既已放而復還所道微而復興諸侯咸服號稱太宗實賴阿衡之盡忠也周室既衰諸侯並爭天王微弱政遂陵遲齊桓公淫亂之主耳然所以能九合一正之功有尊周之名誠管夷吾之力及其死也蟲流出門豈非任豎貂之過乎且一桓公之身得管仲其功如彼用豎貂其乱如此夫榮辱存亡實在所任可

不審哉秦本伯翳之後微微小邑至秦仲始大有車馬禮樂侍御之好焉自穆公至於始皇皆能留心待賢遠求異士招由余於西戎致五羖於宛市取丕豹於晉迎蹇叔於宗宋由是四方雄俊繼踵而至故能世爲彊國吞滅諸侯奄有天下兼稱皇帝由謀臣之助也道化未淳死於沙丘胡亥乘虐用詐自亡不能弘濟統緒克成堂構而乃殘賊仁義毒流黔首故陳勝吳廣奮臂大呼而天下響應於是趙高逆亂閻樂承指二世窮迫自戮宗室子嬰雖亡去帝爲王孤危無輔旬月而亡此由邪臣擅命指鹿爲馬所以速秦之禍也秦失其鹿豪桀競逐項羽既得而失之其咎在棄韓生而逐范增之謀不用假令羽距項伯之邪說斬沛公於鴻門都咸陽以號令諸侯則天下無敵矣而羽距韓生之忠諫背范增之深計自謂霸王之業已定都彭城還故鄉爲晝被文繡此蓋世俗兒女之情耳而羽榮之是故五載爲漢所擒至死尚不知覺悟乃曰天亡我非戰之罪其痛矣哉

且夫士之歸仁猶水之歸下禽之走壙野故曰爲川敺魚者獺也爲藪敺爵者鸇也爲湯武敺民者桀紂也漢高祖起於布衣提三尺之刃而取天下用六國之資無尺土之禪豈徒賴良平之奇謀盡英雄之智力而已乎亦由項氏爲敺人也子孫承基二百餘年逮成帝委政舅家使權勢外移安昌侯張禹者漢之三公成帝保傅也帝親幸其家拜禹牀下深問天災人事禹當推大臣之節爲社稷深慮忠言嘉謀陳其災患則王氏不得專權寵王莽無緣乘勢位遂託雲龍而登天衢令漢祚中絕也禹佞諂不忠挾懷私計徒低卬於五侯之間苟取容媚而已是以朱雲抗節求尚方斬馬劒欲以斬禹以戒其餘可謂至忠矣而成帝尚復不悟乃以爲居下訕上廷辱保傅罪死無赦詔御史將雲下欲急直之雲攀殿折檻幸賴左將軍辛慶忌叩頭流血以死爭之若不然則雲已摧碎矣後雖釋檻不脩欲以彰明直臣誠足以爲後世之戒何益於漢室所由亡也哉然世之論者

以爲亂臣賊子無道之甚莫過於莽此亦由紂之不善不如是之甚也傳稱莽始起外戚折節力行以要名譽宗族稱孝朋友歸仁及其輔政成哀之際勤勞國家動見稱述然于時人士諂闕上書薦莽者不可稱紀內外羣臣莫不歸莽功德遭漢室中微國嗣三絕而太后壽考爲之宗主故莽得遂策命孺子而奄其位也昔湯武之興亦逆取而順守之耳向莽深惟殷周取守之術崇道德務仁義復信實去華僞施惠天下十有八年恩足以威百姓義足以結英雄人懷其德豪桀並用如此宗廟社稷宜未滅也光武雖復賢乎大業詎可著哉莽即位之後自謂天人之助以爲功廣三王德茂唐虞乃自驕矜奮其威詐班宣符讖震暴殘酷窮凶極惡人怨神怒冬雷以驚其耳目夏地動以惕其心腹而莽猶不知覺悟乃復重行不順時之命竟連伍之刑佞媚者親幸忠諫者誅夷由是天下怨憤內外俱發四海分離城池不守身死於匹夫之手爲天下笑豈不異哉其所由然者非取之過而守之非道也莽雖尋亡六合雲擾劉聖公已立而不辯盆子承之而覆敗公孫述又稱帝於蜀漢如此數子固非所謂應天順人者徒爲光武之驅除者耳夫天下者蓋亦天下之天下非一人之天下也殷商之旅其會如林矢于牧野維予侯興又曰侯服于周天命靡常由此言之主非常人也有德則天下歸之無德則天下叛之故古之明王勞心遠慮常如臨川無津涯於是法天地象四時隆恩德敬大臣近忠直遠佞人仁孝著乎宮牆弘化洽乎兆庶爲平直如砥矢信義感人神雖有椒房外戚之寵不受其委曲之言雖有近習愛幸之豎不聽其姑息之辭四門穆穆闢而不闔待諫者而無忌常戰戰栗栗不忘戒懼所以欲永終天祿恐爲將來賢聖之所棄也且臣聞之懼危者常安者也憂亡者常存者也使夫有國之君能安不忘危存不忘亡則本枝百世長保榮祚名位與天地無窮亦何慮乎後來者之驅除哉傳有之曰狂夫之言明主察焉其

二曰士之立業行非一槩吳起貪官母死不歸殺妻求將不孝之甚然在魏使秦人不敢東向在楚則三晉不敢南謀曾參閔騫誠孝子也不能宿夕離其親豈肯出身致死涉危險之地哉今大晉應期運之所授啓聖表於有虞而吳人不臣稱帝私附此亦國之蠹也陛下誠欲致熊羆之士不二心之臣使奮威淮浦震服蠻荊者故宜疇咨博采廣開貢士之路薦巖穴舉賢才徵命考試詎俊莫用今臺閣選舉塗塞耳目九品訪人唯問中正故據上品者非公侯之子孫則當塗之昆弟也二者苟然則華門蓬戶之俊安得不有陸沉者哉其三曰昔田子方養老馬而窮士知所歸況居天下之廣立天下之正位行天下之大化乎昔明王聖主無不養老老人衆多未必皆賢不可悉養故父事三老所以明孝宗事五更所以明敬孟子曰老吾老以及人之老幼吾幼以及人之幼今天下雖定而華山之陽無放馬之羣桃林之下未有休息之牛故以吳人尚未臣服故也夫餞

者易爲[illegible]元元[illegible]陛下思子方之仁念犬馬之勞思帷蓋之報發仁惠之詔廣開養老之制其四曰法令[illegible]莫大乎信古人有言人而無信不知其可也有[illegible]以惠使人以義而可以不信行之哉臣前爲西郡太守被州所下已未詔書羌胡道遠其但募取樂行不樂勿遣臣被詔書輒宣廣募示以必信所得人名即條言征西其晉人自可差[illegible]丁壯如法調取至於羌胡非恩意告諭則無欲度金城河西者也自往每興重度河未曾有變故刺史郭綏勸帥有方深加獎勵要許重報是以所募感恩利賞遂立績效功在第一今州郡督將並已受封羌胡健兒或王或侯不蒙論叙也晉文猶不食原而失信齊桓不背地而背盟況聖主乎其五曰昔周漢之興樹親建德周因五等之爵漢有河山之誓及其衰也神器移於[illegible]臣國祚移於他人故滅周者秦非姬姓也代漢者魏非劉氏也於今國家大計使異姓無裂土專封之邑同姓並據有[illegible]之地縱復令諸王後世子孫還自相并蓋亦楚人失繁弱於雲夢尚未爲亡其弓也其於神器不移他族則始祖不遷之廟萬年億兆不改其名矣大晉諸王二十餘人而公侯伯子男五百餘國欲言其國皆小乎則漢祖之起俱無尺土之地況有國者哉將謂大晉世世賢聖而諸侯之裔常不肖邪則放勛欽明而有丹朱瞽叟頑凶而有虞舜天下有事無不由兵而無故多樹兵本[illegible]開亂原臣故曰五等不便也臣以爲可如前表諸王宜大其國增益其兵悉遣守藩使形勢足以相接則陛下可高枕而卧耳臣以爲諸侯伯子男名號皆宜改易之使封爵之制祿奉禮秩並同天下諸侯之例臣聞與覆車同軌者未嘗安也與死人同病者未嘗生也與亡國同法者未嘗存也況夫巍巍大晉方將登太山禪梁父刻石書勳垂示無窮宜[illegible]鑒往代興廢深爲嚴防使督事者舉必有紀爲昔伊尹恥其君不爲堯舜此臣所以私懷忼慨自忘鄙賤者也灼書奏帝覽而異焉擢爲明

威將軍魏興太守卒于官

嵇紹爲侍中惠帝初反正紹上疏曰臣聞改前轍者則車不傾革往弊者則政不爽太一統於元首百司役於多士故周文興於上成康穆於下也存不忘亡易之善義願陛下無忘金墉大司馬無忘潁上大將軍無忘黄橋則禍亂之萌無由兆矣

索綝爲衛將軍三秦人尹桓解武等數千家盜發漢霸杜二陵多獲珍寳愍帝問綝曰漢陵中物何乃多邪綝對曰漢天子即位一年而爲陵天下貢賦三分之一供宗廟一供賓客一充山陵漢武帝饗年久長比崩而茂陵不復容物其樹皆已可拱赤眉取陵中物不能減半于今猶朽帛委積珠玉未盡此二陵是儉者耳亦百世之誡也

應詹爲後軍將軍元帝太興中三吳大饑詔百官各上封事詹表曰夫一人不耕天下必有受其饑者而軍興已來征戰運漕朝廷宗廟百官用度既已殷廣下及工商流寓僮僕不親農桑

而游食者以十萬計不思開立美利而望國足人給豈不難哉古人言曰饑寒並至堯舜不能使野無寇盜貧富兼并雖皐陶不能使彊不陵弱故有國家者何嘗不務農重穀近魏武皇帝用棗祗韓浩之議廣建屯田又於征伐之中分帶甲之士隨宜開墾故下不甚勞而大功克舉也間者流人奔東吳東吳今儉皆已還反江西良田曠廢來久火耕水耨爲功差易宜簡流人興復農官功勞報賞皆如魏氏故事一年中與百姓二年分稅三年計賦稅以使之公私兼濟則倉盈庾億可計日而待也又曰昔高祖使蕭何鎮關中光武令寇恂守河内魏武委鍾繇以西事故能使八表夷蕩區内輯寧今中州蕭條未蒙疆理此兆庶所以企望壽春一方之會去此不遠宜選都督有文武經略者遠以振河洛之形勢近以爲徐豫之藩鎮綏集流散使人有攸依專委農功令事有所局趙充國農於金城以平西零諸葛亮耕於渭濱規抗上國今諸軍自不對敵皆宜齊課

虞預爲佐著作郎大興二年大旱詔求讜言直諫之士預上書諫曰大晉受命于今五十餘載自元康以來王德始缺戎翟及於中國宗廟焚爲灰燼千里無煙爨之氣中華無冠帶之人自天地開闢書籍所載大亂之極未有若茲者也陛下以聖德先覺超然遠鑒作鎮東南聲教遐被上天眷顧人神贊謀雖云中興其實受命少康宣王誠未足喻然南風之歌可著而陵遲之俗未改者何也臣愚謂爲國之要在於得才得才之術在於抽引苟其可用讎賤必舉高宗文王思佐發夢拔巖徒以爲相載釣老而師之下至列國亦有斯事故燕重郭隗而三士競至魏式干木而秦兵退舍今天下雖弊人士雖寡十室之邑必有忠信世不乏驥求則可致而束帛未賁於丘園蒲輪頓轂而不駕所以大化不洽而雍熙有闕者也預以寇賊未平當須良將又上疏曰臣聞承平之世其教先文撥亂之運非武不克故牧野之戰呂望杖鉞淮夷作難召伯專征獫狁爲暴衛霍長驅故陰

陽不和擢士爲相三軍不勝拔卒爲將漢帝既定天下猶思猛士以守四方孝文志存距虜馮唐進說魏尚復守詩稱赳赳武夫公侯干城折衝之佐豈可忽哉況今中州荒弊百無一存牧守官長非戎貊之族類即寇竊之幸脫陛下登阼威暢四遠故令此等反善向化然狼子獸心輕薄易動羯虜未殄益使難安周撫陳川相係背叛徐龕驕黠無所拘忌放兵侵掠罪已彰灼昔葛伯違道湯獻之牛吳濞失禮錫以几杖惡成罪著方復加戮龕之小醜何足不滅然豫備不虞古之善教矧乃有虞可不爲防爲防之術宜得良將將不素簡難以應敵壽春無鎮祖逖孤立前有勁賊後無係援雖有智力非可持久願陛下詔之羣公博舉於衆若當局之才必允其任則宜與厲使不顧命旁料冗猥或有可者厚加寵待足令忘身昔英布見慢恚欲自裁出觀供具然後致力禮遇之恩可不隆哉誠知山河之量非塵露可益神鑒之慮非愚淺所測然匹夫嫠婦猶有憂國之言況臣得厠朝著之末蒙冠帶之榮者乎後爲著作郎咸和初夏旱詔衆官各陳致雨之意預議曰臣聞天道貴信地道貴誠誠信者蓋二儀之所以生植萬物人君所以保乂黎蒸是以殺伐擬於震電推恩象於雲雨刑罰在於必信慶賞貴於平均臣聞間者以來刑獄轉繁多力者則廣牽連逮以稽年月無援者則嚴其檟楚期於入重是以百姓嗷然感傷和氣臣愚以爲輕刑耐罪宜速決遣殊死重囚重加以請實候恩役務遵節儉砥礪朝臣使各知禁蓋老牛不犧禮有常制而自頃衆官拜授祖贈轉相夸尚屠殺牛犢動有十數醉酒流湎無復限度傷財敗俗所虧不少昔殷宗脩德以消桑穀之異宋景善言以退熒惑之變楚國無災莊王是懼盛德之君未嘗無眚應以信順天祐乃隆臣學見淺闇言不足採

周嵩爲御史中丞元帝以王敦勢盛漸疏忌王導等嵩上疏曰臣聞明君思隆其道故賢智之士樂在其朝忠臣將明其節故

量時而後任樂在其朝故无過任之譏將明其節故无過寵之謗是以君臣並隆功格天地近代以來德廢道喪君據術以御臣臣挾利以事君君臣交利而禍亂相尋故得失之迹難可詳言臣請較而明之夫傅說之相高宗申召之輔宣王管仲之佐齊桓䓁范之翼晉文或宗師其道垂拱受成委以權重終致尊主未有憂其逼已還為國害者也始田氏擅齊王莽篡漢皆藉封土之彊假累世之寵因闇弱之主資母后之權樹比周之黨階絕滅之勢然後乃能行其私謀以成奠奪之禍耳豈遇立功之主為天人所相而能運其姦計以濟其不軌者哉光武以王族奮於閭閻因時之望收攬英奇遂續漢業以美中興之勤及天下既定頓廢勳功臣者何哉武力之士不達國體以立一時之功不可久假以權勢其興廢之事亦可見矣近者三国鼎峙並以雄略之才命世之能皆委賴俊哲終成功業貽之後嗣未有憂失遺方來之恨者也今王導王廙等方之前賢猶有所後

至於忠素竭誠義以輔上共隆洪基翼成大業亦昔之亮也雖陛下乘奕世之德有天人之會割據江東奄有南極龍飛海嶼興復舊物此亦羣才之明豈獨陛下之力也今王業雖建羯寇未梟天下蕩蕩不賓者衆公私匱竭倉庾未充梓宮沉淪妣后不反正委賢任能推轂之日也功業垂就晉祚方隆而一旦聽孤臣之言惑疑似之說乃更以危為安以疎易親放逐舊德以使伍賢遠竄既往之明觀傷伊管之効傾巍巍之望喪如山之功將令賢智杜心義士喪志近招當時之患遠遺來世之笑夫安危在號令存亡在寄任以古推今豈可不寒心而哀歎哉臣兄弟受遇无彼此之嫌而臣干犯時諱觸忤龍鱗者何誠念社稷之憂欲報之於陛下也古之明王思聞其過悟逆耳之言以明成敗之由故採納愚言以考虛實上為宗廟无窮之計下收億兆元元之命臣不勝憂憤竭愚以聞疏奏帝感悟故導等獲全熊遠自元帝為丞相引為主簿時朝廷草創議斷不循法律人立異議高下無狀遠奏曰禮以崇善法以閑非故禮有常典法有常防人知惡而無邪心是以周建象魏之制漢創畫一之法故能引大道以至刑厝律令之作由來尚矣經賢智歷夷險隨時斟酌最為周備自軍興以來法度陵替至於處事不用律令競作屬命人立異議曲適物情虧傷大例府立節度復不奉用臨事改制朝作夕改至於主者不敢任法每輒關諮委之大官非為政之體若本曹處事不合法令監司當以法彈違不得動用開塞以壞成事按法蓋麤術非妙道也矯割物情以成法耳若每隨物情輒改法制此為以情壞法法之不一是謂多門開人事之路廣私請之端非先王立法之本意也凡為駁議者若違律令節度當合經傳及前比故事不得任情以破成法愚謂宜令錄事更立條制諸立議者皆當引律令經傳不得直以情言无所依准以虧舊典也若開塞隨宜以權道物此是人君之所得行非臣子所宜專用主者用常徵文據法以事為斷耳

是時帝以權宜從事尚未能從

郭璞為著作佐郎于時陰陽錯繆而刑獄繁興璞上疏曰臣聞春秋之義貴元慎始故分至啓閉以觀雲物所以顯天人之統存休咎之徵臣不揆淺見輒依歲首粗有所占卦得解之既濟按爻論思方涉春木王龍德之時而為廢水之氣來見乘加升陽未布隆陰仍積坎為法象刑獄所麗變坎加離厥象不燭以義推之皆為刑獄所繫理有壅濫又去年十二月二十九日太白蝕月月者屬坎羣陰之府所以照察幽情以佐太陽者也太白金行之星而來犯之天意若曰刑理失中自壞其所以為法者也臣術學庸近不練內事卦理所及敢不盡言又去秋已來沉雨跨年雖為金家涉火之祥然亦是刑獄充溢怨歎之氣所致往建興四年十二月中行丞相令史淳于伯刑於市而血逆流長標伯者小人雖罪在未允何足感動靈變致若斯之怪邪明皇天所以保祐金家子愛陛下屢見災異殷勤無已陛下宜

側身思懼以應靈譴皇極之謫事不虛降不然恐將來必有愆陽苦雨之災雷震薄蝕之變狂狡蠢茲之妖以益陛下旰食之勞也臣謹尋按舊經尚書有五事洪範之術京房易傳占消復之救所以緣咎而致變因異而邁政故木不生庭太戊無以隆雉不鳴鼎武丁不爲宗夫貴異者所以興福息微者所以招患此自然之符應不可不察也按解卦繇云君子以赦過宥罪既濟云思患而豫防之臣愚以爲宜發哀矜之詔引在予之責蕩除瑕釁贊陽布惠使幽弊之人應蒼生以悅育否滯之氣隨谷風而紓散此亦寄時事以制用藉開塞而曲成者也臣竊觀陛下貞明仁恕體之自然天假其祚奄有區夏啓重光於已昧廓四祖之遐武祥靈表瑞人鬼獻謀應天順時殆不面此然陛下即位以來中興之化未闡雖躬綜萬機勞逾日昃玄澤未加於羣生聲教未被乎宇宙臣主未寧於上黔細未緝於下鴻鴈之詠不興康哉之歌不作者何也杖道之情未著而任刑之風先

[illegible]之累未振而軌物之跡屢遷夫法令不一則人情惑職次數改則覬覦生官方不審則粃政作懲勸不明則善惡罪此有國者之所愼也臣竊爲陛下惜之夫以區區之曹參猶能遵蓋公之一言倚清靜以鎭俗寄市獄以容非德音不忘流詠于今漢之中宗聰悟獨斷可謂令主然驚意刑名用虧純德老子以禮爲忠信之薄況刑又是禮之糟粕者乎夫無爲而爲之不宰以華之固陛下之所體者也恥其君不爲堯舜者亦豈惟古人是以敢肆狂瞽不隱其懷若臣言可採或所以爲塵露之益若不足採所以廣聽納之門願陛下少留神鑒賜察臣言疏奏優詔報之璞又覩白有異氣上疏曰臣言疏奏優詔報之所見陛下不遺狂言事蒙御省伏讀聖詔歡懼交戰臣前云外陽未布隆陰乃積坎爲法家刑獄所麗變共加離厥象不燭疑將來必有薄蝕之變也此月四日日去山六七丈精光潛蹦而色都赤中有異物大如雞子又有青黑之氣共相薄擊良久乃解按時在歲首純陽之月日在癸亥全陰之位而有此異殆元首供禦之義不顯消復之理不著之所致也討去臣所陳未及一月而便有此變益明皇天留情陛下懇懇之至也往年歲末太白[illegible]月今年歲始日有咎讁曾未數旬大眚再見日月告釁覓懼詩人無曰天高其鑒不遠故宋景言善熒惑退次光武寧亂呼沱結冰此明天人之懸符有若形影之相應應之以德則休祥臻酬之以怠則咎徵作陛下宜恭承靈譴敬天之怒施沛然之恩諧玄同之化上所以允塞天意下所以弭息羣謗又上疏曰臣聞人多幸國之不幸赦不宜數實如聖旨臣愚以爲子產知鑄刑書非政之善然不得不作者須以救弊故也今之宜赦理亦如之隨時之宜亦聖人所善著此國家大信之要誠非微臣所得干豫今聖朝明哲思弘謀猷方闢四門以亮采訪輿誦於羣心況臣蒙珥筆朝末而可不竭誠盡規或

[illegible]自中書侍郎出爲豫章太守臨發上疏曰臣聞道尚虛簡

政貴平靜垣公亮於幽顯流子愛於百姓然後可以經夷險而不憂乘休泰而常安先王所以致太平如此而已今四境晏如烽燧不舉而倉庫虛耗帑藏空匱古者使人歲不過三日今之勞擾殆無三日休停至有殘刑翦髮以要復除生兒不復舉養鰥寡不敢妻娶豈不怨結人鬼感傷和氣恐社稷之憂積薪不足以爲喻臣久欲粗啓所懷日復一日今當永離左右不欲令心有餘恨請出臣啓事付外詳擇帝詔公卿牧守普議得失靡又陳時政曰古者分土割境以益百姓之心聖王作制籍無黃白之別昔中原喪亂流寓江左庶有旋反之期故許其挾注本郡自爾漸久人安其業丘壟墳柏皆已成行雖無本邦之名而有安土之實今宜正其封疆以土斷人戶明考課之科脩閭伍之法難者必曰人各有桑梓俗自有南北一朝屬戶長爲人隸君子則有土風之慨小人則懷下役之慮斯誠并兼者之所執而非通理者之篤論也古者失地之君猶臣所寓之主列國之

臣亦有違適之禮權會任恭致稱春秋樂毅官燕見疑良史旦今普天之人原其氏出皆隨世遷移何至於今而獨不見兄荒郡之人星居東西遠者千餘近者數百而舉召役調皆相資須期會差違輒致嚴坐人不堪命叛為盜賊是以山湖日積刑獄愈滋今荒小郡縣皆宜并合不滿五千戶不得為郡不滿千戶不得為縣守宰之任宜得清平之人頃者選舉惟以鄉貧為先雖制有六年而富足便退又郡守長吏牽置無常或兼臺職或帶府官夫府以統州州以監郡郡以莅縣如令一相領帖則是下官反為上司賦役無復節限且牽曳百姓營起廨舍東西流遷人人易處文書簿籍少有存者先之室宇皆為私家後來新官復應修立其為弊也胡可勝言又方鎮去官皆割精兵器仗以為送故米布之屬不可稱計監司相容初無彈糾其中或有清白亦復不見甄異送兵多者至有千餘家少者數十戶既力入私門復資官廩布兵役既竭枉服良人牽引無端以相充補

若是功勳之臣則已享裂土之祚豈應封外復置吏兵乎謂送故之格宜為節制以三年為斷夫人性無涯奢儉由勢今并兼之士亦多不贍非力不足以厚身非祿不足以富家是得之有由而用之無節蒱酒永日馳騖卒年一宴之饌費過十金麗服之美不可貲算盛狗馬之飾營鄭衛之音南畝廢而不墾講誦闕而無聞凡庸競馳傲誕成俗謂宜驗其鄉黨考其業尚試其能否然後升進如此匪惟家給人足賢人豈不繼踵而至哉官制適兵不相襲代頃者小事便以補役一愆之違辱及累世親戚傍支罹其禍毒戶口減耗亦由於此皆宜料遣以全國信禮十九為長殤以其未成人也十五為中殤以為尚童幼也今以十六為全丁則備成人之役矣以十三為半丁所任非復童幼之事矣豈可傷天理違經典困苦萬姓乃至此乎今宜修禮文以二十為全丁十六至十九為半丁則人無夭折生長滋繁矣帝善之初齊之出非帝之意故所啓多合旨

周祇為國子博士義熙三年劉裕表遣劉敬宣率衆五千伐蜀祇書諫裕曰自義旗之建所征無不克此可謂天人交助信順之徵也今大難已夷君臣俱泰頃五穀轉豐民無飢苦劫盜之患亦為弭息此誠漸足無事宜大寧治本蜀賊宜平六合宜一非為不尒也古人有言天時不如地利地利不如人和今往伐蜀萬有餘里泝流天險動經時歲若此軍直指成都徑擒譙氏者復是將帥奮威一決之舉耳然益土荒殘野無青草成都之內殆無孑遺計得彼利與今行軍之費不足相補也而今往艱險雨雪方降驅三州三吳之人投之三巴三蜀之土其中疾病死亡豈可稱計此一疑也賊必不守窮城將決力戰今我往勞困彼來甚逸若忽使師行不利人情波駭大勢挫衂此二疑也且千里饋糧士有飢色況今泝險萬里所在無儲若兵不解運濟不繼雖韓白之將何以成功此三疑也今云可征者云彼親離衆叛愚謂不然彼以一匹夫而能致今日之事若衆力離散

亦何以至此官所遣兵皆烏合受募之人亦必無千人一心有斷無退矣夫為治者固先定其內而理其外先安其近而懷其遠自頃狂狡不息誅戮相繼未可謂人和也天險如彼未可謂地利也毛脩之家讎不雪正應以得死為限劉敬宣蒙生存之恩亦冝性命仰報將軍欲驅二死之甘心而忘國家之重計愚謂竊所未安闕門之外非所冝豫苟有其心不覺披盡不從敬宣遂無功而還渡死者太平

宋沈懷文武帝大明二年遷尚書吏部郎時朝議欲依古制置王畿揚州移治會稽猶以星變也懷文曰周制封畿漢司隸各因時宜非存相反安民寧國其揆一也苟民心所安天亦從之未必改今追古乃致平一神州舊壤歷代相承異於邊州或罷或置既物情不悅容虧化本帝不從

謝莊為侍中領前軍將軍大明中世祖出行夜還敕開門莊居守以棨信或虛執不奉旨須墨詔乃開帝後因酒讌從容曰卿

欲效郅君章耶對曰臣聞蒐巡有度郊祀有節盤于游田著之前誡陛下今蒙犯塵露晨往宵歸竊恐不逞之徒妄生矯詐臣是以伏須神筆乃敢開門耳

范泰文帝時以散騎常侍致仕元嘉二年表賀元正幷陳旱災曰元正改律品物惟新陛下蘊日新以畜德仰乾元以履祚吉祥集室百福來庭頃旱魃爲虐亢陽愆度通川燥流異井同竭老弱不堪遠汲貧家殫於負水租輸既重賦税無降百姓怨咨臣年過七十未見此旱陰陽并革則和氣不交豈惟凶荒必生疾疫其爲憂虞不可備序雩禜之典以誠會事巫祝常所罕能有感上天之譴不可不察漢東海枉殺孝婦及祭其墓澍雨立降歲以有年是以衛人伐邢師興而雨伏願陛下式遵遠猷思隆高構推忠恕之愛矜寃枉之獄進心下民之瘼厝思幽冥之紀令謗木豎闕諫鼓鳴朝察肯綮之言撥統御之要如此則苞桑可繫危幾無兆斯而災害不消未之有也故夏禹引百姓之

罪於湯甘萬方之過太戊省桑穀以進德宋景精熒惑以脩善斯皆因敗以轉成災事之明驗也脩末俗者難爲風就正路者易爲雅臣疾患日篤沒不謀朝會及歲慶得一聞達微誠少竟無恨泉壤不違聖顔拜表悲咽三年秋旱蝗又上表曰陛下聖且丕顯求民之瘼明斷庶獄無倦政事理出羣心澤誠民口百姓翕然皆自以爲遇其時也災變雖小要有以致之守宰之失臣所不能究上天之譴臣所不敢誣有蝗之處縣官多課民捕之無益於枯苗有傷於殺害臣聞桑穀時亡無假斧斤之楚昭仁愛不禁自瘳卓茂去無知之蟲宋均囚有翼之虎生有由非所宜殺石不能言星不自隕春秋之旨所宜詳察禮婦人有三從之義而無自專之道周書父子兄弟罪不相及女人被宥由來上矣謝晦婦女猶在尚方始貴後賤物情之所甚苦匹婦一室亦能有所感激臣於謝氏不容有情蒙國重恩寢處思報伏度聖心已當有在禮春夏教詩無一而闕世臣近侍坐聞立理

當今入年陛下經略粗建意存民食入年則農功興農功興則田里闢入秋治庠序入冬集遠生二途並行事不相害夫事多以淹稽爲戒不遠爲患任太學官竟無微績徒隊天施無情自負臣之區區不望目覩盛化竊慕子囊城郢之心庶免荀偃不瞑之恨臣比陳愚見便是都無可採徒煩天聽捉作反側書奏帝乃原謝晦婦女時旱災未已加以疾疫又上表曰頃元旱歷載疾疫未已方之常災實爲過差古以爲王澤不流之徵陛下昧旦臨朝無懈治道躬自菲薄勞心民庶以理而言不應致此意以爲上天之於賢君正自殷勤無已陛下同規禹湯引百姓之過言動于心道數自遠桑穀生朝而殞熒惑犯心而退非唯消災弭患乃所以大啓聖明靈雨立降百姓改聽應感之來有同影響陛下近當知推天意俯察人謀外平之化尚存舊典顧思不思行與不行耳大宋雖揖讓受終未積有虞之道先帝登遐之日便是道消之初至乃嗣主被殺哲藩嬰禍九服徘徊

心喪氣佐命託孤之臣俄爲戎首天下蕩蕩王道已淪自非神英撥亂反正則宗社非復宋有革命之與隨將其義尤大是以古今異用脩方必壅大道隱於小成欲速或未必達深根固蒂之術未洽於愚心是用猖狂妄作而不能緘默者也臣既頑且鄙不達治宜加之以篤疾重之以惛耄言或非是而復不能無言陛下録其一毫之誠則臣不知厝身之所

冊府元龜卷第五百二十八

冊府元龜卷第五百二十九

諫諍部

規諫

宋何偃爲太子中庶子文帝欲更北伐訪之群臣偃議曰内乾胡法宗宣詔建同此伐伏計犬羊劵亂殲殄非難今雖廟算無遺而兵未精習緣邊鎮戍充實者寡邊民流散多未附業控引所資取給根本虧根本以徇邊患宜動必不克往歲挫傷續以内釁侮亡取亂誠爲沛然淮泗數州實亦彫耗流傭未歸創痍未起且攻守不等客主形異薄之則勢難圍之則曠日進退之間姦虞互起竊謂當今之弊易懈方來之寇不深宜含垢藏疾以齊天道

周朗爲建平王宏中軍錄事參軍孝武即位普責百官讜言朗上疏曰仲尼有言治天下若寘諸掌豈徒言哉方策之政息舉在人蓋當世之君不爲之爾况乃運鍾澆暮世膺亂餘重以宫廟遺

不更之酷江淮被未有之痛千里連死萬井垂泣而秦漢餘弊尚行於今化崇於古却行及前之言積薪待然之譬臣不知所以方然陛下既基之以孝又申之以仁民所疾苦敢不略薦凡治者何哉爲教而已今教衰已久民不知則又隨以刑逐之豈爲政之道歟欲教者宜二十五家選一長百家置一師男子十三至十七皆令學經十八至二十盡使脩武訓以書記圖律忠孝仁義之禮廉讓恭勤之則授以兵經戰略軍部舟騎之容撓彊擊刺之法官長皆月至學所以課其能習經者五年有立則言之司徒用武者三年善藝亦升之司馬若七年而經不明五年而勇不達則更求其言政置謀迹其心術行履不足取者雖公卿子孫長歸農畝終身不得爲吏其國學則宜詳莫古數部定子史令書不煩行習無繫力凡學雖凶荒不宜廢也農桑者實民之命爲國之本有一不足則禮節不興若重之宜罷金錢以穀帛爲賞罰然愚民不達其權議者好增其異凡自淮以北萬匹爲市從江以南千斛爲貨亦不患其難今且聽市至千錢以還者用錢餘皆用絹布及米其不中度者坐之如此則墾田自廣民資必繁盜鑄者罷人死必息又田非疁水皆播麥菽地堪滋養采藝紵麻蔭巷緣藩必樹桑柘列庭接宇唯植竹栗若此令既行而善其事者庶民則叙之以爵有司亦從而加賞若田在草間木物不植則撻之而伐其餘樹在所以次坐之又取稅之法宜計人爲輸不應以貲云何使富者不盡貧者不蠲仍令桑長一尺以圍爲價田進一畝以度爲錢屋不得瓦皆責貲實民以此樹不敢種土畏妄墾棟焚榱露不敢加泥豈有剝善害民禁衣惡食若此苦者方今若重斯農則宜務削茲法凡爲國不患威之不立患恩之不下不患土之不廣患民之不育自華夷爭殺戎夏競威破國則積尸竟邑屠將則覆軍滿野海内遺生蓋不餘半重以急政嚴刑天災歲疫貧者但供吏死者弗望埋鰥居有不願娶生子每不敢舉又戍淹徭久妻老嗣絶乃淫奔

所孕皆復不收是殺之日有數途生之歲無一理不知復百年間將盡以草木爲世邪此最是驚心悲魂慟哭太息者法雖有禁殺子之科設蚤娶之令然觸刑罪忍悼痛而爲之豈不有酷其處邪宜今家寬其役户減其稅女子十五不嫁家人坐之雉可以娉妻妾大布可以事舅姑若待禮足而行則有司加糾凡宫中女隸必擇不復字者庶家内役皆令各有所配要使天下不得有終獨之生無子之老所謂十年存育十年教訓如此則二十年間長户勝兵必數倍矣又亡者亂郊饑人盈甸皆是不爲其存計而任之遷流故飢寒一至慈母不能保其子欲其不爲寇盜豈可得邪既御之使然復止之以殺彼於有司何酷至是且草樹既死皮葉皆枯是其梁肉盡矣冰霜已厚苫蓋難資是其衣裘敗矣比至陽春生其餘幾今自江南所在皆穰有食之處須官與役宜募遠近能食五十口一年賞爵一級不過千家故近食十萬口矣使其受食者悉令就田淮南多其長

帥給其粮糧凡公私遊手歲發佐農令堤湖盡修原陸並起仍
量家立社計地設閭檢其出入督其游惰須待大熟可移之復
舊淮以北悉使南過江東旅客盡令西歸故毒之在體必割其
緩處函渭靈區閭為荒窟伊洛神基蔚成茂草豈可不懷歟歷
下泗間何足獨戀議者必以為胡衰不足避而不知我之病甚
於胡矣若謂民之既從狄必就之若其來從我之願也胡若能
來必非其種不過山東雜漢則是國家由來所欲覆育餘華得
坐實戎寇自遠其為來利固善也今空守孤城徒費財役亦行
見淮北必非境服有矣不亦重辱喪哉使虜但發輕騎三千更
互出入春來犯麥秋至侵禾水陸漕輸居然復絕於賊不勞而
邊已困不至二年卒散民盡可蹻足而待也設使胡滅則中州
必有興者決不能有奉土地率民人以歸國家矣誠如此則徐
齊終逼亦不可守且夫戰守之法當恃人之不敢攻頃年兵之
所以敗皆反此也今人之不以羊追狼蟹捕鼠而令重車弱卒

與肥馬悍胡相逐其不能濟固宜矣漢之中年能事胡者以馬
多也胡之後服漢者亦以馬少也既兵不可去車騎應蓄今宜
募天下使養馬一匹者蠲一人役三匹者除一人為吏自此以
進階賞有差邊亭徼驛一無發動又將者求其死也自能執干
戈幸而不去筋力盡於戎役其於望上者固已深矣畫有登風
掃霧之勤馳鐵滌塵之力此所自致尤復為甚近所功賞人知
其濃然以頗謬虛實怨怒既興乖背而反屈者往往為部耦語
而觖望者勵勵成群凡武人意氣特易崩沮設一旦有變則向
之怨者皆為敵也今宜國財與之共竭府粟與之同罄去者應
遣濃加寵爵發所在禄之將秩未充餘費宜斷他事負辇長不
應與進可殺以蒐狩之禮習以鉦鼓之節若假勇以進務黜其老
至期而罷賞延於嗣又緣淮城壘皆與復使烽火相達兵食相
連若邊民請師皆莫允許遠夷貢至止於報答語以國家之未
暇示以事而非君須內教既立徐料寇形辦騎卒四十萬而國

中不擾取穀支二十歲而遠邑不驚然後越淮窮河跨隴出漢
亦何適而不可又教之不敦一至於是今士大夫以下父母在
而兄弟異計十家而七矣庶人父子殊產亦八家而五矣凡甚
者乃危亡不相知飢寒不相卹嫉謗讒害其間不可稱數宜明
其禁以革其風先有善於家者即務其賞自今不改則没其財
又三年之喪天下之達喪以其哀並中出故制同外興日久均
痛故愈遲齊典漢氏節其臣則可矣薄其子則亂也云何褒苴
之容盡鳴號之音息夫佩玉啓旒深情弗忍冕珠貽朝不亦甚
乎凡法有變於古而刻於情則莫能順焉至乎敗於禮而安於
身必屢而奉之何乃厚於惡而薄於善歟今陛下以大孝始基
宜反斯謬且朝享臨御當近自身始妃主典制宜漸加矯正凡
舉天下以奉一君何患不給或帝有集皂之陋后有帛布之鄙
亦無取焉且一體炫金不及百兩一歲美衣不過數襲而必收
寶連櫝集服累笥目豈常視身未時親是櫝帶寶笥著衣空

散國家之財徒奔天下之貨而主以此惰禮妃以此傲家是何
糜蠹之劇惑鄙之甚逮至婢豎皆無定科一婢之身重婢以使
一豎之家列豎以役塗金被繡漿酒霍肉者故不可稱紀至有
列肆以遊遨飾兵以驅叱不亦重甚哉若禁行賜薄不容致此
且細作始并以為儉而市造華怖即傳於民如此遷也非嚴也
凡天下得治者以實治天下者常虛民之耳目既不可誑治之
盈耗立亦隨之故凡厥庶民制度日侈商販之室飾等王侯儓
賣之身製衣均妃后凡一袖之大足斷為兩裙之長可分為二見
車馬不辨貴賤視冠服不知尊卑尚方今造一物小民明已睥
睨宮中朝制一衣庶家晚已裁學侈麗之源實先宮闈又妃
主所賜不限高卑自今以去宜為節目金魄翠玉錦繡縠羅奇
色異章小民既不得服在上亦不得賜若工人復造奇技淫器
則皆焚之而重其罪又置官者將以變天平氣贊世成功防其
禦難治煩理劇使官稱事立人稱官置無空樹散位繁進冗人

今高卑貿實大小互稱徒云名定是謂官邪而世變姐今之制俗傳秦人之法惡明君之典好闇主之事其甚矣今則宜先省事從而并官置位以周典爲式改名以適時爲用秦漢宋制何足取也當使德厚者位尊位尊者禄重能薄者官賤官賤者秩輕纓冕紱珮稱官以服車騎容衛當職以施又寄王州郡宜通變罷舊地民戶應更置立豈吳邪而有徐邑楊境而宅兗民上淸辰紀下乱畿甸其地如朱方者不宜置州土如江都者應更建邑又民少者易理君近者易歸凡吏皆宜每詳其能每厚其秩爲縣不得復用恩家之貧爲郡不得復選勢族之老貴人王侯識未堪用不應彊仕須合冠而啓封能政而議爵且帝子未官人誰謂賤但宜詳置賓友茂擇正人亦何必列長史參軍別駕從事然後爲貴哉又世有先後業有難易明帝能令其兒不比光武之子馬貴人能使其家不比陰后之族感矣哉此於後世不可忘也內外當與抑首之恣陛殿延辟戟之威此亦復不

府五百二十九　五

可忘也內外之政實不可雜若犯主爲人請官其人宜終身不得爲官若請罪者亦終身不得赦罪凡天下所須者才而才誠難知也有深居而言寡則蘊才而無由知有卑處而事隔則懷奇而無由進或復見忌於親故或亦遭謗於貴賞其欲致車右而動御席語天下而辯治亂焉可得哉漫言舉賢則斯人故未得矣宜使世之所稱通經連史辯辭精數吏能將謀偏術小道者使猥纓危膝博求其用制內外與官之遠近及仕之類令各以所能而造其室降情以誘之卑身以安之然後察其擢居吻樹頰胲動精神發意氣語之所至意之所執不過數四間不亦盡可知哉若忠孝廉清之比彊幹督來之倫難以檢格立可須吏定宜使鄉部來其行守宰察其能竟皆見之於選貴呈之於相主然

後處其職宜定其位用如此故應愚鄙盡捐賢明悉舉矣又俗好以毀沉人不知察其所以致毀以譽進人不知測其所以致譽毀徒皆鄙則宜擢其毀者譽黨悉庸則宜退其譽者如此則毀譽不妄善惡分矣又既謂之才則不宜以階級限不應以年齒齊凡貴者好疑人少不知其少於人矣老者亦輕人少不知其不及少矣自釋氏流教其來有源淵檢精測固亦深矣舒引容潤既亦廣矣然習慧者日替其來修誠者月繁其過遂至糜散錦帛侈飾車徒復假糅醫術託雜卜數匹妹滿室置酒浹堂寄夫託妻者不無殺子乞兒者繼有猶而倚靈假像背親傲君欺[illegible]殘族老震損宮邑是乃外刑之所不容戮內教之所不悔罪而廣天地之間莫之糾察人不得然豈其鬼與今宜申嚴佛律裨重國令其疵惡顯著悉皆罷遣餘則隨其藝行各爲之條使禪義經誦人能其一食不過蔬衣不出布若應更度者則令先習

府五百二十九　六

義行本其神心必能草腐人天竦精以往者雖侯王家子亦不宜拘凡鬼道惑衆妖巫破俗觸木而言怪者不可數遇縣而稱神者非可算其染源是亂男女合飲食因之而以祈之從之而以報請是亂不誅爲害未息凡一苑始立一神初興淫風輒以之而甚今修堤以北置園百里峻山以右居靈十房糜財敗俗其可稱限又針藥之術世寡復脩診脉之技人鮮能達民因是益發於鬼遂棄於醫重令耗惑不反死夭復半今太醫宜男女習教在所應遣吏受業如此故當愈於媚神之愚懲艾湊理之弊矣凡無世不有言事未時不有令下然而升平不至昏危是繼何哉蓋設令之本非實也又病言不出於謀臣事不便於貴戚輕者詆訾呵駭重者死壓窮擯故西京有方調之誅東都有黨錮之戮陛下若欲申常令脩末典則羣臣在焉若欲改舊章興王道則微臣在矣敢昧死以陳爲陛下察之書奏忤旨自解去職

南齊劉瓛除尚書祠部郎不拜太祖踐阼召瓛入華林園談語謂瓛曰吾應天革命物議以為何如瓛對曰陛下誡前軌之失加之以寬厚雖危可安若循其覆轍雖安必危矣既出帝顧謂司徒褚淵曰方置乃爾

劉思効為貟外郎太祖初表陳讜言曰宋自大明以來漸見彫弊徵賦有增於往天府尤貧於昔兼軍警屢動傷夷不復戎役殘丁儲無半菽小民嗷嗷無樂土之色貴世之流貪奢之族車服伎樂爭相奢麗亭池第宅競趣高華至于山澤之人不敢采飲其水草貧富相煇損源尚末陛下宜發明詔吐德音布惠澤禁邪偽薄賦斂省徭役絕奇麗之湯塞鄭衛之倡變曆運之化應質文之用不亦大哉又彭汴有鴟梟之巢青丘為狐兔之窟虐害踰紀殘暴日滋鬼泣舊泉人悲故壤童孺視編髮而慙生耆老看左衽而恥沒陛下宜仰荅天人引領之望下弔沉黎傾首之勤授鉞衛霍之將遣策蕭張之師萬道俱前窮山蕩谷此即常山不足指而傾渤海不足飲而竭豈徒殘寇塵滅而已哉帝詔曰朕夙夜惟寅思引道義紆夢巖濱垂精管庫旰食舊懷其勤至矣吳郡顧歡散騎郎劉思効或至自園丘或越在几位並能獻書金門務辭鳳闕辯彰治體有協朕心今出其表外可詳擇所宜以時敷奏歡近以加於旌賞思効可付選銓序以顯讜言

崔祖思為給事黃門郎太祖建元初啓陳政事曰禮誥者人倫之襟冕帝王之樞柄自古開物成務必以教學為先世不習學民忘志義悖競因斯而興禍亂是焉而作故篤俗昌治莫先道教不得以夷險革慮儉泰移業今無員之官空受祿力三載無考績之効九年闕登黜之序國儲以之虛匱民力為之彫散能否無章涇渭混流宜太廟之南弘脩文序司農以北廣開武校臺州國限外之職問其所樂依方課習各盡其能月供僮幹如先充給若有廢惰遣還故郡殊經奇藝待以不次士脩其業必有異等民識其利能無勉勵又曰漢文集上書囊以為殿帷身衣弋綈以韋帶劍慎夫人衣不曳地惜中民十家之産不為露臺劉備取帷構銅鑄錢以充國用魏武遣女以皁帳東阿婦以繡衣賜死王景興以折米見誚宋武節儉過人張妃房唯碧綃蚊幬三齋㭊席五盞盤桃花米飯殷仲文勸令畜伎荅云不解聲仲文曰但畜自解又荅畏解故不畜歷觀帝王未嘗不以約素興侈麗亡也伏惟陛下體唐成儉踵虞為樸寢殿則素木卑構膳器則陶匏充御瓊簪玉笏碎以為塵珍裘繡服焚之如草斯實風高上代民偃下世矣然教信雖孚民染未革宜加甄明以速歸厚詳察朝士有柴車蓬館高以殊等雕牆華輪卑其談謂馳禽荒色長違清編嗜音酣酒守官不拘物識義方且懼且勸則調風變俗不俟終日又曰憲律之重由來尚矣故曹參去齊唯以獄市為寄餘無所言路溫舒言秦有十失其一尚存治獄之吏是也寔宜清置廷尉茂簡三官寺丞獄主彌重其選研習律令刪除繁苛詔獄及兩縣一月三訊觀貌察情欺枉必達使明慎用刑無忝大易寧失不經靡愧周書漢來治律有家子孫並世其業聚徒講授至數百人故張于二氏絜譽文宣之世陳郭兩族流稱武明之朝決獄無冤慶昌枝裔槐袞相襲蟬紫傳輝今廷尉律生乃令史門戶族非咸弘庭缺于訓刑之不肅抑此之由如詳擇篤學之士使習律令試簡有徵擢為廷尉僚屬茍官世其家而不美其績鮮矣廢其職而欲善其事未之有也若劉累傳守其業庖人不乏龍肝之膳斷可知矣又曰樂者動天地感鬼神正情性立人倫其義大矣按前漢編戶千萬太樂伶官方八百二十九人孔光等奏罷不合經法者四百四十一人正樂定員唯置三百八十八人今戶口不能百萬而太樂雅鄭元徽時校試千有餘人後堂雜伎不在其數糜費力役傷敗風俗今欲撥邪歸道莫若罷雜伎王庭唯置鍾簴羽戚登歌而已如此則官充給養國反淳風矣又曰論儒者以德化為本

談法者以刻削爲體道教治世之梁肉刑憲亂世之藥石故以
教化比雨露名法方風霜是以有恥且格敬讓之樞紐令行禁
止爲國之関鍵然則天下治者賞罰而已矣賞不事豐所病於
不均罰不在重所困於不當如令申勳必功多賞甲而捨乙天
下必不勸矣丙罪重丁眚輕罰丁而赦丙天下必不悛矣是賞
罰空行無當乎勸沮將令見罰者寵習之臣受賞者仇讎之士
戮一人而萬國懼賞匹夫而四海悅又曰籍稅以厚國國虛民
貧廣田以實廩國富民散莞賓用天之儲實拯懷山之數湯憑
分地之積以勝流金之運近代魏置典農而中都足食晉開汝
潁而河汴委儲今將掃闢咸華題鏤龍漢宜簡役敦農開田廣
稼特罷山池之威禁深抑豪右之兼擅則兵民優贍可以出師
又曰古者左史記言右史記事故君舉必書盡直筆而不汙上
無妄動知如絲之成綸今著作之官起居而已述事之徒褒諛
爲體世無董狐書法必隱時闕南史直筆未聞又曰廢諫官則

聽納靡依雖課勵朝僚徵訪芻輿莫若推舉質直職思其憂夫
越任干事在言爲難當官而亂或易物議既以先言望巳巳
亦當以吞默懟人中丞雖謝咸玄未有全廢劾簡廷尉誠非釋
之寧容都無訐牒故知與其謬人寧不廢職自前之明効也漢
徵貢禹爲諫大夫失言先策夏侯勝狂直拘繫出補諷職伐柯
非遐行之即善又曰天地無心賦氣自均寧得誕秀往古而獨
寂寥一代將在知與不知用與不用爾夫有賢而不知知賢而
不用用賢而不委委賢而不信此四者古今之通患也今誠重
郭隗而招劇辛任鮑叔以求夷吾則天下之士不待召而至矣
帝優詔報答
梁賀琛爲散騎常侍高祖時任職者皆緣飾姦諂深害時政琛
遂啓陳事條封奏曰臣荷拔擢之恩曾不能効一職居獻納之
任又不能薦一言竊聞慈父不愛無益之子明君不畜無益之
臣臣所以當食廢餐中宵而歎息也輙言時事列之於後非謂

謀猷寧云啓沃獨緘胷臆不語妻子辭无粉飾削藁則焚所得
聽覽試加省鑒如不允合亮其愚戇其一事曰今北邊稽服戎
甲解息正是生聚教訓之時而天下戶口減落誠當今之急務
雖是處彫流而関外彌甚郡不堪州之控總縣不堪郡之哀削
更相呼擾莫得治其政術唯以應赴徵歛爲事百姓不能堪命
各事流移或依於大姓或聚於屯封蓋不獲已而竟非樂之也
國家於関外賦稅蓋微乃至年常租課動致逋積而民失安居
寧非牧守之過東境戶口空虛皆由使命繁數夫犬不夜吠故
民得安居今大邦大縣舟舸銜命者非唯十數復窮幽之鄉極
遠之邑亦皆必至每有一使所至驚擾深爲民害駑困邑宰則
拱手聽其漁獵桀黠長吏又因之而爲貪殘縱有廉平猶爲掣
肘故邑宰懷印類無考績細民棄業流冗者多雖年降復業之詔
屢下蠲賦之恩而終不得反其居也其二事曰聖主恤隱之心
納隍之念無間於遐迩至於翾飛蠕動猶且度脫況在兆庶而州

郡無恤民之志故天下顒顒唯注仰於一人誠所謂愛之如父
母仰之如日月敬之如鬼神畏之如雷電苟須應病進藥豈可
不治之哉今天下宰守所以皆尚貪殘罕有廉白者由風俗侈
靡使之然也淫奢之弊其事多端粗舉二條言其尤者夫食方
丈於前所甘一味今之燕喜相競誇豪積果如山嶽列肴同綺
繡露臺之產不周一燕之資而賓主之間裁取滿腹未及下堂
巳同臭腐又歌姬儛女本有品制二八之錫良待和戎今畜妓
之夫無有等秩雖復庶賤微人皆盛姬姜務在貪汙爭飾羅綺
故爲吏牧民者競爲剥削雖致貲巨億罷歸之日不支數年便
以消散蓋由宴醑所費既破數家之產歌謠之具必俟千金之
資所費事等丘山爲歡止在俄頃乃更追恨向所取之少今所
費之多如復傅翼增其搏噬一何悖哉其餘淫侈著之凡百習
以成俗日見滋甚欲使人守廉隅吏向清白安可得邪今誠宜
嚴爲禁制導之以節儉貶黜彫飾糾奏浮華使衆皆知變其耳

目改其好惡夫失節之嗟亦民所患正恥不及群故勉彊而爲之苟力所不至遂憂其弊矣今釐其風而正其失易於反掌夫論至治者必以淳素爲前先正彫流之弊也其三事曰聖躬荷負蒼生以爲任弘濟四海以爲心不憚胼胝之勞不辭癯瘠之苦豈止日仄忘飢夜分廢寢至於百司莫不奏事上息責下之嫌下無逼上之咎斯實道邁百王事超千載但斗筲之人藻梲之子餙得伏奏帷房便欲詭競求進不識國之大體不知當一官處一職責使理其紊亂救其不及心在明恕事乃平章但務吹毛求疵擘肌分理遲挈手沆之智微分外之求以深刻爲能以繩逐爲務迹雖似於奉公事更成其威福犯罪者優多巧避落職者因而曠怠憲惡增姦寔由於此今誠願責其公平之効試其黙過之心則下安上謐無徼求之患矣四事曰自征伐北境帑藏空虛今天下無事而猶日不暇給者良有以也夫國弊則省其事而息其費事省則養民費息則財聚止或五年之中必能

致國豐民阜若能積以歲月斯乃范蠡滅吳之術管仲霸齊之由今計內省職掌各檢其所部凡京師治署郎肆所爲或十條宜省其五或三條宜除其一及國容戎備在昔應多在今宜少事於後應多即事來須皆悉減省四方屯傳郵治或舊有或無益或妨民有所宜除除之有所宜減減之凡厥興造凡厥責財有非急者有役民者又凡厥討召凡厥求取雖關國計權其事宜皆須靜息不息費則無以聚財不休民則無以聚力故蓄其財者所以大用之也息其民者所以大役之也若言小事不足害財則終年不息矣以小役不足妨民則終年不止矣擾其民而欲求勞卑不可得矣聚其財而務賦斂興造則姦詐盜竊彌生是弊不息而其民不可使也則難可以語富彊而圖遠大矣自晉通以來二十餘年戎役荐起民力彫流今魏氏親壃場無警若不及於此時大息四民使之生聚減省國費今府庫蓄積一旦異境有虞關河可掃則國弊民疲安能振其遠略事至方圓無所及矣言奏高祖大悅

後魏崔浩爲祭酒明元有微疾怪異屢見乃使中貴人密問於浩曰春秋星孛北斗七國之君皆將有咎今茲日蝕於胃昴趙代之分朕疾彌年療治無損恐一旦奄忽諸子並少將如之何其爲我設圖後之計浩曰陛下春秋富盛聖業方融德以除災幸就平愈且天道懸遠或消或應昔宋景見災脩德熒惑退舍願陛下遣諸憂慮恬神保和納御嘉福無以闇昧之說致損聖思必不得已請陳瞽言自聖化龍興不崇儲貳是以永興之始社稷幾危今宜蚤建東宮選公卿忠賢陛下素所委付者使爲師傅左右信臣簡在聖心者以充賓友入總萬機出統戎政監國撫軍六柄在手若此則陛下可以優遊無爲頤神養壽以進醫藥萬歲之後國有成主民有所歸則姦宄息望旁無覬覦此乃萬代之令典塞禍之備也今長皇子燾年漸一周明叡溫和衆情所繫時登儲副則天下幸甚立子以長禮之大經若須並

大成人而擇倒錯天倫則生履霜堅冰之禍自古以來載籍所記興衰存亡鮮不由此帝納之

高允爲著作郎太武問曰萬機之務何者爲先是時多禁封良田又京師遊食者衆允因言曰方百里則爲地方一里則爲田三頃七十畝萬里則田三萬七千頃若勸之則畝益三升不勸則畝損三升方百里損益之率爲粟二百三十二萬斛況以天下之廣乎若公私有儲雖遇飢年復何憂哉帝善之遂除田禁悉以授民

高祐孝文時爲秘書令上疏曰今之選舉不採識治之優劣專簡年勞之多少斯非盡才之謂宜停此薄藝棄彼朽勞唯才是舉則官方斯穆又勳舊之臣雖年勤可錄而才非撫人者則可加之以爵賞不宜委之以方任所謂王者可私人以財不私人以官者也孝文善之

李彪爲秘書丞上表曰臣聞昔之哲王莫不亹亹孜孜思謹言

以康黎蒸是以訪童詢師不避藪澤詢謀諮善不棄芻蕘用能光茂實於竹素播徽聲於金石臣屬生有道遇無諱之朝敢循往式竊揆時宜謹冒死上封事七條狂瞽之言伏待刑戮其一曰自太和建號踰于一紀典刑德政可得而言也立圓丘以昭孝則百神不之饗矣舉賢才以酬諮則多士盈朝矣開至誠以執物則朝無佞人矣敷六順以教人則四門無凶人矣制冠服以明秩則典式復敘矣作雅樂以協人倫則人神交慶矣深慎罰以明刑則庶獄得衷矣薄服味以示納則儉德光昭矣彈宮女以配鰥則人無怨曠矣頒府藏以賑錫則大資周洽矣省賦役以育人則編戶巷歌矣宣德惠以懷遠邇則華荒抃儛矣垂至德以暢幽顯則禎瑞効質矣生生得所事事惟新巍巍乎猶造物之曲成也然臣愚以為行儉之道猶自闕如何者今四入豪富之家習華既深敦樸情淺未識儉素之易長而行奢靡之難久第制宅美飾車馬僕妾衣綾綺土木被文繡僭度違衆者衆矣古先哲王之為制也自天子以至公卿下及抱關擊柝其宮室車服各有差品小不得踰大賤不得踰貴夫然故上下序而人志定今時華相競情無常守大為消功之物又制費力之事豈不謬哉消功者錦繡彫文也費力者廣宅高宇壯制麗飾是也其妨男業害女工者焉可稍言哉漢文時賈誼上疏云今之王政可為長太息者六此即是其一也夫上之所好下必從之故越王好勇而士多輕死楚靈好奢而國有飢人今二聖躬行儉素詔令殷勤而百姓之奢猶未革者豈楚越之人易變如彼大魏之士難化如此蓋朝制弗宣人未見德使之然爾臣愚以為第宅車服自百官以至于庶人宜為其等制使貴不逼賤卑不僭高不可以稱其侈意用違經典今或者以為習俗日久不可卒革臣謹言古人革之漸昔子產為政一年百姓歌之曰我有田疇子產辟之我有衣冠子產貯之孰殺子產吾其與之及三年乃歌曰我有田疇子產殖之我有子弟子產誨之子產若死其誰繼之然則鄭人之智豈前昏而後明哉且

從政者須漸受化者難頓故也今若為制以差品之始末之情魏士與鄭人同矣既同鄭人是為牟有善歌豈可憚其初怨而不為終善哉夫尚儉者開富之源好奢者起貧之兆然則儉約易以教行華靡難以財滿是以聖人留意焉賢人希准焉故夏禹卑宮室而惡衣服殷湯損黃屋而乘輅輿此示儉於後王後王所宜觀其意而取折衷也孔子為魯司寇乘柴車而駕駑馬晏嬰為齊正卿冠濯冠而衣故裘此示儉於後臣後臣所宜識其情而消息之也前志云作法於涼其弊猶貪此言雖略有達治道臣之瞽言儻或可採比及三年可以有成有成則人務本人務本則奢費除奢費除則穀帛豐穀帛豐則人逸樂人逸樂則皇基固矣其三曰易稱主器者莫若長子傳曰太子奉家嫡之粢盛然則祭亡主則宗廟無所饗家嫡廢則神器無所傳聖賢知其如此故重諸以為長世之法昔姬主得斯道也故協崇儒術以訓世嫡世嫡於是乎習成懿德用大協於黎蒸是以世統生人載祀八百逮嬴氏之君於秦也始棄德政坑焚儒典弗以義方教厥家子家子於是習成凶德肆虐以臨黔首是以饗年不永二世而亡亡之興與其道在於師傅師傅之損益可得而言益者周公傅成王教以孝仁禮義逐去邪人不使見惡又選天下之端士孝悌博聞有道術者以為衛翼此周道之所以長久也損者趙高傅胡亥教以刑戮斬劓及夷人族逐去正人不得見善士諂佞讒賊者為其左右此秦祚之所以短促也夫皇天輔德豈私周而疎秦哉由所行之道殊故禍福之途異爾昔光武議為太子置傅以問其羣臣羣臣望意皆言太子舅執金吾新陽侯陰就可傅士張佚正色曰今立太子為陰氏乎為天下乎即為陰氏則陰侯可為天下則固宜用天下之賢才光武稱善曰置傅以輔太子也今博士之不難正朕況太子乎即拜佚為太子太傅漢明卒為賢主然則佚之傅漢明非適生之漸也尚或有稱而況迺生訓之以正道其為益也固以大矣故禮曰

(第十六葉原闕)

太子生因舉以禮使士負之有司齋肅端冕見于南郊明冢嫡之重見乎天也過闕則下過廟則趨明孝敬之道也然古之太子自為赤子而教固以行矣此則遂世之鏡也高宗文成皇帝慨少時師不勤教嘗謂群臣曰朕始學之日年尚幼沖情未能專既臨萬機不遑溫習今而思之豈唯予咎抑亦師傅之不勤尚書李訢免冠而謝此則近日之可鑒也伏惟太皇太后翼贊高宗訓成顯祖使巍巍之功邈乎前王陛下幼蒙鞠誨聖敬日躋及儲宮誕育復親撫誥日省月課實勞神慮今誠宜準古立師傅以訓導太子訓導正則太子正太子正則皇家慶皇家慶則人幸甚矣其三曰臣聞國本黎元人資粒食是以昔之哲王莫不勤勸稼穡盈賁倉廩故堯湯水旱人無菜色者蓋由備之有漸積之有素暨于漢家以人食少乃設常平以給之魏氏以兵糧之制屯田以供之用能不匱當時軍國取濟又記云國無三年之儲謂國非其國光武以一畝不實罪及牧守聖人之憂

世重穀殷勤如彼明君之恤人勸農相切若此頃年山東饑去歲京師儉內外人庶出入就豐既廢營產疲而乃達又於國體實有虛損若先多積穀安而給之豈有督老弱糊口千里之外以今況古誠可懼也臣以為宜析州郡常調九分之二京都度支餘各立官司年豐糴積於倉時儉則加私之二糶之於人如此民必力田以買官絹又務貯以取官粟年登則常積歲凶則直給又別立農官取州郡戶十分之一以為屯人相水陸之宜料頃畝之數以贓贖雜物餘財市牛科給令其肆力一夫之田歲責六十斛甄其課并征戍雜役行此二事數年之中則穀積而人足雖災不為害臣又聞前代明王皆務懷遠人禮賢引滯故漢高過趙求樂毅之胄晉武廓定旌吳蜀之彥臣謂宜於河表七州人中擢其門才引令赴闕依中州官比隨能序之一可以廣聖朝均新舊之義二可以懷江漢歸有道之情其四曰昔帝舜命咎繇惟刑之恤周公誥成王勿誤于庶獄斯皆君臣相

總叅眾豈與漢文比隆哉今天下有道庶人不議之時臣安可陳瞽言於朝但恐万世之後繼之主有若漢武事焉夫道貴長久所以樹之風聲也法尚不虧所以貽厥孫謀也焉得行恩當時而不著長世之制乎其六曰孝經稱父子之道天性也書云孝乎惟孝友于兄弟二經之旨蓋明一體而同氣可共而不可離者也及其有罪罪不相及者乃君上之厚恩也至若有懼懼然相連者固自然之常理也无情之人父兄繫獄子弟无慘惕之容子弟逃刑父兄无愧恧之色宴安榮位遊從自若車馬仍華友冠循飾寧異同骸共氣分憂均戚之理也楚人滅江秦伯素服而示懼宋弘失舉桓譚免冠而謝罪則子弟之於父兄之於子弟惟其情至豈與結盟相知者同年語其深淺哉二聖清簡風俗孝慈是先臣愚以為父兄有犯宜令子弟素服肉袒詣闕請罪子弟有坐宜令父兄露版引咎乞解所司若職任必要不宜許者慰勉留之如此足以敦厲凡薄使人知有所恥矣其

也知禮古者有大喪君三年不呼其門此聖人緣情制禮以終孝子之情者也周季陵夷喪禮稍亡是以要絰即戎素冠作刺逮乎虐秦殆皆泯矣漢初軍旅屢興未能遵古至宣帝時民當從軍屯者遭大父母父母死未滿三月皆弗徭役其朝臣喪制則未有聞至後漢元初中大臣其重喪始得去官終服暨魏武孫劉之世日尋干戈前世禮制復廢而不行晉時鴻臚鄭默喪親固請終服武帝感其孝誠遂著令以為常聖魏之初撥亂返正未遑建喪之制今四方无虞百姓安逸誠是孝慈道洽禮教興行之日也然愚臣所懷竊有未盡伏見朝臣丁父憂者假滿赴職衣錦乘軒從郊廟之祀鳴玉垂緌同節慶之醼傷人子之道虧天地之經愚謂如有遭大父母父母喪者皆聽終服若无其人有廣庶官者則優旨慰諭起令視事但綜所司出納敷奏而已國之吉慶一令无預其軍戎之警墨縗從役雖愆於禮事所宜行也如臣之言少有可採願付有司別為條制孝文覽而

善之尋皆施行

冊府元龜卷第五百二十九

府五百二十九　十八

冊府元龜卷第五百三十

諫諍部

規諫

後魏郭祚爲黄門侍郎時孝文以李彪爲散騎常侍祚因入見帝謂祚曰朕昨誤授一人官祚對曰陛下睿鑒照臨論才授職進退可否黜陟幽明品物既彰人倫有序豈容聖詔一行而有差異帝沉吟曰此自應有讓因讓朕欲別授一官須臾之彪有啓云伯石辭卿子産所惡臣欲之已久不敢辭讓帝歎謂祚曰卿之忠諫李彪正辭使朕遲迴不能復決遂不換彪官也

李沖爲侍中時車騎南伐以沖兼左僕射留守洛陽車駕渡淮別詔安南大將軍元英平南將軍劉藻討漢中召雍涇岐三州兵六千人擬戍南鄭剋城則遣沖表諫曰秦州險阨地接羌夷自西師出後餉援連續加氐胡叛逆所在奔命運糧擐甲迄茲未已今復預差戍卒懸擬山外雖加優復恐猶驚駭脱終攻不剋徒動民情遷胡結夷事或難測輙依旨密下刺史待軍剋鄭城然後差遣如臣愚見猶謂未足何者西道險阨單徑千里今欲深戍絶界之外孤據羣賊之中敵攻不可卒援食盡不可運糧古人有言雖鞭之長不及馬腹南鄭於國實爲馬腹也且昔人攻伐或城降而不取仁君用師或撫民而遺地且王者之舉情在拯民夷寇所守意在吾地校之二義德有淺深東晉已遠何遽於一城哉且魏境所掩九州過八民人所臣十分而九所可永民者唯漢北之與江外耳羈之在近豈急急於今日宜待大開疆宇廣拔城聚多積資糧食足支敵然後置邦樹將爲吞并之舉今鍾離壽陽密邇未拔赭城新野跬步弗降所剋者舍之而不取所降者撫之而旋戮東道既未可以近力守西蕃寧可以遠兵固若果欲置者臣恐終以資敵也又今建都土中地接寇壤方須大收死士平蕩江會輕遣單寡棄令陷沒恐後舉之日衆以留守致懼求其死效未易可獲推此而論不戍爲上帝從之

高閭爲中書令時出師討淮北閭表曰伏見廟筭有事淮海雖成事不説猶可思量臣以愚劣本非武用至於軍旅尤所不學直以无諱之朝敢肆狂瞽區區短見竊有所疑臣聞兵者凶器不得已而用之今天下開泰四方無虞豈宜盛世干戈妄動疑一也淮北之城凡有五處難易相兼皆須攻擊然攻守難圖力懸百倍返覆思量未見其利疑二也縱使歸心於國先用發兵遠入費損甚多若不置戍是謂空爭疑三也脱不如意當延日月屯衆聚費于何不有疑四也伏願思此四疑時速返旆文明太后令曰六軍電掃有若摧朽何慮四難也后閭爲相州刺史時孝文遷都洛陽閭表諫言遷有十損必不獲已請遷於鄴孝文頗嫌之南齊雍州刺史曹虎據襄陽請降詔劉昶薛真度等四道南伐車駕親幸懸瓠閭表諫曰洛陽草創虎既不遣質任必非誠心先宜輕幸帝不納虎果虛詐諸將皆無功而還后又上表曰臣聞爲國之道其要有五一曰文德二曰武功三曰法度四曰防固五曰刑賞故遠人不服則脩文德以來之荒狡放命則播武工以威之民未知戰則制法度以齊之暴敵輕侵則設防固以禦之臨事制勝則明刑賞以勸之用能闢國寧方征伐四剋北狄悍愚同於禽獸所長者野戰所短者攻城若以狄之所短奪其所長則雖衆不能成患雖來不能內逼又狄散居野澤隨逐水草戰則與家産並至奔則與畜牧俱逃不齎資糧而飲食足是以古人伐北方攘其侵掠而已歷代爲邊患者良以倏忽无常故也六鎮勢分倍衆不鬬互相圍逼難以制之昔周命南仲城彼朔方趙靈秦始長城是築漢之孝武踵其前事此四代之君皆帝王之雄傑所以同此役者非智術之不長兵衆之不足乃防狄之要事其理宜然故也易稱天險不可昇地險山川丘陵王公設險以守其國長城之謂歟今宜依故六鎮之北築長城以禦北虜雖有暫勞之勤有永逸之益如其一成惠

及百世即於要害往往開門造小城於其側因施却敵多置弓弩狄來有城可守有兵可捍既不攻城野掠無獲草盡則走終始必懲又宜發近州武勇四萬人及京師二萬人合六萬人為武士於苑內立征北大將軍府選忠勇有志幹者以充其選下置官屬分為三軍二萬人專習弓射二萬人專習戈楯二萬人專習騎矟修立戰場十日一習採諸葛亮八陣之法為平地禦寇之方使其解兵革之宜識旌旗之節兵器精堅必堪禦寇使將有定兵兵有常主上下相信晝夜如一七月發六郡兵六萬人各備戎作之具勑臺北諸屯倉庫隨近來俱送北鎮至八月征北部率所領與六鎮之兵直至磧南揚威漠北狄若來拒之與決戰若其不來然後散分其地以築長城計六鎮東西不過千里若一夫一月之功當三步之地三百人三里三千人三十里三萬人三百里則千里之地強弱相兼計十萬人一月必就運糧一月不足為多人懷永逸勞而無怨計築長城其利有五

罷遊防之苦其利一也北部放牧無抄掠之患其利二也登城觀敵以逸待勞其利三也省境防之虞息無時之備其利四也歲常遊運永得不匱其利五也又任將之道特須委信送之以禮恕之以責閫外之事有利輒決赦其小過要其大功足以兵力資其給用君臣相體若身之使臂然後忠勇可立制勝可果是以忠臣盡其心征將竭其力雖三敗而逾榮雖三背而彌寵詔曰覽表具卿安邊之策比當與卿面論後又上表曰奉癸未詔書以春夏少雨憂飢饉之方臻愍黎元之傷瘁同禹湯罪己之誠齊堯舜引咎之德虔災致懼詢及卿士令各上書極陳損益深恩被於蒼生厚惠流于后土伏惟陛下天啓聖姿利見纂極欽若昊天光格宇宙太皇太后以叡哲贊世稽合三才高明柔克道被無外七政昭宣於上九功咸序於下君人之量逾高謙光之旨彌篤修禋祭儀宗廟所以致敬飭正器服禮樂所以宣和增儒官以重文德簡勇士以昭武功慮獄訟之未息定刑書以理之懼蒸民之姦宄置隣黨以穆之究庶官之勤劇班俸祿以優之知勞逸之難均分民土以齊之甄忠明孝矜貧恤獨開納讜言抑絕讒佞明訓以體率土移風雖未勝殘去殺成無為之化足以仰答三靈者矣臣聞皇天無私降鑒在下休咎之徵咸由人召故帝道昌則九疇敘君德衰而彝倫斁休瑞並應享以五福則康于其邦咎徵屢臻罰以六極則害于其國斯乃洪範之實徵神祇之明驗乃其厄運所纏世鍾陽九數乖於天理事違於人謀時則有之矣故堯湯逢歷年之災周漢遭水旱之患然立功脩行終能弭息今考治則有如此之風計運未有如彼之害而陛下殷懃引過事邁前王從春生澍雨之徵指辰可必消災滅禍之符灼然自見雖王畿之內頗為少雨關外諸方禾稼仍茂苟動之以理綏之以和一歲不收未為大損但豫備不虞古之善政安不忘危有國常典竊以北鎮新從家業未就思親戀本人有愁心一朝有事難以禦敵可寬其往來頗使欣

慰開雲中平城之倉以賑恤之足以感德致力邊境矣明察畿甸之民饑甚者出靈丘下館之粟以救其乏以安慰孤寡樂業保土使幽定安并四州之租隨運以溢其處開關弛禁薄賦賤糴以消其費道路恣其東西隨豐逐食貧富相贍可以免度凶年不為患苦又聞常士困則濫竊生並飢餓則慈心薄凶儉之年民輕違犯可緩其使役急其禁令宜於未然之前申勑外牧又一夫幽枉王道為虧京師之獄或恐未盡可集見囚於都曹使明折庶獄者加究察輕者即可決遣重者定狀以聞罷非急之務放無用之獸此乃救凶之常法且以見憂於百姓論曰不患貧而患不安苟安而樂生雖遭凶年何傷於民庶也愚臣所見如此而已詔曰省表聞之當勑有司依此施行出為鎮南將軍相州刺史孝文攻鍾離未剋將於淮南脩故城而置鎮戍以撫新附之民賜閭璽書具論其狀閭表曰南土亂亡僭主屢易陛下命將親征威陵江左望風慕化剋拔數城施恩布德携民

緣負可謂澤流邊方威惠普著矣然元非大舉興發後待本為迎降戍卒實少兵稱十則圍之倍則攻之所率既寡東西懸闊難以並稱伏承欲留戍淮南招撫新附昔世祖以迴山倒海之威步騎數十萬南臨瓜步諸郡盡降而盱眙小人攻而弗剋班師之日兵不戍一郡士不闢一廛夫豈無人以大鎮未平不可守小故也堰水先塞其源伐木必拔其本源不塞本不拔雖翦枝竭流終不可絕矣壽陽盱眙淮陰淮南之源本也三鎮不剋其一而留兵守郡不可自全明矣既逼敵之大鎮隔深淮之險少置兵不以自固多留衆糧運難可充又欲修渠通漕路必由于泗口泝淮而上須經角城淮陰大業舟船素畜敵因先積之資以拒始行之路若元戎旋旆兵士挫怯夏雨水長救援實難忠勇雖奮事不可濟淮陰東接山陽南通江表兼近江都海西之資西有盱眙壽陽之鎮且安土樂本人之常情若必留戍軍還之後恐為敵擒何者鎮戍新立懸在異境以勞禦逸以新擊舊而能自固者未之有也昔彭城之役既剋其城戍鎮已定而思叛外向者猶過數萬角城蕞爾處在淮北去淮陽十八里五固之役攻圍歷時卒不能剋以今比昔事兼數倍今以向熱水雨方降兵刃既交難以恩恤降附之民及諸守令亦可徙置淮北如其不然進兵臨淮速度士卒班師還京踵太武之成規營皇居於伊洛畜力以待敵釁布德以懷遠人使中國清穆化被遐裔淮南之鎮自效可期天安之捷指辰不遠車駕還幸石濟閭朝於行宮孝文謂閭曰朕往年之意不欲決征但兵士已集恐為幽王之災不容中止發洛之日正欲至於懸瓠以觀形勢然機不可失遂至淮南而彼諸將並列州鎮至元所獲定由晚一月日故也閭對曰人皆其所事而非其所不事猶犬之吠非其主且古者攻戰之法倍則攻之十則圍之聖駕親戎誠應大捷所以無大獲者良由兵少故也且徙都天下之大事今京邑甫爾庶事造創臣聞詩云惠此中國以綏四方且願陛下當從

容伊瀍優游京洛使德被四海中國輯寧然後向化之徒自然樂附高祖曰願從容伊瀍實亦不少但未獲耳閭曰司馬相如臨終恨不見封禪今雖江介不賓小賊未殄然中州之地略亦盡平豈可於聖明之辰而闕盛禮齊桓公霸諸侯猶欲封禪而況萬乘高祖曰由此桓公屈於管仲荆揚未一豈得如卿言也閭曰漢之名臣皆不以江南為中國且三代之境亦不能遠高祖曰淮海惟揚州荆及衡陽惟荆州此非近中國乎

朱延儁為中書侍郎宣武專心釋典不事墳籍延儁上疏諫曰臣聞有堯文思欽明稽古嬀舜體道濬哲作聖漢光神叡軍中讀書魏武英規馬上翫籍先帝天縱多能克文克武營遷謀伐手不釋卷良以經史義深補益處廣雖則劬勞不可暫輟斯乃前王之美事後王之水鏡善足以遵惡足以誡也陛下道悟自深淵鑒獨得昇法座於宸闈釋覺善於日宇凡在聽矚塵蔽俱開然五經治世之模六籍軌俗之本蓋以訓物有漸應時匪妙必須先麤後精乘近即遠伏願經書互覽孔釋兼存則內外俱周真俗斯暢

韓麒麟為齊州刺史麒麟以新附之人未階臺官士人沉抑乃表曰齊士自屬偽方歷載久遠舊州府寮動有數百自皇威開被并職從省守宰闕任不聽士人監督竊惟新人未階朝宦州郡局任甚少沉塞者多願言冠冕輕為去就愚謂守宰有闕宜推用豪望增置吏員廣延賢哲則華族蒙榮良才獲叙懷德安土庶或在茲朝議從之太和十一年京都大饑麒麟表陳時務曰古先哲王經國立治積儲九稔謂之太平故躬籍千畝以勵百姓用能衣食滋茂禮教興行逮於中代亦崇斯業入粟者與斬敵同爵力田者與孝悌均賞寔百王之常軌為治之所先今京師民庶不田者多游食之口三分居二蓋一夫不耕或受其饑況於今者動以萬計故頃年山東遭水而民有餧終今秋京都遇旱穀價踊貴實由農人不勸素無儲積故也惟陛下天

緫欽明道高三五昧旦憂勤思恤民瘼雖帝虞一日萬機周文昃不暇食蔑以爲喻上垂覆載之澤下有凍餒之人皆由有司不爲明制長吏不恤其本自承平日久豐穰積年競相矜夸遂成侈俗車服第宅奢僭無限喪葬婚娶爲費實多貴富之家童妾袨服工商之族玉食錦衣而農夫餔糟糠蚕婦乏短褐故令耕者日少田有荒蕪穀帛蓄於府庫寳貨盈於市里衣食匱於室屋服溢於路饑寒之本寔在於斯愚謂凡珍異之物皆宜禁斷吉凶之禮備爲格式令貴賤有別民歸朴素制天下男女計口受田宰司四時巡行臺使歲一案撿勤相勸課嚴加賞罰數年之中必有盈贍雖遇災凶免於流亡矣往年校比戶貫租賦輕少臣所統齊州租粟纔可給俸略無入倉雖於民爲利而不可久長脫有戎役或遭天災恐供給之方無所取濟可減絹布增益穀租年豐多積歲儉出賑所謂私民之穀宿積則民無荒年矣

甄琛爲河南尹琛表曰詩稱京邑翼翼四方是則者京邑是四方之本安危所在不可不清是以國家居代患多盜竊世祖太武皇帝親自發憤廣置主司里宰皆以下代令長及五等散男有經略者乃得爲之又多置吏士爲其羽翼崇而重之始得禁止今遷都以來天下轉廣四遠赴會事過代都五方雜沓難可備簡寇盜公行劫害不絶此由諸坊混雜釐比不精主司闇弱不堪撿察故也凡使人攻堅木者必爲之擇良器今河南郡是陛下天山之堅木盤根錯節亂植其中六部里尉即攻堅之利器非貞剛精銳無以治之今擇尹既非南金里尉鉛刀而割欲望清肅都邑不可得也里正乃流外四品職輕任碎多是下才人懷苟且不能督察故使盜得容姦百賦失理郷邊外小縣所領不過百戶而令長皆以將軍居之京邑諸坊大者或千戶或五百戶其中皆王公卿尹貴勢姻戚豪猾僕隸蔭養姦徒高門邃宇不可干問又有州郡俠客蔭結貴游附黨連羣陰爲劫此之邊縣難易不同今難彼易此實爲未愜王者立法隨時從宜改弦易調明主所急先朝立品不必即定施而觀之不便則改今閑官靜任猶聽長兼況煩劇要務不得簡能下領請取武官中八品將軍已下幹用貞濟者以本官俸恤領里尉之任各食其祿高者領六部尉中者領經途尉下者領里正不爾請少高里尉之品選下品中應遷之者進而爲之督責有所輦轂可清詔曰里正可進至勳品經途從九品六部尉正九品諸職中簡取何必須武人也琛又奏以羽林爲游軍於諸坊巷司察盜賊於是京邑清靜至今踵焉

游肇爲侍中將軍高肇伐蜀肇諫曰臣聞遠人不服則脩文德以來之兵者凶器不得已而後用當今治雖太平論征未可何者山東關右殘傷未復頻年水旱百姓空虛宜在安靜不宜勞役然往昔開拓皆因城主歸款故有征無戰今之向化者雖假官號真僞難分或有怨於彼不可全信且蜀地險隘稱之自古鎮戍晏然更無異趣豈得虛承浮說而動大軍舉不慎始悔將何及討蜀之略願俟後圖宣武不納又肇爲黃門侍郎時盧昶在朐山肇諫曰朐山蕞爾僻在海濱山湖下勢民無居者於我非急於賊爲利故必致死而爭之非急故不得已而戰以不得已之衆擊必死之師恐稽延歲月所費遂甚假令必得朐山徒致交爭終難全守所謂無益之田也如賊將屢以宿豫求易朐山臣愚謂此言可許朐山久捍危弊宜速審之若必如此宿豫不征而自伏持此無用之地復彼舊有之疆兵役時解其利爲大宣武將從之尋而昶敗

陽固爲治書侍御史時宣武廣訪得失固上讜言表曰臣聞爲理不在多方在力行而已當今之務宜早正東儲立師傅以保護立官司以防衛以係蒼生之心攬權衡親宗室強幹弱枝以立萬世之計舉賢良黜不肖使野無遺才朝無素飡孜孜萬幾躬親庶務使民無謗讟之響省徭役薄賦斂修學官遵舊章

貴農桑賤工商絶談虛窮微之論簡桑門無用之費以存元元之民以救飢寒之苦上合昊天之心下慰億兆之望然後備器械脩甲兵習水戰滅吳會㩦封禪之禮追軒唐之軌同彼七十二君之徽號協問鼎嵩河之心副高祖劬勤之寄上與三皇比隆下與五帝齊美豈不茂哉臣位卑識昧言不及議屬聖明旁訪敢獻瞽言伏願陛下留神少垂究察

封回為都官尚書靈太后臨朝召百官問得失羣臣不敢言回對曰昔孔丘為司寇七日而誅少正卯魯國肅然欺巧自息姬旦行戮不避兼兄周道用隆徐偃專行仁義其國乃滅自古及今未有不厲威刑而能治者頃來頗由長吏寬怠侵剝百姓盜賊羣起請肅刑書以懲未犯太后意納之而不能用

路思令為尚書右民郎時天下多事思令乃上疏曰臣聞國之大事唯祀與戎戎之有功在於將帥三代不必別民

致治不專五霸不必異兵各能克定至於湯武之賢猶須伊望之佐堯舜之聖尚有稷契之輔得其人也六合唾掌可清失其人也三河方為戰地何者勤之甚易靖之至難竊以比年以來將帥多是寵貴子孫軍幢統領亦皆故義託附貴戚子弟未經戎役至於銜杯躍馬志逸氣浮軒眉攘腕便以攻戰自許及臨大敵怖懼交懷雄圖銳氣一朝頓盡及令羸弱在前以當鋒強壯居後以安身兼復器械不精進止不集任羊質之將驅不練之兵當負險之衆敵數戰之虜欲令不敗豈有得哉是以兵知必敗始集而先逃將又怖敵遷延而不進國家便謂官號未滿重爵屢加復疑賞賚之輕金帛日賜帑藏空虛民財殫盡致使賊徒更增膽氣益盛生民損耗荼毒無聊主難臣哀何心寢食臣雖位微竊不遑舍臣聞孝行出於忠貞節義率多果決可感義夫恩可勸死士今若捨上所輕求下所重黜陟幽明賞罰善惡拔徒簡卒練兵耆武甲奇等強弓調矢取謀夫既設謀士先陳曉以安危示其禍福如其不悛以我義順之師討茲勃逆之豎豈異厲蕭斧而伐朝菌鼓洪爐而燎毛髮雖愚者知其不旋踵矣敢以愚短昧死陳誠

王椿為瀛州刺史時有風雹之變詔書廣訪讜言椿乃上疏曰伏奉詔書以風雹厲威上動天聽訪讜辭於百辟詢輿誦於四海宸衷懇切備在絲綸祗承兢感心焉靡厝伏惟陛下啓籙應期馭育萬物承綴旒之難運繫纖絲之危緒宵旰日昃求衣未明俾上帝下臨懇愍荼蓼未擠溝壑而滄浪降災作害中秋上帝聽臨義不虛變竊惟風者為號令皇天所以示威雹者氣激陰陽有所交爭待行令殊節殊愆失中之所致也昔澍雨千里寔緣蓍祀之誠炎星三舍寧非善言之力譴不空發徵豈謬應諺謂蓋高實符人事伏願陛下留心曲覽垂神遠察禮賢登士慎舉審官權衡申冤振窮省役使夫丘樊林藪之彥畢居朝右

儀表丹青之位未或虛加圜土變五毒之民撲日息千門之贊巖巖廊署無不遇之士忪忪惸獨荷溥泉之恩則物見昭蘇人知休泰徐奏薰風之曲無論鴻鴈之歌豈不天人幸甚鬼神咸抃

李瑒字琚羅為高陽王主簿于時民多絕戶為沙門瑒上言禮以教世法導將來迹用既殊區流亦別故三千之罪莫大於不孝不孝之大無過於絕祀然則絕祀之罪重莫甚焉安得輕縱背禮之情而肆其向法之意也正使佛道亦不應然假令聽然猶須裁之以禮一身親老棄家絕養既非人理尤乖禮情堙滅大倫且關王貫交缺當世之禮而求將來之益孔子云未知生焉知死斯言之至亦為備矣安有棄堂堂之政而從鬼教乎又今南服未靜衆役仍煩百姓之情方多避役若復聽之恐捐棄孝慈比屋而是沙門都統僧暹等忿瑒鬼教之言以瑒為謗毀佛法泣訴靈太后責之瑒自理曰竊欲清明佛法使道俗兼通

非敢排棄眞學妄爲訾毁且鬼神之名皆通靈達稱自百代正典敘三皇五帝皆號爲鬼天地曰神祇人死曰鬼易曰知鬼神之情狀周公自美亦云能事鬼神禮曰明則有禮樂幽則有鬼神是以明者爲堂堂幽者爲鬼教佛非天非地本出於人應世導俗其道幽隱名之爲鬼愚謂非謗且心無不善以佛道爲教者正可未達衆妙之門耳靈太后雖知瑒言爲允然不免暹等之意猶罰瑒金一兩

張普惠爲諫議大夫以天下民調幅度長廣尚書計奏復徵綿麻之調遵先皇之軌夙宵惟度忻戰交集何者聞復高祖舊典所以忻惟新但可復而不復所以戰違法仰惟高祖廢大斗去長尺改重秤所以愛萬姓從薄賦知軍國須綿麻之用故云幅度之間億兆應有綿麻之利故絹上稅綿八兩布上稅麻十五斤萬姓得廢大斗去長尺改重秤荷輕賦之饒不適於綿麻而已故歌舞以供其賦奔走以役其勤天子信於上億兆樂於下

故易曰悅以使民民忘其勞此之謂也自茲以降漸漸長闊百姓嗟怨聞於朝野伏惟皇太后臨朝之前陛下居諒闇之日宰輔不尋其本知天下之怨綿麻不察其幅廣度長秤重斗大革其所弊存其可存而特放綿麻之調以悅天下者也尚書既知國少綿麻不惟法度之幅易民言之可長便改去天下之大信棄已行之成詔追前之非遂後之失奏求還復綿麻以充國用不思庫中大布綿麻而群官共竊之愚臣以爲於理未盡何者今宮人請調度造衣物必度付秤量絹布匹有尺丈之盈猶不計其廣絲綿斤兼百銖之剩夫無益之貨勿重於時虧德之器勿陳於側則民知德矣臣又聞之爲治之要在於選舉若差之毫釐則有千里之失後來居上則致積薪之譏是以古之善爲治者貫魚以次任必以能爵人於朝不以私愛簡才以授其宜量能以任其用官得其才用當其器六轡既調坐致千里虞舜選衆不仁者遠則庶事康哉民知其化矣帝覽而善之

樂運爲萬年縣丞高祖嘗幸同州召運赴行在既至高祖謂運曰卿來日見太子不運曰臣來日奉辭高祖曰卿言太子何如人運曰中人也時齊王憲以下並在帝側高祖顧謂憲等曰百官佞我皆云太子聰明睿智唯運獨云中人方驗運之忠直耳於是因問運中人之狀運對曰班固以齊桓公爲中人管仲相之則霸豎貂輔之則亂謂可與爲善亦可與爲惡也高祖曰我知之矣遂妙選宮官以輔弼之仍超拜運京兆郡丞宣帝時數行赦宥運又上疏曰臣謹按周官曰國君之過市刑人赦此謂市者交利之所君子無故不遊天地屬心百神佇望故宜敬宗將禮咸秩無文而告朔朝廟不親於明堂嘗禘郊社多委於有司觀射游苑羅馬騁車危而非典豈清蹕之意殖不思之業拔巨費於生民減祿削力近供無事之僧崇飾雲殿遠邀未然之報昧爽之臣稽首於外玄寂之衆遨游於內紱禮杆將人靈未穆愚謂從朝夕之因求祗劫之果未若先萬國之忻心以事其

親使天下和平災害不生者也伏願淑愼威儀爲邦作式躬致郊廟之禮親紆禋望之度釋奠成均竭心千畝明發不寐絜誠禋裸孝悌可以通神明德教可以光四海則一人有喜兆民賴之然後精進三寶信心如來道由化深故諸漏可盡法隨禮積故彼岸可登量撤僧寺不急之華還復百官久折之秩已興之構務從簡約將來之造權令停息仍舊亦可何必改作臣學不經遠言多孤陋忝職其憂不敢默爾尋別勅付外議釋奠之禮時史官剋日蝕預罷朝普惠以逆廢非禮上疏陳之又表論時政得失一曰審法度平斗尺租調務輕賦役務省二曰聽輿言察怨訟三曰進忠謇退不肖任賢勿貳去邪勿疑四曰興滅國繼絶世勳親之胄所宜收敘正光中詔遣楊鈞送蠕蠕主阿那瓌還國普惠謂遣之將貽後患上疏曰臣聞乾元以利貞爲大非義則不動皇王以博施爲功非類則不從故能始萬物而化天下者也伏惟陛下叡哲欽明道光虞舜八表宅心九服歸

蠕蠕相害於朝垂妖師窃亂於江外此乃封豕長虵不識王度天將悔其罪所以奉皇魏故荼毒之辛苦之令知至道之可樂也宜安民以悅其志恭己以懷其心而先自勞擾艱難下民興師郊甸之內遠投荒塞之外救累世之勍敵可謂無名之師諺曰惟亂門之無過愚情未見其可當是邊將窺竊一時之功不思兵爲凶器不得已而用之者也夫白登之役漢祖親困之樊噲欲以十萬衆橫行匈奴中季布以爲不可請斬之千載以爲美況今旱酷異常聖慈降膳乃以萬五千人使楊鈞爲將而欲定蠕蠕忤時而動其可濟乎阿那瓌投命皇朝撫之可也豈容困疲我兆民以資天喪之虜昔莊公納子糾以致乾時之敗魯僖小邾國而有懸胄之恥今蠕蠕衰亂後主繼立雖云散亡蓋憂難抑脫有井陘之慮楊鈞之肉其可食乎高車蠕蠕連兵積年饑饉相仍須其自斃小亡大傷然後一舉而并之此卞氏之高略所以獲兩虎不可不圖之今土山告難簡書相續蓋亦無

能爲也正與今舉相會天其或者欲以告戒人不欲使南北兩疆並興大衆脫狂狡搆間於其間而復事連中國何以寧之今宰輔專欲好小名不圖安危大計此微臣所以寒心者也那瓌之不還負何信義此機之際北師宜停臣言不及義文書所經過不敢不陳兵猶火也不戰將自焚二虜自滅之形可以爲驗鑒伏願輯和萬國以靜四疆混一之期坐而至矣臣愚昧多違必無可採匹夫之智願以呈獻表奏詔答曰夫窮鳥歸人尚或興憫況那瓌嬰禍流離遠來依庇在情在國何容弗矜且納亡興喪有國大義皇魏堂堂寧廢斯德後主亂亡似當非謬此送彼迎想無拒戰國義宜表朝筭已決鄉深誠厚意朕用嘉歎但此段機略不獲相從脫後不逮勿憚正言

北齊唐邕爲侍中從武成帝幸晉陽帝至武軍驛因醉責虞候都督范洪將殺之邕諫以爲若非酒行戮旋誅人無所怨假實有大罪因酒殺人恐招橫議洪因得免死

王紘後主時爲散騎常侍武平初上言突厥與宇文男來女往必當相與影響南北寇邊宜選九州中男强弩多據要險之地伏願陛下哀忠念舊愛孤恤窮矜愚嘉善舍過記功敦骨肉之情廣寬仁之路思堯舜之風慕禹湯之德克己復禮以成美化天下幸甚

後周樂遜爲左光祿大夫武成元年六月以霖雨經時詔百官上封事遜陳時宜一十四條其五條切於政要其一崇治方曰竊惟今之在官者多求清身克濟不至惠民愛物何者比來守令年期既促歲責有成皆謂猛濟爲賢未甚優養此政既代後者復然夫政之正民過急則刻薄緩則弛慢是以周失舒緩秦敗急酷民非赤子遇之宜在舒疾得衷不使勞擾頃承魏之衰政人習逋違先王朝憲備行民咸識法但可宣風正俗納民軌訓而已自非軍旅之中何用過爲迫切至於興邦致治事由德教漸以成之非在倉卒竊謂姬周盛德治興文武政穆成康自斯厥後不能無事昔申侯將奔楚子誨之曰無適小

國言以政狹法峻將不汝容敬仲入齊稱曰幸若獲宥及於寬政然關東諸州淪陷日久塗炭之後當慕息肩若不布政優優聞諸境外將何以使彼勞民歸就樂土其二省造作曰頃者魏都洛陽一時殷盛貴勢之家各營第宅車服器玩皆尚奢靡世逐浮競人習澆薄使禍亂交興天下喪敗比來朝廷器服稍華百工造作務盡奇巧臣誠恐物逐好移有損政俗如此等事頗宜禁省記言無作淫巧以蕩上心傳稱宮室崇侈民力彫弊漢景有云黃金珠玉饑不可食寒不可衣彫文刻鏤傷農事者也錦繡纂組害女功者也以二者爲飢寒之本源矣然國家非爲軍戎器用時事要須而造者皆徒費功力損用害民未如廣勸農桑以衣食爲務使國儲豐盈大功易立其三明選舉曰選曹賞録勳賞補擬官爵必宜與衆共之有明揚之授使人得盡心如覩白日其材有昇降其功有厚薄祿秩所加無容不審卽如州郡選置猶集鄉閭況天下選曹不取物望若方州列郡自可

内除外付曹銓叙者既非機事何足可密人生勁世以榮禄爲重檢身脩行以篤脩爲名然逢時既難失時爲易其選置之日宜令衆心明白然後呈奏使功勤見知品物稱悦其四重戰伐曰魏祚告終天睠在德而高洋稱僭先迷未改擁逼山東事切肘腋譬猶碁劫相持爭行先後若一行非當或成彼利誠應捨小營大先保封域不宜貪利在邊輕爲興動捷則勞兵分守敗則所損已多詩云德則不競何憚於病唯德可以庇民非恃强也夫力均勢敵則德者勝君子道長則小人道消故昔之善戰者先爲不可勝以待敵之可勝彼行暴戾我則寬仁彼爲刻薄我必惠化使德澤滂流人思有道然後觀釁而作可以集事其五禁奢侈曰按禮人有貴賤物有差等使用者節品類有歷爲后爲天下毋而身服大練所以率下也季孫相三君矣家無衣帛之妾所以勵俗也比來富貴之家爲意稍廣無不資裝僕隷作車後容儀服飾華美眩曜街衢乃使行者輟足路人傾蓋論

其輸力公家未若介冑之士然其坐受嘉賞有踰攻戰之人縱令不惜功費豈不有虧清德必其儲蓄之餘孰與矜恤軍士魯莊公有云衣食所安不敢愛也詩言豈曰無衣與子同袍皆所以取人力也又陳事上議之徒亦應不少當有上徹天聽者未聞是非陛下雖念存物議欲盡天下之情而天下之情猶爲未盡何者取人受言貴在顯用若納而不顯是而不用則言之者或寡矣

黎季明武帝時爲外史大夫保定三年戚營宮室春夏大旱詔公卿百寮極言得失季明上書曰臣聞成湯遭旱以六事自陳宣王太甚而珪璧斯竭豈非遠慮元元俯矜兆庶方今農要之月時雨猶愆率土之心有懷渴仰陛下垂情萬類子愛群生覲禮百神未致豐洽者豈或作事不節有違時令舉措失中儻邀斯旱春秋君舉必書動爲典禮水旱陰陽莫不應行而至孔子曰言行君子之所以動天地可不慎乎春秋莊公三十一年冬不雨五行傳以爲是歲一年而三築臺奢侈不恤民也僖公二十一年夏大旱五行傳以爲時作南門勞民興役漢惠帝二年夏大旱五年夏大旱江河水少谿澗水絶五行傳以爲先是發民十四萬六千人城長安漢武帝元狩三年夏大旱五行傳以爲是歲發天下故吏穿昆明池然則土木之功動民興役天輒應之以異典籍作誡儻或可思上天譴告改之則善今若息民省役以荅天譴庶靈澤時降嘉穀有成則年登可覬子來非晚詩云民亦勞止迄可小康惠此中國以綏四方或恐極陽生陰秋多雨水年復不登民將無覬如又薦飢爲慮更甚是時豪富之家競爲奢麗季明上書曰臣聞寬大所以兼覆慈愛所以懷衆故天地稱其高厚者萬物得其容養焉四時著其寒暑者庶類資其忠信焉是以帝王者寬大象天地忠信則四時招摇東指天下識其春人君布德率土懷其惠伏惟陛下資乾御宇品物咸亨時乘六龍自強不息好問受規天下幸甚自古至治之

君亦皆廣延博訪詢採蒭蕘置鼓樹木以求其過頃者亢旱踰時人懷望歲陛下爰發明詔廣求人瘼同禹湯之罪己高宗景之守正斟雨應時年穀斯稔克己節用慕質惡華此則尚矣然而朱紫仍耀於衢路綺縠猶侈於豪家裋褐未充於細民糟糠未厭於編户此則勸導之理有所未周故也今雖導之以德齊之以刑風俗固難以一矣昔文帝集上書之囊以作帷惜十家之産不造露臺後宮所幸衣不曳地方之今日富室之飾不如婢隷之服然而以身率下國富刑清廟稱太宗良有以也臣聞聖人久於其道而天下化成今夫魏氏衰亂之後貞信未興先尊五美屏四惡革浮華之俗抑流競之風察洪都之小藝焚雕斂之異服无益之貨勿重於時虧德之器勿陳于反則民知德矣臣又聞之爲治之要在於選舉者差之毫釐則有千里之失後來居上則致積薪之譏是以古之善爲治者貫魚以次任必以能爵人於朝不以私愛簡才以授其官量能以任

其用官得其材用當其器六轡既調坐致千里虞舜選衆不仁者遠則庶事康哉民知其化矣帝覽而嘉之

樂運爲万年縣丞高祖嘗幸同州召運赴行在既至高祖謂運曰卿來日見太子不運曰臣來日奉辭高祖曰卿言太子何如人運曰中人也時齊王以下並在帝側高祖顧謂憲等曰百官佞我皆云太子聰明睿智唯運獨云中人方驗運之忠正耳於是因問運中人之狀運對曰班固以齊桓公爲中人管仲相之則伯豎貂輔之則亂謂可與爲善亦可與爲惡也高祖曰我知之矣遂妙選宮官以輔弼之仍超拜運京兆郡丞宣帝時數行赦宥運又上疏曰臣謹案周官曰國君之過市刑人赦此謂市者交利之所君子無故不游觀焉若游觀則當赦以悅之也尚書曰眚災肆赦此謂過誤爲害罪雖大當緩赦之呂刑云五刑之疑有赦此謂赦疑從罰罰疑從免論語曰赦小過舉賢才謹尋經典未有罪無輕重溥天大赦之文逮茲末葉不師古始

無益於治未可則之故管仲曰有赦者奔馬之委轡不赦者痤疽之礪石又曰惠者民之仇讎法者民之父母吳漢遺言猶云唯願無赦王符著論亦云赦者非明世之所宜有大之尊豈可數施非常之惠以肆姦宄之惡乎帝不納

盧愷爲内史下大夫武帝在雲陽宮勅諸屯簡老牛欲以享士愷進諫曰田子方贖老馬君子以爲美談向奉明勅欲以老牛享士有虧仁政帝美其言而止

冊府元龜卷第五百三十

冊府元龜卷第五百三十一

諫諍部九

規諫第八

隋于宣敏開皇初為奉車都尉奉使撫慰巴蜀還上疏曰臣聞開盤石之宗漢室於是惟永建維城之固周祚所以靈長昔秦皇置牧守而罷諸侯魏后暱諂邪而疏骨肉遂宗社移於他族神器傳於異姓此事之明甚於觀火然山川設險非親勿居且蜀土沃饒人物殷阜西通邛僰南屬荊巫周德之衰茲土遂成戎首炎政失御此地便為禍先是以明者防其無形治者制其未亂方可慶隆萬世年逾七百伏惟陛下日角龍顏膺樂推之運參天貳地居揖讓之期億兆宅心百神受職理須樹建藩屏封植子孫繼周漢之宏圖改秦魏之覆軌抑近習之權勢崇公族之本枝但三蜀三齊古稱天險分王戚屬今正其時若使利建合宜封樹得所巨猾息其非望姦臣杜其邪謀盛業洪基同

天地之長久矣英聲茂實參日月之照臨臣雖學謝多聞然情深躰国輒申管見戰灼惟深帝省表嘉之謂高熲曰于氏世有人焉竟納其言遣蜀王秀鎮於蜀

何妥為通直散騎常侍時納言蘇威兼領五職高祖甚親重之妥奏威不可信任又以掌天文律度皆不稱職妥又上八事以諫今所載者四事而已其一事曰臣聞知人則哲惟帝難之孔子曰舉直錯諸枉則民服舉枉錯諸直則民不服由此言之政之治亂必慎所舉故進賢受上賞蔽賢蒙顯戮察今之舉人良異于此無論諂直莫擇賢愚忠欲崇高則起家喉舌之任意須抑屈必白首郎署之官人之不服實由於此臣聞爵人於朝與士共之刑人於市與衆棄之伏見留心獄訟愛人如子每應決獄無不詢訪群公刑之不濫君之明也刑既如此爵亦宜然若有懋功簡在帝心者便可擢用自斯以降若選重官必須衆以衆議勿信一人之舉則上不偏私下無怨望其二事曰孔子云定察阿黨則罪無掩蔽又曰君子周而不比小人比而不周所謂比者即阿黨也謂心之所愛既已光華榮顯猶加提挈心之所惡既已沉滯屈辱薄言必怒提挈既成必相掩蔽則欺上之心生矣屈辱既加必有怨恨則謗讟之言出矣伏願廣加逖訪勿使朋黨路開威恩自任有國之患莫大於此其三事曰臣聞舜舉十六族謂八元八凱也計其賢明理優今日猶復擇才授任不相侵濫故得四門雍穆庶績咸熙今官員極多用人甚少有一人身上乃兼數職為是國無人也為是人不善也今萬乘大国髦彥不少縱有明哲无由自達東方朔言曰尊之則為將卑之則為虜斯言信矣今當官之人不度德量力既无呂望傅說之能自負傅巖滋水之氣不慮憂深責重唯畏總領不多安斯寵任輕彼權軸好致顛蹶蓋此之由也易曰鼎折足覆公餗其刑渥凶言不勝其任也臣聞窮力舉重不能為用伏願更任賢良分才參掌使各行有餘力則庶事康哉其四事曰臣聞禮

云析言破律亂名改作執左道以亂政者殺孔子曰仍舊貫何必改作伏見比年以來改作者多矣至如范威漏刻十載不成趙翊尺秤七年方決公孫濟迂誕醫方逾費巨萬徐道慶迴牙子午藥耗飲食常明破律多歷歲時王渥亂名曾無紀極張山居未知星位前已蹂藉太常曹魏祖不識北辰今復轉轄太史莫不用其短見使自誇毗邀射名譽厚相誣罔請今日已後有如此者若其言不驗必加重罰庶令有所畏忌不敢輕奏狂簡時蘇威權兼數司先嘗隱武功故妥言自負傅巖滋水之氣以此激上書奏威大銜之

柳彧為治書侍御史見高祖勤於聽受百寮奏請多有煩碎因上疏諫曰臣聞自古聖帝莫過唐虞象地則天布政施化不為叢脞是謂欽明語曰天何言哉四時行焉故知人君出令誡在煩數是以舜任五臣堯咨四岳設官分職各有司存垂拱無為天下以治所謂勞於求賢逸於任使又云天子穆穆諸侯皇皇

此言君臣 聖裁有別此見四海一家萬機務廣事無大小或闕聖聽 留心治道無憚疲勞亦由群官懼罪不能自決取判天旨聞奏過多至營造細小之事出給纖微之物一日之內訓答百司至乃日旰忘食夜中未寢勤以文簿憂勞聖躬伏願思臣至言以減煩務以怡神為意以養性為懷思武王安樂之義念文王勤憂之理若其經國大事非臣下裁斷者伏願詳決自餘細務責成所司則聖體盡無疆之壽臣下蒙覆育之賜也高祖覽而嘉之

楊尚希為上儀同高祖每旦臨朝日側不倦尚希諫曰周文王以憂勤損壽武王以安樂延年願陛下舉大綱責成宰輔繁碎之務非人主所宜親也帝懽然曰公愛我者

張羨仕後周為司成中大夫以年老致政高祖遷都龍首羨上表勸以儉約上優詔答之

裴肅仁壽中為貝州長史見皇太子勇蜀王秀左僕射高熲俱廢黜遣使上書曰臣聞事君之道有犯無隱愚情所懷敢不聞奏竊見高熲以天挺良才元勳佐命陛下光寵亦已優隆但鬼瞰高明世嫉後異側目求其長短者豈可勝道哉願陛下錄其大功忘其小過臣又聞之古先聖帝教而不誅陛下至慈度越前聖二庶人得罪已久寧無革心願陛下弘君父之慈顧天性之義各封小國觀其所為若能遷善漸更增益如或不悛貶削非晚今者自新之路永絕愧悔之心莫見豈不哀哉書奏帝謂楊素曰裴肅憂我家事此亦至誠也

蘇威為民部尚書兼納言文帝嘗與文獻皇后對觴召威及高熲楊素廣平王雄四人謂曰太史言朕祚運盡於三年朕念還故舉此酒耳今欲營南山險處與公等固之以觀時變將如何威進曰周文脩德旋地動之災宋景一言星退三舍願陛下恢崇德度享天之休若棄德恃險周舟之人誰非敵國雖南山之阻安足固哉帝善其言屬之以酒 又從幸帝征遼東領右禦衛大將軍楊玄感之反也帝引威帳中懼見於色謂威曰此小兒聰明得不為患乎威曰夫識是非審成敗者乃所謂聰明玄感麤疎非聰明者必無所慮但恐浸成亂階耳威見勞役不息百姓思亂微以此諷帝帝竟不寤後從幸鴈門為突厥所圍朝廷危懼帝欲輕騎潰圍而出威諫曰城守則我有餘力輕騎則彼之所長陛下万乘之主何宜輕脫帝乃止突厥俄亦解圍而去車駕至太原威言於帝曰今者盜賊不止士馬疲弊願陛下還京師深根固本為社稷之計帝初然之竟用宇文述等議遂往東都時天下大亂威知帝不可改意甚患之屬帝問侍臣盜賊事宇文述曰盜賊信少不足為虞威不能詭對以身隱於殿柱帝呼威而問之威對曰臣非職司不知多少但患其漸近帝曰何謂也威曰他日賊據長白山今者近在滎陽汜水帝不悅而罷尋屬五月五日百寮上遺多以珍翫威獻尚書一部微以諷帝帝亦不平

唐孫伏伽為萬年縣法曹武德元年初以三事上諫其一曰臣聞天子有諍臣雖無道不失於天下父有諍子雖無道不䧟於不義故云子不可不諍於父臣不可不諍於君以此言之臣之事君猶子之事父故也隋後主所以失天下者何也止為不聞其過當時非無直言之士由君不受諫自謂德盛唐堯功過夏禹窮侈極欲以恣其心天下之士肝腦塗地户口減耗盜賊日滋而不覺知者皆由朝臣不敢告之也向使脩嚴公之法開直言之路選賢任能賞罰得中人人樂業誰能搖動者乎所以前朝好為變更不師古訓者止為天誘其衷將以闢今聖唐也陛下龍舉晉陽天下響應計不旋踵大位遂隆陛下勿以唐得天下之易不知隋失之不難也陛下貴為天子富有天下動則左史書之言則右史書之既為竹帛所拘何可恣情不慎凡蒐狩須順四時既代天理安得非時妄動陛下二十日龍飛二十一日有獻鷂雛者此乃前朝之弊風少年之事務何忽今日行之

又聞相國參軍事盧牟子獻琵琶長安縣丞張安道獻弓箭頻蒙賞勞但普天之下莫非王土率土之賓莫非王臣陛下必有所欲何求而不得陛下所少者豈此物哉願陛下察臣愚心則天下幸甚其二曰百戲散樂本非正聲有隋之末大見崇用此謂淫風不可不改近者太常官司於人間借婦女裙襦五百餘具以充散妓之服云擬五月五日於玄武門遊戲臣竊思審實損皇猷亦非貽厥孫謀為後代法也故書云無以小惡為无傷而弗去恐從小至於大故也論語云放鄭聲遠佞人又云樂則韶武以此言之散妓定非功成之樂也如臣愚見請並廢之則天下不勝幸甚其三曰臣聞性相近而習相遠以其所好相染也故書云與治同道罔弗興與亂同事罔弗亡以此言之興亂其在所與皇太子及諸王等左右群僚不可不擇而任之也如臣愚見但是無義之人及先來無賴家門不能邕睦及好奢華馳獵馭射專作慢遊狗馬聲色歌舞之人亦不得使親而近之

也此等止可悅耳目備驅馳至於拾遺補闕決不能為也臣歷窺往古下觀近代至於子孫不孝兄弟離間莫不為左右之亂也願陛下妙選賢才以為皇太子僚友如此即克隆盤石永固維城矣高祖覽之太悅以為治書侍御史及平王世充竇建德大赦天下既而責其黨與並令配遷伏伽上表諫曰臣聞王言无戲自古格言去食存信傳諸備典故書云爾無不信朕不食言又論語云一言出口駟不及舌以此而論言之出口不可不慎伏惟陛下光臨區宇覆育群生率土之賓誰非臣妾綸綍一發取信万方使聞之者不疑見之者無惑陛下今月二日發雲雨之制光被黔黎無所間然公私蒙賴既云常赦不免皆赦除之此非直赦其有罪亦是與天下斷當許其更新以此言之但是赦後即無事因何王世充及建德部下赦後始欲遷之此是陛下自違本心欲遣下人若為取則若欲子細推尋逆城之內人誰无罪故書云殲厥渠魁脅從罔治若論渠魁充等為首渠魁尚免脅從何辜且古人云跖狗吠堯吠非其主在東都城內及建德部下乃有與陛下積小故舊編髮友朋猶尚有人敗後始至者此等豈忘陛下皆云被擁故也以此言之自外誅者竊謂無罪又書云非知之艱行之唯艱上古已來何代无君所以只稱堯舜之善者何也直由為天子者實難善名難得故也往者天下未平威權須應機而作今四方既定設法須與人共之但法者陛下自作之還須守之使天下百姓信而畏之今自為无信欲遣兆人若何信畏故書云无偏無黨王道蕩蕩無黨無偏王道平平賞罰之行達乎貴賤聖人制法無限親疏如臣愚見世充建德下偽官經赦合免責情欲遷配者請並放之則天下幸甚又上表請置諫官高祖皆納焉

孔穎達為給事中太宗初即位留心庶政穎達數進忠言益見親待太宗嘗問曰論語云以能問於不能以多問於寡有若無實若虛何謂也穎達對曰聖人設教欲人謙光己雖有能不自矜大仍就不能之人求訪能事己之才藝雖多猶以為少仍就寡少之人更求所益己之雖有其狀若無己之雖實其容若虛非唯匹庶帝王之德亦當如此夫帝王內蘊神明外須玄默使深不可測度不可知易稱以蒙養正以明夷莅衆若其位居尊極炫耀聰明以才凌人飾非拒諫則上下情隔君臣道乖自古滅亡莫不由此也太宗深善其對

李大亮為涼州都督以惠政聞太宗謂侍臣曰大亮可謂忠直矣朕遣使至其所見有佳鷹諷令獻朕大亮因密表責朕云陛下久絕田獵而使者求鷹若是陛下之意深乖昔旨如其自擅使非其人朕覽表嘉歎不能自已有臣若是朕復何憂於是賜之金壺以彰忠讜

戴胄為民部尚書太宗將修洛陽宮諫曰關中河外近置軍團富室強丁並從戎旅重以九城作使餘丁向尽去京二千里內先配司農將作假有遺餘勢何足紀乱離甫爾戶口單弱一人

秋役舉家便廢人軍者皆其戎仗從役者責其餱糧盡室經營多不能濟以臣愚見恐致怨嗟今丁役既盡賦調不入費用不止帑藏甚虛且洛陽宮殿足蔽風雨數年功畢亦謂非晚若頓修營恐傷勞擾上嘉之因謂侍臣曰戴胄於我無骨肉之親但以忠直勵行情深體國事有機要無不以聞

張玄素爲給事中太宗發卒修洛陽宮玄素諫曰陛下承百王之末屬彫弊之餘必欲節之以禮制陛下宜以身爲先東都未有幸期即令補葺豈疲人之所望也陛下初平東都之始層樓廣殿皆令撤毀天下翕然同心欣仰豈有初則惡其侈靡今乃襲其雕麗臣每承德音未即巡幸此則事不急之務成虛費之勞國無兼年之積何用兩都之好臣聞阿房成秦人散章華就楚衆離又乾陽畢功隋人解體且以陛下今時功力何如隋日役瘡痍之人襲亡隋之弊深恐甚於煬帝者矣願陛下思之無爲由余所笑則天下幸甚上大悅謂房玄齡曰本修洛陽意在

便於百姓今玄素上表實亦可依必事理須行露坐亦復何苦所修宜即停之

褚遂良爲諫議大夫太宗問曰舜造漆器禹雕其俎當時諫舜禹者十餘人食器之間苦諫何也遂良對曰雕琢害農事纂組傷女工首創奢淫危亡之漸漆器不已必金爲之金器不已必玉爲之所以諍臣必諫其漸及其滿盈無所復諫太宗以爲然因曰夫爲人君不憂万姓而事奢淫危亡之機可反手而待也

又皇子年幼者多任都督刺史遂良上疏曰昔兩漢以郡國理人除郡以外分立諸子割土分疆雜用周制皇唐州縣粗依秦法皇子幼年或授刺史陛下豈不以偏王骨肉鎮扞四方此之造制道高前烈如臣愚見有小未盡何者刺史郡帥民仰以安得一善人部內蘇息遇一不善人合州勞弊是以人君愛恤百姓常爲擇賢或稱河潤九里京師蒙福或人興歌詠生爲立祠漢宣帝云與我共理者惟良二千石乎如臣愚見陛下兒子內

年齒尚幼未堪臨人者且留京師教以經學一則畏天之威不敢犯禁二則觀見朝儀自然成立因此積習自知爲人審堪臨州然後遣出臣謹案漢明章和三帝能有愛子弟自茲已降取爲准的封立諸王各有國土年尚幼小者召留京師訓以禮法垂以恩惠訖三帝世諸王數十百人唯二王稍惡自餘飡和染教皆爲善人此則前事已驗惟陛下詳察太宗深納之又太宗謂侍臣曰當今國家何等爲急遂良曰即日四方仰德誰敢爲非取太子諸王須有定分陛下宜爲万代法以遺子孫太宗曰此言是也朕年將五十已覺衰怠既以長子守器東宮弟及庶子數將五十心常憂慮頗在此耳但自古嫡庶無良何嘗不傾敗國家公等爲朕搜訪賢德以輔儲宮爰及諸王咸求正士且事人歲久即分義情深非意闚闇多由此作其王府官僚宜限以四考而代世後爲黃門侍郎太宗於寢殿側置一院令太子居之絕不令往東宮遂良上疏諫曰臣聞周兩問安三至必退

寘諸侍膳五日乃來前賢作法規模弘遠禮曰男子十年出就外傅出宿於外學書計然則古之達者豈無私愛欲使成立凡人尚猶如此況君之世子乎自當春誦夏絃親近師傅體人間之庶事識君臣之大道使翹足延首皆聆善聲若歲之有陽春玄天之有日月引此懿德乃作元良伏惟陛下道育三才功包九德新樹太子莫不欣然既云廢昏立明須稱天下瞻望而教成之道實深乖闕不離膝下常居宮內保傅之說無暢經籍之談蔑如且朋友不可以深交交深必有怨父子不可以滯愛愛滯或生愆伏願遠覽殷周近遵漢魏不可頓革事須階漸常計旬日半遣還宮專學藝以潤身布芳聲於天下則微臣雖死之日猶生之年太宗從之又太宗伐遼將發遂良上疏曰臣旁求史籍訖于近代爲人之主無自伐遼人臣往征則有之矣漢則荀彘楊僕魏代則毋丘儉王頎司馬懿猶爲人臣慕容眞儁號之子皆爲其主長驅高麗虜其人奪削城平墓陛下立功同

於天地義化苞於古昔自當超邁百王豈止俯同六子陛下昔翦平寇逆大有爪牙年齒未衰猶堪任用唯陛下之所使亦何行而不剋今太子新立年實幼少自餘藩屏陛下所知今一朝棄金湯之安渡遼海之外臣愚三思煩愁並集特乞天慈一垂省察虞世南為秘書監雖容貌懦懦若不勝衣而志性抗烈每論及古先帝王為政得失必存規諷多所補益貞觀中隴右山摧大蛇屢見山東及江淮多大水太宗以問世南對曰春秋時山摧晉侯召伯宗而問焉對曰國主山川故山摧川竭君為之不舉降服乘縵徹樂出次祝幣以禮焉梁山晉所主也晉侯從之故得無害漢文帝元年齊楚地震二十九山同日摧大水出令郡國無來貢獻施惠於天下遠近歡洽亦不為災後漢靈帝時青蛇見御坐晉惠帝時大蛇長三百步見齊地經市入廟案蛇宜在草野而入市朝所以可為怪耳今蛇見山澤蓋深山大澤必有龍蛇亦不足怪也又山東足雨雖則其常然陰溢過久恐有冤獄宜省繫囚庶幾或當天意且妖不勝德唯脩德可以銷變太宗以為然因遣使者賑恤饑餒申理獄訟多所原宥後有星孛于虛危歷于氐百餘日乃滅太宗謂群臣曰天見彗星是何妖也世南曰昔齊景公時彗星見公問晏嬰對曰公穿池沼畏不深起臺榭畏不高行刑罰畏不重是以天見彗星為公誡耳景公懼而脩德後十六日而星沒臣聞天時不如地利地利不如人和若德義不脩雖獲麟鳳終是無補但政事無闕雖有災何損於時然願陛下勿以功高古人而自矜伐勿以太平漸久而自驕怠慎終如始彗星雖見未足為憂太宗斂容謂曰吾之撫國良無景公之過但吾纔弱冠舉義兵年二十四平天下未三十而居大位自謂三代以降撥亂之主莫臻於此重以薛舉之驍雄宋金剛之鷙猛竇建德跨河北王世充據洛陽當此之時足為勍敵皆為我所擒及逢家難復決意安社稷遂登九五降服北夷吾頗有自矜之意以輕天下之士此吾之罪也

上天見變良為是乎秦始皇平六國隋煬帝富四海既驕且逸一朝而敗吾亦何得自驕也言念於此不覺惕焉震懼又太宗狩于濟源之湊山帝曰古者先驅以供宗廟今所獲鹿宜令所司造脯醢以充薦享世南諫曰陛下因聽覽之餘成順天以殺伐將欲摧斑碎掌親御皮軒窮猛獸之窟穴盡逸材之林藪夷凶翦暴以衛黎元收革擢羽用充軍器舉旗效獲或遵前古然黃屋之尊金輿之貴八方之所仰德萬國之所係心清道而行猶戒銜橛斯蓋重慎防微為社稷計也是以馬卿直諫於前張昭變色於後臣誠微末敢忘斯義且天弧星罼所殪已多頒禽肆獲皇恩亦溥伏願時息獵車且韜長戟不拒芻蕘之請降納涓澮之流袒裼徒搏任之群下則貽範百王永光萬世

高季輔貞觀中為中書舍人上疏曰竊見密王元曉等皆是懿親陛下友愛之懷義高古昔分以車服委以藩維須依禮儀以副瞻望比見帝子拜諸叔諸叔亦答拜王爵既同家人有禮豈合如此顛倒昭穆伏願一垂訓誡永循彝則

馬周為監察御史貞觀六年將幸九成宮周上疏曰伏見明勅以四月二日幸九成宮臣竊惟太上皇春秋已高陛下所宜朝夕視膳而晨昏起居今所幸宮去京三百餘里鑾輿動軔嚴蹕經旬非可以旦暮至脫太上皇情或思感而欲即見陛下者將何以赴之且車駕今行本為避暑而往然則太上皇尚留熱所而陛下自逐涼處溫清之道臣竊未安然勅書既出業已成就願示速反之期以開眾惑十一月從幸洛陽又上疏曰臣歷覩前代自夏殷及漢氏之有天下傳祚相繼者八百餘年少者猶四五百年皆為積德累業恩結於人心豈無僻王賴前哲以免自魏晉以還降及周隋多者不過五六十年少者纔二三十年而亡良由創業之君不務廣恩化當時僅能自守後無遺德可思故傳嗣之主政教少衰一夫大呼而天下土分矣今陛下雖以大功定天下而積德日淺固當思隆禹湯文武之道廣施德

化使恩有餘地爲子孫立萬代之基但令政教無失以持當年而已然自古明王聖主雖因人設教寬猛隨時而大要唯以節用於自身恩加於人二者是務故其下愛之如日月畏之如雷霆此其所以卜祚遐長而禍亂不作也今百姓承喪亂之後比於隋時纔十分之一而供官傜役道路相繼兄去弟還首尾不絶遠者往來五六千里春秋冬夏略無休時陛下雖每有恩詔令其減省而有司作既不廢自然須人徒行文書役之如故臣每訪問四五年來百姓頗有嗟怨之言以爲陛下不存養之昔唐堯茅茨土階夏禹惡衣菲食如此之事臣知不可復行於今漢文帝惜百金之費輟露臺之役集上書囊以爲殿帷所幸愼夫人衣不曳地至景帝以錦繡纂組妨害女功特詔除之所以百姓安樂至孝武帝雖窮奢極侈而承文景遺德故人心不動向使高祖之後即有武帝天下必不能全此於時代差近事迹可見今京師及益州諸處營造供奉器物并諸王妃主服飾議者

皆不以爲儉臣聞昧旦丕顯後世猶怠作法於理其弊猶亂陛下少處人間知百姓辛苦前代成敗目所親見尚猶如此而皇太子生長深宮不更外事即萬歲之後固聖慮所當憂也臣竊尋往代以來成敗之事但有黎庶怨叛聚爲盜賊其國無不即滅人主雖改悔未有重能安全者凡修政教當修於可修之時若事變一起而後悔之則無益者也故人主每見前代之亡則知其政教之所由喪而皆不知其身之失是知殷紂笑夏桀之亡而幽厲亦笑殷紂之滅隋煬帝大業之初又笑齊魏之失國今之視煬帝亦猶煬帝之視齊魏也故京房謂漢元帝云臣恐後之視今亦猶今之視古此言不可不誡也往者貞觀之初率土霜儉一匹絹纔得一㪷米而天下怡然百姓知陛下甚憂憐之故人人自安曾無謗讟自五六年來頻歲豐稔一匹絹得粟十餘石而百姓皆以爲陛下不憂憐之咸有怨言又今所營爲者頗多不急之務故也自古以來國之興亡不由積蓄多少

唯在百姓苦樂且以近事驗之隋家貯洛口倉而李密因之東都積布帛而王充據之西京府庫亦爲國家之用至今未盡向使洛口東都無粟帛則世充李密未必能聚大衆但貯積者固是有國之常事要當人有餘力而後收之豈人勞而彊斂之更以資寇積之無益也然儉以息人貞觀之初陛下已躬爲之故今行之不難也爲之一日則天下知之式歌且舞矣若人既勞矣而用之不息儻中國被水旱之災邊方有風塵之警狂狡因之以竊發則有不可測之事非徒聖躬旰食晏寢而已古語云動人以行不以言應天以實不以文以陛下之明誠欲勵精爲政不煩遠采上古之術但及貞觀之初則天下幸甚昔賈誼謂漢文帝云可慟哭及長歎息者言當韓信王楚彭越王梁英布王淮南之時使文帝即天下位必不能安又言賴諸王年少傅相制之長大之後必生禍亂歷代以來皆以誼言爲是臣竊觀今諸將功臣陛下所與定天下者皆仰禀成規備鷹犬之用無

威略振主如韓彭之難駕馭者而諸王年並幼小縱其長大當陛下之日必無他心然即萬代之後不可不慮自漢晉以來亂天下者何嘗不是諸王皆爲樹置失宜不預爲節制以至於滅亡人主孰知其然但溺於私愛故使前車既覆而後車不改轍也今天下百姓極少諸王甚多寵遇之恩有過厚者臣之愚慮不唯慮其恃恩驕矜也昔魏武帝寵陳思及文帝即位防守禁閉有同獄囚以先帝加恩太多故嗣王疑而畏之也此則武帝寵陳思適所以苦之也且帝子何患不富貴身食大國封戶不少好衣美食之外更何所須而每年加別優賜曾無紀極里語曰貧不學儉富不學奢言自然也今大聖創業豈唯處置見在子弟而已當制長久之法使萬代遵行又言臨天下者以人爲本欲令百姓安樂唯在刺史縣令縣令既衆不可皆賢若每州得良刺史則合境蘇息天下刺史悉稱賢意則陛下端拱巖廊之上百姓不慮不安自古郡守縣令皆妙選賢德欲有擢爲宰

相必先試以臨人或從二千石入爲丞相今朝廷獨重內官縣令刺史頗輕其選刺史多是武夫勳人或京官不稱職方始外出而折衝果毅之內身材強者先入爲中郎將其次始補州任邊遠之處用人更輕其材堪宰莅以德行見稱擢者十不能一所以百姓未安殆由於此疏奏太宗稱善久之先是京城諸街每至晨暮遣人傳呼以警衆周遂奏請街置鼓每擊以警衆令罷傳呼時人便之太宗益加賞勞又城陽公主取適饒州刺史薛昱之子瓘將成婚太宗使卜之卜人曰兩火俱食始則同榮末亦雙悴若晝日行合巹之禮則吉太宗將從之周諫曰臣聞朝謁以朝思相戒也講習以晝思相成也讌飲以昃思相歡也婚合以夕思相親也是以上下有威內外有規動息有時吉凶有儀先王之教不可黷也今陛下欲謀其始而亂其紀不可爲也夫卜筮者所以定猶豫決嫌疑若瀆禮亂常先王所不用也太宗又從其言而止

岑文本爲中書侍郎太宗謂侍臣曰當今之國家何等最急各爲我言之文本曰傳稱導之以德齊之以禮由斯而言禮義爲急貞觀十一年文本從至洛陽宮會穀洛汎溢文本上封事曰臣聞創撥亂之業其功既難守已成之基其道不易故居安思危所以定其業也有始有卒所以隆其基也今雖億兆乂安方隅寧謐既承喪亂之後又接彫弊之餘戶口減損尚多田疇墾闢猶少覆燾之恩著矣而創痍未復德教之風被矣而資產屢空是以古人譬之種樹年祀綿遠則枝葉扶疏若種之日淺根本未固雖壅之以黑墳暖之以春日一人搖之必致枯槁今之百姓頗類於此常加含養則日就滋息暫有征役則隨而耗竭耗竭既甚則人不聊生人不聊生則怨氣充塞怨氣充塞則離叛之心生矣故帝舜曰可愛非君可畏非人孔安國曰人以君爲命故可愛君失道人叛之故可畏仲尼曰君猶舟也人猶水也水所以載舟亦所以覆舟是以古之哲王雖休勿休日慎一日

者良爲此也伏惟陛下覽古今之事察安危之機上以社稷爲重下以億兆在念明選舉慎賞罰進賢才退不肖聞過即改從諫如流爲善在於不疑出令期於必信頤神養性省畋游之娛去奢從儉減工役之費務靜方內而不求闢土載櫜弓矢而無忘武備凡此數者雖爲國之常道陛下之所常行臣之愚心惟願陛下思之而不倦行之而不怠則至道之美與三五比隆億載之祚與天地長久雖使桑穀爲妖龍蛇作孽雉雊於鼎耳石言於晉地猶當轉禍爲福變災爲祥況水雨之患陰陽常理豈可謂之天譴而繫聖心哉臣聞古人有言農夫勞而君子養焉愚者言而智者擇焉輒陳狂瞽伏待斧鉞是時魏王盛修第宅文本以爲侈不可長上疏盛陳節儉之義言泰宜有抑損太宗並嘉之侯君集初破高昌曾未奏請輒配沒無罪人又私取寶物將士知之亦競來盜竊君集恐發其事不敢制及京師有司請推其罪詔下獄文本以爲功臣大將不可輕加屈辱上疏曰

君集等或位居輔佐或職惟爪牙並蒙拔擢受將帥之任不能正身奉法以報陛下之恩舉措肆情罪負盈積實宜繩之刑典以肅朝倫但高昌昏迷人神共棄在朝議者以其地在遐荒咸欲置之度外唯陛下運獨見之明授決勝之略君集等奉行聖算遂得指期平殄若論事實並是陛下之功君集等有道路之勞未足稱其勳力而陛下天德弗宰乃推功於將帥露布初至便降大恩從征之人皆霑湯澤及其凱旋特蒙曲宴又對萬國加之重賞內外文武咸欣陛下賞不踰時而不經旬日並付大理雖乃君集等自挂網羅而在朝之人未知所犯恐海內又疑陛下唯錄其過似遺其功臣以下才謬參近職既有所見不敢默然臣聞古之人君出師命將克敵則獲重賞不克則受嚴刑是以當其有功也雖貪殘淫縱必蒙青紫之寵當其有罪也雖勤躬潔已不免鈇鉞之誅故周書曰記人之功忘人之過宜爲君者也昔漢貳師將軍李廣利捐五萬之師糜億萬之費經四

年之勞唯獲駿馬三十匹雖斬宛王之首而貪不愛卒罪惡甚多武帝為万里征伐不録其過遂封廣利海西侯食邑八千户又校尉陳湯矯詔興師雖斬支單于而湯素貪盜所收康居財物事多不法為司隷所繫湯乃上疏曰与吏士共誅支幸得擒滅今司隷乃收繫案驗是為支報讐也元帝赦其罪封湯関内侯賜黄金百斤又晉龍驤將軍王濬有平吴之功而王渾等論濬違詔不受節度軍人得孫皓宝物并燒皓宮及船濬上表曰今年平吴誠為大慶於臣之身更為咎累武帝赦而不推拜輔国大將軍封襄陽侯賜絹万匹近隋新義郡公韓擒平陳之日縱士卒暴乱叔宝宮内文帝亦不問罪雖不進爵拜擒上柱国賜物八千段由斯觀之將帥之臣廉慎者少貪求者衆是以黄石公軍勢曰使智使勇使貪使愚故智者樂立其功勇者好行其志貪者邀趨其利愚者不計其死是知前聖莫不收人之長棄人之短良為此也臣又聞之天地之道以覆載為先帝王之

德以舍弘為美夫以區區漢武及歷代諸帝猶能宥廣利等況陛下天縱神武振宏圖以定六合豈獨正茲刑綱不行古人之事哉伏惟聖懷自當已有斟酌臣今所以陳聞非敢私君集等庶以螢爝末光增暉日月陛下降雨露之澤收雷電之威録其微勞忘其大過使君集重升朝列復預驅馳雖非清貞之臣猶是貪愚之將斯則陛下聖德雖屈法而德弥顯君集等雖過蒙宥而過更彰足使立功之士因茲而皆勸負罪之將由斯而改節矣疏奏乃釋

劉洎為散騎常侍貞觀十七年皇太子初立洎謂宜尊賢重道以弘聖德上書曰臣聞郊迎四方孟侯所以成德齒冑三讓元良由是作貞斯皆屈主祀之尊申下交之義故得佩言咸薦睿問旁通不出軒庭坐知天壤率由茲道永固鴻基者焉是故周儲上哲師望奭而加裕漢兩深仁引園綺而昭德原夫太子宗祧是繫善惡之際興亡斯在不勤于始將悔于終是以晁錯上書令先通政術賈誼獻疏抑明允篤誠之美孝友仁義之方皆自天資非勞審諭固以華夷仰德翔泳希風矣然則寢門視膳已表於三朝藝官論道宜弘於四術伏惟陛下誕膺睿圖登庸歷試多才多藝道著於正時允武允文功成於寡祀万方即序九国清晏尚且雖休勿休日慎一日求異聞於振古勞睿思於當年乙夜觀書事高漢帝馬上披卷勤過魏皇陛下自屬如此而令太子優遊棄日不書圖書臣所未諭一世加以暫屏機務即寓彫蟲紆宝思於天文則長河韜映摛玉字於仙札則流霞成彩固以鏁銖万代冠冕百王屈宋不足以升堂鍾張何偕於入室陛下自好如此而令太子悠然靜處不尋篇翰臣所未諭二世陛下備該衆妙獨秀寰中猶晦天聰俯詢凡識聽朝之隟引見群官降以温顏訪以今古故得朝廷是非里閭好惡凡有巨細必關聽覽陛下自行如此而令太子交友趨侍不接正人臣所未諭三也陛下若謂光益則何事勞神若謂有成則宜申

貽厥猷而不急未見其可伏願俯推睿範訓及儲君授以良書娛之嘉客朝披經史觀成敗於前蹤晚接賓遊訪得失於當代間以書札繼以篇章則日聞所未聞日見所未見副德逾光群生之福也古之太子問安而退所以廣敬於君父異宮而處所以分別於嫌疑今太子一侍天闈動移旬朔師傅以下無由接見假令供奉有隟暫還東朝拜謁既疎且事於仰規諫之道固所未暇陛下不可以親教宮寀無因以進言雖列具僚竟將何補伏願不循前躅稍抑下流弘遠大之規展師友之義則離輝克茂帝圖斯廣凡在黎元孰不慶賴太子温良恭儉聰明睿哲含章所悉臣豈不知淺識勤勤思効愚忠者願滄溟益潤日月增華自此勅令洎与岑文本褚遂良往東宮与太子遊處為賓客焉太宗既博綜群書屬精政術每与公卿言及古今必詰難往復洎上書諫曰帝王之与凡庶聖哲之与庸愚上下相懸擬倫斯絶是知課至愚而對至聖以極卑而對極尊徒思自強不

可得也陛下降恩旨假慈顔凝旒以聽其言虛襟以納其説諸臣羣下未敢對揚況動神機縱天辯飾辭以理其理援古以排其議欲令凡蔽何階應答臣聞皇天以無言爲貴聖人以不言爲德老君稱大辯若訥莊生稱至道無文此皆不欲煩也且多記則損心多語則損氣心氣内損形神外勞初雖不覺久必爲累須爲社稷自愛豈爲性好自傷乎竊以今日升平皆力行所至欲其久長匪由辯博但當忘彼愛憎愼茲取捨每事敦朴無非至公若貞觀之初則可矣至如秦政強辯失人心於自矜魏文宏才虧衆望於虛説此才辯之累較然可知矣伏願畧茲雄辯浩然養氣簡彼緗圖澹焉怡目固万壽於南丘齊百姓於東戶則天下幸甚皇恩斯畢

冊府元龜卷第五百三十一

諫諍部一十

規諫第九

唐張行成為太子詹事以本官檢校尚書左丞太宗幸靈州太子當從行成上疏曰臣愚以為太子養德春宮日月未幾華夷遠近佇聽德音如留京師監國接對百寮決斷庶務明習政理既為京師重鎮且示四方盛德與其出就私愛曷若俯從公道太宗以為忠進位銀青光祿大夫

郝處俊為中書侍郎高宗御含元殿東翔鸞閣觀大酺時京城四縣及太常音樂分為東西兩朋帝令雍王賢為東朋周王顯為西朋務以角勝為樂處俊諫曰臣聞禮所以示童子無誑者恐其欺詐之心生也伏以二王春秋尚少意趣未定當須推梨讓棗相視如一今忽分為二朋遞相誇競且俳優小人言辭無度酣樂之後難為禁止恐其交爭勝負譏誚失禮非所以遵仁義示和睦也帝瞿然曰卿之遠識非衆人所及也遽令止之

陳子昂垂拱初為秘書省正字子昂上疏曰臣伏見陛下憂勤政理而未以刺史縣令為念臣竊見吏部選人補縣令如補一縣尉耳但以資次考第授官遊歷即補之不論賢良德行何能以化人而拔擢見補者縱使吏部侍郎時有知此弊而欲超越用人則天下小人已囂然則謗矣所以然者習於常也所以天下庸流皆任縣令庸流一雜賢不肖莫分但以資次為選不以能得職所以天下凌遲百姓無由知陛下聖德勤勞夙夜之念但以愁怨以為天子之令遣也是也自有國已來此弊最深而未能除也又曰竊惟刺史縣令之職實陛下政教之首也得其人則百姓家見而戶聞不得其人但委棄有司而挂壁耳陛下欲使家傳禮讓吏勗清勤不重選刺史縣令將何道以致之耶臣比在草茅為百姓久矣縣令之化臣實委知國之興衰莫不在此職也何者一州得賢明刺史以至公循良為政者則十方家賴其福若得貪暴刺史以徇私苛虐為政者則十萬家受其禍一州禍福且如是況天下之衆豈得勝道哉固臣以為陛下政化之首國家興衰在此職也伏願深思擇選以救此弊

魏玄同垂拱初為鸞臺侍郎兼天官侍郎以吏部選舉不得人上表曰漢諸侯得自置吏四百石已下其傳相大官則漢為之置州郡掾吏督郵從事悉任之於牧守爰自魏晉始歸吏部遞相祖襲以迄于今用刀筆以量才案簿書而察行法令之弊由來久矣蓋君子重因循而憚改作有不得已者亦當運獨見之明定卓然之議如今選司所行者非上皇之令典乃近代之權道所宜遷革實為至要且天下之大士人之衆而可委之數人之手乎假如平如權衡明如水鏡力有所極照有所窮銓綜既多紊失斯廣又以此居此任時有非人情故既行何所不至悠悠風塵此焉奔競擾擾遊宦同乎市井加以厚貌深衷險如溪壑擇言觀行猶懼不周今使考行究能折衷於一面具寮庶品

專斷於一司不亦難乎況今諸色人流歲有千計群司列位無復新加官有常員人無定限選集之始霧積雲屯擢敘於終十不收一淄澠既混玉石難分用捨去就得失相半周穆王以伯冏為太僕正命之曰慎簡乃僚無以巧言令色便辟側媚其惟吉士此則令其自擇下吏之文也太僕正中大夫耳尚以僚屬委之則三公九卿亦必然矣夫委任責成君之體也所委者衆所用者精故能得濟濟之多士盛芃芃之棫樸裴子野有言曰官人之難先王言之尚矣居家視其孝友鄉黨服其誠信出入觀其志義憂難取其智謀煩之以事以觀其能臨之以義以察其度始之於學校論之於州里告諸六事而後貢之於王庭其在漢家尚猶然矣州郡積其功能然為五府所辟五府舉其掾屬而升於朝三公參得除署尚書奏之天子一人之身所閱者寡一賢之進其課也詳故能官得其人鮮有敗事晉魏反是所失弘多子野所論蓋區區之宋耳猶謂不勝其弊而況於當今

乎今不待州縣之舉直取之於書判恐非先德行而後言語之義也臣又聞漢書云張耳陳餘之賓客皆天下俊傑彼之蒙亦猶能若斯況以國家而不遵久長之策為無窮之根盡得賢取士之術而但顧望魏晉之遺風流意周隨之末事臣竊惑之伏願依周漢之規以分吏部之選即望所用精詳鮮於差失

朱敬則為右補闕聖曆二年請告絕羅織之徒上疏曰臣聞李斯之相秦也行申商之法重刑名之家杜私門張公室棄無用之費損不急之官惜日愛功疾耕急戰人繁國富遂屠諸侯此救弊之術也故曰刻薄可施於趨進變詐可陳於攻戰兵猶火也不戢自焚況鋒鏑已銷石城又毀諒可易之以寬泰潤之以淳和八風之樂以柔之三代之禮以導之秦既不然淫虐滋甚往而不返卒至土分此不知變之禍也陸賈叔孫通之事漢王也當滎陽成臯之間糧饋已窮智勇俱困不敢開一說効一奇進豪猾之材薦貪暴之客及區宇適平干戈向戢金鼓之聲未

歇詩書之病尚聞二子顧明雅容締有餘態迺陳詩書說禮樂闡王道謀帝圖高皇帝忿然曰吾以馬上得之安事詩書乎對曰陛下馬上得之安可馬上理之乎高皇默然於是陸賈著新語叔孫通定禮儀始知天子之尊方覺帝王之貴此則變之善也向使高皇排二子而不收置詩書而不顧重攻戰之吏尊首級之材復道爭功張良已知其變拔劍擊柱吾屬不得無謀即晷漏難逾何十二帝乎亡秦是續何二百年乎故曰仁義者聖人之遽廬禮經者先王之陳迹然謂祝詞尚畢芻狗須投淳精已流糟粕可棄仁義尚捨況輕於此者乎自文明草昧天地屯蒙三叔流言四凶構難不設鉤距無以應天順人不峻刑名不可摧姦息暴故置神匭以開告端曲直之影必呈包藏之心盡露神道助直無罪不除人心保能無妖不戮以茲妙算窮造化之幽深用此神謀入天人之秘術故能計不下席聽不出闈蒼生晏然紫宸易主大哉偉哉無得而稱也豈比造攻鳴條大戰

牧野血變草木頭折不周可同而語乎然而急趨無善跡促柱少和聲掖溺不規行寡飢非鼎食即向時之妙策乃當今之芻狗也伏願覽秦漢之得失考時事之合宜審糟粕之可遺覺蘧廬之須毀見機而作豈勞終日于陛下必不可偃蹇太平徘徊中路伏願敗法制立章程下怡愉之辭流曠蕩之澤示蕃非之牙角頓姦險之鋒鋩杜告密之源絕羅織之迹使天下蒼生坦然大悅豈不樂哉

王方慶聖曆中為麟臺監時欲以冬季講武有司稽緩延入孟春方慶上疏曰謹案禮記月令孟冬之月天子命將帥講武習射御角力此乃三時務農一時講武習射御校才力蓋王者常事安不忘危之道也孟春之月不可以稱兵兵者干戈甲胄之總名兵金也金性剋木春盛德在木而舉金以害盛德逆生氣孟春行冬令則水潦為敗雪霜大摯首種不入蔡邕月令章句曰太陰新收少陽尚微而行冬令以導水氣故水潦至而敗生

物也雪霜大摯折陽者也太陰干時雨雪而霜故大傷首種謂宿麥也麥以秋種故謂之首種入收也春為陰寒所傷故至夏麥不成長今孟春講武是行冬令陰政犯陽氣害發生之德臣恐水潦敗物雪霜損稼夏麥不登無所收入也伏望天恩不違時令至孟冬教習以順天道手制答曰此為久屬太平多歷年載人皆廢戰並悉學文今者用教兵威故令教習卿以春行冬令則水潦為敗舉金傷木則便害發生循覽所陳深合典禮若違卿請乃月令虛行佇啟直言用依來表

張說為右補闕久視中以車駕在三陽宮不時還都上疏曰陛下屯方乘幸離宮暑退凉歸未降還旨愚臣固陋非為長策請為陛下陳其不可三陽宮至洛城一百六十里有伊水之隔崿坂之峻過夏涉秋水潦方積道壞山險不通轉運河廣無梁咫尺千里扈從兵馬日費資給連雨彌旬即難周濟陛下太倉武庫並在都邑紅粟利器蘊若丘山奈何去宗廟之上都安山谷

之倖處是猶倒持劒戰示人鐏柄夫禍変之生在人所忽故曰安樂必戒無行所悔今国家北有胡寇覘邊南有夷獠伺釁淅西小旱耕稼是憂安東近平輸漕方始臣願陛下及時旋駕彼蒼群生莫不幸甚

劉知幾天授中爲獲嘉縣主簿上疏曰臣聞漢宣帝云與我共理天下其唯良二千石乎二千石者今之刺史也移風易俗其寄不輕求瘼字人僉屬斯任然則歷觀兩漢已降迄乎魏晉之年方伯岳牧臨州按部或十年不易或一紀仍留莫不盡其化下之方責以理人之術敷而日就月將風加草靡故能化行千里恩漸百城今之牧伯有異於是倏來忽往蓬轉萍流近則日月仍遷遠則踰年必徙持聽事爲逆旅以下車爲傳舍或云來歲入朝必應改職或道今茲會計必是移藩既懷苟且之謀何暇循良之績用使百城千邑無聞廉杜之歌万国九州罕見趙張之政臣望自今已後刺史非三歲已上不可遷官仍以明察

功過精甄賞罰冀引共理之風以贊垂衣之化又上疏曰昔有唐御曆列職命官國多剥印之譏人有積薪之歎自陛下臨朝踐祚此風爲矯枉過正亦爲甚矣至如六品已下職事清官遂乃方之土芥比之沙礫其有行無聞於十室則朝流識不反於三隅俄登士伍斯固比肩咸是舉目皆然罕聞趙楚之歌唯見伐檀之刺今戶祿諸官其流非一若遂不加沙汰臣恐有累

皇風

薛登光爲右補闕天授三年上疏曰戎夏不雜自古所誡夷狄无信易動難安故斥居塞外不遷中国前史所稱其來久矣然而帝德廣被有時朝謁受向化之誠請納梓山之礼貢事畢則歸其父母之国導以指南之車此三王之盛典也自漢魏已後遂革其風務飾虛名徵求侍子諭令解辮使襲衣冠築室京師不令歸国此又中葉之故事也較其利害則三王是而漢魏非論其得失則拒邊長而徵質短殷鑒在乎往世豈可不慎經遠之慮哉昔郭欽獻策於武皇江統納諫於惠主咸以爲夷狄處中夏必爲變更晉武不納二臣之遠策好慕向化之虛心縱其習史漢等書官之以五部都尉此皆計之失也竊惟突厥吐蕃契丹等往因入侍並叨殊獎或執戟丹墀策名戎秩或曳裾庠序高步黌門服改氈裘語兼中夏明習漢法睹衣冠之儀目覽朝章知經國之要窺成敗於圖史察安危於古今識邊塞之盈虛知山川之險易或委以經略之功令其展効或矜其首丘之志放使歸蕃於国家虽有冠帶之名在夷狄廣其從橫之智虽有慕化之美苟悅於當時而狼子孤恩旋生於過後及歸部落口不稱兵邊鄙罹災實由於此故老子曰国之利器不可以示人在於齊人猶不以示之況於夷狄乎又按漢桓帝遷五部匈奴於汾晉其後卒有劉石之難向使五部不徙則晉祚猶未可量也鮮卑不遷幽州則慕容無中原之僭又按漢書陳湯云夫胡兵五而當漢兵一何者兵刃朴鈍弓弩不利今聞頗得漢工

然猶三而當一由是言之利兵尚不可使胡人得法況處之中國而使其習見哉臣竊計漢初冒頓之疆盛秉中国虛弊高祖餒厄平城而冒頓不能入中國者何也非兵不足以侵諸夏力不足以破汾晉其所以解圍而縱高祖者爲不習中土之風不安中国之美生長磧漠之北以穹廬勝於城邑以氈罽美於章紱既安其所習而樂其所生是以無窺中国之心者爲生不習漢故也豈有心不樂漢而欲深入者乎劉元海五部離散之余而卒能自振於中国者爲少居内地明習漢法元海悅漢而漢亦悅之一朝背誕四人響應遂鄙單于之號竊帝王之寶賤沙漢而不居擁平陽而鼎峙者爲居漢故也向使元海不曾内侍正當劫邊人繒絲麴蘖以歸陰山之北安能使王用邪當今皇風遐覃含識革面凡有血性莫不懷恩方使由余效忠日磾盡節以臣愚慮者國家方傳無窮之祚於後脫備守不謹邊防失圖則夷狄稱兵不在方外非所以肥中国削四夷

經營萬乘之業貽厥孫謀之道也臣愚以為願充侍子者一皆禁絕以若在中國亦可使歸蕃則夷人保疆邊邑無事矣

徐堅為万年主簿如意元年六月上疏曰臣聞書有五聽之道慮失情實也今著三覆之奏恐致虛枉也竊見比有勅勘當反逆令使者得實便決殺人命至重死不可生儻万分之中有一不實欲訴無路懷枉誰明飲恨吞聲赤族從戮豈不痛哉此不足肅姦逆而明刑典適所以長威福而生疑懼臣望絕此處分依法覆奏則死者甘伏知泣辜之恩生人藻悅見詳刑之意又法官之任人命所懸若不簡擇恐招枉濫諸官僚之內有用法寬平百姓所稱者願親而任之有處事深酷不允衆望者願疎而退之則囹圄無冤億兆幸甚臣又聞罰不及嗣虞帝之明規罪不至孥漢君之茂德故郤芮作亂而郤缺登朝嵇康被刑而嵇紹幸用終能立功自伏効死湯陰千載美談斯為稱首父子猶且若此餘親尚何疑哉竊見逆人之親選曹廣責望於無親無服亦數十條士子之中十將三四今聖人在上寶命惟新有道貧賤實為深恥遂令此等長從退棄懷才抱器將何望哉是以聖意哀矜頻降恩制令同常例各使坦懷故姚璹之徒皆逢任委而在下僚列不識天恩為求微瑕不引大體又准勅逆人同堂親不得任京及兩畿三輔准法刑戮緦麻親不得充近侍宿衛臣望申勅有司勅令之外不得輒為勘責收其賢能示之曠蕩斯則巍巍之德作範百王穆穆之風垂裕千祀

張柬之為蜀州刺史舊例每歲差兵募五百人往姚州鎮守路越山險死者甚多柬之表論其弊曰臣竊按姚州者古哀牢之舊國絕域荒外山高水深自生人已來洎於後漢不與中國交通前漢唐蒙開夜郎滇笮而哀牢不附至光武季年始請內屬漢置永昌郡以統理之乃收其鹽布氈罽之稅以利中土其國西通大秦南通交趾奇珍異寶進貢歲時不闕劉備據有巴蜀常以甲兵不充及備死諸葛亮五月渡瀘收其金銀鹽布以益軍儲使張伯歧選其勁卒更兵以增武備故蜀志稱自亮南征之後國以富饒甲兵充足由此言之則前代置郡其利頗深今鹽布之稅不供珍奇之貢不入戈戟之用不實於戎行寶貨之資不輸於大國而空竭府庫驅率平人受役蠻夷肝腦塗地臣竊為國家惜之昔漢以得利既多歷博南山涉蘭倉水更置博南哀牢二縣蜀人愁怨行者作歌曰歷博南越蘭津渡蘭倉為他人蓋譏漢貪珍奇鹽布之利而為蠻夷之所驅役也漢獲其利人且怨歌今減耗國儲費用日廣而使陛下之赤子身膏野草骸骨不歸老母幼子哀號望祭於千里之外於國家無絲髮之利在百姓受終身之酷臣竊為國家痛之往者諸葛亮破南中使其渠率自相統領不置漢官亦不留兵鎮守人問其故亮言置官留兵有三不易大意以置官夷漢雜居猜嫌必起留兵運糧為患更重忽若反叛勞費更多但粗設紀綱自然久定臣竊以亮之此策妙得羈縻蠻夷之術今姚府所置之官既無安邊靜寇之心又無葛亮且縱且擒之伎唯知詭謀狡算恣情割剝貪叨劫掠積以為常扇動酋渠遣成朋黨折支諂笑取媚蠻夷拜跪趨伏無復慙恥提挈子弟嘯引凶愚聚會蒲博一擲累萬劍南逋逃中原亡命有二千餘戶見散在彼州專以掠奪為業姚州本龍朔中武陵縣主簿石子仁奏置之後長史李孝讓辛文協並為群蠻所殺前朝遣郎將趙武貴討擊貴及蜀兵應時破敗噍類無遺又使將軍李義總等往征郎將劉惠基在陣戰死其州乃廢臣竊以諸葛亮稱置官留兵有三不易其言乃驗至垂拱四年蠻郎將王善寶昆州刺史爨乾福又請置州奏言所有課稅自出姚府管內更不勞擾蜀中及置州後錄事參軍李稜為蠻所殺延載中司馬成琛奏請於瀘南置鎮七所遣蜀兵防守自此蜀中搔擾于今不息且姚府總管五十七州巨猾遊容不可勝數國家設官分職本以化俗防姦無耻無厭狠籍至此今不問夷夏負罪並深見道路劫殺不能禁止臣恐一

且蕃擾為禍轉大伏乞省罷姚州使隸嶲府歲時朝覲同之蕃國瀘南諸鎮亦皆悉廢於瀘北置關百姓自非奉使入蕃不交通往來增嶲府兵選擇清良宰牧以統理之臣愚將為穩便疏奏則天不納

盧藏用為左拾遺長安四年正月將三陽宮取其材木造興泰宮於壽安縣之万安山藏用上表諫曰臣愚雖不達時變竊嘗讀書見自古帝王之迹衆矣臣聞土階三尺茅茨不剪采椽不斲者唐堯之德也卑宮室菲飲食盡力於溝洫者大禹之行也惜中人十家之產而罷露臺之制者漢文之明也並能垂名無窮為帝皇之烈豈不以克念徇物博施濟衆以臻於仁恕哉今陛下崇臺邃宇離宮別館亦已多矣更窮人之力以事土木臣恐議者以陛下為不愛人務奉己也左右近臣多以順意為忠朝廷具寮皆以犯忤為患至令陛下不知百姓失業百姓亦不知左右傷陛下之仁也小臣固陋不識忌諱敢冒死上聞乞下

臣此章與執政者議其可否

宋務光為右衛騎曹參軍神龍元年七月洛水暴溺壞百姓廬舍二千餘家溺死者數百人八月一日以水災令文武九品已上直言極諫務光上疏曰伏見明制令文武九品已上直言極諫大哉德音真堯舜之用心禹湯之責已也臣嘗謂天人相與之際休咎冥符之兆有感必通其間甚密是以政失於此變生於彼亦猶影之象形響之赴聲動而輒隨各以類應故曰天垂象見吉凶聖人象之竊見自夏已來水氣勃戾天下郡国多罹其災去月二十七日洛水暴漲漂損百姓臣謹案五行傳曰簡宗廟廢祠祀則水不潤下夫王者即位必郊祀天地嚴配祖宗是故鬼神歆響多獲福助自陛下光臨寶極綿歷炎涼郊廟遲留時不親薦山川寂寞未議懷柔水之貽災殆因此發臣又案水者陰類臣妾之道陰氣盛滿則水泉迸溢加以虹蜺紛錯澍雨濫霪雖丁厥時而汨常度亦陰勝陽之沴也臣恐後庭近習或有離中饋之職干外朝之政伏願陛下深思天變杜絕其萌以方為念不以聲色為娛以百姓為憂不以犬馬為樂夙夜勞宵旰用緝明良豈不休哉夫災變應天實繫人事故日蝕脩德月蝕脩刑若乃雨陽或愆則貌言之咎雩禜之法存乎禮典今夏降霖雨即閉坊門棄先聖之明訓遵後來之淺術時偶中者安足神邪蓋當屏翳收津豐隆戢響之日也豈有一坊一市遂能感召皇靈奧開閉便欲發揮神道必不然矣何其謬哉至今巷議街談共呼坊門為宰相謂能節宣風雨燮理陰陽天工人代乃為虛設悠悠蒼生復何望哉

呂元泰神龍初為清源縣尉上疏陳時政所宜曰臣聞國家者至公之神器神器一正則難傾神器一傾則難正遠自虞夏及乎周秦金水相生成敗相繼者豈惡於成而欲於敗蓋迷於事而失於幾者也夫幾者事之微也當今中興之初政教之始幾微之際可不慎哉昔夏之興也卑宮菲食四海會同其衰也峻

宇雕牆五子咸怨商之興也佑賢輔德邦家其昌也崇信姦回放出師保周自文武及乎成康風化大行其衰也[illegible]乎幽厲王室遂卑晉鄭相依寓縣交戰秦皇以降罷侯置守焚書坑儒頭會箕斂嚴刑峻法驪山之徒未息閭左之兵以起夫夏桀殷紂非不欲傳子孫也周幽秦皇非不欲保社稷也而軍敗牧野身竄南巢國殄於犬戎地奪於項籍者豈不以侮慢自賢反道敗德開邪僻之路鉗忠直之口左右侍奉惰祿位而不悟焉伏惟應天皇帝陛下再造區宇重光日月總五行之累運闡累聖之鴻基九服歸心三靈叶贊迴羲舒之轡無幽不燭灑雲雨之澤無生不潤然方百姓顒顒莫不傾耳以聽拭目以觀思聞太平之風願見先朝之化如農夫之望歲同善人之渴日自頃營建寺塔廣度僧尼朝夕歸依觀施不絕陛下好善之德以被蒼生然濟時之道恐急務何則頃者林胡拔换邊隅侵擾帑藏虛竭戶口流亡豈人有貳於枌榆乃事良由於賦斂下

人失業不可謂太平也邊兵未解不可謂無事也水旱為災不可謂年登也倉廩未實不可謂國富也而乃驅役飢凍雕鐫木石營構不急勞費日深恐非陛下中興之務又異如來慈悲之旨臣以是都邑坊市相率為渾脫隊駿馬胡服名為蘇莫遮旗鼓相當軍陣之勢也騰逐喧譟戰爭之象也錦繡誇競害女工也督斂貧弱傷政體也胡服相歡非雅樂也渾脫為號非美名也安可以禮義之朝法胡虜之俗以軍陣之勢列庭闕之下竊見諸王亦有此好衣馬既盛奢靡相高今蕃部初開應官必具絹不量之費傳教之義方明君臣之禮若右之因豈不傷哉方乃驅率下人祖尚胡戲自家形國其若是焉詩云京邑翼翼四方是則非先王之禮樂而示則於四方者斯實愚臣之所未喻也臣謹案洪範八政曰謀時寒若君能謀事則時寒順之何必裸露形體灌衢路鼓舞跳躍而索寒焉又禮記曰立秋之月行冬令則寒暑不節夫陰陽不調政教之失也休咎之應君政

之感也理均影響可不戒哉夫樂者動天地感鬼神移風易俗布德施化重戎狄之曲不足以移風也非宮商之度不足以易俗也無八佾之制不足以布德也非六代之樂不足以施化也四者無一何以教人臣本凡愚不識忌諱而生草澤頗聽物情知而不言非忠也言而不實罔上也忠於國者以臣為讜言佞於朝者以臣為誹謗伏惟陛下少留意焉臣聞君舉必書有國彝訓書而不法後嗣何觀臣又聞建國君人尊師重道禮由天作樂以地制禮樂備風化行焉伏願陛下敦風化之本重黎庶之費興念或躍思稼穡之艱難矜孤恤窮思時政之可否安人和衆覽先朝之事業非軍國之衆則息而罷之有佞諫之言則察而退之有忠直之諫則誘而進之豈唯天下幸甚實亦社稷之大計也臣奉陛下搜賢之制忝所知直言之舉雖素庸懵竊不為損益而主聖臣直敢不庶幾安能和光同塵懷忠苟默以失陛下求賢之望下虧愚臣事主之節亦何以視息於人間欲家於聖代伏惟陛下少加詳擇疏奏不納

成大琬為絳州刺史景龍中宴侍臣於梨園亭因問以時政得失大琬對曰夫釋教之設以慈悲為主蓋欲饒益万姓齊拔群生若乃邃宇層軒珍臺寶塔耗竭府庫勞役生人懼非菩薩善利之心或異如來大悲之旨臣備職方岳叨預洪化敢陳芻蕘狂妄死罪中書令蕭至忠奏言方今百姓貧乏邊境未寧府藏內空倉廩不實誠宜節財用之費省土木之功務存衆時愛惜人力寺觀之役實可且停大琬之言伏希采納帝曰善

韋嗣立為兵部尚書景龍中上疏曰設官分職量事置吏官得其人天下自理古者取人必須採鄉曲之譽然後辟於州縣有善州郡然後辟於五府才著五府然後升之天朝此則用一人所擇者甚悉擢一士所歷者甚深用得其才則理用非其才則亂理亂所繫焉可不深擇之哉今之取人有異此道多未試効則頓至遷擢夫趣競者人之常情僥倖者人之所趣而今務進

不避僥倖者接踵比肩布於文武之列補授無限負闕不供遂至員外置官數倍正闕官署典吏困於祗承府庫倉儲竭於資奉國家大事豈甚於此古者懸爵待士唯有才者得之若任以無才則有才之路塞賢人君子所以遁跡消聲常歎恨也臣聞孔子曰為邦百年可以勝殘去殺又曰如有用我者朞月而已三年有成故書云三載考績校其功也昔鄭子產相鄭更法令布刑書一年而人歌之曰取我田疇而伍之取我衣冠而褚之孰殺子產吾其與之三年而人又歌之曰我有子弟子產誨之我有田疇子產殖之子產而死誰其嗣之終有遺愛流芳史策子產賢者也其為政尚累年而化成況其常材乎臣竊見比來州牧上佐及兩畿縣令下車布政罕終四考在任多者一二年少者三五月遽即遷除不論課最或有歷時未改便傾耳而聽企踵而望爭求冒進不顧廉恥亦何暇為陛下宣風布化求瘼恤

人哉禮義不能興行風俗未能肝一戶口所以流散倉庫所以空虛百姓凋弊日更滋甚職爲此也何則人知吏之不久則不從其教吏知遷之不遥又不盡其力偷安爵祿但養資望陛下雖勤勞之懷宵衣旰食然僥倖路啓上下相蒙其爲苟且而已寧盡於公乎此國之病也昔賈誼所謂蹠盭之疾乃小小者耳此弊久而不革臣恐爲膏肓雖和緩不能療豈蹠盭而已哉漢宣帝綜覈名實興理致化黄霸良二千石也就增秩賜金以旌其能而不遷於潁川前代之美政也又古之爲吏者長子孫倉氏庾氏即其後也書云事不師古以克永代匪說攸聞臣望請諸州都督刺史上佐及兩畿縣令等在任未經四考已上不許遷除察其課効尤異者或錫以車裘或就加祿秩或降使臨問并璽書慰勉若公卿有闕則擢以勸能其政績無聞及犯貪暴者放歸田里以明聖朝賞罰之信則萬方之人一變于道矣致此之美革彼之弊易於反掌陛下何惜而不行哉其二曰臣聞

尚書云唐虞稽古建官惟百夏商官倍亦克用乂此省官之義也又云官不必備惟其人又言無曠庶官天工人其代之此爲官擇人之義也臣竊見京諸司員外官所以委積多者數餘十倍近古以來未之有也官不必備此則有餘人代天工多不稱務廣有除拜無所裨益

寗原悌睿宗時爲諫議大夫上疏五條具陳政弊一曰臣聞俗正時康則因循而易守人訛道替則馳騖而難安或垂衣而有餘或日側而不足雖唐虞之盛烈文武之鴻徽未有不委任股肱留情哲用故善人者天地之綱紀帝王之羽翼寵之於仇讎莫限於芻蕘不可失也自天授已來二十餘載周興來俊臣等譖害忠良殲蔽正直先皇舊臣夷滅殆盡唯有狄仁傑魏元忠尚存仁傑等處先帝之朝猶爲小吏及周室之際寔謂忠臣或樹績當時徇身王室近者變故頻及衣冠掃地忠臣名士纔餘數人爲陛下之棟梁作聖朝之耳目今者元惡已誅佞臣咸黜

而人訛俗壞爲日已久理宜開張聖聽杜絶猜嫌用是求人戮力王室使醜正惡直之士不有容其間俾讒邪佞媚之徒無所施其巧辯然後可以議黎元安邦國則僥倖源塞聖政道興若使浸潤旁通危人路啓頻遂忠而獲罪茂先直以招怨雖有渭濱之賢傅巖之秀途遘遇難以爲用也則危亡之期或未可保拯濟之道將安所施二曰求材之難每留連於大聖知人不易亦惆悵於先哲今天下諸州良牧蓋寡何者古難其選今侮其職也然而代所重於京都時見輕於州縣若何也古者牧守政成擢登三事郎官特秀先宰一同潁川則黄霸爲公會稽則五倫入輔不師古何能垂濟誠願尚書曠職則於方伯求材郎位闕官必以循良擢用事懸象魏道著彝章兹令克行仁風大闡考績三載誠爲故實三曰隆周之君垂仁義以貽後亡秦之主訓刑罰以流嗣或八百延慶或二代云亡家餘烈可知前史明鑒伏以太子初建養德春宮諸王在藩飭躬朱邸並請遠去邪

佞親近正人知好佞之危身識尊儒之廣德動遵師傅之訓察納風雅之言誠使宮府官寮賓客侍讀日資其道德月奏其藝能冀仁義於邦家播謳謠於天下臣又以悖逆庶人先朝之愛女也肆讒慝于朝政窮第館之華麗極宇内之驕奢新都宜城先朝之庶孽也（新都宜城二公主邑名）賜不踰於已分言不預於外謀抑以全身蹤以遠害故寵者則驕矜而遇害蹤者則抑損而獲全誠使悖逆新都易地而處則存亡去就可立而代也故長安非賢戚后爲愛古今明驗斷可知矣誠願公主駙馬不得假以權要所犯必有懲所言必有藝則九族既睦萬邦以寧臣觀老尚虛無釋崇寂滅義極幽玄之旨思遊通方之外故入道流者則虛室生白靜慮玄門該釋教者則春池得寶澄心淨域然後法貫彝有道垂慈濟過此以往莫非邪惑其有驚駭先覺詭飾浮言以複殿爲經坊用營基爲道法皆無功於玄慮誠有害於生人梁武靡敝於前先朝殷鑒於後咸耳目所接黎元憤怨伏以

公主入道京城置觀雖昭報之誠有功於天旨而社稷之計莫
踰於靜人若使廣事修營假飾圖像盡宇内之工巧傾万國之
資儲爲福則靡效於先朝樹怨則取謗於天下自隋室已降寺
觀尤多揮定東明之城足愛維黄之衆吏爲建立罕見其宜後
失請收前弊未遠又先朝所御僧衆或有猶居璽側無益於政
理有紊於朝章並請屏退無令親近五曰夷狄有豐廟堂之憂
也近壘多虞大夫之恥也今聞黠虜擅命堅昆娑葛養精蓄鋭
以南侵爲事而人户全虛府庫半減儻或後歲之始來秋之末
良弓漸勁寒草將衰朔代交鋒靈夏受敵中國將何應卒哉伏
願共天下以禦匈奴竊主公以憂邊事輕租薄斂和下土之心
簡賢任能結衆人之愛去奢從儉實府庫之積推仁重信納將
士之謀去私恩布公道故知兩夷有隙上國之資也高壁藏威
待兵觀釁因二虜之相持擅漁夫之厚利討有可舉時不可失
動五者並政之要也伏願陛下舉宏綱省衆務高拱巖廊責成

賢哲徘徊大道之域容與無爲之場故立綱垂制後嗣流範至
仁也安上全下先業不墜至孝也感而必通蒸不暇伏至明也
神化風行萬方草靡至德也必使休徵累及聖政日隆遐迩宅
心戎夷慕義神功光乎區宇鴻業格乎天地三代之興皆由此
也帝覽而善之
韓琬景雲中爲監察御史上疏陳時政曰臣敢以耳目所聞見
而陳之伏願少留意省察臣竊聞永淳之初尹元貞任岐州雍
縣令界内婦人修路御史彈免之頃年婦人夫役修平道路葢
其常也調露之際劉憲任懷州河内縣尉父思立在京身亡選
人有通索闕者乎時選司以名教所不容頃者以爲見機後人
矣頃年國家和市所由以剋剝爲公雖以和市爲名而實抑奪
其價殊不知百姓足官孰與不足矣往年兩京及天下州縣學
生佐史里正坊正每一員闕先擬者輒十人頃年差人以充猶
致亡逸往年選司從容安閑而以禮發遣頃年選司無復畏懼

引接但如仇敵估道耳往年効官交替者必儲蓄什物以待之
頃年替人必諠競爲隙乎執省符紛然不已往年召募之徒人
百其勇爭以自効頃年差點勒遣逃亡相繼若此者臣粗言之
不可勝數夫量事置官量官置人使官稱其人頃人不虛位除
此之外使其耕桑任其商估何爲引令入仕廢其本業臣愚以
爲國家開仕進之門廣矣皆棄農戰工商而爭趨之當今一夫
耕而供數百人食遂使公私皆無儲蓄矣若不釐革其弊必亂
政令風化年年不等也

冊府元龜卷第五百三十二

冊府元龜卷第五百三十三

諫諍部一十一

規諫第十

唐楊武本名弘武乾封中自司戎少常伯遷西臺侍郎高宗嘗問曰卿在司戎授非其才何也武曰臣妻剛悍其所囑不敢違阻高宗嘉其不隱笑而遣之或以武言諷帝之用后言也及在政事謙慎自守而已

李景伯景龍中爲給事中又遷諫議大夫中宗常宴侍臣及朝集使酒酣令各爲迴波詞衆皆爲諂佞之詞及自要榮位次至景伯曰迴波爾時酒巵微臣職在箴規侍宴旣過三爵諠譁竊恐非儀中宗不悅中書令蕭至忠稱之曰眞諫官也

楊相如先天中爲常州晋陽尉上疏陳便宜曰臣聞賈生之言曰人君之於天下猶今人置器置之安處則安危處則危是國之安危政之理亂亦由乎陛下所置甚易爲也今陛

下以命代之主率易爲之資握黎元之命包宇宙之廣盡繫之於陛下陛下可不置之於安處乎書云一人有慶兆人賴之斯之謂矣陛下在兆人之上居萬乘之重將欲爲也天下已隨之將所尚也天下已向之然風俗之端邪正之首者皆從陛下所爲也非徒風俗邪正所繫亦禍福存亡在焉陛下取捨遲爲甚不可忽也臣不敢遠徵古昔博引傳記請以隋煬帝太宗文武皇帝言之煬帝藉文皇之資躋大寶之位兵加海外威震區中乃自恃其强不憂時政大縱驕慾恣成猜險所爲不軌所行不順忌忠正之議黜廢賢良狎便佞之言昵愛邪僻荒淫酒色窮極綺麗兵戈不息調役非時奇技淫巧者舉役登遷力邊攘殺者皆從財賞不恤人之疾苦不知政之理亂君臣阻隔上下相蒙雖制勑交行而聲實乖謬言同堯舜迹如桀紂爲行若是人何克從夫推心不誠欲人之附已資惡內熾望俗之無邪猶却行追人向日避影孔子曰子率以正孰敢不正其身不正雖令不行煬帝不節其慾而欲禁人之慾其可得乎故四海之風淫天下之情僞其人怨其俗蕩身殞擯逐姦逆競馳皇綱紊而隙生禍釁滋而難作昔之有隋也今轉爲大唐豈不以縱慝無厭危患不恤舉天下之大一擲而棄之荒迷沉亂終不自覺要之覆滅死於人手爲天下笑甚可痛哉詩云殷鑒不遠在夏后之代諺云前車覆後車誡然則主社稷承宗廟者可不極思慮深勗勵乎夫昏主卽聖君之資亂邦爲開國之基是用集我昌運太宗以聖德英武雄才睿略掃除昏虐大濟生人叱吒而四維更張指麾而六合復正其知人任使盡得其才或取諸俘虜雠敵並推懷而用之意豁如也故房玄齡識之於月品尉遲敬德狎之而不疑接李靖以優禮此天下之智謀所以得輸其赤心天下之勁勇所以得盡其死力也帝業旣就寰中已安後武先文勵精爲理務行堯舜之道想致羲皇之俗開禮賢之館置十八學士聽朝之後覃思典墳周通百家繁而

去僞所謂武以得之文以守之其帝王藏否安危成敗政刑理亂風俗興衰皆鑒於前古此之明鏡故以書籍爲古鏡魏徵爲人鏡見善則行之不善則去之聞直言則欣然受納得一士則喜見於朝諂諛便媚者不得臻於前梗正貞賢者從容於左右矣貞觀之際太平浴洽臣人得材功賞必實刑不濫及禮無愆度于時天下晏如遺糧在畝風德浹於人心而祥風游乎海內矣非太宗之明覩聽虛心治道與天下貞臣正士同心勠力豈能致於此乎初東巡以供奉不精而有罰旣到洛邑又理隋之舊宮頗趣遊畋或見可欲魏徵驟諫太宗欣然罷之曰非公無此語也自是帝節慾向道思慾納正用斯而言則聖人之情不必無慾也且物衒於外情動於中情之動中則無窮也物之衒外則不極也以不極之物衒無窮之情而不爲之節制雖有聖智亦安得致升平之事乎故太宗之情非無慾也擬致升平之資故樽節維持之耳往以隋人失御天命有歸而始於經綸

勤亦勤矣首建大義提三尺安八紘創萬代立社稷傳子孫位已重矣功已大矣亦安得不思盈滿之誡而檢嗜慾之情乎故太宗之於崇臺邃宇非不愛之惜人力也寶衣玉食非不美之鄭人財也姸倡絶豔非不樂之妨聽政也犬馬畋獵非不好之蕩心意也此數者皆能裁抑之是使人之賦斂也輕歲之調役也寡與人之利甚博資國之用不費國用不費人利是豐則不言而禮讓自行清淨而仁義大洽非徒太宗之爲理若是古之明王聖主曷不由茲道乎臣歷觀有國有家莫不以驕昏放縱而滅畏愼謙懼而興然躋興平之術多遵覆滅之路者何也實以在既安之日例忘兢畏及危逼之勢始思悔咎徒成追恨亦何補乎臣誠以人主之在深宮方安平之日若能先慮危難以自誨勵去不經之道防可欲之原務任賢之規除輕暴之迹則履萬有必安之塗而無顛蹶覆辱之患矣行之甚易在人主爲之臣所以舉隋氏縱慾而亡太宗抑慾而昌願陛下詳擇今

天下皆拭目而視傾耳而聽欲望陛下兢兢業業以致太平也臣誠以爲宜效太宗去邪佞之士進忠賢之人與之討論詩書談議得失以見先古之成敗以校當今之可否行其所長棄其不善如此則朝廷無僻謬國政必清平矣臣又聞書籍所載美惡具存採其陳迹爲之鑒誡陶然其中甚足樂也亦何必窮遂聲色巡遊罔倦不務詩書之樂乎非獨妨於政理徒勞棄日矣往者太宗嘗勑魏徵作羣書理要五十篇大論得失臣誠請陛下溫清閑暇以時觀覽其書雖簡略不備亦足見忠臣之讜言知經國之要會矣夫古之人主莫不委用忠正廣務才賢而保正全忠者稀傾側向背者衆非緣人主知其不忠不正而用之也蓋似正而非正似忠而不忠深心以藏邪厚皃而難測耳所以常患謬用之而不辨其眞實也且非忠正尚不辨其眞實況實忠正豈得知而信任乎故有獨行而見疏有懷忠而受譖矣此先古帝王迷惑錯誤以不忠爲忠以賢爲不賢率皆十八九

也書曰知人則哲惟帝難之非夫聖主明王則不能知也今陛下聰明在位慶祚方遠若欲任人擇士取致太平必宜先辯忠賢以別邪佞若忠賢既辯邪佞不雜正人爲之羽翼邪人不進其間則有仁義道德行於四方而無諂諛傾巧以亂陛下也且忠賢邪佞雖則難知今以陛下明悟神聰孜孜選用更垂之以眷鑒又加之以審察豈有不知之者乎然其審察之宜可以意測可以情恕矣以意測者測邪佞之臣也以情恕者恕忠賢之臣也夫忠不似佞佞則似忠請陛下測之恕之則可知也臣聞人之性分不可轉移邪佞忠賢各有所趣順道違俗忠賢也違道順俗邪佞也若言之咈耳行之忤心動由先王之道事極終始之慮志惟安國獻主者忠賢之所爲也故朴直而不佞勤誠而取容務正道而抗鄰人主聞之因將疏遠之矣此眞忠賢之臣也陛下可不恕而用之乎順旨從命甘言美飾不由先聖之道思亂國家之政務於邀利以惑主者邪佞之所爲也故發小

惠以賈信忘大義而苟合權寵務而挾威伺候悅而爭媚人主見之固將親近之矣此眞邪佞之臣也陛下可不測而去之乎大率人君皆惡忠臣忤心而欲人之順己賢臣正直安得不忤心乎邪臣諂詐安得不順己乎故積忤生憎禍之路也積順生愛福之門也此邪佞所以常親而寵賢臣所以常疏而辱也自古帝王之使臣佐者曷不多論此弊乎陛下誠能反是而求之精心而察之愛其所忤而收忠賢憎其所順而去邪佞則天下之忠正可以比肩重足天下之太平可以千秋萬歲太宗之政化復行堯舜之淳風日用矣此愚臣所以請陛下審察忠佞測恕之之術也國家自垂拱以後至于近年寇賊屢興兵革數動邊師潰喪日費滋多加以觀寺修營錫賚繁數郡縣之吏未息侵漁寰區之氓率盡彫殘官班冗數徭費煩近者人獻直言時有切諫徒聞讜議竟不施行至于營造未甚休息是使國儲不足人畜久空俗弊之由其來已漸又制勑出連發非莫懲[illegible]

民雖多踰越極衆孤羇寡援者小罪必罰貨賂朋黨者大惡不
繩聽斷之獄不審案中之罪未肅也夫法貴簡而能禁罰宜輕
而必行陛下方興崇至德大布新政譬琴瑟之不理宜在更張路
之不平終當從轍若不改創而求理安揚湯以止沸不可得也
臣請一皆除去碎密不察小過小過不察則無煩苛大罪不漏
則止姦慝使簡而難犯寬而能制此可謂天網恢恢疎而不漏
矣然後停不急之務漸無爲之理休罷造作節減橫賜息傜役
除贅官絕吏之侵漁復人之本業斯則人安而俗富也且俗富
則國富人安則國安所爲之術無他唯此而已矣帝覽而善之
張九齡開元三年爲左拾遺上疏曰古之選用取其聲稱或遥
聞辟召或一見任之是以士脩業行而流品不雜日以爲吏部
始造簿書以備人之遺忘今反求於案牘不急於人才亦何異
遺劒中流而刻舟以紀去之彌遠可爲傷心凡有稱吏部之能
者則曰從尉與主簿從主簿與縣丞斯選曹執文而善知官次
者也唯論合與不合不論賢與不肖大略如此豈不謬哉且以
爲選部之法弊於不變變法之易在陛下渙然行之夫以一詩
一判定其是非適使賢人君子從此遺逸而有識者之所歎息也
褚無量爲右散騎常侍開元五年太廟四室壞無量上疏請修
德曰臣聞尚書洪範傳云王者陰盛陽微則先祖見其變昔成湯
遇旱引事自責云女謁盛邪今太廟毀壞即是先祖變見後宮
之中非所幸者親享之後簡出少多以應其變又竊聞左右近
臣妄奏云國家太廟其材木本是苻堅時舊殿隋文帝創立新
都移宇文朝故殿改造此廟臣案地志隋文帝開皇初創置長
安城即造此廟元非苻堅及宇文氏所作況我國家及隋文帝
貴爲天子富有四海豈復遠取苻堅之舊殿以充太廟者乎此
則言僞而辯殊不足採納伏願精選舉用賢良節奢靡輕賦稅
繼絕代慎刑罰納諫諍察諂諛夫如是則人和人和則氣和氣和
則天地和矣人天和會災異自銷伏願虔奉神心克謹天誡

呂向爲起居舍人玄宗東封常令突厥入仗馳射向上疏諫曰
鴟梟不鳴未爲瑞鳥猛武雖服豈齊仁獸由是醜性毒行久務
常積今夫突厥者正與此類今陛下收其頭劾雜以從官赴封
禪之禮衆玉帛之會詔許侍遊召入禁仗賜以馳逐使操弓矢
競飛鏃於前同獲獸之樂儻此等各懷犬吠交肆盜憎荆卿詭
動何羅竊至甚逼嚴蹕稍冒清塵縱單于爲醢穹廬爲瀦何處
過責伏願勿復親近使有分限待不失常歸於得所孰不幸甚
劉彤爲給事中開元十七年朝五陵每發行宮天尚未曉彤上
疏諫曰將事發軔路猶曛黑紅塵四合白刃交馳往來不相知
左右不相識假令有敗車逸馬枯木朽株則變在不虞患生所
忽不可輕也伏願慮及細微以安宗社拜陵之日必候朝光凡
百歡心普天幸甚制曰朕夙勤之志唯在昧爽鄉重愼之誠欲
及辨色國體宜爾用納良規然要須早朝稍盡夜漏耳
高適爲彭州刺史時劒南自玄宗還京後於綿益州各置一節
度百姓勞擾適上疏論西山三城事曰劒南雖名東川西川其
實一道自邛關黎雅界於南蠻也茂州而西經羌中至平戎數
城界於吐蕃也臨邊小郡各舉軍戎並取給於劒南也其運糧
戍以全蜀之力兼山南佐之而猶不舉今梓遂果閬等八州分
爲東川節度歲月之計西川不可得而參也而嘉陵比爲夷獠
所陷今雖小定瘡痍未平又一年已來耕織都廢而衣食之業
皆貨易於成都則其人不可得而役明矣今可賦稅者但成都
彭蜀漢四州耳又以四州殘弊當他十州之重役其終久不亦
至艱又言利者穿鑿萬端皆取之百姓應差科者自朝至暮案
牘千重官吏相承懼於罪譴或責之於鄰保或威之以杖罰督
促不已逋逃益滋欲無流亡安可得矣比日關中米貴而衣冠
士庶頗亦出城山南劒南道路相望村坊市肆與蜀人雜居其升
合斗儲皆求於蜀人矣且田地疆界蓋亦有涯賦稅差科乃無
涯矣爲蜀人之計不亦難哉今所界吐蕃堡而疲於蜀人不過

平戎巳西數城矣邈在窮山之巔垂於險絶之末運糧於束馬之路坐甲於無人之鄉以戎狄言之不足以利戎狄以國家言之不足以廣土宇柰何以險阻彈丸之地而困於全蜀太平之人哉恐非今日之急務也國家若將已戍之地不可廢已鎮之兵如不可收當宜却停東川併力從事猶恐狼狽安可仰於成都彭蜀漢四州哉處乘聖朝洗盪關東掃清逆亂之意也儻蜀人復擾豈不貽陛下之憂昔公孫弘願罷西南滄海專奉朔方賈捐之請棄珠崖以寧中土讜言政本匪一朝一夕臣愚望罷東川節度併於劒南西川不急之城稍以減削則事無窮黷庶免倒懸陛下若以微臣所陳有萬分之一下宰相廷議降公忠大臣定其損益與劒南節度終始處置疏奏不納

趙退翁志行修潔不求聞達寶應中兵荒頗甚人多艱之又將營奉泰建二陵或稱奢侈退翁獨表上疏以爲宜遵儉薄時人稱之

裴諝大曆中爲河東道租庸鹽鐵等使時關輔大旱諝入計代宗召見便殿問諝榷酤之利一歲出入幾何諝久之不對帝復問之對曰臣有所思帝曰何思對曰臣自河東來其間所歷三百里見農人愁歎穀菽未種誠爲陛下軫念先問人之疾苦而乃責臣以利孟子曰理國者仁義而已何以利爲是未敢即對也帝前坐曰微公言吾不聞此拜左司郎中帝時訪以事

元稹元和初爲左拾遺既居諫垣事無不言即日上疏論諫職又以前時王叔文王伾以猥褻待詔蒙幸太子永貞之際大撓朝政是以訓導太子宮官宜選正人乃獻教本書曰臣伏見陛下降明詔修廢學增胄子選司成大哉堯之爲君伯夷典禮夔敎胄子之深旨也然而事有萬萬於此者臣敢冒昧殊死而言之臣聞諸賈生曰三代之君仁且久者敎之然也誠哉是言且夫周成王人之中才也近管蔡則讒入親周召則義聞豈可謂天聰明哉然而克終于道者得不謂敎之然邪伯禽唐叔與之游禮樂詩書爲之習目不得閱淫艷妖誘之色耳不得聞優笑凌亂之音口不得習操斷擊搏之書居不得近容順陰邪之黨游不得縱追禽戮獸之樂玩不得有遐異僻絶之珍凡此數事非謂備之於前而不爲也亦將不得見之矣及其長而爲君也血氣既定遊習既成雖有放心快已之事日陳于前固不能奪已成之習已定之心矣則彼忠直道德之言固吾之所習聞也陳之者有以諭焉故庸佞違道之說固吾之所積懼也諂之者有以辨焉人之情莫不欲耀其所能而當其所近苟將得志則必快其所蘊矣物之性亦然是以魚得水而游馬逸蹄而走鳥得風而翔火得薪而熾此皆物之快其所蘊也今夫成王所蘊道德也所近聖賢也是以舉其近則周公左而召公右伯禽魯而太公齊快其蘊則興禮樂而朝諸侯措刑罰而美教化教化之至也可不謂信然哉及夫秦則不然滅先王之學曰將以愚天下黜師保之位曰將以明君臣胡亥之生也詩書不得聞聖賢不得近彼趙高者詐宦之戮人也而傳之以殘忍戕賊之術且日恣睢天下之人人未盡愚而胡亥固已不能分獸畜矣趙高之威懾天下而胡亥固已自幽於深宮矣彼李斯者秦之寵丞相也因讒冤死無所自明而況于疏遠之臣庶乎若秦則亡有以致之也漢高承之以兵革漢文守之以廉謹卒不能蘇復大訓是景武昭宣天資甚美才可以免禍亂哀平之間則不得其斃弑矣然而惠帝廢易之際猶賴羽翼以勝邪心是後有國之君議教化者莫不以興廉舉孝設學崇儒爲意曾不知教化之不行自貴始略自貴者教其賤者無乃鄰於倒置乎洎我太宗文皇帝之在藩邸以爲太子也選知道德者十八人與之遊習即位之後雖遊宴飲食之間若十八人者實在其中上失無不言下情無不達不四三年而名高盛古豈一日二日而致是乎游習之漸也貞觀已還師傅皆宰相兼領其餘宮寮亦甚重馬周以位高恨不得爲司議郎此其驗也文皇之後漸疏賤之

用聖冊后臨朝翦棄王室當中睿二聖勤勞之際雖有骨鯁敢言之士既不得在調護保安之職終不能吐扶衛之一詞而令醫匠安金藏剖腹以明之豈不大哀哉邪兵興已來茲弊尤甚師資保傅之官非疾廢眊聵不任事者為之即休戎罷帥不知書者處之至于友諭贊試之徒疏冗散賤之甚者搢紳恥由之夫以匹士之愛其子者猶求明哲慈惠之師以教之直諒多聞之友以成之豈天下之元良而可以疾廢眊聵不知書者為之師疏冗散賤不適用者為之友乎此何不及上古之甚也近制宮寮之外往往沉滯僻老之儒充侍直侍讀之選而又疏棄斥逐之越月踰時不得召見彼又安能傳成道德而保養其身躬哉臣以為積此弊者豈不以皇天眷佑祚我唐德以舜生舜以堯繼堯傳陛下一十聖矣莫不生而神明長而仁聖以是為屑屑習儀者故不之省耳臣獨以為於列聖之謨則可也計傳後嗣則不可脫或萬代之後若有周成之中才而又生於深宮優

笑之間無周召保助之教則將不能知喜怒哀樂是之所自矣況稼穡艱難乎今陛下以上聖之資肇臨海內是天下人人傾耳注心之日特願陛下思成王訓道之功念文皇將書之漸選重師保慎擇宮寮皆用博厚弘深之儒而又練達機務者為之更相進見日就月將因令皇子與傅諸生定齒胄講業之儀行嚴師問道之禮至德要道以成之微牓記過以警之血氣未定則輟禽色之娛以就學聖賢以備則資游習之善以弘德此所謂一人元良萬方以貞之化也豈直修廢學選司成而足論匹其感哉則俾知百王莫不幼同師長同術識君道之素定知天倫之自然然後選用賢良樹為藩屏出則有晉鄭魯衛之盛入則有東平朱虛之強蓋所謂宗子維城犬牙盤石之勢也又豈與夫魏晉已降因戚其兄弟而翦其本枝者同年而語哉憲宗覽之甚悅

白居易為右拾遺翰林學士時元稹自監察御史謫為江陵府士曹掾翰林學士李絳崔羣上前面論稹無罪居易累疏切諫曰臣昨緣元稹左降頻已奏聞臣內察事情外聽眾議元稹左降有不可者三何者元稹守官正直人所共知自授御史已來舉奏不避權勢秖如奏李佐公等事多是朝廷親情人誰無私因以挾恨或假公議將報私嫌遂使誣謗之聲上聞天聽臣恐元稹左降已後凡在位者每欲舉職必先以元稹為誡無人肯為陛下當官守法無人肯為陛下嫉惡繩愆內外權貴親黨縱有大過大罪者必相容隱而已陛下從此無由得知此其不可者一也昨元稹所追勘房式之事心雖徇公事稍過當既從重罰足以懲違況經謝恩旋又左降雖引前事以為責辭然外議喧喧皆以為稹與中使劉士元爭廳因此獲罪至於爭廳事理已具前狀奏陳況聞士元踏破驛門奪將鞍馬仍索弓箭嚇辱朝官承前已來未有此事今中官有罪未聞處置御史無過却先貶官遠近聞知實損聖德臣恐從今已後中官出使縱暴益

甚朝官受辱必不敢言縱有被凌辱毆打者亦以元稹為戒但吞聲而已陛下從此無由得聞此其不可二也臣又訪聞元稹自去年已來舉奏嚴礪在東川日枉法沒入平人資產八十餘家又奏王紹違法給券令監軍神柩及家口入驛又奏裴玢違敕徵百姓草又奏韓皐使軍將封杖打殺縣令如此之事前後甚多屬朝廷法行悉有懲罰計天下方鎮皆怒元稹守官今貶為江陵判司即是送與方鎮從此方便報怨朝廷何由得知臣伏聞德宗時有崔善貞者告李錡必反德宗不信送與李錡錡掘坑熾火燒殺善貞曾未數年錡果反至今天下為之痛心臣恐元稹貶官方鎮有過無人敢言陛下無由得知不法之事此其不可者三也若無此三不可假如朝廷誤左降一御史蓋是小事臣安敢煩瀆聖聽至于再三誠以所損者深所關者大以此思慮敢不極言疏入不報又淄青節度使李師道進絹為魏徵子孫贖宅居易諫曰徵是陛下先朝宰相太宗嘗賜殿材成

其正室尤與諸家第宅不同子孫典貼其錢不多自可官中為之收贖而令師道掠美事實非宜憲宗深然之帝又欲加河東王鍔平章事居易諫曰宰相是陛下輔臣非賢良不可當此位鍔誅剝民財以市恩澤不可使四方之人謂陛下得王鍔進奉而與之宰相無深益於聖朝乃止

蔣乂為右拾遺史館修撰張茂宗居毋喪有詔起復尚義章公主乂上疏抗論以為奪情之事本爲金革脫縗成婚敗禮尤甚德宗乃詔中諭之然竟不從

李渤為贊善大夫分司東都遣使奏表陳時政凡五事一曰禮樂二曰食貨三曰政刑四曰議都五曰辯讎渤元和初詔以嵩山處士起為拾遺後歷補闕者作以論時政得失為已任前後章疏上者凡四十餘條至是雖以散秩處東洛而諫疏不已

張仲方寶曆中為諫議大夫時鄠縣令崔發因辱小黃門敬宗震怒付臺推轄及元日大赦獨發不得宥仲方上疏其略曰鴻

恩宥布於天下而不行御前恩澤始被於昆蟲而獨遺崔發由是發得不死時論美之

張臯長慶四年正月以處士上疏曰臣聞神慮澹則血氣和嗜欲勝則疾疹作和則必臻於壽考作則必致於傷殘是以古之聖賢務自頤養不以外物撓耳目不徇聲色敗性情由是和平自臻福慶斯集故易曰無妄之疾勿藥有喜詩曰自天降康降福穰穰此皆理合天人著在經訓然則藥以攻疾無疾故不可餌之高宗朝有處士孫思邈者精識高遠深達攝生其所著千金方三十卷行之於代其論云凡人無故不宜服藥藥勢偏有所助令人藏氣不平思邈此言可謂洞於事理也或寒暑為殃鄙宜有攻事資醫方尚須重慎故禮云醫不三代不服其藥施於凡庶猶且如此況在天子豈得自輕先朝暮年頗信方士徵集非一嘗試亦多累致危疾聞於中外足為殷鑒皆陛下素所詳知必不可更蹤前車自貽後悔今朝野之人紛紜竊議直畏忤旨莫敢獻言臣蓬艾微生麋鹿同類既非邀寵亦又何求但以曾覽古今粗知忠義有聞而默於理不安願陛下無忽蒭蕘庶裨萬一時穆宗頗好金石之藥疏奏帝嘉歎久之竟訪臯不獲

鄭肅文宗初為衛尉卿會滄鎮不定兵久未解詔令五品已上都省集議時宰臣方務翦除賊寇莫敢異議獨肅抗疏其略云伏願以宗社安危為大計以善師攻心為神武以含垢安人為遠圖以網漏吞舟為至德帝雖不納深所嘉歎

韋溫大和中為右補闕時宗正寺奏太廟第四室第六室破漏有司不時興功將作監王堪及度支判官等各罰俸遽命中人領工徒於禁中即日修營材木修葺溫上疏曰臣伏見今月五日獨將作監等修葺太廟拾遺各已罰俸特命親臣專知繕理有以見陛下奉宗廟孝思之至也臣聞條合其職國家所以理事歸於正朝廷所以尊今朝廷備制度置百官事存典故用有

經費最重者奉宗廟也太廟當修詔下踰月有司弛慢曾不加謹宜黜慢官者以懲不恪之罪擇可任者責以繕完之功共乃歸於正官理其業而聖思不勞百職無曠矣今慢官不恪止於罰俸憂勤所切便委內臣是許百司之官公然廢職以宗廟之重為陛下所私羣官有司便同委棄此臣竊為聖朝惜也事關宗廟皆書史策苟非舊典不可率然伏乞更下詔書復委所司營葺則制度不嘉官業交修矣疏奏帝甚加納繇是追止中人命有司嚴加修奉

王直方開成中為右補闕上疏曰臣伏見近歲已來災害不作兵革休息百穀豐稔四方寧泰者非他是陛下恭儉清靜日慎一日之所致也伏見陛下事異於前時中外之心有所驚懼此者雖有教坊音樂陛下未嘗賞肦因有錫賚與人共之如此則雖有伶人不害於事陛下即位之始宣徽教坊悉令停減人數聞近來稍不如此樂工弟子賜與至廣每有此事向外流傳傷陛

下聖德豈容易也臣以爲鄭聲娛人樂音動聽能使人情迷亂捨棄萬事而爲樂不足也臣伏以聖體未安加以聲色之亂侵蠹聖旅得不憂乎帝覽奏嘉歎賜帛百匹幷以表示宰臣令宣付史官○魏謩開成中爲右拾遺時有詔以叙州司户參軍董昌齡爲硤州刺史昌齡前在邕南以殺衡方厚得罪無何復有是命謩上疏曰臣聞王者滲汙之恩凡罪寛宥唯故殺人者死乃百王不易之典也其董昌齡比者録以微効任之方隅不能祗愼寵光恣其狂暴無辜殺戮事跡顯彰妻孥銜冤萬里來訴伏蒙陛下睿聖慈憫念其枉横特令鞫劾尋得罪源尚以微績曲全性命中外言議竊爲未當今授之牧守以理疲人則殺人者遭拔擢冤苦者何伸訴此則法理所素交爲不可臣忝備諫列不敢不言况陛下慎恤刑獄朔望猶省慮有冤濫以及生人儻事理稍乖則傷聖化今兹寵授物議實深伏乞陛下速迴成命以警列辟則天下幸甚疏奏數日昌齡復改爲洪州別駕

崔嘏爲諫議大夫帝以淮南諸道仍歲大旱租賦不登國用多闕及是以度支戶部分命宰臣專之嘏上言宰相者上調陰陽下安黎庶致君堯舜致時雍熙俾之閱簿書算緡帛非所宜也帝極嘉歎

後唐杜崇龜清泰初爲翰林待詔若贊善大夫同正上言曰近日星辰變度苦雨霖霪是生靈共感之災致緯象垂芒之異唯宜修德允荅玄穹臣以修德遍在君臣非獨在於君又自古創業守文之主未有無災變者但能修德省躬則化災爲福臣見今月三日夜五更初有二星變異一出軒轅前落一出室壁之間凡五星之氣下合五行一德稍虧五星變異臣恐自戰爭已來或有功臣義士枉抱幽冤或有名山大川失於禋祀今月靈雷極爲異事雷者天之號令八月收聲今震伏不時是號令失節之象陛下繼覃赦宥虔禮神祇唯德動天其災必退更宜師古以合天心惡殺好生資於睿化詔曰杜崇龜術精玄象職在禁乎觀苦雨之霖霪視星文之變異形於章奏足驗忠勤修德省躬朕誠有愧見災而懼安敢忘懷載閱所陳深所嘉歎

馬勝清泰中爲深州司功請闕上封事曰夫道貴適時謀須應務不可專遵前古不可苟徇今時必在合宜方能致理臣見賊盗律凡竊盗貨財多少及放火燒場擄所燒物數爲贓數裁斷比來法司常行此律今若情敦去殺道在卹刑欲令兵鳥移聲小人革弊致風行草偃須以猛濟寬臣竊見鄉村人有殺牛賭錢嗜酒不事家産者初則恣其兇頑後則利於財物若以嚴刑止絶因茲蟻結蜂屯便成羣盗耳臣以爲但是竊盗不計財物多少及放火劫舍並望且行極法俟餘風稍殄澆俗既移然用輕刑未爲晚也臣又見諸州置捕賊巡務比來以備警巡近者却被驚爲非人詠爲巡司劫盗閭里既難辯認爲惡滋深乞一切去除此務凡盗賊出於百姓其原出於屠牛蒲博飲酒不務營生請下諸州府巡屬普令沙汰此色之人嚴行條法則無盗矣何

當別置巡司臣又見州縣鄉村有力戶於衛府投名服事如有差役稱配貧下戶臣請州縣節級立定人數其餘令歸田里即不困貧民詔曰馬勝所陳理亦公當嚴刑去盗正切救時付中書門下告論中外於極刑之中不得因緣枉濫務在懲惡止姦審詳行遣

蕭希甫爲散騎常侍天成二年希甫上言曰臣聞天地助順神理福謙既物性之得宜何虛心之致誤伏惟陛下自統臨四海勤恤萬方每崇恭儉之風常布仁慈之德即合陰陽無爽災沴不生百穀豐盈五兵偃息今乃川瀆決溢水旱衍違必恐是調變有乖祭祀未潔[illegible]君宵旰之慮負陛下覆育之恩臣實痛心誰迴愧色伏乞特頒明詔下訪有司詢其錯遺之方採彼妖祥之本應是前皇古帝往哲先賢或有遺祠但存舊址在祀典者咸加嚴飾稟靈通者盡畧修崇悉遵虔肅之誠無墮精祈之懇然後別宣長吏側聽庶民稍関疾苦之由須設撫循之策冀

其昭感仰

趙鳳明宗朝爲端明殿學士有周玄豹者自言善相術明宗爲將時玄豹曰貴不可言帝素異之即位後命爲少列頻召之闕奏曰玄豹是臣鄉里人待臣不薄前代術士妄言致人破家滅族者多矣玄豹藝術雖精臣不欲置之都下昔言陛下應運今已効矣陛下無事更詢而輕薄狡妄之徒不知命有定分若玄豹至京師則人士湊其門臣竊思之無益於事乃止

晉石昂天福中爲宗正丞上言曰臣伏見鄴臺逆豎滹水叛城始見利而忽起禍心終貪豐而難歸至化遂使雄師大舉元惡未除雖龐極祆興宜奮雷霆之怒而勢窮力屈可哀螻蟻之生況師老費財民勞失本赦過宥罪素垂範於典經含垢匿瑕事頗關於仁恕伏望陛下施雲天之澤收霜雪之威捨獨夫百死之愆赦一鎮萬家之命俾范延光今移本任別與小藩於滄邢洺州自選一鎮庶令省過俾遂自新率被百萬之資金犒我千營之將士庶明陛下不將威發但以德柔施好生惡殺之仁捨短從長之道暫行虛刃必致大和所有隨從官員一任將行赴任或是本城兵士屬府職寮亦仰依舊主持更無移改普覃恩惠不問罪愆臣自請獨駕單車徑入逆壘布穹昊不言之信闡陽春不報之恩佇見偃武修文再覩唐堯之化放牛歸馬必興姬發之風

漢張昭遠後唐天成中爲左補闕上言曰臣聞周家創業七百年漢氏延洪四百載非唯天命抑亦人謀臣雖至愚粗聞其要切居諫列備敢奏陳古者人君即位之後立嫡以爲儲闈列土而封子弟既尊之以名器復教之以訓詞則驕奢淫逸不萌於心仁智賢明以習其性良由擇正人以爲師傅閒善事益其聰明假使中才亦成良器凡人善惡之性多因染習而成將創無窮所宜重慎竊以元良宗子邦國本根或陛下未欲封崇先宜教導所貴識古今之成敗知稼穡之艱難使驕縱不期於心正

□□□□於耳目條件管見施事具如後一帝王之子生長深宮愛自幼沖便居逸樂目歡雕華之玩耳煩絲竹之音所謂不與驕期而驕自至儻非天生聰惠神授賢明特此驕盈爲能無惑苟不預爲教導何以致之盤維臣竊見先帝時皇弟皇子盡喜俳優聞無稽玩物之言則娛心悅耳告致理經邦之說則俛目嚬眉入則務飾姬姜出則思泳僕馬親賓滿座無非優笑之徒食客盈門罕有賢能之士以此智識以此宗師必若託以維城付之主鬯無難土之國無不破之家真則非遙可謂殷鑒臣請諸皇子各依古義置師傅之官如陛下厚之以渥恩課之以訓導令皇子短身師事每日講說善道一日之中但記一事一歲之內所記漸多每至月終令師傅具錄聞奏或皇子上謁之時陛下更令侍臣面問十中得五爲益良多何必讀書自然博識既達安危之理兼知成敗之由王鬯維城何往不可臣雖短識事繫遠圖伏乞陛下詢於公卿以爲可否一臣聞古之人君即位而冊太子封拜諸王究其所由蓋有深旨一則欲尊儲闈而作磐石衛我宗枝一則欲分嫡庶而辨親疎各歸名分使庶不亂嫡疎不間親禮秩有常邪慝不作臣竊見近代聖后賢君或有失於此道以此邦家搆患釁隙萌生昔隋祖聰明煬帝亦傾於楊勇太宗齊聖魏王終覆於承乾臣每讀古書深悲其事願於聖代無此厲階其於小貳封崇在臣不敢輕議臣請諸皇子於恩澤賜與之間婚姻省侍之際依嫡庶而爲禮秩據親疎而定節文示以等威絕其僥幸保宗之道莫大於斯一臣聞上聖之才不修崇而合道中人之性隨染習而無常是故古以話言束之名教猶蹈覆車之轍不師經巫之言而況左右乏全闕正人深習不聞善事欲求賢行其可得乎伏見近代師傅之官所設備員而已未聞調護太子訓導諸王坐食俸錢猶爲尸祿臣請皇子中當爲儲佐者雖未封拜先要切選賢德在朝官寮師傅之官請每日謁見皇子或講論時政或執習禮容日習月修

有益無損在臣愚識以此爲優伏乞陛下付公卿詳議以爲可
否伏惟皇帝陛下仁深拜善道在勵精行慈儉而愛生靈正賞
罰而激貞濫內外皆無關政左右盡是賢臣諫者無以措詞多
士唯期自勵臣豈合遽陳狂瞽輒犯宸嚴但以恩未報於君親
事或關於國本庶裨萬一聊罄在三乾祐中爲太常卿上言臣
聞江海不讓於細流所以成其大山岳不讓其撮土所以成其
高王者不倦昌言所以成其聖臣歷觀前代乃至近朝遍閱聖
君無不好學故楚靈王軍中決勝不忘倚相之書漢高帝馬上
爭衡猶聽陸生之說遂得宸謀益洽宗社延長伏惟皇帝陛下
纘禹丕圖受堯成法春秋鼎盛四聰不惑於諮詢廊廟謀深六
藝何妨於講習古者或立儒宮或開文館旁求巖穴之士延納
草澤之才雖有前規伏恐未暇況國家設官分職選賢任能有
輔弼講其國經有師傅啓其言路可以談天人之際可以陳理
亂之由但能屬耳於典謨何必服膺於卷軸伏望陛下聽政之

暇詔儒臣討論經義所冀敷三綱五常之要六韜九疇八政之
源無取於儒冠猶冀賢於博弈時帝年十九猶有童心疎遠
正人昵比羣小但與郭允明段贊等廋詞醜語宮中手放紙鳶
太后每提耳規之□曰經國之謀閨閫無宜預也外間頗聞故
有是奏以諷之蘇逢吉謂昭曰先帝在藩時今上已總丱命兄
事逢吉今誨之以王道今雖君臣禮隔乘間猶獻忠言比日親
狎不常吾友所陳深中其病中書欲商量有所發明但以疏內
有輔弼講國之言難別敷奏曰蘇之益深所愧懷

冊府元龜卷第五百三十三

諫諍部一十二

直諫

夫極言切諫以彌縫闕拂心逆耳而有犯無隱觸法罹悔守死不貳此忠臣之志也若夫南面萬乘之貴中堂千里之奥威福已任喜怒立致乃敢奮發於悃愊規切其過失面折廷諍以救其非露章封事以明其道斯張良喻之於苦口韓非比之於批鱗非徒矣一時之意且將蹈不測之禍自非誠心內蘊精忠感厲冀一悟於人主而有利於國家者曷能若是哉故所謂匪躬之臣伏節之士者也然而奪其美顯其非人臣之禮主文譎諫著風雅之義又何必以婞直訐爲任哉

夏關龍逢事桀桀爲酒池足以運舟糟丘足以望七里一鼓之而牛飲者三千人關龍逢進諫曰爲人君身行禮義愛民節財故國安而身壽也今君用財若無盡用人若恐不能死不革夫禍必畢而誅必至矣君其革之立而不去朝桀因囚殺之君子聞之曰天之命矣夫

周芮良夫爲厲王好利近榮夷公良夫諫厲王曰王室其將卑乎夫榮公好專利而不知大難夫利百物之所生也天地之所載也而有專之其害多矣天地百物皆將取焉何可專也所怒甚多而不備大難以是教王王其能久乎夫王人者將導利而布之上下者也使神人百物無不得極（極中也）猶日怵惕懼怨之來也故頌曰思文后稷克配彼天立我蒸民莫匪爾極大雅曰陳錫載周（言文王布賜施利以載成周道也）是不布利而懼難乎故能載周以至於今今王學專利其可乎匹夫專利猶謂之盜王而行之其歸鮮矣榮公若用周必敗也厲王不聽卒以榮公爲卿士諸侯不享王流于彘（[illegible]）

富辰爲大夫襄王十三年鄭人伐滑王使游孫伯請滑（游孫伯周大夫）鄭人執之（鄭文公捷也怨惠王之入而不與厲公爵又怨襄王之與衛滑故不聽王命而執二子）王怒

將以翟伐鄭（翟隗姓之國也）富辰諫曰不可人有言曰兄弟讒鬩侮人百里（鬩很也兄弟雖以讒言相違很猶禦他人侮己者百里喻遠也）周文公之詩曰兄弟鬩于牆外禦其侮（文公周公旦之所作常棣之詩禦禁也言兄弟相與很於牆室之內然能外禦異族侮害己者）若是則鬩乃內侮不敗親也（雖內相很外禦他人故不敗親）鄭在天子兄弟也（[illegible]）鄭武莊有大勳力于平桓（[illegible]）凡我周之東遷晉鄭是依（[illegible]）子頹之亂又鄭之由定（子頹周惠王叔[illegible]）今以小忿棄之是以小怨置大德也無乃不可乎（[illegible]）且夫兄弟之怨不徵於他（[illegible]）徵於他利乃外矣（[illegible]）章怨外利不義（[illegible]）棄親即翟不祥（[illegible]）以怨報德不仁義所以生利也祥所以事神也仁所以保民也（[illegible]）不義則利不阜（阜厚也）不祥則福不降不仁則民不至古之明王不失三德者（三德上三者）故能光有天下而龢寧百姓令聞不忘王其不可以棄之王不聽十七年王降翟師以伐鄭（降下也）王德翟人將以其女爲后富辰諫曰不可夫婚姻禍福之階也利內則福由之利外則禍今王外利矣（[illegible]）其無乃階禍乎昔摯疇之國也由大任（摯疇二國任姓奚仲仲虺之後大任之家王季之妃文王之母）杞繒由大姒（杞繒二國姒姓夏禹之後大姒之家文王之妃武王之母）齊許申呂由大姜（四國皆姜姓四岳之後大姜之家王季之母也）陳由大姬（[illegible]）是皆能內利親親者也昔鄢之亡也由仲任（[illegible]）密須由伯姞（[illegible]）鄶由叔妘（[illegible]）聃由鄭姬（[illegible]）息由陳嬀（[illegible]）鄧由楚曼（[illegible]）羅由季姬（[illegible]）

姓之國季姬氏之女爲羅夫人盧由荊嬀盧嬀姓之國荊嬀女爲荊夫人荊其夫也是皆外利離親者行淫辟小利於外不能親親以亡其國王曰利何如而內何如而外對曰尊貴明賢明顯庸勳長老庸用勳功也長老尚齒愛親禮新親舊是利之內也若七德離判民乃攜貳判分攜離也七德謂尊貴其親舊各以利退退自營也上求不暨是其外利也暨至也夫翟無列於王室列位鄭伯南也王而卑之是不尊貴也南者在南服之侯伯也或云南面君也案內傳鄭在南服禮識外侯伯世近其見詩重於禁地之居故不尊貴也是翟豺狼之德也鄭未失周典王而蔑之是不明賢也小曰平桓莊惠皆受鄭勞王而棄之是不庸勳也平王東遷依鄭武公桓王即位鄭莊公佐之莊王三之子莊王也惠王莊王之孫僖王之子惠王母淥也厲公奔出居於鄭鄭厲公納之自氾王以來鄭世有功故曰皆受鄭勞功者也鄭伯捷之齒長矣王而弱之是不長老矣鄭文公名捷翟隗姓也隗翟姓鄭出自宣王王而虐之是不愛親也鄭祖桓公友宣王之弟也故曰出自宣王夫禮新不閒舊閒代王以翟女閒姜任非禮且棄舊也姜氏任氏王女所親王壹舉而棄七德臣故曰利外矣書有之曰必有忍也若能有濟也言能有所忍乃能有成功也王不忍小忿而棄鄭又登叔隗以階翟登進也階梯也翟封豕豺狼也不可厭王弗聽十八年王黜翟后十八年魯僖二十四年也黜廢也后通於王子帶故王廢之翟人來誅殺譚伯誅責也翟人奉子帶攻王而殺譚伯周大夫富辰曰昔吾驟諫王王弗從以及此難若我不出王其以我爲懟乎乃以其屬死之以其屬死翟難

州鳩爲伶人景王二十四年鑄無射鐘成伶人告龢王謂伶州鳩曰鍾果龢矣對曰未可知也伶人州鳩知王之將死故曰未可知也王曰何故對曰上作器民備樂之則爲龢言聲音之道與政通今財亡民罷莫不怨恨臣不知其龢也亂世之音怨以怒故曰不知其和也且民所曹好鮮其不濟也所曹惡鮮其不廢也故諺曰眾心成城眾心所好莫之能敗其固如城眾口鑠金鑠消也眾口所毀雖金石猶可消也今三年之中而害金再興焉害金謂錢與鍾懼一之廢也其一必廢王曰爾老耄矣何知八十日耄明年崩王立王室亂鍾不龢

秦茅焦齊人也始皇初爲秦王九年遷太后於雍焦說秦王曰秦方以天下爲事而大王有遷母太后之名恐諸侯聞之由此倍秦也一云茅焦諫曰陛下車裂假父有嫉妬之心囊撲兩弟有不慈之名遷母咸陽有不孝之行臣竊爲陛下危之言畢乃解衣伏鑕始皇下殿左手接之曰先生起矣假父嫪毐也二弟太后所生二子者也秦王乃迎太后於雍而入咸陽一云秦王立茅焦爲傅又爵之上卿太后大喜曰天下亢直使敗復成安秦社稷使妾母子復相見者茅君之力也復居甘泉宮咸陽南宮也

淳于越齊人始皇三十四年置酒咸陽宮博士僕射周青臣等頌稱始皇威德越進諫曰臣聞之殷周之王千餘歲封子弟功臣自爲支輔今陛下有海內而子弟爲匹夫卒有田常六卿之患臣無輔弼何以相救哉事不師古而能長久者非所聞也今臣青等又面諛以重陛下過非忠臣也始皇下其議丞相謬其說絀其辭

漢賈誼文帝時爲梁王傅上疏曰臣竊惟事勢可爲痛哭者一可爲流涕者二可爲長太息者六若其它背理而傷道者難徧以疏舉言不可盡舉也進言者皆曰天下已安已治矣進言者謂諸說於天子前臣獨以爲未也曰安且治者非愚則諛知其實不治安則是愚也知而假言之是諛也皆非事實知治亂之體者也夫抱火厝之積薪之下而寢其上厝置也火未及燃因謂之安方今之勢何以異此本末舛逆首尾衡決國制搶攘搶攘亂貌非甚有紀紀理也胡可謂治陛下何不壹令臣得孰數之於前因陳治安之策試詳擇焉夫射獵之娛與安危之機孰急言二事之中何者爲急使爲治勞智慮苦身體乏鍾鼓之樂勿爲可也樂與今同而加之諸侯軌道兵革不動軌道言遵法制也民保首領匈奴賓服四荒鄉風百姓素朴獄訟衰息大數既得則天下順治海內之氣清和咸理生爲明帝沒爲明神名譽之美垂於無窮禮祖有功而宗有德使顧成之廟稱爲太宗上配太祖與漢亡極建久安之勢成長治之業以承祖廟以奉六親至孝也以幸天下以育群生至仁也立經陳紀輕重同得後可以爲萬世法人雖有愚幼不肖之嗣猶得蒙業而安至明也以陛下之明達因使少知治體者得佐下風致此非難也其具可

孰陳於前願幸無忽臣謹念此至孰也雖使禹舜復生為陛下計亡以易此夫樹國固必相疑之勢（今建立國泰大其勢必因相疑也）下數被其殃上數爽其憂甚非所以安上而全下也今或親弟謀為東帝（淮南厲王）親兄之子西鄉而擊（謂齊悼惠王子興居而為濟北王反欲擊取滎陽也）今吳又見告矣（吳王[illegible]不循[illegible]有告之者）天子春秋鼎盛行義未過德澤有加焉猶尚如是況莫大諸侯（莫大謂[illegible]者大於[illegible]其國者言最大也）權力且十此者乎（十倍於此）然而天下少安何也大國之王幼弱未壯漢之所置傅相方握其事數年之後諸侯之王大抵皆冠（大抵[illegible]大略也）言血氣方剛漢之傅相稱病而賜罷彼自丞尉以上偏置私人如此有異淮南濟北之為邪此時而欲為治安雖堯舜不治黃帝曰日中必熭操刀必割（大公六韜曰日中不熭是謂失時操刀不割失利之期言當及時也）今令此道順而全安甚易不肯早為已乃墮骨肉之屬而抗剄之（抗[illegible]剄割頸也）豈有異秦之季世乎夫以天子之位乘今之時因天之助尚憚以危為安以亂為治假設陛下居齊桓之處將不合

諸侯而匡天下乎臣又知陛下有所必不能矣假設天下如曩時淮陰侯尚王楚黥布王淮南彭越王梁韓信王韓張敖王趙貫高為相盧綰王燕陳豨在代令此六七公皆亡恙當是時而陛下即天子位能自安乎臣有以知陛下之不能也天下殽亂高皇帝與諸公併起非有仄室之勢以豫席之也（[illegible]）諸公幸者乃為中涓其次廑得舍人（[illegible]）材之不逮至遠也高皇帝以明聖威武即天子位割膏腴之地以王諸公多者百餘城少者乃三四十縣德至渥也（渥厚也）然其後十年之間反者九起陛下與諸公非親角材而臣之也又非身封王之也自高皇帝不能以是一歲為安故臣知陛下之不能也然尚有可諉者曰疏（諉託也言尚可託言其疏故反也）（[illegible]）臣請試言其親者假令悼惠王王齊元王王楚中子王趙幽王王淮陽共王王梁靈王王燕厲王王淮南六七貴人皆亡恙當是時陛下即位能為治乎臣又知陛下之

不能也若此諸王雖名為臣實皆布衣昆弟之心慮亡不帝制而天子自為者（慮大計也言諸侯皆欲同皇帝之制度而為天子之事）擅爵人赦死罪甚者或戴黃屋漢法令非行也雖行不軌如厲王者令之不肯聽召之安可致乎幸而來至法安可得加動一親戚天下圜視而起（[illegible]）陛下之臣雖有悍如馮敬者（馮無擇子名敬忠直為御史大夫奏淮南厲王誅之）適啟其口匕首已陷其匈矣（始欲設言敢制諸侯王則為刺客所殺）陛下雖賢誰與領此故疏者必危親者必亂已然之效也其異姓負彊而動者漢已幸勝之矣又不易其所以然同姓襲是跡而動既有徵矣其勢盡又復然殃禍之變未知所移明帝處之尚不能以安後世將如之何屠牛坦一朝解十二牛（坦屠牛者名也事見管子）而芒刃不頓者（芒刃謂刃之利如毫芒也）所排擊剝割皆眾理解也至於髖髀之所非斤則斧（髀股骨也髖髀上也其骨大故須斤斧也）言夫仁義恩厚人主之芒刃也權勢法制人主之斤斧也今諸侯王皆眾髖髀也釋斤斧之用而欲嬰以芒刃臣以為不缺則折胡不用之淮南濟北勢不可也

臣竊跡前事大抵彊者先反淮陰王楚最彊則最先反韓信倚胡則又反貫高因趙資則又反陳豨兵精則又反彭越用梁則又反黥布用淮南則又反盧綰最弱最後反長沙迺在二萬五千戶耳功少而最完勢疏而最忠非獨性異人也亦形勢然也曩令樊酈絳灌據數十城而王今雖以殘亡可也令信越之倫列為徹侯而居雖至今存可也然則天下之大計可知已欲諸王之皆忠附則莫若令如長沙王欲臣子之勿菹醢則莫若令如樊酈等欲天下之治安莫若眾建諸侯而少其力力少則易使以義國小則亡邪心令海內之勢如身之使臂臂之使指莫不制從諸侯之君不敢有異心輻湊並進而歸命天子雖在細民且知其安故天下咸知陛下之明割地定制令齊趙楚各為若干國使悼惠王幽王元王之子孫畢以次各受祖之分地地盡而止及燕梁它國皆然其分地眾而子孫少者建以為國空而置之須其子孫生者舉使君之諸侯之地其削頗入漢者為徙其侯

國及封其子孫也（徙其侯國列侯國邑在諸侯王封內而犬牙相入者則正其疆界令其隔絕出封其子孫者分諸侯王之國邑各自封其子孫而受封之人若有罪黜其地當入於漢故云頗入也）所有數償之一寸之地一人之眾天子亡所利焉（償者謂所正列侯疆界有侵諸侯王者則漢償之）誠以定治而已故天下咸知陛下之廉地制壹定宗室子孫莫慮不王（慮計也）下無倍畔之心上無誅伐之志故天下咸知陛下之仁法立而不犯令行而不逆貫高利幾之謀不生柴奇開章之計不萌（柴奇開章皆淮南王謀反者也）細民鄉善大臣致順故天下咸知陛下之義臥赤子天下之上而安植遺腹朝委裘而天下不亂（置遺腹朝委裘皆未有所知也委裘若容衣天子未坐朝事先帝裘衣也）當時大治後世誦聖壹動而五業附陛下誰憚而久不為此天下之勢方病大瘇（腫足曰瘇）一脛之大幾如要一指之大幾如股平居不可屈信一二指搐身慮亡聊（搐謂動而痛也聊賴也）失今不治必為錮疾（錮疾堅久之疾）後雖有扁鵲不能為已病非徒瘇也又苦𨂂盭（足下曰蹠今所呼脚掌是也言足蹠反戾不可行也）元王之子帝之從弟也（楚元王高帝之弟其子於文帝為從弟）今之王者從弟之子也惠

王之子親兄子也今之王者兄子之子也（惠王齊悼惠王）親者或亡分地以安天下疏者或制大權以偪天子臣故曰非徒病瘇也又苦𨂂盭可痛哭者此病是也天下之勢方倒縣凡天子者天下之首何也上也蠻夷者天下之足何也下也今匈奴嫚娒侵掠至不敬也為天下患至亡已也而漢歲致金絮采繒以奉之夷狄徵令是主上之操也（徵召也令號令也操謂言上之所操持也）天子共貢是臣下之禮也足反居上首顧居下（顧亦反也言如人反顧然）倒縣如此莫之能解猶為國有人乎（類倒如此而不能解救豈謂國有明智之人乎）非亶倒縣而已又類辟且病痱（辟足病痱風病）夫辟者一面病痱者一方痛今西邊北邊之郡雖有長爵不輕得復（言雖有高爵猶以禦寇不得復除徭役也不易得復除言難也）五尺以上不輕得息（五尺謂小兒也）斥候望烽燧不得臥（邊方備胡寇作高土櫓櫓上作桔皋桔皋頭兜零以薪草置其中常低之有寇即火然舉之以相告曰烽又多積薪寇至即然之以望其煙曰燧晝則燔燧夜則舉烽）將吏被介冑而睡臣故曰一方病矣醫能治之而上不使可為流涕者此也陛下何忍以帝皇之號為戎人諸侯勢既卑辱而禍不息長此安窮進謀者率以為是固不可解也亡具甚矣臣竊料匈奴之眾（料量也）不過漢一大縣以天下之大困於一縣之眾甚為執事者羞之陛下何不試以臣為屬國之官以主匈奴行臣之計請必係單于之頸而制其命伏中行說而笞其背（中行說宦者燕人也漢使送公主妻匈奴說背漢之因以漢事告匈奴也）舉匈奴之眾唯上之令今不獵猛敵而獵田彘不搏反寇而搏畜菟翫細娛而不圖大患非所以為安也德可遠施威可遠加而直數百里外威令不信可為流涕者此也今民賣僮者（僮謂隸妾也）為之繡衣絲履偏諸緣（若今之織成以為要襻及褾領者也古之車馬帬帷其上為乘車及騎從之象也）內之閑中（閑賣奴婢闌）是古天子后服所以廟而不宴者也（入廟則服之宴處則不著盡責之也）而庶人得以衣婢妾白縠之表薄紈之裏緁以偏諸（緁謂以偏諸緣之也）美者黼繡（黼者為斧形繡者刺為眾文）是古天子之服今富人大賈嘉會召客者以被牆古者以奉一帝一后而節適（得其節而宜）今庶人屋壁得為帝服倡優下賤得為后飾然而天下不屈者殆未有也且帝之身自

衣皁綈而富民牆屋被文繡天子之后以緣其領庶人孽妾緣其履此臣所謂舛也夫百人作之不能衣一人欲天下亡寒胡可得也一人耕之十人聚而食之欲天下亡飢不可得也飢寒切於民之肌膚欲其亡為姦邪不可得也國已屈矣盜賊直須時耳然而獻計者曰毋動為大耳（好為大言者）夫俗至大不敬也至亡等也至冒上也進計者猶曰毋為可為長太息者此也商君遺禮義棄仁恩并心於進取行之二歲秦俗日敗故秦人家富子壯則出分家貧子壯則出贅（贅質也其不出妻家猶人身之有肬贅）借父耰鉏慮有德色（耰摩田器也言以耰及鉏借與其父而容色自矜為恩德也）母取箕箒立而誶語（誶讓也）抱哺其子與公併倨（言婦抱子而哺之乃與其舅併倨無禮之甚也）婦姑不相說則反脣而相稽（稽計也相與計校也）其慈子耆利不同禽獸者亡幾耳然并心而赴時猶曰蹷六國兼天下（蹷謂拔而取之）功成求得矣終不知反廉愧之節仁義之厚信并兼之法遂進取之業天下大敗眾掩寡智欺愚勇威怯壯陵衰其亂至矣是以大賢起之威震海內德從天

下大賢謂高祖也德從天下天下從其德曩之爲秦者今轉而漢矣然其遺風餘俗猶尚未改今世以侈靡相競而上亡制度棄禮誼捐廉恥日甚可謂月異而歲不同矣逐利不耳慮非顧行也言其所追逐唯計利不耳念慮之中非顧行之善惡今其甚者殺父兄矣盜者剟寢户之簾剟謂割取之也搴兩廟之器搴取也兩廟高祖惠帝廟也白晝大都之中剽吏而奪之金矯僞者出幾十萬石粟言詐爲文書以出倉粟近十萬石賦六百餘萬錢乘傳而行郡國詐爲詔令妄作賦斂又乘傳而行郡國也此其亡行義之尤至者也而大臣特以簿書不報期會之間以爲大故特但也言以簿書期會爲急不知正風俗厲行爲務也至於俗流失世壞敗因恬而不知怪慮不動於耳目以爲是適然耳夫移風易俗使天下回心而鄉道類非俗吏之所能爲也俗吏之所務在於刀筆筐篋刀所以削書筐篋以盛書而不知大體陛下又不自憂竊爲陛下惜之夫立君臣等上下使父子有禮六親有紀此非天之所爲人之所設也夫人之所設不爲不立不植則僵不脩則壞筦子曰禮義廉恥是謂四維四維不張國乃滅亡使筦子愚人也則可筦子而少知治體則是豈可不爲寒心哉秦滅四維而不張故君臣乖亂六親殃戮姦人並起萬民離叛凡十三歲而社稷爲虛虛讀曰墟今四維猶未備也故姦人幾幸而衆心疑惑豈如今定經制令君君臣臣上下有差父子六親各得其宜姦人亡所幾幸而群臣衆信上不疑惑此業壹定世世常安而後有所持循矣若夫經制不定是猶度江河亡維楫中流而遇風波船必覆矣可爲長太息者此也夏爲天子十有餘世而殷受之殷爲天子二十餘世而周受之周爲天子三十餘世而秦受之秦爲天子二世而亡人性不甚相遠也何三代之君有道之長而秦無道之暴也其故可知也古之王者太子迺生固舉以禮迺始也使士負之有司齊肅端冕見之南郊見于天子過闕則下過廟則趨孝子之道也故自爲赤子而教固已行矣昔者成王幼在繈抱之中召公爲太保周公爲太傅太公爲太師保保其身體傅傅之德義師道之

教訓此三公之職也於是爲置三少皆上大夫也曰少保少傅少師是與太子宴者也故迺孩提有識三公三少固明孝仁禮義以道習之逐去邪人不使見惡行於是皆選天下之端士孝悌博聞有道術者以衛翼之使與太子居處出入故太子迺生而見正事聞正言行正道左右前後皆正人也夫習與正人居之不能毋正猶生長於齊不能不齊言也習與不正人居之不能毋不正猶生長於楚之地不能不楚言也故擇其所耆必先受業迺得嘗之擇其所樂必先有習迺得爲之孔子曰少成若天性習貫如自然及太子少長知妃色妃色妃匹之色則入于學學者所學之官也官謂學舍禮曰帝入東學上親而貴仁則親疏有序而恩相及矣帝入南學上齒而貴信則長幼有差而民不誣矣帝入西學上賢而貴德則聖智在位而功不遺矣帝入北學上貴而尊爵則貴賤有等而下不踰矣帝入太學承師問道退習而考於太傅太傅罰其不則而救其不及則德智長而治道得矣五學者既成於上則百姓黎民化輯於下矣及太子既冠成人免於保傅之嚴則有記過之史徹膳之宰進善之旌誹謗之木敢諫之鼓瞽史誦詩工誦箴諫大夫進謀士傳民語習與智長故切而不媿化與心成故中道若性三代之禮春朝朝日秋暮夕月所以明有敬也春秋入學坐國老執醬而親饋之所以明有孝也行以鸞和鸞和車上鈴也步中采齊采齊詩篇名趣中肆夏肆夏亦樂詩篇名趣疾步也所以明有度也其於禽獸見其生不食其死聞其聲不食其肉故遠庖廚所以長恩且明有仁也夫三代之所以長久者以其輔翼太子有此具也及秦而不然其俗固非貴辭讓也所上者告訐也訐謂面相斥罪也固非貴禮義也所上者刑罰也使趙高傅胡亥而教之獄所習者非斬劓人則夷人之三族也故胡亥今日即位而明日射人忠諫者謂之誹謗深計者謂之妖言其視殺人若艾草菅然菅茅也豈惟胡亥之性惡哉彼其所以道之者非其理故也鄙諺曰不習爲吏視已成事又曰前車覆後車誡夫三

代之所以長久者其已事可知也然而不能從者是不法聖智也秦世之所以亟絕者其轍跡可見也然而不避是後車又將覆也夫存亡之變治亂之機其要在是矣天下之命縣於太子太子之善在於早諭教與選左右（與讀豫也）夫心未濫而先諭教則化易成也開於道術智誼之指則教之力也若其服習積貫則左右而已夫胡粵之人生而同聲耆欲不異及其長而成俗累數譯而不能相通行者有雖死而不相爲者則教習然也臣故曰選左右早諭教最急夫教得而左右正則太子正矣太子正而天下定矣書曰一人有慶兆民賴之此時務也凡人之智能見已然不能見將然夫禮者禁於將然之前而法者禁於已然之後是故法之所用易見而禮之所爲難知也若夫慶賞以勸善刑罰以懲惡先王執此之政堅如金石行此之令信如四時據此之公無私如天地耳豈顧不用哉（[illegible]）然而曰禮云禮云者貴絕惡於未萌而起教於微眇使民日遷善遠辠而不自知也

孔子曰聽訟吾猶人也必也使毋訟乎爲人主計者莫如先審取舍取舍之極定於內而安危之萌應於外矣安者非一日而安也危者非一日而危也皆以積漸然不可不察也人主之所積在其取舍以禮義治之者積禮義以刑罰治之者積刑罰刑罰積而民怨背禮義積而民和親故世主欲民之善同而所以使民善者或異或道之以德教或敺之以法令道之以德教者德教洽而民氣樂敺之以法令者法令極而民風哀哀樂之感禍福之應也秦王之欲尊宗廟而安子孫與湯武同然而湯武廣大其德行六七百歲而弗失秦王治天下十餘歲則大敗此亡它故矣湯武之定取舍審而秦王之定取舍不審矣夫天下大器也今人之置器置諸安處則安置諸危處則危天下之情與器亡以異在天子之所置之湯武置天下於仁義禮樂而德澤洽禽獸草木廣裕德被蠻貊四夷累子孫數十世此天下所共聞也秦王置天下於法令刑罰德澤亡一有而怨毒盈於世下憎

惡之如仇讎禍幾及身子孫誅絕此天下之所共見也是非其明效大驗邪人之言曰聽言之道必以其事觀之則言者莫敢妄言今或言禮誼之不如法令教化之不如刑罰人主胡不引殷周秦事以觀之也人主之尊譬如堂群臣如陛衆庶如地故陛九級上廉遠地則堂高陛亡級廉近地則堂卑高者難攀卑者易陵理勢然也故古者聖王制爲等列內有公卿大夫士外有公侯伯子男然後有官師小吏（官師一官之長）延及庶人等級分明而天子加焉故其尊不可及也里諺曰欲投鼠而忌器此善諭也鼠近於器尚憚不投恐傷其器況於貴臣之近主乎廉恥節禮以治君子故有賜死而亡戮辱是以黥劓之辠不及大夫以其離主上不遠也禮不敢齒君之路馬蹴其芻者有罰見君之几杖則起遭君之乘車則下入正門則趨君之寵臣雖或有過刑戮之辠不加其身者尊君之故也此所以爲主上豫遠不敬也（[illegible]）所以體貌大臣而厲其節也（體貌謂加禮容而敬之）今自王侯三公之貴皆天子之所改容而禮之也古天子之所謂伯父伯舅也而令與衆庶同黥劓髡刖笞傌棄市之法然則堂不亡陛虖被戮辱者不泰迫虖（迫近天子也）廉恥不行大臣無迺握重權大官而有徒隸亡恥之心虖夫望夷之事二世見當以重法者投鼠而不忌器之習也臣聞之履雖鮮不加於枕冠雖敝不以苴履（苴者履中之藉也）夫嘗已在貴寵之位天子改容而體貌之矣吏民嘗俯伏以敬畏之矣今而有過帝令廢之可也退之可也賜之死可也滅之可也若夫束縛之係緤之（緤謂以長繩係之也）輸之司寇編之徒官司寇小吏詈罵而榜笞之殆非所以令衆庶見也夫卑賤者習知尊貴者之一旦（[illegible]）吾亦迺可以加此也非所以習天下也非尊尊貴貴之化也夫天子之所嘗敬衆庶之所嘗寵死而死耳賤人安宜得如此而頓辱之哉豫讓事中行之君智伯伐而滅之移事智伯及趙滅智伯豫讓釁面吞炭（[illegible]）必報襄子五起而不中人問豫子豫子曰中行衆人畜我我故

衆人事之智伯國士遇我我故國士報之故此一豫讓也反君事讎行若狗彘已而抗節致忠行出虖列士人主使然也故主上遇其大臣如遇犬馬彼將犬馬自爲也如遇官徒彼將官徒自爲也頑頓亡恥奊詬亡節廉恥不立且不自好苟若而可（[illegible]）故見利則逝見便則奪（[illegible]）主上有敗則因而挻之矣主上有患則吾苟免而已立而觀之耳有便吾身者則欺賣而利之耳人主將何便於此羣下至衆而主上至少也所託財器職業者粹於羣下也（粹純也言其勢悉在羣下）俱亡恥俱苟安則主上最病故古者禮不及庶人刑不至大夫所以厲寵臣之節也古者大臣有坐不廉而廢者不謂不廉曰簠簋不飾坐汙穢淫亂男女亡別者不曰汙穢曰帷薄不脩坐罷軟不勝任者不謂罷軟曰下官不職故貴大臣定有其辠矣猶未斥然正以謼之也尚遷就而爲之諱也故其在大譴大訶之域者（[illegible]）聞譴訶則白冠氂纓（[illegible]）盤水加劍造請室而請辠耳（[illegible]）

（[illegible]）上不執縛係引而行也其有中罪者聞命而自弛（[illegible]）上不使人頸盭而加也（[illegible]）其有大辠者聞命則北面再拜跪而自裁上不使捽抑而刑之也（捽持頭也）曰子大夫自有過耳吾遇子有禮矣遇之有禮故羣臣自憙嬰以廉恥故人矜節行上設廉恥禮義以遇其臣而臣不以節行報其上者則非人類也故化成俗定則爲人臣者主耳忘身國耳忘家公耳忘私利不苟就害不苟去唯義所在上之化也故父兄之臣誠死宗廟法度之臣誠死社稷輔翼之臣誠死君上守圄扞敵之臣誠死城郭封疆故曰聖人有金城者比物此志也（[illegible]）（[illegible]）彼且爲我死故吾得與之俱生彼且爲我亡故吾得與之俱存夫將爲我危故吾得與之皆安顧行而忘利守節而伏義故可以託不御之權可以寄六尺之孤此厲廉恥行禮誼之所致也主上何喪焉此之不爲而顧彼之久行

（[illegible]）故曰可爲長太息者此也是時丞相絳侯周勃免就國人有告勃謀反逮繫長安獄治卒亡事復爵邑故賈誼以此譏帝帝深納其言養臣下有節是後大臣有罪皆自殺不受刑初文帝自代王即位後分代爲兩國立皇子武爲代王參爲太原王小子勝則梁王矣後又徙代王武爲淮陽王而太原王參爲代王盡得故地居數年梁王勝死亡子誼復上䟽曰陛下即不定制如今之勢不過一傳再傳（[illegible]）諸侯猶且人恣而不制豪植而大彊（植立也）漢法不得行矣陛下所以爲蕃扞及皇太子之所恃者唯淮陽代二國耳（[illegible]）（[illegible]）代北邊匈奴與彊敵爲鄰能自完則足矣而淮陽之比大僅能如黑子之著面（[illegible]）適足以餌大國耳（[illegible]）（[illegible]）不足以有所禁禦方今制在陛下制國而令子適足以爲餌豈可謂工哉人主之行異布衣布衣者飾小行競小廉以自託於鄉黨人主唯天下安社稷固不耳高皇帝瓜分天下以王功

臣反者如蝟毛而起（[illegible]）以爲不可故斬去不義諸侯而虛其國（[illegible]）擇良日立諸子雒陽上東門之外（[illegible]）（[illegible]）畢以爲王（畢盡也）而天下安故大人者不牟小行以成大功今淮南地遠者或數千里越兩諸侯（[illegible]）而縣屬於漢（[illegible]）其吏民繇役往來長安者自悉而補中道衣敝（[illegible]）錢用諸費稱此其苦屬漢而欲得王至甚逋逃而歸諸侯者已不少矣其埶不可久臣之愚計願舉淮南地以益淮陽而爲梁王立後割淮陽北邊二三列城（[illegible]）與東郡以益梁不可者可徙代王而都睢陽梁起於新郪以北著之河（[illegible]）淮陽包陳以南揵之江（[illegible]）則大諸侯之有異心者破膽而不敢謀梁足以扞齊趙淮陽足以禁吳楚陛下高枕終亡山東之憂矣此二世之利也（[illegible]）當今恬然適遇諸侯之皆少（[illegible]）數歲之後陛下且見之矣夫秦日夜苦心勞力以除六國之禍今陛下力制天下頤指如意（[illegible]）

禍高共以成六國之禍難以言智苟身亡事畜亂宿禍孰視而不定萬年之後傳之老母弱子將使不寧不可謂仁臣聞聖主言問其臣而不自造事微發言則問其臣故使人臣得畢其愚忠唯陛下財幸財與裁同裁幸猶裁擇也文帝於是從誼計徙淮陽王武為梁王北界泰山西至高陽得大縣四十餘城徙城陽王喜為淮南王撫其民時又封淮南厲王四子皆為列侯誼知上必將復王之也上疏諫曰竊恐陛下接王淮南諸子謂竊今之新當為王者曾不與如臣者孰計之也言不以父報地讐也猶今人言續復讐淮南王之悖逆亡道天下孰不知其辠悖惑也陛下幸而赦遷之自疾而死天下孰以王死之不當今奉尊罪人之子適足以負謗於天下耳言若尊王其子則是顯王之罪此人少壯豈能忘其父哉少壯猶言稍長大白公勝所為父報仇者大父與伯父叔父也白公楚平王之孫太子建之子也大父即祖謂平王也伯父叔父謂子西子期也白公為亂非欲取國代主發忿快志剡手以衝仇人之匈剡利也固為俱靡而已言與仇人俱死耳淮南雖小黥布嘗用之矣漢存特幸耳言漢之得存直大幸耳夫擅仇人足以危漢之資於策不便言假令當之雖割而為四四子一心也予之眾積之財此非有子胥白公報於廣都之中即疑有剸諸荊軻起於兩柱之間剸諸刺吳王荊軻刺秦皇所謂假賊兵為虎傅翼者也周書云無為虎傅翼將飛入邑擇人而食之願陛下少留計

冊府元龜卷第五百三十四

冊府元龜卷第五百三十五

諫諍部十三

直諫第二

漢東方朔武帝時待詔於公車。太中大夫吾丘壽王與待詔能用筭者二人舉籍阿城以南（舉籍計其數而爲簿籍也阿城本秦阿房宮也以其牆壁崇廣故俗呼爲阿城）盩厔以東宜春以西提封頃畝及其賈直（賈讀曰價提封亦謂提舉四封之內總計其數也）欲除以爲上林苑屬之南山（屬連也）又詔中尉左右內史表屬縣草田欲以償鄠杜之民（時未爲京兆馮翊扶風故云中尉及左右內史也草田謂荒田也）吾丘壽王奏事帝大說朔時在旁進諫曰臣聞謙遜靜愨天表之應應之以福驕溢靡麗天表之應應之以異今陛下累郎臺恐其不高也（累重也郎堂下周屋也）弋獵之處恐其不廣也如天不爲變則三輔之地盡可以爲苑何必盩厔鄠杜乎（中尉及左右內史謂爲三輔矣）（謂京兆馮翊扶風也）奢侈越制天爲之變上林雖小臣尚以爲大也夫南山天下之阻也南有江淮北有河渭其地從汧隴以東商雒以西（汧汧水也商雒二縣也厥其也）厥壤肥饒漢興去三河之地止霸產以西都涇渭之南此所謂天下陸海之地（高平曰陸關中地高故稱耳海者萬物所出言關中山川物產饒富是以謂之陸海也）秦之所以虜西戎兼山東者也其山出玉石金銀銅鐵豫章檀柘異類之物不可勝原（原本也言說不能盡其根本）此百工所取給万民所卬足也又有秔稻梨栗桑麻竹箭之饒土宜薑芋水多蠅魚（芋其葉似荷而長不圓其根正白可食蠅即蛙字也似蝦蟆而小長腳蓋人亦取食之）貧者得以人給家足無飢寒之憂故酆鎬之間號爲土膏其價畝一金今規以爲苑絕陂池水澤之利而取民膏腴之地上乏國家之用下奪農桑之業棄成功就敗事損耗五穀是其不可一也且盛荊棘之林而長養麋鹿廣狐菟之苑大虎狼之虛又壞人冢墓發人室廬令幼弱懷土而思耆老泣涕而悲是其不可二也斥而營之垣而囿之騎馳東西車騖南北又有深溝大渠夫一日之樂不足以危無隄之輿（一日之樂謂田獵也無隄之輿謂天子富貴無隄限也）是其不可三也故務苑囿之大不恤農時非所以彊國富人也

夫殷作九市之宮而諸侯畔（紂於宮中設九市）靈王起章華之臺而楚民散（楚靈王作章華之臺納亡人以實之背叛之禍也章華臺在華容也）秦興阿房之殿而天下亂糞土愚臣忘生觸死逆盛意犯隆指罪當万死不勝大願帝迺拜朔爲太中大夫後爲中郎武帝爲竇太主（竇太后女故云太主）置酒宣室使謁者引內董君是時朔陛戟殿下辟戟而前曰董偃有斬罪三安得入乎曰何謂也朔曰偃以人臣私侍公主其罪一也敗男女之化而亂婚姻之禮傷王制其罪二也陛下富於春秋方積思於六經留神於王事馳騖於唐虞折節於三代偃不遵經勸學反以靡麗爲右奢侈爲務盡狗馬之樂極耳目之欲行邪枉之道徑淫辟之路是乃國家之大賊人主之大蜮偃爲淫首其罪三也昔伯姬燔而諸侯憚奈何乎陛下上默然不應良久曰吾業以設飲後而自改朔曰不可夫宣室者先帝之正處也非法度之政不得入焉故淫亂之漸其變爲篡是以豎貂爲淫而易牙作患慶父死而魯國全管蔡誅而周室安上曰善有詔止更置酒北宮引董君從東司馬門東司馬門更名東交門賜朔黃金三十斤董君之寵由是日衰

司馬相如爲郎嘗從武帝至長楊獵是時天子方好自擊熊豕馳逐野獸相如因上疏諫其辭曰臣聞物有同類而殊能者故力稱烏獲捷言慶忌勇期賁育臣之愚竊以爲人誠有之獸亦宜然今陛下好陵阻險射猛獸卒然遇逸材之獸駭不存之地犯屬車之清塵輿不及還轅人不暇施巧雖有烏獲逢蒙之技不得用枯木朽株盡爲難矣是胡越起於轂下而羌夷接軫也豈不殆哉雖万全而無患然本非天子之所宜近也且夫清道而後行中路而馳猶時有銜橛之變況乎涉豐草騁丘虛前有利獸之樂而內無存變之意其爲害也不亦難矣夫輕万乘之重不以爲安樂出万有一危之塗以爲娛臣竊爲陛下不取蓋明者遠見於未萌而知者避危於無形禍固多藏於隱微而發於人之所忽者也故鄙諺曰家絫千金坐不垂堂此言雖小可

以諭大臣願陛下留意垂察帝善之

令狐茂壺關三老也武帝末戾太子殺江充舉兵長安中太子兵敗亡不得帝怒甚羣下憂懼不知所出茂上書曰臣聞父者猶天母者猶地子猶万物也故天平地安陰陽和調物迺茂成父慈母愛室家之中子迺孝順陰陽不和則万物夭傷父子不和則室家喪亡故父不父則子不子君不君則臣不臣雖有粟吾豈得而食諸昔者虞舜孝之至也而不中於瞽叟孝己被謗伯奇放流骨肉至親父子相疑何者積毀之所生也由是觀之子無不孝而父有不察今皇太子爲漢適嗣承万世之業體祖宗之重親則皇帝之宗子也江充布衣之人閭閻之隷臣耳陛下顯而用之銜至尊之命以迫蹵皇太子造飾姦詐羣邪錯謬是以親戚之路鬲塞而不通太子進則不得上見退則困於亂臣獨冤結而亡告不忍忿忿之心起而殺充恐懼逋逃子盜父兵以救難自免耳臣竊以爲無邪心詩曰營營青蠅止于藩愷

悌君子無信讒言讒言罔極交亂四國往者江充讒殺趙太子天下莫不聞其罪固宜陛下不省察深過太子（以太子爲罪過而深責之）發盛怒舉大兵而求之三公自將（臣瓚若等曰謂丞相劉屈氂也）智者不敢言辯士不敢說臣竊痛之臣聞子胥盡忠而忘其號比干盡仁而遺其身忠臣竭誠不顧鈇鉞之誅以陳其愚志在匡君安社稷也詩云取彼譖人投畀豺虎唯陛下寬心慰意少察所親毋患太子之非亟罷甲兵無令太子久亡臣不勝惓惓出一旦之命待罪建章闕下書奏天子感寤

夏侯勝爲光祿大夫昌邑王嗣立數出（每出游數也）勝當乘輿前諫曰天久陰而不雨臣下有謀上者陛下出欲何之王怒謂勝爲袄言縛以屬吏（屬委也）吏白大將軍霍光光不舉法是時光與車騎將軍張安世謀欲廢昌邑王光讓安世以爲泄語安世實不言迺召問勝勝對言在洪範傳曰皇之不極厥罰常陰時則下人有伐上者惡察察言（語忌詳也察爲計謂不敢明謀言之）故云臣下有謀光安世由此遂重儒者

王吉舉孝廉爲郎補若盧右丞遷雲陽令舉賢良爲昌邑中尉而王好游獵驅馳國中動作亡節吉上疏諫曰臣聞古者師日行三十里吉行五十里詩云匪風發兮匪車揭兮顧瞻周道中心怛兮說曰是非古之風也發發者是非古之車也揭揭者蓋傷之也今者大王幸方與曾不半日而馳二百里百姓頗廢耕桑治道牽馬臣愚以爲民不可數變也昔召公述職當民事時舍於棠下而聽斷焉是時人皆得其所後世思其仁恩至虖不伐甘棠之詩是也大王不好書術而樂逸游馮式撙銜馳騁不止口倦虖叱咤手苦於箠轡身勞虖車輿朝則冒霧露晝則被塵埃夏則爲大暑之所暴炙冬則爲風寒之所匽薄數以耎脆之玉體犯勤勞之煩毒非所以全壽命之宗也又非所以進仁義之隆也夫廣夏之下細旃之上明師居前勸誦在後上論唐虞之際下及殷周之盛考仁聖之風習治國之道訢訢焉發憤忘

食日新厥德其樂豈徒銜橛之間哉休則俛仰詘信以利形進退步趨以實下吸新吐故以練臧專意積精以適神於以養生豈不長哉大王誠留意如此則心有堯舜之志體有喬松之壽美聲廣譽登而上聞則福祿其湊而社稷安矣皇帝仁聖至今思慕未怠於宮館囿池弋獵之樂未有所幸大王宜夙夜念此以承聖意諸侯骨肉莫親大王大王於屬則子也於位則臣也一身而二任之責加焉恩愛行義孅介有不具者於以上聞非饗國之福也臣吉愚戇願大王察之王賀雖不遵道然猶知敬禮吉乃下令曰寡人造行不能無惰中尉甚忠數輔吾過使謁者千秋賜中人牛肉五百斤酒五石脯五束其後復放從自若吉輒諫爭甚得輔弼之義雖不治民國中莫不敬重焉及昭帝崩亡嗣大將軍霍光秉政遣大鴻臚宗正迎昌邑王吉即奏書戒王昌邑以行淫亂廢宣帝頗脩武帝故事宮室車服盛於昭帝時外戚許史王氏貴寵而上躬親政事任用能吏吉上疏言得

失曰陛下躬聖質總万方帝王圖籍日陳于前惟思世務將興太平詔書每下民欣然若更生臣伏而思之可謂至恩未可謂本務也（言天子如此思若百姓爲之更生然未盡政務之本也）欲治之主不世出（言有時之不常遇）公卿幸得遭遇其時言聽諫從然未有建万世之長策舉明主於三代之隆者也其務在於期會簿書斷獄聽訟而已此非太平之基也臣聞聖王宣德流化必自近始朝廷不備難以言治左右不正難以化遠民者弱而不可勝愚而不可欺也聖主獨行於深宮得則天下稱誦之失則天下咸言之行發於近必見於遠故謹選左右審擇所使左右所以正身也所使所以宣德也詩云濟濟多士文王以寧此其本也春秋所以大一統者六合同風九州共貫也今俗吏所以牧民者非有禮義科指可世世通行者也獨設刑法以守之其欲治者不知所繇以意穿鑿各取一切權譎自在故一變之後不可復修也（言其微深難久行）是以百里不同風千里不同俗戶異政人殊服詐僞萌生刑罰亡極

（萌生言其爭出如草木之初生）質樸日銷恩愛寖薄孔子曰安上治民莫善於禮非空言也王者未制禮之時引先王之禮宜於今者而用之臣願陛下承天心發大業與公卿大臣延及儒生述舊禮明王制敺一世之民躋之仁壽之域（以仁撫下則羣生安逸而壽考）則俗何以不若成康壽何以不若高宗（高宗殷王武丁也享國百年）竊見當世趨務不合於道者謹條奏唯陛下財擇焉吉意以爲夫婦人倫大綱夭壽之萌也（繇之致夭萌生）世俗嫁娶太早未知爲人父母之道而有子是以教化不明而民多夭聘妻送女亡節則貧人不及故不舉子又漢家列侯尚公主諸侯則國人承公主（娶天子女則曰尚公主國人娶諸侯女曰承翁主尚承皆卑下之名也）使男事女夫詘於婦逆陰陽之位故多女亂古者衣服車馬貴賤有章以褒有德而別尊卑今上下僭差人人自制（言無節度）是以貪財誅利不畏死亡周之所以能致治刑措而不用者以其禁邪於冥冥絕惡於未萌也（冥冥言未有形兆）又言舜湯不用三公九卿之世而舉皐陶伊尹（不繼世而舉也言皐陶伊尹非三公九卿之世）不仁者遠（任用賢人放出讒佞）今使俗吏得任子弟（子弟以兄任爲郎）率多驕驁不通古今至於積功治人亡益於民此伐檀所爲作也（伐檀詩篇名刺不用賢也）宜明選求賢除任子之令外家及故人可厚以財不宜居位去角抵減樂府省尚方（尚方主作）明示天下以儉古者工不造琱瑑商不通侈靡非工商之獨賢政教使之然也民見儉則歸本本立而末成其指如此帝以其言迂闊不甚寵異也

鄭昌愍爲諫大夫宣帝時蓋寬饒上書坐刻誹謗昌愍傷寬饒忠直憂國以言事不當意而爲文吏所詆挫上書訟寬饒曰臣聞山有猛獸藜藿爲之不采國有忠臣姦邪爲之不起司隸校尉寬饒居不求安食不求飽進有憂國之心退有死節之義上無許史之屬下無金張之託職在司察直道而行多仇少與上書陳國事有司劾以大辟臣幸得從大夫之後官以諫爲名不敢不言帝不聽遂下寬饒吏寬饒引佩刀自剄北闕下衆莫不憐之

蕭望之宣帝時爲大行治禮丞大將軍霍光薨子禹復爲大司馬望之以霍氏彊盛上疏乞口陳災異下少府問狀望之對以爲春秋昭公三年大雨雹是時季氏專權卒逐昭公鄉使魯君察於天變宜亡此害今陛下以聖德居位思政求賢堯舜之用心也然而善祥未臻陰陽不和是大臣任政一姓擅勢之所致也附枝大者賊本心私家盛者公室危（本心本株也）唯明主躬万機選同姓舉賢材以爲腹心與參政謀令公卿大臣朝見奏事明陳其職以考功能如是則庶事理公道立姦邪塞私權廢矣對奏天子拜望之爲謁者

貢禹爲諫大夫元帝初即位數虛己問以政事（虛己謂聽受其言也）是時年歲不登郡國多困禹奏言古者宮室有制宮女不過九人秣馬不過八匹（秣養也謂以粟米食也）牆塗而不琱木摩而不刻車輿器物皆不文畫苑囿不過數十里與民共之任賢使能什一而稅亡它賦斂繇戍之役使民歲不過三日千里之內自給千里之外

置貢職而已言天子以畿内賦斂自供千里之外令其以時入貢不欲煩勞也故天下家給人足頌聲並作至高祖孝文孝景皇帝循古節儉宮女不過十餘廏馬百餘匹孝文皇帝衣綈履革綈厚繒器亡琱文金銀之飾後世爭為奢侈轉轉益甚臣下亦相放效衣服履絝刀劒亂於主上主上時臨朝入廟衆人不能別異甚非其宜然非自知奢僭也猶魯昭公曰吾何僭矣今大夫僭諸侯諸侯僭天子天子過天道其日久矣承衰救亂矯復古化在於陛下正曲曰矯臣愚以為盡如太古難宜少放古以自節焉論語曰君子樂節禮樂論語孔子曰益者三樂樂節禮樂樂道人之善樂多賢友也方今宮室已定亡可奈何矣其餘盡可減損故時齊三服官輸物不過十笥三服官主作天子之衣服在齊地笥盛衣器方今齊三服官作工各數千人一歲費數鉅萬蜀廣漢主金銀器歲各用五百万三工官官費五千万三工官謂少府之屬官考工室也右工室也東園匠也上言蜀漢主金銀器是不入三工之數也東西織室亦然廏馬食粟將万匹臣禹嘗從之東宮從天子往太后宮見賜杯案盡文畫金銀飾非當所以賜食臣下也東宮之費亦不可勝計天下之民所為大饑餓死者是也今民大饑而死死又不葬為犬豬食食人之骸骨人至相食而廏馬食粟苦其太肥氣盛怒至乃日步作之日日行步而動之以散充溢之氣王者受命於天為民父母固當若此乎天不見邪武帝時又多取好女至數千人以填後宮及棄天下昭帝幼弱霍光專事不知禮正妄多臧金錢財物鳥獸魚鼈牛馬虎豹生禽凡百九十物盡瘞臧之又皆以後宮女置於園陵大失禮逆天心又未必稱武帝意也昭帝晏駕光復行之至孝宣皇帝時陛下惡有所言不能自言誡飭之事群臣亦隨故事甚可痛也故使天下承化取女皆大過度諸侯妻妾或至數百人豪富吏民畜歌者至數十人是以內多怨女外多曠夫曠空也室家空也及衆庶葬埋皆虛地上以實地下其過自上生自從也上謂天子也皆大臣不循故事之辠也唯陛下深察古道從其儉者減損乘輿服御器物三分去二子產多少有命審察後宮擇其賢者留二十人餘悉歸之言人產子多少自有定命非由廣妾媵也故請上留二十人及諸陵園女亡子者宜悉遣獨杜陵宮人數百誠可哀憐也廏馬可亡過數十匹獨舍長安城南苑地以為田獵之囿舍置也猶留置之其餘皆廢去自城西南至山西至鄠皆復其田以與貧民方今天下饑饉可亡大自損減以救之稱天意乎天生聖人蓋為萬民非獨使自娛樂而已也故詩曰天難諶斯不易惟王上帝臨女毋二爾心大雅大明之詩也諶誠也上帝亦天也言承天之意此誠難矣王者之命不易改易天常降監信可畏也毋二爾心機事難失勿猶豫也當仁不讓論語稱孔子曰當仁不讓於師故引之獨可以聖心參諸天地揆之往古揆度也不可與臣下議也若其阿意順指隨君上下上下猶言高下謂苟順從也臣禹不勝拳拳不敢不盡愚心天子納善其忠

翼奉東海人元帝初元二年二月戊午地震其夏齊地人相食七月丁酉地復震因赦天下舉直言極諫之士奉奏封事曰臣聞之於師曰天地設位懸日月布星辰分陰陽定四時列五行以視聖人名之曰道聖人見道然後知王治之象故畫州土建君臣立律歷陳成敗以視賢者名之曰經賢者見經然後知人道之務則詩書易春秋禮樂是也易有陰陽詩有五際君臣父子兄弟夫婦朋友也又詩內傳曰五際卯酉午戌亥也陰陽終始際會之歲於此則有變改之政也春秋有災異皆列終始推得失考天心以言王道之安危至秦乃不說傷之法是以大道不通至於滅亡今陛下明聖深懷要道燭臨万方布德流惠靡有闕遺罷省不急之用振救困貧賜醫藥賜棺錢恩澤甚厚又舉直言求過失盛德純備天下幸甚臣奉竊學齊詩聞五際之要十月之交篇知日蝕地震之效昭然可明猶巢居知風穴處知雨亦不足多適所習耳臣聞人氣內逆則感動天地天變見於星氣日蝕地變見於奇物震動所以然者陽用其精陰用其形猶人之有五藏六體五藏象天六體象地故藏病則氣色發於面體病則欠申動於貌今年太陰建於甲戌律以庚寅初用事歷以甲午從春太陰在甲戌則太歲在子月庚寅日黃鍾律初起用事也歷中甲庚律得參陽性中仁義情得公正廉貞甲庚皆三陽甲在東方為仁庚在西

（方爲義太爲公正寅午爲貞木金三寅在東方木位之始故曰參陽也）百年之精歲也正以精歲本首王位日臨中時接律而地大震其後連月久陰雖有大令猶不能復（大令謂盡赦之事前所奉之辭也復補也）陰氣盛矣古者朝廷必有同姓以明親親必有異姓以明賢賢此聖王之所以大通天下也同姓親而易進異姓疏而難通故同姓一異姓五迺爲平均今左右亡同姓獨以舅后之家爲親異姓之臣又疏二后之黨滿朝非特處位勢尤奢僭過度呂霍上官足以卜之甚非愛人之道又非後嗣之長策也陰氣之盛不亦宜乎臣又聞未央建章甘泉宮才人各以百二皆不得天性若杜陵園其已御見者臣子不敢有言雖然太皇太后之事也諸侯王国爲其後宮宜爲設員出其過制者此損陰氣應天救邪之道也今異至不應災將隨之其法大水極陰生陽反爲大旱甚則有火災春秋宋伯姬是矣唯陛下財察明年夏四月乙未孝武園白鶴館災奉自以爲中上疏曰臣前上地震之效曰極陰生陽恐有火災不合明聽未見省荅臣竊內不自信今白鶴館以四月乙未時加於卯月宿亢災與前地震同法臣奉迺深知道之可信也不勝拳拳願復賜間卒其終始上復延問以得失

康衡（臣欽若等曰衡姓犯太祖廟諱上字）元帝時爲給事中是時有日蝕地震之變帝問以政治得失衡上疏曰臣聞五帝不同礼三王各異教民俗殊務所遇之時異也陛下躬聖德開太平之路閔愚吏民觸法抵禁（抵觸也）比年大赦（比頻也）使百姓得改行自新天下幸甚竊見大赦之後姦邪不爲衰止今日大赦明日犯法相隨入獄此殆導之未得蓋保民者陳之以德義示之以好惡（保養也陳施也）（孝經曰陳之以德義而民莫遺其親示之以好惡而民知禁故引以爲諭）觀其失而制其宜故動之而和綏之而安今天下俗貪財賤義好聲色上侈靡廉恥之節薄淫辟之意縱綱紀失序疏者踰內（疏者妻之家內者同姓骨肉也踰謂過之也）親戚之恩薄婚姻之黨隆苟合僥幸以身設利不改其原（設施也原本也）雖歲赦之刑猶難使錯而不用也（歲赦謂每歲一赦也錯置也）臣愚以爲

宜壹曠然大變其俗孔子曰能以礼讓爲國乎何有（論語載孔子之言謂能以礼讓治国則其事甚易）朝廷者天下之楨幹也公卿大夫相與循礼恭讓則民不爭（也綿順）好仁樂施則下不暴上義高節則民興行寬柔和惠則衆相愛四者明王所以不嚴而成化也何者朝有變色之言則下有爭鬬之患上有自專之士則下有不讓之人上有克勝之佐則下有傷害之心上有好利之臣則下有盜竊之民此其本也（言下之所行皆承化於上也）今俗吏之治皆不本礼讓而上克暴或忮害好陷人於罪（忮堅也謂堅害之心也）貪財而慕執故犯法者衆姦邪不止雖嚴刑峻法猶不爲變此非其天性有由然也（非其天性自由上失教化耳）臣竊考国風之詩周南召南被賢聖之化深故篤於行而廉於色（篤厚也謂樂得淑女以配君子憂在進賢不淫其色之類）鄭伯好勇而国人暴虎（詩鄭風大叔于田之篇曰襢裼暴虎獻于公所將叔無狃戒其傷汝襢裼肉袒也暴虎空手以搏之也公謂鄭莊公也叔謂莊公之弟大叔也狃大也言以莊公好勇之故大叔好習袒裼手搏虎取而獻之国人愛大叔故請之曰勿狃爲之恐傷汝也）秦穆貴信而士多從死（秦穆公與羣臣飲酒酣公曰生共此樂死共此哀於是奄息仲行鍼虎許諾及公薨皆從死黃鳥詩所爲作也）陳夫人好巫而民淫祀（胡公夫人武王之女太姬无子好祭鬼神鼓舞而祀故其詩云坎其擊鼓宛丘之下无冬无夏值其鷺羽）晉侯好儉而民畜聚（唐風山有樞之詩序云刺晉僖公也不能脩道以正其国有財不能用有鐘鼓不能以自樂其詩曰子有衣裳弗曳弗婁子有車馬弗馳弗驅宛其死矣他人是愉故其俗皆吝嗇而積財）太王躬仁邠国貴恕（太王周文王之祖即古公亶父也国於邠脩德行義狄伐之欲得地与人人皆怒欲戰古公曰以我故戰殺人父子而君之子不忍也乃与其私屬度漆沮踰梁山止於岐下及它旁国聞古公仁亦多歸之邠即今豳州是其地也言化大王之仁故其俗皆貴恕也）由此觀之治天下者審所上而已（上謂崇尚也）今之僞薄忮害不讓極矣臣聞教化之流非家至而人說之也（言非家家皆到人人戶說也）賢者在位能者布職朝廷崇礼百僚敬讓道德之行由內及外自近者始然后民知所法遷善日進而不自知是以百姓安陰陽和神靈應而嘉祥見詩曰商邑翼翼四方之極壽考且寧以保我後生（商頌殷武之詩也商邑京師也言商邑之礼俗翼翼然可則傚乃四方之中正也王則壽考且安以此全守我子孫也）此成湯所以建至治保子孫化異俗而懷鬼方也（鬼方遠方也）今長安天子之都親承聖化然其習俗无以異於遠方郡国來者无所則或

見侈靡而放效之放依也此教化之原本風俗之樞機宜先正者也臣聞天人之際精祲有以相盪祲謂陰陽氣相浸漸以成災祥者也善惡有以相推事作乎下者象動乎上陰陽之理各應其感陰變則靜者動陽蔽則明者晻靜者動謂地震也明者晻謂日蝕也水旱之災隨類而至今關東連年饑饉百姓乏困或至相食此皆生於賦斂多民所共者大而吏安集之不稱之效也陛下祗畏天戒哀閔元元大自減損省甘泉建章宮衛罷珠崖偃武行文將欲度唐虞之隆絕殷周之衰也度過也絕謂除其惡政也諸見罷珠崖詔書者莫不欣欣人自以將見太平也宜遂減宮室之度省靡麗之飾考制度脩外內近忠正遠巧佞放鄭衛進雅頌舉異材開直言任溫良之人退刻薄之吏顯潔白之士昭無欲之路路亦道也覽六藝之意察上世之務明自然之道博和睦之化以崇至仁救失俗易民視救正也易變也令海內昭然咸見本朝之所貴道德弘於京師淑問揚乎疆外淑善也問名也然後大化可成禮讓可興也帝說其言遷衡為光祿大夫

谷永成帝時為涼州刺史奏事京師訖當之部時有黑龍見東萊帝使尚書問永受所欲言永有所言令尚書即受之永對曰臣聞王天下有國家者患在上有危亡之事而危亡之言不得上聞如使危亡之言輒上聞如若也有即上聞則商周不易姓而迭興三正不變改而更用夏商之將亡也行道之人皆知之晏然自以若天有日莫能危自謂如日在天而無有能傷危也是故惡日廣而不自知大命傾而不寤易曰危者有其安者也亡者保其存者也言安必思危存不忘亡乃得保其安存也陛下誠垂寬明之聽無忌諱之誅使芻蕘之臣得盡所聞於前不懼於後患直言之路開則四方眾賢不遠千里輻湊陳忠群臣之上願社稷之長福也漢家行夏正夏正色黑黑龍同姓之象也夏以建寅為正万物在地中色黑今黑龍見同姓象也龍陽德由小之大言因小以至大故為王者瑞應未知同姓有見本朝無繼嗣之慶多危殆之隙欲因擾亂舉兵而起者邪將動心冀為後者殘賊不仁若廣陵昌邑之類臣愚不能處也處謂斷決也元年九月黑龍見其晦日有

食之今年二月己未夜星隕乙酉日有食之六月之間大異四發二二而同月臣瓚曰謂一月之內再有災異也三代之末春秋之亂未嘗有也臣聞三代所以隕社稷喪宗廟者皆由婦人與群惡沈湎於酒書曰乃用婦人之言自絕于天周書泰誓之辭婦人妲己言紂用妲己之言自絕於天非天絕也四方之逋逃多罪是崇是長是信是使亦泰誓之辭也崇尊也言紂尊逋逃云多罪之人敬信使用尊而長之詩云燎之方陽寧或滅之赫赫宗周褒姒威之小雅正月之詩燎亦燒也言火燎方盛寧有能滅之者乎而宗周之盛乃為褒姒所滅怨其甚也易曰濡其首有孚失是未濟上九爻辭言飲樂無節飲酒濡首有信之道於是遂失也濡濕也秦所以二世十六年而亡者養生泰奢奉終泰厚也二者陛下兼而有之臣請略陳其效易曰在中饋無攸遂家人六二爻辭饋食也言婦人之道居中主食饋而已無所得遂言婦人不得與事也詩曰懿厥哲婦為梟為鴟匪降自天生自婦人大雅瞻仰之詩懿美也哲知也言王以哲婦為美實乃為梟鴟也婦謂褒姒也梟鴟惡聲之鳥故以喻焉又言此禍亂非從天而下以寵褒姒之故生此災耳建始河平之際許班之貴傾動前朝許皇后及班倢伃之家熏灼四方賞賜無量空虛內藏女寵至極

不可上矣上猶加也今之後起天所不饗什倍于前後起謂趙李本從微賤起也廢先帝法度聽用其言官秩不當縱釋王誅縱放也釋解也王誅謂王法當誅者驕其親屬假之威權從橫亂政刺舉之吏莫敢奉憲又以掖廷獄大為亂阱穿地為坑阱以拘繫人也言其非正而又多也榜箠瘠於炮格瘠痛也炮格紂所作也書塗銅柱加之火令罪人行其上輒墮炭中笑而以為樂絕滅人命主為趙李報德復怨復亦報也反除白罪建治正吏罪之明白者反而除之吏之公正者建議劾治也多繫無辜掠立迫恐掠謂笞服之立其罪名至為人起責分利受謝言富賈有錢假託其名代之為主放與它人以取利息而共分之或受報謝別取財物生入死出者不可勝數是以日食再既既盡也以昭其辜昭明也王者必先自絕然后天絕之陛下棄万乘之至貴樂家人之賤事謂私畜田及奴婢財物厭高美之尊號好匹夫之卑字成帝每微行作私字以相呼崇聚僄輕無義小人以為私客僄疾也數離深宮之固挺身晨夜與群小相隨烏集雜會飲醉吏民之家言聚散不常如烏鳥之集亂服共坐流湎媟嫚溷殽無別閔免遁樂閔免猶黽勉也遁流遁也晝夜在路典門戶奉宿衛之臣執干戈而守空宮公卿百

僚不知陛下所在積數年矣王者以民爲基民以財爲本財竭則下畔下畔則上亡是以明王愛養基本不敢窮極使民如承大祭言當敬慎今陛下輕奪民財不愛民力聽邪臣之計去高敞初陵捐十年功緒緒謂功作之端緒改作昌陵反天地之性因下爲高積土爲山發徒起邑並治宮館大興繇役重增賦斂徵發如雨言其多也役百乾谿費疑驪山疑比也言繇役之功百倍於楚靈王乾谿之臺費比於秦始皇驪山靡敝天下靡散也五年不成而後反故又廣旴營表旴大也發人冢墓斷截骸骨暴揚尸柩百姓財竭力盡愁恨感天災異屢降飢饉仍臻仍頻也流散冗食餧死於道以百万數冗亦散也餧餓也公家無一年之畜百姓無旬日之儲上下俱匱無以相救詩云殷監不遠在夏后之世大雅蕩之詩也願陛下追觀夏商周秦所以失之以鏡考行已鏡謂鑒照之當攷也有不合者臣當伏妄言之誅言妄之所爲遂於斯俗皆與永言同漢興九世百九十餘載繼體之主七皆承天順道遵先祖法度或以中興或以治安至於陛下獨違道縱欲輕身妄行當盛壯之隆

無繼嗣之福有危亡之憂積失君道不合天意亦已多矣爲人後嗣守人功業如此豈不負哉方今社稷宗廟禍福安危之機在於陛下陛下誠肯發明聖之德昭然遠寤畏此上天之威怒深恐危亡之徵兆蕩滌邪辟之惡志厲精致政專心反道反還也絶群小之私客免不正之詔除除謂除補爲官者悉罷北宮私奴車馬媠出之具媠出媠游也克己復禮毋貳微行出飲之過貳謂重爲之也以防迫切之禍深惟日食再既之意抑損椒房玉堂之盛寵椒房皇后所居玉堂嬖幸之舍也毋聽後宮之請謁除掖庭之亂獄去炮格之陷阱誅戮佞邪之臣及左右執左道以事上者以塞天下之望且寢初陵之作止諸繕治宮室闕更減賦盡休力役闕亦謂減更謂更卒也存卹振捄困乏之人以弭遠方弭安也厲崇忠直放退殘賊無使素餐之吏久尸厚祿以次貫行固執無違貫謂續也謂上所陳事宜次第相續行之下當更夙夜孳孳婁省無怠婁數也省視也舊愆畢改新德既章章明也纖介之邪不復載心則赫赫大異庶幾可銷天命去就庶幾

可復去就言去無德而就有德社稷宗廟庶幾可保唯陛下留神反覆孰省臣言臣幸得備邊部之吏不知本朝瞽言觸忌諱罪當万死成帝性寬而好文辭又久無繼嗣數爲微行多近幸小臣趙李臣欽若等曰謂趙皇后李婕仔之親也從微賤專寵皆皇太后與諸舅夙夜所常憂至親難數言故推永等使因天變而切諫勸帝納用之永自知有內應展意無所依違展申也每言事輒見答禮加禮而答之至上此對帝大怒衞將軍商密擿永令發去擿謂發動之帝使侍御史收永勑過交道廐者勿追交道廐去長安六十里近延陵御史不及永還帝意亦解自悔後爲光祿大夫給事中元延中爲北地太守時災異尤數永當之官帝使衞尉淳于長受永所欲言永對曰臣永幸得以愚朽之材爲太中大夫備拾遺之臣從朝者之後進不能盡思納忠輔宣聖德退無被堅執鋭討不義之功猥蒙厚恩仍遷至北地太守絶命隕首身膏野草不足以報塞万分陛下聖德寬仁不遺易忘之臣垂周文之聽下及芻蕘之愚有詔使衞尉

受臣永所欲言臣聞事君之義有言責者盡其忠有官守者修其職臣永幸得免於言責之辜有官守之任當畢力遵職養綏百姓而已不宜復關得失之辭忠臣之於上志在過厚是故遠不違君死不忘國昔史魚既沒餘忠未訖委柩後寢以屍達誠汲黯身外思內發憤舒憂遺言李息經曰雖爾身在外乃心無不在王室臣永幸得給事中出入三年雖執干戈守邊陲思慕之心常存于省闥是以敢越郡吏之職陳累年之憂臣聞天生蒸民不能相治爲立王者以統理之方制海內非爲天子列土封疆非爲諸侯皆以爲民也垂三統列三正去無道開有德不私一姓明天下迺天下之天下非一人之天下也王者躬行道德承順天地博愛仁恕恩及行葦籍稅取民不過常法宮室車服不踰制度事節財足黎庶和睦則卦氣理效五徵時序百姓壽考庶屮蕃滋符瑞並降以昭保右失道妄行逆天暴物窮奢極欲湛湎荒淫婦言是從誅逐仁賢離逖骨肉群小用事峻刑重

賦百姓愁怨則卦氣悖亂咎徵著郵上天震怒災異婁降日月薄食五星失行山摧川潰水泉涌出妖孽並見茀星耀光饑饉荐臻百姓短折万物夭傷終不改寤惡洽變備不復譴告更命有德詩云乃眷西顧此惟予宅夫去惡奪弱遷命賢聖天地之常經百王之所同也加以功德有厚薄期質有脩短時世有中季天道有盛衰陛下承八世之功業當陽數之標季涉三七之節紀遭無妄之卦運直百六之災阸三難異科雜焉同會建始元年以來二十載間群災大異交錯鋒起多於春秋所書八世著記久不塞除重以今年正月己亥朔日有食之三朝之會（歲月日三者之始故云三朝）四月丁酉四方衆星白晝流隕七月辛未彗星橫天乘三難之際會畜衆多之災異因之以饑饉接之以不贍彗星極異也七精所生流隕之應出於饑變之後兵亂作矣厥期不久隆德積善懼不克濟內則爲深宮後庭將有驕臣悍妾醉酒狂悖卒起之敗北宮苑囿街巷之中臣妾之家幽閒之處徵舒崔杼之亂外則爲諸夏下土將有樊並蘇令陳勝項梁奮臂之禍內亂朝暮日戒諸夏（[illegible]在朝暮[illegible]日戒有兵）舉兵以火角爲期（[illegible]）安危之分界宗廟之至憂臣永所以破膽寒心豫言之累年下有其萌然後變見于上願陛下正君臣之義無復與群小媟黷燕飲中黃門後庭素驕慢不謹嘗以醉酒失臣禮者悉出勿留勤三綱之嚴修後宮之政抑遠驕妒之寵崇近婉順之行加惠失志之人懷柔怨恨之心保至尊之重秉帝王之威朝覲法出而後駕陳兵清道而後行無復輕身獨出飲食臣妾之家三者既除內亂之路塞矣諸夏舉兵萌於民饑饉而吏不卹興於百姓困而賦斂重發於下怨離而上不知易曰屯其膏小貞吉大貞凶（易屯卦九五爻辭也膏者所以潤人[illegible]所以養人者也小貞臣也大貞君也遭屯難[illegible]君當開倉廩[illegible]百姓而反吝則凶[illegible]則吉論語曰出內之吝謂之有司）傳曰饑而不損茲謂泰厥災水厥咎亡訞辭曰關動牡飛（[illegible]）爲無道臣爲非厥咎亂臣謀篡（[illegible]之辭也）王者遭衰難之世有饑饉之災不損用而大自潤故凶百姓困貧無以共求愁悲怨恨故水城關守國之固固將去焉故牡飛往年郡國二十一傷於水災禾黍不入今年蠶麥咸惡百川沸騰江河溢決大水汎濫郡國五十有餘比年喪稼時過無宿麥百姓失業流散群輩守關大異較炳如彼水災浩浩黎庶窮困如此宜損常稅小自潤之時（[illegible]）而有司奏請加賦甚繆經義逆於民心布怨趨禍之道也牡飛之狀殆爲此發古者穀不登虧膳災婁至損服凶年不壁塗明王之制也詩云凡民有喪扶服救之論語曰百姓不足君孰與足臣願陛下勿許加賦之奏益減太官導官中御府均官掌畜廩犧用度止尚方織室京師郡國工服官發輸造作以助大司農流恩廣施振贍困乏開關梁內流民恣所欲之以救其急立春遣使者循行風俗宣布聖德存卹孤寡問民所苦勞二千石敕勸耕桑毋奪農時以慰綏元元之心防塞大姦之隙諸夏之亂庶幾可息臣聞上主可與爲善而不可與爲惡下主可與爲惡而不可與爲善陛下天然之性疏通聰敏上主之姿也少以省愚臣之言感寤三難深畏大異定心爲善捐忘邪志毋二舊愆厲精致政至誠應天則積異塞於上禍亂伏於下何憂患之有竊恐陛下公志未專私好頗存尚愛群小不肖爲耳對奏天子甚感其言成帝末年頗好鬼神亦以無繼嗣故多上書言祭祀方術者皆得待詔祠祭上林苑中長安城旁費用甚多然無大貴盛者永說帝曰臣聞明於天地之性不可惑以神怪知万物之情不可罔以非類諸背仁義之正道不遵五經之法言而盛稱奇怪鬼神廣崇祭祀之方求報無福之祠及言世有僊人服食不終之藥遙興輕舉登遐倒景覽觀縣圃浮游蓬萊耕耘五德朝種暮穫（謂[illegible]五德東方甲乙南方丙丁西方庚辛北方壬癸中央戊己種五色禾於[illegible]而耕耘也）與山石無極黃冶變化堅冰淖溺（方士詐以藥石若[illegible]冰丸[illegible]冰上沙即消液[illegible]爲神仙道使然也）化色五倉之術者（思身中有五色腹中有五倉神存則不死）皆姦人惑衆挾左道懷詐僞以欺罔世主聽其言洋洋滿耳若

所可遇求之盪盪如係風捕景終不可得是以明王距而不聽聖人絕而不語昔周史萇弘欲以鬼神之術輔尊靈王會朝諸侯而周愈微諸侯愈叛楚懷王隆祭祀事鬼神欲以獲福助卻秦師而兵挫地削身辱国危秦始皇初并天下甘心於神僊之道遣徐福韓終之屬多齎童女入海求仙采藥因逃不還天下怨恨漢興新垣平齊人少翁公孫卿欒大等皆以僊人黄冶祭祠事鬼使物入海求神采藥貴幸賞賜累千金大尤尊盛至妻公主爵重位絫震動海内元鼎元封之際燕齊之間方士瞋目扼腕言有神僊祭祀致福之術者以万數其平等皆以術窮詐得誅夷伏辜至初元中有天淵玉女鉅鹿神人轑陽侯師張宗之姦紛紛復起夫周秦之末三五之隆已嘗專意散財厚爵禄竦精神舉天下以求之矣曠日經年靡有毫氂之驗足以揆今經曰享多儀儀不及物惟曰不享（周書洛誥之辭也言祭享之道惟以絜誠若多其容儀而致不及禮物則不謂神祇享也）論語曰子不語怪神惟陛下距絕此類毋令姦人有以窺朝者上善其言

府　五百三十五　十七

冊府元龜卷第五百三十五

（第一葉至第九葉原闕）

隻偶之類陛下宜垂明聽發聖意屛群小之曲說述五經之正義略靈同之俗語詳通人之雅謀又臣聞安平則尊道術之士有難則貴介胄之臣今聖朝興復祖統爲人臣主而四方盜賊未盡歸伏者此權謀者未得也臣譚伏觀陛下用兵諸所降下既無重賞以相恩誘或至虜掠奪其財物是以兵長渠率各生狐疑黨輩連結歲月不解古人有言曰天下皆知取之爲取而莫知與之爲取陛下誠能輕爵重賞與士共之則何招而不至何說而不釋何向而不開何征而不剋如此則能以狹爲廣以遲爲速亡者復存失者復得矣帝省奏愈不悅

陳元以才高著名辟司空李通府時大司農江馮上言宜令司隸校尉督察三公事下三府元上疏曰臣聞師臣者帝賓臣者霸故武王以太公爲師齊桓以夷吾爲仲父孔子曰百官總己聽冢宰近則高帝優相國之禮太宗假宰輔之權及亡新王莽遭漢中衰專操國柄以偷天下況己自喻不信群臣奪公輔之

任損宰相之威以刺舉爲明徼訐爲直至乃陪僕告其君長子弟變其父兄罔密法峻大臣無所措手足然不能禁董忠之謀身爲世戮故人君患在自驕臣失在自任不在任人是以文王有日昃之勞周公執吐握之恭不聞其崇刺舉務督察也方今四方尚擾天下未一百姓觀聽咸張耳目陛下宜修文武之聖典襲祖宗之遺德勞心下士屈節待賢誠不宜使有司察公輔之名帝從之宣下其議

楊終爲蘭臺校書章帝建初元年大旱穀貴終以爲廣陵楚淮陽濟南之獄徒者万數又遠屯絕域吏民怨曠乃上疏曰臣聞善善及子孫惡惡止其身百王常典不易之道也秦政酷烈違悟天心一人有罪延及三族高祖平亂約法三章太宗至仁除去收孥万姓廓然蒙被更生澤及昆蟲功垂万世陛下聖明德被四表今以比年久旱災疫未息躬自菲薄廣訪失得三代之隆無以加焉臣竊案春秋水旱之變皆應暴急惠不下流自永平以來仍連大獄有司窮考轉相牽引掠拷冤濫家屬徙邊加以北征匈奴西開三十六國頻年服役轉輸煩費又遠屯伊吾樓蘭車師戊己民懷土思歸怨結邊域傳曰安土重居謂之衆庶昔殷民近遷洛邑且猶怨望何況去中國之肥饒寄不毛之荒極乎且南方暑濕瘴毒互生愁困之民足以感動天地移變陰陽矣陛下留念省察以濟元元書奏帝下其章司空第五倫亦同終議太尉牟融司徒鮑昱校書郎班固等難論以施行既久孝子無改父之道先帝所建不宜回異終復上書曰秦築長城功役繁興胡亥不革卒亡四海故孝元棄珠崖之郡光武絕西域之國不以介鱗易我衣裳魯文公毀泉臺春秋譏之曰先祖爲之而己毀之不如勿居而已以其無妨害於民也襄公作三軍昭公舍之君子大其復古以爲不舍則有害於民也今伊吾之役樓蘭之屯久而未還非天意也帝從之聽還徙者悉罷邊屯

宋意爲尚書章帝性寬仁而親親之恩篤故叔父濟南中山二王每數入朝特加恩寵及諸昆弟並留京師不遣就國意以爲人臣有節不宜踰禮過恩乃上疏諫曰陛下至孝烝烝恩愛隆深以濟南王康中山王焉先帝昆弟特蒙禮寵聖情戀戀不忍遠離比年朝見久留京師崇以叔父之尊同之家人之禮車入殿門即席不拜分甘損膳賞賜優渥昔周公懷聖人之德有致太平之功然後王曰叔父加以錫幣今康焉幸以支庶享食大國陛下即位蠲除前過遂所削黜衍食它縣男女少長並受爵邑恩寵踰制禮敬過度春秋之義諸父昆弟無所不臣所以尊尊卑卑彊幹弱枝者也陛下德業隆盛當爲万世典法不宜以私恩損上下之序失君臣之正又西平王羨等六王皆妻子成家官屬備具當早就蕃國爲子孫基阯而室第相望久磐京邑婚姻之盛過於本朝僕馬之衆充塞城郭驕奢僭擬寵祿隆過今諸國之封並皆膏腴風氣平和道路夷近朝聘有期行來不

雖生割情不忍以義斷恩發遣康焉各歸蕃國令羨等還就便
時以塞眾望帝納之
魯恭為侍御史和帝初立議遣車騎將軍竇憲與征西將軍耿
秉擊匈奴恭上疏諫曰陛下親勞聖恩日昃不食憂在軍役誠
欲以安定兆垂為人除患定万世之計也臣伏獨思之未見其
便社稷之計万人之命在於一舉數年以來秋稼不熟人食不
足倉庫空虛國無畜積會新遭大憂人懷恐懼陛下躬大聖之
德履至孝之行盡諒陰三年聽於冢宰百姓闕然三時不聞警
蹕之音莫不懷思皇皇若有求而不得今乃以盛春之月興發
軍役擾動天下以事戎夷誠非所以垂恩中國改元正時由內
及外也万民者天之所生天愛其所生猶父母愛其子一物有
不得其所者則天氣為之舛錯況於人乎故愛人者必有天報
昔太王重人命而去邠故獲上天之祐夫戎狄者四方之異氣
也蹲夷踞肆與鳥獸無別若雜居中國則錯亂天氣汙辱善人

是以聖王之制羈縻不絕而已今邊境無事宜當脩仁行義尚
於無為令家給人足安業樂產夫人道乂於下則陰陽和於上
祥風時雨覆被遠方夷狄重譯而至矣易曰有孚盈缶終來有
它吉言甘雨滿我之缶誠來有我而吉已夫以德勝人者昌以
力勝人者亡今匈奴為鮮卑所殺遠臧於史侯河西去塞數千
里而欲乘其虛耗利其微弱是非義之所出也前太僕祭彤遠
出塞外卒不見一胡而兵已困白山之難不絕如綖都護陷沒
士卒死者如積迄今被其辜毒孤寡哀思之心未弭仁者念之
以為累息奈何復欲襲其迹不顧患難乎今始徵發而大司農
調度不足使者在道分部督趣上下相迫民間之急亦已甚矣
三輔并涼州少雨麥根枯焦牛死日甚此其不合天心之效也
群僚百姓咸曰不可陛下獨奈何以一人之計棄万人之命不
卹其言乎上觀天心下察人志足以知事之得失臣恐中國不
為中國豈徒匈奴而已哉惟陛下留聖恩休罷士卒以順天心

書奏不從
何敞為侍御史時車騎將軍竇憲大發軍擊匈奴而詔使者為
憲弟篤景並起邸第興造勞役百姓愁苦敞上疏諫曰臣聞匈
奴之為桀逆久矣平城之圍慢書之恥此二辱者臣子所為捐
軀而必死高祖呂后忍怒還忿舍而不誅伏惟皇太后秉文母
之操陛下履晏晏之姿匈奴無逆節之罪漢朝無可慙之恥而
盛春東作興動大役元元怨恨咸懷不悅而猥復為衛尉篤奉
車都尉景繕修館第彌街絕里臣雖斗筲之人誠竊懷怪以為
篤景親近貴臣當為百僚表儀今衆軍在道朝廷焦脣百姓愁
苦縣官無用而遽起大第崇飾玩好非所以垂令德示無窮也
宜且罷工匠專憂北邊恤人之困書奏不省後拜為尚書復上
封事曰夫忠臣憂世犯主嚴顏譏刺貴臣至以殺身滅家而猶
為之者何邪君臣義重有不得已也臣伏見往事國之危亂家
之將凶皆有所由較然易知昔鄭武姜之幸叔段衛莊公之寵

州吁愛而不教終至凶戾由是觀之愛子若此猶飢而食之以
毒適所以害之也伏見大將軍憲始遭大憂公卿比奏欲令典
幹國事憲深執謙退固辭盛位懇懇勤勤言之深至天下聞之
莫不悅喜今踰年無幾大禮未終卒然中改兄弟專朝憲秉三
軍之重篤景總宮衛之權而虐用百姓奢侈僭偪誅戮無罪肆
心自快今者論議凶凶咸謂叔段州吁復生於漢臣觀公卿懷
持兩端不肯極言者以為憲等若有匪懈之志則已受吉甫褒
申伯之功如憲等陷於罪辜則自取陳平周勃順呂后之權終
不以憲等吉凶為憂也臣敞區區誠欲計策兩安絕其綿綿塞
其涓涓上不欲令皇太后損文母之號陛下有誓泉之譏下使
憲等得長保其福祐然臧獲之謀上安主父下存主母猶不免
於嚴怒臣伏惟累祖蒙恩至臣八世復以愚陋旬年之間歷顯
位備機近每念厚德忽然忘生雖知言必夷滅而冒死自盡者
誠不忍目見其禍而懷默苟全駙馬都尉瓌雖在弱冠有不隐

之忠比請退身願抑家權可與參謀聽順其意誠宗廟至計竇
氏之福也
樂恢爲尚書僕射竇憲兄弟放縱恢上疏諫曰臣聞百王之失
皆由權移於下大臣持國常以執盛爲咎伏念先帝聖德未永
早棄万國陛下富於春秋纂承大業諸舅不宜幹正王室以示
天下之私經曰天地乖互衆物夭傷君臣失序万人受殃政失
不救其極不測方今之宜上以義自割下以謙自引四舅可長
保爵土之榮皇太后永無慙負宗廟之憂誠策之上者也書奏
不省時竇太后臨朝和帝未親万機恢以意不得行乃稱疾乞
骸骨詔賜錢太醫視疾恢薦任城鄭均城陽高鳳而遂稱篤拜
騎都尉上書辭謝曰仍受厚恩無以報效夫政在大夫孔子所
疾世卿持權春秋以戒聖人懇惻不虛言也近世外戚富貴必
有驕溢之敗今陛下思慕山陵未遑政事諸舅寵盛權行四方
若不能自損誅罰必加臣壽命垂盡臨死竭愚惟蒙留神詔聽

上印綬乃歸鄉里
唐羌和帝時爲臨武長交州舊以龍眼荔支及生鮮獻之驛馬
晝夜傳送之至有遭虎狼毒害頓仆死亡不絕道經臨武羌上
書諫曰臣聞上不以滋味爲德下不以貢膳爲功故天子食太
牢爲尊不以果實爲珍伏見交阯七郡獻生龍眼等鳥驚風發
南州土地惡蟲猛獸不絕於路至於觸犯死亡之害死者不可
復生來者猶可救也此二物升殿未必延年益壽帝從其奏而
罷之
翟酺爲尚書安帝始親政事追感祖母宋貴人悉封其家又元
舅耿寶及皇后兄弟閻顯等並用威權酺上疏諫曰臣聞微子
佯狂而去殷叔孫通背秦而歸漢彼非自疏其君時不可也臣
荷殊絕之恩蒙值不諱之政豈敢雷同受寵而以戴天履地伏
惟陛下應天履祚歷值中興當建太平之功而未聞致化之道
蓋遠者難明請以近事徵之昔竇鄧之寵傾動四方兼官重紱

盈金積貨至使議弄神器改更社稷豈不以勢尊威廣以致斯
患乎及其破壞頭顙墮地願爲孤豚豈可得哉夫致貴無漸失
必暴受爵非道殃必疾今外戚寵幸功均造化漢元以來未有
等比陛下誠仁恩周洽以親九族然祿去公室政移私門覆車
重尋寧無摧折而朝臣在位莫肯正議翕翕訿訿更相佐附臣恐
威權外假歸之良難虎翼一奮卒不可制故孔子曰吐珠於澤
誰能不含老子稱國之利器不可以示人此最安危之極戒社
稷之深計也夫儉德之恭政存約節故文帝愛百金於露臺飾
帷帳於阜囊或有譏其儉者上曰朕爲天下守財耳豈得妄用
之哉至倉穀腐而不可食錢貫朽而不可校今自初政已來日
月未久費用賞賜已不可筭斂天下之財積無功之家帑藏單
盡民物彫傷卒有不虞復當重賦百姓怨叛既生危亂可待也
昔成王立政周公在前召公在後畢公在左史佚在右四子挾
而維之目見正容耳聞正言一日即位天下曠然言其法度素

定也今陛下有成王之尊而無數子之佐雖欲崇雍熙致太平
其可得乎自去年已來災譴頻數地坼天崩高岸爲谷脩身恐
懼則轉禍爲福輕慢天戒則其害彌深願陛下親自勞卹研精
致思勉求忠貞之臣誅遠佞諂之黨損玉堂之盛尊天爵之重
割情欲之歡罷宴私之好帝王圖籍陳列左右心存亡國所以
失之鑒觀興王所以得之庶災害可息豐年可招矣書奏不省
而外戚寵臣咸惡之
陳忠爲尚書僕射安帝數遣黃門常侍及中使伯榮（伯榮帝乳母王聖女也）
往來甘陵而伯榮負寵驕蹇所經郡國莫不迎爲禮謁又霖雨
積時河水涌溢百姓騷動忠上疏曰臣聞位非其人則庶事不
叙庶事不叙則政有得失政有得失則感動陰陽妖變爲應陛
下每引災自厚不責臣司臣司狃恩莫以爲負故天心未得隔
年屢臻青冀之域淫雨漏河徐岱之濱海水盆溢兗豫蝗蝝滋
生（蝝蝗子也）荊楊稻收儉薄并涼二州羌戎叛戾加以百姓不足府帑

虛僞自西徂東狩柏將空臣聞洪範五事一曰貌貌以恭恭作肅貌傷則狂而致常雨春秋大水皆爲君上威儀不穆臨莅不嚴臣下輕慢貴倖擅權陰氣盛彊陽不能禁故爲淫雨陛下以不得親奉孝德皇園廟比遣中使致敬甘陵朱軒軿馬相望道路可謂孝至矣然臣竊聞使者所過威權翕赫震動郡縣王侯二千石至爲伯榮獨拜車下儀體上僭侔於人主長吏惶怖譴責或邪諂自媚發人修道繕理亭傳多設儲跱徵役無度老弱相隨動有萬計賂遺僕從人數百匹頓踣呼嗟莫不叩心河間託叔父之屬清河有陵廟之尊及剖符大臣皆猥爲伯榮屈節車下陛下問必以陛下欲其然也伯榮之威重於陛下陛下之柄在於臣妾水災之發必起於此昔韓嫣託副車之乘受馳視之使江都誤爲一拜而嫣受歐刀之誅臣願明主嚴天元之尊正乾剛之位職事臣細皆任賢能不宜復令女使干錯萬機重察左右得無石顯泄漏之姦尚書納言得無趙昌譖崇之詐公

卿大臣得無朱博阿傅之援外屬近戚得無王鳳害商之謀若國政一由帝命王事每決於己則下不得偪上臣不得干君常雨大水必當霽止四方衆異不能爲害書奏不省時三府任輕機事專委尚書而災眚變咎輒切免公台忠以爲非國舊體上疏諫曰臣聞君使臣以禮臣事君以忠故三公稱曰冢宰王者待以殊敬在輿爲下御坐爲起入則參對而議政事出則監察而董是非漢典舊事丞相所請靡有不聽今之三公雖當其名而無其實選舉誅賞一由尚書尚書見任重於三公陵遲以來其漸久矣臣忠心常獨不安是故臨事戰懼不敢穴見有所興造不觀言也又不敢布意同僚以議平典而謗讟日聞罪足萬死近以地震策免司空陳褒今者災異復欲切讓三公昔孝成皇帝以熒惑守心移咎丞相使貴戚納說方進方進自引卒不蒙上天之福徒乖宋景之誠故知是非之分較然有歸矣又尚書決事多違故典罪法無例詆欺爲先文慘言醜有乖章憲宜責求

（下闕）

者微孽並帶無功之紱裂勞臣之土其爲乖濫胡可勝言夫有功不賞爲善失其望姦回不詰爲惡肆其凶故陳資務而人靡畏班爵位而物無勸苟遂斯道豈伊傷政爲亂而已喪身亡國可不慎哉書奏不省

周舉永和末爲諫議大夫時連有災異順帝召舉於顯親門問以變眚舉對曰陛下初立遵修舊典興化致政遠近肅然頃年以來稍違於前朝多寵倖祿不序德觀天察人準今方古誠可危懼書曰僭常陽若夫僭差無度則言不從而下不正陽無以制則上擾下竭宜密嚴勑州郡察彊宗大姦以時禽討其後江淮猾賊周生徐鳳等處處並起如舉所陳

劉陶爲太學生桓帝時大將軍梁冀專朝而桓帝無子連歲荒飢災異數見陶上疏陳事曰臣聞人非天地無以爲生天地非人無以爲靈是故帝非人不立人非帝不寧夫天之與帝帝之與人猶頭之與足相須而行也伏惟陛下年隆德茂中天稱號襲常存之慶循不易之制目不視鳴條之事耳不聞檀車之聲天災不有痛於肌膚震食不即損於聖體故蔑三光之謬輕上天之怒伏念高祖之起始自布衣拾暴秦之敝追亡周之鹿合散扶傷克成帝業功既顯矣勤亦至矣流福遺祚至於陛下陛下既不能增明烈考之軌而忽高祖之勤妄假利器委授國柄使羣醜刑隸芟刈小民彫敝諸夏虐流遠近故天降衆異以戒陛下陛下不悟而競令虎豹窟於麑場豺狼乳於春囿斯豈唐咨禹稷益典朕虞議物賦土蒸民之意哉又今牧守長吏上下交競封豕長蛇蠶食天下貨殖者爲窮冤之魂貧餒者作飢寒之鬼高門獲東觀之辜豐室罹妖叛之罪死者悲於窀穸生者戚於朝野是愚臣所爲咨嗟長懷歎息者也且秦之將亡正諫者誅諛進者賞嘉言結於忠舌國命出於讒口擅閻樂於咸陽授趙高以車府權去已而不知威離身而不顧古今一揆成敗同勢願陛下遠覽彊秦之傾近察哀平之變得失昭然禍福可見臣又聞危非仁不扶亂非智不救故武丁得傅說以消鼎雉之災周宣用申甫以濟夷厲之荒竊見故冀州刺史南陽朱穆前烏桓校尉臣同郡李膺皆履正清平貞高絶俗穆前在冀州奉憲操平摧破姦黨民清萬里膺歷典牧守正身率下及掌戎馬威揚朔北斯實中興之良佐國家之柱臣也宜還本朝夾輔王室上齊七燿下鎮萬國臣敢吐不時之義於諱言之朝猶冰霜見日必至消滅臣始悲天下之可悲今天下亦悲臣之愚惑也書奏不省

袁著爲郎中年十九見梁冀凶縱不勝其憤乃詣闕上書曰臣聞仲尼歎鳳鳥不至河不出圖自傷卑賤不能致也今陛下居得致之位又有能致之資而和氣未應賢愚失序者勢分權臣上下壅隔之故也夫四時之運功成則退高爵厚寵鮮不致災今大將軍位極功成可爲至戒宜遵懸車之禮高枕頤神傳曰木實繁者披枝害心若不抑損權盛將無以全其身矣左右聞臣言將側目切齒臣特以童蒙見拔故敢忘忌諱昔舜禹相戒無若丹朱周公戒成王無如殷王紂願除誹謗之罪以開天下之口書奏不省

楊秉爲侍中尚書時桓帝微行私過幸河南尹梁胤府舍是日大風拔樹晝昏秉因上疏諫曰臣聞瑞由德至災應事生傳曰禍福無門唯人所召天不言語以災異譴告是以孔子迅雷風烈必有變動詩云敬天之威不敢驅馳王者至尊出入有常警蹕而行靜室而止自非郊廟之事則鑾旗不駕故詩稱自郊徂宮易曰王假有廟致孝享也諸侯如臣之家春秋尚列其（陳靈公如徵舒家爲徵舒所殺）況以先王法服而私出槃游降亂尊卑等威无序侍衛守空宮紱璽委於女妾設有非常之變任章之謀上負先帝下悔靡及臣奕世受恩得備納言又以薄學充在講勸特蒙哀識見照日月恩重命輕義使士死敢憚摧折略陳其愚帝不納

應奉爲司隸校尉桓帝時田貴人見幸帝有建立之議奉以田

（第十二葉原闕）

氏微賤不宜超登后位上書諫曰臣聞周納狄女襄王出居于鄭漢立飛燕成帝嗣泯絶母后之重興廢之所因宜思關雎之所求遠五禁之所忌帝納其言竟立竇皇后

李雲爲白馬令桓帝延熹二年中常侍單超等五人皆以誅梁冀功並封列侯專權選舉又立掖庭民女亳氏爲皇后數月間后家封者四人賞賜巨萬是時地數震裂衆災頻降雲素剛憂國將危心不能忍乃露布上書移副三府曰臣聞皇后天下母德配坤靈得其人則五氏來備（五氏即史記所謂庶徵曰雨曰暘曰燠曰風曰時五者來備也）不得其人則地動搖宮比年災異可謂多矣皇天之戒可謂至矣高祖受命至今三百六十四歲君期一周當有黃精代見姓陳項虞田許氏不可令此人居太尉太傅典兵之官舉厝至重不可不慎班功行賞宜應其實梁冀雖持權專擅虐流天下以罪行誅猶召家臣搤殺之耳而猥封謀臣萬戶以上高祖聞之得無見非西北列將得無解體（列將謂皇甫規等）孔子曰帝者諦也今官位錯亂小人諂進財貨公行政化日損尺一拜用不經御省是帝欲不諦乎帝得奏震怒下有司逮雲送黃門獄中

朱穆桓帝時坐忤宦者趙忠輸作左校赦出居家數年在朝諸公多有相推薦者於是徵拜尚書穆既深疾宦官及在臺閣旦夕共事志欲除之乃上疏曰案漢故事中常侍參選士人建武以後乃悉用宦者自延平以來浸益貴盛假貂璫之飾處常伯之任天朝政事一更其手權傾海內寵貴無極子弟親戚並荷榮任故放濫驕溢莫能禁禦凶狡無行之徒媚以求官恃勢怙寵之輩漁食百姓窮破天下空竭小人愚臣以爲可悉罷省遵復往初率由舊章更選海內清淳之士明達國體者以補其處即陛下可爲堯舜之君衆僚皆爲稷契之臣兆庶黎萌蒙被聖化矣帝不納後穆進見口復陳曰臣聞漢家舊典置侍中中常侍各一人省尚書事黃門侍郎一人傳發書奏皆用姓族自和熹太后以女主稱制不接公卿乃以閹人爲常侍小黃門通命

兩宮自此以來權傾人主窮困天下宜皆罷遣博選耆儒宿德與參政事帝怒不應穆伏不肯起左右傳出（聲傳令出）良久乃趨而去曰此中官數因事稱詔詆毀之穆素剛不得意居無幾憤懣發疽卒

陳蕃爲光祿勳桓帝時封賞踰制內寵猥盛蕃上疏諫曰臣聞有事社稷者社稷是爲有事人君者容悅是爲今臣蒙恩聖朝備位九列見非不諫則容悅也夫諸侯上象四七垂耀在天下應分土藩屏上國高祖之約非功臣不侯而聞追錄河南尹鄧萬世父遵之微功更爵尚書令黃儁先人之絶封近習以非義授邑左右以無功傳賞授位不料其任裂土莫紀其功至乃一門之內侯者數人故緯象失度陰陽謬序稼用不成民用不康臣知封事已行言之無及誠欲陛下從是而止又比年收斂十傷五六萬人飢寒不聊生活而采女數千食肉衣綺脂油粉黛不可貲計鄙諺言盜不過五女門以女貧家也今後宮之女豈不貧國乎是以傾宮嫁而天下化楚女悲而西宮災且聚而不御必生憂悲之感以致并隔水旱之困夫獄以禁止姦違官以稱才理物若法虧於平官失其人則王道有缺而今天下之論皆謂獄由怨起爵以賄成夫不有臭穢則蒼蠅不飛陛下宜採求失得擇從忠善尺一選舉委尚書三公使褒責誅賞各有所歸豈不幸甚帝頗納其言爲出宮女五百餘人但賜儁爵關內侯而萬世南鄉侯延熹六年車駕幸廣城校獵（廣城苑名）蕃上疏諫曰臣聞人君有事於苑囿唯仲秋西郊順時講武殺禽助祭以敦孝敬如或違此則爲肆縱故皐陶戒舜無放逸遊周公戒成王無槃于遊田虞舜成王猶有此戒況德不及二主者乎夫安平之時尚宜有節況當今之世有三空之戹害田野空朝廷空倉庫空是謂三空加兵戎未戢四方離散是陛下焦心毀顏坐以待旦之時也豈宜揚旗曜武騁心輿馬之觀乎又前秋多雨民始種麥今失其勸種之時而令給驅禽除路之役非賢聖恤

民之意也齊景公欲觀於海放乎琅邪晏子爲陳百姓惡聞旌旗輿馬之音舉首嚬眉之感景公爲之不行周穆王欲肆車轍馬跡祭公謀父爲誦祈招之詩以止其心誠惡逸遊之害人也書奏不納

襄楷平原人桓帝時宦官專朝政刑暴濫又比失皇子災異尤數楷自家詣闕上疏曰臣聞皇天不言以文象設教堯舜雖賢必歷象日月星辰察五緯所在故能享百年之壽爲萬世之法臣竊見去歲五月熒惑入太微犯帝坐出端門不軌常道其閏月庚辰太白入房犯心小星震動中耀中耀天王也傍小星者天王子也夫太微天廷五帝之坐而金火罰星揚光其中於占天子凶又俱入房心法無繼嗣今年歲星久守太微逆行西至掖門還切執法歲爲木精好生惡殺而淹留不去者咎在仁德不修誅罰大酷前七年十二月熒惑與歲星俱入軒轅逆行四十餘日而鄧皇后誅其冬大寒殺鳥獸害魚鼈城傍竹柏之葉

有傷枯者臣聞於師曰柏傷竹枯不出三年天子當之今洛陽城中人夜無故叫呼云有火光人聲正諠於占亦與竹柏同自春夏以來連有霜雹及大雨雷而臣作威作福刑罰急刻之所感也太原太守劉瓆南陽太守成瑨志除姦邪其所誅翦皆合人望而陛下受閹豎之譖乃遠加考逮三公上書乞哀瓆等不見採察而嚴被譴讓憂國之臣將遂杜口矣臣聞殺無罪誅賢者禍及三世自陛下即位以來頻行誅伐梁寇孫鄧並見族滅其從坐者又非其數李雲上書明主所不當諱杜衆乞死諒以感悟聖朝曾無赦宥而并被殘戮天下之人咸知其冤漢興以來未有拒諫誅賢用刑太深如今者也永平舊典諸當重論皆須冬獄先請後刑所以重人命也頃數十歲以來州郡翫習又欲避請讞之煩輒託疾病多死牢獄長吏殺生自巳死者多非其罪魂神冤結無所歸訴淫厲疾疫自此而起昔文王一妻誕致十子今宮女數千未聞慶育宜修德省刑以廣螽斯之祚又

七年六月十三日河內野王山上有龍死可長數十丈扶風有星隕爲石聲聞三郡夫龍形狀不一小大無常故周易況之大人帝王以爲符瑞或聞河內龍死諱以爲蛇夫龍能變化蛇亦有神皆不當死昔秦之將衰華山神操璧以授鄭客曰今年祖龍死始皇逃之死於沙丘王莽天鳳二年訛言黃山宮有死龍之異後漢誅莽光武復興虛言猶然況於實邪夫星辰麗天猶萬國之附王者也下將畔上故星亦畔天石者安類墜者失勢春秋五石隕宋其後襄公爲楚所執秦之亡也石隕東郡今隕扶風與先帝園陵相近不有大喪必有畔逆案春秋以來及古帝王未有河清及學門自壞者也臣以爲河者諸侯位也清者屬陽濁者屬陰河當濁而反清者陰欲爲陽諸侯爲帝也太學天子教化之宮其門無故自壞者言文德將喪教化廢也京房易傳曰河水清天下平今天垂異地吐妖人癘疫三者並時而有河清猶春秋麟不當見而見孔子書之以爲異也臣前上琅

邪宮崇受干吉神書不合明聽臣聞布穀鳴於孟夏蟋蟀吟於始秋物有微而志信人有賤而言忠臣雖至賤誠願賜清閒極盡所言書奏不省十餘日復上書曰臣伏見太白北入數日復出東方其占當有大兵中國弱四夷彊臣又推步熒惑今當出而潛必有陰謀皆由獄多冤結忠臣被戮德星所以久守執法亦爲此也陛下宜承天意理察冤獄爲劉瓆成瑨虧除罪辟追錄李雲杜衆等子孫夫天子事天不孝則日食星鬬比年日食於正朔三光不明五緯錯戾前者宮崇所獻神書專以奉天地順五行爲本亦有興國廣嗣之術其文易曉參同經典而順帝不行故國嗣不興孝冲孝質頻世短祚臣又聞之得主所好自非正道神爲生虐故周衰諸侯以力征相尚於是夏育申休宋萬彭生任鄙之徒生於其時殷紂好色妲己是出葉公好龍真龍游廷今黃門常侍天刑之人陛下愛待兼倍常寵係嗣未兆豈不爲此天官宦者星不在紫宮而在天市明當給使主市里

也今乃反𢗅常伯之位實非天意又聞宮中立黄老浮屠之祠此道清虚貴尚無爲好生惡殺省慾去奢今陛下嗜慾不去殺罰過理既乖其道豈獲其祚哉或言老子入夷狄爲浮屠（[illegible]）（言老子西入夷狄爲浮屠之化）浮屠不三宿桑下（言浮屠之人寄桑下者不經三宿便即移去）不欲久生恩愛精之至也天神遺以好女浮屠曰此但革囊盛血遂不眄之其守一如此乃能成道今陛下婬女艷婦極天下之麗甘肥飲美殫天下之味奈何欲如黄老乎書上即召詔尚書問狀楷曰臣聞古者本無宦臣武帝末春秋高數游後宮始置之耳後稍見任至於順帝遂益繁熾今陛下爵之十倍於前至今無繼嗣者豈獨好之而使之然乎尚書上其對坐論司寇

冊府元龜卷第五百三十七

兩不進皇上疏曰昔文王有赤烏之符而猶日昃不暇食武王白魚入舟君臣變色而動得吉瑞猶尚憂懼况有災異而不戰竦者今吴蜀未平而天屢降變陛下宜深有以專精應答反席而坐思示遠以德綏邇以儉間者諸軍始進便有天雨之患稽閡山險以積日矣轉運之勞擔負之苦所費以多若有不繼必違本圖傳曰見可而進知難而退軍之善政也徒使六軍困於山谷之間進無所略退又不得非王兵之道也武王還師殷卒而亡知天期也今年凶民饑宜發明詔損膳減服技巧珍玩之物皆可罷之昔邵信臣爲少府於無事之世而奏罷浮食今者軍用不足益宜節度帝即召諸軍還帝愛女淑未期而夭帝痛之甚追封平原公主立廟洛陽葬於南陵將自臨送皇上疏曰文皇帝武宣皇后山陵陛下皆不送葬所以重社稷備不虞也何至孩抱之赤子而可送葬也哉帝不從帝既新作許宮又營洛陽宮殿觀閣皇又上疏曰堯尚茅茨而萬國安其居禹卑宮

室而天下樂其業及至殷周或堂崇三尺度以九筵耳古之聖帝明王未有極宮室之高麗以彫弊百姓之財力者也桀作琁室象廊紂爲傾宮鹿臺以喪其社稷楚靈以築章華而身受其禍秦始皇作阿房而殃及其子天下叛之二世而滅夫不度萬民之力以從耳目之欲未有不亡者也陛下當以堯舜禹湯文武爲法則夏桀殷紂楚靈秦皇爲深誡高高在上實監后德慎守天位以承祖考巍巍大業猶恐失之不夙夜敬止允恭䘏民而乃自暇自逸惟宮臺是侈是飾必有顛覆危亡之禍易曰豐其屋蔀其家闚其戶闃其無人王者以天下爲家言豐屋之禍至於家無人也方今二虜合從謀危宗廟十萬之軍東西奔赴邊境無一日之娛農夫廢業民有飢色陛下不以是爲憂而營作宮室無有已時使國亡而臣可以獨存臣又不言也君作元首臣爲股肱存亡一體得失同之孝經曰天子有爭臣七人雖無道不失其天下臣雖駑怯敢忘爭臣之義言不切至不足以感寤陛下陛下不察臣言恐皇祖烈考之祚將墜于地使臣身死有補萬一則死之日猶生之年也謹叩棺沐浴伏俟重誅奏御天子感其忠言手筆詔答明帝著繡帽被縹紈半袖常以見直臣皇諫曰此於禮何法服耶帝默然

杜恕爲黄門侍郎明帝時樂安廉昭以才能拔擢頗好言事恕上疏極諫曰伏見尚書郎廉昭奏左丞曹璠以罰當關不依詔坐判問又云諸當坐者别奏尚書令陳矯自奏不敢辭罰亦不敢以處重爲恭意至懇惻臣竊愍然爲朝廷惜之夫聖人不擇世而興不易民而治然而生必有賢智之佐者蓋進之以道帥之以禮故也古之帝王所以能輔世長民者莫不遠得百姓之懽心近盡羣臣之智力誠使今朝任職之臣皆天下之選而不能盡其力不可謂能使人若非天下之選亦不可謂能官人陛下憂勞萬機或親燈火而庶事不康刑禁日弛豈非股肱不稱之明效歟原其所由非獨臣有不盡忠亦主有不能使百里奚愚

於虞而智於秦豫讓苟容中行而著節智伯斯則古人之明驗矣今臣言一朝皆不忠是誣一朝也然其事類可推而得陛下感帑藏之不充實而軍事未息至乃斷四時之賦衣薄御府之私穀帥由聖意舉朝稱明與聞政事密勿大臣寧有懇憂此者乎騎都尉王才幸樂人孟思所爲不法振動京都而其罪狀發於小吏公卿大臣初無一言自陛下踐阼以來司隸校尉御史中丞寧有舉綱維以督姦宄使朝廷肅然者邪若陛下以爲今世無良才朝廷乏賢佐豈可追望稷契之遐蹤坐待來世之俊乂乎今之所謂賢者盡有大官而享厚祿矣然而奉上之節未立向公之心不一者委任之責不專而俗多忌諱故也臣以爲忠臣不必親親臣不必忠何者以其居無嫌之地而事得自盡也今有疏者毁人不實其所毁而必曰私報所憎譽而必曰私愛所親左右或因之以進憎愛之說非獨毁譽有之政事損益亦皆有嫌陛下當思所以闡廣朝臣之心篤厲有道之節使之

諫諍部二十三

直諫第十二

唐韋嗣立爲中書侍郎神龍二年上疏曰臣聞王者列職分司爲人求理求理之道必在用賢得其人則公務克修非其才則厥官斯曠官曠則事廢事廢則人殘漸至陵遲率由於此頃者選曹授職政事官人或以才昇多非德進皆因依貴要互爲粉飾苟得是務曾無遠圖上下相蒙誰肯言及臣聞官爵者公器也恩倖者私惠也只可金帛富之粱肉食之以存私澤也若以公器爲私用則公義不行而勞人解體以小私而妨至公則私謁門開而正言路塞纖人遽進君子道消日削月朘卒見凋弊昔館陶公主爲子求郎明帝曰郎官上應列宿出宰百里苟非其人則民受其殃賜錢十萬而已此即至公之道不虧恩私之情無替良史直筆將爲美談于今稱之不輟于口者也臣又聞唐虞之時建官惟百秦漢之後命爵逾多故官衆則事繁人擾則偽起當今員外位已衆冗員倍多希求未厭日月增數陛下降不訾之澤近戚有無涯之請賣官利己鬻法徇私臺寺之內朱紫盈滿官秩益輕朝綱日壞纖利之輩冒進而莫識廉隅方雅之流知難而斂分丘壟則才者莫用用者不才二者相形十有其五故人不效力而官匪爲人欲求其理實亦難遂臣竊見宰臣貴戚及近侍要官子弟親眷多居美爵必爭則不存職務恃勢則公違憲章徒忝官曹無益時政陛下若因循往轍不革前非爲弊已成返改難及惟陛下詳察之詩云東人之子職勞不來西人之子粲粲衣服私人之子百寮是試或以其酒不以其漿鞙鞙佩璲不以其長此言王政不平衆官廢職私家之子列試於榮班任非其才徒長其飾佩無德而祿有類素餐而詩人之言多存諷刺因國風之有暢冀王道之無偏前人之所譏後王之所誡願陛下想居安慮危之義行改弦易張之道貴惜爵賞審量材職官無虛授人必爲官進大德於樞近退小人於閑僻法令惟一威恩以信私不害公情無撓法則天下幸甚臣伏見貞觀永徽故事宰相子弟多居外職此蓋爲勢要親戚罕有才藝遞相囑託虛踐官榮伏願陛下遠稽古典近遵先聖特降明勑令宰相已下及諸司長官各通內外緦麻已上見任京官九品已上者精加簡擇每家量勒一人在兩京餘並改授外官庶望分職四方共寧百姓表裏相統遐邇又安非直抑彊宗分大族亦以退不肖進才賢雖言之稍難而行之甚易其外官有行能久著淪滯未申者望令巡使察名以聞即加進用冀四海之內无復遺材八紘之中同歌聖德帝雖嘉其意竟不能行焉

唐紹爲左御史臺侍御史神龍二年順天翊聖皇后上言自妃主及五品已上母妻并不因夫子封者請自今遷葬之日特給鼓吹宮官亦准此制許之紹上疏曰竊聞鼓吹之樂本爲軍容昔黃帝涿鹿有功以爲警衛故掘鼓曲有靈夔吼鵰鶚爭石墜崖壯士怒之類自昔功臣備禮適得用之丈夫有四方之功所以恩加寵錫假如郊天祀地誠是重儀惟有宮懸本無案架故知軍樂所備尚不洽於神祇鉦鼓之音豈得接於閨閫准式公主妃以下葬禮唯有團扇方扇綵幃錦障之色加以鼓吹歷代未聞又准令五品官婚葬元無鼓吹唯京官五品得借四品鼓吹爲儀今特給五品已上母妻五品官則不當給限便是班秩本因夫子儀飾乃復過之事非倫次難爲定制參詳其理不可常行請停前勑各依常典帝不納

辛替否爲左拾遺景龍中安樂公主府所補官員多非其才中宗爲公主廣第宅侈麗過甚并與佛寺百姓勞弊帑藏爲之空竭替否上疏諫曰臣聞聖人賞視聽於四方納芻蕘於九有蓋欲以上通下達遠闚邇信元首惟聖股肱惟良若此則國可長久時闓災害者也臣聞王者牧黎庶建百官莫不慎器與名畏怨重禍不徼詭以求進不貸賄以要欒公侯伯子男五等各以功

為後先卿大夫士九品各以德為次第劉毅無實官之誚仲經無免爵之謡則格于皇天光於后土何風雨不順陰陽不和之有哉臣聞古之建官員不必備九卿已下皆有其位而闕其選賞一人謀乎三事職一人訪乎群司貪寵者畏權門而不入故稱賞不僭官不濫士皆完行家有廉節朝庭有餘俸百姓有餘食下忠於上上禮於下委裘而無倉卒之危垂拱而無顛沛之患夫事有惕耳目動心慮作不師古以行於今者蓋有之矣伏惟陛下百倍行賞十倍增官金銀不供其印束帛不充於錫何媿於無用之臣何慙於無力之士至於公府補授罕存推擇遂使富商豪賈盡居纓冕之流鬻伎行巫或涉膏腴之地一則羊頭入興狗尾生謡將恐鶗鴂盛唐取譏於後臣聞於古人曰禍生有胎福生有基伏惟公主陛下之愛女選賢良以嫁之設官職以輔之傾府庫以賜之壯第觀以居之廣池臺以嬉之可謂至憐也然而用不合於古義行不根於人心將恐變愛成憎翻福為禍何者竭人之力人怨也費人之財人怨也奪人之家人怨也愛數子而取三怨於天下使邊疆之士不盡力朝庭之士不盡忠人之散矣獨持所愛何所恃乎向者會王賞同諸壻禮等朝臣則亦有今日之福無曩時之禍人徒見其禍不知禍之所來所以禍者寵過於臣子也去年七月五日徵之矣今循事無更改理尚因循而已哉棄一宅而造一宅忘前禍而忽後禍臣竊謂陛下憎之矣非愛之也何利於公主臣聞君以人為本本固則邦寧邦寧則陛下之夫婦母子長相保也伏惟外謀宰臣為久安久愛以存之不使姦臣賊子以伺之臣聞微不可不防遠不可不慮當今疆場危駭倉廩空虛揭干守禦之士賞不及肝腦塗地之卒輸不充野多食草人不識穀而方大起寺舍廣營第宅伐木屯山不足充梁棟運土塞路不足充牆壁誇古耀今踰章越制百寮鉗口四海傷心臣聞釋教者以清淨為基慈悲為主故常體道以濟物不為利欲以損人故常忘己以全眞

不為榮身以害教三時之月掘山穿池損命也殫府庫帑損人也廣殿長廊榮身也損命則不慈悲損人則不濟物榮身則不清淨豈大聖大神之心乎臣以為非眞教非佛意違時行違人欲自像王西下佛教東傳青螺不入於周前白馬方行於漢後風流雨散千帝百王飾彌盛而國彌空役彌重而禍彌大覆車繼軌曾不改途晉臣以佞佛取譏梁主以捨身構隙若以造寺必為其理體養人不足以經邦則殷周已往皆暗亂漢魏已降皆聖明殷周已往為不長漢魏已降為不短臣聞夏為天子三十餘代而周受之周為天子三十餘代而漢受之自漢已後歷代可知也何者有道之長無道之短豈因其窮金玉修塔廟方得久長之祚乎臣聞於經曰若菩薩心住於法而行布施如人入暗則無所見又曰一切有為法如夢幻泡影如露亦如電臣以為減凋琢之費以賑貧人是有如來之德息穿掘之苦以全昆蟲是有如來之仁罷營構之直以給邊陲是有殷湯之功迴不急之祿以購廉清是有虞之理陛下緩其所急急其所緩親未來而疎見在失眞實而冀虛無重俗人之為而輕天子之業臣竊痛之矣當今出財依勢者避役姦訛者盡度為沙彌其所未度者唯貧人與善人將何以作範乎將何以租賦乎將何以役力乎臣以為出家者捨塵俗離朋黨無私愛今殖貨營生非捨塵俗栽親樹知非離朋黨畜妻養子非無私愛是致人以毀道非崇道以救人伏見今之宮觀臺榭唯京師之與洛陽不增修飾猶恐奢麗陛下尚欲填池塹捐苑囿以賑貧人無產業者今天下之寺蓋無其數一寺當陛下一宮壯麗甚之矣用度過之矣是十分之天下寺有七八陛下何有之矣百姓何食之矣雖以陰陽為炭萬物為銅役不食之人使不衣之士猶尚不給況資於天生地養風動雨潤而後得之乎

睿宗景雲元年替否為左補闕上疏陳時政曰臣聞昔以為古之用度不時爵賞不當破家亡國者口說不如身逢耳聞不如

畏見臣請以有唐已來理國之得失陛下之所眼見者以言之惟陛下審之聽之擇善而從之則萬歲之業自可致矣何憂乎黎庶之不康福祚之不永伏以太宗文武聖皇帝陛下之祖撥亂反正開階立極得至治之體設簡要之方省其官清其吏舉天下職司無一虛授用天下財帛無一枉費賞必俟功官必得俊所為無不成所征無不服不多造寺觀而福祿自至不多度僧尼而殃咎自滅道合乎天地德通乎神明故天地懌之神明祐之使陰陽不愆風雨合度四人樂其業五穀遂其成腐粟爛帛填街委巷千里萬里貢賦于郊九夷百蠻歸款于闕自古有帝皇已來未有若斯之神聖也故得享國長久多歷年所陛下何不取而則之中宗孝和皇帝陛下之兄嗣先人之業總先人之化不取賢良之言而恣女子之意官爵非擇虛食祿者數千人封建無功妄食土者百餘户造寺不止枉費財者數百億度人不休免租庸者數十萬是使國家所出加數倍所入減數倍倉不停卒歲之儲庫不貯一時之帛所惡者逐逐多忠良所愛者賞賞多讒慝朋佞喋喋交相傾動吝身不為於朝廷保位皆由於黨附奪百姓口中之食以養貪殘剥萬人體上之衣以塗土木於是人怨神怒親忿朋離水旱不調疾疫屢起遠邇殊論公私罄然五六年間再三禍變享國不永終于兇婦寺舍不能保其身僧尼不能護妻子取譏萬代見笑四夷此陛下之所眼見也何不除而改之依太宗文武皇帝之理國則百官以理百姓無憂故太山之安立可致矣依中宗孝和皇帝之理國則萬人以怨百事不寧故累卵之危立可致矣頃自夏以來霖霪不解穀荒于壟麥爛于場入秋已來亢旱成災苗而不實霜損蟲傷[illegible]焚汙潢下人咨嗟未知賙賑營寺造觀日繁于時檢校試官充臺溢署伏惟陛下愛兩女為造兩觀燒瓦運木載土填坑道路流言皆云用錢百餘萬貫惟陛下明君也無所不見既知且見知倉有幾年之儲庫有幾年之帛知百姓之間可存活乎

三邊之士可薄輸乎當今發一卒以禦邊陲追一兵以衛社稷多無衣食皆帶饑寒賞賜之間迫無所出軍旅驟敗莫不由斯而反以百萬貫錢造無用之觀以賈六合之怨乎以違萬人之心乎伏惟陛下放阿韋之家宗而不改阿韋之亂政忍棄太宗文武皇帝長久之謀不忍棄中宗孝和皇帝短促之計陛下又何以繼祖宗而觀萬國昔陛下與皇太子在阿韋之時危亡是懼常切齒於群凶今貴為天子富有海內而不改群凶之事臣恐復有切齒於陛下者也陛下又何以非群凶而誅之臣往見明勅自今已後一依貞觀故事且貞觀之時豈有今日之造寺觀加僧尼道士益無用之官行不急之務而亂政者也臣以為棄其言而不行其事慕其善而不遷其惡陛下又何以刑於四海往者孝和帝之憐悖逆也為姦人之所誤宗晉卿勸為第宅趙履溫勸為園亭塡數百家之居侵數百家之地工徒斷而未息義兵紛以交馳卒使亭不得遊宅不得坐信邪佞之說成骨肉之刑此陛下之所眼見也今之造觀臣必知非陛下公主之本意將無有趙履溫之徒將勸為之冀誤其骨肉不可不察也臣聞出家修道者不預其時事專清其身心以虛薄為高以無為為妙依兩卷老子視一區天尊無欲無營不損不害何必璇臺玉樹寶像珍龕使國困人窮然后為道哉伏惟陛下行非常之惠權停兩觀以俟豐年以兩觀之財為公主施貧窮填府庫則公主福德無窮矣不然臣恐下人怨望不減於前朝又先朝之時愚智知敗人雖有口而不敢言言者未發身禍尋及韋月將受誅於丹徼燕欽融見殺於紫庭此人皆不惜其身而納忠於主身既死矣主亦危焉故先朝誅之陛下賞之是陛下知直言之士有裨於國臣今直言亦先代之直惟陛下察之疏奏帝嘉其切直稍遷為右臺殿中侍御史

呂元泰為并州清源尉景龍二年以緣邊鎮守稍多不可廣營佛寺上疏諫曰臣聞天地不私於動植所以稱其大日月不私

於燭耀所以稱其明陛下六合爲家萬邦作主布慈悲於沙界樹功業於玄劫蜺旌寶蓋接影都畿鳳刹龍宮相望都邑雖寶塔踴出眞容再見不足以論其相好不足以並此莊嚴爲萬國之福田作群生之因果然釋氏眞教平等爲宗本之以慈悲加之以布施臣頃因行役涉歷塞垣人之艱危盡知之矣緣邊鎮守數十萬衆或野戍孤烽迥臨沙漠或裹糧帶甲遠伺煙塵歲月既深衣服久弊形容枯槁無扞禦之用朝夕殷憂有饑寒之色及邊荒小醜微有風塵暫交矢石已聞喪敗■況謀秘略有謝於種虜乃天恩佛法未覆於士卒之所致也乃令胡馬窺於塞下羽檄傳於上京調發師旅憂勞聖慮府藏虛竭百姓疲勞臣每思之痛心疾首伏惟陛下以平施之德成育養之恩迴營造之資充疆埸之費則如來布施之法也賜之穀帛惠及饑凍則如來慈悲之化也絲綸既行中外胥悅則如來平等之教也功德既樹賞罰斯明將士知恩則三軍賈勇犬羊懾息則萬里

無塵自然烽燧罷燃干戈不用天下士女並修耕織儲戍減少府藏充盈則陛下之深恩社稷之大計如來之教不偏於京洛大乘之法遂遍於常沙今廣費錢力空修棟宇中夏士女直觀莊嚴邊疆戍卒不免饑弊同沐太平之化勞逸以殊俱承雨露之恩榮枯遂隔恐非如來平等之意又異陛下亭育之恩臣謹案金剛般若經云若以色見我以音聲求我是人行邪道不能見如來是知大乘之宗聲色不見豈釋迹之意雕琢爲功今之作者臣所未喻臣又聞黄帝堯舜文王盛德充於宇宙餘芳流於絲竹者乃盡善盡美茅茨土階叶和萬邦親睦九族之致也豈非營搆之功佛法之助晉魏越競梁宋齊崇釋教行於中國伽藍遍於天下然喪亂不絕邦國未安者豈佛教之使然乎蓋好尚非所聚斂過度人不堪命之所致也漢文惜露臺之產化比成康秦皇起阿房之宮禍成傾覆伏願陛下祖述堯舜憲章文武覽帝王之成敗驗黎庶之安危則天下幸甚自神功之後百姓存饑臣之所見此之爲甚重以林胡叛換六軍齊發匈奴侵擾邊定爲疆勁卒壯夫死於鋒刃少妻弱子遭於驅掠羸老童幼銜號巷哭者悲感行路伏惟陛下爲之父母可不念之昔者匹婦稱孝匹夫稱賢哀怨所及尚致霜旱況忠臣孝子傷心泣血者動以萬計感於陰陽成其水旱不足怪也方修造寺塔塑畫尊容峻宇雕墻丹楹刻桷驅役貧賤斂賦鰥寡以求其福臣用爲疑臣又聞匈奴之俗以騎射爲業以攻擊爲務教卒練兵以日繼月國之所好經行設齋持戒忍辱捧鉢振錫剃髮染衣至如練習弓矢者十室之中未聞其一以此衆戰臣竊惑焉伏願陛下以邊疆爲慮以百姓爲心防之於未萌理之於未亂休力役罷修造恤窮乏勸耕桑愛養戰士慎擇邊將妙選牧宰招攜士散則成康文景之風可翹足而致彼獯獫醜之虜何足爲憂臣聞主聖臣直有犯無隱誠則愚淺敢不庶幾惟陛下萬機之暇少垂聽覽疏奏不納

吳兢爲右補闕景龍三年安樂公主及宗楚客侍御史冉祖雍李悛共誣安國相王太平公主與節愍太子連謀兢上疏奏曰今聞道路云云皆言賊臣等竊議以安國相王連謀於重俊共加羅織將欲寘於法臣既忝職諫曹安敢不奏臣聞庶物不可以自生陰陽以之亭育大寶不可以獨守子弟成其藩翰昔武王聖主也成王賢嗣也然封建魯衛以扶社稷所以鼎鼐相傳七百餘載始皇絕昭襄之業承戰爭之弊忽先王之典制此宗親於黔首孤立無輔二代而亡及諸呂用權將傾劉氏朱虛爲其心腹絳侯作其爪牙劉氏復安豈非宗子之力歟國之安危任於藩輔故設官分職先親後疎詩云宗子維城書云九族既睦自文明之後皇運中衰國之祚不絕如綫洎陛下龍興恩被骨肉搜擒竄於炎瘴復衣冠於庭闕萬國歡心孰不慶幸且安國相王寶陛下之同氣六合至廣親莫加焉但賊臣等日夜同謀必欲寘于極法此則禍亂之漸不可不察夫相王之仁孝

幽明共知須遭荼苦哀毀過制以陛下為性命亦陛下之手足夫孝於父母而慈於兄弟者未之有也若信任邪佞委之於法必傷陛下之恩失天下之望所謂芟刈股肱獨任胸臆方涉江漢棄其舟楫可為寒心可為慟哭自昔翦伐枝幹委權異族者未有不喪其宗社也何以明之秦任趙高卒致傾敗漢委王莽遂成簒逆晉家以自相魚肉寰瀛鼎沸隋室以猜忌子弟海縣塵飛驗之覆車安可重跡是以任之以權雖疎必重奪之以勢雖親必輕臣又聞之根朽則木枯源涸則流竭子弟者國之根源豈可使其朽竭哉先王所以廣封樹存親親使謀孫翼子柯葉碩茂況皇家枝幹零落無幾方之先朝十不存一自陛下登極于今四稔一子以弄兵被誅一子以愆失遠任唯此一弟朝夕左右斗粟尺布之刺可不慎焉蒼蠅之詩誠可畏也昔者謗書盈篋難明於主君讒言三至見疑於慈母伏願陛下降明制曉群邪使忠臣孝子知友于之愛姦佞肅回執讒慝之口下全

常棣之美上慰罔極之心德教加於兆人風化流於千載則群生幸甚臣本布衣匪東宮僚屬聖明過聽拔齒諍臣不勝受恩之甚謹昧死上讜言輕黷天威伏增戰汗

柳澤前為右率府鎧曹參軍景雲初姚元之宋璟所請停孝和朝斜封官數千員及元之等出為刺史太平公主又時為之言於是悉令復舊職澤上疏諫曰臣聞藥不毒不可以蠲疾詞不切不可以補過是以習其甘言者非攝養之方逾其諂佞者積危殆之本臣實愚朴志懷剛厲或聞政之不當事之不直常憤慨關心夢寐懷憤每願殉身以諫伏死而爭但利於社稷有便於君上雖蒙禍被難殺身不悔伏惟皇帝陛下聰明睿聖孝悌通神樂善好謀除弊去惑不邇聲色不殖貨利仁明警悟有過於堯舜然而刑政德教或乖於典則若不革弊易轍塞源拔本恐禍料未殄於太平伏願收之於未多後之於未甚則宗廟有福生靈幸甚子孫帝王萬代之業也竊見神龍已來群邪作孽法網不振綱維大紊實由内寵專命外嬖擅權側媚姦回亂常干紀因貴近寵賣官鬻爵朱紫之榮出於僕妾之口賞罰之命乖於章程之典妃主之門有同商賈舉選之署實均闤闠屠販之子悉由邪而議官黜斥之人咸因姦而冒進天下怨亂社稷幾危賴陛下聰明神武拯之將墜此陛下耳目之所親擊固可永為鑒戒者也豈不為寵長謀誤親習請謁之所致焉可不哀哉臣聞作法於治猶恐其亂作法於亂誰能救之伏見近來政令不一朝出暮易前奪後與諠譁之論請謁頗行只如斜封授官皆是僕妾汲引悉誤先帝昧目前朝豈是孝和情之所愜心之所愛陛下初即位時納姚元之宋璟之計所以咸令黜之頃日已來又令叙之將為斜封之人不忍棄也以為先帝之意不可違也若斜封之人不忍棄也是韋月將燕欽融之流亦不可以褒贈也李多祚鄭克乂之徒亦不可清雪也陛下何不能忍於此而獨能忍於彼使善惡不一也又斜封之官不承殊澤得

免罪戾已沐恩私旬月之中頻繁降旨前勑則令至冬處分後勑又令替人却須使君子道消小人道長為邪者獲利為正者鍾冤柰何導人以為非勸人以為僻將何以懲風俗將何以正姦邪今海内咸稱太平公主令胡僧慧範曲引此輩將有誤於陛下矣談議盈耳咨嗟滿衢故語曰姚宋為相邪不如正太平用事正不如邪是年十二月制令選人中被放者各上書陳事許加收擢時有獻書者千餘人唯澤上書詞有可採大略曰頃者韋氏陰謀姦臣同惡賞罰紊弛紀綱紛綸政以賄成官因寵進言正者獲戾行殊者見疑海内寒心實將莫救賴神明誘德宗社降靈天討有罪人用丕保陛下睿謀神聖勇智聰明安社稷於已危拯黎庶於既溺今厖眉鮐背歡欣踴躍叢觀朝之樂聞聽聖朝之德音今陛下蠲煩省徭法明舉衆萬邦懷樂室家胥慶又聞危者安其位也亡者保其存也亂者得其理也伏惟陛下安不忘危理不忘亂存不忘亡則克享天心國家長保矣

詩云靡不有初鮮克有終伏惟陛下慎厥終惟其初非禮勿動非禮勿聽書曰惟德罔小萬邦惟慶惟不德罔大墜厥宗其可畏也甚可懼也伏惟陛下禁之於親貴則天下隨風矣徇之於寵倖則天下法明矣詩曰刑于寡妻至於兄弟以御于家邦若親貴爲之而不禁寵倖撓之而見從是政之不常令之不一則姦詐斯起暴亂生焉雖復刑禁制勢嚴誅而法不行矣縱陛下親之愛之莫若安之福之也寵祿之過罪之漸也非安之也驕奢之淫危之本也非福之也前事之不忘後事之師也懲惡勸善今之宜也臣恐陛下席安逸而忘危亂願陛下精求俊哲朝夕納誨縱有逆于耳謬于心者猶逮之以罰姑寧之以道省于厥躬雖木樸忌忤願恕其直用開諫諍之路也或有順於耳便於身者無急之事求諸非道稽之典訓其不附於德必寘之以法用杜側媚之行也有奢淫巧於陛下者遽黜之則淫巧息矣有忠讜於陛下者遽賞之則忠讜進矣臣又聞生於富者驕生於貴者傲石碏曰臣聞愛子教之以義方不納於邪驕奢淫泆所自邪也書曰罔遊於逸罔淫於樂穆王有命曰寶前後左右有位之士繩愆糾謬革其非心今備宮僚達王府初啓至於僚友必惟妙擇若因親惟舊率情奏請恐非其人懼累于德今驕奢之後流遁未遷便遊之樂飲風或存小人弄臣易合於意奇伎淫巧多適於心臣恐冶於非德厥茲愈甚書曰慎簡乃寮無以巧言令色其惟吉士僕臣正厥后克正僕臣諛厥后自聖伏願採溫良博聞之士恭儉忠鯁之人任以東宮諸王府官仍請東宮量置拾遺補闕之職令朝夕講論出入遊處以訓誥交修不違臣又聞馳騁畋獵令人心發狂名教之中自有樂地承顏貴盛鮮克由禮或打毬擊鼓比周伎術或飛鷹奔犬盤遊藪澤此甚爲不道非進德修業之本書曰內作色荒外作禽荒又曰無若丹朱傲惟慢遊是好朋淫于家用殄厥世伏惟陛下誕降謨訓勸學業示之以好惡陳之以成敗以誡淫心以[illegible]之

於未萌慮之於未有福祿長享與國並休矣臣又聞富不與驕期而驕自至驕不與罪期而罪自至罪不與死期而死自至信矣哉明誡自誠頃者韋庶人安樂公主武延秀等可謂寵矣權傾人主威震天下然怙侈滅德神怒人棄豈不謂愛之太極富之太多不節之以禮不防之以法終轉吉爲凶變福爲禍千人所指無病而死不其然歟書曰殷鑒不遠在彼夏王今陛下何勸豈非皇祖誥訓之則也今陛下何懲豈非孝和寵愛之甚也夫寵愛之心人則不免去其太甚閑之禮節適則可矣今諸王公主駙馬亦陛下之爲親愛也矯枉之道在於厥初鑒誡之義其取不遠使觀過務善居寵思危夙夜惟寅聿修厥德經曰在上不驕高而不危所以長守貴也制節謹度滿而不溢所以長守富也富貴不離其身然後能保其社稷書曰制官惟刑警于有位敢有恒舞于宮酣歌于室時謂巫風敢有殉于貨色恒于遊畋時謂淫風敢有侮聖言逆忠直遠耆德比頑童時謂亂風惟茲三風十愆卿士有一于身家必喪邦君有一于身國必亡甚可畏也甚可懼也伏惟陛下必察而明之必信而勸之有驕淫怠者削其祿封樸素修業者賜以車服以勸其心使奉其命臣聞非知之艱行之惟艱又曰常厥德保厥位厥德匪常九有以亡伏惟陛下慎之哉前車之覆後轍惟明鑒先王之誡可以終吉若陛下奉伊尹之訓崇傅說之命不作無益以啓私門刑不差賞不濫則惟德是輔惟人之懷天祿永終景福是集儻陛下忽精一之德開恩倖之門爵賞有差刑罰無當則忠臣正士不復敢矣帝善之命中書省重加詳試又之擢拜監察御史

韓知古爲右散騎常侍景雲二年睿宗爲金仙玉眞二公主入道各制造一觀雖屬季夏盛暑尚營作不止知古上疏諫不納頃之又進諫曰臣聞人以君爲天君以人爲本人安則政理本固則邦寧自陛下翦除兇逆君臨寶位蒼生顒顒以爲朝有新政今風教頽替日甚一日府庫空虛人力凋弊造作不息官

負日增今諸司試及員外撿校等官僅至二千餘人太府之布帛已殫太倉之米粟難給又金仙玉真等觀造作咸非急務臣先奏請停竟仍未止今歲前水後旱五穀不熟若至來春必甚饑饉陛下為人父母欲行何道以賑恤之療饑拯溺須及其時又突厥為患其來自久本無禮義焉有誠信今雖遣使來請結婚豺狼之心首鼠何定弱則卑順彊則驕逆屬草衰月滿弓勁馬肥乘中國饑虛在和親際會儻或窺犯亭鄣國家何以防之臣所論者事甚急切伏願特垂詳察

韓朝宗為左拾遺睿宗景雲中令諸蕃以作乞寒胡戲朝宗上疏諫曰臣聞之傳曰辛有適伊川見被髮於野者曰不及百年此其為戎乎其禮先亡矣後秦晉遷陸渾之戎于伊川以其中國之人習戎狄之事一言以貫百代可知竊惟王公貴人國之藩翰凡所舉措須合典彝今之乞寒濫觴胡俗臣近來聽於物議咸言非古作事不法無乃為戎伏願陛下三思籌其所以又

道路籍籍咸云皇太子微服觀此戲臣元良國本寰生異顒輕此馳驟無能殆歟況匈奴在邸宴飫有徒刺客卒發亦何可限或爱卒然奔波銜橛之變無備避追驚擾則異變在不測白龍魚服取困豫且深可畏也伏惟陛下愛人治國憂勤庶政令所施為豈徒然耳豈不以玄象變見疾厲相仍厭甲兵之災助太陰之氣臣誠愚瞽以為無益臣聞皇天無親惟德是輔未聞兆庶求多福於戎脩政桑穀自枯景公善言熒惑退舍章善伐惡天之道也伏願聖心勿疑默懷以待豈區區末法而能定其休咎哉帝覽而稱善特賜以中上考

韋湊為太府少卿太極初睿宗為則天皇后於東都建荷澤寺西京建荷恩寺及金仙玉真公主出家造觀湊上疏曰臣聞諸易曰何以守位曰仁何以聚人曰財然則非財無以建國國之府庫非自殖財環資於人賦斂而至世人之貲産非自然生勞勸苦骨竭力而致世人所以甘於征賦者知用之不為私也貲以散人人有何怨若用之或不節散之以非公既蠹而厚斂則人不堪命鮮不怨叛矣歷觀古先有天下者未嘗不以薄賦斂省徭役而興焉征稅重人力殫而滅焉並詳諸載籍列為龜鏡然屢以邊烽驟警戎幕荐興每應機須頗傾帑藏臣竊計即時庫物如此常用略支一歲倘恐不足而觀寺興功土木所料動至巨萬更空竭之必不支年矣頃年天下災損流行之處稍多申奏相繼每延聖念惻令賑恤更加賦稅則人交不堪衣食靡供調斂安出儻邊烽尚警戎虜南牧軍資糧用將何以濟乎此臣所以深憂也今營觀寺者蓋謂修德以禳災也以臣寡聞稽諸史冊人君修德有異於是昔殷大戊時桑穀生朝七日大拱太戊問伊陟伊陟曰臣聞妖不勝德帝其修德太戊懼早朝晏退務撫百姓三年遠方重譯而至者十六國桑穀日枯殷道中興此豈造寺觀哉宋景公時熒惑守心公召子韋而問焉子韋曰其禍當君雖然可移於相公曰相所與理國家也曰可移於人公曰人死寡人將誰為君乎

曰可移於歲公曰歲饑人餓必死為人君而殺其人誰以我為君乎子韋曰君有至德之言三天必三賞君今夕星必徙舍君延二十一歲公曰子何知之對曰君有三善故有三賞星必三舍舍行七星星當一年君延年二十一矣果如子韋之言此由人發于衷亦非造寺觀也且修德者謂濟萬姓於仁壽不徇私於一已任忠直退諂諛省賦役也自陛下御極修之久矣何災不禳何祥不至而欲忽生靈之重命崇棟宇於空祠適足為憂何益聖德此臣竊為陛下不取也況道德之宗興乎玄元皇帝其經曰聖人後其身而身先外其身而身存以其無私故能成其私此乃抱素守真卑己厚物轉俗節用清淨無為之旨也今欲因人與國峻宇雕墻思竭班輸飾窮壯麗以希至道其可得乎近古以來脩黃老術者漢之文景豈造寺觀乎唯寡欲清心愛人省費而時康俗阜海內晏然此得之矣秦始皇規一身之樂忘神器之危銳意神仙將齒羽化此失之矣伏願陛下究道

家之亡國得失之由備不虞之機綫非急之作務實府庫以育
黎庶則寶祚逾隆寶曆永久矣臣伏見勑停金仙玉真兩觀以
救農時可謂爲得矣今承使司市木仍舊又太清觀內所費不
停國用將空何以克濟支度一失天下不安帝覽而善之
嚴挺之爲左拾遺太極二年二月睿宗詔三日三夜御安福門
以觀酺樂挺之上疏諫曰微臣竊惟陛下膺天順人發號施令
躬親大禮昭布鴻澤孜孜庶政業業萬機蓋以天下心爲心深
戒安危之理以成堯舜禹湯之德教也奈何親御城門以觀大
酺累日兼夜臣愚竊所未諭夫酺者因人所利合醵爲歡無相
奪倫不至靡弊且臣卜其晝史冊攸傳君舉必書帝王重慎今
乃暴衣冠於上路羅伎樂於中宵雜鄭衛之音縱倡優之樂陛
下躁淳復古宵衣旰食不矜細行恐非聖德所宜臣以爲一不
可難則警夜伐鼓通晨以備非常古之善教陛下不深惟戒慎
輕違動息重門弛禁雜合衆徒儻有羅烏奔車流言駭叫一塵

聖躬有累於衮臣以爲二不可且一人向隅滿堂不樂一物失
所納隍增慮陛下以北宮多暇西墉豐臨青春日長已積娛遊
之歡案微漏永重窮歌舞之樂儻令有司跛倚下人饑倦以陛
下近猶不恤而況於遠乎聖情攸聞豈不懍然祇畏臣以爲三
不可且元正首祚大禮頻光百姓顒顒咸謂盛醧天功垂賚
代今陛下恩似薄於衆望酺則過於往年王公貴人各承微旨
州縣坊曲競爲課稅吁嗟道路貿易家產損萬人之力營百戲
之資適欲同其歡而乃遺其患復令兼夜人何以堪臣以爲四
不可書曰罔咈百姓以從己之欲況自去夏霖滯經冬亢旱農
不收成市有騰貴損其實崇其虛馳不急之務擾方春之業前
代聖主明王忽於微細而成過患者多矣陛下豈可效之哉伏
望晝則歡娛暮令休息晝期兼夜恐無益聖朝惟陛下裁擇帝
納其言而止

冊府元龜卷第五百四十五

册府元龜卷第五百四十六

諫諍部二十四

直諫第十三

唐韓思復為諫議大夫開元初山東蝗蟲大起姚崇為中書令奏遣使分河南北諸道殺蝗蟲而埋之思復以為蝗是天災當修德以禳之恐非力所翦滅上疏曰臣聞河南河北蝗蟲頃日更益繁熾經歷之處苗稼都損今漸翔飛向西游食至洛使命來往不敢昌言山東數州甚為惶懼且天災流行埋瘞難盡臣望陛下悔過責躬發使宣慰損不急之務召至公之人上下同心君臣一德持此誠實以答休咎前後驅蝗使等伏請總停書云皇天無親唯德是輔人心無常惟惠之懷不可不收攬人心也希深然之出思復疏以付崇崇乃請遣思復往山東撿視蝗蟲所損之處及還具以實奏又請令監察御史劉沼重加詳覆沼希崇旨意遂箠撻百姓迴改舊狀以奏之由是河南數州竟

不得損免思復遂為崇所擠出為德州刺史

皇甫憬為陽翟尉開元初監察御史宇文融請撿察偽濫逃戶憬上疏曰臣聞智者千慮或有一失愚夫千計亦有一得且無益之事繁則不急之務眾不急之務眾則役數役數則人疲人疲則無聊生矣是以太上務德以靜為本其次化之以安為上但責其疆界嚴之堤防山水之餘即為見地何必聚人阡陌親遵括量故奪農時遂令受弊又應出使之輩未識大體所由殊不知陛下愛人至深務以勾剝為計州縣懼罪據牒即徵逃亡之家鄰保代出鄰保不濟又使更輸急之則都不謀生緩之則慮法交及臣恐逃逸從此更深至如澄流在源止沸由火不可不憐今之具寮向逾萬數蟄食府庫侵害黎人國絕數載之儲家無經月之積雖其厚秩亦不可供戶口逃亡莫不由此縱使伊皋申術管晏陳謀豈息兹弊若以此給將何以堪雖東海南山盡為粟帛亦恐不足豈括田稅客能周給也左拾遺楊相如上書咸陳括客為不便玄宗方委任融侍中源乾曜及中書舍人陸堅皆贊成其事乃貶憬為盈川尉

柳澤開元二年為殿中侍御史嶺南監選使會市舶使右威衛中郎將周慶立波斯僧及烈等廣造奇器異巧以進澤上書諫曰臣聞不見可欲使心不亂是知見欲而心亂必矣竊見慶立等雕鐫詭物制造奇器用浮巧為珍玩以譎怪為異寶乃理國之所巨蠹聖王之所嚴罰紊亂聖謀汨斁彝典昔露臺無費明君尚或不忍象箸非多忠臣猶且憤歎王制曰作異服奇器以疑衆者殺月令曰無作淫巧以蕩上心巧謂奇伎怪好也蕩謂惑亂情欲也今慶立皆欲求媚聖意搖蕩上心若陛下信而使之是宣奢淫於天下必若慶立矯而為之是禁典之無赦也陛下即位日近萬邦作孚固宜昭宣菲薄廣教節儉則萬姓幸甚

擢尚為右補闕開元七年上疏曰臣聞千金之子坐不垂堂百金之子立不倚衡況居大寶之位也哉陛下宜保萬壽之休副

三靈之望安可輕出入重盤遊乎天子三田前古有訓豈唯為乾豆賓客庖廚者哉亦將以閱兵講武誡不虞也詩美宣王之田徒御不驚有聞無聲謂畋獵時人皆銜枚有善聞而無讙譁也又曰悉率左右以燕天子謂悉驅禽順其左右之宜以安待王射也則知大綏將下亦有禮焉側聞畋于渭濱有異於是六飛馳騁萬騎騰躍衝翳薈蹴蒙蘢戲嶮巇靡榛叢紅塵坐昏白日將暗毛羣擾攘羽族繽紛左右戎夷競申驍勇攢鏑亂下交刃霜飛而降尊亂卑爭捷於其間豈不殆哉夫環衛而居暴客攸待清道而出行人尚驚如有墜馬之虞流矢之變獸窮則搏鳥窮則攫陛下復何以當之哉靜言思之臣深為陛下戰慄也書曰不畏入畏又曰從諫則聖惟陛下深思遠慮以誡後圖則天下孰不幸甚

吳兢為太子左庶子玄宗東封多射獵兢諫曰陛下爰自洛邑將告禪岱宗行經數州多以畋獵為事伏恐外荒之做漸誠非

致理之所急況陳封告成禮容甚大伏願罷此畋遊之事克備文物之儀又貞觀時太宗文皇帝凡有巡幸則博選識達古今之士以在左右每至前代興亡之地皆問其所由用爲鑒誡伏願陛下遵而行之則與夫騁奔馬於澗谷要狡獸於叢林不慎垂堂之危不思馭朽之變安可同年而校其優劣

施敬本爲右補闕開元十六年五月六日唐昌公主出降有司進儀注於紫宸殿行五禮敬本與右拾遺張烜左拾遺李銳等連名上疏曰竊以紫宸殿者漢之前殿周之露寢陛下所以負黼扆正黃屋饗萬國朝諸侯人臣至敬之所猶玄極可見不可得而外也昔周女出降於齊而以魯侯爲主但有外館之法而無露寢之事今欲紫宸殿會禮即當人臣褻衍焉入於庭醴外於廟王人授几逡巡紫座之間賓使就從登降赤墀之地又據主人辭稱吾子有事至於寡人之室言詞僭越事理乖張既黷威靈深虧典制其問名納采等並請權於別所玄宗納其言移於光順門外設次行禮

裴耀卿爲尚書左丞相開元二十四年特進蓋嘉運破突騎施立功還詔加河西隴右兩節度使仍令經略吐蕃嘉運既承恩寵日夕酣宴不時赴軍耀卿密上疏曰伏見蓋嘉運立功破賊更委兩軍以勇果之才承戰勝之勢吐蕃小醜不足殲夷然臣近日與其同班觀其舉措精勁勇烈誠則有餘言氣矜誇恐難成事莫敖狃於蒲騷之役舉趾稍高春秋書之以爲懲誡恐其有驕敵之色臣竊憂之入秋防邊日月稍逼接封人吏須識其宜今將撫邊軍未言發日若臨事始去人吏未諳雖決在一時恐將非制勝萬全之道況兵未訓練不知禮法人未懷惠士未生心求其忘性命於一時憚嚴刑於少選縱威逼而進因而立功恐非師出以律久長之義又萬人性命決在將軍不得已而行之鑿凶門而即路今酣宴朝夕優遲有餘亦恐非愛人憂國之意不可不察若不可迴換即望速遣進途仍乞聖恩勗以嚴命疏奏玄宗乃促嘉運赴軍竟以無功而還

梁鎮爲昭應令代宗廣德二年道士李國禎以道術見因奏皇室仙系宜修崇靈跡請於昭應縣南三十里山頂置天華上宮露臺大地婆父三皇道君太古天皇中古伏羲媧皇等祠堂并置掃灑宮戶一百人又於縣之東義扶谷故湫置龍堂並許之時歲饑荒人甚不安鎮上奏曰臣聞國以人爲本害其本則非國神以人爲主害其主則非神故昔之聖王所以極陳理道明著祀典將愛其人而慎用其財力敬其神而虔恭於祠祭故神享其明德而降之福人受其大賚而盡其力然後神人以和而國家可保也一昨蟊賊作孽水旱爲災雖王畿皆徧而臣縣最苦此則神之不能禦大災也明矣又何力於陛下而得列其祀典哉且以殘弊之餘當凶荒之歲丁壯素出家入仕羸老方飛芻輓粟今但供億王事已不堪命更奔走鬼道何以聊生臣又聞天地之神尊之極者帝也可祭精意可饗陛下亦何必廢先王之典崇俗巫之誑走南畝之客殺東鄰之牛而後冀非望之福陛下雖欲爲人祈福福未至而人已困矣其不可一也陛下不視昔者有道之君至德之后曷不卑宮室惡飲食恭己以遂萬物之性哉陛下今遽神享育之心竭人疲困之力如是又何從而致其福哉此又不可二也又陛下宗廟之敬極矣尚無一月三祭之禮今此獨爲則宗廟之靈將等以親疎校以厚薄陛下又何以言哉此又不可三也又天地婆父祀典無文言甚不經義無可取若陛下特與天地建祖宗之廟必上天貽向背之責陛下又何以爲詞哉此又不可四也夫湫者龍之所居也龍得水則神無水則螻蟻之匹也故知水存則龍在水竭則龍亡此愚智之所同知矣今湫竭已久龍安所存陛下又崇飾祠宇暫憩爲奠爲去龍之死破生人之產人且怨矣神何歆哉此又不可五也其道君三皇五帝則兩京及所都之處皆建宮觀祠廟時設齋醮饗祀國有彝典官有常禮蓋無闕失矣又何勞神役靈此又不可六也

臣稽先王之典禮觀前聖之軌躅休咎豐凶災祥禍福必生帝王五事不在山川百神此又不可七也臣伏察此弊頗知其由蓋以道士李國禎等動衆則得人與工則獲利祭祀則受胙主執則有權是以鼓動禁中熒惑天聽踰越險阻負荷粢盛以日繫年無時而息曾不課神功力空止竭人膏血以使人神胥怨災孽並生罔上害人左道亂政原情定罪非殺而何臣恭受命之時承聖旨務存安緝許逐權宜誠願沉鄰縣之巫安流弊之俗其所興兩祠土木之功丹青之役灑掃之户謹明宣旨並以權宜停訖人吏百姓等知陛下以從善爲心嫉惡爲務蠲除不急剗革煩苛皆喧呼於庭抃躍於路所徵糧糗無不絲輸臣伏以國禎等並交結中貴狡蠹成性臣雖志身許國不懼讒構終恐騶及豪右復爲姦惡其國禎等見據狀推勘如獲贓狀伏望許臣徵收便充當縣郵館本用其湫既竭不可置祠堂又不當爲大地建立祖廟臣並請停其三皇道君天皇伏犧女媧等既

先各有宮廟望請並於本所依禮齋祭上從之

姚南仲爲右補闕大歷中將葬貞懿皇后代宗恩寵所屬令繕陵寢逼章敬寺後當遊行幸近地左右莫敢言者南仲上疏曰伏聞貞懿皇后今於城東章敬寺北以起陵廟臣不知有司之請乎陛下之意乎陰陽家流之希旨乎愚以爲非所宜也謹且疏之伏願暫留天眷而省察焉臣聞人臣宅於家君主宅於国今夫長安城陛下皇居也其可穿鑿與動而建陵墓於其側乎此非所宜一也夫葬者藏也欲人之不得見也是以古帝前王葬后妃莫不憑丘原遠郊郭今則西南宮闕南逼康莊若使近而不可見殁而復生雖在西宮待之可如骨肉歸土魂無不之章敬之北竟何所益示之兆庶則彰溺愛垂之萬代則累明德此非所宜二也夫帝王者居高明燭幽滯先皇所以因龍首建望春蓋爲此也今若起陵目前動傷宸慮天心一傷數日不平且匹夫向隅滿堂爲之不樂萬乘不樂人其可歡心乎又暇日歌鐘于內此地皆聞此非所宜三也伏惟貞懿皇后坤德配天母慈遐下陛下所以切軫宸衷久候蓍龜始謚之以貞懿終待之以褒表近臣竊惑焉非所以稱述后德光被下泉也今國人皆曰貞懿皇后之陵逼於城下者主上將日省而時望焉斯有損於聖德無益於貞懿將欲寵之而返辱之此非所宜四也凡此數事實縣大猷天下咸知伏惟陛下孰計而取其長也陛下方將偃武靖人一誤於此其傷實多臣恐君子是非史官褒貶大明忽虧於掩蝕至德翻後於堯舜不其惜哉今指事尚遥攻卜何害抑皇情之殊眷成貞懿之美號天下幸甚代宗覽表歎息立從其議賜緋魚袋特加五階宣付史臣

郇模晉州人以麻辮髮持竹籠及葦席哭於東市人問其故對曰有三十字請獻于上若無堪便以竹籠貯屍棄之于野京兆府以聞代宗即召見賜衣館於禁內客省其獻三十字一字論一事其要者團字監字團者請罷諸州團練使也監者請罷諸道監軍使也

顏真卿爲檢校刑部尚書知省事永泰中元載引用私黨懼朝臣論奏其短乃請百官凡欲論事皆先白長官長官白宰相然後上聞真卿上疏曰御史中丞李進等召百寮傳宰相語稱奉進上縁諸司官奏事頗多朕不憚勞但所奏多挾私讒毀自今論事者諸司官皆須先白長官長官白宰相宰相定可否然後奏聞者臣自聞此語已來朝野囂然人心莫不衰退矣何則諸司長官者皆達官也言皆專達於天子也郎官御史者陛下腹心耳目之臣也故其出使天下事無巨細得失皆令訪察迴日奏聞以明四目達四聰也今陛下欲自屏耳目使不聰明則天下何則焉詩云營營青蠅止于棘讒言罔極交亂四國以其能變白爲黑變黑爲白也詩人深惡之故曰取彼譖人投畀豺虎豺虎不食投畀有北則夏之伯明楚之無極漢之江充皆讒人也孰不惡之陛下惡之深得君人之體矣陛下何聽其言虛誣者則譖人也因誅殛之其言不虛誣者則正人也因獎勵之陛下

捨此不為使衆人皆謂陛下不能明察倦於聽覽以此為辭其諫諍臣竊為陛下痛惜之臣聞太宗勤於聽覽庶政以理故著司門式云其有無門籍人有急奏者皆令監門司與仗家引奏不許關礙所以防擁蔽也并置立仗馬二匹須有乘騎便往所以平天下正用此道也天寶已後李林甫威權日盛群臣不先諮宰相輒奏事者不過仍託以他故中傷猶不敢明約百司令先白宰相又閹官袁思藝日宣詔至中書玄宗動靜必告林甫先意奏請玄宗驚喜若神以此權柄恩寵日甚道路以目上意不下宣下情不上達所以漸致潼關之禍皆權臣誤主不遵太宗之法故也陵夷至于今日天下之敝盡萃于聖躬豈陛下招致之乎蓋其所從來者漸矣自艱難之初百姓尚未凋弊太平之理立可使致屬李輔国用權宰相專政遞相姑息莫肯直言大開三司不安反側逆賊散落將士北走党項合集土賊至今為患又為將吏相驚恐因思明危懼扇動却反又令相州敗散東

都陷没先帝由此憂勤至於損壽臣每思之實痛切心骨今天下兵戈未戢瘡痏未平陛下豈得不日聞讜言以廣視聽而欲頓隔忠讜之路乎臣竊聞陛下在陝州時奏事者不限貴賤務廣聞見乃堯舜之事也凡百臣庶以為太宗之理可翹足而待也臣又聞君子難進而易退由此言之朝廷開不諱之路猶恐不語況懷猒怠令宰相宣進止使御史臺作條目不令直進從此人必不敢奏事則陛下聞見只在三數人耳目天下之士方鉗口結舌陛下後見無人奏事必謂朝廷無事可論豈知懼不敢進即林甫國忠復起凡百臣庶以為危殆之期又翹足至也如今日之事曠古未有雖李林甫楊國忠猶不敢公然如此今陛下不早覺悟漸成孤立後縱悔之無及矣臣實知忤大臣者罪在不測不忍孤負陛下無任懇迫之至其激切如此於是中人爭寫內本布於外

裴諝為金吾將軍建中初德宗於朝堂別置三司以決庶獄爭者輒擊登聞鼓諝上疏曰夫諫鼓謗木之設所以達幽枉延直言今輕猾之徒援桴鳴鼓始動天聽竟因纖微若然者安用吏理乎帝然之悉歸有司

權德輿為左補闕時貞元中裴延齡以巧佞判度支自司農少卿遷戶部侍郎仍判度支德輿上疏曰臣伏以爵人於朝與衆共之況經費之司安危所繫延齡頃自權判逮今旬歲不稱之聲日甚於初群情衆口諠於朝市不敢悉煩聖聽今謹略舉所聞多云以租賦正額支用未盡者便謂之剩利以為已功又重破官錢買常平先所收市雜物遂以再給估價用充別貯利錢又云邊上諸軍皆至懸闕自今春已來並不支糧伏以疆場之事所虞非細誠聖謨前定終事切於有司陛下必以延齡孤貞獨立為時所抑醜正之黨結此流言何不以新收剩利徵其本末令分析條奏又擇朝賢信臣與中使一人巡覆邊軍察其資儲有無虛實儻延齡授任已來精意勤力每事省約別收羨餘

至於正數各有區別又邊軍儲備實猶可支身自斂怨為軍國惜費自宜更加優獎以洗群疑明書殊勞昭示天下如或言者非謬罔上實多豈以邦國重務委之非據臣職在諫曹合採群議正拜已來今已旬日道路云云無不言此豈京師士庶之衆愚智之多合而為黨共有讎疾陛下亦宜稍迴聖鑒俯察群心是時拾遺王仲舒亦抗疏論之

許孟容為給事中上疏曰臣竊謂陛下數月來齋居損膳為兆庶心禱又勑有司走於群望祈於百神而密雲不雨首種未入豈犧牢有闕巫祝非誠為陰陽適然豐歉前定何聖意精至甘澤未答也臣歷覩自古天人交感未答者未有不由百姓利病之急者切者邦家教令之大者遠者京師是萬國所會強幹弱枝者自古通規其一年稅錢及地租出入一百萬貫臣伏冀陛下即日下令全放免之其次三分放二且使旱涸之際免更流亡若播種無望徵斂如舊則必愁怨遷徙不顧墳墓矣臣愚以

爲德音一發普澤並應變災爲福期在斯須户部所收掌錢非度支歲計本防緩急别用今此炎旱直支一百餘萬貫代京兆百姓一年差科實陛下巍巍睿謀天下鼓舞歌揚者也復吏省察庶政之中有流移征防當還而未還者徒役禁錮當釋而未釋者逋懸饋送當免而未免者沉滯鬱抑當伸而未伸者一千此則特降明命令有司條列三日内聞奏其當還當釋當免當伸者詔下之日所在即時施行臣愚以爲如此而神不鑒誠不稔古未之有疏寢不報

穆質爲給事中元和初掌賦使院多擅禁繫户人而有笞掠至死者質乃論奏鹽鐵轉運司應決私鹽繫囚須與州府長吏監決自是刑名畫一四年鎮州王承宗叛憲宗用内官吐突承璀爲招討使質率同列伏閤論奏言自古無以中官爲將帥者憲宗雖改其名心頗不悅尋改質爲太子左庶子

獨孤郁爲右補闕元和四年鎮州王承宗拒命詔以左神策護軍中尉左衛上將軍吐突承璀爲左右神策河中河陽浙西宣歙等道赴鎮州行營兵馬使招討處置等使常御延英殿對度支使李元素鹽鐵使李鄘京兆尹許孟容御史中丞李夷簡諫議大夫孟簡給事中呂元膺穆質等及鄘皆言中官吐突承璀不可以統師且非舊制郁言尤激切翌日乃削承璀揔河陽浙西宣歙四道兵但充鎮州已來招討宣慰等使時論諫者皆以爲中外任殊承璀不宜揔戎招討至是改處置爲宣慰猶存招討之名

孟簡爲諫議大夫鎮州王承宗阻兵下詔誅伐以中貴人吐突承璀爲行營招討處置使宰臣裴垍陳奏以爲中官不宜統兵書未允納簡與呂元膺許孟容李夷簡穆質等上疏抗論又偕詣延英面陳不可之狀遂退改承璀使號簡在諫署三年言論切正由是出爲常州刺史

裴度爲御史中丞先是五坊小使每歲冬以鷹鷂犬出近畿習狩謂之外按宣徽院供奉官爲其使領徒數百或有恃恩恣横郡邑爲擾皆厚禮迎犒之恣其所使止舍私邸百姓畏之如寇盜每留旬月方更其所元和九年冬裴寰爲下邽令嫉其暴但豫名供饋使過公館杜其侵擾使者歸或譖寰有慢言上大怒將以不敬論宰臣於延英懇救理之帝怒不解及出逢度將入元衡等請曰裴寰事上意不開恐不可論度唯唯而入抗陳其事謂寰無罪帝愈怒曰如卿言裴寰無罪則當決五坊小使小使無罪則當決裴寰度曰誠如聖旨但以裴寰爲令長愛惜陛下百姓如此豈可罪之帝怒稍解初令書罰翌日釋之放歸本縣視事

裴潾爲左補闕兩河用兵憲宗寵任内官有至專兵柄者又以内官充館驛使有曹進玉者恃恩暴戾遇四方使多倨有至捽辱者宰相李吉甫奏罷之及淮西用兵復以内官爲使潾上疏曰館驛之務每驛皆有專官畿内有京兆尹外道有觀察使刺

史迭相監臨臺中又有御史充館驛使專察過闕伏知近有敕事上聞聖旨但明示科條督責官吏縱其所犯重加貶黜敢不惕懼日夜厲精若今宫闈之臣出參館驛之務則内臣外事職分各殊切在塞侵官之源絶出位之漸事有不便必誡於初令或有妨不必在大儻掃靜妖氛之日開太平至理之風澄本正名實在今日言雖不用帝意嘉之潾爲起居舍人時憲宗喜意方士既得柳泌益信金丹藥石之説推心服之無疑焉潾抗疏曰臣聞除天下之害者受天下之利共天下之樂者饗天下之福故上自黄帝顓頊堯舜禹湯下及周文王武王咸以功濟生靈德配天地故天皆報之以上壽垂祚於無疆伏見陛下以大孝安宗廟以至仁貴黎元自踐祚已來剗積代之妖兇開削平之洪業而又禮敬宰輔待以終始内能大斷外寬小故夫此神功聖化皆自古聖主明君所不及今陛下躬親行之實光映千古矣是則天地神祇必報陛下以山岳之壽宗廟聖靈必福陛

下以億萬之齡四海蒼生咸祈陛下以覆載之永自然萬靈保祐聖壽無疆伏見自去年已來諸處頻薦藥術之士有韋山甫柳泌等或更相稱引迨今薦送漸多臣伏以真仙有道之士皆匿其名姓無求於代潛遁山林滅影雲壑唯恐人見唯懼人聞豈肯干謁公卿自鬻其術今者所有夸衒藥術者必非知道之士咸爲求利而來自言飛鍊爲神以誘權貴賄賂大言怪論驚聽惑時及其假僞敗露曾不耻於逃遁如此情狀豈可保信其術親餌其藥哉禮曰夫人食味別聲被色而生者也春秋左氏傳曰味以行氣氣以實志又曰水火醯醢鹽梅以烹魚肉宰夫和之齊之以味君子食之以平其心夫三牲五穀禀自五行發爲五味蓋天地生之所以奉人也是以聖人節而食之以致康强逢吉之福若夫藥石者前聖以之療疾蓋非常食之物況金石皆含酷烈熱毒之性加以燒治動經歲月既兼烈火之氣必恐難爲防制若乃遠徵前史者則秦漢之君皆信方士如盧生

徐福欒大李少君其後皆姦僞事發其藥竟無所成事著史記漢書皆可驗視禮曰君之藥神臣先嘗之臣子一也臣願所有金石鍊藥人及所薦之人皆先服一年以考其眞僞則自然明驗矣伏惟元和聖文神武法天應道皇帝陛下合日月照臨之明禀乾元利貞之德崇正若指南受諫如轉規是必發精金之刃斷可疑之網所有藥術虛誕之徒伏乞特賜罷遣禁其幻惑使浮雲盡徹朗日增輝道化侔羲農悠久配天地實在於此矣伏以貞觀已來左右起居有褚遂良杜正倫呂向韋述等咸能竭其忠誠悉心規諫小臣謬參侍從職奉起居侍臣之中最近左右傳曰近臣盡規則近侍之臣上達忠款實其本職也疏奏貶潾爲江陵令

韓愈爲刑部侍郎元和十四年憲宗命中使領禁兵迎護鳳翔法門寺釋迦牟尼佛指骨至京王公士庶瞻禮捨施如恐不及百姓有廢業竭產燒頂灼臂而云供養者又有閭肆惡子不苦焚灼之痛詭言供養而爇其肌膚齡是佛骨在所往往盜發歛擒樓或蹈之自灼者農人多廢東作奔走京城愈上疏極諫曰臣伏以佛者夷狄之一法耳自後漢時始流入中國上古未嘗有也昔黃帝在位百年年百一十歲少昊在位八十年年百歲顓頊在位七十九年年九十八歲帝嚳在位七十年年百五歲帝堯在位九十八年年百一十八歲帝舜及禹年皆百歲此時天下太平百姓安樂壽考然而此時中國未有佛也其後殷湯亦年百歲湯孫太戊在位七十五年武丁在位五十九年書史不言其年壽所極蓋亦俱年不減百歲周文王年九十七歲武王年九十三歲穆王在位百年此時佛法亦未至中國非因事佛而致然也漢明帝時始有佛法明帝在位纔十八年耳其後亂亡相繼運祚不長宋齊梁陳元魏已下事佛漸謹年代尤促惟梁武帝在位四十八年前後三度捨身施佛宗廟之祭不用牲牢晝日一食止於

菜果其後竟爲侯景所逼餓死臺城國亦尋滅事佛求福反更得禍由此觀之佛不足信事亦可知矣高祖始受隋禪則議除之當時群臣材識不遠不能深知先王之道古今之宜推闡明聖以救斯弊其事遂止臣常恨焉伏惟睿聖文武皇帝陛下神聖英武數千百年以來未有倫比即位之初即不許度人爲僧尼道士又不許創立寺觀臣常以爲高祖之志必行於陛下之手今縱未能即行豈可恣之轉令盛也今聞陛下令羣僧迎佛骨於鳳翔御樓以觀舁入大內又令諸寺遞迎供養臣雖至愚必知陛下不惑於佛作此崇奉以祈福祥也直以豐年之樂徇人之心爲京都士庶設詭異之觀戲翫之具耳安有聖明若此而肯信此等事哉然百姓愚冥易惑難曉苟見陛下如此將謂眞心信佛皆云天子大聖猶一心敬信百姓微賤於佛豈合更惜身命所以焚頂燒指百十爲群解衣散錢自朝至暮轉相倣傚惟恐後時老

必奔波棄其業次若不即加禁謁更歷諸寺必有斷臂臠身以
爲供養者傷風敗俗傳笑四方非細事也佛本夷狄之人與中
國言語不通衣服殊製口不言先王之法言身不服先王之法
服不知君臣之義父子之情假如其身尚在奉其國命來朝京
師陛下容而接之不過宣政一見禮賓一設賜衣一襲衛而出
之於境不令惑於衆也況其身死已久枯朽之骨凶穢之餘豈
宜以入宮禁孔子曰敬鬼神而遠之古之諸侯行弔於國尚令
巫祝先以桃茢祓除不祥然後進弔今無故取朽穢之物親臨
視之巫祝不先桃茢不用群臣不言其非御史不舉其罪臣實
恥之乞以此骨付有司投諸水火永絶根本斷天下之疑絶
後代之惑使天下之人知大聖人之所作爲出於尋常萬萬也
豈不盛哉豈不快哉佛如有靈能作禍福凡有殃咎宜加臣身
上天鑒臨臣不怨悔
李渤爲庫部員外郎時皇甫鎛作相剥下以希旨會陳許節度

使郗士美卒令渤充弔祭使路次陝西渤上疏曰臣自出使力
求利病竊知渭南縣長源鄉本有四百戶今纔四十餘戶閿鄉
縣本有三千戶今纔有一千餘戶其他州縣大畧相似其弊所
自起於攤逃約十家内一家逃亡即攤賦稅使九家共出稅額
長亢有逃即攤似投石井中不到底不止攤逃之弊戶不盡不
休此皆聚斂之臣剥下以奉上唯思竭澤不慮無魚伏乞詔
書絶其攤逃以見在戶家產錢數爲定其餘有欠且特恩免之
計不數年人必歸於農矣夫農者國之本本立然後可以議太
平若不由此而云已太平者是佞邪之臣也伏乞陛下察而遂
之疏奏仍具狀申中書門下又言道途不修驛馬多死憲宗覽
疏驚異即以飛龍馬數百匹付畿内諸驛渤既以章疏切直大
忤時宰謝病東歸後爲江州刺史張平叔判度支奏徵久遠逋
懸渤在州上疏曰伏奉詔勅云度支使奏令臣設計徵塡當州
貞元二年逃戶所欠錢四千四百一十貫臣當州管田二千一

百九十七頃今已旱死一千九百頃有餘若更勒徵度支使所
爲必懼史官書陛下於大旱中徵三十六年前逋懸臣任刺史
罪無所逃臣既上副聖情下不忍鞭笞黎庶不敢輕離符印特
乞放臣歸田遂下詔云江州所奏實爲懇誠若更抑爲必難勝
濟所訴逋欠宜令特放長慶三年爲諫議大夫敬宗沖年即位
坐朝常晩一日入閤久不坐群臣候立紫宸門外有耆年衰病
者幾將頓仆渤出次白宰相曰昨日拜疏陳論今坐益晩是諫
官不能迴人主之意渤之罪也請先出閤待罪於金吾仗語次
喚仗乃止遷給事中來年大赦改元中官毆鄠縣令崔發於金
雞竿下渤上疏曰縣令不合拽中人中人不合毆御囚其罪一
也然縣令所犯在恩前中人所犯在恩後中人事至於此是朝
廷馴致使然若不早正刑法臣恐夷狄與四方之歸還者各傳
其言竊恐慢易之心滋萌於此
楊虞卿爲監察御史穆宗即位初頻遊幸虞卿上疏諫曰臣聞

鳶鵠遭害則仁鳥逝誹謗不誅則良言進況詔旨勉諭許陳愚
誠故臣不敢避誅死竊聞堯舜受命以天下爲憂而未聞以位
爲樂也況北虜猶梗西戎未賓兩河之瘡痏未平五嶺之妖氛
未解生人之疾苦盡在朝廷之制度莫修邊儲屢空國用猶屈
固未可以高枕無虞也陛下初臨御宇有憂天下之志宜日延
輔臣公卿百執事垂聽而問造膝以求使四方内望有所觀焉
今自聽政以來六十日矣八開延英獨三數大臣仰龍顔承聖
問其餘侍從詔誥之臣偕入而偕出何足以聞政事哉諫臣盈
庭忠言未聞於聖聽臣實羞之蓋由主恩尚疏而衆正之路未
啓也夫公卿大臣宜朝夕見天子論道賜與從容則君臣之情
相接而理道備聞矣方今宰臣已下四五人時得頃刻侍坐天
威不遠鞠躬隕越隨旨上下無能往來此由君太尊臣太卑故
也自公卿已下雖歷踐清地曾未祇奉天襟以承下問鬱塞正
路偷安幸門況陛下神聖如五帝臣下莫能望清光所宜周遍

闇畧其氣色使之體相輔君臣無間陛下求理於公卿公卿求理於臣輩自然上下孜孜相問使進忠若趨利論政若訴冤如此而不聞過失不致昇平者未之有也自古帝王居危思安之心不相殊居安慮危之心不相及故不得皆為聖帝明王小臣踈賤豈宜及此獨不忍冒榮偷祿以負聖朝伏惟陛下深憐之（帝令中使宣付宰臣云實卿所上疏切直可嘉後宰臣令狐楚蕭俛段文昌延英奏事因以論諫獲賞）

趙知微衡山人長慶初上疏曰臣聞色荒禽荒尚書以為至誡前代失德之王鮮不由此以致顛危故聲色則惱堙心耳蕩散神精馳騁則蹈涉欹傾變生銜橜此前代聖主賢臣最為深誡者也是以周公作無逸之篇而成王致理漢文冒馳峻之險而袁盎興諫皆事理明切著為格言今陛下嗣守鴻業之初萬方仰聽之際尤貴靜慎用副觀聽而旬月以來遊幸未節優戲在側馳騁無度臣是以內則慮深識之賢憂歎興謗外則恐軼材之獸齡嚙可虞伏望遠覽古先稍息遊玩怡神閑燕肆目經書

求理道於既安播休聲於永代實天下幸甚天下幸甚疏奏帝深嘉歎之

李玨為拾遺長慶元年穆宗召邠寧節度使李光顏徐州節度使李愬赴闕或言欲及重陽節與百寮內宴玨與宇文鼎溫會韋瓘馮葯等上疏曰臣聞人臣之節本於忠盡苟有所見即宜上陳況臣等為陛下諫官食陛下厚祿豈得服非誠隱孤負恩榮臣聞諸道路不知信否皆云追光顏李愬及重陽令節內宴百寮儻誠有之乃陛下親群臣引德澤之慈旨也然伏以元湖未改園陵尚新雖陛下就易月之期俯從人欲而禮經著三年之制猶服心喪遵同軌之會適去於中邦皆遠夷之使未復其成命遊宴[illegible]為歡久合議內庭事將未可夫明主動而為天下則言而為天下法臣恐王言忽降其出如綸苟[illegible]敵徒彰直諫臣等是以昧死上聞曲宴行慶義實在此其李光顏李愬久統戎旅皆有忠勞今者時當盛秋務切邊寇及至之日陛下降恩召見詢訪才謀褒其舊勳付以疆事如此則與夫歌鐘錫宴酒食邀歡固不同年而語矣竊見陛下自臨御以來施號發令無非孝理因心屢形於詔勅行已實感於人倫唯在敬慎威儀保全聖德臣等不敢緘默輒貢狂言懼不允當伏待刑憲是年冬群臣入閤既退諫議大夫鄭覃崔郾補闕辛丘度拾遺韋瓘溫會等廷論得失覃進言曰陛下即位以來宴樂過多畋遊無度今蕃寇在境緩急奏報不知乘輿所在臣等忝備諫列不勝憂迫伏願稍減遊樂留心政道又竊聞陛下晨夜昵狎倡優近習之徒賞賜過厚凡金銀貨幣皆出於蒼生膏血不可使無功之人濫沾賜與縱內藏有餘亦乞陛下恭守節儉勿容易而散如四方有事得以支用免令有司重斂百姓實天下幸甚帝初訝之顧宰臣謂俛曰此輩何人俛進曰諫議大夫鄭覃等帝意稍解謂俛等曰朕有過失臣下能犯顏直諫豈非忠也又謂覃等曰允卿所奏宰臣皆蹈舞稱賀既退宰臣復詣延英奏事帝

令宣示覃等曰閤中奏事殊不從容今日以後有事須面論者可於延英請對當與卿等從容講論時久無論諫於內閤者覃等廷諍帝欣然納之中外相賀

陶居簡不知何許人長慶三年稱處士上疏請用正直去諂佞穆宗甚嘉之竟不尋訪居簡所在

李德裕為浙西觀察使長慶四年七月上表曰臣百生多幸獲遇昌期受寄名藩常懼曠　職孜孜夙夜上答國恩數年以來災旱相繼罄竭微慮粗免流亡物力之間尚未完復臣伏見今年三月三日赦文常貢之外不令進獻此則陛下至聖至明細微洞照一恐聚斂之吏成姦一恐凋瘵之人不勝其弊上弘儉約之德下敷惻隱之仁萬國群黎鼓舞未息又奉五月二十三日明詔令訪茅山真隱將欲師處謙守約之道廣務實去華之美雖無人上塞丹詔實率土已偃玄風豈止微臣獨懷抃賀況進獻之事臣子常心雖有勅文不許亦合竭力上貢且臣之當

道本號富藩近年已來與舊頗異貞元中李錡任觀察使日職兼鹽鐵百姓除隨貫出榷酒錢外更置官酤兩重納榷獲利至厚又訪聞當時進奉亦兼用鹽鐵羨餘貢獻繁多自後莫及至薛平任觀察使時又奏置榷酒上供之外頗有餘財軍用之間實為優足自元和十四年七月三日勑都停榷酤又准元和十五年五月七日赦文諸州羨餘不令送使唯有留使錢五十萬貫每年支用猶欠十三萬貫不足常須是事節儉百計充填經費之中偶兇懸欠至於綾紗等物猶是本州所出易於方圓金銀非當土所有皆須外市去二月奉宣索盝子計當銀九千四百餘兩其時進奉貯備銀無三二百兩皆是諸處招商收市此時亦稍優饒悉力上供幸免敗闕又奉宣索粧具令先造兩具進來昨所造成兩具已當銀一千三百餘兩並是且迴今年冬至及來年元日常進器物料內金銀充約計二十具共當銀一萬三千餘兩金一百三十餘兩今續於淮南徵近百方收市旋

得旋造星夜就功雖見更求寶攫不逮臣若因循不奏則負陛下任使之恩若分外誅求又累陛下慈儉之德伏乞陛下覽前件榷酤及諸州羨餘之目則知臣軍用褊短本末有由伏料陛下見臣奏論必賜詳悉知臣竭愛君守事之節盡納忠罄直之心伏乞聖慈宣令宰臣商議何以遣臣得上不違宣索下不闕軍儲不困疲人不斂物怨前後詔勑並可遵承輒冒宸嚴敢陳丹懇臣不勝戰汗殞越之至時制罷玲奇之獻曾未數月徵貢之詔道路相繼故德裕有是表焉九月又上表曰已緣當道宣索昨已具軍資歲計及近年物力聞奏伏料聖慈必賜省覽又奉詔更令織定羅紗袍段及可幅盤條繚綾等一千匹伏讀詔書倍增惶灼臣伏見太宗朝臺使至涼州見名鷹諷李大亮獻之大亮密表陳誠太宗賜詔云使遣獻之遂不曲順再三嘉歎載在史官又玄宗朝令中使至江南採鵁鶄諸鳥至汴州倪若水疏表上論玄宗亦賜詔嘉納鳥即時皆放又令皇甫詢於益州

織半臂背子琵琶捍撥鏤牙合子等蘇頲不奉詔書輒自停織太宗玄宗皆不加其罪欣納所陳臣竊以鵁鶄鏤牙至於織細若水等尚以勞人損德瀝款効忠當聖祖之朝有臣如此豈明主之代獨無其人蓋有位者蔽而不言必非陛下拒而不納又伏覩四月二十三日德音云方邵侯伯有位之士無或棄吾謂不可教其有違道傷理徇欲懷安面刺廷攻無有隱諱則是以陛下納誨從善道光祖宗不盡忠規過在臣下況立鵝天馬團窠盤條文彩珍奇只合聖躬自服今所織千匹費用至多在臣愚誠亦所未諭昔漢文廢弋綈之衣元帝罷輕綃之服仁德慈儉至今稱之伏惟陛下近覽太宗玄宗之容納遠思漢文孝元之恭己以臣前表宣示群臣酌臣當道物力所宜更賜節減則海隅蒼生無不受賜臣不勝激切兢惶之至優詔答之許罷進盤條繚綾一千匹敬宗寶曆二年德裕上疏曰臣聞道之高者莫若廣成玄元人之聖者莫若軒皇孔子昔軒皇問廣成子理身

之要可以長久廣成子云無視無聽抱神以靜形將自正必靜必清無勞子形無搖子精乃可以長生愼守其一以處其和故我修身千二百歲矣吾形未嘗衰矣又云得吾道者上為皇而下為王玄元語孔子云去子之驕氣與多欲態色與淫志是皆無益於子之身吾所告子者是已故軒皇發謂天之歎孔子興猶龍之感前聖於道不其志乎伏惟文武大聖廣孝皇帝陛下稽玄祖之訓修軒皇之術疑神皆館物色異人將以覿冰雪之姿屈順風之請恭惟聖感必降真仙若使廣成玄元混迹而至語陛下之道授陛下之言以臣度思無出於此臣所慮赴召者必怪迂之士苟合之徒使物淖水以為小術衒耀邪僻蔽欺聰明如文成五利無一可驗臣所以三年之內四奉詔書未敢以一人塞詔實有所懼臣又聞前代帝王雖好方士未有服其藥者故漢書稱黃金成以為飲食器則益壽又高宗朝劉道合玄宗朝孫甑生皆成黃金二祖竟不敢服豈不以宗廟社稷之

重不可輕易此事炳然具載國史以臣微見儻陛下看詳精求必致真隱雅謂保和之術不求餌藥之功縱使必成黃金止可充於玩好則九廟靈鑒必當慼悅寰海兆庶誰不歡心臣輒罄愚衷以裨玄化輒陳懇款伏積兢惶

獨孤朗爲諫議大夫長慶四年十二月淮南節度使王播以錢十萬貫賂遺恩倖求鹽鐵使朗與諫議大夫張仲方起居郎孔敏行柳公權起居舍人宋申錫補闕韋仁實劉敦儒拾遺李景讓薛廷老等十人前一日詣延英抗論其事

薛廷老寶曆初與舒元褒李漢俱爲拾遺於閤內諫曰臣伏見近日除授往往不由中書進擬或是宣出臣恐自此紀綱漸壞姦邪恣行乞聖恩詳察帝厲聲曰更有何事元褒進曰陛下近日修造亦太多帝色變曰何處修元褒俛首不能對廷老奏曰臣等是諫官有所聞即合論奏亦豈知陛下修造之所但見般輦瓦木絶多即知修造不已伏乞稍留聖慮帝曰所奏㮣悉後令役位議者以爲不廢其職

冊府元龜卷第五百四十六

冊府元龜卷第五百四十七

諫諍部

直諫第十四

唐張仲方爲右諫議大夫敬宗即位詔淮南節度使王播造上巳競渡船三十隻播替船材於京師造作計用半年轉運之費方成仲方詣延英面論言甚懇激帝只令造十隻以進帝又欲幸華清宮仲方諫曰萬乘所幸出須備儀無宜輕行以失威重帝雖不從慰勞之

崔玄亮爲左散騎常侍文宗大和五年二月晦神策中尉王守澄奏得本軍衙前虞候豆盧著狀告宋申錫與漳王謀反又差人於申錫宅十六宅及市肆追捕胥吏以成其獄三月辛丑勅百寮令召師保僕射尚書丞郎常侍給事諫議舍人御史中丞京兆尹大理卿同於中書及集賢院雜驗北軍豆盧著所告宋申錫反狀翌日壬寅國忌宰相復入中書便赴延英召對應宿日議事官並召入親自詢訪兩省諫官自常侍已下至午時復於延英請對帝即時召入玄亮與給事中李固言諫議大夫王質補闕盧鈞之舒元褒羅泰蔣係裴休韋溫拾遺李群韋端符丁居晦袁都等一十四人皆伏玉階下請北軍所告不於中書文宗曰吾已謀於公卿大僚訖卿等且出玄亮固言援引今古辭理懇切玄亮涕泣久之上意稍解乃曰今即與宰臣商議玄亮等既退於是復召宰相入議申錫獲免死貶開州玄亮爲右散騎常侍大和中宰相宋申錫爲鄭注所搆獄自內起京師震懼玄亮首率諫官論延英請對與帝往復數百言帝初不省其諫欲寘其申錫於法玄亮泣奏曰孟軻有言衆人曰殺之未可也卿大夫皆曰殺之未可也天下皆曰殺之然後察之方寘於法今至聖之仁殺一凡庶尚須合於典法況無辜殺一宰相乎臣爲陛下惜天下法度不爲申錫言訟辭狀嗚咽帝爲感寤玄亮繇此名重朝廷以疾求爲外任宰相以弘農遂其所請及卒中外歎惜

王質爲諫議大夫大和中王守澄構陷宰相宋申錫文宗怒欲加極法質與常侍崔玄亮兩泣切諫請付外推申錫方從輕典質爲中人側目執政出爲虢州刺史

蔣係爲右補闕大和五年七月富平縣有賊李秀才以名隸右神策軍家富強横因事誣[illegible]鄉人斫及墓松柏射殺之法寺斷以殺人論文宗以中人所庇特原其死付京兆府決脊杖二十流靈州於是係等上疏切諫以秀才所坐合處死疏寢不報監察御史柳仲郢奏伏以聖王作憲殺人有必死之令聖帝在上當官無壞法之臣今秀才犯殺人之科愚臣備監察之任此賊不死是亂典章臣雖甚微豈敢曠職其李秀才未敢行決奉勅宜准今年五月二十日勅處分監察御史蕭傑又上表論秀才合死尋有勅下京兆府行決便流不必御史監決其秀才竟以不死論

蔣係爲右拾遺大和中前邕管經略使董昌齡枉殺錄事參軍衡方厚坐貶溆州司戶至是量移硤州刺史蔣係上疏論之曰王者施渙汗之恩以赦有罪唯故意殺人無赦昌齡比者錄以微效受之方隅不能祗慎寵光恣其狂暴無辜專殺事跡顯彰妻孥銜冤萬里披訴及按鞫伏罪貸以微生中外議論以爲屈法今若授之牧守以理疲人則殺人者援據而免坐者何伸其冤憲章有乖至理疏奏乃改爲洪州別駕時教坊副使雲朝霞善吹笛新聲變律深愜上旨自左驍衛將軍宣授兼揚府司馬宰臣奏揚府司馬品高郎官刺史迭處不可授伶官帝意欲授之因宰臣對亟稱朝霞之善蔣聞之累疏陳論乃改授潤州司馬

開成初文宗命於右軍宣取李孝本女子二人入內孝本皇族爲御史中丞以罪受誅帝知之取置左右蔣上疏諫曰臣聞治國成家者必資於德義德義不脩則家國必壞故王者以德服人以義使人服使之術其在脩身脩身之道在於孜孜夫一失百虧之戒存乎必要之源故前王遺言曰勿以小惡而爲之勿以小善而不爲斯則懼於漸也臣又聞君如日焉顯晦之微人皆所仰照臨之大何以掩藏是以前哲設敢諫之鼓立誹謗之木貴日新其德曰聞其過也陛下自即位已來誕敷文德不悅聲色出後宮之怨婦匹在外之鰥夫洎今十年絕其採納大雅

既作淫風不行則上超三皇次出五帝凡百相賀何幸此隆斯實天下之幸甚也臣竊觀近日一兩月已來天睠稍迴留神妓樂至於教坊百人二百人選試未已莊宅司收市奄豐有聞昨又宣取李孝本次女一人遽將入内宗姓不異寵幸何名如此之事皆不益愼脩有虧一德臣竊惟陛下九重之内不得聞之凡此之流大生物論實將乖理道之本徒起塵穢之嫌夫欲人不知勿若不爲諺曰止寒莫若重裘止謗莫如自脩者也伏惟陛下照鑒不惑稍抑將來絶其漸門使無怨欲崇千載之盛德去一旦之戲好教坊停息宗女遣還則大正人倫之風深弘王者之體昔漢光武坐側設列女屏風時宋弘正色諫曰未有好德如好色者光武因爲徹之謂弘曰聞義有改可乎弘曰陛下進德臣不勝其喜前史以爲美言今陛下奈何不思宋弘之諫而欲居光武之下乎臣切不願也職當規諫敢盡血誠伏地叩頭昧死陳達疏奏上遂出孝本之女高元裕爲御史中丞時開成四年左神策軍護軍中尉仇士良奏得百姓趙倫狀告造妖賊賀蘭進興并徒黨五十九人妄説禍福附會讖書欲謀大逆軍司追捕推勘各得伏款文宗慮冤濫召於宣和殿親自鞫問然付軍司令於東市狗脊嶺集衆斬決元裕上疏其略曰伏以左神策軍所推妖因訪聞其徒結黨聚衆姦爲兇狡合就覈刑臣亦料軍中推窮必得情實然獄官公共刑責正名今刑部大理皆是陛下掌獄之官都不關知便成其獄三尺之法無所憑依伏乞以元惡三人付大理寺重加覆問若無同異便正刑書則凡在中外皆知事歸有司不廢舞典彰陛下愼刑之意快兆人共弃之心臣忝風憲得議刑政事關國躰不敢不論疏入未報起居舍人魏謩上疏曰臣伏聞傳説宫中捕捉造妖徒黨在外人情汹汹深所不安恐踐詿誤之嫌或憂愛憎而起況事出軍鎮未經臺府咸懷斯懼遂不保生滋蔓儻深爲患不小今切在早去枝葉不遣蔓延嗚呼如事繫軍人即委軍中推勘如名

該百姓宜從府縣鞫尋異各盡情免稱冤死臣伏以當今聖代不宜有屈平人如衆狀昭然始可從法其間輕重須有等差臣竊知陛下近對法官必將詔獄臣伏想此際官吏豈能直言如能直即皆懷冒之守職也且獄不在有司推劾法官亦焉得細知伏以陛下愛育生靈不欲一物失所此則事關刑戮不可輕易處置臣深慮旦夕詔下忽有冤人既當發生之時切在審令詳覆成陛下好生之德契前哲恤刑之心伏請重勑法司再令疎理豈惟全其大體異不紊於刑章疏奏上遽降中使宣令且停斬決詔軍司所推鞫妖賊賀蘭進興等五十九人昨令宰司詳覆推狀款驗節目並無叅差緣是妖逆之徒不同尋常刑獄便令裁斷冀免停留今高元裕及魏謩等論奏請付法司覆問重愼刑辟與衆弃之斯亦舊章雅當依允其妖賊徒黨除白身及官健四人依前軍中及仗内推勘餘並宜付御史臺重覆限三日内聞奏是日臺司奏差侍御史王初重覆與軍中所申無差遂依前勑處置先是藍田縣百姓賀蘭進興聚集鄉村百姓爲念佛會因之妄有妖語軍鎮捕捉搆及無辜以要財賄貧者多至自誣及付臺之後皆望有所申明然而推官怯懦迎風聽從不敢異同其事人皆惜之

韋力仁爲諫議大夫開成四年閤内奏曰臣伏見軍家捉錢事侵府縣軍司與府縣各有區別今當商大估名隸軍司着一紫衫府縣莫制當陛下至聖至明之時固不宜有此禁軍是陛下衛士警夜巡晝以備不虞不合攪擾百姓以干法理伏乞陛下戒勑統帥令各歸其分則人情獲安天下幸甚帝問宰臣等奏曰凡論事須當力行所言乃欲生事帝曰蓋論名分耳李珏曰軍家所出牓是自捉軍人百姓即府縣自捉此無乖名分止當廷論此亦似近名然諫官論事太合從之

劉蜕咸通四年爲左拾遺時有詔以長安縣尉集賢校理令狐滈爲左拾遺蜕進疏曰臣伏見新除左拾遺令狐滈大中之時

甚父執政專家之子弟之法布衣干公相之權疲痾者莫匪浮
慣遊扶者悉皆有謂凡四方節鎮傳同交關三署官司情寄與
奪潛行遊宴頗雜倡優鼓扇輕浮以爲朋黨籌謀日夜聚蚊如
雷變化施張赤地成海天下側足有識寒心竊以官列諫垣號
爲供奉縱遣人同刻鶴然則職責存乎夫陷父之義居家不爲
孝子事君之後見利豈爲忠臣伏惟陛下敦崇教化懲艾澆醨
凡曰名器不當猥濫事之可惜躬雖盡言臣於滈家本無嫌釁
於陛下則是職司謀其身則身輕舉其職則職重不然臣何故
結怨權豪之族輕蹈危亡之機白日所臨赤誠可見況物如脂
賦近則汚人官若薰猶固難同器瞽以愚見義不比肩干冒
聖聰乞迴成命起居郎張雲又奏疏曰臣伏見今月十五日勑
除長安縣尉集賢校理令狐滈充左拾遺者滈頃藉父威不脩
子道干權黷貨有口皆知據其輿誦之所咨嗟宜於霜憲之所
破府豈可令捧近日月飛翔雲天此則有罪而反榮是乃無辜

而可警也伏惟陛下以獻文繼代孝德承祧臨天下以至明示
天下以至信有善必勸有惡必懲分別昭彰使人不惑也今滈
爲諫臣是惡人得位善人必疑矣陛下何以執信行令使萬方
從化乎滈麻衣如雪于弄朱光穿緣穴鼠之墉以欺其父出入
吞舟之網不畏於人至於朝廷命官公然記託不封殿最無耻
賢愚但擁富貴即爲高第遂使堯官三載黜陟有繫於金錢孔
教四科取捨或由於聲色且令狐綯進用李琢首亂南方贓罪
流聞遠近昭著使天下兵戈徵斂未有已時而安南舉城化爲
凝血矣陛下每臨朝聽政語及安南事或至掩泣未嘗離心上
欲收復土疆以欲誡勵臣下琢頃以典郡贓穢廷臣曾有論封
令狐綯此竟用之由滈有納賄故也李琢之罪既正刑書則舉
以致戎是誰之過此乃目前可驗天下皆知臣豈苟緣愛憎妄
有論列滈爲人子陷父爲惡豈堪鳴玉曳組爲陛下諫臣乎陛
下必有欲推宰僭之恩以寵於滈豈不念南方赤子流離死亡

豈不念州郡徵斂生人受弊豈不念蔡龔啓沒豈不念國計空
虛凡此數條盡滈之由也臣頃事先朝任太常博士以滈專總
威福勢傾朝廷大中十三年五月二十三日巳進密疏直啓九
重先帝且務苞含微臣亦蒙全宥幸得腰領獲事聖朝臣今若
顧惜微躯寢而不奏是臣下以事先帝之心事陛下也生則罪
重死有餘辜但獲上聞聖聰一悟睿旨雖當鼎鑊亦所甘心伏
望改授高一官以息群議疏奏不報雲又上疏曰臣一昨以令
狐滈負議聖明脫身疎網因緣僭祿抗奏上論伏自疏奏以來
二十餘日未奉明詔異議諠然臣孤立自持當此大位忽恐事
生不測先及臣身則一去帝城千里吞恨將求拜疏何略聞知
臣今再敢上聞者但以勢不可默也滈之取錢豈令臣見臣只
以貪僭之譽布在人間皆受傳聞即有論列先朝獻疏已具指
陳還緣此子竊父威權爲過不少而外人言論上聞於天所以
先帝不加責於微臣以言之無罪不然令狐滈外倚家門之權

內連鄭顥之寵臣尋粉碎於先朝矣今日豈得全生更爲陛下
明言乎令狐綯爲先帝權柄大臣獨擅恩澤職當調護國本訏
謨皇家陛下序宮天宗躬爲長子先帝親覩盛議目覩溫文大
中十年十月八日勑右諫議大夫豆盧籍刑部郎中李鄴並以
本官充夔王已下侍讀此令狐綯交連帝戚位冠鼎臣端坐中
書作何行李陛下受天明命群臣定策宮禁之事則臣不知但
欲冊夔王便可知綯臣節兇濫舉李琢致其毒流生人使先帝
貽厥之謀不及陛下好生之德未免憂勤綯只合辭榮乞骸席
藁請罰何顏更令不孝之子濫求官榮事躬既乖人情實憤李
琢本無吏道唯有貪名滈既身挫人言琢官實由賄得綯扶自
群小分符交州琢果大肆兇殘處置杜存誠父子取怨溪洞蠻
境亂離及坐罪貶官綯猶專爲掩覆依前擢用更與壽州蕭倣
駁議既行李琢罪狀轉驗琢不自咎省指斥王廷按獄詞躬連
重貶屑分務未久又除宋州直至綯罷相權琢始發居東洛無

私宰物當如是乎若令狐綯以琢一時敢辯似有公才用琢如或不知在綯未爲有過豈李琢前借未塞後惡乃彰知是罪人横身庇護則綯之舉吏自興心違澫之取錢何須眼見衆口紛紜罪爲白衣宰相朝廷設進士之科本求才彦鎮其浮濫躬自宰臣暨陛下御極之初大臣儀刑百辟豈爲綯言出鎮澫便棄名放榜宣麻相去二十三日綯既公然進狀請試春官澫則元在京都不經舉進明言扶解傍若無人澫爲宰臣之子不患無位且合撿身慎行以成父業有何急切如此攖挐使天下孤寒人人怨嘆謂之無解及第實則有耳未聞不懼人言一至於此臣若悉書澫過方罄南山之竹恐未盡也臣家唯有童稚更無兄弟自傷側足單居但思引領獲罪令狐綯身榮上相位冠通侯十年桃李之陰兩葉公台之貴喣能生物怒可移山臣子豈無常人之情有何苦切頻將單庇微蔑之身與強家立怨立敵自取傾危也直以曾將澫事上聞先朝澫出網羅傷逋清處更欲

玷黷皇化恭侍玉堦人懷怨心而敢指斥是欲以大中威福復行於舜日也獨臣將繼是事豈得逡巡止可碎身權豪之門不可負陛下設官分職況綯有頼政亦何阻直言以其前章猶未明切閩澫黨欲謀害臣臣恐不及繼言使至貶降臣又慮令狐綯負先帝之事陛下不知誤我聖明由臣怯怯今毋得指陳澫事啓達聰明臣於妻子官業巳無所愛惜矣用捨之置一俟聖裁

後唐趙都爲左拾遺同光二年二月上疏云無以有威以自大無以足兵以自安無以奇技悅情無以淫聲惑志非社稷之功乞不加於厚賞非股肱之力乞不近於凝旒番內將之豐虚削無名之經費左右駈卑者乞見之有節伶倫濫吹者乞減於盈庭至於畋遊馳騁之娛蹴鞠飛毬之樂伏乞寶於大位戒以奔車疏奏不報

薛昭文爲右諫議大夫同光二年五月上疏陳十事曰臣聞皇德未衰未覩中興之運漢儀重覩果成反正之功稽其上代帝王前朝基業未有不中罹屯否間有凶災是資明聖之謀更鄭壐長之祚伏惟昭文睿武至德光孝皇帝陛下繼漢大寶纉禹鴻名興牧野之師功如破竹拔朝歌之壘疾若建瓴俄平國家之讎大刷人祗之憤皇威遠振睿德遐敷自陛下應天順人奄有諸夏九州於截萬國欒推旣混一於車書方大定於區宇蕃服靡不入貢戎夷靡不來庭銳旅雄師無敵於當代謀臣猛將有備於中原然則尚有兇悖之徒竊據於岷蜀篡逆之輩憑恃於江山雖聞向化歸明猶敢改元僭號在陛下武功天縱百越不得不臣在陛下文德日新三苗不庸不格夫人乃邦之本兵者國之器要在安其人而固其本訓其兵而利其器國富兵強家給人足臣有管窺十條謹録奏聞伏乞俯迴聖覽其一曰陛下復聖唐之運祚雪先帝之仇讎戎狄皆解懷柔藩服豈敢拒命而今數處僭僞之地尚未悛心料此兇狂必自覆滅臣請陛下明宣睿筭大振天威秣馬糧兵亦不指名去處且爲討逆伐叛之

計則狡妄之輩懷疑貳之徒聞我大國萬旅雲屯六軍雷動如此昏迷之黨不俟誅鋤之怒經略之謀彼必斂衽而朝望風而潰自願納款歸國矣斯必有征無戰之道也其二曰臣伏見隨駕兵士久經戰伐咸著勤勞皆忠勇以難儔尚貧乏而未濟雖陛下告成郊丘之後大行賞給之恩然而或未優豐尚多覬望非不知國力尚闕天府未充臣又聞自古皇王建基業撫軍戎未有不損玉帛輕財寶以餌於戰陣之士是故前代撥亂之君以此皆留意也今以諸道上供錢物進納不時遂致朝廷薄於犒散稍爲無度以濟急須近者藩臣貢奉慶賀財帛及南郊或有經費羨餘物色等伏請且撥將藏更加頒賚使隨駕兵師宴犒伐潞州將健也其三曰臣竊見河南兵士不少亦是先在僞庭備經訓練頗閑精銳昔堪征伐自陛下平定汴州已來尋曾選揀或聞諸道分擘之時未甚精細或有勇悍者放歸田里或有懦弱者留在軍都當差發征行則逃避諸處以此散失其數甚

兼請宣示租庸司先管兵後所司子細磨勘向來所欠錢穀數多少兼取近年諸道所申逃背名額較量此舊額以剩即知元數減耗臣聞夫軍伍者以豐財為務以重賞為先其河南道先管兵士伏處三數處借稱不臣之地以厚利誘之歲月滋深耗蠹必甚請明下詔勑令在京及諸道常加點撿安撫兼勤給其衣糧務令得所仍乞嚴勑邊界要害津鎮寅夜鈐轄無令透漏兼先有放歸農畝者亦請指揮州縣鎮鋪點撿姓名常知所在或緩急追呼稍有前却者請罪本處官吏節級等庶耕耨不隳征伐有備儻陛下納臣所奏則不日之人知國家訓戎講武繕甲治兵彼之兇徒必懷惕懼則旦夕相率有臣事本朝之計脫使賞給不充撫養不至非唯士卒生刼掠之心抑亦部伍有逃逝之者必慮夫多投逆臣之境更資倖慢之性也其四曰臣竊見諸道百姓皆陛下赤子爰自比年以偽廷傜役頻仍租賦繁重饑饉不已疲獘益深既不聊生率多逋竄雖有德音軫恤未聞特降招攜亦請宣取租庸司應河南先在偽廷戶口文帳磨勘從前多少數目兼勸諸道所申近年見管及流亡戶口即知人物增減出則處僭偽之處多方招誘伏乞特降優詔委所在觀察使刺史官吏已下設法撫綏事件無損於官有益於人者仰一一條貫申奏仍請下中書量其利便並許施行本分稅租稍令假借諸雜科徭特與減等以表撫俗安民興邦固本之道也其五曰本朝至德年平祿山之後復京洛之初兵革之餘生聚凋瘵屢降恩詔撫恤生靈仍遣使臣訪問閭里今陛下嗣守鴻業光啓雄圖故事前規可得斟而行之伏請每年准舊事出郎官御史忠良廉潔明幹堪充使者令散往諸道採訪賢良撫問疾苦務安兆庶以拯疲民也其六曰竊以偽廷僭號俄逾一紀連年徵剝繁日科徭士不聊生人不堪命生聚塗炭戶口流亡河南之民皆企踵側身日望陛下復我唐之鴻基慰兆民之疾痛今陛下弔民伐罪新有中原所宜簡省務亦未欲增修宮室昔

漢文帝將起露臺計百金之費且曰百金中人十家之產吾有先人宮室何事臺為遂罷天下聞之萬古稱漢文之儉德也臣竊以陛下以慈愛為心以孝理為念聖德日新又何謙於漢文矣伏惟陛下纂唐堯土階之事善夏禹卑宮之規停土木之工止營構之役斯則區夏欣悅億兆歌謡自然平揖唐堯漢文之至化也其七曰臣聞漢祖初入咸陽令蕭何收秦之圖籍及高祖神堯皇帝平定關中亦先收隋室羣書仍闢藏降使天下搜訪其後[illegible]石渠東觀充滿於祕閣蘭臺以是兩漢之時詩書之盛與三代同風也洎貞觀開元之後文物燦然何止同風可謂超冠于三代也今陛下嗣周景祚紹禹靈圖眷彼日新聿文天授崇文允武咸五登三將偃戢之規在廣訪搜之道伏請降使采訪天下圖書以示武王偃革虞舜舞干致太平之不遠也其八曰臣聞惟王建國辨方正位況河洛之名都帝王之二宅為萬國輻湊之地乃四方表則之邦若不廣闢屏并何以壯觀[illegible]載自喪亂已來兵火之後九衢荒廢但長榛棘廣陌蕭條唯[illegible]草今陛下當有四海作宅神都當六龍遊豫之時是萬方朝聘之日洛陽大道所宜法於前規鼎邑長衢豈可曠於舊制其都城六街請下河南府及左右金吾仰仍舊一依古制分擘廣狹步數不待縱任居人侵占俾朝會之地免有湫隘之弊也其九曰臣伏見諸司行事官或歷任分明而選限尚遠或出身久次入任無門聞陛下應千年之運建一統之功謂聖日照臨幽顯不陋皆辭親暴足迢遞而來冀郊禋之時希恩澤今所司磨勘駁放十分去其九分訪聞駐京日多客舍窮悴其見在未出京者伏乞降宣旨稍賜慰安或有粗堪任使者即乞委銓司量才注擬不堪拔擢者亦聊錫資財以濟歸路所以閔職勞而示君德也其十曰請戒牧馬務履踐京畿百姓苗稼請於隙地置牧場伏惟陛下察臣愚衷納臣短見俾令迴避知大君撫[illegible]之功是使黔黎荷聖主無私之德也疏奏不報

蕭頃爲右補闕時國步艱難連帥倔強率多奏請欲立家廟於本鎮頃上章論奏乃止

張憲爲東京副留守同光三年春莊宗幸鄴時易定王都來朝宴於行宮將擊鞠初莊宗行即位之禮卜鞠場吉因築壇於其間至是詔毁之憲奏曰即位壇是陛下祭接天神受命之所自風燥雨濡之外不可輙毁亦不可修魏繁陽之壇漢汜水之墠到今猶有兆象存而不毁古之道也即命治之於宮西數日未成會憲以公事獲謫竟毁即位壇

駱鵬舉爲度支員外郎同光四年上疏請節儉[illegible]薄滋味崇儉約斷形勢影庇富戶納倉儲去加耗每歲青苗鹽錢雜稅等錢不紐配條錢陌無闕召人耕曠土免三年地租請出使觀風察俗勑旨以斷形勢影庇納倉稅物加耗等從之

李詳爲左補闕長興二年十月上疏曰臣聞天地之道以簡易示人鬼神之情以禍福爲教王者祥瑞至而不喜災異見而輙

驚悶不寅畏上玄恐非蒼蒼譴告臣聞北京地震日數稍多臣曾覽國書伏見高宗時晉州地震上謂羣臣曰朕政教不明使晉州屢有震動邪侍中張行成對曰天陽也地陰也陽君象臣陰象君宜動轉臣宜安靜今晉州地震弥旬不休將恐女謁使事臣下陰謀且晉州陛下本封今地震焉尤彰其應伏願深思遠慮以杜未萌又開元中秦州地震尋差官宣慰文祭使致祭山川所損之家委隨事制置奏聞伏惟陛下中興唐祚起自晉陽地數震於帝鄉理合思於天誡臣伏思陛下統臨萬國于今六年猛將如雲銳師如虎出無不捷叛無不擒歲稔時豐人安俗阜實應天意恐陛下忘創業艱難之時有功成矜滿之意欲陛下有始有卒於兢兢業業也今伏望聖慈特委親信兼選勳賢宜往北京慰安審令巡察問疾苦於黎庶俾議蠲除備祭祀於山川各加虔禱然後乞陛下鑒前朝得喪之本採歷代聖哲之規近君子而遠小人任賢勿貳杜迩言而求讜議擇善而從崇不諱之風罷不急之務則景公修德熒惑退舍以爲祥大戊小心桑穀生朝而何害自然妖不勝德所謂弭之在人寰瀛永戴於無疆遐邇長歸於有道帝甚嘉之

康澄爲大理少卿長興三年上疏曰臣聞安危得失治亂興亡誠不繫於天時固匪由於地利童謡非禍福之本祅祥豈隆替之源故雊雉昇鼎而桑穀生朝不能止殷宗之盛神馬長嘶而王道告兆不能延晉祚之長是知國家有不足懼者五有深可畏者六陰陽不調不足懼三辰失行不足懼小人訛言不足懼山崩川涸不足懼蟊賊傷稼不足懼此不足懼者五也賢人藏匿深可畏四人遷業深可畏上下相徇深可畏廉恥道消深可畏毁譽亂真深可畏直言蔑聞深可畏此深可畏者六也伏惟陛下尊臨南面奄有八紘蕩三季之澆風振百王之舊典設四科而羅俊彥提二柄而御英雄所以不軌不物之徒咸思革面無禮無儀之輩相率歸心然而不足懼者願陛下存而勿論深

可畏者願陛下修而靡怠加以崇三綱五常之教敷六府三事之歌則鴻基與五嶽爭高盛業共盤石永固優詔獎之澄言可畏六事實中當時之病識者許之

晉何澤初仕後唐同光中爲洛陽令澤以莊宗出獵屢踐民田澤屏其從者伏於叢薄中截馬諫曰陛下急徵暴斂下不堪命今稼穡將登而從騎蹂踐如是使官吏何以集其征賦臣請賜死於此以悟陛下莊宗慰而遣之尋遷倉部郎中

李知損爲刑部員外郎天福二年十月上言臣近自左補闕擢爲員外郎守刑法之司非諫諍之任雖越職于議典制固所不容而爲臣事君聞見宜其無隱臣昨晚於相國寺内忽覩聚衆殺病瘦馬或說奉聖旨宣賜臣愚昧所見竊有感傷大凡天下耕牛不可宰殺所有犯者罪在無赦國家切於禁防蓋以力耕爲用今之瘦馬抑有前勞是皆久歷戰征備經辛苦以至筋齒踈尤飲齕細微振奮莫能廢捐及此當於佛寺聚彼衆人以布

市蒙其頭大鑊鉈其腦及剮剥之際爲觀者所傷方今時來銷兵軍非厭馬未罷方臨於鄴分發輿輦差於梁園誠宜迴賜與之恩示惻傷之旨如復京師之内不同營寨之中況軍人米粮無所之闕病焉肌肉不瘠身焦炮伏望明敕所司應有病馬散令宣賜要者任便餵養顯示不殺之恩念黧牛之力耕猶存令式恤老馬之苦戰頗立新規臣謬列清朝無裨聖運苟有所見合具上聞帝嘉而納之錫以束帛

薛融爲左諫議大夫天福三年六月上疏曰臣近覩河南留守高行周狀奏修大内事伏以大厦既成鷰雀尚猶相賀臯居是晉臣子豈不同歡然則時方屬於多虞事宜停於不急臣聞帝堯古之聖君也其所居宮室則茅茨不翦土堦三尺漢文帝古之聖主也欲造露臺以費百金之直尋罷其役莫不道光圖籍德冠古今爲千載之美談作百王之懿範況漢文承三代之基業御一統之寰區百姓富饒四方寧謐金帛盈於帑藏粟麥溢

於囷倉尚惜其財不後其欲今洛陽宮殿雖有先遭焚毁其所存者猶且弥廣於帝堯之茅茨而又重有修營其所費者豈不倍多於漢文之臺榭伏自陛下一臨華夏再歷寒暄暨獻雖契於上玄皇化未覃於遐邇復又鄴城殘寇歷歲逋誅黎民尤困於轉輸將士頗勞於攻討庫藏虛竭支費殷繁此則是陛下宵衣旰食之時非陛下營造宮室之日且百姓是陛下之赤子也陛下是百姓之慈父也子既有疾父寧不憂今則天下黎民黄非疲弊天下州縣雖不凋殘加以率斂頻仍傜役重疊尤宜撫恤俾遂蘇舒勿謂愚而可輕勿謂賤而可弃古人有言民猶水也君猶舟也水所以載舟亦所以覆舟可不畏乎兼自去年正月已來太陽虧蝕星曜失度此則上天垂象使陛下修德節儉之秋也固可修德以應之向使百姓安寧則陛下雖當櫛風沐雨未以爲苦也若國兆民愁苦則陛下雖廣瑶臺瓊室豈得爲安乎伏願陛下遵帝堯之舊風繼漢文之餘烈且停功役免費資財俟寰海之普寧議修營之未晚則天下幸甚百姓幸甚勅曰薛融官居諫署志奉皇圖特貢忠言備彰直道載覽臣節深契朕懷其洛京大内先令葺修今宜停罷

鄭受益爲右諫議大夫天福七年夏以涇原張彥澤殺害書記張式恣爲不道受益上章請行國典旬日不報又上疏曰臣自貢封事已及九日未聞施行實深激憤且臣家在晉昌備知蹤跡彥澤在涇州殺式之後至故雍復害軍將楊洪一如式之屠割此乃是陛下去歲送張式令彥澤屠戮致今春楊洪又遭此苦中外觀者痛入骨髓陛下聞之情無憫傷伏自陛下臨御已來方方咸歌仁聖一何乖爽大點皇猷又彥澤在涇州日擅將甲兵討伐蕃部蕃皆陷没靡有孑遺乃行酷虐之令括為充墳舊數奪取婦女聚掠金帛從順者苞羞免禍違阻者飲恨被誅近聞王周交代條件上聞凡有監臨罷在其内今陛下略無所問臣實不平沮王周守法奉公黨彥澤殺人害物臣竊慮此後

諸侯傚作好事者必繼爲惡事者多蓋陛下喜惡不分賞罰有濫既無懲戒之法是退賢良之心今外議沸騰皆言陛下廣受彥澤進獻許行非法之事况在郡括馬將及萬蹄到闕獻誠止滿百疋臣痛恨此賊者致陛下招此惡名故也是敢繼犯宸嚴再具論列必乞速行法令免致天下咨嗟臣又觀陛下前月十八日降勅命過五日一度内殿起居許臣寮具所見事實封聞奏其間勅語曰恐一物失所以百姓爲心可謂憂民疾痛者矣今臣所論奏彥澤蓋爲涇州一方陛下詔墨未乾自違其旨如水殺石不動聖心臣竊慮姦邪者謀罔惑致其明聖有此二三奈何陛下不與執政之臣商量而聽群愚之輩擁蔽伏以宰臣馮道已下皆忠貞植性輔弼當仁以居調鼎之權上替垂衣之理而况晨趨玉陛日面龍顏每於造膝之時必竭沃心之奏伏乞宣示前後所貢二狀令對御座子細詳讀若臣所論彥澤敗事謬妄不愜聖旨即乞便降朝典令天下知彥澤無罪誅臣

妄有陳論蕭明陛下無朝今夕改之謗臣職忝諫諍理合抗論不避嚴誅希迴英斷

漢李欽明為司勲員外郎乾祐二年冬上言伏見天下戶民太半家貧產薄征賦之外差配尤繁豈宜更耕懃耨之人供游手惰農之輩臣近以檢苗外縣遍歷鄉村緇侶聚居精舍輝赫每縣不下二十餘處求化齋糧不勝飽飫寺家耕種又免征租臣竊知淮南不度僧尼不滋監卜已六十年矣兼不許外來者入境此貴留蠶耗幸我國困民貧古語云一夫不耕一婦不織必有受飢寒者即目聖化之內且約十萬僧尼每人日米一升十萬日費二千石以日數月其數可知每人春夏冬服裝除綾羅紗穀外一僧歲中須絹五匹綿五十兩十萬僧計絹匹五十萬綿兩五百萬此蓋不耕不農皆出於蠶織無裨至化實斁大猷臣以為聚僧不如聚兵僧富不如民富昔秦皇帝并吞七國虎視天下以兵多民富故也僧何預焉經曰聖人在上國無幸民民之多幸國之不幸臣嘗三復此言為之扼腕

周劉皡初仕後唐為駕部員外郎知雜事上言曰藩侯郡牧仗鉞分符繫千里之慘舒行一方之威福自古選任須擇賢明近代統臨為酬勳績將邦域之生聚展將領之人情識分者附正營私黷貨者嚴刑廣取諸頭剥削多贍爪牙自黃巢已來偽梁之後公署例皆頹壞編戶悉是凋殘若或不近邊陲不屯師旅無城郭都邑非控扼緣邊試任廉能且權董理逐年屬州錢物每季申省區分支遣有餘罄竭供進府軍衛足黎庶稍蘇縱有過愆亦可懲責言雖鄙近望賜施行疏留中不出李元懿前為北海令廣順二年投匭獻六事其一臣為北海令時夏秋苗上每畝麻農具等錢省司元定錢十六及劉銖到任每畝上加四十五每頃配柴五圍炭三秤省條之外別立使限徵促臣竊聞諸道亦有如劉銖配處望今禁止其二臣在任時奉劉銖文字夜絲二萬兩配織絹五千匹管內十縣大抵如是及徵收在賦稅之前督責抑凌借役戶民多造店宅碾磑與舉請朝廷指揮許人論告差軍人百姓五功已上出放物至匹斤以坐贓論自然止絕其三臣在任時見劉銖擅弄國章使行決配凡罪人或刺面填都或決配沙門島大凡配流加役是朝廷格律今後更然請以不道論其四臣見諸處商稅有越常規乃至草木虫魚無不取稅更有歲定稅與郎令兒姪傔從主張便行枷捧作事非法有紊國章今後請三司差人主持止絕斯弊其五臣伏見晉朝曾配百姓食鹽錢每頃配鹽二十斤每斤納錢五十五數足然後許百姓私買煎造自後鹽鐵使指以鹽貨為名禁斷臨法苗畝所配不放納錢稅物重徵生靈不易今逢理代宜有改更使人口淡食者多其主藥職負又入沙石消鹵殆半今後如國家立法嫩鹽乞放却苗上率配稍撫蒸民以安國本其六臣見麴法一條最未中理多與州縣民歲定課利至於酤酢賣糟為弊尤甚臣請州府權酒戶鄉村不禁許令私造依明宗朝所行稅戶每畝納麴錢三則酒酢之流民得自便事雖不行人以為要切

趙礪顯德元年十月為侍御史知雜上言曰竊見潁州為天清節放見禁罪人伏以祝万壽之延洪但要推心懇懇臨一州之生聚當思共理登憂且見禁罪人咸干格法或因劫盜或是爭論各有科條須分曲直若負罪者獲免即銜冤者莫伸此時不有發明諸處便成流例直恐每逢慶節擅放縲絏豈止惠姦深為長惡望行止絕免紊章程從之

冊府元龜卷第五百四十七

冊府元龜卷第五百四十八

諫諍部二十六

強諫　遺諫

強諫

左氏之述強諫謂其有愛君之心蓋以其忠悃內發事機外迫竭誠盡規將以紓患而安國之可愛也漢氏而下乃有秉節剛毅立志敦篤均邦家之休戚系帷幄之議論或政治有失舉措非順事等綴旒之危禍同發矢之速則乃批鱗貢說犯顏進諫以至憤發而色變感激而涕流排宮門之闥攬路馬之轡以頭輌車拔刀斷鞅伏閤不起引裾以隨露髮輿櫬而扣馬免冠徒跣以自刻觸暴怒而罔憚瀕九死而無悔至或蹈戮之列非當言責之任亦有能奮一朝之命而規人主之失者焉雖復仲尼之述五諫非尚乎詭訐范甯之著論以兵諫為非然而原其誠心出於忠厚上思以成君之德下冀以救時之失嫉惡將以利國愛賢庶乎濫罰寧匡之意豈有他哉在人主容之而已

漢周昌高帝時為御史大夫嘗燕入奏事(燕謂安閑之時也)高帝方擁戚姬(擁抱也)昌還走高帝逐得騎昌項上問曰我何如主也昌仰曰陛下即桀紂之主也於是帝笑之然尤憚昌及帝欲廢太子而立戚姬子如意為太子大臣固爭莫能得帝以留侯策止而昌廷爭之強帝問其說昌為人吃又盛怒曰臣口不能言然臣期期知其不可陛下欲廢太子臣期期不奉詔帝欣然而笑即罷

樊噲為舞陽侯高帝嘗病惡見人臥禁中詔戶者無得入群臣群臣絳灌等莫敢入十餘日噲迺排闥直入(闥宮中小門也)大臣隨之帝獨枕一宦者臥噲等見帝流涕曰始陛下與臣等起豐沛定天下何其壯也今天下已定又何憊也且陛下病甚大臣震恐不見臣等計事顧獨與一宦者絕乎且陛下獨不見趙高之事乎高帝笑而起

袁盎為中郎將從文帝幸霸陵帝欲西馳下峻阪盎攬轡[illegible]帝曰將軍怯邪盎言曰臣聞千金之子不垂堂(言富人之子則自愛也垂堂謂坐堂外邊恐墜墮也)百金之子不騎衡(騎謂跨之也衡樓殿邊欄楯也)聖主不乘危不徼幸今陛下騁六飛(六馬之疾若飛)馳不測山有如馬驚車敗陛下縱自輕奈高廟太后何帝乃止

薛廣德為御史大夫成帝酎祭宗廟出便門欲御樓船廣德當乘輿車免冠頓首曰宜從橋詔曰大夫冠廣德曰陛下不聽臣臣自刎以血汙車輪陛下不得入廟矣(言見死傷不得入廟祠也)帝不說(說讀曰悅)光祿大夫張猛曰臣聞主聖臣直從橋安從船危聖主不乘危御史大夫言可聽帝曰曉人不當如是耶乃從橋

朱雲為槐里令坐法為城旦成帝時丞相故安昌侯張禹以帝師位特進甚尊重雲上書求見公卿在前雲曰今朝廷大臣上不能輔主下亡以益民皆尸位素餐(尸主也素空也尸位者不舉其事但主其位而已素餐者德不稱官空當食祿)孔子所謂鄙夫不可與事君苟患失之亡所不至者也臣願賜尚方斬馬劍斷佞臣一人以厲其餘(尚方少府之屬官也作供御器物故有斬馬劍劍利可以斬馬也)帝問誰也對曰安昌侯張禹帝大怒曰小臣居下訕上廷辱師傅罪死不赦御史將雲下雲攀殿檻檻折(呼呵也火故反)曰臣得下從龍逢比干遊於地下足矣未知聖朝何如耳御史遂將雲去於是左將軍辛慶忌免冠解印綬叩頭殿下曰此臣素著狂直於世使其言是不可誅其言非固當容之臣敢以死爭慶忌叩頭流血帝意解然後得已及後當治檻帝曰勿易因而輯之以旌直臣

後漢申屠剛光武時為尚書令帝嘗欲出游剛以隴蜀未平不宜宴安逸豫諫不見聽遂以頭軔乘輿輪(軔謂以頭止車輪也)帝遂為止

郭憲字子横為光祿勳車駕西征隗囂憲諫曰天下初定車駕未可以動憲乃當車拔佩刀斷車靷帝不從遂上隴其後潁川兵起乃回駕而還帝歎曰恨不用子横之言時匈奴數犯塞帝患之乃召百僚廷議憲以為天下疲敝不宜動眾諫爭不合乃伏地稱眩瞀不復言帝令兩郎扶下殿憲亦不拜帝曰常聞關

東觥觥郭子橫音不虛也憂遂以病辭退卒於家
魏辛毗為侍中文帝欲徙冀州士家十萬戶實河南時連蝗民饑羣司以為不可而帝意甚盛毗與朝臣俱求見帝知其欲諫作色以見之皆莫敢言毗曰陛下欲徙士家其計安出帝曰卿謂我徙之非邪毗曰誠以為非也帝曰吾不與卿共議也毗曰陛下不以臣不肖置之左右廁之謀議之官安得不與臣議邪臣所言非私也乃社稷之慮也安得怒臣帝不答起入毗隨而引其裾帝遂奮衣不還良久乃出曰佐治卿持我何太急邪毗曰今徙既失民心又無以食也帝遂徙其半
吳張昭為綏遠將軍孫權於武昌臨釣臺飲酒醉使人以水灑羣臣曰今日酣飲惟醉墮臺中乃當止耳昭正色不言出外車中坐權遣人呼昭還謂曰為共作樂耳公何為怒乎昭對曰昔紂為糟丘酒池長夜之飲當時亦以為樂不以為惡也權默然有慚色罷酒後魏古弼為尚書令時上谷民上書言苑囿過度

府五百四十八　三

民無田業減大半以賜貧人弼覽見之入欲陳奏遇太武與給事中劉樹碁志不聽事弼侍坐良久不獲申聞乃起於太武前捽樹頭掣下床以手搏其耳以拳毆其背曰朝廷不治實爾之罪太武失容放碁曰不聽奏事實在朕躬樹何罪置之弼具狀以聞太武奇弼公直皆可所奏弼曰為臣而逞其志於君前者非無罪也乃詣公車免冠徒跣自劾請罪太武遣使者召之及至太武曰卿其冠履吾聞築社之役蹇蹶而築之端冕而事之神與之福然則卿有罪自今以後苟利社稷益國便民者雖復顛沛造次卿則為之無所顧也
北齊李集為典御丞文宣帝肆行淫暴凡所殺害多令支解集面諫帝比於桀紂帝令縛置漳流中沈沒久之復令引出謂曰吾何如桀紂集曰向來彌不及矣帝又令沈之引出更問如此數四集對如初帝大笑曰天下有如此癡漢方知龍逢比干非是俊物遂解放又被引入見似有所陳帝令搏出要斬

後周張衡為太學生武帝居太后憂與左右出獵衡露髮輿櫬扣馬切諫帝嘉焉擢拜漢王侍讀
隋劉行本為黃門侍郎高祖嘗怒一郎於殿前笞之行本進曰此人素清其過又小願陛下少寬假之帝不顧行本於是正當帝前曰陛下不以臣不肖置臣左右臣言若是陛下安得不聽臣言若非當致之於理以明國法豈得輕臣而不顧也臣所言非私因置笏於地而退帝斂容謝遂原所笞者蘇威為納言高祖嘗怒一人將殺之威入閤進諫不納帝怒甚將自出斬之威當帝前不去辟之而出威又遮之帝拂衣而入良久乃召威謝曰公能若是吾無憂矣
趙綽為大理少卿時大理掌固來曠告綽濫免徒因帝使信臣推驗初無阿曲帝又怒曠命斬之綽因爭以為曠不合死帝乃拂衣入閤綽又矯言臣更不理曠自有他事未及奏聞帝命引入閤綽再拜請曰臣有死罪三臣為大理少卿不能制馭掌固

府五百四十八　四

使曠觸挂天刑死罪一也囚不合死而臣不能死爭死罪二也臣本無他事而妄言求入死罪三也帝解顏會文獻皇后在坐命賜綽二金盃酒飲訖并以盃賜之曠因免死配徙廣州
唐袁高為給事中盧杞為相以姦邪貶坊州長史貞元元年德宗詔移杞為饒州刺史高復直不肯草制宰相劉從一等改命舍人為之及詔出高執之不下自丁巳至戊午諫臣上疏皆不之改丁卯高又於正殿奏云陛下用盧杞獨秉鈞軸前後三年弃斥忠良附下罔上使陛下越在草莽皆杞之過且漢時三光失序雨旱不時宰相請罪小者免官大者刑戮盧杞罪合至死陛下好生惡殺赦杞萬死唯貶新州司馬旋復遷移今除刺史是失天下之望伏惟聖意裁擇帝謂曰盧杞有不逮是朕之過高復奏曰盧杞姦臣常懷詭詐非是不逮帝曰朕已有赦高曰是赦乃釋其罪不宜授刺史且赦文至憂黎民今饒州大郡若命姦臣司牧是一州蒼生獨受其斃望引常參官顧問并擇謹

厚中官令就衙衛衆評懲非一人異日言臣當死於是補闕拾遺文前諫與高不畏帝良久謂曰若與盧杞刺史太優與上佐可否皆去可遂追饒州制書日帝遣中使宣慰高云朕爲忠卿言深覺慨當依卿所奏

陽城爲諫議大夫裴延齡譖陸贄等坐貶黜德宗怒不解在朝無敢救者城聞而起曰吾諫官也不可令天子殺無罪人而信用姦臣即率拾遺王仲舒等數人守延英門上疏論延齡姦佞贄等無罪狀德宗大怒召宰相入語將加城等罪良久乃解令宰相論遣之

劉栖楚爲左拾遺敬宗即位後百寮入閤日旣高未坐羣臣候立紫宸門外有不任其久欲頓踣者諫議大夫李渤出次白宰相曰昨日已有疏論坐晚今日又益晚今不能迴上意是渤之罪請出閤赴金吾仗待罪有頃既坐百官班退栖楚獨留帝前進諫曰臣歷觀前王嗣位之初莫不躬勤庶政坐以待旦陛下即位已來放情嗜寢樂色忘憂安卧宫闈日晏方起西宫密邇未過山陵鼓吹之聲日喧於外以憲宗皇帝大行皇帝皆是恪勤庶政四方猶有叛亂陛下運當少主即位未幾惡德布聞臣恐福祚之不長也臣忝諫官致陛下有此請碎首以謝遂以額叩龍墀久之不已宰臣李逢吉出位宣曰劉栖楚休叩頭候進止栖楚捧首而起因更陳論搕額見血帝爲之動容以袖連揮令出栖楚又云不可臣奏臣即碎首而死中書侍郎牛僧孺宣示栖楚曰所奏知門外待進止栖楚即拜舞而出待罪於金吾仗然後宰臣更替其事於帝前命中使就仗宣諭并李渤並令各且歸第

遺諫

夫愼終于始君子之道圖國忘死忠臣之節中代而下乃有秉貞純之操敦亢直之志不幸遘疾殆於彌留屬纊忍死口舌爲奏陳逆耳之深戒述經邦之訓冀其感寤以由規益以至來臾臨省親乞其言使者存問因受其對莫不罄肺腑之丹實陳其

政之得失周旋惻愴無所回隱復有直躬守道循名顧義思納誨以救惡遂捐軀而甘死將致君於善以捨生爲輕惓惓之誠布於遺札斯固列氣貫於穹壤英聲垂於無窮歷千祀而如生可以掩卷而太息者矣

史魚爲衛大夫病且死謂其子曰我數言蘧伯玉之賢而不能進彌子瑕不肖而不能退爲人臣生不能進賢而退不肖死不當治喪正堂殯我於室足矣衛君問其故子以父言聞君造然召蘧伯玉而貴之召彌子瑕而退之徙殯於正堂成禮而後去生以身諫死以尸諫可謂直矣詩曰靜恭爾位好是正直

漢東方朔武帝時爲中大夫將死諫曰詩云營營青蠅止于蕃愷悌君子無信讒言讒言罔極交亂四國願陛下遠巧佞退讒言帝曰今顧東方朔多善言怪之居無幾何朔果病死

後漢吳漢光武時爲大將軍病篤帝親臨問所欲言對曰臣愚無所知識唯願陛下愼無赦而已

鍾離意明帝時爲魯相卒官遺言上書陳升平之世難以急化宜少寬假帝感傷其意下詔嗟歎賜錢二十萬

樊鯈明帝時爲長水校尉卒帝遣小黃門張音問所遺言先是河南縣亡失官錢典負者坐死及罪徙者甚衆遂委責於人以償其耗縣部吏司因此爲姦鯈常疾之又野王歲獻甘醪膏餳每輒擾人吏以爲利鯈並欲奏罷之疾病未及得上音歸具以聞帝覽之而悲歎勑二郡並令從之

黃瓊桓帝時爲司空以地震免疾篤上疏曰臣聞天者務剛其氣君者務彊其政是以王者處高自持不可不安履危任力不可不據夫自持不安則顚任力不據則危故聖人外高據上則以德義爲首涉危蹈傾則以賢者爲力唐堯以德化爲冠冕以稷契爲筋力高而益崇動而愈據此先聖所以長守萬國保其社稷者也昔高皇帝應天順民奮劍而王埽除秦項革命創制降德流祚至於哀平而帝道不綱秕政日亂遂使姦佞擅朝外

臧專恣所冠不以仁義爲冕所蹈不以賢佐爲力終至顛蹶滅
絕漢祚天維陵弛民鬼慘愴賴皇乾眷命炎德復輝光武以聖
武天挺繼統興業創基冰泮之上立足枳棘之林擢賢於衆愚
之中畫功於無形之世崇禮義於交爭循道化於亂離是自歷
高而不傾任力危而不跌興復洪祚開建中興光被八極垂名
無窮至於中葉盛業漸衰陛下初從藩國爰升帝位天下拭目
謂見太平而即位來未有勝政諸梁秉權豎宦充朝重封累職
傾動朝廷卿校牧守之選皆出其門羽毛齒革明珠南金之寶
殷滿其室富擬王府勢回天地言之者必族附之者必榮忠臣
懼死而杜口萬夫怖禍而木舌塞陛下耳目之明更爲聾瞽之
主故太尉李固杜喬忠以直言德以輔政念國亡身隕歿爲報
而坐陳國議遂見殘滅賢愚切痛海內傷懼又前白馬令李雲
指言宦官罪穢宜誅皆因衆人之心以救積薪之敝弘農杜衆
知雲所言宜行懼雲以忠獲罪故上書陳理之乞同日而死所

以感悟國家庶雲獲免而雲既不辜衆又并坐天下尤痛益以
怨結故朝野之人以忠爲諱昔趙殺鳴犢孔子臨河而反夫覆
巢破卵則鳳皇不翔刳牲夭胎則麒麟不臻誠物類相感理使其
然尚書周永昔爲沛令素事梁冀幸其威勢坐事當罪越拜令
職見冀將衰乃陽毀示忠遂因姦計亦取封侯又黃門協邪羣
輩相黨自冀興盛腹背相親朝夕圖謀共構姦軌臨冀當誅無
可設巧復託其惡以要爵賞陛下不加清徵審別眞僞復與忠
臣並時顯封使朱紫共色粉墨雜糅所謂抵金玉於沙礫碎珪
璧於泥塗四方聞之莫不憤歎昔曾子大孝慈母投杼伯奇至
賢終於流放夫讒諛所舉無高而不可升相抑無深而不可淪
可不察歟臣至頑駑世荷國恩身輕位重勤不補過然懼於求
殺負恩益深敢以垂絕之日陳不諱之言庶有萬分無恨三泉
其年卒
司馬直靈帝時除鉅鹿太守是時刺史二千石皆責助軍修宮

錢直以有清名減責三百爲直被詔悵然曰爲民父母而反割
剝百姓以稱時求吾不忍也辭疾不聽行至孟津上書極陳當
世之失古今禍敗之戒即吞藥自殺書奏帝爲暫絕修宮錢
魏高堂隆明帝時爲光祿勳疾篤口占上疏曰曾子有疾孟敬
子問之曾子曰鳥之將死其鳴也哀人之將死其言也善臣寢
疾病有增無損常懼奄忽忠款不昭臣之丹誠豈惟曾子願陛
下少垂省覽渙然改往事之過謬勃然興來事之淵塞使神人
響應殊方慕義四靈效珍玉衡曜精則三王可邁五帝可越非
徒繼體守文而已也臣常疾世主莫不思紹堯舜湯武之治而
蹈踵桀紂幽厲之跡莫不嗤笑季世惑亂亡國之主而不登踐
虞夏殷周之軌悲夫以若所爲求若所致猶緣木求魚煎水作
冰其不可得明矣尋觀三代之有天下也聖賢相承歷載數百
尺土莫非其有一民莫非其臣萬國咸寧九有有截鹿臺之金
巨橋之粟無所用之仍舊南面夫何爲哉然癸辛之徒恃其旅

力知足以飾諫才足以拒非諂諛是尚臺觀是崇淫樂是好倡
優是說作靡靡之樂安濮上之音上天不蠲眷然回顧宗國爲
墟不免于隸紂縣白旗桀放鳴條天子之尊湯武有之豈伊異
人皆明王之胄也且當六國之時天下殷熾秦既兼之不修聖
道乃構阿房之宮築長城之守矜夸中國威服百蠻天下震竦
道路以目自謂本枝百葉永垂洪暉豈寤二世而滅社稷崩圮
哉近漢孝武承文景之福外攘夷狄內興宮殿十餘年間天下
囂然乃信越巫懟天遷怒起建章之宮千門萬戶卒致江充妖
蠱之變至於宮室乖離父子相殘殃咎之毒禍流數世臣觀黃
初之際天兆其戒異類之鳥育長燕巢口爪胸赤此魏室之大
異也宜防鷹揚之臣於蕭牆之內可選諸王使君國典兵往往
棊跱鎮撫皇畿翼亮帝室昔周之東遷晉鄭是依漢呂之亂實
賴朱虛斯蓋前代之明鑒夫皇天無親惟德是輔民詠德政則
延期過歷下有怨歎掇錄授能由此觀之天下之天下非獨陛

下之天下也臣百疾所鍾氣力稍微輒自輿出歸還里舍若遂
況淪蒐而有知結草以報詔曰生廉仵伯夷直過史魚執心堅
白蹇蹇匪躬如何微疾未除退身里舍昔邴吉以陰德疾除而
延壽貢禹以守節疾篤而濟愈生其彊飯專精以自持冀蒙蠲日高望
隆可謂忠臣矣君復無思諫其惡精死不忘憂社稷正辭勸於人主明戒驗於身後
吳張紘為大帝長史還吳迎家道病卒臨困授子靖留牋曰自
古有國有家者咸欲修德政以比隆盛世至於其治多不馨香
非無忠臣賢佐闇於治體也由主不勝其情弗能用耳夫人情
憚難而趨易好同而惡異與治道相反傳曰從善如登從惡如
傾言善之難也人君承奕世之基據自然之勢操八柄之威甘
易同之歡無假取於人而忠臣挾難進之術吐逆耳之言其不
合也不亦宜乎離則有釁巧辯緣間眩於小忠戀於恩愛賢愚
雜錯長幼失敘其所由來情亂之也故明君寤之求賢如飢渴
受諫而不厭抑情損欲以義割恩上無偏謬之授下無希冀之

望宜加三思含垢藏疾以成仁覆之大然卒帝省書流涕
陸凱為左丞相凱疾病孫皓遣中書令董朝問所欲言凱陳何
定不可任用宜授外任不宜委以國事奚熙小吏建起浦里田
欲復嚴密故迹亦不可聽姚信樓玄賀邵張悌郭逴薛瑩滕脩
及族弟喜抗或清白忠勤或姿才卓茂皆社稷之楨幹國家之
良輔願陛下重留神思訪以時務各盡其忠拾遺万一遂卒
晉裴秀為司空薨友人刋其書記得表草言平吳之事其詞曰
孫皓酷虐不及聖明御世兼弱攻昧使遺子孫將遂不能臣時
有否泰非万安之勢也臣昔雖已屢言未有成旨今疾篤不
起謹重尸啓願陛下時共施用乃封以上聞詔報曰司空薨痛
悼不能去必又得表草雖在危困不忘王室盡忠憂國省益傷
切輒當與諸賢共論也
劉波為散騎常侍出督准北諸軍冀州刺史以疾未行上疏曰臣聞
天地以弘濟為仁君道以惠下為德是以禹湯有身勤之績唐虞有

在予之誥用能惠被蒼生勳流後葉宣帝開拓洪圖始基成命爰及
文武歷數在躬而猶虛心側席畢已崇物然後知積累之功重勤王
之業艱先君之德弘貽厥之賜厚惠王不懷委政內仕遂使神器幽
淪三光翳曜園陵懷九泉之感宮廟集胡馬之跡所謂肉食失之於朝
黎庶暴散於外也賴元皇帝神武應期作隆淮海振乾綱於已
墜紉絕維而更張陛下承宣帝開始之宏基受元帝克終之成
烈保大定功戢兵靜亂故使負鱗橫海之鯨稽位滔天之寇望
雲旗而齊潰覩太陽而霧散巍巍蕩蕩人無名焉而頃年已來
天文違錯妖怪屢生會稽先帝本封而地動經年昔周之文武
有魚烏之瑞君臣猶懷震悚况今災變彙集曾莫之疑公旦有
勿休之誡賈誼有積薪之喻臣鑒先徵竊惟今事是以敢肆狂
贛直言無諱往昔先帝以玄風御世責成群后坐運天綱隨坐
化委順故忘日計之功收歲成之用令禮樂征伐自天子出相
王賢儁協和百揆六合承風天下響振而鈞臺之詠弗聞景亳

之命未布將群臣之不稱陛下用之不盡乎凡聖王之化莫不
賤崇忠信存正棄邪傷化毀俗者雖親雖貴必疎而遠之清公
貞脩者雖微雖賤必親而近之今則不然此風既替利競滋甚
朋黨比周毀譽交興鑽求苟進人希分外見賢而居其上受祿
每過其量希旨承意者以為奉公共相讚白者以為忠節舉世
見之誰敢正言陛下不明必行之法以絕穿鑿之源者恐脫因
疲倦以誤視聽且符堅滅亡於今五年舊京殘毀山陵無衛百
姓塗炭未蒙拯接伏願遠觀漢魏衰滅之由近覽西朝傾覆之
際超然易慮為於未有則丕根永固社稷無虞臣豈誣一朝之
人皆無忠節但任非才求之不至耳今政煩役殷所在彫弊倉
廩空虛國用傾竭　侵削流亡相屬略計戶口但咸安已來十
分去三百姓懷浮游之歎下泉興周京之思昔漢宣有云與我
共治天下者其惟良二千石乎是以臨下有方者就加璽贈法
苛政亂者恤刑不赦事簡於上人悅於下今則不然告時乞職

者以家弊爲辭振窮恤滯者以公爵爲施古者爲百姓立君使之司牧今者以百姓恤君使之蠶食至乃貪汚者謂之清勤愼法者謂之怯劣何反古道一至於此陛下雖躬自節儉哀矜於上而群寮肆欲縱心於下六司垂翼三事拱默故有識者覩人事以歎息觀天眚而大懼昔宋景退熒惑之災殷宗消鼎雉之異伏願陛下御觀大禹過門之志俯察商辛沉湎之失遠思國風恭公之刺深惟定姜小臣之喻勤超聖慮大詢群后延納家賢訪以得失今百寮庶職人言損益察其所由觀其所以審識群才助鼎和味克念作聖以荅天休則四海宅心天下幸甚臣亡祖先臣隆昔荷殊寵匪躬之操猶存舊史有志無時懷恨黃泉及臣凡劣伏蒙罔極之眷恩隆累世實非糜身傾宗所能上報前作此表未及得通暴嬰篤疾恐命在奄忽貪及視息望達愚情氣力惙然不能自宣疏奏而卒追贈前將軍

後魏王叡孝文時爲尚書令疾篤上疏曰臣聞忠於事君者節義著於臨終孝於奉親者淳誠表於垂沒故孔明卒軍不忘全蜀之計曾參疾甚情存善言之益雖則庸昧敢忘景行臣荷天地覆載之恩蒙天造生成之德漸風訓於華年服道教於弱冠濯纓清朝垂周三紀受先帝非分之眷叨陛下殊常之寵遂乃齊跡功舊內侍幃幄爵列諸王位班上等從容聞道與知國政誠思竭盡力命以報所受不謂事與心違忽嬰重疾每屈輿駕親臨問之藥治生年惠流身後犬馬之誠銜佩罔極今所病遂爲惡必不起延首闕庭更戀終日仰恃皇造宿眷之隆敢陳愚昧管窺之見臣聞爲治之要其略有五一者愼刑罰二者任賢能三者親忠信四者遠讒佞五者行黜陟夫刑罰明則姦宄息賢能用則功績著親忠信則視聽審遠讒佞則疑間絕黜陟行則貪功啟是以欽恤惟刑載在唐典知人則哲惟帝所難周書垂好德之文漢史列防姦之論考省幽明先王大典又八表旣廣遠近事殊撫荒裔宜待之以寬信綏華甸宜惠之以明簡哀

恤孤獨賑施困窮録功舊赦小罪輕徭役薄賦斂修福業禁淫祀願臻茲餘暇賜垂覽察使子專之誠重申於當世將墜之志獲用於明時尋薨

隋段文振大業中爲左候衛大將軍遼東之役出南蘇道在道疾篤上表曰臣以庸微幸逢聖世濫蒙獎擢榮冠儕伍而智能無取叨竊已多言念國恩用忘寢食常思効其鳴吠以報萬方而攝養乖方疾患遂篤抱此深愧永歸泉壤不勝餘恨輕陳管穴竊見遼東小醜未服嚴刑遠降六師親勞萬乘但夷狄多詐深須防擬口陳降款心懷背叛詭伏多端勿得便受水潦方降不可淹遲唯願嚴勒諸軍星馳速發水陸俱前出其不意則平壤孤城勢可拔也若傾其根本餘城自剋如不時定脫過秋霖深爲艱阻兵糧又竭強敵在前靺鞨出後遲疑不決非上策也後數日卒於師帝省表悲歎久之

唐魏徵爲太師貞觀十七年薨太宗謂侍臣曰徵亡後朕遣人至宅就其書函得表一紙始立表草字皆難識唯前有數行稍可分辨云天下之事有善有惡任善人則國安用惡人則國亂公卿之內情有愛憎憎者唯見其惡愛者唯見其善愛憎之間所宜詳愼若愛而知其惡憎而知其善去邪勿疑任賢勿貳可以興矣其遺表如此然在朕思之恐不免斯事公卿侍臣可書之於笏知必諫也

李大亮爲右衛大將軍貞觀十八年太宗幸洛陽令大亮副房玄齡居守後遇疾臨終上表請停遼東之役又言京師宗廟所在願深以關中爲意表成而卒

房玄齡爲司空貞觀二十二年太宗幸玉華宮玄齡以疾卧總留臺後漸篤玄齡乃謂諸子曰吾自度危篤而恩澤轉隆若孤負聖君則死有餘責當今天下清謐咸得其宜唯東討不停方爲國患主上含怒意決臣下莫能犯顏吾知而不言可謂銜恨入地遂抗表切諫曰臣聞兵惡不戢武貴止戈當今聖化所覃

無遠不屆自上古所不臣者陛下皆能臣之所不制者皆能制之詳觀古今爲中國患害無過突厥遂能坐運神策不下殿堂大小可汗相次束手分典禁衛執戟行間其後延陁鴟張尋旣夷滅鐵勒慕義化請置州縣沙漠以北萬里無塵至如高昌叛換於流沙吐谷渾首鼠於積石偏師薄伐俱從平蕩高麗歷代逋誅莫能討擊陛下責其逆亂殺主害人親總六軍問罪遼碣未經旬日即拔遼東前後虜獲數十萬計分配諸州無處不滿雪往代之宿恥掩崤陵之枯骨比功校德萬倍前王此聖人之所自知微臣安敢備說且陛下仁風被於率土孝德彰於配天覩夷狄之將亡則指期數歲授將帥之節度則決機萬里屈指而候驛視景而望書符應若神筭無遺策擢將於行伍之間取士於凡庸之末遠夷單使一見不忘小臣之名未嘗再問箭穿七札弓貫六鈞加以留情墳典屬意篇什筆邁鍾張詞窮曹馬文鋒旣振則宮徵自諧輕翰暫飛則花葩競發撫萬姓以慈遇羣

臣有禮褒秋毫之善解吞舟之網逆耳之諫必聽膚受之愬斯絕好生之德禁障塞於江湖惡殺之仁息鼓刀於屠肆鳧鶴荷稻粱之惠犬馬蒙帷蓋之恩降乘吮思摩之瘡登堂臨魏徵之柩哭戰亡之卒則哀動六軍負塡道之薪則精感天地重黔黎之大命特留心於庶獄臣心識昏憒豈足論聖功之深遠談天德之高大哉陛下兼衆美而有靡不備具微臣深爲陛下惜之重之愛之周易曰知進而不知退知存而不知亡知得而不知喪又曰知進退存亡不失其正者其惟聖人乎由此言之進有退之義存是亡之徵得有喪之理老臣所以爲陛下惜之者蓋謂此也老子曰知足不辱知止不殆臣謂陛下威名功德亦可足矣拓地開疆亦可止矣彼高麗者邊夷賤類不足待以仁義不可責以常禮古來以魚鼈畜之宜從闊略若必欲絕其種類深恐獸窮則搏且陛下每決死囚必令三覆五奏進素食停音樂者蓋以人命所重感動聖慈況今兵士之徒無一罪戾無故驅之於城陣之間委之於鋒刃之下使肝腦塗地魂魄無歸其老父孤兒寡妻慈母望轊車而掩泣抱枯骨而摧心足以變動陰陽感傷和氣實天下之冤痛也且兵者凶器戰者危事不得已而用之向使高麗違失臣節而陛下誅之可也侵擾百姓而陛下滅之可也久長能爲中國患而陛下除之可也有一於此雖日殺萬夫不足爲愧今無此三條坐煩中國内爲舊王雪怨外爲新羅報讎豈非所存者小所損者大願陛下遵皇祖老子止足之誡以保萬代巍巍之名發霈然之恩降寬大之詔順陽春以布澤許高麗以自新焚凌波之船罷應募之衆自然華夷慶賴遠肅邇安臣老病三公旦夕入地所恨竟無塵露微增海嶽謹以殘魂餘息預代結草之誠儻蒙察以哀鳴即臣死且不朽太宗見表謂玄齡子婦高陽公主曰此人危篤如此尚能憂我國家

令狐楚爲興元節度使開成二年將薨前一日自草遺表其略

曰臣永惟際會受國深恩以祖以父皆蒙褒贈有弟有子並列班行全要領以從先人委體魄而事先帝此不自達誠爲甚愚但以永去泉扃長辭雲陛更陳尸諫猶進瞽言雖叫呼之不能豈誠明之敢忘今陛下春秋鼎盛寰海鏡清是修教化之初是復理平之始然自前年夏秋已來貶謫者至多誅戮者不少伏望普加洪造稍霽皇威殁者昭洗以雲雷存者霑濡以雨露使五穀嘉熟兆人安康納臣將盡之苦言慰臣永蟄之幽魂

冊府元龜卷第五百四十八

册府元龜卷第五百四十九

諫諍部二十

褒賞

春秋述五諫之義戰國著三賞之令蓋褒揚諍臣有從來矣自非舍忠秉直讜言正議挺匪躬之節竭愛君之誠者胡能感寤上心受茲寵錫者已由漢室而下以諫諍著稱者乃有激昂辭氣面論虧失或伏閤奏牘傳置飛章挺引古今箴切時病世之賢君樂聞其說釋然嘉納穆然稱善延對慰諭璽書襃揚增加爵秩優蕃賜予至於輟服御之物中宴餘之樂以其讜言載之史策皆所以勵骨鯁而勸忠諫使焉

漢郅都為中郎敢直諫從景帝入上林賈姬在廁野彘入廁帝欲持兵救賈姬都伏帝前曰一姬死更一姬進天下所少寧賈姬乎陛下縱自輕奈宗廟太后何太后聞而嘉之賜都金百斤帝亦賜金百斤

東方朔為常侍郎武帝使中大夫吾丘壽王與待詔能用算者二人舉籍阿城以南盩厔以東宜春以西提封頃畝及其賈直欲除以為上林苑屬之南山吾丘壽王奏事帝大說稱善時朔在傍進諫曰夫殷作九市之宮而諸侯畔靈王起章華之臺而楚民散秦興阿房之殿而天下亂糞土愚臣忘生觸死逆盛禮犯隆指罪當萬死不勝大願願陳泰階六符以觀天變是日因泰階之事上迺拜朔為太中大夫給事中賜黄金百斤又董偃得幸於竇太主帝為竇太主置酒宣室使謁者引内董偃是時朔陛戟殿下（有戟陛楯例）辟戟而前曰偃安得入乎帝曰何謂也朔曰以人臣私侍公主乃國家之大賊人主之大蠹昔伯姬燔而諸侯憚奈何乎武帝默然良久曰吾業以設飲後而自改朔曰不可夫宣室者先帝之正處也非法度之政不得入焉帝曰善乃置酒北宮引偃從東司馬門賜朔黄金三十斤

于定國為御史中丞昌邑王即位多行淫亂定國上書諫後王廢宣帝立大將軍光領尚書事條奏羣臣諫昌邑王者皆超遷定國繇是為光祿大夫平尚書事甚見任用

路温舒為廷尉史宣帝初上書請除誹謗以招切言開天下之口廣箴諫之路掃亡秦之失尊文武之德省法制寛刑罰以廢治獄則太平之風可興於世永履和樂與天亡極天下幸甚（言與天長久其寵極也）帝善其言遷廣陽私府長

康衡為給事中是時有日蝕地震之變元帝問以政治得失衡上疏言宜遂減宮室之度省靡麗之飾考制度脩外内近忠正遠巧佞放鄭衛進雅頌舉異材開直言任温良之人退刻薄之吏顯絜白之士昭無能之政覽六藝之意察上世之務明自然之道帝說其言遷衡為光祿大夫

貢禹為諫大夫元帝數虚已問以政事禹上言廄馬太多請減乘輿服御及請復田與貧民天子納善其忠乃下詔令太僕減食穀馬水衡減食肉獸省宜春下苑以與貧民又罷角抵諸戲

及齊三服官遷禹為光祿大夫

後漢郅惲為上東城門候光武嘗出獵車駕夜還惲拒關不開帝令從者見面於門間惲曰火明遼遠遂不受詔帝乃迴從東中門入明日惲上書諫曰昔文王不敢盤于游田以萬人惟憂而陛下遠獵山林夜以繼晝其如社稷宗廟何暴虎馮河未至之誡誠小臣所竊憂也書奏賜布百匹貶東中門候為參封尉

張禹和帝時為太尉帝南巡祠園廟禹兼衛尉留守聞車駕當進幸江陵以為不宜冒險遠幸驛馬上諫詔報曰祠謁既訖當南禮大江會得君奏臨漢回輿而旋及至京禹特蒙賞賜

郭虞為鄴奚官督上疏陳五事以諫言甚切直擢為屯留令

魏楊阜為將作大匠明帝初理宮室發美女以充後庭出入弋獵秋大雨震電多殺鳥雀阜上疏請諸所善理務從約節帝手詔報曰間得密表先陳往古明王聖主以譏闇政切至之辭款誠篤實退思補過將順正救備至矣覽省嘉之帝既

作新宫又營洛陽宫處觀閣阜又上疏諫之褒御天子感其忠言手筆詔答

晉閻纘爲西戎校尉司馬愍懷太子之廢也纘輿棺詣闕上書理太子之冤書奏御不省後皇太孫立纘復上書言東宮宜妙選忠直亮正之士又潘岳繆徵等皆賈謐父黨共相沉浮宜皆齊黜以肅風教朝廷善其忠烈擢爲漢中太守

梁郭祖深武帝時爲後軍將軍時帝溺情内教朝政縱弛祖深輿櫬詣闕上封帝嘉其直擢爲豫章鍾陵令員外散騎常侍

後魏周澹明元時爲特進神瑞二年京師飢朝議將遷都於鄴澹與博士祭酒崔浩進計論不可之意帝大然之曰唯此二人與朕意同也詔澹浩妾各一人御衣一襲絹五十匹綿五十斤

崔浩爲祭酒時劉裕在洛議欲以軍絶其後路明元問浩浩對以爲不可帝大悦語至中夜賜浩御縹醪酒十觚水精戎鹽一兩曰朕味卿言若此鹽酒故與卿同其甘也

高允文成時爲中書侍郎領著作郎前後諫事非一從容聽之或有觸迕帝所不忍聞者命左右扶出事有不便允輒求見帝知允意逆屏左右以待之禮敬甚重晨入暮出或積日居中朝臣莫知所論或有上事得失者帝省而謂群臣曰君父一也父有是非子何爲不作書諫之使人知惡而諫於家内隱處也豈不以父親恐惡彰於外也今國家善惡不能面陳而上表顯諫此豈不彰君之短明已之美至如高允者眞忠臣矣朕有是非常正言面論至朕所不用聞者皆侃侃言説無所避就朕聞其過而天下不知其諫豈不忠乎汝等在左右曾不聞一正言但伺朕喜時求官乞職汝等把弓刀侍朕左右徒立勞耳皆至公王此人把筆輔我國家不過著作郎汝等不自愧乎於是拜允中書令著作如故

宿石爲中壘將軍遷内行令嘗從獵文成親欲射虎石叩馬而諫引帝至高原上後虎騰躍殺人詔曰宿石忠臣叙馬切諫免虎之害後有犯罪宥而勿坐賜駿馬一匹

成淹孝文時爲謁者僕射時孝文自徐泛泗入河泝洛以達京師淹以黄河峻急慮有傾危乃上疏陳諫帝勅淹曰朕以恒代無運漕之路故京邑民貧今移都伊洛欲通運四方而黄河急峻人皆難涉我因有此行必須乘流所以開百姓之心知卿至誠而今者不得相納勅賜驊騮馬一匹衣冠一襲

李彪爲秘書丞嘗上封事七條後孝文詔曰歷觀古事求能非一或傚承籍廕著德當時或見拔幽陋流名後葉故毛遂起賤奮孔楚之辯苟有才能何必拘族也彪雖宿非清第本闕華資然識性嚴聰學博墳籍剛辯之才頗堪時用兼憂吾[illegible]若家載宣朝美若不賞庸叙績將何以勸獎勤能可特遷秘書令以酬厥款

高道悦爲治書侍御史加諫議大夫正色當朝不畏強禦詔曰道悦資性忠篤稟操貞亮居法樹平肅之規處諫著必犯之節王公憚其風鯁朕實嘉其一至謇諤之誠何愧黯鮑也其以爲主爵下大夫諫議如故

後周張衡武帝時爲太學生帝居太后憂與左右出獵衡露髮輿櫬扣馬切諫帝嘉焉賜衣一襲馬一匹擢拜漢王侍讀

唐孫伏伽武德初爲萬年縣法曹上疏陳三事以諫高祖覽之大悦賜帛百匹擢拜治書侍御史

盧政力武德三年爲屯田郎中高祖謂政力曰每見卿奏諫志存正直古人有言曰君明臣直朕何德以堪之

楊纂武德中爲侍御史數上言事因被召問擢拜考功郎中

張蘊古貞觀初爲幽州記室直中書省上大寶箴諷存規誡之體太宗嘉納之賜以束帛焉

魏徵爲諫議大夫太宗新即位勵精政道數引徵入卧内訪以得失徵雅有經國之才性又抗直無所屈撓太宗每與之言未嘗不欣然納受徵亦喜逢知己之主思竭其用知無不言太宗嘗勞之曰卿所陳諫前後二百餘事非卿至誠奉國何能若是其年遷秘書監太宗謂侍臣曰朕因何日無與虞商略今古

朕有一言之善虞南未嘗不悅有一言之失未嘗不悵悵朕嘗
戲作艷詩虞南便進表諫曰聖作雖工體制非雅上之所好下
必隨之此文一行恐致風靡輕薄成俗非爲國之利賜令繼和
輒申狂簡而今之後更有斯文繼以死請不敢奉詔其懇誠若
此朕用嘉焉羣臣皆若虞南天下何憂乎不治因顧謂虞南曰
朕更有此詩卿能死不虞南對曰臣聞詩者動天地感鬼神上
以風化下下以諷刺上故季札聽詩而知國之興廢盛衰之道
實繼於茲臣雖愚誠願不奉詔太宗大悅賜絹五十匹
戴冑爲尚書左丞領諫議大夫貞觀三年遷民部尚書太宗將
修復洛陽宮冑上封事諫太宗甚嘉之因謂侍臣曰戴冑於我
無骨肉之親但以忠直勵行情深體國事有機要無不以聞所
進官爵以酬厥誠耳
姚思廉爲弘文館學士太宗將幸九成宮思廉進諫曰此秦皇
漢武之事耳故非堯舜禹湯之所爲也言甚切至太宗嘉之賜

帛五十匹
張行成爲殿中侍御史太宗嘗言及山東關中人意有同異行
成正侍宴跪而奏曰臣聞天子以四海爲家不當以東西爲意
若如是則示人以隘陋太宗然其言賜名馬一匹錢十萬衣一
襲自是每有大政嘗預議焉
高季輔爲太子右庶子上疏切陳得失太宗特賜鍾乳一劑曰
卿進藥石之言故以藥石相報
李大亮爲涼州都督貞觀三年嘗有臺使到州見有名鷹諷大
亮獻之大亮密表曰陛下久絕畋獵而使者求鷹若是陛下之
意深乖昔旨如其自擅便是使非其人太宗下書曰以卿兼資
文武志懷貞確故委藩牧當茲重寄比在州鎮聲績遠彰念此
忠勤無忘寤寐使遣獻鷹遂不曲順論今引古遠獻直言披露
腹心非常懇到覽用嘉歎不能已已有臣若此朕復何憂宜守
此誠終始若一古人稱一言之重侔於千金卿之此言深足貴
矣今賜卿金胡瓶一枚雖無千鎰之重是朕自用之物
張玄素爲給事中時發卒修洛陽宮以備巡狩玄素上書切諫
太宗覽之大悅謂房玄齡曰洛陽土中朝貢道均朕故欲修營
意在便於百姓今玄素上表實亦可依後必事理須行露坐亦
復何苦所有作役宜即停之然以卑干尊古來不易非其忠直
安能若此乎可賜絹百匹
谷那律爲諫議大夫嘗從太宗出獵　在途遇雨因問曰油
衣若爲得不漏那律曰能以瓦爲之必不漏矣太宗大悅賜帛
二百段
杜正倫爲中書侍郎嘗與御史大夫韋挺祕書少監虞世南著
作郎姚思廉等咸上封事稱旨太宗爲之設宴因謂曰朕歷觀
自古人臣立忠之事若值明王便得盡誠規諫至如龍逢比干
竟不免孥戮爲君不易爲臣極難我又聞龍可擾而馴然喉下
有逆鱗觸之則殺人人主亦有逆鱗卿等遂不避犯觸各進封

事常能如此朕豈慮有危亡我思卿等此意不能暫忘故聊設
宴樂也仍並賜帛有差
蕭鈞爲諫議大夫有左武候引駕盧文操盜左藏庫物高宗令
殺之鈞進諫遂特免其死罪顧謂侍臣曰此乃真諫議也
來公敏爲詳刑大夫總章二年冬高宗將幸涼州時隴外虛耗
議者咸以車駕西巡不便帝聞之御延福殿召五品已上謂曰
帝王五載一巡狩羣后四朝此蓋常禮朕欲暫幸涼州觀省風
俗如聞在外咸謂非宜必若此行不可自合以實聞奏今對面
不言退有私議何也宰相已下再三莫有對者公敏進曰臣聞
省方出豫王者常規陛下愛育蒼生每思萬鎮今欲巡幸涼府
遐宣王略求之故實未虧令典但隨時度事臣下竊有所疑既
見明制施行所以不敢塵黷奉勅顧問敢不盡言但高麗雖平
扶餘尚梗兼西道經略兵猶未停且隴右諸州人戶猶少供待
鑾輿備擬稍難臣聞在外實有竊議帝默然良久曰卿等既有

此言我止慶隴存問故老蒐狩即還討亦不至勞費今將已涉秋節候漸冷且賜紬緝絲以充衣段於是賜物有差竟下詔停西幸無何公敏自詳刑少御擢爲黄門侍郎賞其能直言也

魏元忠儀鳳中以前太學生赴洛陽上封事召見對象稱旨授秘書省正字令直中書省

袁利貞爲太常博士永隆二年春王公已下及朝集使以太子初立獻食勑於宣政殿會百官及命婦利貞上䟽切諫從之改向麟德殿陳設至會日群臣樂飲帝使中書侍郎薛元超謂利貞曰卿門承忠鯁能抗䟽直言不加厚錫無以褒勸賞是賜物百段

朱敬則則天長安中爲正諫大夫兼修國史時賦役繁重戶口逃逸敬則多所諫奏言甚切至天后大嘉之頻召入禁中訪以時俗要務俄令同鳳閣鸞臺平章事

郭山惲爲國子司業景龍三年春與近臣宴集令各効伎藝以爲笑樂山惲獨奏曰臣無所解請歌古詩兩篇帝許之乃歌鹿鳴蟋蟀篇翌日帝嘉山惲之意降詔曰郭山惲業優經史識綜古今八索九丘由來遍覽前言往行寔所該詳昨者同有豫遊式延朝彥既乗歡洽咸使詠歌遂能志在輔時雅申諷諭謇謇之誠彌切諤諤之操逾明宜有褒揚美茲鯁直可錫時服一副

和元祐爲真化府長史景龍末元祐獻詩十首其詞猥陋皆寓言嬖幸亦意及兵戈韋氏命鞫於大理而將烈之月餘而韋氏就誅其詩言若符讖景雲初以元祐爲千牛衛長史韓朝宗爲左拾遺景雲三年上䟽諫作乞寒胡戲睿宗覽而稱善特賜以中上考

張九齡韓朝宗玄宗時爲左拾遺先天元年九月將幸新豐之温湯九齡朝宗以時屬收穫恐妨農事上䟽切諫帝大悅召見慰諭各賜衣一副

魏知古爲侍中先天元年十月上詩諫獵玄宗手詔曰卿所進獵渭濱十韻三復研精良增歎美今賜物五十段以申勸獎

嚴挺之爲左拾遺先天二年三月玄宗御文德殿宣示百官以挺之上書切直賜物六十段衣一襲

姚南仲代宗時爲右補闕大曆十三年將葬貞懿皇后因寵所屬令繕陵寢邇章敬寺後當遊幸近地左右莫敢言者南仲上䟽諫之代宗覽表歎息立從其議賜緋魚袋特加五階宣付史臣時左拾遺何士幹亦上封論事特詔褒賞遷爲補闕

李絳元和二年爲司勳郎中充翰林學士嘗因浴堂北廊奏對違忤上旨指切時病及論中官縱恣方鎮進獻事宜憲宗怒甚厲聲曰卿所論事何太過耶絳前論不已曰臣所陳豈臣身之利是國家之利陛下不以臣愚使處腹心之地豈可見事虧聖德致損清時而惜身不言仰屋竊歎是臣負陛下也若不顧患禍盡誠奏論旁忤倖臣上犯聖旨以此獲罪是陛下負臣也且臣與内官素不相識又無嫌隙只是恐威福太盛上損聖朝臣所以不敢不論耳使臣緘默非社稷之福也上見其誠切不迴

斂色却散賴慰喻曰卿盡節於朝人之不言者卿悉言之使朕聞所不聞真忠正誠節之臣也他日南面亦須如今日絳拜恩而退上遽宣宰臣命與改官中書舍人依前翰林學士翌日面賜金紫帝親爲絳擇良笏

鄭瀚餘慶之子也爲左補闕獻疏切直人爲危之及餘慶入覲憲宗謂之曰卿之令子朕之直臣可更相賀遂遷起居舍人

裴潾穆宗即位初自江陵縣令爲兵部員外郎潾前爲起居舍人以柳泌事抗疏論諫忤旨出官至是酬獎

高鉞爲中書舍人因諫敬宗以求理莫若躬親用示憂勤之旨帝深納其言賜采五十匹

劉栖楚爲左拾遺敬宗即位初百寮入閤日絶高未坐群臣候立紫宸門外有不任其久欲頓踣者諫議大夫李渤出次白宰相曰昨日已有論奏坐晚今日又益晚今不能迴上意是渤之罪請出閤赴金吾仗待罪有頃既坐百官班退栖楚獨留帝前

進諫曰臣歷觀前王嗣位之初莫不躬勤庶政坐以待旦陛下即位已來放情嗜寢樂色恣慶安臥宮闈日晏方起西宮密邇未過山陵鼓吹之聲日喧於外伏以憲宗皇帝大行皇帝皆是長君咎勤庶政四方猶有叛亂陛下運當少主即位未幾惡德布聞臣恐福祚之不長也臣忝諫官致陛下有此請碎首以謝遂以額叩龍墀久之不已宰臣李逢吉出位宣曰劉栖楚休叩頭候進止栖楚捧首而起因更陳論搖額見血帝為之動容以袖連揮令出栖楚又云不可臣奏臣即碎首而死中書侍郎牛僧孺復宣示栖楚曰所奏知門外待進止栖楚即拜舞而出待罪於金吾仗然後宰臣更贊其事於帝前命中人就仗宣喻并李淑並令各且歸第後數日擢栖楚為起居郎賜緋栖楚矯讓不拜以疾歸洛是歲淮南節度使王播以錢十萬貫賂遺恩倖求鹽鐵使諫議大夫獨孤郎張仲方起居郎孔敏行柳公權起居舍人宋申錫補闕韋仁實劉敦儒拾遺李景讓薛廷老十人前一日詣延英抗論其事帝問前時廷諍者得不在其中耶即曰宣付宰臣令除栖楚為諫議大夫

韋處厚為翰林學士遷兵部侍郎於思政殿中謝恩諫畋遊及晏起曰臣有大罪顧面首於陛下前帝曰何處厚對曰臣不以死諫先聖縱先聖好畋及色以至不壽合當誅戮然所不死諫者為陛下在春宮年已十五今則陛下皇子始一歲矣臣安得更避死亡之誅帝深感其言賜錦綵一百匹銀器四事

崔郾為給事中敬宗即位選為翰林侍講學士轉中書舍人入思政殿謝恩郾奏曰陛下用臣為侍講半歲有餘未曾問臣經義今蒙轉改實懸尸素有佩厚恩帝曰俟朕機務稍閑即當請益高釴曰陛下意雖樂善既未延接儒生天下之人寧知重道帝深引咎錫之錦綵

李渤為諫議大夫時長慶寶曆政出多門事歸邪倖渤居位章疏無虛日敬宗雖日事遊縱亦為之感寤遷給事中中謝日賜

紫金魚袋

魏謩為右拾遺時御史中丞李孝本以罪誅文宗取孝本女二人入宮謩上疏切諫帝立出之尋除右補闕文宗謂宰臣曰太宗皇帝得魏徵採拾闕失弼成聖政今我得魏謩於疑似之間必極忠諫朕雖不敢希及貞觀之政庶幾處無過之地今授謩右補闕委舍人善為之詞未幾遷起居舍人兼引文館直學士文宗謂曰卿從來論事無所顧望頗有文貞之風甚愜朕懷今故不詢月限擢卿此官因問曰卿家有何舊書圖書詔勑謩言家書悉無唯有文貞公笏在文宗曰卿可進來鄭覃在側曰在人不在笏文宗曰卿渾未曉但甘棠之義非要笏耳覃大慙又謂謩曰自今有事即論謩曰須為諫官合盡規諷今為起居職在記言伏望遣臣歸職文宗曰凡在兩省官即合論事不得固辭由是起居舍人超拜諫議大夫其制略曰朕以邦國之大機務之多慮有所未周化有所未洽不有忠讜之士左右規益速瑨無燭不其難歟今則高選正人俾居諫省朝政闕失期乎必聞是用簡自朕心特申獎命所宜稱職豈限常資可諫議大夫仍兼起居充職

王直方為右補闕大和八年直方上疏曰臣伏見近歲已來災害不作兵革休息百穀豐登四方寧泰者非他是陛下事異於前時中外之心有所警惕此者雖有教坊音樂陛下未嘗賞悅因有錫宴與人共之如此則雖有伶人不害於事陛下即位之始宣徽教坊悉令停減人數或聞近來稍不如此樂工弟子賜與至廣每有此事向外流傳傷陛下聖德豈容易也臣以為鄭聲娛人新音動聽能使人情迷亂捨弃萬事而為樂不足也臣伏以聖體未安加以暑氣之熾侵蠹聖神得不慮乎上覽奏加歎賜帛百匹并以表示宰臣令宣付史官以獎直書

殷侑為刑部尚書開成元年賜侑黃金十斤命中人就第宣賜

竇洵直為右拾遺開成三年文宗以仙韶樂人尉遲璋為王府

率洵直紫宸廷諍以爲不可杖下後命中人齎絹一百匹賜
宋祁爲右拾遺開成四年四月宰臣奏事罷退及半庭帝却召
問曰祁論坊州事者爲誰楊嗣復曰宋祁帝曰宋祁論事至當
殊可獎何時授官李珏曰去年擢授嗣復曰諫官論事如當陛
下記其姓名稍加優獎如不當亦須含容陳夷行曰論事是其本職
若論一事即賞何由得官爵以爲賞此不免有情帝曰情固不免理平
之時亦不免夷行曰情若公言即不可翌日賜宋祁絹一百疋先是
除鄭遠爲坊州刺史祁上疏以爲不可遠至任以贓罪聞故有是賜
後唐李詳任左補闕長興二年上疏直諫先是太原地震留守
盜奏人不之知無敢言者及詳奏聞帝甚嘉之賜詳五品章服
晉何澤仕後唐爲洛陽令莊宗出獵屢踐民田澤屏其從者伏
於荒薄中截馬諫曰陛下急徵暴斂下不堪命今稼穡將登而
從騎耗暴如是使官吏何以求理集其征賦臣請賜死於此以
悟陛下莊宗慰而遣之尋遷倉部郎中明宗天成三年駕在汴

欲幸鄴人情不願執政近侍進言未從澤因伏門切諫竟罷
其行明宗心賞之乃拜吏部郎中
于鵬爲右拾遺天福二年鵬上章言事其一請頻御外殿採納
忠言其二請添擇大臣十人每共僉諧其三請罷修燒毀宮殿
恐勞民力其四以太原傷殘所獨半稅未常爲賞今請全放勑
曰于鵬官居諫諍志在輔裨所閲貢陳或關政化備詳端盡良
切歎嘉宜陟賞以申酬獎其于鵬加朝散大夫

冊府元龜卷第五百四十九

冊府元龜卷第五百五十

詞臣部一

總序

夏商之前詞臣之制蓋未詳聞說命云其代予言則其事也周禮春官之屬太祝作六辭以通上下親疏遠近一曰辭二曰命三曰誥四曰會五曰禱六曰誄內史掌王八柄之法凡命諸侯及孤卿大夫則策命之（策謂以簡策書王命）王制祿則贊爲之以方出之（贊爲之辭也以方出之以方版書而出之也）外史掌書外令（掌王令下於外）若以書使于四方則書其令（書王令以授使者）御史掌贊書（王有命以書致之則贊爲辭若今尚書作詔文）皆司言之任也漢制帝之下書有四一曰策書二曰制書三曰詔書四曰誡勑策書者編簡也其制二尺短者半之篆書起年月稱皇帝以命諸侯王三公其罪免亦賜策其異者隸書用尺一木兩行而已制書帝者制度之命其文曰制詔三公皆璽封尚書令印重令仰重封露布州郡也詔書者告也其文曰告某官云

如故事誡勑者謂刺史　太守其文曰有詔勑某官他類此又尚書主作文書草下筆爲詔策出言爲詔命後漢因之故尚書陳忠上疏云尚書爲王喉舌之官而諸郎多俗吏鮮有雅才每爲詔文轉詔求請也魏制中書監令並管機密掌贊詔命典作文書屬官通事郎掌草詔即漢尚書郎之任蜀初劉巴爲尚書令先主諸文誥策命皆其所作則尚書之職典詔命矣吳有中書令頗與魏同制而國初文誥之類皆出侍中胡綜則門下兼其事矣晉制以省郎一人管司詔命任在西省謂之西省郎宋齊因之梁世中書舍人用人殊重專掌詔誥故裴子野以中書侍郎鴻臚卿常兼中書通事舍人別勑知詔誥初魏晉已降中書令侍郎即聯掌其事至是舍人始專之又梁集書省置散騎常侍而下（肆員皆字）並爲諸優文策文平處諸文章詩頌後魏初多遵晉制中書令而下掌爲文詔北齊因之後周依周禮建六官太宗伯之屬有內刺外史典命蓋其職也隋有內史舍人專掌

詔誥唐循梁陳故事初中書舍人專掌詔誥其以他官領者謂之知制誥凡詔旨制勑璽書冊命皆按典故起草其禁有四一曰漏洩二曰稽緩三曰違失四曰妄誤若以他官特召草制者然未有名號乾封已後始名北門學士自永淳已來天下文章道盛中書舍人爲文士之極任朝廷之盛選中宗朝制詔多出宮中明皇始置麗正殿學士又改爲集仙集賢以典治書籍然亦別草詔書後置翰林待詔又改爲翰林供奉開元二十六年乃爲學士別建學士院于翰林院之南專掌內命然而學士班序未立延見之際各趨本列暨貞元二年九月始勑與諸司官知制誥同例學士無定員上至諸曹尚書下至校書郎皆爲之凡入翰林與諸曹絶迹不拘本司不繫常參初選者中書門下召令右銀臺門候旨其日入院試制書批答共三道詩一首試畢封進可者翌日受宣後增試賦一首元和中又置承旨一員故事中書之職王言之制有七一曰冊書立后建嫡封庶番屏臨軒備

禮則用之二曰制書行大賞罰授大官爵釐革舊政赦宥降虜則用之三曰慰勞制書褒贊賢能勸勉勤勞則用之四曰發日勑書增減官員廢置州縣徵發兵馬除免官爵授六品已下官處流已上罪則用之五曰勑旨謂百司承旨而爲程式奏事施行者六曰論事勑書慰諭公卿誡約臣下則用之七曰勑牒隨事承旨不易舊典則用之凡荅疏於王公則用皇帝行寶勞來勳賢則用皇帝之寶徵召臣下則用皇帝信寶荅四夷書則用天子行寶慰撫蠻夷則用天子之寶發蕃將兵則用天子信寶元和初學士院別置書詔印凡赦書德音立后建儲大誅討拜免三公將相曰制百官班於宣政殿而聽之賜與徵召宣索處分之詔慰撫軍旅之書祠饗道釋之文陵寢薦獻之表荅奏疏賜軍號皆學士院主之餘則中書舍人主之其翰林學士中書舍人分爲兩制各置六員梁因之後唐同光元年四月置護鑾制書學士尋罷之晉天福五年廢翰林學士其職事並歸中書舍

人明運元年復置翰林學士三年又賜學士院書詔金印周初翰林學士常叅官五日一起居顯德五年詔令逐日起居眞直則赴晚朝夫代王言頒憲度或以褒功德或以出爵祿或以撫郡國或以制刑辟皆萬方之瞻御百世之流布必在其言雅正其理流暢可以發揮於治體可以感動於人心與典誥而同風將流俗而殊貫然後謂之稱職協乎得人矣在於兩漢其人未顯獨相如視草而已其後魏有衛覬劉放晉有張華和嶠宋有傅亮南齊有丘靈鞠梁有朱异陳有姚察蔡景比齊有祖珽魏收後周有李德林隋有虞世基唐有李伯藥岑文本李嶠蘇頲之類皆其顯灼聞名於世者也復有不叅職務近居侍從獨以文義受乎知獎因而受詔俾乎屬辭則有暨賈之書嚴助之賦枚皐之祝揚雄之賛王褒之序蕭綽之誥虞綽之銘其文也或以典雅或以溫麗或以敏速或以體要其人也或以忠謹或以鴻博或以時名或以舊德雖爲用不一而擅美攸同故有膂

緣禮外柄臣者焉亦有才不踰衆德不自重雖膺一時之寵終貽多士之羞今並次其事迹著于編簡凡詞臣部八門

選任　恩獎

選任

夫令出惟行孰可以弗愼官不必備唯在乎得人而況登赤墀之塗遊青瑣之闥居切問之地司誕告之言或申諭四方或傾爵庶尹或發贊治行或發明憲章列拜是瞻生民爲則典茲任者不亦難哉由漢而下曷嘗不愼重其選乃在馳辯傳之譽韞清麗之才選衆而舉居職自稱若夫當世之主寤寐賢儁其或篤藝文之好特蒙延獎善讜直之論首被推擇以至膺所知之論爲儕羣居之望寶賁於嚴署翱乎休問然後知審勿左右誠資乎君子之儒發揮命令必在乎文士之助者已

漢司馬相如字長卿武帝時爲郎帝方好藝文以淮南王安屬爲諸父（安於天子屬爲從父叔父）辯博善爲文辭甚尊重每爲報書及賜書諭（蜀諭蜀書也）常召相如視草乃遣（草謂文之藁草）

嚴助爲會稽太守上書願奉三年計最（舊制當使丞奉歲計今助自請入奏也最凡要也）詔許因留侍中有奇異輒使爲文（謂非常之文）及作賦頌數十篇

王褒蜀人宣帝時召高材劉向張子僑華龍柳褒等待詔金馬門褒與子僑等並待詔數從褒等放獵（放獵謂上乘大獵也一曰游放獵也）所幸宮館輒爲歌頌

晉劉超字世瑜初爲元帝瑯邪國記室遂從渡江轉安東府舍人專掌文檄相府建又爲舍人中興建爲中書舍人

孔衍字舒元初爲元帝安東叅軍專掌記室書令勅積而衍每以稱職見知中興初與庾亮俱補中書郎

徐邈字仙民東莞姑幕人孝武帝始覽典籍招延儒學之士邈既東州儒素太傅謝安舉以應選補中書舍人及爲散騎常侍猶處西省累遷中書侍郎專掌綸詔啟前衛率授太子經邈雖在東宮猶朝夕入見叅綜朝政修飾文詔

宋傅亮字季友晉義熙元年除員外散騎侍郎直西省典掌詔命

轉領軍長史以中書郎滕演代之七年遷散騎侍郎復代演直西省仍轉中書黃門侍郎直西省如故永初元年以佐命功封建城縣公入直中書省專典詔命高祖受命表策文誥皆亮辭也

南齊謝朓字玄暉文章清麗初爲明帝驃騎記室掌霸府文筆又掌中書詔誥尋拜中書郎出爲宣城太守以選復爲中書郎

梁江淹字文通初爲南齊太祖驃騎叅軍軍書表記皆使淹具草相國建補記室叅軍事建元初爲建安王記室帶東武令叅掌詔冊爲遷中書侍郎

任昉字彥昇初爲南齊太子步兵校尉管東宮書記雅善屬文尤長刀筆才思無窮遷中書侍郎高祖霸府初開以昉爲驃騎記室梁臺既建禪讓文誥多昉所具及踐祚拜黃門侍郎

裴子野爲員外郎普通中大舉北侵勅子野爲撥魏文又勅爲書諭魏相元叉武帝深嘉焉遷中書侍郎鴻臚卿俄兼中書通事舍人別勅知制誥

陳暨瓊以文學爲殿中郎武帝時討周迪陳寶應等都官符及諸大手筆並中勑付瓊累遷中書侍郎後主即位直中書省掌詔誥至德元年除度支尚書掌詔誥如故

毛喜初爲宣帝驃騎府中記室府朝文翰皆喜詞也及帝即位除給事黄門侍郎兼中書舍人典軍國機密

姚察遷戎昭將軍撰梁史後主纂業兼東宫通事舍人勑專知優冊謚議等文筆

後魏袁翻少以文學擅美孝明孝昌中爲中書令領給事黄門侍郎與徐紇俱在門下並掌文翰

溫子昇爲廣陽王深行臺郎中黄門侍郎徐紇受四方表啓答之敏速於深獨沉思曰彼有溫郎中才藻可畏元顥入洛以子昇爲中書舍人莊帝還宫爲顥任使者多被廢黜而子昇復爲舍人後除正員郎仍舍人永熙中爲侍讀亦兼舍人

北齊邢邵字子才後魏光禄卿虬之子文章典麗既贍且速莊

帝永安初累遷中書侍郎所作詔文體甚麗

魏收仕後魏爲主客郎中前廢帝立妙簡近侍詔收爲封禪書下筆便就不立藁草遷散騎侍郎俄兼中書侍郎孝武初又詔收典本職文誥填積事咸稱旨

陳元康爲司徒高昂記室初司馬子如高季式與孫搴劇飲搴醉死神武命求好替子如舉魏收他日神武謂季式曰卿飲殺我孫主簿魏收作文書都不能夜閤不稱我意司徒常道一人謹密是誰季式以元康對曰是能夜閤書快吏也召之一見便授大丞相功曹參軍掌機密陳事意不爲華藻遷大行臺都官郎封安平子

後周王褒初自梁歸國爲內吏部大夫高祖作象經令褒注之引據該洽甚見稱賞褒有器局雅識治體既累世在江東爲宰輔高祖亦以此重之建德以後頗參朝議凡大詔冊皆令褒具草東宫既建授太子少保遷小司空仍掌綸誥乘輿行幸褒常從焉

隋李德林初仕北齊爲通直散騎常侍中書侍郎後周武帝平齊入鄴之日勑小司馬唐道和就宅宣慰及從駕還長安授內史上士自此以後詔誥格式及用山東人物一以委之

唐岑文本貞觀中爲中書舍人時中書侍郎顏師古以譴免職頃之溫彥博言於太宗曰師古諳練時事長於文誥時無逮者冀蒙復用帝曰我自舉一人公勿憂也於是以文本爲中書侍郎專典機密

郭正一爲中書舍人高宗永隆中檢校中書侍郎永淳中正除在中書累年明習舊事兼有詞學制勑多出其手

元萬頃爲著作郎則天諷高宗廣召文詞之士入禁中修撰萬頃與左史范履冰苗神客右史周思茂胡楚賓咸預其選時人謂之北門學士萬頃屬文敏速則天臨朝遷鳳閣舍人無幾擢拜鳳閣侍郎

周思茂爲右史時與左史范履冰苗神客俱以文筆於禁中供

奉二十餘年至於政事損益多預焉

崔融長安四年除司禮少卿知制誥融爲文典麗當時罕有其比朝廷所須洛出寶圖則天皇后哀冊文及諸大手筆並手勑付融撰之

賈曾爲玄宗太子舍人睿宗時授曾中書舍人曾以父名忠固辭乃拜諫議大夫知制誥與蘇晉皆以詞學見知

蘇頲爲工部侍郎玄宗謂宰臣曰有從工部侍郎得中書侍郎否對曰任賢用能非臣等所及玄宗曰蘇頲可中書侍郎明日加知制誥時李乂爲紫微侍郎與頲對掌文誥

張說爲鳳閣舍人歷黄門中書侍郎弘文館集賢院學士掌文學之任凡三十年說子均垍並能文說在中書均垍兄弟並掌綸誥之任

張九齡爲司勳員外郎時中書令張說與九齡同姓叙爲昭穆尤親重之常謂人曰後來詞人稱首也俄拜中書舍人九齡以詞學進又視草翰林甚承恩顧

韋陟爲吏部郎中時中書令張九齡一代詞宗引陟爲中書舍人與孫逖梁陟對掌文誥時人以爲美談

常衮爲起居郎代宗寶應二年選爲翰林學士考功員外郎累遷中書舍人衮文章俊拔當時推重

吴通玄與兄通微俱博學善屬文通玄德宗建中初策賢良方正通微登文詞清麗等科貞元初並爲翰林學士時中書舍人李紓爲昭德王皇后謚册文宰相張延賞柳渾爲廟樂章及進皆不稱旨並詔通玄重撰

韓臯字仲文晉公滉之子貞元初爲考功員外郎丁父艱德宗遣中人就第慰問仍宣令論撰滉之事業臯號泣承命立成數千言帝甚之及免喪執政者擬考功郎中御筆加知制誥尋遷中書舍人

韋執誼貞元中應制策高等拜右拾遺召入翰林爲學士

高參貞元中爲中書舍人以病免唯庫部郎中張濛獨知綸翰張延賞李泌累以才可者請皆不許濛又以姊喪在假或須草制宰相命他官以爲之

楊於陵爲京兆尹出爲絳州刺史德宗雅聞其問望發曰面辭留拜中書舍人

李建嗜學力文舉進士選授秘書省校書郎德宗聞其名擢充翰林學士

權德輿爲起居舍人歲中兼知制誥轉駕部員外司勳郎中職如舊遷中書舍人是時德宗親覽庶政重難除授凡命於朝多補自御札始德輿知制誥給事中有徐岱舍人有高郢居歲餘岱卒郢知禮部貢舉獨德輿直禁垣數旬一歸家居西掖八年其間獨掌者數歲

白居易憲宗元和初應才識兼茂明於體用科授盩厔尉集賢校理文詞富豔尤精於詩筆自𥨊校至結綬畿甸所著歌詩數十百篇皆意在諷賦箴時之病補政之缺士君子多之往往流聞禁中憲宗納諫思理渴聞讜言乃召入翰林爲學士

李德裕爲監察御史穆宗即位召入翰林充學士帝在東宫素聞其父吉甫之名既見德裕尤重之禁中書詔大手筆多詔德裕草之

高釴爲起居郎充史館修撰累陳時政得失長慶元年穆宗謙之面賜緋於思政殿仍命以本官充翰林學士

韋處厚爲翰林侍講學士權知兵部侍郎兼史館修撰敬宗初即位以侍講及修撰書詔事繁不可兼他職乃罷侍講爲翰林學士

柳公權文宗時爲侍書學士大和九年九月癸丑幸翰林院召學士陳夷行丁居晦及公權對因面授公權知制誥充翰林學士

白敏中居易從父弟開成末爲户部員外郎武宗素聞居易之名及即位欲用之宰相李德裕言居易衰病不能朝謁因言從弟敏中詞藝類居易即日命知制誥召入翰林爲學士

梁趙光裔太祖始受禪自外制入爲翰林學士時詔制叢委中命亟急光裔遣詞供職典而有體時所許焉三年秋以兄光逢作相不樂在密勿之地堅辭得請出拜太常少卿乾化二年復命爲中書舍人翰林學士

後唐王仁裕初仕蜀爲中書舍人蜀亡爲汴州觀察判官末帝清泰中汴帥范延光言其不可滯於賓佐末帝亦知其有才乃召爲司封員外郎知制誥充翰林學士

周魚崇諒漢隱帝乾祐三年自保義軍節度判官爲中書舍人充翰林學士崇諒晉朝爲員外郎知制誥契丹命爲學士漢高祖入汴復召爲學士以母老思歸乞解職侍養漢高祖嘉之用爲本州副使請領郡俸王師討三叛時節度使白文珂在軍前崇諒爲副使知後事凡供軍儲備調發徵促剋期而辦近鎮供億深所賴焉會王仁裕請退禁庭選學士議者以爲文字稱職無踰崇諒乃復徵之至太祖時崇諒母病篤太祖許歸侍養廣順三年復徵之崇諒累表辭以母病難於違養太祖賜詔曰卿向以母親高年久嬰疾恙解職歸止徇亭家頻煩以疾辭今聞

疾愈臻此康寧之福由其感應之誠苟徵命以猶稽則才能而虛席寢乃職位式佇論思載覽表章尚形眷戀諭以前詔俾之待行子道既已光揚君恩亦須承順速宜祗赴無或再三崇諒認詔意不敢堅辭復表言比及撰行節氣凝冱乞至春暖奉親歸朝許之仍詔本州給行裝借驛馬送至京師授禮部侍郎知制誥充翰林學士

恩奬

古稱登高必賦可以爲大夫蓋取其感物造端材智深美而能圖事者也厥後選任文學之士置之近密乃有潤色鴻業宣行大事陪降帝右居處禁中或接對從容或賞賜優洽激其清節褒以美詞使榮冠一時名垂千載儒者之遇於斯爲盛

漢王褒字子淵宣帝時與張子僑等並待詔數從褒等放獵所幸宮館輒爲歌頌第其高下以差賜帛

魏邯鄲淳黃初爲博士給事中作投壺賦千餘言奏之文帝以

爲工賜帛千匹

晉劉超字世瑜元帝時爲中書舍人職典文翰而勵身清苦衣不重帛每帝所賜皆固辭曰凡陋小臣橫竊賞錫無德而祿殃咎是懼帝嘉之不奪其志

南齊傅昭爲中書舍人時居此職者皆權傾天下昭獨廉靜無所干涉器服率陋身安粗糲常插燭板床明帝聞之賜漆合燭盤勑曰卿有古人之風故賜卿古人之物

陳陸琰爲法曹外兵參軍直嘉德殿學士文帝聽覽餘暇頗留心史籍以琰博學善占誦引置左右嘗使製刀銘琰援筆即成無所點竄帝嗟賞久之賜衣一襲

後魏董紹爲中書舍人辯於對問爲宣武所賞孝明初紹上御天馬頌帝賞其辭賜帛八十匹

隋李德林初仕北齊爲中書舍人加通直散騎侍郎是時中書侍郎杜臺卿上世祖武成皇帝頌齊後主以爲未能盡善令和士開以頌示德林宣旨云臺卿此文未審朕意以卿有大才須敘盛德即宜速作急進本也德林乃上頌十六章并序後主覽頌善之賜名馬一匹

薛道衡開皇中爲内史侍郎高祖每曰薛道衡作文書甚稱我意然誡之以迂誕後高祖善其稱職謂楊素牛弘曰道衡老矣驅使勤勞宜使其朱門陳戟於是進位上開府賜物百段道衡辭以無功高祖曰爾久勞階陛國家大事皆爾宣行豈非功也

虞綽煬帝大業中爲著作佐郎與虞世南庾自直蔡允恭等四人常居禁中以文翰待詔恩眄隆洽

唐徐齊聃咸亨中爲西臺舍人善於文誥甚爲當時所稱高宗愛其文令侍周王等屬文以職在樞劇仍許間日來往焉

蘇頲開元初爲中書侍郎時李乂爲紫微侍郎與頲對掌文誥他日玄宗謂頲曰前朝有李嶠蘇味道謂之蘇李今有卿及李乂亦不謝之卿所製文誥可錄一本封進題云臣頲撰朕要留

中披覽其禮遇如此

徐浩大寶末爲中書舍人玄宗傳位誥冊皆浩爲之參兩宮文翰寵遇罕比

于邵德宗建中初爲中書舍人尋兼禮部侍郎加史館修撰爲三司使當撰上尊號冊文賜階銀青當是時朝廷有大詔令皆出於邵

姜公輔建中初爲左拾遺召入翰林爲學士歲滿當改官公輔上書自陳以母老家貧以府掾俸給稍優乃求兼京兆府户曹參軍特承恩顧才高有器識每對見言事德宗多從之

吴通玄建中初爲諫議大夫知制誥詞藻婉麗德宗尤憐之時有詔李紓爲昭德王皇后謚冊文宰相張延賞柳渾爲廟樂章及進皆不稱旨並詔通玄重撰凡中旨撰述非通玄之筆無不慊然重之如此

陸贄建中貞元閒爲翰林學士艱難中爲内職行止輒隨從精絜小心未嘗有過誤德宗特所親信待之不以嚴侍見從容言

笑至或脫御衣以衣之或以姓第呼爲陸九同職莫敢望之初德宗自奉天適梁州山路危險往往與從官相失夜至驛求贄不得驚悲涕泣募於衆曰有能得贄者吾與千金久之贄乃至皇太子已下皆賀贄母韋氏在江東時詔中使迎至京師道路以驛擔舁以爲榮及母卒將合葬于河南復詔中使往護其父柩至河南葬焉免喪權知兵部侍郎復入翰林入見之日德宗爲之興改容致詞以弔之

權德輿貞元末爲中書舍人獨直禁垣數旬始歸嘗上疏請除兩省官德宗曰非不知卿之勞苦禁掖清切須得如卿者所以久難其人

張仲素爲翰林學士元和十三年淮西平憲宗御麟德殿對仲素及段文昌沈傳師杜元穎以仲素等自討叛奉書詔之勤賜仲素紫賜文昌等以緋

令狐楚爲職方員外郎知制誥撰元和辯謗略書成帝嘉其該博轉職方郎中知制誥充翰林學士

崔郾爲翰林侍講學士轉中書舍人入思政殿謝恩郾奏曰陛下用臣爲侍講半歲有餘未嘗問臣經義今蒙轉改實慙尸素有愧厚恩穆宗曰俟朕機務稍閑即當請益學士高釴曰陛下意雖樂善然未延接儒生天下之人寧知重道帝深引咎賜之錦綵

高釴爲兵部員外郎翰林學士長慶四年四月禁中有張韶之變敬宗幸左軍是夜釴從帝宿於左軍翌日賊平賞從臣賜釴錦綵七十匹轉戶部郎中知制誥

路隨爲翰林學士承旨文宗大和元年四月晡後召隨已下對於太液殿各賜錦綵銀器

鄭覃爲翰林學士大和四年七月文宗於太液亭子召覃已下對賜之錦綵

封敖爲翰林學士武帝深重之嘗草賜陣傷邊將詔警句曰傷居爾體痛在朕躬帝覽而善之賜宮錦

杜讓能中和中爲翰林學士時僖宗幸蜀關中用兵書詔重委讓能草辭敏速筆無點竄動中事機帝嘉之遷戶部侍郎承旨

後唐李琪初仕梁爲翰林學士承旨專掌文翰下筆稱旨寵遇踰倫

盧質爲兵部尚書翰林學士承旨明宗長興初賜號論思輔佐功臣緋常也

李懌爲翰林學士末帝一日御廣壽殿召懌及程遜崔棁和凝李崧舍人王延張昭遠李詳呂琦等賜食帝曰俱掌王言何以分別內外李懌對曰王言本舍人所掌然自肅宗舉兵靈武後軍中速急時令學士草詞自後乃分職命將相由內學士由外其實一也食畢人賜馬一匹衣一襲

周扈載爲水部員外郎知制誥從駕南征迴召爲翰林學士賜緋時載抱病不能朝謝者數月一日乃力疾就直帝矜其羸瘵賜告歸第仍降太醫視疾其寵遇也如此

冊府元龜卷第五百五十

冊府元龜卷第五百五十一

詞臣部二

詞學　　器識

詞學

自漢氏之後代言觀色之任歸於省闥非夫學窮物表識通治體藻翰英發可以丹青帝載文燄雅奧可以導揚天律亦何能憲章古昔發揮號令使溫純郁穆有上世之風烈哉乃有練識舊典博通經術鋒氣宏挺章采彬蔚典暢情理率循軌度祖述前訓綽有遺妍約束機務洞臻體要以至藩攜職之譽增時文之美或屬嘉獎或專以委任布於佳話良足韙歟

魏劉放初為太祖記室文帝明帝時為中書令善為書檄三祖詔命有所招諭多放所為

吳胡綜為大帝書部與是儀徐詳俱典軍國密事凡自文帝統事諸文誥策命鄰國書符略皆綜之所造也

晉孔演為中書侍郎于時中興肇建庶事草創演經學博通又練識舊典朝儀軌制多取正焉由是元明二帝並親愛之

范甯為中書侍郎專掌西省康帝雅好文學而甯明習五經甚見親愛朝廷疑議輒諮訪之

南齊丘靈鞠宋末為正員郎兼中書郎時方禪讓高帝使靈鞠參掌詔策建元元年轉中書郎勑知東宮手筆靈鞠宋時文名甚盛

王融為中書郎世祖永明九年幸芳林園禊宴朝臣詔融為曲水詩序文藻富麗當世稱之

梁任孝恭為中書通事舍人勑遣製建陵寺刹下銘又啟撰高祖集序文並富麗自是專公家筆翰

朱异為尚書儀曹郎兼中書通事舍人自周捨卒後异代掌機謨方鎮改換朝儀國典詔誥勑書並兼掌之

丘遲為中書郎待詔文德殿武帝著連珠詔群臣繼作者數十人遲文最美

陳徐陵初仕梁為吏部郎掌詔誥有陳創業文檄軍書及禪授詔策皆陵所製而九錫尤美為一代文宗亦不以此矜物未嘗詆訶作者於其後進文徒接引無倦世祖高宗之世國家大手筆皆陵草之

姚察為中書侍郎歷嘉德宣明二殿及東宮三學士每有制述多用新奇專志著書白首不倦徐名高一代每見察述作尤所推重嘗謂子儉曰姚學士德學無前汝可師之也

後魏趙逸為中書侍郎太武神䴥三年三月上巳帝幸白虎殿命百寮賦詩逸製詩序時稱為善

崔光本名孝伯歷中書侍郎給事黃門侍郎甚為孝文所知待嘗曰孝伯之才浩浩如黃河東注固今日之文宗也

高閭為中書侍郎軍國書檄詔令碑頌銘贊百有餘篇其文亦高允之流世稱二高

北齊魏收初仕後魏為中書舍人與濟陰溫子昇河間邢子才齊譽世號三才收後為散騎常侍兼中書侍郎神武入朝靜帝授相國固令收為啟啟成上王文襄時侍側神武指收曰此人當復為崔光又季秋大射普令賦詩收詩末云尺書徵建鄴折簡召長安文襄壯之顧諸人曰在朝今有魏收便是國之光采雅俗文墨通達縱橫我亦使子才子昇時有所短至於詞氣並不及之吾有意而不語語而不盡意有未及收呈草皆以周悉此亦難有又侯景既陷梁梁鄱陽王範時為合州刺史文襄勑收以書喻之範得書仍率部伍西上刺史崔聖念入據其城文襄謂收曰今定一州卿有其力猶恨尺書徵建鄴未効耳及帝即位於晉陽驛召收及中山太守楊休之參議吉凶之禮并掌詔誥文宣謚及廟號陵名皆收議也及孝昭居中宰事命收禁中為諸詔文積日不出轉中書監

邢劭字子才為中書侍郎所作詔文體宏麗累遷中書監文宣

尋晉陽路中頻有甘露之瑞朝臣皆作甘露頌尚書附令劭爲
之序
崔㥄爲侍中歷覽群書兼有詞藻自中興之後迄於武帝詔誥
表檄多㥄所爲
荀士遜爲中書舍人以文辭見重累遷中書侍郎号爲稱職
顏之推爲中書舍人帝有取索常令中使傳旨之推稟承宣告館
中皆受進止所進文章皆是其封署於進賢門奏之待報方出
兼善於文字監校繕寫處事勤敏號爲稱職
後周劉祥字休徵爲内史上士高祖北征休徵陪侍帷幄平齊
露布即休徵之文也
隋薛道衡爲内史侍郎上儀同三司以當樞要才名益顯太子
諸王爭相與交高熲楊素雅相推重聲名籍甚無競一時
牛弘爲納言上士俄專掌文翰甚有美稱
唐徐齊聃高宗時爲西臺舍人齊聃善於文誥甚爲當時所稱

高宗愛其文令侍周王等屬文以職在樞劇乃勑間日往來
郭正一爲中書舍人後爲中書侍郎在中書累年明習舊事兼
有詞學制勑多其手出當時號爲稱職
劉憲學之度則天時爲鳳閣舍人文詞爲代所稱
李嶠爲鳳閣舍人則天深加禮待朝廷每有大文詞皆令嶠爲之
崔融爲司理少卿知制誥時張易之兄弟頗招集文學之士融
與納言李嶠鳳閣侍郎蘇味道麟臺少監王紹宗等俱以文才
降節事之
賈曾開元初爲中書舍人與蘇晉同掌制誥皆以詞學見知時
人稱爲蘇賈
許景先開元中爲中書舍人與齊澣王丘韓休張九齡掌知制
誥以文翰見稱中書令張説常稱曰許舍人之文雖無峻峯激
流嶄絶之勢然屬詞豐美得中和之氣亦一時之秀也
席豫爲中書舍人與韓休許景先徐安貞孫逖相次掌制誥皆
有能名
齊澣爲中書舍人潤色王言皆以古義諷諭爲準的侍中宋璟
中書侍郎蘇頲並重之
孫逖爲中書舍人逖掌誥八年制勑所出爲時流歎服議者以
爲自開元巳來蘇頲齊澣蘇晉賈曾韓休許景先及逖爲王言
之最逖尤苦思文理精練加之謙退不伐人多稱之韋陟爲吏
部郎中張九齡一代詞宗爲中書令引陟爲中書舍人與孫逖
梁陟對掌綸誥時人以爲美談
常袞代宗永泰中爲中書舍人袞文章俊拔當時推重與楊炎
同掌制誥時稱爲常楊
崔元翰德宗時爲禮部員外郎竇參爲相舉知制誥詔令温雅
合於典訓
令狐楚爲職方員外知制誥善於牋表制誥每爲一詞纔成衆
立傳寫憲宗聞其名召見擢爲翰林學士

王仲舒元和中爲職方郎中知制誥文思温雅制誥即出人皆
傳寫
元稹穆宗長慶初爲祠部郎中知制誥詞誥所出敻然與古爲
侔遂盛傳於代由是極承恩顧稹嘗爲長慶宮詞數十篇京師
競相傳唱
柳公權爲翰林學士文宗嘗因夏日與學士聯句帝曰人皆苦
炎熱我愛夏日長公權續曰薰風從南來殿閣生微凉時丁袁
五學士皆屬繼晅斂若等曰時丁居袁郁並爲學士帝獨諷公權兩句曰辭清
不可多得乃令公權題於殿壁
梁杜曉開平初爲中書舍人翰林學士居兩制之重祖述前載甚
得王言之體
後唐李琪初仕梁專掌文翰下筆稱旨寵遇踰倫是時琪之名
播於海内
趙光逢爲禮部郎中歷内外兩制俱有能名轉尚書左丞翰林

承旨

周申文炳太祖廣順初為中書舍人翰林學士為文典雅有訓誥之風

才敏

仲尼曰我好古敏以求之者也傳曰敏則有功又曰敏於事蓋敏之時義遠矣哉若乃祇率官次躬膺明詔國典有稽緩之禁公家有疊委之命至於奉間宴陪豫游援簡為文無容宿構於坐立奏煥然成章非英氣積中天機後發又安能翰動若飛筆不停綴布辭令於俄頃獻嘉頌於行在夫如是則持槖簪筆垂紳束帶並集龍鳳之署待詔承明之庭斯謂無曠其職者也若乃不野不史有德有言然後親日月之光潤金玉之度始可以無媿矣

漢枚皐武帝時為郎武帝春秋二十九廼得皇子群臣喜故皐與東方朔作皇太子生賦及立皇子禖祝（禮月令祀於高禖高禖求子之神也武帝晚得太子喜而立此禖祠而令皐作祭祀之文也）受詔所為皆不從故事重皇子也初衛皇后立皐奏賦以戒終（令慎終如始也）皐為賦善於朔也從行至甘泉雍河東巡狩封泰山塞決河宣房游觀三輔離宮館臨山澤弋獵射馭狗馬蹵鞠刻鏤（蹵足蹵之也鞠以韋為之中實以物蹵蹋為戲樂也）帝有所感輒使賦之為文疾受詔輒成故所賦者多

吳薛綜為尚書僕射大帝勅綜祝祖不得用常文綜承詔卒造文義信辭粲爛大帝曰復為兩頭（謂更添一頭更祝之語）使滿三也綜復再祝辭令皆新衆咸稱善

晉鍾會為中書侍郎時司馬景王命中書令虞松作表再呈輒不可意命松更定以經時松思竭不能改心存之形於顏色會察其有憂問松松以實荅會取視為定五字松悅服以呈景王王曰不當爾邪誰所定也松曰鍾會向亦欲啓之會公見問不敢饕其能王曰如此可大用可令來會問松王所能松曰博學明識無所不貫會乃絕賓客精思十日平旦入見至鼓二乃出後

王獨拊手歎息曰此真王佐材也

南齊劉係宗為中書通事舍人太祖廢蒼梧明日呼正直舍人虞整醉不能起係宗歡喜奉命太祖曰今天地重開是卿盡力之日使寫諸處分勅令及四方書疏使主書七人書吏二十人配之事皆稱旨

梁裴子野掌中書詔誥高祖普通七年王師北伐勅子野為喻魏文受詔立成高祖以其事體大召尚書僕射徐勉太子詹事周捨鴻臚卿劉之遴中書侍郎朱异集壽光殿以觀之時並歎服高祖目子野而言曰其文甚壯俄又勅為書喻魏相元義其夜受旨子野謂可待旦方奏未之為也及五鼓勅催令開齋速上子野徐起操筆昧爽便就奏之高祖深嘉焉自是凡諸符檄皆令草創子野為文典而速不尚靡麗之詞其制作多法古與今文體異時或有詆訶者及末皆翕然重之或問有為文速者子野荅云人皆成於手我獨成於心雖有見否之異其於刊改一也俄遷中書侍郎

朱异普通中為散騎常侍异容皃魁梧能舉止雖出自諸生甚閑軍國故實自周捨卒後异代掌機密其軍旅謀謨方鎮改換朝儀國典詔誥勅書並典掌之每四方表疏當局簿領諮議詳斷填委於前屬辭落紙覽事下議縱橫敏贍不暫停筆頃刻之閒諸事便了

任孝恭為中書通事舍人為文敏速受詔立成若不留思每奏高祖輒稱善累賜金帛

蕭介博涉經史善屬文初高祖招延後進二十餘人置酒賦詩臧盾以詩不成罰酒一斗盾飲盡顏色不變自若介染翰便成文無加點高祖兩美之曰臧盾之飲蕭介之文即席之美也

劉孺為太子中舍人孺少好文章性敏速嘗於御坐為李賦受詔便成文不加點高祖甚稱賞之

到沆為太子洗馬通籍文德殿學士省時高祖讌華光殿命羣

臣賦詩獨詔沆為二百字三刻便成沆於坐立奏其文甚美

謝徵為鴻臚卿時後魏中山王元略還北高祖餞於武德殿賦詩三十韻限三刻成徵二刻便就其辭甚美高祖再覽焉

謝覽為吏部郎嘗侍高祖坐勅與侍中王暕為詩答贈其文甚工高祖善之仍使重作復合旨

王規為黃門侍郎高祖於文德殿餞廣州刺史元景隆詔羣臣賦詩同用五十韻規援筆立奏其文又美高祖嘉焉即日詔為侍中

褚翔為太子舍人宣城王主簿高祖宴羣臣樂遊苑別詔翔與王訓為二十韻詩限三刻成翔於坐立奏高祖異焉即日轉宣城王文學

陳蔡景歷高祖初為中書通事舍人掌詔誥景歷屬文不尚雕靡而長於敘事應機敏速為當世所稱

顧晃文帝天嘉初為中書舍人掌制誥其表奏詔書下筆立成便得事理而雅有氣質

陰鏗幼聰惠天嘉中為始興王府中錄事參軍世祖嘗讌羣臣賦詩徐陵言之於世祖即日召鏗預讌使賦新成安樂宮鏗援筆便就世祖甚歎賞之

傅縡為中書通事舍人掌詔誥縡為文典麗性又敏速雖軍國大事下筆輒成未嘗起草沈思者亦無以加焉甚為後主所重

後魏徐紇字武伯少好學有名理頗以文詞見稱靈太后臨朝紇為中書舍人總攝中書門下之事軍國詔命莫不由之時有急速令數吏執筆或行或臥人別占之造次俱成不失事理雖無雅裁亦可通情時黃門侍郎太原王遵業琅邪王誦並稱文學亦不免為紇秉筆求其指授文筆駁論數十卷多有遺落時或有存於世

高恭之字道穆為中書舍人元顥逼虎牢道穆勸莊帝北渡循河東下敕大將軍元天穆於滎陽別敕尒朱王赴河內以犄角之臣竊謂萬全之計不過於此帝曰高舍人語是其夜到河內郡北未有城守可依帝命道穆秉燭作詔書數十紙布告遠近於是四方知乘輿所在

北齊魏收初仕後魏為主客郎中節閔帝立妙簡近侍詔試收為封禪書收下筆便就不立藁草文將千言所改無幾時黃門郎賈思同侍立深奇之帝曰雖七步之才無以過此時年二十六孝武初又詔收攝大職文誥填積事咸稱旨侯景叛入寇梁南境文襄時在晉陽令收為檄五十餘紙不日而就又檄梁朝令送侯景初夜執筆三更便成文過七紙文襄善之帝曾遊東山勅收作詔宣揚威德譬喻關西俄頃而訖詞理宏壯帝對百寮大嗟賞之收自東魏孝靜武定二年已後國家大事詔命軍國文詞皆收所作每有警急受詔立成或時中使催促收下筆有同宿搆敏速之工邢溫所不逮也其參議典禮與邢相埒

杜弼為大行臺郎中從武帝破西魏於印山命為露布弼手即書絹曾不起草

盧詢祖有學術文章華靡為後生之俊舉秀才入京李祖勳嘗宴文士文宣使小黃門勑祖勳母曰茹茹既破何故無賀表使者佇立待之諸賓皆為表詢祖俄頃便成後朝廷大遷除同日催拜詢祖立於東止車門外為二十餘人作表文不加點辭理可觀

後周呂思禮沙苑之捷命為露布食頃便成太祖歎其工而且速

隋楊素初仕周為車騎大將軍武帝命素為詔書下筆立成詞義兼美帝嘉之顧謂素曰善自勉之勿憂不富貴素應聲荅曰臣但恐富貴來逼臣臣無心圖富貴

唐顏師古武德初為中書舍人專掌機密于時軍國多務奏請填委師古性既明敏達於從政凡有詔誥皆成其手

岑文本為中書舍人武德中詔誥及軍國大文皆出於顏師古至是文本所草詔誥或衆務繁湊即命書僮六七人隨口並寫

須臾悉成亦殆盡其妙
張昌齡弱冠以文詞知名舉進士及第翠微宮成詣闕獻頌太
宗召見試作息兵詔俄頃而就帝甚悅
楊師道為侍中時太宗好五言詩見師道所製咸稱善嘗宴近
臣謂師道曰卿善篇什工毫翰如聞酣賞之際援筆直疏有如
宿構今可試為之師道拜伏奉詔造次便成略無點竄仍令再
三吟諷舉坐莫不嗟賞
許敬宗為太子左庶子兼修國史貞觀十九年從太宗征遼敬
宗與高士廉等共知機要及岑文本卒于行所驛召敬宗令草
駐蹕山破賊詔書敬宗立於馬前俄頃而就詞甚典麗深見嗟
賞自是專知詔誥
李承慶為鳳閣舍人屬文敏捷雖軍國大事下筆輒成未嘗起
草後為鳳閣侍郎同平章事中宗神龍初坐附推張易之弟昌
宗失實配流時易之等伏誅承慶去巾解帶而待罪欲草赦書

眾議以為無如承慶者乃召承慶為之承慶神色不撓援筆而成
詞甚典美當時咸歎服之
劉禕之字希美則天臨朝拜中書侍郎同中書門下三品時軍
國多事所有詔勑獨出禕之構思敏速皆可立待
王勮長壽中為太子典膳丞知鳳閣舍人事時壽春王成器衡
陽王成義等五王初出閣同日受冊有司撰儀注不載冊文及
百寮在列方知闕禮宰臣相顧失色勮乃召小吏五人各執筆
口授分寫一時俱畢詞理典贍時人歎服之
劉幽求為朝邑尉夜從玄宗平韋庶人是夜所下制勑百餘道
皆出於幽求
蘇頲為中書舍人景龍四年玄宗初定內難屬機事填委文誥
萬計頲在太極殿後手操口對無毫釐差誤主書韓禮
談子陽轉書草詔屢謂頲曰乞公稍遲禮等書不及恐手腕將
廢中書令李嶠歎曰舍人思如涌泉嶠所不及也

李白天寶初特詔翰林白與飲徒醉於酒肆玄宗度曲欲造樂
府新詞亟召白白已卧於肆矣召入以水灑面即令秉筆頃之
成十餘章帝頗嘉之
徐浩肅宗初為中書舍人時天下事殷詔令多出於浩浩屬詞
贍給又工楷隸肅宗悅其能加兼尚書右丞
韓皐字仲文父滉檢校左僕射平章事皐為考功員外郎丁父
艱德宗遣中人就第慰問仍宣令論譔滉之事業皐號泣承命
立草數千言德宗嘉之
陸贄為翰林學士建中四年朱泚謀逆從駕幸奉天時天下叛
亂機務填委徵發指蹤千端萬緒一日之內詔書數百贄揮翰
起草思如泉注初若不經思慮既成之後莫不曲盡事情中於
機會胥吏簡札不暇同舍皆伏其能其於議論應對明練理體
敷陳剖判下筆如神當時名流無不推挹
韋處厚穆宗時為中書舍人侍講學士敬宗嗣位詔以本官充

翰林承旨學士每草詔立就愜會帝旨
柳公權文宗時為翰林學士中書舍人從幸未央宮苑中駐輦
謂公權曰我有一喜事邊上衣物久不及時今年二月給春衣
訖公權輦前奉賀上曰單賀未了卿可賀我以詩宮人迫其口
進公權應聲曰去歲雖無戰今春未得歸皇恩何以報春月得
春衣上悅激賞久之
封敖為翰林學士中書舍人構思敏速語近而理勝不務奇澀
武宗深重之
陸扆昭宗時為中書舍人文思敏速初無思慮揮翰如飛文理
俱愜同舍服其能天子顧待特異
後唐劉岳昭宗末為殿中侍御史召入翰林為學士岳為文敏
速好詼諧秉筆無滯
李琪初仕梁為翰林學士累遷戶部侍郎翰林承旨梁祖西抗
邠岐北攻潞出師撫遣經略四方暫無寧歲而琪以學士居帳中

畢掌文翰下筆稱旨寵遇踰倫是時琪之名播於海内

器識

夫天地粹和之氣賢者稟之而生故蘊而爲器識發而爲事業乃有遐棄掖之地居文翰之職况默以遠勢廉讓以鎮俗敷陳嘉話軍沮於群議罄竭明誠克清於大憝或見事於未兆或指言於必中或應機立斷或守正不回斯皆邦家之光生民之秀咸用論必垂諸不朽者巳

齊傅昭明帝時爲中書舍人時居此職者皆權傾天下昭獨廉靜無所干預

唐楊綰爲起居舍人知制誥歷司勳員外郎職方郎中掌誥如故遷中書舍人兼修國史故事舍人年深者謂之閣老公廨雜料歸閣老者五之四綰以爲品秩同列給受宜均悉平分之甚爲時論歸美

崔祐甫爲中書舍人大曆十三年六月隴州汧源縣河西軍都虞候趙貴莊營田有猫鼠同乳不相害隴右節度使朱泚籠而獻之代宗遣内常侍吴承倩出示百寮宰臣常衮等及文武百寮蹈舞稱慶祐甫獨不賀曰猶者猛鷙之類本合食鼠猫鼠不相傷是反天性違物理也不宜稱瑞對百寮白于衮衮愕貽久之謂曰國家祥瑞舍人獨執異見聽舍人自奏祐甫將附中使口奏承倩不受乃抗疏曰今日中使吴承倩宣進止以籠盛猫鼠示百寮者臣知天生萬物剛柔有性聖人因之垂訓作則禮記郊特牲篇曰迎猫爲其食田鼠也然則猫之食鼠載在祀典以其除害利人雖微必録今此猫鼠不食仁則仁矣無乃失其性乎鼠之爲物晝伏夜動詩人賦之曰相鼠有體人而無禮又曰碩鼠碩鼠無食我黍其序曰貪而畏人若大鼠也臣旋觀之雖云動物異於麋鹿麏麕兔彼皆以時殺獲爲國家用此之類害亦何愛而曲全之猫受人養棄職不修亦何異於法吏不勤觸邪疆吏不勤扞敵又按禮部式具列三瑞無猫不食鼠之文以兹

稱賀臣所未詳伏以國家化洽理平天符潛至紛綸雜沓史不絶書若以劉向五行論此恐須申命憲司察視貪吏誡諸邊候無失儆巡則猫能致功鼠不爲害郵歷旄衆伏深戰越宰臣常衮以爲和同之象上表陳賀及祐甫疏入帝甚嘉之不復省衮表

陸贄德宗時爲翰林學士贄性忠藎既居近密感人主重知思有以効報故政或有缺巨細必陳繇是顧待益厚建中四年朱泚謀逆從駕幸奉天贄嘗啓帝曰今盜遍天下輿駕播遷陛下宜痛自引咎以感動人心昔武湯以罪巳勃興楚昭以善言復國陛下誠能不恡改過以言謝天下使書詔無所忌臣雖愚陋可以仰副聖情庶令反側之徒革心向化帝然之故奉天所下書詔雖武夫悍卒無不揮涕感激多贄所爲也

姜公輔爲翰林學士建中四年十月涇師犯闕德宗蒼黄自苑北便門出幸公輔叩馬前諫曰朱泚嘗爲涇原帥得士心昨以朱滔叛坐奪兵權泚常憂憤不得志不如使人捕之使陪鑾駕忽群兇立之必貽國患臣頃曾奏陛下若不能坦懷待之則必殺之養獸自貽其患悔無所及帝曰已無及矣

李昭初自尚書郎出爲蘇州刺史朞月以中書舍人召還不拜謂宰輔曰省郎拜舍人以知制誥爲次序便由刺史玷綸闈非敢聞命乃以兵部郎中知制誥逾歲拜舍人受之

崔群爲翰林學士元和七年惠昭太子薨穆宗時爲遂王憲宗以澧王居長又多内助將建儲貳命群與澧王作讓表群上言大凡已合當之則有陳讓之儀理不合當因何遽有讓表今遂王嫡長所宜正位青宫竟從其奏

韋處厚爲翰林學士敬宗寶曆二年十二月中官劉克明作難是時変起宫闈事生倉卒處厚博通古今雅有體識其夕制置皆處厚詳定既行無不得禮爲時所伏時詔命將降未有所定處厚聞難奔赴昌言曰春秋之法大義滅親内惡必書以明逆順正名討罪於義何嫌安可依違更事求請遂奉藩教行焉

後唐盧導明宗長興末爲中書舍人權知貢舉明年春潞王自鳳翔擁大軍赴闕閔帝奔于衛州宰相馮道李愚集百官于天宮寺將出迎潞王時軍衆離潰人情恐駭百官稍集時未有至者導與舍人張昭先至馮道請導草勸進牋導曰潞王入朝郊迎可也若勸進之事安可造次且潞王與主上皆太后之子或廢或立當從教令安得不禀母后率尔而行馮道曰事要務實勸進其可已乎導曰今主上蒙塵在外遽以大位勸人若潞王守道脩睦以忠義見責未審何辭以對不如率群臣詣宮門取太后進止即去就善矣道未及對會京地巡檢安從進報曰潞王至矣安得其寮無班即紛然而去是日潞王未至馮道等止于上陽門外又令導草勸進牋導執之如初李愚曰舍人之言是也吾輩信罪人矣導之守正也如是

晉李懌初仕後唐天成初爲中書舍人充翰林學士在職轉戶部侍郎右丞充承旨時常侍張文寶知貢舉中書奏落進士數人仍請詔翰林學士作一詩一賦下貢部爲舉人格様學士竇夢徵張礪輩撰格詩格賦各一送中書宰相未以爲允其夢徵等請懌爲之懌笑而答曰李懌識字有數頃歲因人偶得及第敢與後生髦俊爲標格假令今却稱進士就春宮求試落第必矣格詩不敢應詔君子多其識大體

冊府元龜卷第五百五十一

冊府元龜卷第五百五十二

詞臣部

獻替

夫獻可替否彌縫闕遺竭慮以盡規犯顔而無隱者眞詞臣之任也若乃典司命令發揮帝載列位扈蹕備問清宴而能蘊直方之節勵忠盡之誠罄其智慮思有云補或削牘爲奏稽於數陳或乘間以言冀其感悟嘉話溢於前籍英風聳乎來裔自非秉彝有守持正無橈以謇諤爲己任靡循嘿而取容不苟貪於寵靈期有利於社稷者又孰能批逆鱗之威進苦口之說哉

唐裴漼爲中書舍人睿宗太極初以旱寺觀興役漼上疏曰臣謹按禮經春夏令曰無聚大衆無起大役不可以興土功恐妨農事若號令乖度役使不時則人加疾役之危國有水旱之變此五行之應也今自春將夏時雨愆期下人憂心莫知所出陛下雖降哀矜之旨兩都仍有寺觀之作時旱之應實此之由近

日已來雨雖不多僅得下種若不勸以農桑恐棄本者多故書云雖有鎡基不如逢時言在乎時不可失也今春告期東作方始正是丁壯就功之日而土木方興臣恐所妨尤多所益尤少耕夫桑妾飢寒之源故春秋莊公三十一年冬不雨五行傳以爲是歲三築臺僖公二十一年夏大旱五行傳以爲不時作南門勞人興役陛下每以萬方爲念睿旨殷勤安國濟人防深慮遠伏願下民制發德音順天時副人望兩京公私營造及諸處和市木等並請且停則蒼生幸甚若農桑失時戶口流散縱寺觀營構豈假黎元飢寒之弊哉帝覽而善之

蘇源明爲考功郎中知制誥時肅宗乾元二年十月詔以十七日幸東京又以殿中監李輔國爲行營兵馬使以御史大夫賀蘭進明爲中京留守時公卿皆獻書進帝以制命已行不納源明及給舍等上言諫曰臣等今月四日及七日上言車駕幸東京不便顧天而訴猶冒而祈禱獻不精留中不下臣等自咎自毒若惛若狂以爲雨淫孟冬霖積季秋道路且泥甚不可一也從春大旱方始秋苗田農之間十已耗半方且斂穫猶未收入先之以清道之役申之以祗頓之苦水欲澄而撓之人欲靜而勞之甚不可二也臣等每立廊下竊見旌旗之下盡是餓夫執殳仆于行門者日見一二市井之中半是餓人或求食死于路傍者日見四五甚不可三也姦人連臂盜兒摇棟磨礪以須陛下出兩前麾淩于霸上兇人肆于城中御史大夫必不能擒而禦之甚不可四也臣等伏料之殷鑒不遠近在天寶十五年季夏兩聖皇巡蜀後大都內府財貨朝臣富民貲產盡在道路之手有乘馬駛驢入宣政紫宸殿者擾亂如此一至於是況陛下復二都有四海日淺錢穀未蓄不及曩時者邪必爲利而行此賊臣作計誘掖給陛下而已詩曰三星在罶臣不勝嗚咽爲陛下痛之宜速下詔書罷東幸不然窮棘樂禍已扼腕兩甚不可五也方今犯王畿者河洛響駭侮侯服者江湖叛換詩曰中原有菽庶人采

之彼恩明康楚元者皆采菽之庶人也陛下何遽輕萬乘而媒孽速成之邪甚不可六也自河南北盡爲盜境淮東江西又見脩阻王公已下未給廩祿將士已來三五月陛下中官冗食不減往年梨園雜伎有職今日陛下未得穆然高枕用此奚爲中官指使太常正樂外一切放歸仍給長牒勿事待五六年後隨事進退今衆而御給甚不可七也司空李光弼能拔河陽尚書王思禮應下晉源中丞衛伯玉勁卒接焉者過析支不日且至大夫王玄志壓巫閭臨幽鄴汝州刺史田蒳金乘關口過二室楊州長史鄧景山凌長淮鎮梁汴然而狂賊失身懸于緱氏山北不敢逾孟津東不敢過覲子只待反接耳陛下不坐而受之而欲親征徇一朝之怒甚不可八也王者於天地神祇弟付之有司享之牲幣則已夫何求哉記曰不祈土地今方士泰愚至況嵩瀆妄有閑說甚不可九也天子順動人皆幸之之謂幸人皆病之之謂不幸不幸之謂虐臣等見陛下否而弗聽愁伏赤

墀之下，趙穎流涕而出，陛下或容而免之，或毀而罪之，凡百之臣如皆言于朝，有萬之口必[illegible]譖于外，其不可十也。臣聞子不諍於父，且焉爲孝乎？臣不諍於君，又焉得忠乎？不孝不忠而苟榮冒禄，圖幸之物，不若也。居寺至賤，不能李輔國之中中使樵夫共指而笑之，不勝大願，願陛下留神至微，察和從洎，天下幸甚。帝嘉美，遂不東幸。

常衮，代宗永泰中爲中書舍人。時內侍魚朝恩恃權寵，兼領國子監事，衮上疏以爲不可。時朝廷多事，西邊北邊連爲寇盜侵逼，衮累上表章陳其利害，代宗甚顧遇之。

令狐峘爲中書舍人。德宗初即位，將厚奉元陵，峘上疏諫曰：臣聞傳曰：近臣盡規。禮記曰：事君有犯而無隱。臣幸偶昌運，謬參近列，敢竭狂愚，庶裨分寸，伏惟陛下詳察焉。臣嘗讀漢書，見劉向抗疏論王者山陵之式，良史稱歎，萬古芬芳。何者？聖賢之心，勤儉是務，必求諸道，不作無益。故舜葬蒼梧，不變其肆；禹葬會稽，不改其列；周武葬於畢陌，無丘隴之處；漢文葬於霸陵，因山谷之制。焉非不忠也，非不順也，周公非不友也，景帝非不孝也，其葬君親，皆守微薄。至宋文公，始厚葬，用蜃炭，益車馬，其臣華元、樂舉，春秋書爲不臣。秦始皇葬於驪山，魚膏爲燭，水銀爲江海，珍寶之藏不可勝計，千載非之。故桓魋爲石槨，夫子曰：不如速朽。子游問喪具，夫子曰：稱家有無。張釋之對孝文曰：使其中無可欲，雖無石槨，又何戚焉。是以漢修霸陵，皆以瓦器，不以金銀爲飾。由是觀之，有德者葬逾薄，無德者葬逾厚，昭然可觀矣。陛下自臨御天下，聖政日新，進忠去邪，減膳節用，不珍雲物之瑞，不近鷹犬之娛，有司給物，悉依元估，利於人也；遠方底貢，唯供祀事，薄於己也。故澤州奏慶雲，詔曰：以時和爲嘉祥。邕州奏金坑，詔曰：以不貪爲寶。恭惟聖慮，無非至理，而獨六月一日制度節文云：應緣山陵制度，務取優厚，當竭帑藏，以供費用者，此緣仁孝之德切於聖衷。伏以尊親之義，貴於合禮，陛下每下明詔，發德音，皆比蹤唐虞，超邁周漢，豈取悅凡常之目，有違

賢哲之心，與失德之君競其奢侈者也。臣又伏讀遺詔曰：其喪儀制度，務從儉約，不得以金銀緣爲飾。陛下恭順先帝，動無違者，若制度優厚，豈顧命之意耶？伏惟陛下遠鑒虞夏周漢之儀，深惟夫子釋之之戒，履奉先旨，俯遵禮經，爲萬代法，天下幸甚。今赦書雖頒行，諸條備未出，因之[illegible]遺制，歎聖理，固其時也。伏望速詔有司，悉從古禮。臣聞愚夫之言，聖主擇焉，況臣忝職史官，親述睿德，恥同華元、樂舉之爲臣也，願以舜禹之理紀聖猷也。夙夜懇迫，不敢不言，抵犯聰明，實負罪譴，言行身黜，雖死猶生。詔答曰：朕頃議山陵，心方迷謬，忘遵先旨，遂有優厚之文。卿聞見該通，識達弘遠，深知不可，切以爲言，引古據今，依經據禮，非唯中朕之病，兼亦成朕之身，今所以令朕免不子之名，不遺君親於患者，皆卿之力也。敢不聞義而從，收之桑榆，奉以始終，期無失墜。嗟乎！古之遺直，何以加卿。

姜公輔，建中初爲京兆府戶曹參軍、翰林學士，時承恩顧，才高有器識，每對見言事，德宗多從之。四年，涇原兵反，帝將出自苑便門，公輔叩諫曰：朱泚嘗總涇原兵，以朱滔故坐奪其兵權，常鬱鬱不得志，不如使人捕之，陪鑾駕，忽群兇立以爲帥，恐必爲後害。臣昔嘗陳奏云：陛下不能寬容，待之當殺之，養虎自爲患，悔且無益。帝卒行不逮，聽且曰：無及矣。

陸贄，建中初爲祠部員外郎，充翰林學士，性忠盡，既居近密，感人主重知，思有以效報，或有缺，巨細必陳。四年，涇原軍叛，從幸奉天。其年冬，議欲以新歲改元，而卜祝之流皆以國家數鍾百六，凡事宜有變革，以應時數。德宗謂贄曰：往年群臣請上尊號，曰聖神文武四字，今緣寇難，諸事並宜改更，衆欲於朕舊號之中更加一兩字，其事如何？贄奏曰：尊號之興，本非古制，行於安泰之日，已累謙沖；襲乎喪亂之時，尤傷事體。今者鑾輿播越，未復宮闈，宗祐震驚，尚愆禋祀，中區多梗，大憝猶存，此乃人情向背之秋，天意去就之際，陛下宜深自懲勵，收攬群心，痛自貶損，以謝靈譴，不可近從末議，重益美名。帝曰：卿所

奏陳雖理體甚切然時運必須小有改變亦不可執滯抑更思尋贄曰古之人君稱謂或稱皇或稱帝或稱王但一字而已至暴秦乃兼皇帝二字後代因之及昏辟之君乃有聖劉天元之號是知人主輕重不在自稱崇其號無補於徽猷損其名不傷於德美然而損之有謙光稽古之善崇之獲矜能納諂之譏得失不侔居然可辨況今時遭屯否事屬艱危尤宜懼思以自貶抑必也俯稽術數須有變更與其增美稱而失人心不若黜舊號以祗天戒天時人事理必相符人既好謙天亦助順陛下誠能斷自宸鑒渙發德音引咎降名深示刻責推謙與順一舉而二美從之帝納焉但改興元年號而已初德宗蒼黃出幸府藏委棄凝冽之際士衆多寒服御之外無尺縑丈帛及賊泚解圍諸藩貢奉繼至乃於奉天行在貯貢物於廊下仍題曰瓊林大盈二庫名贄諫曰瓊林大盈自古悉無其制傳諸耆舊之說皆云創自開元貴臣貪權飾巧求媚乃言郡邑貢賦所用盍區分賦稅當委於有司以給經用貢獻宜歸于天子以奉私求玄宗悅之新是二庫蕩心侈欲萌禍於茲迨乎失邦終以餌寇記曰貨悖而出豈其效歟陛下嗣位之初務遵理道敦行儉約斥遠貪饕雖內庫舊藏未歸太府而諸方曲獻不入禁闈清風肅然海內丕變近以寇逆亂常鑾輿外幸既屬憂危之運宜增儆勵之誠臣昨奉使軍營出遊行殿忽覩右廊下牓列二庫之名矍然若驚不識所以何者天衢尚梗師旅方殷瘡痛呻吟之聲噢咻未息忠勤戰守之效賞賚未行諸道貢珍遽私別庫萬目所視孰能忍懷竊揣軍情或生觖望或忽形謗讟或醞肆謠言頗含思亂之情亦有悔忠之意是知甿俗昏鄙識昧高卑不可以尊極臨而可以誠義感頃者六師初降百物無儲外扞兇徒內防危堞晝夜不息迨將五旬凍餒交侵死傷相枕畢命同力竟夷大艱良以陛下不厚其身不私其欲絕甘以同卒伍輟食以啗功勞無猛制而人不攜懷所感也無厚賞而人不怨悉所無

世今者攻圍已解衣食已豐而謠讟方興軍情稍阻豈不以勇夫常性嗜貨矜功其患難既與之同憂而好樂不與之同利苟異恬然能無怨咨此理之常固不足怪記曰財散則民聚豈其效歟陛下天資英聖見善必遷是將化蓄怨爲衘恩反過差爲至當促殄遺寇永垂鴻名大聖應機固當不俟終日帝嘉納之令去其題署累遷考功郎中諫議大夫依前充學士先是鳳翔衙將李楚琳乘涇師之亂殺節度使張鎰歸款朱泚及奉天解圍楚琳遣使貢奉時方艱阻不獲已命爲鳳翔節度使帝忿其弑逆心不能容既至漢中楚琳使來絕不召對贄諫曰楚琳之罪固不容誅但以乘輿未復大憝猶存勤王之師悉在畿內急宣速告晷刻是爭商嶺則道迂且遥駱谷復爲賊所扼僅通王命唯在褒斜此路若又阻艱南北便成隔絕以諸鎮危疑之勢居二逆誘脅之中恟恟羣情各懷向背賊勝則往我勝則來其間事機不容差跌儻楚琳發憾公肆猖狂南塞要衝東延巨猾則我咽喉梗而心膂分矣其勢豈不病哉帝釋然開悟乃善待楚琳使優詔安慰其心時帝又欲以谷口已北從臣賜號曰奉天定難功臣谷口已南隨扈者曰元從功臣不選朝官內官一例俱賜贄奏曰破賊扞難武臣之效至如宮闈近侍班列具僚但馳走從行而已恐與介冑奮命之士俱號功臣伏恐武臣憤惋乃止李晟既收京城遣中使宣付翰林院具録先散失宮人名字令草詔賜渾瑊遣於奉天尋訪以得爲限仍量與資裝送赴行在贄不時奉詔進狀論之曰頃以理道乖錯禍亂荐鍾陛下思咎懼災裕人罪己屢降大號誓將更新天下之人垂涕相賀懲忿釋怨煦仁戴明畢力同心共平多難止土壤於絕岸收版蕩於橫流殄寇清都不失舊物實由陛下至誠動於天地深悔感於神人故得百靈降康兆庶歸德不如此自古何嘗有損棄宮闕失守宗祧繼逆於艱難之師再遷於蒙塵之日不踰半歲而復興大業者乎今渠魁始平法駕將返近自郊甸遠周寰瀛

百役疲瘵之甿重傷殘廢之卒皆忍死扶病傾耳聳肩想聞德聲翹望聖澤陛下固當感上天悔禍之眷荷列祖垂裕之休念將士鋒刃之殃愍黎元塗炭之酷以致寇爲戒以居上爲危以務理爲憂以復言爲急損之又損尚懼汰侈之易滋艱之惟艱猶患戒懼之難久謀始盡善克終已稀始而不謀終則何有夫以內人爲號蓋是中壼末流天子之尊富有宮掖如此等輩固繁有徒但恐傷多豈憂乏使翦除元惡曾未浹奔賀往來道途如織何必自虧君德首訪婦人又令資裝速赴行在萬目閱視衆口流傳恐非所以答慶頼之心副惟新之望也夫事有先後義有重輕重者宜先輕者宜後故武王剋殷有未及下車而爲之者蓋美其不失先後之宜也自翠華播越萬姓靡依清廟震驚三時之祀當今所務莫大於斯誠宜速遣大臣馳傳先往迎復神主修整郊壇展禋享之儀申告謝之意然後弔恤死義慰犒有功綏輯黎蒸優問耆耋安定反側寬宥脅從宣暢鬱堙褒

獎忠直宜先不可後也至如崇飾服器結緝殿臺備耳目之娛選巾櫛之侍是皆宜後不可先也且散失內人已經累月既當離亂之際必爲將士所私其人若稍有知不求當自隙獻其人若甚無識求之適使憂虞自因危亂喪亡頗有大於此者一閭校索臣懼必多餘孽尚繁群情未一因而善撫猶恐危疑若又懼之於何不有昔人所以掩絶纓而飲盜馬者豈必安其情愛蓋知爲君之體然也以小妨大明者不爲天下固多埶人何必獨在於此所令撰賜渾瑊詔書未敢順旨帝遂不降詔但遣使而已自車駕播遷贄奏云方今書詔宜痛自引過罪己以感動人心昔湯武罪己致興後代推以爲聖人楚昭王失國亡走一言善而復其國至今稱爲賢君陛下誠能不悋改過以言謝天下臣雖愚陋爲詔詞無所忌諱庶能令天下叛逆者迴心嚮首德宗從之故行在制詔始下聞者雖武夫悍卒無不揮涕感激議者以爲帝之剋復寇難旋復天邑不唯神武之功爪牙宣力蓋亦文德廣被腹心有助焉貞元初李抱真來朝因前賀曰陛下之幸奉天山南時赦書至山東士卒無不感泣思奮者臣時見之即知諸賊不足平也

蕭次公貞元末爲左補闕充翰林學士順宗在諒闇外有王叔文輩攘權樹黨無復經制次公與鄭絪同處內廷多所規正

李吉甫憲宗元和初爲翰林學士中書舍人時中書小吏滑渙與知樞密劉光琦暱善頗竊朝權吉甫請去之及劉闢反憲宗誅討之計未決吉甫密贊其謀兼請廣徵江淮之師由三峽路入以分蜀寇之力事皆允從由是甚見親信

李絳元和初爲主客員外郎充翰林學士以孜孜規諫爲己任憲宗初即位叛臣李錡阻兵於浙右錡既誅朝廷將輦歸其家私財帛絳上言曰李錡兇狡叛戾僭侈誅求刻剝六州之人積成一道之苦聖恩本以叛亂致討蘇息一方今輦運錢帛播聞四海非所謂式遏亂略惠綏困窮也伏望天慈並以賜本道百姓

今年租賦則萬姓成戴四海歌詠也帝覽疏嘉之時中官吐突承璀自藩邸承恩寵既爲神策軍護軍中尉嘗欲於安國佛寺建立聖德碑大興功作且上聞令翰林爲之文加之厚貺絳即上言曰陛下布惟新之政劃積習之弊四海延頸日望德音今忽立聖德碑以示天下不廣大易稱大人者與天地合德日月合明執契垂拱勵精求理豈可以文字而盡聖德又安可以碑表而贊皇猷若可敘述是有分限乃反虧損盛德豈謂敷揚至道哉故自堯舜禹湯文武並無建碑之事至秦始皇荒逸之君煩酷之政然有之罘嶧山之碑揚誅伐之功紀巡幸之跡適足爲百王所笑萬代所譏至今稱爲失道亡國之主豈可擬議於此陛下嗣高祖太宗之業舉貞觀開元之政思理不遑食從諫如順流固可與堯舜禹湯文武方駕而行安得追秦皇暴虐不經之事而損聖政近者閻巨源請立紀聖德碑嚴礪請立紀聖功碑陛下詳盡事宜皆不允許今忽令立此與前事頗乖此碑既

左安國寺即不得不叙載遊觀宗飾之事述遊觀且乖典敎崇飾又匪政經固非哲王所宜行也其碑伏乞聖恩特令寢罷帝覽狀即時不令建立先是軍中已建碑樓猶延候帝旨下令毀去帝知之令以牛數十挽倒絳又嘗因浴堂北廊奏對遂忤帝旨指切時病及論中官縱恣方鎮進獻事宜帝怒甚厲聲曰卿所論事何太過邪絳前論不已曰臣所陳豈臣身之利是國家之利陛下不以臣愚使處腹心之地豈可見事虧聖德致損清時而惜身不言仰屋竊歎是臣負陛下也若不顧患禍盡誠奏論旁忤倖臣上犯聖旨以此獲罪是陛下負臣也且臣與内官素不相識又無嫌隙秖是恐威福太盛上損聖朝臣所以不敢不論爾使臣緘默非社稷之福也帝見其誠切不迴怒色卻嚴捐慰諭曰卿盡節於朕人所不言者卿悉言之使朕聞所不聞真忠正誠節之臣也他日南面亦須如今日絳拜恩而退帝遣宣宰臣命與改官授中書舍人依前翰林學士翌日面賜金紫帝親爲絳擇良笏前後朝臣裴武柳公綽白居易等或爲姦人所排陷將加貶黜絳每以密疏申論得獲寬宥及鎮州節度使王士真死朝廷將用兵討除絳深陳以爲未可絳既盡心規益憲宗每有詢訪多叶事機

崔羣元和中爲中書舍人翰林學士常以讜言正論聞於時憲宗嘉賞降宣旨云自今後學士進狀並取崔羣連署然與進來羣以禁密之司動爲故事自爾學士或惡直醜正則其下學士無由上言羣堅不奉詔三疏論奏方允時吐突承璀恩寵特異惠昭太子薨議立儲副承璀獨排羣議屬意澧王欲以威權自樹賴憲宗明斷不惑及將冊拜太子（即穆宗也）詔羣代澧王作讓表一章羣奏曰凡事已合當而不爲則有退讓澧王非嫡不當立復何讓焉憲宗深納之又魏博節度使田季安進絹五千匹充助修開業寺羣以爲事實無名體尤不可請止絕所進羣前後所論奏多聽納

白居易元和中爲左拾遺充翰林學士時監察

御史元稹謫爲江陵府士曹掾翰林學士李絳崔羣於憲宗前抗論稹無罪居易累疏切諫曰臣昨緣元稹左降頻已奏聞臣内察事情外聽衆議元稹左降有不可者三何者元稹守官正直人所共知自授御史已來舉奏不避權勢秖如奏李佐公等事多是朝廷親情人誰無私因以挾恨或假公議將報私嫌遂使誣謗之聲上聞天聽臣恐元稹左降已後凡在位者每欲舉職必先以元稹爲誡無人肯爲陛下當官守法無人肯爲陛下嫉惡繩愆内外權貴親黨縱有大過大罪者必相容隱陛下從此無由得知此其不可者一也昨元稹所追勘房式之事心雖徇公事稍過當既從重罰足以懲違況經謝恩旋又左降雖引前事以爲責辭然外議喧喧皆以爲稹與中使劉士元爭廳因此獲罪至於爭廳事理已具前狀奏陳況聞士元蹋破驛門奪將鞍馬仍索弓箭嚇辱朝官承前已來未有此事今中官有罪未聞處置御史無過卻先貶官遠近聞知實損聖德臣恐從今已後中官出使縱暴益甚朝官受辱必不敢言縱有被凌辱毆打者亦以元稹爲戒但吞聲而已陛下從此無由得聞此其不可者二也臣又訪聞元稹自去年已來舉奏嚴礪在東川日枉法沒入平人資産八十餘家又奏王紹違法給券令監軍神柩及家口入驛又奏裴玢違勅徵百姓草又奏韓皋敗軍將封杖打殺縣令如此之事前後甚多屬朝廷法行悉有懲罰計天下方鎮皆怒元稹守官今貶爲江陵判司即是送與方鎮從此方便報怨朝廷何由得知臣伏聞德宗時有崔善貞者告李錡必反德宗不信送與李錡錡掘坑熾火燒殺善貞曾未數年李錡果反至今天下爲之痛心臣恐元稹貶官方鎮有過無人敢言陛下無由得知不法之事此其不可者三也若無此三不可假如朝廷誤左降一御史蓋是小事臣安敢煩瀆聖聽至于再三誠以所損者深所關者大以此思慮敢不極言疏入不報淄青節度使李師道進絹爲魏徵子孫贖宅居易諫曰徵是陛下先朝

宰相太宗嘗賜殿材成其正寢尤與諸家第宅不同子孫典貼
其錢不多自可官中爲之收贖而令 師道掠美事實非宜憲宗
深然之帝又欲加 河東王鍔平章事居易諫曰宰相是陛下輔
臣非賢良不可當此位鍔誅剥民財以市恩澤不可使四方之
人謂陛下得王鍔進奉而與之宰相深無益於聖朝乃止王承
宗拒命帝令神策中尉吐突承璀爲招討使諫官上章者十七
八居易面論詞情切至旣而又請罷河北用兵凡數千百言皆
人之難言者帝多聽納

李德裕穆宗長慶初爲屯田員外郎充翰林學士時穆宗不持
政道多所恩貸戚里諸親邪謀請謁傳導中人之首與權臣往來
德裕上疏曰臣伏見國朝故事駙馬緣是親密並不合與朝廷
要官往來玄宗開元中禁止尤切訪聞近日駙馬等輒至宰相
及要官宅此輩無他才可以延接唯是漏洩禁密交通中外羣
情所知以爲甚弊其朝官素是雜流則不妨來往若職在淸列
豈可知聞伏望宣示宰臣其駙馬自今已後有公事任至中書
見宰相此外更不得至宰相及臺省要官宅帝欣納焉

册府元龜卷第五百五十三

詞臣部

獻替第二　謬誤　稽緩

獻替第二

唐韋處厚穆宗時爲翰林學士中書舍人時張平叔以便佞詼諧佗門捷進自京兆尹爲鴻臚卿判度支不數月宣授戶部侍郎平叔以征利中穆宗意欲希大任以權鹽舊法爲弊年深欲官自糶鹽可富國彊兵勸農積貨疏利害十八條詔下其奏令公卿議處厚抗論不可以平叔條奏不周經慮未盡以爲利者反害以爲簡者至煩乃取其條目尤不可者發十難以詰之時平叔傾巧有恩自謂言無不允及處厚條件駁奏穆宗稱善令示平叔平叔詞屈無以荅其事遂寢處厚以幼主荒怠不親政務旣居納誨之地宜有以啓道性靈乃銓擇經義雅言以類相從爲二十卷爲之六經法言獻之錫以繒帛銀器仍賜金紫以

憲宗實錄未成詔處厚與路隨兼充史館修撰實錄未成許二人分日入內仍放常參處厚俄又權兵部尚書敬宗即位李逢吉用事素惡李紳乃構成其罪禍將不測處厚與紳皆以孤進同年進士心頗傷之乃上疏曰臣竊聞朋黨議論以李紳貶黜尚輕臣受恩至深職備顧問事關聖聽不合不言紳先朝獎用擢在翰林無過可書無罪可戮今群黨得志讒嫉大興詢於人情皆甚歎駭詩云萋兮斐兮成是貝錦彼譖人者亦已太甚又曰讒言罔極交亂四國自古帝王未有遠君子近小人而致太平者又古人云三年無改於父之道可謂孝矣李紳是前朝任使縱有罪愆陛下猶宜洗釁滌瑕念舊忘過以成無改之美今逢吉門下故吏遍滿朝行侵毀加誣何詞不有所貶如此猶爲太輕蓋曾參有投杼之疑先師有拾塵之戒伏望陛下斷自聖慮不惑姧邪則天下幸甚建中之初山東向化只緣宰相朋黨上負朝廷楊炎爲元載復讎盧杞爲劉晏報怨兵連禍結天下不平伏乞聖明察臣愚懇帝悟其事紳得減死貶端州司馬處厚正拜兵部侍郎謝恩於思政殿時昭愍狂恣屢出畋遊每月坐朝不三四日處厚因謝從容奏曰臣有大罪伏乞面首帝曰何也處厚對曰臣前爲諫官不能先朝死諫縱先聖好畋及色以至不壽臣合當誅然所以不死諫者亦爲陛下此時在春宮年已十五今則陛下皇子始一歲矣臣安得更避死亡之誅帝深感悟其意又山南東道節度牛元翼家悉爲鎮州節度王庭湊所害敬宗旣聞元翼一家無辜併命深歎宰輔之無才致使姧兇久未率化處厚因上疏曰臣聞汲黯在相淮南不敢謀反干木在魏諸侯不敢加兵王霸之理皆以一士而止百億之師以一賢而制千里之難伏以裴度勳高中夏聲播外夷庭湊克融皆憚其用吐蕃迴鶻悉服其名今若置之巖廊委其衆決西夷北虜未測中華河北山東必稟朝算況幽鎮未靜尤資重臣管仲曰人離而聽之則愚合而聽之則聖理亂之本非有他術

順人則理違人則亂伏承陛下當食歎息恨無蕭曹今有一裴度尚不留驅策此所以馮唐感悟漢文雖有廉頗李牧不能用也夫御宰相當委之信之親之禮之於事不効於國無勞則置之散秩黜之遠郡如此則在位者不敢不勵將進者不敢苟求陛下存終始之分但不永棄則君臣之厚也今進皆負四海責望退亦不失六曹尚書不肖者無因而勸臣與逢吉素無私嫌臣被裴度無辜貶官今之所陳上荅聖明下達羣議披肝感激伏地涕流伏乞鑒臣愛君矜臣體國則天下幸甚初度爲逢吉所排至是復兼相任皆處厚與李程內以公議贊成寶曆元年四月冊尊號禮畢大赦天下是時宰臣李逢吉與端州司馬李紳不叶所撰赦文但云左降官已經量移者宜與量移不言未量移者蓋欲使紳不霑恩例也處厚上疏曰伏見赦文節目中新左降官不該恩澤大有乖體有所不弘臣竊聞物議皆言逢吉恐李紳量移故有此處置若如此則應是近乎流貶官因李紳

一人皆不得量移事體至大豈敢不言李紳先朝獎任曾在內庭自經貶官未蒙恩宥古人云人君當記人之功忘人之過管仲拘囚齊桓舉爲國相冶長縲紲仲尼選爲姻親有罪猶宜蕩滌無辜豈可終累況鴻名大號册禮盛儀天地百靈之所鑒臨億兆八紘之所瞻戴恩澤不廣實非所宜臣與逢吉素無讎嫌與李紳且非親黨所論者全大體所陳者存至公伏乞重恩察臣肝膽儻蒙允許仍望宣付宰臣應近年左降官並編入赦條令准舊例得量移近處帝覽奏深悟其事乃追赦文令添改由是紳得移爲江州長史高釴爲翰林學士敬宗初遷中書舍人學士如故謝恩於思政殿因諫帝以求治莫若躬親用示憂勤之旨也帝深納其言

柳公權文宗大和中爲中書舍人翰林書詔學士文宗因便殿對六學士語及漢文恭儉帝舉袂曰此澣濯者三矣學士皆贊詠儉德唯公權無言帝留而問之對曰人主當進賢良退不肖納諫諍明賞罰服澣濯之衣乃小節耳時周墀同對爲之股慄公權詞氣不可奪累遷諫議大夫工部侍郎學士如故開成中嘗入對帝謂之曰近日外議如何公權對曰自郭旼除授邠寧物議頗有臧否帝曰旼是尚父之從子太皇太后之季父在官無過自金吾大將軍授邠寧小鎭何事議論耶公權曰以旼勳德除鎭彼宜人情議論者言旼進二女入宮致此除拜此事信乎帝曰二女入宮參太后非獻也公權曰瓜李之嫌何以戶曉因引王珪諫太宗出廬江王妃故事即令南內使張日華送二女還旼公權忠言裨益皆此類也

韋澳大中中爲翰林學士承旨與同僚蕭寘深爲宣宗所遇二人同直無不召見詢訪時事每有邦國刑政大事中使傳宣草詞澳心欲論諫即曰此一事須降御札方敢施行遲留至旦必論其可否帝多從之

李蔚爲翰林學士承旨禮部侍郎懿宗咸通十二年賜安國寺

讀經僧重謙僧澈沉檀木講經高座各一仍設萬人齋蔚以造寺倍施不已上疏曰臣聞孔丘聖者猶言則引周任之言苻堅賢者也諫必憑王猛之諫事求師古詞貴達情臣伏覩陛下自纂帝圖克崇佛事止當修外未甚得中今聖採本朝名臣有忠直裨于上者輙思陳敘以補盛明臣聞天后時嘗營大像功踰百萬狄仁傑上疏云夫寶鉸殫于綴飾瓌材竭于輪奐功不使鬼必在役人物不天來皆從地出非損百姓將何以求生之則有時用之則無度臣每思惜實所悲痛其如佞在江表像法盛興梁武簡文捨施無限及至二淮沸浪五嶺騰煙列刹盈衢無救危亡之禍緇衣蔽路豈有勤王之師況近年已來風塵屢擾水旱不節征役稍繁必若多費官錢又苦人力一隅有難將何救之此切當之言一也中宗時公主外戚皆奏度僧姚崇奏曰佛不在外求之于心佛圖澄最賢無益於趙羅什多藝不救于亡秦何充苻融皆遭敗滅齊襄梁武未免災殃但發慈悲行利益事使蒼生安樂即是佛身此切當之言二也睿宗爲金仙玉眞公主造大觀辛替否諫曰自夏已來淫雨不解穀荒于壟麥爛于場入秋已來亢旱成災苗而不實霜損蟲暴草菜枯黃下人咨嗟未知賙賑今陛下愛兩女爲造兩觀燒塼運木載土填砂道路流言皆云計用錢百万余貫伏惟陛下聖人也遠無所不知陛下明君也細無所不見既知且見知倉有幾年之儲庫有幾年之帛知百姓之間可存活乎三邊之士可轉輸乎當今發一卒以禦邊陲追一兵以衞社稷多無衣食皆帶飢寒賞賜之間迥無所出軍旅驟敗莫不由斯而乃以百萬貫錢造無用之觀以賈六合之怨乎以違萬人之心乎此切當之言三也又諫造寺曰夫釋教以清淨爲基以慈悲爲主故常體道以濟物不利欲以損人每去已以全真不營身以害教今三時之月築山穿池損命也殫府虛帑損人也廣殿長廊營身也損命則不慈悲損人則不濟物營身則不清淨豈大聖至神之心乎

經曰一切有爲法如夢幻泡影如露亦如電臣以爲減瑊琢之費以賑貧人是有如來之德息穿井之苦以全昆蟲是有如來之仁罷營齋之直以給邊陲是有湯武之功迴不急之祿以購清廉是有唐虞之理陛下緩其所急急其所緩親未來而踈見在失直實而冀虛無重俗人之所爲而輕天子之功業臣實痛之矣此切當之言四也臣觀仁傑天后高宗朝上公也元崇先天開元中賢哲也替否中宗睿宗時直臣也每覽斯文則未嘗不廢卷長歎而感慕之臣幸居近侍叨職貳卿胷臆之間雖寡鈇毫芒之智肺腸之內厚涵春露之濡既自昧讜言又不稽故事覥顏順旨其何以安願迴日月之明少鑒芻蕘之款帝循省嘉歎竟未能罷其事

後唐趙鳳同光中爲翰林學士莊宗命劉皇后拜張全義爲養父后傳教令草謝全義書鳳以[illegible]兵宰人臣爲父之禮乃密上踈陳其失曰臣叨被睿慈[illegible]作直言之地居掌誥之

司其或事異常規禮關草創程式先謀於國輔封章表貢於天聽庶願公忠免貽錯失今月九日中宮傳命令修張全義書題將行父事之儀有玷君臨之道既形文翰難決否臧奉行則罔叶國經違命則恐虧臣節佐修記事取則宰臣貴動合於楷模期垂爲規範以發奉職庶顯致君臣聞覆万物者天載萬物者地非聖主無以體乾道非賢后無以法坤儀百代攸同二儀無改伏況陛下扶張九五統馭玄黃外設明廷內崇陰教言動而華夷之仰施張而幽顯欽承張全義雖位極於王公而名不離於臣校承陛下曲旨受皇后重儀致紊彝章不防輿議臣又聞嚴恭洪基者真主行直道者忠臣不可務一時之緘藏失久長之體制得不恭陳手跡罄露血誠庶裨益於神聦免隳張於王度伏乞皇帝陛下俯容狂瞽動畏簡書時勝睿敬之懷永守父明之訓皇后式全其內則元臣可保於令圖永揚日月之光載垂乾坤之體臣職叨侍從名忝論思儻避事以不言是偷安而冒寵踰分帝雖嘉其直誠而劉后已拜全義追改無及

劉贊爲比部郎中知制誥明宗天成二年八月贊上言曰臣聞信者使民不惑義者使民知禁非信無以彰明德非義無以懸聖猷此乃三代英風百王令則伏惟陛下恭臨寶位廣闢鴻圖握金鏡而照萬方運旋璣而調四序選數至德廣納忠言凡列周行許陳封事雖皆聽覽而尚寡依行縱所依行亦未遵守自此或有益國利人之術除姦去弊之謀可以擇其所長使爲永制仍乞特頒詔令峻立條章豈唯示信義於域中抑亦振威風於海內既遵法度必致治平

張文寶爲中書舍人天成二年十一月文寶上言曰巡狩省方唐虞之舊典弔民伐罪湯武之前功陛下親統貔貅盡除梟獍剗鹽璣殘殄息氛埃天威已震於華夷霈澤又沾於幽顯動植蘇泰遐邇歡康所宜旋軫神都凝旒紫禁居中土而表正來萬國以均輸允叶億兆之心共樂雍熙之化

于嶠爲戶部員外郎知制誥天成二年嶠上言請邊上兵士起置營田效趙充國諸葛亮之術庶令且戰且耕望致輕傜三年嶠又上言曰有國有家既定君臨之位無偏無黨方明王者之心苟少虧於同軌同文則微損於盡善盡美竊知河朔令録須俟本道薦揚朝廷就加真命況今萬國諸侯猶請行而貢職豈使一方令長獨端坐以邀官未敦革故之風深乖惟新之化覬茲闕政敢貢直言乞宜付中書委於銓管此後並從常調七月嶠上言曰協和萬邦明王所以安社稷平章百姓哲后所以廣黎民將延七百載之洪基須安億兆衆之黔首臣幸遇聖明之代敢傾愚直之誠伏以朝廷先有指揮今年不更通括苗畝宣從特旨領作溥恩且屬夏秋已來霜雨頻降在山川高土則必有豐年想藪澤下田非無水沴脫或已作黃纖行旅猶徵青苗地頭不唯損邦國化風兼恐傷天地和氣儻或皇帝陛下念茲狂直哀彼災祥特於淹浸之田別示優隆之澤重委鄉村父老

通括不令州縣節級下鄉如或撿驗不虛即日蠲減租稅或有司以軍糧未濟兵食是虞即請却於山川之田豐熟之地或於麻鞋稈草蠶鹽地頭據其本分價錢折納諸色斛㪷所謂公私俱濟苦樂皆均捨其短以從其長將有餘而補不足臣每因急務方敢上言前後所奏十件有司未行一件伏乞陛下念臣苦恩察臣盡心或可施行不令停滯

晉程遜初仕後唐爲中書舍人上言以民間機織多有假僞虛費絲縷不堪爲衣請下禁止庶歸朴素後爲翰林學士與學士和凝張礪等上十三事其一前代帝王親觀風俗詳民利病其後不暇親行亦遣使巡行風俗唐朝於十道置採訪使一員請如舊制亦冀民病蘇舒其二天成已來久不括田自水旱累年民戶疾苦不均今歲夏秋或稔於常歲請行撿括庶獲均輸其三中原邊上率多閑田可令近下軍都與起屯田舊時銅冶鐵冶亦令軍人興置不費於民其四人君求理欲廣視聽須群臣

上言然則人才有短長智略有能否其於聽用之閒乞留睿鑒伏恐失人其五朝野官吏人數衆多若不行黜陟之科何以察其能否望准考課令凡中外官歲終較考以行進退其六古人得位相讓所冀不掩賢能得其疑後請依建中故事群官授命後舉人自代其七治道既知損益務寶去華伏見自中興已來或於邊境權立州縣名目戶口不多虛張吏員枉費祿食其權置名目望一切停省以賑邊軍臣伏見徐宿州管內有四瀆院徐山院市丘院自土務所管人戶共數千家請罷廢名額其戶稅請還州縣其八請止游墮勸農桑減冗食之貪停不急之務其九君上置諫諍之官此期聞過況聞官給諫紙虛有讜言時政有所不便請諫官陳論詔書有所依違請給事中封駁其十國朝承平時諸監鑄錢不輟尚不能給今國家所鑄絕少而市人銷錢盡賣銅器累行止絕尚未知禁伏乞嚴下條法其銅除鏡鞍轡署帶外不許市賣銅器犯者以難論其十一以邊鎮戍請明斥候習戰陣謹烽候令吏卒知懼戰必有功其十二每年給散蠶鹽不較斤兩雜之以沙土請給散之時命清強官止絕其十三伏聞關西河東人民飢饉殍殕者多其城市鄉村積粟之家望令官司通指姓名俾令出糶以濟飢民中書門下覆奏程遜等十三事其置採訪使難擇公清之吏却生僥幸之門問疾苦則未能勞供須則轉費況刺史廉使自合訪求不勞別置其累年水旱欲與撿田以均勞逸今年夏苗已多災旱秋稼今未及時請下三司可否聞奏其屯田冶務興造之初所費不少今國力未辦可俟他時其受官舉代劉鼎近已上聞其餘九件並可施行擇良善爲心腹群官書考併省州縣止游墮勸耕桑諫官論事給事封奏斷用銅器邊城習武備考官散蠶鹽糶粟以濟飢民等事詔曰程遜等所陳時務並關王道兼雜霸圖益國利民無所不至成仁去害悉在其間救時病以良多比忠言之更切封駁詔勑允可施行餘㨿事條下所司周張昭遠初仕

後唐爲都官員外郎知制誥明宗長興元年昭遠奏古者聖帝明王愛民恤物先要察其利病憫其凶災既黈纊以垂旒難家至而戶曉其閒疾苦安測細微臣每見諸處奏報今春已來穀價絕賤如聞梁益抱聊生之歎登萊有餓殍之人方當盛明深不宜稱臣必恐下民疾苦理道未周長吏既不上聞百姓無由自訴臧奸積弊威福臨人僻郡遠藩慘舒自我苟無廉問何表雍熙竊觀本朝二十聖之規模三百年之基構事皆師古政在安民一歲不登則命輶軒之使三農或歉則覃蠲賑之恩所以國祚延長生靈推戴上布程清之化下無愁歎之聲謂於舊章其道猶在唯聖主行之臣請依本朝舊事選擇郎官御史清強幹事者每歲分行天下宣問風俗求瘼懲違凡人閒疾苦臣細盡許上聞朝廷詳其利害則皇風遐洽貪吏革心庶幾明時盡除弊政疏奏不報

和凝初仕後唐末帝清泰二年爲翰林學士上言晉貞觀之朝

則廣開醫學及開元之代則親制方書爰在明朝宜遵故事方今瘴癘在近疫癘是虞言念軍民宜加軫閔其遐遠戍卒及貧下農人既難息於苦辛或偶縈於疾疹地僻既無藥物家貧難召醫師遂致疾深多罹物故荷戈執耒皆長力於當年間疾賜醫宜覃恩於此日其諸處屯戍兵士令太醫署官修合傷寒時氣瘧痢等藥量事給付大軍主掌以給有病士卒之家百姓亦准醫療疾令合和藥物救其貧戶兼請依本朝州置醫博士令其尋醫藥力合和藥物以濟部人其御制廣濟廣利等方書亦請翰林醫官重校定頒行天下

王易簡仕晉為中書舍人天福三年易簡進漸治論曰臣聞天地之道起於漸夫天之高鼓雷霆之威雨露之惠覆於萬物必從漸而生以地之厚負江海之嶽維濟之潤載於萬物亦從漸而長況人君無天之功乏地之力勞方寸之心豈可急速而治天下也惟我后膺圖履運握鏡臨人蘊勤儉之風秉弘厚之德內無躭玩外絕奢華信任股肱委仗將帥自有仰成之化固多定亂之功今者所以尚撓宸衷勞御札者何直以庫藏稍虛士卒微隋使天威之尚鬱令王化之未敷此則非臣下之無謀豈君上之有過蓋承偽廷之困弊遇數歲之亂離今國家宜靜以圖功不可躁而取失或欲急徵暴斂則百姓愈逃或以峻法嚴刑則三軍益叛莫若制治於未亂求安於未危者也凡止亂危者應上玄則以好生惡殺為心接諸侯則以含垢匿瑕為念夫如是即水旱無由而興干戈何門而動者也考諸政教則禮樂咸在刑賞具存任四輔提其綱遣百司舉其目必見梯航常貢士馬日精所謂強其幹而弱其枝深其根而固其蒂於是天地有清和之氣星辰無譴見之災可以薄賦恤萬民足以豐懷戰群后或思正名於中夏問罪於殊方人皆同心兵必勠力寰區既定帝道自隆躋元首為睿聖之君列四輔作賢明之相主則社稷無患臣則子孫永安此則顯漸之功見治之驗矣勅王易簡手演王言心資帝業當開創之運以速大而論天不能驟變四時地不能驟成萬物況當華夏盡已從周化未可以驟行事只宜於漸治不疾而速其在茲乎所貢論宜付史館

竇貞固仕晉為翰林學士中書舍人天福三年貞固奏曰臣伏覩先降御札令文武百寮各進封事臣聞舉善為明知人則哲聖君在位藪澤莫有於隱淪昭代用才政理自無於紊亂求賢若渴從諫如流鄭所以譽子皮魯所以譏文仲為國之要進賢是先庶遵理治之風宜舉仁人之器臣今欲請降勅命指揮文武百寮每一司之內共集議商權一士奏薦述其人有某能某解堪為某官某職便請朝廷據奏薦任用若能符薦果謂當才即請量加獎賞或有乖共舉兼涉徇私亦請量加殿罰所貴官由德序位以才昇三人同行尚聞擇善十目所視必不濫知臣職在論思位參近侍每謝匪躬之節常慙儒翼之識將贖負切聊陳狂狷勅曰進賢受賞備有前文得士則昌斯為急務宜貞固名參閨籍職在禁庭貢章疏以傾心請班行而薦士於可否之際分賞罰之科所貴當仁無或曠職今後宜許文武百寮於搢紳之內草澤之中知灼然有才器者列名以奏納其章疏記彼姓名否臧盡達於予懷用捨免私於公議仍付所司

李詳為中書舍人上疏曰臣聞除舊布新故順天而設教惟名與器不假人以樹恩所以示寓縣之至公所以仰朝廷之大柄今則既逢英主未革前蹤是敢聊舉一端輕塵四聽酌其損益幸補消埃伏覩南衙兩班內庭諸局或有不文不武非舊非勳俾五細以在庭使四方而何則有虛華級仍蔭私門忝榮更及論伎術則罔有所長語才行則罕聞其異但思月限以冒官常於子孫祿利徒銷於府庫況今方興戎事久困生民顧無用之官寮具無闕計有限之財力帑藏正虛若不去留定成耗蠹伏望略加澄汰稍辨幽明則支分或減於殷憂內外庶成於通濟又覩十年已來肆赦頻降諸道職掌一例獎酬藩方不守於

規程奏薦閒論其高下僕隸則動逾數百絲綸則皆示特恩乃以倉場庫務之職人皆得陷私之小吏至於伶倫賤類灑掃廚役初命便假於貴階銀章青綬排趨遽被於法服牙笏紫紱乃致貴賤不分寵榮濫被雖雷雨作解澤恐過於萬物而衣裳在笥豈規何法於百王此後或有溥恩應諸道職員主兵將校外其衙前職列伏乞明示條章俾循事體節度州只許奏都押衙都虞候教練使客將孔目官及有未記大將十人仍取上名支郡則只許薦都押衙都虞候孔目官其諸色人並委本道量轉職次則得之者感恩有異受之者與眾稍殊眾區仰天子之尊藩岳知王澤之貴名器之重治亂是資伏惟陛下俯迴宸覽略昭愚衷勿爲小善不行勿謂舊弊難改失之在漸謀之在初儻或因此留神自可觸類而長舉臣奏李詳于光鳳閣志奉龍圖聰明有作諧之方名器無假人之理以茲留意爰具上章乃是大綱且非小善既叶聖人之教可嘉君子之言所奏節度刺史州衙前職員等事望賜施行從之

竇儼世宗顯德末爲翰林學士上疏曰臣伏覩御札應內外臣寮有所見所聞並許上章議論者臣非才寡識備位曠官函求綸綍之言聊貢芻蕘之說其一曰伏以設官分職授政任功欲爲政之有倫在命官之無曠今朝廷多士省寺華資無事有員十乃六七止於計月待俸計年待遷其中廉幹之人不無懷恥之意如非歷試何展公才伏請改兩畿諸縣令及外州府五千戶上至縣令爲縣大夫昇爲從五品下畿大夫見府尹如亦令之儀其諸州府縣大夫見本部長官迎賓從之禮郎中員外郎起居補闕拾遺侍御史殿中侍御史監察御史光祿少卿以下四品太常丞以下五品等並衣朱紫爲之滿日當在朝一任約舊官遷二等自拾遺監察除授迴日即爲起居侍御史中行員外郎若前官不是三署即罷後一年方得求事如此則士大夫足以陳力賢不肖無以駕肩各聚本名藏明行黜陟利民益國斯資良規其二曰爲家爲國之方守穀守帛而已二者不出於國而出於民其道在天其利在地得其理者蕃阜增積失其理者耗斁焦勞民之綱紀蒙宜有勸教伏請於齊民要術及四時纂要韋氏月錄之中采其關於田蠶園圃之事集爲一卷下三司取本版廣印頒下諸州流布民間疏奏雖不即行物議韙之

謬誤

夫履赤墀之塗居青瑣之署掌惟行之令代如綸之言必須兼資才識精練典故極其思慮以奉攸司乃有失稽古之意違詳審之理或叙述漏略或高下非宜既不切於事機且有虧於編命四禁之制斯爲重焉至於黜免亦自速爾

後魏道武天興初姚興侵晉襄陽戍將郗恢馳使乞師於常山王遵遵以聞帝詔御史中丞崔逞與張衮爲遵書以答初恢與遵書云賢兄虎步中原帝以言悖君臣之體勑逞衮亦貶其主號以報之逞衮乃云貴主帝怒曰汝貶其主若乃稱貴何若賢兄也遂賜死

孝文時蠕蠕國有喪帝遣中書監高閭爲書與之不敘凶事帝謂曰卿爲中書監職典文詞所造音書不論彼之凶事若知而不作罪在灼然若情思不至應謝所任閭遂引愆免冠謝罪

唐德宗興元元年杜佑自饒州刺史除嶺南節度使時一在山南朝廷故事報政往往遺誤舊嶺南節度常兼五管經略使佑獨不兼故五管不屬嶺南自佑始也

貞元三年二月謚大行皇后王后爲昭德皇后詔兵部侍郎李紓爲謚冊文既進帝以紓之文稱皇后爲大行皇后非也留中不出復詔翰林學士吳通玄爲之通玄文云咨后王氏議者亦以爲非案貞觀中岑文本撰文德皇后謚冊曰皇后長孫氏斯得之矣

十一年五月以宣武軍節度支度營田汴宋亳潁觀察留後兼汴州刺史兼御史大夫李萬榮爲宣武軍節度副大使知節度事

兼管内支度營田汴宋亳潁觀察使依前兼御史大夫又以昭義軍節度支度營田澤潞州大都督府左司馬知府事兼御史大夫王虔休爲潞州大都督府長史昭義軍節度副大使知節度事管内支度營田澤潞磁邢洺觀察使依前兼御史大夫以朔方留後李欒爲靈州大都督府長史朔方靈鹽豐受降城定遠城天德軍節度支度營田觀察押蕃落使依前兼御史中丞初詔下萬榮虔休欒等各除本府司馬及内出告身始爲長史然後追制改焉

十五年八月贈故四鎮北庭涇原節度使田希鑒陝州大都督希鑒自涇原已改尚書兼衛尉卿此贈誤官銜也

十六年九月贈左散騎常侍駙馬都尉郭曖工部尚書曖大曆十四年授左常侍建中二年以憂罷興元元年二月授太常卿同正以至于終今詔書言常侍誤也

憲宗元和八年十月戊戌以左神策軍普潤鎮使蘇光榮爲涇

州刺史兼御史大夫充四鎮北庭行軍兼涇原等州觀察使翰林學士司門員外郎韋弘景章制漏欽勳勞是月辛丑詔弘景守本官落職

十二年七月丙辰以中書侍郎平章事裴度爲門下侍郎平章事充彰義軍節度申光蔡等州觀察淮西宣慰處置等使其制翰林學士中書舍人令狐楚所草也度以是行兼招撫請改其辭中未剪其類爲未華其志又以韓弘爲都統請改更張瑟琴爲近輟樞軸又改煩我台席爲授以成弊憲宗皆從之乃罷楚學士

十二月詔刑部侍郎韓愈撰平淮西碑文既成而淮西節度使李愬姻聯戚里其妻上言愈叙愬之功不平後有詔刊磨愈文别命段文昌撰述

梁太祖開平三年四月翰林學士鄭珏盧文度以書詔漏略王言罰兩月俸

後唐明宗天成二年十一月壬申詔太宗朝左僕射李靖可册贈太保鄭州僕射陂可改爲太保陂時議者以僕射陂若後魏孝文帝賜僕射李冲故因以爲名及是命之降以爲李靖蓋誤也

四年八月太子少傅李琪奉命撰故青州節度使霍彦威神道碑初琪仕梁至平章事而私懷感遇之道舊之工碑版者奉敕撰碑皆始叙君上獎功之道承詔撰述之旨每於立意皆稱臣彦威仕梁位至方面及茲叙其揚歷必須指名幾任是僞幾任是朝命琪不欲指斥僞梁所撰碑文自初不稱臣中書覆奏云李琪所撰霍彦威神道碑文既不分眞僞是混功名望令改撰從之

稽緩

夫居代言之職處備問之地文有工拙性分利鈍或持橐而從遊或載筆而召赴乃有思靡流通情惟底滯含毫而若失授簡而後成不能屬詞或罹奏免布之朝聽徒負靦顔如其吐詞雖

妍終愧晏乃就是謂晚成可以塞責斯則庶幾矣

漢司馬相如武帝時與枚皐俱爲郎從行至甘泉（衍音下函切）雍河東東巡狩封泰山塞決河宣房游觀三輔離宮館臨山澤弋獵射馭狗馬蹴鞠刻鏤（蹵音千六切足蹵之也鞠音巨六切鞠韋爲之中實以物蹵蹋爲戲樂）帝有所感輒使賦之皐爲文疾受詔輒成故所賦者多相如善爲文而遲故所作者少而善於皐

魏和逌高貴鄉公時爲侍中甘露二年幸辟雍會命群臣賦詩逌與尚書陳騫等作稽留有司奏免官詔曰吾以闇昧愛好文雅廣延詩賦以知得失乃爾紛紜良用憮然其原逌等

宋謝靈運文帝時爲侍中與顔延之俱以詞彩齊名而遲速懸絶帝嘗各敕擬樂府北上篇延之受詔輒成靈運久之乃就

梁張率高祖時爲司徒掾直文德待詔省侍宴壽光殿帝詔群臣賦詩率與太子中舍人劉孺並醉未及成帝取孺手板戲題之曰張率東南美劉孺洛陽才攬筆便應就何事久遲迴

北齊李愔爲中書郎文宣在宴席口勑以魏收爲中書監命愔於樹下造詔愔以收一代盛才難於率尒久而未訖比成帝已醉醒遂不重言愔仍不奏事竟寢

隋薛道衡爲内史侍郎每至構文必隱空齋蹋壁而卧聞戶外有人便怒其沉思如此

唐陸餘慶則天時爲中書舍人常引入草詔餘慶惶惑至晚竟不能措一詞責授左司郎中

李建穆宗長慶元年除兵部郎中知制誥自以草詔思遲不願當其任旋改京兆少尹

後唐崔沂初仕唐昭宗時累遷至員外郎知制誥性抗厲守道而文藻非優嘗與同舍顏蕘錢珝俱秉筆見蕘珝贍速草制數十無妨談笑而沂自愧翌日謁國相訴曰沂疎淺不足以供詞翰之職相輔然之移爲諫議大夫

封舜卿唐末爲禮部侍郎知貢舉梁開平中與門生鄭致雍同受命入翰林爲學士致雍有俊才舜卿雖有文辭才思拙澀及試五題不勝困弊因託致雍秉筆當時識者以爲座主辱門生

周劉溫叟初仕晉爲翰林學士知制誥以屬犯關溫叟恐備其行與承旨張允上章求免所職及漢祖至汴宮久而來見執政援引欲置於兩制溫叟堅求散秩言稍訕訐蓋溫叟在翰苑日遇詞目繁委常難其才之不逮有退倦之志遂除駕部郎中

冊府元龜卷第五百五十三

冊府元龜卷第五百五十四

國史部

總序

古之王者世有史官君舉必書書法不隱所以慎言行示勸戒也自伏羲始造書契神農之世民風尚樸官設未備黃軒之臣曰倉頡取象鳥跡以作文字記諸言行竹冊而藏之史官之作蓋自此始（一云黃帝得圖書於河洛史皇倉頡狀焉又云沮誦倉頡為左右史）夏商皆有太史（古之太史蓋以著述為宗而兼掌曆象夏太史終古當桀之暴知其將亡乃執其圖法奔於商商太史高勢知紂之亂載其圖法奔於周）周監二代並建衆職春官宗伯之屬有太史掌建邦之六典下大夫二人上士四人小史掌邦國之志中士八人下士有十六人內史掌王之八柄之法以詔王治中大夫一人下大夫二人上士四人中士八人下士十有六人外史掌書外令四方之志及三皇五帝之書上士四人中士八人下士十有六人皆有府史胥徒之屬（文武之時有史佚穆王有內史作穆天子傳宣王有史籀幽王有太史伯陽一云老子為柱下史）

（惠王有內史過襄王有內史叔興父）諸侯亦各有國史（齊有南史子余史嚚晉有太史屠黍見晉之亂亦以其圖法歸周又有太史趙太史董狐史墨史蘇衛有史華龍滑魯有太史克左丘明楚有左史倚相及史老秦穆公十三年初有史以紀事魯又有外史鄭有太史而亡名焉而晉大夫趙鞅亦有書過之臣乃陪臣之僭也）戰國之世咸有史官（秦趙會澠池各命御史書事齊田文每對賓客令記於屏風皆其事也）秦并天下有太史令御史之名（太史令胡毋敬作傳李章御史張蒼掌柱下方書之類是也）漢武帝始置太史公位在丞相上（以司馬談為之天下文書先上太史副上丞相談卒子遷嗣）宣帝改為太史令行太史公文書其修撰之職以官領之太史之官唯知占候而已（又有禁中起居注似宮中起居之任）王莽改置柱下五史（秩如御史聽事侍旁記其言行以又起居之職也）漢氏中興圖籍多在東觀故使名儒著作其中有其名而尚未有官（明帝時班固傳毅為蘭臺令史與雒陽令陳宗等四人著作東觀皆他官兼著作之名終漢之世率以他官修史）又有起居注（馬皇后撰禁中起居之類是也）魏明帝太和中詔置著作郎一人佐郎一人並隸中書省專掌國史亦有他官兼領（衛覬以侍中典著作是也其後增佐郎為三人）中書著作郎專修國史而起居注無聞焉吳蜀分掾亦各有史職（蜀有王崇譙東觀吳有左國史薛瑩右國史華覈太史令丁孚韋曜等參撰國書）晉

因魏制而中書著作郎雖專掌史注亦為兼官（著作郭裕襲之大著作荀勗以中書監孫盛以祕書監孫綽以散騎常侍並領著作郎）惠帝元康二年改中書著作為祕書著作專掌史任隸祕書省（後雖別置署而所隸如故）佐郎八人（祕書監自謂著之）哀帝興寧二年省四人孝武康寧元年復置八人（晉制佐著作郎始到必撰名臣入傳）僭偽諸國亦有史職（前趙劉聰有左國史撰其國君臣紀傳前涼張駿亦令史臣撰國書參東苑後蜀西涼記事委之門下南涼置國紀祭酒使撰錄時事自余偽主多置著作官若前趙和苞後燕董統之類是也）宋因晉制改佐著作郎為著作佐郎掌國史兼集起居注（宋室初建以來有名臣可作傳其制遂襲）齊太祖建元二年初置史官歷梁陳國史起居之任多以他官兼領（齊以散騎常侍檀超驃騎記室江淹掌史職侍中王思遠掌起居注梁周捨為尚書吏部郎掌國史裴子野為著作郎仍兼掌國史及起居注之職自陳梁至陳佐郎多為令僕子起家之選史職率以他官領之）後魏置起居令史每行幸宴會則在御左右記錄帝言及賓客訓答后又別置修起居注二人以他官領之而隸於集書省北齊別置起居省后周六官之建春官府置外史掌王言及作動之事以為國誌即起居之職也又有著作上士二人中士四人即

佐郎之任皆掌綴國錄起居著作之任自此分矣而著作不參史氏隋復置著作郎一人佐郎八人隸祕書省掌國史集注起居煬帝置起居舍人二員隸內史省（亦古有內史外之今著作如外史遂置起居官以掌其內焉）唐高祖武德初因隋舊制史官隸祕書省著作局置郎二人佐郎四人太宗貞觀初省起居舍人改置起居郎二人隸門下省（貞觀中每日仗退後帝與宰臣參議政事令起居郎一人執簡記錄）三年別置史館於禁中專掌國史以他官兼領卑品有才亦以直館命宰相監修隸門下省而著作局始罷領史職是年又於中書置祕書內省以修五代史高宗顯慶二年置起居舍人二員隸中書省分掌左右龍朔二年改郎為左史舍人為右史咸亨元年復舊武后天授二年又為左右史長壽二年始修時政紀（自永徽以後左右史唯得對仗承旨仗下後謀議不聞是年宰相姚璹上言以為帝王謨訓不可遂無紀述若不宣自宰相史官無從得而書之遂請仗下後所言軍國政要宰相一人撰錄號為時政紀）神龍初復以左右史為起居郎舍人（每皇帝御殿對立於殿下左郎右舍人有命俯陛聽退而書之以為起居注凡冊命啓奏封拜薨免悉載之以送史館）明皇開元二

十五年移史館於中書省北以其地切樞密記事附近也憲宗
元和四年令登朝官入館者並爲修撰不過三員（言高者一人爲判官）非
登朝者並爲直館其宰相常以一人監修國史亦有只兼修國
史（景龍中以侍中紀處訥中書令楊再思兵部尚書宗楚客中書侍郎蕭至忠並監修國史類置四人代宗朝宰相元載憲宗朝宰相裴垍並兼修國史）史官受任于外亦或兼領史職就治所修撰及有
許在家修史者（開元八年以并州大都督府長史燕國公張說兼修國史齎史本就并州隨軍修撰其後張說致仕在家修史吳兢遷荆州司馬令就治所修撰尚書沈傳師湖南觀察使齎憲宗實錄就藏修撰）五代官局因
循然改原夫史氏之職肇於上世所以記人君之言動載邦國
之美惡著爲典式垂之來裔申褒貶之微旨爲懲勸之大法故
其司筆削之任愼良直之選歷代審官莫斯爲重今之所紀者
凡推擇簡任之允異討論撰述之始末家世職業之嗣掌揚榷
讎對之裁議冲識方正以無忒恩遇寵待而隆厚咸用標次以
彰厥善其有疎略差戾受嗤於作者構虛失實有紊乎書法乃
至以鄙淺之識貽叨據之誚亦用條紀申儆于後其有注錄之
部次譜籍之名字方志之辨析世緒之敷述皆司籍之事資博
聞之益咸用綴緝以成倫要凡國史部十有三門

選任　公正　恩獎

選任

自軒轅之世即置史官蒼頡沮誦實居其職爾後夏終商擘周
任佚籀秦胡毋氏漢司馬遷皆司記事之任並有良史之目逮
于後漢乃命鴻碩入直東觀撰述國史謂之著作歷代而下其
選弥重或以文章爲時主之稱或以才識因名臣之薦至有成
書於外郡終老于冊府其所寄任亦可知也然則胡毋而上不
聞盈司馬父子是謂私作今之論著以班固爲之首

後漢班固明帝時爲蘭臺令史與前睢陽令陳宗長陵令尹敏
司隸從事孟異共成世祖本紀遷爲郎典校祕書固又撰功臣
平林新市公孫述事作列傳載紀二十八篇奏之帝乃復使終
成前所著書

劉珍安帝時爲謁者僕射永寧元年詔珍與校書劉騊駼作建
武已來名臣傳

李尤爲諫議大夫受詔與謁者僕射劉珍等俱撰漢記

劉騊駼臨邑侯復子也騊駼及從兄平望侯毅並有才學永寧
中鄧太后召毅及騊駼入東觀與謁者僕射劉珍著中興以下
名臣列士傳

張衡字平子南陽人少善屬文安帝雅聞衡善術學公車特徵
拜郎中再遷爲太史令順帝初再轉復爲太史令自去史職五
載復還先是永初中謁者僕射劉珍校書郎劉騊駼等著作東
觀撰集漢記因定漢家禮儀上言請衡參論其事會並卒

馬融桓帝時爲南郡太守免官復拜議郎在東觀著述

邊韶字孝先陳留浚儀人以文學知名桓帝時爲臨潁侯相徵
拜太中大夫著作東觀

伏無忌爲侍中屯騎校尉元嘉中詔無忌與黃景崔寔等共撰

漢記

崔寔爲大將軍梁冀司馬與邊韶延篤等著作東觀（延篤傳敘爲郎與朱穆邊韶共著作東觀）

楊彪靈帝熹平中以博習舊聞公車徵拜議郎與馬日磾盧植
蔡邕等著作東觀

荀悅爲黃門侍郎獻帝好典籍常以班固漢書文繁難省乃令
悅依左氏傳體以爲漢紀三十篇詔尚書給筆札辭約事詳論
辯多美

吳韋曜爲黃門侍郎廢帝即位諸葛恪輔政表曜爲太史令撰
吳書

華覈爲右國史後主時覈上疏曰臣聞五帝三王皆立史官敘
錄功美垂之無窮漢時司馬遷班固咸命世大才所撰精妙與
六經俱傳大吳受命建國南土大皇帝末年命太史令丁孚郎
中項峻俱非史才其所撰作不足紀錄至少帝時更差韋曜周

昭薛瑩梁廣及臣五人訪求往事所共撰立備有本末昭廣先亡瑩尋以罪黜出爲將復以過徙其書遂委滯迄今未撰奏臣愚淺才劣適可爲瑩等記注而已若使撰合必襲孚峻之跡懼墜大皇帝之元功損當世之盛美瑩涉學既博文章尤妙同寮之中瑩爲冠首今見吏雖多經學記述之才如瑩者少是以慺慺爲國惜之實欲使卒垂成之功編於前史之末奏上之後退塡溝壑無所復恨後主遂召瑩還爲左國史

晉傅玄魏末爲郎中與東海繆施俱以時譽選入著作撰集魏書

華嶠惠帝元康初爲尚書後以嶠博聞多識屬書典實有良史之志轉秘書監中書散騎著作及治禮音律天文數術南省文章門下撰集皆典統之

華暢嶠少子也嶠漢書十典未成秘書監繆徵奏暢爲著作佐郎卒成十典

虞預爲著作郎除散騎常侍仍領著作著晉書四十餘卷

干寶爲著作郎時中興草創未置史官中書監王導上疏曰夫帝王之迹莫不必書著爲令典垂之無窮宣皇帝廓定四海武皇帝受禪于魏至德大勳等蹤上聖而紀傳不存於王府德音未被乎管弦陛下聖明當中興之盛宜建立國史撰集帝紀上敷祖宗之烈下紀佐命之勳務以實録爲後代之準厭率土之望悅人神之心斯誠雍熙之至美王者之弘基也宜備史官勑佐著作郎干寶等漸就撰集元帝納焉寶於是始領國史

王隱字處叔陳郡人建興中過江太興初元帝召隱及郭璞俱爲著作郎令撰晉史

朱鳳晉陵人吳震吳人單族有史才秘書監華譚薦二人擢補著作佐郎並皆稱職

謝沉除尚書度支郎何充庾冰並稱沉有史才遷著作郎撰晉書三十餘卷

徐廣東莞人孝武時爲員外散騎常侍領著作尚書奏曰左史述言右官書事乘志顯於晉鄭春秋著乎魯史自聖代有造中興記者道風帝典煥乎史策而太和以降世歷三朝玄風聖迹倏爲疇古臣等參詳宜勑著作郎徐廣撰成國史於是勑廣撰集焉遷驍騎將軍領徐州大中正轉正員常侍大司農仍領著作如故勒成晉紀上之因乞解史任不許

宋王韶之瑯邪臨沂人私撰晉陽秋成時人謂之宜居史職即除著作郎使續後事

裴松之爲尚書比部郎仁威記室參軍出爲諸暨令元嘉中受詔續何承天宋史未及成而卒

何承天元嘉十六年除著作佐郎撰國史

荀伯子少好學博覽經傳爲員外散騎侍郎著作郎徐廣重其才學舉伯子及王韶之並爲佐郎助撰晉史

南齊丘巨源少舉丹陽郡孝廉爲宋孝武所知大明五年勑助徐爰撰國史

檀超爲散騎常侍司徒右長史建元二年初置史官以超與驃騎記室江淹掌史職

王思遠高宗時爲侍中掌優策及起居注

梁任孝恭以外祖丘它與高祖有舊高祖聞其有才學召入西省撰史

裴子野撰宋略成吏部尚書徐勉言之於高祖以爲著作郎掌國史及起居注除通直正員郎著作如故勑使撰方國使圖

周興嗣天監中爲員外散騎侍郎佐撰國史十二年遷給事中撰史如故

劉杳天監初爲太學博士佐周捨撰國史至大通初爲東宮通事舍人勑代裴子野知著作郎

陸雲公爲尚書儀曹郎頃之即真入直壽光省以本官知著作郎事俄除著作郎累遷中書黃門郎並掌著作

沈峻爲五經博士時中書舍人賀琛奏勑撰梁官乃啓峻及孔

子袪補西省學士助撰録書成入爲中書通事舍人
後魏鄧穎爲中書侍郎太武詔太常崔浩集諸文學撰述國書穎與浩第覧等俱參著作事
崔浩爲光祿大夫太武詔浩曰昔皇祚之興世隆北土積德累仁多歷年載澤流蒼生義聞四海我太祖道武皇帝恊順天人以征不服應期撥亂奄有區夏太宗承統光隆前緒釐正刑典大業惟新然荒域之外猶未賓服此祖宗之遺志而貽功於後也朕以眇年獲奉宗廟戰戰兢兢如臨淵谷故即位之初不遑寧處楊威朔裔埽定赫連逮於神䴥始命史職注集前功以成一代之典自爾已來戎旗仍舉秦隴剋定徐兗無塵平逋寇於龍川討孽豎於涼域豈朕一人獲濟於此賴宗廟之靈羣公卿士宣力之効也而史闕其職篇籍不著每懼斯事之墜焉公德冠朝列言爲世範小大之任望君存之命公留臺綜理史務述成此書務從實録浩於是監祕書事以中書侍郎高允散騎侍郎張偉參著作續成前紀至於損益褒貶折中潤色浩所總焉
高允與司徒崔浩述成國記以本官領著作郎
陰仲達武威姑臧人少以文學知名司徒崔浩啓仲達與段承根云二人俱涼土才華同修國史除祕書著作郎
段承根好學機辯有文思而性疎薄司徒崔浩見而奇之以爲才堪著述言之太武請爲著作郎引與同事
高讜爲游擊將軍與崔浩共參著作遷中書侍郎
程駿爲著作郎獻文皇興中除密郡太守尚書李敷奏曰夫君之使臣必須終効駿實史才方申直筆千里之任十室可有請留之數載以成前籍後授方伯愚以爲允書奏從之
李輔字伯尚少有重名孝文每云此李氏之千里駒勅撰太宗起居注尋遷祕書丞
韓顯宗爲著作郎孝文嘗謂顯宗及程靈虬曰著作之任國書是司卿等之才朕自委悉中省之品卿等所聞若欲取古人班馬之徒固自遼闊若求當代文學之能卿等應推崔孝伯
袁翻少以才學擅美一時宣武景明初李彪在東觀翻爲徐紇所薦彪引兼著作佐郎以參史事
游雅字伯度爲東雍州刺史徵爲祕書監委以國史之任
崔光本名孝伯字長仁爲著作郎與祕書丞李彪參撰國書宣武初爲侍中初光與李彪共撰國書太和之末彪解著作專以史事任光彪尋以罪廢宣武居諒闇彪上表求成魏書詔許之彪遂以白衣於祕書省著述光雖領史官以彪意在專功表解侍中著作以讓彪宣武不許
李彪字道固爲祕書丞分領著作事
于忠爲衛尉卿詔與吏部尚書元暉度支尚書元康河南尹元萇等推定歷代姓族
李琰之爲彭城王勰行臺參軍尋爲侍中李彪啓著作郎修國史累遷黄門郎修國史
房景先爲員外郎侍中穆紹啓景先撰世宗起居注
陽休之莊帝時爲輕車將軍李神儁監起居注休之與河東裴伯茂范陽盧元明河間邢子明等俱入撰次後爲太尉長孫稚府屬尋勑與魏收李同軌等修國史
杜臺卿字少山文筆尤工見稱當世以中書黄門侍郎兼大著作修國史
魏收字伯起後魏節閔時爲散騎侍郎尋勑典起居注并修國史後爲神武府屬崔暹言於文襄曰國史事重公家父子霸王功業皆須具載非收不可文襄啓收兼散騎常侍修國史武定二年除正常侍領兼中書侍郎仍修史神武謂收曰卿勿見嗔元康等在吾目下趨走謂吾以爲勤勞我世身名在卿手勿謂我不知尋加兼著作郎天保元年除中書令兼著作郎二年詔撰魏史帝使收專其任又詔平原王高隆之總監之署名而已帝勑收曰好直筆我終不作魏太武誅史官

孫搴字彥舉少厲志勤學爲國子助教太保崔光引修國史博會文義該洽兼明風角玄象被尚書符追著作脩國史監知太史局事

後周柳虯爲秘書丞時秘書雖領著作不參史事自虯爲丞始令監掌焉

隋姚察仕陳累遷戎昭將軍知撰梁史事後主纂業勑兼東宮通事舍人將軍知撰史如故高祖開皇九年詔授秘書丞別勑成梁陳二代史

薛德音道衡之從子有儁才起家爲游騎尉佐魏澹修魏史成遷著作郎

劉炫河間人少以聰敏見稱爲郡吏曹從事以吏幹知名奉勑與著作郎王劭同修國史初劭爲著作佐郎以母憂去職在家著齊書時制禁私撰史爲內史侍郎李元操所奏帝遣使收其書覽而悅之於是起爲員外散騎侍郎修起居注

劉焯以儒學知名與秀才射策甲科與著作郎王劭同修國史

潘徽爲晉王揚州博士煬帝嗣位詔徽與著作佐郎陸從典太常博士褚亮歐陽詢等助越公楊素撰魏書會素薨而止

唐蕭瑀爲中書令武德五年十二月詔曰司典序言史官記事考論得失究盡變通所以裁成義類懲惡勸善多識前古貽鑒將來伏羲以降周秦斯及兩漢相傳三國並命迄于晉宋載籍備焉自有魏南徙乘機撫運周隋禪代歷世相仍梁氏稱邦跨據淮海齊遷龜鼎陳建宗祊莫不自命正朔綿歷歲祀各殊徽號刪定禮儀至於發跡開基受終告代嘉謀善政名臣奇士立言著績無乏於時然簡牘未編紀傳咸闕炎涼已積謠俗遷訛餘烈遺風泯焉將墜朕握圖馭宇長世字民方立典謨永垂憲則顧彼湮落用深軫悼有懷撰次實資良直中書令蕭瑀給事中王敬業著作郎殷聞禮可修魏史侍中陳叔達秘書丞令狐德棻太史令庾儉可修周史兼中書令封德彝中書舍人顏師古可修隋史大理卿崔善爲中書舍人孔紹安太子洗馬蕭德言可修梁史太子詹事裴矩兼吏部郎中祖孝孫前秘書監魏徵可修齊史秘書監竇璡給事中歐陽詢秦王文學姚思廉可修陳史務加詳覈博採舊文義在不刊書法無隱

房玄齡爲司空貞觀二十年詔宜令修國史所更撰晉書詮次舊文裁成義類俾夫湮落之誥咸使發明其有所須可依修五代史故事若少學士亦量追取於是房玄齡與中書令褚遂良太子左庶子許敬宗掌其事又召中書舍人來濟著作郎陸元仕劉子翼守主客郎中盧承基太史令李淳風太子舍人李義府薛元超起居郎上官儀主客員外郎崔行功刑部員外郎辛玄馭著作佐郎劉胤之光祿主簿楊仁卿御史主簿李延壽校書郎張文恭並當時文士分功撰錄

許敬宗爲中書令敬宗先受詔與中書侍郎許圉師太史令李淳風著作佐郎楊仁卿著作郎顧胤等撰貞觀二十三年已後至顯慶三年實錄顯慶四年二月撰成二十卷

劉仁軌爲左庶子同中書門下三品咸亨四年三月詔仁軌與吏部侍郎同中書門下三品李敬玄中書侍郎郝處俊黃門侍郎高知周等並修國史仁軌等於是引左史李仁實專掌其事

武三思爲特進則天長安三年正月勑宜令三思與納言李嶠正諫大夫朱敬則司農少卿徐彥伯鳳閣舍人魏知古崔融司封郎中徐堅左史劉知幾直史館吳兢修唐史採四方之志成一家之言長懸楷則以貽勸誡

魏元忠爲中書令神龍元年十二月制左散騎常侍靜德郡王武三思兼元忠及禮部尚書祝欽明及史官太常少卿徐彥伯秘書少監柳沖國子司業崔融中書舍人岑羲徐堅等修則天實錄

吳兢勵志強學博通經史魏元忠朱敬則居相輔爲兢有史才堪居近侍因令直史館修國史累遷右補闕與韋承慶崔融劉子玄撰則天實錄

張說為并州大都督府長史開元八年詔曰筆有書契是興簡冊所以彰千得失示以懲勸非夫詳而有體辨而不華含陽秋之緼抱墳誥之賾豈能光我司典崇其立言右羽林軍將軍攝御史大夫權檢校并州大都督府長史持節天兵軍節度大使燕國公張說多識前志學于舊史文成微婉詞潤金石諒可以昭振風雅光揚軌訓可兼修國史仍賫史本就并州修撰

柳芳肅宗朝為史官與同職韋述受詔添修吳兢所撰國史未竟而亡

于休烈為工部侍郎修國史宰臣李揆嫉之改為國子祭酒休烈性本淳謹怡然自適代宗即位甄別名品宰臣元載稱之乃拜右散騎常侍依前兼修國史

令狐峘博貫群書有口辯楊綰為禮部侍郎修史引入史館自華原尉拜拾遺累遷禮部侍郎貶衡州別駕貞元初李泌為相召拜左庶子史館修撰又貶吉州別駕吉州刺史衢州別駕監

修國史奏峘所撰代宗實録一分請褒賜所畢功

張薦字孝舉少精史傳大曆中浙西觀察使李涵表薦其才可掌史任乃詔授左司禦率府兵曹參軍既至闕下以母老疾不拜命母喪闋禮部侍郎于邵舉前事以聞召充史館修撰兼陽翟尉累遷工部侍郎卒薦聰明強記無不通貫自始命至常兼史館修撰在史館二十餘年

蔣乂初名武貞元九年自前河南府王屋縣尉為右拾遺史館修撰德宗重難其職制未下前召見於延英殿方命官元和四年為秘書少監兼史館修撰奉詔與獨孤郁韋處厚同修德宗實録

路隨為翰林侍講學士諫議大夫韋處厚為中書舍人長慶二年十月勑隨處厚並在史館中行可稱伏以憲宗實録未修切資論撰宜兼充史館修撰仍分日入史館修實録未畢之間且許不入內署仍放朝參

沈傳師為翰林學士中書舍人史館修撰預修憲宗實録長慶三年出為湖南觀察使中書侍郎平章事監修國史杜元穎奏臣自去年奉詔命各據見在史官分修憲宗實録今緣沈傳師改官若更求人選擇非易其沈傳師當分雖搜羅未周條目紀綱已粗有緒竊以班固居鄉里而繼成漢書陳壽處私家而專精國志玄宗國史張說在本鎮兼修代宗編年令狐峘自外郡奏上遠考前代近參本朝皆可明徵實有成例其沈傳師一分伏望勒就湖南修畢先送史館與諸史官參詳然後聞奏庶使官業責成有終始之効傳聞撫實免同異之差制可

蔣係乂子也大和二年為右拾遺史館修撰與同職沈傳師鄭澣陳夷行李漢等奉詔撰憲宗實録四年書成奏御轉尚書工部員外郎還本司郎中皆兼史職

宇文籍以咸陽尉直史館與韓愈同成順宗實録遷監察御史後又為駕部員外郎史職與韋處厚路隨沈傳師同修憲宗實録

王彥威為諫議大夫大和六年二月以彥威及戶部郎中楊漢公祠部員外郎蘇滌右補闕裴休並以本官充史館修撰（故事史官不過不過三員或止於兩員是四人並命時論深以為非）

李讓夷為諫議大夫開成元年四月以讓夷兼權知起居舍人事先是宰臣於閤內奏起居舍人李褒有痼疾請替帝曰朕聞褚遂良為諫議大夫嘗兼此官卿可盡言今諫議大夫姓名宰臣李石遂奏李讓夷馮定孫簡蕭俶帝曰讓夷可也

孟穆為戶部郎中大中八年七月監修鄭朗奏當館修撰直館共四員准故事以通籍者為直館伏以修史重事合選庭臣秩序或卑筆削不稱其直館伏請停廢更添修撰二員從之其舊直館萬年尉張範涇陽尉李節勒守本官以穆及駕部員外郎李溵並充修撰通舊為四員分修四季之事

蔣偕有史才為補闕史館修撰咸通中與同職盧耽牛叢等受詔修文宗實録

抑玭爲吏部侍郞昭宗大順中宰相監修國史杜讓能以宣宗懿宗僖宗三朝實録未修乃奏玭及右補闕裴廷裕左拾遺孫泰駕部員外郞李商太常博士鄭光庭等十五人分修之

後唐張昭長興四年七月以前都官員外郞知制誥史館脩撰復爲尚書職方員外郞依前知制誥著作郞直史館張守吉爲右補闕並充史館修撰著作佐郞尹拙爲左拾遺王愼徽爲右拾遺並依前直史館國朝舊事以本官直館者皆爲畿縣尉今以諫官直史館自拙等始從監修國史李愚奏也

晉趙瑩爲相監修國史天福六年二月勑曰有唐遠自高祖下暨明宗紀傳未分書志咸闕今耳目相接尚可詢求若歲月更深何由尋訪宜令戶部侍郞張昭起居郞賈緯祕書少監趙熙吏部郞中鄭受益左司員外郞李爲光等修撰唐史仍令宰臣趙瑩監修其年四月瑩奏所修唐史首尾二十一朝緜歷三百餘載其於筆削斯實重難必籍群才司分事任張昭等五人奉

勑同撰內起居郞賈緯丁憂去官竊以刑部侍郞呂琦侍御史尹拙皆富典墳皆親簡牘勸善懲惡雅符班馬之規廣記備言必稱董南之職上祈聖鑒俾共編修詔從之以琦爲戶部侍郞以拙爲倉部員外郞與張昭等同修唐史

漢賈緯爲諫議大夫乾祐二年二月勑曰載唐虞之盛傳彼古文明得失之由存乎信史恭惟高祖皇帝授天曆數續漢基扃戎勇藝夷屬靈旗而內附禮樂征伐建王道於大中功格於上玄化行乎率土將欲示其軌範約彼春秋接高光紀聖之書續班馬記言之典廢而不舉闕孰甚焉左諫議大夫賈緯左拾遺竇儼右拾遺王紳等才學淵深論難鋒起分職方提於直筆編年尤屬於鴻儒宜令緯等同修高祖實録呈進仍令宰臣蘇逢吉監修

周張昭爲兵部尚書顯德三年十二月勑太祖聖皇帝實録并梁均帝唐清泰二主實録宜差張昭修其同修官委張昭定名奏請四年正月召上言奉勑編修太祖實録及唐梁二末主實録今請國子祭酒尹拙太子詹事劉溫叟同於史館編修

公正

夫簡牘之興得失攸紀善惡無隱曲直斯分是故勸沮於斯人見信於來裔其或記言動之任舉春秋之旨雖微婉之斯在亦纖介之必書故使質矣之言足徵於龜鑑直哉之筆若列於日星斯蓋得執簡之餘芳書法之遺懿者已

董狐爲晉太史晉趙穿襲殺靈公於桃園（靈公晉侯夷臯也桃園園名也）而迎趙盾趙盾素貴得民知靈公少修民不附故爲弑君盾復位晉太史董狐書曰趙盾殺其君以視於朝盾曰弑者趙穿我無罪太史曰子正卿而亡不出境反不能誅國亂非子而誰孔子聞之曰董狐古之良史書法不隱（不隱盾之罪）宣子良大夫也爲法受惡（聞義則服）（杜預曰善其爲法受屈也）惜也出疆乃免

齊太史（失名）崔杼弑其君莊公光立景公而相之太史書曰崔

杼弑其君崔子殺之其弟嗣書而死者二人（嗣續也并前有三人死）其弟又書乃舍之南史氏聞太史盡死執簡以往聞既書矣乃還（諸傳言齊有史崔杼之弑所以聞之）

吳韋曜爲孫皓侍中領左國史皓欲爲父和作紀曜執以和不登帝位宜名爲傳如是者非一漸見責怒

晉孫盛歷著作郞祕書監著晉陽秋詞直理正稱良史焉既而大司馬桓溫見之怒謂盛子曰枋頭誠爲失利何至乃如尊君所說若此史遂行自是關君門戶事其子遽拜謝因請刪改之時盛年老還家性方嚴有軌憲雖子孫班白而庭訓愈峻至此諸子乃共號泣稽顙請爲百口切計盛大怒諸子遂爾改之盛寫兩定本寄於慕容儁太元中孝武帝博求異聞始於遼東得之以相考校多有不同書遂兩存焉

趙泉車敬俱爲苻堅著作郞堅母少寡將軍李威有辟陽之寵史官載之堅收起居注及著作所錄而觀之見其事慙怒乃焚

甚書司而大撿史官將加其罪泉敬等已死乃止
宋王韶之爲黄門侍郎領著作韶之爲晉史序王珣貨殖王歆
作亂珣子弘歆子華並貴顯韶之懼爲所陷深結徐羨之傅亮
南齊劉祥爲長沙王鎮軍板諮議參軍撰宋書譏斥禪代尚書
令王儉密以啓聞帝銜而不問
後周柳虬爲西魏秘書監修起居注太祖既廢魏帝立恭帝大
饗群臣虬執簡書曰於朝曰廢帝文皇帝之嗣子年七歲文帝
言於安定公（即周太祖也）曰是子才由于公不才亦由于公宜勉之公
既受茲重寄居元輔之任又納女爲皇后遂不能訓誨有成致
令廢黜負文皇帝付囑之意此咎非安定公而誰太祖乃令太
常盧辯作告諭公卿曰嗚呼我群后暨衆士維文皇帝以襁緥
之嗣託於予訓之誨之庶厥有成而予罔能弗變厥心庸暨乎
廢墜我文皇帝之志嗚呼茲咎予其焉避予實知之矧介衆人
之心哉惟予之顔豈惟今厚將恐來世以予爲口實

唐杜正倫太宗貞觀二年爲給事中兼知起居注太宗嘗謂侍
臣曰朕每日坐朝欲出一言即思此言於百姓有利益不所以
不敢多言正倫進曰君舉必書言存左史臣職當修起居注不
敢不盡愚直陛下若一言乖於道理則千載累於聖德非直當
今有損於百姓願陛下慎之太宗大悦賜綵絹二百疋
褚遂良爲諫議大夫知起居注貞觀十六年四月太宗謂遂良
曰卿知起居皆書何等事大抵人君得見否遂良曰今之起居
古之左右史書人君言事且記善惡以爲鑒誡庶幾人主不爲
非法不問帝王躬自觀史太宗曰朕有不善卿必記之耶遂良
曰守道不如守官臣職當載筆君舉必記黄門侍郎劉洎曰設
令遂良不記天下之人皆記之矣太宗曰然七月太宗又謂遂
良曰尔知起居比來記我行事善惡遂良曰今四海太平爲行
亭耳然史官之設君舉必書善既必書過亦無隱
吴兢開元中爲著作郎兼修史尋黄門侍郎同中書門下平章
事張說因至史館讀則天實録見論證對魏元忠事乃謂兢曰
劉五修實録（劉五即子玄也）論魏齊公事殊不相饒假與説毒手當時
説驗知是吴兢書之所以假託於劉子玄兢從容對曰是兢書
之非劉公修述草本猶在其人已亡不可誣枉於幽魂令相公
有惟耳同修史官蘇宋等見兢此對深驚異之乃歎曰昔董狐
古之良史即今是焉説自後頻祈請刪削數字兢曰若取人情
何名爲直筆
于休烈爲太常少卿修國史至德二年肅宗謂休烈曰君舉必
書朕有過失卿書之否休烈對曰臣聞禹湯罪己其興勃焉有德
之君不忘書過臣不勝大慶
鄭朗爲起居郎大和九年十二月文宗御紫宸殿與宰臣鄭覃
李石等議政宰臣既退帝命朗等適所紀録者將來一觀朗對
曰臣執筆所紀便目爲史臣聞自古帝王不合觀史帝曰故事
向在朗曰臣不敢遠徵故實嘗聞太宗皇帝欲親覽國史用知

得失諫議大夫朱子奢上表云史官所述義歸盡善若主曾玄
已後或非上智中主庸君飾非護短見極陳善惡恐致史官何
此進刑又聞褚遂良對曰今之起居古之左右史以記人君言
行善惡必書庶幾不爲非法不聞帝王躬自觀史帝又謂朗曰
適來所紀是且直書未有否臧一見無爽朗乃進所紀帝略覽
曰御宜門外重寫録進來其日晚内出詔宣示宰臣曰適來鄭
朗等奏朝來所紀之事擬不進本人君之言良史善惡必書或
有平生之閑話不關理道之體要垂諸將來實爲愧恥異日臨
朝庶幾稍改何妨一見見戒醜言
魏謩爲起居舍人開成四年十月文宗於紫宸殿對百寮遣閤
門使就謩取注記謩奏曰臣以自古置此以爲聖王鑒戒陛下
但爲善事勿畏臣不書如陛下所行錯誤臣不書之天下之人
皆得書之臣以陛下爲太宗文皇帝乞陛下許臣比職褚遂良
帝曰我向前亦曾取看謩曰自是向前起居不詳故事臣今豈

得脩陛下爲非若陛下一覽之後自此文字須有迴避如此則善惡不直非史也遣後代何取信遂止

恩獎

軒臺以史名官晉卿因籍命氏文籍既興官守攸重其所由來遠矣逮乎漢氏之世則天下計書先上太史副上丞相其後列鴻都藏室之署分東觀祕府之局典司著撰裁正編簡暨國江左以迄于五代未嘗不建官分職克慎其選焉蓋髦士俊民秉將間作而當世之君莫不隆其禮命形於詔獎或蕃錫加等或崇進異數以至推恩而延賞追美以飾終發乎嘆想形於悼惜蓋夫鴻碩之老良直之士所任重而其才難不可以不欽尚者矣

後漢高彪除郎中校書東觀遷內黃令帝勑同僚臨送祖於上東門詔東觀畫彪形像以勸學者

吳華覈遷東觀令領右國史覈上疏辭讓後主荅曰得表以東觀儒林之府當講校文藝處定疑難時皆名學碩儒乃任其職乞更選英賢覈之以卿研精墳典博覽多聞可謂悅禮樂敦詩書者也當飛翰騁藻光贊時事以越揚班張蔡之疇怪乃謙光厚自菲薄宜勉脩所職以邁先賢勿復紛紛

梁蕭子雲爲太子舍人撰東宮新記奏之勑賜東帛

陳杜之偉爲大匠卿遷太中大夫仍勑撰梁史永定三年卒高祖甚悼惜之詔贈通直散騎常侍賻錢伍萬布五十匹棺一具卽日舉哀

後魏韓顯宗爲著作佐郎孝文曾謂顯宗及程靈虯曰著作之任國書是司卿等之文朕自委悉中省之品卿等所聞若欲取況古人班馬之徒固自遼闊若求之當世文學之能卿等應推崔孝伯又謂顯宗曰見卿所撰燕志及在齊詠大勝比來之文

北齊魏收散騎常侍修國史武定二年除正常侍領兼中書侍郎仍修史神武謂收曰卿勿見陳元康等在吾目下趨走謂吾以爲勤勞我世身名在卿手勿謂我不知尋加兼著作郎

隋郎茂大業中爲尚書左丞撰州郡圖經一百卷奏之賜帛三百段

裴矩爲吏部尚書大業初西域諸蕃款與中國互市煬帝遣矩監其事矩撰西域圖三卷入朝奏之帝大悅賜物五百段

唐房玄齡爲左僕射貞觀十年正月與侍中魏徵散騎常侍姚思廉太子右庶子李百藥孔穎達守禮部侍郎令狐德棻守中書侍郎岑文本中書舍人許敬宗等撰成周隋陳齊梁等五代史詣闕上之太宗勞之曰朕觀前代史書彰善癉惡足爲將來之誡秦始皇奢淫無度志存隱惡焚書坑儒用緘談者之口隋煬帝雖好文儒尤疾學者前世史籍竟無所成數代之事殆將泯絕朕意則不然將欲覽前王之得失爲在身之龜鏡公輩以數年之間勒成五代之史深副朕懷極可嘉尚於是進級班賜各有差

高士廉爲吏部尚書貞觀十二年與黃門侍郎韋挺禮部侍郎令狐德棻兼中書侍郎岑文本撰氏族百卷太宗稱善褒賜進級各有差

敬播爲著作郎與司空房玄齡給事中許敬宗貞觀十七年上所撰高祖今上實錄各二十卷玄齡以下班賜進級各有差

褚遂良爲中書令貞觀二十年詔脩晉書以司空房玄齡及遂良太子左庶子許敬宗掌其事又召中書舍人來濟著作郎六元仕劉子翼守主客郎中盧承基太史李淳風太子舍人李義府薛元超起居郎上官儀主客員外郎崔行功刑部員外郎辛玄馭著作佐郎劉胤之光祿主簿楊仁卿御史臺主簿李延壽校書郎張文恭並當時屬文之士分功撰錄莫不博考前文旁求遺逸芟夷繁雜舉其精要又令前雅州刺史令狐德棻太子司議郎敬播主客員外郎李懷安屯田員外郎李懷儼詳其條例重加考正以臧榮緒晉書爲本捃摭諸家傳記而附益之數載而書就頒賜加級各有差

長孫無忌爲太尉受詔與史官同續修貞觀實錄永徽五年閏五月畢功詣闕表上之起貞觀十五年至二十三年五月勒成二十卷帝覽而歔欷無忌等賜爵加級布帛各有差

于志寧爲太子太傅尚書左僕射先詔太尉長孫無忌與志寧及中書令兼太子詹事崔敦禮與禮官國子祭酒崇賢館學士令狐德棻中書侍郎兼檢校右庶子弘文館學士李義府著作郎崇賢學士劉胤之著作郎楊仁卿起居郎弘文館直學士顧胤符璽郎李延壽兼秘書郎弘文館直學士張文恭等修撰國史依紀傳之體凡八十一卷顯慶元年七月勒成無忌等詣闕上之詔無忌已下加爵賜帛有差

許敬宗爲中書令與中書侍郎許圉師著作郎楊仁卿等受詔撰貞觀二十三年以後至顯慶三年實錄凡成二十卷顯慶四年二月畢功奏上之封敬宗子建爲新城縣男國子祭酒令狐德棻進封彭陽縣公中書侍郎許圉師封平恩縣公太史令李淳風封昌樂縣男著作郎北平縣男楊仁卿著作郎余杭縣男顧胤並加朝議大夫並賞修實錄之功也

李延壽爲符璽郎撰南北史一百八十卷奏之高宗詔曰故符璽郎李延壽藝文該洽材兼良史撰政典一部詞理直筆雖其人已亡功有可錄宜賜其家絹五十疋仍令詳正所寫兩本付秘書一本賜皇太子

武三思爲左散騎常侍德靜郡王與中書令齊國公魏元忠禮部尚書晉郡公祝欽明及史官太常少卿徐彥伯秘書少監柳沖韋承慶國子司業崔融中書舍人岑羲徐堅撰則天大聖皇后實錄爲二十卷編次文集一百二十卷神龍二年五月奏之帝稱善降璽書勞問三思賜物二千段魏元忠賜物千段仍封其子衛王諮議參軍昇爲任城縣男祝欽明進爵魯國公賜物八百段徐彥伯等各賜爵二等齎物五百段

竇懷貞爲左僕射與侍中魏知古中書令蕭至忠崔湜中書侍郎陸象先左散騎常侍柳沖太子詹事徐堅左庶子劉子玄先天二年二月奏上所修姓族系錄二百卷懷貞已下加爵賜物各有差

劉子玄爲左散騎常侍修國史開元四年與吳兢撰則天實錄四十卷成以聞又引古義自於執政宰相姚崇奏曰伏見貞觀十七年監修國史房玄齡與史官給事中許敬宗著作佐郎敬播修高祖實錄二十卷成制封玄齡一子爲縣男賜物一千段敬宗一子爲高陽縣男賜物七百段敬播改授太子司議郎賜物五百段仍並降璽書褒美又神龍二年五月監修國史中書令魏元忠與史官太常少卿徐彥伯國子司業崔融等修則天實錄三十卷成制封元忠一子爲縣男賜物一千段彥伯等各賜爵二等物五百段自餘史官加爵階物段准例分乃並降璽書褒美今史官劉子玄吳兢等撰睿宗實錄又重修則天中宗實錄並成進訖惟撰太宗實錄例監修官已下加爵及賜今子玄等經有援引古今欲且聞奏且謹尋故事例有恩賞事屬當時不可爲進子玄等始末修撰誠亦勤勞叙事紀言所緣雖重承恩賞賜固不在多子玄吳兢望各賜物一百段許之玄一子以陞劉天寶漢封吾業舉子

吳兢神龍中與韋承慶劉子玄等撰則天實錄成轉起居郎俄遷水部郎中丁憂還鄉里開元三年服闋抗疏言曰臣先修史已成數十卷自停職家貧無紙札乞終余功乃拜諫議大夫依前修史開元六年七月表乞與郡曰臣自學史東觀十有七年歲序徒淹勤勞莫著不能勒成大典無誠將來顧省微躬久妨賢路乞罷今職別就他官至於治人之政在兢尤所詳聽望令試典一郡剌舉之喜必當效績循良不負朝寄又兢父致仕已來俸料斯絕所望祿秩稍厚甘膬有資烏鳥之誠幸垂矜察帝覩札報曰夫子臨書是爲盛業宗史官秉筆必佇良才著作猶記洽聞時議咸許牧州與郡此職何求豈轉要以從聞乃迴難而

就易秋願或依公道者何八年詔其父鄭州長史覔歌為鳳州刺史仍聽致仕以就修國史故也

賈耽為宰相貞元十四年耽獻九州圖并別録通録十卷德宗賜内廐馬一匹錦綵二百匹銀餅盤各一十七事耽又上海内華夷圖及古今郡國縣道四夷述德宗覽而善之賜錦綵二百匹袍段六錦帳二銀瓶盤各一銀榼二馬一匹

令狐峘為起居舍人撰玄宗代宗實録順宗初至元和三年以修實録功追贈工部尚書

裴垍監修國史元和五年十二月與諸史官進德宗實録五十卷憲宗覽而稱善乃賜垍繒綵三百匹及銀器等以秘書少監史館修撰蔣武（後名乂）為諫議大夫直史館奚縣尉樊紳為左拾遺内供奉咸陽縣尉韋處厚為右拾遺内供奉萬年縣丞林寶為太常博士並仍舊職

李吉甫為宰相元和八年二月進所撰元和州郡圖三十卷賜

錦綵二百匹銀榼盤各一

路隨為翰林侍講學士諫議大夫韋處厚為中書舍人長慶二年十月勑隨等嘗在史館于行可稱伏以憲宗實録未修切資論撰宜兼史館修撰其學士如故又勑路隨韋處厚且上後分日入史館修實録未畢之間且許不入内署仍放朝參至大和四年三月隨以宰相監修國史表上憲宗實録賜隨及見在史官司封郎中蘇景胤起居舍人陳夷行屯田員外郎李漢右拾遺蔣係各錦綵銀器有差

王彥威為戶部侍郎判度支撰唐典自武德終永貞成一部七十卷文宗嘉之賜以錦綵銀器

李紳為宰臣監修國史會昌三年與修撰官鄭亞等再修憲宗實録畢進上賜銀器錦綵有差

魏謩為中書侍郎平章事監修國史大中八年修文宗實録四十卷上之史官給事中盧耽太常少卿蔣偕司勳員外郎

王渢右補闕盧告膳部員外郎牛叢皆頒賜銀器錦綵序遷職秩

後唐趙鳳為宰相監修國史天成四年上新修懿祖獻祖太祖紀年録共二十卷莊宗實録三十卷鳳及修撰張昭遠呂咸休各賜繒綵銀器等

晉姚顗後唐為門下侍郎平章事監修國史清泰三年上明宗實録三十卷同修撰官中書舍人充史館修撰張昭遠授尚書禮部侍郎中書舍人充史館修撰李詳加中大夫上柱國並依前充職戶部郎中充史館修撰程遜授右諫議大夫左拾遺充史館修撰吳承範授左補闕充職右拾遺直史館楊昭儉授殿中侍御史各頒賜有差

漢賈緯仕晉為起居郎天福六年奏曰伏覩史館唐高祖至代宗已有紀傳德宗至文宗亦存實録武宗至濟陰廢帝凡六代唯有武宗實録一卷餘皆闕落臣今采訪遺文及耆舊傳說編成六十五卷目為唐年補遺録以備將來史官修述臣聞裴子

野之修宋略吳均在梁時姚思廉纂陳書乃於唐世咸因裒綴是有祈尋皇帝陛下與日齊明同天繼聖華山歸馬崇文之道已行虎殿延儒質疑之論斯啓一昨聿宣綸誥精擇史官以李氏受終想唐年遺事雖迠名上號其制相沿而創法定儀於文或異況諸俗之訛變致信實以湮沉將緝亡書以修墜典臣久居職分深恥闕遺今録淺聞別陳短序伏冀特回睿覽俯念愚衷其閣蓬山誠莫裨於良直蹄涔撫土願少助於高深請下有司用當取證帝覽之嘉歎賜器皿幣帛

趙熙為兵部郎中天福六年與吏部侍郎張昭受詔修唐史開運中書畢其功熙授右諫議大夫昭加金紫光祿大夫進封開國子增食邑二百戶賞纂削之功也（一云開運二年史館上新修前朝李氏書賜監修宰臣劉昫修史官張昭遠賈緯王伸等繒綵銀器各有差）

周張昭為兵部尚書與太子詹事劉溫叟等顯德五年撰太祖實録三十卷上之賜物有差

冊府元龜卷第五百五十四

册府元龜卷第五百五十五

國史部二

採撰

史氏之職舊矣自周衰失官舊章蕩棄仲尼因魯史記之文考其眞僞刊而正之以勸戒蓋諸侯之國史也逮司馬遷承重世之業受成書之託由三五已來上下數千載論次其事爲一家之言班范繼踵述遵無廢信乎得良史之體爲作者之雄也爾後或被詔著撰或私爲記述乃有特出新意裁成義類追法春秋繫以時月皆研精極慮各自名家至若斂然甫法著爲國典藏在冊府是謂信史者咸不越子長之矩矱矣其有述儁賢耆舊之美詮高逸貞烈之行第職官之儀秩撮記載之遺逸敘天官五行之占候紀輶軒木鐸之方言著爲紀傳參於志錄者亦史臣之一體也咸附出焉

周孔子明王道干七十餘君莫能用故西觀周室論史記舊聞興於魯而次春秋上記隱下至哀之獲麟約其辭文去其煩重以制義法王道備人事浹七十子之徒口受其傳指爲有所刺譏褒諱挹損之文辭不可以書見也魯君子左丘明懼弟子人人異端各安其意失其眞故因孔子史記具論其語成左氏春秋

子貢撰越絕書十六卷

尹喜爲函關令撰高士老君內傳三卷

鬼谷先生撰老子傳一卷關令尹喜傳一卷已上並傳記

漢陸賈爲太中大夫撰楚漢春秋五卷司馬遷生龍門龍門山其東則在今秦州龍門縣北其西則在今同州韓城縣北西河從其中下流耕牧河山之陽河之北山之南也年十歲則誦古文二十而南游江淮上會稽探禹穴窺九疑浮沅湘北涉汶泗講業齊魯之都觀夫子遺風鄉射鄒嶧鄒縣名也嶧山也於此行鄉射之禮阨困番薛彭城番縣名也過梁楚以歸及爲太史令以爲漢繼五帝末流接三代絕業周道既廢秦撥去古文焚滅詩書故明堂石室金匱玉版圖籍散亂漢興蕭何次律令韓信申軍法張倉爲章程叔孫通定禮儀則文學彬彬稍進詩書往往間出自曹參薦蓋公言黃老而賈誼朝錯明申韓公孫弘以儒顯百年之間天下遺文古事靡不畢集太史公仍父子繼纂其職曰於戲於戲歎辭余維先人嘗掌斯事顯於唐虞至于周復典之故司馬氏世主天官至于余乎欽念哉欽敬也罔羅天下放失舊聞王迹所興原始察終見盛觀衰論考之行事略三代錄秦漢上記軒轅下至于茲著十二本紀既科條之矣並時異世年差不明作十表禮樂損益律曆改易兵權山川鬼神天人之際承敝通變作八書二十八宿環北辰三十輻共一轂運行無窮言眾星共北辰諸輻咸共車轂若文武之臣尊輔天子也輔弼股肱之臣配焉忠信行道以奉主上作三十世家扶義俶儻不令已失時立功名於天下作七十列傳凡百三十篇五十二萬六千五百字爲太史公書序略以拾遺補闕蓺成一家言蓺六藝也協六經異傳齊百家雜語藏之名山副在京師藏於山者備亡失也其副貳本乃留京師也以竢後聖君子遷既死後其書稍出

宣帝時遷外孫平通侯楊惲祖述其書遂宣布焉又按史記司馬遷自敍云遷父談且卒執遷手而泣曰今漢興海內一統明主賢君忠臣死義之士余爲太史而弗論載余甚懼焉汝其念哉談卒三歲而遷爲太史令發述陶唐以來至于麟止作史記

東方朔爲侍郎撰十洲記一卷神異經一卷

劉向爲中壘校尉撰戰國策三十卷

楊雄爲郎給事黃門撰蜀王本紀一卷

後漢班彪爲司徒掾才高而好述作遂專心史籍之間武帝時司馬遷著史記自太初以後闕而不錄後好事者頗或綴集時事然多鄙俗不足以踵繼其書好事者謂楊雄劉歆陽城衡褚少孫史孝山之徒彪乃繼採前史遺事傍貫異聞作後傳數十篇班彪卒子固歸鄉里固以彪所續前史未詳乃潛精研思欲就其業既而有人上書顯宗告固私改作國史者有詔下郡收繫京兆獄盡取其家書先是扶風人蘇朗僞言圖讖事下獄死固弟超恐固爲郡所覈考不能自明乃馳詣闕上書得召見具言固所著述意而郡亦

上其書顯宗甚奇之召詣校書郎除蘭臺令史與前睢陽令陳宗長陵令尹敏司隸從事孟異共成世祖本紀遷為郎典校祕書固又撰功臣平林新市公孫述事作列傳載記二十八篇奏之帝乃復使終成前所著書固謂自古書契之作而有史官其載籍博矣至孔氏纂之斷唐堯下訖秦繆唐虞以前雖遺文其語不經（非經典所說）故言黃帝顓頊之事未可明也及孔子因魯史記而作春秋而左丘明論輯其本是以為之傳又纂異同為國語又有世本錄黃帝以來至春秋時帝王公侯卿大夫祖世所出春秋之後七國並爭秦兼諸侯有戰國策漢興伐秦定天下有楚漢春秋故司馬遷據左氏國語采世本戰國策述楚漢春秋接其後事訖于大漢漢紹堯運以建命帝業至於六世史臣乃追述功德私作本紀編於百王之末廁於秦項之列大初以後闕而不錄故探纂前記綴輯所聞以述漢書起元高祖終于孝平王莽之誅十有二世二百三十年綜其行事旁貫五經上

下洽通為春秋考紀（春秋考紀謂帝紀也）表志傳凡百篇固自永平中始受詔潛精積思二十餘年至建初中乃成當世甚重其書學者莫不諷誦焉又固記諸國風土人俗皆已詳備前書撰建武以後其事異於先者以為西域傳皆安帝末班勇所記云

蔡邕靈帝時為議郎在東觀與盧植韓說等撰補後漢記會遭事流離不及得成及徙朔方居五原因上書自陳奏其所著十意曰朔方髡鉗徒臣邕稽首再拜上書皇帝陛下臣邕被受陛下尤異大恩初由宰府備數典城以叔父故衛尉質時為尚書召拜郎中受詔詣東觀著作遂與羣儒並拜議郎沐浴恩澤承答聖問前後六年質奉機密趨走目下遂竟端右出相好藩還尹輦轂旬日之閒登躡上列父子一門兼受恩寵不能輸寫心力以效絲髮之功一旦被章陷沒辜戮陛下天地之德不忍刀鋸截臣首領得就于罪父子家屬從充邊方完全軀命喘息相隨非臣無狀所敢復望非臣罪惡所當復蒙非臣辭筆所能復陳臣初決罪洛陽詔獄生出宇戶顧念元初中故尚書郎張俊坐漏泄事當伏重刑已出穀門復聽讀鞫詔書馳救一等輸作左校俊上書謝恩以轉徙郡縣促遣偏於吏手不得頓息含辭抱悲無由上達既到徙所乘塞守烽職在候望憂怖焦灼無心復能操筆成章致章闕庭誠知聖朝不責臣謝但愚心有所不竟臣自在布衣嘗以為漢書十志下盡王莽而世祖以來唯有紀傳無續志者臣所事師故太傅胡廣知臣頗識其門戶略以所有舊事與臣雖未備悉粗見首尾積累思惟二十餘年不在其位非外史庶人所得擅述天誘其衷得備著作郎建言十志皆當撰錄遂與議郎張華分受之所使元順難者皆以付臣先治律歷以籌算為本天文為驗請太師舊注考校連年往往頗有差舛當須增損乃可施行為無窮法道至深微不敢獨議郎中劉洪密於用算故臣表上洪與共參思圖牒尋繹適有頭角會臣被罪逐放邊野臣竊自痛一為不善使史籍所闕胡廣所校二

十年之思中道廢絕不得究竟慺慺之情猶以結心不能違望臣初欲須刑竟乃因縣道具以狀聞今年七月九日匈奴始攻郡鹽池縣其時鮮卑連犯雲中五原一月之中烽火不絕不言四夷相與合謀所圖廣遠恐遂為變不知所濟郡縣咸懼不守朝旦臣所在孤危懸命鋒鏑湮滅灰燼呼吸無期誠恐所懷隨軀腐朽抱恨黃泉遂不設施謹先顛踣刪科條諸志臣所定者一所當接續者四前志所無臣欲著者三及經典羣書所宜捃摭本奏詔書所當依據分別首自并書章左臣初被考妻子迸竄亡失文書無所按請加惶怖愁恐思念荒散十分不能識一所識者又恐謬誤觸冒死罪披散愚情願下東觀推求諸奏參以璽書以補綴遺闕昭國體章聞之後雖肝腦流離白骨剖破所無復恨唯陛下省察謹因臨戎長霍圉封上臣頓首死罪稽首再拜以聞（邕別傳又載邕撰集漢事未見錄以繼後史適作靈紀及十意又補諸列傳四十二篇因李傕之亂湮滅多不存十意有律曆意第一禮意第二樂意第三郊祀意第四天文意第五車服意第六邕敍卷曰餘四意史不載名）

荀悅為黃門侍郎獻帝好典籍常以班固漢書文繁難省乃令悅依左氏傳體以為漢紀三十篇詔尚書給筆札辭約事詳論辨多美劉艾為侍中撰漢靈獻二帝紀三卷

蔡質為衛尉撰典職式

侯瑾公車徵不至案漢書記撰中興以後行事為皇德傳三十篇行於世

劉珍為謁者安帝永寧元年詔珍與校書劉騊駼作建武已來名臣傳遷侍中越騎校尉李尤為諫議大夫受詔與謁者僕射劉珍等俱撰漢記

應奉官至司隸校尉著漢書後序多所述載袁崧書曰奉又刪史記漢書及漢記三百六十餘年自漢興至其時凡十七卷名曰漢事

趙曄會稽人舉有道不就著吳越春秋十卷

趙岐為太常著吳越春秋

郭憲為光祿勳撰漢武洞冥記一卷

楊孚為議郎撰交州異物志一卷

魏張璠撰後漢紀雖似未成辭藻可觀

孫該字公達有志好學著魏書

王粲為侍中撰漢末英雄記八卷

魚豢為郎中撰典略十九卷

袁曄撰獻帝春秋一卷

張瑩為左將軍撰漢紀十二卷

王范撰呂布本事一卷

孫舒元撰漢魏春秋九卷

譙周入魏封陽城亭侯撰三巴記一卷

不聽已又見死之丁二人前謙隨會先諫人聽鄭公患之使鉏

吳謝承字偉平推謝夫人弟為武陵太守撰後漢書百餘卷會稽先賢傳五卷

韋曜為黃門侍郎孫亮即位諸葛恪輔政表曜為太史令撰吳書華覈薛瑩等皆與同後為侍中領左國史孫皓忿怒收付獄獄吏上辭曰囚昔見世間有古曆注其所紀載既多虛無在書籍者亦復錯謬囚尋按傳記考合異同采耳目所及以作洞紀起自庖犧至于秦漢凡為三卷當起黃武以來別作卷事尚未成又見劉熙所作釋名信多佳者然物類衆多難得詳究故時有得失而爵位之事又有非是愚以官爵今之急不宜乖誤囚自忘至微又作官職訓又辯釋名各一卷欲上之新寫始畢會以無狀幽囚待命泯沒之日恨不上聞謹以先死列狀乞上言秘府於外料取呈內以聞追懼淺蔽不合天聽抱怖雀息乞垂哀省曜冀以此求免而皓更怪其書之垢故竟死於獄

周昭字恭遠與韋曜薛瑩華覈並述吳書

萬震為丹陽太守撰南州異物志一卷

陸凱為左丞相撰雜傳十九卷

胡沖撰吳朝人士品秩狀八卷吳歷六卷

虞尚撰吳士人行狀名品二卷

吳人撰曹瞞傳一卷

晉華嶠遷尚書以傳聞多識屬書典實有良史之志轉秘書監加散騎常侍班同中書寺為內臺中書散騎著作及治禮音律天文數術南省文章門下撰集皆典統之初嶠以漢紀煩穢慨然有改作之意會為臺郎典官制事由是得徧觀秘籍遂就其緒起于光武終于孝獻一百九十五年為帝紀十二卷皇后紀二卷十典十卷傳七十卷及三譜序傳目錄凡九十七卷嶠以皇后配天作合前史作外戚傳以繼末編非其義也故易為皇后紀以次帝紀又改志為典以有堯典故也而改名漢後書奏之詔朝臣會議時中書監荀勗令和嶠太常張華侍中王濟咸以嶠文質事核有遷固之規實錄之風藏之祕府後太尉汝南王亮司空衛瓘為東宮傅列上通講事權施行又撰紫陽真人周君傳一卷

張華撰列異傳三卷

束晳爲佐著作郎撰晉書帝紀十志并所著三魏人士傳七代通記行於世

皇甫謐累徵不起撰帝王世紀年歷高士逸士烈女等傳玄晏春秋並重於世叔褒韓氏傳三卷

王隱爲臨汾公相國撰烈女後傳七十二人

周處爲御史中丞撰集吳書

袁山松爲吳郡太守博學有文章著後漢書百篇

祖台之字元辰爲侍中光祿大夫撰志怪書行於世

陳術字申伯著益部耆舊傳及志

楊方爲高梁太守撰吳越春秋

司馬彪泰始中爲秘書郎轉丞作九州春秋以爲先王立史官以書時事載善惡以爲沮勸撮教世之要也是以春秋不修則仲尼理之關雎既亂則師摯修之前哲豈好煩哉蓋不得已故

也漢氏中興訖于建安忠臣義士亦以昭著而時無良史記述煩雜譙周雖已刪除然猶未盡安順以下亡缺者多彪乃討論衆書綴其所聞起於世祖終于孝獻編年二百錄世十二通綜上下旁貫庶事爲紀志傳凡八十篇號曰續漢書

陳壽爲御史治書撰蜀相諸葛亮集奏之除著作郎撰魏吳蜀三國志凡六十五篇時人稱其善敘事有良史之才夏侯湛時著魏書見壽所作便壞己書而罷張華深善之謂壽曰當以晉書相付耳其爲時所重如此元康七年卒梁州大中正尚書郎范頵等上表曰昔漢武帝詔曰司馬相如病甚可遣悉取其書使者得其遺書言封禪事天子異焉臣等按故治書侍御史陳壽作三國志辭多勸誡明乎得失有益風化雖文豔不及相如而質直過之願垂採錄於是詔下河南尹洛陽令就家寫其書壽又撰古國志五十篇益部耆舊傳十篇

又壽國志云從荊揚來者得陸凱所諫孫皓二十事博問吳人多去不聞凱有此表又按其文殊甚切直恐非皓之所能容忍也或以爲凱藏之篋笥未敢宣行病困皓遣董朝省問欲言因以付之虛實難明故不著于篇然愛其指擿皓事足爲後戒故鈔列于凱傳左云

虞溥爲鄱陽內史撰江表傳卒於洛子渤過江上江表傳於元帝詔藏于秘書

虞預爲散騎常侍領著作著晉書四十餘卷會稽典錄二十篇諸虞傳十二篇皆行於世

王隱字處叔世寒素父銓歷陽令少好學有著述之志每私錄晉事及功臣行狀未就而卒隱以儒素自守不交勢援博學多聞受父遺業西都舊事多所諳究建興中過江丞相軍諮祭酒涿郡祖納雅相知重納好博弈每諫止之納曰聊用忘憂耳隱曰蓋古人遭時則以功達其道不遇則以言達

其才故否泰不窮也當今晉未有書天下大亂舊事蕩滅非凡才所能立君少長五都游宦四方華夷成敗皆在耳目何不述而裁之應仲遠作風俗通崔子真作政論蔡伯喈作勸學篇史游作急就章猶行於世便爲没而不朽當其同時人豈少哉而了無聞皆由無所述作也故君子疾没世而無聞易稱自強不息況國史明乎得失之跡何必博弈而後忘憂哉納喟然歎曰非不悅子之道力不足也乃上疏薦隱元帝以草創務殷未皇史官遂寢不報太興初典章稍備乃召隱及郭璞俱爲著作郎令撰晉史著作郎虞預私撰晉書而生長東南不知中朝事數訪於隱并所著書竊寫之所聞漸廣是後更疾隱形于言色預既豪族交結權貴共爲朋黨以斥隱竟以謗免黜于家貧無資用書

不成乃依征西將軍庾亮於武昌亮供其紙筆書乃得成詣闕上之隱雖好著述而文辭鄙拙蕪舛不倫其書次第可觀者皆父所撰文體混漫義不可解者隱之作也

孫盛爲秘書監給事中著魏氏春秋晉陽秋詞直而理正咸稱良史焉既而桓溫見之怒謂盛子曰枋頭誠爲失利何至乃如尊君所說若此史遂行自是關君門戶事其子遽拜謝因請刪改之時盛年老還家性方嚴有軌憲雖子孫班白而庭訓愈峻至此諸子乃共號泣稽顙請爲百口切計盛大怒諸子遂爾改之盛寫兩定本寄於慕容儁太元中孝武帝博求異聞始於遼東得之以相考校多有不同書遂兩存

干寶爲著作郎始領國史累遷散騎常侍著晉紀自宣帝迄于愍帝五十三年凡二十卷奏之其書

簡略直而能婉咸稱良史性好陰陽術數留思京房夏侯勝等傳寶父先有所寵侍婢母甚妬忌及父亡母乃生推婢於墓中寶兄弟年小不之審也後十餘年母喪開墓而婢伏棺如生載還經日乃蘇言其父常取飲食與之恩情如生在家中吉凶輒語之考校悉驗地中亦不覺爲惡既而嫁之生子又寶兄常病氣絶積日不冷後遂悟云見天地間鬼神事如夢覺不自知死寶以此遂撰集古今神祇靈異人物變化名爲搜神記凡三十卷以示劉惔惔曰卿可謂鬼之董狐寶既博採異同遂混虛實因作序以陳其志曰雖考先志於載籍收遺逸於當時蓋非一耳一目之所親聞覩也亦安敢謂無失實者哉衛朔失國二傳互其所聞呂望事周子長存其兩說若此比類往往有焉從此觀之聞見之難一由來尚矣夫書赴告之定辭據國史之方策猶尚若茲況仰述千載之前記殊俗之表綴片言於殘闕訪行事於故老將使事不二迹言無異途然後爲信者固亦前史之所病然而國家不廢注記之官學士不絶誦覽之業豈不以其所失者小所存者大乎今之所集設有承於前載者則非余之罪也若使采訪近世之事苟有虛錯願與先賢前儒分其譏謗及其著述亦足以明神道之不誣也羣言百家不可勝覽耳目所受不可勝載今粗取足以演八略之旨成其微說而已幸將來好事之士録其根體有以游心寓目而無尤焉

謝沈除尚書度支郎何充庾冰並稱沈有史才選爲著作郎撰晉書三十餘卷後漢書百卷及漢書外傳

習鑿齒爲桓溫荆州別駕出爲滎陽太守是時溫覬覦非望鑿齒在郡著漢晉春秋以裁正之始起漢光武終晉愍帝於三國之時蜀以宗室爲正魏武雖受漢禪晉尚爲篡逆至文帝平蜀

乃爲漢亡而晉始興焉引世祖諱炎興而爲禪授明天心不可以勢力彊也凡五十四卷又撰襄陽耆舊傳五卷

韋謏集爲石季龍太子太傅記世事數十萬言

袁宏爲吏部郎遷東陽太守撰後漢紀三十卷及竹林名士傳三卷

薛瑩爲散騎常侍撰漢記六十五卷

張瑩爲江州從事撰後漢南紀四十五卷

王沈爲司空撰魏書四十八卷

環濟爲太學博士撰吳紀九卷

張勃撰吳錄三卷

朱鳳爲中書郎撰晉書十卷記元帝

庾銑撰東晉書七卷

嵇康爲中散大夫撰高士傳三卷

陸機爲平原內史撰晉紀四卷晉惠帝百官名三卷

樂資爲著作郎撰春秋後傳三十卷山陽公載紀十卷
荀綽爲下邳太守撰晉後略記五卷
王羲之爲右將軍會稽內史撰許先生傳一卷
王度爲北中郎將撰二石傳二卷二石僞治時事二卷
杜預爲鎮南大將軍撰女記十卷
喻歸爲侍御史撰西河記記張軌事
孔預爲會稽內史撰晉咸和咸康故事四卷一云名錄
盧綝爲廷尉撰晉四王起事四卷八王故事十二卷
范瑗撰交州先賢傳三卷
潘岳爲給事黃門郎撰關中記一卷
葛洪選爲散騎常侍領大著作固辭不就撰神仙傳十卷西京雜記一卷
蕭廣濟爲輔國將軍撰孝子傳五卷
戴祚爲西戎太守撰甄異傳三卷西征記一卷

王愆期爲散騎常侍撰枚襄陽上都督府事一卷
孔衍爲廣陵太守撰魏尚書八卷春秋時國語十卷春秋後國語十卷漢尚書十卷漢春秋十卷後漢尚書二卷後漢春秋九卷後魏尚書十四卷後魏春秋九卷國志曆五卷
賀循爲太常撰會稽記一卷
鄧粲爲荊州別駕以父騫有忠信言而世無知者乃著晉元明紀十篇
顧夷撰吳郡記五卷
張氏撰晉書鴻烈六卷
佐明楷爲石勒記室與程機撰上黨國記
石泰爲石勒參軍與石同石謙孔隆撰大單于志
和包撰漢趙記十卷
田融撰趙石記二十卷二石記二十卷
周融撰趙義一卷一曰石集記太石勒事

范亨撰燕書二十卷
張詮撰南燕錄五卷記慕容德事
遊覽先生撰南燕書七卷
張諮撰涼記八卷記張軌事
王景暉撰南燕錄六卷
蓋泓撰珠崖傳一卷
王子年撰拾遺錄二卷隱士元官
何仲熙撰秦書八卷記苻健事
劉景撰燉煌實錄十卷涼書十卷記張軌事
段龜龍爲著作郎撰西河記二卷涼記十卷記呂光事
宋徐廣爲員外散騎常侍領著作尚書奏左史述言右官書事乘志顯於晉鄭春秋著乎魯史自皇代有造中興記者道風帝典煥乎史策而太和以降世歷三朝玄風聖迹倏爲疇古臣等參詳宜敕著作郎徐廣撰成國史於是敕廣撰集焉累遷正員常侍大司農仍領著作如故十二年勒成晉紀凡四十六卷表上之因乞解史任不許又撰孝子傳三卷

荀伯子少好學博覽經傳爲員外散騎侍郎著作郎徐廣重其才學舉伯子及王韶之並爲佐郎助撰晉史乃著桓玄等傳又撰薛常侍傳二卷
王儉爲秘書丞元徽初儉表上所撰七志三十卷
王韶之好史籍博涉多聞父偉之少有志泰元隆安時事小大悉撰錄之韶之因此私撰晉安帝陽秋既成時人謂宜居史職即除著作佐郎使續後事訖義熙九年善敘事辭論可觀爲後代佳史又撰孝子傳十卷
續咸著遠游志異物志皆十卷行於世
范曄左遷宣城太守不得志乃刪衆家後漢書爲一家之作曄所撰十志一皆託謝儼搜撰垂畢遇曄敗悉蠟以覆車宋文帝令丹陽尹徐湛之就儼尋求已不復得一代以爲恨其志今闕

謝靈運爲秘書監太祖以晉氏一代自始至終竟無一家之史令靈運撰晉書粗立條流書竟不就

裴景仁爲殿中員外將軍時沈曇慶爲徐州刺史景仁助戍彭城本傖人多悉戎荒事曇慶使撰秦記十卷叙苻氏僭僞本末其書傳於世

劉謙之好學撰晉紀二十卷

袁炳字叔明有文學爲袁粲所知著晉書未成卒

何法盛爲湘東太守初郗紹作晉中興書數以示法盛法盛有意圖之謂紹曰卿名位貴達不復俟此延譽我寒士無聞於世如袁宏干寶之徒賴有著述流聲於後宜以爲惠紹不與至書成在齋內廚中法盛詣紹紹不在直入竊書紹還失之無復兼本於是遂行何書

徐爰爲中散大夫撰宋書六十五卷

臨川王義慶撰續漢書五十八卷宣驗記十三卷幽明録二十

卷江左名士傳一卷

檀道鸞爲永嘉太守撰續晉陽秋二十卷

郭季產爲新興太守撰續晉紀五卷

何承天爲廷尉撰春秋前傳十卷春秋前雜傳九卷

段國爲新亭侯撰吐谷渾記二卷

劉道會爲北徐州主簿撰先朝故事二十卷

郭緣生爲天門太守撰武昌先賢志二卷述征記二卷

鄭緝之爲員外郎撰孝子傳五卷東陽記一卷

范晏撰陰德傳二卷

袁王壽撰古異傳三卷

劉敬叔爲給事撰異苑十卷

陶潛爲彭澤令撰搜神後記十卷

東陽無疑爲散騎常侍撰齊諧記七卷

劉損爲太常卿撰京口記二卷

盛弘之爲臨川王侍郎撰荊州記三卷

袁淑爲太子左率撰真隱二卷

雷次宗以散騎侍郎徵詣宋邑撰豫章記一卷

南齊臧榮緒爲徐州主簿純篤好學括東西晉爲一書紀録志傳百一十卷又撰續洞紀四卷陸澄爲光禄大夫給事中撰雜傳檀超爲司徒右長史建元二年初置史官以超與驃騎記室江淹掌史職上表立條例開元紀号不取宋年封爵各詳本傳無假年表立十志律歷禮樂天文五行郊祀刑法藝文依班固朝會輿服依蔡邕馬彪州郡依徐爰百官依范曄合州郡班固五星載天文日蝕載五行改日蝕入天志以建元爲始帝女體自皇宋立傳以備甥舅之重又立處士列女傳詔内外詳議左僕射王儉議金粟之重八政所先食貨通則國富民實宜加編録以崇務本朝會志前史不書蔡邕稱先師胡廣説漢舊儀此乃伯喈一家之意曲碎小儀無煩録宜立食貨省朝會洪範九

疇一曰五行五行之本先乎水火之精是爲日月五行之宗也今宜憲章前軌無所改革又立帝女傳亦非淺識所安若有高德異行自當載在列女若止於常美則乃舊不書詔日月災隸天文餘如儉議超史功未就卒官江淹撰成之猶不備也時豫章熊襄著齊典上起十代其序云尚書堯典謂之虞書則附所述故通爲齊名爲河洛金匱者

王智深遷太學博士豫章王大司馬參軍兼記室世祖勅智深撰宋紀召見芙蓉堂賜衣服給宅智深告貧於豫章王王曰須卿書成當相論以禄書成三十卷世祖後召見智深於璿明殿令拜表奏上

劉涉撰齊紀十卷

孔稚珪爲散騎常侍卒贈金紫光禄大夫撰陸先生傳一卷

祖沖之爲長水校尉撰述異記十卷

王巾撰法師傳十卷

梁沈約爲尚書令以晉氏一代竟無全書年二十許便有撰述之意太始初征西將軍蔡興宗爲啓明帝有勅賜許二十餘年所撰之書凡一百三十卷條流雖舉而採綴未周永明初遇亂失第五卷齊建元四年被勅撰國史永明二年又領著作撰次起居注五年春又被勅撰宋書百卷齊紀高祖記十四卷

任昉爲新安太守著雜傳二百四十七卷

江淹爲金紫光祿大夫撰齊史十志行於世

李膺爲益州從事著益州記三卷行於世

裴子野爲鴻臚卿初曾祖松之宋元嘉中受詔續修何承天宋史未及成而卒子野常欲繼成先業及齊永明末沈約所撰宋書既行子野更刪撰爲宋略二十卷其叙事評論多善約見而歎曰吾弗逮也蘭陵蕭琛北地傅昭汝南周捨咸稱重之子野又撰衆僧傳二十卷一云撰名僧錄二卅卷又欲撰齊梁春秋始草創未就而卒

顧協爲荆州記室撰晉仙傳五篇瑣語十卷陸昭學涉有思理歷中書侍郎尚書左丞撰晉書未就又著陸史十五卷陸氏驪泉志一卷並行於世

王僧孺爲南康王諮議參軍撰東宮新記

蕭子顯爲吳興太守好學屬文採衆家後漢考正同異爲一家之書又啓撰齊史書成表奏之詔付秘閣所著後漢書一百卷齊書六十卷普通北伐記五卷貴儉傳三卷

蕭子雲爲侍中幼有文彩既長勤學以晉代竟無全書弱冠便留心撰著至年二十六書成表奏之詔付秘閣及爲太子舍人撰東宮新記奏之勅賜束帛著晉書一百一十卷東宮新記二十卷

吳均爲奉朝請著齊春秋三十卷吳郡錢唐先賢傳五卷續齊諧記一卷

鍾岏字長丘官至建康令著良吏傳十卷

劉杳累官至尚書左丞自少至長多所著述撰高士傳二卷東宮新舊記四十卷並行於世

庾詵詔徵中書侍郎不起撰帝歷二十卷

丘仲孚爲左丞撰皇典二十卷南宮故事百卷

江蒨爲光祿大夫好學尤悉朝儀故事撰江左遺典三十卷未就卒

劉之遴爲南郡太守撰神錄五卷

劉昭爲中軍臨川王記室撰幼童傳十卷

臧嚴爲鎮南諮議撰棲鳳春秋五卷

陶弘景爲諸王侍讀後辭祿自號華陽隱居撰帝代年曆五卷周氏冥通記一卷草堂法師傳一卷

嚴暠撰梁武帝大捨三卷

鄭忠撰晉書七卷

謝吳爲中書郎撰梁書四十九卷梁皇帝錄五卷記云帝事

王琰爲吳令撰春秋二十卷冥祥記十卷

蕭韶爲長沙王撰梁太清紀十卷

蕭世怡一云大圜封樂良王仕隋位內史侍郎撰淮海亂離志四卷敘梁末侯景之亂

謝綽爲少府卿撰宋拾遺十卷

王逸撰齊典五卷

周興嗣爲散騎員外侍郎給事中撰梁皇帝實錄三卷幷皇德紀記武帝故事又云謝吳撰五卷

劉仲撰梁弟聖中興略十卷

后梁安成王於湝李善屬文著梁史百卷遭亂失其本

陸雲公爲黃門郎兼掌著作奉武帝勅撰嘉瑞記瓊述其旨而續焉自永定訖于至德勒成一家之言

陳顧野王爲光祿卿撰續洞冥記一卷國史紀傳二百卷

何之元爲始興王叔陵諮議參軍及叔陵之誅元乃屏絕人事

欽精著述以爲梁氏肇自武皇終于敬帝其興亡之運盛衰之跡足以垂鑒戒定襃貶究其始終起齊永元元年逮于王琳遇獲七十五年行事草創爲三十卷號曰梁典其序曰記之與史其流不一繼年之作無若春秋則魯史之書非帝皇之籍也三皇之簡爲三墳五帝之策爲五典此典義所由生也至乃尚書述唐帝爲堯典虞帝爲舜典斯又經文明據是以典之爲義久矣哉若夫馬史班漢述帝稱紀自茲厥後因相祖習及陳壽所撰名之曰志總其三國分路揚鑣唯何法盛晉書變帝紀爲帝典既云師古在理爲優故今之所作稱爲梁典梁有天下自中大同以前區寓寧晏太清已後寇盜交侵首尾而言未爲盡美故開此一書分爲六意以高祖創基因乎齊末尋宗討本起自永元今以前若干卷爲追述高祖生自布衣長於弊俗知風教之臧否識民黎之情僞爰逮君臨弘斯政術四紀之内寔云殷阜今以若干卷爲太平世不常夷時無常治非自我後仍屬橫流

今以若干卷爲叙亂洎高祖晏駕之年太宗幽辱之歲謳歌獄訟唯向西陝而不向東都不庭之民流逸之士征伐禮樂歸世祖而不歸太宗撥亂反正厥庸斯在治定功成其勳有屬今以若干卷爲世祖至於四海困窮五德升替則敬皇紹立仍以禪陳今以若干卷爲敬帝驃騎王琳崇立後嗣雖不達天命是其忠節今以若干卷爲後嗣主至在太宗雖知美謚而大寶之號世所不遵蓋以拘於賊景故也承聖紀歷自接太清神筆詔書非宜輙改詳之後論茲有理焉夫事有始終人有業行本末之間頗宜叙述案臧榮緒稱史無裁斷猶起居注由此而言實資詳悉又編年而舉其歲次者蓋取分明而易尋也若夫儉狁孔熾鯨我中原始自一君終爲二主事有相涉言成混漫今以未分之前爲北魏既分之後高氏所輔爲東魏宇文所挾爲西魏所以相分別也重以蓋彰列體繁省異文其闕損益頗有凡例十卷爲衛尉卿撰齊書并志五十卷遇亂之後撰梁史成者五十八卷

陸從典入隋爲給事郎兼東宮學士又除著作佐郎右僕射楊素奏從典續司馬遷史記迄于隋其書未就値隋末喪亂

姚察入隋授秘書丞別勅成陳梁二代史所撰雖未畢功文帝開皇之時遣中書舍人虞世基索本且進今在内殿梁陳二史本多是察之所撰其中序論及紀傳有所闕者臨亡之時仍以體例誡約子思廉博訪撰續思廉流涕奉行思廉初補漢王府行參軍掌記室尋除河間郡司法大業初中書侍郎虞世基奏思廉踵梁陳二代史自是以來稍就補續又撰傳國四十卷

許擬爲著作郎著述行記四卷撰齊記二十卷

趙齊旦爲中郎將撰陳王業曆一卷

冊府元龜卷第五百五十五

冊府元龜卷第五百五十六

國史部三

採撰第二

後魏東阿縣公順任城王澄之子撰帝錄二十卷

崔逞初爲慕容暐著作郎撰燕記

封懿仕慕容寶爲中書令撰燕書頗行於世

崔浩爲太常卿初道武詔尚書郎鄧淵著國記十餘卷編年次事體例未成逮于明元不廢著述神䴥二年詔集諸文人撰錄國書浩及弟覽高讜鄧穎晁繼范亨黃輔等共參著作叙成國書三十卷

高允領著作郎與崔浩述成國記允表曰往年被勑令臣集天文災異使事類相近約而可觀臣聞箕子陳謨而洪範作宣尼述史而春秋著皆所以章明列辟景測皇天者也故先其善惡而驗以災異隨其失得而効以禍福天人誠遠而報速如響甚可懼也自古帝王莫不尊崇其道而稽其法數以自修勑厥後史官並載其事以爲鑒誡漢成帝時光祿大夫劉向見漢祚將危權歸外戚屢陳妖眚而不見納遂因洪範春秋災異報應者而爲其傳覬以感悟人主而終不聽察卒以危亡豈不哀哉伏惟陛下神武則天叡鑒自遠欽若稽古率由舊章前言往行靡不究覽前皇所不逮也臣學不洽聞見寡識淺無以裨廣聖聽仰酬明旨今謹依洪範傳天文志撮其文辭凡爲八篇太武覽而善之曰高允之明災異亦豈減崔浩乎又允爲中書令遷中書監雖久典史事然而專勤屬述時與校書郎劉模有所緝綴大較依續崔浩故事准春秋之體而時有刊正允所引劉模者頗涉經籍微有注藉之用允爲秘書典著作選爲校書郎允修撰國記與俱緝著常令模持管籥每日同入史閣接膝對筵屬述時事允年已九十目手稍衰多遣模執筆而授其裁斷之意如此者五六歲允所成篇卷考論上下模豫有功焉

劉昞爲樂平王從事中郎以三史文繁著略記百三十篇八十四卷涼書十卷敦煌實錄二十卷方言三卷

劉芳爲員外散騎常侍後兼通直常侍從駕南巡撰述行事尋而除正

韓始均爲著作郎改陳壽魏志爲編年之體廣益異聞爲三十卷又著冠帶錄

崔鴻爲散騎常侍齊州大中正弱冠便有著述之志見晉魏前史皆成一家無所措意以劉淵石勒慕容儁苻健慕容垂姚萇慕容德赫連屈丐張軌李雄呂光乞伏國仁禿髮烏孤李暠沮渠蒙遜馮跋等並因世故跨僭一方各有國書未有統一鴻乃撰爲十六國春秋勒成百卷因其舊記時有增損褒貶焉子子元秘書郎後永安中乃奏其父書曰臣亡考故散騎常侍給事黃門侍郎前將軍齊州大中正鴻不殞家風式纘世業古學克明年在弱以鏡多識前載博極群書史才富洽號稱籍甚年止卅立便斐然懷著述之意正始之末任屬記言撰緝餘暇乃刊著趙燕秦夏涼乞伏西蜀等遺載爲之贊序褒貶評論先朝之日草構悉了唯有李雄蜀書搜索未獲闕茲一國遂留未成去正光三年始構得討論適訖而先臣棄世凡十六國名爲春秋一百二卷近代之事最爲備悉未曾奏上弗敢宣流今繕寫一本敢以仰呈儻或淺陋不迴睿賞乞藏秘閣以廣異家

韓顯宗爲著作郎撰馮氏燕志孝友傳各十卷

高謙之爲國子博士以舅氏沮渠蒙遜曾據涼土國書漏闕謙之乃修涼書十卷行於世

常景爲秘書監撰儒林烈士傳各數十篇

梁祚爲秘書令撰陳壽三國志名曰國統

裴伯茂爲中書郎曾撰晉書竟未能成

溫子昇爲中書郎撰永安記三卷

宋繪好撰述撰中朝士傳十卷

李公緒爲衛州司馬屬疾去官潛居自恃雅好著書撰古今畧
記二十卷趙語十三卷
高閭爲侍中撰燕志十卷記馮跋事
姚和都爲左人尚書撰秦紀十卷記姚萇事
楊衒之撰洛陽伽藍記五卷廟記一卷
北齊魏收天保元年除中書令兼著作郎二年詔撰史四年除
魏尹故優以祿力專在史閣不知郡事初帝令羣臣各言爾志
收曰臣願得直筆東觀早成魏書故帝使收專其任又詔平原
王高隆之總監之署名而已帝勑收曰好直筆我終不作魏太
武誅史官始魏初鄧彥撰代記十餘卷其後崔浩　典史游允
程駿李彪崔光李琰之徒知世修其業浩爲編年體彪始分作
紀表志傳書猶未出宣武時命邢巒追撰孝文起居注太和十
四年又命崔鴻王尊業補續焉下訖孝明事甚委悉濟陰王暉
業撰辯宗室錄三十卷收於是部通直常侍房延祐司空馬辛

元植國子博士刁柔裴之尚博綜斟酌以成魏書辯定名稱隨
條甄舉又搜採亡遺綴續後事備一代史籍表而上聞之勑成
一代大典凡十一紀九十二列傳合一百一十卷五年三月奏
上之秋除梁州刺史收以志未成奏請終業許之十一月復奏
十志天象四卷地形三卷律曆二卷禮樂四卷食貨一卷刑罰
一卷靈徵二卷官氏二卷釋老一卷凡二十卷續於紀傳合一
百三十卷分爲十二袟其史三十五例二十五序九十四論前
後二表一啓焉皇建中詔收更加研審收奉詔頗有改正及詔
行魏史收以爲且秘閣外人無由得見於是命送一本付外省
一本付鄴下任人寫之
陽休之爲中書監撰幽州人物志行於世
劉晝冀州舉秀才不第撰高才不遇傳四卷　顏之推爲黃門侍
郎撰集靈記二十卷寃魂志三卷
李槩撰國春秋二十卷左史六卷

盧思道爲黃門侍郎待詔文林館撰知己傳一卷
後周蕭大圜爲車騎大將軍儀同三司性好學務於著述撰梁
舊事三十卷寓記三卷
榮建緒性寬直兼有學業爲載師下大夫儀同三司及平齊之
始留鎮鄴城因著齊紀三十卷
姚最字士會爲太子門大夫遷蜀王秀司馬博通經史尤好著
述撰梁後略十卷行於世又撰序記十卷
劉璠爲內史中大夫撰梁典三十卷
隋魏澹爲著作郎仍爲太子學士別成魏史爲例一卷其一曰
臣聞天子者繼天立稱終始絕名故穀梁傳曰太上不名曲禮
曰天子不言出諸侯不生名諸侯尚不生名況天子乎若爲太
子必須書名良由子者對父生稱父前子名禮之意也是以桓
公六年九月丁卯子同生傳曰舉以太子禮杜預注云桓公子
莊公也十二公唯子同是嫡夫人之長子備用太子之禮故史

書之於策即位之日尊成君而不名春秋之義聖人之微旨也
至如馬遷周之太子並皆言名漢之儲兩俱沒其諱以尊漢卑
周臣子之意也竊謂雖立此志恐非其義何者春秋禮記太子
必書名天王不言出此仲尼之褒貶皇王之稱謂非當時與異
代遂爲優劣也班固范曄陳壽王隱沈約參差不同尊卑失序
至於魏收諱儲君之名書天子之字過又甚焉今所撰史諱皇
帝名書太子字欲以尊君卑臣依春秋之義也其二曰五帝之
聖三代之英積德累功乃文乃武賢聖相承莫過周室名器不
及后稷追謚止於三王此即前代之茂實後人之龜鏡也魏氏
平文以前部落之君長耳太祖遠追二十八帝並極崇高違堯
舜憲章越周公典禮但道武出自結繩未師典誥當須南董直
筆裁而正之反更飾非言是觀過所謂決渤澥之水復去堤防
襄陵之災未可免也侯力微天女所誕靈異絕世尊爲始祖得
禮之宜平文昭成雄據塞表英風漸盛圖南之業基自此始長

孫斤之亂也兵交御坐太子授命昭成獲免道武此時启緒方娠宗廟復存社稷有王大功大孝實在獻明此之三世稱謚可也自茲以外未之敢聞其三曰臣以爲南巢桀亡牧野紂滅斬以黃鉞懸首白旗幽王死於驪山厲王出奔於彘未嘗隱諱直筆書之欲以勸善懲惡詒誡將來者也而太武獻文並皆非命前史立紀不異天年言論之間頗露首尾殺主害君莫知名姓逆臣賊子何所懼哉君子之過如日月之食圓首方足孰不瞻仰況復兵交御坐矢及王屋而可隱没者乎今始撰史介明直書不敢迴避且隱桓之死閔昭報逐丘明據實叙於經下況復懸隔異代而致依違哉其四曰周道陵遲不勝其弊楚子親問九鼎吳人來徵百牢無君之心實彰行路夫子刊經皆書曰卒自晉德不競宇宙分離或帝或王各自署置當其生日聘使往來略如敵國及其終也書之曰死便同庶人存没頓殊能無懷愧今所撰史諸國凡處華夏之地者皆書曰卒同之吳楚其五

曰壺遂發問馬遷荅之義已盡矣後之述者仍未領悟董仲舒司馬遷之意本云尚書者隆平之典春秋者撥亂之法興衰理異制作亦殊治定則直敘欽明世亂則辭兼顯晦分路命家不相依放故云周道廢春秋作焉堯舜盛尚書載之是也漢興以來改正朔易服色臣力誦聖德仍不能盡余所謂述故事而君比之春秋謬哉然則紀傳之體出自尚書不學春秋明矣而范曄云春秋者文既總略好失事形今之擬作所以爲短紀傳者史班之所變也網羅一代事義周悉適之後學此爲優故繼而述之觀曄此言豈直非聖人之無法又失馬遷之意旨孫盛自謂贊仰具體而放之魏收云魯史既修達者貽則子長自拘紀傳不存師表蓋泉源所由地非企及雖復遜辭畏聖亦未思紀傳所由來也濬又以爲司馬遷創立紀傳以來述者非一人無善惡皆爲立論計在身行跡具在正書事既無奇不足懲勸再述乍同銘頌重叙唯覔繁文案丘明亞聖之才發揚聖旨言

君子者無非甚泰其間尋常直書而已今所撰史竊有慕焉可爲勸戒者論其得失其無損益者所不論也

王邵爲著作佐郎以母憂去職在家著齊書時制禁私撰史爲內史侍郎李元操所奏帝怒遣使收其書覽而悦之於是起爲員外散騎侍郎遷祕書少監卒　仕著作將二十年專典國史撰隋書八十卷初撰齊誌爲編年體二十卷復爲齊書紀傳一百卷平賊記三卷尒朱氏家傳二卷

劉善經博物洽聞尤善詞筆歷著作佐郎太子舍人著酬德傳三十卷

牛弘爲吏部尚書撰周史十八卷

虞綽字士裕大業初爲秘書學士奉詔與秘書郎虞世南著作佐郎庾自直等撰長洲玉鏡等書十餘部綽所筆削帝未嘗不稱善而官竟不遷

許善心大業四年爲給事郎撰方物志奏之九年煬帝嘗言及

高祖受命之符因問鬼神之事勑善心與崔祖濬撰靈異記十卷初善心父亨仕陳領大著作撰梁史未就而殁善心述成父志修續家書葺略成七十卷

宇文愷爲左庶子撰東宮典記七十卷

明克讓爲通直散騎常侍著古今代記一卷續名僧記一卷

柳䛒爲秘書監撰晉王北伐記十五卷

侯白爲儒林郎著旌異記十五卷行於世

崔頤爲起居舍人大業中奉詔作東征記

唐王通字仲淹勃之祖也絳州龍門人仕隋爲蜀郡司户書佐大業末棄官歸以著書講學爲業依春秋體例自獲麟後歷秦漢至於後魏著紀年之書謂之元經

令狐德棻爲起居舍人高祖武德四年十一月德棻從容言於帝曰近代已來多無正史梁陳及齊猶有文籍至於周隋多有遺闕當今耳目猶接尚有可憑如是十數年後恐事跡湮沒無

司紀録至五年十二月二十六日詔曰司典序言史官記事考論得失究盡變通所以裁成義類懲惡勸善爰自有魏至于陳隋莫不自命正朔綿歷歲祀各殊徽號刪定禮儀然而簡牘未編紀傳咸闕炎涼已積謠俗遷訛餘烈遺風泯焉將墜朕顧彼湮落深用軫悼有懷撰次實資至直中書舍人蕭瑀給事中王敬業著作郎殷聞禮可修魏史侍中陳叔達秘書丞令狐德棻太史令庾儉可修周史中書令封德彝中書舍人顏師古可修隋史大理卿崔善爲中書舍人孔紹安太子洗馬蕭德言可修梁史太子詹事裴矩吏部郎中祖孝孫前秘書丞魏徵可修齊史秘書監竇璡給事中歐陽詢秦王文學姚思廉可修陳史綿歷數載竟不就而罷（修撰之源自德棻始）至貞觀三年於中書置秘書内省以修五代史十年正月二十日尚書左僕射房玄齡侍中魏徵散騎常侍姚思廉太子右庶子李百藥孔穎達禮部侍郎令狐德棻中書侍郎岑文本中書舍人許敬宗等撰成周隋梁陳齊

府五百五十六　七

五代史上之進階頒賜有差顯慶元年五月四日史官修梁陳齊周隋五代志三十卷太尉長孫無忌表進之（有詔遣爲侍中令狐德初）

（棻岑文本撰周史孔穎達許敬宗撰隋史姚思廉撰梁陳史李百藥撰齊史徵受詔總加撰定多所損益務存簡正隋史序論皆徵所作梁齊各爲總論時稱良史史成加左光祿大夫進封鄭國公賜物二千段姚思廉受詔與書監魏徵同撰梁陳二史思廉又採諸家梁史續成父書并推究陳事刪益博綜顧野王所修舊史撰成梁書五十卷陳書三十卷魏徵雖裁其總論其編次筆削皆思廉之功也）

裴矩爲民部尚書撰開皇平陳記十二卷

房玄齡爲司空貞觀十七年七月玄齡及給事中許敬宗著作郎敬播上所撰高祖今上（即太宗也）實録各二十卷二十年閏三月詔曰朕拯溺師旋省方禮畢四海無事百揆多閑遂因暇日詳觀典府考龜文於羲載辯鳥册於軒年不出嚴廊神交千祀之外穆然旒纊臨睨九皇之表是知右史序言由斯不昧左官詮事歷兹綿遠發輝文字之道導達書契之源大矣哉蓋史籍之爲用也自沮誦攝官之後伯陽載筆之前列代史臣皆有刪著仲尼修而採擿杌筍相誦而闕丘墳降自西京班馬騰其茂實逮于東漢范謝振其芳聲蕞爾當塗陳壽敷其國志眇哉有宋沈約裁其帝籍至若梁陳高氏朕命勒成惟周及隋亦同甄録莫不彰善癉惡振一代之清芬褒德懲凶備百王之令典惟晉氏膺運制有中原上帝啓玄石之圖下武代黄星之德及中朝鼎謝江左嗣興並宅寰區各重徽號足以飛英麗筆將美方書但十有八家雖存記注而才非良史書虧實録榮緒煩而寡要行思勞而少功叔寧課虚滋味同於畫餅子雲學海涓滴堙於涸流處叔不預於中興法盛莫通於創業洎乎干陸曹鄧略紀帝王鸞鳳盛虞松纔編載記其文既野其事罕傳遂使典午清塵韞遺芳於簡册金行曩誌闕繼美於驪騵遐想寂寥深爲歎息宜令修國史所更撰晉書銓次舊文裁成義類俾夫湮落之誥咸使發明其所須可依修五代史故事若少學士亦量事追取於司空房玄齡中書令褚遂良太子左庶子許敬宗掌其事又詔中

府五百五十六　八

書舍人來濟著作郎陸元仕劉子翼守主客郎中盧承基太史令李淳風太子舍人李義府薛元超起居郎辛玄馭著作佐郎劉胤之光禄主簿楊仁卿御史主簿李延壽校書郎張文恭並當時文士分功撰録莫不博考前文傍求遺逸芟夷蕪雜舉其精要又令前雅州刺史令狐德棻太子司議郎敬播主客員外郎李安期屯田員外郎李懷儼詳其條例重加考正以臧榮緒晉書爲指本摭諸家傳記而附益之爰及晉代文集罔不畢記爲十本紀十志十列傳三十載記其太宗所著宣武二帝及陸機王羲之四論稱制旨焉房玄齡以下爲論皆稱史臣後數載而書就藏之祕府頒賜加洽各有差以其書賜皇太子及新羅使者各一部焉（又載李淳風爲太史丞預撰晉書及五代史書其天文曆志皆淳風所作）

温大雅爲禮部尚書撰今上王業記六卷

褚无量爲散騎常侍兼國子祭酒撰帝王紀録三卷

長孫無忌以高宗朝太尉同中書門下三品永徽元年閏五月

二十三日修貞觀實錄畢上之起貞觀十五年至二十三年五月勒成二十卷顯慶元年七月無忌又與太子太傅尚書左僕射燕國公于志寧中書令兼太子詹事崔敦禮禮官國子祭酒崇文館學士令狐德棻中書侍郎兼檢校右庶子弘文館學事李義府著作郎崇賢學士劉胤之著作郎陽仁卿起居郎弘文館直學士張文恭等撰國史成起義寧盡貞觀末依紀傳之例凡八十一卷成詔闕上之詔無忌已下加爵賜布有差藏其書於內府

許敬宗爲中書令高宗顯慶四年二月敬宗與中書侍郎許圉師太史令李淳風著作佐郎陽仁卿著作郎顧胤受詔撰貞觀二十三年已後至顯慶三年實錄成二十卷添成一百卷帝以敬宗所紀多非實錄劉仁軌等曰先朝身擐甲冑親發兵鋒戎旅霜露馬汗霑鬣生擒勍敵前平區宇康濟生靈數年之間四海寧晏方始歸功上帝臨馭下人非覩國史所書多不周悉欲令詳原始要終序業鴻勳咸使詳備至如先朝作鳳閣意學內勇及士勳都宗乃投向翠遺數德內又崇奉溫湯教習長圖四合方陳限前急然雲霧晝昏部伍錯亂先聖賢親斯事恐其擬法者多遂潛閟不出待其整理然後陳露顯講朕曰振旅訓兵圖之大典此之遺失委誠不輕我若見之亦須行法一弓單收侍罪人參我今不出良爲於此今乃移向寵畿應內稱是欲之諫遷此既爭於實錄何以垂之後昆朕壽從幸未央宮舜仗已過然然畢中見一人身帶橫刀其人云闌畔仗至怕不數出役家援索不黨緣伏不敢動先聖數譽即還顧謂朕曰此事若發覺人合死放可於後伺看早放出之史家宜此一事若餘不失其眞卻處從奏曰先聖仁恩編義皆是臣命除往寫宿嘗之日放差褒事此奉見有三衞誤排御衣此人怕懼五情無主先聖謂之曰此間無御史我不爲汝作罪過不須怕懼上圖起居日長亦須入史至三月詔太子左庶子同中書門下三品作郎史部侍郎同三品李敬玄中書侍郎郝處俊黃門侍郎高智周奇並修史仁軌等於是引左史李仁實專掌其事將加刊改會仁實卒官又止敬宗又撰文館詞林文人傳一百卷

呂才爲太子司更大夫顯慶四年著隋紀二十卷

孟利貞撰封禪錄十卷入爲著作郎

李延壽爲符璽郎撰近代諸史南起自宋終於陳北始自魏卒於隋合一百八十篇號爲南北史帝自製序延壽又撰太宗文皇帝政典三十卷

張昌宗爲太子舍人修文館學士撰古文紀年新傳三十卷

唐臨爲吏部侍郎貶潮州刺史撰冥報記二卷

李義府爲右相流㩦州著宦遊記二十卷

武三思爲特進梁王則天長安三年正月勑三思及納言李嶠正諫大夫敬則司農少卿徐彥伯鳳閣舍人魏知古崔融司封郎中徐堅左史劉知幾直史館吳兢修唐史採四方之志成一家之言長懸楷則以貽勸誡

劉仁軌爲文昌左相同鳳閣鸞臺三品著行年記十卷行於代

杜儒童爲太州刺史撰隋季革命記十二卷傳於代

何彥先爲比官侍郎撰三國戰策十二卷行於代

劉允濟爲著作佐郎嘗採摭魯哀公後十二代至于戰國遺事撰後春秋二十卷表上之盛傳於代遷左史兼直弘文館

魏元忠爲中書令中宗神龍二年五月與左散騎常侍武三思禮部尚書祝欽明史官太常少卿徐彥伯祕書少監柳沖國子司業崔融中書舍人岑羲徐堅等以則天實錄三十卷上之

元行沖爲太常少卿景龍三年十二月行沖以本族出於後魏未有編年之史乃撰魏典三十卷事詳文簡爲學者所稱

宗泰客爲內史撰聖母神皇實錄十八卷

丘悅爲岐王傅撰三國典略三十卷

劉子玄爲著作郎修史玄宗開元四年十一月與吳兢撰修睿宗實錄二十卷則天實錄三十卷中宗實錄二十卷以聞

吳兢爲太子左庶子開元十四年七月六日兢上奏曰臣往者長安景龍之歲以左拾遺起居郎兼修國史時有武三思張易之昌宗紀處訥宗楚客韋溫等相次監領其職三思等立性邪佞不循憲章苟飾虛詞殊非直筆臣愚以爲國史之作在乎善惡必書遂潛心積思別撰唐書九十八卷唐春秋三十卷用藏于私室雖綿歷二十餘年尚刊削未就但微臣私門凶釁頃歲以丁憂去官自此便停知史事竊惟帝載王言所書至重儻有廢絕實深憂懼於是彌綸舊紀重加刪緝雖文則不工而事皆從實斷自隋大業十三年迄乎開元十四年春三月即皇家一十

代之典盡在於斯矣既將撰成此書于私家不敢不奏又卷軸稍廣繕寫甚難特望給臣楷書手三數人并紙墨等至絕筆之日當送上史館於是勑就集賢院修成其書俄又令就史館及兢遷荆州司馬其書竟未能就所修草本兢亦自將帝令中使往荆州取得五十餘卷其記事疎略不堪行用（兢又撰中宗皇帝實錄二十卷）

裴光庭爲侍中開元二十年三月丁卯奏曰臣聞聖人述作光宅天人之心次紀皇王之跡垂謨訓於万代示褒貶於一方湯武道衰斯文將墜周公補其絕細仲尼振其頹綱然後樂正雅訟懲惡勸善自獲麟已來代歷千祀班馬以紀傳黜凡例魏晉以篡殺爲揖讓既撓亂前軌又聾瞽後代春秋之義非聖人誰能修之伏惟陛下闢四門修六典高視風雅發揮經術微臣末學待罪尚衡職兼弘文懼不勝任昔晉書文詞繁冗穿鑿多門太宗特紆宸衷親爲刊削兼命儒學以成贊論書稱御製臣等不勝大願上自周敬下至有隋約周公舊規依仲尼新例修續

春秋經其有褒貶伏望進御裁定指歸如先朝故事其傳請與館內直學士張琪李鋭等如左丘明受經敷暢聖意屬詞比事原始要終審愼順之端定君臣之叙繼周孔子之絕跡闡文武之鴻休傳之無窮永爲程式帝手詔報曰太上立德其次立言所以稽象緯而垂訓誡也卿博古知今通才達識處弼諧之任則忠讜日聞綜墳籍之司則文儒道長今欲正人倫而美教化因舊史而作春秋斥班馬之紕繆繼經傳之褒貶著述之美當如斯爲將比先朝取朕裁定雖憲章前烈而事業相懸卿且就功隨了續進

韋述開元時爲工部侍郎居史職二十年國史自令狐德棻至於吳兢雖累有修撰未成一家之言至述始定類例續遺闕勒成國史一百一十三卷并史例一卷事簡而詔詳雅有良史之才蘭陵蕭穎士以爲譙周陳壽之流

劉貺爲左拾遺依劉向說苑撰續說苑十卷以獻玄宗嘉之

于休烈肅宗時爲太常少卿兼修國史至德二年十一月二十七日奏曰國史一百六卷開元實錄四十七卷起居注并餘書三千六百八十二卷並在興慶宮史館京城陷賊後皆被焚燒且國史實錄聖朝大典修撰多時今並無本伏望下御史臺推勘史館所由令府縣招訪有人別收得國史實錄如送官司重加購賞若是官書仍赦其罪得一部超授官得一卷賞絹十疋數月之內唯得一兩卷前修史官工部侍郎韋述陷賊入東京至是以其家藏國史一百一十三卷送于官（又撰五代新語）

元載代宗朝爲相廣德二年四月詔集賢院撰歷代書志從載所請也

令狐峘爲起居郎舍人兼修國史大曆三年峘修玄宗實錄一百卷成峘著述雖精屬喪亂之後起居注亡失纂開元天寶間事唯得諸家文集編其詔冊名臣傳十無三四後人以漏略譏

韓滉爲夏綏銀節度使德宗貞元十三年滉進統載三十卷其

書採虞夏以來至于周隋錄其事跡善於始終者六百六十八人爲立傳

沈既濟爲左拾遺史館修撰撰建中實錄十卷

令狐丕爲太僕寺丞憲宗元和二年七月丕進亡故史官令狐峘所撰代宗實錄四十卷詔付史官初峘爲右庶子史館修撰坐累吉州別駕實錄於貶所畢功至是方奏以功贈工部尚書

裴垍爲中書侍郎平章事監修國史元和五年十月垍與史官蔣武等修成德宗實錄表獻之曰臣聞格天周勛之功繼統事難之績屬當興運則事顯一時貽之後來則名示百代是以舜謂盡善禹稱無間典謨載在芳烈可徵雖垂訓必資於濬哲顧不朽亦賴之紀述伏以德宗皇帝臨御天下殆三十年躬勤庶政戡難群慝消復厄運大拯橫流貞元之後天下無事亭障寢柝梯航獻珍納款人於壽域兼前王之能事加以聖政多暇耆文間作篆諸金石播於管弦扶持翼戴之勳死節納忠之士亦

猶星拱辰極雲從飛龍君臣協期事業光大宜當刋録以垂無窮陛下掃清寰區恢復祖業孰契求理思覲前賢爰詔臣等俾加撰録臣與修撰官祕書少監蔣武等以去八月論著絶筆勒成德宗實録五十卷繕寫整飾今以就功臣等學媿前修職叨東觀雖談天則海未究其高深而褒善貶惡靡慙其良直徒極搜採尚懼闕遺臣屬有犬馬之疾未任躬自獻上伏以國之大典夙奉德音編簡既終稽慢爲罪其實録五帙五十卷并目録一卷謹隨表獻上帝覽而稱善詔答之曰朕獲纘丕緒思寧咸式永惟皇祖之訓巍乎一代之典爰俾撰録垂之無窮以卿台輔元臣清直正氣博貫程制該通古今載筆之司遂命監領衆諧朕志克就厥功縑緗永存風烈盡在祗若遺範感慰良深眷乃勤勞增用嘉歎所進知乃賜帛綃錦三百疋及銀器等修史官蔣武林寶韋處厚樊紳等既須寵錫又皆命進秩蔣武後改名乂再居史職前後二十年著大唐宰臣録七十卷淩煙閣功臣秦府十八學士史臣傳共四十餘卷宰相記三卷

劉綵爲右補闕集賢殿學士著傳記三卷

張薦爲工部侍郎初在史館二十餘年著宰輔傳略寓居録靈怪集等

馬宇爲祕書少監史館修撰有史學撰鳳池録五十卷

范傳正爲宣歙觀察使著西陲要略三卷

路隨爲翰林侍講學士諫議大夫穆宗長慶二年十月勑隨及中書舍人韋處厚充史館修撰修憲宗實録仍分日入史館修實録未畢之間且許不入內署乃放朝參其實録雖未絶筆統例取捨皆處厚創起文宗朝隨爲中書侍郎平章事監修國史大和四年三月隨表上憲宗實録曰臣聞古者左史記言右史記事事爲春秋言爲尚書遠自軒皇近惟列聖其闡睿哲文明之德格天濟物之功實賴紀述傳諸不朽伏以憲宗皇帝承十一葉之基運遘六十年之妖氛神功燀赫無外玄化光於有截謙儉德則漸潔濯以垂訓言憂勤則躬日昃而忘倦廣聰明則惟恐其不聞納忠諫則咸許其自達羣臣荷寬裕之德黔首飽慈惠之仁今之舉盛烈者貞觀開元元和而已誠宜垂諸簡諜煥彼縑緗長慶二年詔監修宰臣杜元頴命翰林侍講學士臣處厚臣趙暨史官沈傳師鄭澣宇文籍等分年編次實録屬中外多故筆削未遑或職秩遷移刋纂莫就陛下丕承鴻緒思引祖德前詔處厚繼命臣隨此因奏對促令纂勒臣今採處厚等所録又與見在史官蘇景裔等博訪遺逸精加研覈以畢其功逮茲周歲錯綜方就謹撰憲宗皇帝實録爲四十卷目録一卷謹隨表上奉獻雖刋精極思徒効於誠勤而測海窺天豈知其万一無任悚惕兢懼之至謹詣光順門奉進以聞詔報之曰卿學貫六經究春秋之微旨業精五典得簡冊之菁華編年紀述於皇猷記事備陳於王業垂堯言而可法彰禹績而有光極思盡誠宣我祖德閱覽之際良感彌深賜監修國史路隨及見在史官司封郎中蘇景裔起居舍人陳夷行屯田員外郎李漢右拾遺蔣係各錦綵銀器有差隨又進穆宗實録二十卷文宗時隨爲門下侍郎同中書門下平章事監修國史大和五年奏曰伏奉十月十七日勑以順宗實録頗非詳實委臣等重加刋正畢日聞奏者臣奉宣[illegible]以拜恩亦取史本欲加筆削近伏見衛尉卿周居巢諫議大夫王彥威給事中李固言及史官蘇景裔等各上疏以陳刋改非宜又聞班行以此議論頗衆臣伏以史策之作勸誡所存事有當書言歸實録夫善惡尚不可誣人君得失無容虛載至愿以前實録記貞元末數事稍非摭實蓋出傳聞審知差舛便使刋正頃因坐日屢形聖旨前後至于數四臣及宗閔僧孺亦以永貞已來歲月至近禁中行事在外固難詳知陛下所言皆是接於耳目既聞乖謬因述古今引前史之直不疑盜嫂之言及弟五倫撾婦公之誑固多此比難盡信書所異睿鑒詳於聽言深宮慎於行事特此比類上開聰明特蒙降察稍相契前諸由是近垂宣命令有

敢修臣等伏以貞觀已來累朝實録有經重撰不敢固辭但欲粗删深誤亦固盡存諸說宗閔僧孺相與商量緣此書成於韓愈今史官李漢蔣係皆愈之子壻若遣參撰或致彩嫌以臣旣職監修蓋令詳正及經奏請事遂施行今者寮庶兢言不如本起表章交奏以有他疑臣雖至昧容非自請旣迫群議輒冒上聞縱臣果獲修成必懼終爲時累且韓愈所書亦非出己元和之後已是相循縱其密親豈害公理使歸本職實謂正名其實録訒伏望條示舊記最錯者宣付史官委之修定則畢聖祖垂休永無懟於傳信下臣非據獲減災於侵官彰清朝至政之方表公器不私之義流言自弭時論亦宜詔曰其録中所書德宗順宗朝禁中事尋訪根柢蓋起謬傳諒非信史宜令史官詳正刊去其他不要更修其餘依奏

李德裕爲中書侍郎平章事大和八年九月己未進柳芳舊聞三卷[illegible]

王彦威爲戶部侍郎判度支開成二年三月進所撰唐典七十卷其表曰臣去大和六年伏蒙聖恩擢授諫官又叨史職注記之暇常覽國史臣輒略其繁文舉其機要起自武德終於貞元撰成唐典一部凡七十卷謹詣右銀臺門奉進文宗頗嘉之賜以錦綵銀器仍宣付史館集賢院繕寫

李紳爲宰臣監修國史武宗會昌元年四月奉勑憲宗實録宜令史館再修撰進入其先撰成本不得注破并與新撰本同進來至三年十月紳與修撰官鄭亞等修畢進至大中二年十一月又降勑曰憲宗實録宜施行舊本委天下諸州府察訪如有寫得者並送館不得藏隱先是李德裕秉政以其父元和初爲宰相朝史官或書其不善之事故令先請不書憲宗兩朝議者沮修請改撰實録朝野非之

崔龜從爲相大中五年七月上新撰唐曆三十卷

[illegible]爲中書侍郎平章事監修國史撰敬宗實録十卷

魏謩爲相監修國史大中八年三月纂修成文宗實録四十卷上之史官給事中盧耽太常少卿蔣偕司勳員外郎王渢右補闕盧告須錫銀器錦綵有差

崔玄暐以著述爲業所撰義士十五卷友義傳十卷

柳玭爲吏部侍郎大順二年二月勑玭等修宣宗懿宗僖宗實録始丞相監修国史杜讓能以三朝實録未修乃奏吏部侍郎柳玭右補闕裴廷裕左拾遺孫泰駕部員外郎李嶠太常博士鄭光庭等十五人分修之踰年竟不能編録一字惟庭裕採宣宗朝耳目聞覩撰成三卷目曰東觀奏記納於史館

沙汧撰昭宗龍紀中纂野史十卷起自大和終於龍紀因曰大和野史

冊府元龜卷第五百五十六

册府元龜卷第五百五十七

國史部 四

採撰第三

梁李琪貞明中歷兵禮吏侍郎與張袞郗象馮錫嘉奉詔修撰太祖實録三十卷叙述非工事多漏略復詔宰臣敬翔別纂成三十卷目之曰大梁編遺與實録偕行

後唐趙熙明宗時爲起居郎史館修撰天成二年八月熙上言曰伏以皇帝陛下應天御宇纘聖承乾咸從睿哲之功克致文明之運始自乾坤蕩定京輦廓清歲視委諫諍之臣輔弼任賢良之士莫不盡編竹帛已播遐陬其有聖德憂勤睿謀沉密至理每叶於神化格言皆契於天時或拱極侍衛之臣或秉政樞機之地或陛下有籌畫之蹤或大臣得應對之儀外班既不聞之直史憑何紀録實慮歲月深久永作遺文自此凡是內中公事及詔書奏對應不到中書者伏乞委內臣一人旋具抄録月終關送史館庶使簡編畢備言動無遺垂萬古之美談顯一時之盛事九月史館奏伏奉九月八日敕國祚中興已逾五載皇基統嗣爰及兩朝其有記年之書行事之紀未聞編録實謂曠遺所司既不舉明史官又無起請因循斯久闕漏轉多宜令史臣先修太祖武皇帝莊宗兩朝實録速具進呈新朝日曆行事亦可精專纂録無使廢墜者伏以簡編事重久闕監修須循廣記之規以備必書之要館司或有闕漏公事盡令提舉施行伏自陛下赴難洛京以副人望宰臣百辟諸道藩侯各貢牋章請臨寶位聖情尤切三讓彌堅且行教令之規先進代王之號既從僉允尋就纘承皇澤播於萬方聖功超於千古伏自大駕到至德宮宰臣百官諸道侯伯各上勸進牋表及聖旨謙讓批荅兼宣諭諸道教令詔書及寶冊文并自天成元年四月後至今年九月已前內降詔書陛下日親時政金口所宣去弊除姦及近臣敷奏省費從寬之事並請下所司各檢抄録送館所異編修

總無漏略從之十二月同州節度使盧質准敕録太祖莊宗兩朝功臣書詔自進之是月都官郎中庾傳美訪圖書於三川孟知祥處得九朝實録及雜書傳千餘卷並付史館同光已後館中煨燼無幾九朝實録甚濟其闕

趙鳳爲修國史天成四年七月鳳奏當館奉敕修懿祖獻祖太祖莊宗四帝實録自今年六月一日起手旋具進呈次伏以凡關纂述務合品題承乾御宇之君行事方云實録追尊冊號之帝約文只可紀年所修前件史書今欲自莊宗一朝名爲實録其太祖已上並目爲紀年從之至其年十一月史館上新修懿祖獻祖太祖紀年録共二十卷莊宗實録三十卷鳳及修撰張昭遠呂咸休各賜繒綵銀器等

崔梲爲都官郎中知制誥長興二年五月梲上言臣聞高祖神堯皇帝初定天下起居舍人令孤德棻上言以近代已來多無正史恐十數年後事跡殘闕因命儒學大臣分撰南北諸史且言異代猶恐棄遺況在本朝豈宜湮滅臣常聞宣宗纘承大業思致時雍旰食宵衣憂勤庶務十餘年之內可謂治平于時史官雖有注記尋屬多故輦輅省方未暇刊修皆至淪墜統臨之盛寂寞無聞伏思年代未遥耳目相接豈無野史散在人間伏乞特命購求許之讎賞儻十獲五六亦可備編修異成一代之信書永作千年之盛觀從之三年正月史館奏當館職備編修理無曠失將美惡而具載庶今古以同風垂訓將來傳範不朽實有國之重事乃設教之本根伏自寇盜竊沸興皇唐中否四朝之聖君令命寂寞無聞數世之忠臣楷模湮淪罔紀至于后妃貴主帝子皇孫禮樂廢興制度沿革不偶文明之運難崇祖述之規既遇昇平須謀纂集敕旨史館奏陳事件皆叶規程顯驗公勤並宜依允十一月壬午史館奏自宣宗朝以來時歷四朝未有實録年代深遠簡牘散亡更歷歲時轉失根本自中興已來累於諸道購纂四朝日歷報狀百司關報亦恐已曾撰到實

錄值亂亡失乞下兩浙湖南巡屬購募四朝野史及除目報狀閔報等庶成撰集之功從之

李愚爲門下侍郎監修國史與諸儒修成創業功臣傳三十卷愍帝應順元年閏正月愚與修撰判館事張昭遠等詣閣門進新修唐功臣列傳三十卷

韓昭胤爲端明殿學士末帝清泰元年史館上言凡書詔及處分公事臣下奏議望命近臣以時繫日錄下史館編修詔昭胤樞密直學士李專美錄送有司行明宗時舊事也

姚顗爲相兼監修國史清泰三年顗上表奉詔臣等同修先皇帝實錄進呈自承天旨尋戒日官同申太史之舊章徧訪茂陵之遺牒莫不囊螢汗簡寢筆懷鉛粗成典册之大綱詎副宸旒之重委臣聞刻木結繩之代泥金檢玉之朝傳芳實於無窮播英聲於不朽良以絃歌誦美竹帛書勳然則孛皇猷而有質有文論帝道而或疎或密疎則見譏於良史密則利澤於洪源故禹穴藏書作法永垂於千古橋山刻木化民何止於百年恭惟明宗聖德和武欽孝皇帝務實去華本仁祖義鄙漢家之霸道薄用刑名遵老氏之玄言克敦慈儉爰自仗義旂於霧野揔戎鉞於渠門三紀訓兵奉列聖而重安鼎祚八年御宇育黎元而別創鴻圖臣歷覽前經詳觀哲后無如先聖居宗室而扶持景運作維城而屏翰皇家鷹揚豹變之奇蠖屈龍伸之智年纔揔角位已建牙輔獻祖太祖之經綸解僖宗昭宗之禍難東平巢蔡北靜番渾披榛棘而立朝廷斬豺狼而興社稷及莊宗失馭寰海橫流方哀義帝之喪堅守唐侯之位而驅歌遽迫曆數爰歸於是革秦皇漢武之澆風修貞觀開元之仁政以臣幽淺何以發揮自捧絲綸如救冰炭但緣職分難避擬論臣即與判館事修撰官中書舍人張昭遠中書舍人李詳左拾遺吳承範等依約典謨考詳記注按編年之舊體各次第以分功起龍潛受命四十年成鳳冊新書三十卷雖研精覃思備振於綱條而事重寸輕仍憂於漏略加以裴褫幽莽纏爲生疎旋命直館右拾遺楊昭儉虞切指蹤專司校勘尚慮舛悞未盡周詳將冒犯於進呈實倍增於憂負翌日詔獎飾其書付史館中書門下率百官上章慰賀

晉賈緯爲起居郎史館修撰緯謂監修趙瑩曰唐史一百三十卷止於代宗已下十餘朝未有正史請與同職修之瑩異其言具奏晉祖然之謂李崧曰賈緯欲修唐史何如對曰臣每見史官輩言唐朝近百年來無實錄既無根本安能編紀緯聞崧言頗怒面責崧沮己崧曰與公鄉人理須相惜此事非細安敢輕言緯見宰臣論說不已明年春勑修唐史天福六年二月己酉緯奏曰伏覩國史館唐高祖至代宗已有紀傳德宗至文宗亦存實錄武宗至濟陰廢帝凡六代唯有武宗實錄一卷餘皆闕落臣今采訪遺文及耆舊傳說編成六十五卷目爲唐年補遺錄以備將來史官修述臣聞裴子野之修宋略爰在梁時姚思廉之纂陳書乃於唐世咸因喪墜是有研尋皇帝陛下與日齊明固天縱聖華山歸馬崇文之道巳行虎殿延儒質疑之論斯啓一昨事宜綸誥精擇史官以李氏又終想唐年遺事雖追名亡號其制相沿而創法定儀於文或異恐謠俗之訛變致信實以湮沉將緝亡書以修墜典臣久居職分深恥闕遺今錄淺聞別陳短序伏冀特迴睿鑒俯念愚衷若閣蓬山誠莫裨於良直蹄涔撮土願少効於高深請下有司用資取證上覽之嘉歎賜器皿幣帛

趙瑩爲相監修國史天福六年四月瑩奏曰伏以唐室君臨歷年長遠至若王言帝載國史朝經治平之時充溢臺閣洎李朝喪亂迨五十年四海沸騰兩都淪覆竹簡漆書之部帙多已散亡石渠金馬之文章遂成殘缺今之書府百無二三臣等虔奉綸言俾令撰述褒貶或從於新意纂修須按於舊書既闕簡編先憂漏落臣今據史館所闕唐書實錄請下勑購求昔咸通中

宰臣韋保衡與蔣伸皇甫燠撰武宗宣宗兩朝實録又光化初宰臣裴贄撰懿宗僖宗兩朝實録皆遇國朝多事或値皇輿播越雖聞撰述未見流傳其韋衡裴贄合有子孫見居職任或門生故吏曾託纂修或秘藏於士族之家或韜隱於鉅儒之室聖代方編於舊史著年有事於故朝聞此謀論諒多欣愜況行息獎以重購求請下三京諸道及中外臣僚凡有將此數朝實録詣闕進納請量其文武才能不拘資地與除一官如卷帙不足據數進納亦請不次獎酬以勸來者自會昌至天復垂六十年其初李德裕平上黨著武宗伐叛之書其後康承訓定徐方有武寧本末之傳如此色類記述頗多復有冊積典墳家傳史筆或收纂當時除目藏在私居或採摭近代制書以爲文集未逢昌運無以發明今屬搜揚誠爲際會既伸志業佇見旌讎請下中外臣寮及名儒宿學有於此六十年内撰述得傳記及中書銀臺事史館日曆制詔册書等不限年月多少並許詣闕進納如年月稍多記録詳備請特行簡拔不限資序臣與張昭等共議所撰唐史祇敘本紀列傳十志本紀以綱帝業列傳以述功臣十志以書刑政本紀以綱帝業者本紀之法始於春秋以事繫日以日繫月以月繫時以時繫年刑政無遺綱條必舉須憑長曆以編甲子請下司天臺自唐高祖武德元年戊寅至天祐元年爲甲子轉年長曆一道以憑編述諸帝本紀列傳以述功臣者古者衣冠之家書於國籍中正清議以定品流故有家傳族譜族圖江左百家軒裳繼軌山東四姓簪組盈朝隋唐已來勲書王府故士族子弟多自紀世功貴載簡編以光祖考今歲恩渙洽屬意讜論鄉士大夫咸多世族聞茲汗簡孰不慰心請下文武兩班及藩侯郡牧各叙累代官婚名諱行業功勲狀一本如有家譜家諜亦仰送官以憑纂叙列傳十志以書刑政者王禮之書代有沿革至開元刊定方始備儀洎寶應已來與章漸缺其祇見郊廟册拜公王攝事相禮之文車輅服章之數勢

移權倖禮或僭差故軍容釋奠於儒宮舉朝識詔巷伯奄璧而法服博士抗論年代既深禮文斯忒請下太常禮院自天寶已後至明宗朝已來五禮儀注朝廷行事或異舊章並據增損節文一一備録以憑撰述禮志四懸之樂不異前文八佾之容或殊往代隋唐已來樂兼夷夏乃有文舞武舞之制坐部立部之名矣寶之初雲韶大備寶應之後音律漸衰郊廟殿庭舊章斯缺洎咸秦盪覆鍾石淪亡龍紀返正之年有司特鑄懸樂旋宮之義空有其文請下太常寺其四懸二舞增損始自何朝及讃廟樂章舞名開元十部用廢本末一一按録以憑撰述樂志刑名之制代有重輕隋唐已來疏爲律令然累朝繼有制勑相次增益舊條以此格律之文未能畫一後勑不編於實録諸制多在於法書請下大理寺自著律令已來後勑入格條者及會昌已來所斷疑獄一一關報以憑撰述刑法志律曆五行天文災異中書實録前代具書自唐季亂離簡編淪落太史所奏並不載於曆書譎見之文時或存於星曆請下司天臺自會昌已來天文錯異五行休咎曆法改更據朝代年月一一條録以憑撰述天文律曆五行等志唐初定官品令三公三師爲第一品尚書令僕射爲第二品兩省御史臺寺監長官尚書爲第三品自定令已後官品繼外比諸令文前後同異又有兼攝檢校之例貲授册拜之文軍容或盛於朝儀使務漸侵於省局以此官無定令位以賞功臺府之權隨時輕重求諸官志前代無聞請下御史臺自定令已後文武兩班品秩或外或降及府名使額寺署廢置官名更改一一具析以憑撰述職官志畫野離疆寶均九貢帶河礪嶽爰命諸侯唐初守邊則有都督摠管之號開元命將則有節度按察之名故刺史多帶於使街郡閤更兼於軍額其後四安之地因亂多設於戎夷九牧之中乘寵遂邀於旄鉞故山河易制名額是繁請下兵部職方自開元已來山河地理使名軍額州縣廢置一一條列以憑撰述郡國志漢述藝文隋編經

籍盖以摠括典墳之部本龍流略之書唐初以迄開元圖書大
備歷朝纂述卷軸彌繁若不統而論之何彰文雅之盛請下秘
書省自唐初已來古今典籍經史子集元撰人姓氏四部大數
報館以憑撰述經籍志古名叨輔弼學愧裁成獲奉制書俾專
信史伏以有唐纘曆累葉承平文德武功已紛綸於圖諜記言
載筆尚闕漏於簡書皇帝陛下永念淪胥深思揖讓周武謁成
湯之廟不忘故朝漢皇封王赦之孫蓋悲亡國今則已覃優渥
爰勅纂修凡在臣寮孰不知感所懼史才短淺識局荒唐實慮
庸虛有孤宸委所陳條例如可施行請下所司庶幾集事從之
劉昫自唐末帝時爲相監修國史清泰元年七月昫奏曰史官
奉天成二年九月詔纂修太祖至莊宗實録及功臣列傳去四
年十一月修成懿祖獻祖太祖紀年録二十卷莊宗實録三十
卷呈進其功臣列傳委元修史官張昭遠與史館修撰相次編
纂列傳計三十卷今年閏月七日進呈未下所司臣以立功立

事須摽於竹帛記言記事靡漏於簡編貴資褒貶之文備述艱
難之業伏惟陛下大明御宇至道臨人定寰區以武功守宗祧
以文德耀輝三古超越百王莫不萬國來庭千官舉職臣叨居
鈞軸已媿庸虛曾無筆削之勞謬忝監修之任輙茲舉奏冒瀆
宸嚴詔所修列傳付史館先是今春史館進之鄆王省視次便
屬起兵因是亡失故重繕寫奏故也二年六月制曰恭惟先皇
德龍惠兆氏八年之間家給人足然而致理之績雖已播於頌
聲紀事之書尚未編於史氏緬惟纘奉之道良增愧惕之懷其
實録宜令史館疾速修撰呈進唯務周詳勿令闕漏漢蘇逢吉
爲相監修國史乾祐二年十月逢吉與史官賈緯上奏曰高祖
皇帝誕聖并門書勳晉室經文緯武既歷試於諸難應天順人
俄光宅於四海非干戈而濟武實仁義而樂推可謂有典有謨
盡善盡美伏惟皇帝陛下纂承鴻業恭守丕圖調雅應聲笙磬

已歌於盛烈表年繫事策書備載於英猷誠爲不朽之言以播
無窮之美臣等前奉明詔俾勒芸編遂與史臣搜諸策府就日
之德深慙筆削之詞揮翰之文庶續油緗之闕謹叙高祖皇帝
行事成實録二十卷陳進以聞
周張昭遠自後唐明宗時爲左補闕天成三年十二月史館以
昭遠狀云常讀國書竊見懿祖昭烈皇帝自元和之初獻祖文
皇帝於太和之際立功王室陳力國朝安邊禦寇之謀經始開
階之緒雖書於簡牘而未有裁成太宗武皇帝自咸通後來勤
王勠力翦平多難頻立大功三换節旄再安京國經綸草昧尊
獎朝廷一百戰之艱難聲齊漢祖三十年之征伐系比曹公莊
宗皇帝當璧膺圖化家爲國終平大憝奄有中原祖宗歷事於
九朝勳業相承於四代神功聖德英略雄圖如闕編修自然湮
墜既叨秉筆尤切痛心竊見僞梁朱氏起自細微亂我聖朝僭
稱僞號而尚翔筆撰書七十餘卷見在館中猶能采一時之寓

言作午譜之故事豈足比聖上中興之運先皇累世之資代繼
公台門聯將相致今日昇平之化當大朝明盛之秋光顯祖宗
全無載籍史臣奉職寧不愧心昭遠親覩中興備聞舊事太祖
勤王之著蹟先皇開國之神功目所見聞心常記録伏請與當
館修撰參序條綱撰太祖莊宗實録庶幾奉職微答皇慈者雜
以前代史官歸於著作國初分撰五代史方委大臣監修自大
歷後來始奏兩員修撰當時選任皆取良能一代之書便成於
手及後源流失緒波蕩不還空居修撰之名不舉史官之職及
遇編修大典則云別訪通才況當館職司監修選擇薦取此期
於集事陳力當審於不能尸禄養名古人深恥請責和叙之士
更修列聖之書各冀竭于御塞明詔臣叨膺重寄獲忝監修合
人纂明庶集博史奉勅虞夏商周歷代而猶存訓誥隱桓莊閔
諸侯而尚載春秋況今光宅寰區遵行簡冊紀舉右分夏之切
編至仁求理之長兎墜重風須及典史臣備舉職分九稱緝

修宣依所奏四年十一月史館奏先奉勑旨纂修太祖武皇帝莊宗光聖神閔孝皇帝兩朝實録呈進者臣學虧富贍功愧素餐成職司攜奉於簡書祖述濫承於綸旨國家神符運祚代出忠賢始祖自太宗朝初鎮塞壘雖爰崇官族帶礪之紛華不絕鼎彝之盛美可尋懿祖昭烈皇帝立功元和時戴章武東平淮蔡西闢河湟獻祖文皇帝既紹家聲愈遵堂構破昆夷而還貴主誅[illegible]蔞而定徐方仗鉞分憂振雄名於闕服維城作固濳靈泒於天潢大祖武皇帝投袂勤王誓心報主拯三朝之患難遏五霸之英威經綸既叶於上玄眺祚乃延於下武莊宗神閔皇帝謀猷特立睿哲遐宣訓卒練兵櫛風沐雨纘崇鳳曆恢三百載之世功平盪梟巢剗四十年之讎恥一登大寶四換周星其間天地慘舒君臣善惡旋自宮闈變動簡牘散亡遂徧訪於見聞庶備詳於本末修撰朝議郎左補闕張昭遠博於記覽早預編排自今年六月一日與同職官員等共議纂修獲成紀録臣叨司

筆削此乏史才如甘英妄測於河源裨竈強論於天道殺青斯竟代斷增懃又以三祖追尊有殊受命約之舊史必在正名謹叙懿祖書一卷獻祖書二卷太祖書一十七卷並題曰紀年録先帝自龍飛晉陽君臨天下以日繫月一十九年謹修成實録三十卷誠多紕謬仰瀆休明顧鉛素以驚心望旻旒而洽背是日賜門下侍郎兼工部尚書平章事監修國史趙鳳雜綵五十匹蓋梳一副至晉高祖天福六年二月己亥詔曰百王大典千古元龜儻不編修永成漏略有唐氏遠自高祖下洎明宗紀傳未分書志咸闕今耳目相接尚可詢求若歲月更深何由尋訪眷言筆削宜屬英髦戶部侍郎張昭起居郎賈緯祕書少監趙熙吏部郎中鄭受益左司員外郎李爲光等學並該通文皆微婉俾成信史足展長才宜令張昭等修撰唐史仍令宰臣趙瑩監修昭又以唐朝數帝編簡殘缺詔遣修唐朝一代正史昭長於筆述鋭於採求不三歲取天寶前舊史至濟陰少主實録野

史共纂成二百卷以聞有制褒美賜戶封書付史館晉少帝開運二年史官上新修前朝李氏書紀志列傳共二百一十三卷并目録一卷都計二十帙賜監修劉昫及修史官等繒綵銀器有差至世宗顯德三年十二月詔曰伏以太祖聖神恭肅文武孝皇帝削平多難開啓洪圖用干戈而清域中修禮樂而治天下克勤克儉乃武乃文八紘方混於車書三載忽遺於弓劍英謨睿略旣高冠於前王聖德神功尚未編於信史詢於典禮闕孰甚焉宜垂不刊之文以永無疆之美其太祖聖神恭肅文武孝皇帝實録宜差兵部尚書張昭修纂其同修纂官員委張昭定名奏請又詔曰書契已來史冊相繼明君暗主罔或遺之所以紀一時之興亡爲千古之鑒誡梁均帝唐清泰二主皆居大寶奄宅中區雖負扆當陽不享延洪之數而編年記事宜存纂録之規用備闕文永傳來裔其梁均帝唐清泰二主實録宜差兵部尚書張昭修纂其同修纂官員亦委張昭定名奏請四年正月兵部尚書張昭奏奉勑編修太祖實録及唐梁二末主實録今請國

子祭酒尹拙太子詹事劉溫叟同編修又奏撰漢書者先爲項傳編爲記者首序劉璋所貴神器之傳授有因歷數之推遷得序伏緣漢隱帝書臨在太祖之前其歷試之績並在漢隱帝朝內請先修隱帝實録以全太祖之事功又梁末主之上有郢王友珪篡弒居位未有記録請依宋書劉劭例書爲元兇友珪其末主請依古義書爲梁廢帝其書曰後梁實録又唐末主之前有應順帝在位四月出奔亦未編紀請書爲前廢帝清泰主爲後廢帝其書並爲實録兼請於諸道搜索圖記並從之五年六月兵部尚書張昭等修太祖實録三十卷上之

竇貞固自漢隱帝時爲相乾祐二年貞固上言臣伏覩上自軒昊下及隋唐歷代帝王享國年月莫不裁成信史載在明文或編修只自於本朝或追補亦從於來者曾無漏略咸有排聯蹤迹祖尋源流可別五運生成之道於是乎彰明一時褒貶之書因茲而昭著古既若今乃宜然輒敢上言庶裨有作伏以晉高

祖洎少帝兩朝臨御一紀光陰雖金德告衰蓋歸曆數而炎靈復盛固有階緣先皇帝昔在初潛曾經所事粹有歷試之迹禹陳俾乂之功載彰發衛之由實謂開基之本近見史臣修高祖實錄神功聖德靡不詳明述漢之興由晉而起安可遺落朝代廢闕編修更若日月滋深耳目不接恐成湮沒莫究端由伏惟皇帝陛下德洽守文功宣下武化家為國備觀王業之源纘聖繼明益表帝圖之美舊章畢舉墜典聿修伏乞睿慈勑史官纂集晉朝實錄必五運相承歷代而猶傳鳳紀百王垂訓繼明而具載鴻猷況今司契御乾握圖纂極事無循於師古政必究於化源迨自金行成茲火德所請編錄庶補闕文其晉朝實錄宜令監修國史蘇逢吉與史官賈緯竇儼王伸等修撰呈進至太祖廣順元年七月竇貞固上言臣監修國史時奉詔修晉朝實錄伏以皇帝陛下武功定業文德化民河圖洛書將薦聖明之瑞商俗貞誥允輯典誥之資厚言貽誡以弘心

彰往考來而在念臣等任叨南董才愧班荀屬辭虧朗暢之功總論寡精微之識狀先文於昭代廣塞闕如收遺韻於傳聞冀開來者奉茲鉛槧勵緝油緗同傾獻技之心上副成書之命所撰晉高祖實錄三十卷少帝實錄二十卷謹詣東上閤門呈進勑貞固等纂書覩奧直筆記言成一代之明文繼百王之盛典豈特洪纖靡偏抑亦褒貶有彰將補元窮永傳不朽載覽表美須刻不忘

顯德六年十二月壬申朔史館奏請差官修撰世宗實錄從之

冊府元龜卷第五百五十七

册府元龜卷第五百五十八

國史部五

論議

自左丘明授經於仲尼而爲之傳其後太史公易編年之舊式明述作之微旨揚攉而論文辭炳焉班氏父子專心載籍亦復斟酌前史譏正得失爾後當筆削之任者蓋不乏其人焉至於考正先民之異同論次一時之類例斷以年紀裁其體範深述懲勸之本極談書法之事或列於封疏或形於奏記至乃立言以垂制移書以布懷罕不磅礴今古講求奧賾緒言佳話藹乎前聞足以見作者之志矣

漢司馬談爲太史公談仕於建元元封之間愍學者不達其意而師誖（誖惑也各習師法惑於所見誖布內切）乃論六家之要指曰易大傳（謂易繫辭）天下一致而百慮同歸而殊塗夫陰陽儒墨名法道德此務爲治者也直所從言之異路有省不省耳（言發迹雖殊同歸於治但學者不能省察）

（聯其端緒耳直謂但也）嘗竊觀陰陽之術大詳而衆忌諱使人拘而多畏（陰陽之術月令星官是其枝葉也拘謂拘礙也）然其敘四時之大順不可失也儒者博而寡要勞而少功是以其事難盡從然其敘君臣父子之禮列夫婦長幼之別不可易也（易變也）墨者儉而難遵是以其事不可徧循（言雖盡用）然其彊本節用不可廢也法家嚴而少恩然其正君臣上下之分不可改也名家使人儉而善失真（劉向別錄云名家者流出於禮官古者名位不同禮亦異數孔子曰必也正名乎）然其正名實不可不察也道家使人精神專一動合無形澹足萬物（澹古贍字）其爲術也因陰陽之大順采儒墨之善撮名法之要（撮撮取也千活切）與時遷從應物變化立俗施事無所不宜指約而易操事少而功多（操執持也千高切）儒者則不然以爲人主天下之儀表也君唱臣和主先臣隨如此則主勞而臣佚（佚樂也字與逸同）至於大道之要去健羨黜聰明（黜聰棄明依太素反本歸眞）釋此而任術（則理得而海內紛也黜廢也）夫神大用則竭形大勞則敝神形蚤衰欲與天地長久非所聞也（蚤古早字）夫陰陽四時八位十二度二十四節各有教令（八位八卦位也十二度十二次也二十四節就中氣也各有禁忌謂月令者）曰順之者昌逆之者亡未必然也故曰使人拘而多畏夫春生夏長秋收冬藏此天道之大經也（經常也）弗順則無以爲天下紀綱故曰四時之大順不可失也夫儒者以六藝爲法六藝經傳以千萬數累世不能通其學當年不能究其禮（究盡也）故曰博而寡要勞而少功若夫列君臣父子之禮序夫婦長幼之別雖百家弗能易也墨者亦上堯舜言其德行曰堂高三尺土階三等茅茨不翦采椽不斵（屋蓋曰茨茅茨以茅覆屋也采音菜又音采柞木也茨疾資切斵竹角切）飯土簋啜土刑（簋所以盛飯也刑所以盛羹也土謂燒土爲瓦器也啜音尺悅切簋音軌）糲粱之食（[illegible]）藜藿之羹（藜草似蓬也藿豆葉也）夏日葛衣冬日鹿裘其送死桐棺三寸舉音不盡其哀教喪禮必以此爲萬民率故天下法若此則尊卑無別也夫世異時移事業不必同故曰儉而難遵也要曰彊本節用則人給家足之道也（給亦足也家家皆得足也）墨子之所長雖百家不能廢也法家不別親疏不殊貴賤壹斷於法

則親親尊尊之恩絕矣可以行一時之計而不可長用也故曰嚴而少恩若尊主卑臣明分職不得相踰越雖百家不能改也名家苛察繳繞（繳繞猶纏繞也繳公鳥切）使人不得反其意專決於名時失人情（專讀與專同又音章兗切）故曰使人儉而善失真若夫控名責實參伍不失（引名責實參錯交互明知事情者）此不可不察也道家無爲又曰無不爲（無爲者守靜一也無不爲者功利大也）其實易行其辭難知（[illegible]）其術以虛無爲本以因循爲用（任自然也）無成勢無常形故能究萬物之情不爲物先不爲物後故能爲萬物主有法無法因時爲業有度無度因物與合（[illegible]）故曰聖人不巧時變是守（無機巧之心但順時也）虛者道之常也因者君之綱也（言因百姓之心以爲心但執其綱而已）羣臣竝至使各自明也其實中其聲者謂之端實不中其聲者謂之款（[illegible]）款言不聽姦迺不生賢不肖自分白黑迺形（形見也）在所欲用耳何事不成迺合大道混混冥冥（混混元氣之貌也混胡本切）光燿天下復反無名凡人所生者神也所託者形也神大用則竭形大勞則

敝形神離則死死者不可復生離者不可復合故聖人重之由此觀之神者生之本形者生之具不先定其神形而曰我有以治天下何由哉又謂其子遷曰幽厲之後王道缺禮樂衰孔子脩舊起廢論詩書作春秋則學者至今則之自獲麟以來四百有餘歲諸侯相兼史記放絕今漢興海内一統明主賢君忠臣義士予為太史而論載廢天下之文予甚懼焉爾其念哉又太史公曰先人有言自周公卒五百歲而有孔子孔子至于今五百歲有能紹而明之正易傳繼春秋本詩書礼樂之際意在斯乎意在斯乎小子何敢讓焉（晨古言當巳述成先人之業何敢自謂當五百歲而讓之也）上大夫壺遂曰昔孔子為何作春秋哉太史公曰余聞之董生（仲舒）周道廢孔子為魯司寇諸侯害之大夫壅之孔子知時之不用道之不行也是非二百四十二年之中（是非謂本其得失）以為天下儀表貶諸侯討大夫以達王事而已矣（時諸侯僭侈大夫擅權故貶討之也貶退也討治也）子曰我欲載之空言不如見之於行事之深切著明也春

秋上明三王之道下辯人事之經紀別嫌疑明是非定猶與（與讀曰豫）善善惡惡賢賢賤不肖存亡國繼絶世補敝起廢王道之大者也易著天地陰陽四時五行故長於變化（以變化之道為長長讀如本字一曰長謂業長之也竹兩切）礼綱紀人倫故長於行書記先王之事故長於政詩記山川谿谷禽獸草木牝牡雌雄故長於風樂樂所以立故長於和春秋辯是非故長於治人是故礼以節人樂以發和書以道事詩以達意易以道化春秋以道義（道言也）撥亂世反之正莫近於春秋春秋文成數万其指數千万物之散聚皆在春秋春秋之中弑君三十六亡国五十二諸侯奔走不得保社稷者不可勝數察其所以皆失其本已（已紀謂中）故易曰差以毫釐謬以千里（今之易經及彖象繫辭並無此語所稱易緯者則有之焉斯蓋易家之別記者也）故臣弑君子弑父非一朝一夕之故其漸久矣（謂易坤卦文言之辭）有国者不可以不知春秋前有讒而不見後有賊而不知為人臣者不可以不知春秋守經事而不知其宜遭變事而不知其權（經常也）為人君父者

而不通於春秋之義者必蒙首惡之名（蒙猶被也）為人臣子不通於春秋之義者必陷篡弑誅死之罪其實皆以善為之而不知其義（其心雖善以不知義理之故則陷於惡也）被之空言不敢辭（趙曰不知其義而不敢辭弑君之罪）夫不通礼義之指至於君不君臣不臣父不父子不子夫君不君則犯（一為臣下所干犯也一曰違犯礼義也）臣不臣則誅父不父則無道子不子則不孝此四行者天下之大過也以天下大過予之受而不敢辭故春秋者礼義之大宗也夫礼禁未然之前法施已然之後法之所為禁者易見而礼之所禁者難知壺遂曰孔子之時上無明君下不得任用故作春秋垂空文以斷礼義（斷決也於礼義也之）當一王之法今夫子上遇明天子下得守職万事既具咸各序其宜夫子所論欲以何明太史公曰唯唯否否（唯唯謙應也否否不通也唯弋癸切否方久切）不然余聞之先人曰虙戲至純厚作易八卦（虙讀與伏同）堯舜之盛尚書載之礼樂作焉湯武之隆詩人歌之春秋采善貶惡推三代之德褒周室非獨刺譏而已也漢興已來至明天子獲符瑞

封禪改正朔易服色受命於穆清（於穆美也言天子有美德而政化清也於讀曰烏）澤流罔極（罔無也極止也）海外殊俗重譯款塞（款叩也）請來獻見者不可勝道也（道言也）臣下百官力誦聖德猶不能宣盡其意（力勤也）且士賢能矣而不用有國者之恥也主明聖德不布聞有司之過也且余掌其官廢明聖盛德不載滅功臣賢大夫之業不述墮先人所言（墮毀也謂不修之也音火規切）罪莫大焉余所謂述故事整齊其傳非所謂作也而君比之春秋謬矣

後漢班彪為徐令以病免彪既才高而好著述遂專心史籍之間武帝時司馬遷著史記太初已後闕而不錄彪乃繼採前史遺事傍貫異聞作後傳數十篇因斟酌前史而譏正得失其略論曰唐虞三代詩書所及世有史官以司典籍（見於史籍昔夏太史終古殷太史摯周太史儋也）暨於諸侯国自有史（魯季孫召外史掌惡臣衛史華龍滑者我太史也楚有左史倚相）故孟子曰楚之檮杌晉之乘魯之春秋其事一也（乘者興於田賦乘馬之事檮杌者嚚凶之類興於記惡之戒春秋以二始舉四時以記万事遂各以為名其記事一也見趙岐孟子注）定哀之

閒魯定公哀公也爲魯君子左丘明論集其文作左氏傳三十篇又撰異同號曰國語二十一篇由是乘檮杌之事遂闇不行於時也其書今亡而左氏國語獨章又有記録黄帝以來至春秋時帝王公侯卿大夫號曰世本一十五篇春秋之後七國並爭秦并諸侯則有戰國策三十三篇漢興定天下太中大夫陸賈記録時功作楚漢春秋九篇孝武之世太史令司馬遷採左氏國語刪世本戰國策據楚漢列國時事上自黄帝下訖獲麟武帝太始二年登隴首獲白麟遷作史記絶筆於此年也作本紀世家列傳書表凡百三十篇而十篇缺焉謂十篇遷殁之後亡景紀武紀禮書樂書兵書將相年表日者傳三王世家龜策傳傅靳列傳遷之所記從漢元至武則絶其功也至於採經摭傳分散百家之事甚多疎略不如其本務欲以多聞廣載爲功論議淺而不篤其論術學則崇黄老而薄五經黄帝老子道家也五經儒家也遷序傳曰道家使人精神專一動合無形贍足萬物此謂崇黄老也又曰儒者博而寡要勞而少功此謂薄五經也序貨殖則輕仁義而羞貧窮史記貨殖傳序曰家貧親老妻子軟弱歲時無以祭祀飲食被服不足以自適如此不慙恥則無所比矣無巖處奇士之行而長貧賤語仁義亦足羞也道游俠則賤守節而貴俗功史記游俠傳序曰季次原憲行君子之德義不苟合當世當世亦笑之終身空室蓬戶褐衣疏食不厭今游俠其行雖不軌於正義然其言必信其行必果已諾必誠不愛其軀赴士之阸蓋有足多者今拘學或抱咫尺之義久孤於世豈若卑論儕俗與世沉浮而取榮名哉此其大敝傷道所以遇極刑之咎也極刑謂遷被腐刑也遷與任安書曰最下腐刑極矣然善述序事理辯而不華質而不野文質相稱蓋良史之才也誠令遷依五經之法言同聖人之是非意亦庶幾矣易曰顏氏之子其殆庶幾乎夫百家之書猶可法也若左氏國語世本戰國策楚漢春秋太史公書今之所以知古後之所由觀前聖人之耳目也司馬遷序帝王則曰本紀公侯傳國則曰世家卿士特起則曰本傳又進項羽陳涉而黜淮南衡山謂遷著項羽本紀又陳涉起於壟畝數月被殺無子孫相繼著爲世家淮南衡山漢室之王當世家而編之列傳細意委曲條例不經若遷之著作採獲古今貫穿經傳至廣博也一人之精文重思煩故有其書刊落不盡尚有盈辭多不齊一刊削也謂削落蕪穢也有不盡若序司馬相如舉郡縣著其字至蕭曹陳平之屬及董仲舒並時之人不記其字或縣而不

郡者蓋不暇也史記衛青者平陽人也張釋之堵陽人並不顯郡之類也今此後篇慎覈其事整齊其文不爲世家唯紀傳而已傳曰殺史見極平易正直春秋之義也

張衡字平子爲太史令安帝永初中謁者僕射劉珍校書郎劉騊駼等著作東觀撰集漢記因定漢家禮儀上言請衡參論其事會並卒而衡常歎息欲終成之及爲侍中上疏請得專事東觀收撿遺文畢力補綴表曰臣仰幹史職敢激官守竊貪成訓息忘頑愚願得專於東觀畢力於紀記竭思於補闕俾有漢休列比久長於天地並光明於日月炤示萬嗣永永不朽也又條上司馬遷班固所敘與典籍不合者十餘事其略曰易稱宓戲氏王天下宓戲氏後神農氏作神農氏後黄帝堯舜氏作史遷獨載五帝不記三皇今宜并録又一集事曰帝系黄帝產青陽昌意周書曰乃命少皞清清即清陽也今宜實定之又以爲王莽本傳但應載篡事而已至於編年月紀災祥宜爲元后本紀又更始居位人無異望光武初爲其將然後即眞宜以更始之號建於光武之初書數上竟不聽及後之著述多不詳典時人追恨之

劉千秋爲越騎校尉校書東觀好事樊長孫與書曰漢家禮儀叔孫通等所草創皆隨律令在理官藏於几閣無紀録者久令二代之業闇而不彰誠宜撰次依擬周禮定位分職各有條序令人無愚智入朝不惑君以公族元老正丁其任焉可以已劉君甚然其言與邑子通人郎中張平子參議未定而劉君遷爲宗正衛尉平子爲尚書郎太史令各務其職未暇恤也至順帝時平子爲侍中典校書方作周官解說乃欲以次述漢事會復遷河間相遂莫能立也述作之功猶不易矣既感和言頗見故新汲令王文山小學爲漢官篇略道公卿內外之職旁及四夷博物條暢多所發明足知舊制儀品

晉賈謐爲祕書監掌國史朝廷議立晉書限斷中書監荀勖請

宜以魏正始起年著作郎王讚欲引嘉平已下朝臣盡入晉史于時依違未有所决惠帝立便使議之諸上議請從泰始為斷於是事下三府司徒王戎司空張華領軍將軍王衍侍中樂廣黃門侍郎嵇紹國子博士謝衡皆從讚議騎都尉濟北侯荀畯侍中荀藩黃門侍郎華混以為宜用正始開元博士荀熙刁協謂宜嘉平起年謐重執奏戎華之議事遂施行

宋徐爰為太常丞初元嘉中著作郎何承天草創國史孝武初又使奉朝請山謙之南臺御史蘇寶生踵成之六年又以爰領著作郎使終其業爰雖因前作而專為一家之書上表曰臣聞虞史炳圖原光被之美夏載昭策先隨山之勤天飛雖王德所至終陟固有資田躍神宗始於俾乂上日兆於納麓其在殷頌長發玄王受命作周是維雍伯考仁之感則振古之引軌降逮二漢亦同茲義基帝業乎豐沛紹祚本於昆邑魏以武命國志晉以宣啓陽秋明黃初非更姓之本泰始為造物之末又近代之令蔑之鴻規典謨緬邈紀傳成准善惡具書成敗畢記伏惟皇宋承金行之浇季鍾經綸之屯極擁玄光以鳳翔秉神符而龍舉剗定鯨鯢天人佇屬晉禄數終上帝臨宋便應奄膺籙寓對越神工而恭服勤於三分讓德邁於不嗣其為巍巍蕩蕩赫赫明明歷觀逖聞莫或斯等宜依衛書段文登舟變號起元義熙為王業之始載序宣力為功臣之斷其偽玄草竊同於新莽雖靈武克殄自詳之晉録及犯命干紀受戮霸朝雖揖禪之前皆著之宋策國典體大方垂不朽請外詳議於是內外博議太宰江夏王義恭等三十五人同爰宜以義熙元年為斷散騎常侍巴陵王休若尚書金部郎檀道鸞二人謂宜以元興三年為始太學博士虞龢謂宜以開國為宋公元年詔曰項籍聖公編録二漢前史已有成例桓玄傳宜在宋典餘如爰議

范曄為太子詹事撰後漢書以為司馬遷班固父子其言史官載籍之作大義粲然著矣議者咸稱二子有良史之才遷文直而事覈固文贍而事詳若固之序事不激詭不抑抗贍而不穢詳而有體使讀之者亹亹而不猒信哉其能成名也彪固譏遷以為是非頗謬於聖人然其論議常排死節否正直而不敘殺身成仁之為美則輕仁義賤守節愈矣固傷博物洽聞不能以智免極刑然亦身陷大戮智及之而不能守之嗚呼古人所以致論於目睫也

南齊袁彖為秘書丞議駁國史檀超以天文志紀緯序位度五行志載當時祥沴二篇所謂事用相懸日蝕為災宜居五行超欲立處士傳夫事關業用自得列其名行今栖遁之士排斥皇王陵轢將相此偏介之行不可長風移俗故遷書未傳班史莫編一介之善無緣頓略宜列其姓業附出他篇

後魏高祐孝文時為秘書令後與丞李彪等奏曰臣等聞典謨垂文話言所以光著載籍作戒行事所以昭揚然則尚書者記言之體春秋者録事之辭尋覽前志斯皆司動之實録也夏殷以前其文弗具自周以降典章備舉史官之體文質不同立書之旨隨時有異至若左氏屬詞比事兩致並書可謂存史意而非史體逮司馬遷班固皆博識大才論叙今古曲有條章雖周達未兼斯實前史之可言者也至於後漢魏晉咸以放焉惟聖朝所制上古開基長發自始均以後至於成帝其間世數久遠是以史弗能傳臣等疏陋忝當史職披覽國記竊有志焉愚謂自王業始基庶事草創皇始以降光宅中土宜依遷固大體令事類相從紀傳區別表志殊貫如此脩綴事可備盡伏惟陛下先天開物洪宣帝命太皇后淳曜二儀惠和王度聲教之所洽風譯之所覃固已義振前王矣加以太和以降年未一紀然嘉符禎瑞備臻於往時洪功茂德事萃於曩世會稽行玉牒之章岱宗想石記之列而祕府策勳述美未盡將令皇風大猷或闕而不載功臣懿績或遺而弗傳著作郎已下請取有才用者參造國書如得其人三年有成矣然後大明之功德光于帝篇聖

后之勳業翼予皇秉佐命忠貞之倫紘言司直之士咸以備著載籍矣孝文從之時李彪專統著作祐為令時相關豫而已李彪為度支尚書除名及宣武踐祚彪求復舊職脩史官之事乃上表曰臣聞龍圖出而皇道明龜書見而帝德昶斯冥冥中之書契也自瑞官立而早高陳民師建而貴賤序此乃人間之繩式也是以唐典篡欽明之冊虞書銘睿徵之篇傳著晏氏之箴詩錄商家之頌斯皆國史明乎得失之迹也逮于周熙鑒乎二代文王開之以兩經公旦申之以六聯郁乎其文典章大略也故觀雅頌識文武之丕烈察歌音辯周公之至孝是以季札聽風而知始基聽頌而識盛德至若尼父之刪魯籍丘明之辨孔志可謂婉而成章盡而不汙者矣自餘乘志之比其亦有趣焉暨史班之錄乃文窮於秦漢事盡於哀平徵勸兩書華實兼載文質彬彬富哉言也令大漢之風美類三代降及華馬陳干咸有放焉而敷贊弗遠不力致豈虛也哉其餘率見而書覩事而

作者多矣尋其本末亦可牲來焉惟我皇魏之奄有中華也歲越百餘年幾十紀太祖以弗違開基武皇以奉時創業虎嘯域中龍飛宇外小往大來品物咸亨自茲以降世濟其光史官敘錄未充其盛加以東觀中圯冊勳有闕美隨日落善因月稀故諺曰一日不書百事荒蕪至于太和之十一年先帝先后遠惟景業懿鑠休烈若不恢史闡錄懼上業茂功殆有缺矣於是召名儒博達之士充麟閣之選于時忘臣衆短采臣片志令臣出納授臣丞職猥屬斯事無所與讓高祖時詔臣曰平爾雅志正爾筆端書而不法後世何觀臣奉以周旋不敢失墜與著作等鳩集遺文并取前記撰為國書假有新進時賢制作於此者恐闇昧既異出入生疑弦柱既易善音或謬自十五年以來臣使國還頻有南轅之事故載筆遂寢簡牘弗張其於書功錄美不其闕歟伏惟孝文皇帝承天地之實纂祖宗之業景功未就奄焉徂落凡百黎萌若無天地賴遇陛下體明叡之真應保合之

量極大明以燭物展恭以和邦天清其氣地樂其靜不愆不忘率由舊章可謂重明疊聖元首康哉惟先皇之開創造物盡綸浩瀚加以魏典流製藻績垂篇窮理於有象盡性於衆變可謂日月出矣無幽不燭也記曰善述者欲人繼其行善歌者欲人繼其聲故傳曰文王基之周公成之又曰無周公之才不得行周公之事今之親王可謂當之矣然先皇之茂勳聖達今王之懿美洞鑒準之前代其德靡悔也時哉時哉可不光昭哉合德二儀者先皇之陶鈞也齊明日月先皇之洞照也虞周四時者先皇之茂功也合契鬼神者先皇之玄燭也遷都改邑者先皇之鑒也思同書軌者先皇之遠也守在四夷者先皇之略也海外有截者先皇之威也禮田岐陽者先皇之義也張藻岱郊者先皇之仁也鑾幸幽漠者先皇之智也變代南遷者先皇之禮也升中告成者先皇之肅也親度宗社者先皇之勤也衮實無闕者先皇之充也開物成務者先皇之貞也觀乎人文者

先皇之藴也革弊創新者先皇之志也孝慈道洽者先皇之衷也先皇有大功二十加以謙尊而光為而弗有者可謂四三皇而六五帝矣誠宜功書於竹素聲播於金石臣竊謂史官之達者大則與日月齊明小則與四時並茂其大者孔子左丘是也小者史遷班固是也故能聲流無窮義昭於來裔是以金石可滅而風流不泯者其唯載籍乎諺曰相門有相將門有將斯不唯其性蓋言習之所得也竊謂天文之官太史之職如有其人宜其世矣故尚書稱羲和世掌天地之官張衡賦曰學乎舊史氏斯蓋世傳之義也若夫良冶之子善知為裘良弓之子善知為箕物豈有定君事則知耳所以言及此者二職不備事多淪曠天人之際不可須臾闕載也是以談遷世而功立彪固世而事成此乃前鑒之軌轍後鏡之蓍龜也然前代史官之不終業者有之皆陵遲之世不能容善是以平子去史而成賦伯喈違閣而就志述僭晉之世有佐郎王隱為著作虞預所毀亡官在家晝則樵薪

佚豈夜則觀文寫綴集成晉書存一代之事司馬紹勑尚書唯給筆札而已國之大籍成於私家末世之弊乃至如此此史官之不遇時也今大魏之史職則身貴禄則親榮優哉游哉式穀休矣而典謨弗作者皆有以也而故著作漁陽傅毗北平陽尼河間邢産廣平宋弁昌黎韓顯宗等並以文才見舉注述是同皆登年不永弗終茂績前著作程靈虬同時應舉共掌此務今從他職官非所司唯崔光一人雖不移任然得官兩兼故載述致闕臣聞載籍之興由於大業雅頌垂薦起於德美雖時有文質史有備略然歷世相仍不敗此度也昔史談誡其子遷曰當世有美而不書汝之罪也是以久而見美孔明在蜀不以史官留意是以久而受譏取之深衷史談之志賢亮遠矣書稱無曠庶官詩有職思其憂臣雖今非所司然昔忝斯任故不以草茅自疎敢言及於此語曰患為之者不必知知之者不得為臣誠不知強欲為知耳竊感先朝賜臣名彪者遠則擬漢史之叔皮

近則准晉史之紹統推名求義欲罷不能偁荷恩澤死而後已今所求者乞一静處綜理國籍以終前志官給事力以充所須雖不能光啓大禄庶不為飽食終日耳近則朞月不就遠也三年有成正本蘊之麟閣副貳藏之名山時司空北海王詳尚書令王肅以其無禄頗相賑餉遂在祕書省同王隱故事白衣脩史蒙餘史業竟未及就然區分書體皆彪之功

張蕃宣武時為光禄大夫表曰竊惟皇王統天必以窮幽為美盡理作聖亦假廣採成明故詢於芻蕘著之周什輿人獻箴流於夏典不然則美刺無以得彰善惡有時不達逮於兩漢魏晉雖道有隆汚而被繡傳檄未始闕也及惠帝失御中夏分離劉符專據秦西燕趙制關左姚夏繼起五涼競立致使九服搖搖民無定主禮儀典制此焉堙滅暨大魏應歷撥亂登皇翦彼鯨鯢龕靖神縣數紀之間天下寧一偉輝七帝積聖如神高祖遷鼎成周永茲八百偃武脩文憲章斯改實所謂加五帝登三王民無德而名焉猶且慮獨見之不明欲廣訪於得失乃命四使觀察風謠臣時忝常伯充一使之例遂得杖節揮金宣恩東夏周歷於齊魯之間徧馳於梁宋之域詢採詩頌研檢獄情然片言之不遺莫美刺之俱顯而才輕任重多不遂心所採之詩並始申白而值鑾輿南討問罪宛鄧臣復忝行軍樞機是務及鑾駕之返膳御未和續以大諱奄臻四海摧慕遂令推遷不及聞呈未幾叨收秦藩違離闕下繼以譴疾相纏寧于八歲常恐所採之詩永淪丘壑是臣夙夜所懷以為深憂者也陛下垂日月之明行雲雨之施察臣往罪之濫矜臣貧病之切既蒙崇以禄養復得拜掃丘墳明白友朋無所負愧且臣一二年來所患不劇尋省本書粗有髣髴凡有七卷今寫上呈伏願昭覽敕付有司使魏代所採之詩不堙於丘井臣之願也

陽尼為著作郎好學博通群籍美儒道宜在史録後

册府元龜卷第五百五十八

國史部十六

論議

北齊陽休之爲通直散騎侍郎與魏收等修國史魏收立高祖太紀取平四胡之歲爲齊元收在齊州恐史官改奪其意上表論之武平中收還朝勅集朝賢議其事休之立議從天保爲限斷魏收存日猶兩議未決收死後便勅調內外發詔從其議李德林爲通直散騎侍郎魏收與陽休之論齊書起元事勅集百司會議收與德林書曰前者議文總諸事意小如混漫難可領解今便去隨事條列幸爲留懷細加推逐凡言或者皆是敵人之議既聞人說因而探論耳德林復書曰即位之元春秋常義謹按魯君息姑不稱即位亦有元年非獨即位得稱元年也議云受終之元尚書之古典謹按大傳周公攝政一年救亂二年伐殷三年踐奄四年建侯衛五年營成周六年制禮作樂七年

致政成王論者或以舜禹受終爲天子然則周公以臣禮而死此亦稱元非獨終爲帝也蒙示議文扶病省覽荒情迷識暫得發蒙當世君子必無橫議唯應閣筆贊成而已輒謂前二條有益高議仰見議中不錄謹以寫呈收重遺書曰惠示二事感佩殊深以魯公諸侯之事耶小爲疑息姑不書即位舜禹亦不言即位息姑雖攝當得書元舜禹之攝元理也周公居攝乃云一年救亂似不稱元自無大傳不得尋討一之與元其事何別更有所見幸可論之德林荅云攝之與相其義一也故周公攝政孔子曰周公相成王魏武相漢曹植曰如虞翼唐或云高祖身未居攝灼然非理攝者專賞罰之名古今事殊不可以體爲斷陸機見舜肆類上帝班瑞群后便云舜有天下不須格於文祖也欲使晉之三主異於舜攝竊以爲舜若堯死　獄訟不歸便是夏朝之益何得不須格於文祖也若使用王者禮便曰即真則周公負扆朝諸侯霍光行周公之事皆稱年號不於[illegible]

祖與舜攝不殊不徵從士衡之謬或以爲書元年者當時實錄非追書也大齊之興實由武帝謙匿受命豈直史也此觀論若闕追舉受命之元多有河漢但言追數受命之歲情或安之似所怖者元字耳事類朝三是許其一年不許其元年世宗易黃裳元吉鄭玄注云如舜試天子周公攝不殊大傳雖無元字一之與元無異義矣春秋不言一年一月者欲使人君體元以居正此蓋史之婉辭非一與元別也漢獻帝死劉備自尊崇陳壽蜀人以魏爲賊寧肯蜀主未立已云魏武受命乎宜自尊本國誠如高議欲使三方鼎峙同爲霸名習氏漢晉春秋意在是也正司馬炎兼并許其帝號魏之君臣吴人並矣爲賊寧肯當塗之世云晉有受命之徵史者編年也故魯號紀年墨子又云吾見百国春秋史又有無事而書年者是重年驗也若欲高祖事議沖即須號令皆推魏氏便是編魏年紀魏事此即魏末功臣之傳豈復皇朝帝紀者也陸機稱紀元立斷或以正始或以嘉

平束晳議云赤從何[illegible]晉朝之議是非[illegible]之元非上代終之斷也公議云陸機不議元者是所未[illegible]之陸機以刊木著於虞書龕黎見於商典以蔽晉朝[illegible]之議斯又謬矣唯可二代相[illegible]史並書必不得以後[illegible]之前斷入前史若然則[illegible]高祖皆天保已前入魏[illegible]不作齊朝帝紀可乎此[illegible]可[illegible]證

後周柳虬爲太祖丞相府記室以史官密書善惡未足懲勸乃上疏曰古者人君立史官非但記事而已蓋所以爲鑒誡也動則左史書之言則右史書之彰善癉惡以樹風聲故南史抗節表崔杼之罪董狐書法明趙盾之愆是知直筆於朝其來久矣而漢魏以還密爲記注徒聞後世無益當時非所謂將順其美匡救其惡者也且著述之人密書其事縱能直筆人莫之知何止物生橫議亦自異端互起故班固致受金之名陳壽有求米之論著漢魏者非一氏造晉史者至數家後代紛紜莫知準的

削伏惟陛下則天稽古勞心庶政開誹謗之路納忠讜之言請
史官記事者請皆當朝顯言其狀然後付之史閣庶令是非羽
著得失無隱使聞事善者曰修有過者知懼敢以愚管輕冒上
聞乞以贊言訣之衆議事遂施行
唐劉允濟則天長安中為鳳閣舍人修國史允濟嘗云史官善
惡必書言成轍跡使驕主賊臣有所知懼此亦權重理合貧而
樂道也昔班生一全陳壽求米僕視之如浮雲耳但百僚善惡
必書足為千載不刊之美談豈不盛哉
朱敬則長安中為正諫大夫兼修國史敬則請擇史官
上表曰國之要者在乎記事之官是以五帝之風資其筆削三
王盛事藉以垂名此才之難其難甚矣何以知其然昔平王東
遷歷年數百齊桓之九合天下晉文之一戰諸侯秦穆之霸西
戎楚莊之盡南海礼樂人物蘭介無聞今之所存獨載魯史向
者曾無君子記傳則遺雄霸之圖必墜于地可不惜哉只如齊

周小國之三尚能留意於史冊齊神武常謂著作郎魏收曰我
勿見陳元康楊遵彥等在吾目前趨走謂我以為勤勞我後世
聲名在於卿手寅與要事勿謂我不知及文宣即位又嘗敕收
曰好直筆勿畏懼我終不作魏太武誅史官又周文帝之為相
也納柳虬之說特命書法不隱其志在懲勸如此伏以陛下聖
德鴻業誠可垂範將來儻不遇良史之才則大典無由而就也
且董狐南史豈只生於往代而獨無於此時在乎求與不求好
與不好爾今若訪得其善者伏願勗之以公忠期之以遠大更
超加美職使得行其道則天下幸甚
劉知幾字子玄為太子中允修史中宗景龍中侍中韋巨源紀
處納中書令楊再思兵部尚書宗楚客中書侍郎蕭至忠並監
修國史知幾以監修者多甚為國史之弊蕭至忠又嘗責知幾
著述無課知幾於是求罷史任奏記於至忠曰僕幼聞詩礼長
涉藝文至於史氏之言尤所耽悅尋夫左史右史是曰春秋尚

書素王素臣斯稱微婉志晦兩京三國班謝陳習闕載筆之後
江左王陸干孫紀其曆劉石僭號方策委於和張宋齊有錄
傳史歸於蕭沈亦有汲冢古篆禹穴殘編孟堅所亡葛洪傳其
雜記休文所缺荀綽裁其拾遺凡此諸家其流蓋廣莫不賾彼
泉藪尋其枝葉原始要終備知之矣若乃劉峻作傳自述長於
論才范曄為書盛言矜其贊躰斯又當仁不讓庶幾前哲者焉
然自策名士伍待罪朝列三為史臣再入東觀終不能勒成國
典貽彼後來者何哉靜言思之其不可有五故也何者古之國
史皆出自一家如魯漢之丘明子長晉齊之董孤南史咸能立
言垂之不朽藏諸名山未聞藉以衆功方云絕筆唯後漢東觀
大集群儒著述無主條章靡立由是伯度譏其不實公理以為
可焚張蔡二子糺之於當代傅范兩家嗤之於後葉今者史司
取士有倍東京人自以為荀袁家自稱為政駿每欲書一事載
一言皆閣筆相視含毫不斷故首白可期而汗青無日其不可

一也前漢郡國計書先上太史副上丞相後漢公卿所撰始集
公府乃上蘭臺由是史官所修載書為博爰自近古此道不行
史官編錄唯自詢採而左右二史闕注起居衣冠百家罕通行
狀求風俗於州郡視聽不該訪沿革於臺閣簿籍難見雖使尼
父再出猶且成其管窺況限以中才安能遂其博物其不可二
也昔董狐之書法也以示於朝南史之書弒也執簡以往而近
代史局皆通籍禁門幽居九重欲人不見尋其義者蓋由杜彼
顏面防諸請謁故也然今館中作者多士如林皆願長喙無聞
齰舌儻有五始初成一字加貶言未絕口而朝野具知筆未棲
毫而縉紳咸誦夫孫盛實錄取嫉權豪王韶直言受譏朝士人
之情也能無畏乎其不可三也古者刊定一史纂成一家體統
各殊指歸咸別夫尚書之教也以疏通知遠為主春秋之義也
以懲惡勸善為先史記則退處士而進姦雄漢書則抑忠臣而
飾主闕斯並曩賢得失之例良史是非之準作者言之詳矣

史官注記多取禀監修楊令公則云必須直詞宗尚書則云宜多隱惡十羊九牧其命難行一國三公適從安在其不可四也竊以史置監修雖無古式尋其名號可得而言夫監者蓋總領之義如創紀編年則有斷限草傳叙事則有豐約或可略而不略或應書而不書此刊削之務也屬詞比事勞逸宜均揮鉛奮墨勤惰須等某帙其篇付之此職某紀其傳歸之彼官此銓配之理也斯並宜明立科條審言區域儻人思自勉則書可立成今監之者既不指授修之者又無遵奉徒使爭學苟且務相推避坐變炎涼徒消歲月其不可五也凡此不可其流實多一言以蔽三隅自反而時談物議焉得笑僕編次無聞者哉比者伏見明公每汲汲於勸誘勤勤於課責或云籍墳事重努力用心或云歲序已淹何時輟手竊以綱維不正而督諫徒勤雖威以刺骨之刑勗以懸金之賞終不可得也語曰陳力就列不能則止僕所以比者布心知己歷愬群公屢辭載筆之官願罷記言之

職者正為此爾當今朝號得人國稱多士蓬山之下良直差肩芸閣之中英奇接武僕既功虧刻鵠筆未絕麟徒殫太官之膳虛索長安之米乞以本職還其舊居多謝簡書請避賢路惟明公足下哀而許之至忠惜其才不許解史任宗楚客嫉其正直謂諸史官曰此人作書如是欲置我於何地也後禮部尚書鄭惟忠嘗問子玄曰自古已來文士多而史才少何也對曰史才須有三長世無其人故史才少也三長謂才也學也識也夫有學而無才亦猶有良田百頃黃金滿籯而使愚者營生終不能致於貨殖者矣如有才而無學亦猶思兼匠石巧若公輸而家無楩柟斧斤終不果成其宮室者矣猶須好是正直善惡必書使驕主賊臣所以知懼此則為虎傅翼善無可加所向無敵者矣脫苟非其才不可叨居史任

李元紘為中書侍郎開元中詔右丞相張說在家修史元紘奏曰國史者記人君善惡國政損益一字褒貶千載稱之今張說在家修史吳兢又在集賢撰録今國之大典散在數處且太宗別置史館在於禁中所以重其職而祕其事望勒說等就史館參詳撰録則典冊舊章不墜矣從之

沈既濟為左拾遺史館修撰既濟以吳兢撰國史以則天事為本紀奏議非之曰史氏之作本乎懲勸以正君臣以維邦家前端千古後法萬代使其生不敢差死不忘懼緯人倫而經世道為百王準的不止屬辭比事以日繫月而已故善惡之道在乎勸戒勸誡之柄存乎褒貶是以春秋之義尊卑輕重升降幾微髣髴雖一字二字必有微旨存焉況鴻名大統其可以貸乎伏以則天皇后初以聰明睿哲內輔時政厥功茂矣及弘道之際孝和以長君嗣位而太后以專制臨朝俄又廢帝或幽或徙既而握圖稱錄移運革名牝司燕啄之蹤難乎備述其後五王建策皇運復興議名之際得無降損必將義以親隱禮從國諱苟不及損當如其常安可橫絕[illegible]以超后帝籍昔仲尼有言必也

正名故夏殷二代為帝者三十世矣而周人通名之曰王吳楚越之君為王者百餘年而春秋書之為子蓋高下自乎彼而是非稽乎我過者抑之不及者援之不以弱滅不為僭奪據中持平不振不傾使其求不可得而蓋不可掩斯古君子所以慎其名也夫則天體自坤順位居乾極以柔乘剛天紀倒張進以強有退非德讓今中宗追書當稱之為太后不宜曰上孝和雖迫母后之命降居藩邸而體元繼代本吾君也史追書宜稱曰皇帝不宜曰廬陵王睿宗在景龍已前天命未集從母后制假臨大寶於倫非次於義無名史臣書之宜曰相王未宜曰帝若以得失既往遂而不舉則是非褒貶安所辨正載筆執簡謂之何哉則天廢國家曆數用周正朔廢國家之廟立周七廟鼎命革矣徽號易矣旂裳服色既以殊矣今安得以周氏年曆而列為唐書帝紀徵諸禮經是謂亂名且孝和繼天踐阼在太后之前而敘年製紀居太后之下方之躋僖是謂不智詳今考古並未為得

或曰班馬良史也編述漢事立高后以續帝載豈有非之者乎答曰昔高后稱制因其曠嗣獨有分王諸呂負於漢約無遷鼎革命之甚況其時孝惠帝已歿孝文在下宮中二子非劉氏種不紀呂后將紀誰焉雖云其然議者猶爲不可況遷鼎革命者乎或曰若天后不紀帝緒缺矣則二十二年行事向所繫乎曰孝和以始年登大位以季年復舊業雖尊位中奪而天命未改足以首事足以表年何所拘閡列爲二紀昔魯昭之出也春秋歲書其居曰公在乾侯且君在雖失位不敢廢也今請併天后紀合孝和紀每於歲首必書孝和所在以統之書曰某年春正月皇帝在房陵太后行其事改某制云云則紀稱孝和而事述太后俾名不失正而礼不違常名礼兩得人無間矣其姓氏名諱入宮之由歷位之資才藝智略別纂錄入皇后傳列於廢后王庶人之下題其篇曰則天順聖武皇后云事雖不行而史氏稱之

路隨爲翰林侍講學士與中書舍人韋處厚同撰憲宗實錄以永貞元年九月晉河陽三城節度使元韶卒不載其事迹隨等立議曰凡功臣不足以垂後而善惡不足以爲誡者雖富貴人第書其卒而已陶青劉舍許昌薛澤莊青翟趙周皆爲漢相爵列通侯而良史以爲齪齪廉謹備員而已無能發明功名者皆不立傳伯夷莊周墨翟魯連王符徐稚郭泰皆終身匹夫或讓國立節或養德著書或出奇排難或守道避禍而傳與周邵管晏同列故富貴有所屈貧賤者有所伸孔子曰齊景公有馬千駟死之日人無德而稱焉伯夷叔齊餓死于首陽之下人到于今稱之然則志士之欲以光耀于後者何待於爵位哉富貴之人排有而立卒不能自垂於後者德不修而輕義重利故也自古及今可勝歎乎李吉甫爲相監修國史元和八年　月宰臣以仗下後對于延英殿帝以時政記問於宰臣吉甫對曰是宰相記天子事以授史官之實錄也古者左史記言今起居郎是也右史記動今起居舍人是也永徽中宰相姚璹監修國史慮與造膝之言或不下聞因請隨奏對而記仗下以授史官今時政記是也帝曰其間或修或不修者何也吉甫對曰凡面奉德音未及施行總謂機密固不可書以送史官其間謀議有發自臣下者又不可自書以付史官及事已行者制言昭然天下皆得聞知即史官之記不待書以授也且臣觀時政記者姚璹修長壽及璹罷而事廢賈耽齊抗修貞元及耽罷而事廢然則關於政化者不虛美不隱惡謂之良史

李翱爲國子博士史館修撰翱以史記事不實奏曰臣謬得秉史筆以記錄爲職夫勸善懲惡正言直筆紀聖朝功德述忠賢事業載姦臣醜行以傳無窮者史官之任也凡人之事跡非大善大惡則衆無由知之舊例皆訪問於人又取行狀謚議以爲一據今之作行狀者非其門生即其故吏莫不虛加仁義礼智妄言忠肅惠和此不惟其心不實苟欲虛美於所受恩者而已

也蓋亦爲文者既非游夏遷雄之列務於華而忘其實溺於詞而棄其理故爲文則失六經之古風紀事則非史遷之實錄不如此則詞句鄙陋不能自成其文章矣由是事失其本文害於理而行狀不足以取信若使指事書實不飾虛言則必有人知其真僞不然者縱使門生故吏爲之亦不可謬作德善之事而加之矣臣今請作行狀者但指事說實直載其詞則善惡功跡皆據事實足以自見矣假令傳魏徵但記其諫爭之詞自足以爲正直矣如傳段秀實但記其倒用司農寺印以追逆兵又以象笏擊朱泚自足以爲忠烈矣若考功視行狀之不依此者不得受視依此者乃下太常及牒史館太常定謚後亦以謚議牒送史館則行狀之言縱未可以一一皆信與其虛加妄言都無事實者猶山澤高下不同也史氏記錄須得本末苟憑往例皆是虛言則使史官何所爲據伏乞下臣此奏使考功守行臣將來知事實輙敢陳論制可

李德裕為司空平章事奏時政記起居注記修史體例等伏以時政記長壽一年宰臣姚璹以為帝王謨訓不可闕於紀述史官疏遠無因得書請自今以後所論軍國政要宰臣一人撰録號為時政記厥後因循多闕紀述臣等商量今後坐日每聞聖言如有處及生靈事關興替可昭示伯代貽謀後昆者及宰臣獻替謀猷有益風教並請依國朝故事共日知印宰臣撰録連署名封印至歲末送付史館起居注記比者不逐季撰録至有去官三五年後尚未送納者伏以每度延英奏事後向外傳說三事猶兩事虛豈有起居注記皆三數年後採拾傳聞事同已備固非實事向後起居注記望每季初即送納前一季文書與史館納訖具狀申中書門下史館受訖亦申中書門下其起居改轉便望以注記遞送為殿最如有軍國大政傳聞疑誤仍許政事堂都見宰相等臨時酌量如事已施行非關機密者並一一向說於異書存信實免有疑誤修史體例臣等

伏見近日實録多載禁中言者伏以君上與宰臣及公卿言事皆須眾所聞見方合書於史策禁中之語向外何由得之或得於傳聞多出邪佞便載史筆實累鴻猷向後實録中有如此類並請刊削更不得以此紀述又宰臣及公卿論事行與不行須有明據或奏議允愜必見褒稱或所論乖僻固有懲責在藩鎮獻表者有答詔君要官爵事者亦合著明並當昭然在眾人耳目或取捨在於堂案或與奪形於詔敕前代史書載名臣奏議無不由此近見實録多載密疏言不彰其明聽事不顯於當時得自其家實難取信向後所載群臣章奏其可否得失須朝廷共知者方可紀述密疏並請不載如此則書之可法人皆守公愛憎之志不得逞褒貶之言必信伏見近日實録事多紕繆若詳求撫實須舉舊章從之

崔龜從為左拾遺開成三年八月進書史解表共五卷務令史館商量進來者史館奏臣等謹按春秋尚書最為前史盡言與

貫義體兩存今古於所著意實卿師古欲使本朝大典與千古同風然漢氏已還迺立史法稽其指要事歸詳盡伏以聖唐馭宇向三百年聲教遠垂文物大備祖功宗德傳諸不朽本紀實録之外復有政記典曆蓋史氏職司大懼簡略久已著定遂難變更臣等參酌古今須歸的當況歷代編紀名號實繁統制各殊悉舉示于後伏請以籌所進之書藏于史館待其著述功畢令與舊史兼行列國朝典法今古咸備從之

晉曹國珍為左諫議大夫高祖天福四年國珍上章請於內外百寮之中擇選才略之士聚唐六典前後會要禮閣新儀大中統類律令格式等精詳纂集別為一部商議今古俾無漏略目之為大晉政統用作成規報詔曰國珍職居諫諍志在規弘當其鼎祚開基乃欲象魏懸法請詳前代之編簡別創新朝之楷模以示將來甚為允當其詳議官宜差太子少師梁文矩左騎常侍張允大理卿張瀣國子祭酒扈灴大理少卿高鴻漸國子

司業田敏禮部郎中呂咸休司勳員外郎劉濤刑部員外郎李知損並參御史郭延外等一十人允明等咸曰啟前代禮樂刑憲為大晉政統別有典彝以當以晉典章名列狀駮之曰作者之謂聖述者之謂明苟非聖明焉能述作若運因革故則事乃惟新或改正朔而變犧牲或易服色而殊徽號是以五帝殊時不相沿樂三王異世不相襲禮止乃近代率由舊章上及前朝是盛其目多因行事之失改為立制之初或曰書一之條君行可否皆表于年紀以姓名聚類分門成文作則莫不悉稽前典垂範後昆述自聖賢歷於朝代得金科玉條之號杜亂言破律之防于而行之其來尚矣皇帝陛下運膺千載契千年受從創業闕其莫不積功累德所宜直筆具載鴻猷若備舉前代之編年同作聖朝之正統此則是名不正也夫名不正則言不順而媚乖於理非其實矣若剪截其詞此則是文不備也夫文不備則輕重無端而一世樂刑政於斯亂矣若改舊條而為新制則未審名

時可以刊削何事可以編聯無當畢故從新又須參伇行此則未知國朝能守而不失乎臣等同共參詳未見其可況臣等學慙該古識昧折中當君上順道師古之時無臣下亂名改作之非則天下幸甚天下幸甚謹奏其事遂寢

册府元龜卷第五百五十九

冊府元龜卷第五百六十

國史部六

記注　譜諜　地理

記注

古者有左右史之職以記人君之言動蓋君舉必書善惡無隱所以申儆戒防佚豫斯注記之所由作也非獨臨法坐被御士而獨有載言書策之典至於歸安寢對嬖御亦著失簡牘之記焉周漢而下篇籍可本歷其歲祀多所闕焉或但紀編帙而遂失姓氏隨時降廢與運休息至或慎秉方正之事典司筆削之任參侍軒墀備膺顧對故其流風嘉話布於前聞藝乃有良直之志膺記述之選克謹官守率遵典訓俾職業之修舉而國書之信實茲可謂匪懈而無謟者矣

周穆王時內史作穆天子傳 其制與今起居注正同蓋周時內史所記王命之副也得於汲冢書

漢武帝有禁中起居注 事後漢明德馬皇后撰明帝起居注則時起居似在宮中為女史之職矣

後漢劉毅為平望侯時和熹鄧太后臨朝元初五年毅以太后多德政欲令早有注記上書安帝曰臣聞易載羲農而皇德著書述唐虞而帝道崇故雖明聖必書功於竹帛流音於管弦伏惟皇太后膺大聖之姿體乾坤之德齊蹤虞妃比跡任姒孝悌慈仁允恭節約杜絕奢盈之源防抑逸欲之兆正位內朝流化四海及元興延平之際國無儲副仰觀乾象參之人譽援立陛下為天下主永安漢室綏靜四海又遭水潦東州飢荒垂恩元元冠蓋交路菲薄衣食躬率羣下損膳解驂以贍黎苗惻隱之恩猶視赤子克己引愆顯揚仄陋崇晏晏之政敷在寬之教興滅國繼絕世錄功臣復宗室追還徙人蠲除禁錮政非惠和不圖於心制非舊典不訪於朝弘德洋溢充塞宇宙洪澤豐沛漫衍八方華夏樂化戎狄混并丕功著於大漢碩惠加於生人巍巍之業可聞而不可及蕩蕩之勳可誦而不可名古之帝王左右置史漢之舊典世有注記夫道有夷崇治有進退若善政不述細異輒書是為先帝負洪水大旱之責而無咸熙假天之美高宗成王有雉雊迅風之變而無中興康寧之功也上考詩書有虞二妃周室三母修行佐德思不踰閾未有內遭家難外遇災害覽總大麓經營天物功德巍巍若茲者也宜令史官著長樂宮注聖德頌以敷宣景燿勒勳金石懸之日月攄之罔極以崇陛下烝烝之孝帝從之

獻帝起居注五卷 史失所撰人名氏衛皆引

晉李軌撰泰始起居注二十卷 咸寧起居注十卷一云二十卷泰康起居注二十一卷元康起居注三十一卷咸和起居注十六卷元康起居注一卷梁有永寧元康永寧起居注六卷又有惠帝起居注二卷永嘉建興起居注十三卷上已下本志失所撰人姓氏建武大興永昌起居注九卷咸康起居注二十二卷建元起居注四卷永和起居十七卷升平起居注十卷隆和興寧起居注五卷咸安起居注三卷泰和起居注六卷寧康起居注六卷泰元起居注二十五卷隆安起居注十卷元興起居注九卷義熙起居注十七卷元熙起居注二卷

趙石勒時傅彪為太中大夫與賈蒲江軌撰大將軍起居注

南燕起居注一卷 隋志失所撰人姓氏

宋劉道會撰晉起居注三百一十七卷 又永初起居注十卷已下本志失所撰人姓氏景平起居注五十五卷孝建起居注十二卷大明起居注十五卷又有景和起居注四卷明帝在籓注三卷泰豫起居注十九卷泰始起居注四卷梁有永光注元徽注二十卷昇明起居注八卷

南齊蘇侃初自太祖為太尉侃以諮議領錄事除黃門郎復為上太尉諮議侃事上既久備悉起居乃與丘巨源撰蕭太尉記載上征伐之功

王逡之為國子博士兼著作撰永明起居注二十五卷 梁又有建元起居注十二卷隆昌延興建武居注四卷中興起居注四卷

周顒為太子僕兼著作撰起居注遷中書郎兼著作如故

梁王僧孺為中書郎領著作撰起居注遷尚書左丞領著作如故 又有大同起居注十卷隋書志失所撰人姓氏

周興嗣撰起居注職儀等百餘卷

徐勉為侍中嘗以起居注煩雜乃加刪為別起居注六百卷

陳劉師知為中書舍人世祖勑師知撰起居注自永定二年秋

至天嘉元年冬爲十卷一云八卷天嘉起居注二十三卷不知所撰人姓名天康光大起居注十大建起居注二十六卷至德起居注四卷

後魏李伯尚　高祖時爲通直散騎侍郎勑撰太和起居注

房景先撰世宗起居注

陰道方李莊爲尚書左士郎中修起居注

崔鴻爲員外郎兼尚書虞曹郎中勑撰起居注

裴伯茂文藻富贍爲散騎常侍典起居注

邢昕好學爲太尉記室參軍吏部尚書李神儁奏昕修起居注

封肅博涉經史位太學博士修起居注

韋續爲侍御中散高祖每與德沙門談論往復續輒摘錄無所遺漏頗見知賞轉散騎侍郎

温子昇孝莊時爲主客郎中修起居注隋志載起居注三百三十六卷失撰人姓名

北齊魏收後魏節閔時爲散騎侍郎尋勑典起居注

陳元康爲威烈將軍天保元年修起居注

後周薛寘仕後魏爲中書侍郎修起居注

張軌魏孝武西遷加左將軍兼著作佐郎修起居注

李彦魏孝武入關著作佐郎修起居注

柳虬西魏大統十六年遷中書侍郎修起居注仍領丞事

盧柔遷中書侍郎兼著作撰起居注

王羆孫述襲爵封扶風郡公除中書舍人修起居注改封龍門郡公

隋開皇起居注六十卷隋志不書撰人姓氏

王劭爲散騎侍郎修起居注

唐温大雅貞觀初爲禮部尚書著創業起居注三卷

杜正倫爲給事中兼知起居注太宗常謂侍臣曰朕每日坐朝欲出一言即思此言於百姓有利益不所以不敢多言正倫進曰君舉必書言存左史臣職當修起居注不敢不盡愚直陛下若一言乖於道理則千載累於聖德非直當今有損於百姓願陛下慎之太宗大悅賜綵絹二百段

朱子奢爲諫議大夫貞觀九年七月子奢上表曰今月十六日陛下出聖旨發德音以起居記錄書帝王臧否前代但藏之史官人主不見今欲親自觀覽用知得失臣愚以爲聖德在躬舉無過事史官所述義歸盡善陛下獨覽起居於事無失若以此法傳示子孫竊有未喻大唐雖七百之祚天命無改至於曾玄之後或非上智但中主庸君飾非護短見時史直辭極陳善惡必不省躬罪已唯當致怨史官但君上尊崇臣下卑賤有一於此何地逃刑既不能効朱雲庭折董狐無隱排霜觸電無顧死亡唯應希風順旨全身遠害悠悠千載何所聞乎所以前代不觀蓋爲此也

褚遂良爲諫議大夫貞觀十六年四月二十八日太宗謂遂良曰卿知起居記錄何事大抵人君得觀之否對曰今之起居古之左右史以記人君言行善惡必書庶幾人主不爲非法不聞帝王躬自觀史太宗曰朕有不善卿必記之耶遂良曰守道不

如守官臣職當載筆君舉必書黄門侍郎劉洎曰設令遂良不記天下之人皆記之矣太宗謂房玄齡曰國史何因不令帝王親見對曰國史既善惡必書恐有忤旨故不得見也太宗曰朕意殊不同今欲自看國史若有善事固不須論若有惡事亦欲以爲鑒誡卿可撰錄進來房玄齡遂刪略國史表上太宗見六月四日事語多微文乃謂玄齡曰昔周公誅管蔡而周室安季友鴆叔牙而魯國寧朕之所以安社稷利萬人耳史官執筆何煩有隱宜即改削直書其事至七月八日又謂遂良曰爾知起居記何事善惡朕今勤行三事望爾史官不書吾惡一則遠鑒前代敗事以爲元龜二則進用善人共成政道三則斥棄群小不聽讒言吾能守之終不轉也鷹犬平生所好今亦罷之雖有順時冬狩不踰旬而返亦不曾絶域訪奇異遠方求珍羞比日已來食無兼饍自非膏雨有年師行剋捷未嘗與公等舉杯酒奏管絃朕雖每日兢懼終藉公等輔翊各宜勉之二十二年二

月七日太宗以[illegible]勅[illegible]謂群臣曰吾[illegible]御[illegible]不同者有三
鑒勤節儉躬[illegible]去奢就要遠大[illegible]事宜不涉[illegible]而[illegible]之[illegible]
爲[illegible]入古昔已來[illegible]不載今日起居記朕功業亦爲勤勞日貞觀中每日仗退後太宗與宰臣參議政事即令起居郎一人執簡記録由是貞觀注記政事稱爲畢備及高宗朝會端拱無言有司惟奏辭見二事其後許敬宗李義府用權多妄論奏恐史官直書其短遂奏令隨仗便出不得備聞機務因爲故事

姚璹則天長壽初爲文昌左丞同鳳閣鸞臺平章事舊制左右史唯得對仗承旨仗下已後謀議皆不預聞以爲帝王謨訓不可遂無紀述若不宣自宰相史官無從得書遂表請仗下所言軍国政要知宰相一人專知撰録號爲時政記每月封送史館宰相之撰時政記自璹始也

趙退翁與賈耽盧邁爲相貞元十二年正月耽邁皆假故退翁獨對於延英德宗問曰近日起居注所記何事退翁奏曰古左史記事右史記言人君動止有事言隨即記録今起居之職也國朝自永徽已後起居唯得對仗承旨仗下後謀議皆不得聞其事注記但出於已制勅内採録更無他事所以長壽中姚璹知政事以爲親承德音謀訓若不宣自宰相史官無由得書遂請仗下後所言君国政要宰相專知撰録號爲時政記每送史館無何此事又廢帝曰君舉必書義存勸誡既有時政記宰臣宜依故事爲之

庾敬休元和十二年爲起居舍人上疏求復故事勅記事記言史官是職昭其法誡著在典常如聞近者難得詳實思有釐改用存舊章舉而必書朕所深望自今已後每坐日宰臣及諸司對後如有事可備勸誡合紀述者委其日承旨宰相宜示左右起居令其綴録仍准舊例每季送史館以為帝常例自隋氏因前代史官起居注故置起居舍人以紀君舉國朝因之貞觀初置郎而省舍人顯慶中始兩之分侍左右仗下秉筆隨宰相入禁殿命令謨猷皆得詳録若仗在紫宸内閤則夾香案分立殿下直第二螭首和墨濡翰皆即螭首之坳處由是諺傳謂螭頭有水官既寄侍号爲清美永徽之後始與百官仗下俱退長壽年中姚璹爲相以史官不聞獻替表請宰臣一人撰録軍国政要號爲時政記隨月移之史館及起居既録自宰臣事同銘述於是推美讓善之義行而信史直書之義闕既而歲月稍久樞務復繁注記漸簡未幾皆廢其後執事者時或修綴百無一二而左史所守猶因于制勅時存筆削至於右史以職在記言但編集詔書繕寫而已至是敬休上疏累請於時宰皆樂復焉既陳奏而制行故事漸復公議稱美

周墀開成二年二月爲考功員外郎集賢殿直學士兼權知起居舍人事文宗每御紫宸殿與宰臣決事多召左右史問所宜宜施行墀屢承顧問既改尚書郎復兼右史其後左右史故有當轉官必令兼領自墀始也

裴素爲起居郎與起居舍人張次宗閤内召對時文宗復故事每入閤左右執筆立于螭頭下宰臣奏事得以備録或宰臣奏

事罷召左右史顧問以決所疑故開成中帝與宰臣之言討於史氏

楊嗣復開成三年爲宰相上言陛下躬勤庶政超邁百王每對宰臣日旰忘倦正衙決事二史在前便殿坐日全無紀録長壽初宰臣姚璹奏置時政記旋即不行貞元中宰臣趙憬請行故事无何又廢恭惟聖政必在發明今請每致延英坐日對宰臣往復之詞開德化刑政之事委中書門下直日紀録月終送付史館所冀帝猷不墜国史有倫時同列多不便之事竟不行

魏謩爲起居舍人開成四年十月乙卯文宗於紫宸殿對百寮遣閤門使就謩取注記謩奏曰臣以自古置此以爲聖王鑒誡陛下但爲善事勿畏臣不書如陛下所行錯誤臣不書之天下之人皆得書之臣以陛下爲太宗文皇帝乞陛下許臣比職褚遂良帝曰我向前亦曾取看謩曰自是向前起居不詳故事臣今豈得陷陛下爲非若陛下一覽之後自此文字須有迴避如

此則善惡不直如何遺後取信帝遂止
鄭朗開成中爲起居郎初大和末風俗稍奢文宗恭勤節約冀革其風宰臣等言曰陛下躬儉節用風俗已移長裾大袂漸以減損若更令戚屬絶其侈靡不慮下不從教帝曰此事亦難戸說但去其泰甚自以儉德化之朕聞前時內庫唯二錦袍飾以金鳥一袍玄宗幸溫湯時御之一與貴妃當時貴重如此今奢靡豈復貴之料今富家往往皆有左街副副使張元昌便用金唾壺昨因李訓已誅之矣時朗執筆螭頭下宰臣退帝謂朗曰適所議論卿記録未吾試觀之朗對曰臣執筆所記便爲名史伏准故事帝王不可取觀昔太宗欲覽國史諫議大夫朱子奢云史官所述不隱善惡或主非上智飾非護失見則致怨所以義不可觀又褚遂良曰今之起居郎古之左右史也記人君言行善惡必書庶幾不爲非法不聞帝王躬自觀史帝曰適來所記無下否臧見亦何爽乃宣謂宰臣曰鄭朗引故事不

欲朕見起居注夫人君之言善惡必書朕恐有平常閑話不關理體垂諸將來竊以爲恥異日臨朝庶幾稍改何妨一見以誡既言朗遂進之
後唐趙熙爲起居郎明宗天成二年八月熙奏今後凡內中公事及詔書奏對應不到中書者伏乞委內臣一人旋具抄録月終關送史舘勑宜令樞密院學士閻至録送長興中年三月二十八日史舘奏舊制勅章奏及諸司關送到合編録公事外伏准舊制國朝有時政記并起居注並合送納以備纂修近代已來闕行此事只以每遇入閤兼內殿起居朝臣侍衛轉對公事逐人狀送當時封有關有關行逐司開報到者旋據逐件一一於日曆收竪其有直下所司并行之事當節無由得知若只憑本官供到所奏狀本末免簡編不備本末難窮者一十件并御轉對公事等除顯凡須行開送到館外應有直下所司及不行未行之事伏乞宣付當館旋依次纂録其時政記起居注并內庭逐日合書日曆亦乞於次旋行奉勑朝臣起居入閤奏對公事奏覆後宜付史舘宜依其時政記起居注續候勑處分
李崧爲端明殿學士清泰二年史舘上言自明宗朝每見宰臣節度使爲軍民政事有所敷陳或宸旨宣揚比關道理唯近臣聞聽外面不知先朝時詔樞密直學士閻至於奏對時記録遂季下史舘以備纂修自今年四月後望李專美記録令以政官其記録望別差官乃詔崧記録
晉趙瑩爲相監修國史瑩奏請循近例依唐明宗朝凡有內廷公事及言動之間委端明殿學士或樞密院學士侍立晝旋纂日編録逐季送當舘其百司公事亦望逐季送館旋要編修日曆從之天福四年十一月史館奏案唐長興二年右丞[illegible][illegible]奏帝王謨訓不可闕文其仗下所言軍國政事請令宰臣一人撰録號時政記至唐明宗朝又委端明殿學士撰録逐季付史舘伏乞遵行者勑宜令宰臣一員撰述
周李穀爲宰臣監修國史顯德元年十月奏曰竊以自古王者咸建史官君臣獻替之謀皆須備載家國安危之道得以直書歷代已來其名不一人君言動則起居注創自累朝補相經綸時政記興於前代然後采其事實編作史書蓋緣聞見之間須有來處記録之際得以審詳今之左右起居郎古之左右史也唐文宗朝命其官執筆立於殿階螭頭之下以紀政事後則明宗朝命端明殿及樞密直學士皆輪修日曆旋送史館以備纂

修降及近朝此事皆廢今後欲望以諮詢之事裁制之規別命近臣旋具抄録每當修撰日曆即令封送史臣從之因命樞密院直學士起今後於樞密使處逐月抄録事件送付史館先是太祖微王峻爲商州司馬峻出之後慮其史筆不直因宣取國已來日曆讀之史臣以不知禁密之事悉成漏略帝覽及世宗嗣位亦留意於史傳因共起請爲編纂之備

譜諜

古者瞍人吹律定姓以記其族而後之命氏其義有九蓋號謚爵國官字君事職之謂也以至姓系蕃衍譜諜散逸繇是博雅君子圖而藉之紀其閥閱辯其流品使宗派之不紊而人物之惟叙叅於部録垂之軌範自世本起于漢氏昭穆著于晉代宋齊以還迄于唐室作者相繼實繁有徒皆能泝波而討源因枝而振葉别生分類於是乎在若夫錫土之制著于夏書司商亦掌表於周典斯乃稽古之大訓非可以忽焉
漢劉向撰世本二卷

晉摯虞爲尚書郎以漢末喪亂譜傳多亡失雖其子孫不能言其先祖撰族姓昭穆十卷上疏進之以爲足以備物致用廣多聞之益賈弼爲員外散騎常侍好簿狀大披群族所撰十八州一百一十六郡合七百十二卷士庶略無遺闕其子孫代傳業(又云王弘劉湛並好其書弘日對千客不犯一人諱)

郭須爲襄陽令撰魏晉世譜十卷

宋劉湛爲選曹撰百家譜(隋書經籍志有劉湛百家譜二卷)

何承天撰姓苑一卷

南齊王儉撰百家譜十卷(又云劉湛選百家譜以助銓序傷於寡略儉復加之得繁省之衷)

賈淵撰氏族要狀及人名並行於世

王逡之續王儉百家譜四卷南族譜二卷百家譜拾遺一卷

賈希鏡昇明中高帝嘉希鏡世學取爲驃騎將軍武陵王國郎中令歷大司馬司徒府參軍竟陵王子良使希鏡撰見客譜出爲句容令先是譜學未有名家希鏡祖弼之廣百氏譜記專心

習業晉太元中朝廷給弼之令史書史撰定繕寫藏秘閣及左戶曹希鏡三世傳學凡十八州士族譜合百帙七百餘卷該究精悉皆如貫珠當時莫比永明中衛將軍王儉抄次百家譜與希鏡參懷撰定建元初希鏡遷長水校尉傖人王泰寶買襲琅邪譜尚書令王晏以啓明帝希鏡被收當極法子檦長謝罪稽顙流血朝廷哀之免希鏡罪後爲北中郎參軍卒撰氏族要狀及人名書並行於時

梁顧協撰異姓苑五卷

王僧孺爲北中郎南康王諮議參軍入直西省知撰譜事先是尚書令沈約以爲晉咸和初蘇峻作亂文籍無遺後起咸和二年以至于宋所書並皆詳寔並在下省左戶曹前廂謂之晉籍有東西二庫此籍既並精詳寔可寶惜位宦高卑皆可依案宋元嘉二十七年始以七條徵發既立此科人姦互起僞狀巧籍歲月滋廣以至于齊患其不實於是東堂校籍置郎令史以掌之競行奸貨以新換故昨日卑細今日便成士流凡此奸巧並出愚下不辨年號不識官階或注隆安在元興之後或以義熙在寧康之前此時無此府此時無此國元興唯有三年而猥稱四五詔書甲子不與長歷相應校籍諸郎亦所不覺不才令史固自忘言臣謂宋齊二代士庶不分雜役減闕職由於此竊以晉籍所餘宜加寶愛武帝以是留意譜籍州郡多罹其罪因詔僧孺改定百家譜始晉太元中員外散騎侍郎平陽賈弼篤好簿狀乃廣集衆家大搜群族所撰十八州一百一十六郡合七百一十二卷凡諸大品略無遺闕藏在秘閣副在左戶(又僧孺云譜八十卷東南一族別爲一部不在百家之數)

傳昭爲散騎常侍博挾古今尤善人物魏晉宦官簿伐姻通內外舉而論之無所遺失(隋書有傳昭撰百家譜十五卷)

陳顧野王撰顧氏譜傳十卷

後魏高諒爲驍騎將軍造親表譜錄四十許卷自五世已下內

外曲盡覽者服其博記

封偉伯撰封氏本錄六卷

宋繪撰姓系譜錄五十篇

盧懷仁撰中表錄二十卷

元暉業撰後魏辨宗錄二卷

後周明帝集公卿已下捃採衆書自羲農以來訖于魏末敘爲世譜凡五百卷

隋劉善修撰諸劉譜三十卷

宋嘉撰世本四卷(已下隋志不書朝代)

賈執撰百家譜二十卷又撰姓氏英賢譜一百卷(案梁有王宣類集諸州譜十二卷又列有諸姓譜一百一十六卷諸譜四十卷賈執冀北譜三卷梁武帝總集譜內十八州譜六百九十卷)

漢氏帝王譜三卷(已下隋志不書撰人姓氏)

齊帝譜十卷

百家世譜十卷

百家譜鈔五卷

後魏皇帝宗族譜四卷

魏孝文列姓族牒一卷

後齊宗譜一卷

益州譜三十卷

冀州姓族譜二卷

洪州諸姓譜十一卷

吉州諸姓譜八卷

江州諸姓譜十一卷

諸州雜譜八卷

袁州諸姓譜八卷

揚州譜鈔五卷

京兆韋氏譜二卷

謝氏譜一十卷

楊氏血脈譜一卷

楊氏家譜狀并墓記一卷

楊氏枝分譜一卷

楊氏譜一卷

北地傅氏譜一卷

蘇氏譜一卷

氏族要狀十五卷

複姓苑一卷

蕭求元中表簿五卷

唐高士廉為吏部尚書貞觀十二年正月士廉與行黃門侍郎韋挺禮部侍郎令狐德棻中書侍郎岑文本撰氏族志一百卷合二百九十三姓千六百五十一家分為九等以甄士庶太宗稱善頒賞陞級各有差初太宗以山東人士好自矜誇雖復累葉陵遲猶恃其舊地女適他族必多求聘財太宗惡之以為甚傷教義乃詔士廉與御史大夫韋挺等刊正姓氏普責天下譜牒仍憑

據史傳考其真偽忠賢者褒進悖逆者貶黜撰為氏族志士廉乃類其等第以進太宗曰我與山東崔盧李鄭舊既無嫌為其世代衰微全無冠蓋猶自云士大夫婚姻之際則多索財物或才識凡下而偃仰自高販鬻松檟依託富貴我不解人間何為重之只緣齊家惟據河北梁陳僻在江南當時雖有人物偏僻小國不足可貴至今猶以崔盧王謝為重今定天下四海一家凡在朝士皆功效顯著或忠孝可稱或學藝通博所以擢用居三品以上欲共衰代舊門為親縱多輸錢帛猶被偃仰我今特定族姓者欲崇重今朝冠冕何因崔幹猶為第一等昔漢高祖止是山東一匹夫以其平定天下主尊臣貴卿等讀書見其行迹至今以為美談心懷敬重卿等不貴我官爵耶不須論數世已前止取今日官爵高下作等級遂以崔幹為第三等及書成凡一百卷詔頒於天下賜士廉物千段

李守素為天策府倉曹尤善譜學妙識人物自宋晉以降四海士流及周魏已來諸勳貴等華戎閥閱靡不詳究人有問者應若撞鐘由是當時號為肉譜嘗與虞世南等六人同直學館共夜七夕內出珍饌有教賦詩因共談人物初言江左東南猶相酬對及言北臺諸姓次第如流顯其歷葉皆有據證世南但撫掌而笑不復能荅既而荅曰肉譜定可畏許敬宗因謂世南曰李倉曹以善人物乃得此名雖為美事然非雅目君既言成准的宜當以有改之荅曰卿言是也昔任彥昇善談經籍前代稱為五經笥今日倉曹為人物志可乎杜如晦等咸為佳焉

呂才為太常丞高宗永徽初修姓氏錄

許敬宗撰姓氏譜二百卷

路敬淳為太子司議郎兼知弘文館直學士自魏晉已來官品姓氏敬淳無不究其始末撰著姓略二卷傳於代又撰衣冠系錄六十卷

柳沖為左散騎常侍中宗神龍三年五月沖上表曰臣聞乾元資始而萬物形焉人倫既肇而族類詳焉姓氏之初代本著其義[illegible]之序周譜列其風漢晉之年[illegible]華明宗系之說齊梁之際王賈述衣冠之源使夫士庶區分[illegible]勸徵寄昭之後代寔為盛典自魏太和已降作者彌繁或以八族品人倫或以九等量地冑爰洎今日年祀以淹冠冕之家興衰不一[illegible][illegible][illegible]卻有賢愚品許史袁楊一時咸盛豈可以曩時之褒貶為當今之勅撰

鑒偏罔該有所未允伏惟應天皇帝陛下誕膺靈命大庇含生包舉羲軒風踰韶夏頌於前載龜鑑帝緒皇源與天沖而式大昊古人物攄挪隧微飛聲理當自我作古牢籠昌晋豈可附於者紀無示將來且顯得叙大唐之隆修氏族之譜使九圍仰止百代承風豈不大哉豈不盛哉帝從之遂命尚書左僕射開元中及修史官工部尚書張錫吏部侍郎蕭至忠左兵部侍郎崔湜刑部侍郎徐堅工部侍郎劉憲左補闕吳兢等共加中依據氏族志重加修撰仍令取其高名盛德素業門風國籍相傳士林推仰復勳庸克懋燦絕當朝中外相輝譽兼才望者各爲等列其諸蕃酋長曉嚴衣冠帶者亦別爲一品目爲唐姓族系錄二百卷

□□睿宗先天中爲左僕射與侍中魏知古中書令蕭至忠崔湜中書侍郎陸象先左散騎常侍柳沖太子詹事徐堅左庶子劉子玄等奏上所修姓族系錄二百卷

劉知幾爲太子中允修国史自負史才常慨時無知己乃委国史於著作郎吳兢別撰劉氏家史十五卷譜考三卷推漢氏爲陸終苗裔非堯之後彭城叢城里諸劉出自宣帝子楚孝王囂曾孫司徒居巢侯劉愷之後不承楚元王交皆按據明白正前代所誤雖爲流俗所譏學者服其該博

賈至爲著作郎肅宗乾元元年撰百家類例十卷

柳芳爲右金吾衛騎曹參軍史館修撰代宗命芳撰皇室系圖譜（又云永泰二年太常博士柳芳撰皇室永泰譜二十卷上之）

王涯爲兵部員外郎知制誥憲宗元和七年六月□□□□十卷成上之

李衛爲屯田郎中文宗開成三年四月與沂王府長史林寶進所撰皇唐玉牒一百五十卷四年爲大理少卿又奉勑撰皇后譜諜

柳璟爲翰林學士開成四年閏正月奏今月十二日面奉進止以臣先祖所撰皇室永泰新譜事頗精詳令臣自德宗皇帝以陛下御極已來依舊樣修續伏請宣付宗正寺與柳璟計會修撰仍令戶部量供紙筆

地理

周官大司徒掌邦之土地之圖以周知九州地域廣輪之數辨其五土之名物邦國都鄙幾疆之制又有土訓誦訓之職以詔地事以道方志備承車之問焉自黃軒之世疆理萬國唐虞所記頗爲簡略三代之後方策斯著遷固以來載藉彌廣蓋夫史氏之所職司典之攸記或承制以論撰或守官而采綴或繼世善述乃至名家或驅傳經途樂於稽古形之律系參於部錄制作之美粲然可觀昔蕭相入秦獨收圖書以知天下阨塞戶口疆弱而成大業信有古哉

堯以伯禹爲司空作禹貢一篇

周孔子爲魯大司寇述職方以除九丘

漢東方朔爲太中大夫撰十洲記一卷

張騫爲郎使月氏撰出關志一卷

司馬遷爲太史令作河渠書其序曰維禹浚川九州攸寧爰及宣防決瀆通溝

後漢班固爲郎典校秘書撰漢書述地理志兩卷其序曰坤作墜勢高下九則（墜古地字九則九州之土上中下九等也）自黃唐經略萬國燮定東西疆理南北三代損益降及秦漢革剗五等制立郡縣（剗音初限切）略表山川彰其剖判又述溝洫志一卷其敘曰夏乘四載百川是導唯河爲艱災爲後代商竭州移秦決南涯（河竭而商亡秦始皇決河灌大梁遂潰之）自茲距漢北亡八支（本有九河今餘有一也）文陻棗野武作瓠歌（因文帝時河決酸棗東潰金隄也河決瓠子武帝親臨塞之功不成而作歌）成有平年後遂滂沱（成帝時河隄平改元曰河平）爰及溝渠利我國家

趙岐爲衛尉多所述作著三輔決錄傳於時序曰三輔者本雍州之地世世從公卿吏二千石及高貲皆以陪諸陵五方之俗

稱會非一國風不但繫於詩之秦幽也其爲士好高尚義貴於名行其俗失則趨勢進權唯利是視余以不才生於西土耳能聽而聞故老之言目能視而見衣冠之疇心能識而觀其賢愚常以玄冬夢黃䰀之士姓玄名明字子真與余寤言言必有中善否之間無所依違命操筆者書之迨從建武已來暨于斯今其人既亡行乃可書玉石朱紫由此定矣故謂之決錄矣歧恐時人不盡其意故隱其書唯以示同郡嚴象

蜀譙周爲光祿大夫撰三巴記一卷

吳顧啓期撰婁地記一卷

晉裴秀爲司空以禹貢山川地名從來久遠多有變易後世說者或强牽引漸以闇昧於是甄擿舊文疑者則闕古有名而今無者皆隨事注列作禹貢地域圖十八篇奏之藏於祕府其序曰圖書由來尚矣自古立象垂制而賴其用三代置其官國史掌厥職暨漢屠咸陽丞相蕭何盡收秦之圖籍今祕書既無古之地圖又無蕭何所得惟有漢氏輿地及括地諸雜圖名不設分率又不考正準望亦不備載名山大川雖有麤形皆不精審不可依據或荒外迂誕之言不合事實於義無取大晉龍興混一六合以清宇宙始於庸蜀深入其阻文皇帝乃命有司撰訪吳蜀地圖蜀土既定六軍所經地域近遠山川險易征路迂直校驗圖記罔或有差今上考禹貢山海川流原隰陂澤古之九州及今十六州郡國縣邑疆界鄉陬及古國盟會舊名水陸經路爲地圖十八篇制圖之體有六焉一曰分率所以辨廣輪之度也二曰準望所以正彼此之謂也三曰道里所以定所由之數也四曰高下五曰方邪六曰迂直此三者各因地而制宜所以校夷險之異也有圖象而無分率則無以審遠近之差有分率而無準望則雖得之於一隅必失之於他方有準望而無道里則施之於山海絕隔之地不能以相通有道里而無高下方邪迂直之校則徑路之數必與遠近之實相違失準望之正矣故以此六者參而考之然遠近之實定於分率彼此之實定於道里度數之實定於高下方邪迂直之算故雖有峻山鉅海之隔絕域殊方之迥登降詭曲之因皆可得舉而定者準望之法既正則曲直遠近無所隱其形也秀又撰畿服土地名三卷云一[illegible]

周處義興陽羨人著風土記三卷

陸機爲著作郎撰洛陽記一卷

賀循爲吳國內史撰會稽記一卷

戴祚撰西征記一卷

張勃撰吳地記一卷

顧夷撰吳郡記一卷

盖泓撰珠崖傳一卷

宋盛弘之爲臨川王侍郎撰荊州記三卷

沈懷遠爲武康令撰南越志

謝靈運爲御史中丞免官東還永嘉撰遊名山志一卷居名山志一卷

雷次宗豫章南昌人撰豫章記一卷

范曄爲宣城太守撰後漢書郡國志五卷其序曰漢書地理志記天下郡縣本末及山川奇異風俗所至矣今但録中興已來郡縣改易及春秋三史會同征伐地名以爲郡國志凡前志有縣名今所不載者皆世祖所并省也前無今有者後置也凡縣名先書者郡所治也

南齊宗測不就徵辟宵遊衡山七嶺著衡廬山記

孔逭爲衛軍掾著三吳決録

劉澄之爲都官尚書撰永初山川古今記二十卷

梁沈約爲尚書令撰宋書一百卷內州郡志四卷

任昉爲秘書監著地記二百五十二卷

蕭子顯爲太尉録事著齊書州郡志一卷

裴子野為著作郎掌國史撰方國使圖一卷
廣述懷來之盛自要服至于海表凡二十國　梁吳均為奉朝請撰
廟記一十二州記十六卷
庾仲容為尚書左丞撰衆家地理書二十卷
陶弘景丹陽秣陵人除奉朝請七明山川地理方圖產物撰古
今州郡記
陳顧野王為大著作掌國史撰分野樞要一卷輿地志三十卷
江德藻為散騎常侍與中書郎劉師知使北齊德藻撰聘北道
里記三卷師知撰聘遊記三卷
姚察為吏部尚書使隋著西聘道里一卷
後魏闞駰撰十三州志
劉芳為通直散騎常侍撰徐地錄一卷
楊衒之撰洛陽伽藍記五卷廟記一卷
北齊魏收為中書令兼著作郎撰後魏書地形志三卷

後周薛寘為御正中大夫撰西京記三卷引據該洽世稱其博
聞焉
姚最纂十八會撰序行記十卷
隋庾季才高祖開皇初為通直散騎常侍詔季才與其子質撰
地形志八十七卷
崔賾為起居舍人煬帝大業五年受詔與諸儒撰區宇圖志二
百五十卷奏之帝不之善更令虞世基許善心衍為六百卷
裴矩大業中為吏部侍郎時西域諸蕃多至張掖與中國交市
帝令矩掌其事矩知帝方勤遠略諸商胡至者矩誘令言其國
俗山川險易撰西域圖記三卷入朝奏之又撰高麗風俗一卷
郎茂大業中為尚書左丞撰隋州郡圖經一百卷
許善心大業中為給事郎撰方物志二十卷
諸葛穎大業中為著作郎撰鑾駕北巡記三卷幸江都道里記
一卷洛陽古今記一卷

唐姚思廉初仕隋為河間郡司法書佐煬帝令與崔賾等撰區宇
圖志
房玄齡太宗貞觀中為司空與中書令褚遂良等撰晉書地理
志兩卷
濮王泰初封魏王太宗特令泰府中別置文學館任自引召學
士官給酒饌泰於是奏引著作郎蕭德言秘書郎顧胤記室參
軍蔣亞卿功曹參軍謝偃等就府撰括地志五百五十卷奏上之
顏師古高宗時為禮部侍郎監修國史永徽元年撰隋書地理
志三卷
許敬宗為中書令顯慶三年五月帝以西域平遣使分往康
國及吐火羅等國訪其風俗物產及古今廢置畫圖以進因命
史官撰西域圖志六十卷敬宗監領之書成學者稱其該博焉
賈耽德宗時為左僕射平章事貞元十四年十月進九州圖并
別錄六卷通錄四卷共十卷表曰臣聞楚左史倚相能讀九丘

晉司空裴秀創制六體則為圖之新意臣雖愚昧夙所師範累
蒙拔擢遂忝台司雖歷踐職任誠多曠闕而率土山川不忘寤
寐其大圖外薄四海內別九州必藉精詳乃可摹寫見更纘集
續異畢功然而隴右一隅久淪蕃寇職方失其圖記境土難以
區分輒私課虛微採撥輿議盡關中隴右及山南九州等圖一軸
伏以洮湟舊墟連接監牧甘涼右地控帶朔陲歧路之偵候交
通軍鎮之守備衛要害莫不匠意就實依倣像真如聖恩遣將
邊新書授律則靈夏之設險在目原會之封略可知其諸州諸
軍須論里數人類諸山諸水須言首尾源流圖上不可備書憑
據必資記注謹撰別錄六卷又黃河為四瀆之宗西戎乃羣羌
之師臣並研尋史牒前棄浮詞罄所聞知編為四卷通錄都成
十卷文義鄙朴伏增慚悚謹隨表奉進荅詔褒之十七年撰海
內華夷圖及古今郡國縣道四夷述四十卷表曰臣聞地以博
厚載物万国棊布海以委輸環外百蠻繞繢中夏則五服九州

殊俗則七戎六狄普天之下莫非王臣昔毋丘出師東鉅不耐甘英奉使西抵條支窮葉乃大澤無涯罽賓則懸度作險或道里迴遠或名號改移古來通儒罕遍詳究臣弱冠之歲好聞方言筮仕之辰注意地理究觀研考垂三十年絕域之比鄰異蕃之習俗梯山獻琛之路乘船來朝之人咸窮竟其源流訪求其居處闤闠之行賈戎貊之遺老莫不聽其言而撮其要閭閻之瑣語風謠之小說亦皆收其是而芟其偽然商周以降封略益明承曆數者八家渾區宇者五姓聲教所及惟唐爲大秦皇罷侯置守長城起於臨洮孝武却地開邊障塞限於雞鹿東漢則哀牢請吏西晉則裨離結轍隋室列四郡於畢和海西創三州於扶南江北遼陽失律因而棄之高祖神堯皇帝誕膺天命奄有四方太宗繼明重熙柔遠能邇蹴大磧通道北至仙娥於骨利幹置玄闕州高宗嗣守不墜克脩前烈遣單車齎詔西越葱山於波刺斯立疾陵府中宗復配天之業不失舊物睿宗令克成

之暈權新永圖玄宗以大孝靖內以允爲理外大宛驥騄歲充內廄與貳師之窮兵贊武豈同年哉肅宗掃平氛祲澤潤生人代宗剗除殘孽彝倫攸叙伏惟陛下以上聖之姿當太平之運敦信明義履德包元惠養黎蒸懷　柔遐裔故瀘南貢麗水之金漢北獻余吾之馬玄化洋溢率土霑濡臣幼切瑳於師友長趨侍於軒墀自揣孱愚叨榮非據鴻私莫答夙夜兢惶自興元元年伏奉進止令臣修撰國圖旋即充使魏州汴州出鎮東洛東郡間以眾務不遂專門績用尚虧憂愧彌切近乃力衰扐坐思慮殫所聞見叢於丹青謹令工人畫海內華夷圖一軸廣三丈從三丈三尺率以一寸折成百里別章甫左衽奠高山大川縮四極於纖縞分百郡於作繪宇宙雖廣舒之不盈庭舟車所通覽之咸在臣并撰古今郡國縣道四夷述四十卷中國之禹貢爲首外夷以班史發源郡縣紀其增減蕃落叙其衰盛前地理書以黔州屬酉陽今則改入巴郡前西戎志以安國爲安息今則改入康居凡諸舛謬悉從釐正隴西北地流播於京初之中淪棄樂浪陷屈於建安之際曹公棄陘北晉氏遷江南緣邊累經侵盜故墟日致堙毀舊史撰録十得二三今書搜補所獲太半周禮職方以淄青爲幽州之浸以華山爲荊河之鎮既有乖於禹貢又不出於淹中多聞闕疑詎敢編次其古郡國題以墨今州縣題以朱今古殊文執習簡易臣學謝小成才非博物伏波之聚米開示衆軍鄭侯之圖書方知阨塞企慕前哲嘗所寄心輒罄庸陋多慚紙略無任戰惕之至帝覽而善之耽好地理學凡四方之使及自蕃國來者又與之坐問其土地山川之所終始凡三十年所聞既備因撰海內華夷圖人有披圖以問其邑者皆得其實事無遺闕

袁滋貞元中爲祠部郎中持節入南詔慰撫因使行著雲南記五卷

李吉甫憲宗時爲中書侍郎平章事分天下諸鎮紀山川險易故事各寫其圖於篇首爲五十四卷號爲元和郡國圖

孔述睿元和中爲史館修撰精於地理之學重修國史地理志時稱詳究

田牟文宗時爲入吐蕃使大和八年四月進宣索入蕃行記圖一軸并圖經八卷

許康佐宣宗時爲集賢學士撰九鼎記四卷

周張昭仕晉爲戶部侍郎與起居郎賈緯等撰唐史地理志四卷

冊府元龜卷第五百六十

冊府元龜卷第五百六十一

國史部

世官　自序

世官

載筆之任本乎司歷克善厥職遂世其官自南北重黎二正是典羲和仲叔四時分命周室文治簡求嗣掌諸侯司籍亦所圖任兩漢累盛九流洞别遷固父子特推其長魏晋而下撰續不絶蓋以著作之重貴乎專門用能論次舊聞申明先業斆述雅志自成一家者矣

堯命羲和欽若昊天歷象日月星辰敬授人時（重黎之後羲氏和氏世掌天地四時之官故堯命之臣欽若等按左氏傳重少皞之子黎顓頊之子至于夏商重黎氏世序天地）

周司馬氏世典周史

籍伯黶爲晋正卿司晋之典籍以大政故曰籍氏及辛有之二子董之晋於是乎有董史董督晋典

漢司馬談武帝元鼎末爲太史令子遷爲郎中是時天子始建漢家之封而太史公留滯周南（周南洛陽也洛陽而謂周南者自陝以東皆周南之地也臣欽若等曰太史公談也遷之自序不斥其父名）不得與從事發憤且卒而子遷適反見父於河雒之間太史公執遷手而泣曰予先周室之太史也自上世嘗顯功名虞夏典天官事後世中衰絶於予乎女復爲太史則續吾祖矣今天子接千歲之統封泰山而予不得從行是命也夫命也夫余死汝必爲太史爲太史毋忘吾所欲論著矣且夫孝始於事親中於事君終於立身揚名於後世以顯父母此孝之大也夫天下稱周公言其能論歌文武之德宣周召之風達大王王季思慮爰及公劉以尊后稷也幽厲之後王道缺禮樂衰孔子脩舊起廢論詩書作春秋則學者至今則之自獲麟以來四百有餘歲諸侯相兼史記放絶今漢興海内壹統明主賢君忠臣義士予爲太史而不論載廢天下之文余甚懼焉汝其念哉遷俯首流涕曰小子不敏請悉論先人所次舊聞弗敢闕卒三歲而遷爲太史紬史記石室金匱之書

後漢班彪光武時爲司徒掾才高而好述作遂專心於史籍之間武帝時司馬遷著史記自太初以後闕而不録彪乃繼採前史遺事傍貫異聞作後傳數十篇因斟酌前史而譏正得失彪卒子固以彪所續前史未詳乃潛精研思欲就其業既而有人上書明帝告固私改作國史者有詔下郡收固繫京兆獄盡取其家書弟超恐固爲郡所覈考不能自明乃馳詣闕上書得召見具言固所著述意而郡亦上其書帝甚奇之召詣校書郎除蘭臺令史與前睢陽令陳宗長陵令尹敏司隸從事孟異共成世祖本紀又撰功臣平林新市公孫述事作列傳載記二十八篇奏之帝乃復使終成前所著書

晉華嶠爲秘書監撰後漢書十典未成而終秘書監何劭奏嶠中子徹爲佐著作郎使踵成之未竟而卒後監繆徵又奏嶠少子暢爲佐著作郎克成十典并草魏晉紀傳與著作郎張載等

俱在史官永嘉喪亂經籍遺没嶠書存者三十餘卷

南齊賈淵祖弼之父匪之世傳譜學太祖宋昇明中嘉淵世學取爲驃騎參軍竟陵王子良使淵撰見客譜出爲句容令先是譜學未有名家淵祖弼之廣集百氏譜記專心治業晉太元中朝廷給弼之令史書吏撰定譜寫藏秘閣及左民曹淵父及淵二世傳學九十八州士族譜合百帙七百餘卷該究精悉當世莫比永明中衛軍王儉抄次百家譜與淵參懷撰定

梁裴子野爲中書侍郎曾祖松之仕宋爲太中大夫文帝元嘉中受詔續修何承天宋史未成而卒子野常欲繼成先業齊武帝永明末沈約所撰宋書稱松之已後無聞焉子野更撰爲宋略二十卷

陳陸瓊爲給事黄門侍郎領大著作撰國史父雲公仕梁爲黄門侍郎掌著作奉梁武勅撰嘉瑞記瓊述其旨而續焉自永定訖于至德勒成一家之言

姚察爲　祕書監知撰梁史事入隋爲祕書丞別勅成梁陳二
代史其中序論及紀傳有所闕者臨亡之時仍以體例誡約子
思廉博訪撰續思廉流涕奉行思廉在陳爲衡陽王府法曹參
軍會稽王主簿入隋補漢王府行參軍掌記室尋除河間郡司法
煬帝大業初中書侍郎虞世基奏思廉踵梁陳二代史自尒以
來稍就補續

後魏崔光爲侍中中書監領著作撰魏史徒有卷目初未考正
闕略尤多每云此史會非我世所成但須記錄時事以待後人
臨薨言鴻於孝明(鴻光弟勖之子)延昌五年正月詔鴻以本官修緝
國史鴻又撰十六國春秋勒成百卷

後周劉璠爲內中大夫撰梁典三十卷始就未及刊定而卒臨
終謂子休徵曰能成我志其此書乎休徵治定繕寫勒成一家
行於世隋許善心爲給事中父亨撰著梁史未就而歿善心述
成父志修緝家書

唐令狐德棻高祖武德中爲祕書丞與侍中陳叔達太史令庾
儉同受詔修周史德棻玄孫峘代宗朝楊綰爲禮部侍郎修國
史引峘入史館修玄宗實錄一百卷代宗實錄四十卷

李延壽爲東宮典膳丞父太師少有著述之志常以宋齊梁陳齊
周隋南北分隔南書謂北爲索虜北書指南爲島夷書本國周
悉別國未能備往往失實將擬吳越春秋編年以備南北所撰
未畢而卒延壽以太宗貞觀中依司馬遷體以次連綴之始末
修撰凡十六載爲北史南史二書合一百八十卷

劉子玄則天長安中爲左史兼修國史子貺爲起居郎修國史
弟諫右補闕集賢殿學士修國史

歸崇敬字正禮玄宗天寶末爲起居郎兼史館修撰子登德宗
貞元中爲兵部員外郎史館修撰

柳芳爲右司郎中集賢學士精於譜學永泰中按宗正譜牒自
武德已來宗枝昭穆相承撰皇室譜二十卷號曰永泰新譜自
後無人修續芳孫璟開成初爲翰林學士因召對言及圖譜事
文宗曰卿祖嘗爲皇家圖譜朕昨觀之甚爲詳悉卿檢永泰後
試修續之璟依芳舊式續武德後事成十卷以附前譜

沈既濟德宗貞元中爲史館修撰建中實錄十卷文宗大和初
子傳師繼修憲宗實錄未竟出鎮湖南特詔成於理所時論榮之

自序

自司馬談父子續先業彌世傳爲之史記以成一家之言及其
繼者自叙發明其族系稽古立論揚搉其官守詮擇文理之要
區別祖述之旨亦云備矣班范而降遵用舊式至於世胄之源
淪替次之模楷似續之德厚沿襲之殊軌悉可徵焉然其譜世
德叙家範亦不能無虛美者矣

漢司馬遷字子長撰史記其自序曰昔在顓頊命南正重以司
天北正黎以司地唐虞之際紹重黎之後使復典之至于夏商
故重黎氏世序天地其在周程伯休甫其後也(封爲程國伯休甫字也)當

周宣王時失其守而爲司馬氏世典周史惠襄之間司馬
氏去周適晉(周惠王襄王有子穨叔帶之難故司馬氏奔晉)晉中軍隨會奔秦而司馬
氏入少梁自司馬氏去周適晉分散或在衛或在趙或在秦其
在衛者相中山(名喜)在趙者以傳劍論顯(傳手持劍而釋之史記武是起贊曰非信仁廉勇不能傳劍論兵書也)
蒯聵其後也在秦者名錯與張儀爭論於是惠王
使錯將伐蜀遂拔因而守之(守郡守也)錯孫靳(靳一作蘄)事武安君白起
而少梁更名曰夏陽靳與武安君阬趙長平軍還與之俱賜死
杜郵葬於華池(地名在鄠縣)靳孫昌昌爲秦王鐵官當始皇之時蒯
聵玄孫卬爲武信君將(張耳傳云武臣自號武信君)而徇朝歌諸侯之相王
王卬於殷漢之伐楚卬歸漢以其地爲河內郡昌生無澤無澤
爲漢市長無澤生喜喜爲五大夫卒皆葬高門(長安北門也)喜生談
談爲太史公(漢儀注太史公武帝置位在丞相上天下計書先上太史公副上丞相一云百官表無太史公茂陵中書司馬談以太史丞爲太史令)太史公學天官於唐都受易於楊何(淄川人)習
道論於黃子(儒林傳云黃生好黃老之術)太史公仕於建元元封之間愍學

天官不治民有子曰遷遷生龍門在馮翊夏陽縣禹所鑿龍門也耕牧河山之陽年十歲則誦古文二十而南游江淮上會稽探禹穴禹巡會稽上有孔穴民間云禹入此穴闚九疑浮於沅湘北涉汶泗講業齊魯之都觀孔子之遺風鄉射鄒嶧戹困鄱薛彭城嶧縣各有山鄒鄱薛三縣屬魯過梁楚以歸於是遷仕爲郎中奉使西征巴蜀以南南略邛笮昆明還報命是歲天子始建漢家之封而太史公留滯周南今之洛陽不得與從事故發憤且卒而子遷適使反見父於河洛之間太史公執遷手而泣曰余先周室之太史也自上世嘗顯功名於虞夏典天官事後世中衰絶於予乎汝復爲太史則續吾祖矣今天子接千歲之統封泰山而余不得從行是命也夫命也夫余死汝必爲太史爲太史無忘吾所欲論著矣且夫孝始於事親中於事君終於立身揚名於後世以顯父母此孝之大者夫天下稱誦周公言其能論歌文武之德宣周邵之風達大王王季之思慮爰及公劉以尊后稷也幽厲之後王道缺禮樂衰孔子脩舊

起廢論詩書作春秋則學者至今則之自獲麟以來四百有餘歲案年表魯哀公十四年獲麟至漢元封元年三百七十一年而諸侯相兼史記放絶今漢興海內一統明主賢君忠臣死義之士余爲太史而弗論載廢天下之史文余甚懼焉汝其念哉遷俯首流涕曰小子不敏請悉論先人所次舊聞弗敢闕卒三歲而遷爲太史令紬史記紬音抽石室金匱之書五年而當太初元年十一月甲子朔旦冬至天歷始改建於明堂諸神受紀言告於百神與天下更始著紀於是太史公曰先人有言自周公卒五百歲而有孔子孔子卒後至於今五百歲有能紹明世正易傳繼春秋本詩書禮樂之際意在斯乎意在斯乎小子何敢讓焉上大夫壺遂曰昔孔子何爲而作春秋哉太史公曰余聞董生曰周道衰廢孔子爲魯司寇諸侯之大夫雍之孔子知言之不用道之不行也是非二百四十二年之中以爲天下儀表貶天子退諸侯討大夫以達王事而已矣子曰我欲載之空言不如見之於行事之深切著明也夫春秋上明三

王之道下辯人事之紀別嫌疑明是非定猶豫善善惡惡賢賢賤不肖存亡國繼絶世補敝起廢王道之大者也易著天地陰陽四時五行故長於變禮紀人倫故長於行書記先王之事故長於政詩記山川谿谷禽獸草木牝牡雌雄故長於風樂樂所以立故長於和春秋是非故長於治人是故禮以節人樂以發和書以道事詩以達意易以道化春秋以道義撥亂世反之正莫近於春秋春秋文成數萬其指數千萬物之散聚皆在春秋春秋之中殺君三十六亡國五十二諸侯奔走不得保其社稷者不可勝數察其所以皆失其本已故易曰失之毫釐一云差以毫釐差以千里一云繆以千里駟按今易無此語易緯有之故曰臣弑君子弑父非一旦一夕之故也其漸久矣故有國者不可以不知春秋前有讒而弗見後有賊而不知爲人臣者不可以不知春秋守經事而不知其宜遭變事而不知其權爲人君父而不通於春秋之義者必蒙首惡之名爲人臣子而不通於春秋之義者必陷篡弑之

誅死罪之名其實皆以爲善爲之不知其義被之空言而不敢辭猶有不知討賊而不敢辭其罪也夫不通禮義之旨至於君不君臣不臣父不父子不子夫君不君則犯臣不臣則誅父不父則無道子不子則不孝此四行者天下之大過也以天下之大過予之則受而弗敢辭故春秋者禮義之大宗也夫禮禁未然之前法施已然之後法之所爲用者易見而禮之所爲禁者難知壺遂曰孔子之時上無明君下不得任用故作春秋垂空文以斷禮儀當一王之法今夫子上遇明天子下得守職萬事既具咸各序其宜夫子所論欲以何明太史公曰唯唯否否唯唯謙應也否否不通者也不然余聞之先人曰伏羲至純厚作易八卦堯舜之盛尚書載之禮樂作焉湯武之隆詩人歌之春秋采善貶惡推三代之德褒周室非獨刺譏而已也漢興已來至明天子獲符瑞封禪改正朔易服色受命於穆清受天命清和之氣澤流罔極海外殊俗重譯款塞款叩也皆叩塞門來服從也又款寇也請除守塞者自保不備寇害請來獻見者不可勝道臣

下百官力誦聖德猶不能宣盡其意且士賢能而不用有國者之恥主上明聖而德不布聞有司之過也且余嘗掌其官廢明聖盛德不載滅功臣世家賢大夫之業不述墮先人所言罪莫大焉余所謂述故事正齊其世傳非所謂作也而君比之於春秋謬矣於是論次其文七年（天漢三年）而太史公遭李陵之禍幽於縲紲乃喟然而歎曰是余之罪也夫是余之罪也夫身毀不用矣退而深惟曰夫詩書隱約者欲遂其志之思也昔西伯拘羑里（在湯陰）演周易孔子戹陳蔡作春秋屈原放逐著離騷左丘失明厥有國語孫子臏脚而論兵法不韋遷蜀世傳呂覽韓非囚秦說難孤憤詩三百篇大抵賢聖發憤之所爲作也此人皆意有所鬱結不得通其道也故述往事思來者於是卒述陶唐以來至于麟止（武帝獲麟遷以爲述事之端上紀黃帝下至麟止猶春秋止於獲麟者也）自黃帝始著十二本紀既科條之矣並時異世年差不明作十表禮樂損益律歷改易兵權山川鬼神天人之際承敝通變作八書二十八

宿環北辰三十輻共一轂（象黃帝已下三十世家老子言車三十輻運行無窮已象王者如此矣）運行無窮輔拂股肱之臣配焉忠信行道以奉主上作三十世家扶義俶儻不令已失時立功名於天下作七十列傳凡百三十篇五十二萬六千五百字爲太史公書序略以拾遺補藝（六藝也）成一家之言厥協六經異傳整齊百家雜語藏之名山副在京師俟後世聖人君子（遷沒之後亡景紀武紀禮書樂書律書漢興已來將相年表日者列傳三王世家龜策列傳傅靳列傳元成之間褚先生補缺作武帝紀三王世家龜策日者列傳言辭鄙陋非遷本意也）

後漢班固字孟堅撰漢書其自序曰班氏之先與楚同姓令尹子文後也子文初生棄於楚曹中而虎乳之（曹云曹澤也楚若敖娶於䢵生鬭伯比若敖卒從其母畜於䢵淫於䢵子之女生子文䢵夫人使棄諸夢中虎乳之䢵子田見之懼而歸夫人以告遂使收之）楚人謂乳爲穀謂虎爲於檡故名穀於檡字子文楚人謂虎班其子以爲號（子文之子鬭班亦爲楚令尹）秦之滅楚遷晉代之間因氏焉（遂以班爲姓）始皇之末班壹避墜於樓煩（鴈門之縣）致馬牛羊數千羣值漢初定與民無禁當孝惠高后時以財雄邊（國家不設衣服車旗之禁故班氏多豪而爲邊地之雄豪）出入弋獵旌旗鼓吹年百餘歲以壽終故北方多以壹爲字者（馬邑人慕壹之類也）壹生孺孺爲任俠州郡歌之孺生長官至上谷守長生回以茂材爲長子令（上黨之縣）回生況舉孝廉爲郎積功勞至上河農都尉（上河地名農都尉典農事）大司農奏課連最入爲左曹校尉成帝之初女爲倢伃致仕就第貲累千金徙昌陵昌陵後罷大臣名家皆占數于長安（占度也自隱度家之口數而著名籍也）況生三子伯斿穉伯少受詩於師丹爲侍中光祿大夫斿博學有俊才左將軍史丹舉賢良方正以對策爲議郎遷諫大夫右曹中郎將穉少爲黃門郎中常侍方直自守遷廣平王相穉生彪彪字叔皮幼與從兄嗣共遊學家有賜書內足於財好古之士自遠方至父黨楊子雲以下莫不造門（造至也）嗣雖修儒學然貴老嚴之術（莊莊周也明帝諱莊漢書作嚴）叔皮唯聖人之道然後盡心焉年二十遭王莽敗世祖即位於冀州時隗囂擁衆招輯英俊而公孫述稱帝於蜀漢天下雲擾大者連州郡小者據縣邑叔皮著王命論

以救時難避墜於河西河西大將軍竇融嘉其美德訪問焉（每事與謀）皆舉茂材爲徐令以病去官後數應三公之召仕不爲祿所如不合（如往也不苟得祿故所往之處不合其意）學不爲人博而不俗言不爲華述而不作有子曰固弱冠而孤永平中爲郎典校祕書專篤志於博學以著述爲業以爲唐虞三代詩書所及世有典籍故雖堯舜之盛必有典謨之篇然後揚名於後世冠德於百王（德爲百王之上也）故曰巍巍乎其有成功煥乎其有文章（此篇論語載孔子美堯之言也）漢紹堯運以建帝業至於六世史臣乃追述功德私作本紀（謂武帝時司馬遷作史記）編於百王之末厠於秦項之列大初以後闕而不錄故探纂前記綴輯所聞以述漢書起元高祖終于孝平王莽之誅十有二世二百三十年綜其行事旁貫五經上下洽通（固所撰諸表序及志經典之義在於是也）爲春秋考紀表志傳凡百篇

宋范曄爲宣城太守刪衆家後漢書爲一家之作後與孔熙先等謀逆事發繫於獄中與諸甥姪書以自序曰吾狂釁覆滅豈

復可言汝等皆當以罪人弃之然平生行已在懷猶應可尋至於能否意中所解汝等或不悉知吾少懶學問晚成人年三十許正始有向耳自爾以來轉為心化推者將智者亦當未已也往往有微解言乃不能自盡為性不尋注書心氣惡小苦思便憒悶口機又不調利以此感功至於通解處皆自得之於胷懷耳文章轉進但才少思所以於操筆其所成篇殆無全稱者常恥作文士文患其事盡於形情急於藻義牽其旨韻移其意雖時有能者大較多不免此累正可類工巧圖繢竟無得也常謂情志所託故當以文傳意以意為主則其旨必見以文傳意則其辭不流然後抽其芬芳振其金石耳此中情性旨趣千條百品屈曲有多不能賞意或異故也性別宮商識清濁斯自然也觀古今文人多不全了此處縱有會此者不必從根本中來中來言之皆有實證非為空談年少中謝莊最有其分手筆差易文不拘韻故也吾思乃無定方特能濟難適輕重所稟之分猶當未盡但多公家之言少於事外遠致以為恨亦由無意於文名故也本未關史書正常學其不可解耳既造後漢轉得統緒詳觀古今著述及詳論殆少可意者班氏最有高名既任情無例不可甲乙辨後贊於理近無所得唯志可推耳博贍可不及之整理未必愧也吾雜傳論皆有精意深旨既存裁味故約其辭句至於循吏以下及六夷諸序論筆勢縱放實天下之奇作其中合者往往不減過秦篇嘗共比方班氏所作非但不愧之而已欲遍作諸志前漢可有者悉令備雖事不必且使見文得盡又欲因事就卷內發論以正一代得失意復未果贊自是吾文之傑思殆無一字空設奇變不窮同合異體乃自不知所以稱之此書行故應有賞音者紀傳例為舉其大略耳諸細意甚多自古體大而思精未若此也恐世人不能盡之多貴古賤今所以稱情狂言耳吾於音樂聽功不及自揮但所精非雅聲為可恨然至於一絕處其中體趣言之不盡絃外之意

虛響之音不知所從而來雖少許處而旨態無極亦嘗以授人士庶中未有一毫似者此永不傳矣吾書雖小小有意筆勢不快餘竟不成就每愧此名

梁沈約字休文撰宋書約稱史臣其自序曰昔少皞金天氏有裔子曰昧為玄冥師生允格臺駘能業其官帝顓頊嘉之封諸汾川其後四國沈姒蓐黃沈子國今汝平輿沈亭是也春秋之時列於盟會晉使蔡伐沈滅之其後因國為氏自茲以降譜諜罔存秦末有沈逞徵丞相不就漢初逞曾孫保封邑侯保子遵自本國遷居九江之壽春官至太傅九代孫戎字威卿劇賊漢光武封海昏縣侯因避地徙居會稽烏程縣之餘不鄉遂世家焉順帝永建元年分會稽為吳郡復為郡人吳孫皓寶鼎初分吳郡為吳興復為郡縣人雖邦邑屢改而築室不遷史臣七世祖延始居縣東鄉之博陸里餘烏村王父戎從官京師義熙十一年高祖館于建康都亭里之運巷戎子酆零陵守第二子許安平相少子景河間相演之慶晏懷文其後也許子鸞鸞子真真子儀少篤學有雅才以儒素自業州郡禮請二府交辟公車徵並不至以壽終子矯字仲常以節氣立名仕為偏將軍封列侯孫晧時有將帥之稱吳平後不仕卒子陵元帝之為鎮東命為參軍子延穎川太守子賀南中郎參軍子警字世明惇篤有行業謝安命為參軍甚相敬重警內足於財為東南豪士無進士意謝病歸安固留不止警子穆夫字彥和少好學王恭命為前軍主簿隆安三年孫恩於會稽作亂三吳皆響應穆夫時在會稽恩以為餘姚令恩敗警及穆夫遇害穆夫子淵子雲子田子林子淵子字敬深少有志節隨高祖剋京城封繁畤侯為太尉參軍雲子元嘉中為太尉參軍田子字敬先從高祖剋京城進平京邑封營道侯官至咸陽始平二郡太守林子字敬士少有大度博覽衆書留心文義從高祖剋京城進平鄴邑領建熙令封資中侯高祖踐阼以佐命功封漢壽伯子璞字道真好學不倦

善屬文所著文章皆遇亂零落今所餘詩筆雜文凡二十首有子曰約史臣年十三而孤少頗好學雖弃日無功而伏膺不改常以晉氏一代竟無全書年二十許便有撰述之意太始初征西將軍蔡興宗爲啓明帝有勑賜許自此迄今年餘二十所撰之書凡一百二十卷條流雖舉而採綴未周永明初遇盜失第五袠建元四年未被勑撰國史永明二年又忝兼著作郎撰次起居注自兹王役無暇復撰五年春又被勑撰宋書六年二月畢功表上之曰臣聞大禹刊木事炳虞書西伯戡黎功煥商典伏惟皇基積峻帝列弘深樹德往朝立勳前代若不觀風唐世無以見帝嬀之美自非覩亂秦之餘何用知漢祖之業是以掌言未記爰動天情曲詔史官追述大典臣實庸妄文史多闕以兹下才對揚成旨是用夕惕載懷忘其寢食者也臣約頓首頓首死罪死罪竊惟宋氏南面承歷統天雖世窮八主年減百載而兵車亟動國道屢屯垂文簡牘事數繁廣若夫英主啓基名臣建績拯世夷難之功配天光宅之運亦足以勒銘鍾鼎昭被方策及虐后暴朝前王罕二國釁家禍曠古未書又可以式規萬葉作鑒于後宋故著作郎何承天始撰宋書草立紀傳止於武帝功臣篇牘未廣其所撰志唯天文律歷自此以外悉委奉朝請山謙之謙之孝建初又被詔撰述尋值病亡仍使南臺侍御史蘇寶生續造諸傳元嘉名臣皆其所撰寶生被誅大明中又命著作郎徐爰因何蘇所述勒爲一史起自義旗之初訖于大明之末至於臧質魯爽王僧達諸人皆孝武所造自永光以來至於禪讓十餘年中闕而不續一代典文始末未舉但事屬當時多非實録又立傳之方取捨乖衷進由時旨退傍世情垂之方來難以取信臣今謹更創立製成新史始自義熙肇號終於昇明三年桓玄譙縱盧循馬魯之徒身爲晉賊非關後代吴隱謝混郗僧施義止前朝不宜濫入宋典劉毅何無忌魏詠之檀憑之孟昶諸葛長民志在興復情非造宋今並刊除歸之晉籍臣遠愧南董近謝遷固以闇闒小才述一代盛典屬辭比事望古慙良鞠躬跼蹐靦汗忘厝本紀傳繕寫已畢合七袟七十卷今謹奏呈所撰諸志須成續上謹條目録詣省拜表奉書以聞

北齊魏收撰後魏書自序曰漢初魏無知封高良侯子均均子恢恢子產產子欲成帝世鉅鹿守乃家焉收祖父悅濟陰守子子建益州刺史風化大行遠近清靜俄常衛卿元顯入洛子建遂携家居洛南顯平乃就拜驃騎二子收祚收字伯起十五已屬文值四方多難時習武事以文才除太學博士永興初遷中書郎出帝狩嵩山之南既寒苦朝野怨嗟帝與從官皆胡服宮人及妃王雜其間奇伎異飾多非禮度收欲言則畏懼欲默不能已乃上南狩賦以諷武定中以常侍兼著作轉秘書監齊天保二年受詔撰魏史又詔常侍房延祐博士刁柔裴昂之尚書郎高孝幹等共緝成紀傳

隋許善心爲給事中父亨撰著梁史未就而歿善心述成父志修緝家書其序傳末述製作之意曰謹按太素將萌洪荒初判乾儀資始辰象所以正時坤載厚生品物於焉播氣參三才而育德肖二統而降靈有人民焉樹之君長有貴賤矣爲之宗極保上天之睠命膺下土之樂推莫不執大方振長策感召風雲驅馳英俊干戈揖讓取之也殊功鼎玉龜符成之也一致革命創制竹素之道稍彰紀事記言筆墨之官漸著炎農以往存其名而漏其迹黄軒以來觭其文而顯其用登丘納麓具訓誥及典謨貫昴入房傳夏正與殷祀洎辯方正位論時訓功南北左右兼四名之别檮杌乘車擅一家之稱國惡雖諱君舉必書故賊子亂臣天下大懼元龜明鏡昭然可察及三郊遞襲五勝相沿僞稱百谷之王並以四海自任重光累德何世無哉建有梁之君臨天下江左建國莫斯爲盛受命在於一君繼統傳乎四主克昌四十八載餘祚五十六年武皇帝出自諸生爰升寶歷拯百王之弊救萬姓之危及澆季之末流登上皇之獨道朝多

君子野無遺賢禮樂必備靈章咸舉弘深慈於不殺濟大忍於無形蕩蕩巍巍可爲稱首屬陰戎入頴羯胡侵洛沸騰淼顯三季所未聞掃地滔天一元之巨厄廊廟有序剪成狐兎之場挂帛有儀砕夫犬羊之手福善積而身禍仁義在而國亡豈天道歟豈人事歟嘗別論之在序論之卷先君昔在前代早懷述作凡撰齊書爲五十卷梁書紀傳隨事勒成及闕而未就者目録注爲一百八卷梁室交喪墳籍銷盡家壁皆殘不准無所盜椎嚢同毀陳農何以求秦儒既阬先王之道將墜漢臣徒請口授之文亦絶所撰之書一時亡散有陳初建詔爲史官補闕拾遺心識口誦依舊目録更加修撰且成百卷已有六秩五十八卷上秘閣託善心早嬰荼蓼兼荷薪構太建之末類抗表聞至德之初蒙授使任方願油素採訪門廷記録儕勵弱才仰成先志而單宗少强近屬室類原顔退屏無所交游栖遲不求進益假班嗣之書徒聞其語給王隱之筆未見其人加以庸瑣涼能

孤陋末學忝職郎署兼撰陳史致此書延時未即成績禎明二年以臺郎入北值本邑淪覆他鄉播遷行人失時將命不復望都亭而長慟遷別館而懸壺家史舊書在彼焚蕩今止有六十卷在又並缺落失次自入京已來隨見補葺略成七十卷四帝紀八卷后妃一卷三太子録一卷爲一秩十卷宗室王侯列傳一秩十卷具臣列傳二秩二十卷外戚傳一卷孝德傳一卷誠臣傳一卷文苑傳二卷儒林傳二卷逸民傳一卷數術傳一卷藩臣傳一卷合一秩十卷止足傳一卷列女傳一卷權幸傳一卷羯賊傳二卷逆臣傳二卷叛臣傳二卷叙傳論述一卷合一秩十卷凡稱史臣者皆先君所言下稱名按者並善心補闕別爲叙論一篇託于叙傳之末

唐李延壽撰北史其序傳曰李氏之先出自帝顓頊高陽氏當唐堯之時高陽氏有才子曰庭堅爲堯大理以官命族爲理氏歷夏殷之季其後理徵字德靈爲翼隸中吳伯以直道不容得罪于紂其妻契和氏攜子利貞逃隱伊侯之墟食木子而得全遂改理爲李氏周時裔孫曰乾娶于益壽氏女嬰敷生子耳字伯陽爲柱下史子孫散居諸國或在魏或在趙或在秦在魏者爲段干大夫段干木其後也別孫悝爲魏文侯興富國之術爲在趙者曰曇以功封栢人武安君牧其後也在秦者名興族爲將軍生子伯祐建功北狄封南鄭公伯祐生子德德子信爲秦時將信孫元曠仕漢爲侍中元曠弟仲翔位太尉討叛羌於素昌（一名狄道）臨陣殞命葬狄道川因家焉史記李將軍傳所云其先自槐里徙居成紀實始此也仲翔曾孫廣廣子當戸敢當戸子陵戰没敢子禹位至侍中禹生承公承公生蜀郡太守先先生長宗長宗生博士況況生孝本孝本字上明生巴郡太守次公次公生臨淮太守軌軌字逸文生積弩將軍隆隆字業緒生雍雍仕魏歷尚書郎燉北東莞二郡太守雍生柔柔字德遠仕晉爲北地太守雍生弇字季子歷天水太守衛將軍子昶字仲

堅昶生暠字玄盛稱涼王謚曰武昭則皇室七廟之始也暠第二子歆字士業嗣爲涼公爲沮渠蒙遜所滅世子重耳奔于江左遂仕于宋後歸魏爲洪農太守延壽曾祖曉字仁略太尉虎子也（臣欽若等按唐書重耳生熙熙生天賜天賜生虎也）北齊天保中歷廣武東二郡太守曉生超字仲舉仲舉生太師字君威唐初以賓建德禮部侍郎譴徙西會州怨怨不樂乃爲羈思賦以見其事侍中觀公楊恭仁時鎮涼州見賦異之召至河西深相禮重日與游處太師少有著述之志常以宋齊梁陳魏齊周隋南北分隔南書謂北爲索虜北書指南爲島夷又各以其本國周悉書別國並不能備亦往往失實常欲改正將擬吳越春秋編年以備南北至是無事侍中楊恭鎮涼州家富於書籍得恣意披覽宋齊梁魏四代有書自餘竟無所得居二年恭仁入爲吏部尚書太師復還會州武德九年會赦至京師尚書僕射封德彝中書令房玄齡並與太師親通觀留不去曰時屬惟新人思自效方事屏退恐

失行藏之道太師曰昔唐堯在上下有箕山之節雖以不才請慕其義於是趨裴東歸家本多書因編緝前所脩書貞觀二年五月終於鄭州滎陽縣野舍時年五十九既所撰未畢以為沒齒之恨焉所製文筆詩賦播遷及遭火多致失落存者十卷子慶孫正禮利王延壽安業寂播俱在中書侍郎顏師古給事中孔穎達下刪削既家有舊本思欲追終先志其齊梁陳五代舊事所未見因編緝之暇晝夜抄錄之至五年以內憂去職服闋從官蜀中以所得者編次之然尚多闕未得及終十五年任東宮典膳丞日右庶子彭陽公令狐德棻又啓延壽修晉書因茲復得勘究宋齊魏三代之事所未得者十七年尚書右僕射褚遂良奉勑修隋書十志復准勑召延壽撰錄因此遍得披尋時五代史既未出延壽不敢使人抄錄家素貧罄又不辦傭人書寫至於魏齊周隋宋齊梁陳正史並手自寫本紀依司馬遷體以次連綴之又從此八代正史外更勘雜史於正史所無者一千餘卷皆以編入其煩冗者即削去之始末修撰凡十六載始宋終隋凡八代為北史南史二書合百八十卷其南史先寫訖以呈監國史國子祭酒令狐德棻始末蒙讀了乖失者亦為改正許令聞奏次以北史諮知亦為詳正因遍諮宰相乃表上之

冊府元龜卷第五百六十一

冊府元龜卷第五百六十二

國史部

疏繆　不實　非才

疏繆

廣記備言國史之職也章往考來春秋之義也夫司記言動紬繹編簡爲一代之典流千載之訓固宜書法不隱敘事可觀研思覃精間不容髮豈有脫落時事采述異端體無準而不倫文混漫而難辨否臧非允論次乖方物議既喧訟牒斯集固知述作之際宜圖任於良士焉

晉王沈初仕魏爲侍中與荀顗阮籍共撰魏書多爲時諱未若陳壽之實錄也

郭頒撰魏晉世語蹇乏全無宮商最爲鄙劣以時有異事故頗行於世干寶孫盛等多采其言以爲晉書

王隱爲著作郎後黜歸于家撰晉書成詣闕上之隱雖好著述而文辭鄙拙蕪舛不倫其書次第可觀者皆其父所撰文體混漫義不可解者隱之作也

後魏鄧淵爲尚書吏部郎道武詔淵撰國記淵造十餘卷唯次年月起居行事而已未有體例

李彪爲秘書丞奏著作事自文成帝已來至于太和崔浩高允著述國書編年序錄爲春秋之體遺落時事三無一存

崔鴻爲散騎常侍齊州刺史撰十六國春秋鴻經綜既廣多有違謬至如太祖天興二年姚興改號鴻始而鴻以爲改在元年太宗永興二年慕容超擒於廣固鴻又以爲事在元年太常二年姚泓敗於長安而鴻亦以爲滅在元年如此之失多不考正

山偉爲秘書監還侍中中書令皆領著作國史自鄧淵崔琛崔浩高允李彪崔光以還諸人相繼撰錄綦儁及偉等諂說上黨王天穆及尒朱世隆以爲國書正應代人修緝不宜委之餘人是以綦偉等更主大籍守舊而已初無述著故自崔鴻死後迄終偉身二十許載時事蕩然萬不記一後人執筆無所馮據史之遺闕偉之由也

北齊魏收爲中書令兼著作郎詔撰魏史既成時論言收著史不平前後投訴百有餘人文宣重收才不欲加罪然猶以羣口沸騰勑魏史且勿施行令羣官博議聽有家事者入署不實者陳牒於是衆口諠然號爲穢史

楊休之爲中書監魏收之卒也文宣命休之裁正其所撰魏書休之敘其家事稍美且寡才學淺延歲時竟不措手唯削去嫡庶一百餘人

宋孝王爲北平王文學求入文林館不遂因非毀朝士撰別錄二十卷會周平齊改爲關東風俗傳更廣見聞勒成三十卷以上之事多妄謬篇第冗雜無著述體

隋王劭爲著作郎累遷秘書少監在著作將二十年專典國史撰隋書八十卷多錄口勑又採迂怪不經之語委巷之言以類相從爲其題目辭義繁雜無足稱者遂使隋代文武名臣烈將善惡之迹堙没無聞初撰齊誌爲編年體二十卷復爲齊書紀傳一百卷及平賊記三卷或文詞鄙野或不軌不物駭人視聽大爲有識所嗤鄙

唐吳兢爲左庶子史館修書撰唐書九十八卷唐春秋三十卷未就開元十七年玄宗令中使就取得五十餘卷其記事疎略不堪行用又云兢居史職殆三十年敘事簡要人用稱之末年傷於太簡出爲荆州司馬累遷常王傅嘗以五代史繁雜乃別撰梁齊周史各十卷陳史五卷隋史二十卷又傷略兢雖老眷眷猶希史職而行步傴僂李林甫以其年老不用卒後其子進兢所撰唐書八十餘卷事多紕繆不逮於壯年

令狐峘爲左庶子史館修撰在史館修玄宗實錄百卷撰代宗實錄四十卷雖勤苦然多遺漏不稱良史至元和二年其子丕爲太僕寺丞進峘所撰代宗實錄四十卷詔付史館贈峘工部尚書敘事用捨不當而又多於漏略名臣如房琯不立傳直疏如顏真卿略而不載

不實

傳曰書法不隱又曰不刊之書蓋聖人垂世立法懲惡勸善者也若乃因嫌而沮善瀆貨以隱惡或畏威而曲加文飾或徇時而蔑紀勳伐恣筆端而溢美擅胷臆以厚誣宜當𫔶史之名豈曰傳信之寶垂於後也不其惡歟後漢靈帝時長水校尉劉珍等撰東觀漢記云中常侍孫程以新城人衞康叔之胄孫林父之後自程已下十九人與程同功者皆叙其所承本系蓋當時史官懼程等威權故曲爲文飾

晉陳壽武帝時爲著作郎撰三國志初壽父爲蜀將馬謖參軍謖爲諸葛亮所誅壽父亦坐被髡亮子瞻又輕壽故壽爲亮立傳亮將略非長無應敵之才言瞻惟工書名過其實議者以此少之一說壽嘗爲瞻吏爲瞻所辱故云官人黄晧竊弄機柄而瞻將護无能矯正也又魏志云曹公與袁紹相持於官渡時公兵不滿萬傷者十二三裴松之以爲魏武初起兵已有衆五千自後百戰百勝敗者十二三而已矣但一破黄巾受降卒三十餘萬所吞并不可悉紀雖征戰損傷未

應如此之少也夫結營相守異於摧鋒決戰本紀云紹衆十餘萬屯營東西數十里魏太祖雖機變無方略不世出安有數千之兵而得逾時相抗者哉以理而言竊謂不然紹爲屯數十里公能分營與相當此兵不得甚少一也紹若有十倍之衆理應當悉力圍守使出入斷絶而公使徐晃等擊其運車公又自出擊淳于瓊等揚旌往還曾无抵閡明紹力不能制是不得甚少二也諸書云公坑紹衆八萬或云七萬夫八萬人奔散非八千人所能縛而紹之大衆皆拱手就戮何緣力能制之是不得甚少三也將記述者欲以見奇非其實録也案鍾繇傳云公與紹相持繇爲司隸送馬二千餘匹以給軍本紀及世語並云公時有騎六百餘匹繇馬爲安在哉

王沈武帝時爲侍中典著作與荀顗阮籍共撰魏書多爲時諱未若陳壽之實録也

梁沈約初仕南齊及武帝時爲太子家令撰宋書多載孝武明帝諸鄙瀆事帝遣左右謂約曰孝武事迹不容頓爾我昔經事宋明帝卿可思諱惡之義於是多所省除

吴均天監中爲奉朝請表求撰齊春秋書成奏之高祖以其書不實使中書舍人劉之遴詰問數條竟支離無對勑付省焚之坐免職蕭韶太清初爲舍人城陷奉詔西奔及至江陵人士多往尋覓令韶說城内事韶不能人人爲說乃疏爲一卷客問者便示之湘東王聞而取看謂曰昔王韶之爲隆安紀十卷說晉末之亂離今之蕭韶亦可爲太清紀十卷矣韶乃更爲太清記其諸議論多謝吴爲之韶既承旨撰著多非實録

北齊魏收天保中爲中書令兼著作郎詔撰魏史引史官並非史才修史諸人祖宗姻戚多被書録飾以美言收頗性急不甚能平夙有怨者多沒其善每言何物小子敢共魏收作色舉言之則使上天按之當使入地初收在神武時爲太常少卿修國史得陽休之助因謝休之曰無以謝德當爲卿作佳傳休之父

固魏世爲北平太守以貪虐爲中尉李平所彈獲罪載在魏起居注收書云固爲北平甚有惠政坐公事免官又云李平深相敬重尒朱榮於魏爲賊收以高祖出自尒朱且納榮子金故減其惡而增其善論云若修德義之風則韓彭伊霍夫何足數史既成時論言收著史不平文宣詔收於尚書省與諸家子孫共加論討前後投訴百有餘人云遺其家世職位或云其家不見記録或云妄有非毁收皆隨狀荅之范陽盧斐父同附出族祖玄傳下頓丘李庶家傳稱其本是梁國家人斐庶譏議云史書不直收性急不勝其憤啓誣其罪欲加屠害帝大怒親自詰責斐斐曰臣父仕魏位至儀同功業顯著名聞天下與收無親遂不立傳博陵崔綽位止本郡功曹更無事迹是收外親乃爲傳首收曰綽雖無位名義可嘉所以合傳帝曰卿何由知其好人收曰高允曾爲綽讃稱有道德帝曰司空才士爲人作讃正應稱揚亦如卿爲人作文章道其好者豈能皆實收無以對戰慄

而已但帝先重收才不欲加罪時太原王松年亦謗史及斐庶並獲罪各被鞭配甲坊或因以致死盧思道亦抵罪然猶以群口沸騰勑魏史且勿施行令羣官博議聽有家事者入署不實者陳牒於是衆口諠然號爲穢史投牒者相次無以抗之時左僕射楊愔右僕射高德正二人勢傾朝野與收皆親收遂爲其家並作傳二人不欲言史不實抑塞訴辭終文宣世更不重論又尚書陸操嘗謂愔曰魏收魏書可謂博物宏才有大功於魏室其後羣臣多言魏史不實武成復勑更審收又迴換遂爲盧同立傳崔綽反更附出楊愔家傳本云有魏以來一門而已至是改此八字又先云弘農華陰人乃改自云弘農以配王慧龍自云太原人此其失也收爲左僕射武平三年卒既緣史筆多憾於人齊亡之歲收冢被發棄其骨于外

刁柔天保中爲國子博士時魏收撰魏史啓柔等與同其事柔性頗專固自是所聞收常所嫌憚在史館未久逢勒成之際志存偏黨魏書中與其内外通親者並虛美過實深爲時論所譏

唐許敬宗顯慶中爲太子少師仍東西臺三品依舊修國史先是國子祭酒令狐德棻依紀傳之體撰成國史八十卷其後敬宗續修增爲一百卷敬宗自掌知國史記事不直論者尤之初虞世基與敬宗父善心同爲宇文化及所害封德彝時爲内史舍人備見其事因謂人曰世基被戮世南匍匐而請代善心之死敬宗舞蹈以求生敬宗聞而銜之及爲德彝立傳盛加其罪惡左監門大將軍錢九隴皇家之隷也敬宗與之結婚乃爲九隴曲叙門閥妄加功績敬宗爲子娶尉遲寶琳孫女爲妻多得賂遺及作寶琳父敬德傳悉爲隱諸過咎太宗作威鳳賦以賜長孫無忌敬宗改云賜敬德白州人龐孝泰蠻酋凡品率兵從征高麗賊知其懦襲破之敬宗又納其寶貨稱孝泰頻破賊徒斬獲數萬漢將驍健者唯蘇定方與龐孝泰耳曹繼叔劉伯英皆出其下虛美隱惡如此初高祖太宗兩朝實録其敬播所修者頗多詳直敬宗又輒以己愛憎曲事刪改論者尤之以高宗所紀多[illegible]實録命太子左庶子同中書門下三品劉仁軌部侍郎同中書門下三品李敬玄中書侍郎同中書門下郝處俊黄門侍郎高智周同[illegible]之[illegible]仁軌等曰先朝身擐親履兵鋒戎衣舊事[illegible][illegible][illegible]塗[illegible][illegible]剗平區寓康濟生靈之宜四海清晏方始歸功上帝昭示下人昨觀國史所書聞[illegible][illegible]等必須窮微索隱原始要終盛業鴻勲咸使詳備先聖作威鳳賦意屬阿舅及士廉敬宗乃移向尉遲敬德又聞溫湯教習長圍四合乃隊[illegible]俱前怒獸[illegible][illegible][illegible]部伍先聖親觀斯事恐其撓法者多遂潛隱不出恃其整衆[illegible]顧謂朕曰蒐旅訓兵圖之大典以之編失於法不[illegible][illegible]之大須行法一廢軍政得罪人多我今不出良爲於此今向魏徵傳内[illegible]異[illegible]之諫語共[illegible][illegible]於實録何以垂之後嘗從幸未央宮辟仗已過忽於草中見一人身帶横刀其聞辟仗至怕不敢出仗家搜索不覺遂伏不敢動還顧謂朕曰此事若發數人合死汝可於後伺看早放出之史家唯此一事美似不失其真

韓愈憲宗元和中爲比部郎中史館修撰撰順宗實録五卷至大和五年勑宰臣監修國史路隋等重加刊正隋等奏曰臣自奉宣旨尋取史本欲加筆削近伏見衛尉卿周君巢諫議大夫王彦威給事中李固言及史官蘇景裔等各上章疏具陳刊改非宜又聞班行以此議論頗衆臣伏以史策之作勸誡所存事有當書理宜歸實匹夫美惡尚不可誣人君得失無容虛載聖思以前實録記貞元末數事稍非摭實蓋出傳聞審知差舛便令刊正頃因坐日屢形聖言通計前後至于數四臣及宗閔僧孺亦以永貞已來歲月至近禁中行事在外固難詳知陛下所言皆是接於耳目既聞乖謬因述古今引前史直不疑盜嫂之言及第五倫撾婦翁之說固多此比難盡信書所冀睿聰詳於聽言深宮慎於行事持此比類上開聰明特蒙降獎稍與前[illegible]是近垂宣命令有改修臣等伏以貞觀已來累朝實録有經重撰不敢固辭但欲粗刪深誤亦固盡存諸說宗閔僧孺相與商量緣此書成於韓愈今史官李漢蔣係皆愈之子壻若遣參撰或致私嫌以臣既職監修盍令詳正及經奏請事遂施行今者察庶就言不知本起表章交奏似有他疑臣雖至昧容非自請既迫羣議輒冒上聞縱臣果獲修成必懼終爲時累且韓所書亦非出己元和之後已是相循縱其密親豈害公理使歸本職實

謂正名其實録狀伏望條示舊記取錯者宣付史官委之修定則異聖祖垂休永無艱於傳信下臣非據獲減戾於侵官彰清朝立政之方表公器不私之義流議自彌時論攸宜詔曰其録中所書德宗順宗朝禁中事尋訪根抵蓋起謬傳諒非信史宜令史官詳正刋去其他不要更修餘依奏開成二年二月文宗御紫宸殿又謂宰臣鄭覃李石曰順宗實録似未詳實史官韓愈豈不是當時屈人否石曰韓愈貞元末爲四門博士帝曰司馬遷與任安書全是怨望所以漢武本紀事多不實覃曰漢武中年[illegible]大發戎馬拓土開邊生人耗竭糧儲不給本紀所述亦非過言石曰史筆不直率多無後鄭覃所陳志在譏諫欲陛下究竟盛德故言漢武不爲帝曰靡不有初鮮克有終此誠可爲戒

李紳會昌中爲平章事監修國史武宗遣紳與修撰鄭亞重修憲宗實録紳亞取行狀謚議將相之間過爲增飾至宣宗大中二年十一月勅憲宗實録宜施行舊本其新本委州府長吏[illegible]

府五百六十二　七

訪知録得者並送史館不得輙留

周貫緯初仕漢爲諫議大夫史館修撰判館事乾祐中受詔與王伸賓徽修晉高祖少帝漢高祖三朝實録緯以筆削爲已任然而褒貶任情記注不實晉宰相桑維翰執政日薄緯之爲人不甚見禮緯深銜之及叙維翰傳稱維翰身没之後有白金八千鋌他物稱是翰林學士徐台符緯邑人也與緯相善謂緯曰切聞吾友書桑魏公白金之數不亦多乎但以十目所覩不可厚誣緯不得已改爲白金數千鋌

非才

夫史氏之職掌四方之志善惡不隱言動必書固宜妙選良材用任明識廣示懲勸之義備詳略之體成大典於一代垂信辭於千祀若乃司載筆之職昧叙事之方徒淹歲時空索編簡或紬繹之靡就或頌次之無文遂曠官蓋可懲也

後魏李彪爲長兼中書侍郎崔光引爲著作郎譜在史職無所歷意

孫惠蔚爲黄門郎代崔光領著作首尾五載無所撰著唯自披其傳注數行而已

劉仁之爲著作郎兼中書令既非其才在史未嘗執筆

李琰之爲著作郎黄門郎皆修國史毎自誇文章從姨兄常景笑而不許琰之後再居史職無所編緝

谷纂爲著作又監國史不能有所緝綴

宋欽初仕沮渠蒙遜爲中書郎入國拜著作郎欽在河西撰蒙遜記無足可稱

游雅爲秘書監委以國史之任不勤著述竟無所成

北齊魏收爲中書令兼著作郎詔撰魏史引史官恐其凌逼唯取學流先相依附者其房延祐辛元植睦仲讓雖夙涉朝位並非史才刁柔裴昂之以儒業見知全不堪編緝高孝幹以左道求進

府五百六十二　八

唐李融爲壽安丞開元中侍中弘文館學士裴光庭引融并拾遺張琪著作佐郎司馬利賓等直弘文館撰續春秋經傳上表請以經爲御撰而光庭等依左氏之體爲之作傳玄宗又手制褒賞之光庭筆削於李融書竟不就

鄭珽爲吏部侍郎昭宗詔修宣宗懿宗僖宗實録始丞相監修國史杜讓能以三朝實録未修乃奏珽及右補闕裴庭裕左拾遺孫泰駕部員外郎李裔太常博士鄭光庭等十五人分修之踰年竟不能編録一字

冊府元龜卷第五百六十二

冊府元龜卷第五百六十三

掌禮部一

總序

夫禮本太一而生緣人情以制故作者之謂聖述者之謂明繇是官有御事有職禮有序焉唐虞命伯夷爲秩宗典天地人之三禮商因夏禮損益可知周監二代其文郁郁春官大宗伯小宗伯之職掌建邦之天神人鬼地祇之禮以佐王建保邦國其屬凡六十秦置奉常掌宗廟禮儀有丞博士掌通古今秩比六百石員多至數十人漢興命叔孫通爲奉常制禮儀景帝中六年更名奉常爲太常屬官有太樂太祝太宰太史太卜太醫六令丞又均官都水兩長丞又諸廟寢園食官令長丞又有廱太宰太祝令丞五畤各一尉又博士及諸陵縣皆屬焉宣帝黃龍元年稍增太常博士員十二人東漢因前制太常卿一人中二千石掌禮儀祭祀每祭祀先奏其禮儀及行事常贊天子其屬有贊饗一人秩六百石每選試博士奏其能否大射養老大喪皆奏其禮儀每月前晦察行陵廟丞一人比千石掌凡行禮及祭祀小事總署曹事舉廟中非法者署令掾史隨事爲員諸卿皆然也博士祭酒一人六百石太祝令一人六百石凡國有祭祀掌讀祝及迎送神居祭太祝令主席酒員吏其下又有斗食佐學士學事有秩祝人宰居者等員太宰大予高廟等令亦然丞一人掌祝小神事太宰令一人六百石掌宰工鼎俎饌具之物凡國祭祀掌陳饌具明堂丞一人靈臺丞一人並二百石大予樂令一人六百石掌樂凡國祭祀掌請奏樂及大饗用樂掌其陳序員吏丞一人律畢者之子不得舞宗廟之酎除吏二千石到六百石及關內侯到五大夫子取適子高五尺以上年十二到三十顏色和身體修治者以爲舞人也丞一人高廟令一人六百石掌案行掃除無丞世祖廟令一人六百石如高廟先帝陵每陵園令各一人六百石掌守陵園案行除掃丞及校長

各一人校長主兵戎盜賊事丞皆選孝廉郎年少薄代者遷補府長史都官令候司馬先帝陵每陵食官令各一人六百石掌望晦時節祭祠每陵食監一人秩六百石監丞一人三百石中黃門八人從官二人案食監即是食官令也太常有祠祀令一人後轉屬少府有太卜令六百石後省并太史章帝又置祀令丞延平元年省魏太常特置博士屬官有太祀令丞掌宗祀五帝之事又改大予樂令復曰太樂令丞武帝平荆州得杜夔能識舊樂章以爲協律都尉又尚書初置祠部曹晉承魏制有博士協律校尉員又統太學諸博士祭酒及太史太廟太樂鼓吹陵等令又有祠部尚書常與右僕射通職不常置又諸曹有祠部郎宋太常府有博士亦謂之太學博士齊因之梁陳亦兼統國學博士其丞視尚書郎太常凡統太樂太醫乘黃及諸陵等令丞又有祠部尚書領祠部儀曹二曹齊梁陳皆然齊太常府置丞二人五官功曹主簿領官博士國子祭酒博士助教又統太廟明堂太祝太史廩犧太樂諸陵乘黃客館等令丞其下各有職吏又有祠部尚書右僕射通職不俱置梁太常統廩犧鼓吹太祝太樂清商鼓吹等署令丞太常位視金紫光祿大夫班第十四三品勳位丞班第五視尚書郎主簿一人其遷爲五官功曹又位不登十八班者別爲七班主簿第四博士兼統國學博士陳並因之後魏太常卿第三品少卿正四品丞正六品博士從七品太祝令從正九品祝史從九品下又置太樂博士六品下鼓吹令[illegible]又有太醫博士助教太卜博士從七品下廩犧令從五品下又有儀曹尚書北齊太常掌陵廟羣祀禮樂儀制衣冠之屬其屬官有博士協律郎八書博士等員統諸陵太廟太樂衣冠鼓吹太祝太醫廩犧太宰等署令丞而太廟兼領郊祠崇元二局丞太樂兼領清商部丞鼓吹兼領黃戶局丞太史兼領靈臺太卜二局丞又祠部尚書統主客虞曹屯田起部五曹後周依周禮建官太常卿爲

宗伯少卿爲小宗伯屬官有守廟典祀太司樂等中大夫小守廟小典祀小司樂太卜太祝等下大夫又有小卜小祝等上士又有司郊治禮樂師樂胥司巫等中士及下士春官大有禮部後改爲司宗又春官之屬有典命後改爲大司理俄改大司理復爲禮部大夫隋太常寺又有博士四人協律郎二人奉禮郎十六人統郊社太廟諸陵太祝衣冠太樂清商鼓吹太醫太卜廩犧等署各置令丞又置禮部尚書統禮祠主膳四曹唐制太常寺卿一人正三品掌邦國禮樂郊廟社稷之事以八署分而治焉一曰郊社二曰太廟三曰諸陵四曰太樂五曰鼓吹六曰太醫七曰太卜八曰廩犧總其屬而行其政令少卿爲之貳屬官有博士四人掌辦五禮之儀式本先王之法制適變隨時而損益焉太祝六人掌出納神主于太廟之九室而奉享薦禘祫之儀奉禮郎二人掌設君臣之版位以奉朝會祭祀之禮協律郎二人掌和六律六呂以辨四時之氣八風五音之節太廟齋郎京都各一百

三十人門僕京都各三十二人自少卿及諸令以下有丞主簿錄事府史典事掌故等員以屬焉太常自龍朔二年改爲奉常正卿又改禮部尚書爲司禮太常伯咸亨中各復舊光宅元年奉常改爲司禮寺禮部爲春官神龍元年司禮復爲太常寺春官復爲禮部禮部總判祠禮膳部及主客事奉禮郎本爲治禮避高宗諱改焉太常又有禮直五人乾元初省又貞元七年又置禮儀直兩員九年以太常寺禮院置修撰檢討官各一員禮生元三十五人長慶二年又置守闕人大中四年詔其太常少卿宜與大卿通判文案五代因之無所改作夫人紀肇修禮用爲急歷代而下厥職戎焉若乃稽古憲章因時變革本聰明之至德非臣下之所專其有講貫藝文發明制度折衷得失裁正是非必資洽聞克濟乃事至於四方異俗五音制賜咸以類別亦用典掌則有苟合音意參亂法度罔擇荒繆忽成矯誣有司之過可不慎歟凡掌禮部有九門

制禮

夫禮者所以法天地之經建上下之紀教訓正俗防邪窒欲序人倫而制邦治者也故三五異代而不相沿襲蓋其損益之殊範因革之異宜青素之尚不同驪翰之變非一是以先王治定制禮因人情而爲之防者也夏商之代莫得而詳自姬文祖述參於經藝漢氏而下儀法昭著故其弛張之名數創制之軌範祀享朝宴之節文物聲明之度隨時隆殺與運消長執簡所記咸足徵焉至或申命鴻碩加之論討參酌前訓講求方聞形於撰集煥乎編綴亦類其說而次敘之云

周成王六年周公旦述文武之績制周官及儀禮以爲後王法臣欽若等曰周官即周禮也周公攬夏商之禮而增損之事爲之制曲爲之防故稱禮經三百威儀三千皆周公所制也

漢高祖五年即皇帝位於定陶博士叔孫通就其儀號就成也高帝悉去秦儀法爲簡易羣臣飲爭功醉或妄呼呼音火故切拔劍擊柱帝患之通知帝益饜之說帝曰夫儒者難與進取可與守成

臣願徵魯諸生與臣弟子共起朝儀高帝曰得無難乎通曰五帝異樂三王不同禮禮者因時世人情爲之節文者也故夏殷周禮所因損益可知者謂不相復也復重也因也音扶目切臣願頗采古禮與秦儀雜就之帝曰可試爲之令易知度吾所能行爲之於是通使徵魯諸生三十餘人通爲使者而徵諸生魯有兩生不肯行曰公所事者且十主皆面諛親貴今天下初定死者未葬傷者未起又欲起禮樂禮樂所由起百年積德而後可興也言行德教百年然後可定禮樂也吾不忍爲公所爲公所爲不合古吾不行公往矣毋汙我通笑曰若真鄙儒不知時變若汝也鄙言不通遂與所徵三十人西入關及上左右爲學者左右謂近臣也爲學者謂素有學術與其弟子百餘人爲緜蕞野外謂以茅翦樹地爲纂位尊卑之次也春秋傳曰置茅蕝習之月餘通曰帝可試觀帝使行禮曰吾能爲此迺令羣臣習肄肄亦習也音弋二切會長樂宮成諸侯羣臣朝十月適會十年十月而長樂宮新成也漢時尚以十月爲正月故行朝歲之禮史家追書十月先平明未平明之前謁者治禮引以次入殿門廷中陳

軍騎戍卒衛官設兵張旗志（志與幟同。音式。）傳曰趨（傳聲教入，令趨疾行也。）入諸
殿下郎中俠陛（俠陛，謂陛兩旁。）陛數百人（俠與夾同。每陛皆數百人也。）功臣列侯諸
將軍軍吏以次陳西方東鄉文官丞相以下陳東方西鄉（鄉讀曰嚮）
大行設九賓臚句傳（上傳語告下為臚，下告上為句也。）於是皇帝輦出房百
官執戟傳警（傳聲而警）引諸侯王以下至吏六百石以次奉賀自
諸侯王以下莫不震恐肅敬至禮畢盡伏置法酒（法酒者，禮酌而不飲。）
之至諸侍坐殿上皆伏抑首（抑首，謂依禮法不敢平坐而視。）以尊卑次起上
壽觴九行謁者言罷酒御史執法舉不如儀者輒引去竟朝置
酒無敢讙譁失禮者於是高帝曰吾迺今日知為皇帝之貴也
拜通為奉常

文帝即位初太中大夫賈誼以為漢興二十餘年天下和洽宜
當改正朔服色制度定官名興禮樂迺草具其儀法（草謂創造之）帝
謙讓未皇也（皇，暇也。自以為不當改制。）
十六年帝使博士諸生刺六經中作王制

武帝即位初招良趙綰王臧等以文學為公卿議立明堂制禮
服以興太平（服謂衣服之色也）會竇太后好黃老言不說儒術（說讀曰悅）其
事乃廢至建元元年始議立明堂
元封二年秋作明堂于泰山下初天子封泰山泰山東北阯古
時有明堂處處險不敞（言其阻阸不顯敞）帝欲治明堂奉高旁未曉其
制度濟南人公玉帶上黃帝時明堂圖（公玉，姓也。帶，名也。呂氏春秋齊有公玉丹，此蓋其族也。）明堂中有一殿四面無壁以茅蓋通水水圜宮垣（圜讀曰圓）為複
道上有樓從西南入名曰昆侖天子從之入以拜祀上帝焉於
是帝令奉高作明堂汶上如帶圖
平帝元始三年詔光祿大夫劉歆等雜定婚禮四輔公卿大夫
博士郎吏家屬皆以禮娶親迎立軺併馬（軺音謠，立乘小車也。併馬，驪駕也。謂斬定此制也。請步駢物。）
後漢光武建武二十六年南單于及烏桓來降邊境無事百姓
新去兵革歲仍有年家給人足司空張純以聖王之建辟雍所
以崇尊禮義既富而教者也乃按七經讖明堂圖河間古辟雍
記孝武太山明堂制度及平帝時議欲具奏之未及上會博士
桓榮上言宜立辟雍明堂章下三公太常而純議同榮帝乃許之
中元元年十一月初起明堂靈臺辟雍及北郊兆域（大戴禮云：明堂者凡九室，一室有四戶八牖，三十六戶，七十二牖，以茅蓋上，上圓下方，赤綴戶也，白綴牖也。禮圖又曰：建武三十一年作明堂，上員下方，十二堂法日辰，九室法九州，室八窗，八九七十二，法一時之王，室有十二戶，法陰易之數。胡伯始云：古清廟蓋以茅，今蓋以瓦，下藉茅，存古制也。漢官儀曰：明堂四面起，上作壇，中無水，明堂去平城門二里所，天子出從平城門，先歷明堂，乃至郊祀。文曰：辟雍從北門入，三月九月者，皆於中行鄉射禮畢，以水周其外，以節觀者，諸侯曰泮宮，東西南有水，北無，下天子也。宮闕疏曰：靈臺高三丈，十二門，天子曰靈臺，諸侯曰觀臺。漢官儀北郊臺在城西北角，去城一里所，謂方壇四陛，但有壇，無祠舍而已。其菟吹樂及舞人御帳皆從南郊之具，地祇位南面西上，高皇后配西面，皆有壇上，地里群神從食壇下，如南郊。北郊兆域）
明帝永平元年正月率公卿已下朝於原陵如元會儀是時帝
即位踰年群臣朝正感先帝不復聞見此禮乃帥公卿百僚就
園陵而創焉

章帝元和二年下詔曰河圖稱赤九會昌十世以光十一以興
尚書璇璣鈐曰述堯理世平制禮樂放唐之文予末小子託於
數終曷以纘興崇弘祖宗仁濟元元帝命驗曰順堯考德題期
立象且三五步驟優劣殊軌況于頑陋無以克堪雖欲從之末
由也已每見圖書中心恧焉博士曹褒知帝旨欲有興作乃上
疏曰昔者聖人受命而王莫不制禮作樂以著功德功成作樂
化定制禮所以救世俗致禎祥為萬姓獲福於皇天者也今皇
天降祉嘉瑞並臻制作之符甚於言語宜定文制著成漢禮丕
顯祖宗盛德之美章下太常太常巢堪以為一世大典非褒所
定不可許帝知群僚拘攣難與圖始朝廷禮憲宜時刊立和帝
永元五年春正月登靈臺望雲物
魏文帝黃初元年詔曰孔子稱行夏之時乘殷之輅服周之冕
樂則韶武此聖人集群代之美事為後王制法也傳曰夏數為
得天朕承唐虞之美至於正朔當依虞夏故事若殊徽號異器

械制禮樂易服色用牲幣自當隨土德之數每四時之季月服
五十八日騎以丑牲用白其節毛自當赤但節幡黄耳其餘郊
祀天地朝會四時之服宜如漢制宗廟所服一如周禮尚書令
桓階等奏據三正周復之義國家承漢氏人正之後當受之以
地正犧牲宜用白今從漢十三月正則犧牲不得獨改今新建
皇統宜稽古典先代以從天命而朝犧牲壹皆不改非所以明
革命之義也詔曰服色如所奏其餘宜如虞承唐但臘日用丑
二年正月乙亥朝日于東門之外詔曰漢氏不拜日於東郊而
旦夕常於殿下東面拜日煩褻似家人之事非事天郊神之道
也按禮天子以春分朝日於東秋分夕月於西今正月非其時也至明帝太和元年二月丁亥朝朝日于東郊八月己丑夕月于西郊此古禮也
明帝太和元年正月丁未郊祀武帝以配天宗祀文帝於明堂
以配上帝是時二漢郊禮之制具存魏所損益可知也
青龍五年山茌縣龍見詔三公曰昔在庖犧繼天而王始據木
德爲群代首自茲以降服物氏號開元著統者既膺受命曆數

之期握皇靈遷興之運承天改物序其紀綱雖炎黄少昊顓頊
高辛唐虞夏后世系相襲同氣共祖猶昭顯所受之運著明天
人去就之符無不革易制度更定禮樂延群后班瑞信使之煥
炳可述于後也至于正朔之事當明示變改以彰異代曷疑其
不然哉文皇帝踐祚之初庶事草創遂襲漢正不革其統朕在
東宮及臻在位每覽書籍之林總公卿之議夫言三統相變者
有明文云虞夏相因者無其言也曆志曰天統之正在子物萌
而赤地統之正在丑物化而白人綱之正在寅物成而黑但含
生氣以微成著故大極運三辰五星於上元氣轉三綱五行於
下登降周旋終則又始言天地與人所以相通也仲尼以大聖
之才祖述堯舜範章文武制作春秋論究人事以貫百王之則
故於三微之月每月稱王以明三正迭相爲首夫祖述堯舜以
論三正則其明義豈使近在殷周而已乎朕以眇身繼承洪緒
既不能紹上聖之遺風揚先帝之休德又使王教之弛者不張

帝典之闕者未補亹亹之德不著亦惡已乎今推三綱之次魏
得地綱當以建丑之月爲正考之群藝厥義彰矣改青龍五年
春三月爲景初元年孟夏四月服色尚黄犧牲用白戎事乘黑
首之白馬建大赤之旗朝會建大白之旗春夏秋冬孟仲季月
雖與歲不同至於郊祀迎氣礿禘烝嘗巡狩蒐田分至啓閉班宣
時令中氣晚早敬授民事諸若此者皆以正歲斗建爲節曆數
之序乃上與先聖合符同契重規疊矩者也今遵其義庶可以
顯祖考大造之基崇有魏惟新之命於戲王公群后百辟卿士
靖康厥職帥意無怠以永天休司徒露布咸使聞知稱朕意焉
按服色尚黄據土行也犧牲旂旗一用殷禮行殷之時故也周
禮巾車職建大赤以朝大白以即戎此則周以正色之旗朝會
以先代之旗即戎魏用殷禮變周之制故建白以朝大赤即戎
也明帝又詔曰以建寅之月爲正者其牲用玄以建丑之月爲正者其
牲用白以建子之月爲正者其牲用騂此爲牲色各從其正不隨所犯

之陰陽也祭天不嫌於用玄則祭地不得獨疑於用白也天地
用牲得無不宜異耶更議於是議者各有引據無適可從又詔
日諸議所依據各參錯若陽祀用騂陰祀用黝復云祭天用玄
祭地用黄如此用牲之義未爲通也天地至尊用牲當以所尚
之色不得專以陰陽爲別也今祭皇帝天皇后地天地郊明堂
宗廟皆宜用其別祭五郊各隨方色祭日月星辰之類用騂社
稷山川之屬用玄此則尊卑方色陰陽衆暢矣初明帝即位便
有改正朔之意朝議多異同持疑不決久乃下詔曰黄初以來
諸儒共論正朔或以改之爲宜或以不改爲是意取駁異于今
未決朕在東宮時聞之意常以爲夫子作春秋通三統爲後王
法正朔各從色不同因襲自五帝三王以下或父子相繼同體
異德或納爲大麓受終文祖或尋干戈從天行誅雖遭遇異時
步驟不同然未有不改正朔易服色表明文物以章受命之符
也由此言之何必以改爲是耶於是公卿以下博議侍中高堂

隆議曰按自古有文章以來帝王之興受禪之與干戈皆改正朔所以明天道定民心也易曰乾元亨利貞有爭改命吉湯武革命從乎天應乎人其義曰水火更用事猶王者必改正朔易服色也易通卦驗曰王者必改正朔易服色以應天地三氣三色書曰若稽古帝舜曰重華建皇授政改朔初高陽氏以十一月爲正薦玉以赤繒高辛氏以十三月爲正薦玉以白繒尚書傳曰舜定鍾石論人聲乃及鳥獸咸變於前故更四時改堯正詩曰一之日觱發二之日栗烈三之日于耜傳曰一之日周正月二之日殷正月三之日夏正月詩推度災曰如有繼周而王者雖百世可知以前檢後文質相因法度相改三而復者正色也二而復者文武也以前檢後謂軒轅高辛夏后氏漢皆以十三月爲正少昊有虞有殷皆以十二月爲正高陽有虞有周皆以十一月爲正後雖百皆以前代三而復也禮大傳曰聖人南面而治天下必正度量考文章改正朔易服色殊徽號樂稽曜嘉曰禹將受位天意大變迎風雷雨以明將去虞而適夏也是以舜禹雖繼平受禪猶制禮樂改正朔以應天從民夏以十三月爲正法物之始其色尚黑殷以十二月爲正法物之牙其色尚白周以十一月爲正法物之萌其色尚赤能察其類能正其本則嶽瀆致雲雨四時和五稼成麟皇翔集春秋十七年夏六月甲子朔日有蝕之傳曰當夏四月是謂孟夏春秋元命苞曰王者受命昭然明於天地理故必移居處更稱號改正朔易服色以明天命聖人之寶質文再而改窮則相承周則復始正朔改則天命顯凡典籍所記不盡於此略舉大較亦足以明也太尉司馬懿尚書僕射衛臻尚書薛悌中書劉放中書侍郎刁幹博士秦靜趙怡中侯中詔季岐以爲宜改侍中繆襲散騎常侍王肅尚書郎魏衡太子舍人黄史嗣以爲不宜改至是始定

晉文帝爲晉王命司空荀顗因魏代前事撰爲新禮參考今古更其節文羊祜任愷庾峻應貞並共刊定成百六十五篇奏之

太康初尚書僕射朱整奏付尚書郎摯虞討論之虞表所宜增損曰臣典校故太尉顗所撰五禮臣以爲夫革命以垂統帝王之美事也隆禮以率教邦國之大務也是以臣前表禮事稽留求速訖施行

武帝泰始二年正月詔曰有司前奏郊祀權用魏禮朕不慮改作之難令便爲永制衆議紛互遂不時定不得以時供饗神祇配以祖考日夕難企貶食忘安其便郊祀時羣臣又議五帝即天地五氣時異故殊其號雖名有五其實一神明堂南郊宜除五帝之坐五郊改五精之號皆同稱昊天上帝各設一坐而已地郊又除先后配祀帝悉從之是年二月丁丑郊祀宣皇帝以配天宗祀文皇帝於明堂以配上帝十一月有司議奏古者丘郊不異宜并圜丘方丘於南北郊更脩立壇兆其二至之祀合於二郊帝又從之一如宣帝所用王肅議也是月庚寅冬至帝親祠圜丘於南郊自是後圜丘方澤不別立

六年十二月帝臨辟雍行鄉飲酒之禮詔曰禮儀之廢久矣乃今復講肄舊典賜太常絹百疋丞博士及學生牛酒

十年將聘拜三夫人九嬪有司奏禮皇后聘以穀珪無妾媵禮贄之制詔曰拜授可依魏氏故事於是臨軒使使持節兼太常拜夫人兼御史中丞拜九嬪

太康五年脩作明堂辟雍

懷帝即位遵舊制臨太極殿使尚書郎讀時令

元帝太興元年三月辛卯親郊祀饗配之禮初尚書令刁協國子祭酒杜夷議宜須旋都洛邑乃脩之司徒荀組據漢獻帝居許即便立郊自宜於此脩奉驃騎王導僕射荀崧太常華恒中書侍郎庾亮皆同組議事遂施行其制度皆太常賀循依據漢晉之舊也

四月合朔中書侍郎孔愉奏曰春秋日有蝕之天子伐鼓于社攻諸陰也諸侯伐鼓於朝臣自攻也按尚書符若日有變便伐鼓於諸門有違舊典詔曰郎陳有正義輒勑外改之

孝武帝太元十三年正月後辛祀明堂車服之儀率遵漢制出

以法駕服以袞冕

宋文帝元嘉十五年四月皇太子納妃六禮文與納后不異百官上禮其月壬戌於太極殿西堂叙宴二宮隊主副司徒征北鎮南三府佐楊兗江三州綱紀彭城江夏南譙始興武陵廬陵南豐七國侍郎以上諸二千石在都邑者並豫會

二十一年十月命刺史郡守修東郊耕藉之儀

孝武即位初軍府造次不曉朝章徐爰素諳其事既至莫不嘉説以兼太常丞撰立儀注太明五年五月起明堂於國學南丙巳之地六年置凌室脩藏氷之禮

前廢帝即位以郊舊地爲吉祥移還本處先是北郊晉成帝世始立本在覆舟山南宋太祖以其地爲樂遊苑移於山西北後以其地爲北湖移於湖塘西北其地卑下泥濕又移於白石村東其地又以爲湖乃移於鍾山北京道西與南郊相對後罷白石東湖北郊還舊處

南齊太祖建元元年七月祭五帝之神於明堂有功德之君配明堂制有五室從尚書僕射王儉議也

梁高祖天監九年有事雩壇以爲雨既類陰而求之正陽其謬已甚東方既非盛陽而爲生養之始則雩壇應在東方祈晴亦宜此地於是遂移於東郊（初大雩國南除地爲墠至是改焉）

十二年太常丞虞皭引周禮明堂九尺之筵以爲高下脩廣之致堂崇一筵故階高九尺漢家制度猶遵此禮故張衡云度堂以筵者也鄭玄以廟寢三制既同但應以九尺爲度制可於是毀宋太極殿以其材構明堂十二間基準太廟以中央六間安六座悉南向東來第一青帝第二赤帝第三黃帝第四白帝第五黑帝配帝總配享五帝在阼階東上西向大殿後爲小殿五間以爲五佐室焉初高祖以明堂在國之陽其祀之法猶依齊制欲有改作乃下制言而與羣臣切磋其義制曰明堂準大戴禮九室八牖三十六戶以茅蓋屋上圓下方鄭玄據援神契亦云上圓下方又云八窗四達明堂之義本是祭五帝神九室之數未見其理若五堂而言雖當五帝之數向南則背叶光紀向北則背赤熛怒東向西向又亦如此於事殊未可安且明堂之祭五帝則是總義在郊之祭五帝則是別義宗祀所配復應有室若專配一室則是義非配五若皆配五則便成五位以理而言明堂本無有室朱异以爲月令天子居明堂左个右个聽朔之禮既在明堂今若無室則於義成闕制曰若如鄭玄之義聽朔必在明堂此則人神混淆莊敬之道有廢春秋云介居二大國之間此言明堂左右箇者謂所記五帝明堂之南又有小堂亦號明堂分爲三處聽朔既三處則有左右之義在營域之內明堂之外則有箇名故曰明堂左右箇也以此而言聽朔之處自在五帝堂之外人神有別差無相干其議是非莫定初尚未改至是瞻議乃定

十六年四月詔曰夫神無常饗饗于克誠所以西鄰礿祭實受其福宗廟祭祀猶有牲牢無益至誠有累冥道自今四時烝嘗外

可量代之八座議以大脯代一元大武八座又奏既停宰殺無復省牲之事請立省饌儀其衆官陪列並同省牲帝從之

普通六年尚書僕射徐勉上脩五禮表曰臣聞立天之道曰陰與陽立人之道曰仁與義故稱道之以德齊之以禮夫禮所以安上治人弘風訓俗經國家利後嗣者也唐虞三代咸必由之在乎有周憲章尤備因殷革夏損益可知雖復經禮三百曲禮三千經文三百威儀三千其大歸有五即宗伯所掌典禮吉爲上凶爲之次賓次之軍次之嘉爲下也故祠祭不以禮則不齊不莊喪紀不以禮則背死忘生者衆賓客不以禮則朝覲失其儀軍旅不以禮則致亂於師徒冠婚不以禮則男女失其時爲國修身於斯攸急洎周室大壞王道既衰官守斯文日失其序禮樂征代出自諸侯小雅盡廢舊章缺矣是以韓宣適魯始知周公之德叔侯在晉用辨郊勞之儀戰國從横政教愈泯暴秦滅學掃地無餘漢氏興日不暇給猶命叔孫於外野方知帝王之爲貴累葉紛綸遞有

興毁或以武功銳志好黄老之言禮義之式於焉中止及東京曹褒南宮制述集其散略百有餘篇雖寫以尺簡而終闕平奏其兵革相尋異端互起章句旣淪俎豆斯輟方領矩步之容事滅於旌鉞蘭臺石室之文用盡於帷蓋至乎晉初爰定斯禮荀顗制之於前摯虞刪之於末旣而中原喪亂罕有所遺江左草創因循而已釐革之風是則未暇伏惟陛下睿明啓運先天改物撥亂惟武經時以文作樂在乎功成制禮弘於業定光啓二學皇枝等於貴遊闢兹五館草萊外以好爵爰自受命迄于告成盛德形容備矣天下能事畢矣敦穆無得而稱焉至若玄符靈貺之祥浮溟栈山之贄固亦日書左史副在司存今可得而略也是以命彼羣才搜甘泉之法延兹碩學闡西臺之儀淄上滄中之儒連蹤繼軌負笈懷鉛之彥匪旦伊夕諒以化穆三雍人從五典秩宗之教勃焉以興伏尋所定五禮起齊永明三年太子步兵校尉伏曼容表求制一代禮樂于時參議置新舊學士

十人止脩五禮諮稟衛將軍丹楊尹王儉學士亦分住郡中製作歷年猶未克就及文憲薨殂遺文散逸後又以事付國子祭酒何胤經涉九載猶復未畢建武四年胤還東山齊明帝勑尚書令徐孝嗣舊事本末隨在南第東昏永元中孝嗣於此遇禍又多零落當時鳩斂所餘權付尚書左丞蔡仲熊驍騎將軍何佟之共掌其事修禮局住在國子學中門外東昏之代頻有軍火其所散失又踰太半天監元年佟之啓審省置之宜勑使外詳時尚書參詳以天地初革庶務權輿宜俟隆平徐議刪撰欲且省禮局併還尚書儀曹詔旨以禮壞樂缺故國異家殊實宜以時修定以為永准但頃之修撰以情取人不以學進其掌知者以貴總一不以稽古所以歷年不就有名無實此既經國所先外可議其人定便即撰次於是尚書僕射沈約等參議請五禮各置舊學士一人人各自舉學士二人相助抄撰其中有疑者依前漢石渠後漢白虎隨源以聞請旨斷決乃以舊學士右

軍記室參軍明山賓掌吉禮中軍田曹行參軍兼太常丞賀瑒掌賓禮征虜記室參軍陸璉掌軍禮右軍事司馬褧掌嘉禮尚書左丞何佟之總參其事佟之後以鎮北諮議參軍伏暅嚴植掌凶禮暅尋遷官以五經博士繆昭掌凶禮復以禮儀深廣記載殘缺宜須博論共盡其致更使鎮軍將軍丹楊尹沈約太常卿張充及臣三人同參厥務臣又奏舉別勑總知其事末又使中書侍郎周捨庾於陵二人復豫參知若有疑義所掌學士當職先立議通諮五禮舊學士及參知各言同異條牒啓聞決之制旨疑事既多歲時又積制旨裁斷其數不少莫不網羅經誥玉振金聲義貫幽微理入神奧前儒所不釋後學所未聞凡諸奏決皆載篇首具列聖旨為不刊之則洪規盛範冠絕百王茂實英聲方垂千載寧孝宣之能擬豈孝章之足云五禮之職事有繁簡及其列畢不得同時嘉禮儀注以天監六年五月七日上尚書合十有二秩一百十六卷五百四十六條賓禮儀注以天監六年五月二十日上

尚書合十有七秩一百三十三卷五百三十五條軍禮儀注以天監九年十月二十九日上尚書合十有八秩一百八十九卷二百四十條吉禮儀注以天監十一年十一月十日上尚書合二十有六秩二百二十四卷一千五百凶禮儀注以天監十一年十一月十七日上尚書合四十有七秩五百一十四卷五千六百九十三條大凡一百二十秩一千一百七十六卷八千一十九條又列副祕閣及五經典書各一通繕寫校定以普通五年二月始獲洗畢竊以撰正履禮歷代罕就皇明在運厥功克成周代三千舉其盈數今之八千隨事附益質文相變故其數兼倍猶如八卦之爻因而重之錯綜成六十四也昔文武二王所以綱紀周室君臨天下公旦修之致太平龍鳳之瑞自斯厥後甫備茲日孔子曰其有繼周者雖百代可知豈所謂齊功比美者歟臣以庸識謬司其任淹留歷稔允當斯責兼勒成之初未遑表上寔由才輕務重思力不周求言慙惕無忘寤寐今

秦皇駕將騑六師搜尋東觀閣其修草秦芟議備所謂郁郁文哉煥乎洋洋信可以懸諸日月頒之天下者矣朕忝嘉承彌思隆述系前後聯官一時皆逝陷離辛存者已稀及虞皇世大典遂幽嚮奏不任下情輒具載撰修始末并職掌人所成秩條目之數謹拜表以聞詔曰經禮大備政典載引令詔有司按以行事也又詔曰勉表如此因華允敬憲章大備功成業定於是乎在可以光被八表施諸百代俾萬世之下知在斯文主者其施以遵行勿有失墜

陳宣帝太建五年六月治明堂

十年八月乙巳立方明壇于婁湖

後魏道武天興元年定都平城即皇帝位詔儀曹郎董謐撰朝覲饗宴郊廟社稷之儀

二年命禮官捃採古事制三駕鹵簿　駕車戎大祠則設之二日法駕巡狩小祠則設之三曰小駕遊宴離宮則設之

六年詔有司制冠服隨品秩各有差（時事未暇多失古禮）

孝文帝太和四年八月乙卯詔諸州置水室十二年正月辛巳詔初建五牛旌旗

十五年四月己卯經始明堂

五月丙辰詔造五輅

八月乙巳親定禘祫之禮

戊午詔曰先常有水火之神四十餘名及城北星神今圓丘之下既祭風伯雨師司中司命明堂祭門戶井竈中溜每神皆有此四十神計不須立悉可罷之

甲寅集群官詔曰近論朝日夕月皆欲以二分之日於東西郊行禮然月有餘閏行無常準若一依分日或值月出於東而行禮於西稽情即理不可施行昔秘書監薛謂等嘗論此事以爲朝日以朔夕月以朏卿等意謂朔朏二分何者爲是尚書游明根對曰考按舊式推校衆儀宜從朏月

十六年正月帝幸靈臺以觀雲物降居青陽左个布政事每朔依以爲常

宣武帝延昌三年十二月詔立明堂

孝明帝熙平元年九月侍中儀同三司崔光表奏詔定五時朝服

正光二年十二月詔司徒崔光安豐王延明等議定章服（孝文初和中考舊典以制冠服百寮六宮臣見又詔光等及在朝名學更有差次制未周條章細備焉）

〈北齊文宣天保元年皇太子監國在西林會群議皆東面朝（日曦北堵）（齊書無志凡禮儀之事並載情書君目名號不知制作何人編）

二年皇太子於此城第內冬會又議東向吏部郎陸卬疑非禮魏收敗爲西面邢子才執爲東面援引經據大相往復竟從西面爲定

〈後周明帝武成元年吐谷渾寇邊帝常服乘馬遣大司馬賀蘭祥於太祖之廟司憲奉鉞進授大將軍大將軍拜受以授從此禮畢出受甲兵

隋高祖開皇元年既受周禪欲新制度乃命國子祭酒辛彥之

議定祀典爲圓丘於國之南大陽門外道東二里其丘四成各高八尺一寸下成廣二十丈再成廣十五丈三成廣十丈四成廣五丈再歲冬至日祀昊天上帝於其上以太祖武元皇帝配爲方丘於宮城之北十四里其丘再成成高五尺下成方十丈上成方五丈夏至日祭皇地祇於其上南郊爲壇於國之南太陽門外道西一里去宮十里壇高七尺廣四丈孟春上辛祠所感帝赤熛怒於其上北郊孟冬祭神州之神並以太祖武元皇帝配

四年十一月詔曰古稱臘者接也取新故交接前周歲首今之仲冬建亥之月稱蜡可也後周用夏后之時行姬氏之蜡考諸先代於義有違其十月行蜡者停可以十二月爲臘

〈五年正月詔行新禮先是禮部尚書牛弘奏曰聖教陵替國章殘缺漢晉爲法隨俗因時未足經國庇人弘風施化且制禮作樂事歸元首江南王儉偏方一臣私撰儀注多違古法就廬非東階之位凶門豈設重之禮兩蕭累代舉國遵行後魏及齊風牛本隔殊

不尋究遺相師祖故山東之人浸以成俗西魏已降
師旅弗遑賓嘉之禮盡未詳定今休明啓運憲章伊始請據前
經革茲俗弊詔曰可仍因奏徵學者撰儀禮百卷悉用東齊儀
注以爲準亦微採王儉禮修畢上之詔遂班天下咸使遵用焉
八年晉王廣將伐陳內史令李德林攝太尉告于太廟禮畢又
命有司宜于太社
十三年帝以明堂未立詔命牛弘辛彥之等定議其後檢校將
作大匠事宇文愷依月令文造明堂木樣重檐複廟五房四達
丈尺規矩皆有準憑以獻帝異之命有司於郭內安業里爲規
兆方欲崇建又命詳定諸儒爭論莫之能決弘等又條經史正
文重奏時非議既多久而不定又議罷之
十四年詔以所乘輿輦因循近代事非經典令更議定於是命
有司詳考故實改造五輅及副王輅
十七年帝謂侍臣曰禮主敬皆當盡心黍稷非馨貴在祗肅

庭設樂本以迎神齋祭之日觸目多感當此之際何可爲心在
路奏樂禮未爲允羣公卿士宜更詳之遂下詔曰五帝異樂三
王殊禮皆隨事而有損益因情而立節文仰惟祭享宗廟瞻敬
如在罔極之感情深茲日而禮畢升路鼓吹發音還入宮門金
石振響斯則哀樂同日心事相違情所不安理實未允宜改茲
往式用弘禮教自今已後享廟日不須備鼓吹殿庭勿設樂懸
二十年太尉晉王廣北伐突厥次■上禡祭軒轅黃帝以太牢
制幣陳甲兵行三獻之禮仁壽二年閏十月詔曰禮之爲用時
義大矣黃琮蒼璧降天地之神粢盛牲食展宗廟之敬正父子
君臣之序明婚姻喪紀之節故道德仁義非禮不成安上治人
莫善於禮自區宇亂離綿歷年代王道衰而變風作微言絕而
大義乖與代推移其弊日甚至於四時郊祀之節文服麻葛之
降殺是非異說踳駁殊塗致使聖教凋訛輕重無準朕祇承天
命撫臨生人當洗滌之時屬干戈之代克定禍亂先運武功刪
正彝典日不暇給今四海又安五戎勿用理宜弘風訓俗導德
齊禮綴往聖之舊章興先王之茂則尚書左僕射越國公楊素
尚書右僕射邳國公蘇威吏部尚書奇章公牛弘內史侍郎薛
道衡秘書丞許善心內史舍人虞世基著作郎王劭或任居端
揆博達古今或器推令望學綜經史委以裁緝寔允僉議同並
脩定五禮
煬帝大業元年詔吏部尚書牛弘工部尚書宇文愷兼內史侍郎
虞世基給事郎許善心儀曹郎袁朗等憲章古制創造衣冠自
天子達于胥皂服章皆有等差若先所有者則因循取用弘等
議既定帝幸修文殿覽之乃令開府何稠起部郎閻毗等造儀上
是二年悉了始班下行焉軒冕之盛貫古今矣其後師旅務殷
車駕多行幸百官行從唯服袴褶而軍旅間不便

冊府元龜卷第五百六十三

冊府元龜卷第五百六十四

掌禮部

制禮第二　儀注

唐高祖武德元年既受隋禪未遑制作郊廟宴享悉用隋代舊儀

太宗貞觀七年以新禮頒示先帝踐祚之初詔中書令房玄齡秘書監魏徵等禮官學士修改舊儀著吉禮六十一篇賓禮四篇軍禮二十篇嘉禮四十二篇凶禮六篇國恤五篇揔百三十篇分為百卷至是始令頒示

十一年三月詔曰先王之辯方正位體國經野象天地以制法通神明以施化樂由內作禮自外成可以安上治民可以移風易俗揖讓而天下治者其惟禮樂乎固以同和撫射者非飾玉帛之容崇鍾鼓之奏日來月往朴散淳離淫慝以興流湎忘本後所習唯在新旋魏文所重止於鄭衛秦氏縱暴載籍咸亡漢朝循緝典章不備時更戰國多所未遑雅道淪喪歷茲永久朕恭承明命嗣膺寶歷懍乎馭朽情劬納隍憑宗廟之靈資股肱之力上下交泰遐邇乂安率土阽危既拯之於塗炭群生遂性思納之於軌物言念本乂傷載懷蓋知禮樂之情者能作識禮樂之文者能述作者之謂聖述者之謂明朕雖德謝前王而情深好古傷大道之既隱懼斯文之將墜故廣命賢才旁求遺逸探六經之奧旨採三代之英華古典之廢於今者咸擇善而修復新聲之亂於雅者並隨違而矯正莫不本之人心稽乎物理正情性而節事宜窮高深而歸簡易用之邦國彝倫以之攸敘施之律度金石於是克諧今修撰既畢可頒行天下俾富教之方有符先聖人倫之化貽厥後昆

十四年正月庚子命有司讀春令詔百官之長升太極殿列坐而聽焉

高宗永徽二年七月詔曰朕聞合宮匡府創制肇於太乙之代太室總章揆茂範於中葉雖復質文殊制奢儉異時然其立天中作人極布政施教歸之一揆朕嗣膺下武丕承上烈思所以答眷上靈事遵孝養而法宮曠明堂寢構永言大禮朕甚懼焉宜令所司與禮官學士等考覈故事詳議得失務依典禮造立明堂庶曠代闕文獲申于茲日因心展敬永垂于後是其明堂制度宜令諸曹尚書及左右丞詳議於是太常博士柳宣依鄭玄義以為明堂之制當為五室內直丞孔志約據大戴禮及盧植蔡邕等議以為九室曹王友趙慈皓秘書郎薛文思等各造明堂圖諸儒分爭互有不同上以九室之議為是乃令所司詳定形制及辟雍門闕等務從典故

顯慶三年正月太尉長孫無忌侍中許敬宗中書令李義府黃門侍郎劉祥道許圉師太常少卿韋琨博士蕭楚才孔志約等修新禮成凡一百三十卷二百九十九篇奏上之詔中外頒行焉時許敬宗李義府用事其所損益多涉希旨行用已後學者紛議以為不及貞觀禮上元三年三月下詔令依貞觀年禮為定儀鳳二年又詔顯慶新修禮多有事不師古其五禮並依周禮行事

乾封二年二月詳議明堂定詔曰朕以寡薄忝承丕緒奉二聖之遺訓撫億兆之初臨馭朽兢懷推溝在念而上玄垂祐宗社降休歲稔時和人期俗阜車書混一文軌大同檢玉泥金升中告禪百蠻執贄萬國來庭朝野歡娛華夷忻恱但為郊禋嚴配未安太室布政施行猶闕合宮朕所以日昃忘疲中宵輟寢討論墳籍錯綜群言採三代之精微探九皇之至賾斟酌前載制造明堂棟宇方圓之規雖兼故實度筵陳俎之法獨運財成宜諸內外博考詳議求其短長冀廣異聞而鴻生碩儒俱稱盡善搢紳士子並奏該通創此宏模自我作古因心既展情禮獲申永言宗祀良深感慰宜命有司及時赴作務從折衷稱朕意焉

總章二年三月丁亥詔曰首出萬物寶顯崇高之位冒覽八紘無違嚮明之道合宮聽朝闡皇軒之茂範靈府通神敷帝勛之景化邦人陽館青珪備禮姬氏立堂彤璋合獻雖運殊驪翰

時憂質文至於立大中建皇極軌物施教其歸一揆爰乎西京創歷騶政逾繁東漢開基舊章猶闕考圖汶上僅存公玉之儀度室圭璧纔紀中元之制三方鼎據祚傾於金馬五胡鏖擾道喪於蒼鵝自此相仍時經版蕩遂使陟配之典久淪於緜載端扆之化允屬於隆平朕恭膺寶命肅奉瑶圖昧旦求衣仄景忘食賴上玄垂祐宗社降靈幽明宅心中外禔福封金岱嶺昭景聖之鴻勳勒石九都成文考之先志功摽偃革時會垂裳因可以作化明臺顯庸大室候機之歷既表於嘉名布政之宮式崇於大制是用求中測景取則陰陽考廣袤於裁圭定卑高於置埶傍羅八柱周建四墉架序儀天疏基象地窻闥齊布應路並興道寸辟水以環階應琁衡而結極重阿複道用循測管之模上圓下方仍準分蓍之數木工不琢土事無文豈約折衷經始匆亟勾芒候序入春闈而司儀蓐收戒時下秋園而奉職事符神造鉤繩之用畢陳義叶子來疊落之期非遠將以肅禋清祀展

郊薦於皇靈赫號法宮暢休聲於太帝百神執贄咸尊孝饗之風萬國來庭共覩太平之政闡文斯備大禮聿脩制作之規可依別勑宜頒示天下永垂來葉於是博考經籍爲明堂制度頒下其明堂院每面三百六十步以象周易乾坤之策屬歲飢竟不建立而寢

上元元年天后上表曰至如父在爲母服止一朞雖心喪三年服由尊降竊謂子之於母慈愛特深非母不生非母不育推燥於濕咽苦吐甘生養勞瘁恩斯極矣所以禽獸之情猶知其母三年在懷理宜崇報若父在爲母服止一朞尊父之敬雖同報母之慈有闕且齊衰之制足爲差減更令周以一朞恐傷人子之志今請父在爲母終三年之服高宗下詔依行焉

則天垂拱四年十二月以東都明堂成制曰昔軒皇御曆朝万方於合宮丹陵握符咨四岳於衢室有虞輯瑞總章之號既存大禹錫珪重屋之名攸建郊人受命置陽館以辯方周室啓圖立明堂以經野用能範圍三極幽贊五神展尊祖之懷申宗祀之典爰從漢魏迨及周隋經始之制雖興脩廣之規未備朕以庸昧虔膺付託受寄於綴衣之夕荷顧於乃几之前伏以高宗往年已屬意於陽館故京輔之縣預紀明堂之名改元之期先著總章之號朕於乾封之際已奉表上陳雖竭寢心未遑營搆今以鼎郊勝壤圭邑名區處天地之中順陰陽之序舟車是湊貢賦攸均爰籍子來之功式遵奉先之旨夫明堂者天子宗祀之所朝諸侯之位也開乾坤之秘奧法氣象之運行故能使災害不生禍亂不作眷言盛烈豈不美歟然比者鴻儒禮官所執各異咸以爲明堂者置之三里之外七里之內在國陽明之地今既俯迩宮掖恐黷靈祇誠乃布政之居未爲宗祀之所朕以景巳之地去宮遥遠每月所居因時饗祭禮備文物頗有煩勞在於朕懷殊非所謂今故裁基紫掖闢宇彤闈經始成之匪日但敬事天地神明之德乃彰尊祀祖宗嚴恭之志方展

若使惟云布政負扆臨人則茅宇土堦取適而已豈必勞百姓之力制九筵而御哉誠以獲執蘋蘩虔奉宗廟故也時旣沿革莫或相遵自我作古用適於事今以上堂爲嚴配之所下室爲布政之居光敷禮訓式展誠敬來年正月一日可於明堂宗祀三聖以配上帝宜令禮官博士學士內外明禮者詳定儀注務從典要速以奏聞

永昌元年正月元日始親享明堂是月四日御明堂布政頒九條以訓于百官（是時吐蕃及諸蕃明堂成遣使來賀）以天册萬歲二年三月重造明堂成（臣欽若等曰證聖元年正月燒明堂並盡至是重造成明堂）號爲通天宮四月御通天宮之端扆殿命有司讀時令布政于羣后

玄宗開元五年正月幸東都將行大享之禮太常少卿王仁忠博士馮宗陳貞節等議以武氏所造明堂有乖典制詔令所司詳議奏聞刑部尚書王志愔等奏議請改易依舊造乾元殿乃下詔曰古之操皇綱執大象者何嘗不上稽天道下順人極或

變通以隨時變損益以成務且室創制度堂以筵用之以禮
神是光孝享用之以布政蓋稱覩祠先王所以厚人倫感天地
者也少陽有位上帝斯歆此則神貴於不黷禮[illegible]於至敬之大
明堂俯隣宮掖此之嚴祀有異寅恭苟非[illegible]何軌物由是
禮官博士公卿大夫廣參詳議欽若前古宜存露寢之式用罷
辟雍之號可改為乾元殿每臨御宜依正禮（季秋大享祀依舊於圜丘行事）
十三年將封泰山帝以靈山清潔不欲多人上欲初獻於山上
壇行事亞獻終獻於山下壇行事因召禮官學士賀知章等入講儀
注因問之知章等奏曰昊天上帝君位五方精帝臣位帝號雖
同而君臣異位陛下享君位於山上羣臣祀臣位於山下誠足
以垂範來世為變禮之大者也禮成於三初獻亞終合於一處
帝曰朕正欲如是故問卿耳於是敕三獻於山上行事其五方
帝及諸神於山下壇行事
二十年九月以新修開元新禮一百五十卷頒示天下先是十

四年通事舍人王嵒上疏請改撰禮記削去舊文而以今事編
之詔付集賢院學士詳議右丞相張說曰禮記漢朝所編遂為
歷代不刊之典今去聖久遠恐難改易今之五禮儀注貞觀顯
慶兩度所修前後頗有不同其中或未折衷望與學士等更討
論古今刪改行用制從之乃令學士右散騎常侍徐堅及左拾
遺李銳太常博士施敬本等檢撰歷年不就說卒後蕭嵩代為
集賢院學士始奏起居舍人王丘撰成至是上奏之
二十六年四月己亥朔始令太常卿韋縚讀時令于宣政殿百
寮於殿上列坐而聽之
二十七年敕古者分命公卿巡謁陵寢卒皆乘輅以備其儀雖
禮則是常不可廢闕而事有適要亦在變通宜令太僕等司每
陵各支輅兩乘年儀仗等送至陵所貯掌既免勞煩無虧肅敬
其公卿出城日如常儀至陵所准此
肅宗乾元元年十二月丙寅立春御宣政殿太常少卿于休
列讀春令常參官五品已上正員並於外殿序坐而聽之
上元二年九月改元為元年詔圓丘方澤依常存一大牢皇朝
諸祠臨時獻熟今昊天上帝太廟一牢羊豕各三餘祭盡隨事
供以備禮明火棧餇之禮亦不暇矣
元年建卯月辛亥詔曰朕敬授人時填徽月令庶無極備以獲
休徵自今已後每至四孟月迎氣之日與百辟卿士舉而行之
代宗廣德二年正月禮儀使杜鴻漸奏郊廟大禮其祝文自今
已後請依唐禮板上墨書其玉簡金字者一切停廢如允臣所
奏望編為常式制曰宜用竹簡從古禮也
德宗貞元元年十一月詔曰郊祀之義本於至誠制禮定名宜從
事實五方配帝上古哲王道濟蒸人禮著明祀論善計功則朕
德不類統天御極則朕位攸同而祝文稱臣以祭既無益誠敬
有黷等威此豈朕禋祀聰明昭格上下之意前京兆府司錄參
軍高佩上疏其理精詳朕重變舊儀訪于卿士申明大義是用

釋然宜從改正以敦至禮自今已後五方配帝祝文勿稱臣餘
禮如舊
六年十一月有事于南郊詔以皇太子為亞獻親王為終獻帝
問禮官亞獻終獻合受誓誡否吏部郎中柳冕曰準開元禮獻
官前七日於內受誓誡誓詞云各揚其職不供其事國有常刑今
以皇太子為亞獻請改誓詞云各揚其職肅奉常儀從之
憲宗元和十三年八月太常檢討王彥威進元和曲臺新禮三
十卷（彥威太常散吏於禮閣掇拾自隋已來朝廷沿革吉凶五禮以類區分撰成三十卷獻之詔授太常博士）
文宗大和八年二月中書門下奏今月十七日臣等於延英奏
事陛下以近歲陰陽不和水旱為害恐作事有乖於時令施教
未合於天心問臣等讀月令因何停廢伏以堯命羲和之官以
理四時節授之（云云）漢家相蕭何奏云陰陽者王事之本羣生之命
自古賢聖未有不由者也兼引高帝時相國蕭何奏云自天子
王侯有土之君能法天地順四時以理國家身無禍殃年壽永

乂是奉宗廟安天下之大禮也願擇明通知陰陽者四人各主一時時至明言所職宣帝紡用亦致理平開元二十五年十月制自今春夏秋冬常以孟月朔日於正殿受朝讀時令至二十六年夏四月朔始令太常卿韋縚讀時令於宣政殿之置案於殿上列坐而聽自天寶已後干戈荐興盛典久廢軍旅以便宜從事法令以權變濟時故大化不行和氣未應災沴之作實恐由斯臣等商量古者敬其事則命以始請從來年正月依開元禮讀時令陛下御宣政殿如朝朔之禮兼請太常卿先撰儀注務於簡便以酌時宜所冀簡而易從行之可久從之開成三年二月太常卿王起進勑造禮神十玉圖

晉高祖天福初詔國朝文物制度起居入閤宜依唐明宗朝事例施行（臣欽若等曰五代禮志所述五禮皆沿前代无所改易故不編錄）

儀注

王者成治定之業垂明備之制大則封禪郊廟社稷之事次則朝覲享宴冠婚之文其或舊章堙沒書記罕存則必訪博見洽聞之士咨該練敏識之流俾夫沿革於古今損益乎名數討河閒之墜簡講潘中之舊聞車服羽儀煥然咸序聲明文物浹於天下億兆觀之而悅服夷狄仰之而內向所以傳徐氏之容者曲臺之記載諸油素垂爲軌範可不美歟

周周公旦成王時爲相制威儀三千（所謂冠婚吉凶盡儀禮是）

漢叔孫通以高祖爲漢王時通爲博士漢王已并天下諸侯共尊爲皇帝於定陶通成其儀號（就成也）

后蒼元帝時爲博士著曲臺記（行射禮於曲臺后蒼爲記）

後漢衛宏字敬仲光武時爲議郎撰漢舊儀四卷漢中興儀一卷

馬伯第（史不載官自此已後不書官者皆史闕）建武末制封禪儀

樊儵明帝時爲長水校尉與公卿雜定郊祀禮儀

鄭玄爲大司農撰喪服譜一卷

應劭獻帝時以前太山太守爲袁紹軍謀校尉時始遷都於許舊章堙沒書記罕存劭慨然歎息乃綴集所聞著中漢輯敘漢官儀及禮儀故事凡十一種百三十六卷朝廷制度百官儀式所以不亡者由劭之記

劉表爲荆州刺史撰新定禮一卷

魏荀攸魏國初建爲尚書令撰魏官儀一卷（一說魏覬爲尚書受詔典著作爲魏官儀）

王粲爲侍中時舊儀廢弛興造制度粲常典之

蜀蔣琬爲丞相撰喪服要義一卷

吳張昭爲綏遠將軍與孫紹滕胤鄭禮等採周漢撰定朝儀

射慈爲齊王傅撰喪服變除圖五卷

晉衛瓘爲太保撰喪服儀一卷

荀顗爲司空撰晉新儀二十卷

杜預爲鎮南將軍撰喪服要集二卷

崔遊爲相府舍人撰喪服圖一卷行於世

蔡謨爲司徒撰晉七廟錄十卷

范汪爲安化將軍撰諸府州郡儀十卷

賀循爲司空撰喪服要記十卷喪服譜一卷

環濟爲太學博士撰喪服要略一卷

葛洪爲散騎常侍撰喪服變除一卷

孔衍爲廣陵相撰凶禮一卷

劉逵爲侍中撰喪服要記二卷

范隆爲國子祭酒撰三禮吉凶宗紀甚有條義

其褒（史失其姓）爲安成太守撰新定儀注四十卷（按隋書經籍志有晉雜儀注十一卷晉尚書儀十卷甲辰儀五卷封禪儀六卷鹵簿圖一卷鹵簿儀二卷史失撰人姓名）

宋徐廣晉末爲漢祖文學祭酒義熙初奉詔撰車服儀注又撰尚書儀曹所定儀注四十一卷車服雜注一卷

何承天爲錢塘令高祖在壽陽召爲尚書祠部郎中與傅亮共撰朝儀

庾蔚之爲員外散騎常侍撰喪服二十一卷

傅暢撰晉公卿禮秩故事九卷

范曄為太子詹事撰百官階次一卷

張鏡為新安太守撰東宮儀記二十三卷

徐爰撰家儀一卷按隋書經籍志有宋儀注十卷又有宋儀注二十卷宋尚書雜注十八卷宋長沙檀太妃喪服古書十二卷史失所撰姓名

南齊王儉為衛將軍撰喪服古今集記三卷弔答書儀十卷吉凶書儀二卷

王弘為太保撰書儀十卷

王俊之為光祿大夫撰喪服世行要記十卷禮儀制度十三卷

王珪之為長水校尉撰齊職儀凡五十卷永明中其子中軍參軍顯啓上詔付秘閣按隋書經籍志有齊鹵簿儀一卷諸衛左右衛旗圖樣一卷史失所撰人姓名

梁伏曼容初仕齊為太子率更令與衛將軍王儉深相交好令與河内司馬憲吴郡陸澄共撰喪服古今集記

何胤仕齊為國子博士時尚書令王儉受詔撰新禮未就而卒又使特進張緒續成之緒又卒屬在司徒竟陵王子良子良以讓胤乃置學士二十人佐胤撰録有政禮十卷士喪儀注九卷按南齊列傳中書郎蔚繪吳郡張稷並助胤治禮儀也

嚴植之天監初板後軍騎兵參軍事高祖詔求通儒治五禮有司奏植之治凶禮撰儀注四百七十九卷録四十五卷

明山賓為國子博士撰吉禮儀注二百四十四卷禮儀二十卷孝經喪服十五卷録六卷一云吉禮儀注十卷賓禮儀注十卷

陸璉撰軍禮儀注一百九十二卷録二卷

賀瑒為步兵校尉領五經博士撰賓禮儀注一百四十五卷一云六十卷

司馬褧為晉安王長史撰嘉禮儀注一百一十二卷録二卷

鮑泉為五經博士於議禮尤明撰新儀四十卷行於世一云三卷

謝朏為司徒尚書令撰書筆儀二十卷

任昉為新安太守撰梁儀注十卷

丘仲孚為豫章太守撰尚書具事雜儀行於世又撰皇典

徐勉為衛將軍撰齊職儀十卷又撰太廟祀文二卷

何點徵侍中不起撰禮儀注九卷

周捨為太子詹事卒撰書儀疏一卷

周遷撰古今輿服雜事二十卷

蕭子雲為國子祭酒撰東宮新記二十卷

裴子野為通直郎撰喪服傳一卷

鮑行卿為步兵校尉撰皇室儀十三卷按隋書經籍志有梁雜凶禮四十二卷雜儀注一百八卷梁尚書雜儀注四十一卷史失撰人姓名

陳沈文阿為通直散騎常侍兼國子博士撰儀禮八十餘卷

馬樞字要理徵度支尚書辭不應命撰近儀四卷

鄭灼為尚書儀曹郎廣沈文阿儀注撰五禮成家為國子助教

始興王府録事參軍袁於梁代撰三禮儀記值亂亡失按隋書經籍志有陳尚書雜儀注五百五十卷陳吉禮一伯七十一卷陳賓禮六十五卷陳軍禮六卷陳嘉禮一百二卷鹵簿圖一卷史失撰人姓名

後魏崔玄伯道武時為黄門侍郎撰朝覲饗宴郊廟社稷之儀

李韶為儀曹令孝文時脩改車服及羽儀制度皆令韶典焉宣武時遷將作大匠勑參定朝儀律令

常景為大常博士與太常劉芳撰朝令未及班行別典儀注多所草創未成芳卒景纂成其事拜謁者僕射孝明時勑撰太和之後朝儀已施行者凡五十餘卷後遷中書舍人與侍中崔光安豐王延明受詔議定服章勑景參脩其事遷為中散大夫蠕蠕主阿那瓌歸闕朝廷疑其位次高陽王雍訪景曰昔咸寧中南單于來朝晉世處之王公特進之下今日為班宜在藩王儀同三司之間雍從之靈太后詔依漢世陰鄧二后故事親奉廟禮與帝交獻景據正以定儀注朝廷是之後為秘書監撰儀注三十卷

邢昕為中書侍郎受詔與秘書監常景典儀注事出帝行釋奠禮昕與秘書郎裴伯茂等俱為録義

壽觀為著作佐郎與太常少卿李神儁光祿大夫王誦等在尚書上省撰定朝儀按隋書經籍志有後魏儀注五十卷史失撰人姓名

北齊崔暹初仕後

魏爲太子中庶子孝明將太子納妃斛律氏勑聘與鴻臚崔劼撰定婚禮儀注仍面受別旨曰雖有舊事恐未盡善可好定此儀以爲後式

崔昂爲散騎常侍與太子少師邢邵議定國初禮

趙彥深爲司徒撰吉禮七十二卷皇太子喪禮十卷

宋景脩爲秘書監天統中詔與趙郡王叡等議定五禮（隋書經籍志有後齊儀注二百九十卷嘉礼三十八卷國親皇太子序親簿一卷史失所撰姓名）

後周周惠達初仕西魏爲右僕射自關右草創禮樂缺然惠達與禮官損益章至是儀軌稍備

蘇綽仕西魏爲中書侍郎文帝大統初儀制多闕太祖令綽與盧辯據禮經等參定之

薛寘仕西魏爲中書令朝廷方改物刑制欲行周禮乃令寘與少宗伯盧辯斟酌古今共詳定之

庾季才爲司宗中大夫內史撰新儀十編（一云書儀十卷）

隋薛道衡初仕北齊爲散騎常侍武平初詔與諸儒脩定五礼宇文弢初仕後周爲禮部上士奉詔定五禮裴政仕周爲散騎侍郎與盧辯依周禮建六卿設公卿大夫士并撰次朝儀車服器用多遵古禮革漢魏之法事並施行

潘徽字伯彥吳郡人煬帝鎮江都引爲揚州博士令諸儒撰江都集禮一部復令徽作序（按隋書經籍志有婦人書儀八卷失撰人姓名又有梁脩端文儀二卷唐開元內外書儀四卷又裴茝書儀三卷李䕫撰李家儀十卷錄一卷釋氏僧家書儀五卷失其朝代）

唐竇威隋末爲考功郎稱病去官及高祖定關中引爲相國司錄草創儀制多威所定高祖嘗謂裴寂曰叔孫通不能加也

令狐德棻累官太常卿撰皇帝封禪儀六卷張文琮爲江州刺史撰喪儀纂要七卷

姚璹爲納言則天將封嵩岳命璹總知撰儀注

路敬淳爲太子司議郎崇賢館學士數受詔修緝吉凶雜儀

韋叔夏爲春官員外郎將拜洛及享明堂皆別授制共當時儒者祝欽明郭山惲撰定儀注凡所立義衆咸推伏久之歷遷均司業久視元年下制曰吉凶禮儀家國所重博士亦其詳成均司業韋叔夏太子率更令祝欽明博涉經史多所該練宜以參掌與得精詳自今禮司所修儀注並令叔夏等刊定訖然後進

鄭餘慶爲右僕射憲宗以其諳練典章朝廷禮樂制度有乖故事專委餘慶參酌施行遂爲詳定使又以刑部侍郎韓愈禮部侍郎李程副知詳定左司郎中崔郾吏部郎中陳諷刑部員外楊嗣復禮部員外庾敬休並充詳定判官從餘慶之請也朝廷儀制吉凶五禮咸有損益焉

韋處厚爲翰林學士敬宗寶曆末樞密使王守澄議立文宗問儀於處厚處厚該博今古一夕制置無不得礼且曰詔旦江王宜先下教布告群臣言以內平難了教訖群臣然後合班勸進礼畢太皇太后當有令奏冊江王即皇帝位於是一如處厚議

後唐劉岳爲太常卿文孝之外編於典礼明宗天成中奉詔撰新書儀一部文約而理當至今行於世

冊府元龜卷第五百六十四

掌禮部三

作樂

易曰先王以作樂崇德而薦之上帝傳曰功成作樂又云移風易俗莫善於樂蓋古之應期運改正朔一統類協群志未有不正金石之聲定綴兆之容以象乎功德以和乎人神者也三五而降因革殊制曷嘗不參考鍾律推本天理和聲而通乎政成文而協於雅以共祀事以導物情與德音而共流偕禮容而爲盛至於干戚羽旄之物鏗鏘鼓舞之變損益云異沿襲不同若乃宣暢乎鬱堙秩飾乎宴喜以節百事以行八風法象之所存治道之所出非可以暫廢者已

朱襄氏之治天下也(朱襄氏古天子炎帝之別號)多風陽氣畜積萬物散解果實不成(解落也有實曰果也)故士達作爲五絃之瑟以來陰氣以定群生(士達朱襄氏臣)

葛天氏之樂三人操牛尾投足以歌八闋(葛天氏古帝名也投足猶蹀足闋也)一曰載民二曰玄鳥三曰遂草木四曰奮五穀五曰敬天常六曰達帝功七曰依地德八曰總禽獸之極(樂之八篇名也)

伏羲樂名扶來亦曰立基(一云伏羲有網罟之詠)

神農樂名扶持亦曰下謀(一云神農有五絃)

黃帝令伶倫作爲律(伶倫黃帝臣也)伶倫自大夏之西(大夏西方之山)乃之阮隃之陰(阮隃山名也山北曰陰)取竹之嶰谷以生空竅厚鈞者斷兩節間(生竹嶰谷者取鈞者斷兩節間以爲鐘律管也[illegible])其長三寸九分而吹之以爲黃鐘之宮(竹長三寸九分吹之音中黃鐘之宮)吹曰含少次制十二筒(六律六呂各有管故曰十二筒含或作合)以之阮隃之下聽鳳凰之鳴以別十二律其雄鳴爲六雌鳴亦六以比黃鐘之宮適合(合和諧也)黃鐘之宮皆可以生之故曰黃鐘之宮律之本也(法鳳之雌雄故律有陰陽上下相生故曰黃鐘之宮皆可以生之也)黃帝又令伶倫與榮援鑄十二鐘和五音以施英韶以仲春之月乙卯之日日在奎始奏之命曰咸池(奏十二鐘樂名咸池)是時岐伯作鼓吹蓋短簫鐃歌(蔡邕曰軍樂也所以揚德建武勸士諷敵也)

少昊作大淵

顓頊生自若水實處空桑(顓居也空桑邑也)乃登爲帝惟天之合正風乃行(惟天之合德與天合也風化也)其音若熙凄鏘帝顓頊好其音乃令飛龍効八風之音(八風八卦之風也)命之曰承雲(承雲一云作六英)以祭上帝(上帝昊天上帝)乃命鱓先爲樂倡(倡始也)鱓乃偃寢以其尾鼓其腹其音英英(英英和盛貌)

帝嚳命咸黑作爲唐歌九招六列六英倕有作爲鼙鼓鐘磬吹苓管壎篪鞀椎鐘帝嚳乃令人抃或鼓鼙(兩手相擊曰抃)擊鐘磬吹苓展管篪因令鳳鳥天翟舞之帝嚳大喜乃以康帝德([illegible])

帝堯立乃命質爲樂質乃効山谿之音以歌(質當爲夔)乃以麋[illegible]冒缶而鼓之(鼓擊)乃拊石擊石以象上帝玉磬之音以舞百獸瞽叟乃拌五絃之瑟作以爲十五絃之瑟(拌分)命之曰大章以祭上帝(堯作大章)又以陰多伏湛積陽道壅塞不行其序(有洪水之災)民氣鬱閼(滯著之過)筋骨瑟縮不達故作爲舞以宣道之

帝舜作五絃之琴以歌南風(以堯有十五絃之瑟益以八絃爲二十三絃之瑟)又命伯禹爲司空四海之內咸戴帝舜之功於是禹乃興九招之樂(韶繼也九言舜能繼堯之[illegible])致異物鳳凰來翔又命夔曰汝典樂教胄子聲依永律和聲(律謂六律六呂十二月之音氣也言當依聲律以和樂也)八音克諧無相奪倫神人以和夔曰戛擊鳴球搏拊琴瑟以詠祖考來格([illegible])虞賓在位群后德讓(丹朱爲王者後故稱賓與諸侯助祭班爵同推先有德)下管鼗鼓合止柷敔(堂下樂也上下合止樂各有柷敔[illegible])笙鏞以間鳥獸蹌蹌([illegible])簫韶九成鳳凰來儀([illegible])夔曰於予擊石拊石百獸率舞庶尹允諧(尹正也[illegible])始作樂以賞諸侯

夏禹命皋陶作爲夏籥九成以昭其功([illegible])

殷湯命伊尹作大濩歌晨露脩九招六列以見其善大濩晨露九招六列皆樂名也

周文王始居岐山之陽躬行召南之教以成王業至三分天下乃宣周南召南之化本其徳之初刑于寡妻至于兄弟以御于家邦故謂之鄉樂用之房中

武王作大武註言以武定天下也又奏象舞象用兵時刺伐之舞故作維清之詩焉

成王始作樂而合乎祖作有瞽之詩註王者治定制禮功成作樂合者大合諸樂而奏之

周公居攝既成洛邑朝諸侯率以祀文王作清廟之詩以歌焉諸侯助祭遣於廟作臣工之詩又作勺言能勺先祖之道也又有房中之樂以歌后妃之德春官大司樂舞教國子公卿大夫之子弟也舞雲門大卷大咸大韶大夏大護大武此周所存六代之樂黄帝曰雲門大卷黄帝能成名萬物以明民共財言其德如雲之所出民得以有族類以六律六同五聲八音六舞大合樂以致鬼神示以和邦國以諧萬民以安賓客以説遠人以作動物六律合陽聲者六同合陰聲者此十二者以銅爲管轉而相生黄鍾爲首其長九寸各因而三之上生者三分益一分下生者三分去一分國語曰律所以立均出度也古之神瞽考中聲而量之以制度律均鍾言以中聲定律以律立鍾之均也大合樂者謂徧作六代之樂以冬日至作之致天神人鬼以夏日至作之致地祇物鬽動物羽臝之屬虞書云夔曰戛擊鳴球搏拊琴瑟以詠祖考來格虞賓在位羣后德讓下管鼗鼓合止柷敔笙鏞以閒鳥獸蹌蹌簫韶九成鳳皇來儀夔又曰於予擊石拊石百獸率舞庶尹允諧此其於宗廟九奏效應之也乃分樂而序之以祭以享以祀分謂各用一代之樂乃奏黄鍾歌大呂舞雲門以祀天神黄鍾陽聲之首大呂爲之合奏之以祀天神尊之也天神謂五帝及日月星辰也王者又各以夏正月祀其所受命之帝於南郊尊之也孝經説曰祭天南郊就陽位是也乃奏太蔟歌應鍾舞咸池以祭地祇太蔟陽聲第二應鍾爲之合咸池大咸也地祇所祭於北郊謂神州之神及社稷也乃奏姑洗歌南呂舞大韶以祀四望姑洗陽聲第三南呂爲之合四望五嶽四鎮四竇此言祀者司中司命風師雨師或亦用此樂與乃奏蕤賓歌函鍾舞大夏以祭山川蕤賓陽聲第四函鍾爲之合函鍾一名林鍾乃奏夷則歌小呂舞大濩以享先妣夷則陽聲第五小呂爲之合小呂一名中呂先妣姜嫄也姜嫄履大人迹感神靈而生后稷是周之先母也周立廟自后稷爲始祖姜嫄無所妃是以特立廟而祭之謂之閟宫閟神之乃奏無射歌夾鍾舞大武以享先祖無射陽聲之下也夾鍾爲之合夾鍾一名圜鍾先祖謂先王先公王出入則令奏王夏尸出入則令奏肆夏牲出入則令奏昭夏二夏皆樂章名凡日月食四鎮五嶽崩大傀異災諸侯薨令去樂四鎮山之重大者謂揚州之會稽山青州之沂山幽州之醫無閭山冀州之霍山五嶽岱在兖州衡在荆州華在豫州嶽在雍州恒在幷州大傀異災謂天地奇變若星辰奔霣及震裂爲害者去樂藏之也春秋傳曰壬午猶繹萬入去籥萬言入則去者不入藏之可知也大札大凶大災大臣死凡國之大憂令弛縣札疫癘也凶年穀不孰也災水火也弛釋下之若今休兵鼓之爲也

秦始皇更周房中樂名曰壽人又更周舞名曰五行舞

漢高帝時叔孫通因秦樂人制宗廟大祝迎神于廟門奏嘉至嘉善也至神之至也皇帝入廟門奏永至以爲行步之節猶古采薺肆夏也歌樂在此樂歌詩乾豆上奏登歌獨上歌不以筦絃亂人聲欲在位者徧聞之猶古清廟之歌也登歌再終下奏休成之樂美神明既饗也皇帝就酒東廂坐定奏永安之樂美禮已成也又有房中祠樂高祖唐山夫人所作也唐山姓也周有房中樂至秦名曰壽人凡樂樂其所自生禮不忘其本高祖樂楚聲故房中樂楚聲也四年作武德舞以象天下樂已行武以除亂也高祖初奏六年更名招舞曰文始以示不相襲也又作昭容樂禮容樂昭容者猶古之昭夏也主出武德舞禮容者主出文始五行舞舞人無樂者將至至尊之前不敢以樂也出用樂言舞不失節能以樂終也大氐皆因秦舊事焉十一年高祖破英布軍還過沛置酒沛宮與故人父老相樂醉酒觀樂作風起之詩令沛中兒一百二十人習而歌之

惠帝二年使樂府令夏侯寬備其簫管更房中樂曰安世樂

文帝時樂人竇公桓譚新論云竇公年百八十歲兩目皆盲文帝奇之問曰何由至此對曰臣年十三失明父母哀其不及眾技教鼓琴臣導引無所服餌獻其書乃周官大宗伯之大司樂章也帝自造四時舞以示天下之安和也

景帝元年十月詔高廟酎奏武德文始五行之舞孝惠廟酎奏文始五行之舞孝文廟奏昭德之舞昭明也以明休德

武帝定郊祀之禮乃立樂府始置之也樂府之名蓋起於此采詩夜誦采詩依古遒人徇路采取百姓謳謡以知政教得失也夜誦者其言辭或秘不可宣露故於夜中歌誦也有趙代秦楚之謳初李延年以好音見帝善之下公卿議曰民間祠有鼓舞樂今郊祀而無樂豈稱乎公卿曰古者祠天地皆有樂而神祇可得而禮或

曰泰帝使素女鼓五十絃瑟悲帝禁不止（不止謂不能自止也）故破其瑟為二十五絃於是塞南越禱祠泰一后土始用樂舞益召歌兒（歌兒幾多也）作二十五絃及空侯瑟自此起延年為協律都尉多舉司馬相如等數十人造為詩賦畧論律呂以合八音之調作十九章之歌以正月上辛用事甘泉圜丘使童男女七十人俱歌昏祠至明（十九章歌練時日一帝臨二青陽三朱明四西顥五玄冥六惟泰元七天地八日出入九天馬十天門十一景星十二齊房十三后皇十四華爗爗十五五神十六朝隴首十七象載瑜十八赤蛟十九）又作安世房中歌十七章是時河間獻王德有雅材亦以為治道非禮樂不成因獻所集雅樂（一云河間獻王好儒與毛生等共采周官及諸子言樂事者以作樂記八佾之舞與制氏不相遠）天子下大樂官常存肄之（肄習也）歲時以備數然不常御常御及郊廟皆非雅聲（郊廟詩歌未有祖宗之事八音調均又不協於鍾律而內有掖庭材人外有上林樂府皆以鄭聲施於朝廷）宣帝本始二年六月尊孝武廟為世宗廟奏盛德文始五行之舞成帝建始元年丞相匡衡奏罷鸞路龍鱗（未詳）更定詩曰涓選休成（涓除也除惡選美成習也）

又奏罷鄙繡周張更定詩曰肅若舊典是時謌者常山王禹世受河間樂能說其義其弟子宋曅等上書言之下大夫博士平當等考試當以為漢承秦滅道之後賴先帝聖德博受兼聽修廢官立大學河間獻王聘求幽隱修興雅樂以助化時大儒公孫弘董仲舒等皆以為音中正雅立之大樂春秋鄉射作於學官希闊不講（希闊謂不講習也）故曰公卿大夫觀聽者但聞鏗鏘不曉其意而欲以風諭衆庶其道無由（由從也）是以行之百有餘年德化至今未成暑等守習孤學大指歸於興助教化衰微之學興廢在人宜領屬雅樂以繼絶表微（表顯也）孔子曰人能弘道非道弘人（論語載孔子之言）河間區區小國藩臣（區區小也）以好學修古能有所存（存謂存於禮樂）民到于今稱之況於聖主廣被之資（被猶覆被也）修起舊文放鄭近雅述而不作信而好古於以風示海內揚名後世誠非小功小美也事下公卿以為久遠難分明當議復寢是時鄭聲尤甚黃門名倡丙彊景武之屬富顯於世貴戚五侯定陵富平外戚之家淫侈過度（五侯王鳳以下也定陵淳于長也富平張放）至與人主爭女樂哀帝自為定陶王時疾之又性不好音及即位下詔曰惟世俗奢泰文巧而鄭衞之聲興夫奢泰則下不孫而國貧文巧則趨末背本者衆鄭衞之聲興則淫辟之化流而欲黎庶敦朴家給人足猶濁其源而求其清流豈不難哉孔子不云乎放鄭聲鄭聲淫其罷樂府官郊祭樂及古兵法武樂在經非鄭衞之樂者條奏別屬他官丞相孔光大司馬何武奏郊祭樂人員六十二人給祠南北郊大樂鼓員六人嘉至鼓員十人邯鄲鼓員二人騎吹鼓員三人江南鼓員二人淮南鼓員四人巴俞鼓員三十六人（巴巴俞也俞人也高祖初為漢王得巴俞人並趫捷善鬭與之定三秦滅楚因存其武樂也巴俞之樂因此始也巴即今之巴州俞即今之渝州各其本地）歌鼓員二十四人楚嚴鼓員一人梁皇鼓員四人臨淮鼓員二十五人茲邡鼓員三人凡鼓十二員百二十八人朝賀置酒陳殿下應古兵法外郊祭員十三人諸族樂人兼雲招給

祠南郊用六十七人（招讀與韶同）兼給事雅樂用四人夜誦員五人剛別柎員二人給盛德（剛及別柎皆鼓名也）主調篪員二人（篪以竹為之七孔亦笛之類也）聽工以律知日冬夏至一人鍾工磬工簫工員各一人僕射二人主領諸樂人皆不可罷竽工員三人一人可罷（竽笙類也三十六簧）琴工員五人三人可罷柱工員二人一人可罷（柱工主箏之柱者）繩絃工員六人四人可罷（繩絃主絃琴瑟之弦繩絃合作之也）鄭四會員六十二人一人給事雅樂六十一人可罷張瑟員八人七人可罷安世樂鼓員二十人十九人可罷沛吹鼓員十二人族歌鼓員二十七人陳吹鼓員十三人商樂鼓員十四人東海鼓員十六人長樂鼓員十三人縵樂鼓員十三人（縵樂雜樂也）凡鼓八員百二十八人朝賀置酒陳前殿房中不應經法治竽員五人楚鼓員六人常從倡三十人常從象人四人（象人若今戲蝦魚師子者也）詔隨常從倡十六人秦倡員二十九人秦倡象人員三人詔隨秦倡一人雅大人員九人朝賀置酒為樂楚四會員十七人巴四會員十二人銚四會

員四十二人[illegible]四會員十九人蔡謳員三人齊謳員六人竽瑟鐘磬員五人皆鄭聲可罷師學百四十二人其七十二人給大官挏馬酒[illegible]其七十人可罷大凡八百二十九人其三百八十八人不可罷可領屬大樂其四百四十一人不應經法或鄭衛之聲皆可罷奏可

後漢光武建武十三年四月平公孫述傳送述瞽師郊廟樂器葆車輿輦於是法物始備[illegible]增廣郊祀高皇帝配食樂奏青陽朱明西皓玄冥雲翹育命舞北郊及祀明堂並奏樂如南郊迎時五部春哥青陽夏哥朱明並舞雲翹之舞秋哥西皓冬哥玄冥並舞育命之舞季夏哥朱明兼舞二舞

明帝永平三年八月戊辰改太樂官曰太予樂詩曲操以俟君子初帝即位博士曹充上言漢再受命仍有封禪之事而禮樂崩壞不可爲後嗣法五帝不相沿樂三王不相襲禮大漢自制禮以示百世帝問制禮樂云何充對曰河圖括地象曰有漢世禮樂文雅出尚書琁機鈐曰有帝漢出德洽作樂名予帝善之是歲公卿奏議世祖廟登歌八佾舞功名東平王蒼議以爲漢制舊典宗廟各奏其樂不皆相襲以明功德秦爲無道殘賊百姓高帝受命誅暴元元各得其所萬國咸熙作武德之舞孝文皇帝躬行節儉除誹謗去肉刑澤施四海孝景皇帝制昭德之舞孝武皇帝功德茂盛威震海外開地置郡傳之無窮孝宣皇帝制盛德之舞光武皇帝受命中興撥亂反正武暢方外震服百蠻戎狄奉貢宇內治平登封告成修建三雍肅穆典祀功德巍巍比隆前代以兵平亂武功盛大歌所以詠德舞所以象功世祖廟樂名宜曰大武之舞元命包曰緣天地之所雜樂爲之文典文王之時民樂其興師征伐而詩人稱有武功璇璣鈐曰有帝漢出德洽作樂名予與虞韶禹夏湯護周武無異不宜以名舞叶圖徵曰大

樂必易辭傳曰頌言成也一章成篇也宜列德故登歌清廟一章也漢書百官頌所登御者一章十四句依書文始五行武德昭真修之舞節損益前後之宜六十四節爲舞曲副八佾之數十月蒸祭用其文始五行之舞如故勿進武德舞歌詩曰於穆世廟肅雍顯清俊乂翼翼秉文之成越序上帝駿奔來寧建立三雍封禪泰山章明圖讖放唐之文休矣惟德罔射協同本支百世永保厥功詔書曰驃騎將軍議可進武德之武如故也十月蒸祭光武廟（冬祭曰蒸蒸之言衆也冬物畢成可祭者衆）初奏文始五行武德之舞（文始舞者本舜韶舞也高祖六年更名曰文始[illegible]五行舞者本周舞也秦始皇二十六年更名曰五行[illegible]武德者高祖四年作[illegible]光武草創禮樂未備今始奏之[illegible]）二月有司奏尊明帝廟曰顯宗其四時禘祫於光武之堂間祀悉還更衣共進武德之舞如孝文皇帝祫祭高廟故事制曰可

建初二年七月太常丞鮑鄴上樂事下車騎將軍馬防防奏言鄴上言王者飲食必須四時五味故有食舉之樂所以順天地養神明求福應也移風易俗莫善於樂樂者天地之和不可久廢今官樂但有太簇皆不應月律可作十二月均各應其月氣乃能感天地和氣宜應明帝始造靈臺六律候而未設其門樂絃曰十二月行之所以宣氣豐物也月開斗建之門而奏歌其律誠宜施行須慎待詔嚴崇及能作樂器者共作治之考工給所直詔下太常太常上言作樂器直錢百四十六萬請太僕作之奏寢今明詔下臣防臣輒問鄴及待詔知音律者皆言聖人作樂所以宣氣致和順陰陽也臣愚以爲可順上天之明待因歲首令正發太簇之律奏雅頌之音以迎太平以迎和氣其條貫甚備詔書以防言下三公也[illegible]

元和元年玄武司馬班固奏籍田歌用商頌載芟詞先農

二年改宗廟樂

三年帝自作詩四篇一曰思齊姚皇二曰六騏驎三曰竭肅雍

四曰陟叱根合前六曲（故事食舉有鹿鳴承元氣二曲今有詩四篇並）以為宗廟食舉加重來上陵二曲合八曲為上陵食舉減宗廟食舉承元氣一曲加惟天之命天之曆數二曲合七曲為殿中御食飯舉又漢太樂食舉十三曲一曰鹿鳴二曰重來三曰初造四曰俠安五曰歸來六曰遠期七曰有所思八曰明星九曰清涼十曰涉大海十一曰大置酒十二曰承元氣十三曰海淡淡（魏氏及荀勗傳玄並為哥辭魏時以遠期承元氣海淡淡三曲多不通利省之）

和帝以章和二年二月即位三月有司奏章帝廟號曰肅宗共進武德之舞制曰可（蔡邕曰自東京大亂絕無金石之樂樂章亡不可復知故光武廟樂不可記）

順帝陽嘉二年十月庚午行禮辟雍奏應鍾始復黃鍾作樂隨月律（黃鍾子鍾之律長九寸有輕重長短度量其出隨月律正月律中太簇二月律中夾鍾三月律中姑洗四月律中仲呂五月律中蕤賓六月律中林鍾七月律中夷則八月律中南呂九月律中無射十月律中應鍾十一月律中黃鍾十二月律中大呂東京元和已來音律不調修復如舊典）

靈帝熹平四年正月中出雲臺十二門新詩下太予樂官習誦被聲是西園鼓吹有李堅者能鼙舞聲辭未詳所起然漢代已施於燕享矣傅毅張衡所賦皆其事也舊曲有五篇一關東有賢女二章和二年中三樂久長四四方皇五殿前生桂樹

獻帝建安八年十月己巳公卿初迎冬於北郊總章始復備八佾舞（袁宏紀云迎氣五郊始用八佾舞佾列也謂舞者之行列因亂廢今始備之總章樂官名古之安代樂）

魏太祖以後漢建安十八年魏國初建侍中王粲作登歌安世詩先是太祖平荊州獲漢雅樂郎河南杜夔能識舊法以為軍謀祭酒使創定雅樂時又有散騎郎鄧靜尹商善訓雅樂歌師尹胡能歌宗廟郊祀之曲舞師馮肅服養曉知先代諸舞夔悉總領之遠詳經籍近採故事考會古樂始設軒懸鐘磬

文帝黃初元年公卿奏曰臣聞德盛而化隆者則樂舞足以象其形容音聲足以發其哥詠故薦之郊廟而鬼神享其和用之朝廷則君臣樂其度使四海之內徧知至德之盛而光輝日新者禮樂之謂也故先王殷薦上帝以配祖考蓋當其時而制之

矣周之末世上去唐虞幾二千年韶箾南籥武象之樂風聲遺烈皆可得而論也由斯言之禮樂之事弗可以已今太祖武皇帝樂宜曰咸熙之舞咸皆也熙興也言應受命之運天下由之皆興也至於群臣述德論功建定烈祖之稱而未制樂舞非所以昭德紀功夫哥以詠德舞以象事於文文武為斌兼平文武聖德所章明也臣等謹制樂名章斌之舞昔簫韶九奏親於虞帝之庭武象大武亦振於文武之作特以顯其德教著其成功天下被服其光輝習詠其風聲者也自漢高祖文帝各逮其時而為武德四時之舞以當今成業之美播揚弘烈莫盛於章斌焉樂志曰鍾磬干戚所以祭先王之廟又所以獻酬酳酢也在宗廟之中君臣莫不致敬族長之中長幼無不從和故仲尼答賓牟賈之問曰周道四達禮樂交通傳云有禘樂賓祭禮大享之用盛樂之明文也今事於天地宗廟則此三舞之然後乃合古制事神訓民之道關於萬代其義益明又臣等思惟三舞宜有總名可名大鈞之樂鈞平也言大魏三世同功以至隆平也於名為美於義為當尚書奏宜如所上帝初不許制章斌之樂三請乃許之

三年改漢巴渝舞曰昭武舞（漢高祖自蜀漢定三秦閬中范因率賨人以從帝為前鋒及定秦中封因為閬中侯復賨人七姓其俗喜舞高祖樂其猛銳數觀其舞後使樂人習之閬中有渝水因其所居故名曰巴渝舞舞曲有矛渝本歌曲安臺本歌曲行辭本歌曲四篇其辭既古莫能曉其句度魏初乃使軍謀祭酒王粲改創其辭粲問巴渝帥李管种玉歌曲意試使歌聽之以考校歌曲而為之改為矛渝新福歌曲弩渝新福歌曲安臺新福歌曲行辭新福歌曲行辭以述魏德至是改曰昭武）改宗廟安世樂曰嘉止樂嘉至樂曰迎靈樂招容樂曰昭業樂雲翹舞曰鳳翔舞育命舞曰靈應舞武德舞曰武頌舞文始舞曰大韶舞五行舞曰大武舞其眾哥詩多即前代之舊唯魏國初建如王粲所作所以頌物表德而不忘其本者也凡音樂以舞為主自黃帝雲門以下至于周大武皆太廟舞名也然則其所司之官皆曰太樂所以總領諸物不可以一物名武皇帝廟樂未稱其議定廟樂及樂舞舞者所執綴旄

之制聲歌之詩務令詳備樂官自如故爲大樂太樂漢舊名後漢依讖改太予樂官至是改復舊

明帝太和中左延年改杜夔三曲更自作聲節初夔傳舊雅樂四曲一曰鹿鳴二曰騶虞三曰伐檀四曰文王皆古聲辭延年改之其名雖存而聲實異唯因夔鹿鳴全不改易每正旦大會太尉奉璧羣后行禮東廂雅樂常作者是也後又改三篇之行禮詩第一曰於赫篇詠武帝聲節與古鹿鳴同第二曰巍巍篇詠文帝用延年所改騶虞聲第三曰洋洋篇詠明帝用延年所改文王聲第四曰復用鹿鳴鹿鳴之聲重用而除古伐檀

齊王景初元年尚書奏考覽三代禮樂遺曲據功象德奏作武始咸熙章斌三舞皆執羽籥武皇帝撥亂反正爲魏太祖樂用武始之舞文皇帝應天受命爲魏高祖用咸熙之舞明帝制作興治爲魏烈祖樂用章斌之舞三祖之廟萬世不毀是時尚書奏祀圜丘以下武始舞者冕黒介幘玄衣裳白領袖絳領袖中衣絳合幅袴絳絲韈黒韋鞮咸熙舞者冠委貌其餘服如前章斌舞者與武始咸熙舞者同服奏於朝庭則武始舞者武冠赤介幘生絳袍單衣絳領袖皂領袖中衣虎文畫合幅袴白布韈黒韋鞮咸熙舞者進賢冠黒介幘生黄袍單衣白合幅袴其餘服如前奏可史臣案武始咸熙二舞冠制不同而云章斌與武始咸熙同服不知何冠也侍中繆襲又奏安世歌本漢時歌名今詩歌非往詩之文則宜變改案周禮注云安世樂猶周房中之樂也是以往昔議者以房中歌后妃之德所以風天下正夫婦宜改安世之名曰正始之樂自魏國初建故侍中王粲所作登歌安世詩專以思詠神靈及説神靈鑒享之意襲後又依歌省讀漢安世歌詩亦説高張四縣神來燕享嘉薦令儀永受厥福無有二南后妃風化天下之言今思惟往者謂房中爲后妃之歌者恐失其意方祭祀娛神登堂歌先祖功德下堂歌詠燕享無事歌后妃之化也自宜依其事以名其樂歌改安世歌曰享神歌奏可是年尚書奏曰文昭皇后廟置四縣之樂當銘顯其均奏次第依太祖廟之名号曰昭廟之具樂尚書奏曰禮婦人繼夫之爵同牢配食者樂不異文昭皇后今雖別廟至於宮縣樂器音均宜如襲議奏可散騎常侍王肅議曰王者以其禮制事天地今説者據周官單文爲經國大體懼其局而不知弘也漢武帝東巡封禪還祠太一于甘泉祭后土于汾陰皆盡用其樂説者爲盡用宮縣之樂也天地之性貴質者蓋謂其器之不文耳不謂庶物當復減之也禮天子宮縣舞八佾今祀圜丘方澤宜以天子制設宮縣之樂八佾之舞衛臻繆襲左延年等咸同肅議奏可肅又議曰説者以爲周家祀天唯舞雲門祭地唯舞咸池宗廟唯舞大武似失其義矣周禮賓客皆作備樂左傳王子頽享五大夫樂及徧舞六代之樂也然則一會之日具作六代樂矣天地宗廟事之大者賓客燕會比之爲細王制曰庶羞不踰牲燕衣不踰祭服可以燕樂而踰天地宗廟之樂乎周官以六律六同五聲八音六舞大合樂以致鬼神以和邦國以諧萬民以安賓客以悦遠人夫六律六同五聲八音皆一時而作之至於六舞獨分擘而用之所以不厭人心也又周官韎師掌教韎樂祭祀則帥其屬而舞之大享亦如之韎東夷之樂也又鞮鞻氏掌四夷之樂與其聲歌祭祀則吹而歌之燕亦如之四夷之樂乃入宗廟先代之典獨不得用大享及燕日如之者明古今夷夏之樂皆主之於宗廟而後播及其餘也夫作先王樂者貴能包而用之納夷之樂者美德廣之所及也高皇大皇帝太祖高祖文昭廟皆宜兼用先代及武始大鈞之舞有司奏宜如肅議奏可肅私造宗廟詩頌十二篇不歌先是漢時有短簫鐃歌之樂其曲有朱鷺思悲翁艾如張上之回雍離戰城南巫山高上陵將進酒君馬黄芳樹有所思雉子班聖人出上邪臨高臺遠如期石留務成玄雲黄爵行釣竿等曲列於鼓吹多序戰陣之事及魏受命改其十二曲使繆襲爲詞述以功德代漢改朱鷺爲楚之平言魏也改思悲翁爲戰滎陽言曹公也改艾如

張爲獲呂布言曹公東圍臨淮擒呂布也改上之回爲克官渡言曹公與袁紹戰破之於官渡也改擁離爲舊邦言曹公勝袁紹於官渡還譙收藏死亡士卒也改戰城南爲定武功言曹公初破鄴武功之定始乎此也改巫山高爲屠柳城言曹公越北塞歷白檀破三郡烏桓於柳城也改上陵爲平南荊言曹公平荊州也改將進酒爲平關中言曹公征馬超定關中也改有所思爲應帝期言文帝以聖德受命應運期也改芳樹爲邕熙言魏氏臨其國君臣邕穆庶績咸熙也改上邪爲太和言明帝繼體承統太和改元德澤流布也其餘並同舊名

吳大帝使韋昭製十二曲名以述功德受命改朱鷺爲炎精缺言漢室衰孫堅奮迅猛志念在拯救王迹始乎此也改思悲翁爲漢之季言堅悼漢之微痛董卓之亂興兵奮擊功蓋海內也改艾如張爲攄武師言大帝卒父之業而征伐也改上之回爲烏林言魏武既破荊州順流東下欲來爭鋒大帝命將周瑜逆擊之於烏林而破走也改戰城南爲克皖城言魏武志圖并兼而大帝親征破之於皖也改巫山高爲關背德言蜀將關羽背弃吳德大帝引師浮江而擒之也改上陵曲爲通荊州言大帝與蜀交好齊盟中有關羽自失之愆終復初好也改將進酒爲章洪德言大帝章其大德而遠方來附也改有所思爲順歷數言大帝順籙圖之符而建大號也改芳樹爲承天命言其時主聖德踐位道化至盛也改上邪爲玄化言其時主脩文武則天而行仁澤流洽天下喜樂也其餘亦用舊名不改

冊府元龜卷第五百六十五

冊府元龜卷第五百六十七

掌禮部五

作樂第三

後魏道武天興元年十一月詔尚書吏部郎中鄧淵定律呂協音樂及追尊皇曾祖皇祖皇考諸帝樂用八佾舞皇始之舞皇始舞道武所作也以明開大始祖之業後更制宗廟門奏迎神曲猶古降神之樂乾豆上奏登歌猶古清廟之樂曲終下奏神祚嘉神明之饗也皇帝行禮七廟奏陛步以為行止之節皇帝出門奏總章次奏八佾次奏送神曲又舊禮孟秋祀天西郊兆壇西備列金石樂具皇帝入兆內行禮咸奏舞八佾之舞孟夏有事于東廟用樂略與西郊同帝初冬至祀天于東南郊圓丘樂用皇矣奏雲和之舞事訖奏維皇將燎夏至祭地於北郊方澤樂用天祚奏大武之舞正月上日饗群臣宣布政教備列宮懸正樂兼奏燕趙秦吳之音五方殊俗之曲四時饗會亦用焉

凡樂者樂其所自生禮不忘本掖庭中歌真人代歌上叙祖宗開基所由下及君臣廢興之跡凡一百五十章昏晨歌之時與絲竹合奏郊廟宴饗亦用之六年冬詔太樂總章鼓吹增修雜戲造五兵角抵麒麟鳳皇仙人長虵白象白虎及諸畏獸魚龍辟邪鹿馬仙車高絙百尺長趫緣橦跳丸五案以備百戲大饗設之於殿庭如漢晉之舊

明元時撰合大曲更為鍾鼓之節

太武時破赫連昌獲古雅樂及平涼州得其伶人器服並擇而存之後通西域又以悅般鼓舞設於樂署

孝文太和初垂心雅古務正音聲時司樂上書樂章有闕求集中秘群官議定其事并訪吏民有能體解古樂者與之修廣器數甄立名品以諧八音詔可雖經眾議於時卒無洞曉聲律者樂部不能立其事彌缺然方樂之制四夷歌舞稍增列于太樂金石羽旄之飾為壯麗於往時矣

五年文明太后及帝並為歌章誡勸上下皆宣之管絃

七年秋中書監高允奏樂府歌詞陳國家王業符瑞及祖宗德美又隨時歌謠不準古舊辨雅鄭也

十一年春文明太后令曰先王作樂所以和風改俗非雅曲正聲不宜庭奏可集新舊樂章參採音律除去新聲不典之曲俾增鍾懸鏗鏘之韻

十五年冬詔曰樂者動天地感神祇調陰陽通人鬼故能關山川之風以播德無外由此言之治用大矣逮乎末俗陵遲正聲頓廢多好鄭衛之音以悅耳目故使樂章散缺伶官失守今方釐革樂章稽古復禮庶令樂正雅頌各得其宜今置樂官實須任職不得仍令濫吹也遂簡置焉

十六年春詔曰禮樂之道自古所先故聖王作樂以和中制禮以防外然音聲之用其致遠矣所以通感人神移風易俗至乃簫韶九奏鳳皇來儀擊石拊石百獸率舞有周之季斯道亡缺故夫子忘味於聞韶正樂於返魯逮漢魏之間樂章復闕然博採音韻粗有篇條自魏室之興太祖之世尊崇古式舊典無墜但干戈仍用文教未淳故令司樂失治定之雅音習不典之繁曲比太樂奏其職司求與中書參議覽其所請愧感兼懷然心喪存躬未忍闕此但禮樂事大乃為化之本自非通博之才莫能措意中書監高閭器識詳富志量明允每聞陳奏樂典頗體音律可令與太樂詳採古今以備茲典其內有堪此用者任其參議也

宣武正始元年秋詔曰太樂令公孫崇更調金石燮理音准其書二卷并表悉付尚書太和中中書監高閭引給事中公孫崇共考音律景明中崇乃上請樂書至是成驗夫禮樂之事有國所重可依其請八座已下四門博士已上此月下旬集太樂署考論同異必博採古今以成一代之典也

十月尚書李崇奏前被二日勑以兼太樂令公孫崇更調金石并其書表付外考試登依旨勑以去八月初詣署集議但六樂

該深五聲妙逺至如仲尼淵識故將忘味吴札善聽方可論辨自斯已降莫有詳之今既草剏悉不窮解雖微有詰論略無究悉方欲商搉淫濫作範將來寧容聊尒一試便垂竹帛今請依前所召之官并博聞通學之士更申一集考其中否研窮音律辨括權衡若可施用别以聞請制可時亦未能考定也

四年春公孫崇復表言伏惟皇魏龍躍鳳舉配天光宅世祖太武皇帝革靜荒嵎廓寧宇内兇醜尚繁戎軒仍動制禮作樂致有闕如高祖孝文皇帝德鍾後仁之期道協先天之日顧雲門以興言感簫韶而忘味以故中書監高閭博識明敏天思優洽紹蹤成均寔允所寄乃命閭廣程儒林究論古樂依據六經參諸國志錯綜陰陽以制聲律鍾石管絃略以完具八音聲韻事别粗舉值遷邑崧瀍未獲周密五權五量竟不能就自尒迄今率多褫落金石虛懸宮商未會伏惟陛下至聖承天纂戎洪烈以金石未協詔臣緝理謹即廣搜秬黍中形又採梁山之竹更

裁律呂制磬造鍾依律並就但權量差謬其來久矣須蒙付并州民王顯達所獻古銅權稽之古範考以今制鍾律準度與權參合昔造猶新始剏若舊異世同符並合規矩樂府先正聲有王夏肆夏登歌鹿鳴之屬六十餘韻又有皇始五行酌舞太祖初興制皇始之舞復有吴夷東夷西戎之舞樂府之内有此七舞太和初用之郊廟中京造次但用文始五行皇始三舞而已竊惟周之文武頌聲不同漢之祖宗廟樂又别伏惟皇魏四祖三宗道邁隆周功超洪漢頌聲廟樂宜有表章或文或武以旌功德自非懿望茂親雅量淵遠博識洽聞者其孰能諧得失衛軍將軍尚書右僕射臣高肇器度淹雅神賞入微徽讚大猷聲光海内宜委之監就以成皇代典模之美昔晉中書監荀勗前代名賢受命成均委以樂務崇述舊章儀形古典事光前載豈遠乎哉又先帝明詔内外儒林亦任高閭申請今之所須求依前比世宗知肇非才詔曰王者功成治定制禮樂以宣風化所以通明神理萬品贊陰陽光功德治之大本所宜詳之可令太常卿劉芳亦與主之

永平二年秋尚書令高肇尚書僕射清河王懌等奏言案太樂令孫崇所造八音之器并五度五量太常卿劉芳及朝儒學執諸經傳考辨合否尺寸度數悉與周禮不同問其所以稱必依經文聲則不協以情增減殊無準據竊惟樂者皇朝治定之盛事光贊祖宗之茂功垂之後王不刊之制宜憲章先聖詳依經史且二漢魏晉歷諸儒哲未聞器度依經而聲調差謬臣等參議使臣芳準依周禮更造樂器事訖之後集議並呈從其善者詔可芳上書言調樂諧音本非所曉且國之大事亦不可決於數人今請更集朝彥衆辨是非明取典據資決元凱然後營制肇及尚書邢巒等奏許詔可於是芳主修營時揚州民張陽子義陽民倪鳳鳴陳孝孫戴當千吴殿陳文顯陳成等七人頗解雅樂正聲八佾文武二舞鍾磬管絃登歌聲調芳皆請令教

習參取是非

三年冬太常卿劉芳上言觀古帝王罔不據功象德而制舞名及諸樂章今欲教文武二舞施之郊廟請參制二舞之名竊觀漢魏已來鼓吹之曲亦不相緣今亦須制新曲以揚皇家之德美詔芳與侍中崔光郭祚黄門游肇孫惠蔚等四人參定舞名并鼓吹諸曲芳又上言臣聞樂者感物移風諷氓變俗先王所以教化黎元湯武所以殷章功德晉氏失政中原紛蕩劉石以一時姦雄跋扈魏趙苻姚以部帥強豪趍趄關輔於是禮壞樂隳廢而莫理大魏應期啓運奄有萬方雖日不暇給常以禮樂爲先古樂虧闕詢求靡所故頃年以來剏造非一考之經史每乖典制遂使鏗鏘之禮未備於郊廟鼓舞之式尚闕於庭陛臣忝官宗伯禮樂是司所以仰慙俯愧不遑寧處者矣自獻春被旨賜令博採經傳更制金石并教文武二舞及登歌鼓吹諸曲今始校就謹依前勑延集公卿并一時儒彥討論終始莫之能異

議以爭聞請與舊者參呈若臣等所營形合古制擊拊會節元日大饗則須陳列既歲聿云暮三朝無遠請共本曹尚書及郎中部率呈試如蒙允許賜垂勑判詔曰舞可用新餘且仍舊鼓吹雜曲遂寢焉孝明神龜二年夏有司問陳仲儒樂事仲儒若自江南歸國頗閑樂事請依京房立准以調八音有司問狀仲儒言前被符問京房准定六十之數後雖有存曉之者尠至熹平末張光等猶不能定絃之急緩聲之清濁仲儒受自何師出何典籍而云能曉但仲儒在江左之日頗愛琴文嘗覽司馬彪所撰續漢書見京房准術成數昞然而張光等不能定仲儒不量庸昧竊有意焉遂竭愚思鑽研甚久雖未能測其機妙至於聲韻頗有所得度量衡曆出自黃鍾雖造管察氣經史備有但氣有盈虛黍有巨細差之毫釐失之千里自非管應時候聲驗吉凶則是非之原諒亦難定此則非仲儒淺識所敢聞之至於准者本以代律取其分數調校樂器則宮商易辨若尺寸小長則六十宮商相與徵濁若分數如短則六十徵羽類皆小清語其大本居然微異至於清濁相宜諧會歌管皆得應合雖積黍驗氣取聲之本清濁諧會亦須有方若閑准意則辨五聲清濁之韻若善琴術則知五調調音之體參此二途以均樂器則自然應和不相奪倫如不練此必有乖謬案後漢順帝陽嘉二年冬十月行禮辟雍奏應鍾始復黃鍾作樂器隨月律是爲十二之律必須次第爲宮而商角徵羽以類從之尋調聲之體宮商宜濁徵羽用清若依公孫崇止以十二律聲而云還相爲宮清濁悉足非唯未練五調調器之法至於五聲次第自是不足何者黃鍾爲聲氣之元其管最長故以黃鍾爲宮太蔟爲商林鍾爲徵則一往相順若均之八音猶須錯採衆聲配成其美若以應鍾爲宮大呂爲商蕤賓爲徵則徵濁而宮清雖有其韻不成音曲若以夷則爲宮則十二律中唯得取中呂爲徵其商角羽並無其韻若以中呂爲宮則十二律內全無所取何者中呂爲

十二之窮變律之首依京房書中呂爲宮乃以去滅爲商執始爲徵然後方韻而崇乃以中呂爲宮猶用林鍾爲商黃鍾爲徵何由可諧仲儒以調和樂器文飾五聲非准不妙若如嚴嵩父子心賞清濁是則爲難若依案見尺作准調絃緩急清濁可以意推耳但音聲精微史傳簡略舊志唯云准形如瑟十三絃隱間九尺以應黃鍾九寸調中一絃令與黃鍾相得案盡以求其聲遂不辨准須柱以成柱有高下絃有粗細餘十二絃復應若爲致今見者望風拱手又案房准九尺之內爲一十七萬七千一百四十七分一尺之內爲萬九千六百八十三分又復十之是爲於准一寸之內亦爲萬九千六百八十三分然則於准一分之內乘爲二千分又爲小分以辨強弱中間至促雖復離朱之明猶不能窮而分之雖然仲儒私曾考驗但前卻中柱使入准常尺分之內則相生之韻已自應合分數既微器宜精妙其准面平直須如停水其中絃一柱高下須與二頭臨岳一等移柱上下之時不使離絃不得舉絃又中絃粗細須與琴宮相類中絃須施軫如琴以軫調聲令與黃鍾一管相合中絃下依數畫出六十律清濁之節其餘十二絃須施柱如箏又凡絃皆須豫張使臨時不動即於中絃案盡一周之聲度著十二絃上然後依相生之法以次運行取十二律之商徵商徵既定又依琴五調調聲之法以均樂器其瑟調以宮爲主清調以商爲主平調以徵爲主五調各以一聲爲主然後錯採衆聲以文飾之方如錦繡上來消息調准之方並史文所略出仲儒思若事有乖此聲則不和仲儒尋准之分數精微如彼定絃緩急艱難若此而張光等親掌其事尚不知藏中有准既未識其器又焉能施絃也且燧人不師資而習火延壽不束脩以變律故云知之者欲教而無從心達者體知而無師苟有一毫所得皆關心抱豈必要經師受然後爲奇哉但仲儒自省膚淺才非一足正可粗識音韻纔言其理致耳詔尚書蕭寶寅奏言金石律呂制度調均中

古已來鼓或遍賾仲儒雖粗述書文頗有所說而學不師受云
出己心又言舊器不任必須更造然後克諧上違成敕用舊之
旨輒持己心輕欲制作臣竊思量不合依許詔曰禮樂之事蓋
非常人所明可如所奏正光中侍中安豐王延明受詔監修金
石博採古今樂事令其門生河間信都芳考之屬天下多難
終無制造芳後乃撰延明所集樂說并諸器物準圖二十餘事
而注之不得在樂署考正聲律也
孝莊永安末以樂器殘缺命萬年鄉男元孚監儀注孚上表曰
昔太和中中書監高閭太樂令公孫崇脩造金石數十年間乃
奏功成時大集儒生考其得失太常卿劉芳請別營造久而方
久命方就復召公卿量校合否論者沸騰莫有適從登被旨敕
並見施用往歲大軍入洛戎馬交馳所有樂器亡失垂盡臣至
太樂署問太樂令張乾龜等云承前以來置宮縣四箱栒簴六
架東北架編黃鍾之磬十四雖器名黃鍾而聲實夷則考之音
制不甚諧韻姑洗懸於東北太蔟編於西北蕤賓列於西南並
皆器像差位調律不和又有儀鍾十四虛懸架首初不叩擊今
便刪廢以從正則臣今據周禮鳧氏脩廣之規磬氏倨句之法
吹律求聲叩鍾求音損除繁雜討論實錄依十二月為十二呂
各準辰次當位懸設月聲既備隨用擊奏則會還相為宮之義
又得律呂相生之體今量鍾磬之數各以十二架為定奏可於
時搢紳之士咸往觀聽靡不咨嗟歎服而反太傅錄尚書長孫
承業妙解聲律特復稱善
前廢帝普泰中詔録尚書長孫稚太常卿祖瑩營理金石
出帝永熙二年春長孫稚等表曰臣聞安上治民莫善於禮移
風易俗莫善於樂易曰先王以作樂崇德殷薦上帝以配祖考
書曰戛擊鳴球搏拊琴瑟以詠祖考來格詩言志律和聲敦叙九族平章百姓天
神於焉降歆地祇可得而禮故樂以像德舞以像功干戚所以比其形容
金石所以發其歌頌薦之宗廟則靈祇饗其和用之朝廷則君臣協

其志樂之時義大矣哉雖復沿革異時晦明殊位周因殷禮百
世可知也太祖道武皇帝應圖受命光宅四海義合天經德符
地緯九戎荐舉五禮未詳太宗世祖重輝累耀恭宗顯祖誕隆
丕基而猶經營四方匪遑制作高祖孝文皇帝承太平之緒纂
無為之運帝圖既遠王度惟新太和中命故中書監高閭草創
古樂閭尋去世未就其功閭亡之後故太樂令公孫崇續脩遺
事十有餘載崇敷奏其功時太常卿劉芳以崇所作體制差舛不
合古義請更修營被旨聽許芳又釐綜久而申呈時故東平王
元匡共相論駁各樹朋黨爭競紛綸竟無底定及芳卒已後世
屬艱虞內難孔殷外敵滋甚永安之季胡賊入京燔燒樂庫所
有之鍾悉畢賊手其餘磬石咸為灰燼普泰元年臣等奉敕營
造樂器責問太樂前來郊丘懸設之方宗廟施安之分故太樂
令張乾龜答稱芳所造六格北箱黃鍾之均實是夷則之調其
餘三箱宮商不和共用一笛施之前殿樂人尚存又有沽洗太
蔟二格用之後宮檢其聲韻復是夷則於今尚在而芳一代碩
儒斯文攸屬討論之日必應考古深有明證乾龜之辨恐是歷
歲稍遠伶官失職芳久殂沒遺文殘毀無可遵訪臣等謹詳周
禮分樂而序之凡樂圜鍾為宮黃鍾為角大蔟為徵沽洗為羽
若樂九變人鬼可得而禮至於布置不得相生之次兩均異宮
並無商聲而同用一徵書曰於予擊石拊石百獸率舞八音克
諧神人以和計五音不具則聲豈成文七律不備理無和韻八
音克諧莫曉其旨聖道幽玄微言已絕漢魏以來未能作者案
春秋魯昭公二十年晏子言於齊侯曰先王之濟五味和五聲
以平其心成其政也聲亦如味一氣二體三類四物五聲六律
七音八風九歌以相成服子慎注云黃鍾之均黃鍾為宮太蔟
為商沽洗為角林鍾為徵南呂為羽應鍾為變宮蕤賓為變徵
一懸十九鍾十二懸二百二十八鍾八十四律即如此義乃可
尋究今案周禮小胥之職樂縣之法鄭玄注云鍾磬編懸各二

八十六漢成帝時犍爲郡於水濱得古磬十六枚獻呈漢以爲
瑞復依禮圖編懸十六去正始中徐州薛城送玉磬十六枚亦
是一懸之器檢太樂所用鍾磬各一懸十四不知何據魏侍中
繆襲云周禮以六律六同五聲八音六舞大合樂以致鬼神今
之樂官徒知古有此制莫有明者又云樂制既亡漢氏謂武始
興大鈞可以備四代之樂奏黃鍾舞文始以祀天地奏大蔟舞
大舞以祀五郊明堂奏姑洗舞武德巡狩以祭四望山川奏蕤
賓舞武始大鈞以祀宗廟祀圜丘方澤羣廟祫祭之時則可兼
舞四代之樂漢亦有雲翹育命之舞罔識其源漢以祭天魏時
又以雲翹兼祀圜丘天郊育命兼祀方澤地郊今二舞久亡無
復知者臣等謹依高祖所制尺周官考工記鳧氏爲鍾鉦鼓之
分磬氏爲磬倨句之法典禮五聲十二律還相爲宮之義以律
呂爲之劑量奏請制度經紀營造依魏晉所用四箱宮懸鍾磬
各十六懸塤箎箏筑聲韻區別蓋理三稔於茲始就五聲有節

八音無奪笙鏞和合不相奪倫元日備設百僚允矚雖未極萬
古之像深實是一時之盛事竊惟古先哲王制禮作樂各有所
稱黃帝有咸池之樂顓頊作承雲之舞大章大韶堯舜之異名
大夏大護禹湯之殊稱周言大武秦曰壽人及焚書之後舊章
淪滅無可准據漢高祖時叔孫通因秦樂人制宗廟樂迎神廟
門奏嘉至皇帝入廟門奏永至登歌再終下奏休成之樂通所
作也高祖六年有昭容樂禮容禮又有房中祀樂高祖時唐山
夫人所作也孝惠二年使樂府令夏侯寬備其簫管更名安世
樂高祖廟奏武德文始五行之舞孝文廟奏昭德文始四時五
行之舞孝武廟奏盛德文始四時五行之舞武德者高祖四年
作也以象天下樂巳行武以除亂也文始舞者舜韶舞高祖六
年更名曰文始以示不相襲也五行舞者本周舞秦始皇二十
六年更名曰五行也四時舞者孝文所作以明天下之安和也
孝景以武德舞爲昭德孝宣以昭德舞爲盛德光武廟奏大武

並奏文始五行四時之舞及卯金不祀當塗勃興魏武廟樂改
云韶武用虞之大韶周之大武揔號大鈞也曹失其鹿典午乘
時晉氏之樂更名正德自昔帝王莫不損益相沿徽號殊別者
也而皇魏統天百三十載至於樂舞迄未立名非所以聿宣皇
風章明功德贊揚懋軌垂範無窮者矣案今后宮饗會及五郊
之祭皆用兩懸之樂詳攬先誥大爲紕繆古禮天子宮懸諸侯
軒懸大夫判懸士特懸皇后禮數德合王者名器所資豈同於
大夫哉孝經言嚴父莫大於配天宗祀文王於明堂以配上帝
即五精之帝也禮記王制庶羞不踰牲燕衣不踰祭服論語禹
卑宮室盡力於溝洫惡衣食致美於黻冕何有疑廷之樂過於
天地乎夫禮之差逺於千里昔漢孝武帝東巡狩封禪還祀泰
一於甘泉祭后土於汾陰皆盡用明其無減普泰元年前侍中
臣孚及臣瑩等奏求造十二懸六懸裁訖續復營造尋蒙旨判
令六懸既成臣等思量鍾磬各四鎛鍾相從十六格宮懸巳足

今請更營二懸通前爲八宮懸兩具矣一具備於太極一具列
於顯陽若圜丘方澤上辛四時五郊社稷諸祀雖時日相交用
之無闕孔子曰周道四達禮樂交通傳曰魯有禘樂賓祭用之
然則天地宗廟同樂之明證也其外斗權量當時未定請即刊
校以爲長準周存六代之樂雲門咸池韶夏護武用於郊廟各
有所施但世運遞遷隨時亡缺漢世唯有虞韶周武魏爲武始
咸熙錯綜風聲爲一代之禮晉無改造易名正德今聖朝樂舞
未名舞人冠服無准稱之文武舞而已依魏景初三年以來衣
服制其祭天地宗廟武舞執干戚著平冕黑介幘玄衣裳白領
袖絳領袖中衣絳合幅袴襪黑韋鞮文武執羽籥冠委皃其服
同上其奏於廟庭武舞武弁赤介幘生絳袍單衣練領袖皂領
袖中衣虎文畫合幅袴白布襪黑韋鞮文舞者進賢冠黑介幘
生黃袍單衣白合幅袴服同上其魏晉相因承用不改古之神
室坊各別所故聲歌各異今之太廟連基接棟樂舞同奏於義

得通自中原喪亂晉室播蕩永嘉以後舊音湮沒太武皇帝平
平統萬得古雅樂一部正聲歌五十曲工伎相傳間有施用自
高祖遷居世宗晏駕內外多事禮物未周今日所有王夏肆夏
之屬二十三曲循得擊奏足以闡累聖之休風宣重光之盛美
伏惟陛下仁格上皇義光下武道契玄機業隆寶曆思復典章
留心軌物反堯舜之淳風復文武之境土鑄宇宙之儀刑納生
人於福地道德熙泰樂載新聲天成地平於是乎在樂舞之名
乞垂旨判臣等以愚昧參厠問道呈御之日伏增惶懼詔其樂
名付尚書博議以聞其年夏集群官議之籃復議曰大樂所以
乘虛通化舞所以像物昭功金石播其風聲絲竹申其歌詠郊
天祀地之道雖百世而可知奉神育民之理經千載而不昧是
以皇帝作咸池之樂顓頊有承雲之舞堯爲大章舜則大韶禹
爲大夏湯爲大濩周曰大武秦曰壽人漢爲大予魏名大鈞晉
曰正德雖五統乎變五運代降莫不述作相因徽號殊別者也

皇魏道格三才化清四宇弈世載德負兼重光或以文教興邦
或以武功平亂功成治定於是乎在及主上龍飛載造景命唯
新書軌自同典刑罔二覆載均於兩儀仁澤被於四海五聲有
序八音克諧樂舞之名宜以詳定案周兼六代之樂聲律所施
咸有次第滅學以後經禮散亡漢來所存二舞而已請以韶武
爲崇德武舞爲章烈總名曰嘉成漢樂章云高張四懸神來讌
饗宗廟所設宮懸明矣計五郊天神尊於人鬼六宮亞極體同
至尊理無減降宜皆用宮懸其舞人冠服制裁咸同舊式庶得
以光贊鴻功敷揚大業録尚書事長孫稚已下六十人同議申
奏詔曰王者功成作樂治定制禮以成爲號良有聞然又六代
之舞皆以大爲名今可準古爲大成也凡音樂以舞爲主故干
戈羽籥禮文無別但依舊爲文舞武舞而已餘如議初侍中崔
光臨淮王彧並爲郊廟歌詞而迄不施用樂人傳習曲加以訛
失了無章句後太樂令崔九龍言於太常卿祖瑩曰聲有七聲

調有七調今之七律起於黃鍾終於中呂今雜曲隨調舉之將
五百曲恐諸曲名後致亡失今輒條記存之於樂府瑩依而
正之九龍所録雅鄭或至於淫俗四夷雜歌但記其聲折而已
不能知其本意又名多謬舛莫識所由隨其淫正而取之樂署
今見傳習其中復有所遺至於古雅尤多亡失初高祖討淮漢
世宗定壽春收其聲伎江左所傳中原舊曲明君聖主公莫白
鳩之屬及江南吳歌荊楚西聲總謂清商至於殿庭饗宴兼奏
之其圜丘方澤上辛地祇五郊四時拜廟三元冬至社稷馬射
籍田樂人之數各有差等焉

北齊文宣受東魏禪未改舊章宮懸各設十二鎛鍾於其辰位
四面並設編鍾磬各一簨簴合二十架設建鼓於四隅郊廟朝
會同用之其後將有創革尚藥典御祖珽自言舊在洛下曉知
舊樂上書曰魏氏來自雲朔肇有諸華樂操土風未移其俗至道
武帝皇始元年破慕容寶於中山獲晉樂器不知採用皆委棄

之天興初吏部郎鄧彥海奏上廟樂創製宮懸而鍾管不備樂
章既闕雜以簸邏迴哥初用八佾作皇始之舞至太武帝平河
西得沮渠蒙遜之伎賓嘉大禮皆雜用焉此聲所興蓋苻堅之
末呂光出平西域得胡戎樂因又改變雜以秦聲所謂秦漢樂
也至武帝永熙中録尚書長孫承業共臣先人太常卿瑩等斟
酌繕修戎華兼採至於鍾律煥然大備自古相襲損益可知今
之創制請以爲準珽因採魏安豐王延明及信都芳等所著樂
說而定正聲始具宮懸之器仍雜西涼之曲樂名廣成而舞不
立號所謂洛陽舊樂者也孝昭帝皇建元年九月詔議定三祖
樂十一月癸丑有司奏太祖獻武皇帝廟宜奏武德之樂昭烈
之舞太宗文襄皇帝廟宜奏文德之樂宣政之舞顯祖文宣皇
帝廟宜奏文正之樂光大之舞詔曰可

武成帝河清初始定四郊宗廟之樂群臣入出奏肆夏牲入出薦毛
血並奏昭夏迎送神及皇帝初獻亞獻禮五方上帝並奏高明之

樂為覆燾之舞皇帝入壇門及昇壇飲福酒就燎位還便殿並奏皇夏以高祖配饗奏武德之樂為昭烈之舞禘地奏登哥其四時祭廟及禘祫皇六世祖司空五世祖吏部尚書高祖秦州刺史曾祖太尉武貞公祖文穆皇帝諸神室並奏始基之樂為恢祚之舞高祖神武皇帝神室奏武德之樂為昭烈之舞文襄皇帝神室奏文德之樂為宣政之舞顯祖文宣皇帝神室奏文正之樂為光大之舞肅宗孝昭皇帝神室奏文明之樂為休德之舞其出入之儀同四郊之禮其鼓吹二十曲皆改古以叙功德第一漢朱鷺改名水德謝言魏亡齊興也第二漢思悲翁改名出山東言神武帝戰廣阿創大業破尒朱兆也第三漢艾如張改名戰韓陵言神武滅四胡定京洛遠近賓服也第四漢上之回改名殄關隴言神武遣侯莫陳悅誅賀拔岳定關隴平河外漢北款秦中附也第五漢擁離改名滅山胡言神武屠劉蠡升高車懷殊俗蠕蠕來向化也第六漢戰城南改名立武定言

神武立魏主天下既安而能遷於鄴也第七漢巫山高改名戰芒山言神武斬周十萬之衆其軍將脫身走免也第八漢上陵改名擒蕭明言梁遣兄子貞陽侯來寇彭城宋文襄帝遣大尉清河王岳一戰擒殄俘馘萬計也第九漢將進酒改名破侯景言文襄遣清河王岳摧殄侯景剋復河南也第十漢君馬黃改名定汝潁言文襄遣清河王岳擒魏大將軍王思政於長葛汝潁悉平也第十一漢芳樹改名剋淮南言文襄遣清河王岳南翦梁國獲其司徒陸法和剋壽春合肥鍾離淮陰盡取江北之地也第十二漢有所思改名嗣丕基言文宣帝統纘大業也第十三漢雉子行改名聖道洽言文宣克隆堂構無思不服也第十四漢聖人出改名受魏禪言文宣應天順人也第十五漢上邪改名平瀚海蠕蠕盡部落入寇武州之塞而文宣命將出征平殄北荒滅其國也第十六漢臨高臺改名服江南言文宣道洽無外梁主蕭繹來附化也第十七漢遠如期改名刑罰中言孝昭帝舉直措枉獄訟無怨也第十八漢石留行改名遠夷至言時主化霑海外西夷諸國遣使朝貢第十九漢務成改名嘉瑞臻言時主應期河清龍見符瑞總至也第二十漢玄雲改名成禮樂言時主功成化洽制禮作樂也古又有黃雀釣竿二曲略而不用並議定其名被於鼓吹諸州鎮戍各給鼓吹樂人多少各以大小等級為差諸王為州皆給赤鼓赤角皇子則增給吴鼓長鳴角上州刺史皆給青鼓青角中州已下及諸鎮戍皆給黑鼓黑角樂器皆有衣並同鼓色雜樂有西涼鼙舞清樂龜茲等然吹笛彈琵琶五弦及歌舞之伎後主能度曲親執樂器悅翫無倦倚絃而歌別採新聲為無愁曲音韻窮極於哀思使胡兒閹官之輩齊唱和之曲終樂闋莫不隕涕雖行幸道路或時馬上奏之樂往哀來竟以亡國

後周太祖為西魏丞相恭帝元年平荊州大獲梁氏樂器以屬有司及建六官乃詔曰六樂尚矣其聲歌之節舞蹈之容寂寥

已絕不可得而詳也但方行古人之事可不本於茲乎自宜依准制其歌舞祀五帝日月星辰於是有司詳定郊廟請祀五帝日月星辰用黃帝樂歌大呂舞雲門祭九州社稷水旱雩禜用唐堯樂歌應鍾舞大咸祀四望饗諸侯用虞舜樂歌南呂舞大韶祀四類幸辟雍用夏禹樂歌函鍾舞大夏祭山川用殷湯樂歌小呂舞大濩享宗廟用周武王樂歌夾鍾舞大武皇帝出入奏皇夏賓出入奏肆夏牲出入奏昭夏蕃國客出入奏納夏有臣出入奏章夏皇后進羞奏深夏宗室會聚奏族夏上酒宴樂奏陔夏諸侯相見奏驁夏皇帝大射歌騶虞諸侯歌貍首大夫歌采蘋士歌采蘩雖著其文竟未之行也

明帝武成二年正月朔旦會群臣於紫極殿始用百戲初長孫紹遠為大司樂廣召工人創造樂器土木絲竹爲得其宜唯黃鍾不調紹遠每以爲意嘗因退朝經韓使君佛寺前過浮圖三層之上有鳴鐸焉忽聞其音雅合宮調取而配奏方始克諧紹

遊乃啓明帝行之
武帝保定元年詔罷百戲帝又以梁鼓吹熊羆十二案每元正大會列於懸間與正樂合奏
天和元年十月甲子初造山雲舞以備六代之樂南北郊雩壇太廟禘祫俱用六舞南郊則大夏降神大護獻熟次作大武正德武德山雲之舞北郊則大護降神大夏獻熟次作大武正德武德山雲之舞雩壇以大武降神正德獻熟次作大夏大護武德山雲之舞太廟禘祫則大武降神山雲獻熟次作正德大夏大護武德之舞時享太廟以山雲降神大夏獻熟次作武德之舞拜社以大護降神大武獻熟次作正德之舞五郊朝日以大夏降神大護獻熟神州夕月藉田以正德降神大護獻熟
建德三年十月甲辰六代樂成奏於崇信殿群臣咸觀其宮懸依梁三十六架朝會則皇帝出入奏皇夏皇太子出入奏肆夏王公出入奏驁夏五等諸侯正日獻玉帛奏納夏宴族人奏族夏大會至尊執爵奏登哥十八曲食舉奏深夏舞六代大夏大護大武正德武德山雲之舞於是正定雅音爲郊廟樂創造鍾律頗得其宜初太常鄭長孫紹遠奏準以八爲數故梁黃門侍郎裴正上書以爲昔者大舜欲聞七始下洎周武爰創七音特林鍾作黃鍾以爲正調之首詔與紹遠詳議往復於是遂定以八爲數焉及武帝讀史書見武王克殷而作七始又欲變八而懸七并除黃鍾之正宮用林鍾爲調首遂奏云天子縣八肇自先民百王共軌萬古不易下逮周武甫修七始之音詳諸經義又無數八之典且黃鍾爲君王子正位令欲廢之末見其可復武帝音發七音驟絃遠盡之疾未獲面陳靈有司臺遺數樂器乃書與樂部齊樹言之後疾甚乃上遺表又陳之而卒帝省表深爲痛惜
宣帝嗣位革前代鼓吹制爲十五曲第一改漢朱鷺爲玄精季言魏道陵遲太祖肇開王業也第二改漢思悲翁爲征隴西言太祖起兵侯莫陳悅掃清隴右也第三改漢艾如張爲迎魏帝言魏武西幸太祖奉迎宅關中也第四改漢上之回爲平竇泰言太祖擁兵討泰悉擒斬也第五改漢擁離爲復恒農言太祖攻復陝城關東震肅也第六改漢戰城南爲剋沙苑言太祖俘斬齊十萬衆於沙苑神武脫身至河單舟走免也第七改漢巫山高爲戰河陰言太祖破神武於河上斬其將高敖曹莫多婁貸文等也第八改漢上陵爲平漢東言太祖命將平隨郡安陸俘馘萬計也第九改漢將進酒爲取巴蜀言太祖遣軍平定蜀地也第十改漢有所思爲拔江陵言太祖命將擒蕭繹平南土也第十一改漢芳樹爲受魏禪言閔帝受終於魏君臨萬國也第十二改漢上邪爲宣重光言明帝入承大統載隆皇道也第十三改漢君馬黃爲哲皇出言高祖以聖德繼天天下向風也第十四改漢雉子班爲平東夏言高祖親率六師破齊主於青州一舉而定山東也第十五改漢古聖人出爲擒明徹言陳將吳明徹侵軼徐部高祖遣將盡俘其衆也

冊府元龜卷第五百六十七

冊府元龜卷第五百六十八

掌禮部

作樂第四

隋高祖開皇元年定令宮懸四面各二虡通十二鎛鍾爲二十虡虡各一人建鼓四面柷敔各一人歌琴瑟簫筑箏搊箏卧箜篌小琵琶四面各十人在編磬下笙竽長笛簫篪篳篥塤四面各八人在編鍾下舞各八佾宮懸簨虡金五博山飾以旒蘇樹羽其樂器應漆者天地之神皆朱宗廟加五色漆畫天神懸內加雷鼓地祇加靈鼓宗廟加路鼓登哥鍾一虡磬一虡各一人哥四人兼琴瑟簫笙篪笛塤各一人其漆畫及博山旒蘇樹羽與宮懸同登哥人介幘朱連裳烏皮履宮懸及下管人平巾幘朱連裳凱樂人武弁朱褠衣履韈文舞進賢冠絳紗連裳帛內單皂領袖襈烏皮履左執籥右執翟二人執纛引前在舞人數外衣冠同舞人武舞武弁朱褠衣烏皮履三十二人執戈龍楯

三十二人執戚龜楯二人執旌居前二人執鼗二人執鐸二人執鐃十二人執錞四人執弓矢四人執殳四人執戟四人執矛自旌已下夾引並在舞人數外衣冠並同舞人皇帝宮懸及登哥與前同應漆者皆五色漆畫懸內不設鼓皇太子軒懸去南面設三鎛鍾於辰丑申三建鼓亦如之其登哥去兼哥者減二人其簨虡金三博山樂器應漆者皆朱漆之其餘與宮懸同畫大鼓小鼓加大鴐鼓吹並朱漆金鐲凱樂及節鼓飾以羽葆其長鳴中鳴橫吹皆五綵衣幡緋掌畫交龍五綵腳大角幡亦如之大鼓長鳴工人皂地苣文金鉦鐲鼓小鼓中鳴吴橫吹工人青地苣文凱樂工人武弁朱褠衣橫吹緋地苣文爲帽袴褶大角工人平巾幘緋衫白布大口袴內宮鼓樂服色皆準此皇太子鐃及節鼓朱漆畫飾以羽葆餘鼓吹並朱漆大鼓小鼓無金鐲長鳴中鳴橫吹五綵衣幡緋掌畫蹲獸五綵腳大角幡亦如之大鼓長鳴橫吹工人紫帽緋袴褶金鉦鐲鼓小鼓中鳴工人青帽青袴褶鐃吹工人武弁朱褠衣大角工人平巾幘緋衫白布大口袴正一品鐃及節鼓朱漆畫飾以羽葆餘鼓吹並朱漆長鳴中鳴橫吹五綵衣幡緋掌畫蹲獸五綵腳大角幡亦如之大鼓長鳴橫吹工人紫帽赤布袴褶金鉦鐲鼓小鼓中鳴工人青帽青布袴褶鐃吹工人武弁朱褠衣大角工人平巾幘緋衫白布大口袴三品已上朱同正一品四品鐃及二人衣服同三品餘鼓皆綠沈金鉦鐲鼓工人青帽青布袴褶

二年北齊黃門侍郎顏之推上言禮崩樂壞其來自久今太常雅樂並用胡聲請馮梁國舊事考尋古典高祖不從曰梁樂亡國之音奈何遣我用邪是時尚因周樂命工人齊樹提檢校樂府改換聲律益不能通俄而柱國沛公鄭譯奏上請更脩正於是詔太常卿牛弘國子祭酒辛彥之國子博士何妥等議正樂妥上表曰臣聞明則有禮樂幽則有鬼神然則動天地感鬼神莫近於禮樂又云樂至則無怨禮至則不爭揖讓而治天下者

禮樂之謂也臣聞樂有二一曰姦聲二曰正聲夫姦聲感人而逆氣應之逆氣成象而淫樂興焉正聲感人而順氣應之順氣成象而和樂興焉故樂行而倫清耳目聰明血氣和平移風易俗天下皆寧孔子曰放鄭聲遠佞人故鄭衛宋趙之聲出內則發疾外則傷人是以宮亂則荒其君驕商亂則陂其官壞角亂則憂其人怨徵亂則哀其事勤羽亂則危其財匱五者皆亂則國亡無日矣魏文侯問子夏曰吾端冕而聽古樂則欲寐聽鄭衛之音而不知倦何也子夏對曰夫古樂者始奏以文復亂以武修身治家平均天下鄭衛之音姦聲以亂溺而不止優雜子女不知父子今君所問者樂也所愛者音也夫樂之與音相近而不同爲人君者謹審其好惡案聖人之作樂也非止苟悅耳目而已矣欲使在宗廟之內君臣同聽之則莫不和敬在鄉里之內長幼同聽之則莫不和順在閨門之內父子同聽之則莫不和親此先王立樂之方也故知聲而不知音者禽獸是也知音

而不知樂者衆庶是也故黃鍾大呂絃歌干戚童子皆能舞之能知樂者其唯君子不知聲者不可與言音不知音者不可與言樂知樂則幾於道矣紂為無道太師抱樂器以奔周晉君德薄師曠固惜清徵上古之時未有音樂鼓腹擊壤樂在其間易曰先王作樂崇德殷薦之上帝以配祖考至于黃帝作咸池顓頊作六莖帝嚳作五英堯作大章舜作大韶禹作大夏湯作大護武王作大武從夏以來年代久遠唯有名字其聲不可得聞自殷至周備于詩頌故自聖賢已下多習樂者至如伏羲減瑟文王足琴仲尼擊磬子路鼓瑟漢高擊筑元帝吹簫漢祖之初叔孫通因秦樂人制宗廟之樂迎神于廟門奏嘉至之樂猶古降神之樂也皇帝入廟門奏永至之樂以為行步之節猶古采齊肆夏也乾豆上薦奏登歌之樂猶古清廟之歌也登歌再終奏休成之樂美神饗也皇帝就東廂坐定奏永安之樂美禮成也其休成永至二曲叔孫通所制也漢高廟奏武德文始五

行之舞當春秋時陳公子完奔齊陳是舜後故齊有韶樂孔子在齊聞韶三月不知肉味是也秦始皇滅齊得齊韶樂漢高祖滅秦韶傳於漢高祖改名反治以示不相襲也五行舞者本周大武樂也始皇改曰五行及于孝文復作四時之舞以示天下安和四時順也孝景采武德舞以為昭德孝宣又采昭德以為盛德雖變其名大抵皆因秦舊事焉於晉魏皆用古樂魏之三祖並制樂舞自永嘉播越五都傾蕩樂聲南度是以大備江東宋齊已來至于梁代所行樂事猶皆傳古三雍四始實稱大盛及侯景篡逆樂師分散其四舞三調悉度偽齊齊氏雖知傳授得曲而不用之於宗廟朝廷也臣少好音律留意管絃年雖耆老頗皆記憶及東土剋定樂人悉反訪其逗遛果云是梁人所教今三調四舞並皆有手雖不能精熟亦頗具雅聲若令教習傳授庶得流傳古樂然後取其會歸撮其指要因循損益更制嘉名歌盛德於當今傳雅正於來葉豈不美歟謹具錄三調四

舞曲名又製歌辭如別其有聲曲流宕不可以陳於殿庭者亦悉附之於後書奏別勑太常取妥貞度於是作清平瑟三調聲又作八佾鞞鐸巾拂四舞四舞者宋漢魏已來並施於宴饗鞞舞漢巴渝舞也至章帝造鞞舞詞云關東有賢女魏明代漢曲云明明魏皇帝鐸舞傳云代魏詞云振鐸鳴金成公綏賦云鞞鐸舞庭八音並陳是也拂舞者沈約宋志云吳舞吳人思晉化其詞本云白符鳩是也巾舞者公莫舞也伏滔云項莊因舞欲劒高祖項伯紆長袖以捍其鋒魏晉傳為舞焉檢此雖非正樂亦前代舊聲故梁武報沈約云鞞鐸巾拂古之遺風楊泓云此舞本二八人桓玄即真為八佾後因而不改

九年十二月甲子詔曰朕祗承天地清蕩萬方百王衰弊之後兆庶澆浮之日聖人遺訓埽地備盡制禮作樂今也其時朕情存古樂深思雅道鄭衛淫聲魚龍雜戲樂府之內盡以除之今欲更調律呂改張琴瑟且妙術精微非因教習工人代掌止傳

糟粕不足達神明之德論天地之和區域之間奇才異藝天知神授何代無哉蓋晦迹於非時俟昌言於所好宜可搜訪速以奏聞庶覩一藝之能共就九成之業仍詔太常牛弘通直散騎常侍許善心秘書丞姚察通直郎虞代基等議定作樂先是牛弘等以論議既久音律多乖積年議不定高祖大怒曰我受天命七年樂府猶歌前代功德耶命治書侍御史李諤引弘等下將罪之諤奏武王克殷至周公相成王始制禮樂斯事體大不可速成高祖意稍解又詔求知音之士集尚書參定音樂鄭譯云考尋樂府鍾石律呂皆有宮商角徵羽變宮變徵之名七聲之內三聲乖應每常求訪終莫能獲周武帝時有龜茲人曰蘇祇婆從突厥皇后入善胡琵琶聽其所奏一均之中間有七聲因而問之答云父在西域稱為知音代相傳習調有七種以其七調勘校七聲冥若合符一曰娑陁力華言平聲即宮聲也二曰雞識華言長聲即商聲也三曰沙識華言質直聲即角聲

也四曰沙侯加濫華言應聲即變徵聲也五曰沙臘華言應和聲即徵聲也六曰般贍華言五聲即羽聲也七曰俟利箑華言斛牛聲即變宮聲也譯因習而彈之始得七聲之正然其就此七調又有五旦之名旦作七調以華言譯之旦者則謂均也其聲亦應黃鍾太蔟南呂姑洗五均已外七律更無調聲遂因其所捻琵琶絃柱相飲為均推演其聲更立七均合成十二以應十二律律有七音音立一調故成七調十二律合八十四調旋轉相交盡皆和合仍以其聲考校太樂所奏林鍾之宮應用林鍾為宮乃用黃鍾為宮應用南呂為商乃用太蔟為商應用應鍾為角乃取姑洗為角故林鍾一宮七聲三聲並戾其十一宮七十七音例皆乖越莫有通者又以編懸有八因作八音之樂七音之外更立一聲謂之應聲譯因作書二十餘篇以明其指至是譯以其書宣示朝廷并立議正之時邳國公世子蘇夔亦稱明樂駁譯曰韓詩外傳所載樂聲感人及月令所載五音所中音皆有五不言變徵又春秋左氏所云七音六律以奉五聲準此而言每宮應立五調不聞更加變宮變徵二調為七調七調之作所出未詳譯答之曰周有七音之律漢書律曆志天地人及四時謂之七始黃鍾為天始林鍾為地始太蔟為人始是為三始姑洗為春蕤賓為夏南呂為秋應鍾為冬是為四時四時三始是以為七今若不以二變為調曲則是冬夏聲闕四時不備是故每宮須立七調眾從譯議譯又與夔俱云案今樂府黃鍾乃以林鍾為調首失君臣之義清樂黃鍾宮以小呂為變徵乖相生之道今請雅樂黃鍾為調首清樂去小呂還用蕤賓為變徵眾皆從之夔又與譯議欲累黍立分正定律呂時以音律久不通譯夔等一朝能為之以為樂聲可定而何妥舊以學聞雅為高祖所信高祖素不悅學不知樂妥又恥已宿儒不逮譯等欲沮壞其事乃立議非十二律旋相為宮曰經文雖道旋相為宮恐是直言其理亦不通隨月用調是以古來不取若依鄭玄及司馬彪須用六十律方得和韻今譯唯取黃鍾之正宮兼得六始之妙義非止金石諧韻亦簨虡不繁可以享百神可以合万舞矣而又非其七調之義曰近代書記所載縵樂鼓琴吹笛之人多云三調三調之聲其來久矣請存三調而已時牛弘總知樂事弘不能精知音律又有識音人万寶常修洛陽舊曲言幼學音律師於祖孝徵知其上代修調古樂周之璧翣殷之崇牙懸八用七盡依周禮備矣所謂正聲又近前漢之樂不可廢也是時競為異議各立朋黨是非之理紛然淆亂或欲令各修造待成擇其善而從之妥恐樂成善惡易見乃請高祖張樂試之遂先說曰黃鍾者以象人君之德及奏黃鍾之調高祖曰滔滔和雅甚為我之會妥因陳黃鍾之宮不假餘律高祖大悅班賜妥等修樂者自是譯等議寢是時既已平陳獲宋齊樂器於太常置清商署以管之求陳太樂令蔡子元于普明等復居其職由是牛弘奏曰臣聞周有六代之樂至韶武而已秦始皇改周舞曰五行漢高帝改韶舞曰文始以示不相襲也又造武德自表其功故高帝廟奏武德文始五行之舞又作昭容禮容增演其意昭容生於武德蓋猶古之韶也禮容生於文始矯秦之五行也文帝又作四時之舞故孝景帝立追述先功採武德舞作昭德舞被之管絃薦於太宗之廟孝宣採昭德舞為盛德舞更造新歌薦於武帝之廟據此而言遞相因襲縱有改作並宗於韶至明帝時東平獻王採文德舞為大武之舞薦于光武之廟漢末大亂樂章淪缺魏武平荊州獲杜夔以為軍謀祭酒使創雅樂時散騎侍郎鄧靜善詠雅歌樂師尹胡能習宗祀之曲舞師馮肅曉知先代諸舞總練研精復於古樂自夔始也文帝黃初改昭容之樂為昭業樂武德之舞為武頌舞文始之舞為大韶舞五行之舞為大武舞明帝初公卿奏上太祖武皇帝樂曰武始之舞高祖文皇帝舞曰咸熙之舞又製樂舞名曰章斌之舞有事於天地宗廟及臨朝大饗並用之晉武帝太始二年詔

傅玄等造行礼及上壽食舉歌詩張華表曰案漢魏所用雖詩章辭各異興廢隨時至其韻曲折並係於舊一皆因襲不敢有所改也九年荀勗典樂使郭夏宋識造正德大豫之舞改魏昭武舞曰宣武舞羽籥舞曰宣文舞江左之初典章堙墜賀循為太常卿始有登歌之樂明帝太寧末阮孚等又增益之成帝咸和間鳩集遺逸鄴沒胡後樂人頗復南渡東晉因之以興鍾律孝武太元間破符永固又獲樂工楊蜀等閑練舊樂於是金石始備矣其設懸音調並與江左是同慕容垂破慕容永於長子盡獲符氏舊樂垂亡為魏所敗其鍾律令李佛等將太樂細伎奔慕容德於鄴德遷都廣固子超嗣立其母先沒姚興超以太樂伎一百二十人詣興贖母及宋武帝入關悉收南渡永初元年改正德舞曰前舞大豫舞曰後舞文帝元嘉九年太樂令鍾宗之更調金石至四年典書令奚縱復改定之又有凱容宣業之舞齊代因而用之蕭子顯齊書志曰宋孝建初朝議以凱容舞為韶舞宣業舞為武德舞據韶為言宣業即是古之大武非武德也故志有前舞凱容歌詩後舞凱容歌辭者矣至于梁初猶用凱容宣業之舞後改為大壯大觀焉今人猶喚大觀為前舞故知樂名雖隨代而改聲韻曲折理應常同前克荊州得梁家雅曲今平蔣州又得陳氏正樂史傳相承以為合古且觀其曲啟用聲有次請修緝之以備雅樂其後魏洛陽之曲據魏史云太武平赫連昌所得更無明證後周所用者皆是新造雜有邊裔之聲戎音亂華皆不可用請悉停之制曰制禮作樂聖人之事也功成化洽方可議之今宇內初平政化未洽遽有變革我則未暇晉王廣又表請帝乃許之牛弘遂因鄭譯之舊又請依古五聲六律旋相為宫奏議云謹案禮五聲六律十二管還相為宫周禮奏黃鍾歌大呂奏太簇歌應鍾皆是旋相為宫之義蔡邕明堂月令章句曰孟春月則太簇為宫姑洗為商蕤賓為角南呂為徵應鍾為羽大呂為變徵他月倣此故先王之作律呂也所以辨天地四方陰陽之聲揚子雲曰聲生於律律生於辰故律呂配五行通八風歷十二辰行十二月循環轉運義無停止譬如立春木王火相立夏火王土相季夏余分土王金相立秋金王水相立冬水王木相還相為宫者謂當其王月名之為宫今若十一月不以黃鍾為宫十二月不以太簇為宫便是春木不王夏土不相豈不陰陽失度天地不通哉劉歆鍾律書云春宫秋律百卉必彫秋宫春律萬物必榮夏宫冬律雨雹必降冬宫夏律雷必發聲以斯而論誠為不易且律十二今直為黃鍾一均唯用七律以外五律竟復何施恐失聖人制作本意故須依禮作還相為宫之法上曰不須作旋相為宫且作黃鍾一均也弘又論六十律不可行謹案續漢書律曆志元帝遣韋玄成問京房於樂府房對受學故小黃令焦延壽六十律相生之法以上生下皆三生二以下生上皆三生四陽下生陰陰上生陽終於中呂而十二律畢矣中呂上生執始執始下生去滅上下相生終南呂六十律畢矣十二律之變至於六十猶八卦之變至於六十四也冬至之聲以黃鍾為宫太簇為商姑洗為角林鍾為徵南呂為羽應鍾為變宫蕤賓為變徵此聲氣之元五音之正也故各統一月其餘以次運行宫月各自為宫而商徵以類從焉房又曰竹聲不可以度調故作準以定數準之狀如瑟長丈而十三絃隱間九尺以應黃鍾之律九寸中央一絃下畫分寸以為六十律清濁之節執始之類皆房自造房云受法於焦延壽未知延壽所承也至章帝元和年待詔候鍾殷彤上言官無曉六十律以準調音者故待詔嚴嵩具以準法教其子宣願召宣補學官主調樂器太史丞弘試宣十二律其二中其四不中其六不知何律宣遂罷自此律家莫能為準施絃嘉平年東觀召典律者太子舍人張光問準意光等不知歸閱舊藏乃得其器形制如房書猶不能定其絃緩急故史官能辯清濁者遂絕其可以相傳者唯大推常數及候氣而已據此而論京房之

法巽世已不能行沈約宋志曰詳案古典及今音家六十律无施於樂礼云十二管還相爲宮不言六十封禪書云大帝使素女鼓五十絃瑟而悲破爲二十五絃假令六十律爲樂得成亦所不用取大樂必易大禮必簡之意也又議曰案周官云大司樂掌成均之法鄭衆注曰均調也樂師主調其音三禮義宗稱周官奏黃鍾者用黃鍾爲調歌大呂者用大呂爲調奏者謂堂下四懸歌者謂堂上所歌但一祭之間皆用二調是知據宮稱調其義一也明六律六呂迭相爲宮各自爲調今見行之樂用黃鍾之宮乃以林鍾爲調與古典有違晉內書監荀勗依典記以五聲十二律還相爲宮之法制十二笛黃鍾之笛正聲應黃鍾下徵應林鍾以沽洗爲清角大呂之笛正聲應大呂下徵應夷則以外諸均例皆如是然今所用林鍾是勗下徵之調不取其正先用其下於理未通故須改之高祖猶憶妥言佳引奏下不許作旋宮之樂但作黃鍾一宮而已於是牛弘及秘書丞姚

察通直散騎常侍許善心儀同三司劉臻通直郎虞世基等更共詳議曰後周之時以四聲降神雖採周礼而年深代遠其法久絕不可依用謹案司樂凡樂圜鍾爲宮黃鍾爲角太蔟爲徵沽洗爲羽舞雲門以祭天函鍾爲宮大蔟爲角姑洗爲徵南呂爲羽舞咸池以祭地黃鍾爲宮大呂爲角太蔟爲徵圜鍾爲羽舞韶以祀宮廟馬融曰圜鍾應鍾也賈逵鄭玄曰圜鍾夾鍾也鄭玄又云此樂無商聲祭尚柔剛故不用也干寶云不言商商爲臣王者自謂故置其實而去其名若曰有天地人物无德以主之謙以自牧也先儒解釋既莫知適從然此四聲非直无商又律管乖次以其爲樂無克諧之理今古事異不可得而行也按東觀書馬防傳太常丞鮑鄴等上作樂事下防防奏言建初二年七月鄴上言天子食飲必順于四時五味而有食舉之樂所以順天地養神明求神應也今官雅樂獨有黃鍾而食舉樂但有太蔟皆不應月律恐傷氣類可作十二月均各應其月氣公卿朝會得聞月律乃能感天和氣宜應詔下大常評焉太常上言作樂器直錢一百四十六萬奏寢今明詔復下臣防以爲可須上天之明時因歲首之嘉月發太蔟之律奏雅頌之音以迎和氣其條貫甚具遂獨施行起於十月爲迎氣之樂矣又順帝紀云陽嘉二年冬十月庚午其礼辟雍隸太學隨月律作應鍾三月作沽洗元和以來音戾不調修復黃鍾作樂器如舊典據此而言漢樂宮懸有黃鍾均食舉太蔟均止有二均不旋相爲宮亦以明矣計從元和至陽嘉二年纔五十歲用而復止驗黃帝聽鳳以制律呂尚書曰予欲聞六律五聲周礼有分樂而祭此聖人制作以合天地陰陽之和自然之理乃云音戾不調斯言誣之甚也今梁陳雅曲並用宮聲案禮五聲十二律還相爲宮盧植云十二月三管流轉用事當用事者爲宮宮君也鄭玄曰五聲宮商角徵羽其陽管曰律陰管爲呂布十二辰更相爲宮始自黃鍾終於南呂凡六十也黃侃疏還相爲宮者十

一月以黃鍾爲宮十二月以大呂爲宮正月以大蔟爲宮餘月放此凡十二管各備五聲合六十聲五聲成一調故十二調此即釋鄭議之明文无用商角徵羽調之法矣樂稽耀嘉曰東方春其聲角樂當宮於夾鍾餘方各以其中律爲宮若有商角之理不得云宮於夾鍾也又云五音非宮不調五味非甘不和又動聲儀宮唱而商和是謂善本太平之樂也周礼奏黃鍾歌大呂以祀天神[illegible]以黃鍾之鍾大呂之聲爲均均調也故崔靈恩[illegible]二不獨論商角徵羽也又六凡六樂者皆文之以五聲播之以八音故知每曲皆須五聲八音錯綜而能成也樂寇子云師文鼓琴命宮而總四聲則慶雲浮景風翔唯韓詩云聞其宮聲使人溫厚而寬大聞其商聲使人方廉而好義及古有清角清徵之流此則當聲爲曲今以五引爲五聲迎氣所用者是也餘曲悉用宮聲不勞商角徵羽何以得知荀勗論三調爲均首者得正聲之名明知雅樂悉在宮調已外徵羽角自

爲淫蕩之音耳且西涼龜茲雜伎等曲數既多故得隷於衆調調各別曲至如雅樂少須以爲本歷十二均而作不可分配餘調更成雜亂也其奏大祇如此帝並從之故隋代雅樂唯奏各一人並立階下悉進賢冠絳公服斟酌今古祭而用之祀神宮會通行之若有大祀臨軒陳於階壇之上若冊拜王公設宮懸不用登歌釋奠則唯用登歌而不設懸古者人君食皆用當月之調以取時律之聲使不失五常之性調暢四體令得時氣之和故鮑鄴上言天子食飲必順四時有食舉樂所以順天地養神明可作十二月均感天和氣此則殿庭月調之義也祭祀既已分樂臨軒朝會並用當月之律正月懸太蔟之均乃十二月懸大呂之均欲感君人情性允協陰陽之序也文舞六十四人並介幘冠進賢冠絳紗連裳內單皂褾領襈裾革帶烏皮履十六人執翣十六人執帗十六人執旌十六人執羽左手皆執籥二人執纛引前在舞人數外衣冠同舞人武舞六十四人

並服武弁朱褠衣革帶烏皮履左執朱干右執大戚依朱干玉戚之文二人執旌居前二人執鼗二人執鐸金錞四人輿二人作二人執鐃次之二人執相在左二人執雅在右各工一人作自旌以崇設鍾磬正備祭懸之引等並以爲非而據周官小胥職懸鍾磬半之爲堵全之爲肆鄭玄曰鍾磬編懸之二八十六而在一虡鍾一堵磬一堵謂之肆又引樂緯宮爲君商爲臣君臣皆尊各置一副故加十四而懸十六又據漢成帝時犍爲水濱得石磬一十六枚此皆懸八之義也懸鍾磬法每虡准之懸八用七不取近周之法懸七也又參用儀禮及尚書大傳爲宮懸陳布之法北方南面應鍾起西磬次之黃鍾次之鍾次之大呂次之皆東陳一建鼓在其東東鼓東方西向大蔟起北磬次之夾鍾次之鍾次之姑洗次之皆南陳一建鼓在其南南鼓南方北向中呂起東鍾次之蕤賓次之磬次之林鍾次之皆西陳一建鼓在其西西鼓西方東向夷則起南鍾次之南呂次之

磬次之無射次之皆北陳一建鼓在其北西鼓其大射則撤北面而加鉦鼓祭天用雷鼓雷鼗祭地用靈鼓靈鼗宗廟用路鼓路鼗各兩設在懸內又准儀禮宮懸四面設鎛鍾十二虡各依辰位又甲景庚壬位各設鍾一虡乙丁辛癸位各陳磬一虡共爲二十虡其宗廟殿庭郊丘社並同樹建鼓于四隅以象二十四氣依月爲均四箱同作蓋取毛詩傳云四懸皆同之義古者鎛鍾據儀禮擊爲節檢而無合曲之義又大射有二鎛皆亂擊焉乃無成曲之理依後周以十二鎛相生擊之聲韻克諧每鎛鍾建鼓各一人每鍾磬簨虡各一人歌二人執節一人琴瑟箏筑各一人每鍾虡竽笙簫笛塤篪各一人懸內柷敔各一人柷在東敔在西二舞各八佾樂人皆平巾幘緋褠衣樂器並採周官參之梁代擇用其尤善者其簨虡皆金五博山飾以崇牙樹羽旒蘇其樂器應漆者天地之神皆朱漆宗廟及殿庭則五色漆畫晉宋故事箱別各有柷敔既同時戛之令則不用又周官

大司樂奏黃鍾歌大呂舞雲門以祀天神奏大蔟歌應鍾舞咸池以祭地祇奏姑洗歌南呂舞大韶以祀四望奏蕤賓歌函鍾舞大夏以祭山川奏夷則舞大武以享先祖此乃周制立二王三恪通已爲六代之樂至四時祭祀則分而用之以六樂配十二調一代之樂則用二調今隋去六代之樂又無四望先妣之祭今既與古祭法有別乃以神祇位次分樂配焉奏黃鍾歌大呂以祀圓丘黃鍾所以宣六氣也耀魄天神最爲尊極故奏黃鍾以祀之奏太蔟歌應鍾以祭方澤太蔟所以贊陽出滯崐崘厚載之重故奏太蔟以祀之奏姑洗歌南呂以祀五郊神州姑洗所以修潔百物五郊神州天地之次故奏姑洗以祀之奏蕤賓歌函鍾以祭宗廟蕤賓所以安靜神人祖宗有國之本故奏蕤賓以祀之奏夷則歌小呂以祭社稷先農夷則所以詠歌九穀貴在秋成故奏夷則以祀之奏無射歌夾鍾以祭巡狩方嶽無射所以示人軌物觀風望秩故奏無射以祀之同用文武二舞

其圜丘降神六變方澤降神八變宗廟禘祫降神九變皆用昭
夏其餘祭享皆一變又周禮王出奏王夏其餘尸出奏肆夏叔
孫通法迎神奏嘉至今亦隨事立名皇帝入出皆奏皇夏羣官
入出皆奏肆夏食舉上壽奏需夏迎送鬼神奏昭夏薦獻郊廟
奏誠夏宴饗殿上奏登歌并文舞武舞合爲八曲古有宮商角
徵羽五引梁以三朝元會奏之今改爲五音其聲悉依宮商不
使差越唱迎氣於五郊降神奏之月令所謂孟春其音角是也
通前爲十三曲并內宮所奏天地厚二曲於房中奏之合十
五曲其登歌法准禮效特牲詔者在上匏竹在下大戴云清廟
之歌懸一磬而尚拊搏又注漢代獨登歌者不以絲竹亂人聲
近代以來有登歌五人別居於上絲竹一部進處階前此蓋尚
書夔擊鳴球搏拊琴瑟以詠祖考來格此之義也梁武樂論以
爲登歌者頌祖宗功業檢禮記乃非元日所奏若三朝大慶百
辟俱陳升工籍殿以詠祖考君臣相對便須涕洟以此說非通

還以嘉慶用之後周登歌備鐘磬琴瑟階上設笙管今遂因之
合於儀禮荷瑟升歌及笙入立於階下間歌合樂是燕飲之事
奏登歌法有十四人鐘東磬西工各一人琴瑟箏筑各一人并
歌者三人執節一人並坐階下笙竽簫笛塤篪各一人並立階
下悉進賢冠絳公服斟酌今古參而用之祀神宴會通行之若
有大祀臨軒陳於階壇之上若冊拜王公設一□□歌經
奠則唯用登歌而不設懸古者人君食皆用當月之調以取時
律之聲使不失五常之性調暢四體令得時氣之和故鮑鄴上
言天子食飲必順四時有食舉樂所以順天地養神明司作十
二月均感天和氣此則殿庭月調之義也祭祀既以分樂臨軒
朝會並用當月之律正月懸大蔟之均乃十二月懸大呂之均
欲感君人情性允協陰陽之序也又文舞六十四人並介幘冠
進賢冠絳紗連裳內單皂褾領襈裾革帶烏皮履十六人執翿
十六人執帗十六人執旌十六人執羽左手皆執籥二人執纛

引前在舞人數外衣冠同舞人武舞六十四人並服武弁朱褠
衣革帶烏皮履左執朱干右執大戚依朱干玉戚之文二人執
旌居前二人執鼗二人執鐸金錞四人輿二人作二人執鐃次
之二人執相在左二人執雅在右各工一人作自旌以下夾引
並在舞人數外衣冠同舞人周官所謂以金錞和鼓金鐲節鼓
金鐃止鼓金鐸通鼓也又依樂記象德擬功初來就位摠干而
山立思君道之難也發揚蹈厲而不殺也武亂皆坐四海咸
安也武始而受再成而定山東三成而平蜀道四成而北狄是
通五成而江南是拓六成復綴以闡太平高祖曰不須象功德
直象事何也然音用之近代舞出入皆作樂謂之階步咸用肆
夏今亦依定即周官所謂樂出入奏鍾鼓也又魏晉故事有矛
俞弩俞及侏儒導引今據尚書直云干羽禮又稱羽籥干戚今
文舞執羽籥武舞執干戚其矛俞弩俞等蓋漢高祖自漢中歸
巴俞之兵執仗而舞也既非正典悉罷不用

十四年三月樂定秘書監奇章縣公牛弘秘書丞北絳郡公姚
察通直散騎常侍虞部侍郎許善心兼內史舍人虞世基儀同
三司東宮學士饒陽伯劉臻等奏曰臣聞賁桴土鼓由來斯尚
雷出地奮著自易經邦馭物揖讓而臨天下者禮樂之
謂也秦焚經典樂書亡缺爰至漢興始加鳩採祖述增廣緝成
韶意魏晉相承更加論討沿革之宜備於故實永嘉之後九服
分離燕石符鼎遷播華土此其戎乎何必伊川之上吾其左衽
無復微管之功前言往式於斯而盡金陵建社朝士南奔帝則
皇規粲然更備內原隔絕三百年於茲矣伏惟明聖膺期會昌
生運今南征所獲梁陳樂及晉宋旗章宛然俱至曩代所不服
者今悉服之前朝所未得者今悉得之化洽功成於是乎在臣
等伏奉明詔詳定雅樂博訪知音傍求儒彥研校是非定其去
就取爲一代正樂具在本司并撰歌詞三十首四月乙丑詔曰
在昔聖人作樂崇德移風易俗於斯爲大自晉氏播遷兵戈不

息雅樂流散年代已久四方未一無由辯正賴上天鑒臨明神
降福拯茲塗炭安息蒼生天下大同歸於治理遺文舊物皆為
国有比命所司總令研究正樂雅聲詳考已訖宜即施用見行
者停人間音樂流僻日久棄其舊體競造繁聲浮宕不歸遂以
成俗宜加禁約務存其大
十七年十月庚午詔曰昔五帝異樂三王殊礼皆隨事而有損
益因情而立節文仰惟祭享宗廟瞻敬如在罔極之感情深茲
日而礼畢升輅鼓吹發音還入宮門金石振響斯則哀樂同日
心事相違情所不安理實未允宜改茲往式用弘礼教自今已
後享廟日不須設鼓吹殿庭勿設樂懸在廟內及諸祭並依舊
其王公已下祭私廟日不得作音樂故事天子有事於太廟備法駕陳羽葆以入于大次礼畢升車鼓吹並作詔從之
仁壽元年詔吏部尚書奇章公牛弘開府儀同三司領太子洗
馬柳顧言秘書丞攝太常少卿許善心內史舍人虞世基礼部

侍郎蔡徵等更詳故實創製雅樂歌詞先是高祖遣內史侍郎李元操直內史省盧思道等製清廟歌辭十二曲令齊樂人曹妙達於太樂教習以代周歌其初迎神七言象元基曲獻奠登歌六言象傾盃曲送神礼畢五言象行天曲至是弘等但改其聲合於鍾律而詞經勑定不敢易之至煬帝初為皇太子從饗于太廟聞而非之乃上言曰清廟歌詞文多浮麗不足以宣功德請更議之於是有是詔其祠圓丘皇帝入至版位定奏
昭夏之樂以降天神升壇奏皇夏之樂受玉帛登歌奏昭夏之
樂皇帝降南陛詣罍洗洗爵訖升壇並奏皇夏初升壇俎入奏
昭夏之樂皇帝初獻奏誠夏之樂皇帝既獻作文舞之舞皇帝
飲福酒作需夏之樂皇帝反爵於坫還本位奏皇夏之樂武舞
出作肆夏之樂送神作昭夏之樂就燎位還大次並奏皇夏圓
丘降神奏昭夏

冊府元龜卷第五百六十八

冊府元龜卷第五百六十九

掌禮部七

作樂第五

隋煬帝大業元年詔曰古先哲王經國成務莫不因人心而制禮則天明而作樂昔漢氏諸廟既別所樂亦不同至於光武之後始立共堂之制魏文承運初營廟寢太祖一室獨爲別宮自茲之後兵車交爭制作規模日不暇給伏惟高祖文皇帝功侔造物道濟生靈享薦宜殊樂舞須別今若月祭時饗既與諸祖共庭至於舞功獨於一室交違禮意未合人情其詳議以聞有司未及陳奏帝又以禮樂之事揔付秘書監柳顧言少府副監何稠著作郎諸葛穎秘書郎袁慶隆等增多開皇樂器大益樂員郊廟樂懸並令新製其後帝復難於改作其議竟寢諸郊廟歌詞亦並依舊制唯新造高祖廟歌九首又遣秘書省學士定殿前樂工歌十四首

二年突厥染干來朝帝欲誇之先是齊武平中有魚龍爛漫俳優侏儒山車巨象拔井種瓜殺馬剝驢等奇怪異端百有餘物名爲百戲周時鄭譯有寵於宣帝奏徵齊散樂人並會京師爲之蓋秦角抵之流者也開皇初並放遣之至是揔追四方散樂大集東都初於芳華苑積翠池側帝帷宮女觀之有舍利先來戲於場內須臾跳躍激水滿衢黿鼉龜鼇水人虫魚遍覆于地又有大鯨魚噴霧翳日倏忽化成黃龍長七八丈聳踊而出名曰黃龍變又以繩繫兩柱相去十丈遣二倡女對舞繩上相逢切肩而過歌舞不輟又爲夏育扛鼎取車輪石臼大盆器等各於掌上而跳弄之并二人戴竿其上有舞忽然騰透而換易之又有神鼇負山幻人吐火千變万化曠古莫儔染干大駭之自是皆於太常教習每歲正月万國來朝留至十五日於端門外建國門內綿亘八里列爲戲場百官起棚夾路從昏達旦以縱觀之至晦而罷伎人皆衣錦繡繒綵其歌舞者多爲婦人服鳴環珮飾以花毦者殆三万人初課京兆河南製此衣服而兩京繒錦爲之中虛初高祖定令置七部樂一曰國伎二曰清樂伎三曰高麗伎四曰天竺伎五曰安國伎六曰龜茲伎七曰文康伎又雜有疏勒扶南康國百濟突厥新羅倭國等伎至是乃定清樂西涼龜茲天竺康國疏勒安國高麗禮畢以爲九部樂器工衣創造既成大備於茲矣帝又制宴饗設鼓吹依梁爲十二案案別有錞于鉦鐸軍樂鼓吹等一部案下皆熊羆貙豹騰倚承之以象百獸之舞其大駕鼓吹並朱漆畫大鼓加金鐲羽葆鼓鐃鼓節鼓皆五彩重蓋其羽葆鼓仍飾以羽葆長鳴中鳴大小横吹五彩衣幡緋掌畫交龍五彩腳大角亦如之大鼓長鳴大横吹節鼓及横吹後笛簫篳篥笳桃皮篳篥等工人服緋地苣文爲袍袴及帽金鉦棡鼓其鉦鼓皆加八角紫繖小鼓中鳴小横吹及横吹後笛簫篳篥笳桃皮篳篥等工人服並青地苣文袍袴及帽羽葆鼓鐃及歌簫笳工人服並武弁朱褠衣革帶

大角工人平巾幘緋衫白布大口袴其鼓吹督帥服與大角同以下准督帥服亦如之棡鼓一曲一十二變（與金鉦同）夜警用一曲俱盡次奏大鼓大鼓一十五曲供大駕一十二曲供皇太子一十曲供王公等小鼓九曲供大駕三曲供皇太子及王公等長鳴色角一百二十具供大駕三十六具供皇太子十八具供王公等次鳴色角一百二十具供大駕十二具供皇太子一十具供王公等大角第一曲起捉馬第二曲被馬第三曲騎馬第四曲行第五曲入陣第六曲收軍第七曲下營皆以三通爲一曲其詞並本之鮮卑鐃鼓十二曲供大駕六曲供皇太子三曲供王公等其樂器有鼓并哥簫笳大横吹二十九曲供大駕九曲供皇太子七曲供王公其樂器有角節鼓笛簫篳篥笳桃皮篳篥小横吹十二曲供大駕夜警則十二曲供用其樂器有角笛簫篳篥笳桃皮篳篥六年二月大括魏齊周陳樂人子弟悉配太常並於關中爲坊置之其數益多前代是年諸夷大獻方物

突厥啓民以下皆國王親來朝賀乃於天津街盛陳百戲自海內凡有奇伎無不總萃崇侈器玩盛飾衣服皆用珠翠金銀錦罽絺繡其營費鉅億萬關西以安德王雄總之東都以齊王暕總之金石匏革之聲聞數十里外彈絃擫管以上一萬八千人大列炬火光燭天地百戲之盛振古無比自是每年以為常焉先是漢至梁陳樂工其大數不相踰越及周并齊隋并陳各得其樂工多為編戶至是詔大搜括焉柳顧言等又奏仙都宮內四時祭享還用太廟之樂歌功論德別製其詞七廟同院樂依舊式又造饗宴殿上奏宮懸樂器布陳簨簴大抵同前而於四隅各立建鼓三按又設十二鎛鍾別鍾磬二架各依辰位為調合三十六架至於音律節奏皆依雅曲意在演令繁會自梁武帝始也開皇時廢不用至是又復焉柳顧言復增房內樂益其鍾磬奏議曰房內樂者主為王后絃歌諷誦而事君子故以房室為名燕禮饗飲酒禮亦取而用也故云用之鄉人焉用之邦國焉文王之風由近及遠樂以感人須存雅正既不設鍾鼓義無四懸何以取正於婦道也磬師職云燕樂之鍾磬鄭玄曰燕樂房內樂也所謂陰聲金石備矣以此而論房內之樂非獨絃歌必有鍾磬也內宰職云正后服位詔其禮樂之儀鄭云薦其入出賓客理亦宜同請以歌鍾歌磬各設二虡土革絲竹並副之並外歌下管總名房內之樂女奴隸肴朝燕用之制曰可於是內宮懸二十虡其鎛鍾十二皆以大磬充夫建鼓餘飾並與殿庭同皇太子軒懸去南面設三鎛鍾於辰丑申三建鼓亦如之編鍾三虡編磬三虡共六三鎛鍾為九虡其登歌減者二人簨虡金三博山樂器應漆者朱漆之其二舞用六佾其雅樂鼓吹多依開皇之故雅樂合二十器今列之如左金之屬二一曰鎛鍾每鍾懸一簨虡各應律呂之音即黃帝所命伶倫鑄十二鍾和五音者也二曰編鍾小鍾也各應律呂大小以次編而懸之上下皆八合十六鍾懸於一簨虡石之屬一一曰磬用玉若石為之懸如

編鍾之法絲之屬四一曰琴神農制為五絃周文王加二絃為七者也二曰瑟二十七絃伏犧所作者也三曰筑十二絃四曰箏十三絃所謂秦聲蒙恬所作者也竹之屬三一曰簫十六管長二尺舜所造者也二曰篪長尺四寸八孔蘇公所作者也三曰笛凡十二孔漢武帝時丘仲所作者也京房備五音有七孔以應七聲黃鍾之笛長二尺八寸四分四釐有奇其餘亦上下相次以為長短匏之屬二一曰笙二曰竽並女媧之所作也笙列管十九於匏內施簧吹之竽大三十六管土之屬一一曰塤六孔暴辛公之所作者也革之屬五一曰建鼓夏后氏加四足謂之足鼓殷人柱貫之謂之楹鼓周人懸之謂之懸鼓近代相承植而貫之謂之建鼓蓋殷所作也棲翔鷺於其上不知何代所加或曰鵠也取其聲揚而遠聞或曰鷺鼓精也越王勾踐擊大鼓於雷門以厭吳晉時移於建康有雙鷺㗖鼓而飛入雲或曰皆非也詩云振振鷺鷺于飛鼓咽咽醉言歸古之君子悲周道之衰頌聲之輟飾鼓以鷺存其風流未知孰是靈鼓靈鼗並八面雷鼓雷鼗並六面路鼓路鼗並四面鼓以桴擊鼗貫其中而手搖之又有節鼓不知誰所造也木之屬二一曰柷如桶方二尺八寸中有椎柄連底動之令左右擊以節樂二曰敔如伏獸背有二十七鉏鋙以竹長尺橫櫟之以止樂焉簨虡所以懸鍾磬橫曰簨飾以鱗屬植曰虡飾以贏及羽屬簨加木板於上謂之業殷人刻其上為崇牙以挂懸周人畫繒為翣戴之以璧垂五采羽於其下樹於簨虡之角近代之加金博山於簨上垂流蘇以合采羽帝又博訪知鍾律歌管者皆追之時有曹士立裴文通唐羅漢常寶金等雖知操弄雅鄭莫分然總付太常詳令刪定議修一百四曲其五曲在宮調黃鍾也一曲應調大呂也二十五曲商調太蔟也十四曲角調姑洗也一十三曲變徵調蕤賓也八曲徵調林鍾也二十五曲羽調南呂也一十二曲變宮調應鍾也其曲大抵以詩為本參以古調漸欲播之絃歌被之金石仍屬戎

歲不遑刊正禮樂之事竟無成功焉

唐高祖武德初吏部郎中祖孝孫奏請作樂時軍國多務未遑改創每讌享因隋舊制奏九部樂一讌樂二清商三西涼四扶南五高麗六龜玆七安國八疏勒九康國

九年正月命祕書監竇璡太常少卿祖孝孫修定雅樂

太宗貞觀元年正月丁亥宴群臣奏秦王破陣樂之曲太宗謂侍臣曰朕昔在藩屢有征討世間遂有此歌豈意今日登於雅樂然其發揚蹈厲雖異文容功業由之致有今日所以被於樂章示不忘於本也尚書右僕射封德彝進對曰陛下以聖武戡難立極安人功成化定陳樂象德實弘濟之盛烈將來之壯觀文容習儀豈得爲比太宗曰朕雖以武功定天下終當以文德綏內外文武之道各隨其時公謂文容不如蹈厲斯爲過矣德彝頓首曰臣不敏不足以知之其後令魏徵虞世南褚亮李百藥改製歌詞

二年六月祖孝孫奏所制雅樂先是陳梁舊樂雜用吳楚之音周齊舊樂多涉胡戎之伎於是斟酌南北考以古音作爲大唐雅樂以十二律各順其月旋相爲宮案禮記云大樂與天地同和故制十二和之樂合三十一曲八十四調祭圜丘以黃鍾爲宮方澤以林鍾爲宮宗廟以太蔟爲宮五郊朝賀饗宴則隨月用律爲宮初隋但用黃鍾一宮唯扣七鍾餘五鍾虛懸而不扣及孝孫建旋宮之法皆遍扣鍾無復虛懸者祭天神奏豫和之樂地祇奏順和宗廟奏永和天地宗廟登歌俱奏肅和皇帝臨軒奏太和王公出入奏舒和皇帝食舉及飲酒奏休和皇帝受朝奏政和皇太子軒懸出入奏承和元日冬至皇帝禮會登歌奏昭和郊廟俎入奏雍和皇帝祭享酌酒讀祝文及飲福受胙奏壽和五郊迎氣各以月律而奏其音又郊廟祭享奏化康凱安之舞周禮旋宮之義亡絕已久時莫能知一朝復古自此始也太宗曰禮樂之作蓋聖人緣物設教以爲撙節治之隆替豈此之由御史大夫杜淹對曰前代興亡實由於樂陳將亡也爲玉樹後庭花齊將亡也而爲伴侶曲行路聞之莫不悲泣所謂亡國之音也以是觀之蓋樂之由也太宗曰不然夫音聲能感人自然之道也故歡者聞之則悅哀者聽之則悲悲歡之情在於人心非由樂也將亡之政其民必苦若以苦心所感故聞之則悲耳何有樂聲哀怨能使悅者悲乎今玉樹伴侶之曲其聲具存朕當爲公奏之知公必不悲矣尚書右丞魏徵進曰古人稱禮云禮云玉帛云乎哉樂云樂云鍾鼓云乎哉樂在人和不由音調太宗然之

孝孫卒協律郎張文收善音律嘗覽蕭吉樂譜以爲未詳悉乃取歷代沿革截竹爲十二律吹之備盡旋宮之義太宗召文收於太常令與少卿祖孝孫參定雅樂太樂有古鍾十二近代惟用七鍾有五鍾俗號啞鍾莫能通者文收吹律調之皆響徹人服其能復採三禮言孝孫雖創其端至於郊禋用樂事未周備詔文收與太常掌禮官等更釐改於是依周禮祭昊天上帝以圜鍾爲宮黃鍾爲角太蔟爲徵姑洗爲羽奏豫和之舞若封太山同用此樂若地祇方丘以函鍾爲宮太蔟爲角姑洗爲徵南呂爲羽奏順和之舞禪梁甫同用此樂禘祫宗廟以黃鍾爲宮大呂爲角太蔟爲徵應鍾爲羽奏永和之舞五郊日月星辰及類于上帝黃鍾爲

宮奏豫和之曲大蜡大報以黃鍾太蔟姑洗蕤賓夷則無射等調奏豫和順和永和之舞明堂雩以黃鍾爲宮奏豫和之曲神州社稷藉田宜以太蔟爲宮雨師以姑洗爲宮山川以蕤賓爲宮並奏順和之曲饗先農以夷則爲宮奏永和之舞大饗燕奏姑洗蕤賓二調皇帝郊廟食舉以月律爲宮並奏休和之曲皇帝郊廟出入奏太和之樂臨軒出入奏舒和之樂並以姑洗爲宮皇帝大射姑洗爲宮奏騶虞之曲皇太子奏狸首之曲皇太子軒懸姑洗爲宮奏永和之曲凡奏黃鍾歌大呂奏太蔟歌應鍾奏姑洗歌南呂奏蕤賓歌林鍾奏夷則歌中呂奏無射歌夾鍾黃鍾蕤賓爲宮其樂九變大呂林鍾爲宮其樂八變太蔟夷則爲宮其樂七變夾鍾南呂爲宮其樂六變姑洗無射爲宮其樂五變中呂應鍾爲宮其樂四變天子十二終上公九侯伯七子男五卿六大夫四士三及成奏之太宗稱善於是加級頒賜各有差

六年九月幸慶善宮讌三品已上賦五言詩於是起居郎呂才請於樂府被之管絃名爲功成慶善樂之曲令童兒八佾皆進德冠紫袴褶爲九功之舞冬至享宴及國有大慶與七德之舞偕奏於庭是年詔褚亮虞世南魏徵等分作樂章七年正月帝制破陣樂舞圖左圓右方先偏後伍魚麗鵝鸛箕張翼舒交錯屈伸首尾迴互以象戰陣之形令起居郎呂才依圖教樂工一百二十人被甲執戟而習之凡爲三變每變爲四陣有來往疾徐擊刺之象以應歌節數日而就更名七德之舞癸巳宴三品已上及州牧蠻夷酋長於玄武門太宗謂侍臣曰四海和平天下同樂自古帝王罕得事父太上皇万福膝下之歡有倍常慶於是奏七德九功之舞觀者覩其抑揚蹈厲莫不扼腕勇躍懍然震竦武臣烈將咸上壽云此舞皆是陛下百戰百勝之形容群臣咸稱万歲蠻夷十餘種自請率舞詔許之久而乃罷賜帛各有差

十四年正月陝州言河水變清又有景雲見張文收採古朱鴈天馬之義制景雲河清歌名曰讌樂奏之管絃爲諸樂之首元會第一奏者是也（工人緋綾袍絲布袴舞二十人分爲四部）六月詔曰殷薦祖考以崇功德比雖加以誠絜而廟樂未稱宜令所司詳諸故實制定奏聞八座議曰七廟觀德義冠於宗祀三祖在天式章於嚴配致敬之情允洽大孝之道攸宜是以八佾具陳肅儀形於綴兆四懸備展被鴻徽於雅音考作樂之明義擇隆三之令典前聖所履莫大于茲伏惟皇帝陛下天縱感通率由至孝理昭懿光被於八埏愛敬純深追崇於百葉克言鑠祚斯弘頌聲鍾律革音播鏗鏘於饗薦羽籥成列申蹈厲於蒸嘗爰詔典司加隆稱謂循聲覈實敬闡尊名竊以皇靈滋慶濬源長委邁吞燕之生商軼擾龍之肇漢盛韜光於九二漸發迹於三分高祖紐地補天重張區宇反魄肉骨再造空靈奄啟帝圖出二儀而合大赫赫皇道共七曜以齊明雖復聖迹神功不可得而窺測經文緯武敢有寄於言名敬備樂章式昭舞執皇祖弘農府君宣簡公懿王三廟樂請同奏長發之舞太祖景皇帝廟樂請奏大基之舞世祖元皇帝廟樂請奏大成之舞高祖太武皇帝廟樂請奏大明之舞文德皇后廟樂請奏光大之舞七廟登歌請每室別奏制可之十六年十一月乙亥宴百寮奏十部樂（先是伐高昌收其樂付太常乃增九部爲十部）

高宗以貞觀二十三年五月即位八月有司奏言謹案太廟每室有樂舞太宗皇帝廟將禘祫廟未有舞名太尉長孫無忌侍中于志寧議曰易云先王作樂崇德殷薦上帝以配祖考請名崇德之舞詔從之

永徽三年五月有司奏言文德皇后廟樂請停光大之樂唯進崇德之舞從之

顯慶元年正月庚寅改破陣樂舞爲神功破陣樂三年十月辛亥太常奏白雪琴曲先是帝以琴中雅曲古人歌之近代已來

此聲頓絕令所司簡樂工解琴笙者修習舊曲至是太常上言謹案禮記及家語云舜彈五弦之琴歌南風之詩是知琴操曲弄皆合於歌又張華博物志云白雪是天帝使素女鼓五十弦琴曲又楚大夫宋玉對襄王云有客於郢中歌陽春白雪國中和者數十人是知白雪琴曲本宜合歌以其調高人和遂寡自宋玉已來迄今千祀未有能歌白雪者臣今准勅依琴中舊曲定其宮商然後教習並合於歌輒以御製雪詩爲白雪歌詞又案古今樂府奏正曲之後皆別有聲君唱臣和事彰前史輒以侍中許敬宗等奏和雪詩以爲送聲各十六節今悉教訖並皆諧韻帝善之乃付太常編於樂府

龍朔元年三月丙申朔帝欲伐遼召李勣李義府任雅相許敬宗許圉師張延師蘇定方阿史那忠于闐王伏闍上官儀等誠于洛城門觀屯營新教之舞名之曰一戎大定樂時欲親征遼以象用武之勢

麟德二年十月壬戌詔曰國家平定天下革命創制紀功旌德久被樂章今郊祀四懸猶干戚之舞先朝作樂韶而未由若云廟享宴等宮懸文舞宜用功成慶善之樂皆著履執拂依舊服袴褶童子冠其武舞宜用神功破陣之樂皆衣甲持戟其執纛之人亦著金甲仍量加簫笛歌鼓等於懸南列坐與宮懸合奏

咸亨四年十一月丙寅帝自制樂章有上元二儀三才四時五行六律七政八風九宮十洲得一慶雲之曲以示群臣令太常行用之仍又詔有司諸大祠享並奏之

上元三年十二月勑新造上元之舞先令大祠享皆將陳設自今已後圓丘方澤太廟祠享然後用此舞餘祭並停

儀鳳二年八月太常少卿韋万石奏曰據貞觀禮郊享日文舞奏豫和順和永和等樂其舞人著委貌冠服手執籥翟其武舞奏凱安其舞人著平冕手執干戚奉麟德二年十月勑文舞改用功成慶善樂武舞改用神功破陣樂并改器服但以慶善樂不可降神破陣樂又未入雅樂雖改用器服其舞猶依舊迄今不改事既不安恐須別有處分詔曰舊文舞武舞既不可廢并器服總宜依舊若懸作上元舞日乃奏神功破陣樂及功成慶善樂并殿庭用舞並須引出懸外而作其安置舞曲宜更商量作安穩法并錄凱安六變法象奏聞万石又與刊正樂官等奏曰謹按凱安舞是貞觀年中所造武舞准貞觀禮及今禮但郊廟祭享奏武舞之樂即用之凡有六變一變象龍興參野二變象克靜關中三變象東夏賓服四變象江淮寧謐五變象獫狁偃伏六變復位以崇象兵還振旅謹按貞觀禮祭享日武舞惟作六變亦如周之大武六成禮止樂有因人而止如禮云諸侯相見揖讓而入門入門而懸興揖讓而升堂升堂而樂闋是也有若有數者數終則止不得取行事賒促爲樂終早晚即禮云三闋六成八變九變是也今禮奏武舞六成而數終未止既作非正古不可依行其武舞凱安望請依古禮及貞觀禮六成樂止立部伎内破陣樂五十二遍修雅樂只有兩遍名曰七德立部伎内慶善樂七遍修入雅樂只有一遍名九功上元舞二十九遍今入雅樂一無所減每見祭享日三獻已終上元舞猶自未畢今更加破陣樂慶善樂恐酌獻已後歌舞更長其雅樂内破陣樂慶善樂及上元舞三曲並望修改通融令長短與禮相稱冀望於事爲便破陣樂有象武事慶善樂有象文事先儒所傳國家以揖讓得天下則先奏文舞若以征伐得天下則先奏武舞望請應二舞日先奏神功破陣樂次奏功成慶善樂先奉勑於圓丘方澤太廟祠享日則用上元之舞臣據見行禮欲於天皇酌獻降復位已後即作凱安六變樂止其神功破陣樂功成慶善樂上元之舞三曲侍修改訖以次通融作之即得新舊並行前後有序詔從之時萬石奏太樂博士弟子等有遭喪者數習向成一朝歸家隨亦荒廢又此輩先無別業雖放行服家舍必更蠶伎鄉閭請百日之後量追赴上侍御史劉思立劾之曰竊以移風易俗莫善於樂雖親化人莫先於孝所以三年之禮貴賤咸達金革之事世有墨縗縱此輩小人先無廟就縗絰凡在其上爲之企及若遣釋服作樂則甚紊禮經帶經理音又全虧國體豈以其居家不能勤禮遂欲曹司約爲非法方石身居禮樂之官眛吉凶之本傾之率土理恐未安既乘風化之源請挂糾繩之下上方委任万石竟不從思立所奏三年七月帝在九成宮於咸亨殿宴集有韓王元嘉霍王元軌及南北軍將軍等樂作太常少卿韋万石奏稱破陣樂舞者是文皇發跡所由宣揚祖宗盛烈傳之於後永永無窮自天皇臨馭四海寢而不作既緣聖情感愴群下無敢關言臣忝職樂司廢缺是懼依禮祭之日天子親總干戚以舞先祖之樂與天下同樂之也今破陣樂久廢群下無所稱述將何以發孝思之情帝矍然改容俯遂所請有制令奏樂舞既畢帝歔欷感咽涕泗交流臣下悲淚莫能仰視久之顧謂兩王曰不見此樂垂三十年乍

此觀聽實深哀感追思往日王業艱難勤勞若此朕今嗣守洪業可忘武功古人云富貴不與驕奢期驕奢自至朕謂特見此舞以自誡勗無盈滿之過非爲歡樂奏陳之耳侍宴群臣咸呼万歲

調露二年正月丁酉帝御洛城南樓賜宴太常奏新造六合還淳之舞

則天光宅元年九月制高宗廟樂以鈞天爲名

天授中製天授樂舞四人畫衣五綵鳳

長壽二年正月親享万象神宮先是自製神宮大樂舞用九百人至是舞於神宮之庭是時又製長壽樂舞十有二人畫衣冠

延載元年正月製越古長年樂一曲又有鳥歌万歲樂時宮中養鳥能人言常稱万歲爲樂以象之舞三人緋大袖並畫鸜鵒冠作鳥像

大足元年幸京師同州刺史蘇瓌進聖主還京樂舞御行宮樓

觀之賜以束帛令編於樂府

睿宗景雲元年有司奏中宗廟奏大和之舞玄宗開元二年六月左拾遺蔡孚獻龍池集王公卿士已下凡百三十篇請付太常寺其間詞合音律者爲龍池樂章以歌聖德從之初帝在藩與宋王等居于興慶里時人謂爲五王子宅及景龍末宅內神池涌出泛濫清瑩流之不竭中有龜龍遊焉故群臣歌之舞十有二人冠飾以芙蓉備用雅樂而無鍾磬舞人躡履

六年十月制睿宗廟樂奏景雲之舞

八年九月瀛州司法參軍趙慎言論郊廟用樂表曰祭天地宗廟樂合用商音又周禮三處大祭俱無商調鄭玄云此無商調者祭尚柔商堅剛也以臣愚知斯義不當但商金聲也周家木德金能剋木作者去之今皇唐土王即殊周室五音損益須逐便宜豈可將木德之儀施土德之用又謬者以商聲配金即作剛柔理解殊不知聲無定性音無常主剛柔之體寔由其人人和則音柔人怒則聲烈故禮稱怒心感者其聲麤以厲愛心感者其聲和以柔秋如宮聲爲君商聲爲臣豈以臣位配金爲臣道便爲剛乎是知周制無商不爲堅剛見闕蓋以扶木德忌金行故國祚靈長後葉昌盛卜代三十卜年八百是去金之應也即人神之心可見剛柔之理全乖原正聖人之情詳夫作者之旨單服器械爲易代之通規郊禋聲調避德王之刑剋此不疑之理也其三祭並請加商調去角調又郊廟二舞人不依古制未協人神案周禮以樂舞教國子舞雲門大咸大護大武是知古之舞者即諸侯子孫容服鮮麗故待神祇降福靈光燭壇今之舞人並容貌蕞陋屠沽之流用以接神欲求降福固亦難矣有隋之際備以品子爲之號爲二舞郎遠乎聖朝遂變斯制誠願革茲近誤着復古道其二舞人並取品子年二十已下顏容修正者充令太常博士主之准國子學給料行事之外習六樂之道學五禮之義經十周年量文武授散官號曰雲門生又案周

禮奏太蔟歌應鍾以享地祇注云地祇謂神州社稷也太蔟陽也位在寅應鍾陰也位在亥故斗建亥則日月會於寅斗建寅則日月會於亥是知聖人之制取會於陰陽歌奏之儀用符於交會今之祭社即乖古法乃下奏太蔟上歌黃鍾但太蔟黃鍾俱是陽律上下歌奏不異仍是陽合於陽非特違其禮經抑亦乖於會合其社壇歌黃鍾望改爲應鍾又五郊工人舞人衣服合依方色案周禮以蒼璧禮天以黃琮禮地以青圭禮東方以赤璋禮南方以白琥禮西方以玄璜禮北方是知五天帝德色王不同四時文物各隨方變異以同色相感同事相宜陰陽交泰莫不由此今祭器茵褥總隨於五方五郊衣服獨乖其方色舞者常持皂飾工人常服絳衣以臣愚知深爲不便但五行相克寘愚共悉絳爲火色有忌於金方皂爲水位則妨於火德事理乖迕居然可明其工人舞人衣服望各依方色其宗廟黃色仍各以所主禮袖又以樂理身心禮移風俗請立樂教以化兆

人周禮曰以樂德教國子中和祗庸孝友其國子諸生望教以樂經同於禮傳則人人知禮家家知樂然風移俗易災害不生宗樂經章目雖存科第皆要望委通明博識修撰訖然後頒下

十二年正月詔曰朕聞舞者所以節八音而行八風豈徒誇翫時代並曜耳目而已也自立雲韶内府百有餘年都不出於九重今欲陳於万姓冀與群公同樂豈獨娛於一身且珠翠綺羅孰非珍玩常念百金之費每惜十家之產是以所服之服但非綺羅所冠之冠亦非珠翠至若弋綈之制大帛之衣德雖謝於古人儉不忘於曩哲庶群公等覩此當體朕之不奢

十三年詔燕國公張説改定樂章帝自定聲度説爲之詞令太常樂工就集賢院教習數月方畢因定封禪郊廟詞曲及舞至今行焉　一十五年太常卿韋縚令博士韋逌直太樂李尚沖樂正沈元禮郊社令陳虔申懷操等銓敘前後所行用樂章爲五卷以付太樂鼓吹两署令工人習之時太常舊相傳有讌樂五

調歌詞各一卷或云貞觀中侍中楊恭仁妾趙方等所銓集詞多鄭衛皆近代詞人雜詩至是縚又令太樂令孫玄成更加整比爲七卷

二十九年六月太常奏曰准十三年東封太山所定雅樂曰豫和六變以降天神順和八變以降地祇皇帝行用太和之樂其封太山也登歌奠玉帛用肅和之樂迎俎用雍和之樂酌福飲福用福和之樂送文迎武用夾鍾宮豫和之樂禪社首也送神用林鍾宮順和之樂享太廟也迎神用永和之樂獻祖宣皇帝酌獻用光大之舞懿祖光皇帝酌獻用長發之舞太祖景皇帝酌獻用大政之舞代祖元皇帝酌獻用大成之舞高祖神堯皇帝酌獻用大明之舞太宗文武聖皇帝酌獻用崇德之舞高宗天皇大帝酌獻用鈞天之舞中宗孝和皇帝酌獻用大和之舞睿宗大聖真皇帝酌獻用景雲之舞徹豆用雍和之樂送神用黄鍾宮永和之樂臣以樂章殘缺積有歲時自有事東巡親謁九廟聖情敦禮精祈感通皆詞前所未有考定音律請撰諸史集万代施行帝曰制禮作樂者古人之所用心勤免遺音兼之散失而有舉正爲感神明朕或得之於自然推之於律度然之前請尋已施行今重集彰聞宜編史策乃下制曰王者作樂古之大猷蓋以教薦上帝嚴配祖考況順天地之禮關山川之氣發揮雅音道達和氣揖讓而理不其盛歟自戰國已來此道頹墜但祀遵鏘之節寧採述作之源歷代因循莫之改革朕嘗以聽政之暇經尋前典雖舊制之空存而正聲之多缺將何以列彼祠祀感於明靈斯事體大諒資合度是用躬親有以裁定六律而爲本避五行之相剋哀慢淫過去其弊也清濁剛柔適其中也亦既協應頌爲成文或得之於自然乃不知其本故豈上玄鑒贊得正闕遺者哉方於六代之作亦各一時之義也乃命奏覽陳於祀事用昭誠敬且敦風俗而王公卿士爰及有司累表陳上言請以尽崇爲名者斯至公之事朕安得而辭焉然則大咸

大護大夏皆以大字表其樂章今之所請宜曰大唐樂自引農并咎至大武皇帝六獻尊中語撰所古詩定樂章舞讚至是太常又奏禮定獻神鷄皇帝至睿宗真皇帝九廟酌獻用舞之㸃是時有立坐二部立部伎有八部一安樂後周平齊所作周代謂之城舞二太平樂亦謂之五方師子舞三破陣樂四慶善樂五大定樂亦謂之八紘同軌樂太宗平遼東時作六上元樂高宗所作七聖壽樂武太后所作舞者行列成字有聖超千古道泰百王皇帝万年寶祚彌昌八光聖樂玄宗所造自安樂已下每奏皆雷大鼓同用龜茲樂並立奏之其大定樂加以金鉦唯慶善樂獨用西涼樂最爲閑雅其破陣上元慶善三舞皆易其衣冠合之鍾磬以享郊廟坐部伎有六部一讌樂張文收所作也又分爲四部有景雲慶善破陣承天等樂二長壽樂武太后長壽年所作三天授樂武太后天授年所作四鳥歌万歲樂武太后所作因養吉了鳥嘗稱万歲故爲樂以像之五龍池樂玄宗所作六小破陣樂玄宗所作生於立部伎舞用四人被之金甲自

長壽已下皆用龜茲樂人皆着鞾惟龍池用雅樂而無鍾磬舞人盡躡履而行貞觀中有裴神符者妙解琵琶唯作聖蠻奴火鳳傾盃樂三曲聲度清美太宗深愛之高宗末其伎遂盛於時天后至神龍之際大增加立坐部伎諸舞尋亦廢之天寶元年命有司定玄元廟告享所奏樂太常奏降神用混成之樂送神用太一之樂從之

十三載七月十日改諸樂名太簇宮時號沙陁調龜茲佛曲改爲金華洞真因度玉改爲歸聖曲承天順天景雲臣相遇九真九仙天冊永昌樂永代樂慶雲樂冬樂樂長壽樂紫極萬國歡封禪曜日光舍佛兒胡歌改爲欽明引河東婆改爲燕山騎但倫僕改爲賓倫光色俱騰改爲紫雲騰摩醯首羅改爲歸真[illegible]改爲白蛤鹽羅刹末羅改爲合浦明珠勿薑賊改爲無彊壽蘇莫刺耶改爲玉京春阿箇盤陀改爲元昭慶急龜茲佛曲改爲急金華洞真蘇莫遮改爲萬宇清舞仙鶴乞婆娑改爲仙雲昇太簇商時號大食調破陣樂大定樂英雄樂歡心樂山香樂年年樂[illegible]昇平樂興明樂黃驄驃人天[illegible]卷白雲遊[illegible]婆野婆娑改爲力野歡優婆師改爲泛金波[illegible]爲高[illegible]改爲慶惟新[illegible]改爲司晨寶鷄[illegible]改爲神鵲鹽[illegible]利梵改爲[illegible]太簇羽時號般涉調太和萬壽樂天統九勝樂元聖真元[illegible]元妃大臨女采樂真女采樂山水白鶻郎剌耶改爲芳桂林移師訶改爲大仙[illegible]柔少魚改爲[illegible]泉魚俱倫毗改爲日重輪蘇剌耶改爲未央年[illegible]鉢羅改爲芳[illegible]都改爲邊臺花春揭柳天翕寶引蘇剌耶胡歌改爲賓延引

太簇角大同[illegible]六合來庭安平樂戎服來賓安公子紇藍花林鍾宮時號道調道曲垂拱樂萬國歡九仙步虛飛仙景雲欽明引玉京寶輪光[illegible]日光紫雲騰改爲神仙急火鳳改舞鶴鹽林鍾商時號小食調天地大寶迎天歡心樂太平樂破陣樂五更轉聖明樂卷白雪[illegible]神光成樂九龍舟月殿蟬曲英雄樂山香會仙迎祥[illegible]司晨寶鷄[illegible]胡歌[illegible]儀鳳還學[illegible]凡全波[illegible]金風[illegible]磨賦改爲慶淳風慶惟新[illegible]林鍾羽時號平調火鳳真火鳳急火鳳媚娘長命西可三臺鹽行天急行天[illegible]神白[illegible]春[illegible]長勸因地刺支胡歌改爲三閣引大仙都春臺來祇羅[illegible]爲祥雲飛文明新造勝蠻[illegible]改爲塞塵清林鍾角調紅藍花舞沉孟赤白桃李花太白[illegible]堂堂十二時天下兵改爲荷來蘇黃鍾宮[illegible]黃鍾商時號越調破陣樂天授樂無爲傾盃樂文武九華急九華大疊瑞蟬曲比[illegible]歸淳[illegible]淳風甘蘭鳥[illegible]改爲蘭山吹花壽改天長寶壽春驚搏吹急蘭山高麗改爲來賓引耶婆地胡歌改爲靜[illegible]引婆羅門改爲霓裳羽衣[illegible]思歸[illegible]胡歌改爲金方引[illegible]陽三部[illegible]改爲三[illegible]黃鍾羽時號黃鍾調火鳳急火鳳[illegible]仙大仙都天思歸[illegible]梵改爲洞[illegible]章明[illegible]樂真[illegible]鳳阿藍堆百舌鳥放馬漢陽女中呂商時號雙調破陣樂太平樂[illegible]樂大輔樂[illegible]天樂[illegible]曲山香[illegible]長[illegible]百歲老壽改太寶壽五更轉同昌還城樂慶惟新金風金波[illegible]慶寶[illegible]引俱[illegible]摩羅改爲[illegible]真神雀[illegible]井洛[illegible]南呂商時號水調[illegible]樂[illegible]野歡[illegible]金波[illegible]朝陽[illegible]心樂蟬曲來賓引天地大寶五更轉金風調[illegible]

風天木天火天五天婆伽兒改爲流芳菲符司空楊國忠左相陳希烈奏中使輔璆琳至奉宣進止令臣將新曲名一本立石刊於太常寺者今既傳之樂府勒在貞珉仍望宣付所司頒示中外勅旨所請依奏在位多年善樂音若讌設酺會明御勤政樓先一日金吾引駕仗北衙四軍甲士未明陳仗衛尉張設光祿造食候明百僚朝侍中進中嚴外辦中官素扇天子開簾受朝禮畢又素扇垂簾百僚常參供奉官貴戚二王後諸蕃酋長謝食就坐[illegible]大鼓葉繪如綵樂工齊擊聲震城闕太常卿引雅樂每色數十人自南面而進列於樓下鼓笛雞婁充庭考聲太常樂立部伎坐部伎依點鼓舞間以胡夷之伎日旰即內閑廄引蹀馬三十匹便爲傾杯樂曲奮首鼓尾縱橫應節又施三層板牀乘馬而上抃轉如飛又令宮女數百人自帷出擊雷鼓爲破陣樂太平樂慶善樂上元樂雖太常積習皆不如其妙也若聖壽樂則迴身換衣作字如畫又五坊使引大象入場或拜或舞動容鼓振中於音律盡日而退玄宗又於聽政之暇教太常樂工子弟三百人爲絲竹之戲音響齊發有一聲誤玄宗必覺而正之號爲皇帝弟子又云梨園弟子以置院近於禁苑之梨園常又有別教院數供奉新曲太常每奏曼鼓箭亂發流太樂署別教院廩食常千人宮中居宜春院玄宗又製新曲四十餘又親製樂譜每初年望夜又寄勤政樓觀燈作樂貴臣戚里借看樓觀望夜闌太常樂府縣散樂罷即遣宮女於樓前縛架出眺歌舞以娛之若繩載竿木詭異巧妙固無其比及玄宗西幸祿山遣其逆黨載京師樂器樂伎盡入洛城尋而肅宗剋復兩京將行大禮禮命禮儀使太常少卿于休烈使屬吏與東京留臺押領赴于朝廷詔給錢使休烈造從衣及太常等服於是樂工二舞始備矣

肅宗乾元元年三月常以太常舊鍾磬自隋以來所傳五聲或有差錯謂太常少卿于休烈曰古者聖人作樂以應天地之和以合陰陽之序和則人不夭札禮物不疵癘且金石絲竹樂之器也比親享郊廟每聽樂聲或宮商不倫或鍾磬失度可盡將鍾磬來朕當於內自定太常進入帝集樂工考試數日審知差錯然後令再造及磨刻二十五日一部先畢召太常樂工帝臨三殿親觀考擊皆合五音送太常二十八日帝又於內造樂音三十一章送太常郊廟歌之中書門下又百寮上表稱賀

代宗寶應二年六月庚辰太常奏玄宗室請奏廣運之舞調用太簇請肅宗室請奏惟新之舞調用夷則

德宗以大曆十四年即位十一月禮儀使奏代宗室樂用保大之舞

貞元三年三月以昭德皇后廟樂章九首付有司初帝令有司議廟舞之號禮官請號坤元之舞從之樂章勅令宰相張延賞柳渾等撰之及進留中

不下又命翰林學士吳通玄爲之

四月河東節度使馬燧獻定難曲帝御麟德殿命閱試之

四年五月詔有司補諸廟所缺樂章自開元已來外風伯雨師爲中祀及創置德明興聖皇帝讓皇帝武成王廟假郊廟樂章並未奏撰及是有司以功績各異請補其缺詞帝乃命宰臣李泌撰之泌亦及撰物故遂命于邵包佶李紓等分爲之

十二年十二月昭義節度使王虔休上表曰臣聞於師夫君子爲能知樂是故審音以知聲審樂以知政則治道備矣清明廣大終始周旋與天地同其和與四時合其序豈止於鐘鼓管磬云乎哉伏見開元中天長節著于甲令每於是日海縣懽娛稱萬壽之無疆樂一人之有慶故能追堯接舜邁禹踰湯自周已後不能講矣今陛下降誕之辰未有惟新之典無乃臣子之分或有所闕愚臣不揆頑昧敢思祖述每私歌竊抃志寢與食久矣適遇言知音者與臣論其樂章探微賾與窮理盡情臣乃撰繼天誕聖樂一曲大抵以宮爲調表五音之奉君也以土爲德表三統之居中也凡二十五遍法二十四氣而足成一歲也每遍一十六拍象八元八凱登庸於朝也其與雲門咸池承傳於律呂宮參絲竹合薦於宮懸不闕不濫之聲長作中和之樂可使九戎之人頓志於內味四夷之俗皆播於皇風與唐惟休終古盡善盡美臣不勝懇款屏營之至謹昧死陳獻以聞其所進曲譜謹同封進先時有太常樂人劉玠流落至潞州虔休因令造此樂也

府五百六十九　十七

十四年帝自造中和樂御麟德殿奏之宰臣觀新樂詩令太子書示百官

十六年正月南詔異牟尋作奉聖樂舞因西川節度韋臯以進

十九年四月修德明興聖及獻懿二祖廟遷神主于廟太常寺奏德明興聖獻祖懿祖廟樂用宮懸詔曰可

憲宗永貞元年十二月丙申有司奏德宗廟室酌獻奏文明之舞用黃鍾爲宮

元和元年有司奏順宗廟室奏大順之舞中書侍郎同平章事段文昌撰樂章

八年九月詔太常習樂始復用大鼓先是德宗自興元以還闕輔有李懷光吐蕃之虞而又都中屢驚初令習樂者去大鼓及是太子少傅判太常卿事鄭餘慶奏復之

是月宣武軍節度使韓弘進新撰聖朝萬歲樂等曲譜共三百首

穆宗以元和十五年正月即位四月禮儀使奏憲宗皇帝廟樂舞號臣得樂官關叔通狀六月祔廟用當月均調林鍾宮臣聞樂以表功舞以象德皇王大政光被無窮伏以憲宗皇帝道邁前古業崇丕構武勳熙績夙夜惟寅振揚武烈討謀定命戡剪不乂廓清寰中功格上玄德侔厚載綴八佾以成象昭萬祀之徽音憲宗皇帝廟樂請用象德之舞謹按律曆志曰黃鍾太蔟林鍾謂之三正律皆音之君也今祔饗始於六月辛未月建林鍾之宮制可中書侍郎平章事段文昌進撰樂章敬宗以長慶四年正月即位有司奏穆宗室奏和寧之舞中書侍郎平章事牛僧孺奉勅撰進樂章

府五百六十九　十八

文宗以寶曆二年即位有司奏敬宗廟奏太鈞之舞中書侍郎平章事韋處厚撰樂章大和三年八月太常禮院奏謹案凱樂鼓吹之歌曲也周官大司樂王師大獻則奏凱樂注云獻功之樂也又大司馬之職師有功則凱獻于社注云兵樂曰凱司馬法曰得意則凱樂所以示喜也左氏傳載晉文公勝楚振旅凱入魏晉已來鼓吹曲章多述當時戰功是則歷代獻捷必有凱歌太宗平東都破宋金剛其後蘇定方執賀魯李勣平高麗皆備軍容凱歌入京都謹檢貞觀顯慶開元禮書并儀注今參酌今古備其陳設及奏歌曲之儀凡命將征討有大功獻俘馘者其日備軍兵衛於東門外如獻俘常儀其凱樂用鐃吹二部笛篳篥簫笳鐃鼓每色二人歌工二十四人樂工等乘馬執樂器

次第隊列如鹵簿之式鼓吹令丞前導分行於兵馬俘馘之前將入都門鼓吹振作迭奏破陣樂等四曲（破陣樂應聖期賀朝歡君臣同慶樂）九月庚辰太常卿王涯少府監庾承憲太常丞李廓等領雲韶樂工於梨園會昌殿獻賜王涯錦綵一百匹銀器三事又賜李廓及樂工等有差（文宗天資弘約自登極絶不爲畋遊之戲覩朝之暇好古博雅務追古先聖哲之所向且以近俗鄭衛之音促速感人且聽乃命修復開元雅正之音以爲娛悦自後朝臣恩澤承厚者往就賜以示殊寵）

八年十月宣太常寺准雲韶樂舊用人數令於本寺閲習進來

九年五月丁巳太常少卿馮定押進雲韶樂官三百八十人上於麟德殿觀閲翌日以樂成頒賜有差

開成元年七月教坊進霓裳羽衣舞女十五已下者三百人帝絶畋游馳騁之事思王帛鍾鼓之本語及音律每謂絲竹自有正聲人但趣於鄭衛乃造雲韶等法曲遇内宴奏之顧大臣曰笙磬同音沉吟耽味不減爲樂之至於斯

十月太常教成雲韶樂

武宗以開成四年即位有司奏文宗廟室奏文成之舞中書侍郎崔珙撰樂章

宣宗以會昌五年即位武宗廟樂奏大定之舞

昭宗以文德元年即位將親謁郊廟先是賀明初黄巢干紀樂工淪散金奏幾亡至是有司請造樂懸詢於舊工莫知制度時太常博士殷盈孫按周官考工記究其篆銑于鼓鉦舞之法用算法乘除鎛鍾之輕重高徑乃定懸下編鍾正黄鍾九寸五分下至登歌倍應鍾三寸三分半凡四十八等口項之量徑衡之圓悉爲圖進遣金工依法鑄之凡二百四十口修奉使宰臣張濬求知聲者處士蕭承訓樂工陳敬言太樂令李從周令先校定石磬合而擊拊之八音克諧觀者聳聽

光化四年正月宴於保寧殿帝自製樂曲名曰讚成功（時中官劉季述幽帝於西内鹽州雄毅軍使孫德昭等殺季述迎昭宗反正乃製曲以褒之又作樊噲排君難戲以樂焉）

哀帝天祐元年即位昭宗祔太廟太常禮院撰定酌獻用咸寧之舞

冊府元龜卷第五百六十九

冊府元龜卷第五百七十

掌禮部

作樂　奏樂

作樂第六

梁太祖開平元年既受唐禪始建宗廟凡四室每室有登歌酌
獻之舞肅祖宣元皇帝室曰大合之舞敬祖光憲皇帝室曰象
功之舞憲祖昭武皇帝室曰來儀之舞烈祖文穆皇帝室曰昭
德之舞
二年正月太祖將議郊禮有司撰進樂名舞名樂曰慶和之樂
舞曰崇德之舞皇帝行奏慶順之曲奠玉幣登哥奏慶平之曲
迎俎奏慶肅之曲酌獻奏慶熙之曲飲福酒奏慶隆之曲送文
舞迎武舞奏慶融之曲亞獻終獻奏慶休之曲太廟迎神舞用
平之舞
後唐莊宗同光二年正月將有事於南郊光祿大夫檢校尚書

左僕射行太常卿充南郊禮儀使李燕進太廟登歌樂章舞
名其懿祖昭烈皇帝室登歌酌獻曰昭德之舞獻祖文皇帝室
登歌酌獻曰文明之舞太祖武皇帝室登歌酌獻曰應天之舞
昭宗皇帝室登歌酌獻曰永平之舞從之
明宗天成元年八月太常定莊宗廟室酌獻奏武成之舞
四年二月詔樂章有霓裳曲名為憲祖孝成皇帝廟諱同改為
雲裳曲
長興三年九月壬辰宴群臣於長春殿教坊進新曲是日奏畢
賜名曰長興樂
末帝清泰元年五月太常卿盧文紀言明宗皇帝祔廟其一室
酌獻舞曲歌辭臣請名雍熙之舞從之
晉高祖天福元年即位臣欽若等按五代史天福二年三月追尊四親廟而不載樂章四年十
二月庚戌禮官奏歲正旦王公上壽皇帝舉酒奏玄同之樂再
飲三飲並奏文同之樂三飲訖群臣再拜樂奏大同　賓之鍾
左五皆應是月壬戌又奏正旦上壽宮懸哥舞未全三請權用九部伎樂哥教坊法曲從之
五年八月詳定院奏先奉詔正冬二節朝會舊儀廢於離亂之
時興自和平之代將期備物全繫用心須議擇人同為定制其
正冬朝會禮節樂章二舞行列等事宜差太常卿崔梲御史中
丞竇貞固刑部侍郎呂琦禮部侍郎張允與太常寺官一一詳
定禮從新意道在舊章庶知治世之和漸見移風之善令衆官
檢討典禮具述制度按禮云天子以德為車以樂為御大樂與
天地同和大禮與天地同節又曰安上治人莫善於禮移風易
俗莫善於樂故樂書議舞曰夫樂在耳曰聲在目曰容聲應乎
耳可以聽知容藏於心難以貌觀故聖人假干戚羽旄以表其
容發揚蹈厲以見其意聲和合則大樂備矣又按義鏡問鼓吹
十二案合於何所答云周禮鼓人掌六鼓四金漢朝乃有黃門
鼓吹崔豹古今注云因張騫使西域得摩訶兜勒一曲李延年
增之分為二十八曲梁置鼓吹清商令二人唐又有棡鼓金鉦

大鼓長鳴歌簫笳笛合為鼓吹十二按大享會則設於縣外此
乃是設二舞及鼓吹十二按之由也今議一從令式排列教習
文舞郎六十四人分為八佾每佾八人左手執籥禮云葦籥伊
耆氏之樂也周禮有籥師教國子亦舞曰籥如笛三孔而短大
者七孔謂之篴歷代以來文舞所用凡用籥六十有四右手執
翟周禮所謂羽舞也書云舞干羽於兩階翟山雉羽分析連攢
而為之二人執纛前引數於舞人之外舞人冠進賢冠服黃紗
袍白紗中單皂領褾白練襠白布大口袴革帶烏皮履白布
襪武舞郎六十四人分為八佾左手執干干楯也今之旁牌所
以翳身也其色赤中畫獸形故謂之朱干周禮所謂兵舞亦具
武象周楯六十有四右手執戚戚斧也上飾以玉故謂之玉戚
二人執旌前引旌似旗而小綷色畫昇龍二人執鞀鼓二人執
鐸周禮有四金之奏其三曰金鐸以通鼓形如大鈴仰而振之
金錞二每錞二人舉之一人奏之周禮四金之奏一曰金錞以

和鼓銅鑄爲之其色玄其形圓若推上大、小高三尺六寸右六分圍二尺四寸上有伏虎之狀旁有耳獸形銜鐶二人執鐃以次之周禮四金之奏二曰金鐃以止鼓如鈴無舌搖柄以鳴之二人掌相在左禮云理亂以相制如小鼓用皮爲表實之以糠撫之以節樂二人掌雅在右禮云訊疾以雅以木爲之狀如漆筩而弇口大二圍長伍尺六尺以羖皮鞔之旁有二紐縣畫賓醉而出以器築地明行不失節武舞人服弁手巾幘金支緋絲布大袖緋絲布裲襠甲金飾白練褡襠錦螣蛇起梁帶豹文大口布袴烏皮靴工人二十數於舞人之外武弁朱韝革帶烏皮履白練褡襠白布襪殿庭仍加鼓吹十二案義鏡云帝設鍾案以鐘爲床也今請制大床容九人振作歌樂其床爲熊羆貔豹騰倚之狀以承之象百獸率舞之意分置於建鼓之外各三案每案羽葆鼓一大鼓一金錞一歌二人簫二人笳二人十二案樂工一百有八人舞郎一百三十有二人取年十五已上弱冠已下容止端正者其歌曲名號樂章詞句中書條奏差官修撰從之

十一月冬至帝受朝於崇元殿王公上壽列二舞於樂懸之北登歌奏玄同之樂三爵登歌奏文同之樂帝舉食文舞歌昭德之舞又歌成功之舞上舉四爵登歌作羣臣飲懸下樂作又奏龜茲樂一部以俟食畢（時以二舞久廢自從復興樂工舞人多取教坊伶官充用其歌聲辭非曼衍靡靡非舞奏樂非俯伸俯仰動皆合節樂鏗鏘遲速之累及龜茲樂發乃奏雲篆法曲朝士成以官縣奏舞所謂雅部而鄭衛之音更奏其內甚非禮也其後樂寺自召二舞郎及音聲人多出市井之徒限六十日教習教習未畢會正旦上壽登歌發聲則悲與頌選如擁露雲霓之音其舞雅混本成旅蹈屬不應方識者肖曰歌舞所以導德禮樂所以興大失其序無嘉成之節季札無譏者此近之矣故其年駕幸鄴尊安從進安重榮皆舉矣句闕明年爲温晏駕次年契丹入寇至滅吉函州北之恭樂也昭聖兵其若是其可不重乎）

少帝以天福七年即位禮儀使奏奉勑撰高祖皇帝祔饗大廟酌獻樂章舞名伏請以咸和之舞爲名者勑恭依典禮

開運二年六月太常丞劉涣上表曰伏以古今所重禮樂爲先禮者

安上治民樂者祭天祀地禮樂和則陰陽順陰陽順則災沴銷故禮云天下大定然後正六律和五聲又云功成作樂治定制禮乃知禮不可不興樂不可不正臣伏自忝累禮寺竊見全少樂工或冬正御殿或郊廟陳儀則旋差京府衙前樂官權充每差到雖曾按習且臨時未免生疎兼又各業胡部音聲不閑太常歌曲有期叅雜慮失恭虔伏乞聖慈宣下所司量支請給徵數見闕樂師添召便令在寺著人依古制教習並須精研方可備於宮懸稱爲樂府薦於天地和其神人使八音以克諧期百獸而率舞冀獲昭感永福生靈勑宜令太常寺除見管兩京雅樂節級樂官共四十人外更添六十人內三十八人宜抽教坊貼部樂官兼充餘二十二人宜令本寺招召充填教習仍令三司定支春冬衣及月糧聞奏其舊管四十人亦令量支添請級

其年中書舍人陶穀奏曰臣前任太常少卿伏見本寺見管二舞郎皆坊市大戶州縣居民若不盡免差徭無緣投名鼓舞竊以制禮作樂國家大事非造次可爲也古者百獸率舞鳳皇來儀非他也樂之至和所致今宮懸之內有琴瑟簫管竽之屬皆惟樂器不堪兼且樂工不曉每至御殿但執之而已樂既無聲舞將安用非擊石拊石手舞足蹈之義也進作象功之事且權厚誣退思治世之音不應如是方今戎車尚駕武備猶嚴士農工商咸供力役獨此舞者無所取裁況正殿會朝已久停罷其見管人數等每有身亡皆是旋填補既不曾教習但虛免差徭伏乞聖明且議停廢後三邊寧靜五稼豐登然後集會禮官參酌故事先調律呂俾無焦殺之音次授干旄盡去疲羸之態庶於昭代不變中和勑曰樂工且令教習舞郎權且停廢（識者曰禮以舞以贊而興之蓋主以舞人爲務而教之降神和人其秋殷夫羊土木以發揚之義何在懸問也寢停非也）

漢高祖即位稱天福十二年是年閏十月追立六廟制定太廟六室奠獻樂章舞名吏部侍郎權判太常卿張昭議曰臣聞先王作樂崇德所以殷薦上帝嚴配祖宗是明大夏雲門本非自

娱而至空桑雷鼓爰因孝宣帝興自遂古已來施於交廟至我太祖高皇帝始定天下詔叔孫通定礼樂通始為廟樂有降神納俎登歌薦祼等曲孝景皇帝以高皇帝有創業大功及神主祔廟帝親奠獻乃作武德之舞以歌詠高帝之功自是繼文之君祔廟之時特為舞曲前朝祭祀降神用文舞送神用武舞其登歌入祖即奏十二和之樂唯酌獻一曲每室別立舞名今六祖在天四懸將奏合陳酌獻之舞仰詠積累之功臣實蒭蕘不經律後備擬倫之職敢竭愚鄙之誠恭以太祖皇帝創業垂統卑子貽裕洪為基祖神宗平揖放勛文命按孝景皇帝詔曰祖有功而宗有德制礼作樂各有其由歌者所以發德舞者所以明功高廟酌獻可奏武德之舞太祖高皇帝室酌獻請依舊奏武德之舞哥用无射宮調世祖光武皇帝力攘大憝再造丕基軒臺未泯於餘烕燭室乃歌於威德謹按東平王蒼奏議曰漢制宗廟樂名皆不相襲以明功德光武皇帝受命中興撥亂返正武暢方外震服百蠻功德巍巍又比隆前代夫歌以詠德舞以象功世祖廟樂宜曰大武之舞時有制可之今世祖光武皇帝室酌獻請依舊奏大武之舞歌用黃鍾宮調恭以文祖明元皇帝濬發遐源肇興鴻業再啓斷虵之運諒繫吞鷰之祥因斯勤斯至矣美矣遺德已喧於絃誦展誠復播於聲詩文在明元皇帝室酌獻請奏靈長之舞歌用黃鍾呂調恭以惠祖恭僖皇帝若木分暉春山冥潤家門中厚早彰墉華之仁邦族顒瞻共仰籬桑之末即時謳詠猶在管絃虔奉凡遊宜光縱非德祖恭僖皇帝室酌獻請奏積善之舞歌用黃鍾宮調恭以翼祖昭武皇帝胙土開家分圭懋寵負豪啟觀咸薦白水之圖書歷數將明共旨黃星之分野業勤昧旦義感來蘇舞曾戈之却日如存幽籥之舊風安在式崇明祀用廣德音翼祖昭獻皇帝室酌獻請奏韙仁之舞歌用太蔟宮調恭以顯祖章聖皇帝當璧蓍家貞臧符兆業隆積累之繁祉善與邦之永圖道濟纘隆恩深國復顧祇

見于天地粢對越於靈祇式詠休勳以昭丕烈顯祖章聖皇帝室酌獻請奏章慶之舞哥用沽洗宮調

九月權判太常卿張昭上議曰臣聞哥以詠德舞以象功必於開　之時便定聲詩之制蓋以鋪舒文教宣暢武經觀舜帝簫韶則揖上之儀可見觀周家大武則蹈厲之世如存儻无憂練管絃且調鍾律何以顯文祖受終之迹紀盟津荅眾之年是以王者功成必須有作伏惟皇帝陛下身為律度元協莖英倦聞卧聽之音思奏允邪之頌將欲配祖宗於清朝禮天地於圜丘是以整八佾之羽旄考四廂之金石俾其合禮罔至奪倫臣謬以非才暫司樂職周朝用六代之舞粗識音旨仍秦帝啟五行之歌頌詳公華今宮懸一部歷代雅音其登歌象舞之詩孝享敵德之用調須合度奏亦有倫近日改更率違根本徒呈章句之辛安論制作之由臣謹詳按舊章發揮新意不改旋宮之義別為曜樂之名冀自我朝以為定制又議改二舞名曰昔周公相成王制禮致庭遍奏六代舞所謂雲門大咸大韶大夏大濩大武也周室既衰王綱不振諸樂多廢唯大韶大武二曲存焉秦漢已來名為二舞文舞韶也武舞武也漢時改為文始五行之舞歷代因而不改貞觀作樂之時祖孝孫改隋文舞為治康之舞武舞為凱安之舞貞觀中有秦王破陣樂功成慶善樂二舞樂府又用為二舞是舞有四焉前朝行用年深不可遽廢俟國家偃伯靈臺即別召工師更其節奏今且改其名只昔如右祖孝孫所定二舞曰治康之舞請改為治安之舞取討治世之音安以樂義武舞曰凱安之舞請改為振德之舞取振旅七德之義貞觀中二舞名文舞功成慶善樂舞前朝名為九功舞請改為觀象之舞取易則觀象好其義武舞秦王破陣樂前朝名為七德舞請改為講功之舞取書武未義其治安振德二舞請依舊郊廟行用以文舞降神武舞送神其觀象講功二舞請依舊宴會行用請改十二和樂皆周朝奏六代之樂即今二舞之類是也其賓祭常用別有九夏之樂即

昊夏皇夏等名是也梁武帝善音樂改九夏為十二雅前朝祖孝孫改雅為和示不相沿也臣今改為成取韶樂九成之義十二成樂曲名祭天神奏豫和之樂請改為禋成之樂祭地祇奏順和請改為順成祭宗廟奏永和請改為裕成祭天地宗廟登歌奏肅和請改為肅成皇帝臨軒奏大和請改為政成王公出入奏舒和請改為弼成皇帝食舉及飲宴奏休和請改為德成皇帝受朝皇后入宮奏正和請改為扆成皇太子軒懸出入奏承和請改為裔成元日冬至皇帝礼會登歌奏昭和請改為慶成郊廟祖入奏雍和請改為騂成皇帝祭享酌獻讀祝文及飲福受胙奏壽和請改為壽成祖孝孫元定十二和曲開元朝又奏三和遂有十五和之名凡制作禮法動依典故梁置十二雅蓋取十二天之成數契八音十二律之變輒益三和有乖稽古又緣祠祭所用不可盡去臣取其一焉祭孔宣父齊太公廟降神奏宣和請改為師雅之樂三公昇殿會訖下階履行奏裓和請改同用弼成享先農耕籍田奏豐和請改同用順成

隱帝乾祐元年七月礼儀使張昭上高祖廟奠獻舞曲名并歌詞表曰臣聞書稱舜禹之歌詩載商周之頌蓋示清廟貽謀之文表玄王創業之難固宜播在謳謠被之絃管永煥斷鼇之迹式歌伐鼓之勤伏惟高祖睿文聖武昭肅孝皇帝龍躍唐郊龜謀代邸應黃星而恢帝緒彌青犢以正乾綱爰在出潛備經歷試逐陰山之醜虜令振北門持分陝之權衡化流南國大勳允集駿命攸歸旄頭落而胡運亡蜀井燃而漢圖霸大驅運酩重滌寰瀛按稷嗣之舊儀遵宗史之故事祀昊天地朝拜寢園誓帶礪以賞功臣儼環衛而酬佐命比昭烈之雄王壘寄奴之王一金陵瞻彼一隅寧光二祖湛湛清洛戢義戢德陽上林之仆柳重芳南頓之嘉禾再茂洪惟聖考無忝神宗黎民方慶於削平仙馭奄辭於顧復今則丕開畢陌龍去鼎湖九虞之尺祔虚陳三后之衣冠已祔崇牙設簴方舞盈庭觀涕于山立之人如覩牧野聽夏籥序興之韻以宴橫汾象功之舞雖陳詠德之歌仍缺昔秦王破陣周帝降成而猶寫在宮商形於綴兆聖作物覩夫何讓焉臣載考聲詩來詳典禮書曰七世之廟可以觀德高祖皇帝廟室奠獻舞曲請以觀德為名

周太祖廣順元年五月丙子太常卿邊蔚上太廟四室奠獻舞詞表曰臣聞禮莫尊於明祀孝莫重於奉先歷觀哲王必嚴清廟所以二篇可用陳於羲易之中百世不遷著在周詩之內既修祀典爰奏樂章洎遷之音不可以致來格蹈躩之貞不可以達至誠是宜詳按舊規發揚新號庶正動容之列永符觀德之文自西漢之初詔叔孫通重定禮樂始有廟樂及降祖納俎登歌薦祼等曲迨至唐朝降神用文舞送神用武舞其辭即奏十二和之樂每室酌獻一曲則別立舞名洎及前朝亦詢此制今者將新郊廟嚴配祖宗合更率舞之名仰詠累功之盛恭惟信祖睿和皇帝天輔其德岳降其神源發崑丘九曲遐通於溟渤

日勝暘谷四方咸仰於貞明大志克伸嘉猷永播肇啓三之運爰尊得一之名蒸嘗既達於孝誠綴兆難從於舊式信祖睿和皇帝室酌獻請奏肅雍之舞恭惟僖祖明憲孝帝茂著壯功善修世德龍蟠大澤動施雷雨之恩鳳舞高岡上絕雲霓之勢爰符曆運式薦鴻名豆籩方備於祭儀干戚須陳於舞位僖祖明憲皇帝室酌獻請奏章德之舞恭惟義祖翼順皇帝善馭英豪允兼文武雄心莫測五三澤於胷中戎略素深運三宮于掌內蓋有貽孫之慶遂資啓帝之祥遺音將備於詠歌盛禮克昭於禋祀義祖翼順皇帝室酌獻請奏善慶之舞恭惟慶祖章肅皇帝英華發外清明在躬龍德終潛貞契飛天之義龜書不出孰為受命之符大功肯啓於齊圖景命今鍾於聖緒爰遵上居尊之號以伸念始之情仍舉象功更符章德慶祖章肅皇帝室酌獻請奏觀成之舞信祖睿和皇帝室酌獻奏肅雍之舞

七月太常卿邊蔚上言王者誕膺駿命光啓鴻圖應天順人之

期時聞有異制礼作樂之道理亦同歸所以堯作大章周爲大武堯表欽明之運爰形蹈厲之容歷代而然舊章斯在伏准皇帝陛下上承帝祉下感人心修逸礼而秩無文執古道而御今有朱弦寶瑟將觀清廟之登歌方澤圓丘欲祀二儀而展礼爰詔執事俾易舊章庶成雅頌之聲仰達神明之德臣學窺周孔職綱夷夔詣虞庭之八音未觀率舞審姬朝之六奏微辨象成輙憂大子以明光宅所議改舞名遠自秦漢下洎隋唐六代之舞不全四懸之器徒在東周之後唯有大韶大武之曲歷代相沿以爲二舞祖孝孫目文舞曰治康武舞曰凱安貞觀中復有功成慶善樂爲九功舞秦王破陣樂爲七德舞近朝多故舞位虛陳雖未至於盡亡實罕明於述作俟五兵不試九序載歌特委名臣重修感禮使朱干玉戚無差綴兆之容大夏雲門復振鏗鏘之韻臣今沿革止異名言具修如別前朝改祖孝孫所定二舞名文舞曰治安之舞武舞曰振德之舞今請改治安爲政

和之舞振德爲善勝之舞前朝改貞觀中二舞名文舞曰觀象之舞武舞曰講功之舞今請改觀象爲崇德之舞講功爲象成之舞又議改十二成在昔周邦善行古道奏六代之樂則大章大護之倫列九夏之名乃皇夏肆夏之類及至梁室爲十二雅之樂唐朝改雅爲和前朝易和爲成皆用殊時之制臣今改成爲順十二順樂曲名祭天神奏禋成請改爲昭順之樂祭地祇奏順成請改爲寧順之樂祭宗廟奏裕成請改爲肅順之樂祭天地宗廟登歌奏肅成請改爲感順之樂皇帝臨軒奏政成請改爲治順之樂王公出入奏弼成請改爲忠順之樂皇帝食舉奏德成請改爲康順之樂皇帝受朝皇后入宮奏扆成請改爲雍順之樂皇太子軒懸出入奏裔成請改爲溫順之樂元日冬至皇帝禮會登歌奏慶成請改爲禮順之樂郊廟組入奏騂成請改爲禋順之樂皇帝祭享酌獻讀祝及飲福受胙奏壽成請改爲福順之樂梁武帝改九夏爲十二雅以協陽律陰呂十二管旋相之義祖孝孫改爲十二和開元中乃益三和前朝去二和改一雅自今以爲名既異時作宜稽古今去其雅只用十二順之曲祭孔宣父齊太公廟降神奏師雅請同用禮順之樂三公升殿會訖下階履行同用弼成請同用忠順之樂享先農及籍田同用順成請同用寧順之樂正冬仗公卿入並奏忠順之曲皇帝坐奏治順之曲皇帝舉爵奏康順之曲群臣會畢降階奏忠順之曲公卿獻壽奏福順之曲公卿出奏忠順之曲皇帝謁太廟用樂歌詞降神用文舞奏肅順之曲皇帝行奏治順之曲登歌酌獻奏感順之曲迎俎奏禋順之曲皇帝飲福奏福順之曲送文舞出迎武舞入奏忠順之曲武舞奏善勝之曲徹俎奏肅順之曲送神奏肅順之曲皇帝南郊大禮歌詞降神用文舞奏昭順之曲皇帝行奏治順之曲登歌奠玉幣奏感順之曲迎俎奏禋順之曲皇帝初獻奏福順之曲亞獻同奏福順之曲皇帝飲福奏福順之曲送神文舞出迎武舞入奏忠順之曲武

舞奏善勝之曲送神奏昭順之曲

世宗顯德元年即位有司上太祖廟室酌獻奏明德之舞

五年六月命中書舍人竇儼參詳太常雅樂十一月翰林學士竇儼上疏論禮樂刑政之源其一曰請依唐會要所分門類上自三帝迄于聖朝凡所施爲悉命編次凡關禮樂無有闕備名之曰大周通禮俾禮院掌之其二曰伏請命博通之士上自五帝迄於聖朝凡樂章沿革總次編錄繫於歷代樂錄之後永爲定式名之曰大周正樂俾樂寺掌之依文教習務在齊肅詔曰竇儼所上封章備陳政要舉當今之急務疾近世之因循器識可嘉辭理甚當故能立事無媿莅官所請編集大周通禮大周正樂宜依仍令於內外職官前資前名中選擇文學之士同共編集具名以聞委儼總領其事所須紙筆下有司供給

六年正月樞密使王朴上疏云臣聞禮以檢刑樂以治心禮樂者聖人之大教也形體順於外心氣和於內而不治者未之有

也故理定必制禮功成必作樂一人作之於上万國化之於下故令不嚴功力不勞而天下理者禮樂也行政者禮也成禮者樂也故聖人重焉夫樂作於人心成聲於物聲氣既和反感於人心者也所假之物大小有數九者成數也是以黃帝吹九寸之管得黃鍾之聲為樂之端也半之清聲也倍之緩聲也三分其一以損益之相生之聲也十二變而復黃鍾聲之總數也乃命之曰十二律旋迭為均均有七調合八十四調播之於八音著之於歌頌將以奉天地事祖宗和君臣接賓旅恢政教厚風俗以其功德之形容告於神明俾百代之後知邦國之所由興風教之所由行者也宗周而上率由斯道自秦而下旋宮聲廢洎東漢雖有太子丞鮑鄴興之亦人亡而息無嗣續之者漢至隋垂十代凡數百年所存者黃鍾之宮一調而已十二律中唯用七聲其餘五律謂之啞鍾蓋不用故也唐太宗有知人之明善復古道乃用祖孝孫張文收考正雅樂而旋宮八十四調

復見於時在懸之器方無啞者所以知太宗之道與三五同功焉安史之亂京都為墟器之與工十不存一所用歌奏漸多紕繆逮乎黃巢之餘工器都盡購募不獲文記亦亡集官酌詳終不知其制度時有太常博士商盈孫按周官考工記之文鑄鎛鍾十二編鍾二百四十處士蕭承訓校定石磬今之在懸者是也雖有樂器之狀殊無相應之和逮乎偽梁後唐歷晉與漢皆享國不遠未暇及於禮樂至于十二鎛鍾不問聲律宮商但循環而擊編鍾編磬徒懸而已絲竹匏土僅有七聲作黃鍾之宮一調亦不和備其餘八十三調於是乎泯絕樂之廢壞無甚於今陛下天縱文武奄宅中區上黨一戰幷胡虜氣東西二征奏凱開境大功既著思復三代之風遺文絕編咸令遠訪遺典張務無不畢僅宗廟朝廷之儀車服物象之數於是乎昭明遂及樂懸親自考聽知其亡失深動上心乃命中書舍人竇儼參詳太常樂事不踰月調品八音粗加和會以臣曾學律歷宣示古今樂錄令臣討論臣雖寡昧敢不奉詔遂依周法以秬黍校定尺度長九寸虛徑三分為黃鍾之管與見在黃鍾之聲相應以上下相生之法推之得十二律管以為眾管互吹用聲不失乃作律準十三絃宣聲長九尺張絃各如黃鍾之聲以第八絃六尺設柱為林鍾第三絃八尺設柱為太蔟第十絃五尺三寸四分設柱為南呂第五絃七尺一寸三分設柱為姑洗第十二絃四尺七寸五分設柱為應鍾第七絃六尺三寸三分設柱為蕤賓第二絃八尺四寸四分設柱為大呂第九絃五尺六寸三分設柱為夷則第四絃七尺五寸一分設柱為夾鍾第十一絃五尺一分設柱為無射第六絃六尺六寸八分設柱為中呂第十三絃四尺五寸設柱為黃鍾之清聲十二聲中旋用七聲為均為均之主者宮也徵商羽角變宮變徵次焉發其均主之聲歸乎本音之律七聲迭應而不亂乃成其調均有七調聲有十二均合八十四調歌奏之曲由之出焉旋宮之聲久絕一日而補

出臣獨見恐未詳悉望下中書門下集百官及內外知音者較其得失然後依調制曲八十四調曲有數百見存者九曲而已皆調之黃鍾之宮聲今詳其音數內三曲即是黃鍾宮聲其餘六曲錯雜諸調蓋傳習之誤也唐初雖有旋宮之樂至於用曲多與禮文相違既不敢用唐為則臣又懵學獨力未能備究古今亦望集多聞知禮之者上本古典下順常道定其義理於何月行何禮合用何調何曲聲數長短幾變幾成議定而製曲方可久長行用所補雅樂旋宮八十四調并所定尺所吹黃鍾管所作律準謹並上進去聖踰遠獨學難周莫副天心空塵聖鑒疏奏帝善之乃詔尚書省集百官詳議兵部尚書張昭等議曰伏覩樞密使王朴奏太常寺樂懸鍾石不和今依古准法均調月律十二管旋相為宮定八十四調已下太常寺教習三十五調訖望集眾官詳議於何月行何禮用何曲調及聲數變數欲議定而製奏曲者伏奉勑命據王朴所奏樂事下尚書省集二省

官翰林學士御史臺太常寺官負及禮官博士等同商搉前代沿革典故并據所習新舊律準管天等參詳可否議定聞奏者臣等聞昔帝鴻氏之制樂也將以範圍天地協和人神候八節之風聲測四時之正氣氣之清濁不可以筆授聲之善否不可以口傳故鳧氏鑄金伶倫截竹為律呂相生之管宮商正和之音乃播之於管絃宣之於鐘石然後覆載之情訢合陰陽之氣和同八氣從律而不姧五聲成文而不亂空桑孤竹之韻足以禮神雲門大夏之容無虧觀德然月律有還宮之法備於太師之職經秦滅學雅道陵夷漢初制氏所調唯存鼓舞旋宮十二均更用之法世莫得聞漢元帝時京房善易別音探求古義以周官均法每月更用五音乃立準調旋相為宮成六十調又以日法析為三百六十傳於樂府而編懸復舊律呂無差遭漢中微雅音淪缺京房準法屢有言者事終不成錢樂空記其名沈重但條其說六十律法寂寥不嗣梁武帝素精音律自造四通

十二笛以飲八音又引古五正二變之音旋相為宮得八十四調與律準所調音同數異侯景之亂其音又絕隋朝初定雅樂群黨沮議歷載不成而沛國鄭譯因龜茲琵琶七音以飲月律五正二變七調克諧旋相為宮復為八十四調工人万寶常又減其絲數稍令古淡隋高祖不重雅樂令群官集議博士何妥駮奏其鄭万所奏八十四調並廢隋代郊廟所奏唯黃鐘一均與五郊迎氣雜用蕤賓但七調而已其餘五鐘懸而不作三朝宮懸用縵樂九部洎於革命未能改更唐太宗爰命舊工祖孝孫張文收整比鄭譯万寶常所均七音八十四調方得絲管並施鐘石俱奏七始之音復振四廂之韻皆調自安史亂離咸秦蕩覆崇牙樹羽之器掃地無餘戛擊搏拊之工窮年不嗣郊廟所奏何異南箕波蕩不還知音殆絕臣等竊以音之所起出自人心夔曠不能長存人亡則音息世亂則樂隳若不深知禮樂之情安明制作之本伏惟皇帝陛下心苞万化學

宮三雍觀兵耀武之功已光鴻業尊祖禮神之致尤軫皇情乃睠奉常痛淪樂職親閱四懸之器思復九奏之音爰命廷臣重調鐘律臣等據樞密使王朴條奏採京房之準法練梁武之通音考鄭譯寶常之七均校孝孫文收之九變積黍累以審其度聽聲詩以測其情依權衡嘉量之前文得備數和聲之大旨施於鐘簴足洽簫韶臣等今月十九日於太常寺集命太樂令賈峻奏王朴新法黃鐘調七均音律和諧不相凌越其餘十一管諸調望依新法教習以備禮寺施用其五郊天地宗廟社稷三朝大禮合用十二管諸調並載唐史開元禮近代常行廣順中太常卿邊蔚奉勑定前件祠祭朝會舞名樂曲歌詞寺司合有簿籍伏恐所定與新法曲調聲韻不協請下太常寺檢詳校試如或乖舛請本寺依新法聲調別撰樂章舞曲令歌者誦習永為一代之法以光六樂之書議上詔曰禮樂之重國家所先近朝已來雅音全廢雖時運之多故亦官守之因循遂使擊拊之

音空留梗槩旋相之法莫究指歸樞密使王朴博識古今懸通律呂討尋舊典撰集新聲復六代之正音成一朝之盛事其王朴所奏旋宮之法宜依張昭等議狀施行仍令有司依調製曲其間或有疑滯更取王朴裁酌施行先是雅音廢墜久矣累朝已來未能考正是歲將立仗有司以崇牙樹羽宿設于殿庭帝因親臨樂懸試其聲奏見鐘磬之類有施而不擊者詰其工師皆不能對帝甚惻然乃命翰林學士判太常事竇儼參詳其失又命朴考正其聲朴因獻定議及以所作律準上進帝覽而稱善因命百官議而行之

恭帝以顯德六年六月即位有司奏世宗廟酌獻舞定名之舞

夷樂

周官鞮鞻氏掌四夷之樂僸侏兜離是其義也詳夫納於魯廟獻於漢廷求之歷代貢亦多矣蓋所以象風俗和人神娛耳目者也智者審之雖夷夏不同而哀樂無異王者聲被八表德及

四荒向化而來重譯而至示以會昌之期也

周成王時命魯公世世祀周公以天子之禮樂（周之禮樂尊之也魯公謂伯禽）是以魯君季夏六月以禘禮祀周公於太廟昧東夷之樂也任南蠻之樂也納夷蠻之樂於太廟言廣魯於天下也

敬王時魯定公與齊景公會於夾谷（今祝其縣）孔子攝相事齊有司趨而進曰請奏四方之樂景公曰諾於是旍旄羽祓矛戟劍撥鼓譟而至孔子趨而進歷階而登不盡一等舉袂而言曰吾兩君為好會夷狄之樂何為於此請命有司有司卻之不去則左右視晏子與景公景公心怍麾而去之

漢高祖初為漢王還伐三秦時賨人楯蠻為漢前鋒俗喜歌舞（[illegible]）高祖觀之曰此武王伐紂之歌也乃命樂人習之所謂巴渝舞也

武帝時博望侯張騫入西域得胡角（[illegible]）其法於西京（[illegible]雙角即胡樂也）惟得摩訶兜勒一曲李延年因胡曲更造新聲二十八解乘輿以為武樂（後漢以給邊將和帝時萬人將軍得之魏晉以來二十八解不復具存用者有黃鵠隴頭出關入關出塞入塞折楊柳黃覃子赤之揚望行人十曲）

府五百七十　十五

後漢安帝永寧元年西南夷撣國王獻樂（撣音擅）及幻人能吐火自支解易牛馬頭明年元會作之於庭帝與群臣共觀大奇之（諫議大夫陳禪離席舉手曰帝王之庭不宜作夷狄之樂尚書陳忠劾奏禪[illegible]朝政有詔勿收）

前涼張重華據涼州時天竺國重四譯來貢其樂樂器有鳳首箜篌琵琶五絃笛銅鼓毛員鼓都曇鼓銅鈸等九種為一部工十二人歌曲有沙石疆舞曲有天曲

後涼呂光既滅龜茲因得其樂樂器有豎箜篌琵琶五絃笙笛簫篳篥毛員鼓都曇鼓荅臘鼓腰鼓羯鼓雞婁鼓銅鈸貝等十五種為一部工二十人歌曲有善善摩尼解曲有婆伽兒舞曲有小天疏勒鹽（呂氏亡其樂分散後魏平中原復獲之其聲後多變易至隋有西國龜茲齊朝龜茲土龜茲等凡三部開皇中大盛於閭閈）

後魏太武既平北燕馮氏通西域得疏勒安國等樂疏勒樂器有豎箜篌琵琶五絃笛簫篳篥荅臘鼓腰鼓羯鼓雞婁鼓等十種為一部工十二人歌曲有亢利死讓樂舞曲有遠服解曲有鹽曲安國樂有箜篌琵琶五絃笛簫雙篳篥正鼓和銅鈸等簫小篳篥[illegible]篳篥[illegible]鼓貝等十四種為一部工十八人歌曲有[illegible]栖舞曲有舞技栖

北齊文宣愛翫龜茲樂每彈常自擊胡鼓和之後周武帝保定五年皇后阿史那氏至自突厥并其所獲康國龜茲等樂更雜以高昌之舊（初太祖輔魏之時高昌款附乃得其伎教習以備饗宴之禮[illegible]）（[illegible]西戎伎因其聲[illegible]四[illegible]為一部工七人）並於太樂習焉採用其聲被於鍾石取周官制以陳之（[illegible]）（長安胡兒令狐[illegible]以新聲[illegible]）

天和六年省掖庭四夷樂

建德六年既平北齊威振海外高麗百濟二國為獻其樂列於樂部謂之國伎

隋高祖開皇初定令置七部樂一曰國伎二曰清樂伎三曰高麗伎四曰天竺伎五曰安國伎六曰龜茲伎七曰文康伎又雜

府五百七十　十六

有疏勒扶南康國百濟突厥新羅倭國等伎六年高昌國獻聖明樂曲帝令知音者於館所聽之歸而肄習及客獻先於前奏之胡夷大驚

煬帝大業中平林邑國獲扶南樂工及其匏琴朴陋不可用但以天竺轉寫其聲（又五方師子舞師子摯獸出於西南夷天竺師子等國綴毛為之人居其中像其俛仰馴狎之容二人持繩秉拂為習弄之狀五師子各依其方色百四十人歌太平樂舞以足持繩者服飾作崑崙狀）帝定清樂西涼龜茲天竺康國疏勒安國高麗禮畢以為九部樂器工衣創造既成大備於茲矣（[illegible]中夏之樂[illegible]七部[illegible]清樂禮畢二部[illegible]）

唐太宗貞觀中平高昌國收其樂付太常初高祖武德中因隋舊制奏九部樂至是增為十部又滅百濟高麗二國盡得其樂（則天時[illegible]二十五部[illegible]能習一曲衣服亦寖失其[illegible]開元中岐王範為太常卿復奏置焉）

中宗神龍二年三月并州清源縣尉呂元泰上疏曰比見都邑坊市相率為渾脫駿馬胡服名為蘇莫遮非雅樂也疏奏不報

玄宗開元元年十二月敕臘月乞寒外蕃所出漸浸成俗因循
已久自今已後無問蕃漢即宜禁斷乞寒本西國外蕃康國之樂也
中宗神龍二年幷州清源縣尉呂元泰睿宗景雲二年左拾遺
韓朝宗先天二年中書令張說皆上疏諫之至是乃禁
德宗貞元十六年正月南詔異牟尋作奉聖樂因西川押雲南
八國使韋皐以進帝御麟德殿以閱之
十八年正月驃國王獻樂凡一十二曲以樂工三十五人來朝
其國與天竺相近故多演釋氏之詞每為曲皆齊聲唱各以兩
手十指齊開齊斂為赴節之狀一低一昂未常不相對有類中
國柘枝舞也

冊府元龜卷第五百七十

冊府元龜卷第五百七十一

掌禮部

討論第一

傳曰先王之制禮也不可多也不可寡也唯其稱也故有順有體有宜然後沿革之道殊損益之文異是以博聞彊識之士司局循業之官慎悱於函丈之下戒懼乎委巷之失詢求用捨博訪遺逸稽合乎同異折中乎今昔蓋有意於化民成俗者識去儀注神明之德同天地之節者矣故其周還裼襲之數吉凶賔嘉之典弛張因襲之本法度經緯之義咸得而觀焉蓋先儒之意論作者之蹟賁於是乎在矣孔子爲魯大夫哀公問曰大禮何如君子之言禮何其尊也孔子曰丘也小人不足以知禮礎公答也君曰否吾子言之也孔子曰丘聞之民之所由生禮爲大非禮無以節事天地之神也非禮無以辨君臣上下長幼之位也非禮無以別男女父子兄弟之親昏姻疏數之交也君子以此之爲尊敬然言君子以此故尊禮敬此後以其所能教百姓不廢其會節君子以其所能教禮數其不廢此上尊之期節度有成事然後治其雕鏤文章黼黻以嗣以上事行於民有成功乃後績以繼以後文飾以爲尊卑之差其順之然後言其喪筭備其鼎俎設其豕腊脩其宗廟歲時以敬祭祀以序宗族即安其居節醜其衣服卑其宮室車不雕幾器不刻鏤食不貳味以與民同利昔之君子之行禮者如此言語此禁數也即醜類也言君子既尊禮民以爲樂乃後語以衰衣服之節從祭之禮敬其居處正其衰與之同利者上不供足也哀公又問曰寡人願有言然冕而親迎不已重乎迎已乃服祭服孔子愀然作色而對曰合二姓之好以繼先聖之後以爲天地宗廟社稷之主君何謂已重乎先聖周公也公曰寡人固不固焉得聞此言也寡人欲問不得其辭請少進固不固言吾由鄙固故也請少進欲其爲言以曉己孔子曰天地不合萬物不生大昏萬世之嗣也君何謂已重焉孔子遂言曰內以治宗廟之禮足以配天地神明出以治直言之禮足以立上下之敬物耻足以振之國耻足以興之爲政先禮禮其政之本與

在房大明生於東月生於西此陰陽之分夫婦之位也宗廟也夫婦配天地有日月之象焉禮器曰君在直言正也正言謂出政教有夫婦之禮焉昏義曰天子聽外治后聽內職說順成俗外內和順國家理治此之謂盛德物猶事也臣恥也振猶救也國恥君恥也行有可恥者當以興復之子張子貢言游侍坐於孔子縱言至於禮縱言汎說事子曰居女三人者吾語女禮使女以禮周流無不偏也居女三人坐也凡與尊者言更端則起子貢越席而對曰敢問何如對應也子曰敬而不中禮謂之野恭而不中禮謂之給勇而不中禮謂之逆子曰給奪慈仁奪慈仁亂也足恭之人巧言令色仁者實鮮子貢辭是者也於絕子曰師爾過而商也不及子產猶衆人之母也能食之不能教也過與不及言敏鈍不同俱違禮也衆人之母言子產慈仁多不矜莊又與子張相交子產以其乘車濟冬涉者而東爲不成是慈仁亦違禮子貢越席而對曰敢問將何以爲此中者也子曰禮乎禮夫禮所以制中也言禮乎禮唯有禮也子貢退言游進曰敢問禮也者領惡而全好者與子曰然領猶治也好善也然則何如子曰郊社之義所以仁鬼神也嘗禘之禮所以仁昭穆也饋奠之禮所以仁死喪也射鄉之禮所以仁鄉黨也食饗之禮所以仁賓客也仁猶存也凡存此者所以全善之道也郊社嘗禘饋奠存死之善者也射鄉食饗存生之善者此郊有后稷社有句龍子曰明乎郊社之義嘗禘之禮治國其如指諸掌而已乎子張問政子曰師乎前吾語女乎君子明於禮樂舉而錯之而已言禮樂足以爲政此錯猶行也子張復問子曰師爾以爲必鋪几筵升降酌獻酬酢然後謂之禮乎爾以爲必行綴兆興羽籥作鍾鼓然後謂之樂乎言而履之禮也行而樂之樂也君子力此二者以南面而立夫是以天下太平也諸侯朝萬物服體而百官莫敢不承事矣禮之所興衆之所治也禮之所廢衆之所亂也目巧之室則有奧阼席則有上下車則有左右行則有隨立則有序古之義也室而無奧阼則亂於堂室也席而無上下則亂於席上也車而無左右則亂於車也行而無隨則亂於塗也立而無序則亂於位也昔聖帝明王諸侯辨貴賤長幼遠近男女外內莫敢相踰越皆由此塗出也服除禮言万物之衆爲治塗也衆之所治衆之所亂也目巧謂但用目巧乃目所以治也善息法度猶有與作古今

(常事不可廢改也)三子者既得聞此言也於夫子昭然若發矇矣(乃曉禮樂不可廢改之意也)子夏問於孔子曰何謂三無孔子曰無聲之樂無體之禮無服之喪此之謂三無子夏曰三無既得略而聞之矣敢問何詩近之(於意未察求其類於詩詩長人情)孔子曰夙夜其命宥密無聲之樂也威儀逮逮不可選也無體之禮也凡民有喪匍匐救之無服之喪也(詩讀其爲基聲之誤也基謀也密靜也言君夙夜謀爲政教以安民則民樂之此非有鍾鼓之聲也逮逮安和之貌也言君之威儀安和逮逮然則民傚之此非有升降揖讓之禮也救之賙恤之言君於民有喪有以賙恤之則民傚之此非有喪經之服)子夏曰言則大矣美矣盛矣言盡於此而已乎孔子曰何爲其然也君子之服之也猶有五起焉(言於此乎意以爲未盡也服猶習也君子習讀此詩起此之義其說有五也)子夏曰何如孔子曰無聲之樂氣志不違無體之禮威儀遲遲無服之喪內恕孔悲無聲之樂氣志既得無體之禮威儀翼翼無服之喪施及四國無聲之樂氣志既從無體之禮上下和同無服之喪以畜萬邦無聲之樂日聞四方無體之禮日就月將無服之喪純德孔明無聲之樂氣志既

府五百七十一　三

起無體之禮施及四海無服之喪施於子孫(不違者民不違君之氣志也孔甚也孫易也從順也畜孝也使萬邦之民競爲孝也就成也將大也使民之猷詮曰有所成王月則大矣起猶從也)宰我問三年之喪期已久矣君子三年不爲禮禮必壞三年不爲樂樂必壞舊穀既沒新穀既升鑽燧改火期可已矣(周書月令有更火之文春取榆柳之火夏取棗杏之火季夏取桑柘之火秋取柞楢之火冬取槐檀之火一年之中鑽火各異木故曰改火也)子曰食夫稻衣夫錦於女安乎曰安女安則爲之夫君子之居喪食旨不甘聞樂不樂居處不安故不爲也今女安則爲之(旨美也責其無仁恩於親故再言女安則爲之)宰我出子曰予之不仁也子生三年然後免於父母之懷(子生未三歲爲父母所懷抱)夫三年之喪天下之通喪也(自天子達於庶人)予也有三年之愛於其父母乎(言子於父母欲報之恩昊天罔極而予也有三年之愛乎)子貢問喪子曰敬爲上哀次之瘠爲下顏色稱其情戚容稱其服(子貢問居父母之喪何以爲上哀言敬爲上者孫時尚不能盡禮也哀戚容稱其服孝經曰容止可觀)請問兄弟之喪子曰兄弟之喪則有乎書策矣(言所若如禮行之未有加也齊斬之喪哀戚之體經不能載矣)又子貢觀於蜡孔子曰賜也樂乎對曰一國之人皆若狂賜未知其樂也(蜡也者索也歲十二

月合聚萬物而索饗之祭也國索鬼神而祭祀則黨正以禮屬民而飲酒于序以正齒位於是時民無不醉者如狂矣曰未知其樂怪之)子曰百日之蜡一日之澤非爾所知也(蜡之祭主先嗇也大飲烝勞農以休息之言民皆勤稼穡有百日之勞喻久也今一日使之飲酒燕樂是君之恩澤非爾所知言其義大)子游問喪具夫子曰稱家之有亡子游曰有無惡乎齊(惡乎齊問豐省之比)夫子曰有毋過禮苟亡矣斂首足形還葬(還之言便也言已斂即葬不待三月)縣棺而封(不設碑繂不備禮當爲窆窆下棺也)人豈有非之者哉又問於孔子曰喪慈母如母禮與(如母謂父卒三年也子游意以爲國君亦然禮所云者乃大夫以下父所使妾養子)孔子曰非禮也古者男子外有傅內有慈母君命所使教子也何服之有(言無服也此皆謂國君之子也大夫士之子爲庶母慈己者服小功父卒乃不服)昔者魯昭公少喪其母有慈母良及其死也公弗忍也欲喪之有司以聞曰古之禮慈母無服(據國君也良善也謂之慈母固爲其善國君之妾不服也昭公年三十乃喪齊歸猶無戚容是不)(少又安不忍於慈母此非昭公明矣未知何公也)今也君爲之服是逆古之禮而亂國法也若終行之則有司將書之以遺後世無乃不可乎公曰古者公子練冠以燕居公弗忍也遂練冠以喪慈母喪慈母自魯昭公始也

府五百七十一　四

(公之言又非也天子練冠以燕居蓋謂庶子王爲其母)曾子問曰卿大夫將爲尸於公受宿矣而有齊衰內喪則如之何孔子曰出舍乎公宮以待事禮也(吉凶不可以同處)又問曰並有喪如之何何先何後(並謂父母若親同者同月死)孔子曰葬先輕而後重其奠也先重而後輕禮也自啓及葬不奠(不奠務於當葬者)行葬不哀次(不哀次於在殯者)反葬奠而后辭於殯遂脩葬事(殯當爲賓聲之誤也辭告也告將葬啓期也)其虞也先重而後輕禮也孔子曰宗子雖七十無無主婦(族人之婦不可無統)非宗子雖無主婦可也又問曰將冠子冠者至揖讓而入聞齊衰大功之喪如之何(冠者賓及贊者)孔子曰內喪則廢外喪則冠而不醴徹饌而埽即位而哭如冠者未至則廢(內喪同門也不醴不醴子也其廢者喪成服因喪而冠)如將冠子而未及期日而有齊衰大功小功之喪則因喪服而冠(變吉禮而因喪冠俱成人之服及至也)除喪不改冠乎孔子曰天子賜諸侯大夫冕弁服於大廟歸設奠服賜服於斯乎有冠醮無冠醴(酒爲醮冠禮醴重而醮輕此服賜服酌用酒尊賜也不醴明不爲改冠改冠當醴也)父沒而冠則已冠埽地而祭於禰已祭而見伯父叔父

而后饗冠者〔饗謂禮之〕又問曰祭如之何則不行旅酬之事矣孔子曰聞之小祥者主人練祭而不旅奠酬於賓賓弗舉禮也〔奠無尸虞不致爵小祥不旅酬大祥無算爵酬吉〕昔者魯昭公練而舉酬行旅非禮也孝公大祥奠酬弗舉亦非禮也〔孝公隱公之祖父〕又問曰小功可以與於祭乎〔祭謂虞卒哭時〕孔子曰何必小功耳自斬衰以下與祭禮也曾子曰不以輕喪而重祭乎〔餘使重者勤事〕孔子曰天子諸侯之喪祭也不斬衰者不與大夫齊衰者與祭士祭不足則取於兄弟大功已下者又問曰相識有喪服可以與於祭乎〔謂已有喪服可以與所識者祭否〕孔子曰緦不祭又何助於人又問曰廢喪服可以與於饋奠之事乎〔謂新除喪服也〕孔子曰說衰與奠非禮也〔執事於人之神為其忘哀也〕以擯相可也又問曰昏禮既納幣有吉日女之父母死則如之何〔吉日取女之吉日〕孔子曰壻使人弔如壻之父母死則女之家亦使人弔〔必使人者未成兄弟〕父喪稱父母喪稱母〔禮宜各以其敵者也父使人弔之辭云某之子某使某如何不淑母則若云宋蕩伯姬聞姜氏之喪伯姬使某如何不淑凡弔辭一耳〕父母不在則稱伯父世〔可弔禮不廢也〕

〔伯父母又不在則稱叔父母〕壻已葬壻之伯父致命女氏曰某之子有父母之喪不得嗣為兄弟使某致命女氏許諾而弗敢嫁禮也〔必致命者〕〔不敢以累年之喪使人失嘉會之時〕壻免喪女之父母使人請壻弗取而后嫁之禮也〔請請成昏〕女之父母死壻亦如之〔女免喪壻之父母亦使人請其已葬時亦致命〕又問曰親迎女在塗而壻之父母死如之何孔子曰女改服布深衣縞總以趨喪〔布深衣縞總婦人始喪未成服之服〕女在塗而女之父母死則女反〔齊衰服期〕如壻親迎女未至而有齊衰大功之喪則如之何孔子曰男不入改服於外次女入改服於內次然後即位而哭〔不聞喪即哭服〕〔昏禮重於齊衰以下〕又問曰除喪則不復昏禮乎〔復猶償也〕孔子曰祭過時不祭禮也又何取於初〔重喻輕也同牢及饋饗相飲食之道〕又問曰女未廟見而死則如之何孔子曰不遷於祖不祔於皇姑壻不杖不菲不次歸葬于女氏之黨示未成婦也〔遷朝廟也壻雖不備喪禮猶為之服齊衰也〕又問曰取女有吉日而女死如之何孔子曰壻齊衰而弔既葬而除之夫死亦如之〔未有期三年之恩也女服斬衰〕又問曰古者師行必以遷廟主行

乎孔子曰天子巡守以遷廟主行載于齊車言必有尊也今也取七廟之主以行則失之矣〔齊車金路〕當七廟五廟無虛主虛主者唯諸侯薨與去其國與祫祭於祖為無主耳吾聞諸老聃曰國君薨則祝取羣廟之主而藏諸祖廟禮也卒哭成事而后主各反其廟〔老聃古壽考者之號也與孔子同時藏諸主於祖廟象有凶事者聚也卒哭成事先祔之祭名也〕君去其國大宰取羣廟之主以從禮也〔鬼神依人者也〕祫祭於祖則祝迎四廟之主〔祝接神者也〕主出廟入廟必蹕〔蹕止行者〕又問曰古者師行無遷主則何主孔子曰主命問曰何謂也孔子曰天子諸侯將出必以幣帛皮圭告于祖禰遂奉以出載于齊車以行每舍奠焉而后就舍〔以脯醢禮神乃敢即安也所告而不以出即埋之〕反必告設奠卒斂幣玉藏諸兩階之間乃出蓋貴命也又問曰諸侯旅見天子入門不得終禮廢者幾〔旅眾也〕孔子曰四請問之曰大廟火日食后之喪雨霑服失容則廢〔大廟始祖廟也宗廟皆然主於始祖耳〕如諸侯皆在而日食則從天子救日各以其方色與其兵〔示奉時事有所討也方色者東方衣青南方衣赤西方衣白北方衣黑兵未聞

也〕大廟火則從天子救火不以方色與兵又問曰當祭而日食大廟火其祭也如之何孔子曰接祭而已矣如牲至未殺則廢〔接祭而不迎尸也〕又問曰三年之喪弔乎孔子曰三年之喪練不羣立不旅行〔為其苟語忘哀也〕君子禮以飾情三年之喪而弔哭不亦虛乎〔為彼哀則不專於親也為親哀則是虛弔〕曾子問曰大夫有私喪可以除之矣而有君服焉其除之也如之何孔子曰有君喪服於身不敢私服又何除焉〔重輕也私喪家之喪也四制曰門外之治義斷恩〕於是乎有過時而弗除也君之喪服除而后殷祭禮也〔謂主人也支子則否〕又問曰父母之喪弗除可乎〔以其有終身之憂〕孔子曰先王制禮過時弗舉禮也非弗能勿除也患其過於制也故君子過時不祭禮也〔言制禮以為民中也過其時則不感禮也〕又問曰父母之喪既引及塗聞君薨如之何孔子曰遂既封改服而往〔封當為窆改服括髮徒跣布深衣扱上衽不以私喪包至尊〕又問曰宗子為士庶子為大夫其祭也如之何孔子曰以上牲祭於宗子之家〔貴祿重宗也上牲大夫少牢〕祝曰孝子某為介子某薦其常事〔介副也不言庶使若可以祭然〕若宗子有

罪居于他國庶子爲大夫其祭也祝曰孝子某使介子某執其常事此之謂宗子攝大夫攝主不厭祭不旅不假不綏祭不配皆辟正主厭飫神也厭有陰有陽迎尸之前祝酌奠奠之且饗是陰厭也尸謖之後徹薦俎敦設於西北隅是陽厭也此不厭者不陽厭也不旅不旅酬也假讀爲嘏不嘏主人也不綏祭謂今主人也綏周禮作墮不配者祝辭不言以某妃配某氏布奠於賓賓奠而不舉奠謂主人酬賓奠觶於薦北賓舉奠觶於薦南此酬之始也奠之不舉止旅不歸肉肉俎也諸與祭者留之共燕其辭於賓曰宗兄宗弟宗子在他國使某辭辭猶告也宿賓之辭與宗子爲列則曰宗兄若宗弟昭穆異者曰宗子而已其辭若云宗兄某在他國使某執其常事使某告又問曰宗子去在他國庶子無爵而居者可以祭哉有子孫存不可以之先祖之祀請問其祭如之何孔子曰望墓而爲壇以時祭不祭于廟無爵者賤遠辟正主若宗子死告於墓而后祭於家言祭於家容無廟也宗子死稱名不言孝孝宗子之稱不敢與之同其辭但言子某薦其常事身沒而已至子可以稱孝子游之徒有庶子祭者以此以此禮祭也用若義也若順也今之祭者不首其義故誣其祭也首本也誣猶妄也又問曰祭必有尸乎言無益無用爲若厭祭亦可乎厭時無尸孔子曰祭成喪者必有尸尸必以孫孫幼則使人抱之

無孫則取於同姓可也人以有子孫爲成人子不殤父義由此也祭殤必厭蓋弗成也厭飫而已不成其爲人祭成喪而無尸是殤之也與不成人同孔子曰有陰厭有陽厭言祭殤之禮有於陰厭之者有於陽厭之者曾子問曰殤不祔祭何謂陰厭陽厭祔當爲備聲之誤也言殤乃不成人祭之不備禮而云陰厭陽厭乎此失孔子指也祭成人始設奠於奧迎尸之前謂之陰厭尸謖之後改饌於西北隅謂之陽厭殤則不備於孔子曰宗子爲殤而死庶子弗爲後族人以其倫代之明不序昭穆立之廟其祭之就其祖而已代之者主其禮其吉祭特牲尊宗子從成人也凡殤則特豚自卒哭成事之後爲吉祭祭殤不舉無肵俎無玄酒不告利成此其無尸及所降也其他如成人肵俎利成禮之施於尸者是謂陰厭是宗子而殤祭之奧之禮小宗爲殤其祭禮亦如之凡殤與無後者祭於宗子之家當室之白尊于東房是謂陽厭凡殤謂庶子之適也或昆弟之子或從父昆弟無後者謂昆弟諸父此則今死者皆宗子大功之內親共祖禰者言祭於宗子之家者爲有異居之道也無廟者爲墠祭之親者共其牲物宗子皆主其禮當室之白謂西北隅得戶明者白也凡祖廟在小宗之家小宗祭之亦然宗子之適亦爲凡殤過此以往則不祭也祭適者天子下祭五諸侯下祭三大夫下祭二士以下祭子而止又問曰葬引至于道日有食之則有變乎且不乎孔子曰昔者吾從老聃助葬於巷黨及

道日有食之老聃曰丘止柩就道右止哭以聽變既明反而后行曰禮也巷黨黨名也就道右者行相左也變日食也反後反葬而丘問之曰夫柩不可以反者也日有食之不知其已之遲數則豈如行哉已止也數讀爲速老聃曰諸侯朝天子見日而行逮日而舍奠大夫使見日而行逮日而舍舍奠每將舍奠行主夫柩不蚤出不莫宿侵晨夜則近姦寇見星而行者唯罪人與奔父母之喪者乎日有食之安知其不見星也爲無日而夜作止也且君子行禮不以人之親痁患痁病也以人之父母行禮而恐懼其有患言不爲也吾聞諸老聃云又問曰爲君使而卒於舍禮曰公館復私館不復凡所使之國有司所授舍則公館已何謂私館不復復招魂孔子曰善乎何之也善其問難明也自卿大夫士之家曰私館公館與公所爲曰公館公館復此之謂也公館若今縣官舍也公所爲君所命使舍己者又問曰下殤土周葬于園遂輿機而往塗邇故也土周聖周也周人以夏后氏之聖周葬下殤於園中以其去成人遠不就墓也機輿尸之牀也以繩絙其中央又以繩從兩旁鉤之禮以機舉尸輿之以就園而葬爲近也今墓遠則其葬也如之何今人斂下殤於宮中而葬於墓

與成人同墓塗乃遠其葬當與其禮乎葬之也問禮之必然也孔子曰吾聞諸老聃曰昔者史佚有子而死下殤也墓遠欲葬於墓如長殤有成人之禮者則棺斂之矣史佚武王時賢史也猶不知召公謂之曰何以不棺斂於宮中欲其斂於宮中如成人也史佚曰吾敢乎哉畏知禮也召公言於周公爲史佚問周公周公曰豈不可言是豈於禮不可不許也史佚行之失指以爲許也遂用召公之言下殤用棺衣棺自史佚始也禮明有所出也故爲非禮以仲子公儀仲子之喪檀弓免焉公儀蓋魯同姓檀弓仲子舍其孫而立其子此其所立非也公儀蓋魯同姓檀弓爲此免之曰何居我未之前聞也居讀爲姬姓之姬齊魯之間語助也前猶故也趨而就子服伯子於門右曰仲子舍其孫而立其子何也去賓位就主人兄弟之賢者而問之子服伯子蓋仲孫蔑之玄孫子服景伯蕩魯大夫伯子曰仲子亦猶行古之道也昔者文王舍伯邑考而立武王微子舍其孫腯而立衍也夫仲子亦猶行古之道也伯子爲親者隱耳立子非也文王之立武王權也微子適子死立其弟衍殷禮也子游問諸孔子孔子曰否立孫據周禮

言偃吳人字子游有子與子游立見孺子慕者有子謂子游曰予

豈不知夫喪之踊也子欲去之久矣情在於斯其是也夫譏禮孺子之號慕子游曰禮有微情者謂節哭踊有以故興物者謂衰絰之制有直情而徑行者戎狄之道也直情徑行戎狄無禮禮道則不然與戎狄異人喜則斯陶鬱陶也陶斯咏咏謳咏斯猶猶當為搖搖謂身動搖也秦人猶搖聲相近猶斯舞手舞之舞斯慍慍猶怒也慍斯戚戚憤恚戚斯歎歎息歎斯辟辟拊心辟斯踊矣踊躍品節斯斯之謂禮舞踊皆有節乃成禮人死斯惡之矣無能也斯倍之矣無能無所能使心背之是故制絞衾設蔞翣為使人勿惡也絞衾尸之飾蔞翣棺之牆飾周禮蔞作柳始死脯醢之奠將行遣而行之既葬而食之將行將葬也葬有遣奠食反虞之祭未有見其饗之者也自上世以來未之有舍也為使人勿倍也舍猶廢也故子之所刺於禮者亦非禮之訾也訾病也又公叔木有同母異父之昆弟死問於子游木當為朱春秋作戍衛公叔文子之子子游曰其大功乎疑所服也大功是卜商字子夏狄儀有同母異父昆弟死問於子夏子夏曰我未之前聞也魯人則為之齊衰狄儀行齊衰今之齊衰狄儀之問也又孔子之喪有自燕來觀者舍於子夏氏子夏曰聖人之葬人與人之葬聖人也子何觀焉與及也昔者夫子言之曰吾見封之若堂者矣封築土為壟堂形四方而高見若坊者矣坊形旁殺平上而長見若覆夏屋者矣覆謂殷也夏屋今之門廡也其形旁廣而卑見若斧者矣斧形旁殺刃上而長從若斧者焉孔子以為刃上難登狹又易為功馬鬣封之謂也俗間名今一日而三斬板而已封板蓋廣二尺長六尺斬板謂斷其縮也三斷止之以尚行夫子之志乎哉尚庶幾也衛司徒敬子死司徒官氏公子許之後子夏弔焉主人未小斂絰而往子游弔焉主人既小斂子游出絰反哭昔朋友之禮往而二人異子夏曰聞之也與曰聞諸夫子主人未改服則不絰

曾子名參南武城人也有子問於曾子曰問喪於夫子乎有子孔子弟子有若也喪謂仕失位也魯昭公孫於齊曰喪人其何稱曰聞之矣喪欲速貧死欲速朽有子曰是非君子之言也貪朽非人所欲曾子曰參也聞諸夫子也有子又曰是非君子之言也曾子曰參也與子游聞之

有子曰然然則夫子有為言之也曾子以斯言告於子游子游曰甚哉有子之言似夫子也昔者夫子居於宋見桓司馬自為石槨三年而不成桓司馬宋向戌之孫名魋夫子曰若是其靡也死不如速朽之愈也死之欲速朽為桓司馬言之也靡奢南宮敬叔反必載寶而朝敬叔魯孟僖子之子仲孫閱蓋嘗失位去魯得反載其寶來朝於君夫子曰若是其貨也喪不如速貧之愈也喪之欲速貧為敬叔言之也曾子以子游之言告於有子有子曰然吾固曰非夫子之言也曾子曰子何以知之有子曰夫子制於中都四寸之棺五寸之槨以斯知不欲速朽也中都魯邑名也孔子嘗為之宰為民作制昔者夫子失魯司寇將之荊將適楚聘蓋先之以子夏又申之以冉有以斯知不欲速貧也言以仕得祿於仲憲言於曾子曰夏后氏用明器示民無知也所謂致死之仲憲孔子弟子原憲殷人用祭器示民有知也所謂致生之周人兼用之示民疑也言使民疑於無知與有知曾子曰其不然乎其不然乎非之非之也夫明器鬼器也祭器人器也夫古之人胡為而死其親乎

言仲憲之言三者皆非此或用鬼器或用人器曾申問於曾子曰哭父母有常聲乎曰中路嬰兒失其母焉何常聲之有嬰猶鷖彌也言其若小兒亡母啼號安得常聲乎所謂哭不偯不穆公之母卒穆公魯哀公之曾孫使人問於曾子曰如之何問居喪之禮曾子曾參之子名申對曰申也聞諸申之父曰哭泣之哀齊斬之情饘粥之食自天子達子喪父母尊卑同

有子名若魯人也曾子曰晏子可謂知禮也已恭敬之有焉言禮者鄙而已矣有若曰晏子一狐裘三十年遣車一乘及墓而反國君七个遣車七乘大夫五个遣車五乘晏子焉知禮言其大儉偪下非之及墓而反言其既窆則歸不留賓客有事也人臣賜車馬者乃得有遣車遣車之差大夫五諸侯七天子九諸侯不以命數喪數略也雜記曰遣車視牢具仲梁子魯人也曾子曰尸未設飾故帷堂小斂而徹帷仲梁子曰夫婦方亂故帷堂小斂而徹帷斂者動搖尸帷堂為人褻之言方亂非也仲梁子魯人也或問於曾子曰夫既遣而包其餘猶既食而裹其餘與君子既食則裹其餘乎言遣奠既奠而又包之是與食於人已而裹其餘將去何異與君子字為是乎言傷廉也曾子曰吾子不見大饗乎夫大饗既

饗食卷三牲之俎歸于賓館父母而賓客之所以爲哀也子不見大饗乎（既饗歸賓俎所以厚之也言父母家之主今賓客之是孝子哀親之去也）又小斂之奠子游曰於東方曾子曰於西方斂斯席矣（曾子以俗說非又大斂奠於堂乃有席）小斂之奠在西方魯禮之末失也（末世失之者）

縣子魯人也陳莊子死赴於魯魯人欲勿哭（君無哭隣國大夫之禮陳莊子齊大夫陳常之孫名伯）繆公召縣子而問焉縣子曰古之大夫束脩之問不出竟雖欲哭之安得而哭之（以其不外交）今之大夫交政於中國雖欲勿哭焉得而弗哭（言時君弱臣彊政在大夫專盟會以交接）且臣聞之哭有二道有愛而哭之有畏而哭之（以懼微勸之）公曰然然則如之何而可縣子曰請哭諸異姓之廟（明不當哭）於是與哭諸縣氏

子思孔子孫伯魚之子也曾子謂子思曰伋吾執親之喪也水漿不入於口者七日（言已以孝聞禮而不如）子思曰先王之制禮也過之者俯而就之不至焉者跂而及之故君子之執親之喪也水漿不入於口者三日杖而后能起（曾子言難繼以禮抑之）

府五百七十一　十一

柳若衛人也子思之母死於衛（伯魚卒其妻嫁於衛）柳若謂子思曰子聖人之後也四方於子乎觀禮子蓋慎諸（見子思欲爲嫁母服恐其失禮戒之嫁母齊衰期）子思曰吾何慎哉吾聞之有其禮無其財君子弗行也（謂時可行而財不足以備禮）有其禮有其財無其時君子弗行也（謂財足以備禮而時不得行者）吾何慎哉（時所止則止時所行則行無所疑也喪之禮如子贈襚之屬不踰主人）

冊府元龜卷第五百七十一

冊府元龜卷五百七十二

掌禮部一十

討論第二

魏蔣濟爲太尉初侍中高堂隆論郊祀事以魏爲舜後推舜配天濟以舜本姓嬀其苗曰田非曹之先著文以追詰隆及與尚書繆襲往反並有理據又難鄭玄注祭法云有虞以上尚德禘郊祖宗配用有德自夏已下稍用其姓濟曰夫虬龍神於獺獺自祭其先不祭虬龍也騏驎白虎仁於豺豺自祭其先不祭騏虎也如玄之説虞已上豺獺之不若邪臣以爲祭法所云見疑學者久矣鄭玄不考正其違而就通其義

吳張昭爲冠軍孝廉不就汝南王簿應劭議宜爲舊君諱論者皆互有異同事在風俗通昭著論曰客有見大國之議士君子之論云起元建武已來舊君名諱五十六人以爲後生不得協也取乎經論譬諸行事義高辭麗甚可嘉羨愚意褊淺竊有疑焉蓋乾坤剖分萬物定形羣有父子君臣之經故聖人順天之性制禮尚敬在三之義君實食之在喪之哀君親臨之厚莫重焉恩莫大焉誠臣子所尊仰萬夫所天恃焉得而同之哉然親親有衰尊尊有殺故禮服上不盡高祖下不盡玄孫又傳記四世而緦麻服之窮也五世袒免降殺同姓也六世而親屬竭矣又曲禮有不逮事之義則不諱者蓋名之謂屬絶之義不拘於協況乃古君五十六哉邾子會盟季友來歸不稱其名咸書字者是時魯人嘉之也何解臣子爲君父諱乎周穆王諱滿至定王時有王孫滿者其爲大夫是臣協君也又厲王諱胡及莊王之子名胡其比衆多夫類事建議經有明據傳有徵案然後進攻退守萬無奔北垂示百世永無咎失今應劭雖上尊舊君之名而下無所斷爲猶歸之疑云曲禮之篇疑事無質觀省上下闕義自證文辭可謂倡而不法將來何觀言聲一放猶拾瀋也過辭在前悔其何追文云昭與王朗共論舊君諱事州里才士陳琳等皆稱善

晉蔡謨爲太常康帝建元元年太史上元日合朔後復疑應却會與否庾冰輔政寫劉劭議以示八坐于時有謂劭爲不得禮意荀彧從之是勝人之一失謨遂著議非之曰劭論災消異伏又以梓愼裨竈猶有錯失太史上言亦不必審其理誠然也云聖人垂制不爲變異預廢朝禮此則謬矣災祥之發所以譴告人君王者之所重誡故素服廢樂退避正寢百官降物用幣伐鼓躬親而救之夫敬誡之事與其疑而廢之寧愼而行之故孔子老聃助葬於巷黨以表不見星而行故日蝕而止柩曰安知其不見星也而劭廢之是棄聖賢之成規也魯桓公壬申有災而以乙亥嘗祭春秋譏之災事既過猶追懼未已故廢宗廟之祭況聞天眚將至行慶樂之會於禮乖矣禮記所云諸侯入門不得終禮者謂日官不豫言諸侯既入見蝕乃知耳非先聞當蝕而朝會不廢也引此可謂失其義旨劉劭所執者禮記也夫子老聃巷黨之事亦禮記所言復違而反之進退無據然荀令所言漢朝所從遂使此言至今見稱莫知其謬後來君子將擬以爲式故正之云爾於是冰從衆議遂以却會至永和中殷浩輔政又欲從劉劭議不却會王彪之據咸寧建元故事又曰禮云諸侯旅見天子不得終禮而廢者四自謂卒暴有之非爲先存其事而僥倖史官推術繆錯故不豫廢朝禮也於是又從彪之之議

宋傅亮爲中書令時御史中丞蔡廓疑揚州刺史廬陵王義眞朝堂班次亮與廓書曰揚州自應著刺史服耳然謂坐起班次應在朝堂諸官上不應依官次坐下足下試更尋之詩序云王姬下嫁於諸侯衣服禮秩不係其夫下王后一等推王姬下王后一等則皇子居然在王公之上陸士衡起居注式乾殿集諸皇子悉在三司上今抄疏如別又海西即位赦文太宰武陵王第一撫軍會稽王第二大司馬第三大司馬位既最高又都督中外而次在二王之下豈非皇子耶此文命具在也永和中蔡

公爲司徒司馬劄文爲撫軍開府封録朝政恭爲正司不應反在儀同之下而于時位次相王在前恭公次之耳諸例甚多不能復具疏揚州反乃居卿尹之下恐此失禮宜改之耶鄭答曰揚州位居卿尹之下常亦爲疑然朝廷以位相次不以本封復無弱又云皇子加殊禮齊獻王爲驃騎孫秀求降武帝欲優異之以秀爲驃騎轉齊王爲鎮軍在驃騎上若如足下言皇子便在公右則齊王本次自尊何改鎮軍令在驃騎上明知故依見位爲次也又齊王爲司空賈充爲太尉俱録尚書署事常在充後潘正叔奏公羊事于時三録梁王彤爲衛將軍署在太尉隴西王泰司徒王玄沖下近太元初賀新宮成司馬太傅爲中軍而以蔡王柔之爲賀首立安帝爲太子上禮徐邈爲郎位次亦以太傅在諸王下又謁李太后崇正尚書符令以高密王爲首時王東亭僕射王徐皆是近世識古今者足下引式乾公王吾謂未可爲據其云上出式乾古傅中彭城王植荀組潘岳稱紹

杜斌然後道足下所疏四王在三司之上及在黃門郎下有何義且四王之下則云大將軍梁王彤車騎趙王倫然後云司徒王戎耳梁趙二王亦是皇子屬尊位齊在豫章王常侍之下又復不適盡書家首疏時事不必存其班次式乾亦是私宴異於朝堂如故今会章西堂足下在僕射下侍中在尚書下耳求示又云曾祖與簡文對録位在簡文下吾家故事則不然今寫如別王媚身無階位故可得不從夫而以王女爲尊皇子出任則有二位二位則依朝復示之班序唯引太和赦文差可爲言然赦文前後亦參差不同太宰上公自應在大司馬前耳簡文雖撫軍時已授丞相殊禮又中外都督故以本任爲班不以督中外更在公右也今護軍總方伯而位故次在持節都督足下便思之

建平王宏爲左僕射孝武孝建元年六月湘東國大妃以去三十年閏六月二十八日薨未詳周忌當在六月爲取七月未詳服勤禮官議正博士丘邁之議案吳商議閏月亡者應以本正之月爲忌謂三閏論雖各有所執商議爲允宜以今六月爲忌丘邁之議不可准據案晉世及皇代以來閏月亡者以閏之後月祥宜以來七月爲祥忌

南齊王儉爲尚書左僕射時竟陵王子良母太妃以七日薨子良以八月奉凶問及小祥疑南陽王應相待儉議以爲禮有倫序義無徒設如今遠則不待近必相須禮例既乖即心無取若疑兄弟同居吉凶外雜則遠之子自應開立別門以終喪事靈筵祭奠隨在家之人再朞而毀庶子在家亦不待嫡而況儲妃正体王中軍長與之重天朝又行權制進退弥復非疑諸應不相待中軍緦縞之日聞喜致哀而已不受吊慰至聞吉變除昆弟亦宜相就寫情不對客從之

後魏裴延儁宣武時爲司州別駕加鎮遠將軍及詔立明堂群官博議延儁獨著一堂之論太傅清河王懌時典衆議讀而笑曰子欲遠符僕射也

李謐涿郡人少好學博通諸經覽考工記大戴禮盛德篇以明堂之制不同遂著明堂制度論曰余謂論事辯物當取正於經典之眞文援證定疑必有驗於周孔之遺訓然後可以稱準的矣今禮文殘缺聖言靡存明堂之制誰所制使正之是以後人紛糾競興異論五九之說各信其習是非無准得失相半故歷代紛紜靡所取正乃使裴頠云今群儒紛亂互相掎摭就令其象可得而圖其所以居用之禮莫能通也爲設虛器耳況漢氏所作四維之介復不能令各處其辰愚以爲尊祖配天其儀明著廟宇之制理據未分宜可爲殿屋以崇嚴父之祀其餘雜碎一皆除之斯豈不以群儒舛互並乘其實據義求衷莫適可從哉但恨典文殘滅求之靡據而已矣乃復遂去室牖諸制施之於教未知其所隆政求之於情未可喻其所以必須惜哉言乎仲尼有言曰賜也尔愛其羊我愛其禮余以爲隆政必須其禮豈彼一羊哉推此而論則聖人之於禮殷懃而重之裴頠之於

禮任意而忽之是則頗賢於仲尼矣以斯觀之裴氏子以不達而失禮之旨也余竊不自量頗有鄙意據理尋義以求其真貴合雅衷不苟偏信乃藉之以紀傳考之以訓注傳採先賢之言廣搜通儒之說量其當否參其同異棄其所短收其所長推義察圖以析厥衷豈敢必善聊亦合其言志矣凡論明堂之制者雖衆然校其大略則二途而已言五室者則據周禮考工之記以爲本是康成之徒所執言九室者則案大戴盛德之篇以爲源是伯喈之論所持此之二書雖非聖旨然是先賢之中博見洽通者也但各記所聞未能全正可謂　既盡善也而先儒不能考其當否便各是所習卒相非毀豈達士之確論哉小戴氏傳禮事四十九篇號曰禮記雖未能全當然多得其衷方之前賢亦無愧矣而月令玉藻明堂三篇頗有明堂之義余故採掇二家參之月令以爲明堂五室古今通則居室其中居者謂之太室太室之東者謂之青陽當太室之南者謂之明堂堂之西者謂之總章當太室之北者謂之玄堂四面之室各有俠房謂之左右个三十六户七十二牖矣室个之形今之殿前是其遺像耳个者則寢之房也但明堂與施用既殊故房个之名亦隨事而遷耳今粗書其像以見鄙意案圖察義略可驗矣故檢之五室則義明於考工校之户牖則數協於盛德考之施用則事著於月令求之閏也合周禮與玉藻既同夏殷又符周秦雖乖衆儒儻或在斯矣考工記曰周人明堂度以九尺之筵東西九筵南北七筵堂崇一筵五室凡筵室中度以几堂上度以筵余謂記得之於五室而謬於堂之脩廣何者當以理推之令愜古今之情也夫明堂者蓋所以告月朔布時令宗文王祀五帝者也然營構之範自當因宜形制耳故五室者合於五常各居一室之義且四時之祀皆據其方之正又聽朔布令咸得其月之辰可謂施政及祀二三得允求之古義竊爲當矣鄭康成漢末之通儒後學所宗耳正釋五室之位謂土居中木火金水各居

四維然四維之室既乖其正施令聽朔各失厥衷左右之个棄而不顧乃反文之以美說飾之以巧辭言水木用事交於東北木火用事交於東南火土用事交於西南金水用事交於西北既以依五行當從其用事之交出何經典可謂攻於異端言非而博疑誤後學非所望於先儒也禮記玉藻曰天子聽朔於南門之外閏月則闔門左扉立於其中鄭玄注曰天子之廟及路寢皆如明堂制　明堂在國之陽每月就其時之堂而聽朔焉卒事反宿路寢亦如之閏月非常月也聽其朔於明堂門中還處路寢門終月也而考工記周人明堂玄注曰或舉王寢或舉明堂互之以明其制同也其同制之言皆出鄭注然則明堂與矣而尚書顧命篇曰迎子釗南門之外　延入翼室此之翼室即路寢矣其下曰大貝賁鼓在西房垂之竹矢在東房此則路寢有左右房見於經史者也禮記喪大記曰君夫人卒於路寢小斂婦人髽帶麻於房中鄭玄注曰此蓋諸侯禮帶麻於房中則西房也天子諸侯有左右房見於注者也論路寢則列其左右房言明堂則闕其左右个同制之說還相矛楯通儒之注何其然乎使九室之徒奮筆而爭鋒者豈不由處室之不當哉記云東西九筵五室凡室二筵置五室於斯堂雖使班倕構思王爾營度則不能令三室不居其南北也然則三室之間便居六筵之地而室壁之外裁有四尺五寸之堂焉豈有天子布政施令之所宗祀文王以配上帝之堂周公負扆以朝諸侯之處而室户之外僅餘四尺而已哉假在儉約爲陋過矣論其堂宇則偏而非制求之道理則未愜人情其不然一也余恐爲鄭學者苟求必勝競生異端以相訾抑云二筵者乃室之東西耳南北則狹焉余故備論之曰若東西二筵則室户之外爲丈三尺五寸矣南北户外復如此則三室之中南北各丈二尺耳記云四房兩夾窗若爲三尺之户二尺之窗窗户之間裁盈一尺繩樞甕牖之室蓽門圭竇之堂尚不然矣假令復欲小廣之則四面之外闊狹不齊東西既

深南北更造屋宇之制不爲通矣驗之衆塗略無差爲且凡室二筵丈八地耳然則戶牖之間不踰二尺也禮記明堂天子負斧扆南向而立鄭玄注曰設斧扆於戶牖之間而鄭氏禮圖說扆制曰從廣八尺畫斧文於其上今之屏風也以八尺扆置二尺之間此之叵通不得智者較然可見矣且若二筵之室爲四尺之戶則戶之兩頰裁各七尺耳全以置之猶自不容矧復戶牖之間哉其不然二也又復以世代檢之即虞夏尚朴殷周稍文制造之差每加崇飾而夏后世室堂脩二七周人之制反便促狹豈是夏禹卑宮之意周監郁郁之美哉以斯察之其不然三也又云堂崇一筵便是基高九尺而壁戶之外裁四尺五寸於營制之法自不相稱其不然四也又云室中度以几堂上度以筵而復云几室二筵而不以几還自相違其不然五也以此驗之記者之謬抑可見矣盛德篇云明堂凡九室三十六戶七十二牖上圓下方東西九仞南北七筵堂高三尺也余謂盛

德篇云得之於戶牖失之於九室何者五室之制傍有夾房面各有戶有兩牖此乃因事立則非拘異術戶牖之數固自然矣九室者論之五帝書既不合施之時令又失其辰左右之个重置一隅兩辰同處參差出入斯乃義無所據未足稱也且又堂之脩廣裁六十三尺耳假使四尺五寸爲外基其中五十四尺便是五室之地計其一室之中僅可一丈置其戶牖則於何容之哉若必小而爲之以容其數則令帝王側身出入斯爲怪矣此匪直不合典制抑亦可哂之甚也余謂其九室之言誠亦有由然竊以爲戴氏聞三十六戶七十二牖弗見其制靡知所置便謂一室有四戶之窻計其戶牖之數即以爲九室耳或未之思也蔡伯喈漢末之時學士而見重於當時即識其脩廣之不當而必未思其九室之爲謬更脩而廣之假其法像可謂因僞飾辭順非而澤諒可歎矣余今省彼衆家委心從善庶探其衷不爲苟異但是古非今俗間之常情愛遠惡近世中之常事而千載之下獨論古制驚俗之談固延多誚脫有深賞君子覽而鑒之儻或有爲

隋劉炫爲旅騎尉吏部尚書牛弘建議以爲禮諸侯絕傍朞大夫降一等今之上柱國雖不同古諸侯比大夫可也官在第二品宜降傍親一等議者多以爲然炫駮之曰古之仕者宗一人而已庶子不得進由是先王重適其宗子有分祿之義族人與宗子雖踈遠猶服縗三月良由受其恩也今之仕者位以才昇不限嫡庶與古既異何降之有今之貴者多忽近親若或降之民德之踈自此始矣遂寢其事

唐張柬之聖曆初爲鳳閣舍人時引文館直學士王元感著論云三年之喪合三十六月柬之著論駮之曰三年之喪二十五月不刊之典也謹案春秋魯僖公三十三年十二月乙巳公薨文公二年冬公子遂如齊納幣左傳曰禮也杜預注云僖公喪終此年十一月納幣在十二月士婚禮納采納徵皆有玄纁束

帛諸侯則謂之納幣蓋公爲太子已行婚禮故傳稱禮也公羊傳曰納幣不書此何以書譏喪娶在三年之外何以譏三年之內不圖婚何休注云僖公以十二月薨至此冬未滿二十五月納采問名納吉皆在三年之內故譏何休以公十二月薨至此冬十二月纔二十四月非二十五月是未三年而圖婚事案經書十二月乙巳公薨杜以長曆推乙巳是十一月十二日非十二月經書十二是經誤文公元年四月葬我君僖公傳曰緩也諸侯五月而葬若是十二月薨即是五月不得言緩明知是十一月薨故注僖公喪終此年至十二月而滿二十五月故丘明傳曰禮也據此推步杜之考校豈公羊之所逮況丘明親受經於仲尼乎且二傳何杜所爭唯爭一月不爭一年其二十五月除喪由來無別此則春秋三年之喪二十五月之明驗也尚書伊訓云成湯既沒太甲元年惟元祀十有二月伊尹祠于先王奉嗣王祗見厥祖孔安國注云湯以元年十一月殂據此則二

年十一月小祥三年十一月大祥故太甲中篇云惟三祀十有二月朔伊尹以冕服奉嗣王歸于亳是十一月大祥記十二月朔日加王冕服吉而歸亳也是孔言湯元年十一日之明驗顧命云四月哉生魄王不懌是四月十六日也翌日乙丑殂是十七日也丁卯命作冊度是十九日也越七日癸酉伯相命士須材是四月二十五日也則成王殂至康王麻冕黼裳中間有十日康王方始見廟則知湯殂在十一月淹停至殯訖方始十二月祗見其祖顧命見廟訖諸侯出廟門俟伊訓言祗見厥祖侯甸群后咸在則殂及見廟殷周之禮並同此周因於殷禮損益可知也不得元年以前別有一年此尚書三年之喪二十五月之明驗也禮記三年問云三年之喪二十五月而畢哀痛未盡思慕未忘然而服以是斷之者豈不以送死有已復生有節又喪服四制云毀而從宜故大祥鼓素琴告人以終又問傳云朞而小祥食菜果又朞而大祥有醯醬中月而禫食酒肉又喪服小

記云再朞之喪三年也朞之喪二年也九月七月之喪三時也五月之喪二時也三月之喪一時也此禮記三年之喪二十五月之明驗也儀禮士虞禮云朞而小祥又朞而大祥中月而禫禫是吉祭此禮周公所制則儀禮三年之喪二十五月之明驗也此四驗者並禮經正文或周公所制或仲尼所述吾子豈得以禮記戴聖所脩輒欲非毀漢初高堂生傳禮既未周備宣帝時少傅后倉因淹中孔壁所得五十六篇著曲臺記以授弟子戴德戴聖慶溥三人合以正經及孫卿所述並相符會列于學官年代已久今無端構造異論既無依據深可歎息其二十五月先儒考校唯鄭康成注儀禮中月而禫以中月間一月自死至禫凡二十七月又解禫云禫言澹然平安之意也今皆二十七月復常從鄭議也踰月入禫禫既復常則二十五月爲免喪二十五月二十七月其議本同緣以子之於父母喪也有終身之痛創巨者日久痛深者愈遲豈徒歲月而已乎故練而慨然蓋悲慕之懷未盡而踊擗之情已歇祥而廓然者蓋哀傷之痛已除而孤邈之念更起此皆情之所致豈外飾哉故記曰三年之喪義同過隙先王立其中制以成文理是以祥則縞帶素紕禫則無所不佩今吾子將徇情棄禮實爲乖僻夫棄縗麻之服襲錦縠之衣行道之人皆不忍也直爲節之以禮無可奈何故由也不能過制爲姊服鯉也不能過朞哭其母夫豈不懷懼名教逼已也至若孔鄭何杜之徒並命代挺生軌模來裔宮牆積仞未易可窺但鑽仰不休當漸入勝境詎勞終年矻矻虛肆莠言請所有摘擿先儒願且以時消息時人以東之所駁頗合於禮典

顏真卿爲憲部尚書肅宗復西京將還宮闕遣左司郎中李巽先行告宗廟之禮有司撰祝文稱嗣皇帝真卿謂禮儀使崔器曰上皇在蜀稱嗣可乎器遽奏改之中旨宣勞以爲名儒深達禮體

冊府元龜卷第五百七十三

掌禮部一十一

奏議

夫禮者因人之情而爲之節文以爲人防也故王者必斟酌前典講求遺範順時施宜有所損益故曰三王異代不相襲禮若夫改正朔易服色建廟社以修祭法卜郊兆以定神位崇徽號以謹制度稽舊章而興禮樂巡幸以展義封禪以告成賓辰而朝諸侯折俎而宴羣后升降上下之數周旋裼襲之制斯固從大夫之後參外庭之議者皆得以考其質文參其隆殺取稽古之理叶隨時之義然後奏之於天子者矣漢氏而下咸可徵焉觀其揚搉故實援述經義極討論之致究質文之辨非方聞彊識之士疇足以稱之哉

漢賈誼文帝時爲太中大夫以爲漢承秦之敗俗廢禮義捐廉恥今其甚者殺父兄盜者取廟器而大臣特以簿書不報期會爲故（謂俱公卿但以文簿書爲事也言公卿以此爲急務也）至於風俗流溢恬而不怪（恬安也謂心以爲安）以爲是適然耳（言正當如此非失道也）夫移風易俗使天下回心而鄉道（鄉讀曰嚮）類非俗吏之所能爲也夫立君臣等上下使綱紀有序六親和睦（六親謂父子從父昆弟從祖昆弟曾祖昆弟族昆弟者也）此非天之所爲人之所設也人之所設不爲不立不修則壞（壞音怪）漢興至今二十餘年宜定制度興禮樂然後諸侯軌道百姓素樸獄訟衰息（軌道言遵道也）乃草具其儀（草謂創造立其事也）天子說焉而大臣絳灌之屬害之（絳謂絳侯周勃也灌謂灌嬰也）故其議遂寢

王吉宣帝時爲諫大夫上疏言欲治之主不世出（言非每世常出）公卿幸得遭遇其時未有建萬世之長策舉明主於三代之隆者也其務在於簿書斷獄聽訟而已此非太平之基也今俗吏所以牧民者非有禮義科指可世世通行者也以意穿鑿各取一切（一切猶苟順一時非王道）是以詐偽萌生刑罰無極質樸日消恩愛寖薄（寖漸也）孔子曰安上治民莫善於禮非空言也願與大臣延及儒生述舊禮明王制驅一世之民濟之仁壽之域（言以仁道治之皆得其性則壽考也）則俗何以不若成康壽何以不若高宗（成康周之後王太平之時也高宗殷王武丁享國五十九年故曰壽之者也）帝不納其言吉以病去

貢禹元帝時爲御史大夫初高祖時令諸侯王都皆立太上皇廟至惠帝尊高帝廟爲太祖廟景帝尊孝文廟爲太宗廟行所嘗幸郡國各立太祖太宗廟至宣帝太始三年復尊孝武廟爲世宗廟行所巡狩亦立焉凡祖宗廟在郡國六十八（六十八郡國之數）合百六十七所（此百六十七所宗廟之數者也）而京師自祖下至宣帝與太上皇悼皇考各自居陵旁立廟（悼皇考者宣帝父史皇孫）并爲百七十六又園中各有寢便殿（便殿室者非正大之處寢者陵上正殿若平生露寢矣便殿者寢側之別殿耳）日祭於寢月祭於廟時祭於便殿寢日四上食廟歲二十五祠（漢儀注宗廟一歲十二祠五月嘗麥六月七月三伏立秋貙婁又嘗粢八月先夕饋餐皆一太牢酎祭用九太牢十月嘗稻又飲蒸二太牢十一月嘗十二月臘二太牢又每月一太牢如閏加一祀與此上十二爲二十五祠之於太者也）便殿歲四祠又月一游衣冠而昭靈后武哀王昭哀后孝文太后孝昭太后衛思后戾太子戾后各有寢園與諸帝合凡三十所一歲祠上食二萬四千四百五十五用衛士四萬五千一百二十九人祝宰樂人萬二千一百四十七人養犧牲卒不在數中至是禹奏言古者天子七廟今孝惠孝景廟皆親盡宜毀及郡國廟不應古禮宜正定天子是其議未及施行而禹卒

韋玄成爲丞相永光四年詔曰朕聞明王之御世也遭時爲法因事制宜往者天下初定遠方未賓因嘗所親以立宗廟（謂嘗所親臨幸也）蓋建威銷萌一民之至權也今賴天之靈宗廟之福四方同軌蠻貊貢職久遵而不定令疏遠卑賤共承尊祀殆非皇天祖宗之意朕甚懼焉傳不云乎吾不與祭如不祭其與將軍列侯中二千石二千石諸大夫博士議郎議丞相玄成御史大夫鄭弘太子太傅嚴彭祖少府歐陽地餘諫大夫尹更始等七十人皆曰臣聞祭非自外至者也繇中出生於心也（繇讀與由同）故唯聖人爲能饗親立廟京師之居躬親承事四海之內各以其職來

明祭尊親之大義五帝三王所共不易之道也詩云有來雍雍至止肅肅相維辟公天子穆穆（周頌雍禘太祖之詩也）春秋之義父不祭於支庶之宅君不祭於臣僕之家王不祭於下土諸侯臣等愚以為宗廟在郡國宜無修臣請勿復修奏可因罷昭靈后武哀王昭哀后衛思后戾太子戾后園皆不奉祠裁置吏卒守焉罷郡國廟後月餘復下詔曰蓋聞明王制禮立親廟四祖宗之廟萬世不毀所以明尊祖敬宗著親親也朕獲承祖宗之重惟大禮未備戰栗恐懼不敢自顓（顓與專同）其與將軍列侯中二千石二千石諸大夫博士議玄成等四十四人奏議曰禮王者始受命諸侯始封之君皆為太祖以下五廟而迭毀毀廟之主藏乎太祖五年而再殷祭言壹禘壹祫也（殷大也禘諦也一禘一祫祫合也禘音大系切祫音洽）祫祭者毀廟與未毀廟之主皆合食於太祖父為昭子為穆孫復為昭古之正禮也祭義曰王者禘其祖自出以其祖配之而立四廟言始受命而王祭天以其祖配而不為立廟親盡也立親廟四親親也親盡而迭毀親疏之殺示有終也（殺漸降也音所列切）周之所以七廟者以后稷始封文王武王受命而王是以三廟不毀與親廟四而七非有后稷始封文武受命之功者皆當親盡而毀成王成二聖之業制禮作樂功德茂盛廟猶不世以行為謚而已（謂之成王則是以行表謚也）禮廟在大門之內不敢遠親也（遠離也音于萬切）臣愚以為高帝受命定天下宜為帝者太祖之廟世世不毀承後屬盡者宜毀今宗廟異處昭穆不序宜入就太祖廟而序昭穆如禮太上皇孝惠孝文孝景廟皆親盡宜毀皇考廟親未盡如故（悼皇考於文帝祖也）大司馬車騎將軍許嘉等二十九人以為孝文皇帝除誹謗去肉刑躬節儉不受獻罪人不私其利（重罪之人不及妻子是不孥其利也）出美人重絕人類賓賜長老收恤孤獨德厚侔天地利澤施四海宜為帝者太宗之廟廷尉忠以為孝武皇帝改正朔易服色攘四夷宜為世宗之廟諫大夫尹更始等十八人以為皇考廟上序於昭穆非正禮宜毀於是上重其事依違者一年乃下詔

曰蓋聞王者祖有功而宗有德尊尊之大義也存親廟四親親之至恩也高皇帝為天下誅暴除亂受命而帝功莫大焉孝文皇帝國為代王諸呂作亂海內搖動然群臣黎庶靡不壹意北面而歸心猶謙辭固讓而後即位削亂秦之迹興三代之風是以百姓晏然咸獲嘉福德莫盛焉高皇帝為漢太祖孝文皇帝為太宗世世承祀傳之無窮朕甚樂之孝宣皇帝為孝昭皇帝後於義壹體（一體謂俱為昭也禮孫與祖俱為昭宣帝之於昭帝為從孫故云於義一體）孝景皇帝廟及皇考廟皆親盡其正禮儀玄成等奏曰祖宗之廟世世不毀繼祖以下五廟而迭毀今高皇帝為太祖孝文皇帝為太宗孝景皇帝為昭孝武皇帝為穆孝昭皇帝與孝宣皇帝俱為昭皇考廟親未盡太上孝惠廟皆親盡宜毀太上廟主宜瘞園孝惠皇帝為穆主遷於太祖廟寢園皆無復修奏可議者又以為清廟之詩言交神之禮無不清靜（清廟周頌祀文王之詩其詩云於穆清廟肅雝顯相又曰對越在天駿奔走在廟）今衣冠出游有車騎之眾風雨之氣非所謂清靜也祭不欲數數則瀆瀆則不敬宜復古禮四時祭於廟諸寢園日月間祀皆可勿復修（間音工莧切）上亦不改也明年玄成復言古者制禮別尊卑貴賤國君之母非適不得配食則薦於寢（瀆曰讀）身沒而已陛下躬至孝承天心建祖宗定迭毀序昭穆大禮既定孝文太后孝昭太后寢祠園宜如禮勿復修奏可

康衡為丞相元帝寢疾夢祖宗譴罷郡國廟上少弟楚孝王亦夢焉帝詔問衡議欲復之衡深言不可帝疾久不平衡惶恐禱高祖孝文孝武廟曰嗣曾孫皇帝恭承洪業夙夜不敢康寧思育休烈以章祖宗之盛功故動作接神必因古聖之經往者有司以為前因所幸而立廟將以繫海內之心非為尊祖嚴親也今賴宗廟之靈六合之內莫不附親廟宜一居京師天子親奉郡國廟可止毋修皇帝祗肅舊禮尊重神明即告于祖宗而不敢失（不敢失禮）今皇帝有疾不豫乃夢祖宗見戒以廟楚王夢亦有其序皇帝悼懼即詔臣衡復修立謹案上世帝王承祖禰之大

禮皆不敢不自親郡國吏卑賤不可使獨承又承祀之義以民爲本間者歲數不登百姓困乏郡國廟無以修立禮凶年則歲事不舉以祖禰之意爲不樂是以不敢復如誠非禮義之中違祖宗之心咎盡在臣衡當受其殃大被其疾隊（隊讀曰墜）在溝瀆之中皇帝至孝肅愼宜蒙祐福唯高皇帝孝文皇帝孝武皇帝省察右饗皇帝之孝開賜皇帝眉壽亡疆令所疾日瘳平復反常永保宗廟天下幸甚又告謝毀廟曰往者大臣以爲在昔帝王承祖宗之休典取象於天地天序五行人親五屬（五屬謂同族之五服斬衰齊衰大功小功緦麻也）天子奉天故率其意而尊其制是以禘嘗之序靡有過五受命之君躬接于天萬世不墮繼烈以下五廟而遷（墮毀也音火規切）上陳太祖間歲而祫其道應天故福祿永終太上皇非受命而屬盡義則當遷又以爲孝莫大於嚴父故父之所尊子不敢不承父之所異子不敢同禮公子不得爲母信爲後則於子孫於孫正（不得信尊其父也公子去其所而爲太宗後尚得私祭其母爲孫則上不得祭公子母也明繼祖不敢顧其母也信讀曰申）尊祖嚴父之義也寢日四上食園廟間祠皆可亡修皇帝思慕悼懼未敢盡從惟念高皇帝聖德茂盛受命溥將欽若稽古承順天心（溥廣也將大也欽敬也若善也稽考也商頌烈祖之篇曰我受命溥將虞書堯典曰欽若昊天又曰若稽古帝堯故衡引之）子孫本支陳錫亡疆（詩大雅文王之篇曰陳錫哉周侯文王孫子文王孫子本支百世陳數也哉始也本本宗也支支子也言子孫承受其錫初始之福故得永久無窮竟也）誠以爲遷廟合祭久長之策高皇帝之意迺敢不聽即以令日（令善也吉日也）遷太上孝惠廟孝文太后孝昭太后寢將以昭祖宗之德順天人之序定亡窮之業今皇帝未受茲福乃有不能共職之疾（共讀曰恭）皇帝願復修立承祀臣衡等咸以爲禮不得（不合於禮）如不合高皇帝孝惠皇帝孝文皇帝孝武皇帝孝昭皇帝孝宣皇帝太上皇孝文太后孝昭太后之意罪盡在臣衡等當受其咎今皇帝尚未平詔中朝臣具復毀廟之文臣衡中朝臣咸復以爲天子之祀義有所斷禮有所承違統背制不可以奉先祖皇天不祐鬼神不饗六藝所載皆言不當無所以緣以作其文

事如失禮罪迺在臣衡當深受其殃皇帝宜厚蒙祉福嘉氣日興疾病平復永保宗廟與天亡極羣生百神有所歸息諸廟皆同文久之上疾連年遂盡復諸所罷寢廟園皆修祀如故初上定迭毀禮獨尊孝文廟爲太宗而孝武廟親未盡故未毀上於是迺復申明之曰孝宣皇帝尊孝武廟曰世宗損益之禮不敢有與焉（與讀曰預其下亦同）他皆如舊制唯郡國廟遂廢成帝即位衡奏言前以上體不平故復諸所罷祠卒不蒙福案衞思后戾太子戾后園親未盡孝惠孝景廟親盡宜毀及太上孝文孝昭太后昭靈后昭哀后武哀王祠請悉罷勿奉奏可衡又與御史大夫張譚奏言帝王之事莫大乎承天之序莫重於郊祀故聖王盡心極慮以建其制祭天於南郊就陽之義也瘞地於北郊即陰之象也（祭地曰瘞瘞薶）天之於天子也因其所都而各饗焉往者孝武皇帝居甘泉宮即於雲陽立泰畤祭於宮南今帝幸長安郊見皇天反北之太陰祠后土反東之少陽事與古制殊又至雲陽谿谷中阨陿且百里汾陰則渡大川有風波舟楫之危皆非聖主所宜數乘郡縣治道共張吏民困苦（共音居用切張讀曰帳）百官煩費勞所保之民（保養也）行危險之地難以奉神靈而祈福祐殆未合於承天子民之意昔者周文武郊於豐鄗成王郊于雒邑由此觀之天隨王者所居而饗之可見也甘泉泰畤河東后土之祠宜可徙置長安合於古帝王願與羣臣議定奏可大司馬車騎將軍許嘉等八人以爲所從來久遠宜如故右將軍王商博士師丹議郎翟方進等五十人以爲禮記曰燔柴於太壇祭天也瘞薶於太折祭地也（太折爲於壇所折地爲方澤之形也）兆於南郊所以定天位也（兆形也）祭地於太折在北郊就陰位也郊處各在聖王所都之南北書曰越三日丁巳用牲于郊牛二周公加牲告徙新邑定郊禮於雒明王聖主事天明事地察神明章矣天地以王者爲主故聖王制祭天地之禮必於國郊長安聖主之居皇天所觀視也甘泉河東之祠非神靈所饗宜徙就正陽太陰之處違俗復

古循聖制定天位如禮便於是衡譚奏議曰陛下聖德聰明上通（聰明與同）承天之大典覽群下使各悉心盡慮議郊祀之處天下幸甚臣聞廣謀從衆則合於天心故洪範曰三人占則從二人之言以從多之議也論當往古宜於萬民則依而從之違道寡與則廢而不行今議者五十八人其五十人言當從之義皆著於經傳同於上世便於吏民八人不按經藝考古制而以爲不宜無法之議難以定吉凶太誓曰正稽古立功立事可以永年丕天之大律詩曰毋曰高高在上陟降厥士日監在茲言天之日監王者之處也又曰迺眷西顧此維予宅言天以文王之都爲居也宜於長安定南北郊爲萬世基天子從之既定衡言甘泉泰畤紫壇八觚宣通象八方五帝壇周環其下又有群神之壇以尚書禋六宗望山川徧群神之義紫壇有文章采鏤黼黻之飾及玉女樂（漢舊儀云祭天用綵綺衣六重用玉几玉飾器凡七十女樂即使童男童女俱歌也）石壇僊人祠瘞鸞路騂駒寓龍馬不能得其象於古臣闓郊紫壇饗帝之義埽地而祭上質也歌大呂舞雲門以竢天神歌大蔟舞咸池以竢地祇其牲用犢其席槀稭（音皆）其器陶匏皆因天地之性貴誠上質不敢修其文也以爲神祇功德至大雖修精微而備庶物猶不足以報功唯至誠爲可故上質不飾以章天德紫壇僞飾女樂鸞路騂駒龍馬石壇之屬宜皆勿修衡又言王者各以其禮制事天地非因異世所立而繼之今郊雍鄜密上下畤本秦侯各以其意所剏術也（秦文公宣公所立畤）漢興之初儀制未及定即且因秦故祠復立北畤今既稽古建定天地之大禮郊見上帝青赤白黃黑五方之帝皆畢陳各有位饌祭祀備具諸侯所妄造王者不當長遵及北畤未定時所不立不宜復修天子皆從焉及陳寶祠由是皆罷

平當成帝時爲博士時謁者常山王禹世受河間樂能說其義其弟子宋曄等上書言之（曄音于輒切）下大夫博士等考試當以爲漢承秦滅道之後賴先帝聖德博受兼聽修廢官立太學河間獻王聘求幽隱修興雅樂以助時化時大儒公孫弘董仲舒等皆以爲音中正雅立之大樂春秋鄉射作於學官希闊不講論故自公卿大夫觀聽者但聞鏗鎗不曉其意而欲以風諭衆庶其道無由（風化也）是以行之百有餘年德化至今未成曄等守習孤學大指歸於興助教化衰微之學興廢在人宜領屬雅樂以繼絕表微（表顯也）孔子曰人能弘道非道弘人河間區區小國藩臣（區區小貌）以好學修古能有所存（存禮樂於）民到于今稱之況於聖主廣被之資（被猶覆也）修起舊文放鄭近雅述而不作信而好古于以風示海內揚名後世誠非小功小美也事下公卿以爲久遠難分明當議復寢

劉向成帝時爲中壘校尉犍爲郡於水濱得古磬十六枚（濱水涯也）議者以爲善祥向因是說上宜興辟雍設庠序陳禮樂隆雅頌之聲盛揖攘之容（攘古讓字）以風化天下如此而不治者未之有也或曰不能具禮（或曰者謂自設爲難者之言而發答釋也）禮以養人爲本如有過差是過而養人也（過差謂失錯）刑罰之過或至死傷今之刑非皋陶之法也而有司請定法削則削筆則筆（削者謂有所刪去以刀削簡牘也筆者謂有所增益以筆就而書也）救時務也至於禮樂則曰不敢是敢於殺人不敢於養人也爲其俎豆管弦之間小不備因是絕而不爲是去小不備而就大不備或莫甚焉（大不備者事之尤失莫甚於）夫教化之比於刑法刑法輕是舍所重而急所輕也（舍廢也）且教化所恃以爲治也刑法所以助治也今廢所恃而獨立其所助非所以致太平也自京師有誖逆不順之子孫（誖乖也音布內切）至於陷大辟受刑戮者不絕繇不習五常之道也（繇與由同五常仁義禮智信人性所行之）謂夫承千歲之衰周繼暴秦之餘敝民漸漬惡俗貪饕險詖不閑義理（貪甚曰饕言行險曰詖饕音吐高切詖音波義切）不示以大化而獨敺以刑罰終已不改（敺與驅同）故曰道之以禮樂而民和睦（孝經載孔子之言也）初叔孫通將制定禮儀見非於齊魯之士然卒爲漢儒宗業垂後嗣斯成法也成帝以向言下公卿議會向病卒丞相大司空奏請立辟雍案行長安城南營表未立而哀帝即位乃止

師丹爲大司空。哀帝即位，成帝母稱太皇太后，成帝趙皇后稱皇太后，而上祖母傅太后與母丁后皆在國邸，自以定陶共王爲稱。高昌侯董宏上書言：「秦莊襄王母本夏氏，而爲華陽夫人所子（莊襄王，始皇之父也。華陽夫人，孝文王之夫人也。子謂養以爲子也），及即位後，俱稱太后。宜立定陶共王后爲皇太后。」事下有司，時丹以左將軍與大司馬王莽共劾奏：「宏知皇太后至尊之號，天下一統，而稱引亡秦以爲比喻，詿誤聖朝，非所宜言，大不道。」上新立，謙讓，納用莽、丹言，免宏爲庶人。傅太后大怒，要上欲必稱尊號。上於是追尊定陶共王爲共皇帝，尊傅太后爲共皇太后，丁后爲共皇后。郎中令冷褒、黃門郎段猶等復奏言（冷音零）：「定陶共皇太后、共皇太后皆不宜復引定陶藩國之名以冠大號，車馬衣服宜皆稱皇之意（皇謂至尊之號，稱猶副也。稱音尺證切），置吏二千石以下各供其職（謂詹事太僕少府等）。又宜爲共皇立廟京師。」帝復下其議，有司皆以爲宜如褒、猶言。丹議獨曰：「聖王制禮取法於天地，故尊卑之禮明，則人倫之序正；人倫之序正，則乾坤得其位而陰陽順其節。人主與萬民俱蒙祐福。尊卑者，所以正天地之位，不可亂也。今定陶共皇太后、共皇后以定陶共爲號者，母從子、妻從夫之義也。欲立官置吏，車服與太皇太后並，非所以明尊無二上之義也。定陶共皇號謚已前定，義不得復改。禮：父爲士，子爲天子，祭以天子，其尸服以士服。子亡爵父之義，尊父母也。爲人後者爲之子，故爲所後服斬衰三年，而降其父母期，明尊本祖而重正統也。孝成皇帝聖恩深遠，故爲共王立後，奉承祭祀，令共皇長爲一國太祖，萬世不毀，恩義已備。陛下既繼體先帝，持重大宗，承宗廟天地社稷之祀，義不得復奉定陶共皇，祭入其廟。今欲立廟於京師，而使臣下祭之，是無主也。又親盡當毀，空去一國太祖不墮之祀（墮亦毀也，音火規切），而就無主當毀不正之禮，非所以尊厚共皇也。」丹由是浸不合帝意。

孔光，哀帝時爲丞相，與大司空何武奏言：「永光五年制書，高皇帝爲漢太祖，孝文皇帝爲太宗，建昭五年制書，孝武皇帝爲世宗，損益之禮不敢有與。臣愚以爲迭毀之次，當以時定，非令所爲擅議宗廟之意也。臣請與羣臣雜議。」奏可。於是光祿勳彭宣、詹事滿昌、博士左咸等五十三人皆以爲繼祖宗以下，五廟而迭毀，後雖有賢君，猶不得與祖宗並列。子孫雖欲褒大顯揚而立之，鬼神不饗也。孝武皇帝雖有功烈，親盡宜毀。太僕王舜、中壘校尉劉歆議曰：「臣聞周室既衰，四夷並侵，獫狁最彊，於今匈奴是也。至周宣王而伐之，詩人美而頌之，曰：『薄伐獫狁，至于太原』（小雅六月之詩也。薄伐，言逐出之）。又曰：『嘽嘽推推，如霆如雷，顯允方叔，征伐獫狁，荊蠻來威』（小雅采芑之詩也。嘽嘽，衆也。推推，盛也。顯，明也。允，信也。方叔，周之卿士，命爲將者也。言出師衆盛，有如雷霆，方叔又能信明其德，既伐獫狁，其畏懾則荊蠻之國亦畏威而來服也。嘽他丹切，推吐回切），故稱中興。及至幽王，犬戎來伐，殺幽王，取宗器（宗器，宗廟之器也）。自是之後，南夷與北夷交侵，中國不絕如綫（綫，縷也。音思薦切）。春秋紀齊桓南伐楚，北伐山戎。孔子曰：『微管仲，吾其被髮左衽矣』（左衽戎狄之服，言無管仲征討則皆爲戎狄也）。是故棄桓之過而錄其功，以爲伯首（伯讀曰霸）。及漢興，冒頓始彊，破東胡，禽月氏（氏音支），并其土地，地廣兵彊，爲中國害。南越尉佗總百粵，自稱帝。故中國雖平，猶有四夷之患，且無寧歲。一方有急，三面救之，是天下皆動而被其害也。孝文皇帝厚以貨賂與結和親，猶侵暴無已。甚者興師十餘萬衆，近屯京師及四邊，歲發屯備虜，其爲患久矣，非一世之漸也。諸侯郡守連匈奴及百粵以爲逆者非一人也。匈奴所殺郡守都尉，略取人民，不可勝數。孝武皇帝愍中國罷勞無安寧之時（罷讀曰疲），乃遣大將軍、驃騎、伏波、樓船之屬，南滅百粵，起七郡；北攘匈奴，降昆邪十萬之衆（昆音下門切），置五屬國，起朔方，以奪其肥饒之地；東伐朝鮮，起玄菟、樂浪，以斷匈奴之左臂（樂音洛，浪音郎）；西伐大宛，并三十六國，結烏孫，起敦煌、酒泉、張掖，以鬲婼羌，裂匈奴之右肩（婼音而遮切）。單于孤特，遠遁于幕北，四垂無事，斥地遠境，起十餘郡。功業既定，迺封丞相爲富民侯，以大安天下，富實百姓，其規撫可見撫其讀曰摸文招集天下賢俊與協心同謀興制度改正朔易服色立天地之祠建封禪殊官號存周後定諸侯之制永無逆爭之心至今累世賴之單于守藩百蠻服從万世之基也中興之功未有高焉者也高帝建大業為太祖孝文皇帝德至厚也為文太宗孝武皇帝功至著也為武世宗此孝宣皇帝所以發德音也禮記王制及春秋穀梁傳天子七廟諸侯五大夫三士二天子七日而殯七月而葬諸侯五日而殯五月而葬此喪事尊卑之序也與廟數相應其文曰天子三昭三穆與太祖之廟而七諸侯二昭二穆與太祖之廟而五故德厚者流光德薄者流卑春秋左氏傳曰名位不同禮亦異數自上以下降殺以兩禮也七者其正法數可常數者也宗不在此數中宗變也非常數故苟有功德則宗之不可預為設數故於殷太甲為太宗太戊曰中宗武丁曰高宗周公為毋逸之戒舉殷三宗以勸成王

繇是言之宗無數也然則所以勸帝者之功德博矣以七廟言之孝武皇帝未宜毀以所宗言之則不可謂无功德禮記祀典曰夫聖王之制祀也功施於民則祀之以勞定国則祀之能救大災則祀之竊觀孝武皇帝功德皆兼而有焉凡在於異姓猶將特祀之況于先祖或說天子五廟無見文又說中宗高宗者宗其道而毀其廟名與實異非尊德貴功之意也詩云蔽芾甘棠勿翦勿伐邵伯所茇思其人猶愛其樹況宗其道而毀其廟乎迭毀之禮自有常法無殊功異德固以親疏相推及至祖宗之序多少之數經傳無明文至尊至重難以疑文虛說定也孝宣皇帝舉公卿之議用衆儒之謀既以為世宗之廟建之万世宣布天下臣愚以為孝武皇帝功烈如彼孝宣皇帝崇立之如此不宜毀上覽其議而從之制曰太僕舜中壘校尉歆議可歆又以為禮去事有殺故春秋外傳曰日祭月祀時享歲貢終王祖禰則日祭曾

高則月祀二祧則時享壇墠則歲貢大禘則終王一乃入以德感而游廣親親之殺也彌遠則彌尊故禘為重矣孫居王父之處正昭穆則孫常與祖相代此遷廟之殺也聖人於其祖出於情矣禮無所不順故無毀廟自貢禹建迭毀之議惠帝及太上寢園廢而為虛失禮意矣

王莽平帝時為大司馬元始中莽奏太始元年丞相蔡義等議諡孝宣皇帝親曰悼園置邑三百家至元康元年丞相相等奏父為士子為天子祭以天子悼園宜稱尊號曰皇考立廟益故奉園民滿千六百家以為縣臣愚以為皇考廟本不當立累世奉之非是又孝文太后南陵孝昭太后雲陵園雖前以禮不複修陵名未正謹與大司徒晏等百四十七人議皆曰孝宣皇帝以兄孫繼統為孝昭皇帝後以數故孝

元世以孝景皇帝及皇考廟親未盡不毀此兩統貳父違於禮制案義奏親諡曰悼裁置奉邑皆應經義相奏悼園稱皇考立廟益民為縣違離祖統乖繆本義父為士子為天子祭以天子者乃謂若虞舜夏禹殷湯周文漢之高祖受命而王者也非謂繼祖統為後者也臣請皇高祖考廟奉明園毀勿修罷南陵雲陵為縣奏可莽又奏言王者父事天故爵稱天子孔子曰人之行莫大於孝孝莫大於嚴父嚴父莫大於配天王者尊其考欲以配天緣考之意欲尊祖推而上之遂及始祖是以周公郊祀后稷以配天宗祀文王於明堂以配上帝禮記天子祭天地及山川歲偏春秋穀梁傳以十二月下辛卜正月上辛郊高皇帝受命因雍四時備五帝未共天地之祀孝文十六年用新垣平議初起渭陽五帝廟祭泰一地祇以太祖高皇帝配日冬至祠泰一夏至祠地祇皆并祠五帝而共一特牲上親郊拜後平復詐誅迺不復自親而使有司行事孝武皇帝

祠雍曰今上帝朕親郊而后土無祠則禮不荅也於是元鼎四年十一月甲子始立后土祠於汾陰[illegible]曰五帝泰一之佐宜立泰一五年十一月癸未始立泰一祠[illegible]甘泉二歲一郊與雍更祠亦以高祖配不[illegible][illegible]天皆未應古制建始元年從甘泉泰時河東后土於長安南北郊永始元年三月以（詁）以未有皇孫復甘泉河東祠綏和二年以卒不獲祐復長安南北郊建平三年懼孝哀皇帝之疾未瘳復甘泉汾陰祠竟復無福臣謹與太師孔光長樂少府平晏大司農左咸中壘校尉劉歆太中大夫朱陽博士薛順議郎國由等六十七人議皆曰宜如建始時丞相衡等議復長安南北郊如故莽又頗改其祭禮曰周官天墜之礼經（字詁）樂有別有合其合樂曰以六律六鐘五聲八音六舞大合樂祀天神祭墜祇祀四望祭山川享先妣先祖凡六樂奏六歌而天墜神祇之物皆至四望蓋謂日月星海也三光高而不可得親海廣大無限界故其樂同祀天則天文從祭墜則墜理從三光天文也山川地理也故合祭先祖配天先妣配墜其誼一也天墜合精夫婦判合祭天南郊則以墜配一體之誼也天墜位皆南鄉同席（鄉讀曰向同）墜在東共牢而食高帝高后配于壇上西鄉后在北亦同席共牢牲用繭栗玄酒陶匏禮記曰天子籍田千畮（古畝字）以事天墜繇是言之宜有黍稷天地用牲一燔尞瘞薶用牲一（尞與燎同）高帝高后用牲一天用牲左及黍稷瘞于北郊其旦東鄉再拜朝日其夕西鄉再拜夕月然後孝弟之道備（弟讀曰悌）而神祇嘉享萬福降輯（輯與集同）此天墜合祀以祖妣配者也其制樂曰冬日至於墜上之圜丘奏樂六變則天神皆降夏日至於澤中之方丘奏樂八變則墜祇皆出天墜有常位不得常合此其各特祀者也陰陽之別於日冬夏至其會也以孟春正月上辛若丁天子親合祀天墜于南郊以高帝高后配陰陽有離合易曰分陰分陽迭用柔剛以日冬至使有司奉祠南郊高帝配而望羣陽日夏至使有司奉祭北郊高后配而望羣陰

皆以助致微氣通道幽弱當此之時后不省方（后君也方當也不視常務）故天子不親而遣有司所以正承順天地復聖王之制顯太祖之功也渭陽祠勿復修羣望未悉定定復奏奏可三十餘年間天墜之祠五徙焉後莽復奏曰類於上帝禋于六宗歐陽大小夏侯三家說六宗皆曰上不及天下不及墜旁不及四方在六者之間助陰陽變化實一而名六名實不相應禮記祀典功施於民則祀之天文日月星辰所瞻仰也地理山川海澤所生殖也易有八卦乾坤六子水火不相逮雷風不相誖山澤通氣然後能變化既成萬物也（乾為父坤為母震為長男巽為長女坎為中男離為中女艮為少男兌為少女六子也水火坎離也雷風震巽也山澤艮兌也）臣前奏從甘泉泰時汾陰后土皆復于南北郊謹按周官兆五帝于四郊山川各因其方今五帝兆居在雍五時不合於古又日月雷風山澤易卦六子之尊氣所謂六宗也星辰水火溝瀆皆六宗之屬也今或未特祀或無兆居謹與太師光大司徒宮羲和歆等八十九人議皆曰天子父事天母事地今稱天神曰皇天上帝泰一兆曰泰時而稱墜祇曰后土與中央黃靈同又兆北郊未有尊稱宜令墜祇稱皇墜后祇兆曰廣時易曰方以類聚物以群分分羣神以類相從為五部兆天墜之別神中央帝黃靈后土時及日廟北神北斗填星中宿中宮于長安城之未墜（填與鎮同）兆東方帝太昊青靈句芒時及雷公風伯廟歲星東宿東宮于東郊兆南方炎帝赤靈祝融時及熒惑星南宿南宮于南郊兆西方少皞白靈蓐收時及太白星西宿西宮于西郊兆北方帝顓頊黑靈玄冥時及月廟雨師廟辰星北宿北宮于北郊奏可於是長安旁諸廟兆時甚盛矣莽又言帝王建立社稷百王不易社者土也宗廟王者所居稷者百穀之主所以奉宗廟共粢盛（共讀與供同）人所食以生活也王者莫不尊重親祭自為之主禮如宗廟詩曰及立冢土（冢大也土神謂太社也）又曰以御田祖以祈甘雨（言設樂以御祭於神為農求甘雨也）禮記曰唯祭宗廟社稷為越紼而行事（紼以輴車索也言當祭則越紼行事不以私喪廢公祀也）聖漢興禮儀稍定已

有官社未立官稷（高帝除秦社稷立漢社稷所謂大社也時又立官社配以夏禹所謂五社也）遂於官社後立官稷以夏禹配食官社后稷配食官稷稷樹（[illegible]）徐州牧歲貢五色土各一計

冊府元龜卷第五百七十三

府 五百七十三 十五

掌禮部一十二

奏議第二

後漢杜林為侍御史光武建武七年大議郊祀制多以為周郊后稷漢當祀堯詔復下公卿議議者僉同光武亦然之林獨議曰當今政卑易行禮簡易從人無愚智思仰漢德基業特起不因緣堯堯遠於漢人不曉信言提其耳終不悅諭后稷近周人戶知之又據以興基由其祚詩曰不愆不忘率由舊章宜如舊制以解天下之惑

張純為五官中郎將以宗廟未定昭穆失序建武十九年乃與太僕朱浮共奏言陛下興於匹庶蕩滌天下誅鉏暴亂興繼祖宗竊以經義所紀人事眾心雖同創革而名為中興宜奉先帝恭承祭祀者也元年以來宗廟奉祠高皇帝為受命祖孝文皇帝為太宗孝武皇帝為世宗皆如舊制又立親廟四世推南頓君以上盡於舂陵節侯禮為人後者則為之子既事太宗則降其私親今禘祫高廟陳序昭穆而舂陵四世君臣並列以卑廁尊不合禮意設不遭王莽而國嗣無寄推求宗室以陛下繼統者安得復顧私親違禮制乎昔高帝以自受命不由太上宣帝以孫後祖不敢私親故為父立廟獨羣臣侍祠臣愚謂宜除今親廟以則二帝舊典願下有司博採其議詔下公卿大司徒戴涉大司空竇融議宜以宣元成哀平五帝四世代今親廟宣元皇帝尊為祖父可親奉祠成帝以下有司行事別為南頓君立皇考廟其祭上至舂陵節侯羣臣奉祠以明尊尊之敬親親之恩帝從之是時宗廟未備自元帝以上祭於洛陽高廟成帝以下祠於長安高廟其南頓四世隨所在而祭焉二十六年詔純曰禘祫之祭不行已久矣三年不為禮禮必壞三年不為樂樂必廢宜據經典詳為其制純奏曰禮三年一祫五年一禘春秋傳曰大祫者何合祭也毀廟及未毀廟之主皆登合食乎太祖

五年而再殷漢舊制三年一祫毀廟主合食高廟存廟主未嘗合祭元始五年諸王公列侯廟會始為禘祭又前十八年親幸長安亦行此禮禮說三年一閏天氣小備五年再閏天氣大備故三年一祫五年一禘禘之為言諦諦定昭穆尊卑之義也禘祭以夏四月夏者陽氣在上陰氣在下故正尊卑之義也祫祭以冬十月冬者五穀成熟物備禮成故合聚飲食也斯典之廢於茲八年謂可如禮施行以時定議帝從之自是禘祫遂定

曹褒章帝元和初為博士三年詔曰朕以不德膺祖宗弘烈乃者鸞鳳仍集麟龍並臻甘露宵降嘉穀滋生赤草之類紀于史官朕夙夜祗畏上無以彰于先功下無以克稱靈物漢遭秦餘禮壞樂崩且因循故事未可觀省有知其說者各盡所能褒省詔乃歎息謂諸生曰昔奚斯頌魯考甫詠殷夫人臣依義顯君竭忠彰主行之美也當仁不讓吾何辭焉遂復上疏具陳禮樂之本制改之意拜褒侍中從駕南巡既還以事下三公未及奏詔召玄武司馬班固問改定禮制之宜固曰京師諸儒多能說禮宜廣招集共議得失帝曰諺言作舍道邊三年不成會禮之家名為聚訟互生疑異筆不得下昔堯作大章一夔足矣章和元年正月乃召褒詣嘉德門令小黃門持班固所上叔孫通漢儀十二篇勑褒曰此制散略多不合經今宜依禮條正使可施行於南宮東觀盡心集作褒既受命乃次序禮事以準舊典雜以五經讖記之文撰次天子至於庶人冠婚吉凶終始制度以為百五十篇寫以二尺四寸簡其年十二月奏上帝以眾論難一故但納之不復令有司平奏和帝即位褒乃為作章句帝遂以新禮二篇冠擢褒監羽林左騎永元四年遷射聲校尉後太尉張酺尚書張敏等奏褒擅制漢禮破亂聖術宜加刑誅帝雖寢其奏而漢禮遂不行

張奮和帝永元中為司徒罷在家上疏曰聖人所美政道至要本在禮樂五經同歸而禮樂之用尤急孔子曰安上治民莫善

於禮移風易俗莫善於樂又曰揖讓而化天下者禮樂之謂也先王之道禮樂可謂盛矣孔子謂子夏曰禮以修外樂以制內丘已矣夫又曰禮樂不興則刑罰不中刑罰不中則民無所措其手足臣以為漢當制作禮樂是以先帝聖德數下詔書愍傷崩缺而衆儒不達議多駮異臣累世台輔而大典未定私竊惟憂不忘寢食臣犬馬齒盡誠冀先死見禮樂之定十三年更召拜太常復上疏曰漢當改作禮樂圖書著明王者化定制禮功成作樂謹條禮樂異議三事願下有司以時考定昔者孝武皇帝光武皇帝封禪告成而禮樂不定事不相副先帝已詔書褒令陛下但奉而成之猶周公斟酌文武之道非自為制誠無所疑久執謙謙令大漢之業不以時成非所以章顯祖宗功德建太平之基為後世法帝雖善之猶未施行

陳忠為尚書安帝永初三年有詔大臣得行三年喪服闋還職忠因此上言孝宣皇帝舊令人從軍屯及給事縣官者父母死

未滿三月皆勿徭令得葬送請依此制太后從之至建光中尚書令祝諷（諷或作祋）尚書孟布等奏以為孝文皇帝定約禮之制光武皇帝絕告寧之典貽則萬世誠不可改宜復建武故事忠上疏曰臣聞之孝經始於愛親終於哀戚上自天子下至庶人尊卑貴賤其義一也夫父母於子同氣異息一體而分三年乃免於懷抱先聖緣人情而著其節制服二十五月是以春秋臣有大喪君三年不呼其門閔子雖要絰服事以赴公難退而致位以究私恩故稱君使之非也臣行之禮也周室陵遲禮制不序蓼莪之人作詩自傷曰缾之罄矣惟罍之恥言已不得終竟子道者亦上之恥也高祖受命蕭何創制大臣有寧告之制合於致憂之義建武之初新承大亂凡諸國政多趣簡易大臣既不得告寧而羣司營祿念私鮮循三年之喪以服顧復之恩者禮義之方實為彫損大漢之興雖承衰敝而先王之制稍以施行故籍田之耕起於孝文孝廉之貢發於孝武郊祀之禮定於元成三雍之序備於顯宗大臣終喪成乎陛下聖功美業靡以尚茲孟子有言老吾老以及人之老幼吾幼以及人之幼天下可運於掌臣願陛下登高北望以甘陵之思揆度臣子之心則海內咸得其所宦豎不便之竟寢忠奏

周舉為大鴻臚梁太后臨朝詔以殤帝沖幼廟次宜在順帝下太常馬訪奏宜加詔書諫議大夫呂勃以為應依昭穆之序先殤帝後順帝詔下公卿舉議曰春秋魯閔上孔子譏之書曰有事於太廟躋僖公傳曰逆祀也及定公正其序經曰從祀先公為萬世法也今殤帝在先於秩為父順帝在後於親為子先後之義不可改昭穆之序不可亂呂勃議是也太后下詔從之

蔡邕靈帝時為郎中上封事曰明堂月令天子以四立及季夏之節迎五帝於郊所以導致神氣祈福豐年清廟祭祀追往孝敬養老辟雍示人禮化皆帝者之大業祖宗所祗奉也而有司數以蕃國疏喪宮內產生及吏卒小汙屢生忌故竊見南郊齋

戒未嘗有廢至於它祀輒興異議豈南郊卑而它祀尊哉孝元皇帝策書曰禮之至敬莫重於祭所以竭心親奉以致肅祗者也又元和故事復申先典前後制書推心懇惻而近者以來更任太史忌禮敬之大任禁忌之書拘信小故以虧大典禮妻妾產者齋則不入側室之門無廢祭之文也所謂宮中有卒三月不祭者謂士庶人數堵之室共處其中耳豈謂皇居之曠臣妾之衆哉自今齋制宜如故典庶荅風霆災妖之異書奏帝乃親迎氣北郊及行辟雍之禮後為左中郎將奏議曰漢承亡秦滅學之後宗廟之制不用周禮每帝即位世輒立一廟不止於七不列昭穆不定迭毀元皇帝時丞相康衡御史大夫貢禹始建大議曰非禮孝文孝武孝宣皆以功德茂盛為宗不毀孝宣尊崇孝武廟稱世宗中正大臣夏侯勝等由執異議不應為宗至孝成皇帝議由不定太僕王舜中壘校尉劉歆據不可毀上從其議古人據正重順不敢私其君若此其至也後遭王莽之亂

光武皇帝受命中興廟稱世祖孝明皇帝聖德聰明政參文宣廟稱顯宗孝章皇帝至孝烝烝仁思博大廟稱肅宗皆方前世得禮之宜自此已下政事多釁權移臣下嗣帝殷勤各欲褒崇至親而已臣下懦弱莫能執夏侯之直今聖朝遵古復禮以求厥中誠合禮儀元帝世在第八光武世在第九故以元帝為考廟尊而奉之孝明遵述以下敢毀孝和以下穆宗威宗之號皆省去五年而再殷合食于太祖以遵先典議遂施行

魏董遇漢末為黃門侍郎既詣鄴轉為散冗常從太祖西征道由孟津過弘農王冢太祖疑欲謁顧問左右左右莫對遇乃越第進曰春秋之義國君即位未踰年而卒未成為君弘農王即作既淺又為暴臣所制降在藩國不應謁太祖乃過

常林為大常明帝大和中魯相上言漢舊立孔子廟褒成侯歲時奉祠辟雍行禮必祭先師王家出穀春秋祭祀今宗聖侯奉嗣未有命祭之禮宜給牲牢長吏奉祀尊為貴神制三府議博士傅

祗以春秋傳言立在祀典則孔子是也宗聖適足繼絶世章盛德耳至於顯立言崇明德則宜如魯相所上林議以為宗聖侯亦以王命祀不為未有命也周武王封黄帝堯舜之後及三恪禹湯之世不列于時復特命他官祭也今周公已上達於三皇忽焉不祀而其禮經亦存其言今獨祀孔子者以世近故也以大夫之後特受無疆之祀禮過古帝義踰湯武可謂崇明報德矣無復重祀於非族也

高堂隆青龍中為侍中領太史令以為改正朔易服色殊徽號異器械自古帝王所以神明其政變民耳目故三春稱王明三統也於是敷演舊章而改焉明帝從其議

晉杜預為尚書武帝泰始十年既葬楊皇后于峻陽陵依舊制帝及羣臣除喪即吉先是尚書祠部奏從博士張靖議皇太子亦從制俱釋服博士陳逵議以為今制所依蓋漢帝權制興於有事非禮之正皇太子無有國事自宜終服有詔更詳議預以為古者天子諸侯三年之喪始同齊斬既葬除喪服諒闇以居心喪終制不與士庶同禮漢氏承秦天下為天子脩服三年漢文帝見其下不可久行而不知古制更以意制祥禫除喪即吉魏氏直以訖葬為節嗣君皆不復諒闇終制學者非之久矣然竟不推究經傳考其行事專謂王者三年之喪當以衰麻終二十五月嗣君苟若此則天子羣臣皆不得除喪雖志在居篤更逼而不行至今世主皆從漢文輕典由處制者非制也今皇太子與尊同體宜復古典卒哭除衰麻以諒闇終制於義既不應不除又無取於漢文乃所以篤喪禮也於是尚書魏舒問預證據所依預云傳稱三年之喪自天子達此謂天子絶朞唯有三年喪也非謂居喪衰服三年與士庶同也故后世子之喪而叔向稱有三年之喪二也周公不言高宗服喪三年而云諒闇三年此釋服心喪之文也叔向不譏景王除喪而譏其燕樂已早明既葬應除而違諒闇之節也春秋晉侯享諸侯子產相鄭伯

時簡公未葬請免喪以聽命君子謂之得禮宰咺來歸惠公仲子之賵傳曰弔生不及哀此皆既葬除服諒闇之證先儒舊說往往亦見學者未之思耳喪服諸侯為天子亦斬衰豈可謂終服三年邪上考七代未知王者君臣上下衰麻三年者誰不推將來恐百世之主其理一也非必不能乃事勢之得故知聖人不虛設不行之制仲尼曰禮所損益雖百世可知此之謂也於是欽舒從之遂命預造議奏曰侍中尚書令司空魯公臣賈充侍中尚書僕射奉車都尉大梁侯臣盧欽尚書新沓伯臣山濤尚書奉車都尉平春侯臣胡威尚書劇陽子臣魏舒尚書堂陽子臣石鑒尚書豐樂亭侯臣杜預稽首言禮官參議博士張靖等議以為孝文權制三十六日之服以日易月道有污隆禮不得全皇太子亦宜割情除服博士陳逵等議以為三年之喪人子所以自盡故聖人制禮自上達下是以今制將吏諸遭父母喪皆假寧二十五月敬宗孝道所以風化天下皇太子至孝著

於内而衰服除于外非禮所謂稱情者也宜其不除臣欽臣舒臣頎謹案靖達等議各見所學之一端未統帝者居喪古今之通禮也自上及下尊卑貴賤物有其宜故禮有以多為貴者有以少為貴者有以高為貴者有以下為貴者唯其稱也不然則本末不經行之不遠天子之與羣臣雖哀樂之情若一而所居之宜實異故禮不得同易曰上古之世喪期無數虞書稱三載四海遏密八音其後無文至周公旦乃稱殷之高宗諒闇三年不言其傳曰諒信也闇默也下逮五百餘歲而子張疑之以問仲尼仲尼荅云何必高宗古之人皆然君薨百官總已以聽於冢宰三年周景王有后世子之喪既葬除喪而樂晉叔嚮譏之曰三年之喪雖貴遂服禮也王雖弗遂宴樂已早亦非禮也此皆天子喪事見於古文者也稱高宗不云服喪三年而云諒闇三年此釋服心喪之文也譏景王不譏其除喪而譏其宴樂已早明既葬應除而違諒闇之節也堯喪舜諒闇三年故稱遏密

八音由此言之天子居喪齊斬之制菲杖絰帶當遂其服既葬而除諒闇以終之三年無改父之道故百官總已聽於冢宰喪服已除故稱不言之美明不服寢苫枕塊以荒大政也禮記三年之喪自天子達又云父母之喪無貴賤一也又云端衰喪車皆無等此通謂天子居喪衣服之節同於凡人心喪之禮終於三年亦無服喪三年之文然繼體之君猶多荒寧自從廢諒闇之制至今高宗擅名於往代子張致疑於當時此乃賢聖所以為譏非譏天子不服終喪也秦燔書籍率意而行元上抑下漢祖草創因而不革乃至率天下皆終重服旦夕哀臨經罹寒暑禁塞嫁娶飲酒食肉制不稱情是以孝文遺詔歛畢便葬葬畢制紅禫之除雖不合高宗諒闇之義近於古典故傳之後嗣于時預營陵廟故歛葬得在浹辰之内因以定制近至明帝存無陵寢五旬乃葬安在三十六日此當時經孝踈略不師前聖之病也魏氏革命以既葬為節合於古典然不垂心諒闇同譏前

代自泰始開元陛下追遵諒闇之禮慎終居篤允臻古制超絶於殷宗天下歌德誠非靖等所能原本也天子諸侯之禮當以具矣諸侯惡其害已而削其籍今其存者唯士喪一篇戴聖之記雜錯其間亦難以取正天子之位至尊萬機之政至大羣臣之衆至廣不同之於凡人故大行既葬祔祭于廟則因疏而除之已不除則羣臣莫敢除故屈已以除之而諒闇以終制天下之人皆曰我王之仁也屈已以從宜皆曰我王之孝也既除而心喪我王猶若此之篤也凡等臣子亦焉得不自勉以崇禮此乃聖制移風易俗之本高宗所以致雍熙豈唯衰裳而已哉若如難者更以權制自居疑於屈伸厭降欲以職事為斷則父在為母朞父卒三年此以至親屈於至尊之義也出母之喪以至親為屬而長子不得有制體尊之義外階皆從不敢獨也禮諸子之職掌國子之倅國有事則帥國子而致之太子唯所用之傳曰君行則守有守則從從曰撫軍守曰監國不無事以喪服

母為長子妻為夫妾為主皆三年内宮之主可謂喪事揆度漢制孝文之喪紅禫既畢孝景即吉於未央薄后竇后必不得齊斬於別宮此可知也況皇太子配貳至尊與國為體固宜遠遵古禮近同時制屈除以寬諸下協一代之成典君子之於禮有直而行曲而報有經而等有順而去之存諸内已禮云非玉帛之謂喪云唯衰麻之謂乎此既臣等所謂經制大義且即實近言亦有不安今皇太子至孝蒸蒸發於自然號咷之慕匍匐殯宮大行既奠往而不反必想像乎故彷徨寢殿若不變從諒闇則東宮臣僕義不釋服此為永福官屬當獨衰麻從事出入殿省亦難以繼今將吏雖蒙同二十五月之事寧至於大臣亦奪其制昔翟方進自以身為漢相居喪三十六日不敢踰國典而況於皇太子臣等以為皇太子宜如前奏除服諒闇終制於是太子遂以厭降之議從國制除衰麻諒闇終制于時外内卒聞預異議多怪之或者乃謂其違禮以合時時預亦不自解說退

使博士郡暢博採典籍為之證據令大義著明足以垂示將來暢承旨遂撰集書傳舊文條諸實[illegible]言以為定證以弘指趣其傳記有與今議同者亦具列之傳舉二隅明其會歸以證斯事

魏舒為左僕射領吏部太康初上言今選六宮婢以玉帛而藉使御府丞奉婢宣成嘉禮贄重使輕以為拜三夫人宜使御九嬪使五官中郎將美人良人使謁者於典制為弘有詔詳之衆議異同遂寢

華嶠為散騎常侍太康六年奏議曰先王之制天子諸侯親耕籍田千畝后夫人躬蠶桑宮今陛下以聖明至仁脩先王之緒皇后體資生之德合配乾之義而坤道未光蠶禮尚闕以為宜依古式備斯盛典詔曰昔天子親籍以供粢盛后夫人躬蠶以備祭服所以聿遵孝敬明教示訓也　今籍田有制而蠶禮不脩由中間務多未暇崇備今天下無事宜脩禮以示四海其詳依古典及近代故事以參今宜明年施行於是蠶於西郊蓋與籍田對其方也乃使侍中成粲草定其儀

朱整為尚書武帝太康八年有司奏婚納徵大婚用玄纁束帛加珪馬二駟王侯玄纁束帛加璧乘馬大夫用玄纁束帛加羊古者以皮馬為庭實天子加以穀珪諸侯加大璋可依周禮改璧用璋其羊鴈酒米玄纁如故諸侯婚禮加納采告期親迎各帛五匹及納徵馬四匹皆令夫家自備惟璋官為具致之整議按魏氏故事王娶妃公主嫁之禮天子諸侯以皮馬為庭實天子加以穀珪諸侯加以大璋漢高后制聘后黃金一百斤馬十二匹夫人金五十斤馬四疋魏氏王娶妃公主嫁之禮用絹百九十匹晉興故事用絹三百匹詔曰公主嫁由夫氏不宜皆為備物賜錢使足而已惟給璋餘如故事

傅咸為車騎司馬晉初仍魏太社有稷而官社無稷故常二社一稷至太康九年改建宗廟而社稷祠壇與廟俱徙乃詔曰社實一神其并二社之祀咸表曰祭法王社太社各有其義天子尊事宗廟故冕而躬耕也者所以重孝享之粢盛親耕故自報自為立社者為籍田而報者也國以人為本人以穀為命故又為百姓立社而祈報焉事異報殊此社之所以有二也王景侯之論王社亦謂春祈籍田秋而報之也其論太社則曰王者布下圻內為百姓立之謂之太社不自立之於京都也景侯此論據祭法大夫以下成羣立社曰置社景侯解曰今之里社是也景侯解祭法則以置社為人間之社矣而別論復以太社為人間之社未曉此旨也太社天子為百姓而祀故稱天子社郊特牲曰天子太社必受霜露風雨以羣姓之衆王者通為立社故稱太社也若夫置社其數不一蓋以里所為名左氏傳盟于清丘之社是衆庶之社既已不稱太矣若復不立之京都當安所立乎祭法又曰王為羣姓立七祀王自為立七祀言自為者自為而祀也為羣姓也為羣姓而祀也太社與七祀其文正等說者窮此因玄墳籍但有五祀無七祀也按祭五祀國之大祀七者小祀周禮所云祭凡小祀則墨冕之屬也景侯解大厲曰如周杜鬼有所歸乃不為厲今云無二社者稱景侯祭法不謂無二則曰口傳無其文也夫以景侯之明擬議而後為解而欲以口論除明文如此非但二社當日思惟景侯之解亦未易除也前被勑尚書召誥乃社于新邑惟一太牢不二社之明義也按郊特牲曰社稷太牢必援一牢之文以明社之無二無稷無牲矣說者曰舉社則稷可知苟可舉社以明稷何獨不舉一以明二國之大事在祀與戎若有二而除之不若過而存之況存之有義而除之無據乎周禮封人掌設社壝無稷字今帝社無稷蓋出於此然國主社稷故經傳動稱社稷周禮王祭社稷則絺冕此王社有稷之文也封人所掌壝之無稷字說者以為略文從可知也謂宜仍舊立二社而加立帝社之稷時成粲議稱景侯論太祖不立京都欲破鄭氏學咸[illegible]表以為如祭法之論景侯

之解交以此壞大雅去乃立冢土毛公解曰冢土太社也景侯解詩即用此說禹貢惟土五色景侯解曰王者取五色土為太社封四方諸侯各割其方色王者覆四方也如此太社復為立京都也不知此論何從而出而與解乖上違經記明文下壞景侯之解臣雖頑蔽少長學門不能默已謹復續上劉寔與咸議同詔曰社稷一神而相襲二位衆議不同何必改作其便仍舊一如魏制其後摯虞奏以為臣按祭法王為羣姓立社曰太社王自為立社曰王社周禮大司徒設其社稷之壝又曰以血祭祭社稷則太社也又曰封人掌設王之社壝又有軍旅宜乎社則王社也太社為羣姓祈報祈報有時主不可廢故凡祝社釁鼓主奉以從是也此皆二社之明文前代之所尊以尚書召誥社于新邑三各文詩稱乃立冢士無兩社之文故廢帝社惟立太社詩書所稱各指一事又皆在公旦制作之前未可以易周禮之明典祭法之正義前改建廟社營一社之處朝議斐然執

古正今世祖武皇帝躬發明詔定二社之義以為永制宜定新禮從二社詔從之至元帝建武元年又依洛京立二社一稷其太社之祝曰地德普施惠存無疆乃建太社保佑萬邦悠悠四海咸賴嘉祥其帝社之祝曰坤德厚載邦畿是保乃建帝社以神地道明祀惟辰景福來造

摯虞為尚書郎先是明堂郊祀以文帝配後復以宣帝尋復還以文帝配其餘無所變革是則郊與堂同配異配參差不同矣虞議以為漢魏故事明堂祀五帝之神新禮五帝即上帝即天帝也明堂除五帝之位惟祭上帝按仲尼稱郊祀后稷以配天宗祀文王於明堂以配天旅上帝祀地旅四望望非地則上帝非天斷可識矣郊丘之祀掃地而祭牲用繭栗器用陶匏事反其始故配以遠祖明堂之祭備物以薦三牲並陳籩豆成列禮同人理故配以近考郊堂兆位居然異體牲牢品物質文殊趣且祖考同配非謂尊嚴之美三日再祀非謂不黷之義其非一

神亦足明矣昔在上古生為明王沒則配五行故太昊配木神農配火少昊配金顓頊配水黃帝配土此五帝者配天之神同兆之於四郊報之於明堂祀天大裘而冕祀五帝亦如之或以為五精之帝佐天育物者也前代相因莫之或廢晉初始從異議庚午詔書明堂及南郊除五帝之位惟祀天神新禮奉而用之前太醫令韓楊上書宜如舊祀五帝太康十年詔已施用宜定新禮明堂及郊祀五帝如舊議詔從之又漢魏故事王公羣妾見於夫人夫人不荅拜晉新禮以為禮無不荅更制妃公侯夫人荅妾拜虞以為禮妾事女君猶婦之事姑妾服女君朞女不報則敬與婦同而又加賤也名位不同本無酬報禮無不荅義不謂此先聖殊嫡庶之別以絕陵替之漸峻明其防猶有僭違宜定新禮自如其舊詔可其議又漢魏故事皇太子稱臣晉新禮以太子既以子為名而又稱臣臣子兼稱於義不通除太子稱臣之制虞以為孝經資於事父以事君義兼臣子則不嫌

稱臣宜定新禮皇太子稱臣如舊詔從之

賈充武帝為司空尚書河南尹王恂上言引訓太后入廟合食於景皇帝齊王攸不得行其子禮充議以為禮諸侯不得祖天子公子不得禰先君皆謂奉統承祀非謂不得服其父祖也攸身宜服三年喪事自如臣制有司奏若如充議服子服行臣制未有前比宜如恂表攸喪服從諸侯之例帝從充議

束晳為賊曹屬惠帝元康六年禖壇石中破為二詔問石毀今應復不博士議禮無高禖置石之文未知造設所由既已毀破可無改造更下西府博議晳議以為石在壇上蓋主道也祭器弊則埋而置新今宜埋而更造不宜遂廢時此議不用後得高堂隆故事魏青龍中造立此石詔更鐫刻

謝衡為散騎常侍惠帝太安元年三月皇太孫尚薨有司奏御服齊衰朞詔通議衡以為諸侯之太子誓與未誓尊卑體殊喪服云為嫡子長殤謂未誓也已誓則不殤也中書令卞粹曰太

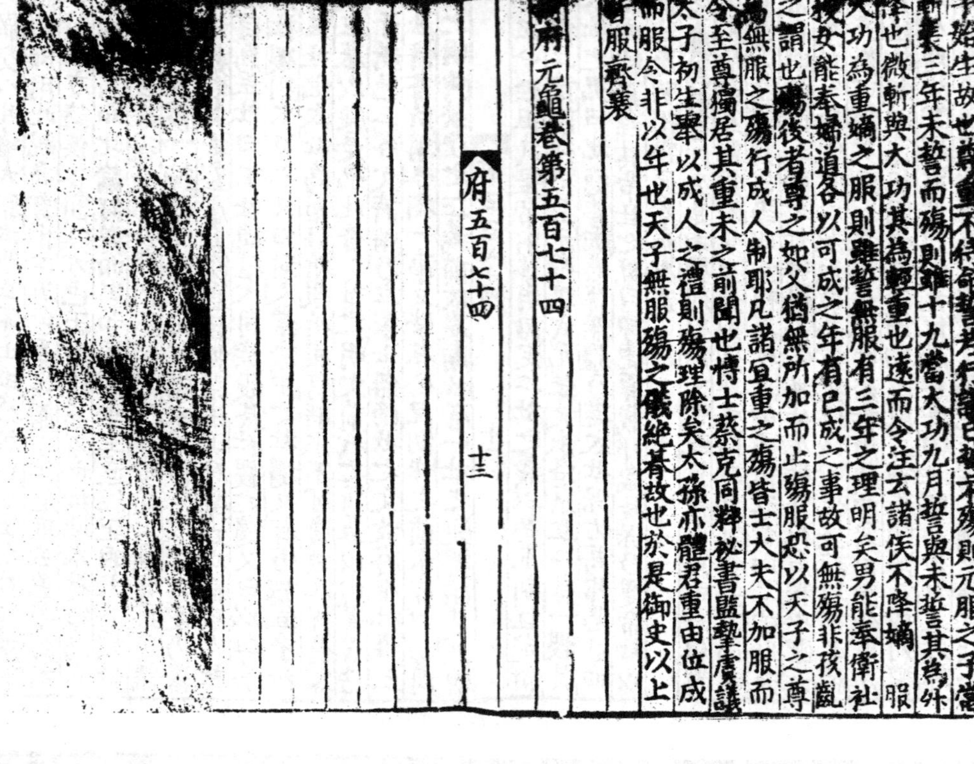

子始生故也尊重不待命誓若行議已誓不殤則元服之子當斬衰三年未誓而殤則雖十九當大功九月誓與未誓其爲外降也微斬與大功其爲輕重也遠而令注云諸侯不降嫡　服大功爲重嫡之服則雖誓無服有三年之理明矣男能奉衛社稷女能奉婦道各以可成之年有已成之事故可無殤非孩亂之謂也殤後者尊之如父猶無所加而止殤服恐以天子之尊爲無服之殤行成人制耶凡諸冝重之殤皆士大夫不加服而令至尊獨居其重未之前聞也博士蔡克同粹祕書監摯虞議太子初生舉以成人之禮則殤理除矣太孫亦體君重由位成而服全非以年也天子無服殤之儀絶碁故也於是御史以上皆服齊衰

册府元龜卷第五百七十四

冊府元龜卷第五百七十五

掌禮部一十三

奏議第三

晉荀奕元帝中興爲治書御史時東海王越尸旣爲石勒所焚妃裴氏求招魂葬越朝廷疑之奕與博士傅純議以爲招魂葬是謂埋神不可從也帝然之雖許裴氏招魂葬越遂下詔禁之

丁潭爲琅邪王裒郎中令元帝建武元年裒薨潭上疏求行終喪曰在三之義禮有達制近代已來或隨時降殺宜一正華以敦于後輒案令文王侯之喪官僚服斬旣葬而除今國無繼統喪庭無主臣實陋賤不足當重謬荷首任禮宜終喪詔下博議國子祭酒杜夷議古者諒闇三年不言下及周世稅衰效命春秋之時天子諸侯旣葬而除此所謂三代損益禮有不同故三年之喪由此而廢然則漢文之詔合於隨時凡有國者皆宜同也非施於帝皇而已安禮殤與無後降於成人有後旣葬而除

今不得以無後之故而獨不除也愚以丁郎中應除衰麻自宜主祭以終三年太常賀循議禮天子諸侯俱以至尊臨人上下之義君臣之禮自古以來其例一也故禮盛則全其重禮殺則從其降春秋之事天子諸侯不行三年至於臣爲君服亦宜以君爲節未有君除而臣服君服臣除者今法令諸侯卿相官屬爲君斬衰旣葬而除以令文言之明諸侯不以三年之喪與天子同可知也君若遂服則臣子輕重無應除者也若當皆除無一人獨重之文禮有攝主而無攝重故大功之親主人喪者必爲之再祭練祥以大功之服主人三年喪者也苟謂諸侯與天子同制國有嗣王自不全服而人主居喪素服主祭三年不攝吉事以尊令制若當遠迹三代令復舊典不依法令者則諸侯之服貴賤一例亦不得唯一人於是詔使除服心喪三年

鍾雅爲尚書右丞時元帝有事於太廟雅奏曰陛下繼承世數於京兆府君爲玄孫而今祝文稱曾孫恐此因循之失宜見改正又禮祖之昆弟從祖父也景皇帝自以功德爲世宗不以伯祖而登廟亦宜除伯祖之文詔曰禮事宗廟自宗孫已下皆稱曾孫此非因循之失也義取於重孫可歷世共其名無所改也稱伯祖不安如所奏

孔愉爲中書侍郎元帝太興元年四月合朔愉奏曰春秋日有蝕之天子伐鼓于社攻諸陰也諸侯伐鼓於朝臣自攻也按尚書符云若日有變便擊鼓於諸門有違禮典詔曰所陳有正義輒勑外改之

賀循爲太常太興初宗廟始建舊儀多闕或以惠懷二帝應各爲世則潁川世數過七宜在迭毀事下太常循議以爲禮兄弟不相爲後不得以承代爲世殷之盤庚不序陽甲漢之光武不繼成帝別立廟寢使臣下祭之此前代之明典承繼之著義也惠帝無後懷帝承統弟不後兄則懷帝自上繼世祖不繼惠帝當同殷之陽甲漢之武帝議者以聖德沖遠未便改舊諸如此禮通所未論是以惠帝尚在太廟而懷帝復入數則盈八盈八

之理由惠帝不出非上祖宜遷也下世旣升上世乃遷遷毀對代不得相通未有下升一世而上毀二世者也惠懷二帝俱繼世祖兄弟旁親同爲一世而上毀二爲一世今以惠帝之末已毀豫章懷帝之入復毀潁川如此則一世有遷祖位橫析求之古義未見此例惠帝宜出尚未輕論況可輕毀一祖而無義例乎潁川旣無可毀之理則見神之數居然自八此盡有由而然非謂數之常也旣有八神則不得不於七室之外權安一位也至尊於惠懷俱是兄弟自上後世祖不繼二帝則二帝之神行應別出不爲廟中常有八室也又武帝初成太廟時正神止七而楊元后之神亦權立一室永熙元年告世祖謚於太廟八室此是苟有八神不拘於七之舊例也又議者以景帝俱已在廟則惠懷一例景帝盛德元功王基之本義著祖宗百世不毀故以特在本廟且亦世代尚近數得相容安神而已無逼上祖如王氏昭穆旣滿終應別廟也以今方之旣輕重義異又七世之

親昭穆父子位也若當兄弟旁滿輒毁上祖則祖位空懸世數不足何取於三昭三穆與太祖之廟然後成七哉今七廟之義出於王氏之彌以上至於高祖親廟四世高祖以上復有五世六世無服之祖故爲三昭三穆并太祖而七也故世祖郊定朝禮京兆穎川曾高之親豫章五世征西六世以應此義今至尊繼統亦宜有五六世之祖豫章六世俱不應毁今既云豫章先毁又當重毁穎川此爲廟中之親惟從高祖已下無復高祖以上二世之祖於王氏之義三昭三穆廢闕其二甚非宗廟之本所據承又遣世祖祭西征豫章之意於一王定禮所闕不少時尚書僕射刁協與循異議循荅義深備辭多不載竟從循議焉循又奏元帝父琅琊恭王宜稱皇考循議曰案禮子不敢以己爵加父元帝納之

溫嶠爲驃騎長史太興三年正月乙卯詔曰吾雖上繼世祖然於懷愍皇帝皆北面稱臣今祠太廟不親執觴酒而令有司行事於情禮不安可依禮更處太常言今聖上繼武皇帝宜準漢世祖故事不親執觴爵又曰今上承繼武帝而廟之昭穆四世而已前太常賀循博士傅純並以爲惠懷及愍宜別立廟然臣愚謂廟室當以客主爲限無拘常數殷世有二祖三宗若拘七室則當祭禰而已推此論之宜還復豫章穎川全拘七廟之禮嶠議凡言兄弟不相入廟既非禮文且光武奮劍振起不策名於孝平務神其事以應九世之讖又古不共廟故別立焉今上以策名而言殊於光武之事躬奉烝嘗於繼既正於情又安矣太常欲還二府君以全七世嶠謂是宜驃騎將軍王導從嶠議嶠又曰其非子者可直言皇帝敢告某皇帝又若以一帝爲一世則不祭禰反不及庶人帝從嶠議悉施用之於是乃更定制還復豫章穎川于昭穆之位以同惠帝嗣武故事而惠懷愍三帝自從春秋尊卑之義在廟不替也

卞壼爲尚書令明帝太寧三年三月立皇子衍爲皇太子詔曰禮無生而貴者故帝元子方之於士而漢魏以來尊崇儲貳使官屬稱臣朝臣咸拜此甚無謂吾昔在東宮未及啓革今衍幼沖之年使[illegible]先[illegible]日習所見謂之自然此非[illegible]教之邪主者其下公卿內外通議使[illegible]哉以爲周禮王右太子[illegible]以召[illegible]止嫡尚奉上之抑君不得不[illegible]詔[illegible]故宜荅拜臣以爲皇太子之立郊告天地[illegible]豈得同之皇子諸議而已[illegible]猶則漢魏闔朝同者[illegible]中成帝咸和中時通議元會[illegible]司徒王導及博士[illegible]等以爲禮無拜臣之[illegible]除侍中馮懷議曰天子[illegible]禮[illegible]盛於辟雍當函之日猶[illegible]先師傅謂[illegible]盡敬事下[illegible]議曰[illegible]首[illegible]之體則不應敬若他[illegible]小會自可[illegible]又至尊與公書手詔則曰頓首言中書爲詔[illegible]敬問散騎優册則曰制命今詔文[illegible]異況大會之與小會理豈同得詔從之

王導爲成帝時爲司徒先是會稽內史周札兄子筵爲吳興內史王敦使人告札及諸兄謀不軌殺之敦死札並故吏訟之宜加贈謚事下八坐尚書卞壼議以札石頭之役開門延寇遂使賊敦恣亂札之責也追贈意所未安懋筵兄弟宜復本位導議以札在石頭忠存社稷義在亡身至於往年之事自臣等有識以上與札情豈有異此言實貫於聖聽論者見姦逆既彰便欲徵往年已有不臣之漸即復使爾無當時衆所以悟既悟其姦萌札與臣等便以身許國死而後已札亦尋取梟夷朝廷檄命既下大事既定便正以爲逆黨邪正失所進退無據誠聞體所宜深惜臣謂宜與周顗戴若思等同例尚書令郗鑒議曰夫褒貶臧否宜令體明例通今周戴以死節復位周札以開門同例事異賞均意所疑惑如司徒議謂往年之事自有識以上皆與札不異此爲邪正坦然有在昔宋文失禮華樂荷不臣之[illegible]

嬖孽高學有從昏之戮以古況今譙王周戴宜受若此之責何加贈復位之有乎今據已顯復則礼宜貶責明矣道重議曰省令君議必札之開門與譙王周戴異今札開門直出風言竟實事邪便以風言定褒貶意莫若原情考徵也論者謂札知隗協亂政信敦營救苟正救信姦佞除即所謂流四凶族以隆人主巍巍之功耳如此札所以忠於社稷也後敦悖謬出所不圖札亦闔門不同以此滅族是其死於爲義也夫信敦當時之營救不圖將來之大逆惡隗協之亂政不失爲臣之貞節者于時朝士豈惟周札邪若盡謂不忠懼有誣乎譙王周戴各以死衛国斯亦人臣之節也但所見有同異然期之於忠故宜申明耳即如令君議宋華齊高其在隗協矣昔子糾之難召忽死之管仲不死若以死爲賢則管仲當貶若以不死爲賢則召忽死爲失先典何以兩通之明爲忠之情同也死雖是忠之一目亦不必爲忠皆當死也漢祖遺約非劉氏不王非功臣不侯違命天下共誅之後呂后王諸呂周勃從之王陵廷爭可不謂忠乎周勃誅呂尊文安漢社稷忠莫尚焉則王陵又何足言而前史兩爲美談固知死與不死爭與不爭苟原情盡意不可定於一槩也且札闔棺定謚違遞黨順受戮凶邪不負忠義明矣鑒又駁不同而朝廷竟從導議追贈札衛尉遣使者祠以少牢

蔡謨爲太常咸康四年成帝臨軒使拜太傅太尉司空儀注大樂宿懸於殿庭門下奏非祭祀宴饗則無設樂之制謨議曰凡敬其事則備其礼禮備則制有樂樂者所以敬事而明義爲耳目之娛故冠亦用之不惟宴饗宴饗之有樂亦所以敬賓也故郤至使楚楚子饗之郤至辭曰不忘先君之好貺之以大礼重之以備樂尋斯辭也則宴樂之意可知矣公使大臣人君所重故御坐爲起在輿爲下言稱伯舅傳曰国卿君之貳也是以命使之日御親臨軒百僚陪列此即敬事之意也古者天王饗下国之使及命將帥遣使臣皆有樂故詩序曰皇皇者華

君遣使臣也又曰採薇以遣之出車以勞還杕杜以勤歸皆作樂而歌之今命大使拜輔相比於下国之臣輕重殊矣輕誠有之重亦宜然故謂臨軒遣使宜有金石之樂議奏從焉

虞譚爲衛將軍咸康七年詔使內外詳議武悼楊后配廟之儀譚議曰世祖武皇帝光有四海元皇后應乾作配元后既往悼后繼作至楊駿肆逆禍延天母孝懷皇帝追復號謚豈不以繇孫禹與義在不替者乎又太寧二年臣忝宗正帝譜泯棄罔所循按特博諮舊齒以定昭穆與故驃騎將軍華尚書荀崧侍中荀邃因舊譜參論撰次尊號之重一無改替今聖上孝思祗肅禋祀詢及群司將以恢定大礼臣輒思詳伏見惠皇帝起居注群臣議奏列駿作逆謀危社稷引魯之文姜漢之呂后臣竊以文姜雖莊公之母實爲父讎呂后寵樹私戚幾危劉氏按此二事異於今日昔漢章帝竇后殺和帝之母和帝即位盡誅諸竇當時議者欲貶竇后及后之亡欲不以礼葬和帝以奉事十年義不可爲臣子之道務從豐厚仁明之稱表於往代又見故尚書僕射裴頠議悼后故事稱繼母雖出追服無改是以孝懷皇帝尊崇號謚還葬峻陵此則母子道全而廢事蕩革也于時祭於引訓之宮未入太廟蓋是事之未盡非義典也若以悼后復位爲宜則應配食世祖若復之爲非則譜謚宜闕未有位號居正而偏祠別室者也若以孝懷皇帝私隆母子之道特爲立廟者此苟崇私情有虧国典則国譜帝諱皆宜除棄匪徒不得同祀於世祖之廟也會稽王昱中書監庾冰中書令何充尚書令諸葛恢尚書謝廣光祿勳留耀丹陽尹殷融護軍將軍馮懷散騎常侍鄧逸等咸從譚議由是太后配食武帝

顧臻爲散騎常侍咸康七年上表曰臣聞聖王制樂讃揚治道養以仁義防其淫泆上享宗廟下訓黎民體五行之正音協八風以陶氣宮聲正方而好義角聲堅齊而率禮絃歌鍾鼓金石之作備矣故通神至化有率舞之感移風改俗致和樂之極末

世之後設禮外觀逆行連倒頭足入筥之屬皮膚外剔肝心內摧敦彼行葦猶謂勿踐矧伊生民而不惻愴加四海朝覲言觀帝庭耳聆雅頌之聲目覩威儀之序足以蹋天頭以履地反兩儀之至順傷彝倫之大方今夷狄對岸外禦為急兵食七升忘身赴難過泰之戲日廩五斗方掃神州經略中甸若此之事不可示遠宜下太常纂修備樂舞韶九成惟新於盛運功德頌聲永著于來葉此乃所以燕及皇天克昌厥後者也雜伎而傷人者皆宜除之流簡儉之德邁康哉之詠清風既行民應如草此之謂也愚管之誠唯垂採察於是除高絙紫鹿跂行鱉食及齊王捲衣笮兒等樂又減其廩其後復高絙紫鹿焉

顗和為太常康帝建元元年正月將北郊有疑議和表奏始中合二至之禮於二郊北郊之月古無明文或以夏至或同用陽漢光武正月辛未建北郊此則與南郊同月及中興草創百度從簡合北郊於一丘憲章未備權用斯禮蓋時宜也至咸和中議別立北郊同用正月魏承後漢正月祭天以地配時高堂隆等以為禮祭天不以地配而稱周禮三王之郊一用夏正於是從和議後為尚書令時汝南王統江夏公衛崇並為庶母制服三年和乃奏曰禮所以軌物成教故有國家者莫不崇正明本以一其統斯人倫之紀不二之道也為人後者降其所出奪天屬之性顯至公之義降殺節文著于周典按汝南王統為庶母居廬服重江夏公衛崇本由疏屬開國之緒近喪所生復行重制違冒禮度肆其私情閭閻許其過後談者莫與為非則政道陵遲由乎禮廢憲章頹替始於容違若弗糾正無以齊物皆可下太常奪服若不祗王命應加貶黜詔從之

謝尚康帝時為司徒西曹掾時有遭亂與父母乖離議者或以進仕理王事婚姻繼百世於禮非嫌尚議曰典禮之興皆因循情理開通弘勝　如運有屯夷要當斷之以大義夫無後之罪三千所不過今婚姻將以繼百世崇宗緒此固不可塞也然至於天屬生離之哀父子乖絕之痛深者莫深於茲夫以一體之小患猶或忘思慮損聽察況於抱傷心之巨痛懷切但之至感方寸既亂豈能綜理時務哉有心之人決不冒榮苟進冒榮苟進之疇必非所求之旨徒開偷薄之門而長流弊之路或有執志丘園守心不革者猶當崇其操業以弘風尚而況含艱履感之人勉之以榮貴邪

殷融為太常穆帝即位幼沖褚太后臨朝時議后父褚裒進見之典恭謨王彪之並以虞舜漢高祖猶執子道況后乎王者父無拜禮當書八座議以為純子則王道缺純臣則孝道虧謂公庭如臣私覿則嚴父為允融議依鄭玄義衛將軍裒在宮庭則盡臣敬太后歸寧之日自如家人之禮太后詔曰典禮誠所未詳如所奏是情所不能安也更詳之征西將軍翼南中郎尚議為父尊盡於一家君敬重於天下鄭玄議合情禮之中太后從之

孫綽為尚書郎永和二年七月有司奏十月殷祭京兆府君當遷祧室昔征西豫章潁川三府君毀主中興之初權居天府在廟門之西咸康中太常馮懷表續天廟奏還於西儲夾室謂之為祧疑亦非禮今京兆遷入是為四世遠祖長在太祖之上昔周室太祖世遠故遷有所歸今晉廟宣皇為主而四祖居之是屈祖就孫也殷祫在上是代太祖也領司徒蔡謨議四府君宜改築別室若未展者當入就太廟之室人莫敢卑其祖文武不先不窋以祭之日征西東面處宣皇之上其後遷廟之主藏於征西之祧祭薦不絕護軍將軍馮懷議禮無廟者為壇以祭可立別室藏之至殷禘則祭于壇也輔國將軍譙王司馬無忌等議禘祫儒謂太王王季遷主藏於文武之祧如此府君遷主宜在宣帝廟中然今無寢室宜變通而改築又殷祫太廟征西東面綽與無忌議同曰太祖雖位始九五而道以從暢替人爵之尊篤天倫之道所以成教本而光百代也尚書郎徐禪議禮去祧

爲壇去壇爲墠歲祫則祭之今四祖遷主可藏之石室有禱則祭於壇墠又遣禪至會稽訪處士虞喜喜答曰漢世韋玄成等以毀主瘞於園魏朝議者云應埋兩階之間且神主本在太廟若今側室而祭則不如永藏又四君無追號之禮益明應毀而無祭是時簡文爲撫軍將軍與尚書郎劉邵等奏四祖同居西祧藏主石室禘祫乃祭如先朝舊儀時陳留范宣兄子問此禮宣答曰舜廟所以祭皆是庶人其後世遠而毀不居舜廟上不序昭穆今四君號猶依本非以功德致祀也若依虞主之瘞則猶藏子孫之所若依夏主之埋則又非本廟之階宜思其變則築一室親未盡則禘祫處宣帝之上親盡則無緣下就子孫之列其後太常劉遐等同蔡謨議博士或疑陳於太祖者皆其後之毀主憑按古義無別前後之文也與不先鯀則遷王居太祖之上亦何疑也於是京兆入西儲同謂之祧如前三祖遷主之禮故正室猶十一也

王彪之爲太常升平元年將納皇后何氏彪之大引經傳及諸故事以定其禮深非公羊婚禮不稱主人之義遂建議曰王者之於四海無非臣妾雖父兄之親師友之賢皆純臣也夫崇三綱之始以定乾坤之儀安有天父之尊而稱臣下之命以納伉儷安有臣下之卑而稱天父之名以行大禮遠尋古禮無王者此制近求史籍無王者此比於情不安於義不通按咸寧二年納悼皇后時弘訓太后母臨天下而無命戚屬之臣爲武皇后兄主婚之文又考大晉已行之事咸寧故事不稱父兄師友則咸寧華常所上禮合於舊臣愚謂今納后儀制宜一依咸寧故事於是從之

何琦爲涇縣令升平中論脩五嶽祠曰唐虞之制天子五載一巡狩順時之方柴燎五嶽望于山川徧于羣神故曰因名山升中于天所以昭告神祇饗報功德是以災厲不作而風雨寒暑以時降及三代年數雖殊而其禮不易五嶽視三公四瀆視諸侯著在經記所謂有其舉之莫敢廢也及秦漢都西京涇渭長水雖不在祀典以近咸陽故盡得比大川之祠而江水之祀可以闕哉自永嘉之亂神州傾覆茲事替矣惟灊之天柱在王略之內也舊臺選百石吏卒以奉其職中興之際未有官守廬江郡常遣太史兼假四時禱賽春釋寒而冬請冰咸和迄今又復隳替計今非典之祠可謂非一考其正名則淫昏之鬼推其緊贊則百姓之蠹而山川大神更爲簡闕禮俗頹紊人神雜擾公私奔惑漸以繁滋良由頃國家多難日不暇給草建廢滯事有未遑今元憝已殲宜修舊典嶽瀆之域風教所被來蘇之衆咸蒙德澤而神明禋祀未之或甄巡狩柴燎其廢尚矣崇明前典將俟皇輿北旋稽古憲章大釐制度俎豆牲牢祝嘏辭說舊章靡記可令禮官作式歸諸誠簡以達明德馨香如斯而已其諸妖孽可粗依法令先去其甚俾邪正不黷時不見省

江虨爲尚書僕射哀帝即位欲尊崇章皇太妃大司馬桓溫議

宜稱夫人虨議曰虞舜體仁孝之性事盡親之禮貴爲天子富有四海而瞽叟無立錐之地一級之爵蒸蒸之心昊天罔極寧當忍父卑賤不以爲號顯之豈不以子無爵父之道理窮義屈靡所厝情者哉春秋經曰紀季姜歸于京師傳曰父母之於子雖爲天王后猶曰吾季姜言子尊不加父母則武王何以追王大王王季文王乎周之三王德配天地王跡之興自此始也是以武王仰尋前緒遂奉天命追崇祖考明不以子尊加父母也按禮妾不誅長賤不誅貴幼賤猶不待表彰長貴況敢錫之以榮命邪漢祖感家令之言而尊太公荀悅以爲孝莫大於嚴父而以子貴加之父母家令之言過矣愛親者不上貴貴人以尊號而厚其金寶幣帛非子道之不至也蓋聖典不可踰也當春秋時庶子承國其母得爲夫人不審直子命母邪故當告於宗祧以先君之命命之邪竊見詔書當臨軒拜授貴人爲皇太妃今稱皇帝策命命貴人斯則爵

母也貴人比面拜授斯則母臣子也天尊地卑名位定矣母貴子賤人倫序矣雖欲加崇貴人而實卑之雖歷明國典而實廢之且人主舉動史必書之如當載之方策以示後世無乃不順乎竊謂應告顯宗之廟稱貴人仁淑之至宜加殊禮以酬鞠育之惠奉先靈之命事不在已妃后繼是配君之名然自後以下有夫人九嬪無稱妃焉桓温謂宜進號太夫人非不允也如以夫人爲少可言皇太夫人皇君也君太夫人於明禮順矣帝特下詔拜皇太妃又詔曰朝臣不爲太妃敬爲合禮不太常江逌議位號不極不盡應敬

孔嚴爲尚書左丞隆和元年詔天文失度太史雖有禳祈之事猶釁眚屢彰今欲依洪祀之制於太極殿前廷親執虔肅嚴奏曰洪祀雖出尚書大傳先儒所不究歷代莫之興承天接神豈可以疑殆行事天道無親唯德是輔陛下祇順恭敬留心兆庶可以消災復異皆已蹈而行之德合神明丘禱久矣豈須屈万

乘之尊修雜祀之事君舉必書可不慎歟帝嘉之而止

江逌爲太常哀帝以天文失度欲依尚書洪祀之制於太極前殿親執虔肅禳以免咎使太常集博士草其制逌上疏諫曰臣尋史漢舊事藝文志劉向五行傳洪祀出於其中然自前代以來莫有用者又其文惟說爲祀而不載儀注此蓋久遠不行之事非常人所參校案漢儀天子所親之祠惟宗廟而已祭天於雲陽祭地於汾陰在於別宮遥拜不詣壇所其餘羣祀之所必在幽靜是以圓丘方澤列於郊野今若於承明之庭正殿之前設羣臣之坐行親之禮準之舊典有非常式臣聞妖眚之發所以鑒悟時主故寅畏上通則宋災退度德禮增脩則殷道以隆此往代之成驗不易之定理頃者星辰頗有變異陛下祇戒之誠達於天人在予之懼忘寢與食仰虔玄象俯凝庶政嘉祥之應實在今日而猶乾乾夕惕思廣茲道誠實聖懷懇勤之至然洪祀有書無儀不行於世詢訪時學莫識其禮且其文曰洪祀大祀也陽曰神陰曰靈舉國相率而行祀順四時之序無令過差今案文而言皆漫而無適不可得詳若不詳而脩其失不小帝不納逌又上疏曰臣謹更思尋衆之時事今蠻戎擾於關雍梁狄縱於河朔封豕四逆虔劉神州長旌不卷鉦鼓日戒兵疲人困歲無休已人事弊於下則七曜錯於上災沴之作固其宜然又頃者以來無乃大異彼月之蝕義見詩人星辰莫同載於五行故洪範不以爲沴陛下今以晷度之失同之六沴引其輕變方之重眚求已篤於禹湯憂勤踰乎日昃將脩大祀以禮神祇傳曰外順天地時氣而祭其鬼神然則神必有號祀必有義案洪祀之文惟神靈大略而無所祭之名稱舉國行祀而無貴賤之阻有赤黍之盛而無牲醴之奠儀法所用闕略非一若率文而行則舉義皆闕有所施補則不統其源漢侍中盧植時之達學受法不究則不敢厝心誠以五行深遠神道幽昧探賾之求難以常思錯綜之理不可一數臣非至精孰能與此帝猶勑

撰定逌又陳古義帝乃止

徐藻爲太學博士孝武太元元年崇德太后褚氏喪后於帝爲從嫂或疑其服藻議資父事君而敬同又禮傳其夫屬乎父道者妻皆母道也則夫屬君道妻亦后道矣服后宜以資母之義魯議逆祀以明尊尊今上躬奉康穆哀皇及靖后之祀致敬同於所天豈可敬之以君道而服廢於本親謂應服齊衰朞於是帝制朞服

范甯爲中書侍郎太元十一年九月皇女亡及應蒸祠甯奏按喪服傳有死宮中者三月不舉祭不別長幼之與貴賤也皇女雖在嬰孩臣竊以爲疑於是尚書奏使三公行事

康引之爲博士太元十二年議二王後與太子光後引之及尚書參議並以爲陳留國之上賓皇太子雖國之儲貳猶在臣位陳留王坐應在太子上

徐邈爲祠部郎中孝武太元十二年五月壬戌詔曰昔建太廟

每事從儉太祖虛位明堂未建郊祀國之大事而稽古之制闕然便可詳議邈議圜丘郊祀繼典無二宣皇帝嘗辯斯義而檢以聖典爰及中興備加研極以定南北二郊誠非異學所可輕改也謂仍舊爲安武皇帝建廟六世祖三昭三穆宣皇帝創基之主寔惟太祖而親則王考四廟在上未及遷世權虛東向之位也兄弟相及義非二世故當今廟祀世數未足而欲太祖正位則違事亡之義矣又禮曰庶子王亦禘祖立廟蓋謂支裔援立則親近必復京兆府君於今六世宜復立此室則宣皇未在六世之上須前世既遷乃太祖位定耳京兆遷毀宜藏主於石室雖禘祫猶弗及何者傳稱毀主升合乎太祖升者自下之名不謂可降尊就卑也太子太孫陰室四主儲嗣之重升祔皇祀所託之廟世遠應遷然後從食之孫與之俱毀明堂方圓之制綱領已舉不闕配帝之祀且王者以天下爲家未必一邦故周平光武無廢於二京也明堂所祀之神積疑莫辯按易殷薦上

帝以配祖考祖考同配則上帝亦爲天而嚴父之義顯周禮旅上帝者有故告天與郊祀常祀同周禮四主故並言之若上帝是五帝經文何不言祀天旅五帝祀地旅四望乎侍中車胤議同又曰明堂之制既其難詳且樂主於和禮主於敬故質文不同音器亦殊既茅茨廣夏不一其度何必守其形範而不弘本從俗乎九服咸寧河朔無塵然後明堂辟雍可崇而脩之時朝議多同於是奏行所改又元帝鄭夫人生簡文帝孝武太元元十九年尊號簡文太后時羣臣希旨多謂鄭太后應配食於元帝者帝以問邈邈曰臣案陽秋之義母以子貴魯隱尊桓母別考仲子之宮而不配食於惠廟又平素之時不伉儷於先帝至於子孫豈可爲祖考立配其崇尊盡禮由於臣子故稱太后陵廟備典若乃祔葬配食則義所不可從之

車胤爲侍中領國子博士太元中尚書符問王公已下見皇太子儀及所衣玄服胤議朝臣宜朱衣褠幘拜敬太子荅拜按經傳不見其文故太傅羊祜牋廢太子稱叩頭死罪此則拜之證也又太寧三年詔議其典尚書卞壼謂宜稽則漢魏闔朝同拜其朱衣冠冕惟施之天朝宜褠幘而已朝議多同又臺符問皇太子既拜廟朝臣奉賀應上禮與不云百辟卿士咸預盛禮終敬拜伏不須復上禮帷方伯牧守不覲大禮自非酒牢貢獻無以表其乃誠故宜有上禮猶如元正大慶方伯莫不上禮朝臣奉璧而已太學博士庾弘之議按咸寧三年始平濮陽諸王新拜有司奏依故事聽京城近臣諸王公主應朝賀者復上禮本皇太子國之儲副既已崇建普天同慶謂應上禮奉賀緣邈同又引一有元良慶在於此封諸侯及新宮上禮既有前事亦皆已聽仰致敬而又奉觴上壽應亦無疑也

劉憙爲祭酒時中山王睦表乞依六蓼祀皋陶鄫杞祀相立廟事下太常依禮典平議憙與博士議禮記王制諸侯五廟二昭二穆與太祖之廟而五是則立始祖之廟謂嫡統承重一人

得立耳假令支弟並爲諸侯始封之君不得立廟也今睦非爲正統若立祖廟中山不得並也後世中山乃得爲睦立廟爲後世子孫之始祖耳詔曰禮文不明此制度大事宜令詳審可下禮官博議乃處當之

冊府元龜卷第五百七十五

冊府元龜卷第五百七十六

掌禮部一十四

奏議第四

宋臧燾初仕晉孝武太元中爲國學助教孝武追崇庶祖母宣太后議者或爲宜配食中宗燾議曰陽秋之義母以子貴（陽秋即春秋也晉杜太后諱春秋因而改爲）故仲子成風咸稱夫人經云考仲子之宮若配食惠廟則宮無緣別築前漢孝文孝昭太后並繫子爲號祭於寢園不配於高祖孝武之廟後漢和帝之母曰恭懷皇后安帝祖母曰敬隱皇后順帝之母曰恭愍皇后雖不繫子爲號亦祭於陵寢不配章安二帝此則二漢雖有太后皇后之異至於並不配食義同陽秋唯光武追廢呂后故以薄后配高祖廟又衛后既廢霍光追尊李夫人爲皇后配孝武廟此非母以子貴之例直以高武二廟無配故耳又漢立寢於陵自是晉制所異謂宜遠準陽秋考宮之義近摹二漢不配之典尊號既正則罔極之情申別建寢廟則嚴禰之義顯繫子爲稱兼明母貴之所由一舉而允三義固哲王之高致也議者從之後參高祖中軍事入補尚書度支郎時太廟鴟尾災燾謂著作郎徐廣曰昔孔子在齊聞魯廟災曰必桓僖也今征西京兆四府君宜在毀落而猶列廟饗此其徵乎乃上議曰臣聞國之大事在祀與戎將營宮室宗廟爲首古先哲王莫不致恭誠心盡崇嚴乎祖考然後能流淳化於四海通幽感於神明固宜詳廢興於古典脩情禮以求中者也禮天子七廟三昭三穆與太祖而七自考廟以至祖考五廟皆月祭之遠廟爲祧有二祧享嘗乃止去祧爲壇去壇爲墠有禱然後祭之此宗廟之次親疎之序也鄭玄以爲祧者文王武王之廟王肅以爲五世之祖尋去祧之言則祧非文武周之祖宗何云去祧爲壇乎明遠廟爲祧者無服之祖也又遠廟則有享嘗之禮去祧則有壇墠之殊明世遠者其義彌疎也若祧文武之廟宜同月祭於太祖雖推后稷以配天由功德之所始非尊崇之義每有差降也又禮有以多爲貴者故傳稱德厚者流光德薄者流卑又云自上以下降殺以兩禮也此則尊卑等級之典上下殊異之文而云天子諸侯俱祭五廟何哉又王祭嫡殤下及來孫而上祀之禮不過高祖推恩施於下流椿識敬於尊屬亦非聖人制禮之意也是以泰始建廟從王氏議以禮父爲士子爲天子諸侯祭以天子諸侯其尸服以士服故上及征西以備六世之數宣皇雖爲太祖常存子孫之位至於敬祭之日未申東向之禮所謂子雖齊聖不先父食者矣今京兆以上既遷太祖始得居正議者以昭穆未足欲屈太祖於卑坐臣以爲非禮典之旨也所與太祖而七自是昭穆既足太祖在六世之外非爲須滿七廟乃得居太祖也議者又以四府君神主宜永同於殷祫臣又以爲不然傳所明毀廟之主陳乎太祖謂太祖以下先君之主也故白虎通云禘祫祭遷廟者以其繼君之體時其統而不絕也豈如四府君在太祖之前非繼統之主無靈命之端非王業之基昔以世近而及今則情禮已遠而當長饗殷祫永虛太祖之位求之禮籍未見其可昔永和之初大議斯禮于時虞喜范宣並以淵儒碩學咸謂四府君神主無緣永存於百世或欲瘞之兩階或欲藏之石室或欲爲之改築雖所執小異而大歸是同若宣皇既居群廟上而四主禘祫不已則大晉殷祭長無太祖之位矣夫理貴有中不必過厚禮與世豈可順而不繼故臣子之情雖篤而靈厲之謚彌彰追遠之懷雖切而遷毀之禮爲用豈不有心於加厚顧禮制不可踰耳石室則藏於廟北改築則未知所處虞主所以依神神移則有瘞埋之禮四主若饗祀宜廢亦神之所不依也准傍事例宜同虞主之瘞埋然經典難詳群言紛錯非臣卑淺所能折中時學者多從燾議

徐廣仕晉安帝隆安中爲司部郎李太后薨廣議服曰太皇太后名位允正體同皇極理制備盡情禮彌申陽秋之義母以子貴

既稱夫人禮服從正故成風顯夫人之號僖公服三年之喪子於父之所生體尊義重且祖不厭孫固宜遂服無屈而緣情立制若嫌明文不存則疑斯從重謂應同於爲祖母後齊衰三年服從廣議

王淮之爲黄門侍郎武帝永初二年奏曰鄭玄注禮三年之喪二十七月而吉古今學者多謂得禮之宜晉初用王肅議祥禫共月故二十五月而除遂以爲制江左以來唯晉朝施用縉紳之士多遵玄義夫先王制禮以大順羣心喪也寧戚著自前訓今大宋開泰品物遂理愚謂宜同即物情以玄義爲制朝野一禮則家無殊俗從之

裴松之爲中書侍郎時彭城王義康驃騎主簿庾炳之未到疑於府公禮敬下禮官博議松之議曰按春秋桓八年祭公逆王后于紀公羊傳曰女在國稱女此其稱王后何王者無外其辭成矣推此而言則炳之爲吏之道定於受命之日矣其辭已成理在無外名器既正則禮亦從之且今宰牧之官拜之不職未接之民必有其敬者以既受王命則成君民之義故也吏之被敕猶除者受拜民不以未見關其被禮吏安可以未到廢其節乎愚懷所見宜執吏禮從之

傅隆爲太常文帝以新撰禮論付隆使更下意隆上表曰臣以下愚不涉師訓孤陋閭閻面牆靡識謬蒙詢逮愧懼流汗原夫禮者三千之本人倫之至道故用之家國君臣以之至親用之婚冠少長以之仁愛夫妻以之義順用之鄉人友朋以之三益賓主以之敬讓所謂極乎天蟠乎地窮高遠測深厚莫尚於禮也其樂之五聲易之八象詩之風雅書之典誥春秋之微婉勸懲無不本乎禮而後成由乎禮而後立也其源遠其流廣其體大其義精非夫叡哲大賢孰能明乎此哉況遭暴秦焚亡百不存一漢興始徵召故老搜集殘文其體例紕繆首尾脫落難可詳論幸高堂生頗識舊義諸儒各爲章句之說既明不獨達所見不同或師資相傳

共枝別榦故聞人二戴俱事后蒼俄已分異盧植鄭玄偕學馬融人各名家又後之學者未逮曩時而問難星繁充斥兼兩摘文列錦煥炳可觀然而五服之本或差哀敬之制舛雜國典未一於四海家法參駁於縉紳誠宜考詳遠慮以定皇代之盛禮者也伏惟陛下欽明玄聖同規唐虞疇咨四岳興言三禮而伯夷未登微臣竊位所以大懼負乘形神交惡者無忘夙夜矣而復猥充博採之數與聞爰發之求實無以仰酬聖旨萬分之一不敢廢嘿謹率管穴所見五十二事上呈蚩鄙之滋浪伏用竦赧

徐道娛爲駙馬都尉奉朝請元嘉六年上表曰謹案晉博士曹引之議立秋御讀令上應著緗幘遂改用素相承至今臣淺學管見竊有惟疑伏尋禮記月令王者四時之服正云駕蒼龍載赤旂衣白衣服黑玉季夏則黄文極於此無白冠則冠獲纂焉世且幘又非古服出自後代上附於冠下屬於衣冠固不革而幘豈容異色愚謂應常與冠同色不宜隨節變綵士令在近謹以上聞如或可採乞付外詳議太學博士荀萬秋議伏尋幘非古冠冕之服禮無其文案蔡邕獨斷云幘是古卑賤供事不冠人所服又董仲舒止雨書曰其執事皆赤幘知並不冠之服也漢元始用衆臣率從故司馬彪輿服志曰尚書幘名曰納言迎氣五郊各如其色從章服也自茲相承迄于有晉大宋受命禮制因循斯既歷代成准謂宜仍舊有司奏謹案道娛啓事以士令在近謂幘不宜變萬秋雖云幘宜仍舊而不明無讀士令之文今書舊事于左魏臺雜訪曰前後但見讀春夏秋冬四時令至於服黄之時獨闕不讀

郝景仁爲侍中文帝所生章太后早亡帝奉太后所生蘇氏甚謹元嘉六年蘇氏卒車駕親往臨哭下詔曰朕夙罹偏罰情事兼常每思有以光隆懿戚少申罔極之懷而禮文遺逸取正無所監之前代用否又殊故惟疑累年在心未遂蘇夫人奄至殞殂情禮莫寄追思遠恨與事而深日月有期將卜窀穸便欲粗依

春秋以貴之義式遵二漢推恩之典但勤藉史筆傳之後昆稱心而行或容未允可時共詳論以宗其中執筆永懷益增感塞景元議曰至德之感靈啓厥祥文毋俔天寶興皇祚主上聿遵先典號極徽崇以貴之義禮盡無於此蘇夫人階緣戚屬情以事深寒泉之恩寔感聖懷明詔爰發詢求厥中謹尋漢氏推恩加爵于時承秦之弊儒術蔑如自君作故罔或前典攬非盛明所宜軌蹈晉監二代朝政之所因君舉必書哲王之所慎體至公者懸爵賞於無私奉天統者毋屈情以申制所以作孚万國貽則後昆臣豫蒙博逮謹露庸短帝從之

何承天爲率更令領著作佐郎元嘉十六年丹楊丁況等久喪不葬承天議曰禮所云還葬當謂荒儉一時故許其稱財而不求備丁況三家數十年中葬輙無棺櫬實由淺情薄恩於禽獸者耳竊以爲丁寶等同伍積年曾無勸之以義繩之以法十六年冬既無新科又未申明舊制有何嚴切欻然相糾或由鄰曲分爭以興此言如聞在東諸處此例既多江西淮北尤爲不少若但謫此三人殆無整肅開其一端則互相恐動里伍縣司競爲姦利財賂既逞獄訟必繁懼虧聖明烹鮮之美臣愚謂況等三家且可勿問因此附定制旨若民人葬不如法同伍當即糾言三年除服之後不得追相告列於事爲宜後爲御史中丞元嘉二十三年七月奏尚書刺海鹽公主所生母蔣美人喪海鹽公主先離婚今應成服服儀注參詳宜下二學禮官博士議公主所服輕重太學博士顧雅議今既咸用士禮便宜同齊衰削杖布帶疏屨朞禮從心喪三年博士周野王議又去今諸公主咸用上禮譙王衡陽王爲所生太妃皆居重服則公主情禮亦宜家中朞服爲允其博士庾蔚之顏測郯明王淵之四人同雅議何惔王羅雲三人同野王議如所上臺　案今之諸王雖行士礼界施於傍親及自已以至於爲帝王所厭猶一依古典又永初三年九月符循議立廣德也三公主以餘尊所厭猶服大功海鹽

公主體自宸極當上厭至尊豈得遂服臺據經傳正文并引事例依源責失而博士顧雅周野王等捍不肯伏方稱自有宋以來皇子蕃王皆無厭降同之士禮者於事緦功之服不廢於戚顧獨取於所生是申其所輕奪其所重豈緣情之謂臺伏尋聖朝受終于晉凡所施行莫不上稽禮文兼用晉事又太原中晉恭帝時皇子服其所生陳氏練冠縓緣此則前代施行故事謹依禮文者也又廣德三公主爲所生毋符循議服大功此先君餘尊之所厭者也元嘉十三年第七皇子不服曹婕妤止於麻衣此厭乎至尊者也博士既不據古又不依今背違施行見事而多作浮辭自衞乃云五帝之時三王之季又言長子去斬妻除禫杖皆是古禮不必今世博士雖復引此諸條無救於失又詰臺云蕃國遂其私情此義出何經記臣案譙衡陽太妃並受朝命爲國小君是以二王得遂其服豈可爲美人比例尋蕃王得遂者聖朝之所許也皇子公主不得申者由有厭而然也臺登重更責失制不得過十日而復不御荅既被催攝二三日事輸帖辭雖理屈事窮猶聞義卽服臣聞喪紀有制禮之大經降殺攸宜家國舊典古之諸侯衆子猶以尊厭況在王室而欲同之士庶此之僻謬不俟言而顯太常統寺曾不研却所謂同乎失者失亦得之宜加裁正以明國典謹案太學博士顧雅國子助教周野王博士王羅雲顏測郯明何惔王淵之前博士遷員外散騎侍郎庾蔚之等抽飾備位前疑既不謹守舊文又不審據所准遂上背經典下違故事率意妄作自造禮章太常臣敬叔位居宗伯問禮所司騰述往反了無研却混同茲失亦宜及咎請以見事並免今所居官解野王領國子助教推野王初立議乖舛中執捍衆違子曰之限雖起一事合成三愆羅雲掌押捍失三人加禁固詔敬叔白衣領職餘如奏

徐爰以孝武即大位爲尚書右丞奏議曰郊祀之位遠古蔑聞禮記燔柴於太壇祭天也兆於南郊就陽位也漢初甘泉河東

禋埋易位終亦從於長安南北光武紹祚定二郊洛陽南北晉氏過江然在北及郊兆之議紛然不一又南出道狹未議開闡遂於東南巳地創立丘壇皇宋受命因而弗改且居民之中非邑外之謂今聖圖重造舊章畢新南驛開塗陽路脩遠謂宜郊正午以定天位博士司馬興之傅郁太常丞陸澄並同爰議乃移郊兆於秣陵牛頭山西正在午地大明四年九月有司奏陳留國王曹虔季長兄虔嗣早卒季襲封之後生子鈗以繼虔嗣今依例應拜世子未詳應以鈗爲世子爲應立次子錯太學博士王溫之江長議並爲應以鈗爲正嗣太常陸澄議立錯爰議謂礼後大宗以其不可乏祀記諸侯世及春秋成義虔嗣承家傳爵身爲國王雖薨没无子猶列昭穆立後之日便應即纂國統于時既無承繼虔嗣以次襲紹虔嗣既列廟饗故自與出數而遷豈容烝嘗無闕攝取佗子爲嗣爲人裔嗣又應恭祀先父案礼文公子不得祢諸侯虔嗣無緣降廟既襲鈗本長息

宜還爲虔季世子詔如爰議

陸澄爲太學博士武帝孝建元年六月己巳有司奏故十六皇弟休倩薨夭年始及殤追贈謚東平沖王服制未有准輒下礼官詳議澄議案禮有成人之道則不爲殤今既追胙土宇遂崇封秩圭黻備典成埶大焉典文式昭殤名去矣夫典文與式元服表猶以免子之制全丈夫之義安有名頒爵首而可服以殤禮尋議無明詔却使秉正更上澄重議竊謂贈之爲義所以追加名器故贈公者便成卿贈之以王得不爲尋然則有在生而封或既没而爵俱受命不爲吉凶殊典備文物豈以存亡異數今璽策咸秩是成人之禮羣后臨哀非不殤之制若用殤成人親以殤服未學合疑未之或辨敢求詳衷如所稱左丞臣羊希案尋澄議既死遣然前例不合准據案礼子不殤父臣不殤君君父至尊臣子恩重不得以幼年而降又曰尊同則服其親服惟此丈旁親自宜服殤所不殤者唯施臣子而已詔可後爲通直郎兼左丞明帝太始六年詔皇太子朝賀服袞冕九章澄與儀曹郎丘仲起議服冕以朝實著經文秦除六冕漢明還備魏晉以來不欲令臣下服袞冕故位公者加侍官今皇太子礼絶羣后宜遵聖王盛典革近代之制

王應之爲太學博士孝建三年三月有司奏故散騎常侍右光禄大夫開府儀同三司義陽王師王偃喪逝尊爲服緦三月成服仍即公除至三月竟未詳當除服與不又皇后依朝制服心喪行喪三十日公除至祖葬日臨喪當著何服又舊事皇后心喪服終除之日更還著未公除時然後就除未詳今皇后除心制當依舊更服爲但釋心制中所著布素而已勒礼官處正應之議尊卑殊制輕重有級五服雖同降厭則異禮天子以降旁親外易緦麻本在服例但衰絰不可以臨朝饗故有公除之儀雖脱衰襲冕尚有恩月之制愚謂至尊服三月既竟猶宜除釋又義吉凶異容情礼相稱皇后一月之限雖過二功之宜服已

釋哀喪所極莫深於尸柩親見之重不可以无服案周禮爲弟兄既除喪已及其葬也乃服其服輕喪雖除猶齊衰以臨葬舉輕明重則其礼可知也愚謂王右光祿祖葬之日皇后宜反齊衰又議喪禮即遠変除漸輕情與日殺服隨時改權禮既行服制已変豈容終除之日而更重服乎

孫豁之爲太學博士孝建三年八月戊子有司奏安陸國解稱國子檀和之所生親王求除太夫人檢無國子除太夫人先例法又無科下礼官議正豁之議曰春秋母以子貴王雖爲妾是和之所生案五等之例鄭伯許男同號夫人國子體例王合如國所生太常丞庾蔚之議母以子貴雖春秋明義古今異制因革不同自頃代以來所生家榮唯有諸王既是王者之嬪御故宜見尊於蕃國若功高勳重列爲公侯亦有拜太夫人之禮凡此皆朝恩曲降非國之所求子男妾母未有前比祠部郎中朱膺之議以爲子不得爵父母而春秋有母以子貴當謂傳國嗣君母本

先公嬪媵所因藉有由故也始封之身所不得同若殊績重勳
恩所特錫時或有之不由司存所議以蔚之爲允詔可
王燮之爲博士大明元年九月有司奏皇后副車未有定式詔
下禮官議正其數燮之議鄭玄云后象王立六宮亦正寢一而
燕寢五推其所立每與王同謂十二乘通關爲允帝從之遂詔
式今請依乘輿不須差降制曰可二妃乘翟車以赤爲質駕三
馬九嬪已下並乘軿車青幰朱網絡
朱膺之領儀曹郎大明二年正月有司奏故右光祿大夫王偃
喪依格皇后服朞心喪三年應再周來二月晦檢元嘉十九年
舊事武康公主出適二十五月心制終盡從禮即吉昔國哀再
周孝建二年二月其月末諸公主心制終則應從吉于時猶心
禫素二十七月乃除二事不同膺之議詳尋禮文心喪不應有
禫皇代考驗已爲定制元嘉季年禍難深酷聖心天至喪紀過
哀是以出適公主還同在室即情變禮非革舊章今皇后二月

晦宜依元嘉十九年制禫素即吉
孫武爲博士大明二年六月有司奏凡侯伯子男世子喪嗣未
進次息爲太子撿無其例下禮官議正武議案晉濟北侯荀勖
長子連卒以次子輯拜世子先代成准宜爲今例博士傅郁議
禮記爲子立衍商禮思行仲子舍孫雖典攸貶歷代遵循靡替
于舊今胙土之君在而世子卒廞嗣未育非孫之謂愚以爲次
子有子自宜紹爲世孫若其未也無容遠捜輕屬承綱繼禮傳
之有由父在立子允稱情典曹郎諸葛雅議案春秋傳太世子
死有母弟則立無則立長年均擇賢義均則卜古之制也今長
子早卒無嗣進立次息以爲世子取諸左氏理義無違又孫武
所據晉濟北侯荀勖長子卒立次子亦近代成例依文揆比竊
所允安謂開許以爲永制衆議爲允詔可
虞龢爲太學博士大明五年七月有司奏故永陽縣開國侯劉
叔子夭喪年始四歲傍親服制有疑龢與領軍長史周景遠司

馬朱膺之前太常丞庾蔚之等議並云宜同成人之服東平沖
王服殤寔由追贈異於已受茅土博士司馬興之議應同東平
殤服左丞荀萬秋等三議南面君國繼體承家雖則佩觿未關
成德君父名正不容服殤故云臣不殤君子不殤父推此則知
傍親故依殤制東平沖王已經前議若升仕朝列則爲大成故
鄱陽哀王追贈太常親戚不降愚謂下殤以上身居封爵宜同
成人年在無服之殤以登官爲斷今永陽國臣自應全服王於
旁親宜從殤禮詔龢等議爲允至明帝泰始五年爲國子博士
十一月有司奏案晉江左以來太子婚納徵禮用玉一虎皮二
未詳何所准況或者虎取其威猛有彪炳王以象德而有潤尋
珪璋既玉之美豹皮義兼炳蔚熊亦婚禮吉徵以類取象亦宜
並用未詳何以遷遺文晉氏江左禮物多闕後代因襲未遑研
考今法章徽儀方將大備宜憲範經籍稽諸舊典今皇太子婚
納徵禮合用珪璋豹皮熊皮與不下禮官詳依經記更正若應

用者爲各用一爲用兩博士裴昭明議案周禮納徵玄纁束帛
儷皮鄭玄注云束帛十端也儷兩也皮鹿皮也儀注以虎皮二
太元中公主納徵以虎豹各皮一具豈謂婚禮不辯王公之序
故取虎豹皮以尊革其事乎虎豹雖文而徵禮所不用熊羆吉
祥而婚典所不及珪璋雖美或爲用各異今帝道引明徽則光
闡儲皇聘納宜准經誥凡諸僻謬並合詳裁雖禮代不同文質
或異而鄭爲儒宗既有明說守文淺見蓋有惟疑兼太常丞孫
詵議以爲聘幣之典損益惟義歷代行事取制士婚若珪璋之
用實均璧品采豹之章義齊虎文熊羆表祥繁衍攸寄今儲后崇
聘禮先訓遠皮玉之美宜盡暉備禮稱束帛儷皮則珪璋數合
同璧熊羆文豹各應用二也兼國子博士虞龢議禮納徵直云
玄纁束帛雜皮而已禮記郊特牲云虎豹皮與玉璧非虛作也
則虎豹之皮居然用兩珪璧宜仍舊各一也參詵龢二議不異
今加珪璋各一豹熊羆皮各二以龢議爲允詔可

司馬興之爲太學博士大明五年閏九月有司奏皇太子妃薨至尊皇后並服大功九月皇太后小功五月未詳二　御何當得作鼓吹及樂興之議案禮齊衰大功之喪三月不從政今臨軒拜授則人君之大典今古既異賒促不同愚謂皇太子妃祔廟之後便可臨軒作樂及鼓吹右丞徐爰議皇太子妃雖未山塋臨軒拜官舊不爲礙梓宮在殯懸而不作祔後三御樂宜更學官擬禮上興之又議案禮大功至則辟琴瑟誠无自奏之理但王者體大禮絕凡庶故漢文既葬悉皆復吉唯縣而不樂以此表哀今准其輕重倂其降殺則下流大功不容撤樂終服夫金石賓饗之禮簫管警塗之衛寔人君之盛典當陽之盛飾固亦不可久廢於朝又禮无天王服嫡婦之文直後學推貴嫡之義耳既已制服成日虛縣中交亦足以甄崇家正標明禮婦矣爰衆議皇太子朞服內不合作樂鼓吹　又興平國解稱國子袁婁孫毋王氏應除太夫人檢無國子除太夫人例下禮官議正興之議案禮下國卿大夫之妻皆命天子以斯而推則子男之母不容獨異博士程彥議以爲五等雖差而承家事等公侯之母崇號德崇子男於親尊秩宜顯故春秋之義母以子貴固知從子尊有國君法彥衆議以興之議爲允除王氏爲興平縣開國子太夫人詔可

王慶緒爲博士明帝泰始二年九月有司奏皇太子所生陳貴妃主在內相見又應何儀慶緒議百僚內外敬貴妃應與皇太子同其東朝臣隸理歸臣節太常丞虞愿等同慶緒尚書令建安王休仁議稱禮云妾既不得體君班秩視子爲序母以子貴經著明文內外致敬貴妃誠如慶緒議天子姬嬪不容通音分於外雖義可致虔不應有牋表衆詳休仁議爲允詔可

周山文爲太學博士後廢帝元徽二年七月有司奏第七皇弟訓養母鄭脩容喪未詳制下禮官正議案庶母慈母士者小功五月鄭玄云其使養之不命爲母子亦服庶母慈己之服愚謂第七皇弟宜從小功之制衆議並同

冊府元龜卷第五百七十六

冊府元龜卷第五百七十七

掌禮部一十五

奏議第五

南齊王逡之仕宋爲尚書左丞順帝昇明三年錫齊王大輅戎輅各一乘黄五輅無大輅戎輅逡之議大輅殷之祭車故不登周輅之名而明堂位云大輅殷輅也注云大輅木輅也月令中央土乘大輅注云殷輅也禮器大輅繁纓一就注云大輅殷之祭天車也周禮五輅王輅金輅象輅革輅木輅則周之木輅殷之大輅周革輅建大白以即戎此則戎輅也意謂國之大事在祀與戎故錫以殷祭天之車與周之即戎之輅祀則以殷戎必以周者明郊天義遠建前代之禮即戎事近故以今世之制明堂云魯君孟春乘大輅載旂十有二旒日月之章祀帝于郊夫必以大輅以錫諸侯良有以也今木輅即大輅也太尉左長史儉議宜用輅九旒時乘黄無副借用五輅天朝臨軒權列三輅

王儉爲左僕射高帝建元元年太常上朝堂諱訓儉議曰后諱依舊不立訓禮天子諸侯諱羣祖臣隸既有從敬之義宜爲太常府君諱至於朝堂牓題本施至極既追尊所不及禮降於在三晉之京兆宋之東安不列牓題孫毓議稱京兆列在正廟臣下應諱而不上牓宋初博士司馬道敬議東安府君諱宜上牓何承天執不同即爲明據其有人名地名犯太常府君及帝后諱者皆改宣帝諱同二名不偏諱所以改承明門爲北掖以牓有之字與承并東宮承華門亦改爲宣華云元年有司奏郊殷之禮未詳郊在何年復以何祖配郊殷復在何時未郊得先殷與不明堂亦應與郊同年而祭不若應祭者復有配與無配不祀者堂殿職僚毀置云何八座丞郎通關博士議議曹郎中裴昭明議曹郎中孔逷議今年七月宜殷祠來年正月宜南郊明堂並祭而無配殿中郎司馬憲議南郊無配饗祠如舊明堂無配宜應廢祀其殷祠同用今年十月儉議案禮記王制天子先祫後時祭諸侯先時祭後祫春秋魯僖二年祫明年春禘自此以後五年再殷禮緯稽命徵曰三年一祫五年一禘經記所論禘祫與時祭其言詳矣初不以先殷後郊爲嫌至於郊配之事重由王迹是故杜林議云漢業特起不因緣堯宜以高帝配天魏高堂隆議以舜配天蔣濟云漢時奏議謂堯已禪舜不得爲漢祖舜亦已禪禹不得爲魏之祖今宜以武皇帝配天晉宋因循即爲前式又案禮及孝經援神契並云明堂有五室天子每月於此聽朔布教祭五帝之神配以有功德之君大戴禮記曰明堂者所以明諸侯尊卑也許慎五經異義曰布政之宮故稱明堂明堂盛貌也周官匠人職稱明堂有五室鄭玄云周人明堂五室帝一室也初不聞有文王之寢鄭志趙商問云說者謂天子廟制如明堂是爲明堂即文廟耶鄭答曰明堂主祭上帝以文王配耳猶如郊天以后稷配也袁孝尼云明堂法天之宮本祭天帝而以文王配之配其父於天位則可牽天帝而就人

鬼則非義也泰元十三年孫耆之議稱郊以祀天故配之以后稷明堂以祀帝故配之以文王由斯言之郊爲皇天之位明堂即上帝之廟徐邈謂配之爲言必有神主郊爲天壇則堂非文廟史記云趙綰王臧欲立明堂于時亦未有郊配漢又祀汾陰五畤即是五帝之祭亦未有配議者或謂南郊之日已旅上帝若又以無配而特祀明堂則一日再祭於議爲黷案古者郊本不共日蔡邕獨斷曰祠南郊禮畢次北郊又次明堂高廟世祖廟謂之五供馬融云郊天之祀咸以夏正五氣用事有休有王各以其時兆於方郊四時合歲功作相成亦以此月總旅明堂是則南郊明堂各日之證也近代從省故與郊同日猶無煩黷之疑何者其爲祭雖同所以致祭則異孔晁云言五帝佐天化育故有從祀之禮旅上帝是也至於四郊明堂則是其正祀之所譬猶功臣從饗豈復廢其私廟且明堂有配之時南郊亦旅上帝此則不疑於共日今何故致嫌於同辰又

禮記天子祭天地四方山川五祀歲徧尚書堯典咸秩無文詩云昭事上帝聿懷多福據此諸義則四方山川猶必齊祀五帝大神義不可略魏文帝黄初二年正月郊天地明堂上帝太和元年正月以武皇帝配天文皇帝配上帝然則黄初中南郊明堂皆無配也又郊日及牲色異議紛然郊特牲云郊之用辛周之始郊也盧植云辛之爲言自辛絜也鄭玄云用辛日者爲人當齊戒新身也漢魏以來或丁或巳而用辛常多焉之典據辛日爲允郊特牲又云郊牲幣宜以正色繆襲據祭法云天地騂犢周家所尚魏以建丑爲正牲宜尚白白虎通云三王祭天一用夏正所以然者夏正得天之數也魏用異朔故牲色不同今大齊受命建寅創曆郊廟同牲一依晉宋謂宜以今年十月祀宗廟自此以後五年再郊來年正月上辛有事南郊宜以共日還祭明堂又用次辛饗祀北郊而並無配犧牲之色率由舊章詔可明堂可更詳有司又奏明堂尋禮無明文唯以孝經爲正竊謂設祀之意蓋爲文王有配則祭無配則止愚謂既配上帝則以帝爲主今雖無配不應闕祀徐邈近代碩儒每所析衷其云郊爲天壇則堂非文廟此實明據內外百司立議已定如更詢訪終無異說傍儒依史竭其管見既聖旨惟疑群下所未敢詳廢置之宜仰由天鑒詔依舊

四年世祖即位儉爲尚書令其秋有司奏尋前代嗣位或數郊年或別始晉宋以來未有畫一今年正月已郊未審明年應南北二郊祀明堂與不依舊通關八座丞郎博士議儉議案秦爲諸侯雜祀諸畤始皇并天下未有定祠漢高受命因雍四畤而起北畤始祠五帝未定郊丘文帝六年新垣平議初起渭陽五帝廟武帝初至雍郊見五畤後常三歲一畤祠雍元鼎四年始立后土祠於汾陰明年立太一祠於甘泉自是以後二歲一郊與雍更祠成帝初即位丞相廷尉康衡於長安定南北郊哀平之際又復甘泉汾陰祠天地平帝元始五年王莽奏依丞相

衡議還依長安南北二郊光武建武二年定郊兆於洛陽魏晉因循率由漢典雖時或參差而類多間歲至於嗣位之君參差不一宜有定制檢晉明帝大寧五年南郊其年九月成帝即位明年改元即郊簡文咸安二年南郊其年七月孝武即位明年亦郊宋元嘉三十年正月南郊其年二月孝武嗣位明年改元亦郊此則二代明例差可依放謂明年正月宜饗祀二郊虞祭明堂自茲厥後仍舊間歲尚書領國子祭酒張緒等十七人並同儉議詔可是年司空褚淵薨時司空掾屬以淵未拜疑應爲吏敬不儉議依禮婦在塗聞夫家喪改服而入今掾屬雖未服勤而吏稟於天朝宜申禮敬司徒府又以既淵解職而未恭後授府猶應上服以不儉又議依中朝士孫德祖從樂陵遷爲陳留未入境卒樂陵郡吏依見君之服陳留迎吏依娶女有吉日齊衰弔司徒府宜依居官制服次

永明元年當南郊而立春在郊後世祖欲遷郊儉啓案禮記郊特牲云郊之祭也迎長日之至也大報天而主日也易說三王之郊一用夏正盧植云夏正在冬至後傳曰啓蟄而郊此之謂也然則圜丘與郊各自行不相害也鄭玄云建寅之月晝夜分而日長矣王肅曰周以冬祭天於圜丘以正月又祭天以祈穀祭法稱燔柴太壇則圜丘也春秋傳云啓蟄而郊則祈穀也謹尋禮傳二文各有其義盧王兩說有若合符中朝省二丘以并二郊即今之郊禮義在報天事兼祈穀既不全以祈農何必俟啓蟄史官唯見傳義未達禮旨又尋景平元年正月三日辛丑南郊其月十一日立春元嘉十六年正月六日辛未南郊其月八日立春此復是近世明例不以先郊後春爲嫌若或以元日合朔爲礙者則晉成帝咸康元年正月一日加元服二日親祠南郊元服之重百僚備列雖在致齋行之不疑今齋内合朔此即前准若聖心過恭寧在嚴絜合朔之日散官備防非預齋之限者正於車門外別立幔省若日色有異即列於省前望實爲允

詔無煩遷日從之
是年十二月有司奏今月三日臘祠太社稷一日合朔日蝕既
在致齋内未審於社祠無疑不曹檢未有前准儉議禮記曾子
問天子嘗禘郊社五祀之祭簠簋既陳唯大喪乃廢至於當祭之
日火及日蝕則停尋伐鼓用特由來尚矣而簠簋初陳問所不
及據此而言致齋初日仍值薄蝕則不應廢祭又後漢初平四
年士孫瑞議以日蝕廢冠而不廢郊朝議從之王者父天母地
郊社不殊此則前准謂不宜廢詔可
三年正月詔立學創立堂宇召公卿子弟下及員外郎之嗣凡
置生二百二十人其年秋中悉集有司奏宋元嘉舊事學生到
先釋奠先聖先師禮又有釋菜未詳今當行何禮用何樂及禮
器儉議周禮春入學舍釆合舞學記云始教皮弁祭菜示敬
道也又云始入學必釋菜於先聖先師中朝以來釋菜禮廢今
之所行釋奠而已金石俎豆皆無明文方之七廟則輕比之五

禮則重陸納車武子謂宜居廟宜依亭侯之爵范甯欲依周公
之廟用王者儀范宣謂當其爲師則不臣也釋奠日宜備帝王
禮樂此則車陸失於過輕二范傷於太重喻希云若至王者自
設禮樂則肆賓於致敬之所若欲嘉美先師則所況非備尋其
此說守附情理皇朝屈尊弘教以師資禮同上公即事惟允裴
松之議應舞六佾以郊樂未具故權奏登歌今金石已備宜設
軒縣之樂六佾之舞牲牢器用悉依上公其冬皇太子講孝經
親臨釋奠車駕幸聽
五年十月有司奏南郡王昭業冠求儀注未有前准儉議皇孫
冠事歷代所無禮雖有嫡子嫡孫而地居正體不及五世今南
郡王體自儲暉實惟國重元服之典宜異列蕃案士冠禮主人
玄冠朝服賓加其冠贊者結纓鄭玄云主人冠者之父兄也尋
其言父及兄則明祖在父不爲主也大戴禮記公冠篇云公冠
自爲主四加玄冕以卿爲賓此則繼體之君及帝之庶子不得

稱子者也小戴禮記冠義云冠於阼以著代也醮於客位三加
彌尊加有成也注稱嫡子冠於阼庶子冠於房記又云古者重
冠故於廟所以自卑而尊先祖也據此而言彌與鄭注儀禮相
會是故中朝以來太子冠則皇帝臨軒司徒戎事之所乘犧牲
騂牷之所爲並宜悉依尚色三代服色以姓音爲尚漢不識音
故還尚其行運之色今既無善律則大齊所尚亦宜依漢道若
有善吹律者使應還取姓尚太子僕周顒議三代姓音古無前
識裁音配尚起自晏寧則是曼容善識姓聲不復方假吹律何
故能識遠代之宮商而更迷皇代之律呂而云當今無吹律以
定尚宜附漢以從闕耶皇朝本以行運爲尚非關不定於音氏
如此設有善律之知無不宜導聲以爲尚散騎常侍劉朗之等
十五人並議駁之事不行
蔡履爲祠部郎永明二年履議郊與明堂本宜異日漢東京禮
儀志南郊禮畢次北郊明堂高廟世祖廟謂之五供蔡邕所據

亦然近存簡省制故郊堂共日來年郊祭宜有定准太學博士
王祐議來年正月上辛宜祭南郊次辛有事明堂後辛饗祀北
郊兼博士劉蔓議漢元鼎五年以辛巳得事自後郊日略無違
異元封元年四月癸卯登封泰山坐明堂五月甲子以高祖配
漢家郊祀非盡天子之縣故祠祭之日事有不同後漢永平以
來明堂非於國南而郊以上丁故供脩三祀得并在初月雖郊
有常日明堂猶無定辰何則郊丁社甲有說則從經禮無文難
以意造是以必算辰良而不祭寅丑且禮之尊祭無同共者唯
漢以朝日合於報天耳若依漢書五供便應先祭北郊然後明
堂則是地先天食所未可也兼太常丞蔡仲熊議鄭志云正月
上辛祀后稷於南郊還於明堂以文王配故宋氏創立明堂郊
還即祭是用鄭志之說也蓋爲志者失非玄意也玄之言曰未
審周明堂以何月於月令則以季秋案玄注月令季秋大饗帝
云大饗遍祭五帝又云大饗於明堂配以文武大司樂凡大祭

祀宿縣寺預縣之旨以日出行事故也若日闇而後行事則無假預縣衆日出行事何得方俟郊還東京禮儀志不記祭之將日而志云郊天夕牲之夜夜漏未盡八刻進熟明堂夕牲之夜夜漏未盡七刻進熟尋明堂在郊前一刻而進獻奏樂方待郊還魏高堂隆表九日南郊十日北郊十一日明堂十二日宗廟案隆此言是審于時定制是則周禮二漢及魏皆不共日矣禮以辛郊書以丁祀辛丁皆合宜臨時詳擇太尉從事中郎顧憲之議春秋傳以正月上辛郊祀禮記亦云郊之用辛尚書獨云丁巳用牲于郊先儒以爲先甲三日辛後甲三日丁可以接事天神之日後漢永平二年正月辛未宗祀光武皇帝於明堂辛既是常郊之日郊又在明堂之前無容不郊而堂則理應郊堂同日西閣祭酒梁王議孝經鄭玄注云上帝亦天別名如鄭旨帝與天亦言不殊近代同辰良亦有據泰和元年正月丁未郊祀武皇帝以配天宗祀文皇帝於明堂以配上帝此則以行之前

准驃騎將軍江淹議郊旅上天堂祀五帝非爲一日蔣顯之謂無俟釐革尚書陸澄議遺文餘事存乎舊書郊宗地近勢可共日而不共者義在必異也元始五年正月六日辛未郊高皇帝以配天二十一日丁亥宗祀孝文於明堂配上帝永平二年正月辛未宗祀五帝於明堂光武皇帝配章帝元和二年巡狩岱宗柴祭翌日祠五帝於明堂柴山祠帝尚不共日郊堂宜異於例益明陳忠奏事云延光三年正月十三日南郊十四日北郊十五日明堂十六日宗廟十七日世祖廟仲遠五祀緦絲五供與忠此奏皆爲相符高堂隆表二郊及明堂宗廟各一日摯虞新禮議明堂南郊間三兆禋天饗帝共日之證也又上帝非天昔人言之以詳今明堂用日宜依古在北郊後漢准南郊備大駕自北郊以下車駕竹省其二今祠明堂不應大駕尚書令王儉議前漢各日後漢亦不共辰魏晉故事不辨同異宋立明堂唯據自郊徂宮之義未達祠天旅帝之旨何者郊壇旅天甫自

詣朝還祀明堂便在日昃雖致祭有由而煩黷斯甚異日之議於理爲弘春秋感精符云王者父天毋地則北郊之祀應在明堂之先漢魏北郊亦皆親奉晉泰寧有詔未及遵遂咸和八年甫得營繕太常顧和秉議親奉康皇之世已經遵用宋氏因循未皇釐革今宜親祠北郊明年正月上辛祠昊天次辛瘞后土後辛祀明堂御並親奉車服之儀率遵漢制南郊大駕北郊明堂降爲法駕袞冕之服諸祀咸同詔可

何諲之爲太常丞永明三年有司奏來年正月二十五日丁亥可祀先農即日輿駕親耕宋元嘉大明以來並用立春後亥日尚書令王儉以爲亥日籍田經記無文通下詳議兼太學博士劉蔓又議禮孟春之月立春迎春又於是月以元日祈穀又擇元辰躬耕帝籍盧植說禮通辰日日甲至癸也辰子至亥也郊天陽也故以日籍田陰也故以辰陰禮卑後必居其末亥辰之末故記稱元辰注曰吉亥又五行之說木生於亥以亥日祭先農

又其義也諲之議鄭注云元辰蓋郊後吉亥也亥水辰也凡在墾稼咸存灌潤五行說十二辰爲六合寅與亥合建寅月東耕取月建與日辰合也國子助教桑惠度議尋鄭玄以亥爲吉辰者陽生於子元起於亥取陽之元以爲生物亥又爲水十月所建百穀賴茲沾潤畢熟也助教周山文議盧植云元善也郊天陽也故以日籍田陰也故以辰蔡邕月令章句解元辰云日幹也辰支也有事於天用日有事於地用辰助教何佟之議少牢饋食禮云孝孫某來日丁亥用薦歲事于皇祖伯某注云丁未必亥也直舉一日以言之耳禘太廟禮日用丁亥若不得丁亥則用巳亥辛亥苟有亥可也鄭又云必用丁巳者取其令名自丁寧自變改皆爲謹敬如此丁亥自是祭祀之日不專施於先農漢文用此日耕籍祠先農故後王相承用之非有別議殿中郎顧暠之議鄭玄稱先郊後吉辰而不說必亥之由盧植明子亥爲辰亦無常辰之證漢世躬籍肇發漢文詔云農天下之本

其開籍田斯乃草創之令未覩親載之吉也昭帝癸亥耕鉤盾弄田明帝癸亥耕下邳章帝乙亥耕定陶又辛丑耕懷魏之烈祖實用辛未不繫一辰徵於兩代矣推晉之革魏宋之因晉正是服膺康成非有異見者也班固序亥位云陰氣應亡射該臧萬物而雜陽閡種且亥時水辰含育爲姓播厥取吉其在茲乎固序丑位云陰大旅助黃鍾宣氣而牙物序未位云陰氣受任助蕤賓君主種物使長大茂盛是漢朝迭選魏室所遵的舊用丑實兼有據參議奏用丁亥詔可六年謹之議今祭有生魚一頭干魚五頭少牢饋食禮云司士升魚腊膚魚用鮒十五上既云腊下必是鮮其數宜同鮒膚足知鱻薨無毀記云槁魚曰商祭鮮魚曰脡祭鄭注商量脡直也尋商音裁截脡義在全質循祭義猶用魚十五頭今鮮頭刪約槁皆全用謂宜鮮槁各二頭槁微斷首尾示存古義國子助教桑惠度議記稱尚玄酒而俎腥魚玄酒不容多鮮魚理宜約干魚五頭者以其既加人功可

法於五味以象酒之五齊也今欲鮮槁各雙義無所法謹之議不行後爲祠部郎十年詔故太宰褚淵故太尉王儉故司空柳世隆故驃騎大將軍王敬則故鎮東大將軍陳顯達故鎮東將軍李安民六人配饗太祖廟廷謹之議功臣配饗累行宋世檢其遺事題列坐位具書贈官爵謚及名不稱字便是設板也世寬通去祭之有主孝以繫念也揆斯而言外配廟庭不容有至宋時板度既不復存今之所制大小厚薄如尚書召板爲得其衷有司攝太廟舊人亦云見宋功臣配饗坐板與尚書召板相似事見於儀注王晏爲右僕射永明十一年與吏部尚書徐孝嗣侍中何胤奏故太子祔太廟既無先准檢宋元后故事太尉行禮太子拜伏與太尉俱臣等參議依擬前典太常王朝位太尉執禮祔太孫拜伏皆與之俱正禮既畢陰室之祭太孫宜親自進奠詔可

庾曇隆爲通直散騎常侍明帝建武二年上啓伏見南郊壇圓兆外內永明中起瓦屋形製宏壯檢案經史無所准據周禮祭天於圓丘取其因高之義兆於南郊就陽位也故以高敞貴在上昭天明旁流氣物自秦漢以來雖郊祀參差而齋處中間並無更立宮室其意何也正是質誠尊天不自崇樹兼事通曠必務開遠宋元嘉南郊至時權作小陳帳以爲休息大明薄加脩廣永明初彌漸高麗往年工匠遂啓立瓦屋前代帝皇豈於上天之祐而昧營構所不爲者深有情矣記稱掃地而祭於其質也器用陶匏天地之性也故至敬無文以素爲貴竊謂郊事宜擬休偃不俟高大以明謙恭肅敬之旨庶或仰允太靈俯愜羣望詔付外詳國子助教徐景嵩議伏尋三禮天地兩祀南北二郊但明祭取犧牲器用陶匏不載人君偃處之儀今帳瓦之構雖殊俱非千載成例宜務因循太學博士賀瑒議周禮王旅上帝張氈案設皇邸國有故而祭亦旅氈案以氈爲床於幄中不聞郊所置宮宇兼左丞王摛議掃地而祭於郊謂無築室之議並同曇隆驍騎將軍虞炎議以爲誠慤所施止在一壇漢之郊

祀饗帝甘泉天子自竹宮望拜息殿去壇場既遠郊奉禮畢旋幸於此瓦殿之興惟自謂無關簡格祠部郎李撝議周禮凡祭祀張其旅幕張尸次尸則有幄仲師云尸次祭祀之尸所居更衣帳也凡祭文之設既不止於郊祀立尸之言理應關於宗廟古則張幕今也房省宗廟旅幕可變爲棟宇郊祀氈案何爲不轉制檐甍曇隆議不可

蕭琛爲尚書左丞永泰元年有司議帝初立應廟見不尚書令徐孝嗣議嗣君即位並無廟見之文蕃支纂業乃有虔謁之禮琛議曰竊聞祗見厥祖義著商書朝于武宮事光晉冊豈有正位居體繼業承天而不虔覲祖宗格于太室毛詩周頌篇曰烈文成王即政諸侯助祭也鄭注云新王即政必以朝享之禮祭於祖考告嗣位也又篇曰閔予小子嗣王朝廟也鄭注云嗣王者謂成王也除武王之服將始即政朝於廟也則隆周令典焕炳經紀體嫡居正莫若成王又以二漢由太子而嗣位者西京

七主東都六帝其昭成哀和四君並皆謁廟文存漢史其惠景武明章五君前史不載謁事或是偶有闕文理無異說議者乃云先在儲宮已經致敬卒哭之後即親奉時祭即是廟見故無別謁之禮竊以爲不然儲后在宮亦從郊祀若謂前虔可兼後敬開元之始則不假復有配天之祭矣若以親奉時祭仍爲廟見者自漢及晉支庶嗣位並皆謁廟既同有蒸嘗何爲獨循繁禮且晉成帝咸和元年改號以謁廟咸康元年加元服又更謁廟夫時非異主猶不疑二禮相因況位隔君臣而追以一謁兼敬宜遠纂周漢之盛範近黜晉宋之乖義展誠一廟駿奔萬國奏可

徐孝嗣爲尚書令永泰元年奏議曰夫人倫之始莫重冠婚所以尊表成德結歡兩姓年代汙隆古今殊則繁簡之儀因時或異三加廢於王庶六禮限於天朝雖因習未久事難頓改而大典之要深宜損益案士冠禮三加畢乃醴冠者醴則唯一而已

故醴辭無二若不醴則每加輒醮以酒故醮辭有三王肅云醴本古味其禮重酒用時味其禮輕故也或醴或醮二三之義詳於經文今皇王冠畢一酌而已即可擬古設醴而猶用醮辭是爲醴醮兼婚禮實篚以四爵加以合巹既崇尚質之理又象判合之義故三飯卒食再酳用巹先儒以禮成好合事終於三然後用巹合儀注先酳巹以三有違古趣又郊特牲曰三王作之而用大古之器重夫婦之始也今雖以方樏示約而彌乖昔典又連巹以鏁蓋出近俗復別有牢燭雕費乎飾亦虧曩制方今聖政日隆聲教惟穆則古昔以敦風存餼羊以愛禮沿襲之規有切治要嘉禮實重宜備舊章謂自今王侯已下冠畢一酌醴以遵古之義醴即用舊又於事爲元婚亦依古以巹酌終酳之酒並除金銀連鏁自餘雜器悉用埏陶堂人執燭足充炳燎牢燭華侈亦宜停省庶斵雕可期移俗有漸眾議並同奏可

冊府卷第五百七十七

冊府元龜卷第五百八十三

掌禮部

奏議第十一

後魏張普惠爲司空倉曹參軍孝明熙平二年十一月廣陵王恭北海王顥疑爲所生祖母服朞與三年博士執意不同太尉清河王懌表曰臣聞百王所尚莫尚於禮禮之重喪紀斯極世代沿革損益不同遺風餘烈景行終在至如前賢往喆商榷有異或並證經文而論情別緒或各言所見而討事共端雖憲章祖述人自名家而論議紛綸理歸詳正莫不隨時所宗各爲一代之典自上達下罔不遵用是使叔孫之儀專擅於漢朝王肅之禮獨行於晉世所謂共同軌文四海畫一者也至乃折旋俯仰之儀哭泣升降之節去來闔巷之容出入閨門之度尚須疇諮禮官博訪儒士載之翰紙著在通法辯答乖殊證據不明即詆詞疏謬劾成罪此乃簡牒成文可具閱而知者也未有皇王居世國無一宗之章英賢贊治家制異同之式而欲流風作則永貽來世比學官雖建庠序未修稽考古今莫專其任暨乎宗室喪禮百寮凶事冠服制裁日月輕重率令博士一人輕爾廣陵王恭北海王顥同爲庶母服恭則治重居廬顥則齊朞堊室論親則恭顥俱是帝孫語貴則人並爲蕃國不知兩服之證據何經典俄爲神駁莫有裁正致懿王昵戚尚或如斯自茲已降何可紀極歷觀漢魏喪禮諸儀卷盈數百或當時名士往復成規或一代居宗較然爲則況堂堂四海藹藹如林而令喪禮參差始於帝族非所以儀刑萬國綴旒四海臣忝官台傅備位喉脣不能秉國之鈞致斯爽缺具聽所謂無所逃罪謹略舉恭顥二國不同之狀以明喪紀乖異之失乞集公卿樞納內外儒學博議定制班行天下使禮無異準失有歸并因事而廣永爲條例庶塵岳河微酬万一靈太后令曰禮者爲政之本何得不同如此可依表定議普惠議曰謹案二王宗母皆受命先朝爲二國太妃可謂受命於天子爲始封之母矣喪服慈母如母在三年章傳曰貴父命也鄭注云大夫之妾父在子爲母大功則士之妾子爲母朞父卒則皆得申此大夫命其妾子以母所慈猶曰貴父命之三年況天子命其子爲列國王命其所生母爲國太妃反自同公子爲母練冠之與大功乎輕重顛倒之甚也傳曰始封之君不臣諸父昆弟則當服其親服若魯衛列國相爲服朞判無疑矣何以明之喪服君爲姑姊妹女子嫁於國君者傳曰何以大功尊同也尊同則得服其親服諸侯之子稱公子公子不得禰先君然則兄弟一體位列諸侯自以尊同得相爲服不可還准公子遠厭天王故降有四品君大夫以尊降公子大夫之子以厭降名例不同何可亂也禮大夫之妾子以父命慈已申其三年太妃既受命先帝先照一國二王胙土茅社顯錫大邦舍尊同之高據附不禰之公子雖許蔡失位亦不是過服問曰有從輕而重公子之妻爲其皇姑公子雖厭妻尚獲申況廣陵北海論封君則封君之子語妃則命妃之孫承妃之纂重遠別先皇更以先后之正統厭其所生之祖嫡方之皇姑不以遥乎今既許其申服而復限之以朞比之慈母不亦爽歟經曰爲君之祖父母父母妻長子傳曰何以朞父母長子君服斬妻則小君父卒然後爲祖後者服斬今祖乃獻文皇帝諸侯不得祖之母爲太妃蓋二王三年之證議者近背正經以附其類差之毫毛所失或遠且天子尊則配天莫非臣妾何爲命之爲國母而不聽子服其親乎記曰從服者所從亡則已又曰不爲君母之黨服今所從既亡不以親服服其所生則屬從之服於何所施若以諸王入爲公卿便同大夫者則當今之議皆不須以國爲言也今之諸王自同列國雖不之國別置臣寮王食一方不得以庶言之敢據周禮輒同三年當時議者亦有以異國子博士李郁於議罷之後書難普惠普惠據禮還答郁重三返郁遂屈任城王澄爲侍中司空公領尚書令熙平二年十二月與吏

尚書崔亮奏謹按禮記曾子問曰諸侯旅見天子不得成禮者幾孔子曰太廟火日蝕后之喪雨霑服失容則廢臣等謂元日萬國賀賀隨其諸侯旅見之義若廢朝會孔子應云五而獨言四明不廢朝賀也鄭玄禮注云魯禮三年喪畢而祫於太祖明年春禘於羣廟又鄭志按魯禮春秋昭公十一年夏五月夫人歸氏薨十三年夏五月大祥七月禫禫公會劉子及諸侯于平丘八月歸不及於祫冬公如晉明十四年春歸乃祫故明十五年春乃禘經曰二月癸酉有事於武公傳曰禘於武公謹按明堂位曰魯王禮也喪畢祫禘似有退理詳考古禮未有以祭事廢元會者禮云吉事先近日脫不吉容改筮三旬尋攝太史令趙翼等列稱正月二十六日祭亦吉請移禘祀在中旬十四日時祭移二十六日猶曰奏禘入非退義祭則無跡忌之譏三元有順軌之美既被戒百宜即宣行臣等伏度國之大事在祀與戎君舉必書恐貽後誚輒訪引古籍竊有未安臣等學寡通經識

不稽古備位樞納可否必陳冒陳所見伏聽裁衷靈太后令曰可如所執

源子恭正光中為起部郎中時明堂辟雍並未建就子恭上書曰臣聞辟臺望氣軌物之德既高方堂布政範世之道斯遠是以書契之重理冠於造化推尊之美事絕於生民至如郊天饗帝蓋以對越上靈宗祀配天是用酬膺下土大孝莫之能加嚴父以茲為大乃皇王之休業有國之盛典竊惟皇魏居震統極總宙馭宇革制土中垂式無外自北徂南同卜惟於洛食定鼎遷民均氣候於寒暑高祖所以始基世宗於是恢構案功成作樂治定制禮乃訪遺文修廢典建明堂立學校興一代之茂矩標千載之英規永平之中始刱雉構基趾草昧迄無成功故尚書令任城王澄案故司空臣沖所造明堂樣并連表詔答兩京模式奏求營起緣期發旨即加葺繕侍中領軍臣叉揔勤作官宣贊授令自茲厥後方配兵人或給一千或與數百進退節縮曾無定準欲望速了理在難尅若使專役此功長得營造委成責辦容有就期但所給之夫本自寡少諸處競借動即千計雖有繕作之名終無就功之實爽塏荒蕪淹積年載結架崇構指就無兆仍令聯豐之禮奄抑而不追養老之儀寂寥而不返構厦止於尺土為山頓於一簣良可惜與愚謂召民經始必有子來之歌興造勿亟將致不日之美況本兵不多兼之牽役廢此與彼循環無極便是輟刱禮之重資不急之費廢經國之功供寺館之役求之遠圖不亦闕矣今諸寺又作稍以粗舉並可徹減專事經綜嚴勤工匠務令尅成使祖宗有薦配之期蒼生覩禮樂之富書奏從之

李崇為驃騎大將軍冀州刺史不行上表曰臣聞世室明堂顯於周夏二黌兩學盛自虞殷所以宗配上帝以著莫大之嚴宣布十二以彰則天之軌養黃髮以詢格言育青襟而敷典式用能饗國長風徽萬祀者也故孔子稱巍巍乎其有成功郁郁

乎其有文章此其盛矣爰暨亡秦政失其道坑儒滅學以蔽黔首國無黌序之風野有非時之役故九服分離祚終二世炎漢勃興更修儒術文景已降禮樂復彰化致昇平治幾刑措故西京有六學之美東都有三本之盛莫不紛綸掩藹響流無已逮自魏晉撥亂相因兵革之中學校不絕遺文燦然方軌前代仰惟高祖孝文皇帝稟聖自天道鏡今古從馭嵩河光宅函洛模唐虞以革軌儀規周漢以新品制列教序於鄉黨敦詩書於郡國使揖讓之禮橫被於崎嶇歌詠之音聲溢於仄陋但經始事殷戎軒屢駕未遑多就弓劍弗追世宗統曆聿遵先緒永平之中大興板築續以水旱戎馬生郊雖逮為山還停一簣竊惟我遷中縣垂三十祀而明堂禮樂之本乃鬱荊棘之林膠序德義之基空盈牧豎之跡城隍嚴固之重闕塼石之工墉堞顯望之要少樓榭之飾加以風雨稍侵漸致虧墜又府寺初營頗亦壯美然一造至今更不修繕廳宇凋朽牆垣頹壞皆非所謂追隆

堂構儀刑萬國者也伏聞朝議以高祖大造區夏道侔姬文擬祀明堂式配上帝今若基宇不脩仍同丘畎即使高皇神享闕於國陽宗事之典有聲無實此子所以匪寧億兆所以失望也臣又聞官方授能所以任事事既任矣酬之以祿如此上無曠官之譏下絶尸素之謗今國子雖有學官之名而無教授之實何異莬絲燕麥南箕北斗哉昔劉向有言王者宜興辟雍陳禮樂以風化天下夫禮樂所以養人刑罰所以殺人而有司勤勤請定刑法至於禮樂則曰未敢是則敢於殺人不敢於養人也臣以爲當今四海清平九服寧晏經國要重理應先營脫復稽延則劉向之言徵矣但事不兩興須有進退以臣愚量宜罷上方雕靡之作頗省永寧土木之功并減瑤光材瓦之力兼分石窟鐫琢之勞及諸事役非急者三時農隙脩此數條使辟雍之禮蔚爾而復興諷誦之音煥然而更作美榭高墉嚴壯於外槐宮棘寺顯麗於中更發明令重遵鄉飲敦進郡學精課經業如

此則元凱可得之於上序游夏可致之於下國豈不休歟誠知佛理淵妙含識所宗然此之治要容可以緩苟使魏道熙緝元首唯康爾乃經營未爲晚也靈太后令曰省表具悉體國之誠配饗大禮爲國之本比以戎馬在郊未遑脩繕今四表晏寧年和歲稔當務有司別議經始

賈思伯爲衛尉卿于時議建明堂多有同異思伯上議曰案周禮考工記云夏后氏世室殷重屋周明堂皆五室鄭注云此三者或舉宗廟或舉王寢或舉明堂互言之以明其制同也若然則夏殷之世已有明堂矣唐虞以前其事未聞戴德禮記云明堂蔡邕云明堂者天子太廟饗功養老學教選士皆於其中九室十二堂案戴德撰記世所不行且九室十二堂其於規制恐難得厥衷周禮營國左祖右社明堂在國之陽則非天子太廟明堂矣然則禮記月令四堂及太室皆謂之廟當以天子暫配饗五帝故爾又王制云周人養國老於東膠鄭注云東膠即辟雍在王宮之東又詩大雅云雍雍在宮肅肅在廟鄭注云宮謂辟雍宮也所以周之文王養老則尚和助祭則尚敬又不在明堂之驗矣孟子云齊宣王謂孟子曰吾欲毀明堂若明堂是廟則不應有毀之問且蔡邕論明堂之制云堂方一百四十尺象巛之策屋圜徑二百一十六尺象乾之策方六丈徑九丈象陰陽九六之數九室以象九州屋高八十一尺象九九之數二十八柱以象宿外廣二十四丈以象氣案此皆以天地陰陽氣數爲法而室獨象九州何也若立五室以象五行豈不快也如此蔡氏之論非爲通典九室之言或未可從竊尋考工記雖是補闕之書相承已久諸儒注述無言非者方之後作不亦優乎且孝經援神契五經要義舊禮圖皆作五室及徐劉之論同考工者多矣朝廷若獨絶今古自爲一代制作者則所願也若猶祖述舊章規摹前事不應捨殷周成法襲近代妄作且損益之極極於三王後來疑議難可準信鄭玄云周人明堂五室是

帝各有一室是帝各有一室也合於五行之數周禮依數以爲之室施行于今雖有不同時說然爾尋鄭此論理非無當案月令亦無九室之文原其制置不乖五室其青陽右个即明堂左个明堂右个即總章左个總章右个即玄堂左个玄堂右个即青陽左个如此則室猶是五而布政十二五室之理謂爲可安其方圜高廣自依時量戴氏九室之言蔡子廟學之議子幹靈臺之說逸民一屋之論及諸家紛紜並無取焉學者善其議

西魏崔猷爲司徒大長史武帝大統中太廟初成四時祭祀猶設排優角觝之戲其郊廟祭官多有假兼猷上疏諫書奏並納焉

東魏崔昂爲度支尚書孝靜武定六年二月將營齊獻武王廟議定室數形制昂與司農卿盧元明秘書監王元景散騎常侍裴獻伯國子祭酒李渾御史中尉陸操黃門侍郎李騫中書侍郎陽休之前南青州刺史鄭伯猷秘書丞崔劼國子博士邢峙國子博士宗惠振太學博士張航太學博士高元壽國子助教

王顯季等議案禮諸侯五廟太祖及親廟四今武王始封之君便是太祖既通親廟不容立五室且帝王親廟亦不過四今宜四室二間兩頭各一類室夏頭徘徊鴟尾又案禮圖諸侯止開南門而二王後祔祭儀注云執事列於廟東門之外既有東門明非一門獻武禮數既隆備物殊等准擬今廟宜開四門內院南面開三門餘面及外院四面皆一門其內牆四面皆架爲步廊南出夾門各置一屋以禮器及祭服內外門牆並用緖堊廟東門道南置齋坊道北置二坊西爲典祠解幷厨宰東爲廟長解並置車輅其北爲養犧牲之所詔從之

北齊魏收爲中書令文宣天保元年皇太子監國在西林園冬會羣臣議皆東面二年於北城第內冬會又議東面吏部郎陸卬疑非禮收改爲西面邢子才議欲依前曰凡禮有同者不可令異詩說天子至於大夫皆乘四馬況以方面之少何可皆不同今若太子宗西面者王公卿大夫士欲何面邪南面人君正位

今一官之長無不南面太子聽政亦南面坐議者言晉舊事太子在東宮西面爲避尊位非爲向臺殿也子才以爲東晉博議依漢魏之舊太子普臣四海不以爲嫌又何疑於東面禮世子絕旁親世子冠於阼世子生接以太牢漢元帝令太子絕馳道皇后禮同於君又晉王公世子攝命臨國乘七旒安車駕用三馬禮同三公近宋太子乘象輅皆有同處不以爲嫌況東面者君臣通禮獨何爲避明爲向臺所以然也近皇太子在西林園在於殿猶且東面於北城非宮殿之處更不得邪諸人以東面爲尊宴會須避案燕禮燕義君位在東賓位則在西君位在阼階故有武王踐阼篇不在西也禮乘君之車不敢曠左君在惡空其位左亦在東不在西也君在阼夫人在房鄭注以君尊東也前代及今皇帝宴會接客亦東堂西面若以東面爲貴皇太子以儲右之禮監國之重別第宴臣賓自得申其正位禮者皆東宮臣屬公卿接宴觀禮而已若以西面爲卑實是君之正位太公不肯北面說丹書西面則道之西面乃尊也君位南面有東有西何可皆避且事雖少異有可相比者周公臣也太子子也周公爲冢宰太子爲儲貳明堂尊於別第冢宰重於宴臣賓南面貴於東面臣疎於子冢宰輕於儲貳周公攝政得在明堂南面朝諸侯諸太子監國不得於別第宮東面宴客情所未安且君行以太子監國君宴不以公卿爲賓明父子無嫌君臣有嫌按儀注親王受詔冠婚皇子皇女皆東面今不約王公南面西獨約太子何所取邪議者南尊欲就西面轉君位東非合禮方面既少難爲節文東西二面君臣通用太子宜然於理爲允收議云去天保初皇太子監國冬會羣官於西園都亭坐從東面義取於向中宮臺殿故也二年於宮冬會坐乃東面收竊以爲疑前者遂有別議議者同之邢尚書以前定東西之議復申本懷此乃國之大禮無容不盡所見收以爲太子東宮位在於震長子之義也案易八卦正位向中皇太子今居北城於宮殿

爲東北南面而坐於義爲得也前者立議據東宮爲本又案東宮舊事太子宴會多以西面爲禮此又成證非徒言也不言太子常無東南二面之座但用之有所至如西園東面所不疑也未知君臣車服有同異之議何謂而發就如所云但知禮有同者不可令異不知禮有異者不可令同若別君臣同異之禮恐重紙累禮書不盡也子才奇執東面收執西面各引經據大相往復其後竟從西面爲定皇建中詔議二王三恪收執王肅杜預義以元氏司馬氏爲二王通曹氏備三恪詔諸禮學之官皆執鄭玄五代之議孝昭石姓元議恪不欲廣及故議從收

邢劭字子才天保初爲太常卿中書監時議疑宮吏之姓與太子名同子才謂曰案曲禮大夫士之子不與世子同名鄭注云若先生亦不改漢法天子登位布名於天下四海之內無不咸避案春秋經衛石惡出奔晉在衛侯衎卒之前衎卒其子惡始立明石惡與長子同名諸侯長子在一國之內與皇太子於天

下禮亦不異鄭言先生不敢蓋以此義衛石惡宋向戌皆與君同名春秋不譏皇太子雖有儲貳之重未為海內所避何容便改人姓然事有消息不得皆同於古官吏至微而有所犯朝名從事亦是難安宜聽出宮尚書吏補他職制曰可

刁柔為國子博士參議律令時議者以為立五等爵邑承襲者無嫡子立嫡孫子弟無嫡子弟立嫡子孫弟柔以為無嫡子立嫡孫不應立嫡子弟議曰柔案禮立適以長故謂長子為嫡嫡子死以嫡子之子為嫡孫死則曾玄亦然然則嫡子名本為傳重故喪服曰庶子不為長子三年不繼祖與禰也禮記公儀仲子之喪檀弓曰何居我未之前聞仲子舍其孫而立其子何也服伯子曰仲子亦猶行古之道也昔者文王舍伯邑考而立武王發微子舍其孫腯而立弟衍仲子亦猶行古之道鄭注曰伯子為親者諱爾立子非也文王之立武王權也微子嫡子死立其弟衍殷禮也子游問諸孔子孔子曰否立孫注曰據周禮然

則商以嫡子之母弟周以嫡子死立嫡子之子為嫡孫故春秋公羊之義嫡子有孫而死質家親親先立弟文家尊尊先立孫喪服云為父後者為出母無服小記云祖父卒而後為祖母後者三年為母服者喪者不祭故也為祖母三年者大宗傳重故也今議以嫡子死而立嫡子母弟嫡子母弟者則為母後矣嫡子母弟本非承嫡故得為父後則嫡孫之弟理亦應得為父後則是父卒然後為祖後者服斬既得為祖服斬而不得為傳重者未之聞也若用商家親親之義本不應嫡子死而立嫡孫若從周家尊尊之文豈宜舍其孫而立其弟或文或質愚用惑焉小記後云嫡婦不為舅姑後者則舅姑為之小功注云謂夫有廢疾他故若死無子不受重者小功庶婦之服凡父母於子舅姑於婦將不傳重於嫡及將所傳重者非嫡服之皆如衆子庶婦也言死無子者謂絕世無子非謂無嫡子如其子焉得云無後夫雖廢疾無子娣猶以嫡為名嫡名既在而欲廢其子者其如禮何有損有益革代相沿必謂宗嫡可得而變者則為後服斬亦宜有因而改

册府元龜卷第五百八十三

冊府元龜卷第五百八十四

掌禮部二十二

奏議第十二

隋裴正為太子庶子攝太常少卿時高祖初即位將改後周制度乃下詔曰宣尼制法云行夏之時乘殷之輅服周之冕弈葉共遵理無可革然三代所尚衆論多端或以為所建之時或以為所感之瑞或當其行色因以從之今雖夏數得天歷代通用漢尚於赤魏尚於黃驪馬玄牲已弗相踵明不可建寅歲首當服於黑朕初受天命赤雀來儀兼姬周已還於茲六代三正迴復相生總以言之並宜火色垂衣已降損益可知尚色雖殊常兼前代其郊丘廟社可依袞冕之儀朝會衣裳宜盡用赤昔丹烏木運姬有太白之旂黃星土德曹乘黑首之馬在祀與戎其尚常異今之戎服皆可尚黃在外常所著者通用雜色祭祀之服須合禮經宜集通儒更可詳議　正奏議曰竊見後周制冕加旒十二既與前禮數乃不同而色應五行又非典故謹案三代之冠其名各別六等之冕承用區分璪玉五綵隨班異飾都無迎氣變色之文惟月令者起于秦代乃有青旂赤玉白輅黑衣與四時而色變全不言於弁冕五時冕色禮既無文稽於正色難以經證且後魏已來制度咸闕天興之歲草創繕修所造車服多參胡制故魏收論之稱為違古是也周氏因襲將為故事大象承統咸取用之與輦衣冠甚多迂怪今皇隋革命憲章前代其魏用輦輅不合制者已敕有司盡令除廢然衣冠禮器尚且兼行乃有立夏袞衣以赤為質迎秋平冕用白成形既越典章須革其謬謹案續漢書禮儀志云立春之日京都皆著青衣秋夏悉依其色遠于魏晉迎氣五郊行禮之人皆同此制考尋故事惟從衣色今請冠及冕色並用玄惟應著幘者任依漢晉制曰可

許善心為給事郎開皇初皇太子自非助祭皆冠遠遊冠後尚書韋引奏云皇太子冬正大朝請服袞冕帝問善心曰太子朝謁著遠遊冠有何典故對曰晉令皇太子給五時朝服遠遊冠至宋泰始六年更儀注儀曹郎丘仲起議案周禮公自袞冕以下至卿大夫之玄冕皆其朝聘之服也伏尋古之公侯尚得服袞以朝見況皇太子儲副之尊謂宜式遵盛典服袞朝賀兼左丞陸澄議服冕以朝實著經典自秦除六冕之制後漢始備古章魏晉以來非祀宗廟不欲令臣下服於袞冕位為公者必加侍官故太子入朝因亦不著但承天作副禮絕群后宜遵前王之令典革近代之陋制皇太子請服冕自宋以下始定此儀至梁簡文之為太子嫌於上逼還冠遠遊下及於陳皆依此法後周之時亦言服袞入朝至開皇復遵魏晉故事臣謂袞冕之服章玉雖卷一日而觀願欲相類臣子之道義無上逼故晉武帝太始三年詔太宰安平王孚著侍內之服四年又賜燕樂安王等散騎常侍之服自斯以後台鼎貴臣並加貂璫武弁故皇太子遂著遠遊冠不逼尊於禮為允帝曰善竟用開皇舊式善心後攝太常少卿大業初帝欲遵周法營立七廟詔有司詳定其禮善心與博士褚亮等議曰謹案禮記天子七廟三昭三穆與太祖之廟而七鄭玄注曰此周制也七者太祖及文王武王之祧與親廟四也殷則六廟契及湯與二昭二穆也夏則五廟無太祖禹與二昭二穆而已玄又據王者禘其祖之所自出而立四廟案鄭玄義天子唯立四親廟并始祖而為五周以文武為受命之祖特立二祧是為七廟王肅注禮記尊者尊統上卑者尊統下故天子七廟諸侯五廟其有殊功異德非太祖而不毀不在七廟之數案王肅以為天子七廟是通百代之言又據王制之文天子七廟諸侯五廟大夫三廟降二為差是則天子立四親廟又立高祖之父高祖之祖并太祖而為七周有文武姜嫄合為十廟漢諸帝之廟各立無迭毀之義至元帝時貢禹匡衡之徒始建其禮以高帝為太祖而立四親是為五廟唯劉歆以為天子七廟諸侯五廟降殺以兩之義七

七者其正法可常數也宗不在數內有功德則宗之不可預設爲數也是以班固稱考論諸儒之義劉歆博而篤矣光武即位建高廟於雒陽乃立南頓君以上四廟就祖宗而爲七室魏初高堂隆爲鄭學議立親廟四太祖武帝在四親之內乃虛置太祖及文之祧以待後代至景初間乃依王肅更立五世六世祖就四親而爲六廟晉武受禪博議宗祀自文帝以上六世祖征西府君宣帝亦序於昭穆未北太祖故祭止六也江左中興賀循知禮至於寢廟之儀皆依魏晉舊事宋武帝初受晉命爲王依諸侯立親廟四即位之後增祠五世祖相國掾府君六世祖右北平府君止於六廟逮身殁主昇從昭穆猶太祖之位也降及齊梁守而弗革加崇迭毀禮無違舊臣等又案姬周自太祖已下皆別立廟至於禘祫俱合食於太祖是以炎漢之初諸廟名立寢時嘗享亦隨處而祭所用廟樂皆象功德而歌舞焉至光武乃揔立一堂而群主異室斯則新承寇亂欲從約省自此

以來因循不變伏惟高祖文皇帝睿哲玄覽神武應期受命開基乘統聖嗣當文明之運定祖宗之禮且損益不同沿襲異趣時王所制所以垂法自歷代以來雜用王鄭二義若尋其指歸校以優劣康成止論周代非謂經通子雍總貫皇王事兼長遠今請依據古典崇建七廟受命之祖宜別立廟祧百代之後爲不毀之法至於鑾駕親奉申孝享於高廟有司行事竭誠於群主俾夫規模可則嚴祀易遵表有功而彰明德大復古而貴能變臣又案周人立廟亦無處置之文據冢人職而言之先王居中以昭穆爲左右阮忱所撰禮圖亦從此義漢京諸廟既遠不序禘祫今若依周制理有未安雜用漢儀事難全採謹詳立別圖附之議末其圖太祖高祖各一殿准周文武二祧與始祖而三餘並分室而祭始祖及二祧之外從迭毀之法詔可

劉炫開皇中與諸儒修定五禮吏部尚書牛弘建議以爲禮諸侯絕傍朞大夫降一等今之上柱國雖不同古諸侯比大夫可也官在第二品宜降傍親一等議者多以爲然炫駁之曰古之仕者宗子一人而已庶子不得進由是先王重適其宗子有分祿之義族人與宗子雖疎遠猶服衰三月良由受其恩也今之仕者位以才昇不限嫡庶與古既異何降之有今之貴者多忽近親若或降之民德之疎自此始矣遂寢其事

劉子翊開皇中爲侍御史時永寧令李公孝四歲喪母九歲外繼其後父更別取後妻至是而亡河間劉炫以無撫育之恩議不解任子翊駁之曰傳云繼母如母與母同也當以配父之尊居母之位齊杖之制皆如親母又爲人後者爲其父母朞報其服者自以本生非殊親之與繼也父雖自處傍尊之地於子之情猶須隆其本重是以令云爲人後者爲其母並解官申其心喪父卒母嫁爲父後者雖不服亦申心喪其繼母嫁不解官此據嫁者生文耳將知繼母在父之室則制同親母若謂非有撫育之恩同之行路何服之有服既有之心喪焉可獨異三省令

旨其義甚明今言令許不解何其甚謬且後人爲其父母朞未有變隔以親繼親疎等故也心喪不殊服問云母出則爲繼母之黨服不以出母族絕推而遠之繼母配父引而親之子思曰爲伋也妻是爲白也母不爲伋也妻是不爲白也母定知服以名重情因父親所以聖人敦之以孝慈和之以名義是使子以名服同之親母繼以義報等之己生如謂繼母之來在子出之後制有淺深者考之經傳未見其文譬出後之人所後者初亡後之者至此後可以無撫育之恩而不服重乎昔長沙人王毖漢末爲上計詣京師既而吳魏隔絕毖於吳國更娶生子昌毖死後爲東平相始知吳之母亡便情繫居重不攝職事于時議者不以爲非然則繼母之與前母於情無別若要以撫育始生服制王昌復何足云乎又晉鎮南將軍羊祜無子取弟子伊爲子祜薨伊不服重祜妻表聞伊辭曰伯生存養己伊不違然無父命故還本生尚書

啟權議子之出養必由父命無命而出是爲叛子於是下詔從之然則心服之制不得緣恩而生也論云禮者稱情而立文仗義而設教還以此義論彼之情稱情者稱如母之情仗義者仗爲子之義名義分定然後能尊父順名崇禮篤敬苟以姆養之恩從成母子則恩由彼生服自己來則慈母如母何得待父命又云繼母慈母本實路人臨己養己同之骨血若如斯言子不由父縱有恩育得如母乎其慈繼雖在三年之下而居齊朞之上禮有倫例服以稱情繼母本以名服豈籍恩之厚薄也至於兄弟之子猶子私服之心實殊禮服之制無二彼言以輕如重自以不同此謂如重之辭即同重法若使輕重不等何得爲如律云准枉法者但准其罪以枉論者即同眞法律以弊刑禮以設教准者准擬之名以者即眞之稱如以二字義同不殊禮律兩文所防是一將此明彼足見其義取譬伐柯何遠之有又論云取子爲後者將以供承祧廟奉養已身不得使宗子歸其故

宅以子道事本父之後妻也然本父後妻因父而得母稱若如來旨本父亦可無心喪乎何直父之後妻論又云禮言舊君其尊豈復君乎已去其位非復純臣須言舊以殊之別有所重非復純孝故言其以見之目以其父之文是名異也此又非通論何以言之其舊訓殊所用亦別舊首易新之稱其者自彼之辭安得以相類哉至如禮云其父析薪其子不克負荷傳云衛雖小其君在焉若其而有異其父其君復有異乎斯不然矣今炫敢違禮乖令侮聖于法從出後之子無情於本生名義之分有虧於風俗徇飾非於明時強媒孽於禮經雖欲揚已露才不覺言之傷理事奏竟從子翊之議

牛弘爲禮部尚書上議曰竊謂明堂者所以通神靈感天地出教化崇有德孝經曰宗祀文王於明堂以配上帝祭義云祀于明堂教諸侯孝也黄帝曰合宮堯曰五府舜曰總章布政興治由來尚矣周禮考工記曰夏后氏世室堂脩二七廣四脩一鄭玄注云脩十四步其廣益以四分脩之一則堂廣十七步半也殷人重屋堂脩七尋四阿重屋鄭云其脩七尋廣九尋也周人明堂度九尺之筵南北七筵五室凡室二筵鄭云此三者或舉宗廟或舉王寢或舉明堂互之明其同制也馬融王肅干寳所注與鄭亦異今不具出漢司徒馬宮議云夏后氏世室室顯於堂故命以室殷人重屋屋顯於堂故命以屋周人明堂堂大於室故命以堂夏后氏益其堂之廣百四十四尺周人明堂以爲兩序間大夏后氏七十二尺若據鄭玄之說則夏室大於周堂如依馬宮之言則周堂大於夏室後王制轉文周大爲是但宮之所言未詳其義此皆去聖久遠禮文殘缺先儒解說家異人殊鄭注玉藻亦云宗廟路寢與明堂同制王制曰寢不踰廟大小是同今依鄭注每室乃堂止有一丈八尺四壁之外四尺有餘若以宗廟論之祫享之時周人旅酬六尸并后稷爲七先公昭穆二尸先王昭穆二尸合十一尸三十六主及君北面行

禮儀二丈之堂愚不及此若以正寢論之便須朝宴據燕禮諸侯宴則賓及卿大夫脫屨升坐是知天子宴則三公九卿並須升堂燕義又云席少卿次上卿言皆侍席止於二筵之間豈得行禮若以明堂論之總享之時五帝各於其室設青帝之位須於木室之內少北西面太昊從食坐於其西近南北面祖宗配享者又於青帝之南稍退西面丈八之室神位有三加以簠簋籩豆牛羊之俎四海九州美物咸設復須席工升歌出罇反坫揖讓升降亦以隘矣據茲而說近是不然案劉向別錄及馬宮蔡邕等所見當時有古大明堂禮王居明堂禮明堂圖明堂大圖明堂陰陽太山通義魏文侯孝經傳等並說古明堂之事其書皆亡莫得而正今明堂月令者鄭玄云是呂不韋著春秋十二紀之首章禮家鈔合爲記蔡邕王肅云周公所作周書內有月令第五十三即此也各有證明文多不載束晳以爲夏時之書劉瓛云不爲鳩集得者率聖王月令之事而記之不韋安能

獨爲此記今宋不得全稱周書亦未可即爲秦典其內雜有虞夏殷周之法皆聖王仁恕之政也蔡邕具爲章句又論之曰明堂者所以宗祀其祖以配上帝也夏后氏曰世室殷人曰重屋周人曰明堂東曰青陽南曰明堂西曰總章北曰玄堂內曰太室聖人南面而聽嚮明而治人君之位莫不正焉故雖有五名而主以明堂也制度之數各有所依堂方一百四十四尺坤之策也屋圓楣徑二百一十六尺乾之策也太廟明堂方六丈通天屋徑九丈陰陽九六之變且圓蓋方覆九六之道也八闥以象卦九室以象州十二宮以應日辰三十六戶七十二牖以四戶八牖乘九宮之數也戶皆外設而不閉示天下以不藏也通天屋高八十一尺黃鍾九尺之實也二十八柱布四方四方七宿之象也高三尺以應三統四向五色各

象其行水闊二十四丈象二十四氣於外以象四海王者之大禮也觀其模範天地則象陰陽必據古文義不虛出今若直取考工不參月令青陽總章之號不得而稱九月享帝之禮不得而用漢代二京所建與此說悉同建安之後海內大亂京邑焚燒憲章泯絕魏氏三方未平無聞興造晉則侍中裴頠議曰尊祖配天其義士著而廟宇之制理據未分宜可具爲一殿以崇嚴父之祀其餘雜碎一皆除之宋齊已還咸率茲禮此乃世之通儒時無憤識前王盛事於是不行後魏代都所造出自李沖三三相重合爲九室簷不覆基房間通街穿鑿處多迄無所取及遷宅洛陽更加營構五九紛競遂至不成宗配之事於焉靡託今皇猷遐闡化覃海外方建大禮垂之無窮引等不以膚淺謬當議限今檢明堂必須五室者何尚書

帝命驗曰帝者承天立五府赤白文祖黃曰文神白曰顯紀黑曰玄矩蒼曰靈府鄭玄注曰五府與周之明堂同矣且三代相沿多有損益至於五室確然不變夫室以祭天天實有五若立九室四無所用布政視朔自依其辰鄭司農云十二月分在青陽等左右之位不云居室鄭玄亦言每月於其時之堂而聽政焉禮圖畫個皆在堂偏是以須爲五室明堂必須上圓下方者何孝經援神契曰明堂者上圓下方八窻四達布政之宮禮記盛德篇曰明堂四戶八牖上圓下方五經異義稱講學大夫淳于登亦云上圓下方鄭玄同之是以須爲圓方明堂必須重屋者何案考工記夏后九階四旁兩夾窻門堂三之二室三之一殷周不言者明一同夏制殷言四阿重屋周承其後不言屋制亦盡同可知也其殷人重屋之下本無五室之文鄭注云五室者亦據夏以知

之明周不云重屋因殷則有灼然可見禮記明堂位曰太廟天子明堂言魯爲周公之故得用天子禮樂魯之太廟與周之明堂同又曰複廟重檐刮楹達嚮天子之廟飾鄭注複廟重屋也據廟既重屋明堂亦不疑矣春秋文公十三年太室屋壞五行志曰前堂曰太廟中央曰太室屋其上重者也服虔亦云太室太廟太室之上屋也周書作洛曰乃立太廟宗室路寢明堂咸有四阿反坫重亢重廊孔晁注曰重亢累棟重廊累屋也依黃圖所載漢之宗廟皆爲重屋此去古猶近遺法尚在是以須爲重屋明堂必須璧雍者何禮記盛德篇云明堂者明諸侯尊卑也外水曰璧雍堂陰陽錄曰明堂之制周圜行水左旋以象天內有分室以象紫宮此明堂有水之明文也然馬宮王肅以爲明堂璧雍太學同處蔡邕盧植亦以爲明堂靈臺璧雍太學

同實異名蔡邕云明堂者取其宗祀之清貌則謂之清廟取其正室則曰太室取其堂則曰明堂取其四門之學則曰太學取其周水圜如璧則曰璧雍其實一也其言別者五經通義曰靈臺以望氣明堂以布政璧雍以養老教學三者不同袁准鄭玄亦以爲別歷代所疑豈能輒定今據郊祀志云欲治明堂未曉其制濟南人公王帶上黄帝時明堂圖一殿無壁蓋之以茅水圜宮垣天子從之以此而言其來則久漢中元二年起明堂璧雍靈臺於洛陽並別處然明堂亦有璧水李尤明堂銘云流水洋洋是也以此須有璧雍夫帝王作事必師古昔今造明堂須以禮經爲本形制依於周法度數取於月令遺闕之處參以餘書庶使該詳沿革之理其五室九階上圓下方四阿重屋四旁兩門依考工記孝經說

堂方一百四十尺屋圓楣徑二百一十六尺太室方六丈通天屋徑九丈八闥二十八柱堂高三尺四向五色依周書月令論殿垣外有圜水徑三百步依太山藏德記觀禮經仰觀俯察皆有則象足以盡誠上帝祗配祖宗引風布教作範於後矣弘等學不稽古輒申所見可否之宜伏聽裁擇高祖以時事草創未遑制作竟寢不行。

閻毗爲起部郎高祖大備法駕嫌屬車太多顧謂毗曰開皇之日屬車十二乘於事亦得今八十一乘以牛駕車不足以益文物朕欲減之從何爲可毗曰臣初定數共宇文愷參詳故實據漢胡伯始蔡邕等議屬車八十一乘此起於秦遂爲後式故張衡賦云屬車九九是也次及法駕三分減一爲三十六乘此漢制也又據宋孝建時有司奏議晉遷江左唯設五乘尚書建平王宏曰八十一乘議兼六國三十六乘無所准馮江左三乘儉不中禮但帝王文物旂旒之數爰及冕玉皆用十二今宜准此設十二乘開皇平陳因以爲法今憲章往古大駕依秦法駕依漢小駕依宋以爲差等帝曰何用秦法大駕宜二十六法駕宜十二小駕除之毗研精故事皆此類也

宇文愷爲工部尚書初自永嘉之亂明堂廢絶隋有天下將復古制議者紛然皆不能決愷博考羣籍奏明堂議表曰臣聞在天成象房心爲布政之宮在地成形丙午居正陽之位觀雲告月順生殺之序五室九宮統人神之際金口木舌發令兆民玉瓚黄琮式嚴宗祀何嘗不矜莊房宇盡妙思於規摹凝眸冕旒致子來於矩矱伏惟皇帝陛下提衡握契御辯乘乾咸五登三復上皇之化流凶去暴不下武之緒用百姓之異心驅一代以同域康哉康哉民無能而名矣故使天符地寶吐醴飛甘造物資生澄源反朴九圍清謐四表削平襲我衣冠齊其文軌茫茫上玄陳珪璧之敬肅肅清

廟感霜露之誠正金奏九韶六莖之樂定石渠五官三雍之禮乃卜瀍西爰謀洛食辯方面勢仰稟神謀敷土濬川爲民立極兼聿遵先言表置明堂爰詔下臣占星揆日於是採崧山之秘簡披汶水之靈圖訪通議於殘亡購冬官於散逸總集衆論勒成一家昔張衡渾象以三分爲一度裴秀輿地以一寸爲千里臣之此圖用一分爲一尺推而演之冀輪奐有序而經構之旨議者殊途或以綺井爲重屋或以圓楣爲隆棟各以臆說事不經見今錄其疑難爲之通釋皆出證據以相發明議曰臣愷謹案淮南子曰昔者神農之治天下也甘雨以時五穀蕃植春生夏長秋收冬藏月省時考終歲獻貢以時嘗穀祀于明堂明堂之制有蓋而無四方風雨不能襲燥濕不能傷遷延而入之臣以爲上古朴略剏立典刑尚書帝命驗曰帝者承天立五府以尊天重象赤曰文祖黄曰文神白曰顯紀黑曰玄矩蒼曰靈府注云唐虞之天府夏之世室殷之重屋周之明堂皆同矣尸子曰

有虞氏曰總章周官考工記曰夏后氏世室堂脩二七博四脩一注云脩南北之深夏度以步今堂脩十四步其博益以四方脩之一則明堂博十七步半也臣愷案三王之世夏最爲古從質尚文理應漸就寬大何因夏室乃大殷堂相形爲論理恐不尒記云堂脩二十博四脩一若夏度以步則應脩七步注云今堂脩十四步乃夏增益記文殷周二堂獨無加字便是其義類例不同山東禮本輒加二七之字何得殷無加尋之大周開增筵之義研窮其趣或是不然讎校古書並無二字此乃桑間俗儒信情加減黃圖議云夏后氏益其堂之大一百四十四尺周人明堂以其兩杼間馬宮之言止論堂之一面據此爲准則三代堂基並方得爲上圓之制諸儒所說並云下方鄭注周官獨爲此義非直與古違異亦乃乖背禮文尋文求理深恐未愜尸子曰殷人陽館考工記曰殷人重屋堂脩七尋堂崇三尺四阿重屋注云其脩七尋五丈六尺放夏周則其博九尋七丈二尺

又曰周人明堂度九尺之筵東西九筵南北七筵堂崇一筵五室凡室二筵禮記明堂位曰天子之廟複廟重檐鄭注云複廟重屋也注王𦵏云天子廟及路寢皆如明堂制禮圖云於內室之上起通天之觀觀八十一尺得宮之數其聲濁君之象也大戴禮曰明堂者古有之凡九室一室有四戶八牖以茅蓋上圓下方外水曰璧雍赤綴戶白綴牖堂高三尺東西九仞南北七筵其宮方三百步凡人民疾六畜疫五穀災生於天道不順天道不順生於明堂不飾故有天災則飾明堂周書明堂曰堂方百六十二尺高四尺階博六尺三寸室居內方百尺室內方六十尺高八尺博四尺作洛曰明堂太廟路寢咸有四阿重亢重廊孔氏注云重亢累棟重廊累屋也禮圖曰秦明堂九室十二階各有所居呂氏春秋曰有十二堂與月令同並不論尺丈臣愷案十二階雖不與禮合一月一階非無理思黃圖曰堂方百四十四尺坤之策也方象地屋圓楣徑二百一十六尺乾之策也圓

象天室九宮法九州太室方六尺法陰之變數十二堂法十二月三十六戶法極陰之變數七十二牖法五行所行日數八達象八風法八卦通天臺徑九尺法乾以九覆六高八十一尺法黃鍾九九之數二十八柱象二十八宿堂高三尺土階三等法三統堂四向五色法四時五行殿門去殿七十二步法五行所行門堂長四丈取太室三之二垣高無蔽目之照牖六尺其外倍之殿垣方在水內法地陰也水四周於外象四海圓法陽也水闊二十四丈象二十四氣水內徑三丈應觀禮壇三成武帝元封二年立明堂汶上無室其外略依此制泰山通義今亦不可得而辯也元始四年八月起明堂辟雍長安城南門制度如儀殿垣四門八觀水外周堤壤高四方和會築作三旬五年正月六日辛未始郊太祖高皇帝以配天二十二日丁亥宗祀孝文皇帝於明堂以配上帝及先賢百辟卿士有益者於是祕而祭之親扶三老五更袒而割牲跪而進之因班時命宣恩澤諸侯王宗室四夷君長匈奴

西國侍子悉奉貢助祭禮圖曰建武三十年作明堂明堂上圓法天下方法地十二堂法日辰九室法九州室八窗八九七十二法一時之王室有二戶二九十八戶法土王十八日內堂正壇高三尺土階三等胡伯始注漢官云古清廟蓋以茅今蓋以瓦瓦下藉茅以存古制東京賦曰乃營三宮布政頒常複廟重屋八達九房造舟清池惟水泱泱薛綜注云複重䆉覆謂屋平覆重棟也續漢書祭祀志云明帝永平二年祀五帝於明堂五帝坐各處其方黃帝在未皆如南郊之位光武位在青帝之南少退西面各一犢奏樂如南郊臣愷案詩云我將祀文王於明堂也我將我享維牛維羊據此則備太牢之祭今云一犢恐與古殊自晉以前未有鴟尾其垣牆璧水一依本圖晉起居注裴頠議曰尊祖配天其義明著廟宇之制理據未分直可爲一殿以崇嚴祀其餘雜碎一皆除之臣愷案天垂象聖人則之辟雍之星既有圖狀晉堂方構不合天文既闕重樓又無璧水空堂乖五室

之義直殿違九階之文非古欺天一何過甚後魏於北城南造
圓牆在璧水外門在水內迴立不與牆相連其堂上九室三三
相重不依古制室間通巷違舛處多其室皆用墼累極成褊陋
後魏樂志曰孝昌二年立明堂議者或言九室認斷從五室後
元叉執政復改為九室遭亂不成宋起居注曰孝武帝大明五
年立明堂其牆宇規範擬則太廟唯十二間以應朞數依漢汶
上圖儀設五帝位太祖文皇帝對饗鼎俎簠簋一依廟禮梁武
即位之後移宋時太極殿以為明堂無室十二間禮疑議云祭
用純俎瓦樽文於郊質於廟止一獻用清酒平陳之後臣得目
觀遂量步數記其尺丈猶見基內有焚燒殘柱毀斫之餘入
地一丈儼然如舊柱下以樟木為跗長丈餘闊四尺許兩兩相
並凡安數重宮城處所乃在郭內雖湫隘卑陋未合規摹祖宗
之靈得崇嚴祀周齊二代闕而不修大饗之典於焉靡託自古
明堂圖有二本一是宗周劉熙阮諶劉昌宗等作三圖略同一

是後漢建武三十年作禮圖有本不詳撰人臣遠尋經傳傍
求子史研究衆說總撰今圖其樣以木為之下為方堂堂有五
室上為圓觀觀有四門帝可其奏會遼東之役事不果行

冊府元龜卷第五百八十四

册府元龜卷第五百八十五

掌禮部二十三

奏議第十三

唐魏徵爲侍中貞觀五年太宗將造明堂太子中允孔穎達以諸儒立議頗乖故實上表曰伏尋前勅依禮部尚書盧寬國子助教劉伯莊等議以爲從崑崙道上層祭天又尋後勅爲左右閣道登樓設祭臣謹案六藝群經百家諸史皆基上曰堂樓上曰觀未有重樓之上而有堂名孝經云宗祀文王於明堂不云明樓明觀其疑一也又明堂法天聖王示儉或有翦蒿爲柱葺茅作蓋雖復古今異制不可常然猶皆依大典貴在樸素是以席惟藁秸器止陶匏用繭犢以貴誠服大裘以訓儉今若飛樓架迥浮閣凌雲考古言之實堪疑慮案郊祀志漢武明堂之制四面無壁上覆以茅祀五帝於上坐祀后土於下防臣以上坐正於基上下防惟是基下既云四面無壁未審伯莊以何知上

層祭神下有五室且漢武所爲多用方士之說違經背正不可師祖又盧寬等議云上層祭天下堂布政欲使人神位別事不相干臣以古者敬重大事與接神相似是以朝覲祭祀並皆在廟豈亦樓上祭祖樓下視朝閣道升樓路便穿隘乘輦則接神不敬步陟則勞勤聖躬侍衛在傍百司供奉求之經誥全無此理臣非敢固執愚見欲求已長伏以國之大典不可不慎伏乞以臣愚表下付群官詳議焉徵議曰稽諸詁訓參以舊圖其上圓下方複廟重屋百慮一致異軫齊歸洎當塗膺籙未遑斯禮典午聿興無所取則裴頠以諸儒持論異端鋒起是非舛互靡所適從遂乃以人廢言止爲一殿宋齊即仍其舊梁陳遵而不改雖嚴配有所祭饗不匱求之典則道實未弘夫孝因心生禮緣情立心不可極故備物以表其誠情無以尊故飾宮以廣其敬宣尼美歎意在兹乎臣等親奉德音得參大議思竭塵露增崇山海凡聖人有作義重隨時萬物斯覩事資通變若據蔡邕

原闕

之說則至理失於文繁若依裴頠所爲則大體傷於質略求之情禮未臻厥中今之所議非無用捨請爲五室重屋上圓下方既體有則象又事多故實下室備布政之居上堂爲祭天之所人神不雜禮亦宜之其高下廣袤之規几筵尺丈之度則並隨時立法因事制宜自我作故不必師古鄭千載之疑議爲百王之懿範不使泰山之下惟聞黃帝之法汶水之上獨稱漢武之圖則通乎神明庶幾可俟子來經始成之不日

朱子奢爲諫議大夫貞觀九年將行高祖遷祔之禮太宗命有司詳議廟制子奢建議曰按漢丞相韋玄成奏立五廟諸侯同五劉子駿議開七祖邦君降二鄭司農踵玄成之轍王子雍揚國師之波分塗並驅名相師祖咸就其所習好同惡異遂令歷代祧祀多少參差優劣去取曾無準一傳稱名位不同禮亦異數易云卑高以陳貴賤位矣豈非別嫌慎微遠防陵僭尊者卑者升降無舛所貴禮者義在兹乎若使天子諸侯俱立五廟便

原闕

國家故事立親廟六其祖宗之制式尊舊典與承天之道興於理定之辰尊祖之義成於孝治之日制從之於是增修太廟始崇祔弘農府君及高祖神主并舊四室為六室

貞觀中太宗謂禮官曰同爨尚有緦麻服恩而嫂叔無服又舅之與姨親疎相似而服紀有殊理未為得宜集學者詳議餘有親重而服輕者亦附奏聞丁卯尚書八座禮官定議曰臣竊聞之禮所以決嫌疑定猶豫別同異明是非者也非從地出人情而已矣親疎有九服術有六隨恩以薄厚稱情以立文然舅之與姨雖爲同氣論情度義先後實殊何則舅爲母之本族姨乃外成他姓求之母族姨不預焉考之經文舅誠爲重故周王念齊冊舅甥之國秦伯懷晉切渭陽之詩今在舅服止一時爲姨居喪五月循名喪實逐末棄本盖古人之情或未有達所宜損益寔在茲乎記曰兄弟之子猶子盖引而進之也嫂叔之不服盖推而遠之也禮繼父同居則為之朞未嘗同居則不為服從

母之夫舅之妻二夫人相為服或曰同爨緦然則繼父之徒並非骨肉服重由乎同爨恩輕在乎異居故知制服雖繼於名亦緣恩之厚薄者也或有長年之嫂遇孩童之叔劬勞鞠養情若所生分飢共寒契闊偕老譬同居之繼父方他人之同爨情義之深淺寧可同日而言哉在其生也愛之同於骨肉及其死也則曰推而遠之求之本原深所未諭若推而遠之為是則不可生而共居生而共居為是則不可死同行路重其生而輕其死原其始而薄其終稱情立文其義安在且事嫂見稱載籍非一鄭仲虞則恩禮甚篤顏弘都則竭誠致感馬援則見其必冠孔伋則哭之為位此並躬踐教義仁深孝友察其所行之旨豈非先覺者歟但于時上無哲王礼非下之所議遂使深情鬱乎千載至理藏於萬古其來久矣豈不惜哉今屬欽明在辰聖人有作五礼詳洽一物無遺猶且永念慎終凝神遐想以為尊卑之敘雖煥乎大備喪紀之制或情礼未隆爰命秩宗更詳考正

臣等奉遵明命觸類傍求採摭群經討論傳記或引兼名實无文之禮咸秩敦睦之情畢舉變薄俗於深仁垂篤義於將來信六籍所不能談超百王而獨得者也諸儒所守无有異同詳求厥中申明聖旨謹按高祖父母舊服齊衰三月請加為齊衰五月嫡子婦舊服大功請加為朞衆子婦舊服小功今請與兄弟子婦同為大功九月嫂叔舊無服今請小功五月報其弟妻及夫兄亦小功五月舅舊服緦麻請與從母同服小功制可之

顏師古為秘書監貞觀九年十一月詔曰太原之地肇基王業事均豐沛義等宛譙理宜別建寢廟以彰聖德詳覽漢典抑有成規但先皇遺旨務存儉約虔奉訓誡允忘啓處宜令礼官与公卿等詳議以聞師古議曰臣究觀祭典考驗禮經宗廟皆在京師不於下土別置至若周之酆鎬並為遷都乃是因事更營非云一時俱立其郡國造廟爰起漢初率意而行事不稽古源流漸廣大違典制是以貢禹韋玄成等招聚儒學博詢廷議據

禮陳奏遂從廢毁自斯已後彌歷年代變而不爲今若增立寢廟別安主祏有乖先旨靡率舊章并祫從毁理謂不可固宜勉割深衷俯從大禮

韋挺爲太常卿貞觀十六年四月有司言將行禘祭依令禮祫享功臣配享於廟廷禘享則不配依令祫禘之日功臣並得配享請集禮官學士等議挺等一十八人議曰古之王者富有四海而不朝夕上膳於大廟者患其過禮也故曰春秋祭祀以時思之至於臣有大功享祿其後子孫率禮潔粢豐盛礿祠蒸嘗四時不輟國家大祫又得配焉所以昭明其勳尊顯其德以勸嗣臣也其禘及時享功臣皆不應預故周禮六功之官皆配大烝而已先儒皆以大蒸爲祫祭高堂隆庾蔚之等多遵鄭玄未有將爲時享又漢魏祫祀皆在十月晉朝禮官欲用孟秋殷祭左僕射孔安國啓彈坐免官者不一梁初誤禘功臣左丞何佟之議武帝允而依行降曁周隋俱遵此義竊以五年再殷合諸大道一大一小通人雅論小則人臣不預大則兼及有功今禮儀無功臣誠謂理不可易詔改令從禮焉是年太宗駐蹕遼澤詔朝高祖忌日有司請曰禮云君子有終身之憂而無一朝之樂此所謂忌日改歲親沒同辰忌其居處不可爲樂自代爲南餘晉國東從或背名似之節而出典彝之外既乖俯就流宕不歸夔公擊峭陵而罷綠侗起徐哉而廢禮舍葷之事無所不通伏惟陛下親御六軍已經寇境戎務繁擁伏待剖斷不可以遵先聖之常經略近代之公議請今月六日所有軍機要切百司依式奏聞手詔答曰省所奏悲感何言天地運流弓劍貽徽方寸分亂泣血無追憂乃終身豈惟一日哀以內結非假外彰今既戎旅大事不可失在機速昔周武伐殷載廟在道雖多虧小禮而勿成大孝往賢之道可不遵乎所以仰順古風俯從今請臨紙摧慟心爲如割

許敬宗爲禮部尚書貞觀二十三年太宗神主祔廟敬宗奏言

弘農府君廟應迭毁謹按舊議漢丞相韋玄成以爲毁主瘞埋但萬國宗饗有所從來一旦瘞藏事非允愜晉博士范宣意欲別立廟宇奉征西等主安置其中方之瘞埋頗叶情理然事無典故亦未足依又議者或言毁主藏於天府祥瑞所藏本非斯意今謹准量去祧之外猶有壇墠祈禱所及竊謂合宜今時廟制與古不同共基別室西方爲首若在西夾之中仍處尊位祈禱則祭未絶祗享方諸舊議情實可安弘農府君廟遠親殺詳據舊章禮合迭毁臣等參議遷奉神主藏於夾室本情篤教在理爲宜從之至高宗龍朔二年爲修禮官奏曰據祠令及新禮並用鄭玄六天之義圓丘祀昊天上帝南郊祭太微感帝明堂祭太微五天帝臣等謹案鄭玄唯據緯書所說六天皆謂星象而昊天上帝不屬穹蒼故注月令周官皆謂圓丘所祭昊天上帝北辰星曜魄寶又說孝經郊祀后稷以配天及明堂嚴父配天皆爲太微五帝考其所說乖謬特深案易云日月麗於天百穀草木麗於地又云在天成象在地成形足明辰象非天草木非地毛詩傳云元氣昊大則稱昊天遠視蒼蒼則稱蒼天此則天以蒼昊爲體不入星辰之例且天地各一是曰兩儀天尚無二焉得有六是王肅群儒咸駁此義又檢太史圓丘圖昊天上帝坐外別有北辰坐與鄭義不同得太史令李淳風等狀稱昊天上帝圖位自在壇上北辰自在第二與北斗並列爲星官內坐之首不同鄭玄據緯之說此乃羲和所掌觀象制圖推步有徵相沿不謬又案史記天官書等太微宮有五帝者自是五精之神五星所奉以其是人主之象故況之曰帝亦如房心爲天王之象並是天乎周禮兆五帝於四郊又云祭五帝則掌百官之誓惟稱五帝皆不言天自太微之神本非穹昊之祭又孝經唯云郊祀后稷無別圓丘之文王肅等皆以爲郊即圓丘圓丘即郊猶王城京師異名同實符合經典其義甚明而今從鄭說分爲兩祭圓丘之外別有南郊違棄正經理深未允且檢吏部

式唯有南部陪位更不別載圓丘式文既遵王肅祠令仍行鄭義今式相乖理宜改革又孝經云嚴父莫大於配天下文即云周公宗祀文王於明堂以配上帝明是明堂所祀正在配天而以爲但祭星官反違明義又案月令孟春之月祈穀於上帝左傳亦云凡祀啓蟄而郊郊而後耕故郊祀后稷以祈農事然啓蟄郊天自以祈穀謂爲感帝之祭事甚不經今請憲章姬孔去取王鄭四郊迎氣存太微五帝之祀南郊明堂廢緯書六天之義其方丘祭地之外別有神州謂之北郊分地爲二文既無據理又不通亦請爲一祀以符古義仍並條附入式永垂後則詔可之敬宗等又奏稱檢新禮祭畢收王帛牲體置於柴上然後燔柴燎壇又在神壇之左臣敬宗謹按祭祀之禮必先降神周人尚臭祭則燔柴爲始然後行正祭地以瘞血爲先然後行正祭又禮說論太常賀循上言積柴舊在壇南燎祭天之牲用犢左胖漢儀用頭今郊用脅之九箇足明燔柴所用與升俎不同

是知自在祭俎別燔牲體非於祭末燒神餘饌此則晉氏之前乃遵古禮唯周魏以降妄爲損益約告廟之弊事卑瘞埋因改燔柴將爲祭末事無典實禮闕降神又燔柴正祭牲玉皆別蒼璧蒼犢之流柴之所用四圭騂犢之屬祀之所須故郊天之有四圭猶祀廟之有圭瓚是以周官典瑞文勢相因並事畢收藏不在燔例而今新禮引同蒼璧不顧圭瓚遂亦俱燔義既有乖理難因襲又燔柴作樂俱以降神則處置之宜須相依准燔柴在左作樂在南求之禮情實爲不類且論說積柴之處在神壇之南新禮以爲壇左文無典故今請改燔柴爲祭始位在樂懸之南外壝之內其陰祀瘞埋亦請准此詔可之敬宗等又奏曰依古喪服甥爲舅緦麻舅報甥亦同制貞觀中八座議奏舅服同姨小功五月而今律疏舅報甥服猶三月謹按傍尊之服禮無不報已非正尊不敢降之也故甥爲從母五月從母報甥小功甥爲舅緦麻舅亦報甥三月是其義矣今甥爲舅使同從母之義則舅宜進甥以同從母之報修律疏人不知禮意舅報甥服尚捐緦麻例既不通禮須刊正今請修改律疏舅報甥亦小功又曰庶母古禮緦麻新禮無服謹按庶母之子即是己之昆季爲之杖齊而己與之無服同氣之內吉凶頓殊求之禮文深謂非理請依典故爲服緦麻又皇帝爲諸臣及五服親舉哀禮着四服今乃云白帢禮令乖舛須歸一塗且白帢出自近代事非稽古雖著令文不可行用請改從素服以會禮文詔並從之

于志寧爲侍中永徽元年衡山公主欲出降長孫氏議者以時旣公除合行吉禮志寧上疏曰臣聞明君馭曆當俟獻替之臣聖主握圖必資鹽梅之佐所以堯詢四岳景化洽於區中舜任五臣懿德被於無外左有記言之史右有記事之官大小咸書善惡俱載著懲勸於簡牘垂褒貶於人倫爲萬古之範圍作千齡之龜鏡伏見衡山公出降欲就今秋成禮竊按禮記云女年十五而笄二十而嫁有故二十三而嫁鄭玄云有故謂遭喪也

固知須終三年春秋云魯莊公如齊納幣杜預云母喪未再朞而圖婚二傳不譏失禮明故也此即史策具載是非歷然斷在聖情不待問於臣下其有議者云准制公除之後須並從吉此漢文創制其儀爲天下百姓至於公主服是斬縗縱使服隨例除無宜情隨例改心喪之內方復成婚非唯違於禮經亦是人情不可伏惟陛下嗣膺寶位臨統萬方理宜繼美羲軒齊芳湯禹弘奬仁孝之日敦崇名教之秋此事行之若難猶須抑而守禮況行之甚易何容廢而受譏此理有識之所共知非假愚臣之說也伏願遵高宗之令軌略孝文之權制國家於法無虧公主情禮得畢於是詔公主待三年服闋後出降

閻立德爲工部尚書永徽三年六月內出明堂九室樣更令損益有司奏言內樣堂基三重每基十二階上基方三百尺高一逆下基方三百六十尺上基象黃琮爲八角四面安十二階請依內圖爲定其基請准周制高九尺方二百三十八尺中基下

基望並不用又内様室各方三叢開四闥八窓屋圓楣徑二百九十一尺案季秋大饗五帝各在一室商量不便請依兩漢季秋合饗惣於大室若四時迎氣之礼則各於其方之正其安置九室之制増損明堂故事三三相重太室在中央方六丈其四隅之室謂之左右房各方二丈四尺當太室四面青陽明堂緫章玄堂寺室各長六尺以應太室闊二丈四尺以應左右房室間並通巷各廣一丈八尺其九室并巷在堂上惣方一百三十四尺法坤之策屋圓楣揗檐或為未允請據鄭玄盧植等説以前梁為楣其徑二百一十六尺法乾之策圓柱旁出九室四隅各七尺法天以七紀柱外餘基共作司約准面別各餘一丈七尺内様室別四闥八窓検與古今請依為定其户仍古外而不開内様外有柱三十六毎柱十梁内有七間柱根以至上梁高三尺梁以上至屋峻計起高八十一尺上圓下方飛檐應規請依内様為定其蓋屋形制仍望據考工記改為四阿并依礼加

重檐准太廟安鴟尾堂四向五色請依周礼白盛為便其四向各隨方色請施四垣及四門辟雍案大戴礼及前代説辟雍多無水廣内徑之數蔡邕云水廣二十四丈四周於外三輔黄圖水廣四周與蔡邕不異仍云水外周隄又張衡東京賦稱造舟為梁礼記明堂陰陽録水左旋以象天商量水廣二十四丈恐復校闊今請減為二十四步垣水量取周足仍依故事造舟為梁其外周以圓堤并取陰陽水行左旋之制殿垣案三輔黄圖殿垣四周方在水外高不蔽日殿門去殿七十二步准今行事設猶恐窄小其方垣四門去堂步數請准太廟南門去廟基遠近為制仍立四門八觀依太廟門別各安三門施玄門闌四角造三重魏闕此後羣儒紛競各執異議尚書左僕射于志寧等請為九室太常博士唐昕等請為五室帝令所司於觀德殿依兩議張設親與公卿觀之帝曰明堂之礼自古有之議者不同未果營建今設兩議公等以可者為宜立德對曰兩議不同俱有典故九室似闊五室似明取捨之宜斷在聖慮帝亦以五室為便議又不定由是且止

冊府元龜卷第五百八十五

冊府元龜卷第五百八十六

掌禮部 二十四

奏議第十四

唐長孫無忌爲太尉顯慶元年六月與修禮官等奏曰伏見祠令以高祖太武皇帝配五天帝於明堂太宗文皇帝配五人帝亦在明堂之側臣等謹尋方冊歷考前規宗祀明堂必配天帝而伏羲五代本配五郊預入明堂自緣從祀今以太宗作配理有未安伏見永徽二年七月制建明堂追奉太宗已遵嚴配當時高祖先在明堂禮司致惑竟未遷祀率意定儀遂便著令乃以太宗文皇帝降配五人帝雖復亦在明堂不得對越天帝深乖明詔之意又與先典不同謹按孝經云孝莫大於嚴父嚴父莫大於配天昔者周公宗祀文王於明堂以配上帝伏惟詔意義在於斯令所司殊爲失旨又尋漢魏晉宋歷代禮儀並無父子同配明堂之義祭法云周人禘嚳而郊稷祖文王而宗武王鄭玄注曰禘郊宗祖謂祭祀以配食也禘謂祭昊天於圜丘郊謂祭上帝於南郊祖宗謂祭五神於明堂也尋鄭此注乃以祖宗合爲一祭又以文武共在明堂連衽配祠良爲謬矣故王肅駁曰古者祖宗自是不毀之名非配食於明堂者也審如鄭義則孝經當言祖祀文王於明堂不得言宗祀也凡宗者尊也周人既祖其廟又尊其祀孰謂祖於明堂者乎鄭引孝經以解祭法而不曉周公本意殊非仲尼之義旨也又解宗武王云配勾芒之類是謂五神位在堂下武王降位失君敘矣又案六韜曰武王伐紂雪深丈餘五車二馬行無轍迹詣營求謁武王怪而問焉太公對曰此必五方之神來受事耳遂以其名召入各以其職命焉既克殷風調雨順豈有生來受職歿則配之降尊敵卑理不然矣故春秋外傳曰禘郊宗祖報五者國之典祀也傳言五者故知各是一事非謂祖宗合祀於明堂也臣謹上考殷周下洎貞觀並無一代兩帝同配於明堂唯南齊蕭氏以武明昆季並於明堂配食事乃不經未足援據又檢武德時令以元皇帝配於明堂兼配感帝至貞觀初緣情革禮奉祀高祖於明堂奉世遷祖尊配感帝此即聖朝故事已有遞遷之典取法宗廟古之制焉伏惟太祖景皇帝締構有周建絕代之丕業啓祚汾晉創聖歷之洪基德邁發生道符立德又世祖元皇帝潛鱗韜慶屈道事周導濬發之靈源肇光宅之垂裕稱祖清廟萬代不遷請停配祀以符古義伏惟高祖太武皇帝躬受天命奄有神州創制改物體元居正爲國始祖抑有舊章昔者炎漢高帝當塗太祖皆以受命例並配天請遵故實奉祀高祖於圜丘以配昊天上帝伏惟太宗文皇帝道格上玄功清下瀆拯率土之塗炭布大造於生靈請准詔明堂以配上帝又請依武德故事兼配感帝作主斯乃遠協孝經近申詔意從之是年九月又奏曰准武德初撰衣服令乘輿祀天地服大裘冕無旒臣無忌志寧敬宗等謹按郊特牲云周之始郊日以至被衮以象天戴冕藻十有二旒則天數也而此二禮俱說周郊衮與大裘事乃有異案月令孟冬天子始裘明以禦寒理非當暑若啓蟄祈穀冬至報天行事服裘義歸通允至於季夏迎氣龍見而雩炎熾方隆如何可服謹尋歷代唯服衮章與郊特牲義旨相協案周遷輿服志云漢明帝永平二年詔採周官禮記始制祀天地服百官備十二章沈約宋書志云魏晉郊天亦皆服衮又王智深宋紀曰明帝詔云以大冕純玉藻玄衣郊祀天地後魏周齊迄于隋氏勘其禮令祭服悉同斯則百王通典炎涼無妨復與禮經事無乖舛今請憲章故實郊祭天地皆服衮其大裘請停仍改禮令又改新禮皇帝祭社稷服絺冕四旒三章祭日月服玄冕三旒衣無章謹按令文是四品五品之服此即三公亞獻皆服衮孤卿助祭服毳及鷩斯與章數同於大夫君少臣多殊爲不可據周禮云祀昊天上帝則服大裘而冕五帝亦如之享先王則衮冕享先公則鷩冕祀四望山川則毳冕祭社稷五祀則

絺冕諸小祠則玄冕又云公侯伯子男孤卿大夫之服衮冕以下皆如王之服所以三禮義宗遂有二釋一云公卿大夫助祭之日所着之服降王一等又云悉與王同求其折衷俱未通允但名位不同禮亦異數天子以有十二爲節義在法天豈有四旒三章翻爲御服若諸臣助祭冕與王同便是貴賤無分君臣不別如其降王一等則王着玄冕之時群臣次服爵弁旣屈天子又貶公卿周禮此文久不施用亦猶祭祀之立尸侑君親之拜臣子覆巢設若族之官去鼃置蟈氏之職唯施周代事不通行是故漢魏以來下迄隋代相承舊事唯用衮冕今新禮親祭日月乃服五品之衣臨事施行極不穩便請遵歷代故實諸祭並用衮冕詔可之二年七月又奏曰謹按禮記祭法云聖王之制禮也施法於人則祀之以死勤事則祀之以勞定國則祀之能禦大災則祀之能捍大患則祀之又云堯舜禹湯文武皆有功烈於人及日月星辰人所瞻仰非此族也不在祀典准此帝王合與日月同例常加祭享義在報功爰及隋代並遵斯典漢高祖祭法無文但以前代迄今多行秦漢故事始皇無道所以棄之漢祖立法垂裕於後自隋已下亦在祠例大唐稽古垂化網羅前烈唯此一禮咸秩未申新禮及令無祭先代帝王之文請聿遵故實三年一祭以仲春之月祭唐堯于平陽以契配祭虞舜于河陽以咎繇配祭夏禹于安邑以伯益配祭殷湯于偃師以伊尹配祭周文王於鄷以太公配祭武王于鄗以周公召公配祭漢高祖于長陵以蕭何配又准貞觀二十一年詔以孔子爲先聖更以左丘明等二十一人與顏子俱配尼父於太學並爲先師今據永徽令文改用周公爲先聖遂出孔子降爲先師顏回左丘明並爲從祀謹按禮記云凡學春官釋奠于先師鄭玄云官謂詩書禮樂之官也先師者若漢禮有高堂生樂有制氏詩有毛公書有伏生可以爲之又禮記云始立學釋奠于先聖鄭注曰若周公孔子也據禮爲定昭然自別聖則非周即孔師

則偏善壹經漢魏以來取捨各異顏回夫子互作先師宣父周公更爲先聖求其節文遞有得失所以貞觀之末親降綸言依禮記之明文酌康成之典記正夫子爲先聖衆儒爲先師永垂制於後昆革往代之紕繆而今不詳制旨輒事刊改遂違明詔但成王幼年周公踐極制禮作樂功比帝王所以禹湯文武成王周公爲六君子又說明王孝道乃述周公嚴配此即姬旦鴻業合同王者祀之儒館實貶其功仲尼生衰周之末拯文喪之弊祖述堯舜憲章文武弘聖教於六經闡儒風於前代故孟軻稱生靈已來一人而已自漢已降弈葉封侯崇奉其聖迄于今日胡可降茲上哲俯入先師且又丘明之徒見行其學貶爲從祀亦無故事請改令從詔於義爲允其周公仍依別禮配享武王詔並可之

隴西郡王博乂爲司禮太常伯龍朔二年八月司文正卿蕭嗣業嫡繼母改嫁而卒請申心制有司奏稱據令繼母改嫁及父爲長子並不解官乃下勅曰雖云嫡母終是繼親據禮緣情須有定制付所司議定奏聞博乂等奏議曰緬尋喪服母名斯定嫡繼慈養皆在其中唯出母之制特言妻之子明非生已則皆無服是以令著母嫁之服又云出妻之子出言其子以別所生嫁則言母通包養嫡俱當解任並合心喪其不解者唯有繼母之嫁繼母爲名止據前妻之子嫡於諸孽禮無繼母之文甲令今旣見行嗣業理申心制然奉勅議定方垂永則令有不安亦須釐正竊以嫡繼慈養皆非所生嫁雖比出稍輕於父終爲義絶繼母之嫁旣殊慈母嫡義同繼豈合心喪望請凡非所生父卒而嫁爲父後者無服非承重者杖朞並不心喪一同繼母有符情禮無黜舊章又心喪之制唯施厭降杖朞之服不悉解官而令文三年齊衰亦入心喪例杖朞解官文有妻喪之舛又依禮庶子爲其母緦麻三月旣是所生母服准例亦合解官令文漏而不言於事終須附入旣與嫡母等嫁同不令條揔請義改

理之繼其禮及律疏有相關者亦請准此改正嗣薨既嫡母改
醮不合解官從之
孫茂道爲司禮少常伯龍朔二年九月奏稱准令諸臣九章服
君臣冕服章數雖殊飾龍名衮尊卑相亂望請諸臣九章衣以
雲及麟代龍外山爲上改名爲毳又依舊令六品七品着綠八
品九品着青深亂紫非卑品所服望請六品七品依舊着綠
八品九品着碧朝參之處並依此制非朝參處聽兼服黃從之
劉祥道爲司禮太常伯麟德二年上言曰准禮封壇舊儀當以
太常卿爲亞獻皆三代六卿位重故得佐祠魏至兩漢尚書秩
卑亦以九卿行事自魏晉已降事歸臺省九卿皆爲常伯屬官
今登封大禮不以三公八座行事而用九卿無乃徇虛名而忘
故事也帝又從其義乃詔封祠日以司徒徐王元禮爲亞獻祥
道爲終獻
李敬貞爲羅含府果毅麟德二年將封泰山敬貞上言曰淮南

子云方諸陰燧大蛤磨拭令熱以向月則水生以銅盤受之下
水數石王充論衡云陽燧取火於日方諸取水於月相去甚遠
而火至水來者氣感之驗也漢舊儀云八月飲酎車駕夕牲以
鑒方諸取水於月陽燧取火於日周禮考功記云有六齊金錫
相半謂之鑒燧之齊鄭玄注云鑒燧取火於日月之器也准鄭
此注則水火之器皆以金錫爲之今司宰有陽燧形如圓鏡以
取明火陰鑑形如方鏡以取明水從此年祠祭皆用陽燧取火
應時得之以陰鑑取水未有得者常用井水代之請准淮南令
衡以方諸取之到禮神之物備矣帝令奉常與敬真考驗其事
敬真又言周禮金錫相半自是造鏡之法鄭玄錯解以爲陰鑒
之制又先嘗以八九月望夜取蛤一尺二寸者依法試之自人
定至夜半得水數斗即與淮南論衡所說符同奉常奏曰封禪
祭祀即須明水實樽敬真所陳撿校有故實又稱先經試驗請
令敬眞自取蛤便付泰山與所司考驗從之詔曰古今典制文
質不同至於制度皆遵代革唯祭祀天地獨不改張斯乃自處
於厚奉天以薄又今封禪即用玉牒金繩器物之間復有瓦樽
越帛一時行禮文質頓乖駮而不備深爲未當其封祀降禪所
設上帝后土位先設藁秸瓦甒瓢杯等並宜改用茵褥罍爵每
事從文其諸郊祀亦宜准此
程玄素爲殿中侍御史總章元年高宗將有事於南郊前一
夕帝備法駕齋於太壇東北隅之壝外奉常既頒儀注將玄素
監祭事謂奉常卿裴明禮博士陸遵楷曰准儀注祭之日皇帝
就次未外壝先引太尉英王外自午階禮以別同異辯嫌疑爲
本太尉人臣之貴皇帝在次而先外午階可改也乃詣齋宮上
奏曰臣伏見儀注皇帝外壝及降並由午階初引太尉英王亦
從南陛臣不敢廣陳典故以煩聖覽必謂君王不可與臣下同
階太尉英王請從卯階俟亞獻禮則殊降有數君臣道存從之
夜漏五刻下奉常明禮又報奏帝不許曰我不讀書此誰之過也

史璨爲太常博士上元三年十月有司祫享于太廟璨奏議曰
按禮緯三年一祫五年一禘公羊傳云五年而再殷祭兩文雖
玄其義略同禮記正義引鄭玄禘祫志云春秋僖公三十三年
十二月薨文公二年八月丁卯大享于太廟公羊傳云大享者
何祫也是三年喪畢新君二年當祫明年春禘于群廟僖公宣
公八年皆有禘則後禘去前禘五年以此定之則新君二年祫
三年禘又昭公十三年齊歸薨至十三年喪畢當祫爲平丘之
會冬公如晉至十四年祫十五年禘傳云有事于武宮是也至
十八年祫二十年禘二十三年祫二十五年禘昭公二十五年
有事于襄公是也如上所云則禘後後隔三年而祫祫後隔一
年而禘此則雅合禮經不違傳義自禘祫之祭依璨議定
賈大隱爲太常博士儀鳳二年太常以仲春告祥瑞於太廟高
宗令禮官徵求故實大隱對曰古者祭以首時薦用仲月近代
相承元日奏祥瑞二月然告于廟蓋緣告必有薦便於禮也又

儀自開元已來勅令無文禮司因循不知所起高宗令依舊行焉

蘇知機爲太常博士是年上言曰去龍朔年司禮少常伯孫茂道奏請諸臣九章服與乘輿冕服章數雖殊飾龍名衮尊卑相亂望諸臣九章衣以雲及麟代昇山爲上仍正冕名當時竟未施行今請制大明冕十二章乘輿服之加日月星辰龍武山火麟鳳玄龜雲水等象鷩冕八章三公服之毳冕六章三品服之黼冕四章五品服之詔下有司詳議崇文館學士校書郎楊炯奏議曰古者太昊庖犧氏仰以觀象俯以察法造書契而文籍生焉次有黃帝軒轅氏長而敦敏成而聰明垂衣裳而天下理其後數遷五德君非一姓體國經野建邦設都文質所以再而復正朔所以三而改夫改正朔者謂夏后氏建寅殷人建丑周人建子至於以日繫月以時繫年此則三王相襲之道也夫易服色者謂夏后氏尚黑殷人尚白周人尚赤至於山龍華蟲宗彝藻火粉米黼黻此又百代可知之道也謹按虞書曰予欲觀古人

之象日月星辰山龍華蟲作繢宗彝藻火粉米黼黻絺繡由此言之則其所從來者尚矣夫日月星辰者明光照下土也山者布散雲雨象聖王澤霑下人也龍者變化無方象聖王應機布教也華蟲者雉也身被五彩象聖王體兼文明也宗彝者武雉也以剛猛制物象聖王神武定亂也藻者逐水上下象聖王隨代之應也火者陶冶烹飪象聖王至德日新也米者人恃以生象聖王物之所賴也黼者能斷割象聖王臨事能決也黻者兩已相背象君臣可否相濟也及有周氏乃以日月星辰爲旌旗之飾又登龍於山登火於宗彝於是乎制衮冕以祠先王也九章者法陽數也以龍爲首章也衮者卷也龍德神異應變潛見表聖王深沉遠智卷舒神化也又制鷩冕以祭先公也鷩者雉也有耿介之志表公賢才能守耿介之節也又制毳冕以祭四望四望者岳瀆之神也武雉者山林所生明其象也制絺冕以祭社稷者土穀之神也粉米由是而成象其功也又制玄冕以祭群小祀也百神異形難可遍擬但取黼黻之相背異名也夫以周公之多才也故化定制禮功成作樂夫以孔宣之將聖也故行夏之時服周之冕先王之法服乃此之自出矣天下之能事又於是乎畢矣今表狀請奏大明冕十二章乘輿服之者謹按日月星辰者已施於旌旗龍武山火者又不踰於古矣而云麟鳳有四靈之名玄龜有負圖之應雲有紀官之號水有盛德之祥此蓋別表休徵終是無踰比象然則皇王受命天地興符仰觀則璧合珠連俯察則銀黃玉紫蓋南宮之粉璧不足寫其形狀鑿東觀之鉛黃無以紀其名實固不可畢陳於法服也雲也者龍從之氣也水也者藻之自生也又不假別爲章目也此蓋不經之甚也又鷩冕八章三公服之者鷩者太平之瑞也非三公之德也鷹鸇鷙鳥也適可以辯詳刑之職也熊羆猛獸也適可以旌武臣之力也又稱藻爲水草無所法象引張衡賦云蔕倒茄於藻井披紅葩之狎獵謂爲蓮花取其文彩者夫茄者蓮莖

變古從今既不知草木之名亦未達文章之制此又不經之甚也又毳冕六章三品服之者按此王者祀四望服之名也今三品乃得同王之毳冕而三公不得同王之衮名豈惟顛倒衣裳抑亦自相矛楯此又不經之甚也又黼冕四章五品服之考之於古則無其名驗之於今則無章首此又不經之甚也若夫禮惟從俗則命爲制令爲詔秦皇之故事猶可以適於今矣夫義取隨時則出稱警入稱蹕乃漢國舊儀猶可以行於代矣亦何取於變周公之軌物改宣尼之法度者哉由是竟寢知機所請

韋萬石爲太常少卿儀鳳三年奏曰明堂大享帝准古禮鄭玄義祀五天帝王肅義祀五行帝貞觀禮依鄭玄義祀五帝顯慶已來新修禮昊天上帝奉乾封二年勅祀五帝又奉制并祀昊天上帝昔伏奉上元三年三月勅五禮行用已久並依貞觀年禮定又奉去年勅顯慶已來新修禮多有事不師古其五禮行並依周禮行事者今用樂須定所祀之神未審定依何禮且以夫

年十二月録奏至今未奉進旨所以樂章不定　今廣召學者更參議之

元萬頃爲鳳閣舍人則天垂拱元年七月有司議圓丘方丘及南郊明堂嚴配之禮成均助教孔玄義奏議曰謹按孝經云孝莫大於嚴父嚴父莫大於配天既言莫大於配天明祀享大之天昊天是也物之大者莫大於天推父比天與之相配行孝之大莫過於此以明尊嚴之極也又易云先王以作樂崇德殷薦之上帝以配祖考鄭注上帝天帝也故知昊天之祭合祖考並配請奉太宗文武聖皇帝高宗天皇大帝配昊天上帝於圓丘義符孝經周易之文也神堯皇帝肇基王業應天順人請配感帝於南郊義符大傳之文也又按祭法云祖文王而宗武王祖始也宗尊也所以名祭爲尊始者明一祭之中有此二義又孝經云宗祀文王於明堂文王言祖而云宗也亦是通武王之義故知明堂之祭配以祖考請奉文武聖皇帝高宗天皇大帝配

祭於明堂義符周易及祭法之文也太子右諭德沈伯儀議曰謹按禮有虞氏禘黄帝而郊嚳祖顓頊而宗堯夏后氏以禘黄帝而郊鯀祖顓頊而宗禹殷人禘嚳而郊冥祖契而宗湯周人禘嚳而郊稷祖文王而宗武王鄭玄注云祖宗謂祭祀以配食也禘謂祭昊天於圓丘祭上帝於南郊曰郊祭五帝五神於明堂曰祖宗伏尋嚴配之人於此最爲詳備虞夏則郊嚳殷人則捨契郊冥去取既差前後非次得禮之序莫尚於周禘嚳郊稷不聞於二主明堂宗祀始兼於兩配咸以文王武王父子殊別文王爲父上主五帝武王對父下配五神孝經曰嚴父莫大於配天則周公其人也者周公宗祀文王於明堂以配上帝不言嚴武王以配天則武王雖在明堂理未齊於配稱天宗祀義獨主於尊嚴雖同兩祭終爲一主故孝經緯曰后稷爲天地主文王爲五帝宗也必若一神兩祭十祠薦獻頻繁禮虧於數此則神無二主之道禮崇一配之義竊尋貞觀永徽共遵專配顯慶之後始創兼尊必順古而行實謂從周爲美高祖神堯皇帝請配圓丘方丘太宗文武聖皇帝請配南郊北郊高宗天皇大帝德邁九皇功開萬寓制禮作樂告禪昇中率土共休普天同賴雖莫大之孝理當總配五天萬頃與鳳閣舍人范履冰等議曰伏惟高祖神堯皇帝鑿乾搆象闢土開基太宗文武聖皇帝紹統披元脩幾闡極高宗天皇大帝弘祖宗之大業廓文武之宏規三聖重光千年接旦神功叡德罄圖諜而難稱盛烈鴻猷超古今而莫擬豈徒錙銖堯舜糠粃殷周而已哉謹按見行禮昊天上帝等祠五所咸奉高祖神堯皇帝太宗文武聖皇帝兼配今議者引祭法周易孝經之文雖近稽古之詞殊失因心之旨但子之事父臣之事君孝以承志忠而順美竊惟兼配之禮特禀先聖之懷表取訓於通規遂申情於大孝詩云昊天有成命二后受之易曰殷薦之上帝以配祖考欲尊厥旨本合斯義今若遽撫遺文近乖成典拘常不變守滯莫通便是臣黜於君

遂易郊丘之位下非於上虧遵奉之心豈所以申太后哀感之誠徇皇帝孝思之德慎終追遠良謂非宜嚴父配天寔當君是伏據見禮高祖神堯太宗文武聖皇帝今既先配五祠理當依舊無改高宗天皇大帝齊尊耀魄等遂合樞闡三葉之宏規開萬代之鴻業重規疊矩在功烈而無差享帝郊天豈祠祀之有別請奉高宗天皇大帝歷配五祠制從萬頃議

韋叔夏爲春官郎中天授二年十月奏言謹按禮明堂大享唯禮五方五帝故月令季秋令云是月也大享帝則曲禮所云大享不問卜鄭玄注云謂徧祭五帝於明堂莫適卜是也又按祭法云祖文王而宗武王鄭玄注云祭五帝五神於明堂曰祖故孝經云宗祀文王於明堂以配上帝據此文明堂正禮唯祀五帝配以祖宗及五帝五官神等自外餘神並不合預伏惟陛下追遠情深崇禋志切故於明堂享祀加昊天上帝皇地祇重之以先后配享此乃補前王之闕典弘嚴配之虔誠往以神都郊

壇未建乃於明堂之下廣祭衆神蓋義出權時非不刊之典也
謹按禮經其内官中官幷五岳四瀆諸神並合從祀於二至明
堂總奠事乃不經然則宗祀配天雜與小神同薦於尊嚴之道
理有不安望請每歲元日唯祀天地大神配以帝后其五岳已
下請依禮於冬夏二至從方丘圓丘庶不煩黷從之
王方慶爲鸞臺侍郎萬歲通天二年七月清邊道大摠管建安
王攸宜平契丹凱旋詣闕獻俘内史王及善以爲軍將入城例
有軍樂今既屬孝明皇帝忌月請備而不奏方慶奏曰臣謹按
經但有忌日而無忌月晉穆帝納后用九月九日是康帝忌月
于時疑下太常禮官荀訥議稱禮只有忌日無忌月語若有忌
月合有忌歲益無理據當時從訥所議軍樂是軍容與常樂不
等臣謂振作於事無嫌從之聖曆元年方慶又奏議同準令朞
喪大功未葬並不得預朝賀仍終喪不預宴會比來朝官不遵
禮法身有哀慘陪預朝會手舞足蹈公違憲章名教既虧實點
皇化伏望申明令式更令禁斷從之

冊府元龜卷第五百八十六

冊府元龜卷第五百八十七

掌禮部二十五

奏議第十五

唐吳揚吾爲成均博士則天聖曆元年臘月辛亥制每月一日於明堂拜告朔之禮博士辟閭仁諝奏議曰謹按經史正文無天子每月告朔之事唯禮記玉藻云天子聽朔於南門之外周禮天官太宰正月之吉布政于邦國都鄙干寶注云周正建子之月告朔日也此即玉藻之聽朔矣今每年歲首元日於通天宮受朝讀時令布政事京官九品已上諸州朝集使等咸列於庭此則聽朔之禮畢而合于周禮玉藻之文矣而鄭玄注玉藻聽朔以秦制月令有五常五官之事遂云凡聽朔必特牲告其時帝及其神配以文王武王此鄭玄注之誤也故漢魏至今莫之用按月令云其帝大昊其神句芒者謂宣布時令告示下人其令詞云其帝其神爾所以謂敬授之欲使人奉其時而務其業每月令故謂之月令非謂天子月朔日以祖配帝而祭告之其每月告朔朝廟之禮也故春秋左氏傳曰公旣視朔遂登觀臺又鄭注論語云禮人君每月告朔於廟有祭謂之朝享魯自文公始不視朔是諸侯之禮明矣今王者行之非所聞也按鄭所謂告其帝者即太昊等五人帝其神者即重黎等五行官雖並功施於人列在祀典無天子每月拜祭告朔之文臣謹按礼論及三禮義宗江都集禮貞觀禮顯慶禮及祠令並無天子每月告朔之事若以爲代無明堂故無告朔之禮則苑都集禮貞觀禮顯慶禮及祠令著祀五方上帝於明堂即孝經宗祀文王於明堂也此則苑明堂而著其享祭何爲告朔獨闕其文若以爲君有明堂即合告朔則周秦有明堂而經典正文並無天子每月告朔之事臣等詳求今古博考載籍旣無其禮不可習非望請停每月一日告朔之祭以正國經竊以天子之尊而用諸侯之禮非所謂頒告朔令諸侯奉而行之義也鳳閣侍郎王方慶又奏議曰謹按明堂天子布政之宮也蓋非所以明天氣統万物動而儀德被於四海者夏曰世室殷曰重屋周曰明堂此三代之名也明堂天子太廟所以宗祀其祖以配上帝東曰青陽南曰明堂西曰總章北曰玄堂中曰太室雖有五名而以明堂爲主漢代達學通儒咸以明堂太廟爲一漢左中郎將蔡邕立議亦以爲然取其宗祀則謂之清廟取其正室則謂之太室取其向陽則謂之明堂取其建學則謂之太學取其圓水則謂之辟雍異名而同事古之制也天子以孟春正月上辛於南郊總受十二月之政還藏於祖廟月取一政班於明堂諸侯孟春之月朝於天子受十二月之政藏於祖廟月取一政而行之蓋所以和陰陽順天道也如此禍亂不作災害不生矣仲尼美而稱之明王之以孝理天下也君以其禮告廟則謂之告朔聽視此月之政則謂之視朔亦曰聽朔雖有三名其實一也今禮官議稱按經史正文无天子每月告朔之事者臣謹按春秋文公六年閏十月不告朔穀梁傳曰閏附月之餘日天子不以告朔左氏傳云閏月不告朔非礼也閏以正時時以作事事以厚生生人之道於是乎在矣不告閏朔棄時政也臣據此文則天子閏月亦告朔矣寧有他月而廢其禮者乎博考經籍其文甚著何以明之周禮太史職云頒告朔於邦國閏月告王居門終月又礼記玉藻文云閏月則闔門左扉立于其中並是天子閏月而行告朔之事也禮官又稱玉藻天子聽朔於南門之外周礼天官太宰正月之吉布政于邦國都鄙干寶注云周建子之月告朔日也此即玉藻之聽朔矣今每歲首元日通天宮受朝讀時令布政事京官九品已上諸州朝覲使等咸列於庭此聽朔之礼畢而合于周礼玉藻之文礼論及三礼義宗江都集礼貞觀礼顯慶礼及祠令無王者告朔之事者臣礼按玉藻云玄冕而朝日於東門之外聽朔於南門之外鄭玄注云朝日春分之時也東門南門皆謂國門也明堂在國之陽每月就其時明堂而聽朔焉卒事反宿於路寢凡聽

朔必以特牲告其時帝及其神配以文王武王臣謂今歲首元日通天宮受朝讀時令及布政自是古禮孟春之上辛受十二月之政藏於祖廟之禮爾而月取一政班於明堂其義昭然猶未行也即如禮官所言遂闕其事臣又按禮記月令天子每月居青陽明堂總章玄堂即是每月告朔之事先儒舊說天子行事一年十八度入明堂太享不問卜一入也每月告朔十二入也四時迎氣四入也巡狩之年一入也今禮官立義唯歲首一入爾尚先儒既異臣不敢同鄭玄云凡聽朔告帝臣愚以告朔之時五方上帝之一帝也春則靈威仰夏則赤熛怒秋則白招矩冬則叶光紀季月則含樞紐也並以始祖而配之人帝及神列在祀典亦於其月而享祭之魯自文公始不視朔子貢見其禮廢欲去其羊孔子以羊存猶可識其禮羊亡禮遂廢故云爾愛其羊我愛其禮也漢承秦滅學庶事草創明堂辟雍其制作闕漢武帝封禪始造明堂於太山既不立於京師所以无告朔之事至漢平帝元始中王莽輔政庶幾復古乃建明堂辟雍焉禘祫於明堂諸侯王列侯宗室子弟九百餘人助祭畢皆益戶賜爵及金帛贈秩補吏各有差漢末喪亂尚傳其禮爰至後漢祀典仍存明帝永平二年郊祀五帝於明堂以光武配祭牲各一犢奏樂如南郊董卓西移載籍湮滅告朔之禮於此而墜暨于晉末戎馬生郊禮樂衣冠掃地總盡元帝過江是稱狼狽禮儀制度南遷蓋寡彝典殘缺无復舊章軍國所資臨事議之既闕明堂寧論告朔宋朝何承天纂集其文以為禮論雖加編次事則闕如梁代崔靈恩撰三禮義宗但捃摭前儒因循故事而已隋大業中煬帝命學士撰江都集禮祇抄撮舊禮更无異文貞觀顯慶禮及祠令不言告朔者蓋為歷代不傳所以其文遂闕各有由緒不足依據今禮官引為明證在臣誠實有疑陛下肇建明堂聿遵古典告朔之禮猶闕舊章欽若稽古應須補葺若每月聽政於明堂事亦煩數孟月視朔亦不可廢帝又令春官廣集鴻儒取方慶仁諝所奏議定得失揚吾典太學博士郭山惲奏曰臣等謹按周禮禮記及三傳皆有天子告朔之禮天子頒告朔於諸侯秦政焚滅詩書由是告朔禮廢今明堂肇建總章新立紹百王之絶軌樹万代之鴻規上以嚴祀祖宗下以敬授時令使人知禮樂道適中和災害不生禍亂不作今若因循班朔每月依行禮貴隨時事須沿革望依王方慶議用四時孟月及季夏於明堂修復告朔之禮以頒天下其帝及神亦請依方慶用鄭玄義告五帝於堂上則嚴配之道通於神明至孝之德光於四海制從之

祝欽明為禮部尚書中宗神龍元年三月制東都創置太廟社稷太常博士張齊賢建議曰昔孫卿子云有天下者事七代有一國者事五代則天子七廟古今達禮故尚書稱七代之廟可以觀德祭法稱王立七廟一壇一墠王制云天子七廟三昭三穆與太祖之廟而七莫不尊始封之君謂之太祖太祖之廟百代不遷祫祭之禮毀廟之主陳於太祖未毀之主皆升合食於太祖之廟太祖東向昭南向穆北向商之契周之后稷是也太祖之外更无始祖但商自玄王已後十有四代至湯而有天下周自后稷已后十有七代至武王而有天下其間代數稍遠遷廟親廟皆出太祖之後故得合食有序尊卑不差其後漢高受命無始封祖即以高皇帝為太祖太上皇之父立廟享祀不在昭穆合食之列為尊於太祖故也魏武創業文帝受命亦即以武帝為太祖其高祖太皇處士君等並為屬尊不在昭穆合食之列晉宣創業武帝受命亦即以宣帝為太祖其征西豫章潁川京兆府君等亦為屬尊不在昭穆合食之列歷茲已降至于有隋宗廟之制斯禮不易故宇文氏以文皇帝為太祖隋室以武元皇帝為太祖國家誕受天命累聖重光景皇帝始封唐公實為太祖中間代數既近列在三昭三穆之内故皇家太廟唯有六室其弘農府君宣光二帝尊於太祖親盡則遷不在昭穆

合食之數今皇極再造孝思　匪寧奉二月二十九日勑七室巳下依舊號尊崇又奉三月二日勑旣至廟須尊崇始祖速令詳定者伏尋礼經始祖即是太祖太祖之外更無始祖周朝太祖之外以周文王爲始祖不合禮經或有引白虎通義云后稷爲始祖文王爲太祖武王爲太祖乃鄭玄注詩雍序云太祖謂文王以爲説者其義不然何者彼以禮王者祖有功而宗有德周人祖文王而宗武王故謂文王爲太祖爾非祫祭羣主合食之太祖今之議者或有欲立梁武昭王爲始祖斯爲不可何者昔在商周稷卨始封湯武之興祚由稷卨故以稷卨爲太祖即皇家之景皇帝是也梁武昭王勲業未廣後主失守國土不傳景皇始封實基明命今乃捨封唐之盛烈崇西涼之遠構考之前古實乖典禮魏氏不以曹參爲太祖晉氏不以殷王卬爲太祖宋氏不以楚元王爲太祖齊梁不以蕭何爲大祖陳隋不以胡公楊震爲太祖則皇家安可以涼武昭王爲太祖乎漢之東京大議郊祀多以周郊后稷漢當郊堯制下公卿議者僉同帝亦然之唯杜林正議獨以爲周室之興祚由后稷漢室特起功不緣堯祖宗故事宜可因循竟從林議又傳云欲知天上事問長人以其近之武德貞觀之時主聖臣賢其去涼武昭王蓋亦近於今矣當時不立者必不可立故也今旣年代浸遠方復立之是非三祖二宗之意也實恐景皇失職而震怒武昭虛位而不答非社稷之福也宗廟事重禘祫礼崇先王以之觀德或者不知其説旣灌而往孔子不欲觀之今朝命惟新宜應慎重祭如神在理不可誣請勑加太廟爲七室享宣皇以備七代其始祖不合別有尊崇太常博士劒承慶尹知章又議曰謹按王制天子七廟三昭三穆與太祖而七此載籍之明文古今之遺制皇唐稽考前範詳擇列辟崇建宗靈式遵斯典但以開基之主受命之君王迹有淺深太祖有遠近昔湯文祚基稷卨尚太祖代遠出乎昭穆之上故七廟可也若夏繼唐虞功非由鯀漢除秦項力不因堯

及魏晉經圖周隋撥亂皆勲隆近代祖業非遠受命始封之主不離昭穆之親故肇立宗祊卒闕今制夫太祖以功建昭穆以親崇有功百代而不遷親盡七葉而當毀或以太祖代淺廟數非備更於昭穆之上遠立合遷之君曲從七廟之文深乖迭毀之制皇家千齡啓聖四葉重光景皇帝潛德基唐代數猶近號雖崇於太祖親尚列於昭穆且臨六室之位未申七代之尊是知太廟當六未合有七故先朝惟有宣光景元神堯文武六代親廟大帝神主外祔於廟室以宣皇帝代數當滿准礼復遷上自先皇帝已下六代親廟非是天子之廟數不當七本由太祖有遠近之異故初建有多少之殊敬惟三后臨朝代多儒雅神祊事重禋豈虧存規模可以理資變革宣皇旣遷其廟不合重立若礼終運往建議復崇實違古制之文不合先朝之旨請依貞觀之故事無改三聖之宏規光崇六室不虧古義時有制令宰臣更加詳定禮部尚書祝欽明等奏曰博士三人自分兩義張齊賢以景帝始封爲唐太祖不合更祖昭王劒承慶以王制三昭不合重崇宣帝臣等商量請依張齊賢景皇帝爲太祖依劒承慶崇六室制從之是月欽明爲禮官等奏言謹按經典無先農之文禮記祭法云王自立社曰王社先儒以爲其社在籍田詩載芟篇序云春秋田而祈社稷是也永徽年中猶名籍田垂拱已後刪定改爲先農然先農尚社本是一神妄有改張以惑人聽其先農壇以應經礼王社之義其祭先農改爲帝社礼仍令用孟春吉亥祠后土以勾龍氏配制從之於是改先農爲社壇西立帝稷壇禮同太社太稷壇不備方色所以異於太社也彭景直爲太常博士景龍二年諸陵每日奠祭是直以爲乖於古礼上疏奏曰謹按三礼正文凡諸陵日祭之事惟著宗廟月祭之礼故祭法云天下有王分地建國置都立邑設廟祧壇墠而祭之乃爲親疎多少之數是故王立七廟一壇一墠曰考廟曰王考廟曰皇考廟曰顯考廟曰祖考廟皆月祭之遠廟爲祧

有二祧享嘗乃止去祧爲壇去壇爲墠壇墠有禱焉祭志云天子之廟始祖及高祖祖考皆每月朔加薦以象平生朔食也謂之月祭二祧也廟無月祭此譙周所著與古礼義相附近亦無日祭之文今諸陵月祭有朔望并諸節日料則古礼殷事之義矣諸節日猶古薦新之義矣故鄭玄注礼記云殷事月朔月半薦新之奠也又注儀礼云月朔月半猶平常之朝夕也大祥之後即四時焉此則古者祭皆在廟近代已來始分月朔月半及諸節日祭於陵寢在廟四時正享及臘爲五享前所奏定並依古礼正文不考未外傳故祭義云祭不欲數數則煩煩則不敬考據經史無日祭于漢七廟議京師自高祖下至宣帝與太上皇悼皇考各自居陵傍廟又園中各有寢便殿日祭於寢月祭於廟時祭於便殿至元帝時貢禹以爲太煩奏請罷郡国廟丞相韋玄成等議七廟之外寢园皆無復脩奏可議者亦以爲不欲祭數數則黷宜復古礼四時祭於廟丞相康衡亦奏七廟迭毁

之義帝從之又數改劉歆以爲礼去事有殺引春秋外傳云日祭月祀二祧則時享壇墠則歲貢至後漢陵寢致祭祀無明文以言魏氏三祖皆不祭於墓故晉書云魏文帝黄初三年自作終制立壽陵無封樹無寢殿夫葬者藏也欲人之不明見礼不墓祭欲存亡不黷也明帝遵奉之晉宣帝預於首陽山爲土藏不墳不樹斂以時服不設明器景文皆奉成命無所加焉景帝後依宣帝故事自魏三祖以下不於陵寢致祭並附於古礼至於江左亦不崇園寢及宋齊梁陳其祭並無聞今參詳以爲三礼者不刊之書懸諸日月外傳所記不與經合不合依憑国家率由典章討論典礼謀事作範垂裕將來擇善而行依經爲允其諸陵請准礼停日祭疏奏上謂侍臣曰礼官奏言諸陵准礼不合別進食者但礼因人情事有沿革陵寢如昨祗薦是常乃援日月之期請停朝夕之奠乍覽此奏哀慕增懷乾陵宜依舊朝晡進奠昭獻二陵每日一進所司供辦辛苦可減朕常膳以爲常式因歔欷久之

唐紹爲太常博士舊制每年四季之月常遣使往諸陵起居景龍二年三月紹以爲准諸故事元無此礼止謂送形而往山陵爲幽静之宫迎精而返宗廟爲享薦之室但以春秋仲月命使巡陵自簿衣冠礼容必備自天授已後時有起居因循至今乃爲常事起者以起動爲稱居者以居止爲名詳起居之義非陵寢之法生事以礼必勤於定省死葬以礼當閟於安厝豈可以事居之道行送往之時敢辭命使勞繁但恐不安靈域又降誕之日穿針之辰皆以續命爲名時人多有進奉今聖靈日遠仙駕難追進止起居恐乘先典況京畿傳驛機速極繁加以諸陵往來其馬便多死損望停四季及降誕并節日起居陵使但准式二時巡陵庶得義合礼經陵寢安謐制不許又武氏昊陵順陵置守戶五百人又梁宣王三思及魯忠王崇訓墓各置守戶六十人又韋氏褒德廟守戶一百人紹以爲深乖常典上疏曰

謹按昊陵順陵恩勅特令依舊因循前例守戶與昭陵數同又先代帝王陵戶唯二十人今雖外氏恩隆亦須附近常典請准式量減取足防閑庶無逼上之嫌不失尊崇之道又親王守墓唯得十人梁魯追加追贈不可越於本爵准令贈官用蔭各減正官一等故知贈之與正義有抑揚礼不可踰理須裁制請同親王墓戶各置十人爲限又太廟宿衛准配正兵繼令壖内掃除還以其兵應役褒德別加廟戶兼配軍人既益煩勞又虧常典縱使恩加極礼須准太廟汙隆別置百人亦請停不納三年迁左臺侍御史兼太常博士是年十一月十三日乙丑冬至陰陽人盧雅等請奏促冬至就十二日甲子以爲吉會紹奏曰礼所以冬至祀圜丘於南郊夏至祭方澤於北郊者以其日行躔次極於南北際也日北極當晷度循半日南極當晷度環周是日一陽爻生爲天地交際之始故易曰復其見天地之心乎即冬至卦象也一歲之内吉莫大焉甲子但爲六旬之首一年之

內職月常遇既非大會畧運未周唯總六甲之辰助四時而成歲今欲避環周以取甲子是背大吉而就小吉也太史令傅孝忠奏曰准漏刻經南陸北陸並日校一分若用十二日甲子即欠一分未南極即不得爲至帝曰俗諺云冬至長於歲亦不可改竟依紹議以十三日乙丑祀圓丘焉遷左司郎中又上疏曰臣聞王公已下送終明器等物具標甲令品秩高下各有節文孔子曰明器者備物不用以芻靈者善爲俑者不仁傳曰俑者有面目機發似於生人也以此而葬殆於殉故曰不仁比者王公百官競爲厚葬偶人像馬雕飾如生徒以眩耀路人本不因心致禮更相扇慕破產傾資風流遂行下兼士庶若無禁制奢侈日增望請王公已下送葬明器皆依令式並陳於墓所不得衢路將行士庶結親之儀備諸六禮所以承宗廟事舅姑當須昏以爲期詰朝謁見往者下俚庸鄙時有鄣車邀其酒食以爲戲樂近日此風轉盛上及王公乃廣陳音樂多集徒侶遮擁道路留滯淹時邀致財物動踰萬計遂使鄣車之禮過於娉財歌舞諠譁殊非助感既虧名教實蠹風猷違紊禮經須加節制請昏嫁鄣車者並令禁斷其犯者有蔭家請准名教例付簿無蔭人決杖六十各科本罪制從之

褚无量爲國子司業兼修文館學士景龍三年將親祀南郊禮官博士修定儀注國子祭酒祝欽明司業郭山惲等皆希旨請以皇后爲亞獻无量獨與太常博士唐紹蔣欽緒固爭以爲不可无量建議曰夫郊祀者帝王之盛事國家之大禮其行禮者不可以臆斷不可以情求皆上順天心下符人事欽若稽古率由舊章然後可以交神明可以膺福祐然禮文雖衆莫如周禮周禮者周公致太平之書先聖極由衷之典法天地而行教化辨方位而叙人倫其義可以幽贊神明其文可以經緯邦國備物致用其可忽乎至如冬至圓丘祭中最大皇后內主禮位甚尊若合郊天助祭當具著禮典今通檢周禮都無此制蓋由祭

天南郊不以地配惟將始祖爲主不以祖妣配天故唯皇帝親行其禮皇后不合預也謹按大宗伯職云若王不祭祀則攝位注云王有故代行其祭事下文云凡大祭祀王后不預則攝其薦豆籩不親徹若皇后合助祭承此下文當云若不預祭祀則攝其薦豆今於文上更起凡則是別生餘事與上異則別起凡凡者生上起下之名不專繫於本職周禮一部之內此例極多備在文中不可具錄又王后助祭親薦豆籩而不親徹按九嬪職云凡祭祀贊后薦注云右進之而不徹則知中徹者爲宗伯生文若宗伯攝祭則宗伯親徹不別使人又按外宗掌宗廟之祭王后不預則贊宗伯此之一文與上文相證何以明之按外宗唯掌宗廟祭祀不掌郊天足明此文是宗廟祭也按王后行事總在內宰職中撿其職惟云大祭祀后祼獻則贊瑤爵亦如之鄭注云謂祭祀宗廟也注所以知者以文云祼獻祭天無祼以此得知又祭天之器則用陶匏亦無瑤爵又以此知是宗廟也又內司服掌王后六服無祭天服而巾車職掌王后之五輅亦無后祭天之輅祭天七獻無后亞獻以此諸文參之故王后不合助祭天也唯漢書郊祀志則天地合祭祭皇后預享之事此則西漢末代強臣擅朝悖亂彝倫黷神諂祭不經之典事涉誣神故易傳曰誣神者殃及三代太誓曰正稽古立功立事可以永年承天之大律斯史策之良誡豈可不知今南郊禮儀事不稽古忝守經書不敢默然誠請旁詢碩儒俯遵舊典採曲臺之故事行圓丘之正儀使神明叶昭曠之塗天下知文物之盛豈不幸甚時宰相韋巨源等阿旨叶欽明之議竟不從无量所奏

册府元龜卷第五百八十七

冊府元龜卷第五百八十八

掌禮部

奏議第十六

唐韋湊爲太府少卿睿宗景雲元年十月太子重俊諡曰節愍湊上疏曰臣竊見故太子重俊擁北軍禁旅上犯宸居破扉斬關突禁而入騎騰紫微兵指黃屋孝和移御玄武門以避其鋭親降德音以諭順逆而太子據鞍自若督衆不停俄而其黨悔非轉逆爲順或迴兵討賊或投狀自拘多祚伏誅太子逃竄向使同惡相濟以成不逞其爲禍也胡可忍言及孝和引見羣臣雨淚交集曰幾不共卿等相見其爲危懼不亦甚乎臣每思之不勝憤毒今聖明雪罪禮葬諡爲節愍臣竊惑焉昔漢成帝之爲太子行不絶馳道周之衰微也秦師過周左右免冑而王孫滿猶以其不卷甲識其無禮必敗由是言之奈稱兵宮內跨馬御前其爲悖逆不亦甚乎以其斬武三思父子而嘉之乎弄兵

詞逆以安君父可也當解甲於朝以請罪而乃因欲危君父是競爲逆也以其廢韋氏而嘉之乎韋氏逆未彰義絶可也而當時韋氏逆節未彰韋則母也太子子也豈有廢母之理乎又非中宗之命而廢之是刼父廢母也夫君或不君臣安可不臣父或不父子安可不子借君父有桀紂之行臣子無廢殺之理昔獻公惑驪姬之譖將殺太子申生公子重耳曰子盍行乎申生曰不可天下豈有無父之國吾何行之申生受賜而死再拜自縊其行如此僅諡曰恭今則反是可諡節愍乎漢武末年江充爲巫蠱陷太子遂矯節斬充因而逃匿非稱兵詣闕無逆誅於父然身死於湖不葬無諡至宣帝時方獲禮葬而猶諡曰戾今節愍之行豈可比之乎又陛下之猶子也而可諡爲節愍臣頗得與諡者議於御前若臣言爲非甘於鼎鑊也書奏不納後爲將作大匠開元六年別造義宗廟湊上疏曰臣聞王者制禮是曰規模規模之興寔資師古師古之道必也正名惟名與實故當相副其在宗廟禮之大者豈可失哉禮祖有功而宗有德祖宗之廟百代不毀故殷太甲曰太宗太戊曰中宗武丁曰高宗於周宗文王武王漢則文帝爲太宗武帝爲世宗其後代有稱宗皆以方制海內德澤可宗列於昭穆期於不毀祖宗之義不亦大乎況孝敬皇帝位止東宮未嘗南面聖道誠冠於儲副德教不被於寰瀛立廟稱宗恐非合禮況別起寢廟不入昭穆稽諸祀典何義稱宗而廟號義宗稱之萬代以臣庸識竊謂不可望更令有司詳議務合於禮於是太常請以本諡孝敬爲廟稱從之

源乾曜爲諫議大夫景雲二年二月上疏曰夫聖王理天下也制人情人情正則孝於家忠於國此道不替無不理也故君子三年不爲禮禮必壞三年不爲樂樂必隳是以古人擇士先觀射以明和容之義非取樂一時夫射者別正邪觀德行中祭祀辟寇戎古先哲王莫不遵襲臣竊見數年已來射禮便廢或緣

所司惜費遂令大射有虧臣愚以爲所費者財所全者禮故孔子云爾愛其羊我愛其禮今乾坤再闢日月貞明望大射之儀春秋不廢聖人之教今古常行天下幸甚

劉子玄爲太子左庶子景雲二年八月皇太子將釋奠於國學有司草儀注令從臣皆乘馬着衣冠子玄進議曰古者自大夫已上皆乘車而以馬爲騑服魏晉已來迄于隋代朝士又駕牛車歷代經史具有其事不可一二言也至如李廣北征解鞍憩息馬援南伐據鞍矍鑠行於軍旅戎服所乘貴於便習者也案江左官至尚書郎而輒乘馬則爲御史所彈又顔延之罷官後好騎馬出入閭里當代稱其放誕此則專車憑軾可襲朝衣單馬御鞍宜從褻服求之近古灼然之明驗也自皇家撫運沿革隨時至如陵廟巡謁王公冊命則盛服冠履乘彼輅車其士庶有衣冠親迎者時有服箱充馭在他事無復乘車貴賤所行通用鞍馬而已臣伏見比者鑾輿出幸法駕首途左右侍臣皆以

朝服乘馬夫冠履而出可配車而行今乘車既停而冠履不易可謂唯知其一而未知其二何者褒衣博帶革履高冠本非馬上所施自是車中之服必襪而升鐙跣以乘鞍非唯不師古道亦自驚於今俗求之折中進退無可且長裾廣袖襜如翼如鳴珮紆組鏘鏘弈弈馳驟於風塵之內出入於旌棨之間儻馬有驚逸人從顛墜遂使屬車之右遺履不收清道之旁絓驂相續固以受嗤行路有損威儀今議者皆以祕閣有梁武帝南郊圖多有衣冠乘馬者此則近代故事不得謂之無又臣案此圖是後人所爲非當時所撰且觀代有古今圖畫者多矣如張僧繇畫羣公祖二疏而兵士有著芒屩者閻立本畫昭君入匈奴而婦人有帷帽者夫芒屩出於山鄉非京華所有帷帽創於隋代非漢宮所作議者豈可徵此二畫以爲故實者乎由斯而言則梁武南郊之圖義同於此又傳稱因俗禮貴緣情殷輅周冕規模不一秦冠漢珮用捨無常況我國家道冠百王功高萬古事有不便理資變通其乘馬衣冠宜從省廢臣懷此議其來自久日不暇給未及推揚今屬殿下親從齒胄將臨國學所以輒進狂言用申鄙見皇太子令付外宣行編入令以爲常式

賈曾爲諫議大夫太極元年正月辛巳親祀南郊初有事于南郊有司立議祭昊天上帝而不設皇地祇位曾上表曰微臣詳據典禮謂宜天地合祭謹案禮祭法曰有虞氏禘黃帝而郊嚳夏后氏禘黃帝而郊鯀傳曰大祭曰禘然則郊之與廟俱有禘祭禘廟則祖宗之主俱合於太祖之廟禘郊則地祇羣望俱合於圓丘以始祖配享皆有事而大祭異於常祀之義大傳曰不王不禘故知王者受命必行禘禮虞書曰　月正元日舜格于文祖肆類于上帝禋于六宗望秩于山川徧于羣望此則受命而行禘禮者也言格于文祖則餘廟云享可知矣且山川之祀皆屬于地羣望尚徧況地祇乎周官以六律六呂五聲八音六舞大合樂以致神祇以和邦國以諧萬人云凡六變而致象物

及天神此則郊合天神地祇人鬼而祭之樂也三輔故事漢祭圓丘儀上帝位正南面后土位亦南面而少東又東觀漢記云光武即位爲壇於鄗之陽祭告天地採用元始故事二年正月於洛陽城南依鄗爲圓壇天地位其上皆南向西上案兩漢時自有后土北郊祀而此云於圓丘明是禘祭之儀又春秋說云王者一歲七祭天地合食於四孟別於分至此復天地自常有同祭之義王肅云孔子言祀圓丘於南郊郊則圓丘圓丘則郊又祭天而分昊天上帝爲二神專憑緯文事匪經見又其注大傳禮不王不禘義則云正歲之正祭感帝之精以其祖配注周官大司樂圓丘義則引大傳之禘以爲冬至之祭遞相矛楯未足可依伏惟陛下膺籙居尊繼文在曆自臨宸極未親郊祭今之南郊正當禘禮固宜合秩百神荅受命之符彰致敬之道豈可同彼常郊使地祇無位未從禘享今請備設皇地祇幷從祠等座則禮遵稽古義合緣情然郊丘之祀國之大事或失其宜精禋將闕臣術不通經識慙博古徒以昔謬禮職今忝諫曹正議是司敢不陳上儻事有可采惟斷之聖慮制令宰相召禮官詳議可否禮官國子祭酒褚元量國子司業郭山惲等咸請依曾所奏

姜皎爲太常卿玄宗開元四年七月戊子勑宜令禮官上七廟昭穆議皎及禮官奏議曰禮天子三昭三穆與太祖爲七昭穆迭毀而太祖常在聖人之典也若禮名不正則奠獻無序矣太常博士陳貞節蘇獻等奏議曰謹案孝和皇帝在廟七室已滿今睿宗大聖真皇帝是孝和之弟甫及仲冬禮當遷祔但兄弟入廟古則有焉遞遷之禮昭穆須正謹案禮論太常賀循議云禮兄弟不相爲後也故殷之盤庚不序於陽甲而上繼於先君漢之光武不嗣於孝成而上承於元帝又曰晉惠帝無後懷帝承統懷帝自繼於世祖而不繼於惠帝當同陽甲孝成別出爲廟又曰若兄弟相代則共是一代昭穆位同不可兼毀二廟此

蓋禮之常例也荀卿子曰有天下者事七代謂從祢已上也尊者統廣故恩及遠祖若傍容兄弟上毀祖考此則天子有不得全事於七代之義也孝和皇帝有中興之功而無後嗣請同殷之陽甲漢之成帝出爲別廟時祭不及大祫之辰合食太祖奉養宗神主昇祔太廟上繼高宗則昭穆永貞獻祼長序制從之初令以儀坤廟爲中宗廟尋又改造中宗廟於太廟之西貞節等又以肅明皇后不合與昭成皇后配祔睿宗奏議曰禮宗廟父昭子穆皆有配座每室一帝一后禮之正儀自夏殷而來無易茲典伏惟昭成皇后有太姒之德已配食於睿宗則肅明皇后無啓母之尊自應別立一廟謹案周禮云奏夷則歌小呂以享先妣者姜嫄是帝嚳之妃后稷之母特爲立廟名曰閟宮又禮云晉孫系之議云晉簡文鄭宣后既不配食乃築宮于外歲時就廟享祭而已今肅明皇帝無祔配之位請同姜宣后別廟而處四時享祀如舊儀制從之於是遷昭成皇后神主祔于睿宗之室唯留肅明神主於儀坤廟時是年十二月敕復與禮官上表曰臣聞敬宗尊祖享德崇恩必也正名用光時憲禮也伏見太廟中則天皇后配高宗天皇大帝題云天后聖帝武氏伏尋昔居寵秩親承顧託因攝大政事乃從權神龍之初已去帝號岑羲等不閑政體復題帝名若又使帝號長存恐非聖朝通典夫七廟者高祖神堯皇帝之廟也父昭子穆祖德宗功非夫帝子天孫乘乾出震者不得昇祔於斯矣但皇后祔廟配食高宗位號舊章無宜稱帝今山陵日近漢祔非遙請行陳告之儀因除聖帝之字云則天皇后武氏詔從之

陳貞節爲太常博士開元五年十月伊闕人孫平子上封事曰臣聞昔者帝王之爲國也行其禮則皇圖昌廢其禮則宗社危臣竊見今年正月太廟毀此乃靈聖所致也夫宗廟國之大事陛下當今聖主臣不敢曲意巧言而陳之謹案經傳具陳引休咎特望天恩少察臣言則可晏然無慮也故臣不避誅以言之伏惟陛下俯垂詳擇臣案左傳云君薨卒哭而祔祔而作主特祀于主烝嘗禘於廟今日有違於此也昔魯文公二年宗伯弗忌躋僖公于閔公上後致太室壞春秋異而書之今日有同於彼也君子以弗忌爲失禮仲尼曰臧文仲不仁者二縱逆祀一也又案五行志書僖公雖閔公之兄嘗爲閔公臣臣居君上爲失禮也遂太室壞且兄臣於弟猶不可躋之弟上況弟臣於兄豈可躋弟於兄上耶昔莊公三十二年薨閔公三年吉禘自薨至禘向有二年春秋猶非之失禮況復躋又禘其不亦太速乎且太廟中央曰太室尊高也魯自是陵夷將墮周公之祀臣昧死據此斷之即太廟毀亦今日將欲陵夷之象暗先帝之祀也斯亦上天祐我唐國乃降此災以陛下去年禘孝和於別室吉祭於太廟未祭孝和先祭太上皇此乃與僖閔事同先臣後君也昔躋兄弟上今弟先兄祭過有甚於古也昔登臣君上今亦如之事豈不同耶昔太室屋壞今聖朝太廟毀變豈不同耶

若以兄弟同昭則不合出致別廟若以臣子一例則孝和合進爲昭昔武氏篡國十五餘年孝和挺劍龍飛再興唐祚反正朔服色咸依貞觀故事此即有大功於天下也今禘於別殿是廢先聖之訓棄中興之功下君上臣輕長重幼若以孝和無道則位不合稱帝墳不得稱陵傳曰子雖齊聖不先父食久矣杜氏曰臣繼君父也昔禹不先鯀湯不先契文武不先不窋故宋祖不以帝乙厲王不肖而猶尊尚之況孝和有大功乎魯頌曰春秋匪懈享祀不忒皇皇后帝皇祖后稷詩曰問我諸姑遂及伯姊禮爲其後伯姊而先諸姑者何也尊其先也弗忌欲阿時君先其所親亂國大事故傳特引二詩深責其意方今太廟毀雖臣下阿曲之過恐危陛下之國也昔晉太康五年宣帝廟地陷梁折八年正月太廟殿陷改作殿宇更營新廟遠致名材雜以銅柱自八年九月造至十年四月乃成十一月又梁折毀壞[illegible]言之天降災譴非枯朽也晉不知過天下分離王室大亂矣

雄蔑夷狄滿國特望天恩少垂詳察臣知言必就誅夷而昧死言之者以陛下聖明寬容博物納諫而此事恐史筆書之令來代君子以巍巍聖代野無博識朝無忠直臣將何以彰陛下招諫伏請速召宰相已下御史已上衆共謀議移孝和入廟何必苦違禮典以同魯昔哉陛下前降明制令所司到朝堂進封極言時政得失又舉才堪顧問又徵賢山野而寂無人言非朝不招諫時惡直言竊爲儒生不達大體也特請陛下於其書傳親加省覽以聖慮斷之頃秋夏之間淫雨彌旬傷稼敗邑漢書五行志大簡宗廟不禱祀逆天時則致災也臣又見兩畿戸口逃亡者半常侍解琬招攜不還李傑奏請訪括不得臣能使之如鷹有縶若馬有絆夫鳥飛於空魚況於泉鹿走於野猿猱騰於山猶尚取而訓之屠而食之況於人不能飛況乎伏望天恩許臣面奏亦爲宗廟未安不敢即言卽侍鴻恩之厚不懼雷霆之威昧死進封伏深戰越詔下禮官議貞節與太常博士馮宗

蘇獻等議曰王制天子七廟三昭三穆并太祖而七昭穆者父子之位則知七代之親無兄弟之義矣殷紀成湯至于帝乙父子兄弟十有二君其正代止六而已易乾鑿度曰殷之帝乙六代王也此即兄弟不數爲代之明據也又殷人六廟親四并湯而六殷代兄弟四人相次爲君若以爲代便當上毀四室如此則無復祖禰之祭矣古之廟位自禰以上極於太祖雖數論迭毀隨而上遷三穆未嘗有闕也又禮大宗無子則立支子又曰爲人後者爲支子無兄弟相爲後之文所以捨至親取遠屬蓋以兄弟一體無父子之道故父子曰繼兄弟曰及禮兄弟不相入廟者假如兄弟代立孫姪承統告享之日不得稱嗣孫則當上列大伯考伯祖下繫六姪孫此乃可成七廟之位號何成繼統之義序爲斯又不可之甚者也後漢論次昭穆定所繼之統以爲盤庚不序陽甲之廟而上繼先君光武不入成帝之廟而繼元帝以弟不可繼兄故也又殷十二代唯三祖三宗明兄弟

相及自別立廟不必繼之七代也後漢祖列叙七廟而惠帝不入其數豈非文帝之嫡兄乎及文帝代立子孫克昌爲漢之太宗晉景帝亦晉文之兄緣景帝絕嗣不列七廟之數何以知之據永興元年告諭代祖稱景帝爲從祖也若以晉武越次尊崇其父而致廟壞遂及亂亡何因漢氏遷出惠帝宗尊文帝而享代二十有四歷年四百三十殷廟何嘗見隳漢廟未始經於殺漢之滅矣而不言魯晉之災引以爲喻是以春秋書太室壞貴凡垂明誡何必閔僖晉大廟所以毀折者天誅奢麗不以遷廟然天子七廟諸侯五廟辯貴賤之差也父子相繼億萬人之心也昭穆列序重繼統之義也今孝和皇帝若與聖真皇帝相亞在廟並成六代何以講貴賤乎裔嗣絕滅何以宗後代乎昭穆失序何以成繼統之義乎況國家遠尊殷之陽甲近法漢之成帝特以孝和實中興之明主開百代不毀之廟別立園寢永以享神歲時蒸嘗與國終始有何不可乎又孝和在則天末年自身

更竊嗣呂宗小豎素宣威權惡盈釁貫衆所共棄南衙則宰相歸本北門則將軍響從推崇嗣君誅曰不可豈若韋氏勢逆干紀亂常總重國之權操生殺之柄既行不軌欲振凶威將誅蕭親以絕人望睿宗大聖真皇帝枕戈泣血待晨志切仇讎義殷家國沈謀內斷委策聖明開元神武皇帝卽禀成規俯懷秋略挺身奮臂突入北軍不及終宵一戎定保致君親於堯舜拯社稷於阽危自開闢已來未之有也建立聖明之副引宣祖宗之業前史不疑漢文繼統今亦何怯聖真之代宗乎禮兄弟相繼不稱嗣子而曰及王明當同繼先君不繼兄之絕統也今睿宗雖代孝和而立故當同繼高宗則兩室並存便成二穆求之於禮不可同列於廟必須一室別居開元皇帝光臨區宇主祭宗廟旨容旁繼伯考之緒遂棄已親之正統乎乃立太廟壞緣躋聖賢所致引僖公後甍遷居閔公之上稱爲逆祀取類當今聖真皇帝亞室高宗孝和皇帝特出立廟孝和昇新寢之

後聖真方上祔高宗斯則未嘗一日躋居孝和之上引此爲證豈非誣罔朝廷耶平子云春秋傳稱君薨卒哭而祔祔而作主特祀于主蒸嘗禘於廟今日有遺於此者曰山陵甫終九虞卒哭特祀正寢祔于太廟四時享祀於禮何虧平子又云子雖齊聖不先父食昔禹不先鯀湯不先契文武不先不窋者自去歲昇祔之後時孝和新廟未有樂懸所以差辰緣關備物初非求制蓋是權宜修教若成即當同日禮曹華省具列事由豈緣尊卑致隔先後借如睿宗一室誠卑孝和不可緣睿宗之卑後六祖之祭重尊之道禮極繼先因親之義情殷旁及平子云今太廟毀由且下阿曲之過恐危陛下之國昔太康五年宣帝廟地陷梁折八年正月太廟殿陷改作新廟築階及泉遠徵名材雜以銅柱十二年四月乃成十一月又梁折據此言之天降災譴非枯朽者也案孔子在齊景公在爲左右曰周使至言先王廟災孔子曰此必釐王廟夫釐王變文武之制而作玄黃華麗之飾故天誅

其廟焉有頃左右報所災者釐王廟景公曰善哉聖人之智過人也故晉之太廟掘地及泉雜以銅柱綴以珠玉踰先王之制降皇天之罰與釐王之廟異代同誅今國家太廟因隋舊制開皇之際創造新都移故太極殿是符堅所造經今將四百年日月滋深朽蠹而毀晉廟則新構梁折豈得非災唐廟則歲久蠹摧誠何足怪夫論徵說咎須義正經理苟異於斯使成妖妄平子不識忌諱肆其狂瞽危言高論謗訕朝廷引晉之朝以比聖明之代惑亂視聽漸不可長平子又云廟雖造畢災尚未除今太廟初成聖靈安祔平子未除之說理殊更有其災未知將來有何變故然史策垂範義資多聞妖孽之興雖固必廟祭嘗墜落自有別由天道難知豈得專尤別廟且廟屋雖年深朽壞聖猶兢懼未已尊儒學於內殿慎刑書於外朝居纖以禮側身俟德同彤湯之罪己等周文之小心縱令災咎守辰猶能退舍況咎徵不見逆說其災丘子又引莊公三十二年薨閔公二年吉禘自薨至禘向有二年春秋猶非之失禮況見喪冬禘其可得乎不亦大速乎後又云秋夏閒淫雨彌旬傷稼敗邑漢書五行志簡宗廟不禱祀逆天時則致此災也夫水以潤下爲體不能潤下者水德微也何繫於淫雨哉斯乃妄引淫雨證成咎徵牽合災祥推於宗廟乎子既前非速於祭禘後嫌簡不禱祀前後立義互相矛楯速稱越禮簡復貽災未詳二途何者爲適且祔後時享與禘全殊蒸礿無虧何名爲簡虞旱淫雨時運或然堯日湯年安能累德平子言僞而辯禮所不容狀久不決後竟從貞節等議

田再思爲刑部郎中開元五年右補闕盧履冰上言唯禮父在爲母一周除靈三年心喪則天皇后請同父沒之服三年然始除靈雖則權行有紊彝典今陛下孝理天下動合禮經請仍舊章庶叶通典於是下制令百官詳議并舅及嫂叔服不依舊禮亦令議定再思建議曰乾尊坤卑天一地二陰陽之位分矣夫

婦之道配焉至若死喪之戚隆殺之等禮經五服之制齊斬有殊考妣三年之喪貴賤無隔以報免懷之德以酬罔極之恩者也稽之上古喪期無數暨乎中葉方有歲年禮云五帝殊時不相沿樂三王異代不相襲禮白武通云質文再而變正朔三而復自周公制禮之後孔父刊經已來殊厭降之儀以標服紀之節重輕從俗斟酌隨時故知禮不從天而降不由地而出也在人消息爲之適中耳春秋諸國魯最知禮以周公之後孔子之邦也晉韓起來聘言周禮盡在魯矣齊仲孫來盟言魯猶秉周禮子張問高宗諒陰三年子思不聽其子服出母子游謂同母異父昆弟之服大功子夏謂合從齊衰之制此等並四科之數十哲之人高步孔門親承師訓及遇喪事猶此致疑即明自古已來升降不一者三年之制說者紛紜鄭玄以爲二十七月王肅以爲二十五月又改葬鄭云服緦三月王云訖葬而除又繼母出嫁鄭云皆服王云從子繼育乃爲之服又無服之殤鄭云子生一月

哭之一日王云以哭之日爲易服之月鄭王祖經宗傳各有異同皆摯采古求遺亥爲損益方知去聖漸遠殘缺彌多也故曰會禮之家名爲聚訟寧有定哉而父在爲母三年行之已踰四紀出自高宗大帝之代不從則天皇后之朝大帝御極之辰中宮獻書之日佚時衆議謂可施行編之於格服之已久前主所是既而爲律後主所是著而爲令何必乖先帝之旨阻人子之情虧純孝之心背德義之本有何妨於聖化有何紊於彝倫而欲服之周年與伯叔母齊爲與姑姊妹同爲夫三年之喪如白駒之過隙君子喪親有終身之憂何況再周乎夫禮者體也履也示之以迹孝者畜也養也因之以心小人不恥不仁不畏不義服之有制使愚人企及衣之以義使見之摧痛以此防人人猶有朝死夕忘者以此制人人猶有釋服從吉者方今漸歸淳朴須敦孝義抑賢引愚理資寵戚食稻衣錦所不忍聞若以庶事朝儀一依周禮則古之人臣見君也公卿大夫贄羔鴈珪璧

今何故不依乎周之用刑也墨劓剕宮刖今何故不行乎周則不五十不仕七十不朝今何故不依乎周則井邑立甸以立征稅今何故不行乎周則分土五等父死子及今何故不行乎周則冠冕衣裘乘車而戰今何故不行乎周則三老五更膠序養老今何故不行乎諸如此例不可勝述何獨孝思之事愛一年之服於其母乎可爲痛心可爲慟哭者詩云哀哀父母生我劬勞禮記云父之親子也親賢而下不能母之親子也賢則親之無能則憐之阮嗣宗晉代之英才方外之高士以爲母重於父據齊斬外數麤細已降何忍服之節制減至於周豈後代之士盡類於古循古未必是依今未必非也又同爨服緦禮經明義嫂叔遠別同諸路人引而進之觸類而長猶子咸依並系季父不服緦麻推遠之情有餘睦親之義未足又母之昆弟情切渭陽祥從詠舅之宛甯氏宅甥之相我之出也義亦勝焉不同從母之尊遂降小功之服依諸古禮有乖俗情今取舅而宗姨是陋

今而禁古此乖太宗之制也行之百年矣輒爲刊復實用有疑於是紛議不定履冰又上疏曰禮父在爲母十一月而練十三月而祥十五月而禫心喪三年上元中則天皇后上表請同父沒之服亦未有行用垂拱年中始編入格錫氏之後俗乃通行已開元五年頻請仍舊恩勅并嫂叔舅姨之服亦付所司詳議諸司所議同異相參所司准勅齊斬之文又云亦合禮竊見新脩之格猶依垂拱之僞致有祖父母尚在子孫之妻亡沒下房進几亦立再周甚無謂也據周易家人卦云利女貞女正位乎內男正位乎外男女正天地之大義家人有嚴君焉父母兄弟夫婦之謂也家道正天下正矣禮女在室以父爲天出嫁以夫爲天又在家從父出嫁從夫夫死從子本無自專抗尊之法即喪服四制云天無二日土無二王國無二君家無二尊以理之也所以父在爲母服周者避二尊也伏惟陛下正持家國孝理天下而不斷在宸衷詳正此禮隨末俗顧念兒女之情臣恐後

代復有婦奪夫政之敗者疏奏未報履冰又上表曰臣聞夫婦之道人倫之始尊卑法於天地動靜合於陰陽陰陽和而天地生成夫婦正而人倫有序自家形國牝雞無晨四德之禮不愆三從之義斯在即喪服四制云天無二日土無二王國無二君家無二尊以理之也故父在爲母服周者見無二尊也准舊儀父在爲母一周立靈再周心喪父必三年而後娶者達子之志焉豈先聖無情於所生固有意於家國者矣原夫上元肇年則天已潛秉政將圖僭篡預自崇先請升慈愛之喪以抗尊嚴之禮雖齊斬之儀不改而几筵之制遂同數年之間尚未通用天皇晏駕中宗蒙塵垂拱之末果行聖母之僞符載初之元遂啓錫氏之深釁孝和雖名反正韋氏復効晨鳴孝和非意而終韋氏旋即稱制不蒙陛下英算宗廟何由克復易云臣弒其君子弒其父非一朝一夕之故其斯之謂矣臣謹尋禮意防杜實深若不早圖刊正何以垂戒於後所以薄言禮教請依舊章恩勅

通明家付所司詳議且臣所獻者蓋請正夫婦之綱豈志毋子
之道諸議持久不討其本源所非議者大凡只論罔極之恩喪
也寧戚禽獸識毋而不識父秦燔書後禮經殘缺後儒纘集不
足可憑豈得與伯叔毋服同豈得與姑姊妹制等三王不相襲
禮五帝不相沿樂齊斬足爲外降歲年何忍不同此並道聽途
說之言未習先王之旨又安足以議經邦理俗之礼乎臣請據
經義以明之所云罔極之恩者春秋祭祀以時思之君子有終
身之憂霜露之感豈止二周之服哉故聖人恐有朝死而夕忘
曾鳥獸之不若爲立中制使賢不肖共成文理而後釋之喪也
寧戚者孔子荅林放之問至如太奢太儉太易太戚皆非礼中
均不得中名爲俱失不如太儉太戚焉毀而滅性猶愈於朝
死夕忘焉此論臨喪哀毀之容豈比於同宗異姓之服所云
禽獸識毋而不識父者禽獸羣居聚麀而無家国之礼亦雖知
親愛其母長不解尊嚴其父引此爲論則亦禽獸之不若乎所

云秦燔書後礼經殘缺後儒纘集不足可憑者人間或有遺逸
豈亦家到户至而燔之假若盡燔尚不可信則墳典都謬庠序
徒存非聖之談復云安屬所云與伯叔姑姊妹服同者伯叔姑
妹豈有進杖之制三年心喪乎所云五帝不相沿樂三王不相
襲礼者誠哉是言此是則天懷私苞禍之請豈可復相沿襲乎
所云齊斬足爲外降者毋齊父斬不易之礼案三年問云將由
修飾之君子與三年之喪若駟之過隙遂之則是無窮也然則
何以周也曰至親以周斷是何也曰天地則已易矣四時則已
變矣其在天地之中者莫不更始焉以是象之也然則何以三
年曰加重焉爾故父加至再周父在爲毋加三年心喪今者還
同父沒之制則尊厭之律安施喪服四制又云凡礼之大體體
天地法四時則陰陽順人情故謂之礼此言者是不知礼之所
由生非徒不識礼之所由亦恐未達孝之通義臣謹據孝經以
明陛下孝理之合至德要道請諭曲俗此言礼之統與天德謂

孝悌要道謂禮樂移風易俗莫善於樂安上理民莫善於礼又
礼有無體之禮樂有無聲之樂案孝經援神契云天子孝曰就
就之爲言成也天子德被天下澤及萬物始終成就則其親獲
安故曰就也諸侯孝曰度度者法也諸侯居國能奉天子法度
得不危溢則其親獲安故曰度也卿大夫孝曰譽譽之爲言名
也卿大夫言行布滿能無惡稱譽達遐邇則其親獲安故曰譽
也士孝曰究究者以明審爲義士始外朝辭親入仕能審資父
事君之禮則親獲安故曰究也庶人孝曰畜畜含畜爲義庶人
含性受朴躬耕力作以畜其德則其親獲安故曰畜也陛下以
韋氏搆逆中宗降禍宸衷憤春情卓然初無一旅之衆遂殄
九重之妖定社稷於阽危拯宗枝於塗炭此陛下孝悌之至通
於神明光於四海無所不通使諸侯得守其法度卿大夫得盡
其言行士得資親以事君庶人得用天而分地此陛下無體之
禮以安上理人也上元已來政由寗氏文明之後法在凶人賊

害宗親誅滅良善勳階歲累酺赦年頻佞之則榮華正之則遷
謫神龍景雲之際其事尤繁先天開元之間斯弊都革此陛下
之無聲之樂以移風易俗也臣前狀單略議者未識臣之懇誠
謹具狀重進請付中書門下商量熨分呈言若讜然敢側足於
軒墀臣言不忠伏請竄跡於荒裔右散騎常侍元行沖奏議曰
天地之性惟人最靈者蓋以智周牧睿作聖明貴賤辯尊卑遠
嫌疑分清禮也是以古之聖人徵性識本緣情制服則有中有
厭天父天夫故斬衰三年情禮具盡盡者同心立極也生則齊
體死則同穴此陰陽而配合同兩儀之成化而妻喪杖周情礼
俱殺者蓋遠嫌疑尊乾道也父爲嫡子三年斬衰而不去職者
蓋尊祖重嫡崇礼殺情也資於事父以事君孝莫大於嚴父故
父在爲毋罷職齊周而心喪三年謂之尊厭者則情申而禮殺
也斯制也可以異於飛走別於華夷羲農堯舜莫之易也文武
周孔同所尊也今若捨尊厭之重虧嚴父之義略純素之嫌貽

非聖之責則事不師古有傷名教矣姨兼從母之名即母之女黨加以舅服有理存焉嫂叔不服避嫌疑也若引同爨之緦以忘推遠之旨既乖前聖亦謂難從謹詳三者之疑並請依古爲當自是百僚議竟不決至七年八月下敕曰惟周公制禮當歷代不刊況子夏爲傳乃孔門所受格條之内有父在爲母齊縗三年此有違尊厭之義與其改作不如師古諸服紀宜一依喪服文自是卿士之家父在爲母行服不同或旣周而禫禫服六十日釋服心喪三年者或有旣周而禫禫服終三年者或有依上元之制齊衰三年者時議者是非紛然元行沖謂人曰聖人制厭降之禮豈不知母恩之深也但尊貴彌欲其遠別禽獸近異夷狄故也人情易搖淺識者衆一紊其度其可止乎二十年中書令蕭嵩與學士改修定五禮又奏請依上元敕父在爲母齊衰三年爲定及頒禮亦一切依行焉

冊府元龜卷第五百八十八

册府元龜卷第五百八十九

掌禮部二十

奏議第十七

唐張説爲中書令開元十一年與祕書監賀知章衆定南郊之禮奏議曰晉元帝建武二年定郊兆於建業之南去城七里一壇之上尊卑雜位千有五百神去聖日遠損益不同臣等案祠令五星已下內官五十三座中官一百六十座外官一百四座衆星三百六十座臣共所由勘史傳及星經內外所主職有尊卑舊圖座位昇降頗錯今奉墨勑授尊卑昇降又新加杠等座總三百一十九座并衆星三百六十九座凡六百八十七座具圖如左詔遂頒於有司以爲常式十三年撫州三脊茅生有上封者言曰昔齊桓公九合諸侯一正天下將欲封禪問於夷吾夷吾對曰江淮間三脊茅生用以縮酒乃可封禪其時無茅桓公大慙而罷自歷千古今始一生昔宣王南征責楚包茅不入王祭不供則是其茅也其茅今高一尺至七八月長足方堪縮酒特望聖恩至時令采用祭太山并根掘取充內植之時宰臣已遣使於岳州採沅江茅乃奏曰管夷吾爲桓公是諸侯不合封禪故稱茅拒之及伐楚之日尊周室行霸道乃責楚云包茅不入王祭不供若以茅瑞是不知經義臣等歷任荊楚博訪貢茅沅江最勝臣已牒岳州取訖今稱撫州有茅請移根入苑且貉不踰汶橘不過江移根苑中信是虛妄勑撫州曰進六束與沅江相比用之帝曰可

韋縚爲太常少卿開元十七年四月禘享太廟九室命有司攝行禮初唐禮祫享昭穆禘各於其室縚奏曰准古禮五年再殷祭一祫一禘其義合聚昭穆定次序又孔安國王肅等先儒皆以爲序昭穆唯鄭玄云禘各於其室若如鄭旨則與常享不異臣恐鄭注乖於周經請依古禮如王肅等議序列昭穆許之二十一年五月縚奏曰奉今年二月三日勑宗廟所奉尊敬之極因以

名署情所未安宜令禮官詳擇可宜奏聞者謹詳經典尋令式宗廟享薦皆主奉常別置署司事非稽古其署望廢令本司專奉其事許之縚尋遷太常卿二十三年正月制以籩豆之薦或未能備物宜令禮官學士詳議具奏縚請宗廟之奠每坐籩豆各加一二又今之酌獻酒爵制度全小僅無一合執持甚難請令廣大其郊祀奠獻亦准此仍望付尚書省集衆官詳議務從折衷於是兵部侍郎張均及職方郎中韋述等建議曰謹案禮祭統曰凡天之所生地之所長苟可薦者莫不咸備水草陸海三牲八簋昆蟲之異草木之實陰陽之物備薦矣聖人知孝子之情深而物類之無限故爲之節制使有常禮物有其品器有其數上自天子下至公卿貴賤差降無相踰越百代常行無易之道也又案周禮膳夫掌王之食飲膳羞食用六穀膳用六牲飲用六清羞用百二十品珍用八物醬用百有二十甕則與祭祀之物豐省本殊左傳曰饗以訓恭儉宴以示慈惠恭儉以行禮慈惠以布政又曰饗有體薦宴有折俎杜預曰饗有體薦爵盈而不飲肴乾而不食宴則相與共食饗之與宴猶且異文祭奠所陳固不同矣又案周禮籩人豆人各掌四籩四豆之實供祭祀與賓客所用各殊據此數文祭奠不同常時其來久矣且人之嗜好本無憑準宴私之饌與時遷移故聖人一切同歸於古雖平生所嗜非禮亦不薦也平生所惡是禮則不去也楚語曰屈到嗜芰有疾召宗老而囑曰祭我必以芰及祥宗老將薦芰屈建命去之曰祭典有之國君有牛享大夫有羊饋士有豚犬之奠庶人有魚炙之薦籩豆脯醢則上下共之不羞珍異不陳庶侈不以私欲干國之典遂不用此則禮外之食前賢不敢薦今欲取甘旨之物肥濃之味隨所有皆充祭用將踰舊制其何限焉雖籩豆有加豈能備也傳曰大羹不致粢食不鑿昭其儉也書曰黍稷非馨明德惟馨事神在於虔誠不求厭飫三年一禘不欲黷也三獻而終禮有成也風有采蘋采蘩雅有行葦泂酌

酌守以忠信神其捨諸若以今之珍饌平生所習求神無方何必古器籩豆簠簋可去而盤盂杯案當在御矣韶護可息而箜篌箏笙當有奏矣凡斯之流皆非正物或興於近代或出於蕃夷耳目之娛本無則象後嗣何觀欲爲永式恐未可也且自漢已降諸陵皆有寢宮歲時朔望薦以常饌此既常行亦是盡至孝之情矣宗廟正禮宜依典故率情變革人情所難又案禮制一外曰爵五外曰散禮器稱宗廟之祭貴者獻以爵賤者獻以散此明貴小賤大示之節儉又案國語觀射父曰郊禘不過繭栗蒸嘗不過把握天神之精明臨人者也所求備物不求豐大苟失於禮雖多何爲豈可捨先王之遺法徇一時之所尚廢弃禮經以從流俗裂冠毀冕將安用之且君子愛人以禮不求苟合況在宗廟敢忘舊章請依古制庶可經久禮部員外郎楊仲昌議曰謹案禮曰夫祭不欲煩煩則黷亦不欲簡簡則怠又鄭云人生尚褻食鬼神則不然神農時雖有黍稷猶未有酒醴及後聖作爲醴酪猶存玄酒亦不忘古春秋曰蘋蘩薀藻之菜潢汙行潦之水可羞於王公可薦於鬼神又曰大羹不和粢食不鑿此明君人者有國奉先敬神嚴享豈肥濃以爲上將儉約以表誠則陸海之物鮮肥之類既非禮云之情而變作者之法皆充祭用非所詳也易曰樽酒簋貳用缶納約自牖此明祭在簡易不在繁奢所以一樽之酒貳簋之奠爲明祀也抑又聞之夫義以出禮禮以體政違則有紊是稱不經薦肥濃則褻味有紊加籩爵則事非師古與其別行新制寧如謹守舊章時太子賓客崔沔戶部郎中楊伯成左衛兵曹劉秩等皆建議以爲請依舊禮不可改易於是宰臣等具沔述等議以奏玄宗曰朕承祖宗休德至於享祀粢盛實思豐潔禮物之具諒在昭忠其非芳絜不應法制者亦不可用於是更令太常量加品味繼又奏請每室加籩豆各六每四異品以當時新菓及珍羞用薦制可之又酌獻酒爵玄宗令用樂外一外合於古義而多少適中自是常依行焉

二十四年以服制之紀有所未通命有司議姨舅母百官奏請多異同帝曰朕以爲親姨舅既服小功則舅母於舅有三年之服是受我而厚以服制情則舅母之服不得全降於舅也宜服緦麻百官等咸獻議曰臣等又以外族之親禮無厭降外甥既爲舅母還合報之夫之外甥既合報服則與夫之姨舅以類是同外甥之妻不得無服所增者頗廣所引者漸疎猶有未達伏候進止帝曰從服有六此其一也降殺之制古禮無文此皆自仁率親用爲服數所在抑引盡是推恩朕情有未安故令詳議非欲苟求變古以示不同卿等以爲外族之親禮無厭降服之節制所司甚孰且姨舅屬從之至近也以親言之則以姑伯之匹敵也豈可以所引者疎而降所親者服又婦從夫而服尤是睦親實欲令不肖者企及賢者俯就又堂姨堂舅古未制服朕思敦睦九族引而親之宜服袒免又鄭玄注禮記云同爨緦若此堂姨舅於褻親則厚矣又喪服傳云外親之服不得過大而須爲外曾祖父母及外伯叔父母制服亦何傷乎皆勝親敦本之意卿等更熟詳之中書門下奏曰頻奉墨制重令詳議臣等淺陋不達不敢措詞聖旨深微特垂開曉陛下體至仁之德廣推恩之道將引進以示睦親再發德音更令詳議謹案大唐新禮親舅加至小功與從母同服此蓋當時特令不以輕重遞増蓋不欲參於本宗慎於變禮也今聖制親姨舅小功更制舅母緦麻堂舅袒免等取類新禮垂示將來通於物情自我作古群儒凡議徒有稽留並望准制施行從之二十七年詔以開元六年秋睿宗喪畢祫享于太廟自後又相承三年一祫五年一禘各自計年不相通數至二十七年凡經五禘七祫其年夏禘訖冬又當祫乃建議曰禘祫二禮俱爲殷祭祫爲合食祖廟禘謂諦序尊卑申先君逮下之慈成群嗣奉親之孝事異常享有時行之然而祭不欲數數則黷亦不欲疎疎則怠故王者法諸天道制祀典焉蒸嘗象時禘祫如閏五歲再閏天道大成宗廟

法之再為殷祭者也謹案禮記王制周官宗伯鄭玄注解高堂所議並云國君嗣位三年喪畢祫于太祖明年禘于羣廟自爾已降五年再殷一祫一禘漢魏故事貞觀實錄並用此禮又案禮緯及魯禮禘祫注云三年一祫五年一禘所謂五年而再殷祭也又案白虎通及五經通義許慎異義何休春秋賀循祭議並云三年一祫何也以為三年一閏天道小備五年再閏大備故也此則五年再殷通計其數一祫迭相乘矣今廟禘祫各自數年兩歧俱下不相通計或比年頻合或同歲再序或一禘之後併為再祫或五年之內驟有三殷法天象閏之期既違其度五歲再殷之制數又不同求之禮文頗為乖失說者或云禘祫二禮大小不倫祭名有殊年數相乎祫以三紀投小而合禘以五斷至十而周有茲參差難為通計竊以三祫五禘之說本出禮緯五歲再殷之數同在其篇會通二文非相詭也蓋以禘後置祫二周有半舉以全數謂之三年一閏只用三十二月也其有禘祫異稱各隨四時秋冬為祫春夏為禘祭名雖異為殷則同譬如礿禴蒸嘗其體一也鄭玄謂祫大禘小傳咸謂祫小禘大肆陳之間或有增減通計之義初無異同蓋象天之法相傳久矣惟晉代陳舒有三年一殷之議自五年八年立十一十四尋其議文所引亦以象閏五年一禘又奚所施矛楯之說固難憑也夫以天之度既有指歸稽古之理若茲昭著禘祫二祭通計明矣今請以開元二十七年己卯四月禘至辛巳年十月祫至甲申年四月又禘至景戌年十月又祫至己丑年四月又禘至辛卯年十月又祫自此五年再殷周而復始又禘祫之說非唯一家五歲再殷之文既相師矣法天象閏之理大抵亦同而禘後置祫或近遠盈縮之度有二法焉鄭玄宗高堂則先三而後二徐邈之議則先二而後三謹案鄭氏所注先三之法約三祫五帝之文者三歲五年之位以甲年既禘丁年當祫己年又禘壬年又祫甲年又禘丁年又祫周而復始以此相承祫後去禘十有八月而近禘後去祫三十二月而遥分析不均粗於算矣假如攻乎異端置祫於秋則三十九月為前二十一月為後雖小有愈其間尚偏竊據本文皆云象閏二閏相去則平分矣兩殷之序何不等耶且又三年之言本舉全數二周有半實杭三年於此置祫不違文矣何必拘滯隅三正乎蓋千慮一失通儒之蔽也徐氏之議有異於是研覈周審最為可憑以為二禘相去為月六十中分三十置一祫焉若甲年夏祫景年終禘有象閏法毫釐不偏三年一祫之文既無乖越五歲再殷之制疎數又均校之諸儒義實長久今請依據以定二殷預推祭月周而復始禮部員外郎崔宗之駁下太常令更詳議令集賢學士陸善經等更加詳覈善經亦以其議為允於是始奏曰禮有禘祫俱稱殷祭二法更用纖次相承或云五歲再殷一禘一祫或云三年一祫五年一禘法天象閏大趣皆以太廟禘祫計年有差考於經傳微有所乖須在四月已前禘享今指孟冬又中祫儀合食禮頻恐違先典伏以陛下能事畢舉舊物咸甄宗祏祇慎之時經訓申明之日臣等忝在持禮職思討論輒據舊文定其倫序請以今年夏禘使為殷祭之源自此之後禘祫相代五年再殷周而復始今年冬祫准禮合停望令所司但行時享即嚴禋不黷庶合舊儀從之

裴耀卿為侍中開元二十二年制曰服制之紀或有所未通宜令禮官學士詳議聞奏太常卿韋縚奏曰謹按儀禮喪服舅緦麻三月從母小功五月傳曰何以小功以名加也堂姨舅舅母恩所不及外祖父母小功五月傳曰何以小功以尊加也舅緦麻三月並是情親而服屬疎者也外祖正尊同於從母之服姨一等服則輕重有列堂姨舅親既未疎恩絕不相為服親舅母未承外族同爨之禮不加緦以古意猶有所未暢者也且為外祖小功此則正尊情甚親而服屬疎者也請加至大功九月姨舅屬親既無別服宜齊等請為舅加至小功五月堂姨舅疎降

之例先無制服之文並望加至袒免月聞禮以飾情服從義制或有沿革損益可明事體既大理資詳審望付尚書省集衆官吏詳議務從折衷求爲典則於是太子賓客崔沔建議曰竊聞大道既隱天下爲家聖人因之然後制禮禮敎之設本爲正家家道正而天下定矣正家之道不可以貳總一之義理歸本宗父以尊崇母以厭降豈忘愛敬宜存倫序是以內有齊斬外服皆緦尊名所加不過一等此先王不易之道也前聖所志後賢所傳其來久矣昔辛有適伊川見被髮而祭於野者曰不及百年此其戎乎其禮先亡矣貞觀先禮特改舊章漸廣渭陽之恩不遵洙泗之典及弘道之後唐隆之間國命再移於外族矣禮亡徵兆儻或斯見天人之際可不誡哉開元初補闕盧履冰嘗進狀論喪服輕重勅令僉議于時羣議紛拏各要積習太常禮部奏依定陛下運稽古之思發獨斷之明至開元之年特降別勅一依古禮事符故實人知向方式固宗盟社稷之福更圖異議竊

所未詳願守八年明旨以爲萬代成法職方郎中韋述議曰天生萬物惟人最靈所以尊尊親親別生分類存則盡其愛敬沒則盡其哀戚緣情而制服考事而立言往聖討論亦已勤矣上至曾祖下至玄孫以及其身謂之九族由近而及遠稱情而立文差其輕重遂其五服雖則或以義降或以名加教有所存理不逾等百王不易三代可知日月同懸咸所仰也自微言既絶大義復乖雖文質有遷而必遵此制謹按儀禮喪服傳曰外親之服皆緦鄭玄謂外親異姓正服不過緦麻外祖父母小功五月以尊加也從母小功五月以名也舅甥外孫中外昆弟皆依本服緦麻三月差以正敵外祖則祖也姨舅伯叔則父母之恩不殊而獨殺於外氏聖人之心良有以也喪服傳曰禽獸知母而不知父野人曰父母何筭焉都邑之士則知尊禰矣大夫及學士則知尊祖也諸侯及其太祖天子及其始祖之所自出聖人究天道而厚於祖禰繫姓族而親其子孫近則別其賢愚遠則異於禽獸由此言之母黨比於本族不可同貫明矣且家無二斬人之所奉不可貳也持重於大宗爲降小宗爲人後者減其父母之服女子出嫁殺其家之喪蓋所存者遠而所抑者私也今若外祖及舅更加服一等堂舅及姨列於服紀之內則中外之制相去幾何廢禮徇情所務者末古之作者知人情之易搖恐失禮之將漸別其同異輕重相懸欲使後來之人永不相雜微旨所在豈徒然哉且五服有上殺之義必循源本方及條流伯叔父母本服大功九月並以其出於祖其服不得過於祖也從祖父母從祖昆弟小功五月以出於曾祖服不過於曾祖也族祖父母族昆弟皆緦麻三月以其出高祖其服不得過於高祖也堂舅姨既出於外曾祖若爲之制服外曾祖父母及外伯叔祖父母亦宜制服矣外祖加至大功九月則外曾祖合至小功外高祖合至緦麻若舉此而捨彼事則不均并親而錄䟽理則不順推而廣之是與本族無異矣服皆有報則堂外甥外曾孫

姪女之子皆須制服矣聖人豈薄其骨肉背其恩愛情之親者服制乃輕蓋本於公者薄於私存其大者略其細義有所斷不得不然苟可加也亦可減也往聖可得而非則禮經可得而隳矣先王之制謂之彝倫奉以周旋猶恐失墜一紊其叙庸可止乎且舊章淪胥爲日已久所存者無幾又欲棄之雖曰未達不知其可請依儀禮喪服爲之禮曰外服皆緦又曰外祖父母以尊加從母以名加並爲小功五月其爲舅緦鄭文貞公魏徵已議同從母例加至小功五月況今之所加豈異前古雖文貞賢也而周孔聖也以賢改聖後學何從堂舅母並外爲袒免則何以祖述禮經乎如以外祖父母加至大功則豈無加報於外孫乎如外孫爲報服大功則本宗庶孫何用等而相淺乎儻必如是深所不便竊恐內外乖序親䟽奪倫情之所沿何所不至恐理必然也昔子路有姊之喪而不除孔子問之子路對曰吾寡兄弟而不忍也子曰先王制禮行道之人皆不忍也子路聞而

除之此則聖人因言以立訓援事而抑情明例也禮不云乎無
輕議禮明其蟠於天地並彼日月賢者由之安敢小有損益也
況夫喪服之紀先王大猷奉以周旋以正人道一詞寧措千載
是遵涉於異端豈曰弘教伏望各依正禮以厚儒風太常所謂
加恩愚見以爲不可又戶部郎中陽伯成左監門録事參軍劉
秩同是議與沔等略同議奏上又手勅侍臣等曰朕以親姨舅既
服小功則舅母於舅有三年之服是受我而厚以服制情則舅
母之服不得全降於舅也宜服緦麻堂姨舅今古未制服朕思
敦睦九族引而親之宜服袒免又鄭玄注禮記云同爨緦若以
堂姨舅於同爨親則厚矣又喪服傳云外親之服皆緦是以亦
不隔於堂姨舅也若以所服得過本而須爲外曾祖父母及外
伯叔祖父母制服亦何傷乎是皆親親之本意卿等更熟詳之
耀卿與中書令張九齡禮部尚書李林甫等奏曰外族之親禮
無厭降外甥爲舅母制服舅母還合報之夫之外甥既爲報服

則舅與夫之姨舅以類是同外甥之妻不得無服所增者頗廣所
引者漸疏微臣愚蒙猶有未達玄宗又手制答曰從服有六此
其一也降殺之制禮無明文此皆自身率親用爲服數疏存抑
引盡用推恩朕情有未安故令詳議非欲苟求變古以示不同
卿等以爲外族之親禮無厭降服之節制所引甚疏且姨舅者
屬從至近也以親言之則亦姑伯之匹敵也豈可以所引者疏
而降所親者服又婦從夫者也夫之姨舅夫既有服從夫而服
是謂睦親實欲令不肖者企及賢者俯就卿等宜熟詳之耀卿
等奏曰陛下體至仁之德廣推恩之道將弘敦睦爰發德音復
令詳議臣等按大唐新禮親舅加至小功與從母同服此蓋當
時特命不以輕重遞增蓋不欲參於本宗慎於變禮者也今聖
制親姨舅小功更制舅母緦麻堂姨舅袒免等服取類新禮垂
示將來通於物情自我作古則羣儒風議徒有稽留並望准制
從之二十七年寧王憲將葬玄宗遣中使勑其子璡等務令儉

約送終之物皆令衆見所司請依諸陵舊例壙內置千味食既
耀卿爲監護使奏曰尚食所料水陸等味一千餘種每色瓶盛
安於藏內皆是非時瓜果及馬牛驢犢麞鹿等肉并諸藥酒三
十餘色儀注禮料皆無所憑臣據禮司所料奠祭相次事無不
備典制分明天恩每申讓帝之志務令儉約禮外加數竊恐不
安又非時之物馬犢驢等并野味魚雁鵝鴨之屬所用銖兩動
皆宰殺盛夏胎養聖情所禁又須造作什物動餘千計求徵市
井實謂煩勞千味不供禮無所闕伏望依禮減省以取折衷制從之
顏眞卿爲御史大夫肅宗至德二年自鳳翔還京眞卿議云春
秋時新宮災魯成公三日哭今太廟爲盜毀請築壇於野皇帝
東向哭然後遣使竟不能從後爲吏部尚書充禮儀使代宗大
曆十四年七月奏言高祖至肅宗七聖廟號尊謚文字繁多皇
帝則悉有大聖之號皇后盡有順聖之名使言之者黷於今行
之者異於古請高祖已下累聖謚號悉取初謚爲定請罷舊制

上謚號高祖爲文皇帝高宗爲天皇大帝中宗爲孝和皇帝睿
宗爲聖眞皇帝玄宗爲孝明皇帝肅宗爲孝宣皇帝其廟號如
故仍請准漢魏國朝故事於尚書省議定奏御行之時以謚號
前後文繁多不經而儒學之臣思改者久矣會眞卿上奏皆謂
必克正焉而兵部侍郎袁傪不詳典故乃上言陵廟中玉冊既
刊勒矣不可輕改遂罷之傪曾不知陵中玉冊實紀其初號後
雖追尊而冊文如故是年十月代宗神主將祔廟眞卿以元皇
帝代數已遠准禮合祧請遷于西夾室奏議曰王制天子七廟
三昭三穆與太祖之廟而七又禮器云有以多爲貴者天子七
廟又伊尹曰七代之廟可以觀德此經典之明證也七廟之外
則去祧爲壇去壇爲墠故歷代儒者制迭毀之禮皆親盡宜毀
伏以太宗文皇帝七代之祖高祖神堯皇帝國朝首祚萬葉所
承太祖景皇帝受命于天始封于唐元本皆在不毀之典代祖
元皇帝地非開統親在七廟之外代宗皇帝升祔有日元皇帝

神主禮合祧遷或議者以祖宗之名難於迭毀昔漢朝近古不敢以私滅公故前漢十二帝爲祖宗者四而已至後漢漸遠經意子孫以推美爲先自光武已下皆有廟號則祖宗之名莫不違也安帝以讒害大臣廢太子無上宗之奏後自建武已來無毀者因以陵號稱恭宗至桓帝失德尚有宗號故初平中左中郎蔡邕以和帝已下功德無殊而有過差不應爲宗餘非宗者追尊三代皆奏毀之是知祖有功宗有德存至公之義非其人不居蓋三代立禮之本也自東漢已來則此道喪矣魏明帝自稱烈祖論者以爲謟自稱祖宗故近代此名悉爲廟號未有子孫踐祚而不祖宗先王者以此明之則不得獨據兩字而爲不合祧遷之證假令傳祚百代豈可上崇百代以爲不毀請依三昭三穆之義求爲通典寶應二年并祔玄宗肅宗則獻祖懿祖已從迭毀伏以代宗睿文孝皇帝卒哭而祔合上遷一室元皇帝代數已遠其神主准禮當祧至禘祫之時然後祭祀於是祧元皇帝于西夾室祔代宗神主焉建中元年三月眞卿上言東都太廟闕木主請造以祔詔下議之初武太后於東都立高祖太宗高宗三廟中宗已後兩京太廟四時並饗至德亂後木主多亡缺未祔於是議者紛綸而大指有三一曰必存其廟遍立群主時饗之日以他官攝行二曰建廟立主存而不祭若皇輿時巡則就饗焉三曰存其廟瘞其主篤或東幸則飾齋車奉京師群廟之主以徃議者不決而罷是年十一月辛酉詔曰冠婚之義人倫大經昔唐堯降嬪帝乙歸妹逮於漢氏同姓主之爰自近古禮教凌替公主郡主法度僭差姻族闕齒序之儀舅姑有拜下之禮自家刑國多愧古人今縣主有行將俟嘉命俾親執棗栗以見舅姑敬尊宗婦之儀降就家人之禮事資變革以御浮華宜令禮儀使與禮官約古今儀禮詳定公主郡縣主出降覲見之儀以聞於是禮司條定儀制請依開元禮婦見舅姑之儀又曰故事朝廷三品已上清望官定名赴婚會請之獻花

擲又有障車下壻及詠扇之詩非宜也請待去之又案禮經壻執贄以相見也當於奠鴈時男女相見親迎以歸然後同牢而食合巹而酳近代別設氈帳擇地而置乃元魏穹廬之制不可爲准當於室中施帳以紫綾縵爲之又云今俗以子卯午酉之歲娶婦者謂之當梁不得見舅姑又呂才新定陰陽書五十篇並無此說其俗忌諱皆禁之乃爲永制王公百官率用此禮否者並史劾之又婚禮皆用誕馬在禮經無文案用禮王人有璋諸侯以聘女禮云玉以比德今請駙馬加以璋郡主壻加以璧以代用馬又其承書出自近代事無輕據請罷勿用皆從之無何殿中少監李洞清嫁女用俗法施氈帳禮儀使舉送御史臺按之眞卿尋遷太子少師依前禮儀使二年十月癸卯祫祖神主出行祫禮初寶應二年玄宗肅宗神主附廟始遷獻祖懿祖神主於西夾室是時禮儀使于休烈以國喪畢將行祫饗以太祖既位當東面獻祖懿祖屬尊於太祖若同祫饗即太祖不得居正位於是永閟二祖神主於西夾室至是有司亦以國喪既畢當行祫禮於是太常博士陳京上疏言今年十月祫享太廟并合饗遷廟獻祖懿祖二神主春秋之義毀廟之主陳于太祖未毀廟之主皆外合食于太祖太祖之位在西而東向其下子孫昭穆相對南北爲別無毀廟遷主不享之文徵是禮也自於周室而國朝祀典當與周異且周以后稷部太廟爲始封之祖而乃立廟廟毀主還皆在太祖之後禘祫之時無先於太廟太祖者故太祖東向之位全其尊而不疑然今年十月禘饗太廟伏請據魏晉舊制爲比則構築別廟東晉以征西等四府君爲別廟至禘祫之時則於太廟正太祖之位以申其尊別廟登高皇太皇征西等四府君以叙其親伏以國家若用此則宜別爲獻祖懿祖立廟禘祫祭之以重其親則大祖於太廟遂居東向以全其尊伏以德明聖興二皇帝曩立廟至禘祫之時常用饗禮今則別廟之制便就興聖廟藏祔爲宜其勅下尚書省百寮集議

眞卿議曰議者云獻祖懿祖親遠廟遷不當祫享宜永閟於西夾室又議者云二祖宜同祫享與太祖並昭穆而空太祖東向之位又議者云二祖若同祫享即太祖之位永不得正宜奉遷二祖神主祔藏於德明皇帝廟臣伏以三議俱未爲允且禮經殘缺旣無明據儒者以方義類斟酌其中則可舉而行之蓋叶於正也伏惟太祖景皇帝以受命始封之功處百代不遷之宗配天崇享是極尊嚴且禘祫之時暫居昭穆之位屈己申孝敬奉祖宗緣齒族之禮廣尊先之道此實太祖明神烝烝之本意亦所以化被天下率循孝悌也請依晉蔡謨等議至十月祫享之日奉獻祖神主居東面之位自懿祖太祖洎諸祖宗遍序昭右穆之列此有彰國家重本尚順之明義足爲萬代不易之令典也又議者請奉遷二祖神主於德明皇帝廟行祫祭之禮夫祫合也故公羊傳云大事者何祫也若祫祭不陳於太廟而享於德明廟斯乃分食也豈謂合食乎名實相乖深失禮意固不

可行也議奏留中不下稍及祫饗眞卿又奏請從蔡謨爲定從之三年閏正月眞卿上言武成王廟是中祠上元元年禮儀使杜鴻漸奏罷祭今既修葺廟宇已成伏請准月令每春秋二仲以上戊日行釋奠之禮又武成王自齊太公追封侯王名義同廟庭用樂合准諸侯之數今請軒懸從之

于休烈爲工部侍郎充禮儀使舊儀冬至元日百官於光順門朝賀皇后乾元元年張皇后遂行此禮休烈先奏曰據周禮有命夫命婦夫朝人主婦朝女君自明慶年以則天爲皇后始行此禮其日命婦又朝光順門朝官命婦雜處殊爲失禮有詔停

冊府元龜卷第五百九十

掌禮部二十八

奏議第十八

唐歸崇敬爲膳部郎中肅宗寶應元年以百官朝望朝服袴褶非古禮上疏云按三代典禮兩漢史籍並無袴褶之制亦未詳所起之由隋代已來始有服者事不師古伏請停罷從之又議東都太廟不合置木主謹按典禮虞主用桑練主用栗作栗主則埋桑主所以神無二主天無二日土無二王也今東都太廟是則天皇后所建以置武氏木主中宗去其主而存其廟蓋將以備行幸遷都之置也殷人屢遷前八後五則殷遷都一十三度不可每都而別立神主也議者或云東都神主已曾虔奉而禮之豈可一朝而廢乎且虞祭則立桑主而虔祀練祭則立栗主而埋桑主豈桑主不曾虔祀而乃埋之又所闕之主不可更作作之不時恐非禮也又議云每年春秋二時釋奠文宣王祝板御署訖北面揖臣以爲其禮太重謹按大戴禮師尚父授周武王丹書武王東面而立今署祝板伏請准武王東面禮之輕重庶得其中是年崇敬與禮儀使杜鴻漸禮官薛頎等議以高祖神堯皇帝非始封之君不合配天地大祖景皇帝始封於唐郊天地請以景皇帝配告宗廟亦以景皇帝酌獻詔可之永泰二年夏大旱時上封事者云太祖景皇帝追封唐國高祖受命之祖唐有天下不因於景皇今配享失位故神不降福從陽爲災詔下百司就尚書省議崇敬確執前議乃止崇敬又議祭五人帝不合稱臣云太皞五帝人帝也於國家即爲前後之禮無君臣之義若於人帝而稱臣則天帝復何稱也議者或云五帝列於月令分配五時則五神五音五祀五蟲五臭皆備五數以此備其時之色數非謂別有尊崇也

黎幹爲諫議大夫寶應元年禮儀使太常卿杜鴻漸與水部員外郎薛頎歸崇敬等議以神堯受命之主非始封之君不得爲太祖以配天地太祖景皇帝始受封於唐即殷之契周之后稷也請以太祖景皇帝郊配天地告請宗廟亦以太祖景皇帝酌獻諫議大夫黎幹議以太祖景皇帝非受命之君不合配享天地二年五月進議狀爲十詰十難曰據集賢校理潤州別駕歸崇敬議狀及水部員外郎薛頎等議曰禘謂冬至祭天於圓丘周人以遠祖配今欲以景皇帝爲始祖配昊天於圓丘臣幹詰曰國語云有虞氏夏后氏俱禘黃帝商人禘舜周人禘嚳俱不言祭昊天於圓丘一也詩商頌曰長發大禘也又不言祭昊天於圓丘二也詩周頌曰雝禘太祖也又不言祭昊天上帝於圓丘三也禮記祭法曰有虞氏夏后氏俱禘黃帝殷人周人俱禘嚳又不言祭昊天上帝於圓丘四也禮記大傳曰不王不禘王者禘其祖之所自出以其祖配之又不言祭昊天上帝於圓丘五也爾雅釋文曰禘大祭也又不言祭昊天上帝於圓丘六也家語曰凡四代帝王之所郊皆以配天也其所謂禘者皆五年大祭也又不言祭昊天上帝於圓丘七也盧植云禘祭名禘者諦也事尊明諦故曰禘又不言祭昊天上帝於圓丘八也王肅曰禘謂五年大祭又不言祭昊天上帝於圓丘九也郭璞云禘五年之大祭也又不言祭昊天上帝於圓丘十也臣幹謂禘是五年宗廟之祭詩禮經傳文義昭然今畧舉十詰以明之臣唯見禮記祭法及禮記大傳商頌長發等之篇鄭玄注或稱祭昊天或云祭靈威仰臣精詳典籍更無禘爲祭昊天於圓丘及郊天者審知禘是祭之最大則孔子說孝經爲萬代百年法稱周公大孝何不言禘祀帝嚳於圓丘以配天而反言郊祀后稷以配天是以五經俱無其說聖人所以不言輕議大典亦何容易猶恐不悟今更作十難其一難曰周頌雝禘太祖也鄭玄箋云禘大祭也太祖文王也商頌云長發大禘也鄭玄箋云大禘祭天也夫商周之頌其文互說或云禘太祖或云大禘祭天且禘與是五年宗廟之大祭詳覽典籍更無異同惟鄭玄箋長發乃稱

是郊祭天詳玄之意因此商頌禘加大字使玄祭天如春秋大事於太廟爾雅禘大祭雖有大字亦是宗廟之大祭可得便稱祭天乎若如所說大禘即是郊祭稱禘即是祭宗廟又祭法說虞夏商周禘黃帝與嚳大傳不王不禘禘上俱無大字玄何因復稱祭天乎又長發所云亦不歌嚳與感生帝故知長發之禘而非禘嚳及郊祭天明矣殷周五帝之大祭羣經衆史及鴻儒碩學自古立言著論序之詳矣無以禘爲祭天何棄周孔之法獨取康成之小注便欲違經非聖誣亂祀典謬哉其二難曰大傳稱不王不禘王者禘其祖之所自出以其祖配之諸侯則及其太祖者說王者則當禘謂祭法虞夏殷周禘黃帝及嚳不王則不禘所當禘其祖之所自出謂虞夏出黃帝殷周出帝嚳以近祖配而祭之自出之祖既無宗廟即是自外至者故同之天地神祇以祖配而祀之自出之說非但於天於父母亦然左傳子產云陳則我周之自出此可得稱出於太微五帝乎故不王不禘王

者禘其祖之所自出以其祖配之此之謂也及諸侯之禘則降於王者不得祭自出之祖秖及太祖而已諸侯及其太祖此之謂也鄭玄錯亂分禘爲三注祭法云禘謂祭昊天於圜丘一也注左傳稱郊祭昊天以后稷配靈威仰箋商頌又稱郊祭天二也注周頌云禘大祭大於四時之祭而小於祫太祖謂文王三也禘是一祭玄析之爲三顛倒錯亂皆率胷臆曾無典據何足可憑其三難曰虞夏殷周已前禘祖之所自出其義昭然自漢魏晉已還千餘歲其禮遂闕又鄭玄所說其言不經先儒所棄未曾行用愚以爲錯亂之義廢棄之注不足以正大典其四難曰所稱今三禮行於代者皆是鄭玄之學請據鄭以明之議雖云據鄭學今欲以景皇帝爲始祖之廟以配天復與鄭議相乖何者王制云天子七廟玄云此周禮也七廟者太祖及文武之祧與親廟四也殷則六廟契及湯與二昭二穆也據鄭學夏不以鯀及顓頊昌意爲始祖昭然可知也而欲引稷契爲例其義又

異其稽上古洎今無以人臣爲始祖者唯殷以契周以稷夫稷契者皆天子元妃之感神而生昔帝嚳次妃簡狄有娀氏之女吞玄鳥之卵因生契長而佐禹治水有大功舜乃命契作司徒百姓既和遂封於商故詩曰天命玄鳥降而生商此之謂也后稷者其母有邰氏之女曰姜嫄爲帝嚳妃出野履巨跡歆然有孕生稷稷長而勤於稼穡堯聞舉爲農師天下得其利有大功舜封於邰號曰后稷唐虞夏之際皆有令德故詩曰履帝武敏歆然生子即有邰家室此之謂也舜禹有天下稷契在其間量功比德抑其次也舜受職則播百穀敷五教禹讓功則平水土宅百揆故國語曰聖人之制祀德施於人則祀之以死勤事則祀之契爲司徒而人輯睦稷勤百穀皆居前代祀典子孫有天下得不尊而祖之乎其五難曰既遵鄭說小德配寡遂以后稷秖配一帝尚不得全配五帝今以景皇帝特配昊天於鄭義可乎其六難曰衆議詁且云上帝一也所引春官祀天旅上帝祀地

旅四望旅訓衆也則上帝是五帝臣曰不然旅雖訓衆乃出於爾雅及爲祭名春官則訓旅爲陳注有明文若如所言旅上帝便成五帝則季氏旅于泰山可得便是四鎮乎其七難曰所云據鄭學則景皇帝親盡主合祧却欲配祭天地錯亂宗祖夫始祖者經綸草昧體大則天所以元氣廣大萬物之宗尊以長至陽氣萌動之始乃俱祀於南郊也夫萬物之始天也人之始祖也日之始至也掃地而祭質也器用陶匏性也牲用犢誠也兆於南郊就陽位也至尊至質不敢同於先祖禮也故白虎通云祭天歲一何天至尊至質事之不敢褻黷故因歲之陽氣始達而祭之今國家一歲四祭黷莫大焉上帝五帝其祀遂闕怠亦甚矣黷與怠皆禮之失不可不知夫親有限祖有常聖人制禮君子不以情變易國家重光累聖歷祀百數豈不知景帝封於唐當時通儒議功度德乃遵神堯以配天宗太宗以配上帝神有定主爲日已久今黜神堯配含樞紐以太宗配上帝

則紫微五精之帝佐也以子先父豈禮意乎非止神祇錯位亦以宗祖乖序何必上稱皇天祖宗之意哉若夫神堯之功太宗之德格于皇天上帝臣以郊祀無以加焉其八難曰欲以景皇帝爲始祖既非造我區宇經綸草昧之主故非與夏始祖禹殷始祖契周始祖稷漢始祖高帝魏始祖武帝晉始祖宣帝國家始祖神堯皇帝同功比德而忽升于圜丘之上與昊天匹嘗謂圜丘不如林放乎其九難曰所言魏文帝丕以武帝操爲始祖晉武帝炎以宣帝懿爲始祖者孟德仲達皆人傑擁天下之強兵挾漢魏之微主專制海內令行草偃服袞冕陳軒懸天子決事於私第公卿列拜於道左名雖爲臣勢實爲君後主因之而業帝前王由之而禪代子孫尊而祖之不亦可乎其十難曰所引商周魏晉既已詳矣則景皇帝不爲始祖明矣高祖拔出羣之才鄭脩隋室拯生民之塗炭則夏禹之勳不足多成帝業於數年則漢祖之功無以比然而夏以禹爲始祖漢以高帝爲始祖則我唐以神堯爲始祖法夏則漢於義何嫌今欲革皇天之祀易太祖之廟事之大者莫大於斯曾無援據一何寡陋不愧于心不畏于天乎以奉詔令諸司各據禮經定議者臣輒忝竊朝列官以諫爲名名以直見知身以學見達不敢不罄竭以裨萬一議奏不報

杜鴻漸爲太常卿充禮儀使代宗廣德二年正月命有司定祀典鴻漸奏曰冬至祀昊天上帝夏至祀皇地祇請太祖景皇帝配享孟春祈穀祀昊天上帝孟冬祀神州請以高祖神堯大聖大光孝皇帝配享夏雩祀昊天上帝請以太宗文武大聖大光孝皇帝配享季秋大享明堂祀昊天上帝請以肅宗文明武德大聖大宣孝皇帝配享從之

李岩爲司門郎中禮儀使判官德宗建中三年十月肅王詳薨詳德宗第六子薨時年四歲廢朝三日贈揚州大都督帝念其不令起墳穿壙將命曾塼造塔如西國法岩上言曰墳墓之式經典有常爰自古今不聞異制塼塔出於天竺號爲浮圖行之中華竊恐非禮況肅王天屬品位尊崇喪葬之儀存於簡策而不法典訓非經伏請准令造墳庶遵典禮從之

關播爲刑部尚書知刪定禮儀貞元二年二月奏上元中詔擇古今名將十人於武成王廟配享如文宣王廟之儀伏以太公古稱大賢今其下置亞聖賢之有聖於義不安又孔門十哲皆是當時弟子今所擇名將年代不同於義既乖於事又失臣請刪去名將配享之儀及十哲之稱從之三年正月修昭德皇后別廟帝初務從省約欲藏皇后神主於陵所祠殿毀撤與禮官奏以典故無文且陵所祠殿非安神主之所准故事昭成肅明元獻皇后並置別廟今太廟之西即元獻皇后故廟也今請修葺以爲昭德皇后別廟從之

李紓爲兵部侍郎貞元四年八月奏准開元十九年勅置齊太公廟以張良配太常卿少卿及丞充三獻官又案開元禮祝文去皇帝諱其官昭告于齊太公漢留侯至于上元元年勅追贈太公爲武成王享祭之典一同文宣王有司因差太尉充獻兼御署祝板伏以太公即周之太師張良即漢之少傅聖朝列於祀典已極褒崇今屈禮於至尊施敬于臣佐理或過當神向敢歆伏以文宣王垂教百代宗師五常訓明紀綱制立家國由是正素王之位加先聖之名樂用宮懸獻差太尉尊師崇道雅合政經且太公述作止於六韜勳業形於一代豈擬諸盛德均其殊禮其祝文請不進署敢昭告請改爲敬祭于其昭告請改爲致祭于留侯其獻官請准舊式詔百僚集議刑部員外郎陸淳請罷封王立廟之制依貞觀之磻磎置祠命有司時享左領軍大將軍令狐建等諸將軍二十四人請仍舊太理卿于頎四十六人請依李紓帝謂曰文化武功皇王之二柄自今上將軍已下充獻官餘依紓奏

劉滋爲吏部侍郎貞元六年正月詔羣官有私喪並宜禁斷公

祭初御史監祭者以開元禮有緦巳上喪不享廟移牒吏部詰以差奏祭官有私喪者於是吏部乃奏曰准禮諸侯絶周大夫絶緦所以殺旁親之喪不敢廢大宗之祭士則緦不祭謂同宮未葬欲人吉凶不相黷也魏晉以降變禮行權緦巳上喪假內衣縗謂之喪服假滿即吉謂之公除凡既葬公除即爲吉祭者非也故其時公除者皆行公祭蓋大夫不以家事亂王事春秋之義也今國家行公除之令既巳即吉於祭無嫌今私家之祭則無廢者公家之祭則猶禁之是以有司限文進退惟谷若以服爲禁即懼廢祭禮若以例奏差則懼違令文先王立禮所以進人爲善也立法所以禁人爲非也彼公除者人思君親莫不欲祭使子得祭其父孝莫大焉臣得祭其君忠莫重焉苟祭而不許是禁人爲善苟私祭不禁則公祭無嫌是則垂之空文不若行其變禮今請申明舊令使行之可守凡有慘服既葬公除及聞哀假滿者請許吉服赴宗廟之祭其同宮未葬雖公除者請依前禁之庶輕重有倫以一王法從之

柳冕爲吏部郎中貞元六年將有事於南郊德宗重宜其禮每事必詢訪於禮官乃命冕與司封郎中徐岱倉部郎中陸質工部員外郎張薦皆攝太常博士同修儀注以備顧問既詔以皇太子爲亞獻親王終獻帝令問冕等當受誓戒否冕與禮官等奏請准開元禮並以前七日數內受誓戒詞云各揚其職不供其事國有常刑冕等以誓皇太子更其詞云各揚其職肅奉常儀帝又問外郊廟去劍履及象劍尺寸之度祝文輕重之宜冕等咸引據禮經及歷代沿革故事奏聞帝甚嘉賞之是年後親王母號曰太妃定公主母曰太儀初帝以諸王若叔父諸弟長公主若姑姊妹其母多無封號朝謁之際無以稱之乃下有司詳議禮官第奏曰伏尋漢制諸王母稱王國太后晉宋巳降則曰王國太妃國朝酌前代典故從晉宋之儀王母命爲太妃著在程式謹按封爵及太唐六典王母爲太妃高祖宇文昭儀生

韓王元嘉後爲韓國太妃太宗燕妃生越王貞後爲越國太妃位號所崇存於簡册其長公主之母歷代故事並無稱號不與內命婦有六儀位次三妃秩正三品公主母既因女貴伏請降王母一等命爲太儀各以公主本封加太儀之上其品位同儀儀者取母儀之盛太者請因子而尊庶辨等威以弘敦睦詔可其奏

裴郁爲太常卿貞元七年十一月奏疏曰禘祫之禮以遷廟皆出太祖之後故得合食有序尊卑不差及漢高受命無始封祖以高皇帝爲太祖太上皇高帝之父立廟享禮不在昭穆合食之列爲尊於太祖故也魏武創業文帝受命亦即以武帝爲太祖其高皇太祖處士君等並爲屬尊不在昭穆合食之列晉宣創業武帝受命亦即以宣帝爲太祖其征西潁川等四府君亦爲屬尊亦不在昭穆合食之列國家誕受天命累聖重光景皇帝始封唐公實爲太祖中間世數既近於三昭三穆之內故皇家太廟唯有六室其弘農府君宣光二祖尊於太祖親盡則遷不在昭穆之數著在禮志可舉而行開元中加置九廟獻懿二祖皆在昭穆是以太祖景皇帝未得居東向之尊今二祖巳祧九室惟序則太祖之位又安可不正伏以太祖上配天地百代不遷而居昭穆獻懿二祖親盡廟遷而居東向微諸故實實所未安請下百寮僉議勑旨依八年二月又奏乃者宗子名御皆云皇某親行於文疏書署此非避嫌自卑之道也謹案儀禮曰諸侯之子稱公子公子不禰先君公子之子稱公孫公孫不得祖諸侯此自卑別尊之道也又禮記云君有合族之道族人不得以其戚戚君位也鄭玄注云族人皆臣也不得以父兄子弟之親自戚於君位謂齒列也所以尊君別嫌今宗子皆以皇字爲稱首從數爲序親誠非卑別尊不戚君位之義又案儀禮從父昆弟即今同堂也從祖昆弟即今再從也族昆弟即今三從也聖朝方崇敦叙宜辨等威其三從內伏請依舊其餘各以祖禰本封爲某王公子孫則親疏有倫名理歸正從之九年六

月郁奏議曰謹案孝敬皇帝忌不廢務伏以讓皇帝位非正統親則旁尊詳考舊章合同孝敬其忌日廢務請罷詔可是月郁奏議准季冬畫日以十一月九日貢舉人謁先師令與親享太廟日同准六典上丁釋奠若與大祠同則用中丁其謁先師請別擇日從之

李嶸為太子左庶子貞元八年正月議太常卿裴郁所論禘祫之禮曰王制天子七廟三昭三穆與太祖而七周制也七者太祖及文王武王之祧與親廟四也太祖后稷也殷則六廟契及湯與二昭二穆夏則五廟無太祖禹與二昭二穆而晉朝博士孫欽議云王者受命太祖及諸侯始封之君其已前神主據已上數過五代即毀其廟禘祫不復及也禘祫所及者謂受命太祖之後夫毀主上外藏於二祧者也雖百代禘祫及之伏以獻懿二祖則太祖以前親盡之主也擬三代以降之制則禘祫不及矣代祖神主則太祖已下毀廟之主則公羊傳所謂已毀廟

之主陳于太祖者是也謹案元帝下詔議罷郡國廟及親盡之祖丞相韋玄成議太上孝惠廟皆親盡宜毀太上廟主宜瘞於園孝惠主遷於太祖廟奏可太上則太祖已前之主瘞於園禘祫不及故也則今獻懿二祖之比也孝惠遷於太祖廟明太祖已下子孫則禘祫所及則今代祖元皇帝神主之比也自魏晉及宋齊隋陳相承始受命之君皆立廟虛太祖之位自太祖之後至七代君則太祖東向位乃成七廟太祖以前之主魏明帝則遷處士置於園邑歲時使令丞奉薦世數猶近故也至東晉成帝時以征西等三祖遷入西徐名之祧以准遠廟至穆帝立於京兆遷入西除同謂之祧如前之禮並禘祫所不及國朝始享四廟宣光并太祖世祖神主祔于廟至貞觀九年將祔高祖于太廟朱子奢請准禮立七廟其三昭三穆各置神主太祖依宋以來故事虛其位待遞遷方立東向位於是始封祔弘農府君及高祖為六室虛太祖之位而行禘祫至二十三年太宗祔廟弘農府君乃藏于西夾室文明元年高宗祔廟始遷宣皇于西夾室開元年玄宗特立九廟於是追尊宣皇帝為獻祖復列於正室光皇帝為懿祖以備九室禘祫猶虛太祖之位祝文於三祖不稱臣明全廟數而已至德二載克復後新作九廟神主遂不造弘農府君神主明禘祫不及故也至寶應二年祔玄宗肅宗於廟遷獻懿二祖於西夾室始以太祖當東向位以獻懿二祖為是太祖以前親盡神主准禮禘祫不及凡十八年建中二年十月將祫享禮儀使顏真卿伏奏合出獻懿二祖主行事其布位次第及東西尊位請准東晉蔡謨等議為定遂以獻祖東向以懿祖於昭位南向以太祖於穆位北向以左昭右穆陳列行事且蔡謨當時雖有其議事竟不行而我唐廟祧豈可為准嶸伏以晉禘郊社尊無二上瘞毀遷藏禮有義斷獻懿以為親盡之主太祖以當東向之尊一朝改移實非典故謂宜復先朝故事獻懿神主藏於西夾室以類祭法所謂遠廟為祧去祧為壇去壇為墠壇墠有禱則祭無

禱乃止太祖既昭配天地位當東向之尊庶上守貞觀之首制中奉開元之成規下遵寶應之嚴式符合經義不失舊章吏部郎中黃鍾七宮郊廟饗用一調迎氣五調舊工更盡其餘聲律皆不復通或有能為蕤賓之宮者享祀之際肆之竟無覺者弘又修皇后房內之樂據毛長侯芭孫毓故事皆有鍾磬而王肅之意乃言不可又陳統云婦人無外事而陰教尚柔以靜為體不宜用於鍾弘等採蕭統以取正焉高祖龍潛時頗好音樂常倚琵琶作歌二首名曰地厚天高託言夫妻之義因即取之為房內曲命婦人并登歌上壽並用之職在宮內女人教習之初後周故事懸鍾磬法七正七倍合為十四蓋准變宮變徵凡為七聲有正有倍而為十四也長孫紹遠引國語泠州鳩云武王伐殷歲在鶉火自鶉及駟七倍故也既以七同其數而以律和其聲於是有七律又引尚書大傳謂之七始其注云謂黃鍾林鍾太蔟南呂姑洗應鍾蕤賓也歌聲不應此者皆去之

然據一均言也宮商角徵羽爲正變宮變徵爲和加倍而有十四焉又梁武帝加以濁倍三七二十一而同爲架雖取繁會疊不合古又後魏時公孫崇之遷主藏于文武之廟其周巳受命之祧乎故有二祧所以異廟也今獻祖巳下之祧猶先公也太祖巳下之祧猶先王也請築別廟以居二祖則天周之禮復古之道故漢之禮因於周也魏之禮因於漢也隋之禮因於魏也皆立三廟有二祧又立私廟四於南陽亦後漢制也以爲人之子事大宗降其私親故私廟所以尊本宗也太廟所以尊正統也雖古今異時文質異禮而知禮之情與聞禮之本者莫不通其變酌而行之故上致其崇則太祖齊尊乎上矣下盡其殺則祧主親盡於下矣中處其中則王者主祧於中矣工部郎中張薦等議曰昔殷周以稷卨之後所以昭穆合祭尊卑不差如夏后氏以禹始封遂爲不遷之祖故夏五廟禹與二昭二穆而已據此不先鯀鯀之親盡其主已遷左氏既稱禹不先鯀足明遷廟

之主雖昌尊於始封祖者在合食之謂矣又據晉宋齊周隋史其太祖巳下並同禘祫未嘗限斷遷毀之主伏以商比八代非無碩學巨儒宗廟大事議必精博驗於史冊其禮叙同又詳魏晉宋齊梁北齊周隋事及貞觀明慶開元所禘祫並虛東向既行之巳久實羣情所安且太祖處清廟第一之室其神主雖百代不遷永歆蒸嘗上配天地於郊廟無不正矣若至禘祫之時蹔居昭穆之列屈巳申孝以奉祖禰豈非伯禹蒸敬鯀之道歟亦是魏晉及周隋之太祖不敢以卑厭尊之義也議者或欲遷二祖於興聖廟及請別置築室至禘祫年享之夫祫合也此乃分食殊乖禮意又欲藏於西夾室永不及祀無異漢代瘞園尤爲不可輒敢徵據正經考論舊史請奉獻懿二祖與太祖並從昭穆之位而虧東向司勳員外郎裴樞議曰禮必立宗子者蓋爲收其族人東向之主亦由是也若祔於遠廟無乃中一有間等上不倫西位常虛則太祖永厭於昭穆異廟別祭則祫享事

主乎合食永祕此於姜嫄則推祥祺而無事禮云親親故尊祖尊祖故敬宗敬宗故收族收族故宗廟嚴宗廟嚴故重社稷由是言也太祖之上復有追尊之祖則親親尊祖之義無乃乖乎太祖之外輕置別祭之廟則宗廟無乃不嚴社稷無乃不重乎且漢丞相韋玄成請瘞於園晉徵士虞喜請瘞於廟兩階之間喜又引左氏說古者先王日祭於祖考月祀於曾高時享及二祧歲祫及壇墠終禘及郊宗石室是謂郊宗之祖斯最近矣但當時議所居石室未有准的喜請於夾室中愚以爲石室可據所以處之之道未安何者夾室謂居太祖之下毀主非是安太祖之上藏主也未有卑處正室尊在傍居考理即心恐非允叶今若建石室於園寢遷神主以永安採漢晉之舊章依祫禘之一祭修古禮之殘缺爲國朝之典故庶乎春秋變之正禮動也中者焉考功員外郎陳京議曰京前爲太常博士巳於建中二年九月四日奏議祫享獻懿二祖所安之位請下百寮博採所從其時

禮儀使顏眞卿因是上狀與京議異京議未行伏見去年十一月二十八日詔下太常卿裴郁所奏大抵與京議相會伏以聖興皇帝則獻祖之曾祖懿祖之高祖夫以曾孫祔引於曾高之廟豈禮之不可哉實人情之大順也京兆少尹韋武議曰凡三年一祫五年一禘祫則羣廟大合禘則各序其祧謂主遷禰遠祧室既修當祫之歲常以獻祖居于東向而懿祖序其昭穆以極行所親若行禘禮則太祖復延于西以衆主例其左右是則於太祖不爲降屈於獻祖無所厭卑考禮酌情謂當行此爲勝同官縣尉仲子陵議曰今儒者乃援子雖齊聖不先父食之語欲令巳祧獻祖權居東向配天太祖屈居昭穆此不通之甚也凡左氏不先食之言且以正文公之逆祀儒者安知非夏后廟數未足之時而言禹不先鯀乎且漢之禘祫蓋不足徵魏晉巳還太祖之上皆有遷主歷代所疑或引閟宮之詩而永閟或因虞主之義而瘞園或緣遷廟爲祧以築宮或言太祖實卑而虛

位唯東晉蔡謨嫌左氏不先食以爲說欲令征西東向均定數者此最不安且蔡謨此議非晉所行前有司不本謨改築之言取征西東向之一句爲萬代法此其不可甚也臣又思之永閟瘞園則臣子之心有所不安權虛正位則太祖之尊無時而定則別築一室義差可安且興聖之於獻祖乃曾祖也昭穆有序享祀以時伏請奉獻懿二祖遷於德明興聖廟此其大順也或以祫者合也今二祖別廟是分食也何合之爲臣以爲德明興聖二廟每禘祫之年亦皆享薦是亦分食奚疑於二祖乎其月二十七日吏部郎中柳冕上禘祫義證凡一十四道以備顧問并議奏聞至三月十二日祠部奏都議狀並留中盧邁爲尚書右丞貞元八年七月將作監元亘當攝太尉薦享昭德皇后廟以私忌日不受誓戒爲御史劾奏令尚書省與禮官法官集議於是邁等奏曰謹案禮記曰大夫士將奉祭於公既視濯而父毋死猶是奉祭也又案唐禮散齋有大功喪致齋有周親喪齋中疾病則還家不奉祭事皆無忌日不受誓戒之文雖假寧令忌日有給假一日春秋之義不以家事辭王事今亘以假寧常式而辭攝祭新命酌其輕重誓戒則祀事之嚴校其禮式忌日乃循常之制詳求典據事緣薦獻不宜以忌日爲辭由是亘坐罰韋淳爲左司郎中貞元十一年七月十二日勅于頎等議狀論禘祫事所請各殊理在討論用求精當宜令尚書省會百寮與國子監儒官切磋舊狀定可否仍委所司具事件聞奏其月二十六日淳奏曰臣竊尋七年百寮所議雖有一十六狀摠其歸趣三端而已于頎等一十四狀並云復太祖之位張薦狀則云並列昭穆而虛東向之位韋武狀則云當祫之歲獻祖居于東向行禘祫之禮太祖復延于西謹案禮經及先儒之說復太祖之位正也義在不疑太祖之位既正懿獻二主當有所歸詳考十四狀其意有四一曰藏諸夾室二曰置之別廟三曰遷于園寢四曰附于興聖藏諸夾室是無享獻之期異乎周人藏於二祧

之義禮不可行也置之別廟始於魏明之說禮經實無文晉義熙九年雖立此義已後亦無行者遷于園寢是亂宗廟之儀既無所憑殊乖禮意不足徵也唯有祔于興聖之廟禘祫之歲乃一祭之庶乎亡於禮者之禮而得變之正也時雖奏議竟亦不遂

冊府元龜卷第五百九十

册府元龜卷第五百九十一

掌禮部 二十九

奏議第十九

唐韋彤爲太常博士貞元十二年十月與博士裴堪上疏議太廟朔望饗祭曰臣等謹案禮經前代故事在廟無朔望祭食之儀於陵寢有朔望上食之禮國家自貞觀至開元修定禮令皆遵舊典天寶十一載閏三月初別令尚食朔望進食於太廟自太祖已下每室奠享其進饌之儀在百禮司並無著令或當時禮官王璵不本禮意妄推緣生之義請用宴私之饌此則可薦於寢宮而不可黷於太廟一時之制久未變更至今論禮者最王璵之議伏奉今月八日進止令宗正與太常計會辦集者伏以陛下虔奉宗廟齋心自中事歸有司各合盡敬然後詳議故實臣得竭誠謹案禮祭統云夫祭者非物自外至者也自中出生於心也心怵而奉之以禮由是牲牢有定制籩豆有常數盤

天生地長之物極昆蟲草木之異苟可薦者莫不咸在先王以此饗宗廟交神明全孝敬也若王之食飲膳羞八珍百品可嗜之饌隨好所遷美脆旨甘皆爲褻味此先王以此宴賓客接人情示慈惠也則知薦饗宴會旨於文已殊聖人別之以異爲敬今若以熟食薦太廟恐違禮本又祭義曰祭不欲數數則煩煩則不敬祭不欲疏疏則怠怠則忘是故礿祠蒸嘗感時致饗此聖人備就之中制也今陵寢每月二祭不爲疏也太廟每歲五饗不爲數也則人臣執事在疏數之間得盡忠也若令牲牢俎豆之司更備膳羞盤盂之饌月朔月半將以爲常環四時之中雜五饗之禮爲數既甚黷亦隨之雖曰不然臣不信也夫聖王之制必師於古訓不敢以孝思之極而過於禮不敢以肴膳之多而褻於味伏願陛下遵開元萬代之則省天寶權宜之制陵寢之上得極珍羞宗廟之中請依正禮臣等忝司禮職敢罄愚衷帝令宣示宰臣曰此禮已經先帝所定朕未敢遽有改移待更商量期於允當十三年八月詔張茂宗起復左衛將軍駙馬都尉尚義章公主服闋堪上疏言伏見駙馬都尉張茂宗猶在母喪聖恩念其亡母遺表所請許公主出降仍令茂宗借吉就婚者伏以夫婦之義人倫大端所以關雎冠詩之首者王化之先也天屬之親孝行爲本所以齊斬居服之重者世道之厚也聖人知二端爲訓人之本不可變也故制婚禮曰納采問名納吉納徵日主人几筵聽命於廟稱事立禮謂之嘉所以上承宗廟下繼後嗣也又制喪禮曰創巨者其日久痛甚者其愈遲三年之喪二十五月而畢稱情立文通謂之凶所以送死有已復生有節也然後夫義婦順父慈子孝馴致不失臻於大和歷代寶之以爲至敬昔者魯侯啟服晉襄黑縗事至重於奪情義亦許其權變又兵法鑿門而出以凶禮處之以情相因體或爲類若茂宗釋縗服而衣冕裳去堊室而行親迎雖云輟哀借吉是亦以凶瀆嘉豈唯失先王之重典抑亦爲國家之爽法儻茂宗留俟究

喪則日月非遠今公主指期下嫁又儀注有嫌固不可廢重而就輕捨大而取小伏惟皇帝陛下體天撫運統人立法何眷不守先王之至德聖哲之明謨下盡羣言上留至鑒彝倫式叙懿範昭明所以八表肅清四夷歸化方引禮義之日大敦名教之時於無爲之朝有興議之事衆情未達疑懼交深伏願抑茂宗亡母之誠顧典章不易之義待其終制然後賜婚收天情於至難察有司之懇守垂之史册聖德彌光則天下幸甚臣謬備禮官懼於失職不勝致君愛禮之至疏奏不納

齊抗爲太常卿貞元十四年十二月奏曰元日朝賀奏事官戶部尚書司天監准開元禮兼合於橫班同羣官拜訖然後依次奏事自頃因循並未拜已前先就子階立奏事畢隨例便退臣與禮司商量請依開元禮戶部尚書已下於南班再拜訖便隨上公外子階就東向位立准儀注奏事庶裨嚴典以補舊儀可之

陳京爲給事中貞元十九年三月奏今年夏禘饗于太廟須定

太祖景皇帝東向之位并遷廟之位伏以禘祫是審諦大合祖宗次序之祭必尊太祖之位以正昭穆今年遇禘大祭恐須定以來所議之禮饗日既近臣職忝列緝經籍謹遂奏聞伏以建中二年及貞元七年十一年特令都省詳議者三音未正太祖東向之位至十二年禘十七年祫猶未得中其於至正之饗不可重難依違又以過此也詔百官議定以聞鴻臚卿王權議曰案祭法曰周人祖文王而宗武王故毛詩清廟章云清廟祀文王也不言大王王季也又案雍禘章疏云大王王季已上皆云祔於后稷之虛廟蓋以太祖東向之位至公也大王王季之尊私禮也后稷之廟天下為公不敢以私奪公也又案鄭玄注祭法曰古者先王遷廟之主以昭穆合藏於始祖今獻祖懿祖之主愚臣竊以為宜祔於興聖廟不當祭於太廟也如此太祖東向之位得其尊獻祖懿祖之位得其所也時前後議者亦多言祔于興聖廟然無引據上意不決自寶應已前太祖尚在昭穆故虛東向以祔太祖及廣德二年太廟室數已滿遷二祖居夾室方正太祖東向之位凡十九年至建中二年冬祫祭有司誤列東晉蔡謨議謨議請虛東向當晉蔡謨議本請別築宮廟以居潁川京兆以上四府君其宮廟未成以前請權虛東向之位待制廟成遷四府君神主於別廟然後太祖正東向之位雖有此議屬晉室兵革議不暇行建中初有司雖引蔡謨虛東向之位禮終亦不行乃誤以宣皇帝居東向降太祖在昭穆之位及是覽群臣之議以太祖居東向是百代不刊之典以二祖皆追崇非有土子民之尊禮當祔別廟及覽權議引據詩禮成文上意遂定遷二祖於德明興聖廟毋禘祫年一饗遂正太祖東向之位是時左僕射姚南仲等獻議狀五十七封詔付都省再集百寮議定聞奏戶部尚書王紹等五十五人議請奉遷獻祖懿祖神主祔德明興聖廟請別增兩室奉安神主緣二十四日禘祭修廟未成請於德明興聖廟垣內權設幕屋為二室權安神主候

增廟室成准禮遷祔神主入新廟每至禘祫年各於本室行饗禮從之是月十五日遷獻祖懿祖神主權祔德明興聖廟之幕殿二十四日饗太廟自此景皇帝始居東向之尊元皇帝已下依左昭右穆之列矣二祖新廟成日奉遷獻祖懿祖神主正太祖景皇帝之位虔告之禮當在重臣宜令檢校司空平章事杜佑攝太尉告太清宮門下侍郎平章事崔損攝太尉告太廟又詔曰國之大事式在於明禋王者孝饗莫重於廟祭所以尊祖宗而正昭穆也朕承列聖之休德荷上天之睠命虔奉牲幣二十五年永惟宗廟之位禘嘗之序夙夜祗栗不敢自專是用延訪公卿稽參古禮博考群議至于再三所以令辰奉遷獻祖宣皇帝神主懿祖元皇帝神主祔于德明興聖皇帝廟太祖景皇帝正東向之位宜令所司備禮務極精嚴祗肅祀典載深感惕咨爾中外宜悉朕懷

杜黃裳為太常卿貞元二十一年正月順宗即位二月乙卯奏曰禮云喪三年不祭唯天地社稷周禮圜鍾之均六變天神皆降林鍾之均八變地祇咸出不廢天地之祭不敢以卑廢尊也樂者所以降神也不以樂則祭不成今遵遺詔行易月之制請制內遇祭輟樂制外用樂從之又奏禮三年不祭宗廟國家故事未葬不祭今請俟祔廟畢復常從之是年十一月德宗神主將祔黃裳與禮官王涇等請遷高宗神主于西夾室其議曰自漢魏已降沿革不同古者祖有功宗有德皆不毀之名也自東漢魏晉迄于陳隋漸違經意子孫以推美為先光武已下皆有祖宗之號故至于迭毀親盡禮亦迭遷國家九廟之尊皆法周制伏以太祖景皇帝受命于天始封元本德同周之后稷也高祖神堯皇帝國朝首祚萬葉所承德同周之文王也太宗文皇帝應天請亂垂統立極德同周之武王也周人郊后稷而祖文王宗武王也聖唐郊景皇帝高祖而宗太宗皆在不遷之典高宗皇帝今在三昭三穆之外謂之親盡新主入廟禮合迭遷藏

於從西第一夾室每至禘祫之月合食如常於是祧高宗神主于西室祔德宗神主焉

王涇爲太常博士憲宗元和元年七月順宗神主將祔有司疑於遷毀涇建議曰禮經祖有功宗有德皆不毀之名也唯三代之漢魏以降雖曰祖宗親盡則遷無功亦毀不得行古之道也昔夏后氏十五代祖顓頊而宗禹殷人十七代祖契而宗湯周人三十六王以后稷爲太祖祖文王而宗武王聖唐德厚流廣遠法殷周奉景皇帝爲太祖祖高祖而宗太宗皆在百代不遷之典故代宗升祔遷代祖也德宗升遷高宗也今順宗升祔中宗在三昭三穆之外謂之親盡遷于太廟夾室禮則然矣或諫者以則天太后革命中宗復而興之不宜在遷藏之例臣竊未諭也曰者高宗晏駕中宗奉遺詔自儲副而陟元后則天太后臨朝廢爲廬陵王聖曆元年太后詔復立爲皇太子屬太后聖壽延長御下日久姦臣擅命紊其紀度敬暉桓彦範等五臣巨唐舊臣佐輔王室翊中宗而承大統此乃子繼父業是中宗得之而且失之母授子位是中宗失之而復得之二十年間再爲皇太子再踐皇位失之在己得之在己可謂革命中興之義殊也又以周漢之例推之幽王爲犬戎所滅平王東遷周不以平王爲中興不遷之廟其例一也漢呂后專權產祿秉政文帝自代邸而立之漢不以文帝爲中興不遷之廟其例二也霍光輔宣帝再盛基業而不以宣帝爲不遷之廟其例三也伏以中宗孝和皇帝於聖上爲六代祖伯尊非正統廟亦親盡爰及周漢故事是與中興功德之主不同奉遷夾室固無疑也

蔣武爲司勳員外郎順宗山陵將畢議遷廟之禮有司以中宗爲中興之君當百代不遷宰臣召武問之武對曰中宗以引道元年於高宗柩前即位時春秋已壯矣及母后篡奪神器潛移其後賴張柬之等同謀國祚再復此蓋同於反正恐不得號爲中興之君凡非我失之自我復之謂之中興漢光武晉元帝是也自我失之因人復之晉孝惠孝安是也今中宗與惠安二帝事同即不可爲不遷之主矣有司又云五王有再安社稷功今若遷中宗廟則五王永絶配饗如之何武曰凡配饗功臣每至禘祫年方合食於廟居常即無饗禮今遷中宗神主而禘祫之年毀廟之主並陳於太廟此則五王配食與前時如一也有司不能答宰臣奏下公卿重議晝曰兵部侍郎李巽等集議並與武同由是竟遷中宗神主於是禮儀使奏高宗皇帝十二月四日忌則天皇后十二月二十六日忌中宗皇帝六月二日忌和思皇后四月七日忌謹案禮記云捨故而諱新此謂已遷之廟則不諱也今順宗神主升祔禮畢高宗中宗神主上遷則忌日並不合行香仍依禮不諱制可

武元衡爲門下侍郎平章事元和二年九月與諸宰相上言伏以先王制禮皆有著定之文後聖以情或徇一時之敬過猶不及遂至於煩謂於有司兼酌禮意若無釐改有黷舊章其太廟諸陵每日遣使臣等商量每歲除太廟時饗及太廟朔望上食諸陵朔望與親陵朝晡奠外餘饗祀及忌日告陵等並請停其果實甘橘蒲萄棗梨等皆遠方進奉陵邑所無並請遣使於諸陵薦獻其果實之中甘瓜特異亦請至時上薦其餘瓜菓及四時雜物並望委陵令與奉陵縣計會及時供薦其專遣使亦請停庶弘聖敬之心不黷嚴絜之祀制可

三年四月癸亥太常禮院上言太廟時饗及告廟朔望薦食同日謹案禮經祭不欲數伏以太廟禘祫祭禮重於時饗準禮時饗與禘祫同月即其月但行禘祫祭不行饗饗蓋不欲煩是擇先重者今時饗重於朔月薦食稽求禮情參酌輕重以時饗之月其月朔薦食亦合停若兩禮兼行即祭恐煩黷伏請至時饗及臘饗其月朔望食請停餘月一准舊例如告廟日與朔望薦食月同伏請先行告禮然後薦食即與疏數有節合於禮中從之

鄭元爲京兆尹元和三年五月條奏王公士庶喪葬節制一品

二品三品爲一等四品五品爲一等六品至九品爲一等凡命婦各准本品如夫子官高聽從夫子其葬器悉請以瓦木爲之是時厚葬成俗久矣雖詔下事竟不行

韋公肅爲太常博士充禮院修撰官元和九年正月上疏曰准禮無忌月禁樂今太常及教坊以正月是國家忌月停習郊廟饗宴之音中外士庶咸罷慶樂伏尋經典竊恐乖宜臣謹案禮記有忌日不樂無忌月之文漢魏以降代襲斯旨唯晉穆帝將納后以康帝忌月下議禮官荀訥王洽曹耽王彪之並當時知禮者皆稱禮有忌日無忌月若有忌月即有忌時忌歲益無禮據時從其議伏以承前所禁皆在二十五月之中今既踰遠禮須改革臣又聞統人立法必守先王之常經止及俯就不違聖哲之明訓下盡群言上留玄鑒不以私懷而踰於禮節又記曰是月禫徙月樂明王制禮漸去其情不應以追遠而立禮反重也今太常停習郊廟之樂是反重而慢神有司禁中外之音是

無故而去樂詳其前典情理不倫考其公議又無所據儻陛下正因循之越慶法經典之明文約禮之儀傳於史冊天下幸甚詔付中書門下令召太常禮官詳議可否中書門下奏曰忌日太常寺及教坊並停習中外士庶亦皆禁斷准禮文及歷代典故並無忌月禁樂請依常教習者其宜依其士庶之家亦准此

武儒衡爲中書舍人元和十四年二月太常丞王涇上疏請去太廟朔望上食詔令百官議開元禮太廟每歲禴祠嘗烝臘凡五享天寶末玄宗以尚食每朔望具常饌令宮闈令上食於太廟後遂爲常由是朔望不視朝比之大祠故也國子博士史館修撰李翺奏議曰國語曰王者祭禮記曰王立七廟皆月祭之周禮不祭禴祀蒸嘗漢氏皆雜用之蓋遭秦焚書禮經燼滅殘缺漢以來之先儒穿鑿各申己見皆託古聖賢之名以信其語故其所記各不同也古者廟有寢而不墓祭秦漢始建寢廟於園陵而上食焉國家因之而不改貞觀開元禮並無宗廟日祭月祭之禮蓋以日祭月祭既已行於陵寢矣故太廟之中每歲五饗六告而已不然者房玄齡魏徵之徒皆一代名臣窮極經史豈不見國語禮記有日祭月祭之詞乎斯足以明矣伏以太廟之饗籩豆牲牢三代之通禮是貴誠之義也園寢之奠改用常饌秦漢之不制乃食味之道也今朔望上食於陵寢循秦漢故事斯爲可矣若朔望上食於太廟豈非用褻味而貴多品乎且非禮所謂至敬不饗味而貴氣臭之義也傳稱屈到嗜芰有疾召其家老而屬之曰祭我必以芰及祭薦芰其子屈建命去芰而用羊饋籩豆脯醢君子是之言事祖考之義當以禮爲重不以其生存所嗜爲之蓋明非食味也然則薦常饌於太廟無乃與薦芰爲比乎且非三代聖王之所行也況祭器不設俎豆祭官不命三公執事者唯宮闈令與宗正卿而已謂之上食也安得以爲祭乎且時享于太廟有司攝事祝文曰孝曾孫

皇帝臣某謹遣太尉臣名敢昭告于高祖神堯皇帝祖妣太穆皇后竇氏時惟孟春永懷罔極謹以一元大武柔毛剛鬣明粢薌合薌萁嘉蔬嘉薦醴齊敬修時享以申追慕尚饗此祝詞也前享七日質明太尉誓百官於尚書省曰某月某日時享于太廟各揚乃職不供其事國有常刑凡陪享之官散齋四日致齋三日然後乃可以爲祭也宗廟之禮非敢擅議雖有知者其誰敢言故六十餘年行之不廢今聖朝以弓矢既櫜禮樂爲大故下百寮使得詳議臣等以爲貞觀開元禮並無太廟上食之文以禮斷情罷之可也至若陵寢上食採國語禮記日祭月祭之祠因秦漢之制循而存之以廣孝道可也如此則經義可據故事不遺大禮既明永息異論可以繼二帝三王而爲萬代法尚其疑禮越古貴因循而憚改作猶天地之相遠也儒衡議曰臣謹案開元禮太廟九室每年唯五饗六告祭用牲牢俎豆而已劉歆祭義曰大禘則終王壇墠則歲貢二祧則時饗曾高則月

祀祖禰則日祭國語云王者日祭月饗時類歲祀此則往古之明徵國朝之顯據蓋日祭者薦新也言物有可薦之不必卜擇日時也故叔孫通之言且曰古有嘗果定明古禮非漢制也月饗者朔也論語子貢欲去告朔之餼羊孔子以爲不可則告朔必具牲牢明矣春秋又譏閏月不告朔猶朝于廟此則月祭殷周已降皆有之也薦園寢者始於秦之代漢氏因之而不改人君三年之制以日易月喪紀既已二十七日而除朔望奠酹不復親執故既葬之後移之園陵又諸陵祠殿月遊衣冠取象平生務從豐絜所以陵寢朔望上食與太廟日祭月饗本旨不同今王涇所引太廟與陵寢同日時設祭以爲越禮自竊謂王涇但宜論太廟陵寢朔望奠祭可行可廢之旨不當以同日同時爲議何漢朝宗廟園陵一百六十七所郡國祠祀亦不與宗廟同時者乎在禮既祭於室又繹於祊蓋廣乎求神者也宗廟陵寢嘗禴同時理固無害又韓臯引漢官儀古不墓祭自據周禮冢

人之職凡祭墓則爲之尸則古亦墓祭但與漢家陵寢不同耳安得謂之無哉又王涇狀以太廟設祭別加常饌以爲褻味而韓臯則云法饌依經固非黷祭自案春官大宗伯以肆獻祼饗先王者謂解牲體薦血腥爓之以燔熟者也又祭義云祭之日君牽牲入廟門麗于碑卿大夫袒而毛牛尚耳取膟膋祭腥薦之至也夫豈謂常饌耳文王之祭思死者如不欲生夫豈知增常饌耶蓋其愨爲盡其礼而不過失爲所以然也是以簠簋有數籩豆有殺雜多更聖賢不敢加也今夫常饌庖人羞之膳夫熟之猱以饡香雜以鹹辛具有司之亨炊漏神明於媟近意雖不褻而事已褻矣況古者天子立七廟又爲壇墠以祭去祧之主近則起土遠則掃地蓋彌遠而彌尊益敬而益簡自以爲陵廟近也親親也朔望奠獻尚絜務豐宜備常饌以廣孝也宗廟遠也尊尊也禘祫時饗告朔薦新宜崇古制以正禮也唯太廟望祭無所本據蓋異時有司因其陵寢有朔祭望祭以爲宗廟既有朔祭則望祭亦合行之殊不知宗廟朔祭乃告朔也自以爲宜罷此耳仲尼三年無改於父之道蓋言無有改更則三年之外斯可矣況天寶之令行於一時昔哉今陛下開十聖之景光廓八紘之氛祲風掃長彗神驅大妖劉金戟以厚農直玉斗而序政專採群議講求典經將欲成一王之教垂萬代之法安可因陵寢緣情取象之禮黷宗廟薦饗循選之儀甚可然也事竟不行

李建爲禮部侍郎元和十五年正月穆宗即位四月禮部奏睿宗皇帝神主祧遷石室惟貞觀故事遷廟之主藏於夾室西壁南北三間第一間代祖室第二間高宗室第三間中宗室伏以山陵日近睿宗皇帝祧遷有期夾室西壁三室外無置室處准江都集禮古者遷廟之主藏於太宗廟北壁之中今請於夾室北壁以西爲上置睿宗皇帝神主石室制可

王彥威爲太常博士是時淮南節度使李夷簡上議曰王者祖

有功宗有德大行皇帝戡翦寇逆有武功廟號合稱祖陛下正當決在宸斷無信齷齪書生也遂詔下公卿與禮官議其可否彥威奏議曰伏准禮經及三代之制始封之君謂之太祖太祖之外又祖有功而宗有德故夏后氏祖顓頊而宗禹殷人祖契而宗湯周人郊祀后稷祖文王而宗武王自東漢魏晉漸違經意益華不一子孫推美於先故自始祖已下並有建祖之制蓋非典訓不可法也国朝祖宗制度本於周禮以景皇帝爲太祖又祖神堯而宗太宗至高宗以後則但稱宗謂之尊名著爲成法不然則何以太宗造有區夏致理升平玄宗掃清內難翼戴聖父肅宗龍飛靈武收復兩京此皆應天順人撥亂反正至於廟號亦但稱宗蓋稟經義祖者始也宗者尊也故傳曰始封必爲祖書曰德高可尊故號高宗今宜本三代之定制去晉魏之亂法守貞觀開元之憲章而擬議大名垂以爲訓大行皇帝廟號宜稱宗從之十一月太常禮院奏來年正月三日皇帝有

事于南郊同日立春後丑祀風師案周禮大宗伯云以槱燎祀風師鄭玄云風箕星也故今禮立春後丑於城東北就箕星之位爲壇祭之開元禮祀昊天上帝於圓丘百神咸秩箕星從祀之位在壇之第三等并日月神州以下緣對昊天上帝皇地祇尊不得申並爲從祀悉無上公行事并御署祝板之儀風師既是辰星歆降之義便當陪祭如非遇郊祀其特祭如常儀又大禮月有司薦獻太清宮薦饗太廟准開元禮并六典時饗薦獻並在孟月其五日太廟有司行事合權停制可是年十二月穆宗問有司有事於南郊合卜日以否禮官奏曰伏准禮令祠祭皆卜日然自天寶以後凡欲郊祀必先朝太清宮次日饗太廟又次日郊天相循至今並不卜日從之辛巳命中使問有司祀上帝于圓丘太一從祀有祝文以否禮官奏曰准開元禮皇帝有事于南郊百神咸秩五天帝神州并日月並在壇第一等雖天之貴神乃星中之尊耳並在壇第二等既爲從祀不置祝文其春秋祭於九宮太壇則如常禮從之

李渤爲虞部員外郎分司東都長慶元年奏太微宮神主請歸祔太廟勑付東都留守鄭絪商量聞奏絪奏云臣謹案詳二代典禮上稽高祖太宗之制度未嘗有並建兩廟並饗二主之禮天授之際祀典變革中宗初復舊物未暇詳考典章遂於洛陽創立宗廟是行遷都之制實非建國之儀及西歸上都因循未發德宗嗣統墜典克修東都九廟不復告饗謹案禮記仲尼荅曾子問云天無二日土無二王嘗禘郊社尊無二上所以明二主之非禮也陛下接千載之大統揚累聖之耿光憲章先王儀法後嗣況宗廟之禮至尊至重違經瀆祀特謂不欽特望擇三代令典守高祖太宗之憲度鑒神龍權宜之制遵建中矯正之禮依經復古允屬聖明伏以太微宮光皇帝三代睿宗聖文孝武皇帝神主參考經義不合祔饗至於遷置神主之禮三代以降禮無明文伏望委中書門下與公卿禮官質正詳定勑付有

司太常博士王彥威等奏議曰謹案國初故事無兩都並建宗廟並行饗薦之禮伏尋周書召誥洛誥之說實有祭告豐廟洛廟之文是則周人兩都並建宗祧至則告饗然則兩都皆祭祖考禮必並興自神龍復辟中宗嗣位廟既偕作饗亦並行天寶末兩京傾陷神主亡失肅宗既復舊物但建廟作主於上都其東都神主至大曆中始於人間得之遂寓於太微宮不復祔饗臣等謹案經傳王者之制凡建宮室宗廟爲先廟必有主主必在廟是則兩都立廟蓋行古之道主必在廟實依禮之經今謹參詳理合外祔謹案元皇帝高宗中宗睿宗是追王及祧廟之祖其神合藏於大廟從西第一夾室景皇帝是始封不遷之祖其神主合藏於大廟從西第一室高祖太宗玄宗肅宗代宗是創業有功親廟之祖伏准江都集禮正廟之主藏於太室之中禮記群廟之主有故則聚而藏諸祖廟伏以德宗之下神主未作代宗之上后祖先亡若歸本室則有虛主事雖可據理或未安今高祖以下神主並合藏於太祖廟依舊准故事不饗如陛下肆覲東后移都洛陽自非祧主合歸本室其餘闕主又當時而作祔饗時祭禘祫如儀臣又案國家追王故事太祖之上又有德明興聖懿祖別廟今光皇帝神主即懿祖也伏緣東都先無前廟安光皇帝神主今請權祔於太廟夾室居元皇帝之上如駕在東都即准上都式營建別廟作德明興聖獻祖神主備禮升祔又於太廟夾室奉迎光皇帝神主歸別廟第四室禘祫如儀或問曰禮作栗主瘞桑主漢議並有瘞主之議大曆中亦瘞孝敬皇帝神主今祔而不瘞如之何荅曰禮作練主瘞虞主其義以桑栗代謝捨故取新夫作主以依神無可埋之理是以禮說廟之主藏於西壁坎壁之中故韋玄成議瘞太上皇惠帝之主終見非於漢代韋靖議瘞虞主君亦不行於魏朝貞觀中議遷廟主亦云萬國宗饗食所使來一旦瘞藏事非允愜孝敬尊非正統廟廢而主獨存從而瘞藏謂叶情理又問古者天子巡狩必

載遷主如鑾駕東幸則准此文載主而前今東都神主又祔於廟便是廟有二主如之何答者古者行以遷主無則主命自非遷廟之主則無出廟之文凡邑有宗廟先君之主曰都則兩都宗廟各宜有主又問曰古者作主必因虞練若主必歸祔則室不可虛則當補已亡之主創當祔之主禮無其說如之何答曰虞練作主禮之正也非時作主事之權也王者遭時爲法因事制宜苟無其文則思其變如車駕東幸廟仍虛主即准肅宗廣德二年上都作主故事特作闕主而祔蓋主不可闕故礼貴從宜春秋之義而变之正者也臣伏思祖宗之主神靈所憑寓於太微不入宗廟據經復本允屬聖明至是下尚書省集議而郎吏所議與登之咸多同丞郎則各執所見或云神主合藏於太微宮或云並合埋瘗或云闕主當作或云乘輿東幸即載上都神主而東咸以意度不本經據竟以紛議不定遂不奉行

牛僧孺爲禮儀使長慶四年七月奏謹案周禮天子七廟三昭

三穆與太祖之廟合而爲七尚書咸有一德篇亦曰七代之廟可以觀德荀卿子曰有天下者祭七代有一国者祭五代則知天子上祭七代典籍通規祖宗功德不在其數国朝九廟之制法周之文太祖皇帝始爲唐公肇基天命義同周之后稷也高祖神堯皇帝創業經始化隋爲唐義同周之文王也太宗文皇帝神武應期造有區夏義同周之武王也其下三昭三穆謂之親廟四時常饗自如禮文今以新主入廟玄宗明皇帝在三昭三穆之外是親盡之祖雖有功德禮合祧遷祫禘之歲則從合食詔從之

劉寬夫爲監察御史敬宗寶曆元年閏七月上言近日攝祭多差王府官僚位望既輕有乖嚴敬伏請已后攝太尉差尚書省三品已上及保傅賓詹等官如人少即請取丞郎通攝從之

劉敦儒爲起居郎寶曆二年二月太常奏追謚孝敬皇帝陵號恭陵追謚讓皇帝陵號惠陵追謚奉天皇帝陵號齊陵追謚承天皇帝陵號順陵並二時朝拜上擬祖宗情禮之差過猶不及其朝拜請停又追謚文敬太子廟在常安坊追謚惠明太子廟在懷真坊悉置官吏四時置享禮經無文況九廟遞遷族屬彌遠推恩降殺禮數宜停又贈奉天皇帝廟贈承天皇帝廟贈貞順皇后廟及永崇坊隱太子已下七室下同爲一廟并贈靖恭太子亦祔在此廟凡此制置皆是追崇或徇一時且非禮意日月既久祀享尋停其神主望准故事瘗於廟地庶情禮終始不失經訓勅旨宜付所司集百寮參議可否聞奏敦儒奏曰朝拜陵寢禮經無文列聖相沿久爲故事就中四陵尤乖典禮請於太常所奏其二太子廟謹案禮記云殤與無後者從祖祔食又曰王下祭殤五又曰有陰厭有陽厭陰謂嫡殤也注云謂宗子之殤祭於奧爾雅云西南隅謂之奧此明幼傷而死故祭於祖廟陰闇之處也陽厭爲祭庶殤也疏云祭於宗子之家祖廟之內當室顯露之處故曰陽厭所以明嫡庶也過此以往則不祭矣伏以惠昭太子位登儲闈業

原闕

天地宗廟之外無稱臣者王者父天母地兄日姊月此以九宮爲目星置分方而守其位臣又覩其名號乃太一天一招搖軒轅咸池青龍太陰天符攝提也此九神於天地猶子男也於日月猶侯伯也陛下尊爲天子豈可乃臣於天地之子男耶臣竊以爲過縱陰陽者流言其合祀則陛下當全稱皇帝遣某官致祭于九宮之神不宜稱臣與名臣實愚瞽不知其可伏緣行事在明日雞初鳴時成命已行臣不敢滯伏乞聖慈異日降明詔命禮官詳議冀明萬乘之尊無所虧降緩急有據因此可正詔都省議皆如元輿之議乃降爲中祠祝版稱皇帝不署

冊府元龜卷第五百九十一

冊府元龜卷第五百九十二

掌禮部三十

奏議第二十

唐王起爲兵部尚書充皇太子侍讀兼判太常卿事開成二年三月太常博士丘儒奏祠祭圭玉請依禮文詔令有司詳定起等議曰伏以邦國之禮祀爲大事圭璧之議經有前規臣等謹案周禮天地四方以蒼璧禮天黃琮禮地青圭礼東方赤璋礼南方白琥礼西方玄璜禮北方又云四圭有邸以祀天兩圭有邸以祀地圭璧以祀日月星辰凡此九器皆禮神之玉也又云以禋祀祀昊天上帝鄭玄注云禋之言煙也或有玉幣燔燎而外禋所以報陽今與開元礼義同此則焚玉之驗也又周禮天府掌國之玉鎮大寶器若大祭既事而藏之此則收玉之證也所以梁朝崔靈恩三禮義宗云凡祭天神各有二玉一以禮神一則燔之禮神者訖事却收祀神者與牲俱燎則盡息之義合于禮經今國家郊天報地祀神之玉常用守經據古禮神之玉則無臣等請準下有司精求美玉創造蒼璧等九器祭訖具而藏之其餘燎玉請依常制所與國禮可久之文守而不失周官已墜之典舉而更新制可三年二月起與太常少卿裴泰章太常少卿兼權勾當國子司業楊敬之太常博士崔立等狀奏准今月十日堂帖天寶初置七太子廟異室同堂國朝故事足以師法今欲聞奏以懷懿太子神主祔惠昭及悼懷太子廟不虧情禮又甚便宜送太常寺三卿與禮官同商量議狀者伏以三代已降廟制不同光武爲總立一堂羣主異室親盡廟毀昭穆遞遷此蓋祖宗之廟也然則太子廟出於近代或散在他處別置一室或尊卑序列共立一堂伏准國初太子廟散在諸坊至天寶六載赦文章懷節愍惠宣等太子宜與隱太子列次同爲一廟應緣祭事並令官給號爲七太子廟又准大曆三年三月以榮王天寶中追贈靖恭太子神主未祔詔祔七太子廟加一室今懷懿太子爲姪以姪祔叔享獻得宜請於惠昭太子廟添置一室擇日升祔從之四年四月又奏讓皇帝廟去月二十四日詔下太常寺委三卿及博士同詳議聞奏者臣等伏以讓皇帝追尊位號恩出一時別立廟祠不涉正統既非昭穆禘祫所及又無子孫饗獻之儀親盡則疏歲久當革杜鴻漸所議禘祫之月時一祭者蓋以時近恩深未可頓忘故也今睿宗玄宗既已祧去又文敬等七太子中亦有追贈奉天承天皇帝之號當已停廢則讓帝之廟不宜獨存臣等參詳伏請准中書門下狀便從廢罷協情定禮實謂叶宜從之

杜宜猷爲監祭使開成四年正月奏伏准開元三十三年正月二十日敕自今後有大祠宜差丞相特進少保少傅尚書賓客御史大夫攝祭行事者伏以郊祀蒸嘗國家大典肅將明命合差重官苟異於斯則爲瀆祭臣伏見近日大祠或差王府官攝太尉行事人輕位散不足交神昧陛下恭絜之誠阻百靈正直之福事有不便實資改更臣請起今春季已後祠祀南郊薦獻太清宮宰臣行事外其餘大祠攝太尉司徒司空伏請差六尚書左右丞列曹侍郎諸司三品已上清望官充其中祠小祠官員不足即任差王府官充臣職監祠事不敢因循從之

李德裕武宗時爲宰相會昌元年三月與陳夷行崔珙李紳等奏請尊憲宗曰章武孝皇帝爲不遷廟狀曰臣等伏聞開成中文宗嘗顧訪宰臣欲褒揚憲宗功德其時宰臣莫能推順美之心明祖宗之義臣等至愚竊所感歎臣等伏思國家受命二百五年矣列聖之功德區宇之廣大王化之盛明禮樂之備具過於殷周遠矣而未有中興之朝臣等所以夙夜而發憤也禮祖有功而宗有德夏之祖宗經傳無文殷則一祖三宗成湯爲始祖太甲爲太宗太戊爲中宗武丁爲高宗劉歆曰天子七廟苟有功德則宗之所以勸帝者功德博矣故周公作無逸舉殷之三宗以勸成王漢景帝詔曰孝文皇帝德厚侔天地利澤施四

海廟樂未稱朕甚懼焉其爲孝文皇帝廟爲昭德之舞以明休
德然後祖宗之功施於萬代其與丞相列侯中二千石禮官具
儀禮奏焉丞相申屠嘉奏曰功莫大於高皇帝德莫盛於孝文
皇帝高皇帝廟宜爲帝者太祖之廟孝文皇帝廟宜爲帝者太
宗之廟天子宜代代獻祖宗之廟又漢宣帝詔夙夜惟念孝武
帝躬履仁義選明將討不服功德茂盛不能盡宣而廟樂未稱其議
以奏時有司奏請尊孝武廟爲代宗廟奏盛德文始五行之舞
天子請代代獻之此子孫襲崇祖宗之明據也自天寶之後兵
宿中原疆埸締交釁髀其衆貢賦不入刑政自出苞荒含垢以
至于貞元德宗懲奉天之難厭征伐之事戎臣優以不朝終老
于外其卒則以幕吏將校代之故長城在王圻之內所遂主將
矣河中居股肱之郡坐邀符節矣韋皐因備邊之勢自擅靈關
李錡竊煮海之資專制澤國而兩河藩鎮或倉卒易帥甚於弈
棊或陸梁弄兵同於拒轍憲宗宿憤舉昇平之典法始命將帥
奉天行誅元年戮琳當闢季年梟元濟李師道其他或折簡
而召或執縶請覲獻其谷城割其愛子不可遍舉矣皆有去天
位之害不尊其名致生人之安不受其報矣臣伏見元初議遷
廟之禮而吏官稱中宗不得號爲中興之君凡非我失之自我
復之謂之中興漢光武晉元帝是也臣尊竊思此議實所未盡
中宗廟自以政事多疊權移后妃所以未得稱爲中興恐議者
復以此爲疑夫興業之與隆構事實不同漢光武再造邦家不
失舊物晉元帝之在江左亦能纂續此乃主業中興可謂有功
矣殷高宗躬行大孝求賢俾乂周宣王微而復盛此乃王道中
興可謂有德矣故詩云車攻宣王復古也宣王能內修政事外攘
夷狄復文武之境土又烝人美宣王能任賢使能致周室中興
也又江漢美宣王能興衰撥亂命召公平淮夷也又漢書宣帝
贊曰功光祖宗業垂後嗣可謂中興侔德殷宗周宣之美矣若
皆如漢光武晉元帝則中宗實當並不得稱中興也臣等伏思

任賢使能內修政事平淮夷之叛復祖宗之土皆憲宗有之所
謂王道中興與殷高宗周宣王漢宣帝侔德矣臣等敢遵古典
請尊憲宗章武孝皇帝爲百代不遷之廟上以彰陛下大孝之德廣
貽謀之訓下以表臣等思古之情中欲報之誠如合聖心望令
諸司清望官四品已下尚書兩省御史臺與禮官參議帝答云
所論至好待續施行其表留中不出是年十二月中書門下奏
准天寶三年十月六日勅九宮貴神實司水旱功佐上帝德庇
下人冀嘉穀歲登災害不作每至四時節令中書門下往攝祭
者准禮九宮次昊天上帝壇在太清宮太廟上用牲牢璧幣類
於天地天寶三載十二月玄宗親祀乾元二年正月肅宗親祀
伏自累年已來水旱愆候恐是有司禱請誠敬稍虧今屬孟春
合修祀典望至明年正月祭日差宰臣一人禱請向後四時祭
並請差僕射少師少保尚書太常卿等官所異稍重其事以申
嚴敬臣等十一月二十五日已於延英面奏伏奉聖旨令檢儀
注奏者今欲祭時伏望令有司崇飾舊壇務於嚴絜勅旨依奏
二年正月四日太常禮院奏准監察御史關牒今月十三日祀
九宮貴神已勅宰相崔珙攝太尉行事今受誓誡及有司徒司
空否伏以前件祭本稱大祠准大和三年七月二十四日勅降
爲中祠昨據勅文只稱崇飾舊壇務於嚴絜不令別進儀注更
有改移伏恐不合却用大祠禮料伏候裁旨中書門下奏曰臣
准天寶三年十月六日勅九宮貴神實司水旱臣等伏以既經
兩朝親祀必是祈請有徵況自大和已來水旱愆候陛下常憂
稼穡每念蒸黎臣等合副聖心以修墜典伏見大和二年禮官
狀云從水旱兵荒品秩不過列宿今者五星悉是從祀日月猶
在中祀竊詳其意以星辰不合比於天地曾不知統而言之則
爲天地在於辰象自有尊卑謹案後魏王鈞志北辰第二星盛
而常明者爲元星露寢太帝常居始由道而爲變通之迹又天
皇大帝其精曜魄實蓋萬神之秘圖河海之命紀皆稟焉據茲

説即昊天上帝也天一掌八氣九精之政令以佐天極徵明而有常天一陰陽序大運與太一掌十有六神之法度以輔人極徵明而得中則神人和而王道昇外又共斗有權衡二星天一太一參居其間所以財成天地輔相神道也若一槩以列宿論之實爲淺近案漢書曰天神貴者太一佐曰五帝古者天子以春秋祭太一列於祀典其來久矣今五帝猶爲大祠則太一無宜降祀稍重其祀固爲得所劉向有言曰祖宗所立神祇舊位誠未易動又曰古今異制經無明文至尊至重難以疑說正也其意不欲非祖宗舊典也以劉向之博通尚難於改作臣等學不究於天人識尤懵於祀典欲爲參酌恐未得中伏望更令太常卿學官同詳定庶獲明據從之檢校僕射太常卿王起廣文博士盧就等獻議曰伏以九宮貴神位列星座往因致福詔立祠壇降至尊以稱臣就東郊以親拜在祀典雖云過禮庶對生豈惠無文思福黔黎特申嚴奉誠聖人屈己以安天下之心也厥後祝史不明精誠亦怠禮官建議降處中祠今聖德憂勤期臻壽域兵荒水旱寢弭軫懷爰命台臣緝興墜典伏准九宮所稱之神即太一攝提軒轅招搖天符青龍咸池太陰天一者也謹案黃帝九宮經及蕭吉五行大義一宮其神太一其星天蓬其卦坎其行水其方白二宮其神攝提其星天內其卦坤其行土其方黑三宮其神軒轅其星天衝其卦震其行木其方碧四宮其神招搖其星天輔其卦巽其行木其方綠五宮其神天符其星天禽其卦離其行土其方黃六宮其神青龍其星天心其卦乾其行金其方亥七宮其神咸池其卦兌其行金其方赤八宮其神太陰其星天任其卦艮其行土其方白九宮其神天一其星天英其卦離其行火其方紫觀其統八卦運五行土飛於中數轉於極雖歆事迎釐不聞經見而範圍亭育有助昌時以此兩朝親祀而臻百祥也然以萬物之精上爲列星星之運行必繫於物貴而居者則必統八氣總萬神幹權化於混茫賦品彙於

陰騭與天地日月猶相參也豈得槩同於數祐而屈降於等夷又據太清宮奏祀九宮貴神舊儀前七日受誓戒於尚書省散齋四日致齋三日牲用犢祝版御署稱嗣天子臣圭幣樂成比類中祠則無等級今據江都集禮及開元禮禮祭之日大明夜明二座及朝日夕月皇帝致祝皆率稱臣若以爲非泰壇配祀之時得主日報天之義卑緣厭屈尊用德伸不以著在中祠取類常祀此則中祠用大祠之禮也又據太社太稷開元之制列在中祠天寶三載二月十四日勑改爲大祀自後因循復用前禮長慶三年正月禮官獻議始准前勑稱爲大祠唯御署祝文稱嗣天子謹遣某官昭告文義以爲殖物粒人則宜增秩致祝稱禱有異方丘不以伸爲大祠遂屈尊稱此又大祠用中祠之禮也參之日月既如彼考之社稷又如此所謂功鉅者因之以殊禮位稱者不敢易其文是前聖後儒陟降之明徵也今九宮貴神旣司水旱降福禳災人將賴之追舉舊章誠爲得禮況以立祠非古宅位有方分職旣異其司存致祝必參乎等列求之折衷宜有變通稍重之儀有以爲比伏請自今已後却用大祠之禮誓官備物無有降差唯御署祝文以社稷爲准伏緣已稱臣於天帝無二尊故也勑旨依之付所司三年正月又奏奉宣令自巳後百官並不得於京城内置廟者臣等伏據禮記云君子將營宮室宗廟爲先廐庫爲次居室爲後又畢彤五經精義對曰古制廟必中門之外吉凶大事皆告而後行所以親而尊之不自專也今令城外置廟稍異禮文書于史籍恐乖聖政伏以朱雀門及至德門凡有九坊其長興坊是皇城南第三坊便有朝官私廟實則逼近宮闕自威遠軍向南三坊俗稱圍外地至甚閑僻人鮮經過於此置廟無所妨礙臣等商量今日已後皇城南六坊内不得置私廟至朱雀街緣是南郊御路至明德門夾街兩面坊及曲江側近亦不得置餘圍外深僻坊並無所禁異不違禮意感悅人心臣等頻奉聖旨有事許再三論奏

輒整所見責補聰明從之

鄭路爲太常博士會昌五年八月中書門下奏東都太廟九室神主共二十六座自禄山叛後取太廟爲軍營神主棄於街巷所司潛收聚見在太微宮内新造小屋之内其太廟屋並在可以修崇大和中太常博士議以爲東都不合置神主車駕東幸即載主而行至今因循尚未修建望令尚書集公卿及禮官詳議如不要更置須有收藏去處如合置望以所拆大寺材木修建既是宗室宮居守使望令充修東都大廟使勾當修繕奉勑宜依六年三月路與禮官等奏東都太微宮神主二十座去二月二十九日禮院分析聞奏訖伏奉今月七日勑此禮至重須遵典故宜令禮官同議聞奏者臣今與學官同議獻祖祖宣皇帝宣莊皇后懿祖光皇帝光懿皇后文穆皇后高宗天皇大帝則天皇后中宗大聖大弘孝皇帝和思皇后昭成皇后孝敬哀皇后已前十二座親盡迭毁宜遷諸太廟祔于興聖廟

禘祫之歲乃一祭之東都無興聖廟可祔伏請且權藏於太廟夾室未題神主十四座前件神主既無題號之文難申祝告之禮今與學官等同商量伏請告遷之日但瘞於舊太微宮内空閑之地參酌事理庶叶從宜太常博士段瓌等三十九人奏議曰禮之所立本於誠敬廟之所設實在尊嚴既曰薦誠則宜統一昔周之東西有廟亦可徵其所由但緣卜洛之初既須營建又以遷都未決因議兩留酌其事情匪務於廣祭法明矣伏以東都太廟廢已多時若議增修稍乖前訓何者東都始制寢廟於天后中宗之朝事出一時非貞觀開元之法爾後因循不廢者亦踵鎬宗之文也記曰祭不欲數數則煩天寶之中兩京悉爲寇陷西都廟貞如故東都因此散亡是知九廟之靈不欲歆其煩祀也自建中不葺之後彌歷歲年今若廟皃惟新即須室別有主舊主雖在太半合祧必机筵而存之所謂宜祧不祧也孔子曰當七廟五廟無虛主也謂廟不得無主者也舊主如有留去新廟便合創添謹案左傳云祔練作主又戴聖云虞而立机筵如或非時成之便是以凶干吉創添既不典崇廟又非儀考諸禮文進退無守或曰漢於郡國置宗廟凡百餘所今止東西立廟有何不安者當漢氏承秦焚燒之餘不識典故至於廟制率意而行此及元成二帝之間貢禹韋玄成等繼出果有正論竟從毁除足知漢初不本於禮經又安可程法也或曰机筵不得復設廟寢何妨修營候車駕時巡便舍所載之主者究其終始又得以論之昨者降勑參詳本爲欲收舊主既不立廟更何可施假令行幸九州一一皆立廟乎愚以爲廟不可修主宜藏瘞或就塗於埳室或瘞於兩階閒此乃百代常行不易之道也其年九月勑段瓌等詳議東都不可立廟李福等別狀又有異同國家制度須合典禮證據未一則難建立宜並令赴都省對議須歸至當工部尚書薛元賞等議伏以建中時公卿奏議修建東都太廟當時之議六百有三其一曰必存其廟備立其主

時饗之日以他官攝行二曰建廟立主存而不祭皇輿時巡則就饗焉三曰存其廟瘞其主臣等立其三議參酌禮經理宜存廟不合置主謹案祭義曰建國之神位右社稷而左宗廟禮記云君子將營宮室宗廟爲先是知王者建邦設都必先宗廟社稷況周武受命始都于豊成王相宅又卜于洛蒸祭歲于新邑策周公于太室故書曰戊辰王在新邑蒸祭歲王入太室祼成王厥後復歸于豊雖成洛邑未嘗久處逮于平王始定東遷則周之豊鎬皆有宗廟明矣又案曾子問廟有二主夫子對以天無二日土無二王嘗禘郊社尊無二上未知其爲禮者昔桓公作二主夫子譏之以爲僞主是知二主不可並設亦明矣夫聖王建社以厚本立廟以尊祖所以京邑必有宗社今國家定周秦之兩地爲東西兩宅關九衢而立宮闕設百司而嚴拱衛取法玄象號爲京師既嚴帝宅難虛神位若無宗廟何謂皇都然依人者神在誠者祀誠非外至必由中出理合親敬用交神明

位宜存於兩都廟可皆立誠難專於二祭主不並設或以禮云七廟無虛主是謂不可無主所以天子巡狩亦有所尊尚飾齋車載遷主以行今若修廟迎主則東都太廟九室皆虛既違於經須徵其說至復探賾禮意因得盡而論之所以云七廟五廟無虛主是謂見饗之廟不可虛也今之兩都雖各有廟禘祫饗獻斯皆新奉於上京神主杌遊不可虛陳於東廟且云唯聖人爲能饗帝孝子爲能饗親昔漢韋玄成議廢郡國祀亦曰立廟京師躬親承事四海之內各以其職來祭人情禮意於此較然二宅既不並居二廟豈宜偕祔但所都之國見饗之廟既無虛室則叶通經議者又欲置主不饗以俟巡幸昔魯作僖公之主不於虞練之時春秋書而譏之今祔之主作非其時尚爲所譏今若置不合祔之主不因時而作違經越禮莫甚於此豈有九室合饗之主而有置而不饗之文兩廟始創於周公二主變議於夫子自古制作皆範周孔舊典猶在足可明徵臣以爲東都廟

舊合存主不合置今將修建廟宇誠不翻於典禮其見在太微宮中六主請待東都修建太廟畢具禮迎置於西夾室闕而不饗式歌陛下嚴祀之誠以明聖敬尊祖之義吏部郎中鄭亞等五人議據禮院奏以爲東都太廟既毀不可復修見在太微宮神主請瘞於所寓之地有乖經訓不敢雷同臣所以別進議狀請修祔主並依與禮院與建中元年禮儀使顏真卿所奏同臣與公卿等重議皆以爲廟固合修主不可瘞即與臣等別狀意同但衆議猶疑東西二廟各設神主恐涉廟有二主之義請修廟虛室以太微宮所寓神主藏於夾室之中伏以六神位內有不祧之宗今用遷廟之儀猶未合禮臣等猶未敢署衆狀蓋爲疑疑太學博士直弘文館鄭路等七人議曰夫論國之大事必本乎正而根乎經以臻于中道聖朝以廣孝爲先以得禮爲貴而臣下敢不以經對三論六故以詳於前議矣將據其圖而陳乎諸家之說求于典訓考立夫中廟有役之文主無可置之理則正經正史兩都之廟可徵禮稱天子不卜處太廟擇日卜建國之地則宗廟可知若廢廟之說恐非所宜謹案詩書二經及漢朝正史兩都並設廟而載主之制久已行之敢不明徵而去其文歟援據經文不易前見東都太廟合務修崇而舊主當瘞請瘞于太微宮所藏之所皇帝有事于洛則奉齋車載主以行太常博士胡德章議曰夫禮雖緣情將明厥要實在得中必過禮而求多則反虧於誠敬伏以神龍之際天命有歸移武氏廟於長安即其地而置太廟以至天寶初復不爲建都而議曰中宗立廟於都無乖舊典徵之如意不亦誣乎又曰東都太廟至於睿宗玄宗猶不易者蓋緣當所尊奉不敢輒廢也今則廢以多時宜循莫舉之典也又曰雖貞觀之始草創未暇豈可謂此事非開元之法者謹案定開元六典敕曰聽政之暇錯綜古今法以周官作爲唐典覽其本末千載一朝春秋謂考古之法也行之可久不因燬歟此時東都太廟見在六典序兩都宮闕西都

與太廟之位東都則存而不論足明事出一時又安得云開元之法也又三代禮樂莫盛於周作者論議之時便宜細大取法周還而立廟今立廟不因遷何美之而不能師之也又曰建國神位右社稷而左宗廟君子將營宮室宗廟爲先者謹案六典永昌中則天以東都爲神都邇後漸加營構宮室百司於是備矣今之宮室百司乃武氏改命所備也上都已建國立宗廟不合引言又曰東都洛陽祭孝宣等五帝長安祭孝成等三帝以爲置廟之例則天非也當漢兩處有廟所祭之帝各別今東都建廟作主與上都盡同詳而論之失之甚者又曰今或東洛復立太廟有司同日侍祭以此爲數實所未解者謹案天寶二載詔曰頃四時有事於太廟兩京同日自今已後兩京各宜別擇日載於祀典可得而詳且立廟造主所以祭神而日嚴而勿祀出自何經當七廟五廟無虛而欲立虛廟法於何典前稱廟貌如故者即指建中之中就有而言以爲國之光也前以非時不造

主者謂見有神主不得非時造也若江左至德之際主並散亡
不可拘以例也或曰廢主之瘞請在太微宮者謹案天寶二年
詔曰古廟東間添置兩室定爲九代十一室之例以全臣子恩
敬之義庶叶大順之宜得變禮之正折古今之紛互立群疑之
杓指俾因心廣孝永燭於皇明昭德事神無虧於聖代制曰宗
廟事重實資參詳　宜令尚書省兩省御史臺四品已上官大
理卿京兆尹等集議以聞　淮與衆官等奏議曰夫禮經垂訓莫
重於嚴配必參損益之道則合典禮之文況有明徵是資折衷伏
自敬宗文宗武宗三朝嗣位皆以兄弟考之前代理有顯據今
謹詳禮院所奏並上稽古文旁撫史氏叶於通變允謂得宜臣
等商量請從禮官所議從之
朱儔爲太常禮院修撰官會昌六年四月禮院奏禘祫祝文稱
號穆宗皇帝宣懿皇后韋氏敬宗皇帝文宗皇帝武宗皇帝緣
從前序親親以穆宗皇帝室稱爲皇兄未合禮文得儔狀稱禮

叙親親陛下於穆宗敬宗武宗三室祝文恐須但稱嗣皇帝臣
某昭告于某宗臣等同考禮經於義爲允從之
任疇爲太常博士會昌六年五月上言去月禘禮當時五室列
於洛都三帝留於京廟行事之歲與合食之期相會不奉齊車
又安可以成此禮則知兩廟周人成法載主以行漢家通制或
以當虛一都之廟爲不可而引七廟無虛主之文禮言一都之
廟室不虛主非爲兩都各廟而不可虛也旣聯出征之詞更明
載主之意因事而言理實相統非如詩人更可斷章以取義也
古人求神之意非一意神之所無二故廢重作桑主廢桑作栗
主旣事埋之以明其一也或又引左氏傳築郿凡例謂有宗廟
先君之主曰都而立寢主之論案魯莊公二十八年冬築郿左
傳爲築發凡例穀梁識因藪澤之利公羊稱避凶年造邑之嫌
三傳異同左氏爲短何則當春秋二百年間魯凡城二十四邑
唯郿一邑稱築其二十三邑皆有宗廟先君之主乎孰此爲是

原闕

主之端又非通論或又曰廢主之瘞之何以在太微宮所藏之所
且合故依新前已列矣案瘞主之位有三或於北牖之下或在
西階之間明之事也其不當立之主但隨其在所以瘞之夫主
瘞於當立廟斯不然矣以在所而言則太微宮所藏之所與漢
之寢園無異歷代以降建一都者多兩都者少今國家崇東西
之宅極嚴奉之典而以各廟爲疑合以建都故事以相質正即
周漢是也今詳議所徵究其年代率皆一都之時豈可擬議亦
孰敢獻酬於其間詳考經旨古人謀寢必及於廟未有設寢而
不立廟者國家承隋氏之弊草創未暇後雖建於垂拱而事有
所合其後當干戈寢戢之歲文物大備之朝歷于十一聖不議
廢之豈不以事雖出於一時廟有合立之理不可一一革也今
洛都之制上自宮殿樓觀下及百辟之司與西京無異鑾輿之
至也雖厮役之賤必歸其所理也豈先帝之主獨無其所安乎
時也虞主尚瘞廢主宜然或以馬融李甫二人辨寢無傷於僭

原闕

三者今已兄弟相及同爲一代矯前之失則合復祔代宗神主於太廟或疑已祧之主不合更入太廟者案晉代元明之時已遷豫章潁川矣及簡文即位乃元帝之子故復預章潁川二神主於廟又國朝中宗已祔太廟至開元四年乃出致別廟至十年置九廟而中宗神主復祔太廟則已遷復入亦可無疑三者廟有定數無後之主出置別廟者按魏晉之初多同廟蓋取上古清廟一宮尊遠神祇之義自後晉武所立之廟雖無七主而實六代蓋景文同廟故也又案督立姜嫄文王之廟不計昭穆以尊尚功德也晉元帝上繼武帝而惠懷愍三帝時賀循等諸儒議以爲別主廟親遠義疏都邑遷異於理無嫌也今以文宗棄代纔六七年武宗甫邇復土遽移別廟不齒祖宗在於有司非所宜議四者添置廟之室案禮論晉太常賀循去廟以容主爲限無拘常數故晉武帝時廟有七主六代至元帝明帝廟皆十室及成康穆三帝皆至十一室自後雖遷故祔新大抵以七

（第十三第十四葉原闕）

代爲准而不限室數伏以江左名儒通曉禮典事有明據固可施行今若不行是議更以迭毀爲制則當上不及高曾未盡之親下有忍臣子恩義之道今備討古今參校經史上請復代宗神主於太廟以存高曾之親下以敬宗文宗武宗同爲一代於太之制礼祭用質明義兼取於尚幽情實緣於既沒我聖祖澹然常在乃道之宗既殊有盡之期宜展事生之禮自今已後每至聖祖宮有昭告宜改用卯時者今欲以主瘞於宮所即與此勑全乖又曰主不合瘞請藏夾室者謹案前代藏主頗有異同至如夾室儀用以序昭穆也今廟主俱不中禮則無禘祫之文又曰君子將營宮室以宗廟爲先則建國營宮而宗廟必設東都既有宮室而太廟不合不營汎以論之其義斯勝而西周東漢並列兩都其各有宗廟之證經史昭然又得以極思於楊榷詩曰其繩則直縮板以載作廟翼翼大雅瓜瓞之言豐廟之作又曰於穆清廟肅雍顯相洛邑既成以宰文王之祀此詩書洛之

邑書曰成王既都洛蒸祭歲文王騂牛一武王騂牛一又曰祼于太室康王又居豐命畢公保釐東郊豈有無廟而可蒸祭非都而設保釐則書東西之廟明也逮于後漢卜洛西京之廟亦存建武二年於洛陽立廟而成哀平三帝祭於西京一十八年親幸長安行十七日饗德明興聖廟得廟官狀論稱懿祖室在獻祖室之上當時羣議以爲然便依行事猶崇報監察使及宗正寺請遇祭時竊玉牒如有不同即相知聞奏尔後伏檢高祖神堯皇帝本紀伏審獻祖爲懿祖之昭懿祖爲獻祖之穆昭穆之位天地極殊今廟室尊倫不即陳奏尚爲苟且罪不容誅仍剌修撰朱儔檢討王皞研精詳覆得報稱天寶二年制追尊咎繇爲德明皇帝涼武昭王爲興聖皇帝十載立廟至貞元十九年制從給事中陳京右僕射姚南仲等一百五十人之議以爲禘祫是祖宗以序之祭凡有國者必尊太祖今國家以景皇帝爲太祖太祖之上施於禘祫不可爲位請接德明興聖廟共成四室祔遷獻懿

二祖謹尋儔等所報即當時表奏並獻居懿上伏以國之大事宗廟爲先禘祫之禮不當失序四十餘載理難尋詰伏祈聖鑒垂詔勑具禮遷正其月疇又奏曰伏奉今月十三日勑以臣所奏獻祖懿祖二室倒置事宜令禮官集議聞奏者臣去月十七日緣遇太廟祫饗太祖景皇帝已下羣主准貞元十九年所祔獻祖懿祖於德明廟共爲四室准元勑各於本室行饗禮審知獻祖合居懿祖之上昭穆方正其時親見獻祖之室倒居懿祖之下於後遍檢圖籍實見差殊遂敢聞奏今奉勑宜令禮官集議聞奏者臣得奉禮郎李岡太祝柳仲年協律郎諸葛玫李瓘檢討官王暉修撰官朱儔博士閔慶之等七人狀稱謹案高祖神堯皇帝本紀及皇室圖譜并武德貞觀永徽開元已來諸禮著在甲令者並云獻祖宣皇帝是神堯之高祖懿祖光皇帝是神堯皇帝之曾祖以高祖辨之則獻祖是懿祖之父懿祖是獻祖之子即儔士任疇所奏到祀不虛臣等伏乞則垂詔勑具禮遷正其事遂行

陳商爲禮部侍郎會昌六年六月詔遣東都備法駕迎太微宮木主歸祔太廟初神龍中武氏廟爲太廟自太祖已下神主皆衛焉祿山入洛以廟爲馬廐其木主壘散敵協律郎嚴郢奉之以閒郢歸于廟及思明入洛又亡之後留守盧正已得于龍所寄于太微宮至大曆十四年留守路嗣恭奏之朝廷下議百寮紛然不一禮儀使顏真卿奏請歸祔詔許之臨事而會昌五年河南尹李石因太微宮摧毀奏以察孔寺爲以其木主瘞留宜未詳開白宰執中書奏請下公卿議之商議曰今月五日勑再議東都太廟及神主瘞留宜令臣等議者伏以古者將營宮室宗廟爲先故詩美文王乃召司徒俾立室家其繩則直作廟翼翼洛誥曰周公往營成周十二月戊辰成王烝祭入太室祼徵之周氏文王有廟於酆成王有廟於洛即二都得置宗廟之文顯據也然兩置神主殿舛無文既闕明徵難可臆斷臣愚以輒酌前代以言之夫宗廟以安神神必依主故喪禮始以重爲主既虞即以桑爲主既祔即以松栗爲主神明之道不可一日無主烝嘗之本不可一日無神曾子問曰喪有二孤廟有二主禮與孔子曰天無二日土無二王嘗禘郊社尊無二上未知其爲禮也夫煩則不敬所求惟精雖神之所適無方而神之所依惟一求之未當神亦不歆孔聖之言蓋有深旨今東廟之主修之則非神所憑存之則無典可發酌配之道豈其不乎稽諸異同考以經禮二都有宗廟於古無嫌東西有神主於理無據國家承乾開統奚必法古宮虞制度營威宜遵文武况東京宮廟中宗玄宗所奉又是國之別都巡幸之時儀物有在是同周室酆洛各得建置之義以臣愚見恐不得廢也若添修神主方著彝章既無姬漢遺文且乖禘祫之典是同嘗禘郊社尊無二上之義以臣所見恐不可置也今議者或引周氏藏先公先王之主於后稷文武之廟禘嘗之時以祭爲若此是周家祧廟之主親盡而遷准禮則每年以備三年再殷

一禘一祫者也今國家上都主祧昭穆且存親盡已祧之主藏於祖之廟舊矣與周家之制無異若洛之主又須崇飾以之禘祫則無文以之論嘗則非禮存而不論則又非奇臣以爲東都宗廟宜如聖旨使留守李石充使增修其廟中神主不當立宜依祔栗主廢瘞之例公羊云虞主瘞之殿兩楹之間爲非人所踐蹋又云瘞之廟北方者陰陽無事主亦無事今請瘞藏之洛廟北墉下若祠宅成周自可奉迎京師之主以行若歲巡時邁自依三公攝祭庶不遺承龍衣之典時武宗不用此議勑令迎祔之車輦法駕並至洛下尋遇國事而止至是帝乃行之兩都太廟自此始也

孫簡爲吏部尚書會昌六年九月太常禮院奏十月十三日太廟祫享廟廷配享功臣得修撰官朱儔狀自高祖至德宗每室皆有功臣配享伏以憲宗皇帝誅蕩淮蔡削平河朔武功英略赫耀中興啓沃謨猷必資元輔其配享功臣伏請聞奏定名降

下勑遣尚書御史臺四品已上兩省五品已上同詳定聞奏簡與衆官上議曰伏以憲宗皇帝玄德英猷邁越千古神機發異恢復四荒始者旣戮惠琳遂誅闢錡沓求良輔果集大勳乃擢庸蔡之妖巢夫芟河朔之餘孽皇威震耀寰宇和寧偃武修文我無覺書陛下崇嚴享禮欲彰孝思將舉元勳以顯丕績臣等伏思故司徒兼中書令贈太師裴度天縱公忠道施康濟歩更司言之任屢陳憂國之誠嘗因別召深得聖旨乃貳邦憲使于藩方勵嫌疑者悉付心誠懷顧慮者必得要領洎登相位專任太尊遂乃擒元濟梟師道承宗効順劉總叩頭秘權來朝同揵就戮蓋憲宗有知人之明而度盡致君之道也於是息瘡痍培本根宇内無獷悍之俗元和爲盛明之代薰灼天下耕明帝圖古往今來善無與讓即祇配聖德光揚大勳詳考功行無先於度詔曰朕以憲宗皇帝道叶中興威加寰海開啟殊運則有杜黃裳謀成功業則有裴度著在國史特無比倫宜以杜黃裳裴度同配享禮又詔曰論功配食文武宜兼元和一朝武臣功力最高者定一人與黃裳裴度同配享憲宗皇帝室傾李愬有平蔡之績高崇文有收蜀之功校其二人功勲爲重宜令尚書省議奏簡等又上議曰伏以蜀蔡之功實皆超卓動力雖等艱危則殊高崇文憲宗御宇之初朝廷討叛之始雷霆斯赫勠力方全劉闢起參佐而爲元魁行惡者勢同烏合崇文統百萬而命羣帥啓行者理定鷹揚所以舉滴雖深劍門不能恃其固汚俗未久刀州莫與結其恩大勳誠集於忠勞作孽本無其根據此崇文所以不辱專征之寄克成定蜀之勳至如李愬之所立適當伐蔡累年旁有苞荒數鎮元濟襲父祟而成邪計兇黨皆爲其致命同惡懼齒寒而爲陰援軍須必從以有資是故巢窟益深毒爛不息行齊屆送大東以之滋困鼓運帥老小醜由是稽誅愬於此時獨能善兵行權軍謀沉斷跳驅闇道乘凌堅壁不俟拔幟而坐失金湯未暇請纓而已累俘虜斯賈軍鋒之寇萬夫之特由是言之伐蜀當專征之始衆謀自同於楚金攻蔡承連兵之餘羣疑頗同於魯縞及成功而雖一在出奇而尤高昔光武比耿弇於韓信優之獨拔勍寇今陛下令臣等校崇文與李愬之功迥出等夷儻聖慈以格言所者德宜有鄰武功之中功皆難掩則愬居第一崇文次之庶叶公言上符詔旨勑旨並令同配食憲宗廟廷

冊府元龜卷第五百九十二

冊府元龜卷第五百九十三

掌禮部三十

奏議第二十一

唐楊發為左司郎中大中三年十二月宣宗追尊順宗憲宗謚號禮院奏廟中神主已題舊號請改造及重題詔禮官議發與都官郎中盧搏獻議曰臣等伏尋舊典栗主外祔之後在禮無改造之文亦無重加尊謚改題神主之例求之曠古曾無其文周加太王王季文王之謚但以得合王周遂加王號未聞改謚易主且文物大備禮法可稱㝡在兩漢並無其事光武中興都洛陽遣大司馬鄧禹入關奉高祖已下十一帝后神主祔洛陽宗廟蓋神主不合新造故也自魏晉迄於周隋雖代有放恣之君亦有知禮講學之士不聞加謚追尊改主重題書之史策可以覆視今議者唯引東晉重造鄭太后神主事為證伏以鄭太后本琅邪王妃薨後已祔琅邪邸廟其後毋以子貴將外祔大

廟賀循請重造新主改題皇后之號備禮告祔當時用之伏以諸侯廟主與天子廟主長短不同若以王妃八寸之主上配至極禮似不同時謟臣貪君私用此謬禮改造神主以量晉事又絕非宜且宣懿非穆宗之后實武宗之母以子之貴已祔別廟正爲得禮饗薦無虧今若從祀至尊題主稱爲太后因子正得其宜今乃別造新主題去太字即是穆宗上遷之後臣下追致作嬪之禮瀆亂正經實驚有識臣當時並列朝行知其謬失以漢律擅論宗廟者以大不敬論又其時無詔下議遂默塞不敢出言今又欲重用東晉謬禮穢媟聖朝大典猥蒙下問敢不盡言臣謹按國朝例甚有明文武德元年五月備法駕於長安通義里廟奉迎宣簡公懿王景皇帝神主外祔太廟既言於舊廟奉迎足明必奉舊主其加謚追尊之禮自古本無其事自則天太后攝政之後累有之自此之後數用其禮歷撿國史並無改造重題之文若故事有之無不書於簡冊臣等愚見宜但告新謚于廟而止其改造神主故事有開元初太常卿韋縚以高宗廟題武后神主云天后聖帝武氏縚奏請削去天后聖帝之號別題云則天順聖皇后武氏詔從之即不知其時削舊題耶重造主耶亦不知用何代典禮禮之疑者決在宸衷以臣所見但以新謚寶冊告陵廟正得其宜改造重題恐乖禮意時宰臣覆奏就神主改題而知禮者非之以發議爲是

令狐綯爲相大中五年十一月奏准太常禮院奏中書侍郎兼吏部尚書平章事崔龜從奏臣准令式合立私廟伏准會昌五年二月一日勅百官並不得京城內置廟如欲於京城內置者但准舊於所居處置即不失敬親之禮伏以武宗時緣南郊行事見天門街左右有廟宇許令私第內置若令依會昌五年勅文盡勒於所居處置廟兼恐十年間私廟漸逼于宮牆廝人必苦於吞併臣具詳本末與便公私今請夾天門街左右諸坊不得立私廟其餘圍外遠坊任取舊廟及擇空閑地建立廟宇應立廟

之初先取禮司詳定奏請准開元禮二品巳上祠四廟三品祠三廟三品巳上不須兼爵者四廟外有始封祖通祠五廟三品巳上不得過九架並厦兩頭其三室廟制合造五間其中三間隔爲三室兩頭各廈一間虛之前後亦虛之每室中西壁三分之一近南去地四尺開一埳室以石爲之可容兩神主廟垣合開南門東門並有門屋餘並准開元禮及元和曲臺禮爲定制其享獻之禮除依舊禮使少牢特牲饋食外有設時新及今時熟饌者並聽仍請永爲定式從之

李景儉爲御史大夫大中十一年右羽林統軍鄭光卒輟朝三日景儉上疏曰鄭光是陛下親舅外族之愛誠軫聖心今以輟朝之數比於親王公主即前例所無縱有亦不可施用何者先王制禮所貴防微大凡人情於外族則深於宗屬則薄先王制禮割愛厚親據開元禮外祖父母親舅喪止服小功五月若親伯叔兄弟即服齊縗周年所以疎其外而密於內也有天下者尤

不可使外戚彊盛今鄭光輟朝一日或兩日示其升降有差恩礼先皆垂之百王永播芳烈疏奏乃詔罷朝兩日

牛叢為太常卿中和元年四月僖宗在成都府有司請享太祖已下十一室詔公卿議其儀叢與儒者同議其事或曰王者巡狩以遷廟主行如無遷廟之主則祝奉幣帛皮珪告于祖禰遂奉以出（奉幣帛皮珪以出）載于齋車每舍奠焉今非巡狩是失守宗廟夫失守宗廟則當罷宗廟之事叢疑之將作監王倹太子賓客李文虞部員外郎袁皓建議同異及左丞崔厚為太常卿遂議立行廟以玄宗幸蜀時道宮玄元殿之前架幄幕為十一室又無神主題神版位而行事達禮者非之以為止之可也

殷盈孫為太常博士光啓三年二月僖宗自興元還京以宮室未備權駐鳳翔禮院奏皇帝還宮先謁太廟今宗廟焚毀神主失墜請准禮例修奉者禮院獻議曰案春秋新宮災三日哭傳曰新宮宣公廟也三日哭禮也案國史開元五年正月二日太廟四室摧毀時神主皆存迎奉於太極殿安置玄宗素服避正殿宰懸元年肅宗還京師以宗廟為賊所焚於光順門外設次廟哭歷撿故事不見百官奉慰之時然帝既素服避殿百官奉慰亦合情禮竊循故事比附參詳恐須宗正寺具宗廟焚毀及神主失墜事由申奏皇帝素服避殿受慰訖輟朝三日下詔委少府監擇日依禮新造列聖神主如此方似合宜伏緣揆秉須十一月漸恐遲晚修奉使宰相鄭延昌具議申中書門下奏曰伏以前年冬再有震驚俄然巡幸主司宗祐迫以蒼黃伏以移蹕鳳翔未敢陳奏今將迴鑾輅皆舉典章清廟再營孝思式備伏請降敕命所司參詳典礼修奉敕曰朕以涼德祗嗣室圖不能上承天休下正人紀兵革競興於寓縣車輿再越於藩垣宗廟震驚蒸嘗廢闕敬承典礼倍切哀摧宜付所司又修奉太廟使宰相鄭延昌奏太廟大殿十一室二十三間間十一架功績至大計料支費不少兼宗廟制度有素雖為損益今不審依元料修奉為復更有商量請下禮官詳議盈孫奏議言如依元料難以速成況帑藏方虛須資變禮竊以至德二年以新修太廟未成具新造神主權於長慶殿安置便行饗告之禮如同宗廟之儀以俟廟成方為遷祔今京城除充大內及正衙外別無殿守伏聞先有詔旨欲以少府監大廳權充太廟其廳五間伏緣十一室於五間之中陳設隘狹請更接續修建成十一間以備十一室薦饗之所其三太后廟即於少府監內取西南屋三間以備三室告饗之所敕旨從之大順元年將行禘祭有司請以王太后神主祔饗於太廟王后者孝明太皇太后鄭氏宣宗之母恭僖皇太后王氏敬宗之母貞獻皇太后韋氏文宗之母三后皆作神主有故不當入太廟當時礼官建議並置別廟每年五享及三年一禘五年一祫皆於本廟行事无奉神主入太廟之文至是亂離之後舊章散失禮院憑曲臺禮欲以三太后祔享盈孫獻議非之曰臣謹案三太后憲宗穆宗之后也二帝已祔太廟三后所以立別廟者不可入太廟故也與帝在位皇后別廟不同今有司誤用王彥威曲臺禮禘別廟太后於太廟乖戾之甚臣竊究事躰有五不可曲臺禮云別廟皇后禘祫於太廟祔於祖姑之下此乃皇后已造神主夫在帝位如昭成肅明元獻昭德之比昭成肅明弃世睿宗在位元獻弃世玄宗在位昭德弃世肅宗在位四后於太廟未有本室故創別廟當為太廟合食之主故禘祫乃奉以入饗其神主但題云某謚皇后明其後太廟有本室即當遷祔帝方在位故皇后暫立別廟耳本身太廟合食之主故禘祫乃外太廟未有位故祔祖姑之下今恭僖貞獻二太后皆穆宗之后恭僖會昌四年造神主合祔穆宗廟室時穆宗廟已祔武宗母宣懿皇后神主故為恭僖別立廟其神主直題云皇太后明其終安別廟不入太廟故也貞獻太后大中元年作神主立別廟其神主亦題為大后並與恭僖義同考

明咸通五年作神主合祔憲宗廟室憲宗廟已祔穆宗之母懿安皇后故孝明亦別立廟是懿宗祖母故題其主爲太皇太后與恭僖貞獻亦同帝在位后先作神主之例今以別廟太后神主禘祭外享太廟一不可也曲臺禮別廟皇后禘祫於太廟儀注云內常侍奉別廟皇后神主入置於廟廷赤黃褥位奏云某謚皇后禘祫祔享太廟然後以神主外今即須奏云某謚太皇太后且太廟中皇后神主二十一室今忽以太皇太后入列於昭穆二不可也若但云某謚皇后即與所題都異神何依憑此三不可也古今禮要云舊典同立姜嫄別廟四時祭薦及禘祫與七廟皆祭唯不入太祖廟爲別配文思甄后明帝母廟及寢依姜嫄之廟四時及禘皆與諸廟同此舊禮明文得以爲證今以別廟太后禘祫於太廟四不可也所以置別廟太后以孝明不可與懿安並祔憲宗之室今禘享乃處懿安於舅姑之上此五不可也且祫合祭也合猶不入太祖之廟而況於禘乎竊以

爲並皆題於別廟爲宜且恭僖貞獻二廟比在朱陽坊禘祫赴太廟皆須備法駕典禮甚重儀衛至多咸通之時累遇大饗耳目相接歲代未遙人皆見聞事可詢訪非敢以臆斷也或曰三廟故禘祫於別廟或可矣而將來有可疑焉謹按睿宗親盡已祧今昭成肅明二后同在夾室如後代憲宗穆宗親盡而祧三太后神主其得不入夾室乎若遇禘祫則如之何對曰此又大誤也三太廟若親盡合祧但當閟而不享安得處於夾室禘祫則就別廟行之歷代已來何當有別廟神主復入太廟夾室乎禘祫禮之大者無宜錯失宰相孔緯曰博士之言是也旣禮院所奏儀注今已敕下大祭日近不可遽改且依行之於是遂以三太后祔祫太廟達禮者識其大謬

薛昭緯爲禮部員外郎光啓三年四月將行禘祭有司引舊儀禘德明興聖二廟及懿祖獻祖神主先祔興聖德明廟通爲四室黃巢之亂廟已焚毀及是將禘俾議其儀博士殷盈孫議曰臣以德明等四廟功非創業義止追封且於今皇帝年代極遠昭穆甚遠可依晉韋泓屋朽乃已之例因而廢之敕下百寮都省會議昭緯奏議曰伏以禮貴從宜過猶不及祀有常典理當據經謹案德明追尊實爲遐遠推諸歷代莫有其倫自古典禮該詳無踰周室后稷實始封之祖文王乃建極之君且不聞后稷之前別議立廟以至二漢則可明徵稽彼簡書並無追號追于興聖本非經據蓋以始王於涼遂列爲祖類長沙於後漢之代等楚元於宋高之朝悉無尊祀之名不爲屬章之驗重以獻祖懿祖皆非宗有德而祖有功親盡宜祧理當毀廢還於二廟亦出一時且武德之初議宗廟之事神堯聽之太宗衆之碩學通儒森然在列而不議立皋陶涼武昭之廟蓋知其非所宜立也今太祖代祖爲帝而以獻祖爲宣簡公懿祖爲懿王卒不加帝號皆謂其親盡則毀明矣春秋左氏傳孔子在陳聞魯廟災曰其桓僖乎已而果然蓋以親盡不毀宜致天災炳然之徵不

可忽也據太常禮院狀所引至德二年克復後不作弘農府君廟神主及晉韋泓屋朽乃已之議頗爲明據深叶禮經其興聖等四室請依禮院之議奉敕依典禮付所司

梁末帝貞明中諸王納妃公主下降皆宮殿門廷行讃讓之禮物議非之太常少卿馬縞上疏曰臣聞詩美何穠傳稱築館將就肅雍之德必分內外之規故曰主王姬者自公門出舊禮以几筵告于宗廟以俟迎者故於朝之外朝門築館得禮之正也昔漢賈誼上書云古者見君之乘車必下見君之几杖必起入正門必趨又孟子云朝廷不越位而與人言不踰階而相揖孔丘過位色勃遽躩望闕風趨近亦有僕射與員外郎共列謝官班次蓋以公器不私尊無二上亦得禮之正也臣竊以入正門必趨不踰階相揖著於前史實有舊文則豈可臣下而於宮殿門庭行賓主揖讓之儀使華夏觀禮之人惑於非據言動必書之史疑爽彝倫臣雖處典司寧分禮道以其所見恐未合宜伏

乞宣付中書門下參酌可否施行

後唐莊宗同光二年三月太常禮院奏准制尚書令秦王李茂貞備禮册命檢詳舊儀无不帶節度使封册之命宜准故襄州節度使趙凝封楚王例施行秦王受册自備革輅一乘載册犢車一乘并本品鹵簿鼓吹如儀從之

是月祠部奏今朝舊儀太微宮每年五薦獻其南郊壇每年四祠祭吏部申奏請差中書門下攝太尉行事其太廟及諸郊壇並吏部差三品已上攝太尉行事從之

四月太常禮院奏准制以此月十三日行皇后册禮今檢詳臨軒命使册皇后舊儀皇后廟見如納后之儀受册後合别定廟見日其日皇后乘重翟車鹵簿鼓吹儀仗導從從之又奏議撰開元禮臨軒册皇后表謝朝皇太后並如納后之儀不載朝謁皇帝之礼准納后儀則皇帝服衮冕降迎於門恐礼太重今詳酌請其日常服御内殿皇后首飾褘衣尚儀引入至殿庭階間再拜又再拜訖退如常儀從之

六月太常禮院奏国家在鄴都興建之時於北京已置宗廟自六龍歸洛知復本朝宗祧詳求典禮无二廟之文其北京廟請禮廢去請下尚書省議其可否禮部尚書王正言等奏議曰伏以宫室之制宗廟為先陛下卜洛居尊開基御宇龍樓鳳輦式當表正之初王業會枝葉在股肱之列事當師古神必依人北京先置宗廟不宜並設禰以每年朝享固有常儀時日既同神何所據當聞近例禮有從權如神主已修迎之藏於夾室若廟宇已崇虛之乃為常制昔桓公之廟二主廢有所徙由是古者師行亦无遷於廟主昔天后之崇鞏洛表請非宜漢皇之變豐滕殊非所設而況本朝故事禮院具明且洛邑舊都嵩高正位當定鼎測圭之地乃居衝處要之方今則皇命承天握圖纂祀九州是務四海為家豈宜遠宮闕之居建祖宗之廟事虧可以理屈從長北京宗廟請停從之

七月中書門下奏據太常礼院人每年太微宮五薦獻南郊壇四祠祭並宰臣攝太尉行事唯太廟時祭獨遣庶寮雖為舊規慮成闕礼臣等商量自此後太廟祠祭亦望差宰臣行事從之

是月太常礼院奏按本朝舊儀自一品至三品婚礼得服袞冕劍佩衣九章今皇子興聖宮使繼岌雖未封建官是檢校太尉合准一品婚礼施行其妃准礼婦人從夫之爵亦准一品命婦至親行迎日太常鹵簿鼓吹前導乘輅車其妃花釵九枝傅鬢褕翟衣九等其日平明皇帝差官告親廟一室宗正卿攝婚主行礼其夕親迎興聖宮使乘輅車鹵簿鼓吹前導至女氏之門以結絲車御輪交車從之

十一月礼儀使奏伏准礼經喪三年不祭惟祭天地社稷為越紼行事此古制也爰自漢文益尊神器徇至公絕私之義行以日易月之制事以相沿礼從順變今園陵已畢祥練既除宗廟不可以乏饗神祇不可以廢祀宜遵礼意式展孝思伏請自貞

簡太后升祔礼畢應宗廟使祭及群祀並准舊施行從之

明宗天成元年八月莊宗皇帝神主以此月十日祔太廟七室之内合有祧遷中書門下奏請祧懿祖皇帝室復下百寮集議於尚書省礼部尚書蕭頃等奏議曰歷代故事沿革不同蓋就所宜期於合礼事雖稽古理亦從長七廟之致享斯存万世之承基靡絕礼分遠近事究否臧懿祖既遠於昭宗創業又非於已力儻諸列聖可議祧遷皇帝陛下道繼百王德符三代撥禍亂於艱難之際救蒼生於交喪之秋方啓洪圖是崇宗祐為四方之準的稱万国之眾懽中書所定祧遷於議為允請下所司施行從之

十月左散騎常侍姚顗奏曰明王御宇哲后垂衣必崇郊薦之儀以表君臨之道伏自陛下興復寶祚展礼群神每祈福以爲人必差官而行事先七日受誓誡於南省后三日各致齋於本司必在精誠以感靈貺臣伏見南郊壇壝之側及諸祠壇並无

宿齋之所請下所司量事修建屋宇俾嚴祇事允叶聖朝是年中書舍人馬縞上言曰伏以宗廟立制今古通規損益所宜徵求可見伏惟陛下俯徇群願入纘丕基率土推誠遐方向化臣是以竊窺舊典敢有上聞伏見漢晉已來以諸侯王宗室承襲帝統除七廟之外皆别追尊親廟漢光武皇帝立先四代於南陽其后自安帝已下亦皆遐考前修追崇先代四時禋祀陳豐潔於豆籩多士駿奔認等差於藻棁伏以陛下奄有四海爲天下君雖繼統承祧无忘日慎而敦本崇往尚饗時思伏乞以兩漢舊事别立親廟於便地履霜露以陳誠薦馨香而盡敬礼於是在誰曰不然詔下南宮集百寮定議礼部尚書蕭頃等議曰伏見方冊所載聖賢斯存將達蘋藻之誠宜新棨棁之制伏惟陛下以孝敬日躋之德上合穹昊秉恭儉周息之規再康寰宇爰臻至化雅抑特恩馬縞儒者優深礼法明練所奏果符於眷曰載詳固叶於典經臣等集議其追尊位號及建廟都邑則乞發自宸衷特降制命

二年春宰臣鄭珏等上言曰恭以皇帝陛下特降睿慈俯詢輿議遵歷朝之正典允多士之虔祈廣溥天率治之風慰万国仁親之道臣聞自古英主入紹洪基莫不慎固遠圖凝思往事敬宗尊祖追養存誠廣殊號於園陵展異儀於壟綏春秋殷薦霜露永懷又聞兩漢以諸侯王入繼帝統則必易名上謚廣孝稱皇載於諸王故事孝德皇孝仁皇孝元皇是也伏冀聖慈俯從人願許取皇而爲號兼上謚以尊名啓置園陵仍增兵衛御札報曰朕猥承基構實賴祖宗將申報本之儀常切奉先之志爰崇祀典思固遠圖冀上答於劬勞庶永資於孝理卿等咸堅輔弼共副咨詢徵兩漢之舊規引三皇之故事乃飛章而定議請鸞號以尊名兼廣園陵仍增兵衛載覽矢謨之意備觀順美之誠感歎良深嘉愧无已宜依上表施行詔礼院定其儀制太常博士王丕等引漢桓帝入嗣尊其祖河間孝王曰孝穆皇帝[illegible]皆曰孝崇皇帝為例將太常定謚議刑部侍郎權判太常卿馬縞復議曰伏准兩漢舊事以諸侯王宗室入承帝統亦必追尊父祖修樹園陵西漢宣帝東漢光武孝享之道故事具存自安帝入嗣遂有皇太后令別崇謚法追曰某皇所謂孝德孝穆之類是也前代惟孫晧自烏程侯繼嗣追父和爲文皇帝事出非常不堪垂訓援禮院狀漢安帝已下若據本紀又不見有帝字伏以謚法德象天地曰帝伏緣禮院已曾奏聞雖將兩漢故事便述尊名詔右僕射李琪集百寮議曰伏以別置四廟徵漢室以定儀崇上尊名詳謚法以取證伏覩歷代已來宗廟成制繼襲允異沿革或殊伏惟陛下應運開祥躰乾纘物續紹之德咸頌聖於　鴻圖孝思之心逈垂光於帝範馬縞所奏禮有按據乞下制命令馬縞虔依典冊以述尊名帝手詔報曰朕聞開國承家得以制礼作樂故三皇不相襲五帝不相沿隨代創規於理無爽矧或脩閔祖禰事繫烝嘗將崇追遠之文以示化民之道馬縞秉持古典屢興議[illegible]之禮儀雖明援據考百王之立制未盡亦通且議謚追尊稱皇與帝既有減增之字合陳褒貶之詞大約二名俱爲尊稱若三皇之代則不可加帝五帝之代亦不可言皇爰自秦朝便兼其號兩漢繼業承基之主握乾應運之君洎至我唐不易斯義至若玄元皇帝事隔千祀宗追一源猶顯冊於鴻名豈須遵於漢典況朕居九五之位爲億兆之尊不可總二名於眇躬惜一字於先代苟隨執議何表孝誠又如堯咸舜韶夏松殷栢時變禮殊理斯存縞則以徵事上言深覩勤夫朕則以奉先爲切慮致因循須定一塗以安四廟可特委宰臣與百官詳定集兩班於中書逐班各陳所見唯李琪等請於祖禰二室先加帝字宰臣合衆議而奏曰臣聞德教重於日新礼經不自天降故歷代之有損有益隨時之可止可行且華蟲象衮之規三皇未備雲鳥紀官之制五帝皆殊考其言而既出舊章窮其理而便爲故實恭惟朝廷之重宗廟爲先事繫承祧義

特致美稱以觀感德於七代展明祀於十倫一時而僾嘆斯文千載而永為闕典且聖朝追尊之日即引漢氏舊儀在漢氏封崇之時復依何代故事是以理聞凝滯未曰聖謨道合変通方為民則且王者功成治定制礼作樂正朔服色尚有改更尊祖奉先何妨沿革若應州必立別廟即此以上都定觀孝享之儀徒有尊崇之稱今伏據開元中追尊臯陶為德明皇帝涼武昭王為興聖皇帝皆立廟於京都制度斯在伏況陛下入清內難光闡帝圖德澤廣被於華夷廟享猶虧於祖禰若宮廟須成於遠塞則蒸嘗實闕於孝思今臣等商量所議追尊四廟望依御札並加帝號兼請於洛京選地立廟中官今就應州舊宅立廟餘依四月左散騎常侍李光憲上言曰臣聞國之重事惟祀與戎四時禋饗之儀合以敬恭備礼每祭三公具列御史監臨行事群官皆宿壇廟或屋室不庇風雨或止泊投寄村園無戶牖以防虞無薦席以藉地苟傷棲於難責精虔禮或不周福將安望乞今量事添置庶保肅恭疏所司竟不行

三年十一月中書奏舊制九降冊命至尊臨軒伏自陛下纂襲継有封崇但申持節之儀尚闕臨軒之礼今後有封冊請御正衙雖勞萬乘之尊冀重九天之命如此則行之時礼備受之者感深寧惟觀耀於皇猷實亦永標於青史從之

是月太常定唐少帝為昭宣光烈孝皇帝廟號景宗博士呂朋龜奏謹按礼經臣不誄君稱天以誄之是以本朝故事太尉率百寮奉謚冊告天子圜丘廻讀於靈座前並在七月之內謚冊入陵若追尊定謚冊於太廟藏冊於本廟伏以景宗皇帝須負沉冤歲月深遠園陵已修不祔於廟則景宗皇帝親在七廟之外今聖朝中興追尊定謚重新帝號須撰禮儀又礼云君不逾年不入宗廟且漢之殤沖質君臣已成晉之惠懷愍俱負艱難皆不列廟食止祀於園寢臣等切詳故實欲請立景宗皇帝廟於園所命使奉冊書宝綬上謚於廟仍奉太牢祀之其四時委守令奉薦請下尚書省集三省官詳議施行右散騎常侍蕭甫等議請依礼院所奏奉勑宜令曹州城內選地起廟

四年五月中書門下奏先撥太常寺定少帝謚昭宣光烈孝皇帝廟號景宗伏以本朝基構垂三百年昭宗以中否東遷少帝以沉冤晏駕始封侯於偶室新立廟於聖朝追弃世之尊雪當時之恥先皇帝初定中原之後昭宗少帝尋合一時入廟所司不舉遂成闕礼既聯昭穆雖曾蒸嘗太廟有合食之儀外邑無登歌之奏生曾為帝享乃承祧既號景宗合入太廟如不入廟難以言宗須叶徽章免貽群議於理而論祧一遠廟安少帝神主於太廟即昭穆序而宗祀正今或且居別廟即欲不言景宗秖去昭宣光烈孝皇帝兼冊文內有基字是玄宗廟諱尋常從行詔敕皆不廻避少帝是繼世之孫冊文內不欲斥列聖之諱今改為宗字敕皆可之議者以毀廟之主恩遠屬絕名不可諱且昭宣上去玄宗十四世奏改冊文非典故也

六月国子博士田敏上言曰礼有五經祭在其首国之大事祀亦居先則知祭祀者有国是遵百王所重是以肅雍清廟禋祀玄天立四時則大駕親迎將致齋則仲尼所慎莫不嚴崇宮室潔滌禮器陳其肅肅之儀報以穰穰之福臣竊見四郊祠祭並無齋室行事官吏旅寓鄉村有瀆至誠恐非清潔伏乞特下有司俾於四郊量起屋室詔下有司竟不行八月大理正路航奏見春秋釋奠於文宣王廟而武成王廟久曠時祭國之二柄文武之宗請復常祀從之

九月太常博士段顒奏臣聞國之大事唯有祀典竊見時祭還大祠則差宰臣行事中祀則諸寺卿監行事小祠則委太祝奉禮而已並不差官以臣蒭愚竊謂不可今小祠請差五品官行事從之

十月中書門下奏太微宮太廟南郊壇宰臣行事宿齋百官皆人事伏以奉命行事精虔宿齋備見於朝官涉不虔於祠祭

今後宰臣行事文武兩班望令並不得到宿齋處者奏敕宜依十二月奏今後宰臣致齋內請不押班知印不赴內殿起居或遇國忌應行事官受誓戒並宜不赴行香并奏覆刑殺公事及大祠致齋內請不開宴從之又奏今後大忌前一日請不坐朝從之

長興元年五月丁丑明宗臨軒命使冊淑妃曹氏為皇后時禮院上言百官上牋於皇后曰皇后殿下六宮及率土婦人慶賀秖呼殿下不言皇后中書覆奏若秖呼殿下恐與皇太子無所分別凡上中宮表章呼皇后殿下若不形文字尋常秖呼皇后從之

九月太常禮院草定冊秦王儀注太常博士段顒奏議據開元禮臨軒冊命諸大臣其日受冊者服朝服從輦備鹵簿與群臣俱集朝堂次受冊訖通事舍人引出不載謁廟還第之儀自開元已後冊拜諸王皆正衙命使詣延英閤進榮皇帝御內殿高品引王入詣殿庭立于位高品宣制讀冊王受冊訖歸王院亦無乘輅及謁廟之禮臣按五禮精義云古者皆因禘嘗而發爵祿所以示無所專亶祖禰也今雖冊命不在禘嘗然拜大官封大邑必至廟庭者敬順之道也今冊命秦王當司欲准開元禮冊命儀注其日秦王服朝服自理所乘輅車備鹵簿與群臣俱集朝堂就次受冊訖出應天門外奉冊載於冊車王升輅謁太廟訖還理所如來儀從之

是月太常禮院奏來年四月孟夏禘饗于太廟謹按禮經三年一祫以冬五年一禘使孟夏已毀之主未毀之主並合食於太祖廟功臣配饗於太廟之庭本朝寶應元年定禮奉景皇帝為始封之祖既東向之尊自代祖元皇帝高祖太宗已下列聖子孫各序昭穆南北相向合食於前聖朝中興重修宗廟今太廟見饗高祖太宗懿宗明宗獻祖太祖莊宗七廟太祖景皇帝在祧廟之數不列廟饗將來禘禮若奉高祖居東向之尊而又禘

饗不及於太祖代祖亦已祧廟太祖東向之位則有違於禮意而沿革未聞今所司修奉祧廟神主及諸色法物已備合預請參詳事須具狀申奏敕下尚書省集百寮商議戶部尚書韓彥惲署百寮議狀奏曰伏以三年祫而五年禘遂古通規祖有德而宗有功前王令範始封為百代之主親盡從群廟之祧躋是昭穆用差尊卑式敘標諸前典是謂格言我國家土德中興瑤圖再造既展郊禋之禮爰崇禘祫之儀與冊畢陳孝思無極恭以太祖朝尊受命之祖景皇帝為始封之君百代不遷累朝頻議自貞觀至於天祐無所改移聖祖神孫左昭右穆洎經兵革久廢蒸嘗兼沒宮庭陸沉園寢迨夫中興国祚重立宗祊議出一時制行七廟遂致太祖景皇帝在祧廟之數不列祖宗伏惟聖明神武文德恭孝皇帝陛下紹復鴻圖不失舊物欲尊太祖之位將行東向之儀爰命群臣畢同集議伏詳本朝列聖之舊典明皇定禮之新規開元十年特立九廟子孫遵守歷代無虧今既行七廟之規又已祧太祖之室昔德宗朝將行禘祫之禮顏真卿立議請奉獻祖神主居東向之位景皇帝暫居昭穆之列考之於貞元則以為誤引之說行之於今日雅得其變禮之宜今欲請每遇禘祫之歲暫奉景皇帝居東向之尊自元皇帝已下敘列昭穆群寮眾議貴在酌中臣等謬列周行咸非博識約其故事庶叶典章敕旨從之

十月國子博士田敏奏請依春秋藏冰頒冰之義以銷陰陽征伏之沴敕古藏冰之制載在前經獻廟之儀廢於近代既朝臣之特舉按典禮以宜行田敏所奏祭司寒獻羔事宜依其桃弧棘矢已下事久不行理難備創其諸侯亦宜准往制俱藏冰

二年五月中書門下覆奏尚書都官員外郎知制誥張昭遠丁母憂伏以大臣枕凶有弔祭之恩群寮寢苦無慰問之例高下之位不等君親之義無偏況卿士之甚多有父母者撫少固於孝道上軫聖懷張昭遠望量與恩賜兼自此朝臣或有丁憂亦

乞頒賚文武各已印出令具官員等第所定支給數目如後自是文班三品至七品武班二品至四品凡丁憂者皆有等第頒給

是月尚書左丞崔居儉奏以中祠大祠皇帝合與祭近雖差官行事是日亦不視朝輟樂與有時或出於禮不便請不行焉從之

三年五月國子博士蔡同文奏伏見每年春秋二仲月上丁釋奠於文宣王以兗公顏子配坐以閔子騫等為十哲排祭之時祇在宣聖兗公十哲坐前祭奠其有七十二賢圖形於四壁面前皆無酒脯又見每歲春秋二仲月上戊釋奠於武成王廟以漢留侯張良配坐武安君白起等為十哲當排祭之時祇於武成王張良十哲面前其范蠡等六十四人圖形於四壁面前並無酒脯自今乞准本朝舊例文宣王武成王廟四壁諸賢畫像面前請各設一豆一爵祀饗中書帖太常禮院檢討禮例申上禮院檢郊祀錄釋奠文宣王武成王中祠例祭以少牢其配座十哲見今行釋奠之禮伏自喪亂已來廢而禮典賢之祭今准帖為國子博士蔡同文奏文宣王武成王四壁英賢請各設一豆一爵祠饗者當司今詳郊祀錄文宣王武成王從祀諸座各籩二實以栗黃牛脯豆二實以葵葅鹿醢簠簋各一實以黍稷飯酒爵一禮文所設祭器無一豆一爵之儀兼物文宣王武成王四壁英賢自此每至釋奠宜准郊祀錄各陳脯醢等諸物以祭

四年二月太常博士路航奏比來小祠已上公卿皆著祭服行事近日唯郊廟太微宮具祭服五郊迎氣日月諸祠並衹常服行事兼本司執事人等皆著隨事衣裝根鞾甚褻慢隨公卿外降於壇墠按祠部令中祠已上應齋郎等外壇行事者並給潔服事畢收納今後中祠已上公卿請具祭服執事外壝人並著履具緋衣幘子又臣檢禮閣新儀太微宮使卯時行事近年依諸郊廟例五更初便行事今後請依舊以卯時從之

卷末

冊府元龜卷第五百九十四

掌禮部三十

奏議第二十二

後唐閔帝應順元年正月中書門下奏太廟見享七室高祖太宗懿宗昭宗獻祖太祖莊宗今明宗升祔礼合祧遷獻祖請下尚書省集議太子少傅盧質等議曰臣等以親盡從祧垂於舊典疑事無質素有明文頃莊宗皇帝再造寰區復隆宗廟追三祖於先遠復四室於本朝式遇祧遷旋成沿革及莊宗升祔以懿祖從祧盖非嗣立之君所以先遷其室光武滅新之後始有追尊之儀只此在於南陽元不歸於太廟引事且殊於故實此時須稟於新規將來升祔先朝次合祧遷獻祖既叶隨時之義又符變禮之文從之時議者以懿祖賜姓於懿宗以支庶繫大宗例宜以懿爲始祖次昭宗可也不必祖神堯而宗太宗若依漢光武則宜於代州立獻祖而下親廟其唐廟依舊礼行之可也而議者忘咸通之懿宗又稱懿祖父子俱懿於理可乎將來家那三世興廢四廟連叙昭穆非礼也議祧者不知受氏於唐懿宗而祧之今又及獻祖以禮論之始祧昭宗次祧獻祖可也而懿祖如唐景皇帝豈可祧乎

末帝清泰元年四月中書門下上言太常以五月朔御明堂受朝三日夏至祀皇地祇前二日奏告獻祖室不坐此室是日有祀事則次日受朝今祀在五鼓前質明行礼畢御殿在始且後請比例行之詔曰日出御殿與祀事无妨宜依常年例

五月戊申中書門下奏太常以明宗二十日祔廟太尉宰臣攝緣馮道在假李愚十八日私忌在致斎內今劉昫又奏臣判三司事繁免祀事詔礼官參酌有司上言李愚私忌在致斎內諸私忌日愚大朝會入閤宣召皆赴朝參今祔饗事大忌日請私假斎日請比大朝會宣召例從之

六月中書門下奏據太常礼院申冊諡王公如在京城所司備鹵簿車輅法物皇帝臨軒行冊礼如在外鎮正衙命使押冊赴本道行礼其車輅法物故事不出都城礼無明文今奉制命幽州趙德鈞封北平王青州房知温封東平王皆備礼冊命其合用車輅法物在兵部太常太僕寺請載往本州行礼後送納本司從之

十一月中書門下奏二十六日明宗聖德和武欽孝皇帝忌辰群臣奉慰行香固有常禮伏以皇帝陛下初遇忌辰不用常儀臣等商量請於忌辰前後各一日不坐朝從之

三年二月太常禮院奏據兵部侍郎馬縞上疏言古礼嫂叔无服盖推而遠之按五礼精義貞觀十四年魏徵等議親兄弟之妻請服小功五月今所司給假差錯爲大功九月太常博士段顒稱自來給假元依令式若云違古不獨嫂叔一條舊爲親姨服小功令式服大功爲親舅服小功今服大功爲妻父母緦今服小功爲女聟爲外甥緦今並服小功此五條在令式尚精審不同未審依馬縞所奏爲復且依令式右贊善大夫趙咸又議曰臣聞三代之制礼无降滅之名五服之容喪有寧戚之義此蓋聖人隨時設教稱情立文沿革不同吉凶相變或服由恩制喪以禮加太宗文皇帝引彼至仁推其大義因覽同爨有緦之義遂制嫂叔小功之服列聖遵行已爲故事傳於令式加至大功今馬縞奏論以爲錯誤況縞昔事本朝繋至梁室曾爲博士累歷歲年今始奏陳未爲允當謹按儀礼凡制五服或以名加或以尊制或推恩而有服或引義而當喪故嫂叔大功良有以也其如叔以嫂之子爲猶子爲猶子之妻叔服大功今嫂是猶子之母安可却服小功若以名加嫂豈踈於猶子之婦若以尊制嫂豈卑於猶子之妻論恩則有生同骨肉之情引義則死同宅兆之理若以推而遠之爲是則令式兼无小功既有稱情制宜之文何止大功九月請依令式永作彝倫敕下尚書省集百官議尚書左僕射劉昫等議曰伏以嫂叔服小功五月開元

禮令憲章皆同其令式正文內元無喪服制度只一本內編在假寧令後不言奉勅編附年月除此一條又撿七條令式與開元禮相違者皆司行以多年固難輕改旣當議事須援舊章今若鄭重父之前經春周公之性制除太宗之故事廢開元之禮文而欲取堯誤之近規行編附之新意稱制度且違大典若令式又非正文若便改更恐難經久臣等集議嫂叔服并諸服紀並請依開元禮爲定如要給假却請下太常依開元禮內五服制度録出一本編附令文從之

晉高祖天福二年三月左僕射劉昫等奏參議冊四廟狀曰臣等據太常博士段顒議云夫宗廟之制歷代爲難須據禮經旁求故實通古今之理者爲規式合天道人情者爲楷模伏緣禮有隨時損益各異遂置議論多別理出衆途今據列歷代之宏規議新朝之定制謹按尚書舜典曰正月上日受終于文祖此是堯之廟也猶未載其數又按郊祀録云夏立五廟商立六廟

周立七廟漢初立祖宗廟郡國共計一百六十七所後漢光武中興後別立六廟魏明帝初立親廟四後重議上依周法立七廟晉武帝受禪初立六廟後却立七廟宋武帝初立六廟齊朝亦立六廟隋文帝受命初立親廟四至大業元年煬帝欲遵周法議立七廟次值禪命於唐武德元年六月四日始立四廟於長安至貞觀九年命有司詳議廟制遂立七廟後至開元十一年後創立九廟又按禮記喪服小記曰王者禘其祖之所自出以其祖配之而立四廟鄭玄注云高祖已下至禰四世即親盡也更立始祖爲不遷之廟共五廟也又按禮記祭法及王制孔子家語春秋穀梁傳並云天子七廟諸侯五廟大夫三廟士一廟此是降殺以兩之義又按尚書咸有一德曰七世之廟可以觀德又按疑義云天子立七廟或四廟蓋有其義也如四廟者從禰至高祖已上親盡故有四廟之理又立七廟者緣自古聖王祖有功宗有德更封立始祖即於四親廟之外或祖功宗德不拘定數所以有五廟六廟或七廟九廟要後代子孫覩其功德故尚書云七世之廟可以觀德矣又按周捨論云自江左以來晉宋齊梁相承多立七廟矣今顒等參詳唯立七廟四廟即並通其理伏緣宗廟事大不敢執以一理定之故撿録七廟四廟二件之文俱得其宜他所論者並皆勿取請下三省集百官詳議敕宜依者臣等今月八日於尚書省集百官詳議伏以將數至化以達萬方克致和平必先宗廟是以孝爲教本所以引愛敬而厚人倫禮乃民防蓋欲辨尊卑而明法制故禮記王制云天子七廟諸侯五廟大夫三廟疏云周制之七廟者太祖廟及文王武王之祧與親廟四太祖后稷也殷六廟契及湯與二昭二穆夏則五廟無太祖禹與二昭二穆而已自夏及周少不減五多不過七又云天子七廟皆據周也有其人則七無其人則五若諸侯廟制雖有其人則不過五此則天子諸侯七五之異明矣至於三代已後魏晉宋齊隋及唐初多立六廟或四

廟蓋於建國之始不盈七廟之數也伏惟皇帝陛下大定寰區方興教理旣先自家形國固當率土咸賓今欲請立自高祖已下四親廟其始祖一廟未敢輕議伏惟聖裁恐於講德論功有失靈源戎猶稟自中言共謂得宜臣等幸列明庭獲逢景運驟奉如綸之命共詳立廟之儀雖竭討尋慙非該博有愧上塵聖鑒實慮未協宸衷不免迂疎仍慮漏略又據御史中丞張昭遠奏臣前月中預都省集議宗廟事伏見議狀於親廟之外請別立始祖一廟近奉中書門下牒再令百官於都省議定聞奏者臣讀十四代史書見二千年故事觀諸家宗廟都無始祖之稱唯殷周二代以稷契爲太祖禮記曰天子七廟三昭三穆與太祖之廟而七鄭玄注云此周制也七者太祖后稷及文王武王與四親廟也又曰殷人六廟契及湯與二昭二穆也夏后氏立五廟不立太廟唯禹與二昭二穆而已據王制鄭玄所釋即殷周以稷契爲太祖夏后氏無太祖亦無追謚之廟自殷周已來

時更十代皆於親廟之中以有功者為太祖无追崇始祖之例具引今古即恐詞繁事要證明須陳梗槩漢以高祖父太上皇執嘉先社稷功不立廟號高帝自爲高祖魏以曹公相漢垂三十年始封於魏故爲太祖晉以宣王輔魏室有功立為高祖以景帝始封於晉故為太祖宋氏先世官閥卑微雖追崇帝號劉裕自爲高祖南齊高帝之父位至右將軍生无封爵不得為太祖高帝自爲太祖梁武帝父順之佐佑齊室封侯位至領軍丹陽尹雖不受封於梁亦為太祖陳武帝父文讚生無名位以武帝功梁室贈侍中封義興公及武帝即位亦追爲太祖周閔帝以父泰相西魏經營王業始封於周故爲太祖隋文帝父忠輔周室有大功始封於隋故有太祖唐神堯祖父虎為周八柱國隋代追封唐公故為太祖唐末梁室朱氏有帝位亦立四廟朱公先世無名位雖追冊四廟不立太祖朱公自為太祖此則前代追冊太祖不出親廟之成例也王者祖有功而宗有德漢魏之制非有功德不得立爲祖宗殷周受命以稷契有大功於唐虞之際故追尊為太祖自秦漢之後其禮不然雖祖有功仍須親廟今亦粗言往例以取證明秦稱造父之後不以造父為始祖漢稱唐堯劉累之後不以堯累為始祖魏稱曹參之後不以參為始祖晉稱趙將司馬卬之後不以卬為始祖宋稱漢楚元王之後不以元王為始祖齊梁皆稱蕭何之後不以何為始祖陳稱太丘長陳寔之後不以寔為始祖元魏稱李陵之後不以陵為始祖後周稱神農之後不以神農為始祖隋稱楊震之後不以震為始祖唐稱皐陶老子之後不以皐陶老子為始祖唯唐高宗皇帝則天武后臨朝革唐稱周便立七廟仍追冊周文王姬昌為始祖此蓋當時附麗之徒不諳故寔武立姬廟乖越已來曲臺之人到今嗤誚臣遠觀秦漢下洎周隋禮樂衣冠聲明文物未有如唐室之盛也武德議廟之初英才間出溫魏顏虞通今古封蕭薛杜達禮儀制度憲章必有師法夫追先冊之儀起於周代據史記及禮經云武王纘大王王季文王之緒一戎衣而有天下尊為天子宗廟享之周公成文武之德追王太王王季祀先公以天子之禮又曰郊祀后稷以配天據此言之周武雖祀七世追為王號者但四世而已故自東漢已來有國之初多崇四廟從周制也況殷因夏禮漢習秦儀无勞博訪之文宜約已成之制請依隋唐有國之初創立四廟推四世之中名位高者為太祖謹議以聞勅宜令尚書省集百官將前議狀與張昭遠所陳速再與奪聞奏者又奏曰臣等今月十三日再於尚書省集百官詳議夫王者祖武宗文郊天祀地故有追崇之典以申配饗之儀切詳太常禮院議狀唯立七廟四廟即並通其理其他所論並皆勿取七廟者按禮記王制云天子七廟三昭三穆與太祖之廟而七鄭玄注云此周制也詳其禮經即是周家七廟之定數四廟者謂高曽禰四世也按周本紀及禮記大傳中皆云武王即位追王太王王季文王以后稷為堯稷官故追尊為太祖此即周武王初有天下追尊四廟之明文也故自漢魏已降迄于周隋創業之君追謚不過四世約周制也此禮行之已久事在不疑今參詳都省前議狀請立四廟外別引始祖取裁未為定議續准勅據御史中丞張昭遠奏請創立四廟之外无別封始祖之文備引古今細詳沿革合前王之茂典是歷代之通規況國家禮樂刑名皆約唐典宗廟之制須據舊章請依唐朝追尊獻祖宣皇帝懿祖光皇帝太祖景皇帝代祖元皇帝故事追尊四廟為定臣等考詳典禮上奏聖明雖共竭於懇誠寔倍慙於淺近從之

三年二月中書門下奏按禮不諱嫌名二名不偏諱注云嫌名謂音聲相近若禹與雨丘與區也二名不偏諱孔子之母名徵在言在不言徵言徵不言在此古禮也唐太宗玄宗二名皆諱人姓與國諱音聲相近是嫌名者亦改姓氏與古禮有異廟諱平聲字則不諱側聲若諱側聲字即不諱平聲所諱字正文及

偏傍皆闕點畫望令依令式施行識朝廷之制今古相沿道在人引礼非天降況以方關曆數虔奉祖宗雖踰孔子之文未爽周公之訓與崇孝行永載簡編所為二名及嫌名事宜依唐朝行四月詳定院奏太常博士段顒進封事云臣竊見洛京四面所有祠祭諸壇等自近年已來相次官員祭告不住芟薙掃除漸似低平乆虧增飾今乞下太常寺牒河南洛陽兩縣應有管係壇所方以農務未興之時各勒逐近量差一二十人功添補修泥須及元格尺丈高闊其齋宮處有迎費遽難修營稍俟秋登亦望條理自然百靈允集万福攸歸臣等參詳大凡祠祭事在敬恭惟於齋壇最宜崇飾從之

四年六月司天臺奏七月一日太陽有虧蝕於北極於東復於南未盈而設太常礼官詳舊制日有变天子素服避殿太史以所司救日于社陳五兵五鼓麾東戟南矛西弩北楯中央置鼓服從其位百職廢務素服守司重列於庭每等異位向日而立

明復而罷今所司法物咸不能具去歲正旦日有蝕之唯謹藏兵仗皇帝避正殿尚素食百官守司而已中書奏欲行近礼從之

八月乙巳中書奏太常礼院定來歲長安公主出降儀太僕寺供厭翟二馬車殿中省備團方偏扇各十六行障三坐障二織一大扇一團大扇二今車障傘扇是同光年皇后法物欲雅飾手使厭翟之車后以四馬權去二馬用之詔從其議

十一月礼官奉詔約開元礼重定正冬朝會其略曰開元礼三品已上外殿群官在庭竊以九品分官隨時有異或以卑高定分或以清濁為資積習是常造次難議請沿近礼依內宴列坐開元礼稱賀之後皇帝戴通天冠服絳紗袍百官朝服以侍坐解劒履於樂懸之西北竊以開元舊制長安廣庭故可以究皇儀而展帝容陳百辟而贊群后今京邑新造殿廡未更若用前規慮爲隘狹議請皇帝冠烏紗巾服赭黃袍百寮具公服侯朝堂引敝即舉舊儀二舞鼓吹熊羆之案工師樂器等事由久廢死災頗甚歲月之間未可補葺請且設九部之樂權用教坊伶人詔曰三品之官尚書方得外殿其余所議宜悉從之

是月太常礼院奏唐廟制度請以至德宮正殿隔為五室室三分之南去地四尺以石為埳中容二主廟之南一屋三門門戟二十有四東西一屋一門門無棨戟四仲之祭一羊一豕如其中祠幣帛牲牢之類光祿主之祠祝之文不進不署神厨之具鴻臚督之五帝五后凡十主未遷者六未立者四未謚者三高祖太宗與其后暨莊宗凡六主在清化里之寢宮祭前二日以殿中繖扇二十迎置新廟以行饗礼[illegible]閔帝莊宗明宗二后及曾国孔夫人神主四座請修製祔廟[illegible]三后請定謚法從之

五年正月宰臣馮道奏宰臣朝見辭謝在朝堂橫街之南及至余官即悉於崇元門內此蓋事因偶尒習以為常又入閤礼畢之特群官退於明外定班如初俟宣放仗唯翰林斈士前任郡守等不隨百辟即時直出惟此二者礼愆序失乞取正勅官爵

之班即分高下見謝之位豈有異同宜立通規以為定制今後宰臣使相朝見辭謝並於崇元門外與諸官重行異位一時列拜假滿橫行即從舊例又入閤之儀其翰林斈士前任郡守等今後入閤宜依百官班例不得先出

是月御史中丞竇貞固奏每遇国忌行香宰臣跪爐僧人表讀文武百官儼然列坐今後復請宰臣跪爐百官依常位立班從之仍令行香之後齋僧一百人永為定制

二月太常礼院奏長安公主以三月出降按唐德宗朝礼儀使顏真卿議婚用誕馬在礼無文周礼諸侯以璋聘女礼太玉以此德今請駙馬加以璋郡主之聓加玄纁以代用馬函書之礼出自近代事無正經請廢之勿用詔曰納采之時主人再拜使者不荅雖開元礼具載其儀宜令荅拜仍令鄭王重貴主其婚礼其婚礼中外不賀余依太常礼院所奏少帝以天福七年即位是年太常礼院奏國朝見饗四廟靖祖肅祖睿祖憲祖今髙

祖將行升祔按會要唐武德元年立四廟於長安至貞觀九年高祖崩有司詳議廟制以高祖神堯皇帝神主并舊四室祔廟今高祖神主請同唐高祖升祔從之

開運二年二月左補闕盧叟奏曰臣聞國之大事在祀與戎祀則必盡其誠戎則不加無罪伏見以時祭嶽瀆皆是本道觀察使親齎御降祝文詞所行禮唯中嶽頃自故河南尹張全義年德俱高遂請少尹或上驍賓席攝祭近歲多差文參府掾習以爲常不空有瀆於靈祇兼慮漸隳於祀典臣欲請河南尹卻於華州兗州定州孟州觀察使例親行獻禮仍令本縣令讀祝文者敕曰盧叟請河南尹親及廟貌異表忱虔在禱祈山川誠爲重事且浩穰都邑豈可曠人今後祭中嶽宜令河南少尹往彼行禮

三年六月西京留司監察使奏以祠祭所定行事官臨日多遇疾病或奉詔赴闕留司稟勅已遲乞以留司吏部郎中一人主判有闕便依次第定名庶無闕事從之

漢高祖即位稱天福十二年是年太常博士段顒奏曰伏以宗廟之制歷代爲難須按禮經旁求故實又緣禮貴隨時損益不定今參詳歷代故事立高曾祖禰四廟更上追遠祖光武皇帝爲始祖百代不遷之廟居東向之位共爲五廟庶符往例又合禮經詔尚書省集百官詳議吏部尚書竇貞固等議曰按禮記王制云天子七廟諸侯五廟大夫三廟疏云周制之七廟者太祖及文王武王之祧與親廟四太祖后稷也又云天子七廟皆據周也有其人則七無其人則五至於光武中興及歷代多立六廟或四廟蓋建國之始未盈七廟之數又按郊祀錄王肅云德厚者流澤廣天子可以事六六之義也今欲請立高祖已下四親廟又自古聖王祖有功宗有德即於四親廟之外祖功宗德不拘定數今除四親廟外更請上追高皇帝光武皇帝共六廟從之

隱帝乾祐元年六月太常禮院奏准天福十二年七月中敕追尊六廟當司尋合牒所司請排比法物修製冊寶并袞龍服通天冠絳紗袍鎮圭等所司修製並無次第者伏緣當司勘造逐年四季祠祭晝日內正月上辛祈穀四月孟夏雩祭及夏至九月季秋大享明堂十一月冬至皆祀昊天上帝夏至祀皇地祇十月孟冬神州地祇皆以祀前二日准禮例奏告太廟一室配座并四孟月及臘饗于太廟伏以國之大事在祀與戎晝日無配座之儀宗廟闕薦饗之禮今詳典墳有虧禮敬伏乞再下所司由請修制從之

九月高祖神主將升祔太廟有司奏議文祖明元皇帝室神主祧之置于夾室祫享即出之

二年司封郎中裴巽上言國家郊廟社稷百神祠祭皆在洛陽臣每見差官行事諸神壇墠多無齋宿之所十三公之職衣冠於旅舍田家狼藉凶穢無所不有恐非精誠蠲潔展敬之道也

臣請下河南府於京城四郊聯置齋宇充齋宿神廟之所從之

三年河南府京兆府言差官檢校高祖長陵世祖原陵廟下並等言並無祠廟初國家議立宗廟議官不詳漢事遂以漢高祖後漢光武繫六廟乃修緣廟寶冊太常卿請臣曰高祖世祖寶冊已在陵內不勞復製但告之而已爲與言於感覺爲之宗正卿上言諸帝陵園所司時享須有寢殿祠官今高祖世祖二陵並無祠祭之所請各下本處令於陵側粗修齋宮以當寢廟下所司討尋所司引唐朝奉陵故事於豐鉅葛遂寢其事以至國亡二祖之陵不霑一奠

周太祖廣順元年正月中書門下奏太常禮院議合立太廟室數若守文繼體則魏晉有七廟之文若創業開基則隋唐有四廟之議聖朝請依近禮追謚四廟伏恐所議未同請下百官集議從之

二月太子太傅和凝等議恭以肇啓洪圖惟新寶曆立宗廟而

右社稷率由舊章崇祖禰而辨尊卑載於前史雖文質互變趣各殊式觀損益之規咸繫興隆之始伏惟皇帝陛下體元立極本義祖仁開變家成國之基遵奉先思孝之道言為軌範動合典墳超百代之哲王揔一時之盛業援禮議立四親廟允叶前文從之

四月中書門下奏太常禮院申七月一日皇帝御崇元殿命使奉册四廟以舊儀服袞冕即座太尉引册案入皇帝降座引立於御座前南向中書令奉册案進皇帝搢珪捧授册使使跪受轉授舁册官其進寶授寶儀如册案恭以興王之始稽古為先四方見尊祖之心萬代傳敬親之道臣等參詳至時請皇帝降階從之

十月禮儀使言奉迎太廟社稷神主到東宮日未審皇帝親出郊外迎奉否當使比無禮例故實檢詳請三省官集議勑宜令尚書省四品已上中書門下兩省五品已上同參議聞奏時議

者以人君謁廟有時又祭服行事若近郊謁見難行饗獻之禮常服又恐非宜是以集議及兩省集議司徒竇貞固司空蘇禹珪主議或言吳王孫休即位迎其祖父於吳郡入祔太廟休前一日出城野次明日常服奉迎此其例也禮酌人情假令乘車載主以從行未必皆須祭服行事迎之宜也司徒竇貞固等獻議曰陛下方祗見於祖宗展孝思於迎奉酌人情而制禮迎廟主以為宜臣等未見舊章止依情理以車駕出城奉是其迎奉之儀請下禮儀使酌量草定從之禮儀使言來年正月一日皇帝有事于南郊合祭天地于圜丘准禮以祖廟配祭依祠令以高祖存和皇帝配敦敬依典禮

三年二月內司製國寶兩坐詔太常具制度以聞有司言唐六典符寶郎掌天子八寶其一曰神寶其二曰受命寶其神寶方六寸高四寸六分厚一寸七分蟠龍紐文與傳國璽同傳國寶秦皇以藍田玉刻之李斯篆方四寸面文曰受命于天既壽永昌紐盤五龍二寶竝以相傳以為神器別有六寶一曰皇帝行璽二曰皇帝之璽三曰皇帝信璽四曰天子行璽五曰天子之璽六曰天子信璽此六寶因文為名並白玉螭虎紐歷代相傳或亡失則補之北朝鑄之以金至則天太后以璽字涉嫌改之為寶八寶唐代符寶郎典之貞觀十六年別製玄璽一坐白玉曰皇天景命有德者昌白玉螭虎紐同光中製寶一坐文曰皇天受命之寶天福四年製寶一坐文曰皇帝神寶其同光天福二寶內司製造不見細象分寸製度敕令製國寶兩坐[illegible]王方四方螭虎紐其一宜以皇帝承天受命之寶為文其一宜以皇帝神寶為文命中書令馮道書寶文臣曰國以玉璽為傳政神器遂古無聞運斗樞曰舜為天子黃龍負璽世本曰魯昭公始作璽秦兼七國稱皇帝李斯取藍田之玉玉工孫壽刻之方四寸斯為大篆書文之形制如龜龍鳳鳥之狀希世之至寶也秦亡子嬰以璽降于軹道漢高帝得之與斬白蛇劍世世傳

寶之王莽之篡使王舜求璽于元后后怒投之於階一角微缺莽誅公孫賓以璽送更始劉玄敗以授盆子及熊耳之敗盆子以璽降光武漢末黃門亂張讓投璽于井孫堅討董卓入洛見井有五色氣乃杼得之持歸以授袁術術敗荊州刺史徐璆得之詣許授獻帝漢禪魏文帝得之魏禪晉武帝得之劉聰陷洛陽得之聰死歸劉曜曜亡石勒所擒璽歸于鄴石季龍傳冉閔閔敗東晉濮陽太守戴施入鄴得之送江東授穆帝晉禪宋劉裕得之宋禪齊蕭道成得之齊禪梁蕭衍得之臺城之陷侯景得之景敗其將侯子鑒欲以璽走江北追兵所迫乃投于栖霞寺井中寺僧永杼得匿之陳永定三年永弟子普智以璽上陳文帝隋平陳隨叔寶入長安隋之始得秦真傳國寶煬帝在江都宇文化及簒逆以璽北度至聊城為竇建德所敗寶入建德建德擒於武牢其妻曹氏以寶獻唐高祖（本傳曹氏以寶降于長安）入祿山之亂肅宗即位於靈武上皇遣崔圓送璽于鳳翔代宗之避狄

分陝德宗之狩奉山南皆以八寶從黃巢之亂僖宗再幸山南昭宗播越石門神器俱在天祐四年輝王禪位于梁命宰臣楊涉送寶于大梁梁亡莊宗入汴得之同光末内難作亂兵犯輝寶爲火所灼文字訛缺明宗清泰復傳之清泰敗以傳國寶隨身自焚而死其寶遂亡失其神寶者方六寸厚一寸七分高四寸六分蟠龍隱起文與秦璽同但玉色不及形制高大耳不知何代造東晉孝武十九年南雍州刺史郗恢於慕容永部得之送於金陵東晉末傳於宋高祖宋亡入齊蕭道成得之齊亡入梁蕭衍得之臺城之陷侯景得之景敗侍中趙思齊携走江北獻齊文宣帝宇文氏滅齊武帝得之歸長安宇文亡入隋文帝改號傳國璽又改爲受命璽開皇九年平陳始得秦氏真傳國璽仍以秦璽後出得於亡陳以北朝所傳神璽爲第一秦璽次之隋亡竇建德妻與秦璽俱獻長安唐高祖得之唐末不知所在秦初制受命寶時別製六璽一曰皇帝行璽封冊諸王公用之二曰皇帝之璽與王公書用之三曰皇帝信璽諸夏發兵用之四曰天子行璽封冊蕃國用之五曰天子之璽賜蕃國書用之六曰天子信璽徵蕃國兵用之六璽皆白玉刻螭虎紐方一寸五分高寸傳之歷代或有亡失北朝鑄之以金所謂乘輿八寶也太宗貞觀中別刻玄璽莊宗時或引玄璽又別刻受命寶天福初晉高祖以傳國寶爲清泰所焚特製寶一坐開運末契丹陷中原張彥澤入京城晉主奉表歸命於虜主遣皇子延煦等奉國寶并命印三面送於虜主其國寶即天福初所造者也延煦等廻虜主與晉帝詔曰所進國寶驗來非真傳國寶其真寶速進來晉主奏曰真傳國寶因清泰末僞主從珂以寶自焚自此亡失先帝登極之初特製此寶左右臣寮備知固不敢別有藏匿也漢朝二帝未暇修製故太祖命有司特製此二寶焉

八月太常上言祭禮宗廟之祀三年一祫以孟冬五年一禘以孟夏所以別尊卑審昭穆也四時之祭薦其常事故禘祫之月則不行時享恭惟追尊四廟經今三年準禮合殷十月孟冬薦享爲祫并徧祭七祠從之史臣曰禮官謬舉也禘祫之祭只以祧廟之主無常享故有三年五年合食於太祖之禮今太廟四室聯楝而承五享何合之有言審昭穆者禮天子七廟三昭三穆與太祖之廟七今但二昭三穆而已無勞審也

九月將有事於南郊議於東京別建太廟時太常禮院言準洛京廟室一十五間分爲四室兩頭有夾室四神門每門屋三間每間一門戟二十四別有齋宮神廚屋宇準禮左宗廟右社稷在國城内請下所司修奉從之

是月南郊禮儀使奏郊祀所用珪璧制度準禮祀上帝以蒼璧祀地祇以黃琮祀五帝以珪璋琥璜其玉各依本方正色祀日月以珪璋祀神州以兩珪有邸其用幣天以蒼色地以黃色配帝以白色日月五帝各從本方之色皆長一丈八尺其珪璧之狀璧圓而琮八方珪上銳而下方半珪曰璋琥爲虎形半璧曰璜其珪璧琮璜皆長一尺二寸四珪有邸邸本也珪著於璧而四出也日月星辰以珪璧五寸前件珪璧雖有圖様而長短之說或殊按唐開元中玄宗詔曰禮神以玉取其精潔比來用珉不可行也如或以玉難辦寧小其制度以取其真今郊廟所修珪璧量玉大小不必皆從古制伏請下所司修製從之

是月禮儀使奏郊廟祝文禮例云古者文字皆書於冊而有長短之差魏晉郊廟祝文書於冊唐初悉用祝板唯陵廟用玉爲冊玄宗親祭郊廟用玉爲冊德宗朝博士陸淳議準禮用祝板祭已燔之可其議貞元六年親祭又用竹冊當司準開元禮並用祝板梁朝依禮行之至明宗郊天又用竹冊今詳酌禮例祝板爲宜從之

世宗顯德二年八月癸卯兵部尚書張昭上言今月十二日伏蒙宸慈召對面奉聖旨以每年祠祭多用太牢念其耕稼之勤更備犧牲之用比諸豢養特可悲傷令臣等討故事可以他牲

□否臣仰稟綸言退尋禮籍其三牲八簋之制五禮六樂之文皆在典彝迭相沿襲累經朝代無所改更臣聞古者燔黍捭豚尚多質略近則梁武起牲薦脯不可宗師雖好生之德則然於奉先之儀太劣蓋禮主於信孝本因心黍稷非馨鬼神饗德不必牲牢之巨細籩豆之方圓苟血祀長保於宗祧而牲俎何須於繭栗但以國之大事儒者久行易以他牢恐未爲便以臣愚管其南北郊宗廟社稷朝日夕月等大祠如皇帝親行事備用三牲如有司攝行事則用少牢已下雖非舊典貴減犧牛是時太常卿田敏又奏云臣奉聖旨爲祠祭用犢事今太僕寺供犢一年四季都用犢二十二頭唐會要武德九年十月九日詔祭祀之意本以爲民窮民事神有乖正直殺牛不如禴祭明德即是馨香望古推今民神一揆其祭圜丘方澤宗廟已外並可止用少牢者用特狩時和年豐然後克修常禮又按會要天寶六載正月十三日赦文祭祀之典犧牲所備將有達於虔誠蓋不

資於寶殺自今後每大祭祀應用騂犢宜令所司量減其數仍永爲常式其年起請以犢牲每年用犢二百一十二頭今請減一百六十三頭止用三十九頭餘祠享並宜停用犢至上元二年九月二十一日赦文國之大事郊祀爲先貴其至誠不美多品黍稷雖設猶或非馨牲牢空多未爲能享圓丘方澤任依常式宗廟諸祠臨時獻熟用懷明德之馨庶合西隣之祭其年起請昊天上帝太廟各太牢一餘祭並隨事市供若據天寶六載自二百一十二頭減用三十九頭據武德九年每年用犢十頭圓丘方澤一宗廟五據上元二年起請只昊天上帝太廟又無方澤則九頭矣今國家用牛比開元天寶則不多比武德上元則過其太半案會要太僕寺有牧監掌孳課之事乞今後太僕寺養孳課牛其犢遇祭昊天前三月養之滌宮取其蕩滌清潔餘祭則不養滌宮若臨時買牛恐非典故謹具奏聞奉敕祭祀尚誠祝史貴信非誠與信何以事神禴祭重於殺牛黍稷輕於明德犧牲之數具載典經前代已來或有增損宜採酌中之禮且從貴少之文起今後祭圓丘方澤社稷並依舊用犢其太廟及諸祠宜准上元二年九月二十一日制並不用犢如皇帝親行事則依常式

四年四月乙酉禮官博士等準詔議祭器祭玉制度以聞時國子祭酒尹拙引崔靈恩三禮義宗云蒼璧所以禮天其長十有二寸蓋法天之十二時又引江都集白虎通等諸書所說云璧皆外圓内方又云黃琮所以禮地其長十寸以法地之數其琮外方内圓八角而有好國子博士聶崇義以爲璧内外皆圓其徑九寸又按阮氏鄭玄圖皆云九寸周禮玉人職又有九寸之璧及引爾雅云肉倍好謂之璧好倍肉謂之瑗肉好若一謂之環郭璞注云好孔也肉邊也而不載尺寸之數崇義又引冬官玉人云璧好三寸爾雅云肉倍好謂之璧蓋兩邊肉各三寸通好共九寸則其璧九寸明矣崇義又云黃琮八方以象地每角

各剡出一寸六分共長八寸厚一寸按周禮疏及阮氏圖並無好又引冬官玉人云琮八角而無好崇義又云琮璜珪璧俱是禮天地之器而爾雅惟言璧環瑗三者有好其餘琮璜諸器並不言之則黃琮八角而無好明矣時太常卿田敏已下議以爲尹拙所說雖有所據而崇義援引周禮正文其理稍優請從之其諸祭器制度亦多以崇義所議爲定

五年六月癸酉禘於太廟先是言事者以國家宗廟無祧廟之主不當行禘祫之禮國子司業兼太常博士聶崇義以爲前代備廟累遷及追尊未毀皆有禘祫及引故事凡九條以爲其證其略曰魏明帝以景初三年祔主入廟至五年二月祫祭明年又禘自茲已後五年爲常且魏以武帝爲太祖至明帝始三帝而已未有毀主而行禘祫其證一也宋文帝元嘉六年祠部定十月三日大祠其太學博士議云按禘祫之禮三年一五年再宋自高祖至文帝亦三帝未有毀主而行禘祫其證二也梁

武帝用謝廣議三年一禘五年一祫謂之大祭禘祭以夏祫祭以冬且梁武乃受命之君亦追尊四廟而行禘祫則知祭者是追養之道以時移節變孝子感而思親故薦以首時祭以仲月間以禘祫序以昭穆乃禮之經也非關宗廟備與未備其證三也文多不載至是終從崇義之議

冊府元龜卷第五百九十四

册府元龜卷第五百九十五

掌禮部

謚法

夫生有爵死有謚其來尚矣或曰謚者行之迹周公爲之所以彰善惡之迹垂沮勸之道君子知勸小人知懼焉故周官太史漢官大行實掌其事自春秋已降載籍所紀始自列國之辟以迄有位之臣或有司考行遵節惠之文或冊書襃德舉尊名之典乃至牧宰旌于高士弟子表其先生雖無封爵亦著稱謂其閒謚美者有列曹之駮議追命者有故吏之奏記咸可詮次以明行實復有性惟檮昧行匪純正或緣舉於公朝或肆著於私室或矜伐以忤物或朋比而構釁類而言爲累匪一繇是舉易名之典示褒惡之義則後之觀者得不悚懼而爲善乎

申生晉獻公世子也獻公將殺世子（信驪姬之譖）公子重耳謂之曰子盍言子之志於公乎（蓋皆當爲盍盍何不也志意也重耳欲使言見譖之意重耳申生異母弟後立爲文公）世子曰不可君安驪姬是我傷公之心也（言其意則驪姬必誅也驪姬獻公伐驪戎所獲女也申生之母蚤卒驪姬嬖焉）曰然則盍行乎（行猶去也）世子曰不可君謂我欲弒君也天下豈有無父之國哉吾何行如此（言人有父則皆惡欲弒父）者使人辭於狐突曰申生有罪不念伯氏之言也以至于死申生不敢愛其死（辭猶告也狐突申生之傅舅犯之父也前此者獻公使申生伐東山皋落氏狐突謂申生欲使之行今言此者謝之伯氏狐突別氏）雖然吾君老矣子少國家多難（子驪姬之子奚齊）伯氏不出而圖吾君（圖猶謀也不出爲君謀國家之政然則自皋落氏反後狐突懼乃稱疾）伯氏苟出而圖吾君申生受賜而死（賜猶惠也）再拜稽首乃卒（既告狐突乃雉經）是以爲恭世子（言行如此可以爲恭於孝則未之）有鄭幽公爲子家所弒鄭人討幽公之亂斲子家之棺而逐其族改葬幽公謚之曰靈

楚成王之卒謚曰靈不瞑曰成乃瞑

共王疾告大夫曰不穀不德少主社稷生十年而喪先君未及習師保之教訓而應受多福（多福謂爲君）是以不德而亡師于鄢以辱社稷爲大夫憂其弘多矣（弘大也）若以大夫之靈獲保首領以沒於地唯是春秋窀穸之事（窀厚也穸夜也厚夜猶長夜春秋謂祭祀長夜謂葬埋）所以從先君於禰廟者（從先君代爲禰廟）請爲靈若厲（欲受惡謚以歸先君也亂而不損曰靈戮殺不辜曰厲）大夫擇焉莫對及五命乃許秋楚共王卒子囊謀謚大夫曰君有命矣子囊曰君命以若之何毀之赫赫楚國而君臨之撫有蠻夷奄征南海以屬諸夏而知其過可不謂共乎請謚之共大夫從之（傳言子囊之善）

衛公叔文子卒（文子衛獻公之孫名拔或作發）其子戍請謚於君曰日月有時將葬矣請所以易其名者君曰昔者衛國凶饑夫子爲粥與國之饑者是不亦惠乎（君靈公也）昔者衛國有難夫子以其死衛寡人不亦貞乎（難謂魯昭公二十年盜殺衛侯之兄縶也時齊豹作亂公如死鳥）夫子聽衛國之政修其班制以與四鄰交衛國之社稷不辱不亦文乎（班制謂尊卑之差）故謂夫子貞惠文子（後不言貞惠者文足以兼之又云公叔文子之臣大夫僎與文子同升諸公孔子聞之曰可以爲文矣）

孔圉衛大夫也既卒謚曰文子貢問曰孔文子何以謂之文也子曰敏而好學不恥下問是以謂之文也

北宮喜爲大夫卒衛侯賜謚曰貞子（滅齊氏故）

析朱鉏爲大夫卒衛侯賜謚曰成子（有從公故）

漢衡山王勃值七國反王堅守無二心徙王濟北以襃之及薨遂賜謚爲貞王

河間王德立二十七年薨中尉常麗以聞曰王身端行治（端直治理）也溫仁恭儉篤敬愛下明知深察惠于鰥寡大行令奏謚法曰聰明睿知曰獻（睿深也）宜謚曰獻王

霍去病爲驃騎將軍薨謚之并武與廣地曰景桓侯（景武謚桓廣地謚也謚法布義行剛曰景辟土服遠曰桓）

張勃嗣父富平侯爲諫大夫元帝初即位詔列侯舉茂材勃舉太官獻丞陳湯（獻丞主貢獻物也）湯待遷父死不犇喪（犇古奔字）司隸奏湯無循行勃選舉故不以實坐削戶二百會薨因賜謚曰繆侯（以其所舉不得人故加惡謚繆者妄也）

陽城侯劉德子向坐鑄僞黃金當伏法（律鑄僞黃金棄市也）德上書訟罪

會稽大鴻臚奏德謚子熊失大臣體不宜賜謚置嗣制曰賜謚繆侯謚以其妻

王立元帝時以太后弟封紅陽侯王仁嗣父譚爲平阿侯子帝時王莽輔政忌之奏令就國家遣使者迫守立仁令自殺賜立謚曰荒侯仁謚曰剌侯

杜業以列侯爲太常坐法免官就國平帝時以憂恐發病死初業尚成帝妹潁邑公主主無子薨業家上書求還京師與主合葬不許而賜謚曰荒侯

後漢祭遵爲征虜將軍建武九年卒博士范升上疏追稱遵曰臣聞先王崇政尊美屏惡昔高祖大聖深見遠慮班爵割地與下分功著錄勳臣頌其德美生則寵以殊禮奏事不名入門不趨死則疇其爵邑世無絕嗣丹書鐵券傳於無窮斯誠大漢厚下安人長久之德所以累世十餘歷載數百廢而復興絕而復續者也陛下以至德受命先明漢道襃序輔佐封賞功臣同符祖宗征虜將軍潁陽侯遵不幸早薨陛下仁恩爲之感傷遠迎河南側怛之慟形於聖躬喪事用度仰給縣官重賜妻子不可勝數送死有以加生厚亡有以過存矯俗厲化卓如日月古者臣疾君視臣卒君弔德之厚者也陵遲已來久矣及至陛下復興斯禮群下感動莫不自勵臣竊見遵修行積善竭忠於國北平漁陽西拒隴蜀先登坻上深取略陽衆兵既退獨守衝難制御士心不越法度所在吏人不知有軍清名聞於海內廉白著於當世所得賞賜輒盡與吏士身無奇衣家無私財同産兄午以遵無子娶妾送之遵乃使人逆而不受自以身任於國不敢圖生慮繼嗣之計臨死遺誡牛車載喪薄葬洛陽問以家事終無所言任重道遠死而後已遵爲將軍取士皆用儒術對酒設樂必雅歌投壺又建爲孔子立後奏置五經大夫雖在軍旅不忘俎豆可爲好禮悅樂守死善道者也禮生有爵死有謚爵以殊尊卑謚以明善惡臣愚以爲宜因遵薨論叙衆功詳案謚法以禮成之顯章國家篤古之制爲後嗣法帝乃下其章以示公卿至葬車駕復臨贈以將軍侯印綬朱輪容車介士軍陳送葬謚曰成侯

朱頡修儒術安帝時至陳相卒潁川荀爽與諸儒考依古義謚曰貞宣先生及穆卒蔡邕與門人共論穆德謚爲文忠先生袁山松書曰蔡邕議曰魯季文子君子以爲忠而謚曰文子又傳曰忠文之實也忠以爲實文以彰之遂共謚穆荀爽聞而非之故張璠論曰夫謚者上之所贈非下之所造故顏閔至德不聞有謚朱蔡各以衰世臧否不立故私議之

楊厚字爲侍中以病歸以黃老教授卒於家鄉人謚曰文父

張霸爲侍中卒將作大匠翟酺等與諸儒門人追錄本行謚曰憲文十人

郭鎮爲尚書延光中中黃門孫程誅中常侍江京等立濟陰王鎮率羽林士擊殺衛尉閻景以成大功後爲廷尉卒子賀累遷復至廷尉及賀卒順帝追思鎮功下詔賜鎮謚曰昭武侯賀曰成侯

荀靖字叔慈有至行不仕年五十而終號曰玄行先生靖少有俊才動止以禮弟爽亦知名或問汝南許章曰爽與靖孰賢章曰二人皆玉也慈明外朗叔慈內潤及卒李膺等之學士誄之數百人共謚曰玄行先生

范冉卒年大將軍何進移書陳留太守累行論謚僉曰宜爲貞節先生會葬者二千餘人刺史郡守各爲立碑表墓焉

陳寔字仲弓潁川許人也靈帝時大將軍竇武辟爲掾屬後歸鄉閭絕人事三公每缺議者歸之累見徵命遂不起卒于家何進遣使弔祭海內赴者三萬餘人制衰麻者以百數共刊石立碑謚爲文範先生

夏恭爲太山都尉善爲文章卒官諸儒共謚曰宣明君子牙少習家業著賦頌讚詩凡四十篇舉孝廉早卒鄉人號曰文德先生

蔡稜陳留圉人邕之父也有清白行謚曰貞定公邕祖考碑云君有周之胄昔蔡叔沒成王命其子仲爲蔡侯以國氏焉君之世君曾祖父

[illegible]

魏太傅鍾繇薨有司議謚以為繇昔為廷尉辨理刑獄決嫌明疑民無怨者由于張之在漢也詔曰太傅功高德茂位為師保論行賜謚當先依此兼叙廷尉于張之德耳乃策謚曰成侯

吳質為侍中太和四年卒以怙威肆行謚曰醜侯質子應乃上書論枉至正元中乃改謚威侯

蜀陳祇為侍中守尚書令加鎮軍將軍祇上承主指下接閹豎深見信愛景耀元年卒後主痛惜發言流涕乃下詔曰祇統職一紀柔嘉惟則幹肅有章和義利物庶績允明命不融遂彫用悼焉夫存有令問則亡加美謚謚曰忠侯

趙雲為鎮東將軍後軍敗貶為鎮軍建興七年卒追謚曰順平侯初先主時惟法正見謚後主時諸葛亮功德蓋世蔣琬費禕荷国之重亦見謚陳祇寵待特加殊獎夏侯霸遠來歸国故復得謚於是關羽張飛馬超龐統黃忠及雲乃追謚時論以為榮[illegible]

[illegible]

[illegible]曾為太宰侍中咸寧四年薨將葬下禮官議謚博士秦秀[illegible]故太宰何曾雖階世族之資而少以高亮嚴肅顯登王朝事親有色養之名在官奏科尹模此二者實得臣子事上之概然資性驕奢不循軌則詩云節彼南山維石巖巖赫赫師尹民具爾瞻言其德行高峻動必以禮耳明有言儉德之恭侈惡之大也大晉受命勞謙隱約曾受寵二代顯赫累世暨乎耳順之年身兼三公之位食大國之租荷保傅之貴執司徒之均二子皆金貂卿校列于帝側方之古人責深負重雖舉門盡死猶不稱位而乃驕奢過度名被九域行不履道而享位非常以古義言之非惟失輔相之宜違斷金之利也穢皇代之美壞人倫之教生天下之醜示後生之[illegible]莫大於此自近世以來宰臣輔相未有受垢辱之聲被有司之劾父子塵累而家無餘積者也周公弔二季之陵遲哀大教之不行於是作謚以紀其終曾參奉之啓手歸全易簀而沒蓋明慎終死而後已齊之史氏乱[illegible]書君賊累死不懲況於皇代守典之官敢畏強盛[illegible]有言礼義廉恥是謂四維四維不張国乃滅亡[illegible]大臣人之表儀若生極其情罪又死貶是則帝室無正刑[illegible]貴人後何畏哉所謂四維復何寄乎謹按謚法名與實爽曰繆怙乱肆行曰醜曾之行已皆與此同宜謚繆醜公武帝不從策謚曰孝太康末子劭自表改謚曰元

賈充為太尉録尚書太康三年薨充初充用韓謚為嗣武帝特許之及下礼官議充謚博士秦秀議曰充舍宗族弗授而以異姓為後悖礼溺情以乱大倫昔鄫養外孫莒公子為後春秋書莒人滅鄫聖人豈不知外孫親邪但以義推之則无父子耳又按詔書自非功如太宰始封無後如太宰所取必己自出如太宰不得以為比然則以外孫為後自非元功顯德不之得也天子之礼蓋可然乎絕父祖之血食開朝廷之禍門謚法昏乱紀度曰荒請謚荒公帝不從博士段暢希旨建謚曰武帝乃從之

劉毅為尚書左僕射卒羽林左監北海王宮上疏曰中詔以毅忠允匪躬贈班台司斯誠聖朝考績以毅著勲之美事也臣謹按謚者行之迹而號者功之表今毅功德並立有采號無謚於義不體臣竊以春秋之事求之謚法主於行而不繫爵然漢魏相承爵非列侯則皆沒而高行不加之謚至使三事之賢臣不如野戰之將銘跡所殊臣願聖世舉春秋之遠制改列爵之舊限使夫功行之实不相掩替則莫不率賴若以革舊毀制非所倉卒則毅之忠益雖不攻城略地論德進爵亦應在例臣敢惟行甫請周之義謹牒毅功行如右武帝出其表使八坐議之多同宮議奏寢不報

曹志爲散騎常侍遭母憂居喪過禮因此篤病喜怒失常及卒太常奏以惡謚崔褒歎曰魏顆不從亂以病爲亂故也今謚曹志而謚其病豈謂其病不爲亂乎於是謚爲定

陳準爲太尉廣陵公及薨太常奏謚散騎常侍領國子博士嵇紹駁曰謚號所以垂之不朽大行受大名細行受細名文武顯於功德靈厲表於闇蔽自頃禮官協情謚不依本準謚爲過宜謚曰繆事下太常時雖不從朝廷憚焉

郭奕爲尚書卒太常上謚爲景有司議以貴賤不同號謚與景皇同不可請謚曰穆詔曰謚所以旌德表行按謚法一德不懈爲簡奕忠毅清直立德不渝於是遂賜謚曰簡太康八年十月太常上謚故太僕平陵男郭奕爲景侯有司奏云晉受命以來祖宗號謚羣下無有同者故郭奕爲景與景皇同不可聽宜謚曰穆王濟羊璞等並太夫無窮之作名謚不一昔皆相避於制無全如悉不避侍非權崇事尊之禮宜依諸名之義但及七廟祖宗而已不及遂褒之廟成祭書茂勳並云同謚非嫌族謚者因之大典訴以攄贖作數經天人之遠一也因雖居公義有所不隆及在臣子或以行顯故策使上下遂懲同有名施臣願聖也同符堯示周司謚之禮舍漢黜近制相避之議又引周公父子同謚文武諸謚曰非古君臣不可同又以奕謚景不稱當爾但謚號駁及太元四年虞中王欣之表郭臣不嫌尚書奏以欣之言所侯謚同

府　五百九十五　七

滕脩初仕吳爲廣州刺史吳平以脩爲安南將軍廣州牧太康九年卒謚曰聲脩之子並上表曰亡父脩羈紲吳壤爲所驅馳幸逢開通沐浴至化得從俘虜握戎馬之要未覲聖顏委南藩之重實由勳勞少聞天聽故也年衰疾篤屢乞骸骨未蒙垂哀奄至薨隕臣承遺意輿櫬還都瞻望雲闕實懷痛裂竊聞博士謚脩曰聲直章流播不稱行績不勝愚情冒昧聞訴帝乃賜謚曰忠

周處爲御史中丞隸征西大將軍梁王彤征氐人齊萬年力戰而沒及元帝爲晉王將加處策謚太常賀循議曰處履德清方才量高出歷守四郡安人立政入司百寮貞節不撓在戎致身見危授命此皆忠賢之茂實烈士之遠節按謚法執德不回曰孝遂以謚焉

庾珉字子琚少歷散騎常侍本國中正侍中封長岑男懷帝之沒劉元海也珉從在平陽元海大會因使帝行酒珉不勝悲憤再拜上酒因大號哭賊惡之會有告珉及王儁等謀應劉琨者元海因圖弑逆珉等並遇害太元末追謚曰貞

謝石爲衛將軍薨請謚下禮官議博士范弘之議曰石階藉門蔭屢登崇顯揔司百揆翼贊三臺閑練庶事勤勞匪懈內外僉議皆曰與能當淮肥之捷勳拯危墜雖皇威遐震狡寇天亡因時立功石亦與焉又開建學校以延胄子雖盛化未洽亦愛禮存羊然古之賢輔大則以道事君侃侃終日次則厲身奉國夙夜無怠下則愛人惜力以濟時務此數者然後可以免惟塵之譏塞素飡之責矣今石位居朝端任則論道唱言無忠國之謀守職則容身而已不可謂事君貨黷京邑聚斂無厭不可謂厲身坐擁大衆侵食百姓大東流於遠近怨毒結於衆心不可謂愛人工徒勞於土木思慮殫於機巧紈綺盡於婢妾財用縻於

府　五百九十五　八

絲桐不可謂惜力此人臣之大害有國之所去也先王所以正風俗理人倫者莫尚乎節儉故夷吾受謗乎三歸平仲流美於約己自頃風軌陵遲奢僭無度廉恥不興利競交馳不可不深防源本以絕其流漢文襲弋綈之服諸侯猶侈武帝焚雉頭之裘靡麗不息良由儉德雖彰而威禁不肅道自我建而刑不及物若存罰其違亡貶其惡則四維必張禮義行矣按謚法因事有功曰襄貪以敗官曰墨宜謚曰襄墨公朝議不從單謚曰襄

王述爲尚書令卒追贈侍中驃騎將軍開府謚曰穆以避穆帝改曰簡

何無忌爲會稽內史右將軍征盧循兵敗握節死詔贈侍中司空謚曰忠肅

宋何勗以尚公主封安成公與臨汝公孟靈休並各奢豪勗官至侍中追謚荒公

顏師伯爲散騎常侍尚書右僕射領丹楊尹爲前廢帝所害明帝

即位詔曰師伯昔逢代運艱釁嘗遘屯厄會隕命遐荒宗祠
登絶良用矜悼但其心賞宜貶贈典可紹封社以慰冤魂謚
曰荒
王敬弘卒昇明二年詔曰夫琁秘蘭幽貞芳載越徽猷沈遠淹
禮彌昭故侍中左光祿大夫開府儀同三司敬弘神韻沖簡識
寓標峻德數象魏道緝丘園高枕榮冕凝心塵外清光粹範振
俗淳風兼以累朝延賞聲華在詠而嘉號闕文猷策靡采尚想
遥芬興懷寢寤便可詳定輝謚式旌追典於是謚爲文貞公
劉延孫爲侍中僕射卒有司奏謚忠穆詔爲文穆
南郡長沙王晃有武力爲太祖所愛太祖常曰此我任城也世
祖緣此意故謚曰威
褚彦回爲尚書令卒先是陶季直爲齊初爲尚書比部郎時彦回
與季直素善頗以爲司空司徒主簿委以府事彦回卒尚書令
王儉以彦回有至行欲謚爲文孝公季直請曰文孝是司馬道

子謚恐其人非具美不如文簡儉從之
王宴爲吏部尚書以舊恩見寵時尚書令王儉雖貴而疎宴既
領選推行喜閣與儉頗不平儉卒禮官議謚帝欲依王導謚爲
文獻宴啓帝曰導乃得此謚但宋來不加素族出謂親人曰平
頭憲事已行矣
梁[illegible]點[illegible]卒天監元年下詔爲點立碑謚曰貞簡先生徐
勉爲侍中中衛將軍卒有司奏謚曰居敬行簡曰簡帝益曰執心
決斷曰肅因謚簡肅公
沈約爲尚書令侍中天監十二年卒有司謚曰文高祖曰懷情
不盡曰隱故改爲隱
劉峻居東陽吳會人士從其學普通二年卒時年六十門人謚
曰玄靖先生
安成康王秀世子機爲寧遠將軍湘州刺史大通二年薨于州
時年二十機美姿容善吐納家既多書博學強記然而好弄尚
力遊士子近小人爲州專意聚斂無治績頗有怨望及將葬有
司請謚高祖詔曰王好內怠政可謚曰煬
蕭子顯爲吳太守卒世以頗負其才氣及葬請謚高祖手詔云
恃才傲物宜謚曰驕
蕭曄爲晉陵太守卒于郡初輒寢疾歷年官曹擁滯有司奏謚
法言行相違曰[illegible]乃謚[illegible]侯
邵陵王綸爲西魏軍所敗死于汝南岳陽王詧遣迎喪葬於襄
陽望楚山南贈太宰謚曰安後元帝議追加謚尚書左丞劉瑴
議謚法怠政交外曰攜乃從之
王僉爲太子中庶子卒贈侍中承聖三年世祖追贈曰貞而不
伐曰恭謚恭
殷[illegible]爲吏部尚書以母憂去職居喪未期以毀卒時年五十九
謚曰孝子
劉訏平原人州辟主簿不就及卒宗人至友相與刊石立銘謚

曰玄貞處士
阮孝緒陳留尉氏人性至孝沈靜爲名流所欽重南平元襄王
聞其名致書要之不赴後卒時年五十八門徒誄其德行謚曰
文貞處士
劉歊博學有文才不娶不仕隱居求志遨遊林澤以山水書籍
相娛精心奉佛及卒親故誄其行迹謚曰貞節處士
蕭眎素徵中書侍郎辭不就及卒親故迹其事行謚曰貞文先生
陳周敷爲鎮南將軍豫州刺史討周迪與迪相對迪紿敷曰吾
昔與弟勠力同心宗從匪他豈規相害今願伏罪還朝因弟披
露心腑乞先挺身共立盟誓敷許之方登壇爲迪所害詔曰敷
受任逈征淹時遘律麾旅詭遂致喪什但夙著勤誠亟勞戎
旅猶深惻愴惣笙手壞可存其弟賦量所賻卹還喪京邑謚曰脫
蕭沙爲司徒左長史卒于官臨終戒其子芳華曰吾於朝廷素
无功績懼歿之後不得受贈謚其子述父遺意朝廷不許謚曰

貨
曾悉達幼以孝聞及為吳州刺史遭母憂哀毀過禮因遘疾卒
謚曰孝侯
後魏穆崇為太尉封宜都公天賜三年薨先是衛王儀謀逆崇豫
焉道武惜其功而秘之及有司奏謚帝親覽謚法至述義不克
曰丁太祖曰此當矣乃謚曰丁公
樂平王丕坐劉絜事以憂薨謚曰戾王
任城王世儁為尚書令輕薄好去就及薨謚曰躁戾
鄭羲為兗州刺史多所受納政以賄成後徵為秘書監卒尚書奏
謚曰宣詔曰蓋棺定謚先典成式激揚清濁治道明範故何曾
幼孝良史不改繆醜之名賈充寵臣直士猶立荒公之稱羲雖
宿有文業而治闕廉清稽古之效未光於朝榮財貨之談已形
於民聽謚以善問殊乖其衷又前歲之選匪由備行元寮自同
後任愆績未昭尚書何乃情遺至公愆違明典依謚法博聞多

見曰文不勤成名曰靈可贈以本官加謚文靈
高祐為宋王昶傅祖葬後徵為宗正卿久而不赴詔免卿太和二
十三年卒太常議謚曰煬侯詔曰不遵上命曰靈可謚為靈
彭城王勰孝文宣武時累有功及薨太常卿劉芳議勰謚曰王
挺德弱齡誕資至孝睿性過人學不師授卓爾之操發自天然
不群之美幼而獨出及入參政務綸綍有光爰登中鉉敷明五
教漠北告危皇赫問罪王內親藥膳外總六師及宮車宴駕上
下哀慄奮猛銜戚英略潛遏翼衛靈輿綏戎振旆歷次宛謝近
于魯陽送往奉居無懈厥靈翼遺作輔遠至邇安分陝常方流
謙恕趙郡清江西威偪南越入登百揆庶績咸熙履勤不憚在
功愈挹溫恭愷悌忠雅寬仁興居有度善終篤始高尚厥心功
成身退義亮聖衷美光世典依謚法保大定功曰武善問周達
曰宣謚曰武宣王
于忠為尚書右僕射薨贈侍中司空公有司奏太常少卿元端

議忠剛直猛暴專戮好殺案謚法性剛理直曰武怙威肆行曰
醜宜謚武醜公太常卿元脩義議忠盡奉上翦除凶逆依謚法
除偽寧真曰武夙夜恭事曰敬宜謚武敬公二卿不同事奏靈
太后令曰可依正卿議
石祖興常山九門人也太守田文彪縣令和真等喪亡祖興自
出家絹二百餘疋營護喪事州郡表列孝文嘉之賜爵二級為
上造後拜寧陵令卒吏部尚書李韶奏其節義請加贈謚以獎
來者靈太后令如所奏有司乃謚曰恭
源懷為車騎大將軍卒贈司徒冀州刺史盧昶奏太常寺議謚
曰懷體尚寬柔器操平正依謚法柔直考終曰靖宜謚靖公司
徒府議懷作牧陝西民歌惠化入總端貳朝列歸仁依謚法布
德執義曰穆宜謚穆公二議不同詔曰府寺所執並不克允愛
民好與曰惠可謚惠公
索敞為中書博士篤勤訓授多所成益前後顯達位至尚

書牧守者數十人出補扶風太守在位清貧卒官時舊同
學生等為請謚詔謚曰獻
王肅為散騎常侍都督淮南諸軍事揚州刺史薨有司奏以肅
貞心大度宜謚康公詔謚宣簡
甄琛孝明時為車騎將軍特進加侍中卒贈司徒公尚書左僕
射太常議謚文穆吏部郎袁翻奏曰案禮謚者行之迹也車服者
位之章也是以大行受大名細行受細名行生於已名生於人
故闔棺然後定謚者累其生時美惡所以為將來勸戒身雖死
使名常存也凡薨亡者屬所即言大鴻臚移本郡大中正條其
行迹功過承中正移言公府下太常部博士評議為謚列上謚
不應法者博士坐如選舉不以實論若行狀失實中正坐如博
士自古帝王莫不翔勤重慎以為褒貶之實也今之行狀皆出
自其家行其臣子自言君父之行無復相是非之事臣子之欲
光揚君父但苦迹之不高行之不美是以極辭肆意無復限量

馴其狀也則扈孔聡鏡伊頹接衽論其謚也雖窮文盡武因戎狄焉然今之博士與古不同唯知依其行狀又先問其家人之意臣子所求便爲議上都不復斟酌與奪商量是非致號謚之加與汎階莫異專以極美爲稱無復貶降之名禮官之失一至於此案甄司徒行狀至德與聖人齊蹤鴻名共大賢比跡文穆之謚何足加焉但比來贈謚於例普重如甄之流無不復謚謂宜依謚法慈惠愛民曰孝宜謚曰孝穆公自今已後明勒太常司徒有行狀如此言辭流宕無復節限者悉請裁量不聽爲受必准人立謚不得優越復有蹤前來之失者付法司科罪從之

馮誕爲司徒卒有司奏謚詔曰案謚法善行仁德曰元柔克有光曰懿昔貞惠兼美受三謚之榮忠武雙徽錫兩號之茂式准前迹宜契具瞻既自少綢繆知之唯朕案行定名謚曰元懿

羊祉爲平北將軍卒太常少卿元端博士劉臺龍議謚曰祉志在埋輪不避強禦及贊戎律熊武斯裁仗節撫藩邊夷識德化洽殊俗擬褒懷仁謹依謚法布德行剛曰景宜謚爲景侍中侯剛給事黄門侍郎元纂等駁曰臣聞唯名與器弗可妄假定謚準行必當其迹案祉志性急酷所在過威布德罕聞暴聲屢發而禮官虚述謚之爲景非直失於一人實毁朝則請還付外准行更量虚實靈太后令曰依駁更議元端臺龍上言竊惟謚者行之迹狀者迹之稱然尚書銓衡是司釐品庶物若狀與跡乖應抑而不受録其實狀然後下寺依謚法准狀科上豈有捨其行迹以有所求去狀去稱將何所准檢祉以母老辭藩乃降手詔云卿綏撫有年聲實兼著安邊寧境實稱朝望及其歿也又加顯贈言祉誠著累朝効彰内外詔册褒美無替倫望然君子使人器之義無求備德有數德優劣不同剛而能克亦爲德焉謹依謚法布德行剛曰景謂前議爲允司徒右長史張烈主簿李瑒刺稱案祉歷官累朝當官允稱委捍西南邊嵎請遵往行易名奚哉依在竊謂無虧昧例尚書詔又述奏以府寺爲允太后可其奏

馮熙文明太后之兄也爲内都大官太師薨於代有司奏謚詔曰可以武强恢遠曰武奉謚於公柩

後周趙善爲左僕射西魏文帝大統九年從戰芒山爲大軍不利善爲敵所獲卒於東魏建德初周齊通好齊人乃歸其柩其子秉請贈謚詔謚曰敬

隋楊雄封觀德王及薨有司考行請謚曰懿帝曰王道高雅俗德冠生民乃賜謚曰德

劉炫爲太學博士以品卑去任歸于河間時盜賊蜂起穀食踊貴教授不行因凍餒而死時年六十八其後門人謚曰宣德先生

唐陳叔達貞觀初爲尚書坐閨庭不理歸第及卒太常議謚曰繆後贈戶部尚書改謚曰忠

皇甫無逸貞觀中爲益州刺史其母疾篤太宗令驛召之無逸性至孝承問惶懼不能飲食因道病而卒贈禮部尚書太常考行謚曰孝禮部尚書王珪駁之曰無逸入蜀之初自當表侍老母與之同去申其色養而乃留在京師子道未足何得爲孝謚爲良

虞世南卒贈禮部尚書貞觀十二年十一月敕曰虞世南學綜古今行篤終始志好忠正事多弘益易名之典抑有舊章前雖謚懿未盡其美可謚曰文懿

蕭瑀卒贈司空太常初謚曰德尚書省謚曰肅太宗以易名之典必考其行蕭瑀性多猜貳有失其真更擬實謚曰貞褊公

封德彝卒贈司空太常初謚曰明後治書侍御史唐臨追駁曰包藏之狀死而後發很加贈謚未正嚴科太宗令百官詳議民部尚書唐儉等議曰罪暴身後恩結生前所歷之官不可追奪請除贈改謚詔從之乃謚曰繆

宇文士及卒贈左衛大將軍初謚爲恭黄門侍郎劉洎駁之曰士及居家侈縱不宜爲恭竟謚爲縱

許敬宗為侍中高陽郡公卒太常定謚博士袁思古議曰敬宗位以才昇歷居清級棄長子於荒徼嫁少女於夷落聞詩學禮事絕於趨庭納采問名唯聞於黷貨白珪斯玷有異清塵易名之典須憑實行按謚法名與實爽曰繆請謚為繆敬宗孫太子舍人彥伯訟稱思古與許氏先有嫌怨請改謚博士王福畤議曰謚者飾終之稱也得失一朝榮辱千載若使嫌隙是實即合據法推繩如其不然未虧直道義不可奪官不可侵二三其德何以言禮請依思古議為定戶部尚書戴至德謂福畤曰高陽公任遇如此何以定謚為繆答曰昔晉司空何曾既忠且孝徒以日食萬錢所以貶為繆醜況敬宗忠孝不逮於曾飲食男女之累有逾於何曾而定謚為繆無負於許氏矣詔令尚書省集五品已上重議禮部尚書楊思敬議稱按謚法既過能改曰恭請謚曰恭

韋巨源贈特進荊州大都督太常博士李處直議謚曰昭户部員外郎李邕駮之曰五臣引之為相阿韋託之為親無功而封無德而祿開殃則醜正妄石他人則附邪楚客謚之曰昭良恐不當初巨源與安石迭為宰相時人以為清不洄叶故邕以此稱之處直仍固請依前謚為定邕又駁曰夫古之議謚在乎勸沮揚榷小人之業彰長君子之風故善者雖在下貴仕而沒有餘名此賢達所以守節也為惡者雖生有所幸死懷所懲此回邪所以易心也嗚呼巨源嘗未斯察而乃闇義不從與惡相濟苟罔上之志叶羣凶之謀苟容聖朝貪秩厚祿自以宰臣之貴不崇朝而覆害者固鬼得而誅之也彼則匹夫之微未受命而行刑者固人得而誅之也幽明之憤斷焉可知天地之心自此而見矣頃者皇運中興功臣翼政時宰未幾邪逆執權姦慝者拜爵於私門忠正者降黜於藩郡巨源此際用事方興且於阿韋何親而結為昆季於國家何力而累忝大官此則闕通中人附會武氏託城社之固亂皇家之基故其罪一也又國之大事在祀與戎酌於禮經茲郊陳將以對越天地光揚祖宗既告成功以觀海內惟昔亞獻不知婦人阿韋蓄無君之誠懷自達之意潛圖帝位議啄皇孫昇壇擬儀拜賜明命將預家事無守國章巨源創其於邪悖演成功於後時有禮部侍郎徐堅太常博士唐紹蔣欽緒彭景直並言之莫從其罪二也又上天不弔先帝遇毒毒禍無欽阿韋將衆畫計未果逆心尚挾周章夷猶蒼卒迷謬於是太平公主矯為陳謀二官昭容給草遺詔故得令上輔政阿韋忝謀大業兼成而休命中輟者職由巨源躡韋溫之足楚客附巨源之耳眾聲遞發狼顧相驚以阿韋臨朝以韋溫當國其罪三也又人為邦本財實聚人奪其財則人心自離無其人則國本何恃巨源受戮台輔專行勾徵廢越條章崇尚侵刻樹怨天下剝害生靈兆庶流離戶口減耗況以三思食邑徃在貝州特屬久陰災逢多年租庸損免甲令昭明匪今獨然自古不易三思憑其封物巨源啓此異端以為稼穡湮沉雖無叙乘輦蠶桑織紝可俞甯謂致使河朔黎人海隅士共去其鄉井將貽子孫飢寒切身朝夕奔命其罪四也但巨源長於華宗仕於累代作萬國之相執五聽之秋蔽日月之曆輝負丘山之重責今乃美加褒述妄竊分謗者哉當時雖不從邕議而論者是之

程行諶卒贈尚書左丞相謚曰貞與岐王府長史裴子餘謚曰孝同時列上中書令張說省之曰程裴二謚可謂議之無媿者

宋慶禮卒贈工部尚書太常博士張星定謚曰專禮太剛則折至察無徒有事東北所亡萬計所謂害於家凶於國按謚法好功自是曰專請益為專禮部員外郎張九齡駁之曰營州鎮彼戎夷扼喉斷臂逆則制其死命順則為其主人是稱樂都其來尚矣尋罷海運兌費歲儲邊亭宴然河朔無擾與夫興師之費轉輸之勞較其優劣孰為利害而云所亡萬計一何謬哉安有踐其跡以制實收其謚以論虛乘虛始以謗聲忘經遠之權利義非得所孰謂其當請以所議更下太常無表行之跡可尋而

易名之典不墜矣覆執前議孔兄子辭王辯冤乃諡曰敬

張説爲尚書左丞相燕國公卒太常初諡爲文貞左司郎中楊伯成駁曰諡者德之表行之迹將以激勵風俗檢束名教臣無歷舉是存實録准張説嘗相制云不矜細微之人頗乖周慎之旨又致仕制云行彰半古防闕周身未免瓜李之嫌而喧衆多之口且玉之有瑕尚可磨也人之斯玷焉可追也諡曰文貞何成勸沮請下太常更據行事定諡工部侍郎張九齡又議請依太常爲定衆論未決上爲制碑文賜諡曰文貞由是始定

裴光庭爲侍中卒贈太師太常博士孫琬將議光庭諡以其用循資格非獎勸之道建議諡爲克時人以爲希蕭嵩意旨帝聞而特下詔賜諡曰忠獻仍令中書令張九齡爲其碑文史官韋述以改諡爲非論之曰春秋之義諸侯死王事者葬之加一等蓋嘉其有功而不及其賞也爰至漢魏則襚之印綬寵被窀穸唯德是褒豈虛授也近代已來寵贈無紀或以職位崇顯一切

府　五百九十五　十七

優錫或以子孫榮貴恩例所加賢愚虛實爲一貫矣裴光庭以守法之吏驟登相位踐我樞衡豈不多愧贈以師範何其濫歟張燕公有扶翊之勳居講諷之舊秩躋九命官歷二端議者猶謂贈之過當況光庭去斯猶遠何爭竊之甚哉蓋名器假人昔賢之所慨也

杜暹卒贈尚書右丞相初諡貞肅右司員外郎劉同昇都官員外郎韋廉駁曰暹有忠孝之美太常所諡不盡其行博士裴揔執曰杜尚書往以壘纊受職事雖奉國不得爲孝請依舊爲定暹子孝友詣闕陳訴上聞而更令所司詳定竟諡曰貞肅

盧奕爲安禄山所害贈兵部尚書太常博士獨孤及議曰盧奕剛毅朴忠直方而清勵精吏事所居可紀天寶十四載洛陽陷沒于時東京人士狼狽鹿駭猛虎磨牙而爭其肉居位者皆欲保性命而全妻子或競先策蹇爭脫羿彀或不恥苟活甘飲盜泉奕獨正身守位義不去以死全節皆不辱勢窘力屈以朝服就死猶懷慨嘆數賊梟獍之罪觀者服慄奕不變其色西面辭君而後受害雖古烈士方之者鮮矣或曰洛陽之存亡操兵者實任其咎非執法吏所能抗師敗將奔去之可也委身寇讎以死誰懟及以爲不然勇者禦而忠者守必社稷是衛則死生以之危而去之是智免也忠於何有昔息殺身於晉不食其言也仲由結纓於衛不避其難也玄冥勤其官而水死守位而忘軀也伯姬待姆而火死先禮而後身也彼四人者死之日皆於事無補夫豈愛死而賈禍也以爲死輕於義而捐生古史書之使事君者勸然則禄山亂大於里克奕廉察之任切於玄冥之官分命所繫不啻於保姆蒞危兵威烈於水火于斯時也與能執干戈者同其勠力挽之不來推之不去豈不以師以爵免不可尚身可殺節不可奪故全其特操于白刃之下孰與夫懷安偷生者同其風義謹按諡法圖國忘死曰貞秉德遵業曰烈奕執憲戎馬之間志藩王室謂圖國乎不能捍而斃之以死可謂忘

府　五百九十五　十八

死歷官十一任言必正事必果而清節不撓去之若始至可謂秉德先黃門以直道佐時奕嗣之忠純可謂遵業請諡曰貞烈從之

韋陟爲左僕射卒太常博士程皓議諡爲忠孝刑部尚書顏真卿以爲忠則以身許國見危致命孝則晨昏色養取樂庭闈不合二行殊高以成忠孝主客員外郎歸崇敬又駁之紛議不已右僕射郭英乂不達其体請從太常之狀

吳兢爲常王傅天寶八載卒於家寶應二年三月洪吉等州觀察使洪州刺史張鎬奏曰故常王傅吳兢先朝史臣雖踐中外大行忠信彰於朝野伏以訓誡明白諡法攸遵臣尋歲形儋館知名實相副特乞聖恩襃其嘉諡從之

苗晉卿卒贈太師初諡爲懿獻及敕出改曰文懿（太常諡議曰懿獻初晉卿爲東都留守引用大理評事元載爲推官至是載爲中書侍郎平章事懷舊恩諷有司改諡曰文懿）

郭知運爲隴右節度卒贈涼州都督子英乂等劍南節度議諡

曰威右司員外郎崔厚駮之曰郭知運承恩詔葬向五十餘年今請易名竊謂非禮謹按禮經云禮時爲大又曰過時不及爲禮也昔衛公叔文子卒將葬其子戍請謚君曰日月有時將葬矣請所以易其名者蓋時不可踰也今知運既名不浮行數紀之前門生故吏已合議今及申請竊將有爲而爲其子英乂頃屬多故屢勳方隅朝廷策勳位崇端揆附從者竊不中之禮會無妄之求況今裂土者按軌專征者百輩若率而行之誰曰無請不唯有司疲於簡牘抑恐名器等於草芥雖欲典全竊將不可又禮經云已孤暴貴不爲父作謚若知運合謚而不以其時則嗣子廢先君之德若不合謚而苟遂其志則先君因嗣子而見尊以僕射而言既貽越禮之誚以國家而言又殊旌善之體請下太常寺重議博士獨孤及議曰禮時爲大順次之將葬易名時也有故闕禮追遠請謚順也公叔戍請謚適當葬前謹案三百禮經三千威儀曾不言已葬則不追謚況帝王殊途不相

沿襲新禮則死必有謚不云日月有時今請易名者五家無非葬後苗太師一年矣呂湮四年矣盧奕五年矣顏杲卿八年矣並蒞葬寵無異同之論獨知運不幸遂以過時見抑苟必以已葬未葬爲節則八年與五年其緩一也而與奪殊制無乃不可乎議云已孤暴貴不爲父作謚此謂其父無爵而子居貴位不當以已之貴加榮於父若知運者方面重寄列位九卿茂勳崇名與衛霍侔飾終之禮宜加於他將一等豈待因嗣子然後作謚今之專征者率多起屠販皂隸之中雖逢風雲化爲侯王而其間祖父爵位與知運等當請謚者有幾何乃懼名器等於草芥以足廢禮竊謂近誣考彼載籍徵諸舊史易名之禮請如前議呂諲爲江陵尹卒贈吏部尚書太常議謚曰恭度支員外郎嚴郢駮曰今太常議荆南之政詳矣而曰在台司齷齪無匪躬之能者乃技瑕掩德非中道之言也國家故事宰臣之謚皆有二字以彰善旌德焉夫呂公文能禁暴貞則幹事忠則利人威烈

宏規不可備舉傳叙八元之德曰忠肅恭懿若以美謚擬於形容博士獨孤及議曰奉符必加謚二字且以忠配肅謹案舊議凡設者之故吏得以行狀請謚於尚書省而考行定謚則有司存朝廷辨可否宜在衆議今駮議撰謚異同之說並故吏專之伏恐亂庖人尸祝之分違公器不私之誡且非唐虞師錫僉曰之道謚法在懲惡勸善不在字多必稱其大而略其細故言文不言武言武不言文三代已下朴散禮壞乃有二字之謚非古也其源生於衰周漢蕭何張良霍去病霍光俱以文武大略佐漢致太平其榮不一謂一名不足以紀其善於是有文終文成景桓宣成之謚雖黷禮甚矣然猶褒不失人唐興參用周秦之制以魏徵爲文貞蕭瑀爲貞褊其杜如晦封德彝陳叔達溫彥博岑文本唐休璟蘇知古崔日用並當時赫赫以功名居宰相者謚之不過一字不聞子孫佐使有字少稱屈者此言二字不必爲褒一字不必爲貶若襃貶果存乎字數則是堯舜禹湯文武

成康不如周威烈愼靚也齊桓晉文不如趙武靈魏安釐也杜如晦王珪已下或成或明或襄或憲不如蕭瑀之貞褊也然肅者威德克就之名足以表之矣以謹之從政威能閑邪德可濟衆故以肅易名而忠在其中矣亦猶隨會甯俞之不稱文豈必因重之然後爲美魏晉以賈詡之籌筭賈逵之忠壯張既之政能程昱之智勇顧雍之密重王渾之器量劉惔之聰鑒襃異之志略彼八君子者方之東平宜無歉矣身死之日並謚曰肅當代不以爲貶何當微一字二字爲之升降乎上稽前典下據甲令參之禮經而究其行事請依前謚曰肅

楊綰卒贈司徒太常謚爲文貞比部郎中蘇端駮曰古者美惡無私褒貶必當將以嘉善而退惡爲列辟之明典也可不慎歟今謹詳前謚文貞者稽法考事恐非光允時論發楊來訓矣夫道德博聞曰文清白守節曰貞且元載與司徒友昵殊深推爲長者自舉清要人莫與京及司徒寵甚漸高載與其遞又[illegible]戟

殯壞紀綱心貳於君既懼其疑因而跌簡有口皆知載甚而獨留無一言或有發載之惡證告未明抱誠坐法有司徒時居上列奏辞非難不能因此諍表正詞全志士之命露覺於一私而乃受於自泰縱游遇日使元載禍大減身竟勞聖上防問之慮豈守節不隱耶豈履道無苦耶非謂文貞明矣洎元昔將謀不忠同惡蔽罪盍思於下招怨於上使其黎人勞有過□之戎西郊勇人無甲炎之虞磁邢堅義之士將死後世□□宗無東之人或寒或餒搜訪旌恤中外所急載皆絕之王渥不及於下為行路所嗟而楊公當聖上惟新之時居天下得賢之望誠宜不俟終日造次速言乃寂寞啓沃喋喋讀獻貪負万錢之賜虛承一心之顧使防河之人家聞採菜之歎近甸諸邑多興祈父之憂豈慈惠愛人乎既曰不慈不惠何以謂之文有隱有毒何以謂之貞公夫古者諸侯有國卿大夫有家上以報祖宗下以勵子孫之義也楊公歷處卑位人謂儒宗曾不立家又无私廟主使人老爾爾祖之禮位極亡祭禰之宮凡在衣冠誰不歎恨

又乘大義克就悠仁捷孔之義吴日文典貞屬可以議聖人立謚有公死私所以周宣不敢私於父謚曰厲漢宣不敢私於祖謚曰戾百王明制歷聖通則昔公叔之子有死衛之節脩班制之勤社稷不辱方居此謚爰及太宗初魏徵有規救公直之忠中宗末蘇環有保安不奪之節所以諸賢甚衆謚文貞者不過數公至於燕公張說先朝輔能名節昭著省司尚謂不可至今人故稱之由是言之焉可比德請牒太常更詳他謚以守彝章庶乎青史之筆不乖於周漢黄泉之魂免愧於蘇魏詔曰褒德勸善春秋之舊章考行易名礼經之通典垂範作則存乎格言故朝議大夫中書侍郎同中書門下平章事集賢殿崇文館大學士脩国史上柱国賜紫金魚袋贈司徒楊綰履道居貞含和蘊德行為人紀文合典謨清而晦名無自伐之善約以師儉有不矜之謙方冊宜書袟宗相礼辭稱良史李茂醇儒變在樞衡掌丞密命彌契沃心之道累陳造膝之誠將以布天下五行之和同君臣一德之運遽歎藏舟之數未展濟川之材素業久而逾彰清風没而可尚自古節終之義皆錫以美名謚法曰忠信愛人曰文平易不懈曰簡宜謚曰文簡以其簡儉之風厚於俗也

張伯儀為荊南節度使李希烈叛詔伯儀收安州官軍失利侯希右龍武統軍及卒伯儀故吏請謚於有司博士李甫議曰或以張伯儀嘗以推轂之任挫師安州於謚法得死與于悳以為不然自中興三十年而兵未戢者患在將帥以養寇自重縱敵藩身若進而亡師與以為義誠懲干戈者必託於万全之名而忘一戰之効矣然則保其利者亦君子所嫉也録其勸善者非陽秋之志歟矧乎君進退之節不敢二色稱為忠臣議名之際褒勸斯在請謚曰恭以旌厥美

段秀實為泚所害贈太尉興元初加褒贈謚曰忠烈初泚盜據宮闕也泚以秀實嘗為涇源節度頗得士心後罷兵權以為蓄憤且久必肯同惡乃召與謀秀實初詐從之陰說大將劉海賓何明礼姚令言判

官岐靈岳同謀殺泚以兵迎乘輿三人者皆秀實夙所獎遇遂皆許諾泚時遣其將韓旻為馬步三千疾趨奉天時蒼黄之中未有武備秀實以為宗社之危期於頃刻乃使人走諭靈岳教其竊令言印不遂乃倒用司農印印符以追兵還至駱驛得牒莫辨其印惶遽而迴秀實謂海賓等曰旻之來吾黨无類矣我當直搏殺泚不得則死終不能向此賊稱臣乃與海賓約事急繼而令明礼應於外明日泚召秀實議事源休姚令言李子平皆在坐秀實戎服與休並膝語至僭位秀實勃然而起執休腕奪其象笏奮躍而前唾泚面大罵曰狂賊吾恨不斬汝萬段我豈逐汝反耶遂擊之泚舉臂自捍纔中其額流血匍匐而走兇徒愕然初不敢動而海賓不至秀實乃曰我不同汝反何不殺我兇黨羣至遂遇害焉至是加褒贈

馬燧為司徒卒太常奏燧謚景武上以為莊武以避太祖謚

王武俊為成德軍節度使貞元十七年薨太常謚曰威烈憲宗

曰武俊盡忠奉國賜謚忠烈

張柬之爲相誅張昌宗輔立中宗爲武三思所害元和三年柬之曾孫曛以謚事詣中書陳訴宰臣上聞因令有司授曛官乃定柬之等謚柬之爲文正彥範爲忠烈敬暉爲貞烈崔玄暐爲文忠袁恕己爲貞烈

册府元龜卷五百九十五

册府元龜卷第五百九十六

掌禮部一百三十四

謚法第二　希古　繆妄

謚法第二

唐鄭珣瑜爲相卒贈尚書右僕射太常博士徐復議請謚文獻兵部侍郎李巽駁曰夫謚所以昭德德既昭矣則文無以加焉故相國鄭公端操特立寡言慎行及居台司有獨通恤人之美有知難不汙之節雖無文若之進拔無孟子之是非無賑施之仁無謇諤之義然足以稱賢相也夫文者大則經緯天地次則潤色王猷周文以至德爲西伯季孫以道事其主咸謚曰文爲美無以尚也亦爲用兩字然後爲備哉竊觀兩字之謚或有兼德一字不足以盡盛德之形容故有兩字生焉然亦興於近古非三代兩漢之事也夫舉典之道信其正不信其邪春秋之大旨也則兩字之謚非春秋之正也故相國鄭公之謚爲文足矣焉用獻哉爲獻可矣焉用文哉兩字兼謚切所未諭請下太常重議太常博士徐復議曰鄭珣瑜令德清規坐鎮風俗理人而善政洽作相而謀猷啓沃其終始事跡當時罕儔所以表賢易名定曰文獻夫文者煥乎大行獻者軒然高名今而裁之厥有經義亦猶貞惠文子累數其功至于再三以勸事君者今奉駁議議其無進拔無是非無賑施無謇諤且曰二字之謚非三代兩漢之事愚以爲異之駁所謂進拔者豈不以推擇群材致之於庭乎珣瑜往司銓衡當鈞軸流品式敘英髦在朝若無獎拔之明則何以至此但如來議寡言慎行故其端兆不可得而窺也當先朝之日上躬不平對臣王叔文招權作朋將害于國其視丞相如無也輕詣相府不循舊章珣瑜意雖能討力固不足移疾高謝萬情所歸則是非之明孰大於此夫所謂賑施者在豐家施不及國賢人君子廣愛爲心莫不開務物之源布厚生之政□之者惟以發廩免逋租亦既當之矣其於爲親戚族哉

無常主致名教者誰則不行若以分孤寡之資同於賑施則珣瑜之所蓄言也奚謂無哉至如謇諤匪躬前謚已書其徽婉矣斷爭高論敢不指明德宗季年李實爲京兆尹殊恩寵接貴幸無比而實以羨餘稱伐莫之敢非珣瑜衆詰所由上陳刑害民曰取於人而未歸其直焉得有餘是其言不可謂之無謇諤矣伏以國朝宰輔謚文而兼字者代有人焉故房玄齡謚曰文昭狄仁傑謚曰文惠魏徵陸象先蘇環宋璟張說崔祐甫並謚曰文貞劉仁軌劉幽求姚元崇裴耀卿張九齡並謚曰文獻李元紘韓休並曰文忠薛元超曰懿文盧懷慎曰文成蘇頲曰文憲楊綰曰文簡其餘不可悉數若以文包美不宜以他字配之則房玄齡狄仁傑以降昭惠貞獻忠懿成簡皆不得正矣我唐聲明文物垂二百年更閱群才發揮王度豈議名之與獨未得中邪不然何輕沮之爲駁正所設但當論謚之當否不宜詰字之多少苟有不當雖一字可乎若皆允宜雖二字何害姚崇巨源附會凶黨崇李北海奪其嘉名所言至公人則允服今既曰賢相而又非之君子於其言豈得苟而已乎若去二字非三代兩漢之規則又異乎惠所學者矣夫威烈慎靚周王之謚也文終文成漢祖之休命也霍光爲宣成孔光爲簡烈中代之勳德也劉寬爲昭烈楊賜爲文烈東都之鼎臣也安謂其無二字哉況文之爲名其義多矣經緯天地爲有忠信接禮爲有寬立不譏堅還不暴爲有敏而好學不恥下問爲夫旺一端各有所當若皆俟西伯季孫之德然可稱文則魯侯與文伯歜之類皆不爲文矣故誄謚之制因時旌別前狀議珣瑜之行曰爲一代之名臣斯其首㦤謹上採禮經旁觀舊史參諸國典以定二名請依前謚曰文獻兵部侍郎李巽再議曰鄭珣瑜兩字之謚今太常請依前謚曰文獻者夫謚者春秋褒貶之旨也仲尼書法隨類推廣雖一字褒貶其文猶博蓋欲指明事業以昭示後代俾後之人懲其惡而勸其善政不可苟夫謚一字正也堯舜禹湯周公孔

公是也兩字非正也故謚法不載或人臣不守彝章苟逞異端考烈靜愼是也或時主之權以功德加厚於臣也蕭何霍光房玄齡魏徵是也不加而加僭也孔光劉寬薛元超李元紘是也三子過也貞惠文字是也亦謚法所不載也古今無有也公叔文子謚衛君之過也衛之亂制也不然既記之失也以一善加一字即堯舜禹湯當以數十字以為謚也夫禮記者非盡聖賢之意也非盡宣尼所述也當時雜記也昔后蒼為曲臺記其弟子戴聖增損刋定為小戴禮今禮記是也若盡宣尼所述即戴聖豈得而增也昔宣尼脩春秋游夏不能措一詞以知禮記非盡宣尼所述故戴聖得以增損也則貞惠文子之謚衛君亂制也古今無有也非宣尼所述又何足法哉鄭珣瑜和戎脩楚貽終無缺可謂美矣至於議行考功而度越等輩比於鄭文成梁文昭魏文貞則不侔而謚號無差蓋所國典失春秋之旨矣向者鄭梁數公皆經綸草昧輔翼興王以道輔君致於化洽章灼

千古言之者凜然生氣而以珣瑜齒之豈無愧於心哉夫數公者皆時王感風雲之會展謨明之美故加於常典以明其行亦所以篤君臣之義也然非正也權制也若後之人非數賢之比則當循常以避數賢擬也其劉仁軌薛元超李元紘等加字之謚皆黷国典而昧彝倫言之可為寒心豈當率之為訓也其餘姚元崇宋璟劉幽求或輔相一代致理平之化或忘身徇難成中興之業又豈珣瑜之比以典選為進善以辭疾為嫉邪皆尚口偽辯非守典確論也夫以典選者皆為進善邪若然者則国家有天下二百年何裴行儉馬戴盧從愿等數賢獨見稱於時也循資署置謂為進善異乎余所聞也又珣瑜之病數月而終豈偽疾邪借使偽疾尤可怪也昔子路之死食家之猶致身徇難而珣瑜履台輔之重當危難之際居平則饗其高爵厚祿見危則奉身自保以此為是非之明即董狐之書趙盾為妄作也珣瑜之辭疾可責於太常舉以為德信君臣之義非常人所知也珣瑜之下誥李實誠中其病可謂美矣然則珣瑜自始至亡至於啓手足垂四十年歷諫職持風憲其忠規激發有過此者今太常舉其下誥李實未為多也謂君譽謂者衆矣豈能使汲黯魏徵有愧色哉前巽議云三代兩漢無二字之謚此末學之過也無荀令君之進善無孟軻之是非無文子之賑施無周舍之謇諤以珣瑜之行清而無缺可為掩之不足辨也今所議兩字之謚亦又不當其議固不足斥也前巽之言過也但兩字之謚加等之美以蕭何房玄齡言不在珣瑜也巽雖不敏至於言謚美以惑人聽此當所激切而不平也終不欲有借齒於蕭何房玄齡之宗不欲有造次擬於魏文貞姚元崇宋璟劉幽求之讜言悟主茂績殊勳也夫前車之覆後車所以易轍也前有司之失後有司則當以矯之也不矯之則逶迤遂遠以至於亂制也此有國之誡也考烈靜愼孔光劉寬薛元超李元紘之同於禹湯文武蕭何霍光房玄齡魏徵前有司之過也後之專筆削

者宜有以矯之典礼需乱矣有司不可以尤而效之也不可以黨所見而遂僭典也鄭珣瑜兩字之謚請下太常重議若一字不足盡珣瑜之盛德必須兩字則敢俟再告竟從復議謚文獻

元載為中書侍郎同中書門下平章事誅死太常博士崔郚請謚曰荒左司郎中韋弘景請下太常重議博士王炎改謚成縱未議炎卒故事不行爾後太常王彥威議曰元載謚成則不得為縱縱則不得為成成縱兼施美惡齊致考之常法實不通經夫蕭瑀謚貞詔命加褊事出恩制不可據依爾後崔郚以平厲謚楊炎以壯繆易伊愼此皆惑於貞褊混淆不可之文詳在駁議今明其說恐誤後來事寢不報

王士真為成德軍節度使卒以其子承宗不順不加謚太常博士馮宿以為懷柔之義不可遺其忠勞遂加之美謚

李吉甫為宰相薨太常謚為恭懿博士尉遲汾請為敬憲度支郎中張仲方駁議曰古者易名請謚禮之典也處大位者取其臣

鄭衆諸細行垂範當代昭示後人然後書之垂于不朽善惡不可以誣故稱一字則至明矣定褒貶是非之宜泯同異紛綸之論贈司徒吉甫禀氣全粹秉哲彷洛惇然多藝含章炳文變通陰陽經緯邦國惜乎通敏資性便媚取容故載践樞衡畢致台衮大權在巳沉謀罕成好惡徇情輕脫寡信謟淚在臉遇便則流巧言如簧應機必發夫人臣之翼戴元后者端恪致治孜孜夙夜緝熙庶績平章百揆兵者凶器不可從我始乃乎伐罪則料敵以成功至使內有害輔臣之盜外有懷毒蓄之孽師徒暴野戎馬生郊皇上旰食宵衣公卿大夫且慙且耻農人不得在畝績婦不得在桑耗賦斂之常貲散帑廩之中積微造徵之端遐運輓之勞僵尸血流骸骼成岳毒痛之病號訴無辜勳絕群生迨今四載禍胎之兆寔始其謀遺君父之憂而豈謂之先覺者乎夫論大功者不可以妄取不可以枉致爲資畫者非理不顯不競而豈勞今美當削平西蜀乃言謀從之臣矯翦東吳

則訏謨廊廟之輔較其功則有異言其力則偏何稽其所重而録其所輕收其所小而略其所大且著靡定諡而曰愛人以儉受授無守而曰慎于以補斥諫諍之士于今不近之敵聰乎舉忠烈之朝豈不違之匿愛也爲有蔽聰匿愛家執死制而垂法作程憲章百葉乎謹按謚法曰敬者夙夜警戒敬以直內內而不肅何以刑外憲世者刑也法也戴記曰憲章文武又發慮憲義以爲敬恪終始載考歷位未嘗効一法官獄一小獄及居重位以安和平易寬柔自處考其名與其行不類研其事與其道不侔一定之辭雅精惟審畢其日詳制賜諸史官請俟殄寇將平天下无事然後都堂聚議亦未遲憲宗方用兵惡仲方深言其事怒甚貶爲遂州司馬賜謚曰忠

于頔薨贈太子賓客太常博士王彥威議曰于頔剛毅特立博游文藝蘊開物成務之志爲從橫倜儻之才刺湖州復南朝舊陂以溉人田由是歲豐生稻粱當時大化得丁壯之物籍者取什一代公賦人租入故輕重以濟江南甲歲送終者無懸窆封樹之制高不可隱深則及泉土繞周棺水至露骨頔悉命以官地收疾當時稱之爲蘇州則繕完隄防疏鑿畎澮列樹以表道決水以溉田其爲襄陽當吳少誠弄兵王師有征軍不乏見糧師未嘗退表剋吳房朗山生得賊將遂以兵柄授之推誠於人有古將略然惜其不能善終如始奉初以還跋扈立名滿盈不戒則有司擬議之際亦可以善善而惡惡哉元洪刺郡以官事被謫中貴人銜命部領使道之徒所路出于漢頔遂命武士持刃捕捽洪既就執王人徒歸又不奉詔出師而西拉于鄧軍聲甚雄人聽日駭夫師出以律其出不命時人不能識其指歸王者功成而作樂諸侯則否頔之反禘於蔡也作文武順聖樂貞元御寓務求寵綏有司請編優詔美逆事出一時之澤樂作諸侯之庭良可惜哉然則如頔者是知樂之可作而不知禮之不可作者也迹其馭衆爲政之術蓋亦以利與害去爲己任而令行

禁止其源出於法家者流文深意苛有犯無捨至有星誅同命之條然未嘗別白其罪以示顯勠人到于今而冤之洎乎夫姻下嫁元侯入覲朝廷申婚姻之好復以牽相待之則父子罪官賂而連起國獄搢紳之論侵恣非之謹按謚法殺戮不辜曰厲復很遂過曰厲請謚爲厲或曰太保跡文學政事而揚歷中外卒當登壇補袞之寄推於事任亦爾難能則易其名皆宜兼舉美惡二字以正褒貶今特謚爲厲或有未安愚以爲不然夫類能而授聖王之懽勉議謚責當有司之職分禮經言謚蓋節以一惠至於論譔之際要當美惡或在細大無遺議乎易名則以優亦春秋義也況按其功不足以補過事其美不足以掩瑕其馭下也任威少恩其事上也失忠與敬謚之爲厲不亦宜乎勅賜謚曰思而尚書右丞張正甫封勑疏奏不答留中不下然賜謚勅封在都省亦不下至明年張正甫改爲同州刺史所封勑取中書門下廢分宰相令鄰省收管竟不施行太常博士王彥

威又上表去臣聞古之聖王立謚法之意所以懲惡垂勸戒使一字之褒寵逾紱冕之錫片言之貶辱過市朝之刑此邦家之禮典而陛下勸懲之大柄也伏以故太子賓客致仕于頔頃擁節旄恣行暴虐人神所怒法令不容擅舉全師僭作王樂侵辱中使擒止制囚殺戮不辜誅求無度故臣定謚為厲今陛下不忍改賜曰思誠為聖慈實害聖政伏以陛下自臨宸極繼建大中聞善若驚從諫不倦況當統天立極之始所謂執法慎名之時一垂恩光盡墜徽倖且如頔之不法不道而陛下不忍焉臣恐將來不逞之徒不法不道必有如頔者衆矣此其謚也則又引頔為例則陛下何以處之是恩發於前而弊生於後矣又臣比見長慶頔服大僚者率多猥濫不道誅求自封貨足以藩身威足以鉗口而法吏顧望畏愛或不能舉糾天刑生前網已漏餘殃殁後數而就本若以李吉甫近督則謚引之則吉甫之相也豈犯上殺人乎以頔況之恐非倫比如或以頔嘗入錢助國

與過宰輔而使蕃國可以贖論夫傷財而害人剥下以奉上進奉射以求幸尤不可長焉自兩河宿兵垂七十年王師誅征蒼背不絶其後張茂昭以易定來程權以滄景來故國家高爵以勸戒臣申恩以從來者而褒賜名鎮世于頔文吏也居肘腋之下有屈強之名錫之姻親貽修覲禮豈可持此況彼而以朝覲為功乎若然者則頔雖有游夏文學龔黄政令班超之絶漠耿恭卜式之持錢助國終恐不足以弥縫惡跡降減罪名伏惟陛下以至聖至明之姿開無偏無頗之道思由義斷政以禮成使褒貶道存僥倖路絶則天下幸甚元補闕高鉞上疏曰夫謚者所以懲惡勸善激濁揚清使忠臣義士知勸亂臣賊子畏罪是臣義士雖受屈於生前死獲美名亂臣賊子雖竊位於當時没加惡謚者所以懲暴戾垂沮勸孔子修春秋亂臣賊子懼蓋為此也垂範如此尚不能救況又隳其典法乎又臣聞此事是徐泗節度使李愬奏請李愬勳臣節將陛下寵其勲勞賜其爵謚車服第宅則可若亂朝廷典法將何以沮勸仲尼曰唯名與器不以假人名器君子所司也若以假人是與之政也政亡則國家從之矣于頔頃鎮襄漢殺戮不辜恣行兇暴移軍襄鄧迫脅朝廷擅留逐臣邀遮天使當先帝嗣位之始貴安反側以靖四方幸免鈇鉞之誅得全腰領而斃誠宜謚為繆厲以沮兇邪豈特加美名以惠姦惡如此則是于頔生為姦臣死獲美謚竊恐天下有識之士以為聖朝無人有此倒置伏請速追前詔却依太常謚為厲使典法無虧國章不紊

杜佑卒贈太傅太常博士柳應規謚忠簡太常博士尉遲汾又議曰佑之寬容得衆全和秉光不病于物繇其能考終得不為寬容乎和好不爭自卑仕而極重任一心於理以惠物潔行廉正人無尤怨得不為一德不懈乎請謚為安簡

范希朝卒贈太師太常博士馮定請謚忠武禮部員外郎王源中駁請下太常重定太常請如前謚忠武王源中重駁博士王

彥威謚宣

馬暢卒贈工部尚書太常博士林寶議謚曰紀比部郎中崔備駁議曰謹按謚法敬字之義與馬暢始終名跡不同考行之議尚乘易名之典未正事須再牒禮院請重議者且以暢墳土猶濕物議尚存皆可徵言盡堪覆視在春秋隱惡之義可也加之冊贈美之命難乎況尚書責實當究其是非易名宜存乎褒貶夫國之禮法懸在不刊而文士多病於愧詞史臣或許其佞傳將章既失後代何觀雖以禮之變文無而亂名之責豈能辜稽前士用示後人其馬暢所謚為敬請更參議尚書兵部員外郎韋弈駁曰太常考馬暢之行舉夙夜就事廉方蹈正之故以易其名異乎無所苟於言也比建中興元間暢以父有征討之勳推恩而授爵位父甍家富於財以酒色自娛貞元中嘗傾產以中官因獻田宅以求幸德宗薄其人而終不信用生前與家僮寡婦分居競財醜聲聞于時殁後使孽子孀婦披款投私公言盈

于蓮此皆章著於視聽者可以謚為敬乎議者云先司徒之籌畫而暢揣摩者榮而遺焉暢參計於閨庭之內苟所言變乎而不可隱當指明其效實而書之俾行道者無所惑不然則莊武公之才略光于典策矣而乃飾虛辭以揚其善為子請謚得非變謚之甚耶又稱名儒端士皆從之游未知孰為其田蘇耶孟軻去尹公他端人也其取友必端夫與端士而游乎暢之門況謚法夙夜就事者以其績用已紀非謂其曠日引月以至乎終身也廉方徑正則暢處己行事未嘗造次而踐其途焉何以謚為敬乎大凡言功伐議德行尊其跡亦以勸善貶其名有以懲惡固非庸者事也如暢之輩烏足以黷典法哉若有司以有為而為之則宜乎從之例也請下太常重定其謚博士崔韶改謚曰縱議曰馬暢承藉故業歷居通顯家富於財以奢縱自處不能撫安嫂姪使之離析其于進也赴利如轉圓其居家也操下如束濕故時論鄙之謹按國史宇文士及居家侈縱竟謚為縱

暢之行已同於士及請以縱為謚

蔣清為東都採訪判官死祿山之難大和三年考功奏請謚曰初安祿山反清為留守李憕從事與憕盧奕俱死以秩卑當時未行謚典至是其外孫吏部郎中王高上聞故追謚焉房式卒左散騎常侍太常博士陵亘請謚曰傾吏部郎中韋乾度駁曰詳觀貞元之末西蜀之事逆豎劉闢搆難之初兇邪叶謀熾蘊相聚年深事遠十不記一然而醜聲不平肆刺豈深者藏在骨髓請舉其梗槩一二焉式自忠州刺史故太師奏授劒南西川支度副使後兼御史中丞又剖符蜀州是時貞元十八年也式因晝日昏睡如醉經宿乃寤許其左右僮僕不知其所從來後逾年却復使職會故太師薨歿劉闢潛扇逆謀禍亂始胎式遂倅姦人之意為譎恠之語謂闢曰乃者蜀州昏病之中見公為上相盧文若為侍郎儀衛甚盛富貴極矣他日無相忘賊闢大喜而滿軍縣自以為神授非人力也賊每接賓客肆譚論極

舉邪申號令未嘗不以是為先深自以為祥兆也豈不因式作異言鼓妖孽惑亂平人堅壯兇險不然何區區之蜀據巢之寇王師討伐經營萬計崎嶇險阻留年乃拔何哉蓋以式深為游說給之辭激切嚚固不然何盤抵固根之甚也故使太師永貞元年八月薨其時乾度任殿中侍御史前使支度判官劉闢自攝行軍司馬節度留後九月初乾度被逐攝簡州刺史名雖守郡其實囚之明年四月追迴勤攝成都縣令其時闢授西川節度詔命初下東川之圍未解乃召募亡命兼收管內鎮兵張皇虛聲矣惑郡縣發兵七千馬畜三萬號為十五萬人轉牒鄰壁以來縣道郵次酒肉畢具芻茭無匱署牒首曰闢副曰式參謀曰符載令下之曰妖氣坌興下愚沸騰貪冒姦賞奔走叛命肩摩轂擊爭死恐後當此之時卭蜀震驚田野廢業竄伏山谷邑居人吏分散道路如此之事非得之於人皆親所聞覩時賊圍逼梓州又王師諸軍稍稍繼至倡狂兇魁不復張矣然嘗審式之

為人柔而善挫不顧不義不然何劉闢文若喬規符載皆咨諏執禮奉承以事之以斯而言可以知其所止矣伏以聖上法繼天之度崇納汚之德雖玄澤滂流鼓盪昭洗易名之典在正根源苟非其人不可加美如式西蜀之事大節已虧斯何面目以求謚焉傾之為謚頗乖前狀請下太常重議太常博士李虞重議曰式之在西蜀也入人耳目其事熟矣固非愛之者所能粉飾而文其論惡之者所能披抉而裝其說蜀之此時雖女子小人亦知兇闢斷頭之不日然為其用者乃救死於頸語其無勇烈之心斯可矣豈可盡披其附麗之名乎如式之於劉闢既不能死可謂求生害仁者也而駁議曰大節已虧無乃過言歟何從闢之闢之走西山也召所疑忌者十數輩於庭將盡殺之然後去而式在其間賴蒼黃之際闢黨有護持者僅免於難推嚮之論則不當如是明矣然居此時有將見危授命之義殺身成仁之道詰之者稱式無愧色亦邇不信也如是則式之上二

希烈也理河南也廉宜城也何以無忠敬之目歟愚謂之曰式也不疾任永之曰不閇吉艳之口乃罪也無王浩棄家之心無誰妄受毒之志其罪也如闕之反天子棄墳墓乃曰顧式說一夢以結其心署一牒以張其勢豈其然乎夫人臣不幸罹於是唯死而已矣然孟子曰生吾所欲也刎自剄已下哉使死之易則王諒李業夏俚焉信不足貴也意者將不可必死望人乎始不以不死罪之以懷生貶之是異論也夫謚者易其名者也夫子曰名以出信不曰名之必可言也名不正則言不順以至于刑罰不中止謂此耳夫豈容易哉語曰於其所不知蓋闕如也恍惚之夢較議之外死言者犍非所以昭示後世也皐陶謨曰五刑五用哉言用刑必當其罪也刑其支體於一時猶須當其罪矧刑其行義揭之於千萬年歟康誥曰敬明乃罰請依前謚為傾

伊愼卒贈太子太保太常博士崔韶請謚壯繆史部尚書韋臯駁議不報

崔從為淮南節度副大使卒從少以貞晦恭讓自處不交權利忠厚方嚴為正人宿儒所推階品合立門戟終不之請四為方鎮无聲嬴之娛太常定謚曰貞

令狐楚為興元節度使薨將死誡諸子曰吾生何益於人無請謚號無受軍府賵贈葬以布車一乘無或加飾無用鼓吹及紼將葬嗣子請奏行遺旨詔曰生為君臣殁有理命終始之分可謂兩全然以國簿哀榮之末節難違往意謀謚國家之大典須守彝章國簿宜停易名須準舊例太常謚曰文

李翺元和中平吳元濟有功及卒博士元從質謚曰武尚書省議以其謚與父西平王晟同宜改之從質云翺無他行以功定謚不可改也問難數四竟不能駁其議今之定謚則不然也唯観其勢望恐為子孫之嫌歸於苟且故會昌朝陳商曾為礼部侍郎貽博士書曰古者太常博士職以公衡諸侯大夫死第其所行孝而褒貶焉使世世以一二字觀其道與不道拘褒言為文武忠孝所以失褒也執已見為綏荒赦醜所以失貶也二柄之夫博士不得職往者不得專為政者不得道夫執已見拘紫言是有上中下貿其一二字視縉金之重輕以縉金輕重貽後之庞微俞忠盜貞同世間人為盡善加于行路皆博士忍其過而阿其時也夫天下人望執事以為貿正然未見有執事能針其膏肓之病者若當貶而褒當褒而貶是猶禄跖殺夷經緯焚溺者也褒而褒之貶而貶之經紀旣著善惡懸白勸大而用微所以使後代力行不易如日月山河江海草木四支七竅以統身而治自從其教也於戲博士職蓋不細願出意念慮焉

宋申錫官至宰相為鄭注構誣貶開州司馬會昌中報復官爵追謚曰穆

白居易為太子少傅以刑部尚書致仕卒大中三年十二月中書侍郎平章事白敏中表請謚從之太常謚曰文（叹云大中计三年字臣白）

（敏中表請謚曰臣須自亦表爰及仕進飽㴇踽之德義顧居易之文章樂人之亡各之毅載高先帝憂劉之嗟嘆未行遏然下豐明之初謚法宜及將蹈行業已傳尉書從之居易謚曰文儒謙謚曰簡）

後唐朱漢賓太子少保致仕卒贈太子少傅至晉天福二年太常博士林弼議謚曰漢賓常昨倜儻不習廉隅遇鄴都叛卒之訛言時銷叛亂劫華帥親臨之浮談俗致安康開國承家忠貞保義而又散已俸而代逋欠闢荒榛而種蘇蔬民有襦袴之謠野無雚蒲之患安民禁暴威惠兼行而又知進退存亡之理得善始令終之名亦其為知機其神也謚法忠道不撓保節揚名曰貞愛民好與寬裕慈仁曰惠請謚貞惠可之

安元信為昭義軍節度澤潞等州觀察處置等使卒贈太師太常博士賈緯議謚曰叨居礼職式考儒經德雖以百行相成謚乃取一善為定公經邦緯俗積行累功宜立徽名用彰殊烈案謚法事君盡節曰忠體和居中曰懿左傳曰公家之事知無不為忠也春秋正義曰保巳精粹立行純厚懿也公抑揚事任周

宏嚴明肯儉恒艱難秉溫良恭儉或宜風千里有頁稱之曰哉
布政百城致薦軒之禮道光群后功著歷朝凡士大夫歎閱墓
之英蕖父謝無賢不肖感成蹊之桃李空存遺彼緹緗豐碑
版今披實錄非讓古人事君既有忠規爲臣足矣御衆復彰懿
行從政備爲前代所高斯謚爲當今請謚曰忠懿從之
錢元瓘爲天下兵馬都元帥吳越國王天福八年所司議謚曰
莊穆王奉
敕改謚曰文穆王
漢高從誨爲荊南節度使南平王乾祐二年卒敕宜令太常定
謚故事臣下請謚即故吏陳行狀上考功覆奏下太常議謚今降
敕新例也
周劉詞爲永興軍節度使薨贈中書令謚曰忠惠詞發身軍校
亟歷戎事常以忠勇自負洎領藩鎮能靖恭爲理無苛政及民
謚曰忠惠識者韙之

掌禮部

希旨

夫禮者所以定親疏決嫌疑別同異明是非也故三代而下潛
哲之主曷嘗不講求文質稽考遺堅著爲大法垂之方來者乎
然而大臣天謨攸司奏議當執折衷之論用成經久之規乃有
回邪其心險詖其行以揣摩爲己任以附麗爲身謀志與刑之
格言縱詭隨之聽詭卒使舊章斯亂大政攸斁事興祠祀之刺
終起白圭之詠貽誚千古守官者得不鑒之哉
魯夏父弗忌魯大夫也文公二年八月大事於太廟躋僖公逆祀也躋升也僖閔兄不得爲父子嘗爲臣位應在下令居閔上故曰逆祀於是夏父弗忌爲宗伯宗伯掌宗廟昭穆之禮尊
僖公且明見曰吾見新鬼大故鬼小新鬼僖公既爲兄死時年又長故鬼閔公死時年少
先大後小順也躋聖賢明也又以僖公爲聖賢明順禮也君
子以爲失禮禮無不順祀國之大事也而逆之可謂禮乎雖聖
不先父食久矣齊聖肅也子雖齊聖不先父食故禹不先鯀湯不先契鯀禹父契湯十三世祖文武
不先不窋不窋后稷子宋祖帝乙鄭祖厲王猶上祖也帝乙微子父厲王鄭桓公父二國不以帝乙厲王不肖而猶尊尚之是以魯頌曰春秋匪解享祀不忒皇
皇后帝皇祖后稷忒差也皇皇美也后帝天也詩頌僖公郊祭上天配以后稷君子曰禮謂
其后稷親而先帝也先稱帝也詩曰問我諸姑遂及伯姊衛女思歸而不得故願致問於姑姊君子曰禮謂其姊親而先姑也僖親文公父夏父弗忌附君先其所親傳以二詩深責其意
漢霍光爲大將軍昭帝初光緣武帝雅意以李夫人配食光緣武帝雅意書之意追上尊后曰孝武皇后
晉段暢爲博士太尉賈充薨下禮官議充謚博士秦秀議謚曰
荒武帝不納暢希旨建議謚曰武帝乃從之
宋徐爰爲將作大匠便僻善柔能得人主微旨頗涉書傳尤悉
朝儀文帝元嘉初便入侍左右預談顧問既長於附會又飾以
典文故爲帝所任遇大明世委寄尤重朝廷大禮儀非爰議不
行雖復當時碩學所解過人者既不敢立異議所言亦不見用

孝武殷淑儀卒既追進貴妃謚曰宣又諷有司創立新廟爰之
議宜貴妃既加殊命禮絶五宮考之古典顯有成據
梁劉勰爲南康王記室兼東宮通事舍人時七廟饗薦已用蔬
果而二郊農社猶用犧牲勰乃表言二郊宜與七廟同改詔付
尚書議依勰所陳遷步兵校尉兼舍人如故
唐許敬宗爲太子賓客高宗永徽初議者以貞觀禮未盡詔長
孫無忌與杜正倫李義府及敬宗等重加緝定至顯慶三年奏
上之時敬宗義府用事其所損益多涉希旨行用已後學者紛
議以爲不及貞觀
祝欽明爲國子祭酒中宗景龍三年十一月將南郊欽明希旨上
言皇后亦合助祭遂建議曰謹按周禮天神曰祀地祇曰祭宗
廟曰享大宗伯職曰祀大神祭大祇享大鬼理其禮若王有故
則攝而薦豆籩又追師職掌王后之首服以待祭祀又內
司服職掌王后之六服凡祭祀供后之衣服又九嬪大祭祀后

祼獻則贊贊瑤爵亦如之據此諸文即知皇后合助皇帝祀天神祭地祇明矣故鄭玄注司服云闕狄皇后助王祭群小祀之服然則小祀尚助王祭中大推理可知闕狄之上猶有兩服第一禕衣第二揄狄第三闕狄此三狄皆助祭之服闕狄既助祭小祀即知揄狄助祭中祀禕衣助祭大祀鄭舉一隅故不委說唯祭宗廟周禮王有兩服先王袞冕先公鷩冕鄭玄因此以后助祭宗廟亦分兩服云禕衣助祭先王揄狄助祭先公不言助祭天地社稷自宜三隅而返又春秋外傳云禘郊之事天子親射其牛王后親舂其粢故代婦職但云詔王后之禮事不言主宗廟也若專主祭廟者則內宗外宗職皆言掌宗廟之祭祀此皆禮文分明不合疑惑舊說以爲天子父天母地兄日姊月所以祀天於南郊祭地於北郊朝日於東門之外夕月於西門之外以昭事神訓人事君必躬親以禮之有故然後使攝此其義也又禮記祭統曰夫婦親之所以備內外之官也官備則具備

又哀公問於孔子曰冕而親迎不亦重乎孔子愀然作色而對曰合二姓之好以繼先聖之後以爲天地宗廟社稷之主君何謂已重焉又漢書郊祀志云天地合祭先祖配天先妣配地天地合精夫婦判合祭天南郊則以配一體之誼也據此諸文即知皇后合助祭儀注同進帝意頗以爲疑召禮官親問焉太常博士唐紹蔣欽緒對曰皇后南郊助祭於禮不合帝問曰據何禮文不合欽緒對曰欽明所奏執是祭宗廟禮非祭天地禮又鄭玄王后六服最上禕衣從祭先王無祭天地之服欽明又進對曰此實鄭玄大錯誤不可依也帝命宰臣等取兩家狀對定奏聞欽緒遂議曰周禮凡言祀祭享三者皆祭之互名本無定議何以明之案周禮典瑞職云兩珪有邸以祀地則祭地亦稱祀也又司几筵設祀先王之昨席則祭宗廟亦稱祀也又內宗職云掌宗廟之祭祀此又非獨天地稱祭祀也又案禮記云惟聖爲能享帝此則祀天亦稱享也又按孝經云春秋祭祀以時思之即宗廟亦言祭祀也經典此文不可備數據此則欽明所執天曰祀地曰祭宗廟曰享未得爲定明矣又周禮凡言大祭祀者祭天地宗廟之揔名非獨天地爲大祭也何以明之按鬱人職云大祭祀與量人受舉斝之卒爵按尸與斝皆宗廟之事則宗廟亦稱大祭祀又欽明狀引九嬪職凡大祭祀后祼獻則贊瑤爵據祭天無祼獻亦無瑤爵此宗廟稱大祭祀之明文欽明所言大祭祀即爲祭天地未得爲定明矣又周禮大宗伯職云凡大祭祀王后有故不與則攝而薦豆籩徹欽明唯執此文以爲王后有祭天地之禮欽緒等據此文乃是王后薦宗廟之禮非祭天地之事何以明之按此文凡祀大神祭大祇享大鬼帥執事而卜日宿視滌濯涖玉鬯省牲鑊奉玉齍制大號理其大禮詔相王之大禮若王不與祭祀則攝位此則宗廟之事故通言大神大祇之祭也下文云凡大祭祀王后不與則攝而薦豆籩徹此一凡直是王后祭宗廟之事故唯言大祭祀也若云

王后合助祭天不應重起凡大祭祀之文也爲欽明王后有祭天地之疑故重起後凡以別之耳王祭宗廟尚是大祭祀何故上凡相天王之禮以很下凡王后祭宗廟之文此是本經科段明白又按周禮外宗掌宗廟之祭祀佐王后薦玉豆凡后獻亦如之王后有故不與則宗伯攝而薦豆籩徹外宗贊之內宗外宗所掌皆佐王后宗廟之薦本無祭天地之禮但天地尚質宗廟尚文玉豆宗廟器物非祭天所設請問欽明若王后助祭天地在周禮使何人贊佐若宗伯攝后薦豆祭天又合何人贊佐並請明徵禮文即知攝薦是宗廟之禮明矣案周禮司服云王祀昊天上帝則服大裘而冕享先王則袞冕內司服掌王后祭服無王后祭天之服案三禮義宗明王后六服謂褘衣揄翟闕翟鞠衣展衣褖衣也禕衣從王祭先王則服之揄翟祀先公饗賓諸侯則服之鞠衣以采桑則服之展衣以禮見王及見賓客則服之褖衣燕居則服之王后無助祭於天地之服但自先王已

下及三禮義宗明三夫人之服玄弓不助祭天地五嶽故無助祭天地四望之服鞠衣則三台后祭夫之服明矣又三禮義宗明王后五輅謂重翟厭翟安車翟車輦車也重翟者后從王祭先王所乘也厭翟者后從王饗諸侯所乘也安車者后宮中朝夕見於王所乘也翟車者后親桑所乘也輦車者后遊宴所乘也按此則王后無祭天之車明矣禮記郊特牲義贊云祭天無祼鄭玄注云唯人道宗廟有祼天地大神至尊不祼圓丘之祭與宗廟祫同朝踐王酌泛齊以獻是一獻按此后無祭天之事大宗伯次酌醴齊以獻是二獻按此則祭圓丘大宗伯次王爲獻非攝王后之事欽明等所執王后有故不預則宗伯攝薦豆籩乃攝王后宗廟之薦非攝天地之祀明矣欽明建議引礼記祭統曰夫祭也者必夫婦親之案此是王與后祭宗廟之礼非關祀天之義按漢魏晉宋後魏周陳隋等歷代史皇后無助祭之事又高祖神堯皇帝太宗文武聖皇帝南郊祀天無皇后祭

據高宗天皇大帝永徽二年十一月辛酉親有事于南郊又摠章元年十二月丁卯親拜南郊亦無皇后助祭之礼又按大唐礼亦無皇后南郊助祭之礼欽緒等奉敕礼官親承聖問竭盡聞見不敢依隨伏以主上稽古志遵舊典所議助祭實無明文若以王者制礼自我作古在明主聖斷非臣下敢言國子司業褚無量又議曰夫郊祀者明王之盛事國家之大禮行其礼者不可以臆斷不可以情求皆上順天心下符人事欽若稽古率由舊章然後可以交神明可以膺禔祐然礼文雖衆莫如周礼周禮者周公致太平之書先聖極由衷之典法天地而行教化辨方位而敘人倫其義可以幽贊神明其文可以經緯邦國備物致用其可忽乎至如冬祀圓丘祭中最大皇后內主禮位甚尊若令郊天助祭當具著禮典今遍檢周官無此儀制盖由祭天南郊不以地配唯將始祖爲主不以祖妣配天故唯皇帝親行其禮皇后不合預也謹按大宗伯職云若王祭祀則攝位

注云王有故代行其祭事下文凡大祭祀王后不與則攝其薦豆籩徹若皇后合助祭承此下即當云若不與祭祀則攝其薦豆籩於文止更起凡明是別生餘事夫事則止異則別起凡凡者生上起下之名不專繫於本職周禮一部之內此例極多備在文中不可具錄又王后助祭親薦豆籩而不親徹按九嬪云凡祭祀贊后薦徹豆籩皇后進之而不徹者爲宗廟祭則宗伯親徹不別使人又按外宗掌宗廟之祭祀王后不與則贊宗伯此之一文與上文相證何以明之按外宗唯掌宗廟祭不掌郊天足明此文是宗廟祭也又按王后行事揔在內職中檢其職文唯云大祭祀后祼獻則贊瑤爵亦如之鄭注爲祭宗廟也注所以如者以文云祼獻祭祀無祼以得知又祭天之器則用陶匏亦無瑤爵注以此知是宗廟也又內司服掌王后六服無祭天之服而巾車職掌王之五輅亦無后祭天之輅祭天七獻無后亞獻以此諸入參之故知后之不合助祭天也唯漢書郊

祀志則有天地合祭皇后預享之事此則西漢末代彊臣擅朝悖亂彝倫黷神諂祭不經之典事涉誣神故易傳曰誣神者殃及三代泰誓曰正稽古立功事可以永年丕之大律斯實蒙之良誠豈可不知今南郊禮儀事不稽古乖于經術不敢默請詢碩儒俯考曲臺之故事行圓丘之正義使聖朝叶昭曠之塗天下知文物之盛豈不幸甚時定儀注尚書左僕射韋巨源又希旨叶同欽明之議奏言皇后合助祭請依欽明議爲定帝納其言竟以皇后爲亞獻大臣李嶠等女爲齋娘執籩豆焉欽明又以安樂公主恃權勢欲請公主爲終獻遂引南郊儀注謁者引終獻以爲女相導紹及蔣欽緒與之固爭欽明止遂以尚書左僕射韋巨源爲終獻

王璵少習禮學博求祠祭儀注以干時開元末爲太常博士侍御史充祠祭使璵專以祀事希幸其祭祀之制或焚紙錢禳祈福祐近於巫者以是稍承恩遇肅宗即位累遷太常卿乃以祀

事見寵

繆妄

夫學不足以待問智不足以體遠閲識損益之理靡達弛張之訓亦何足以議乎禮經之制哉矣中代而下去聖逾遠師資出於茂近討論乖於通博以致參掌學事或非其人草創之初罔克精古違失經旨貽儒先之誚紛錯儀範著史氏之譏斯亦出於偏見因其失傳浸以成非罔一肯正其或乘其謬誤悠乎封執贖祭違禮徇情失度垂之後世良可惡歟

漢武帝元鼎中令諸儒習射牛草封禪儀數年至且行而羣儒既已不能辯明封禪事又拘於詩書古文而不敢騁帝爲封祠器視羣儒（視讀曰示）羣儒或曰不與古同徐偃又曰太常諸生行禮不如魯善（徐偃博士姓名）周霸屬圖封事（霸音之欲切屬會也會諸儒圖封事也周霸人姓名）於是帝黜偃霸而盡罷諸儒弗用

魏文帝黄初二年正月乙亥祀朝日于東門之外違禮二分之義（禮春分祀日於東郊秋分祀夕月於西郊今正月非其時也）

明帝景初元年六月有司奏武皇帝撥亂反正爲太祖樂用武始之舞文皇帝應天受命爲高祖用咸熙之舞帝制作興治爲烈祖樂用章武之舞三祖之廟萬世不毀其餘四廟親盡迭毀如周后稷文武廟祧之制（孫盛曰夫謚以表行廟以存容皆於既沒然後著焉所以原始要終以示百世也未有當年而逆制祖宗未終而豫自尊顯昔華樂以厚斂致譏周人以豫凶違禮魏之羣司於是乎失正）

蜀後主景耀六年詔爲丞相諸葛亮立廟於沔陽先是亮初亡所在各求爲立廟朝議以禮秩不聽百姓遂因時節私祭之道陌上言者或以爲可聽立廟於成都者後主不從步兵校尉習隆中書郎向充等共上表以爲宜因近其墓立之於沔陽使所親屬以時賜祭凡其臣故吏欲奉祠者皆限至廟斷其私祀以崇正禮於是始從之（何承天曰周禮凡有功者祭於大烝故後代遵之以元勳配饗充等曾不是式後主又從之亦非禮也）

晉元帝太興元年立南郊於巳地非禮所謂就陽位之義也（禰道咸未議開闢遂於東郊巳地創立丘壇）

四年四月以雨有司奏應報祭宗廟山川詔曰祈禱之賽非孝尊卜辭吾意有疑以爲舊山川有許報故雨賽非大事不應告廟百子無要君之道暨祭禱賽於禮有違

成帝咸康二年臨軒遣使兼太保領軍將軍諸葛恢兼太尉護軍將軍孔愉六禮備物拜皇后杜氏即日入宮帝御太極殿羣臣畢賀非禮也（禮取婦之家三日不舉樂而羣臣畢賀失禮）

宋孝武末公除後晉安王子勛侍讀博士諮將作大匠徐爰宜習業以不爰答曰居喪讀禮習業何嫌少始安王子真博士又諮爰曰小功廢業三年喪何容讀書其專斷乖謬皆此類

明帝時廷尉虞龢議社稷合爲一神散騎常侍王琨案舊糾駮時龢深被親寵朝廷歎服強正

唐德宗貞元九年十二月葬故太師李晟帝御望春門臨送之又令中人宣諭於柩車文武常參官哭拜於路太常御史裴郁

五儀誤引令中書門下品致敬之文乃請宰相及二品以上者哭而不拜送葬不拜禮官失也

穆宗元和十五年正月即位六月勅宗廟之禮嚴崇肅恭先王之詞精審爲切方將展禘安可九室皆同既已祧遷宜四昭咸在宗正少卿李子鴻實司祀事誤進祝文罪有根源理難降減宜停見任博士既失於詳定御史又曠其監臨若不薄懲恐乖至敬王彥威宜罰兩月俸料削一階崔龜從宜罰一季俸削兩階其後禮令變文事宜中節者太常博士不得更稱舊制致有差殊故事將有祔禮先告於太極殿然奉神主赴太廟侍中於廟庭跪奏八室司以今吉辰恭皇帝神主祔謁遂奉神主詣第七室祔饗而不再告昭穆于第九室敬安神主奠而埳之然則告於太極殿不再告於太廟以孫祔于祖尊不得申也是時憲宗神主外祔宰臣不詳舊典令有司再告祔禮于太極殿禮官執議不變適屬宗正寺進祝板誤以憲宗尊號爲睿宗御史

士職掌官寮不知其誤乎自肅愁之後下詔削罰而變其舊禮時莫之非之

長慶元年正月辛丑郊禮畢大赦天下宣赦畢宰臣率百寮稱賀於樓前仗衛之吾郊廟禮畢先是郊廟禮畢不設御榻帝立受賀已輒坐下御樓上仗衛樓下不資於聽觀之舉大典而有二闕皆有司之過也

文宗大和五年六月以權加一人兼一權如兼河南府兵曹參軍安狂險以朋附得官姻禁論而無度謀以博士定故宰相韋處厚諡議逞私懷誣枉不實朝論鄙然非之故有是命

後唐明宗天成四年五月中書奏先據太常寺定少帝諡昭宣光烈孝皇帝廟號景宗伏以本朝甚構垂三百年昭宗以中否東遷少帝以沖幼冤易遂為始封侯於為室新立廟於聖朝追卒世之尊焉當時之恥先皇帝初定中原之後昭宗少帝尋合一時入廟所司不舉遂成闕禮既睽昭穆難會蒸嘗太廟有合食之禮豈無登歌之奏生當為帝莫乃承祧既號景宗合入太廟既不入廟雖以言宗須叶徽章況聆群議於理而論祧一遠廟安少帝神主於太廟即昭穆序而宗祀正今或且居別廟即欲不言景宗只云昭宣光烈孝皇帝兼冊文內有基字是玄宗廟諱吾當時行詔勅皆不迴避少帝是繼世之孫冊文內不欲斥列聖之諱今改基為宗字勅旨可之論者以為追尊之廟諡不稱宗及禮得其正如故生曾為帝其乃承祧即子孫續嗣以宗祧為本明矣下文復云祧遠廟安少帝於太廟則祧之一字義有兩說乎時人多謂祧字為祧去之祧禮則不然按祭法云遠廟為祧有二祧鄭玄解祧者超也謂超然上去之意孔穎達正義云遠廟為祧五世而遷之主藏於祧廟去祧為壇去壇為墠所謂遠廟者即始祖之廟也五世之後合遷之例以其有德百世不遷故謂之三祧文王武王是也高祖太宗是也祧與遷異義在此矣又云冊文中有基字是玄宗廟諱夫先王制禮所守其字有以身之憂三年之喪豈盡其情哉賢者俯而及之欲重其制也五世不諱所謂報之極也按風俗通陳孔璋達諱去事尊有表親親有殺毀祭哀敬各有攸終欲令言者而可要事施而不犯禮去卒哭之後宰夫執木鐸徇於宮曰舍故而諱新故者即毀廟之主也恩遠屬絕名不可諱今昭宣皇帝上去玄宗十五世矣奏改冊文以避諱斯以垂法信不典之如或上無所斷下無所齊即百代之王以何避也舍故諱新鄭虎語乎名不正則至於人無所措手足制禮作法可不慎歟

周世宗顯德元年十月太常禮院上言去冬遷宗社於汴都其諸祠郊壇奏勅依四京制度修築伏緣司寒神元在西京從水井所祠祭未審且在彼祭為復於此勅曰據月令孟冬祭司寒於北郊其司寒一祠宜准月令施行藏冰開冰祭司寒之神事屬別祭恢有冰室當取指揮時田敏以鴻儒為太常御朝廷之內禮儀差失諸司質正而司歸小祠不能按故實舉行翻以冰井為請中書止引月令命立之大為士子所笑

冊府元龜卷第五百九十六

冊府元龜卷第五百九十六

學校部

總序

古者家有塾黨有庠術有序國有學然則有虞氏之米廩夏后氏之序商之瞽宗周之頖宮皆學也所以教國子故樂正崇四術立四教順先王詩書禮樂以造士王太子王子羣后之太子卿大夫元士之適子國之俊選皆造焉周官小司徒之職師氏掌以三德三行教國子保氏掌養國子以道乃教之六藝又春官大司樂掌成均之法以治建國之學政而合國之子弟大胥掌學士之版以待致諸子小胥掌學士之徵令而比之太師教以六詩六德六律籥師掌教國子舞羽龡籥皆其事也秦置博士掌通古今漢興武帝初置五經博士掌教弟子國有疑事掌承問對本四百石外比六百石初文帝欲廣游學之路論語孝經孟子爾雅皆置博士至是遂罷傳記博士平帝元始中立

學官郡國曰學縣道邑侯國曰校校學置經師一人鄉曰庠聚曰序序庠置孝經師一人後漢光武愛好經術立五經博士凡有十四人太常差次總領焉取聰明有威重者一人爲祭酒秩六百石建武五年乃營起太學稽式古典中元元年初建三雍宮明堂辟雍靈臺也至明帝親行其禮靈帝光和初始置鴻都門學魏文帝黃初中立太學置春秋穀梁博士晉承魏制置博士十九人武帝咸寧四年初立国子學以教生徒而隸屬太學定置国子祭酒博士各一人助教十五人以[illegible]從博士皆取履行清淳通明典義者若散騎常侍中書侍郎太子中庶子以上乃得名試元帝初減國子祭酒博士助教爲九人太興中又置周易儀禮公羊博士末年增国子儀禮春秋公羊博士各一人合爲十一人後又增爲十六人不復分掌五經而謂之太學博士秩六百石孝武太元中損国子助教爲十員宋国子祭酒若不置學則助教唯置一人明帝泰始中以國學初置總明觀置儒士

史四科科置學士各十人正令史一人書令史二人幹一人門吏一人典觀吏二人齊高帝建元中有司奏置国學祭酒準諸曹尚書博士准中書郎助教准南臺御史選經學爲先居其人難備給事中以還明經者以本位領其典學二人三品准太常主簿戶曹各二人五品白簿治禮吏八人六品保學醫二人齋幹門吏各二人其夏廢學有司奏省助教以下又有總明觀祭酒一人掌治五禮太始六年以国學廢初置永明三年国學建遂省梁國子祭酒一人班第十三比列曹尚書又置国子博士二人爲九班助教班第二又置太學博士八人班第三又置五經博士各一人陳国子祭酒秩中二千石品第三遷士品第四秩千石国子助教太學博士並品第八秩六百石律學博士秩品亦同後魏道武始建都邑便以經術爲先立太學置五經博士太武又別起太學於城東獻祖又立郡學置博士二人助教二人後詔大郡立博士二人助教四人次郡立博士助教各二人中郡立

博士一人助教二人下郡立博士助教各一人孝文改中書學爲国子學建明堂辟雍及遷都洛邑又立国子太學四門學宣武又詔營国學樹小學於四門国子祭酒本第四品上後增爲從三品国子博士從第五品上後增爲第五品国子助教五人從七品太學博士第六品後降爲第七品太學助教第八品中四門博士第九品律博士第六品中後降爲第九品上北齊国子寺掌訓教胄子祭酒一人從三品又置功曹五官主簿錄事等員博士五人品第五助教十人太學博士十人從第七品助教二十人從第九品四門博士二十人正九品上亦有助教二十人後周依周禮建六官之職春官太學博士下大夫四命助教及小學博士上士三命皆国子學之屬官也祭酒無聞焉武帝又立露門學隋国子寺開皇中隸太常祭酒一人屬官有功曹主簿錄事各一人統国子太學書筭學各置博士国子太學四門各五人書筭各二人助教国子太學四門各五人書筭各

二人仁壽初罷國子唯置太學煬帝改太學爲國子監初置司業一人丞三人唐制國子監祭酒司業之職掌邦國儒學訓導之政祭酒一人司業二人屬官有丞主簿錄事府史亭長掌固等員國子博士二人掌教文武官三品以上及國公子孫從二品以上曾孫之爲生者屬官有助教學生典學廟幹掌固等員大學四門亦然大學博士三人掌教文武五品以上及郡縣公子孫從三品曾孫之爲生者四門博士三人掌教文武七品以上及侯伯子男子之爲生者若庶人子爲俊士生者國子直講四人掌佐博士助教之職專以經術講授而已律學博士一人掌教文武官八品以上及庶人子之爲生者以律令爲專業格式法例亦兼習之屬官有助教學生典學書學生等員書學算學亦然書學算學各博士二人並掌教文武官八品以下庶人子之爲生者以書算自武德初以國子學隸太常寺又省國子司業及丞員貞觀初改國子寺爲監六年復置國子司業一人龍

朔二年改國子監爲司成館祭酒爲大司成司業爲少司成博士爲司成宣業又於東都置國子監其學生於兩京校授咸亨初年改司成館復爲國子監大司成復爲祭酒少司成復爲司業本一員至太極初年加一員光宅初改國子監爲成均監祭酒爲成均祭酒長安四年國子監始置直講焉神龍初改成均監復爲國子監成均復爲祭酒天寶九年置廣文館領國子監進士業者博士助教各一人五代因之教化之本學校爲先振古以來歷代而下莫不慎擇能者以居其任業專所以世守師嚴然後道尊馳辯章乎洽聞抗議明乎適變考論章句則析理惟精刊定闕疑則伏膺罔墜因祖述而綴舊學次甲乙而總羣綱小道可觀雖不畢究用被國聘寔耀儒林若乃自負好勝舉名忘實前亦著于篇以示鑒戒凡學校部十有五門

選任　世業

選任

自漢承秦弊崇尚經術求稽古之士重學官之選歷代而下雖廢置或異而授受之際未嘗或易觀其延登鴻碩優寵禮貌其位著厚其祿褒豈徒究太官之食重高明之地而已亦將以發揮典籍申明治具顧有益於風教耳非夫大雅宏達博聞彊識究先王之法言蘊專門之素業試可莫二精甚有聞則何以稱法師之望以教授之業敷暢先儒之微言誘掖方來之儒士以丹青帝載而化民成俗者哉

漢叔孫通薛人秦時以文學待詔博士

張生濟南人受尚書於伏生文帝時爲博士賈誼雒陽人河南守吳公爲廷尉言誼年少頗通諸家之書文帝召以爲博士

韓嬰燕人推詩人之意而作外傳數萬言文帝時爲博士（孫商至武帝時爲博士）

董仲舒廣川人以治春秋景帝時爲博士進退容止非禮不行學士皆師尊之

胡毋生字子都齊人治公羊春秋爲景帝博士與董仲舒同業

轅固生齊人以治詩景帝時爲博士

食子公河南人受韓詩於同郡蔡誼昭帝時爲博士

長孫順淄川人受韓詩於昌邑王中尉王吉爲博士

韋賢字長孺魯國鄒人篤志於學兼通禮尚書詩人號稱鄒魯大儒徵爲博士

嚴彭祖字公子東海下邳人與顏安樂俱事眭孟孟弟子百餘人唯彭祖安樂爲明由是公羊春秋有嚴顏之學彭祖爲宣帝博士

施讎字長卿沛人爲童子從田王孫受易王孫爲博士復從卒業（卒終）宣帝詔少府梁丘賀舉讎（讎[illegible]）結髮事師數十年（[illegible]）（讎非即說師者其學[illegible]）賀不能及詔拜讎（[illegible]）爲博士

江公瑕丘人受穀梁春秋及詩於魯申公傳子至孫宣帝時爲人蔡千秋說穀梁爲郎中戶將待詔會千秋病死徵江公孫爲

博士劉向以故諫大夫通達待詔受穀梁欲令助之周慶丁姓二人姓名宣帝時待詔保宮以秘府書召五經名儒太子太傅蕭望之等大議殿中平公羊穀梁同異慶姓皆為博士

王式字翁思東平新桃人受詩於免中徐公及許公式為昌邑王師昌邑廢式得減死歸家後東平唐長賓沛褚少孫應博士弟子選詣博士摳衣登堂頌禮甚嚴摳衣以手内也諸博士驚問何師對曰事式皆素聞其賢共薦之詔除下為博士除之官也

張長安字幼君山陽人與唐長賓褚少孫事王式皆為博士由是魯詩有張唐褚氏之學長安門人陳留許晏亦為博士

殷嘉東海人姚平河東人乘弘乘姓弘名河南人受易於京房成帝時皆為博士繇是易有京氏之學

士孫張字仲方平陵人受易於五鹿充宗為博士

孟喜字長卿東海蘭陵人善為禮春秋授后蒼疏廣世所傳后氏禮疏氏春秋皆出孟卿喜後舉孝廉為郎曲臺署長曲臺殿署長主者

歐陽生字和伯千乘人受伏生尚書為博士其子世世相傳至曾孫高子陽為博士高孫地餘長賓以太子中庶子授太子後為博士論石渠

林尊字長賓濟南人事歐陽高為博士論石渠

周堪字少卿齊人與孔霸俱事大夏侯勝霸為博士堪譯官令論於石渠經為最高

張山拊字長賓平陵人事小夏侯建為博士論石渠

后蒼字近君東海郯人事夏侯始昌始昌通五經蒼亦通詩禮為博士

後漢牟長字君高樂安臨濟人少習歐陽尚書不仕王莽世光武建武初大司空宋弘特辟拜博士

洼丹洼音圭南陽育陽人世傳孟氏易學義研深易家宗之稱為大儒建武初為博士

丁恭字子然山陽東緡人東緡今兗州金鄉縣習公羊嚴氏春秋恭學義精明教授常數百人州郡請召不應建武初為博士

高詡字季回平原般人世傳魯詩建武初為符離長去官後徵為博士

李封魏郡人建武中鄭興陳元傳春秋左氏學時尚書令韓歆上疏欲為左氏立博士范升與歆爭之未決陳元上書訟左氏遂以封為左氏博士

張興字君上潁川鄢陵人習梁丘易建武中辟司徒馮勤府舉孝廉為博士

張玄字君夏河內河陽人少習春秋顏氏兼通數家建武中舉孝廉為郎會顏氏博士缺玄試策第一拜為博士

戴憑字次仲汝南平輿人習京氏易年十六郡舉明經徵試博士

伏恭字叔齊琅邪東武人明齊詩建武中為劇令青州舉為尤

異太常試經第一拜博士

甄宇字長文北海安丘人習嚴氏春秋教授常數百人建武中為州從事徵拜博士

桓榮為議郎會歐陽尚書博士缺光武欲用榮榮叩頭讓曰臣經術淺薄不如同門生郎中彭閎揚州從事皋弘帝曰俞往女諧

周澤字穉都北海安丘人少習公羊嚴氏春秋建武末辟大司馬府署議曹祭酒數月徵試博士

董鈞字文伯犍為資中人習慶氏禮建武中舉孝廉辟司徒鈞博通古今數言政事明帝永平初為博士

魏應字君伯任城人少好學誦博士受業習魯詩明帝永平初為博士

李育字元春扶風漆人也漆縣今邠州新平縣少習公羊春秋沈思專精博覽書傳知名太學章帝建初元年衛尉馬廖舉育方正為議郎後拜博士詔與諸儒論五經於白虎觀

楊倫字仲理陳留東昏人習古文尚書安帝元初中郡禮請三

府並辟公車徵皆辭疾不就後特徵博士
周防字偉公汝南汝陽人師事徐州刺史蓋豫受古文尚書經
明帝時以郎中撰尚書雜記四十万言和帝初大尉張禹薦
補博士
魏邯鄲淳一名竺字子叔博學有文章文帝初爲五官將博延
英儒亦宿聞淳名因啓淳欲使在文學官屬中會臨菑侯植亦
求淳太祖遣詣植及文帝即位以淳爲博士
蘇林字孝友陳留人博學多通古今字指漢末爲五官將文學
甚見禮待黃初中爲博士帝作典論所稱蘇林者是也
蜀來敏字敬達義陽新野人涉獵書籍善左氏春秋漢末入蜀
常爲劉璋賓客先主定益州署敏典學校尉
許慈字仁篤南陽人師事劉熙善鄭氏學治易尚書三禮毛詩
論語漢末自交州入蜀時魏郡胡潛亦在益土先主定蜀承喪亂
歷紀學業衰廢乃鳩合典籍沙汰衆學慈潛並爲博士

府五百九十七　七

尹默字思潛梓潼涪人通諸經史又專精於左氏春秋先主定
益州領牧以爲勸學從事子宗傳其業爲博士
晉曹志字允恭魏陳思王植之子少好學以才行稱武帝時歷
樂平章武趙郡太守咸寧初詔曰鄄城公曹志篤行履素達學
通識宜在儒林以弘胄子之教其以志爲散騎常侍國子博士
後遷祭酒
杜夷字行齊廬江灊人博覽經籍百家之書筭不畢究元帝爲
丞相教曰今大義頹替禮典无宗朝廷滯義莫能攸正宜特立
儒林祭酒官以弘其事處士杜夷棲情遺遠確然絶俗才學精
博道行優備其以夷爲祭酒夷辭疾未就又除國子祭酒
謝沉字行思博學多識明練經史康帝即位朝議疑七廟迭毀
乃以太學博士徵以質疑滯
范弘之字長文安北將軍汪之孫雅正好學以儒術該明學式
時爲太學博士

宋徐廣字野民好學尤精百家數術無不研覽[illegible]仕晉孝武帝
以廣博學除爲秘書郎校書秘閣增置職員轉員外散騎侍郎
領校書如故
江湛字徽深文帝元嘉末爲左衛將軍時改選學職以太尉江
夏王義恭領國子祭酒湛及侍中何攸之領博士
南齊王儉初仕宋爲秘書丞初孝武好文章天下悉以文采相
尚莫以專經爲業儉弱年便留心三禮尤善春秋明帝泰始六年
置總明觀於儉宅開學士館以總明四部書充之又詔儉以家
爲府及武帝永明三年以丹楊尹領國子祭酒儉子騫騫子承
其後皆爲祭酒承緒字思曼長於周易言精理奥見宗一時高
帝建元末初立國學以緒爲太常卿領國子祭酒武帝時累遷
太子詹事永明七年竟陵王子良爲司徒領國子祭酒帝勅王
晏曰吾欲令司徒辭祭酒以授張緒物議以爲如何子良竟不
拜以緒領國子祭酒

府五百九十七　八

梁孔休源字慶緒齊末舉秀才爲竟陵王西邸學士梁臺建與
劉之遴同爲太學博士當時以爲美選
伏暅字玄曜齊臨海太守曼容之子幼傳父業仕齊爲鄞令高
初天監初兼五經博士與吏部尚書徐勉中書侍郎周捨總知
五禮事出爲永陽內史徵爲國子博士後爲豫章內史徵拜
黃門侍郎領國子博士
嚴植之字孝源少精解喪服孝經論語及長遍治鄭氏禮周易
毛詩左氏春秋天監二年板後軍騎兵參軍事
四年初置五經博士各開館教授以植之兼五經博士六年遷
中撫軍記室參軍猶兼博士
賀瑒字德璉舉明經揚州祭酒俄兼國子助教太學博士天監
四年初開五館以瑒兼五經博士
明山賓爲治書侍御史右軍記室參軍掌治吉禮時初置五經
博士山賓首應其選遷後以東宮新者[illegible]又以山賓居之俄以本

士兼國子祭酒

崔靈恩清河武城人遍通五經尤精禮傳初仕後魏爲太常博士天監十三年歸國高祖重其儒術累遷步兵校尉兼國子博士後爲長沙内史還除國子博士

盧廣范陽涿人少明經有儒術天監中歸國拜國子博士遍講五經尋遷員外散騎常侍博士如故

沈峻字士嵩吳興武康人好學徧游講肆遂博通五經尤長三禮初爲王國中尉稍遷侍郎並兼國子助教僕射徐勉奏峻兼五經博士於館講授後爲華容令還除員外散騎侍郎復兼五經博士

孔僉會稽山陰人通五經尤明三禮孝經論語講說並數十徧歷官國子助教三爲五經博士太清亂卒於家僉子叔玄頗涉文學官至太學博士

沈文阿字國衛父峻以儒學聞於梁世文阿少習父業研精章句察孝廉爲梁臨川王國侍郎累兼國子助教五經博士文帝時遷通直散騎常侍兼國子博士

鄭灼字茂昭東陽人仕梁爲西省義學士孝元承聖中除通直散騎侍郎兼國子博士高祖世祖之世累遷中散大夫兼國子博士

沈德威字懷遠梁末遯於天目山篤學無倦遂治經業文帝天嘉初授太學博士轉國子助教每自學還私家講授尋遷太常丞兼五禮學博士

顧越自思南說毛詩旁通異義尤善持論梁末補五經博士敬帝紹泰元年遷國子博士文帝以越篤學厚遇之除給事黃門侍郎又領國子博士

後魏梁越字玄覽博綜經傳無所不通國初以爲禮經博士道武以其謹厚舉動可則拜上大夫命授諸皇子經李䜣爲中書學生聰敏機辯彊記明察初李靈爲文成博士詔議崔浩選中書學生器業優者爲助教浩舉其弟子箱子與盧度世李敷三人應之給事高讜子祐尚書段霸兒姪等以爲浩阿其親戚言於恭宗以浩爲不平聞之於太武太武意在於䜣曰云何不取幽州刺史李崇老翁兒世浩對曰前亦言䜣合選但以其先行在外故不取之太武曰可待䜣還箱子等罷之䜣爲太武所識如此遂除中書助教博士

張偉字仲業學通諸經太武時與高允俱被辟命拜中書博士

索敞字巨振燉煌人爲劉昞助教專心經籍盡能傳昞之業涼州平入國以儒學見拔爲中書助教博士

平常字繼叔研綜經籍安貧樂道不以屢空改操徵爲中書博

穆弼涉獵經史孝文初定氏族欲以弼爲國子助教弼辭曰先臣以來蒙恩累世比校徒流實用慙屈孝文曰朕欲敦厲冑子故屈卿先之白玉投泥豈能相汙弼曰既遇明時恥沉泥滓

祖瑩范陽人爲中書學生孝文召入令誦五經章句并陳大義帝嗟賞之瑩出後孝文戲盧昶曰昔流共工於幽州北裔之地那得忽有此子昶對曰當是才爲世生以才名拜太學博士

劉芳爲通直常侍孝文詔以芳經學精洽超遷國子祭酒

董徵字文發頓丘衛人從傅陵劉獻之徧受諸經數年之中大義精練講授生徒太和末爲四門小學博士

崔景儁梗正有高風好古博涉以經明行修徵拜中書博士

北齊李鉉字寶鼎勃海南皮人撰定孝經論語毛詩三禮義疏及三傳異同周易義例東魏末舉秀才除太子博士文宣天保初詔鉉與殿中尚書邢卲中書令魏收等參議禮律仍兼國子博士時詔北平太守宋景業西河太守綦毋懷文等草定新曆錄尚書平原王高隆之令鉉與通直常侍房延祐國子博士刁柔參考得失尋正國子博士

刁柔字子溫勃海人綜習經史尤留心禮儀高祖令教授諸子

文宣天保初除國子博士張買奴平原人經義該博諸儒咸推
重之歷太學博士國子助教
邢峙字士峻河間鄚人通三禮左氏春秋天保初郡舉孝廉授
四門博士遷國子助教又拜國子博士（一）張雕中山北平人偏通
五經尤明三傳廢帝乾明初除國子博士琅邪王嚴求博士精
儒學有司以雕應選時號得人累遷國子祭酒
馬敬德河間人少好儒術留意於春秋左氏舉秀才中第乃請
試經業問十條並通擢授國子助教遷太學博士後主天統初
除國子博士武平初拜國子祭酒
孫靈暉長樂武彊人舉秀才射策高第後以儒術甄明擢授太
學博士累遷潼郡太守天統中勑令朝臣推舉可爲南陽王綽
師者吏部尚書尉瑾表薦之徵爲國子博士授南陽王經
劉軌思勃海人說詩甚精天統中任國子博士
鮑季詳勃海人甚明禮兼通左氏春秋諸儒稱之天統中爲太

學博士
張思伯河間樂城人善說左氏亦治毛詩章句以二經教齊安
王廓武平初拜國子博士
後周沈重字德厚吳興武康人專心儒學博覽群書尤明詩禮
及左氏春秋初仕梁高祖欲高置學官以崇儒教中大通四年
乃革選以重補國子助教大同二年除五經博士（一）盛誕仕西魏
爲散騎常侍太祖以誕儒宗學府爲當世所推乃拜國子祭酒
薛愼爲太祖丞相府墨曹參軍太祖於行臺省置學取丞郎及
府佐德行明敏者充生悉令旦理公務晚就講習先六經後子
史又於諸生中簡德行淳懿者侍讀書愼與隴西李伯良辛韶
武功蘇衡譙郡夏侯裕安定梁曠梁禮河東裴舉薛同滎陽鄭
朝等十二人並應其選又以愼爲學師以知諸生課業
樊深字文深講習五經晝夜不倦太祖置學于東館教諸將子
弟以深經學通贍儒者推其博物後除國子博士六官建拜太

學助教遷博士
蕭撝字智遐博觀經史雅好屬文武帝時爲上州刺史及入朝
屬置露門學士帝以撝與唐瑾元偉王褒等四人俱爲文學博
士
熊安生字植之博通五經尊以三禮教授北齊河清中陽休之
奏爲國子博士武帝入鄴令隨駕入朝至京勑令於大乘佛寺
參議五禮宣政元年拜露門學博士下大夫（一）樂遜字遵賢西魏
廢帝二年太祖召遜教授諸子講孝經論語毛詩及服虔所注
春秋左氏傳授大學助教閔帝元年治太學博士轉治小師氏
下大夫宣帝大象中又爲露門博士（一）隋房暉遠字崇儒常山真
定人治三禮春秋三傳詩書周易常以教授爲務北齊南陽王
綽爲定州刺史聞其名召爲博士周武帝平齊搜訪儒俊（一）暉遠
首膺辟命授小學下士及高祖受禪太常卿牛弘每稱爲五經
庫吏部尚書韋世康薦之遷太學博士後爲國子博士

王頍初仕後周武帝引爲露門學士每有議史多頍所爲高祖
開皇初授著作佐郎於國子講授會高祖親臨釋奠祭酒元善
講孝經頍與相論難詞義鋒起善往往見屈高祖大奇之超授
國子博士
馬光字榮伯武安人尤明三禮爲儒者所宗開皇初高祖徵山
東義學之士光與張仲讓孔籠竇士榮張里奴劉祖仁等俱至
並授太學博士時人號爲六儒
褚輝字高明吳郡人以三禮學稱於江南煬帝時徵天下儒術
之士悉集內史省相次講論輝博辯無能屈者於是擢爲太學
博士
唐徐文遠洛州偃師人博覽五經尤精左傳隋開皇中累遷太
學博士大業初擢授國子博士時人稱文遠之左氏爲一時之最
陸德明蘇州人陳宣帝太建中太子徵四方名儒講于承光殿
德明年弱冠往預焉後帝禎明中爲國子助教煬帝嗣位以爲

祕書學士大業中廣召經明之士四方至者甚衆遣德明與魯達孔褒俱會門下省共相駁難無出其右者授爲國子助教高祖武德中補太學博士太宗貞觀初拜國子博士

孔穎達字仲達冀州衡水人隋大業初舉明經高第授河內郡博士煬帝徵諸郡儒官集于東都令國子秘書學士與之論難穎達爲最補太學助教太宗在藩引爲秦府文學館學士及即位擢授國子博士貞觀六年累除國子司業歲餘遷太子右庶子仍兼國子司業與諸儒議曆及明堂皆從穎達之說十二年拜國子祭酒

司馬才章魏州貴鄉人父烜博涉五經善緯候才章少傳其業隋末爲郡博士貞觀初太宗謂侍臣曰隋末學者凋喪儒教陵遲唯陸德明徐文遠爲儒玄臺與三二年間相次殂殁豈有後進之士經業優洽而未升用者乎因徵才章及王玠王恭俱拜爲學士（才章爲國子助教 王恭爲太學博士）

蓋文懿貝州宗城人武德初爲國子助教時高祖別於秘書省置學教授王公之子以文懿爲博士貞觀中除國子博士

許叔牙少精於毛詩禮記尤善諷詠貞觀初累授晉王文學兼侍王讀書字遷太子洗馬兼崇賢館學士仍兼侍讀

馬嘉運魏州繁水人尤精儒業貞觀十一年召拜太學博士

經道琮少爲太學生勤於學業高宗末爲太學博士

褚無量字弘度杭州鹽官人尤精三禮及史記中宗朝累除國子博士遷司業兼脩文館學士以母老請解官歸侍玄宗在東宮召拜國子司業兼皇太子侍讀及即位遷兼國子祭酒

歸崇敬字正禮蘇州吳人天寶初以經業擢第調授四門助教轉博士司業德宗建中初又拜國子司業

馮伉京兆人少有經學累登五經秀才及博學三史科德宗貞元中爲皇太子及諸王侍讀憲宗元和初拜國子祭酒後爲散騎常侍復領太學

史迴文宗太和初爲四門館助教五年閏十二月國子監以迴及處士成子野蓋肅庾梁德方前越州參軍疆嘉徽等皆通經術准長慶元年敕書郞文得以薦聞請勅所在州府給時服許傳遞至京與太學諸生講說仍乞委中書門下更加搜訪如有此比准此徵赴闕庭從之

周田敏初仕漢乾祐中爲戶部侍郎兼國子祭酒時桑維翰執政時或有不悅敏者言未有學官兼丞郎者又言敏長於經義唯學官最稱職維翰乃去戶部侍郎祇爲祭酒加檢校右僕射尋而復除右丞兼判國學

世業

自夫子之以詩禮授伯魚而有趨庭之訓其後漢武表章六經始立博士開弟子員設科射策勸以官祿學者寖盛蓋獲利之使然亦或有父子講習以著專門之稱家世祖述以成傳業之美莫不遵章句之要精詁訓之說克纘前緒見推當時以至歷世相沿之遐邈不墜其素風誨生徒以蕃熾益廣乎遺教名家獨出蔚爲儒宗稽古擅譽以階榮爵蓋賢有言斥籝金之非寶夏侯立論謂朱紫之可拾斯不誣矣

漢孔光字子夏孔子十四世之孫孔子生伯魚鯉（名鯉字伯魚）鯉生子思伋（伋字子思）伋生子上帛帛生子家求求生子眞箕（孔氏自鯉爲 示尊其先也）箕生子高穿穿生順順爲魏相順生鮒鮒爲陳涉博士死陳下鮒弟子襄爲孝惠博士長沙太傅襄生忠忠生武及安國武生延年延年生霸字次孺霸生光焉安國延年皆以治尚書爲武帝博士安國至臨淮太守霸亦治尚書光位至丞相

士孫張字仲方受易於五鹿充宗爲給事家世傳業

兒寬受尚書於孔安國而歐陽大小夏侯氏學皆出於寬寬授歐陽生子世世相傳至曾孫高子陽爲博士（子陽名高字）高孫地餘長賓以太子中庶子授太子後爲博士論石渠地餘少子政爲王莽講學大夫由是尚書世有歐陽氏學寬位至御史

大夫

韓嬰孫商宣帝時為博士涿郡韓生其後也以易徵待詔殿中曰所受易即先太傅也嘗受韓詩不如韓氏易深

滿昌字君都通詩禮為詹事守世傳業

瑕丘公受穀梁春秋及詩於魯申公傳子至孫為博士

徐良字斿卿受大戴禮為博士家世傳業

夏侯勝其先夏侯都尉從濟南張生受尚書以傳族子始昌始昌傳勝勝又事同郡簡卿兒寬門人勝傳從兄子建由是尚書有大小夏侯之學勝位至太子太傅

橋仁字季卿受大戴禮為大鴻臚家世傳業韋賢治詩事大江公及許生大江公瑕丘江公也又治禮至丞相傳子玄成以淮陽中尉論石渠後亦至丞相玄成及兄子賞以詩授哀帝由是魯詩有韋氏學

王中受嚴彭祖春秋為元帝少府家世傳業尹更始受左氏傳

取其變理合者以為章句傳子咸官至諫大夫長樂戶將

劉向為中壘校尉子歆為黃門郎河平中受詔領校尉哀帝初即位大司馬王莽舉歆宗室有材行為侍中太中大夫遷騎都尉奉車光祿大夫貴幸復領五經卒父前業

後漢洼丹世傳孟氏易建武初為博士

高詡曾祖父嘉以魯詩授元帝仕至上谷太守父容少傳嘉學哀平間為光祿大夫詡以父任為郎中世傳魯詩徵為博士秋

沉以明經為郎子弁少好學習父業袁山松書曰弁少學詩禮明識有權謀

曹褒字叔通父充持慶氏禮慶普字孝公為東平太傅受禮於后蒼號慶氏禮建武中為博士褒少篤志有大度結髮傳充業博雅疏通尤好禮事惡位至侍中

徐防祖父宣為講學大夫以易教授王莽父憲亦傳宣業防少習父祖學位至太尉

鄭甫德為開封令學傳父業

陳元父欽習左氏春秋王莽從欽受學以欽為厭難將軍元少傳父業為之訓詁銳精覃思至不與鄉里通

歐陽歙自歐陽生傳伏生尚書至歙八世皆為博士

伏湛字惠生琅邪東武人九世祖勝字子賤所謂濟南伏生也湛父理為當世名儒以詩授成帝為高密太傅別自名學為高密王寬傳也寬武帝玄孫與後王稱後也

湛性孝友少傳父業教授數百人成帝時以父任為博士弟子初自伏生已後世傳經學湛子翕翕子光光子晨晨子無忌無忌亦傳家學博物多識順帝時為侍中永和元年詔無忌與議郎黃景校定中書五經諸子百家藝術中書內中之書也

桓榮受朱普學章句四十萬言浮辭繁長多過其實及榮入授顯宗減為二十三萬言榮子郁復刪省定成十二萬言由是有桓君大小太常章句郁敦厚篤學傳父業以尚書教授門徒常數百人郁中子焉能世傳其家學焉

孫典字公雅復傳其家業以尚書教授潁川門徒數百人論曰伏氏自東西京相襲為名儒以取爵位中興而桓氏尤盛自榮至典世宗其道父子兄弟代作帝師受其業者皆至卿相顯乎當世孔子曰古之學者為己今之學者為人為人者憑譽以顯物為己者因心以會道桓榮之累世見宗豈其為己乎榮位至太常

鮑永少有志操習歐陽尚書子昱少傳父學客授於東平位終兗州牧

劉軼字君文父昆受施氏易於沛人戴賓教授弟子常五百餘人軼傳昆業門徒亦盛位至宗正

鄭衆字仲師從父受左氏春秋子安世亦傳家業為長樂未央廐令

伏黯以明齊詩改定章句作解說九篇位至光祿勳子恭少傳黯學除劇令舉尤異太常試經第一拜博士以父章句繁多乃省減浮辭定為二十萬言

薛漢世習韓詩父子以章句著名漢少傳父業教授常數百人

建武初爲博士當世言詩者推漢爲長
袁安祖父良習孟氏易安少傳良學安子敞及[illegible]亦傳[illegible]
教授京作難記三十萬言京子彭字伯楚少傳父業[illegible]
河內[illegible]傳家學諸儒稱其節多歷顯位安位至大尉
甄宇習嚴氏春秋教授常數百人位至太子少傅傳業子[illegible]
子承承講授常數百人子孫傳學不絶
劉昆傳學號爲通儒子龍少受父業以明經舉孝廉
李郃字孟節漢中南鄭人父頡以儒學稱官至博士郃襲父業
遊太學通五經善河洛風星當世稱之
宋意字伯志父京以大夏侯尚書教授至遼東太守意少傳父
業
楊震字伯起少好學受歐陽尚書於太常桓[illegible]中子秉字叔
節少傳父業兼明京氏易博通書傳常隱居教授[illegible]
獻亦傳家學篤志博聞常退居隱約教授[illegible]
[illegible]者以爲能世其家教早卒子衆亦傳先業震位
至大尉
孔奮少從劉歆受春秋左氏傳弟奇博通經典作春秋左氏刪
[illegible]定其本意號有子嘉官至城門校尉作左氏說云[illegible]
牟長習歐陽尚書爲博士子紆又以隱居教授門生千人
曹曾從歐陽歙受尚書門徒三千人位至諫議大夫子祉河南
尹傳父業教授
崔駰通詩易春秋子瑗字子玉早孤銳志好學盡能傳其父業
年十八至京師從侍中賈逵質正大義逵善待之瑗還爲車騎
將軍辟駰爲掾
賈逵父徽習左氏春秋兼習國語周官又受古文尚書於塗惲
學毛詩於謝曼卿逵悉傳父業弱冠能誦左氏傳及五經本文
以大夏侯尚書教授雖爲古學兼通五家穀梁之說自爲兒童
常在太學不通人間事位至侍中楊統曾祖父仲續[illegible]學

以夏侯尚書相傳
郎顗父宗學京氏易能望氣占候顗少傳父業後拜郎中辭[illegible]
就
翟酺四世傳詩酺好老子尤善圖緯天文歷筭位至將作大匠
張酺少從祖父充受尚書能傳其業又事太常桓榮勤力不怠
聚徒以百數酺位至太尉孔僖二子長彥季彥長彥好章句學季彥守其
家業門徒數百人官至臨晉令
馬日磾字翁叔馬融之族子少傳融業以才學進與楊彪盧植
蔡邕等典校中書歷位九卿遂登台輔
蜀許慈字仁篤治易尚書三禮毛詩論語子勛傳其業復爲博
士
尹默字思潛從司馬德操宋仲子等受古學皆通諸經史子宗
傳其業爲博士
吳虞翻太帝時爲騎都尉翻初立易注奏上曰臣聞六經之始
莫大陰陽是以伏羲仰天縣象而建八卦觀變動六爻爲六十
四以通神明以類萬物臣高祖父故零陵太守光治孟氏易曾
祖父故平輿令成纘述其業至臣祖父鳳爲之最密臣亡考故
日南太守歆受本於鳳最有舊書世傳其業至臣五世
晉王衍期父接官至征虜將軍雅有才思注公羊又撰列女後傳衍期
流寓江南爲父本意注公羊又集列女後傳云
范宣尤善三禮常以講誦爲業子輯亦以講授爲事宣以大學
博士散騎郎並徵不就
宋杜坦祖預注春秋左氏傳坦與弟驥傳其家業坦位至右將
軍
南齊裴昭明河東聞喜人祖松之太中大夫父駰南中郎參軍
昭明少傳儒史之業爲太學博士
梁明山賓爲國子博士卒其子興道亦傳父業歷官太學博士
[illegible]脩父仲都善周易大歷中脩歷官五經博士將以傳父業

通孝經論語
苗頴字子真尤精三禮爲中書郎國子博士卒官子胥字長才
傳父學抜三家大學博士
賀瑒字德璉會稽山陰人祖道力善三禮爲尚書三公郎建康
令瑒少傳家業爲五經博士子革字文明少通三禮及長徧治
孝經論語毛詩左傳
賀琛伯父瑒爲世碩儒授經於琛高祖聞琛學術召見文德殿
與語悅之謂僕射徐勉曰琛殊有世業仍補王國侍郎俄兼太
學博士孔僉通五經尤明三禮歷官國子助教三爲五經博士
子俶玄頗涉父學官至大學博士僉兄子元素又善三禮有盛
名
司馬筠字貞素博通經術尤明三禮累加左丞出爲始興內史
卒官子壽傳父業亦明三禮歷官尚書祠部郎出爲曲阿令
沈峻爲五經博士卒子文阿傳父業尤明左氏傳太清中自國

子助教爲五經博士
陳杜之偉字子大吴郡錢塘人家世儒學以三代傳門父規梁
奉朝請之偉有逸才七歲受尚書稍習詩禮略通其學十五徧
觀文史儀禮故事時輩稱其早成累遷太中大夫
顧越字思南吴郡鹽官人所居新坡黄岡世有鄉校由是顧氏
多儒學焉越少孤以勤苦自立說毛詩旁通異義梁世補五經
博士
賀德基字承業世傳禮學祖文發父淹仕梁俱爲祠部並有名
當世德基於禮記稱爲精明居以傳授累遷尚書祠部郎德基
雖不至大官而三世儒學俱爲祠部時論美其不墜焉
後魏李曾以治鄭氏禮左氏春秋以教授爲業三辟功曹並不
就子孝伯少傳父業博綜羣言孝伯兄祥字元善學傳家業鄉
黨宗之江式字法安陳留濟陽人六世祖瓊字孟琚晉馮翊太
守善蟲篆詁訓永嘉大亂瓊棄官西投張軌子孫因居涼土世
傳家業
祖彊字文威後魏太延五年涼州平内從代京上書三十餘法
各有體例又獻經史諸子千餘卷由是擢拜中書博士式少專
家學兼著作郎
劉獻之饒陽人善春秋毛詩每講左氏盡隱公八年便止云義
例已了不復須解孝文幸中山詔徵典内校書固以疾辭四子
放古奕古纂古脩古並傳父詩
北齊馬敬德河間人少好儒術負笈隨大儒徐遵明學詩禮略
通大義遂留意於春秋左氏爲諸儒所稱累授助教博士侍講
東宮子元熙字長明少傳父業兼事文藻累遷散騎侍郎待詔
文林館後主武平中皇太子將講孝經有司請擇師友帝曰馬
元熙朕師之子可令教兒儒者榮其世載
顏之推字介琅邪臨沂人父勰世善周官左氏梁湘東王諮議
參軍之推早傳家業博覽羣書無不該洽湘東以爲國左常侍

後周盧辯字景宣范陽涿人累世儒學父靖太常丞辯少好學
博通經籍舉才爲太學博士以大戴禮未有解詁辯乃注之其
兄景裕爲當時碩儒謂辯曰昔侍中注小戴今爾注大戴庶纂
前脩矣
隋包愷字和樂東海人其兄愉明五經愷悉傳其業爲國子助教
庾季才爲太史大夫藝術精通子質復爲大史令質子儉亦
傳父業兼有學識
唐顏籀字師古琅邪臨沂人祖之推仕北齊爲黄門侍郎有盛
名父思魯以學業稱武德初秦府記室參軍事師古少傳家
業博學羣書多所討練尤精詁訓善屬文累遷秘書監弘文館
學士卒
許孟容京兆長安人父鳴謙究通易象官至撫州刺史孟容少
以文詞知名舉進士後究王氏易登科授秘書省校書郎
蔣乂字德源祖瓌太子洗馬開元中弘文館學士父將明累遷

國子司業集賢殿學士代爲名儒又史官吴兢之外孫初使記覽勇冠儕通羣籍史才尤長宰相張鎰見而奇之署集賢小職

冊府元龜卷第五百九十七

冊府元龜卷第五百九十八

學校部

教授

自仲尼返魯刪定六藝然後學徒有所宗儒術以之振矣雖復哲人其萎微言遂絕而達者斯衆傳授寖廣漢氏而下師訓彌盛素業所守乃專門而靡雜稟教殊指或名家而别出岐分脈散增華並騖蓋有爵位通顯譽望充洽風誼推美士林傾慕徒衆輻湊不遠乎千里名籍包舉或踰於萬數以至肥遯求志杜門卻埽其於傳道誨人未嘗倦也玆所謂拳拳服膺恂恂善誘遂教學之旨為丘門之篤論者焉

卜商字子夏衛人孔子既沒居西河教授為魏文侯師澹臺滅明事孔子既以受業南游至江從弟子三百人設取予去就名施乎諸侯

商瞿字子木魯人受易孔子（商瞿生也 瞿音衢）以授子庸（姓橋名庇字子庸 庇音必）子庸授江東馯臂子弓（馯臂也 音韓）子弓授燕周醜子家子家授東武孫虞子乘子乘授齊田何子裝及秦禁學易為筮卜之書獨不禁故傳授者不絕

漢田何以齊田徙杜陵號杜田生（高祖用婁敬之言徙關東大族故何以舊齊田氏見徙號）（未為杜陵史家本其地遂言也）授東武王同子中雒陽周王孫丁寬齊服生皆著易傳數篇（田生授王同周王孫丁寬服生四人而四人皆著易傳也 子中王同字也）同授淄川楊何字叔元元光中徵為太中大夫齊即墨城至城陽相（姓即墨名城）廣川孟但為太子門大夫魯周霸莒衡胡（莒人姓衡名胡也）臨淄主父偃皆以易至大官要言易者本之田何

丁姓字子孫從魯榮廣受詩春秋為中山傳中章昌字曼君楚人也（姓申章）從丁姓受學為長沙太傅

丁寬字子襄梁人從田何受易授同郡碭田王孫（碭者梁郡之屬縣也 音唐）王孫授施讎孟喜梁丘賀繇是易有施孟梁丘之學寬景帝時為梁孝王將軍王臧蘭陵人從魯申公受詩已通事景帝為太子少傅

施讎字長卿沛人沛與碭相近讎為童子從田王孫受易後讎徙長陵田王孫為博士復從卒業與孟喜梁丘賀並為人謙讓常稱學廢不教授及梁丘賀為少府事多迺遣子臨分將門人張禹等從讎問讎自匿不肯見賀固請不得已乃授臨等於是賀薦讎結髮事師數十年（從結髮為童子即學師之事著其早也）賀不能及詔拜讎為博士讎授張禹琅邪魯伯伯為會稽太守禹至丞相禹授淮陽彭宣沛戴崇字平崇為九卿宣大司空禹宣皆有傳魯伯授太山毛莫如少路（姓毛名莫如字少路）琅邪邴丹曼容著清名莫如常山守此其知名者也繇是施家有張彭之學

孟喜字長卿東海蘭陵人也父號孟卿（時人以孟喜之父號卿之言公夫）善為禮春秋授后蒼疏廣世所傳后氏禮疏氏春秋皆出孟卿孟卿以禮經多春秋煩雜乃使喜從田王孫受易喜授同郡白光少子沛翟牧子兄（兄讀曰況）皆為博士繇是有翟孟白之學

梁丘賀字長翁琅邪諸人也以能心計為武騎從太中大夫京房受易房者淄川楊何弟子也（自别一京房非焦延壽弟子為郎者也 京房之法或書字或不當為）房出為齊郡太守賀更事田王孫賀傳子臨臨亦入說為黃門郎甘露中奉使問諸儒於石渠臨學精熟專行京房法琅邪王吉通五經聞臨說善之時帝選高材郎十人從臨講吉乃使其子郎中駿上疏從臨受易五鹿充宗授平陵士孫張仲方（士孫姓張名仲方字）沛鄧彭祖子夏齊衡咸長賓張為博士至揚州牧家世傳業彭祖真定太傅咸王莽講學大夫繇是梁丘有士孫鄧衡之學

京房受易梁人焦延壽（延壽字 名贛）延壽云嘗從孟喜問易會喜死房以為延壽易即孟氏學翟牧白生不肯皆曰非也至成帝時劉向校書考易說以諸易家說皆祖田何楊叔丁將軍大誼略同唯京氏為異黨焦延壽獨得隱士之說（黨讀曰儻）孟氏不相與同房授東海殷嘉河東姚平河南乘弘（乘姓也 音）皆為郎博士繇是易有京氏之學位至魏郡太守

費直，東萊人也。治易爲郎，長於卦筮，亡章句，徒以彖象繫辭十篇解說上下經。琅邪王璜能傳之。

伏生名勝，濟南人，爲秦博士。孝文時求能治尚書者，天下亡有。聞伏生治之，欲召。時伏生年九十餘，老不能行，於是詔太常使掌故朝錯往受之。（衛宏定古文尚書序云：伏生老，不能正言，言不可曉也，使其女傳言教錯。齊人語多與潁川異，錯所不知者凡十二三，略以其意屬讀而已。）秦時禁書，伏生壁藏之。其後大兵起，流亡。漢定，伏生求其書，亡數十篇，獨得二十九篇，即以教于齊魯之間。齊學者由此頗能言尚書，山東大師亡不涉尚書以教。伏生教濟南張生及歐陽生。是後魯周霸、雒陽賈嘉頗能言尚書。（嘉者，賈誼之孫也。）

孔安國有孔氏古文尚書，以今文字讀之，因以起其家逸書，得十餘篇，蓋尚書茲多於是。遭巫蠱，未立於學官。安國爲諫大夫，授都尉朝，（都尉，官名；朝，名也。）而司馬遷亦從安國問故。遷書載堯典、禹貢、洪範、微子、金縢諸篇，多古文說。都尉朝授膠東庸生，庸生授清河胡常少子。（常字少子）

歐陽生字和伯，千乘人也。事伏生，授倪寬。寬又受業孔安國。歐陽大小夏侯氏學皆出於寬。寬授歐陽生子，世世相傳至曾孫高，爲博士。由是尚書世有歐陽氏學。

林尊字長賓，濟南人也。事歐陽高，爲博士，授平陵平當、梁陳翁生。翁生授家世傳業。由是歐陽有平陳之學。翁生授琅邪殷崇、楚國龔勝，而平當授九江朱普公文、上黨鮑宣。宣爲司隸校尉，徒衆尤盛，知名者也。

高相，沛人也。治易與費公同時，其學亦亡章句，專說陰陽災異，自言出於丁將軍。傳至相，相授子康及蘭陵毋將永。康以明易爲郎，永至豫章都尉。

夏侯勝，其先夏侯都尉，從濟南張生受尚書，以傳族子始昌，始昌傳勝。勝又事同郡蕑卿。（蕑音簡）蕑卿者，倪寬門人。勝傳從兄子建，又事歐陽高。由是尚書有大小夏侯之學。勝位至太子太傅。

周堪字少卿，齊人也。與孔霸俱事大夏侯勝。堪授牟卿及長安許商字長伯。牟卿爲博士。霸以帝師賜爵號褒成君，傳子光，亦事牟卿。由是大夏侯有孔許之學。商至光祿勳。

張山拊字長賓，平陵人也。（拊音膚）事小夏侯建，爲博士，授同縣李尋、鄭寬中少君、山陽張無故子儒、信都秦恭延君、陳留假倉子驕。無故善脩章句，守小夏侯說文，恭增師法至百萬言。（言小夏侯本所說之文不多，而秦恭又更增益，故至百萬言。）

申公名培，魯人。少與楚元王交俱事齊人浮丘伯受詩。漢興，高祖過魯，申公以弟子從師入見於魯南宮。呂太后時，浮丘伯在長安，楚元王遣子郢與申公俱卒學。（郢即郢客也。）元王薨，郢嗣立爲楚王，令申公傅太子戊。戊不好學，病申公。（病猶苦也。）及戊立爲王，胥靡申公。（胥靡，相係而作役。）申公愧之，歸魯，退居家教，終身不出門，復謝賓客，（身不出門，非受業弟子，其它賓客來者，又謝遣之，不與相見也。）獨王命召之乃往。弟子自遠至受業者千餘人。申公獨以詩經爲訓故以教，亡傳，[illegible]之疑者則闕弗傳。蘭陵王臧從受詩。申公弟子以百數，申公以詩、春秋授，而瑕丘江公盡能傳之。及魯許生、免中徐公（免中，邑名也）皆守學教授。

韋賢治詩，事大江公及許生，（大江公即瑕丘江公也，以其下有博士江公，故稱大。）又治禮，至丞相。傳子玄成及兄子賞，以詩授哀帝，由是魯詩有韋氏學。

王式，東平新桃人，事免中徐公及許生。式爲昌邑王師。山陽張長安（長安，張生名也）先事式，後東平唐長賓、沛褚少孫亦來事式。張生、唐生、褚生皆爲博士。由是魯詩有張唐褚氏學。張生兄子游卿爲諫大夫，以詩授元帝。其門人琅邪王扶、陳留許晏。由是張家有許氏學。初，薛廣德亦事王式，以博士論石渠，授龔舍。

轅固，齊人也。以治詩孝景時爲博士，諸齊以詩顯貴，皆固之弟子也。昌邑太傅夏侯始昌最明。

后倉字近君，東海郯人也。事夏侯始昌。始昌通五經，倉亦通詩禮，授翼奉、蕭望之、匡衡。衡授琅邪師丹、伏理斿君、潁川滿昌君都。君都尉詹事治高密太傅家世傳業由是齊詩有翼衡師伏之學滿昌授九江張邯琅邪皮容皆至大官徒衆尤盛著說禮數萬言號曰后氏曲臺記授沛聞人通漢子方（聞人姓也名通漢字子方也）梁戴德延君戴聖次君沛慶普孝公德號大戴聖號小戴由是禮有大戴小戴慶氏之學普授魯夏侯敬又傳族子咸大戴授琅邪徐良斿卿家世傳業小戴授梁人橋仁季卿楊子榮子孫（子孫子榮之字也）家世傳業由是大戴有徐氏小戴有橋楊氏之學叢官至少府

韓嬰燕人也景帝時爲常山王太傅韓生推詩人之意而爲外傳數萬言其語頗與齊魯閒殊然其歸一也淮南賁生受之讀（反）自是之後而燕趙閒言詩者由韓生韓生孫商爲武帝博士孝宣時涿郡韓生其後也以易徵待詔殿中曰所受易即先太傅所傳也嘗受韓詩不如韓氏易深太傅故專傳之司隷校尉蓋寬饒本受易於孟喜見涿韓說易而好之即更從受焉

趙子河內人也（臣欽若等曰趙子史不載其名）事燕韓生授同郡蔡誼誼授同郡食子公與王吉食生授泰山栗豐吉授淄川長孫順順是韓詩有王食長孫之學豐授山陽張就順授東海髮福皆至大官徒衆尤盛

毛公趙人也治詩爲河閒獻王博士授同國貫長卿長卿授解延年延年授徐敖敖授九江陳俠由是言毛詩者本之徐敖

胡毋生字子都齊人也治公羊春秋爲景帝博士與董仲舒同業仲舒著書稱其德年老歸教於齊齊之言春秋者宗事之公孫弘亦頗受焉而董生爲江都相弟子遂之者蘭陵褚大東平嬴公廣川段仲溫呂步舒（遂謂名位成達者）大至梁相步舒丞相長史唯嬴公守學不失師法爲昭帝諫大夫授東海孟卿魯眭孟孟爲符節令坐說災異誅

嚴彭祖字公子東海下邳人也與顏安樂俱事眭孟孟弟子百餘人唯彭祖安樂爲明質問疑誼各持所見孟曰春秋之意在二子矣孟死彭祖安樂各顓門教授（顓與專同謂各自名家）由是公羊春秋有顏嚴之學彭祖授琅邪王中爲元帝少府（中讀爲仲）家世傳業中授同郡公孫文東門雲

顏安樂字公孫魯國薛人眭孟姊子也安樂授淮陽泠豐次君（泠音零）淄川任公由是顏家有泠任之學始貢禹事嬴公成於眭孟疏廣事孟卿廣授琅邪筦路（筦亦管字也）禹授潁川堂谿惠（堂谿姓也）惠授泰山冥都（冥莫零切）都與路又事顏安樂故顏氏復有筦冥之學路授孫寶爲大司農豐授馬宮琅邪左咸徒衆尤盛宮至齊郡太守丞

瑕丘江公受穀梁春秋及詩於魯申公傳子至孫爲博士武帝時江公與董仲舒並仲舒通五經能持論善屬文江公吶於口（吶古訥字奴骨切）上使與仲舒議不如仲舒而丞相公孫弘本爲公羊學比輯其議卒用董生（比頻寐切輯與集同比合也）於是上因尊公羊家詔太子受公羊春秋由是公羊大興太子既通復私問穀梁而善之其後浸微（浸漸也）唯魯榮廣王孫皓星公二人受焉廣盡能傳其詩春秋高材捷敏與公羊大師眭孟等論數困之（數音朔）故好學者頗復授穀梁沛蔡千秋少君梁周慶幼君丁姓子孫（丁姓字子孫）皆從廣受千秋又事皓星公爲學最篤千秋宣帝時說穀梁上善穀梁說擢千秋爲諫大夫給事中後有過左遷平陵令復求能爲穀梁者莫及千秋上愍其學且絕迺以千秋爲郎中戶將選郎十人從受汝南尹更始翁君本事千秋會千秋病死徵江公孫爲博士劉向以故諫大夫通達待詔受穀梁欲令助之江博士復死迺徵周慶丁姓待詔保宮（保宮少府之屬官也本名居室）使卒授十人自元康中始講至甘露元年積十餘歲皆明習迺召五經名儒太子太傅蕭望之等大議殿中平公羊穀梁同異各以經處是非時公羊博士嚴彭祖侍郎申輓（輓音晚）伊推宋顯穀梁議郎尹更始待詔劉向周慶丁姓並論公羊家多不見從願請內侍郎許廣使者亦並內穀梁家中郎王亥各五人（[illegible]）

詳謂讞議也內謂引入議所也說謂許論而使者斷其內王者也公羊議三十餘事望之等十一人各以經誼對多從穀梁由是穀梁之學大盛慶姓皆為博士周慶丁姓二人也姓授楚申章昌曼君姓申章名昌字曼君尹更始又受左氏傳取其變理合者以為章句傳子咸及翟方進琅邪房鳳

朱雲為槐里令後不仕居鄠田教授譯諸生然後為弟子九江嚴望及望兄子元字仲能傳雲學皆為博士

房鳳字子元不其人也不其琅邪之縣也其音基為五官中郎將時光祿勳王龔以外屬內卿龔平成太后親也內卿光祿大夫治中宮與奉車都尉劉歆共校書三人皆侍中歆白左氏春秋可立哀帝納之以問諸儒皆不對歆於是數見丞相孔光為言左氏以求助光卒不肯唯鳳龔許歆遂共移書責讓太常博士大司空師丹奏歆非毀先帝所立上於是以龔等補吏龔為弘農歆河內鳳九江太守始江博士授胡常常授梁蕭秉君房由是穀梁春秋有尹胡申章房氏之學

張蒼為北平侯及梁太傅賈誼京兆尹張敞太中大夫劉公子皆修春秋左氏傳誼為左氏傳訓故授趙人貫公為河間獻王博士子長卿為蕩陰令蕩陰河內縣也蕩音湯授清河張禹長子禹字長子禹與蕭望之同時為御史數為望之言左氏望之善之上書數以稱說後望之為太子太傅薦禹於宣帝徵禹待詔未及問會疾死授尹更始更始授傳子咸及翟方進胡常常授黎陽賈護季君哀帝時待詔為郎授蒼梧陳欽子佚以左氏授王莽至將軍而劉歆從尹咸及翟方進受由是言左氏者本之賈護劉歆

王吉兼通五經能為騶氏春秋以詩論教授好梁丘賀說易令子駿受焉漢興傳齊論者王吉少府宋畸畸音羈御史大夫貢禹尚書令五鹿充宗膠東庸生唯王陽名家王陽王吉字子陽傳魯論語者常山都尉龔奮長信少府夏侯勝丞相韋賢魯扶卿前將軍蕭望之安昌侯張禹皆名家張氏最後而行於世位至諫大夫

董仲舒少治春秋孝景時為博士下帷講誦弟子傳以久次相授業或莫見其面蓋三年不相窺園其精如此位至膠西[illegible]

薛廣德以魯詩教授楚國龔勝舍師事焉位至御史大夫

疏廣字仲翁少好學明春秋家居教授學者自遠方至位至太子太傅

韋賢為人質朴少欲篤志於學篤厚也兼通禮尚書以詩教授號稱鄒魯大儒位至丞相

後漢劉昆少習禮容平帝時受施氏易於沛人戴賓王莽世教授弟子常五百餘人每春秋饗射常備列典儀以素木瓠葉為俎豆桑弧蒿矢以射菟首詩小雅瓠葉序曰刺幽王棄禮而不能行故思古人之不以微薄廢禮焉詩曰幡幡瓠葉采之亨之君子有酒酌言嘗之有兔斯首炮之燔之君子有酒酌言獻之昆禮之數故引以為射節也每有行禮縣宰輒率吏屬而觀之王莽以昆多聚徒眾私行大禮有僭上心乃繫昆及家屬於外黃獄尋莽敗得免既而天下大亂昆避難河南負犢山中負犢山在河南緱氏縣建武五年舉孝廉不行遂逃教授於江陵光武聞之即除為江陵令

子軼字君文傳昆業門徒亦盛

洼丹字子玉世傳孟氏易王莽時常避世教授專志不仕徒眾數百人建武初為博士作易通論七篇世號洼君通

觟陽鴻觟陽姓鴻名也觟音胡瓦切字孟孫以孟氏易教授有名稱位少府

任安字定祖廣漢緜竹人也少遊太學受孟氏易兼通數經又從同郡楊厚學圖讖究極其術時人稱曰欲知仲桓問任安又曰居今行古任定祖學終還家教授諸生自遠而至除博士不就

伏湛更始立為平原太守時倉卒兵起天下驚擾而湛獨晏然教授不廢

伏恭湛之兄子也太常試經第一拜博士遷太常太守敦修學校教授不輟由是北州多為伏氏學

任末字叔本蜀郡繁人繁縣故城在今益州新繁縣北少習齊詩遊京師教授十餘年為郡功曹以病免

薛漢字公子淮陽人世習韓詩教授常數百人建武初為博士

當世言詩者推漢爲長

杜撫字叔和犍爲武陽人也少有高才受業於薛漢定韓詩章句後歸鄉里教授沉靜樂道舉動必以禮弟子千餘人其所作詩題約義通學者傳之曰杜君法云位至公車令

楊仁建武中詣師學習韓詩數年歸靜居教授爲閬中令卒於官

魯恭少習魯詩其後拜爲魯詩博士由是家法學者日盛

魯丕性沉深好學孳孳不倦遂杜絕交游不荅候問之禮士友常以此短之而丕欣然自得遂兼通五經以魯詩尚書教授爲當世名儒後歸郡爲督郵功曹所事之將無不師友待之

曹褒父充持慶氏禮褒又傳禮記四十九篇教授諸生千餘人慶氏學遂行於世褒位侍中

鮑永少有志操習歐陽尚書子昱少傳父學客授於東平

馮豹好儒學以詩春秋教麗山下鄉里爲之語曰道德彬彬馮仲文位至尚書

桓榮少習歐陽尚書事博士九江朱普普卒榮奔喪九江因留教授徒衆數百人莽敗天下亂榮抱其經書與弟子逃匿山谷雖常飢困而講論不輟後復客授江淮間位至太常

范升傳孟氏易以授楊政而陳元鄭衆皆傳費氏易其後馬融亦爲其傳融授鄭玄玄作易注荀爽又作易傳自是費氏興而京氏遂衰位至聊城令

楊政字子行京兆人也少好學從代郡范升受梁丘易善說經書京師爲之語曰說經鏗鏗楊子行教授數百人官至左中郎將

張興習梁丘易以教授建武中舉孝廉爲郎謝病去復歸聚徒後辟司徒馮勤舉爲孝廉稍遷博士永平初遷侍中祭酒十年拜太子少傅顯宗數訪問經術既而聲稱著聞弟子自遠至者著録且萬人爲梁丘家宗著於雜録十四年卒於官子魴傳興業位至張掖屬國都尉

魏滿字叔牙習京氏易教授位至弘農太守

孫期字仲彧濟陰成武人也少爲諸生習京氏易古文尚書家貧事母至孝牧豕於大澤中以奉養焉遠人從其學者皆執經壟畔以追之司徒黃琬特辟不行

牟融習大夏侯尚書東海王良習小夏侯尚書沛國桓榮習歐陽尚書榮世習相傳授東京最盛扶風杜林傳古文尚書林同郡賈逵爲之作訓馬融作傳鄭玄注解由是古文尚書遂顯于世

歐陽歙字正思樂安千乘人也自歐陽生傳伏生尚書至歙八世皆爲博士歙爲汝南太守在郡教授數百人濟陰曹曾字伯山從歙授尚書門徒三千人位至諫議大夫子祉河南尹傳父業教授又陳留陳弇字叔明亦授歐陽尚書於司徒丁鴻

牟長少習歐陽尚書拜博士稍遷河内太守免長自爲博士及在河内諸生講學者常有數千餘人著録前後萬人

宗登以傳歐陽尚書教授數千人位至潁川太守

張馴少遊太學能講春秋左氏傳以大夏侯尚書教授位至大

司農

孔僖字仲和自安國以下世傳古文尚書毛詩僖子季彥守其家業門徒數百人位至臨晉令

鄭衆傳周官經後馬融作周官傳授鄭玄玄作周官注玄本習小戴禮後以古經校之取其義長者故爲鄭氏學玄又注小戴所傳禮記四十九篇通爲三禮焉位至大司農

楊倫少爲諸生師事司徒丁鴻習古文尚書爲郡文學掾去職講授於大澤中弟子千餘人位太中大夫

楊寶習歐陽尚書哀平之世隱居教授

包咸少爲諸生受業長安師事博士右師細君識右習魯詩論語王莽末去歸鄉里於東海界爲赤眉所得遂見拘執十餘日咸晨夜誦經自若賊異而遺之因住東海立精舍講授位至鴻臚卿

魏應字君伯任城人也少好學建武初詣博士受業習魯詩閉

門誦習不交僚黨京師稱之後歸爲郡吏舉明經除濮陽王文學以疾免官教授山澤中徒衆常數百人後拜五官中郎將應經明行修弟子自遠方至著錄數千人

衛宏字敬仲東海人也少與河南鄭興俱好古學初九江謝曼卿善毛詩乃爲其訓宏從曼卿受學因作毛詩序善得風雅之旨于今傳於世後從大司空杜林更受古文尚書爲作訓旨時濟南徐巡師事宏後從林受學亦以儒顯由是古學大興位至議郎

董春少好學究極聖旨後還歸立精舍遠方門徒學者常數百人諸生每升堂講鳴鼓三通橫經捧手請問百人追隨上堂難問者百餘人

董鈞字文伯犍爲資中人也習慶氏禮事大鴻臚王臨累遷五官中郎將常教授門生百餘人

丁鴻授歐陽尚書於桓榮嗣封陵陽侯開門教授後以成封爲

少府門下由是益盛遠方至者數千人彭城劉愷北海巴茂九江朱倀皆至公卿

樊鯈刪定公羊嚴氏春秋章句世號樊侯學教授門徒前後三千餘人弟子潁川李脩九江夏勤皆爲三公

丁恭習公羊嚴氏春秋恭學義精明教授常數百人州郡請召不應後爲侍中祭酒

周澤字穉都北海安丘人也少習公羊嚴氏春秋隱居教授門徒常數百人位至太常

甄宇字長文北海安丘人也清靜少欲習嚴氏春秋教授常數百人宇傳業子普普傳子承承講授常數百人諸儒以承三世傳業莫不歸服之位至太子少傅

樓望少習嚴氏春秋爲左中郎將教授不倦世稱儒宗諸生著錄九千餘人

程曾受業長安習嚴氏春秋積十餘年還家講授會稽顧奉等數百人常居門下著書百餘篇皆五經通難又作孟子章句爲海西令卒於官

張玄字君夏河內河陽人也少習春秋顏氏兼通數家法建武初舉明經補弘農文學遷陳倉縣丞清淨無欲專心經書方其講問乃不食終日及有難者輒爲張數家之說令擇從所安諸儒皆伏其多通著錄千餘人

李膺爲烏丸校尉以公事免官還居綸氏教授常千人（綸氏縣屬潁川郡故城今陽城縣也）

李育字元春扶風人少習公羊春秋州郡請召育到輒辭病去常避地教授門徒數百位尚書令

潁容博學多通善春秋左氏師事太尉楊賜初平中避亂荊州聚徒千餘人劉表以爲武陵太守不肯起

謝該字文儀南陽章陵人也善明春秋左氏爲世名儒門徒數百千人位至議郎

蔡玄字叔陵汝南南頓人也學通五經門徒常千人其著錄者萬六千人徵辟並不就

賈逵字景伯尤明左氏明帝令逵自選公羊嚴顏諸生高才者二十人教以左氏（東觀記曰賜安樂與授公羊春秋扶故有象藏之辛[illegible]也）與簡紙經傳各一通及逵還衞士令永平八年乃詔諸儒選高才生受左氏穀梁春秋古文尚書毛詩由是四經遂行於世皆拜逵所選弟子及門生爲千乘王國郎朝夕受業黄門署學者皆欣欣羨慕焉

張酺永平九年明帝爲四姓小侯開學南宮置五經師酺以尚書教授位至司徒

魯丕拜趙相門生就學者常百餘人關東號之曰五經復興魯叔陵

李尚少習韓詩教授諸生常數百人位至武威太守

楊康好學常在外黄大澤教授門徒

郅惲理韓詩嚴氏春秋[illegible]後避居江夏教授後爲芒長免官又避

也教授

寒朗好經學通書傳以尚書教授舉孝廉位至清河太守

李章習嚴氏春秋經明教授位至瑯邪太守

劉茂習禮經教授常數百人位至侍中

索盧放以尚書教授千餘人位至諫議大夫

夏恭習韓詩孟氏易講授門徒常千餘人舉孝廉早卒

鍾晧世善刑律以詩律教授門徒千餘人為郎功曹後公府辟召皆不就

劉淑少好學明五經遂隱居立精舍講授諸生常數百人位至侍中虎賁中郎將

檀敷舉孝廉連辟公府皆不就立精舍教授遠方至者常數百人桓帝時博士徵不就

王良字仲子東海蘭陵人也少好學習小夏侯尚書王莽時寢病不仕教授諸生千餘人吴祐為河間相自免歸家不復仕躬灌園蔬以經書教授

郭林宗博通墳籍黨事起遂閉門教授弟子以千數

劉焉居陽城山積學教授舉賢良方正辟司徒府

董扶字茂安少從師學兼通數經善歐陽尚書又事聘士楊厚究極圖讖遂至京師游覽太學還家講授

廖扶習韓詩歐陽尚書教授常數百人州郡公府辟召皆不應就

摯恂以儒術教授隱于南山不應徵聘名重關西馬融從其遊學博通經籍

馬融才高博洽為世通儒教養諸生常有千數涿郡盧植北海鄭玄皆其徒也弟子次以相傳鮮有入其室者融位議郎

鄭玄北海人造太學受業師事京兆第五元先始通京氏易公羊春秋又從東郡張恭祖受周官禮記左氏春秋韓詩古文尚書因涿郡盧植事扶風馬融融門徒四百餘人升堂進者五十餘生玄自游學十餘年乃歸鄉里家貧耕於東萊學徒相隨已數百人靈帝末弟子河内趙商等自遠方至者數千徵大司農不就

盧植少與鄭玄俱事馬融能通古今學好研精而不守章句學終辭歸闔門教授位至尚書

皇甫規拜郎中託疾免歸以詩易教授門徒三百餘人積十四年

賈洪字叔業京兆新豐人也好學有才而特精於春秋左氏傳建安初仕郡舉計掾應州辟時州中自參軍以下百餘人唯洪與馮翊嚴苞交通材學最高洪歷守三縣令所在輒開除廐舍親授諸生

國淵字子尼師事鄭玄後與邴原管寧等避亂遼東淵篤學好古在遼東常講學於山巖士人多推慕之由此知名

蔡衍少明經講授以禮讓化鄉里仕至議郎張奐以黨罪禁錮時禁錮者不能守靜或死或徙奐閉門不出養徒千人著尚書記難三十餘萬言位至太常

邴原字根矩北海人黄巾之難避地遼東積十餘年自反國士於是講述禮樂吟詠詩書門徒數百服道數十時鄭玄以博學洽聞注解典籍故儒雅之士集焉原亦以高遠清白頤志澹泊口無擇言身無擇行故英偉之士向焉是時海内清議云青州有邴鄭之學

魏趙典少篤行隱約（隱約謂約儉也）博學經書弟子自遠方至（典學孔子七經河圖洛書内外藝術靡不貫綜受業者百有餘人）位至尚書令

吴虞翻為騎都尉翻性疏直數有酒失坐從交州雖處罪放而講學不倦門徒常數百人徵崇河南人隱於會稽躬耕以求其志好尚者從學所教不過數人輒止欲令其業必有成也

闞澤州里先輩丹陽唐固亦修身積學稱為儒者著國語公羊穀梁傳注講授常數十人位至中書令侍中太子太傅

晉續咸字孝宗為劉琨并州從事中郎性孝謹敦重履道貞素好學師事京兆杜預專以春秋鄭氏易教授常數十人博覽群

言高才善文論

宋纖敦煌効穀人也隱居于酒泉南山明究緯弟子受業三千餘人後前涼張祚徵爲太子太傅

杜夷博覽百家筭歷圖緯靡不畢究寓居汝潁之間十載足不出門年四十餘始還鄉里閉門教授生徒千人位至國子祭酒

皇甫謐字士安博綜典籍沉靜寡欲有高尚之志故終身不仕門人摯虞張軌牛綜席純皆爲晉名臣

劉瓛少篤學博通五經聚徒教授常有數十人武陵王曄爲會稽太守太祖欲令瓛爲曄講除會稽郡丞學徒從之轉衆瓛姿狀纖小儒學冠於當時京師士子貴遊莫不下席受業性謙率通美不以高名自居遊詣故人唯一門生持胡床隨後主人未通便坐問答住在檀橋瓦屋數間上皆穿漏學徒敬慕不敢指斥呼爲青溪竟陵王子良親往脩謁七年表世祖爲瓛立館以

揚烈橋故主弟給之生徒皆賀瓛曰室美豈爲人哉此華宇豈吾宅哉幸可詔作講堂猶恐見害也未及徙居遇病子良遣從瓛學者彭城劉繪順陽范縝將厨於瓛宅營齋及卒門人受學並弔服臨送葬齊樓幼瑜字季亦聚徒教授不應徵辟

吳苞字天蓋濮陽鄄城人也儒學善三禮及老莊宋泰始中過江聚徒教學冠黃葛巾竹塵尾蔬食二十餘年隆昌元年詔曰處士濮陽吳苞棲志穹谷秉操貞固沉情味古白首彌厲徵大學博士不就始安王遥光右衛江祏於蔣山南爲立館學者咸歸之以壽終

沈麟士字雲禎隱居餘不吳差山講經教授從學者數十百人各營屋宇依止其側麟士重陸機連珠每爲諸生講之

梁周弘正累遷國子博士時於城西立士林館弘正居以講授聽者傾朝野焉

王承爲中書郎下侍郎兼國子博士時膏腴貴遊咸以文學相尚罕以經術爲業唯承獨好之發言吐論造次儒者在學訓諸生述禮易義

張綰爲豫章內史綰在郡述制旨禮記正言義四姓衣冠士子聽者常數百人入爲御史中丞大同末於西開士林館聚學者綰與右衛朱异太府卿賀琛遞述制旨禮記中庸義尋華爲國子博士於學講授生徒常數百人

沈峻博通五經傳峻業者有吳郡張及會稽孔子雲官皆至五經博士

賀瑒爲步兵校尉領五經博士瑒於禮尤精館中生徒常百數弟子明經對策至數十人

諸葛璩琅邪人也居京口璩性勤於誨誘後生就學者日至居宅狹陋無以容之太守張友爲起講舍

虞僧誕會稽人以左氏教授聽者亦數百人其該通義例當時莫及

伏曼容初爲宋中散大夫宅在瓦官寺東曼容施高坐於廳事

有賓客輒升高坐爲講說生徒常數十百人

卞華字昭丘爲安成王功曹參軍兼五經博士聚徒教授華博涉有機辯說經析理爲當時之冠

何佟之爲國子博士永元末京師兵亂佟之常集諸生講論孜孜不怠

孔子袪初爲長沙嗣王侍郎兼國子助教講尚書四十徧聽者常數百人

皇侃爲國子助教於學講說聽者數百人

許懋字昭哲少孤好學爲州里所稱十四入太學受毛詩旦領師說還講座下聽者常數十百人仕至中庶子

陳袁憲字德章尚書左僕射樞之弟也幼聰敏好學有雅量梁武帝脩建庠序別開五館其一館在憲宅西憲常招引諸生與玄談論每有新義出人意表同輩咸嗟服焉後入隋爲晉王府長史

戚衮年十九梁武帝勅策孔子正言并周禮禮記義衮對高第仍除揚州祭酒從事史就國子博士宋懷方質儀禮義懷方北人自魏攜儀禮禮記疏秘惜不傳及將亡謂家人曰吾死後戚生若赴便以儀禮禮記義本付之若其不來即宜隨屍而殯爲儒者推許如此

沈德威爲太學博士轉國子助教每自學還私室以講授道俗受業者數十百人率常如此

王元規遷南平王府限內參軍王爲江州元規隨府之鎮四方學徒不遠千里來請道者常數十百人爲國子助教東宮學士自梁代諸儒相傳爲左氏學者皆以賈逵服虔之義孫瑒鎮郢州常於山齋設講肆集玄儒之士冬夏資奉爲學者所稱

張譏性恬靜不求榮利常閑逸所居宅營山池植花果講周易老莊而教授焉吳郡陸元朗朱孟博一乘寺沙門法才法雲寺沙門慧休至真觀道士姚綏皆傳其業位至東宮學士

後魏劉摸爲中書博士與李彪爲寮並相愛好至於訓導國胄甄明風範遠不及彪也

索敞字巨振以儒學見拔爲中書博士篤勤訓校肅而有禮京師大族貴遊之子弟皆敬憚威嚴多所成益位至尚書牧守者數十人皆受業於敞敞遂講授十餘年

馮元興東魏郡肥鄉人學通禮傳有文才年二十三還鄉教授常數百人

李郁爲國子博士自國學之建諸博士率不講說朝夕教授唯郁而已謙虛寬雅甚有儒者之風

劉昞字延明燉煌人父寶以儒學稱昞年十四就博士郭瑀弟子五百餘人通經業者八十餘人

高允傳通經史爲征南從事中郎府解還家教業者千餘人

後魏李曾趙郡人孝伯之子也曾少治鄭氏禮左氏春秋以教授爲業

劉蘭武邑人性聰敏讀左氏五日一遍兼通五經先是張吾貴以聰辯過人其所解說不本先儒之旨唯蘭推經傳之由本注者之意參以緯候及先儒舊事甚爲精悉自後經義審博皆由於蘭蘭又明陰陽博物多識故爲儒者宗瀛州刺史裴植徵蘭講書於州城南館植爲學主故生徒甚盛海內稱焉又特爲中山王英所重英引在館令授其子熙誘略等蘭學徒前後數千成業者衆

北齊張思伯河間樂城人也善說左氏傳爲馬敬德之次撰刊例十卷行於時亦治毛詩章句以二經教齊安王廓武平初爲國子博士

鮑季詳弟長暄兼通禮傳武平末爲任城王階承相掾常在京教授貴遊子弟齊亡後歸鄉里講卒於家

張買奴平原人經義該博門徒千餘人諸儒咸推重之名聲甚盛歷太學博士國子助教

後周樂遜爲太學博士轉治小師氏下大夫自譙王儉以下並行束脩弟子之禮遜以經術教授甚有訓導之方武帝保定中頻加賞賜遷遂伯中大夫詔魯公與畢公賢等俱以束脩之禮同受業焉天和中出爲湖州刺史秩滿還朝拜皇太子諫議復在露門教授皇子增邑一百戶

樊深講習五經爲于謹府參軍事令在館教授子孫

熊安生長樂阜城人專以三禮教授弟子自遠方至者千餘人乃討論圖緯捃摭異聞先儒所未悟者皆發明之齊河清中陽休之特奏爲國子博士安生既學爲儒宗當時受其業擅名於後者有馬榮伯張黑奴竇士榮孔籠劉焯劉炫等皆其門人焉

隋何妥爲國子博士出爲龍州刺史時有負笈遊學者妥皆爲講說教授之

房暉遠治三禮春秋三傳詩書周易常以教授爲務遠方負笈而從者動以千計南陽王綽爲定州刺史聞其名召爲博士

蕭該篤學尤精漢書

包愷兄愉明五經愷傳其業又從王仲通受史記漢書尤稱精究大業中爲國子助教于時漢書學者以蕭包二人爲宗匠聚徒教授著錄者數千人卒門人爲起墳立碣

弓
馬光爲太學博士　初教授三河間門徒千數至是多負笈從入
長安
劉焯信都昌亭人以儒學知名舉秀才射策甲科直門下省俄
除員外將軍與楊素牛引等於國子共論古今滯義後因國子
釋奠與劉炫二人論義深挫諸儒諸儒或懷妬恨遂爲飛章所
謗除名爲民於是優遊鄉里專以教授著述爲務孜孜不倦然
懷抱不廣又嗇於財不行束脩者未常有所教誨時人以此少之
劉炫河間人與著作郎王劭同脩國史兼直門下省兼於內省
考定羣言炫雖遍直三省竟不得官後除殿內將軍坐事除名
歸于家以教授爲務
王孝籍博覽羣言徧治五經開皇中召入祕書助王劭修史劭
不之禮在省多年而不免輸稅孝籍奏記於吏部尚書牛弘弘
亦知其有學業而竟不得調後歸鄉里以教授爲業終于家

唐秦暐字仁先晉陵無錫人明尚書春秋兼通史傳隋煬帝召
爲祕書省學士後還家以講爲務
王方慶年十六爲趙王府行參軍嘗就記室任希古受史記漢
書能[illegible]其業

册府元龜卷第五百九十八

冊府元龜卷第五百九十九

學校部三

侍講　講論

侍講

夫六藝之文先王所以明天道正人倫致治之成法也自漢氏之罷黜百家崇尚經術制祿位以勸學者延儒生而備清問雖復禁庭沖邃廣內嚴而通經之士得以方領矩步待講清燕稽古之力不亦榮乎魏晉而下以迄于唐從容近對延訪大義蓋不乏其人焉逮于元和之末始建學士之職列於內署恩禮尤重自非強記博識待問而不匱守道而無邪又曷能啓迪五訓述宣帝載順美而規失陳古以諷今者焉

漢兒寬治尚書武帝時爲侍御史見帝語經學帝說之從寬問尚書一篇擢爲中大夫（寬有俊才初見武帝語經學帝曰吾始以尚書爲樸學弗好及聞寬說可觀乃從寬問一篇）

梁丘賀琅邪人從京房受易宣帝時爲都司空令坐事論免爲庶人待詔黃門數人說教侍中（[illegible]侍中說[illegible]爲教授）以召賀賀入說帝善之

詩留嬰之孫宣帝時爲博士以易徵待詔殿中日說受易郎尤太傅所傳也

班伯少受詩於師丹成帝時大將軍王鳳薦伯宜勸學召見宴昵殿誦說有法拜爲中常侍帝方鄉學鄭寬中張禹朝夕入說尚書論語於金華殿中詔伯受焉既通大義又講異同於許商遷奉車都尉數年金華之業絶出與班斿博學有俊材爲右曹中郎與選受詔進讀群書（[illegible]）

後漢桓榮習歐陽尚書光武召榮令說尚書甚善之拜爲議郎每朝會輒令榮於公卿前敷奏經書帝稱善曰得生[illegible]榮爲博士車駕幸大學會諸博士論難於前榮辯明經義[illegible]賜建武末爲太常明帝即位乘輿嘗幸太常府令榮坐東面設几杖會百官天子親自執業每大射養老禮畢輒引榮及弟子昇堂執經自爲下說乃封榮關內侯

榮子郁以父任爲郎明帝以郁先師子甚見親厚常居中論經書和帝即位爲長樂少府復入侍講郁經授二帝恩寵甚篤

樓望少習嚴氏春秋明帝永平初爲侍中越騎校尉入講省內

張興習梁丘易永平十六年拜太子少傅明帝數訪問經術既而聲稱著聞弟子自遠至者著錄且萬人

謙奕文之子善說易以授明帝爲北宮衛士令

丁鴻年十三從桓榮授歐陽尚書自明帝永平十年詔徵鴻至即召見說文侯之命篇頃之拜侍中後章帝詔鴻與廣平王羨及諸儒樓望成封桓郁賈逵等論定五經同異於北宮白虎觀使五官中郎將魏應主承制問難侍中淳于恭奏上帝親稱制臨決

賈逵爲郎章帝立降意儒術特好古文尚書左氏傳建初元年詔逵入講北宮白虎觀南宮雲臺帝善逵說

召馴習韓詩爲騎都尉建初中侍講章帝

包咸爲大鴻臚以論語授顯宗子福亦以論語授和帝

魏應經明行修建初四年爲五官中郎將章帝甚重之數進見論難於前特受賞賜時會京師諸儒於白虎觀講論五經同異使應專掌難問侍中淳于恭奏之帝親臨稱制如石渠故事

桓焉郁中子也順帝即位拜太傅錄尚書事復入授經禁中

蔡玄順帝時爲議郎講論五經異同甚合帝意

趙典少篤行隱約（隱靜也約儉也）博學經書弟子自遠方至桓帝建和中四府表薦（四府太尉司徒司空大將軍府也典性明達志節清亮州郡舉茂才以病辭太尉黃瓊胡廣舉有道方正皆不應桓帝公車徵對策爲諸儒之表）徵拜議郎侍講禁內

桓彬爲議郎建和中入侍講禁中

黃瓊爲太常和平中以選入侍講禁中

楊賜爲越騎校尉建寧初靈帝當受學詔太傅三公選通尚書

桓君章句宿有重名者三公舉賜乃侍講于華光殿中洛陽宮殿名

劉寔建寧初徵拜大中大夫侍講華光殿遷侍中賜衣一襲

荀悅為黃門侍郎獻帝頗好文學悅與荀彧及黃門侍郎董遇少府孔融侍講禁中旦夕譚論

魏劉劭為散騎常侍齊王正始中執經講學賜爵關內侯

淳于俊為博士高貴鄉公甘露元年四月幸太學問諸儒曰聖人幽贊神明仰觀俯察始作八卦後聖重之為六十四立爻以極數凡斯大義罔有不備而夏有連山殷有歸藏周曰易易之書其故何也俊對曰庖犧因燧皇之圖而制八卦神農演之為六十四黃帝堯舜通其變三代隨時質文各繇其事故易者變易也名曰連山似山出內氣連天地也歸藏者萬事莫不歸藏於其中也帝又曰若使庖犧因燧皇而作易孔子何以不云燧人氏没庖犧氏作乎俊不能荅帝又問曰孔子作彖象鄭玄作注雖聖賢不同其所釋經義一也今彖象不與經文相連而注連之何也俊對曰鄭玄合彖象於經者欲使學者尋省易了也帝曰若鄭玄合之於學誠便則孔子曷為不合以了學者乎俊對曰孔子恐其與文王相亂是以不合此聖人以不合為謙帝曰若聖人以不合為謙則鄭玄何獨不謙邪俊對曰古義弘深聖問奧遠非臣所能詳盡帝又問曰繫辭云黃帝堯舜垂衣裳而天下治此庖犧神農之世為無衣裳但聖人化天下何殊異爾邪俊對曰三皇之時人寡而禽獸眾故取其羽皮而天下用足及至黃帝人眾而禽獸寡是以作為衣裳以濟時變也帝又問乾為天而復為金為玉為老馬與細物並邪俊對曰聖人取象或遠或近近取諸物遠則天地講易畢復命講尚書帝問曰鄭玄云稽古同天言堯同於天也王肅云堯順考古道而行之二義不同何者為是博士庾峻對曰先儒所執各有乖異臣不足以定之然洪範稱三人占從二人之言賈馬及肅皆以為順考古道以洪範言之肅義為長帝曰仲尼言唯天為大唯堯則之大

美在乎則天順考古道非其至者也今發篇開義以明聖德而舍其大更稱其細豈作者之意邪俊對曰臣奉遵師說未喻大義至於折中裁之聖思次及四嶽舉鯀帝又問曰夫大人者與天地合其德與日月合其明思無不周明無不照今王肅云堯意不能明鯀是以試用如此聖人之明有所未盡邪峻對曰雖聖人之弘猶有所未盡故禹曰知人則哲惟帝難之然卒能改授聖賢緝熙庶績亦所以成聖也帝曰夫有始有卒其唯聖人若不能始何以為聖其言惟帝難之然卒能改授蓋謂知人聖人所難非不盡之言也經云知人則哲能官人若堯疑鯀試之九年官人失敘何得謂之聖哲峻對曰臣竊觀經傳聖人行事不能無失是以堯失之四凶周公失之二叔仲尼失之宰予帝曰堯之任鯀九載無成汩陳五行民用昏墊至於仲尼失之宰予言行之間輕重不同也至於周公管蔡之事亦尚書所載皆博士所當通也峻對曰此皆先賢所疑非臣寡見所能究論次及有鯀在下曰虞舜帝問曰當堯之時洪水為害四凶在朝宜速登賢聖濟斯民之時也舜年在既立聖德光明而久不進用何也峻對曰堯咨嗟求賢欲遜已位嶽曰否德忝帝位堯復使嶽揚舉仄陋然後薦舜薦舜之本實由於堯此蓋聖人欲盡眾心也帝曰堯既聞舜而不登用又時忠臣亦不進達乃使嶽揚仄陋而後薦舉非急於用聖恤民之謂也峻對曰非臣愚見所能逮及於是復命講禮記帝問曰太上立德其次務施報為治何由而教化各異皆脩何政而能致於立德施而不報乎博士馬照對曰太上立德謂三皇五帝之世以德化民其次報施謂三皇之世以禮為治也帝曰二者致化薄厚不同將主有優劣邪時使之然乎照對曰誠由時有樸文故化有薄厚也

晉鄭沖初仕魏為司空及高貴鄉公講尚書沖執經親授與侍中鄭小同俱被賞賜

荀顗字景倩仕魏為侍中為少帝執經拜騎都尉賜爵關內侯

虞皎爲諫議大夫常侍文帝講詩中庶子何劭論風雅正變之義皎起難往反四坐莫能屈之

徐邈博涉多聞孝武帝始覽典籍招延儒學之士邈年四十四始補中書舍人在西省侍帝

車胤爲中書侍郎孝武帝嘗講孝經僕射謝安侍坐尚書陸納侍講侍中卞耽執讀黄門侍郎謝石吏部郎袁宏執經胤與丹楊尹王混摘句時論榮之

宋袁粲泰始中爲中書令領丹陽尹六年明帝於華林園茅堂講周易粲爲執經

梁伏曼容字公儀初仕宋明帝好周易集朝臣於清暑殿詔曼容執經素美風采帝嘗以方嵇叔夜使吴人陸探微畫叔夜像以賜之

朱异爲揚州議曹從事史兼太學博士高祖自講孝經使异執讀後爲右衛將軍於儀賢堂奉述高祖老子義及就講朝士及道俗聽者千餘人爲一時之盛時城西開士林館以延學士异與左丞賀琛遞日述高祖禮記中庸義

孔子袪兼中書通事舍人高祖撰五經講疏及孔子正言專啓子袪撿閱群書以爲義證事竟勑子袪與右衛朱异左丞賀琛於士林館遞日執經累遷通直正員郎舍人如故後召入壽光殿講禮記義高祖善之拜員外散騎侍郎

賀瑒爲太常丞有司舉治賓禮召見説禮義高祖異之詔朝朔望預華林講

陳張譏初仕梁補國子正言生武帝嘗於文德殿釋乾坤文言譏與陳郡袁憲等預焉勑令論議諸儒莫敢先出譏乃整容而進諮審循環辭令温雅帝甚異之賜裙襦絹等仍云表卿稽古之力累遷士林館學士簡文在東宮出士林館發孝經題譏論議往復甚見嗟賞自是每有講集必遣使召之

後魏崔浩明元初爲博士祭酒常授明元經書

張偉爲黄門侍郎行臺尚書甚見禮重明元世與崔玄伯封懿梁越等入講經傳出議朝政

孫惠蔚初爲皇宗博士侍講東宮及宣之即位仍在左右敷訓經典自冗從僕射遷祕書丞

崔僧淵入國坐兄弟徙於薄骨律鎮太和初得還孝文聞其有文學又聞佛經善譚論勑以白衣賜褠幘入聽于永樂經武殿

董徵爲四門小學博士宣武詔徵入璿華宮令孫惠蔚問以六經

崔光爲車騎大將軍熙平元年二月太師高陽王雍等奏舉光授孝明帝經

胡國珍爲中書監與高陽王雍等輔政後與崔光俱授孝明經侍直禁中

馮元興爲侍讀尚書賈思伯爲侍講授孝明杜氏春秋於式乾殿元興常爲摘句儒者榮之

封隆之爲侍中東魏靜帝詔隆之侍講除吏部尚書

賈思同爲黄門侍郎與國子祭酒韓子熙並爲侍講授靜帝杜氏春秋

竇瑗西魏出帝時爲廷尉卿及釋奠開講瑗與散騎常侍温子昇給事黄門侍郎魏季景通直散騎常侍李業興並爲摘句

北齊李鉉初仕東魏爲高邑從事靜帝於顯陽殿講孝經禮記鉉與從弟騫裴伯茂魏收盧元明等俱爲録議素長筆札尤能傳授緝綴詞議簡舉可觀

張雕武成帝時爲散騎常侍會侍講馬敬德卒乃入授經書帝甚重之以爲侍讀與張景仁並被尊禮同入華光殿共讀春秋加國子祭酒假儀同三司待詔文林館

後周辛公義爲太學生天和中武帝召入露門學令受道義每月集御前令與大儒講論數被嗟異時輩慕之

隋宇文㢸爲太子虞候開皇中文帝嘗親臨釋奠㢸與博士論議詞致清遠觀者屬目帝大悦顧謂侍臣曰朕今者覩周公

之制禮見宣尼之論孝實慰朕心於是頒賜各有差元善爲國子祭酒文帝常親臨釋奠命善講孝經於是敷陳義理兼之以諷諫帝大悅曰聞江陽之說更起朕心善初仕周武帝爲太子尹賜爵江陽縣公

唐陸德明武德中爲太學博士高祖幸國子學時徐文遠講孝經沙門惠乘講般若經道士劉進喜講老子詔德明難此三人德明雅有詞致論難鋒起三人皆爲之屈高祖稱曰儒玄佛義各有宗旨徐劉釋等並爲才傑德明一舉而蔽之可謂達學矣賚帛五十疋

孔穎達太宗貞觀中爲給事中太宗問曰論語云以能問於不能以多問於寡有若無實若虛何謂也穎達對曰聖人設教欲人謙光已雖有能不自矜大仍就不能之人求訪能事已之才藝雖多猶以爲少仍就寡少之人更求所益已之雖有其狀若無已之雖實其容若虛非唯匹庶也帝王之德亦當如此夫帝王內蘊神明外須玄默使深不可測度不可知故易稱以蒙養正以明夷莅衆若其位居尊極炫燿聰明以才凌人飾非拒諫則上下情隔君臣道乖自古滅亡莫不由此也太宗深善其對後拜國子祭酒太宗幸國子學親觀釋奠穎達講孝經右庶子趙弘智問之曰夫子門人曾閔俱稱大孝而今獨爲曾說不爲閔說何耶荅曰曾孝特異門人不能逮也制旨駁之曰朕聞家語云昔曾晢使曾參鋤瓜而誤斷其本晢怒援大杖以擊其背手曾子仆地絕而後蘇孔子聞之告門人曰參來勿內既而曾子請焉孔子曰舜之事父也使之常在側欲殺乃不可得小箠則受大杖則走今參於父委身以待暴怒陷父於不義不孝莫大焉由斯而言孰愈於閔子騫也穎達不能對太宗又謂侍臣曰諸儒各生異意皆非聖人論孝之本旨也夫孝者善事父母自家刑國忠於其君戰陣勇朋友信揚名顯親此之謂孝具在經典而論者多離其文迥出事外以此爲教勞而非法何謂孝之道

趙弘智爲魯王師永徽二年十一月高宗令弘智於百福殿講孝經召中書門下三品及弘文館學士國子學官並令預坐弘智演暢微言備陳五孝之義學士等難問連環弘智酬應如響帝謂弘智曰昔聞此經要道以輔不逮對曰昔者天子有爭臣七人雖無道不失天下微臣願以此言奉獻帝甚悅賜絹二百匹名馬一匹

上官儀爲弘文館學士顯慶元年六月高宗御齊聖殿引儀及呂才直學士李玄植道士張惠元李榮黃玄賾及名僧等於御前講論命李玄植登講座發易題呂才李榮等以次問難數番經義頗備乃罷

褚無量杭州鹽官人也初爲國子博士將玄宗在春宮召拜國子祭酒兼皇太子侍讀玄宗即位爲右散騎常侍復爲侍讀以其年老每隨仗出入特許緩步又爲造腰輿令內給使舁於內殿

馬懷素爲光祿卿開元三年十月制曰春卿入講道盛儒學德逮賦詩義均師友光祿卿馬懷素靜尊動直資忠履信詞賦成於鼓吹典墳富於泉海絕韋勵精重席侍問豈止本仁祖義行先王之道故亦謙退謹密多君子之風朕以聽政之餘嘗思稽古之對俾遷近侍潤滋鴻業可左散騎常侍仍每日入朝侍讀

韋綬憲宗元和末爲兵部郎中充皇太子侍讀穆宗即位拜工部侍郎集賢殿學士雖事任非切而恩顧轉隆又轉刑部兵部二侍郎禮部尚書兼學士如故

韋處厚元和末爲戶部郎中知制誥穆宗即位以處厚與司勳員外郎史館修撰路隨並充翰林侍講學士召入太液亭命之講毛詩關雎尚書洪範等篇訪以理體處厚等演其義以廣規諷之道從容開納賜酒果而罷

崔郾寶曆初以諫議大夫充翰林侍講學士郾奏曰陛下以淺固爲侍講今已半歲未嘗召訪經義臣內慙尸素外愧臣僚欲

答曰俟機務稍閒當召卿請益

宋申錫少孤貧有文學寶曆二年轉禮部員外郎尋充翰林侍講學士申錫自策名及在朝行清慎介然不趨黨與長慶寶曆之間時風益薄朋比大扇及申錫被用時論以為激勸

張仲方為諫議大夫大和元年三月文宗召仲方與給事中高重中書舍人鄭澣度支郎中許康佐對並以將選侍講學士故也是月以澣守本官康佐為駕部郎中並充翰林侍講學士

丁公著為禮部尚書大和三年四月充侍講學士

鄭覃大和五年為翰林侍講學士每入見必以厚風俗黜朋比再三言之

李仲言大和八年十月自國子監四門助教為國子周易博士充翰林侍講周易學士

高重開成七年十月以國子祭酒充翰林侍講學士詔令每月一日十日入院不絕本司常務

[illegible]為宗政副使太祖乾化二年自右散騎常侍遷刑部侍郎與宣徽副使左散騎常侍李珽並充侍講學士

講論

易之要義有講習之義記之函丈著學問之規蓋古之方聞通經之士固有詳考同異辯析理趣以發為談說傳道者矣自漢之季章六經為制祿位儒先間作議論蠭起以至備對上前侍詔清禁權權義訓發明體要本乎師授騰之口辯雖難交致精悍雅屬辭之辯居州敷校練揆指迭宣其奧暢乎彰於鳴傳或微言特出迴折於異端或移書見存筆舌不嘉話斯皆贊聖師之遺範為學者之所宗焉

漢轅固以治詩孝景時為博士與黃生爭論於上前黃生曰湯武非受命乃殺也固曰不然夫桀紂荒亂天下之心皆歸湯武湯武因天下之心而誅桀紂桀紂之民弗為使而歸湯武湯武不得已而立非受命為何黃生曰冠雖敝必加於首履雖新必貫於足何者上下之分也今桀紂雖失道然君上也湯武雖聖臣下也夫主有失行臣不正言補過以尊天子反因過而誅之代立南面非殺而何固曰必若云是高皇帝代秦即天子之位非邪於是上曰食肉不食馬肝未為不知味也言學者毋言湯武受命不為愚遂罷

韓嬰孝文時為博士武帝時與董仲舒論於帝前其人精悍處事分明[illegible]仲舒不能難也瑕丘江公為博士武帝時江公與董仲舒並仲舒通五經能持論善屬文江公吶於口上使與仲舒議不如仲舒而丞相公孫弘本帝令歆與五經博士講論其義諸博士或不肯置對（並不與歆意同故不肯置對也）歆因移書太常博士讓之曰昔唐虞既衰而三代迭興（迭互也）聖帝明王累起相襲其道甚著周室既微而禮樂不正道之難全也如此是故孔子憂道之不行歷國應聘自衛反魯然後樂正雅頌乃得其所脩易序書制作春秋以紀帝王之道及夫子沒而微言絕七十子終而大義乖重遭戰國棄籩豆之禮理軍旅之陳（[illegible]）孔氏之道抑而孫吳之術興陵夷至于暴秦燔經書殺儒士設挾書之法行是古之罪（[illegible]）道術由是遂滅漢興去聖帝明王遐遠仲尼之道又絕法度無所因襲時獨有一叔孫通略定禮儀天下唯有易卜未有它書至孝惠之世乃除挾書之律然公卿大臣絳灌之屬咸介冑武夫莫以為意至孝文皇帝始使掌故朝錯（掌故官名也）從伏生受尚書尚書初出于屋壁朽折散絕今其書見在時師傳讀而已詩始萌牙（言其萌芽之初生）天下眾書往往頗出皆諸子傳說猶廣立於學官為置博士在漢朝之儒唯賈生而已（謂賈誼）至孝武皇帝然後鄒魯梁趙頗有詩禮春秋先師（[illegible]）皆起於建元之間當此之時一人不能獨盡其經或為雅或為頌相合而成泰誓後得博士集而讀之故詔書稱曰禮壞樂崩書缺簡脫朕甚閔焉時漢興已七八十年離於全經固已遠矣（[illegible]）及魯恭王壞

孔子宅欲以為宮而得古文於壞壁之中逸禮有三十九書十
六篇天漢之後孔安國獻之遭巫蠱倉卒之難未及施行及春
秋左氏丘明所修皆古文舊書多者二十餘通藏於祕府伏而
未發孝成皇帝閔學殘文缺稍離其真乃陳發祕臧校理舊文
得此三事以考學官所傳經或脫簡傳或間編脫簡謂遺失一簡間編謂舊編爛
絕就更次之前後錯亂也間音古莧反傳問民間則有魯國桓公趙國貫公膠東庸
生之遺學與此同抑而未施此乃有識者之所惜閔士君子之
所嗟痛也往者綴學之士不思廢絕之闕苟因陋就寡分文析
字煩言碎辭學者罷老且不能究其一藝罷讀曰疲究竟也信口說而
背傳記是末師而非往古至於國家將有大事若立辟雍封禪
巡狩之儀則幽冥而莫知其原幽冥猶暗昧也猶欲保殘守缺挾恐見
破之私意而無從善服義之公心或懷妬嫉不考情實雷同相
從隨聲是非抑此三學以尚書為備當時學者謂尚書唯有二十八篇不知本有百篇也
謂左氏為不傳春秋豈不哀哉今聖上德通神明繼統揚業亦

閔文學錯亂學士若茲雖昭其情猶依違謙讓依違言不專決也樂與
士君子同之故下明詔試左氏可立不遣近臣奉指銜命將以
輔弱扶微與二三君子比意同力冀得廢遺比合也經藝有廢遺者冀得興立之
也比音頻寐反今則不然深閉固距而不肯試猥以不誦絕之猥苟也謂不誦
書之不欲絕去此學欲以杜塞餘道絕滅微學夫可與樂成難與慮始此
乃眾庶之所為耳非所望士君子也且此數家之事皆先帝所
親論今上所考視其古文舊書皆有徵驗外內相應豈苟而已
哉夫禮失求之於野古文不猶愈於野乎愈勝也往者博士書有
歐陽春秋公羊易則施孟然孝宣皇帝猶廣立穀梁春秋梁丘
易大小夏侯尚書義雖相反猶並置之何則與其過而廢之也
寧過而立之過猶誤傳曰文武之道未墜於地在人賢者志其大
者不賢者志其小者論語孔子弟子子貢之言也志識也一曰誌今此數家之言所
以兼包大小之義豈可偏絕哉若必專己守殘專執己所偏見苟守殘缺之文也
黨同門妒道真黨同門之學妒道藝之真也妒與妬同違明詔失聖意以陷於文

吏之議甚為二三君子不取也其言甚切諸儒皆怨恨是時名
儒光祿大夫龔勝以歆移書上疏深自罪責願乞骸骨罷及儒
者師丹為大司空亦大怒奏歆改亂舊章非毀先帝所立帝曰
歆欲廣道術亦何以為非毀哉
後漢范升為博士尚書令韓歆上疏欲為費氏易左氏春秋立
博士詔下其議建武四年正月朝公卿大夫博士見於雲臺帝
曰范博士可前平說升起對曰左氏不祖孔子而出於丘明師徒
相傳又無其人且非先帝所存無因得立遂與韓歆及太中大
夫許淑等互相辯難日中乃罷
魏王弼好論儒道辭才逸
辯齊王時為尚書郎與鍾會善論議以校練為家然每服弼之高致
何晏以為聖人無喜怒哀樂其論甚精鍾會等述之弼與不同以為
聖人茂於人者神明也同於人者五情也神明茂故能體沖和以通
無五情同故不能無哀樂以應物然則聖人之情應物而無累於物
者也今以其無累便謂不復應物失之多矣弼注易潁川人荀融難

弼大衍義答其意白書以戲之曰夫明足以尋極幽微而不能
去自然之性顏子之量孔父之所預在然遇之不能無樂喪之
不能無哀又常狹斯人以為未能以情從理者也而今乃知自
然之不可革足下之量雖已定乎胸懷之內然而隔踰旬朔何
其相思之多乎故知尼父之於顏子可以無大過矣弼注老子
為之指略致有理統著道略論注易往往有高麗言太原王濟
好譚病老莊常云見弼易注所悟者多
管輅字公明冀州刺史裴徽辟為別駕齊王正始九年舉為秀
才輅辭徽徽言曰鄧二尚書有經國才略於物理不精也何尚書
神明精微言皆巧妙巧妙之志殆破秋毫君當慎之自言不解
易九事必當以相問比至洛宜善精其理也輅言何若巧妙以
攻難之才游形之表未入於神夫入神者當步天元推陰陽探
玄虛極幽明然後覽道無窮未暇細言若欲差次老莊而參爻
象愛微辯而興浮藻可謂射侯之巧非能破秋毫之妙也若九

事皆矣義者不足勞思也若陰陽者精之以久輅爲何要所請果共論易九事九事皆明晏曰君論陰陽此世無雙時鄧颺與晏共坐颺言君見謂善易而語初不及易中辭義何故也輅尋聲答曰夫善易者不論易也晏含笑而讚之可謂要言不煩也因請輅爲卦輅既稱引鑒戒晏謝之曰知幾其神乎古人以爲難交疏而吐其誠今人以爲難君今一面而盡二難之道可謂明德惟馨詩不云乎中心藏之何日忘之時平原太守劉邠請邠有思理好易而不能精與輅相見意甚喜歡自說注易向訖也輅言今明府欲勞不世之神經緯大道誠富美之秋然輅以爲注易之急急於水火水火之難登時之驗易之清濁延于萬代不可不先定其神而後垂明其也自旦至今聽採聖論未有易之一分易安可注也輅不解古之聖人何以處乾位於西北坤位於西南夫乾坤者天地之象然天地至大爲神明君父覆載萬物生長無首何以安處二位與六卦同列乾之象象曰大

哉乾元萬物資始乃統天夫統者屬也尊莫大焉何由有別位也邠依易繫詞諸爲之理以爲注不得其要輅尋聲下難事皆窮析曰夫乾坤者易之祖宗變化之根源今明府論清濁者有疑疑則無神恐非注易之符也輅於此爲論八卦之道及爻象之精大論開寤衆化相連邠所解者皆以爲妙所不解者皆以爲神自說欲注易八年用思勤苦歷載靡寧定相得至論此才不及易不愛久勞喜承雅言如此相爲高枕偃息矣欲從輅學射覆輅言今明府以虛神於注易亦宜絕思於靈蓍靈蓍者二儀之明數陰陽之幽契施之於道則定天下吉凶用之於術則收天下豪纖纖微未可以爲易也邠曰以爲術者易之近數欲求其端耳若如來論何事於斯留輅五日不遑恤官但共清譚邠自言數與何平叔論易及老莊之道至於精神遐流與化周旋清若金水鬱若山林非君侶也邠問輅易言剛健篤實輝光日新斯爲同不輅曰不同之名朝旦爲輝日中爲光又魏郡太守鍾毓清逸有才難輅易二十餘事自以爲難之至精也輅尋聲投響言無留滯分張爻象義皆殊妙毓即謝輅

晉顧榮與紀瞻共破陳敏後瞻爲尚書郎與榮同赴洛在塗共論易太極榮曰太極者蓋謂混沌之時矇昧未分日月含其輝八卦隱其神天地混其體聖人藏其身然後廓然既變清濁乃陳二儀著象陰陽交泰萬物始萌六合闓拓老子云有物混成先天地生誠易之太極也而王氏云太極天地愚謂未當矣兩儀之謂以體爲稱則是天地以氣爲名則名陰陽今若謂太極爲天地則是天地自生無生天地者也老子又云天地所以能長且久者以其不自生故能長久一生二二生三三生萬物以其始沖氣以爲和原元氣之本求天地之根恐宜以此爲準也瞻曰昔庖犧畫八卦陰陽之理盡矣文王仲尼係其遺業三聖相承共同一致稱易準天無復其餘也夫天清地平兩儀交泰四時推移日月輝其間自然之數雖經諸聖孰知其始吾子云

曚昧未分豈其然乎聖人人也安得混沌之初能藏其身於未分之內老子先天之言此蓋虛誕之說非易者之意也亦謂吾子神通體解不應疑者直謂太極極盡之稱言其理極無復外形外形既極而生兩儀王氏指向可謂近之古人舉至極以爲驗謂二儀生於此非復謂有父母若必有父母非天地其孰在榮遂止

宋周續之字道祖少有孝行晉末居廬山布衣蔬食終身不娶高祖踐祚復召之乃盡室俱下帝爲開館東郭外招集生徒乘輿降幸并見諸生問續之禮記敖不可長與我九齡射於矍圃三義辨析精奧稱爲多通

南齊陸澄武帝永明元年轉度支尚書尋領國子博士時國學置鄭王易杜服春秋何氏公羊穀梁鄭玄孝經澄謂尚書令王儉曰孝經小學之類不宜列在帝典乃與儉書論之曰易近取諸身遠取諸物彌天地之道通萬化之情自商瞿至田何其

閒五傳年未為遠无訛雜之失秦所不焚无推壞之嫌雖有異家之學同以象數為宗數百年後乃有王弼王濟云弼所悟者多何必能頓廢前儒若謂易道盡於王弼方須大論意者无乃仁智殊見且易道无體不可以一體求屢遷不可以一遷執也晉太興四年太常荀崧請置周易鄭玄注博士行乎前代于時政由王庾皆儁神清能言玄遠捨輔嗣而用康成豈其妄然泰元立王肅易當以在玄弼之間元嘉建學之始玄弼兩立逮顏延之為祭酒黜鄭置王意在貴玄事成敗儒今若不大弘儒風則无所立學衆經皆儒唯易獨玄玄不可棄儒不可缺謂宜並存所以合无體之義且弼於注經中已舉繫辭故不復別注今若專取弼易則繫說无注左氏泰元取服虔而兼取賈逵經由服傳无經雖在注中而傳又有无經者故也今留服而去賈則經有所闕案杜預注傳王弼注易俱是晚出並貴後生杜之異古未如王之奪實祖述前儒特舉其違又釋例之作所引惟[illegible]

穀梁泰元舊有麋信注顏益以范甯麋猶如故顏論閑以范注當以同我者親常謂穀梁劣公羊為注者又不盡善竟元及公羊之有何休恐不足兩立必謂范善便除麋世有一孝經題為鄭玄注觀其用辭不與注書相類案玄自序所注衆書亦无孝經儉答曰易體微遠實貫群籍施孟異聞周韓殊旨豈可專據小王便為該備依舊存鄭允同來說元凱注傳超邁前儒若不列學官其可廢矣賈氏注經世所罕習穀梁小書无俟兩注存麋略范率由舊式凡此諸義並推論疑孝經非鄭所注僕以此書明百行之首實人倫所先七略藝文並陳之六藝不與蒼頡凡將流之也鄭注虛實前代不嫌意謂可安仍舊立置

梁劉杳高祖天監初為大學博士宣惠豫章王行參軍杳少好學博綜群書沈約任昉以下每有遺忘皆訪問焉嘗於約坐語及宗廟犧樽約云鄭玄答張逸謂為畫鳳皇尾娑娑然今无復此器則不依古杳曰此言未必可安古者樽彝皆刻木為鳥獸鑿頂及背以出內項魏世魯郡地中得齊大夫子尾送女器有犧樽作犧牛形晉永嘉賊曹嶷於青州發齊景公冢又得此二樽形亦為牛象二處皆古之遺器如非虛也約大以為然約又云何承天纂文奇博其書載張仲師及長頸王事此何出杳曰仲師長尺二寸唯出論衡長頸是毗騫王朱建安扶南以南記云古來至今不死約即取二書尋檢一如杳言

伏挺天監初除中軍參軍事宅在潮溝於宅講論語聽者傾朝

後魏陳奇與河間邢祐同召赴京祕書監游雅引入祕書省與奇論典誥至易訟卦天與水違行雅曰自葱嶺以西水皆西流推此而言易之所及自葱嶺以東耳奇曰易理綿廣包含宇宙若如公言自葱嶺以西豈東向望天哉奇執義非雅每如此類雅性護短因以為嫌

冊府元龜卷第五百九十九

設庠序以化於邑王之諸子卿大夫士之子及國之俊選皆造焉故自天子至于庶人未有不須學而成者國家自永淳以來國學廢散胄子衰缺時輕儒學之官莫存章句之選貴門后進競以僥倖升班寒族常流復因凌替弛業考試之際秀茂罕登驅之臨人何以從政又垂拱已后文明在辰咸典鴻休日書月至因藉際會入仕尤多陛下誠能下明制發德音廣開庠序大敦學校三館生徒即令追集王公已下子弟不容別求仕進皆入國學伏膺訓典崇飾館廟尊尚儒師盛陳奠菜之儀宏敷講說之會使士庶觀聽有所發揚弘獎道德於是乎在則四海之內靡然向風矣

劉子玄玄宗開元初為左庶子上孝經注議曰謹案俗所行孝經題曰鄭氏注爰在近古皆云鄭康成而魏晉之朝無有此說至江左晉穆帝永和十一年及孝武太元元年再聚群臣共論經義有荀昶撰集孝經諸說始以鄭氏為宗自宋梁已來多有異論陸澄以為非玄所注請不藏於祕省王儉不依其請遂得見傳於時魏齊則立於學官著在律令蓋由虜俗無識故致斯訛舛然則孝經非玄所注其驗十有二條據鄭君自序云遭黨錮之事逃難注禮黨錮事解注古文尚書毛詩論語為袁譚所逼來至元城乃注周易都無注孝經之文其驗一也鄭君卒后弟子追論師所注述及應對時人謂之鄭志其言鄭所注者唯有毛詩尚書周易都不言孝經其驗二也又鄭志目錄記鄭之所注五經之外有中候書傳七政論乾象曆六藝論毛詩譜荅臨碩難禮(臨姓碩名難禮為學官)駮許慎異義發墨守箴膏肓及荅甄子然等書寸紙片言莫不悉載若有孝經之注無容匿而不言其驗三也鄭之弟子教授門徒祖述師言更相問荅編錄其語謂之鄭記唯載詩書禮易論語其言不及孝經其驗四也趙商作鄭先生碑銘具稱諸所注箋駮論亦不言注孝經晉中經簿周易尚書尚書中候尚書大傳毛詩周禮儀禮禮記論語凡九書皆云鄭氏注名玄至於孝經則稱鄭氏解無名玄二字其驗五也春秋緯演孔圖云康成注三禮詩易尚書論語其春秋則有評論宋均詩緯序云先師北海鄭司農則均是玄之傳業弟子也師所注述無容不知云春秋孝經唯有評論玄之不注於此特明其驗六也又宋均孝經緯注引鄭六藝論敘孝經云玄又為之注司農論如是而均無聞焉有義無辭令餘昆惑舉鄭之語而云無聞其驗七也宋均春秋緯注云玄為春秋孝經略說則非注之謂所言玄又為之注者汎辭耳非事實其序春秋亦云玄又為之注寧可復責以實注春秋乎其驗八也后漢史書存於代者有謝承薛瑩司馬彪袁山松等其為鄭玄傳者載其所注皆無孝經其驗九也王肅孝經傳首有司馬宣王之奏玄奉詔令諸儒注述孝經以肅說為長若先有鄭注亦應言及而都不言鄭其驗十也王肅注書好發揚鄭短凡有小失皆在聖證若孝經此注亦出鄭氏被肅攻擊者最應煩多而肅無言其驗十一也魏晉朝賢辨論時事鄭氏諸注無不得引未有一言引孝經之注其驗十二也凡此證驗易為討覈而代之學者不覺其非乘彼謬說競相推舉諸解不立學官此注獨行於代觀夫言語鄙陋義理乖疏固不可以示彼后來傳諸不朽如古文孝經孔傳本出孔氏壁中語其詳正無俟商搉而曠代亡逸不復流行至隋開皇十四年侍書學士王孝逸於京市陳人處買得一本送與著作郎王劭以示河間劉炫仍令校定而此書更無兼本難可依憑炫輒以所見率意刊改因著古文孝經稽疑一篇以為此書經文盡正傳義甚美而歷代未嘗置於學官良可惜也然則孔鄭二家雲泥致隔今綸旨發問校其短長愚請行孔廢鄭於義為允又今俗所行老子是河上公注其序云河上公者漢文帝時人結草菴於河曲乃以為號所以注老子授文帝因沖空上天此乃不經之鄙言流俗之虛語按漢書藝文志注老子者三家河上所釋無聞焉爾豈非注者欲神其事故假造其說耶然其理乖謬雖使纔別朱紫粗分菽麥亦皆嗤其過謬而況

有識者乎豈如王弼英才俊識探賾索隱考其所注義旨爲優必黜河上公升王輔嗣在於學者實得其宜又按漢書藝文志易有十三家而無子夏作傳者至梁阮氏七録始有子夏易六卷或云韓嬰作或云丁寬作然據漢書藝文志韓易有二篇丁易有八篇求其符會則事殊隳刺者矣以東魯伏膺文學與子游齊列西河告老名行將夫子連蹤豈越千齡時經百代其所著述沉翳不行豈非後來假憑先哲亦猶石崇謬稱阮籍郭璞濫名周寶必欲行用深以爲疑子玄又上言曰臣守雖下才而學實優長竊自不遜以爲近古已來未之有也當以鄭氏孝經河上公老子二書訛舛不足流行孔王兩家實堪師授每懷此意其願莫從伏見去月十日敕令所司詳定四書得失具狀聞奏臣等草議請行孔王二書牒禮部詔但令庸儒淺識聞見不周可與共成難與慮始蓋孔父有言曰行夏之時乘殷之輅服周之冕此則今古循環愚智皆從後皇則者必是而後者獨非乎是以老篇莊子興於晉代公羊穀梁寢於魏日春秋左氏因元凱而方著尚書孔傳至光伯而始行斯皆好尚不同號仍覺悟承君既久近輒弛張伏惟開元皇帝陛下嘗以允重餘暇窮覽文藝百氏詳觀游心經典爰降綸綍俯逮芻蕘臣輒以愚識上符睿旨伏望明恩曲垂照察如將爲允請即頒行不可使隨流腐儒參論其義是歲中書門下奏曰劉子玄奏今注孝經請廢鄭依孔注老子請停河上公行王易傳非子夏所造者子玄博識誠則紀儒全非衆家亦則未可且孝經鄭義行已多時老子河注用亦云久并子夏易傳又不折於片言望並付所司令諸儒與子玄對質定必須理勝義成不得飾詞爭辯論定聞奏是時尚書禮部奏議曰臣得國子博士司馬貞等議稱今文孝經是漢河間王所得顔芝之本至劉向以此參校古文省煩除惑定爲此一十八章其注相承云是鄭玄所作而鄭志及目録等不載故往賢共疑焉唯荀昶范曄以爲鄭注故昶集解孝經具載此注

而其事云以鄭爲主是先達博選以此注爲優且其注縱非鄭氏所作而義旨敷暢頗將爲得雖數處小有隱實亦未爽經通其古文二十二章元出孔壁先是安國作傳後遭巫蠱代未之行荀昶集注之時尚有孔傳中國遂亡其本近儒欲崇古學妄作此傳假稱孔氏輒穿鑿改更僞作閨門一章劉炫詭隨妄稱其善且閨門之義近俗之語必非宣尼正說案其章云閨門之內具禮矣乎嚴親嚴兄妻子臣妾繇百姓徒役之句凡鄙不合經典又分庶人章從故自天子已下別爲一章乃加子曰二字然故者連上之詞既爲章首不合言故是古文既亡後人妄開此等數章以應二十二章之數非但經文不真抑亦傳又淺僞又注云因天之時就地之利暴其肌體朝暮從事露髮塗足少而習之其心安焉此語雖旁出諸子引之爲注何言之鄙俚乎與鄭氏所云分別五土視其高下高田宜黍稷下田宜稻麥優劣懸殊曾何等級今議者欲取近儒詭說而廢鄭注理實未可望請准令式孝經鄭注與孔傳依舊俱行又得議稱老子道德經皆是謂玄言注家雖多罕能厥旨河上蓋憑虛立號漢史實無其人然其注以養神爲宗以無爲爲體其詞近其理弘小足以修身絜誠大可以寧人安國故顔歡曰河上公雖曰注書即史立教皆沒略遠體指明近用斯可謂知言矣王輔嗣雅善玄談頗採道要窮神明乎橐籥守静默於玄牝其理暢其旨微在於玄學頗謂所長至若近人立教修身弘道則河上爲得今望請王河二注令學者俱行又得議稱諸家劉向七略有子夏傳但此書不行已久今所存者多失本真又荀勖中經簿云子夏傳四卷或云丁寬所作是先達疑非子夏矣又隋書經籍志云子夏傳殘缺梁時六卷今兩卷是其書錯謬多矣王儉七志引劉向七略云易傳子夏韓氏嬰也而載薛虞記又今祕閣有子夏傳薛虞記其傳文質略指趣非遠無益後學不可將帖正經伏奏今年三月十日勅曰孝經者德教所先自頃已來獨宗鄭氏

選旨令則無聞又子夏易傳近無習者輔嗣注者亦甚甄明請家所傳互有得失獨據一説能無短長令儒官詳定所長令明經者依習若將理等亦可兼行其作易者兼帖子夏易傳詳其可否奏聞者又奉四月九日勅曰太子左庶子劉子玄奏孝經注請廢鄭依孔老子注請停河上公行王輔嗣易傳非子夏所造者付日所司令諸儒與子玄對質定　必須理勝義成不得飾詞爭辯者日得國子博士司馬貞太學博士郗常通等十人對如前子玄請依諸儒爲定

馬懷素開元初爲秘書監以書籍散逸條疏無敘懷素上疏曰南齊已前墳籍舊編王儉七志已後著述其數盈多隋志所書亦未詳悉或古書近出前志闕而未編或近人相傳浮詞鄙而猶記若無編録難辯淄澠望請括近書篇目并前志所遺者續王儉七志藏之祕府於是召學涉之士國子博士尹知章等分部撰録并刊正經史粗創首尾

李元瓘爲國子司業開元八年三月上言三禮三傳及毛詩尚書周易等並聖賢微言生人教業必事資經遠則斯道不墜今明經所習務在出身咸以禮記文少人皆競讀周禮經邦之軌則儀禮莊敬之楷模公羊穀梁歷代宗習今兩監及州縣以獨學無友四經殆絶既事資訓誘不可因循其學生望請各量配作業并貢人預試之日習周禮儀禮公羊穀梁並請帖十通五許其入策以此開勸即望四海均習九經該備從之又奏先聖孔宣父廟先師顔子配座今其像立侍準禮授坐不立授立不跪況顔子道亞生知才光入室既當配享其儀見立請據禮文合從坐侍又四科弟子閔子騫等並服膺儒術親承聖教復列像廟堂不參享祀謹檢祠令何休范寧等二十二賢猶霑從祀宣有升堂入室之子獨不霑配享之餘望請春秋釋奠列享在二十二賢之上七十子文翁之壁尚不闕如豈有國庠遂無圖繪請命有司圖形於壁兼爲立贊庶敦勸儒風光崇聖列曾參孝道可崇獨受經於夫子望准二十二賢預饗從之

楊瑒爲國子祭酒開元十七年三月上言曰太學者教人禮樂敦詩書也古制鄉大夫子弟及諸侯歲貢小學之異者咸造焉故曰十五入太學學先聖禮樂而知朝廷君臣之禮出以占類分以師長三德以訓之四教以睦之人既知勸且務通經學成業者然後爵命加焉以之効職則知禮節以之範人使識廉讓則棫樸之詠興也伏聞承前之例監司每年應舉者常有千數簡試取其尤精上者不過二三百人省司重試但經明行修即與擢第不限其數自數年已來省司定限天下明經進士及第每年不過百人兩監唯得一二十人若常以此數而取臣恐三千學徒虛費官廩兩監博士濫糜天祿臣竊見流外入仕諸色出身每歲向二千餘人方於明經進士多十餘倍自然服勤道業之士不及胥吏浮虛之徒以其効官豈識於先王之禮義國家大啓庠序廣闡教道尊之以殷始訓之以事業豈徒然哉

將有以也陛下設學校務以勸進之有司爲限約務以黜退之臣之微誠實所未曉臣伏見承前以來制舉追逐丘園孝悌力田者或試時務策一道或通一經粗明文義即放出身亦有與官者此國家恐其遺才至於明經進士服道日久請益無倦經業既廣文詞粗通監司課試十已退其八九考功及第十又不收其一二若長以爲限恐儒風漸墜小道將興若以出身人多應須諸色都減豈在獨抑明經進士也玄宗甚然之

歸崇敬爲國子祭酒兼集賢學士代宗大暦五年皇太子欲以仲秋之月於國學行齒冑之禮崇敬以國學及官名不稱請改國學之制兼更其名曰禮記王制曰天子學曰辟雍又五經通義云辟雍養老教學之所也以刑制言之雍壅也辟璧也雍水環之圓如璧形以義理言之辟明也雍和也言以禮樂明和天下禮記亦謂之澤宮射義云天子將祭必先習射於澤宮故前代文士亦呼之璧池亦曰璧沼亦謂之學省後漢光武立明堂辟雍靈臺

請之三雍宮至明帝躬行養老於其中晉武帝亦作明堂辟雍靈臺親臨辟雍行鄉飲酒之禮又別立國子學以殊士庶永嘉南遷唯有國子學不立辟雍共齊立國子寺隋初亦然至煬帝大業十三年改為國子監今國家富有四海声明文物之盛唯辟雍獨闕伏請改國子監為辟雍省又以祭酒之名非學官所宜按周禮師氏掌以美詔王教國子請改祭酒為太師氏位正三品又司業者義在禮記云樂正司業長也言樂官之長司主此業爾雅云大板謂之業按詩周頌設業設虡崇牙樹羽則業是懸鍾磬之栒虡也今大學既不教樂於義則无所取請改司業一為左師一為右師位正四品上又以五經六籍古先哲王致理之式也國家創業制取賢之法立明經發微言於眾學釋回增美選賢與能自艱難已來取人頗易考試不求其文義及第先取於帖經遂使頑門業廢請益無從師資禮虧傳受義絕今請以禮記左傳為大經周禮儀禮毛詩為中經尚書周易為小經各置博士一員其公羊穀梁文疏既少請共准一中經通置博士一員所擇博士兼通孝經論語依憑章疏講解分明注引旁通問十得九兼德行純絜文詞雅正儀形規範可為師表者令四品以上各舉所知在外者給驛年七十已上者蒲輪其國子太學四門三館各立五經博士品秩上下生徒之數各有差其舊博士助教直講經直及律館算館書館助教請皆罷省其教授之法學生至盡謁司業師其所執習服脩一束清酒一壺衫布一段其色隨師所服出中門延入與坐割脩三爵而止乃發篋出經摳衣前請師為依經辨理略舉一隅然後就室每朝晡二時請益師亦二時居講堂說釋道義發明大體兼教以文行忠信之道示以孝悌睦友之義旬省月試時考歲貢以生徒及第多少為博士考課上下其有不率教者則撻楚扑之國子之不率教者則申禮部移為太學太學之不變者移之四門四門之不變者歸本役終身不齒雖率教九年而學不成者亦歸之州[illegible]

禮部考試之法請先帖經但於所習經中問大義二十得十八為通兼論語孝經各問十得八兼讀所問文注義疏必令通熟者為一通又於本經問時務策三道通三為及第其中有孝行聞於鄉閭者舉解具言於習業之下省試之日觀其所實義少兩道亦請兼收其天下鄉貢亦如之習業考試止以明經名得第者授官之資與進士同若此則教義日深而禮讓興別猶不犯弱衆不暴寡此由太學之來者也詔下尚書集百寮定議以聞議者以為省者蓋也非外司所宜名周禮代學其職者曰氏國學非代官不宜曰太師氏其餘大抵以俗習所久重難改作其事不行德宗建中三年二月崇敬奏上丁釋奠其日准舊例合集朝官講論五經文義自大曆五年以前常行不絕其年八月已右權停講論今既日過恐須復舊依奏

宰文玹為右補闕以德宗貞元三年正月上言請京畿諸縣鄉村廢寺並為學舍上制置事二十餘件疏奏不報

裴肅貞元中為國子司業奏爾雅為六經文字之楷老子是聖人玄微之言請勅天下明經進士五經及明一經進士五經乃諸科舉人依前習道德經者宜准天寶元年勅起分應合習爾雅者並准舊式初天寶元年尊崇道教以老子乃玄元皇帝微言奧旨不可列為小經令有司以爾雅代老子至貞元五年四月宰臣又議云所習爾雅多是草木鳥獸之名無益理道又令舉人停爾雅改習道德經至是又改焉

武少儀為國子司業貞元十七年五月訖言去外人妄談禁中事神威軍令將吏分擁入軍中勒問時國子監學生何竦曹壽被收少儀上疏言太學生何竦曹壽等今月十四日有兩人稱是神威軍官健本軍奉進止令追其人亦不言姓名緣稱威是禁直稱奉進止所由不敢隨去臣亦不敢牒問經今二日竟不見迴臣伏以何竦曹壽等學生之中素无異跡皆勤藝業臣職在監臨頗所諳委察訪非違今忽被軍中追收恐損

被詿誤太學生曹多來自遠方自見追此二人不知其故咸聞驚懼莫敢保安何竦等黨情理難容伏乞明示罪狀加以刑法如或枉遭誣執伏討必盡其辭冀無濫罰人知懲警臣謬當承乏職領生徒令其干犯國章敢逃罪責由是何竦曹壽得釋

馮伉為國子祭酒憲宗元和元年四月伉奏應解補學生等國家崇儒本欲勸學既居庠序宜在交修其有藝業不勤遊處非類樗蒲六博酗酒喧爭凌慢有司不修法度有一于此並請解退又有文章帖義不及格限頻經五年不堪申送者亦請解退其禮部所補學生到日亦請准格帖試然後給廚後每月一度試經年等第不進者停廚庶以止蕩示其激勸又准格九年不及第者即出監訪聞此來多改名却入起今以後如有此類請送法司准式科處勅旨從之

元和二年八月國子監奏准勅今月二十四日諸州府鄉貢明經進士見訪宜令就國學官講論質定疑義仍令百寮觀禮者

伏恐學官職位稍卑未足飾揚盛事伏請選擇常參官有儒學者三兩人與學官有儒學者庶聖朝盛典輝映古今於是命兵部郎中蔣武考功員外郎劉伯芻著作郎李番太常博士朱穎鄭王府諮議韋庭規同赴國子監講論是年十二月國子監奏兩京諸館學生惣六百五十員請每館定額如後西監學生惣五百五十員國子館八十員太學館七十員四門館三百員廣文館六十員律館二十員書館十員筭館十員又奏伏見天寶以前國館學生其數至多並有員額至永泰後二監置五百五十員東監近置一百員未定每館員額今謹具定額如後伏請下礼部准額補置勅旨依奏

鄭餘慶為太子少師判国子祭酒事元和十三年十一月餘慶以太學荒墜日久生徒不振遂奏請率文官俸禄修廣兩京国子監時論美之十四年十二月餘慶又奏請京見任文官一品已下九品已上及外使兼京正員官者每月所請料錢請率計每貫抽一十文以充國子監修造先師廟及諸室宇緝壁經公廨雜用之餘並充本錢諸色隨便宜處置臣以為應是文吏無非孔徒所取至微足以資學教化之根本人倫之紀綱陛下文德武功戡亂除暴事超歷代道冠百王國學毀壞荒蕪蓋以兵戎自久而葺修未暇也今寇難滌蕩天下砥平爰俾耆臣叨領儒職臣兢於受命敢不肅恭伏念旬時莫過於此伏望天恩便賜允許仍令戶部每月據數並以實錢付國子監其東都留司京官亦准數率錢便充東都國子監修理制可

韋乾度為國子祭酒穆宗長慶二年閏十月奏當監四館學生每年有及第闕員其四方有請補學生入並不曾先於監司陳狀使自投名禮部計會補署監司因循日久官吏都檢舉但唯禮部関牒收管有乖太學引進之路臣既忝守官請起今已後應四館有闕其每年請補學生者須先經監司陳狀稱請習某人闕監司則先考試通畢然後具姓名申禮部仍稱堪充學生

如無監司解申請不在收管之限舊例每給付廚房人多喧競請起今以後當監進士明經等待補署畢関牒到監司則重考試其進士等若重試及格當日便給廚及房其明經等考試及格後待經監司解送則給廚房庶息喧爭當監四館學生有及第出監者便將本住房轉與親故其合得房學生則無房可給請起今以後學生及有第出監者仰館子先通狀納房待有新補學生公試畢後便給令居住當監承前並無專知館博士請起今已後每館衆定一人知館事如生徒無故喧競者仰舘子與業長通狀領過知館博士則准監司條流處分其中事有過誤衆可容恕監司自議科決如有悖慢師長彊暴鬪打請牒府縣錮身遞送鄉貫勅旨宜依

文宗大和五年十二月國子祭酒裴通奏當司所授丞簿及諸博士助教直講等謹按六典云丞掌判監事凡六學生每有業成上于監者以其業與司業祭酒試之明經帖經口試策經義進士帖一中經試雜文策時務徵事注

玄其試法并依考功口試明經帖限通八以上明法明筭皆通
九以上主簿覆印勾檢凡學生有不率師教者則舉而免之其
頻三年下第九年在學無成者亦如之注云假如違程限及作
樂雜戲者同唯彈琴習射不禁諸博士助教皆分經教授學者
每授一經必令終講所講未終不得改業諸博士助教皆計當
年講授多少以為考課等級應補當司諸學生等按學令云諸
學生讀經文通熟然後授文講義每旬放一日休假前一日博
士考試其試讀者每千言內試一帖帖三言講義者每二千言
內問大義一條總試三條通二為及第通一及全不通者斟量
決罰謹具當司官吏及學生令典條件如前伏望勑下有司允
臣所奏勑旨宜依
七年八月國子監起請准今月九日德音節文令監司於諸道
搜訪名儒置五經博士一人者伏以勸學重門復古之制博採
儒術以備國庠作事之初須有憑從伏請五經博士秩比國子

博士今左氏春秋禮記周易尚書毛詩為五經論語爾雅孝經
等編簡既少不可特立學官便請依舊附入中經勑旨依奏其
年十二月勑於國子監講堂兩廊創立石壁九經并孝經論語
爾雅共一百三十九卷字樣四十卷
鄭覃為相兼國子祭酒文宗開成元年覃奏請置五經博士各
一人緣無祿俸請依王府官例給祿粟從之
開成二年八月國子監奏得覆定石經字體官翰林待詔唐玄
度狀准大和七年二月五日勑覆九經字體者今所詳覆多依
司業張參五經字為准其舊字樣歲月將久畫點參差傳寫相
承漸致乖誤今並依字書與校勘同商較是非取其適中纂錄
為新加九經字樣一卷請附於五經樣之末用證訛誤勑旨依奏
潘崇為國子祭酒宣宗大中五年十一月崇奏孔子廟堂碑是
太宗皇帝建立睿宗皇帝書額備稱唐德且贊鴻猷文翰昭然
貞石斯在洎武后臨朝因削國號潛竊於篆額之下間加大周

字豈可尚存偽號以紊清朝疑誤將來傳流誤謬其大周兩字
伏望天恩許令琢去謹錄奏聞勑憑審所請刊正訛文頗叶事
體宜依
皮日休以懿宗咸通中舉進士上書二首其一請以孟子為學
科詞曰臣聞聖人之道不過乎經經之降者不過乎史史之降
者不過乎子子不異乎道者孟子也捨是而子者必斥乎經史
為聖人之賊也夫孟子之文燦若經傳天惜其道不燼於秦自
漢代得其書常置博士以專其學故其文繼乎六藝光乎百氏
得真聖之微言也不然者何其道奪於前而其書汲汲於後得
非道符乎正大失於奧有好邪者憚正而不舉嗜淺者鄙奧而
無稱耶蓋仲尼愛文王嗜昌歜以取味後之人將爲仲尼者
其嗜在乎孟子矣夫古之士以湯武為逆取者其不讀孟子乎
以楊墨為達智者其不讀孟子乎由是觀之孟子之功利於人
亦不輕矣今有司除茂才明經外其次有熟莊周列子書者

亦登於科其誘善也雖深而懸科也未正夫莊列之文荒唐之
文也讀之可以為方外之士習之可以為鴻荒之民安有能汲
汲以救時補教為志哉伏請命有司去莊列之書以孟子為主
有能精通其義者其科選視明經同苟若是也不謝漢之博士矣
孔緯為相兼國子祭酒昭宗天順元年二月緯奏文宣王祠廟
經兵火焚毀有司釋奠無所請內外文臣各於本官料錢上每
一緡抽十文助修國學從之
後唐段顒為太常丞明宗天成二年三月奏請國學五經博士
各講本經以申橫經齒胄之義四年十二月國子監奏伏以國
家開設庠序比要教授生徒所以日就月將知討論之不廢入
補視學明考校之有程先生既已親臨學士豈宜徙滯蓋以頃
者監名雖補名以私便無常居周離群則學業終成孤陋
詎為琢磨但希託跡為掛媒只以多年為次第罔思蟻術唯俟
擧遷忽淹違美良之時徒積觀光之歲今国家化被流沙漸海政

敷有截無疆大扇素風恢張至道是以重興數仞分設諸官教且有常業成無惑而況持物甚衆館舍尤多諒無懸磬之虞足得撞鐘之問但自擧徒所好可以教亦隨機既欲成名必須精業如有好春秋者教之以屬辭比事三體五情尊王室而討不庭昭沮勸而起新舊其所異同者則引之以三傳也如有好禮者則教之以恭儉莊敬長幼尊卑言揖讓而知獻酬明冠婚而重喪祭其所沿革者則諳之以二禮也如有好詩者則教之以溫柔敦厚辨之以草木蟲魚美盛德而刺淫昏歌風雅而察正變如有好書者則教之以疏通知遠釋之以訓誥典謨思齊德而敬王言稽古道而統皇極如有好易者則教之以絜靜精微戒之以躁動競進體十翼而分六爻應吉凶而先擬議也至於歷代子史備述變通既屬異端誠非教本但以適當凝凍將近試期欲講小經以銷短景今已請尚書博士田敏講勘論語孝經行莫大於事親道莫踰於務本如有京中諸官子弟及外道擧人況四門博士趙著見講春秋若有聽人從其所欲專俟放牓別啓諸經既溫故而知新惜寸陰而輕尺璧專經者若能口誦碩學者又得指歸自然縻好爵以當仁策科名而得儁幸不孤於選士冀有益於化風從之

王騫為刑部郎中天成二年七月奏請採訪圖籍

呂咸休為左補闕天成四年五月上書請勅諸道興崇學校

李超為著作郎長興元年十月奏秘書監雖有省名而無廨署藏書之府無屋一間無書一卷非人文化成之道請依典創修之

楚馥為尚書博士長興三年奏請皇子習尚書知君臣父子之義

漢司徒詡為禮部侍郎乾祐三年上言臣聞致理之方咸資稽古多聞之道詎捨群書歷代已來斯文不墜石渠蓬閣今則闕於芸編百氏九流在廣頒於搜訪唐朝並開三館皆貯百家開元之朝群書大備離亂之後散失頗多臣請國家開獻書之路凡天下文儒衣冠舊族有收得三館亡書許投館進納據卷帙多少則酬之以縑帛多則酬之以官資自然五六年間庶幾粗備從之

册府元龜卷第六百四

冊府元龜卷第六百五

學校部九

注釋

夫六藝之文所以明天道正人倫學者之所宗百王之取則者也仲尼既没微言遂絶而聖門達者傳受彌廣歷聘諸國耆舊爲人師亦復數繹奥義爲之訓傳秦并天下乃有阬焚之酷編簡散逸大義益乖自漢之表章六經尊立學校方領矩步之士亦稍稍而出故其演暢經旨發明典誥廣章句之學極討論之致師資或異傳授不同各自名家藏用垂世至乃述其訓詁以發揮隱賾推厥義例以錯綜條貫著譔之美靄乎前聞逮乎百家之衆剏歷代之載籍爲之注釋以輔其説者亦并紀焉

卜商衛人爲魏文侯師傳周易二卷

漢孔鮒爲陳勝博士撰論語義疏二卷

周王孫洛陽人作易傳二篇史不載官下倣此

服先齊人一云服生著易傳

彭宣字子佩淮陽人爲大司馬長平侯作易傳

戴宗字子平沛人爲少府作易傳

魯申公爲詩訓故而齊轅固燕韓生皆爲之傳或取春秋采雜説咸非其本義與不得已魯最爲近之與不得已者言不得也三家皆不得其真而魯最近也三家皆列於學官錫爲太中大夫

韓嬰燕人也孝文時爲博士景帝時至常山太傅嬰推詩人之意而作外傳數萬言其語頗與齊魯間殊然歸一也淮南賁生受之燕趙間言詩者由韓生韓生亦以易授人推易意而爲之傳燕趙間好詩故其易微唯韓氏自傳之

賈誼爲梁王傳修春秋左氏傳誼爲左氏傳訓故

丁寛爲梁孝王將軍距吴楚號丁將軍作易説三萬言訓故舉大誼而已故謂經之旨趣也今小章句是也

費直字長翁東萊人也治易爲郎至單父令長於卦筮亡章句

徒以彖象系辭十篇文言解説上下經隋志載直注周易四卷

董仲舒爲江都相以治春秋所著皆明經術之意及上疏條教凡百二十三篇而説春秋事得失聞舉玉杯蕃露清明竹林之屬皆其所著書名也復數十篇十餘萬言皆傳於後世隋志載仲舒撰春秋決事十卷

夏侯勝爲太子太傅受詔撰尚書論語説解其意若今義疏也

右倉通詩禮爲博士至少府説禮數萬言號曰右氏曲臺記曲臺殿在未央宮

孟喜字長卿爲曲臺署長丞相掾爲易章句十卷

張禹爲成帝師以帝難數對已問經爲論語章句獻之後至丞相安昌侯

劉向考易説以爲諸易家説後至中壘校尉歐陽高爲博士作尚書章句

京房爲魏郡太守撰周易章句十卷一云十一卷周易錯八卷

翼奉撰詩道微十一卷

孔安国爲臨淮太守傳古文尚書十三卷今字尚書十四卷傳古文孝經一卷

侯苞撰韓詩翼要十卷

嚴彭祖爲太子太傅撰春秋左氏圖七卷又注春秋公羊傳十二卷

尹更始爲諫大夫長樂戸將爲穀梁章句十五卷

孔光注孝經一卷至大傅卒

樊光爲中散大夫注爾雅三卷

侯芭注揚子法言

嚴遵字君平蜀郡人注老子二卷又注老子指歸一十卷

河上公注老子四篇又云作節解二卷

安丘望之爲長陵三老爲老子章句二卷

想尒注老子二卷一云張魯或云劉表魯字公旗爲鎮南將軍

犍爲郡文學卒史臣舍人注爾雅二卷

劉歆注爾雅三卷（與李巡注正同疑非歆注）後為京兆尹

後漢鄭衆為大司農傳毛詩及左氏條例章句又傳周官禮記論語孝經

何休精研六經世儒無及者太傅陳蕃辟之蕃敗休坐廢錮乃作春秋公羊解詁（博物志曰何休注公羊云何氏學有不解者或答曰休謙辭受學於師乃宣此義不出於己此言為允也）覃思不闚門十有七年又注訓孝經論語風角七分皆經緯典謨不與守文同說又以春秋駁漢事六百餘條妙得公羊本意休善歷筭與其師博士羊弼追述李育意以難二傳作公羊墨守（言公羊之義不可攻如墨翟之守城也）左氏膏肓穀梁廢疾後為諫議大夫

鄭玄隱修經業杜門不出時任城何休好公羊學遂著公羊墨守（言公羊義理深遠不可駁難如墨翟之守城也）左氏膏肓（說文曰肓鬲也心下為膏肓言左氏之疾不可為也）穀梁廢疾玄乃發墨守鍼膏肓起廢疾休見而歎曰康成入吾室操吾矛以伐我乎玄作毛詩箋周官注玄本習小戴礼後以古經校之取其義長者故為鄭氏學玄又注小戴所傳礼記四十九篇通為三禮玄所注周易尚書毛詩儀礼礼記論語孝經尚書大傳中候乾象曆又著天文七政論魯礼禘祫義六藝論毛詩譜駁許慎五經異義答臨孝存周礼九百餘萬言玄質於辭訓通人頗譏其繁至於經傳洽熟稱為純儒齊魯間宗之又注論語孔子弟子目錄一卷又注孟子七卷又撰三礼音各一卷詔以大司農徵不起

馬融字季長為南郡太守議郎作毛詩傳及為左氏三家異同之說注孝經論語詩易三礼尚書列女傳老子淮南子離騷

夏侯建字長卿勝從父兄子為博士議郎太子少傅師事勝及歐陽高左右采獲又從五經諸儒問與尚書相出入者牽引以次章句為小夏侯氏學

賈逵字景伯左氏傳國語為之解詁五十一篇永平中上疏獻之明帝重其書寫藏祕館逵數為帝言古文尚書與經傳爾雅詁訓相應詔令撰歐陽大小夏侯尚書古文同異逵集為三卷帝善之復令撰齊魯韓詩與毛氏異同并作周官解故（逵又於章帝時受詔列公羊穀梁不如左氏四十事名曰左氏長義獻書之）為侍中卒

洼丹建武初為博士作易通論七篇世號洼君通

應劭為袁紹軍謀校尉集解漢書又注漢儀五卷

王逸順帝時為侍中著楚辭章句行於世

牟長少習歐陽尚書著尚書章句皆本之歐陽氏俗號為牟氏章句為中散大夫卒

翟酺為將作大匠尤善圖緯著援神鉤命解詁十二篇

張衡為尚書著周官訓詁崔瑗以為不能有異於諸儒也又欲繼孔子易說彖象殘缺者竟不能就

衛宏從大司空杜林受古文尚書為作訓旨後為議郎

謝曼卿善毛詩乃為其訓平帝元始中公車徵說詩

橋仁為大鴻臚初從同郡戴德學著禮記章句四十九篇號曰橋君學

穎容字子嚴陳國長平人也初平中避亂荊州聚徒千餘人著春秋左氏條例五萬餘言劉表以為武陵太守不起

謝該字文儀善明春秋左氏為世名儒門徒數百千人建安中河東人樂詳條左氏疑滯數十事以問該皆為通解之名為謝氏釋行於世為議郎卒

許慎以五經傳說臧否不同於是撰為五經異義又注淮南子二十一卷再遷除洨長卒楊終著春秋外傳十二篇改定章句十五萬言徵拜郎中

景鸞字漢伯理齊詩施氏易兼受河洛圖緯作易說及詩解文句及作月令章句州郡辟命不就

程曾字秀升受業長安習嚴氏春秋積十餘年還家講授會稽顧奉等數百人常居門下著書百餘篇皆五經通難又作孟子章句為海西令卒

杜林為司空注蒼頡篇二卷

服虔字子愼少以清苦建志入大學受業有雅才善著文論作
春秋左氏傳解行之又以左氏傳駁何休之所駁漢事六十條
又撰左氏傳音一卷爲九江太守免　張正見韓詩作章句
許淑字惠卿爲太中大夫注解左氏
鄭興以新門人從劉歆講正大義歆美興才使撰條例章句傳詁
爲太中大夫
孔嘉字山甫爲太中大夫注解左氏
趙岐注孟子十四卷後爲太常　王隆撰漢官解詁三卷建武
中爲新汲令　盧植作尚書章句三禮解詁官至尚書
荀煇字景文作易集解爲太子中庶子
包咸字子良爲大鴻臚爲論語章句
宋衷字仲子南陽章陵人爲荆州五等從事注易九卷
周氏爲論語章句
胡廣注漢官解詁三卷爲太傅卒

荀爽著禮易傳詩傳尚書正經春秋條例又云注周易十卷敘（荀爽九家集注十卷不知何人所集稱荀爽者以爲主故也其序有荀爽京房馬融鄭玄宋衷虞翻陸績姚信翟子玄子玄不詳何人爲易義注內又有張氏朱氏並不詳何人）春秋公羊傳問答八卷及辯讖并它所
論敘題爲新書爲司空
陳元爲司空南閣祭酒撰左氏同異
延篤字叔堅受左氏於賈逵之孫伯升因而注之爲京兆尹後
卒于家
蔡邕撰月令章句十二卷後爲左中郎將
王玢爲司徒掾撰春秋左氏達義一卷
劉熙爲安南太守撰禮謚法二卷釋名八卷宋均撰孝經皇義
一卷注詩緯十八卷注禮記默房二卷注樂緯二卷注孝經鉤
命決六卷注孝經援神契七卷注論讖八卷後爲河内太守
崔豹爲尚書左丞撰論語集義八卷
劉表爲鎭南將軍荆州牧撰易章句五卷（一云主易十卷）

高誘注呂氏春秋二十六卷淮南子二十一卷辟司空掾除濮
陽令
樊英著易章句世名樊氏學後爲光祿大夫賜告歸
曹充傳慶氏禮建武中爲博士永平中後拜侍中作章句辯難
於是遂有慶氏學
曹褒充之子世傳充慶氏禮作通義十二篇演經雜論百二十
篇後爲侍中
魏王弼字輔嗣爲尚書郎好論儒道辭才逸辯注易及老子又
作老子指略及撰易略一卷周易義一卷論語釋疑三卷
王朗字景興爲司徒著易春秋孝經周官傳又撰春秋左氏釋
駁一卷
王肅字子雍年十八從宋忠讀太玄而更爲之解初肅善賈馬
之學而不好鄭氏采會同異爲尚書詩論語三禮左氏解及撰
定父朗所作易傳皆列於學官及作周易春秋例毛詩禮記春

秋三傳國語爾雅諸注隋書志載肅撰尚書駁議五卷又撰尚
書義問三卷又解孝經一卷論語釋駁二卷及解孔子家語又
注老子二卷又撰三禮音各一卷爲大常■董遇字季直爲侍中
大司農注周易十卷又爲春秋左氏傳章句
周生烈字文逸燉煌人爲博士注解左傳又解論語
陳群字長文爲司空解論語
鍾會撰周易盡神論一卷又撰周易無互體論三卷及注老子
二卷後爲鎭西將軍
何晏撰周易私記二十卷周易講疏十三卷注孝經一卷注論
語十卷五經大義五卷老子道德經二卷後爲尚書
劉楨爲太子文學撰毛詩義問九卷
王基字伯輿東萊人爲荆州刺史撰毛詩駁一卷（駁王肅申鄭義）又注
解左氏傳
糜信爲樂平太守撰春秋說要一卷

徐凱爲安平太守撰春秋公羊論二卷
魏益爲大長秋撰春秋三傳論十卷
蘇林字孝友爲散騎常侍注孝經一卷
劉劭字孔才爲光禄大夫注孝經一卷
孟子注老子二卷或云孟康字公休爲中書監注老子二卷
孫炎以祕書監徵不起注儀禮二十九卷（一云注禮三十卷）注爾雅三卷音一卷
李仲欽梓潼人著左氏指歸
麋信字南山爲樂平太守注穀梁十二卷
蜀杜瓊爲太常字伯瑜以受學於任安著韓詩章句十餘萬言不教諸子內學無傳業者蔣琬爲大將軍錄尚書事撰喪服要義一卷
李譔爲中散大夫右中郎將著古文易尚書毛詩三禮左氏傳太玄指歸皆依準賈馬異於鄭玄與王氏殊隔初不見其所述而意歸多同

譙周字允南入晉爲散騎常侍不拜封陽城亭侯注論語十卷撰五經然否論五卷古文考二十五卷
蜀才不詳何人注周易十卷又注老子二卷（七志云是王弼後人蜀李書云姓范名長生一名賢隱居青城山自號蜀才李雄以爲丞相）
尹濤注易六卷
巨生內解老子二卷
吳虞翻字仲翔初爲後漢侍御史與少府孔融書并示以所著易注融荅書曰聞延陵之理樂覩吾子之治易乃知東南之美者非徒會稽之竹箭也又觀象雲物察應寒温原其禍福與神合契可謂探賾窮通者也翻又爲老子論語國語訓注又注揚子太玄經十四卷
范望州字叔文爲尚書郎作老子注訓二卷
程秉爲太常著周易摘尚書駮論語弼凡三萬餘言

（從第八葉起下闕）

冊府元龜卷第六百八

學校部一十二

小學　目録　刋校　讎嫉

小學

昔伏羲氏造書契以代結繩之政周官保氏教國子以六書蓋文字之興其來尚矣厥後二篆繼作八體並生沿波振葉增華踵遂岐分轍異其流彌廣中代而下善其業者或為之訓詁或形乎論敘布之方牘參于緗帙咸得以徵焉仲尼曰吾猶及史之闕文又曰蓋有不知而作之者故述作之際不可以不慎矣

黄帝時倉頡為史作蟲篆

周宣王時太史籀作大篆十五篇教學童書也與孔氏壁中古文異體（又云史籀篇者周時史官教學童書也）

秦李斯為丞相作倉頡篇七章（又作別篆亦曰秦篆）

趙高為車府令作爰歷篇六章

府六百八　一

胡毋敬為太史令作博學篇七章（博學篇文字多取史籀篇而篆體復頗異所謂秦篆者也又云倉頡爰歷博學三篇斷六十字以為一章凡五十五章并為倉頡篇）

程邈為秦獄吏得罪繫雲陽獄市覃思十年益小篆方圓而為隸書三千字始皇善之用為御史

王次仲上谷人善隸書始作八分書

漢司馬相如為文園令作凡將篇（凡將篇無複字）

史游元帝時為黄門令作急就一篇（又云慕容皝製造太上章以代急就篇又顏之推顏師古各注多敘篇）

李長成帝時為將作大監作元尚一篇（急就元尚篇皆倉頡中正字也凡將則頗有出矣）

揚雄為大夫作倉頡訓纂一篇（元始中徵天下通小學者以百數各令記字於庭中揚雄取其有用者以作訓纂篇又云郭璞注倉頡篇揚雄作訓後漢郎中賈魴作滂喜篇故曰三倉）

杜鄴從張吉學吉子竦又幼孤從鄴學問亦著於世尤長小學鄴子林清靜好古亦有雅材建武中歷位列卿至大司空其正文字過於鄴竦故世言小學者由杜公也（又云宣帝時徵齊人能正讀者張敞從受之傳至外孫之子杜林為作訓詁又云杜林作倉頡訓纂一篇倉頡故一篇）位至涼州刺史

劉歆撰古今文字二卷（又撰字略一卷）位至安定屬國都尉

後漢許慎作說文解字十四篇皆傳於世（又有演說文一卷庾儼撰）為洨長卒

馬援為伏波將軍上書曰臣所假伏波將軍印書伏字犬外嚮城皋令印皋字為白下羊丞印四下羊尉印白下人人下羊即一縣長吏印文不同恐天下不正者多符印所以為信也所宜齊同薦曉古文字者事下大司空正郡國印章奏可

班固字孟堅以易倉頡中重復之字凡八十九篇臣復續揚雄作十三章文撰在昔篇一卷太甲篇一卷為大將軍竇憲中護軍

服虔撰通俗文一卷位至九江太守

蘇林字孝友博學多通古今字指凡諸書傳文間危疑林釋之建安中為五官將文學甚見禮待

郭顯卿為太子中庶子撰字指一卷

衛宏字敬仲撰古文官書一卷位至議郎

府六百八　二

邯鄲淳一名竺字子叔為博士給事中善倉雅蟲篆許氏字指

蔡邕為左中郎將撰聖皇章黄初章吳章勸學篇各一卷

崔瑗為濟北相撰飛龍篆篇草勢合三卷

張揖撰埤倉二卷（又撰廣倉一卷）古今字詁三卷（又云撰字指一卷雜字三倉訓詁）三卷誤字一卷（又云字統十卷雜字林撰）

蜀來敏尤精於倉雅訓詁好是正文字位至執慎將軍

吳項峻為郎中令撰始學篇十二卷

朱育山陰人少好奇字凡所特達依體像類造作異字千名以上位至侍中

晉郭璞洛陽人明究羣籍博善古文書不應州郡之命

陸機為平原內史撰吳章二卷

王義為下邳內史撰小學篇一卷

李彤撰字指二卷單行字二卷字偶五卷位至朝議大夫

呂忱為弦令撰字林七卷

勞仲堪為荆州刺史撰常用字訓一卷
呂靜為汝陰令撰韻集六卷
衛常撰四體書勢一卷
葛洪撰要用字苑一卷終於句漏令
顧愷之為散騎常侍撰啓疑三卷
宋何承天為御史丞撰纂文三卷
顏延之撰纂要六卷詁幼文三卷位終金紫光禄大夫
謝靈運為臨川内史撰要字一卷
吳恭為揚州督護撰字林字音義五卷
劉善經撰文字指歸一卷
夏侯詠撰四聲韻略十三卷
李槩撰音譜四卷
釋静洪撰韻英三卷
南齊吳均為奉朝請續文釋五卷
王斌著四聲論行於時
梁沈約撰四聲一卷位至尚書令侍中領太子少傅
阮孝緒不應徵辟撰文字集略六卷
古文甫為散騎常侍撰釋字同音三卷叙韻一卷首異字
蕭子雲撰五十二體書一卷位至侍中國子祭酒
蕭愷為太子家令時太學博士顧野王奉令撰玉篇太宗嫌其書詳略未當以愷博學文字為善使更與學士一删改
蕭琛在宫城有北僧南度唯齎一瓠蘆中有漢書序傳曰三輔舊老傳以為班固真本琛固求得之其書多有異今者而紙墨亦古文字多如龍擧之例非隷非篆琛甚秘之及是行也以書餉鄱陽王範範乃獻于宫位至侍中
陳顧野王為左將軍撰玉篇三十卷
庾持善字書每屬辭好為奇字文士亦以此譏之位至太中大夫領步兵校尉

后魏太武始光二年初造新字千餘詔曰在昔帝軒創制造物乃命倉頡因鳥獸之跡以立文字自兹已降隨時改作故篆隷草楷並行於世然經歷久遠傳習多失其真故令文體錯謬會義不愜非所以示軌則於來世也孔子曰名不正則事不成此之謂矣今制定文字世所用者頒下遠近永為楷式
陽尼造字釋數千卷猶數十篇未就而卒其從孫太學博士承慶豫撰為字釋二十卷行於世位至國子祭酒兼幽州中正
江式字法安陳留濟陽人六世祖瓊字孟琚晉馮翊太守善蟲篆詁訓永嘉大亂瓊棄官西投張軌子孫因居涼土世傳家業祖強字文威太延五年涼州平因徙代京上書三十餘法各有體例又獻經史諸子千餘卷由是擢拜中書博士式少專家學除奉朝請仍為符節令延昌三年三月式上表曰臣聞庖羲氏作而八卦列其畫軒轅氏興而靈龜彰其彩古史倉頡覽二象之文觀鳥獸之跡别創文字以代結繩用書契以維事宣之王庭則百工以叙載之方册則萬品以明迄于三代厥體頗異雖依類取制未能殊倉氏矣故周礼八歳入小學保氏教國子以六書一曰指事二曰象形三曰形声四曰會意五曰轉注六曰假借盖是史頡之遺法也及宣王太史史籀著大篆十五篇與古文或同或異時人即謂之籀書至孔子定六經左丘明述春秋皆以古文厥意可得而言其后七国殊軌文字乖別暨秦兼天下丞相李斯乃奏蠲罷不合秦文者斯作倉頡篇中車府令趙高作爰歷篇太史令胡母敬作博學篇皆史籀大篆或頗省改所謂小篆者也於是秦燒經書滌除舊典官獄繁多以趣約易始用隷書古文由此息矣隷書者始皇使下杜人程邈附於小篆所作也以邈徒隷即謂之隷書故秦有八體一曰大篆二曰小篆三曰刻符書四曰蟲書五曰摹印六曰署書七曰殳書八曰隷書漢興有尉律學復教以籀書又習八體試之課最以為尚書史書省字不正輒擧劾焉又有草書莫知誰始考其

形畫雖無厥誼亦是一時之變通也孝宣時召通倉頡讀者張敞受之涼州刺史杜業沛人爰禮講學大夫秦近亦能言之孝平時徵禮等百餘人說文字於未央宮中以禮為小學元士黃門侍郎揚雄採以作訓纂篇及亡新居攝自以運應制作使大司空甄豐校文字之部頗改定古文時有六書一曰古文孔子壁中書也二曰奇字即古文而異者三曰篆書云小篆也四曰佐書秦隸書也五曰繆篆所以摹印也六曰鳥蟲所以幡信也壁中書者魯恭王壞孔子宅而得禮尚書春秋論語孝經也又北平侯張倉獻春秋左氏傳書體與孔氏相類即前代之古文矣後漢郎中扶風曹喜號曰工篆小異斯法而甚精巧自是後學皆其法也又詔侍中賈逵修理舊文殊藝異術王教一端苟有可以加於國者靡不悉集逵即汝南許慎古學之師也後慎嗟時人之好奇嘆俗儒之穿鑿惋文毀於譽痛字敗於訾更詭任情變亂於世故撰說文解字十五篇首一終亥各有部

屬包括六藝羣書之詁評釋百氏諸子之訓天地山川草木鳥獸昆蟲雜物奇怪珍異王制禮儀世間人事莫不畢載可謂類聚羣分雜而不越文質彬彬最可得而論也左中郎將陳留蔡邕採李斯曹喜之法為古今雜形詔於太學立石碑刊載五經題書楷法多是邕書也後開鴻都書畫奇能莫不雲集于時諸方獻篆無出邕者魏初博士清河張揖著埤倉廣雅古今字詁究諸埤廣綴拾遺漏增長事類抑亦於文為益者然其字詁方之許慎篇古今體用或得或失矣陳留邯鄲淳亦與揖同時博聞古藝特善倉雅許氏字指八體六書精究閑理有名於揖以書教諸皇子又建三字石經於漢碑之西其文蔚炳三體復宣校之說文篆隸大同而古字少異又有京兆韋誕河東衛覬二家並號能篆當時臺觀榜題寶器之銘悉是誕書咸傳之子孫世稱其妙晉世義陽王典祠令任城呂忱表上字林六卷尋其況趣附託許慎說文而按偶章句隱別古籀奇惑之字文得正

隸不差篆意也忱弟靜別放故左校令李登聲類之法作韻集五卷宮商角徵羽各為一篇而文字與兄便是魯衛音讀楚夏時有不同皇魏承百王之季紹五運之緒世易風移文字改變篆形謬錯隸體失真俗學鄙習復加虛巧談辯之士又以意為詭炫惑於時難以釐改乃曰追來為歸巧言為辯小兔為䨲神蟲為蠶如斯甚眾皆不合孔氏古書史籀大篆許氏說文石經三字也夫文字者六藝之宗王教之始前人所以垂今今人所以識古故曰本立而道生孔子曰必也正名乎又曰述而不作書曰予欲觀古人之象皆言遵脩舊文而不敢穿鑿也臣六世祖瓊家世陳留往晉之初與從父兄應元俱受學於衛覬古篆之法倉雅方言說文之誼當時並收善譽而祖官至太子洗馬出為馮翊郡值洛陽之亂避地河西數世傳習斯業所以不墜也世祖太延中皇風西被牧犍內附臣亡祖文威杖策歸國奉獻五世傳掌之書古篆八體之法時蒙褒錄叙列於儒林官班

文省家號世業暨臣闇短識學庸薄漸漬家風有忝無顯但逢時來恩出願外每承澤雲津廁霑漏潤驅馳文閣參預史官題篆宮禁猥同上哲既竭愚短欲罷不能是以敢藉六世之資奉遵祖考之訓竊慕古人之軌企踐儒門之轍求撰集古來文字以許慎說文為主爰采孔氏尚書五經音注籀篇爾雅三倉凡將方言通俗文祖文宗埤倉廣雅古今字詁三字石經字林韻集諸賦文字有六書之誼者皆以次類編聯文無複重統為一部其古籀奇惑俗隸諸體咸使班於篆下各有區別詁訓假借之誼僉隨文而解音讀楚夏之聲並逐字而注其所不知者則闕如也脫蒙遂許冀省百氏之觀而同文字之域典書秘書所須之書乞垂敕給并學士五人嘗習文字者助臣披覽書生五人專令抄寫侍中黃門國子祭酒一月一監評議疑隱庶無紕繆所撰名目伏聽明旨詔曰可所請并就太常兼教八書史也其所有須依請給之名目待書成重聞式於是撰集字書號曰

古今文字凡四十卷大體依許氏說文爲本上篆下隸正光中除驍騎將軍兼著作佐郎式尋中卒其書竟未能成

李登爲左校書令撰聲類十卷

北齊宋世良強學好屬文撰字略五篇位至東郡太守

楊休之撰韻略一卷辯嫌音二卷位至和州刺史

顔之推爲黃門侍郎撰訓俗文字略一卷

後周黎季明其從祖廣後魏太武時爲尚書郎善古篆學書從吏部尚書清河崔玄伯受字義又從司徒崔浩學楷篆自是家傳其法季明亦傳習之頗與許氏有異太祖令季明正定古今文字於東閣位至車騎大將軍

冀儁爲襄樂郡守徵還教世宗及宋獻公等隸書時俗入書學者亦行束脩之禮謂之謝章儁以書字所興起自倉頡若同常俗未爲合禮遂啓太祖釋奠倉頡及先聖先師

趙文深善楷隸太祖以隸書紕繆命文深與黎季明沈遐等依說文及字林刊定六體成一萬餘言行於世位至趙郡守

隋王劭爲秘書少監撰難字三卷

顔愍楚撰證俗章略一卷

曹憲爲秘書學士撰古今字圖雜録一卷文字指歸四卷

劉善經河間人撰四聲指歸一卷

唐顔真卿爲刑部尚書大歷十二年獻所著韻海鏡源三百六十卷詔下秘閣及集賢書院貯之真卿耽尚儒學以陸法言切韻文言非引乃纂集九經子史字義題爲韻海鏡源獻之

唐玄度爲翰林待詔開成初於國子監覆定石經字體玄度言九經字體依故司業張參五經字樣爲定諸經之中別有疑闕舊字樣未載者今與校勘官同商較是非取其適中纂録爲新加九經字樣一卷請附五經字樣之末從之

目録

夫四科之設所趣不同六藝之端爲學亦異自微言既絶說郛駁多諸子互興羣儒紛糾兵農雜說其徒寔繁然而學者斯勤述者彌衆廣披並購既顯於好文彊學專門頗專於寡要故前之達者分其例類使有條不紊求者可以俯觀也

漢司馬遷爲太史令撰史記目録一卷

劉向撰七略別録二十卷元帝時擢爲散騎宗正給事中

劉歆向子也哀帝初即位遷騎都尉光祿大夫總括羣書撮其指要著爲七略一曰輯略二曰六藝略三曰諸子略四曰詩賦略五曰兵書略六曰術數略七曰方技略大凡萬三千九十卷

後漢班固傅毅並爲校書郎自光武中興明章繼軌於東觀及仁壽閣集新書固毅等典掌焉並依七略而爲書部固又編之以爲漢書藝文志

鄭默爲秘書郎始制中經

荀勖爲秘書監因中經更著新部分爲四部總括羣書一曰甲部紀六藝及小學等書二曰乙部有古諸子家近世子家兵書

兵家術數三曰丙部有史記舊事皇覽簿雜事四曰丁部有詩賦圖讚汲冢書大凡四部合二萬九千九百四十五卷一云勗撰中經簿十四卷撰文章家集敘十卷

晉摯虞爲太常卿撰文章志三卷

丘深之撰義熙已來雜集目録三卷

宋傅亮爲中書監尚書令撰續文章志三卷

謝靈運爲秘書監造四部目録大凡四千五百八十二卷

文帝撰江左文章志三卷

殷淳爲秘書丞在秘書之閣撰大四部書目凡四十卷行於世

南齊王儉爲秘書丞撰四部書目四卷大凡一萬五千七十四卷又撰今書七志一曰經典志紀六藝小學史記雜傳二曰諸子志紀今古諸子三曰文翰志紀詩賦四曰軍書志紀兵書五曰陰陽志紀陰陽圖緯六日術藝志紀方伎七曰圖譜志紀地域及圖書其道佛附見合九條賀蹤補

梁王儉永明中爲秘書丞與監謝朏又造四部目大凡一萬八千十卷

阮孝緒不應徵辟篤好墳史博採宋齊已來王公之家凡有書記參校官簿更作七録一曰經典録紀六藝二曰史篇録紀記傳三曰子兵録紀子書四曰文集録紀詩賦五曰技術録紀數術六曰佛録七曰道録其分部題目頗有次序

任昉爲秘書監於文德内殿列藏衆書華林園内總集釋典大凡二萬三千一百六卷自齊永元以來秘閣四部篇卷紛雜昉手自讎校由是篇目定焉

丘賓卿撰天監四年書目四卷

殷鈞撰天監六年四部書目後授散騎常侍國子祭酒

祖暅爲奉朝請以梁有秘書監任昉殷鈞四部目録又文德殿目録其術數之書更爲四部使暅撰其名故梁有五部目録

楊松珍撰史目三卷

沈約永明二年兼著作郎撰宋世文章志二卷

劉遵撰東宮四部目録四卷

劉孝標安成王引爲荆州戸曹參軍撰梁文德殿四部目録四卷

陳沈文阿爲散騎常侍兼國子博士撰經典玄儒大義序録二卷

後魏裴景融領著作時撰四部要略令景融書與

高道穆爲給事黄門侍郎莊帝詔曰秘書圖籍所存内典書又加繕寫緗素委積蓋有年載出内繁蕪多致零落可令道穆總集帳目并牒儒學之士編比次第

後周樊深撰七經異同説三卷義綱略論并目録三十卷並行於世後爲中大夫加開府儀同三司

隋牛弘爲光禄大夫撰開皇四年書目四卷

王劭爲散騎侍郎修起居注撰開皇二十年書目四卷隋書經籍志有書目一卷陳秘閣圖書法目録一卷陳天嘉六年壽安殿四部目録四卷陳德教殿四部目録四卷陳承香殿五經史記目録二卷開皇八年四部書目録四卷香廚四部目録四卷隋大業正御書目録九卷秘書目録七卷隋大業注目録四卷書目二卷書名手書録一卷並撰人姓名

許善心開皇中爲秘書丞于時秘藏圖籍尚多淆亂善心倣阮孝緒七録更制七林各爲總叙冠於篇首又於部録之下明作者之意區分其類例焉

唐馬懷素爲秘書監兼昭文館學士是時秘書省典籍散落條流無叙懷素上疏曰南齊已前墳籍舊編王儉七志已後著述其數盈多隋志所書亦未詳悉或古書近出前志闕而未編或近人相傳浮詞鄙而猶記著無編録難辯淄澠望括檢近書篇目并前志所遺者續王儉七志藏之秘府帝於是召學涉之士國子博士尹知章等分部撰録并刊正經史粗創首尾會懷素病卒

元行沖爲太子賓客弘文館學士累封常山郡公先是秘書監馬懷素集學者續王儉今書七志左散騎常侍褚無量於麗正殿校寫四部書事未就而懷素無量卒詔行沖總代其職於是

行沖表請通撰古今書目名爲羣書目録命學士鄠縣尉毋煚櫟陽尉韋述曹州司法參軍殷踐猷太學助教余欽等分部修撰歲餘書成奏上之開元七年詔曰比來書籍缺亡後多錯亂良由簿曆不明綱維失錯或須披閲難可討尋令麗正殿寫四部書各於本庫每部別寫目録其事目不備者准劉歆七略排爲七志其經史子集及天文代爲先後以品秩爲次其三教殊英既有隨宜修書目録以推限無闕遺

韋述爲櫟陽尉秘書監馬懷素受詔編次圖書乃奏爲左散騎常侍元行沖左庶子齊澣秘書少監王珣衛尉少卿吴兢并述等二十六人同於秘閣詳録四部書懷素尋卒行沖代掌其事五年而成其總目二百卷

刊校

仲尼曰文王既没文不在茲乎故自衛返魯刪定經藝而門人遵者亦有所刊正焉既而遭秦燔書會漢巫蠱編簡散逸微言殆絶雖假故老所傳得於口占壞壁之獲固多古文頗或遺脱[illegible]用[illegible]懷而學校斯建傳習彌廣[illegible]烏之變魚魯之舛蓋有

之矣洎後師資迭授覃研鑽礪增以章句爲之訓傳又多千載故英儒博聞之士潛心大業探求精義正其闕誤去其繁亂或蒙被詔令典校延閣或上疏自陳求給筆札至於前世之載籍百家之述作亦或揚搉其得失考正其異同纘其滯而質其非翦其蕪而撮其要俾朱紫之有別淄澠之不混六經之旨皎若四部之文惟叙後來以之祈嚮學者於茲蓋非好古博雅之君子疇克預於此哉

周孔子刪詩爲三百篇

卜商字子夏孔子弟子之晉過衛有讀史記者曰晉師三豕涉河子夏曰非也是己亥也夫己之與三相近豕之與亥相似至於晉而問之則曰晉師己亥涉河也

漢孔安國孔子後也武帝時爲博士魯共王壞孔子宅得古文尚書安國悉得其書以考二十九篇得多十六篇（壁中書[illegible]）安國獻之遭巫蠱事未列于學官（[illegible]書考論文義定其可知者爲隸古定更以竹簡寫之增多伏生二十五篇伏生又以舜典合於堯典益稷合於皋陶謨盤庚三篇合爲一康王之誥合於顧命復出此篇并序凡五十九篇爲四十六卷）

劉向成帝時爲光祿大夫先是武帝時以中古文易經校施孟梁丘經（[illegible]）向又以中古文校歐陽大小夏侯三家尚書經文酒誥脫簡一召誥脫簡二率簡二十五字者脫亦二十五字簡二十二字者脫亦二十二字文字異者七百有餘脫字數十至成帝詔向校經傳諸子詩賦步兵校尉任宏校兵書太史令尹咸校數術太醫監李柱國校方技每一書就向輒爲一録論其指歸辨其訛謬而奏之

劉歆爲黃門郎河平中與父向領校秘書

後漢蘇竟以明易爲博士講書祭酒王莽時與劉歆等共典校書

桓榮習歐陽尚書事博士朱普受普學章句四十萬言浮辭繁長多過其實及榮入授明帝減爲二十三萬言子郁復刪省定成十二萬言由是有桓君大小太常章句（桓榮建武三十年卒爲太常桓郁永元四年[illegible]）

帝太

鍾興明帝時爲左中郎將詔令定春秋章句去其復重

樊儵刪定公羊嚴氏春秋章句世號樊侯學仕至長水校尉

張霸永元中爲會稽太守以樊儵刪嚴氏春秋猶多繁辭乃減定爲二十萬言更名張氏學

崔寔拜議郎復與諸儒博士雜定五經

馬融爲校書郎中詣東觀典校秘書

楊終章帝時爲蘭臺校書郎受詔刪太史公書爲十餘萬言

傅毅爲郎中建初中章帝博召文學之士以毅爲蘭臺令史拜郎中與班固賈逵共典校書

鄭衆爲大司農受詔作春秋刪十九篇

劉珍以好學安帝時爲謁者僕射鄧太后詔使與校書劉騊駼馬融及五經博士校定東觀五經諸子傳記百家藝術整齊脫誤是正文字

伏無忌博物多識順帝時爲侍中屯騎校尉詔與議郎黃景校定中書五經諸子百家藝術

張奐少遊三輔師事太尉朱寵學歐陽尚書初牟氏章句浮辭繁多有四十五萬餘言奐減爲九萬言後辟大將軍梁冀府乃上書桓帝奏其章句詔下東觀

延篤從諭解經傳多所駁正後儒服虔等以爲折中位至侍中

盧植靈帝時爲九江太守時始立太學石經以正五經文字植乃上書曰臣少從通儒故南郡太守馬融受古學頗知今之禮記特多回冗（[illegible]）臣前以周禮諸經發起粃謬敢率愚淺之解詁而家乏無力供繕寫上（[illegible]）願得將能書生二人共詣東觀就官財糧專心研精合尚書章句考禮記失得庶裁定聖典刊正碑文古文科斗近於爲實而厭抑流俗降在小學中興以來通儒達士班固賈逵鄭興父子並敦悅之今毛詩左氏周禮各有傳記其與春秋共相表裏宜置博士爲立學

宜以勸後來以廣聖意後與諫議大夫馬日磾議郎蔡邕楊彪
韓說等並在東觀校中書五經記傳補續漢記
蔡邕拜郎中校書東觀遷議郎邕以經籍去聖久遠文字多謬
俗儒穿鑿疑誤後學熹平四年乃與五官中郎將堂谿典光祿
大夫楊賜諫議大夫馬日磾議郎張馴韓說太史令單颺等延也典字子度潁川人颺西平人也
奏求正定六經文字靈帝許之邕乃自書丹
於碑使工鐫刻立於太學門外洛陽記曰太學在洛陽城南開陽門外講堂長十丈廣三丈堂前石經四部本碑凡四十六枚西行尚書周易公羊傳十六碑存十二碑毀南行禮記十五碑悉崩壞東行論語三碑二碑毀禮記碑上有諫議大夫馬日磾議郎蔡邕名於是後儒晚學咸取正焉及碑始立其觀視及
摹寫者車乘日千餘兩塡塞街陌馬日磾融之族子少傳融業
以才學進與楊彪盧植蔡邕等典校中書
劉陶明尚書春秋為之訓詁推三家尚書三家謂夏侯勝夏侯建歐陽和伯也
訓故謂訓釋其義也靈帝時拜侍御史
吳韋曜為中書郎博士祭酒孫休命曜依劉向故事校定衆書

司馬彪為秘書郎秘書丞以司馬遷史記書周秦以上或採俗
語百家之言不專據正經周於是作古史考二十五篇皆憑舊
典以糾遷之謬誤彪復以周為未盡善也條古史考中凡百二
十二事為不當多據汲冢紀年之義亦行於世
郗默字思元起家秘書郎考覈舊文刪省浮穢中書令虞松謂
曰而今而後朱紫別矣
束晳為佐著作郎武帝太康二年汲郡人不準掘魏安釐王冢
得竹簡小篆古書十餘萬言藏于秘府秘書丞衛恆考正汲冢
書未訖而遭難晳述而成之事多證異義時東萊太守陳留王
庭堅難之亦有證據晳又釋難而庭堅已亡散騎侍郎潘滔謂
王接曰卿才學理議足解二子之紛可試論之接遂詳其得失
摯虞謝衡皆博物多聞咸以為允當秘書太康二年汲郡人不準盜發魏襄王墓或言安釐王冢得竹書數十車其紀年十三篇記夏以來至周幽王為犬戎所滅以事接之三家分仍述魏事至安釐王之二十年蓋魏國之史書大略與春秋皆多相應其中經傳大異則云夏年多殷益干啓位啓殺之太甲殺伊尹文丁殺季歷自周受命至穆王百年非穆王壽百歲也幽王既亡有共伯和者攝行天子事非二相共和也其易經二篇與周易上下經同易繇陰陽卦二篇與周易略同繇辭則異卦下易經一篇似說卦而異公孫段二篇公孫段與邵陟論易國語三篇言楚晉事名三篇似禮記又似爾雅論語師春一篇書左傳諸卜筮師春似是造書者姓名也瑣語十一篇諸國卜夢妖怪相書也梁丘藏一篇先敘魏之世數次言丘藏金玉事繳書二篇論弋射法生封一篇帝王所封大曆二篇鄒子談天類也穆天子傳五篇言周穆王遊行四海見帝臺西王母圖詩一篇畫贊之屬也又雜書十九篇周食田法周書論楚事周穆王美人盛姬死事凡七十五篇七篇簡書折壞不識名題冢中又得銅劍一枚長二尺五寸漆書皆科斗字初發冢者燒策照取寶物及官收之多燼簡斷札文既殘缺不復詮次武帝以其書付秘書校綴次第尋考指歸而以今文寫之晳在著作得觀竹書隨疑分釋皆有義證
李充為大著作郎于時典籍混亂充刪除煩重以類相從分作
四部甚有條貫秘閣以為永制
徐廣字野民孝武世除秘書郎典校秘書省增置省職轉員外
散騎侍郎仍領校書
宋謝靈運為秘書監文帝使整理秘閣書補足遺闕
梁任昉為秘書監領前軍將軍自齊永元以來秘閣四部篇卷
紛雜昉手自讎校由是篇目定焉

張纘為司徒掾直文德待詔省敕使抄乙部書後為建安王記
室直壽光省治丙丁部書抄
阮孝緒陳留尉氏人著七錄書武帝時徵不到
劉峻天監初召入西省與學士賀蹤典校秘閣
到沆為太子洗馬時文德殿置學士省召高才碩學者待詔其中
使之校墳史詔沆通籍焉
劉之遴為太學博士時鄱陽王范得班固所上漢書真本獻之
東宮令之遴與張纘到溉陸襄等參校異同之遴錄其異狀數十事
非真本
殷鈞為秘書丞在職啓校定秘閣四部書
陳周弘正在梁為左民尚書及侯景平王僧辯啓送秘書圖籍
敕弘正讎校
姚察為秘書監領著作察任秘省大加刪正後魏闞駰博通經
傳初仕沮渠蒙遜為秘書考課郎中給文吏三十人典校經籍
刊定諸子三千餘卷

崔光詔爲司空行參軍孝文勑光詔兼秘書郎掌校華林御書
宋道璵少而敏儁宣武初以才學被召與秘書丞孫惠蔚典校羣書考正同異
常景爲秘書監刪王晉司空張華博物志
北齊李鉉爲太子博士在東館師友諸王鉉以去聖久遠文字多有乖謬感孔子必也正名之言乃喟然有刊正之意於講授之暇遂覽說文爰及倉雅刪正六藝經中謬
樊遜以對策第一清河王岳爲大行臺率衆南討假遜大行臺郎中文宣天保七年詔令校定羣書供皇太子遜與冀州秀才高乾和瀛州秀才馬敬德許散愁韓同寶洛州秀才傅懷德懷州秀才古道子廣平郡孝廉李漢子渤海郡孝廉鮑長暄陽平郡孝廉景孫前梁州府主簿王九元前開府水曹參軍周子深等十一人被尚書召共刊定時秘府書籍紕繆者多遜乃議曰案漢中壘校尉劉向受詔校書每一書竟表上輒言臣向書長水校尉臣參書太史公太常博士書中外書合若干本以相比然後殺青今所讎校供擬重出蘭臺御諸甲館向之故事見存府閣即欲刊定必藉衆本太常卿邢子才太子少傅魏收吏部尚書辛術司農少卿穆子容前黃門郎司馬子瑞故國子祭酒李業興並是多書之家請牒借本參校得失秘書監尉瑾移尚書都坐凡諸別本三千餘卷五經諸史殆無遺闕
宋繪好撰述以諸家年歷不同多有紕繆乃刊正異同撰年譜錄未成武成河清五年遭水漂失繪雖博聞強記而天性恍忽晚又遇疾言論遲緩及失所撰之書乃撫膺慟哭曰可謂天喪予也
後周寇儁拜秘書監時軍國草創墳典散逸儁始選置令史抄集經籍四部羣書稍得備具
蕭撝梁武帝弟安成王秀子也入周爲侍中驃騎大將軍明帝即位集公卿已下有文學者八十餘人於麟趾殿校定經史仍撰世譜撝亦預焉以母老兼有疢疾五日一番上便偶晨昏請在外著書詔許焉
宗懍初仕梁元帝時爲吏部尚書及江陵平與王褒等入關太祖以懍名重南土甚禮之明帝即位詔懍與王褒等在麟趾殿刊定羣書
元偉明帝初拜師氏中大夫受詔於麟趾殿刊正經籍
楊寬爲御正中大夫武成二年詔寬與麟趾學士參定經籍
姚最字士會梁太醫正僧垣之子年十九隨僧垣入關明帝盛聚學徒校書於麟趾殿最亦預爲學士
隋李德林父敬族歷太學博士鎮遠將軍魏孝靜帝時命當世通人正定文籍以爲內校書別在直閣省
郎茂仕齊爲司空府參軍奉詔於秘書省刊定載籍
許善心爲秘書丞奏追李文博陸從典等學者十許人正定經史錯謬
劉焯以儒學知名除員外將軍與諸儒於秘書省考定羣言
王劭爲著作郎採摘經史謬誤爲讀書記三十卷時人服其精博
于仲文爲光祿大夫撰漢書刊繁三卷
唐顏師古貞觀中於秘書省考五經師古多所釐正既畢奏之太宗復遣諸儒重加詳議于時諸儒傳習既久皆共非之師古輒引晉宋已來古本隨方曉答援據詳明皆出其意表諸儒莫不歎服於是拜通直散騎常侍頒其所定之書於天下令學者習焉尋行秘書少監專典刊正所有奇書難字衆所有惑者隨疑剖析曲盡其源
呂才爲太常博士太宗以陰陽書行之自久近代以來漸致訛僞穿鑿既甚拘忌亦多遂命有司撥令脩撰命才及諸陰陽學者十餘人共加刊削并舊書可行者四十七卷書成詔班下之
魏徵爲秘書監以喪亂之後典章紛雜奏引學者校定四部書數年之間秘府圖籍粲然畢備

元行沖爲國子祭酒弘文館學士時秘書監馬懷素集學者續王儉今書七志左散騎常侍褚無量於麗正殿校寫四部書事未就而懷素無量卒詔行沖總代其職

長孫無忌爲太尉高宗永徽二年三月詔無忌及中書門下與國子三館博士弘文館學士刊定故國子祭酒孔穎達所撰五經正義顔揚庭師古子也永徽三年揚庭爲符璽郎又表上師古所撰正謬正俗八卷高宗下詔付秘書閣仍賜揚庭帛五十匹

司馬承禎隱於天台開元初徵至京師承禎頗善篆隸書寫三體老子經因刊正文句定著五千三百八十言爲真本以奏上之後居王屋爲陽臺觀卒贈銀青光祿大夫號貞玄先生

蔣乂集賢學士將明之子也弱冠該博羣籍其父在集賢日嘗以兵亂之後圖籍溷雜乃白執政請令乂入院編次於是宰相張鎰署乂爲集賢小吏編錄纔逾一年於散亂中整緝二萬餘卷勒成部帙旁通百家尤精歷代沿革後爲集賢學士

褚無量以內庫舊書自高宗代即藏在宮中漸致遺逸奏請繕寫刊校以弘經籍之道於是上令於東都乾元殿前施架排次因大加搜寫廣求天下異本數年間四部充備後遷左散騎常侍兼國子祭酒封舒國公

劉太真貞元二年爲秘書監太真上言請擇儒者詳校九經於秘書省令所司陳設及供食物宰臣錄其功課從之

包佶爲秘書監貞元年上言開元中刪定禮記月令改爲時令其音及疏并開元有相涉者並未刊正請選通儒詳定從之會佶卒其事不行

文宗大和三年三月癸亥集賢院奏應校勘宣索書及新添寫經籍今請秘省春坊崇文校正共一十八員權抽作番次就院同校勘前件書其厨料等請度支准本官例支給從之

周墀爲起居舍人集賢殿直學士開成元年正月中書門下奏據墀及監察御史張次宗禮部員外郎孔溫業水部員外郎集賢殿直學士崔球等同就集賢院勘校經典釋文

鄭覃爲門下侍郎平章事兼國子祭酒初文宗詔國子監九經石本所司校勘尚有舛誤傳於永久必在精詳宜令覃更令韓泉充詳定石經官就集賢審校勘仍旋送國子監上石開成二年十月覃進石壁九經一百六十卷

后唐楊凝式明宗天成初爲給事中凝式請選通儒校定三館圖書

馬縞爲太子賓客長興三年四月勅近以遍注石經雕刻印板委國學每經差專知業博士儒徒五六人勘讀并注今更於朝官內別差五人充詳勘官太子賓客馬縞太常丞陳觀祠部員外郎兼太常博士段顒太常博士路航屯田員外郎田敏等朕以正經事大不同諸書雖已委國子監差官勘注蓋緣文字極多尚恐偶有差誤馬縞已下皆是碩儒各專經業更令詳勘貴必精研兼宜委國子監於諸色選人中召能書人謹楷寫出旋付

匠人雕刻每五百紙與減一選所減等第優與選轉官資時宰相馮道以諸經舛謬與同列李愚委學官等取西京鄭覃所刊石經彫爲印板流布天下後進賴之

漢隱帝乾祐元年四月國子監上言在監雕印板九經內只周禮儀禮公羊穀梁四經未有印板今欲集學官校勘四經文字彫造印板從之

周田敏爲尚書左丞兼判國子監事廣順三年六月敏獻印板書五經文字五經字樣各二部一百三十策奏曰臣等自長興三年校勘彫印九經書籍經注繁多年代殊邈傳寫紕繆漸失根源臣守官膠庠職司校定旁求援據上備彫鐫幸遇聖朝克終盛事播文德於有截傳世教以無窮謹具陳進先是后唐宰相馮道李愚重經學因言漢時崇儒有三字石經唐朝亦於國學刊刻今朝廷日不暇給無能別有刊立嘗見吳蜀之人鬻印板文字色類絕多終不及經典如經典校定彫摹流行深益於

文教矣乃奏留勑下儒官田敏等考校經注敏於經注長於詩傳孜孜刊正援引證據聯爲篇卷先經奏定而後雕刻乃分政事堂厨錢及諸司公用錢又納及第舉人禮錢以給工人

尹拙爲國子祭酒顯德二年二月中書奏拙狀稱准勑校勘經典釋文三十卷雕造印板伏以陸氏釋文唐初撰集綿歷歲月傳寫失真非多聞博識之人通幽洞微之士莫共商榷必致乖訛況今朝廷富有鴻碩如兵部尚書張昭太常卿田敏皆文儒之領袖也或家藏萬卷或手校六經實後學之宗師爲當今之旗向伏乞察以事繼垂叙情非屬私特賜敷歇俾同讎校勑曰經典之來訓釋爲重須資鴻博共正疑訛庶使文字精研免至傳習眩惑其經典釋文已經本監官員校勘外宜差兵部尚書張昭太常卿田敏詳校

顯德三年十二月詔委中書門下於朝官内選差三十人據見在書籍各求真本校勘刊正譌誤仍於逐卷後署校勘官姓名宜令館司逐月具功課申報中書門下

讎嫉

仲尼没而微言絶七十子喪而大義乖周室道微漢承秦弊師授浸異經藝遂分以是肇名家之學樹同門之黨穿鑿聖典異端鋒起既傳稟之不一復潤色而相勝其有肄章句之業乖和裕之德緣飾已失以爲當捨摭彼是以爲非庠序之間讙咋騰涌講習之際譏詆紛錯互相擯斥動成仇讎或忿爭於朝廷或遷謗於祖裔其於攻訐以貞害淪胥而罹咎者蓋有之矣固異夫合志同方營道同術之說焉

漢轅固生以治詩孝景時爲博士與黄生爭論景帝前久之病免武帝初即位復以賢良徵固諸儒多疾毁固曰固老罷歸之時固已九十餘矣

王式字翁思以說詩昭帝時爲昌邑王師王廢式以減死論歸家山陽張長安幼君（長安）先事式後東平唐長賓沛褚少孫亦來事式問經數篇式謝曰聞之於師具是矣自潤色之（言所聞師說具盡於此若繼續當往更潤色）不肯復授唐生褚生應博士弟子選詣博士摳衣登堂頌禮甚嚴（摳衣以手内舉之令離地也嚴謂威儀也頌讀曰容）式誦說有法疑者丘蓋不言（論語載孔子曰蓋有不知而作之者我無是也故式引之欲遵此意故稱孔子自稱丘耳蓋者發語之辭）諸博士驚問何師對曰事式皆素聞其賢共薦式詔除下爲博士（下除官之書也下胡嫁切）式徵來衣博士衣而不冠曰刑餘之人何宜復充禮官既至舍中會諸大夫博士共持酒肉勞式皆注意高仰之（勞來到切）博士江公世爲魯詩宗（爲魯詩者所宗師也）至江公著孝經說心嫉式謂歌吹諸生曰（學官自有此法諸生歌吹以相樂也）歌驪駒（逸詩篇名也見大戴禮客欲去歌之）（其辭云驪駒在門僕夫具存驪駒在路僕夫整駕也）式曰聞之於師客歌驪駒主人歌客毋庸歸（庸用也主人禮未畢且無用歸也）今日諸君爲主人日尚早未可也江翁曰經何以言之（於經何所有此言）式曰在曲禮江翁曰何狗曲也（意怒故妄發言言爲狗者輕賤之甚也流俗書本云何狗曲者妄改之也）今式恥之陽醉遏墜（遏失據而倒也）（[illegible]）式客罷讓諸生曰我本不欲來（讓責也）諸生彊勸我竟爲豎子所辱遂謝病免歸終於家

劉歆爲光禄大夫校秘書欲建立左氏春秋及毛詩逸禮古文尚書皆列於學官哀帝令歆與五經博士講論其義諸博士或不肯置對（言不與歆意同故不肯置其言也置對置辭以對也）歆因移書太常博士讓之其言甚切諸儒皆怨恨是時名儒光禄大夫龔勝以歆移書上疏深自罪責願乞骸骨罷及儒者師丹爲大司空亦大怒奏歆改亂舊章非毁先帝所立帝曰歆欲廣道術亦何以爲非毁哉歆由是忤執政大臣爲衆儒所訕（訕謗也音所諫切）懼誅求出補吏爲河内太守以宗室不宜典三河徙守五原

後漢孔僖字仲和魯國魯人也遊太學習春秋因讀吳王夫差傳廢書歎曰所謂畫龍不成反爲狗者友人崔駰曰然昔孝武皇帝始爲天子方年十八崇信聖道師則先王五六年間號勝文景及後恣己忘其前善僖曰書傳若此多矣鄰房生梁郁儳和之曰如此武帝亦是狗耶僖駰默然郁怒恨之陰上書告駰

儁誹謗先帝刺譏當世事下有司駰詣吏受訏儁恐誅乃上書章帝自訟詔皆勿問拜僖蘭臺令

周福甘陵人初桓帝爲蠡吾侯受學於福及即帝位擢福爲尚書時同郡河南尹房植有名當朝鄉人爲之謡曰天下規矩房伯武因師獲印周仲進二家賓客至相譏揣遂各樹朋徒漸成尤隙

鄭玄字康成北海高密人少爲鄉嗇夫及黨事起被禁錮遂隱修經業杜門不出時任城何休好公羊學遂著公羊墨守（言公羊義理深遠不可駁難如墨翟之守城）左氏膏肓（言左氏之疾不可爲之）穀梁廢疾玄乃發墨守鍼膏肓起廢疾休見而歎曰康成入吾室操吾矛以伐我乎後公車徵爲大司農給安車一乘

〔蜀〕孟光字孝裕河南洛陽人漢末爲講部吏獻帝遷都長安遂逃入蜀劉焉父子待以客禮博物識古無書不覽尤銳意三史長於漢家舊典好公羊春秋而譏呵左氏每與來敏爭此二義光常譊譊讙咋（譊音如交切　讙音休袁切　咋音作嗜祖啗切）先主定益州拜爲議郎

許慈字仁篤胡潛字公興並爲博士慈善鄭氏學治易尚書三禮毛詩論語潛卓犖強識先主定蜀承喪亂歷紀學業衰廢乃鳩合典籍沙汰衆學慈潛與孟光來敏等典掌舊文值庶事草創動多疑議慈潛更相克伐謗讟忿爭形於聲色書籍有無不相通借時尋楚撻以相震撼（撼嘘晚）其矜己妬彼乃至於此先主愍其若斯羣僚大會使倡家假爲二子之容傚其訟鬩之狀酒酣樂作以爲嬉戲初以辭義相難終以刀杖相屈用感切之

後魏游雅文成時爲秘書監北人陳奇愛翫經典博通墳籍與河間邢祐同召赴京雅素聞其名始頗好之引入秘省欲授以史職后與奇論典誥及詩書雅貶扶馬鄭至易訟卦天與水違行雅曰自葱嶺以西水皆西流推此而言易之所及自葱嶺以東耳奇曰易理綿廣包含宇宙若如公言自葱嶺以西豈東逥望尤哉奇執義非雅每如此類終不苟從雅性護短因以爲嫌文

嘗衆辱奇或爾汝之或指爲小人奇曰公身爲君子奇身且小人耳雅曰君言身且小人君祖父是何也奇曰祖燕東部侯釐雅質奇曰侯釐何官也奇曰三皇不傳禮官名豈同哉故昔有雲師火正鳥師之名以斯而言世革則官異時易則禮變公爲皇魏東宮內侍長竟何職也由是雅深憾之先是敕以奇付雅令銓補秘書雅既惡之遂不復敘用焉奇冗散數年高允每與奇讎溫古籍嘉其遠致稱奇通識非凡學所窺允微勸雅曰君朝望具瞻何爲與野儒辨簡牘章句雅謂允有私於奇曰君寧黨小人也乃取奇所注論語孝經焚於庭內奇曰公貴人不乏樵薪何乃燃奇論語雅愈怒因告京師後生不聽傳授而奇無降志亦評雅之失雅製昭皇太后碑文論后名字之美比諭前魏之甄后奇刺發其非聞於上詔下司徒檢對碑史事乃郭后雅有屈焉有人爲謗書多怨時之言頗稱奇不得志雅乃諷在事云此書言奇不遂當是奇假人爲之如依律文造謗書者皆及孥戮遂抵奇罪時司徒平原王陸麗知奇見枉惜其才學故得遷延經年冀有寬宥但執以獄成竟致大戮遂及其家

隋劉焯信都人爲縣功曹高祖開皇中與左僕射楊素等於國子學共論古今滯義素等莫不服其精博時運洛陽石經至京師文字磨滅莫能知者奉勅與劉炫等考定後因國子釋奠與炫二人論義深挫諸儒諸儒咸懷妬恨遂爲飛章所謗除名爲民

蘇夔右僕射威之子少有盛名起家爲通事舍人議樂事與國子博士何妥各有所持於是夔妥俱爲一議使百寮署其所同朝廷多附威同夔者十八九妥恚曰吾席間函文四十餘年反爲昨暮兒之所屈也

元善文帝時爲國子祭酒學問在通直散騎常侍何妥之下然以風流醞藉俯仰可觀音韻清朗聽者忘倦由是爲後進所歸妥每懷不平心欲屈善因善講春秋初發題諸儒畢集善私謂妥曰名望已定幸無相苦妥然之及就講肆妥遂引古今滯議

問難善多不能對善深衒之二人由是有隙

唐孔穎達仕隋煬帝大業初爲河内郡博士詔徵諸郡儒官集于東都令國子秘書學士與之論難穎達爲最時穎達少年而先輩宿儒恥爲之屈潛遣刺客伺其便而圖之禮部尚書楊玄感深禮之知其如是延之於第待以上客薦爲太學助教由是顯名貞觀中遷國子祭酒撰正五經疏義稍繁討悉然有太學博士馬嘉運每掎摭之因此相與不平嘉運屢相譏詆有詔更令詳定未訖而卒

周樊倫爲國子司業太祖廣順末尚書左丞田敏判國子監獻印板九經書流行而儒官素多是非倫乃掇拾舛誤訟於執政又言敏擅用賣書錢千萬請下吏訊詰樞密使王峻素與敏善六儒佐佑之寢討其事搆致無狀然於其書至今是非未息

冊府元龜卷第六百八

冊府元龜卷第六百九

刑法部一

總序

折獄致刑書於羲易惟明克允載於虞書斯則制治在乎勑法勑法在乎得人之義也舜以咎繇作士啓尚書云咎繇作士明于五刑以弼五教又謂之大理故文子曰咎繇瘖而爲大理天下無虐刑夏商之制無聞焉周制大司寇掌建邦之三典以佐王刑邦國詰四方小司寇以五刑聽萬民之獄訟士師掌五禁之法以左右刑罰鄉士遂士縣士方士各聽其所治獄訟司刑掌五刑之法以麗萬民之罪司刺掌三刺三宥三赦之法以贊司寇聽獄訟掌囚掌守囚及刑殺掌戮掌斬殺司隸掌囚執人而靈掌邦之宗皆治刑之官也列國有士師論語所謂孟氏使陽膚爲士師也亦謂之理史記所謂李離爲晉文公之理也秦制廷尉掌刑辟秩二千石古者兵獄同制故謂之尉漢制尚書三

公曹主斷獄二千石曹掌中都官盜賊辭訟罪法亦謂之賊曹又御史屬官有法令曹掌律令廷尉秩中二千石有正及左右監秩皆千石景帝中六年更名大理武帝建元四年復爲廷尉宣帝地節三年初置左右平秩皆六百石掌平詔獄冠法冠哀帝元壽二年復爲大理自孝武而下置中都官獄三十六所各有令長之名如宗正領都司空令丞主罪人少府領若盧令丞主詔獄治將相大臣之類也又置繡衣直指出討姦猾治大獄不常置其有大獄則令雜治也王莽敗郡邸詔獄使將軍以下與二千石雜治之類也其次即令就問如廷尉請捕衡山王遣中尉大行即問之類也其當罪又令雜議如淮南王長所犯不軌丞相御史宗正廷尉雜奏又詔列侯吏二千石議是也後漢置治書侍御史選高第明法律者爲之天下讞疑事則以法律當其是非廷尉卿中二千石掌平獄刑罰奏當所應凡郡國讞疑罪皆處當以報員吏百四十人又省右平尚存左平又[illegible]中

都官以下諸詔獄獨廷尉洛陽縣有焉魏武初建國改廷尉爲大理又置律博士又置定科郎主定法令都官郎主軍事刑獄黄初元年復以大理爲廷尉晉制　初以三公尚書掌刑獄太康中省之以吏部尚書領刑獄又廷尉主刑法獄訟屬官有正監平通視南臺治書爲尚書郎下遷又有律學博士又置黄沙治書侍御史秩與中丞同掌詔獄及廷尉不當者皆治之後省去咸寧中又置廷尉丞宋增置都官尚書掌京師非違兼掌刑獄又增置删定郎如魏之定科郎齊廷尉置丞正監平律博士各一人梁初曰大理天監元年復爲廷尉廷尉視秘書監丞視皇子行佐正視正王佐正監平三人比舊選少重服獬豸冠介幘皁衣銅印墨綬又革置建康縣獄三官視給事中以尚書郎爲之冠服同廷尉三官元會廷尉三官與建康三官皆法冠皁衣朝服以監東西中華門手執方木長三尺方一寸謂之執方署又置律博士視員外郎後魏孝文太和中廷尉卿品第二上

少卿品第三上正監評丞品第五中獄掾品從第七下二十三年復少卿職令廷尉品第三少卿品第四正監評品第六丞品第七永安二年復置司直事十人視五品上不署曹事覆治御史檢劾事北齊大理寺決正刑獄卿屬官正監平各一人律博士四人明法掾二十四人挺事督二人掾十人獄丞掾各二人司直明法掾各二人後周依周禮建六官有司寇卿領秋官府司寇等衆職又有刑部中大夫掌五刑之法附萬人之罪隋文帝改周六官依前代之法復置都官尚書侍郎後改周六官依前代之法復置都官尚書侍郎後改爲刑部復置大理寺卿少卿正監平各一人司直十人律博士八人明法二十人獄掾八人卿正三品少卿正四品正監評正六品律博士正九品煬帝又改丞爲勾檢官增置爲十六人分判獄事唐制御史大夫中丞掌邦國刑憲典掌其屬侍御史掌推鞫獄訟謂之東西推凡有別勑付推者則按其實狀以奏尋常之獄推訖斷于大理開元

[illegible]唐置刑部尚書一人，侍郎一人，掌天下刑法及徒隸勾覆關禁之政。其屬刑部郎中、員外各二人，掌貳尚書侍郎，舉其典憲而辨其輕重。都官郎中、員外各一人，掌配隸簿錄俘囚，以給衣糧藥療，以理訴競雪免。尚書正三品，侍郎正四品，郎中並正五品，員外並正六品。龍朔二年改刑部尚書曰司刑太常伯，侍郎曰少常伯，郎中為大夫，都官為司僕。咸亨元年復為刑部。光宅元年改為秋官，神龍元年復舊。又置大理卿一人，少卿二人，掌邦國折獄詳刑之事，明慎以讞疑獄，哀矜以雪冤獄，公平以鞫庶獄。正二人，掌參議刑獄，正科條之事，六丞斷罪不當則駁正之。丞六人，掌分判寺事，凡有犯皆據其本狀以正刑名。凡六丞判尚書六曹所統百司及諸州之務，其刑部丞常押獄，每一丞斷事，五丞同押，若有異見，則各言之。主簿二人，掌句檢稽失，凡官吏之負犯并雪免者，則覆所由文牒而立簿焉。獄丞二人，掌率獄史，知囚徒。司直六人，評事十二人，掌出使推按。卿從三品，少卿從四品，正從五品，丞從六品，主簿從七品，獄丞從九品，司直從六品，評事從八品。龍朔二年改為詳刑寺，卿為正卿，正為大夫。咸亨元年復故。光宅元年改為司刑，神龍元年復故。凡吏曹補署法官，則與刑部尚書侍郎議其人可否，然後注擬。若有制使覆囚徒，則御史大夫中丞與刑部尚書參擇之。凡天下之人有稱冤而無告者，御史大夫與中書門下為三司以鞫之。大事奏裁，小事專決。三司雖按而非其長官，則侍御史與刑部郎中員外、大理司直評事往訊之。五代因之。歷代丞相、三公、刺史、守相、令長之從事掾屬，其乎刑獄則有決曹、辭曹、賊曹、法曹、司法、長流刑獄之類焉。夫律令者國之衡石，刑辟者人之銜轡，故王者慎其事，擇其官，以成欽恤之心，以致平刑之治，然後上無苛政，下無冤民，庶獄清而善氣應，其由茲乎！是故類其善惡，因成一編。凡刑法部九門。

定律令

古先哲王，則天論象，緣民情而為之刑罰，威獄以類其震曜殺戮焉。蓋所以防邪辟、衛姦軌、禁其踰矩，以佐乎治者也。唐虞而下，制事典以為法度，作法令而一民志，隨世輕重，必革斯在。然而周設三典，施用既殊；漢增九章，條目寖廣。晉魏之後，或損益殊制，繁簡異宜，載之討論，有所刊定，要時之變，乃至於申嚴濟民之殘，式從乎寬裕。杜周所謂三尺法亦何常之有哉！若夫出令惟行，周書之攸慎；用刑不中，仲尼之所譏。自非協于大中而較若畫一，又曷能御下而齊眾者乎？

堯命伯夷降典，折民惟刑。（伯夷下典禮以折民而斷以法）舜既攝政，象以典刑，（象法也用常法）流宥五刑，（宥寬也以流放之法寬五刑）鞭作官刑，（以鞭為治官事之刑）扑作教刑，（扑榎楚也不勤道業則撻之）金作贖刑，（金黃金誤而入刑出金以贖罪）眚災肆赦，怙終賊刑。（眚過災害肆緩賊殺也過而有害當緩赦之怙姦自終當刑殺之）欽哉欽哉，惟刑之恤哉。（舜陳典刑之義敕天下使敬之憂欲得中）

周成王時，周公旦作周禮，述大司寇之職，掌建邦之三典，以佐王刑邦國，詰四方。（典法也詰謹也書曰王耗荒度作詳刑以詰四方）一曰刑新國用輕典，（新國者新辟地立君之國用輕法者為其民未習於教）二曰刑平國用中典，（平國承平守成之國也用中典者常行之法）三曰刑亂國用重典。（亂國篡弒叛逆之國用重典者以其化惡伐滅之）以五刑糾萬民：（刑亦法也糾猶察異之）一曰野刑上功糾力，（功農功力勤力）二曰軍刑上命糾守，（命將命也守不失部伍）三曰鄉刑上德糾孝，（德六德也善父母為孝）四曰官刑上能糾職，（能能其事也職職事脩理）五曰國刑上愿糾暴。（愿愨慎也暴當為恭字之誤也）以圜土聚教罷民，（圜土獄城也聚罷民其中困苦以教之為善也民不愍作勞有似於罷）凡害人者寘之圜土而施職事焉，以明刑恥之。（害人謂為邪惡已有過失麗於法者以其不故犯法寘之圜土繫教之庶其困悔而能改也施職事以所能役使之明刑書其罪惡於大方版著其背）其能改者反于中國，不齒三年。（反于中國謂舍之還於故鄉里也司圜職曰上罪三年而舍中罪二年而舍下罪一年而舍不齒者不得以年次列於平民）其不能改而出圜土者殺。（出謂逃亡）屬小司寇掌外朝之政，凡命夫命婦不躬坐獄訟，（為治獄吏褻尊者也躬身也不身坐者必使其屬若子弟也）凡王之同族有罪不即市。（[illegible]）

者不以五聲聽獄求民情一曰辭聽觀其出言不直則煩二曰色聽觀其顏色不直則赧然三曰氣聽觀其氣息不直則喘四曰耳聽觀其聽聆不直則惑五曰目聽觀其眸子視不直則眊然以八辟麗邦法附刑罰辟法也麗附也一曰議親之辟若今時宗室有罪先請是也二曰議故之辟故謂舊知也三曰議賢之辟若今廉吏有罪先請是也賢有德行者四曰議能之辟能謂有道藝者五曰議功之辟若今時吏墨綬有罪先請是也六曰議貴之辟貴謂爵位高者七曰議勤之辟謂憔悴以事國八曰議賓之辟謂所不臣者三恪二代之後司刺掌三刺三宥三赦之法以贊司寇聽獄訟刺殺也訊而有罪則殺之宥寬也赦舍也壹刺曰訊羣臣再刺曰訊羣吏三刺曰訊萬民訊言也壹宥曰不識再宥曰過失三宥曰遺忘不識謂愚民無所識則宥之過失若舉刃欲斫伐而軼中人者遺忘若閒帷薄忘有在焉而以兵矢投射之壹赦曰幼弱再赦曰老旄三赦曰惷愚惷愚生而癡騃童昏者今時律年未滿八歲八十以上非手殺人他皆不坐以此三法者求民情斷民中而施上服下服之罪然後刑殺上服殺與墨劓下服宮刖也凡囚上罪梏拲而桎中罪梏桎下罪梏王之同族拲有爵者桎以待弊罪械在手曰梏兩手同械曰拲在足曰桎弊斷罪也司刑掌五刑之法以麗萬民之罪墨罪五百劓罪五百宮罪五百刖罪五百殺罪五百墨黥也先刻其面以墨窒之劓截其鼻也宮者丈夫割勢女子閉於宮中刖斷足也周改臏作刖殺死刑也書傳曰決關梁踰城郭而略盜者其刑臏男女不以義交者其刑宮觸易君命革輿服制度姦軌盜攘傷人者其刑劓非事而事之出入不以道義而誦不詳之辭者其刑墨降畔寇賊劫略奪攘撟虔者其刑死此二千五百罪之目略也其刑書則亡掌戮掌斬殺賊諜而搏之搏當為膊字之誤也膊謂去衣磔之凡殺其親者焚之殺王之親者辜之辜之言枯也謂磔之凡殺人者踣諸市踣謂僵尸付之墨者使守門黥而不妨禁衛也劓者使守關以其貌醜故遠之宮者使守內人道絕也刖者使守囿驅御禽獸無足可也完者使守積完者不虧其體但居作也其奴男子入于罪隸男女同名為奴從坐女子入于舂槁舂人槁人之官也凡有爵者與七十者與未齔者皆不為奴有爵士以上也齔音初覲切毀齒也男子八歲女子七歲而毀齒矣禮記王制大罪有五而殺人為下逆天地者罪及五代誣鬼神者罪及四代逆人倫者罪及三代亂教化者罪及二代殺人者罪止其身又曰析言破律亂名改作執左道以亂衆者殺作淫聲造異服設怪伎奇器以蕩上心者殺行僞而堅言僞而辯學非而博順非而澤以惑衆者殺假於鬼神時日卜筮以疑人者殺此四誅者不待時不以聽穆王將呂侯為司寇作呂刑後為甫侯故或稱甫刑惟呂命王享國百年耄荒言呂侯見命為卿時穆王以享國百年耄亂荒忽穆王即位過四十矣言百年大期雖老而能用賢以揚名度作刑以詰四方度時世所宜訓作贖刑以治天下四方之民王曰若古有訓蚩尤惟始作亂延及于平民順古有遺訓言蚩尤造始作亂惡化相易延及於平善之人罔不寇賊鴟義姦宄奪攘矯虔平民化之無不相寇賊為鴟梟之義以相奪攘矯稱上命若固有之亂之甚苗民弗用靈制以刑惟作五虐之刑曰法三苗之君習蚩尤之惡不用善化民而制以重刑惟為五虐之刑自謂得法蚩尤黃帝所滅三苗帝堯所誅言異世而同惡殺戮無辜爰始淫為劓刵椓黥三苗之主頑凶若民敢行虐刑以殺戮無罪於是始大為截人耳鼻椓陰黥面以加無辜故曰五虐越茲麗刑并制罔差有辭苗民於此施刑并制無罪無差有直辭者言淫濫民興胥漸泯泯棼棼罔中于信以覆詛盟三苗之民瀆於亂政起相漸化泯泯為亂棼棼同惡皆無中于信義以反背詛盟之約虐威庶戮方告無辜于上上帝監民罔有馨香德刑發聞惟腥三苗虐政作威衆被戮者方方各告無罪於天天視苗民無有馨香之行其所以為德刑發聞惟乃腥臊皇帝哀矜庶戮之不辜報虐以威遏絕苗民無世在下君帝帝堯也哀矜衆被戮者之不辜乃報為虐者以威誅遏絕苗民使無世在下國也乃命重黎絕地天通罔有降格重即羲黎即和堯命羲和世掌天地四時之官使人神不擾各得其序是謂絕地天通言天神無有降地地祇不至於天明不相干羣后之逮在下明明棐常鰥寡無蓋羣后諸侯之逮在下國皆以明明大道輔行常法故使鰥寡得所無有掩蓋皇帝清問下民鰥寡有辭于苗帝堯詳問民患皆有辭怨於苗民德威惟畏德明惟明言堯監苗民之見怨則又增修其德行威則民畏服明賢則德明人所以無能名焉乃命三后恤功于民伯夷降典折民惟刑禹平水土主名山川稷降播種農殖嘉穀伯夷下典禮教民而斷以法禹治洪水山川無名者主名之后稷下教民播種農畝生善穀所謂堯命三后於民三后成功惟殷于民各成其功惟所以殷盛於民言禮教備衣食足士制百姓于刑之中以教祗德言伯夷道民典禮斷之以法皋陶作士制百官於刑之中助成化以教民為敬德穆穆在上明明在下灼于四方罔不惟德之勤堯躬行敬敬在上三后之徒秉明德明君道於下灼然著於四方故天下之士無不惟德之勤故乃明于刑之中率乂于民棐彝天下皆勤立德故乃能明於用刑之中正循道以治於民輔成常教典獄非訖于威惟訖于富言堯時主獄有威有德有恕非絕於威惟絕於富世治貨賂不行敬

忌罔有擇言在身堯舜典獄皆能敬其職忌其過故无有可擇之言在其身惟克天德自作元命配享在下凡明於刑之中无擇言在身必是惟能天德自爲大命配享天意在於天下王曰嗟四方司政典獄非爾惟作天牧主政典獄謂諸侯也非汝惟爲天牧民乎言任重是汝今爾何監非時伯夷播刑之迪言當視是伯夷布刑之道而法之其今爾何懲惟時苗民匪察于獄之麗其今汝何懲戒乎所懲戒惟是苗民非察於獄之麗刑以取滅亡罔擇吉人觀于五刑之中惟時庶威奪貨言苗民无肯選擇善人使觀視五刑之中正惟是衆爲威虐者任之以奪取人貨所以爲亂斷制五刑以亂無辜上帝不蠲降咎于苗苗民任奪貨姦人斷制五刑以亂加无罪天不絜其所爲故下咎罪謂誅之苗民無辭于罰乃絕厥世言罪重无以辭於天罰故絕其世申言之爲至戒王曰嗚呼念之哉念以伯夷爲法苗民爲戒伯父伯兄仲叔季弟幼子童孫皆聽朕言庶有格命皆王同姓有父兄弟子孫列者伯仲叔季順少長也舉同姓包異姓言不殊也聽從我言庶幾有至命今爾罔不由慰日勤爾罔或戒不勤今汝无不用安自居曰當勤之汝无有徒念戒而不勤天齊于民俾我一日非終惟終在人天整齊於下民使我爲之一日所行非爲天所終惟爲天所終在人所行爾尚敬逆天命以奉我一人雖畏勿畏雖休勿休汝當庶幾敬逆天命以奉我一人之戒行事雖見畏勿自謂可敬畏雖見美勿自謂有德美惟敬五刑以成三德先戒以勞謙之德次教以惟敬五刑所以成剛柔正直之三德也一人有慶兆民賴之其寧惟永天子有善則兆民賴之其乃安寧長久之道王曰吁來有邦有土告爾祥刑吁歎也有國土諸侯告汝以善用刑之道在今爾安百姓何擇非人何敬非刑何度非及在今爾安百姓兆民之道當何所擇非惟吉人乎當何所敬非惟五刑乎當何所度非惟及世輕重所宜乎兩造具備師聽五辭兩謂囚證造至也兩至具備則衆獄官共聽其入五刑之辭五辭簡孚正于五刑五辭簡核信有罪驗則正之於五刑五刑不簡正于五罰不簡核謂不應五刑當正五罰出金贖罪五罰不服正于五過不服不應罰也正於五過從赦免五過之疵惟官惟反惟內惟貨惟來五過之所病或嘗同官位或詐反囚辭或內親用事或行貨枉法或舊相往來皆病所在其罪惟均其審克之以病所在出入人罪使在五過罪與犯法者同其當清察能使之不行五刑之疑有赦五罰之疑有赦其審克之刑疑赦從罰罰疑赦從免其當清察能得其理簡孚有衆惟貌有稽簡核誠信有合衆心惟察其貌有所考合重刑之至無簡不聽具嚴天威无簡核誠信不聽理其獄皆當嚴敬天威无輕用刑墨辟疑赦其罰百鍰閱實其罪刻其顙而涅之曰墨刑疑則赦從罰六兩曰鍰黃鐵也閱實其罪使與罰名相當劓辟疑赦其罰惟倍閱實其罪截鼻曰劓刑倍百爲二百鍰告狗

剕辟疑赦其罰倍差閱實其罪刖足曰剕倍差謂倍之又半爲五百鍰宮辟疑赦其罰六百鍰閱實其罪宮淫刑也男子割勢婦人幽閉次死之刑序五刑先輕轉至重者事之宜大辟疑赦其罰千鍰閱實其罪死刑也五刑疑各入罰不降相因古之制也墨罰之屬千劓罰之屬千剕罰之屬五百宮罰之屬三百大辟之罰其屬二百五刑之屬三千別言罰屬合言刑屬明刑罰同屬互見其義以相備上下比罪無僭亂辭勿用不行上下比方其罪无聽僭亂之辭以自疑勿用折獄不可行惟察惟法其審克之惟當清察罪人之辭附以法理其當詳審能之上刑適輕下服重刑有可以虧減則之輕服下罪下刑適重上服一人有二罪則之重而輕并數輕重諸罰有權輕重諸刑罰各有權宜刑罰世輕世重言刑罰隨世輕重也刑新國用輕典刑亂國用重典刑平國用中典惟齊非齊有倫有要凡刑所以齊非齊各有倫理有要善罰懲非死人極于病刑罰所以懲過非殺人欲使惡人極於病苦莫敢犯者非佞折獄惟良折獄罔非在中非口才可以斷獄惟平良可以斷獄无不在中正察辭于差非從惟從察囚辭其難在於差錯非從其偽辭惟從其本情哀敬折獄明啓刑書胥占咸庶中正當憐下人之犯法敬斷獄之害人明開刑書相與占之使刑當其罪皆庶幾必得中正之道其刑其罰其審克之其所刑其所罰其當詳審能之無失中正獄成而孚輸而孚斷獄成辭而信當輸汝信於王謂上其鞫劾文辭其刑上備有并兩刑其斷獄文書上王府皆當備具有并兩刑亦具上之王曰嗚呼敬之哉官伯族姓朕言多懼敬之哉告使敬刑官長諸侯同族異姓也我言多可戒懼以儆之朕敬于刑有德惟刑我敬於刑當使有德者惟典刑今天相民作配在下明清于單辭今天治民人君爲配天在下當承天意聽訟當清審單辭民之亂罔不中聽獄之兩辭民之所以治由典獄之无不以中正聽獄之兩辭無或私家于獄之兩辭典獄无敢有受貨聽詐成私家於獄之兩辭獄貨非寶惟府辜功報以庶尤受獄貨非家寶也惟聚罪之事其報則以衆人見罪永畏惟罰非天不中惟人在命當長畏懼惟爲天所罰非天道不中惟人在教命使不中不中則天罰之天罰不極庶民罔有令政在于天下天道罰不中令衆民无有善政在於天下由人主不中將亦罰之王曰嗚呼嗣孫今往何監非德于民之中尚明聽之哉嗣孫諸侯嗣世子孫非一世自今已往當何監視非當立德於民爲之中正乎庶幾明聽我言而行之哉哲人惟刑無疆之辭屬于五極咸中有慶言智人惟用刑乃有无窮之善辭名聞於後世以其折獄屬五常之中正皆中有善所以然也受王嘉師監于茲祥刑有邦有土受王之善衆而治之者視於此善刑欲其勤而法之爲无疆之辭

定文王作僕區之法曰盜所隱器與盜同罪
鄭簡公時子產相鄭鑄刑書（鑄刑法於鼎也）其後大夫鄧析改鄭所鑄
舊制造刑法書之於竹簡
晉趙鞅荀寅帥師城汝濱遂賦晉國一鼓鐵以鑄刑鼎（令晉國各出功力共鼓石爲鐵計令一鼓而足因軍役而爲之）著范宣子所爲刑書焉
秦文公二十年法初有三族之罪（父母兄弟妻子也一云父族母族妻族也）
孝公初衛鞅請變法令令人爲什伍而相收司連坐不告姦者
要斬告姦者與斬敵首同賞匿姦者與降敵同罰爲私鬭者各
以輕重被刑
始皇三十四年適治獄吏不直者築長城及南越地
漢高祖初爲沛公入咸陽召諸縣豪桀曰父老苦秦苛法久矣
誹謗者族耦語者棄市吾與諸侯約先入關者王之吾當王關
中與父老約法三章殺人者死傷人及盜抵罪（傷人有曲直盜贓有多少故言抵罪也）
（蠲除也）蠲削秦法兆人大悅然大辟尚有三族之誅先黥劓
斬左右趾笞殺之梟其首葅其骨肉於市（葅爲醢）其誹謗詈詛又
先斷舌故謂之具五刑其後四夷未附兵革未息三章之法不
足以禦姦（禦止也）於是相國蕭何攈摭秦法（攈音九運切摭音之石切謂收拾也）取
其宜於時者作律九章
七年春令郎中有罪耐以上請之（輕罪不至于髡完其耏鬢故曰耏古耏字從彡髮膚之意也耏音而又音乃代切）
是年制詔御史獄疑者吏或不敢決有罪者久而不論無罪者
久繫不決自今已來縣道官獄疑者各讞所屬二千石官二千
石官以其罪名當報（當謂處斷也）所不能者皆移廷尉廷尉亦當報
之廷尉所不能決謹具爲奏傅所當比律令以聞（傅讀曰附）
惠帝元年制曰爵五大夫吏六百石以上及官皇帝而知名者
有罪當盜械者皆頌繫（官皇帝而知名者謂宦者及早事惠帝而素爲帝所知者也非五大夫爵六百石吏而犯盜者械之凡有罪著械皆得稱爲頌繫相拘之尸容去盜械其義是也頌讀曰容）上造以上及內外公
孫耳孫有罪當刑及當城旦舂者皆耐爲鬼薪白粲（上造爵第二等也）
（內外公孫謂王侯內外孫也耳孫者玄孫之子也言去曾高益遠但耳聞之也今以上造有功勞內外孫有屬籍故施德布惠從輕也城旦者旦起行治城舂者婦人不豫外徭但舂作米皆四歲刑也今皆就鬼薪白粲鬼薪取薪給宗廟白粲坐擇米使正白皆三歲刑也）人年七十以上若不滿十歲有罪當刑者完之（不加肉刑髡鬄也）
四年三月省法令妨吏民者除挾書律（挾藏也秦律敢有挾書者族）
吕后元年正月詔曰前日孝惠皇帝言欲除三族辠妖言令議
未決今除之
文帝元年十二月詔丞相太尉御史法者治之正所以禁暴而
衛善人今犯法者已論而使無罪之父母妻子同產坐之及爲
收帑朕甚弗取其議左右丞相周勃陳平奏言父母妻子同產
相坐及收所以累其心使重犯法（重讀曰難累音力瑞切）收之道所由來久
矣臣之愚計以爲如其故便帝復曰朕聞之法正則民慤罪當
則民從（慤謹也音苦角切）且夫牧民而道之以善者吏也（道讀曰導）既
不能道又以不正之法罪之是法反害於民爲暴者也（法害於人）
（是法暴人）朕未見其便宜孰計之平勃乃曰陛下幸加大惠於天下
使有罪不收無罪不相坐甚盛德臣等所不及也臣等謹奉詔
盡除收律相坐法（後新垣平謀爲逆復行三族之誅）
二年五月詔曰古之治天下朝有進善之旌（旌幡也堯設之令民進善）誹謗之木（堯設之使書政治之愆失也）所以通治道而來諫者也今法
有誹謗訞言之罪（高后元年詔除訞言之令今此又有訞言之罪是則中間曾重復設此條也）
是使眾臣不敢盡情而上無由聞過失也將何以來遠方之賢
良其除之民或祝詛上以相約而後相謾（謾誑也初相與約共祝詛後相誣告）吏以爲大逆其有他言吏又以爲誹謗此
細民之愚無知抵死朕甚不取自今已來有犯此者勿聽治
五年四月除盜鑄錢令（使民得鑄錢也）
十三年太倉公淳于意以刑罰當傳西之長安意有五女隨而
泣意怒罵曰生子不生男緩急無可使者少女緹縈傷父之言
乃隨父西上書曰妾父爲吏齊中稱其廉平今坐法當刑妾切

痛死者不可復生，而刑者不可復續（續一作贖），欲改過自新，其道莫由，終不可得。妾願入身為官婢，以贖父刑罪，使得改行自新也。書聞，帝悲其意，歲中下令曰：制詔御史：蓋聞有虞氏之時，畫衣冠異章服以為戮，而民弗犯，何治之至也！今法有肉刑三（黥、劓二，刖左右趾合一，凡三也），而姦不止，其咎安在？非乃朕德之薄而教不明與（與讀曰歟）！吾甚自愧。故夫訓道不純而愚民陷焉（道讀曰導）。詩曰：「愷悌君子，民之父母。」今人有過，教未施而刑已加焉，或欲改行為善，而道亡繇至（繇讀與由同），朕甚憐之。夫刑至斷支體，刻肌膚，終身不息（息，生也），何其刑之痛而不德也！豈稱為民父母之意哉？其除肉刑，有以易之；及令罪人各以輕重，不亡逃，有年而免（其不亡逃者，滿其年數，得免為庶人也）。具為令（具謂使為條制）。丞相張蒼、御史大夫馮敬奏言：肉刑所以禁姦，所由來者久矣。陛下下明詔，憐萬民之一有過被刑者終身不息，及罪人欲改行為善而道亡繇至，於盛德，臣等所不及也。臣謹議請定律曰：諸當完者，完為城旦舂（文帝除肉刑，皆有以易之，故以完易髡，以笞代劓，以釱左右止代刖。今既曰完矣，不復云以完代完也。此當言髡者完也）；當黥者，髡鉗為城旦舂；當劓者，笞三百；當斬左止者，笞五百；當斬右止，及殺人先自告，及吏坐受賕枉法，守縣官財物而即盜之，已論命復有笞罪者，皆棄市（止，足也。當斬右止者，亦棄市也）。罪人獄已決，完為城旦舂，滿三歲為鬼薪白粲（男子為鬼薪，女子為白粲，滿三歲）。鬼薪白粲一歲，為隸臣妾（男子為隸臣，女子為隸妾。鬼薪白粲滿一歲為隸臣，隸臣一歲免為庶人。隸妾亦然也）。隸臣妾一歲，免為庶人。隸臣妾滿二歲，為司寇。司寇一歲，及作如司寇二歲，皆免為庶人（罪降為司寇，故一歲[illegible]）。其亡逃及有耐罪以上，不用此令。前令之刑城旦舂歲而非禁錮者，如完為城旦舂歲數以免（[illegible]）。臣昧死請。制曰：可。是後，外有輕刑之名，內實殺人。斬右止者又當死（斬右止者棄市，故入死）。斬左止者笞五百，當劓者笞三百，率多死（斬左止以笞五百代劓）。

景帝元年七月，詔曰：吏受所監臨，以飲食免，重；受財物，賤買貴賣，論輕（師古曰：吏受所監臨，謂所監臨之人及其財物也。飲食以免官，財物罪輕，若貴賣賤買者論輕，故免官。太輕也）。廷尉與丞相更議著令（若今之著令切）。廷尉信謹與丞相議曰（師古曰：信，廷尉名也。史失其姓，未詳）：吏乃諸有秩受其官屬所監、所治、所行、所將（將，音子亮切），其與飲食計償費，勿論。它物，若買故賤，賣故貴，皆坐臧為盜，沒入臧縣官。吏遷徙免罷，受其故官屬所將監治送財物，奪爵為士伍，免之。無爵，罰金二斤，令沒入所受。有能捕告，畀其所受臧。

是年，詔曰：加笞與重罪無異（重罪謂死刑），幸而不死，不可為人。其定律：笞五百曰三百，笞三百曰二百。

中二年二月，改磔曰棄市（先謂諸死刑皆磔於市，今改曰棄市，自非妖逆不復磔也。磔謂張其尸也。棄市，殺之於市也，謂之棄市者，與眾棄之也。磔音竹客切），勿復磔。

五年九月，詔曰：法令度量所以禁暴止邪也。獄，人之大命，死者不可復生。吏或不奉法令，以貨賂為市，朋黨比周（比音頻寐切），以苛為察，以刻為明，令亡罪者失職（職，常也。失其常理也），朕甚憐之。有罪者不伏罪，姦法為暴，甚亡謂也。諸獄疑（諸獄疑者），若雖文致於法而於人心不厭者，輒讞之（厭，服也。讞，平議也。讞音魚列切）。

六年十二月，定鑄錢偽黃金棄市律（文帝五年除盜鑄錢令，使民放鑄，先時多作偽金，偽金終不可成，而徒損費，轉相誑耀，窮則起為盜賊，故定其律也）。

五月，詔曰：惟酷吏奉憲失中，加笞者或至死，而笞未畢，朕甚憐之。其減笞三百曰二百，笞二百曰一百。又笞者所以教之也，其定箠令（箠，策也，所以擊者也。箠音止蘂切）。丞相劉舍、御史大夫衛綰請：笞者，箠長五尺，其本大一寸，其竹也，末薄半寸，皆平其節。當笞者笞臀（然則先時笞背也。臀音徒門切）。毋得更人（謂行笞者不更易人也），畢一罪乃更人。自是笞者得全。然酷吏猶以為威。死刑既重，而生刑又輕，民易犯之。

後元年正月，詔曰：獄，重事也。人有智愚，官有上下。獄疑者讞有司。有司所不能決，移廷尉。有令讞而後不當，讞者不為失（假令讞訖，其理不當，所讞之人不為罪失）。

三年，詔曰：高年老長，人所尊敬也；鰥寡不屬逮者，人所哀憐也（屬，聯及也。逮，及也）。其著令：年八十以上，八歲以下，及孕者未乳（乳，產也。音人喻切）、師（樂師盲瞽者）、朱儒（短人不能走者）當鞠繫者，頌繫之（頌讀曰容。容，寬容之，不桎梏）。死罪

欲傷者許之

武帝元朔初令中大夫張湯趙禹條定法令作見知故縱監臨部主之法（見知人犯法不告言為故縱而所監臨部主有罪并連坐）緩深故之罪（故入人罪者皆寬緩之）急縱出之誅（吏釋罪人疑以為縱出則急誅之）律令凡三百五十九章大辟四百九條千八百八十二事死罪決事比萬三千四百七十二事（比以例相比況）

宣帝地節四年五月詔曰父子之親夫婦之道天性也雖有患禍猶蒙死而存之誠愛結於心仁厚之至也豈能違之哉自今子首匿父母妻匿夫孫匿大父母皆勿坐其父母匿孫罪殊死皆上請廷尉以聞

元康四年正月詔曰朕惟耆老之人髮齒墮落血氣衰微亦亡暴虐之心今或罹文法拘執囹圄不終天命朕甚憐之自今以來諸年八十以上非誣告殺傷人佗皆勿坐

元帝初即位下詔曰夫法令者所以抑暴扶弱欲其難犯而易避也今律煩多而不約自典文者不能分明而欲羅元元之不逮（羅網也不逮言意識所不及）斯豈刑中之意哉其議律令可蠲除輕減者條奏惟在便安萬姓而已

初元五年省刑罰七十餘事又除光祿大夫以下至郎中保父母同產之令（舊時相保一人有過皆當坐之上除此令者所以優之也同產謂兄弟也）

成帝河平中詔曰甫刑云五刑之屬三千大辟之罰其屬二百今大辟之刑千有餘條律令煩多百有餘萬言奇請它比日以益滋（奇請謂常文之外主者別有所請以定罪也它比謂引類以比附之稍增律條也奇音居宜切）自明習者不知所由（由從也）欲以曉喻衆庶不亦難乎於以羅元元之民夭絕亡辜豈不哀哉其與中二千石二千石博士及明習律令者議減死刑及可蠲除約省者令較然易知條奏書不云乎惟刑之恤哉其審核之務準古法朕將盡心覽焉（時有司不能立明制為一代之法但舉毫毛數事以塞詔而已）

鴻嘉元年定令年未滿七歲賊鬭殺人及犯殊死者上請廷尉以聞得減死

哀帝以綏和二年四月即位六月詔除誹謗詆欺法（詆音丁禮切誣也）

建平元年盡四年輕殊死者刑八十一事其四十二事手殺人皆減死罪一等著為常法

平帝以元壽二年六月即位九月詔曰夫赦令者將與天下更始誠欲令百姓改行絜己全其性命也往者有司多舉奏赦前事累增罪過誅陷亡辜殆非重信慎刑灑心自新之意也（灑音先禮切）及選舉者其歷職更事有名之士則以為難保（[illegible]）廢而弗舉甚謬於赦小過舉賢材之義諸有臧及內惡未發而薦舉者皆勿案驗（有臧謂以臧貨致罪）令士厲精鄉進（鄉讀曰嚮）不以小疵妨大材自今以來有司無得陳赦前事置奏上有不如詔書為虧恩以不道論定著令布告天下使明知之

元始四年詔曰蓋夫婦正則父子親人倫定矣前詔有司復貞婦歸女徒（復音方目切）誠欲以防邪辟（辟讀曰僻）全貞信及眊悼之人（[illegible]）刑罰所不加聖王之所制也惟苛暴吏多拘繫犯法者親屬婦女老弱搆怨傷化百姓苦之其明敕百姓婦女非身犯法及男子年八十以上七歲以下家非坐不道詔所名捕它皆無得繫其當驗者即驗問（就其所繫而問）定著令

後漢光武建武三年詔曰吏不滿六百石下至墨綬長相有罪先請（續漢志曰縣大者置令一人千石其次置長四百石小者置長三百石侯國之相亦如之皆秦制）男子八十已上十歲以下及婦人從坐者自非不道詔所名捕皆不得繫（詔書有名而特捕者）當驗問者即就驗女徒雇山歸家（前書音義曰令甲女子犯徒遣歸家每月出錢雇人於山伐木名曰雇山）

十一年二月己卯詔曰天地之性人為貴其殺奴婢不得減罪

八月癸亥詔曰敢炙灼奴婢論如律免所炙灼者為庶民

十月壬午詔除奴婢射傷人棄市律

十二年十二月詔邊吏力不足戰則守追虜料敵不拘以逗留法（逗曲行避敵也漢法軍行逗留畏懦者斬[illegible]今不拘以軍法直取勝為務也逗古住字）

十八年四月詔曰今邊郡盜穀五十斛罪至於死開殘吏妄殺之路其蠲除此法同之內郡

二十四年七月詔有司申明舊制阿附蕃王法武帝時有衡山淮南之謀作左官之律設附益之法前書音義曰人道尚右言舍天子而仕諸侯故謂之左官也阿曲附益王侯者將有重法是為舊制令更申明之

章帝建初元年鮑昱為司徒是時辭訟比者至十數年比例輕重非其事類錯雜難知昱奏定辭訟七卷決事都目八卷齊同法令息遏人訟

七年九月詔天下繫囚減死一等勿笞詣邊戍妻子自隨占著所在父母同產欲相從者恣聽之有不到者皆以乏軍興論

元和元年七月丁未詔曰律云掠者唯得榜笞立榜音彭擊也笞音丑之反立謂立而考訊之又令丙箠長短有數令丙為篇之次也令有先後故有令甲令乙令丙箠長一寸本大一寸其末薄半寸其平去節也故云長短有數也自往者大獄已來掠考多酷鉆鑽之屬慘苦無極念其痛毒怵然動心書曰鞭作官刑豈云若此宜及秋冬理獄明為其禁帝初即位尚書陳寵上疏乞改前世苛俗輕薄箠楚以濟群生全廣至德以奉天心帝納寵言每事務於寬厚至是遂詔有司絕鉆鑽諸慘酷之科蒼頡篇曰鉆持也說文曰鉆鐵銸也其炎切銸音女涉切鑽謂鑽去其髕骨也鑽音作算切解妖惡之禁除文致之請讞五十餘事定著于令

十二月詔曰書云父不慈子不祗兄不友弟不恭不相及也往者妖言大獄所及廣遠一人犯罪禁至三屬莫得垂纓仕宦王朝如有賢才而沒齒無用朕甚憐之非所謂與之更始也諸以前妖惡禁錮者一皆蠲除之以明棄咎之路但不得在宿衛而已

二年七月庚子詔曰春秋於春每月書王者重三正慎三微也律十二月立春不以報囚報猶論也立春陽氣至可以施生故不論囚月令冬至之後有順陽助生之文月令仲冬是月也日短至陰陽爭諸生蕩君子齊戒處必掩身欲寧去聲色禁嗜欲安形性事欲靜以待陰陽之所定而無鞫獄斷刑之政朕咨訪儒雅稽之典籍以為王者生殺宜順時氣其定律無以十一月十二月報囚

卷末

冊府元龜卷第六百十

刑法部 二

定律令第二

後漢和帝永元十五年初令郡國以日北至按薄刑而州郡好以苛察為政因此盛夏斷獄鄧太后臨朝以章帝詔斷獄皆在冬至前自後論者互多駮異故詔公卿以下會議司徒魯恭議奏曰夫陰陽之氣相扶而行發動用事各有時節若不當其時則物隨而傷王者雖質文不同而茲道無變四時之政行之若一月令周世所造而所據皆夏之時也其變者惟正朔服色犧牲徽號器械而已故曰殷因於夏禮周因於殷禮所損益可知也易曰潛龍勿用言十一月十二月陽氣潛藏未得用事雖煦噓萬物養其根荄而猶盛陰在上地凍水冰陽氣否隔閉而成冬故曰履霜堅冰陰始凝也馴致其道至堅冰也言五月微陰始起至十一月堅冰至也夫王者之作因時為法孝章皇帝深

惟古人之道助三正之微定律著令冀承天心順物性命以致時雍然後變改以來年歲不熟穀價常貴人不寧安小吏不與國同心者率入十一月得死罪賊不問曲直便即格殺雖有疑罪不復讞正一夫吁嗟王道虧損況於眾乎易十一月君子以議獄緩死可令疑罪使詳其法大辟之科盡冬月乃斷其立春在十二月中者勿以報囚如故事後卒施行

安帝永初元年九月詔曰自今長吏被考竟未報（[illegible]決也）自非父母喪無故輒去職者劇縣十歲平縣五歲以上乃得次用是時陳忠為尚書自以世典刑法用心務在寬詳初父寵在廷尉上除漢法溢於甫刑者未施行（上音時掌切）及寵免後遂寢而苛法稍繁人不堪之忠略依寵意奏上二十三條為決事比（比例也）以省請讞之敝又上除蠶室刑解贓吏三世禁錮狂易殺人得減重論母子兄弟相代死聽赦所代者事皆施行

元初二年十月詔吏人聚為盜賊有悔過者除其罪

順帝以建康元年八月即位十一月令郡國中都官繫囚減死一等徙邊謀反大逆不用此令

桓帝建和元年四月壬辰詔州郡不得迫脅驅逐長吏長吏臧滿三十萬而不糾舉者刺史二千石以縱避為罪若有擅相假印綬者與殺人同棄市論

靈帝光和元年太中大夫橋玄就豎里舍玄少子十歲獨游門次卒有三人持杖劫執之入舍登樓就玄求貨玄不與有頃司隸校尉陽球等率兵殺其子未欲迫之玄瞋目呼曰姦人無狀玄豈以一子之命而縱國賊乎促令兵進於是攻之玄子亦死玄乃詣闕謝罪乞下天下凡有劫質皆并殺之不得贖以財寶開張姦路詔書下其章初自安帝以後法禁稍弛京師劫質不避豪貴自是遂絕

獻帝建安元年太山太守應劭刪定律令以為漢儀表奏之曰夫國之大事莫尚載籍載籍也者決嫌疑明是非賞刑之宜允獲厥

中俾後之人永有監焉故膠東相董仲舒老病致仕朝廷每有政議數遣廷尉張湯親至陋巷問其得失於是作春秋折獄二百三十二事動以經對言之詳矣逆臣董卓蕩覆王室典憲焚燎靡有孑遺（孑音結）以來莫或茲酷今大駕東邁巡省許都拔出險難其命惟新臣累世受恩榮祚豐衍竊不自揆輒撰具律本章句尚書舊事廷尉板令決事比例司徒都目五曹詔書（[illegible]司徒都目是所作也五曹謂常侍曹二千石曹戶曹主客曹三公曹也）及春秋折獄凡二百五十篇蠲去復重為之節文（復音複重直容切）又集議駮三十篇以類相從凡八十二事其見漢書二十五漢記四（漢記即東觀漢記）皆刪敘潤色以全本體其二十六博採古今瓌瑋之士德義可觀其二十七臣所創造左氏云雖有姬姜不棄憔悴雖有絲麻不棄菅蒯蓋所以代匱也是用敢露頑才厠于明哲之末雖未足綱紀國體宣洽時雍庶幾觀察增闡聖德惟因萬機之餘暇游意省覽焉書奏[illegible]是舊事存焉

魏太祖既建魏國以鍾繇爲廷尉始聽君父已没臣子得爲理謗許以士爲侯其妻不復配嫁繇所創也又定甲子科犯釱左右趾者易以木械是時乏鐵故易以木焉又嫌漢律太重故令吏論者聽得科半使從半減也先是漢末天下將亂百姓有土崩之勢刑罰不足以懲惡於是名儒大才故遼東太守崔寔大司農鄭玄大鴻臚陳紀之徒咸以爲宜復行肉刑漢朝既不議其事故無所用矣及魏武帝匡輔漢室尚書令荀彧博訪百官復欲申之而少府孔融議以爲古者敦厖善否不別吏端刑清政無過失百姓有罪皆自取之末世陵遲風化壞亂政撓其俗法害其人故曰上失其道民散久矣而欲繩之以古刑投之以殘棄非所謂與時消息也紂斮朝涉之脛天下謂爲無道夫九牧之地千八百君若各刖一人是下常有千八百紂也求俗休和弗可得已且被刑之人慮不念生志在思死類多趨惡莫復歸正夙沙亂齊伊戾禍宋趙高英布爲世大患不能止人遂爲非也適足絕人還爲善耳雖忠如鬻拳信如卞和智如孫臏冤如巷伯才如史遷達如子政一離刀鋸没世不齒是太甲之思庸穆公之霸秦南睢之骨立衛武之初筵陳湯之都賴魏尚之臨邊無所復施也漢開改惡之路凡爲此也故明德之君遠度深惟棄短就長不苟革其政者也朝廷善之卒不改

文帝黄初元年既受漢禪又議肉刑未定會有大女劉朱撾子婦酷暴前後三婦自殺論朱減死輸作尚方因是下怨毒殺人減死之令

四年正月詔曰喪亂以來兵革未戢天下之人互相殘殺今海內初定敢有私復讎者皆族之

五年正月初令謀反大逆乃得相告其餘皆勿聽治敢妄相告以其罪罪之

明帝青龍二年二月詔曰鞭作官刑所以糾慢怠也而頃多以無辜死其減鞭杖之制著于令

十二月詔有司刪定大辟減死罪又改士庶罰金之令男聽以罰金婦人加笞還從鞭督之例以其形體裸露故也是時承用秦漢舊律其文起自魏文侯師李悝悝撰次諸國法著法經以爲王者之政莫急於盜賊故其律始於盜賊盜賊須劾捕故著網捕二篇其輕狡越城博戲借假不廉淫侈踰制以爲雜律一篇又以具律具其加減是故所著六篇而已然皆罪名之制也商君受之以相秦漢承秦制蕭何定律除參夷連坐之罪增部主見知之條益事律興廐戶三篇合爲九篇叔孫通益律所不及傍章十八篇張湯越宮律二十七篇趙禹朝律六篇合六十篇又漢時決事集爲令甲以下三百餘篇及司徒鮑公撰嫁娶辭訟決爲法比都目凡九百六卷世有增損率皆集類爲篇結事爲章一章之中或事過數十事類雖同輕重乖異而通條連句上下相蒙雖大體異篇實相采入盜律有賊傷之例賊律有盜章之文興律有上獄之法廐律有逮捕之事若此之比錯糅無常後人生意各爲章句叔孫宣郭令卿馬融鄭玄諸儒章句十有餘家家數十萬言凡斷罪所當由用者合二萬六千二百七十二條七百七十三萬二千二百餘言言數益繁覽者益難天子於是下詔但得用鄭氏章句不得雜用餘家衛覬又奏曰刑法者國家之所貴重而私議之所輕賤獄吏者百姓之所縣命而選用者之所卑下王政之弊未必不由此也請置律博士轉相教授事遂施行然而律文煩廣事比衆多離本依末於是天子又下詔改定刑制命司空陳羣散騎常侍劉劭給事黄門侍郎韓遜議郎庾嶷中郎黄休荀詵等刪約舊科傍采漢律定爲魏法制新律十八篇州郡令四十五篇尚書官令軍中令合百八十餘篇其序略曰舊律所難知者由於六篇篇少故也篇少則文荒文荒則事寡事寡則罪漏是以後人稍增更與本體相離今制新律宜都總事類多其篇條舊律因秦法經就增三篇而具律不移因在第六罪條例既不在始又不在終非篇章之義故集罪例以爲刑名冠於律首盜律有劫略恐猲和賣買人科有持質皆非盜事故分以爲劫略律賊律有欺謾詐僞踰封矯制囚律有詐僞生死令丙有詐自復免事類衆多故分爲詐律賊律有賊伐樹木殺傷人畜產及諸亡印金布律有毀傷亡失縣官財物故分爲毀亡律囚律有告劾傳覆廐律有告反逮受科有登聞道辭故分爲告劾律囚律有繫囚鞫獄斷獄之法興律有上獄之事科有考事報讞宜別爲篇故分爲繫訊斷獄律盜律有受所監受財枉法雜律有假借不廉令乙有呵人受錢科有使者驗賂其事相類故分爲請賕律盜律有勃辱強賊興律有擅興徭役具律有出賣呈科有擅作修舍事故分爲興擅律興律有乏徭稽留賊律有儲峙不辦廐律有乏軍之興及舊典有奉詔不謹不承用詔書漢氏施行有小愆之反不如令輒劾以不承用詔書乏軍要斬又減以丁酉詔書丁酉詔書漢文所下不宜復以爲法故別爲之留律秦世舊有廐置乘傳副車食廚漢初承秦不改後以費廣稍省故後漢但設騎置而無車馬而律猶著其文則爲虛設故除廐律取其可用合科者以爲郵驛令其告反逮驗別入告劾律上言變事以爲變事令以驚事告急與興律烽燧及科令者以爲驚事律盜律有還贓畀主金布律有罰贖入責以呈黄金爲價科有平庸坐贓事以爲償贓律律之初制無免坐之文張湯趙禹始作監臨部主見知故縱之例其見知而故不舉劾各與同罪失不舉劾各以贖論其不見不知不坐也是以文約而例通科之爲制每條有違科不覺不知從坐之免不復分別而免坐繁多宜總爲免例以省科文故更制定其由例以爲免坐律諸律令中有其教制本條無從坐之文者皆從此取法也凡所定增十三篇就故五篇合十八篇於正律九篇爲增於旁章科令爲省矣改漢舊律不行於魏者皆除之更依古義制爲五刑其死刑有三髡刑有四完刑作刑各三贖刑十一罰金六雜抵罪七凡三十七名以爲律首又改賊律但以言語及犯宗廟園陵謂之大逆無道要斬家屬從坐不及祖父母孫至於謀反大逆臨時捕之或汙瀦或梟菹夷其三族不在律令所以嚴絕惡跡也賊鬬殺人以劾而亡許依古義聽子弟得追殺之會赦及過誤相殺不得報讎所以止殺害也正殺繼母與親母同防繼假之隙也除異子之科使父子無異財也毆兄姊加至五歲刑以明教化也囚徒誣告人反罪及親屬異於善人所以累之使省刑息誣也

使省刑息誣也改投書棄市之科所以輕刑也正篡囚棄市之罪斷凶強爲義之蹤也二歲刑以上除以家人乞鞫之制省所煩獄也改諸郡不得自擇伏日所以齊風俗也斯皆魏世所改其大略如是其後正始之間天下無事於是征西將軍夏侯玄河南尹李勝中領軍曹羲尚書丁謐又追議肉刑卒不能決

蜀先主既定成都令昭文將軍伊籍與諸葛亮法正劉巴李嚴共造蜀科蜀科之制由此五人焉

吳大帝黃武七年將軍翟丹叛如魏帝恐諸將畏罪而亡乃下令曰自今諸將有重罪三然後議

嘉禾六年正月詔曰夫三年之喪天下之達制人情之極痛也賢者割哀以從禮不肖者勉而致之世治道泰上下無事君子不奪人情故三年不逮孝子之門至於有事則殺禮以從宜要絰而處事故聖人制法有禮無時則不行遭喪不奔非古也蓋隨時之宜以義斷恩也前故設科長吏在官當須交代而故犯之雖隨糾坐猶已廢曠方事之殷國家多難凡在官司宜各盡節先公後私而不恭承甚非謂也中外羣僚其更平議務令得中詳爲節度顧譚議以爲奔喪立科輕則不足以禁孝子之情重則本非應死之罪雖嚴刑益設違奪必少若偶有犯者加其刑則恩所不忍有減則法廢不行愚以爲長吏在遠苟不告語勢不得知比選代之間若有傳者必加大辟則長吏無廢職之負孝子無犯重之刑將軍胡綜議以爲喪紀之禮雖有典制苟無其時所不得行方今戎事軍國異容而長吏遭喪知有科禁公敢干突苟念聞憂不奔之恥不計爲臣犯禁之罪此由科防本輕所致忠節在國孝道立家出身爲臣焉得兼之故爲忠臣不得爲孝子宜定科文示以大辟若故違犯有罪無赦以殺止殺行之一人其後必絕丞相雍奏從大辟

晉武帝泰始三年賈充等上律令六十卷故事三十卷四年班行之先是文帝爲晉王患前代律令本注煩雜陳羣劉邵雖經改革而科網本密又叔孫郭馬杜諸儒章句但取鄭氏又爲偏黨未可承用於是令賈充定法律令與太傅鄭沖司徒荀顗中書監荀勖中軍將軍羊祜中護軍王業廷尉杜友守河南尹杜預散騎侍郎裴楷潁川太守周雄齊相郭頎騎都尉成公綏尚書郎柳軌及吏部令史榮邵等十四人典其事就漢九章增十一篇仍其族類正其體號改舊律爲刑名法例辨囚律爲告劾繫訊斷獄分盜律爲請賕詐僞水火毀亡因事類爲衛宮違制撰周官爲諸侯律合二十篇六百二十條二萬七千六百五十七言蠲其苛穢存其清約事從中典歸於益時其餘未宜除者若軍事田農酤酒未得皆從人心權設其法太平當除故不入律悉以爲令施行制度以此設教違令有罪則入律其常事品式章程各還其府爲故事減梟斬族誅從坐之條除謀反適養母出女嫁皆不復還坐父母棄市省禁固相告之條去捕亡亡沒爲官奴婢之制輕過誤老小女人當罰金杖罰者皆令半之重奸伯叔母之令棄市淫寡女三歲刑崇嫁娶之要一以下娉爲正不理私約峻禮教之防准五服以制罪也凡律令合二千九百二十六條十二萬六千三百言六十卷故事三十卷泰始三年事畢表上武帝詔曰昔蕭何以定律令受封叔孫通制儀爲奉常賜金五百斤弟子百人皆爲郎夫立功立事古今之所重宜加祿賞其詳考差敘輒如詔簡異弟子百人隨才品用賞帛萬餘疋武帝親自臨講使裴楷執讀四年正月大赦天下乃班新律其後明法掾張裴又注律表上之其要曰律始於刑名者所以定罪制也終於諸侯者所以畢其政也王政布於上諸侯奉於下禮樂撫於中故有三才之義焉其相須而成若一體焉刑名所以經略罪法之輕重正加減之等差明發衆篇之多義補其章條之不足較舉上下綱領其犯盜賊詐僞請賕者則求罪於此作役水火畜養守備之細事皆求之作本名告訊爲之心舌捕繫爲之手足斷獄爲之定罪名例齊其制自始及終往而不窮變動無常周流四極上下無方不離於法律之中也其知而犯之謂之故意以爲然謂之失違忠欺上謂之謾背信藏巧謂之詐虧禮廢節謂之不敬兩訟相趣謂之鬭兩和相害謂之戲無變斬擊謂之賊不意誤犯謂之過失逆節絕理謂之不道陵上僭貴謂之惡逆將害未發謂之戕唱首先言謂之造意二人對議謂之謀制衆建計謂之率不和謂之強攻惡謂之略三人謂之羣取非其物謂之盜貨財之利謂之贓凡二十者律義之較名也夫律者當慎其變審其理若不承用詔書無故失之刑當從贖謀反之同伍實不知情當從刑此故失之變也卑與尊鬭皆爲賊鬭之加兵刃水火中不得爲戲戲之重也向人室廬道徑射不得爲過失之禁也都城人衆中走馬殺人當爲賊賊之似也過失似賊戲似鬭鬭而殺傷傍人又似誤盜傷縛守似強盜呵人取財似受賕囚辭所連似告劾諸勿聽理似故縱持質似恐猲如此之比皆爲無常之格也五刑不簡正於五罰五罰不服正於五過意善功惡以金贖之故律制生罪不過十四等死刑不過三徒加不過六囚加不過五累作不過十一歲累笞不過千二百刑等不過一歲金等不過四兩月贖不計日日作不拘月歲數不疑閏不以加至死並死不復加不可累者故有並數不可並數乃累其加以加論者但得其加與加同者連得其本不在次者不以通論以人得罪與人同以法得罪與法同侵生害死不可齊其防親疏公私不可常其教禮樂崇於上故降其刑刑法閑於下故全其法是故尊卑敘仁義明九族親王道平也律有事狀相似而罪名相涉者若加威勢下手取財爲強盜不自知亡爲縛守將中有惡言爲恐猲不以罪名呵爲呵人以罪名呵爲受賕劫召其財爲持質此六者以威勢得財而名殊者也即不求自與爲受求所監求而後取爲盜贓輸入呵受爲留難斂人財物積藏於官爲擅賦加毆擊之爲戮辱諸如此類皆爲以威勢得財而罪相似者也夫刑者司理之官理者求情之機情者心神之使心感則情動於中而形於言暢於四支發於事業是故姦人心愧而面赤內怖而色奪論罪者務本其心審其情精其事近取諸身遠取諸物然後乃可以正刑仰手似乞俯手似奪捧手似謝擬手似訴拱臂似自首攘臂似格鬭矜莊似威怡悅似福喜怒憂歡貌在聲色奸真

餘弱族在視息出口有言當為告下手有禁當為賊喜子殺怒子當為戲怒子殺喜子當為賊諸如此類自非至精不能極其理也律之名例非正文而分明也若八十非殺傷人他皆勿論即誣告謀反者反坐十歲不得告言人即奴婢捍主主得謁殺之賊燔人廬舍積聚盜贓五匹以上棄市即燔官府積聚盜亦當與同毆人教令者與同罪即令人毆其父母不可與行者同得重也若得遺物強取強乞之類無還贓法隨例畀之文法律中諸不敬違儀失式及犯罪為公為私贓入身不入身皆隨事輕重取法以例求其名也夫理者精玄之妙不可以一方行也律者幽理之奧不可以一體守也或計過以配罪或化略以循常或隨事以盡情或趣舍以從時或推重以立防或引輕以就下公私廢避之宜除削重輕之變皆所以臨時觀釁使用法執詮者幽於未制之中采其根牙之微致之於機格之上稱輕重於毫銖考輩類於參伍然後乃可以理直刑正夫奉聖典者若操刀執繩刀妄加則傷物繩妄彈則侵直梟首者惡之長斬刑者罪之大棄市者死之下髡罪者刑之威贖罰者誤之誡王者立此五刑所以寶君子而逼小人故為敕慎之經皆擬周易有變通之體焉欲令提綱而大道清舉略而王法齊其旨遠其辭文其言曲而中其事肆而隱通天下之志唯忠也斷天下之疑唯文也切天下之情唯遠也彌天下之務唯大也變無常體唯理也非天下之賢聖孰能與於斯夫形而上者謂之道形而下者謂之器化而裁之謂之格刑殺者是冬震曜之象髡罪者似秋彫落之變贖失者是春陽悔吝之疵也五刑成章輒相依準法律之義焉是時侍中盧珽中書侍郎張華又表抄新律諸死罪條目懸之亭傳以示兆庶有詔從之

惠帝永康元年解結為孫秀所害女適裴氏明日當嫁而禍起

裴氏欲認活之女曰家既若此我何活為亦坐死朝廷遂議革舊制女不從坐由結女始也

懷帝永嘉初東海王越表除三族之法

元帝為晉王時大理衛展以詔有考子證父或鞭父母問子所在恐傷正教並奏除之

明帝太寧三年二月戊辰復三族刑惟不及婦人

宋高祖為宋公時侍中蔡廓建議以為鞫獄不宜令子孫下辭明言祖父之罪虧教求情莫此為大自今家人與囚相見無乞鞫之訴便足以明伏罪不須責家人下辭朝議以為允從之

永初元年七月詔曰往者軍國務殷事有權制刻科峻重施之一時今王道惟新政和法簡可一除之

二年六月制諸置勑吏四品以下又府置所得輒罰者聽統府寺行四十杖

文帝元嘉中衛將軍王弘上疏言主守偷五匹常偷四十匹並加大辟議者咸以為重宜進主守偷十匹常偷五十匹死四十匹降以補兵既得小寬人命亦足以有懲也從之

孝武大明四年尚書左僕射劉秀之改定制令疑殺長吏科議者謂值赦且加徙送秀之以為律文雖不顯民殺官長之旨若值赦但止徙送便與悠悠殺人曾無一異民敬官長比之父母行害之身雖遇赦謂宜長付尚方窮其天命家口補兵從之

明帝泰始四年詔曰夫愆有小大憲隨寬猛故五刑殊用三典異施而降辟次網便暨鉗撻求之法科差品滋遠朕務存欽卹每有矜貸尋劫制科罪輕重同之大辟即事原情未為詳衷自今凡竊執官仗拒戰邏司或攻剽亭寺及害吏民者凡此諸條悉依舊制五人以下相逼奪者可特賜黥刖投畀四遠仍用代殺方古為優全命長戶施同造物庶簡惠之化有孚群萌好生之德無漏幽品

南齊武帝永明七年尚書刪定郎王植撰定律章表奏之曰臣

尋晉律文簡辭約旨通大綱事之所質取斷難釋張斐杜預同注一章而生殺永殊自晉泰始以來唯斟酌參用是則吏挾威福之勢民懷不對之怨所以溫舒獻辭於失政絳侯憔悴而與歎皇運革祚道冠前王陛下紹興光開帝業下車之痛每惻上仁滿宣之悲有矜聖思爰發德音刪正刑律勑臣集定張杜二注謹礪愚蒙盡思詳撰削其煩害錄其允衷取張注七百三十一條杜注七百九十一條或二家兩釋於義乃備者又取一百七條其注相同者取一百三條集為一書凡一千五百三十二條為二十卷請外詳校擿其違謬從之先是江左相承用晉世張杜律二十卷帝留心法令乃詔獄官詳正舊法是時公卿八座參議考正舊注輕重竟陵王子良下意多使從輕其中朝議不能斷者制旨平決至九年廷尉孔稚珪上表曰臣聞匠萬物者以繩墨為政馭大國者以法理為本是以古之聖王臨朝思治遠防邪萌深杜奸漸莫不資法理以成化明刑賞以樹功者也

伏惟陛下躡機登皇秉圖踐帝天地更築日月再發五禮裂而復縫六樂頽而更緝乃發德音下明詔降恤刑之文申慎罰之典勅臣與公卿八座共刪注律謹奉聖旨諮審司徒臣子良稟受成規創立條緒使兼監臣宋躬兼平臣王植等抄撰同異定其去取詳議八座裁正大司馬臣嶷其中洪疑大議衆論相背者聖照玄覽斷自天筆始就成立律文二十卷録敘一卷凡二十一卷今以奏聞請付外施用宣下四海詔報從納事竟不施行

東昏侯初即位詔刪省科律

梁高祖天監元年四月詔曰金作贖刑有聞自昔入縑以免施於中代民悅法行莫尚乎此永言叔世偷薄成風嬰愆入罪厭塗匪一斷蔽之書日爆於聽覽鉗釱之刑歲積於牢犴死者不可復生生者無因自返由此而望滋實庸可致乎夙夕惕思治

念崇政術斟酌前王擇其令典有可以憲章邦國罔不由之釋愧心於四海昭情素于万物俗偽日久禁網彌繁漢文四百邈焉已遠雖省事清心無忘日用而委衡廢策事未獲從可依周漢舊典有罪入贖外詳為條格以時奏聞

八月詔曰律令不一實難去取殺傷有法昏墨有刑此蓋常科易為條例至如三男一妻懸首造獄事非慮内法出恒鈞前王之律後王之令因循創附良各有以若遊辭費句無取於實録者宜悉除之求文指歸可適變者載一家為本用衆家以附丙丁俱有則去丁以存丙若丙丁二事注釋不同二家兼載咸使百司議其可不取其可安以為標例宜云某等如干人同議以此為長則定以為梁律留尚書比部悉使備文若班下州郡止撮機要可無二門侮法之弊時欲議定律令得齊時舊郎濟陽蔡法度家傳律學云齊武時刪定郎王植之集注張杜舊律合為一書凡一千五百三十條事未施行其文殆滅法度能言之於是以為兼尚書刪定郎使損益植之舊本以為梁律法度又

請曰魏晉撰律止關數人今若皆諮列位恐緩而無決於是以尚書令王亮侍中王瑩尚書僕射沈約吏部尚書范雲長兼侍中柳惲給事黄門侍郎傅昭通直散騎常侍孔藹御史中丞樂藹太常丞許懋等參議斷定定為二十篇一曰刑名二曰法例三曰盜劫四曰賊叛五曰詐偽六曰受賕七曰告劾八曰討捕九曰繫訊十曰斷獄十一曰雜十二曰戶十三曰興十四曰毀亡十五曰衛宮十六曰水火十七曰倉庫十八曰廐十九曰關市二十曰違制其制刑為十五等之差棄市已上為死罪大罪梟其首其次棄市刑二歲已上為耐罪言各隨伎能而任使之也有髡鉗五歲刑笞二百收贖絹男子六十匹又有四歲刑男子四十八匹又有三歲刑男子三十六匹又有二歲刑男子二十四匹罰金一兩已上為贖罪贖死者金二斤男子十六匹贖髡鉗五歲刑笞二百者金一斤十二兩男子十四匹贖四歲刑者金一斤八兩男子十二匹贖三歲刑者金一斤四兩男子十匹贖

二歲刑者金一斤男子八匹罰金十二兩者男子六匹罰金八兩者男子四匹罰金四兩者男子二匹罰金二兩者男子一匹罰金一兩者男子二丈女子各半之五刑不簡正于五罰五罰不服正于五過以贖論故為此十五等之差又制九等之差有一歲刑半歲刑百日刑鞭杖二百鞭杖一百鞭杖五十鞭杖三十鞭杖二十鞭杖十又有八等之差一曰免官加杖督一百二曰免官三曰奪勞百日杖督一百四曰杖督一百五曰放督三十六曰杖督三十七曰攻督二十八曰杖督十論加者上就次當減者下就次凡繫獄者不即答款應加測罰不得以人士為隔若人士犯罰違捍不款宜測罰者先參議牒啓然後科行斷食三日聽家人進粥二升女及老小一百十刻乃與粥滿千刻而止囚有械杻斗械及鉗並立輕重大小之差而為定制其鞭有制鞭法鞭常鞭凡三等之差制鞭生革廉成法鞭生革去廉常鞭熟靻不去廉皆作鶴頭紐長一尺一寸梢長二尺七寸

寶三寸靶長二尺五寸杖皆用生荆長六尺有大杖法杖小杖
三等之差大杖大頭圍一寸三分小頭圍八分半法杖圍一寸
三分小頭五分小杖圍一寸一分小頭極杪諸督罰大罪無過
五十三十小者二十當笞二百以上者笞半余半後決中分鞭
杖老小於律令當得鞭杖罰者皆半之其應得法鞭杖者以熟
靻鞭小杖過五十者稍行之將吏巳上及女人有罰者以罰金
代之其以職負應罰及律令指名制罰者不用此令其問事諸
罰皆用熟靻鞭小杖其制鞭制杖法鞭法杖自非特詔皆不得
用詔鞭杖在京師者皆於雲龍門行女子懷孕者勿得決罰其
謀反降大逆巳上皆斬父子同産男無少長皆棄市母妻姊妹
及應從坐棄市者妻子女妾同補奚官爲奴婢貲財没官劫身
皆斬妻子補兵遇赦降死者黵面爲劫字髡鉗補冶鏁士終身其
下又讁運配材官冶士尚方鏁士皆以輕重差其年數其重
者或終身士人有禁錮之科亦以輕重爲差其犯清議則終身

不齒耐罪囚八十巳上十歲巳下及孕者盲者侏儒當械繫者
及郡國太守相都尉關中侯巳上之父母妻子及所坐非罪除
名之罪二千石巳上非檻徵者並頌繫之丹楊尹月一詣建康
縣令三官參共録獄察斷枉直其尚書當録人之月者與尚書
參共録之大凡定罪二千五百二十九條
二年四月癸卯蔡法度表上新律又上令三十卷科三十卷帝
乃以法度守廷尉卿詔班新律於天下
三年十一月甲子詔曰設教因時淳薄異政刑以世革輕重殊
風昔商俗未移民散久矣嬰網陷辟日夜相尋若悉加正法則
赭衣塞路並申弘宥則難用爲國故使有罪入贖以全元元之
命今遐邇知禁圄犴稍虚率斯以往庶幾刑厝金作權典宜在
蠲息可除贖罪之科
十一年正月壬辰詔曰自今捕讁之家及罪應質作若年有老
小者可停將送

十四年正月詔曰世輕世重隨時約法前以墨刑用代重辟猶
念改悔其路巳壅并可省除
大同十一年十月詔曰堯舜以來便開贖刑中年依古許罪身
入貲下吏因此不死姦猾所以一日復勑禁斷川流難壅人之
唯危既乖内善慈悲之義又傷外教好生之德書云與殺不辜
寧失不經可復開罪身皆聽入贖
中大同元年七月甲子詔曰禽獸知母不知父無賴子弟過於
禽獸至於父母並皆不知多觸王憲致及老人耆年禁執大可
傷愍自今有犯罪者父母祖父母勿坐唯大逆不預今恩

册府元龜卷第六百一十

原闕

以土爲堠高一尺上圓劣容四兩足立鞭二十笞三十訖著兩械及杻上堠一上測七刻日再上三七日上測七日一行鞭杖合一百五十得度不承者免死其髠鞭五歲刑降死一等鉗二重其五歲刑已下並鉗一重五歲四歲刑若有官准當二年餘並居作其三歲刑有官准當二年餘一年贖若公坐過誤罰金其二歲刑有官者贖論一歲刑無官亦贖論寒庶人准決鞭杖囚並著械徒並著鎖不計階品死罪將決乘露車著三械加壺手至市脫手械及壺手焉當刑於市者夜須明雨須晴晦日八節六齋月在張心日並不得行刑廷尉寺爲北獄建康縣爲獄並置正監平

宣帝太建十一年五月甲寅詔曰舊律以枉法受財爲坐甚直法容賄其制甚輕豈不長彼貪殘生其舞弄才涉貨財尤切今可改不枉法受財者科同正盜

後魏昭成建國二年當死者聽其家獻金馬以贖死犯

親族男女無少長皆斬男女不以禮交皆死民相殺者聽與死家馬牛四十九頭及送葬器物以平之無繫訊連逮之坐盜官物一備五私則備十法令明白百姓晏然

道武即位躬行仁厚協和民庶既定中原患前代刑網峻密及命三公郎王德除其法之酷切於民者約定科令大崇簡易是時天下民久苦兵亂畏法樂安帝知其若此乃鎮之以玄默罰必從輕兆庶欣戴焉

太武神䴥中以刑禁重詔司徒崔浩定律令除五歲四歲刑增一年刑分大辟爲二科死斬死入絞大逆不道腰斬誅其同籍年十四已上腐刑女子沒縣官害其親者轘之蠱毒者男女皆斬而焚其家巫蠱者負羖羊抱犬沉諸淵當刑者贖貧則加鞭二百畿內民富者燒炭於山貧者役於圊溷女子入舂槀其固疾不逮于人守苑囿王官階九品得以官爵除刑婦人當刑而孕產後百日乃決年十四已下降刑之半八十及九十非殺人不坐拷訊不踰四十九論刑者部主具狀公車鞫辭而三都決之當死者定案奏聞以死不可復生懼監官不能平獄成皆呈帝親臨問無異辭怨言乃絕之諸州國之大辟皆先讞報乃施行闕左懸登聞鼓人有窮冤則撾鼓公車上奏

太平真君六年春以有司斷法不平詔諸疑獄皆付中書依古經義論決之初盜律贓四十匹致大辟民多慢政峻其法贓三匹皆死正平元年詔曰刑網太密犯者更衆朕甚愍之其詳案律令務求厥中有不便於民者增損之於是游雅與中書侍郎胡方回等改定律制盜律復舊加故縱通情止舍之法及他罪凡三百九十一條門誅四大辟一百四十五刑二百二十一條有司雖增損條章猶未能闡明刑典

文成太安四年制法司官贓二丈皆斬又增律七十九章門房之誅十有三大辟三十二刑六十二

十月帝北巡至陰山有故塚毀廢詔曰昔姬文葬枯骨天下歸

自今有告毀墳陵者斬之

和平二年正月乙酉詔曰刺史牧民為萬里之表自頃每因發調逼民假貸大商富賈要射時利旬日之間增贏十倍上下通同分以潤屋故編戶之家困於凍餒豪富之門日有兼積為政之弊莫過於此其一切禁絕犯者十匹以上皆死布告天下咸令知禁

四年三月乙詔曰朕憲章舊典分職設官欲令敷揚治化緝熙庶績然在職之人皆蒙顯擢委以事任當厲已竭誠務省徭役使兵民優逸家給人贍今內外諸司州鎮守宰侵使兵民勞役非一自今擅有召役逼雇不程皆論同枉法是時冀州刺史源賀上言自非大逆手殺人者請原其命謫守邊戍從之

獻文以和平六年五月即位除口誤律先是諸曹奏事多有疑請又口傳詔勑或致矯擅於是事無大小皆令據律正名不得疑奏合則制可失衷則彈詰之盡從中墨詔自是事咸精練群下莫敢相罔

皇興中以理官鞫囚杖限五十而有司欲免之則用細捶欲陷之則先大杖民多不勝而誣引或絕命於杖下獻文知其若此乃為之制其捶用荊平其節訊囚者其本大三分杖背者二分撻脛者一分拷悉依令皆從輕簡

孝文延興四年六月乙卯詔曰朕應歷數開一之期屬千載光熙之運雖仰嚴誨猶懼德化不寬至有門房之誅然下民兇戾不顧親戚一人為惡殃及合門朕為民父母深所愍悼自今已後非謀反大逆干紀外奔罪止其身而已今遠被殊方文軌將一宥刑寬禁不亦善乎

太和元年詔曰刑法所以禁暴息姦絕其命不在裸形（故事斬者裸形）（伏質入死者絞雖有律未之行也）其參詳舊典務從寬仁司徒元丕等奏言聖心垂仁恕之惠使受戮者免裸骸之耻普天感德莫不幸甚臣等謹議大逆及賊各棄市袒斬盜及吏受賕各絞刑踣諸甸師又詔曰民由化穆非嚴刑所制防之雖峻陷者彌甚今犯法至死同入斬刑去衣裸體男女媟見豈齊之以法示之以禮者也今具為之制

五年冬中書令高閭集中秘官等修改律令舊文隨例增減又勑群官參議厥衷經御刊定凡八百三十二章門房之誅十有六大辟之罪二百三十五刑三百七十七除群行剽劫首謀門誅律重者止梟首時法官及州郡縣不能以情折獄乃為重枷大幾圍復以縋石懸於囚頸傷害至骨更使壯卒迭搏之囚率不堪因以誣服吏持此以為能帝聞而傷之乃制非大逆有明證而不疑辟者不得大枷

八年更定義贓一百匹枉法無多少皆死（舊律枉法十匹義贓二百匹大辟是年一殺制乃更其法）

九年正月詔自今圖讖秘緯及名為孔子閉房記者一皆禁之留者以大辟論

十一年春詔曰三千之罪莫大於不孝而律不遜父母罪止髡刑於理未衷可更詳改又詔曰前命公卿論定刑典而門房之誅猶在律策違失周書父子異罪推古求情意甚無取可更議之刪除繁酷

八月詔曰律文刑限三年便入極默坐無太半之校罪有生死之殊可詳案律條諸有此類更一刊定

十二年正月乙未詔曰鎮戍流徙之人年滿七十孤單窮獨雖有妻妾而無子孫諸如此等聽解名還本諸犯死刑者父母祖父母年老更無成人子孫旁無期親者具狀以聞

十五年五月己亥議改律令

十六年四月丁亥朔班新律令（十六年二月詔賜議律令之官五更大鴻臚卿游明根布帛一千匹穀一千石典國下大夫崔挺布帛八百匹穀八百石馬牛各二中書侍郎封琳布帛六百匹穀六百石馬牛各一宋王傅高祐祕書令李彪各帛三百匹穀五百石馬一牛二）

宣武正始元年十二月己卯詔群臣議定律令時尚書殿中郎

叅判門下録事常景孫紹廷尉監張虎律博士侯堅固治書侍御史高綽前軍將軍邢苗奉車都尉程靈虬羽林監王元龜尚書郎祖瑩宋世景員外郎李琰之太樂令公孫崇等並在議限

永平元年七月乙未詔尚書檢枷杖大小違制之由科其罪失尚書令高肇尚書僕射清河王懌尚書邢巒尚書李平尚書江陽王繼等奏曰臣等聞王者繼天子物爲民父母導之以德化齊之以刑法小大必以情哀矜而勿喜務於三訊五聽不以木石定獄伏惟陛下子愛蒼生恩侔天地疏網改祝仁過商后以枷杖之非度愍民命之或傷爰降慈旨廣垂昭恤雖有虞慎獄之深漢文惻隱之至亦未可共日而言矣謹案獄官令諸察獄先備五聽之理盡求情之意又驗諸證信事多疑似猶不首實者然後加以拷掠諸犯年刑已上枷鏁流徙已上增以杻械迭用不俱非大逆外叛之罪皆不大枷高杻重械又無用石之文而法官州郡因緣增加遂爲常法進乖五聽退違令文誠宜案劾依旨科處但踵行已久計不推坐檢杖之小大鞭之長短令有定式但枷之輕重先無成制臣等參量造大枷長一丈三尺喉下長一丈通頰木各方五寸以擬大逆外叛杻械以掌流刑已上諸臺寺州郡大枷請悉焚之枷本掌囚非拷訊所用從今斷獄皆依令盡聽訊之理量人強弱加之拷掠不聽非法拷人兼以枷石自是枷杖之制頗有定準未幾獄官肆虐稍復重大

延昌二年尚書邢巒疏奏以法制五等列爵及在官品令從第五以上皆當刑二歲免官者三載之後聽降先階一等竊詳王公已下或析體宸極或勳著當時或胙土授民維城盤石至於五等之爵亦以功錫雖爵秩有異而號擬河山得之至難失之永墜刑典既同名復殊絶請議所宜附爲永制詔議律之制與八坐門下參論皆以爲官人若有罪本除名以職當刑猶有餘資得降階而叙至於五等封爵除刑若盡永即甄削便同之除名於例實爽愚謂自王公已下有封邑罪除名三年之後宜各降本爵一等王及郡公降爲縣公公爲侯侯爲伯伯爲子子爲男至于縣男則降爲鄉男五等爵者亦依此而降至於散男其鄉男無可降授者三年之後聽依其本品之資出身詔從之

三年宗士元顥罪犯須鞫宗正約以舊制皇族有譴皆不訐鞫尚書李平奏以帝宗盤固周布於天下其屬籍疏遠蔭官里末無良犯憲理須推究請立限斷以爲定式詔曰雲來綿遠繁衍世滋植籍宗氏而爲不善者量亦多矣先朝既無不訐之格而空相矯恃以長違暴諸在議請之外可悉依常法

孝明熙平二年五月重申天文之禁犯者以大辟論是時廷尉御史元志監王靖等上言檢除名之例依律文獄成謂處罪案成者寺謂犯罪逕彈後使覆檢鞫證定刑罪狀彰露案署分明獄理是成若使案雖成解已申省事下廷尉或寺以情狀未盡或邀駕撾鼓或門下立疑更付別使者可從未成之條其家人陳訴信其專辭而阻成斷便是曲遂於私有乖公體何者五詐既窮六備已立僥倖之輩更起異端進求延罪於漏刻退希不測之恩宥辯以惑正曲以亂直長民姦於上竊所未正大理正崔纂評楊機丞甲休律博士劉安元以爲律文獄已成及決竟經所繩而疑有姦欺不直於法及訴冤枉者得攝訐覆治之檢使處罪者雖已案成或御史風彈以痛誣伏或拷不承引依證而科或有私嫌強逼成罪家人訴枉辭案相背刑憲不輕理狀傾訐既爲公正豈疑於私如謂規不測之泉抑絶訟端則枉滯之徒終無申理若從其案成便乖覆治之律然未判經赦及覆治理狀真僞未分承前以來如此例皆得復職愚謂經奏遇赦及已覆治得爲獄成尚書李韶奏使雖結案處上廷尉解送至省及家人訴枉尚書納辭連解下鞫未檢遇宥者不得爲案成之獄推之情理謂崔纂等議爲允從之又尚書令任城王澄奏案諸州中正亦非品令所載又無祿恤先朝已來皆得當刑直閤等禁直上下有宿衛之勤理不應異靈太后令准中正

出帝太昌元年丁未詔曰理有一准則民無覬覦法啓二門則
吏多威福前主爲律後主爲令歷世永久實用滋章非所以准
的庶品提防萬物可令執事之官四品已上集於都省取諸條
格議定一途其不可施用者當局停記新定之格勿與舊制相
連務在約通無致繁惑
文帝大統十三年二月詔自今應宮刑者直沒官勿刑亡奴婢
應黥者止科亡罪
東魏孝靜天平三年正月詔百官舉士舉不稱才者兩免之
興和三年十月班麟趾格於天下先是詔群官於麟趾閣增損
舊事爲麟趾新格其名法科條皆封述刪定
北齊文宣帝天保元年始命群官刊定魏朝麟趾格是時軍國
多事政刑不一決獄定罪罕依律文相承謂之變法從事清河
房超爲黎陽郡守有趙道德者使以書屬超超不發書捽殺其
使帝於是令守宰各設棒以誅屬請之使後都官郎中宋軌奏

曰昔曹操懸棒威於亂時今施之太平未見其可若受使請賕
猶致大戮身爲枉法何以加罪於是罷之既而司徒功曹張老
上書稱太齊受命已來律令未改非所以創制垂法革人視聽
於是始命群官議造齊律積年不成其決獄猶依魏舊是時刑
政尚新吏皆奉法
武成帝河清三年尚書令趙郡王叡等奏上齊律十二篇一曰
名例二曰禁衛三曰婚戶四曰擅興五曰違制六曰詐偽七曰
鬭訟八曰賊盜九曰捕斷十曰毀損十一曰廐牧十二曰雜其
定罪九百四十九條又上新令四十卷大抵採魏晉故事其制
名五一曰死重者轘之其次梟首並陳屍三日無市者列於鄉
亭顯處其次斬刑殊身首其次絞刑死而不殊凡四等一曰流
刑謂論犯可死原情可降鞭笞各一百髡之投于邊裔以爲兵卒
未有道里之差其不合遠配者男子長徒女子配舂並六年三
曰刑罪即耐罪也有五歲四歲三歲二歲一歲之差凡五等各
加鞭一百其五歲者又加笞八十四歲者六十三歲者四十二
歲者二十一歲者無笞並鏁輸左校而不髡無保者鉗之女人
配舂及掖庭織四曰鞭有一百八十六十五十四十之差凡五
等五曰杖有三十二十十之差凡三等大凡爲十五等當加者
上就次當減者下就次贖罪舊以金皆代以中絹死一百匹流
九十二匹刑五歲七十八匹四歲六十四匹三歲五十匹二歲
三十六匹各通鞭笞論一歲無笞則通鞭二十四匹鞭杖每十
贖絹一匹至鞭百則絹十匹無絹之鄉皆准絹收錢自贖笞十
已上至死又爲十五等之差當加減次如正決法合贖者謂流內
官及爵秩相視老小閹癡并過失之屬犯罰絹一匹及杖十已
上皆名爲罪人盜及殺人而亡者即懸名注籍甄其一房配驛
戶宗室則不注盜不入宮官不加宮刑自犯流罪已下合贖者
及婦人犯刑已下侏儒篤疾癃殘非犯死罪皆頌繫之罪刑年
者鏁無鏁以枷流罪已上加杻械死罪者桁之決流刑鞭笞者

集其背五下一易執鞭鞘皆用熟皮削去廉稜鞭瘡長一尺笞
者質闊而不中易人杖長三尺五寸大頭徑二分半小頭徑一
分半決三十已下杖者長四尺大頭徑三分小頭徑二分在官
犯罪鞭杖十爲一負閑局六負爲一殿平局八負爲一殿繁局
八負爲一殿繁局十負爲一殿加於殿者復計爲負焉赦日則
武庫令設金雞及鼓於閶闔門外之右勒集囚徒於闕前撾鼓
千聲釋枷鏁焉又列重罪十條一曰反逆二曰大逆三曰叛四
曰降五曰惡逆六曰不道七曰不敬八曰不孝九曰不義十曰
內亂其犯此十者不在八議論贖之限是後法令明審科條簡
要又勅仕門之子弟常講習之齊人多曉法律蓋由此也其不
可爲定法者別制權令二卷與之並行
後主天統五年詔應宮刑者普免官爲官口後周太祖爲西魏丞
相文帝大統元年命有司斟酌今古通變可以益時者爲二十四
條之制奏之七年又下十二條制十年魏帝命尚書蘇綽總三

十六條更損益爲五卷班於天下

武帝保定三年二月初頒新律初太祖爲西魏丞相以河南趙肅爲廷尉卿撰定法律肅積思累年遂感心疾而死乃命司憲大夫拓拔迪掌之至是乃就謂之大律凡二十五篇一曰刑名二曰法例三曰祀享四曰朝會五曰婚姻六曰戶禁七曰水火八曰興繕九曰衛宮十曰市廛十一曰鬬競十二曰劫盜十三曰賊叛十四曰毀亡十五曰違制十六曰關津十七曰諸侯十八曰廄牧十九曰雜犯二十曰詐偽二十一曰請求二十二曰告言二十三曰逃捕二十四曰繫訊二十五曰斷獄大凡定罪一千五百三十七條其制罪一曰杖刑五自十至五十二曰鞭刑五自六十至于百三曰徒刑五徒一年者鞭六十笞十徒二年者鞭七十笞二十徒三年者鞭八十笞三十徒四年者鞭九十笞四十徒五年者鞭一百笞五十四曰流刑五流衛服去皇畿二千五百里者鞭一百笞六十流要服去皇畿三千里者鞭一百笞七十流荒服去皇畿三千五百里者鞭一百笞八十流鎮服去皇畿四千里者鞭一百笞九十流蕃服去皇畿四千五百里者鞭一百五曰死刑五一曰磬二曰絞三曰斬四曰梟五曰裂五刑之屬各有五合二十五等不立十惡之目而重惡逆不道大不敬不孝不義內亂之罪凡惡逆肆之三日盜賊群攻鄉邑及入人家者殺之無罪若讎者告於法而自殺之不坐經爲盜者注其籍唯皇宗則否凡死罪枷而拲流罪枷而梏徒罪枷鞭罪桎杖罪散以待斷皇族及有爵者死罪已下鎖之徒已下散之獄成將殺者書其姓名及其罪於拲而殺之市唯皇族與有爵者隱獄其贖杖刑五金一兩至五兩贖鞭刑五金六兩至十兩贖徒刑五一年金十二兩二年十五兩三年一斤二兩四年一斤五兩五年一斤八兩贖流刑一斤十二兩俱役六年不以遠近爲差等贖死刑金二

斤鞭者以百爲限加笞者合二百止應加鞭笞者皆先笞後鞭婦人當笞者聽以贖論徒輸作者皆任其所能而役使之杖十已上當加者上就次數滿乃坐當減者死罪流蕃服已下俱至徒五年五年已下各以一等爲差爲盜賊及謀反大逆降叛惡逆罪當流者皆甄一房配爲雜戶其爲盜賊事發逃亡者懸名注配若再犯徒二罪鞭者一身永配下役應贖金者鞭杖十收中絹一匹流徒者依限歲收絹十二匹死罪者一百匹其贖刑死罪五旬流刑四旬徒刑三旬鞭刑二旬杖刑一旬限外不輸者歸於法貧者請而免之大凡定法一千五百三十七條班之天下

四月初禁天下報仇讎犯者以殺人論

建德六年八月詔曰以刑止刑世輕世重罪不及嗣皆有定科雜役之徒獨異常憲一從罪配百世不免罰既無窮刑何以措道有沿革宜從寬典凡諸雜戶悉放爲民配雜之科因之永削

十二月初行刑書要制持杖群強盜一匹以上不持杖群強盜五匹以上監臨主掌自盜二十匹以上小盜及詐請官物三十匹以上正長隱五戶及十丁以上隱地三頃以上皆至死刑書所不載者自依律科

宣帝大象元年以高祖所作刑書要制用法嚴重及帝即位以海內初平恐物情未附乃除之至是大醮於正武殿告天而行焉

隋高祖開皇元年既受周禪詔尚書左僕射勃海公高熲上柱國沛公鄭譯上柱國清河郡公楊素大理前少卿平原縣公常明刑部侍郎保城縣公韓濬比部侍郎李諤兼考功侍郎柳雄亮等更定新律奏上之其刑名有五一曰死刑二有絞有斬二曰流刑三有一千里千五百里二千里應配者一千里居作二年一千五百里居作二年半二千里居作三年應住居作者三流俱役三年近流加杖一百一等加三十三曰徒刑五有一年一年半二年二年半三年四曰杖刑五自六十至于百五曰笞刑五自十至于五十而蠲除前代鞭刑及梟首轘裂之法其流徒之罪皆減從輕唯大逆謀反叛者父子兄弟皆斬家口沒官又置十惡之條多採後齊之制而頗有損益一曰謀反二曰謀大逆三曰謀叛四曰惡逆五曰不道六曰大不敬七曰不孝八曰不睦九曰不義十曰內亂犯十惡及故殺人獄成者雖會赦猶除名其在八議之科及官品第七已上犯罪皆例減一等其

品第九已上犯者聽贖應贖者皆以銅代絹贖銅一斤爲負負十爲殿笞十者銅一斤加至杖一百則十斤徒一年贖銅二十斤每等則加銅十斤三年則六十斤矣流一千里贖銅八十斤每等則加銅十斤三千里則百斤矣二死皆贖銅百二十斤犯私罪以官當徒者五品已上一官當徒二年九品已上一官當徒一年當流者三流同比徒三年若犯公罪者徒各加一年當流者各加一等其累徒過九年者流二千里定訖詔頒之曰帝王作法沿革不同取適於時故有損益夫絞以致斃斬則殊刑除惡之體於斯已極梟首轘身義無所取不益懲肅之理徒表安忍之懷鞭之爲用殘剝膚體徹骨侵肌酷均臠切雖云遠古之式事乖仁者之刑梟轘及鞭並令去也貴礪帶之書不當徒罰廣軒冕之蔭旁及諸親流役

六年改爲五載刑徒五歲變從三祀其餘以輕代重化死爲生

條曰甚多備於簡策宜班諸海内為時作範雜格嚴科並宜除削先施法令欲人無犯之心國有常刑誅而不怒之義措而不用庶或非遠萬方百辟知其此懷自前代相承有司訊考皆以法外或有用大棒束杖車輻鞵底壓踝拔脅之屬楚毒備至多所誣伏雖文致於法而每有枉濫莫能自理至是盡除苛慘之法訊囚不得過二百枷杖大小咸為之程品行杖者不得易人帝又以律令初行人未知禁故犯法者衆下吏承苛政之後務鍜鍊以致人罪乃詔申勑四方敦理辭訟有枉屈縣不理者令以次經郡及州至省仍不理乃詣闕申訴有所未愜聽撾登聞鼓有司錄狀奏之

三年帝因覽刑部奏斷獄數猶至萬條以為律尚嚴密故人多陷罪又勑蘇威牛弘等更定新律除死罪八十一條流罪一百五十四條徒杖等千餘條定留唯五百條凡十二卷一曰名例二曰衛禁三曰職制四曰戶婚五曰廄庫六曰擅興七曰賊盜八曰鬬訟九曰詐偽十曰雜律十一曰捕亡十二曰斷獄自是刑網簡要踈而不失於是置律博士弟子員斷決大獄皆先牒明法定其罪名然後依斷五年侍官慕容天遠糾都督田元冒請義倉事實而始平縣律生輔恩舞文陷天遠遂更反坐帝聞之乃下詔大理律博士尚書刑部曹明法州縣律生並停廢自是諸曹決事皆令具寫律文斷之

六年除孥戮相坐之令又命諸州囚有處死不得馳驛行決

十三年二月制坐事官者配流一年

是月制私家不得隱藏緯候圖讖

是年改徒及流並為配防

十五年二月收天下兵器敢有私造者坐之關中緣邊不在其例

十二月勑盜邊糧一升已上皆斬并籍沒其家

十六年八月詔決死罪者三奏而後行刑

十七年三月詔曰分職設官共理時務班位高下各有等差若所在官人不相敬憚多有自寛縱事難克舉諸有殿失雖備科條或據律乃輕論情則重不即決罰無以懲肅其諸司論屬官若有愆犯聽於律外斟酌決杖

十八年五月詔畜猫鬼蠱毒厭魅野道之家投於四裔

九月勑舍客無公驗者坐及刺史縣令

煬帝大業三年四月頒律令初帝即位以高祖禁網深刻又勑修律令除十惡之條時斗秤皆小舊二倍其贖銅亦加二倍為差杖百則三十斤矣徒一年者六十斤每等加三十斤為三年則一百八十斤矣流無異等贖二百四十斤二死同贖三百六十斤其實不異開皇舊制豐門子弟不得居宿衛近侍之官先是蕭巖以叛誅崔君綽坐連庶人勇事家口籍沒巖以中宮故君綽以女入宮愛幸帝乃下詔曰罪不及嗣既弘至公之道恩由義斷以勸事君之節故羊鮒從戮彌見叔向之誠季布立勳無預丁公之事用能樹聲往代貽範將來朕虛己為政思遵舊典推心待物每從寛政六位成象美蔽含弘一皆撫德其非謀逆諸犯罪被戮之門朞已下親仍令合仕聽預宿衛近侍之官至是新律成凡五百條為十八篇詔施行之謂之大業律一曰名例二曰衛宮三曰違制四曰請求五曰戶六曰婚七曰擅興八曰告劾九曰賊十曰盜十一曰鬬十二曰捕亡十三曰倉庫十四曰廄牧十五曰關市十六曰雜十七曰詐偽十八曰斷獄其五刑之内降從輕典者二百餘條其枷杖決罰訊囚之制並輕於舊是時百姓久厭嚴刻喜於刑寛

四年十月乙卯頒新式於天下

九年八月制盜賊籍沒其家

册府元龜卷第六百一十一

册府元龜卷第六百一十二

刑法部四

定律令第四

唐高祖初起義師於太原，即布寬大之令。百姓苦隋苛政，競來歸附。旬日之間，遂成帝業。既平京師，約法十二條，唯制殺人、劫盜、背軍、叛逆者死，餘並蠲除之。

武德元年，既受隋禪，詔納言劉文靜與當朝通識之士，因開皇律令而損益之，盡削大業所用繁峻之法。是時大理少卿韓仲良言於帝曰：周代之律，其屬三千；秦法已來，約為五百。若遠依周制，繁紊更多。且官吏至公，自當奉法；苟若徇己，豈顧刑名？請崇寬簡，以允惟新之望。帝然之。於是採定開皇律，行之。時以為便。

二年正月詔：自今已後，每年正月、五月、九月，及每月十齋日，並不得行刑。

二月，制：官人枉法受財，及諸犯盜、詐請倉庫積聚贓官物，並罪無輕重，皆不得赦原。

七年五月詔曰：古不云乎：萬邦之君，有典有則；九疇之叙，興於夏世；兩觀之法，大備隆周。所以禁暴懲姦，弘風闡化，安民立政，莫此為先。自戰國紛擾，恃詐任力，苛制煩刑，於茲競起。秦并天下，隳滅禮教，恣行酷烈，害虐烝民，宇内騷然，遂以顛覆。漢氏撥亂，思易前軌，雖復務從約法，蠲削繁刑，尚行菹醢之誅，猶設租銖之禁，字民之道，實有未弘，刑措之風，以茲莫致。爰及魏晉，流弊相沿，寬猛乖方，綱維失序，上凌下替，政散民凋，皆由法令湮訛，條章混謬。自斯已後，宇縣瓜分，戎馬交馳，未遑典制。有隋之世，雖云釐革，然而損益不定，疎舛尚多，品式章程，罕能甄備，加以微文曲致，覽者惑其淺深，異例同科，用者殊其輕重，遂使姦吏巧詆，任情與奪，愚民妄觸，動陷羅網，屢聞釐改，卒以無成。朕膺期受籙，寧濟區宇，永言至治，興寢為勞，補千年之墜典，拯百王之餘弊，思所以正本澄源，式清流末，永垂憲則，貽範後昆。爰命群才，修定科律。但今古異務，文質不同，喪亂之後，事殊曩代。應機適變，救弊斯在。是以斟酌繁省，取合時宜，矯正差違，務從體要。迄茲歷稔，撰次始畢。宜下四方，即令頒用，庶使吏曹簡肅，无取懸石之多，奏讞平允，靡競錐刀之末，勝殘去殺，此焉非遠。

先是，高祖敕尚書左僕射裴寂、右僕射蕭瑀及大理卿崔善為、給事中王敬業、中書舍人劉林甫（下鈔若等按林甫作謀萬餘言權作中書侍郎）、顏師古、王孝遠、涇州別駕靖延、大常丞丁孝烏、大理寺丞房軸、上將府參軍李桐客、太常博士徐上機等撰定律令，大略以開皇為準。于時諸事始定，邊方尚梗，救時之弊，有所未暇，唯正五十三條格，入於新律，餘無所改。至是奏上，於是頒行天下。（又文帝書撥裁叙聞）（山郎樊之沈叔安崔善為之貞定律令數勝於大常少開皇為準正五十三條撥用殊行京務之外有所未盡）

太宗貞觀十一年正月，頒律令於天下。初，帝自即位，命長孫无忌、房玄齡與學士法官更加釐改。戴胄、魏徵言舊律令大重，於是議絞刑之屬五十條，免死罪，斷其右趾，應死者多蒙全活。太宗尋又愍其受刑之苦，謂侍臣曰：前代不行肉刑久矣，今忽斷人右趾，意甚不忍。諫議大夫王珪對曰：古行肉刑，以為輕罪，今陛下矜死刑之多，設斷趾之法，格本合死，今而獲生，刑者幸得全命，豈憚去其一足？且人之見者，甚足懲誡。帝曰：本以為寬，故行之。然每聞惻愴，不能忘懷。又謂蕭瑀、陳叔達等曰：朕以死者不可再生，思有矜愍，故簡死罪五十條，從斷右趾。朕復念其受痛極，所不忍。叔達等咸曰：古之肉刑，乃在死刑之外。陛下於死刑之內，改從斷趾，便是以生易死，足為寬法。帝曰：朕意以為如此，故欲行之。又有上書言此非便，公可更思之。其後蜀王法曹參軍裴弘獻又駮律令不便於時者四十餘事。太宗令參掌刪改之事。弘獻於是與房玄齡等建議，以為古者五刑，刖居其一，及肉刑廢，制為死、流、徒、杖、笞凡五等，以備五刑。今復設刖足，是為六刑，減死在於寬弘，加刑又加煩峻，乃與八座定議奏聞。於是又除斷趾法，改為加役流三千里，居作二年。又舊條流兄弟分後蔭不相及連坐俱死祖孫配没會有同州人房強弟任統軍於岷州以謀反伏誅強當從坐帝嘗録囚徒憫其將死為之動容顧侍臣曰刑茲所用蓋風化未洽之咎愚人何罪而肆重刑乎更彰朕之不德也用刑之道當審事理之輕重然後加之以刑罰何有不察其本而一槩加誅非所以恤刑重人命也然則反逆有二一為興師動衆一為惡言犯法輕重有差而連坐皆死豈朕情之所安哉更令百寮詳議於是玄齡等復定議曰案禮孫為王父尸案令祖有蔭孫之義然則孫重而兄弟屬輕應重反流合輕翻死據禮論情深為未愜今定律祖孫與兄弟緣坐俱配没其以惡言犯法不能為害者情狀稍輕兄弟免死配流為允從之自是比古死刑殆除其半玄齡等遂與法司定律五百條分為十二卷一曰名例二曰衛禁三曰職制四曰戸婚五曰廄庫六曰擅興七曰賊盜八曰闘訟九曰詐偽十曰雜律十一曰捕亡十二曰斷獄有笞杖徒流死為五刑笞刑五條

自笞十至五十杖刑五條自杖六十至杖一百徒刑五條自徒一年遞加半年至三年流刑三條自流二千里遞加五百里至三千里死刑二條絞斬大凡二十等又有議請減贖當免之法八議一曰議親二曰議故三曰議賢四曰議能五曰議功六曰議貴七曰議勤八曰議賓應八議者死罪皆條所坐及應議之狀奏請議議定奏裁流罪已下減一等若官爵五品已上及皇太子妃大功已上親應議者周以上親犯死罪者上請流罪已下亦減一等若七品已上官及官爵得請者之祖父母父母兄弟姊妹妻子孫犯流罪已下各減一等應議請減及九品已上官若官品得減者之祖父母父母妻子孫犯流罪已下聽贖其贖法笞十贖銅一斤遞加一斤至杖一百則贖銅十斤徒一年年者贖銅二十斤自此已上遞加十斤至徒三年則贖銅六十斤流二千里者贖銅八十斤流二千五百里者贖銅九十斤流三千里者贖銅一百斤絞斬者同贖銅一百二十斤又許以官當罪以官當徒者五品已上犯私罪者一官當徒二年九品已上一官當徒一年若犯公罪者各加一年以官當流者三流同比徒四年仍各解見任除名者比徒三年免官者比徒二年免所居官者比徒一年又有十惡之條一曰謀反二曰謀大逆三曰謀叛四曰惡逆五曰不道六曰大不敬七曰不孝八曰不睦九曰不義十曰内亂其犯十惡者不得依議請減之例年七十已上十五已下及疾犯流罪以下亦聽贖八十已上十歲已下及篤疾犯反逆殺人應死者上請盜及傷人亦收贖餘皆勿論九十已上七歲已下雖有死罪不加刑隋代舊律減大辟入流者九十二條減流入徒者七十一條其當徒之法唯奪一官除名之人仍同士伍凡削煩去蠹變重為輕者不可勝紀又定令一千五百九十條為三十卷至是頒下之又删武德貞觀以來勅格三千餘件定留七百條以為格十八卷留本司施行斟酌今古除煩去弊甚為寛簡便於人者以尚書省諸曹為之目初

為七卷其曹之常務但留本司者別為留司格一卷蓋編録當時制勅永為法則以為故事凡式三十有三篇亦以尚書省列曹及祕書太常司農光禄太僕太府少府及監門宿衛計帳名其篇目為二十卷

十四年正月制流罪三等不限以里數量配邊要之州

四月制犯反逆免死及緣坐配流者六歲之後仍不聽仕

十月戊寅制徒罪人不得鞭背

十五年二月定制從征人背軍不在常赦之限

十六年正月制徙死罪以實西州其犯流徒則充戍各以罪名輕重為年限焉

高宗永徽元年勅太尉長孫無忌司空李勣左僕射于志寧右僕射張行成侍中高季輔黄門侍郎宇文節柳奭左丞段寶玄太常少卿令狐德棻吏部侍郎高敬言刑部侍郎劉燕客給事中趙文中書舍人李友益少府丞張行實大理丞元紹大府丞

王文端刑部郎中賈敏行等共撰定律令格式舊制不使者皆
隋有刪改遂以格爲司部曹司常務爲留司格天下所共者爲
散頒格其散頒格下州縣留司格但留本司行用焉

三年詔曰律學未有定疏每年所舉明法遂無憑準宜廣召解
律人條義疏奏聞仍使中書門下監定於是太尉趙國公无忌
司空英國公勣尚書左僕射兼太子少師監修國史燕國公志
寧銀青光祿大夫刑部尚書唐臨太中大夫守大理卿段寶玄
朝議大夫守尚書右丞劉燕客朝議大夫守御史中丞賈敏行
等參撰律疏成三十卷明年十月奏之頒于天下自是斷獄者
皆引疏分析之

六年七月上謂侍臣曰律通比附條例太多左僕射于志寧等對
舊律多比附斷事乃稍難解科條極衆數至三千隋日再定唯
留五百以事類相似者比附科斷今日所停即是參取隋律條
章既多極成省便

龍朔二年改易官號因勅司刑太常伯源直心少常伯李敬玄
司刑大夫李文禮等重定格式惟改曹局之名而不易篇第麟
德二年奏上之

儀鳳元年官号復舊又勅左僕射劉仁軌右僕射戴至德侍中張
文瓘中書令李敬玄左庶子郝處俊黃門侍郎來恒左庶子高智周
右庶子李義琰吏部侍郎裴行儉馬載兵部侍郎蕭德昭裴炎工部
侍郎李義琛刑部侍郎張楚金部郎中盧律師等刪緝格式二年三
月九日撰定奏上先是詳刑少卿趙仁本撰法例三卷引以斷獄時
議亦以爲折衷後帝覽之以爲煩文不便因謂侍臣曰律令格式天
下通規非朕庸虛所能創制並是武德之際貞觀已來或取定神衷
參詳衆議條章備舉軌躅昭然臨事遵行自不能盡何爲更須作例
致使觸緒多疑計此因循非適今日速宜改轍不得更然自是法例
遂廢不用　則天垂拱中勅內史裴居道夏官尚書岑長倩鳳閣侍
郎韋方質與刪定官袁智弘等十餘人刪改格式加計帳及勾帳式
通舊式成二十卷又以武德以來垂拱以前詔勅便於時者
編爲新格二卷則天自制序其二卷之外別編六卷堪爲當
司行用爲垂拱留司格式韋萬質詳練法理又委其事於咸陽
尉王守真又有經理之才故垂拱格式議者稱爲詳密其律令
惟改二十四條又有不便者大抵依舊

中宗神龍元年六月詔尚書右僕射唐休璟中書令韋安石左
散騎常侍李懷遠禮部尚書祝欽明尚書右丞蘇瓌等定垂拱
格及格後至神龍元年正月二十五日已前制勅爲散頒七卷
又刪補舊式爲二十卷表上之制令頒於天下

景龍二年九月勅爲雀鼠之屬不得擒捕以求贖生犯者先
決三十

睿宗太極元年二月頒新格式於天下先是景雲初勅戶部尚
書岑羲中書侍郎陸象先左散騎常侍徐堅左司郎中唐紹刑
部員外郎邵知與刪定官大理寺丞陳義海左衛長史張處斌

大理評事張名播左衛率府倉曹參軍羅思貞刑部主事閻義
顓凡十人刪定格式律令至是奏上之名爲太極格詔頒於天
下四月制曰朕聞措刑由於用刑去殺存乎必殺明罰敕典自
古而然立制齊人於是乎在自我朝建國僅將百年天下和平
其來已久往承舊季守法頗專此龍襲時安猶調白璧又朕[illegible]
誡莫建先懼人理難齊不如昔粵從守位三載于茲庶務勤勞
不揖晷景常謂自我作則感而成化庶乎還俗忘反不威罔懲
將致純風先歸重典比者贓賄不息貪濁頗公行放心未收犯禁
無懼此焉暫革期於永平遂劃小惡以崇大體自今造僞頭首
者斬仍沒一房資財同用僞者並奪非頭首者並官典主司枉
法贓一匹已下並先決一百其緣贓及惡狀被解者非選替不
得輒至朝堂披訴如有此色先決杖一頓仍加貶斥上下官寮
輒緣私情相囑者其所受人宜封狀奏聞成器已下咸自決罰
自餘王公已下並解見任所進狀人別加優賞御史宜令分察

諸司若有罪過不能糾獲者與外官（[illegible]）
玄宗先天二年六月禁殺牛馬驢等犯者科違勅罪不得官當
蔭贖公私賤隸犯者先決六十然後科罪
八月制曰凡有刑人國之常法掩骼埋胔王者用心自今已後
斷有屠割刑人骨肉者依法科殘害罪
開元元年勑黃門監盧懷慎紫微侍郎兼刑部尚書李乂紫微
侍郎蘇頲紫微舍人呂延祚給事中魏奉古大理評事高智靜
同州韓城縣丞侯郢璡瀛州司法參軍閻義顓等删定格式令至
三年奏上之名爲開元格
三年二月詔曰古昔名將在乎養兵故疾則吮癰渴不先飲撫
循慰薦恩義感激所以奮不顧身戰無完陣如聞諸將總管已
下不遵師律多役兵士帳中啟梁内之娛麾下罷勤瘁之色人
既勞乏軍亦沮氣豈孫吳養士之方韜鈐用兵之法春秋責帥
典憲斯在自今已後總管已下並使兵士計庸以受所監臨財

物論頒下諸軍咸使知委
五年詔曰別宅女婦先施禁令往年括獲特以寬容何得不悛
尚多此事國有常憲宜寘于理方書一於後刑故三令以先之
俾從輕罰以愧其心今所括獲者見任官徵納四季禄前資並
見任自餘諸色並準九品官禄數納粟婦女並放出掖庭即令
京兆尹李朝隱求匹配嫁遣之京都亦戒天下敢更犯者一依
常格又詔曰自今已後官人犯贓罪至流死會赦免者宜準開
元四年二月二十四日勑處分（[illegible]若等曰贓贖謂此四年二月勑）
六年勑吏部尚書兼侍中宋璟中書侍郎蘇頲尚書左丞盧從
愿吏部侍郎裴漼慕容珣戶部侍郎楊滔中書舍人劉令植大
理司直高智靜幽州司功參軍侯郢璡等九人删定律令格式
至七年上之律令式仍舊名格曰開元後格
十二年詔曰大德曰生至重曰命緬觀前典惟刑是恤比來犯
盜先決一百雖非死刑太半殞斃言念於此良用惻然自今已後

抵罪人合決勑杖者並宜從寬決杖六十一房家口移隸磧西
其嶺南人移隸安南江淮南人移隸廣府劍南人移隸姚嶲州
其磧西姚嶲安南人各依常式布告遐邇使知朕意
十三年詔曰身體髮膚受之父母不合毀傷比來有訴競之人
即自刑害耳目自今已後犯者先決四十然後依法
十九年侍中裴光庭中書令蕭嵩又以格後制勑行用之後頗
與格文相違於事非便奏令所司删撰格後長行勑六卷頒于
天下
二十二年戶部尚書李林甫受詔改修格令林甫尋遷中書令
乃與侍中牛仙客御史中丞王敬從與明法官前左武衛胄曹
參軍霍晃衛州司戶參軍直中書陳承信酸棗尉直刑部俞元
杞等共加删緝舊格式律令及勑總七千二十六條共一千三
百二十四條於事非要並删之二千一百八十條法文損益三
千五百九十四條仍舊不改總成律十二卷律疏三十卷令三

十卷式二十卷開元新格十卷又撰格式律令事類四十卷以
類相從於省覽二十五年九月奏上之勑於尚書都省寫五十
本發使散於天下
天寶四載詔曰刑之所設將以閑邪法不在嚴貴於知禁朕自
臨萬國向踰三紀思弘至道之化冀務好生之德比者應犯極
法皆令免死配流所以市無刑人獄無冤繫哀矜勿喜與洽於
生靈小大以情寧忘於鑒寐至於徒罪雖非重刑力役之外不
免拘繫載罹寒暑誠可矜量自今已後其犯罪應合徒者並宜
配諸軍效力庶感激之士因以成功寬大之恩叶於在宥已本
犯杖罪是代肉刑將以矜人非重爲法今官吏決罰或有生情
因茲致斃深可哀憫其犯杖罪情非巨蠹者量[illegible]亦令效力宜
令所司作[illegible]限聞奏[illegible]六載正月詔曰朕承大道之訓
務好生之[illegible]於令絞法已去極刑議罪執文猶存舊目既措而
不用亦[illegible]其[illegible]自今已後所斷絞斬刑者宜除削此條仍令

法官然近例詳定處分〔代今[illegible]法死[illegible]於此也〕八載詔曰唐虞肖刑畫冠不犯秦漢制法密網惟煩理亂之幾得失斯在朕長想淳古務崇敦朴刑期不濫政叶無為豈惟守於昇平庶有臻於大道頃者詳諸條目已從推究至於結斷尚慮深刻所責從寬示其知禁宜令中書門下與刑部大理法官審更詳定法律之間有所便者具條目聞奏

肅宗至德元年七月即位詔官吏犯枉法贓終身勿齒

乾元元年四月詔曰百姓中有事親不孝別籍異財玷汙風俗虧敗名教先決六十配隸磧西有官品者禁身奏聞

二年三月詔曰刑獄之典以理人命死無再生之路法有哀矜之門其以訟必有平刑其不用周窮五聽天下所以無寃漢約三章萬人以之胥悅言念欽恤用諧丕變自今已後諸色律令殺人反逆姦盜及造偽十惡外自餘煩冗一切刪除仍委中書門下與刑部大理法官共詳定具件奏聞

府 六百十二 九

代宗寶應元年九月刑部侍郎盧元裕奏准式制勑與一頓杖者決四十重杖一頓者決六十無文至死式內自有殺部處盡等文即明重杖只合加數京城先因處分決殺者多一死不可復生望准式文處分或決痛杖一頓者式文既不載亦請准重杖六十例不至死許之

德宗大曆十四年六月即位詔曰律令格式條目有未折衷者委中書門下簡擇理識通明官共刪定自至德已來制勑或因人奏請或臨事頒行差互不同使人疑惑中書門下與刪定官詳決取堪久長行用者編入條格〔勑以中書門下為刪定格式使至建中二年罷之其格令委刑部刪定〕

貞元八年十一月詔曰比者所司斷罪拘守科條或至死刑猶決先杖處之極法重此傷殘非惻隱也自今罪至死者勿安先格

憲宗元和二年七月命刑部侍郎許孟容大理少卿柳登吏部郎中房式兵部郎中蔣武戶部郎中熊執易度支郎中崔元禮部員外郎韋貫之等於命婦院刪定開元格

三年正月詔自今已後應坐贓及他罪當贖者諸道委觀察判官一人專勾當及時申報如蔽匿不申者節級科貶如罪不繫奏官長量情處置者其贓但准前申送御史臺充本色給用仍差御史一人專知贓贖不得以贓罰為名如罪名未正妄罰求財亦委觀察判官勾當差定後先具名聞奏

三月詔厚葬傷生明勑設禁但官司慢法又不申明遂下相循遂至違越其違制賃葬車人六人各決四十

十月乙亥重申採銀之禁輒採一兩已上者笞二十遞出本界州縣官吏節級科罰

四年二月京兆府奏准建中三年三月勑節文當府界內捉獲強盜不論有贓無贓及竊盜贓滿三匹已上並准勑集衆決殺不滿匹者量事科決補充所由犯盜人雖有官及屬軍一切並取此例處分准天寶十四載正月勑府縣務繁事須疎決若一

府 六百十二 十

一皆待勘覆即必有稽留伏准今年正月勑自今已後諸司應有決殺囚若不承正勑並不在行決之限如跡涉兇險須速決遣并特勑處分者亦宜一度覆奏者伏以京邑浩穰庶務繁劇攘姦戢盜事資尋常若一罪一刑勘須覆奏不惟擁於留獄實亦煩於聖覽況畿甸之內尤須肅清其強盜竊盜并犯徒以下罪請准建中三年及天寶十四載勑處分其餘罪犯經有司推按者請准今年正月勑處分從之

九月詔刑部大理決斷繫囚過為淹遲是長姦倖自今已後大理寺檢斷不得過二十日刑部覆下不得過十日如刑部覆有異同寺司重斷不得過十五日省司重覆不得過七日如有牒外州府勘節目及於京城內勘本推即以報牒到後計日數被勘司却報不得過五日仍令刑部具遣牒及報到月日牒報都省及分察使各准勑文勾舉糾訪如有違越奏聽進止其有故犄可疑須更三詳審非限內可畢者即別狀分析并寺司每月

已斷未斷內姓名事由並申報中書門下

五年十一月癸卯詔應中外官有子弟凶惡不告家長私舉公私錢起今已後舉錢無尊屬同署文契其舉錢主在與不在其保人等並決二十其本利錢仍令均攤填納應口馬莊宅諸色買賣相當後勒買人面付責人價錢如違牙人決重杖一十付錢主家亦科罪從京兆尹王播所奏也

六年十二月中書門下奏伏准建中元年勅常參官授上訖三日內上表讓一人以自代者伏以人臣拜職皆有謝章晉太尉羊祜著崇讓論請因謝章便有所讓令主者掌此讓文類其被舉最多者有官缺據此選用如此則事不專於宰府材須選於衆人唐虞僉諧義實由此臣請自今常參官舉人後便具所舉人兼狀上中書門下如宮缺要人先於所舉人中選擇進擬且又疇咨之群假手於伯回漢之多士辟於有司故凡稱大僚皆得進善陛下念黎元之困設令長之科群寮舉如四海蒙福然薦

過[illegible]勸未行苟或容私則虛實蔑伏請所舉縣令到任後刑罰究濫及有贓犯者其舉主為官削階及得見任書下考並准元和三年勅處分委御史臺諸道觀察使嚴加察訪不得容貸其諸司所奏官屬及有狀論薦人如有贓犯過惡亦請具名聞奏量加貶罰所冀人知所懼舉不妄行為官擇人得賢報國從之

八年九月詔曰減死戍邊前代美政量其遠邇亦有便宜自今已後兩京及關內河南河東河北淮南山東西道州府有犯罪繫囚除大逆及殺人外其餘應入死罪並免死配流天德五城諸鎮有妻兒者亦任自隨又緣頃年已來所有配隸或非軍廨便至遠遷有司上陳又煩年限向後如有輕犯更不得配流五城其見天德流人與諸州縣歸還之限刑部侍郎王播奏以六年放還為限著為定令

九年五月壬申命京兆尹禁諸色人不得與商人私有使換犯者沒入賞罰有差

十年七月辛亥詔曰凡在職司必當廉慎苟懷貪冒贓彰以經為理之先固在懲誡其犯贓官本據律文刑名甚重頃者多從寬宥不足懲姦切在申明使其知懼自今已後如錢數稍多及情狀難恕者宜杖決配流餘並比類節級科處如有此色所在長吏及觀察使不能糾察事發之後並據所犯輕重加責罰庶當貪吏以懲猾人

十二年七月己酉勅左降官等考滿量移先有勅命因循日久都不舉行遂使幽遐之中恩澤不及自今已後左降官及量移未復資官亦宜准此處分如是本犯十惡五逆及指斥乘輿妖言不順假託休咎反逆緣累及贓賄數多情狀稍重者宜具事由奏聞其曾任刺史都督郎官御史并五品已上常參官刑部檢勘具所犯事由聞奏并申中書門下商量處分如未滿五考已前遇恩者准當時節文處分其復資度數准元和二年六月二十七日勅文處分

九月刑部奏准今年六月二十一日勅諸色左降官等經五考

滿許量移者其貶降日授正員官或無責授並請至五考滿後許本任處申闕并餘左降官緣任處州府多在遐遠至考滿日其中有申牒稽遲致使留滯者其刺史本判官錄事參軍等並請與下考如考滿後雖已申牒未量移間其祿料並准天寶貞元兩度勅文依舊支給其本犯十惡等罪已有正名請依舊從之

十三年八月鳳翔節度使鄭餘慶等詳定格後勅三十卷左司郎中崔郾等六人修上其年刑部侍郎許孟容蔣乂等奉詔刪定復勒成三十卷刑部侍郎劉伯芻等考定如其舊卷

穆宗以元和十五年正月即位閏正月鹽鐵使柳公綽奏當使諸監院場官及專知給納并吏人等有負犯合結罪者比來推問聞奏只罪本犯所由其監臨主守都無科處伏請從今舉名例律每有官吏犯贓監臨主守同罪及不能覺察者並請准條科處所冀刑章具舉貪吏革心從之

十二月敕郊禮日近恐有殺人覬望恩赦從今日至來年正月三日以前京畿應有殺非盜賊准法處分不在赦原之限繼屬諸軍使亦委府縣依法科斷

長慶元年五月御史中丞牛僧孺奏天下刑獄苦於淹滯請立程限大事大理寺限三十五日詳斷畢申刑部限三十日聞奏中事大理寺三十日刑部二十五日小事大理寺二十五日刑部二十日一狀所犯十人已上斷罪二十件已上爲大事所犯六人已上所斷罪十件已上爲中事所犯五人已下所斷罪十件已下爲小事其或所抵罪狀并所結刑名並同者則雖人數甚多亦同一人之例比來刑獄淹滯亦緣官吏入務今請刑部四覆官并大理六丞每月常二十日入其厨料牒户部准例加給又近日所斷刑獄多稱元推節目不盡移牒勘覆致此淹滯今日以後如臺官推覆節目不盡致令所司須更盤勘亦推官書下考不與轉選自臺殿三選從之

十月御史臺奏應十惡及殺人關毆官典犯贓并造僞詐良爲強竊盜及府縣推斷訖重論訴人等皆是殺惡之徒推鞫之時盡皆伏罪臨刑之次即又稱冤或冀有動搖或冀延日月每度稱屈皆須重推遂使支證平人常被追擾經涉時歲獄具無期一殺人自犯刑章數十家因緣破散若無懲革爲弊實深伏請自今已後有此色賊臺及府縣并外州縣但通計三度推官不同人皆有伏款及經三度斷結者更有論訴一切不在重推問限其中縱有進狀敕下如是已經三度結斷者亦請受敕覆聞奏執論庶得公務精清獄源杜絶如是告本推官典受贓賂推斷不平及有冤濫事狀言訖便可立驗者即請與重推如所告及稱冤推勘又虛妄及依前無理者除本犯是死刑外餘罪於本條更加一等科罪如官典取受有實者亦請於本罪更加一等如所冤屈不虛者其第三度推官典伏請本法外更加一等比責其第二度官典亦請節級科處冀使下無冤人上無濫法從之

二年十一月監察御史蘇景裔奏祠祭稱疾出齋宮等舊例准朝參不到四品已上罰二千文五品已上罰一千文緣所罰稍輕請更加罰詔曰郊廟之儀本於恭恪罰輕生慢須議稍加自今已後有臨祭出齋者宜罰一月俸仍委監祭使每具所罰名銜聞奏

冊府元龜卷第六百一十二

冊府元龜卷第六百一十三

刑法部五

定律令第五

唐文宗大和元年六月勑文武常祭官承前朝祭不到臺司皆據品秩書罰其中班位雖同俸入懸隔一例書罰事未得中宜令自今已後點撿不到據所請料錢每貫罰二十五文其疾病爲衆所知者不在罰限餘任准臺司往例處分

三年六月壬申中書門下奏元和四年閏三月四日勑應有鈆錫錢並合納官如有人糾得一錢賞百錢當時勑條貴在峻切今詳事實必不可行則有人告一百貫錫錢須賞一万貫銅錢執此而行是無畔際今請令以鈆錫錢交易者一貫已下州府常行杖決脊杖二十十貫已下決六十徒三年過十貫已上集衆决殺其受鈆錫交易者亦准此其鈆錫錢並納官其能糾告者一貫賞五千不滿貫者准此計賞累至三百千仍且取當處

官錢給付其所犯人罪不至死者徴納家資充填賞錢可之

七年五月乙卯御史臺奏准大和四年十月二十五日勑大理寺決斷刑獄大事二十日中事十五日小事十日奏畢刑部詳覆大事十五日中事十日小事八日奏畢近日省寺詳斷有踰勑限七十餘日者抑由條奏之問未盡事理舞文之吏得以遷延往往決斷未下瘦死獄中臣請自今已後刑獄本曹詳覽奏狀有節目未具若大事七日內小事五日內條流事由只行一牒毋迹本推官三日內具事由牒報省寺如情狀要節已具省寺不得以小小節目移牒往來四遠州府牒勘本推後事有不具結罪不得者請具事由奏聞不得更踰勑限又准貞元三年七月十七日勑允推狀內錢物大段事狀已具小小節目未盡不妨詳斷者省寺更不要移牒盤勘又准名例律二罪俱發以重者論臣深詳勑文律意唯懼刑獄淹延使無辜者拘縶囹圄罪惡者潛啓倖門臣請勑下後御史臺嚴加察訪如或踵前廢格知彈御史臺不舉又省寺可斷不斷不具可結斷事情聞奏使結斷不得須更牒本處致其稽遲並請臨時量事大小論罪科罰可之

七月大理寺奏准今年五月二十九日御史臺奏勑大事限二十日中事十五日小事限十日奏畢刑部覆大事限十五日中事十日小事八日奏畢詳當臺司所奏即大理刑部兩司俱須奏具獄未經刑部覆一則失聖朝慎恤刑獄意二則未合以生事上黷聖聰伏請依舊程限大理寺斷了申刑部覆同訖方奏可之餘准今年五月二十九日勑處分

十二月刑部奏先奉勑詳定前大理丞謝登新編格後勑六十卷若臣等據謝登所進詳諸理例參以格式或事非久要恩出一時或前後差舛或書寫錯誤並已落下及改正訖去繁舉要列司分門都爲五十卷伏請宣下施行可之

八年二月中書門下奏准貞元二十一年六月六日勑詐事人

不得越州縣臺府便經中書門下陳狀者近日狡猾論競皆不待州府推斷便來詣闕非唯煩黷天聽實亦頗啓倖門請自今已後有此類先科越訴罪然爲推勘又准開元十三年八月二十四日勑比來小有訴競即自刑割自今後犯者先決四十然依法勘當伏以先自毀傷律令所禁近日此類稍多不至甚傷徒驚物聽請連勑牓白獸門如進狀又務耳者准前[illegible]鞫訊已具便合就刑皆近歲時覬望恩澤或緣一人不[illegible]免即十數人停決四繫淹久姧吏用情自今後同罪人並伏辜一兩人稱冤不相連者並先科決稱冤者依前收禁聞奏從之

四月詔應犯罪人除情狀巨蠹法所難原者其他過誤罪愆及尋常公事違犯不得輒皆遵太宗之故事也

開成四年九月中書門下奏兩省詳定刑法格一十卷勑令施行武宗以開成五年五月即位十月勑配流囚人行李所在州縣申報到發時刻月日頗甚遲遠今再條流其遞過流囚准律

日行五十里所在州縣各具月日時刻祀承申報自今吏或停滯囚徒有淹申發其本判官罰五十直縣令罰三十直本典決脊杖十五

會昌元年正月詔曰朝廷典刑理當畫一官吏贓坐不宜有殊内外文武官犯入已贓絹三十匹盡處極法唯鹽鐵度支户部等司官吏破使物數雖多只遣塡納盜使之罪一切不論所以天下官錢悉爲應在姦吏贓汚多則轉安此弊最深切要杜塞自今已後度支鹽鐵户部等司官吏及行綱脚家等如隱使官錢計贓至三十匹並處極法除估納家產外並不使徵納其取受贓亦准此一條從鹽鐵使栁公綽所奏也

九月庫部郎中知制誥紇干泉等奏刑部犯贓官五品已上抵死刑准獄官令賜死於家者伏請永爲定式從之

四年七月京兆府奏擒盜賊并鬬行毆人等被姦惡所由與府縣人吏同情欺罔因緣卜射求取悉爲不顧典刑隱藏從犯

臣見今推鞫須立條科應府縣所由輒因事取錢及恐嚇平人遣重囚點引坊市人户推問得實贓至十貫已上者從今後伏請集衆決殺十貫已下者即量情科斷如捕賊所由捉搦賊贓至五十貫請賞三十貫文如贓至一百貫已上取本贓一半已上充賞無賞罰必行姦欺止息從之

十一月勑准中書門下奏應合處極刑囚等郊禮日近望有鴻恩每引決之時皆稱冤屈及至推鞫依前伏罪容此延引恐開倖門今日已後前件囚經兩度稱冤重推問無異同者更不在聞奏從之

五年正月詔曰據律已去任者公罪流已下勿論公罪之條情有輕重苟涉欺詐豈得勿論向後公罪情狀難恕並不在勿論之限

宣宗大中元年二月詔持仗行刼必欲害人苟遇支敵即行殺戮拒敵追捕肆[illegible][illegible]兇不懲此流無以除惡并故殺人者雖已傷未死已死生及欺冒老小以取財物等意欲殺傷偶得免者並以殺人法處分不在赦原之限仍編入格令

二年二月刑部起請今後縣令有贓犯録事參軍不舉者請減縣令二等結罪録事參軍有贓犯刺史有贓犯事發觀察使不舉並令所司奏聽勑旨從之

四年正月詔此後有故殺傷偶得免者並同已殺人處分又曰攘竊之興起於不足近日刑法頗峻盜賊益煩贓至一千便處極法輕人性命重彼貨財既多殺傷且乖救化況非舊制須議毀更其會昌元年二月二十六日勑宜委所司重詳定條流聞奏

三月刑部奏監臨主守應將官物私自貸使并借貸人及以已物中納官司者并專知別當主事所由如有犯贓並同犯入已贓不在赦原之限從之

五月御史臺奏准今年正月一日節文據會昌元年二月二十六日勑盜贓至一貫文處死宜委所司重詳定條流聞奏者臣

檢勘並請准建中三年三月二十四日勑每有盜賊贓滿三匹已上決殺如贓數不充量事情科決從之

五年四月刑部侍郎劉瑑等奉勑修大中刑法摠要格勑六十卷起貞觀二年六月二十日至大中五年四月十三日凡二百二十四年新勑都計六百四十六門二千一百六十五條

七年五月左衛率倉曹參軍張戣進大中統類一十二卷勑刑部詳定奏行之

梁太祖開平三年十一月詔太常卿李燕御史蕭頃中書舍人張袞户部侍郎崔沂大理卿王鄯刑部郎中崔誥共刪定律令格式

四年十二月宰臣薛貽矩奏太常卿李燕等重刊定到令三十卷式二十卷格一十卷律并目録一十三卷律疏三十卷凡五部一十帙共一百三卷勑中書舍人李仁儉詣閤門奉進伏請目爲大梁新定格式律令仍頒下施行從之疑是將大理正李[illegible]撰刑律摠要十二卷

後唐莊宗同光元年十二月御史臺奏當司刑部大理寺本朝法書自朱温僭逆刪改事條或重貨財輕入人命或自徇枉過濫加刑罰今見在三司收貯刑書並是僞廷刪改者兼僞廷先下諸道追取本朝法書焚毁或經兵火所遺皆無舊本節目只定州勑庫有本朝法書具在請勑定州節度使速寫副本進納庶刑法令式並合本朝舊制從之未幾定州王都進納唐朝格式律令凡二百八十六卷

二年二月刑部尚書盧質奏纂集同光刑律統類凡一十三卷上之

三年六月詔曰刑以秋冬雖關惻隱罪多連累斷處稽滯若或十人之中止爲一夫抵死豈可以輕附重禁錮逾時言念哀矜又難全廢其諸司囚徒罪無輕重委本司據罪詳斷申奏輕者即時疎理重者候過立春至秋分然後行法如是事藂軍機須行嚴令或謀爲惡逆或蓄姦邪或行劫殺人難於留滯並不在此限

明宗天成元年九月御史大夫李琪奏奉八月二十八日勑以大理寺所奏見管四部法書內有開元格一卷開成格一十一卷故大理卿楊遘所奏行僞梁格并目録一十一卷與開成格微有差𢇁未審只依楊遘先奏施行爲復别頒聖旨令臣等重加商較刊定奏聞者今若廢僞梁之新格行本朝之舊章遵而守之違者抵罪至其年十月二十一日御史臺刑部大理寺奏奉九月二十八日勑宜依李琪所奏廢僞梁格施行本朝格令者伏詳勑命未該律式伏以開元朝與開成隔越七帝年代既深法制多異且律有重輕格無貳等若將兩朝格文衮行伏慮重疊差𢇁況法者天下之大信非一人之法天下人之法也故謂一成不變之制又准格文後勑合破前格若將開元與開成格之行實難檢舉又有大和格五十一卷刑法要録一十卷格式律令事類四十卷大中刑法格後勑六十卷共一百六十一卷久不檢舉外請定其與奪奏勑宜令御史臺刑部大理寺同詳定一件格施行者今衆集商量開元格多是條流公事開成格關於刑獄今且請使開成格從之

二年六月大理少卿王鬱奏伏准貞觀五年八月二十一日勑極刑雖令即決仍三覆奏在京五覆奏決前三奏決日兩奏唯犯惡逆者一覆奏著于格令又准建中三年十一月十四日勑應決大辟罪在京者宜令行決之司三覆奏決前兩奏決日一奏又謹按斷獄律諸死罪囚不待覆奏報下而決者流二千里即奏報應決者聽三日乃行刑若限未滿而行刑者徒一年伏以人命至重死不再生近年已來全不覆奏或蒙赦宥已被誅夷伏乞勑下所司應在京有犯極刑者今決前決日各一覆奏聽進止有凶逆犯軍令者亦許臨時一覆奏應諸州府乞別降勑指揮奉勑宜依是時少府少監由吉者[illegible]奏請藥責情杖皆從之

長興二年四月大理正劇可久奏引開成格應盜賊須得本贓然後科決如有推勘因而致死者以故殺罪論臣詳此理未便

且去無持贓待捕之賊或偷生隱諱所司又須訐拷死反償命實恐惠姦起今後若因而致死者如無故則請減一等別增病患而死者從辜限止賊減本罪五等中書覆云今後凡關賊徒若推勘因而致死者有故以故殺論無故減一等如拷次因增疾患候驗分明如無他故雖辜內致死亦以減等論

是月刑部郎中周知微奏臣每詳覆案文靜究贓罪條件或有因緣勘鞫牽蔓告陳雖廣詮論漸異根本其間有物關獻遺事尚情儀或果實紙筆之徒或絲屨茶藥之類逐色目計錢不及三二百聚都數不過四五千爲案牘之微贓傷朝廷之大體引律一罪俱發以重者論不累輕以加重請非正論事條外定贓之時並許除落中書覆奏云周知微踐揚華省獻納明庭務貞讜言深符治道蓋慮細微之物便爲贓賄之名遂致刑章過行深刻須知撙節務守廉隅或是監臨之司或因公事之際凡要取與便涉向私物若顯屬貨財並宜爲贓罪其餘不是監臨不

因公事不在此限應推斷科條不得有違格律
六月勑諸道州府推斷刑獄或慮所司因循仍以赦令前事皷
有申治紊亂刑法宜令盡舉中興已來所降赦書德音釐革恩
勑曉示王者應天順人發號施令布絲綸於遠邇示恩信於華
夷儻隱而不行則主者有罪須重提舉免致因循宜令御史臺
兼三京及諸道州府應受詞狀及推勘詳斷之所須將此令文
牓壁各令詳審無至踰違如或公然以赦書德音及恩勑前事
輙敢受而為理者應狀案經過處並當勘責以故違勑令律格
科罪兼自此後凡有詳斷刑獄並須先徧坐律令格式條件及
新勑釐革次第施行
十二月勑國祚中興皇綱再整合須公事徧委群臣先勑抄録
六典法書分為二百四十卷從朝至夕自夏徂冬御史臺官員
等或同切催驅或遞專勘讀校前王之舊制布當代之明規宜
有獎酬以勵勤恪御史中丞劉贇近別除官今加階爵宜從別

勑處分吕琦姚遐致宜加朝散大夫李凝吉朝議大夫馬義朝
散大夫仍賜柱國勳于遼李濤並朝散大夫徐禹溺張可復王
曉並賜緋魚袋
四年五月獲嘉縣令盧嵩抛曳户民致死其盧嵩減死配流今
據所司引減死配天德五城流人格文内只言兩京關内河南
河東北淮南山南東西等道州府繫囚並不言荆南湖南江南
嶺南浙江東西福建等道亦不言劒南黔南隴右河西等道又
云京兆府界内持杖強盜不論有贓無贓及竊盜贓三匹已上
並依前後格勑處分此又酷秦中之人資海内之盜蹤茲有二
豈曰大同況天下州府凡竊盜贓滿三匹皆處極法並不以律
内五十匹加役流定罪亦不減死配流據所司斷盧嵩以鬬殺
定罪又不該此條今或却將此條旋舉定刑慮以愛惡於人教
之上下其手今日已後所司凡有刑獄據罪款准後勑文案律
令格式條法詳斷不得引此減死條格惑人其間或有情非巨

蠹並委勑令處分
六月大理正張仁琢奏言臣曾歷外任見州府刑殺罪人雖有骨
肉尋時不容收瘞皆令給喪葬行人載於城外殘害屍骸多致
遐棄實越舜章頗傷仁化准獄官令諸大辟罪並官給酒食聽
親故辭訣宣告犯狀日午後乃行刑注云決之經宿所司即為
埋瘞若有親故亦任收葬又條諸囚死無親戚者官給棺於官
地埋瘞置塼銘於壙内立牌於冢上書姓名請依令指揮從之
其月勑御史中丞龍敏給事中張鵬中書舍人盧導刑部侍郎
任贊大理卿李延範等詳定大中刑法統類
末帝清泰元年閏五月勑律令格式六典凡關庶政盡有區分
久不舉明遂至隳紊宜令京百司各於其間録出本司事裁或
卷軸或粉壁寫在廨署本司官常宜省覽以備顧問自勑下至
今累年如聞諸司或以無廨宇處並未書寫施行今御史臺差
兩巡使分巡百司取已寫未寫司局以聞如因事未辨處與限

五日須抄録依元勑指揮其諸道州縣亦有六典内合行公事
條件抄録粉壁官吏長宜觀省其律令格式事繁耶已抄成四
卷州府差人抄録以備檢尋今後宜令御史臺每至正初具録
前後勑文告示百司及諸州府永為常式
六月大理正劇可久上疏臣曾披法律深究否臧州縣令律之
中具存條格軍鎮按推之吏未載明文事若不均何以示勸其
三京軍巡使諸州府馬步都虞候有精於推劾雪活冤濫者請
量事超擢如按鞫偏私故入人罪者亦刑之無赦詔曰義存兩
造善推鞫者故合獎酬法貴一成務欽守者豈煩更改劇可久
所陳章奏備驗忠勤然於取捨之間未盡咨詢之理其軍巡使
都虞候能覆推刑獄雪活人命及推按不平致人冤屈者起今
後宜以長興四年五月二十三日勑條施行合有獎酬亦等第
以附行遣其故入人罪律有本條何煩別定
九月大理寺奏所用法書竊盜條逢中年贓三匹已上決殺數

大[illegible]奏定杖先朝以量情法不定命御史中丞龍敏等議贓贓三匹準舊法一匹已上脊杖十八一匹已下量罪決杖太理又以量罪之文不定乞定奪下寺詔集寺官詳議去贓一匹杖寺十八不滿一匹杖十五不得財杖臀十五從之

是月天雄軍節度使范延光上言副使王欽祚報管內頻有盜賊剽刼坊市鄉村差兵巡捕嚴切隄防緣此歲饑蠶麥不熟游惰之徒結集爲惡或傷殺攘奪及捕獲處斷又前後法條不一以天成二年勅應山林群盜害物殘人若捕捉勘詰不虛全家處置有偶然刼盜者正身準法知情者同罪又以長興四年勅據天成勅只爲界內連結惡黨害物殘人所以族誅此中興之初權行之法若斷獄只坐此條恐違於律令後結黨連群爲害者并男十五已上並準元勅處斷其父母兄弟妻女小兒一切不罪有骨肉中與賊同惡者亦同罪如同謀不行或受贓不受贓則准律科斷臣當管賊盜屢發若寛用法太寛只罪一身又不

繫没家產又不連累家屬得以恣行兇惡今後捕盜權行重條伊其知懼易於禁止詔曰應刼掠鄉村宜依長興四年勅條處斷攻刼城鎮宜依天成二年勅處斷

三年四月御史中丞盧損等進清泰元年已前十一年內制勅可久遠施行者凡三百九十四道編爲三十卷其不中選者各令本司封閉不得行用詔付御史臺頒行

五月中書門下奏刺史位列公侯縣令爲人父母只合倍加乳哺豈合自致瘡痍一昨張宗裔胥吏訟論合當懲典法司據律罪止徒流向來此法極嚴纔可存其軀命即一二十年不復還鄉郡緣之後赦宥稍頻還易頗戴致其兇物不顧嚴刑臣竊惟立法稍嚴則人不敢犯其見行法律望下所司更加詳酌及下御史臺刑部大理同議奏舊律枉法贓十五匹絞天寶元年加至二十匹請今後犯枉法贓十五匹準律絞不枉法贓舊律三十匹加役流受所監臨五十匹流二千里今請依舊絞不枉法贓過三十匹受所監臨贓過五十匹從之

晉高祖天福二年三月勅大理寺奏見管統類一十三卷編勅三卷[illegible]勅七十六道宜差侍御史李遐刑部郎中鄭觀與本寺官員同爲參詳今路逐到靜僧坊便欲删定再候進止者勅李遐改官鄭觀去世更俟差遣轉慮稽延宜令大理寺其合改正国號廟諱等文字如是不動格條不礙義理便可集本寺官員檢尋改正如或顯繫重輕須要參議別具聞奏其御史臺刑部所有法書合改正文字者亦宜准此

四月勅應在京及諸道監臨主當倉庫官吏等當受納時例破加耗及交替日豈合虧懸自今後如得替交割及非時點檢無故妄稱欠少者並准唐長興二年勅條計贓絹五十匹決重杖一頓處死所有錢物家業盡底通納餘外不徵其有自盜及私用專擅借貸各依格律本條處分

三年六月中書門下奏伏覩天福元年十月敕節文唐明宗朝

勅命法制仰所在遵行不得改易今諸司每有公事見執清泰元年十月十四日編勅施行稱唐明宗朝勅除編集外並已封鎖不行臣等商量望差官將編集及封鎖前後勅文並再詳定其經久可行條件別録聞奏從之遂差右諫議大夫薛融秘書監呂琦尚書駕部員外郎知雜事劉皞尚書刑部郎中司徒詡大理正張仁琢同參詳

十二月尚書刑部郎中馬承翰奏伏見都下衙衢窄狹人物殷繁其有步履艱難眼目昏暗老者幼者悉在其間車馬若縱於奔馳生性必見於傷害況律禁無故走馬傷人殺人素有嚴典臣切恐功勲之子軍伍之人向來偶昧於憲章此際忽思於馳驟害人者死是殺二人殺人既多亦傷至化臣以爲不若令之在前使民知禁臣乞特降明詔示諭內諸司已下及諸軍於街衢坊曲並不得走馬兼乞指揮逐界金吾司所由及軍巡所由常切止約如有固違走馬者不問是何色目人並捉搦申所司

請依律科斷若所由不切止約致走馬害人者逐界分所由與所犯人同罪科斷其或自內中急傳宣旨者即請賜銀牌或牙牌令以手持之俾路人及所由辯認易爲奔避若上行其令而下不敢違非唯得罪者無同抑亦所犯者應必勑旨馬承翰所貢封章俾人知禁雖曾條貫然未周詳宜依餘准近勑處分仍付所司

四年七月右諫議大夫薛融等上疏詳定編勑三百六十八道分爲三十卷詔令百司寫錄與格式參用

九月相州節度使桑維翰上言管內獲賊人從來籍沒財產云是鄴都舊例格律未見明文勑桑維翰佐命功全臨戎寄重舉一方之往事合四海之通規況盜賊之徒律令具載比爲撫萬姓而安万國豈忍罪一夫而破一家聞將相之善言成國家之美事既資王道實契人心今後凡有賊人准格律定罪不得沒納家資天下諸州皆准此處分

五年十月癸丑詔曰朕自臨區夏每念生靈雖云殺爲心實慈是務凡於獄訟常切矜矜況時漸興文民皆知禁宜伸輕典用綏衆刑今後竊盜贓滿五匹處死三匹已上決杖配流以盜論者依律文處分

六年五月尚書刑部員外郎李象奏請今後凡是散官不計高低若犯罪不得當贖亦不得上請詳定院覆奏應内外文武官有品官者自依品官法有散試官者應內外帶職廷臣賓從有功將校等並請同九品官例其京都軍巡使及諸道州府衙前職員内外雜任鎭將等並請准律不得上請當贖其巡司馬步司判官雖有曾歷品官者亦請同流外職准律杖罪已下依決罰例徒罪已上仍依當贖法

少帝天福七年十二月勑四京諸道州府凡大辟罪起今後宜令過大祭祀正冬寒食立春夏雨雪未晴已上並不得行極刑如有已斷案可取次日及用雪定後施行仍付所司

漢高祖即位稱天福十二年八月勑應天下凡関盜賊捉獲不計贓物多少按驗不虛並宜處死俾其重法斯爲安民宋志云漢之隱刑也志是

周太祖廣順元年正月即位制曰古者用刑本期止辟今茲作法義切禁非蓋承弊之時非猛則姦宄難制及知勸之後在寬則典憲得宜相時而行無臻中道今後應犯竊盜贓及和姦者並依晉天福元年已前條制施行應諸處犯罪人等除反逆罪外其餘罪並不得籍没家產誅及骨肉一依格令處分

六月勑侍御史盧億刑部員外郎曹匪躬大理正段濤同議定重寫法書一百四十八卷先是漢隱帝末因兵亂法書亡失至是大理奏重寫律令格式統類編勑凡改點畫及義理之悞字凡二百一十四以晉漢及國初事關刑法勑條凡二十六件分爲二卷附于編勑目爲大周續編勑命省寺行用焉

二年十二月中書門下奏准元年正月五日赦書節文今後應犯

竊盜贓及和姦者並依晉天福元年已前條制施行諸處犯罪人等除反逆罪外其餘罪並不得籍没家產誅及骨肉一依格令處分者請再下明勑頒示天下乃下詔曰赦書節文明有釐革方慮邊城遠郡未得審詳宜更申明免至差誤其盜賊若是強盜並准自來格條斷遣其犯竊盜者計贓絹滿三匹已上者並集衆決殺其絹以本處上估價爲定不滿三匹者等第決斷應有夫婦人被強姦者男子決殺婦人不坐其犯和姦者並准律科斷罪不至死其餘姦私罪犯准格律處分應諸色罪人除謀反大逆外其餘並不得誅殺骨肉籍没家產先是晉天福中勑凡和姦者男子婦人並處極法至是始改從律文焉

八月勑承前所立鹽麴條法每犯至少盡處極刑近年已來抵罪甚衆兼以邑居人户隨稅請鹽既不許將入城壁又不容向外破貨立法之弊一至於斯爰自新朝尚仍舊制昨因鄭州按獄備見百姓銜冤既詳断之蹤違亦條令之疑悞覩茲深刻須

議改更條令輕重得中兼使上下知禁國計之重立法爲先貴在必行何須過當凡鹽麴犯一斤已下至一兩杖八十配役一年五斤已下一斤已上杖脊二十役三年五斤已上杖死之煎鹻鹽犯一斤以下杖脊二十役三年一斤已上杖死之若捉獲鹻土及水煎成鹽了秤之定罪顆末鹽各有界分如界分相侵同犯鹽罪論鄉村所請蠶鹽只自充用不得將入城邑州坊郭博易貨賣如違同犯鹽論所請蠶鹽處道路津鎮須驗公憑凡買鹽麴並須官場官務若衷私興販同犯鹽麴例論官場官務有羨餘鹽麴並盡底納官如輙將貨賣同犯鹽麴論凡鹽戶酒戶衷私與場院官買賣同犯例論凡鹽麴同情共犯若是卑幼骨肉奴婢同犯只罪家長主首不知情只罪造意者其餘減等凡城郭人戶係屋稅鹽並於城內請給若外縣鎮郭下人戶亦許將所請鹽歸家供食即本部官據人戶合請數部計於俵場請數點撿入城不得因便帶入其郭下戶或城外有莊田

合併戶稅者亦本處官預前分說勿令迷匿凡鹽麴鹻鹽隨處地分節級專切捉搦如透漏必重刑斷其告犯鹽麴人死罪者賞錢五十千不死罪賞三十千以本處係省錢充故斟酌輕重立此科條宜令三司施行其中有合指揮件目隨事處分以聞

十二月開封府言商賈及諸色人訴稱被牙人店主人引領百姓賒買財貨違限不還其價亦有將物去便與牙人設計公然隱沒又莊宅牙人亦多與有物業人通情重疊將莊宅立契典賣或虛指別人產業及浮造屋舍僞稱祖父所置更有卑幼骨肉不問家長衷私典賣及將倚當取債或是骨肉物業自己不合有分倚強凌弱公行典賣牙人錢主通同蒙昧致有爭訟起今後欲乞明降指揮應有諸色牙人店主引致買賣並須錢物交相分付或還錢未足只仰牙行人店主明立期限勒定文字遞相委保如數內有人前卻及違限別無抵當便仰連署契人同力填還如諸色牙行人內有貧窮無信行者恐已後誤累即許衆狀集出或是客旅自與人商量交易其店主牙行人並不得邀難遮占稱須依行店事例引致如有此色人亦加深罪其有典質倚當物業仰官牙人業主及四隣人同署文契委不是曾將物業已經別處重疊倚當及虛指他人物業印稅之時於稅務內納契日一本務司點撿須有官牙人隣人押署處及委不是重疊倚當錢物方得與印如違犯應關連人並行科斷仍徵還錢物如業主別無抵當只仰同署契牙保隣人均分代納如是卑幼不問家長便將物業典賣倚當或雖是骨肉物業自已不合有分輙敢典賣倚當者所犯人重行科斷其牙人錢主並當深罪所有物業請准格律指揮如有典賣莊宅准例房親隣人合得承當若是親隣不要及著價不及方得別處商量和合交易只不得虛擡價例蒙昧公私如有發覺一任親隣論理勘責不虛業主牙保人並當科斷仍改正物業或親隣責自不

要收買妄有遮吝阻滯交易者亦當深罪從之

三年九月勅辰象玄遠罕克精研術數幽深驟難窮究則有閭閻之內卜祝之流粗習陰陽務求衣食妄談休咎以誑民氓比設律條止茲誣妄又疎法網是啓奸訛自今後玄象器物天文圖書讖記七曜曆太一雷公式法等私家不合有及衷私傳習見有者並須焚毀司天臺翰林院本司職員不得以前件所禁文書出外借人傳寫其諸時日五行占筮之書不在禁限每年曆日須候本司算造奏定方得雕印本司不得衷私示外如違準法科斷遍下諸道州府各令告示先是本司術數人以其術私教鄉里富民好事者而市兒有解算七曜曆經者每年算造供御及賜藩鎮曆日而富民之室皆有之今歲水而星文差度街市大肆妖言故有是命

世宗顯德四年五月中書門下奏准宣法書行用多時文意古質條目繁細使人難會兼前後勑格互換重疊亦難詳定宜令

中書門下並重刪定務從節要所貴天下易爲詳究者伏以刑法者御人之銜勒救弊之斧斤故鞭扑不可一日弛之於家刑法不可一日廢之于國雖堯舜淳古之代亦不能捨此而致理矣今奉制旨刪定律令有以見聖君欽恤明罰勑法之意也竊以律令之書政理之本經聖賢之損益爲今古之章程歷代以來謂之彝典今朝廷之所行用者一十二卷律疏三十卷式二十卷令三十卷開成格一十卷大中統類一十二卷後唐以來至漢末編勑三十二卷及皇朝制勑等折獄定刑無出于此律令則文辭古質看覽者難以詳明格勑則條目繁多檢閱者或有疑誤加以邊遠之地貪猾之徒緣此爲姦寖以成弊方屬盛明之運宜伸畫一之規所冀民不陷刑吏知所守臣等商量望准聖旨施行仍差侍御史知雜事張湜太子右庶子劇可久殿中侍御史率汀職方郎中鄧守中倉部郎中王瑩司封員外郎賈玭太常博士趙礪國子博士李光贊大理正蘇曉太子中允

王伸等一十人編集新格勒成部帙律令之有難解者就文訓釋格勑之有繁雜者隨事刪除止要諸理省文兼且直書易會其中有輕重未當便於古而不便於今矛楯相違可於此而不可於彼盡宜改正無或牽拘候編集畢日委御史臺尚書省四品已上及兩省五品已上官參詳可否送中書門下議定奏取進止詔從之自是湜等於都省集議刪定仍令大官供膳

七月詔曰准令諸田宅婚姻起十一月一日至三月三十日州縣爭論舊有釐革每至農月貴塞訟端近聞官吏因循由此成弊凡有詐競故作逗遛至時而不與盡詞入務而即便停罷彊猾者因兹得地孤弱者無以自伸起今後應有人論訴物業婚姻取十一月一日後許陳詞狀至二月三十日權停如有未了絶者仰本處州縣亦與盡理勘逐須見定奪了絶其本處官吏如輒違慢並當重責其三月一日後至十月三十日前如有婚田詞訟者州縣不得與理若交相侵奪情理妨害不可停滯者不拘此限

五年七月中書門下奏侍御史知雜事張湜等九人奉詔編集刑書悉有條貫兵部尚書張昭等一十人參詳旨要更加損益臣質臣溥據文詳議備見精審其所編集者用律爲主辭旨之有難解者釋以疏意義理之有易了者略其疏文式令之有附近者次之格勑之有廢置者又次之事有不便於今該說未盡者別立新條於本條之下其有文理深古慮人疑惑者別以朱字訓釋至於朝廷之禁令州縣之常科各以類分悉令編附所冀發函展卷綱目無遺究本討源刑政咸在其所編集勒成一部別有目録凡二十一卷刑名之要盡統於兹目之爲大周刑統欲請頒行天下與律疏令式通行其刑法統類開成格編勑等採掇既盡不在法司行使之限自來有宣命指揮公事及三司臨時條法州縣見今施行不在編集之數應該京百司公事逐司各有見行條件望令本司刪集送中書門下詳議聞奏勑

宜依仍頒行天下乃賜侍御史知雜事張湜等九人各銀器二十兩雜綵三十匹賞刪定刑統之勞也

冊府元龜卷第六百一十三

冊府元龜卷第六百一十四

刑法部六

議讞

周官議獄群士各麗其法漢制疑罪天下各讞所屬蓋慮夫文法之失實而人心之不厭也故議事以制先民所述有司請讞禮經攸載則斃訟之職斯爲重矣漢承秦弊禁網漸闊一成之典思求大中於是原其本心與衆定罪魏晉而下其論彌著若夫律令之設科條寔繁世有輕重之殊法有貪涼之變事苟涉於疑似罪寧失放不經惟君子之盡心雖濡首而求濟非夫操心如秤不私於物昭然獨見無畏強禦則何能激發正論折衷群惑簡孚厥罪澄清庶獄者哉

漢趙增壽爲廷尉成帝時東萊郡黑龍冬出人以問陳湯湯曰是所謂玄門開微行數出入不時故龍以非時出也又言當復發徙傳相語者十餘人丞相御史奏湯惑衆不道妄稱詐歸異

於上非所宜言大不敬增壽議以爲不道無正法以所犯劇易爲罪臣下丞用失其中故移獄廷尉無比者先以聞（比謂相比附也）所以正刑罰重人命也明主哀憫百姓下制書罷昌陵勿徙吏民已申布湯妄以意相謂且復發徙雖頗驚動所流行者少百姓不爲變不可謂惑衆湯稱詐虛設不然之事非所宜言大不敬也制曰廷尉增壽當是（當謂處正其罪也）湯前有討郅支單于功其免湯爲庶人徙邊孔光爲廷尉時定陵侯淳于長坐大逆誅長小妻迺始等六人皆以長事未發覺時棄去或更嫁及長事發丞相方進大司空武議（翟方進何武）以爲令犯法者各以法時律令論之（此具引令條之文也法時謂始犯法之時也）明有所訖也（訖止也）長犯大逆時迺始等見爲長妻已有當坐之罪與身犯法無異後迺棄去於法無以解（解免也）請論光議以爲大逆無道父母妻子同產無少長皆棄市欲懲犯法者也（懲創止也）夫婦之道有義則合無義則離長未自知當坐大逆之法而棄去迺始等或更嫁義已絕而欲以爲

長妻論殺之名不正不當坐有詔光議是

御史中丞鄭衆哀帝初博士給事中申咸毁故宰相薛宣不供養行喪服薄於骨肉前以不忠孝免不宜復列封侯在朝省宣子右曹侍郎況數聞其語賕客楊明欲令創咸面目使不居位會司隸缺況恐咸爲之遂令明遮斫咸宮門外斷鼻脣身八創事下有司衆等奏況朝臣父故宰相再封列侯不相敕丞化而骨肉相疑疑咸受弟脩言以謗毁宣咸所言皆宜行迹衆人所共見公家所宜聞況知咸給事中恐爲司隸舉奏宣而公令明等迫切宮闕要遮創戮近臣於大道人衆中欲以鬲塞聰明杜絶論議之端（鬲讀曰隔塞也）桀黠無所畏忌萬衆讙譁流聞四方不與凡民忿怒爭鬭者同臣聞敬近臣爲近主也禮下公門式路馬（過公門則下車見路馬則撫式尊敬之也式車前橫木）蓋君畜產且猶敬之春秋之義意惡功遂不免於誅（遂成也言本意不善而有成功猶加誅）上浸之源不可長也（浸近也言漸大）況首爲惡明手傷功意俱惡（手傷人爲功……人行）

人者皆大不敬明當以重論及況皆棄市廷尉直以爲律曰鬭以刃傷人完爲城旦其賊加罪一等與謀者同罪詔書無以詆欺成罪（詆毁也）傳曰遇人不以義見疻者與痏人之罪鈞惡不直也（以杖手毆擊人剝其皮膚腫起青黑而無創瘢者律謂疻痏遇人不以義爲不直雖見毆與毆人罪同也）咸厚善脩而數稱宣惡流聞不誼不可謂直（言咸爲脩而毁宣是不誼而不直）況以故傷咸計謀已定後聞置司隸因前謀而趣明非以恐咸爲司隸故造謀也本爭私變雖於掖門外傷咸道中與凡民爭鬭無異殺人者死傷人者刑古今之通道三代所不易也孔子曰必也正名名不正則至於刑罰不中刑罰不中而民無所錯手足（論語載孔子之言也錯置也音千故切）今以況爲首惡明手傷爲大不敬公私無差春秋之義原心定罪（原謂尋其本也）原況以父見謗發忿怒無它大惡加詆欺輯小過成大辟（輯與集同集合也）陷死刑違明詔恐非法意不可施行聖王不以怒增刑明當以賊傷人不直（以其受賕也）況與謀皆爵減完爲城旦（以其身有爵級故得減罪而爲完也況身及同謀之人皆從此科）帝以

問公卿議臣丞相孔光大司空師丹以中丞議是自此軍以下至博士議郎皆是廷尉況竟減罪一等徙敦煌宣坐免爲庶人歸故郡卒於家

後漢梁統建武中爲太中大夫在朝廷數陳便宜以爲法令既輕下姦不勝宜重刑罰以遵舊典乃上疏曰臣竊見元哀二帝輕殊死之刑以一百二十三事手殺人者減死一等自是以後著爲常準故人輕犯法吏易殺人臣聞立君之道仁義爲主仁者愛人義者政理愛人以除殘爲務政理以去亂爲心刑罰在衷無取於輕是以五帝有流殛放殺之誅三王有大辟刻肌之法故孔子稱仁者必有勇又曰理財正辭禁民爲非曰義高帝受命誅暴平蕩天下約令定律誠得其宜文帝寬惠柔克遭世康平唯除省肉刑相坐之法它皆率由無革舊章武帝值中國隆盛財力有餘征伐遠方軍役數興豪桀犯禁姦吏弄法故重首匿之科著知從之律以破朋黨以懲隱匿宣帝聰明正直總

御海內臣下奉憲無所失墜因循先典天下稱理至哀平繼體而即位日淺聽斷尚寡丞相王嘉輕爲穿鑿虧除先帝舊約成律數年之間百有餘事或不便於理或不厭民心謹表其尤害於體者傳奏於左伏惟陛下苞元履德權時撥亂功踰文武德侔高皇誠不宜因循季末衰微之軌回神明察考量得失宣詔有司詳擇其善定不易之典施無窮之法天下幸甚事下三公廷尉議者以爲隆刑峻法非明王急務施行日久豈一朝所釐統今所定不宜開可統復上言曰有司以臣今所言不可施行尋臣之所奏非曰嚴刑竊謂高帝以後至乎孝宣其所施行多合經傳宜比方今事驗之往古聿遵前典事無難改不勝至願願得召見若對尚書近臣口陳其要帝令尚書問狀統對曰聞聖帝明王制立刑罰故雖堯舜之盛猶誅四凶經曰天討有罪五刑五庸哉又曰爰制百姓于刑之衷孔子曰刑罰不衷則人無所厝手足衷之爲言不輕不重之謂也春秋之誅不避親戚所以

防患救亂全安衆庶豈無仁愛之恩貴絕殘賊之路也自高祖之興至于孝宣君明臣忠謨謀深博猶因循舊章不輕改革海內稱理斷獄益少至初元建平所減刑罰百餘條而盜賊浸多歲以萬數間者三輔從橫群輩並起至燔燒茂陵火見未央其後隴西北地西河之賊越州度郡萬里交結攻取庫兵劫略吏人詔書討捕連年不獲是時以天下無難百姓安平而狂狡之勢猶至於此皆刑罰不衷愚人易犯之所致也由此觀之則刑輕之作反生大患惠加姦軌而害及良善也故臣統願陛下采擇賢臣孔光師丹等議議上遂寢不報

杜林建武中爲光祿勳時群臣上言古者肉刑嚴重則人畏法令今憲律輕薄故姦軌不勝宜增科禁以防其源詔下公卿林奏曰夫人情挫辱則義節之風損法防繁多則苟免之行興孔子曰導之以政齊之以刑民免而無恥導之以德齊之以禮有恥且格古之明王深識遠慮動居其厚不務多辟周之五刑不

過三千大漢初興詳覽得失故破矩爲圓斲彫爲樸蠲除苛政更立疏網海內歡欣人懷寬德及至其後漸以滋章吹毛索瘢詆欺無限果桃菜茹之饋集以成贓小事無妨於義以爲大戮故國無廉士家無完行至於法不能禁令不能止上下相遁爲敝彌深臣愚以爲宜如舊制不合翻移光武從之

郭躬辟公府明帝永平中奉車都尉竇固出擊匈奴騎都尉秦彭爲副彭在別屯而輒以法斬人固奏彭專擅請誅之帝乃引公卿朝臣平其罪科躬以明法律召入議議者皆然固奏躬獨曰於法彭得斬之帝曰軍征校尉一統於督督謂大將彭既無斧鉞可得專殺人乎躬對曰一統於督者謂在部曲也今彭專軍別將有異於此兵事呼吸不容先關督帥且漢制棨戟即爲斧鉞於法不合罪[illegible]帝從躬議章帝元和末爲廷尉章和元年赦天下繫囚在四月丙子以前減死罪一等勿笞詣金城而文不及亡命未發覺者躬上封事曰聖恩所以減死罪使戍邊者

重人命也今死罪亡命無慮万人無慮都凡也又自赦以來捕得甚衆而詔令不及皆當重論伏惟天恩莫不蕩宥死罪已下并蒙更生而亡命捕得獨不沾澤臣以爲赦前犯死罪而繫在赦後者可皆勿笞詣金城以全人命有益於邊帝善之即下詔赦焉躬又條諸重文可從輕者四十一事奏之事皆施行著于令

陳寵建初中爲尚書是時承永平故事吏政尚嚴尚書決事率近於重寵以章帝新即位宜改前世苛俗乃上疏曰先王之政賞不僭刑不濫與其不得已寧僭不濫故唐堯著典曰流宥五刑眚災肆赦帝舜命皋陶以五宅三居惟明克允文王重易六爻而列叢棘之聽周公作立政戒成王勿誤乎庶獄陛下即位率由此義而有司執事未悉奉承斷獄者急於榜格酷烈之痛執憲者繁於詐欺放濫之文違本離實箠楚爲姦或因公行私以逞威福夫爲政也猶張琴瑟大弦急者小弦絶故子貢非臧孫之猛法而美鄭僑之仁政方今聖德充塞假于上下宜因此

時隆先聖之務蕩滌煩苛輕薄箠楚以濟群生廣至德也帝納寵言決罪行刑務於寬厚其後遂詔有司禁絶鉆鑽諸酷痛舊制解祆惡之禁除文致請讞五十餘事定著于令是後獄法和平元和中寵代爲廷尉鉤校律令條法溢於甫刑者除之曰臣聞禮經三百威儀三千故甫刑大辟二百五刑之屬三千禮之所去刑之所取失禮則入刑相爲表裏者也今律令死刑六百一十耐罪千六百九十八贖罪以下二千六百八十一溢於甫刑者千九百八十九其四百一十大辟千五百耐罪七十九贖罪春秋保乾圖曰王者三百年一蠲法漢興以來三百二年憲令稍增科條無限又律有三家其説各異宜令三公廷尉平定律令應經合義者可使大辟二百而耐罪贖罪二千八百并爲三千悉删除其餘令與禮相應以易万人視聽以致刑措之美傳之無窮未及施行會坐詔獄吏與囚交通抵罪又遂制斷獄報重常盡三冬之月章帝改用冬初十月元和二年旱長水校尉賈宗等上言以爲斷獄不盡三冬故陰氣微弱陽氣發泄招致災旱事在於此帝以其言下公卿議寵奏曰夫冬至之節陽氣始萌故十一月有蘭射干芸荔之應時令曰諸生蕩安形體天以爲正周以爲春十二月陽氣上通雉雊雞乳地以爲正殷以爲春十三月陽氣已至天地已交物皆出蟄人始振人以爲正夏以爲春三微成著以通三統周以天元殷以地元夏以人元若以此時行刑則殷周歳首皆當流血不合人心不稽天意月令曰孟冬之月趣獄刑無留罪明大刑畢在立冬也又孟冬之月身欲寧事欲静若以降威怒不可謂寧若以行大刑不可謂静議者咸曰旱之所由咎在改律臣以爲殷周斷獄不以三微而化致康平無有災害自元和以前皆用三冬而水旱之異往往爲患由此言之災害自爲它應不以改律秦爲虐政四時行刑聖漢初興改從簡易蕭何草律季秋論囚俱避立春之月而不計天地之正二王之春實頗有違陛下探幽析微允執其

中革百載之失建永年之功上有迎承之敬下有奉微之惠稽春秋之文當月令之意聖功美業不宜中疑書奏帝納之遂不復改

張敏和帝永元中爲尚書先是建初中有人侮辱人父者而其子殺之章帝貰其死刑而降宥之自後因以爲比是時遂定其議以爲輕侮之法敏駁議曰夫輕侮之法先帝一切之恩不有成科班之律令也夫死生之決宜從上下猶天之四時有生有殺若開相容恕著爲定法者則是故設姦萌生長罪隙孔子曰民可使由之不可使知之春秋之義子不報讎非子也而法令不爲之減者以相殺之路不可開故也今託義者得減妄殺者有差使執憲之吏得設巧詐非所以導在醜不争之義又輕侮之比寖以繁滋至有四五百科轉相顧望彌復增甚難以垂之万載臣聞師言救文莫如質故高帝去煩苛之法爲三章之約建初詔書有改於古者可下三公廷尉蠲除其敝議寢不省敏

復上疏曰臣敏蒙恩特見拔擢愚心所不曉迷意所不解誠不敢苟隨衆議臣伏見孔子垂經典皐陶造法律原其本意皆以禁民爲非也未曉輕侮之法制以何禁必不能使不相輕侮而更開相殺之路執憲之吏復容其姦枉議者或曰平法當先論生臣愚以爲天地之性唯人爲貴殺人者死三代通制今欲趣生反開殺路一人不死天下受敝記曰利一害百人去城郭夫春生秋殺天道之常春一物枯即爲災秋一物華即爲異王者承天地順四時法聖人從經律願陛下留意下民考尋利害廣令平議天下幸甚帝從之

應劭獻帝時爲太山太守初安帝時河間人尹次潁川人史玉皆坐殺人當死次兄初及玉母軍並詣官曹求代其命因縊而物故尚書陳忠以罪疑從輕議活次玉劭後追駮之據正典刑有可存者其議曰尚書稱天秩有禮五服五章哉天討有罪五刑五用哉而孫卿亦云凡制刑之本將以禁暴惡且懲其末也凡爵列官秩賞慶刑威皆以類相從使當其實也若德不副位能不稱官賞不酬功刑不應罪不祥莫大焉殺人者死傷人者刑此百王之定制有法之成科高祖入關雖尚約法然殺人者死亦無寬降夫時化則刑重時亂則刑輕書曰刑罰時輕時重此之謂也今次玉公以清時釋其私憾阻兵安忍僵尸道路朝恩在寬幸至冬獄而初軍愚狷妄自投斃昔召忽親死子糾之難而孔子曰經於溝瀆人莫之知朝氏之父非錯刻峻遂能自隕其命班固亦云不如趙母指括以全其宗傳曰僕妾感慨而致死者非能義勇顧無慮耳夫刑罰威獄以類天之震耀殺戮也溫慈和惠以放天之生殖長育也是故春一草枯則爲災秋一木華亦爲異今殺無罪之初軍而活當死之次玉其爲枯華不亦然乎陳忠不詳制刑之本而信一時之仁遂廣引八議求生之端夫親故賢能功貴勤賓豈有次玉當罪之科哉若乃小大以情原心定罪此爲求生非謂代死可以生也敗法亂政悔

其可追邪凡爲駮議三十篇皆此類也

魏盧毓爲冀州主簿時天下草創多逋逃故重士亡法罪及妻子亡士妻白等始適夫家數日未與夫相見大理奏棄市毓駮之曰夫女子之情以接見而恩生成婦而義重故詩云未見君子我心傷悲亦既見止我心則夷又禮未廟見之婦而死歸葬女氏之黨以未成婦也今白等生有未見之悲死有非婦之痛而吏議欲肆之大辟則若同牢合巹之後罪何所加且記曰附從輕言附人之罪以輕者爲比也又書云與其殺不辜寧失不經恐過重也苟以白等皆受禮聘已入門庭刑之爲可殺之爲重太祖曰毓執之是也又引經典有意使孤歎息由是爲丞相法曹議令史

高柔爲太祖丞相理曹掾鼓吹宋金等在合肥亡逃舊法軍征士亡考竟其妻子太祖患猶不息更重其刑金有母妻及二弟皆給官主者奏盡殺之柔啓曰士卒亡軍誠在可疾然竊聞其中時有悔者愚謂乃宜貸其妻子一可使賊中不信二可使誘其還心正如前科固已絕其意望而猥復重之柔恐自今在軍之士見一人亡逃誅將及己亦且相隨而走不可復得殺也此重刑非所以止亡乃所以益走耳太祖曰善即止不殺金母弟蒙活者甚衆遷爲潁川太守

陳羣爲御史中丞太祖議復肉刑令曰安得通理君子達於古今者使平斯事乎昔陳鴻臚以爲死刑有可加於仁恩者正謂此也御史中丞能申其父之論乎羣對曰臣父紀以爲漢除肉刑而增加笞本興仁惻而死者更衆所謂名輕而實重者也名輕則易犯實重則傷民書曰惟敬五刑以成三德易著劓刖滅趾之法所以輔政助教懲惡息殺也且殺人償死合於古制至於傷人或殘毀其體而裁翦毛髮非其理也若用古刑使淫者下蠶室盜者刖其足則永無淫放穿踰之姦矣夫三千之屬雖未可悉復若斯數者時之所患宜先施用漢律所殺殊死之罪仁所不及也其餘逮死者可以刑殺如此則所刑之與所生足

以相貿矣今以旹死之法易不殺之刑是重人支體而輕人軀
命也時鍾繇與群議同王朗及議者多以爲未可行太祖深善
繇群言以軍事未罷頓爾衆議故且寢
鍾繇爲大理文帝臨饗群臣詔謂繇欲復肉刑此誠聖王之法
公卿當善共議議未定會有軍事復寢明帝太和中繇爲太傅
復上疏曰大魏受命繼蹤虞夏孝文革法不合古道先帝聖德
固天所縱墳典之業一以貫之是以繼世仍發明詔思復古刑
爲一代法連有軍事遂未施行陛下遠追二祖遺意惜斬趾可
以禁惡恨入死之無辜使明習律令與群臣共議出本當右趾而
入大辟者復行此刑書云皇帝清問下民鰥寡有辭于苗此言
堯當除蚩尤有苗之刑先審問於下民之有辭者也若今蔽獄
之時訊問三槐九棘群吏萬民使如孝景之令其當棄市欲斬
右趾者許之其黥劓左趾宮刑者自如孝文易以髡笞能有姦
者率年二十至四五十雖斬其足猶任生育今天下人少於孝

文之世下計所全歲三千人張蒼除肉刑所殺以萬計臣欲復
肉刑歲生三千人子貢問能濟民可謂仁乎孔子曰何事於仁
必也聖乎堯舜其猶病諸又曰仁遠乎哉我欲仁斯仁至矣若
誠行之斯民永濟書奏詔曰太傅學優才高留心政事又於刑
理深遠此大事公卿群寮善共平議司徒王朗議以爲繇欲輕
減大辟之條以增益刖刑之數此即起偃爲豎化尸爲人矣然
臣之愚猶有未合微異之意夫五刑之屬著在科律科律自有
減死一等之法不死即爲減施行已久不待遠假斧鑿於彼肉
刑然後有罪次也前世仁者不忍肉刑之慘酷是以廢而不用
不用已來歷年數百今復行之恐所減之文未彰於萬民之目
而肉刑之問已宣於寇讎之耳非所以來遠人也今可案繇所
欲輕之死罪使減死之髡刖嫌其輕者可倍其居作之歲數內
有以生易死不訾之恩外無以刖易釱駭耳之聲議者百餘人
與朗同者多帝以吳蜀未平且寢

晉程咸魏時爲司隸主簿毋丘儉之誅其子甸妻荀氏應坐死
其族兄顗與景帝姻通表魏帝以匄其命詔聽離婚荀氏所生
女芝爲潁川太守劉子元妻亦坐死以懷姙繫獄荀氏辭詣司
隸校尉何曾乞恩求沒爲官婢以贖芝命曾哀之使咸爲議曰
大司寇作典建三等之制甫侯脩刑通輕重之法叔世多變秦
立重辟漢又脩之大魏承秦漢之獘未及革制所以追戮已出
之女誠欲殄醜類之族也然則法貴得中刑慎過制臣以爲女
人有三從之義無自專之道出適他族還喪父母降其服紀所
以明外成之節異在室之恩而父母有罪追刑已出之女夫黨
見誅又有隨姓之戮一人之身內外受辟今女既嫁則爲異姓
之妻如或產育則爲他族之母此爲元惡之所忽戮無辜之所
重於防則不足懲姦亂之原於情則傷孝子之心男不得罪於
他族而女獨嬰戮於二門非所以哀矜女弱蠲明法制之本也
臣以爲在室之女從父母之誅既醮之婦從夫家之罰宜改舊

科以爲永制於是有詔改定律令
何曾爲太傅時司空賈充宴朝士河南尹庾純行酒而充不時
飲因發怒訶之遂忿純又以純父老不求供養去依禮之一
其藏否曾與太尉荀顗驃騎將軍齊王攸議曰凡斷止藏否宜
先稽之禮律八十者一子不從政九十者其家不從政亦
如之純父年八十一純兄弟六人三人在家不廢侍養純不
求供養其於禮律未有違也司空公以純備位卿尹望其有加
於人而純荒醉肆其忿怒臣以爲純不遠布孝至之行而近惜
常人之失應在議貶司徒石苞議純榮官忘親惡聞格言不忠
不孝宜除名削爵土司徒西曹掾劉斌議以爲敦叙風俗以人
倫爲先人倫之教以忠孝爲主忠故不忘其君孝故不遺其親
若孝必專心於色養則明君不得而臣忠必不顧其親則父母
不得而子也是以爲臣者必以義斷其恩爲子也必以情割其
義在朝則從君之命在家則隨父之制然後君父兩濟忠孝益

序純兄峻以父老求歸峻若得歸純無不歸之勢峻不得歸純無得歸之理純雖自聞固不見聽近遼東太守孫和廣漢太守鄧良皆有老母良無兄弟授之遠郡辛苦自歸皆不見聽且純近爲京尹父在界内時得自啓定省獨於禮法外處其貶黜斌愚以爲非理一也禮年八十一子不從政純有一弟在家不爲違禮又令年九十乃聽悉歸今純父實未九十不爲犯令罵辱宰相宜加放斥以明國典聖恩愷悌示加貶退臣愚無所清議河南功曹史龐札等表曰臣郡前尹關内侯純醉酒失常改中詔書既免尹官以父篤老不求供養下五府依禮典正其臧否臣謹案三王養老之制八十一子不從政九十其家不從政斯誠使人無闕孝養之道爲臣不違在公之節也先王制禮垂訓莫尚於周當其時也雖公留周伯禽之魯孝子不匱典禮无愆今公府議七十時制八十月制欲以駮奪從政之限削除爵土是爲公旦立法還自越之魯侯爲子即爲罰首也石奮期頤四子列郡近太宰獻王諸子亦在藩外古今同符忠孝並虧臣聞慢吝之疵君子有之尹性少飲多遂至沈醉尹醒聞知悼恨前失執謙引罪深自奏劾求入重法今公府下原所由而謂傲很是爲重罪過辭之言而没迷復之義也臣聞父子天性愛由自然君臣之交出自義合而求忠臣必於孝子是以先王立禮敬同於父原始要終齊於所生如此猶患人臣罕能致身今公府議去禮律雖有常限至於疾病歸養不奪其志如此則爲禮禁正直而陷入以詐違越王制開其殆原尹少履清苦事親色養歷職内外公辭并私此陛下之所以屢發明詔而尹之所以仍見擢授也尹行已也恭率下也敬先衆後已實是宿心一旦由醉責以暴慢棄奏狀不忠不孝群公建議削除爵土此愚臣所以自悲自悼折心泣血也按令父母年過八十聽令其子不給限外職誠以得有歸來之緣今尹居在郡内前每表屢蒙定省手疏弟六人三人在家孝養不廢兄侍中峻家之嫡長往比自表

求歸供養詔諭不聽國體法同兄弟無異而虛責尹不求供養如斯臣懼長假飾之名而損忠誠之實也夫禮者所以經國家定社稷也故陶唐之隆順考古典周成之美率由舊章伏惟陛下聖德欽明敦礼崇教疇諮四嶽以詳典制尹以犯違受黜而所由者醉公以敎義見責而所因者忿積忿以立議由醉以得罪禮律不復爲斷文致欲以成法是以愚臣敢冒死亡之誅而恥不伸於盛明之世惟蒙哀察帝復下詔曰自中世已來多爲貴重順意賤者生情故令釋之定國得名於前世今議責庾純不惟溫克醉酒沉湎此責人以齊聖也疑賈公亦醉若其不醉終不於百客之中責以不去官供養也大晉依聖人典禮制臣子出處之宜若年八十皆當歸亦不獨純也古人去由醉之言俾出童羖明不責醉恐失度也所以免純者當爲將來之醉戒耳齊王劉掾議當矣復以純爲國子祭酒

劉頌武帝時爲廷尉頻表宜復肉刑不見省又上言曰臣昔上行肉刑從來積年遂寢不論臣竊以爲議者拘孝文之小仁而輕違聖王之典刑未詳之甚莫過於此今死刑重故非命者衆生刑輕故罪不禁姦所以然者肉刑不用之所致也今爲徒者類性元惡不軌之族也去家懸遠作役山谷饑寒切身志不聊生又有廉士介者苟慮不首死則皆爲盜賊豈況本性姦凶無賴之徒乎又今徒富者輸財解日歸家乃無役之人也貧者起爲姦盜又不制之虜也不刑則罪無所禁不制則群惡橫肆爲法若此近不盡善也是以徒亡日屬賊盜日煩亡之數者至有十數得輒加刑日益一歲此爲終身之徒也自顧反善無期而災困逼身其志亡思盜勢不得息事使之然也古者用刑以止刑今反於此諸重犯亡者髮過三寸輒重髡之此以刑生刑加作一歲此以徒生徒也亡者積多繫囚猥畜議者曰囚不可不赦復從而赦之此爲刑不制罪法不勝姦下知法之不勝相聚而謀爲不軌月異而歲不同故自頃以來姦惡陵暴所在充斥

議者不深思此故而曰肉刑於名忤聽忤聽孰與賊盗不禁聖王之制肉刑遠有深理其事可得而言非徒懲其畏剝割之痛而不爲也乃去其爲惡之具使夫姦人無用復肆其志止姦絶本理之盡也亡者刖足無所用復亡盗者截手無所用復盗淫者割其勢理亦如之除惡塞源莫善於此非徒然也此等已刑之後便各歸家父母妻子共相養䘏不流離於塗路有今之困創愈可役上准古制隨宜業作雖已刑殘不爲虛弃而所患都塞又生育繁阜之道自若也今宜取死刑之限輕及三犯逃亡淫盗悉以肉刑代之其三歲刑以下自杖罰遣又宜制其罰數使有常限不得減此其有宜重者又任之官長應四五歲刑者皆髡笞笞一百稍行使各有差悉不復居作然後刑不復生刑徒不復生徒而殘體爲戮終身作誡人見其痛畏而不犯必數倍於今且爲惡者隨發被刑去其爲惡之具此爲諸已刑者皆良士也豈與全其爲姦之手足而蹴居必死之窮地同哉而猶

曰肉刑不可用臣竊以爲不識務之甚也臣昔常侍左右數聞明詔謂肉刑宜用事便於政願陛下信獨見之斷使夫能者得奉聖慮行之今比塡溝壑冀見太平周禮三赦三宥施於老幼悼耄黜黎不屬逺者此非爲惡之所出故刑法逆舍而宥之至於自非此族犯罪則必刑而無赦此政之理也暨至後世以時嶮多難因赦解結權以行之又不以寬罪人也至今常以罪積獄繁赦以散之是以赦愈數而獄愈塞如此不已將至不勝原其所由肉刑不用之故也今行肉刑之徒不積且爲惡無具則姦息去此二端獄不得繁故無取於數赦於政體勝矣疏上又不見省

華廙表之子爲南中郎將以迕旨因事免廙官削爵土大鴻臚何遵奏廙免爲庶人不應襲封請以表世孫混嗣表有司奏曰廙所坐除名削爵一時之制廙爲世子著在名簿不聽襲嗣此爲刑罰再加諸侯犯法八議平處者褒功重爵也嫡統非犯終身棄罪廢之爲重依律應聽襲封詔曰諸侯薨子踰年即位此古制也應即位而廢之爵命皆去矣何爲罪罰再加且吾之責廙以肅貪穢本不論常法也諸賢不能將明此意乃更詭易禮律不顧憲度君命廢之而群下復之此爲上下正相反也於是有司奏免議者官詔皆以贖論

裴頠爲尚書惠帝之世政出群下每有疑獄各立私情刑法不定獄訟繁滋頠表陳之曰夫天下之事多途非一司之所管中才之情易擾賴常制而後定先王知其所然也是以辯方分職爲之準局準局既立各掌其務刑賞相稱輕重無二故下聽有常群吏安業也舊宮掖陵廟有水火毀傷之變然後尚書乃躬自奔赴其非此也皆止於郎令史而已刑罰所加各有常刑去元康四年大風之後廟闕屋瓦有數枚傾落免太常荀寓于時以嚴詔所譴莫敢據正然內外之意僉謂事輕責重有違於常會五年二月有大風主者懼前事臣新拜尚書始三日本曹尚書有疾權令兼出案行蘭臺

主者乃瞻望阿棟之間求索瓦之不正者得棟上瓦小邪十五處或是始瓦時邪蓋不足言風起倉卒臺官更往太常案行不及得周文書未至之後便競相禁止臣以權兼暫出出還便罷不復得窮其事而本曹尚書執劾尋聞案已臣時具加解遣而主者畏咎不從臣言禁止太常復興刑獄昔漢氏有盜高廟玉環者文帝欲族誅釋之但處以死刑曰若侵長陵一抔土何以復加文帝從之大晉垂制深惟經遠山陵不封園邑不飾墓而不墳同乎山壤是以丘阪存其陵草使齊乎中原矣雖陵兆尊嚴唯毀發然後族之此古典也若登踐犯損失盡敬之道事止刑罪可也去八年奴聽教加誣周龍燒草廷尉遂奏族龍一門八口并命會龍獄翻然後得免考之情理準之前訓所處實重今年八月陵上荊一枝圍七寸二分者被斫司徒太常奔走道路雖知事小而案劾難測擾擾驅馳各競免負于今太常禁止未解近日太祝署失火燒屋三間半署在廟北隔道在重墻之內又

即已滅頻爲詔旨所問主者以詔旨使罰輕繁使責其尚書不即案行輙禁止尚書免皆在法外刑書之文有限而外違之故無方故有臨時議處之制誠不能皆得循常也至於此輩皆爲過當每相逼迫不復以理上替聖朝畫一之德下損崇禮大臣之望臣愚以爲犯陵上草木不應乃用同産異刑之制案行奏劾應有定準相承務重體例遂虧或因餘事得容淺深頗雖有此表曲議猶不止時劉頌爲三公尚書又上疏曰自近世以來法漸多門令甚不一臣今備掌刑斷職思其憂謹具啓聞臣竊惟陛下爲政每盡善故事求曲當曲當則例不得直盡善故法不得流漂罔知所在家人追贖求訪無處永沉賤隸無復良期案其罪狀與掠無異且法嚴而斯易息政寬而民多犯水火之喻先典明文今謂買人親屬而復決賣不告前人良狀由緒處同掠罪大保高陽王雍議曰州處張迴專引盜律檢迴所犯本非[illegible]明然去盜遠矣今引以盜律之條處以和掠之罪元情究律實爲乖當如臣鈞之議知買掠良人者本無罪文何以言之群盜強盜無罪從皆同和掠之罪故應不異明此自無正條引類以結罪臣鴻以轉賣流漂罪與掠等可謂罪人斯得賊律云謀殺人而發覺者流從者五歲刑已傷及殺而還蘇者死從者流已殺者斬從而加功者死不加者流詳沉賤之與身死流漂之與腐骨一存一亡爲害孰甚然賊律殺人有首從之科盜之賣買無唱和差等謀殺之與和掠同是良人應爲准例所以不引殺人減之降從強盜之一科縱令謀殺之與強盜俱得爲例而以從輕其義安在又云知人良掠盜之物而故買者以隨從論此明主執斯格以責群下大臣小吏各守其局則法一矣古人有言善爲政者看人設教看人設教制法之謂也又曰隨時之宜當務之謂也然則看人隨時在大量也而制其法執既定則行之行之信如四時執之堅如金石群吏豈得在制之內復稱隨時之宜傍引看人設教以亂政典哉何則始

制之初固已看人而隨時矣今若設法未盡當則宜改之若謂已善不得盡以爲制而使奉用之司公得出入以差輕重也夫人君所與天下共者法也已令四海不可以不信以爲教方求天下之不慢不可繩以不信之法且先識有言人至愚而不可欺也不謂平時背法意斷不勝百姓願也上古議事以制不爲刑辟夏殷及周書法象魏三代之君齊聖然咸棄曲當之妙鑒而任徵文之直準非聖有殊所遇異也今論時敦樸不及中古而執平者欲適情之所安自託於議事以制臣竊以爲聽言則美論理則違然天下至大事務衆雜時有不得悉循文如令故臣謂宜立格爲限使主者守文死生以之不敢錯思於成制之外以差輕重則法常全事無正據名例不及大臣論當以釋不滯則事無閡至如非常之斷出法賞罰若漢祖戮楚臣之私己封趙氏之無功唯人主專之非奉職之臣所得擬議然後情求傍請之迹絕似是而非之奏塞此蓋齊法之大準也主者小吏處事無常何則無情則法徒克有情則撓法積克似無私然乃所以得其私又常所岨以衞其身斷當常克世謂盡公時一曲法乃所不疑故人君不善倚深似公之斷而責守文如令之奏然後足爲有檢此又平法之一端也夫出法權制指施一事厭情合聽可適耳目誠有臨時當意之快勝於徵文不允人心也然起爲經制終年施用常得一而失十故小有所得者必大有所失近有所漏者必遠有所苞故諳事識體者善權輕重不以小害大不以近妨遠忍曲當之近適以全簡直之大準不牽於凡聽之所安必守徵文以正例每臨其事常御此心以決斷此又法之大概也又律法斷罪皆當以法律令正文若無正文依附名例斷之其正文名例所不及皆勿論法吏以上所執不同得爲異議如律之文守法之官唯當奉用律令至於法律之內所見不同乃得爲異議也今限法曹郎令史意有不同爲駮唯得論釋法律以正所斷不得援求諸外論隨時之宜以明法官

守局之分詔下其事侍中太宰汝南王亮奏以爲夫禮以訓世而法以整俗理化之本事實由之若斷不斷常輕重隨意則王憲不一人無所錯矣故觀人設教在上之舉守文直法臣吏之節也臣以去太康八年隨事異議周懸象魏之書漢詠畫一之法誠以法與時共議不可二今法素定而法爲議則有所開長以爲宜如頌所啓爲永久之制於是門下屬三公曰昔先王議事以制自中古以來執法斷事既以立法誠不宜復求法外小善也若常以善奪法則人逐善而不忌法其害甚於無法也案啓事欲令法令斷一事無二門郎令史已下應復出法駮案隨事以聞也

衛展元帝爲丞相時爲晉王大理考擿故事有不合情者上書曰今施行詔書有考子正父死刑或鞭父母問子所在近主者所稱庚寅詔書舉家逃亡家長斬若長是逃亡之主斬之雖重猶可設子孫犯事將考祖父逃亡逃亡是子孫而父祖嬰其酷傷順破教如此者衆相隱之道離則君臣之義廢君臣之義廢則犯上之姦生矣秦網密文峻漢興掃除煩苛風移俗易幾於刑厝大人革命不得不蕩其穢匿通其圮滯今詔書宜除者多有便於當今著爲正條則法差簡易帝令曰禮樂不興則刑罰不中是以明罰勑法先王所慎自元康已來事故薦臻法禁滋蔓大理所上宜朝堂會議蠲除詔書不可用者此孤所虛心者也及帝即位展爲廷尉又上言古者肉刑事經前聖漢文除之增加大辟今人戶彫荒百不遺一而刑法峻重非句踐養胎之義也愚謂宜復古施行以隆太平之化詔內外通議於是驃騎將軍王導太常賀循侍中紀瞻中書郎庾亮大將軍諮議參軍梅陶散騎郎張嶷等議以肉刑之典由來尚矣肇自古先以及三代聖哲明王所未曾改也豈是漢文常主所能易者乎時蕭曹已沒絳灌之徒不能正其義逮班固深論其事以爲外有輕刑之名內實殺人又死刑太重生刑太輕生刑縱於上死刑怨於下輕重失當故刑政不中也且原先王之造刑也非以過怒也非以殘人也所以救姦所以當罪今盜者竊人之財淫者好人之色亡者避叛之役皆無殺害也刖之以刑刑之則止而加之斬戮戮過其罪死不可生縱虐於此歲以巨計此乃仁人君子所不忍聞而況行之於政乎若乃惑其名而不練其實惡其生而趣其死此畏水投舟避坑蹈井愚夫之不若何取於政哉今大晉中興遵復古典率由舊章起千載之滯義拯百殘之遺黎使皇典廢而復存黔首死而更生至義暢于三代之際遺風播乎百世之後生肉枯骨惠侔造化豈不休哉或者乃曰死猶不懲而況於刑然氏者冥也其至愚矣雖加斬戮忽爲灰土死事日往生欲日存未以爲改若刑諸市朝朝夕鑒戒刑者詠爲惡之永痛惡者觀殘刖之長廢故足懼也然後知先王之輕刑以御物顯誠以懲愚其理遠矣尚書令刁協尚書薛兼等議以爲聖上悼殘荒之遺黎傷犯死之繁衆欲行刖以代死刑使犯死之徒得存性命則率土蒙更生之澤兆庶必懷恩以反化也今中興祚隆大命惟新誠宜設寬法以育人然懼群小愚蔽習翫所見而忽異聞或未能咸服愚謂行刑之時先明申法令樂刑者刖甘死者殺則心必服矣古典刑不上大夫今士人有犯者謂宜如舊不在刑例則進退爲允尚書周顗郎曹彥中書郎桓彝等議以爲復肉刑以代死誠是聖王之至德哀矜之弘私然竊以爲刑罰輕重隨時而作時人少罪而易威則從輕而寬之時人多罪而難威則宜化刑而濟之肉刑平世所應立非救弊之宜也方今聖化草創人有餘姦習惡之徒爲非未已截頭絞頸尚不能禁而乃更斷足劓鼻輕其刑罰使欲爲惡者輕犯寬刑蹈罪更衆是爲輕其刑以誘人於罪殘其身以加楚酷也昔之畏死刑以爲善人者今皆犯輕刑而殘其身畏重之常人反爲犯輕而致囚此則何異斷刖常人以爲恩仁邪受刑者轉廣而爲非者日多踴貴屨賤有鼻者醜也徒有輕刑之名而實

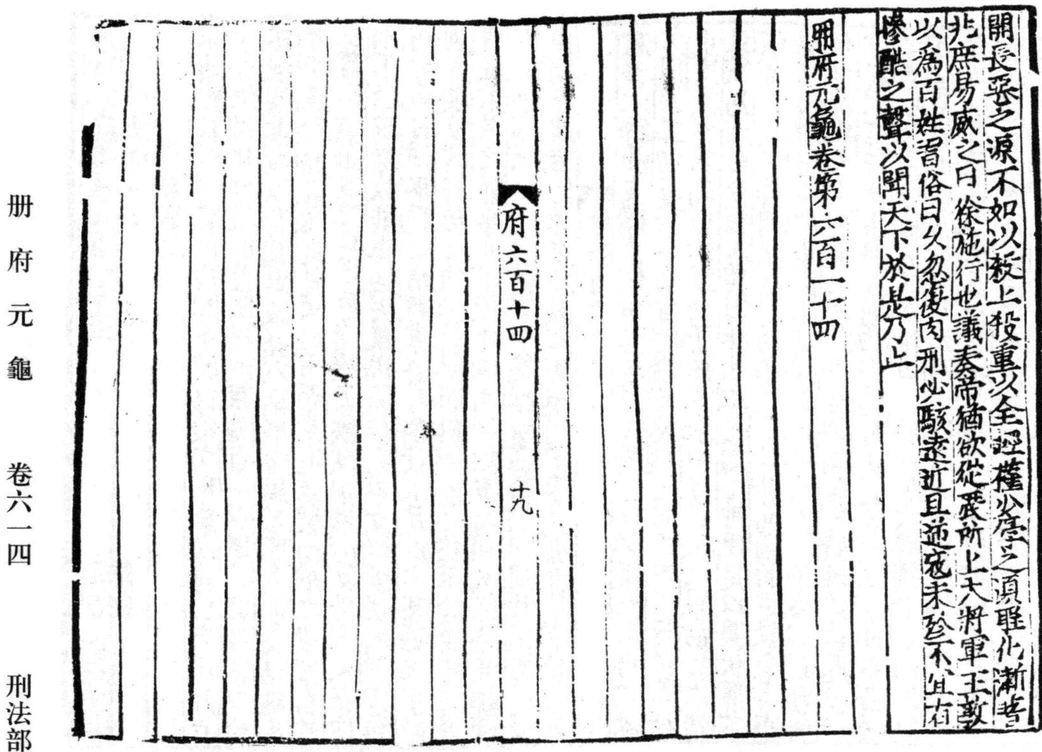

開長惡之源不如以殺止殺重以全輕權小停之須聖化漸著
兆庶易威之日徐施行也議奏帝猶欲從展所上大將軍王敦
以爲百姓習俗日久忽復肉刑必駭遠近且逆寇未殄不宜有
慘酷之聲以聞天下於是乃止

册府元龜卷第六百一十四

府六百十四　　九

册府元龜卷第六百一十五

刑法部七

議讞第二

宋蔡廓仕晉爲著作佐郎于時議復肉刑廓上議曰夫建邦立法引治稽化必隨時置制德刑兼施貞一以閑其邪教禁以檢其慢灑湛露以膏潤厲嚴霜以肅威晞風者陶和而養恬犯戾者覩慝而驚慮雖復質文迭用而斯道莫革肉刑之設肇自哲王蓋由曩世風淳民多惇謹圖象既陳則機心冥戢刑人在塗則不逞改操故能勝殘去殺化隆無爲季末澆僞法網彌密利巧之懷日滋恥畏之情轉寡終身劇役不足以止其姦況乎黥劓豈能反其善徒有酸慘之聲而無濟治之益至於棄市之條實非不赦之罪事非手殺考律同歸輕重均科減降路塞鍾陳以之抗言元皇所爲留愍今英輔翼贊道邈伊周雖閑否之運甫開而遺育之雜未已誠宜明慎用刑愛民弘育申哀矜以革

虐移大辟於支體全性命之至重恢繁息於將來而孔琳之議不同用王朗夏侯玄之旨時論多與琳之同故遂不行後爲侍中建議以爲鞫獄不宜令子孫下辭明言父祖之罪虧教求情莫此爲大自今後人與因相見無乞鞫之訴便足以明伏罪不須責家人下辭朝議咸以爲允從之王弘爲衞將軍錄尚書事議練治體留心庶事斟酌時宜每存優允與八坐丞郎疏曰同伍犯法無人士不罪之科然每至詰謫輒有請訴若垂恩宥則法廢不可行依事糾責則物以爲苦怨宜更爲其制使得優苦之衷也又主守偷五匹常偷四十匹並加大辟議者咸以爲重宜進至偷十匹常五十匹死四十匹降以補兵既得小寬民命亦足以有懲也想各言所懷左丞江奧議人士犯盜贓不及棄市者刑竟自在贓汙淫盜之目清議終身經赦不原當之者足以塞愆聞之者足以鑒戒若復雷同群小謫以兵役愚謂爲苦符伍雖比屋鄰居至於士庶之際實自天隔舍藏之罪無以相關奴客與符伍交接有所藏蔽可以得知是以罪奴客自是客身犯愆非代郎主受罪也如其無奴則不應坐右丞孔默之議君子小人既雜爲符伍不得不以相檢爲義士雖殊而理有聞察譬百司居上所以下不必躬親而後同坐是故犯違之日理自相關今罪其養子典計者蓋義存戮僕如此則無奴之室豈得宴安但既云復士宜令輸贖常盜四十匹主守五匹降死補兵雖大存寬惠以紓民命然官長二千石及失節士大夫時有犯者罪乃可戮恐不可以補兵也謂此制可施小人人士自還用舊律尚書王准之議昔爲山陰令人士在伍謂之押符同伍有愆得不反坐人士有罪符伍糾之此非士庶殊制實使即刑當罪耳夫束脩之冑與小人隔絕防檢無方宜及不逞之士事接群細既同符伍故使糾之于時如此非唯一處左丞議奴客與鄰伍相關可得檢察符中有犯使及刑坐即事而言有乖寔理有奴客者類多使役東西分散住家者少其有停者左右驅

動止所須出門甚寡典計者在家十無其一奴客坐伍濫刑必衆恐非立法當罪本旨右丞議人士犯偷不及大辟者宥其補兵雖欲弘士懼無以懲邪乘理則君子違之則小人制嚴於上猶冒犯之況其有科犯者或衆伎投法革心乃所以大宥不肖士庶異制意所不同殿中郎謝元議謂事必先正其本然後其末可言本所以押士大夫於符伍者將以檢小人邪爲使受檢於小人邪案左丞稱士庶天隔則士無弘庶之由以不知而押之於伍則是受檢於小人也然則小人有罪士人無罪僕隸何罪而令坐之若以實相交關責其聞察則意有未因何者名實殊章公私異令奴不押符是無名也民之資財是私賤也以私賤無名之人豫令公家有實之任公私混淆名實非允由此而言謂不宜坐還從其主於事爲宜無奴之士不在此例若士人本檢小人則小人有過已應獲罪而其奴則義歸戮僕然則無奴之士未合宴安使之輸贖於事非謬二科所附惟制之本耳

此自是辯章二本欲使各從其分至於求之管見宜附前科區別士庶於義為美盜制案左丞議士人既終不為兵革幸可同寬宥之惠不必依其舊律於議咸允吏部何尚之議案孔右丞議人士坐符伍為罪有奴罪奴無奴輸贖既許士庶緬隔則聞察自難不宜以難知之事定以必知之法夫有奴不賢今多僮者較然於王憲無僕者怵迫於時網是為恩之所霑當在程卓法之所設必加顏原求之鄙懷竊所未愜謝殿中謂奴不適主於名分不明誠是有理然奴僕實與閭里相關今都不問恐有所失意同右丞議弘議曰尋律令既不分別士庶又人士坐同伍罹謫者無處無之多為時恩所宥故不盡親謫耳吳及義興適有許陸之徒以同符合給二千石論啓丹書已未問會稽人士云十數年前亦有四族坐此被責以恃恩獲停而王尚書云舊無同伍坐所未之解恐莅任之日偶不值此事故邪聖明御世士人誠不憂至苦然要須臨事論通上干天聽徒為紛擾不如近與定科使輕重有節也又尋甲符制蠲士人不傳符耳令史復除亦得如之共相押領有違糾列了無等差非許士人閭里之外也諸議云士庶緬絶不相參知則人士犯法庶民不許不知何許人士不知小民自非超然簡獨永絶塵秕者比門接棟小以為意終自聞知不必須日夕來往也右丞百司之言粗是其況如襄陵人士實與里巷關接相知情狀乃當於冠帶小民今謂之人士便與小人之坐署為小民輒受人士之罰於情於法不其頗歟具都令不及士流士流何為輕則小人今使徵預其罰便事至相糾閤伍之防亦為不同謂人士可不受同伍之謫耳罪其奴客庸何傷邪無奴客可令輸贖又或無奴僮為衆所明者官長二千石便當親臨列上依事遣判偷五匹四十匹謂贓見優量者實以小吏無知臨財易昧或由疎慢事蹈重科求之於心常有可愍故不進匹數寬其性命耳至於官長以上荷蒙祿榮付以局任當正己明憲檢下防非而親犯科律亂法冒利五匹乃已為弘矣士人無弘相偷四十匹理使至此致以明罰固其宜耳士何容復加哀矜且此輩人士可殺不可謫有如諸論本意自不在此也近聞之道路聊欲共論不呼乃紛難精既衆議紛紛將不如其已若呼不應停寢謂宜集議奏聞決之聖旨太祖詔衛軍議為允弘又上言舊制民年十三半役十六全役當以十三已上能自營私及公故以充役而考之見事猶或未盡體有強弱不皆稱年且在家自隨力所能堪不容過若移之公役動有定科循吏隱恤可無其患庸宰守常已有勤劇況值苛政豈可稱言乃有務在豐役增進年齒孤遠貧弱其弊尤深至今依寄無所生死靡告一身之切逃竄求免家人之苦剖胎孕不育巧避羅憲實亦由之今皇化惟新四方無事役召之應存乎消息十五至十六宜為半丁十七為全從之

何叔度為尚書吳興武康縣民王延祖為劫父睦以告官新制凡劫身斬刑家人棄市睦既自告於法有疑叔度議曰設法止姦本於情理一人為劫闔門應刑所以罪及同產欲開其相告以出為惡之身睦父子之至容可悉共逃亡而割其天屬還相縛送螫毒在手解腕求全於情可愍理亦宜宥使凶人不容於家逃刑無所乃大絶根源也睦既糾送則餘人無應復告並合捨之

孔淵之為比部郎時安陸應城縣民張江陵與妻吳共罵母黄令死黄忿恨自經死值赦律文子賊殺傷毆父母梟首罵父母棄市謀殺夫之父母亦棄市值赦免刑補治江陵罵母母以之自裁重於傷毆若同殺科則疑重用毆傷及罵科則疑輕准制唯有打父母遇赦猶梟首無罵母致死值赦之科淵之議曰夫題里道心而仁者不入名且惡之況乃人事故毆傷咒詛法所不原罵之致盡則理無可宥罰有從輕蓋疑失善求之文旨非此之謂江陵雖值赦恩故合梟首婦本以義愛非天屬黄之所恨情不在吳原死補治有允正法詔如淵之議吳免棄市

譙川王義慶爲丹陽尹有民黄初妻趙殺子婦遇赦應徙送避
孫讎義慶曰按周禮父母之仇避之海外雖遇市朝鬬不反兵
蓋以莫大之寃理不可奪含戚枕戈義許必報至於親戚爲戮
骨肉相殘故道乖常憲記無定准求之法外裁以人情且禮有
過失之宥律無讎祖之文況趙之縱暴本由於酒論心即實事
盡荒耄豈得以荒耄之王母等行路之深讎臣謂此孫忍愧銜
悲不違子義共天同域無虧孝道
傅隆爲司徒左長史時會稽剡縣民黄初妻趙打息載妻王死
亡遇赦王有父母及息男稱息女葉依法徙趙二千里外隆議
曰原夫禮律之興蓋本之自然求之情理非從天墮非從地出
也父子至親分形同氣稱之於載即載之於趙雖云三世爲體猶
一未有能分之者也稱雖創巨痛深固無讎祖之義若稱可殺
趙當何以處載將父子孫祖互相殘戮懼非先王明罰咎繇立
法之本旨也向使石厚之子日磾之孫砥鋒挺鍔不與二祖同

戴天曰則石碏秺侯何得流名百代以爲美談者哉舊令殺人
父母徙之二千里外不施父子孫祖明矣趙當避王朞功千里
外耳令亦云凡流徙者同籍親近欲相隨者聽之此又大通情體
因親以教愛者也趙既流移載爲人子何得不從載從而稱不
行豈名教所許如此稱趙竟不可分趙雖內愧終身稱沉痛沒
齒孫祖之義自不得以永絶事理固然也從之
徐羨之爲尚書僕射大司馬府軍人朱興妻周息男道扶年三
歲先得癇疾周因其病發掘地生埋之爲道扶姑女所告正周
棄市刑羨之議曰自然之愛虎狼猶仁周之凶忍宜加顯戮臣
以爲法律之外故尚弘物之理母之即刑由子而致爲子之道
焉有自容之地雖伏法者當罪而在宥者靡容愚謂可特申之
遐裔從之
顧覬之爲吏部尚書沛郡相縣唐賜往北村朱起母彭家飲酒
還因得病吐蠱蟲十餘枚臨死語妻張死後刳腹出病後張手自

破視五藏悉糜碎郡縣以張忍行刳剖賜子副又不禁駐事起
赦前法不能決律傷死人四歲刑妻傷夫五歲刑子不孝父母
棄市並非科例三公郎劉勰議賜妻痛往遵言兒識謝及理考
事原心非存忍害謂宜哀矜覬之議曰法移路尸猶爲不道況
在妻子而忍行凡人所不行不宜曲通小情當大理爲斷謂副
爲不孝張同不道詔如覬之議
何承天爲撫軍劉毅參軍毅嘗出行而鄢陵縣吏陳滿射鳥箭
誤中雖不傷人處法棄市承天議曰獄貴情斷疑則從輕昔驚
漢文帝乘輿馬者張釋之劾以犯蹕罪止罰金何者明其無心
於驚馬也故不以乘輿之重加以異制今滿意在射鳥非有心
於中人案律過誤傷人三歲刑況不傷乎微罰可也及爲謝晦
南蠻長史時有尹嘉者家貧母熊自以身貼錢爲嘉償責坐不
孝當死承天議曰被府宣令普議尹嘉大辟事稱法吏葛滕籤
母告子不孝欲殺者許之法云謂違犯教令敬恭有虧父母欲

殺皆許之其所告惟取信於求而許之謹尋事原心嘉母辭自
求質錢爲子還責嘉雖虧犯教義而熊無請殺之辭熊求所以
生之而今殺之非隨所求之謂始以不孝爲劾終於和賣結刑倚
傍兩端母子俱罪鐵法文爲非其條嘉所存者大理在難申
但明教爰發矜其愚蔽夫明德慎罰文王所以恤下議獄緩死
中孚所以垂化言情則母爲子隱語敬則禮所不及今捨乞宥之
評依請殺之條責敬恭之節於飢寒之隸誠非罰疑從輕寧失
有罪之謂也愚以爲降嘉之死以普春澤之恩赦熊之愆以明
子隱之宜則蒲亭雖陋可比德於盛明豚魚微物不獨遺於今
化事未判值赦並免後爲殿中郎兼左丞吳興餘杭民薄道舉
爲劫制同籍朞親補兵道舉從弟代公道生等並爲大功親非
應在補謫之例法以代公等母存爲朞親則子宜隨母補兵承
天議曰尋劫制同籍朞親補兵大功不在例婦人三從既嫁從
夫夫死從子今道舉爲劫若其叔尚存制應補謫妻子營居固

其宣也但爲劫之時叔父已没代公道生並是從弟大功之親不合補謫今若以叔母爲朞親令代公隨母補兵既違大功不謫之制又失婦人三從之道由於主者守朞親之文不辯男女之異遠嫌畏負以生此疑懼非聖朝恤刑之旨謂代公等母子並宜見原

王韶之爲黄門侍郎時東冶士朱道民禽三叛士依例放遣韶之啓曰尚書金部奏事如右斯誠檢忘一時權制懼非經國弘本之令典臣尋舊制以罪補士凡有十餘條雖同不孝而輕重實殊至於詐列父母死誣罔父母淫亂破義及劫此四條實窮亂抵逆人理必盡雖復殊刑過制猶不足以塞莫大之罪既獲全首領大造已隆寧可復遂拔徒隸緩帶當年自同編戶列齒齊民乎臣懼此制未行所虧實大方今聖化惟新崇本棄末一切之令宜加詳改愚謂此四條不合加贖罪之恩侍中褚淡之同韶之三條却宜仍舊詔可

何尚之爲尚書令時丞相南郡王義宣車騎將軍臧質反義宣司馬竺超民臧質長史陸展兄弟並應從誅尚之上言曰刑罰得失治亂所由聖賢留心不可不慎竺超民爲義宣司馬賊既遁走一夫可禽非惟免愆亦可要不義之賞而超民曾無此意微是觀過知仁且爲官保全城府謹守庫藏端坐待縛今戮及兄弟同之巨逆於事爲重臣豫蒙顧待自殊凡隸苟有所懷不敢自默超民坐者由此得原

蔡興宗爲廷尉解士先告申坦昔與丞相義宣同謀坦已死子令孫時作山陽郡自繫廷尉興宗議曰若坦昔爲戎首身今尚存累經肆眚猶應蒙宥令孫天屬理相爲隱況人亡事遠追相誣訐斷以禮律義不合關若士先審知逆謀當時即應聞啓苞藏積年發因私怨況稱風聲路傳實無定主而干黷欺罔罪合極法又有訟民嚴道恩等二十二人事未洗正勑以當訐權繫尚方興宗以訟民本在求理故不加械即若虞繫尚方於事爲

苦又司徒前劾送武康令謝沈及郡縣尉還職司十一人坐仲良鑄錢不禽久已判結又送郡主簿丘元敬等九人或不疾假或去職已久又加執啓事悉見從

南齊張融爲儀曹郎時明帝取荆郢湘雍四州射手叛者斬人身及家長家口没奚官元徽初郢州射手有叛者融建議家人家長罪所不及二身刑（謂亡者身受刑也）

蔡彖爲南郡太守江陵縣人苟蔣之弟胡之婦爲曾口寺沙門所淫夜入苟家蔣之殺沙門爲官司所檢蔣之列家門穢行欲告則恥欲忍則不可寔己所殺胡之列又如此兄弟爭死江陵令宗躬啓州荆州刺史廬江王求博議彖曰夫迸寒急節乃見松筠之操危機迴構是識貞孤之風竊以蔣之胡之原心非暴辯職之日友于讓生事憐左右義哀行路昔文舉引謗獲漏疏網蔣之心迹同符古人若陷以深刑寔傷爲善宜是蔣之兄弟

孔琇之仕齊爲尚書左丞明帝用法嚴峻尚書郎坐杖罰者皆即科行琇乃密啓曰郎有杖起自後漢爾時郎官位卑親主文案與令史不異故郎三十五人令史二十人是以古人多恥爲此職自魏晉已來郎官稍重今方參用高華吏部又近於通貴不應官高昔品而罰遵曩科所以從來彈舉雖在空文而許以推遷或逢赦恩或入春令便得息停宋元嘉大明中經有被罰者別由犯忤主心非關常準自泰始建元已來未經以施行事廢已久人情未習自奉勑之後已行倉部郎江重欣杖督五十皆無不人懷慚懼兼有子弟成長彌復難爲儀適其應行罰可特賜輸贖使與令史有異以彰優緩之澤帝納之自是應受罰者依舊不行

虞僧虬爲法官高祖天監三年八月建康女人任提女坐誘口當死其子景慈對鞫辭云母實行此僧虬稱案子之事親有隱無犯直躬證父仲尼爲非景慈素無防閑之道死有明白之據

陷親極刑傷和損俗凡乞鞫不審降罪一等豈得避五歲之刑
忽死母之命景慈宜加罪辟詔流于交州

陳沈洙廢帝光大中爲戎昭將軍衡陽王長史行府國事梁代
舊律測囚之法日上起自晡鼓盡于二更及比部郎范泉删定
律令以舊法測立時久非人所堪分其刻數日再上廷尉以爲
新制過輕請集八座丞郎并祭酒孔奐行事沈洙五舍人會尚
書省詳議時宣帝録尚書集衆議之都官尚書周弘正曰未知
獄所測人有幾人款幾人不款須前責取人名及數并其罪目
然後更集得廷尉監沈仲由列稱別制已後有壽羽兒一人坐
殺壽慧劉磊渴等八人坐偷馬仗家口渡北依法測之限訖不
款劉道朔坐犯七段偷依法測立首尾二日而款陳法滿坐被
封藏阿法受錢未及上而款弘正議曰凡小大之獄必應以情
正言依准五聽驗其虛實豈可令恣考掠以判刑罪且測人時
節本非古制近代已來方有此法起自晡鼓迄于二更豈是常

人所能堪而所以重械之下危懼之士無人不服誣枉者多朝
晚二時同等則數催退而求於事爲衰若謂小促前期致實罪
不伏如復時節延長則無愆妄款且人之所堪既有強弱人之
立意固亦多途至如貫高搒笞刺爇身無完者戴就熏針並極
困篤不移豈關時刻長短掠測優劣夫與殺不辜寧失不經罪
疑惟輕功疑惟重斯則古之聖王垂此明法愚謂依范著制於
事爲允舍人盛權議曰比部范泉新制尚書周弘正明議咸爲
允愜書惟輕之旨殷頌敷正之言竊尋廷尉監沈仲由等列新
制以後凡有獄十一人其所測者十人疑者惟一愚謂染罪之
囚獄官明加辯析窮考事理若罪有可疑自宜啓審分判幸無
濫測若罪有實驗乃可啓審測立則枉直有分刑宥斯理范泉
今牒述漢律云死罪及除名罪證明白考掠已至而抵隱不服
者處當列上杜預注云處當證驗明白之狀列其抵隱之意竊
尋舊制深峻百中不款或一新制寬優十中不款者九參會兩
文寬猛頗異處當列上未見釐革愚謂宜付典法更詳處當列上
之文洙議曰夜中測立緩急易欺兼用晝漏於事爲允但漏刻
賒促今古不同漢書律曆何承天祖沖之祖暅父子漏經並自
關鼓至下鼓自晡鼓至關鼓皆十三刻冬夏四時不異若其日有長
短分在中時前後今用梁末改漏下鼓之後分其短長夏至之日
各十七刻冬至之日各十二刻伏承命旨刻同勒令檢一日之刻乃
同而四時之用不等廷尉今牒以時刻短促致罪人不款愚意願去
夜測之昧從晝漏之明斟酌今古之間會二漏之義捨秋冬之少刻
從夏日之長晷不問寒暑並依今之夏至朝夕上測各十七刻
比之古漏則一上多昔四刻即用今漏冬至多五刻雖冬至之
時數刻侵夜正是少日於事非疑庶罪人不以漏短而爲捍獄
因無在夜之致誣求之鄙意竊謂允合衆議以爲宜依范泉前
制宣帝曰沈長史議得中宜更博議左丞宗元饒議曰竊尋沈
議非頓異范正是欲使四時均其刻數兼斟酌其佳以會優劇

即同牒請寫還删定曹詳改前制宣帝依事施行

後魏李冲爲尚書疑元拔穆泰罪事冲奏曰前彭城鎮將元拔
與穆泰同逆養子隆壽宜從拔罪而太尉咸陽王禧等以爲律
文養子而爲罪父及兄弟不知情者不坐謹審律意以養子於
父非天性於兄弟非同氣敦薄既差故刑典有降是以養子雖
爲罪而父兄不預然父兄爲罪養子不知謀易地均情豈獨從戮
乎理固不然臣以爲依據律文不追戮於所生則從坐於養所
明矣又律惟言父不從子不言子不從父當是優尊廣卑之義
臣禧等以爲律雖不正見互文起制於乞也舉父之罪於養也
見子坐是爲互起互起兩明無罪必矣若以嫡繼養與生同則
父子宜均祇明不坐且繼養之法云若有別制不同此律又令
文云諸有封爵若無親子及其身卒雖有養繼國除不襲是爲
有福不及已有罪便預坐均事等情律令之意便相矛楯伏度
律旨必不然也臣冲以爲指例尋條罪在無疑準令語情頗亦

同式詔曰僕射之議據律明矣太尉等論於典矯也養所以從戮者緣其已免所生故不得復勤於所養此獨何福長慶吞舟于國所以不襲者重列爵位特立制因天之所絕推而除之耳豈復報對刑賞于斯則應死可特原之

郭祚爲吏部尚書宣武詔以姦吏逃刑懸配遠戍若永避不出兄弟代之祚奏曰愼獄審刑道煥先古垂憲設禁義籙惟今是以先王沿物之情爲之軌法故八刑備於昔典姦律炳於來制皆所以謀其始迹訪厥成罪敦風厲俗永資世範者也伏惟旨義博遠理絕近情既懷愚異不容不述誠以敗法之原起於姦吏姦吏雖微敗法實甚伏尋詔旨信亦斷其逋逃之路爲治之要實在於斯然法貴止姦不在過酷立制施禁爲可傳之於後若法猛而姦不息禁過不可永傳將何以載之刑書垂之百代若以姦吏逃竄徙其兄弟罪人妻子應從之此則一人之罪禍傾二室愚謂罪人既逃止徙妻子走者之身懸名永配於責不免[illegible]從之

竇瑗行營州刺史既還京師上表曰臣在平州之日蒙班麟趾新制即依朝命宣示所部士庶忻仰有若三章臣聞法象[illegible]乃大舜之事政道郁郁亦隆周之軌故元首股肱可否相濟[illegible]教之日於此爲證伏惟陛下[illegible]圖臨寓握紀承天克構洪基會昌寶曆式張琴瑟且調宮羽去甚刪泰革弊遷訛繹高祖之德不墜於地壹一既歌萬國歡躍臣伏讀至三公曹第六十六條母殺其父子不得告告者死三反覆之未得其門何者案律子孫告父母祖父母者死又漢宣云子匿大父母皆勿論蓋謂父母祖父母小者攘羊甚者殺害之類恩許相隱律抑不言法理如是足見其直未必指母殺父止子不言也若父殺母乃是夫殺妻母卑於父此子不告是也而母殺父不聽子告臣誠下愚輒以爲惑昔楚康王欲殺令尹子南其子棄疾爲王御士而王告焉對曰泄命重刑臣不爲也王遂殺子南其徒曰行乎曰吾與殺吾父將行焉入曰臣王乎曰棄父事讎吾不忍乃縊而死注云棄疾自謂不告父爲與殺謂王爲讎皆非禮春秋譏焉斯蓋門外之治以義斷恩知君殺父而子不告是也母之於父同在門內恩無可掩義無斷割知母將殺理應告父如其已殺宜聽告官令母殺父而子不告便是知母而不知父識以比野人義以近禽獸且母之於父作合移天既殺己之天復殺子之天二天頓毀豈容頓默此母之罪義在不赦下手之日母恩即離仍以母道不告鄙臣所以致惑今聖化淳洽穆如韶夏食椹懷音梟鏡猶變況承風稟教識善知惡之民哉脫下愚不移事在言外如或有之可臨時議罪何用豫制斯條用爲訓誡恐千載之下讀者譏諱以明明大朝尊母卑父之論以臣管見實所不取如在淳風厚俗必欲行之且君父一也父者子之天被殺事重宜附父謀反大逆子得告之條父一而已至情可見竊惟聖主有[illegible]成光國憲良願用爲大非下走頑敝所能上測但受恩[illegible]書奏[illegible]收案乞付評議詔付尚書三公郎封君義立判云身體髮膚受之父母生我劬勞恃續莫大焉子於父母同氣異息恩終天匪報在情一也今忽欲論其尊卑辯其優劣推心未忍訪古無據母殺其父子復告母母由告死便是子殺天下未有無母之國不知此子將欲何之案春秋莊公元年不稱即位文姜出故服虔注云文姜通兄齊襄與殺公而不反父殺母出隱痛諱深暮而中練思慕少殺念至於母故經書三月夫人遜於齊既有念母深諱之文明無讎疾告列之理且聖人設法所以防淫禁暴極言善惡使知而避之若臨事議刑則陷罪多矣惡之甚者殺父害君著之律令百王罔革此制何嫌獨求削去既於法無違於事非害宣布有年謂不宜改瑗復難云諱尚判云子於父母同氣異息終天靡報在一情也今論其尊卑辯其優劣推心未忍訪古無據以爲易曰天尊地卑乾坤定矣又曰乾天也故稱於父坤地也故稱乎母又曰乾爲天爲父坤爲[illegible]

母礼喪服經云為父斬衰三年為母齊衰期尊卑優劣顯在典章何言訪古無據局判云母殺其父子復告母母由告死便是子殺天下未有無母之國不知此子將欲何之瑗察典律未聞母殺其父而子有隱母之義既不告母便是與殺父同天下可有無父之國此子獨得有所之乎局判又云案春秋莊公元年不稱即位文姜出故服虔注云文姜通於兄齊襄與殺公而不反父殺母出隱痛諱深朞而中練思慕少殺念至於母故經書三月夫人遜於齊既有念母深諱之文明無讎疾告列之理瑗尋注義隱痛深諱者以父為齊所殺而母隱與之隱痛父死深諱母出故不稱即位非為諱母與殺也是以下文以義絕其罪不為與殺明矣公羊傳曰君殺子不言即位隱之也朞而中練父憂少衰始念於母略書夫人遜于齊是內諱出奔猶為罪文傳曰不稱姜氏絕不為親礼也注云夫人有與殺桓之罪絕不為親得尊父之義善莊公思大義絕有罪故曰禮也以大義絕有罪得礼之

衷明有讎疾告列之理但春秋桓莊之際齊為大國遣子文姜魯公譏之文姜以告齊襄使公子彭生殺之魯既弱小懼於齊是時天下又無賢霸故不敢讎之又不敢告列國唯得告于齊曰無所歸咎惡於諸侯請以公子彭生除之齊人殺公子彭生案郎此斷雖有援引即以情推理尚未遑專遂停寢

邢巒為尚書延昌二年符璽郎中高賢賢弟員外散騎侍郎仲賢叔司徒府主簿六珍等坐弟季賢同元愉逆除名為民會赦之後被旨勿論廷尉奏案季賢既受逆官為其傳檄規扇幽瀛遘兹禍乱據律准犯罪當孥兄叔從坐法有明典賴蒙大宥身命獲全除名為民於其為幸然及逆坐重故支屬相及體既相及事同一科豈有赦前皆從流斬之罪赦後獨除反者之身又緣坐之罪不得以職除流且貨賕小愆寇盜微戾贓狀露驗者會赦猶除其名何有罪極裂冠釁均毀冕父子齊刑兄弟共罰赦前則同斬從流赦後有復官之理依律則罪合孥戮准赦則

列皆除名古人議無將之罪者毀其室汚其宮絕其蹤滅其類其宅猶棄而況人乎請依律處除為民詔曰死者既在赦前又員外非在正侍之限便可悉聽復任又廷尉奏平北將軍湖州刺史楊椿前為太僕卿日招引細人盜種牧田三百四十頃依律處刑五歲尚書邢巒據正始別格奏椿罪應除名為庶人注籍盜門同籍合門不仕宣武以新律既班不宜雜用舊制詔依寺斷聽以贖

李平為尚書延昌三年平奏冀州表城民費羊皮母亡家貧無以葬賣七歲女先與同城人張迴為婢迴轉賣於鄃縣民梁定之不言良狀案盜律掠人掠賣人和賣人為奴婢者死迴故買羊皮女謀以轉賣依律處絞刑詔曰律稱和賣人者謂兩人詐取他財今羊皮賣女造迴稱良迴利賤知良公買誠於律俱乖而兩各非詐此女雖父賣為婢體本是良迴轉賣之日應有遲疑而決從真賣於情不可更推例以為永式廷尉少卿楊鈞議曰謹詳盜律掠人掠賣人為奴婢者皆死別條賣子孫者一歲刑

賣良是一而刑死懸殊者由緣情制罰則致罪有差又詳群盜強盜首從皆同和掠之罪固應不異及知人掠盜之物而故買者以隨從論然五服相賣皆有明條買者之罪律所不載竊謂同凡從法其緣服相減者宜有差買者之罪不得過於賣者之咎也但羊皮賣女為婢不言追贖張迴真買謂同家財至於轉鬻之日不復疑慮緣其買之於女父便賣之於他人准其和掠此有因緣之類也又詳恐喝條注尊長與之已決恐喝幼賤求之然恐喝體同而不受恐喝之罪者以尊長與之已決故也而張迴本賣婢於羊皮乃真賣於定之准此條例得先有由推之因緣理頗相類即狀准條處流為允公郎中崔鴻議曰案律賣子有一歲刑賣五服因親屬在尊長者死朞親及妾與子婦流唯買者無罪文然賣者既以有罪買者不得不坐但賣者以天性難奪支屬易遺尊卑不同故罪有異者知良故買又於彼無親若買同賣者即理不可何者賣五服內親屬在尊長者死此

亦非掠良其真賈豈於致罪刑死大殊明知買者之坐自應一例不得全如鈎議云買者之罪不過賣者之咎也且買者於彼無天性支屬之義何故得有差等之理又案別條知人掠盜之物而故買者以隨從論依此律文知人掠良從其罪亦止以流然其親屬相賣坐殊凡掠至於買者亦宜不等若處同流坐於法爲深准律斟降合刑五歲至如買者知是良人決還真賣不語前人得之由緒前人謂真奴婢更或轉賣因此流漂罔知所在家人追贖求訪無處永沉賤隸無復良期案其罪狀與掠無異且法嚴而姦易息政寬而民多犯水火之喻先典明文今謂買人親屬而復決賣不告前人良狀由緒處同掠罪太保高陽王雍議曰州處張回專引盜律檢回所犯本非和掠保證明然去盜遠矣今引以盜律之條處以和掠之罪元情究律實爲乖當如臣鈎之議知買掠良人者本無罪文何以言之群盜強盜無首從皆同和掠之罪故應不異明此自無正條引類以結罪

[illegible]可謂[illegible]而發覺者流從者五歲刑已傷及殺而還蘇者死從者流已殺者斬從而加功者死不加者流詳沉賤之與身死流漂之與腐骨一存一亡爲害孰甚然賊律殺人有首從之科盜之責賈無唱和差等謀殺之與和掠同是良人應爲准例所以不引殺人減之降從強盜之一科縱令謀殺之與強盜俱得爲例而以從輕其義安在又云知人良掠盜之物而故買者以隨從論此明禁暴掠之原遏姦盜之本非謂市之於親尊之手而同之於盜掠之刑竊謂五服相賣俱是良人所以容有等差之罪者明去掠盜理遠故從親疏爲差級尊卑爲輕重依律諸共犯罪皆以發意爲首明賣買之元有由魁末之坐宜定若羊皮不云賣則回無買心則羊皮爲元首張回爲從坐首有沽刑之科從有極黜之戾推之憲律法刑無據買者之罪宜各從賣者之坐又詳三公鴻之議有從他親屬買得良人而復真賣不語後人由狀者處同掠罪既一爲婢賣與不賣俱非良人何必以不賣而可原轉賣爲難恕張回之愆宜鞭一百賣子葬親孝誠可美而表賞之議未聞刑罰之科已降恐非敦風厲俗以德導民之謂請免羊皮之罪公酬賣直詔曰羊皮賣女葬母孝誠可嘉便可特原張回雖買之於父不應轉賣可刑五歲

裴延儁爲廷尉御史孝明熙平中有冀州妖賊延陵王買負罪逃亡赦書斷限之後不自歸首延儁上言法例律諸逃亡赦書斷限之後不自歸首者復罪如初依賊律謀反大逆處買梟首其延陵法權等所謂月光童子劉景暉者妖言惑衆事在赦後亦合死坐正[illegible][illegible]以爲景暉云能變爲蛇雉此乃傍人之言雖殺暉爲無理恐赦暉復惑衆是以依違不敢專執當今不諱之朝不應行無罪之戮景暉九歲小兒口尚乳臭舉動云爲並不關已月光之稱不出其口皆姦吏無端横生粉墨所謂爲之者巧殺之者能若以妖言惑衆據律應死然赦令之後方顯其事律

今更[illegible]其罪[illegible]律何以取信於天下天下焉得不疑於赦律乎書曰與殺無辜寧失有罪又案法例律八十已上八歲已下殺傷論坐者上請議者謂悼耄之罪不用此律愚以老智如尚父少惠如甘羅此非常之士可如其議景暉愚小自依凡律靈太后令曰景暉既經恩宥何得議加橫罪如奏

李瑒爲司徒主簿時司州表河東郡民李憐坐行毒藥案以死坐其母訴稱一身年老更無朞親例合上請檢籍不謬未及判申憐母身喪州斷三年服終後乃行決司徒法曹參軍許琰謂州判爲允瑒駁曰案法例律諸犯死罪若祖父母父母年七十已上無成人子孫旁無朞親者具狀上請流者鞭笞留養其親終則從流不在原赦之例檢上請之言非應府州所決殺人者斬妻子流計其所犯實重餘憲准之情律所虧不淺且憐既懷酖毒之心謂不可參憐人伍計其母在猶宜闔門投界況今死返引以三年之禮乎且給假殯葬足示仁寬今以卒哭不合更

延依律斬流其妻子實長誠依奏與蕭長同並尚書辭實奏從瑊執詔從之

辛雄爲尚書三公郎神龜中廷尉少卿袁翻以犯罪之人經恩競訴枉直難明遂奏曾染風聞者不問曲直推爲獄成悉不斷理詔令門下尚書廷尉議之雄議曰春秋之義不幸而失寧僭不濫僭則失罪人濫乃害善人今議者不忍罪姦吏使出入縱情令君子小人薰蕕不別豈所謂賞善罰惡殺勸隱䘏者也仰尋周公不減流言之愆宥惟釋之不加驚馬之辟所以小大用情貴在得所失之千里差在毫釐雄久執案牘數見疑訟職掌三千願言者六一曰御史所糾有注其逃走者及其出訴或爲公使本曹給過所有指如不推檢文案灼然者雪之二曰御史赦前注獲見贓不辯行賊主名檢無賂以置直之主宜應洗復三曰經拷不引傍無三證比以獄案既成因即除削或有據令奏復者與奪不同未獲爲通例又須定何如得爲證人若必須三人

[illegible]今請以三贓後三人俱見物及證狀顯著准以爲驗四曰赦前斷事或引律乖錯使除復失衷雖案成經赦宜追從律五曰經赦除名之後或邀駕訴枉被旨重究或訴省稱冤爲奏更檢耋付有司未被研判遂遇恩宥如此之徒謂不得異於常格依前案爲定若布合拷究已復之流請不追奪六曰或受辭下檢反覆使鞫獄證占分明理合清雪未及告案忽逢恩赦若從證占而雪則違正格如除其名罪濫潔士以罪須案成雪以占定若拷未畢格及要證一人不集不得爲占定古人雖患察獄不精未聞知冤而不理今之所陳實士師之深疑朝夕之急務願垂察焉詔從雄議

高謙之爲廷尉丞正光中尚書左丞元孚慰勞蠕蠕返被拘留及蠕蠕大掠而還置孚歸國事下廷尉卿及監以下謂孚無坐唯謙之以孚辱命以流罪尚書同卿執詔可謙之奏

崔纂爲尚書三公郎中神龜中蘭陵公主駙馬都尉劉輝坐與河陰縣民張智壽妹容妃陳慶和妹慧猛姦亂耽惑毆主傷胎輝懼罪逃亡門下處奏各入死刑智壽慶和並以知情不加防限處以流坐詔曰容妃慧猛恕死髡鞭付宮餘如奏纂執曰伏見旨募若獲劉輝者職人賞二階白民聽出身進一階廝役免役奴婢爲良案輝無叛逆之罪賞同反人劉宣明之格又尋門下處奏以容妃慧猛與輝私姦兩情耽惑令輝挾忿毆主傷胎雖律無正條罪合極法並處入死其智壽等二家配敦煌爲兵天慈廣被不即依決雖恕其命竊謂未可夫律令高皇帝所以治天下不爲喜怒增減不由親疏改易案鬬律祖父母父母忿怒以兵刃殺子孫者五歲刑毆殺者四歲刑若心有愛憎而故殺者各加一等雖王姬下降貴殊常妻然人婦之孕不得非子又依永平四年先朝舊格諸刑流及死皆首罪判定後決從者事必因本以求支獄若以輝逃避便應懸處未有捨其首罪而成其末從流死之

差或時未允門下中禁大臣職在敷奏昔邴吉爲相不存鬬斃而問牛喘豈不以司別故也案容妃等罪止於姦私若擒之穢席衆證分明即律科處不越刑坐何得同宮掖之罪齊奚官之役案智壽口訴妹適司士參軍羅顯貴已生二女於其夫則他家之母若有失度罪在於夫豈非兄弟昔魏晉未除五族之刑有免子戮母之坐何曾諍之謂在室之女從父母之刑已醮之婦從夫家之戮斯乃不刊之令軌古今之通議律寄親相隱指謂凡罪況姦私之醜得以同氣相證論刑過其所犯語情又乖律憲案律姦罪無相緣之坐不可借輝之忿加兄弟之刑夫刑人於市與衆棄之爵人於朝與衆共之明不私於天下無欺於耳目何得以非刑書施行四海刑名一失駟馬不追既有詔旨依即行下非律之案理宜更請尚書元脩議以爲昔哀姜悖禮於魯齊侯取而殺之春秋所譏又夏姬罪濫於陳國但責徵舒而不非父母明婦人外成犯禮之愆無關本屬況出適之妹釁

及兄弟乎右僕射游肇奏言臣等謹案楹韓獻替是司門下出納讞明常則至於無良犯法職有司存究罪結案本非其事容妃等姦狀罪至於刑並處極法准律未當出適之女坐及其兄推據典憲理實爲猛又輝雖逃刑罪非孥戮募同大逆亦謂加重乖律之案理宜陳請乞付有司重更詳議詔曰輝悖法亂理罪不可縱厚賞懸募必望擒獲容妃慧猛與輝私亂因此耽惑致至非常此而不誅將何懲肅且已醮之女不應坐及昆弟但智壽慶和知妹姦情初不防禁招引劉輝共成淫醜敗風穢化理深其罰特敕門下結獄不拘常司冀得一同常例以爲通准且古有詔獄寧復一歸大理而尚書治本納言所屬弗究悖理之淺深不詳損化之多少違彼義途苟存執憲殊可怪壽深合罪責僕射以下可免郎都坐尚書悉奪祿一時

孫騰爲侍中自孝昌已後天下淆亂法令不恒或寬或猛及爾朱擅權輕重肆意在官者多以深酷爲能至遷鄴京畿群盜頗起有司奏立嚴制諸強盜殺人者首從皆斬妻子同籍配爲樂戶其不殺人及贓不滿五匹魁首斬從者死妻子亦爲樂戶小盜贓滿十匹已上魁首死妻子配驛從者流騰上言謹詳法若畫一理尚不二不可喜怒由情而致輕重案律公私劫盜罪止流刑而比執事若違好爲穿鑿律令之外更立餘條通相糾之路班捉獲之賞斯乃刑書徒設獄訟更煩法令滋章盜賊多有非所謂不嚴而治遵守典故者矣臣以爲昇平之美義在省刑陵遲之弊必由峻法是以漢約三章天下歸德秦酷五刑率土瓦解禮訓君子律禁小人舉罪定名國有常辟至如眚災肆赦怙終賊刑經典垂言國朝成範隨時所用各有司存不巨細滋煩令民預備恐防之彌堅攻之彌甚請諸犯盜之人悉准律令以明常憲庶使刑殺折衷不得棄本從末詔從之天平後遷移草創百司多不奉法貨賄公行興和初齊文襄入輔朝政以公平肅物大改其風至孝靜武定中法令嚴明四海知治矣　卷六八

冊府元龜卷第六百一十六

刑法部

議讞第三

隋許善心爲禮部侍郎，左衛大將軍宇文述每旦借本部兵數十人以供私役，常半日而罷。攝御史大夫裴蘊奏劾之。煬帝方以腹心委述，初付法推，千餘人皆稱被役經二十餘日，法官候何帝意，乃言役不滿日，其數雖多，不合通計，縱令有實，亦當無罪。諸兵士聞之，更云初不被役。帝欲釋之，付議虛實，百僚咸議爲虛。善心以爲述於仗衛之所抽兵私役，雖不滿日，闕於宿衛，與常役所部情狀乃殊，又兵多下番，散還本府，分道追至，不謀同辭，今殆一月，方始翻覆，姦狀分明，此何可捨。蘇威、楊汪等二十餘人同善心之議，其餘皆議免罪，帝可免罪之奏。

唐徐有功爲司刑丞時，故左相蘇良嗣亡後被告反，男踐言、踐忠、踐義等推事使金吾將軍丘神勣奏稱請准法絞刑者。奉勅依須。又有勅：蘇良嗣往者頻被人告，指驗非虛，朕以其年迫桑榆，情敦舊猥，掩其惡迹，竟不發揚，俄乎歸壤之辰，爰備飾終之禮，不謂因子重發逆蹤，所司執法論科，請申毀柩之罰。朕念勞志切，惟痛傷情深，是矜因赦之科，特降非常之澤，式延恩於朽骼，俾流渥於幽魂，特免斲棺之刑，寬其籍没之典者。少卿郭奉一等所奏：蘇良嗣作逆先死，准勅免斲棺於其籍没，其男踐言等緣坐既在勅無文，請准法處絞刑，奏依者。有功執奏曰：踐言、踐忠，良嗣之子，緣其父逆，並合絞刑，但爲勅稱屈法申恩，特降非常之澤，又言念勞志切，惟舊情深，特免斲棺之刑，寬其籍没之典，兩節皆具，特宣信知恩是非常，父免斲棺之刑，子無緣坐之死，既免籍没之典，理絕收録其家。按名例律云：因罪人以致罪，若罪人遇恩原減，亦准罪人原減法。又云：即緣坐家口雖以配没，罪人得免者亦免。斲棺爲其父逆，因父致其絞刑，父既特遇殊恩，子便不拘常律，踐言等並即不合緣坐，處盡録奏。言奉勅：踐言等緣坐合死，朕好生惡殺，不忍加刑，宜特免死配流。又逆人丘神勣弟神鼎并男畯被奴羊羔告反，司刑司直劉志素推案，奏稱丘鼎身居文職，累襖子即是武夫之衣，若不夙懷狡心，擬授判河州，無故不合輒造，又遶却反狀分明，請付法者。有功斷丘鼎處斬，家口籍没。有功批：丘勣之弟，兄反弟合從坐，遠狀以推，事迹可驗，在於斷結，理固難逾。羊羔稱被判河并作兩箇皁襖，假令事實，終在赦前，況乃涉虛，何以爲據。往時縱犯，今日方告，准赦據勅，不合更推。使人爲鼎著皁衣，將爲叛逆者，司以燒却文狀，處以叛謀，竊尋此塗，頗傷苛酷。且衣之五彩，隨人好尚，武夫一著，豈限玄黃，造書雖在赦前，推勘須窮窟穴。或云周易作道上書，既去桃著廁中，又云鼎自裂破書，既著標非反書，必是反書，論何事爲是謗讒，爲是讖圖，音不甄明，遂無承疑，即處以斬，乃没其家，請更審詳，務令允當者。劉志素又執：丘鼎反驗甚昭，蓋藏非只一塗，豈唯今日。神鼎判河作逆之歲，于時袂禱神泉，後其家在西京，旋即合歸本貫，爲與逆身相應，近道求下嘉州，更至剿襄路，過淹留，遂經一歲，當聞判河州起端，星夜卽向唐州，授判河界首，於懸泉館遂共男畯俱作累褐襖子，擬充戰服，卽明事相應。樓及聞身敗，星夜亡來神都，卽將襖子布施天宮寺，明知元來所造緣反，近以兄勣反彰之後，復燒卻反跡文書，此反不誅，誰反合殺。兒又聖澤哀矜，重令來中丞推覆，追奴問鼎，勘案逾明，論其本從，辜當萬死，徐案內縱無匿狀詐平反，未勅令推反人得實，豈敢隱默者。曹又依前斷，舉中秋官詳議者。右員外鄭思齊判：凡斷刑名，須得指實，朦朧作狀，斷酌結刑，司刑此申，過爲非理，欲令集議，須審議封狀未上，歸道議何事，御寺所推之案，取堪憑據之由，處分訖申者。曹斷依前者。有功又批：赦前縱實，合免恩後，謀狀未國不反，何爲燒書法家無文驗，虔使人的知是反，鞫案何不言當時藏狀燃燒奏後方便勘鞫。人命至重，一死不可再生，正法須平，居輕無[illegible]入

重丞弃泣韋之東方虧祝綱之意在思所竊請吏商虔者劉志
素又批丘鼎謀反與徳族同謀苞藏日深又共逆黨連結有功
舞文巧法黨逆不忠批退欲縱反人每有推兪僥倖不尋案狀
孟浪即批即不據科條法外豈得依允請據志素所批之狀與
有功意欲縱逆人之平即請申秋官及臺集衆官議奉勑依得
春官員外郎楊思雅等一百一十七人依有功議依緣坐爲允
得夏官楊執柔等百二十二人等議並無反狀更差明使推隺
議狀奏請差五品使杜無二奏無反狀准赦例慮分並釋放汾
州司馬李思順臨川公德懋子也被韋秀告稱思順共秀竊語
云汾州五萬戶管十一管人多尚宿宵好設齋戒大雲經上道
理後思順好李三五年少唱唐唐思順恰第三兄弟五箇若監
察御史李常等稱據思順潛謀攜節苞藏禍心研覈始引唐興
讖占後承應讖請從極法奉勑依奏者司直裴談斷處斬刑家
口籍沒者去齊楷仁正批合從妖處絞只向韋秀一人道狀當
不滿衆合斷流三千里者裴談又判請依前斷錄奏者焦元曾
判退司寺即議者有功議曰謀危社稷罪入反條自述休徵坐
當妖例反依斬法妖狀妖論言著或文犯標宄狀狀在事難越
狀文存理無棄文若違狀以結刑捨文而斷獄則乘馬何俟銜
勒過流豈用隄防今判官處以反謀句司批從妖說不取下問
竊竊欲當仁李思順解大雲經韋秀稱共竊語私解明非衆說竊
語不合人知豈齊唯出秀辭是非更無佐證梁辯三五年少兵
是自述休徵既異結謀之蹤元非背叛之事知從叛逆籍沒其
家便是狀外棄文豈曰文中據狀請依程仁正批妖不滿衆契
流三千里者正焦元曾判具申秋官請議者右臺中丞李嗣等
二十一人議稱請依王行感例流二千里族存畫一者守司府卿
于思言等六十三人議稱依徐有功議者錄奏勑思順志懷姦
慝妄說圖讖准其犯狀合寘嚴刑爲其已死特免籍役者緣有
功議遂免破家推事使顧仲琰奏稱韓純孝受逆賊徐敬業僞

官同反其身先死家口合緣坐奏勑依曹斷家口籍沒[illegible]
案律謀反者斬處斬本爲身存身亡即無斬法緣坐元因反罪
無斬豈合相緣緣者是緣罪人因者爲因犯犯法已死將是何所
緣之人先亡所因之罪合滅合滅止於徒坐徒坐既當無所今
日却斷沒官未知據何條例若情狀難捨勑遣戮屍除非此塗
理絶言象失隹逆人獨孤徹同伽明書之輩身先殞歿不許推
尋未敢比附勑文但欲見其成例勘當尚猶不許家口籍沒
官申覆依有功所議斷放此後援例皆免沒官者三數百家推
事使奏滄州人李仁坦等三十七人被告稱謀反曹斷並處斬
父母妻子流三千里有功執曰立淑里正無尋人戶緣坦紛爭
因相言告或以反逆相誣或將奔叛相牽反逆須有同謀奔叛
寧無叶契無謀無契口語口陳即以實論頗亦苛酷推擬元無
影響星文本自參差縱使實有反言尸根換其宗姓因假辭云
正是口陳徒侶絶無明非實反賊盜律云口陳欲反之言心無
眞實反計流三千里斷云口陳欲反者杖八十准依曹狀並是
口陳之言原究犯情並非心實之計恭居商度用此當宜如是
致推請從鄙見如府未允終須重推錄奏勑依得使宗君哲狀稱
無反可尋請依徐丞見流三千里奏勑依舊勑免御史郭引霸
奏宕州刺史皇甫懷節爲芳州司倉薛璟所告稱共當州刺史
李思徵謀反曹斷斬籍沒者有功批執曰思徵芳部宣懷節
宕州分竹與因羌叛奉使討除暫見思徵并人共語即疑懷節
與徵同謀同謀須述謀由共語當論語狀語既無狀謀又無由
思徵伏誅一無牽引薛璟首辭方始告言璟元共徵同情節後
與徵連結節當共徵私語語狀在璟合知徵在不知語由徵死
誰明反狀寧有此州刺史奉勑討羌白日入州官人參謁暫與
思徵相見遂即平章反謀察獄以情未聞此理羌走出界無賊
可擊所領之兵更留何用爲此放散倒爲反節貴欲反更須
發兵成集之兵何須却放非謀之狀於此更明懷節據狀無反

請差使更推奉勑差使推鞫無反爲發兵遮斷爲官當賞抑遂免推事使左臺監察御史盧伍奏稱告事人問趙推之得疑唐子產與推之手書狀遣告長孫仲宣實不知事向者依問唐子產得疑與推之手狀令告仲宣宅中私置爐撥打捨鑄謀反是實其長孫仲宣是子產親舅爲子產先與三舅麼錢安成蘇私通仲宣既知即罵辱子產爲此誣告者冑斷准律誣告謀反大逆者斬從者絞又條云告令人告事虛應反坐得實應賞皆以告者爲首推之告密因得引見遂詐杜盜武太后曰趙推之得唐子產手狀即告於子產引虛自於子產之罪何得枉斷殺推之宜令停決正斷奏聞者有功重執曰推之所告反由元於子產處得奉勑勘當且狀是誣付決科斷已蒙斷奏盡臨決恩旨遣停聖上爲子產引虛則將奏之枉死但今教告事律著正文告者爲首教者爲從若其事虛受責推之合當重科如其反實合功于產纔免專賞律開此制本防避罪爭功在於憲司固當守

文奏議奏勑依奏

唐臨高宗永徽初爲御史大夫華州刺史蕭齡之坐前任廣州都督受贓詔文武百官議其罪皆請處置以勵貪汙帝將從之臨奏曰齡之受委大藩贓罪狼藉原情取事死有餘辜然既遣詳議終須近法臣竊惟議事之官未盡議刑本意律有八議並依周禮舊文矜其異於衆臣所以特制議法王族刑于隱者所以議親刑不上大夫所以議貴明知重其親貴議欲緩刑非爲嫉其賢能謀致深法今議官多於刑法之外議令入重正與堯舜相反不可爲萬代法臣既觀法官敢不以聞乃下詔曰華州刺史蕭齡之往司劇斷之寄以常才累切非據入參九列出總六條番禺重鎮控攝遐遠心如谿壑聚斂無厭不憚典章唯利是視豪門富室必與交通受納金銀二千餘兩乞取奴婢一十九人赦後之贓數猶極廣群僚議罪請處極刑奏決再三合從戮但人命至重每存審慎又其驅策自久恐不輸斬迫諸子號叫伏闕求恩哀矜之心發自懷抱宜免尊卑之誅投身荒裔之地可依定名臣流嶺南遠惡處存鑒誡須示天下

李乾祐永徽初爲御史大夫奏言鄭州人鄭宣道先娉少府監主簿李玄乂妹爲妻玄乂妹即宣道堂姨玄乂先雖許其姻嫌後以法無此禁判許成親何則同堂姨甥雖無服紀既稱從母何得爲婚名教所非人倫共棄古人正名遠別後代達道循情將恐乎人浸以成俗然後屢無服而尊卑不可婚者非止一條請付群官詳議可否左衛大將軍紀王慎等議父之姨及堂姨母之姑姨及堂姑姨父母之姑舅姊妹女婿姊妹堂外甥雖並外姻無服請不爲婚詔從之仍令著於律令

杜景佺則天聖曆中爲鳳閣侍郎同鳳閣鸞臺平章事時契丹入寇河北諸州多陷賊中及事定河内王武懿宗將盡論其罪景佺以爲皆是驅逼非其本心請悉原之則天竟從景佺議

桓彥範長安末爲司刑少卿時內史李嶠等奏稱往屬革命之

時人多逆節鞫訊決斷刑獄至嚴刻薄之吏恣行酷法其周興丘勣來俊臣所劾破家者並請雪免彥範又奏請自文明元年已後得罪人除揚豫博三州及諸謀逆魁首一切赦之表疏前後十奏辭旨激切至是方見允納

韓思復睿宗景雲中爲給事中大理奏汝州刺史嚴善思與逆人重福通謀君親無將合從誅法會赦免又勑召善思旋即處命陛下見之日遂不具陳唯奏望有兵氣其狀正當罷反請從絞刑思復駁議曰嚴善思往在先朝屬韋氏擅内恃寵宮掖謀危宗社善思此時遂能先見因詣相府有所發明進論聖躬必登宸極雖交重福謀陷韋氏及其謁見猶不奏聞將此包藏合從極法且勑追善思書至便發向懷逆節寧即赴命而來此而可宥從刑是恤御付議者多請寬之有司猶不從奏斷絞刑思復又駁奏請從衆議帝從之放于嶺表初帝在藩善思謂相府長史姚元之曰相王必有天下公善保護及譙王重福自滄州

移于均州有命便於汝州入謁善言時爲刺史又言宦[illegible]天子因得通謀迫恐入朝奏前事乃斬將拜官爲而重福敗[illegible]思乃下獄

王晙爲殿中侍御史朔方軍元帥魏元忠討賊失利歸罪於副將韓思忠奏請誅之晙以思忠既是偏裨制由巳又勇智可惜不可獨殺非辜乃廷議爭之思忠竟免

張說爲兵部尚書玄宗開元十年十月前廣州都督裴伷先下獄中書令張嘉貞奏請決杖說進曰臣聞刑不上大夫以其近於君也故曰士可殺不可辱臣今秋巡邊中途聞姜皎朝堂決杖流死皎是三品亦有微功不宜決杖廷辱以卒伍待之且律有八議勳貴在焉今伷先既不可輕豈可決罰帝然其言嘉貞不悅退而謂說曰何論事之深也說曰宰相者時來即爲豈能長據若貴臣盡當可杖但恐吾等行當及之此言非爲伷先乃爲天下士君子

李峴肅宗至德中爲御史大夫時中丞崔器性刻樂禍陰忍寡恩又希旨深文奏陷賊官云反逆從者據律並合處死帝將收復從欲勸天下以爲器議是峴執之曰夫事有首從情有輕重若一槩處死恐非陛下含弘之義又失國家惟新之典且胡羯亂常無不凌據二京全陷萬乘南巡各顧其生衣冠蕩覆或陛下親戚或勳舊子孫責之以死恐乖仁恕[illegible]明王用刑殲厥渠魁脅從罔理況河北殘寇今尚未平苟容漏網適開自新之路若盡行誅是堅叛逆之心誰人更肯歸順困獸猶鬬況數萬人乎崔器呂諲皆守文之吏不識大體殊無變通廷議累日方從峴奏陳希烈巳下定六等科罪斬於獨柳樹次杖殺於京兆府門自盡於大理寺流於嶺南遠惡處及貶有三等後蕭華自相州賊中歸順闕廷授尚書右丞上奏賊中官等重爲安慶緒所驅至相州初聞廣平王奉宣恩命釋陳希烈下並放之皆相顧曰我等國家見待如此悔恨何及聞器議刑罪懷[illegible]心帝曰朕幾爲[illegible]器所誤

嚴郢爲京兆尹兼御史中丞時御史臺奏天下斷獄一切待三司讞報以正刑名唯除殺人罪當自徒巳下結竟者並從置邊州訖奏曰臣伏以徙置邊州者流之異名流罪者有三等一例移配或恐未當其死罪除殺人之外有十惡重罪造偽刻印并主典偽印乃強盜光火等若一切免死徙邊即於法太輕不足懲戒其徒罪條目至多或鬬毆爭競小有傷損或夫妻離異不和絕或養男別姓或立嫡違式或私行度關或相冒合戶如此之類不可悉數今一切徙邊與十惡造偽同等即輕重懸殊又准刑部格京城縣雜訴犯百端觸網陷刑徒罪偏廣若皆送覆繫獄實多其徒巳下罪非除免官當及勑杖者宜准外州例州縣量事處分今若天下徒罪悉申所司皆從讞報三司斷結准式有程州縣禁囚動至千百計天下每月徒配少不啻五六千人武則百姓動搖刑章紊撓又邊州及近邊犯死及徒流者須有[illegible]奏依[illegible]下刑部使詳[illegible]後施行從之

[illegible]憲宗元和八年正月奏天德軍五城及諸道城配流人等臣竊見配流人每逢赦恩例得歸還唯前件流人皆被本道重奏稱要防邊遂令役身終無歸日臣又見比年邊城所配流者多是胥徒小吏或是鬬毆輕刑據罪可原在邊無益伏請自今巳後流人及先流人等准長流格例滿六年後並許放還所冀抵法者足以懲懲滿歲者絕其愁怨從之十一月又奏准今年九月十七日勑自今巳後兩京及關內河東河南河北淮南河東西等道州府犯罪繫囚除大逆及下手殺人外其餘應入死罪者委所在官長審量事狀但情非巨蠹並免死配流天德五刑諸鎮且謹言勑文除大逆下手殺人外餘入死罪科目至多若不舉其條流或慮中外處斷不一今請犯十惡及故殺鬬謀劫私鑄錢造偽并京兆界持仗強盜不論並依律文及前後格勑處分自餘死刑即請准今勑減死配隸天德五城諸道者仍准式勑遞流人其父祖子孫欲隨夫者任去從之旬九月

減死或流之令而京師多盜府縣不能督捕及有此奏而盜稍定

韓愈元和中為職方員外郎時富平縣人梁悅為父報仇殺秦果自投縣請罪勑復讎之人固有彝典以其申冤請罪視死如歸自詣公門發於天性志在徇節本無求生之心寧失不經特從減死之法宜決一百配流循州愈獻議曰伏奉今月五日勑復讎據禮經則義不同天徵法令則殺人者死禮法二事皆王教之端有此異同固資論辯宜令都省集議聞奏者伏以子復父讎見於春秋見於禮記又見於周官又見於諸子史不可勝數未有非而罪之者也最宜詳於律而律無其條非闕文也蓋以為不許復讎則傷孝子之心而乖先王之訓許復讎則人將倚法專殺無以禁止其端矣夫律雖本於聖人然執而行之者有司也經之所明者制有司者也丁寧其義於經而深沒其文於律者其意將使法吏一斷於法而經術之士得引經而議

也周官曰凡殺人而義者令勿讎讎之則死義宜也明殺人而不得其宜者子得復讎也此百姓之相讎也公羊傳曰父不受誅子復讎可也不受誅者罪不當誅者也誅者上施於下之辭非百姓之相殺者也又周官曰凡報仇讎者書於士殺之無罪言將復讎必先言於官則無罪也今陛下垂意典章思立定制惜有司之守憐孝子之心示不自專訪議群下臣愚以為復讎之名雖同而其事各異或百姓相讎如周官所稱可議於今者或為官吏所誅如公羊所稱不可行於今者又周官所稱將復讎先告於士則無罪者若孤稚羸弱抱微志而伺敵人之便恐不能自言於官未可以為斷於今也然則殺之與赦不可一例宜定其制曰凡有復父讎者事發具其事由申尚書省尚書省集議奏聞酌其宜而處之則經律無失其指矣疏奏下從

盧坦為庫部員外郎兼侍御史知雜事會李錡反有司請毀錡祖父廟墓坦嘗為錡從事乃上言曰淮安王神通有功於叢誅

且古之父子兄弟罪不相及以錡叛可累五代祖乎乃不毀因賜神通墓五戸以備洒掃

薜戣元和中為兵部郎中時李錡既誅詔削一房屬籍宰臣召戣問曰一房自大功可乎戣曰大功者錡從父之昆弟其祖神通高祖陪陵配享今以裔孫之惡而忘其崇勳不可復問曰自期可乎對曰期者錡之昆弟其父若幽身死王事今以錡故連坐亦未可也宰相盡用其言故錡之罪唯及息男室女而已

孫革穆宗長慶初為刑部員外郎時京兆府雲陽縣力人張莅欠羽林官騎康憲錢米憲徵之莅乘醉拉憲氣息將絕憲男買得年十四將救其父以莅角觝力人不敢搞解遂持木鍤擊莅之首見血後三日致死者准律父為人所毆子往救擊其人折傷減凡鬭三等至死者依常律即買得救父難是性孝非暴擊張莅是切非兇以髫丱之歲正父子之親若非聖化所加童子安能及此王制稱五刑之理必原父子之親以權之測淺深之

量以別之春秋之義原心定罪周書所訓諸罰有權今買得生被皇風幼有至孝哀矜之宥伏在聖慈職當讞刑合分善惡先具事由陳奏伏冀賜下中書門下商量勑旨康買得尚在童年得知子道雖殺人當死而為父可哀從沉命之科失原情之義宜付法司減死罪一等處分

楊嗣復長慶中為中書舍人時東川觀察使奏遂寧縣令龐驥犯贓事大理以法論嗣復等參酌曰龐驥贓貨之數為錢四百餘千其間太半是枉法據職定罪合處極刑雖經因赦不在原免伏以近日贓吏皆是家小有矜寬類例之間恐須貸死勑長吏犯贓其數不少縱責元典難免鞭笞但以近經鴻恩人咸滌雜郎文不在免於清理亦要哀矜龐驥異除名流溪州其贓付所司準法

裴潾長慶中為刑部郎中有前率府倉曹曲元衡杖殺百姓柏公成母法官以公成母死在辜外元衡父任軍使以父蔭贖罪

徵銅公成私受元衡資貨毋死不聞公府法官等以經恩免罪濮議曰典刑者公柄也在官得施於部屬之内若非在官又非部屬雖有私罪必告於官官爲之理以明不得擅行鞭捶於齊人也元衡身非在官公成母非部屬而擅憑威力橫此殘虐豈合拘於常典拘公成取貨於讎利母之死悖逆天性犯則必誅奏下元衡杖六十配流公成以法論至死公議稱之

初公綽長慶中爲刑部尚書京兆人有姑以小過鞭其婦至死府上其獄郎中竇某狀斷以償死公綽曰尊毆卑非鬬也且其子在以妻而戮其母非教也竟從公綽所議

張丹爲愛州刺史大和中刑部奏據大理寺申准詳斷安南經略使韓約奏丹犯贓并欲謀惡事已准法處置訖者伏以追攝禁勘即是制因不合專擅處置奉三月十九日敕宜付所司速詳斷聞奏今據寺申據律文反逆謀叛各有本條並無欲謀惡事之科又准律以贓入[illegible]除枉贓見在流死勿徵據罪先勒張丹遂誘伎納家資後詐刑虜流[illegible]赦文張[illegible]宗禮等年皆幼弱張丹[illegible]微愛州雖遠且曾領郡則謂[illegible]恩從合重繩須候敕命既歸法寺必在正名苟輕荒服之刑是棄遠人之命伏以聖朝以慎恤爲理以惠澤愛人每議典刑必行寬宥豈使一夫不獲呑恨九泉伏請聞奏推覆方可詳斷所冀事狀明白法令施行敕詳覆格律既在疑文其張丹男宗禮宗智等並釋放贓錢已到有處分其江陵莊宅等勒却還張宗禮等

宇文鼎大和中爲御史中丞奏當司前後推覆造僞出身文書責官并造僞印行用等四張璹劉建胡伯忠犯罪並在大和三年十一月十八日恩赦前准刑部大理寺詳斷悉處極刑准斷獄律赦前斷罪不當者若處輕爲重宜改從輕處重爲輕即依輕法若臣以前件四等雖抵極法悉經殊恩或自赦文全生或因起請感等伏緣俱引齊澤累陳訴詞若非得中恐未[illegible]昨者與一[illegible]事關起請[illegible]生又死[illegible]二三今臣所見伏請赦書以

前所犯者特許減論赦書以後所犯者不得援例庶使後無僥倖今絶披陳敕張璹胡伯忠劉建等宜准元敕處分

殷侑爲鄆州觀察使時濮州録事參軍崔元武坐贓決六十配流賀州侑以元武或託公事被罰取於五縣人吏或率斂州縣官料錢或以私馬擡估納官計絹一百二十四大理寺斷三犯以重者論祇以中私馬爲重止合削官三任侑復奏以法官不睹法律三犯不同即坐其所重元武所犯枉法取受准律枉法十五疋已上絞律疏云即以贓致罪頻犯者並累科據元武所犯合當入死絞刑疏奏崔元武遂依刑部元斷先是御史大夫温造彈奏侑居天平不由敕旨賦斂百姓即詔庾承宣代之及奏論崔元武文宗嘉侑之守法翌日詔徵侑爲刑部尚書

陳商武宗會昌中爲刑部郎中勑以劉從諫妻裴氏合誅與不誅商議曰臣等徵諸古典周禮司寇之職男子入于罪隸女子入于舂稾[illegible]律云妻子没爲奴婢鍾繇曰自古帝王罪及妻子又晉朝議在室之女從父母之誅既醮之婦隨夫家之戮謹詳奴婢舂稾罪罰之類名則爲重而非罪刑故法律明文古今通義夫子有罪母妻無誅死之制然事出一時法由情斷帝王刑辟豈在一途昔少卿降虜漢武誅其母妻玄宗時安慶宗事榮義郡主夫以逆誅主亦賜死此則是夫子有罪母妻不捨之例臣等伏以從諫犬羊很戾豨豕兇殘抱逆節於明時遺禍胎於孽子裴氏爲惡有素爲姦已成分衣以固其人心申令以安其逆志在於國典情實難容臣等參議宜從重典從之

劉三復爲刑部侍郎時朝議以劉從諫妻裴是裴問之妹欲原之法司定罪以劉稹之叛裴以酒食會潞州將校妻子泣告以同逆謀三復覆奏曰劉從諫包藏逆謀比雖已露今推窮僕妾尤得事情據其圖謀言語制度服物人臣僭亂一至於斯雖生前幸免於顯誅而死後已從於追戮凡在朝野同深慶快且曰古人臣叛逆合有三族之誅尚書曰乃有顛越不恭我則劓殄

減之無遺育無俾易種于茲新邑如此則阿裴已不得免於極法矣又況從諫死後主張狂謀罪狀非一劉稹年既幼小迷亂未深裴爲母氏固宜誡誘若廣說忠孝之道深陳禍福之原必冀動昔全華而乃激厲兇黨膽國叛心廣招將校之妻適有酒食之宴號哭激其衆意贈遺結其群情遂使叛黨猶不捨之誅等事並必死之命以至周歲方就誅夷此阿裴之罪也雖以裴問之功或希減等而國家有法難議從輕伏以管叔周公親弟也有罪而旦除之以周公之賢尚不捨兄弟之罪況裴問之功安能破朝廷之法耶據阿裴廢臣妾之道懷逆亂之謀裴問如周公之功尚合行周公之戮況於朝典固在不疑阿裴請准法從之

李朋爲刑部員外郎宣宗大中六年閏七月奉勅應犯贓人其平贓定估等准名例律諸平贓者皆據犯處當時物價及上絹估律疏議曰贓謂罪人所取之贓皆平其價直准犯處當時上

絹之價價今每月旬別立三等估其贓平所犯旬估定罪取所犯月旬上絹之價假有蒲州盜鹽嶲州事發鹽已費使依令準平即取蒲州中估之鹽准蒲州上絹之價於嶲州決斷之緣有賣價貴賤所估不同亦依估爲定從之十月中書門下奏准勅應犯贓人宜平贓定估等奏閏七月三日勅旨刑部奏額叶中道宜依仍編入令格者臣等今商量伏以京邑元無土絹市中所貨皆是外州將到若據律處當處絹價定贓平估即京師當處之絹若取河南一千一百價絹即見在市肆又無此實估將行新勅須立定規今京中市肆所貨諸府絹估各有等差但據罪人所犯贓如是見在絹及金銀雜物等一事已上並請取京時價估定如結贓則在京諸府土絹上價實估結計如罪人所取已費使及不記得當時州土色目即請使取雜州土絹市肆所貨實價中估平結計贓准前取諸州府土絹上估實價定罪代以京中諸州府絹價逐旬移改貴賤不定前使推獄每度臨

得估定贓絹即罪人性命所繫輕重校吏因茲得以上下今請兩市絹牙人侯建武等狀京城元不出土絹所貨者諸州土絹果閬州絹最貴每匹九百五十文上至五十尺下至四十五尺其次宋亳州上絹估每匹九百文實估價其河南土絹價亦無一千實估今以果閬州絹尺每與尋常絹不同已次校貴于宋亳州上絹伏請永爲定例其外州府比者雖准律文取當處上估絹或有不出土絹縱有出處亦慮結獄之時須有勘估因其貴賤便生異端兼以諸州府絹貴賤果閬州絹外別無貴於宋亳州上估絹者則外州府不計有土絹及無土絹處並請一例取宋亳州上絹估每匹九百文結計如所取得絹已費使及不記得色目即請取犯處市肆見貨當處中估絹價平之如不出絹處亦請以當處見貨雜州中估價平之庶使推劾有准斷獄無疑官吏既難釋文中外自須畫一從之十二月又奏准名例律在官犯罪去官事發或事發去官犯公罪流已下各勿論疏云謂

[illegible]閒便即去任既此三事犯公罪流已下勿論又准會昌五年正月三日勅文據律文已去任者公罪流已下勿論公罪之條情有輕重苟涉欺詐豈得勿論向後公罪有情狀難恕並不在勿論之限今伏詳勿論之理者實啓倖門勑律所標科條未具伏見近日已來頗有長吏在官無政被人告論醜迹已達於聖聰苛政备布于人口降制使案鞫並已伏辜下法司參詳即云去任縱有重罪盡得勿論此乃徒致推窮何懲姦濫且當官犯罪事迹已彰既令推勘自合停替前同去任實有等差伏請自今已後應在官犯罪事發因而去任不論公罪私罪一切准勑律科刑不在勿論之限其去任事發者公罪流已下即全許引勿論之科其有事涉欺詐情理難恕者請法司詳斷之時審詳事狀如涉此色准會昌元年正月三日勅文並不在勿論之限從之

後唐李愚仕梁爲崇政院直學士貞明中通事舍人李霄傭夫毆

假合人致死法司案律罪在李賫恩曰李賫手不鬬毆傭夫毆之致死安得坐其主耶以是忤旨

李躬夢為刑部員外郎天成二年七月洺州平恩縣百姓高弘超其父暉為鄉人王感所殺後挾刃以報之遂攜其首自歸大理寺以故殺論躬夢覆曰伏以挾刃殺人案律處死投獄自首降罪垂文高弘超既遂復讎因不逃法戴天罔愧視死如歸歷代已來事多貸命長慶二年有康買得父憲為力人張莅乘醉拉憲氣息將絕買得年十四以木鍤擊莅後三日致死勑旨康買得尚在童年能知子道雖殺人當死而為父可哀若從沉命之科恐失原情之義宜減死處分又元和六年富平人梁悅報父之讎投縣請罪勑旨復讎殺人固有彝典以其伸冤請罪自詣公門發於天性本無求生寧失不經特從減死方今明時有此孝子其高弘超若使須歸極法實慮未契鴻慈奉勑忠孝之道乃治國之大柄典刑之要在誅意之深文差若是矗鬆奚之理宜[illegible]難依常典[illegible]刑今高弘超報父之冤卽丹書之不當人倫至孝法網宜矜減死一等

晉天福三年七月晉州民曹繼勳許男滿箱與王興哥因里俗戲擲導子誤觸破頭其辜限內因風致卒准律合決重杖處死者刑部詳奏云王興哥常非巨蠹年乃童蒙滿箱死既因風本州勘須有據雖執毆傷之徒自有常刑當逢欽恤之朝寧無宥過尋有勑減死一等徵銅一百斤

漢張仁瑑為左庶子乾祐二年十二月鄧州節度判官史在德棄市以其誤斷民崔彥等八人犯牛皮禁罪皆至死刑故也時朝廷方務積甲故牛革之禁甚峻先是潞州長子縣民犯鞻底二穀數人在德援例以斷之節度使劉重進以崔彥將皮干瀆高廟冒啟曾於本鎮申明且與故犯不同取杖放之在德固爭因而上言朝廷命使案獲在德以失入伏辜時樞密使楊邠以法寺寬縱乃召仁瑑獄之仁瑑獄上以大理寺所斷卽依律文凡斷罪又合與最後勑為定詳編勑云官典鞫獄枉濫或經責罷數勘問不盡元推官典並當誅罰又當有忻州法掾郭業故入張仁安一人死罪合當誅罰處分今在德故入八人罪深手不援後勑唯據律文今以郭業比附在德合處極典大理閱是讞又引晉朝後勑云今後不得以幽郭業勑內誅罰二字為用並須依格律斷獄時宰臣蘇逢吉見之言於場須不能正竟決杖死之

冊府元龜卷第六百一十六

冊府元龜卷第六百一十七

刑法部

守法　正直

守法

刑不可變天下之平也守之勿失有司之職也自非深情而閑實舉要以蔽罪又何以致刑無頗類而人皆厭伏哉若乃時主之意有所輕重不循三尺之制將恭一成之訓而能辯析是非究論曲直確然固守毅然無撓面之貴爲震於嚴威金科之文克遵於中典法當其罪下以不冤茲所謂能守其官不解于位者矣至有知過而引咎縱父以受刑斯又積忠恕於心術著明慎於官次舍生取義守死無茍者焉

李離晉人文公時爲理過聽殺人自拘當死文公曰官有貴賤罰有輕重下吏有過非子之罪也李離曰臣居官爲長不與吏讓位受祿爲多不與下分利今過聽殺人傳其罪下吏非所聞也辭不受令文公曰子則自以爲有罪寡人亦有罪邪李離曰理有法失刑則刑失死則死公以臣能聽微決疑故使爲理今過聽殺人罪當死遂不受令伏劍而死

石奢楚人爲人公正好直昭王使爲理於是廷有殺人者石奢追之則其父也還反於廷曰殺人者臣之父也以父成政非孝也不行君法非忠也施罪廢法而伏其辜臣之所守也遂伏鈇質曰命在君君曰追而不及庸有罪乎子其治事矣石奢曰不然不私其父非孝也不行君法不忠也以死罪生不廉也君赦之上之惠也臣不能失法下之義也遂不去鈇質刎頸而死乎廷中

漢張釋之文帝時爲廷尉帝行出中渭橋（中渭橋在渭橋中路）有一人從橋下走乘輿馬驚於是使騎捕之屬廷尉（屬委廷尉也）釋之治問曰縣人來（長安縣人也）聞蹕匿橋下久以爲行過（言天子過也）既出見車騎即走耳廷尉奏當此人犯蹕（凡令蹕先至而犯者罰金四兩當謂處其罪也）當罰金帝怒曰此人親驚吾馬馬賴和柔令它馬固不敗傷我乎而廷尉迺當之罰金釋之曰法者天子所與天下公共也（公謂不私也）今法如是更重之是法不信於民也且方其時上使使誅之則已（此言初執之時天子即令誅之其事即畢）今已下廷尉廷尉天下之平也壹傾天下用法皆爲之輕重民安所錯其手足（錯置也）唯陛下察之帝良久曰廷尉當是也其後人有盜高廟坐前玉環得（得謂吏捕得也）帝怒下廷尉治案盜宗廟服御物者爲奏當棄市帝大怒曰人亡道乃盜先帝器吾屬廷尉者欲致之族而君以法奏之（以常法請也）非吾所以共承宗廟意也釋之免冠頓首謝曰法如是足也且罪等（俱死罪也盜玉環不若盜長陵土之逆道）然以逆順爲差今盜宗廟器而族之有如萬分一假令愚民取長陵一抔土（不欲指言故以取土諭之也不忍言毀徹故止云取土陵上）陛下且何以加其法乎文帝與太后言之乃許廷尉當

張湯武帝時爲廷尉伍被與淮南王謀反發詣吏自告蹤跡如此帝以伍被雅辭多引漢美欲勿誅湯進曰被首爲王畫反

計罪無赦遂誅被又嚴助淮南王來朝厚賂遺助交私論議及淮南王反事與助相連帝薄其罪欲勿誅湯爭以爲助出入禁門腹心之臣而外與諸侯交私如此不誅後不可治助竟棄市

後漢郭躬明帝時辟公府以明法律召入議法有兄弟共殺人者而罪未有所歸帝以兄不訓弟故報兄重而減弟死中常侍孫章宣詔誤言兩報重尚書奏章矯制罪當腰斬帝復召躬問之躬對章應罰金帝曰章矯詔殺人何謂罰金躬曰法令有故誤章傳命之謬於事爲誤誤者其文則輕帝曰章與囚同縣疑其故也躬曰周道如砥其直如矢君子不逆詐君王法天刑不可以委曲生意帝曰善遷躬廷尉正

魏高柔文帝時爲廷尉時帝以宿嫌欲枉法誅治書執法鮑勛而柔固執不從詔命帝怒甚遂召柔詣臺遣使者承指至廷尉考竟勛勛死乃遣柔還寺又時獵法甚峻宜陽典農劉龜竊於

禁內射允其功曹張京詣校事言之帝匿京名收允付獄柔表請告者名帝大怒曰劉龜當死乃敢獵吾禁地送龜廷尉便當考掠何復請告者主名吾豈妄收龜耶柔曰廷尉天下之平也安得以至尊喜怒毀法乎重復爲奏辭指深切帝意寤乃下京名即還訊各當其罪又公孫淵兄晃爲叔父恭任內侍先淵未反數陳其變及淵謀逆帝不忍市斬欲就獄殺之柔上疏曰書稱用罪伐厥死用德彰厥善此王制之明典也晃及妻子叛逆之類誠應梟縣勿使遺育而臣竊聞晃先數自歸陳淵禍萌雖爲凶族原心可恕夫仲尼亮司馬牛之憂祁奚明叔向之過在昔之美義也臣以爲晃信有言宜貸其死苟自無言便當市斬今進不赦其命退不彰其罪閉著囹圄使自引分四方觀國或疑此舉也帝不聽竟遣使齎金屑飲晃及其妻子不坐賜以棺衣殯斂於宅

王觀明帝時爲治書侍御史帝幸許昌觀典行臺獄時多有倉卒喜怒而觀不阿意順指

晉杜友爲廷尉時趙王倫坐使散騎將劉緝買工所將盜御裘友正緝棄市倫當與緝同罪有司奏倫爵重屬親不可坐諫議大夫劉毅駁曰王法賞罰不阿貴賤然後可以齊禮制而明典刑也倫知裘非常蔽不語吏與緝同罪當以親貴議減不得闕而不論宜自於一時法中如友所正帝是毅駁然以倫親故下詔赦之

王彪之爲廷尉時永嘉太守謝毅赦後殺郡人周矯矯從兄球詣州訴冤揚州刺史殷浩遣從事收毅付廷尉彪之以球爲獄主身無王爵非廷尉所料不肯受與州相反覆穆帝發詔令受之彪之又上疏執據時人比之張釋之

後魏游肇爲廷尉宣武嘗私敕肇有所降恕肇執而不從曰陛下自能恕之豈足令臣曲筆也執其志如此

袁翻爲廷尉少卿時侯剛爲左衛將軍嘗典御坐掠殺試射羽林爲御史中尉元匡所彈廷尉處剛大辟尚書令任城王澄爲之言於靈太后侯剛歷仕前朝事有可取纖介之疵未宜便致於法靈太后乃引見廷尉卿裴延儁及翻於宣光殿問曰剛因公事掠人邂逅致死律文不坐卿處其大辟竟何所依翻對曰案律邂逅不坐者謂情理已露而隱避不引必須箠撻取其疑言謂撾撻以理之類至於此人問則具首正宜依犯結案不應横加箠朴兼剛口唱打殺撾築非理本有殺心事非邂逅處之大辟未乖憲典太后曰卿等且還當别有判於是令曰廷尉執處侯剛於法如猛剛既意在爲公未宜便依所執但輕勦民命理無全捨可削封三百户解尚衣典御

隋劉行本開皇中爲黄門侍郎領治書侍御史雍州別駕元肇言於高祖曰有一州吏受人餽錢二百文依律合杖一百然臣下車之始與爲約此吏故違請加徒一年行本駁之曰律令之行並發明詔與民約束今肇乃敢重其教命輕忽憲章欲申己言之必行忘朝廷之大信虧法取信非人臣之禮帝嘉之賜絹百匹

趙綽爲大理少卿故陳將蕭摩訶其子世略在江南作亂摩訶當從坐帝曰世略年未二十亦何能爲以其名將之子爲人所逼耳因赦摩訶綽固諫不可帝不能奪欲綽去而赦因命綽退食綽曰臣奏獄未決不敢退朝帝曰大理其爲朕特放摩訶也因命左右釋之刑部侍郎辛亶嘗衣緋褌俗云利於官帝以爲厭蠱將斬之綽曰據法不當死臣不敢奉詔帝怒甚謂綽曰卿惜辛亶而不自惜也命左僕射高熲將綽斬之綽曰陛下寧可殺臣不得殺辛亶至朝堂解衣當斬帝使人謂綽曰竟何如對曰執法一心不敢惜死帝拂衣而入良久乃釋之明日謝綽勞勉之賜物三百段時帝禁行惡錢有二人在市以惡錢易好者武候執以聞帝令悉斬之綽進諫曰此人坐當杖殺之非法帝曰不關卿事綽曰陛下不以臣愚闇置在法司欲妄殺人豈得不關臣事帝曰撼大木不動者當退對曰臣望感天心何論動

未帝從曰發美者熟則置之天子之處欲相挫耶綽拜而益前詞之不肯退帝遂入治書侍御史柳彧復上奏切諫帝乃止

隋孝意煬帝大業初爲魯郡司法書佐郡内號爲廉平太守蘇威嘗欲殺一囚孝意固諫至於再三威不許孝意因解衣請先受死良久威意乃解謝而遣之

源師爲大理少卿煬帝在顯仁宮勅宮外衛士不得輒離所守有一主帥私令衛士出外帝付大理繩之師據律奏徒帝令斬之師奏曰此人罪誠難恕若陛下初便殺之自可不關文墨旣付有司義歸常典脫宿衛近侍者更有此犯將何以加之帝乃止

唐李素立武德初爲監察御史時有犯法不至死高祖特令殺之素立諫曰三尺之法與天下共之一法動搖則人無所措手足陛下甫創鴻業遐荒尚阻奈何輦轂之下便棄刑書臣忝法司不敢奉旨高帝從之

蕭鈞爲諫議大夫時太常樂工宋四通等爲宮人通傳信物高

祖特令處盡仍遣附律鈞上疏言四通等犯在未附律前不合至死手詔曰朕聞防禍未萌先賢所重宮闈之禁其可漸歟昔如姬竊符朕用爲永鑒不謂今茲自彰其過其溺虛意想非濫也但朕翹心紫禁思覿引裾側席朱欄異存折檻今乃喜得其言特免四通等死遠處配流

戴胄太宗貞觀初爲大理少卿時吏部尚書長孫無忌不解佩刀入于東上閤尚書右僕射封德彝議以監門校尉不覺罪當死無忌爲誤罰銅二十斤胄駮之曰校尉不覺與無忌帶入同爲誤耳准律云供御湯藥飲食舟船誤不如法者皆死臣以尊極之所不容有誤陛下若録其功非憲司所決若當據法罰銅未爲得中帝曰法者非朕一人之法乃天下之法也何得以無忌國之親戚便欲阿之更令定議德彝執議如初帝初從德彝議胄又曰校尉緣無忌以致罪於法當輕若論其過誤則爲一也而生死頓殊敢以固請帝嘉之竟免校尉之死詩詞是

威開選舉或有詐僞者事洩胄據法斷流以奏之帝曰朕下勅不首者死今從流是示天下以不信矣胄曰陛下當即殺之非臣所及也既付所司臣不敢虧法帝曰卿欲守法而令朕失信胄固爭曰法者國家所以布大信於天下也言者當時喜怒之所發陛下發一朝之忿而許殺之既知不可而寘之於法此乃忍小忿而存大信也帝悅而言曰法有不可公能正之朕何憂也

李乾祐爲殿中侍御史時有鄃令裴仁軌私役門夫太宗欲斬之乾祐奏曰法令者陛下制之於上率土遵之於下與天下共之仁軌犯輕罪而致極刑便乖畫一之理刑罰不中則人無所措手足臣忝憲司不敢奉制帝意解仁軌竟免罪

尋授爲太常御攝刑部尚書時茂州童子張仲文忽自稱天子口署其流輩數人爲官司大理以爲指斥乘輿雖會赦猶斬提奏稱仲文所犯正當妖言今既會赦准法免死太宗怒提曰去十五年陳州吳法良亦浪入先置殿陳口稱天子大理刑部皆

言[illegible]咸斷處斬今仲文稱妖乃同罪異罰卿[illegible]於下歸罪於臣邪提拜謝趨退自是憲司不敢以聞數日刑部尚書張亮復奏仲文請依前以妖言論太宗謂亮曰日者韋提不識刑典以重爲輕朕時在其所執不爲處斷卿今曰復爲執奏不過欲自取剛正之名耳曲法要名朕所不尚亮默然再拜就列太宗目之曰爾無恨色我有猜心夫人君含容屈在於我可申君所請屈我所見其仲文宜處以妖言

崔敦禮爲兵部侍郎高宗永徽四年二月司徒荊王元景司徒吳王恪房州刺史駙馬都尉房遺愛寧州刺史駙馬都尉柴令武等坐謀反遺愛萬徹令武並斬元景及恪遺愛妻高陽公主令武妻巴陵公主並賜死上引遺愛謂曰與卿親故何恨遂欲謀反遺愛奏曰臣茍藏姦慝誠合誅夷但臣告吳王恪冀以贖罪竊見貞觀中紇干承基游文芝並與侯君集劉蘭同謀不軌於後承基告君集文芝告劉蘭並全首領更加官爵帝曰卿承籍緒餘身尚公主豈比

承基等且告吴王反事無乃晚乎遺愛遂伏罪帝因泣謂侍臣曰朕兄弟不多荆王是朕長叔吴王是朕兄雖犯國經欲就公等乞叔及兄姊等命敦禮進曰昔周公誅管蔡漢景夷七國至於孝昭之時燕王蓋主謀逆皆正刑典此乃前事不遠陛下豈可屈法申恩乃從之

陵寶玄爲大理卿永徽四年十二月代州都督劉文器坐妄說圖讖情有窺窬特免死流配峯州高宗手詔示百寮曰窺窬厲階必以士身滅族斯皆先哲設教歷代舊章今文器乃與妖人往還虛占禍福矯託天命苞藏逆心非意自彰以歸嚴憲今蹈法免死者由朕寡德所致故也去春遺愛等逆起於前今冬文器禍彰於後一歲之內再有此釁朕宵興自思非無深愧御史大夫長孫祥與寶玄奏言劉文器苞藏禍心罪合極法天恩寬貸特免其罪臣聞君親無將將而必誅此法歷代常行文器不可[illegible]捨臣[illegible]法官敢以死諍帝曰卿等執奏誠知守法朕已愍其性命不敢二三竟赦之

狄仁傑爲大理丞上元二年九月左威衛大將軍權善才右監門中郎將范懷義並爲斫昭陵柏木大理奏官減死外並除名帝特令殺之仁傑執奏稱罪不當死帝引入謂曰善才斫陵上柏是我不孝必須殺之仁傑又執奏帝作色令出仁傑進曰臣聞逆龍鱗忤人主自古以爲難臣愚以爲不然居桀紂之時則難堯舜時則易臣今幸逢堯舜不懼比干之誅昔漢文時有盜高廟玉環張釋之廷諍罪止棄市魏文將徙其人辛毗引裾而諫亦見納用且明主可以理奪忠臣不可以威懼今陛下不納臣言臣恐瞑目之後羞見釋之辛毗於地下陛下作法懸之象魏徒流死罪具有等差豈有犯非極刑即令賜死法既無常則萬姓何所措其手足陛下必欲變法請從今日爲始古人云假使盜長陵一抔土陛下何以加之今陛下以昭陵一株柏殺二將軍千載之後謂陛下爲何主此臣所以不敢奉詔殺善才恐陷陛下於不道帝意稍解皇太子又抗疏善才等宿預藩寮先經驅策期於矜貸帝從之善才竟免死除名懷義配流桂州招陵令孔禎以不能檢察免官經數月擢仁傑爲侍御史

徐弘敏字有功延載初爲司刑寺丞時魏州人馮敬同告貴鄉縣尉顏餘慶與博州刺史虺沖同反餘慶博州人沖先放粟債於貴鄉百姓遣鄉人斂索訖餘慶爲徵所徵得錢沖家人自買弓箭餘慶兼修啓疏於沖直叙寒温并言債負不可徵得敬同遂以此狀論告武太后令殿中侍御史來俊臣就推俊臣所推徵債是實其弓箭非餘慶爲市遂奏慶共沖同謀反曹斷緣會永昌赦稱其與虺貞同惡魁首並以伏誅其支黨未發者特從原放遂准律改斷流三千里侍御史魏文忠奏稱餘慶爲沖徵債叶契兇謀又通書啓即非支黨請處斬家口籍沒奉勑依有功執奏曰謀反大逆罪極誅夷殄其族未足以謝愆汚其宮穿可以塞責今據餘慶罪狀顓共虺沖交涉爲沖理債違勑是情

於沖致書在反爲驗既屬永昌恩赦在慶罪即合原狀據永昌元年赦曰其與虺貞等同惡徒黨魁首既並伏誅其支黨事未發者特從赦原謹詳魁首兩文在制非無所屬尚書曰殲厥渠魁名例律曰造意爲首魁即其帥首乃元謀魁帥首謀已露者既並伏法支黨頭末發者特從原宥伏誅既標並字足明魁首無遺餘慶赦後被言發覺即爲支黨必其慶是魁首當時尋已伏誅若從魁首逃亡亦應登時追捕進則不入伏誅之例退則又異追捕之流將同魁首結刑何人更爲支黨況非常之恩千載罕遇莫大之罪萬死蒙生豈令支黨之人翻同魁首應生之伍更入死條嫉惡雖臣子之心好生乃聖人之德今赦而復罪即不如無赦生而又殺則不如無生竊惟聖朝伏當不爾餘慶請依後斷爲支黨處流有功具奏太后大怒按聲謂有功曰若爲喚作魁首有功對曰魁是大帥首是元謀太后又曰餘慶可不是魁首有功又對曰若是魁首虺沖敗日並合伏誅今赦

後事彰只是支黨太后又問曰違勑徵債與虺沖買弓箭何爲不是魁首有功又對曰違勑徵債誠如聖旨所買弓箭狀不相關太后又謂曰二月内與徵債八月又通書此豈不是同謀有功又對曰所通之書據狀是寒温其書搜檢不獲餘慶先經奏訖通書徵債只是支黨太后怒少解乃謂曰卿更子細勘問是支黨不是支黨奏來當時百寮供奉及仗衛有三二百人莫不股慄而有功神色不動奏對無差人皆伏其膽力而不撓時酷吏周興來俊臣丘神勣王弘等構陷無辜皆抵極法公卿震恐莫敢正言有功獨存平恕詔下大理者有功皆議出之前後濟活數十百家常於殿庭論奏曲直武后厲色詰之左右莫不悚慄有功神色不撓爭之彌切後爲侍御史潤州刺史竇孝諶妻龐氏爲奴誣告夜解醮祈福武后令給事中薛季昶鞫之鍛成其罪龐氏坐斬有功執論龐氏坐不至死季昶又劾有功黨惡逆法司結刑有功當棄市方視事令史垂泣以告有功曰豈吾獨死諸人長不死邪乃徐起而歸

李朝隱玄宗開元中爲大理卿冀州武強縣令裴景仙犯乞取贓五千匹事發帝大怒令集衆殺之朝隱奏曰景仙緣是乞贓罪不至死又景仙曾祖故司空寂往屬締構首參元勳載初中家陷非罪凡其兄弟皆被夷唯景仙獨存今見承嫡據贓未當死坐准犯猶入請條十代宥賢功寶宜録一門絶祀情或可哀願寬暴市之刑俾就投荒之役則舊勳不棄平典斯允手詔不許朝隱又奏曰輕重有條臣下當守枉法者枉理而取十五匹便抵死刑乞取者因乞爲贓數千匹上當流坐今若乞取得罪便處斬刑後有枉法當科欲加何辟所以爲國惜法期守律文非敢以法隨人曲矜仙命射兎魏旌驚馬漢橋初震皇赫竟從逆議豈威不能制而法貴有常又景仙曾祖寂定爲元勳恩倚常數若寂勳都棄仙罪特加則叔向之賢何足稱者若敖之鬼不其餒而捨罪念功乞垂天德遂決一百配流

竇參代宗時爲大理司直時婺州刺史鄧珽坐贓八千貫珽與執政有舊以會赦欲免徵贓詔百寮於尚書省雜議議者多希執政意參獨堅執正之於法竟徵贓

牛僧孺爲御史中丞穆宗長慶中宿州刺史李直臣坐贓當死直臣賂中貴人爲之申理僧孺堅執不回帝面諭之曰直臣事雖愆失然此人有經度才可委之邊任朕欲貸其法僧孺對曰凡人不才止於持禄取容耳帝王立法束縛姦雄正爲才多者禄山朱泚以才過人濁亂天下況直臣小才又何屈法哉上嘉其守法而賜金章紫綬

劉三復武宗時爲刑部侍郎澤潞劉從諫死其子稹拒命澤潞既平朝議以從諫妻裴是裴問之妹問之前以山東三州歸命欲原之三復覆奏曰劉從諫苞藏逆謀比雖已露今推窮僕妾尤得審情據其圖謀言語制度服物人臣僭亂一至於斯雖生前幸免於顯誅而死後以從於追戮凡在朝野同深慶快且自古

人臣叛逆合有三族之誅尚書曰乃有顛越不恭我則劓殄滅之無遺育無俾易種于茲新邑如此則阿裴已不得免於極法矣又況從諫死後主張狂謀罪狀非一劉稹年既幼小逆節未深裴爲母氏固宜誠誘若廣説忠孝之道深陳禍福之源必冀梟音全革而乃激厲兇謀膠固叛心廣招將校之妻適有酒食之宴號哭激其衆意贈遺結其黨情遂使叛黨稽不捨之誅童延必死之命以至周歲方就誅夷此阿裴之罪也雖以裴問之功或希減等而國家有法難議從輕伏以管叔周公親弟也有罪而旦誅之以周公之賢尚不捨兄弟之罪況裴問之功效安能破朝廷法耶據阿裴廢臣妾之道懷逆亂之謀裴問如周公之功尚合行周公之戮況於朝典固在不疑阿裴請准法從之

晉張仁愿開運初再爲大理卿嘗以隰州刺史王徽犯贓朝廷以徽功臣之子欲宥之仁愿累執奏不移竟違伏法議者賞之

正直

詩曰靖共爾位好是正直況夫簡孚庶獄審克九刑成震曜之威當明愼之職固宜謹奉彝憲舉正爰書絶去兩端循用三尺靡放於寵因私於親犯逆鱗而不回蹈危機而弗顧使丹筆絶誤書之罪棘木無夜哭之冤傳曰舉直錯諸枉能使枉者直其是之謂乎

晉叔向邢侯與雍子爭鄐田（邢侯楚申公巫臣之子也雍子亦故楚人）久而無成士景伯如楚（士景伯晉理官）叔魚攝理（攝代景伯）韓宣子命斷舊獄罪在雍子雍子納其女於叔魚叔魚蔽罪邢侯（蔽斷也）邢侯怒殺叔魚與雍子於朝宣子問其罪於叔向叔向曰三人同罪施生戮死可也（施行罪也）雍子自知其罪而賂以買直鮒也鬻獄邢侯專殺其罪一也巳惡而掠美爲昏（掠取也昏亂也）貪以敗官爲墨（墨不絜之稱）殺人不忌爲賊（忌畏也）夏書曰昏墨賊殺（逸書三者皆死刑）皐陶之刑也請從之乃施邢侯而尸雍子與叔魚於市

後漢[illegible]爲廷尉素廉正自掌法官門無賓客公卿宴會要請不往

魏滿寵山陽人太祖辟署西曹屬爲許令故太尉楊彪收付縣獄尚書令荀彧少府孔融等並屬寵但當受辭勿加考掠寵一無所報

司馬岐爲廷尉時大將軍曹爽專權尚書何晏鄧颺等爲之輔翼南陽圭泰嘗以言迕指考繫廷尉颺訊獄將致泰重刑岐數颺曰夫樞機大臣王室之佐既不能輔化成德齊美古人而乃肆其私忿枉論無辜使百姓危心非此爲在颺於是慙怒而退岐終恐久獲罪以疾去官居家未朞而卒【王觀字偉臺東郡廩丘人也明帝幸許昌召觀爲治書侍御史典行臺獄時多倉卒喜怒而觀不阿意順旨

晉顧榮字彥先遷廷尉平時趙王倫誅淮南王允允官屬下廷尉議罪榮具明刑理不宜廣濫倫意解賴榮濟者甚衆

王彪之爲廷尉時永嘉太守謝毅赦後殺郡人周矯矯從兄球詣州訴兗揚州刺史殷浩遣從事收毅付廷尉彪之以球爲獄主身無王爵非廷尉所料不肯受與州相反覆穆帝發詔令受之彪之又上疏執據時人云張釋之以來復見斯事

後魏崔振爲廷尉少卿河內太守陸琇與咸陽王禧同謀爲逆禧敗事發振窮治之時琇內外親黨及當朝貴要咸爲之言振研覈切至終無縱緩琇斃之於獄其奉法如此

崔光韶爲廷尉卿時祕書監祖瑩以贓罪被劾光韶必欲致之重法太尉城陽王徽尚書令臨淮王彧吏部尚書李神儁侍中李彧並勢望當時爲瑩求寬光韶正色曰朝賢執事於舜之功未聞有一如何反爲罪人言乎其執意不回如此

張蒲爲內都大官參決庶獄私謁不行號爲公正

隋薛胄爲刑部尚書時左僕射高熲稍被疏忌及王世積之誅也熲事與相連文帝因此欲成熲罪胄明雪之正議其獄由是忤旨械繫之久而得免

唐戴胄爲大理少卿前後犯顏執法者數矣劉德威授大理卿太宗嘗問之曰近來刑網稍密其過安在德威奏言誠在主上不由臣下人主好寬則寬好急則急律文失入減三等失出減五等今則反是失入則無辜失出獲大罪所以吏各自愛競執深文非有教使之然畏罪之所致耳陛下但捨所急則寧失不經復行於今日矣太宗深然之

桓彥範爲司刑少卿凡所奏議若逢人主詰責則辭色無懼爭之逾厲又嘗謂所親曰今既躬爲大理人命所懸必不能順旨詭辭以求苟免【崔日昇玄暐之弟玄暐爲鸞臺侍郎平章事日昇爲司刑少卿則天季年宋璟劾奏張昌宗謀爲不軌玄暐亦屢有讜言則天乃令法司正斷其罪日昇人請寘以大辟其兄弟守正如此

李日知天授中爲司刑丞時用法嚴急日知獨寬平無冤濫嘗免一死囚少卿胡元禮斷請殺之與日知往復至于數四元禮

怒曰元禮不離刑曹此囚終無生理日知荅曰日知不離刑曹此囚終無死法竟以兩狀列上曰知果直徐有功爲司刑丞常於殺戮廷論奏曲直則天勵色詰之左右莫不悚慄有功神色不撓爭之彌切後爲司刑少卿常謂所親曰今衆躬爲大理人命所懸必不能順旨詭辭以求苟免前後以諫奏枉破家三濮斷死而執志不渝以殺身成仁不以夷險易操故天下聞之者欣欣焉談之不容於口或曰若獄官皆然刑措何遠

王正雅文宗時爲大理卿會宋申錫事起獄自內出無支證可驗當是時王守澄之威權鄭注之勢在廷雖宰相已下無能以顯言辨其事者惟正雅與京兆尹崔琯上疏言宜得告事者考驗其辭狀以聞由是獄稍解以琯與正雅挺然申理也中外翕然推重及卒時論惜之

後唐李愚仕梁爲左拾遺晉州節度使華溫琪在任違法籍民家財入已其家詣于朝制使劾之伏罪梁主以先朝草昧之臣不忍加法愚援其罪

晉呂琦爲駕部員外郎兼侍御史知雜事會河陽茶吏竊財事發詔軍巡院鞫之時軍巡使尹訓估勢納賂枉直相反飢有訴冤於親下者詔琦按之既驗其姦乃上言請送尹訓赴臺時權臣庇訓阻而不行琦連奏不已訓知其不免自殺於家其獄遂明蒙活者甚衆自是朝廷多琦之公直

李象遷文昌外郎詳刑定罪每不畏豪强人甚重之

周李濤初仕晉爲刑部郎中少帝開運中抗表請理涇帥張彥澤殺掌書記張式事忤旨左遷洛陽令

劉延爲刑部郎中廣順三年九月同州節度使薛懷讓并子有光授夏陽縣民張延徽獻送追促判官劉震斷殺里人秉重等其親屬詣冤臺司奏薛懷讓并子有光及隨幕判官軍將等並合追攝勘問太祖以懷讓武臣位兼使相不欲責辱只令臺司據見勘到款占結案獄成上付大理寺詳斷劉震王廷壽並處死延詳覆稱節度使薛懷讓已下未曾勘對劉震等各是飾詞伏候勅裁太祖覽之謂侍臣曰劉延所奏甚是公正懷讓既然不問劉震等宜與減等故劉震王廷壽得以不死但決配焉

冊府元龜卷第六百十七

冊府元龜卷第六百一十八

刑法部

平允　平反

平允

易曰君子以明慎用刑而不留獄傳曰刑者侀也侀者成也一成而不可變故君子盡心焉是故惟明克允虞帝之申戒簡孚審克呂刑之有云三代而下治獄之吏乃有達欽恤之旨措伏念之訓深懷仁恕務遵寬大原人心以定法傅經義而立論悉其聰明致其忠愛情得而勿喜罪疑而從輕無有適莫歸乎至當故能使羣議厭服刑章式叙上無枉撓之失民知恥格之漸其於守官宿業不亦多乎故皋陶之淑問流於雅頌張釋之為名臣稱於史氏何莫由斯也已

公甫為魯大夫孔子如衛人謂曰公甫不能聽獄乎子曰不知公甫之不能聽獄也公甫之聽獄也有罪者懼無罪者恥民近

權奕

漢趙禹為廷尉始條侯以禹賊深及禹為少府九卿酷急至晚節事益多吏務為嚴峻而禹治加緩名為平

杜延年為大將軍霍光軍司馬光持刑罰嚴延年輔之以寬治燕王獄時御史大夫桑弘羊子遷亡過父故吏侯史吳姓侯名吳後遷捕得伏法會赦侯史吳自出繫獄廷尉王平與少府徐仁雜治反事交雜同共治之也皆以為桑遷坐父謀反而侯史吳藏之非匿反者乃匿為隨者也言桑遷但隨坐耳非自反也即以赦令除吳罪後侍御史治實重覈其事也以桑遷通經術知父謀反而不諫爭與反者身無殊侯史吳故三百石吏首匿遷首匿者言身為謀首而藏匿人也不與庶人匿隨從者等吳不得赦奏請覆治劾廷尉少府縱反者縱放也少府徐仁即丞相車千秋女壻也故千秋數為侯史吳言恐光不聽千秋即召中二千石博士會公車門議問吳法於法律之中吳當得罪非議者知大將軍指皆執吳為不道明日千秋封上衆議光於是以千秋擅召中二千石以下外內異言外謂外朝內謂內朝也遂下廷尉平少府仁獄朝廷皆恐丞相坐之延年乃奏記光爭以為吏縱罪人有常法今更詆吳為不道恐於法深詆誣也又丞相素無所守持而為好言於下盡其素行也行非有所執持但其言於下人耳至擅召中二千石甚無狀無善狀延年愚以為丞相久故及先帝用事言在位已久又是先帝故舊而任事也非有大故不可棄也間者民頗言獄深吏為峻詆峻謂深刻也今丞相所議又獄事也如是以及丞相恐不合衆心羣下讙譁庶人私議流言四布延年竊重將軍失此名於天下也重猶難也以此為重事也光以廷尉少府弄法輕重皆論棄市而不以及丞相終與相竟謂終丞相之無[illegible]也延年論議持平合和朝廷皆此類也

黃霸為河南丞為人明察內敏內敏言心思捷疾也又習文法然溫良有讓足知善御衆為丞處議當於法合人心太守甚任之吏民愛敬焉自武帝末用法深昭帝立幼大將軍霍光秉政大臣爭權

上官桀等與燕王謀作亂既誅之後遵武帝法度以刑罰痛繩羣下繇是俗吏上嚴酷以為能而霸獨用寬和為名會宣帝即位在民間時知百姓苦吏急也聞霸持法平召以為廷尉正數決疑獄庭中稱平

于定國為縣獄史郡決曹決獄平羅文法者于公所使皆不恨羅之也于定國為廷尉其決疑平法務在哀鰥寡罪疑從輕加審慎之心朝廷稱之曰張釋之為廷尉天下無冤民言決罪皆當于定國為廷尉民自以不冤

孔光為廷尉光久典尚書練法令號稱詳平

後漢何敞六世祖比干武帝時為廷尉正與張湯同時湯持法深而比干務仁恕數與湯爭雖不能盡得然所濟活者以千數

郭躬父弘習小杜律杜周武帝時為廷尉御史大夫斷獄深刻少子延年亦明法律宣帝時又為御史大夫對父故言小太守寇恂以弘為決曹掾斷獄至三十年用法平諸為弘所決者退無怨情郡內比之東海于公及躬為廷尉務在寬

平及典理官吏獄斷刑多依矜恕又條諸重文可從輕者四十一事奏之事皆施行著于令

寒朗永平中以謁者守侍御史與三府掾屬六考案楚獄顏忠王平等辭連及隧鄉侯耿建朗陵侯臧信護澤侯鄧鯉曲成侯劉建建等辭未嘗與忠平相見是時明帝怒甚吏皆惶恐諸所連及率一切陷入無敢以情恕者朗心傷其冤試以建等物色獨問忠平而二人錯愕不能對朗知其詐乃上言建等無姦專爲忠平所誣疑天下無辜類多如此帝乃召朗入問曰建等即如是忠平何故引之朗對曰忠平自知所犯不道故多有虛引冀以自明帝曰即如是四侯無事何不早奏獄竟而久繫至今邪朗對曰臣雖考之無事然恐海內別有發其姦者故未敢時上帝怒罵曰吏持兩端促提下左右方引去朗曰願一言而死小臣不敢欺欲助國耳帝問曰誰與共爲章對曰臣自知當必族滅不敢多汚染人誠冀陛下一覺悟而已臣見考囚在事者

咸共言妖惡大故臣子所宜同疾今出之不如入之可無後責是以考一連十考十連百又公卿朝會陛下問以得失皆長跪言舊制大罪禍及九族陛下大恩裁止於身天下幸甚及其歸舍口雖不言而仰屋竊歎莫不知其多冤無敢牾陛下者臣今所陳誠死無悔帝意解詔遣朗出後二日車駕自幸洛陽獄錄囚徒理出千餘人後平忠死獄中朗乃自繫會赦免官舉孝廉建初中章帝大會群臣朗前謝恩詔以朗納忠先帝拜爲易長

黃香和帝時爲尚書令東平清河奏訞言卿仲遼等所連及且千人香科別據奏全活甚衆每郡國疑罪輒務求輕科愛惜人命每存憂濟

陳寵爲司徒辭曹掌天下獄訟其所平決無不厭服衆心及代郭躬爲廷尉性仁矜及爲理官數議疑獄常親自爲奏每附經典務從寬恕帝輒從之濟活者甚衆其深文刻敝於此少衰

陳忠者寵之子也安帝時爲尚書居三公曹（三公曹尚書主斷獄）自以世典刑法用心務在寬詳初父寵在廷尉上除漢法溢於甫刑者未施行及寵免後遂寢而苛法稍繁人不堪之忠略依寵意奏上二十三條爲決事比以省請讞之敝又上除蠶室刑解臧吏三世禁錮狂易殺人得減重論母子兄弟相代死聽赦所代者事皆施行

虞經爲郡縣獄吏案法平允務存寬恕每冬月上其狀常流涕隨之

盛吉字君達爲廷尉性多哀憐視事十二年天下稱有恩

張皓爲廷尉雖非法家而留心刑斷數與尚書辯正疑獄多以詳當見從（詳審而平當也）

傅賢爲廷尉常垂念刑法務從輕比至斷獄遲迴流涕在位四年治獄稱平

吳雄字季高順帝時以明法律爲廷尉斷獄平允

魏高柔爲刺姦令史處法允當獄無留滯辟爲丞相倉曹屬

司馬芝爲大理正有盜官練置都廁上者吏疑女工收以付獄芝曰夫刑罪之失失在苛暴今贓物先得而後訊其辭若不勝掠或至誣服誣服之情不可以折獄且簡而易從大人之化也不失有罪庸世之治耳今宥所疑以隆易從之義不亦可乎太祖從其議

王朗爲大理務在寬恕罪疑從輕鍾繇明察當法俱以治獄見稱

蜀楊戲年二十餘從州書佐爲督軍從事職典刑獄論法決疑號爲平當

晉杜友初仕魏爲侍御史毋丘儉之誅黨與七百餘人友治獄惟舉首事十人餘皆奏散

何曾魏末爲司隸校尉時毋丘儉誅子甸妻荀應坐死其族兄顗族父虞並景帝姻通表魏帝以匄其命詔聽離婚荀所生女芝爲潁川太守劉子元妻亦坐死以懷妊繫獄荀辭詣曾乞恩曰芝繫在廷尉顧影知命計日被法乞沒爲官婢以贖芝命曾哀之騰辭上議朝廷僉以爲當遂

以法

衛瓘轉廷尉卿瓘明法理每至聽訟小大以情

趙至幽州三辟部從事斷九獄見稱精審

顧榮爲廷尉正會趙王倫誅淮南王允收允寮屬付廷尉皆欲誅之榮平心處當多所全宥

庾峻爲秘書丞時長安有大獄久不決拜峻侍御史往斷之朝野稱允

江統爲廷尉正每州郡疑獄斷處從輕

續咸脩陳杜律明達刑書懷帝永嘉中歷廷尉平東安太守劉琨承制于并州以爲從事中郎後遂没石勒勒以爲理曹參軍持法平詳當時稱其清裕比之于公

梁孔休源爲建康獄正及辯折時罕冤人後有選人爲獄司者高祖常引休源以勵之

陳殷不害年十七仕梁爲廷尉評不害長於故事兼飾以儒術名法有輕重不便者輒上書言之多見納用

宋憲爲御史中丞詳練朝章尤明聽斷至有獄情未盡而有司具法者即伺閑暇常爲上言之其所申理者甚衆

後魏于栗磾太武時爲外都大官平刑折獄甚有聲稱

唐和爲內都大官評決獄訟不加捶楚款獲實者甚多世以是稱之

司馬文思爲廷尉卿善於其職聽訟斷獄百姓不復匿其情

高允文成時爲中書侍郎遷中書令又遷監初真君中以獄訟留滯始令中書以經義斷諸疑事允據律評刑三十餘載內外稱平允以爲獄者民之命也常歎曰皐陶至德也其後英蓼先亡劉項之際英布黥而王經世雖久猶有刑之餘豈況凡人能無咎乎

任城王澄孝文時常州刺史穆泰謀反推朔州刺史陽平王頤爲主詔澄討之澄先遣治書李煥禽泰從治竆其黨與罪人皆得鉅鹿公陸叡安樂侯元隆等百餘人皆獄禁具狀表聞孝文覽表大悅召集公卿已下以表示之曰我任城可謂社稷臣也尋其罪案正復皐陶斷獄豈能過之顧謂咸陽王等曰汝等脫當其處不能辨此車駕尋幸平城勞澄曰任城行深副遠寄對曰陛下威靈遠被罪人無所逃刑臣何勞之有引見逆徒無一人稱枉時人莫不歎之孝文顧謂左右曰昔仲尼云聽訟吾猶人也必也使無訟然聖人之聽訟殆非常人所匹必無訟今日見之矣

廣川王略延興中爲南部大官性明敏鞫獄稱平

呂羅漢太和中爲內都大官聽訟折獄多得其情

游肇宣武時爲廷尉卿兼御史中丞肇儒者動存名教直繩所舉莫非傷風敗俗持法仁平斷獄務於矜恕

甄琛東魏孝靜初爲廷尉卿在官有平直之譽

後周趙肅西魏文帝太統中爲廷尉卿久在理官執心平允凡所處斷咸得其情廉慎自居不營產業時人以此稱之

楊敷恭帝時爲廷尉少卿所斷之獄號稱平允

北齊李構爲大理卿世稱平直

封述久爲法官明解律令議斷平允深爲時人所稱

蘇瓊字珍之爲司直廷尉正時畢義雲爲御史中丞以猛暴任職理官忌憚莫敢有違瓊推察務在寬平得雪者甚衆寺署臺案始自於瓊遷三公郎中趙州及河南有人頻告謀反前後皆付瓊推檢事多申雪尚書崔昂謂瓊曰若欲立功名當更思餘理乃數雪反逆身命何輕瓊正色曰所雪者冤枉不放反逆昂大慙京師爲之語曰斷決無疑蘇珍之

宋世軌幼自嚴整好法律稍遷廷尉卿洛州民聚結欲劫河橋吏捕案之連諸元徒黨千七百人崔暹爲廷尉以之爲反數年不斷及世軌爲少卿判其事爲劫於是殺魁首餘從坐悉捨焉時大理正蘇珍之亦以平幹知名寺中爲之語曰決定嫌疑蘇

診之覩表見裏宋世軌時人以爲寺中二絕及平廷尉御史諸繫囚聞世軌死皆哭曰宋廷尉死我等豈有生路

皮景和後主武平中詔獄多令黄門等監治常令景和按覆據理執正由是過無枉濫

後周裴政爲少司憲用法寬平無有冤濫囚徒犯極刑者乃許其妻子入獄就之至冬將行決皆泣曰裴大夫致我於死死無所恨其處法詳平如此

令狐整爲司憲中大夫處法允平爲當時所稱

隋趙綽爲大理丞處法平允考績連最轉大理正俄爲刑部侍郎高祖以盜賊不禁將重其法綽進諫曰陛下行堯舜之道多存寬宥況律者天下之大信其可失乎帝忻然納之因謂綽曰若更有聞見宜數陳之也遷大理少卿

梁毗爲大理卿處法平允時人稱之

骨儀京兆長安人性剛鯁有不可奪之志開皇初爲侍御史處法平當不爲利所回

薛冑爲大理卿持法寬平名爲稱職

唐韋仁壽隋末爲蜀郡司法書佐斷獄平恕其有得罪者皆曰韋君所斷死而無恨

劉德威爲大理卿太宗嘗問之曰近來刑網稍密其過安在德威奏言誠在主上不由臣下人主好寬則寬好急則急律文失入減三等失出減五等今則反是失入則無辜失出便獲大罪所以吏各自愛競執深文非有教使之然畏罪之所致耳陛下但捨所急則寧失不經復行於今日矣帝深然之

戴冑爲大理少卿性既彊正處斷明速議者以爲法官稱職事無冤濫武德以來一人而已

唐臨爲大理卿高宗初嗣位嘗親錄囚徒前卿所斷者皆號叫稱冤臨所入者獨無言帝怪而問狀囚曰罪實自犯唐卿所斷皆非冤濫所以絕意耳帝嘉歎久之曰爲獄者不當如此耶

張文瓘爲大理卿旬日決遣疑獄四百餘條其得罪者皆無怨言文瓘嘗有疾繫囚相與設齋以禱焉尋拜侍中兼太子賓客大理囚一時慟哭其得人心如此

狄仁傑儀鳳中爲大理丞周歲斷滯獄一万七千人無冤訴者

徐有功則天時爲司刑少卿有功謂所親曰吾今身爲大理人命所懸必不能順旨詭辭以求苟免故前後爲獄官以諫奏枉誅者三經斷死而執志不渝酷吏由是少衰時人比漢之于張焉或曰若獄官皆然刑措何遠杜景佺爲司刑丞天授中與徐有功來俊臣侯思止專治制獄時人稱云遇徐杜者必生遇來侯者必死

劉延祐爲右司郎中李敬業之亂楊州初平所有刑名人莫能定延祐奉使至軍所決之時議者斷受賊五品官者斬六品官者流延祐以爲諸非元謀迫脅從逆即寘極刑事傷枉濫乃斷受賊五品者流六品已下但除名而已于時得全濟者甚衆

李日知天授中爲司刑丞時用法嚴急日知獨寬平無冤濫嘗免一死囚少卿胡元禮斷請殺之與日知往復至于數四元禮怒曰元禮不離刑曹此囚終無生路答曰日知不離刑曹此囚終無死法竟以兩狀列上日知果直

袁仁敬爲大理卿率繫囚閱之皆慟哭悲歌

宋璟玄宗開元中爲開府儀同三司時京兆人權梁山構逆伏誅制河南尹王怡馳傳往長安窮其枝黨囚禁繫極衆久之未能決斷乃詔璟赴京留守并按覆其獄璟至雖罪元謀數人其餘緣梁山詐稱婚禮因假借得罪及脅從者盡原之

李峴爲御史大夫充三司使肅宗至德中御史中丞崔器性刻樂禍陰忍寡恩希旨深文奏陷賊官云從據律合處死帝初收復欲懲勸天下以爲器議是峴執之曰夫事有首從情有重輕若一槩處死恐非陛下含弘之義又失國家惟新之典且胡羯亂常征寇淩據二京全陷萬乘南巡各顧其生衣冠蕩覆或

陛下親戚勲舊子孫責之以死恐乖仁恕昔者明王用刑識職
渠魁脅從罔理況此殘寇今尚未平苟容漏網適開自新之
路若盡行誅是堅叛逆之心誰人更肯歸順困獸猶鬭況數萬
人乎廷議累日方從峴奏
李栖筠爲殿中侍御史時御史大夫李峴按覆受逆命者請爲
詳理判官推情用恕多所全宥時呂諲崔器議而失入唯峴大
獲美聲皆栖筠之力
劉晏爲吏部尚書代宗大曆中宰相元載王縉得罪詔晏與御
史大夫李涵等鞫之初晏等承旨載縉亦處極法晏謂涵等曰
重刑再覆國之常典況誅大臣豈得不奏覆又法有首從二人
同亦宜重取進止涵等咸聽命及晏等覆奏帝乃減縉罪從輕
後唐韋瓅唐末爲鹽鐵巡官韓建留守西都擢爲司法參軍推
鞫平允建頗重之
王延末帝清泰末爲御史中丞奉中興年處決平允轉尚書右丞

平反

夫議獄緩刑則五辭惟允舉直錯枉則庶獄無冤蓋折獄之惟
難在斷訟而多濫況一成難變君子所以哀矜兩造相違良臣
所以慎測故有吏評既備丞辯云厚誣具獄巳封特明其非罪
斥深文之弊破偏聽之姦脫桁隸於良民正歐刀於元惡宜乎
獲仁人之譽享高門之封者焉
後漢郭躬爲廷尉奏讞法科多所生全
傅賢爲廷尉常垂念刑法務從輕比至斷獄遲迴流涕在位四
年獄稱治平
魏高柔爲廷尉時護軍營士竇禮近出不還營以爲亡表言逐
捕沒其妻盈及男女爲官奴婢盈連至州府稱冤自訟莫有省
者乃辭詣廷尉柔問曰汝何以知夫不亡盈垂泣對曰夫少單
特養一老嫗爲母事甚恭謹又哀兒女撫視不離非是輕狡不
顧室家者也柔重問曰汝夫不與人有怨讎乎對曰夫良善與
人無讎又曰汝夫不與人交錢財乎對曰嘗出錢與同營士焦
子文求不得時子文適坐小事繫獄柔乃見子文問所坐言次
曰汝頗曾舉人錢不子文曰自以單貧初不敢舉人錢物也柔
察子文色動遂曰汝昔舉竇禮錢何言不邪子文怪知事露應
對不次柔曰汝巳殺禮便宜早服子文於是叩頭具首殺禮本
末及埋藏所柔便遣吏卒承子文辭往掘禮即得其屍詔書復
盈母子爲平民班下天下以禮爲戒
晉賈充遷廷尉雅長法理有平反之稱
劉頌遷議郎守廷尉時尚書令史扈寅非罪下獄詔使考竟頌
執據無罪寅遂得免時人以頌比張釋之在職六年號爲詳平
顧榮字彥先爲廷尉平趙王倫誅淮南王允允官屬下廷尉議
罪榮具明刑理
王坦之爲侍中時卒士韓帳逃亡歸首云失牛故叛有司刻帳
偷牛考掠服罪坦之以爲帳束身自歸而法外加罪懈怠失牛

事或可恕加之木石理有自誣宜附罪疑從輕之例遂以見原
殷仲堪爲荆州刺史桂陽人黃欽生父沒已久詐服衰麻言迎
父喪府曹先依律詐取父母寧
依歐詈法棄市原此之旨當以二親生存而橫言死沒情事悖
逆忍所不當故同之歐詈之科正以大辟之刑今欽生父實終
没墓在舊鄉積年久遠方詐服迎喪以此爲大妄耳比之於父
存言亡相殊遠矣遂活之
後魏王基爲御史先是驍騎將軍刁整丁父憂時相州刺史山
陽王熙在鄴起兵將誅元乂等事敗傳首京師熙之親故莫敢
視者整弟婦即熙姊遂收其屍藏之後乃還熙所親乂聞而致
憾因以熙弟略南走梁誣整將送整與弟宣及子恭等幽繫之
頼基與前將軍檢事使魏子建理雪獲免
北齊蘇瓊爲文襄并州刑獄參軍并州嘗有強盜長流參軍推
其事所疑賊並已拷伏失物家並識認唯不獲盜贓文襄付瓊

[illegible]乃引推得元景融等十餘人並獲贓驗文蘘大笑[illegible]
顛妻引贓者曰爾輩若不遇我好參軍幾致枉死
唐狄仁傑垂拱中歷遷冬官侍郎文昌右丞豫州刺史並有能
名是時坐越王貞軍詿誤因緣合誅者七百餘人仁傑以其並
是脅從抗表申理則天咸宥之
徐有功天授初累補司刑丞秋官員外郎稍遷郎中有功前後
居法官數議大獄務存平恕凡所全活者數千百家周興丘勣
來俊臣等深文酷法由是少衰後以公事免後爲左臺侍御史
時潤州刺史竇孝諶妻龐氏爲奴誣告云夜解髮祈福則天令
給事中薛季昶鞫之季昶斷練成其罪龐氏當坐斬有功獨明
其無罪而季昶等反陷有功黨援惡逆奏付法司結刑當棄市
有功方視事令史垂泣以告有功曰豈吾獨死而諸人長不死
耶乃徐起而歸則天覽奏召有功詰之曰卿比斷獄失出何多
對曰失出臣下之小過好生聖人之大德願陛下弘大德則天

下[illegible]死流於嶺表
李日知天授中爲司刑丞時用法嚴急日知獨寬平無冤濫嘗
免一死囚少卿胡元禮斷請殺之與日知往復至于數四元禮
怒曰元禮不離刑曹此囚終無生理日知荅曰日知不離刑曹
此囚終無死法竟以兩狀列上日知果直
蘇頲爲左臺監察御史長安中詔頲案覆來俊臣等舊獄頲皆
申明其枉雪免者甚衆
韋虛心爲侍御史中宗景龍中西域羌胡背叛時並擒獲有勑
盡欲誅之虛心論奏但罪元惡其所全者千餘人
韓思復睿宗景雲中爲給事中時右散騎常侍嚴善思坐譙王
重福事下獄有司言善思昔任汝州刺史素與重福交遊乃
被召至京竟不言其謀逆唯奏云東都有兵氣據狀正當匿反
請從絞刑思復奏曰議獄緩死列聖明規刑疑從輕有國常典
嚴善思往在先朝屬韋氏擅内侍寵宮掖謀危宗社善思此時

遂能先覺匡詣相府有所發明進諭至親必登宸極雖交遊重
福蓋謀陷韋氏勑追善思書至便發自襄遊節盛郎奔命一面
踈網誠合順生三驅取禽來而可宥惟刑是恤事合照詳請刑
部集群官議定奏裁以符慎獄是時議者多云善思合從原宥
有司仍執前議請誅之思復又駁奏曰聞刑人於市爵人於朝必
僉謀攸同始行之無惑謹按諸司所議嚴善思十纔一人抵罪
唯輕夫帝闢九重途遠千里故借天下耳以聽聽無不聰借天
下目以視視無不接今群言上聞採擇宜審若棄多就小臣實
懼焉輿論一乖下情不達雖欲從衆其可及乎凡百京司逢時
之泰列官分職有賢有親親則列藩諸王陛下愛子賢則昨茅
開國陛下名臣見無禮於君寧肯雷同不異今措詞多出法合
從輕帝納其奏竟免善思死配流靜州
顏眞卿玄宗天寶中爲監察御史充河西隴右軍試覆屯交兵
使王原有冤獄久不決眞卿至辯之天方旱獄決乃雨郡人呼

之爲御史雨
竇參代宗時爲監察御史奉使按湖南判官馬彝獄時彝舉屬
令職罪至千貫爲將作者之子因權倖誣奏彝參覺白彝無罪
彝實能吏也參德宗初爲御史中丞時神策將軍孟華有戰功
爲大將軍所誣奏稱華謀反有右龍武將軍李建玉前陷吐蕃
又之自拔爲部曲誣告潛通吐蕃皆當死無以自白參悉理出
之由是人皆屬望
袁滋德宗貞元初爲岳鄂節度何士幹從事部有邑長以下吏誣
以盜金滋察其冤竟出之
李元素貞元中爲侍御史時杜亞爲東都留守亞大將令狐運
會盜發洛城之北運適與其部下畋于北部亞意其爲盜遂執
訊之逮繫者四十餘人監察御史楊寧按其事亞以爲不密表
陳之寧遂得罪亞將逞其宿怒且以得賊爲功上表指明運盜
之狀帝信而不疑宰臣以獄大宜審奏請覆之命元素就亞

理路以獄成告元素驗之五日盡釋其囚以還亞大驚且怒親追至馬上責之元素不答亞遂上疏又誣奏元素還奏言未畢帝怒曰出俟命元素曰臣未盡詞帝又曰且去元素復奏且一出不得復見陛下乞容盡詞帝意稍緩元素盡言亞冤狀明白帝乃寤曰非卿孰能辯之後數月竟得真賊元素由是為時所重

柳渾為江西觀察使魏少遊判官時與崔祐甫同在使府並推公正州有開元寺僧徒夜飲因醉失火延燒講堂翌日歸罪於守門瘖奴虞候亦受財而同其狀械奴送府少遊將斷吏人知瘖奴之冤莫敢言者渾與祐甫遽入具言醉僧之過內外蒙蔽致有冤濫少遊大驚趣令訊鞫醉僧首伏瘖奴見原少遊謝曰微二君之言幾成老夫闇劣矣

冊府元龜卷第六百一十八

冊府元龜卷第六百一十九

刑法部十一

案鞫　深文　枉濫

案鞫

夫周官司寇之職有兩造兩劑之禁設鈞金束矢之制以五刑聽万民之獄訟求之於辭氣耳目以察其情簡孚閱實乃蔽其訟斯案鞫之遺範也原夫衆庶之心本乎多辟三代而治罔訟滋豐雖法令之繁密不能勝夫姦軌雖聽察之明慎不能措其刑辟繇是有司參治承詔劾問簿捕或至於窮覈詳掠乃遵於程式以至身陷乎公憲罪歸乎典議亦比比而有焉自非司其事者悉其聰明致其忠愛得情而勿喜盡心而是圖亦曷常無蕃類哉

漢劉德爲宗正丞雜治劉澤詔獄（劉澤燕剌王之孫謀反欲殺青州刺史）後爲宗正雜案上官氏蓋主事（[illegible]）張湯爲廷尉治淮南衡山江都反獄皆窮根本

終軍爲謁者給事中元鼎中博士徐偃使行風俗偃矯制使膠東魯國鼓鑄鹽鐵還奏事徙爲太常丞御史大夫張湯劾偃矯制大害法至死偃以爲春秋之義大夫出疆有可以安社稷存萬民顓之可也湯以致其法不能詘其義有詔下軍問狀軍詰偃曰古者諸侯国異俗分百里不通時有聘會之事安危之勢呼吸成變故有不受辭造命顓己之宜今天下爲一萬里同風故春秋王者無外偃巡封域之內稱以出疆何也且鹽鐵郡有餘藏（諸郡皆有畜積）正二国廢国家不足以爲利害而以安社稷存萬民爲辭何也偃窮詘服罪當死軍奏偃矯制顓行非奉使體請下御史徵偃即罪

王禁封陽平侯元帝時中書令石顯用事待詔賈捐之數短顯以故不得官稀復見長安令楊興新以材能得幸與捐之相善捐之欲得召見即與興共爲薦顯奏宜賜爵關內侯又共爲薦興奏可試守京兆尹顯聞知白之元帝乃下興捐之獄令禁與顯共雜治奏興捐之罔上不道捐之棄市興減死罪一等髡鉗爲城旦

諸葛豐爲司隸校尉侍中許章以外屬貴幸奢淫不奉法度賓客犯事與章相連豐案劾章欲奏其事適逢章出豐駐車舉節詔章曰下欲收之章迫窘馳車去豐追之章因得入宮門自歸上豐亦上奏於是收豐節司隸去節自豐始

彭宣爲左將軍哀帝時傅太后怨從弟高武侯傅喜不已使從弟孔鄉侯晏風丞相令奏免喜侯丞相朱博與御史大夫趙玄奏免喜爲庶人哀帝知傅太后素常怨喜疑博玄承旨即召玄詣尚書問狀玄辭服有詔宣與中朝者雜問宣等劾奏博不道玄大不敬晏失禮不敬方賞爲廷尉建平中與王立坐殺之哀帝遣賞與大鴻臚陽由持節即訊

後漢寒朗字伯奇明帝永平中以謁者守侍御史與三府掾屬案楚王英獄（英與漁陽王平顏忠等造作圖書有逆謀事）

韓紆永平時爲謁者考劾竇勳獄（勳大司空融之孫城門校尉穆之子穆父子自失勢數出怨望語禍繫獄子宣俱死平陵獄勳以罪誹謗陰主留京師亦死洛陽獄）

魏滿寵漢末爲許令時故太尉楊彪收付縣獄尚書令荀彧少府孔融等並屬寵但當受辭勿加考掠寵一無所報考訊如法數日求見太祖言之曰楊彪考訊無他辭語當殺者宜先彰其罪此人有名海內若罪不明必大失民望竊爲明公惜之太祖即日赦出彪初彧融聞考掠彪皆怒及因此得了更善寵

鍾繇爲大理毛玠爲尚書僕射典選崔琰既死玠內不悅後有白玠出見黥面反者其妻子沒爲官奴婢玠言曰使天不雨者蓋此也太祖大怒收玠付獄繇詰玠曰自古聖帝明王罪及妻子書云左不共左右不共右予則孥戮汝司寇之職男子入于罪隸女子入于舂藁漢律罪人妻子沒爲奴婢黥面漢法所行黥墨之刑存於古典今真奴婢祖先有罪雖歷百世猶有黥面

供官一以寬良民之命二以青并罪之辜此何以負於神明之意而當致旱案典謀急常寒若舒常燠若寬則亢陽所以爲旱玠之吐言以爲寬邪以爲急也急當陰霖何以反旱成湯聖世野無生草周宣令王旱魃爲虐亢旱以來積三十年歸咎黥面爲相值不衛人伐邢師興而雨罪惡無徵何以應天玠譏謗之言流於下民不悅之聲上聞聖聽玠之吐言勢不獨語時見黥面凡爲幾人黥面奴婢所識知邪何緣得見對之歎言時以語誰見咨云何以何日月於何處所事已發露不得隱蔽具以狀對玠曰臣聞蕭生縊死困於石顯賈子放外讒在絳灌白起賜劍於杜郵晁錯致誅於東市伍員絕命於吳都斯數子者或妬其前或害其後臣垂髮執簡累勤取宮職在機近人事所竄臣以私無勢不絕語臣以寃無細不理人情淫利爲法所禁法禁於利勢能害之青蠅橫生爲臣作謗謗臣之人勢不在他昔王叔陳生爭正王廷宣子平理命舉其契是非有宜曲直有所春秋嘉焉是以書之臣不言此無有時人說臣此言必有徵要乞蒙宣子之辨而求王叔之對若臣以曲聞即刑之日方之安駟之贈賜劍之來比之重賞之惠謹以狀對時桓階和洽進言救玠玠遂免黜卒于家

何晏爲尚書與大將軍曹爽等專政爽敗司馬宣王使晏典治爽等獄晏窮治黨與冀以獲宥宣王曰凡有八族晏疏丁謐鄧颺等七姓宣王曰未也晏窮急乃曰豈謂晏乎宣王曰是也乃收晏並夷三族

梁蔡法度爲廷尉卿時有吉翂父爲吳興原鄉令爲姦吏所誣罪當大辟翂撾登聞鼓乞代父命高祖異之勑法度旬吉翂請死贖父義誠可嘉但其幼童未必自然造意卿可嚴加脅誘取其款實法度受勑還寺盛陳徽纆備列官司厲色問翂曰爾求代父死勑已相許便應伏法然刀鋸至劇審能死不且爾童孺志不及此必爲人所教姓名是誰可具列答有悔異亦相聽許

翂對曰囚雖蒙弱豈不知死可畏憚顧諸弟稚藐惟囚爲長不見父極刑自延視息所以內斷胸臆上干萬乘今欲殉身不測委骨泉壤此非細故奈何受人教邪明詔聽代不異登仙豈有迴貳法度知翂至心有在可不屈撓乃更和顏誘語之曰主上知尊侯無罪行當釋亮觀君神儀明秀足稱佳童今若轉辭幸父子同濟奚以此妙年苦求湯鑊翂對曰凡鯤鮞螻蟻尚惜其生況在人斯豈願虀粉但囚父掛深刻必正刑書故思殞仆冀延父命今瞑目引頸以聽大戮情殫意極無言復對乃貸其父

後魏党暄大成時爲中散奉使齊州撿平原鎮將及長史貪暴事推情診理皆得其實

于烈爲屯田給納太和初秦州刺史尉洛侯雍州刺史宜都王目辰長安鎮將陳提等貪殘不法烈受詔案驗咸獲贓罪洛侯目辰等皆致大辟提坐徙邊

和其奴爲尚書左僕射時以西征吐渾諸將淹停不進乃因未決其奴與尚書毛法仁等窮問其狀遂日具伏

柳崇爲尚書右外兵郎中于時河東河北二郡爭境其間有鹽池之饒虞坂之使守宰及民皆恐外割公私朋競紛嚻臺府孝文乃遣崇撿斷民官息訟

唐馬懷素爲左臺監察御史長安中御史大夫魏元忠爲張易之所搆配徙嶺表太子僕崔貞慎東宮率獨孤禕之餞于郊外易之怒使人誣告貞慎等與元忠同謀則天令懷素案鞫遣出使拷迫諷令搆成其事懷素執正不受遂得解

崔隱甫爲御史大夫與中丞宇文融李林甫奏彈尚書左丞相兼中書令張說引術人夜解及受贓等狀勑宰臣源乾曜刑部尚書韋抗大理少卿明珪與隱甫就尚書省鞫問說兄左庶子光詣朝堂割耳稱寃時中書主事張觀左衞長史范堯臣並依倚說勢詐假納賂又私度僧王慶則往來與說占卜吉凶爲隱甫等所鞫伏罪說經兩宿玄宗使中官高力士視之迴奏說坐於

草上瓦器中，金達首拈面自罰，憂懼之甚。玄宗憫之，由是詠等
中書令觀及慶則杖死，連坐者十餘人。
毛若虛為監察御史。乾元中，鳳翔府七坊押官剽劫州縣，不制。
天興縣尉謝夷甫因衆怒遂搒殺之。其妻訴於李輔國，輔國奏
請御史孫鎣鞫之，不能正其事。又令中丞崔伯陽三司推訐之，
又不成其罪。因令若虛推之，遂歸罪於夷甫。伯陽與之言，若虛
頗不遜，伯陽數讓之。若虛馳告肅宗，肅宗曰：「卿且出。」對曰：「臣出
即死矣。」帝乃潛留若虛簾內，召伯陽至，頗短若虛。帝怒，叱之，因
流夷甫，貶伯陽同推官十餘人，皆嶺外遠惡處。宰臣李峴以左
右於鎣亦被貶斥。於是若虛威振朝列，公卿懾懼矣。
敬羽為御史中丞。太子少傅、宗正卿李遵為宗正，太子通事舍
人李冰告其贓私，詔羽案之。羽延遵，各危坐於小牀。羽小瘦，遵
豐碩，頃問即倒，請垂足。羽曰：「尚書下獄是囚，羽禮延坐，何得慢
乎？」遵絕倒者數四，請問羽，徐應之，授紙筆書贓數千貫，奏之。肅

宗遵勳舊捨之，但停宗正卿。及嗣王珍潛謀不軌，羽召其黨茶
搒訐之，具以箠之，信宿獄成。珍坐死，左衛將軍竇如玢等九人
並斬，太子洗馬趙非熊等六人杖殺，駙馬都尉薛履謙賜自盡，
左散騎常侍張鎬貶辰州司戶。
趙涓，代宗永泰初為御史。禁中失火，焚屋室數十間，與東宮
稍逼近。帝深驚疑之。涓時為巡使，俾令即訊。涓周歷壖囿，按驗
證據，乃上直官遺火所致也。推鞫明審，頗盡事情。帝甚嘉賞焉。
杜亞，大曆中為諫議大夫。元載得罪也，亞與劉晏、李涵等十六人
同鞫訊之。載死之翌日，亞遷給事中、河北宣慰使。
宇文邈，德宗時為御史中丞。前萬年尉盧伯達上表，云玄法寺僧
法湊與寺衆爭競無理，臣已斷還俗。法湊又披法服詣臺訴臣。
御史崔薳敬鬻，由是愛法湊，狀欲陷害臣。是日令邈與刑部侍郎
張彧、大理卿鄭雲逵為三司使，及功德使、判官衢州司馬諸葛
述同於尚書省刑部推案。既而彧疾甚，兩吏扶入中書，邈以疾

請假，並特召至延英，令依前推事。未幾，貶彧高州雷白尉，彧為與
雲逵忿言爭語過深，又令子弟假別人姓名進狀訴，故獄未竟。
先貶僧法湊決四十，流崖州。
李元素為侍御史、東都留守。將令狐運逐賊出郊，其中有盜轉
運絹於道者，留守杜亞以運豪家子，意其為之，乃令判官穆員
及從事張弘靖同鞫其事。員與弘靖皆以運職在牙門，必不為
盜，抗請不窮，亞不聽，而怒斥逐員等，令親事將武金鞫之。金笞
箠運從者十餘人，一人笞死，九人不勝考掠，自誣，竟無贓狀。亞
具以聞，請流運。於嶺表。德宗令元素與刑部員外郎崔從質、大
理司直盧士瞻三司覆案。運獄既竟，明運迹非行盜，以曾捕掠
人，配流歸州。武金肆虐作賊，教人通款，配流建州。後歲餘，河南
尹齊抗捕得劫轉運絹賊郭部、朱瞿雲等七人及贓絹，詔亞與
留臺同劾之，皆首伏，然終不原運，運竟死於歸州。
李夷簡為御史中丞。劾奏京兆尹楊憑前為江西觀察使，贓罪

及他不法。罪劾付御史臺覆案，刑部尚書李鄘、大理卿趙昌同
鞫問臺中。又捕得憑前江南判官監察御史楊瑗，繫於臺，是夜命
大理少卿胡珦、左司員外郎胡証、侍御史韋顗同推鞫之。詔貶
賀州臨賀縣尉。先是，憑在江西，夷簡自御史出官，在巡屬，憑頗
踈縱，不顧接之，夷簡常切齒。及憑歸朝，修第於永寧里，功作併
興，又廣蓄妓妾於永樂里之別宅，時人大以為言，且修營之僭
將欲殺之。及下獄，置對數日，未得其事，夷簡持之益急。帝聞，且
貶焉。
韓皐為左僕射。穆宗長慶初，王廷湊、朱克融連兵圍牛元翼於
深州。朝廷俱赦其罪，賜節鉞，令罷兵，俱不奉詔。元稹為相，以天
子非次拔擢，欲有所立以報上。有和王府司馬于方，故司空頔
之子，進於稹，言有奇士王昭、王友二人，嘗客於青鄆，游於燕趙
間，頗與賊黨通熟，可以反間而出元翼，仍自以家財資其行，仍
賂兵吏部令史為出告身二十通，以便宜給賜。稹皆然之。有李

實者知于方之謀以稹與裴度有隙乃告度云于方為稹所使欲結客王昭等刺度事覺隱而不發神策中尉奏其事詔韋與兵部尚書李逢吉給事中鄭覃為三司使等詳鞫而害裴事無驗而前事盡露遂俱罷稹度平章事

裴兖為大理少卿文宗大和八年十二月癸巳命兖與刑部郎中張諷侍御史盧弘正充三司使就御史臺推戶部錢物事華州刺史宇文鼎戶部員外郎盧允中左司員外郎判戶部姚康並下御史臺推鞫先是宇文鼎委支和糴官秦季元錢八萬餘貫姚康盧允中與巡官李孚楊洵美并典吏等分取秦季元絹凡六千九百四十匹至是御史臺以具獄聞鼎貶循州刺史康貶韶州始興縣尉允中貶高州良德縣尉洵美與孚各杖一百流嶺外

深文

夫法令所以閑邪防姦詳刑闡賁明慎國章蠲恤人命非所以教之將所以生之而慘忍之徒苛虐之吏以希旨為奉公以繁刑為稱職鍛鍊而成獄巧詆而舞文欲其民協於中政是以和不可得矣

董安于為趙上地之守行石邑山中見深澗峭如牆深百仞因問其鄉左右曰人嘗有入此者乎對曰無有嬰兒癡聾狂亂人嘗有入此乎對曰無有馬羊牛嘗有入此乎對曰無有董安于喟然歎曰吾能治矣使吾法之無赦猶入澗之必死也則民莫之犯何為不治耶

秦趙高為郎中令更變律令有罪者相坐收族

漢張湯為侍御史治陳皇后巫蠱獄深竟黨與武帝以為能遷太中大夫與趙禹共定諸律令務在深文拘守職之吏（拘刻守職之）已而禹至少府湯為廷尉又治淮南衡山江都反獄皆窮根本嚴助伍被帝欲釋之湯爭曰伍被本造反謀而助親幸出入禁闥腹心之臣乃交私諸侯如此弗誅後不可治帝可論之（可湯所奏而深文之）其治獄所巧排大臣自以為功多此類繇是益尊任

杜周為廷尉史使案邊失亡（因邊兵入寇而失亡人畜者也）所論殺甚多奏事中帝意任用（以奏事當天子之意故被任用也中音竹仲反）與減宣更為中丞者十餘歲（更互也言更為之）周少言重遲（遲謂性非敏決也）而內深次骨（其用法深）

趙禹以佐史補中都官用廉為令史事太尉周亞夫亞夫為丞相禹為丞相史府中皆稱廉平然亞夫弗任曰極知禹無害然文深（禹持文法深刻）不可以居大府孝武帝時禹以刀筆吏積勞稍遷為御史帝以為能

減宣為御史及中丞使治主父偃及治淮南反獄所以微文深詆殺者甚衆稱為敢決疑數廢數起為御史及中丞者幾二十歲

後漢周紆為廷尉史為人刻削少恩好韓非之術苛慘失中數為有司所奏

蜀呂義為蜀郡太守入為尚書轉尚書令持法刻深好用文俗吏故居大官名聲損於郡縣

後魏羊祉性剛愎好刑名宣武時為光祿大夫祉自當官不憚彊禦所在有檢覆每令出使好慕名利頗為深文所經之處人號天狗

北齊崔昂為廷尉卿本性清嚴凡見贓貨輩疾之若讎是以治獄文深世論不以平恕

隋蘇威為內史令修格令章程並行於當世然頗傷苛碎論者以為非簡久之法

趙仲卿為檢校司農卿蜀王秀之得罪奉詔往益州窮案之秀賓客經過之處仲卿必深文致法州縣長吏坐者太半文帝以為能賞奴婢五十口黃金二百兩米粟五千碩奇珍雜物稱是

劉子通為大理寺丞性愛深文每隨牙奏獄能承順帝旨

唐張楚金為司刑卿在官公清然傷於忍刻時人鄙之

崔元綜為鸞臺侍郎同鳳閣鸞臺平章事皆深刻薄每受制鞫獄必披毛求疵陷於重比以故人多畏而鄙之

胡元禮為司刑少卿李日知為司刑丞元禮用法嚴急日知獨寬平無冤濫嘗免一死囚元禮斷請殺之與日知往復至于數四元禮怒曰元禮不離刑曹此囚終無生路答曰日知不離刑曹此囚終無死法竟以兩狀列上日知果直

羅希奭為吏持法深刻玄宗天寶中右相李林甫引與吉溫持獄遷殿中侍御史自韋堅皇甫惟明李適之柳勣裴敦復李邕鄔元昌楊慎矜趙奉璋下獄皆與溫鍛鍊故時稱羅鉗吉網惡其深刻也

崔器為御史中丞性陰刻樂禍殘忍寡恩又希旨深文奏陷賊官云據律並合處死肅宗初收復欲懲勸天下以為器議是三司使梁國公李峴執之曰夫事有首從情有重輕若一槩處死恐非陛下含弘之義又失國家惟新之典且胡羯亂常在寢陵據二京全陷萬乘南巡各顧其生衣冠蕩覆或陛下親戚勳舊子孫皆置之以死恐非仁恕昔者明王用刑殲厥渠魁脅從罔理況河北殘寇今尚未平苟容漏網適開自新之路若盡行誅是堅叛逆之心誰人更有肯歸順困獸猶鬭況數萬人乎器及呂諲皆守文之吏不識大體殊無變通廷議累日方從峴奏

後唐呂夢奇為刑部員外郎時徐州奏沛縣令鄭韜下獄將縣印隨身誤有亡失大理正宋昇以悞失定罪合除一任官夢奇詳覆以為置印在懷輙稱亡失請以毀棄論其累任告身並請追赴都省焚之

枉濫

易曰君子以明慎用刑而不留獄書曰欽哉欽哉惟刑之恤哉斯皆戒其枉濫以及善人之謂也則有秉士師之任參議讞之列心惟邪僻行必傾儉或深文巧詆以寘于法或臨時苟得以縱其罪或希望風指或附麗於權要乖平恕之理無閱實之狀成茲枉橈乱彼典章以至濫冤憤之氣見变怪之異使禍不旋踵亡身覆族者良有以也詩人苑柳之刺蓋緣是而作矣

樂王鮒字叔魚晉大夫也初晉邢侯與雍子爭鄐田(邢侯楚申公巫臣之子也雍子亦楚人)久而無成士景伯如楚(士景伯晉理官)叔魚攝理(景伯代)韓宣子命斷舊獄罪在雍子雍子納其女於叔魚叔魚蔽罪邢侯(蔽斷也)邢侯怒殺叔魚與雍子於朝宣子問其罪於叔向叔向曰三人同罪施生戮死可也(施行罪也)雍子自知其罪而賂以買直鮒也鬻獄邢侯專殺其罪一也己惡而掠美為昏(掠取也昏亂也)貪以敗官為墨(墨不潔之稱)殺人不忌為賊(忌畏也)夏書曰昏墨賊殺(逸書三者皆死刑)皐陶之刑也請從之乃施邢侯而尸雍子與叔魚於市

伯州犁為楚太宰楚伐鄭至于城麇(城麇鄭邑)鄭皇頡戍之(皇頡鄭大夫)出與楚師戰敗穿封戌囚皇頡公子圍與之爭之(公子圍共王子)正於伯州犁(正曲直也)伯州犁曰請問於囚乃立囚伯州犁曰所爭君子也其何不知(言囚亦知也)上其手曰夫子為王子圍寡君之貴介弟也(介大也)下其手曰此子為穿封戌方城外之縣尹也誰獲子(上下其手以道囚)囚曰頡遇王子弱焉(言為王子所敗)戌怒抽戈逐王子圍弗及楚人以皇頡歸

秦司馬欣為櫟陽獄掾項梁嘗有櫟陽逮乃請蘄獄掾曹咎書抵欣以故事皆已(蘄音機縣名屬沛國抵歸也已止也梁嘗被櫟陽縣逮梁乃請蘄獄掾曹咎書至櫟陽獄掾司馬欣事得止息也)

漢周陽由以宗家任為郎由為郡守武帝即位吏治尚脩謹然由居二千石中最為暴酷驕恣所愛者撓法活之所憎者曲法滅之(撓曲也亦弱也)所居郡必夷其豪

杜周為廷尉其治大抵放張湯(大抵大歸也放依也)而善候司(闚覘天子意)帝所欲擠者因而陷之(擠音齊墜也)帝所欲釋久繫待問而微見其冤狀(見顯也)詔獄亦益多矣二千石繫者新故相因不減百餘人郡吏大府舉之廷尉(舉皆也言郡吏大府獄事皆歸廷尉也大府丞相御史之府也)一章至千餘章章大者連逮證案數百小者數十人遠者數千里近者數百里會獄(會對也)吏因責如章告劾(皆令服罪如所告劾之本章)不服以掠笞定之(定其辭令承也)於是聞有逮證皆亡匿獄久者至更赦十餘歲

兩相告言更互也其罪或非犯狀不得侯而乂逃亡下出至於十餘歲病相告言則用刑深刻故也更音工衡切大凡盡誣以不道以上兵請盡誣謂同類相屬也盡言丁乱切廷尉及中都官詔獄逮至六七萬人中都官京師諸官府也詔獄所及逮者同六七萬人也吏所增加十有餘萬謂獄吏又於此外以文致之更增加十萬也

晉劉頌為廷尉會滅吳諸將爭功遣頌校其事以王渾為上功王濬為中功帝以頌折法失理左遷京兆太守

後魏袁翻為廷尉頗有不平之論

盧同為黃門侍郎初楊昱與元乂有隙及元氏之廢太后乃出昱為濟陰內史中山王熙起兵於鄴乂遣同詣鄴收熙并窮黨與同希乂指就郡鎖昱赴鄴訊百日後乃還任

北齊畢義雲為尚書左丞別典京畿詔獄酷濫非人情所為無問事之大小拷掠過度於大棒車輻下死者非一或嚴冬至寒置囚於冰雪之上或盛夏酷熱暴日之中枉陷人致死者前後百數人又御案有人罪失動即奏聞朝士見之莫不重跡屏氣皆

目之為盧校事畢義雲後以酷吏與李庾俱病鞭死獄之中

隋楊遠劉子通高祖時並為大理寺丞子通等性慘深文每隨牙奏獄能承順帝意帝大悅並遣於殿庭三品行中供奉每有詔獄專使主之候帝所不快則案以重抵無殊罪而死者不可勝原遠又能附楊素每於途中接候而以囚名白之皆隨素所為輕重其臨終赴市者莫不途中呼枉仰天而哭

梁敬真為大理司直時煬帝欲成光祿大夫魚俱羅之罪令敬真治其獄遂希旨陷之極刑未幾敬真有疾見俱羅為之厲數日而死

裴蘊煬帝時為御史大夫楊玄感之反也帝遣蘊推之其黨與謂蘊曰玄感一呼而從者十萬益知天下人不欲多多即相聚為盜耳不盡加誅則後無以勸蘊由是以峻法治之所戮者數萬人皆籍沒其家

唐王世充仕隋為兵部員外郎善敷奏明習法律然舞弄文法高下其心或有駁難之者世充利口飾非辭議鋒起眾雖知其不可而莫能屈

李承嘉為御史大夫特武三思誣構桓彥範貶為瀧州司馬是歲秋三思又陰令人疏皇后穢行牓於天津橋請加廢黜中宗聞之怒命承嘉推求其人承嘉希三思旨奏言彥範與敬暉張柬之袁恕己崔玄暐等教人密為此牓雖託廢后實有危君之計請加族滅制依承嘉所奏大理丞李朝隱執奏云敬暉等既未經鞫問不可即肆誅夷請差御史按罪待至准法處分大理卿裴談奏云敬暉等已合據敕斷罪不可別俟推鞫請並處斬籍沒中宗納其議仍以彥範等五人嘗賜之鐵券許以不死乃長流彥範於瀼州敬暉於崖州張柬之於瀧州袁恕己於環州崔玄暐於古州並終身禁錮子弟年十六已上者亦配流嶺外擢授承嘉金紫光祿大夫進封襄武郡公袁氏又特賜承嘉綵物五百段錦綺被一張擢拜裴談為刑部尚書出李朝隱

為聞喜令

姚璹為益州長史新都丞朱待辟坐贓至死逮捕繫獄待辟素與沙門理中陰結諸不逞因待辟以殺璹為名據巴蜀為亂人有密表告之者制令璹案其獄璹深持之事或疑似引而誅死者僅以千數天后又令洛州長史宋元爽御史中丞霍獻可等重覆之亦無所發明逮繫獄數百人不勝酷毒遞相牽會以就反狀因此籍沒者復五十餘家其餘稱知反配流者十八九道冤之監察御史袁恕己劾奏其事天后初令璹與恕己對定又尋令罷推

周興明習法令為司刑少卿秋官侍郎自垂拱已來屢受制使獄被其陷害者數千人

索元禮為游擊將軍則天令於洛州牧院推案制獄元禮性殘忍推一人廣令引數十百人衣冠震懼甚於狼虎則天數召見賞賜張其權勢凡為殺戮者數千人

武懿宗爲河内王秦驗洛州録事參軍綦連耀箕州刺史劉思禮謀反懿宗寬思禮於外令廣引涉徒而思禮以爲得計從容自若薄與相忤者必引令枉誅臨刑日猶在外尚不之覺及衆人就戮乃收之方悔焉

吉頊爲明堂尉萬歲通天二年頊與武懿宗鞫箕州刺史劉思禮獄頊誘思禮廣引朝士必全其命思禮乃引鳳閣侍郎李元素等二十六家微有忤意者必構之楚毒百端以成其獄皆海内賢士名家天下冤之

楊再思爲御史大夫中宗神龍初武三思將誣殺王同皎再思與吏部尚書李嶠刑部尚書韋巨源並受制考案其獄詠希三思之旨鍛鍊以成反狀衆庶冤之

侯郢矜爲大理主簿高庭之爲大理評事玄宗開元六年勅官人犯贓至流死會恩令貶官者格文先著後勅入令十年不齒等色目爲流已下罪生文郢矜庭之等用法不精妄有疑阻各奪一季祿

郝佑爲刑部尚書出朱叔夜之贓罪有以將迎帝稍加其宗族出爲山南東道節度使

吉温爲京兆士曹時李林甫專權良娣妹婿柳勣得罪下獄及戶部侍郎楊慎矜下獄温皆與御史盧鉉案其事破家摘瑕方爲國惡成於温由是以酷法聞屢知詔獄遷殿中侍御史戶部員外郎中皆帶侍御史

周寶儀爲端明殿學士顯德五年四月世宗征淮南至泗州奉命決留獄於宿州凡生磔正賊一人妻孥及連坐者二十有三人内有孩提輩皆斷之先是翰林醫官宗道玄詣行闕上訴云年前十二月中於壽州界内被賊殺却男繼嵩及款人李延進等今捉獲賊在宿州禁繫本州不爲勘斷帝覽之發怒謂宿州知事趙礪不能斷獄遽命儀乘馹就案之奉辭之日帝旨甚峻故儀之用刑傷於深刻論者冤之

卷末

册府元龜卷第六百二十

卿監部一

總序

卿監之職其來尚矣三代以前雖名號或殊然其典領亦可得而言焉少昊氏以九扈爲九農正及帝堯命棄爲后稷並司農卿之本也(凡此以下事備總序)又以五雉爲五工正及云共工方鳩僝工皆將作監之本也又以鳳雉氏爲歷正及顓頊命南正重司天北正黎司地唐虞以羲氏和氏紹重黎之後皆太史監之本也(凡此以下事備國史總序)又命伯夷爲秩宗后夔典樂並太常卿之本司(凡此以下事備掌禮總序)又命皋陶作士即太理卿之本也(凡此以下事備刑法總序)又命益作虞以掌山澤即都水使者監之本也夏制九卿商氏因之周之卿曰少師少傅少保冢宰司徒宗伯司馬司寇司空是也三代諸卿名號雖不同然其官職之屬相沿而乃與周不異天官太宰下大夫乃太府卿之本也(凡此以下事備邦計總序)又庖人外饔中士藍

光祿卿太官署令之本也膳夫內饔即殿中監之尚食局之本也地官師氏以三德三行教國子即國子監之本也(凡此以下事備學校總序)又林衡川衡二官掌林麓川澤亦都水監之任也又廩人下大夫亦司農之太倉令下春官宗伯卿一人亦太常卿也小宗伯掌三族之別以辨其親疏即宗正之別也太史掌建邦之六典亦太史局令之職也又校人圉師趣馬皆若太僕之典廄署令也又司甲司弓矢下大夫司兵中士司戈下士並衛尉之武庫令也秋官司寇亦大理之列也又大行人中大夫掌大賓客之禮及象胥即鴻臚之本也冬官考工亦將作監之任也其攻金之工六即少府監之掌治署令也(凡此以下事備邦計總序)秦置太史令又置奉常掌其郎中令主郎內諸官掌宮殿掖門戶衛尉掌輿馬官(衛尉之名自此始也)廷尉掌刑辟典客掌歸義蠻夷宗正掌親屬(宗正之名自此始也)少府掌山海池澤之稅(少府之名自此始也)自奉丞而下皆有丞以屬焉其左右中候將行皇后卿也又有典屬國掌蠻夷降者漢

以太常光祿勳衛尉太僕廷尉大鴻臚卿宗正司農少府謂之九寺大卿而分屬三司(太常光祿勳衛尉三卿並太尉所部太僕廷尉大鴻臚三卿並司徒所部宗正大司農少府三卿並司空之所部)奉常初曰太常(太常之名自此始也其所掌祭事及官屬增省並具禮樂總序他皆類此)太僕(或曰周官有太僕下大夫掌王之服位出入王之命似非今太僕之職又云周穆王置太僕正以伯冏為之掌輿馬秦因之漢則夏侯嬰為滕公太僕)之屬官有大廄未央家馬三令各五丞一尉又車府路軨騎馬駿馬四令丞又龍馬閑駒橐泉騊駼承華五監長丞又邊郡六牧師苑令各三丞又牧橐昆號令丞皆屬焉中太僕掌皇太后輿馬不常置也又少府增置屬官焉(其所典掌以下官及員吏增省具邦計總序他皆類此)惠帝更名太常曰奉常景帝初衛尉更名中大夫中六年更名廷尉為大理(大理之名自此始也其典領以事及屬官增省並具刑法總序他皆類此)又更名典客為大行令又更名將作少監為將作大匠屬官有石庫東園主章左右前後中校七令丞又有主章長丞更名將行為大長秋後元年治粟內史更名大農令是年以中大夫令復為衛尉屬官有公車司馬衛士旅賁三令丞衛

士三丞又諸屯衛候司馬二十二官皆屬焉長樂建章甘泉衛尉皆掌其宮(各隨所掌之宮名)職略同不常置者武帝建元三年初置光祿勳之屬官比郎無員多至千人有僕射秩比千石四年改大理復為廷尉元狩三年昆邪王降增屬國置都尉丞候千人屬官有九譯令五年初置郎中令之屬官諫大夫秩比八百石太初元年更名郎中令為光祿勳(光祿勳之名自此始也)屬官有大夫郎謁者皆秦官又期門羽林皆屬焉是年更太僕家馬為挏馬初置路軨其少府六丞並增置屬官焉又大行令更名大鴻臚(鴻臚之名自此始也)屬官有行人譯官別火三令丞及郡邸長丞又更名行人為大行令又更名將作屬官東園主章為木工又大農令更名大司農(司農之名自此始也其所典掌及屬官增省並具邦計總序他皆類此)又置太史公之職(其所掌具國史總序他皆類此)宣帝以光祿勳之屬官中郎將騎都尉監羽林秩比二千石成帝河平元年省典屬國并大鴻臚陽朔三年省將作中候及左右前後中校五丞哀帝元壽二年改廷尉

復爲大理平帝元始元年以光禄勳之屬官比郎吏名虎賁郎置中郎將秩比二千石四年更名宗正爲宗伯屬官有都司空令丞內官長丞又諸公主家令門尉皆屬焉後漢太常卿一人中二千石秩以下諸卿放此光禄勳卿一人中二千石掌宿衛宮殿門戶典謁署郎更直執戟宿衛門戶考其德行而進退之郊祀之事掌三獻有員吏四科百石斗石佐騶吏學事守學事官醫衛士等屬焉丞一人比千石五官中郎將一人比二千石五官中郎比六百石無員郎年五十以屬五官五官侍郎比四百石冗員五官郎中比三百石無員凡郎官皆主更直執戟宿衛諸殿門出充車騎唯議郎不在直中左中郎將皆比二千石主左署郎中郎比六百石侍郎比四百石郎中比三百石三郎皆無員右中郎將比二千石主右署郎中郎比六百石侍郎比四百石郎中比三百石三郎皆無員虎賁中郎將比二千石主虎賁宿衛左右僕射左右陛長各一人比六百石僕射主虎賁郎習射陛長

主直虎賁朝會在殿中虎賁中郎比六百石虎賁侍郎比四百石虎賁郎中比三百石節從虎賁比二百石四郎皆無員掌宿衛侍從自節從虎賁久者轉遷才能差高至中郎羽林中郎將比二千石羽林郎比三百石無員掌宿衛侍從常選漢陽隴西安定北地上郡西河凡六郡良家補本武帝以便馬從游獵還宿殿陛巖下室中故號巖郎羽林左監一人六百石主羽林左騎羽林右監一人六百石主羽林右騎丞二人奉車都尉比二千石無員掌御乘輿車駙馬都尉比二千石無員掌駙馬騎都尉比二千石無員本監羽林騎光禄大夫比二千石無員凡大夫議郎皆掌顧問應對無常事唯詔命所使太中大夫千石無員中散大夫六百石無員諫議大夫六百石無員議郎六百石無員謁者僕射一人比千石爲謁者臺率主謁者天子出奉引古重習武者主射以督錄之故曰僕射常侍謁者五人皆六百石主殿上時節威儀謁者三十人以兵給事謁者四百石其灌謁者郎中皆三百石掌賓讃受事及上章報問初爲灌謁者滿歲給事謁者光禄勳職屬光禄者自五官將至羽林右監凡七署自奉車都尉至謁者皆以文屬舊有左右曹秩以二千石日上殿中主受尚書奏事平省之世祖使小黃門郎受事車駕出給黃門郎兼有請室令車駕出在前請所幸徼車迎白不重𥫔中興但以郎兼事訖罷又省車戶騎凡三將及羽林令衛尉卿一人中二千石掌宮門衛士宮中徼循事丞一人比千石公車司馬令一人六百石掌宮南闕門凡吏民上章四方貢獻及徵詣公車者丞尉各一人丞選曉諱掌知非法尉主闕門兵禁戒非常南宮北宮衛士令各一人並六百石各有丞一人左右都候各一人六百石主劒戟士徼循宮及天子有所收考丞各一人宮掖門每門司馬一人皆千石南宮南屯司馬主平城門北宮門倉龍司馬主東門玄武司馬主玄武門北屯司馬主北門北宮朱雀司馬主南掖門東明司馬主東門朔平司馬主北門自

南宮至諸門司馬咸有員吏衛士屬焉中興省旅賁令衛士一人丞左右丞尉太太僕卿一人中二千石掌車馬天子每出奏駕上鹵簿用大駕則執馭丞二人比千石考工令主作兵器弓弩刀鎧之屬成則傳執金吾入武庫及主織綬諸雜工車府令主乘輿諸車未央廄令主乘輿及廄中諸馬各一人六百石長樂廄丞一人自御以下並有員吏等屬焉太僕舊有六廄皆六百石令中興省約但置一廄後置左駿令廄別主乘輿御馬後或并或省又有牧師苑皆令官主養馬分在河西六郡界中中興皆省唯漢陽有流馬苑但以羽林郎監領廷尉卿一人大鴻臚卿一人掌諸侯及四方歸義蠻夷其郊廟行禮贊導請行事既畢以命郡司諸王入朝當郊迎典其禮儀及郡國上計主四方來亦屬焉皇子拜王贊授印綬及拜諸侯諸侯嗣子及四方夷狄封者臺下鴻臚召拜之王薨則使弔之及拜王嗣丞一人比千石大行令一人六百石主諸郎丞一人治禮郎四十七人主齋祀賓

讚九賓又有公室主調中都官斗食以下功次相補大行郎而治禮謁者兼掌形貌也其謁官別火二令丞及郡邸長丞並省但令郎治郡邸（右三官司徒所部也）自鄉以下各有員吏等屬焉宗正卿一人掌序録王國嫡庶之次及諸宗室親屬遠近郡國歲因計上宗室名籍若有犯法當髡以上先上諸宗正宗正以聞乃報決又歲一治諸王世譜差序秩第（又有員吏以下官屬騶騎）所統家令一人六百石丞一人三百石其餘屬吏增減無常主簿一人秩六百石僕一人秩六百石私府長一人秩六百石家丞二人三百石直史三人從官三人其主薨無子置傅一人守其家宗正自中興省都司空令丞大司農少府卿各一人世祖改少府屬司農初孝武置水衡都尉秩比二千石別主上林苑有離宮燕休之處世祖省之并其職於少府又孝武以都水官多乃置左右使者以領之（劉昭曰句護水者是也）至哀帝省使者官至東京凡都水皆罷之併置河隄謁者桓帝延熹二年始置秘書監一人（秘書之名自此始也）掌考

中國書秘記故曰秘書屬太常後省（秦燔書博士官所藏禁人藏書漢氏除挾書之律開獻書之路置寫書之官又令謁者陳農求遺書於天下故文籍皆集而出並藏之書府在外則有太常太史博士之藏內則有延閣廣內石渠之藏太御史中丞在殿中掌蘭臺秘書圖籍又宮中有麒麟閣天祿閣亦藏書劉向揚雄典校皆在禁中謂之中書謂言內庫書東京則藏之東觀亦禁中也其書皆作寫事具國史自此以下不復述）獻帝建安末改光祿勳爲郎中令魏之九卿並與漢同初武帝爲魏王置秘書令及二丞典尚書奏事即中書之任也兼掌圖書秘記又置秘書郎秩四百石又置秘書校書郎（蘭臺亦藏書御史掌焉蘭臺爲外臺秘書爲外閣是也初秘書屬少府及王肅爲監以爲秘書之職即漢東觀之任安可復屬少府自此之後不復屬焉）太史令吏員有監候郎二十人候部吏十五人掌候天文並太史監候之任也又有靈臺丞主候望郎殿中監一人品第七（殿中之名自此始也晉宋並因）之掌帳設監護之事又有殿中奉乘郎從五品下又光祿置太官令丞太僕置乘黃廄丞一人奉乘郎從五品又有驊騮廄令牧官都尉其宗正亦以宗室居之又以廷尉爲大理後復爲廷尉又改鴻臚之大行令爲客館令又并將作之左校於材官又以

水衡都尉主天下水軍舟船器械文帝黃初元年改郎中令復爲光祿勳又分秘書立中書因置監令明帝青龍中議秘書丞郎職近日月宜居三臺上亞尚書丞郎其校書郎自是以後迭往以佗官典校秘書衛尉關其太常司農少府此不復述晉制太常光祿勳衛尉大僕廷尉大鴻臚宗正大司農少府將作大匠太后三卿大長秋皆爲列卿各置丞功曹主簿五官等員其太常兼統太學諸博士祭酒及太史別置靈臺丞武帝咸寧四年初立國子學定置祭酒一人（其所典領及屬官增損並具本部總序）光祿勳統武賁中郎將羽林郎將冗從僕射羽林左監五官左右中郎將東園匠太官御府守宮黃門掖庭清商華林園暴室等令又置左右光祿大夫而光祿大夫如故光祿大夫銀章青綬其重者加金章紫綬則謂之金紫光祿大夫秩比二千石太官令之屬有廚史錫官吏果官監釀吏酒丞等員衛尉統武庫公車衛士諸冶等令左右都候南北東西督冶掾太僕統典農典虞

都尉典牧都尉車府典牧乘黃廄驊騮龍馬廄等令典牧又別置羊牧丞（太僕自元帝渡江之後或省或置太僕省故驊騮爲門下之職宋齊亦有若郊祀則權一置太僕執轡事畢省之不如）將作大匠有事則置無事則省其丞亦然所屬有曹主簿五官等員（[illegible]）都水臺都水使者一人掌舟檝之事官品第四又有左右前後中五水衡（陳置樓監置以都水使者領水衡都尉之職）又有參事二人蓋丞之職也又置主簿一人又諸津渡二十四所各置監津吏三十一人太后三卿衛尉少府太僕漢置皆隨太后宮爲官號在同名卿上晉太后則魏改漢制在九卿下晉復舊在同號卿上食貨梁冠絳朝服（江左以來官署宋齊梁陳並亦然）其吏員有典曆四人武帝以秘書并中書其丞謂之中書秘書丞惠帝永平元年詔秘書典綜經籍考校古今中書自有職務遠相統攝於事不專宜令復別置秘書寺掌中外三閣圖書自是秘書寺始外置焉品第五絳朝服銅印墨綬進賢兩梁冠佩水蒼玉又置秘書丞二人品第六銅印墨綬進賢一梁冠絳服江左省殿中尚衣局

又省衛尉又省鴻臚丞及功曹主簿五官等員(有事則權置)又省衛尉之冶令始隸少府又省將作大匠而左右校隸少府又太史之職自此多以佗官兼領(宋齊梁陳並隸)哀帝興寧二年以光祿勳并司徒孝武寧康元年復置光祿勳又省都水臺置水衡令亦無丞宋九卿亦沿舊制祕書丞一人品服同晉祕書郎中去中字光祿勳丞祖朝會宗正不置(齊亦然)又省太僕丞(齊亦如之)宋初中大鴻臚分置南北客館令丞孝武孝建元年復置衛尉又增置丞一人又省都水臺署水衡令亦無丞大明中改殿中尚方曰左右御府各置令丞一人齊九卿並因前制祕書郎秩六百石又置內外殿中監各八十人太僕乘黃令品第七祑四百石銅印墨綬進賢一梁冠絳朝服又鴻臚有客館令光祿勳府置丞領左右光祿大夫位從公開府置佐史如公中大夫中散太夫諸大夫官皆勳舊衰老年重者加親信二十人復置都水臺使者一人將作大匠太僕三卿不常置有事權置兼官畢乃省

宣德衛尉少府太僕鬱林王立文安太后即尊號以宮名置之大長秋亦鬱林立皇后置梁高祖天監七年象四時置十二卿太常宗正司農爲春卿太常位視金紫光祿大夫班第十四宗正卿位視列曹尚書皆以宗室爲之班第十三其丞爲四班主簿爲七班司農卿班第十一太府少僕少府爲夏卿太府班第十三(大府自周官以後歷代不置然其職在司農少府至是方置焉)太僕卿統南牧左右牧龍廄外廄班第十其丞視朝請班第三主簿班第三少府班第十一衛尉廷尉大匠爲秋卿衛尉班第十二統武庫令廷尉班第十二將作爲大匠卿班第十品正第五又置丞一人班第三又置將作營作又別立長史司馬主簿各一員光祿勳鴻臚都水使者爲冬卿光祿除勳字班第十一光祿丞視員外郎主簿班第三其太官丞門下省領之又有市買正廚酒庫等丞鴻臚卿班第九品從第五其丞班第三主簿班第二屬官又有典客館令丞令在七班下爲三品勳位又改都水臺使者

爲太舟卿班第九又置丞一人班第一又置主簿七班之中第三又秘書監增祑中二千石品第三後制十八班秘書監班第十一又增秘書丞品第五秘書郎自江左多任貴游年少迨茲尤甚太史丞爲三品蘊位又殿中位不登七班者別置蘊位殿中外監爲三品蘊位內監爲三品勳位又尚藥自此以降皆太醫兼其職陳諸卿監率如梁制後魏秘書監(初從第一品中文太和末降爲第三品)丞一人正第五品上郎置四人正第七品上校書郎置十二人其太史丞史失其品殿中監從五品下又有掌服郎從六品上又有乘黃車府令掌太僕亦殿中之職也太常初置少卿又分一官令尚食中尚食掌知御膳尚食門下省領之中尚食集書省領之太官掌知百官饌光祿卿領之有丞一人衛尉卿從第一品下後降爲第三品初置少卿官第三品上後降爲正四品上從五品中後降爲第七品上宗正卿第二品上少卿第三品後降爲四品(丞從[illegible]品)太僕卿第二品上少卿第三品上後

降爲正四品上丞從五品中後降爲七品上又省乘黃令丞廷尉卿第二品上鴻臚卿第二品上後降爲第三品少卿一人第三品上後降爲正四品上丞從五品中後降爲第七品典客監從五品上又置主客令及司儀官大司農第二品上將作大匠第二品後降爲從三品其丞從五品後降爲第五品下分建都水使者正第四品中水衡都尉從五品中後改都水使者從五品而省水衡又有都水參事六人其少府改爲大府爲北齊祕書郎增中字正第七品下校書郎置十二人始置正字四人從第九品上明下省屬官有殿中局殿中監四人掌駕前奉引行事東耕則進耒耜又統六局有典御二人丞監各四人文集書省統二局有中尚食局典御一人監四人品與尚食同又統尚藥局有典御二人侍御師四人尚藥監四人摠御藥之事又以太常光祿衛尉宗正太僕大理鴻臚司農太府寺是爲三府(九卿起寺自此始也)太常寺卿第三品(並同[illegible]品)光祿寺置卿掌諸膳食帳幕器物

餚藏丞一人從六品下又有功曹五官主簿等又有太官丞一人餚藏令及丞二人又有清漳令丞主造酒衛尉寺有丞一人從六品下又有主簿又統武庫署令丞掌甲兵及吉凶儀仗又有守宮令丞掌凡設張之事宗正寺卿有昭真寺掌釋道二教置大統一人都維那三人亦有公曹主簿員以管諸州縣沙門太僕寺丞一人從六品下主簿一人統驊騮左右龍左右牝駝牛司羊乘黃車府等署令丞鴻臚寺統典寺署有丞一人第七品下又有功曹五官主簿班第三又有典客令丞司儀令丞其大理司農太府少府此不復述又有都水臺使者二人從第五品有丞及參事河隄謁者錄事船局都水尉丞典作津長等員後周卿監之職咸准周官建置焉武帝四年置軍器監（軍器有監自此始也）隋九寺卿與北齊同其秘書監正第三品與尚書門下內史殿中為五省領著作太史二曹丞一人正第五品秘書郎中復除中字正七品上置校書郎十二人太史曹置太史令二人從第七品上丞二人正第九品上又有司曆二人曆博士一人監候四人又置天文博士司辰等員殿中監為殿內局置監二人正六品下又門下省統尚食尚藥御府等局監各有員屬太常寺卿二人正三品少卿正四品丞正七品下（餘卿品亦如之）光祿寺卿一人統太官餚藏良醖掌醢等署令丞開皇三年廢光祿入司農十三年復置又加置丞三人又有主簿錄事並流外為之衛尉寺卿一人掌軍器儀仗帳幕以監門衛掌宮門屯兵統武庫令及行臺書省武器監守宮署令各（有丞以下官屬餘寺亦如之）宗正寺卿一人有少卿丞主簿等員又置崇真令丞各一人太僕寺卿統驊騮乘黃龍廐車府典牧羊牛等署各有令丞等員鴻臚卿一人統典客司儀崇真等三署令丞開皇三年省并太常十三年復置其大理司農太府等卿並各一人又有人都水臺開皇三年省并司農十三年復置仁壽元年改為都水監（都水名監自此始）有丞二人正第八品上又有掌船局都尉一人將作大匠一人開皇二十年改將作為監以大匠為大監（置監之自此始也）置副監一人丞主簿各二人又領左右校署令丞煬帝即位改國子學為監（置祭酒之始始也）又降秘書監為從第三品置少監一人四品掌二秘書監之職後改秘書監為秘書令以監為少令又加秘書郎為從第五品減校書郎為十人又改太史曹為太史監進令階為第五品又減太史丞一人從第七品上又增監候為十人又改司辰為司辰師本屬武候府今隸於太史局又分門下省尚食尚藥御府殿內等局正四品隸尚食尚藥尚舍尚衣尚乘尚輦等六局又置少監一人從四品丞一人從五品改典御為奉御兼置直長等員以屬為太常寺加置少卿二人又陞光祿（卿加）為從三品加置少卿一人降為從四品加丞為從五品（其餘少差降階或[illegible]）又改宗正之佛寺為道場道觀為直壇各置監丞又減太僕之驊騮署及殿中省尚乘局又有左右駁阜二廐加置主乘司庫司廩官又改鴻臚之典客為典蕃署又於建國門外置四方館以待四方使者各掌其方國及互市事又以太府寺卿置少府監（置監之自此始也）又改將作大監少監為大匠小匠旋復為大監少監後又為大令少令又改都水監為使者尋又為監加置少監後又改為令統舟楫河渠二署又以都水丞為從七品又置主簿一員又改船局都尉為舟楫署令有丞二人又置河渠署令丞各一人唐制秘書監一人從三品掌邦國經籍圖書之事有二局一曰著作二曰太史皆率其屬而修其職少監二人為之二丞一人掌判省事屬官有秘書郎掌四部之圖籍分庫以藏之以甲乙丙丁為之部目主事二人掌印并句檢稽失（其[illegible]監少丞主事以次典掌亦然其下亦各有令史書令史等員）校書郎正字皆掌讎校典籍刊正文章（其下各有校理典書楷書手亭長掌固熟紙匠裝潢匠筆匠等員）太史局令掌觀察天文稽定曆數凡日月星辰之變風雲氣色之異率其屬而占候焉丞二人（其下亦有令史等員）所統司曆保章正監候靈臺郎天文生挈壺正司辰博士漏刻生典鐘典鼓等員殿中省監一人掌服御之事

摠尚食尚藥尚衣尚舍尚乘尚輦六局之官屬備其禮物而供其職事少監二人爲之貳丞二人主事二人太常寺卿一人正三品（其下各有少卿丞主簿録事等員）光禄寺卿一人從三品（諸寺卿品同）掌邦国酒醴膳羞之事摠太官珍羞良醞掌醢四署之官屬修其諸備謹其出納少卿爲之貳衛尉寺卿一人掌邦国器械文物之事摠武庫武器守宮三署之官屬少卿爲之貳宗正等卿一人掌九族六親之屬籍以別昭穆之序并領崇真署少卿爲之貳太僕寺卿一人掌邦国廐牧車輿之政令摠乘黄典廐典牧車府四署及諸監牧之官屬少卿爲之貳大理寺卿一人鴻臚寺卿一人掌賓客及凶儀之事領典客司儀二署以率其官屬而供其職務少卿爲之貳司農寺卿一人太府寺卿一人少府監一人其北都軍器監監一人掌繕造甲弩之屬辨其名物審其制度以時納于武庫少監一人爲之貳（其屬有丞主簿録事府史等員）將作監大匠一人掌供邦国脩建土木工匠之政令摠四署三監百工之

官屬以供其職事少匠爲之貳（其屬有丞及主簿録事府史諸亭長等員）其都水監使者二人掌川澤津梁之政令摠舟楫河渠二署之官屬（其下有丞及主簿録事府史亭長等員）自高祖武德初改秘書令少令復爲監改太史監爲局又改殿中監爲省又改都水監爲署使者監爲都水令隷將作又置諸津令丞其在京兆河南界者隷都水監在外者隷當州界又置軍器監貞觀中廢軍器監併入少監改都水署爲都水使者高宗永徽中加置光禄寺供膳至二千四百人又始置衛尉武器署以主器 仗又加太僕丞一人顯慶二年廢洛陽摠監改青城宮監爲東都苑北面監明德宮監爲東都苑南面監洛陽宮農圃監爲東都苑東面監食貨監爲東都苑西面監高宗龍朔二年改秘書省爲蘭臺其監曰蘭臺侍史少監爲蘭臺侍郎丞爲蘭臺大夫又改太史局爲秘書閣局令爲秘門郎中又改殿中省爲中御府監爲中御大監少監爲中御少監丞爲中御大夫又改尚食爲奉膳局奉御大夫尚藥

爲奉醫大夫尚衣爲奉冕大夫尚舍爲奉扆大夫尚乘爲奉駕大夫尚輦爲奉輦大夫又改太常卿爲奉常正卿（其少卿丞及諸寺少卿丞等咸亨光宅神龍並隨曹改復）光禄爲司宰寺正卿衛尉爲司衛寺正卿宗正爲司屬寺正卿太僕爲司馭寺正卿大理爲詳刑寺卿大理正爲詳刑大夫鴻臚爲司文正卿司農爲司稼寺正卿太府爲外府正卿又改國子監爲司成館国子祭酒爲大司成司業爲少司成又東都国子監置學官學生分於兩京校授又改少府監爲内府監將作爲監繕工監大匠爲大監又改都水使者爲司津使者監咸亨元年秘書省監少監丞及太史局令等悉復舊又復殿中省監少監丞及六尚之名其奉常司宰司衛司屬司馭詳刑司文寺司稼外府司成内府繕工大監等悉復舊名又復司津使者監爲都水使者監則天光宅元年改太常爲司禮光禄爲司膳衛尉爲司尉宗正爲司屬太僕爲司僕大理爲司刑大理正爲司刑正鴻臚爲司賓太府

爲司府寺卿司農不改国子監爲成均監少府爲上方監將作爲營繕監垂拱中又改都水監署爲水衡都尉使者爲都水府天授初改秘書爲麟臺久視元年改太史局爲渾天監不隷麟臺其令監置一人加至正第五品上因加副監及丞主簿府史等員其年又改爲渾儀監始置丞二人從第七品上長安二年改渾儀監復爲太史局還隷麟臺緣監置官及府史等並廢其監依舊令置二人又省丞二人四年省太史局曆博士置保章正以當之掌教曆生又省天文博士之職置靈臺郎以當之是年始置挈壺正又去司辰之師字但曰司辰中宗神龍初改麟臺復爲秘書又改太史局爲太史既 之名不改不隷秘書又復太常之名其光禄衛尉宗正太僕大理鴻臚太府等九寺国子少府將作等三監並如故又以水衡都尉復爲都水監署使者二人分摠其事不屬將作領舟楫河渠二署又改都水府復爲使者景龍二年復置太史丞二人明皇開元初復以少府監甲弩

坊地置軍器使二年又改太史令為太史監又分少府監甲鎧弓弩別置軍器又置中校署（屬將作）三年以軍器使為監領甲弩二坊十二年省軍器監其作並歸少府監甲弩坊更置少監一員統之又置北京軍器庫十四年又改太史監為局復云太史令二員隸秘書省十六年置軍器監於北都（常以太原尹兼領）二十五年廢北京軍器庫依舊為甲坊太常所掌諸陵廟並隸宗正及道士女道士隸宗正故崇真署亦隨而隸焉其僧尼別隸尚書祠部天寶六載復軍器監於舊所置監一人領甲坊弩坊兩署九載置廣文館領國子監焉十二載改將作大匠復為大監肅宗乾元元年又廢軍器監却置使其監以下並停（其使以內官為之）宣宗大中四年以司農寺文案少卿不通判詔自今以後九寺三監少列並與大卿通判後唐莊宗同光初諸寺監各只置大卿監祭酒司業各一員博士兩員其餘官屬並權停唯太常寺及大理寺事關禮法之重除太常博士外更置丞 員夫卿監分職固有攸屬方在於事任無不攝統然其因革而廢置隨世以輕重外階秩序分併官曹治亂在人名器非假若乃職修事舉德崇望峻方正不撓廉約自守挺愛君之節敦汲善之道被委遇而斯稱荷寵擢而無忝以從人爵允奉官箴其有便辟任志叨黷靡厭用取譏咎欲悔何及凡卿監部十有五門云

選任　奉職　恩獎

選任

夫卿監之列其位重矣官象河海職貳台衮苟非其人焉可虛授然則便辟側媚群言之攸棄忠正清直公朝之所尚則有內貞介順博聞多識推行實之尤異稱治迹之第一膺茲眷簡寘于周行故得庶務允釐百官承式上下相維而天下肥矣

周穆王命伯冏為周太僕正（伯冏臣名也太僕長太御中大夫）作冏命曰愼簡乃僚无以巧言令色便辟側媚其惟吉士

漢高祖為沛公賜嬰爵七大夫以夏侯嬰為太僕常奉車（[illegible]）嬰自高祖初起沛常為太僕竟高祖以太僕事惠帝

朱邑為北海太守治行第一入為大司農

吳公為河南守文帝初立聞吳公治為天下第一故與李斯同邑乃徵為廷尉

黃霸字次公少學律令為河南太守丞自武帝末用法深昭帝立俗吏上嚴酷以為能而霸獨用寬和為名會宣帝即位在民間時知百姓苦吏急也聞霸持法平召以為廷尉正

杜業有才能選為太常

田亭以連擒大姦徵為大鴻臚

後漢高詡以儒學徵拜大司農

陳寵以廣漢太守風聲大行入為大司農

陳球字伯真下邳人善律令橋玄表球明律令拜廷尉正

曹高為濟南相甘露降於郡安帝嘉其致瑞徵拜大鴻臚

魏邢顒字子昂時人稱德行堂堂邢子昂文帝以為太常

[illegible]以高才[illegible]黃初中入為[illegible]

梁習為并州二十餘年政治為天下最乃徵拜大司農

蜀王謀漢嘉人有容止操行先主為漢中王用荊楚宿士零陵賴恭為太常南陽黃柱為光祿勳王謀為少府

吳張儼弱冠知名早歷顯位以博聞多識拜大鴻臚使于晉

晉華表字偉容仕魏為光祿勳咸熙中詔曰表清賢履道內貞外順歷位忠恪言行不玷其以表為太常卿

顧榮字彥先吳人也仕吳為黃門侍郎吳平入洛以南土秀望為廷尉正

陸士衡以文學為著作郎

嵇紹康子也以父得罪靖居私門山濤領選啟武帝曰康誥有言父子罪不相及嵇紹賢侔郤缺宜加旌命請為秘書郎帝謂濤曰如卿所言乃堪為丞何但郎也乃發詔徵之起為秘書丞

何高善史漢為著作郎

何楨字元幹廬江人爲尚書侍詔參秘書丞秘書本有一丞時尚未轉遂以楨爲右丞右丞之置自楨始也

賀循元帝以爲太常侍散騎常侍如故循以九卿舊不加官唯拜太常而已矣

宋王慧武帝初建宋國當置郎中令帝難其人謂傅亮曰今用郎中令不可令減袁曜卿也既而曰吾得其人乃以慧居之

謝靈運爲司徒徐羨之所患出爲永嘉太守稱疾去職文帝登祚誅徐羨之等徵爲秘書監再召不起帝使光祿大夫范泰與靈運書敦獎之乃出就職

劉恢爲侍中領衛尉晉氏過江不置衛尉孝武欲重城禁故復置衛尉自恢爲始也

南齊沈憲遷少府卿少府管掌市易與交關有吏能者皆更此職

梁劉孝綽自上虞令還除秘書丞高祖謂舍人周捨曰第一官當用第一人故以孝綽居此職

張率字士簡吳郡人遷秘書丞高祖曰秘書丞天下清官東南胄緒未有爲之者今以相處爲卿定名譽

後魏杜銓京兆人爲中書博士初杜太后父豹喪在濮陽太武欲命迎葬於鄴謂司徒崔浩曰天下諸杜何處望高浩對京兆爲美太武曰朕今方改葬外祖意欲取京兆杜中長老一人以爲宗正令營護凶事浩曰中書博士杜銓其家今在趙郡是杜預之後於今爲諸杜最即命詔之及見銓器貌瓌雅太武感悅謂浩曰此真吾所欲也以爲宗正

于忠宣武時爲衛尉卿高肇忌其爲人出授定州刺史宣武既而悔之復授衛尉卿領左衛將軍常州大中正密遣中使詔忠曰自比股肱禔洛心膂先寄方任雖重比此爲輕故輟茲外任委以內務當勤夙無怠稱朕所寄也

李輔字佐尚少有重名孝文每云此李氏之千里駒初擢明元起居注尋遷秘書丞

後周盧誕本名恭祖仁魏爲給事黃門侍郎魏帝以誕儒宗學府爲當世所推乃拜國子祭酒

隋宇文愷好學多伎藝爲萊州刺史兄忻被誅除名於家久不得調會朝廷以魯班故道久絕不行令愷修復之既而高祖建仁壽宮訪可任者右僕射楊素言愷有巧思帝然之於是檢校將作大匠

蘇夔爲朝散大夫時煬帝方勤遠略蠻夷朝貢前後相屬帝嘗從容謂宇文述虞世基等曰四夷率服觀禮華夏鴻臚之職須歸令望有多才藝美容儀可以接對賓客者爲之乎咸以蘇夔對帝然之即日拜鴻臚少卿

唐戴胄爲兵部郎中貞觀初太宗謂封德彝曰大理之職人命所懸此官極須選公宜陳其堪者德彝未對帝曰戴胄忠正清直每事用心即其人也於是除大理少卿

楊崇禮爲太府少卿雖錢帛元物丈尺間皆躬自省覽時議以爲稱職擢拜太府卿

舉職

夫九卿者所以參三公也故歷世王者妙選英俊以充其任用率其職繇是宗廟之禮斯備宮闕之制有典外夷之事明習朝廷之政有成量功而鈎校則物无遁形執詞而評辨則情咸有得以至發盧整記籍諧暢律呂使攸司靡曠典故可稽彝倫是章功庸克顯故得則哲之美皎如日星當官之譽芬若蘭芷則上法於北斗下括乎河海復何媿焉

漢楊城延高帝時爲少府作長樂未央宮築長安城先就以功封梧侯

常惠代蘇武爲典屬國明習外國事勤勞數有功

陳咸爲少府少府多寶物屬官咸皆鈎校發其姦臧沒入辜榷財物（辜罪也榷專固也）官屬及諸中宮黃門鈎盾掖庭官吏舉奏按論畏咸皆失氣

（第十七葉原闕）

後魏崔振爲長兼廷尉少卿振有公斷以明察稱

高謐爲秘書郎以墳典殘缺奏請廣訪羣書大加繕寫由是代京圖籍莫不審正

范紹爲長兼太府卿紹量功節用躬須簡凡有賜給千匹以上皆別覆奏然後出之靈太后嘉其用心勑紹每月入見諸有益國利民之事皆令面陳

崔纂爲廷尉正每於大獄多所據明有當官之譽

北齊崔昂爲散騎常侍兼太府卿太司農卿二寺所掌世號繁劇昂校理有術下無姦僞經手歷目矣无不爲朝廷歎其至公文奏上横市妄費事三百一十四條詔下依啓狀速議以聞

宋游道爲太府卿乃於少府覆檢主司盗截得鉅萬計姦吏返誣奏之下獄尋得出不歸家徑之府理事

後周斛斯徵爲太常卿自魏孝武西遷雅樂廢缺徵博採遺逸稽諸典故創新改舊方始備焉

盧辯爲太常卿自魏末離亂孝武西遷朝章禮度湮墜咸盡辯因時制儀皆合軌度性彊記默識能斷大事凡所創制處之不疑

長孫紹遠爲太常廣召工人創造樂器土木絲竹各得其宜

隋蘇孝慈開皇初爲太府卿于時王業初基百度伊始徵天下工匠纖微之巧无不畢集孝慈總其事世以爲能

樊叔略爲司農卿凡所種植叔略別爲條制皆出人意表

牛弘爲秘書監表請分遣使人搜訪異本每書一卷賞絹一匹校寫既定本即歸主於是人間異書往往間出

宇文愷爲營宗廟副監及遷都高祖以愷有巧思詔領營新都副監高熲雖總大綱凡所規畫皆出於愷

趙元淑爲潁川太守因入朝會以司農不時納諸郡租穀元淑奏之帝謂元淑曰如卿意者幾日當了元淑曰如臣意不過十日帝即日拜元淑爲司農卿納天下租如言而了帝悅焉

楊汪爲大理卿視事二日煬帝將親省囚徒其時繫囚二百餘人汪通宵究審詰朝而奏曲盡事情一无遺誤帝甚嘉之

唐柏季纂武德中歷屯田農圃監再爲司農少卿每營事苑內小心畏慎勤於稼穡高祖每稱善之

張道源爲太僕卿上奏以吏曹文簿繁雜易生姦隱請議減之高祖下其議百寮无同者唯傅奕以道源爲深識政體宜從其說高祖亦稱奕言爲當迫於衆議事竟不行

柳亨爲光祿少卿太宗每誡之曰與卿舊親情素兼宿卿爲人交游多今授此職宜存簡靜亨性好射獵有饕湎之名此後頓自勗勵杜絕賓客約身節儉勤於職事太宗亦以此稱之

姜確爲將作少匠轉殿中少監攝將作並以勤濟見稱修九成宮令確典其事拜宣威將軍守屯衛將軍攝將作如故確性恭勤雖祁寒暑雨未嘗暫懈

段德操爲將軍檢校少府事時已年老而精勤不怠巡察所部略無休息

韋機爲司農少卿受詔檢校東都營田園苑之事高宗謂之曰兩都是朕東西二宅也今之宮館隋代所造歲序既淹漸將頹頓欲有修造又費財力如何機奏曰臣任司農向已十年前後省費今見貯錢三十萬貫若以供葺理可不勞而就也帝大悅

楊崇禮開元初爲太府少卿雖錢帛充牣丈尺間皆躬自省閱時議以爲稱職擢拜太府卿加銀青光祿大夫封洪農郡公每歲勾剝省使常出數百萬貫在職二十年公清如一年九十餘授戶部尚書致仕時太平歲久御府財物山積以爲經楊卿者无不精好

劉瑗爲國子祭酒開元二十八年奏曰伏准故事釋奠之日羣官道俗等皆合赴監觀禮臣請依故事著之

裴武爲京兆尹領大司農其間掌錢穀供饋之事皆粗有勞績

裴佽元爲太府卿奏元和五年上言左藏庫置修屋宇本錢二百萬從之

文宗大和四年正月秘書省奏請修書閣及群書屋宇等伏以
當司藏書六萬餘卷列署三十一員應署傾危秘閣摧毁久未
修葺漸恐費功伏當陛下文明之朝天下宗聖萬方嚮慕之日
海內崇儒之時今者校字欹斜圖籍散落百寮職司無京諭伏
乞特下有司計料修葺使加功力庶得完全可之
鄭覃為宰相兼國子祭酒開成元年奏請五經博士各一人緣
無祿俸請依王府官例給祿粟從之
後唐聶延祚為少府監明宗天成元年上言鑄印舊體不與朱
記相參伏自近年亦歸當監鑄造既傾尊字何異印文伏乞下
中書釐革
王彥鎔為太僕少卿天成元年上言國家四時祠祀郊廟群神
當寺供應羊犢皆事前一月於度支請錢付行人市買雖得供
事然匪度程伏惟舊例祠祀羊犢晉絳慈隰州每年供進純白
羯羊一百一十口赤黃犢子四十頭內一十五頭繭栗二十

五頭角握乞下三州每年依例供進本處以省錢收市
杜紹光為少府少監天成二年上言當司掌朝服儀仗祭器服
兵戈已來散失向盡苟非得人難為掌轄臣准往例除監一員
少監二員外比有丞主簿五署令共一十六員近自偽梁廢省
只委書吏主張遂至因循或多隱漏乞下中書於先廢官員內
量置丞簿署令分主當司公事
錢傳為太常丞天成二年奏當司專典祠祀伏以國城西面群
祀各有壇壝近年多被民戶侵耕畜牧騰踐莫知處所行事之
時旋封土芟草有乖誠敬今正方春務行止絕者
杜昉為國子博士二成天年八月以國李所設比教胄子近為
外官多占居止請令止絕
崔協為宰相兼判國子祭酒天成三年八月奏請國子監每年
祗置監生二百人自後更與諸道相次解送至十月三十日滿
數為定又請頒下諸道州府各貢官李如有與黨備諳文行可

李者錄其事實申報監司方與解送但一身就業不得影庇戶
門兼本李書生亦依此例不得因此便取公牒輒免本戶差役
又每年於二百人數內不繫時節有投名者先令李官考試校
其李業深淺方議收補姓名勑宜依長定二百人其中有藝業
精博者令准近勑考試及格解送礼部及第後據人數却須五
年正月國子監又奏當監舊例初補監生有束脩錢兩貫文及
第後光李錢壹貫文切緣當監諸色李人及第後近再多不於
監司出給光學文抄及不納光李錢只守選限年滿便赴南曹
參選南曹近年　選人並不收豎監司光李文抄為憑請自
後欲准例應諸色李人及第後並却於監司出給光李文抄并
納光李錢等各有所業次第以備當逐年修葺公使奉勑宜准
往例指揮兼自今後凡補監生須令情願仁在監中修李則得
給牒　如收補仍據所業次第逐季考試申奏其勘到見管監
生二百七十八人仍勒准此指揮如收補年深未附藝業處省

補牒不赴試期亦委監司點檢其姓名年月一一分析申奏長
興元年春國子監又請以學生束脩及光學錢備監之修葺公
使從之
杜璟為殿中丞天成四年六月上言以本司法物寄於寺觀請
量修公署
張穀為少府少監長興元年六月奏請斷官賣農器例皆薄
怯不便生民
魏遐為大理卿長興元年七月奏諸道刑獄恐有淹滯望令本
道判官一人每月兩度慮囚疏理
魏仁鍔為太僕少卿長興二年閏五月天以本寺祠祭牲酒咸
非素備請復舊規今諸道進納
晉崔棁判太常卿公事時二舞久廢有詔修奉棁撰樂章新詞
教舞童歌之高祖賞焉錫賚甚厚真拜太常卿

夫列卿之任，所以樹棘木而定位，法河海而命職，率其所屬，守厥攸司，内承於三公，外倡於九牧，蓋元后之欽[illegible]之表儀也。乃有直方自守，公忠兼勵，寬厚以成德，貞厲而蒞事，馳老成之言，罄補察之規，清白以檢身，營奉而宣力，篤[illegible]可尚，積勞宜彰。斯是被之寵靈，異其名數，至或稱揚著於詔命，褒美形於勲息。其告老也，有加等之礼；其不幸也，極飾終之榮。斯所以懋功而勸能，旌賢而奬善，俾百工之咸乂，而庶績之惟熙者，莫不由是道也。

漢周仁為郎中令，景帝再自幸其家，徙陽陵。

朱邑為九卿，居處儉節，家無餘財。宣帝神爵元年卒，天子閔惜，下詔稱揚曰：大司農邑，廉絜守節，退食自公，亡疆外之交，束脩之餽（餽與饋同），可謂淑人君子，遭離凶災，朕甚閔之。賜邑子黄金百斤，以奉其祭。

蘇武為典屬國，宣帝以武著節老臣，令朝朔望，號稱祭酒（[illegible]），甚優寵之。

金敞為衛尉，病甚，成帝使使者問所欲，以弟岑為託，帝召岑拜為使主客（官名，屬鴻臚，主胡客也）。敞子涉，本為左曹，帝拜涉為侍中，使待幸綠車載送衛尉舍（幸綠車[illegible]置左右以待召載皇孫令遣送[illegible]以皇孫車載之寵之也晉灼曰漢注綠車名曰皇孫車太子有子乘以從也）。須臾卒。

後漢銚期，光武時為衛尉，疾病，使使者存問，加賜醫藥甚厚。及卒，帝親臨襚斂，贈以衛尉、安成侯印綬。

高詡，光武時拜大司農，在朝以方正稱。卒官，賜錢及冢田。

祭肜為太僕，明帝每見肜，常歎息以為可屬以重任。後從東巡狩，過魯，坐孔子講堂，顧指子路室謂左右曰：此太僕之室。太僕，吾之禦侮也。（孔子曰：吾有四友焉。自吾得回也，門人加親，是非胥附邪？自吾得賜也，遠方之士日至，是非奔走邪？自吾得師也，前有光，後有輝，是非先後邪？自吾得由也，惡言不至於門，是非禦侮邪？）

趙孝為衛尉，弟禮為御史中丞，明帝嘉其兄弟篤行，欲寵異之，詔禮十日一就衛尉府，太官送供具，令共相對盡歡。數年，禮卒，帝令孝從官屬送歸葬。後歲餘，孝復以衛尉賜告歸，卒于家。

召馴，章帝時為光祿勲，卒於官，賜冢塋，陪園陵。

韋彪為長樂衛尉，數陳政術，每歸寬厚，比上疏乞骸骨，拜為奉車都尉，秩中二千石，賞賜恩寵，侔於親戚。章帝建初七年，車駕西巡，彪行太常事，帝問以三輔舊事，禮儀風俗，乃厚賜彪錢珍羞食物，使歸平陵上冢。還，拜大鴻臚。元和二年春，東巡狩，以彪行司徒事，從行。還，以病乞身，帝遣小黄門、太醫問疾，賜以食物。彪遂稱困篤。章和二年夏，使謁者策詔曰：彪以將相之裔，勤身飭行，出自州里，在位歷載，中被篤疾，連上求退。君年在耆艾，不可復以加增怨職，章煩碎重有損焉。其上大鴻臚印綬，遣子大舍人詣中臧府受賜錢二十萬。和帝永元元年卒，詔尚書：故大鴻臚韋彪在位無愆，方欲錄用，奄忽而卒，其賜錢二十萬，布百匹，穀三千斛。

耿秉，和帝時為光祿勲，卒，賜以朱棺玉衣，將作大匠穿冢，假鼓吹，五營騎士三百餘人送葬。

楊賜，靈帝時為太常，詔賜御府衣一襲，自所服冠幘綬，玉壺革帶，金錯鉤佩（[illegible]以金[illegible]）。

魏袁渙字曜卿，為郎中令，卒，官太祖為之流涕，賜穀二千斛，一教以太倉穀千斛，賜郎中令之家；一教以垣下穀千斛，與曜卿家。外不解其意，教曰：以太倉穀者，官法也；以垣下穀者，親舊也。

程昱為衛尉，文帝踐祚，方欲以為公，會薨，帝為流涕，追贈車騎將軍，謚曰肅侯。

和洽為太常，清貧守約，明帝聞之，加賜穀。

辛毗，明帝時為衛尉，與徐邈、胡質皆以憂國忘私，不營產業，賜穀二千斛，錢三十萬，告天下。

吳劉基為大司農，孫權大暑時嘗於船中宴飲，於船樓上值雷雨，權以蓋自覆，又命覆基，餘人不得也，其見待如此。

晉周浚，武帝時三為少府，以本官領將作大匠，改營宗廟，訖，增邑五百戶。

華表武帝時爲太常卿數歲以老病乞骸骨詔曰表清貞雅素有老成之美久幹王事靜恭匪懈而以疾固辭章表懇至今聽如所上以爲太中大夫賜錢二十萬牀帳褥席禄賜與卿同以門施行馬

賀循元帝時爲太常兼常侍如故循以九卿舊不加官今又疾患不宜兼處此職唯拜太常而已帝以循爲清貧下令曰循冰清玉潔行爲俗表位處上卿而居身服物蓋周形而已屋室財庇風雨孤近造其廬以爲慨然其賜六尺牀薦席褥并錢二十萬以表至德暢孤意焉循又讓不許不得已留之初不服用又爲太子太傅太常如故循自以枕疾廢頓臣節不脩上隆降尊之義下替交叙之敬懼非垂典之教也累表固讓帝以循體德率物有不言之益敦厲備至期於不許命皇太子親往拜焉循有羸疾而恭於接對詔斷賓客其崇遇如此

薛兼明帝時爲太常安陽鄉侯兼履德沖素盡忠恪已方賴德

訓弘濟政道不幸殂殞痛于厥心今遣持節侍御史贈左光祿大夫開府儀同三司魂而有靈嘉茲榮寵又葬屬王敦作逆朝廷多故不得議謚直遣使者祭以太牢

王彬成帝時爲度支尚書蘇峻平後改築新宮彬爲大匠以營創勳勞賜爵關内侯

南齊蕭穎胄爲衛尉高宗廢立引穎胄預功建武二年賜穎胄以常所乘白揄牛

梁顧協爲鴻臚卿大同八年卒高祖悼惜之手詔曰員外散騎常侍鴻臚卿兼中書通事舍人顧協廉絜青白居然不衰久在省闥内外稱善奄然殞逝惻怛之懷不能已已傍无近親彌足哀者大殮既畢即送其喪柩還鄉并營冢槨近皆資給悉使周辦可贈散騎常侍令使举哀

裴子野爲鴻臚卿卒高祖悼惜爲之流涕詔曰鴻臚卿領步兵校尉知著作郎兼中書通事舍人裴子野文史足用廉白自居勳勞通事多歷年所奄致喪逝惻愴于懷可贈散騎常侍賻錢五萬布五十疋即日舉哀謚曰貞子

後魏堯暄爲大司農卿孝文大和十九年卒於平城帝爲之舉哀贈安北將軍相州刺史賻帛七百疋

成淹除羽林監領主客令加威遠將軍于時宮殿初構經始務廣兵民運材日有萬計伊洛流澌苦於厲涉淹遂啓求勑都水造浮航孝文賞納之意欲榮淹於眾例旦受朝百官在位乃賜帛百疋知左右二都水事

北齊崔暹爲太常卿文宣帝謂群臣曰崔太常清正天下無雙卿等不及

後周趙肅魏大統十三年除廷尉少卿明年元日當行朝禮非有封爵者不得預焉肅時未有茅土不入左僕射長孫儉言之文帝乃召肅謂曰歲初仁禮豈得使卿不預然何爲不早言也於是令肅自選封名肅曰清河郡乃太平之應竊所願也於是

封清河縣子邑百户

隋趙綽高祖時爲大理少卿處法平允帝以綽有誠直之心每引入閤中或遇帝與皇后同榻即呼綽坐評論得失前後賞賜萬計其後進位開府贈其父爲蔡州刺史時河東薛冑爲大理卿俱名平恕然冑斷獄以情而綽守法俱爲稱職帝每謂綽曰朕於卿無所愛惜但卿骨相不當貴耳仁壽中卒官帝爲之流涕中使弔祭焉鴻臚監護喪事

唐竇誕太宗時爲殿中監進封莘國公以修營太廟賜物五百段

段綸爲宗正卿卒太宗甚傷悼爲不視朝將出臨之太常奏稱癸致齋不得哭而止

楊師道爲太常卿貞觀二十一年卒贈吏部尚書并州都督陪葬昭陵賜東園祕器并爲立碑

柳亨爲光祿少卿貞觀二十三年以修太廟功加金紫光祿大夫

李嗣高宗時爲衛尉卿上元元年九月帝御含元殿東翔鸞閣

觀大酺是日弼暴卒于宴所帝為之廢酺一日贈工部尚書[illegible]
州刺史李琬為宗正卿代宗大曆六年賜琬雜綵一百疋衣一
襲以其職奉陵寢績用可稱褒之曰琇珪為司農小卿遷大卿
在卿曹十餘年德宗以為可任腹心遂引為神策軍使兼御史
大夫賜名志貞
白居易為秘書監因中謝日賜金紫

冊府元龜卷第六百二十

冊府元龜卷第六百二十一

卿監部

司宗　司賓　監牧

司宗

周禮小宗伯之職掌三族之別以辨親疏漢徽秦失大封子弟爰命宗臣以主屬籍所以厚親親而重國本也典午之後頗有沿革而職司帝緒未嘗廢闕蓋將以董正昭穆糾綏宗族淳孝悌之道固盤維之本俾夫嫡庶區分尊卑定位藹序斯著內朝有光韡韡棣華得和樂之譽振振公姓敦信厚之風傳曰周之宗盟異姓爲後詩云文王孫子本支百世非邑司有典名薄克舉則何以惇敘九族臨照百官者乎

漢劉郢客楚元王之子高后以爲宗正封上邳侯

平陸侯禮楚元王子也景帝元年爲宗正

德侯劉通景帝三年爲宗正

沉猷侯受爲宗正坐聽請不具宗室耐爲司寇受爲宗正人有私請求者受聽辟之故於宗室之中事有不具而受獲罪

劉辟彊楚元王之孫休侯富之子清淨少欲常以書自娛不肯仕昭帝即位霍光擇宗室子可用者辟彊二德待詔丞相府年三十餘欲用之或言父見在亦先帝之所寵也遂拜光祿大夫守長樂衞尉時年已八十徙爲宗正數月卒

劉德昭帝初爲宗正丞雜治劉澤詔獄父爲宗正徙爲大鴻臚丞遷太中大夫後復爲宗正雜案上官氏蓋主事妻死大將軍光欲以女妻之德不敢取蓋長公主孫譚遮德自言德數責以公主起居無狀侍御史以爲光望不受女望恐也承指劾德誹謗詔獄免爲庶人光聞而恨之以侍御史不知己意復白召德守青州刺史歲餘復爲宗正與立宣帝賜爵關內侯孫慶忌復爲宗正

劉向本名更生宣帝時累遷散騎諫大夫給事中元帝初即位太傅蕭望之爲前將軍少傅周堪爲諸吏光祿大夫皆領尚書事甚見尊任更生年少於望之堪然二人重之薦更生宗室忠直明經有行擢爲散騎宗正給事中

後漢劉般遷宗正在朝廷竭忠盡節勤勤憂國夙夜不怠數納嘉謀

劉平以仁孝著爲宗正

劉軫建初中稍遷宗正丞官遂世掌宗正焉劉虞爲尚書令光祿勳以公族有禮更爲宗正

晉扶風王亮爲衞將軍武帝咸寧三年詔曰宗室戚屬國之枝葉欲令奉率德義爲天下式然處富貴而能慎行者寡召穆公糾合兄弟而賦常棣之詩此姬氏所以本枝百世也亮爲宗師所當施行皆咨之於師也時宗室殷盛無相統攝乃以亮爲宗師使訓導觀察有不遵禮法小者正以義方大者隨事聞奏山濤爲吏部啓太羊祜忠篤寬厚然不長理劇宗正卿鈇一不審可轉作否

朱整泰始二年以侍中中書監爲宗正卿

王覽咸寧元年以太中大夫爲宗正卿

陳南康愍王曇朗子方慶少清警涉獵書傳及長有幹略天嘉中封臨汝縣侯尋爲給事中太子洗馬權兼宗正卿

後魏杜銓爲中書博士寄太白父豹喪在濮陽太武欲命迎葬於鄴謂司徒崔浩曰天下諸杜何處望高浩對京兆爲美太武曰朕方命改葬外祖意欲取京兆中長老一人以爲宗正令營護凶事浩曰杜銓其家今在趙郡是杜預之後於今爲諸杜最即可取之詔見銓器貌瓌雅太武感悅謂浩曰此真吾所欲也以爲宗正令與杜超子道生迎豹喪柩致葬鄴南

秦明王翰孫纂太武封爲中山王纂於宗屬最長宗室有事咸就諮焉

封琳爲司宗下大夫有長者之稱

彭城王勰獻文之子孝文爲家會於勰曰教風密微禮政嚴嚴若不深心日勗何以劭諸每欲立一宗師肅我元族汝親則宸極位乃中監風標才器實足師範屢有口敕仍執沖遜難違清挹

世祖至今宗制之重捨汝誰寄使汝以宗儀責成汝躬有不率
教與隨事以聞吾別講治之若宗室有愆違而不舉隨事罰汝躬
淵維相屢焉有勸效吾朝聞夕逝不為恨也禎進曰面陳日奏
詔令尊主宗制糾舉非違臣聞其身正不令而行其身不正雖
令不從臣處宗之長幼之順接物無國上之禮每因啟請已蒙
哀借不謂今詔慈不矜免猶願聖慈賜垂獨察孝文曰汝諸往
欽哉

饒陽男遙大功昆弟皆是景穆之孫至孝明而本服絕故除遙
等屬籍遙表曰竊聞聖人所以南面而聽天下其不可得變革
者則親也尊也四世而緦服窮五世而袒免六世而親屬竭矣
去茲以往猶繫之以姓而弗別綴之以食而弗殊又律云議親
者非唯當世之屬親歷謂先帝之五世謹尋斯旨將以廣帝宗
重磐石先皇所以變茲事條為此別制者太和之季方有意於
吳蜀經始之費慮深在初割減之起暫出當時也且臨淮王提分

屬籍之始高祖賜帛二千匹所以重分離樂良王長命亦賜縑
二千匹所以存慈睦此皆先朝殷勤克念不得已而然者也古
人有言百足之蟲至死不僵者以其輔之者衆臣誠不欲妄親太
階苟求潤屋但傷大宗一分則天子屬籍不過十數人而已在
漢諸王之子不限多少皆列土而封謂之曰侯至於魏晉莫不
著於河山稱之曰公者蓋惡其大宗之不固骨肉之恩疎矣臣
去皇上雖是五世之遠於先帝便是天子之孫高祖所以國秩
祿賦復給衣食后族唯給其賦不與衣食者欲以別外內限異
同也今諸廟之感在心未忘行道之悲僅然已及其諸封者身
亡之日三年服終然後改奪今朝廷猶在遏密之中便議此事
實用未安詔付尚書博議以聞尚書令任城王澄尚書僕射元
暉奏同遙表靈太后不從

後周宇文測為太祖丞相府右長史太祖令測詳定宗室昭穆
遠近附於屬籍除通直散騎常侍黃門侍郎

鮑宏武帝時勅宏修皇室譜一部分為帝緒疏屬賜姓三篇

唐高祖武德元年十月二十四日詔太僕少卿安康郡公襲譽
我之同姓派別枝分惟厥祖考世敦雍睦特聽合譜宗正恩礼
之差同諸服屬

十二月六日又詔義安郡王孝常屬籍宗正寺

二年二月詔曰朕受終揖讓君臨四海普天之下同加惠澤宗
緒之情義越常品宜有旌異以明等級諸宗姓官宜在同列之
上未有職任者不在徭役之限每州置宗師一人以相管攝別
為團伍所司明立條式

高宗永徽二年九月二十一日召宗正卿李博文問曰比聞諸
親何以得有除屬者對曰以屬疏除盡故除摠三百餘人帝曰
朕追遠之感實切于懷諸親服屬雖疎理不可除並宜依舊編
入屬籍

睿宗景雲二年四月以秘書監薛王隆業為宗正卿

玄宗開元十三年四月詔嗣王有傍繼者並宜擬停

二十年七月七日詔宗正寺官員以宗子為之

二十二年七月勑曰諸贈太子須年宗為主廟并致享祀雖礼
從歸厚而情實未安蒸嘗之時子孫不預若專令官祭是以疏
間親遂此為常豈云教孝其諸贈太子有後者但官置廟各令
子孫自主祭其署及官並停若無後者宜依舊

二十五年秋七月己卯敕諸陵廟並隸宗正寺其官員悉以宗
子為之

濮陽郡王徹為宗正卿頻承恩奏請宗正奉陵廟

李揆開元末拜右拾遺改右補闕起居郎並知宗子表疏

天寶元年七月詔曰古之宗盟異姓為後王者設教莫貴其親
殿中侍御史李彥允等奏稱與朕同承涼武昭王後請甄敍者
源流竟同譜諜猶著雖子孫千億各散於四方而本枝百代何
殊於疏屬況有陳請所宜撫敘自今已後涼武昭王孫寶已下

絳郡姑臧燉煌武陽等四房子孫並宜隷入宗正編諸屬籍以
明尊本之道用廣親親之化
五載二月十二日勑九廟子孫宜並升入五等親永爲常式
張垍爲駙馬都尉太常卿又以承恩太常復奉陵廟自後宗正太
常奉者數四
代宗永泰二年十月宗正卿吳王祇奏上皇室永嘉新譜二十
卷太常博士柳芳撰也芳精於譜學按宗正譜牒自武德已來
宗枝昭穆相承撰皇室譜二十卷
大曆二年八月勑宗子寺復奉陵廟
穆宗長慶元年三月宗正寺奏准貞元二十一年勑宗子陪位
放五百七十人出身今年勑放三百人伏緣人數至多不霑恩
澤白身之輩將老村閭乞降特恩更放二百人出身許之
文宗大和元年四月宗正寺奏今年二月十三日應赴御樓陪
位宗子前資見任及常選未出身宗子據到狀共三千二百八

十九人前件陪位宗子等准赦書節文仍據始封每王後與一
人出身委宗正卿詳圖譜取一房最沈翳者充數具名聞奏者
伏以所赴陪位宗子緣遇祭選時遠方輳集并京畿之內人數
至多若據赦書節文所放全少始封王後只有四十八房今請
條流從長慶元年四年寶曆元年三度遇恩並未霑及者伏請
准寶曆元年正月七日赦書節文每父下放一人出身其從寶
曆元年已前三度受恩已曾放出身檢勘三代名同者並不在
此限伏冀沈翳霑恩澤遠房孤弱盡獲出身勑可
開成元年閏六月乙未召宗正卿李弘澤問圖譜弘澤對以自
肅宗已來並未修續臣已請追林賛鄭覃與李固言並言林賛
寳有氏族學時論以爲不公癸卯勑追汾王府長史分司東都
林賛同修七聖王諜從宗寺寺之請也
二年六月癸巳朔宗正寺奏諸州府如有宗子寄寓貧病不能
自濟者有羈旅道途棲遑丐食者並請所在州縣切加存卹兼
隨事接借不得令有侵欺致使抑屈如有違犯禮禁自冒刑名
即任所在州縣子細勘問仍先具罪狀申報宗正寺待寺司聞
奏不得懸便升斷所冀遠方宗子平特無困辱之虞守土諸侯
聖朝識敦睦之意伏以事關国體臣忝職司詔令宗正寺散牒
所在搜訪宗室無官官貧無交不支濟者詣實具名聞奏
四年閏正月翰林學士柳璟奏今月十二日面奉進止以臣先
祖所撰皇室永泰新譜事頗精詳令臣自德宗皇帝至陛下御
極已來依舊式修續伏請宣付宰臣詔宜令宗正寺差圖譜官
與柳璟計會修撰仍令戶部量供紙筆璟續成十卷以附前譜
梁太祖開平五年三月宗正卿朱遜圖譜官朱損之進所撰述
天潢源派二軸各賜帛
後唐明宗天成元年十月宗正卿李紓奏三京畿縣有陵園處
每縣請都置陵臺令一員與專局分免有曠遺
三年七月宗正少卿李莛請修恭陵和陵

長興三年七月宗正寺奏今年經大雨太廟正殿疎漏門樓墊
陷宮牆及神門仗舍並皆鈌漏請下所司修補司天以墓年不
宜興造請隨鈌壞處量事增修從之
末帝清泰二年正月宗正寺奏北京應州曹州諸陵望差本州
府長官朝拜雍坤和徽四陵差太常宗正卿朝拜從之
晉高祖天福二年六月壬午朔宗正卿石光贊奏昔周武王奄
有天下過商容之閭必軾見比干之墓武封盖發貧賢良尊崇
忠義伏惟皇帝陛下顯膺天命開創鴻圖解網行仁救時順動
樂業不知於帝力悦隋位聽於山呼盛德難名太平可待臣伏
見滎陽道左石君廟李前漢太中大夫石奮之廟奮有子四人
各二千石禄漢高祖曰人臣尊寵舉集其門故號万石君德行
懿績備列前書臣唐大中十三年鄭州司馬石貫稱裔孫刊石廟
庭備紀其事伏遇皇帝行幸浚郊經過滎水屢義已聞於歧路
覃恩宜布於幽明其万石君廟伏乞俯弘霈澤特降封崇俾光

遠祖之徽猷益茂我朝之盛與有旨待續施行（石光贊爲太子賓客光贊少貧爲鮑泓從宣發書狀五諸蕃紀事晉高祖即位自滑州節度官擢爲宗正卿少府監有占者云子孫歲當因姓氏爲美官舉如其言晉氏本出河鶻來自金山有功矣及後魏周奄有天下則以此發中土則爲貴焉嘗見太常禮官定石慶爲始祖又光贊嘗以史傳苗裔纂次王諸編次以獻高祖其間有譽與已前官至於請補闕者聞者知其寡學）

司賓

孔子去束帶立於朝可使與賓客言者其司賓之謂乎故三代之禮周制彌文官居其方政乃用乂大則有行人之職次則有掌客之名咸領於秋卿勤繫於國體朝聘會同之事莫不由之饔餼飲食之數於是乎在至若優禮二王之後懷來四夷之長其儀式序著之於籍漢氏以降益重其選屢發於委任靡限他官用能勞徠殊鄰交好與國外降揖讓而有度尊迎接對以咸宜固有才識兼明辭令嘉淑風監摽舉器用謹達能稱厥職有聲於時者焉

漢韓昌爲車騎都尉甘露二年呼韓單于款五原塞（[?]也）願朝三年正月（會正旦之賀也）遣昌迎之單于就邸留月餘遣歸國又遣

昌與長樂衛尉高昌侯董忠送出朔方雞鹿塞（雞鹿塞在朔方窳渾縣北）

南齊宗夬爲臨川王常侍武帝與魏和親勅夬與尚書殿中郎任昉同接魏使皆時選也王融爲中書郎武帝以其才辯使兼主客接魏使房景高宋弁弁見融年少問主客年幾融曰五十之年久踰其半

張融爲從事中郎將魏聞融名武帝使融接北使李道固就席道固顧而言之曰張融是宋彭城長史張暢子不融嚬蹙久之曰先君不幸名達六夷

劉繪爲中書郎永明末魏使來繪以辭辯勅接魏使事畢當撰辭繪謂人曰無論潤色未易但得我語亦難矣（自魏世李道固及[?]等[?]魏使李彪[?]）

梁范岫仕齊爲國子博士永明中魏使至有詔妙選朝士有辭辯者接使於界首以岫兼淮陰長史迎焉（令其多事具奏使答辭問）

蕭攬爲太子中舍人東魏遣李諧盧元明使於梁武帝以攬辭令可觀令兼中書侍郎受幣於東賓館

邕胥爲大學博士有口辯大同中常兼主客郎對接北使魏使李諧問胥曰主客在郎官幾時答曰我本訓胄虎門適復今任諧言國子博士不應左轉爲郎胥曰特爲應接遠賓故權兼耳諧言屈已濟務誠得事宜由我一介行人令卿左轉胥答曰自顧菲薄不足對揚盛美豈敢言屈

傅岐爲鎮南諮議參軍兼中書通事舍人美容止傅涉能占對大同中與魏和親其使歲中再至常遣岐接對焉

後魏裴駿爲中書侍郎宋武帝遣使明僧暠朝貢以駿有才學乃假給事中散騎常侍於境上勞接

李安世獻文時爲主客令齊使劉纘朝貢安世奉詔勞之安世美容貌善舉止纘等自相謂曰不有君子其能國乎纘等呼安世曰三代不共禮五帝各異樂安足以亡秦之官稱於上國纘曰世異之號凡有幾也安世曰周謂掌客秦改典客漢名鴻臚

今日主客君等不欲影響文武而殷勤亡秦纘又指方山曰此山去燕然遠近安世曰亦由石頭之於番禺耳國家有江南使至多出藏內珍物令都下富室好容服者貨之令使任情交易使至金玉肆問價纘曰北方金玉大賤當是山川所出安世曰聖朝不貴金玉以同瓦礫又皇上德通神明山不愛寶故無川無金無山無玉纘初將大市得安世言慙而罷

劉芳篤學有志行會齊使劉纘至芳之始族兄也擢芳兼主客郎與纘相接尋拜中書博士

甄琛孝文時兼主客郎迎送齊使彭城劉纘琛欽其器貌常歎詠之

成淹爲著作郎齊遣其散騎常侍裴昭明散騎侍郎謝竣等來弔文明太后喪欲以朝服行事主客執之云弔有常式何得以朱衣入凶庭昭明等言本奉朝命不容改易如此者數四執志不移孝文勅尚書李沖令選一學識者更與論執沖奏遣淹昭明言未解魏朝不聽朝服行禮義出何典淹言吉凶不同禮

有成數立冠不弔童孺共聞昔季孫將行請遭喪之禮千載之下猶共稱之卿遠自江南奉慰不能式遵成事方謂義出何典行人得失何其異哉昭明言二國交和既久南北皆須准望齊與高帝魏遣李彪通弔於時初不素服齊朝亦不以爲疑那得苦見要逼淹言彪通弔之日朝命以弔服自隨而彼不遵高宗追遠之慕乃踰月即吉彪行弔之時齊之君臣皆已鳴玉盈庭貂璫曜目百僚內外朱服煥然彪行人不被主人之命復何容獨以素服間衣冠之中來責雖高未敢聞命我皇帝仁孝之性侔於有虞諒闇以來百官聽於冢宰卿豈得以此方彼也昭明乃揚眉而言三皇不同禮亦安知得失所歸淹言若如來談卿以虞舜高宗爲非也昭明遂相顧而笑曰非孝者宣尼有成責行人亦弗敢言希主人裁以弔服使人唯齎袴褶此既戎服不可以弔遂縫衣帢以申命今爲魏朝所逼違負指授還南之日必得罪本朝淹言彼有君子也卿將命折中還南之日應有

高賞若無君子也但令有光國之譽雖復非理見罪亦復何嫌南史董狐自當直筆既而帝遣李沖問淹昭明所言淹以狀對帝詔沖曰我所用得人仍勑送衣帢給昭明等賜淹果食明旦引昭明等入皆令文武盡哀淹後爲侍郎南齊遣其散騎常侍庾蓽散騎侍郎何憲主書邢宗慶朝貢值朝廷有事明堂因登靈臺以觀雲物帝勑淹引蓽等館南矚望行禮事畢還外館賜酒食宗慶語淹言南北連和既久而比棄信絕好爲利而動豈是大國善鄰之義淹言夫爲王者不拘小節中原有戰工拙者獲多豈得眷眷守尾生之信且齊先王歷事宋朝荷恩積世當應便亦欲奪宗慶庾蓽及何皆相顧失色何憲知淹昔從南入而以手擁目鄉何爲不作于禁而作魯肅淹言我捨危效順欲追蹤陳韓何于禁之有憲亦不對

崔景儁歷侍御史主文中散受勑接齊使蕭琛范雲

李憲字仲軌清粹善風儀好學有器度爲孝文所賞稍遷散騎侍郎接對齊使蕭琛范雲

薛讚駒好讀書舉秀才除中書博士太和九年齊使至乃詔讚兼主客郎以接之

李彪亦以聰惠有才學爲中散大夫梁武遣使朝貢侍中李神儁舉彪爲尚書南主客郎彪前後接對凡十八人頗爲稱職

劉隱爲中書舍人時與梁和通隱前後受勑接對其使十六人

孟威孝明時爲直閤將軍汝野鎮將正光初蠕蠕主阿那瓌歸國詔遣前郢州刺史陸希道兼侍中爲使主以威兼散騎常侍爲副遠識迎接阿那瓌之還國也復以威爲平北將軍光祿大夫假員外常侍爲使主護送之

東魏李諧爲中書侍郎天平時南北通好務以俊乂相矜銜命接客必盡一時之選無才地者不得與焉梁使陸晏來聘諧郊勞過朝歌晏曰殷之頑民正在此諧曰永嘉南遷盡歸江東

北齊魏收初仕後魏爲散騎常侍兼著作郎勑兼主客郎接梁使謝珽徐陵

祖孝徵弟孝隱有文學早知名詞章雖不逮兄亦機警有口辯兼解音律魏末爲散騎常侍迎梁使時徐君房庾信來聘名譽甚高魏朝聞而重之接對者多取一時之秀盧元景之徒並降階攝職更遞司賓孝隱少處其中物議稱美

薛琡字曇珍形貌魁偉少以幹用稱爲典客令每引客見儀望甚美魏帝召而謂之曰卿風度峻整姿貌秀異後當升進以處何官琡曰宗廟之禮不敢不敬朝廷之事不敢不忠自此以外非庸臣所及

裴讓之爲太原公記室梁使至常令讓之攝主客郎

元景安東魏天平末世宗入朝景安隨從在鄴于時江南款附朝貢相尋景安妙閑馳騁雅有容則每梁使至常令與解律光皮景和等對客騎射見者稱善

崔瑜之爲楊州平東長史帶南梁大守梁義州刺史文僧明來降瑜之迎接有勳賜爵高邑男

反景和天統中爲侍中後周通好之後冠蓋迭來常令景和對每與使人同射百發百中甚見推重

李諧字士懷好學解屬文爲中書舍人有口辯每接對陳使

郎裴忞爲司空府參軍會陳使傅縡來聘令忞接對之

陸彥師爲通直散騎侍郎每陳使至必高選主客彥師所接對者前後六輩

○後周柳弘爲御正上士陳遣王偃民來聘高祖令弘勞之偃民謂弘曰來日至於藍田正逢灞水暴長所齎國信溺而從流今所進者假之從吏請勒下流爲追尋此物也弘曰昔淳于之獻空籠前史稱以爲美足下假物而進詎是嘆君之命乎偃民慚不能對高祖聞而嘉之盡以偃民所進之物賜弘仍令報聘占對詳敏見稱於時

隋柳䛒開皇初爲太子洗馬陳使謝泉來聘以士澄見稱詔請宴接時論稱其華辯

辛公義爲主客郎中每陳使來朝常奉詔接宴

陸爽爲太子洗馬朝廷以其博學有口辯陳人至境帝令迎勞

柳謇之歷兵部司勳二侍郎朝廷以雅望善談謔又飲酒至一石不亂由是每陳使至輒令接對遷光祿少卿

史祥大業初爲鴻臚卿時突厥啓民可汗請朝煬帝遣祥迎接之

閻毗爲殿內丞從幸張掖郡高昌王朝于行所詔毗持節迎遂將護入東都

蘇夔爲尚書職方郎燕王司馬時煬帝方勤遠略蠻夷來朝帝問宇文述虞世基曰四夷率服觀禮華夏鴻臚之職須歸令望寧有多才藝美容儀可接賓客者爲之乎咸以夔對即日拜鴻臚少卿其年（大業五年）高昌王麴伯雅來朝朝廷妻以公主夔有雅望令主婚

裴矩大業末爲武賁郎將從煬帝至東都屬射匱可汗遣其猶子率西蕃諸胡朝貢詔矩對接之

唐陳大德爲職方郎中貞觀十四年高麗長子桓權來朝遣大德迎勞於柳城

監牧

周官校人掌王馬之政其屬有牧師圉師趣馬巫馬及廋人之職所以授地教養簡節攻疾然後十有二閑之政成矣施及列國亦修馬政秦氏之霸并吞六國六萬騎之馬盡歸之焉漢乃秦制亦重太僕之任乃有三令五監邊郡六牧諸苑三十六所馬牛雜畜充牣其間應乾元之策何啻百倍凡大祀戎事軍國所須皆取足焉歷代已來數之耗登署之廢置或申嚴蹂之禁或下寬推之令隨時立制可以悉數然則牧于坰野盡遂於民居齊其飲食不違於物性詩禮所載可不務乎

周孝王時非子居犬丘（今槐里也）好馬及畜善養息之犬丘人言之周孝王孝王召使主馬于汧渭之間馬大蕃息孝王欲以爲大駱適嗣申侯之女爲大駱妻生子成爲適申侯乃言孝王曰昔我先酈山之女爲戎胥軒妻生中潏以親故歸周保西垂西垂以其故和睦今我復與大駱妻生適子成申駱重婚西戎皆服所以爲王王其圖之於是孝王曰昔伯翳爲舜主畜畜多息故有土賜姓嬴今其後世亦爲朕息馬朕其分土爲附庸邑之秦（今天水隴西縣秦亭也）使復續嬴氏祀號曰秦嬴亦不廢申侯之女子爲駱適者以和西戎

宣王以厲王之時牧人之職廢宣王始興而復之故有考牧之詩

魯僖公二十九年春新延廄延廄者法廄也（周禮天子十二閑馬六種邦國六閑馬四種家四閑馬二種言法廄者六閑之舊制也）

僖公時牧于坰野魯人尊之於是季孫行父請命于周而史克作頌曰駉駉牡馬在坰之野（駉駉良馬腹幹肥張也坰遠野也牧於坰野避民居與良田也）薄言駉者有驈有皇有驪有黃以車彭彭（驪馬白跨曰驈黃白曰皇純黑曰驪黃騂曰黃諸侯六閑馬四種有良馬有戎馬有田馬有駑馬彭彭有力有容也）

秦始皇八年馬東就食

漢景帝時始造苑馬以廣用（[illegible]）

武帝元狩四年大將軍衛青驃騎將軍霍去病兩軍之出塞塞閱官及私馬凡十四萬匹而後入塞者不滿三萬匹自青闐單于後十四歲而卒竟不復擊匈奴者以漢馬少也

五年天下馬少平牡馬匹二十萬 貴平牡馬賈欲使人競畜馬 御史大夫衛綰奏馬高五尺九寸以上齒未平 馬十歲齒下平 不得出關初武帝為伐胡故盛養馬馬之往來食長安者數萬匹卒掌者關中不足迺調旁近郡又以車騎馬乏縣官錢少買馬難得迺著令令封君以下至三百石吏以上差出牝馬天下亭亭有畜字馬歲課息

太初元年更名家馬為挏 徒孔切 馬初置路軨 音零 先是太僕掌輿馬官有大廐未央家馬三令 家馬者主供天子私用非大祀戎事軍國所須故謂之家馬 又有車府路軨騎馬駿馬四令又有龍馬閑駒橐泉騊駼承華五監長 橐泉廐在橐泉宮下騊駼養馬之所故曰騊駼 騊駼出北海中其狀如馬騊音徒高切駼音塗 又有邊郡六牧師苑令 漢書北海郡靈洲縣有河奇苑號非苑歸德縣有堵苑白馬苑郁郅縣有牧師苑西河郡鴻門有天封苑遼東郡襄平有牧師官漢官儀云牧師諸苑三十六所分置北邊西邊分養馬三十万頭 又有牧橐昆蹏令 牧橐言牧橐[illegible]也 昆蹏者謂其蹏下平也蹏音啼

昭帝始元五年罷天下亭母馬及馬弩關 武帝數伐匈奴再擊大宛馬死略盡乃令天下諸亭養母馬欲令其繁孳又作馬上弩機關令悉罷之舊馬高五尺六寸齒未平弩十石以上皆不得出關今不禁也

後漢和帝永元五年二月戊戌詔有司省減內外廐及涼州諸苑馬

安帝永初六年正月庚申詔越巂置長利高望始昌三苑又令益州郡置萬歲苑犍為置漢平苑 犍為郡名故夜郎國也故城在今眉州隆山縣西北也

順帝漢安元年七月初置承華廐 詩以遠近獻馬衆多園廐充滿始置承華令六百戶

靈帝光和四年正月初置騄驥廐丞領受郡國調馬豪右辜榷馬一匹至二百萬 辜障也榷專也謂障餘人賣買而自取其利

中平元年十一月詔廐馬非郊祭之用悉出給軍

後魏太武平統萬定秦隴以河西水草善乃以為牧地畜產滋息馬至二百餘萬匹橐駝半之牛羊無數孝文即位之後復以河陽為牧場常置戎馬十萬匹以擬京師軍警之備每歲自河西徙牧於并州以漸南轉欲其習水土而無死傷也而河西之牧彌滋矣

太延二年十一月行幸稒陽驅野馬於雲中置野馬苑

獻文帝時呂文祖以勳臣子補龍牧曹奏事中散以牧產不滋坐徙於武川鎮

孝文帝時李惠為太僕卿檢課牧產多有滋息其後宇文福為都牧給事時遷洛勑福檢行牧馬之所福規石濟以西河內以東拒黃河南北千里為牧地事尋施行　今之馬場是也及徙代移雜畜於牧所福善於將養並無損耗孝文嘉之尋補司衛監

宣武正始四年十一月禁河南北馬自碣石至於劍閣東西七千里置二十二都延昌元年六月通河南北馬之禁

隋高祖開皇中以駕部侍郎辛公義勾檢諸馬牧所獲十餘万匹高祖喜曰唯我公義奉國罄心

煬帝大業五年七月置馬牧於青海渚中以求龍種無效而止

唐太宗貞觀十五年以尚乘奉御張万歲為太僕少卿勾當羣牧

二十三年九月以廐馬餘三千匹並送隴右

高宗麟德三年以太僕少卿鮮于正俗檢校隴右羣牧監 張說為隴右羣牧使頌序云大唐承周隋離亂之後貞觀初僅得牝牡三千從赤岸澤徙之隴右始命太僕卿張萬歲葺其政焉至麟德中四十年至七十萬六千匹置八使以董之設四十八監以掌之跨隴右金城平涼天水四郡之地幅員千里猶為隘狹更析八監布於河曲豐曠之野乃能容之于斯之時天下以一縑易一馬及張氏中廢二十年間所殘蓋寡曹會要云張万歲三代典羣牧恩信行於隴右故隴右人以馬歲為齒為張氏家諱之也

上元元年以右衞中郎將丘義檢校隴右羣牧監

儀鳳三年十月以太僕少卿李思文檢校隴右諸牧監使 自此始有使號其後蘇幹夏侯亮暢道昕張仁德張思廉宗玄奭周履水魏元忠李道廣賀蘭奭姚元之宗楚客宋王成器相次為之

永隆二年七月夏州羣牧使安元壽等奏從調露元年九月已後至二年五月已前死失馬一十八万四千九百匹牛一万一千六百頭

玄宗先天中以鴻臚少卿朔方軍副大總管兼安北都護王晙爲太僕少卿隴右羣牧使[illegible]

開元二年九月太常少卿姜晦上封請以空名告身於六胡州市馬率三十匹馬酬一遊擊將軍時厩馬尚少深以爲然遂命齎告身三百道往市馬

三年四月勑諸牧監官有闕交要者委本使簡擇前資牧養者奏付選司勘責補擬如非其材所由科貶經負犯者不在奏補之限牧尉有闕亦委使司差補申牒所由如不足並申省司速訪補擬

七年三月詔曰調斂惡繁差科在簡每思重人賤畜之政輕傜薄賦之宜厩馬咯配於諸軍課駒總留於畜牧則應秣之草不假循前今年所支已減舊數可於此數內更三分減一

九年正月詔如聞天下有馬之家州縣或因郵遞軍旅即先差遣帖助兼定戶之次緣被此百姓規避多不養畜遂令騎射之士頓減曩時益國富人何由可致自今已後諸州百姓不問有蔭無蔭若能每家畜馬十匹已上緣帖驛郵遞及征行並不得偏差遣帖助若要須供擬任臨時率戶出錢市買定戶及差重色役亦不須以馬充貲數

十一年勑諸州府馬闕數稍多既合官填復須私備貧乏力致實以爲難宜令所司即勘會闕數與閑廐使計會取監牧馬充

天寶十一載十一月勑兩京去城五百里內不得置私牧如有一切官收

十三載六月隴右羣牧都使奏差判官殿中侍御史張通儒副使平原太守鄭遵意等就羣牧交點總交點總六十万五千六百三頭匹口馬三十二万五千七百九十二匹內二十万八千八十匹駒牛七万五千一百一十五頭內一百四十三頭犛牛駝五百六十三頭羊二十万四千一百三十四口騾一頭

肅宗至德二年十二月詔園苑內有閑廐使總監各據所管地界耕種收草粟以備國馬

代宗大曆十四年七月復置廐馬隨仗於月華門

德宗建中元年五月詔市關輔之馬牝牡二萬匹以實內廐

貞元八年裴延齡爲戶部侍郎判度支京西有汙池卑溼處時有蘆葦生焉不過數畝延齡總奏云廐馬冬月合在槽櫪秣飼夏中即須有牧放處臣近尋訪得長安咸陽兩縣界有陂池數百頃請以爲內廐牧馬之地且去宗城數十里亦與京兆中無別帝初信之言於宰臣宰臣堅執云恐必無此及差官閱視事皆虛妄延齡既慙且怒

二十年福州都團練觀察使柳冕奏置万安監牧泉州界置羣牧五悉索部內馬五千七百匹驢騾牛八百頭羊三千餘口人心擾焉

順宗以貞元二十一年即位四月罷閩中万安監先是福建觀察使柳冕久不遷欲立事跡以求恩寵乃奏云閩中南朝放牧之地畜羊馬可使孳息請置監許之遂收境內畜產令吏牧其中羊之大者重不過十斤馬之良者錢數千不經時輙病死又斂以充之百姓告之遠近以爲笑至是觀察使閻濟美奏罷之

憲宗元和四年正月右神策軍奏絳州龍門臨河縣河曲無居人田業請爲牧地從之仍禁侵蹊居人田業

十一年正月命中官以絹二萬匹市馬於河曲

十三年十一月賜蔡州羣牧號龍陂以刺史丁僚充使

十四年五月置臨海監牧使命淮南節度使李夷簡兼之

八月襄州穀城縣置羣牧賜名臨漢監以山南東道節度使孟簡兼充監牧使

穆宗長慶二年四月詔如聞館驛遞馬死損轉多欲令捜舉所由悉又推注中使御驛稱不見券則隨所索盡供既無憑由豈有定數方將革弊實在息詞自今以後中使乘遞如不見券及券外索馬所由輙不得供其常參官出使及諸道幕府軍將押奏

所合乘遞並須依格式如有違越或分外料人夫並宜具名聞奏（當時中人出使所在多索驛馬大其行李驛馬由此死斃遺棄殷御軍期急奏行人所乘馬多爲掠奪遠近苦之因有是命）

文宗大和二年十月勑海陵是楊州大縣土田饒沃人户衆多自置監牧已來或聞有所妨廢又計每年馬數甚少若以所用錢收市則必有餘其臨海監牧宜停令度支每年供送飛龍使見錢八千貫文仍春秋兩季各送四千貫充市進馬及養飼見在馬等用其監牧見在馬仍令飛龍使割付諸羣牧收管訖分析聞奏是月甲戌命中使往龍陂監取馬五百匹賜徐州行營

三年三月以沙苑樓煩馬共五百匹賜幽州行營將士

七年正月山南東道節度使裴度奏請停臨漢監牧從之臨漢牧元和十四年置有馬三千二百餘匹廢百姓田四百餘頃前後節將不能別白條奏至度始奏罷

十一月壬午度支鹽鐵使王涯奏請於銀州置銀川監牧使以刺史劉源充使從之

開成元年二月以飛龍馬二百疋賜京兆府充給諸驛

四月戊寅邕管經略使裴恭上言洞賊雖深居山谷當其劫掠多在平地防禦之道切在馬軍請賜草馬二百匹置監牧以爲備詔以度支錢三百萬送便賜之

二年七月夏州節度使劉源奏自大和七年十一月一日於銀川置監城牧管羣牧今計孳生馬七千餘匹今銀州南界有空閑地周迴二百餘里四面懸絕賊路不通只置三五十人守其要害即放牧無虞是臣當管界内並非百姓佃食請割隸監司久遠之計詔委本道節度使差人與判使勘驗如實無主便任收管仍不得侵奪居人田產

四年十月飛龍進諸監牧二歲馬二千七百匹

哀帝天祐三年十一月勑牛羊司收管御廚羊并乳牛等每廚物料元是河南府供進其肉便在物料數内續以諸處進到羊且令牛羊司逐日送納今知舊數已盡官吏所由多懲進去其諸處續進到羊并舊管羊牛並送河南府收管其牛羊司官吏並宜停廢

梁太祖開平元年九月詔先以討伐北虜因索公私馬以濟戎事至是慮有搔擾復罷前令如有力者任畜馬

四年十月頒畜馬令先是王師擊賊所得馬雖一二必具獻或販鬻於道中而戰者無所利帝曰獲則有之所以激其奮擊也今王將士馬皆不言取士卒獲以爲己功甚無謂宜下諸軍勿來獻擅冒禁者以違勑罪罪之

後唐莊宗同光三年六月將事西蜀下河南河北諸州府和市戰馬所在搜括官吏除一匹外官收匿者致之以法由是搜索殆盡

三年閏十二月魏王奏東西兩川點到見在馬騾九千五百三十匹

明宗即位以康福爲飛龍使福便弓馬少事武皇累補軍職莊宗嗣位嘗謂左右曰我本番人以羊馬爲活業彼康福者體貌豐厚宜領財貨可令總轄馬牧由是署爲馬坊使大有蕃息及先明宗爲亂兵所追將離魏縣會福牧小馬數千匹於相州乃驅而歸命及即位乃有此授

天成二年三月丙辰宰臣任圜奏臣伏見藩牧臣寮每至慶賀例皆進馬臣以捧日之心貴申其忠孝追風之步必擇於驊良備乘奉於帝車資馳駿於天廄伏見本朝舊事雖以進馬爲名例多貢奉馬價蓋道途之役護養稍難因此羣方久爲定制自今後伏請只許四夷蕃國進駝馬其諸道藩府州鎮請依天復三年已前許貢綾絹金銀隨土產折進馬之直所貴稍便貢輸不虧誠敬兼請約舊制選孳生馬分置監牧俾歆齕而自遂即騋牝之逾繁若勑旨任圜方秉國權乃專邦計公家之利知無不爲當景運之中興舉皇朝之故事不獨資其經費亦冀便於貢輸款閱敷陳允叶事體宜依所奏乃置監牧委三司使別具制置奏聞

三年三月吏部郎中何澤請於天下兆馬置羣牧取其孳息四

年四月詔沿邊置場買馬不許蕃部直至闕下帝旨臨一表欲來遠人党項之衆競赴都下常賜酒食於禁廷醉則連袂歌其土風以出凡將到馬無駑良並云上進國家雖約其價以給之及計其館穀錫賚所費不可勝紀計司以為蠹中華無出於此遂止之

是年八月詔以右軍馬收軍使田令方勞牧不謹馬瘠而多死劾致於法安重誨奏曰令方損耗官馬死未塞責欲因馬罪一軍使非撫士之道杖減死一等

長興元年七月以飛龍院爲左若以小馬坊爲右飛龍院

三年正月三司奏從去年正月至年終收到諸蕃所賣馬計六千餘匹所支價錢 及給賜供費約計四十萬貫

四年十月帝問見管馬數范延光奏曰天下常支草粟者近三萬匹見今西北諸蕃部賣馬者往來如市其郵傳之費中估之價日四五千貫以目計之國力十耗其七馬無所使財賦坐銷朝廷將不濟焉資奏曰金商州每年上供綃不過六百匹臣給

馬價每日約支五千餘匹臣等患惟無益之甚乞陛下深悟其理帝曰如此等商略可否以聞延光等議戒諸道鎮戍蕃部賣馬即擇其良壯給券具數以聞從之

十一月朱弘昭馮贇奏曰臣等自奉重委計度國力處置而支給賞者不足者直以資軍無算買馬太多之弊也若不早爲節限後將難濟宜嚴勅西北邊鎮守此後請禁止其來

晉少帝天福九年正月發使天下率公私之馬

漢高祖天福十二年九月河南諸道並奏使臣到和買戰馬始帝去冬以北虜犯闕陷戰馬二萬匹而騎卒在焉時方欲攻鄴壘而制塞下遂降和買河南諸道不經寇掠處士人私馬時劉言咎曰朕方以勤儉一身輯和庶政未嘗枉費所切安人今則重威未寬契丹尚梗必多添於戰騎期大振於軍威言念煩勞事非獲已時天下人心厭虜潘忞之惡久矣皆願以身爲扞閑帝詔諭皆感悟樂而遵之

周世宗顯德二年八月帝謂侍臣曰諸軍與飛龍官馬言於左右病患老弱者多爲其主者無故擊殺分食其肉豈可壯則乘騎責其負重之力老則見棄不免刲宰之患忘其勞而枉其死實有所傷今後應有病患老弱馬並可送同州沙苑監衛州牧馬監就彼水草以盡其飲齕之性

冊府元龜卷第六百二十一

冊府元龜卷第六百二十二

卿監部

德望　忠節　清儉

德望

傳曰君之卿佐是謂股肱九寺之列三監之屬素難其選寔爲重乃僚處其位者久而識之或洞知禮樂或富於文學或才智淵敏或德行貞純故望著於當時名聞於後世求諸歷代各有其人者矣

漢叔孫通爲博士徵魯諸生三十人與其弟子百餘人爲緜蕞野外共起朝儀高帝拜通爲奉常賜金五百斤通因進曰諸弟子儒生隨臣久矣與共爲儀願陛下官之帝悉以爲郎通出皆以五百金賜諸生諸生迺喜曰叔孫生聖人知當世務

汲黯爲主爵都尉列於九卿治務在無爲而已引大體不拘文法後淮南王謀反憚黯曰黯好直諫守節死義至說公孫弘等如發蒙耳

鄭當時字莊爲大司農未嘗名吏與官屬言世恐傷之山東諸公以此翕然稱鄭莊

蘇武爲典屬國皇后父平恩侯帝舅平昌侯樂昌侯（平恩侯許伯平昌侯王無故樂昌侯王武也）車騎將軍韓增丞相魏相御史大夫丙吉皆敬重武

後漢張湛爲光祿勳光武臨朝或有惰容湛輒陳諫常乘白馬帝後見湛輒曰白馬生且復諫矣

孫堪字子稚爲光祿勳以清廉稱與周澤相類澤字穉都京師號之爲二稚　甄宇爲博士每臘詔賜博士羊人一羊有大小肥瘦時議欲殺羊分肉又欲投鈎宇因取瘦者自是不復爭後召會詔問瘦羊博士所在京師因以爲號

來歷爲將作大匠朝廷咸稱社稷臣

劉愷爲太常論議常引正大義諸儒爲之語曰難經伉伉劉太常

竇固爲大鴻臚又爲衛尉久歷大位甚見尊貴賞賜租祿貲累巨萬億而性謙儉愛人好施士以此稱之（歹六賞因爲衛尉歲宮宿衛見重當時仁）

孫瑞字君榮世爲學門（學業家甚有名稱）瑞少傳家業博達無所不通仕至大司農爲國三老每三公缺瑞常在選中太尉周忠皇甫嵩司徒淳于嘉趙溫司空楊彪張喜等爲公皆辭拜讓瑞

高詡爲大司農在朝以清白方正稱

羊融爲大司農性明達稱爲名卿

徐璆獻帝末爲太常璆少履清高立朝正色稱揚後進惟恐不及

魏薛夏字宣聲天水人黃初中爲秘書丞征東將軍曹休來朝文帝顧夏曰之於休曰此君秘書丞天水薛宣聲也宜共談

桓範爲大司農以清省稱

吳泰鉅鹿人爲大鴻臚以清賢稱

張閣爲永寧太僕以簡質稱

王祥爲太常時高貴鄉公幸太學命祥爲三老祥南面几杖以師道自居天子北面乞言祥陳明王聖帝君臣政化之要以訓之聞者莫不砥礪

韓暨爲大鴻臚始南陽韓暨以宿德在宣前爲大鴻臚及宣繼之亦稱職故鴻臚中爲之語曰大鴻臚小鴻臚前治行曷相如

蜀杜瓊字伯瑜爲太常爲人靜默少言闔門自守不與世事蔣琬費禕等皆器重之

文立爲衛尉中朝服其賢雅爲時名卿

晉華譚爲廷尉識者擬之子產

孫綽字興公領大著作于時才筆之士綽爲其冠

梁江蒨曾祖湛仕宋爲光祿父斅仕宋爲太常卿並有重名於前世

何敬容祖攸之仕齊爲太常卿有名前代

北齊宋世軌爲廷尉少卿時大理正蘇珍之亦以平幹知名寺中爲語曰決定嫌疑蘇珍之視表見裏宋世軌謂之寺中二絕

隋牛弘爲太常卿時議置明堂詔弘條上故事文帝嘉而重之

時楊素恃才矜功輕侮朝臣惟見引禾嘗不改容自肅
虞世南為秘書監太宗嘗稱世南有五絕一曰德行二曰忠
直三曰博學四曰文詞五曰書翰
王紹宗為秘書少監仍侍宣太子讀書紹宗性澹雅以儒素見
稱當時朝廷之士咸敬慕之
王正雅為太常卿宋申錫獄自內起宰相重臣無敢言者正雅
與京兆尹崔琯上疏請付外考驗其事由是獄情稍緩申錫止
於貶官內外翕然推重之
晉李鄘字文緯唐之宗屬也少歷宗寺官天成長興中累遷為
宗正卿性平允所歷無毀譽

忠節

昔舜作九官周分六職槐棘為位列於明庭象河命秩尊於乘
品蓋卿監之重也所從來舊矣漢氏之後分局彌盛授方宿業
[illegible]及做司選賢崇德豈聞其虛授乃有內資純亮動彰慷慨
倜儻風明勁草之節當横流表介石之操悉心而匪懈竭力而
盡瘁履危機而益厲臨大難而不奪唯公家之是利務鞶乃誠
惟王室之是圖罔私於己以至遷革之會去就之際而能精懇
感發孤風横騖紀之方策良足稱矣
漢田延年為大司農會昌邑王嗣立淫亂大將軍霍光憂懼與
公卿議廢之莫敢發言延年按劍廷叱群臣（止於朝廷之中而叱之也君言是事矣）
即日議决
劉向初名更生前將軍蕭望之諸吏光祿大夫周堪以為更生
宗室忠直擢為散騎宗正給事中與侍中金敞拾遺左右四人
同心輔政
後漢銚期光武建武五年為衛尉在朝廷憂國愛主其有不得
於心必犯顏諫諍期疾病其母問期當封何子期言受國家恩
深常慙負如死不知當何以報國何宜封子也帝甚憐之
趙熹為衛尉盡心奉上夙夜匪懈

劉般遷宗正在朝廷竭忠盡節勤勤憂國夙夜不怠
來歷安帝延光二年為太僕時皇太子驚病不安避幸安帝乳
母野王君王聖舍太子乳母王男廚監邴吉等以為聖舍新繕
修犯土禁不可久御聖及其女永與大長秋江京及中常侍樊
豐王男邴吉等互相是非聖永遂誣譖男吉皆幽囚死家屬徙
比景太子思男等數為歎息京豐懼有後害妄造虛無構讒太
子及東宮官屬帝怒召公卿以下會議廢立耿寶等承旨皆以
為太子當廢歷與太常桓焉廷尉張皓議曰經說年未滿十五
過惡不在其身且男吉之謀皇太子容有不知宜選忠良保傅
輔以禮義廢置事重此誠聖恩所宜宿留帝不從是日遂廢太
子為濟陰王
桓典桓帝時為太常以諫諍違旨免官就國會帝
崩時禁藩國諸侯不得奔喪典慨然曰身從衣褐之中致位上
列且烏烏反哺報德況於士邪遂解印綬符策付縣而馳到京
師州郡及大鴻臚並執處其罪而公卿百寮嘉典之義表請以
典自贖詔書許之
楊賜為光祿嘉德殿前有青赤氣詔特進中使問賜祥異禍
福吉凶所在賜書對曰案春秋讖曰天投蜺海內亂今妾嬖閹
尹共專國朝之所致也
种拂為太常李傕郭汜之亂長安城潰百官多避兵衝拂揮劍
而出曰為國大臣不能正戈除暴致使凶賊兵刃向宮去欲何
之遂戰而死
耿紀秉曾孫也少有美名辟公府曹操甚敬異之稍遷少府紀
以操將篡漢建安二十三年與太醫令吉平（平或作本）丞相司直韋
晃起兵誅操不克夷三族于時衣冠盛門坐紀罹禍滅
者衆矣
魏辛毗為衛尉與胡質徐邈皆憂國忘私不營產業
王脩字叔治為奉常其後嚴才反與其徒屬數十人攻掖門脩
聞變召車馬未至便將官屬步至宮門太祖在銅爵臺望見之

曰彼來者必王叔治也相國鍾繇謂脩舊京城有變九卿各居其府脩曰食其祿焉避其難居府雖舊非赴難之義

楊阜爲少府每朝廷會議阜常侃然以天下爲己任數諫爭不聽乃屢乞遜位未許會卒

晉王祥仕魏爲太常朝臣爲高貴鄉公舉哀祥號哭曰老臣無狀涕淚交流衆有愧色

應詹遷光祿勲以王敦專制自樹故優游諷詠無所標明及敦作逆明帝問詹計將安出詹厲然慷慨曰陛下宜奮赫斯之威臣等當得負戈前驅庶憑宗廟之靈有征無戰如其不然王室必危帝以詹爲都督前鋒軍事

虞潭爲宗正卿以疾告歸會王含沈充等攻逼京都潭遂於本縣招合宗人及郡中大姓共起義軍衆以萬數自假明威將軍乃進赴國難至上虞明帝手詔潭爲冠軍將軍領會稽內史潭即受命義衆雲集時有野鷹飛集屋梁衆咸懼潭曰起大義而

剛鷙之鳥來集破賊必矣遷長史孔坦領前鋒過浙江追躡充還次于西陵爲坦後繼會充已禽罷兵徵拜尚書

孔愉爲太常時蘇峻反愉朝服守宗廟

張褘吳郡人少有操行恭帝爲琅邪王以褘爲郎中令及帝踐阼劉裕以褘帝之故吏素所親信封藥酒一罌付褘密令鴆帝褘既受命而歎曰鴆君而求生何面目視息世間哉不如死也因自飲之而死

徐廣爲秘書監初桓玄之亂恭帝出宮廣陪列悲動左右及劉裕受禪帝遜位廣獨哀感涕泗交流謝晦見之謂曰徐公將無小過也廣收淚而言曰君爲宋朝佐命吾乃晉室遺老憂喜之事固不同時乃更歔欷因辭衰老乞歸桑梓

南齊虞悰兼大匠卿坐事免官隆昌元年以白衣領職鬱林廢悰竊歎曰王徐遂縛袴廢天子天下豈有此理邪延興元年復領右軍明帝立悰稱疾不陪帝使尚書令王晏賫廢立事示悰以悰舊人引參佐命悰謂晏曰主上聖明公卿戮力寧假朽老以裨贊惟新乎不敢聞命朝議欲糺之僕射徐孝嗣曰此亦古之遺直衆議乃止悰稱疾篤還東上表曰臣族陷海區身微稽嶺屬此興運荷竊稠私徒越匪紀終慙報答衛養乖方抱疾嬰固寢瘵以來條踰旬朔頻加醫治曾未瘳損惟此朽頓理難振復乞解所職盡療餘辰詔賜假百日轉給事中光祿大夫

梁鄭紹叔爲衛尉卿忠於事上外所聞知纖毫無隱每爲高祖言事善則曰臣愚不及此皆聖主之策其不善則曰臣慮出淺短以爲其事當如是殆以此誤朝廷臣之罪深矣高祖甚親信之

後魏崔浩爲著作郎道武季年咸嚴頗峻宮省左右多以微過得罪莫不逃隱避目下之變浩獨恭勤不怠或終日不歸道武知之輒命賜以御粥其砥直任時不爲窮通改節皆此類也

裴延儁拜太常卿時汾州山胡恃嶮寇竊正平平陽二郡尤被其害以儁兼尚書爲西北道行臺節度討胡諸軍尋遇疾動遂

三鴉羣蠻寇掠不已車駕欲親征之延儁乃於病中上疏諫諍

綦儁爲太僕卿尒朱世隆等誅齊獻武王赴洛止於邙山上谷召文武百司下及士庶令之曰尒朱暴虐矯弄天常孤起義信都罪人斯翦今將翼戴親賢以昌魏曆誰主社稷允愜天人申令頻煩莫有應者儁乃避席曰人主之道必須度量深遠明喆仁恕廣陵王遇世艱難不言淹載以人謀察之雖爲尒朱扶戴當今之聖主也獻武王欣然是之時黃門崔㥄作色而前謂儁曰廣陵王爲主不能紹宣魏綱布德天下爲君如此何聖之有若言其聖應待大王時高乾邕魏蘭根等固執㥄言及出帝於德齊獻武王深思儁言常以爲恨

唐蘇世長初仕隋爲都水少監使於上江都督遇宇文化及文之亂世長爲煬帝發喪慟哭哀感路人

姚元之爲司僕卿則天傳位於中宗王公已下皆欣躍稱慶惟元之嗚咽流涕既而侍中桓彥範中書令張柬之謂曰今日豈

是啼泣時恐公禍從此始元之曰事則天年久乍此乱違情發於衷非忍所得昨預公誅凶逆者是臣子之常道豈敢言功今辭違舊主悲泣者亦臣子之終節緣此獲罪實所甘心未幾出元之爲亳州刺史

王同晈爲光禄卿時武三思專權任勢詐悉逆亂同晈乃招集壯士謀以則天靈駕發引日誅之爲冉祖雍所告遂遇害

嚴郢爲太常寺協律郎知東都太廟時安禄山陷東京郢潛奉九廟神主於私第肅宗至德二年東都收復有司備法駕迎神主歸於太廟以功遷大理司直

段秀實建中四年爲司農卿時德宗幸奉天朱泚盜據宮闕源休教泚僞迎鑾駕陰濟逆志泚乃遣其將韓旻領馬步三千人疾趨奉天時倉黄之中未有武備泚以秀實久爲涇原節度頗得士心後罷兵權以爲蓄憤且久必肯同惡乃召與謀議秀實初詐從之陰說大將劉海賓何明禮姚令言判官岐靈岳同謀殺泚以兵迎乘輿三人者皆秀實夙所獎遇遂皆許諾及韓旻之往秀實以爲宗社之危期於頃刻乃使人走諭靈岳救其竊令言印不遂乃以司農印倒印符以追兵還旻至駱驛得牒軍人亦莫辯其印惶遽而廻秀實海賓等曰旻之來吾黨無遺類矣我當直搏殺泚不得則死終不能向此賊稱臣乃與海賓約事急爲繼而令明禮應於外明日泚召秀實議事源休姚令言李忠臣李子平皆在坐秀實戎服與休並膝語至僭位秀實勃然而起執休腕奪其象笏奮躍而前唾泚面大罵曰狂賊吾恨不斬汝萬段我豈逐汝反耶遂擊之泚舉臂自捍纔中其額流血匍匐而走兇徒愕然初不敢動而海賓等不至秀實乃曰我不同汝反何不殺我兇黨羣至遂遇害焉海賓明禮靈岳相次殺

蔣沇建中初爲大理卿時德宗幸奉天沇奔赴行在爲賊候騎所拘執欲以僞職誘之因絶食稱病潛竄閭里間京師平首蒙進擢拜散騎常侍

崔縱爲大理少卿汴西水陸運使及德宗蒙塵四方烟火未有至者縱先知之潛告李懷光說令奔命懷光從之縱乃悉斂軍財與懷光俱來調給甚備懷光軍士久戰河外及次河中將還延安之縱貨幣先渡河謂衆曰若濟悉以分賜衆利之乃西至奉天加右庶子充使

清儉

古者設九卿以參三公蓋進賢任能以章善明理者也乃有持堅白之操守儉約之德志惟體國事罔私已祿賜咸散於戚屬饋遺靡通於中外產業不治車服蔑易泊然自居華皓一致故得年祀寖遠猶録其遺孤含贈已加更蒙於褒顯斯則惟月之任無所愧焉

漢周仁爲郎中令景帝所賜甚多然終常讓不敢受也諸侯羣臣賂遺終無所受

鄭當時爲大司農性廉又不治產印奉賜給諸公然其餽遺人不過具器食

朱邑自北海太守入爲大司農身列卿居處儉節祿賜以共九族鄉黨家亡餘財

後漢趙典七爲列卿衾布被食用瓦器也

周澤字稚都爲光祿勳清廉果於從政爲太常清潔脩行

孫堪字子稚爲光祿勳以清廉稱與周澤相類京師號爲二稚

素彭爲光祿勳行至清爲吏麤袍糲食終於議郎尚書胡廣等追表其有清潔之美比前朝貢禹第五倫（貢禹元帝時御史大夫五倫明行脩清潔憂國）也求蒙顯擢當時皆嗟歎之

傅賢爲廷尉素號廉正自掌法官公卿宴會要請不造弔謝客無以報答其施

魏鄭渾爲將作大匠清素在公妻子不免於饑寒及卒以子崇爲郎中

高詡字季回以儒學徵拜大司農在朝以清白方正稱

國淵為太僕居列卿位布衣蔬食祿賜散之舊故宗族以恭儉自守
司馬芝之為大司農卒於官家無餘財
辛毗為衛尉清平與徐邈胡質皆以憂國忘私不營產業
楊阜為少府卒家無餘財
和洽為太常卿清貧守約至賣田宅以自給明帝聞之加賜穀帛
晉鄭默為廷尉時苛令素穀坐交通貨賂大興刑獄在朝多見
引逮唯默兄弟以潔慎不染其流
吳隱之守廷尉秘書監遷左衛將軍雖居清顯祿賜皆班親族
冬月無被嘗澣衣乃披絮勤苦同於貧庶
王嶠為秘書監領本州大中正出為廬陵太守成帝以嶠家貧
無以上道賜布百匹錢十萬
宋顗裔位少府卿以清聞
顏延之為光祿勳居身儉約不營財利布衣蔬食獨酌郊野當
其為適傍若無人

虞玩之為少府齊太祖鎮東府朝野致敬玩之猶躡屐造席太
祖取屐視之曰卿此屐已幾載玩之曰著此屐已三十年貧士
竟不辦易太祖善之
南齊虞愿初在宋為晉平太守以母老解職褚淵嘗詣愿不在
見其眠床上積塵埃有書數帙淵歎曰虞君之清一至於此令
人掃地拂床而去
梁裴子野為鴻臚卿尋領步兵校尉子野在禁省十餘年靜默
自守未嘗有所請謁外家及中表貧乏所得俸悉分給之無宅
借官地二畝起茅屋數間妻子常苦飢寒唯以教誨為本子姪
祗畏若奉嚴君
顧協少清介有志操初為廷尉正冬服單薄寺卿蔡法度謂人
曰我願解身上襦與顧郎顧郎難衣食者竟不敢以遺之
後魏崔賓琰為太宗正卿官雖通顯貧窘如初清尚之操為時所重
韓子熙為國子祭酒儉素安貧常好退靜

北齊張耀為秘書監每得祿賜散之宗族性節儉率素車服飲
食取給而已
袁聿修為太常少卿巡省河南諸州齊州刺史邢卲與聿修故
舊嘗於省中戲呼聿修為清郎至是卲送白紬為信聿修不受
卲亦忻然報書曰弟昔為清郎今為清卿矣
後周柳虯為秘書監加車騎大將軍儀同三司虯脫略人間不
拘小節弊衣蔬食未嘗改操人或譏之虯曰衣不過適體食不
過充飢孜孜營求徒勞思慮耳
唐李襲譽為太府卿居家以儉約自處凡獲俸祿必散之宗親
其餘資但寫書而已

冊府元龜卷第六百二十二

册府元龜卷第六百二十三

卿監部

公正　諫諍

公正

夫舉一國之高以為九卿，位亞三司，行則為王，蓋大臣之任也。乃有貞諒成性，正直是好，臨大節而無撓，在羣居而不黨，權折貴倖，罔畏彊禦，然掬違失，務為從諫，正於外庭，集議必據經而守正，本司涖事，專嫉惡以繩姦，彈顧劾譏讒之言，無避炎隆之勢，克全素履，以成令名，斯固端己絜操，勵物敦俗，率義不爽，事君盡忠之徒歟。由漢而下，亦時聞其人矣。

漢張釋之為公車令，太子與梁王共車入朝，不下司馬門（宮衛令：諸出入殿門公車司馬門者皆下，不如令罰金四兩）。於是釋之追止太子梁王，毋入殿門，遂劾不下公門不敬，奏之。薄太后聞之，文帝免冠謝曰：教兒子不謹。薄太后使使承詔赦太子梁王，然後得入。文帝繇是奇釋之。

汲黯為主爵都尉，時張湯以更定律令為廷尉（更，改也），黯質責湯於帝前（質謂對之也）曰：公為正卿，上不能褒先帝之功業，下不能化天下之邪心，安國富民，使囹圄空虛，何空取高皇帝約束紛更之為（言何為乃紛亂改易之也），而公以此無種矣（言當誅及子孫也）。黯時與湯論議，湯辯常在文深小苛，黯憤發，罵曰：天下謂刀筆吏不可為公卿，果然。必湯也，令天下重足而立，仄目而視矣（重累其足，言甚懼也）。是時漢方征匈奴，招懷四夷，黯務少事，間常言與胡和親，毋起兵（每閒而言）。上方鄉儒術，尊公孫弘，及事益多，吏民巧，上分別文法（易畢），湯等數奏決讞以幸，而黯常毀儒，面觸弘等徒懷詐飾智以阿人主取容，而刀筆之吏專深文巧詆（詆，毀也），陷人於罔，以自為功。帝愈益貴弘、湯，弘、湯心疾黯，雖帝亦不說也。武帝得神馬渥洼水中，次以為太一之歌。後伐大宛得千里馬，馬名蒲梢，作以為歌。黯進曰：凡王者作樂，上以承祖宗，下以化兆民。今陛下得馬，詩以為歌，協於宗廟，先帝百姓豈能知其音邪。帝默不說。丞相公孫弘曰：黯誹謗聖制，當族。

金敞為衛尉，敞為人正直，敢犯顏色，左右憚之，惟帝亦難焉。

夏侯勝為長信少府。時宣帝詔曰：孝武廟樂未稱，朕甚悼焉，其與列侯二千石博士議。於是羣臣大議庭中，皆曰：宜如詔書。勝獨曰：武帝雖有攘四夷廣土斥境之功，然多殺士衆，竭民財力，奢泰亡度，天下虛耗（耗減也），百姓流離，物故者半（物故謂死也），蝗蟲大起，赤地數千里（言無五穀之苗），或人民相食，畜積至今未復（畜讀曰蓄），亡德澤於民，不宜為立廟樂。公卿共難勝曰：此詔書也。勝曰：詔書不可用也。人臣之誼，宜直言正論，非苟阿意順指。議已出口，雖死不悔。於是丞相義、御史大夫廣明（蔡義也，田廣明也）劾奏勝非議詔書，毀先帝，不道，及丞相長史黃霸阿縱勝，不舉劾，俱下獄，遇赦免。

朱邑為大司農，為人惇厚，篤於故舊，然性公正，不可交以私。天子器之，朝廷敬焉。

杜業有材能，成帝時選為太常，數言得失，不事權貴。

孫寶，平帝時為大司農。會越巂郡上黃龍遊江中，太師孔光、大司徒馬宮等咸稱王莽功德比周公，宜告祠宗廟。寶曰：周公上聖，召公大賢，尚猶有不相說，著於經典，兩不相損（尚書君奭之序曰：召公為保，周公為師，相成王為左右，召公不說，周公作君奭是也。兩不相損者，各[illegible]也）。今風雨未時，百姓不足，每有一事，羣臣同聲（[illegible]），得無非其美者（[illegible]）。時大臣皆失色，侍中奉車都尉甄邯即時承制罷議者。

後漢張湛為光祿勳。光武臨朝，或有惰容（[illegible]），湛輒陳諫其失。常乘白馬，帝每見湛，輒言白馬生且復諫矣。

郭憲字子橫，為光祿勳。時匈奴數犯塞，帝患之，乃召百僚廷議。憲以為天下疲敝，不宜動衆，諫爭不合，乃伏地稱眩瞀，不復言。帝令兩郎扶下殿，憲亦不拜。帝曰：常聞關東觥觥郭子橫，竟不虛也。憲遂以病辭退，卒於家。

徐康為車府令。永平中，明帝近出，而信陽侯陰就干突車騎，康鈎就車，收御者送獄。詔書譴康，康乃自繫。議郎吳良上言曰：信

陽侯就倚恃外戚干亂乘輿無人臣禮爲大不敬廣執法守正反下于理宣恐懼由是而殆帝雖赦康猶以此黜

周澤永平中爲太常果敢直言數有據爭

鄭衆爲大司農帝時議復鹽鐵官衆諫以爲不可詔數切責至被奏劾衆執之不移帝不從

來歷安帝時爲太僕延光三年中常侍樊豐與大將軍耿寶侍中周廣謝惲等共讒陷太尉楊震遂自殺歷謂侍御史虞詡曰耿寶託元舅之親榮寵過厚不念報國恩而傾側姦臣誣奏楊公傷害忠良其天禍亦將至矣遂絶周廣謝惲不與交通

袁盱爲光祿勳時大將軍梁冀擅朝內外莫不阿附惟盱與廷尉邯鄲義正身自守及桓帝誅冀使盱持節收其印綬

劉猛桓帝時爲宗正直道不容自免歸家

杜喬爲大司農時益州刺史种暠舉劾永昌太守劉君世以金蛇遺梁冀事發覺以蛇輸司農冀從喬借觀之喬不肯與冀始爲恨累遷大鴻臚時冀小女死令公卿會喪喬獨不往冀又銜之

劉祐爲大司農時中常侍蘇康管霸用事於內遂固天下良田美業山林湖澤民庶窮困州郡累氣祐移書所在依科品沒入之桓帝大怒論祐輸左校後得赦出

趙典爲太僕遷太常朝廷每有災異疑議輒諮問之典據經正對無所曲折

張奐爲大司農靈帝建寧二年夏青蛇見御坐軒前又大風雨雹霹靂拔樹詔使百僚各言災應奐上疏宜急改葬蕃武徙還家屬其從坐禁錮一切蠲除帝深嘉奐言以問諸黃門常侍左右皆惡之帝不得自從轉奐太常與尚書劉猛等共薦王暢李膺可三公之選曹節等彌疾其言下詔切責之奐自囚廷尉數日乃得出

司隸校尉王寓出於宦官欲借寵公卿以求薦舉百僚畏憚莫不許諾唯奐獨拒之

孔融建安初爲少府初太傅馬日磾奉使山東數有意於袁術術頗輕侮之遂奪取其節求去又不聽因欲逼爲軍帥日磾深自悔恨遂嘔血而斃及喪還朝廷議欲加禮融獨議曰日磾以上公之尊秉髦節之使銜命直指寧輯東夏而曲媚姦臣爲所牽率章表署用輒使首名附下罔上姦以事君昔國佐當晉軍而不撓宜僚臨白刃而正色王室大臣豈得以見脅爲亂又袁術僭逆非一朝一夕日磾隨從周旋歷歲漢律與罪人交關三日已上皆應知情春秋魯叔孫得臣卒以不發揚襄仲之罪貶不書日鄭人討幽公之亂斵子家之棺聖上哀矜舊臣未忍追案不宜加禮朝廷從之五年南陽王馮東海王祗薨帝傷其早殁欲爲脩四時之祭以訪融融對曰聖恩敦睦感時增思悼二王之靈發哀愍之詔稽度前典以正禮制竊觀故事前梁懷王臨江愍王齊哀王臨淮懷王並薨無後同產昆弟即景武昭明四帝是也未聞前朝修立祭祀若臨時所施則不列傳紀臣愚以爲諸在沖亂聖慈哀悼禮同成人加以號謚者宜稱上恩祭祀禮畢而後絶之至於一歲之限不合禮意又違先帝已然之法所未敢處

魏何夔文帝爲太子時夔爲太傅及遷太僕太子欲與辭宿戒供饌夔無往意乃與書請之夔以國有常制遂不往其履正如此

楊阜明帝時爲少府上疏欲省宮人諸不見幸者乃召御府吏問後宮人數吏守舊令對曰禁密不得宣露阜怒杖吏一百數之曰國家不與九卿爲密反與小吏爲密乎帝聞而愈敬憚阜

王肅爲秘書監明帝嘗問曰漢桓帝時白馬令李雲上書言帝者諦也是帝欲不諦當何得不死肅對曰但爲言失逆順之節原其本意皆欲盡心念存補國且帝者之威過於雷霆殺一匹夫無異螻蟻寬而宥之可以示容受切言廣德宇於天下故臣以爲殺之未必爲是也帝又問司馬遷以受刑之故內懷隱切著史記非貶孝武令人切齒對曰司馬遷記事不虛美不隱惡劉向揚雄服其善叙事有良史之才謂之實録漢武帝聞其述

史記取孝景及己本紀覽之於是大怒削而投之於今此兩紀有錄無書後遭李陵事遂下蠶室此爲隱切在孝武而不在於史遷也齊王正始中爲太常大將軍曹爽專權任用何晏鄧颺等肅與太尉蔣濟司農桓範論及時政肅正色曰此輩即弘恭石顯之屬復稱說邪爽聞之戒何晏曰當共慎之公卿已比諸君前世惡人矣

王觀爲少府大將軍曹爽使材官張達斫家屋材及諸私用之物觀聞之皆錄奪以没官少府統三尚方御府內藏玩弄之寶爽等奢放多有干求憚觀守法乃徙爲太僕

陳泰字玄伯高貴鄉公時爲太常及司馬景王會朝臣謀廢立泰不至使其舅荀顗召之垂涕而入景王謂曰玄伯何以處我對曰誅賈充以謝天下景王曰不可爲更思其次泰曰但見其進不見其次景王乃不復問

蜀孟光爲大司農延熙九年秋大赦光於衆中責大將軍費禕

曰夫赦者偏枯之物非明世所宜有也衰弊窮極必不得已然後乃可權而行之耳今主上仁賢百僚稱職有何旦夕之危倒懸之急而數施非常之恩以惠姦宄之惡乎又鷹隼始擊而更原宥有罪上犯天時下違人理老夫耄朽不達治體竊謂斯法難以經久豈具瞻之高美所望於明德哉禕但顧謝蹴踖而已光之指摘痛癢多如是類故執政重臣心不能悅爵位不登每直言無所迴避爲代所嫌

吳潘濬爲太常時校事呂壹操弄威柄濬詣建業欲盡辭極諫至聞太子登已數言之而不見從濬乃大請百寮欲因會手刃殺壹以身當之爲國除患壹密聞知稱疾不行濬每進見無不陳壹之姦險也由此壹寵漸衰後遂誅戮

晉山濤爲大鴻臚加奉車都尉及羊祜執政時人欲危裴秀濤正色保持之由是失權臣意出爲冀州刺史

鄭默爲太常時僕射山濤欲舉一親親爲博士謂默曰卿似尹翁歸令吾不敢復言默爲人敦重柔而能整皆此類也

曹志爲博士祭酒及齊王攸當之藩下禮官議崇錫之典志歎曰安有如此之才如此之親而不得樹本助化而遠出海隅者乎乃建議以諫辭旨甚切帝大怒免志官

劉暾毅之子正直有父風太康初爲博士會議齊王攸之國加崇典禮暾與諸博士坐議迕旨武帝大怒收暾等付廷尉會赦得出免官

傅玄爲太僕時比年不登羌胡擾邊詔公卿會議玄應對所問陳事切直雖不盡施行而常見優容

顧和爲光祿勳于時論者以王導帝之師傅名位隆重百僚宜爲降禮太常馮懷以問於和和曰王公雖重理無偏敬降禮之言或是諸君事宜鄙人老矣不識時務既而告人曰吾聞伐國不問仁人向馮祖思問佞於我我有邪德乎

范弘之爲太學博士議謝石謚法爲襄又論殷浩宜加贈謚不

得因桓溫之黜以爲國典仍多叙溫移鼎之迹時謝族方顯桓宗猶盛尚書僕射王珣溫故吏也素爲溫所寵三怨交集乃出弘之爲餘杭令

宋徐豁晉安帝隆安末爲太學博士　桓玄輔政爲中外都督豁議致敬推內外武官太宰司徒並非軍職則琅邪王不應加敬玄諷中丞免豁官

南齊蕭穎胄爲衛尉明帝慕儉欲銷壞太官元日上壽銀酒鎗尚書令王晏等咸稱盛德穎胄曰朝廷盛禮莫過三元此一器既是舊物不足爲侈帝不悅後預曲宴銀器滿席穎胄曰陛下前欲壞酒鎗恐宜移在此器也帝甚慚

後魏盧淵爲秘書監時孝文將立馮后方集朝臣議之孝文先謂淵曰卿意以爲何如對曰此自古所恨如臣愚意宜更簡卜孝文曰以先后之姪朕意已定淵曰雖奉詔如此於臣心實有未盡及朝臣集議執意如前后兄馮誕有盛寵深以爲恨淵不

以介懷

竇瑗爲大宗正卿宗室以其寒士相與輕之瑗案法推治一無所顧避甚見讎嫉

于烈孝文帝時爲衛尉卿從駕南征及還洛陽人情戀本多有異議帝問烈曰卿意云何烈曰陛下聖略淵遠非愚管所測若隱心而言樂遷之與戀舊唯中半耳帝曰卿既不唱異即是同深感不言之益宜且還舊都以鎭代邑

隋牛弘爲太常卿楊素將擊突厥詣太常與弘言別送素至中門而止素謂弘曰大將出征故來叙別何相送之近也弘遂揖而退素笑曰奇章公可謂其智可及其愚不可及也亦不以屑懷

唐竇静貞觀中爲司農卿屬趙元楷爲司農少卿静頗方直甚不悦元楷之爲人嘗因官屬大集静謂元楷曰如隋煬帝時意存奢侈竭四海以奉一人者司農須公矣方今聖上躬履節儉屈一人以安兆庶司農何用於公哉元楷赧然無以應

韋思謙則天朝爲太常博士定南郊儀注去太妃皷吹排擊邪守大體國家賴之

李勉爲太常少卿肅宗將大用勉會李輔國寵任意欲勉降禮於巳勉不爲之屈竟爲所抑出汾州絳州刺史

杜黄裳貞元爲太常卿時順宗即位王叔文之竊權黄裳終不造其門後語其子壻韋執誼令率百官請皇太子出以安人情執誼遽曰丈人纔得一官寧可復開口議禁中事也黄裳勃然曰黄裳受恩三朝豈可以一官見買拂衣而去

陸亘爲太常博士寺有禮生孟眞久於其事凡吉凶大儀禮官不能達率訪於眞眞亦頼是須姑息元和七年册皇太子將撰儀注眞亦欲參與亘咎之由是禮儀不專於胥吏

李虬開成末爲司農卿虬嫉惡太切狡吏無所容蔽遂加誣謗謂之苛刻乃除福建觀察使諫官風聞因有章疏宰臣知其冤累於文宗前明辨故復舊官

論薦

推賢而進儒者之至行舉不失德前史之美談則有亞台棘之崇勳河海之重任總掾吏言揚帝庭乃屬旁求俊能簡拔遺滯繇是不掩勝巳務薦所知列行義於露章稱道藝於公論達于上聽式協時使分諸小大之職咸中輪轅之用或自布素而登羙仕或從卑散而遷顯官直哉斯人終然允淑所謂能舉其類同連茹之征求夫友聲敦伐木之義自非不嫉不妬樂善無倦者其孰能與於此

漢王臧從魯申公受詩書武帝即位累遷郎中令及代趙綰亦嘗受詩申公爲御史大夫綰臧請立明堂以朝諸侯不能就其事乃言師申公於帝使使束帛加璧安車以蒲裹輪加駟迎申公

後漢劉平拜宗正數薦達名士承宮郇恁等恁字君大

丁恭爲少府鍾興少從恭受嚴氏春秋恭薦興學行高明光武召見問以經義應對甚明帝善之

鄧康爲太僕時竇章好學有文章康聞其名重焉是時學者稱東觀爲老氏藏室道家蓬萊山老子爲守藏史復爲柱下史四方所記文書皆歸柱下言東觀經籍多也蓬萊海中神山爲仙府幽經秘錄並皆在焉康遂薦章入東觀爲校書郎

劉寬爲大司農章帝詔舉賢良方正寬舉司徒魯恭弟丕對策高第除爲議郎

楊震爲太常先是博士選舉多不以實震舉薦明經名士陳留楊倫等顯傳學業諸儒稱之

胡廣爲大司農順帝漢安初與少府竇章共薦汲令崔瑗宿德大儒從政有迹不宜久在下位由此遷濟北相

羊傅爲大司農時崔寔辟太尉袁湯大將軍梁冀府並不應傅與少府何豹上書薦寔才羙能高宜在朝廷召拜議郎

陳稀爲大司農時東郡燕人今滑州胙城縣古南燕國也趙咨有孝行州郡召舉孝廉並不就桓帝延熹元年稀舉咨至孝有道仍遷博士

李固爲將作大匠上疏曰臣聞氣之清者爲神人之清者爲賢

養身者以練神為寳安國者以積賢為道昔秦欲謀楚王孫圉設壇西門陳列名臣秦使懼然遂為寢兵魏文侯師卜子夏友田子方軾段干木故羣俊競至名過齊桓秦人不敢闚兵於西河斯蓋積賢人之符也陛下撥亂龍飛初登大位聘南陽樊英江夏黄瓊廣漢楊厚會稽賀純策書嗟歎待以大夫之位是以巖穴幽人智術之士彈冠振衣樂欲為用四海欣然歸服聖德厚等在職雖無吾卓然夕惕孳孳志在憂國臣前在荆州聞賀純等以病免歸誠以悵然為時惜之一日朝會見諸侍中並皆年少無一宿儒大人可顧問者誠可歎息宜徵還厚等以副羣望瓊久處議郎已且十年衆人皆怪始隆崇今更滯也光禄大夫周舉才謨高正宜在常伯訪以言議侍中杜喬學深行直當世良臣久託疾病可敕令起又薦陳留楊倫河南尹存東平王惲陳國何臨清河房植等是日有詔徵用倫厚等遷瓊舉以固為大司農孔融為少府深愛禰衡之才上疏薦之曰臣聞洪水横

流帝思俾乂旁求四方以招賢俊昔孝武繼統將弘祖業疇咨熙載羣士響應陛下叡聖纂承基緒遭遇厄運勞謙日昃惟嶽降神異人並出竊見處士平原禰衡年二十四字正平淑質貞亮英才卓躒初涉藝文升堂覩奥目所一見輒誦於口耳所瞥聞不忘於心性與道合思若有神（淮南子云所謂真人者性合於道也）弘羊潛計安世默識以衡準之誠不足怪忠果正直志懷霜雪見善若驚疾惡若讎任座抗行史魚厲節殆無以過也鷙鳥累百不如一鶚（鶚大鵰也）使衡立朝必有可觀飛辯騁辭溢氣坌涌解疑釋結臨敵有餘昔賈誼求試屬國詭係單于終軍欲以長纓牽致勁越弱冠慷慨前世美之近日路粹嚴象亦用異才擢拜臺郎衡宜與為比如得龍躍天衢振翼雲漢揚聲紫微垂光虹蜺足以昭近署之多士增四門之穆穆鈞天廣樂必有奇麗之觀帝室皇居必蓄非常之寶若衡等輩不可多得激楚陽阿至妙之容臺牧者之所貪（臺牧未詳一作掌牧又作掌伎）飛兔騕褭絶足奔放良樂之所急（飛兔騕褭古駿馬也王良伯樂善御人也）臣等區區敢不以聞（衡後太祖送與劉表）又公車司馬令謝該去官欲去鄉里會荆州道斷不得去融上書薦之曰臣聞高祖創業韓彭之將征討暴亂陸賈叔孫通進說詩書光武中興吳耿佐命范升衛宏修述舊業故能文武並用成長久之計陛下聖德欽明同符二祖勞謙厄運三年乃讙今尚父鷹揚方叔翰飛王師電鷙羣凶破殄始有櫜弓卧鼓之次宜得名儒典綜禮紀竊見故公車司馬令謝該體曾史之淑性兼商偃之文學博通羣藝周覽古今物來有應事至不惑清白異行敦悅道訓求之遠近少有疇匹若乃巨骨出吳隼集陳庭黄能入寢亥有二首非夫洽聞者莫識其端也雋不疑定北闕之前夏侯勝辯常陰之驗然後朝士益重儒術今該實卓然比跡前列間以父母老疾棄官欲歸道路險塞無由自致猥使良才抱璞而逃踰越山河沉淪荆楚所謂往而不反者也後日當更饋樂以釣由余尅像以求傅說豈不煩哉臣愚以為可推録所在召

該令還楚人止孫卿之去國漢朝追匡衡於平原尊儒貴學惜失賢也書奏詔即徵還拜議郎

陶丘一為太僕與永寧衛尉孟觀侍中孫邕中書侍郎王基薦管寧曰臣聞龍鳳隱耀應德而臻明哲潛遁俟時而動是以鸑鷟鳴岐周道隆興四皓為佐漢帝用康伏見太中大夫管寧應二儀之中和總九德之純懿含章素質冰絜淵清玄虛澹泊與逍遥娛心黄老游志六藝升堂入室究其閫奥韜古今於胸懷包道德之機要中平之際黄巾陸梁華夏傾蕩王綱弛頓遂避時難乘桴越海羇旅遼東三十餘年在乾之姤匿景藏光嘉遯養浩韜韞儒墨潛化傍流暢於殊俗黄初四年高祖文皇帝疇諮羣公思求儁乂故司徒華歆舉寧應選公車特徵振翼遐裔翻然來翔行遇屯厄遭罹疾病即拜太中大夫烈祖明皇帝嘉美其德登為光禄勳寧疾彌留未能進道今寧舊疾已瘳行年八十志無衰倦環堵蓽門偃息窮巷飯鬻糊口并日而食吟

詠詩書不改其樂困而能通遭難必濟經危蹈險不易其節金聲玉色久而弥彰揆其終始殆天所祚當贊大魏輔亮雍熙袞職有闕羣下屬望昔高宗刻象營求賢哲周文啓繇以卜良佐況寧前朝所表名德已著而久栖遲未特引致非所以奉遵明訓繼成前志也陛下踐阼纂承洪緒聖哲日躋超越周成每發德音動諮師傅若繼二祖招賢故典賓禮儁邁以廣緝熙濟濟之化侔於前代寧清高恬泊擬跡前軌德行卓絕海内無偶歷觀前世玉帛所命申公枚乘周黨樊英之儔測其淵源覽其清濁未有厲俗獨行若寧者也誠宜束帛加璧備禮徵聘仍授几杖延登東序敷陳墳素坐而論道上正璇璣協和皇極下阜羣生彝倫攸敘必有可觀光益大化若寧固執匪石守志箕山追迹洪崖參蹤巢許斯亦聖朝同符唐虞優賢揚歷垂聲千載雖出處殊塗俯仰異體至於興治美俗其揆一也於是特具安車蒲輪束帛加璧聘焉會寧卒年八十四拜子邈郎中後爲博士

晉鄭袤仕魏爲太常高貴鄉公議立明堂辟雍精選博士袤舉劉毅劉寔程咸庾峻後並至公輔大位

陸機初仕吴爲著作郎賀循有時名機上疏薦循曰伏見武康令賀循德量邃茂才鑒清遠服膺道素風操凝峻歷試二城刑政肅穆前蒸陽令郭訥風度簡曠器識朗拔通濟敏悟才足幹事循守下縣編名凡悴訥歸家巷棲遲有年皆出自新邦朝無知己居在遐外志不自營年時倏忽而邈無階緒實州黨愚智所爲恨恨臣等伏思臺郎所以使州州有人非徒以均分顯路惠及外州而已誠以庶士殊風異俗壅隔之害遠國益甚至於荆揚二州户各數十萬今揚州無郎而荆州江南乃無一人爲京城職者誠非聖朝待四方之本心至於才望資品循可尚書郎訥可太子洗馬舍人此乃衆望所積非但企及清塗苟充方選也謹條資品乞蒙簡察久之以循補太子舍人

薛兼爲太常特丹陽人張闓字敬緒輔吴將軍昭之曾孫少孤有志操兼進之於元帝言闓才幹貞固當今之良亞宜加引爲安東參軍甚加禮遇

華譚爲秘書監特薦晉陵朱鳳吴郡吴震並學行清脩老而未調譚皆薦爲著作佐郎

宋徐廣爲著作郎時荀伯子好學博覽經傳廣薦之于朝伯子王韶之並爲佐郎同撰晉史

梁明山賓爲五經博士時朱异年二十一爲揚州議曹從事史有詔求異能之士山賓表薦异曰竊見錢唐朱异年時尚少德備老成在獨無散逸之想處闇有對賓之色器宇弘深神表峯峻金山萬丈緣陟未登玉海千尋窺映不測加以珪璋新琢錦組初構觸響鏗鏘值采便發觀其信行非惟十室所稱若使負重遥途必有千里之用高祖召見使說孝經周易義甚悦之謂左右曰朱异實異後見明山賓謂曰卿所舉殊得其人仍召异直西省

隋元善爲國子祭酒善以高熲有宰相之具嘗言於帝曰楊素

粗疏蘇威怯懦元胄元旻正似鴨耳可以付社稷者唯獨高熲

牛弘爲秘書省以辛德源才學顯著奏與著作王劭同修國史

唐郎楚之爲大理卿洛州人趙弘智學通三禮及史記漢書隋末爲司隷從事武德初楚之應詔舉授詹事府主簿

姜皎爲太常卿薦源乾曜公清有吏幹因召見與語乾曜神氣清爽對荅有倫序帝甚悦之乃行少府少監

高郢爲太常卿長安尉韋祕郢愛其學奏除太常博士

韋渠牟爲太府卿其甥盧綸爲檢校金部郎中渠牟數稱綸之才德宗召之内殿令和御製詩超拜户部郎中

册府元龜卷第六百二十三

冊府元龜卷第六百二十四

卿監部五

智識

夫智者不惑識以知微故能施於有政克集其事其有處煩之地領監署之職竭志奉上思所裨益自非機用周敏策略宏達才出世表言爲國經者曷嘗著名稱於厥任哉至乃決獄上議本乎寬恪參考條制臻夫倫要全物力以省費論軍志而獨見深明姦隙曲揣敵意戒乎輕舉洞於未萌亦有鑒通人倫玄合上旨幹局餘力兼濟於下莫不究天人之奥賾詳事物之軌制練達國體曉暢時義以至諮詢訪對引喻精詣渙然冰釋昭若發蒙沃于主心爲衆所服者悉可徵矣

漢張湯爲廷尉決大獄欲傅古義乃請博士弟子理尚書春秋補廷尉平亭疑法奏讞疑事必先爲上分別其原以楊主之明言此自天子意非由有司也奏事有善則讓曰監掾史某所爲也（亭者平也均也）

召信臣（竟寧）中爲少府奏請上林諸離遠宮館稀幸御者勿復繕治共張又奏省樂府黃門倡優諸戲及宮館兵弩什器減過泰半太官園種冬生葱韭菜茹覆以屋廡（廡周室也茹人庶切廡音舞）晝夜𤏲蘊火待温氣乃生（𤏲古然字蘊小蓄也蘊於云切）信臣以爲此皆不時之物有傷於人不宜以奉供養及它非法食物悉奏罷省費歲數千万

朱博爲廷尉職典決疑當讞平天下獄博恐爲官屬所誣視事召見正監典法掾史謂曰廷尉本起於武吏不通法律幸有衆賢亦何憂然廷尉治郡斷獄以來且二十年亦獨耳剽日久（剽劫也猶言行聽也剽頻妙切）三尺律令事出其中（言可以人情知之）掾史試與正監共撰前世決事吏議難知者數十事持以問廷尉得爲諸君覆意之（但欲用意覆之不近法律事故也）正監以爲博苟強意未必能然即共條白焉博皆召掾史並坐而問爲平處其輕重十中八九（中音竹仲切）官屬咸服博之疏略材過人也

後漢寺融爲大司農是時明帝方勤万機公卿數朝會每輒延謀政事判折獄訟融經明才高善論議朝廷皆服其能帝數嗟歎以爲才堪宰相

袁安爲太僕元和二年武威太守孟雲上書北虜既已和親而南部復往抄掠北單于謂漢欺之謀欲犯邊宜還其生口以安慰之詔百官議朝堂公卿皆言夷狄譎詐求欲無猒既得生口當復妄自誇大不可開許安獨曰北虜遣使奉獻和親有得邊生口者輒以歸漢此明其畏威而非先違約也雲以大臣典邊不宜負信於戎狄還之足示中國優貸而使邊人得安誠便司徒桓虞改議從安太尉鄭弘司空弟五倫皆恨之弘因大言激勵虞曰諸言當還生口者皆爲不忠虞廷叱之倫及大鴻臚韋彪各作色變容司隸校尉舉奏安等皆上印綬謝詔報曰久議沈滯各有所志蓋事以議從策由衆定誾誾衎衎得禮之容寢嘿抑心更非朝廷之福君何尤而深謝其各冠履帝竟從安議

孔融爲將作大匠遷少府每朝訪對融輒爲議主引正定議公卿大夫皆隸名而已

魏司馬芝爲大司農每上官有所召問常先見掾史爲斷其意故教其所以荅塞之狀皆如所度

王肅爲光祿勳時有二魚長尺集武庫之屋有以爲吉祥肅辨之曰魚生於淵而亢於屋鱗介之物失其所也邊將其殆有棄甲之變乎其後果有東關之敗還太常時毋丘儉文欽反大將軍司馬景王問肅曰安王寧國其術焉在肅曰昔關羽率荆州之衆降于禁於漢濱遂有北向爭天下之志後孫權襲取其將士家屬羽士衆一旦瓦解今淮南將士父母妻子皆在內州但急往禦衛使不得前必有關羽土分之勢矣景王從之遂破儉欽

辛毗爲衛尉時蜀相諸葛亮圍祁山不克引退張郃追之爲流矢所中死明帝惜郃臨朝而歎曰蜀未平而郃死將若之何司空陳羣曰郃誠良將國所依也毗心以爲郃雖可惜然已死

不當內弱主意而示外以不大也乃持羣臣曰陳公是何言敬當建安之末天下不可一日無武皇帝也及委国祚而文皇帝受命黃初之世亦謂一日不可無文皇帝也及委棄天下而陛下龍興今国內所少豈張郃乎陳羣曰亦誠如辛毗言帝曰陳公可謂善変矣

崔林爲大鴻臚龜茲王遣侍子來朝朝廷嘉其自遠至褒賞其王甚厚餘国各遣子來朝閒使連屬林恐所遣或非真的權取疏屬賈胡因通使命利得印綬而道路護送所損滋多勞所養之民資無益之事爲夷狄所笑此曩時之所患也乃移書燉煌喻指并錄前世待遇諸豐約故事使有其常

蜀孟光爲大司農延熙九年秋大赦光於衆中責大將軍費禕曰夫赦者偏枯之物非明世所宜有也衰弊窮極必不得已然後乃可權而行之耳今主上仁賢百僚稱職有何旦夕之危倒懸之急而數施非常之恩以惠姦宄之惡乎

吳潘濬爲太常大帝時驃騎將軍步騭屯漚口求召募諸郡以增兵權以問濬濬曰豪將在民間耗乱爲害加騭有名勢在所所媚不可聽也從之

晉鄭袤仕魏爲光祿勳領宗正毋丘儉作乱景帝自出征之百官祖送於城東袤疾病不任會帝謂中領軍王肅曰唯不見鄭光祿爲恨肅以語袤袤自輿追帝及於近道帝笑曰故知侯生必來也遂與袤共載曰計將何先袤曰昔與儉俱爲臺郎特所知悉其人好謀而不達事情自昔勳建幽州志望無限文欽勇而無筭今大軍出其不意江淮之卒銳而不能固深溝高壘以挫其氣此亞夫之長也帝稱善

蔡謨成帝時爲太常彭城王紘上言樂賢堂有先帝手畫佛象經歷寇難而此堂猶存宜勑作頌帝下其議謨曰佛者夷狄之俗非經典之制先帝量同天地多才多藝聊因臨時而畫此象至於雅好佛道所未承聞也盜賊奔突王都隳敗而此堂塊然獨存斯誠神靈保祚之徵然未是大晉盛德之刑容歌頌之所先也人臣覩物興義私作賦頌可也今欲發王命勑史官上稱先帝好佛之志下爲夷狄作一象之頌於義有疑焉於是遂寢

時征西將軍庾亮以石勒新死欲移鎮石城爲滅賊之漸事下公卿謨議曰時有否泰道有屈伸暴逆之寇雖終滅亡然當彊盛皆屈而避之是以高祖受黜於巴漢忍辱於平城也若爭彊於鴻門則亡不終日故蕭何曰百戰百敗不死何待也原始要終歸於大濟而已豈與當亡之寇爭遲速之間哉夫唯鴻門之不爭故垓下莫能與之爭文王身圮於姜里故道泰於牧野句踐見屈於會稽故威申於彊吳今日之事亦由此矣賊假息之命垂盡而豺狼之力尚彊宜抗威以待時或曰抗威待時時已可矣愚以爲時之可否在賊之彊弱賊之彊弱在季龍之能否季龍之能否可得而言矣自勒初起則季龍爲爪牙百戰百勝遂定中国境土所據同於魏世及勒死之日將相內外欲誅季

龍季龍獨起於衆異之中殺嗣主誅寵臣內難旣定千里遠出一攻而拔金墉再戰而斬石生禽彭彪殺石聰滅郭權還據根本內外並定四方鎮守不失尺土詳察此事豈能乎將不能也假令不能者爲之其將濟乎將不濟也賊前攻襄陽而不能拔誠有之矣不信百戰之効而執一攻之驗弃多從少於理安乎譬若射者百發而一不中可謂之拙乎且不拔襄陽者非季龍身也桓平北守邊之將耳賊前攻之爭疆埸耳得之爲善不得則止非其所急也今征西之往則異於是何者重鎮也名賢也中国之人所聞而歸心也今而西度實有席卷河南之勢賊所大懼豈與桓宣同哉季龍必率其精兵身來距爭若欲與戰戰何如石生若欲城守守何如金墉若欲阻沔沔何如大江蘇峻何如季龍凡此數者宜詳校之愚謂石生猛將關中精兵征西之戰不能勝也金墉險固劉曜十萬所不能拔今征西之守不能勝也又是時兗州洛陽關中皆率兵擊季龍此今三處反爲其

用力之於前岂之竟也若石生不能敵其半而征西欲當其鋒愚所疑也蘇峻之彊不及季龍沔水之險不及大江大江不能禦蘇峻而以沔水禦季龍又所疑也昔祖士稚在譙佃於城北慮賊來攻因以為資故豫安軍屯以禦其外穀將熟賊果至丁夫戰於外老弱穫於內多持炬火急則燒穀而走如此數年竟不得其利是時賊唯據沔水北方之於今四分之一耳士稚不能捍其一而征西欲禦其四又所疑也或云賊若多來則必無糧然致糧之難莫過崤函而季龍昔涉此險深入敵国平關中而後還今至襄陽路既無險又行其国內自相供給方之於前難易百倍已經至難而謂今不能濟其易又所疑也然此所論但說征西既至之後耳尚未論道路之慮也自沔已西水急岸高魚貫泝流首尾百里若賊無宋襄之義及我未陣而擊之將如之何今王士與賊水陸異勢便習不同寇若送死雖開江延敵以一當千猶吞之有餘宜誘而致之以保萬全棄江遠進以我所短擊彼所長懼非廟勝之算朝議同之故亮不果移鎮

王彪之為太常領崇德衛尉時或謂簡文曰武陵弟中大脩器杖將謀非常也簡文以問彪之彪之曰武陵王志意盡於馳騁田獵耳願深靜之以懷異同者或復以此為言簡文甚悅

南齊胡諧之為衛尉領中庶子諧之有識計每朝廷官叙及應遷代密量上所用人皆如諧之言虞悰以此稱服

梁傅岐為太僕司農卿在禁省十餘年機事密勿亞於朱异貞陽侯蕭明伐彭城兵敗因於魏三年明遣使還述魏欲通和好敕有司及近臣定議左衛朱异曰邊境且得靜寇息人於事為便議者並然之岐獨曰高澄既新得志何事須和必是設間故令貞陽遣使令侯景自疑當以貞陽易景景意不安必圖禍亂若許通好是墮其計中且彭城去歲喪師渦陽復新敗退今使就和益示国家之弱何不可許异等固執帝遂從之乃遣使景果有疑遂舉兵入寇請誅朱异

後魏崔浩為祭酒泰常元年宋高祖為晉將伐姚泓舟師自淮泗入清欲泝河西上假道於国詔群臣議之外朝公卿咸曰函谷關號曰天險一人荷戈萬夫不得進劉裕舟船步兵何能西入脫我乘其後還路甚難若北上河岸其行為易揚言伐姚意或難測假其水道寇不可縱宜先發軍斷河上流勿令西過又議之內朝咸同外計明元將從之浩曰此非上策司馬休之徒擾其荊州劉裕切齒來久今興死子幼乘其危亡而伐之臣觀其意必欲入關勁躁之人不顧後患今若塞其西路裕必上岸北侵如此則姚無事而我受敵今蠕蠕內寇民食又乏不可發軍赴南則北寇進擊若其救北則南州復危未若假之水道縱裕西入然後興兵塞其東歸之路所謂卞莊刺虎兩得之勢也使裕勝也必德我假道之惠令姚氏勝也亦不失救鄰之名縱使裕得關中懸遠難守彼不能守終為我物今不勞兵馬坐觀成敗鬬兩虎而收長久之利上策也夫為国之計擇利而為之豈顧婚姻酬一女子之惠也假令国家棄常山以南裕必不能發吳越之兵與官軍爭守河北也居然可知議者猶曰裕西入函谷則進退路窮腹背受敵北上岸則姚軍必不出關助我揚聲西行意在北進其勢然也明元遂從群議遣長孫嵩發兵拒之戰於畔城為晉將朱超石所敗師人多傷明元聞之恨不用浩計明年晉齊郡太守王懿來降上書陳計稱劉裕在洛勸国家以軍絕其後路則裕可不戰而克書奏帝善之會浩在前進講書傳帝問浩曰劉裕西伐前軍已至潼關其事如何以卿觀之事得濟不浩對曰昔姚興好養虛名而無實用子泓又病眾叛親離裕乘其危亡兵精將勇以臣觀之克之必矣明元曰劉裕武能何如慕容垂浩曰裕勝明元曰試言其狀浩曰慕容垂承父祖世君之資生便尊貴同類歸之若夜蛾之赴火少加倚仗便足立功劉裕挺出寒微不階尺土之資不因一卒之用奮臂大呼而夷滅桓玄北擒慕容超南摧盧循等僭晉陵遲遂執国

命裕若平姚而還必篡其主其勢然矣秦地戎夷渾并虎狼之国裕亦不能守之風俗不同人情難变欲行荆揚之化於三秦之地無翼而欲飛無足而欲走不可得也若留衆守之必資於寇孔子曰善人爲邦百年可以勝殘去殺今以秦之難制一二年間豈裕所能哉且可治戎束甲息民備境以待其歸秦地亦當終爲國有可坐而守也明元曰裕已入関不能進退我遣精騎南襲彭城壽春裕亦何能自立浩曰今西北二寇未殄陛下不可親御六師兵衆雖盛而將無韓白長孫嵩有治国之用無進取之能非劉裕敵也謂待之不晚明元笑曰卿量之已審矣浩曰臣嘗私論近世之物不敢不上聞若王猛之治国苻堅之管仲也慕容玄恭之輔少主慕容暐之霍光也劉裕之平逆乱司馬德宗之曹操也明元曰卿謂先帝如何浩曰小人管闚懸象何能見玄穹之廣大雖然太祖用漠北醇樸之人南入中地变風易俗化洽四海自與羲農齊烈臣豈能仰名明元曰屈丐何

如浩曰屈丐家国夷滅一身孤寄爲姚氏封殖不思樹黨强隣報讎雪恥乃結忿蠕蠕背德於姚興撅竪小人無大經略正可殘暴終爲人所滅耳明元大悦語至夜半賜浩御縹醪酒十觚水精戎鹽一兩曰朕味卿言若此鹽酒故與卿同其甘也始光中爲太常卿時議討赫連昌羣臣皆以爲難唯浩曰往年以來熒惑再守羽林皆成鉤已其占秦亡又今年五星并出東方利以西伐天應人和時會並集不可失也太武乃使奚斤等擊蒲坂而親率輕騎襲其都城大獲而還及太武復討昌次其城下大獲而還及太武復討昌次其城下收衆僞退昌鼓譟而前舒陣爲兩翼會有風雨從東南來揚沙昏冥宦者趙倪進曰今風雨從賊來我向彼背天不助人又將士飢渴願陛下攝騎避之更待後日浩叱之曰是何言歟千里制勝一日之中豈得变易前征不止後以離絶宜分軍隱出奄擊不意風道在人豈有常也太武曰善分騎奮擊昌軍大潰時議擊蠕蠕朝臣内外盡不

欲行保太后固止太武皆不聽唯浩讚成策略尚書令劉絜左僕射安原等乃使黄門侍郎仇齊推赫連昌太史張淵徐辯說太武曰今年己巳三陰之歲歲星襲月太白在西方不可舉兵北伐必敗雖尅不利於上又羣臣共讚和淵等云淵少時嘗諫苻堅不可南征堅不從而敗今天時人事都不和協何可舉動太武意未决乃召浩令與淵等辨之浩難淵曰陽者德也陰者刑也故日蝕脩德月蝕脩刑夫王之用兵刑之大者也以此言之三陰用兵蓋得其類脩刑之義也歲星襲月年飢民流應在他国遠期十二年太白行倉龍宿於天文爲東不妨北伐淵等俗生志意淺近牽於小數不達大體難與遠圖臣觀天文比年已來月行奄昴至今猶然其占三年天子大破旄頭之国蠕蠕高車旄頭之衆也夫聖明御時能行非常之事古人語曰非常之原黎民懼焉及其成功天下晏然願陛下勿疑也淵等慙而言曰蠕蠕荒外無用之物得其地不可耕而食得其民不可臣而使輕疾

無常難得而制有何汲汲而苦勞士馬也浩曰淵言天時是其所職若論形勢非彼所知斯乃漢世舊說常談施之於今不合事宜也何以言之夫蠕蠕者舊是国家北邊叛隷今誅其元惡收其善民令復舊役非無用也漠北高凉不生蚊蚋水草美善夏則北遷田牧其地非不可耕而食也蠕蠕子弟來降貴者尚公主賤者將大夫居列滿朝又高車號爲名騎非不臣而畜也夫以南人追之則患其輕疾於国兵則不然何者彼能遠逐非難制也往數入国民吏震驚今夏不乘虚掩進破滅其国至秋復來不得安卧自太宗之世迄于今日無歲不警豈不汲汲乎哉世人皆謂淵辯通解數術明決成敗臣請試之問其西国未滅之前有何亡徵知而不言是其不忠若實不知是其無術時赫連昌在座淵等自以無先言慙赧而不能對太武大悦謂公卿曰吾意決矣亡国之師不可與謀信矣哉而保太后猶難之復令羣臣保太后前評議太武謂浩曰此等意猶不伏卿善曉之

令寤既罷朝或有尤浩者曰今吳賊侵南而舍之北伐行師千
里其誰不知若蠕蠕遠遁前無所獲後有南賊之患危之道也
浩曰不然今年不摧蠕蠕則無以禦南賊自国家并西国已來
南人恐懼揚聲動衆以衛淮北彼北我南彼息我息其勢然矣
此破蠕蠕往還之間故不見其至也何以言之劉裕得關中留
其愛子精兵數萬良將勁卒猶不能固守舉軍盡沒號哭之聲
至今未已如何正當国家休明之世士馬強盛之時而欲以駒
犢齒虎口也設令国家與之河南彼必不能守之自量不能守
是以必不來若或有衆備邊之軍耳夫見瓶水之凍知天下之
寒嘗肉一臠識鑊中之味物有其類可推而得也且蠕蠕恃其
絕遠謂国家力不能至自寬來久故夏則散衆放畜秋肥乃聚背寒
向溫南來寇抄今出　其慮表攻其不備大軍卒至必驚駭星分
望塵奔走牡馬護羣牝馬戀駒驅馳難制不得水草未過數日
則聚而困弊可一舉而滅暫勞永逸長久之利時不可失也唯
患上無此意今聖慮已決發曠世之謀如何止之陋矣哉公卿
也諸軍遂行天師寇謙之謂浩曰是行也如之何可果剋乎浩
對曰天時形勢必剋無疑但恐諸將瑣瑣前後顧慮不能乘勝
深入使不全舉耳及軍入其境蠕蠕先不設備民畜布野驚怖
四奔莫相收攝於是分軍搜討東西五千里南北三千里凡所
俘虜及獲畜產車廬弥漫山澤蓋數百万高車殺蠕蠕種類降
者三十餘万落虜遂散亂矣太武沿弱水西行至涿邪山諸大
將果疑虜深入有伏兵勸太武停止不追天師以浩前言固勸
太武窮討不聽後有降人言蠕蠕大檀先被　乃
焚燒穹廬科車自載將數百人入山南走民畜窘聚方六十里
中無人領統相去百八十里追軍不至乃徐西遁唯此得免後
聞涼州賈胡言若復前行二日則盡滅之矣太武深恨之大軍
既還南賊竟不能動如浩所量
范紹為羽林監時揚州刺史任城王澄請征鍾離勅紹詣壽春

共量進止澄曰須兵十万往還百日渦陽鍾離廣陵廬江欲數
道俱進但糧仗軍資須朝廷速具紹曰計十万之衆往還百日
須糧百日頃秋已向末方欲徵召兵仗可集恐糧難至有兵無
糧何以剋敵願王善思為社稷深慮澄沉良久曰實如卿之所言
使還具以狀聞後澄遂征鍾離無功而返北齊陽斐初仕魏為廷
尉少卿時東郡太守陸士佩以黎陽關河形勝欲因山即壑以
為公家苑囿遺斐書曰當諮大將軍以足下為匠者斐答書拒
曰當今殷憂啓聖運遭昌曆故大丞相天啓霸功再造太極大
將軍光承先構嗣續丕顯国步始康民勞未息誠宜輕徭薄賦
勤恤民隱詩不云乎民亦勞止汔可小康惠此中国以綏四方
古之帝王亦有表山刊樹未足盡其意下輦成宴詎能窮其情
正足以靡天地之財用剗生民之髓腦是故孔子對葉公以來
遠酬哀公以臨民所問雖同所急務異故也相如壯上林之觀
揚雄騁羽獵之辭雖系以隤墻塡壍乱以收罝落網而言無補
於風規祇足昭其愆戾也
後周裴漢為司車路下大夫與大夫與工部郭彥太府高賓等
參議格令每較量時事必有條理彥等咸欽異之
隋樊叔略開皇中為司農卿朝廷有疑滯公卿所未能決者叔
略輒為評理雖無文字術有所依據然師心獨見闇與理合甚為
上所親委高熲楊素亦礼遇之叔略雖為司農往往參督九卿事
李文博為直秘書内省商略古今治政得失如指諸掌
唐令狐德棻永徽初為太常少卿高宗召中書門下三品及弘
文館學士於中華殿論議帝謂曰何者為王道何者為霸道又
孰為先後德棻對曰王道任德霸道任刑自三王已上皆行王
道唯秦任霸術漢則雜而行之魏晉已下王霸俱失如欲用之
王道為最而行之為難帝曰今之所行何政為要德棻對曰古
者為政清其心簡其事以此為本當今天下無虞年穀豐稔薄
賦斂少征役此乃合於王道為政之要莫過於此帝曰政道莫

尚於無爲又問曰夏商湯何以興桀紂何以亡德棻對曰傳稱禹湯罪己其興也勃焉桀紂罪人其亡也忽焉二主惑於末嬉妲己誅戮諫者造炮烙之刑以是而亡帝甚悅各賜以繒帛段秀實建中初爲司農卿見禁兵寡少不足以備非常乃上疏曰臣聞天子曰萬乘諸侯曰千乘大夫曰百乘此蓋以大制小以十制一也尊君卑臣彊榦弱枝之義在於此矣今外有不庭之虜內有梗命之臣竊觀禁兵不精其數全少卒有患難將何待之且猛虎所以百獸畏者爲爪牙也若去其爪牙則犬彘馬牛悉能爲敵伏願少留聖慮冀裨萬一其後涇原兵作亂召神策六軍遂無一人至者秀實守節不回竟沒於賊其明略義烈如此韓珏貞元初爲司農卿時詔天下舉可任刺史縣令者殆百人有詔令與羣官詢考珏乃延問人間疾苦及胥吏得失取其有劉隱通達事理者條舉十纔一二宰相將以詞業蔑之珏曰求吏不可兼責以文學宜以聖君愛人之本爲心執政卒無以難之時敘進官頗多稱職蔣乂爲秘書監在朝三十年前後每有大政大議宰臣不能裁決者必召以諮訪乂徵引典故以參酌當是人合其宜

冊府元龜卷第六百二十四

冊府元龜卷第六百二十五

卿監部

邪佞　貪冒　廢黜

邪佞

易著閑邪之言傳垂深佞之戒況夫職象河海任事股肱固宜悉其聰明好是正直若乃阿諛靡悱婉巧令是圖蒐歷庸回廢忠毀信行媚以希於上指獻賕以悅於邇臣增宮禁之素規亂禮樂之舊物用逮官謗或煩刑書於戲先王所以難任人者其亦是夫

漢張湯武帝時爲廷尉帝意所欲皇予監吏深刻者即帝意所釋予監吏輕平者

杜周武帝時爲廷尉其治大抵放張湯（放依也音甫往切）而善候司（觀望天子意也）帝所欲擠者因而陷之（擠墜也）帝所欲釋久繫待問而微見其冤狀（見顯也）

後漢馮石爲衛尉能取悅當世爲安帝所寵

晉石崇爲衛尉與潘岳諂事賈謐謐與之親善號曰二十四友廣城君（賈后之母）每出崇降車路左望塵而拜其卑佞如此

宋王遠爲光祿勳世爲之語曰王遠如屏風屈曲從俗能蔽風露

後魏王遇爲將作大匠將太傅錄尚書北海王詳親尊權重遇多隨詳所欲而給之後因公事司空長史于忠於詳前謂遇曰殿下國之周公阿衡王室所須材用自應關旨何阿諛附勢損公惠私遇既不答詳亦慙謝

李世哲爲鴻臚少卿性傾巧善事人亦以貨賂自達高肇劉騰之起勢也皆與親善故世號爲李錐

隋袁充爲太史令時高祖將廢皇太子正窮治東宮官屬充見帝雅信符應因希旨進曰比觀玄象皇太子當廢帝然之煬帝即位之後熒惑守太微者數旬于時繕治宮室征役繁重充上表稱陛下修德熒惑退舍百寮畢賀帝大喜前後賞賜將万計論軍國多務充候帝意欲有所爲便奏稱天文見象須有改作以是取媚於帝累遷秘書少監其後天下大亂帝初罹鴈門之厄又盜賊益起帝心不自安充復假託天文上表陳嘉瑞以媚於帝曰臣聞皇天輔德皇天福謙七政斯齊三辰告應伏惟陛下握錄圖而馭黔首提万善而化八紘以百姓爲心匪以一人受慶先天罔違所欲後天必奉其時是以初膺寶曆正當上元之紀乾之初九又與天命符會斯則聖人冥契故能動合天經謹按去年已來玄象星瑞毫氂無爽謹錄尤異上天降祥破突厥等狀七事其一去八月二十八日夜大流星如斗出王良北正落突厥營聲如崩墻其二八月二十九日夜復有大流星如斗出羽林向北流正當北方依占頻二夜流星墜賊所賊必敗散其三九月四日夜頻有兩星大如斗出北斗魁向東北流依占北斗主殺伐賊必敗其四歲星主福德頻行京都二處分野依占國家之福其五七月內熒惑守羽林九月七日已退舍依占不出三日賊必敗散其六十一月二十日夜有流星赤如火從東北向西南落賊帥盧明月營破其橦車其七十二月十五日夜通漢鎮北有赤氣亘北方突厥將亡之應也依勘城錄河南洛陽並當甲子與乾元初九爻及上元甲子符合此是福地永無所慮旋觀往政側聞前古彼則異時間出今則一朝總萃豈非天贊有道助殲兇孽方清九夷於東獩沉五狄於北溟告成岱岳無爲汾水書奏帝大悅超拜秘書令親待愈昵帝每欲征討充皆預知之乃假託星象獎成帝意在位者皆切患之宇文化及弒逆之際并誅

裴蘊爲太常少卿初高祖不好聲技遣牛弘定樂非正聲清商及九部四舞之色皆罷遣從民至煬帝時蘊揣知帝意奏括天下周齊梁陳樂家子弟皆爲樂戶其六品已下至于民庶有善音樂及倡優百戲者皆直太常是後異技淫聲咸萃樂府皆置博士弟子遞相傳教增益樂人至三万餘帝大悅

宇文愷爲將作大匠愷揣煬帝心在宏侈於是東京制度窮極壯麗帝大悅之進位開府

唐竇誕爲大理卿誕閑習法令高祖武德中附從隱太子爲之廻改文案太宗深責其短

竇璡爲將作大匠修營洛陽宮時太宗務存節儉璡乃於宮中鑿池起山崇飾彫麗虛費功力太宗聞之大怒遽令毁之又坐是免

紀處訥神龍中爲太府卿遣太史令傅孝忠奏曰有攝提至帝座王者與賢人相接大臣納忠時處訥奏事中宗賞焉

楊元卿爲光祿少卿憲宗元和末淮西平元卿初聞得蔡州請見帝曰淮西甚有寶貨及犀帶臣知往取必得帝曰朕本討賊爲人除害今賊平人安則我求得矣寶貨犀帶非所求也卿勿言

貪冒

卿監之選古惟難才等威儀崇職業斯重乃有昧操脩之言欽清白之行階籍恩寵因緣事任受財以逞欲治產以專利或侈汰以自任或媒許而無恥以至犯搢紳之議罹簡書之刑詩所謂貪人敗類者其是之謂矣

漢田延年宣帝時爲大司農坐盜都內錢三千萬自殺事見邪計貪污門

丙顯元帝時爲太僕十餘年與官屬大爲姦利贓千餘萬免官奪邑四百戶

魏高堂隆爲侍中領太史令每祭與吏爭肉自取百斤肴以爲少

宋顏師伯爲衛尉師伯居權日久天下輻輳遊其門者爵位莫不踰分多納貨賄家產豐積伎妾聲樂盡天下之選園池第宅冠絕當時驕奢淫恣爲衣冠所嫉

後魏邢巒爲大司農卿與少卿馬慶哲至相糾訟巒遂以財利議者鄙之

祖瑩爲秘書監以贓罪見劾

隋宇文化及自煬帝爲太子時領千牛及即位拜太僕少卿益恃舊恩貪冒尤甚

唐宇文穎隋末爲司農少卿性貪鄙贓賄狼藉右司郎中盧承業奏劾之穎懼與從父弟儒童等同奔於李密

顏師古太宗貞觀中爲秘書少監多引後進之士爲讎校師古抑素流先貴勢雖富商大賈亦引進之物論紛然稱其納賄由是出爲郴州刺史將行太宗惜其才謂之曰卿之識學良有可稱但事親居官未爲清論所許今者此授卿自取之朕以卿曩從任使不忍遐棄宜深加誡厲也於是復以爲秘書少監

紀處訥中宗時爲太府卿神龍中處訥私鑄錢奏京中許用惡錢大長姦僞于今弊之

李逢年肅宗時爲司農卿貪冒贓貨上元元年九月勅宜除名長流嶺南瀼州百姓終身勿齒

鄭泌代宗時爲司農卿大曆二年六月流于溱州坐贓也

韋光憲憲宗時爲光祿卿元和五年十二月坐贓免官仍削銀青階

裴通穆宗時爲少府監長慶二年四月御史臺奏通前爲吊祭迴鶻使責一子官與鑄印王榮兄憬爲稱外生取錢一千貫奏授常州參軍詔以通自絕域而還不之罪其王憬亦依前授官

張武均穆宗時爲將作監長慶四年十二月百姓董太和狀有銀臺截耳稱供光陵材木武均不給價直出爲洋州刺史稱疾不謝爲憲司所糾再黜循州司馬明年閏七月御史臺奏武均前任將作監日斂夢勞贓近九千貫合當司收管從之

後唐柳膺明宗時爲鴻臚卿將齋郎文書兩件賣與同姓人柳居則其姆母論訴伏罪大理寺斷罪當大辟緣遇恩赦令與減死奪見任官罰銅終身不齒

晉李鍇少帝時爲少府監開運二年坐冒請兆死吏人衣糧入已貶坊州司戶

楊延壽少帝時爲太僕少卿襲鄭國公開運三年奉命於之洲

檢苗受贓二百餘匹準律當絞有司以二王後入議故貸其死除名配臧州終身勿齒

廢黜

書曰王省惟歲卿士惟月傳曰一人之命佐是謂股肱則知佩玉之列象河之任歷古爲難選取其才至有罔愼厥位咸官離次享祀違失營構過差馳道不修橋梁斯壞以至陵園被盜公田賂貴或議論而不允或請託而必行至於廢黜以警墮慢者也

漢孔臧爲太常武帝元朔二年坐衣冠道橋壞不得渡免（游衣冠之道）

張當居爲太常元朔五年坐擇博士弟子故不以實完爲城旦

周平爲太常武帝元狩三年坐不繕園陵免

鄭當時爲大司農任人賓客僦（僦謂受雇賃而載運也言當時所保任其賓客於司農載運而取其僦）入多逋負司馬安爲淮陽太守發其事當時以此陷罪贖爲庶人

李信成爲太常元狩五年坐縱丞相侵神道爲隸臣

劉受（楚元王孫）爲宗正元狩五年坐聽請不具宗室耐爲司寇（受爲宗正人有私請求者受聽之故宗室之事有不具而不舉劾焉）

欒賁爲太常元狩六年坐犧牲不如令免（賁古扶風縣五時在考）

任越人爲太常武帝元鼎二年坐廟酒酸論

周仲居爲太常元鼎三年坐不收赤側錢收行錢論（赤側當時錢而不收乃收見行之錢也）

蕭壽成爲太常武帝元封元年坐犧牲瘦不如令論免

韓延年爲太常元封二年坐留外國使人月入粟贖論

杜栝爲太常元封三年坐與大樂令中可當鄭舞人擅繇闌出入關免（擇可以爲鄭舞而擅役之又闌出入關）

杜相爲太常元封四年坐擅繇大樂令論（擅役使人也）

韓延壽爲太常元封六年坐行大行令事留外國書一月乏興入穀贖完爲城旦（當有所興發因其稽留故闕乏之）

張昌爲太常太初二年坐乏祠免（祠事闕也）

趙弟爲太常太初二年坐鞫獄死而完爲城旦（鞫者以其辭決罪也）

石德爲太常太初三年坐廟牲瘦入穀贖論又坐失法罔上祠不如令完爲城旦

靳石封禮太常太始四年坐行幸離宮道橋苦惡大僕敬聲繫以謁聞赦免（一云石封爲太常坐爲謁同四坐太僕敬聲亂尊卑免）

魏不害爲太常昭帝始元五年坐孝文廟風發瓦免

轅德爲太常昭帝元鳳中坐廟郎夜飲失火免

蘇昌爲太常宣帝本始初坐籍霍山書泄秘書免（以秘書借霍山）

宋疇爲少府宣帝地節二年坐議鳳皇下彭城未至京師不足美貶爲泗水太守

任宮爲太常地節四年坐人盜茂陵園中物免

溫順爲少府成帝建始三年坐買公田與近臣下獄論

劉順爲宗正成帝河平四年坐使合陽侯舉子免

平當成帝時爲光祿勳先是太后姊子衛尉淳于長白言昌陵不可成下有司議當以爲作治連年可遂就（遂就謂成就也）上既罷昌陵以長首建忠策復下公卿議封長當又以爲長雖有善言不應封爵之科坐前議不正左遷鉅鹿太守（前議謂昌陵）

蕭由爲大鴻臚平帝元始中作明堂辟雍大朝諸侯由會病不及賓贊還歸故免官

後漢梁松爲太僕數爲私書請託郡縣永平二年發覺免官

徐商永平中爲車府令車駕出信陽侯陰就干車騎突鹵簿商就車收奴就訟獄詔書譴商自繫不出實上書信陽侯驕慢干突車騎無人臣禮大不敬商執法守正反下獄臣恐陛下政化由是蕩矣於是詔出商左遷即丘長

晉張華爲太常以太廟屋棟折免官

鄭默爲太常時齊王攸當之國下禮官議崇錫典制博士祭酒曹志等立異議默容過其事坐免

鄧攸爲太常時將南郊攸病不能從車駕過攸問疾攸力病出拜有司奏攸不堪行郊而拜道左坐免

南齊虞悰爲大匠卿起休安陵於陵所受局下牛酒坐免

北齊杜弼爲衛尉卿坐第二子廷尉監臺卿斷獄稽遲與寺官俱爲郎中封靜哲所訟事奏上聞文宣發怒遂徙弼臨海鎮

唐閻立德爲將作大匠貞觀中太宗將幸洛陽遣立德行可造暑宮之地以建離宮遂於汝州西山前臨汝水旁通廣成澤以置宮焉役二百九十萬雜費稱是及此暑者熱又多毒蟲太宗大怒立德竟坐免立德初爲將作少匠副高士廉營獻陵拜將作大匠尋攝司空營昭陵坐怠慢免

竇璡貞觀中爲將作大匠修營洛陽宮時太宗務存節儉璡乃於宮中鑿池起山崇飾彫麗虛費功力太宗聞之大怒遽令毀之璡坐是免

韋機爲司農卿兼統將作少府二司高宗上元中始造宿羽高山等宮又移洛水中橋營上陽宮劉仁軌謂侍御史狄仁傑曰古之陂池臺榭皆在深宮重城之内不欲外人見之恐傷百姓之心也機之所作列岸修廊在於壖堞之外萬方朝謁無不覩之此豈致君堯舜之意哉機聞之曰天下有道百司各奏其職輔弼之臣則思獻替之事府藏之臣行詔守官而已吾不敢越分故也仁傑奏求索機過失奏劾之遂坐免官

趙宗儒敬宗時以檢校左僕射兼太常卿太常有師子樂備五方之色非會朝聘享不作爲至是中人掌教坊之樂者移牒取趙宗儒不敢違以狀白宰相宰相以爲事在有司執守不合關儒憂恐不已宰相責以儒怯不任事除太子少師

衞中行爲國子祭酒寶歷元年中行擅用當司新賜錢一百八十五貫爲分察使所劾中行稱是假借勅罰兩月俸料

梁李嘉爲光祿卿太祖乾化元年七月坐進廚胙色敗有詔罰兩月俸

仇殷爲司天監開平四年十月己巳夜月有蒼白暈鎮與胃昴在環中絡奎畢天船卷舌殷不時奏詔罰兩月俸五年正月以天文變異殷又不時奏罰兩月俸

册府元龜卷第六百二十五

册府元龜卷第六百二十六

環衛部

總序

夫環衛之設上法天象故太一所居十二星環之謂之蕃臣焉黃帝之時以兵師爲營衛即其事也周官宮伯掌授以八次八舍之職以衛王宮春秋楚穆王以潘崇掌環列之尹秦有郎中令掌宮殿門戶衛尉掌宮殿屯兵漢初京師有南北軍掌禁衛又有將軍比公者四第一大將軍次驃騎將軍次車騎將次衛將軍又有前後左右將軍（皆典京師兵衛）又有光祿勳卿（秦郎中令也）掌宿衛宮殿門戶典謁署郎更直執戟宿衛門戶又有五官中郎將五官中郎五官侍郎五官中皆主更直執戟宿衛諸殿門又有虎賁中郎將主虎賁宿衛虎賁中郎虎賁侍郎虎賁中郎從虎賁皆掌宿衛侍從又有羽林中郎將主羽林郎羽林郎無員掌宿衛侍從常選漢陽隴西安定北地上郡西河六郡良家補本武帝以便馬從遊獵還宿殿

府六百二十六　一

陛巖下室中故號巖郎又有衛尉卿（秦衛尉也）掌宮殿衛士宮中徼循事（諸門部各陳兵夾道以示威武交戟以遮妄出入）又南宮衛士令掌南宮衛士北宮衛士左右都候主劒戟士徼循宮中宮掖門每門有司馬南宮門南屯司馬主平城門北宮門蒼龍司馬主東門玄武司馬主玄武門北屯司馬主北門北宮朱爵司馬主南掖門東明司馬主東明門朔平司馬主北門凡七門（並屬衛尉）魏武爲漢丞相置中領軍與護軍皆領禁兵文帝受漢禪置武衛將軍以主禁旅又置領軍將軍主五校中壘武衛等三營晉武帝置中軍將軍以統宿衛七軍（武帝初有領軍將軍中軍將軍羊祜統二衛前後左右驍騎等營即領軍之任也又以領護二衛驍騎游擊將軍爲六軍）懷帝永嘉中改中軍曰中領軍元帝永昌元年改曰北軍中候尋復爲領軍成帝世復爲中候尋復爲領軍又有護軍將永昌元年省明帝太寧二年復置領護各領營兵江左以來領軍不復別營總統二衛驍騎材官諸營護軍猶別有營也資重者爲領軍護軍資輕者爲中領軍中護軍又有光祿勳統

武賁中郎將冗從僕射羽林左監五官左右軍中郎又有衛尉統武庫公車衛士（光祿勳舊居禁中晉以後不復居禁中又無三署郎唯外宮朝會則以名到焉尒後取漢代舊名其職別矣衛尉自秦以後衛掌並同至隋唯掌軍器儀仗帳幕以資列衛掌宮門屯兵唐因其制歷代廢置更改事迹並載卿監總序）宋因晉制亦有六軍之號以領軍將軍一人掌內軍護軍一人掌外軍南齊以二衛四軍（謂前後左右將軍）五校（即漢之五校）驍騎游擊積射強弩殿中員外殿中武衛士將軍殿中司馬左右及虎賁之中郎將冗從僕射羽林監武騎常侍謂之西省梁以領軍將軍管天下兵要謂之禁司又置驍騎將軍領朱衣直閤並給儀從出則羽儀清道入則與二衛通直臨軒則昇殿俠侍陳承梁皆修其制官其左右驍騎將軍每大事常令俠侍左右謂驍騎車騎武衛爲三將軍末年有八柱國大將軍其中六人各督二大將軍又各分統開府一人一開府領一軍兵是爲二十四軍分掌禁旅當爪牙禦侮之寄又增置左右衛將軍又有二部內[illegible]將又有京畿大都督北齊制官多循

府六百二十六　二

後魏其領軍府凡禁衛官皆主之又以左右將軍分掌左右廂所主朱華閤以外各武衛將軍二人貳之後周禁衛之職大抵同於後魏也隋高祖受命置左右衛左右武衛左右武候左右領左右監門左右領軍等府分司統職焉煬帝改左右衛爲左右翊（又加置左右羽侍并前爲十二衛三衛三侍非三衛者皆無三侍也）唐制十六衛及左右羽林左右龍武左右神武六軍等將軍並掌禁衛也又有神策軍天寶初以臨洮城西二百里餘地爲神策軍命成如璆爲洮陽太守兼神策軍使及安祿山之亂如璆使其將衛伯玉領其軍赴難與觀軍容使魚朝恩同保陝州時西邊士地已沒遂詔伯玉所領軍號神策軍以伯玉爲使復加號神策軍節度使而統于魚朝恩後遂歸于禁中焉至德宗朝分神策爲左右廂令內官竇文場王希遷分知兩廂兵馬貞元二年詔策左右廂改爲左右神策軍又有殿前左右射生軍又改爲神威軍十四年詔左右軍將爲親近宜置統軍元和三年罷左右神威軍乃別

爲一軍號曰天威軍至八年廢天威軍以其騎士分屬左右神策梁置左右天武左右龍虎左右天威左右羽林左右英武左右神武等六軍其將帥咸有統軍之號以衛宸極爲五代有判六軍諸衛事又有內外蕃漢揔管之名又有六軍諸衛副使及侍衛親軍馬步軍都指揮使及殿前都點檢殿前都指揮使之職諸軍又有彰聖寧衛拱宸威和興順護衛龍捷虎捷等之名其諸衛將軍雖位號或存而職事多廢今之所述但點舉其環衛職名而已其歷代員數品秩及廢置政更所自並見於將帥序焉原夫環衛之設蓋所以申嚴武備翊衛宸居爲王之爪牙爲國之柱石名器之重莫斯爲比此乃副類能之選著許藝之以勤勞以奉上嚴毅以居位以至矜莊祇畏始終無玷者於是乎褒寵之典行焉其或邪僻任己慘毒臨下寘之嚴憲固其宜也凡九門著之於篇

選任　舉職　寵異

選任

環衛之列統制之權蓋董蘭錡之重立以肅勾陳之嚴徼選任所至委用非輕必在智勇兼資親信可任付以緹騎倚爲爪牙所以魏祖曜亭子王以命賢光武羨執金吾爲職至於是也可不務哉

漢辛慶忌明略威重任國柱石拜執金吾常惠以明習外國事勤勞數有功爲右將軍

後漢朱暉爲東平王屬紿取陰就璧與王以朝明帝聞壯之及當辛長安欲嚴宿衛故以暉爲衛士令

魏徐奕爲尚書令太祖征漢中魏諷等謀反中尉楊俊左遷太祖歎曰諷所以敢生亂心以吾爪牙之臣無遏姦防謀者故也安得如諸葛豐者使代俊乎桓階曰徐奕其人也太祖乃以奕爲中尉手令曰昔楚有子玉文公爲之側席而坐汲黯在朝淮南爲之折謀詩稱邦之司直君之謂與

許褚從太祖戰大破馬超等遷武衛中郎將武衛之號自此始也

吳樓玄爲大司農舊禁中主者自用親近人作之萬彧陳親密近識宜用好人孫皓因敕有司求忠清之士以應其選遂用玄爲宮下鎮禁中候主殿中事

晉毛安之有武幹累遷撫軍參軍魏郡太守簡文輔政委以爪牙及登祚安之領兵從駕使止宿宮中

羊琇武帝時爲中護軍在職十三年典禁兵機密寵遇甚厚

宋趙伯符文帝元嘉十八年徵爲領軍將軍先是外監不隷領軍宜相統攝者自有別詔至此始統領焉

南齊蕭坦之爲鎮軍將軍東昏即位與右僕射江祏並詔更直殿省揔監衛

後魏奚斤機敏有識度道武登國初與長孫肥等俱統兵後以斤爲侍郎親近左右從破慕容寶於參合皇始初從征中原以斤爲征東長史拜越騎校尉典宿衛禁旅

于洛拔太武帝時爲侍御中散車駕征討常在侍衛擢領監御曹事

後周尉遲綱魏廢帝二年拜大將軍兼領軍及魏帝有異謀言頗有漏泄周文以綱職典禁旅使密爲之備俄而廢帝立齊王仍以綱爲中領軍揔宿衛事

隋薛世雄性廉謹文帝嘗從容謂群臣曰我欲舉好人未知諸君識否群臣咸曰臣等何能測聖心帝曰我欲舉者薛世雄羣臣皆稱善帝復曰世雄廉正節槩有古人之風於是拜右翊衛將軍來護兒煬帝初拜右驍衛大將軍帝甚重之季子雄爲民部尚書從幸江都煬帝以仗衛不整顧子雄部伍之子雄立指麾六軍肅然帝大悅曰真武候才也尋轉右武候大將軍

唐李槩高祖時爲右監門大將軍初高祖問槩年幾對曰八十高祖曰公清幹之譽聞於隋日今年齒雖邁勸力未衰但監門之職非公莫可意欲相委如何槩以年老辭讓高祖曰藉公處

分耳豈欲煩公筋力耶於是詔祭自非疑庭皆乘馬論者榮之

薛萬均脊未歸國授上柱國永安郡公太宗平劉闥聞其名引爲左二護軍北門長上忠顏甚至武士攝武德中檢校井鉞將軍多有獻納勑令將家口入官檢校右廂衛乃知宮城留守光祿給食

李多祚驍勇善射意氣感激少以軍功歷位右羽林將軍前後掌禁兵北門宿衛二十餘年

王及善除右千牛衛將軍高宗謂曰朕以卿忠謹故與卿三品要職他人非搜辟不得至朕所卿佩大橫刀在朕側知此官貴否

張守絜爲隴右道按察使秦州都督玄宗開元十年以爲左監門衛將軍又以江南道按察使宣州刺史霍廷王爲右驍衛將軍山南道按察使梁州都督裴觀爲左威衛將軍定州刺史高琰兼判左武衛將軍坊州刺史韋琳兼判右武衛將軍帝將北巡大展六軍之容故歷選岳牧之良者分掌戎校

李晟代宗大曆中爲左金吾大將軍涇原四鎮都知兵馬使時節度使馬璘戰吐蕃兵敗晟挍璘出於亂兵璘忌晟威名又逆之不以禮令朝京師帝知之留宿衛

後唐張虔釗遼州人也初爲太原牙校以武勇聞於流輩武皇莊宗之世累補左右突騎軍使明宗素聞虔釗有將帥才及即位擢爲護駕親軍都指揮使領春州刺史

舉職

夫句陳之署蓋取諸垂象環列之尹是掌於禁兵若乃職在徼巡勤乎夙夜雖武道之是任亦忠誠之惟允故警衛之任良在於能臣扞掫之規具存乎申令禦侮之士其可易哉

後漢陰興爲期門僕射每出入常操小蓋障風雨躬履塗泥率先期門光武所幸之處輒先入清宮甚見親信

劉隆建武二年爲驃騎將軍行大司馬事隆奉法自守矣

楊仁爲衛士令明帝永平末諸馬貴盛各爭欲入宮仁被甲持戟嚴勒門衛莫敢輕進者肅宗爲執金吾甚見親重章帝每巡郡國及幸宮觀秉常領禁兵宿衛

晉陳騫爲將軍武帝每出入騫持白獸幡在乘輿左右鹵簿陳列齊肅太康末武帝嘗出射雉騫時已爲都水使者散從車駕過閣乃還漏已盡當合函乘輿臭久不得合乃詔騫合之騫舉白獸幡指麾須臾之間而函成皆謝騫閑解甚爲武帝所任

劉彪字仲雅爲積弩將軍及武庫火彪建討徹屋得出諸寶器

劉超爲射聲校尉明帝末穆后臨朝將軍校死兵義興人多義隨超因統其衆以宿衛號爲君子營

宋褚淵爲中軍將軍桂陽王休範反淵與衛將軍袁粲入衛宮省鎮集衆心

梁蕭範爲衛尉夜中行城常因風便鞭箠宿衛欲令帝知其勤及旺脩在職夜必再巡而不知人欲或問其故曰夜中警邏宜有其勞主上慈愛聞之容或賜止違詔則不可奉詔則廢事宜

明領之清尚與人知此職司之常何足自顯聞者歎服

蕭景爲領軍將軍管天下兵要監局官僚舊多驕侈景在職峻切官曹肅然

臧盾爲散騎常侍兼領軍大同二年遷中領軍領軍管天下兵要監局事多盾爲人敏贍有風力長於撥繁職事甚理天監中吳平侯蕭景居此職者聲至是盾復繼之

後魏周幾明元初爲殿中侍御史掌宿衛禁兵斷決稱職遷左民尚書

來大千爲殿中給事太武踐作與襄城公盧魯元等七人俱爲常侍持仗侍衛晝夜不離左右

隋崔彭爲驃騎常典宿衛性謹密在省闥二十餘年每當上在仗危坐終日未嘗有怠惰之容高祖甚嘉每謂彭曰卿當上日我寢處自安

唐尉遲敬德武德中以功授秦王府左二副護軍太宗誅建成

元吉是時高祖泛舟於海池太宗命敬德侍衛高祖敬德擐甲持矛直至高祖所高祖大驚問曰今日作亂是誰卿來此何也對曰秦王以太子齊王作亂舉兵誅之恐陛下驚動遣臣宿衛高祖乃安

龐玉爲領軍武候二衛大將軍玉少長戎旅雅習軍法尤熟侍衛供奉之儀武德初將軍以下多不閑故事高祖患之皆令取則於玉後爲監門大將軍太宗以其耆舊常令典兵於東宮玉雖年老而精勤不怠毫纖之務無不躬親

薛道興太宗貞觀初歷遷左武候中郎將明閑宿衛號爲稱職

段志玄爲左驍衛大將軍文德皇后之葬也志玄與宇文士及分統士馬出宿於章武門太宗夜使宮官至二將軍處士及開營內使者志玄閉門不納曰軍門不可夜開使者曰此有手敕志玄曰夜中不辨眞僞竟停使者至曉太宗聞而歎曰此眞將軍也周亞夫何以加焉

李大亮爲左衛大將軍及晉王爲皇太子兼領太子右衛率俄兼工部尚書身居三職宿衛兩宮名爲親信大亮每當宿直必通宵假寐太宗嘗勞之曰至公宿直我便通夜安卧

令狐建爲右龍武軍使建中四年十月涇原兵反德宗自出苑便門建方教射於軍中遂以四百人隨駕帝令建爲後殿

李觀爲右龍武大將軍建中四年涇師叛觀時爲帝直領衛兵千餘人扈從奉天詔都巡警訓練諸軍戎卒三數日間加召五千餘兵列之通衢整肅鼙鼓城內因之增氣帝倚賴之賜封二百戶二子宏寓授八品京官及駕出奉天與令狐建李昇郭清等或執羈勒周旋艱險皆著功勞駕還京師詔授後軍禁旅

陳君賞爲金吾將軍文宗大和九年十二月中使劉行深曰金操巡邊迴走馬自金光門入從者訛言有兵京城不逞之徒皆戎服潛備弓刀引首北望興城門鬨即恣行剽劫時自內賜命閉門君賞領其徒立望仙門下曰從使有賊閉門不難請徐觀之至于日晚京城始定是日微君賞之禦侮幾將亂矣

寵異

夫任環衛之職總貔貅之衆若非本之以忠信輔之以恭寘文武兼資夷險一致則何以近日月之光茂皇王之寵若乃秉之名馬服以御劍從遊幸則將兹飛騎過狡獸則統彼六衛或嘉其義學或善其應對以至過墓則祠以中牢發哀而爲之慟哭次之編簡咸足觀焉

漢衛綰以功次遷中郎將醇謹無它（無它腸慮念也）孝景爲太子時召上左右飲而綰稱病不行（恐文帝謂豫有二心事太子）文帝末屬孝景曰綰長者善遇之及景帝立歲餘不孰何綰（孰誰也何問也不誰何者猶言不問何耳）日以謹力（自勉方爲謹日日益甚）景帝幸上林詔中郎將參乘還而問曰君知所以得參乘乎（言何以得參乘）綰曰臣代戲車士幸得功次遷待罪中郎將不知也帝問曰吾爲太子時召君君不肯來何也（以[illegible]）對曰死罪病帝賜之劍綰曰先帝賜臣劍凡六不敢奉詔帝曰劍人之所施易獨至今乎（[illegible]）綰曰具在帝使取六劍劍常盛未嘗服也（[illegible]）

後漢張然爲五官中郎將光武甚重之一日或數四引見

向湯爲虎賁中郎將光武常嘆曰糾糾武夫公侯干城向湯之謂也

江革爲五官中郎將每朝會章帝使虎賁扶持帝及進拜常目禮焉（[illegible]）時有疾不會輒太官送醪膳恩寵有殊

魏應爲五官中郎將經明行修章帝甚重之數進見論難於前特受賞賜

桓郁遷越騎校尉詔太子諸王各奉賀致禮召訓習韓詩拜左中郎將章帝嘉其義學恩寵甚崇出拜陳留太守賜刀劍錢物

魏典韋爲都尉引置左右將親兵數百人常繞大帳遷校尉戰死太祖爲流涕募取其喪親自臨哭之遣歸葬襄邑拜子滿爲郎中車駕每過常祠以中牢[illegible]司馬引自近

許褚爲武衛將軍都督中軍宿衛禁兵甚親近太和中明帝思褚
忠孝下詔褒賞
宋蕭思話爲右衛將軍嘗從太祖登鍾山北嶺中道有盤石清
泉帝使於石上彈琴因賜以銀鍾酒謂曰相賞有松石間意
梁臧盾爲領軍將軍卒即日高祖有詔舉哀贈侍中領軍如故
給東園秘器朝服一具衣一襲錢布各有差謚曰忠
陳毛喜爲右衛將軍丹陽尹卒官詔追贈喜母庾氏東昌國太夫
人賜布五百疋錢三十萬官給喪事又遣員外散騎常侍杜緬
圖其墓田宣帝親與緬案圖指畫其見重如此
孝魏爲驍騎將軍領朱衣直閤驍騎之職舊領營兵兼統宿衛
自梁代已來其任逾重出則羽儀清道入則與二衛通直臨軒
則升殿俠侍魏素有名望每大事常令俠侍左右時人榮之号
曰俠御將軍
後魏于洛拔太武時爲侍御中散有姿容善應對恭恪小心帝
甚加愛寵因賜名焉又爲侍御中散常在侍衛從征涼州既平

賜奴婢四十口轉監曹令
于烈爲司衛兼殿中尚書孝文幼沖文明太后稱制烈與元丕
陸叡李沖等各賜金策許以有罪不死
楊津爲長水校尉直閤景明中宣武遊於北邙津時陪從太尉
咸陽王禧謀反帝馳入華林時直閤中有同禧謀者皆在從限
及禧平帝顧謂朝臣曰直閤半爲逆黨非至忠者安能不豫此
謀因拜津左中郎將遷驍騎將軍仍直閤
于忠爲散騎常侍領左衛嘗因侍宴宣武賜之劒杖舉酒屬忠
曰卿世秉貞節故常以禁衛相委昔以卿行忠賜名曰忠今以
卿才堪禦侮以朕御劒杖相賜循名取義意在不輕其出入周
旋常以自防也忠頓首陳謝
北齊庫狄干魏正光初爲將軍宿衛於內以家在寒鄉不宜毒
暑冬得入京師夏歸鄉里隋元胄爲右衛大將軍高祖親顧益密

嘗正月十五日帝與近臣登高時胄下直帝令馳召之及胄見
帝謂曰公與外人登高未若就朕也賜宴極歡晉王每致禮焉
楊義臣秦国縣公崇之子也崇擊突厥力戰而死義臣襲崇官
爵開皇中年未弱冠奉詔宿衛如千牛者數年賞賜甚厚
宇文述大業中爲左衛大將軍與蘇威虞世基參預朝政述
時貴重委任與蘇威等其親愛則過之帝所得遠方貢獻及
四時口味輒見班賜中使相望於道
李景爲右衛大將軍車駕西巡至天水景獻食於帝帝曰公
主人也賜坐齊王暕之上唐許勣爲右武候大將軍高祖詔賜
姓李氏宇文士及爲右衛大將軍甚見親顧每延入閤中乙夜
方出遇其歸沐太宗仍遣馳召同列莫與爲比
李大亮爲左衛大將軍太宗謂大亮曰公執誠甚心誠善事每
行在自當內夜遣郎將中郎將行田乙丁戊守夜身先於人真
我軍也趙道興貞觀初遷左武候中郎將號爲稱職太宗嘗謂
之曰卿父爲隋武侯將軍甚有當官之譽卿今克傳弓冶可謂

不墜家聲因授右武候將軍
姜確爲左屯衛將軍轉蒙恩顧於玄武門宿衛及國初之務皆
以委之其屯營飛騎亦分隸於確每游幸即領騎而從焉
獨孤開遠貞觀初總領左廂六衛兵馬軍令嚴肅太宗大悅賜
雜綵二百段
段志玄爲左驍衛大將軍樊國公改封褒國公后疾篤輿駕
問撫之流涕既卒太宗爲發哀哭之甚慟
李多祚中宗神龍初爲右羽林將軍以定張易之兄弟功
進封遼陽郡王其年帝將有事于太廟特令多祚與安國相王
登輦夾侍當代榮之
田歸道除殿中少監右金吾將軍仍知衛事卒贈輔國大將軍追封
原國公葬事官供其年中宗又親爲文以祭之
臧希讓爲金吾衛大將軍乾元以誠將政屢奏以理髒上干公卿

訓令朱賢克待制
令觀為右龍武大將軍涇師叛觀時宿直有衛兵千餘人皆授
參大詔都巡警訓練諸軍戍卒二載日間旅至五千餘兵列之
軍衛整肅鼓鼙城內因之增氣德宗倚賴之賜封二百戶二子
職為校八品正員官
張萬福為右金吾將軍德宗召見驚曰壯哉一言則令其扶乃如
是健耶詔圖形凌煙閣數賜酒饌衣服并敕度支籍口給其費
駱元光為金吾上將軍貞元三年七月賜元光姓李氏更名元諒
張□為金吾將軍德宗幸城南莊賜絹千匹銀器以其莊工獻

冊府元龜卷六百二十六

冊府元龜卷第六百二十七

環衛部

忠節　剛正　謹慎

忠節

夫周衛之職典司禁旅晝夜警備執爨非違故止則密奉皇闈出則環拱宸極皆妙柬才俊以資心膂故有忠節奮發亦誠明者竭身命以徇國經夷險而一致若乃屬艱危之運變亂之時或密剌賊臣或力抗凶豎義形於色視死如歸以至忠言激揚至誠感槩為爪牙之寄負威武之容上所以安君親下所以彰功業孟子所謂忠者臣之高行諒在茲矣

漢郅都為中郎將敢直諫面折大臣於朝嘗從景帝入上林賈姬在廁野彘入廁帝目都動目以使也都不行帝欲自持兵救賈姬都伏帝前曰亡一姬復一姬進天下所少寧姬等邪陛下縱自輕奈宗廟太后何帝還彘亦不傷賈姬太后聞之賜都金百斤由此重都

後漢馮魴建武中為執金吾性矜嚴公正在位數進忠言多見納用

陰興為期門僕射每從出入常操持小蓋障翳風雨躬履塗泥率先期門光武所幸之處輒先入清宮

桓郁為越騎校尉數進忠言多見納錄

伍孚為越騎校尉忿董卓凶毒志手刃之乃朝服懷佩刀以見卓孚語畢辭去卓起送至閤以手撫其背孚因出刀刺之不中卓自奮得免急呼左右執殺孚而大詬曰虜欲反邪孚大言曰恨不得磔裂姦賊於都市以謝天地言未畢而斃

魏許褚為校尉從討袁紹於官渡時常從士徐他等謀為逆以褚常侍左右憚之不敢發伺褚休下日他等懷刀入褚至下舍心動即還侍他等不知入帳見褚大驚愕他色變褚覺之即擊殺他等太祖益親信之

吳丁奉為左將軍景帝即位與張布謀欲誅孫綝布曰丁奉雖不能吏書而計略過人能斷大事帝召奉告曰綝秉國威將行不軌欲與將軍誅之奉曰丞相兄弟支黨甚盛恐人心不同不可卒制可因臘會有陛下兵以誅之也帝納其計因會請綝奉與張布目左右斬之遷大將軍

晉劉超為左衛將軍蘇峻謀逆京邑大亂朝士多遣家人入東避難義興故吏欲迎超家而超不聽盡以妻孥入處宮內及王師敗績王導以超為右衛將軍親侍成帝峻遷車駕石頭時天大雨道路沉陷超與侍中鍾雅步侍左右賊給馬不肯騎而悲哀慷慨峻聞之甚不平時飢饉米貴峻等問遺一無所受繾綣朝夕臣節愈恭帝時年八歲雖幽厄之中超猶啓授孝經論語後王導出奔超與懷令康術建康令管旆等密謀將欲奉帝而出未及期事洩被害

宋沈演之為中領軍時范曄為太子詹事懷逆謀演之覺其有異言之太祖曄尋事發伏誅

卜天與元嘉末為廣威將軍領左細仗元凶劭入事變倉卒舊將羅訓徐罕皆望風屈附天與不暇被甲執刀持弓疾呼左右出戰徐罕曰殿下入汝欲何為天與罵曰殿下常來云何即時方作此語只汝是賊手射賊劭於東堂幾中逆徒擊之臂斷倒地乃見殺其隊將張泓之朱道欽陳滿與天與同出拒戰並死

卜伯興天與子也為前將軍直閤領細仗主順帝昇明元年與袁粲同謀伏誅

後周趙剛初為魏閣內都督及孝武搆隙剛密奉旨召東荊州刺史馮景昭未及發而齊神武已逼洛陽孝武西遷景昭集府僚文武議其去就司馬馮道和請據州待北方處分剛抽刀投地曰公若為忠臣可斬道和如欲從賊可見殺景昭感悟遂率衆赴關右屬侯景逼穰城東荊州人楊琰等起兵應景以其衆邀景昭於路景昭戰敗剛遂沒於蠻後自贖免乃見東魏東荊州刺史李魔憐勸令歸朝魔憐納之使剛至幷州密觀事勢神武引剛

內宴因令剛賫書申勅荆州刺還報魏悆斬楊歡等以州歸西魏悆乃使剛入朝大統初剛於霸上見文帝具陳關東情實文帝嘉之封陽邑縣子

蔡祐為大將軍閔帝踐祚拜少保祐與尉遲綱俱掌禁兵遷直殿省時帝任信司會李植等謀害晉公護祐每泣諫帝不聽尋而帝廢

隋董純為左驍衛將軍彭城留守齊王暕之得罪也純坐與交通煬帝庭譴之曰汝階緣宿衛以至大官何乃附傍吾兒欲相離間也純曰臣本微賤下才過蒙獎擢先帝察臣小心寵踰涯分陛下重加文採位至將軍欲竭餘年報國恩比數詣齊王者徒以先帝先后往在仁壽宮置元德太子及齊王於膝上謂曰汝好看此二兒勿忘吾言也臣奉詔之後每於休下出入未嘗不詣王所臣誠不敢忘先帝之言于時陛下亦侍先帝之側帝改容曰誠有斯旨於是捨之

郭榮為左候衛將軍大業九年煬帝至遼東謂榮曰公年德漸高不宜久涉行陣當與公一郡任所選也榮不願遠離頓首陳讓辭情哀苦有感帝心於是拜為右候衛大將軍後數日帝謂百寮曰誠心純如郭榮者固無比矣其見信如此

李景為右武衛大將軍景智略非所長而忠直為時所許楊玄感之反也朝臣子弟多預焉而景獨無關涉帝曰公誠直天然我之梁棟也

趙才為右候衛大將軍宇文化及之難才時在苑北化及遣驍果席德方矯詔追之才聞詔而出德方命其徒執之以詣化及化及謂才曰今日之事祇得如此幸勿為懷才嘿然不對化及忿才無言將殺之三日乃釋以本官從事鬱鬱不得志才嘗對化及宴飲請勸其同謀逆者一十八人楊士覽等酒化及許之才執杯曰十八人止可一度作勿復餘處更為諸人默然不對行至聊城遇疾俄而化及為竇建德所破才復見虜心彌不平數日而卒

獨孤盛大業末為左屯衛將軍宇文化及之作亂也裴虔通引兵至成象殿衛者皆釋仗而走盛謂虔通曰何物兵形勢太異也虔通曰事勢已然不預將軍慎無動盛大罵曰老賊是何物語不及被甲與左右十餘人逆拒之為亂兵所殺

唐張鎮州仕隋為屯衛將軍從煬帝江都於上江督運賊董道冲為阻進擊破之既而蕭銑陷長沙宇文化及又作難鎮州為煬帝發喪哭之甚慟哀感路人

武士彠武德中檢校右廂宿衛妻患危惙竟不請假出看先是士彠在并鉞軍之日有兩兒患重以至於歿亦不赴問但傷悼而已及妻死所司奏勅曰此人忠節有餘去年兒夭今日婦亡相去非遙未嘗言及遺身徇國舉無與比

敬君弘武德中為驃騎將軍掌屯營兵於玄武門隱太子建成之誅也其餘黨馮立謝叔方率兵犯玄武門君弘挺身出戰其所親止之曰事未可知當且觀變待兵集成列而戰未晚也君弘不從乃與中郎將呂世衡大呼而進並遇害太宗甚嗟賞之贈君弘左屯衛大將軍世衡右驍衛將軍

周範為左衛將軍太宗幸九成宮常與房玄齡統留事範為人嚴正有威所在之職人皆敬憚一心奉上至死不懈及至疾篤不肯出外竟終於內省與玄齡相抱而訣曰所恨不獲再奉聖顏若死而有知謹以幽魂奉衛宮闕

薛仁貴為右領軍郎將北門長上永徽五年車駕幸萬年宮甲夜山水猥至衝突玄武門宿衛者散走仁貴曰安有天子有急輒敢懼死遂登門桄叫呼以驚宮內帝遽出乘高俄而水入寢殿帝使謂仁貴曰賴卿得免淪溺始知有忠臣也賜御馬一疋

李安靜為右衛將軍天授時王公百僚皆勸革命安靜獨義形於色無所陳請及被收下制獄來俊臣詰其反狀安靜謂曰以我是唐家老臣須殺即殺若問以謀反實無可對俊臣竟誣搆

殺之

李多祚爲右羽林將軍神龍初張柬之將誅張易之兄弟引多祚將籌其事謂曰將軍在北門幾年曰三十年矣柬之曰將軍擊鍾鼎食金章紫綬貴寵當代位極武臣豈非大帝之恩乎多祚泣而對曰當感大帝之恩死而無恙柬之曰將軍旣感大帝殊澤能有報乎大帝之子見在東宮逆竪擅權朝夕危逼宗社之重在於將軍誠能報恩正屬今日多祚曰苟緣王室惟相公所使不顧妻子性命因與引天地神祇爲要誓詞氣感動義形于色遂與柬之等定謀誅易之兄弟

田歸道爲右金吾將軍殿中監押千騎宿衛於玄武門敬暉等將討張易之昌宗也遣使就索千騎歸道旣先不預謀拒而不與及事定暉等將誅之歸道有辭免令歸第中宗後嘉其忠壯召拜太僕少卿

邢璹爲金吾將軍上元中日者朱融與嗣岐王珍交通璹儀表

偉如頗類玄宗遂誘中官六軍人同謀勸逆融謂璹曰今城中草草闕外寇賊近更憑凌君何濟曰我金吾天子押衙死生從之安能自脫融曰有一人足下見之自當知縱不出城亦無慮矣遂引珍見璹璹即日奏之並伏誅

令狐建爲左龍武軍使德宗避朱泚之亂出幸奉天建方教射於軍中遂以四百人隨駕德宗令爲後殿

張萬福爲金吾將軍時裴延齡讒陸贄等坐貶德宗怒不解諫議大夫陽城率拾遺王仲舒等數人守延英門上疏論延齡姦佞贄等無罪德宗大怒召宰相入語將加城等罪良久乃解令宰相諭遣之於是萬福聞諫官伏閤諫趨往至延英門大言賀曰朝廷有直臣天下必太平矣遂遍拜城及王仲舒等曰諸諫官能如此言事天下安得不太平已而連呼太平太平萬福武人也年八十餘見此盛事自此名重天下

梁孫德昭爲右神策軍都指揮使光化三年唐昭宗爲閹官所廢矯立德王時中外以權在禁闈莫敢致討近署朋附章表綱有至者丞相崔胤外與太祖申結輔佐之好內遣心腹密講忠義有以事諭德昭者德昭感緊乃與本軍孫承誨董從實三人脅發應命誓圖返正崔又割衣衿筆以通其志天復元年正月一日未旦逆竪左軍容劉季述早入德昭伏甲安路俟逗其前馳邀其輿而斬之孫承誨等分捕右軍容王仲先黨伍昭宗於是崔胤奉迎御丹鳳樓率百辟待罪且泣即日議功以德昭爲靜海軍節度使承誨邕州節度使從實容州節度使並同平章事

周何福進少從軍以驍勇聞後唐同光末鄴從譯以兵圍莊宗於大內福進時爲宿衛軍校獨出死力拒戰於內後明宗知而嘉之

剛正

環尹之職上法勾陳所以爲王爪牙掌兵闌錡非夫剛毅不撓忠正特立則何以嚴恭宿衛率勵徼巡兩漢以來寔惟其選乃

有持異爲法不避強族申明其令務在首公威望凜然謹誶確乎專司糾禁靡受私請嫉惡而言形慷慨喜善而意存激勸出入肅中外悚憚斯實雅望於強禦無忝於仕官者矣

漢郅都爲中尉丞相條侯貴倨而都揖丞相是時民樸畏罪自重都獨先行法不避貴戚列侯宗室見都側目而視號曰蒼鷹

甯成爲中尉初郅都死後長安左右宗室多犯法[illegible]景帝召甯成爲中尉其治效郅都其廉弗如然宗室豪桀人皆惴恐

蓋寬饒爲衛司馬先是衛司馬在部見衛尉拜謁常爲衛官繇[illegible]使市買寬饒視事案舊令遂揖官屬以下行衛者[illegible]也衛尉私使寬饒出寬饒以令詣官府門上謁辭[illegible]尚書責問衛尉[illegible]由是衛官不復私使候司馬候司馬不拜出先置衛輒上奏辭[illegible]自此正焉

孝寬為中郎將郎官化之莫不自厲然請謁貨賂之端令行塞
比宮殿之內翕然同聲
毋將隆為執金吾時侍中董賢方貴帝使中黃門發武庫兵前後
十輩送賢及帝乳母王阿舍隆奏武庫兵器天下公用國家武
備繕治造作皆度大司農錢大司農錢自乘輿不以給
共養共養勞賜一出少府蓋不以本藏給末用不以民力共浮
費別公私示正路也
尹賞為執金吾督大姦猾三輔吏民甚畏之
後漢承宮遷左中郎將數納忠言陳政事得失論議切慤朝臣
憚其節
馬防為執金吾性矜嚴公正事數議多用魏崔琰為中尉聲
姿高暢有威重朝士瞻望太祖亦敬憚焉
宋沈慶之為領軍將軍劉湛知之欲相引接謂之曰卿在省年
月已久比當相論慶之正色曰下官在省十年自應得轉不復以

此仰累尋轉正員將軍
顏延之領步兵校尉賞遇甚厚延之好酒疎誕不能斟酌當世
見劉湛殷景仁專當要任意有不平常云天下之務當與天下
共之豈一人之智所能獨了辭甚激揚每犯權要謂湛曰吾名
器不升當由作卿家吏湛深恨焉言於彭城王義康出為永嘉太守
後魏胡泥為司衛監勤於禁中不憚豪貴殿中尚書叔孫侯頭
應入直而闕於一時泥以法繩之侯頭恃寵遂與諍高祖聞而
嘉焉賜衣服一襲
于烈宣武帝時為領軍將軍咸陽王禧為宰輔權重當時曾遣
家僮傳言於烈曰求舊羽林虎賁執仗出入領軍可為差遣烈
曰天子諒闇事歸宰輔領軍但知典掌宿衛有詔不敢違理無
私給奴惘然而返禧復遣謂烈曰我是天子兒天
子叔元輔之命與詔何異烈厲色而答曰向者亦不道王非是
天子叔若是詔應遣官人所由遣私奴索官家羽林烈頭可
得羽林不可得禧惡烈剛直遂議出之乃授使持節散騎常侍
征北將軍恒州刺史
尉秉字成興性耿介孝明時為武衛將軍是時鎮軍元叉專權
百寮莫不致敬而秉獨長揖不拜尋出為平西將軍涼州刺史
隋趙才煬帝時授左候衛將軍俄遷右候衛大將軍時帝每出
遊幸才常為斥候肅遏奸非無所迴避在途遇公卿妻子有違
禁者才輒醜言大罵多所援及時人雖患其不遜然才守正無
如之何
[illegible]義洛仁壽大業中與吳質閻[illegible]俱為武候將軍剛嚴正直不避
強禦咸以鷹鸇視之
唐王百億為朝請大夫每掌[illegible]精勤不倦糾訐不避強禦
及太宗踐祚常在武候猶直不能容物見百寮有不整肅必面
加詆辱或手自捶毆朝士莫不憚之
田仁會麟德中為右金吾將軍仁會強力疾惡晝夜巡警自

街法無不立發躬自閱罰略無寬者京城貴賤咸畏憚之時有
女巫蔡娘子以鬼道惑眾自云能令死者復生市里以為神明
仁會驗其假妄奏請徙邊帝曰若死者不活便是罪過不可咎
也竟依仁會所奏
裴諝建中初為金吾將軍時德宗以刑名理天下百吏震懍時
十月禁屠殺以甫近山陵時尚父汾陽王郭子儀家人殺
羊以入門者覺之諝列奏其狀帝以為不畏強禦累遣宣諭或謂
諝曰郭公有社稷功豈不為之地乎諝笑曰非爾所解且郭公威
權太盛上新即位必謂黨附者眾今發其細過以明不弄權耳
吾上以盡事君之道下以安大臣不亦可乎
張萬福為金吾將軍裴延齡譖諸陸贄等坐貶德宗怒未解諫
議大夫陽城帥拾遺王仲舒等守延英門疏論萬福聞諫官伏
閤諫趨至延英門大言賀曰朝廷有直臣天下必太平矣遂
遍拜城及王仲舒等曰諸諫議能如此言事天下安得不太平

當其宿直必通宵假寐太宗勞之曰至公宿直我便安卧
張延師以軍功累遷左右衛將軍檢校司羽林軍封范陽郡公典羽林屯兵前後三十餘年廉謹周慎未嘗有過朝廷以此稱之
阿史那忠高宗永徽中爲右驍衛大將軍所歷以清謹見稱前後宿衛向四十年時時人比之金日磾
吴湊章敬皇后弟代宗大曆中爲金吾將軍湊小心謙謹識密局敏每承顧問偏見信任
李聽憲宗元和中爲羽林將軍有名馬穆宗在東宮令近侍諷聽獻之聽以職總親軍不敢從

册府元龜卷第六百二十七

冊府元龜卷第六百二十八

環衛部

姦佞　遷黜　匱害

姦佞

夫以法勾陳之象統禁衛之兵王之爪牙國之禦侮雖曰親密之地亦容姦佞之流苟茲忠賢善事權勢巧言令色阿諛取容故足以惑於一時緩於行政也孔子云放鄭聲遠佞人鄭聲淫佞人殆冨哉言乎

漢王温舒爲中尉多諂善事有埶音勢者即無埶視之如奴有埶家雖有姦如山弗犯無埶雖貴戚必侵辱謂不居權要之輩舞文巧詆下户之猾以動大豪弄法言巧而治下户之狡猾者用以動大豪之家所以然者爲大豪家中有權要不可治故也

晉羊琇爲中護軍在職十三年典禁兵然黨恭勝己其所推奉便盡心無二窮窘之徒特能振恤選用多以得意者居先不盡

銓次之理將士有冒官位者爲其致節不惜軀命

高翻爲右衛將軍放佚無檢與殿省小人交通及父卒仍於喪中往來不絕

隋元胄高祖時爲右衛大將軍房陵王之廢也胄預其謀帝正窮治東宮事左衛大將軍元旻苦諫楊素乃譖之帝大怒執旻於仗胄時當下直不去因奏曰臣不下直者爲防元旻耳復以言激怒帝帝遂誅旻賜胄帛一千疋

郭衍煬帝大業初爲左武衛大將軍能揣上意阿諛順旨帝每謂人曰唯有郭衍心與朕同又嘗勸帝取樂五日一視事無得効高祖空自勤勞帝從之益稱其孝順

宇文述煬帝大業中爲左衛大將軍善於供奉俯仰折旋容止便僻宿衛者咸取則焉又有巧思凡有所裝飾皆出人意表數以奇服異物進獻宮掖由是帝弥悅焉

唐劉希暹出言戎伍有膂力形貌充偉以騎射聞得入神策軍典領禁兵特魚朝恩專掌神策兵希暹屢陳武略又善候朝恩意甚爲朝恩親信累遷太僕卿充神策軍都虞候與神策兵馬使王駕鶴同掌軍務

白志貞德宗建中年爲神策軍使善候伺上意言必聽從

嗣虢王則之貞元中爲左金吾大將軍性貪愎又喬言伺察苛細以聞人皆畏之

李道古憲宗元和末爲金吾將軍邪險百端以求寵進日持鞅臣陰事構於皇甫鎛信而狎之士君子頗惡其得志穆宗初與鎛俱敗

遷黜

先王設環列之職以法乎勾陳制刑罰之威以象乎震曜況大官備宿衛昔方是司親近宮闈秉執兵戟固宜警戒所闕淑慎爾身豈有不思其憂遐棄厥職廣納財賂恣爲奢豪吏議有歸咎將誰執自貽憲法良可悼哉

漢王嘉爲郎坐户殿門失闌免户止也嘉掌守殿門止不當入者而失闌入之故坐免也孝武左氏傳曰[illegible]户之

魏楊俊爲中尉太祖征漢中魏諷反於鄴俊自劾詣行在所俊以身方罪免職辭太子太子不悅曰楊中尉便去何太高遠邪遂被書左遷平原太守

宋劉懷慎義熙十三年高祖北伐以爲中領軍征虜將軍衛督殿坐府内相殺免官

王景文爲右衛將軍坐與奉朝請毛法因蒲戲得錢一百二十萬白衣領職

南齊到撝爲右衛將軍隨王子隆帶彭城郡撝問訊不循民敬爲有司所舉免官乆之白衣兼御史中丞

蔡約領驍騎將軍太子中庶子領屯騎校尉永明八年八月合朔約脫武冠解劍於省眠至下鼓不起爲有司所奏贖論

張欣泰爲直閤步兵校尉領羽林監從車駕出新林勑欣泰

甲仗庫宗於泰停仗於松樹下飲酒賦詩制局監呂文度過見啓世祖世祖大怒遣出外數日意稍釋召還謂之曰卿不樂爲武職驅使當處卿以清貫除正員郎

唐李邈爲右金吾衛將軍先天二年十月玄宗講武於驪山給事中唐紹以失軍容將斬之上既怒唐紹左右猶望寬之會邈遽請宣勑遂斬之時人皆痛惜紹而深咎於邈等尋有制罷邈官邈以是遂擯廢終身

白志貞爲神策軍使建中四年頻發兵東討戰卒祗役殆盡都不奏聞所存者沽販之徒又皆在市里涇師之叛召徒犯闕禁中無以禦寇鑾輿遷幸賊黨得以陸梁職志貞之由也及駐蹕奉天猶加禮部尚書無幾朝臣頻有論其敗謀者物議紛然由是貶開州別駕

李建徽爲左神武大將軍貞元三年以其妻柳州與部国公主交往也改左驍衛大將軍

張彧爲左金吾大將軍元和二年坐補吏受賕改太子詹事致仕

伊慎爲右金吾衛大將軍元和五年以錢三千万賂右神策軍護軍中尉弟五從直求爲河中節度從直恐事泄奏之上怒入其賕一千五百万仍黜爲右衛將軍通密近坐死者三人

孫璹爲右羽林軍大將軍元和六年坐與弓箭庫劉希先交通賂希先錢二十万以求方鎮改右衛將軍

張志和爲左神策軍擊毬將寶歷元年因侍宴被酒乖礼杖八十流豐州家屬配掖庭

李惎爲右龍武大將軍惎西平王晟之子無他材能以功勳家累官至軍使沉湎於聲色恣爲奢侈積至累千萬至是以子貸迴鶻錢一万一千四百貫不償爲迴鶻所訴貶宣州別駕

梁寇彥卿爲左金吾衛大將軍充街使一日過天津橋有老人俟衛其前騶導者排之落橋而斃爲御史府所彈太祖不得已責授左衛中郎將

虐害

西漢已降環列之職重矣專總衛兵參決庶獄乃有殘忍之類恣其凶蠹之性以暴殄爲稱職以苛刻爲無私毒痛平民甚於猛虎威虐庶僚酷如秋荼和氣用傷仁政斯缺王者所以屏四惡者其以是夫

漢郅都爲中尉是時民樸畏罪自重而都獨先嚴酷致行法不避貴戚列侯宗室見都側目而視號曰蒼鷹

臨江王徵詣中尉府對簿（簿者獄辭之文書也音步户切）臨江王欲得刀筆爲書謝上（刀所削治書也古者書於簡牘故必用刀焉）而都禁吏弗與魏其侯使人間予臨江王（私向間隙而與也）臨江王既得爲書謝上因自殺竇太后聞之怒以危法中都（謂構致其罪也中竹仲切次下亦同）都免歸家

甯成以謁者事景帝爲郎猾賊任威爲中尉其治效郅都其廉弗如然宗室豪桀人皆惴恐

杜周爲執金吾逐捕桑弘羊衛皇后昆弟子刻深武帝以爲盡力無私遷御史大夫

尹齊爲中尉齊初以刀筆吏事張湯湯數稱以爲廉武帝使督盜賊斬伐不避貴執遷關都尉聲甚於甯成帝以爲能故拜中尉

王溫舒爲中尉姦猾窮治大氐盡靡爛獄中（大氐大歸也氐丁礼切靡碎也靡武彼切）行論無出者其爪牙吏虎而冠（言其殘暴之甚也非有人情）於是中尉部中中猾以下皆伏有勢者爲遊聲譽稱治數歲其吏多以權貴富

隋段文操大業中爲虎賁郎將性甚剛嚴帝令督祕書省學士時學士頗存儒雅文操輒鞭撻之前後或至千數時有識者鄙之

唐劉希暹初以騎射得入神策軍典領禁兵時魚朝恩專掌神策兵希暹屢陳武略又善候朝恩意甚爲朝恩親信累遷太僕卿充神策軍都虞候與神策兵馬使王駕鶴同掌軍務累封希暹爲徐国公又進封爲交河郡王希暹以爲虞候之任合主不法遂諷朝恩於北軍置獄召坊市凶惡不逞之徒役使之捕坊城内富人誣以違法捕置獄中忍害楚訐録其家產盡没之仍

分賞捕者或有發塞土財貨鋪邸第宅店肆遇掠死者非一京市人苦之謂爲入地牢捕者之帥有賈明觀尤凶暴以是寵人財產大獲希暹掌兵地在禁密代宗所詳魚朝恩㢠之由是及朝恩誅上以希暹掌重戎旅一切寬宥加希暹兼御史中丞依前都虞候希暹以素志非順慮不見容常自疑懼與王駕鶴語駕鶴希暹詞多不遜駕鶴遂奏之上嘗信任之至是以希暹語上聞乃置之于法

賈明觀本萬年捕賊之小胥也事劉希暹恣行兇忍毒甚豺狼朝恩希暹既誅宰臣元載受明觀賂謀潛奏之特釋赴江西效力明觀既出城內百姓萬餘人聚於城門懷塼石候之期投擲以快其志載聞之將遣所由吏護百姓入城由是獲免

册府元龜卷第六百二十八

冊府元龜卷第六百二十九

銓選部

總序

夫先王建國法天制官故勞大者其祿厚功多者其爵尊能治衆者其官大是以量其才用程其器能考之以言試之以職惟善是授其格于治者也而銓選之任衡鑑是司歷世已來資地尤重故曰周礼天官太宰掌建邦之六典以佐王理邦國其官則今之吏部而職任頗異也又曰夏官之屬有司士大夫二人掌羣臣之版（故書版為班書或為版版名籍也）歲登下其損益之數（謂用功過黜陟者也）辨其年歲與其貴賤（年數多少知其老少也）周知邦國卿大夫士庶子之數以詔王理（告王所尚進退矣）以德詔爵（有賢者之德乃詔以爵）以功詔祿（有功然後告以祿）以能詔事以久奠食（久者成事乃食之王制曰論定然後官之任官然後爵之位定然後祿之奠音定也）乃今銓選之義矣漢丞相東曹主二千石長吏遷除亦其事也成帝初置尚書四人六百石分為四曹吏曹尚書典選奉又

曰常侍曹主公卿事至後漢光武分爲六曹常侍曹爲吏部曹主選奉祠祀漢末又改爲選部專掌選奉事（靈帝時以侍中梁鵠為選部尚書於此始見曹名）魏改選部爲吏部而主選事（陳羣延康元年始建九品官人之法拜吏部尚書）晉與魏同宋時吏部尚書領吏刪定三公比部四曹孝武不欲威權在下大明二年分吏部尚書置二人以輕其任後還置一吏部尚書後魏北齊置吏部（[illegible]）考功主爵三曹後周置大冢宰卿一人屬官有吏部中大夫一人領司勳上士等隋初復曰吏部尚書至唐氏建國吏部尚書侍郎掌銓選之職掌天下衆官之選授凡職官銓綜之典權衡殿最之法悉以咨之其屬有四曰吏部主爵司勳考功冠於中臺盡揔職務而奉行其制命凡中外百司之事由於所屬皆質正焉其取士則以三類觀其異一曰德行二曰才用三曰勞効德均以才才均以勞其優者擢而升之否則量以退焉所以正權衡明與奪抑貪冒進賢能也然後據其狀以覈之量其資以擬之五品已上皆名聞而制授焉六品已上常參之官則勑授（謂供奉官及員外郎監察御史之）其餘則各量資注擬置吏部尚書一人正三品龍朔二年改吏部尚書爲司列太常伯咸亨元年復爲吏部尚書光宅元年改爲天官尚書神龍元年復舊天寶十一年三月又改爲文部掌文官選事揔判吏部司封勳考四曹事至德二載十二月復爲吏部尚書侍郎二人正四品上周之天官小宰中大夫也隋煬帝置以貳尚書之職唐朝因之武德七年二月省貞觀二年正月復置總章元年加一員龍朔二年改爲司列少常伯咸亨元年復爲吏部侍郎掌選補流內六品已下官是爲銓衡之任凡初仕進者無不仰屬選集之際勢傾天下列曹之中資位尤重光宅元年爲天官侍郎神龍元年復爲吏部天寶十一載三月爲文部侍郎至德二載十二月復爲吏部總章中添一員爲二員本員爲中銓新加員爲東銓永昌元年三月又加一員聖曆二年五月減二員乾元二年八月改中銓爲西銓郎中二員魏晉已來

妙於時選其他曹郎功高者遷爲吏部然而或有侍郎或有郎中或曰尚書郎或曰某曹郎稱號不同所職一也齊謝朏王儉爲吏部郎是也隋初諸曹郎皆謂之寺郎煬帝三年分置六司侍郎之後遂改諸曹侍郎但曰郎其吏部郎改爲選部郎唐初改爲選部郎中武德五年改爲吏部郎中龍朔三年改爲司列大夫咸亨元年復舊又有員外郎二人從六品上周官太宰屬官有上士今員外之職也宋百官階次員外郎美遷爲尚書郎隋開皇六年置一人煬帝三年改爲選部承務郎武德三年復舊加置一人一員判廢置一員判南曹在尚書吏部爲前行（[illegible]）選入者以爲美自魏晉以來凡吏部官屬悉高於諸曹焉開元已前以兵吏尚書權位尤美則宰相多所兼領而從容衡軸不自銓綜其選試之任皆侍郎專之尚書通署而已或分領其事則分爲三銓（開元四年六月勑員外郎御史并供奉官直進名勑授自此始不在吏部）尚書掌其一侍郎分其二（尚書所掌謂之尚書銓侍郎所掌一為中銓一為東銓各有印）其尚書銓掌六

品七品選侍郎銓掌八品九品選景雲元年宋璟爲尚書始相通典侍郎分知開元十三年以封岳迴選限逼守文難請分置十銓吏部龍之寶應初李峴爲江陵尹知江淮選補使後峴罷相又爲本曹尚書知江淮選奉置銓于洪州興元元年侍郎劉滋亦於江南典選以便於人復皆廢焉其東銓者貞觀元年京師穀貴始分人於洛州置選至開耀元年以關外道理迢遞河洛之邑天下之中始詔東西二曹兩都分簡留放既畢同赴京師謂之東選其南選先以桂廣交黔等州都督府所奏擬士人首領任官未甚精選乃令五品已上强明清正官充南選使以補仍令御史同往注擬其有應任五品已上官者皆使人共所管都督府相知具條景行藝能政術堪稱所職之狀聞奏故謂之南選然或廢或置不常其任其小銓郎中員外主之謂之南曹載初元年加置聖曆三年省開元十三年兵吏部各專定兩人判南曹尋又一人專判貞元元年又以二人同判十二年又一

人判自唐至五代正官或闕並以他官權領其有條章之所改易考課之所陞降或公望尤著或利刃無虛揚清直之聲有擢拔之跡稽諸史策其事燦然至於濫承委任貪黷貨賄亦列于左以取鑒焉凡銓選部八門二

條制

夫唐虞之時建官惟百殷商官倍成周之制其屬尤繁然選用之道猶所未立逮夫漢氏之代始察孝廉吏事浸廣科第仍設故調補之制所爲增多然而邪偽萌生隄防漸峻是以東京申交互之禁當塗立品制之法晉宋而下沿革不同固亦銓綜有條清濁適序誠有國之成憲官人之要道也乃至羣下奏議或匪見從咸用論次以著其事云

漢景帝後元二年詔曰今訾算十以上迺得官廉士算不必衆有市籍不得官無訾又不得官朕甚愍之訾算四得官亡令廉士久失職貪夫長利服虔曰訾萬錢算百二十七也應劭曰古者疾吏之貪衣食足知榮辱限訾十算乃得爲吏十筭十万也貴人有財不得爲吏廉士無訾又不得官故減訾四筭得官

宣帝黃龍元年四月詔曰舉廉吏誠欲得其真也吏六百石位大夫有罪先請秩祿上通足以效其賢材自今以來毋得舉吏六百石皆不得復察舉廉吏也

元帝永光元年二月詔丞相御史舉質樸敦篤而有行者光祿歲以此科第郎從官始令丞相御史舉此四科人以擢用之而見在郎及從官又令光祿歲依此科考校定其第高下用知其人賢否也

後漢光武建武十二年詔三公舉廉吏各一人左右將軍歲察廉吏三人中二千石各二人光祿歲舉郎茂才四行各一人察廉吏各一人廷尉大司農二人將兵將軍歲察廉吏各二人安帝永初二年九月詔王國官屬墨綬下至郎謁者王國有大夫秩六百石墨綬謁者比四百石其經明任博士居鄉里有廉清孝順之稱才任理人者國相歲移名與計偕上尚書公府通調令得外補[illegible]也延光二年八月庚午初令三署郎通達經術任牧民者視事三

歲以上皆得察舉

順帝陽嘉元年閏十二月令諸以詔除爲郎年四十以上課試如孝廉科者得參廉選歲舉一人

桓帝以本初元年六月即位七月詔曰孝廉廉吏皆當典城牧民禁姦舉善興化之本常必由之詔書連下分明懇惻而在所翫習遂至怠慢選舉乖錯害及元元頃雖頗繩正猶未懲改方今淮夷未殄軍師屢出百姓疲瘁困於徵發庶望羣吏惠我勞民蠲滌貪穢以祈休祥其令秩滿百石十歲已上有殊才異行乃得參選臧吏子孫不得察舉杜絕邪偽請託之原令廉白守道者得信其操各明守所司將覽厥後建和初時議以州郡相阿人情比周乃制婚姻之家及兩州之人不得相臨遂復有三互法三互謂婚姻之家及兩州不得交互爲官也是時史弼遷山陽太守其妻鉅野薛氏女以三互自上轉拜平原相是也

魏文帝嗣王位延康元年吏部尚書陳羣以天朝選用不盡人才乃立九品官人之法州郡皆置中正以定其選擇州郡之賢

有識鑒者為之區別人物第其高下按杜佑云九品之制初因後漢建安中天下兵興衣冠士族多離本土欲徵源流遽難委悉魏氏革命州郡縣俱置大小中正各取本處人任諸府公卿及臺省郎吏有德充才盛者為之區別所管人物定為九等其有言行修著則升進之或以五升四以六升五倘或道義虧闕則降下之或自五退六自六退七矣是以吏部不能審覈天下人才士庶故委中正銓第等級憑之授受謂免乖失及法弊也唯能知其閥閱非復辨其賢愚所以劉毅云下品無高門上品無寒士南朝至梁陳北朝至于周隋選舉之法雖互相損益而九品及中正至開皇中方罷

晉依魏氏九品之制內官吏部尚書司徒左長史外官州有大中正郡國有小中正皆掌選舉若吏部所用必下中正徵其人居及父祖官名

宋文帝元嘉中限年三十而仕郡縣以六周而代刺史或十余年及孝武即位仕者不復拘老幼守宰以三周為滿

南齊武帝永明元年三月詔曰宋德將季風軌陵遲列宰庶邦弥失其序遷謝遄速公私彫弊泰運初基草昧惟始思述先範永隆治根莅民之職一以小滿為限其有譽績克奉願加甄異理務無廣隨時代黜

府六百二十九　五

和帝中興二年二月景寅詔梁國初建宜須綜理可依舊選諸要職悉依大朝之制梁王上表曰臣聞以言取士士飾其言以行取人人竭其行所謂才生於世窮達惟時風流遂往馳騖成俗媒孽夸衒利盡錐刀遂使官人之門肩摩轂擊豈直暴蓋露冠不避寒暑遂乃戢屨杖策風雨必至良由鄉舉里選不師古始稱肉度骨遺之管庫加以山河梁畢闕輿冰之思金張許史忘舊業之替吁可復哉且夫譜諜訛誤詐偽多緒人物雅俗莫肯留心是以冒襲良家即成冠族妄修邊幅便為雅士負俗深累遽遭寵擢墓木已拱方被徽榮故前世選官皆立選簿應在貫魚自有銓次胄籍升降行能臧否或素定懷抱得之餘論故得簡通賓客無事掃門頃世道陵夷九流乖失其有勇退忘進懷質抱真者選部或以未經朝謁難於進用或有晦善藏聲自埋衡華文以名不素著絕其階緒必須畫刺投狀然後彈冠則是驅迫廉撝獎成澆競愚謂自今選曹宜精隱括依舊立簿使冠無爽名實不違庶人識崖涘造請自息且聞中間立格甲族以二十登仕後門以過立試吏求之愚懷抑有未達何者設官分職惟才是務若八元立年居阜隸而見抑四凶弱冠處鼎族而宜甄是則世祿之家無意為善布衣之士肆心為惡豈所以弘獎風流希向後進此實巨蠹尤宜刊革不然將使同人有路傍之泣晉臣興漁獵之歎且俗長浮競人寡退情若限歲登朝必增年就宦故貞實昏童籍已踰立滓穢名教於斯為甚撰司內外憂責是任朝政得失義不容隱伏願陛下康聖淑之姿降聽覽之末則彝倫自穆憲章惟允詔依表施行

梁武帝天監初無中正制年二十有五方得入仕其後又制凡九流常選年未三十不通一經者不得為官若有才同甘顏勿限年次至七年詔於州郡縣置州望郡宗鄉豪各一人專典搜薦無復膏粱寒素之隔

普通七年詔凡州歲奉二人大郡一人

府六百二十九　六

敬帝太平二年復令諸州各置中正仍舊訪奉選皆須中正押上然後量授不然則不徐勉天監改官名下有省置勑詔立選簿奏之有詔從其制開九品為十八班自是貪冒苟進者以財貨取通守道淪退者以貧寒見沒矣

陳依梁制凡年未三十不得入仕唯經學生策試得第諸州迎主簿西曹佐奏及寒為挽郎得未壯而仕諸郡唯正王為丹陽尹經迎得出身者亦然庶姓尹則否有高才異行殊勳別降恩旨敘用者不在常例凡選無定時隨缺則補官有清濁以為昇降從濁得清則勝於遷若有遷授吏部先為白牒列數十人名尚書與參掌者共署奏勑或可或否其可者則下於選曹量貴賤別內外隨才補用以黃紙錄名八座通署奏可乃出以付於典書其名帖鶴頭板整儀送所授之家其別發詔除者即宜付詔局詔局草奏聞勑可黃紙寫出門下門下答詔請付外施行又書可付選司行名得官者不必皆待名到但聞詔出則日即入謝後詣尚書上省拜授若拜三公則臨軒凡拜官皆在

午後初武帝承侯景喪亂之後衣冠維殘雜流未立百官無復考其殿最之法任吏年下遷舉班進秩法無可稽者後除以孔奐為吏部尚書奐考覈永定二年詔曰梁時舊仕亂離播越始還朝廷多未銓序又起兵已來軍勳甚衆選曹即條文武簿及節將應九流者量其所擬於是隨材擢用者五十餘人後魏州郡皆有守正掌選舉每以季月與吏部銓擇可不

文成和平三年詔曰朕承洪緒統御萬國垂拱南面委政羣司欲緝熙治道以致寧一夫三代之隆莫不崇尚年齒今選舉之官多不以次令班白處後晚進居先豈所謂彝倫攸叙者也諸曹選補宜各先盡勞舊才能初崔浩薦冀定相幽并五州之士數十人各起家為郡守恭宗謂浩曰先召之人亦州郡選也在職已久勤勞未答今先補前召外任郡縣以新召者代為郎吏又守令宰人宜使更事者浩固爭而遣之高允聞之謂東宮博士管恬曰崔公其不免乎苟逞其非而校勝於上何以堪之又李孝伯趙郡人父曾少理鄭氏禮左氏春秋郡三辟功曹不就門人勸之曾曰功曹之職雖曰鄉選高第猶是郡吏耳北面事人亦何容易州辟主簿到官月餘歎曰梁叔敬有云州郡之職徒勞人耳道之不行身之憂也遂還家又郭祚為吏部尚書祚持身潔清重惜官位至於銓授假令得人必徘徊久之然後下筆下筆即云此人便已貴矣由是事頗稽滯當時每招怨讟然所拔用者量才稱職時又以此歸之

其後中正所銓但在門第吏部彝倫仍不才舉

孝文太和元年八月詔工商皁隸各有厥分而有司縱濫或染清流自今戶内有工役者唯上本部丞已下准次而授若階藉元勳以勞定國者不從此制

十六年七月詔曰王者設官分職垂拱責成振網舉綱衆目斯理朕德謝知人豈能一見鑒識徒乖為君委授之義自今選舉每以季月本曹與吏部銓簡

十九年十二月示品令為大選之始

二十年三月詔諸州中正各舉其鄉之茂望年五十已上守素衡門者授以長令

宣武正始二年四月詔曰任賢明治自昔通規宣風贊務實惟多士而中正所銓但存門第吏部彝倫仍不才舉遂使英德罕昇司務多滯不精厥選將何考陟也八座可審議往代貢士之方擢賢之體必令才學並申資望兼致

延昌元年十二月詔守宰為御史所彈遇赦免者及考在中第皆代之

孝明熙平初尚書考功郎陽固奏諸秀孝中第者聽叙自固始也二年八月詔庶族子弟年未十五不聽入仕是年尚書左丞盧同以朝政稍衰人多竊冒軍功閱吏部勳書因加檢覈得竊階者三百餘人同乃表言竊見吏部勳簿多皆改換中兵奏案並復乖外臣聊尔校練已得三百餘人明知隱而未露者動有千數愚謂罪雖恩免猶須刊定請遣一都令史與令僕省事各一人揔集吏部中兵二局勳簿對勾奏案若名級相應者於黄素楷書大字具件階級令本曹尚書以朱印印之

神龜元年正月詔以雜役之户或冒入清流所在職人皆五人相保無人任保者奪官還役

三年二月制武官得依資入選先是征西將軍冀州大中正張彝之子仲瑀上封事求銓別選格排抑武夫不使在清品由是武夫怨怒羽林虎賁千余人焚其第毆傷彝父子始均為仲瑀撲殺寬免詔斬其尤兇者八人余大赦以安之乃

下也銓時官員少而應選者多選曹患以奏之尚書崔亮乃奏為格制官不問賢愚以停解日月為斷雖復官須此人停日後者終不得庸才下品年月久者則先擢用于茲沈滯者皆稱其能

前廢帝普泰元年三月詔曰頃官方失序仍令沙汰定以補授已有判決退下之徒微亦可愍諸在簡下者可特優一級并授將軍預參選限隨能補用

四月詔員外諫議大夫步兵校尉奉車都尉羽林監給事中積射將軍奉朝請殿中將軍宮門僕射殿中司馬督治礼郎十一官得俸而不給力老合外選者依常格其未老欲外選者聽解其七品已上族望入朝若正員有闕隨才進補前員外簡退優階者進之稱事簡下者仍優一級

後廢帝中興元年十一月詔曰王度漸開彝倫方始所班官秩不改舊章而無識之徒因茲僥倖謬增軍級虛名顯位皆言前朝所授理難推抑自非嚴為條制無以防其僞竊諸有歷增官号為人欵糾罪從軍法若入格檢覈無名者退為正民[illegible]

北齊孝昭皇建二年詔內外執事官從五品以上三府主簿錄事參軍諸王文學侍御史廷尉三官尚書郎中中書舍人每在三年之內各舉一人或夙在朝倫沉屈未用或先官後進今見停散或白屋之人巾褐未釋其高才良器允文允武理識深長幹具通濟操履凝峻李業宏雅諸如此輩隨取一長無待兼資方充舉限表薦之文指論事實隨能量用必使所堪不得高談謬加穿飾所舉之人止在一職三周之內有犯死罪以下刑年以上舉主准舉人之犯各罰其金自鞭以下舉主勿論若未經三載而黜人轉通計後官日月合滿三周凡所舉人必主畫立功稱益時政不限年之遠近舉主之賞亦當非次被舉之人別當擢授其違限不舉依式罰金又擁旄作鎮任總百城分符共理職司千里凡部統理宜委悉刺史於所綰之內下郡太守縣令丞尉府佐錄事參軍以降州官州都主簿以下但露在吏職及前為官并白人等並聽表薦太守則曹掾以下及綰內之

人亦聽表舉其大州下州畿內上郡中郡並三年之內各舉一人其不入品州并自餘郡守不在舉限

後周宣帝大成元年詔刺史僚佐州吏則自署府官則命於朝廷

隋高祖開皇七年制工商不得入仕

十四年十一月制州縣佐史三年一代不得重任高祖以吏久居其職肆情為姦故有此制

十五年十二月詔文武官以四考交代又制百官不得計考增級其功德行能有昭然乃擢之

煬帝大業八年詔曰須自班朝理人乃由勳叙拔之行陣越自勇夫蠹政害人實由於此自今已後諸授勳官者並不得因授文官職事

唐制凡選始於孟冬終於季春〔每歲五月頒格於郡縣示人科限而集之初皆投狀於本郡或故任所述罷免之由而上尚書省限十月至省乃考覈資序郡縣鄉里名籍父祖官名內外族姻年齒形狀優劣課最譴負刑犯必具焉以同流者五五為聯以京官三人為保一人為識皆列名結款不與有刑家之子工賈殊類及假名承偽冒者降之〕

〔然後應選者有六人都冒而糾得三人以上者優以授之其試之日或糊名暗考以〔illegible〕之〕其擇人有四事一曰身〔取其體貌豐偉〕二曰言〔取其言辭辯正〕三曰書〔取其楷法遒美〕四曰判〔取其文理優長〕四事可取則先乎德行德均以才才均以勞其六品以降計資量勞而擬其官五品以上不試列名上中書門下聽制敕處分凡選始集而試觀其書判已銓察其身言已銓而注詢其便利而擬其官已注而唱示之不厭者得反通其辭也曰更其官而告之如初又不厭者亦如之三唱而不服聽冬集服者以類相從攢之為甲先簡僕射乃上門下省給事中讀之黃門侍郎省之侍中審之不審者皆得駁下既審然後上門下主者受旨而奉行焉各給以符而印其上謂之告身其文曰尚書吏部告身之印自出身之人至于公卿皆給之武官則受於兵部兵部武選亦然課試之法如舉人之制取其軀幹雄偉應對詳明有驍勇材藝及可為統帥者若文吏求為武選取身長六尺以上籍年四十以下強勇可以統人者武夫求為文選取書判

精工有理人之才而無殿犯者凡官[illegible]成皆敕旋謝則其黜〔[illegible]〕郡縣之官不出吏部以京官五品以上一人充使就補御史一人監之四歲一往謂之南選凡居官以年為考六品以下四考為滿

太宗貞觀元年正月侍中攝吏部尚書杜如晦上言曰比吏部擇人唯取言辭刀筆不悉景行數年之後惡跡始彰雖加刑戮而百姓已受其弊上曰如何可以得人如晦對曰兩漢取人皆行著州閭然後入用今每年選集向數千人厚貌飾詞不可知悉選司但配其階品而已所以不能得才魏徵亦曰知人之事自古為難故考績黜陟察其善惡今欲求人必須審訪才行兼美始可任用上將依古法令本州辟召會功臣將行世封其事遂止二年正月吏部侍郎劉林甫以隋代赴選者以十一月為始至春而罷選限既促選司多不究悉時赴選漸眾林甫請四時聽選隨到注擬當時甚以為便

十六年七月太宗謂侍臣曰公等爲朕搜訪賢德以輔儲宮爰及諸王咸求正士且事人歲久即分義情深非意闚覦多由此作其王府官寮且限以四考

十九年十一月吏部尚書馬周以吏部四時提衡略無休暇奏請所由文解十月一日赴省三月三十日畢

高宗顯慶二年黃門侍郎知吏部選事劉祥道上疏曰今之選司取士傷多且濫每年入流數過一千四百人是傷多也雜色入流不加銓簡是傷濫也古之選者爲官擇人不聞取人多而官員少今官員有數入流無限以有數供無限遂令九流繁總人隨歲積謹約准所須人量支年別入流者今內外文武官一品已下九品已上一萬三千四百六十五員略舉大數當一萬四千人壯室而仕耳順而退取其中數不過支三十年此則一萬四千人三十年而略盡若年別入流者五百人三十年便得一萬五千人定須者一萬三千四百六十五人足充所須之數況三十年之外在官者猶多此便有餘不慮其少今年當入流者遂逾一千四百計應須數外常餘兩倍又常選者仍停六七千人更復年別新加實非處置之法望請釐革稍清其選中書令杜正倫亦言入流者多爲政之弊公卿已下憚於改作事竟不行

總章二年司列少常伯裴行儉以承平既久選人漸多始設長名姓歷榜引銓注等法又定州縣昇降官資高下以爲故事其後莫能革

三年十月敕司戎諸色考滿入選司列諸色考滿入流人並兼試一經一史然後放選

咸亨三年正月許雍洛二州人任本部官

上元三年八月詔桂廣交黔等州都督府比來所奏擬土人任官揀擇未甚得所宜准舊例至應選補時差內外官五品已上清正官充使選補仍令御史同往注擬其有應任五品已上官者奏取進止

開耀元年四月十一日敕吏部兵部選人漸多及其銓量十放六七既疲於來往又虛費資糧宜付尚書省集京官九品已上詳議崇文館直學士崔融議曰今皇家兩曹姚選三官備設取其杞梓搴其蘭蕙其有狀犯贓私罪當懲貶者此等既未合得伏望許同選例限以歲年諸色入流每年參選資品未高者並未工此等亦望許同選例録以選限又選人每年長名出月半後伏望速加銓簡促以程期因其物情亦何疲於來往其人欲亦何費於資糧又所銓簡以德行爲上功夫次之折衷之方庶幾此道尚書右僕射劉仁軌奏曰謹詳衆議條目雖殊其大略不越數途多欲使常選之流及負譴之類遞立年限如不令赴集便是擁自新之路塞取後之門或請增置具僚加授官之數加於勳業峻入仕之科亦恐非引拔之通規乖省員之茂躅欲去吏員稍損汾撓以昇平日久人物滋殖解巾從事挹有多人頻歲已來新銓多闕臨時雖有權壞終是不能挹彼請尚書侍郎依員補足髙班卑品准式分銓則留放速了限則公私無滯應選者暫集遠近無聚糧之勞合退者早歸京師無索米之弊既循舊軌且順人情如更有不便隨事釐革其殿負及初選及選淺同知未合得官等色情願不集即同選勞曹司商量久長安穩又議選事曰關外諸州道理迢遞河洛之邑天地之中伏望詔東西二曹兩都分簡留放既畢同赴京師

則天天冊萬歲元年十月二十二日敕品藻人物銓綜士流委之選曹責成斯在且人無求備用匪一途理直才地並昇輪轅兼採或取其履歷或取其孝行糊名考判立格注官既乖委任之方頗異銓衡之術朕勵精思化夙夜求賢必使草澤無遺方圓曲盡改弦易調並故鼎新載想緝熙之崇式佇清通之效其常選人自今已後宜委所司依常例銓注其糊名入試及令學士考判宜停

萬歲通天元年八月制文武官加階應入五品者並須出身歷

十二考已上無私犯進階之時見居六品官及七品已上清官者其應入三品者取出身二十五考已上亦無私犯進階之時見居四品官者自外縱計階應入並不在進限如有奇材異術別効殊功者不拘此例

神功元年十月勅選司抑塞者不須請不理狀任經御史臺論告不得輒於餘司喧訴有凌突選司非理喧悖者注簿量殿尤甚者仍於省門集選人決三十仍殿五六選

其年閏十月二十五日勅八寺丞九寺主簿三監丞簿城門符寶郎通事舍人大理司直評事左右衛千牛衛金吾衛左右率府羽林衛長史直長太子通事舍人親王掾屬判司參軍京兆河南太原判司赤丞簿尉御史臺主簿校書正字詹事主簿協律奉礼太祝等出身入仕既有殊途望秩常班須從甄異其有從流外及視品官出身者不得任前件官其中書主書門下録事尚書都事七品官中亦爲緊要一例不許顛乖勸奬其考詞

有清幹景行吏用文理者選日簡擇取歷十六考已上者聽量擬左右金吾長史及寺監丞

聖曆元年一月二十二日勅選人無故三試三注唱不到者亦在銓試重注之例其過門下三引不到者亦不在重注之限其日又勅文武選人檢甲歷不獲者宜牒中書門下爲檢如又不獲若在京有官甲前後相銜可明者亦聽爲叙

三年正月三十日勅監察御史左右拾遺赤縣尉主簿大理評事畿縣丞主簿尉經三任已上及内外官經三任十考以上不改舊品者選叙日各聽量隔品處分餘官必須以次授任不得超越

大足元年正月十五日勅選人應留不須要論考第若諸事相似即先書上考必書判滯落又無善狀者雖帶上考亦宜量放

七月二十九日勅桂廣泉建連賀福韶等州縣既是好處所省闕官宜依選例省補

中宗神龍元年李嶠韋嗣立同居選部多引用權勢求來至因請置員外官一千餘員由是僥倖者競進其員外官悉恃形勢與正官爭事百司紛競至有相毆擊者及嶠復入相乃深悟其失又見朝野喧議乃上疏曰自寶命中興鴻恩溥及唯以爵賞爲恩不擇才能在官授級加階朝遷夕改正闕不足加以員外非復求賢助理多是爲人擇官接武隨肩填曹溢府無益政化虛請俸禄在京則府庫之殫竭在外則黎庶被其侵漁伏願微惜班榮稍減除授使眭耶之議不興於聖朝能官之謡復光於曩載疏奏上乃詔減員外官不令釐務也

冊府元龜卷第六百二十九

冊府元龜卷第六百三十

銓選部二

條制第二

唐玄宗開元二年二月勑諸色出身人銓試訖應常選者常年色各爲一甲團奏給告牒過百人已上分不滿五人附入甲其月二十八日勑繁劇言關官有灼然要籍者聽牒選司於應得官人內據材用資歷相當者先補擬

五月詔曰今歳諸州多非善熟爰及京邑每勞轉運員外等官人數倍廣祿俸之輩何以克周諸色員外試檢校官除皇親諸親及五品已上并戰陣要籍內侍省以外一切摠停至冬放選量狀迹書判與正員外官其未經考者先與處分仍不拘選格聽集自今已後除戰功以外非別勑不得輒注擬員外等官十一月詔曰新豐縣官及温泉監官經兩度祗承者與一中上考

三年正月五日詔內外官考未滿所司須補替名爲守闕待至

替斷[illegible]後有闕所由不得令上

六月八日勑吏部銓委任尤重比雖守職務在循常既限之以遷勞或失之於求士宜選日拔擢三十人不須限以資次

四年四月詔曰選人既多比銓注過謝了皆不及考遂使每一年選即虛破一年闕在於公私俱不利便自今已後官人初上年宜聽通計年已來滿二百日者許其成考仍准零考例至來年考時併校永爲常式

六月十九日勑六品已下官令所司補授其員外郎御史并餘供奉宜進名勑授

七月勑如聞黔州管內州縣官員多闕吏部補人多不肯去成官已後或假解或從征考滿得資便別叅選自餘管蠻獠州大率亦皆如此宜令所司於諸色選人內即召補並馳驛發遣至州令都府勘到日申所司如遅違牒管內都督決六十追毀告身更不須與官九月十二日勑諸色選人納紙保後五日內其保識官各於當司具名品并所在人州貫頭銜都爲一牒報選司若有僞濫先用關然後准式處分

十二月詔曰比來兩畿縣令經一兩考即以共行苟且罕在政要百姓數於迎送典吏因而隱欺自今已後皆令四考滿滿日聽依京官例選仍不得輒續於前勞

六年二月詔曰我國家敦古質斷浮豔禮樂詩書是弘文德綺羅珠翠深革斃風必使情見於詞不用言浮於行比來選人試判舉人對策剖析案牘敷陳奏議多不切事宜廣張華飾何大雅之不足而小能之是衒自今已後不得更然

八月詔曰明經進階雖者於甲令儒[illegible]敦俗宜申於舊章其選人有能仕優則學所業不廢者當在甄收以示勸獎其能舊經外更業者准初出身例加階是月勑嶺南及黔中叅選人曹名文解每限五月三十日到省八月三十日內檢勘使了選使及選人限十月三十日到選所正月三十日內銓注使畢其嶺南

選補使宜移桂州安置

九月二十七日勑應南州每府同一解嶺北州及黔府管內州每州同一解各令所管勘責出身由歷選數考課優勞等級作簿書先申省省司勘應選人曹名考第一事已上明造曆子選使與本司對勘定訖便結階定品署印牒付選使其委至選時皆須先定所擬官使司團奏後所司但覆同但憑進畫應給籤告所司爲寫限使奏勑到六十日內寫了差專使送付黔桂等州州司送本州府分付九年十月勑如聞朝官子弟未曾經歷郎主要司及京畿并州縣理人官或恃勢受財追遊忘憤或恣行凌罰妄作姦非刑憲不可偏矜父兄莫能訓導苟陷於法良繇于懷宜令本司及州府長官按實驗察有此色并少年未諳時事可移與閑慢官

十一年四月十五日勑要官兒子少年未經事者不得作縣官親人

十二年三月詔曰文武選人十月下解既逼銓注勘檢難周不能自親並委胥吏恣成姦濫爲蠹尤深自今已後兵吏兩司專定員外兩人判南曹事每年選畢起五月一日所是文狀即預勘責關檢判南曹官親自就覆每色攢作簿書對本司長官連署印記不得委其胥吏勘責畢各具人數奏聞其判南曹官所司即進名朕自簡擇以陳希烈蔣㑹判吏部南曹劉同升源復判兵部南曹

其年太子左庶子吳兢上表諫曰臣聞易稱君子思不出其位言各止其所不侵官也此實百王準的伏見勑旨令刑部尚書韋抗等十人分掌吏部銓選及試判將畢遽召入禁中决定雖有吏部尚書及侍郎皆不得參及其筆議者皆以陛下由受讒言不信於有司也然則居上臨人之道經拜緯俗之規必在推誠方能感物抑又聞欲用天下之智力者莫若使天下信之也故漢光武置赤心於人腹良有旨哉昔魏明帝嘗卒至尚書省

尚書令陳矯跪問曰陛下欲何之帝曰欲按行省司文簿矯曰此自臣之職分非陛下所宜臨若臣不稱職則宜黜退陛下宜即還宮帝慙迴車而返又陳平邴吉者漢家之宰相耳向不對錢穀之數不問鬬死之人故知自天子至于卿士守其職分而不可輒有侵越也況我大唐萬乘之君卓絕千古之上豈得下行選曹之事頓取怪於朝野乎凡是選人書判並請委之有司仍停此十銓分選依舊以三銓爲定

十四年十一月二十五日勑比來所擬法官多不愼擇或以貨授或未適才宜令吏部每年先於選人內精加簡試灼然明閑法理者留擬其評事已上仍令大理長官相知簡擇並不得授非其人

十五年九月勑今年吏部選人宜依例糊名試判臨時考等第奏聞

十六年五月十日勑諸蕃應授內外文武官及留宿衛長上者共爲一甲其放還蕃者別爲一甲仍具形狀年幾同爲一奏

十七年三月詔曰邊遠州官多有老弱宜令吏部每年於選人內揀擇強幹堪邊任者隨闕補授秩滿量減三兩選與留仍加優奬

是日詔曰諸州都督刺史上佐等官負闕非安穩者所授官在任經一考已上宜量與改轉

十八年四月侍中裴光庭以選人既無常限或有出身二十餘年而不獲祿者復作循資格定爲限域凡官罷滿以若干選而集各有差等卑官多選高官少選賢愚一貫必合乎格者乃得銓授自下昇上限年躡級不得踰越久滯不收者皆荷之謂之聖書雖小有常規而求材之方失矣此起於後魏崔亮停年之制也其有異才高行聽擢不次然有其制而無其事有司但守文奉式循資[illegible]例而已

五月十一日勑附甲後官無闕者卻牒中書門下改擬

十九年四月二十六日勑應授官校考敍功累勳有失者門下省詳覆有憑即爲改注

十二月詔曰設官分職本資共理無曠中外更遞出入比者考官對年除改緣其任久量與遷移遂長僥求爭次入考所司請故公然遣來若更因循有損風化今年考使事了並勒還州必政理著聞當別有處分其年齒衰暮疾疢綿積無別慘違者宜聽致仕

二十年正月二十二日吏部尚書裴光庭奏文武選人承前三月三十日始畢比團甲乞至夏末自今已後並正月三十日內團甲至二月內畢

六月二十八日蕭嵩奏吏部選人請准舊例至三月三十團甲畢

二十一年六月二十八日詔曰古者諸侯舉士必本於鄉曲府庭署吏亦先於能行所以人自束脩官無敗政及乎魏承漢獘權立九品今之吏部用是因循入仕浸多爲法轉密然於清理

求才未聞深識持衡處事徒立煩文朕寤寐永懷每以惆悵夫琴瑟不調者改而更張法令不便者義復何異頃者有司限數及拘守循資遂令銓衡不得採拔天下賢俊屈滯頗多凡人三十始可出身四十乃得從事更造格限分品爲差若如所制之文六十尚不離一尉有才能者始得如此稍與朴者遂以終身由是取人豈爲明恕自今已後選人每年㧾令赴集仍依舊以三月三十日爲限其中有才優業異操行可明者一委吏部臨時擢用貴於取實何限常科雖遠郡下寮名迹稍著亦須甄拔令其勸勉俾人思爲善之利俗知進取之途朕所責成實在吏部可舉其大略令有所依比者流外奏甲乃引過門下簿書堆盈於瑣闈胥吏塡委於掖垣豈是事宜過爲煩碎自今已後亦宜依舊先是裴光庭爲吏部制循資格光庭薨蕭嵩爲中書令與光庭不協以循資格取士不實故奏改之

二十四年十二月二十四日詔王子未出閤侍讀侍講侍文侍書並取見任官充經三周年放選與處分習藝館諸色內教通

取前資及常選人充經二年已上選日各於本色量減兩選與處分左右衛三衛及五品已上子孫經七年雜衛三衛經八年勳官經九年並放選與處分

天寶二年十月十六日勑諸州醫學生等宜隨貢舉人例申省補署拾年與散官恐年歲深久檢勘無憑仍同流外附甲

八載六月十六日勑百役官宜待資符

九載三月十三日勑吏部取人必限書判且文學政事本自異科求備一人百中無一況古來良宰豈必文人又限循資尤難獎擢自今已後簡縣令但才堪政理方圓取人不得限以書判及循資格注擬諸畿望緊上中每等爲一甲委中書門下察問選擇堪者然後奏授大理評事其朝要子弟中有未歷望畿縣便授此官既不守文又未經事自今已後有此色及朝要至親並不得注擬

十一載七月詔曰致理之源實惟選士銓綜之道必在至公比來文武選人調集者及於留放未曰至道或甄鑒匪周或紀綱不一以茲取捨詎免流言須議事以制法亦因時而革弊自今已後吏部選人宜審定格限須示令集銓之日各量資書判狀迹功優據闕合留對衆便定豈唯免淹時日抑亦共表公平見收者既無濫外被放者固當斂分則自近及遠以絕僥求其有宏詞博學或書判特優超越流輩者不須限以選數聽集其武部選人試日校等第功優亦對衆便從留放仍永爲常式並作條件處分

是月勑吏部選人書判藍縷及雜犯不合得留者不限選數並放除此之外先從選深人一槩並留其選深被放人選淺得留名且留放逗留牓示選人各令知委仍以單狀奏聞不須更定條目

十二月二日吏部尚書楊國忠奏請兩京選人集銓日便定留放無長名遂詔文部選人調集者宜審定格限令集銓日量

官資書判狀跡功優據闕合留對衆便定

十三載三月二十八日勑爲授官取蜀郡大麻紙一張寫告身

七月二十七日勑如聞嶺南州縣近來頗習文儒自今後其嶺南五府管內白身有詞藻可稱者每至選補時任令應諸色鄉貢舉仍委去使准式考試有堪及第者具狀聞奏如有願赴京者亦聽其前資官并常選人等有詞理兼通才堪理務者亦任北選及授北官

肅宗至德二年二月詔其刺史上佐錄事參軍縣令委中書門下速於諸色人中精加訪擇補擬判司丞已下宜令所由於兩京潛藏不事逆賊及圍詘疾病官中簡擇資考深才堪者速注續發遣

乾元二年三月景辰詔比來諸州府多有奏請官者或先無闕員所司雜授便即與替深紊紀綱自今已後州縣官有灼然衰耄瘖弱無政及犯贓私切須與替者仰具事由聞奏如緣軍州

文要官吏部任簡擇并具關由聞奏所奏人皆須具歷任考第
甲授日月同奏三年閏四月詔設官以理本在安人遷遷之政
務於利物今寰瀛之内兵革未清加以時或不登物皆踴貴軍
儲是急廩稍靡供冗官之流固甚勞弊其京閑司官等有材堪
釐務者宜令中書門下即類例量資歷出授外官代宗寶應二
年七月制刺史縣令自今已後改轉刺史三年爲限縣令四年
爲限員外及攝試官一切不得釐務
廣德元年二月勅諸州府及縣令今後每有闕官宜委本州府
常日牒報本道觀察節度及租庸使使司具闕由附便使牒中
書門下送吏部依闕准式處分其所闕官有職務稍重者委本
府長官於見任及比司官中簡擇權令勾當正官到日停不得
更差前資及白身等攝吏部及制勅所授官委中書門下及吏
部甲制勅出後三日内下本州准令式計程外一月不到任本
州報中書門下吏部用闕如灼然事故准勅留不在此限其違

程人六品已下本色内殿一兩選許同會闕不成人例五品已
上停一二年其殿選人諸州諸使不得奏用
二年二月制臺省之官事資履歷刺史縣令任在親人職務所
更是爲理本其左右丞侍郎御史中丞等取曾任刺史者郎官
亦取曾任縣令者并所選御史亦宜於録事參軍縣令中簡擇
仍須資歷稍深者其有官非累歷才行特堪任用者自布衣已
上任所在聞薦委中書門下尚書省考試堪任者不在此限其
天下諸州府長官及縣令有清白著聞善政稱最能招緝逃亡
編附復業戶口增多者具狀聞奏朕當差人按覆與所舉狀同
者超資進改又諸州府授官違程不到任六品已下各於本色
内殿一兩選同會闕不成例處分五品已上停一二年與處分
二月詔中書門下及兩省五品已上尚書省四品已上御史臺
五品已上諸司三品已上諸王駙馬中要周已上親及女
壻外甥不得任京兆府判司畿令赤縣丞簿尉從京兆尹親火

將所請
永泰元年二月詔不許百姓任本貫州縣官及本貫隣縣官京
兆河南府不在此限
大曆元年十二月詔許吏部選人自相舉如任官有犯坐舉主
從吏部侍郎王延昌所請四年正月吏部以選士多闕員以請
用授官計上日成三考闕許之
六年七月十四日宰臣奏請自今已後勅授文武六品已下官
勅日後付兵吏部附甲團奏
十二年六月勅見任中書門下兩省五品已上尚書省三品已
上子孫合授官者一切擬京官不得擬州縣官
德宗大歷十四年五月癸亥即位六月己亥親御丹鳳樓
大赦天下諸州刺史上佐自今已往准式入計
建中元年正月制常參官及節度觀察防禦軍使都知兵馬使
刺史少尹赤令畿令及大理司直評事授訖三日内於四方館

上表讓一人自代其外官委長吏附送其表付中書門下每官
闕以舉多者授之
其月勅大理法官及太常禮官宜委吏部每至選時簡擇才職
相當者與本司商量注擬二年七月關播爲給事中舊例諸司
甲庫皆是吏掌知爲奬頗久播始定議並以士人知之至今
稱當
興元元年六月詔應去冬奉天行在給勅牒授官人等宜令中
書門下檢勘牒及憑據分明即與依授官月日進畫已後檢官
日並畫日爲定不得用所行下月日
十月詔軍衛及率府五品已上正員武官得替及以理去任者
宜令兵部准五品已上天官例每年作格限條件聞奏
是年勅吏部侍郎劉滋知洪州選事時京師寇盜之後天下蝗旱穀價翔貴選人不能赴調乃命滋江南典選以便江嶺之人時稱舉職
十一月嶺南選補使右司郎中獨孤愐奏伏奉建中四年九月

一曰勑選補條件所注擬官便給牒放上至上都付吏部寫奏
給告身勑旨准式處分
貞元元年三月勑宜令清資常叅官每年於吏部選人中各舉
一人堪任縣令録事叅軍者所司依資注擬便於甲歷具所舉
官名銜仍牒報御史臺如到任政理尤異及無贓犯事跡明著
所司録舉官姓名聞奏當議襃貶仍長名後二十日內舉畢仍
永爲常式
七月吏部奏選人淹滯多時理須擢宜發遣請量取建中四年
授官至今計曰成考三闕注擬其受替人皆於常例稍屈宜量
事優當委所司選限畢後具所用闕人名銜聞奏至選日各減
一選
二年正月詔常叅官及節度觀察防禦軍使城使兵馬使諸州
刺史少尹赤令畿令并七品已下清官及大理司直評事等須
者令內外新授官人三日內上表舉一人自代欲於中選才堪

府六百三十　九

者任用此來所舉少有擬實殊乖素來求才之意自今已後每
舉人皆令指陳其承前事跡如有政能行義藝業勞効各分析
言之
二月京兆尹鮑防奏咸陽縣令賈全是臣親外甥伏准廣德二
年三月十一日勑中書門下及兩省五品已上尚書省四品已
上諸司正員三品已上諸王駙馬等周已上親及女壻外甥等
自今已後不得任京兆府判司及畿縣令兩赤縣丞簿尉等者
詔曰功勞近臣至親子弟既處繁劇或招過犯寬有則撓法恥
責則虧恩不令守官誠爲至當賈全等十人職縁畿內凋殘親
自選擇事非常制不令避嫌
三月吏部奏伏准今年二月十三日勑除臺省常叅官餘六品
已下並准舊例却付本司處分者其六品已下選人中有人才
書判無闕祖當承前准格皆送中書門下又立功狀奏請要有
褒揚等今並委本司注擬即不自當格選人若無闕相當一一

令待續闕事即停滯必招喧訴應緣功狀及非時與官合授正
員額內并選限內無闕注擬者伏請量事計日用成三考闕如
臨時人數稍多注擬不足灼然須處置發遣即請兼用兩考已
上得資闕並量人才資序注擬訖准勑送中書門下詳定可否
其六品已下有官資稍高合入五品纔非五品亦請依前送名
勑旨兩考闕不在用限其三考闕如非當年准格令用除別勑
授官人外亦不在用限如闕員不足選人事須處分者臨時奏
聽進止餘依二月并資録不載
其月又勑五品官准式不合選補使注擬宜付吏部檢勘訖送
中書門下其擬資叙却合授六品已下官任便處分
五月吏部奏伏准貞元元年七月二十五日勑諸州府及京五
品已上官停使下郎官御史等宜付所司作條件聞奏者縁諸
色功優非時授官闕員稍多請作節限許集上州刺史兩府少
尹四赤令停替後許一月日於都省陳牒納文狀畢檢勘同具

府六百三十　十

由歷每至月終送名中書門下仍請不試太原河中鳳翔江陵
成都興元府少尹赤令及京兆鴨赤令中下州刺史諸使下停
減郎官御史等停官當年並聽集六品已下常叅官以理去任
者當年聽集具員官京兆府先申中書門下省檢勘未成失文
曆者其中先東西在遠不及[illegible]集並請依後件合集人限所在
陳牒隨例赴集選人有明經進士道舉明法出身無出身人有
經制舉宏詞拔萃及第判入等清白狀陸狀并曾有上下考校
奏成及考義名聞制及勑襃奬者或曾任郎官御史起居補闕
拾遺太常博士兩府畿赤官使下郎官觀察使節度都團練防
禦度支水陸運鹽鐵使留守判官支使推官書記等制勑分明
貞元元年十二月已前離任者一切聽集并六府少尹鴨赤令
並不在試例應未及一考已下被替丁憂服滿廢省患解侍親
歸并闕絶不上州府縣昇降等官並聽當年集縁未得資望准
六品已下選人例所試狀縱入下等望臨時據人材定留放其

違程不上人經免殿者聽集仍却還本道本色官應徃格未合集人其中有文詞博贍學術精通灼然爲衆所知亦任於所在州府陳狀本州長官精加選擇堪獎拔者具解由送依例赴集至省審考覈有才實相副别狀送名如有逾濫其本州署申解牒本判官量事科罰四品五品官中有羸疾情願任致仕官者但是正員官不限考數任於所在州府陳牒依合集人狀據通由歷准前送本道觀察使上省不用身到禮部附學官先及第人黄關吏部者並聽集准例試狀定留放應集合試官並望准舊例狀一道仍准建中二年格例及大曆十二年六月制請條委左右僕射兵部尚書侍郎同考試其狀考入上次等具名并試狀依限送中書門下其考入下等者任還

七月復置吏部小選（七月詔實錄不載）

三年十一月十日勑嶺南黔中選舊例補注訖給牒放上其倖除手力紙筆園厨雜給之外餘並待奏甲勑到後據上日給付

其福建選補使宜停其桂廣泉建賀福韶等州宜依選例省補

四年正月一日詔額内官勿更注擬見任者三考勒停諸道幕府判官及軍將比奏改轉例多超越應從散慢入清望官者並折資處分

八月吏部奏伏以艱難已來年月積久兩都士類散在遠方三庫勑甲又經失墜因此人多罔冒吏或詐欺分見官者謂之擘名承已死者謂之接脚乃至制勑旨甲皆被改張毁裂如此之色其類頗多比來因循遂使滋長所以選集加衆真僞混然實資檢責用甄涇渭謹具由歷狀樣如前伏望委諸州府縣於界内應有出身以上便令依樣通狀限勑牒到一月日内畢務令盡出不得遺漏其勑請令度支急遞送付州府州司待納狀畢以州印印狀尾素縫相連星夜送觀察使使司定判官一人專使勾當都封印毫官給驛遞驢送省至上都五百里内十二月上旬到千里外中旬到每遠較一千里外即加一旬雖五千里外一切正月下旬到盡黔中嶺南應不合比選人不納文狀限其狀員送吏部曹不用都司發人到日所司勘會即姦僞必露究抑可明如須盤問即下所住州府責狀其隱漏未盡及在遠不及期限者亦任續通依前觀察使與送所在勘責必有灼然踰濫事跡著明者據輕重作條件商量聞奏庶稍澄流品永息踰濫勑旨依奏

五年十二月十六日勑除常參官及諸使判官等餘並附所司申其兵部選人亦准此

六年二月詔吏部續留選人新授官者至來年二月之任初吏部侍郎劉滋李紓以去冬選人無缺員乃奏請代貞元五年授官計日成考者三百五十員令至今年八月之任議者非之於是諫議大夫韓章抗疏曰竊見去年選授官者多以六月七月之任所挾老攜幼不遠數千里以就一官到纔經年遂見停替又見在留人中多有注貞元四年闕者准格至來年正月赴

上其續留人注五年闕者遠以今年八月便上一等用闕一等授官五年闕者授替在前四年闕者上仍在後事交非允理實可矜今制命已行難於改易其所授官人請令至來年二月上赴從之

八年二月户部侍郎盧徵奏内外官應直京百司及禁軍并國親勒留官等若勑出便帶職事及勒留京官即合以勑出爲上日外官以勑到爲上日如本司未經奏聞即合同赴任官例准貞元六年二月二十四日勑待甲出後省符到任日支給俸料者若甲出未帶勒留官簽符先下州府交替理例未免喧争伏請起今已後並須挾名勒留勑到任方爲上日支給料錢其附甲官有結脚依前勒留直諸司者待附甲後簽符到州爲上日支給課料冀塞僥求庶絶論訴勑旨宜依

是年中書侍郎平章事陸贄始復令吏部每年集選人舊事吏部常每年集人其後遂三數年一置選人猥至文書多不可尋

勘真僞紛雜吏因之爲蔽巧選士一蹉跌或至十年不得官而
官之闕者或累歲無人數乃令吏部分内外官員爲三分計闕
集人年以爲常其弊去十七八天下稱之
九年七月制縣令以四考爲限無替者宜至五考
十一月制以冬薦官宜令諸司尚書左右丞本司侍郎引於都
堂訪以理術兼試時務狀考其通否及歷任考弟事跡定爲三
等并舉主名姓録奏仍令御史一人監試如授官有課効尤著
及犯贓不任者仍委御史臺及觀訪使聞奏以殿最舉主
十二月制自今後應諸色使行軍司馬判官書記參謀支使推
官等使罷者如是檢校試五品已下不合於吏部選集並任准
罷使郎官御史例冬集季聞奏
十年二月刑部奏准建中元年正月十七日勑諸州府五品已
上正員及嶺内七佐宜四考停其左降官不在此限者五品左
降官既不許停禄料六品以下未復資已經四考者未量移間

其[illegible]許准[illegible]禄料宜准天寶六載七月十四日
勑處分餘依常式
十一年五月左降官于邵劉歿等並量移授官故事量移六品
已下官皆吏部旨授至是始特制授之
十三年三月詔於吏部選人中簡擇通事舍人
十四年八月故懷澤縣主壻檢校右賛善大夫竇克構狀言臣
頃以国親超授寵禄及縣主薨逝臣官遂停臣陪位出身未授
檢校官日自有本官伏乞宣付所司許取前銜婺州司户參軍
隨例調選詔竇克搆宜令赴選仍委有司比類前任正員官依
資注擬自今已後郡縣主壻除丁憂外有曾任正員官停檢校
官俸料者亦准此處分其餘先是兼試同正員等不在選序者
停檢校官俸料任便赴集有司據檢校官量降三資與正員官
元無官與解褐正員官
十五年六月詔吏部奏選人依前三月三十日已前團奏畢其

流外兵部禮部舉人等專委郎官恐不詳審亦爲取捨適衷公
手每至留放之時皆就尚書侍郎對定既上下撿察庶在得人
十六年十二月罷吏部覆考判官先是每歲吏部選人試判別
奏官考覆弟其上下考訖中書門下覆奏擇官覆定浸以爲例
至是中書侍郎平章事齊抗奏言吏部尚書侍郎已朝廷精選
不宜別考重覆其年他官考判訖俾吏部侍郎自覆問後一歲
遂除考判官蓋因抗所建白也

册府元龜卷第六百三十

冊府元龜卷第六百三十一

銓選部三

條制第三

唐憲宗元和二年正月制曰江淮大縣每歲據闕委三省御史臺諸司長官節度觀察使各舉堪任縣令不限選數並許赴集臺省官及刺史亦令有闕先於縣令中揀擇如有能否與元舉人同賞罰復置具員簿以序內外庶官

五月中書門下舉奏正月赦文令於中書置具員簿以序大外庶官爰自近年因循遂廢清源正本莫急於斯令京常參官及外官五品已上前資見任起元和二年量定考數置具員簿應諸州刺史次赤府少尹次赤令諸畿令三府司馬及上州已上上佐東宮官除左右庶子王府官四品已上並請五考其臺省官先定月數今請侍御史滿十三月殿中侍御史滿十八月監察御史滿二十五月與轉三省官並三考餘官並四考外其文武官四品已下並五考商量與改尚書省四品已上文武官三品已上緣品秩已崇不可限以此例須有進改並臨時奏聽進止其權知官後至兩考然與正授不得用權知官資改轉其內外諸色官中緣官闕要人及緣事須有改移者即不在常格叙遷之限諸道及諸使副使行軍司馬判官參議掌書記支使推官巡官等有勅充職掌舉檢校五品已上官及臺省官三考與改轉餘官四考與改如未經考者並諸授同類官經兩考者依資與轉如前銜已是使下官未經考者請以本官改轉經三考者依資與轉仍許通前任計為考數其軍州戎鎮別立功効事跡顯著為衆所知者須別甄録即具上事跡奏聽進止其罷使郎官御史任依舊冬薦其諸道應須薦送人等自今已後諸郎官御史者便及時限同為冬薦所司准例檢勘申送中書門下六品已上官非郎官御史者狀到後望付吏部准貞元元年十二月七日勅處分從之

三年三月詔祕書省弘文館左春坊司經局校書郎正字宜委吏部自今於平留選人中擇取志行貞退藝學精通者注擬綜覈字實雅在得人不須以登科及第其校書正字限考入畿縣簿尉任依常格

四月詔重定舉縣令之法准元年赦書所舉縣令皆令直言其事不得妄為文飾吏部舉其事狀隨事檢勘者令主司只略勘資歷未究材能自今已後宜委吏部精加考覈必使詳實所冀舉不妄施官無虛授仍令四時注擬其觀察刺史所舉不得授以本州府縣令到任後有罪犯其舉主准前勅貶罰

四年正月中書門下奏伏惟元和二年制告舉薦縣令等前後勅文非一有司難於遵守今旨中外所舉縣令並隨表狀十月三十日到省省司精加磨勘依平選人例分入三銓注擬平選人中有資考事跡人才與縣令相類即先注擬時集望停從之令長親人之吏也比以資授多并不稱官故令庶僚舉也上才或不屑就夔薦者多不出其類徒以未涉資序超蹤優踰者以為善倖門故稍復舊制焉

三月詔今後宗正寺修撰圖譜官知匭使判官至考滿日宜各減兩選

七年八月中書門下奏請州府五品已上官替後委本道觀察使及長吏量其才行幹能堪獎用者具人才資歷每年冬季一度聞薦其罷使郎官御史委中書門下兩省御史臺尚書省常參及諸司職事三品已上文官左右庶子詹事諸司少卿監子司業少尹國子博士長安萬年縣令太常博士著作郎祕書丞等每年冬准此聞薦諸使府參佐檢校試官從元授官月日計如是五品已上官及臺省官經三十六箇月奏改轉如未經考便有事及停替官本限之外更加十箇月即任申奏從之

八年九月刑部奏准今年七月二十一日勅諸色左降官等經五考滿許量移若其貶降日授正員官或無責詞亦是責授並

請至五考滿然後許本任處申請并餘年降官緣任處多在遐遠至考滿日其申牒稽遲或使留滯者其刺史録事參軍等請與下考如滿後雖已申牒未量殺而其課料並准天寶貞元兩度勅文依舊支給其本犯十惡等罪已有正名請依舊從之

十一月勅有司奏申先禁三州州縣官緣給復無務應支俸料今量定員額及課料其六品已下官仍令吏部於選人中擇從與注擬每月課料錢委所司量與支給其員外課料等本額諸給復年滿一切仍舊

十二月吏部奏比遠州縣官請量減選四選五選六選請減一選七選八選九選各請減兩選十選十一選十二選各減三選伏以比遠處都七十五州選人試後擢不及限者即狀請注擬雖有此例每年不過一百餘人其比遠州縣皆是開元天寶中仁風樂土今者或以俸錢減小或以地在遠方凡是平流從前不注臣若勒其耕種歸懷逃亡其所擇才祭於近地有司若不

權授所在官閲假攝逾益困田土益荒請減前件選如舊遠後

十一年九月中書門下奏字人之官從古所重遂許論薦冀得循良其或不依節文虛指事迹既開謬舉之路是長僥求之風望自今已後所舉人事迹與節文不同及檢勘無據并到官後不稱職及有負犯等事並請量輕重坐其舉主輕則削奪重則貶謫伏以前後勅文雖有條約比來銓覆數多務因循今重申明所期畫一其舉人到省後所檢勘如與節文不同仰具事由并舉主名銜申中書門下如所司囪弊佯與出成察知事狀違越則所司舉主同坐從之

十二年六月詔自今已後應受權判官京官一考已上外官兩考已上職事條舉者然與正授如未及正授別要除改者不得全用權知判官資如特委重務即不在此限

十三年六月停每年舉薦縣令

十四年三月吏部奏請用鄆曹濮等一十二州州縣官員闕先是淄青不申闕員至是叛將李師道誅始申闕焉

穆宗以元和十五年正月即位二月中書門下奏見任正員官充職掌等此限兩考及授官經二周年以上方許奏請然與依資改轉有才在下位者不免留滯請自今已後諸道使應奏請正員官充職掌經一年者即依資與改轉如未周者即量與同類試官如此處分庶將得中勅旨依奏

長慶二年三月詔曰如聞近日武班之中淹滯頗久又有諸道薦送大將或隨節使歸朝自今已後宜令神策六軍軍使及南衙常參武官具由歷并前後功績牒送中書門下量勞效奏高人才特異者量加獎擢其常參武官准其負年月日改轉勿令淹滯諸道軍府大將監察以上官者三周年與改轉大將未曾奏官者亦仰奏請應天下諸軍各委本道據守舊額不得輒有減省官健有死王事者三周年不得停本分衣糧[illegible]宗[illegible]至此十八年矣凡制方吳蜀泊山東兩河累興闘罼之師其間兵戈[illegible]良將不五六歲[illegible]自蕃鄉[illegible]闘軍旅之事謂戒臣武卒常宜[illegible]

繼之以邊則以遊行給賽傳業葬旅須左右三軍六健號長行者其名家求人尚嚴舌萬室於非時賜與不可勝紀驕橫不戢其勢已甚今又降優假之詔傳其蓄大優有工賈胥吏竄名軍籍者厚衎資納於方鎮方鎮奏刺者即以大將文符給之偽其職姓年月來歲則求薦聞以日某以歲久宜遷某以殊勳合贊宰臣奏擬下[illegible]官欲望兵復于農官清其品難矣

九月詔曰廣德貞元兩有勅旨要官密戚並不許任京兆判司畿令兩赤縣丞簿尉等緣久不遵行更資提舉自今已後切宜禁斷

十月中書門下奏諸司要官密戚周親見任府縣官伏以所立隄防止緣權要今諸司御監保傅三少詹事祭酒王傅西班將校等亦無威力敢冒典章一槩防閑事誠太過自今以後應宰臣及左右僕射御史大夫中丞給事舍人左右丞諸司尚書侍郎度支鹽鐵使在京城者并諸王駙馬其周以上親并女婿親外甥請准廣德二年三月十一日及貞元二年十一月十三日勅不得任京兆府判司次赤及畿令長安万年丞簿尉其餘一切並不在此限與典法易遵群情大愜詔付所司永為常式

敬宗寶曆元年正月制曰如聞去冬吏部選人駮放者衆或文狀乖錯或書判差池主司守文不得不尔既施惠澤亦在霑恩其長名及雜駮選人如有未離京城者委吏部今月內檢勘除涉踰濫者餘並却収以比遠殘闕注擬如不情願不可強之又刺史縣令已後若無過犯未滿三周年不得除替如理行尤異但議就加其有才宜從職灼然要籍者中書門下先具事由及校上年月奏聽進止

二年二月容管經略使嚴公素上言容州及普寧等七縣請同黄昭桂賀四州例比選從之

十一月詔京百司應帶職奏正員官者自今已後宜於諸司及府縣見在任官中選擇便以本官充職如見任無相當者即任於當年見選人中奏用便據資叙與官不要更待銓試仍永爲常式

十二月詔應諸以一子官迴授諸親者自今已後須是周親仍勘責分明方可注擬依有司之請也

是月吏部又奏伏以吏部每年集人及定留放至於注擬皆約闕員近者入仕歲增留闕日少實由諸道州府所奏悉行致令選司士子无闕貧弱者凍餒滋甚留滯者喧訴益繁至有待選十餘年裹糧千餘里累駮之後方敢望官注擬之時別遇勑授私恩行於外府怨謗歸於有司特望明立節文令自今已後諸司諸使天下州府選限內不得奏六品已下官勑旨依奏

文宗大和元年正月山陵使奏伏以景陵光陵已來諸司諸使所差補押當及雜職掌等皆據舊例合得減選其中有無選可減者便放非時選吏曹緣是承優放選例多判成有過格年深身名踰濫赴常選不得者多求減選職掌圖得非時集因緣優勑成此倖門其吏曹爲弊頗甚今請應差前資官充職掌並不得取選數已過格人兼絕斯弊勑旨依奏

是月詔應緣諸軍使充押當職任使合承優減選人請差前資官充不得取選數過格人

五月禮部奏二陵挽郎准光陵合補二百二十人伏以近者仕進多門身名轉濫苟循往例爲弊滋深若便令停又乖事體今請補一百一十人其餘一百一十人請取前弘文崇文館生及已考滿太廟齋郎充如人數不足兼取前明經充其中有未過者請放冬集仍減兩選已充冬集者減二選從之

八月勑諸道諸軍使應奏判官并每年冬薦等所奏判官除新開幕府據員額置署外其向後奏請如是元闕即云闕其職今奏某人充如已有今更奏即云某職某人緣某事停奏某人替其前使下臺省官合冬薦者除府使罷外既有薦用當且更藉豈合數月之間便稱去職自今已後如帶職掌授臺省未經兩考者不在冬薦限如其中實有事故罷者亦須待授官周歲然許冬薦冬薦狀中仍具言罷任事故其他官據品秩合冬薦者則依元勑

九月中書門下奏諸道應奏州縣官銜散試官及無出身人幕府選授致仕官諸京司奏流外諸道進奏官等兩畿及諸道奏長馬縣令錄事叅軍縣尉等兩京及諸道州府六品已下官除初授外並合是吏部注擬近日優勞資蔭入仕轉多每年選集無闕可授若容濫請是啓倖門遂使平人不無受屈今請並停淮山南三川破內及諸道以遠雖吏部注擬不情願赴任者及元不注擬者其縣令叅軍長吏苟顧義不容私如有才術優長殿最勞効特許前資見任及白身人中奏請每道不得過三五人如諸道縣令錄事叅軍政事卓異能決疑及緝理殘破若須旌賞者許所在奏論然須指事而言在選限內亦請准寶曆二年十二月七日勑處分京諸司流外官並每年繫部闕員今並不許奏諸致仕酌法循舊頗越典章自今請自常叅官五品外官及四品者許致仕餘停又幕府迁授章服身元元和之間使府奏職至侍御史然後兼省官至於章服皆將奏勞效人思勸

勉冠已纂名近日奏殿中及戎倅便請衣紫數事小行其中自
綠腰金皆非時故請自侍御史後年月足後吏始與省官至泰
朱紫許於本使府有事跡尤異為衆所知者然許奏請准副使
行軍奏職時如先着綠便許賜緋餘不在此限又諸道進奏官
舊例皆不奏正官近歲奏請仍於別道占請有俸祿處頗乖甚
制今請並奏當道官如資歷已至五品考滿日已前者望許至
考滿日從之近歲倖門雜[illegible]者又甚時宰臣方貞百度
故次第矯革焉
十月中書門下奏應禮部諸色貢舉人及吏部諸色科目選人
等凡未有出身未有官如有文學只合於禮部應舉有出身有
官合於吏部赴科目選近年已來格文差互多有白身及用散
試官并稱鄉貢者並赴科目選及注擬之時即妄論資次曾無
格例有司不知所守其宏詞拔萃學究一經則有定制然亦請
不在用散試官限其三禮三傳一史三史明習律令等如白身

并令國子監及州府同明經進士薦送如考試及第明習律令
同明經一史三禮三傳同進士三史當年關送吏部便授第二
任官如有出身及有正員官本是吏部常選人則任於吏部不
限選數應科目選三史則超一資授官如制舉人既諸色人中
皆得選試則無出身官人並可以請不用散試官從之
二年閏三月都省奏落下吏部三銓甲內今春注超資官凡六
十七人勅都省所執是格銓司所引是例牙相陳列頗以紛紜
所貴清而能通亦猶議事以制論選已過方則爭令選人可哀
雖吏停滯其三銓已授官都省落下並依舊注與重團奏仍限
五日內畢其中如官超一資半資已令據稍高者至後選日量
事降所尚書侍郎注擬不一致令都省以此與詞鄭絪丁公著
各罰一季俸東銓所落人數校少楊嗣復罰兩月俸其今年選
格仍分明標出近例有可行者收入格不可者於格內書破則
所司有文可守選人無路僥求時尚書左丞韋引景以吏部注

擬不公選人多超資授官紀按其事落下勅吏部引例以為
據選人輩又借官已成道路沸騰日倍宰相喧訴遂降此勅
六月勅應諸軍使及諸道軍將兼特授正官等如聞内外官皆
悉皆先滿上自要重下至卑散班行府縣更無闕員或未經考
便須替換相沿薦請為獘滋深況設官有定額不可增加列職
無常數難兼命秩又文武名分授受各殊其諸使諸道將校等
自今後宜依注例除舊有正官外並不得兼授正官
九月勅吏部令年東都選事宜令河南尹王播權知侍郎銓試
畢日停
三年二月勅嶺南選補雖是舊制遠路行李未免勞人當處若
有才能廉使宜委推擇待兵息事簡續舉舊章其南選便可更
停一二年
四月中書門下奏内外文武官除授近日人多干競跡罕貞修
[illegible]宰司自陳功狀或上牘[illegible]哀曲[illegible]因私亦有祖因勞績

[illegible]考及第今任別無課效[illegible]前事狀只希吏與遷昇
[illegible]稍安並制伏望自今須有除授並先選吏跡有聞行
[illegible]於退者隨才獎用如有跡涉浮躁事形懲求者量加擯弃從之
[illegible]詔東都選事宜權停
七月詔諸道進士奏官舊例多是本道差文武職掌官充自後
有奏帶正官者近又有請兼檢校官及憲官者相遞援引[illegible]
[illegible]諸道請並諸使職掌官例請檢校兼憲官充則不得帶正員官
[illegible]見在有者且聽仍至合轉改時商量處分
四年五月中書門下奏准大和元年九月十九日勅聲華[illegible]
及諸道奏請州縣官唯山劍三川硤内及諸道以遠許奏餘令
歸事參車其餘並停自勅下以來諸道累有奏請如魯景德[illegible]
勅後已與數員伏以勅令須行不合違越苟有便宜則須改張
自今已後山劍三川峽内及諸道比遠州縣官有出身及前資

正員官人中每道除錄事外望各許奏三數人如何其諸道淹
景德椽之類經破傷之後及靈夏邠寧鄜坊涇原振武豐州等
無律科有出身人及正員官悉不肯去吏部從前多不注擬如
假攝有勞望許於諸色人中量事奏三數員其餘約勒及地限
並依大和元年九月十九日敕處分可之
七月吏部奏當司兩銓侍郎廳伏以吏部居文昌首曹侍郎爲尚
書貳職銓庭所宜順序廳事固有等衰舊以尚書廳之次爲中
銓其次爲東銓自乾元中侍郎崔器以當時休咎爲虞奏改中
銓爲西銓又次侍郎居左以新除侍郎居右因循倒置議者非
之伏請今以後以久次侍郎居西銓以新除侍郎居東銓敕旨
依奏
是月吏部奏三銓正令史每銓元置七人今請依大和元年流
外銓起請置五人減下二人南曹令史十五人今請依大和
元年流外銓起請斷文減下三人奉敕宜依
五年十二月吏部奏請量抽大和三年終已來至今年三月四月
已來得資及許人成三考闕四十五員伏緣去冬諸色黃衣祭
選者倍多於常年其間十七人皆是勳臣貴戚及常參官子弟
不可任遠處州縣官三銓以當年合用闕方圓發遣之外每銓
各有十餘人未得官今請准元和中及長慶初敕例據見在人
數量抽前件闕注擬畢具所用闕聞奏敕旨宜依
六月敕應選人未試已前南曹駁放後經廢置詳斷及准堂判
却收此來南曹據給帖人數續到續試銓司更不考判便同平
留選人例注擬稍涉僥倖自今已後應有此色並請待正月十
日准格詳斷限畢將引試判不及格并雜犯及續檢勘庫報并
前選子案不同並駁放不在更陳狀披訴及重詳斷之限
是月又敕應選人及冬集人子案門下省檢勘畢後比來更差
南曹令史收領却納門下甲庫在於公事頗甚勞煩自今已後
宜勒吏部過院本令史便自分付甲庫以備他年檢勘請門下
省勒甲庫令史每過選切點勘收拾明立文案據官吏等遞相
分付不得妄有破除南曹申請之時如有稱失落欠少本令史
專知官准檢報指改違條滯例處分
是月吏部奏准貞元十八年四月一日敕諸親注得外官欲赴
任自今已後每年須先奏聞者今請至時准敕檢勘聞奏其諸
親已薨歿子弟注得外官者准前後敕合奏聞起今已後請便
赴集吏不在重奏限其給解敷審勘責仍於家狀一一具言親
等第蓋駁放敕旨依奏
是月詔南曹檢勘廢置詳斷選人儻有屈事足以往覆辨明近
年已來不問有理無理多經中書門下接訴致令有司失職莫知
所守選人踰分唯望哀矜若無條約恐更滋甚起今已後其被
駁選人若已依期限經廢置詳斷不成自謂有屈任經中書門
下陳狀狀到吏部後銓曹及廢置更爲詳斷審其事理可收即
收如數至三人已上廢置郎官請牒都省罰直如至十人以上
其廢置官申中書門下取裁分如未經廢置詳斷公然越訴或曾
已經詳斷不錯輒更有披論者選人量殿兩選當日具格文牒
示與無冤濫亦免僥求
七月詔諸色藝能授官自今已後如有罪犯停職者委本司牒
報吏部不在叙用限
六年五月御史臺奏應諸道節度觀察防禦經略等使有子孫
授京城及諸州府官合赴任奏請勾留在本道事伏以本置官
員籍其任守吏曹注擬皆是職司況調選須有出身合年十五
已上兆及於二十以十年則二十五年足可以爲成人矣今則
皆稱年小奏請勾留在於相承習以成例若實年小即不合早
補身名若實當年又何慮爲官不了今請諸方鎮子孫應選授
及奏授官一切勒歸本任不得輒更奏留如或恩出殊常特賜
一子者年十五已下即任奏聽進止庶得藩方絕塵冒之請州
府無假攝之官中外遵承典章不紊從之

八月詔凡權知授官皆緣本資稍優未合便得籍才擢用故且權知若通計五考即便同正授極爲僥倖自今已後應諸州府五品長馬權知正授通計六考滿停其勒留官如有未滿六考停給課料者便准此却與支給

七年五月中書門下奏國之根本繫於生靈人之性命懸於守宰刺史猶官重事隣莫得躬親親人之切無如縣令況自兵興已來仍歲災歉百姓凋弊救弊之術在於擇吏又録事參軍糺察屬縣謀責下僚一郡紀綱藉其提舉若只令吏曹注擬無由得盡人才眞僞難知貪廉莫辯准大和三年赦書已令揀擇緣吏部起請多有異同訪聞近年已來所舉殆絶又去年吏部與請令郎官御史等舉薦堪爲縣令録事參軍者雖有保任之言殊非責成之道臺省官假使是其親故或素所深知既非得於任官未必究其事實豈若考績効於理所聽善惡於眊謡則政之否臧較然易辯臣等商量望令京兆河南尹及天下刺史各

於本府本道常選人中揀擇堪爲縣令司録録事參軍人名具課績才能聞薦其諸州先申牒觀察使都加考覆申送至吏部至選集日不要就選攝吏試書判吏部尚書侍郎引詣銓曹試時務狀一道訪以理人之術及自陳歷任已来課績令其一一條對但事理明切不假詞華采其理識優長者以爲等第便以大縣及難理處注擬仍取稅五万貫已下縣注授即免盡占常選人闕負其刺史所舉縣令録事參軍如特有兩人得上下考就加爵秩者任年考已深者便優與進改其縣令録事參軍如在任績効明著兼得上下考及陟狀者許非時放選仍優與處分便委本州長吏聞薦無得詳其實効如所舉縣令録事參軍犯贓一百貫已下者刺史量削階秩一百貫已上者移守僻遠小郡觀察使望委中書門下奏聽進止其犯贓官縱累逢恩赦亦不在收叙之限所舉人中如有兩人善政一人贓犯亦得贖免如此則長史切於求理須自擇才上奉朝章必無濫舉可之

其錄官見任得上下考與減三選本官所選已下者可非時人例處分

七月中書門下奏諸道諸使停罷郎官御史等並令罷職後量所任官經兩考已上方得冬薦如所任官未經考者許以罷職後計月日成兩考即得冬薦如考數未滿便冬薦者其所舉官量加殿罰如文學才行堪爲用者中書門下别加採擇不在此限諸州府上佐罷秩後便求本道薦狀入城今中外官負年不盈溢聞薦繼至除授稍難其上佐考滿後望量立年限經二年已上方得聞薦其非時替者更守二年即似稍屈望一年後許冬薦如才行政績爲衆所知者望委中書門下搜訪與奏擬不在此例從之

八年正月吏部奏准勑踈理諸色入仕人等今諸司流外令史府史掌固礼生楷書醫工及諸軍諸使承優官典摠一千九百七十二負共請權減六百五十七負兵部奏應管左右仗千牛僕寺殿中省進馬左右金吾仗長上共一百六十一負今三色

[illegible]六十七負文館崇文館三衛每年三銓都請留六十人爲定禮部奏明經弘文館生太廟郊社齋郎掌座等共五百五十二人令六色共請減一百三十八人從之

九月詔復集吏部兵部禮部今年選季銓試之期遠迂一月

九年十二月詔中書門下吏部各有甲庫籍天下諸色出身以防踰濫諸道應奏諸色官政轉悉下三庫以稽其實委給事中中書舍人吏部格式郎中各與本甲庫官具有無異同申中書門下然與進擬如諸司使所奏不實或以無爲有各加懲黜以絶姦源

開成元年二月中書門下上言諸州刺史諸府少尹次赤令諸州府五品已上官并常參官等在任之例約是三載命代之後遂則到京人數既多闕員常少稍經時月則訴飢寒起今後請據舊章刺史及五品已上官在外應替去任非有徵召未得到京宜委所在州府每兩月一度申中書門下其初狀仍具前

任政績受代月日中書門下准前置具省呈字除授其家在上
都因自歸止者京兆府申奏
十月中書門下奏兩畿及兩京奏六品已下官除勅授外並吏
部注擬准大和五年正月二十六日敕中書門下奏近勅隔絶
諸司奏六品已下實免占吏部闕員亦稍絶邪濫其兩府司録
及尉知捕賊皆籍幹能用差專任吏部所注或慮與事稍乖自
今已後京兆府及河南府司録及知埔賊滿據官資合入者充
其餘並准大和元年九月勅及大和四年五月七日勅處分
二年二月吏部奏准制請叙一子官張茂昭男左武衛大將軍
克勤准狀稱男小未堪授任請迴與外甥准起請節文只許迴
與周親克勤又奏承前諸家請迴授外甥並蒙允許中書省牒
吏部詳斷左司員外郎權判吏部廢置裴夷直斷一子官恩在
報功貴延賞典若無巳子許及周親今張克勤自有息男妄以
外甥奏請於枝族知是何人僥倖實啓實紊亂法雖援近日勅
儌倖者定節文國章既在必行宅相恐無虛授具狀上中書
門下并牒中書省克勤所請不允遂爲定例
四月中書門下奏天下之理在能官人古今以還委重吏部自
循資授任銓鏡失權立格去留簿書得計比緣今年三月選事
方畢四月已後方修來年格文五月頒下及到地遠已及秋期
今請起今月與下長格所在州府牓門曉示其前資官取本任
黄衣本貫解一千里内三月十日解到省二千里三千里遞加
十日並勒本州賫送選人發解訖任各歸家其年七月十五日
齊於所任府看吏部長牓定留放其得留人並限其年十二月
十日齊到省試注唱正月内銓門開永爲定例如其年合用闕
少選人文書無違犯可駁則於本色闕内先集選深人年長人
其餘人既無闕可集南曹但爲判成牓示所住州府許次年取
本住州府公論便依限赴集吏不重取本住本貫解舊格已久
不便更改事遂不行七月詔道有以獄備奏州縣官者帝於閤

内殿宰臣曰每年選人辛勤用苦尚無銓負與之試銜奏除不
可並許准河北道吏部不注許其奏請由是四方之倖人皆息
十二月庚戌中書門下奏武官合入郎將等其堪送名者請中
書門下准吏部送名例磨勘仍先過堂然後比擬從之
三年三月吏部奏去年所修長定選格或非往制頗不便人不
可久施請却用舊格從之
八月辛丑中書門下奏伏准開成元年正月一日勅諸州刺史
少尹赤令并常參官等受替去任非有徵召不得到京宜委所
在州府取其由歷每兩月一度申中書者恭詳勅意以前件官
到京後未有除授旅食可矜且令在外以俟遷陟訪聞遠地不
諭朝旨將謂故有勅格阻其戀闕之心于進者亦以迭來守道
者便成廢滯恐須釐正以徇衆情其諸道州府應有前件官等
得替後任赴闕廷或家在四方亦隨所便從之
十二月詔曰應諸道奏請軍將兼巡内州刺史長史判司等並
日諸色入流人多官無職掌者諸道軍將自有本[illegible]之類仍
兼月俸若更占州縣員闕則文吏無所容身須有申明人知分
限起今巳後諸道節度團練防禦等使不得更奏大將充巡内
上佐等官今日巳前見任者且任依前守官應京百司有專知
別當及諸色職掌等近日諸司奏請州縣官及六品巳下官充
本司職掌援引舊例色目漸多致使勾留濫於舊額起今巳後
各於本司見任官寮之中揀擇差署不得別更奏官如是本額
職名當司無官員相當者即任准舊例奏請
四年正月吏部奏嶺南五管及黔中道選補准元和十年九月
二十九日格五年一集至選前一年南曹先牒五管等道催索
文解又准大和五年三月十八日勅權停今欲准格檢舉排比
伏請裁下詔曰兩道選補使停罷多時遂爲利便隔年舉奏撓
動遠情且更停五年議者以爲人遠地偏不足爲慮曾不知選
補無遺於遠人事可經久今一方之政得其人則一境之人獲

其擇者非其人則假攝之官皆授里人至有資貫用賄求假本州令録衰斂剥下而又恣其喜怒以報已私自罷選補使令藩方差官将判之䕶兩人益困

二月勑吏部去冬粟錯又長名駮放選人等如聞經冬在京窮悴頗甚衢衜接詵有可哀矜宜委吏部檢勘條流銓轄如非踰濫正身不到欠考欠選大段瑕病之外即與重收以此遠殘闕注擬不得用半留闕如負闕不相當一唱不伏官者便任冬集不在更論詳限如未經中書門下陳狀勑下後不得續收今冬已後不得以爲例

九月己丑詔曰諸門入仕人數轉多每年吏曹注擬無闕唯河北諸道河東澤潞山劍三川京北京西管內官員稍多假攝之中實有勞効每年許奏三兩人仍須是元額闕不得奪見任人其餘諸道並不得奏人

五年七月潮州刺史林郇陽奏州縣官請同漳河處部注擬等如例吏曹注官勑旨潮州是嶺南大郡與韶州略同宜下吏部準韶州例收闕注擬訖奏

十一月嶺南節度使盧鈞奏當道伏以海嶠擇吏與江淮不同若非諳熟土風即難搜求人瘼且嶺中往之弊是南選今之弊是北資臣當管二十二州唯韶廣兩州官寮每年吏部選授道途遐遠瘴癘交侵選人若家事任持身名真實孰不自負無由肯來更以俸入單微每歲號爲比遠若非下司貧窮令史即是遠處無能之流比及到官皆有積債十中無一肯識廉恥臣到任四年備知情狀其潮州官吏伏望特循往例不令吏部注擬且委本道求才若攝官廉慎有聞依前許觀察使奏正事堪經久法可施行勑旨依奏

冊府元龜卷第六百三十二

銓選部四

條制第四

唐武宗會昌元年五月中書奏州縣攝官假名求食常懷[illegible]不恤疲人其州縣闕少官員今後望委本州刺史於當州[illegible]官中量閑劇分配公事勾當如官員數少力實不迨處即於[illegible]資官中選擇清謹有幹能者差攝不得取散試官充

二年四月制准大和九年十二月十八日勑進士初合格並令授諸州府參軍及緊縣尉未經兩考不許奏職蓋以科第之人必引理化黎元之獎欲使諳詳近者諸州長吏漸不遵承雖注縣官多奏使職苟從知己不念蒸人流例寖成供費不少況去年選格更改新條許本郡奏官便當府充職一人從事兩請料錢虛占吏曹正員不親本任公事其進士宜至合選年許諸道依資奏授試官充職如奏授州縣官即不在兼職之限

五年七月詔應在京百司官典優成授官人等既云趨吏執舉冊書優成命官須居散秩近日僭越殊紊舊規累資或至於登朝班序豈容於雜類自今已後如有改轉官宜止於中下州長馬但不令登朝事貴得體永爲常式

六年五月制縣令員數至廣朝廷難悉諳知吏部三銓祇憑資考訪於近日多不得人委觀察使於前資攝官內精加選擇堪具薦論如後犯贓連坐所舉人及判官重加懲責

宣宗大中六年正月中書門下奏應天下令錄簿掾有闕及見任者敗政委長吏舉其能者代之如舉之不當請准前後勑數其舉主從之

五月詔吏部選格一曰縣令司錄錄事參軍今任四上考減兩選餘官得四上考縣令司錄參軍得三考並減一選二曰選人大功已上親連任停解如已得資者依本官選數集未得資及未上並同永特選之入例放選懿宗咸通十二年七月中書門下奏准今年六月十二日勑釐革諸道及在京諸司奏官并請[illegible]服事者其諸道奏州縣官司錄錄事參軍或見任公事闕人理切要替換及前任實有勞效并見有闕員即任各舉所知每道奏請仍不得過兩人其河東潞府邠寧涇原靈武鹽夏振武天德鄜坊滄德易定三川等道觀察防禦等使及嶺南五管每道每年除令錄外許量奏簿尉及中下州判司及縣丞共三人偏州不在奏州縣官限其黔中所奏州縣官及大將管內官即任准舊例處分在京諸司及諸道帶職奏官或非時充替考限未滿並却與本資官諸道節度及都團練防禦使下將校奏轉試官及憲銜等今諸節度使每年量許五人都團練防禦使量許三人爲定不得更於其外奏請其御史中丞已下即准勑文條流須有軍功方可授任自今後如顯立戰伐功勞者任具事績申奏如檢勘不虛當別具商量[illegible]處分以外輒不得更有奏請其幽鎮魏三道望且准承前舊例處分勑旨從之

[illegible]慶明六年正月勑吏部選人粟錯長名駁放者[illegible]逾過及欠選欠考外以比送或闕收注

哀帝天祐二年三月詔曰設官分職各有司[illegible]任於[illegible]除授須於[illegible]執但所司注擬申到中書[illegible]或差[illegible]難可畫定近年除授其徒實繁占選部之闕員擇切當之優[illegible]諸使三銓注擬之間皆朦職務[illegible]以宰臣所任提舉百辟唯務公平將致無私克臻有道應天[illegible]府令錄並委吏部三銓注擬中書自天祐二年四月十一日後並不除授或有諸道薦守令留據狀詳度可否施行庶幾各司其局免至繁隳宰相押[illegible]永[illegible]事體從宰臣所奏也

三年四月吏部奏[illegible]者格式申送員闕選人多有重疊[illegible]人同到本道致使磨勘之際各有爭論蓋是選人指闕之時妄稱本道銓司無因得知據狀須與注擬如到任替闕參差請准舊條銓選除此外如是格式申送員闕仰具稜便去處請宜不

得更妄指射諸道假滿拋官不到任不放上停官不并任員闕及違程不及限等員闕與其畫一免候銓司公事者詔曰比者吏部注官只憑格式逆闕近以諸州不申闕解且從權指揮選人指射之時既不詳審致銓司注習之際遂致交加頗屬姦訛頻起論訟所司釐革合議允從

十一月詔應合赴吏部常調選人等三銓公事素有條流近年多不公平遂致受任更豐既闕爭競須暫停留今者元帥梁王動靜推公周旋陳理或慮選人羇旅特請准式施行兼緣已及深冬所司未有起請若或稽滯必緩程期切在考詳務令精當今年冬常調選人宜委三銓並准舊例處分如或踰濫輒違格文罪在官曹非止胥吏其四鎮管內官員須候本道申闕到省方可注擬

梁太祖開平元年四月勅開封府司錄參軍及六曹掾屬宜各置一員兩畿赤縣置令簿尉各一員

二年十月勅令諸道州府六曹掾屬並留戶曹參軍一員通判六曹

乾化二年三月丙申詔曰夫興隆邦國必本於人民惠養疲羸允資於令長苟選求之路謬則撫理之乖違如聞吏部擬官十書除授或緣親舊歷約或為勢要力干姑徇私情靡求實效茲蠹弊宜舉條章自今已後應中書用人及吏部注擬並宜省落身之才業驗為政之否臧必有可觀方可任用如或尚行請託猶假貨財其所司人吏等必當推窮重加懲斷有司官吏別有勳分

後唐莊宗同光二年三月中書門下奏糾轄之任時謂外臺宰字之官古稱列爵如非朝命是廢國章近日諸道多是各列官銜便指州縣請朝廷之正授樹藩鎮之私恩頗亂規程宜加條制自今後大鎮節度使管參州已上者每年許奏管內官三人如管參州已下者許奏管內官二人仍須有課績尤異方得上聞若止於檢慎無瑕微科及限是守常道只得書考殊勞不得特有薦奏其防禦使每年只許奏一人若無尤異不得奏薦刺史無奏薦之例不得輒亂規程更有將前資官員請作敕除授請之橫薦最亂格文其已前事件如故違所司不得輒與通進若奏下中書亦不在施行之限

是月中書門下奏賞善罰惡致理之源選材任能為政之本所在刺史縣令有政績尤異為衆所知或招復戶口能增加賦稅者或辨雪冤獄能活人生命者及去害物之積弊立利人之新規有益於州縣為衆所推者即仰大吏逐件分明聞奏不得輒加緣飾以為浮詞據事狀不虛則加獎激以勸能吏如在任貪侵誅剝生靈公事不治為政怠惰具事節聞奏勘覈不虛當加譴罰以戒慢官其州縣官任三考滿即具闕申送吏部格式候勅除銓注本道不得擅差攝官輒替正授者從之

是月勅應南郊大禮六品已下行事官朕禋祀天地朝享祖宗

有司各具其威儀詳更遂蒙其置攝希因霈澤以錄微勞然而躁妄之徒經求競進參雜之道真濫莫分勘職名則半是冗員語人數則又盈千計若無檢舉便與寵榮不惟開僥倖之門兼恐撓銓衡之務須明條例方別等差應諸司行事官並付三銓各遣取告赤考牒解由入仕曆子等磨勘如文書盡備只欠一選者便與依資注官欠兩選者與注同類官欠三選四選者與減一選欠五選至七選者與減兩選欠八選至十一選者與減三選一奏一除未合入選門者許自同光二年並本官選數滿日赴集其太常寺先以白身差攝本寺官應奉詞祭勞考稍深者追取元額補牒檢勘不虛即與正授如因大禮差補行事有前任官及出身者即須准諸司例追告赤磨勘其諸色黃衣欠兩選者與減一選應官資已高不合銓司注擬者亦委子細檢勘送名中書門下如全無文書稱失墜官告刺檢勅甲又無證據者有格式公驗并諸司諸州府公憑恐及試授官文牒兼文書遺

替歲深遠者並宜落下所冀官無濫受恩不虛行

四月三銓奏准本朝故事州府官員府置司錄參軍外有功倉戶法兵士六曹州有錄事參軍外亦置六曹縣置令丞主簿各一員尉三員分判公事自後除兩京外都督府及州置戶法二員餘四員並省縣置令主簿各一員丞尉並省者伏以今年除本分合格選人外有郊禋行事人數絕多伏見州官事簡掾曹請依舊兩員縣局務繁佐官請添一員其間有尉無簿者請添置主簿一員其赤次赤畿次畿並請准此除兩京外其判司只置司戶司法兩員從之

八月中書奏吏部三銓門下省南曹廢置甲庫格式流外銓等司公事並繫長定格循資格十道圖等前件格文本朝削立檢制姦濫倫敘官資頗謂精詳久同遵守自亂離之後巧僞滋多雖同光元年八月車駕在東京權判南曹工部員外郎盧重本司起請一卷蓋以興復之始務切懷來凡有條流多失根本以

至冬集赴選人并南郊行事官及陪位宗子共一千三百餘人銓曹檢勘之時互相援引去留之際不絕爭論若又從違必長訛濫望差權判尚書省銓左丞崔沂吏部侍郎崔貽孫給事中鄭韜光李光序吏部員外郎盧損等同詳定舊長定格循資格十道圖務令簡要可久施行從之

九月侍中郭崇韜奏臣伏見今年三銓選人并行事官等內有冒名入仕假蔭發身或卜祝之徒工商之類既淄澠之一亂詳玉石之罕分蓋以僞朝已來蠹政斯久猾吏承寬而得計非才行貨以自媒上下相蒙薰蕕同器遂使寒素者多遭排斥廉介者翻至湮沉不唯顯紊於官箴抑亦頗傷於治本近以注擬之後送省之間引驗而已有異同懵濫而果招論訟將數至化須塞倖門臣欲請別降條流特行釐革許其潛相覺察者當議奬僞之能分即賞刑之必舉應見注授官員等內有自無出身入仕買覓鬼名告赤及將骨肉文書揩改名姓或歷任不足妄稱失墜止押彼公憑或假人蔭緒託形勢論屬妄排參選所司隨例注官者如有人陳論勘鞫不虛者元論事人特議超奬如未合格人或無名驗放者便承僞濫人所授官資其所犯人下所司檢格勘分如同保人知保內有冒名濫進之輩亦許陳首若遞相蓋藏被別人論告並當驗放其銓司關頭人吏如被形勢迫脅主張踰濫選人及自己不公亦許陳首並與放罪若被人論告當行朝典兼恐見任官及諸道選人身死多有不肖子孫將出身歷任告赤貨賣與人自今後仰所在身死之處並須申報本州令錄事參軍於告赤上分明書身死月日却分付子孫兼每年南曹及三銓停滯多及周歲致選人廣作京債經費倍多致其到官必不廉慎此後至春末並須公事了絕若更逗留當加責罰所有懼罪逃移者仰所司具錄名姓申奏請終身勿齒兼牒本貫州縣各令知委或有條流未盡處仰所司檢長定格別具條奏從之銓綜之司爲濫斯久識者皆知不可承前未能卒

除及崇韜條奏之後澄汰甚嚴或放棄田閭毀抹告赤者十七八矣（議者以爲惟新之始品物咸亨條奏雖精然怨大作怨其苛察之甚）

二年八月勅諸司人吏授官從來只繫勞考年滿赴選方許離司近日已來頗隳條制到司曾無考課公事尚未諳詳便求薦論深爲僥倖遂使故事都失蓋由舊人不存豈唯勞逸之罔均兼致司局之曠敗自今年除勞考滿三銓注官即許赴任非時不得奏薦如有主掌難重勞績可稱許本司奏聞當與減選或是顯然事迹在司年深鹽鬆祗役不任即許解職赴任餘切依格條處分

四年二月左拾遺李慎儀吏部員外王松上表云諸道州縣皆是攝官誅剝生靈糜不存濟此蓋郭崇韜在中書日未詳本朝故事妄被閑人獻疑黜檢選曹由生異議行矯枉過直之道成欲益反損之文其選人凡關一事闕違並是有涉踰濫或告赤欠少或文字參差保內一人不來五保皆須並廢文書一紙有

諸數任皆不勘詳且自天下亂離將五十載無人不遇此災無與不遭焚燒性命脫免者尚或甚稀文書保全者固應極少其年選人及行事官一千二百餘員得官者纔及數十皆以踰濫爲名盡被焚毁棄逐遂令選人或斃踣於旅店或號哭於行途万口一詞同爲怨酷臣等懇曾商議堅確不回又以至二年已來選人不敢赴集銓曹無人可注中書無人可除去年闕近二千授官不及六十乃致諸道皆是攝官朝廷之恩澤不行搢紳之祿秩皆廢銜冤負屈不敢申陳列局分曹莫非僥倖且攝官只自州府多因賄賂而行朝廷不知姓名所司不考課績皆無拘束得恣貪殘及有罪名又不中奏互相掩蔽無迹追尋遂使人户流移州縣貧困日甚一日爲弊轉多若不直具奏聞別爲將制不唯難息時病兼且益亂國章臣等商量伏請特降敕文宣布遠邇明言往年制置不自於宸衷此日焦勞特頒於睿澤兼以選曹公事情僞極多中書條流亦恐未盡望以中書所條件

及王松等所論事節并與新定選格有輕重未盡處並委銓曹子細點檢酌量但可以去其踰濫革彼弊訛不失本朝舊規能成選曹永例者務在酌中以爲定制別具起請條奏從之

二月敕三川涇鳳秦隴等州縣官員數目極多其上佐官自少尹已下依本朝舊制各且見任員闕申奏其州判司准近制置録事參軍司户司法參軍各一員縣置縣令主簿各一員餘並停其除替選任一准三銓常式

明宗天成元年四月制曰力學登第承蔭出身或欠文書浸成踰濫先遭抹毁幾至調選無人州縣多是攝官爲弊滋甚宜令三銓別爲起請止除僞濫餘復舊規

七月樞密使宣旨曰使府判官州縣官告敕此後宜據道數進納仍令祗候宣賜者中書奏往例朝廷命官除將相外並不賜官告因僞朝條流凡准宣授官即特恩賜今使府判官皆許本道奏請或闕多在京師至於令録丞簿是放敕後本官自於吏部出給告亦中書不更管係今若爲點檢所授官吏器能欲令親承聖澤臣等商量自兩使判官州縣令録在京除授者即望令於内殿謝官便辭赴任不更進納官告其判司主簿已下極是卑秩不合更許朝對敕下後望准舊例處分從之

八月敕中書先條奏州縣令録正衙後合赴内殿謝辭者如今録是除授者宜令給事中引對如是旨授准舊例委三銓尚書侍郎各自引對仍須前一日閤門進狀敕朕以方平區宇念切蒸黎須當災歉之餘未絶瘡痍之苦緬惟邦本寔繫官常苟未致於雍熙則莫寧於宵旰必在委於良吏付以親人儻緩因循轉成勞擾先朝以選門興訟剝放極多近年已來銓注無幾遂至諸道州縣悉是攝官既無考課之規豈守廉勤之節而況多因薦託苟徇顏情替罷不常送迎爲弊殘民害物以日繫時言念所深焦勞何已宜令三京及諸道州府據見任攝官如未有正官到間且差署月日録名申奏如已後或爲公事及月限已

滿要行替換即須具因由并選差攝官自來歷任姓名聞奏貴免無故頻有替換如有内外臣寮輙行薦託並不得應副儻聞違越當舉憲章

二年正月吏部郎中孔邈奏近見選人或以志在循陔難違色養或以家同懸磬不辦裂裳致違調選之期遂累廢沉之例臣恐伏請自天成元年已前有出身分明者悉許注擬況三蜀之内員闕極多俾出自於朝想免使希於假攝

三月銓司奏據南曹駁放選人累經銓及經中書門下論援准堂判具新舊過格年限分析申上者伏以選人或有出身或因除授各拘常例方赴調集多因遠地兵戈兼以私門事故遂致過格固非願爲新條標在七年舊格容於十載臣等參詳其選人過格年限伏請且依舊格不問破夏停集除本選數過格十年外不在赴集之限奏敕宜依

十月制曰掄選之道雖在精研調集之勞頗聞艱苦應選人内有過格年深無門參選縱有材器難遂進趨宜令三銓磨勘行

止實曾兵戈阻隔即與今年冬集判成選人例量材注官如或詐稱不在此限

十二月中書門下條流應諸道選人等共中有過格年深無門參選者准天成二年十月二十三日德音並委吏部南曹磨勘如實曾阻兵戈者許令注擬如或詐稱不在此限者凡是選人專思合格不肯固踰選限自滯身名縱阻干戈須在州縣應有過格人仰吏部南曹子細磨勘曾阻兵戈州府去處或曾假攝即有隨處文牒一一詣實即便送銓司亦須詳先受告身攝牒及審驗年貌方可注擬三銓注擬自有常規從前或有宰臣占著好州縣員闕不令銓曹注授今年應是員闕並送銓曹候移省之時若有好闕尚在必議勘尋其請託及受囑人等當行黜責選人之內族類甚多經任之中資考備在應南曹判成人等仰三銓各據逐人出身入仕文書一一比驗年貌灼然不謬方與注官據長定格選人中有隱憂者殿五選伏以人倫之貴孝

道為先既有負於尊親寔不公於州縣有傷風教須峻條章自今後諸色官員內有隱憂冒榮者勘責不虛終身不齒所有入仕已來告赤並付所司焚毀奏勑宜依

三年正月吏部格式司狀申當司先准勑及堂帖指揮應焚毀告身勘同人及失墜文書等陳狀請重給告身令先與檢勑甲如無勑甲可檢即仰取同勑甲人告身勘驗同即與出給若是本朝授官及同光元年後授勘檢同即重與告身如是偽朝授官勘驗不虛即與出給公驗便同告身例處分者伏以再給文書實為難事有司點檢務在周防當司近曾申堂請以合准指揮出給告身公驗旋具選人出身歷任行止牒甲庫求為應驗證明奉判准申者其所追取到選人授官勑甲或同甲勑告身勘驗既同須准前指揮出給見有勑甲者便須注出重給事由年月日若不注破處恐選人却將失墜告身參選更援勑甲既同文書浩大所司難為一一點檢如是引驗同勑甲人告身出給佗後却將失墜文書選時申庫又無憑應驗其同勑甲人告身欲於後面連粘紙亦須使印批注仍牒報南曹要憑將來檢勘者奉勑宜依所申仍具已出給告身公驗人數姓名聞奏將來更有合給者旋具申奏

五月二十一日勑先准同光二年十二月二十五日勑北京及河北諸道攝官內有御署一任簡牒分明前銜先有正官告赤者便與據正官資敘依資授一任官其無正官告赤者與授黃衣初任官其兩任三任已上簡牒分明兼有正官告勑者與超資授一任官其無正官告赤只有兩任三任簡牒者與授從黃衣第二任官各令取近罷攝任處州府文解使許非時赴選者前件攝官等當任使之際共副憂勤及開泰之期豈宜昇降凡有先皇帝御署兼朕署攝簡牒每一任同一任正官赴選日依資注擬宜令北京及河北諸道州府知委餘准元勑處分

是月中書條奏在朝無官有託故停官者時日稍多即却與前

官百司人吏合格者並從選未合格者逐司以年勞奏薦只與勒留官凡百司長官月限將滿及已有人替不得奏薦人吏敢補職次諸道薦人總與不可全阻又難今後諸道節度使每年許薦二人帶使相者許薦三人團練防禦使各一人節度觀察判官並留司按書記已下即隨府議者以為百司人吏只以年勞方得赴選今許非時薦勞以勒留官為特恩即合格之日又何為勞考哉雖誠其司長將滿其奈教妨外本何此欲止之而反啓之藩侯辟知俾貪共理苟得其人多亦何害如非其人患及黎庶又何以名器徇諸侯之請託兩使賓佐即慮難守苟能守之即有知人之忠矣

是月詔州縣官以三十月為考限刺史以二十五月為限以到任日為始

七月中書舍人盧導上言曰一同分土五等命官所以字彼黎民司其輿賦至於田租桑稅夏斂秋徵或旨限不從或檢量增

異殊非異政乃是常程竊見諸州頻奏縣令多以稅輸辦集便作功勞諸道纔有表章朝廷已行恩命且徵科是縣令之職分不合過望於甄酬若一年兩度轉遷則三載六身階級併加寵深慮失規程伏乞止絕薦論但稽課最即銓司黜陟自有等差貴塞幸門以循舊制奉勑盧詹職居近侍懇述大綱案州縣之規程重國家之恩命既為允當須示聽從

八月癸未中書舍人劉贊請令選人准舊制試判從之

九月右諫議大夫張延雍請令南曹引驗選人正身較其年貌從之

十一月勑禮部員外和凝奏應補齋郎並須引驗正身以識冒名凡使蔭者云一任官得補一人今後改官須轉品者即可如無嫡子即許以親姪繼院並念書十卷試可則補

是月吏部郎中何澤以流外官兵考勞乞不試書判從之

十二月勑選門官吏訛濫者多自今後並令各錄三代家狀鄉

里骨肉在朝親情先於曹印署納吏部中書門下三庫各一本候得判印狀即許所司給付新簽告兼本任官處及鄉里亦具一本納逐處州縣

四年正月大理寺奏近爲陵令虛稱試銜檢法以詐假論又據長定格選人無出身未曾任正員官使虛銜散試官奏授正員官及權知權判等官未得資曰以諸事故解官並立選集限勑言名官之榮其來甚重試攝之任所得非輕徐究根源亦關治道自亂離已來天下州府例是攝官皆結試銜或因勘窮便闕詐假法書中雖則不可選條內其奈不無妥當太定之期宜示惟新之道已前或有稱試銜者一切不問此後並宜禁止

五月詔曰凡于祿仕固有規程發身必藉於器能在任須彰於勞考否臧斯異黜陟並行朕自統寰區務均渥澤淹滯者皆期振舉勤恪者亦議旌酬既開進取之門遂有躁求之衆或不守選限趨路希恩或纔罷官資奔波取事侵有數之員闕屈先婞之選人以此比方宜合條理自今後應前資官有出身及兩除官並可依常調赴選兼有莊宗并朕御署亦可准近勑赴選其一任除官未入選緒若無定制難以進身宜約所守官資序亭依許令同有出身人合格年限求官赴京日仍須本道申送則興除第二任官兩除後便准常調選人例如此則事有區分人無奔競如藉才器非時昇擢不在此限

九月中書門下奏來年二月南郊大禮應諸司寺監合行事官伏以明德惟馨冀神靈之昭鑒作事謀始庶王道之和平前件將來行事官等既預嚴禋希膺渥澤先宜條貫免忤擬掄應合差行事官但是前資并及第黄衣及三司職升動得官充仍逐司寺監先引驗歷任告身分明則得差補若失墜文書則須得本處當時公驗不得憑諸處所給憑由如是州縣官須見四道五道已上歷任文牒皆是節察及直屬京防禦團練使差署乃為勘當任年月遠近曾親公事及得替因由不是虛牒則得收

補其逐司合差職員官吏須是已經附奏者充不得臨時旋出虛牒將來所司點勘如不依元指揮公然顧情互容謬妄其逐司官吏并本人並當勘責各行嚴斷從之（初同光二年郊天詔寺監行事官千餘人不先刊定[illegible]收補不否行事畢銓注覆奏率皆爲濫無憑補[illegible]考便郊[illegible]六中書門下[illegible]目[illegible]處等說等共議斷草奏請其[illegible]其告亦[illegible]濫者[illegible]百人一齊進冕其文書不足者久[illegible]京[illegible]條[illegible]所得陪相率[illegible]而去主人則目以[illegible]爲詞然而行[illegible]正失於不先定格[illegible]引[illegible]年仕進者貞爲白[illegible]也今寧[illegible]而奏斷行[illegible]以爲宜當）

十月詔曰本朝一統之時除嶺南黔中去京地遠三年一降選補使號爲南選外其餘諸道及京有司諸色選人每年動及數千分在三銓尚書纂重近代選人每年不過數百何必以一司公事作三處官方況有格條各依資考兼又明行勑命務絕向私宜新公共之規俾慎官常之要其諸道選人宜令三銓官員都在省署子細磨勘無違礙後即據格同商量注擬連署申奏仍不得趣前於私第注官如此則人吏易可整齊公事亦無遷滯

十一月勑應諸道見任州縣官自在任之時若時遭犯本道非時奏替宜却勑赴任考滿即罷其本判官當行責罰時襄鄧[illegible]官臣不[illegible]襄罷邑宰欲署其官[illegible]延加之故有是命也

十二月戊戌勑其自陳狀乞除官者所賜告身並聚特恩雖舊例令本官自出價錢慮不迨者稍難送納兼知本司人吏以此爲名接便更致邀頡於官估綾羅紙價外廣索價數力及者隨時應副闕之者頓至淹延今後應是官告除准宣官破外其過狀乞除官并追封追贈敘封進封官告及舉人冬集綾羅紙褾軸錦帶等宜令並與官破仍勑各隨色樣尺寸如法裝修疾速書寫印署進納

是月己酉勑應諸道州府今後尊官告勑牒元是中書進納入內令閤門宣賜其判司主簿官告舊是所司發遣發恩命後赴本任地里遠近各有程限比候進納恐有停滯況綾紙褾軸價錢近已官破今後所除州縣官告身勑牒宜委中書門下指揮不要進納並委宰臣當面給付貴免留滯兼免任京破費

是月勑應三銓公事宜准近勑指揮仍只使吏部尚書銓印其東銓印並宜付中書門下封送礼部權收管訖申奏

册府元龜卷第六百三十二

册府元龜卷第六百三十三

銓選部五

條制第五

後唐長興元年三月勑凡是選人皆有資考每至赴調必驗文書或不具全多稱失墜將明本末須示規程其判成諸色選人黄甲下後將歷任文書告赤連粘宜令南曹逐縫使印都於後面粘紙具前後歷任文書都計多少紙數具年月日判成授某官懼其分假於人故也又中書奏吏部流内銓諸色選人所試判兩節欲要定其等第文優者超一資其次者依資又次者以同類道理全疎者於同類中人戶少處注擬從之

五月制曰幾遇拜郊遠來行事既施徽効宜被優恩欠一選者宜令待闕欠兩選者減一選欠三選四選者減兩選欠五選六選者減三選欠七選八選者減四選欠九選已上者減五選三司勒停官顯有過愆遂當停替不逢大禮終是弃人仍令所司以罷官理選赴常調如是今年合格者許令待闕注擬仍委吏部南曹依元檢勘事節合减選數給付牒知是月又勑凡命職官只憑告赤條流雖切訝濫不無况來自羣方固非遍識除因彰露始見罪尤先皇帝臨御之初郭崇韜制置甚功雖加峻法尚有訛風誠由本朝多事已來僞室偷安之際皆曠往制莫識嚴規秩高者以蔭緒假人廣求財貨吏狡者以貪惏得志不顧憲章遂致傳授身名分張告赤勘初任則多稱失墜論資考則只有公憑前後相蒙真僞莫辨若不特行釐革無由永絶根源宜令自此應除授選授州縣官引驗磨勘須召有官三人保非謬妄則奏擬仍於告身内竪出保官姓名據本官所通三代名銜有出身無出身歷任告赤文書并逐任考數若是本朝及僞朝所受者並只於將來新告身内一一收竪其文書納留不再給付如自中興已來歷任待受新命後都粘連繳尾具道數委吏部使印背縫郎官於狀尾押署給付或有失墜即須於所失處州縣投狀具三代名諱及出身歷任請公憑赴京勘會申重同即重與出給如公　然圻破印縫不計與人不與人將來共事並令焚毁其人當行極典自茲凡受新命並依此例施行其見任内外文武朝臣及諸司職守諸道州府判官并軍州職員有曾爲州縣官及曾改名所受本朝及僞署官告勑牒歷任文書亦並須送納入官兵以中興已來文書叙理其見任州縣官及諸色前資官守選官等所歷任文書亦仰速便送納委所司點勘無違礙則准前收竪給與公憑任赴將來求事參選其委王茂貞墨制官員並須得本道識認具歷任申奏所司點勘不虚亦給與公憑將來降資授官所貴凡是身名免有混雜仍限一周年内改正了絶其興元巳酉應曾受僞蜀官員緣地里遥遠許勑到後一周年爲限仍各於本罷任處州府投狀具三代名諱出身歷任一一分析申奏到日點勘准前指揮如出限外繼有申發制文書並不叙理兼諸道亦不得以此身名奏薦如違罪在本判官其本人别行嚴斷庶得新恩逈異舊弊不除表爲君一統之基塞入仕多端之倖仍付所司

七月吏部南曹奏磨勘南郊行事官前守濮州范縣主簿李鉱是同光三年不納告身人數准勑終身不齒今文冒名於四方館行事前河南府長水縣主簿趙知遠使兄爲父廕行事者勑旨李鉱已該恩赦特放罪收納文書趙知遠以兄爲父未之前聞既遇郊禋特從恩宥出身歷任文書付所司焚毁放罪勒歸鄉貫本道長吏與改昭穆奏聞其餘南郊行事合减選人數候將來選限滿日宜並不取逐處文解不更經南曹點檢赴銓注擬時中書選部磨勘甚精仕進者真僞明白人皆便之

九月勑諸道奏薦州縣官前銜内有賜紫金魚袋者若循常例州縣官十六考方得叙緋若已佩金章固難爲令録此後不下州府不得薦奏著紫官員爲州縣官

是月前興唐府冠氏縣尉楊知万經中書陳狀稱光化三年明

經及第其後選授官兩任趁宗郊天年於將作監内行事禮畢擬授太子通事舍人旋值錯堅父母年幾駮落其年丁父憂至天成二年又丁母憂去年九月方服闋今春欲赴郊天行事又緣貧困無財可辦今乞引驗已前文書量賜陶鑄者中書檢到同光二年行事案楊知万謬通父母年幾停落勑旨楊知万實曾行事尋已注官只為父母轉年恩命遂寢外別無違礙自後相次丁憂久住京城誠宜傷愍宜令銓司點檢歷任文書准非時選人例處分或前資官中有與楊知萬事狀相類者並准此指揮

十月吏部南曹關試今年及第舉人進士李飛等七十九人内三禮劉瑩李娶李銑李道泉明算宋延美等五人所試判語皆同尋勘狀皆稱晚逼試偶拾得判草寫淨實不知判語不合一般者勑旨貢院擢科考詳所業南曹試判激勸為官劉瑩等既不攻文合直書其事豈得相傳稾草侮瀆公場載究情由實為

忝冒及至定期覆試果闕自懼私歸宜令所司落下其所給春關仍各追納兼放罪許再赴舉兼自此南曹凡有及第人試判之時切在精專點檢如更有効此者准例處分是月中書奏吏部流内銓諸色選人先條流試判兩節並委本官優劣等第申奏文優者宜超二資注擬其次者以同類官注擬所以勵援毫之作亦不擁歷任之勞其或於理道全疎者以人户少處州縣同類官中比擬仍准元勑業文者任徵引古今不業文者但據公理判斷可否不當罪在有司兼諸色選人或有元通家狀不實鄉里名號將來赴選者並令改正一一堅本貫屬鄉縣兼無出身一奏一除官等宜並不加選限從之

是月勑先條流見任州縣官及前資守選官所有歷任文書委所司點勘無違礙則准前收堅給與公憑任將來參選者訪聞諸色選人有今年合格者因請公憑又淹京闕若候本道請解即須來歲授官多是其貧誠為可憫況已及選限固取本任文解不及前件選人今年合格已請得公憑者宜令吏部南曹准今冬選人例檢勘施行如是欠選者候選數足日准格取本任文解赴集

十二月太常丞孔知邵奏諸道行軍司馬副使兩使判官已下及團練軍事判官並請依考限欲滿一月前本處聞奏朝廷選替補授勑旨從之兼上佐官令録判司主簿等亦准此指揮或有丁憂及不赴任因事停官拋官兼身死並具月日申奏如不依指揮罪在本判官

二年正月吏部南曹奏前齊州臨邑縣令趙諲等十人納到歷任文書合給公憑勑旨其檢給公憑仍令所司以綾紙收堅取本行尚書侍郎列署出給其先已出給者宜候將來赴選之時依此重給

是月勑少尹上佐以二十五月為限其府縣官宜准長定格以三十月為限其行軍司馬節度副使判官等並元未定月限勑

旨諸道行軍節度副使兩使判官已下賓從及防禦副使判官推官軍事判官等若論前代因有通規從知咸自於弓旌録奏方須於綸綍初筵備嫓婉晝斯陳朝廷近以旌賞勳勞均分負闕稍或便於任使不免須議勑除既當委以裨贊所宜定其考限前件職員等宜令並以三十月為限如是隨府不在此限

四月勑舉選之衆例是艱辛曾因兵火之餘多無勑申不有特開之路皆為永弃之人其失墜春關冬集者宜令所司取本人狀當及第之時何人知舉同年及第人數幾何如實即更勘本貫得同舉否授官者亦先取狀當授官之時何人判銓與何人同官上任罷任何人交代仍勘歷任處州縣如實則別取有官二人保明施行

五月中書奏吏部南曹狀申准勑換給諸色官員告身公憑伏緣點檢選人歷任文書其間多有格後違礙事節若旋具姓名申覆伏恐漸積人多乃起陳論交處擁滯當曹不敢施行者中書據南曹所申事節逐件條流如後一件據申選人納到今任

文書多於解由及歷子內批書考第准天成四年四月二十一日勑新格已前即許施行自新格已後亦多有解由歷子內批竪考數本處元本給到考牒格前特許施行甚爲優假格後更闕違越須重條流今日已前有此色選人宜且與收竪此後選人如有解由及批得曆子分明無考牒者殿一選有得曆子無解由考牒殿兩選如只有解由考牒不批得曆子殿三選如無三件文書便同有過停官一件據申應諸色選人新格下後批曆子後時者五年後批者不在磨勘之限今有格前罷任及新格下後罷任者格下經六年七年方批入仕曆子或有全不批曆子只給到公憑今日已前有如此者並與磨勘施行此後纔罷任一月內須批給得解由曆子違過一日殿一選過三箇月不批給得者亦同有過停官一件據申應諸色承蔭出身及童子及第例是擡年及陷歲數兼幼補身名引驗之時多有差異者今日已前有此色選人並須引驗辯認兼召保官委是正身

別無誤妄即與改正諸道每年終施行此後更有此色身名並同誇濫處分一件據申河北諸色官員納到告亦文書例稱本處元不較考只有解由河東河北及鳳翔已西不知選格須明告諭仍令吏部南曹各一本解由考牒解狀式樣徧下逐處此後並須文書備足免誤選人如今日後公然更有違越並准前殿選今日已前不在此例一件據申諸色前資官告身今任入仕曆子或批到上任月日或是有名假故批曆子處多無觀察使及刺史具銜押署只有録事參軍批署者逐處長吏自此後並須依格文押署如固違者本人殿兩選其今日已前違程式者且宜特與磨勘收竪一件據申諸色官員歷官兩任至伍任今任文書備足內有一任至兩任失墜前任解由或考牒曆子又無公憑及稱元不給得即別有公據自此但只認中與已來所授告身爲定其已前或有歷任稱失墜如是傳授他人有此糾告及所司點勘彰露並准累行勑命科罪今日已前人竪考牒解由曆子如有公憑者亦與收竪如無公憑者求選時除資注官自此後選人更有失墜則須却於本處具所失因由重具批給如違准前殿選一件據申選人有今任文書備足只曆子力批到上任月日即別有解由或公憑文書證據分明今日已前宜亦准前須指揮收竪此後更有此色選人並同有過停官例處分右奉勑宜依吏部南曹具此分明曉告及徧下諸道州府應是選人各令知委如守官滿日未給得解由曆子等文書隨處不得便令辭謝如逐州府輒有邀難不使出給罪在本判官并録事參軍

七月勑諸道奏薦州縣官各定員數今宜增益以廣搜揚使相先許一年薦三人今許薦五人不帶使相先許薦二人今許薦三人直屬京防禦團練使先許薦一人今許薦二人念歷年之流其艱難於取事當及第之後尚迢遞於授官小而得簿尉者全稀老不爲令録者極衆即不得薦新罷任及諸格之人如未

曾有官即許奏初官已有官者當別比擬吏部南曹奏前守鄆州盧縣令李琡歷任內兩任秘書丞一任國子毛詩博士雖前任有昇朝官伏緣今任官合准格五選集候選足日取解赴常調勑旨州縣官帶侍御史殿中侍御史內供奉監察裏行及省銜者皆非正秩尚出銓曹况曾三度昇朝豈可一例守選所宜振發以勵漂淪應州縣官內有曾在朝行及佐幕罷任後准前資朝官賓從例處分其帶省銜已上并內供奉裏行及諸已出選門者或降授令録者罷任日並依出選門例處分不在更赴常調便與除官兼州縣官其間書得十六考者准格叙加朝散階准出選門例處分如不書得十六考雖已過朝散階不在此例

八月勑諸道奏薦州縣官前銜內有賜紫金魚袋先於長興元年有勑州縣官若循常轍十六考方得叙緋儻或已佩金章固難却爲令録必若藉其才器則可別任職資文資官結銜內已有金紫尚不許薦爲州縣官其武職銀青階亦宜條理諸道詳

文資賜紫例不得奏爲州縣官

是月詔百司職吏應選授外官者考滿日並委本州申奏追還本司依舊執行公事

九月前溫縣令杜同文獻時務長吏年七十巳上者請不除令錄其合格應選者請授散官勑旨耄年爲政莅事或有民蒙老成之人安知不可師範宜令銓司此後有全不任持者即別以優散官資注擬

十一月勑闕員有限人數常多須以高低定其等級起今後兩使判官罷任後宜一年外與比擬書記支使防禦團練判官二年外與比擬兩使推巡防禦團練推官軍事判官等三年後與比擬仍每遇除授量與改轉官資或職次其有殊常勤績者於議優昇若有文章智術超邁羣倫或爲衆所稱或民知徇舉察驗的實者不拘年月之限其才器卑低階緣得事者宜量事於州縣中比擬若州縣官中有文學雄奧識略優深亦量才於班行及諸道判官比擬任使況諸選人之內多是勤苦立身每於調集之時皆有等差選限惟茲幕吏難使雷同所貴皆免堙沉遞承驅策

三年正月勑守選之者例是艱貧合格之時漸多衰老更添推犯轉見蹉跎方當開泰之期宜軫單平之衆自今後合格選人在發解官吏兼貢舉之人辛勤頗甚每年隨計終日食貧須寬擬勸之門俾釋覊棲之歎今後落第舉人所司已納家狀者次年便赴所司就試並免再取文解兼下納文解之時不在拘以三旬但十月內到者並與收受

二月勑前資朝官及諸道節度觀察判官近勑罷任一周年後方許求官其出選門官雖准格例送名未定除官年限自此應出選門官亦宜罷任後周年方許擬議仍本官自於所司投狀磨勘申送中書門下

九月勑朕大啓四門無遺片善繼有智能之士來陳利便之言是命權量責行酬奬須論條件以定等差應進策人等若是選人所進策內一件可行與減兩選兩件減四選三件巳上便依資與官如無選可減及所欠選數則少可行事件則多據等級更優與處分如是諸色舉人貢院自考試本業格式不在進策之限如有智謀宏遠文藝優長或一言可以興邦一事可以濟國是爲奇傑難預品量待有獻投旋令擬議者以爲上封事人選非也夫言策略者必須智見非常所陳殊異大臣之所不及衆智之所不通有益政途謂之策略今據天下所陳率皆時政常行之事何煩投匭而言人君賞其芻蕘賜束帛歟謹可也而遽擬銓注之權啓侥幸之門深不便也

四年二月中書奏諸道州縣官甚有闕員前資官皆拘選限其間有朝廷選擢侯伯薦揚得者無多餘雖躁進或病淹於陋巷或老謝於窮途宜開振滯之門雅合推恩之道今等第減選者一選者無選可減親公事得資考者宜優與處分不得資考者准格施行兩選三選者減一選四選五選者減兩選六選七選者減三選八選九選者減四選十選十一選者減五選十二選者減六選千牛進馬童子齋郎挽郎宜准元和處分勑旨常調之中無媿者衆省員之外有闕尚多方隆遠大之規更顯激揚之理兼先赴南郊行事未授新命及一考前丁憂州縣官等起今後到闕者宜付所司旋旋磨勘施行不得輒有停滯大朝恩命庶事規程該定制者各委所司須特勑者不拘常例資推新之風敎示無黨於寰區初馮道等商議以爲常調選人限於格例銓注以至滯留而州縣吏員多以貲備差遣乃議或選補吏杜彼幸門殊不思九州既未混同十道未遑聲教吏員多益州縣無添是時議選之制既行議者大以爲不可物論沸騰明年之后有諸色散從人及山陵行事官兼每年黃衣選人拒詐數千皆援例選並令所司疏理關負舉吏只隨新勑或論薦或許附名宰相將至於門則當有爲舉躁馬道始言論不遂詰難性來驅吏不能止後竟追罷之

五月勑諸道馬步判官不得差攝官如交闕人須於前資正官判司簿尉中選性行平允者補授又詔應見任前資守選官等所有本朝及梁朝出身歷任告身並仰送納委所在磨勘棧給公憑只以中興巳來官告及近受文書叙理其諸色齋補子

孫如非虛假不計庶嫡並宜銓録如實無子孫別立人繼嗣已補得身名者只許緒蔭一人其不合叙使文書限百日内焚毁須絶此後更敢特合焚毁文書參選求仕其所犯之人并傳者並當極法應合得資蔭出身人並須依格令施行先是鴻臚卿柳英將齋郎文書賣與同姓人柳居則伏罪大理寺斷當大辟緣赦減死奪官終身不齒故有是詔

是月中書奏准長興元年二月二十一日南郊赦書節文州縣官在任日雪得寃獄許非時參選超資注官仍賜章服今詳勑命凡云寃獄者所司推鞫定罪不平迴曲作直已成案牘或經長吏慮問或是家人訴寃重結推訐始見情實迴死爲生始名雪寃仍須元推官與招伏情罪本處檢案牘事節給與公憑更於考牒内竪出帳本官滿日便准近勑非時參選若活得一人超一資注官二人已上加章服已有章服加檢校官如在任除雪寃獄外限内徵科了絶減得一選已上或招添户口至一分已上並請酬獎如祗官至五品已上許奏與男勑旨如雖雪得寃獄徵科違限不了合殿選者亦待殿選滿日與叙雪寃之賞或逃却户口亦據降等叙如本司小小刑獄未經別司縱能處斷不得援例從之

愍帝應順元年閏正月中書門下言以天成二年十二月詔曰長定格應經學出身人一任三考許入下縣令下州録事參軍亦入中下縣録事參軍兩任四考許入中下縣令中州録事參軍兩任五考許入中縣令上州録事參軍兩任六考許入上縣令及緊州録事參軍凡爲進取皆有因依或少年便受好官或暮齒不離卑任况孤平舉士纔年四十始得經斈及弟八年合選方受一官於初任之中多不成三考第二選漸向蹉跎有一生終不至令録者若無改革何以發揚自此經學出身請一任兩考許入中下縣令下州録事參軍詔曰參選之徒艱辛不一發身遲滯到老卑低宜優未達之倫顯示推斷之澤其經斈出身

一任兩考元勑入中下縣令下州録事參軍起今後更許入下縣令中州下州録事參軍一任三考者於人户多處州縣注擬如於近勑條内資叙無當者即准格循資考入官其兩任四考者准二任五考例入官餘准格條處分不得起折是月詔吏部三銓南北曹禮部貢院注擬考試依格疾速發遣勿令虚有滯留

末帝清泰元年五月詔曰應勸進諸選人前京兆府武功縣令龐濤而下四百九十有四人方在京都遽兹際會既自勸進宜示獎酬其前資州縣官及黄衣選人近日緣少闕員難於減選候合格日各超一資注擬行事官亦於注官時優與處分長流人已歸本貫即以赦書節文處分權試官推巡令録宜許比三傳出身判司衙推主簿比明經出身各守選限自今年始合格日與初官宗子未有出身者與出身有出身者同選人例處分給與憑據

七月詔應徽陵行事官各無遺闕已議獎酬比少闕員難於減選遂許合赴集日各與超資今文悉有披論宜特與減一選其今年合格者便委南曹磨勘送銓注擬來年合選者勒赴冬集所司磨勘無遺闕旋旋送銓免取文解其去冬判成未得官者宜先注擬應前任正授資從亦宜減一年無年可減便與擬授先有長興四年三月二十二日勑普與減選令爲員闕數少並住施行其攝官職并御署人等並以元勑處分

八月詔曰應自鳳翔及沿路迎候隨從到京州縣官等或昔經患難盤竭忠勞或遠奉乘輿奔馳邑從既各瀝其御署遂傳降於優恩　示等差特行釐革所有自振武西京河中鳳翔已前御署員寮或因無員闕權且補署或託彼薦論偶經任使不可悉謀援例便望授官將堙僥倖之源須立區分之限自八月三日後應所稱御署官員除内有處分特行恩澤外其餘稱御署並許逐攝同一任正官依期限赴選不得更令進狀及與施行

九月吏部三銓言所用循資格先經詳定然自次府司録參軍

已下無品第入官處㕘怙格式參詳添入又以地卑不敢添注請差官詳議詔委元詳定格官刑部員外郎孔莊大理少卿李延範殿中侍御史韋稅等詳議

十月中書侍郎平章事姚顗上言近宰臣盧文紀上章請條理選部臣聞事不師古匪說攸聞又曰仍舊貫何必改作此先王之格言也臣案六典吏部三銓尚書侍郎分典選部其格擇人有三實四才孟冬三旬集人有地里之差若循彼綱條依其格限人無濫進官得實才只自天成四年十月詔罷侍郎分銓只以尚書併領正官又闕多是他曹權差才力或有短長遂致發遣凝滯團集遲留移省旣失常規選人憚年披訴臣請却依六典分銓朝廷列職分司此期釐務置之閑地何表分憂望各委典銓於事爲宜詔曰姚顗所奏銓管實合規程不唯六典昭彰抑亦三銓整肅而長定格是聖朝重定條件甚精若令千載以無隳必使萬方而有則俾其復舊深洽羣情如聞循資格行用

年深事條舛失必須詳正方免弊訛其分銓事宜依循資格宜令吏尚部三銓尚書郎南北曹給事中參詳其間條件如其舛悞即釐革以聞

二年二月中書門下奏近日除官制未下多漏泄於外此後除改候畫下所司以正敕寫告進納如畫黄未下請不催索詔曰節度使防禦團練使刺史行軍副使等事關急切除授官告若待畫下給即滯留勒樞密院凡經由處不得漏泄其尋常除命即從之

三月工部尚書判吏部尚書銓崔居儉奏今年選人內八十三人無關佐凝詞訴紛紜蓋因近敕減選入仕者多門雖可區分難抑詞理請下格式取四月後合用員闕發遣中書門下奏先以銓曹論員闕遂却置户掾一員諸州一百五十員格式來送闕簿六百四十餘處後又許超折資序又堂怙令畿赤已上難擬議許開銓後除授不合預請用四月後員闕望於移省限內並須了絕不得更令選人有詞詔曰宜令從四月一日後至六月終員闕施行餘依中書所奏崔居儉多藝有士望是時議義時諸攀附入官者衆皆怙勢三銓擇其事故盧文紀奏用居儉與按其綜覈之失而近侍者素知其意而奏之故不從所奏

四月宰臣張延朗奏州縣官徵科賞罰列縣令録事參軍正官一年依限徵科了絕加階二年依限與試銜三年摠及限與服色如攝令録一年內了絕仍攝二年三年內摠及限與真命主簿一年二年如縣令條三年摠了別任使本判官一年加階二年改試銜三年轉官本曹官省限內了絕與試銜轉官諸節級三年內摠了絕者與賞錢三十千其責罰依天成四年五月五日敕從之

是月中書門下以吏部三銓注擬太違條格怙門下省詰録事強知謙去天成三年已前許超折一資至兩資或三資者不過三兩人天成三年後不許超折今銓注擬選人有自超一資至五資亦有三兩人超六資七資八資者中書奏自有選門只憑

定格儻或踰越便舉條章亦有事繫從權理難固執先開容許後守條流所貴時暫施行免令隳紊今三銓所注選人超折太多從來固不容許若重議改移便成淹滯今年且據所注押定將來別正條格從之

七月中書門下言自今年二月後諸州奏軍事判官九人行之礙新詳定敕文慮在外未知詔軍事判官宜令本州刺史自選擇辛奏初且除本職未得與官或與刺史連任相隨顯有勞能許本刺史以課最事狀奏賞仍不許橫有奏薦其三月後九人且與施行

是月御史中丞盧損言臣等先編聯制敕外有比非故實不便於時條件准天成元年七月及四年十一月敕應中外官除授不計品秩一例宣賜告身請依舊制令賜外各令自出綾紙又天成元年八月敕除授官授令録皆令內殿辭謝臣等以令録卑微不可內庭展謝請依舊制正衙辭謝又天成三年五月敕

興二年七月勑許節度使帶使相歲薦五人餘薦三人防禦團練使二人臣惟州縣負闕甚少若容薦奉則每年銓選何以注擬請特行釐革又長興二年八月勑州縣簿尉判司兼充軍判官仍同一任自爾已來頗傷物論以爲不當請行止絶從舊令循前選任詔曰令録之任總六曹之紀轄繫百里之慘舒惠養吾民可以親承顧問内殿辭謝可如舊制藩侯郡守薦人或語公事或有裨益不可全阻許依天成勑帶使相藩臣歲薦三人餘二人直屬京州郡防禦團練一人諸色官告文書人春關冬集綾紙聞喜關宴所賜錢並仍舊官給餘從之

八月中書條理前資朝官大卿監五品外朝官西班將軍皆在任許滿二十五月如衝替已經二十月即別任用少卿監舊例三任四任方入大卿監今後秖三任皆有限滿無殿責者如是特恩不在此限五品外朝官舊例三任四任方入少卿監今後秖限三任須逐任月限滿無殿責若特恩不拘此例西班將軍罷任後一年許求官舊例三任四任方入大將軍今秖以三任爲限並須逐任滿月限無殿責或曾任金吾將軍刺史與上位比擬非此類或少年並居下位仍不得曾有殿責者特恩不拘此例三任大將軍方入上將軍並須每任滿月限無殿責者若曾領藩鎮任衛使特勑不拘此例今後朝廷只除兩使判官其書記已下任藩府自辟請應朝官除外職任無年限者罷任後須守舊勑一年月限方許陳乞如未曾昇朝便居諸道賓從府罷或舊使未有所授特有表薦若檢校官是臺省三院之銜即與中下縣令檢校是大夫中丞秘書少監郎中員外即與清資初任昇朝官如檢校官是尚書常侍秘書監左右庶子昇朝便與少卿監諸道賓從依州縣官例在任三十月限或罷官猶有一年之限或是衝替丁憂而罷已及二十月者並須更守前官滿月限方許陳乞諸州防禦團練刺史判官推官並請本州自奏請中書不得除授合出

選門官帶三院御史供奉裏行及省銜者能任後亦周年許陳乞諸州別駕員品高不除令録仍守本官月限亦準前後一年方許乞官其長史司馬或因摘奏正比來未有官者並送名從之

十月中書門下奏

長興二年十一月五日詔朝臣居喪給制者御史臺具名申諸道賓從除喪後宜行恩命州縣官纔授官及到任一考前丁憂服闋許與除授依長定格自有節文應州縣官新授及到任一考後丁憂服闋者格取文解南曹納歷勘申中書門下當與參擬不得縱其陳狀從之

三年四月詔曰近以内外官寮出入遷轉稍均勞逸免滯轉遷應兩使判官畿赤令長取郎中員外補闕拾遺三丞五博少列宮寮選擇擢任一則俾藩方侯伯別擇賓僚次則致朝列人臣皆時政今後有已滿闕月限外或偶見缺宜便依此施行

晉高祖天福二年

正月勑應京畿及諸州縣舊有唐朝諸帝陵并員處縣並不爲次赤卻以畿甸改爲京縣其餘縣令不以陵

事三給衙考滿日仍以出選門官例指揮隣任後據資品准格例
施行
二月勅應諸道前任行軍副使等例從替罷文住京師每念滯
淹常懷惻憫極欲疾速發遣穩便安排但以擬除一人須候一
缺受命者纔去得替者便來到闕既專望渥恩在任又須终月
限循環不已停積轉多而況在京所費亦倍必想在外一年事
力纔充在京數月支持比候闕員多稱委困當別行於條
貫期各守於規程起今前件官員等如得替後且就家私穩便
安居限一年後方得赴闕朝廷當據稱資便與比擬或非時有
闕與就便安排自然公私得濟出處合宜有負闕以安排無歲
時之停滯事関悠久情在優矜各委遵承勿得踰越其先得替
在京者宜令中書據見有員闕處量材安排仍降勅諸道各令
知委
四月勅應諸道前資州縣官員等明庭選士歷代通規各係職
司共將論擬顯有去留之式明分眞濫之源今者州縣前資官
員悉於中書陳狀來事却慮壓陵銓管永無常調之人併在鼎
司難遏躁求之者去歲以國朝創業州縣缺官思廣渥恩是從
優異今則彝倫攸叙庶政咸修宜遵規程俾無侵越其今日巳
前在中書陳狀諸色人等見與撿引驗如不欠少出身歷任文
書及無蹤濫者旋具奏擬宜令今日後諸道前資州縣官等凡
是資考巳出選門及一任除官未入選門并一考前丁憂及活
得冤獄者准元勅年限滿日許經中書陳狀當與檢勘事理施
行此外須令並依前後勅格程限赴吏部參選或有公材出衆
政績異常者臨時超擢不在此限
五月前守汴州浚儀縣主簿何光乂進策二其一曰竊見諸處
邊郡小縣多是川鄉雖舊有勅正官滿時不許差攝官充替無
鄙遠地多冺明規攝官既巳到來見任豈敢違拒況聞所差攝
者太半是本州府使長臨時與旋署置並銜𢿘替見任正授官員

其最不可者頗有當年之內或兩度三度替移來者須逆去者
須送酌從門内率自鄉中悉是權行誠非本分如斯得倖甚費
力官非惟茶公當且害物自今後伏乞特行明勅顯自新朝其
邊郡縣官仰節度刺史或有見任因事停罷即許差曾入仕者
權令撫綏仍又須候正官到官不可以攝替攝官或經半載或
過一年如能志遠脂膏道著清白招豫得户口徵督得賦租百
百里傳聲羣黎感惠衆狀爭請即仰奏聞特乞大朝使行眞命
如此則皇王恩遠赤子幸深免被煩苛漸期蘇息勅曰今後正
官滿日宜令逐處長吏准元勅預前奏聞必在審擇能官不得
朝差暮替如顯有過犯不在此限仍令曉示諸道其二曰切見
諸道選人合格下解不出十月立定三旬此則常程向來舊制
却是或有因解様所呉式例稍虧字内點畫參差即處高下詭
計便乃駁放致有艱難其如有七年八年選期千里萬里途路
艱辛窮取事年苦到京若粟錯不容乃滞塞無計目今後伏乞特
行明勅顯布新規其黄衣選人只驗出身文書巳有前任者據
考牒及解由曆子轉年得盡合格不虛便與判行小小不赐駁
放則天下感明時事易聖主恩寬不使吏徒得行姦計者勅曰
參選之日考驗之間稍容易則必長姦欺若艱難則或成淹滞
今後宜令所司點檢文書如有乖錯詳酌事理非藏姦隱倖者
不要駁放
九月吏部銓奏長興四年五月五日勅應諸道州府都虞候司
判官先指揮令於州縣前資之中簿尉判司之内選差勾當二
年行有廉謹理無黨偏即委本道奏聞請行酬奨者近日馬步
判司多是差攝官充馬步判官奏薦須於前資正官判司簿尉
中精選明練公法性行端正者方可任使蒲二周年後無遺闕
者與減三選仍委本道州府一例給與公憑如只欠三選巳下
者仍便給與文解赴選今日巳前有前資正官充馬步判官並
准此所有諸道州府應今日巳前巳差攝試官充馬步判官勾

嘗已及三年無遺闕者亦宜令本州府給與公憑仍俾申奏吏
四年後給與文解赴選比擬初官其今日已前攝試官見充職
有過一周年者宜令待滿二年日准上處分若未及一周年者
宜令逐道州府勑到後便別差前資正官停替不在給與公憑
者偽清泰二年二月二十四日勑停廢前資攝正官充馬步判
官前件勑已經封鎖不行者勑偽清泰二年三月已前諸道州
府所差馬步判官有勤績者宜令並准元勑赴吏部叅選不得
更經中書陳狀十月勑選人試判兩道
三年正月勑科舉選之流若辛備歷或見就書咸久或則守事年
深小有違礙格條例是不妥式樣今則方求公器宜被皇恩所
有選人等宜各令所司除元駁放及落下事由外無違礙並與
施行仍令所司遍下諸道起今後文解差錯過在發解州府官吏
八月勑御署官員等自前並於中書陳狀引驗文牒擬官承乏
之宜繼權所任例逢與運或被異恩其間應有曾立事功或未

親官業豈難分於殿最盡審驗於行藏免與濫進之議所司準
任之要其御署官員今後宜令於銓司投狀銓司追司累驗歷
任文書分明者申送中書門下以憑旋擬逐人御署因由奏擬
十二月勑以書長興二年四月五日節文應州縣官纔校新令
及到任一考前丁憂服闋日亦並與除官者比後應一考前丁
憂州縣官等服闋後准格便令赴選自因唐朝勑令送至中書
除官自今後宜令吏部准格指揮仍付所司
五年三月詔吏部三銓聽四時選擬官旋奏不在團甲之限
十月詔曰過格選人等早列官途合依選限或值戈鋋之隔越
或緣資歷以淹延既礙舊條永為廢物適當開創宜憫湮沉可
令吏部南曹准格召保是正身者與除資注官

冊府元龜卷第六百三十三

冊府元龜卷第六百三十四

銓選部六

條制第六

晉少帝天福八年正月詔顯陵行事及祔廟等行事官並宜加
兩階減兩選理減外合格日免取文解便與注官過格者降一
資爲事勒停者許從勒停日理本官選數仍與減兩選合格日
免取文解乃注邊遠同類官
三月勅諸道州府令佐在任招攜戶口比初到任交領數目外
如出得百戶已上量添得租稅者縣令加一階減一選主簿減
一選出二百戶已上者及添得租稅者縣令加兩階減兩選主
簿減兩選出三百戶已上及添得租稅者縣令加兩階減兩選
別與轉官主簿加兩階減兩選出四百戶至五百戶已上及添
得租稅者縣令與加朝散大夫階超轉官資罷任後許非時參
選仍錄名送中書如已授朝散大夫及已出選門者即別議獎
酬主簿加三階其出戶不及一百戶者據戶口及添租稅數縣
令加一階與減選日超一資注官主簿加一階
五月勅曰吏部已判成選人等訪聞人數絕多闕員甚少頗爲
淹駐例是飢貧宜推振滯之恩用廣進身之路諸州府判椽見
有員闕不少其見在黃衣選人等宜令注授前件官除二京鄴
都椽曹外其餘並許注擬候秩滿無遺闕者五選六選減一選
七選八選減兩選九選十選減三選內有超資者再入官日即
須本資敘理河東管內及鄜延邠涇秦隴鳳等州管內闕員不
少選人以家私不便多不伏官宜令所司不拘超折注擬仍候
秩滿無遺闕者五選六選減三選七選八選減四選再入官日
却依本資敘理所注前項州縣官等宜令銓司依例次第注
擬切在公當不得阿私仍不許選人通官仍付所司
六月尚書兵部侍郎呂琦奏臣竊見四時選人三銓待闕常
已及於數百棲遲例困於累年南曹日驗歷日申銓常有三十二十

格式每月送闕不過五員二員窮處鄉貫漸稀人數轉衆抛耕
稼於鄉里忍窮餓於街坊名利之途人所難捨朝夕之困事亦
可矜若不改張恐未通濟欲請勅定月日南曹注經文解只據
見在判成待闕選人承殘闕及逐月新闕量人材優劣據員闕
好弱許超折注擬如此即歲暮至新春已來相次發遣應盡其
將來選人即依舊至來年十月下解南曹應勘判成銓司准格
注擬至次年選畢有正格勅用正規程從之仍勅取今年八月
一日後任納文解其已判成許超折人將來參選却依本資注擬
開運二年正月吏部侍郎王易簡奏吏部流內銓諸司令史各
主一司不相統攝皆有踰濫無所責成起今後望令本銓闕頭
一人都管諸司案牘者勅旨銓綜之司機樞是務特認注擬
尤在精詳宜令三銓子細看驗関牒或稍涉差謬即據理科懲
將澄刈楚之風用誡侮文之吏
是月刑部侍郎趙遠奏臣伏覩長興四年五月二十三日勅州
縣官在任日有推刑獄公事雪得冤獄活人命者並與元
年二月二十一日南郊赦書節文便許非時參選特與超資主
官仍賜章服者宜令諸道州府凡有雪活冤獄州縣官等依元
勅點檢給付公憑本官自齎赴刑部投狀委刑部據狀近取本
道雪活公案參驗如事理合得元勅便仰給付優牒此蓋道弘
激勸務絕因緣在酬獎以甚優期刑殺而無濫臣詳元勅只言
州縣官員所許加恩未該內外職掌臣又詳詞後請給優牒人
等文案若緣雪冤悉本道舉奏例過五年十年本人方來
論請須却尋追文案旁據公方於事雖明於理未當伏惟
皇帝陛下體堯仁而御寓敷舜德以臨民大闡化條克修刑政
旁詢闕典用整宏綱功必賞而罪必誅善者進而能者勸今
後但能雪活冤獄不限在朝職司亦乞量加旌賞應諸道州
縣官員雪活冤獄不虛委逐處長吏秋冬季貢案節先具奏聞
所付本人憑由官齎到京便於刑部投狀不得隔越年歲方可

論訴功勞庶內外以皆同使期程而有守廣亭毒好生之道盡高低察獄之明者勑旨理寃申屈勞績可嘉內職外官課最尤異苟能雪活何悋甄酬宜先録公文直具聞奏或官滿到闕撿狀无致隔年庶絶濫訛用分眞偽宜依

三年四月吏部侍郎王易簡奏伏以選門格勑條件具存藩府官寮該詳蓋寡所以凡給文解莫曉規程以至選人自詣京都覲末解樣性来既苦已堪惆傷傳寫偶差更當駁放伏見礼部貢院逐年先書版牓高卒省門用示文章人俾知狀樣臣欲請選人文解委南曹詳定解様兼備録長定格取解條例各下諸州如礼部貢院板様書寫立在州院門每遇選人取解之時各准條件遵行仍依板様給解從之

十月勑今年四月二十五日盧華應前資州縣官一考前丁憂一任除官雪活寃獄及在任日招添得户口稅錢曾授御署官進策官諸州馬步判官諸色選人等今後並須准勑格參選不

得直經中書陳状近日有諸色人依前紊乱紀綱搆束文状欲嚴行於懲誡先明示於指揮國家大啓銓曹高懸選格諸色選人宜歸常調合赴所司稍有效能足可進取豈得罔循常制唯務僭求勑聲華而不遵帖告示而不退向路隅而陳接隨馬後以喧譁或稱羈旅家貧或訴住京日久朝廷須存公道難徇私懷若事可施行俟朝陳状而久得官不足言達既理有違疑並歷祁寒而經暑雨不必言遲欲本自貽咎將誰執殊不知官不可乞勑不可違若无誡懲何以齊整應諸色選人等並須准近勑取解赴選其有招添得户口增溢得稅錢及雪活寃獄合該勑條酬奬者仰於所司投状如所司不為公當區分顯有抑滯任經中書陳状當與指揮此度分明告諭後諸色選人等如更不稟指揮依前妄陳文状當送御史臺勘問必无輕恕仍付所司

漢高祖乾祐元年正月中書奏以諸道奏薦官吏多踰篇式今撿取後唐及晉朝事例開條流示以為之制者一准長興二年七月十二日敕文諸道奏薦州縣官吏相每年許薦三人今許薦五人不帶使相藩侯每年舊許薦二人今許薦三人防禦團練使每年舊許薦一人今許薦二人即不得受人請託只得奏巡屬闕員不得薦於别處州府仍不得薦新罷任及過格人其所薦人歷任文書仍隨表送中書門下未曾有官者當别比擬應諸道見任州縣官申奏考满後未有替人本道或藉其幹能且令勾當一准長興三年五月十一日敕文諸道應奏薦州縣官員如未有正官者只許奏授初官不得奏為令録一准長興四年八月敕文應諸道藩鎮防禦團練使舊奏薦者前資州縣官等准勑許奏薦見在幕中攝職及見攝官内州縣官撥合奏人數皆在所攝不許擬薦及不得薦外管前資州縣官一准天福四年十月七日敕文應諸州防禦團練刺史奏薦攝試官充判官及推[illegible]官者自今後所奏薦攝試官充判官及推官經[illegible]令精加選擇或未曾任官職及无出身將[illegible]者不

在奏舉之限一准天福十一年六月五日敕文今後諸道藩鎮防禦團練刺史如本處幕府中有闕准元勑合奏薦者即得奏薦當與除授不得擬薦前資寄住州縣官及諸色職員希求在朝及外管安排不得有違奉勑設官分職朝廷自有規程薦士廷于州郡合存軌式應諸道節度防禦團練刺史奏薦判官書記支使推官么録簿尉等親人之官不易入幕之賓尤難必取當仁庶聞無曠守自奏薦朝廷選除素有明文咸拘定制近年已來除人或舛允當薦士多乖選求幹例既踰紊乱茲始返迩將期於致理奏除宜在乎擇才况有舊章足為常式其諸道行軍副使兩使判官並不得奏薦委中書門下選除帶使相節度使許奏節度掌書記觀察支使節度推官不帶使相節度使只許奏節度掌書記節度推官其防禦團練判官刺史判官等聽奏仍須精選才能其唐朝晉朝前項條貫並可遵行永為規制所奏薦州縣官自有銓行不可侵越以勑內舊人數許奏使相

叅人不帶使相二人防禦團練判史一人爲定仍付所司

隱帝乾祐元年七月吏部員外郎常准上言臣以國家選擇令佐或從銓注或是勅除立考課以校政能驗貪廉而行黜陟如斯條貫尚有闕遺近者諸道州府多署攝官以代正授既不拘於考績唯務殺於資財致使户民轉爲蠹耗臣請示諸道州府長吏如令佐正官月限已滿除替未到不限時月切不得以攝官銜替須待正授替官即令對面交割縣務然後本州使出給解由批書曆子如此則承真命者守文畏法求攝任者退迹悛心

二年正月勅脊陵及祔廟諸司職掌行事人等並減二年勞如欠一選及已合格者南曹磨勘送名中書其州縣前資官判成人及幕職京官等並減兩選仍令南曹點檢若別無違礙欠三選已上者給與減選公憑若欠兩選一選及已令格限者所司具名申送中書門下其判成選人銓司超一資注擬

開闕中書門下奏准吏部南曹關當兩選人中有契丹合[illegible]號曆子符由考牒未審若爲致使大積年號爲後別有指揮奉勅應是僞命文書不在施行之限者今緣有晉朝曾受契丹年給解由曆子若執格勅又慮有廢身名欲議酌中不至沉棄者凡州縣官幕府官曾授契丹僞命者追文書毀廢只取唐朝晉朝出身文書驗本選外仍殿五選降三資注擬凡唐朝晉朝諸科及第人於契丹年號内出給冬集許追毀換給仍據新給年月日數理選從之

八月右拾遺高守瓊上言有國通規無先擢士掄選既當綱紀必陳而縣令字人最親理道若宰大邑難用小才一同皆繫於條舒百姓咸關於利病實須勤恪以卹孤惸吏若不臧人當受弊近年銓司注擬藩府薦論只循資歷而行不以年顏爲念且少年宰邑鮮有廉勤不熟公方唯貪娛樂以臣愚見凡朝廷選親人之官年年未三十請不授縣令少年受任必慮因循勅令錄之任責辦非輕用捨之間尤宜適中少小者未曾經歷則爲政怠疎衰耗者旨二及耄昏則臨民多蔽須期慎選以擢吏能起今後諸色選人年及七十者並宜注優散官年少未歷資考者不得任縣令

十二月勅中書奏前資朝官近日併於中書陳狀稱准宣命指揮自外地發遣相次到京正當冬寒未有員闕既難淹泊須議指揮其前資文武兩班朝官等宜只於西京及闕下任便安居候闕除授宜令御史臺曉示文中書條奏准天福八年四月一日勅條舉前後勅文内一件准天福五年十月二十七日勅應州縣官書得十六考叙階至朝散大夫者并歷任内曾具朝及兩使判官者准元勅一選集選期既近理減尤難不得援常選人例每乞減選每一任無違闕者候再除官別與加恩其曾任節度觀察推官巡官防禦團練軍事判官并諸出選門官等如知授令錄者並依見任官選數赴集若在任有考課准格合減選者並與理減除此外今任合七選集者特與減一選八選已

上與減兩選仍並合格日取解赴所司磨勘無違礙者即錄名送中書勅審官之要必擇才能與理同歸從處中外約以選限固有格條邇來或自朝行或從賓職願爲州縣自就便宜當求事之時冀得而不論卑位及既替之後叙資而却理前官須立規程以絕僥倖是冬近臣奏前資朝官判官在外藩居止莫[illegible]詣闕尋求利者皆能以詞訟撓動藩臣乃下宣命召是前資朝官從事並來京中居止其大事者剌其官令遂處分先[illegible]郡下御與[illegible]縣三五爲羣於宰邑無恐役馬前進訴枉揚郤其又出此釐革然爾[illegible]新不已

周太祖廣順元年二月勅朕祗膺景命奄有中區每思順物之情從衆之欲將使照臨之下咸遂寬舒仕官之流自安進退往者時有拘忌人或滯留所在前資並遣赴闕羇孤之下多寄食儌倖之徒歲月之間動懷土念家之志宜循大體用革前規應諸道州府有前資朝官居住如未赴京不得發遣其行軍副使已下幕職州縣官等得替求官自有月限年月未滿一聽外居如非時詔徵不在此限但闕員有數入官者多苟無定規必生

躁競凡爾進取知朕意焉漢隱帝時楊邠以前資官在外地慮有遊說藩方易爲姦欺竝宣令赴外州凡前資朝臣使府幕職不得外地居止須來京師尋宣諭口令兩京居止太祖知其不便故下此勑

是月勑自前朝廷除官銓司選授當其用闕皆稟推擬近聞所得官人或佗事阻留或諉疾淹駐始赴任者既過月限後之官者遂失期程以至相訟漸成非次是致新官參謝欲上舊官考秩未終待滿替移動逾時月凋殘一處新舊二官在迎送以爲勞必公私之失緒今後應諸道州府録事參軍判司縣令主簿等宜令本州府以到任月日旋具申奏及報吏部此後中書及銓司以到任月日用闕永爲定制其見任州縣官限勑到仰便具先到任月日一齊分析申奏及報吏部其有諸色事故及丁憂并請假十旬滿闕亦仰旋具申奏兼報吏部其新授官准令式給程限外如不到本任參上致本處無憑申奏到任月日便仰吏部同違程不上收闕使用其諸見闕亦不得差官權攝祗便隱留如違勑條罪在本判官録事參軍孔目官已下

是月吏部三銓奏去年冬南曹判成選人三百八十一人經十一月二十二日兵火散失磨勘了歷任文書或有送納文書朱抄及取到南曹失墜公憑銓司若依格磨勘恐選人訴論今欲只據南曹給到失墜公憑便與施行從之

五月勑朕祇荷上玄恭臨大寶慮一夫之不獲期四海之所歸近知銓選人多州縣闕少或經年而空滯桂玉未授一官或欲歸而瞻想鄉閭又遥千里以斯去住虚歷歲時其間或妄乞官者多是踰違自稱淹滯或未合格者不遵條制顯柰公方宜行釐革之文以絶僥求之路宜令自今月十一日已前州縣前資官及諸色選人等曾經中書陳狀者並送吏部南曹磨勘如今年冬合格無殿犯違礙者即送中書除官未合格并諸色違礙格勑及曾殿黜得洗雪者並仰各守格勑叙理赴集其漢朝州縣爲徵科不了及禮用破逃户停官人數並令赴吏部南曹投狀磨勘實是無過停替者本州解由公憑並以牒三司物然過往格成一考前停官者可送名中書除官一考後兩考前停官者减一選兩考已上者止理本官選數並取解赴集如今後應有前資州縣官并諸色選人等及曾經黜該恩得雪者並仰各守勑格赴選不得妄有乞官如敢故違宜殿兩選將來降一資注擬如或本司不依格勑妄有帶留罪在所司當行與處一則俾守規程之道一則稍除躁競之門免於濫踰貴遵條制如是特恩不拘此例

是月勑朝廷設爵命官求賢取士或以資叙進或以科級昇至有白首窮經方諧一第半生守選始遂一官是以國無幸民士無濫進近年州郡奏薦多無出身前官或因權勢書題或是親私請託既難阻意便授真恩遂使躁求僥幸之徒爭遊捷徑辛苦孤寒之士盡泣窮途將期激濁揚清所宜循名責實凡百有位當體朕懷今後州府不得奏薦無前官及無出身人如有奇才異行越衆超羣亦許具名以聞便可隨表赴闕當令有司考

試朕亦自更披詳斷其否臧俾之昇黜庶使人不謬舉野無遺才冀廣得人以資從政

六月中書門下奏得司勳郎中許遜申權判吏部格式選人皆稱值去年十一月內失墜告牒雖是舊式有符檢行竊緣官員上任之日只憑告赤籤符罷秩之後即藉解由曆子既失官牒得以檢其勑申若無解由雖知員爲欲請今後若無解由曆子考牒者候牒本道州縣勘尋有何殿最候迴文與陳狀官員事理同即依牒申銓取保再給憑由貴無踰濫之人免有徼求之幸從之

是月勑追尊四廟諸司寺監合差行事官宜令差補漢末七州停替州縣官充候行事了各與除官如行事官人數未足以前資州縣官已合格并過選考充仍歷勘官牒委無違礙方得差補又勑今年正月五日恩赦前應諸色官員有過犯合追毀出身歷任官牒至今尚未追毀其本官敍理仍各依格勑處分

八月吏部南曹磨勘勸進官點檢內有室長相次呈納到出身巳來補牒優牒多奏補不依年限當曹先爲去年冬集選人全滿室長李溥張宗乂爲奏補不依年限駁放後便值兵火失墜補牒優牒申中書門下取裁欲依判成選人失墜文書例出給公憑奉勑宜令所司各出給失墜文書公憑候叅選日磨勘理本官選限外仍各殿兩選應乾祐六年已來及自今後如有齋郎奏補後年限滿令定冬集下狀投補室長時有違格勑不依年限者違一年殿兩選二年殿三選違二年巳上者不在施行之限仍勑下後殿選餘並準前後格勑施行

九月勑朝廷命官分治州縣至於招安戶口增益稅租明立賞科以勸勤吏近朝釐革繼有勑文俱未適中雖仍舊貫晉代則傷於容易啓僥倖之門漢朝則過作艱難妨進趨之路既非允當須議改更宜令應州縣官所招添到戶口課績自今日巳前經任者並準天福八年三月十日勑施行其漢乾祐三年七月[illegible]十[illegible]不行[illegible]令後人[illegible]縣令主簿招添到戶口其二戶巳下縣每增添滿二百戶者減一選三千戶巳下縣每三百戶減一選五千戶巳下縣每四百戶減一選万戶巳下縣每五百戶減一選并所有增添戶及租稅並須分明於曆子解由內錄都數若是減及三選巳上更有增添及戶數者縣令與改服色巳賜緋者與轉官其主簿與加階轉官

十月勑選部公事比置三銓所有負關選人分在三處每至注擬之際貧敘難得相當況又今年選人不多宜令三銓公事併爲一處委本司長官通判同商量可否施行所冀論選得中銓綜有序其吏部尚書銓見闕宜差禮部尚書王易權判

二年三月勑應京諸司職掌赴西京冊廟行事八十有六人宜令吏部南曹引驗出身歷任行事無遺闕曆子委無遺礙與各減一選如有今年冬初合格又巳過選者銓司注官日與加一階其不該選數巳經待奏者減一年勞

十一月詔曰古者立封樹之制定喪葬之期著在典經是爲名教洎乎世俗衰薄風化陵遲親歿而多闕送終身後而便爲無主或羈束於仕宦或拘忌於陰陽旅櫬不歸遺骸何託但以先王垂訓孝子因心非以厚葬爲賢只以稱家爲禮掃地而祭尚可以告虔負土成墳所貴乎盡力宜頒條令用警因循庶使九原絕抱恨之魂千古無不歸之骨應內外職官及　選人等今後有父母祖父母亡歿未經遷葬其主家之長不得輒求仕進所由司亦不得申舉解送如是卑幼在下者不在此限其合赴舉選者或是葬事禮畢或是卑幼在下勤於所納家狀內具言不得罔冒宜令御史臺及逐處長吏本司長官所由司覺察申舉其中有兵戈阻隔或是朝廷特恩除拜起復追徵及內外官軍職員皆以金革從事並不拘此例

三年五月勑近日多有諸色出選門州縣官累經中書陳狀援引從前勑文乞除官事中書先以乾祐二年二月十日勑文以此難議施行今將巳前勑文詳酌可否特與條貫庶無淹滯應前後出選門州縣官內有十六考敘朝散大夫階次亦令升歷任中曾昇朝及兩使判官五府少尹罷任後壹周年除官曾任兩蕃營田判官書記支使防禦團練判官罷任後貳周年與除官並許經中書陳狀點檢不欠年限當與施行選期既近不得依常選人例更理減選仍須分明批書曆子請給解由若是逃失戶口降資考弟及顯有過犯必行殿降應諸色選人過犯三選巳上及未成資考丁憂課績官無選可減者宜令自於吏部南曹投狀准格勑磨勘無違礙申送中書門下並與除官其州縣官自恐虧損年限資序歸選門者亦聽自便如或曾任推巡軍事判官等并諸色出選門官並據見任官選數敘理取解赴集依格勑磨勘送名中書門下於銓司注擬前先次除官所有諸色常選人皆自有選限合赴常調今後不得妄有陳乞及不依格勑論理功課如違當行舉勘若是特恩除授及權才未任

府六百三十四　九

府六百三十四　十

不拘此例

十一月勑郊礼行事官並差在京求仕官充各據出身歷任子細研勘委無違礙方得差補如曾有殿犯除名免官勒停等人未經恩洗雪者不在收補之限若已取解及免取解赴選在外未欠者不得著人承替如收補行事後將來赴選南曹磨勘別有違礙所補官司與本人並當勘斷是月勑天下縣邑素有等差歷年月以既深或增損之不一其中有户口雖衆地望則卑地望雖高而户口至少每至調集不便銓衡及有久歷官途却授隘狹之縣纔昇仕進便臨繁庶之民宜立成規庶叶公共應天下縣除赤縣畿縣次赤次畿外其餘三千户已上爲望縣二千户已上爲緊縣一千户已上爲上縣五百户已上爲中縣不滿五百户爲中下縣選人資叙合入下縣者今許入中下縣宜令所司據今年天下縣户口數定望緊上中下次第聞奏吏部格式據户部今年諸州府所管縣分列户口數目定合爲望縣者六十四緊縣七十上縣一百二十四中縣六十五中下縣九十七欲依所定移銓曹從之

顯德元年正月赦文應祗奉郊廟職掌人員並與恩澤其行事官已勘無違礙者候銓司移省後各與除官合來年集者候將來授任仍並加一階欠三選至五選者減一選欠六選已上減兩選幕職並與減一年如欠月限不及一年者便與除官仍轉官資其諸色選人駮放皆依格勑其間小小違礙可以情恕者並條奏以聞

世宗顯德二年正月詔在朝文資官曾歷藩郡賓職州縣官者宜令各舉堪爲令錄者一人除官之日仍署舉主姓名若在官貪濁不公懦弱不理或職務曠闕或剖斷乖違並量事狀或輕連坐舉主

三年十月詔曰諸司職員皆係奏補當執役之際悉藉公勤及任事之時尤資幹敏苟非慎擇漸致因循應諸司寺監今後收補職役人等並須人材俊利身言可採書扎堪中自前行止委無訛濫者本司関送吏部吏部引驗人材狀考筆扎其中者更具引驗可否連所試書跡并本州府不係色役迴文及正身引送中書後吏部具夾名聞奏候勑下勒本司補收餘從前後格勑處分每年只得一度奏補其諸司寺監舊額定人數仍令所司量公事繁省於未奏補人數内酌詳添減別爲定額先是諸司奏補官吏於身言筆扎之間多不暇擇以至有不能率其職者自此出之後物議以爲允當

五年正月詔曰職官收設數易則弊生政理所施久行則民信前典有三載考績之義昔賢垂三年報政之規將欲化民莫如師古諸道幕職州縣官依舊制以三十箇月爲官滿起今年正月一日後所授官並以三周年爲月限閏月不在其内每年常調選人及諸色求仕人取十月一日已前到京下納文解及疏乞文狀委所司依舊例磨勘注擬至十二月上旬終並須了畢使令赴官限二月終已前到任若違程仰本處不得放上且令舊官在任如是無故違程依格殿選其有故違程者須分明出給得所在憑由許至前冬赴集今年赴任者不在此例其特勑除授及隨幕判官赴任不拘時月之限應授官人至滿日替人未到間宜令且守本官主當公事依舊請俸州府亦不得差署攝官替下如是遭喪停任身故假滿非時闕官之時只可差前資正官及有出身人承攝如逐處無正官又有出身人即選清彊人承攝仍依正官例支與俸錢具名奏聞

閏七月吏部流内銓狀申見行條件公事銓司先准格例南曹十一月末開宿判成選人後先具都數申銓銓司據狀使牓示選人引納京諸司職官使　家狀及試判紙三度牓引得齊足方至十二月上旬内定日鏁銓者銓司若候南曹十月内開宿引納家狀慮恐遲滯今後纔南曹鏁宿後先牓示選人預納家狀其合保文狀使識官司使印限開曹後兩日内赴銓送納須得齊足如限内不納到家狀保狀試紙人便具姓名落下不在續納

之限據納到文狀至十月二十二日已前鏁銓先准格例鏁銓後便膀示引驗正身告赤文書三引都九日云三度引不到者便落下銓司自今後鏁銓日便膀示選人至次日引驗正身及告示文書限三日内三引畢如不到者便落下每年南曹判成選人中多有託故不赴銓司准格例伺候須及三引計九日不到者方始落下銓司今後有此色人逐引不到便據姓名落下先准格諸色選人三引畢後覆使印保狀赴銓并合保後縣令録事參軍重引驗合保審其才術銓司欲三引後次日内重引驗令録審其才術及合保如限内一不到者便據姓名落下銓司引驗後本行准格敕及將銓狀歷任告敕文書限三日内點檢無違礙具名銜聞報試判注擬所有選人歷任省草於未注官已前相次修寫帖送過院選人所合注便負關鏁銓後便具狀申中書門下乞降指揮應選人試判今欲鏁銓内預准敕於中書省請印到逐人試紙牒點檢畢閑習名銜磨定次日便定日

試判三場逐場次日申奏後限兩日内供納宣黄後次日乞降可否敕命銓司自前注擬諸色選人准格三注每一注内有不伏官者限叁日内具狀通退三注都九日者銓司自今後第一第二注膀出後各限次日内具通官伏官文狀便具姓名落下第三注畢日開銓不在通官之限三注都伍日准格銓司從省逐年二月二十五日送門下省畢三月十五日過官畢三月三十日進黄移省畢銓司三擬畢後省申案便於格式司逐注旋旋覆關入官過院條寫省歷至十一月十四日已前牒送門下省畢銓司門下省押定牒到取兩日祗候取判過堂次日乞降可否堂帖其黄甲限四日内修寫勾勘印署至十二月六日牒送門下省至十二月九日進黄畢所有商謝對敕元在格限外應行内諸司公事咸有忏繫申銓取裁銓司便准敕格指揮如銓司難議裁酌即申堂取裁

冊府元龜卷第六百三十四

銓選部六

考課

設官分職以序上下能黜六以正賞罰王者之大柄也故周禮大宰之職三歲大計群吏之理而誅賞之又曰廢置以馭其吏斯皆考課之謂也是知明試以稽其功循名以覈其實使校比之典不可得而踰賢愚之分不可得而亂斯二帝所以端拱而治三代所以直道而行者也漢魏而下制度詳究或斟酌前訓將以適時或講求通議於焉垂範至於總裁理要沉汰流品諭事底績咸可明徵稽古憲章於是乎在蓋夫以衆職熙百志使官修其方而上無虛授者莫不由茲道也

帝舜曰咨汝二十有二人（禹垂益伯夷夔龍六人新命有職及四岳十二牧凡二十二人）欽哉惟時亮天功（各敬其職惟是乃能信立天下之功）三載考績三考黜陟幽明（三年有成故以考功九歲則能否幽明有别黜退其幽者升進其明者）庶績咸熙分北三苗（考績法明衆功皆廣三苗幽暗分北流之不令相從善惡明）

漢元帝建昭中京房為郎時西羌反日蝕又久青無光數召見問房對曰古帝王以功舉賢則萬化成瑞應著末世以毀譽取人故功業廢而致災異宜令百官各試其功災異可息詔使房作其事房奏考功課吏法（令丞尉治一縣崇教化亡犯法者輒遷有盜賊滿三日不覺者則尉事也令覺之自除二尉負其罪率相准如此法）帝令公卿朝臣與房會議温室皆以房言煩碎令上下相司不可許帝意鄉之（師古曰鄉讀曰嚮）時部刺史奏事京師帝召見諸刺史令房曉以課事刺史復以為不可行唯御史大夫鄭弘光祿大夫周堪初言不可後善之後帝令房上弟子曉知考功課吏事者欲試用之房上中郎任良姚平願以為刺史試考功法臣得通籍殿中為奏事以防雍塞（雍讀曰壅）石顯五鹿充宗皆疾房欲遠之建言宜試以房為郡守（師古曰建立議也）帝於是以房為魏郡太守秩八百石居得以考功法治郡房自請願無屬刺史得除用他郡人自第吏千石以下（令長丞尉屬縣吏得自課第其殿最）歲竟乘傳奏事（傳竹戀切）天子許焉房至郡坐與淮陽王舅張博通謀誅

後漢明帝永平九年四月詔令司隸校尉部刺史歲上墨綬長吏視事三歲已上理狀尤異者各一人與計偕上（偕俱也令與計吏俱上）及尤不政理者亦以聞

順帝時梁國陳令韋義數上書陳宜依古典考功黜陟徵集名儒大定其制

魏太祖建安中為丞相倉曹屬劉廙書論治道曰昔者周有亂臣十人有婦人焉九人而已孔子稱才難不其然乎明賢者難得也況亂弊之後百姓凋盡士之存者蓋亦無幾股肱大職及州郡督司邊方重任雖備其官亦未得人也此非選者之不用意蓋才匱使之然耳況於長吏以下群職小任能皆簡練備得其人也其計莫如督之以法不爾而數轉易往來不已送迎之煩不可勝計轉易之間輒有姦巧既於其事不省而為政者亦以其不得久安之故知惠益不得成於己而苟且之可免於患皆將不念盡心於卹民而夢想於聲譽此非所以為政之本意也今之所以為黜陟者近頗以州郡之毀譽聽往來之浮言耳亦皆得其事實而課其能否也長吏之所以為佳者奉法也憂公也卹民也此三事者或州郡有所不便往來者有所不安而長吏執之不已於治雖得計其聲譽未為美闕而從入於治雖失計其聲譽必集也長吏皆知黜陟之在於此也亦何能不去本而就末哉以為長吏皆宜使小久足使自展歲課之能三年總計乃加黜陟課之皆當以事不得依名事者皆以戶口率其墾田之多少及盜賊發興民之亡叛者為得負之計如此行之則無能之吏脩名無益有能之人無名無損法之一行雖無部司之監姦譽妄毀可得而盡事（一本無事字）太祖甚善之

文帝黃初初為尚書陳群制九品格登用皆由於中正考之簿世然後授任

明帝青龍中以盧毓為吏部尚書時此諸葛誕鄧颺等馳名譽

有四窻八達之誚帝疾之時舉中書郎詔曰得其人與否在盧生耳選舉莫取有名名如畫地作餅不可啖也毓對曰名不足以致異人而可以得常士常士畏教慕善然後有名非所當疾也愚臣既不足以識異人又主者正以循名按常爲職但當有以驗其後故古者敷奏以言明試以功今考績之法廢而以毀譽相進退故眞僞混雜虛實相蒙帝納其言即詔作考課法景初中散騎常侍劉劭以士人毀稱是非混雜辯劭受詔作都官考課劭上疏曰百官考課王政之大較然而歷代弗務是以治典闕而未補能否混而相蒙陛下以上聖之宏略愍王綱之弛頹神慮內鑒明詔外發臣奉恩曠然得以啓矇輙作都官考課七十二條又作說略一篇臣學寡識淺誠不足以宣暢聖旨著定典制事下三府司空掾傅嘏難劭曰蓋聞帝制宏深聖道奧遠苟非其才則道不虛行神而明之存乎其人暨乎王略虧頹而曠載罔綴微言既沒六籍混玷何則道弘致遠而衆才莫

晞也案劭考課論雖欲尋前代黜陟之文然其制度略以闕亡禮之存者惟有周典外建侯伯藩屛九服內立列司筦齊六職土有常貢官有定則百揆均任四民殊業故考績可理而黜陟易通也大魏繼百王之末承秦漢之烈制度之流靡所脩采自建安以來至于青龍神武撥亂肇基皇祚埽除凶逆芟夷遺寇旌旗卷舒日不暇給及經邦治戎權法並用百官群司軍国通任隨時之宜以應政機以古施今事雜義殊難得而通也所以然者制宜經遠或不切近法應時務不足垂後夫建官均職清理民物所以立本也循名考實糾勵成規所以治末也本綱未舉而造制末呈國略不崇而考課是先懼不足以料賢愚之分精幽明之理也昔先王之擇才必本行於州閭講道於庠序行具而謂之賢道脩則謂之能鄉老獻賢能于王王拜受之舉其賢者出使長之科其能者入使治之此先王收才之義也方今九州之民爰及京城未有六鄉之舉其選才之職專任吏部案

品狀則實才未必當任薄伐則德行未爲敘如此則殿最之課未盡人才述綜王度敷贊國式體深義廣難得而詳也又司隸校尉崔林議曰按周官考課其文備矣自康王以下遂以陵遲此即考課之法存乎其人也及漢之季其失豈在乎佐吏之職不密哉方今軍旅或猥或卒備之以科條申之以內外增減無常固難一矣且萬目不張舉其綱衆毛不整振其領臯陶仕虞伊尹臣殷不仁者遠五帝三王未必如一而各以治亂易曰易簡而天下之理得矣太祖隨宜設辟以遺來今不患不法古也以爲今之制度不爲疏闊惟在守一勿失而已若朝臣能任仲山甫之重式是百辟則孰敢不肅又散騎黄門侍郎杜恕以爲用不盡其人雖才且無益所存非所務所務非世要上疏曰書稱明試以功三考黜陟誠帝王之盛制使有能者當其官有功者受其祿譬猶烏獲之舉千鈞良樂之選驥足也雖歷六代而考績之法不著關七聖而課試之文不垂臣誠以爲其法可粗

依其詳難備舉故也語曰世有亂人而無亂法若使法可專任則唐虞可不須稷契之佐殷周無貴伊呂之輔矣今奏考功者陳周漢之法爲綴京房之本旨可謂明考課之要矣於以崇揖讓之風興濟濟之治臣以爲未盡善也其欲使州郡考士必由四科皆有事效然後察舉試辟公府爲親民長吏轉以功次補郡守者或就增秩賜爵此最考課之急務也臣以爲便當顯其身用其言使具爲課州郡之法法具施行立必信之賞施必行之罰至於公卿及內職大臣亦當俱以其職考課之也古之三公坐而論道內職大臣納言補闕無善不紏無過不舉且天下至大萬機至衆誠非一明所能徧照故君爲元首臣作股肱明其一體相須而成也是以古人稱廊廟之材非一木之枝帝王之業非一士之略由是言之焉有大臣守職辨課可以致雍熙者哉且布衣之交猶務信誓而蹈水火感知已而披肝膽徇聲名而立節義者况於束帶立朝致位卿相所務者非特匹夫之

信所感者非徒知己之惠所徇者豈聲名而已乎諸夔龍稷受重任者不徒欲舉明主於唐虞之上而已身亦欲厠稷契之列是以古人不患於危治之心不盡患於自任之意不足此誠人主使之然也唐虞之君委任稷契夔龍而責成功及其罪也殛鯀而放四凶今大臣親奉明詔給事目下其有夙夜在公恪勤特立當官不撓貴勢執平不阿所私危言危行以邀朝廷者自明主所察也若尸祿以爲高拱嘿以爲智當官苟在於免負立朝不忘於容身絜行遜言以邀朝廷者亦明主所察也誠使容身保位無放退之辜而盡節在公抱見疑之勢公義不脩而私議成俗雖仲尼爲謀猶不能盡一才又況於世俗之人乎今之學者師商韓而上法術競以儒家爲迂闊不周世用此最風俗之流弊創業之所致謹也後考課竟不行

晉武帝泰始中河南尹杜預以京師王化之始自近及遠凡所施論務崇大體受詔爲黜陟之課其略曰臣聞上古之政因循

自然虛己委誠而信順之道應神感心通而天下之理得逮至淳樸漸散彰美顯惡設官分職以頒爵祿弘宣六典以詳考察然猶倚明哲之輔建忠貞之司使名不得越功而獨美功不得後名而獨隱皆疇咨博詢敷奏以言及至末世不能紀遠而求於密微疑諸心而信耳目疑耳目而信簡書簡書愈繁官方愈僞法令滋章巧飾彌多昔漢之刺史亦歲終奏事不制算課而清濁粗舉魏氏考課即京房之遺意其文可謂至密然由於累細以違其體故歷代不能通也豈若申唐堯之舊去密就簡則簡而易從也夫宣盡物理神而明之存乎其人去人而任法則以傷理今科舉優劣莫若委任達官各考所統在官一年以後每歲言優者一人爲上第劣者一人爲下第因計偕以名聞如此六載主者總集採按其六歲處優舉者超用之六載處劣舉者奏免之其優多劣少者敘用之劣多優少者左遷之考課之品所對不鈞誠有難易若以難取優以易而否主者固當準量輕重微加降殺不足復曲以法盡也己丑詔書以考課難成聽通薦例薦例之理即亦取於風聲六年頓薦黜陟無漸又非古者三考之意也今每歲一考則積優以成陟累劣以取黜以士君子之心相處未有官故六年六黜清能六進否劣者也監司將亦隨而彈之若令上下公相容過此爲清議大頹亦無取於黜陟也五年詔曰古者歲書群吏之能否三年而誅賞之諸令史前後但簡遺疎劣而無有勸進非黜陟之謂也其條勤能有稱尤異者歲以爲常吾將議其功勞

惠帝元康中吏部尚書劉頌建九班之制欲令百官居職希遷考課能否明其賞罰賈郭專朝仕者欲速竟不施行【南齊東昏侯永元元年考課百司

後魏太武太延元年詔曰操持六柄王者所以統攝平政理訟公卿之所司存勸農平賦宰民之所專急盡力三時黔首之所克濟各脩其分謂之有序今吏不然何以爲治越職侵局綱紀

紛亂上無定令民知何從自今以後士匿避難羈旅他鄉皆當歸還舊居不問前罪民相殺害牧守依法平決不聽私輒報復敢有報者誅及宗族隣伍相助與同罪州郡縣不得妄遣吏卒煩擾民庶若有發調縣宰集鄉邑三老計貲定課裒多益寡九品混通不得縱富督貧避強侵弱覆檢能否覈其殿最列言屬州刺史明考優劣抑退姦吏升進貞良歲盡舉課上臺牧守荷治民之任當宣揚恩化奉順憲典與國同憂直道正身肅居官次不亦善乎【孝文延興二年十二月詔曰書云三載考績三考黜陟幽明頃者以來官以勞昇未久而代牧守無恤民之心競爲聚斂送故迎新相屬於路非所以固民志隆治道也自今牧守溫仁清儉克己奉公者可久於其任歲積有成遷位一級其有貪殘非道侵削黎庶者雖在官甫爾必加黜罰著之於令永爲彝準

五年二月詔定考課明黜陟

太和十五年十一月考諸牧守

十八年春太子太保錄尚書事廣陵王羽奏外考令文每歲終州鎮列牧守治狀及至再考隨其品第以彰黜陟去十五年中在京百僚盡已經考爲三等此年便是三載雖外有成令而內令未班內外考察理應同等臣輒推准外考以定京官治行詔曰雖內考未宣績已久著故明堂月令載公卿大夫論考屬官之與合職區分著三公尚書三載殿最之義此之考內已爲明矣但論考之事理在不輕問績之方應關朕德輒尔輕發殊爲躁也今尋考之義應在年終既云此年何得春初也今始維夏且待至秋帝顧謂羽曰考課之法上下二等可爲三品中等但爲一品所以然者上下是黜陟之科故旌絲髮之美中等守本事可大通帝又謂尚書等曰卿等在任年垂二周未嘗進一賢退一不肖此二事罪之大者謂羽曰汝居樞端之任在職以來功勤之績不聞於朝阿黨之音頻干朕聽今黜汝錄尚書廷尉但居特進太保自尚書令僕以下凡黜退二十餘人皆舉遺闕諸如此比黜官者令一年之後仕官如初【九月壬申詔曰三載考績自古通經三考黜陟以彰能否今若待三考然後黜陟可黜者不足爲遲可進者大成賒緩是以朕今三載一考考即黜陟欲令過滯無妨於賢者才能不擁於下位各令當曹考其優劣爲三等六品已下尚書重問五品已上朕將親與公卿論其善惡上上者遷之下下者黜之中中者守其本任壬午帝臨朝堂親加黜陟

十九年十月詔諸州牧精品屬官考其得失爲三等之科以聞將親覽而昇降焉

宣武初尚書令王肅奏考以顯能陟由績著昇明退闇於是乎在自百寮曠察四稔于茲請依舊式考檢能否從之

景明二年六月考諸州刺史加以黜陟

永平四年十二月詔曰進善退惡治之通規三載考察政之明典正始二年以來于今未考功過難齊寧無昇降從景明三年至永平四年通考以聞（詔員外常侍鎮遠將軍劉懋立考課之科明黜降之法甚有條貫）太保領太尉侍中高陽王雍以帝須考陟之法上表曰竊惟三載考績百王通典今任事上中者三年昇一階散官上第者四載登一級閑冗之官本非虛置或以賢能而進或因累勤而舉如其無能不應忝茲高選或征官外戍遠使絕域催督逋懸察撿州鎮皆是散官以充劇使及於考陟排同閑伍竊據散官之人非是皆劣稱事之輩未必柔賢而考閑以多年課寡以少歲上乖天澤之均下生不等之苦又尋景明之格無析考之文正始之奏有與奪之級明參差之考非聖慈之心改典易常乃有司之意又尋考級之奏妄於任事之手決議科勤絕於散官之筆遂使在事者得展自勤之能散輩者獨絕披襟之所抑以上下之閱限以首格之判致使近侍禁職抱槃屈之亂禁衛武夫懷不申之恨欲就平四海何以獲諸又散官在直一玷成尤衡使懲失毫毛即坐徽纆所逮未以事之閑劇節慶之賚不以祿微加賞罪殿之犯未殊任事考陟之機推年不等臣聞君舉必書書而不法後代何觀詩云王事靡盬不遑啓處又曰豈不懷歸畏此簡書依依楊柳以敘治兵之役霏霏雨雪又申振旅之勤若折往來日月便是抵微之詩廢杕杜之歌罷又任事之官吉凶請假定省掃拜動歷十旬或因患重請告動輒經歲征役在途勤泰百倍苦樂之勢非任事之倫在家私閑非理務之日論優語劇先宜折之武人本挽上格者爲羽林次格者爲虎賁下格者爲直從或累紀征戍靡所不涉或帶甲連年負重千里或經戰損傷或年老衰竭今試以本格責其如初有爽於先退階奪級此便責以不衰理未通也又蕃使之人必抽朝彥或歷嶮千餘或履危萬里發有死亡之憂咸懷不返之慼魂骨寄忠以戶將命況朝賞格酬以爵品今朝改式上及階勞折以代考方乖使望非所以獎勵皇華而敦崇四牡者也復尋正始之格汎後任

事上中者三年昇一階汎前任事上中者六年進一級三年一考自古通經今以汎前六年昇一階檢無愆犯倍年成級以此推之明以汎代考新除一日同霑階榮下第之人因汎上陟上第之士由汎而退王臣又見部尉資品本居流外刋諸明令行之已久然近爲里巷多盜以其威輕不肅欲進品清流以壓姦宄甄琛啓云爲法者施而觀之不便則改竊謂斯言有可採用聖慈照覽更高宰尉之秩今考格始宜懷怨者臣竊觀之亦謂不可有光國典政之何難帝乃引雍共論時務徐州刺史蕭寶寅又論曰方今守令厥任非輕及考課悉以六載爲程既而限滿代還復經六年而叙是則歲周十二始得一階於東西兩省文武閑職公府散佐無事冗官或數旬方應一直或弦望止於暫朝及其考日更得四年爲限是則一紀之內便登三級彼以實勞劇任而遷貴之路至難此以散位虛名而昇陟之方甚易何內外之相懸令厚薄之如是其後尚書右僕射郭祚又奏曰

謹按前後考格雖班天下如臣愚短猶有未悟今須定職人遷轉由復超越階級者即須量折景明初考格五年者得一階半正始中故尚書中山王英奏考格被旨但可正滿三周爲限不得計殘年之勤又去年中以前二制不同奏請裁決旨云黜陟之體自依舊來常斷今未審舊來之旨爲從景明之斷爲從正始爲限景明考法東西兩省文武閑官悉爲三等考同任事而前尚書盧昶奏上第之人三年轉半階今之考格復分爲九等前後不同參差無准詔曰考在上中者得汎以前有六年已上遷一階三年已上遷半階殘年悉除考在上下者得汎以前六年已上遷半階不滿者除其得汎以後考在上下者三年遷一階散官從盧昶所奏祚又奏言考察令公清獨著德績超倫而無負殿者爲上上一殿爲上中二殿爲上下累計八殿品降至九未審今諸曹守寺凡考在事公清然才非獨著績行稱務而德非超倫幹能短可而守平堪任或人用小劣處官審慎不全無負殿之徒爲依何第景明三年以來至今十有一載准限而判三應昇退今既通考未審爲十年之中通其殿最積以爲第隨前後年斷各自除其善惡而爲昇降且負注之章數成殿爲差此條以寡愆爲最多戾爲殿未審取何行是寡愆何坐爲多戾結累品次復有幾等諸文按失衷應長十者爲一負罪依律諐過隨負記十年之中三經肆眚赦前之罪不問輕重皆蒙宥免或爲御史所彈案驗未周遇赦復任者未審記殿得除以不詔曰獨著超倫及才備寡咎皆謂文武兼上上之極言耳自此已降猶有八等隨才爲次令文已具其積負累殿及守平得濟皆含在其中何容別疑也所云通考者據總多年之言至於黜陟之體自依舊來年斷何足復請其罰贖已決之殿固非免限遇赦免罪惟記其殿者除之

延昌二年將大考百寮員外常侍領三公郎崔鴻以考令於體例不通乃建議曰竊惟王者爲官求才使人以器黜陟幽明揚

清激濁故績效能官才必稱位者朝昇夕進年歲數遷豈拘一階半級閡以常資等位者或二漢以降太和已前苟必官須此人人稱此職或超騰峻陟數歲而至公卿或長兼試守稱允而不遷進者披卷則人人而是舉目則朝貴皆然故能時收多士之譽國號豐賢之美竊見景明以來考格三年成一考一考轉一階貴賤內外萬有餘人自非犯罪不問賢愚莫不上中才與不肖比肩同轉雖有善政如黃龔儒學如王鄭才史如班馬文章如張蔡得一分一寸必爲常流所攀選曹亦抑爲一槩不督甄別琴瑟不調改而更張雖明旨已行猶宜消息宣武不從

孝明孝昌元年二月詔曰勸善黜惡經國茂典其令每歲一終郡守列令長刺史列守相以定考課辨其能否若有濫謬以考功失衷論

隋文帝開皇六年二月制刺史上佐每歲暮更入朝上考課盧昌衡爲徐州總管長史甚有能名吏部尚書蘇威考之曰德爲

人表行爲士則論者以爲美談

仁壽中秦州總管録事參軍房彥謙嘗因朝集時左僕射高熲定考課彥謙謂熲曰書稱三載考績黜陟幽明唐虞以降代有其法黜陟合理褒貶無虧便是進必得賢退皆不肖如或舛謬法乃虚設比見諸州考校執見不同進退多少參差不類况復愛憎肆意致乖平坦清介孤直未必高第卑諂巧官翻居上等直爲眞僞混淆是非瞀亂宰貴既不精練斟酌取捨曾經驅使者多以蒙識復成末歷臺省者皆爲不知被退又四方懸遠難可詳悉唯量人數半破半成徒計官員之少多莫顧善惡之衆寡欲求允當其道無由明公鑒達幽微平心遇物今所考校必無阿枉脫有前件數事未審何以裁之唯願遠布耳目精加採訪褒秋豪之善貶纖介之惡非直有光至治亦足標獎賢能詞氣侃然觀者屬目熲爲之動容深見嗟賞因歷問河西隴右官人景行彥謙對之如響熲顧謂諸州總管刺史曰與公言不如

獨與秦州考使語後數日熲言於帝帝弗能用

煬帝大業二年七月制百官不得計考增級必有德行功能顯著者擢之

五年正月詔太守每歲上屬官景迹

是年爲潁川郡丞敬肅朝東都帝令司隸大夫薛道衡爲天下郡官之狀肅曰心如鐵石老而彌篤

唐高祖武德二年二月帝親閱群臣考績以李綱孫伏伽爲上帝初受禪以舞人安叱奴爲散騎侍郎綱上疏論諫伏伽亦諫貢獻琵琶弓箭者及請擇正人爲太子諸王師友皆言詞激切故皆陟其考第以旌寵之

太宗貞觀元年二月詔刺史縣令已下官人若能使婚姻及時鰥寡數少量准戶口增多以進考第如其勸導乖方失於配耦准戶口減少以附殿失

三年尚書右僕射房玄齡及侍中王珪掌內外官考治書侍御史權萬紀奏其不平追桉勘問王珪不伏舉桉帝付侯君集推問秘書監魏徵奏稱必不可推鞫且玄齡王珪國家重臣俱以忠直任使其所考者既多或一人兩人不當終非有阿私若即推繩此事便不可信任何以堪當重委假令錯謬有實未足虧損國家窮鞫若虚失委大臣之體且萬紀比來常在考堂必有乖違足得論正當時鑒見初無陳說身不得考方始糾彈徒發在上瞋怒非是誠心爲國無益於上有損於下所惜傷於理體不敢有所阿爲遂釋不問

六年監察御史馬周上疏曰臣竊見流內九品已上令有等第而自比年入多者不過中上未有得上下以上考者臣謂令設九等正考當今之官必不施之於異代也縱朝廷實無好人猶應於見在之内比校其尤善者以爲上第豈容皇朝之士遂無堪上下之考者朝廷獨知貶一惡人可以懲惡不知褒一善人足以勸善臣謂宜每年選天下政術尤最者一二人爲上上其

次爲上中其次爲上下則中人以上可以自勸

十一年正月十三日勅散位一切以門蔭結階品然後依勞進叙凡入仕之後遷代則以四考爲限四考中中進年勞一階每一考中上進一階一考上下進二階五品已上非特恩刺史無進階之令唐制考課之法有德義清慎公平恪勤各一善自近侍至于鎮防並據職事日爲之最凡二十七最一最以上有四善爲上上一最以上有三善或無最而有四善爲上中一最以上有二善或無最而有三善爲上下一最以上有一善或無最而有二善爲中上一最以上或無最而有一善爲中中職事粗理善最不聞爲中下愛憎任情處斷乖理爲下上背公向私職務廢闕爲下中居官諂詐及貪濁有狀爲下下若於善最之外別有可嘉尚及罪雖成殿而情狀可矜或雖不成殿而情狀可責者省校之日皆聽考官臨事量定諸州縣官人撫育有方戶口增益者各准見戶爲十分論每加一分刺史縣令各進考一等增戶口謂課丁率一丁同一戶法增不課口者每五口同一丁例其有破除者得相折其州戶不滿六千縣戶不滿五百者各准五千五百戶法爲分若撫養乖方戶口減損者各准增戶法亦每減一分降一等課謂及不課並准上文其勸課田農能使豐殖者亦准見地分爲十分論每加二分各進考一等此謂永業口分之外別能墾起公私荒田者其有不加勸課以致減損者謂課永業口分之內有荒廢者每損一分降考一等若數處有功並應進考者並聽累加

高宗上元二年大理寺丞狄仁傑考中上考使尚書左僕射劉

仁軌以新任不錄大理卿張文瓘稱獨知理司之要仁軌大慙乃
問公斷幾何獄文瓘曰歲竟凡斷一萬七千八百人仁軌乃揖
爲上下考
三年金州刺史滕王元嬰頗縱驕逸動作無度高宗與書戒之
極爲至切又勑之曰朕以王骨肉至親不能致王於理今書王
下下考以媿王心
開耀元年十一月二十三日詔縣令有聲績可稱先宜進考貢
外郎侍御史京兆河南判司及自餘清望官先於縣令內簡擇
中宗神龍中御史中丞盧懷慎上疏曰臣聞孔子曰爲邦百年
可以勝殘去殺又曰苟有用我者朞月而已三年有成故書云
三載考績校其功也子産賢者也其爲政尚累年而化成況其
常材乎竊見比來州縣官佐下車布政在任多者一二年少者
三五月遽即遷除不論課考或歷時未改便傾耳而聽企踵而
覘爭求冒進不顧廉恥亦何暇宣風布化求瘼恤人哉戶口流

散百姓凋弊職爲此也何則人知吏之不久則不從其吏吏知
遷之不遥又不盡其能偷安苟且脂韋而已又古之爲吏者長
子孫倉氏庾氏即其後也臣請都督刺史上佐兩畿縣令等在
任未經四考不許遷除察其課効尤異或錫以車裘或就加祿
秩或降使臨問并璽書慰勉若公卿有闕則擢以勸能政績無
聞祇犯貪暴者放歸田里以明賞罰致理救弊莫過於此劉秩爲左監門錄事參軍論曰昔周公使伯禽理魯三年而後報政周公曰何遲伯禽曰變其禮易其俗難所以遲太公理於齊五月而後報政周公曰何疾也曰因其俗簡其禮易所以疾孔子論之曰齊一變至於魯魯一變至於道由是而言勢不甚者理不速功不遠者考澤不深故堯舜三年而考三考而黜陟所以能盡其智術也近古人情敦樸未淳乎堯舜禮正樂和未愈於憂夏官賢吏能未齊於務周或一年而考或四考黜陟或比年而遷狩或歲時便遷或旬月升擢令長今日上明日離內有祀名義者即去之不其深考乘
玄宗開元三年正月五日勑內外官考未滿所司預補替人名
爲守訖將宜禁斷縱後有闕所由不得令上
六月詔每年十月委當道按察使較量理行殿最從第一
等至五等奏聞校考使乃戶部長官總詳覆諸州亦比類定爲
五等奏聞上等爲最下等爲殿中間三等以次定優劣改轉日
憑爲昇降仍令每年選舉人內准前條訪擇補置在任有術一
任中使狀有兩請兼戶口復業帶上考者選日優與內官其使
狀有一請兼帶上考者滿日不限選數聽集優與處分刺史第
一等量與京官若要在州未可除改者紫微黃門檢勘聞奏當
加優賞京官不曾任州縣官者不得擬爲臺省官吏部銓選委
任尤重比雖守職務在循常既限之以選勞或失之於求事選
日拔擢一二十人不須限以資次必須究其聲實不得妄相汲
引自古鄉舉里選實課人之淑慝其明經進士擢第者每年委
州長官訪察行業修謹書判可觀者三選聽集并諸色選人者
若有鄉閭無景行及書判全弱選數縱深亦不在送限崇化致
理必在得人獎善勸能義資師古皆有煩濫未聞釐革循名責
實其道不行爲人擇官人蠹猶在既復政理不可因循須加撿

勑以正頹弊
四年四月七日詔選人既得此銓注過謝了皆不及考遂使每
一年選人即虛破一年闕在於公私俱不利更自今已後官人
初上年宜聽通計年終已來滿二百日許其成考仍准選者例
至來年考時併校永爲常式
十二月詔曰撫字之道在於縣令不許出使多不得上考每年
選補皆不就此官若不優矜何以勸與其縣令在任戶口增益
界內豐稔清勤著稱賦役均平者先與上考不在當州考額之限
五年正月行幸東都勑行幸所經州宜令紫微黃門察訪刺史
上佐政術定作三等奏聞仍令於具員內撿上中下刺史上佐
有稱職者條錄奏聞將隨才錄用
六年二月詔曰與我共理惟良二千石必於其政然可化成承
前以來頗多僥倖但因入考即有改轉自今已後非灼然應黜
陟者更無遷易敦此風俗革其苟且又諸舊例列駕皆是諸親近

年以來頗多餘色先授者未能頓輟已後自循舊制去冬有因計入朝不可更令却往過考事了並量事敘用

十一年二月詔朱紫貴品皆據考勞人臣事君忠無二節至如泛階溥及義取半公豈獨清官偏得減考自今已後泛加階應入五品以十六考爲定入三品以三十考爲定其有明賢循德及異迹殊狀雖不拘泛階或因遷改之次年考與節限同者咸以名聞仍爲永例

十四年御史大夫崔隱甫充校外官考事舊例皆委參問經春未定隱甫召天下朝集使一時集省中一日校考便畢時人伏其敏斷十七年三月左丞相張說知京官考特注其子中書舍人均曰父教子忠古之善訓祈奚舉午義不務私至如潤色王言章施帝道載參墳典例絕常功恭聞前烈尤難以任豈以嫌疑敢挽綱紀考以上下

十八年詔京官考滿帶祿選有本司要籍奏留請不用闕者選

二十二年八月詔曰朕憂於理人委在牧宰雖已分命仍未盡誠如聞刺史新除所莅不過數月即營入計無心在州政教關如朝寄安在自今已後刺史到任皆不得當年入考若聲績捎著殊狀未遷何慮不安自歇汲汲其縣令差使先亦禁斷其間在遠猶自留連宜委諸道採訪使申明處分勿使如此

二十五年十二月令諸道採訪使考課官人善績三年一奏永爲常式其兩任聲實相副者爲昇進名聞

二十七年二月制曰古者三載考績黜陟幽明允叶大猷以勸天下比來諸道所通善狀但優仕進之輩與爲遷調之資責實循名或乖古義自今日已後諸道使更不須通善狀每至三年朕當自擇使臣觀察風俗有清白政理著聞者當別擢用

二十八年三月一日詔先是內外六品已下應補授官四考滿待替爲滿是日制令以歲爲滿不待替縣令知倉庫典等依循及充鑄錢等不在此限至其年十二月十六日詔內外六品已下官次替待替其無替者五考滿後停

天寶二年八月五日考功奏准考課令考前釐事不滿二百日不合成考者釐事謂都論在任日至考時有二百日即成考請假停務並不合破日比來多不會令文以爲不入曹局即不爲釐事因此破考臣等參量但請俸祿即同釐事請假不滿百日停務不至解免事雪却上其考並不合破若有停務逾年不同更請祿料兼與成考勑旨從之

三年正月制曰凡諸郡縣仍令太守縣令勸課農桑先處分不守縣令在任有增減戶口成分者所由司量爲殿最自今已後太守縣令兼能勾當租庸每年加數成分者特賜一中上考如三載之內皆有成分所司録奏超資與處分

八年正月二十三日勑所校內外官考准令京官正月三十日進單數二月三十日進擬名外官二月三十日進單數三月三

十日進擬名自今已後並了日一時擬名奏不須更進單數

六月七日吏部侍郎李彭年奏准例出身已來並合撿覆中間已敘五品勘責皆有所憑今重撿尋恐爲煩擾如曾經勘責敘成者請從五品已後勘撿其五品已前但勘考數足即爲進敘

勑旨依

十二年十一月詔曰循名責實所以激群吏也懲惡勸善所以務至公也而黜陟之非當何考課之足徵其內外文武官員外同正員并判試不釐務者既無別効兼有多年比來因循或與進考請頗紊擾節限緣此遂多踰越致令課最者見弃無功者獲昇獎勸之間殊非允當自今已後並不在進考之例其內外官初効亦不在與限臺省官考各委長官比類才能功課褒昇不得一例中送俾僥競息心功能勵節

十三載二月詔曰三載黜陟百王令典殿最之迹廉問攸繫頃更別遣使臣慮有煩擾今載宜委本道採訪使具官人善惡奏

聞以申勸沮
肅宗乾元二年二月御製郭子儀李光弼苗晉卿李揆李輔國
考辭
代宗寶應元年十月吏部奏准今年五月詔州縣官自今以後
宜令三考一替者今數州申解罷三考後爲復待替到爲復便
勒停請處分者今望令已成三考官待替到如替人不到請敍
四考後停
二年正月考功奏請立京外察樣京察連御史臺外察使分察
連諸道觀察使各訪察官吏善惡其功過有大事當奏聞者使
司按成使奏每年九月三十日以前具狀報考功其功過雖小
理堪懲勸者按成即報考功至校考日參驗事迹以爲殿最
閏月考功奏内外官等除合在定數外准勅並注其所適
既不入曹無憑檢考比來或有手書與見在同奏檢勘之時
成破不一文案混雜條流未明望等商量望請自今以後内外

文武員外郎正及試官除合在注外一切不在申校之限並聽
從校日計考准中中例敍用從之
永泰元年正月制曰刺史縣令寄以分憂罔察之人初須撫字
一夫不獲情甚納隍有能招緝逃亡平均賦稅增多戶口廣闢
田疇清節有聞課効尤著者宜委所在觀察具名聞奏即
令按覆超資擢授其有理無能政事昧贓私必當重加貶奪永
爲殿累中外察吏各揚其職無或曠官克副朕意
大曆元年十一月制曰國以人爲本人以農爲業須由師旅征
稅殷繁編戶流離田疇荒廢永言牧宰政切親人其刺史縣令
宜以招輯戶口墾田多少用爲殿最每年終委本道觀察節度
等使按覆聞奏如課績尤異當加超擢或政理無聞必寘科貶
八年十月勅中書舍人常袞諫議大夫杜亞起居郎劉灣左補
闕李翰考吏部選人判
十三年正月詔捉獲造僞及元兇殺盜等賊合上考者本州府

冨中刑部

册府元龜卷第六百卅五

冊府元龜卷第六百三十六

銓選部八

考課第二

唐德宗建中二年六月門下侍郎平章事盧杞奏准六典中書舍人給事中充監中外官考使重其事也今者有知考使無監考使伏望依前置監中外官考使依奏

貞元元年九月以刑部尚書關播吏部侍郎班宏爲校內外官考使十二月詔六品以下本州申中上考者納錢一千文市筆墨朱膠等者元置本五分生利吏部奏冗用有餘自今以後其外官考錢並請勒停依奏

二年九月考功奏校京官外官考使准舊例差定聞奏勑其校考使宜停其考課付所司准式校定

三年五月詔以停減天下官員其停官計日成兩考者准舊成資准常式兩考以下至來年五月三十日勳分

四年正月一日制戶口增加田疇墾闢者長吏加一階縣令減選優與處分及額內官勿更注擬見任者三考勒停

五年正月司勳員外郎判考功趙宗儒復行貶考之令自至德已來考績失實朝官刺史悉以中上考褒之善惡不別及是右司郎中獨孤良器殿中侍御史杜倫各以過犯免官尚書右丞裴郁御史中丞盧佋考之中上宗儒抗令文貶良器及倫考居中中又秘書少監鄭雲逵考其同官孫昌裔入上下宗儒覆授其考降入中上以雲逵褒進失中考之中以附之又刺史數其課效考之中上者不過五十人餘貶入中中褒貶稍明人知誡懼帝善之遷考功郎中

六年六月三日考功奏准天寶七年六月勑內外官初考無赴上日未考不具得替日便注破不在校限

是月又奏諸使下兼憲官及檢校郎官并諸色官充職掌者並仰本使每年具在使功課兼具考第申省

十一月制守宰之任獘在數更自今刺史縣令以四考爲限

七年八月考功奏准考課令諸司官皆據每年功過行能定其考第又准開元天寶以前勑朝官每司有中上考亦有中中考自三十年來諸司並一例申中中上考且課績之義不合雷同事久因循恐廢朝典自今以後諸司朝官皆須據每年功過行能仍比類格文定其昇降以書考第不得一例申中中上考應諸司官長書考不當三品已上具銜牒上中書門下四品以下依格令各准所失輕重考是月考功奏准諸司官皆據功過定其考等自至德後一切悉申中中上考今請覆其能否以定昇降從之

自諫議大夫給事中郎官有書中中考者尚書左丞趙退翁言前鷹果州刺史韋証坐贓廢請降其考校考使吏部尚書劉滋以退翁能言其過奏中上考

十二月校外官考使奏准考課令三品以上及同中書門下平章事並奏取裁注云親王及大都督亦同伏詳此文則職位崇

重考績褒貶有司皆合上奏今緣諸州刺史大都督府長史及上中下都督都護等有帶節度觀察使者方鎮既崇名禮當異每歲考績亦請奏裁其非察度觀察等州府長官有帶臺省官者請不在此限

八年七月右僕射崔寧書兵部侍郎劉迺上下考刑部侍郎兼京官校考班宏正議曰今吳荒靖難專在鄭制尺藉伍符不校省司去上多歷美之名下開趨競之路上行同容下必朋黨因削去之迺謝之曰迺雖不敏敢掠一美以徼二罪乎

十月以刑部尚書劉滋爲校外官考使吏部侍郎杜黃裳爲校京官考使給事中李巽宜監京官考中書舍人鄭珣瑜宜監外官考

九年七月制縣令以四考爲限無替者宜至五考

十年二月刑部奏准建中元年正月十七日勑諸州府五品以上正員及額內上佐宜四考停其左降官不在此限者五品左

降官既不許停祿料六品以下未復資已經四考者未曾移習
宜祿料代望亦許准給勑下祿料宜准天寶六載七月十四日
勑處分餘依常式
憲宗元和十四年十一月考功奏自今已後應注考狀但直言
某色行能某色異政并色樹置某色勞效推斷某色獄糾舉某
色事便書善惡不得更有虛美閑言其中以下考亦各言事狀
並不得失於褒貶如違攝所失輕重准令降書考官考又奏自
今以後其有政能卓異清苦絕倫者不在止於上下考限依奏
又奏據寶應二年勑御史臺分察使及諸道觀察使訪察官吏
善惡功過稍大事當奏聞者每年九月三十日具狀報考功功
過雖小理堪懲勸者按成即報考功至校日參驗事迹以為殿
最伏以近日功過都不牒報今後諸司不申報者州府本判官
便與下考在京諸司追節級料處本判官較課日量事大小黜
陟勑旨從之

穆宗元和十五年正月即位十二月尚書考功員外郎權判郎
中事李渤校定京官考請行昇黜上言曰宰臣蕭俛段文昌崔
植等當陛下君臨之初首任宰相安危理亂實在此時況陛下
思天下和平勵大臣禮節固未有朋比左右侈滿自賢之心而
宰相之權宰相之事陛下一以付之實宜化理千載一遇之時
也此時若失恐更無時而俛等上不能推至公明誠陳先王道
德以諧君心又不能正色匪躬振舉舊法復百司之本列教化
不立矣臣聞政之廢興在於賞罰俛等作相已來未聞獎一人
德義舉守官奉公者使天下在官之徒有所勸又不聞黜一人
職事不理持祿養交者使尸祿之徒有所懼如此則刑法不立
矣邪正莫辯混然無章教化不行賞罰不設天下之事復何望
哉一昨陛下政游幸驪山宰相與翰林學士是陛下股肱心腹
宜皆知之俛等不能先事未形志躬懇諫而使陛下有忽諫之
名流於史冊是陷君於過也孔子曰所謂大臣者以道事君不
可則止若俛等言不行諫不從須奉身疾退不宜尸素於化源
進退戾也何所避辭其蕭俛段文昌崔植三人并翰林學士杜
元穎等並請賜考中下御史大夫李絳左散騎常侍張惟素右
散騎常侍李益等諫幸驪山鄭覃等諫畋游是皆恐陛下行幸
道途漸遠自此恣情無度又思焉有銜橛不測之變風寒生疾
之憂急奏無所諱國璽委婦人中宰之手絳等能率御史紏以
兩省官大諫於朝有懇激事君之禮可以誡無言者其李絳張
惟素李益三人請賜上下考外特與遷官以彰陛下優忠賞諫
之美其崔元略冠供奉官之首合考上下緣與于暈上下考于
暈以犯贓處死准令須降請賜考中中大理卿許季同任使于
暈妻道中韋正牧皆以犯贓或左降或處死合考中下然須陷
劉闢之亂棄家歸朝忠節明著今宜以功補過請賜考中中少
府監裴通職事修舉合考中上以其請追封所生母而捨嫡母
是有同於君幽欺其先請賜考中下伏以昔者宰夫入寢獲罪

屠蒯李調令過臣守官諫書宰相翰林學士下考上虧聖運下
振頹綱故臣懼不言之為罪不懼言之為罪也今其三品官考
伏緣限在今月內進輒先具如前其四品以下官續具條流聞
奏狀入留中不下未幾渤以墜馬傷足請告中書門下准刑部
郎中馮宿權判考功宿以宰臣及三品以下官故事內校遂別
封以進翰林學士職居內署事莫得知請依尚書上考諫官御
史亦請仍舊並書中上考乃與李渤所奏異矣國朝考課令凡
校考以一年善惡為上下郎中校京官四品以下得隨事昇黜
三品以上通名清望官每歲進名內定不在有司渤雖欲振舉
官業然事無故實又通舉佗年事以定褒貶不達者以為訕廷
臧事帝雖甚怒而宰相等引過救解然後得免焉尋出為虔州
刺史
長慶元年正月制自今郡守恪奉詔條清廉可紀[illegible]輕[illegible]李
渤為考功員外郎穆宗初書宰相等下考長慶元年五月貶湖

爲虔州刺史劉既請書呈良等下考時人以宰輔賢官不上疏陳列而越職劾奇非蓋事君之道至是杜元穎等奏劾賈直沽名動多狂躁遂出之

文宗大和元年正月勑諸道節度觀察使去任日宜具交割狀仍限新人到任一月日分析聞奏并報中書門下據新舊狀磨勘聞奏以憑殿最

二年十月吏部侍郎楊嗣復李宗閔書員外楊虞卿考上下至是左僕射平章事王播判云據楊員外課績事有司准勑見今推窮並未申奏其間得失須候理裁據此直書豈爲至敬所書考待進止

六年七月勑今後諸州五品長馬權知者權知正授通計六考滿停其勒留官未滿六考停給課料者准此知給

七年七月中書門下奏應諸州刺史除授序遷須選顯效若非責實無以勸人近者受代歸朝皆望超擢在郡理績無由盡知或自陳制置事條因籍取信或別求本道薦狀多是徇情將明典章在覈名實伏請自今以後刺史得替待去郡一箇月後委知州上佐及録事參軍各下諸縣取耆老百姓等狀如有興利除害惠及生人廉潔奉公肅清風教者各具事實申本道觀察使檢勘得實具以事條録奏不得更爲文飾其文狀仍與觀察判官連者如事無可稱者不在薦限仍望委度支鹽鐵分巡院同訪察各申報本使録事如除授後訪知所舉不實觀察判官分巡院及知州上佐等並停見任一二年不得叙用如緣在郡贓私事發別議處分其觀察使奉取進止所舉吏皆畢法人獲乂安遷擢之時更無監授制從之

八月詔考課之法前王所重蓋以綜覈吏理勵精政途名實若違將何沮勸宜准故事置內外知考使兼令中書舍人給事中各一人監考

九月以吏部尚書令狐楚爲校內官考使中書舍人崔鄲爲監

府六百三十六　五

內官考使以兵部尚書王起爲校外官考使以給事中高銖爲監外官考使行舊典也

開成四年六月河陽節度使李執方奏管內縣令有纔經一考巳替者失考績黜陟之義請無犯者留至三考從之

宣宗會昌六年五月制刺史交代之時非因災沴大郡走失七百戶巳上小郡走失百戶巳上者三年不得録使兼不得更與理人官增加一千戶巳上者與超資遷改仍令觀察使審勘詣實聞奏如涉虛妄本判官重加懲責大中元年正月制曰守宰親人職當撫字三載考績著在格言貞元之中頻有明詔縣令五考方得改移近者因循都不遵守諸州或得三考畿府罕及二年以此字人者爲成政道途郡吏有迎送之勞鄉里庶民無蘇息之望自今須滿三十六箇月永爲常式

六年七月考功奏近年諸州府及百司官長所書考第察舊並不得知昇黜之間莫辯當否自今以後書考後但請勸各牒於本州縣本司本州之門三日其外縣官則當日下縣如有昇黜不當便任數陳其考第須便改正然得申省如勘覆之後事無乖謬則論告之人亦必懲殿又准考課令凡官人申考狀不得過兩紙刺史縣令至於賦稅畢集判斷不滯戶口無逃散田畝守常額差科均平廨宇修飾館驛如法道路開通如此之類皆是尋常職分不合計課自今後但云所勾當常行公事並無敗闕即得准職分乖失及開田招戶辨獄雪冤及新制置之事則任録其事由亦須簡要不得繁多又近年以來刺史皆自録課績申省矜衒者則張皇其事謙退者則緘默不言自今以後其巡內刺史請並委本道觀察使定其考第然後録申本州不得自録課績申省又州府申官人覆得冤獄書殊考者其元推官人多不懲殿或去書下考至時又不提舉請自今以後書辯獄官人殊考日便須書元推官下考如元推官自以爲屈任經廉使及臺省陳論其官人先有殿犯官長斷云至書考

府六百三十六　六

日與下考者如至時不舉其本判官當書下考其所申到下考省司校其所犯如與令式相符便校定申奏至勑下後並須各牒州府又近日諸州府所申令錄課績至兩考三考以後皆重具從前功課申省以冀褒昇省司或撿勘不精便有僥倖自今以後不得輒更具從前功績申上又近日諸州府所申考解皆不指言善最或漫稱考秩或廣說門資既非令文實爲繁弊自今以後如有此色並請准令降其考第又准考課令在中上以上每進一等加祿一季中中者守本祿中下以下每退一等奪祿一季准令以此懲勸事在必行近年以來與奪幾廢或有申請之處則言無本色可支徒掛簿書竟無給與今按倉庫令諸給俸祿皆以當處正倉充無倉之處則申省隨近有處支給又無者聽以稅物及和糴屯收等物充令式昭然不合癈墜自今以後每省司校考畢符牒到州後仰當時便具昇降與奪事由申請如違令式不舉明者其所由官請奪祿一季其已去任

官追奪祿事並請准令式處分又准考課令官人因加戶口及勸田農并緣餘功進考者於後事若不實縱經恩宥其考皆從追改追改之事近皆不行自今以後並請准令式處分其因此得官者仍請追奪又諸道所申考解從前十月二十五日到都省都省開拆郎官押尾後至十一月末方到本司開拆多時情故可見自今以後伏請准南曹及禮部舉選解例直送當司開拆又從前以來應得考之人並無考牒以爲憑據近年考使容易給牒不一或一人考牒數處請給或數年之後方始請求自今以後校考勑下其得殊考及上考人省司便據人數一時與修寫考牒請准吏部告身及禮部春關牒每人各出錢收贖其得殊考者出一千文上考者出五百文其錢便充寫考牒紙筆雜用以前件事條等或出於令文或附以近勑酌情揣事不至乖張謹並條例進上伏乞宣付中書門下請更參詳尚得至公乞賜收采仍請三年一度准舉選格例修定頒下勑考功所條

流於考公事頗謂詳悉准一件難便允從近日俗尚矜能人必廉恥若謗門許其論告則自此必長紛爭當否之間固有公議其一件宜落下餘依奏

懿宗咸通四年正月大赦節文邦伯之任郡守之官比遣頒條當求共理近或不終年限非時參議替移其政未成在理難責自此委中書待其三考方可再遷免吏民迎送之勞表能否昇降之道除須就省無尚於斯

十四年考功員外郎王徽以舊例考簿上中下字朱書吏緣爲姦多有揩改請以黑書從之

昭宗天祐元年四月制刺史縣令有勸課農桑招復戶口一倍已上於前者委本道觀察使條件奏聞當加進陟如貪殘不理害及於人者速使停替

後唐明宗天成元年十月吏部侍郎盧文紀上言請內外文武臣寮每歲有司明定考校將相乞迴御筆以行黜陟下中書

門下商量宰臣奏請施行從之

是月尚書考功條奏格例如後一准考課令諸內外文武官九品以上每年當司長官考其屬官應考者皆具錄一年功過行能議其優劣定九等考第京官九月三十日已前校定外官去京一千五百里內八月三十日已前校定三千里內七月三十日已前校定五千里內五月三十日已前校定七千里內三月三十日已前校定萬里內正月三十日已前校定本州定訖京官十月一日送簿外官朝集使送限十月二十五日已前到京考後功過並入來年無長官次官考縣令已下及關鎮戍官岳瀆令並州考津非隸監者亦州考一准考課令諸每年考簿集日考司校勘色別爲簿具言功過京官三品已上及同中書門下三品并平章事奏裁（親王及五大都督府亦同）四品已下及餘外官並使人量定聞奏上考下考奏單數仍略狀進中考並單名錄奏一准考課令諸每年尚書省諸司得州牧刺史縣令政有殊功異

行及祥瑞災蝗戶口賦役增減當界豐儉盜賊多少並錄送考司一准考課令諸官人景迹功過應附考者皆須實錄其前任有犯私罪斷在今任者同見任法即改任應計前任日爲考者功過並附其狀不得過兩紙州縣長官須言戶口田地者不得過三紙注考正之最一最已上有四善爲上上一最已上有三善或無最而有四善爲上中一最已上有二善或無最而有三善爲上下一最已上有一善或無最而有二善爲中上一最已上或無最而有一善爲中中職事粗理善最不聞爲中下愛增任情處斷乖理爲下上背公向私職務廢闕爲下中居官諂詐及貪濁有狀之類爲下下若於善最之外別有可嘉及罪雖成殿而情狀可矜或雖不成殿而情狀可責者省校之日皆聽考官臨時量定一准考課令諸官人因加戶口及勸課田農幷緣餘功進考者於後事若不實縱經恩降皆從追改一准式校京官考限來年正月內外官考限二月內者所司至三月內申奏了畢伏以書校內外官考課逐年申送考簿各有程期近年已來諸道州府及在京諸司所送考解多是稽違自今後所申送考簿如違格限二十日不到其本判官幷錄事參軍伏請各罰一百直本典勾官請委本道科責如違一月日已上不申到者本判官伏請罰二百直錄事參軍量殿一選本典勾官請委本道重加懲斷在京諸司如違格限不關牒到者其本行人吏牒報御史臺請行追勘史責一准格應所使闕縣令計日成四考餘官計日成三考闕今後州縣官等並許終三十箇月成二考自上官後至年終但滿一百八十日便與成頭考次二年即須兩考滿足如頭考第二考全足即許計日成尾考方與三十箇月事理合同如過月限無替人到准上條處分者伏以每年書校官員考課格限則顯有舊條授上則難爲定制但以每月之內皆有除移今准格且以六月內上爲准一應申校內外六品已下赴選官員考課准格自上任後但滿一百八十日便與成

頭考年終非書考時須至來年准格書校時併申兩考如六月已前直至正月到任者自上任日至校考時頭考日足即考後功過並入來年如至書校時頭考欠日未成資考亦至來年准格書校時併申兩考如六月已後至年終上者並至准格日收計一考有剩日不在重使之限一應經考後合收次年以一周歲爲限如未滿一年得替者但及二百四十日與成如欠日不在收計限一應收尾考但經考後至去任時得及二百日與成如欠日不在收計限如過月限無替人到並准上條處分一應申校內外赴選官員考課頭考須具到任年月日自上已來功過第二考須具經考已後課績不得重疊計功其末考須具得替年月日比類昇降一應申校內外六品已下官員考第以去京地里遠近逐年書校申送考解各有程期今後應內外赴選官員考第既准格依限逐年比校即不合更將州府及本司考牒爲據其有已前罷任官員不計年限考第未經省校者如有州府及本司考課考牒全備者欲據在任年月日檢勘省司給與牒知如在任之時州府及本司向來元不曾校給牒只於解由曆子內批出考數者欲與檢勘解由曆子內不堅過犯稱在任日並無公事遺闕證驗分明亦據在官年月日給與牒知如檢勘無憑者不在給牒之限其今年各准格赴集選人便合請給省校考牒直至南曹受納告赤已前並許經所司投狀檢勘出給其考牒又准格須奏下當年內出給如隔年者不在行使之限如或實有事故年內請給故難請自今後當年奏下勅考許至來年內請給如更違格限請一年與殿一選如至三年外不請給者所司不在出給之限其已前校奏下內外赴選官員考課其間有未曾請給考牒者並合投狀請給以備選曹磨勘如將來選人今任考第依前因違格條不經省司勘校給牒及已曾奏較下勅考不請給考牒者南曹不在檢勘判成之限一應申校內外官員考課文解須依格限到省如申發後其間或有非

詳事故停住省司無以得知請委本判官并録事參軍專守提舉具事由申省以憑照檢録奏一准故事校考舊條内外官員並校之時諸道差朝集使應考内即差中書舍人給事中監考伏自校勘不行往例全廢自今後省校之時伏請中書門下選差清望官两員監校内外官員考課便同點檢申奏其合經過中書門下两省准例各供宣黄請守舊規以爲永制一應由校内外官察考課如有過犯便降書下考如在任之日於常課之外別有異績司攝以之上下考如諸道州府及在京諸司閒違格例不具録在任事績功過依限比校申牒到省其本判官并録事參軍及在京諸司本行並請准前殿罰一應諸司諸色流外職掌人等准令本司量其行能功過立四等考第而勸進之今欲請准新定格内條件逐年依限投狀各具在職功過書校考第檢勘録奏應諸司令史及勒留官丁憂不計有官無官並一百日後舉追如願終喪不在追限除丁憂年一考不附奏次

年使并許選數起集其丁憂人仍憑考功及南曹終喪者計三年憂諸色選人使止考減選其下考並合殿選并注令録銓曹勘驗只憑考功報數多有差錯今請每年考功申校止考及下考勅下後請具單名牒門下省及申三銓關報南曹以憑勘會並須九月已前報畢勅旨從之

三年四月祠部郎中王承并請明書两班考課顯示懲勸若两班考績歷有其名皆以恪勤匪懈清慎明著爲詞久無其實欲并蹔奏終不改定

長興四年五月中書奏准天成元年五月二十七日勅諸使府兩從徵科詳斷刑獄校官吏考課合是觀察判官專判其一州諸縣徵科糾轄提舉合是録事參軍本職今後觀察判官録事參軍校量所屬州縣官吏據每年徵科程限刑獄斷遣戶口增減據州縣申報子細磨勘諳實然後從於本官牒内據事件收豎如官吏考課一一事實其判官録事參軍候考滿日並與酬獎別加擢任如考課不實亦行殿罰如有水旱災傷勅許奏聞勅旨從之

末帝清泰二年四月宰臣張延朗奏州縣官徵科賞罰例縣令録事參軍正官一年依限徵科了絶加階二年依限與試銜三年摠及限與服色如攝令一年内了絶仍攝二年三年内摠及限與真命主簿一年二年如縣令條三年摠了別任使本判官一年加階二年改試銜三年轉官本曹官省限内了絶與試銜轉官諸節級三年内摠了絶與賞錢三十千其賞罰依天成四年五月五日勅從之

九月尚書考功上言今年五月中翰林學士程遜所上封事内請自宰相百執事外顯節度使刺史應係公事官逐年書考校其優劣以前件考課究尋臺閣深遠歲年若議興行宜憑往制具申中書門下宰臣判設官分職各有所司本司自合暗備稽考覆參詳更檢尋遠勅條奏定爲悠久緣本司公事逐撿尋唐

書六典會要考課令書考第從之

三年五月右街使兼判尚書考功郝瓚上言去年五月詔中外官員自宰臣節度使已下並逐年書考課計官員千餘當司人吏四人二人赴官又公用不足乞依三銓例當司歸司官逐月支賜紙筆報錢詔考功人吏两人依三銓例給及春冬衣兩分諸司不得爲例

晉高祖天福二年正月詔外官内官陳力實関於共理或出或處藉材難執於常規近觀朝臣偶除外任三年替罷之後再參擬官之時不計新職之勤勞准循舊官之資歷以藉幹濟翻成淹滯宜別立於規繩貴各期於激勵宜今後應朝臣中有藉材特除外任者秩滿無遺闕將來擬官之時在外一任同在朝一任兼進其就便自求外職及不是特差選任者不在此限

六年五月詔曰王者行考績之文重爲政之本若存功課自有旌酬或杖起守方著安民之術或部符刺部或涖物之仁尤著

政聲延聞朝聽邇者數州百姓舉留本部長官遂涉道途徑趍京闕皆陳青治並述公清或皆使而方來或感激而自至勞煩行役妨廢耕耘言念苦辛倍深彰憫今後岳牧善政委倅二官條件奏陳必當旌別勤勞當詳課最如不愆於名實固無悋於遷恩

少帝開運元年八月詔曰向者朝廷無事經費尚多今則師旅方興支贍尤廣必資國力以濟軍須近以四海災傷頻年饑饉賦租減少筦榷虧懸帑藏不充公私重困今歲三時不害百穀用成所在流民漸聞歸業商旅之人稍聚山澤之利咸通郡邑徵科自然容易務場課額必有增盈職量之間斷可知矣牧宰之任選擇非輕至於阜俗康民豐財益國及為本職固合用心苟能一一躬親孜孜臨蒞必絕滯凝之事兼除僥倖之門副我憂勤顯爾政積將求課最須設科條況藩侯郡守等皆是良臣各膺重委盡傾誠毅以奉國朝式當倚注之時宜示勸揚之道

懲天下諸州各以係省錢穀秋夏徵科為帳籍一季一奏一年賦稅及限更委在任一年次年又不稽逋聽三周年為滿三年皆得辦事即與別議陟遷如或纔到任所課績不前亦當即時罷替其問災沴之地須明具數陳當其虛真別有處分於戲朕纘承大業于茲三年屢奉基扃不敢失墜兢兢業業若履春冰小信未孚咎徵斯降旱蝗相繼連歲為災兵革未寧四方多事下慙黔首仰愧蒼穹所賴將相公卿元戎郡守或先朝宿舊或當代英賢送往事居始終如一分憂共治誠節彌堅倚賴既深傾輸亦至必能為國忠盡臨事公勤不更假於指蹤固自知其陳力凡百有位宜體朕懷

漢隱帝乾祐二年太子中允侯仁寶上言諸州府長吏勸課農桑隨户人力勝栽蒔桑棗小户歲十本至二十本中户三十至四十大户五十至一百如能廣栽不限本數種訖本縣令佐親省之計數得替時交與受代者仍於曆子內批書省司以為考課

三年七月勅親人之任務在安民經國之規必資徵賦至於招添户口增長稅租截選加階優有處分勸能行賞顯降勅文遍來論課績者甚多較量虛實則未當外州批上曆子南曹磨勘留由空取招到編民莫見新添稅額蓋有所居耕種各立户男或是避稅逃移併來歸業所以虛添農户無益官租考課虛名未盡升善宜令吏部南曹自今後及已前應有令佐招添點檢出户口據數須本處户合徵稅賦錢物數目於解由曆子內一一開坐批書方得准天福八年三月十日勅條施行如不合前後勅例不在施行之限

周太祖廣順二年十二月二十八日勅鄭文其有省校考牒如是奏下後滿三年不請給者宜令考功准先降勅文不在出給之限

三年三月十四日勅起今後諸州府更有供申考簿違格限申到者本判官并録事參軍各罰五十直其録事參軍仍殿一選

本判官[illegible]本州[illegible]行科斷[illegible]違程限一月已上不申到者仍令尚書考功催促候供申到考帳依例施行所有科罰准前處分若是散考過時即與次年依格奏校

是月尚書考功上言當司所納諸道考課文帳准格每年十月二十五日已前考帳到京如違格限本處官吏各行殿罰其鳳翔府自廣順元年十月九度移文為考帳全不詳認格條逐申中書門下請勘今鳳翔府稱違格限二十餘日已決罰官典申到考帳當司准格違限不收勅鳳翔考帳違限本府各以科懲其考帳省司特與考校起今後諸州府更有違限者本判官録事參軍各罰五十直録事參軍殿一選典押本處科斷仍令省司依時催促若校考過時即與次年校奏除依前後格勅指揮

又勅州縣官或特勅除授或非時有故停任負闕除官到任者緣起任不拘期限申發考帳之時但滿一周年便與依例書校一考申省如書校時少欠月日即與次年附帳申校不得違越

考第姓名如或有違罪本道書考官吏

顯德五年閏七月尚書考功奏奉新勑起今年正月一日以後授官並以三周年爲月限閏月不在其内者當司所書校内外六品下赴選官員考第今後以一周年校成一考如欠日不在計限滿三周年校成三考如考滿後未有替人在任更一周年與成第四考如欠日不在計限兼逐年須具到任年月日自上已來課績功過第二考須具經考後課績不得重疊計功其未考須具得替年月日比類昇降自今年正月一日已前授官到任者欲准格例三十箇月書校三考今年正月一日後來授官到任者准新勑三周年爲月限毎一周年書校一考閏月不在其内所有諸道州府較考申發考帳及當司校奏各依前後格勑施行應諸司諸色流内出身人等准格並須待附申考近年不經奏考便至叅選頗啓倖門應在司見役人等自今後逐年起六月一日後正身於所司投狀請申校爲考省司據狀却牒

本司勘會補奏年月日勑甲頭姓名見主掌何條公事牒報省司將元狀撿勘同即與准例申校仍自此後須逐年九月已前校奏了畢不在更與隔年併書之限其考牒本無綾紙書寫勑例今後毎年奏下逐人給省牒一紙使大張紙書不在使綾紙及併年都給限據省校勑之日有公事在外差出不虚即本司離事須具在職功過及出外事由牒報考功不得有妨逐年書校如不與申牒其雜事令史量情科決仍殿一選如無故自不經省投狀請奏校不在論訴之限者當司緣新勑促期限慮恐校考遲違今後應合校考人請起自五月一日正身投狀限十日畢至七月三十日已前校奏了畢餘依元格施行從之

冊府元龜卷第六百三十六

銓選部九

公望　平直　振舉

公望

銓衡劇地，總覈九流，所以辯進官材，詡贊邦治。降自漢魏，爰授彌重，莫不妙選明識，登用能臣。故有負高亮之姿，振清正之至，鑒擇匪僞，動叶於至公，抑退浮華，靡私於貴勢，俾時材各適其用，天下共稱其平。詩云：靖恭爾位，好是正直。其是之謂歟。

魏賈詡為尚書，典選舉，多選舊名以爲令僕，論者以此多詡。

崔琰字季珪，清忠高亮，雅識經遠，推方直道，正色於朝。魏氏初載，委授銓衡，總齊清議，十有餘年，文武羣才多所明拔，朝廷歸高，天下稱平。

毛玠字孝先，太祖為丞相，玠為東曹掾，與崔琰並典選舉。用皆清正之士，雖於時有盛名而行不由本者，終莫得進。務以儉率人，由是天下之士莫不以廉節自勵，雖貴寵之臣，輿服不敢過度。太祖歎曰：用人如此，使天下人自治，吾復何為哉。文帝為五官將，親自詣玠，屬所親眷，玠答曰：老臣以能守職，幸得免戾，今所說人非遷次，是以不敢奉命。大軍還鄴，議所并省，玠請謁不行，時人憚之，咸欲省東曹，乃共白曰：舊西曹為上，東曹為次，宜省東曹。太祖知其情，令曰：日出於東，月盛於東，凡人言方，亦復先東，何以省東曹。玠遷右軍師。魏國初建，拜尚書僕射，復典選舉。先賢行狀曰：玠雅亮公正，在官清恪，其典選舉，拔貞實，斥華偽，進遜行，抑阿黨。諸宰官治民功績不著而私財豐足者，皆免黜停廢，久不選用。于時四海翕然，莫不勵行，至乃長吏還者，垢面羸衣，常乘柴車，軍吏入府，朝服徒行，人擬壺飡之絜，家象濯纓之操，貴者無穢欲之累，賤者絕姦貨之求，吏絜於上，俗移於下，民到于今稱之。

袁偘歷選部郎中，號為清平。

晉李重與李毅同為吏部郎，時王戎為尚書，重以清尚見稱，毅淹通有智識，雖二人操異，然俱處要職，戎以識會待之，各得其所。

李裔為吏部郎，清慎選舉，號為廉平。

阮放字思度，為黃門侍郎，遷吏部郎，在銓管任甚有稱績。

盧欽為尚書僕射，領吏部，舉必以材，稱為廉平。

周顗遷吏部郎，選舉精密，論望益美。

蔡克字子尼，為東曹掾，素有格量，及居選官，苟進之徒，望風畏憚。

宋王惠為吳興太守，少帝即位，以蔡廓為吏部尚書，不肯拜，乃以惠代焉。惠被召即拜，未嘗接客，人有與書求官者，得輒聚置閤上，及去職，其封如初。時談者以廓之不拜、惠之即拜，雖事異而意同也。

謝莊代顏竣為吏部尚書，竣留心選舉，自彊不息，任遇既隆，奏無不可，而容貌嚴毅，莊風姿甚美，賓客喧訴，常歡笑答之，意多不行，時人為之語曰：顏竣嗔而與人官，謝莊笑而不與人官。

梁徐勉為吏部尚書，勉居選官，彝倫有序，常與門人夜集，客有虞暠求詹事五官，勉正色答云：今夕止可談風月，不宜及公事。故時人咸服其無私。太勉為尚書僕射，又自小選迄此職，常參掌衡石，甚得上心。

到溉掌吏部尚書，時何敬容以吏參選，事有不允，溉輒相執。敬容謂人曰：到溉尚有餘臭，遂學作貴人。敬容日方貴寵，人皆下之，溉訐之如初。溉祖彥之初以擔糞自給，故世以為譏云。

王泰為都官尚書，能接人士，士多懷慕，每願其居選官，頃之為吏部尚書，衣冠傾屬。

王亮為吏部郎，銓序著稱。

後魏崔亮為給事黃門侍郎，仍兼吏部郎，領青州大中正。亮自參選事，垂將十年，廉慎明決，為尚書郭祚所委，每云非崔郎中選事不辦。

北齊楊愔為給事黃門侍郎，兼吏部郎中，武定末以望實之美超拜吏部尚書，加侍中、衛將軍，侍學典選如故。

辛術為吏部尚書，遷鄴以後大選之職，知名者數四，互有得失，未能盡美。文襄帝少年高朗，所弊也踈；袁叔德沉密謹厚，所傷者細；楊愔風流辯給，取士失於浮華；唯術性尚貞明，取士以才

器循名責實新舊參舉管庫必擢門伐不遺考之前後銓衡在
術寂爲折衷其爲常時所稱舉如此
後周鄭孝穆魏大統中爲散騎常侍時文帝東討除大丞相府
右長史封金鄉縣男軍次潼關命孝穆與左長史孫儉司馬楊
寬尚書蘇亮諮議劉孟良等分掌衆務仍令孝穆引接關東歸
附人士并品藻才行而任用之撫納銓叙咸得其宜
薛端爲吏部尚書端久處選曹雅有人倫之鑒其所擢用咸得
其才
隋高構仁壽初爲吏部侍郎以公事免煬帝立召令復位時爲
吏部者多以不稱去職唯構最有能名前後典選之官皆出其
下又云牛引爲吏部尚書高構爲侍郎最爲稱職
陸彦師開皇初爲吏部侍郎時承周制官無清濁彦師在職凡所
任人頗甄別於士庶論者美之
唐杜如晦爲吏部尚書尋爲右僕射仍掌選事引用賢良甚獲

當時之譽
劉林甫貞觀初爲吏部侍郎初隋代赴選者以十一月爲始至
春即停選限所促選司多不究悉時選人漸衆林甫奏請四時
聽選隨到注擬當時甚以爲便時天下初定州府及詔使多有
赤牒授官至是停省盡來赴集將萬餘人林甫隨才銓擢咸得
其宜時人以林甫典選比隋之高孝基
李安期前後三典選部頗爲當時所稱
楊纂爲吏部侍郎銓叙人倫稱爲允當
高季輔爲吏部侍郎凡所銓綜時稱允愜
裴行儉高宗朝爲吏部侍郎與李敬玄馬載同時典選十餘年
甚有能名時人稱焉
李敬玄爲司列少常伯典選累年銓綜有序天下稱其能
姚璹武后時爲天官侍郎善選補于今稱之
盧從愿睿宗初爲吏部侍郎以中宗之後選司頗失綱紀從愿
精心循理大稱平允其有冒名僞選及虛增功狀之類皆能擿
發其事典選六年前後無及之者初高宗時裴行儉馬載爲吏
部最爲稱職及是從愿與李朝隱同時典選亦有美譽時人稱
曰吏部前有裴馬後有盧李又代韋抗爲刑部尚書頻年充校
京外官考使前後咸稱允當
宋璟爲吏部侍郎同中書門下三品玄宗在春宮又兼右庶子
先是外戚及諸公主等干涉朝政請託滋[illegible]崔湜鄭愔等相次
典選皆爲權門所制九流失叙迎用兩年[illegible]注擬不足更置
比冬選人大爲士庶所歎至是璟大革前弊取捨平允銓綜由
是有叙
李林甫爲吏部侍郎天下昇平每歲選人填委林甫修廢舉直
甄別流品時議以爲稱職改黃門侍郎
徐浩爲都官郎中掌選嶺南以兼平稱
于邵爲比部郎中嘗署考第於吏部以公當稱

劉滋爲吏部侍郎有經學善持論性廉絜勤理嫉惡嘗掌選多
所發擿更代詐僞者尤畏之
韋引景爲吏部侍郎銓綜平允權邪憚其嚴勁不敢干以非
崔鄲爲吏部員外郎銓叙之美爲時所稱
後唐韋寂爲水部員外郎判南曹務浚儀令泉遷吏部郎中復
判南曹吏畏其明

平直

夫政之敗由官之邪前典之深戒也若夫式叙流品銓管人才
逮魏以還寶重其任乃有善於其職不僭其位爲官擇人抑絜苲本
清濁有別名貴以數寒素無下品之歎浮薄杜私謁之途不以
親疏而易億不爲勢力之所奪介然不撓處事惟允考言底績
抱公滅私才能適用怨亦不作繇是當時號爲得士天下無有
滯才茲所謂邦之司直德服衆望首公率職之善者歟
後漢魯恭爲光祿勳選舉清平京師貴戚莫能枉其正

陳蕃爲光祿勳與五官中郎將黄琬共典選舉不偏權富而爲勢家郎所譖訴坐免歸

趙戩爲尚書典選董卓數欲有所私授戩輒堅拒不聽言色強厲卓怒召欲殺之衆人悚慄而戩辭貌自若卓悔謝釋之

魏諸葛誕爲吏部郎人有所屬託輒顯其言而承用之後有當否則公議其得失以爲褒貶自是羣僚莫不慎其所舉

袁侃爲選部郎號爲清平

晉荀顗爲尚書時顗甥陳泰卒顗代泰爲僕射領吏部顗承泰後加之淑慎綜核名實風俗澄正

李密犍爲人爲州大中正性方直不曲意勢位後失荀勗張華指左遷漢中太守諸王多以爲冤

盧欽爲尚書僕射領吏部欽舉必以材稱爲廉平

李重爲吏部郎詢朝衆而斥華競存公平而塞私謁是以羣才罔不畢舉

劉毅爲青州大中正銓正人流清濁區別其所彈貶自親貴者始

張輔爲御史中丞梁州中正刺史楊欣有姊喪未經旬車騎長史韓預強聘其女爲妻輔貶預以清風俗論者稱之

江灌爲吏部郎時尚書謝弈銓叙不允灌每執正不從

王彪之爲吏部尚書時簡文以會稽王輔政有命用秣陵令典安遠補句容令殿中侍御史奚朗補湘東郡彪之執不從曰秣陵令三品縣耳殿下昔用安遠談者紛然句容近畿三品佳邑豈可處卜術之人無才用者邪湘東雖復遠小所用未有朗比談者謂頗兼卜術得進殿下若超用寒悴當令人才可拔朗等凡器實未足充此選

王蘊爲吏部郎性平和不抑寒素每一官缺求者十輩蘊無所是非時會稽王輔政蘊輒連狀白之曰某人有地某人有才務存進達各隨其方故不得者無怨焉

宋王球爲吏部尚書接客甚希不視求官書疏而銓衡有序朝野稱之

庾炳之爲吏部郎時王僧達與兄錫不協訴家貧求郡太祖欲以爲秦郡炳之曰王弘子既不宜作秦郡僧達亦不堪莅民乃止

王琨爲吏部郎吏曹選局貴要多所屬請琨自公卿下至士大夫例爲用兩門生江夏王義恭嘗屬琨用二人後復遣屬琨答不許

江湛爲吏部尚書在選職頗有刻覈之譏而公平無私不受請謁論者以此稱焉

王僧綽爲吏部郎參掌大選究識流品諳悉人物拔才舉能咸得其分

南齊陸慧曉爲吏部郎曹中有都令史歷政以來諮執選事慧曉任已獨行未嘗與語帝遣左右單景儁以事誚問慧曉謂景儁曰六十之年不復能諮都令史爲吏部郎也帝若謂身不堪之便當拂衣而退帝甚憚之

梁張充爲吏部尚書居選稱爲平允

王泰爲中書侍郎歷給事黄門侍郎並掌吏部郎事俄而即真自過江吏部郎不復典大選令史以下小人求競者輻湊前後少能稱職泰爲之通關求吏先至者即補不爲貴賤請屬易意天下稱平

王僧孺爲尚書吏部郎參大選請謁不行

何敬容爲吏部尚書銓序明審號爲稱職

褚翔居小選公清不爲請屬易意號爲平允

陳徐陵天康初爲吏部尚書以梁末以來選授多失其所於是提舉綱維綜覈名實時有冒進求官誼競不已者陵乃爲書宣示之曰自古吏部尚書者品藻人倫簡其才能尋其門冑逐其大小量其官爵梁元帝承侯景之凶荒王太尉接荆州之禍敗爾時喪亂無復典章故使官方窮此紛雜永定時聖朝草創干戈未息亦無條序府庫空虚賞賜懸乏白銀難得黄札易營權以官

晉代於錢絹義存撫接無計多少致令員外常侍路上比肩議參軍市中無數豈是朝章應其如此今衣冠禮樂日富年華何可猶作舊意非所望也所見諸君多踰本分猶言大屈未喻高廣若問梁朝朱領軍异亦爲卿相此不論其本分耶此是天子所拔非關選序梁武帝云世間人言有目色我特不目色范悌宋文帝亦云豈無運命每有好官缺輒憶羊玄保此則清階顯職不由選也秦有車府令趙高直至丞相漢有高廟令田千秋亦爲丞相此復可爲例耶殷泰衡流雁頭粉墨所望諸賢深明鄙意自是衆咸服焉時論比之毛玠

後魏任城王澄爲吏部尚書及車駕北巡留澄銓簡舊臣自公侯以下訖以選臣動有萬數亦散無事澄品爲三等量其優劣盡其能否之用咸無怨者

元順爲吏部尚書時三公曹令史朱暉素事録事尚書事高陽王雍雍欲以爲廷尉評頻煩託順順不爲用雍遂下命用之順

投之於地雍聞之大怒昧爽坐都廳召尚書及丞郎畢集欲待順至於衆挫之順日高方至雍攘袂撫几而言曰身天子之子天子之弟天子之叔天子之相四海之內親尊莫二元順何人以身成命投棄於地順鬚鬢俱張仰面看屋憤氣奔涌長歔而不言久之搖一白羽扇徐而謂雍曰高祖遷宅中土刪定九流官方清濁軌儀萬古而朱暉小人身爲省吏何令爲廷尉清官殿下既先皇同氣宜遵成旨自有短垣而復踰之雍曰身爲丞相錄尚書如何不用一人爲官順曰庖人雖不理庖尸祝不越樽俎而代之未聞有別旨令殿下參選事順又厲聲曰殿下必如是順當依事以聞雍遂笑而言曰豈可以朱暉小人便相忿恨遂起呼順入室與之極飲順之亢毅不撓皆此類也

陸侯爲給事中典選部蘭臺事當官而行無所屈撓封軌渤海人宣武帝時爲考功郎中本郡中正渤海太守崔休入爲吏部郎以兄考事干軌軌曰法者天下之平不可以舊君故虧之也

休歎其守正

韋崇爲司州及河南邑中正崇頗持倫品以平直見稱

楊懿爲選部給事中有公平之譽

宋弁字義和廣平人爲黃門侍郎兼司徒左長史爲本州大中正弁先與度支尚書李虎州里迭相祗好結管鮑之交而以寒地處之殊不欲微相優假虎不以爲恨及郭祚爲吏部虎爲子志求官祚仍以舊第處之虎以位經常伯又兼尚書謂祚應以貴遊拔之深用怨形於言色時論以此譏祚祚每曰尒與義和至交豈能饒尒而怨我乎量才云郎祚爲吏部所用者皆稱職時人以此歸之

李叔虎勃海人爲國子博士本國中正攝樂陵中正性清直甚有公平之稱

北齊趙彥深爲尚書令凡諸選舉先令銓定提獎人物皆以行業爲先輕薄之徒弗之齒也

辛術爲吏部尚書文宣嘗令術選百官參選者二三千人術

題目士子人無謗讟其所擢後亦皆致通顯

陽休之爲吏部尚書多識故事諳悉氏族凡所選用莫不才地俱允

後周薛端爲吏部郎中自居選曹先盡賢能貴遊子弟才劣行薄者未嘗外權之每啓文帝云設官分職本康時務苟非其人不如曠職帝深然之

隋盧愷爲周小吏部染工上士王神歡者嘗以賂自進冢宰宇文護擢爲計部下大夫愷諫曰古者登高能賦可爲大夫求賢審官理須詳慎今神歡出自染工更無殊異徒以家富自通遂與搢紳並列實恐維鵜之刺聞之外境護竟寢其事

韋世康爲吏部尚書選用平允請託不行出爲襄州刺史歷安州信州總管入朝復拜吏部尚書前後十餘年間多所進拔朝廷稱爲廉平

高構爲吏部侍郎時人以構好劇談頗謂輕薄然其內懷方雅

特爲吏部尚書牛弘所重後以老病解職弘特典選凡將有所擢用輒遣人就第問其可否

牛弘爲吏部尚書其選舉先德行而後文才務在審慎所進用多稱職

唐高士廉貞觀年爲吏部尚書奬鑒人倫雅諳姓氏凡所署用莫不人地俱允

韋承慶自天授以來三掌天官選事銓授平允海內稱之

高季輔爲吏部侍郎凡所銓叙時稱允當

崔玄暐爲天官侍郎介然自守絶於請謁爲執政者所忌轉文昌左丞選司令史乃設齋自慶武太后聞之復拜爲天官侍郎

劉奇爲吏部侍郎注張文成司馬鍠爲監察御史二人因申屠瑒以謝之奇正色曰舉賢本自無私二君何爲見謝

楊纂爲吏部侍郎前後典選十餘載銓叙人倫稱爲允當

吉頊爲吏部侍郎陸象先本名景初爲揚州參軍秩滿調選頊擢授洛陽尉時象先父元方亦爲吏部侍郎不敢當頊曰爲官擇人王公之道陸景初才望高雅非常流所及豈不以吏部之子妨賢者也竟奏授之

姜晦爲吏部侍郎性聰悟識理體舊制吏曹舍宇悉布棘以防令史與選人交通及晦領選盡除之大開銓門示無所禁私引致者晦輒知之召問莫不首伏初朝廷以晦改革前規咸以爲不可及銓綜得所賄賂不行舉朝歎伏

席豫爲吏部侍郎玄宗謂之曰以卿前爲考功職事平允故有此授豫典選六年有令譽

韋陟爲吏部侍郎常病選人冒名接脚闕員既收取士良雜正調者被擠爲集者冒進陟剛腸嫉惡風彩嚴正選人疑其有瑕者陟案聲盤詰無不首伏每歲皆贊得數百員闕以待淹滯常謂所親曰使陟知銓衡一二年則無人可選矣又有一致仕官叙五品陟判之曰青瑣展慶曾不立班朱紱承榮無宜卧拜時人推其強直

韋見素爲吏部侍郎在職公平選士美之

苗晉卿爲吏部侍郎拔英舉廢時稱平允

楊綰爲吏部侍郎歷典舉選精覈人物以公平稱

奚陟爲刑部侍郎知吏部選事銓綜平允有能名遷吏部侍郎所莅之官時以爲稱職

裴垍爲禮部考功二員外郎時吏部侍郎鄭珣瑜請垍考詞判垍堅守不爲時力所奪考覈皆務才實

楊於陵爲吏部員外郎判南曹時宰相有密親調習文書不如式於陵持而不與物論大歸之遷右司郎中後爲吏部侍郎凡四周歲檢察奸吏調補平允至今人稱之

崔郾爲吏部員外郎奸吏不敢欺孤寒無援者未嘗留滯銓叙之美爲時所稱

孔緯昭宗時爲吏部侍郎居選曹動循格令權要有所託私書盈几不之省執政怒之改太常卿

晉史圭爲吏部侍郎分知銓事而圭素廉守大著公平時有向籍蔭造令者年踰七十不能拜起有重臣逆意且令致仕圭不允其請人甚嘉之

振舉

振廢滯拔英儁有司之職也故必其翹楚形之於風什揚彼仄陋者之於典訓乃有雅望著於紳紱精識善其人倫秉選士之曹當持衡之重唯善所在靡遺於對非類能而使必適於輪轅得其辨論之方盡諸藻鑒之美繇是棫樸之詩載作適軸之歎不興者焉

後漢許靖爲尚書郎典選舉靈帝崩董卓秉政以漢陽周毖爲吏部尚書與靖共謀議進退天下之士沙汰穢濁顯拔幽滞進用潁川荀爽韓融陳紀等爲公卿郡守拜尚書韓馥爲冀州牧侍中劉岱爲兗州刺史潁川張咨爲南陽太守陳留孔伷爲豫州刺史東郡張邈爲陳留太守

吳李肅字偉恭爲選部尚書選舉号爲得才　晉山濤武帝時爲吏部尚書前後選舉周徧内外而並得其才濤再居選職十有余年每一官缺輒啓擬數人詔旨有所向然後顯奏隨帝意所欲爲先故帝之所用或非舉首衆情不察以濤輕重任意或譖之於帝故帝手詔戒濤曰夫用人惟才不遺踈遠單賤天下便化矣而濤行之自若一年之後衆情乃寢濤所奏甄拔人物各爲題目時稱山公啓事嵇紹以父得罪靖居私門濤啓武帝曰康誥有言父子罪不相及嵇紹賢侔郤缺宜加旌命請爲祕書郎帝謂濤曰如卿所言乃堪爲丞何但郎也乃發詔徵之起家爲祕書丞又胡原練習兵馬濤稱其才堪邊任舉爲太尉長史

李重爲吏部郎務抑華競不通私謁特留心隱逸由是群才畢舉拔用北海西郭湯琅邪劉珩燕国霍原馮翊吉謀等爲祕書郎及諸王文学故海内莫不歸心時燕国中正劉沉舉霍原爲寒素司徒府不從沉又抗詣中書奏原而中書復下司徒參論

司徒左長史荀組以爲寒素者當謂門寒身素無世祚之資原爲列侯顯佩金紫先爲人間通流之事晚乃務學少長異業年踰始立草野之譽未洽德禮無聞不應寒素之目重奏曰案如癸酉詔書廉讓宜崇浮競宜黜其有履謙寒素靖恭求己者應有以先之如詔書之旨以二品繫資或失廉退之士故開寒素以明尚德之舉司徒總御人倫實掌邦教當務峻準評以一風流然古之厲行高尚之士或栖身巖穴或隱跡丘園或克己復禮或耄期稱道出處默語唯義所在未可以少長異操用疑其所守之美而遠同終始之責非所謂擬人必於其倫之義也誠當考之於邦黨之倫審之於任舉之主沉爲中正親執銓衡陳原隱居求志篤古好學學不爲利行不要名絶跡窮山韞韜道藝外無希世之容内全遯逸之節行成名立搢紳慕之委質受業者千里而應有孫孟之風嚴鄭之操始舉原先諮侍中領中書監華前州大中正後將軍嬰河南尹軼去三年諸州還朝幽州刺史許猛特以原名聞擬之西河求加徵聘如沉所列州黨之議既舉又刺史班詔表薦如此而猶謂草野之譽未洽德礼無聞舍所徵檢之實而無明理正辞以奪沉所執且應二品非所求備但原定志窮山脩述儒道義在可嘉若遂抑替將負幽邦之望傷敦德之教如詔書所求之旨應爲二品詔從之

劉沉字道真燕國薊人太保衛瓘辟爲掾領本邑大中正敦儒道愛賢能進霍原爲二品及申理張華皆辞旨明峻爲當時所稱

王濟太原中都人與同郡張楚友善爲本州大中正訪問邑人品狀至楚濟曰此人非卿所能目吾自爲之乃狀楚曰天才英博亮拔不群

何攀居心平允莅官整肅愛樂人物敦儒貴才爲梁益二州中正引致遺滯巴西陳壽閻乂犍爲費立皆西州名士並被鄉閭所謗清議十余年攀申明曲直咸免究濫

韓康伯爲吏部尚書初與吳隱之爲隣居隱之毋死康伯毋每聞

隱之哭聲必輟餐投杼爲之悲泣謂康伯曰若居銓衡當舉此輩人及康伯爲吏部隱之遂階清級

宋沈演之爲吏部尚書性好舉才由濟屈滯

王僧綽爲吏部郎參掌大選究諳流品人物拔舉賢能咸得其分

南齊張岱爲吏部尚書武帝爲撫軍岱選東陽太守王續爲長史呈選事太祖笑謂岱曰此素望也

梁張緒仕宋爲吏部郎參掌大選後廢帝元徽初東宮罷選曹擬舍人王儉格外記室緒以儉人地兼美宜轉祕書丞從之

王瞻爲吏部尚書瞻性率亮居選所舉其意多行劉之遴年十五舉茂才任昉見而異之瞻嘗候任昉值之遴在昉坐昉謂瞻曰此南陽劉之遴學優未仕水鏡所宜甄擢瞻即調爲太學博士

蕭子顯爲吏部尚書謝譓丁父憂毀瘠骨立服闋後子顯表其至行擢爲王府法曹行參

張纘爲吏部尚書初纘爲吳興太守時陸雲公好文學有才思先

製太伯廟碑續衆郡經途讀其文歎曰今之蔡伯喈也至都掌選言之於高祖召兼尚書儀曹郎又王勸為司東王功曹史三出鎮京口勸將隨之藩續特典選舉勸造續言別續嘉其風采乃曰王生才地豈可遊於外府乎奏為太子洗馬遷中書舍人續居選其後門寒素有一介皆見引拔不為貴要屈意人士翕然稱之

後魏李沖為吏部尚書典選房景伯少喪父以孝聞家貧傭書自給養母甚謹尚書盧淵稱之於沖沖拔為奉朝請司空祭酒

崔休為吏部郎中遷散騎常侍權兼選任休愛才好士多所拔擢

李韶為吏部尚書時張普惠為步兵校尉免官故事免官者三載之後降一階而叙若才優擢授不拘此限孝明熙平中韶奏普惠有文有學依才優之例宜特顯叙勑除寧遠將軍司空倉曹參軍朝議以不降階為榮

北齊楊遵彥為吏部尚書銓衡甚有選舉秀才擢第罕有甲科

任城王湝為定州刺史舉李德林秀才德林射策五條考皆為上授殿中將軍既是西省散官非其所好謝病還都廢帝乾明初彥遵奏追德林入議曹

隋韋世康為吏部尚書前後十餘年間多所進拔朝廷稱為廉平

唐張銳為吏部侍郎高祖謂之曰今年選人之内豈無才用者卿可簡試將來欲縻之好爵於是銳以張行成張知謇等數人應命時人以為知人

杜如晦為右僕射掌選事引用賢良甚獲當時之譽

高季輔為吏部尚書韋思謙弱冠舉進士累補應城令及歲滿預選思謙在官頗有公事殿舊制多不進官季輔曰自居選部今始得此一人豈以小疵而弃大德特超授監察御史由是稍知名

李敬玄為司列少常伯選人有杭州參軍徐太玄者初在任時同僚有張惠犯贓至死太玄哀其母老乃詣獄自陳與惠同受贓其數既少遂得減死太玄亦坐免官不調十餘年敬玄大嘆賞之擢授鄭州司功參軍太玄由是知名後官至秘書少監以德行為時所重者以為敬玄能舉善也（咸亨二年有……敬玄為吏部侍郎……盧照鄰駱賓王……並以文章見稱……為延譽）

裴行儉咸亨初為吏部侍郎典選十餘年甚有能名自掌選及為大總管凡所選賢俊無不甄採

鄭杲則天聖曆中為吏部侍郎注韓思復為太常博士元希聲為京兆士曹嘗謂人曰今年掌選得韓元二子則吏部不負朝廷矣

王丘玄宗開元中為吏部侍郎拔擢山陰尉孫逖桃林尉張鏡微湖城丞張晉明進士王泠然李昂等不數年登禮闈掌綸誥焉

崔琳為吏部侍郎判銓日收選人盧怡裴敬復于孺卿等十數人無何皆入臺省

衛次公為吏部侍郎選人有李勳者徐有功之孫名在黜中次公召而問之曰子之祖先嘗在王府寮下常格並優與而遣之

冊府元龜卷第六百三十七

才而用之朕失於舉人任許一羣婦人輩亦事當吏銓衡耳任
城在省爲至天下綱維爲當署事而已澄曰臣嘗署事而已孝
文曰如此便令史足矣何待任城
李神儁爲吏部尚書意尚風流情在推引人物而不能守正奉
公無多發遷舉有鍾康人李炎上書言神儁之失天柱將軍尒朱
榮曾關補人爲曲陽縣令神儁以階懸不用榮聞大怒謂神儁
自樹親黨排抑勳人神儁懼啟求解官
宋弁爲黃門郎司徒左長史時大選內外羣官并定四海士族
弁專參銓量之任事多稱旨然好言人之陰短高門大族意所
不便者弁因毀之至於舊族淪滯人非可忘者又申達之又爲
本州大中正姓族多所降抑頗爲時人所非
東魏邵常山王瑩孝靜時爲尚書令攝選部疑雖居重任隨時
而已
北齊祈連字悅爲都官尚書以本官兼吏部郎中悅在官惟以清

勤自守而無學術又職鑒無人倫清鑒之譽淺吏居銓衡
之首大爲物議由是除太常卿
袁聿脩爲吏部尚書初馮子琮以僕射攝選婚嫁相尋事煩常
非其之語人云馮公營婚日不暇給及自居選曹亦不免時論
蓋地勢使然
寇儁爲武衛將軍自以上谷寇氏得補燕州大中正而不能甄
別士庶也
隋盧愷爲禮部尚書攝吏部尚書事時預選者甚多愷即授官
皆作色而遣
唐溫彥博太宗時爲吏部郎中知選事意在沙汰多所擯抑而
退者不伏冒訟盈庭彥博唯與之相詬語終日喧擾爲識
者所嗤
戴胄爲民部尚書兼檢校吏部尚書及在銓衡抑文雅而獎法
吏不適輪轅之用

（第一葉原闕）

楊纂爲吏部侍郎抑文雅進點吏觀時任數爲時論所譏
唐敬爲吏部侍郎當引人銓問何方便穩或云其家在蜀乃注
與吳後有云親老先任江南即唱之隴右論者莫能測其意
楊師道爲吏部尚書師道貴公之子四海人物未能委練所署
用多非其才而深抑勢貴及其親黨將以避嫌然亦无濫賢之
譽從征高麗及師還人有言其非典選之才乃轉工部尚書師
道乞爲太常卿從之
楊思玄高宗時爲司列少常伯時外戚貴待選流多不以禮而
排斥之爲選者夏侯彪所訟而御史中丞郎餘慶彈奏免官
魏克己爲吏部侍郎銓路喧譁大爲冬集人拔引指摘取爲太
子中允
鄧玄挺爲吏部侍郎既不稱職甚爲時談所鄙又時患消渴病
選人因目爲鄧渴作鄧渴詩榜衢路自有唐已來掌選之失未
有如玄挺者坐此左遷澧州刺史遷晉州刺史召拜麟臺少監

[illegible]爲天官侍郎[illegible]有甚於前
韋待價爲吏部尚書素無才術志識凡下出自武官　驟居選
部凡所銓綜多爲朝野所嗤鄙
許子儒爲吏部侍郎性無藻鑒所銓綜皆委令史　公直謂曰
汝平配也
後唐崔貽孫爲吏部侍郎性好干人喜得小惠先天官任重昏耄
同知者目將嘆猶以所欲託於選人銓曹雜虛遂除禮部尚書
致仕

謬濫

論者定官存於周制與廉不孝著於漢典得人有進賢任之賞濫
進有繆舉之罰故天下惧法莫敢誣罔魏晉已降其道駮雜
教所循既殊於古銓選所畫復罕其人靡能平心守一當才授
職由是爲自竟詞辯飾非或觀時而任數或爲利而受賕俾
天補援失次資格差謬多所抑損或成紛訴至有附會權勢親

狎[illegible]愚民上不能資朝廷之聰明下則積士林之怨曠是失古道不復公舉者胥然

漢王勳成帝時襲封[illegible]成侯坐選舉不以實免

魏何晏爲尚書主選舉宜其宿與之有舊者多被拔擢

梁王亮爲吏部尚書徇資次而已當代謂爲不能

後魏李韶爲吏部尚書在選曹不能平心守正通容而已議者貶之

崔亮爲吏部尚書時羽林軍新害張彝之後靈太后令武官得依資入選官員既少應選者多前尚書李韶循常擢人百姓大爲嗟怨亮乃奏爲格制不問士之賢愚專以停解日月爲斷雖復官須此人停日後者終於不得庸才下品年月久者灼然先用沉滯者皆稱其能亮外甥司空諮議劉景安書規亮曰殷周以鄉塾貢士兩漢由州郡薦才魏晉因循又置中正諦觀在昔莫不審舉雖未盡美足應十收六七而朝廷貢秀才止求其文

不取其理察孝廉唯論章句不及治道立中正不考人才行業空辨氏姓高下至於取士之途不溥沙汰之理未精而舅屬當銓衡宜須改張易調如之何反爲停年格以限之天下士子誰復修厲名行哉亮答書曰汝所言乃有深致吾乘時徼倖得爲吏部尚書當其壯也尚不如人況今朽老而居帝難之任常思用賢舉直以報明主之恩盡忠竭力不爲貽厥之累昨爲此格有由而然今已爲汝所怪千載之後誰知我哉可靜念吾言吾當爲汝論之吾兼正六爲吏部郎三爲尚書銓衡所宜頗知之矣但古今不同時宜須異何者昔有中正品其才第上之尚書尚書據狀量人授職此乃與天下羣賢共爵人也吾謂當爾之時無遺才無濫舉矣而汝猶云十收六七況今日之選專歸尚書以一人之鑒照察天下劉毅所云一吏部兩郎中而欲究鏡人物何異以管闚天而求其博哉今勳人甚多又羽林入選武夫崛起不解書計唯可彍弩前驅指蹤捕噬而已忽令垂組乘軒求其烹鮮之效未曾操刀而使專割又武人至多官員至少不可周溥設令十人共一官猶無官可授況一人望一官何由可不怨哉吾近面執不宜使武人入選請賜其爵厚其祿既不見從是以權立此格限以停年耳昔子產鑄刑書以救弊叔向譏之以正法何異汝以古禮難權宜哉仲尼云德我者春秋罪我者亦春秋吾之此指其由是也但令當來君子知吾意焉後甄琛元脩義城陽王徽相繼爲吏部尚書利其便己踵而行之自是賢愚同貫涇渭無別魏之失人從亮始也

楊愔超拜吏部尚書與選二十餘年獎擢人倫以爲己任然取士多以言貌時致謗言以爲愔之用人似貧士市瓜取其大者愔聞不以屑意

馮子琮爲右僕射仍攝選子琮微有識鑒及位望轉隆宦心頓改擢引非類以爲深交縱其子弟官位不依倫次又專營婚媾歷選上門例以官爵許之旬日便驗

唐戴胄貞觀中檢校吏部尚書在銓衡抑文雅而獎法吏不適[illegible][illegible]之用物議以之爲刺

楊纂貞觀中爲吏部侍郎典司選補出入十年銓叙人倫稱爲允當然而抑文雅進黠吏觀時任數頗爲時論所鄙

許子儒則天時爲天官侍郎不以藻鏡爲意有令史勾直是其腹心每注官多委令下筆子儒但高枕而卧語勾直六平配由是補授失次無復綱紀道路喧然以爲口實（是時則天臨朝引見風俗使舉人無賢愚咸加擢用高者試鳳閣舍人給事中次或試員外郎侍御史補闕拾遺校書郎故時人爲之謠曰補闕連車載拾遺平斗量把推侍御史椀脱校書郎試官之起自兹始）

宋遥玄宗時與苗晉卿俱爲吏部侍郎天寶二年貶遥爲武當郡太守晉卿爲安康郡太守是時海内晏平選人萬計委有司考覆書判詔重其事兼命他司考之務求其實遥與晉卿苟媚朝廷又無廉潔之操取捨偷濫甚爲當時所醜有張奭者御史中丞倚之子不辯菽麥假手爲判時升甲科會下第者嘗爲薊令以其事白于范陽節度使安禄山禄山恩寵崇盛謁請允時因具奏之帝乃大集登科人御花蕚樓親試升第者十無一二奭手持試紙竟日不下一字時謂之曳白帝大怒遥晉卿既受責乃貶倚爲淮陽郡太守詔曰庭闈之間不能訓子選調之際乃以託人時士子皆以爲戲笑或託於詩賦諷刺考判官禮部郎中裴朏起居舍人張烜監察御史宋昱左拾遺孟朝皆貶官嶺外

韋陟天寶中爲吏部侍郎陟風神高邈以門地自負恃以選賢非能爲己任專采浮薄不詢於行屢以此失人出爲襄陽太守

楊國忠天寶中以便辟取宰相欲其能事皆出於己猶兼吏部尚書故事吏部置三銓尚書侍郎分掌選事三注三唱自春及夏纔終其事國忠使胥吏於私第暗定官員集百寮於尚書省對注唱一日令畢以誇神速資格差謬無復倫序乃令其所昵京兆尹鮮于仲通中書舍人竇華侍御史鄭昂之徽賂於選人於尚書省門立碑以頌己之德

崔渙肅宗至德初爲黄門侍郎平章事時未復京師舉選路絶詔渙充江淮選補使以收遺逸渙選士或於聽受又爲下吏所譽濫進者非一以不稱職聞乃罷知政事爲王傅

徐浩代宗朝爲吏部侍郎坐以妾弟冒選俾侍郎薛邕注授京尉爲御史大夫李栖筠所彈奏坐貶明州別駕

令狐峘大曆中爲刑部員外判吏部南曹時劉晏爲尚書楊炎爲侍郎峘以晏舉分闕必擇其善者與晏而以惡者與炎

劉滋爲刑部尚書德宗貞元九年御史中丞韋貞伯劾奏吏部貞元七年冬以京兆府踰濫解選已授官摠六十六人或有不到京銓試懸授官告又按選格銓狀選人自書試曰書跡不同即駁放殿選違格文者不覆驗及降資不盡或與注官伏以承前選曹乖謬未有如此遂使衣冠以貧乏待闕姦濫以賄賂成名非陛下求才審官之意由是滋以前任吏部尚書及吏部侍郎杜黄裳皆削一階

陳歸貞元中爲考功員外郎嶺南選補使選人留放注官美惡違背令文唯意出入復供求無猒黔人患之監察御史韓泰奏劾其罪配流恩州

權德輿貞元中爲吏部侍郎吏誤用官闕改守太子賓客

鄭絪文宗時爲吏部尚書丁公著爲工部侍郎知選事大和二年閏三月己亥都省奏落下吏部三銓甲内今春注超資官凡六十七人勑都省所執是格銓司所引是例互相陳列頗以紛紜所貴清而能通亦循議事以制今選期已過方此爭論選人可哀難更停滯其三銓已授官都省落下並依舊注與重團奏仍限五日内畢其中如官超一資半資此格令已令據稍優者至後選日量事降折尚書侍郎注擬不一致令都省以此與詞鄭絪丁公著各罰一季俸東銓所落人數校少楊嗣復罰兩月俸其今年選格仍分明標出近例有可行者收入格不可者於格内書破則所司有文可守選人無路僥求時尚書左丞韋弘景以吏部注擬不公選多超資授官糾按其事落下勑由吏部

引例以爲據選人輩又惜官已成遂趨沸騰日接宰相喧訴遂降此勑

楊虞卿爲吏部員外郎大和二年十二月御史臺奏准勑推勘踰濫官都六十五人應取受錢物僞出告身簽符賣鑿空僞官令赴任南曹令史李賓等六人及賣鑿空僞官人許稜等共取受錢都一萬六千七百四十貫文又據李賓等款稱去年三月已後商量斂錢二千貫文與吏部員外郎楊虞卿廳典温亮屬求楊虞卿不舉勘濫官事得楊虞卿狀稱虞卿不跡郎署爲明天子舉僞捕姧幸無恙謬今李賓之輩結黨搆虛而去商量斂率甚明用此致尤誰則無罪據李賓款本與温亮錢物囑求虞卿不舉踰濫官者若虞卿遂不舉勘則小吏卜射計行今虞卿檢舉僞官牒臺推勘於公事足以自明緣温亮在宅外居住於李賓處取受虞卿無由得知檢下不明伏候嚴譴勑李賓等八人並處置造印符搆賣巨蠹推窮盡伏法斷死刑宜付京兆府各決痛杖一頓處死馬羽卿等一十二人引致錢物計各決六十配流嶺外楊虞卿勾舉雖則盡心檢下終是無術親吏逃逸贓狀未明量罰兩月俸料踰濫官六十五人內已付所司者遂令詳斷見勘　具申奏其狀及僞印等並付所司依法處分

後唐明宗長興元年七月吏部南曹奏據河南郊行事官前守濮州范縣主簿李歆昇同元二年不納告身人數准勑終身不齒今又冒名於四方館行事前河南府長水縣主簿趙知遠使兄爲父應行事者勑百李歆已該恩赦特放罪收納文書趙知遠以兄爲父未之前聞既遇郊禋特從恩宥出身歷任文書付所司焚毀放罪勒歸鄉貫本道[illegible]與改罪[illegible]奏聞

貪賄

彌綸紀典銓綜多士周官冢宰之職也其若乃端己以居位絜身以率下旌別淑慝澄汰流品使朝有多士國無幸人斯可謂官得其方矣若乃名浮於實言不顧行黷貨以自殖瘝官而靡懼冒黜幽之典貽敗類之咎歷代而下寔繁有徒論而次之用戒於後

宋庾炳之字仲文爲吏部尚書領選既不緝衆論又頗通貨賄用少府卿劉道錫爲廣州刺史道錫至鎮餉白檀牽車炳之性好潔常自乘焉或以白文帝帝見問曰道錫餉卿小車裝飾甚麗有之乎炳之懼起謝

梁劉孝綽爲吏部郎在職頗通贓貨爲從弟尚書左丞臧所糾奏免官

何敬容爲左僕射參掌大選通苞苴餉餽無賄則略不交語

後魏李宣茂孝文時爲司空府司馬兼定州大中正坐受郡中鄉人財貨爲御史所劾除名爲民

陽尼爲國子祭酒兼幽州中正後除平北府長史帶漁陽太守未拜坐爲中正時受鄉人財貨免官

元暉常山王遵之孫宣武時爲吏部尚書納貨用官皆有定價大郡二千匹次郡一千匹下郡五百匹其餘受職各有差天下號曰市曹

皇甫瑒孝明時爲吏部郎性貪婪多所受納鬻賣吏官皆有定價

元脩義汝陰王天賜之子爲吏部尚書在銓衡唯事貨賄授官大小皆有定價時中散大夫高居者有旨先叙上黨郡缺居遂求之脩義私已許人抑居不與居大言不遜脩義命左右牽曳之居對大衆呼天唱賊人問居曰白日公庭安得有賊居指脩義曰此座上者違天子明詔物多者得官京師白劫此非大賊乎脩義失色居行罵而出後欲邀車駕論脩義罪狀左僕射蕭寶夤喻之乃止

元世儁任城王澄之孫出帝時爲吏部尚書居選曹不能厲心多所受納爲中尉所彈坐免官

北齊段孝言爲吏部尚書既無深鑒又待物不平抽擢之徒非賄則舊

濟子琮後主時爲吏部尚書其妻胡太后妹也恃親放縱請謁公行薊貨鎮積守宰除授先定錢帛多少然後奏聞其所通致事無不允子琮亦不禁制後遷右僕射仍攝選子琮徵有識鑒及位望轉隆宿心頗改擢引非類以爲深交縱其子弟官位不依倫次又專營婚媾歷選上門例以官爵許之旬日便驗

唐鄭元璹高祖時爲選部郎中以贓犯處極刑

李義府高宗時爲司列太常伯李無藻鏡才恬武后之勢專以賣官爲事補授失次人多怨言

李元恭中宗時以大理少卿爲長寧安樂二公主所引用令知吏部侍郎分往東都掌選事亦以贓汙聞於天下故時人爲之語曰長寧安樂並狂癲既難地亦難天賣弄大家猶未足便使元恭來取錢

鄭愔諂事武三思及韋氏悖逆庶人歷遷吏部侍郎愔掌選專以賣官爲務人多怨讟時京師大旱爲之語曰殺鄭愔天必陰其爲人所惡如此

崔湜爲中書舍人與鄭愔同掌選賣官事露下獄一時巨寮並爲御史所彈中宗勅所司以理勘問勿加窮迫由是希旨無所發明然猶斷愔配流嶺南湜貶江州司馬而更授湜襄州刺史尋貶江州司馬

李彭年玄宗時爲吏部侍郎坐贓伏罪詔曰彭年幸以資序累登清貫委之銓綜任以權衡不能徇公滅私持平守直而乃貪財敗類贖貨無厭既玷清朝有冒王度頃令推鞫皆自款承據其罪名合當殊死但以陽和布令書貸好生特捨嚴刑俾從流竄宜除名長流嶺南臨賀郡仍即差綱馳驛領送朕以爲制理之本期返淳風庶叶至公期於不犯永言議罪良用憮然且陳力就列本於正己從事効官義存守法爲惡者與衆共棄務善者以才必升凡百庶寮深宜自勉立身之道可不慎歟彭年先朝宰臣懷遠之孫也以吏才知名掌選七年好聚財無廉潔之稱而善接待選人惟黷貨無厭人多怨之至是睢陽太守路齊暉之子曰幾納絹千匹求官爲黨人所發詔下有司訊鞫竟年引紙稱伏贓狀狼藉遠近恥之咸以爲識

陳歸德宗時爲考功員外郎充嶺南選補使選人留放注官美惡違背令文惟以意出入復供求無厭鄭傳患之監察御史韓泰奏劾得罪配流恩州

冊府元龜卷第六百三十八